תורה נביאים כתובים

קורן ירושלים

בראשית ברא אלהים את השמים ואת הארץ והארץ היתה תהו ובהו וחשך
ועתה קום עבר את־הירדן הזה אתה וכל־העם הזה אל־הארץ אשר

על־פני תהום ורוח אלהים מרחפת על־פני המים ויאמר אלהים יהי־אור ויהי־אור וירא אלהים את־האור כי־טוב ויבדל
אנכי נתן להם לבני ישראל כל־מקום אשר תדרך כף־רגלכם בו לכם נתתיו כאשר דברתי אל־משה •

תורה
נביאים
כתובים

הוצאת קורן ירושלים

The Koren Classic Tanakh

Koren Publishers Jerusalem Ltd.
POB 4044, Jerusalem 9104001, ISRAEL
POB 8531, New Milford, CT 06776, USA

www.korenpub.com

Koren Tanakh Font and text design

Classic Edition, Personal Size:
Hardcover, ISBN 978-965-301-051-2
Burgundy Leather, ISBN 978-965-301-052-9
Hardcover, ISBN 978-965-301-181-6
Hardcover, Brown Leather, ISBN 978-965-7767-97-9
Flexible Cover, Turquoise, ISBN 978-965-301-827-3
Flexible Cover, Orange, ISBN 978-965-301-910-2
Flexible Cover, Pink, ISBN 978-965-301-065-9
Flexible Cover, Purple, ISBN 978-965-301-894-5
Flexible Cover, Light Blue, ISBN 978-965-301-084-0
Flexible Cover, Denim, ISBN 978-965-301-828-0
Flexible Cover, Green, ISBN 978-965-301-083-3
Flexible Cover, Beige, ISBN 978-965-583-085-9
Hardcover, Colorful, ISBN 978-965-301-255-4

Printed in PRC

תורה נביאים כתובים
תנ״ך קורן

הוצאת קורן ירושלים
ת״ד 4044 ירושלים 9104001
www.korenpub.co.il

תנ״ך קורן, מהדורה אישית:
כריכה קשה, מסת״ב: 978-965-301-051-2
כריכה קשה, עור בורדו, מסת״ב: 978-965-301-052-9
כריכה קשה, מסת״ב: 978-965-301-181-6
כריכה קשה, עור חום, מסת״ב: 978-965-7767-97-9
כריכה גמישה, צבע טורקיז, מסת״ב: 978-965-301-827-3
כריכה גמישה, צבע כתום, מסת״ב: 978-965-301-910-2
כריכה גמישה, צבע ורוד פוקסיה, מסת״ב: 978-965-301-065-9
כריכה גמישה, צבע סגול, מסת״ב: 978-965-301-894-5
כריכה גמישה, צבע כחול, מסת״ב: 978-965-301-084-0
כריכה גמישה, צבע כחול ג׳ינס, מסת״ב: 978-965-301-828-0
כריכה גמישה, צבע ירוק, מסת״ב: 978-965-301-083-3
כריכה גמישה, צבע שמנת, מסת״ב: 978-965-583-085-9
כריכה קשה, צבעונית, מסת״ב: 978-965-301-255-4

תהמ1

מוקדש לבתנו היקרה

מיטל גבריאלה גיטלר

בהגיעה למצוות (קיץ תש״ע)

ולסבותיה

יהודית קושיצקי ז״ל ושפרינצה בילה גיטלר

מי ייתן שהלומדים בתנ״ך זה
יפיקו תועלת מכל מעלותיו
״למען תהיה תורת ה׳ בפיך״

Dedicated on the occasion of the Bat Mitzva of

Meital Gabriella Gitler

And in honor of her grandmothers

Julia Koschitzky z"l & Suzanne Gitler

May this special-edition Tanakh keep the Torah
at our fingertips and continue to inspire our lives.

תורה

בראשית
שמות
ויקרא
במדבר
דברים

בראשית

א

א ב בְּרֵאשִׁ֖ית בָּרָ֣א אֱלֹהִ֑ים אֵ֥ת הַשָּׁמַ֖יִם וְאֵ֥ת הָאָֽרֶץ׃ וְהָאָ֗רֶץ
הָיְתָ֥ה תֹ֙הוּ֙ וָבֹ֔הוּ וְחֹ֖שֶׁךְ עַל־פְּנֵ֣י תְה֑וֹם וְר֣וּחַ אֱלֹהִ֔ים מְרַחֶ֖פֶת
ג ד עַל־פְּנֵ֥י הַמָּֽיִם׃ וַיֹּ֥אמֶר אֱלֹהִ֖ים יְהִ֣י א֑וֹר וַֽיְהִי־אֽוֹר׃ וַיַּ֧רְא אֱלֹהִ֛ים
ה אֶת־הָא֖וֹר כִּי־ט֑וֹב וַיַּבְדֵּ֣ל אֱלֹהִ֔ים בֵּ֥ין הָא֖וֹר וּבֵ֥ין הַחֹֽשֶׁךְ׃ וַיִּקְרָ֨א
אֱלֹהִ֤ים ׀ לָאוֹר֙ י֔וֹם וְלַחֹ֖שֶׁךְ קָ֣רָא לָ֑יְלָה וַֽיְהִי־עֶ֥רֶב וַֽיְהִי־בֹ֖קֶר י֥וֹם
אֶחָֽד׃

ו וַיֹּ֣אמֶר אֱלֹהִ֔ים יְהִ֥י רָקִ֖יעַ בְּת֣וֹךְ הַמָּ֑יִם וִיהִ֣י מַבְדִּ֔יל בֵּ֥ין מַ֖יִם
ז לָמָֽיִם׃ וַיַּ֣עַשׂ אֱלֹהִים֮ אֶת־הָרָקִיעַ֒ וַיַּבְדֵּ֗ל בֵּ֤ין הַמַּ֙יִם֙ אֲשֶׁר֙
ח מִתַּ֣חַת לָרָקִ֔יעַ וּבֵ֣ין הַמַּ֔יִם אֲשֶׁ֖ר מֵעַ֣ל לָרָקִ֑יעַ וַֽיְהִי־כֵֽן׃ וַיִּקְרָ֧א
אֱלֹהִ֛ים לָֽרָקִ֖יעַ שָׁמָ֑יִם וַֽיְהִי־עֶ֥רֶב וַֽיְהִי־בֹ֖קֶר י֥וֹם שֵׁנִֽי׃

ט וַיֹּ֣אמֶר אֱלֹהִ֗ים יִקָּו֨וּ הַמַּ֜יִם מִתַּ֤חַת הַשָּׁמַ֙יִם֙ אֶל־מָק֣וֹם אֶחָ֔ד
י וְתֵרָאֶ֖ה הַיַּבָּשָׁ֑ה וַֽיְהִי־כֵֽן׃ וַיִּקְרָ֨א אֱלֹהִ֤ים ׀ לַיַּבָּשָׁה֙ אֶ֔רֶץ וּלְמִקְוֵ֥ה
יא הַמַּ֖יִם קָרָ֣א יַמִּ֑ים וַיַּ֥רְא אֱלֹהִ֖ים כִּי־טֽוֹב׃ וַיֹּ֣אמֶר אֱלֹהִ֗ים תַּֽדְשֵׁ֤א
הָאָ֙רֶץ֙ דֶּ֔שֶׁא עֵ֚שֶׂב מַזְרִ֣יעַ זֶ֔רַע עֵ֣ץ פְּרִ֞י עֹ֤שֶׂה פְּרִי֙ לְמִינ֔וֹ אֲשֶׁ֥ר
יב זַרְעוֹ־ב֖וֹ עַל־הָאָ֑רֶץ וַֽיְהִי־כֵֽן׃ וַתּוֹצֵ֨א הָאָ֜רֶץ דֶּ֠שֶׁא עֵ֣שֶׂב מַזְרִ֤יעַ
זֶ֙רַע֙ לְמִינֵ֔הוּ וְעֵ֧ץ עֹֽשֶׂה־פְּרִ֛י אֲשֶׁ֥ר זַרְעוֹ־ב֖וֹ לְמִינֵ֑הוּ וַיַּ֥רְא אֱלֹהִ֖ים
יג כִּי־טֽוֹב׃ וַֽיְהִי־עֶ֥רֶב וַֽיְהִי־בֹ֖קֶר י֥וֹם שְׁלִישִֽׁי׃

יד וַיֹּ֣אמֶר אֱלֹהִ֗ים יְהִ֤י מְאֹרֹת֙ בִּרְקִ֣יעַ הַשָּׁמַ֔יִם לְהַבְדִּ֕יל בֵּ֥ין הַיּ֖וֹם
טו וּבֵ֣ין הַלָּ֑יְלָה וְהָי֤וּ לְאֹתֹת֙ וּלְמ֣וֹעֲדִ֔ים וּלְיָמִ֖ים וְשָׁנִֽים׃ וְהָי֤וּ
טז לִמְאוֹרֹת֙ בִּרְקִ֣יעַ הַשָּׁמַ֔יִם לְהָאִ֖יר עַל־הָאָ֑רֶץ וַֽיְהִי־כֵֽן׃ וַיַּ֣עַשׂ
אֱלֹהִ֔ים אֶת־שְׁנֵ֥י הַמְּאֹרֹ֖ת הַגְּדֹלִ֑ים אֶת־הַמָּא֤וֹר הַגָּדֹל֙ לְמֶמְשֶׁ֣לֶת
הַיּ֔וֹם וְאֶת־הַמָּא֤וֹר הַקָּטֹן֙ לְמֶמְשֶׁ֣לֶת הַלַּ֔יְלָה וְאֵ֖ת הַכּוֹכָבִֽים׃
יז יח וַיִּתֵּ֥ן אֹתָ֛ם אֱלֹהִ֖ים בִּרְקִ֣יעַ הַשָּׁמָ֑יִם לְהָאִ֖יר עַל־הָאָֽרֶץ׃ וְלִמְשֹׁל֙
בַּיּ֣וֹם וּבַלַּ֔יְלָה וּֽלֲהַבְדִּ֔יל בֵּ֥ין הָא֖וֹר וּבֵ֣ין הַחֹ֑שֶׁךְ וַיַּ֥רְא אֱלֹהִ֖ים
יט כִּי־טֽוֹב׃ וַֽיְהִי־עֶ֥רֶב וַֽיְהִי־בֹ֖קֶר י֥וֹם רְבִיעִֽי׃

כ וַיֹּ֣אמֶר אֱלֹהִ֔ים יִשְׁרְצ֣וּ הַמַּ֔יִם שֶׁ֖רֶץ נֶ֣פֶשׁ חַיָּ֑ה וְעוֹף֙ יְעוֹפֵ֣ף עַל־
כא הָאָ֔רֶץ עַל־פְּנֵ֖י רְקִ֥יעַ הַשָּׁמָֽיִם׃ וַיִּבְרָ֣א אֱלֹהִ֔ים אֶת־הַתַּנִּינִ֖ם

הַגְּדֹלִים וְאֵת כָּל־נֶפֶשׁ הַחַיָּה ׀ הָרֹמֶשֶׂת אֲשֶׁר שָׁרְצוּ הַמַּיִם
לְמִינֵהֶם וְאֵת כָּל־עוֹף כָּנָף לְמִינֵהוּ וַיַּרְא אֱלֹהִים כִּי־טוֹב:
וַיְבָרֶךְ אֹתָם אֱלֹהִים לֵאמֹר פְּרוּ וּרְבוּ וּמִלְאוּ אֶת־הַמַּיִם בַּיַּמִּים כב
וְהָעוֹף יִרֶב בָּאָרֶץ: וַיְהִי־עֶרֶב וַיְהִי־בֹקֶר יוֹם חֲמִישִׁי: כג
וַיֹּאמֶר אֱלֹהִים תּוֹצֵא הָאָרֶץ נֶפֶשׁ חַיָּה לְמִינָהּ בְּהֵמָה וָרֶמֶשׂ כד
וְחַיְתוֹ־אֶרֶץ לְמִינָהּ וַיְהִי־כֵן: וַיַּעַשׂ אֱלֹהִים אֶת־חַיַּת הָאָרֶץ לְמִינָהּ כה
וְאֶת־הַבְּהֵמָה לְמִינָהּ וְאֵת כָּל־רֶמֶשׂ הָאֲדָמָה לְמִינֵהוּ וַיַּרְא
אֱלֹהִים כִּי־טוֹב: וַיֹּאמֶר אֱלֹהִים נַעֲשֶׂה אָדָם בְּצַלְמֵנוּ כִּדְמוּתֵנוּ כו
וְיִרְדּוּ בִדְגַת הַיָּם וּבְעוֹף הַשָּׁמַיִם וּבַבְּהֵמָה וּבְכָל־הָאָרֶץ וּבְכָל־
הָרֶמֶשׂ הָרֹמֵשׂ עַל־הָאָרֶץ: וַיִּבְרָא אֱלֹהִים ׀ אֶת־הָאָדָם בְּצַלְמוֹ כז
בְּצֶלֶם אֱלֹהִים בָּרָא אֹתוֹ זָכָר וּנְקֵבָה בָּרָא אֹתָם: וַיְבָרֶךְ כח
אֹתָם אֱלֹהִים וַיֹּאמֶר לָהֶם אֱלֹהִים פְּרוּ וּרְבוּ וּמִלְאוּ אֶת־הָאָרֶץ
וְכִבְשֻׁהָ וּרְדוּ בִּדְגַת הַיָּם וּבְעוֹף הַשָּׁמַיִם וּבְכָל־חַיָּה הָרֹמֶשֶׂת
עַל־הָאָרֶץ: וַיֹּאמֶר אֱלֹהִים הִנֵּה נָתַתִּי לָכֶם אֶת־כָּל־עֵשֶׂב ׀ זֹרֵעַ כט
זֶרַע אֲשֶׁר עַל־פְּנֵי כָל־הָאָרֶץ וְאֶת־כָּל־הָעֵץ אֲשֶׁר־בּוֹ פְרִי־עֵץ
זֹרֵעַ זָרַע לָכֶם יִהְיֶה לְאָכְלָה: וּלְכָל־חַיַּת הָאָרֶץ וּלְכָל־עוֹף ל
הַשָּׁמַיִם וּלְכֹל ׀ רוֹמֵשׂ עַל־הָאָרֶץ אֲשֶׁר־בּוֹ נֶפֶשׁ חַיָּה אֶת־כָּל־
יֶרֶק עֵשֶׂב לְאָכְלָה וַיְהִי־כֵן: וַיַּרְא אֱלֹהִים אֶת־כָּל־אֲשֶׁר עָשָׂה לא
וְהִנֵּה־טוֹב מְאֹד וַיְהִי־עֶרֶב וַיְהִי־בֹקֶר יוֹם הַשִּׁשִּׁי:
ב וַיְכֻלּוּ הַשָּׁמַיִם וְהָאָרֶץ וְכָל־צְבָאָם: וַיְכַל אֱלֹהִים בַּיּוֹם הַשְּׁבִיעִי א ב
מְלַאכְתּוֹ אֲשֶׁר עָשָׂה וַיִּשְׁבֹּת בַּיּוֹם הַשְּׁבִיעִי מִכָּל־מְלַאכְתּוֹ
אֲשֶׁר עָשָׂה: וַיְבָרֶךְ אֱלֹהִים אֶת־יוֹם הַשְּׁבִיעִי וַיְקַדֵּשׁ אֹתוֹ כִּי ג
בוֹ שָׁבַת מִכָּל־מְלַאכְתּוֹ אֲשֶׁר־בָּרָא אֱלֹהִים לַעֲשׂוֹת:
שני ב אֵלֶּה תוֹלְדוֹת הַשָּׁמַיִם וְהָאָרֶץ בְּהִבָּרְאָם בְּיוֹם עֲשׂוֹת יְהוָה ד
אֱלֹהִים אֶרֶץ וְשָׁמָיִם: וְכֹל ׀ שִׂיחַ הַשָּׂדֶה טֶרֶם יִהְיֶה בָאָרֶץ וְכָל־ ה
עֵשֶׂב הַשָּׂדֶה טֶרֶם יִצְמָח כִּי לֹא הִמְטִיר יְהוָה אֱלֹהִים עַל־הָאָרֶץ
וְאָדָם אַיִן לַעֲבֹד אֶת־הָאֲדָמָה: וְאֵד יַעֲלֶה מִן־הָאָרֶץ וְהִשְׁקָה ו

ז אֶת־כׇּל־פְּנֵי הָאֲדָמָה׃ וַיִּיצֶר יהוה אֱלֹהִים אֶת־הָאָדָם עָפָר
מִן־הָאֲדָמָה וַיִּפַּח בְּאַפָּיו נִשְׁמַת חַיִּים וַיְהִי הָאָדָם לְנֶפֶשׁ חַיָּה׃
ח וַיִּטַּע יהוה אֱלֹהִים גַּן בְּעֵדֶן מִקֶּדֶם וַיָּשֶׂם שָׁם אֶת־הָאָדָם אֲשֶׁר
ט יָצָר׃ וַיַּצְמַח יהוה אֱלֹהִים מִן־הָאֲדָמָה כׇּל־עֵץ נֶחְמָד לְמַרְאֶה
י וְטוֹב לְמַאֲכָל וְעֵץ הַחַיִּים בְּתוֹךְ הַגָּן וְעֵץ הַדַּעַת טוֹב וָרָע׃ וְנָהָר
יֹצֵא מֵעֵדֶן לְהַשְׁקוֹת אֶת־הַגָּן וּמִשָּׁם יִפָּרֵד וְהָיָה לְאַרְבָּעָה
יא רָאשִׁים׃ שֵׁם הָאֶחָד פִּישׁוֹן הוּא הַסֹּבֵב אֵת כׇּל־אֶרֶץ הַחֲוִילָה
יב אֲשֶׁר־שָׁם הַזָּהָב׃ וּזֲהַב הָאָרֶץ הַהִוא טוֹב שָׁם הַבְּדֹלַח וְאֶבֶן
יג הַשֹּׁהַם׃ וְשֵׁם־הַנָּהָר הַשֵּׁנִי גִּיחוֹן הוּא הַסּוֹבֵב אֵת כׇּל־אֶרֶץ
יד כּוּשׁ׃ וְשֵׁם הַנָּהָר הַשְּׁלִישִׁי חִדֶּקֶל הוּא הַהֹלֵךְ קִדְמַת אַשּׁוּר
טו וְהַנָּהָר הָרְבִיעִי הוּא פְרָת׃ וַיִּקַּח יהוה אֱלֹהִים אֶת־הָאָדָם
טז וַיַּנִּחֵהוּ בְגַן־עֵדֶן לְעׇבְדָהּ וּלְשׇׁמְרָהּ׃ וַיְצַו יהוה אֱלֹהִים עַל־הָאָדָם
יז לֵאמֹר מִכֹּל עֵץ־הַגָּן אָכֹל תֹּאכֵל׃ וּמֵעֵץ הַדַּעַת טוֹב וָרָע לֹא
יח תֹאכַל מִמֶּנּוּ כִּי בְּיוֹם אֲכׇלְךָ מִמֶּנּוּ מוֹת תָּמוּת׃ וַיֹּאמֶר יהוה
יט אֱלֹהִים לֹא־טוֹב הֱיוֹת הָאָדָם לְבַדּוֹ אֶעֱשֶׂה־לּוֹ עֵזֶר כְּנֶגְדּוֹ׃ וַיִּצֶר
יהוה אֱלֹהִים מִן־הָאֲדָמָה כׇּל־חַיַּת הַשָּׂדֶה וְאֵת כׇּל־עוֹף הַשָּׁמַיִם
וַיָּבֵא אֶל־הָאָדָם לִרְאוֹת מַה־יִּקְרָא־לוֹ וְכֹל אֲשֶׁר יִקְרָא־
כ לוֹ הָאָדָם נֶפֶשׁ חַיָּה הוּא שְׁמוֹ׃ וַיִּקְרָא הָאָדָם שֵׁמוֹת לְכׇל־ שלישי
הַבְּהֵמָה וּלְעוֹף הַשָּׁמַיִם וּלְכֹל חַיַּת הַשָּׂדֶה וּלְאָדָם לֹא־מָצָא
כא עֵזֶר כְּנֶגְדּוֹ׃ וַיַּפֵּל יהוה אֱלֹהִים ׀ תַּרְדֵּמָה עַל־הָאָדָם וַיִּישָׁן
כב וַיִּקַּח אַחַת מִצַּלְעֹתָיו וַיִּסְגֹּר בָּשָׂר תַּחְתֶּנָּה׃ וַיִּבֶן יהוה אֱלֹהִים ׀
אֶת־הַצֵּלָע אֲשֶׁר־לָקַח מִן־הָאָדָם לְאִשָּׁה וַיְבִאֶהָ אֶל־הָאָדָם׃
כג וַיֹּאמֶר הָאָדָם זֹאת הַפַּעַם עֶצֶם מֵעֲצָמַי וּבָשָׂר מִבְּשָׂרִי לְזֹאת
כד יִקָּרֵא אִשָּׁה כִּי מֵאִישׁ לֻקֳחָה־זֹּאת׃ עַל־כֵּן יַעֲזׇב־אִישׁ אֶת־
כה אָבִיו וְאֶת־אִמּוֹ וְדָבַק בְּאִשְׁתּוֹ וְהָיוּ לְבָשָׂר אֶחָד׃ וַיִּהְיוּ שְׁנֵיהֶם
ג א עֲרוּמִּים הָאָדָם וְאִשְׁתּוֹ וְלֹא יִתְבֹּשָׁשׁוּ׃ וְהַנָּחָשׁ הָיָה עָרוּם מִכֹּל
חַיַּת הַשָּׂדֶה אֲשֶׁר עָשָׂה יהוה אֱלֹהִים וַיֹּאמֶר אֶל־הָאִשָּׁה אַף

כִּי־אָמַר אֱלֹהִים לֹא תֹאכְלוּ מִכֹּל עֵץ הַגָּן: וַתֹּאמֶר הָאִשָּׁה ב
אֶל־הַנָּחָשׁ מִפְּרִי עֵץ־הַגָּן נֹאכֵל: וּמִפְּרִי הָעֵץ אֲשֶׁר בְּתוֹךְ־הַגָּן ג
אָמַר אֱלֹהִים לֹא תֹאכְלוּ מִמֶּנּוּ וְלֹא תִגְּעוּ בּוֹ פֶּן תְּמֻתוּן:
וַיֹּאמֶר הַנָּחָשׁ אֶל־הָאִשָּׁה לֹא־מוֹת תְּמֻתוּן: כִּי יֹדֵעַ אֱלֹהִים כִּי ד ה
בְּיוֹם אֲכָלְכֶם מִמֶּנּוּ וְנִפְקְחוּ עֵינֵיכֶם וִהְיִיתֶם כֵּאלֹהִים יֹדְעֵי טוֹב
וָרָע: וַתֵּרֶא הָאִשָּׁה כִּי טוֹב הָעֵץ לְמַאֲכָל וְכִי תַאֲוָה־הוּא ו
לָעֵינַיִם וְנֶחְמָד הָעֵץ לְהַשְׂכִּיל וַתִּקַּח מִפִּרְיוֹ וַתֹּאכַל וַתִּתֵּן גַּם־
לְאִישָׁהּ עִמָּהּ וַיֹּאכַל: וַתִּפָּקַחְנָה עֵינֵי שְׁנֵיהֶם וַיֵּדְעוּ כִּי עֵירֻמִּם ז
הֵם וַיִּתְפְּרוּ עֲלֵה תְאֵנָה וַיַּעֲשׂוּ לָהֶם חֲגֹרֹת: וַיִּשְׁמְעוּ אֶת־קוֹל ח
יהוה אֱלֹהִים מִתְהַלֵּךְ בַּגָּן לְרוּחַ הַיּוֹם וַיִּתְחַבֵּא הָאָדָם וְאִשְׁתּוֹ
מִפְּנֵי יהוה אֱלֹהִים בְּתוֹךְ עֵץ הַגָּן: וַיִּקְרָא יהוה אֱלֹהִים אֶל־ ט
הָאָדָם וַיֹּאמֶר לוֹ אַיֶּכָּה: וַיֹּאמֶר אֶת־קֹלְךָ שָׁמַעְתִּי בַּגָּן וָאִירָא י
כִּי־עֵירֹם אָנֹכִי וָאֵחָבֵא: וַיֹּאמֶר מִי הִגִּיד לְךָ כִּי עֵירֹם אָתָּה יא
הֲמִן־הָעֵץ אֲשֶׁר צִוִּיתִיךָ לְבִלְתִּי אֲכָל־מִמֶּנּוּ אָכָלְתָּ: וַיֹּאמֶר יב
הָאָדָם הָאִשָּׁה אֲשֶׁר נָתַתָּה עִמָּדִי הִוא נָתְנָה־לִּי מִן־הָעֵץ
וָאֹכֵל: וַיֹּאמֶר יהוה אֱלֹהִים לָאִשָּׁה מַה־זֹּאת עָשִׂית וַתֹּאמֶר יג
הָאִשָּׁה הַנָּחָשׁ הִשִּׁיאַנִי וָאֹכֵל: וַיֹּאמֶר יהוה אֱלֹהִים ׀ אֶל־הַנָּחָשׁ יד
כִּי עָשִׂיתָ זֹּאת אָרוּר אַתָּה מִכָּל־הַבְּהֵמָה וּמִכֹּל חַיַּת הַשָּׂדֶה
עַל־גְּחֹנְךָ תֵלֵךְ וְעָפָר תֹּאכַל כָּל־יְמֵי חַיֶּיךָ: וְאֵיבָה ׀ אָשִׁית בֵּינְךָ טו
וּבֵין הָאִשָּׁה וּבֵין זַרְעֲךָ וּבֵין זַרְעָהּ הוּא יְשׁוּפְךָ רֹאשׁ וְאַתָּה
תְּשׁוּפֶנּוּ עָקֵב: אֶל־הָאִשָּׁה אָמַר הַרְבָּה אַרְבֶּה טז
עִצְּבוֹנֵךְ וְהֵרֹנֵךְ בְּעֶצֶב תֵּלְדִי בָנִים וְאֶל־אִישֵׁךְ תְּשׁוּקָתֵךְ וְהוּא
יִמְשָׁל־בָּךְ: וּלְאָדָם אָמַר כִּי שָׁמַעְתָּ לְקוֹל אִשְׁתֶּךָ יז
וַתֹּאכַל מִן־הָעֵץ אֲשֶׁר צִוִּיתִיךָ לֵאמֹר לֹא תֹאכַל מִמֶּנּוּ אֲרוּרָה
הָאֲדָמָה בַּעֲבוּרֶךָ בְּעִצָּבוֹן תֹּאכֲלֶנָּה כֹּל יְמֵי חַיֶּיךָ: וְקוֹץ יח
וְדַרְדַּר תַּצְמִיחַ לָךְ וְאָכַלְתָּ אֶת־עֵשֶׂב הַשָּׂדֶה: בְּזֵעַת אַפֶּיךָ יט
תֹּאכַל לֶחֶם עַד שׁוּבְךָ אֶל־הָאֲדָמָה כִּי מִמֶּנָּה לֻקָּחְתָּ כִּי־

כ עָפָר אַתָּה וְאֶל־עָפָר תָּשׁוּב׃ וַיִּקְרָא הָאָדָם שֵׁם אִשְׁתּוֹ חַוָּה
כא כִּי הִוא הָיְתָה אֵם כָּל־חָי׃ וַיַּעַשׂ יְהוָה אֱלֹהִים לְאָדָם וּלְאִשְׁתּוֹ
כָּתְנוֹת עוֹר וַיַּלְבִּשֵׁם׃
כב וַיֹּאמֶר ׀ יְהוָה אֱלֹהִים הֵן הָאָדָם הָיָה כְּאַחַד מִמֶּנּוּ לָדַעַת טוֹב ג רביעי
וָרָע וְעַתָּה ׀ פֶּן־יִשְׁלַח יָדוֹ וְלָקַח גַּם מֵעֵץ הַחַיִּים וְאָכַל וָחַי
כג לְעֹלָם׃ וַיְשַׁלְּחֵהוּ יְהוָה אֱלֹהִים מִגַּן־עֵדֶן לַעֲבֹד אֶת־הָאֲדָמָה
כד אֲשֶׁר לֻקַּח מִשָּׁם׃ וַיְגָרֶשׁ אֶת־הָאָדָם וַיַּשְׁכֵּן מִקֶּדֶם לְגַן־עֵדֶן
אֶת־הַכְּרֻבִים וְאֵת לַהַט הַחֶרֶב הַמִּתְהַפֶּכֶת לִשְׁמֹר אֶת־דֶּרֶךְ
ד א עֵץ הַחַיִּים׃ וְהָאָדָם יָדַע אֶת־חַוָּה אִשְׁתּוֹ וַתַּהַר
ב וַתֵּלֶד אֶת־קַיִן וַתֹּאמֶר קָנִיתִי אִישׁ אֶת־יְהוָה׃ וַתֹּסֶף לָלֶדֶת
אֶת־אָחִיו אֶת־הָבֶל וַיְהִי־הֶבֶל רֹעֵה צֹאן וְקַיִן הָיָה עֹבֵד אֲדָמָה׃
ג ד וַיְהִי מִקֵּץ יָמִים וַיָּבֵא קַיִן מִפְּרִי הָאֲדָמָה מִנְחָה לַיהוָה׃ וְהֶבֶל
הֵבִיא גַם־הוּא מִבְּכֹרוֹת צֹאנוֹ וּמֵחֶלְבֵהֶן וַיִּשַׁע יְהוָה אֶל־
ה הֶבֶל וְאֶל־מִנְחָתוֹ׃ וְאֶל־קַיִן וְאֶל־מִנְחָתוֹ לֹא שָׁעָה וַיִּחַר
ו לְקַיִן מְאֹד וַיִּפְּלוּ פָּנָיו׃ וַיֹּאמֶר יְהוָה אֶל־קָיִן לָמָּה חָרָה לָךְ
ז וְלָמָּה נָפְלוּ פָנֶיךָ׃ הֲלוֹא אִם־תֵּיטִיב שְׂאֵת וְאִם לֹא תֵיטִיב
לַפֶּתַח חַטָּאת רֹבֵץ וְאֵלֶיךָ תְּשׁוּקָתוֹ וְאַתָּה תִּמְשָׁל־בּוֹ׃
ח וַיֹּאמֶר קַיִן אֶל־הֶבֶל אָחִיו וַיְהִי בִּהְיוֹתָם בַּשָּׂדֶה וַיָּקָם קַיִן
ט אֶל־הֶבֶל אָחִיו וַיַּהַרְגֵהוּ׃ וַיֹּאמֶר יְהוָה אֶל־קַיִן אֵי הֶבֶל
י אָחִיךָ וַיֹּאמֶר לֹא יָדַעְתִּי הֲשֹׁמֵר אָחִי אָנֹכִי׃ וַיֹּאמֶר מֶה
יא עָשִׂיתָ קוֹל דְּמֵי אָחִיךָ צֹעֲקִים אֵלַי מִן־הָאֲדָמָה׃ וְעַתָּה אָרוּר
אָתָּה מִן־הָאֲדָמָה אֲשֶׁר פָּצְתָה אֶת־פִּיהָ לָקַחַת אֶת־דְּמֵי
יב אָחִיךָ מִיָּדֶךָ׃ כִּי תַעֲבֹד אֶת־הָאֲדָמָה לֹא־תֹסֵף תֵּת־כֹּחָהּ לָךְ
יג נָע וָנָד תִּהְיֶה בָאָרֶץ׃ וַיֹּאמֶר קַיִן אֶל־יְהוָה גָּדוֹל עֲוֺנִי מִנְּשֹׂא׃
יד הֵן גֵּרַשְׁתָּ אֹתִי הַיּוֹם מֵעַל פְּנֵי הָאֲדָמָה וּמִפָּנֶיךָ אֶסָּתֵר וְהָיִיתִי
טו נָע וָנָד בָּאָרֶץ וְהָיָה כָל־מֹצְאִי יַהַרְגֵנִי׃ וַיֹּאמֶר לוֹ יְהוָה לָכֵן
כָּל־הֹרֵג קַיִן שִׁבְעָתַיִם יֻקָּם וַיָּשֶׂם יְהוָה לְקַיִן אוֹת לְבִלְתִּי

טז הַכּוֹת־אֹתוֹ כָּל־מֹצְאוֹ: וַיֵּצֵא קַיִן מִלִּפְנֵי יְהוָה וַיֵּשֶׁב בְּאֶרֶץ־
יז נוֹד קִדְמַת־עֵדֶן: וַיֵּדַע קַיִן אֶת־אִשְׁתּוֹ וַתַּהַר וַתֵּלֶד אֶת־חֲנוֹךְ
יח וַיְהִי בֹּנֶה עִיר וַיִּקְרָא שֵׁם הָעִיר כְּשֵׁם בְּנוֹ חֲנוֹךְ: וַיִּוָּלֵד לַחֲנוֹךְ
אֶת־עִירָד וְעִירָד יָלַד אֶת־מְחוּיָאֵל וּמְחִיָּיאֵל יָלַד אֶת־מְתוּשָׁאֵל
חמישי יט וּמְתוּשָׁאֵל יָלַד אֶת־לָמֶךְ: וַיִּקַּח־לוֹ לֶמֶךְ שְׁתֵּי נָשִׁים שֵׁם הָאַחַת
כ עָדָה וְשֵׁם הַשֵּׁנִית צִלָּה: וַתֵּלֶד עָדָה אֶת־יָבָל הוּא הָיָה אֲבִי
כא יֹשֵׁב אֹהֶל וּמִקְנֶה: וְשֵׁם אָחִיו יוּבָל הוּא הָיָה אֲבִי כָּל־תֹּפֵשׂ
כב כִּנּוֹר וְעוּגָב: וְצִלָּה גַם־הִוא יָלְדָה אֶת־תּוּבַל קַיִן לֹטֵשׁ כָּל־
כג חֹרֵשׁ נְחֹשֶׁת וּבַרְזֶל וַאֲחוֹת תּוּבַל־קַיִן נַעֲמָה: וַיֹּאמֶר לֶמֶךְ לְנָשָׁיו
עָדָה וְצִלָּה שְׁמַעַן קוֹלִי נְשֵׁי לֶמֶךְ הַאְזֵנָּה אִמְרָתִי כִּי אִישׁ
כד הָרַגְתִּי לְפִצְעִי וְיֶלֶד לְחַבֻּרָתִי: כִּי שִׁבְעָתַיִם יֻקַּם־קָיִן וְלֶמֶךְ
כה שִׁבְעִים וְשִׁבְעָה: וַיֵּדַע אָדָם עוֹד אֶת־אִשְׁתּוֹ וַתֵּלֶד בֵּן וַתִּקְרָא
אֶת־שְׁמוֹ שֵׁת כִּי שָׁת־לִי אֱלֹהִים זֶרַע אַחֵר תַּחַת הֶבֶל כִּי הֲרָגוֹ
כו קָיִן: וּלְשֵׁת גַּם־הוּא יֻלַּד־בֵּן וַיִּקְרָא אֶת־שְׁמוֹ אֱנוֹשׁ אָז הוּחַל
ששי ד ה א לִקְרֹא בְּשֵׁם יְהוָה: זֶה סֵפֶר תּוֹלְדֹת אָדָם בְּיוֹם
ב בְּרֹא אֱלֹהִים אָדָם בִּדְמוּת אֱלֹהִים עָשָׂה אֹתוֹ: זָכָר וּנְקֵבָה
בְּרָאָם וַיְבָרֶךְ אֹתָם וַיִּקְרָא אֶת־שְׁמָם אָדָם בְּיוֹם הִבָּרְאָם:
ג וַיְחִי אָדָם שְׁלֹשִׁים וּמְאַת שָׁנָה וַיּוֹלֶד בִּדְמוּתוֹ כְּצַלְמוֹ וַיִּקְרָא
ד אֶת־שְׁמוֹ שֵׁת: וַיִּהְיוּ יְמֵי־אָדָם אַחֲרֵי הוֹלִידוֹ אֶת־שֵׁת שְׁמֹנֶה
ה מֵאֹת שָׁנָה וַיּוֹלֶד בָּנִים וּבָנוֹת: וַיִּהְיוּ כָּל־יְמֵי אָדָם אֲשֶׁר־חַי
ו תְּשַׁע מֵאוֹת שָׁנָה וּשְׁלֹשִׁים שָׁנָה וַיָּמֹת: וַיְחִי־
ז שֵׁת חָמֵשׁ שָׁנִים וּמְאַת שָׁנָה וַיּוֹלֶד אֶת־אֱנוֹשׁ: וַיְחִי־שֵׁת אַחֲרֵי
הוֹלִידוֹ אֶת־אֱנוֹשׁ שֶׁבַע שָׁנִים וּשְׁמֹנֶה מֵאוֹת שָׁנָה וַיּוֹלֶד בָּנִים
ח וּבָנוֹת: וַיִּהְיוּ כָּל־יְמֵי־שֵׁת שְׁתֵּים עֶשְׂרֵה שָׁנָה וּתְשַׁע מֵאוֹת
ט שָׁנָה וַיָּמֹת: וַיְחִי אֱנוֹשׁ תִּשְׁעִים שָׁנָה וַיּוֹלֶד אֶת־
י קֵינָן: וַיְחִי אֱנוֹשׁ אַחֲרֵי הוֹלִידוֹ אֶת־קֵינָן חֲמֵשׁ עֶשְׂרֵה שָׁנָה
יא וּשְׁמֹנֶה מֵאוֹת שָׁנָה וַיּוֹלֶד בָּנִים וּבָנוֹת: וַיִּהְיוּ כָּל־יְמֵי אֱנוֹשׁ

יב חֲמֵשׁ שָׁנִים וּתְשַׁע מֵאוֹת שָׁנָה וַיָּמֹת׃ וַיְחִי קֵינָן
יג שִׁבְעִים שָׁנָה וַיּוֹלֶד אֶת־מַהֲלַלְאֵל׃ וַיְחִי קֵינָן אַחֲרֵי הוֹלִידוֹ
אֶת־מַהֲלַלְאֵל אַרְבָּעִים שָׁנָה וּשְׁמֹנֶה מֵאוֹת שָׁנָה וַיּוֹלֶד
יד בָּנִים וּבָנוֹת׃ וַיִּהְיוּ כָּל־יְמֵי קֵינָן עֶשֶׂר שָׁנִים וּתְשַׁע מֵאוֹת
טו שָׁנָה וַיָּמֹת׃ וַיְחִי מַהֲלַלְאֵל חָמֵשׁ שָׁנִים וְשִׁשִּׁים
טז שָׁנָה וַיּוֹלֶד אֶת־יָרֶד׃ וַיְחִי מַהֲלַלְאֵל אַחֲרֵי הוֹלִידוֹ אֶת־יֶרֶד
יז שְׁלֹשִׁים שָׁנָה וּשְׁמֹנֶה מֵאוֹת שָׁנָה וַיּוֹלֶד בָּנִים וּבָנוֹת׃ וַיִּהְיוּ
כָּל־יְמֵי מַהֲלַלְאֵל חָמֵשׁ וְתִשְׁעִים שָׁנָה וּשְׁמֹנֶה מֵאוֹת שָׁנָה
יח וַיָּמֹת׃ וַיְחִי־יֶרֶד שְׁתַּיִם וְשִׁשִּׁים שָׁנָה וּמְאַת שָׁנָה
יט וַיּוֹלֶד אֶת־חֲנוֹךְ׃ וַיְחִי־יֶרֶד אַחֲרֵי הוֹלִידוֹ אֶת־חֲנוֹךְ שְׁמֹנֶה
כ מֵאוֹת שָׁנָה וַיּוֹלֶד בָּנִים וּבָנוֹת׃ וַיִּהְיוּ כָּל־יְמֵי־יֶרֶד שְׁתַּיִם
כא וְשִׁשִּׁים שָׁנָה וּתְשַׁע מֵאוֹת שָׁנָה וַיָּמֹת׃ וַיְחִי חֲנוֹךְ
כב חָמֵשׁ וְשִׁשִּׁים שָׁנָה וַיּוֹלֶד אֶת־מְתוּשָׁלַח׃ וַיִּתְהַלֵּךְ חֲנוֹךְ אֶת־
הָאֱלֹהִים אַחֲרֵי הוֹלִידוֹ אֶת־מְתוּשֶׁלַח שְׁלֹשׁ מֵאוֹת שָׁנָה וַיּוֹלֶד
כג בָּנִים וּבָנוֹת׃ וַיְהִי כָּל־יְמֵי חֲנוֹךְ חָמֵשׁ וְשִׁשִּׁים שָׁנָה וּשְׁלֹשׁ
כד מֵאוֹת שָׁנָה׃ וַיִּתְהַלֵּךְ חֲנוֹךְ אֶת־הָאֱלֹהִים וְאֵינֶנּוּ כִּי־לָקַח
כה אֹתוֹ אֱלֹהִים׃ וַיְחִי מְתוּשֶׁלַח שֶׁבַע וּשְׁמֹנִים שָׁנָה שביעי
כו וּמְאַת שָׁנָה וַיּוֹלֶד אֶת־לָמֶךְ׃ וַיְחִי מְתוּשֶׁלַח אַחֲרֵי הוֹלִידוֹ
אֶת־לֶמֶךְ שְׁתַּיִם וּשְׁמוֹנִים שָׁנָה וּשְׁבַע מֵאוֹת שָׁנָה וַיּוֹלֶד
כז בָּנִים וּבָנוֹת׃ וַיִּהְיוּ כָּל־יְמֵי מְתוּשֶׁלַח תֵּשַׁע וְשִׁשִּׁים שָׁנָה
כח וּתְשַׁע מֵאוֹת שָׁנָה וַיָּמֹת׃ וַיְחִי־לֶמֶךְ שְׁתַּיִם
כט וּשְׁמֹנִים שָׁנָה וּמְאַת שָׁנָה וַיּוֹלֶד בֵּן׃ וַיִּקְרָא אֶת־שְׁמוֹ נֹחַ
לֵאמֹר זֶה יְנַחֲמֵנוּ מִמַּעֲשֵׂנוּ וּמֵעִצְּבוֹן יָדֵינוּ מִן־הָאֲדָמָה
ל אֲשֶׁר אֵרְרָהּ יְהוָה׃ וַיְחִי־לֶמֶךְ אַחֲרֵי הוֹלִידוֹ אֶת־נֹחַ חָמֵשׁ
וְתִשְׁעִים שָׁנָה וַחֲמֵשׁ מֵאֹת שָׁנָה וַיּוֹלֶד בָּנִים וּבָנוֹת׃
לא וַיְהִי כָּל־יְמֵי־לֶמֶךְ שֶׁבַע וְשִׁבְעִים שָׁנָה וּשְׁבַע מֵאוֹת שָׁנָה
לב וַיָּמֹת׃ וַיְהִי־נֹחַ בֶּן־חֲמֵשׁ מֵאוֹת שָׁנָה וַיּוֹלֶד נֹחַ

אֶת־שֵׁם אֶת־חָם וְאֶת־יָפֶת׃ וַיְהִי כִּי־הֵחֵל הָאָדָם לָרֹב עַל־ א
פְּנֵי הָאֲדָמָה וּבָנוֹת יֻלְּדוּ לָהֶם׃ וַיִּרְאוּ בְנֵי־הָאֱלֹהִים אֶת־ ב
בְּנוֹת הָאָדָם כִּי טֹבֹת הֵנָּה וַיִּקְחוּ לָהֶם נָשִׁים מִכֹּל אֲשֶׁר
בָּחָרוּ׃ וַיֹּאמֶר יהוה לֹא־יָדוֹן רוּחִי בָאָדָם לְעֹלָם בְּשַׁגַּם הוּא ג
בָשָׂר וְהָיוּ יָמָיו מֵאָה וְעֶשְׂרִים שָׁנָה׃ הַנְּפִלִים הָיוּ בָאָרֶץ ד
בַּיָּמִים הָהֵם וְגַם אַחֲרֵי־כֵן אֲשֶׁר יָבֹאוּ בְּנֵי הָאֱלֹהִים אֶל־
בְּנוֹת הָאָדָם וְיָלְדוּ לָהֶם הֵמָּה הַגִּבֹּרִים אֲשֶׁר מֵעוֹלָם אַנְשֵׁי
הַשֵּׁם׃

מפטיר וַיַּרְא יהוה כִּי רַבָּה רָעַת הָאָדָם בָּאָרֶץ וְכָל־יֵצֶר מַחְשְׁבֹת ה
לִבּוֹ רַק רַע כָּל־הַיּוֹם׃ וַיִּנָּחֶם יהוה כִּי־עָשָׂה אֶת־הָאָדָם ו
בָּאָרֶץ וַיִּתְעַצֵּב אֶל־לִבּוֹ׃ וַיֹּאמֶר יהוה אֶמְחֶה אֶת־הָאָדָם ז
אֲשֶׁר־בָּרָאתִי מֵעַל פְּנֵי הָאֲדָמָה מֵאָדָם עַד־בְּהֵמָה עַד־
רֶמֶשׂ וְעַד־עוֹף הַשָּׁמָיִם כִּי נִחַמְתִּי כִּי עֲשִׂיתִם׃ וְנֹחַ מָצָא חֵן ח
בְּעֵינֵי יהוה׃

נח ה אֵלֶּה תּוֹלְדֹת נֹחַ נֹחַ אִישׁ צַדִּיק תָּמִים הָיָה בְּדֹרֹתָיו אֶת־ ט
הָאֱלֹהִים הִתְהַלֶּךְ־נֹחַ׃ וַיּוֹלֶד נֹחַ שְׁלֹשָׁה בָנִים אֶת־שֵׁם אֶת־ י
חָם וְאֶת־יָפֶת׃ וַתִּשָּׁחֵת הָאָרֶץ לִפְנֵי הָאֱלֹהִים וַתִּמָּלֵא הָאָרֶץ יא
חָמָס׃ וַיַּרְא אֱלֹהִים אֶת־הָאָרֶץ וְהִנֵּה נִשְׁחָתָה כִּי־הִשְׁחִית כָּל־ יב
בָּשָׂר אֶת־דַּרְכּוֹ עַל־הָאָרֶץ׃   וַיֹּאמֶר אֱלֹהִים לְנֹחַ יג
קֵץ כָּל־בָּשָׂר בָּא לְפָנַי כִּי־מָלְאָה הָאָרֶץ חָמָס מִפְּנֵיהֶם וְהִנְנִי
מַשְׁחִיתָם אֶת־הָאָרֶץ׃ עֲשֵׂה לְךָ תֵּבַת עֲצֵי־גֹפֶר קִנִּים תַּעֲשֶׂה יד
אֶת־הַתֵּבָה וְכָפַרְתָּ אֹתָהּ מִבַּיִת וּמִחוּץ בַּכֹּפֶר׃ וְזֶה אֲשֶׁר טו
תַּעֲשֶׂה אֹתָהּ שְׁלֹשׁ מֵאוֹת אַמָּה אֹרֶךְ הַתֵּבָה חֲמִשִּׁים אַמָּה
רָחְבָּהּ וּשְׁלֹשִׁים אַמָּה קוֹמָתָהּ׃ צֹהַר ׀ תַּעֲשֶׂה לַתֵּבָה וְאֶל־אַמָּה טז
תְּכַלֶּנָּה מִלְמַעְלָה וּפֶתַח הַתֵּבָה בְּצִדָּהּ תָּשִׂים תַּחְתִּיִּם שְׁנִיִּם
וּשְׁלִשִׁים תַּעֲשֶׂהָ׃ וַאֲנִי הִנְנִי מֵבִיא אֶת־הַמַּבּוּל מַיִם עַל־הָאָרֶץ יז
לְשַׁחֵת כָּל־בָּשָׂר אֲשֶׁר־בּוֹ רוּחַ חַיִּים מִתַּחַת הַשָּׁמָיִם כֹּל אֲשֶׁר־

יח בָּאָרֶץ יִגְוָע׃ וַהֲקִמֹתִי אֶת־בְּרִיתִי אִתָּךְ וּבָאתָ אֶל־הַתֵּבָה אַתָּה
יט וּבָנֶיךָ וְאִשְׁתְּךָ וּנְשֵׁי־בָנֶיךָ אִתָּךְ׃ וּמִכָּל־הָחַי מִכָּל־בָּשָׂר שְׁנַיִם
כ מִכֹּל תָּבִיא אֶל־הַתֵּבָה לְהַחֲיֹת אִתָּךְ זָכָר וּנְקֵבָה יִהְיוּ׃ מֵהָעוֹף
לְמִינֵהוּ וּמִן־הַבְּהֵמָה לְמִינָהּ מִכֹּל רֶמֶשׂ הָאֲדָמָה לְמִינֵהוּ שְׁנַיִם
כא מִכֹּל יָבֹאוּ אֵלֶיךָ לְהַחֲיוֹת׃ וְאַתָּה קַח־לְךָ מִכָּל־מַאֲכָל אֲשֶׁר
כב יֵאָכֵל וְאָסַפְתָּ אֵלֶיךָ וְהָיָה לְךָ וְלָהֶם לְאָכְלָה׃ וַיַּעַשׂ נֹחַ כְּכֹל
ז א אֲשֶׁר צִוָּה אֹתוֹ אֱלֹהִים כֵּן עָשָׂה׃ וַיֹּאמֶר יְהוָה לְנֹחַ בֹּא־אַתָּה שני
וְכָל־בֵּיתְךָ אֶל־הַתֵּבָה כִּי־אֹתְךָ רָאִיתִי צַדִּיק לְפָנַי בַּדּוֹר
ב הַזֶּה׃ מִכֹּל ׀ הַבְּהֵמָה הַטְּהוֹרָה תִּקַּח־לְךָ שִׁבְעָה שִׁבְעָה אִישׁ
וְאִשְׁתּוֹ וּמִן־הַבְּהֵמָה אֲשֶׁר לֹא טְהֹרָה הִוא שְׁנַיִם אִישׁ
ג וְאִשְׁתּוֹ׃ גַּם מֵעוֹף הַשָּׁמַיִם שִׁבְעָה שִׁבְעָה זָכָר וּנְקֵבָה לְחַיּוֹת
ד זֶרַע עַל־פְּנֵי כָל־הָאָרֶץ׃ כִּי לְיָמִים עוֹד שִׁבְעָה אָנֹכִי מַמְטִיר
עַל־הָאָרֶץ אַרְבָּעִים יוֹם וְאַרְבָּעִים לָיְלָה וּמָחִיתִי אֶת־כָּל־
ה הַיְקוּם אֲשֶׁר עָשִׂיתִי מֵעַל פְּנֵי הָאֲדָמָה׃ וַיַּעַשׂ נֹחַ כְּכֹל אֲשֶׁר־
ו צִוָּהוּ יְהוָה׃ וְנֹחַ בֶּן־שֵׁשׁ מֵאוֹת שָׁנָה וְהַמַּבּוּל הָיָה מַיִם עַל־
ז הָאָרֶץ׃ וַיָּבֹא נֹחַ וּבָנָיו וְאִשְׁתּוֹ וּנְשֵׁי־בָנָיו אִתּוֹ אֶל־הַתֵּבָה
ח מִפְּנֵי מֵי הַמַּבּוּל׃ מִן־הַבְּהֵמָה הַטְּהוֹרָה וּמִן־הַבְּהֵמָה אֲשֶׁר
ט אֵינֶנָּה טְהֹרָה וּמִן־הָעוֹף וְכֹל אֲשֶׁר־רֹמֵשׂ עַל־הָאֲדָמָה׃ שְׁנַיִם
שְׁנַיִם בָּאוּ אֶל־נֹחַ אֶל־הַתֵּבָה זָכָר וּנְקֵבָה כַּאֲשֶׁר צִוָּה אֱלֹהִים
י אֶת־נֹחַ׃ וַיְהִי לְשִׁבְעַת הַיָּמִים וּמֵי הַמַּבּוּל הָיוּ עַל־הָאָרֶץ׃
יא בִּשְׁנַת שֵׁשׁ־מֵאוֹת שָׁנָה לְחַיֵּי־נֹחַ בַּחֹדֶשׁ הַשֵּׁנִי בְּשִׁבְעָה־עָשָׂר
יוֹם לַחֹדֶשׁ בַּיּוֹם הַזֶּה נִבְקְעוּ כָּל־מַעְיְנֹת תְּהוֹם רַבָּה וַאֲרֻבֹּת
יב הַשָּׁמַיִם נִפְתָּחוּ׃ וַיְהִי הַגֶּשֶׁם עַל־הָאָרֶץ אַרְבָּעִים יוֹם וְאַרְבָּעִים
יג לָיְלָה׃ בְּעֶצֶם הַיּוֹם הַזֶּה בָּא נֹחַ וְשֵׁם־וְחָם וָיֶפֶת בְּנֵי־נֹחַ וְאֵשֶׁת
יד נֹחַ וּשְׁלֹשֶׁת נְשֵׁי־בָנָיו אִתָּם אֶל־הַתֵּבָה׃ הֵמָּה וְכָל־הַחַיָּה לְמִינָהּ
וְכָל־הַבְּהֵמָה לְמִינָהּ וְכָל־הָרֶמֶשׂ הָרֹמֵשׂ עַל־הָאָרֶץ לְמִינֵהוּ
טו וְכָל־הָעוֹף לְמִינֵהוּ כֹּל צִפּוֹר כָּל־כָּנָף׃ וַיָּבֹאוּ אֶל־נֹחַ אֶל־

טו הַתֵּבָה שְׁנַיִם שְׁנַיִם מִכָּל־הַבָּשָׂר אֲשֶׁר־בּוֹ רוּחַ חַיִּים׃ וְהַבָּאִים
טז זָכָר וּנְקֵבָה מִכָּל־בָּשָׂר בָּאוּ כַּאֲשֶׁר צִוָּה אֹתוֹ אֱלֹהִים וַיִּסְגֹּר
יז יְהוָה בַּעֲדוֹ׃ וַיְהִי הַמַּבּוּל אַרְבָּעִים יוֹם עַל־הָאָרֶץ וַיִּרְבּוּ הַמַּיִם שלישי
יח וַיִּשְׂאוּ אֶת־הַתֵּבָה וַתָּרָם מֵעַל הָאָרֶץ׃ וַיִּגְבְּרוּ הַמַּיִם וַיִּרְבּוּ
יט מְאֹד עַל־הָאָרֶץ וַתֵּלֶךְ הַתֵּבָה עַל־פְּנֵי הַמָּיִם׃ וְהַמַּיִם גָּבְרוּ
מְאֹד מְאֹד עַל־הָאָרֶץ וַיְכֻסּוּ כָּל־הֶהָרִים הַגְּבֹהִים אֲשֶׁר־תַּחַת
כ כָּל־הַשָּׁמָיִם׃ חֲמֵשׁ עֶשְׂרֵה אַמָּה מִלְמַעְלָה גָּבְרוּ הַמָּיִם וַיְכֻסּוּ
כא הֶהָרִים׃ וַיִּגְוַע כָּל־בָּשָׂר ׀ הָרֹמֵשׂ עַל־הָאָרֶץ בָּעוֹף וּבַבְּהֵמָה
כב וּבַחַיָּה וּבְכָל־הַשֶּׁרֶץ הַשֹּׁרֵץ עַל־הָאָרֶץ וְכֹל הָאָדָם׃ כֹּל אֲשֶׁר
כג נִשְׁמַת־רוּחַ חַיִּים בְּאַפָּיו מִכֹּל אֲשֶׁר בֶּחָרָבָה מֵתוּ׃ וַיִּמַח אֶת־
כָּל־הַיְקוּם ׀ אֲשֶׁר ׀ עַל־פְּנֵי הָאֲדָמָה מֵאָדָם עַד־בְּהֵמָה עַד־
רֶמֶשׂ וְעַד־עוֹף הַשָּׁמַיִם וַיִּמָּחוּ מִן־הָאָרֶץ וַיִּשָּׁאֶר אַךְ־נֹחַ וַאֲשֶׁר
כד אִתּוֹ בַּתֵּבָה׃ וַיִּגְבְּרוּ הַמַּיִם עַל־הָאָרֶץ חֲמִשִּׁים וּמְאַת יוֹם׃
ח א וַיִּזְכֹּר אֱלֹהִים אֶת־נֹחַ וְאֵת כָּל־הַחַיָּה וְאֶת־כָּל־הַבְּהֵמָה אֲשֶׁר ו
אִתּוֹ בַּתֵּבָה וַיַּעֲבֵר אֱלֹהִים רוּחַ עַל־הָאָרֶץ וַיָּשֹׁכּוּ הַמָּיִם׃
ב וַיִּסָּכְרוּ מַעְיְנֹת תְּהוֹם וַאֲרֻבֹּת הַשָּׁמָיִם וַיִּכָּלֵא הַגֶּשֶׁם מִן־
ג הַשָּׁמָיִם׃ וַיָּשֻׁבוּ הַמַּיִם מֵעַל הָאָרֶץ הָלוֹךְ וָשׁוֹב וַיַּחְסְרוּ הַמַּיִם
ד מִקְצֵה חֲמִשִּׁים וּמְאַת יוֹם׃ וַתָּנַח הַתֵּבָה בַּחֹדֶשׁ הַשְּׁבִיעִי
ה בְּשִׁבְעָה־עָשָׂר יוֹם לַחֹדֶשׁ עַל הָרֵי אֲרָרָט׃ וְהַמַּיִם הָיוּ הָלוֹךְ
וְחָסוֹר עַד הַחֹדֶשׁ הָעֲשִׂירִי בָּעֲשִׂירִי בְּאֶחָד לַחֹדֶשׁ נִרְאוּ רָאשֵׁי
ו הֶהָרִים׃ וַיְהִי מִקֵּץ אַרְבָּעִים יוֹם וַיִּפְתַּח נֹחַ אֶת־חַלּוֹן הַתֵּבָה
ז אֲשֶׁר עָשָׂה׃ וַיְשַׁלַּח אֶת־הָעֹרֵב וַיֵּצֵא יָצוֹא וָשׁוֹב עַד־יְבֹשֶׁת
ח הַמַּיִם מֵעַל הָאָרֶץ׃ וַיְשַׁלַּח אֶת־הַיּוֹנָה מֵאִתּוֹ לִרְאוֹת הֲקַלּוּ
ט הַמַּיִם מֵעַל פְּנֵי הָאֲדָמָה׃ וְלֹא־מָצְאָה הַיּוֹנָה מָנוֹחַ לְכַף־רַגְלָהּ
וַתָּשָׁב אֵלָיו אֶל־הַתֵּבָה כִּי־מַיִם עַל־פְּנֵי כָל־הָאָרֶץ וַיִּשְׁלַח יָדוֹ
י וַיִּקָּחֶהָ וַיָּבֵא אֹתָהּ אֵלָיו אֶל־הַתֵּבָה׃ וַיָּחֶל עוֹד שִׁבְעַת יָמִים
יא אֲחֵרִים וַיֹּסֶף שַׁלַּח אֶת־הַיּוֹנָה מִן־הַתֵּבָה׃ וַתָּבֹא אֵלָיו הַיּוֹנָה

לְעֵת עֶרֶב וְהִנֵּה עֲלֵה־זַיִת טָרָף בְּפִיהָ וַיֵּדַע נֹחַ כִּי־קַלּוּ הַמַּיִם
יב מֵעַל הָאָרֶץ׃ וַיִּיָּחֶל עוֹד שִׁבְעַת יָמִים אֲחֵרִים וַיְשַׁלַּח אֶת־הַיּוֹנָה
יג וְלֹא־יָסְפָה שׁוּב־אֵלָיו עוֹד׃ וַיְהִי בְּאַחַת וְשֵׁשׁ־מֵאוֹת שָׁנָה
בָּרִאשׁוֹן בְּאֶחָד לַחֹדֶשׁ חָרְבוּ הַמַּיִם מֵעַל הָאָרֶץ וַיָּסַר נֹחַ אֶת־
יד מִכְסֵה הַתֵּבָה וַיַּרְא וְהִנֵּה חָרְבוּ פְּנֵי הָאֲדָמָה׃ וּבַחֹדֶשׁ הַשֵּׁנִי
טו בְּשִׁבְעָה וְעֶשְׂרִים יוֹם לַחֹדֶשׁ יָבְשָׁה הָאָרֶץ׃ וַיְדַבֵּר ז רביעי
טז אֱלֹהִים אֶל־נֹחַ לֵאמֹר׃ צֵא מִן־הַתֵּבָה אַתָּה וְאִשְׁתְּךָ וּבָנֶיךָ
יז וּנְשֵׁי־בָנֶיךָ אִתָּךְ׃ כָּל־הַחַיָּה אֲשֶׁר־אִתְּךָ מִכָּל־בָּשָׂר בָּעוֹף
וּבַבְּהֵמָה וּבְכָל־הָרֶמֶשׂ הָרֹמֵשׂ עַל־הָאָרֶץ הוצא אִתָּךְ וְשָׁרְצוּ הַיְצֵא
יח בָאָרֶץ וּפָרוּ וְרָבוּ עַל־הָאָרֶץ׃ וַיֵּצֵא־נֹחַ וּבָנָיו וְאִשְׁתּוֹ וּנְשֵׁי־
יט בָנָיו אִתּוֹ׃ כָּל־הַחַיָּה כָּל־הָרֶמֶשׂ וְכָל־הָעוֹף כֹּל רוֹמֵשׂ עַל־
כ הָאָרֶץ לְמִשְׁפְּחֹתֵיהֶם יָצְאוּ מִן־הַתֵּבָה׃ וַיִּבֶן נֹחַ מִזְבֵּחַ לַיהוָה
וַיִּקַּח מִכֹּל ׀ הַבְּהֵמָה הַטְּהֹרָה וּמִכֹּל הָעוֹף הַטָּהֹר וַיַּעַל עֹלֹת
כא בַּמִּזְבֵּחַ׃ וַיָּרַח יְהוָה אֶת־רֵיחַ הַנִּיחֹחַ וַיֹּאמֶר יְהוָה אֶל־לִבּוֹ לֹא
אֹסִף לְקַלֵּל עוֹד אֶת־הָאֲדָמָה בַּעֲבוּר הָאָדָם כִּי יֵצֶר לֵב הָאָדָם
רַע מִנְּעֻרָיו וְלֹא־אֹסִף עוֹד לְהַכּוֹת אֶת־כָּל־חַי כַּאֲשֶׁר עָשִׂיתִי׃
כב עֹד כָּל־יְמֵי הָאָרֶץ זֶרַע וְקָצִיר וְקֹר וָחֹם וְקַיִץ וָחֹרֶף וְיוֹם וָלַיְלָה
א לֹא יִשְׁבֹּתוּ׃ וַיְבָרֶךְ אֱלֹהִים אֶת־נֹחַ וְאֶת־בָּנָיו וַיֹּאמֶר לָהֶם
ב פְּרוּ וּרְבוּ וּמִלְאוּ אֶת־הָאָרֶץ׃ וּמוֹרַאֲכֶם וְחִתְּכֶם יִהְיֶה עַל כָּל־
חַיַּת הָאָרֶץ וְעַל כָּל־עוֹף הַשָּׁמָיִם בְּכֹל אֲשֶׁר תִּרְמֹשׂ הָאֲדָמָה
ג וּבְכָל־דְּגֵי הַיָּם בְּיֶדְכֶם נִתָּנוּ׃ כָּל־רֶמֶשׂ אֲשֶׁר הוּא־חַי לָכֶם
ד יִהְיֶה לְאָכְלָה כְּיֶרֶק עֵשֶׂב נָתַתִּי לָכֶם אֶת־כֹּל׃ אַךְ־בָּשָׂר
ה בְּנַפְשׁוֹ דָמוֹ לֹא תֹאכֵלוּ׃ וְאַךְ אֶת־דִּמְכֶם לְנַפְשֹׁתֵיכֶם אֶדְרֹשׁ
מִיַּד כָּל־חַיָּה אֶדְרְשֶׁנּוּ וּמִיַּד הָאָדָם מִיַּד אִישׁ אָחִיו אֶדְרֹשׁ
ו אֶת־נֶפֶשׁ הָאָדָם׃ שֹׁפֵךְ דַּם הָאָדָם בָּאָדָם דָּמוֹ יִשָּׁפֵךְ כִּי בְּצֶלֶם
ז אֱלֹהִים עָשָׂה אֶת־הָאָדָם׃ וְאַתֶּם פְּרוּ וּרְבוּ שִׁרְצוּ בָאָרֶץ
ח וּרְבוּ־בָהּ׃ וַיֹּאמֶר אֱלֹהִים אֶל־נֹחַ וְאֶל־בָּנָיו אִתּוֹ חמישי

ט לֵאמֹר׃ וַאֲנִי הִנְנִי מֵקִים אֶת־בְּרִיתִי אִתְּכֶם וְאֶת־זַרְעֲכֶם
י אַחֲרֵיכֶם׃ וְאֵת כָּל־נֶפֶשׁ הַחַיָּה אֲשֶׁר אִתְּכֶם בָּעוֹף בַּבְּהֵמָה
וּבְכָל־חַיַּת הָאָרֶץ אִתְּכֶם מִכֹּל יֹצְאֵי הַתֵּבָה לְכֹל חַיַּת הָאָרֶץ׃
יא וַהֲקִמֹתִי אֶת־בְּרִיתִי אִתְּכֶם וְלֹא־יִכָּרֵת כָּל־בָּשָׂר עוֹד מִמֵּי
יב הַמַּבּוּל וְלֹא־יִהְיֶה עוֹד מַבּוּל לְשַׁחֵת הָאָרֶץ׃ וַיֹּאמֶר אֱלֹהִים
זֹאת אוֹת־הַבְּרִית אֲשֶׁר־אֲנִי נֹתֵן בֵּינִי וּבֵינֵיכֶם וּבֵין כָּל־נֶפֶשׁ
יג חַיָּה אֲשֶׁר אִתְּכֶם לְדֹרֹת עוֹלָם׃ אֶת־קַשְׁתִּי נָתַתִּי בֶּעָנָן וְהָיְתָה
יד לְאוֹת בְּרִית בֵּינִי וּבֵין הָאָרֶץ׃ וְהָיָה בְּעַנְנִי עָנָן עַל־הָאָרֶץ
טו וְנִרְאֲתָה הַקֶּשֶׁת בֶּעָנָן׃ וְזָכַרְתִּי אֶת־בְּרִיתִי אֲשֶׁר בֵּינִי וּבֵינֵיכֶם
וּבֵין כָּל־נֶפֶשׁ חַיָּה בְּכָל־בָּשָׂר וְלֹא־יִהְיֶה עוֹד הַמַּיִם לְמַבּוּל
טז לְשַׁחֵת כָּל־בָּשָׂר׃ וְהָיְתָה הַקֶּשֶׁת בֶּעָנָן וּרְאִיתִיהָ לִזְכֹּר בְּרִית
עוֹלָם בֵּין אֱלֹהִים וּבֵין כָּל־נֶפֶשׁ חַיָּה בְּכָל־בָּשָׂר אֲשֶׁר עַל־
יז הָאָרֶץ׃ וַיֹּאמֶר אֱלֹהִים אֶל־נֹחַ זֹאת אוֹת־הַבְּרִית אֲשֶׁר הֲקִמֹתִי
בֵּינִי וּבֵין כָּל־בָּשָׂר אֲשֶׁר עַל־הָאָרֶץ׃
יח וַיִּהְיוּ בְנֵי־נֹחַ הַיֹּצְאִים מִן־הַתֵּבָה שֵׁם וְחָם וָיָפֶת וְחָם הוּא אֲבִי ששי ח
יט כ כְנָעַן׃ שְׁלֹשָׁה אֵלֶּה בְּנֵי־נֹחַ וּמֵאֵלֶּה נָפְצָה כָל־הָאָרֶץ׃ וַיָּחֶל
כא נֹחַ אִישׁ הָאֲדָמָה וַיִּטַּע כָּרֶם׃ וַיֵּשְׁתְּ מִן־הַיַּיִן וַיִּשְׁכָּר וַיִּתְגַּל
כב בְּתוֹךְ אָהֳלֹה׃ וַיַּרְא חָם אֲבִי כְנַעַן אֵת עֶרְוַת אָבִיו וַיַּגֵּד לִשְׁנֵי־
כג אֶחָיו בַּחוּץ׃ וַיִּקַּח שֵׁם וָיֶפֶת אֶת־הַשִּׂמְלָה וַיָּשִׂימוּ עַל־שְׁכֶם
שְׁנֵיהֶם וַיֵּלְכוּ אֲחֹרַנִּית וַיְכַסּוּ אֵת עֶרְוַת אֲבִיהֶם וּפְנֵיהֶם אֲחֹרַנִּית
כד וְעֶרְוַת אֲבִיהֶם לֹא רָאוּ׃ וַיִּיקֶץ נֹחַ מִיֵּינוֹ וַיֵּדַע אֵת אֲשֶׁר־
כה עָשָׂה לוֹ בְּנוֹ הַקָּטָן׃ וַיֹּאמֶר אָרוּר כְּנָעַן עֶבֶד עֲבָדִים יִהְיֶה
כו לְאֶחָיו׃ וַיֹּאמֶר בָּרוּךְ יהוה אֱלֹהֵי שֵׁם וִיהִי כְנַעַן עֶבֶד לָמוֹ׃
כז יַפְתְּ אֱלֹהִים לְיֶפֶת וְיִשְׁכֹּן בְּאָהֳלֵי־שֵׁם וִיהִי כְנַעַן עֶבֶד לָמוֹ׃
כח כט וַיְחִי־נֹחַ אַחַר הַמַּבּוּל שְׁלֹשׁ מֵאוֹת שָׁנָה וַחֲמִשִּׁים שָׁנָה׃ וַיְהִי
כָּל־יְמֵי־נֹחַ תְּשַׁע מֵאוֹת שָׁנָה וַחֲמִשִּׁים שָׁנָה וַיָּמֹת׃
א וְאֵלֶּה תּוֹלְדֹת בְּנֵי־נֹחַ שֵׁם חָם וָיָפֶת וַיִּוָּלְדוּ לָהֶם בָּנִים אַחַר

ב הַמַּבּוּל: בְּנֵי יֶפֶת גֹּמֶר וּמָגוֹג וּמָדַי וְיָוָן וְתֻבָל וּמֶשֶׁךְ וְתִירָס:
ג ד וּבְנֵי גֹּמֶר אַשְׁכְּנַז וְרִיפַת וְתֹגַרְמָה: וּבְנֵי יָוָן אֱלִישָׁה וְתַרְשִׁישׁ
ה כִּתִּים וְדֹדָנִים: מֵאֵלֶּה נִפְרְדוּ אִיֵּי הַגּוֹיִם בְּאַרְצֹתָם אִישׁ לִלְשֹׁנוֹ
ו ז לְמִשְׁפְּחֹתָם בְּגוֹיֵהֶם: וּבְנֵי חָם כּוּשׁ וּמִצְרַיִם וּפוּט וּכְנָעַן: וּבְנֵי
כוּשׁ סְבָא וַחֲוִילָה וְסַבְתָּה וְרַעְמָה וְסַבְתְּכָא וּבְנֵי רַעְמָה שְׁבָא
ח וּדְדָן: וְכוּשׁ יָלַד אֶת־נִמְרֹד הוּא הֵחֵל לִהְיוֹת גִּבֹּר בָּאָרֶץ:
ט הוּא־הָיָה גִבֹּר־צַיִד לִפְנֵי יְהוָה עַל־כֵּן יֵאָמַר כְּנִמְרֹד גִּבּוֹר צַיִד
י לִפְנֵי יְהוָה: וַתְּהִי רֵאשִׁית מַמְלַכְתּוֹ בָּבֶל וְאֶרֶךְ וְאַכַּד וְכַלְנֵה
יא בְּאֶרֶץ שִׁנְעָר: מִן־הָאָרֶץ הַהִוא יָצָא אַשּׁוּר וַיִּבֶן אֶת־נִינְוֵה
יב וְאֶת־רְחֹבֹת עִיר וְאֶת־כָּלַח: וְאֶת־רֶסֶן בֵּין נִינְוֵה וּבֵין כָּלַח
יג הִוא הָעִיר הַגְּדֹלָה: וּמִצְרַיִם יָלַד אֶת־לוּדִים וְאֶת־עֲנָמִים
יד וְאֶת־לְהָבִים וְאֶת־נַפְתֻּחִים: וְאֶת־פַּתְרֻסִים וְאֶת־כַּסְלֻחִים
טו אֲשֶׁר יָצְאוּ מִשָּׁם פְּלִשְׁתִּים וְאֶת־כַּפְתֹּרִים: וּכְנַעַן
טז יָלַד אֶת־צִידֹן בְּכֹרוֹ וְאֶת־חֵת: וְאֶת־הַיְבוּסִי וְאֶת־הָאֱמֹרִי
יז יח וְאֵת הַגִּרְגָּשִׁי: וְאֶת־הַחִוִּי וְאֶת־הָעַרְקִי וְאֶת־הַסִּינִי: וְאֶת־
הָאַרְוָדִי וְאֶת־הַצְּמָרִי וְאֶת־הַחֲמָתִי וְאַחַר נָפֹצוּ מִשְׁפְּחוֹת
יט הַכְּנַעֲנִי: וַיְהִי גְּבוּל הַכְּנַעֲנִי מִצִּידֹן בֹּאֲכָה גְרָרָה עַד־עַזָּה
כ בֹּאֲכָה סְדֹמָה וַעֲמֹרָה וְאַדְמָה וּצְבֹיִם עַד־לָשַׁע: אֵלֶּה בְנֵי־חָם
כא לְמִשְׁפְּחֹתָם לִלְשֹׁנֹתָם בְּאַרְצֹתָם בְּגוֹיֵהֶם: וּלְשֵׁם
כב יֻלַּד גַּם־הוּא אֲבִי כָּל־בְּנֵי־עֵבֶר אֲחִי יֶפֶת הַגָּדוֹל: בְּנֵי שֵׁם
כג עֵילָם וְאַשּׁוּר וְאַרְפַּכְשַׁד וְלוּד וַאֲרָם: וּבְנֵי אֲרָם עוּץ וְחוּל
כד וְגֶתֶר וָמַשׁ: וְאַרְפַּכְשַׁד יָלַד אֶת־שָׁלַח וְשֶׁלַח יָלַד אֶת־עֵבֶר:
כה וּלְעֵבֶר יֻלַּד שְׁנֵי בָנִים שֵׁם הָאֶחָד פֶּלֶג כִּי בְיָמָיו נִפְלְגָה הָאָרֶץ
כו וְשֵׁם אָחִיו יָקְטָן: וְיָקְטָן יָלַד אֶת־אַלְמוֹדָד וְאֶת־שָׁלֶף וְאֶת־
כז חֲצַרְמָוֶת וְאֶת־יָרַח: וְאֶת־הֲדוֹרָם וְאֶת־אוּזָל וְאֶת־דִּקְלָה:
כח כט וְאֶת־עוֹבָל וְאֶת־אֲבִימָאֵל וְאֶת־שְׁבָא: וְאֶת־אוֹפִר וְאֶת־
ל חֲוִילָה וְאֶת־יוֹבָב כָּל־אֵלֶּה בְּנֵי יָקְטָן: וַיְהִי מוֹשָׁבָם מִמֵּשָׁא

לא בְּאַכָה סְפָרָה הַר הַקֶּדֶם: אֵלֶּה בְנֵי־שֵׁם לְמִשְׁפְּחֹתָם לִלְשֹׁנֹתָם
לב בְּאַרְצֹתָם לְגוֹיֵהֶם: אֵלֶּה מִשְׁפְּחֹת בְּנֵי־נֹחַ לְתוֹלְדֹתָם בְּגוֹיֵהֶם
וּמֵאֵלֶּה נִפְרְדוּ הַגּוֹיִם בָּאָרֶץ אַחַר הַמַּבּוּל:
שביעי ט יא א ב וַיְהִי כָל־הָאָרֶץ שָׂפָה אֶחָת וּדְבָרִים אֲחָדִים: וַיְהִי בְּנָסְעָם
ג מִקֶּדֶם וַיִּמְצְאוּ בִקְעָה בְּאֶרֶץ שִׁנְעָר וַיֵּשְׁבוּ שָׁם: וַיֹּאמְרוּ אִישׁ
אֶל־רֵעֵהוּ הָבָה נִלְבְּנָה לְבֵנִים וְנִשְׂרְפָה לִשְׂרֵפָה וַתְּהִי לָהֶם
ד הַלְּבֵנָה לְאָבֶן וְהַחֵמָר הָיָה לָהֶם לַחֹמֶר: וַיֹּאמְרוּ הָבָה ׀ נִבְנֶה־
לָּנוּ עִיר וּמִגְדָּל וְרֹאשׁוֹ בַשָּׁמַיִם וְנַעֲשֶׂה־לָּנוּ שֵׁם פֶּן־נָפוּץ עַל־
ה פְּנֵי כָל־הָאָרֶץ: וַיֵּרֶד יְהוָה לִרְאֹת אֶת־הָעִיר וְאֶת־הַמִּגְדָּל
ו אֲשֶׁר בָּנוּ בְּנֵי הָאָדָם: וַיֹּאמֶר יְהוָה הֵן עַם אֶחָד וְשָׂפָה אַחַת
לְכֻלָּם וְזֶה הַחִלָּם לַעֲשׂוֹת וְעַתָּה לֹא־יִבָּצֵר מֵהֶם כֹּל אֲשֶׁר
ז יָזְמוּ לַעֲשׂוֹת: הָבָה נֵרְדָה וְנָבְלָה שָׁם שְׂפָתָם אֲשֶׁר לֹא יִשְׁמְעוּ
ח אִישׁ שְׂפַת רֵעֵהוּ: וַיָּפֶץ יְהוָה אֹתָם מִשָּׁם עַל־פְּנֵי כָל־הָאָרֶץ
ט וַיַּחְדְּלוּ לִבְנֹת הָעִיר: עַל־כֵּן קָרָא שְׁמָהּ בָּבֶל כִּי־שָׁם
בָּלַל יְהוָה שְׂפַת כָּל־הָאָרֶץ וּמִשָּׁם הֱפִיצָם יְהוָה עַל־פְּנֵי
כָּל־הָאָרֶץ:
י אֵלֶּה תּוֹלְדֹת שֵׁם שֵׁם בֶּן־מְאַת שָׁנָה וַיּוֹלֶד אֶת־אַרְפַּכְשָׁד
יא שְׁנָתַיִם אַחַר הַמַּבּוּל: וַיְחִי־שֵׁם אַחֲרֵי הוֹלִידוֹ אֶת־אַרְפַּכְשָׁד
יב חֲמֵשׁ מֵאוֹת שָׁנָה וַיּוֹלֶד בָּנִים וּבָנוֹת: וְאַרְפַּכְשַׁד
יג חַי חָמֵשׁ וּשְׁלֹשִׁים שָׁנָה וַיּוֹלֶד אֶת־שָׁלַח: וַיְחִי אַרְפַּכְשַׁד
אַחֲרֵי הוֹלִידוֹ אֶת־שֶׁלַח שָׁלֹשׁ שָׁנִים וְאַרְבַּע מֵאוֹת שָׁנָה
יד וַיּוֹלֶד בָּנִים וּבָנוֹת: וְשֶׁלַח חַי שְׁלֹשִׁים שָׁנָה וַיּוֹלֶד
טו אֶת־עֵבֶר: וַיְחִי־שֶׁלַח אַחֲרֵי הוֹלִידוֹ אֶת־עֵבֶר שָׁלֹשׁ שָׁנִים
טז וְאַרְבַּע מֵאוֹת שָׁנָה וַיּוֹלֶד בָּנִים וּבָנוֹת: וַיְחִי־עֵבֶר
יז אַרְבַּע וּשְׁלֹשִׁים שָׁנָה וַיּוֹלֶד אֶת־פָּלֶג: וַיְחִי־עֵבֶר אַחֲרֵי הוֹלִידוֹ
אֶת־פֶּלֶג שְׁלֹשִׁים שָׁנָה וְאַרְבַּע מֵאוֹת שָׁנָה וַיּוֹלֶד בָּנִים
יח וּבָנוֹת: וַיְחִי־פֶלֶג שְׁלֹשִׁים שָׁנָה וַיּוֹלֶד אֶת־רְעוּ:

יט וַיְחִי־פֶלֶג אַחֲרֵי הוֹלִידוֹ אֶת־רְעוּ תֵּשַׁע שָׁנִים וּמָאתַיִם שָׁנָה
כ וַיּוֹלֶד בָּנִים וּבָנוֹת׃ וַיְחִי רְעוּ שְׁתַּיִם וּשְׁלֹשִׁים שָׁנָה
כא וַיּוֹלֶד אֶת־שְׂרוּג׃ וַיְחִי רְעוּ אַחֲרֵי הוֹלִידוֹ אֶת־שְׂרוּג שֶׁבַע שָׁנִים
כב וּמָאתַיִם שָׁנָה וַיּוֹלֶד בָּנִים וּבָנוֹת׃ וַיְחִי שְׂרוּג שְׁלֹשִׁים
כג שָׁנָה וַיּוֹלֶד אֶת־נָחוֹר׃ וַיְחִי שְׂרוּג אַחֲרֵי הוֹלִידוֹ אֶת־נָחוֹר מָאתַיִם
כד שָׁנָה וַיּוֹלֶד בָּנִים וּבָנוֹת׃ וַיְחִי נָחוֹר תֵּשַׁע וְעֶשְׂרִים
כה שָׁנָה וַיּוֹלֶד אֶת־תָּרַח׃ וַיְחִי נָחוֹר אַחֲרֵי הוֹלִידוֹ אֶת־תֶּרַח תְּשַׁע־
כו עֶשְׂרֵה שָׁנָה וּמְאַת שָׁנָה וַיּוֹלֶד בָּנִים וּבָנוֹת׃ וַיְחִי־
תֶרַח שִׁבְעִים שָׁנָה וַיּוֹלֶד אֶת־אַבְרָם אֶת־נָחוֹר וְאֶת־הָרָן׃
כז וְאֵלֶּה תּוֹלְדֹת תֶּרַח תֶּרַח הוֹלִיד אֶת־אַבְרָם אֶת־נָחוֹר וְאֶת־
כח הָרָן וְהָרָן הוֹלִיד אֶת־לוֹט׃ וַיָּמָת הָרָן עַל־פְּנֵי תֶּרַח אָבִיו בְּאֶרֶץ
כט מוֹלַדְתּוֹ בְּאוּר כַּשְׂדִּים׃ וַיִּקַּח אַבְרָם וְנָחוֹר לָהֶם נָשִׁים שֵׁם מפטיר
אֵשֶׁת־אַבְרָם שָׂרָי וְשֵׁם אֵשֶׁת־נָחוֹר מִלְכָּה בַּת־הָרָן אֲבִי־
ל לא מִלְכָּה וַאֲבִי יִסְכָּה׃ וַתְּהִי שָׂרַי עֲקָרָה אֵין לָהּ וָלָד׃ וַיִּקַּח תֶּרַח
אֶת־אַבְרָם בְּנוֹ וְאֶת־לוֹט בֶּן־הָרָן בֶּן־בְּנוֹ וְאֵת שָׂרַי כַּלָּתוֹ
אֵשֶׁת אַבְרָם בְּנוֹ וַיֵּצְאוּ אִתָּם מֵאוּר כַּשְׂדִּים לָלֶכֶת אַרְצָה
לב כְּנַעַן וַיָּבֹאוּ עַד־חָרָן וַיֵּשְׁבוּ שָׁם׃ וַיִּהְיוּ יְמֵי־תֶרַח חָמֵשׁ שָׁנִים
וּמָאתַיִם שָׁנָה וַיָּמָת תֶּרַח בְּחָרָן׃
יב א וַיֹּאמֶר יהוה אֶל־אַבְרָם לֶךְ־לְךָ מֵאַרְצְךָ וּמִמּוֹלַדְתְּךָ וּמִבֵּית י לך לך
ב אָבִיךָ אֶל־הָאָרֶץ אֲשֶׁר אַרְאֶךָּ׃ וְאֶעֶשְׂךָ לְגוֹי גָּדוֹל וַאֲבָרֶכְךָ
ג וַאֲגַדְּלָה שְׁמֶךָ וֶהְיֵה בְּרָכָה׃ וַאֲבָרְכָה מְבָרְכֶיךָ וּמְקַלֶּלְךָ אָאֹר
ד וְנִבְרְכוּ בְךָ כֹּל מִשְׁפְּחֹת הָאֲדָמָה׃ וַיֵּלֶךְ אַבְרָם כַּאֲשֶׁר דִּבֶּר
אֵלָיו יהוה וַיֵּלֶךְ אִתּוֹ לוֹט וְאַבְרָם בֶּן־חָמֵשׁ שָׁנִים וְשִׁבְעִים
ה שָׁנָה בְּצֵאתוֹ מֵחָרָן׃ וַיִּקַּח אַבְרָם אֶת־שָׂרַי אִשְׁתּוֹ וְאֶת־לוֹט
בֶּן־אָחִיו וְאֶת־כָּל־רְכוּשָׁם אֲשֶׁר רָכָשׁוּ וְאֶת־הַנֶּפֶשׁ אֲשֶׁר־עָשׂוּ
ו בְחָרָן וַיֵּצְאוּ לָלֶכֶת אַרְצָה כְּנַעַן וַיָּבֹאוּ אַרְצָה כְּנָעַן׃ וַיַּעֲבֹר
אַבְרָם בָּאָרֶץ עַד מְקוֹם שְׁכֶם עַד אֵלוֹן מוֹרֶה וְהַכְּנַעֲנִי אָז

ז בארץ: וירא יהוה אל־אברם ויאמר לזרעך אתן את־הארץ
ח הזאת ויבן שם מזבח ליהוה הנראה אליו: ויעתק משם
ההרה מקדם לבית־אל ויט אהלה בית־אל מים והעי מקדם
ט ויבן־שם מזבח ליהוה ויקרא בשם יהוה: ויסע אברם הלוך
ונסוע הנגבה:
י ויהי רעב בארץ וירד אברם מצרימה לגור שם כי־כבד
יא הרעב בארץ: ויהי כאשר הקריב לבוא מצרימה ויאמר
אל־שרי אשתו הנה־נא ידעתי כי אשה יפת־מראה את:
יב והיה כי־יראו אתך המצרים ואמרו אשתו זאת והרגו אתי
יג ואתך יחיו: אמרי־נא אחתי את למען ייטב־לי בעבורך
יד וחיתה נפשי בגללך: ויהי כבוא אברם מצרימה ויראו שני
טו המצרים את־האשה כי־יפה הוא מאד: ויראו אתה שרי
פרעה ויהללו אתה אל־פרעה ותקח האשה בית פרעה:
טז ולאברם היטיב בעבורה ויהי־לו צאן־ובקר וחמרים ועבדים
יז ושפחת ואתנת וגמלים: וינגע יהוה ׀ את־פרעה נגעים גדלים
יח ואת־ביתו על־דבר שרי אשת אברם: ויקרא פרעה לאברם
ויאמר מה־זאת עשית לי למה לא־הגדת לי כי אשתך הוא:
יט למה אמרת אחתי הוא ואקח אתה לי לאשה ועתה הנה
כ אשתך קח ולך: ויצו עליו פרעה אנשים וישלחו אתו
יג א ואת־אשתו ואת־כל־אשר־לו: ויעל אברם ממצרים הוא
ב ואשתו וכל־אשר־לו ולוט עמו הנגבה: ואברם כבד מאד
ג במקנה בכסף ובזהב: וילך למסעיו מנגב ועד־בית־אל עד־
המקום אשר־היה שם אהלה בתחלה בין בית־אל ובין העי:
ד אל־מקום המזבח אשר־עשה שם בראשנה ויקרא שם
ה אברם בשם יהוה: וגם־ללוט ההלך את־אברם היה צאן־ שלישי
ו ובקר ואהלים: ולא־נשא אתם הארץ לשבת יחדו כי־היה
ז רכושם רב ולא יכלו לשבת יחדו: ויהי־ריב בין רעי מקנה־

אַבְרָם וּבֵין רֹעֵי מִקְנֵה־לוֹט וְהַכְּנַעֲנִי וְהַפְּרִזִּי אָז יֹשֵׁב בָּאָרֶץ:
ח וַיֹּאמֶר אַבְרָם אֶל־לוֹט אַל־נָא תְהִי מְרִיבָה בֵּינִי וּבֵינֶךָ וּבֵין
ט רֹעַי וּבֵין רֹעֶיךָ כִּי־אֲנָשִׁים אַחִים אֲנָחְנוּ: הֲלֹא כָל־הָאָרֶץ
לְפָנֶיךָ הִפָּרֶד נָא מֵעָלָי אִם־הַשְּׂמֹאל וְאֵימִנָה וְאִם־הַיָּמִין
י וְאַשְׂמְאִילָה: וַיִּשָּׂא־לוֹט אֶת־עֵינָיו וַיַּרְא אֶת־כָּל־כִּכַּר הַיַּרְדֵּן
כִּי כֻלָּהּ מַשְׁקֶה לִפְנֵי ׀ שַׁחֵת יהוה אֶת־סְדֹם וְאֶת־עֲמֹרָה כְּגַן
יא יהוה כְּאֶרֶץ מִצְרַיִם בֹּאֲכָה צֹעַר: וַיִּבְחַר־לוֹ לוֹט אֵת כָּל־כִּכַּר
יב הַיַּרְדֵּן וַיִּסַּע לוֹט מִקֶּדֶם וַיִּפָּרְדוּ אִישׁ מֵעַל אָחִיו: אַבְרָם יָשַׁב
יג בְּאֶרֶץ־כְּנָעַן וְלוֹט יָשַׁב בְּעָרֵי הַכִּכָּר וַיֶּאֱהַל עַד־סְדֹם: וְאַנְשֵׁי
יד סְדֹם רָעִים וְחַטָּאִים לַיהוה מְאֹד: וַיהוה אָמַר אֶל־אַבְרָם
אַחֲרֵי הִפָּרֶד־לוֹט מֵעִמּוֹ שָׂא־נָא עֵינֶיךָ וּרְאֵה מִן־הַמָּקוֹם
טו אֲשֶׁר־אַתָּה שָׁם צָפֹנָה וָנֶגְבָּה וָקֵדְמָה וָיָמָּה: כִּי אֶת־כָּל־
הָאָרֶץ אֲשֶׁר־אַתָּה רֹאֶה לְךָ אֶתְּנֶנָּה וּלְזַרְעֲךָ עַד־עוֹלָם:
טז וְשַׂמְתִּי אֶת־זַרְעֲךָ כַּעֲפַר הָאָרֶץ אֲשֶׁר ׀ אִם־יוּכַל אִישׁ לִמְנוֹת
יז אֶת־עֲפַר הָאָרֶץ גַּם־זַרְעֲךָ יִמָּנֶה: קוּם הִתְהַלֵּךְ בָּאָרֶץ לְאָרְכָּהּ
יח וּלְרָחְבָּהּ כִּי לְךָ אֶתְּנֶנָּה: וַיֶּאֱהַל אַבְרָם וַיָּבֹא וַיֵּשֶׁב בְּאֵלֹנֵי
מַמְרֵא אֲשֶׁר בְּחֶבְרוֹן וַיִּבֶן־שָׁם מִזְבֵּחַ לַיהוה:
ד א וַיְהִי בִּימֵי אַמְרָפֶל מֶלֶךְ־שִׁנְעָר אַרְיוֹךְ מֶלֶךְ אֶלָּסָר כְּדָרְלָעֹמֶר יא רביעי
ב מֶלֶךְ עֵילָם וְתִדְעָל מֶלֶךְ גּוֹיִם: עָשׂוּ מִלְחָמָה אֶת־בֶּרַע מֶלֶךְ
סְדֹם וְאֶת־בִּרְשַׁע מֶלֶךְ עֲמֹרָה שִׁנְאָב ׀ מֶלֶךְ אַדְמָה וְשֶׁמְאֵבֶר
ג מֶלֶךְ צביים וּמֶלֶךְ בֶּלַע הִיא־צֹעַר: כָּל־אֵלֶּה חָבְרוּ אֶל־עֵמֶק צְבוֹיִם
ד הַשִּׂדִּים הוּא יָם הַמֶּלַח: שְׁתֵּים עֶשְׂרֵה שָׁנָה עָבְדוּ אֶת־
ה כְּדָרְלָעֹמֶר וּשְׁלֹשׁ־עֶשְׂרֵה שָׁנָה מָרָדוּ: וּבְאַרְבַּע עֶשְׂרֵה שָׁנָה
בָּא כְדָרְלָעֹמֶר וְהַמְּלָכִים אֲשֶׁר אִתּוֹ וַיַּכּוּ אֶת־רְפָאִים בְּעַשְׁתְּרֹת
ו קַרְנַיִם וְאֶת־הַזּוּזִים בְּהָם וְאֵת הָאֵימִים בְּשָׁוֵה קִרְיָתָיִם: וְאֶת־
ז הַחֹרִי בְּהַרְרָם שֵׂעִיר עַד אֵיל פָּארָן אֲשֶׁר עַל־הַמִּדְבָּר: וַיָּשֻׁבוּ
וַיָּבֹאוּ אֶל־עֵין מִשְׁפָּט הִוא קָדֵשׁ וַיַּכּוּ אֶת־כָּל־שְׂדֵה הָעֲמָלֵקִי

ח וְגַם אֶת־הָאֱמֹרִי הַיֹּשֵׁב בְּחַצְצֹן תָּמָר׃ וַיֵּצֵא מֶלֶךְ־סְדֹם וּמֶלֶךְ
עֲמֹרָה וּמֶלֶךְ אַדְמָה וּמֶלֶךְ צביים וּמֶלֶךְ בֶּלַע הִוא־צֹעַר וַיַּעַרְכוּ צְבוֹיִם
ט אִתָּם מִלְחָמָה בְּעֵמֶק הַשִּׂדִּים׃ אֵת כְּדָרְלָעֹמֶר מֶלֶךְ עֵילָם
וְתִדְעָל מֶלֶךְ גּוֹיִם וְאַמְרָפֶל מֶלֶךְ שִׁנְעָר וְאַרְיוֹךְ מֶלֶךְ אֶלָּסָר
י אַרְבָּעָה מְלָכִים אֶת־הַחֲמִשָּׁה׃ וְעֵמֶק הַשִּׂדִּים בֶּאֱרֹת בֶּאֱרֹת
חֵמָר וַיָּנֻסוּ מֶלֶךְ־סְדֹם וַעֲמֹרָה וַיִּפְּלוּ־שָׁמָּה וְהַנִּשְׁאָרִים הֶרָה
יא נָּסוּ׃ וַיִּקְחוּ אֶת־כָּל־רְכֻשׁ סְדֹם וַעֲמֹרָה וְאֶת־כָּל־אָכְלָם וַיֵּלֵכוּ׃
יב וַיִּקְחוּ אֶת־לוֹט וְאֶת־רְכֻשׁוֹ בֶּן־אֲחִי אַבְרָם וַיֵּלֵכוּ וְהוּא יֹשֵׁב
יג בִּסְדֹם׃ וַיָּבֹא הַפָּלִיט וַיַּגֵּד לְאַבְרָם הָעִבְרִי וְהוּא שֹׁכֵן בְּאֵלֹנֵי
מַמְרֵא הָאֱמֹרִי אֲחִי אֶשְׁכֹּל וַאֲחִי עָנֵר וְהֵם בַּעֲלֵי בְרִית־אַבְרָם׃
יד וַיִּשְׁמַע אַבְרָם כִּי נִשְׁבָּה אָחִיו וַיָּרֶק אֶת־חֲנִיכָיו יְלִידֵי בֵיתוֹ
טו שְׁמֹנָה עָשָׂר וּשְׁלֹשׁ מֵאוֹת וַיִּרְדֹּף עַד־דָּן׃ וַיֵּחָלֵק עֲלֵיהֶם ׀ לַיְלָה
הוּא וַעֲבָדָיו וַיַּכֵּם וַיִּרְדְּפֵם עַד־חוֹבָה אֲשֶׁר מִשְּׂמֹאל לְדַמָּשֶׂק׃
טז וַיָּשֶׁב אֵת כָּל־הָרְכֻשׁ וְגַם אֶת־לוֹט אָחִיו וּרְכֻשׁוֹ הֵשִׁיב וְגַם
יז אֶת־הַנָּשִׁים וְאֶת־הָעָם׃ וַיֵּצֵא מֶלֶךְ־סְדֹם לִקְרָאתוֹ אַחֲרֵי שׁוּבוֹ
מֵהַכּוֹת אֶת־כְּדָרְלָעֹמֶר וְאֶת־הַמְּלָכִים אֲשֶׁר אִתּוֹ אֶל־עֵמֶק
יח שָׁוֵה הוּא עֵמֶק הַמֶּלֶךְ׃ וּמַלְכִּי־צֶדֶק מֶלֶךְ שָׁלֵם הוֹצִיא לֶחֶם
יט וָיָיִן וְהוּא כֹהֵן לְאֵל עֶלְיוֹן׃ וַיְבָרְכֵהוּ וַיֹּאמַר בָּרוּךְ אַבְרָם לְאֵל
כ עֶלְיוֹן קֹנֵה שָׁמַיִם וָאָרֶץ׃ וּבָרוּךְ אֵל עֶלְיוֹן אֲשֶׁר־מִגֵּן צָרֶיךָ
כא בְּיָדֶךָ וַיִּתֶּן־לוֹ מַעֲשֵׂר מִכֹּל׃ וַיֹּאמֶר מֶלֶךְ־סְדֹם אֶל־אַבְרָם חמישי
כב תֶּן־לִי הַנֶּפֶשׁ וְהָרְכֻשׁ קַח־לָךְ׃ וַיֹּאמֶר אַבְרָם אֶל־מֶלֶךְ סְדֹם
כג הֲרִמֹתִי יָדִי אֶל־יְהוָה אֵל עֶלְיוֹן קֹנֵה שָׁמַיִם וָאָרֶץ׃ אִם־מִחוּט
וְעַד שְׂרוֹךְ־נַעַל וְאִם־אֶקַּח מִכָּל־אֲשֶׁר־לָךְ וְלֹא תֹאמַר אֲנִי
כד הֶעֱשַׁרְתִּי אֶת־אַבְרָם׃ בִּלְעָדַי רַק אֲשֶׁר אָכְלוּ הַנְּעָרִים וְחֵלֶק
הָאֲנָשִׁים אֲשֶׁר הָלְכוּ אִתִּי עָנֵר אֶשְׁכֹּל וּמַמְרֵא הֵם יִקְחוּ
א חֶלְקָם׃ יב אַחַר ׀ הַדְּבָרִים הָאֵלֶּה הָיָה דְבַר־יְהוָה
אֶל־אַבְרָם בַּמַּחֲזֶה לֵאמֹר אַל־תִּירָא אַבְרָם אָנֹכִי מָגֵן לָךְ

ב שְׂכָרְךָ הַרְבֵּה מְאֹד: וַיֹּאמֶר אַבְרָם אֲדֹנָי יֱהֹוִה מַה־תִּתֶּן־לִי
וְאָנֹכִי הוֹלֵךְ עֲרִירִי וּבֶן־מֶשֶׁק בֵּיתִי הוּא דַּמֶּשֶׂק אֱלִיעֶזֶר:
ג וַיֹּאמֶר אַבְרָם הֵן לִי לֹא נָתַתָּה זָרַע וְהִנֵּה בֶן־בֵּיתִי יוֹרֵשׁ אֹתִי:
ד וְהִנֵּה דְבַר־יְהוָה אֵלָיו לֵאמֹר לֹא יִירָשְׁךָ זֶה כִּי־אִם אֲשֶׁר
ה יֵצֵא מִמֵּעֶיךָ הוּא יִירָשֶׁךָ: וַיּוֹצֵא אֹתוֹ הַחוּצָה וַיֹּאמֶר הַבֶּט־
נָא הַשָּׁמַיְמָה וּסְפֹר הַכּוֹכָבִים אִם־תּוּכַל לִסְפֹּר אֹתָם וַיֹּאמֶר
ו לוֹ כֹּה יִהְיֶה זַרְעֶךָ: וְהֶאֱמִן בַּיהוָה וַיַּחְשְׁבֶהָ לּוֹ צְדָקָה:
ז וַיֹּאמֶר אֵלָיו אֲנִי יְהוָה אֲשֶׁר הוֹצֵאתִיךָ מֵאוּר כַּשְׂדִּים לָתֶת ששי
ח לְךָ אֶת־הָאָרֶץ הַזֹּאת לְרִשְׁתָּהּ: וַיֹּאמַר אֲדֹנָי יֱהֹוִה בַּמָּה
ט אֵדַע כִּי אִירָשֶׁנָּה: וַיֹּאמֶר אֵלָיו קְחָה לִי עֶגְלָה מְשֻׁלֶּשֶׁת
י וְעֵז מְשֻׁלֶּשֶׁת וְאַיִל מְשֻׁלָּשׁ וְתֹר וְגוֹזָל: וַיִּקַּח־לוֹ אֶת־כָּל־
אֵלֶּה וַיְבַתֵּר אֹתָם בַּתָּוֶךְ וַיִּתֵּן אִישׁ־בִּתְרוֹ לִקְרַאת רֵעֵהוּ
יא וְאֶת־הַצִּפֹּר לֹא בָתָר: וַיֵּרֶד הָעַיִט עַל־הַפְּגָרִים וַיַּשֵּׁב אֹתָם
יב אַבְרָם: וַיְהִי הַשֶּׁמֶשׁ לָבוֹא וְתַרְדֵּמָה נָפְלָה עַל־אַבְרָם וְהִנֵּה
יג אֵימָה חֲשֵׁכָה גְדֹלָה נֹפֶלֶת עָלָיו: וַיֹּאמֶר לְאַבְרָם יָדֹעַ תֵּדַע
כִּי־גֵר ׀ יִהְיֶה זַרְעֲךָ בְּאֶרֶץ לֹא לָהֶם וַעֲבָדוּם וְעִנּוּ אֹתָם אַרְבַּע
יד מֵאוֹת שָׁנָה: וְגַם אֶת־הַגּוֹי אֲשֶׁר יַעֲבֹדוּ דָּן אָנֹכִי וְאַחֲרֵי־
טו כֵן יֵצְאוּ בִּרְכֻשׁ גָּדוֹל: וְאַתָּה תָּבוֹא אֶל־אֲבֹתֶיךָ בְּשָׁלוֹם
טז תִּקָּבֵר בְּשֵׂיבָה טוֹבָה: וְדוֹר רְבִיעִי יָשׁוּבוּ הֵנָּה כִּי לֹא־שָׁלֵם
יז עֲוֹן הָאֱמֹרִי עַד־הֵנָּה: וַיְהִי הַשֶּׁמֶשׁ בָּאָה וַעֲלָטָה הָיָה וְהִנֵּה
יח תַנּוּר עָשָׁן וְלַפִּיד אֵשׁ אֲשֶׁר עָבַר בֵּין הַגְּזָרִים הָאֵלֶּה: בַּיּוֹם
הַהוּא כָּרַת יְהוָה אֶת־אַבְרָם בְּרִית לֵאמֹר לְזַרְעֲךָ נָתַתִּי אֶת־
יט הָאָרֶץ הַזֹּאת מִנְּהַר מִצְרַיִם עַד־הַנָּהָר הַגָּדֹל נְהַר־פְּרָת: אֶת־
כ הַקֵּינִי וְאֶת־הַקְּנִזִּי וְאֵת הַקַּדְמֹנִי: וְאֶת־הַחִתִּי וְאֶת־הַפְּרִזִּי וְאֶת־
כא הָרְפָאִים: וְאֶת־הָאֱמֹרִי וְאֶת־הַכְּנַעֲנִי וְאֶת־הַגִּרְגָּשִׁי וְאֶת־
טז א הַיְבוּסִי: וְשָׂרַי אֵשֶׁת אַבְרָם לֹא יָלְדָה לוֹ וְלָהּ יג
ב שִׁפְחָה מִצְרִית וּשְׁמָהּ הָגָר: וַתֹּאמֶר שָׂרַי אֶל־אַבְרָם הִנֵּה־נָא

עֲצָרַ֤נִי יְהוָה֙ מִלֶּ֔דֶת בֹּא־נָא֙ אֶל־שִׁפְחָתִ֔י אוּלַ֥י אִבָּנֶ֖ה מִמֶּ֑נָּה
ג וַיִּשְׁמַ֥ע אַבְרָ֖ם לְק֥וֹל שָׂרָֽי׃ וַתִּקַּ֞ח שָׂרַ֣י ׀ אֵֽשֶׁת־אַבְרָ֗ם אֶת־הָגָ֤ר
הַמִּצְרִית֙ שִׁפְחָתָ֔הּ מִקֵּץ֙ עֶ֣שֶׂר שָׁנִ֔ים לְשֶׁ֥בֶת אַבְרָ֖ם בְּאֶ֣רֶץ כְּנָ֑עַן
ד וַתִּתֵּ֥ן אֹתָ֛הּ לְאַבְרָ֥ם אִישָׁ֖הּ ל֥וֹ לְאִשָּֽׁה׃ וַיָּבֹ֥א אֶל־הָגָ֖ר וַתַּ֑הַר
ה וַתֵּ֙רֶא֙ כִּ֣י הָרָ֔תָה וַתֵּקַ֥ל גְּבִרְתָּ֖הּ בְּעֵינֶֽיהָ׃ וַתֹּ֨אמֶר שָׂרַ֣י אֶל־
אַבְרָם֮ חֲמָסִ֣י עָלֶ֒יךָ֒ אָנֹכִ֗י נָתַ֤תִּי שִׁפְחָתִי֙ בְּחֵיקֶ֔ךָ וַתֵּ֙רֶא֙ כִּ֣י
ו הָרָ֔תָה וָאֵקַ֖ל בְּעֵינֶ֑יהָ יִשְׁפֹּ֥ט יְהוָ֖ה בֵּינִ֥י וּבֵינֶֽיךָ׃ וַיֹּ֨אמֶר אַבְרָ֜ם
אֶל־שָׂרַ֗י הִנֵּ֤ה שִׁפְחָתֵךְ֙ בְּיָדֵ֔ךְ עֲשִׂי־לָ֖הּ הַטּ֣וֹב בְּעֵינָ֑יִךְ וַתְּעַנֶּ֣הָ
ז שָׂרַ֔י וַתִּבְרַ֖ח מִפָּנֶֽיהָ׃ וַֽיִּמְצָאָ֞הּ מַלְאַ֧ךְ יְהוָ֛ה עַל־עֵ֥ין הַמַּ֖יִם
ח בַּמִּדְבָּ֑ר עַל־הָעַ֖יִן בְּדֶ֥רֶךְ שֽׁוּר׃ וַיֹּאמַ֗ר הָגָ֞ר שִׁפְחַ֥ת שָׂרַ֛י אֵֽי־
מִזֶּ֥ה בָ֖את וְאָ֣נָה תֵלֵ֑כִי וַתֹּ֕אמֶר מִפְּנֵי֙ שָׂרַ֣י גְּבִרְתִּ֔י אָנֹכִ֖י בֹּרַֽחַת׃
ט וַיֹּ֤אמֶר לָהּ֙ מַלְאַ֣ךְ יְהוָ֔ה שׁ֖וּבִי אֶל־גְּבִרְתֵּ֑ךְ וְהִתְעַנִּ֖י תַּ֥חַת יָדֶֽיהָ׃
י וַיֹּ֤אמֶר לָהּ֙ מַלְאַ֣ךְ יְהוָ֔ה הַרְבָּ֥ה אַרְבֶּ֖ה אֶת־זַרְעֵ֑ךְ וְלֹ֥א יִסָּפֵ֖ר
יא מֵרֹֽב׃ וַיֹּ֤אמֶר לָהּ֙ מַלְאַ֣ךְ יְהוָ֔ה הִנָּ֥ךְ הָרָ֖ה וְיֹלַ֣דְתְּ בֵּ֑ן וְקָרָ֤את
יב שְׁמוֹ֙ יִשְׁמָעֵ֔אל כִּֽי־שָׁמַ֥ע יְהוָ֖ה אֶל־עָנְיֵֽךְ׃ וְה֤וּא יִהְיֶה֙ פֶּ֣רֶא
יג אָדָ֔ם יָד֣וֹ בַכֹּ֔ל וְיַ֥ד כֹּ֖ל בּ֑וֹ וְעַל־פְּנֵ֥י כָל־אֶחָ֖יו יִשְׁכֹּֽן׃ וַתִּקְרָ֤א
שֵׁם־יְהוָה֙ הַדֹּבֵ֣ר אֵלֶ֔יהָ אַתָּ֖ה אֵ֣ל רֳאִ֑י כִּ֣י אָֽמְרָ֗ה הֲגַ֥ם הֲלֹ֛ם
יד רָאִ֖יתִי אַחֲרֵ֥י רֹאִֽי׃ עַל־כֵּן֙ קָרָ֣א לַבְּאֵ֔ר בְּאֵ֥ר לַחַ֖י רֹאִ֑י הִנֵּ֥ה
טו בֵין־קָדֵ֖שׁ וּבֵ֥ין בָּֽרֶד׃ וַתֵּ֧לֶד הָגָ֛ר לְאַבְרָ֖ם בֵּ֑ן וַיִּקְרָ֨א אַבְרָ֧ם שֶׁם־
טז בְּנ֛וֹ אֲשֶׁר־יָלְדָ֥ה הָגָ֖ר יִשְׁמָעֵֽאל׃ וְאַבְרָ֕ם בֶּן־שְׁמֹנִ֥ים שָׁנָ֖ה וְשֵׁ֣שׁ
יז א שָׁנִ֑ים בְּלֶֽדֶת־הָגָ֥ר אֶת־יִשְׁמָעֵ֖אל לְאַבְרָֽם׃ וַיְהִ֣י יד
אַבְרָ֔ם בֶּן־תִּשְׁעִ֥ים שָׁנָ֖ה וְתֵ֣שַׁע שָׁנִ֑ים וַיֵּרָ֨א יְהוָ֜ה אֶל־אַבְרָ֗ם
ב וַיֹּ֤אמֶר אֵלָיו֙ אֲנִי־אֵ֣ל שַׁדַּ֔י הִתְהַלֵּ֥ךְ לְפָנַ֖י וֶהְיֵ֥ה תָמִֽים׃ וְאֶתְּנָ֥ה
ג בְרִיתִ֖י בֵּינִ֣י וּבֵינֶ֑ךָ וְאַרְבֶּ֥ה אוֹתְךָ֖ בִּמְאֹ֥ד מְאֹֽד׃ וַיִּפֹּ֥ל אַבְרָ֖ם
ד עַל־פָּנָ֑יו וַיְדַבֵּ֥ר אִתּ֛וֹ אֱלֹהִ֖ים לֵאמֹֽר׃ אֲנִ֕י הִנֵּ֥ה בְרִיתִ֖י אִתָּ֑ךְ
ה וְהָיִ֕יתָ לְאַ֖ב הֲמ֥וֹן גּוֹיִֽם׃ וְלֹא־יִקָּרֵ֥א ע֛וֹד אֶת־שִׁמְךָ֖ אַבְרָ֑ם
ו וְהָיָ֤ה שִׁמְךָ֙ אַבְרָהָ֔ם כִּ֛י אַב־הֲמ֥וֹן גּוֹיִ֖ם נְתַתִּֽיךָ׃ וְהִפְרֵתִ֤י אֹֽתְךָ֙

ז בִּמְאֹד מְאֹד וּנְתַתִּיךָ לְגוֹיִם וּמְלָכִים מִמְּךָ יֵצֵאוּ׃ וַהֲקִמֹתִי אֶת־ שביעי
בְּרִיתִי בֵּינִי וּבֵינֶךָ וּבֵין זַרְעֲךָ אַחֲרֶיךָ לְדֹרֹתָם לִבְרִית עוֹלָם
ח לִהְיוֹת לְךָ לֵאלֹהִים וּלְזַרְעֲךָ אַחֲרֶיךָ׃ וְנָתַתִּי לְךָ וּלְזַרְעֲךָ אַחֲרֶיךָ
אֵת ׀ אֶרֶץ מְגֻרֶיךָ אֵת כָּל־אֶרֶץ כְּנַעַן לַאֲחֻזַּת עוֹלָם וְהָיִיתִי
ט לָהֶם לֵאלֹהִים׃ וַיֹּאמֶר אֱלֹהִים אֶל־אַבְרָהָם וְאַתָּה אֶת־בְּרִיתִי
י תִשְׁמֹר אַתָּה וְזַרְעֲךָ אַחֲרֶיךָ לְדֹרֹתָם׃ זֹאת בְּרִיתִי אֲשֶׁר תִּשְׁמְרוּ
יא בֵּינִי וּבֵינֵיכֶם וּבֵין זַרְעֲךָ אַחֲרֶיךָ הִמּוֹל לָכֶם כָּל־זָכָר׃ וּנְמַלְתֶּם
יב אֵת בְּשַׂר עָרְלַתְכֶם וְהָיָה לְאוֹת בְּרִית בֵּינִי וּבֵינֵיכֶם׃ וּבֶן־
שְׁמֹנַת יָמִים יִמּוֹל לָכֶם כָּל־זָכָר לְדֹרֹתֵיכֶם יְלִיד בָּיִת וּמִקְנַת־
יג כֶּסֶף מִכֹּל בֶּן־נֵכָר אֲשֶׁר לֹא מִזַּרְעֲךָ הוּא׃ הִמּוֹל ׀ יִמּוֹל יְלִיד
בֵּיתְךָ וּמִקְנַת כַּסְפֶּךָ וְהָיְתָה בְרִיתִי בִּבְשַׂרְכֶם לִבְרִית עוֹלָם׃
יד וְעָרֵל ׀ זָכָר אֲשֶׁר לֹא־יִמּוֹל אֶת־בְּשַׂר עָרְלָתוֹ וְנִכְרְתָה הַנֶּפֶשׁ
טו הַהִוא מֵעַמֶּיהָ אֶת־בְּרִיתִי הֵפַר׃ וַיֹּאמֶר אֱלֹהִים
אֶל־אַבְרָהָם שָׂרַי אִשְׁתְּךָ לֹא־תִקְרָא אֶת־שְׁמָהּ שָׂרָי כִּי שָׂרָה
טז שְׁמָהּ׃ וּבֵרַכְתִּי אֹתָהּ וְגַם נָתַתִּי מִמֶּנָּה לְךָ בֵּן וּבֵרַכְתִּיהָ וְהָיְתָה
יז לְגוֹיִם מַלְכֵי עַמִּים מִמֶּנָּה יִהְיוּ׃ וַיִּפֹּל אַבְרָהָם עַל־פָּנָיו וַיִּצְחָק
וַיֹּאמֶר בְּלִבּוֹ הַלְּבֶן מֵאָה־שָׁנָה יִוָּלֵד וְאִם־שָׂרָה הֲבַת־תִּשְׁעִים
יח שָׁנָה תֵּלֵד׃ וַיֹּאמֶר אַבְרָהָם אֶל־הָאֱלֹהִים לוּ יִשְׁמָעֵאל יִחְיֶה
יט לְפָנֶיךָ׃ וַיֹּאמֶר אֱלֹהִים אֲבָל שָׂרָה אִשְׁתְּךָ יֹלֶדֶת לְךָ בֵּן וְקָרָאתָ
אֶת־שְׁמוֹ יִצְחָק וַהֲקִמֹתִי אֶת־בְּרִיתִי אִתּוֹ לִבְרִית עוֹלָם לְזַרְעוֹ
כ אַחֲרָיו׃ וּלְיִשְׁמָעֵאל שְׁמַעְתִּיךָ הִנֵּה ׀ בֵּרַכְתִּי אֹתוֹ וְהִפְרֵיתִי אֹתוֹ
וְהִרְבֵּיתִי אֹתוֹ בִּמְאֹד מְאֹד שְׁנֵים־עָשָׂר נְשִׂיאִם יוֹלִיד וּנְתַתִּיו
כא לְגוֹי גָּדוֹל׃ וְאֶת־בְּרִיתִי אָקִים אֶת־יִצְחָק אֲשֶׁר תֵּלֵד לְךָ שָׂרָה
כב לַמּוֹעֵד הַזֶּה בַּשָּׁנָה הָאַחֶרֶת׃ וַיְכַל לְדַבֵּר אִתּוֹ וַיַּעַל אֱלֹהִים
כג מֵעַל אַבְרָהָם׃ וַיִּקַּח אַבְרָהָם אֶת־יִשְׁמָעֵאל בְּנוֹ וְאֵת כָּל־
יְלִידֵי בֵיתוֹ וְאֵת כָּל־מִקְנַת כַּסְפּוֹ כָּל־זָכָר בְּאַנְשֵׁי בֵּית
אַבְרָהָם וַיָּמָל אֶת־בְּשַׂר עָרְלָתָם בְּעֶצֶם הַיּוֹם הַזֶּה כַּאֲשֶׁר

מפטיר דִּבֶּר אִתּוֹ אֱלֹהִים: וְאַבְרָהָם בֶּן־תִּשְׁעִים וָתֵשַׁע שָׁנָה בְּהִמֹּלוֹ כד
בְּשַׂר עָרְלָתוֹ: וְיִשְׁמָעֵאל בְּנוֹ בֶּן־שְׁלֹשׁ עֶשְׂרֵה שָׁנָה בְּהִמֹּלוֹ כה
אֵת בְּשַׂר עָרְלָתוֹ: בְּעֶצֶם הַיּוֹם הַזֶּה נִמּוֹל אַבְרָהָם וְיִשְׁמָעֵאל כו
בְּנוֹ: וְכָל־אַנְשֵׁי בֵיתוֹ יְלִיד בָּיִת וּמִקְנַת־כֶּסֶף מֵאֵת בֶּן־נֵכָר כז
נִמֹּלוּ אִתּוֹ:

וירא טו וַיֵּרָא אֵלָיו יְהוָה בְּאֵלֹנֵי מַמְרֵא וְהוּא יֹשֵׁב פֶּתַח־הָאֹהֶל כְּחֹם א יח
הַיּוֹם: וַיִּשָּׂא עֵינָיו וַיַּרְא וְהִנֵּה שְׁלֹשָׁה אֲנָשִׁים נִצָּבִים עָלָיו וַיַּרְא ב
וַיָּרָץ לִקְרָאתָם מִפֶּתַח הָאֹהֶל וַיִּשְׁתַּחוּ אָרְצָה: וַיֹּאמַר אֲדֹנָי ג
אִם־נָא מָצָאתִי חֵן בְּעֵינֶיךָ אַל־נָא תַעֲבֹר מֵעַל עַבְדֶּךָ: יֻקַּח־ ד
נָא מְעַט־מַיִם וְרַחֲצוּ רַגְלֵיכֶם וְהִשָּׁעֲנוּ תַּחַת הָעֵץ: וְאֶקְחָה ה
פַת־לֶחֶם וְסַעֲדוּ לִבְּכֶם אַחַר תַּעֲבֹרוּ כִּי־עַל־כֵּן עֲבַרְתֶּם עַל־
עַבְדְּכֶם וַיֹּאמְרוּ כֵּן תַּעֲשֶׂה כַּאֲשֶׁר דִּבַּרְתָּ: וַיְמַהֵר אַבְרָהָם ו
הָאֹהֱלָה אֶל־שָׂרָה וַיֹּאמֶר מַהֲרִי שְׁלֹשׁ סְאִים קֶמַח סֹלֶת לוּשִׁי
וַעֲשִׂי עֻגוֹת: וְאֶל־הַבָּקָר רָץ אַבְרָהָם וַיִּקַּח בֶּן־בָּקָר רַךְ וָטוֹב ז
וַיִּתֵּן אֶל־הַנַּעַר וַיְמַהֵר לַעֲשׂוֹת אֹתוֹ: וַיִּקַּח חֶמְאָה וְחָלָב וּבֶן־ ח
הַבָּקָר אֲשֶׁר עָשָׂה וַיִּתֵּן לִפְנֵיהֶם וְהוּא עֹמֵד עֲלֵיהֶם תַּחַת הָעֵץ
וַיֹּאכֵלוּ: וַיֹּאמְרוּ אֵלָיו אַיֵּה שָׂרָה אִשְׁתֶּךָ וַיֹּאמֶר הִנֵּה בָאֹהֶל: ט
וַיֹּאמֶר שׁוֹב אָשׁוּב אֵלֶיךָ כָּעֵת חַיָּה וְהִנֵּה־בֵן לְשָׂרָה אִשְׁתֶּךָ י
וְשָׂרָה שֹׁמַעַת פֶּתַח הָאֹהֶל וְהוּא אַחֲרָיו: וְאַבְרָהָם וְשָׂרָה זְקֵנִים יא
בָּאִים בַּיָּמִים חָדַל לִהְיוֹת לְשָׂרָה אֹרַח כַּנָּשִׁים: וַתִּצְחַק שָׂרָה יב
בְּקִרְבָּהּ לֵאמֹר אַחֲרֵי בְלֹתִי הָיְתָה־לִּי עֶדְנָה וַאדֹנִי זָקֵן: וַיֹּאמֶר יג
יְהוָה אֶל־אַבְרָהָם לָמָּה זֶּה צָחֲקָה שָׂרָה לֵאמֹר הַאַף אֻמְנָם
אֵלֵד וַאֲנִי זָקַנְתִּי: הֲיִפָּלֵא מֵיְהוָה דָּבָר לַמּוֹעֵד אָשׁוּב אֵלֶיךָ יד
שני כָּעֵת חַיָּה וּלְשָׂרָה בֵן: וַתְּכַחֵשׁ שָׂרָה ׀ לֵאמֹר לֹא צָחַקְתִּי כִּי ׀ טו
יָרֵאָה וַיֹּאמֶר ׀ לֹא כִּי צָחָקְתְּ: וַיָּקֻמוּ מִשָּׁם הָאֲנָשִׁים וַיַּשְׁקִפוּ טז
עַל־פְּנֵי סְדֹם וְאַבְרָהָם הֹלֵךְ עִמָּם לְשַׁלְּחָם: וַיהוָה אָמָר הַמְכַסֶּה יז
אֲנִי מֵאַבְרָהָם אֲשֶׁר אֲנִי עֹשֶׂה: וְאַבְרָהָם הָיוֹ יִהְיֶה לְגוֹי גָּדוֹל יח

יט וְעָצוּם וְנִבְרְכוּ־בוֹ כֹּל גּוֹיֵי הָאָרֶץ: כִּי יְדַעְתִּיו לְמַעַן אֲשֶׁר
יְצַוֶּה אֶת־בָּנָיו וְאֶת־בֵּיתוֹ אַחֲרָיו וְשָׁמְרוּ דֶּרֶךְ יְהוָה לַעֲשׂוֹת
צְדָקָה וּמִשְׁפָּט לְמַעַן הָבִיא יְהוָה עַל־אַבְרָהָם אֵת אֲשֶׁר־
כ דִּבֶּר עָלָיו: וַיֹּאמֶר יְהוָה זַעֲקַת סְדֹם וַעֲמֹרָה כִּי־רָבָּה וְחַטָּאתָם
כא כִּי כָבְדָה מְאֹד: אֵרְדָה־נָּא וְאֶרְאֶה הַכְּצַעֲקָתָהּ הַבָּאָה אֵלַי
כב עָשׂוּ ׀ כָּלָה וְאִם־לֹא אֵדָעָה: וַיִּפְנוּ מִשָּׁם הָאֲנָשִׁים וַיֵּלְכוּ סְדֹמָה
כג וְאַבְרָהָם עוֹדֶנּוּ עֹמֵד לִפְנֵי יְהוָה: וַיִּגַּשׁ אַבְרָהָם וַיֹּאמַר הַאַף
כד תִּסְפֶּה צַדִּיק עִם־רָשָׁע: אוּלַי יֵשׁ חֲמִשִּׁים צַדִּיקִם בְּתוֹךְ הָעִיר
הַאַף תִּסְפֶּה וְלֹא־תִשָּׂא לַמָּקוֹם לְמַעַן חֲמִשִּׁים הַצַּדִּיקִם אֲשֶׁר
כה בְּקִרְבָּהּ: חָלִלָה לְּךָ מֵעֲשֹׂת ׀ כַּדָּבָר הַזֶּה לְהָמִית צַדִּיק עִם־
רָשָׁע וְהָיָה כַצַּדִּיק כָּרָשָׁע חָלִלָה לָּךְ הֲשֹׁפֵט כָּל־הָאָרֶץ לֹא
כו יַעֲשֶׂה מִשְׁפָּט: וַיֹּאמֶר יְהוָה אִם־אֶמְצָא בִסְדֹם חֲמִשִּׁים צַדִּיקִם
כז בְּתוֹךְ הָעִיר וְנָשָׂאתִי לְכָל־הַמָּקוֹם בַּעֲבוּרָם: וַיַּעַן אַבְרָהָם
וַיֹּאמַר הִנֵּה־נָא הוֹאַלְתִּי לְדַבֵּר אֶל־אֲדֹנָי וְאָנֹכִי עָפָר וָאֵפֶר:
כח אוּלַי יַחְסְרוּן חֲמִשִּׁים הַצַּדִּיקִם חֲמִשָּׁה הֲתַשְׁחִית בַּחֲמִשָּׁה אֶת־
כָּל־הָעִיר וַיֹּאמֶר לֹא אַשְׁחִית אִם־אֶמְצָא שָׁם אַרְבָּעִים וַחֲמִשָּׁה:
כט וַיֹּסֶף עוֹד לְדַבֵּר אֵלָיו וַיֹּאמַר אוּלַי יִמָּצְאוּן שָׁם אַרְבָּעִים וַיֹּאמֶר
ל לֹא אֶעֱשֶׂה בַּעֲבוּר הָאַרְבָּעִים: וַיֹּאמֶר אַל־נָא יִחַר לַאדֹנָי
וַאֲדַבֵּרָה אוּלַי יִמָּצְאוּן שָׁם שְׁלֹשִׁים וַיֹּאמֶר לֹא אֶעֱשֶׂה אִם־
לא אֶמְצָא שָׁם שְׁלֹשִׁים: וַיֹּאמֶר הִנֵּה־נָא הוֹאַלְתִּי לְדַבֵּר אֶל־
אֲדֹנָי אוּלַי יִמָּצְאוּן שָׁם עֶשְׂרִים וַיֹּאמֶר לֹא אַשְׁחִית בַּעֲבוּר
לב הָעֶשְׂרִים: וַיֹּאמֶר אַל־נָא יִחַר לַאדֹנָי וַאֲדַבְּרָה אַךְ־הַפַּעַם
אוּלַי יִמָּצְאוּן שָׁם עֲשָׂרָה וַיֹּאמֶר לֹא אַשְׁחִית בַּעֲבוּר הָעֲשָׂרָה:
לג וַיֵּלֶךְ יְהוָה כַּאֲשֶׁר כִּלָּה לְדַבֵּר אֶל־אַבְרָהָם וְאַבְרָהָם שָׁב
יט א לִמְקֹמוֹ: וַיָּבֹאוּ שְׁנֵי הַמַּלְאָכִים סְדֹמָה בָּעֶרֶב וְלוֹט יֹשֵׁב בְּשַׁעַר־ טז שלישי
ב סְדֹם וַיַּרְא־לוֹט וַיָּקָם לִקְרָאתָם וַיִּשְׁתַּחוּ אַפַּיִם אָרְצָה: וַיֹּאמֶר
הִנֶּה נָּא־אֲדֹנַי סוּרוּ נָא אֶל־בֵּית עַבְדְּכֶם וְלִינוּ וְרַחֲצוּ רַגְלֵיכֶם

וְהִשְׁכַּמְתֶּם וַהֲלַכְתֶּם לְדַרְכְּכֶם וַיֹּאמְרוּ לֹּא כִּי בָרְחוֹב נָלִין׃
וַיִּפְצַר־בָּם מְאֹד וַיָּסֻרוּ אֵלָיו וַיָּבֹאוּ אֶל־בֵּיתוֹ וַיַּעַשׂ לָהֶם מִשְׁתֶּה ג
וּמַצּוֹת אָפָה וַיֹּאכֵלוּ׃ טֶרֶם יִשְׁכָּבוּ וְאַנְשֵׁי הָעִיר אַנְשֵׁי סְדֹם ד
נָסַבּוּ עַל־הַבַּיִת מִנַּעַר וְעַד־זָקֵן כָּל־הָעָם מִקָּצֶה׃ וַיִּקְרְאוּ אֶל־ ה
לוֹט וַיֹּאמְרוּ לוֹ אַיֵּה הָאֲנָשִׁים אֲשֶׁר־בָּאוּ אֵלֶיךָ הַלָּיְלָה הוֹצִיאֵם
אֵלֵינוּ וְנֵדְעָה אֹתָם׃ וַיֵּצֵא אֲלֵהֶם לוֹט הַפֶּתְחָה וְהַדֶּלֶת סָגַר ו
אַחֲרָיו׃ וַיֹּאמַר אַל־נָא אַחַי תָּרֵעוּ׃ הִנֵּה־נָא לִי שְׁתֵּי בָנוֹת ז ח
אֲשֶׁר לֹא־יָדְעוּ אִישׁ אוֹצִיאָה־נָּא אֶתְהֶן אֲלֵיכֶם וַעֲשׂוּ לָהֶן
כַּטּוֹב בְּעֵינֵיכֶם רַק לָאֲנָשִׁים הָאֵל אַל־תַּעֲשׂוּ דָבָר כִּי־עַל־
כֵּן בָּאוּ בְּצֵל קֹרָתִי׃ וַיֹּאמְרוּ ׀ גֶּשׁ־הָלְאָה וַיֹּאמְרוּ הָאֶחָד בָּא־ ט
לָגוּר וַיִּשְׁפֹּט שָׁפוֹט עַתָּה נָרַע לְךָ מֵהֶם וַיִּפְצְרוּ בָאִישׁ בְּלוֹט
מְאֹד וַיִּגְּשׁוּ לִשְׁבֹּר הַדָּלֶת׃ וַיִּשְׁלְחוּ הָאֲנָשִׁים אֶת־יָדָם וַיָּבִיאוּ י
אֶת־לוֹט אֲלֵיהֶם הַבָּיְתָה וְאֶת־הַדֶּלֶת סָגָרוּ׃ וְאֶת־הָאֲנָשִׁים יא
אֲשֶׁר־פֶּתַח הַבַּיִת הִכּוּ בַּסַּנְוֵרִים מִקָּטֹן וְעַד־גָּדוֹל וַיִּלְאוּ לִמְצֹא
הַפָּתַח׃ וַיֹּאמְרוּ הָאֲנָשִׁים אֶל־לוֹט עֹד מִי־לְךָ פֹה חָתָן וּבָנֶיךָ יב
וּבְנֹתֶיךָ וְכֹל אֲשֶׁר־לְךָ בָּעִיר הוֹצֵא מִן־הַמָּקוֹם׃ כִּי־מַשְׁחִתִים יג
אֲנַחְנוּ אֶת־הַמָּקוֹם הַזֶּה כִּי־גָדְלָה צַעֲקָתָם אֶת־פְּנֵי יְהוָה
וַיְשַׁלְּחֵנוּ יְהוָה לְשַׁחֲתָהּ׃ וַיֵּצֵא לוֹט וַיְדַבֵּר ׀ אֶל־חֲתָנָיו ׀ לֹקְחֵי יד
בְנֹתָיו וַיֹּאמֶר קוּמוּ צְּאוּ מִן־הַמָּקוֹם הַזֶּה כִּי־מַשְׁחִית יְהוָה
אֶת־הָעִיר וַיְהִי כִמְצַחֵק בְּעֵינֵי חֲתָנָיו׃ וּכְמוֹ הַשַּׁחַר עָלָה וַיָּאִיצוּ טו
הַמַּלְאָכִים בְּלוֹט לֵאמֹר קוּם קַח אֶת־אִשְׁתְּךָ וְאֶת־שְׁתֵּי בְנֹתֶיךָ
הַנִּמְצָאֹת פֶּן־תִּסָּפֶה בַּעֲוֹן הָעִיר׃ וַיִּתְמַהְמָהּ ׀ וַיַּחֲזִיקוּ הָאֲנָשִׁים טז
בְּיָדוֹ וּבְיַד־אִשְׁתּוֹ וּבְיַד שְׁתֵּי בְנֹתָיו בְּחֶמְלַת יְהוָה עָלָיו וַיֹּצִאֻהוּ
וַיַּנִּחֻהוּ מִחוּץ לָעִיר׃ וַיְהִי כְהוֹצִיאָם אֹתָם הַחוּצָה וַיֹּאמֶר הִמָּלֵט יז
עַל־נַפְשֶׁךָ אַל־תַּבִּיט אַחֲרֶיךָ וְאַל־תַּעֲמֹד בְּכָל־הַכִּכָּר הָהָרָה
הִמָּלֵט פֶּן־תִּסָּפֶה׃ וַיֹּאמֶר לוֹט אֲלֵהֶם אַל־נָא אֲדֹנָי׃ הִנֵּה־נָא יח יט
מָצָא עַבְדְּךָ חֵן בְּעֵינֶיךָ וַתַּגְדֵּל חַסְדְּךָ אֲשֶׁר עָשִׂיתָ עִמָּדִי לְהַחֲיוֹת

אֶת־נַפְשִׁי וְאָנֹכִי לֹא אוּכַל לְהִמָּלֵט הָהָרָה פֶּן־תִּדְבָּקַנִי הָרָעָה
כ וָמַתִּי׃ הִנֵּה־נָא הָעִיר הַזֹּאת קְרֹבָה לָנוּס שָׁמָּה וְהִוא מִצְעָר
כא אִמָּלְטָה נָּא שָׁמָּה הֲלֹא מִצְעָר הִוא וּתְחִי נַפְשִׁי׃ וַיֹּאמֶר אֵלָיו רביעי
הִנֵּה נָשָׂאתִי פָנֶיךָ גַּם לַדָּבָר הַזֶּה לְבִלְתִּי הָפְכִּי אֶת־הָעִיר
כב אֲשֶׁר דִּבַּרְתָּ׃ מַהֵר הִמָּלֵט שָׁמָּה כִּי לֹא אוּכַל לַעֲשׂוֹת דָּבָר
כג עַד־בֹּאֲךָ שָׁמָּה עַל־כֵּן קָרָא שֵׁם־הָעִיר צוֹעַר׃ הַשֶּׁמֶשׁ יָצָא
כד עַל־הָאָרֶץ וְלוֹט בָּא צֹעֲרָה׃ וַיהוָה הִמְטִיר עַל־סְדֹם וְעַל־
כה עֲמֹרָה גָּפְרִית וָאֵשׁ מֵאֵת יְהוָה מִן־הַשָּׁמָיִם׃ וַיַּהֲפֹךְ אֶת־הֶעָרִים
הָאֵל וְאֵת כָּל־הַכִּכָּר וְאֵת כָּל־יֹשְׁבֵי הֶעָרִים וְצֶמַח הָאֲדָמָה׃
כו כז וַתַּבֵּט אִשְׁתּוֹ מֵאַחֲרָיו וַתְּהִי נְצִיב מֶלַח׃ וַיַּשְׁכֵּם אַבְרָהָם בַּבֹּקֶר
כח אֶל־הַמָּקוֹם אֲשֶׁר־עָמַד שָׁם אֶת־פְּנֵי יְהוָה׃ וַיַּשְׁקֵף עַל־פְּנֵי
סְדֹם וַעֲמֹרָה וְעַל כָּל־פְּנֵי אֶרֶץ הַכִּכָּר וַיַּרְא וְהִנֵּה עָלָה קִיטֹר
כט הָאָרֶץ כְּקִיטֹר הַכִּבְשָׁן׃ וַיְהִי בְּשַׁחֵת אֱלֹהִים אֶת־עָרֵי הַכִּכָּר
וַיִּזְכֹּר אֱלֹהִים אֶת־אַבְרָהָם וַיְשַׁלַּח אֶת־לוֹט מִתּוֹךְ הַהֲפֵכָה
ל בַּהֲפֹךְ אֶת־הֶעָרִים אֲשֶׁר־יָשַׁב בָּהֵן לוֹט׃ וַיַּעַל לוֹט מִצּוֹעַר
וַיֵּשֶׁב בָּהָר וּשְׁתֵּי בְנֹתָיו עִמּוֹ כִּי יָרֵא לָשֶׁבֶת בְּצוֹעַר וַיֵּשֶׁב
לא בַּמְּעָרָה הוּא וּשְׁתֵּי בְנֹתָיו׃ וַתֹּאמֶר הַבְּכִירָה אֶל־הַצְּעִירָה
אָבִינוּ זָקֵן וְאִישׁ אֵין בָּאָרֶץ לָבוֹא עָלֵינוּ כְּדֶרֶךְ כָּל־הָאָרֶץ׃
לב לְכָה נַשְׁקֶה אֶת־אָבִינוּ יַיִן וְנִשְׁכְּבָה עִמּוֹ וּנְחַיֶּה מֵאָבִינוּ זָרַע׃
לג וַתַּשְׁקֶיןָ אֶת־אֲבִיהֶן יַיִן בַּלַּיְלָה הוּא וַתָּבֹא הַבְּכִירָה וַתִּשְׁכַּב
לד אֶת־אָבִיהָ וְלֹא־יָדַע בְּשִׁכְבָהּ וּבְקוּמָהּ׃ וַיְהִי מִמָּחֳרָת וַתֹּאמֶר
הַבְּכִירָה אֶל־הַצְּעִירָה הֵן־שָׁכַבְתִּי אֶמֶשׁ אֶת־אָבִי נַשְׁקֶנּוּ יַיִן
לה גַּם־הַלַּיְלָה וּבֹאִי שִׁכְבִי עִמּוֹ וּנְחַיֶּה מֵאָבִינוּ זָרַע׃ וַתַּשְׁקֶיןָ גַּם
בַּלַּיְלָה הַהוּא אֶת־אֲבִיהֶן יָיִן וַתָּקָם הַצְּעִירָה וַתִּשְׁכַּב עִמּוֹ
לו וְלֹא־יָדַע בְּשִׁכְבָהּ וּבְקֻמָהּ׃ וַתַּהֲרֶיןָ שְׁתֵּי בְנוֹת־לוֹט מֵאֲבִיהֶן׃
לז וַתֵּלֶד הַבְּכִירָה בֵּן וַתִּקְרָא שְׁמוֹ מוֹאָב הוּא אֲבִי־מוֹאָב עַד־
לח הַיּוֹם׃ וְהַצְּעִירָה גַם־הִוא יָלְדָה בֵּן וַתִּקְרָא שְׁמוֹ בֶּן־עַמִּי הוּא

יז אֲבִי בְנֵי־עַמּוֹן עַד־הַיּוֹם׃ וַיִּסַּע מִשָּׁם אַבְרָהָם א
אַרְצָה הַנֶּגֶב וַיֵּשֶׁב בֵּין־קָדֵשׁ וּבֵין שׁוּר וַיָּגָר בִּגְרָר׃ וַיֹּאמֶר ב
אַבְרָהָם אֶל־שָׂרָה אִשְׁתּוֹ אֲחֹתִי הִוא וַיִּשְׁלַח אֲבִימֶלֶךְ מֶלֶךְ
גְּרָר וַיִּקַּח אֶת־שָׂרָה׃ וַיָּבֹא אֱלֹהִים אֶל־אֲבִימֶלֶךְ בַּחֲלוֹם הַלָּיְלָה ג
וַיֹּאמֶר לוֹ הִנְּךָ מֵת עַל־הָאִשָּׁה אֲשֶׁר־לָקַחְתָּ וְהִוא בְּעֻלַת בָּעַל׃
וַאֲבִימֶלֶךְ לֹא קָרַב אֵלֶיהָ וַיֹּאמַר אֲדֹנָי הֲגוֹי גַּם־צַדִּיק תַּהֲרֹג׃ ד
הֲלֹא הוּא אָמַר־לִי אֲחֹתִי הִוא וְהִיא־גַם־הִוא אָמְרָה אָחִי הוּא ה
בְּתָם־לְבָבִי וּבְנִקְיֹן כַּפַּי עָשִׂיתִי זֹאת׃ וַיֹּאמֶר אֵלָיו הָאֱלֹהִים ו
בַּחֲלֹם גַּם אָנֹכִי יָדַעְתִּי כִּי בְתָם־לְבָבְךָ עָשִׂיתָ זֹּאת וָאֶחְשֹׂךְ
גַּם־אָנֹכִי אוֹתְךָ מֵחֲטוֹ־לִי עַל־כֵּן לֹא־נְתַתִּיךָ לִנְגֹּעַ אֵלֶיהָ׃
וְעַתָּה הָשֵׁב אֵשֶׁת־הָאִישׁ כִּי־נָבִיא הוּא וְיִתְפַּלֵּל בַּעַדְךָ וֶחְיֵה ז
וְאִם־אֵינְךָ מֵשִׁיב דַּע כִּי־מוֹת תָּמוּת אַתָּה וְכָל־אֲשֶׁר־לָךְ׃
וַיַּשְׁכֵּם אֲבִימֶלֶךְ בַּבֹּקֶר וַיִּקְרָא לְכָל־עֲבָדָיו וַיְדַבֵּר אֶת־כָּל־ ח
הַדְּבָרִים הָאֵלֶּה בְּאָזְנֵיהֶם וַיִּירְאוּ הָאֲנָשִׁים מְאֹד׃ וַיִּקְרָא ט
אֲבִימֶלֶךְ לְאַבְרָהָם וַיֹּאמֶר לוֹ מֶה־עָשִׂיתָ לָּנוּ וּמֶה־חָטָאתִי לָךְ
כִּי־הֵבֵאתָ עָלַי וְעַל־מַמְלַכְתִּי חֲטָאָה גְדֹלָה מַעֲשִׂים אֲשֶׁר לֹא־
יֵעָשׂוּ עָשִׂיתָ עִמָּדִי׃ וַיֹּאמֶר אֲבִימֶלֶךְ אֶל־אַבְרָהָם מָה רָאִיתָ י
כִּי עָשִׂיתָ אֶת־הַדָּבָר הַזֶּה׃ וַיֹּאמֶר אַבְרָהָם כִּי אָמַרְתִּי רַק יא
אֵין־יִרְאַת אֱלֹהִים בַּמָּקוֹם הַזֶּה וַהֲרָגוּנִי עַל־דְּבַר אִשְׁתִּי׃ וְגַם־ יב
אָמְנָה אֲחֹתִי בַת־אָבִי הִוא אַךְ לֹא בַת־אִמִּי וַתְּהִי־לִי לְאִשָּׁה׃
וַיְהִי כַּאֲשֶׁר הִתְעוּ אֹתִי אֱלֹהִים מִבֵּית אָבִי וָאֹמַר לָהּ זֶה יג
חַסְדֵּךְ אֲשֶׁר תַּעֲשִׂי עִמָּדִי אֶל כָּל־הַמָּקוֹם אֲשֶׁר נָבוֹא שָׁמָּה
אִמְרִי־לִי אָחִי הוּא׃ וַיִּקַּח אֲבִימֶלֶךְ צֹאן וּבָקָר וַעֲבָדִים וּשְׁפָחֹת יד
וַיִּתֵּן לְאַבְרָהָם וַיָּשֶׁב לוֹ אֵת שָׂרָה אִשְׁתּוֹ׃ וַיֹּאמֶר אֲבִימֶלֶךְ טו
הִנֵּה אַרְצִי לְפָנֶיךָ בַּטּוֹב בְּעֵינֶיךָ שֵׁב׃ וּלְשָׂרָה אָמַר הִנֵּה נָתַתִּי טז
אֶלֶף כֶּסֶף לְאָחִיךְ הִנֵּה הוּא־לָךְ כְּסוּת עֵינַיִם לְכֹל אֲשֶׁר אִתָּךְ
וְאֵת כֹּל וְנֹכָחַת׃ וַיִּתְפַּלֵּל אַבְרָהָם אֶל־הָאֱלֹהִים וַיִּרְפָּא אֱלֹהִים יז

יח אֶת־אֲבִימֶלֶךְ וְאֶת־אִשְׁתּוֹ וְאַמְהֹתָיו וַיֵּלֵדוּ׃ כִּי־עָצֹר עָצַר
יְהוָה בְּעַד כָּל־רֶחֶם לְבֵית אֲבִימֶלֶךְ עַל־דְּבַר שָׂרָה אֵשֶׁת
כא א אַבְרָהָם׃ וַיהוָה פָּקַד אֶת־שָׂרָה כַּאֲשֶׁר אָמָר יח
ב וַיַּעַשׂ יְהוָה לְשָׂרָה כַּאֲשֶׁר דִּבֵּר׃ וַתַּהַר וַתֵּלֶד שָׂרָה לְאַבְרָהָם
ג בֵּן לִזְקֻנָיו לַמּוֹעֵד אֲשֶׁר־דִּבֶּר אֹתוֹ אֱלֹהִים׃ וַיִּקְרָא אַבְרָהָם
ד אֶת־שֶׁם־בְּנוֹ הַנּוֹלַד־לוֹ אֲשֶׁר־יָלְדָה־לּוֹ שָׂרָה יִצְחָק׃ וַיָּמָל
אַבְרָהָם אֶת־יִצְחָק בְּנוֹ בֶּן־שְׁמֹנַת יָמִים כַּאֲשֶׁר צִוָּה אֹתוֹ
ה אֱלֹהִים׃ וְאַבְרָהָם בֶּן־מְאַת שָׁנָה בְּהִוָּלֶד לוֹ אֵת יִצְחָק בְּנוֹ׃ חמישי
ו וַתֹּאמֶר שָׂרָה צְחֹק עָשָׂה לִי אֱלֹהִים כָּל־הַשֹּׁמֵעַ יִצְחַק־לִי׃
ז וַתֹּאמֶר מִי מִלֵּל לְאַבְרָהָם הֵינִיקָה בָנִים שָׂרָה כִּי־יָלַדְתִּי בֵן
ח לִזְקֻנָיו׃ וַיִּגְדַּל הַיֶּלֶד וַיִּגָּמַל וַיַּעַשׂ אַבְרָהָם מִשְׁתֶּה גָדוֹל בְּיוֹם
ט הִגָּמֵל אֶת־יִצְחָק׃ וַתֵּרֶא שָׂרָה אֶת־בֶּן־הָגָר הַמִּצְרִית אֲשֶׁר־
י יָלְדָה לְאַבְרָהָם מְצַחֵק׃ וַתֹּאמֶר לְאַבְרָהָם גָּרֵשׁ הָאָמָה הַזֹּאת
וְאֶת־בְּנָהּ כִּי לֹא יִירַשׁ בֶּן־הָאָמָה הַזֹּאת עִם־בְּנִי עִם־יִצְחָק׃
יא יב וַיֵּרַע הַדָּבָר מְאֹד בְּעֵינֵי אַבְרָהָם עַל אוֹדֹת בְּנוֹ׃ וַיֹּאמֶר אֱלֹהִים
אֶל־אַבְרָהָם אַל־יֵרַע בְּעֵינֶיךָ עַל־הַנַּעַר וְעַל־אֲמָתֶךָ כֹּל אֲשֶׁר
יג תֹּאמַר אֵלֶיךָ שָׂרָה שְׁמַע בְּקֹלָהּ כִּי בְיִצְחָק יִקָּרֵא לְךָ זָרַע׃ וְגַם
יד אֶת־בֶּן־הָאָמָה לְגוֹי אֲשִׂימֶנּוּ כִּי זַרְעֲךָ הוּא׃ וַיַּשְׁכֵּם אַבְרָהָם ׀
בַּבֹּקֶר וַיִּקַּח־לֶחֶם וְחֵמַת מַיִם וַיִּתֵּן אֶל־הָגָר שָׂם עַל־שִׁכְמָהּ
טו וְאֶת־הַיֶּלֶד וַיְשַׁלְּחֶהָ וַתֵּלֶךְ וַתֵּתַע בְּמִדְבַּר בְּאֵר שָׁבַע׃ וַיִּכְלוּ
טז הַמַּיִם מִן־הַחֵמֶת וַתַּשְׁלֵךְ אֶת־הַיֶּלֶד תַּחַת אַחַד הַשִּׂיחִם׃ וַתֵּלֶךְ
וַתֵּשֶׁב לָהּ מִנֶּגֶד הַרְחֵק כִּמְטַחֲוֵי קֶשֶׁת כִּי אָמְרָה אַל־אֶרְאֶה
יז בְּמוֹת הַיָּלֶד וַתֵּשֶׁב מִנֶּגֶד וַתִּשָּׂא אֶת־קֹלָהּ וַתֵּבְךְּ׃ וַיִּשְׁמַע
אֱלֹהִים אֶת־קוֹל הַנַּעַר וַיִּקְרָא מַלְאַךְ אֱלֹהִים ׀ אֶל־הָגָר מִן־
הַשָּׁמַיִם וַיֹּאמֶר לָהּ מַה־לָּךְ הָגָר אַל־תִּירְאִי כִּי־שָׁמַע אֱלֹהִים
יח אֶל־קוֹל הַנַּעַר בַּאֲשֶׁר הוּא־שָׁם׃ קוּמִי שְׂאִי אֶת־הַנַּעַר וְהַחֲזִיקִי
יט אֶת־יָדֵךְ בּוֹ כִּי־לְגוֹי גָּדוֹל אֲשִׂימֶנּוּ׃ וַיִּפְקַח אֱלֹהִים אֶת־עֵינֶיהָ

וַתֵּרֶא בְּאֵר מָיִם וַתֵּלֶךְ וַתְּמַלֵּא אֶת־הַחֵמֶת מַיִם וַתַּשְׁקְ אֶת־
הַנָּעַר׃ וַיְהִי אֱלֹהִים אֶת־הַנַּעַר וַיִּגְדָּל וַיֵּשֶׁב בַּמִּדְבָּר וַיְהִי רֹבֶה כ
קַשָּׁת׃ וַיֵּשֶׁב בְּמִדְבַּר פָּארָן וַתִּקַּח־לוֹ אִמּוֹ אִשָּׁה מֵאֶרֶץ כא
מִצְרָיִם׃
ששי וַיְהִי בָּעֵת הַהִוא וַיֹּאמֶר אֲבִימֶלֶךְ וּפִיכֹל שַׂר־צְבָאוֹ אֶל־אַבְרָהָם כב
לֵאמֹר אֱלֹהִים עִמְּךָ בְּכֹל אֲשֶׁר־אַתָּה עֹשֶׂה׃ וְעַתָּה הִשָּׁבְעָה כג
לִּי בֵאלֹהִים הֵנָּה אִם־תִּשְׁקֹר לִי וּלְנִינִי וּלְנֶכְדִּי כַּחֶסֶד אֲשֶׁר־
עָשִׂיתִי עִמְּךָ תַּעֲשֶׂה עִמָּדִי וְעִם־הָאָרֶץ אֲשֶׁר־גַּרְתָּה בָּהּ׃
וַיֹּאמֶר אַבְרָהָם אָנֹכִי אִשָּׁבֵעַ׃ וְהוֹכִחַ אַבְרָהָם אֶת־אֲבִימֶלֶךְ כד כה
עַל־אֹדוֹת בְּאֵר הַמַּיִם אֲשֶׁר גָּזְלוּ עַבְדֵי אֲבִימֶלֶךְ׃ וַיֹּאמֶר כו
אֲבִימֶלֶךְ לֹא יָדַעְתִּי מִי עָשָׂה אֶת־הַדָּבָר הַזֶּה וְגַם־אַתָּה לֹא־
הִגַּדְתָּ לִּי וְגַם אָנֹכִי לֹא שָׁמַעְתִּי בִּלְתִּי הַיּוֹם׃ וַיִּקַּח אַבְרָהָם כז
צֹאן וּבָקָר וַיִּתֵּן לַאֲבִימֶלֶךְ וַיִּכְרְתוּ שְׁנֵיהֶם בְּרִית׃ וַיַּצֵּב כח
אַבְרָהָם אֶת־שֶׁבַע כִּבְשֹׂת הַצֹּאן לְבַדְּהֶן׃ וַיֹּאמֶר אֲבִימֶלֶךְ אֶל־ כט
אַבְרָהָם מָה הֵנָּה שֶׁבַע כְּבָשֹׂת הָאֵלֶּה אֲשֶׁר הִצַּבְתָּ לְבַדָּנָה׃
וַיֹּאמֶר כִּי אֶת־שֶׁבַע כְּבָשֹׂת תִּקַּח מִיָּדִי בַּעֲבוּר תִּהְיֶה־לִּי ל
לְעֵדָה כִּי חָפַרְתִּי אֶת־הַבְּאֵר הַזֹּאת׃ עַל־כֵּן קָרָא לַמָּקוֹם לא
הַהוּא בְּאֵר שָׁבַע כִּי שָׁם נִשְׁבְּעוּ שְׁנֵיהֶם׃ וַיִּכְרְתוּ בְרִית בִּבְאֵר לב
שָׁבַע וַיָּקָם אֲבִימֶלֶךְ וּפִיכֹל שַׂר־צְבָאוֹ וַיָּשֻׁבוּ אֶל־אֶרֶץ פְּלִשְׁתִּים׃
וַיִּטַּע אֶשֶׁל בִּבְאֵר שָׁבַע וַיִּקְרָא־שָׁם בְּשֵׁם יְהוָה אֵל עוֹלָם׃ לג
וַיָּגָר אַבְרָהָם בְּאֶרֶץ פְּלִשְׁתִּים יָמִים רַבִּים׃ לד
שביעי יט וַיְהִי אַחַר הַדְּבָרִים הָאֵלֶּה וְהָאֱלֹהִים נִסָּה אֶת־אַבְרָהָם וַיֹּאמֶר א כב
אֵלָיו אַבְרָהָם וַיֹּאמֶר הִנֵּנִי׃ וַיֹּאמֶר קַח־נָא אֶת־בִּנְךָ אֶת־ ב
יְחִידְךָ אֲשֶׁר־אָהַבְתָּ אֶת־יִצְחָק וְלֶךְ־לְךָ אֶל־אֶרֶץ הַמֹּרִיָּה
וְהַעֲלֵהוּ שָׁם לְעֹלָה עַל אַחַד הֶהָרִים אֲשֶׁר אֹמַר אֵלֶיךָ׃ וַיַּשְׁכֵּם ג
אַבְרָהָם בַּבֹּקֶר וַיַּחֲבֹשׁ אֶת־חֲמֹרוֹ וַיִּקַּח אֶת־שְׁנֵי נְעָרָיו אִתּוֹ
וְאֵת יִצְחָק בְּנוֹ וַיְבַקַּע עֲצֵי עֹלָה וַיָּקָם וַיֵּלֶךְ אֶל־הַמָּקוֹם אֲשֶׁר־

ד אָמַר־לוֹ הָאֱלֹהִים׃ בַּיּוֹם הַשְּׁלִישִׁי וַיִּשָּׂא אַבְרָהָם אֶת־עֵינָיו
ה וַיַּרְא אֶת־הַמָּקוֹם מֵרָחֹק׃ וַיֹּאמֶר אַבְרָהָם אֶל־נְעָרָיו שְׁבוּ־לָכֶם
פֹּה עִם־הַחֲמוֹר וַאֲנִי וְהַנַּעַר נֵלְכָה עַד־כֹּה וְנִשְׁתַּחֲוֶה וְנָשׁוּבָה
ו אֲלֵיכֶם׃ וַיִּקַּח אַבְרָהָם אֶת־עֲצֵי הָעֹלָה וַיָּשֶׂם עַל־יִצְחָק בְּנוֹ
וַיִּקַּח בְּיָדוֹ אֶת־הָאֵשׁ וְאֶת־הַמַּאֲכֶלֶת וַיֵּלְכוּ שְׁנֵיהֶם יַחְדָּו׃
ז וַיֹּאמֶר יִצְחָק אֶל־אַבְרָהָם אָבִיו וַיֹּאמֶר אָבִי וַיֹּאמֶר הִנֶּנִּי בְנִי
ח וַיֹּאמֶר הִנֵּה הָאֵשׁ וְהָעֵצִים וְאַיֵּה הַשֶּׂה לְעֹלָה׃ וַיֹּאמֶר אַבְרָהָם
ט אֱלֹהִים יִרְאֶה־לּוֹ הַשֶּׂה לְעֹלָה בְּנִי וַיֵּלְכוּ שְׁנֵיהֶם יַחְדָּו׃ וַיָּבֹאוּ
אֶל־הַמָּקוֹם אֲשֶׁר אָמַר־לוֹ הָאֱלֹהִים וַיִּבֶן שָׁם אַבְרָהָם אֶת־
הַמִּזְבֵּחַ וַיַּעֲרֹךְ אֶת־הָעֵצִים וַיַּעֲקֹד אֶת־יִצְחָק בְּנוֹ וַיָּשֶׂם אֹתוֹ
י עַל־הַמִּזְבֵּחַ מִמַּעַל לָעֵצִים׃ וַיִּשְׁלַח אַבְרָהָם אֶת־יָדוֹ וַיִּקַּח
יא אֶת־הַמַּאֲכֶלֶת לִשְׁחֹט אֶת־בְּנוֹ׃ וַיִּקְרָא אֵלָיו מַלְאַךְ יְהוָה
יב מִן־הַשָּׁמַיִם וַיֹּאמֶר אַבְרָהָם ׀ אַבְרָהָם וַיֹּאמֶר הִנֵּנִי׃ וַיֹּאמֶר אַל־
תִּשְׁלַח יָדְךָ אֶל־הַנַּעַר וְאַל־תַּעַשׂ לוֹ מְאוּמָה כִּי ׀ עַתָּה יָדַעְתִּי
כִּי־יְרֵא אֱלֹהִים אַתָּה וְלֹא חָשַׂכְתָּ אֶת־בִּנְךָ אֶת־יְחִידְךָ מִמֶּנִּי׃
יג וַיִּשָּׂא אַבְרָהָם אֶת־עֵינָיו וַיַּרְא וְהִנֵּה־אַיִל אַחַר נֶאֱחַז בַּסְּבַךְ
בְּקַרְנָיו וַיֵּלֶךְ אַבְרָהָם וַיִּקַּח אֶת־הָאַיִל וַיַּעֲלֵהוּ לְעֹלָה תַּחַת
יד בְּנוֹ׃ וַיִּקְרָא אַבְרָהָם שֵׁם־הַמָּקוֹם הַהוּא יְהוָה ׀ יִרְאֶה אֲשֶׁר
טו יֵאָמֵר הַיּוֹם בְּהַר יְהוָה יֵרָאֶה׃ וַיִּקְרָא מַלְאַךְ יְהוָה אֶל־אַבְרָהָם
טז שֵׁנִית מִן־הַשָּׁמָיִם׃ וַיֹּאמֶר בִּי נִשְׁבַּעְתִּי נְאֻם־יְהוָה כִּי יַעַן אֲשֶׁר
יז עָשִׂיתָ אֶת־הַדָּבָר הַזֶּה וְלֹא חָשַׂכְתָּ אֶת־בִּנְךָ אֶת־יְחִידֶךָ׃ כִּי־
בָרֵךְ אֲבָרֶכְךָ וְהַרְבָּה אַרְבֶּה אֶת־זַרְעֲךָ כְּכוֹכְבֵי הַשָּׁמַיִם וְכַחוֹל
יח אֲשֶׁר עַל־שְׂפַת הַיָּם וְיִרַשׁ זַרְעֲךָ אֵת שַׁעַר אֹיְבָיו׃ וְהִתְבָּרְכוּ
יט בְזַרְעֲךָ כֹּל גּוֹיֵי הָאָרֶץ עֵקֶב אֲשֶׁר שָׁמַעְתָּ בְּקֹלִי׃ וַיָּשָׁב אַבְרָהָם
אֶל־נְעָרָיו וַיָּקֻמוּ וַיֵּלְכוּ יַחְדָּו אֶל־בְּאֵר שָׁבַע וַיֵּשֶׁב אַבְרָהָם
בִּבְאֵר שָׁבַע׃
כ וַיְהִי אַחֲרֵי הַדְּבָרִים הָאֵלֶּה וַיֻּגַּד לְאַבְרָהָם לֵאמֹר הִנֵּה יָלְדָה מפטיר

מִלְכָּה גַּם־הִוא בָּנִים לְנָחוֹר אָחִיךָ׃ אֶת־עוּץ בְּכֹרוֹ וְאֶת־בּוּז כא
אָחִיו וְאֶת־קְמוּאֵל אֲבִי אֲרָם׃ וְאֶת־כֶּשֶׂד וְאֶת־חֲזוֹ וְאֶת־ כב
פִּלְדָּשׁ וְאֶת־יִדְלָף וְאֵת בְּתוּאֵל׃ וּבְתוּאֵל יָלַד אֶת־רִבְקָה כג
שְׁמֹנָה אֵלֶּה יָלְדָה מִלְכָּה לְנָחוֹר אֲחִי אַבְרָהָם׃ וּפִילַגְשׁוֹ כד
וּשְׁמָהּ רְאוּמָה וַתֵּלֶד גַּם־הִוא אֶת־טֶבַח וְאֶת־גַּחַם וְאֶת־תַּחַשׁ
וְאֶת־מַעֲכָה׃

חיי שרה וַיִּהְיוּ חַיֵּי שָׂרָה מֵאָה שָׁנָה וְעֶשְׂרִים שָׁנָה וְשֶׁבַע שָׁנִים שְׁנֵי חַיֵּי א כג
שָׂרָה׃ וַתָּמָת שָׂרָה בְּקִרְיַת אַרְבַּע הִוא חֶבְרוֹן בְּאֶרֶץ כְּנָעַן ב
וַיָּבֹא אַבְרָהָם לִסְפֹּד לְשָׂרָה וְלִבְכֹּתָהּ׃ וַיָּקָם אַבְרָהָם מֵעַל ג
פְּנֵי מֵתוֹ וַיְדַבֵּר אֶל־בְּנֵי־חֵת לֵאמֹר׃ גֵּר־וְתוֹשָׁב אָנֹכִי עִמָּכֶם ד
תְּנוּ לִי אֲחֻזַּת־קֶבֶר עִמָּכֶם וְאֶקְבְּרָה מֵתִי מִלְּפָנָי׃ וַיַּעֲנוּ בְנֵי־ ה
חֵת אֶת־אַבְרָהָם לֵאמֹר לוֹ׃ שְׁמָעֵנוּ ׀ אֲדֹנִי נְשִׂיא אֱלֹהִים ו
אַתָּה בְּתוֹכֵנוּ בְּמִבְחַר קְבָרֵינוּ קְבֹר אֶת־מֵתֶךָ אִישׁ מִמֶּנּוּ אֶת־
קִבְרוֹ לֹא־יִכְלֶה מִמְּךָ מִקְּבֹר מֵתֶךָ׃ וַיָּקָם אַבְרָהָם וַיִּשְׁתַּחוּ ז
לְעַם־הָאָרֶץ לִבְנֵי־חֵת׃ וַיְדַבֵּר אִתָּם לֵאמֹר אִם־יֵשׁ אֶת־ ח
נַפְשְׁכֶם לִקְבֹּר אֶת־מֵתִי מִלְּפָנַי שְׁמָעוּנִי וּפִגְעוּ־לִי בְּעֶפְרוֹן
בֶּן־צֹחַר׃ וְיִתֶּן־לִי אֶת־מְעָרַת הַמַּכְפֵּלָה אֲשֶׁר־לוֹ אֲשֶׁר בִּקְצֵה ט
שָׂדֵהוּ בְּכֶסֶף מָלֵא יִתְּנֶנָּה לִּי בְּתוֹכְכֶם לַאֲחֻזַּת־קָבֶר׃ וְעֶפְרוֹן י
יֹשֵׁב בְּתוֹךְ בְּנֵי־חֵת וַיַּעַן עֶפְרוֹן הַחִתִּי אֶת־אַבְרָהָם בְּאָזְנֵי
בְנֵי־חֵת לְכֹל בָּאֵי שַׁעַר־עִירוֹ לֵאמֹר׃ לֹא־אֲדֹנִי שְׁמָעֵנִי הַשָּׂדֶה יא
נָתַתִּי לָךְ וְהַמְּעָרָה אֲשֶׁר־בּוֹ לְךָ נְתַתִּיהָ לְעֵינֵי בְנֵי־עַמִּי נְתַתִּיהָ
לָּךְ קְבֹר מֵתֶךָ׃ וַיִּשְׁתַּחוּ אַבְרָהָם לִפְנֵי עַם־הָאָרֶץ׃ וַיְדַבֵּר יב יג
אֶל־עֶפְרוֹן בְּאָזְנֵי עַם־הָאָרֶץ לֵאמֹר אַךְ אִם־אַתָּה לוּ שְׁמָעֵנִי
נָתַתִּי כֶּסֶף הַשָּׂדֶה קַח מִמֶּנִּי וְאֶקְבְּרָה אֶת־מֵתִי שָׁמָּה׃ וַיַּעַן יד
עֶפְרוֹן אֶת־אַבְרָהָם לֵאמֹר לוֹ׃ אֲדֹנִי שְׁמָעֵנִי אֶרֶץ אַרְבַּע מֵאֹת טו
שֶׁקֶל־כֶּסֶף בֵּינִי וּבֵינְךָ מַה־הִוא וְאֶת־מֵתְךָ קְבֹר׃ וַיִּשְׁמַע טז
אַבְרָהָם אֶל־עֶפְרוֹן וַיִּשְׁקֹל אַבְרָהָם לְעֶפְרֹן אֶת־הַכֶּסֶף אֲשֶׁר

דִּבֶּר בְּאׇזְנֵי בְנֵי־חֵת אַרְבַּע מֵאוֹת שֶׁקֶל כֶּסֶף עֹבֵר לַסֹּחֵר׃
יז וַיָּקׇם ׀ שְׂדֵה עֶפְרוֹן אֲשֶׁר בַּמַּכְפֵּלָה אֲשֶׁר לִפְנֵי מַמְרֵא הַשָּׂדֶה שני
וְהַמְּעָרָה אֲשֶׁר־בּוֹ וְכׇל־הָעֵץ אֲשֶׁר בַּשָּׂדֶה אֲשֶׁר בְּכׇל־גְּבֻלוֹ
יח סָבִיב׃ לְאַבְרָהָם לְמִקְנָה לְעֵינֵי בְנֵי־חֵת בְּכֹל בָּאֵי שַׁעַר־עִירוֹ׃
יט וְאַחֲרֵי־כֵן קָבַר אַבְרָהָם אֶת־שָׂרָה אִשְׁתּוֹ אֶל־מְעָרַת שְׂדֵה
כ הַמַּכְפֵּלָה עַל־פְּנֵי מַמְרֵא הִוא חֶבְרוֹן בְּאֶרֶץ כְּנָעַן׃ וַיָּקׇם
הַשָּׂדֶה וְהַמְּעָרָה אֲשֶׁר־בּוֹ לְאַבְרָהָם לַאֲחֻזַּת־קָבֶר מֵאֵת
כד א בְּנֵי־חֵת׃ וְאַבְרָהָם זָקֵן בָּא בַּיָּמִים וַיהֹוָה בֵּרַךְ כ
ב אֶת־אַבְרָהָם בַּכֹּל׃ וַיֹּאמֶר אַבְרָהָם אֶל־עַבְדּוֹ זְקַן בֵּיתוֹ הַמֹּשֵׁל
ג בְּכׇל־אֲשֶׁר־לוֹ שִׂים־נָא יָדְךָ תַּחַת יְרֵכִי׃ וְאַשְׁבִּיעֲךָ בַּיהֹוָה
אֱלֹהֵי הַשָּׁמַיִם וֵאלֹהֵי הָאָרֶץ אֲשֶׁר לֹא־תִקַּח אִשָּׁה לִבְנִי מִבְּנוֹת
ד הַכְּנַעֲנִי אֲשֶׁר אָנֹכִי יוֹשֵׁב בְּקִרְבּוֹ׃ כִּי אֶל־אַרְצִי וְאֶל־מוֹלַדְתִּי
ה תֵּלֵךְ וְלָקַחְתָּ אִשָּׁה לִבְנִי לְיִצְחָק׃ וַיֹּאמֶר אֵלָיו הָעֶבֶד אוּלַי
לֹא־תֹאבֶה הָאִשָּׁה לָלֶכֶת אַחֲרַי אֶל־הָאָרֶץ הַזֹּאת הֶהָשֵׁב
ו אָשִׁיב אֶת־בִּנְךָ אֶל־הָאָרֶץ אֲשֶׁר־יָצָאתָ מִשָּׁם׃ וַיֹּאמֶר אֵלָיו
ז אַבְרָהָם הִשָּׁמֶר לְךָ פֶּן־תָּשִׁיב אֶת־בְּנִי שָׁמָּה׃ יְהֹוָה ׀ אֱלֹהֵי
הַשָּׁמַיִם אֲשֶׁר לְקָחַנִי מִבֵּית אָבִי וּמֵאֶרֶץ מוֹלַדְתִּי וַאֲשֶׁר דִּבֶּר־
לִי וַאֲשֶׁר נִשְׁבַּע־לִי לֵאמֹר לְזַרְעֲךָ אֶתֵּן אֶת־הָאָרֶץ הַזֹּאת
ח הוּא יִשְׁלַח מַלְאָכוֹ לְפָנֶיךָ וְלָקַחְתָּ אִשָּׁה לִבְנִי מִשָּׁם׃ וְאִם־לֹא
תֹאבֶה הָאִשָּׁה לָלֶכֶת אַחֲרֶיךָ וְנִקִּיתָ מִשְּׁבֻעָתִי זֹאת רַק אֶת־
ט בְּנִי לֹא תָשֵׁב שָׁמָּה׃ וַיָּשֶׂם הָעֶבֶד אֶת־יָדוֹ תַּחַת יֶרֶךְ אַבְרָהָם
י אֲדֹנָיו וַיִּשָּׁבַע לוֹ עַל־הַדָּבָר הַזֶּה׃ וַיִּקַּח הָעֶבֶד עֲשָׂרָה גְמַלִּים שלישי
מִגְּמַלֵּי אֲדֹנָיו וַיֵּלֶךְ וְכׇל־טוּב אֲדֹנָיו בְּיָדוֹ וַיָּקׇם וַיֵּלֶךְ אֶל־אֲרַם
יא נַהֲרַיִם אֶל־עִיר נָחוֹר׃ וַיַּבְרֵךְ הַגְּמַלִּים מִחוּץ לָעִיר אֶל־בְּאֵר
יב הַמָּיִם לְעֵת עֶרֶב לְעֵת צֵאת הַשֹּׁאֲבֹת׃ וַיֹּאמַר ׀ יְהֹוָה אֱלֹהֵי
אֲדֹנִי אַבְרָהָם הַקְרֵה־נָא לְפָנַי הַיּוֹם וַעֲשֵׂה־חֶסֶד עִם אֲדֹנִי
יג אַבְרָהָם׃ הִנֵּה אָנֹכִי נִצָּב עַל־עֵין הַמָּיִם וּבְנוֹת אַנְשֵׁי הָעִיר

יֹצְאֹת לִשְׁאֹב מָיִם׃ וְהָיָה הַנַּעֲרָ אֲשֶׁר אֹמַר אֵלֶיהָ הַטִּי־נָא יד
כַּדֵּךְ וְאֶשְׁתֶּה וְאָמְרָה שְׁתֵה וְגַם־גְּמַלֶּיךָ אַשְׁקֶה אֹתָהּ הֹכַחְתָּ
לְעַבְדְּךָ לְיִצְחָק וּבָהּ אֵדַע כִּי־עָשִׂיתָ חֶסֶד עִם־אֲדֹנִי׃ וַיְהִי־הוּא טו
טֶרֶם כִּלָּה לְדַבֵּר וְהִנֵּה רִבְקָה יֹצֵאת אֲשֶׁר יֻלְּדָה לִבְתוּאֵל
בֶּן־מִלְכָּה אֵשֶׁת נָחוֹר אֲחִי אַבְרָהָם וְכַדָּהּ עַל־שִׁכְמָהּ׃ וְהַנַּעֲרָ טז
טֹבַת מַרְאֶה מְאֹד בְּתוּלָה וְאִישׁ לֹא יְדָעָהּ וַתֵּרֶד הָעַיְנָה
וַתְּמַלֵּא כַדָּהּ וַתָּעַל׃ וַיָּרָץ הָעֶבֶד לִקְרָאתָהּ וַיֹּאמֶר הַגְמִיאִינִי יז
נָא מְעַט־מַיִם מִכַּדֵּךְ׃ וַתֹּאמֶר שְׁתֵה אֲדֹנִי וַתְּמַהֵר וַתֹּרֶד כַּדָּהּ יח
עַל־יָדָהּ וַתַּשְׁקֵהוּ׃ וַתְּכַל לְהַשְׁקֹתוֹ וַתֹּאמֶר גַּם לִגְמַלֶּיךָ יט
אֶשְׁאָב עַד אִם־כִּלּוּ לִשְׁתֹּת׃ וַתְּמַהֵר וַתְּעַר כַּדָּהּ אֶל־הַשֹּׁקֶת כ
וַתָּרָץ עוֹד אֶל־הַבְּאֵר לִשְׁאֹב וַתִּשְׁאַב לְכָל־גְּמַלָּיו׃ וְהָאִישׁ כא
מִשְׁתָּאֵה לָהּ מַחֲרִישׁ לָדַעַת הַהִצְלִיחַ יְהוָה דַּרְכּוֹ אִם־לֹא׃
וַיְהִי כַּאֲשֶׁר כִּלּוּ הַגְּמַלִּים לִשְׁתּוֹת וַיִּקַּח הָאִישׁ נֶזֶם זָהָב בֶּקַע כב
מִשְׁקָלוֹ וּשְׁנֵי צְמִידִים עַל־יָדֶיהָ עֲשָׂרָה זָהָב מִשְׁקָלָם׃ וַיֹּאמֶר כג
בַּת־מִי אַתְּ הַגִּידִי נָא לִי הֲיֵשׁ בֵּית־אָבִיךְ מָקוֹם לָנוּ לָלִין׃
וַתֹּאמֶר אֵלָיו בַּת־בְּתוּאֵל אָנֹכִי בֶּן־מִלְכָּה אֲשֶׁר יָלְדָה לְנָחוֹר׃ כד
וַתֹּאמֶר אֵלָיו גַּם־תֶּבֶן גַּם־מִסְפּוֹא רַב עִמָּנוּ גַּם־מָקוֹם לָלוּן׃ כה
רביעי וַיִּקֹּד הָאִישׁ וַיִּשְׁתַּחוּ לַיהוָה׃ וַיֹּאמֶר בָּרוּךְ יְהוָה אֱלֹהֵי אֲדֹנִי כו כז
אַבְרָהָם אֲשֶׁר לֹא־עָזַב חַסְדּוֹ וַאֲמִתּוֹ מֵעִם אֲדֹנִי אָנֹכִי בַּדֶּרֶךְ
נָחַנִי יְהוָה בֵּית אֲחֵי אֲדֹנִי׃ וַתָּרָץ הַנַּעֲרָ וַתַּגֵּד לְבֵית אִמָּהּ כח
כַּדְּבָרִים הָאֵלֶּה׃ וּלְרִבְקָה אָח וּשְׁמוֹ לָבָן וַיָּרָץ לָבָן אֶל־הָאִישׁ כט
הַחוּצָה אֶל־הָעָיִן׃ וַיְהִי ׀ כִּרְאֹת אֶת־הַנֶּזֶם וְאֶת־הַצְּמִדִים עַל־ ל
יְדֵי אֲחֹתוֹ וּכְשָׁמְעוֹ אֶת־דִּבְרֵי רִבְקָה אֲחֹתוֹ לֵאמֹר כֹּה־דִבֶּר
אֵלַי הָאִישׁ וַיָּבֹא אֶל־הָאִישׁ וְהִנֵּה עֹמֵד עַל־הַגְּמַלִּים עַל־
הָעָיִן׃ וַיֹּאמֶר בּוֹא בְּרוּךְ יְהוָה לָמָּה תַעֲמֹד בַּחוּץ וְאָנֹכִי פִּנִּיתִי לא
הַבַּיִת וּמָקוֹם לַגְּמַלִּים׃ וַיָּבֹא הָאִישׁ הַבַּיְתָה וַיְפַתַּח הַגְּמַלִּים לב
וַיִּתֵּן תֶּבֶן וּמִסְפּוֹא לַגְּמַלִּים וּמַיִם לִרְחֹץ רַגְלָיו וְרַגְלֵי הָאֲנָשִׁים

לג אֲשֶׁר אִתּוֹ׃ וַיִּישַׂם לְפָנָיו לֶאֱכֹל וַיֹּאמֶר לֹא אֹכַל עַד אִם־דִּבַּרְתִּי וַיּוּשַׂם
לד לה דְּבָרָי וַיֹּאמֶר דַּבֵּר׃ וַיֹּאמַר עֶבֶד אַבְרָהָם אָנֹכִי׃ וַיהוָה בֵּרַךְ
אֶת־אֲדֹנִי מְאֹד וַיִּגְדָּל וַיִּתֶּן־לוֹ צֹאן וּבָקָר וְכֶסֶף וְזָהָב וַעֲבָדִם
לו וּשְׁפָחֹת וּגְמַלִּים וַחֲמֹרִים׃ וַתֵּלֶד שָׂרָה אֵשֶׁת אֲדֹנִי בֵן לַאדֹנִי
לז אַחֲרֵי זִקְנָתָהּ וַיִּתֶּן־לוֹ אֶת־כָּל־אֲשֶׁר־לוֹ׃ וַיַּשְׁבִּעֵנִי אֲדֹנִי לֵאמֹר
לֹא־תִקַּח אִשָּׁה לִבְנִי מִבְּנוֹת הַכְּנַעֲנִי אֲשֶׁר אָנֹכִי יֹשֵׁב בְּאַרְצוֹ׃
לח אִם־לֹא אֶל־בֵּית־אָבִי תֵּלֵךְ וְאֶל־מִשְׁפַּחְתִּי וְלָקַחְתָּ אִשָּׁה לִבְנִי׃
לט מ וָאֹמַר אֶל־אֲדֹנִי אֻלַי לֹא־תֵלֵךְ הָאִשָּׁה אַחֲרָי׃ וַיֹּאמֶר אֵלָי יְהוָה
אֲשֶׁר־הִתְהַלַּכְתִּי לְפָנָיו יִשְׁלַח מַלְאָכוֹ אִתָּךְ וְהִצְלִיחַ דַּרְכֶּךָ
מא וְלָקַחְתָּ אִשָּׁה לִבְנִי מִמִּשְׁפַּחְתִּי וּמִבֵּית אָבִי׃ אָז תִּנָּקֶה מֵאָלָתִי
כִּי תָבוֹא אֶל־מִשְׁפַּחְתִּי וְאִם־לֹא יִתְּנוּ לָךְ וְהָיִיתָ נָקִי מֵאָלָתִי׃
מב וָאָבֹא הַיּוֹם אֶל־הָעָיִן וָאֹמַר יְהוָה אֱלֹהֵי אֲדֹנִי אַבְרָהָם אִם־ כא
מג יֶשְׁךָ־נָּא מַצְלִיחַ דַּרְכִּי אֲשֶׁר אָנֹכִי הֹלֵךְ עָלֶיהָ׃ הִנֵּה אָנֹכִי
נִצָּב עַל־עֵין הַמָּיִם וְהָיָה הָעַלְמָה הַיֹּצֵאת לִשְׁאֹב וְאָמַרְתִּי
מד אֵלֶיהָ הַשְׁקִינִי־נָא מְעַט־מַיִם מִכַּדֵּךְ׃ וְאָמְרָה אֵלַי גַּם־אַתָּה
שְׁתֵה וְגַם לִגְמַלֶּיךָ אֶשְׁאָב הִוא הָאִשָּׁה אֲשֶׁר־הֹכִיחַ יְהוָה לְבֶן־
מה אֲדֹנִי׃ אֲנִי טֶרֶם אֲכַלֶּה לְדַבֵּר אֶל־לִבִּי וְהִנֵּה רִבְקָה יֹצֵאת
וְכַדָּהּ עַל־שִׁכְמָהּ וַתֵּרֶד הָעַיְנָה וַתִּשְׁאָב וָאֹמַר אֵלֶיהָ הַשְׁקִינִי
מו נָא׃ וַתְּמַהֵר וַתּוֹרֶד כַּדָּהּ מֵעָלֶיהָ וַתֹּאמֶר שְׁתֵה וְגַם־גְּמַלֶּיךָ
מז אַשְׁקֶה וָאֵשְׁתְּ וְגַם הַגְּמַלִּים הִשְׁקָתָה׃ וָאֶשְׁאַל אֹתָהּ וָאֹמַר
בַּת־מִי אַתְּ וַתֹּאמֶר בַּת־בְּתוּאֵל בֶּן־נָחוֹר אֲשֶׁר יָלְדָה־לּוֹ
מח מִלְכָּה וָאָשִׂם הַנֶּזֶם עַל־אַפָּהּ וְהַצְּמִידִים עַל־יָדֶיהָ׃ וָאֶקֹּד
וָאֶשְׁתַּחֲוֶה לַיהוָה וָאֲבָרֵךְ אֶת־יְהוָה אֱלֹהֵי אֲדֹנִי אַבְרָהָם אֲשֶׁר
מט הִנְחַנִי בְּדֶרֶךְ אֱמֶת לָקַחַת אֶת־בַּת־אֲחִי אֲדֹנִי לִבְנוֹ׃ וְעַתָּה
אִם־יֶשְׁכֶם עֹשִׂים חֶסֶד וֶאֱמֶת אֶת־אֲדֹנִי הַגִּידוּ לִי וְאִם־לֹא
נ הַגִּידוּ לִי וְאֶפְנֶה עַל־יָמִין אוֹ עַל־שְׂמֹאל׃ וַיַּעַן לָבָן וּבְתוּאֵל
וַיֹּאמְרוּ מֵיְהוָה יָצָא הַדָּבָר לֹא נוּכַל דַּבֵּר אֵלֶיךָ רַע אוֹ־טוֹב׃

הִנֵּה־רִבְקָה לְפָנֶיךָ קַח וָלֵךְ וּתְהִי אִשָּׁה לְבֶן־אֲדֹנֶיךָ כַּאֲשֶׁר נא
דִּבֶּר יְהוָה׃ וַיְהִי כַּאֲשֶׁר שָׁמַע עֶבֶד אַבְרָהָם אֶת־דִּבְרֵיהֶם נב
חמישי וַיִּשְׁתַּחוּ אַרְצָה לַיהוָה׃ וַיּוֹצֵא הָעֶבֶד כְּלֵי־כֶסֶף וּכְלֵי זָהָב נג
וּבְגָדִים וַיִּתֵּן לְרִבְקָה וּמִגְדָּנֹת נָתַן לְאָחִיהָ וּלְאִמָּהּ׃ וַיֹּאכְלוּ נד
וַיִּשְׁתּוּ הוּא וְהָאֲנָשִׁים אֲשֶׁר־עִמּוֹ וַיָּלִינוּ וַיָּקוּמוּ בַבֹּקֶר וַיֹּאמֶר
שַׁלְּחֻנִי לַאדֹנִי׃ וַיֹּאמֶר אָחִיהָ וְאִמָּהּ תֵּשֵׁב הַנַּעֲרָ אִתָּנוּ יָמִים נה
אוֹ עָשׂוֹר אַחַר תֵּלֵךְ׃ וַיֹּאמֶר אֲלֵהֶם אַל־תְּאַחֲרוּ אֹתִי וַיהוָה נו
הִצְלִיחַ דַּרְכִּי שַׁלְּחוּנִי וְאֵלְכָה לַאדֹנִי׃ וַיֹּאמְרוּ נִקְרָא לַנַּעֲרָ נז
וְנִשְׁאֲלָה אֶת־פִּיהָ׃ וַיִּקְרְאוּ לְרִבְקָה וַיֹּאמְרוּ אֵלֶיהָ הֲתֵלְכִי נח
עִם־הָאִישׁ הַזֶּה וַתֹּאמֶר אֵלֵךְ׃ וַיְשַׁלְּחוּ אֶת־רִבְקָה אֲחֹתָם נט
וְאֶת־מֵנִקְתָּהּ וְאֶת־עֶבֶד אַבְרָהָם וְאֶת־אֲנָשָׁיו׃ וַיְבָרְכוּ אֶת־ ס
רִבְקָה וַיֹּאמְרוּ לָהּ אֲחֹתֵנוּ אַתְּ הֲיִי לְאַלְפֵי רְבָבָה וְיִירַשׁ זַרְעֵךְ
אֵת שַׁעַר שֹׂנְאָיו׃ וַתָּקָם רִבְקָה וְנַעֲרֹתֶיהָ וַתִּרְכַּבְנָה עַל־ סא
הַגְּמַלִּים וַתֵּלַכְנָה אַחֲרֵי הָאִישׁ וַיִּקַּח הָעֶבֶד אֶת־רִבְקָה וַיֵּלַךְ׃
וְיִצְחָק בָּא מִבּוֹא בְּאֵר לַחַי רֹאִי וְהוּא יוֹשֵׁב בְּאֶרֶץ הַנֶּגֶב׃ סב
וַיֵּצֵא יִצְחָק לָשׂוּחַ בַּשָּׂדֶה לִפְנוֹת עָרֶב וַיִּשָּׂא עֵינָיו וַיַּרְא וְהִנֵּה סג
גְמַלִּים בָּאִים׃ וַתִּשָּׂא רִבְקָה אֶת־עֵינֶיהָ וַתֵּרֶא אֶת־יִצְחָק סד
וַתִּפֹּל מֵעַל הַגָּמָל׃ וַתֹּאמֶר אֶל־הָעֶבֶד מִי־הָאִישׁ הַלָּזֶה הַהֹלֵךְ סה
בַּשָּׂדֶה לִקְרָאתֵנוּ וַיֹּאמֶר הָעֶבֶד הוּא אֲדֹנִי וַתִּקַּח הַצָּעִיף
וַתִּתְכָּס׃ וַיְסַפֵּר הָעֶבֶד לְיִצְחָק אֵת כָּל־הַדְּבָרִים אֲשֶׁר עָשָׂה׃ סו
וַיְבִאֶהָ יִצְחָק הָאֹהֱלָה שָׂרָה אִמּוֹ וַיִּקַּח אֶת־רִבְקָה וַתְּהִי־לוֹ סז
לְאִשָּׁה וַיֶּאֱהָבֶהָ וַיִּנָּחֵם יִצְחָק אַחֲרֵי אִמּוֹ׃
ששי כב וַיֹּסֶף אַבְרָהָם וַיִּקַּח אִשָּׁה וּשְׁמָהּ קְטוּרָה׃ וַתֵּלֶד לוֹ אֶת־זִמְרָן א ב כה
וְאֶת־יָקְשָׁן וְאֶת־מְדָן וְאֶת־מִדְיָן וְאֶת־יִשְׁבָּק וְאֶת־שׁוּחַ׃ וְיָקְשָׁן ג
יָלַד אֶת־שְׁבָא וְאֶת־דְּדָן וּבְנֵי דְדָן הָיוּ אַשּׁוּרִם וּלְטוּשִׁם וּלְאֻמִּים׃
וּבְנֵי מִדְיָן עֵיפָה וָעֵפֶר וַחֲנֹךְ וַאֲבִידָע וְאֶלְדָּעָה כָּל־אֵלֶּה ד
בְּנֵי קְטוּרָה׃ וַיִּתֵּן אַבְרָהָם אֶת־כָּל־אֲשֶׁר־לוֹ לְיִצְחָק׃ וְלִבְנֵי ה ו

הַפִּילַגְשִׁים אֲשֶׁר לְאַבְרָהָם נָתַן אַבְרָהָם מַתָּנֹת וַיְשַׁלְּחֵם מֵעַל
ו יִצְחָק בְּנוֹ בְּעוֹדֶנּוּ חַי קֵדְמָה אֶל־אֶרֶץ קֶדֶם׃ וְאֵלֶּה יְמֵי שְׁנֵי־
חַיֵּי אַבְרָהָם אֲשֶׁר־חָי מְאַת שָׁנָה וְשִׁבְעִים שָׁנָה וְחָמֵשׁ שָׁנִים׃
ח וַיִּגְוַע וַיָּמָת אַבְרָהָם בְּשֵׂיבָה טוֹבָה זָקֵן וְשָׂבֵעַ וַיֵּאָסֶף אֶל־
ט עַמָּיו׃ וַיִּקְבְּרוּ אֹתוֹ יִצְחָק וְיִשְׁמָעֵאל בָּנָיו אֶל־מְעָרַת הַמַּכְפֵּלָה
י אֶל־שְׂדֵה עֶפְרֹן בֶּן־צֹחַר הַחִתִּי אֲשֶׁר עַל־פְּנֵי מַמְרֵא׃ הַשָּׂדֶה
אֲשֶׁר־קָנָה אַבְרָהָם מֵאֵת בְּנֵי־חֵת שָׁמָּה קֻבַּר אַבְרָהָם וְשָׂרָה
יא אִשְׁתּוֹ׃ וַיְהִי אַחֲרֵי מוֹת אַבְרָהָם וַיְבָרֶךְ אֱלֹהִים אֶת־יִצְחָק
בְּנוֹ וַיֵּשֶׁב יִצְחָק עִם־בְּאֵר לַחַי רֹאִי׃
יב וְאֵלֶּה תֹּלְדֹת יִשְׁמָעֵאל בֶּן־אַבְרָהָם אֲשֶׁר יָלְדָה הָגָר הַמִּצְרִית שביעי
יג שִׁפְחַת שָׂרָה לְאַבְרָהָם׃ וְאֵלֶּה שְׁמוֹת בְּנֵי יִשְׁמָעֵאל בִּשְׁמֹתָם
לְתוֹלְדֹתָם בְּכֹר יִשְׁמָעֵאל נְבָיֹת וְקֵדָר וְאַדְבְּאֵל וּמִבְשָׂם׃
יד טו וּמִשְׁמָע וְדוּמָה וּמַשָּׂא׃ חֲדַד וְתֵימָא יְטוּר נָפִישׁ וָקֵדְמָה׃
טז אֵלֶּה הֵם בְּנֵי יִשְׁמָעֵאל וְאֵלֶּה שְׁמֹתָם בְּחַצְרֵיהֶם וּבְטִירֹתָם מפטיר
יז שְׁנֵים־עָשָׂר נְשִׂיאִם לְאֻמֹּתָם׃ וְאֵלֶּה שְׁנֵי חַיֵּי יִשְׁמָעֵאל מְאַת
שָׁנָה וּשְׁלֹשִׁים שָׁנָה וְשֶׁבַע שָׁנִים וַיִּגְוַע וַיָּמָת וַיֵּאָסֶף אֶל־עַמָּיו׃
יח וַיִּשְׁכְּנוּ מֵחֲוִילָה עַד־שׁוּר אֲשֶׁר עַל־פְּנֵי מִצְרַיִם בֹּאֲכָה אַשּׁוּרָה
עַל־פְּנֵי כָל־אֶחָיו נָפָל׃
יט וְאֵלֶּה תּוֹלְדֹת יִצְחָק בֶּן־אַבְרָהָם אַבְרָהָם הוֹלִיד אֶת־יִצְחָק׃ כג תולדת
כ וַיְהִי יִצְחָק בֶּן־אַרְבָּעִים שָׁנָה בְּקַחְתּוֹ אֶת־רִבְקָה בַּת־בְּתוּאֵל
כא הָאֲרַמִּי מִפַּדַּן אֲרָם אֲחוֹת לָבָן הָאֲרַמִּי לוֹ לְאִשָּׁה׃ וַיֶּעְתַּר
יִצְחָק לַיהוָה לְנֹכַח אִשְׁתּוֹ כִּי עֲקָרָה הִוא וַיֵּעָתֶר לוֹ יְהוָה
כב וַתַּהַר רִבְקָה אִשְׁתּוֹ׃ וַיִּתְרֹצֲצוּ הַבָּנִים בְּקִרְבָּהּ וַתֹּאמֶר אִם־
כג כֵּן לָמָּה זֶּה אָנֹכִי וַתֵּלֶךְ לִדְרֹשׁ אֶת־יְהוָה׃ וַיֹּאמֶר יְהוָה לָהּ
שְׁנֵי גיים בְּבִטְנֵךְ וּשְׁנֵי לְאֻמִּים מִמֵּעַיִךְ יִפָּרֵדוּ וּלְאֹם מִלְאֹם גוֹיִם
כד יֶאֱמָץ וְרַב יַעֲבֹד צָעִיר׃ וַיִּמְלְאוּ יָמֶיהָ לָלֶדֶת וְהִנֵּה תוֹמִם
כה בְּבִטְנָהּ׃ וַיֵּצֵא הָרִאשׁוֹן אַדְמוֹנִי כֻּלּוֹ כְּאַדֶּרֶת שֵׂעָר וַיִּקְרְאוּ

שְׁמוֹ עֵשָׂו׃ וְאַחֲרֵי־כֵן יָצָא אָחִיו וְיָדוֹ אֹחֶזֶת בַּעֲקֵב עֵשָׂו כו
וַיִּקְרָא שְׁמוֹ יַעֲקֹב וְיִצְחָק בֶּן־שִׁשִּׁים שָׁנָה בְּלֶדֶת אֹתָם׃ וַיִּגְדְּלוּ כז
הַנְּעָרִים וַיְהִי עֵשָׂו אִישׁ יֹדֵעַ צַיִד אִישׁ שָׂדֶה וְיַעֲקֹב אִישׁ תָּם
יֹשֵׁב אֹהָלִים׃ וַיֶּאֱהַב יִצְחָק אֶת־עֵשָׂו כִּי־צַיִד בְּפִיו וְרִבְקָה כח
אֹהֶבֶת אֶת־יַעֲקֹב׃ וַיָּזֶד יַעֲקֹב נָזִיד וַיָּבֹא עֵשָׂו מִן־הַשָּׂדֶה וְהוּא כט
עָיֵף׃ וַיֹּאמֶר עֵשָׂו אֶל־יַעֲקֹב הַלְעִיטֵנִי נָא מִן־הָאָדֹם הָאָדֹם ל
הַזֶּה כִּי עָיֵף אָנֹכִי עַל־כֵּן קָרָא־שְׁמוֹ אֱדוֹם׃ וַיֹּאמֶר יַעֲקֹב לא
מִכְרָה כַיּוֹם אֶת־בְּכֹרָתְךָ לִי׃ וַיֹּאמֶר עֵשָׂו הִנֵּה אָנֹכִי הוֹלֵךְ לב
לָמוּת וְלָמָּה־זֶּה לִי בְּכֹרָה׃ וַיֹּאמֶר יַעֲקֹב הִשָּׁבְעָה לִּי כַּיּוֹם לג
וַיִּשָּׁבַע לוֹ וַיִּמְכֹּר אֶת־בְּכֹרָתוֹ לְיַעֲקֹב׃ וְיַעֲקֹב נָתַן לְעֵשָׂו לד
לֶחֶם וּנְזִיד עֲדָשִׁים וַיֹּאכַל וַיֵּשְׁתְּ וַיָּקָם וַיֵּלַךְ וַיִּבֶז עֵשָׂו אֶת־
הַבְּכֹרָה׃

וַיְהִי רָעָב בָּאָרֶץ מִלְּבַד הָרָעָב הָרִאשׁוֹן אֲשֶׁר הָיָה בִּימֵי אַבְרָהָם א כו
וַיֵּלֶךְ יִצְחָק אֶל־אֲבִימֶלֶךְ מֶלֶךְ־פְּלִשְׁתִּים גְּרָרָה׃ וַיֵּרָא אֵלָיו ב
יְהוָה וַיֹּאמֶר אַל־תֵּרֵד מִצְרָיְמָה שְׁכֹן בָּאָרֶץ אֲשֶׁר אֹמַר
אֵלֶיךָ׃ גּוּר בָּאָרֶץ הַזֹּאת וְאֶהְיֶה עִמְּךָ וַאֲבָרְכֶךָּ כִּי־לְךָ וּלְזַרְעֲךָ ג
אֶתֵּן אֶת־כָּל־הָאֲרָצֹת הָאֵל וַהֲקִמֹתִי אֶת־הַשְּׁבֻעָה אֲשֶׁר
נִשְׁבַּעְתִּי לְאַבְרָהָם אָבִיךָ׃ וְהִרְבֵּיתִי אֶת־זַרְעֲךָ כְּכוֹכְבֵי הַשָּׁמַיִם ד
וְנָתַתִּי לְזַרְעֲךָ אֵת כָּל־הָאֲרָצֹת הָאֵל וְהִתְבָּרְכוּ בְזַרְעֲךָ כֹּל
גּוֹיֵי הָאָרֶץ׃ עֵקֶב אֲשֶׁר־שָׁמַע אַבְרָהָם בְּקֹלִי וַיִּשְׁמֹר מִשְׁמַרְתִּי ה
שני מִצְוֺתַי חֻקּוֹתַי וְתוֹרֹתָי׃ וַיֵּשֶׁב יִצְחָק בִּגְרָר׃ וַיִּשְׁאֲלוּ אַנְשֵׁי ו ז
הַמָּקוֹם לְאִשְׁתּוֹ וַיֹּאמֶר אֲחֹתִי הִוא כִּי יָרֵא לֵאמֹר אִשְׁתִּי פֶּן־
יַהַרְגֻנִי אַנְשֵׁי הַמָּקוֹם עַל־רִבְקָה כִּי־טוֹבַת מַרְאֶה הִוא׃ וַיְהִי ח
כִּי־אָרְכוּ־לוֹ שָׁם הַיָּמִים וַיַּשְׁקֵף אֲבִימֶלֶךְ מֶלֶךְ פְּלִשְׁתִּים בְּעַד
הַחַלּוֹן וַיַּרְא וְהִנֵּה יִצְחָק מְצַחֵק אֵת רִבְקָה אִשְׁתּוֹ׃ וַיִּקְרָא ט
אֲבִימֶלֶךְ לְיִצְחָק וַיֹּאמֶר אַךְ הִנֵּה אִשְׁתְּךָ הִוא וְאֵיךְ אָמַרְתָּ
אֲחֹתִי הִוא וַיֹּאמֶר אֵלָיו יִצְחָק כִּי אָמַרְתִּי פֶּן־אָמוּת עָלֶיהָ׃

י ויאמר אבימלך מה־זאת עשית לנו כמעט שכב אחד העם
יא את־אשתך והבאת עלינו אשם: ויצו אבימלך את־כל־העם
יב לאמר הנגע באיש הזה ובאשתו מות יומת: ויזרע יצחק
בארץ ההוא וימצא בשנה ההוא מאה שערים ויברכהו
יג יד יהוה: ויגדל האיש וילך הלוך וגדל עד כי־גדל מאד: ויהי־ שלישי
לו מקנה־צאן ומקנה בקר ועבדה רבה ויקנאו אתו פלשתים:
טו וכל־הבארת אשר חפרו עבדי אביו בימי אברהם אביו
טז סתמום פלשתים וימלאום עפר: ויאמר אבימלך אל־יצחק
יז לך מעמנו כי־עצמת ממנו מאד: וילך משם יצחק ויחן
יח בנחל־גרר וישב שם: וישב יצחק ויחפר ׀ את־בארת המים
אשר חפרו בימי אברהם אביו ויסתמום פלשתים אחרי מות
אברהם ויקרא להן שמות כשמת אשר־קרא להן אביו:
יט כ ויחפרו עבדי־יצחק בנחל וימצאו־שם באר מים חיים: ויריבו
רעי גרר עם־רעי יצחק לאמר לנו המים ויקרא שם־הבאר
כא עשק כי התעשקו עמו: ויחפרו באר אחרת ויריבו גם־עליה
כב ויקרא שמה שטנה: ויעתק משם ויחפר באר אחרת ולא
רבו עליה ויקרא שמה רחבות ויאמר כי־עתה הרחיב יהוה
כג כד לנו ופרינו בארץ: ויעל משם באר שבע: וירא אליו יהוה רביעי
בלילה ההוא ויאמר אנכי אלהי אברהם אביך אל־תירא
כי־אתך אנכי וברכתיך והרביתי את־זרעך בעבור אברהם
כה עבדי: ויבן שם מזבח ויקרא בשם יהוה ויט־שם אהלו
כו ויכרו־שם עבדי־יצחק באר: ואבימלך הלך אליו מגרר
כז ואחזת מרעהו ופיכל שר־צבאו: ויאמר אלהם יצחק מדוע
כח באתם אלי ואתם שנאתם אתי ותשלחוני מאתכם: ויאמרו
ראו ראינו כי־היה יהוה ׀ עמך ונאמר תהי נא אלה בינותינו
כט בינינו ובינך ונכרתה ברית עמך: אם־תעשה עמנו רעה
כאשר לא נגענוך וכאשר עשינו עמך רק־טוב ונשלחך

חמישי בְּשָׁלוֹם אַתָּה עַתָּה בְּרוּךְ יְהוָה׃ וַיַּעַשׂ לָהֶם מִשְׁתֶּה וַיֹּאכְלוּ ל
וַיִּשְׁתּוּ׃ וַיַּשְׁכִּימוּ בַבֹּקֶר וַיִּשָּׁבְעוּ אִישׁ לְאָחִיו וַיְשַׁלְּחֵם יִצְחָק לא
וַיֵּלְכוּ מֵאִתּוֹ בְּשָׁלוֹם׃ וַיְהִי ׀ בַּיּוֹם הַהוּא וַיָּבֹאוּ עַבְדֵי יִצְחָק לב
וַיַּגִּדוּ לוֹ עַל־אֹדוֹת הַבְּאֵר אֲשֶׁר חָפָרוּ וַיֹּאמְרוּ לוֹ מָצָאנוּ מָיִם׃
וַיִּקְרָא אֹתָהּ שִׁבְעָה עַל־כֵּן שֵׁם־הָעִיר בְּאֵר שֶׁבַע עַד הַיּוֹם לג
הַזֶּה׃ וַיְהִי עֵשָׂו בֶּן־אַרְבָּעִים שָׁנָה וַיִּקַּח אִשָּׁה לד
אֶת־יְהוּדִית בַּת־בְּאֵרִי הַחִתִּי וְאֶת־בָּשְׂמַת בַּת־אֵילֹן הַחִתִּי׃
כד וַתִּהְיֶיןָ מֹרַת רוּחַ לְיִצְחָק וּלְרִבְקָה׃ וַיְהִי כִּי־זָקֵן לה א כז
יִצְחָק וַתִּכְהֶיןָ עֵינָיו מֵרְאֹת וַיִּקְרָא אֶת־עֵשָׂו ׀ בְּנוֹ הַגָּדֹל וַיֹּאמֶר
אֵלָיו בְּנִי וַיֹּאמֶר אֵלָיו הִנֵּנִי׃ וַיֹּאמֶר הִנֵּה־נָא זָקַנְתִּי לֹא יָדַעְתִּי ב
יוֹם מוֹתִי׃ וְעַתָּה שָׂא־נָא כֵלֶיךָ תֶּלְיְךָ וְקַשְׁתֶּךָ וְצֵא הַשָּׂדֶה ג
צָיִד וְצוּדָה לִּי צידה׃ וַעֲשֵׂה־לִי מַטְעַמִּים כַּאֲשֶׁר אָהַבְתִּי וְהָבִיאָה ד
לִּי וְאֹכֵלָה בַּעֲבוּר תְּבָרֶכְךָ נַפְשִׁי בְּטֶרֶם אָמוּת׃ וְרִבְקָה שֹׁמַעַת ה
בְּדַבֵּר יִצְחָק אֶל־עֵשָׂו בְּנוֹ וַיֵּלֶךְ עֵשָׂו הַשָּׂדֶה לָצוּד צַיִד לְהָבִיא׃
וְרִבְקָה אָמְרָה אֶל־יַעֲקֹב בְּנָהּ לֵאמֹר הִנֵּה שָׁמַעְתִּי אֶת־אָבִיךָ ו
מְדַבֵּר אֶל־עֵשָׂו אָחִיךָ לֵאמֹר׃ הָבִיאָה לִּי צַיִד וַעֲשֵׂה־לִי ז
מַטְעַמִּים וְאֹכֵלָה וַאֲבָרֶכְכָה לִפְנֵי יְהוָה לִפְנֵי מוֹתִי׃ וְעַתָּה ח
בְנִי שְׁמַע בְּקֹלִי לַאֲשֶׁר אֲנִי מְצַוָּה אֹתָךְ׃ לֶךְ־נָא אֶל־הַצֹּאן ט
וְקַח־לִי מִשָּׁם שְׁנֵי גְּדָיֵי עִזִּים טֹבִים וְאֶעֱשֶׂה אֹתָם מַטְעַמִּים
לְאָבִיךָ כַּאֲשֶׁר אָהֵב׃ וְהֵבֵאתָ לְאָבִיךָ וְאָכָל בַּעֲבֻר אֲשֶׁר י
יְבָרֶכְךָ לִפְנֵי מוֹתוֹ׃ וַיֹּאמֶר יַעֲקֹב אֶל־רִבְקָה אִמּוֹ הֵן עֵשָׂו יא
אָחִי אִישׁ שָׂעִר וְאָנֹכִי אִישׁ חָלָק׃ אוּלַי יְמֻשֵּׁנִי אָבִי וְהָיִיתִי יב
בְעֵינָיו כִּמְתַעְתֵּעַ וְהֵבֵאתִי עָלַי קְלָלָה וְלֹא בְרָכָה׃ וַתֹּאמֶר יג
לוֹ אִמּוֹ עָלַי קִלְלָתְךָ בְּנִי אַךְ שְׁמַע בְּקֹלִי וְלֵךְ קַח־לִי׃ וַיֵּלֶךְ יד
וַיִּקַּח וַיָּבֵא לְאִמּוֹ וַתַּעַשׂ אִמּוֹ מַטְעַמִּים כַּאֲשֶׁר אָהֵב אָבִיו׃
וַתִּקַּח רִבְקָה אֶת־בִּגְדֵי עֵשָׂו בְּנָהּ הַגָּדֹל הַחֲמֻדֹת אֲשֶׁר אִתָּהּ טו
בַּבָּיִת וַתַּלְבֵּשׁ אֶת־יַעֲקֹב בְּנָהּ הַקָּטָן׃ וְאֵת עֹרֹת גְּדָיֵי הָעִזִּים טז

יז הִלְבִּישָׁה עַל־יָדָיו וְעַל חֶלְקַת צַוָּארָיו׃ וַתִּתֵּן אֶת־הַמַּטְעַמִּים
יח וְאֶת־הַלֶּחֶם אֲשֶׁר עָשָׂתָה בְּיַד יַעֲקֹב בְּנָהּ׃ וַיָּבֹא אֶל־אָבִיו
יט וַיֹּאמֶר אָבִי וַיֹּאמֶר הִנֶּנִּי מִי אַתָּה בְּנִי׃ וַיֹּאמֶר יַעֲקֹב אֶל־אָבִיו
אָנֹכִי עֵשָׂו בְּכֹרֶךָ עָשִׂיתִי כַּאֲשֶׁר דִּבַּרְתָּ אֵלָי קוּם־נָא שְׁבָה
כ וְאָכְלָה מִצֵּידִי בַּעֲבוּר תְּבָרְכַנִּי נַפְשֶׁךָ׃ וַיֹּאמֶר יִצְחָק אֶל־בְּנוֹ
מַה־זֶּה מִהַרְתָּ לִמְצֹא בְּנִי וַיֹּאמֶר כִּי הִקְרָה יְהוָה אֱלֹהֶיךָ
כא לְפָנָי׃ וַיֹּאמֶר יִצְחָק אֶל־יַעֲקֹב גְּשָׁה־נָּא וַאֲמֻשְׁךָ בְּנִי הַאַתָּה
כב זֶה בְּנִי עֵשָׂו אִם־לֹא׃ וַיִּגַּשׁ יַעֲקֹב אֶל־יִצְחָק אָבִיו וַיְמֻשֵּׁהוּ
כג וַיֹּאמֶר הַקֹּל קוֹל יַעֲקֹב וְהַיָּדַיִם יְדֵי עֵשָׂו׃ וְלֹא הִכִּירוֹ כִּי־הָיוּ
כד יָדָיו כִּידֵי עֵשָׂו אָחִיו שְׂעִרֹת וַיְבָרְכֵהוּ׃ וַיֹּאמֶר אַתָּה זֶה בְּנִי
כה עֵשָׂו וַיֹּאמֶר אָנִי׃ וַיֹּאמֶר הַגִּשָׁה לִּי וְאֹכְלָה מִצֵּיד בְּנִי לְמַעַן
כו תְּבָרֶכְךָ נַפְשִׁי וַיַּגֶּשׁ־לוֹ וַיֹּאכַל וַיָּבֵא לוֹ יַיִן וַיֵּשְׁתְּ׃ וַיֹּאמֶר אֵלָיו
כז יִצְחָק אָבִיו גְּשָׁה־נָּא וּשְׁקָה־לִּי בְּנִי׃ וַיִּגַּשׁ וַיִּשַּׁק־לוֹ וַיָּרַח אֶת־רֵיחַ
בְּגָדָיו וַיְבָרְכֵהוּ וַיֹּאמֶר רְאֵה רֵיחַ בְּנִי כְּרֵיחַ שָׂדֶה אֲשֶׁר בֵּרְכוֹ
כח יְהוָה׃ וְיִתֶּן־לְךָ הָאֱלֹהִים מִטַּל הַשָּׁמַיִם וּמִשְׁמַנֵּי הָאָרֶץ וְרֹב ששי כה
כט דָּגָן וְתִירֹשׁ׃ יַעַבְדוּךָ עַמִּים וְיִשְׁתַּחֲוֻ לְךָ לְאֻמִּים הֱוֵה גְבִיר
לְאַחֶיךָ וְיִשְׁתַּחֲווּ לְךָ בְּנֵי אִמֶּךָ אֹרְרֶיךָ אָרוּר וּמְבָרְכֶיךָ בָּרוּךְ׃
ל וַיְהִי כַּאֲשֶׁר כִּלָּה יִצְחָק לְבָרֵךְ אֶת־יַעֲקֹב וַיְהִי אַךְ יָצֹא יָצָא
לא יַעֲקֹב מֵאֵת פְּנֵי יִצְחָק אָבִיו וְעֵשָׂו אָחִיו בָּא מִצֵּידוֹ׃ וַיַּעַשׂ גַּם־
הוּא מַטְעַמִּים וַיָּבֵא לְאָבִיו וַיֹּאמֶר לְאָבִיו יָקֻם אָבִי וְיֹאכַל
לב מִצֵּיד בְּנוֹ בַּעֲבֻר תְּבָרְכַנִּי נַפְשֶׁךָ׃ וַיֹּאמֶר לוֹ יִצְחָק אָבִיו מִי־
לג אָתָּה וַיֹּאמֶר אֲנִי בִּנְךָ בְכֹרְךָ עֵשָׂו׃ וַיֶּחֱרַד יִצְחָק חֲרָדָה גְּדֹלָה
עַד־מְאֹד וַיֹּאמֶר מִי־אֵפוֹא הוּא הַצָּד־צַיִד וַיָּבֵא לִי וָאֹכַל
לד מִכֹּל בְּטֶרֶם תָּבוֹא וָאֲבָרְכֵהוּ גַּם־בָּרוּךְ יִהְיֶה׃ כִּשְׁמֹעַ עֵשָׂו
אֶת־דִּבְרֵי אָבִיו וַיִּצְעַק צְעָקָה גְּדֹלָה וּמָרָה עַד־מְאֹד וַיֹּאמֶר
לה לְאָבִיו בָּרְכֵנִי גַם־אָנִי אָבִי׃ וַיֹּאמֶר בָּא אָחִיךָ בְּמִרְמָה וַיִּקַּח
לו בִּרְכָתֶךָ׃ וַיֹּאמֶר הֲכִי קָרָא שְׁמוֹ יַעֲקֹב וַיַּעְקְבֵנִי זֶה פַעֲמַיִם

אֶת־בְּכֹרָתִי לָקָח וְהִנֵּה עַתָּה לָקַח בִּרְכָתִי וַיֹּאמַר הֲלֹא־
לז אָצַלְתָּ לִּי בְּרָכָה: וַיַּעַן יִצְחָק וַיֹּאמֶר לְעֵשָׂו הֵן גְּבִיר שַׂמְתִּיו
לְךָ וְאֶת־כָּל־אֶחָיו נָתַתִּי לוֹ לַעֲבָדִים וְדָגָן וְתִירֹשׁ סְמַכְתִּיו
לח וּלְכָה אֵפוֹא מָה אֶעֱשֶׂה בְּנִי: וַיֹּאמֶר עֵשָׂו אֶל־אָבִיו הַבְרָכָה
אַחַת הִוא־לְךָ אָבִי בָּרְכֵנִי גַם־אָנִי אָבִי וַיִּשָּׂא עֵשָׂו קֹלוֹ
לט וַיֵּבְךְּ: וַיַּעַן יִצְחָק אָבִיו וַיֹּאמֶר אֵלָיו הִנֵּה מִשְׁמַנֵּי הָאָרֶץ
מ יִהְיֶה מוֹשָׁבֶךָ וּמִטַּל הַשָּׁמַיִם מֵעָל: וְעַל־חַרְבְּךָ תִחְיֶה וְאֶת־
אָחִיךָ תַּעֲבֹד וְהָיָה כַּאֲשֶׁר תָּרִיד וּפָרַקְתָּ עֻלּוֹ מֵעַל צַוָּארֶךָ:
מא וַיִּשְׂטֹם עֵשָׂו אֶת־יַעֲקֹב עַל־הַבְּרָכָה אֲשֶׁר בֵּרְכוֹ אָבִיו וַיֹּאמֶר
עֵשָׂו בְּלִבּוֹ יִקְרְבוּ יְמֵי אֵבֶל אָבִי וְאַהַרְגָה אֶת־יַעֲקֹב אָחִי:
מב וַיֻּגַּד לְרִבְקָה אֶת־דִּבְרֵי עֵשָׂו בְּנָהּ הַגָּדֹל וַתִּשְׁלַח וַתִּקְרָא
לְיַעֲקֹב בְּנָהּ הַקָּטָן וַתֹּאמֶר אֵלָיו הִנֵּה עֵשָׂו אָחִיךָ מִתְנַחֵם לְךָ
מג לְהָרְגֶךָ: וְעַתָּה בְנִי שְׁמַע בְּקֹלִי וְקוּם בְּרַח־לְךָ אֶל־לָבָן אָחִי
מד חָרָנָה: וְיָשַׁבְתָּ עִמּוֹ יָמִים אֲחָדִים עַד אֲשֶׁר־תָּשׁוּב חֲמַת אָחִיךָ:
מה עַד־שׁוּב אַף־אָחִיךָ מִמְּךָ וְשָׁכַח אֵת אֲשֶׁר־עָשִׂיתָ לּוֹ וְשָׁלַחְתִּי
מו וּלְקַחְתִּיךָ מִשָּׁם לָמָה אֶשְׁכַּל גַּם־שְׁנֵיכֶם יוֹם אֶחָד: וַתֹּאמֶר
רִבְקָה אֶל־יִצְחָק קַצְתִּי בְחַיַּי מִפְּנֵי בְּנוֹת חֵת אִם־לֹקֵחַ יַעֲקֹב
כח א אִשָּׁה מִבְּנוֹת־חֵת כָּאֵלֶּה מִבְּנוֹת הָאָרֶץ לָמָּה לִּי חַיִּים: וַיִּקְרָא
יִצְחָק אֶל־יַעֲקֹב וַיְבָרֶךְ אֹתוֹ וַיְצַוֵּהוּ וַיֹּאמֶר לוֹ לֹא־תִקַּח
ב אִשָּׁה מִבְּנוֹת כְּנָעַן: קוּם לֵךְ פַּדֶּנָה אֲרָם בֵּיתָה בְתוּאֵל אֲבִי
ג אִמֶּךָ וְקַח־לְךָ מִשָּׁם אִשָּׁה מִבְּנוֹת לָבָן אֲחִי אִמֶּךָ: וְאֵל שַׁדַּי
ד יְבָרֵךְ אֹתְךָ וְיַפְרְךָ וְיַרְבֶּךָ וְהָיִיתָ לִקְהַל עַמִּים: וְיִתֶּן־לְךָ אֶת־
בִּרְכַּת אַבְרָהָם לְךָ וּלְזַרְעֲךָ אִתָּךְ לְרִשְׁתְּךָ אֶת־אֶרֶץ מְגֻרֶיךָ
שביעי ה אֲשֶׁר־נָתַן אֱלֹהִים לְאַבְרָהָם: וַיִּשְׁלַח יִצְחָק אֶת־יַעֲקֹב וַיֵּלֶךְ
פַּדֶּנָה אֲרָם אֶל־לָבָן בֶּן־בְּתוּאֵל הָאֲרַמִּי אֲחִי רִבְקָה אֵם
ו יַעֲקֹב וְעֵשָׂו: וַיַּרְא עֵשָׂו כִּי־בֵרַךְ יִצְחָק אֶת־יַעֲקֹב וְשִׁלַּח אֹתוֹ
פַּדֶּנָה אֲרָם לָקַחַת־לוֹ מִשָּׁם אִשָּׁה בְּבָרְכוֹ אֹתוֹ וַיְצַו עָלָיו

ז לֵאמֹר לֹא־תִקַּח אִשָּׁה מִבְּנוֹת כְּנָעַן׃ וַיִּשְׁמַע יַעֲקֹב אֶל־ מפטיר
ח אָבִיו וְאֶל־אִמּוֹ וַיֵּלֶךְ פַּדֶּנָה אֲרָם׃ וַיַּרְא עֵשָׂו כִּי רָעוֹת בְּנוֹת
ט כְּנָעַן בְּעֵינֵי יִצְחָק אָבִיו׃ וַיֵּלֶךְ עֵשָׂו אֶל־יִשְׁמָעֵאל וַיִּקַּח אֶת־
מַחֲלַת ׀ בַּת־יִשְׁמָעֵאל בֶּן־אַבְרָהָם אֲחוֹת נְבָיוֹת עַל־נָשָׁיו לוֹ
י לְאִשָּׁה׃ וַיֵּצֵא יַעֲקֹב מִבְּאֵר שָׁבַע וַיֵּלֶךְ כו ויצא
יא חָרָנָה׃ וַיִּפְגַּע בַּמָּקוֹם וַיָּלֶן שָׁם כִּי־בָא הַשֶּׁמֶשׁ וַיִּקַּח מֵאַבְנֵי
יב הַמָּקוֹם וַיָּשֶׂם מְרַאֲשֹׁתָיו וַיִּשְׁכַּב בַּמָּקוֹם הַהוּא׃ וַיַּחֲלֹם וְהִנֵּה
סֻלָּם מֻצָּב אַרְצָה וְרֹאשׁוֹ מַגִּיעַ הַשָּׁמָיְמָה וְהִנֵּה מַלְאֲכֵי
יג אֱלֹהִים עֹלִים וְיֹרְדִים בּוֹ׃ וְהִנֵּה יְהוָה נִצָּב עָלָיו וַיֹּאמַר אֲנִי
יְהוָה אֱלֹהֵי אַבְרָהָם אָבִיךָ וֵאלֹהֵי יִצְחָק הָאָרֶץ אֲשֶׁר אַתָּה
יד שֹׁכֵב עָלֶיהָ לְךָ אֶתְּנֶנָּה וּלְזַרְעֶךָ׃ וְהָיָה זַרְעֲךָ כַּעֲפַר הָאָרֶץ
וּפָרַצְתָּ יָמָּה וָקֵדְמָה וְצָפֹנָה וָנֶגְבָּה וְנִבְרְכוּ בְךָ כָּל־מִשְׁפְּחֹת
טו הָאֲדָמָה וּבְזַרְעֶךָ׃ וְהִנֵּה אָנֹכִי עִמָּךְ וּשְׁמַרְתִּיךָ בְּכֹל אֲשֶׁר־תֵּלֵךְ
וַהֲשִׁבֹתִיךָ אֶל־הָאֲדָמָה הַזֹּאת כִּי לֹא אֶעֱזָבְךָ עַד אֲשֶׁר אִם־
טז עָשִׂיתִי אֵת אֲשֶׁר־דִּבַּרְתִּי לָךְ׃ וַיִּיקַץ יַעֲקֹב מִשְּׁנָתוֹ וַיֹּאמֶר
יז אָכֵן יֵשׁ יְהוָה בַּמָּקוֹם הַזֶּה וְאָנֹכִי לֹא יָדָעְתִּי׃ וַיִּירָא וַיֹּאמַר
מַה־נּוֹרָא הַמָּקוֹם הַזֶּה אֵין זֶה כִּי אִם־בֵּית אֱלֹהִים וְזֶה
יח שַׁעַר הַשָּׁמָיִם׃ וַיַּשְׁכֵּם יַעֲקֹב בַּבֹּקֶר וַיִּקַּח אֶת־הָאֶבֶן אֲשֶׁר־
שָׂם מְרַאֲשֹׁתָיו וַיָּשֶׂם אֹתָהּ מַצֵּבָה וַיִּצֹק שֶׁמֶן עַל־רֹאשָׁהּ׃
יט וַיִּקְרָא אֶת־שֵׁם־הַמָּקוֹם הַהוּא בֵּית־אֵל וְאוּלָם לוּז שֵׁם־הָעִיר
כ לָרִאשֹׁנָה׃ וַיִּדַּר יַעֲקֹב נֶדֶר לֵאמֹר אִם־יִהְיֶה אֱלֹהִים עִמָּדִי
וּשְׁמָרַנִי בַּדֶּרֶךְ הַזֶּה אֲשֶׁר אָנֹכִי הוֹלֵךְ וְנָתַן־לִי לֶחֶם לֶאֱכֹל
כא וּבֶגֶד לִלְבֹּשׁ׃ וְשַׁבְתִּי בְשָׁלוֹם אֶל־בֵּית אָבִי וְהָיָה יְהוָה לִי
כב לֵאלֹהִים׃ וְהָאֶבֶן הַזֹּאת אֲשֶׁר־שַׂמְתִּי מַצֵּבָה יִהְיֶה בֵּית
כט א אֱלֹהִים וְכֹל אֲשֶׁר תִּתֶּן־לִי עַשֵּׂר אֲעַשְּׂרֶנּוּ לָךְ׃ וַיִּשָּׂא יַעֲקֹב שני
ב רַגְלָיו וַיֵּלֶךְ אַרְצָה בְנֵי־קֶדֶם׃ וַיַּרְא וְהִנֵּה בְאֵר בַּשָּׂדֶה וְהִנֵּה־
שָׁם שְׁלֹשָׁה עֶדְרֵי־צֹאן רֹבְצִים עָלֶיהָ כִּי מִן־הַבְּאֵר הַהִוא

יַשְׁקוּ הָעֲדָרִים וְהָאֶבֶן גְּדֹלָה עַל־פִּי הַבְּאֵר: וְנֶאֶסְפוּ־שָׁמָּה ג
כָל־הָעֲדָרִים וְגָלְלוּ אֶת־הָאֶבֶן מֵעַל פִּי הַבְּאֵר וְהִשְׁקוּ אֶת־הַצֹּאן
וְהֵשִׁיבוּ אֶת־הָאֶבֶן עַל־פִּי הַבְּאֵר לִמְקֹמָהּ: וַיֹּאמֶר לָהֶם יַעֲקֹב ד
אַחַי מֵאַיִן אַתֶּם וַיֹּאמְרוּ מֵחָרָן אֲנָחְנוּ: וַיֹּאמֶר לָהֶם הַיְדַעְתֶּם ה
אֶת־לָבָן בֶּן־נָחוֹר וַיֹּאמְרוּ יָדָעְנוּ: וַיֹּאמֶר לָהֶם הֲשָׁלוֹם לוֹ ו
וַיֹּאמְרוּ שָׁלוֹם וְהִנֵּה רָחֵל בִּתּוֹ בָּאָה עִם־הַצֹּאן: וַיֹּאמֶר הֵן ז
עוֹד הַיּוֹם גָּדוֹל לֹא־עֵת הֵאָסֵף הַמִּקְנֶה הַשְׁקוּ הַצֹּאן וּלְכוּ
רְעוּ: וַיֹּאמְרוּ לֹא נוּכַל עַד אֲשֶׁר יֵאָסְפוּ כָּל־הָעֲדָרִים וְגָלֲלוּ ח
אֶת־הָאֶבֶן מֵעַל פִּי הַבְּאֵר וְהִשְׁקִינוּ הַצֹּאן: עוֹדֶנּוּ מְדַבֵּר עִמָּם ט
וְרָחֵל ׀ בָּאָה עִם־הַצֹּאן אֲשֶׁר לְאָבִיהָ כִּי רֹעָה הִוא: וַיְהִי י
כַּאֲשֶׁר רָאָה יַעֲקֹב אֶת־רָחֵל בַּת־לָבָן אֲחִי אִמּוֹ וְאֶת־צֹאן
לָבָן אֲחִי אִמּוֹ וַיִּגַּשׁ יַעֲקֹב וַיָּגֶל אֶת־הָאֶבֶן מֵעַל פִּי הַבְּאֵר
וַיַּשְׁקְ אֶת־צֹאן לָבָן אֲחִי אִמּוֹ: וַיִּשַּׁק יַעֲקֹב לְרָחֵל וַיִּשָּׂא יא
אֶת־קֹלוֹ וַיֵּבְךְּ: וַיַּגֵּד יַעֲקֹב לְרָחֵל כִּי אֲחִי אָבִיהָ הוּא וְכִי יב
בֶן־רִבְקָה הוּא וַתָּרָץ וַתַּגֵּד לְאָבִיהָ: וַיְהִי כִשְׁמֹעַ לָבָן אֶת־ יג
שֵׁמַע ׀ יַעֲקֹב בֶּן־אֲחֹתוֹ וַיָּרָץ לִקְרָאתוֹ וַיְחַבֶּק־לוֹ וַיְנַשֶּׁק־לוֹ
וַיְבִיאֵהוּ אֶל־בֵּיתוֹ וַיְסַפֵּר לְלָבָן אֵת כָּל־הַדְּבָרִים הָאֵלֶּה:
וַיֹּאמֶר לוֹ לָבָן אַךְ עַצְמִי וּבְשָׂרִי אָתָּה וַיֵּשֶׁב עִמּוֹ חֹדֶשׁ יָמִים: יד
וַיֹּאמֶר לָבָן לְיַעֲקֹב הֲכִי־אָחִי אַתָּה וַעֲבַדְתַּנִי חִנָּם הַגִּידָה טו
לִּי מַה־מַּשְׂכֻּרְתֶּךָ: וּלְלָבָן שְׁתֵּי בָנוֹת שֵׁם הַגְּדֹלָה לֵאָה טז
וְשֵׁם הַקְּטַנָּה רָחֵל: וְעֵינֵי לֵאָה רַכּוֹת וְרָחֵל הָיְתָה יְפַת־ יז
תֹּאַר וִיפַת מַרְאֶה: וַיֶּאֱהַב יַעֲקֹב אֶת־רָחֵל וַיֹּאמֶר אֶעֱבָדְךָ יח שלישי
שֶׁבַע שָׁנִים בְּרָחֵל בִּתְּךָ הַקְּטַנָּה: וַיֹּאמֶר לָבָן טוֹב תִּתִּי יט
אֹתָהּ לָךְ מִתִּתִּי אֹתָהּ לְאִישׁ אַחֵר שְׁבָה עִמָּדִי: וַיַּעֲבֹד יַעֲקֹב כ
בְּרָחֵל שֶׁבַע שָׁנִים וַיִּהְיוּ בְעֵינָיו כְּיָמִים אֲחָדִים בְּאַהֲבָתוֹ
אֹתָהּ: וַיֹּאמֶר יַעֲקֹב אֶל־לָבָן הָבָה אֶת־אִשְׁתִּי כִּי מָלְאוּ כא
יָמָי וְאָבוֹאָה אֵלֶיהָ: וַיֶּאֱסֹף לָבָן אֶת־כָּל־אַנְשֵׁי הַמָּקוֹם כב

כג וַיַּעַשׂ מִשְׁתֶּה׃ וַיְהִי בָעֶרֶב וַיִּקַּח אֶת־לֵאָה בִתּוֹ וַיָּבֵא אֹתָהּ
כד אֵלָיו וַיָּבֹא אֵלֶיהָ׃ וַיִּתֵּן לָבָן לָהּ אֶת־זִלְפָּה שִׁפְחָתוֹ לְלֵאָה
כה בִתּוֹ שִׁפְחָה׃ וַיְהִי בַבֹּקֶר וְהִנֵּה־הִוא לֵאָה וַיֹּאמֶר אֶל־לָבָן
מַה־זֹּאת עָשִׂיתָ לִּי הֲלֹא בְרָחֵל עָבַדְתִּי עִמָּךְ וְלָמָּה רִמִּיתָנִי׃
כו וַיֹּאמֶר לָבָן לֹא־יֵעָשֶׂה כֵן בִּמְקוֹמֵנוּ לָתֵת הַצְּעִירָה לִפְנֵי
כז הַבְּכִירָה׃ מַלֵּא שְׁבֻעַ זֹאת וְנִתְּנָה לְךָ גַּם־אֶת־זֹאת בַּעֲבֹדָה
כח אֲשֶׁר תַּעֲבֹד עִמָּדִי עוֹד שֶׁבַע־שָׁנִים אֲחֵרוֹת׃ וַיַּעַשׂ יַעֲקֹב כֵּן
כט וַיְמַלֵּא שְׁבֻעַ זֹאת וַיִּתֶּן־לוֹ אֶת־רָחֵל בִּתּוֹ לוֹ לְאִשָּׁה׃ וַיִּתֵּן
ל לָבָן לְרָחֵל בִּתּוֹ אֶת־בִּלְהָה שִׁפְחָתוֹ לָהּ לְשִׁפְחָה׃ וַיָּבֹא גַּם
אֶל־רָחֵל וַיֶּאֱהַב גַּם־אֶת־רָחֵל מִלֵּאָה וַיַּעֲבֹד עִמּוֹ עוֹד שֶׁבַע־
לא שָׁנִים אֲחֵרוֹת׃ וַיַּרְא יהוה כִּי־שְׂנוּאָה לֵאָה וַיִּפְתַּח אֶת־רַחְמָהּ כז
לב וְרָחֵל עֲקָרָה׃ וַתַּהַר לֵאָה וַתֵּלֶד בֵּן וַתִּקְרָא שְׁמוֹ רְאוּבֵן כִּי
לג אָמְרָה כִּי־רָאָה יהוה בְּעָנְיִי כִּי עַתָּה יֶאֱהָבַנִי אִישִׁי׃ וַתַּהַר
עוֹד וַתֵּלֶד בֵּן וַתֹּאמֶר כִּי־שָׁמַע יהוה כִּי־שְׂנוּאָה אָנֹכִי וַיִּתֶּן־
לד לִי גַּם־אֶת־זֶה וַתִּקְרָא שְׁמוֹ שִׁמְעוֹן׃ וַתַּהַר עוֹד וַתֵּלֶד בֵּן
וַתֹּאמֶר עַתָּה הַפַּעַם יִלָּוֶה אִישִׁי אֵלַי כִּי־יָלַדְתִּי לוֹ שְׁלֹשָׁה
לה בָנִים עַל־כֵּן קָרָא־שְׁמוֹ לֵוִי׃ וַתַּהַר עוֹד וַתֵּלֶד בֵּן וַתֹּאמֶר
הַפַּעַם אוֹדֶה אֶת־יהוה עַל־כֵּן קָרְאָה שְׁמוֹ יְהוּדָה וַתַּעֲמֹד
ל א מִלֶּדֶת׃ וַתֵּרֶא רָחֵל כִּי לֹא יָלְדָה לְיַעֲקֹב וַתְּקַנֵּא רָחֵל בַּאֲחֹתָהּ
ב וַתֹּאמֶר אֶל־יַעֲקֹב הָבָה־לִּי בָנִים וְאִם־אַיִן מֵתָה אָנֹכִי׃ וַיִּחַר־
אַף יַעֲקֹב בְּרָחֵל וַיֹּאמֶר הֲתַחַת אֱלֹהִים אָנֹכִי אֲשֶׁר־מָנַע מִמֵּךְ
ג פְּרִי־בָטֶן׃ וַתֹּאמֶר הִנֵּה אֲמָתִי בִלְהָה בֹּא אֵלֶיהָ וְתֵלֵד עַל־
ד בִּרְכַּי וְאִבָּנֶה גַם־אָנֹכִי מִמֶּנָּה׃ וַתִּתֶּן־לוֹ אֶת־בִּלְהָה שִׁפְחָתָהּ
ה לְאִשָּׁה וַיָּבֹא אֵלֶיהָ יַעֲקֹב׃ וַתַּהַר בִּלְהָה וַתֵּלֶד לְיַעֲקֹב בֵּן׃
ו וַתֹּאמֶר רָחֵל דָּנַנִּי אֱלֹהִים וְגַם שָׁמַע בְּקֹלִי וַיִּתֶּן־לִי בֵּן עַל־
ז כֵּן קָרְאָה שְׁמוֹ דָּן׃ וַתַּהַר עוֹד וַתֵּלֶד בִּלְהָה שִׁפְחַת רָחֵל בֵּן
ח שֵׁנִי לְיַעֲקֹב׃ וַתֹּאמֶר רָחֵל נַפְתּוּלֵי אֱלֹהִים ׀ נִפְתַּלְתִּי עִם־

אֲחֹתִי גַּם־יָכֹלְתִּי וַתִּקְרָא שְׁמוֹ נַפְתָּלִי: וַתֵּרֶא לֵאָה כִּי עָמְדָה ט
מִלֶּדֶת וַתִּקַּח אֶת־זִלְפָּה שִׁפְחָתָהּ וַתִּתֵּן אֹתָהּ לְיַעֲקֹב לְאִשָּׁה: י
בָּא גָד וַתֵּלֶד זִלְפָּה שִׁפְחַת לֵאָה לְיַעֲקֹב בֵּן: וַתֹּאמֶר לֵאָה בגד יא
וַתִּקְרָא אֶת־שְׁמוֹ גָּד: וַתֵּלֶד זִלְפָּה שִׁפְחַת לֵאָה בֵּן שֵׁנִי לְיַעֲקֹב: יב
וַתֹּאמֶר לֵאָה בְּאָשְׁרִי כִּי אִשְּׁרוּנִי בָּנוֹת וַתִּקְרָא אֶת־שְׁמוֹ יג
רביעי אָשֵׁר: וַיֵּלֶךְ רְאוּבֵן בִּימֵי קְצִיר־חִטִּים וַיִּמְצָא דוּדָאִים בַּשָּׂדֶה יד
וַיָּבֵא אֹתָם אֶל־לֵאָה אִמּוֹ וַתֹּאמֶר רָחֵל אֶל־לֵאָה תְּנִי־נָא לִי
מִדּוּדָאֵי בְּנֵךְ: וַתֹּאמֶר לָהּ הַמְעַט קַחְתֵּךְ אֶת־אִישִׁי וְלָקַחַת טו
גַּם אֶת־דּוּדָאֵי בְּנִי וַתֹּאמֶר רָחֵל לָכֵן יִשְׁכַּב עִמָּךְ הַלַּיְלָה
תַּחַת דּוּדָאֵי בְנֵךְ: וַיָּבֹא יַעֲקֹב מִן־הַשָּׂדֶה בָּעֶרֶב וַתֵּצֵא לֵאָה טז
לִקְרָאתוֹ וַתֹּאמֶר אֵלַי תָּבוֹא כִּי שָׂכֹר שְׂכַרְתִּיךָ בְּדוּדָאֵי בְּנִי
וַיִּשְׁכַּב עִמָּהּ בַּלַּיְלָה הוּא: וַיִּשְׁמַע אֱלֹהִים אֶל־לֵאָה וַתַּהַר יז
וַתֵּלֶד לְיַעֲקֹב בֵּן חֲמִישִׁי: וַתֹּאמֶר לֵאָה נָתַן אֱלֹהִים שְׂכָרִי יח
אֲשֶׁר־נָתַתִּי שִׁפְחָתִי לְאִישִׁי וַתִּקְרָא שְׁמוֹ יִשָּׂשכָר: וַתַּהַר עוֹד יט
לֵאָה וַתֵּלֶד בֵּן־שִׁשִּׁי לְיַעֲקֹב: וַתֹּאמֶר לֵאָה זְבָדַנִי אֱלֹהִים ׀ אֹתִי כ
זֶבֶד טוֹב הַפַּעַם יִזְבְּלֵנִי אִישִׁי כִּי־יָלַדְתִּי לוֹ שִׁשָּׁה בָנִים וַתִּקְרָא
אֶת־שְׁמוֹ זְבֻלוּן: וְאַחַר יָלְדָה בַּת וַתִּקְרָא אֶת־שְׁמָהּ דִּינָה: כא
כח וַיִּזְכֹּר אֱלֹהִים אֶת־רָחֵל וַיִּשְׁמַע אֵלֶיהָ אֱלֹהִים וַיִּפְתַּח אֶת־ כב
רַחְמָהּ: וַתַּהַר וַתֵּלֶד בֵּן וַתֹּאמֶר אָסַף אֱלֹהִים אֶת־חֶרְפָּתִי: כג
וַתִּקְרָא אֶת־שְׁמוֹ יוֹסֵף לֵאמֹר יֹסֵף יְהוָה לִי בֵּן אַחֵר: וַיְהִי כד כה
כַּאֲשֶׁר יָלְדָה רָחֵל אֶת־יוֹסֵף וַיֹּאמֶר יַעֲקֹב אֶל־לָבָן שַׁלְּחֵנִי
וְאֵלְכָה אֶל־מְקוֹמִי וּלְאַרְצִי: תְּנָה אֶת־נָשַׁי וְאֶת־יְלָדַי אֲשֶׁר כו
עָבַדְתִּי אֹתְךָ בָּהֵן וְאֵלֵכָה כִּי אַתָּה יָדַעְתָּ אֶת־עֲבֹדָתִי אֲשֶׁר
עֲבַדְתִּיךָ: וַיֹּאמֶר אֵלָיו לָבָן אִם־נָא מָצָאתִי חֵן בְּעֵינֶיךָ נִחַשְׁתִּי כז
חמישי וַיְבָרְכֵנִי יְהוָה בִּגְלָלֶךָ: וַיֹּאמַר נָקְבָה שְׂכָרְךָ עָלַי וְאֶתֵּנָה: כח
וַיֹּאמֶר אֵלָיו אַתָּה יָדַעְתָּ אֵת אֲשֶׁר עֲבַדְתִּיךָ וְאֵת אֲשֶׁר־הָיָה כט
מִקְנְךָ אִתִּי: כִּי מְעַט אֲשֶׁר־הָיָה לְךָ לְפָנַי וַיִּפְרֹץ לָרֹב וַיְבָרֶךְ ל

לא יְהוָה אִתָּךְ לְרַגְלִי וְעַתָּה מָתַי אֶעֱשֶׂה גַם־אָנֹכִי לְבֵיתִי׃ וַיֹּאמֶר
מָה אֶתֶּן־לָךְ וַיֹּאמֶר יַעֲקֹב לֹא־תִתֶּן־לִי מְאוּמָה אִם־תַּעֲשֶׂה־
לב לִּי הַדָּבָר הַזֶּה אָשׁוּבָה אֶרְעֶה צֹאנְךָ אֶשְׁמֹר׃ אֶעֱבֹר בְּכָל־
צֹאנְךָ הַיּוֹם הָסֵר מִשָּׁם כָּל־שֶׂה ׀ נָקֹד וְטָלוּא וְכָל־שֶׂה־חוּם
לג בַּכְּשָׂבִים וְטָלוּא וְנָקֹד בָּעִזִּים וְהָיָה שְׂכָרִי׃ וְעָנְתָה־בִּי צִדְקָתִי
בְּיוֹם מָחָר כִּי־תָבוֹא עַל־שְׂכָרִי לְפָנֶיךָ כֹּל אֲשֶׁר־אֵינֶנּוּ נָקֹד
לד וְטָלוּא בָּעִזִּים וְחוּם בַּכְּשָׂבִים גָּנוּב הוּא אִתִּי׃ וַיֹּאמֶר לָבָן
לה הֵן לוּ יְהִי כִדְבָרֶךָ׃ וַיָּסַר בַּיּוֹם הַהוּא אֶת־הַתְּיָשִׁים הָעֲקֻדִּים
וְהַטְּלֻאִים וְאֵת כָּל־הָעִזִּים הַנְּקֻדּוֹת וְהַטְּלֻאֹת כֹּל אֲשֶׁר־לָבָן
לו בּוֹ וְכָל־חוּם בַּכְּשָׂבִים וַיִּתֵּן בְּיַד־בָּנָיו׃ וַיָּשֶׂם דֶּרֶךְ שְׁלֹשֶׁת יָמִים
לז בֵּינוֹ וּבֵין יַעֲקֹב וְיַעֲקֹב רֹעֶה אֶת־צֹאן לָבָן הַנּוֹתָרֹת׃ וַיִּקַּח־
לוֹ יַעֲקֹב מַקַּל לִבְנֶה לַח וְלוּז וְעַרְמוֹן וַיְפַצֵּל בָּהֵן פְּצָלוֹת
לח לְבָנוֹת מַחְשֹׂף הַלָּבָן אֲשֶׁר עַל־הַמַּקְלוֹת׃ וַיַּצֵּג אֶת־הַמַּקְלוֹת
אֲשֶׁר פִּצֵּל בָּרְהָטִים בְּשִׁקֲתוֹת הַמָּיִם אֲשֶׁר תָּבֹאןָ הַצֹּאן
לט לִשְׁתּוֹת לְנֹכַח הַצֹּאן וַיֵּחַמְנָה בְּבֹאָן לִשְׁתּוֹת׃ וַיֶּחֱמוּ הַצֹּאן
מ אֶל־הַמַּקְלוֹת וַתֵּלַדְןָ הַצֹּאן עֲקֻדִּים נְקֻדִּים וּטְלֻאִים׃ וְהַכְּשָׂבִים
הִפְרִיד יַעֲקֹב וַיִּתֵּן פְּנֵי הַצֹּאן אֶל־עָקֹד וְכָל־חוּם בְּצֹאן לָבָן
מא וַיָּשֶׁת לוֹ עֲדָרִים לְבַדּוֹ וְלֹא שָׁתָם עַל־צֹאן לָבָן׃ וְהָיָה בְּכָל־
יַחֵם הַצֹּאן הַמְקֻשָּׁרוֹת וְשָׂם יַעֲקֹב אֶת־הַמַּקְלוֹת לְעֵינֵי הַצֹּאן
מב בָּרְהָטִים לְיַחְמֵנָּה בַּמַּקְלוֹת׃ וּבְהַעֲטִיף הַצֹּאן לֹא יָשִׂים וְהָיָה
מג הָעֲטֻפִים לְלָבָן וְהַקְּשֻׁרִים לְיַעֲקֹב׃ וַיִּפְרֹץ הָאִישׁ מְאֹד מְאֹד
לא א וַיְהִי־לוֹ צֹאן רַבּוֹת וּשְׁפָחוֹת וַעֲבָדִים וּגְמַלִּים וַחֲמֹרִים׃ וַיִּשְׁמַע
אֶת־דִּבְרֵי בְנֵי־לָבָן לֵאמֹר לָקַח יַעֲקֹב אֵת כָּל־אֲשֶׁר לְאָבִינוּ
ב וּמֵאֲשֶׁר לְאָבִינוּ עָשָׂה אֵת כָּל־הַכָּבֹד הַזֶּה׃ וַיַּרְא יַעֲקֹב אֶת־
ג פְּנֵי לָבָן וְהִנֵּה אֵינֶנּוּ עִמּוֹ כִּתְמוֹל שִׁלְשׁוֹם׃ וַיֹּאמֶר יְהוָה אֶל־ כט
ד יַעֲקֹב שׁוּב אֶל־אֶרֶץ אֲבוֹתֶיךָ וּלְמוֹלַדְתֶּךָ וְאֶהְיֶה עִמָּךְ׃ וַיִּשְׁלַח
ה יַעֲקֹב וַיִּקְרָא לְרָחֵל וּלְלֵאָה הַשָּׂדֶה אֶל־צֹאנוֹ׃ וַיֹּאמֶר לָהֶן

ראה אנכי את־פני אביכן כי־איננו אלי כתמל שלשם ואלהי
אבי היה עמדי: ואתנה ידעתן כי בכל־כחי עבדתי את־ ו
אביכן: ואביכן התל בי והחלף את־משכרתי עשרת מנים ז
ולא־נתנו אלהים להרע עמדי: אם־כה יאמר נקדים יהיה ח
שכרך וילדו כל־הצאן נקדים ואם־כה יאמר עקדים יהיה
שכרך וילדו כל־הצאן עקדים: ויצל אלהים את־מקנה ט
אביכם ויתן־לי: ויהי בעת יחם הצאן ואשא עיני וארא י
בחלום והנה העתדים העלים על־הצאן עקדים נקדים
וברדים: ויאמר אלי מלאך האלהים בחלום יעקב ואמר יא
הנני: ויאמר שא־נא עיניך וראה כל־העתדים העלים על־ יב
הצאן עקדים נקדים וברדים כי ראיתי את כל־אשר לבן
עשה לך: אנכי האל בית־אל אשר משחת שם מצבה אשר יג
נדרת לי שם נדר עתה קום צא מן־הארץ הזאת ושוב אל־
ארץ מולדתך: ותען רחל ולאה ותאמרנה לו העוד לנו יד
חלק ונחלה בבית אבינו: הלוא נכריות נחשבנו לו כי טו
מכרנו ויאכל גם־אכול את־כספנו: כי כל־העשר אשר הציל טז
אלהים מאבינו לנו הוא ולבנינו ועתה כל אשר אמר אלהים
אליך עשה: ויקם יעקב וישא את־בניו ואת־נשיו על־ יז ששי
הגמלים: וינהג את־כל־מקנהו ואת־כל־רכשו אשר רכש יח
מקנה קנינו אשר רכש בפדן ארם לבוא אל־יצחק אביו
ארצה כנען: ולבן הלך לגזז את־צאנו ותגנב רחל את־ יט
התרפים אשר לאביה: ויגנב יעקב את־לב לבן הארמי כ
על־בלי הגיד לו כי ברח הוא: ויברח הוא וכל־אשר־לו כא
ויקם ויעבר את־הנהר וישם את־פניו הר הגלעד: ויגד ללבן כב
ביום השלישי כי ברח יעקב: ויקח את־אחיו עמו וירדף כג
אחריו דרך שבעת ימים וידבק אתו בהר הגלעד: ויבא כד
אלהים אל־לבן הארמי בחלם הלילה ויאמר לו השמר לך

כה פן־תדבר עם־יעקב מטוב עד־רע: וישג לבן את־יעקב
ויעקב תקע את־אהלו בהר ולבן תקע את־אחיו בהר
כו הגלעד: ויאמר לבן ליעקב מה עשית ותגנב את־לבבי
כז ותנהג את־בנתי כשביות חרב: למה נחבאת לברח ותגנב
אתי ולא־הגדת לי ואשלחך בשמחה ובשרים בתף ובכנור:
כח כט ולא נטשתני לנשק לבני ולבנתי עתה הסכלת עשו: יש־
לאל ידי לעשות עמכם רע ואלהי אביכם אמש | אמר אלי
ל לאמר השמר לך מדבר עם־יעקב מטוב עד־רע: ועתה הלך
הלכת כי־נכסף נכספתה לבית אביך למה גנבת את־אלהי:
לא ויען יעקב ויאמר ללבן כי יראתי כי אמרתי פן־תגזל את־
לב בנותיך מעמי: עם אשר תמצא את־אלהיך לא יחיה נגד
אחינו הכר־לך מה עמדי וקח־לך ולא־ידע יעקב כי רחל
לג גנבתם: ויבא לבן באהל־יעקב | ובאהל לאה ובאהל שתי
לד האמהת ולא מצא ויצא מאהל לאה ויבא באהל רחל: ורחל
לקחה את־התרפים ותשמם בכר הגמל ותשב עליהם
לה וימשש לבן את־כל־האהל ולא מצא: ותאמר אל־אביה
אל־יחר בעיני אדני כי לוא אוכל לקום מפניך כי־דרך נשים
לו לי ויחפש ולא מצא את־התרפים: ויחר ליעקב וירב בלבן
ויען יעקב ויאמר ללבן מה־פשעי מה חטאתי כי דלקת
לז אחרי: כי־מששת את־כל־כלי מה־מצאת מכל כלי־ביתך
לח שים כה נגד אחי ואחיך ויוכיחו בין שנינו: זה עשרים שנה
אנכי עמך רחליך ועזיך לא שכלו ואילי צאנך לא אכלתי:
לט טרפה לא־הבאתי אליך אנכי אחטנה מידי תבקשנה גנבתי
מ יום וגנבתי לילה: הייתי ביום אכלני חרב וקרח בלילה
מא ותדד שנתי מעיני: זה־לי עשרים שנה בביתך עבדתיך
ארבע־עשרה שנה בשתי בנתיך ושש שנים בצאנך ותחלף
מב את־משכרתי עשרת מנים: לולי אלהי אבי אלהי אברהם

וּפַחַד יִצְחָק הָיָה לִי כִּי עַתָּה רֵיקָם שִׁלַּחְתָּנִי אֶת־עָנְיִי וְאֶת־
שביעי יְגִיעַ כַּפַּי רָאָה אֱלֹהִים וַיּוֹכַח אָמֶשׁ: וַיַּעַן לָבָן וַיֹּאמֶר אֶל־ מג
יַעֲקֹב הַבָּנוֹת בְּנֹתַי וְהַבָּנִים בָּנַי וְהַצֹּאן צֹאנִי וְכֹל אֲשֶׁר־אַתָּה
רֹאֶה לִי הוּא וְלִבְנֹתַי מָה־אֶעֱשֶׂה לָאֵלֶּה הַיּוֹם אוֹ לִבְנֵיהֶן
אֲשֶׁר יָלָדוּ: וְעַתָּה לְכָה נִכְרְתָה בְרִית אֲנִי וָאָתָּה וְהָיָה לְעֵד מד
בֵּינִי וּבֵינֶךָ: וַיִּקַּח יַעֲקֹב אָבֶן וַיְרִימֶהָ מַצֵּבָה: וַיֹּאמֶר יַעֲקֹב מה מו
לְאֶחָיו לִקְטוּ אֲבָנִים וַיִּקְחוּ אֲבָנִים וַיַּעֲשׂוּ־גָל וַיֹּאכְלוּ שָׁם עַל־
הַגָּל: וַיִּקְרָא־לוֹ לָבָן יְגַר שָׂהֲדוּתָא וְיַעֲקֹב קָרָא לוֹ גַּלְעֵד: מז
וַיֹּאמֶר לָבָן הַגַּל הַזֶּה עֵד בֵּינִי וּבֵינְךָ הַיּוֹם עַל־כֵּן קָרָא־שְׁמוֹ מח
גַּלְעֵד: וְהַמִּצְפָּה אֲשֶׁר אָמַר יִצֶף יְהוָה בֵּינִי וּבֵינֶךָ כִּי נִסָּתֵר מט
אִישׁ מֵרֵעֵהוּ: אִם־תְּעַנֶּה אֶת־בְּנֹתַי וְאִם־תִּקַּח נָשִׁים עַל־ נ
בְּנֹתַי אֵין אִישׁ עִמָּנוּ רְאֵה אֱלֹהִים עֵד בֵּינִי וּבֵינֶךָ: וַיֹּאמֶר נא
לָבָן לְיַעֲקֹב הִנֵּה ׀ הַגַּל הַזֶּה וְהִנֵּה הַמַּצֵּבָה אֲשֶׁר יָרִיתִי בֵּינִי
וּבֵינֶךָ: עֵד הַגַּל הַזֶּה וְעֵדָה הַמַּצֵּבָה אִם־אָנִי לֹא־אֶעֱבֹר אֵלֶיךָ נב
אֶת־הַגַּל הַזֶּה וְאִם־אַתָּה לֹא־תַעֲבֹר אֵלַי אֶת־הַגַּל הַזֶּה וְאֶת־
הַמַּצֵּבָה הַזֹּאת לְרָעָה: אֱלֹהֵי אַבְרָהָם וֵאלֹהֵי נָחוֹר יִשְׁפְּטוּ נג
בֵינֵינוּ אֱלֹהֵי אֲבִיהֶם וַיִּשָּׁבַע יַעֲקֹב בְּפַחַד אָבִיו יִצְחָק: וַיִּזְבַּח נד
יַעֲקֹב זֶבַח בָּהָר וַיִּקְרָא לְאֶחָיו לֶאֱכָל־לָחֶם וַיֹּאכְלוּ לֶחֶם וַיָּלִינוּ
מפטיר בָּהָר: וַיַּשְׁכֵּם לָבָן בַּבֹּקֶר וַיְנַשֵּׁק לְבָנָיו וְלִבְנוֹתָיו וַיְבָרֶךְ אֶתְהֶם נה
וַיֵּלֶךְ וַיָּשָׁב לָבָן לִמְקֹמוֹ: וְיַעֲקֹב הָלַךְ לְדַרְכּוֹ וַיִּפְגְּעוּ־בוֹ מַלְאֲכֵי א לב
אֱלֹהִים: וַיֹּאמֶר יַעֲקֹב כַּאֲשֶׁר רָאָם מַחֲנֵה אֱלֹהִים זֶה וַיִּקְרָא ב
שֵׁם־הַמָּקוֹם הַהוּא מַחֲנָיִם:

וישלח ל וַיִּשְׁלַח יַעֲקֹב מַלְאָכִים לְפָנָיו אֶל־עֵשָׂו אָחִיו אַרְצָה שֵׂעִיר ג
שְׂדֵה אֱדוֹם: וַיְצַו אֹתָם לֵאמֹר כֹּה תֹאמְרוּן לַאדֹנִי לְעֵשָׂו כֹּה ד
אָמַר עַבְדְּךָ יַעֲקֹב עִם־לָבָן גַּרְתִּי וָאֵחַר עַד־עָתָּה: וַיְהִי־לִי ה
שׁוֹר וַחֲמוֹר צֹאן וְעֶבֶד וְשִׁפְחָה וָאֶשְׁלְחָה לְהַגִּיד לַאדֹנִי לִמְצֹא־
חֵן בְּעֵינֶיךָ: וַיָּשֻׁבוּ הַמַּלְאָכִים אֶל־יַעֲקֹב לֵאמֹר בָּאנוּ אֶל־ ו

אָחִיךָ אֶל־עֵשָׂו וְגַם הֹלֵךְ לִקְרָאתְךָ וְאַרְבַּע־מֵאוֹת אִישׁ עִמּוֹ:
ז וַיִּירָא יַעֲקֹב מְאֹד וַיֵּצֶר לוֹ וַיַּחַץ אֶת־הָעָם אֲשֶׁר־אִתּוֹ וְאֶת־
ח הַצֹּאן וְאֶת־הַבָּקָר וְהַגְּמַלִּים לִשְׁנֵי מַחֲנוֹת: וַיֹּאמֶר אִם־יָבוֹא
עֵשָׂו אֶל־הַמַּחֲנֶה הָאַחַת וְהִכָּהוּ וְהָיָה הַמַּחֲנֶה הַנִּשְׁאָר לִפְלֵיטָה:
ט וַיֹּאמֶר יַעֲקֹב אֱלֹהֵי אָבִי אַבְרָהָם וֵאלֹהֵי אָבִי יִצְחָק יְהוָה
י הָאֹמֵר אֵלַי שׁוּב לְאַרְצְךָ וּלְמוֹלַדְתְּךָ וְאֵיטִיבָה עִמָּךְ: קָטֹנְתִּי
מִכֹּל הַחֲסָדִים וּמִכָּל־הָאֱמֶת אֲשֶׁר עָשִׂיתָ אֶת־עַבְדֶּךָ כִּי
בְמַקְלִי עָבַרְתִּי אֶת־הַיַּרְדֵּן הַזֶּה וְעַתָּה הָיִיתִי לִשְׁנֵי מַחֲנוֹת:
יא הַצִּילֵנִי נָא מִיַּד אָחִי מִיַּד עֵשָׂו כִּי־יָרֵא אָנֹכִי אֹתוֹ פֶּן־יָבוֹא
יב וְהִכַּנִי אֵם עַל־בָּנִים: וְאַתָּה אָמַרְתָּ הֵיטֵב אֵיטִיב עִמָּךְ וְשַׂמְתִּי
יג אֶת־זַרְעֲךָ כְּחוֹל הַיָּם אֲשֶׁר לֹא־יִסָּפֵר מֵרֹב: וַיָּלֶן שָׁם בַּלַּיְלָה שני
יד הַהוּא וַיִּקַּח מִן־הַבָּא בְיָדוֹ מִנְחָה לְעֵשָׂו אָחִיו: עִזִּים מָאתַיִם
טו וּתְיָשִׁים עֶשְׂרִים רְחֵלִים מָאתַיִם וְאֵילִים עֶשְׂרִים: גְּמַלִּים
מֵינִיקוֹת וּבְנֵיהֶם שְׁלֹשִׁים פָּרוֹת אַרְבָּעִים וּפָרִים עֲשָׂרָה אֲתֹנֹת
טז עֶשְׂרִים וַעְיָרִם עֲשָׂרָה: וַיִּתֵּן בְּיַד־עֲבָדָיו עֵדֶר עֵדֶר לְבַדּוֹ וַיֹּאמֶר
יז אֶל־עֲבָדָיו עִבְרוּ לְפָנַי וְרֶוַח תָּשִׂימוּ בֵּין עֵדֶר וּבֵין עֵדֶר: וַיְצַו
אֶת־הָרִאשׁוֹן לֵאמֹר כִּי יִפְגָשְׁךָ עֵשָׂו אָחִי וּשְׁאֵלְךָ לֵאמֹר לְמִי־
יח אַתָּה וְאָנָה תֵלֵךְ וּלְמִי אֵלֶּה לְפָנֶיךָ: וְאָמַרְתָּ לְעַבְדְּךָ לְיַעֲקֹב
יט מִנְחָה הִוא שְׁלוּחָה לַאדֹנִי לְעֵשָׂו וְהִנֵּה גַם־הוּא אַחֲרֵינוּ: וַיְצַו
גַּם אֶת־הַשֵּׁנִי גַּם אֶת־הַשְּׁלִישִׁי גַּם אֶת־כָּל־הַהֹלְכִים אַחֲרֵי
הָעֲדָרִים לֵאמֹר כַּדָּבָר הַזֶּה תְּדַבְּרוּן אֶל־עֵשָׂו בְּמֹצַאֲכֶם אֹתוֹ:
כ וַאֲמַרְתֶּם גַּם הִנֵּה עַבְדְּךָ יַעֲקֹב אַחֲרֵינוּ כִּי־אָמַר אֲכַפְּרָה פָנָיו
בַּמִּנְחָה הַהֹלֶכֶת לְפָנָי וְאַחֲרֵי־כֵן אֶרְאֶה פָנָיו אוּלַי יִשָּׂא פָנָי:
כא וַתַּעֲבֹר הַמִּנְחָה עַל־פָּנָיו וְהוּא לָן בַּלַּיְלָה־הַהוּא בַּמַּחֲנֶה:
כב וַיָּקָם ׀ בַּלַּיְלָה הוּא וַיִּקַּח אֶת־שְׁתֵּי נָשָׁיו וְאֶת־שְׁתֵּי שִׁפְחֹתָיו
כג וְאֶת־אַחַד עָשָׂר יְלָדָיו וַיַּעֲבֹר אֵת מַעֲבַר יַבֹּק: וַיִּקָּחֵם וַיַּעֲבִרֵם
כד אֶת־הַנָּחַל וַיַּעֲבֵר אֶת־אֲשֶׁר־לוֹ: וַיִּוָּתֵר יַעֲקֹב לְבַדּוֹ וַיֵּאָבֵק

כה אִישׁ עִמּוֹ עַד עֲלוֹת הַשָּׁחַר: וַיַּרְא כִּי לֹא יָכֹל לוֹ וַיִּגַּע בְּכַף־
כו יְרֵכוֹ וַתֵּקַע כַּף־יֶרֶךְ יַעֲקֹב בְּהֵאָבְקוֹ עִמּוֹ: וַיֹּאמֶר שַׁלְּחֵנִי כִּי
כז עָלָה הַשָּׁחַר וַיֹּאמֶר לֹא אֲשַׁלֵּחֲךָ כִּי אִם־בֵּרַכְתָּנִי: וַיֹּאמֶר
כח אֵלָיו מַה־שְּׁמֶךָ וַיֹּאמֶר יַעֲקֹב: וַיֹּאמֶר לֹא יַעֲקֹב יֵאָמֵר עוֹד
שִׁמְךָ כִּי אִם־יִשְׂרָאֵל כִּי־שָׂרִיתָ עִם־אֱלֹהִים וְעִם־אֲנָשִׁים
כט וַתּוּכָל: וַיִּשְׁאַל יַעֲקֹב וַיֹּאמֶר הַגִּידָה־נָּא שְׁמֶךָ וַיֹּאמֶר לָמָּה
שלישי ל זֶּה תִּשְׁאַל לִשְׁמִי וַיְבָרֶךְ אֹתוֹ שָׁם: וַיִּקְרָא יַעֲקֹב שֵׁם הַמָּקוֹם
לא פְּנִיאֵל כִּי־רָאִיתִי אֱלֹהִים פָּנִים אֶל־פָּנִים וַתִּנָּצֵל נַפְשִׁי: וַיִּזְרַח־
לב לוֹ הַשֶּׁמֶשׁ כַּאֲשֶׁר עָבַר אֶת־פְּנוּאֵל וְהוּא צֹלֵעַ עַל־יְרֵכוֹ: עַל־
כֵּן לֹא־יֹאכְלוּ בְנֵי־יִשְׂרָאֵל אֶת־גִּיד הַנָּשֶׁה אֲשֶׁר עַל־כַּף הַיָּרֵךְ
לג א עַד הַיּוֹם הַזֶּה כִּי נָגַע בְּכַף־יֶרֶךְ יַעֲקֹב בְּגִיד הַנָּשֶׁה: וַיִּשָּׂא
יַעֲקֹב עֵינָיו וַיַּרְא וְהִנֵּה עֵשָׂו בָּא וְעִמּוֹ אַרְבַּע מֵאוֹת אִישׁ
וַיַּחַץ אֶת־הַיְלָדִים עַל־לֵאָה וְעַל־רָחֵל וְעַל שְׁתֵּי הַשְּׁפָחוֹת:
ב וַיָּשֶׂם אֶת־הַשְּׁפָחוֹת וְאֶת־יַלְדֵיהֶן רִאשֹׁנָה וְאֶת־לֵאָה וִילָדֶיהָ
ג אַחֲרֹנִים וְאֶת־רָחֵל וְאֶת־יוֹסֵף אַחֲרֹנִים: וְהוּא עָבַר לִפְנֵיהֶם
ד וַיִּשְׁתַּחוּ אַרְצָה שֶׁבַע פְּעָמִים עַד־גִּשְׁתּוֹ עַד־אָחִיו: וַיָּרָץ עֵשָׂו
ה לִקְרָאתוֹ וַיְחַבְּקֵהוּ וַיִּפֹּל עַל־צַוָּארָו וַיִּשָּׁקֵהוּ וַיִּבְכּוּ: וַיִּשָּׂא
אֶת־עֵינָיו וַיַּרְא אֶת־הַנָּשִׁים וְאֶת־הַיְלָדִים וַיֹּאמֶר מִי־אֵלֶּה
רביעי ו לָּךְ וַיֹּאמַר הַיְלָדִים אֲשֶׁר־חָנַן אֱלֹהִים אֶת־עַבְדֶּךָ: וַתִּגַּשְׁןָ
ז הַשְּׁפָחוֹת הֵנָּה וְיַלְדֵיהֶן וַתִּשְׁתַּחֲוֶיןָ: וַתִּגַּשׁ גַּם־לֵאָה וִילָדֶיהָ
ח וַיִּשְׁתַּחֲווּ וְאַחַר נִגַּשׁ יוֹסֵף וְרָחֵל וַיִּשְׁתַּחֲווּ: וַיֹּאמֶר מִי לְךָ כָּל־
הַמַּחֲנֶה הַזֶּה אֲשֶׁר פָּגָשְׁתִּי וַיֹּאמֶר לִמְצֹא־חֵן בְּעֵינֵי אֲדֹנִי:
ט י וַיֹּאמֶר עֵשָׂו יֶשׁ־לִי רָב אָחִי יְהִי לְךָ אֲשֶׁר־לָךְ: וַיֹּאמֶר יַעֲקֹב
אַל־נָא אִם־נָא מָצָאתִי חֵן בְּעֵינֶיךָ וְלָקַחְתָּ מִנְחָתִי מִיָּדִי
יא כִּי עַל־כֵּן רָאִיתִי פָנֶיךָ כִּרְאֹת פְּנֵי אֱלֹהִים וַתִּרְצֵנִי: קַח־נָא
אֶת־בִּרְכָתִי אֲשֶׁר הֻבָאת לָךְ כִּי־חַנַּנִי אֱלֹהִים וְכִי יֶשׁ־לִי־כֹל
יב יג וַיִּפְצַר־בּוֹ וַיִּקָּח: וַיֹּאמַר נִסְעָה וְנֵלֵכָה וְאֵלְכָה לְנֶגְדֶּךָ: וַיֹּאמֶר

אליו אדני ידע כי־הילדים רכים והצאן והבקר עלות עלי
יד ודפקום יום אחד ומתו כל־הצאן: יעבר־נא אדני לפני עבדו
ואני אתנהלה לאטי לרגל המלאכה אשר־לפני ולרגל
טו הילדים עד אשר־אבא אל־אדני שעירה: ויאמר עשו אציגה־
נא עמך מן־העם אשר אתי ויאמר למה זה אמצא־חן בעיני
טז יז אדני: וישב ביום ההוא עשו לדרכו שעירה: ויעקב נסע
סכתה ויבן לו בית ולמקנהו עשה סכת על־כן קרא שם־
יח המקום סכות: ויבא יעקב שלם עיר שכם אשר לא
יט בארץ כנען בבאו מפדן ארם ויחן את־פני העיר: ויקן
את־חלקת השדה אשר נטה־שם אהלו מיד בני־חמור אבי
כ שכם במאה קשיטה: ויצב־שם מזבח ויקרא־לו אל אלהי
לד א ישראל: ותצא דינה בת־לאה אשר ילדה ליעקב חמישי
ב לראות בבנות הארץ: וירא אתה שכם בן־חמור החוי נשיא
ג הארץ ויקח אתה וישכב אתה ויענה: ותדבק נפשו בדינה
ד בת־יעקב ויאהב את־הנער וידבר על־לב הנער: ויאמר
שכם אל־חמור אביו לאמר קח־לי את־הילדה הזאת לאשה:
ה ויעקב שמע כי טמא את־דינה בתו ובניו היו את־מקנהו
ו בשדה והחרש יעקב עד־באם: ויצא חמור אבי־שכם
ז אל־יעקב לדבר אתו: ובני יעקב באו מן־השדה כשמעם
ויתעצבו האנשים ויחר להם מאד כי נבלה עשה בישראל
ח לשכב את־בת־יעקב וכן לא יעשה: וידבר חמור אתם
לאמר שכם בני חשקה נפשו בבתכם תנו נא אתה לו
ט לאשה: והתחתנו אתנו בנתיכם תתנו־לנו ואת־בנתינו
י תקחו לכם: ואתנו תשבו והארץ תהיה לפניכם שבו וסחרוה
יא והאחזו בה: ויאמר שכם אל־אביה ואל־אחיה אמצא־חן
יב בעיניכם ואשר תאמרו אלי אתן: הרבו עלי מאד מהר
ומתן ואתנה כאשר תאמרו אלי ותנו־לי את־הנער לאשה:

וַיַּעֲנוּ בְנֵי־יַעֲקֹב אֶת־שְׁכֶם וְאֶת־חֲמוֹר אָבִיו בְּמִרְמָה וַיְדַבֵּרוּ יג
אֲשֶׁר טִמֵּא אֵת דִּינָה אֲחֹתָם׃ וַיֹּאמְרוּ אֲלֵיהֶם לֹא נוּכַל לַעֲשׂוֹת יד
הַדָּבָר הַזֶּה לָתֵת אֶת־אֲחֹתֵנוּ לְאִישׁ אֲשֶׁר־לוֹ עָרְלָה כִּי־
חֶרְפָּה הִוא לָנוּ׃ אַךְ־בְּזֹאת נֵאוֹת לָכֶם אִם תִּהְיוּ כָמֹנוּ טו
לְהִמֹּל לָכֶם כָּל־זָכָר׃ וְנָתַנּוּ אֶת־בְּנֹתֵינוּ לָכֶם וְאֶת־בְּנֹתֵיכֶם טז
נִקַּח־לָנוּ וְיָשַׁבְנוּ אִתְּכֶם וְהָיִינוּ לְעַם אֶחָד׃ וְאִם־לֹא תִשְׁמְעוּ יז
אֵלֵינוּ לְהִמּוֹל וְלָקַחְנוּ אֶת־בִּתֵּנוּ וְהָלָכְנוּ׃ וַיִּיטְבוּ דִבְרֵיהֶם יח
בְּעֵינֵי חֲמוֹר וּבְעֵינֵי שְׁכֶם בֶּן־חֲמוֹר׃ וְלֹא־אֵחַר הַנַּעַר לַעֲשׂוֹת יט
הַדָּבָר כִּי חָפֵץ בְּבַת־יַעֲקֹב וְהוּא נִכְבָּד מִכֹּל בֵּית אָבִיו׃ וַיָּבֹא כ
חֲמוֹר וּשְׁכֶם בְּנוֹ אֶל־שַׁעַר עִירָם וַיְדַבְּרוּ אֶל־אַנְשֵׁי עִירָם
לֵאמֹר׃ הָאֲנָשִׁים הָאֵלֶּה שְׁלֵמִים הֵם אִתָּנוּ וְיֵשְׁבוּ בָאָרֶץ כא
וְיִסְחֲרוּ אֹתָהּ וְהָאָרֶץ הִנֵּה רַחֲבַת־יָדַיִם לִפְנֵיהֶם אֶת־בְּנֹתָם
נִקַּח־לָנוּ לְנָשִׁים וְאֶת־בְּנֹתֵינוּ נִתֵּן לָהֶם׃ אַךְ־בְּזֹאת יֵאֹתוּ כב
לָנוּ הָאֲנָשִׁים לָשֶׁבֶת אִתָּנוּ לִהְיוֹת לְעַם אֶחָד בְּהִמּוֹל לָנוּ כָּל־
זָכָר כַּאֲשֶׁר הֵם נִמֹּלִים׃ מִקְנֵהֶם וְקִנְיָנָם וְכָל־בְּהֶמְתָּם הֲלוֹא כג
לָנוּ הֵם אַךְ נֵאוֹתָה לָהֶם וְיֵשְׁבוּ אִתָּנוּ׃ וַיִּשְׁמְעוּ אֶל־חֲמוֹר כד
וְאֶל־שְׁכֶם בְּנוֹ כָּל־יֹצְאֵי שַׁעַר עִירוֹ וַיִּמֹּלוּ כָּל־זָכָר כָּל־יֹצְאֵי
שַׁעַר עִירוֹ׃ וַיְהִי בַיּוֹם הַשְּׁלִישִׁי בִּהְיוֹתָם כֹּאֲבִים וַיִּקְחוּ שְׁנֵי־ כה
בְנֵי־יַעֲקֹב שִׁמְעוֹן וְלֵוִי אֲחֵי דִינָה אִישׁ חַרְבּוֹ וַיָּבֹאוּ עַל־הָעִיר
בֶּטַח וַיַּהַרְגוּ כָּל־זָכָר׃ וְאֶת־חֲמוֹר וְאֶת־שְׁכֶם בְּנוֹ הָרְגוּ לְפִי־ כו
חָרֶב וַיִּקְחוּ אֶת־דִּינָה מִבֵּית שְׁכֶם וַיֵּצֵאוּ׃ בְּנֵי יַעֲקֹב בָּאוּ כז
עַל־הַחֲלָלִים וַיָּבֹזּוּ הָעִיר אֲשֶׁר טִמְּאוּ אֲחוֹתָם׃ אֶת־צֹאנָם כח
וְאֶת־בְּקָרָם וְאֶת־חֲמֹרֵיהֶם וְאֵת אֲשֶׁר־בָּעִיר וְאֶת־אֲשֶׁר בַּשָּׂדֶה
לָקָחוּ׃ וְאֶת־כָּל־חֵילָם וְאֶת־כָּל־טַפָּם וְאֶת־נְשֵׁיהֶם שָׁבוּ וַיָּבֹזּוּ כט
וְאֵת כָּל־אֲשֶׁר בַּבָּיִת׃ וַיֹּאמֶר יַעֲקֹב אֶל־שִׁמְעוֹן וְאֶל־לֵוִי ל
עֲכַרְתֶּם אֹתִי לְהַבְאִישֵׁנִי בְּיֹשֵׁב הָאָרֶץ בַּכְּנַעֲנִי וּבַפְּרִזִּי וַאֲנִי
מְתֵי מִסְפָּר וְנֶאֶסְפוּ עָלַי וְהִכּוּנִי וְנִשְׁמַדְתִּי אֲנִי וּבֵיתִי׃ וַיֹּאמְרוּ לא

הכזונה יעשה את־אחותנו׃
לה א ויאמר אלהים אל־יעקב קום עלה בית־אל ושב־שם ועשה־
שם מזבח לאל הנראה אליך בברחך מפני עשו אחיך׃
ב ויאמר יעקב אל־ביתו ואל כל־אשר עמו הסרו את־אלהי
ג הנכר אשר בתככם והטהרו והחליפו שמלתיכם׃ ונקומה
ונעלה בית־אל ואעשה־שם מזבח לאל הענה אתי ביום
ד צרתי ויהי עמדי בדרך אשר הלכתי׃ ויתנו אל־יעקב את
כל־אלהי הנכר אשר בידם ואת־הנזמים אשר באזניהם
ה ויטמן אתם יעקב תחת האלה אשר עם־שכם׃ ויסעו ויהי
חתת אלהים על־הערים אשר סביבותיהם ולא רדפו אחרי
ו בני יעקב׃ ויבא יעקב לוזה אשר בארץ כנען הוא בית־אל
ז הוא וכל־העם אשר־עמו׃ ויבן שם מזבח ויקרא למקום אל
ח בית־אל כי שם נגלו אליו האלהים בברחו מפני אחיו׃ ותמת
דברה מינקת רבקה ותקבר מתחת לבית־אל תחת האלון
ויקרא שמו אלון בכות׃
ט וירא אלהים אל־יעקב עוד בבאו מפדן ארם ויברך אתו׃ לב
י ויאמר־לו אלהים שמך יעקב לא־יקרא שמך עוד יעקב כי
יא אם־ישראל יהיה שמך ויקרא את־שמו ישראל׃ ויאמר לו
אלהים אני אל שדי פרה ורבה גוי וקהל גוים יהיה ממך
יב ומלכים מחלציך יצאו׃ ואת־הארץ אשר נתתי לאברהם ששי
יג וליצחק לך אתננה ולזרעך אחריך אתן את־הארץ׃ ויעל
יד מעליו אלהים במקום אשר־דבר אתו׃ ויצב יעקב מצבה
במקום אשר־דבר אתו מצבת אבן ויסך עליה נסך ויצק
טו עליה שמן׃ ויקרא יעקב את־שם המקום אשר דבר אתו
טז שם אלהים בית־אל׃ ויסעו מבית אל ויהי־עוד כברת־הארץ
יז לבוא אפרתה ותלד רחל ותקש בלדתה׃ ויהי בהקשתה
בלדתה ותאמר לה המילדת אל־תיראי כי־גם־זה לך בן׃

יח וַיְהִי בְּצֵאת נַפְשָׁהּ כִּי מֵתָה וַתִּקְרָא שְׁמוֹ בֶּן־אוֹנִי וְאָבִיו קָרָא־
יט לוֹ בִנְיָמִין׃ וַתָּמָת רָחֵל וַתִּקָּבֵר בְּדֶרֶךְ אֶפְרָתָה הִוא בֵּית לָחֶם׃
כ וַיַּצֵּב יַעֲקֹב מַצֵּבָה עַל־קְבֻרָתָהּ הִוא מַצֶּבֶת קְבֻרַת־רָחֵל עַד־
כא כב הַיּוֹם׃ וַיִּסַּע יִשְׂרָאֵל וַיֵּט אָהֳלֹה מֵהָלְאָה לְמִגְדַּל־עֵדֶר׃ וַיְהִי
בִּשְׁכֹּן יִשְׂרָאֵל בָּאָרֶץ הַהִוא וַיֵּלֶךְ רְאוּבֵן וַיִּשְׁכַּב אֶת־בִּלְהָה
פִּילֶגֶשׁ אָבִיו וַיִּשְׁמַע יִשְׂרָאֵל

כג וַיִּהְיוּ בְנֵי־יַעֲקֹב שְׁנֵים עָשָׂר׃ בְּנֵי לֵאָה בְּכוֹר יַעֲקֹב רְאוּבֵן
כד וְשִׁמְעוֹן וְלֵוִי וִיהוּדָה וְיִשָּׂשכָר וּזְבוּלֻן׃ בְּנֵי רָחֵל יוֹסֵף וּבִנְיָמִן׃
כה כו וּבְנֵי בִלְהָה שִׁפְחַת רָחֵל דָּן וְנַפְתָּלִי׃ וּבְנֵי זִלְפָּה שִׁפְחַת לֵאָה
כז גָּד וְאָשֵׁר אֵלֶּה בְּנֵי יַעֲקֹב אֲשֶׁר יֻלַּד־לוֹ בְּפַדַּן אֲרָם׃ וַיָּבֹא יַעֲקֹב
אֶל־יִצְחָק אָבִיו מַמְרֵא קִרְיַת הָאַרְבַּע הִוא חֶבְרוֹן אֲשֶׁר־גָּר־
כח שָׁם אַבְרָהָם וְיִצְחָק׃ וַיִּהְיוּ יְמֵי יִצְחָק מְאַת שָׁנָה וּשְׁמֹנִים שָׁנָה׃
כט וַיִּגְוַע יִצְחָק וַיָּמָת וַיֵּאָסֶף אֶל־עַמָּיו זָקֵן וּשְׂבַע יָמִים וַיִּקְבְּרוּ
אֹתוֹ עֵשָׂו וְיַעֲקֹב בָּנָיו׃

לו א ב וְאֵלֶּה תֹּלְדוֹת עֵשָׂו הוּא אֱדוֹם׃ עֵשָׂו לָקַח אֶת־נָשָׁיו מִבְּנוֹת
כְּנָעַן אֶת־עָדָה בַּת־אֵילוֹן הַחִתִּי וְאֶת־אָהֳלִיבָמָה בַּת־עֲנָה
ג בַּת־צִבְעוֹן הַחִוִּי׃ וְאֶת־בָּשְׂמַת בַּת־יִשְׁמָעֵאל אֲחוֹת נְבָיוֹת׃
ד וַתֵּלֶד עָדָה לְעֵשָׂו אֶת־אֱלִיפָז וּבָשְׂמַת יָלְדָה אֶת־רְעוּאֵל׃
ה וְאָהֳלִיבָמָה יָלְדָה אֶת־יעיש וְאֶת־יַעְלָם וְאֶת־קֹרַח אֵלֶּה בְּנֵי יְעוּשׁ
ו עֵשָׂו אֲשֶׁר יֻלְּדוּ־לוֹ בְּאֶרֶץ כְּנָעַן׃ וַיִּקַּח עֵשָׂו אֶת־נָשָׁיו וְאֶת־
בָּנָיו וְאֶת־בְּנֹתָיו וְאֶת־כָּל־נַפְשׁוֹת בֵּיתוֹ וְאֶת־מִקְנֵהוּ וְאֶת־
כָּל־בְּהֶמְתּוֹ וְאֵת כָּל־קִנְיָנוֹ אֲשֶׁר רָכַשׁ בְּאֶרֶץ כְּנָעַן וַיֵּלֶךְ אֶל־
ז אֶרֶץ מִפְּנֵי יַעֲקֹב אָחִיו׃ כִּי־הָיָה רְכוּשָׁם רָב מִשֶּׁבֶת יַחְדָּו וְלֹא
ח יָכְלָה אֶרֶץ מְגוּרֵיהֶם לָשֵׂאת אֹתָם מִפְּנֵי מִקְנֵיהֶם׃ וַיֵּשֶׁב עֵשָׂו
ט בְּהַר שֵׂעִיר עֵשָׂו הוּא אֱדוֹם׃ וְאֵלֶּה תֹּלְדוֹת עֵשָׂו אֲבִי אֱדוֹם
י בְּהַר שֵׂעִיר׃ אֵלֶּה שְׁמוֹת בְּנֵי־עֵשָׂו אֱלִיפַז בֶּן־עָדָה אֵשֶׁת עֵשָׂו
יא רְעוּאֵל בֶּן־בָּשְׂמַת אֵשֶׁת עֵשָׂו׃ וַיִּהְיוּ בְּנֵי אֱלִיפָז תֵּימָן אוֹמָר

יב צפו וגעתם וקנז: ותמנע | היתה פילגש לאליפז בן־עשו
יג ותלד לאליפז את־עמלק אלה בני עדה אשת עשו: ואלה
בני רעואל נחת וזרח שמה ומזה אלה היו בני בשמת אשת
יד עשו: ואלה היו בני אהליבמה בת־ענה בת־צבעון אשת
טו עשו ותלד לעשו את־יעיש ואת־יעלם ואת־קרח: אלה יעוש
אלופי בני־עשו בני אליפז בכור עשו אלוף תימן אלוף אומר
טז אלוף צפו אלוף קנז: אלוף־קרח אלוף געתם אלוף עמלק
יז אלה אלופי אליפז בארץ אדום אלה בני עדה: ואלה בני
רעואל בן־עשו אלוף נחת אלוף זרח אלוף שמה אלוף מזה
אלה אלופי רעואל בארץ אדום אלה בני בשמת אשת עשו:
יח ואלה בני אהליבמה אשת עשו אלוף יעוש אלוף יעלם אלוף
יט קרח אלה אלופי אהליבמה בת־ענה אשת עשו: אלה בני־
כ עשו ואלה אלופיהם הוא אדום: אלה בני־ שביעי
כא שעיר החרי ישבי הארץ לוטן ושובל וצבעון וענה: ודשון
כב ואצר ודישן אלה אלופי החרי בני שעיר בארץ אדום: ויהיו
כג בני־לוטן חרי והימם ואחות לוטן תמנע: ואלה בני שובל
כד עלון ומנחת ועיבל שפו ואונם: ואלה בני־צבעון ואיה וענה
הוא ענה אשר מצא את־הימם במדבר ברעתו את־החמרים
כה לצבעון אביו: ואלה בני־ענה דשן ואהליבמה בת־ענה:
כו כז ואלה בני דישן חמדן ואשבן ויתרן וכרן: אלה בני־אצר
כח כט בלהן וזעון ועקן: אלה בני־דישן עוץ וארן: אלה אלופי
ל החרי אלוף לוטן אלוף שובל אלוף צבעון אלוף ענה: אלוף
דשן אלוף אצר אלוף דישן אלה אלופי החרי לאלפיהם
בארץ שעיר:
לא ואלה המלכים אשר מלכו בארץ אדום לפני מלך־מלך
לב לבני ישראל: וימלך באדום בלע בן־בעור ושם עירו דנהבה:
לג לד וימת בלע וימלך תחתיו יובב בן־זרח מבצרה: וימת יובב

לה וַיִּמְלֹךְ תַּחְתָּיו חֻשָׁם מֵאֶרֶץ הַתֵּימָנִי׃ וַיָּמָת חֻשָׁם וַיִּמְלֹךְ תַּחְתָּיו
הֲדַד בֶּן־בְּדַד הַמַּכֶּה אֶת־מִדְיָן בִּשְׂדֵה מוֹאָב וְשֵׁם עִירוֹ עֲוִית׃
לו לז וַיָּמָת הֲדָד וַיִּמְלֹךְ תַּחְתָּיו שַׂמְלָה מִמַּשְׂרֵקָה׃ וַיָּמָת שַׂמְלָה
לח וַיִּמְלֹךְ תַּחְתָּיו שָׁאוּל מֵרְחֹבוֹת הַנָּהָר׃ וַיָּמָת שָׁאוּל וַיִּמְלֹךְ
לט תַּחְתָּיו בַּעַל חָנָן בֶּן־עַכְבּוֹר׃ וַיָּמָת בַּעַל חָנָן בֶּן־עַכְבּוֹר וַיִּמְלֹךְ
תַּחְתָּיו הֲדַר וְשֵׁם עִירוֹ פָּעוּ וְשֵׁם אִשְׁתּוֹ מְהֵיטַבְאֵל בַּת־
מפטיר מ מַטְרֵד בַּת מֵי זָהָב׃ וְאֵלֶּה שְׁמוֹת אַלּוּפֵי עֵשָׂו לְמִשְׁפְּחֹתָם
לִמְקֹמֹתָם בִּשְׁמֹתָם אַלּוּף תִּמְנָע אַלּוּף עַלְוָה אַלּוּף יְתֵת׃
מא מב אַלּוּף אָהֳלִיבָמָה אַלּוּף אֵלָה אַלּוּף פִּינֹן׃ אַלּוּף קְנַז אַלּוּף תֵּימָן
מג אַלּוּף מִבְצָר׃ אַלּוּף מַגְדִּיאֵל אַלּוּף עִירָם אֵלֶּה ׀ אַלּוּפֵי אֱדוֹם
לְמֹשְׁבֹתָם בְּאֶרֶץ אֲחֻזָּתָם הוּא עֵשָׂו אֲבִי אֱדוֹם׃

וישב לג לז א ב וַיֵּשֶׁב יַעֲקֹב בְּאֶרֶץ מְגוּרֵי אָבִיו בְּאֶרֶץ כְּנָעַן׃ אֵלֶּה ׀ תֹּלְדוֹת
יַעֲקֹב יוֹסֵף בֶּן־שְׁבַע־עֶשְׂרֵה שָׁנָה הָיָה רֹעֶה אֶת־אֶחָיו בַּצֹּאן
וְהוּא נַעַר אֶת־בְּנֵי בִלְהָה וְאֶת־בְּנֵי זִלְפָּה נְשֵׁי אָבִיו וַיָּבֵא
ג יוֹסֵף אֶת־דִּבָּתָם רָעָה אֶל־אֲבִיהֶם׃ וְיִשְׂרָאֵל אָהַב אֶת־יוֹסֵף
ד מִכָּל־בָּנָיו כִּי־בֶן־זְקֻנִים הוּא לוֹ וְעָשָׂה לוֹ כְּתֹנֶת פַּסִּים׃ וַיִּרְאוּ
אֶחָיו כִּי־אֹתוֹ אָהַב אֲבִיהֶם מִכָּל־אֶחָיו וַיִּשְׂנְאוּ אֹתוֹ וְלֹא
ה יָכְלוּ דַּבְּרוֹ לְשָׁלֹם׃ וַיַּחֲלֹם יוֹסֵף חֲלוֹם וַיַּגֵּד לְאֶחָיו וַיּוֹסִפוּ
ו עוֹד שְׂנֹא אֹתוֹ׃ וַיֹּאמֶר אֲלֵיהֶם שִׁמְעוּ־נָא הַחֲלוֹם הַזֶּה אֲשֶׁר
ז חָלָמְתִּי׃ וְהִנֵּה אֲנַחְנוּ מְאַלְּמִים אֲלֻמִּים בְּתוֹךְ הַשָּׂדֶה וְהִנֵּה
קָמָה אֲלֻמָּתִי וְגַם־נִצָּבָה וְהִנֵּה תְסֻבֶּינָה אֲלֻמֹּתֵיכֶם וַתִּשְׁתַּחֲוֶיןָ
ח לַאֲלֻמָּתִי׃ וַיֹּאמְרוּ לוֹ אֶחָיו הֲמָלֹךְ תִּמְלֹךְ עָלֵינוּ אִם־מָשׁוֹל
תִּמְשֹׁל בָּנוּ וַיּוֹסִפוּ עוֹד שְׂנֹא אֹתוֹ עַל־חֲלֹמֹתָיו וְעַל־דְּבָרָיו׃
ט וַיַּחֲלֹם עוֹד חֲלוֹם אַחֵר וַיְסַפֵּר אֹתוֹ לְאֶחָיו וַיֹּאמֶר הִנֵּה חָלַמְתִּי
חֲלוֹם עוֹד וְהִנֵּה הַשֶּׁמֶשׁ וְהַיָּרֵחַ וְאַחַד עָשָׂר כּוֹכָבִים מִשְׁתַּחֲוִים
י לִי׃ וַיְסַפֵּר אֶל־אָבִיו וְאֶל־אֶחָיו וַיִּגְעַר־בּוֹ אָבִיו וַיֹּאמֶר לוֹ מָה
הַחֲלוֹם הַזֶּה אֲשֶׁר חָלָמְתָּ הֲבוֹא נָבוֹא אֲנִי וְאִמְּךָ וְאַחֶיךָ

יא לְהִשְׁתַּחֲוֺת לְךָ אָרְצָה: וַיְקַנְאוּ־בוֹ אֶחָיו וְאָבִיו שָׁמַר אֶת־
יב יג הַדָּבָר: וַיֵּלְכוּ אֶחָיו לִרְעוֹת אֶת־צֹאן אֲבִיהֶם בִּשְׁכֶם: וַיֹּאמֶר שני
יִשְׂרָאֵל אֶל־יוֹסֵף הֲלוֹא אַחֶיךָ רֹעִים בִּשְׁכֶם לְכָה וְאֶשְׁלָחֲךָ
יד אֲלֵיהֶם וַיֹּאמֶר לוֹ הִנֵּנִי: וַיֹּאמֶר לוֹ לֶךְ־נָא רְאֵה אֶת־שְׁלוֹם
אַחֶיךָ וְאֶת־שְׁלוֹם הַצֹּאן וַהֲשִׁבֵנִי דָּבָר וַיִּשְׁלָחֵהוּ מֵעֵמֶק חֶבְרוֹן
טו וַיָּבֹא שְׁכֶמָה: וַיִּמְצָאֵהוּ אִישׁ וְהִנֵּה תֹעֶה בַּשָּׂדֶה וַיִּשְׁאָלֵהוּ
טז הָאִישׁ לֵאמֹר מַה־תְּבַקֵּשׁ: וַיֹּאמֶר אֶת־אַחַי אָנֹכִי מְבַקֵּשׁ
יז הַגִּידָה־נָּא לִי אֵיפֹה הֵם רֹעִים: וַיֹּאמֶר הָאִישׁ נָסְעוּ מִזֶּה כִּי
שָׁמַעְתִּי אֹמְרִים נֵלְכָה דֹּתָיְנָה וַיֵּלֶךְ יוֹסֵף אַחַר אֶחָיו וַיִּמְצָאֵם
יח בְּדֹתָן: וַיִּרְאוּ אֹתוֹ מֵרָחֹק וּבְטֶרֶם יִקְרַב אֲלֵיהֶם וַיִּתְנַכְּלוּ
יט אֹתוֹ לַהֲמִיתוֹ: וַיֹּאמְרוּ אִישׁ אֶל־אָחִיו הִנֵּה בַּעַל הַחֲלֹמוֹת
כ הַלָּזֶה בָּא: וְעַתָּה ׀ לְכוּ וְנַהַרְגֵהוּ וְנַשְׁלִכֵהוּ בְּאַחַד הַבֹּרוֹת
כא וְאָמַרְנוּ חַיָּה רָעָה אֲכָלָתְהוּ וְנִרְאֶה מַה־יִּהְיוּ חֲלֹמֹתָיו: וַיִּשְׁמַע
כב רְאוּבֵן וַיַּצִּלֵהוּ מִיָּדָם וַיֹּאמֶר לֹא נַכֶּנּוּ נָפֶשׁ: וַיֹּאמֶר אֲלֵהֶם ׀
רְאוּבֵן אַל־תִּשְׁפְּכוּ־דָם הַשְׁלִיכוּ אֹתוֹ אֶל־הַבּוֹר הַזֶּה אֲשֶׁר
בַּמִּדְבָּר וְיָד אַל־תִּשְׁלְחוּ־בוֹ לְמַעַן הַצִּיל אֹתוֹ מִיָּדָם לַהֲשִׁיבוֹ
כג אֶל־אָבִיו: וַיְהִי כַּאֲשֶׁר־בָּא יוֹסֵף אֶל־אֶחָיו וַיַּפְשִׁיטוּ אֶת־יוֹסֵף שלישי
כד אֶת־כֻּתָּנְתּוֹ אֶת־כְּתֹנֶת הַפַּסִּים אֲשֶׁר עָלָיו: וַיִּקָּחֻהוּ וַיַּשְׁלִכוּ
כה אֹתוֹ הַבֹּרָה וְהַבּוֹר רֵק אֵין בּוֹ מָיִם: וַיֵּשְׁבוּ לֶאֱכָל־לֶחֶם וַיִּשְׂאוּ
עֵינֵיהֶם וַיִּרְאוּ וְהִנֵּה אֹרְחַת יִשְׁמְעֵאלִים בָּאָה מִגִּלְעָד וּגְמַלֵּיהֶם
כו נֹשְׂאִים נְכֹאת וּצְרִי וָלֹט הוֹלְכִים לְהוֹרִיד מִצְרָיְמָה: וַיֹּאמֶר
יְהוּדָה אֶל־אֶחָיו מַה־בֶּצַע כִּי נַהֲרֹג אֶת־אָחִינוּ וְכִסִּינוּ אֶת־
כז דָּמוֹ: לְכוּ וְנִמְכְּרֶנּוּ לַיִּשְׁמְעֵאלִים וְיָדֵנוּ אַל־תְּהִי־בוֹ כִּי־אָחִינוּ
כח בְשָׂרֵנוּ הוּא וַיִּשְׁמְעוּ אֶחָיו: וַיַּעַבְרוּ אֲנָשִׁים מִדְיָנִים סֹחֲרִים
וַיִּמְשְׁכוּ וַיַּעֲלוּ אֶת־יוֹסֵף מִן־הַבּוֹר וַיִּמְכְּרוּ אֶת־יוֹסֵף לַיִּשְׁמְעֵאלִים
כט בְּעֶשְׂרִים כָּסֶף וַיָּבִיאוּ אֶת־יוֹסֵף מִצְרָיְמָה: וַיָּשָׁב רְאוּבֵן אֶל־
ל הַבּוֹר וְהִנֵּה אֵין־יוֹסֵף בַּבּוֹר וַיִּקְרַע אֶת־בְּגָדָיו: וַיָּשָׁב אֶל־

לא אָחִיו וַיֹּאמַר הַיֶּלֶד אֵינֶנּוּ וַאֲנִי אָנָה אֲנִי־בָא: וַיִּקְחוּ אֶת־
כְּתֹנֶת יוֹסֵף וַיִּשְׁחֲטוּ שְׂעִיר עִזִּים וַיִּטְבְּלוּ אֶת־הַכֻּתֹּנֶת בַּדָּם:
לב וַיְשַׁלְּחוּ אֶת־כְּתֹנֶת הַפַּסִּים וַיָּבִיאוּ אֶל־אֲבִיהֶם וַיֹּאמְרוּ זֹאת
לג מָצָאנוּ הַכֶּר־נָא הַכְּתֹנֶת בִּנְךָ הִוא אִם־לֹא: וַיַּכִּירָהּ וַיֹּאמֶר
לד כְּתֹנֶת בְּנִי חַיָּה רָעָה אֲכָלָתְהוּ טָרֹף טֹרַף יוֹסֵף: וַיִּקְרַע יַעֲקֹב
שִׂמְלֹתָיו וַיָּשֶׂם שַׂק בְּמָתְנָיו וַיִּתְאַבֵּל עַל־בְּנוֹ יָמִים רַבִּים:
לה וַיָּקֻמוּ כָל־בָּנָיו וְכָל־בְּנֹתָיו לְנַחֲמוֹ וַיְמָאֵן לְהִתְנַחֵם וַיֹּאמֶר כִּי־
לו אֵרֵד אֶל־בְּנִי אָבֵל שְׁאֹלָה וַיֵּבְךְּ אֹתוֹ אָבִיו: וְהַמְּדָנִים מָכְרוּ אֹתוֹ
אֶל־מִצְרָיִם לְפוֹטִיפַר סְרִיס פַּרְעֹה שַׂר הַטַּבָּחִים:

רביעי לד
לח א וַיְהִי בָּעֵת הַהִוא וַיֵּרֶד יְהוּדָה מֵאֵת אֶחָיו וַיֵּט עַד־אִישׁ עֲדֻלָּמִי
ב וּשְׁמוֹ חִירָה: וַיַּרְא־שָׁם יְהוּדָה בַּת־אִישׁ כְּנַעֲנִי וּשְׁמוֹ שׁוּעַ
ג וַיִּקָּחֶהָ וַיָּבֹא אֵלֶיהָ: וַתַּהַר וַתֵּלֶד בֵּן וַיִּקְרָא אֶת־שְׁמוֹ עֵר:
ד ה וַתַּהַר עוֹד וַתֵּלֶד בֵּן וַתִּקְרָא אֶת־שְׁמוֹ אוֹנָן: וַתֹּסֶף עוֹד וַתֵּלֶד
ו בֵּן וַתִּקְרָא אֶת־שְׁמוֹ שֵׁלָה וְהָיָה בִכְזִיב בְּלִדְתָּהּ אֹתוֹ: וַיִּקַּח
ז יְהוּדָה אִשָּׁה לְעֵר בְּכוֹרוֹ וּשְׁמָהּ תָּמָר: וַיְהִי עֵר בְּכוֹר יְהוּדָה
ח רַע בְּעֵינֵי יְהוָה וַיְמִתֵהוּ יְהוָה: וַיֹּאמֶר יְהוּדָה לְאוֹנָן בֹּא אֶל־
ט אֵשֶׁת אָחִיךָ וְיַבֵּם אֹתָהּ וְהָקֵם זֶרַע לְאָחִיךָ: וַיֵּדַע אוֹנָן כִּי לֹּא
לוֹ יִהְיֶה הַזָּרַע וְהָיָה אִם־בָּא אֶל־אֵשֶׁת אָחִיו וְשִׁחֵת אַרְצָה
י לְבִלְתִּי נְתָן־זֶרַע לְאָחִיו: וַיֵּרַע בְּעֵינֵי יְהוָה אֲשֶׁר עָשָׂה וַיָּמֶת
יא גַּם־אֹתוֹ: וַיֹּאמֶר יְהוּדָה לְתָמָר כַּלָּתוֹ שְׁבִי אַלְמָנָה בֵית־
אָבִיךְ עַד־יִגְדַּל שֵׁלָה בְנִי כִּי אָמַר פֶּן־יָמוּת גַּם־הוּא כְּאֶחָיו
יב וַתֵּלֶךְ תָּמָר וַתֵּשֶׁב בֵּית אָבִיהָ: וַיִּרְבּוּ הַיָּמִים וַתָּמָת בַּת־שׁוּעַ
אֵשֶׁת־יְהוּדָה וַיִּנָּחֶם יְהוּדָה וַיַּעַל עַל־גֹּזְזֵי צֹאנוֹ הוּא וְחִירָה
יג רֵעֵהוּ הָעֲדֻלָּמִי תִּמְנָתָה: וַיֻּגַּד לְתָמָר לֵאמֹר הִנֵּה חָמִיךְ עֹלֶה
יד תִמְנָתָה לָגֹז צֹאנוֹ: וַתָּסַר בִּגְדֵי אַלְמְנוּתָהּ מֵעָלֶיהָ וַתְּכַס
בַּצָּעִיף וַתִּתְעַלָּף וַתֵּשֶׁב בְּפֶתַח עֵינַיִם אֲשֶׁר עַל־דֶּרֶךְ תִּמְנָתָה
טו כִּי רָאֲתָה כִּי־גָדַל שֵׁלָה וְהִוא לֹא־נִתְּנָה לוֹ לְאִשָּׁה: וַיִּרְאֶהָ

טז יְהוּדָה וַיַּחְשְׁבֶהָ לְזוֹנָה כִּי כִסְּתָה פָּנֶיהָ: וַיֵּט אֵלֶיהָ אֶל־הַדֶּרֶךְ
וַיֹּאמֶר הָבָה נָּא אָבוֹא אֵלַיִךְ כִּי לֹא יָדַע כִּי כַלָּתוֹ הִוא וַתֹּאמֶר
יז מַה־תִּתֶּן־לִי כִּי תָבוֹא אֵלָי: וַיֹּאמֶר אָנֹכִי אֲשַׁלַּח גְּדִי־עִזִּים
יח מִן־הַצֹּאן וַתֹּאמֶר אִם־תִּתֵּן עֵרָבוֹן עַד שָׁלְחֶךָ: וַיֹּאמֶר מָה
הָעֵרָבוֹן אֲשֶׁר אֶתֶּן־לָּךְ וַתֹּאמֶר חֹתָמְךָ וּפְתִילֶךָ וּמַטְּךָ אֲשֶׁר
יט בְּיָדֶךָ וַיִּתֶּן־לָהּ וַיָּבֹא אֵלֶיהָ וַתַּהַר לוֹ: וַתָּקָם וַתֵּלֶךְ וַתָּסַר
כ צְעִיפָהּ מֵעָלֶיהָ וַתִּלְבַּשׁ בִּגְדֵי אַלְמְנוּתָהּ: וַיִּשְׁלַח יְהוּדָה אֶת־
גְּדִי הָעִזִּים בְּיַד רֵעֵהוּ הָעֲדֻלָּמִי לָקַחַת הָעֵרָבוֹן מִיַּד הָאִשָּׁה
כא וְלֹא מְצָאָהּ: וַיִּשְׁאַל אֶת־אַנְשֵׁי מְקֹמָהּ לֵאמֹר אַיֵּה הַקְּדֵשָׁה
כב הִוא בָעֵינַיִם עַל־הַדָּרֶךְ וַיֹּאמְרוּ לֹא־הָיְתָה בָזֶה קְדֵשָׁה: וַיָּשָׁב
אֶל־יְהוּדָה וַיֹּאמֶר לֹא מְצָאתִיהָ וְגַם אַנְשֵׁי הַמָּקוֹם אָמְרוּ
כג לֹא־הָיְתָה בָזֶה קְדֵשָׁה: וַיֹּאמֶר יְהוּדָה תִּקַּח־לָהּ פֶּן נִהְיֶה
כד לָבוּז הִנֵּה שָׁלַחְתִּי הַגְּדִי הַזֶּה וְאַתָּה לֹא מְצָאתָהּ: וַיְהִי ׀ כְּמִשְׁלֹשׁ
חֳדָשִׁים וַיֻּגַּד לִיהוּדָה לֵאמֹר זָנְתָה תָּמָר כַּלָּתֶךָ וְגַם הִנֵּה הָרָה
כה לִזְנוּנִים וַיֹּאמֶר יְהוּדָה הוֹצִיאוּהָ וְתִשָּׂרֵף: הִוא מוּצֵאת וְהִיא
שָׁלְחָה אֶל־חָמִיהָ לֵאמֹר לְאִישׁ אֲשֶׁר־אֵלֶּה לּוֹ אָנֹכִי הָרָה
וַתֹּאמֶר הַכֶּר־נָא לְמִי הַחֹתֶמֶת וְהַפְּתִילִים וְהַמַּטֶּה הָאֵלֶּה:
כו וַיַּכֵּר יְהוּדָה וַיֹּאמֶר צָדְקָה מִמֶּנִּי כִּי־עַל־כֵּן לֹא־נְתַתִּיהָ לְשֵׁלָה
כז בְנִי וְלֹא־יָסַף עוֹד לְדַעְתָּהּ: וַיְהִי בְּעֵת לִדְתָּהּ וְהִנֵּה תְאוֹמִים
כח בְּבִטְנָהּ: וַיְהִי בְלִדְתָּהּ וַיִּתֶּן־יָד וַתִּקַּח הַמְיַלֶּדֶת וַתִּקְשֹׁר עַל־
כט יָדוֹ שָׁנִי לֵאמֹר זֶה יָצָא רִאשֹׁנָה: וַיְהִי ׀ כְּמֵשִׁיב יָדוֹ וְהִנֵּה יָצָא
ל אָחִיו וַתֹּאמֶר מַה־פָּרַצְתָּ עָלֶיךָ פָּרֶץ וַיִּקְרָא שְׁמוֹ פָּרֶץ: וְאַחַר
לט א יָצָא אָחִיו אֲשֶׁר עַל־יָדוֹ הַשָּׁנִי וַיִּקְרָא שְׁמוֹ זָרַח: וְיוֹסֵף לה חמישי
הוּרַד מִצְרָיְמָה וַיִּקְנֵהוּ פּוֹטִיפַר סְרִיס פַּרְעֹה שַׂר הַטַּבָּחִים
ב אִישׁ מִצְרִי מִיַּד הַיִּשְׁמְעֵאלִים אֲשֶׁר הוֹרִדֻהוּ שָׁמָּה: וַיְהִי יְהוָה
ג אֶת־יוֹסֵף וַיְהִי אִישׁ מַצְלִיחַ וַיְהִי בְּבֵית אֲדֹנָיו הַמִּצְרִי: וַיַּרְא
אֲדֹנָיו כִּי יְהוָה אִתּוֹ וְכֹל אֲשֶׁר־הוּא עֹשֶׂה יְהוָה מַצְלִיחַ בְּיָדוֹ:

וַיִּמְצָ֨א יוֹסֵ֥ף חֵ֛ן בְּעֵינָ֖יו וַיְשָׁ֣רֶת אֹת֑וֹ וַיַּפְקִדֵ֙הוּ֙ עַל־בֵּית֔וֹ וְכָל־ ד
יֶשׁ־ל֖וֹ נָתַ֥ן בְּיָדֽוֹ׃ וַיְהִ֡י מֵאָז֩ הִפְקִ֨יד אֹת֜וֹ בְּבֵית֗וֹ וְעַל֙ כָּל־ ה
אֲשֶׁ֣ר יֶשׁ־ל֔וֹ וַיְבָ֧רֶךְ יְהוָ֛ה אֶת־בֵּ֥ית הַמִּצְרִ֖י בִּגְלַ֣ל יוֹסֵ֑ף וַיְהִ֞י
בִּרְכַּ֤ת יְהוָה֙ בְּכָל־אֲשֶׁ֣ר יֶשׁ־ל֔וֹ בַּבַּ֖יִת וּבַשָּׂדֶֽה׃ וַיַּעֲזֹ֣ב כָּל־ ו
אֲשֶׁר־לוֹ֮ בְּיַד־יוֹסֵף֒ וְלֹֽא־יָדַ֤ע אִתּוֹ֙ מְא֔וּמָה כִּ֥י אִם־הַלֶּ֖חֶם
ששי אֲשֶׁר־ה֣וּא אוֹכֵ֑ל וַיְהִ֣י יוֹסֵ֔ף יְפֵה־תֹ֖אַר וִיפֵ֥ה מַרְאֶֽה׃ וַיְהִ֗י אַחַר֙ ז
הַדְּבָרִ֣ים הָאֵ֔לֶּה וַתִּשָּׂ֧א אֵֽשֶׁת־אֲדֹנָ֛יו אֶת־עֵינֶ֖יהָ אֶל־יוֹסֵ֑ף
וַתֹּ֖אמֶר שִׁכְבָ֥ה עִמִּֽי׃ וַיְמָאֵ֓ן ׀ וַיֹּ֙אמֶר֙ אֶל־אֵ֣שֶׁת אֲדֹנָ֔יו הֵ֣ן אֲדֹנִ֔י ח
לֹא־יָדַ֥ע אִתִּ֖י מַה־בַּבָּ֑יִת וְכֹ֥ל אֲשֶׁר־יֶשׁ־ל֖וֹ נָתַ֥ן בְּיָדִֽי׃ אֵינֶ֨נּוּ ט
גָד֜וֹל בַּבַּ֣יִת הַזֶּה֮ מִמֶּ֒נִּי֒ וְלֹֽא־חָשַׂ֤ךְ מִמֶּ֙נִּי֙ מְא֔וּמָה כִּ֥י אִם־אוֹתָ֖ךְ
בַּאֲשֶׁ֣ר אַתְּ־אִשְׁתּ֑וֹ וְאֵ֨יךְ אֶעֱשֶׂ֜ה הָרָעָ֤ה הַגְּדֹלָה֙ הַזֹּ֔את וְחָטָ֖אתִי
לֵאלֹהִֽים׃ וַיְהִ֕י כְּדַבְּרָ֥הּ אֶל־יוֹסֵ֖ף י֣וֹם ׀ י֑וֹם וְלֹא־שָׁמַ֥ע אֵלֶ֛יהָ י
לִשְׁכַּ֥ב אֶצְלָ֖הּ לִהְי֥וֹת עִמָּֽהּ׃ וַיְהִי֙ כְּהַיּ֣וֹם הַזֶּ֔ה וַיָּבֹ֥א הַבַּ֖יְתָה יא
לַעֲשׂ֣וֹת מְלַאכְתּ֑וֹ וְאֵ֨ין אִ֜ישׁ מֵאַנְשֵׁ֥י הַבַּ֛יִת שָׁ֖ם בַּבָּֽיִת׃
וַתִּתְפְּשֵׂ֧הוּ בְּבִגְד֛וֹ לֵאמֹ֖ר שִׁכְבָ֣ה עִמִּ֑י וַיַּעֲזֹ֤ב בִּגְדוֹ֙ בְּיָדָ֔הּ וַיָּ֖נָס יב
וַיֵּצֵ֥א הַחֽוּצָה׃ וַיְהִי֙ כִּרְאוֹתָ֔הּ כִּֽי־עָזַ֥ב בִּגְד֖וֹ בְּיָדָ֑הּ וַיָּ֖נָס הַחֽוּצָה׃ יג
וַתִּקְרָ֞א לְאַנְשֵׁ֣י בֵיתָ֗הּ וַתֹּ֤אמֶר לָהֶם֙ לֵאמֹ֔ר רְא֗וּ הֵ֥בִיא לָ֛נוּ יד
אִ֥ישׁ עִבְרִ֖י לְצַ֣חֶק בָּ֑נוּ בָּ֤א אֵלַי֙ לִשְׁכַּ֣ב עִמִּ֔י וָאֶקְרָ֖א בְּק֥וֹל גָּדֽוֹל׃
וַיְהִ֣י כְשָׁמְע֔וֹ כִּֽי־הֲרִימֹ֥תִי קוֹלִ֖י וָאֶקְרָ֑א וַיַּעֲזֹ֤ב בִּגְדוֹ֙ אֶצְלִ֔י וַיָּ֖נָס טו
וַיֵּצֵ֥א הַחֽוּצָה׃ וַתַּנַּ֥ח בִּגְד֖וֹ אֶצְלָ֑הּ עַד־בּ֥וֹא אֲדֹנָ֖יו אֶל־בֵּיתֽוֹ׃ טז
וַתְּדַבֵּ֣ר אֵלָ֔יו כַּדְּבָרִ֥ים הָאֵ֖לֶּה לֵאמֹ֑ר בָּ֣א אֵלַ֞י הָעֶ֧בֶד הָעִבְרִ֛י יז
אֲשֶׁר־הֵבֵ֥אתָ לָּ֖נוּ לְצַ֥חֶק בִּֽי׃ וַיְהִ֕י כַּהֲרִימִ֥י קוֹלִ֖י וָאֶקְרָ֑א וַיַּעֲזֹ֥ב יח
בִּגְד֛וֹ אֶצְלִ֖י וַיָּ֥נָס הַחֽוּצָה׃ וַיְהִי֩ כִשְׁמֹ֨עַ אֲדֹנָ֜יו אֶת־דִּבְרֵ֣י אִשְׁתּ֗וֹ יט
אֲשֶׁ֨ר דִּבְּרָ֤ה אֵלָיו֙ לֵאמֹ֔ר כַּדְּבָרִ֣ים הָאֵ֔לֶּה עָ֥שָׂה לִ֖י עַבְדֶּ֑ךָ
וַיִּ֖חַר אַפּֽוֹ׃ וַיִּקַּח֩ אֲדֹנֵ֨י יוֹסֵ֜ף אֹת֗וֹ וַֽיִּתְּנֵ֙הוּ֙ אֶל־בֵּ֣ית הַסֹּ֔הַר כ
אֲסִירֵי מְק֕וֹם אֲשֶׁר־אֲסוּרֵ֥י הַמֶּ֖לֶךְ אֲסוּרִ֑ים וַֽיְהִי־שָׁ֖ם בְּבֵ֥ית הַסֹּֽהַר׃
וַיְהִ֤י יְהוָה֙ אֶת־יוֹסֵ֔ף וַיֵּ֥ט אֵלָ֖יו חָ֑סֶד וַיִּתֵּ֣ן חִנּ֔וֹ בְּעֵינֵ֖י שַׂ֥ר בֵּית־ כא

כב הַסֹּהַר׃ וַיִּתֵּן שַׂר בֵּית־הַסֹּהַר בְּיַד־יוֹסֵף אֵת כָּל־הָאֲסִירִם
אֲשֶׁר בְּבֵית הַסֹּהַר וְאֵת כָּל־אֲשֶׁר עֹשִׂים שָׁם הוּא הָיָה עֹשֶׂה׃
כג אֵין ׀ שַׂר בֵּית־הַסֹּהַר רֹאֶה אֶת־כָּל־מְאוּמָה בְּיָדוֹ בַּאֲשֶׁר יְהוָה
אִתּוֹ וַאֲשֶׁר־הוּא עֹשֶׂה יְהוָה מַצְלִיחַ׃
מ א וַיְהִי אַחַר הַדְּבָרִים הָאֵלֶּה חָטְאוּ מַשְׁקֵה מֶלֶךְ־מִצְרַיִם וְהָאֹפֶה שביעי
ב לַאֲדֹנֵיהֶם לְמֶלֶךְ מִצְרָיִם׃ וַיִּקְצֹף פַּרְעֹה עַל שְׁנֵי סָרִיסָיו עַל
ג שַׂר הַמַּשְׁקִים וְעַל שַׂר הָאוֹפִים׃ וַיִּתֵּן אֹתָם בְּמִשְׁמַר בֵּית שַׂר
ד הַטַּבָּחִים אֶל־בֵּית הַסֹּהַר מְקוֹם אֲשֶׁר יוֹסֵף אָסוּר שָׁם׃ וַיִּפְקֹד
שַׂר הַטַּבָּחִים אֶת־יוֹסֵף אִתָּם וַיְשָׁרֶת אֹתָם וַיִּהְיוּ יָמִים בְּמִשְׁמָר׃
ה וַיַּחַלְמוּ חֲלוֹם שְׁנֵיהֶם אִישׁ חֲלֹמוֹ בְּלַיְלָה אֶחָד אִישׁ כְּפִתְרוֹן
חֲלֹמוֹ הַמַּשְׁקֶה וְהָאֹפֶה אֲשֶׁר לְמֶלֶךְ מִצְרַיִם אֲשֶׁר אֲסוּרִים
ו בְּבֵית הַסֹּהַר׃ וַיָּבֹא אֲלֵיהֶם יוֹסֵף בַּבֹּקֶר וַיַּרְא אֹתָם וְהִנָּם
ז זֹעֲפִים׃ וַיִּשְׁאַל אֶת־סְרִיסֵי פַרְעֹה אֲשֶׁר אִתּוֹ בְמִשְׁמַר בֵּית
ח אֲדֹנָיו לֵאמֹר מַדּוּעַ פְּנֵיכֶם רָעִים הַיּוֹם׃ וַיֹּאמְרוּ אֵלָיו חֲלוֹם
חָלַמְנוּ וּפֹתֵר אֵין אֹתוֹ וַיֹּאמֶר אֲלֵהֶם יוֹסֵף הֲלוֹא לֵאלֹהִים
ט פִּתְרֹנִים סַפְּרוּ־נָא לִי׃ וַיְסַפֵּר שַׂר־הַמַּשְׁקִים אֶת־חֲלֹמוֹ לְיוֹסֵף
י וַיֹּאמֶר לוֹ בַּחֲלוֹמִי וְהִנֵּה־גֶפֶן לְפָנָי׃ וּבַגֶּפֶן שְׁלֹשָׁה שָׂרִיגִם
יא וְהִוא כְפֹרַחַת עָלְתָה נִצָּהּ הִבְשִׁילוּ אַשְׁכְּלֹתֶיהָ עֲנָבִים׃ וְכוֹס
פַּרְעֹה בְּיָדִי וָאֶקַּח אֶת־הָעֲנָבִים וָאֶשְׂחַט אֹתָם אֶל־כּוֹס פַּרְעֹה
יב וָאֶתֵּן אֶת־הַכּוֹס עַל־כַּף פַּרְעֹה׃ וַיֹּאמֶר לוֹ יוֹסֵף זֶה פִּתְרֹנוֹ
יג שְׁלֹשֶׁת הַשָּׂרִגִים שְׁלֹשֶׁת יָמִים הֵם׃ בְּעוֹד ׀ שְׁלֹשֶׁת יָמִים יִשָּׂא
פַרְעֹה אֶת־רֹאשֶׁךָ וַהֲשִׁיבְךָ עַל־כַּנֶּךָ וְנָתַתָּ כוֹס־פַּרְעֹה בְּיָדוֹ
יד כַּמִּשְׁפָּט הָרִאשׁוֹן אֲשֶׁר הָיִיתָ מַשְׁקֵהוּ׃ כִּי אִם־זְכַרְתַּנִי אִתְּךָ
כַּאֲשֶׁר יִיטַב לָךְ וְעָשִׂיתָ־נָּא עִמָּדִי חָסֶד וְהִזְכַּרְתַּנִי אֶל־פַּרְעֹה
טו וְהוֹצֵאתַנִי מִן־הַבַּיִת הַזֶּה׃ כִּי־גֻנֹּב גֻּנַּבְתִּי מֵאֶרֶץ הָעִבְרִים
טז וְגַם־פֹּה לֹא־עָשִׂיתִי מְאוּמָה כִּי־שָׂמוּ אֹתִי בַּבּוֹר׃ וַיַּרְא שַׂר־
הָאֹפִים כִּי טוֹב פָּתָר וַיֹּאמֶר אֶל־יוֹסֵף אַף־אֲנִי בַּחֲלוֹמִי וְהִנֵּה

שְׁלֹשָׁה סַלֵּי חֹרִי עַל־רֹאשִׁי׃ וּבַסַּל הָעֶלְיוֹן מִכֹּל מַאֲכַל פַּרְעֹה יז
מַעֲשֵׂה אֹפֶה וְהָעוֹף אֹכֵל אֹתָם מִן־הַסַּל מֵעַל רֹאשִׁי׃ וַיַּעַן יח
יוֹסֵף וַיֹּאמֶר זֶה פִּתְרֹנוֹ שְׁלֹשֶׁת הַסַּלִּים שְׁלֹשֶׁת יָמִים הֵם׃
בְּעוֹד ׀ שְׁלֹשֶׁת יָמִים יִשָּׂא פַרְעֹה אֶת־רֹאשְׁךָ מֵעָלֶיךָ וְתָלָה יט
מפטיר אוֹתְךָ עַל־עֵץ וְאָכַל הָעוֹף אֶת־בְּשָׂרְךָ מֵעָלֶיךָ׃ וַיְהִי ׀ בַּיּוֹם כ
הַשְּׁלִישִׁי יוֹם הֻלֶּדֶת אֶת־פַּרְעֹה וַיַּעַשׂ מִשְׁתֶּה לְכָל־עֲבָדָיו
וַיִּשָּׂא אֶת־רֹאשׁ ׀ שַׂר הַמַּשְׁקִים וְאֶת־רֹאשׁ שַׂר הָאֹפִים בְּתוֹךְ
עֲבָדָיו׃ וַיָּשֶׁב אֶת־שַׂר הַמַּשְׁקִים עַל־מַשְׁקֵהוּ וַיִּתֵּן הַכּוֹס עַל־ כא
כַּף פַּרְעֹה׃ וְאֵת שַׂר הָאֹפִים תָּלָה כַּאֲשֶׁר פָּתַר לָהֶם יוֹסֵף׃ כב
וְלֹא־זָכַר שַׂר־הַמַּשְׁקִים אֶת־יוֹסֵף וַיִּשְׁכָּחֵהוּ׃ כג

מקץ לו וַיְהִי מִקֵּץ שְׁנָתַיִם יָמִים וּפַרְעֹה חֹלֵם וְהִנֵּה עֹמֵד עַל־הַיְאֹר׃ א מא
וְהִנֵּה מִן־הַיְאֹר עֹלֹת שֶׁבַע פָּרוֹת יְפוֹת מַרְאֶה וּבְרִיאֹת בָּשָׂר ב
וַתִּרְעֶינָה בָּאָחוּ׃ וְהִנֵּה שֶׁבַע פָּרוֹת אֲחֵרוֹת עֹלוֹת אַחֲרֵיהֶן מִן־ ג
הַיְאֹר רָעוֹת מַרְאֶה וְדַקּוֹת בָּשָׂר וַתַּעֲמֹדְנָה אֵצֶל הַפָּרוֹת עַל־
שְׂפַת הַיְאֹר׃ וַתֹּאכַלְנָה הַפָּרוֹת רָעוֹת הַמַּרְאֶה וְדַקֹּת הַבָּשָׂר ד
אֵת שֶׁבַע הַפָּרוֹת יְפֹת הַמַּרְאֶה וְהַבְּרִיאֹת וַיִּיקַץ פַּרְעֹה׃ וַיִּישָׁן ה
וַיַּחֲלֹם שֵׁנִית וְהִנֵּה ׀ שֶׁבַע שִׁבֳּלִים עֹלוֹת בְּקָנֶה אֶחָד בְּרִיאוֹת
וְטֹבוֹת׃ וְהִנֵּה שֶׁבַע שִׁבֳּלִים דַּקּוֹת וּשְׁדוּפֹת קָדִים צֹמְחוֹת ו
אַחֲרֵיהֶן׃ וַתִּבְלַעְנָה הַשִּׁבֳּלִים הַדַּקּוֹת אֵת שֶׁבַע הַשִּׁבֳּלִים ז
הַבְּרִיאוֹת וְהַמְּלֵאוֹת וַיִּיקַץ פַּרְעֹה וְהִנֵּה חֲלוֹם׃ וַיְהִי בַבֹּקֶר ח
וַתִּפָּעֶם רוּחוֹ וַיִּשְׁלַח וַיִּקְרָא אֶת־כָּל־חַרְטֻמֵּי מִצְרַיִם וְאֶת־
כָּל־חֲכָמֶיהָ וַיְסַפֵּר פַּרְעֹה לָהֶם אֶת־חֲלֹמוֹ וְאֵין־פּוֹתֵר אוֹתָם
לְפַרְעֹה׃ וַיְדַבֵּר שַׂר הַמַּשְׁקִים אֶת־פַּרְעֹה לֵאמֹר אֶת־חֲטָאַי ט
אֲנִי מַזְכִּיר הַיּוֹם׃ פַּרְעֹה קָצַף עַל־עֲבָדָיו וַיִּתֵּן אֹתִי בְּמִשְׁמַר י
בֵּית שַׂר הַטַּבָּחִים אֹתִי וְאֵת שַׂר הָאֹפִים׃ וַנַּחַלְמָה חֲלוֹם יא
בְּלַיְלָה אֶחָד אֲנִי וָהוּא אִישׁ כְּפִתְרוֹן חֲלֹמוֹ חָלָמְנוּ׃ וְשָׁם יב
אִתָּנוּ נַעַר עִבְרִי עֶבֶד לְשַׂר הַטַּבָּחִים וַנְּסַפֶּר־לוֹ וַיִּפְתָּר־לָנוּ

יג אֶת־חֲלֹמֹתֵינוּ אִישׁ כַּחֲלֹמוֹ פָּתָר׃ וַיְהִי כַּאֲשֶׁר פָּתַר־לָנוּ כֵּן
יד הָיָה אֹתִי הֵשִׁיב עַל־כַּנִּי וְאֹתוֹ תָלָה׃ וַיִּשְׁלַח פַּרְעֹה וַיִּקְרָא
אֶת־יוֹסֵף וַיְרִיצֻהוּ מִן־הַבּוֹר וַיְגַלַּח וַיְחַלֵּף שִׂמְלֹתָיו וַיָּבֹא אֶל־
טו פַּרְעֹה׃ וַיֹּאמֶר פַּרְעֹה אֶל־יוֹסֵף חֲלוֹם חָלַמְתִּי וּפֹתֵר אֵין אֹתוֹ שני
טז וַאֲנִי שָׁמַעְתִּי עָלֶיךָ לֵאמֹר תִּשְׁמַע חֲלוֹם לִפְתֹּר אֹתוֹ׃ וַיַּעַן
יוֹסֵף אֶת־פַּרְעֹה לֵאמֹר בִּלְעָדָי אֱלֹהִים יַעֲנֶה אֶת־שְׁלוֹם פַּרְעֹה׃
יז וַיְדַבֵּר פַּרְעֹה אֶל־יוֹסֵף בַּחֲלֹמִי הִנְנִי עֹמֵד עַל־שְׂפַת הַיְאֹר׃
יח וְהִנֵּה מִן־הַיְאֹר עֹלֹת שֶׁבַע פָּרוֹת בְּרִיאוֹת בָּשָׂר וִיפֹת תֹּאַר
יט וַתִּרְעֶינָה בָּאָחוּ׃ וְהִנֵּה שֶׁבַע פָּרוֹת אֲחֵרוֹת עֹלוֹת אַחֲרֵיהֶן
דַּלּוֹת וְרָעוֹת תֹּאַר מְאֹד וְרַקּוֹת בָּשָׂר לֹא־רָאִיתִי כָהֵנָּה בְּכָל־
כ אֶרֶץ מִצְרַיִם לָרֹעַ׃ וַתֹּאכַלְנָה הַפָּרוֹת הָרַקּוֹת וְהָרָעוֹת אֵת
כא שֶׁבַע הַפָּרוֹת הָרִאשֹׁנוֹת הַבְּרִיאֹת׃ וַתָּבֹאנָה אֶל־קִרְבֶּנָה
וְלֹא נוֹדַע כִּי־בָאוּ אֶל־קִרְבֶּנָה וּמַרְאֵיהֶן רַע כַּאֲשֶׁר בַּתְּחִלָּה
כב וָאִיקָץ׃ וָאֵרֶא בַּחֲלֹמִי וְהִנֵּה ׀ שֶׁבַע שִׁבֳּלִים עֹלֹת בְּקָנֶה
כג אֶחָד מְלֵאֹת וְטֹבוֹת׃ וְהִנֵּה שֶׁבַע שִׁבֳּלִים צְנֻמוֹת דַּקּוֹת
כד שְׁדֻפוֹת קָדִים צֹמְחוֹת אַחֲרֵיהֶם׃ וַתִּבְלַעְןָ הַשִּׁבֳּלִים הַדַּקֹּת
אֵת שֶׁבַע הַשִּׁבֳּלִים הַטֹּבוֹת וָאֹמַר אֶל־הַחַרְטֻמִּים וְאֵין מַגִּיד
כה לִי׃ וַיֹּאמֶר יוֹסֵף אֶל־פַּרְעֹה חֲלוֹם פַּרְעֹה אֶחָד הוּא אֵת אֲשֶׁר
כו הָאֱלֹהִים עֹשֶׂה הִגִּיד לְפַרְעֹה׃ שֶׁבַע פָּרֹת הַטֹּבֹת שֶׁבַע שָׁנִים
הֵנָּה וְשֶׁבַע הַשִּׁבֳּלִים הַטֹּבֹת שֶׁבַע שָׁנִים הֵנָּה חֲלוֹם אֶחָד
כז הוּא׃ וְשֶׁבַע הַפָּרוֹת הָרַקּוֹת וְהָרָעֹת הָעֹלֹת אַחֲרֵיהֶן שֶׁבַע
שָׁנִים הֵנָּה וְשֶׁבַע הַשִּׁבֳּלִים הָרֵקוֹת שְׁדֻפוֹת הַקָּדִים יִהְיוּ שֶׁבַע
כח שְׁנֵי רָעָב׃ הוּא הַדָּבָר אֲשֶׁר דִּבַּרְתִּי אֶל־פַּרְעֹה אֲשֶׁר הָאֱלֹהִים
כט עֹשֶׂה הֶרְאָה אֶת־פַּרְעֹה׃ הִנֵּה שֶׁבַע שָׁנִים בָּאוֹת שָׂבָע גָּדוֹל
ל בְּכָל־אֶרֶץ מִצְרָיִם׃ וְקָמוּ שֶׁבַע שְׁנֵי רָעָב אַחֲרֵיהֶן וְנִשְׁכַּח
לא כָּל־הַשָּׂבָע בְּאֶרֶץ מִצְרָיִם וְכִלָּה הָרָעָב אֶת־הָאָרֶץ׃ וְלֹא־
יִוָּדַע הַשָּׂבָע בָּאָרֶץ מִפְּנֵי הָרָעָב הַהוּא אַחֲרֵי־כֵן כִּי־כָבֵד

הוּא מְאֹד׃ וְעַל הִשָּׁנוֹת הַחֲלוֹם אֶל־פַּרְעֹה פַּעֲמָיִם כִּי־נָכוֹן לב
הַדָּבָר מֵעִם הָאֱלֹהִים וּמְמַהֵר הָאֱלֹהִים לַעֲשֹׂתוֹ׃ וְעַתָּה יֵרֶא לג
פַרְעֹה אִישׁ נָבוֹן וְחָכָם וִישִׁיתֵהוּ עַל־אֶרֶץ מִצְרָיִם׃ יַעֲשֶׂה לד
פַרְעֹה וְיַפְקֵד פְּקִדִים עַל־הָאָרֶץ וְחִמֵּשׁ אֶת־אֶרֶץ מִצְרַיִם
בְּשֶׁבַע שְׁנֵי הַשָּׂבָע׃ וְיִקְבְּצוּ אֶת־כָּל־אֹכֶל הַשָּׁנִים הַטֹּבוֹת לה
הַבָּאֹת הָאֵלֶּה וְיִצְבְּרוּ־בָר תַּחַת יַד־פַּרְעֹה אֹכֶל בֶּעָרִים וְשָׁמָרוּ׃
וְהָיָה הָאֹכֶל לְפִקָּדוֹן לָאָרֶץ לְשֶׁבַע שְׁנֵי הָרָעָב אֲשֶׁר תִּהְיֶיןָ לו
בְּאֶרֶץ מִצְרָיִם וְלֹא־תִכָּרֵת הָאָרֶץ בָּרָעָב׃ וַיִּיטַב הַדָּבָר בְּעֵינֵי לז
לז פַרְעֹה וּבְעֵינֵי כָּל־עֲבָדָיו׃ וַיֹּאמֶר פַּרְעֹה אֶל־עֲבָדָיו הֲנִמְצָא לח
שלישי כָזֶה אִישׁ אֲשֶׁר רוּחַ אֱלֹהִים בּוֹ׃ וַיֹּאמֶר פַּרְעֹה אֶל־יוֹסֵף אַחֲרֵי לט
הוֹדִיעַ אֱלֹהִים אוֹתְךָ אֶת־כָּל־זֹאת אֵין־נָבוֹן וְחָכָם כָּמוֹךָ׃
אַתָּה תִּהְיֶה עַל־בֵּיתִי וְעַל־פִּיךָ יִשַּׁק כָּל־עַמִּי רַק הַכִּסֵּא אֶגְדַּל מ
מִמֶּךָּ׃ וַיֹּאמֶר פַּרְעֹה אֶל־יוֹסֵף רְאֵה נָתַתִּי אֹתְךָ עַל כָּל־ מא
אֶרֶץ מִצְרָיִם׃ וַיָּסַר פַּרְעֹה אֶת־טַבַּעְתּוֹ מֵעַל יָדוֹ וַיִּתֵּן אֹתָהּ מב
עַל־יַד יוֹסֵף וַיַּלְבֵּשׁ אֹתוֹ בִּגְדֵי־שֵׁשׁ וַיָּשֶׂם רְבִד הַזָּהָב עַל־
צַוָּארוֹ׃ וַיַּרְכֵּב אֹתוֹ בְּמִרְכֶּבֶת הַמִּשְׁנֶה אֲשֶׁר־לוֹ וַיִּקְרְאוּ לְפָנָיו מג
אַבְרֵךְ וְנָתוֹן אֹתוֹ עַל כָּל־אֶרֶץ מִצְרָיִם׃ וַיֹּאמֶר פַּרְעֹה אֶל־ מד
יוֹסֵף אֲנִי פַרְעֹה וּבִלְעָדֶיךָ לֹא־יָרִים אִישׁ אֶת־יָדוֹ וְאֶת־רַגְלוֹ
בְּכָל־אֶרֶץ מִצְרָיִם׃ וַיִּקְרָא פַרְעֹה שֵׁם־יוֹסֵף צָפְנַת פַּעְנֵחַ וַיִּתֶּן־ מה
לוֹ אֶת־אָסְנַת בַּת־פּוֹטִי פֶרַע כֹּהֵן אֹן לְאִשָּׁה וַיֵּצֵא יוֹסֵף עַל־
אֶרֶץ מִצְרָיִם׃ וְיוֹסֵף בֶּן־שְׁלֹשִׁים שָׁנָה בְּעָמְדוֹ לִפְנֵי פַּרְעֹה מו
מֶלֶךְ־מִצְרָיִם וַיֵּצֵא יוֹסֵף מִלִּפְנֵי פַרְעֹה וַיַּעֲבֹר בְּכָל־אֶרֶץ
מִצְרָיִם׃ וַתַּעַשׂ הָאָרֶץ בְּשֶׁבַע שְׁנֵי הַשָּׂבָע לִקְמָצִים׃ וַיִּקְבֹּץ מז מח
אֶת־כָּל־אֹכֶל ׀ שֶׁבַע שָׁנִים אֲשֶׁר הָיוּ בְּאֶרֶץ מִצְרַיִם וַיִּתֶּן־
אֹכֶל בֶּעָרִים אֹכֶל שְׂדֵה־הָעִיר אֲשֶׁר סְבִיבֹתֶיהָ נָתַן בְּתוֹכָהּ׃
וַיִּצְבֹּר יוֹסֵף בָּר כְּחוֹל הַיָּם הַרְבֵּה מְאֹד עַד כִּי־חָדַל לִסְפֹּר מט
כִּי־אֵין מִסְפָּר׃ וּלְיוֹסֵף יֻלַּד שְׁנֵי בָנִים בְּטֶרֶם תָּבוֹא שְׁנַת נ

נא הרעב אשר ילדה-לו אסנת בת-פוטי פרע כהן און: ויקרא
יוסף את-שם הבכור מנשה כי-נשני אלהים את-כל-עמלי
נב ואת כל-בית אבי: ואת שם השני קרא אפרים כי-הפרני
נג אלהים בארץ עניי: ותכלינה שבע שני השבע אשר היה רביעי
נד בארץ מצרים: ותחלינה שבע שני הרעב לבוא כאשר אמר
יוסף ויהי רעב בכל-הארצות ובכל-ארץ מצרים היה לחם:
נה ותרעב כל-ארץ מצרים ויצעק העם אל-פרעה ללחם ויאמר
פרעה לכל-מצרים לכו אל-יוסף אשר-יאמר לכם תעשו:
נו והרעב היה על כל-פני הארץ ויפתח יוסף את-כל-אשר
נז בהם וישבר למצרים ויחזק הרעב בארץ מצרים: וכל-הארץ
באו מצרימה לשבר אל-יוסף כי-חזק הרעב בכל-הארץ:
מב א וירא יעקב כי יש-שבר במצרים ויאמר יעקב לבניו למה
ב תתראו: ויאמר הנה שמעתי כי יש-שבר במצרים רדו-שמה
ג ושברו-לנו משם ונחיה ולא נמות: וירדו אחי-יוסף עשרה
ד לשבר בר ממצרים: ואת-בנימין אחי יוסף לא-שלח יעקב
ה את-אחיו כי אמר פן-יקראנו אסון: ויבאו בני ישראל לשבר
ו בתוך הבאים כי-היה הרעב בארץ כנען: ויוסף הוא השליט
על-הארץ הוא המשביר לכל-עם הארץ ויבאו אחי יוסף
ז וישתחוו-לו אפים ארצה: וירא יוסף את-אחיו ויכרם ויתנכר
אליהם וידבר אתם קשות ויאמר אלהם מאין באתם ויאמרו
ח מארץ כנען לשבר-אכל: ויכר יוסף את-אחיו והם לא
ט הכרהו: ויזכר יוסף את החלמות אשר חלם להם ויאמר
אלהם מרגלים אתם לראות את-ערות הארץ באתם:
י יא ויאמרו אליו לא אדני ועבדיך באו לשבר-אכל: כלנו בני
יב איש-אחד נחנו כנים אנחנו לא-היו עבדיך מרגלים: ויאמר
יג אלהם לא כי-ערות הארץ באתם לראות: ויאמרו שנים
עשר עבדיך אחים | אנחנו בני איש-אחד בארץ כנען והנה

הַקָּטֹן אֶת־אָבִינוּ הַיּוֹם וְהָאֶחָד אֵינֶנּוּ׃ וַיֹּאמֶר אֲלֵהֶם יוֹסֵף יד
הוּא אֲשֶׁר דִּבַּרְתִּי אֲלֵכֶם לֵאמֹר מְרַגְּלִים אַתֶּם׃ בְּזֹאת תִּבָּחֵנוּ טו
חֵי פַרְעֹה אִם־תֵּצְאוּ מִזֶּה כִּי אִם־בְּבוֹא אֲחִיכֶם הַקָּטֹן הֵנָּה׃
שִׁלְחוּ מִכֶּם אֶחָד וְיִקַּח אֶת־אֲחִיכֶם וְאַתֶּם הֵאָסְרוּ וְיִבָּחֲנוּ טז
דִּבְרֵיכֶם הַאֱמֶת אִתְּכֶם וְאִם־לֹא חֵי פַרְעֹה כִּי מְרַגְּלִים אַתֶּם׃
לח וַיֶּאֱסֹף אֹתָם אֶל־מִשְׁמָר שְׁלֹשֶׁת יָמִים׃ וַיֹּאמֶר אֲלֵהֶם יוֹסֵף יז יח
חמישי בַּיּוֹם הַשְּׁלִישִׁי זֹאת עֲשׂוּ וִחְיוּ אֶת־הָאֱלֹהִים אֲנִי יָרֵא׃ אִם־ יט
כֵּנִים אַתֶּם אֲחִיכֶם אֶחָד יֵאָסֵר בְּבֵית מִשְׁמַרְכֶם וְאַתֶּם לְכוּ
הָבִיאוּ שֶׁבֶר רַעֲבוֹן בָּתֵּיכֶם׃ וְאֶת־אֲחִיכֶם הַקָּטֹן תָּבִיאוּ אֵלַי כ
וְיֵאָמְנוּ דִבְרֵיכֶם וְלֹא תָמוּתוּ וַיַּעֲשׂוּ־כֵן׃ וַיֹּאמְרוּ אִישׁ אֶל־ כא
אָחִיו אֲבָל אֲשֵׁמִים ׀ אֲנַחְנוּ עַל־אָחִינוּ אֲשֶׁר רָאִינוּ צָרַת נַפְשׁוֹ
בְּהִתְחַנְנוֹ אֵלֵינוּ וְלֹא שָׁמָעְנוּ עַל־כֵּן בָּאָה אֵלֵינוּ הַצָּרָה הַזֹּאת׃
וַיַּעַן רְאוּבֵן אֹתָם לֵאמֹר הֲלוֹא אָמַרְתִּי אֲלֵיכֶם ׀ לֵאמֹר אַל־ כב
תֶּחֶטְאוּ בַיֶּלֶד וְלֹא שְׁמַעְתֶּם וְגַם־דָּמוֹ הִנֵּה נִדְרָשׁ׃ וְהֵם לֹא כג
יָדְעוּ כִּי שֹׁמֵעַ יוֹסֵף כִּי הַמֵּלִיץ בֵּינֹתָם׃ וַיִּסֹּב מֵעֲלֵיהֶם וַיֵּבְךְּ כד
וַיָּשָׁב אֲלֵהֶם וַיְדַבֵּר אֲלֵהֶם וַיִּקַּח מֵאִתָּם אֶת־שִׁמְעוֹן וַיֶּאֱסֹר
אֹתוֹ לְעֵינֵיהֶם׃ וַיְצַו יוֹסֵף וַיְמַלְאוּ אֶת־כְּלֵיהֶם בָּר וּלְהָשִׁיב כה
כַּסְפֵּיהֶם אִישׁ אֶל־שַׂקּוֹ וְלָתֵת לָהֶם צֵדָה לַדָּרֶךְ וַיַּעַשׂ לָהֶם
כֵּן׃ וַיִּשְׂאוּ אֶת־שִׁבְרָם עַל־חֲמֹרֵיהֶם וַיֵּלְכוּ מִשָּׁם׃ וַיִּפְתַּח כו כז
הָאֶחָד אֶת־שַׂקּוֹ לָתֵת מִסְפּוֹא לַחֲמֹרוֹ בַּמָּלוֹן וַיַּרְא אֶת־כַּסְפּוֹ
וְהִנֵּה־הוּא בְּפִי אַמְתַּחְתּוֹ׃ וַיֹּאמֶר אֶל־אֶחָיו הוּשַׁב כַּסְפִּי וְגַם כח
הִנֵּה בְאַמְתַּחְתִּי וַיֵּצֵא לִבָּם וַיֶּחֶרְדוּ אִישׁ אֶל־אָחִיו לֵאמֹר מַה־
זֹּאת עָשָׂה אֱלֹהִים לָנוּ׃ וַיָּבֹאוּ אֶל־יַעֲקֹב אֲבִיהֶם אַרְצָה כְּנָעַן כט
וַיַּגִּידוּ לוֹ אֵת כָּל־הַקֹּרֹת אֹתָם לֵאמֹר׃ דִּבֶּר הָאִישׁ אֲדֹנֵי ל
הָאָרֶץ אִתָּנוּ קָשׁוֹת וַיִּתֵּן אֹתָנוּ כִּמְרַגְּלִים אֶת־הָאָרֶץ׃ וַנֹּאמֶר לא
אֵלָיו כֵּנִים אֲנָחְנוּ לֹא הָיִינוּ מְרַגְּלִים׃ שְׁנֵים־עָשָׂר אֲנַחְנוּ אַחִים לב
בְּנֵי אָבִינוּ הָאֶחָד אֵינֶנּוּ וְהַקָּטֹן הַיּוֹם אֶת־אָבִינוּ בְּאֶרֶץ כְּנָעַן׃

לג וַיֹּאמֶר אֵלֵינוּ הָאִישׁ אֲדֹנֵי הָאָרֶץ בְּזֹאת אֵדַע כִּי כֵנִים אַתֶּם
אֲחִיכֶם הָאֶחָד הַנִּיחוּ אִתִּי וְאֶת־רַעֲבוֹן בָּתֵּיכֶם קְחוּ וָלֵכוּ׃
לד וְהָבִיאוּ אֶת־אֲחִיכֶם הַקָּטֹן אֵלַי וְאֵדְעָה כִּי לֹא מְרַגְּלִים אַתֶּם
לה כִּי כֵנִים אַתֶּם אֶת־אֲחִיכֶם אֶתֵּן לָכֶם וְאֶת־הָאָרֶץ תִּסְחָרוּ׃ וַיְהִי
הֵם מְרִיקִים שַׂקֵּיהֶם וְהִנֵּה־אִישׁ צְרוֹר־כַּסְפּוֹ בְּשַׂקּוֹ וַיִּרְאוּ אֶת־
לו צְרֹרוֹת כַּסְפֵּיהֶם הֵמָּה וַאֲבִיהֶם וַיִּירָאוּ׃ וַיֹּאמֶר אֲלֵהֶם יַעֲקֹב
אֲבִיהֶם אֹתִי שִׁכַּלְתֶּם יוֹסֵף אֵינֶנּוּ וְשִׁמְעוֹן אֵינֶנּוּ וְאֶת־בִּנְיָמִן
לז תִּקָּחוּ עָלַי הָיוּ כֻלָּנָה׃ וַיֹּאמֶר רְאוּבֵן אֶל־אָבִיו לֵאמֹר אֶת־
שְׁנֵי בָנַי תָּמִית אִם־לֹא אֲבִיאֶנּוּ אֵלֶיךָ תְּנָה אֹתוֹ עַל־יָדִי וַאֲנִי
לח אֲשִׁיבֶנּוּ אֵלֶיךָ׃ וַיֹּאמֶר לֹא־יֵרֵד בְּנִי עִמָּכֶם כִּי־אָחִיו מֵת וְהוּא
לְבַדּוֹ נִשְׁאָר וּקְרָאָהוּ אָסוֹן בַּדֶּרֶךְ אֲשֶׁר תֵּלְכוּ־בָהּ וְהוֹרַדְתֶּם
מג א ב אֶת־שֵׂיבָתִי בְּיָגוֹן שְׁאוֹלָה׃ וְהָרָעָב כָּבֵד בָּאָרֶץ׃ וַיְהִי כַּאֲשֶׁר כִּלּוּ
לֶאֱכֹל אֶת־הַשֶּׁבֶר אֲשֶׁר הֵבִיאוּ מִמִּצְרָיִם וַיֹּאמֶר אֲלֵיהֶם
ג אֲבִיהֶם שֻׁבוּ שִׁבְרוּ־לָנוּ מְעַט־אֹכֶל׃ וַיֹּאמֶר אֵלָיו יְהוּדָה
לֵאמֹר הָעֵד הֵעִד בָּנוּ הָאִישׁ לֵאמֹר לֹא־תִרְאוּ פָנַי בִּלְתִּי
ד אֲחִיכֶם אִתְּכֶם׃ אִם־יֶשְׁךָ מְשַׁלֵּחַ אֶת־אָחִינוּ אִתָּנוּ נֵרְדָה
ה וְנִשְׁבְּרָה לְךָ אֹכֶל׃ וְאִם־אֵינְךָ מְשַׁלֵּחַ לֹא נֵרֵד כִּי־הָאִישׁ אָמַר
ו אֵלֵינוּ לֹא־תִרְאוּ פָנַי בִּלְתִּי אֲחִיכֶם אִתְּכֶם׃ וַיֹּאמֶר יִשְׂרָאֵל
ז לָמָה הֲרֵעֹתֶם לִי לְהַגִּיד לָאִישׁ הַעוֹד לָכֶם אָח׃ וַיֹּאמְרוּ שָׁאוֹל
שָׁאַל־הָאִישׁ לָנוּ וּלְמוֹלַדְתֵּנוּ לֵאמֹר הַעוֹד אֲבִיכֶם חַי הֲיֵשׁ
לָכֶם אָח וַנַּגֶּד־לוֹ עַל־פִּי הַדְּבָרִים הָאֵלֶּה הֲיָדוֹעַ נֵדַע כִּי יֹאמַר
ח הוֹרִידוּ אֶת־אֲחִיכֶם׃ וַיֹּאמֶר יְהוּדָה אֶל־יִשְׂרָאֵל אָבִיו שִׁלְחָה
הַנַּעַר אִתִּי וְנָקוּמָה וְנֵלֵכָה וְנִחְיֶה וְלֹא נָמוּת גַּם־אֲנַחְנוּ גַם־
ט אַתָּה גַּם־טַפֵּנוּ׃ אָנֹכִי אֶעֶרְבֶנּוּ מִיָּדִי תְּבַקְשֶׁנּוּ אִם־לֹא הֲבִיאֹתִיו
י אֵלֶיךָ וְהִצַּגְתִּיו לְפָנֶיךָ וְחָטָאתִי לְךָ כָּל־הַיָּמִים׃ כִּי לוּלֵא
יא הִתְמַהְמָהְנוּ כִּי־עַתָּה שַׁבְנוּ זֶה פַעֲמָיִם׃ וַיֹּאמֶר אֲלֵהֶם יִשְׂרָאֵל
אֲבִיהֶם אִם־כֵּן ׀ אֵפוֹא זֹאת עֲשׂוּ קְחוּ מִזִּמְרַת הָאָרֶץ בִּכְלֵיכֶם

וְהוֹרִידוּ לָאִישׁ מִנְחָה מְעַט צֳרִי וּמְעַט דְּבַשׁ נְכֹאת וָלֹט בָּטְנִים
וּשְׁקֵדִים׃ וְכֶסֶף מִשְׁנֶה קְחוּ בְיֶדְכֶם וְאֶת־הַכֶּסֶף הַמּוּשָׁב בְּפִי יב
אַמְתְּחֹתֵיכֶם תָּשִׁיבוּ בְיֶדְכֶם אוּלַי מִשְׁגֶּה הוּא׃ וְאֶת־אֲחִיכֶם יג
לט קְחוּ וְקוּמוּ שׁוּבוּ אֶל־הָאִישׁ׃ וְאֵל שַׁדַּי יִתֵּן לָכֶם רַחֲמִים לִפְנֵי יד
הָאִישׁ וְשִׁלַּח לָכֶם אֶת־אֲחִיכֶם אַחֵר וְאֶת־בִּנְיָמִין וַאֲנִי כַּאֲשֶׁר
שָׁכֹלְתִּי שָׁכָלְתִּי׃ וַיִּקְחוּ הָאֲנָשִׁים אֶת־הַמִּנְחָה הַזֹּאת וּמִשְׁנֶה־ טו
כֶּסֶף לָקְחוּ בְיָדָם וְאֶת־בִּנְיָמִן וַיָּקֻמוּ וַיֵּרְדוּ מִצְרַיִם וַיַּעַמְדוּ
ששי לִפְנֵי יוֹסֵף׃ וַיַּרְא יוֹסֵף אִתָּם אֶת־בִּנְיָמִין וַיֹּאמֶר לַאֲשֶׁר עַל־ טז
בֵּיתוֹ הָבֵא אֶת־הָאֲנָשִׁים הַבָּיְתָה וּטְבֹחַ טֶבַח וְהָכֵן כִּי אִתִּי
יֹאכְלוּ הָאֲנָשִׁים בַּצָּהֳרָיִם׃ וַיַּעַשׂ הָאִישׁ כַּאֲשֶׁר אָמַר יוֹסֵף יז
וַיָּבֵא הָאִישׁ אֶת־הָאֲנָשִׁים בֵּיתָה יוֹסֵף׃ וַיִּירְאוּ הָאֲנָשִׁים כִּי יח
הוּבְאוּ בֵּית יוֹסֵף וַיֹּאמְרוּ עַל־דְּבַר הַכֶּסֶף הַשָּׁב בְּאַמְתְּחֹתֵינוּ
בַּתְּחִלָּה אֲנַחְנוּ מוּבָאִים לְהִתְגֹּלֵל עָלֵינוּ וּלְהִתְנַפֵּל עָלֵינוּ
וְלָקַחַת אֹתָנוּ לַעֲבָדִים וְאֶת־חֲמֹרֵינוּ׃ וַיִּגְּשׁוּ אֶל־הָאִישׁ אֲשֶׁר יט
עַל־בֵּית יוֹסֵף וַיְדַבְּרוּ אֵלָיו פֶּתַח הַבָּיִת׃ וַיֹּאמְרוּ בִּי אֲדֹנִי יָרֹד כ
יָרַדְנוּ בַּתְּחִלָּה לִשְׁבָּר־אֹכֶל׃ וַיְהִי כִּי־בָאנוּ אֶל־הַמָּלוֹן וַנִּפְתְּחָה כא
אֶת־אַמְתְּחֹתֵינוּ וְהִנֵּה כֶסֶף־אִישׁ בְּפִי אַמְתַּחְתּוֹ כַּסְפֵּנוּ
בְּמִשְׁקָלוֹ וַנָּשֶׁב אֹתוֹ בְּיָדֵנוּ׃ וְכֶסֶף אַחֵר הוֹרַדְנוּ בְיָדֵנוּ לִשְׁבָּר־ כב
אֹכֶל לֹא יָדַעְנוּ מִי־שָׂם כַּסְפֵּנוּ בְּאַמְתְּחֹתֵינוּ׃ וַיֹּאמֶר שָׁלוֹם כג
לָכֶם אַל־תִּירָאוּ אֱלֹהֵיכֶם וֵאלֹהֵי אֲבִיכֶם נָתַן לָכֶם מַטְמוֹן
בְּאַמְתְּחֹתֵיכֶם כַּסְפְּכֶם בָּא אֵלָי וַיּוֹצֵא אֲלֵהֶם אֶת־שִׁמְעוֹן׃
וַיָּבֵא הָאִישׁ אֶת־הָאֲנָשִׁים בֵּיתָה יוֹסֵף וַיִּתֶּן־מַיִם וַיִּרְחֲצוּ כד
רַגְלֵיהֶם וַיִּתֵּן מִסְפּוֹא לַחֲמֹרֵיהֶם׃ וַיָּכִינוּ אֶת־הַמִּנְחָה עַד־בּוֹא כה
יוֹסֵף בַּצָּהֳרָיִם כִּי שָׁמְעוּ כִּי־שָׁם יֹאכְלוּ לָחֶם׃ וַיָּבֹא יוֹסֵף כו
הַבַּיְתָה וַיָּבִיאוּ לוֹ אֶת־הַמִּנְחָה אֲשֶׁר־בְּיָדָם הַבָּיְתָה וַיִּשְׁתַּחֲווּ־
לוֹ אָרְצָה׃ וַיִּשְׁאַל לָהֶם לְשָׁלוֹם וַיֹּאמֶר הֲשָׁלוֹם אֲבִיכֶם הַזָּקֵן כז
אֲשֶׁר אֲמַרְתֶּם הַעוֹדֶנּוּ חָי׃ וַיֹּאמְרוּ שָׁלוֹם לְעַבְדְּךָ לְאָבִינוּ כח

כט עודנו חי ויקדו וישתחו: וישא עיניו וירא את־בנימין אחיו
בן־אמו ויאמר הזה אחיכם הקטן אשר אמרתם אלי ויאמר
ל אלהים יחנך בני: וימהר יוסף כי־נכמרו רחמיו אל־אחיו שביעי
לא ויבקש לבכות ויבא החדרה ויבך שמה: וירחץ פניו ויצא
לב ויתאפק ויאמר שימו לחם: וישימו לו לבדו ולהם לבדם
ולמצרים האכלים אתו לבדם כי לא יוכלון המצרים לאכל
לג את־העברים לחם כי־תועבה הוא למצרים: וישבו לפניו
הבכר כבכרתו והצעיר כצערתו ויתמהו האנשים איש אל־
לד רעהו: וישא משאת מאת פניו אלהם ותרב משאת בנימן
מד א ממשאת כלם חמש ידות וישתו וישכרו עמו: ויצו את־אשר
על־ביתו לאמר מלא את־אמתחת האנשים אכל כאשר
ב יוכלון שאת ושים כסף־איש בפי אמתחתו: ואת־גביעי
גביע הכסף תשים בפי אמתחת הקטן ואת כסף שברו ויעש
ג כדבר יוסף אשר דבר: הבקר אור והאנשים שלחו המה
ד וחמריהם: הם יצאו את־העיר לא הרחיקו ויוסף אמר לאשר
על־ביתו קום רדף אחרי האנשים והשגתם ואמרת אלהם
ה למה שלמתם רעה תחת טובה: הלוא זה אשר ישתה אדני
ו בו והוא נחש ינחש בו הרעתם אשר עשיתם: וישגם וידבר
ז אלהם את־הדברים האלה: ויאמרו אליו למה ידבר אדני
ח כדברים האלה חלילה לעבדיך מעשות כדבר הזה: הן כסף
אשר מצאנו בפי אמתחתינו השיבנו אליך מארץ כנען ואיך
ט נגנב מבית אדניך כסף או זהב: אשר ימצא אתו מעבדיך
י ומת וגם־אנחנו נהיה לאדני לעבדים: ויאמר גם־עתה
כדבריכם כן־הוא אשר ימצא אתו יהיה־לי עבד ואתם
יא תהיו נקים: וימהרו ויורדו איש את־אמתחתו ארצה ויפתחו
יב איש אמתחתו: ויחפש בגדול החל ובקטן כלה וימצא הגביע
יג באמתחת בנימן: ויקרעו שמלתם ויעמס איש על־חמרו

מפטיר יד וַיָּשֻׁבוּ הָעִירָה׃ וַיָּבֹא יְהוּדָה וְאֶחָיו בֵּיתָה יוֹסֵף וְהוּא עוֹדֶנּוּ
טו שָׁם וַיִּפְּלוּ לְפָנָיו אָרְצָה׃ וַיֹּאמֶר לָהֶם יוֹסֵף מָה־הַמַּעֲשֶׂה הַזֶּה
אֲשֶׁר עֲשִׂיתֶם הֲלוֹא יְדַעְתֶּם כִּי־נַחֵשׁ יְנַחֵשׁ אִישׁ אֲשֶׁר כָּמֹנִי׃
טז וַיֹּאמֶר יְהוּדָה מַה־נֹּאמַר לַאדֹנִי מַה־נְּדַבֵּר וּמַה־נִּצְטַדָּק
הָאֱלֹהִים מָצָא אֶת־עֲוֺן עֲבָדֶיךָ הִנֶּנּוּ עֲבָדִים לַאדֹנִי גַּם־אֲנַחְנוּ
יז גַּם אֲשֶׁר־נִמְצָא הַגָּבִיעַ בְּיָדוֹ׃ וַיֹּאמֶר חָלִילָה לִּי מֵעֲשׂוֹת זֹאת
הָאִישׁ אֲשֶׁר נִמְצָא הַגָּבִיעַ בְּיָדוֹ הוּא יִהְיֶה־לִּי עָבֶד וְאַתֶּם
ויגש מ יח עֲלוּ לְשָׁלוֹם אֶל־אֲבִיכֶם׃ וַיִּגַּשׁ אֵלָיו יְהוּדָה
וַיֹּאמֶר בִּי אֲדֹנִי יְדַבֶּר־נָא עַבְדְּךָ דָבָר בְּאָזְנֵי אֲדֹנִי וְאַל־יִחַר
יט אַפְּךָ בְּעַבְדֶּךָ כִּי כָמוֹךָ כְּפַרְעֹה׃ אֲדֹנִי שָׁאַל אֶת־עֲבָדָיו לֵאמֹר
כ הֲיֵשׁ־לָכֶם אָב אוֹ־אָח׃ וַנֹּאמֶר אֶל־אֲדֹנִי יֶשׁ־לָנוּ אָב זָקֵן
וְיֶלֶד זְקֻנִים קָטָן וְאָחִיו מֵת וַיִּוָּתֵר הוּא לְבַדּוֹ לְאִמּוֹ וְאָבִיו
כא אֲהֵבוֹ׃ וַתֹּאמֶר אֶל־עֲבָדֶיךָ הוֹרִדֻהוּ אֵלָי וְאָשִׂימָה עֵינִי עָלָיו׃
כב וַנֹּאמֶר אֶל־אֲדֹנִי לֹא־יוּכַל הַנַּעַר לַעֲזֹב אֶת־אָבִיו וְעָזַב אֶת־
כג אָבִיו וָמֵת׃ וַתֹּאמֶר אֶל־עֲבָדֶיךָ אִם־לֹא יֵרֵד אֲחִיכֶם הַקָּטֹן
כד אִתְּכֶם לֹא תֹסִפוּן לִרְאוֹת פָּנָי׃ וַיְהִי כִּי עָלִינוּ אֶל־עַבְדְּךָ אָבִי
כה וַנַּגֶּד־לוֹ אֵת דִּבְרֵי אֲדֹנִי׃ וַיֹּאמֶר אָבִינוּ שֻׁבוּ שִׁבְרוּ־לָנוּ מְעַט־
כו אֹכֶל׃ וַנֹּאמֶר לֹא נוּכַל לָרֶדֶת אִם־יֵשׁ אָחִינוּ הַקָּטֹן אִתָּנוּ
וְיָרַדְנוּ כִּי־לֹא נוּכַל לִרְאוֹת פְּנֵי הָאִישׁ וְאָחִינוּ הַקָּטֹן אֵינֶנּוּ
כז אִתָּנוּ׃ וַיֹּאמֶר עַבְדְּךָ אָבִי אֵלֵינוּ אַתֶּם יְדַעְתֶּם כִּי שְׁנַיִם יָלְדָה־
כח לִּי אִשְׁתִּי׃ וַיֵּצֵא הָאֶחָד מֵאִתִּי וָאֹמַר אַךְ טָרֹף טֹרָף וְלֹא
כט רְאִיתִיו עַד־הֵנָּה׃ וּלְקַחְתֶּם גַּם־אֶת־זֶה מֵעִם פָּנַי וְקָרָהוּ אָסוֹן
ל וְהוֹרַדְתֶּם אֶת־שֵׂיבָתִי בְּרָעָה שְׁאֹלָה׃ וְעַתָּה כְּבֹאִי אֶל־עַבְדְּךָ
שני לא אָבִי וְהַנַּעַר אֵינֶנּוּ אִתָּנוּ וְנַפְשׁוֹ קְשׁוּרָה בְנַפְשׁוֹ׃ וְהָיָה כִּרְאוֹתוֹ
כִּי־אֵין הַנַּעַר וָמֵת וְהוֹרִידוּ עֲבָדֶיךָ אֶת־שֵׂיבַת עַבְדְּךָ אָבִינוּ
לב בְּיָגוֹן שְׁאֹלָה׃ כִּי עַבְדְּךָ עָרַב אֶת־הַנַּעַר מֵעִם אָבִי לֵאמֹר
לג אִם־לֹא אֲבִיאֶנּוּ אֵלֶיךָ וְחָטָאתִי לְאָבִי כָּל־הַיָּמִים׃ וְעַתָּה

ישב־נא עבדך תחת הנער עבד לאדני והנער יעל עם־אחיו:
לד כי־איך אעלה אל־אבי והנער איננו אתי פן אראה ברע
מה א אשר ימצא את־אבי: ולא־יכל יוסף להתאפק לכל הנצבים
עליו ויקרא הוציאו כל־איש מעלי ולא־עמד איש אתו
ב בהתודע יוסף אל־אחיו: ויתן את־קלו בבכי וישמעו מצרים
ג וישמע בית פרעה: ויאמר יוסף אל־אחיו אני יוסף העוד
ד אבי חי ולא־יכלו אחיו לענות אתו כי נבהלו מפניו: ויאמר
יוסף אל־אחיו גשו־נא אלי ויגשו ויאמר אני יוסף אחיכם
ה אשר־מכרתם אתי מצרימה: ועתה | אל־תעצבו ואל־יחר
בעיניכם כי־מכרתם אתי הנה כי למחיה שלחני אלהים
ו לפניכם: כי־זה שנתים הרעב בקרב הארץ ועוד חמש שנים
ז אשר אין־חריש וקציר: וישלחני אלהים לפניכם לשום לכם
ח שארית בארץ ולהחיות לכם לפליטה גדלה: ועתה לא־אתם שלישי
שלחתם אתי הנה כי האלהים וישימני לאב לפרעה ולאדון
ט לכל־ביתו ומשל בכל־ארץ מצרים: מהרו ועלו אל־אבי
ואמרתם אליו כה אמר בנך יוסף שמני אלהים לאדון לכל־
י מצרים רדה אלי אל־תעמד: וישבת בארץ־גשן והיית קרוב
אלי אתה ובניך ובני בניך וצאנך ובקרך וכל־אשר־לך:
יא וכלכלתי אתך שם כי־עוד חמש שנים רעב פן־תורש אתה
יב וביתך וכל־אשר־לך: והנה עיניכם ראות ועיני אחי בנימין
יג כי־פי המדבר אליכם: והגדתם לאבי את־כל־כבודי במצרים
ואת כל־אשר ראיתם ומהרתם והורדתם את־אבי הנה:
יד ויפל על־צוארי בנימן־אחיו ויבך ובנימן בכה על־צואריו:
טו וינשק לכל־אחיו ויבך עלהם ואחרי כן דברו אחיו אתו:
טז והקל נשמע בית פרעה לאמר באו אחי יוסף וייטב בעיני
יז פרעה ובעיני עבדיו: ויאמר פרעה אל־יוסף אמר אל־אחיך
יח זאת עשו טענו את־בעירכם ולכו־באו ארצה כנען: וקחו

אֶת־אֲבִיכֶם וְאֶת־בָּתֵּיכֶם וּבֹאוּ אֵלָי וְאֶתְּנָה לָכֶם אֶת־טוּב
רביעי אֶרֶץ מִצְרַיִם וְאִכְלוּ אֶת־חֵלֶב הָאָרֶץ: וְאַתָּה צֻוֵּיתָה זֹאת עֲשׂוּ יט
קְחוּ־לָכֶם מֵאֶרֶץ מִצְרַיִם עֲגָלוֹת לְטַפְּכֶם וְלִנְשֵׁיכֶם וּנְשָׂאתֶם
אֶת־אֲבִיכֶם וּבָאתֶם: וְעֵינְכֶם אַל־תָּחֹס עַל־כְּלֵיכֶם כִּי־טוּב כ
כָּל־אֶרֶץ מִצְרַיִם לָכֶם הוּא: וַיַּעֲשׂוּ־כֵן בְּנֵי יִשְׂרָאֵל וַיִּתֵּן לָהֶם כא
יוֹסֵף עֲגָלוֹת עַל־פִּי פַרְעֹה וַיִּתֵּן לָהֶם צֵדָה לַדָּרֶךְ: לְכֻלָּם נָתַן כב
לָאִישׁ חֲלִפוֹת שְׂמָלֹת וּלְבִנְיָמִן נָתַן שְׁלֹשׁ מֵאוֹת כֶּסֶף וְחָמֵשׁ
חֲלִפֹת שְׂמָלֹת: וּלְאָבִיו שָׁלַח כְּזֹאת עֲשָׂרָה חֲמֹרִים נֹשְׂאִים כג
מִטּוּב מִצְרָיִם וְעֶשֶׂר אֲתֹנֹת נֹשְׂאֹת בָּר וָלֶחֶם וּמָזוֹן לְאָבִיו
לַדָּרֶךְ: וַיְשַׁלַּח אֶת־אֶחָיו וַיֵּלֵכוּ וַיֹּאמֶר אֲלֵהֶם אַל־תִּרְגְּזוּ כד
בַּדָּרֶךְ: וַיַּעֲלוּ מִמִּצְרָיִם וַיָּבֹאוּ אֶרֶץ כְּנַעַן אֶל־יַעֲקֹב אֲבִיהֶם: כה
וַיַּגִּדוּ לוֹ לֵאמֹר עוֹד יוֹסֵף חַי וְכִי־הוּא מֹשֵׁל בְּכָל־אֶרֶץ מִצְרָיִם כו
וַיָּפָג לִבּוֹ כִּי לֹא־הֶאֱמִין לָהֶם: וַיְדַבְּרוּ אֵלָיו אֵת כָּל־דִּבְרֵי כז
יוֹסֵף אֲשֶׁר דִּבֶּר אֲלֵהֶם וַיַּרְא אֶת־הָעֲגָלוֹת אֲשֶׁר־שָׁלַח יוֹסֵף
חמישי לָשֵׂאת אֹתוֹ וַתְּחִי רוּחַ יַעֲקֹב אֲבִיהֶם: וַיֹּאמֶר יִשְׂרָאֵל רַב עוֹד־ כח
יוֹסֵף בְּנִי חָי אֵלְכָה וְאֶרְאֶנּוּ בְּטֶרֶם אָמוּת: וַיִּסַּע יִשְׂרָאֵל וְכָל־ א מו
אֲשֶׁר־לוֹ וַיָּבֹא בְּאֵרָה שָּׁבַע וַיִּזְבַּח זְבָחִים לֵאלֹהֵי אָבִיו יִצְחָק:
וַיֹּאמֶר אֱלֹהִים ׀ לְיִשְׂרָאֵל בְּמַרְאֹת הַלַּיְלָה וַיֹּאמֶר יַעֲקֹב ׀ יַעֲקֹב ב
וַיֹּאמֶר הִנֵּנִי: וַיֹּאמֶר אָנֹכִי הָאֵל אֱלֹהֵי אָבִיךָ אַל־תִּירָא מֵרְדָה ג
מִצְרַיְמָה כִּי־לְגוֹי גָּדוֹל אֲשִׂימְךָ שָׁם: אָנֹכִי אֵרֵד עִמְּךָ מִצְרַיְמָה ד
וְאָנֹכִי אַעַלְךָ גַם־עָלֹה וְיוֹסֵף יָשִׁית יָדוֹ עַל־עֵינֶיךָ: וַיָּקָם יַעֲקֹב ה
מִבְּאֵר שָׁבַע וַיִּשְׂאוּ בְנֵי־יִשְׂרָאֵל אֶת־יַעֲקֹב אֲבִיהֶם וְאֶת־טַפָּם
וְאֶת־נְשֵׁיהֶם בָּעֲגָלוֹת אֲשֶׁר־שָׁלַח פַּרְעֹה לָשֵׂאת אֹתוֹ: וַיִּקְחוּ ו
אֶת־מִקְנֵיהֶם וְאֶת־רְכוּשָׁם אֲשֶׁר רָכְשׁוּ בְּאֶרֶץ כְּנַעַן וַיָּבֹאוּ
מִצְרָיְמָה יַעֲקֹב וְכָל־זַרְעוֹ אִתּוֹ: בָּנָיו וּבְנֵי בָנָיו אִתּוֹ בְּנֹתָיו וּבְנוֹת ז
בָּנָיו וְכָל־זַרְעוֹ הֵבִיא אִתּוֹ מִצְרָיְמָה: וְאֵלֶּה שְׁמוֹת ח
בְּנֵי־יִשְׂרָאֵל הַבָּאִים מִצְרַיְמָה יַעֲקֹב וּבָנָיו בְּכֹר יַעֲקֹב רְאוּבֵן:

וּבְנֵי רְאוּבֵן חֲנוֹךְ וּפַלּוּא וְחֶצְרֹן וְכַרְמִי: וּבְנֵי שִׁמְעוֹן יְמוּאֵל ט י
וְיָמִין וְאֹהַד וְיָכִין וְצֹחַר וְשָׁאוּל בֶּן־הַכְּנַעֲנִית: וּבְנֵי לֵוִי גֵּרְשׁוֹן יא
קְהָת וּמְרָרִי: וּבְנֵי יְהוּדָה עֵר וְאוֹנָן וְשֵׁלָה וָפֶרֶץ וָזָרַח וַיָּמָת יב
עֵר וְאוֹנָן בְּאֶרֶץ כְּנַעַן וַיִּהְיוּ בְנֵי־פֶרֶץ חֶצְרֹן וְחָמוּל: וּבְנֵי יג
יִשָּׂשכָר תּוֹלָע וּפֻוָּה וְיוֹב וְשִׁמְרֹן: וּבְנֵי זְבֻלוּן סֶרֶד וְאֵלוֹן וְיַחְלְאֵל: יד
אֵלֶּה ׀ בְּנֵי לֵאָה אֲשֶׁר יָלְדָה לְיַעֲקֹב בְּפַדַּן אֲרָם וְאֵת דִּינָה טו
בִתּוֹ כָּל־נֶפֶשׁ בָּנָיו וּבְנוֹתָיו שְׁלֹשִׁים וְשָׁלֹשׁ: וּבְנֵי גָד צִפְיוֹן טז
וְחַגִּי שׁוּנִי וְאֶצְבֹּן עֵרִי וַאֲרוֹדִי וְאַרְאֵלִי: וּבְנֵי אָשֵׁר יִמְנָה וְיִשְׁוָה יז
וְיִשְׁוִי וּבְרִיעָה וְשֶׂרַח אֲחֹתָם וּבְנֵי בְרִיעָה חֶבֶר וּמַלְכִּיאֵל: אֵלֶּה יח
בְּנֵי זִלְפָּה אֲשֶׁר־נָתַן לָבָן לְלֵאָה בִתּוֹ וַתֵּלֶד אֶת־אֵלֶּה לְיַעֲקֹב
שֵׁשׁ עֶשְׂרֵה נָפֶשׁ: בְּנֵי רָחֵל אֵשֶׁת יַעֲקֹב יוֹסֵף וּבִנְיָמִן: וַיִּוָּלֵד יט כ
לְיוֹסֵף בְּאֶרֶץ מִצְרַיִם אֲשֶׁר יָלְדָה־לּוֹ אָסְנַת בַּת־פּוֹטִי פֶרַע
כֹּהֵן אֹן אֶת־מְנַשֶּׁה וְאֶת־אֶפְרָיִם: וּבְנֵי בִנְיָמִן בֶּלַע וָבֶכֶר כא
וְאַשְׁבֵּל גֵּרָא וְנַעֲמָן אֵחִי וָרֹאשׁ מֻפִּים וְחֻפִּים וָאָרְדְּ: אֵלֶּה בְּנֵי כב
רָחֵל אֲשֶׁר יֻלַּד לְיַעֲקֹב כָּל־נֶפֶשׁ אַרְבָּעָה עָשָׂר: וּבְנֵי־דָן חֻשִׁים: כג
וּבְנֵי נַפְתָּלִי יַחְצְאֵל וְגוּנִי וְיֵצֶר וְשִׁלֵּם: אֵלֶּה בְּנֵי בִלְהָה אֲשֶׁר־ כד כה
נָתַן לָבָן לְרָחֵל בִּתּוֹ וַתֵּלֶד אֶת־אֵלֶּה לְיַעֲקֹב כָּל־נֶפֶשׁ שִׁבְעָה:
כָּל־הַנֶּפֶשׁ הַבָּאָה לְיַעֲקֹב מִצְרַיְמָה יֹצְאֵי יְרֵכוֹ מִלְּבַד נְשֵׁי כו
בְנֵי־יַעֲקֹב כָּל־נֶפֶשׁ שִׁשִּׁים וָשֵׁשׁ: וּבְנֵי יוֹסֵף אֲשֶׁר־יֻלַּד־לוֹ כז
בְמִצְרַיִם נֶפֶשׁ שְׁנָיִם כָּל־הַנֶּפֶשׁ לְבֵית־יַעֲקֹב הַבָּאָה מִצְרַיְמָה
מא ששי שִׁבְעִים: וְאֶת־יְהוּדָה שָׁלַח לְפָנָיו אֶל־יוֹסֵף לְהוֹרֹת כח
לְפָנָיו גֹּשְׁנָה וַיָּבֹאוּ אַרְצָה גֹּשֶׁן: וַיֶּאְסֹר יוֹסֵף מֶרְכַּבְתּוֹ וַיַּעַל כט
לִקְרַאת־יִשְׂרָאֵל אָבִיו גֹּשְׁנָה וַיֵּרָא אֵלָיו וַיִּפֹּל עַל־צַוָּארָיו וַיֵּבְךְּ
עַל־צַוָּארָיו עוֹד: וַיֹּאמֶר יִשְׂרָאֵל אֶל־יוֹסֵף אָמוּתָה הַפָּעַם ל
אַחֲרֵי רְאוֹתִי אֶת־פָּנֶיךָ כִּי עוֹדְךָ חָי: וַיֹּאמֶר יוֹסֵף אֶל־אֶחָיו לא
וְאֶל־בֵּית אָבִיו אֶעֱלֶה וְאַגִּידָה לְפַרְעֹה וְאֹמְרָה אֵלָיו אַחַי
וּבֵית־אָבִי אֲשֶׁר בְּאֶרֶץ־כְּנַעַן בָּאוּ אֵלָי: וְהָאֲנָשִׁים רֹעֵי צֹאן לב

כִּי־אַנְשֵׁי מִקְנֶה הָיוּ וְצֹאנָם וּבְקָרָם וְכָל־אֲשֶׁר לָהֶם הֵבִיאוּ׃
וְהָיָה כִּי־יִקְרָא לָכֶם פַּרְעֹה וְאָמַר מַה־מַּעֲשֵׂיכֶם׃ וַאֲמַרְתֶּם לג לד
אַנְשֵׁי מִקְנֶה הָיוּ עֲבָדֶיךָ מִנְּעוּרֵינוּ וְעַד־עַתָּה גַּם־אֲנַחְנוּ גַּם־
אֲבֹתֵינוּ בַּעֲבוּר תֵּשְׁבוּ בְּאֶרֶץ גֹּשֶׁן כִּי־תוֹעֲבַת מִצְרַיִם כָּל־
רֹעֵה צֹאן׃ וַיָּבֹא יוֹסֵף וַיַּגֵּד לְפַרְעֹה וַיֹּאמֶר אָבִי וְאַחַי וְצֹאנָם א מז
וּבְקָרָם וְכָל־אֲשֶׁר לָהֶם בָּאוּ מֵאֶרֶץ כְּנָעַן וְהִנָּם בְּאֶרֶץ גֹּשֶׁן׃
וּמִקְצֵה אֶחָיו לָקַח חֲמִשָּׁה אֲנָשִׁים וַיַּצִּגֵם לִפְנֵי פַרְעֹה׃ וַיֹּאמֶר ב ג
פַּרְעֹה אֶל־אֶחָיו מַה־מַּעֲשֵׂיכֶם וַיֹּאמְרוּ אֶל־פַּרְעֹה רֹעֵה צֹאן
עֲבָדֶיךָ גַּם־אֲנַחְנוּ גַּם־אֲבוֹתֵינוּ׃ וַיֹּאמְרוּ אֶל־פַּרְעֹה לָגוּר ד
בָּאָרֶץ בָּאנוּ כִּי־אֵין מִרְעֶה לַצֹּאן אֲשֶׁר לַעֲבָדֶיךָ כִּי־כָבֵד
הָרָעָב בְּאֶרֶץ כְּנָעַן וְעַתָּה יֵשְׁבוּ־נָא עֲבָדֶיךָ בְּאֶרֶץ גֹּשֶׁן׃
וַיֹּאמֶר פַּרְעֹה אֶל־יוֹסֵף לֵאמֹר אָבִיךָ וְאַחֶיךָ בָּאוּ אֵלֶיךָ׃ אֶרֶץ ה ו
מִצְרַיִם לְפָנֶיךָ הִוא בְּמֵיטַב הָאָרֶץ הוֹשֵׁב אֶת־אָבִיךָ וְאֶת־
אַחֶיךָ יֵשְׁבוּ בְּאֶרֶץ גֹּשֶׁן וְאִם־יָדַעְתָּ וְיֶשׁ־בָּם אַנְשֵׁי־חַיִל וְשַׂמְתָּם
שָׂרֵי מִקְנֶה עַל־אֲשֶׁר־לִי׃ וַיָּבֵא יוֹסֵף אֶת־יַעֲקֹב אָבִיו וַיַּעֲמִדֵהוּ ז
לִפְנֵי פַרְעֹה וַיְבָרֶךְ יַעֲקֹב אֶת־פַּרְעֹה׃ וַיֹּאמֶר פַּרְעֹה אֶל־יַעֲקֹב ח
כַּמָּה יְמֵי שְׁנֵי חַיֶּיךָ׃ וַיֹּאמֶר יַעֲקֹב אֶל־פַּרְעֹה יְמֵי שְׁנֵי מְגוּרַי ט
שְׁלֹשִׁים וּמְאַת שָׁנָה מְעַט וְרָעִים הָיוּ יְמֵי שְׁנֵי חַיַּי וְלֹא הִשִּׂיגוּ
אֶת־יְמֵי שְׁנֵי חַיֵּי אֲבֹתַי בִּימֵי מְגוּרֵיהֶם׃ וַיְבָרֶךְ יַעֲקֹב אֶת־ י
שביעי פַּרְעֹה וַיֵּצֵא מִלִּפְנֵי פַרְעֹה׃ וַיּוֹשֵׁב יוֹסֵף אֶת־אָבִיו וְאֶת־אֶחָיו יא
וַיִּתֵּן לָהֶם אֲחֻזָּה בְּאֶרֶץ מִצְרַיִם בְּמֵיטַב הָאָרֶץ בְּאֶרֶץ רַעְמְסֵס
כַּאֲשֶׁר צִוָּה פַרְעֹה׃ וַיְכַלְכֵּל יוֹסֵף אֶת־אָבִיו וְאֶת־אֶחָיו וְאֵת יב
כָּל־בֵּית אָבִיו לֶחֶם לְפִי הַטָּף׃ וְלֶחֶם אֵין בְּכָל־הָאָרֶץ כִּי־ יג
כָבֵד הָרָעָב מְאֹד וַתֵּלַהּ אֶרֶץ מִצְרַיִם וְאֶרֶץ כְּנַעַן מִפְּנֵי הָרָעָב׃
וַיְלַקֵּט יוֹסֵף אֶת־כָּל־הַכֶּסֶף הַנִּמְצָא בְאֶרֶץ־מִצְרַיִם וּבְאֶרֶץ יד
כְּנַעַן בַּשֶּׁבֶר אֲשֶׁר־הֵם שֹׁבְרִים וַיָּבֵא יוֹסֵף אֶת־הַכֶּסֶף בֵּיתָה
פַרְעֹה׃ וַיִּתֹּם הַכֶּסֶף מֵאֶרֶץ מִצְרַיִם וּמֵאֶרֶץ כְּנַעַן וַיָּבֹאוּ כָל־ טו

מצרים אל־יוסף לאמר הבה־לנו לחם ולמה נמות נגדך כי
טז אפס כסף: ויאמר יוסף הבו מקניכם ואתנה לכם במקניכם
יז אם־אפס כסף: ויביאו את־מקניהם אל־יוסף ויתן להם יוסף
לחם בסוסים ובמקנה הצאן ובמקנה הבקר ובחמרים וינהלם
יח בלחם בכל־מקנהם בשנה ההוא: ותתם השנה ההוא ויבאו
אליו בשנה השנית ויאמרו לו לא־נכחד מאדני כי אם־תם
הכסף ומקנה הבהמה אל־אדני לא נשאר לפני אדני בלתי
יט אם־גויתנו ואדמתנו: למה נמות לעיניך גם־אנחנו גם־
אדמתנו קנה־אתנו ואת־אדמתנו בלחם ונהיה אנחנו
ואדמתנו עבדים לפרעה ותן־זרע ונחיה ולא נמות והאדמה
כ לא תשם: ויקן יוסף את־כל־אדמת מצרים לפרעה כי־
מכרו מצרים איש שדהו כי־חזק עלהם הרעב ותהי הארץ
כא לפרעה: ואת־העם העביר אתו לערים מקצה גבול־מצרים
כב ועד־קצהו: רק אדמת הכהנים לא קנה כי חק לכהנים מאת
פרעה ואכלו את־חקם אשר נתן להם פרעה על־כן לא
כג מכרו את־אדמתם: ויאמר יוסף אל־העם הן קניתי אתכם
היום ואת־אדמתכם לפרעה הא־לכם זרע וזרעתם את־
כד האדמה: והיה בתבואת ונתתם חמישית לפרעה וארבע
הידת יהיה לכם לזרע השדה ולאכלכם ולאשר בבתיכם
מפטיר כה ולאכל לטפכם: ויאמרו החיתנו נמצא־חן בעיני אדני והיינו
כו עבדים לפרעה: וישם אתה יוסף לחק עד־היום הזה על־
אדמת מצרים לפרעה לחמש רק אדמת הכהנים לבדם לא
כז היתה לפרעה: וישב ישראל בארץ מצרים בארץ גשן
ויחי כח ויאחזו בה ויפרו וירבו מאד: ויחי יעקב בארץ מצרים שבע
עשרה שנה ויהי ימי־יעקב שני חייו שבע שנים וארבעים
כט ומאת שנה: ויקרבו ימי־ישראל למות ויקרא ׀ לבנו ליוסף
ויאמר לו אם־נא מצאתי חן בעיניך שים־נא ידך תחת ירכי

וְעָשִׂ֤יתָ עִמָּדִי֙ חֶ֣סֶד וֶאֱמֶ֔ת אַל־נָ֥א תִקְבְּרֵ֖נִי בְּמִצְרָֽיִם׃ וְשָׁכַבְתִּי֙ ל
עִם־אֲבֹתַ֔י וּנְשָׂאתַ֙נִי֙ מִמִּצְרַ֔יִם וּקְבַרְתַּ֖נִי בִּקְבֻרָתָ֑ם וַיֹּאמַ֕ר אָנֹכִ֖י
אֶעֱשֶׂ֥ה כִדְבָרֶֽךָ׃ וַיֹּ֗אמֶר הִשָּֽׁבְעָה֙ לִ֔י וַיִּשָּׁבַ֖ע ל֑וֹ וַיִּשְׁתַּ֥חוּ יִשְׂרָאֵ֖ל לא
עַל־רֹ֥אשׁ הַמִּטָּֽה׃

מב וַיְהִ֗י אַחֲרֵי֙ הַדְּבָרִ֣ים הָאֵ֔לֶּה וַיֹּ֣אמֶר לְיוֹסֵ֔ף הִנֵּ֥ה אָבִ֖יךָ חֹלֶ֑ה א מח
וַיִּקַּ֞ח אֶת־שְׁנֵ֤י בָנָיו֙ עִמּ֔וֹ אֶת־מְנַשֶּׁ֖ה וְאֶת־אֶפְרָֽיִם׃ וַיַּגֵּ֣ד לְיַעֲקֹ֔ב ב
וַיֹּ֕אמֶר הִנֵּ֛ה בִּנְךָ֥ יוֹסֵ֖ף בָּ֣א אֵלֶ֑יךָ וַיִּתְחַזֵּק֙ יִשְׂרָאֵ֔ל וַיֵּ֖שֶׁב עַל־
הַמִּטָּֽה׃ וַיֹּ֤אמֶר יַעֲקֹב֙ אֶל־יוֹסֵ֔ף אֵ֥ל שַׁדַּ֛י נִרְאָֽה־אֵלַ֥י בְּל֖וּז ג
בְּאֶ֣רֶץ כְּנָ֑עַן וַיְבָ֖רֶךְ אֹתִֽי׃ וַיֹּ֣אמֶר אֵלַ֗י הִנְנִ֤י מַפְרְךָ֙ וְהִרְבִּיתִ֔ךָ ד
וּנְתַתִּ֖יךָ לִקְהַ֣ל עַמִּ֑ים וְנָ֨תַתִּ֜י אֶת־הָאָ֧רֶץ הַזֹּ֛את לְזַרְעֲךָ֥ אַחֲרֶ֖יךָ
אֲחֻזַּ֥ת עוֹלָֽם׃ וְעַתָּ֡ה שְׁנֵֽי־בָנֶ֩יךָ֩ הַנּוֹלָדִ֨ים לְךָ֜ בְּאֶ֣רֶץ מִצְרַ֗יִם עַד־ ה
בֹּאִ֥י אֵלֶ֛יךָ מִצְרַ֖יְמָה לִי־הֵ֑ם אֶפְרַ֙יִם֙ וּמְנַשֶּׁ֔ה כִּרְאוּבֵ֥ן וְשִׁמְע֖וֹן
יִֽהְיוּ־לִֽי׃ וּמוֹלַדְתְּךָ֛ אֲשֶׁר־הוֹלַ֥דְתָּ אַחֲרֵיהֶ֖ם לְךָ֣ יִהְי֑וּ עַ֣ל שֵׁ֧ם ו
אֲחֵיהֶ֛ם יִקָּרְא֖וּ בְּנַחֲלָתָֽם׃ וַאֲנִ֣י ׀ בְּבֹאִ֣י מִפַּדָּ֗ן מֵ֩תָה֩ עָלַ֨י רָחֵ֜ל ז
בְּאֶ֤רֶץ כְּנַ֙עַן֙ בַּדֶּ֔רֶךְ בְּע֥וֹד כִּבְרַת־אֶ֖רֶץ לָבֹ֣א אֶפְרָ֑תָה וָאֶקְבְּרֶ֣הָ
שָּׁם֙ בְּדֶ֣רֶךְ אֶפְרָ֔ת הִ֖וא בֵּ֥ית לָֽחֶם׃ וַיַּ֥רְא יִשְׂרָאֵ֖ל אֶת־בְּנֵ֣י ח
יוֹסֵ֑ף וַיֹּ֖אמֶר מִי־אֵֽלֶּה׃ וַיֹּ֤אמֶר יוֹסֵף֙ אֶל־אָבִ֔יו בָּנַ֣י הֵ֔ם אֲשֶׁר־ ט
שני נָֽתַן־לִ֥י אֱלֹהִ֖ים בָּזֶ֑ה וַיֹּאמַ֕ר קָחֶם־נָ֥א אֵלַ֖י וַאֲבָרְכֵֽם׃ וְעֵינֵ֤י י
יִשְׂרָאֵל֙ כָּבְד֣וּ מִזֹּ֔קֶן לֹ֥א יוּכַ֖ל לִרְא֑וֹת וַיַּגֵּ֤שׁ אֹתָם֙ אֵלָ֔יו וַיִּשַּׁ֥ק
לָהֶ֖ם וַיְחַבֵּ֥ק לָהֶֽם׃ וַיֹּ֤אמֶר יִשְׂרָאֵל֙ אֶל־יוֹסֵ֔ף רְאֹ֥ה פָנֶ֖יךָ לֹ֣א יא
פִלָּ֑לְתִּי וְהִנֵּ֨ה הֶרְאָ֥ה אֹתִ֛י אֱלֹהִ֖ים גַּ֥ם אֶת־זַרְעֶֽךָ׃ וַיּוֹצֵ֥א יוֹסֵ֛ף יב
אֹתָ֖ם מֵעִ֣ם בִּרְכָּ֑יו וַיִּשְׁתַּ֥חוּ לְאַפָּ֖יו אָֽרְצָה׃ וַיִּקַּ֣ח יוֹסֵף֮ אֶת־ יג
שְׁנֵיהֶם֒ אֶת־אֶפְרַ֤יִם בִּֽימִינוֹ֙ מִשְּׂמֹ֣אל יִשְׂרָאֵ֔ל וְאֶת־מְנַשֶּׁ֥ה
בִשְׂמֹאל֖וֹ מִימִ֣ין יִשְׂרָאֵ֑ל וַיַּגֵּ֖שׁ אֵלָֽיו׃ וַיִּשְׁלַח֩ יִשְׂרָאֵ֨ל אֶת־ יד
יְמִינ֜וֹ וַיָּ֨שֶׁת עַל־רֹ֤אשׁ אֶפְרַ֙יִם֙ וְה֣וּא הַצָּעִ֔יר וְאֶת־שְׂמֹאל֖וֹ עַל־
רֹ֣אשׁ מְנַשֶּׁ֑ה שִׂכֵּל֙ אֶת־יָדָ֔יו כִּ֥י מְנַשֶּׁ֖ה הַבְּכֽוֹר׃ וַיְבָ֥רֶךְ אֶת־ טו
יוֹסֵ֖ף וַיֹּאמַ֑ר הָאֱלֹהִ֡ים אֲשֶׁר֩ הִתְהַלְּכ֨וּ אֲבֹתַ֤י לְפָנָיו֙ אַבְרָהָ֣ם

טז וַיִּצְחָק הָאֱלֹהִים הָרֹעֶה אֹתִי מֵעוֹדִי עַד־הַיּוֹם הַזֶּה׃ הַמַּלְאָךְ
הַגֹּאֵל אֹתִי מִכָּל־רָע יְבָרֵךְ אֶת־הַנְּעָרִים וְיִקָּרֵא בָהֶם שְׁמִי
יז וְשֵׁם אֲבֹתַי אַבְרָהָם וְיִצְחָק וְיִדְגּוּ לָרֹב בְּקֶרֶב הָאָרֶץ׃ וַיַּרְא שלישי
יוֹסֵף כִּי־יָשִׁית אָבִיו יַד־יְמִינוֹ עַל־רֹאשׁ אֶפְרַיִם וַיֵּרַע בְּעֵינָיו
וַיִּתְמֹךְ יַד־אָבִיו לְהָסִיר אֹתָהּ מֵעַל רֹאשׁ־אֶפְרַיִם עַל־רֹאשׁ
יח מְנַשֶּׁה׃ וַיֹּאמֶר יוֹסֵף אֶל־אָבִיו לֹא־כֵן אָבִי כִּי־זֶה הַבְּכֹר שִׂים
יט יְמִינְךָ עַל־רֹאשׁוֹ׃ וַיְמָאֵן אָבִיו וַיֹּאמֶר יָדַעְתִּי בְנִי יָדַעְתִּי גַּם־
הוּא יִהְיֶה־לְּעָם וְגַם־הוּא יִגְדָּל וְאוּלָם אָחִיו הַקָּטֹן יִגְדַּל מִמֶּנּוּ
כ וְזַרְעוֹ יִהְיֶה מְלֹא־הַגּוֹיִם׃ וַיְבָרְכֵם בַּיּוֹם הַהוּא לֵאמוֹר בְּךָ
יְבָרֵךְ יִשְׂרָאֵל לֵאמֹר יְשִׂמְךָ אֱלֹהִים כְּאֶפְרַיִם וְכִמְנַשֶּׁה וַיָּשֶׂם
כא אֶת־אֶפְרַיִם לִפְנֵי מְנַשֶּׁה׃ וַיֹּאמֶר יִשְׂרָאֵל אֶל־יוֹסֵף הִנֵּה
אָנֹכִי מֵת וְהָיָה אֱלֹהִים עִמָּכֶם וְהֵשִׁיב אֶתְכֶם אֶל־אֶרֶץ
כב אֲבֹתֵיכֶם׃ וַאֲנִי נָתַתִּי לְךָ שְׁכֶם אַחַד עַל־אַחֶיךָ אֲשֶׁר לָקַחְתִּי
מִיַּד הָאֱמֹרִי בְּחַרְבִּי וּבְקַשְׁתִּי׃

מט א וַיִּקְרָא יַעֲקֹב אֶל־בָּנָיו וַיֹּאמֶר הֵאָסְפוּ וְאַגִּידָה לָכֶם אֵת אֲשֶׁר־ מג רביעי
ב יִקְרָא אֶתְכֶם בְּאַחֲרִית הַיָּמִים׃ הִקָּבְצוּ וְשִׁמְעוּ בְּנֵי יַעֲקֹב
ג וְשִׁמְעוּ אֶל־יִשְׂרָאֵל אֲבִיכֶם׃ רְאוּבֵן בְּכֹרִי אַתָּה כֹּחִי וְרֵאשִׁית
ד אוֹנִי יֶתֶר שְׂאֵת וְיֶתֶר עָז׃ פַּחַז כַּמַּיִם אַל־תּוֹתַר כִּי עָלִיתָ
מִשְׁכְּבֵי אָבִיךָ אָז חִלַּלְתָּ יְצוּעִי עָלָה׃

ה שִׁמְעוֹן וְלֵוִי אַחִים כְּלֵי חָמָס מְכֵרֹתֵיהֶם׃ בְּסֹדָם אַל־תָּבֹא
נַפְשִׁי בִּקְהָלָם אַל־תֵּחַד כְּבֹדִי כִּי בְאַפָּם הָרְגוּ אִישׁ וּבִרְצֹנָם
ז עִקְּרוּ־שׁוֹר׃ אָרוּר אַפָּם כִּי עָז וְעֶבְרָתָם כִּי קָשָׁתָה אֲחַלְּקֵם
בְּיַעֲקֹב וַאֲפִיצֵם בְּיִשְׂרָאֵל׃

ח יְהוּדָה אַתָּה יוֹדוּךָ אַחֶיךָ יָדְךָ בְּעֹרֶף אֹיְבֶיךָ יִשְׁתַּחֲווּ לְךָ בְּנֵי
ט אָבִיךָ׃ גּוּר אַרְיֵה יְהוּדָה מִטֶּרֶף בְּנִי עָלִיתָ כָּרַע רָבַץ כְּאַרְיֵה
י וּכְלָבִיא מִי יְקִימֶנּוּ׃ לֹא־יָסוּר שֵׁבֶט מִיהוּדָה וּמְחֹקֵק מִבֵּין
יא רַגְלָיו עַד כִּי־יָבֹא שִׁילֹה וְלוֹ יִקְּהַת עַמִּים׃ אֹסְרִי לַגֶּפֶן עִירֹה

וּלְשֹּׂרֵקָ֖ה בְּנִ֣י אֲתֹנ֑וֹ כִּבֵּ֤ס בַּיַּ֙יִן֙ לְבֻשׁ֔וֹ וּבְדַם־עֲנָבִ֖ים סוּתֹֽה׃
חַכְלִילִ֥י עֵינַ֖יִם מִיָּ֑יִן וּלְבֶן־שִׁנַּ֖יִם מֵחָלָֽב׃ יב
זְבוּלֻ֕ן לְח֥וֹף יַמִּ֖ים יִשְׁכֹּ֑ן וְהוּא֙ לְח֣וֹף אֳנִיֹּ֔ת וְיַרְכָת֖וֹ עַל־צִידֹֽן׃ יג
יִשָּׂשכָ֖ר חֲמֹ֣ר גָּ֑רֶם רֹבֵ֖ץ בֵּ֥ין הַמִּשְׁפְּתָֽיִם׃ וַיַּ֤רְא מְנֻחָה֙ כִּ֣י יד טו
ט֔וֹב וְאֶת־הָאָ֖רֶץ כִּ֣י נָעֵ֑מָה וַיֵּ֤ט שִׁכְמוֹ֙ לִסְבֹּ֔ל וַיְהִ֖י לְמַס־
עֹבֵֽד׃ דָּ֖ן יָדִ֣ין עַמּ֑וֹ כְּאַחַ֖ד שִׁבְטֵ֥י יִשְׂרָאֵֽל׃ טז
יְהִי־דָן֙ נָחָ֣שׁ עֲלֵי־דֶ֔רֶךְ שְׁפִיפֹ֖ן עֲלֵי־אֹ֑רַח הַנֹּשֵׁךְ֙ עִקְּבֵי־ס֔וּס יז
חמישי וַיִּפֹּ֥ל רֹכְב֖וֹ אָחֽוֹר׃ לִישׁוּעָתְךָ֖ קִוִּ֥יתִי יְהוָֽה׃ גָּ֖ד יח יט
גְּד֣וּד יְגוּדֶ֑נּוּ וְה֖וּא יָגֻ֥ד עָקֵֽב׃ מֵאָשֵׁ֖ר שְׁמֵנָ֣ה לַחְמ֑וֹ כ
וְה֥וּא יִתֵּ֖ן מַֽעֲדַנֵּי־מֶֽלֶךְ׃ נַפְתָּלִ֖י אַיָּלָ֣ה שְׁלֻחָ֑ה כא
הַנֹּתֵ֖ן אִמְרֵי־שָֽׁפֶר׃ בֵּ֤ן פֹּרָת֙ יוֹסֵ֔ף בֵּ֥ן פֹּרָ֖ת כב
עֲלֵי־עָ֑יִן בָּנ֕וֹת צָעֲדָ֖ה עֲלֵי־שֽׁוּר׃ וַֽיְמָרֲרֻ֖הוּ וָרֹ֑בּוּ וַֽיִּשְׂטְמֻ֖הוּ כג
בַּעֲלֵ֥י חִצִּֽים׃ וַתֵּ֤שֶׁב בְּאֵיתָן֙ קַשְׁתּ֔וֹ וַיָּפֹ֖זּוּ זְרֹעֵ֣י יָדָ֑יו מִידֵי֙ כד
אֲבִ֣יר יַעֲקֹ֔ב מִשָּׁ֥ם רֹעֶ֖ה אֶ֥בֶן יִשְׂרָאֵֽל׃ מֵאֵ֨ל אָבִ֜יךָ וְיַעְזְרֶ֗ךָּ כה
וְאֵ֤ת שַׁדַּי֙ וִיבָ֣רְכֶ֔ךָּ בִּרְכֹ֤ת שָׁמַ֙יִם֙ מֵעָ֔ל בִּרְכֹ֥ת תְּה֖וֹם רֹבֶ֣צֶת
תָּ֑חַת בִּרְכֹ֥ת שָׁדַ֖יִם וָרָֽחַם׃ בִּרְכֹ֣ת אָבִ֗יךָ גָּֽבְרוּ֙ עַל־בִּרְכֹ֣ת הוֹרַ֔י כו
עַד־תַּאֲוַ֖ת גִּבְעֹ֣ת עוֹלָ֑ם תִּֽהְיֶ֙יןָ֙ לְרֹ֣אשׁ יוֹסֵ֔ף וּלְקָדְקֹ֖ד נְזִ֥יר
אֶחָֽיו׃
ששי בִּנְיָמִין֙ זְאֵ֣ב יִטְרָ֔ף בַּבֹּ֖קֶר יֹ֣אכַל עַ֑ד וְלָעֶ֖רֶב יְחַלֵּ֥ק שָׁלָֽל׃ כָּל־ כז כח
אֵ֛לֶּה שִׁבְטֵ֥י יִשְׂרָאֵ֖ל שְׁנֵ֣ים עָשָׂ֑ר וְ֠זֹאת אֲשֶׁר־דִּבֶּ֨ר לָהֶ֤ם אֲבִיהֶם֙
וַיְבָ֣רֶךְ אוֹתָ֔ם אִ֛ישׁ אֲשֶׁ֥ר כְּבִרְכָת֖וֹ בֵּרַ֥ךְ אֹתָֽם׃ וַיְצַ֣ו אוֹתָ֗ם כט
וַיֹּ֤אמֶר אֲלֵהֶם֙ אֲנִי֙ נֶאֱסָ֣ף אֶל־עַמִּ֔י קִבְר֥וּ אֹתִ֖י אֶל־אֲבֹתָ֑י אֶל־
הַמְּעָרָ֕ה אֲשֶׁ֥ר בִּשְׂדֵ֖ה עֶפְר֥וֹן הַחִתִּֽי׃ בַּמְּעָרָ֞ה אֲשֶׁ֨ר בִּשְׂדֵ֧ה ל
הַמַּכְפֵּלָ֛ה אֲשֶׁר־עַל־פְּנֵ֥י מַמְרֵ֖א בְּאֶ֣רֶץ כְּנָ֑עַן אֲשֶׁ֨ר קָנָ֜ה
אַבְרָהָ֗ם אֶת־הַשָּׂדֶ֜ה מֵאֵ֛ת עֶפְרֹ֥ן הַחִתִּ֖י לַאֲחֻזַּת־קָֽבֶר׃ שָׁ֣מָּה לא
קָֽבְר֞וּ אֶת־אַבְרָהָ֗ם וְאֵת֙ שָׂרָ֣ה אִשְׁתּ֔וֹ שָׁ֚מָּה קָבְר֣וּ אֶת־יִצְחָ֔ק
וְאֵ֖ת רִבְקָ֣ה אִשְׁתּ֑וֹ וְשָׁ֥מָּה קָבַ֖רְתִּי אֶת־לֵאָֽה׃ מִקְנֵ֧ה הַשָּׂדֶ֛ה לב

לג וְהַמְּעָרָה אֲשֶׁר־בּוֹ מֵאֵת בְּנֵי־חֵת׃ וַיְכַל יַעֲקֹב לְצַוֺּת אֶת־
נ א בָּנָיו וַיֶּאֱסֹף רַגְלָיו אֶל־הַמִּטָּה וַיִּגְוַע וַיֵּאָסֶף אֶל־עַמָּיו׃ וַיִּפֹּל
ב יוֹסֵף עַל־פְּנֵי אָבִיו וַיֵּבְךְּ עָלָיו וַיִּשַּׁק־לוֹ׃ וַיְצַו יוֹסֵף אֶת־
עֲבָדָיו אֶת־הָרֹפְאִים לַחֲנֹט אֶת־אָבִיו וַיַּחַנְטוּ הָרֹפְאִים אֶת־
ג יִשְׂרָאֵל׃ וַיִּמְלְאוּ־לוֹ אַרְבָּעִים יוֹם כִּי כֵּן יִמְלְאוּ יְמֵי הַחֲנֻטִים
ד וַיִּבְכּוּ אֹתוֹ מִצְרַיִם שִׁבְעִים יוֹם׃ וַיַּעַבְרוּ יְמֵי בְכִיתוֹ וַיְדַבֵּר
יוֹסֵף אֶל־בֵּית פַּרְעֹה לֵאמֹר אִם־נָא מָצָאתִי חֵן בְּעֵינֵיכֶם
ה דַּבְּרוּ־נָא בְּאָזְנֵי פַרְעֹה לֵאמֹר׃ אָבִי הִשְׁבִּיעַנִי לֵאמֹר הִנֵּה
אָנֹכִי מֵת בְּקִבְרִי אֲשֶׁר כָּרִיתִי לִי בְּאֶרֶץ כְּנַעַן שָׁמָּה תִּקְבְּרֵנִי
ו וְעַתָּה אֶעֱלֶה־נָּא וְאֶקְבְּרָה אֶת־אָבִי וְאָשׁוּבָה׃ וַיֹּאמֶר פַּרְעֹה
ז עֲלֵה וּקְבֹר אֶת־אָבִיךָ כַּאֲשֶׁר הִשְׁבִּיעֶךָ׃ וַיַּעַל יוֹסֵף לִקְבֹּר
אֶת־אָבִיו וַיַּעֲלוּ אִתּוֹ כָּל־עַבְדֵי פַרְעֹה זִקְנֵי בֵיתוֹ וְכֹל זִקְנֵי
ח אֶרֶץ־מִצְרָיִם׃ וְכֹל בֵּית יוֹסֵף וְאֶחָיו וּבֵית אָבִיו רַק טַפָּם וְצֹאנָם
ט וּבְקָרָם עָזְבוּ בְּאֶרֶץ גֹּשֶׁן׃ וַיַּעַל עִמּוֹ גַּם־רֶכֶב גַּם־פָּרָשִׁים וַיְהִי
י הַמַּחֲנֶה כָּבֵד מְאֹד׃ וַיָּבֹאוּ עַד־גֹּרֶן הָאָטָד אֲשֶׁר בְּעֵבֶר הַיַּרְדֵּן
וַיִּסְפְּדוּ־שָׁם מִסְפֵּד גָּדוֹל וְכָבֵד מְאֹד וַיַּעַשׂ לְאָבִיו אֵבֶל שִׁבְעַת
יא יָמִים׃ וַיַּרְא יוֹשֵׁב הָאָרֶץ הַכְּנַעֲנִי אֶת־הָאֵבֶל בְּגֹרֶן הָאָטָד
וַיֹּאמְרוּ אֵבֶל־כָּבֵד זֶה לְמִצְרָיִם עַל־כֵּן קָרָא שְׁמָהּ אָבֵל מִצְרַיִם
יב יג אֲשֶׁר בְּעֵבֶר הַיַּרְדֵּן׃ וַיַּעֲשׂוּ בָנָיו לוֹ כֵּן כַּאֲשֶׁר צִוָּם׃ וַיִּשְׂאוּ
אֹתוֹ בָנָיו אַרְצָה כְּנַעַן וַיִּקְבְּרוּ אֹתוֹ בִּמְעָרַת שְׂדֵה הַמַּכְפֵּלָה
אֲשֶׁר קָנָה אַבְרָהָם אֶת־הַשָּׂדֶה לַאֲחֻזַּת־קֶבֶר מֵאֵת עֶפְרֹן
יד הַחִתִּי עַל־פְּנֵי מַמְרֵא׃ וַיָּשָׁב יוֹסֵף מִצְרַיְמָה הוּא וְאֶחָיו וְכָל־
טו הָעֹלִים אִתּוֹ לִקְבֹּר אֶת־אָבִיו אַחֲרֵי קָבְרוֹ אֶת־אָבִיו׃ וַיִּרְאוּ
אֲחֵי־יוֹסֵף כִּי־מֵת אֲבִיהֶם וַיֹּאמְרוּ לוּ יִשְׂטְמֵנוּ יוֹסֵף וְהָשֵׁב
טז יָשִׁיב לָנוּ אֵת כָּל־הָרָעָה אֲשֶׁר גָּמַלְנוּ אֹתוֹ׃ וַיְצַוּוּ אֶל־יוֹסֵף
יז לֵאמֹר אָבִיךָ צִוָּה לִפְנֵי מוֹתוֹ לֵאמֹר׃ כֹּה־תֹאמְרוּ לְיוֹסֵף אָנָּא
שָׂא נָא פֶּשַׁע אַחֶיךָ וְחַטָּאתָם כִּי־רָעָה גְמָלוּךָ וְעַתָּה שָׂא נָא

לְפֶשַׁע עַבְדֵי אֱלֹהֵי אָבִיךָ וַיֵּבְךְּ יוֹסֵף בְּדַבְּרָם אֵלָיו׃ וַיֵּלְכוּ גַּם־ יח
אֶחָיו וַיִּפְּלוּ לְפָנָיו וַיֹּאמְרוּ הִנֶּנּוּ לְךָ לַעֲבָדִים׃ וַיֹּאמֶר אֲלֵהֶם יט
יוֹסֵף אַל־תִּירָאוּ כִּי הֲתַחַת אֱלֹהִים אָנִי׃ וְאַתֶּם חֲשַׁבְתֶּם עָלַי כ
רָעָה אֱלֹהִים חֲשָׁבָהּ לְטֹבָה לְמַעַן עֲשֹׂה כַּיּוֹם הַזֶּה לְהַחֲיֹת
שביעי עַם־רָב׃ וְעַתָּה אַל־תִּירָאוּ אָנֹכִי אֲכַלְכֵּל אֶתְכֶם וְאֶת־טַפְּכֶם כא
וַיְנַחֵם אוֹתָם וַיְדַבֵּר עַל־לִבָּם׃ וַיֵּשֶׁב יוֹסֵף בְּמִצְרַיִם הוּא וּבֵית כב
מפטיר אָבִיו וַיְחִי יוֹסֵף מֵאָה וָעֶשֶׂר שָׁנִים׃ וַיַּרְא יוֹסֵף לְאֶפְרַיִם בְּנֵי כג
שִׁלֵּשִׁים גַּם בְּנֵי מָכִיר בֶּן־מְנַשֶּׁה יֻלְּדוּ עַל־בִּרְכֵּי יוֹסֵף׃ וַיֹּאמֶר כד
יוֹסֵף אֶל־אֶחָיו אָנֹכִי מֵת וֵאלֹהִים פָּקֹד יִפְקֹד אֶתְכֶם וְהֶעֱלָה
אֶתְכֶם מִן־הָאָרֶץ הַזֹּאת אֶל־הָאָרֶץ אֲשֶׁר נִשְׁבַּע לְאַבְרָהָם
לְיִצְחָק וּלְיַעֲקֹב׃ וַיַּשְׁבַּע יוֹסֵף אֶת־בְּנֵי יִשְׂרָאֵל לֵאמֹר פָּקֹד כה
יִפְקֹד אֱלֹהִים אֶתְכֶם וְהַעֲלִתֶם אֶת־עַצְמֹתַי מִזֶּה׃ וַיָּמָת יוֹסֵף כו
בֶּן־מֵאָה וָעֶשֶׂר שָׁנִים וַיַּחַנְטוּ אֹתוֹ וַיִּישֶׂם בָּאָרוֹן בְּמִצְרָיִם׃

שמות

חומש

א וְאֵלֶּה שְׁמוֹת בְּנֵי יִשְׂרָאֵל הַבָּאִים מִצְרָיְמָה אֵת יַעֲקֹב אִישׁ א
ב ג וּבֵיתוֹ בָּאוּ׃ רְאוּבֵן שִׁמְעוֹן לֵוִי וִיהוּדָה׃ יִשָּׂשכָר זְבוּלֻן וּבִנְיָמִן׃
ד ה דָּן וְנַפְתָּלִי גָּד וְאָשֵׁר׃ וַיְהִי כָּל־נֶפֶשׁ יֹצְאֵי יֶרֶךְ־יַעֲקֹב שִׁבְעִים
ו נָפֶשׁ וְיוֹסֵף הָיָה בְמִצְרָיִם׃ וַיָּמָת יוֹסֵף וְכָל־אֶחָיו וְכֹל הַדּוֹר
ז הַהוּא׃ וּבְנֵי יִשְׂרָאֵל פָּרוּ וַיִּשְׁרְצוּ וַיִּרְבּוּ וַיַּעַצְמוּ בִּמְאֹד מְאֹד
וַתִּמָּלֵא הָאָרֶץ אֹתָם׃

ח ט וַיָּקָם מֶלֶךְ־חָדָשׁ עַל־מִצְרָיִם אֲשֶׁר לֹא־יָדַע אֶת־יוֹסֵף׃ וַיֹּאמֶר
י אֶל־עַמּוֹ הִנֵּה עַם בְּנֵי יִשְׂרָאֵל רַב וְעָצוּם מִמֶּנּוּ׃ הָבָה נִתְחַכְּמָה
לוֹ פֶּן־יִרְבֶּה וְהָיָה כִּי־תִקְרֶאנָה מִלְחָמָה וְנוֹסַף גַּם־הוּא עַל־
יא שֹׂנְאֵינוּ וְנִלְחַם־בָּנוּ וְעָלָה מִן־הָאָרֶץ׃ וַיָּשִׂימוּ עָלָיו שָׂרֵי מִסִּים
לְמַעַן עַנֹּתוֹ בְּסִבְלֹתָם וַיִּבֶן עָרֵי מִסְכְּנוֹת לְפַרְעֹה אֶת־פִּתֹם
יב וְאֶת־רַעַמְסֵס׃ וְכַאֲשֶׁר יְעַנּוּ אֹתוֹ כֵּן יִרְבֶּה וְכֵן יִפְרֹץ וַיָּקֻצוּ
יג מִפְּנֵי בְּנֵי יִשְׂרָאֵל׃ וַיַּעֲבִדוּ מִצְרַיִם אֶת־בְּנֵי יִשְׂרָאֵל בְּפָרֶךְ׃
יד וַיְמָרְרוּ אֶת־חַיֵּיהֶם בַּעֲבֹדָה קָשָׁה בְּחֹמֶר וּבִלְבֵנִים וּבְכָל־
עֲבֹדָה בַּשָּׂדֶה אֵת כָּל־עֲבֹדָתָם אֲשֶׁר־עָבְדוּ בָהֶם בְּפָרֶךְ׃
טו וַיֹּאמֶר מֶלֶךְ מִצְרַיִם לַמְיַלְּדֹת הָעִבְרִיֹּת אֲשֶׁר שֵׁם הָאַחַת שִׁפְרָה
טז וְשֵׁם הַשֵּׁנִית פּוּעָה׃ וַיֹּאמֶר בְּיַלֶּדְכֶן אֶת־הָעִבְרִיּוֹת וּרְאִיתֶן עַל־
יז הָאָבְנָיִם אִם־בֵּן הוּא וַהֲמִתֶּן אֹתוֹ וְאִם־בַּת הִוא וָחָיָה׃ וַתִּירֶאןָ
הַמְיַלְּדֹת אֶת־הָאֱלֹהִים וְלֹא עָשׂוּ כַּאֲשֶׁר דִּבֶּר אֲלֵיהֶן מֶלֶךְ
יח מִצְרָיִם וַתְּחַיֶּיןָ אֶת־הַיְלָדִים׃ וַיִּקְרָא מֶלֶךְ־מִצְרַיִם לַמְיַלְּדֹת שני
וַיֹּאמֶר לָהֶן מַדּוּעַ עֲשִׂיתֶן הַדָּבָר הַזֶּה וַתְּחַיֶּיןָ אֶת־הַיְלָדִים׃
יט וַתֹּאמַרְןָ הַמְיַלְּדֹת אֶל־פַּרְעֹה כִּי לֹא כַנָּשִׁים הַמִּצְרִיֹּת הָעִבְרִיֹּת
כ כִּי־חָיוֹת הֵנָּה בְּטֶרֶם תָּבוֹא אֲלֵהֶן הַמְיַלֶּדֶת וְיָלָדוּ׃ וַיֵּיטֶב
כא אֱלֹהִים לַמְיַלְּדֹת וַיִּרֶב הָעָם וַיַּעַצְמוּ מְאֹד׃ וַיְהִי כִּי־יָרְאוּ
כב הַמְיַלְּדֹת אֶת־הָאֱלֹהִים וַיַּעַשׂ לָהֶם בָּתִּים׃ וַיְצַו פַּרְעֹה לְכָל־
עַמּוֹ לֵאמֹר כָּל־הַבֵּן הַיִּלּוֹד הַיְאֹרָה תַּשְׁלִיכֻהוּ וְכָל־הַבַּת
תְּחַיּוּן׃

וַיֵּלֶךְ אִישׁ מִבֵּית לֵוִי וַיִּקַּח אֶת־בַּת־לֵוִי׃ וַתַּהַר הָאִשָּׁה וַתֵּלֶד א ב
בֵּן וַתֵּרֶא אֹתוֹ כִּי־טוֹב הוּא וַתִּצְפְּנֵהוּ שְׁלֹשָׁה יְרָחִים׃ וְלֹא־ ג
יָכְלָה עוֹד הַצְּפִינוֹ וַתִּקַּח־לוֹ תֵּבַת גֹּמֶא וַתַּחְמְרָה בַחֵמָר וּבַזָּפֶת
וַתָּשֶׂם בָּהּ אֶת־הַיֶּלֶד וַתָּשֶׂם בַּסּוּף עַל־שְׂפַת הַיְאֹר׃ וַתֵּתַצַּב ד
אֲחֹתוֹ מֵרָחֹק לְדֵעָה מַה־יֵּעָשֶׂה לוֹ׃ וַתֵּרֶד בַּת־פַּרְעֹה לִרְחֹץ ה
עַל־הַיְאֹר וְנַעֲרֹתֶיהָ הֹלְכֹת עַל־יַד הַיְאֹר וַתֵּרֶא אֶת־הַתֵּבָה
בְּתוֹךְ הַסּוּף וַתִּשְׁלַח אֶת־אֲמָתָהּ וַתִּקָּחֶהָ׃ וַתִּפְתַּח וַתִּרְאֵהוּ ו
אֶת־הַיֶּלֶד וְהִנֵּה־נַעַר בֹּכֶה וַתַּחְמֹל עָלָיו וַתֹּאמֶר מִיַּלְדֵי
הָעִבְרִים זֶה׃ וַתֹּאמֶר אֲחֹתוֹ אֶל־בַּת־פַּרְעֹה הַאֵלֵךְ וְקָרָאתִי ז
לָךְ אִשָּׁה מֵינֶקֶת מִן הָעִבְרִיֹּת וְתֵינִק לָךְ אֶת־הַיָּלֶד׃ וַתֹּאמֶר־ ח
לָהּ בַּת־פַּרְעֹה לֵכִי וַתֵּלֶךְ הָעַלְמָה וַתִּקְרָא אֶת־אֵם הַיָּלֶד׃
וַתֹּאמֶר לָהּ בַּת־פַּרְעֹה הֵילִיכִי אֶת־הַיֶּלֶד הַזֶּה וְהֵינִקִהוּ לִי ט
וַאֲנִי אֶתֵּן אֶת־שְׂכָרֵךְ וַתִּקַּח הָאִשָּׁה הַיֶּלֶד וַתְּנִיקֵהוּ׃ וַיִּגְדַּל הַיֶּלֶד י
וַתְּבִאֵהוּ לְבַת־פַּרְעֹה וַיְהִי־לָהּ לְבֵן וַתִּקְרָא שְׁמוֹ מֹשֶׁה וַתֹּאמֶר
שלישי כִּי מִן־הַמַּיִם מְשִׁיתִהוּ׃ וַיְהִי ׀ בַּיָּמִים הָהֵם וַיִּגְדַּל מֹשֶׁה וַיֵּצֵא יא
אֶל־אֶחָיו וַיַּרְא בְּסִבְלֹתָם וַיַּרְא אִישׁ מִצְרִי מַכֶּה אִישׁ־עִבְרִי
מֵאֶחָיו׃ וַיִּפֶן כֹּה וָכֹה וַיַּרְא כִּי אֵין אִישׁ וַיַּךְ אֶת־הַמִּצְרִי יב
וַיִּטְמְנֵהוּ בַּחוֹל׃ וַיֵּצֵא בַּיּוֹם הַשֵּׁנִי וְהִנֵּה שְׁנֵי־אֲנָשִׁים עִבְרִים יג
נִצִּים וַיֹּאמֶר לָרָשָׁע לָמָּה תַכֶּה רֵעֶךָ׃ וַיֹּאמֶר מִי שָׂמְךָ לְאִישׁ יד
שַׂר וְשֹׁפֵט עָלֵינוּ הַלְהָרְגֵנִי אַתָּה אֹמֵר כַּאֲשֶׁר הָרַגְתָּ אֶת־
הַמִּצְרִי וַיִּירָא מֹשֶׁה וַיֹּאמַר אָכֵן נוֹדַע הַדָּבָר׃ וַיִּשְׁמַע פַּרְעֹה טו
אֶת־הַדָּבָר הַזֶּה וַיְבַקֵּשׁ לַהֲרֹג אֶת־מֹשֶׁה וַיִּבְרַח מֹשֶׁה מִפְּנֵי
פַרְעֹה וַיֵּשֶׁב בְּאֶרֶץ־מִדְיָן וַיֵּשֶׁב עַל־הַבְּאֵר׃ וּלְכֹהֵן מִדְיָן שֶׁבַע טז
בָּנוֹת וַתָּבֹאנָה וַתִּדְלֶנָה וַתְּמַלֶּאנָה אֶת־הָרְהָטִים לְהַשְׁקוֹת
צֹאן אֲבִיהֶן׃ וַיָּבֹאוּ הָרֹעִים וַיְגָרְשׁוּם וַיָּקָם מֹשֶׁה וַיּוֹשִׁעָן וַיַּשְׁקְ יז
אֶת־צֹאנָם׃ וַתָּבֹאנָה אֶל־רְעוּאֵל אֲבִיהֶן וַיֹּאמֶר מַדּוּעַ מִהַרְתֶּן יח
בֹּא הַיּוֹם׃ וַתֹּאמַרְןָ אִישׁ מִצְרִי הִצִּילָנוּ מִיַּד הָרֹעִים וְגַם־דָּלֹה יט

כ דָלֹה לָנוּ וַיַּשְׁקְ אֶת־הַצֹּאן׃ וַיֹּאמֶר אֶל־בְּנֹתָיו וְאַיּוֹ לָמָּה זֶּה
כא עֲזַבְתֶּן אֶת־הָאִישׁ קִרְאֶן לוֹ וְיֹאכַל לָחֶם׃ וַיּוֹאֶל מֹשֶׁה לָשֶׁבֶת
כב אֶת־הָאִישׁ וַיִּתֵּן אֶת־צִפֹּרָה בִתּוֹ לְמֹשֶׁה׃ וַתֵּלֶד בֵּן וַיִּקְרָא אֶת־
שְׁמוֹ גֵּרְשֹׁם כִּי אָמַר גֵּר הָיִיתִי בְּאֶרֶץ נָכְרִיָּה׃
כג וַיְהִי בַיָּמִים הָרַבִּים הָהֵם וַיָּמָת מֶלֶךְ מִצְרַיִם וַיֵּאָנְחוּ בְנֵי־
יִשְׂרָאֵל מִן־הָעֲבֹדָה וַיִּזְעָקוּ וַתַּעַל שַׁוְעָתָם אֶל־הָאֱלֹהִים מִן־
כד הָעֲבֹדָה׃ וַיִּשְׁמַע אֱלֹהִים אֶת־נַאֲקָתָם וַיִּזְכֹּר אֱלֹהִים אֶת־
כה בְּרִיתוֹ אֶת־אַבְרָהָם אֶת־יִצְחָק וְאֶת־יַעֲקֹב׃ וַיַּרְא אֱלֹהִים
ג א אֶת־בְּנֵי יִשְׂרָאֵל וַיֵּדַע אֱלֹהִים׃ וּמֹשֶׁה הָיָה רֹעֶה ב רביעי
אֶת־צֹאן יִתְרוֹ חֹתְנוֹ כֹּהֵן מִדְיָן וַיִּנְהַג אֶת־הַצֹּאן אַחַר הַמִּדְבָּר
ב וַיָּבֹא אֶל־הַר הָאֱלֹהִים חֹרֵבָה׃ וַיֵּרָא מַלְאַךְ יְהוָה אֵלָיו בְּלַבַּת־
אֵשׁ מִתּוֹךְ הַסְּנֶה וַיַּרְא וְהִנֵּה הַסְּנֶה בֹּעֵר בָּאֵשׁ וְהַסְּנֶה אֵינֶנּוּ
ג אֻכָּל׃ וַיֹּאמֶר מֹשֶׁה אָסֻרָה־נָּא וְאֶרְאֶה אֶת־הַמַּרְאֶה הַגָּדֹל
ד הַזֶּה מַדּוּעַ לֹא־יִבְעַר הַסְּנֶה׃ וַיַּרְא יְהוָה כִּי סָר לִרְאוֹת וַיִּקְרָא
אֵלָיו אֱלֹהִים מִתּוֹךְ הַסְּנֶה וַיֹּאמֶר מֹשֶׁה מֹשֶׁה וַיֹּאמֶר הִנֵּנִי׃
ה וַיֹּאמֶר אַל־תִּקְרַב הֲלֹם שַׁל־נְעָלֶיךָ מֵעַל רַגְלֶיךָ כִּי הַמָּקוֹם
ו אֲשֶׁר אַתָּה עוֹמֵד עָלָיו אַדְמַת־קֹדֶשׁ הוּא׃ וַיֹּאמֶר אָנֹכִי אֱלֹהֵי
אָבִיךָ אֱלֹהֵי אַבְרָהָם אֱלֹהֵי יִצְחָק וֵאלֹהֵי יַעֲקֹב וַיַּסְתֵּר מֹשֶׁה
ז פָּנָיו כִּי יָרֵא מֵהַבִּיט אֶל־הָאֱלֹהִים׃ וַיֹּאמֶר יְהוָה רָאֹה רָאִיתִי
אֶת־עֳנִי עַמִּי אֲשֶׁר בְּמִצְרָיִם וְאֶת־צַעֲקָתָם שָׁמַעְתִּי מִפְּנֵי
ח נֹגְשָׂיו כִּי יָדַעְתִּי אֶת־מַכְאֹבָיו׃ וָאֵרֵד לְהַצִּילוֹ ׀ מִיַּד מִצְרַיִם
וּלְהַעֲלֹתוֹ מִן־הָאָרֶץ הַהִוא אֶל־אֶרֶץ טוֹבָה וּרְחָבָה אֶל־אֶרֶץ
זָבַת חָלָב וּדְבָשׁ אֶל־מְקוֹם הַכְּנַעֲנִי וְהַחִתִּי וְהָאֱמֹרִי וְהַפְּרִזִּי
ט וְהַחִוִּי וְהַיְבוּסִי׃ וְעַתָּה הִנֵּה צַעֲקַת בְּנֵי־יִשְׂרָאֵל בָּאָה אֵלָי וְגַם־
י רָאִיתִי אֶת־הַלַּחַץ אֲשֶׁר מִצְרַיִם לֹחֲצִים אֹתָם׃ וְעַתָּה לְכָה
וְאֶשְׁלָחֲךָ אֶל־פַּרְעֹה וְהוֹצֵא אֶת־עַמִּי בְנֵי־יִשְׂרָאֵל מִמִּצְרָיִם׃
יא וַיֹּאמֶר מֹשֶׁה אֶל־הָאֱלֹהִים מִי אָנֹכִי כִּי אֵלֵךְ אֶל־פַּרְעֹה וְכִי

אוֹצִיא אֶת־בְּנֵי יִשְׂרָאֵל מִמִּצְרָיִם: וַיֹּאמֶר כִּי־אֶהְיֶה עִמָּךְ וְזֶה־ יב
לְּךָ הָאוֹת כִּי אָנֹכִי שְׁלַחְתִּיךָ בְּהוֹצִיאֲךָ אֶת־הָעָם מִמִּצְרַיִם
תַּעַבְדוּן אֶת־הָאֱלֹהִים עַל הָהָר הַזֶּה: וַיֹּאמֶר מֹשֶׁה אֶל־ יג
הָאֱלֹהִים הִנֵּה אָנֹכִי בָא אֶל־בְּנֵי יִשְׂרָאֵל וְאָמַרְתִּי לָהֶם אֱלֹהֵי
אֲבוֹתֵיכֶם שְׁלָחַנִי אֲלֵיכֶם וְאָמְרוּ־לִי מַה־שְּׁמוֹ מָה אֹמַר אֲלֵהֶם:
וַיֹּאמֶר אֱלֹהִים אֶל־מֹשֶׁה אֶהְיֶה אֲשֶׁר אֶהְיֶה וַיֹּאמֶר כֹּה תֹאמַר יד
לִבְנֵי יִשְׂרָאֵל אֶהְיֶה שְׁלָחַנִי אֲלֵיכֶם: וַיֹּאמֶר עוֹד אֱלֹהִים אֶל־ טו
מֹשֶׁה כֹּה תֹאמַר אֶל־בְּנֵי יִשְׂרָאֵל יְהוָה אֱלֹהֵי אֲבֹתֵיכֶם אֱלֹהֵי
אַבְרָהָם אֱלֹהֵי יִצְחָק וֵאלֹהֵי יַעֲקֹב שְׁלָחַנִי אֲלֵיכֶם זֶה־שְּׁמִי
חמישי לְעֹלָם וְזֶה זִכְרִי לְדֹר דֹּר: לֵךְ וְאָסַפְתָּ אֶת־זִקְנֵי יִשְׂרָאֵל וְאָמַרְתָּ טז
אֲלֵהֶם יְהוָה אֱלֹהֵי אֲבֹתֵיכֶם נִרְאָה אֵלַי אֱלֹהֵי אַבְרָהָם
יִצְחָק וְיַעֲקֹב לֵאמֹר פָּקֹד פָּקַדְתִּי אֶתְכֶם וְאֶת־הֶעָשׂוּי לָכֶם
בְּמִצְרָיִם: וָאֹמַר אַעֲלֶה אֶתְכֶם מֵעֳנִי מִצְרַיִם אֶל־אֶרֶץ הַכְּנַעֲנִי יז
וְהַחִתִּי וְהָאֱמֹרִי וְהַפְּרִזִּי וְהַחִוִּי וְהַיְבוּסִי אֶל־אֶרֶץ זָבַת חָלָב
וּדְבָשׁ: וְשָׁמְעוּ לְקֹלֶךָ וּבָאתָ אַתָּה וְזִקְנֵי יִשְׂרָאֵל אֶל־מֶלֶךְ יח
מִצְרַיִם וַאֲמַרְתֶּם אֵלָיו יְהוָה אֱלֹהֵי הָעִבְרִיִּים נִקְרָה עָלֵינוּ
וְעַתָּה נֵלֲכָה־נָּא דֶּרֶךְ שְׁלֹשֶׁת יָמִים בַּמִּדְבָּר וְנִזְבְּחָה לַיהוָה
אֱלֹהֵינוּ: וַאֲנִי יָדַעְתִּי כִּי לֹא־יִתֵּן אֶתְכֶם מֶלֶךְ מִצְרַיִם לַהֲלֹךְ יט
וְלֹא בְּיָד חֲזָקָה: וְשָׁלַחְתִּי אֶת־יָדִי וְהִכֵּיתִי אֶת־מִצְרַיִם בְּכֹל כ
נִפְלְאֹתַי אֲשֶׁר אֶעֱשֶׂה בְּקִרְבּוֹ וְאַחֲרֵי־כֵן יְשַׁלַּח אֶתְכֶם: וְנָתַתִּי כא
אֶת־חֵן הָעָם־הַזֶּה בְּעֵינֵי מִצְרָיִם וְהָיָה כִּי תֵלֵכוּן לֹא תֵלְכוּ
רֵיקָם: וְשָׁאֲלָה אִשָּׁה מִשְּׁכֶנְתָּהּ וּמִגָּרַת בֵּיתָהּ כְּלֵי־כֶסֶף וּכְלֵי כב
זָהָב וּשְׂמָלֹת וְשַׂמְתֶּם עַל־בְּנֵיכֶם וְעַל־בְּנֹתֵיכֶם וְנִצַּלְתֶּם אֶת־
מִצְרָיִם: וַיַּעַן מֹשֶׁה וַיֹּאמֶר וְהֵן לֹא־יַאֲמִינוּ לִי וְלֹא יִשְׁמְעוּ א ד
בְּקֹלִי כִּי יֹאמְרוּ לֹא־נִרְאָה אֵלֶיךָ יְהוָה: וַיֹּאמֶר אֵלָיו יְהוָה ב
מַה־זֶּה מַזֶּה בְיָדֶךָ וַיֹּאמֶר מַטֶּה: וַיֹּאמֶר הַשְׁלִיכֵהוּ אַרְצָה וַיַּשְׁלִכֵהוּ ג
אַרְצָה וַיְהִי לְנָחָשׁ וַיָּנָס מֹשֶׁה מִפָּנָיו: וַיֹּאמֶר יְהוָה אֶל־מֹשֶׁה ד

שְׁלַח יָדְךָ וֶאֱחֹז בִּזְנָבוֹ וַיִּשְׁלַח יָדוֹ וַיַּחֲזֶק־בּוֹ וַיְהִי לְמַטֶּה בְּכַפּוֹ׃
ה לְמַעַן יַאֲמִינוּ כִּי־נִרְאָה אֵלֶיךָ יְהוָה אֱלֹהֵי אֲבֹתָם אֱלֹהֵי
ו אַבְרָהָם אֱלֹהֵי יִצְחָק וֵאלֹהֵי יַעֲקֹב׃ וַיֹּאמֶר יְהוָה לוֹ עוֹד הָבֵא־
נָא יָדְךָ בְּחֵיקֶךָ וַיָּבֵא יָדוֹ בְּחֵיקוֹ וַיּוֹצִאָהּ וְהִנֵּה יָדוֹ מְצֹרַעַת
ז כַּשָּׁלֶג׃ וַיֹּאמֶר הָשֵׁב יָדְךָ אֶל־חֵיקֶךָ וַיָּשֶׁב יָדוֹ אֶל־חֵיקוֹ וַיּוֹצִאָהּ
ח מֵחֵיקוֹ וְהִנֵּה־שָׁבָה כִּבְשָׂרוֹ׃ וְהָיָה אִם־לֹא יַאֲמִינוּ לָךְ וְלֹא
יִשְׁמְעוּ לְקֹל הָאֹת הָרִאשׁוֹן וְהֶאֱמִינוּ לְקֹל הָאֹת הָאַחֲרוֹן׃
ט וְהָיָה אִם־לֹא יַאֲמִינוּ גַּם לִשְׁנֵי הָאֹתוֹת הָאֵלֶּה וְלֹא יִשְׁמְעוּן
לְקֹלֶךָ וְלָקַחְתָּ מִמֵּימֵי הַיְאֹר וְשָׁפַכְתָּ הַיַּבָּשָׁה וְהָיוּ הַמַּיִם אֲשֶׁר
י תִּקַּח מִן־הַיְאֹר וְהָיוּ לְדָם בַּיַּבָּשֶׁת׃ וַיֹּאמֶר מֹשֶׁה אֶל־יְהוָה
בִּי אֲדֹנָי לֹא אִישׁ דְּבָרִים אָנֹכִי גַּם מִתְּמוֹל גַּם מִשִּׁלְשֹׁם גַּם
יא מֵאָז דַּבֶּרְךָ אֶל־עַבְדֶּךָ כִּי כְבַד־פֶּה וּכְבַד לָשׁוֹן אָנֹכִי׃ וַיֹּאמֶר
יְהוָה אֵלָיו מִי שָׂם פֶּה לָאָדָם אוֹ מִי־יָשׂוּם אִלֵּם אוֹ חֵרֵשׁ אוֹ
יב פִקֵּחַ אוֹ עִוֵּר הֲלֹא אָנֹכִי יְהוָה׃ וְעַתָּה לֵךְ וְאָנֹכִי אֶהְיֶה עִם־פִּיךָ
יג וְהוֹרֵיתִיךָ אֲשֶׁר תְּדַבֵּר׃ וַיֹּאמֶר בִּי אֲדֹנָי שְׁלַח־נָא בְּיַד־תִּשְׁלָח׃
יד וַיִּחַר־אַף יְהוָה בְּמֹשֶׁה וַיֹּאמֶר הֲלֹא אַהֲרֹן אָחִיךָ הַלֵּוִי יָדַעְתִּי
כִּי־דַבֵּר יְדַבֵּר הוּא וְגַם הִנֵּה־הוּא יֹצֵא לִקְרָאתֶךָ וְרָאֲךָ וְשָׂמַח
טו בְּלִבּוֹ׃ וְדִבַּרְתָּ אֵלָיו וְשַׂמְתָּ אֶת־הַדְּבָרִים בְּפִיו וְאָנֹכִי אֶהְיֶה
טז עִם־פִּיךָ וְעִם־פִּיהוּ וְהוֹרֵיתִי אֶתְכֶם אֵת אֲשֶׁר תַּעֲשׂוּן׃ וְדִבֶּר־
הוּא לְךָ אֶל־הָעָם וְהָיָה הוּא יִהְיֶה־לְּךָ לְפֶה וְאַתָּה תִּהְיֶה־
יז לּוֹ לֵאלֹהִים׃ וְאֶת־הַמַּטֶּה הַזֶּה תִּקַּח בְּיָדֶךָ אֲשֶׁר תַּעֲשֶׂה־
בּוֹ אֶת־הָאֹתֹת׃
יח וַיֵּלֶךְ מֹשֶׁה וַיָּשָׁב ׀ אֶל־יֶתֶר חֹתְנוֹ וַיֹּאמֶר לוֹ אֵלְכָה־נָּא וְאָשׁוּבָה ג ששי
אֶל־אַחַי אֲשֶׁר־בְּמִצְרַיִם וְאֶרְאֶה הַעוֹדָם חַיִּים וַיֹּאמֶר יִתְרוֹ
יט לְמֹשֶׁה לֵךְ לְשָׁלוֹם׃ וַיֹּאמֶר יְהוָה אֶל־מֹשֶׁה בְּמִדְיָן לֵךְ שֻׁב
כ מִצְרָיִם כִּי־מֵתוּ כָּל־הָאֲנָשִׁים הַמְבַקְשִׁים אֶת־נַפְשֶׁךָ׃ וַיִּקַּח
מֹשֶׁה אֶת־אִשְׁתּוֹ וְאֶת־בָּנָיו וַיַּרְכִּבֵם עַל־הַחֲמֹר וַיָּשָׁב אַרְצָה

מִצְרָיִם וַיִּקַּח מֹשֶׁה אֶת־מַטֵּה הָאֱלֹהִים בְּיָדוֹ: וַיֹּאמֶר יְהוָה כא
אֶל־מֹשֶׁה בְּלֶכְתְּךָ לָשׁוּב מִצְרַיְמָה רְאֵה כָּל־הַמֹּפְתִים אֲשֶׁר־
שַׂמְתִּי בְיָדֶךָ וַעֲשִׂיתָם לִפְנֵי פַרְעֹה וַאֲנִי אֲחַזֵּק אֶת־לִבּוֹ וְלֹא
יְשַׁלַּח אֶת־הָעָם: וְאָמַרְתָּ אֶל־פַּרְעֹה כֹּה אָמַר יְהוָה בְּנִי בְכֹרִי כב
יִשְׂרָאֵל: וָאֹמַר אֵלֶיךָ שַׁלַּח אֶת־בְּנִי וְיַעַבְדֵנִי וַתְּמָאֵן לְשַׁלְּחוֹ כג
הִנֵּה אָנֹכִי הֹרֵג אֶת־בִּנְךָ בְּכֹרֶךָ: וַיְהִי בַדֶּרֶךְ בַּמָּלוֹן וַיִּפְגְּשֵׁהוּ כד
יְהוָה וַיְבַקֵּשׁ הֲמִיתוֹ: וַתִּקַּח צִפֹּרָה צֹר וַתִּכְרֹת אֶת־עָרְלַת כה
בְּנָהּ וַתַּגַּע לְרַגְלָיו וַתֹּאמֶר כִּי חֲתַן־דָּמִים אַתָּה לִי: וַיִּרֶף כו
מִמֶּנּוּ אָז אָמְרָה חֲתַן דָּמִים לַמּוּלֹת:
וַיֹּאמֶר יְהוָה אֶל־אַהֲרֹן לֵךְ לִקְרַאת מֹשֶׁה הַמִּדְבָּרָה וַיֵּלֶךְ כז
וַיִּפְגְּשֵׁהוּ בְּהַר הָאֱלֹהִים וַיִּשַּׁק־לוֹ: וַיַּגֵּד מֹשֶׁה לְאַהֲרֹן אֵת כָּל־ כח
דִּבְרֵי יְהוָה אֲשֶׁר שְׁלָחוֹ וְאֵת כָּל־הָאֹתֹת אֲשֶׁר צִוָּהוּ: וַיֵּלֶךְ כט
מֹשֶׁה וְאַהֲרֹן וַיַּאַסְפוּ אֶת־כָּל־זִקְנֵי בְּנֵי יִשְׂרָאֵל: וַיְדַבֵּר אַהֲרֹן ל
אֵת כָּל־הַדְּבָרִים אֲשֶׁר־דִּבֶּר יְהוָה אֶל־מֹשֶׁה וַיַּעַשׂ הָאֹתֹת
לְעֵינֵי הָעָם: וַיַּאֲמֵן הָעָם וַיִּשְׁמְעוּ כִּי־פָקַד יְהוָה אֶת־בְּנֵי לא
שביעי יִשְׂרָאֵל וְכִי רָאָה אֶת־עָנְיָם וַיִּקְּדוּ וַיִּשְׁתַּחֲווּ: וְאַחַר בָּאוּ מֹשֶׁה א ה
וְאַהֲרֹן וַיֹּאמְרוּ אֶל־פַּרְעֹה כֹּה־אָמַר יְהוָה אֱלֹהֵי יִשְׂרָאֵל שַׁלַּח
אֶת־עַמִּי וְיָחֹגּוּ לִי בַּמִּדְבָּר: וַיֹּאמֶר פַּרְעֹה מִי יְהוָה אֲשֶׁר אֶשְׁמַע ב
בְּקֹלוֹ לְשַׁלַּח אֶת־יִשְׂרָאֵל לֹא יָדַעְתִּי אֶת־יְהוָה וְגַם אֶת־
יִשְׂרָאֵל לֹא אֲשַׁלֵּחַ: וַיֹּאמְרוּ אֱלֹהֵי הָעִבְרִים נִקְרָא עָלֵינוּ ג
נֵלְכָה־נָּא דֶּרֶךְ שְׁלֹשֶׁת יָמִים בַּמִּדְבָּר וְנִזְבְּחָה לַיהוָה אֱלֹהֵינוּ
פֶּן־יִפְגָּעֵנוּ בַּדֶּבֶר אוֹ בֶחָרֶב: וַיֹּאמֶר אֲלֵהֶם מֶלֶךְ מִצְרַיִם לָמָּה ד
מֹשֶׁה וְאַהֲרֹן תַּפְרִיעוּ אֶת־הָעָם מִמַּעֲשָׂיו לְכוּ לְסִבְלֹתֵיכֶם:
וַיֹּאמֶר פַּרְעֹה הֵן־רַבִּים עַתָּה עַם הָאָרֶץ וְהִשְׁבַּתֶּם אֹתָם ה
מִסִּבְלֹתָם: וַיְצַו פַּרְעֹה בַּיּוֹם הַהוּא אֶת־הַנֹּגְשִׂים בָּעָם וְאֶת־ ו
שֹׁטְרָיו לֵאמֹר: לֹא תֹאסִפוּן לָתֵת תֶּבֶן לָעָם לִלְבֹּן הַלְּבֵנִים ז
כִּתְמוֹל שִׁלְשֹׁם הֵם יֵלְכוּ וְקֹשְׁשׁוּ לָהֶם תֶּבֶן: וְאֶת־מַתְכֹּנֶת ח

הלבנים אשר הם עשים תמול שלשם תשימו עליהם לא
תגרעו ממנו כי־נרפים הם על־כן הם צעקים לאמר נלכה
ט נזבחה לאלהינו: תכבד העבדה על־האנשים ויעשו־בה
י ואל־ישעו בדברי־שקר: ויצאו נגשי העם ושטריו ויאמרו
יא אל־העם לאמר כה אמר פרעה אינני נתן לכם תבן: אתם
לכו קחו לכם תבן מאשר תמצאו כי אין נגרע מעבדתכם
יב דבר: ויפץ העם בכל־ארץ מצרים לקשש קש לתבן:
יג והנגשים אצים לאמר כלו מעשיכם דבר־יום ביומו כאשר
יד בהיות התבן: ויכו שטרי בני ישראל אשר־שמו עלהם נגשי
פרעה לאמר מדוע לא כליתם חקכם ללבן כתמול שלשם
טו גם־תמול גם־היום: ויבאו שטרי בני ישראל ויצעקו אל־
טז פרעה לאמר למה תעשה כה לעבדיך: תבן אין נתן לעבדיך
ולבנים אמרים לנו עשו והנה עבדיך מכים וחטאת עמך:
יז ויאמר נרפים אתם נרפים על־כן אתם אמרים נלכה נזבחה
יח ליהוה: ועתה לכו עבדו ותבן לא־ינתן לכם ותכן לבנים
יט תתנו: ויראו שטרי בני־ישראל אתם ברע לאמר לא־תגרעו
כ מלבניכם דבר־יום ביומו: ויפגעו את־משה ואת־אהרן
כא נצבים לקראתם בצאתם מאת פרעה: ויאמרו אלהם ירא
יהוה עליכם וישפט אשר הבאשתם את־ריחנו בעיני פרעה
כב ובעיני עבדיו לתת־חרב בידם להרגנו: וישב משה אל־ מפטיר
יהוה ויאמר אדני למה הרעתה לעם הזה למה זה שלחתני:
כג ומאז באתי אל־פרעה לדבר בשמך הרע לעם הזה והצל
ו א לא־הצלת את־עמך: ויאמר יהוה אל־משה עתה תראה
אשר אעשה לפרעה כי ביד חזקה ישלחם וביד חזקה יגרשם
ב מארצו: וידבר אלהים אל־משה ויאמר אליו ד וארא
ג אני יהוה: וארא אל־אברהם אל־יצחק ואל־יעקב באל
ד שדי ושמי יהוה לא נודעתי להם: וגם הקמתי את־בריתי

אִתָּ֑ם לָתֵ֤ת לָהֶם֙ אֶת־אֶ֣רֶץ כְּנָ֔עַן אֵ֛ת אֶ֥רֶץ מְגֻרֵיהֶ֖ם אֲשֶׁר־
גָּ֥רוּ בָֽהּ׃ וְגַ֣ם ׀ אֲנִ֣י שָׁמַ֗עְתִּי אֶֽת־נַאֲקַת֙ בְּנֵ֣י יִשְׂרָאֵ֔ל אֲשֶׁ֥ר מִצְרַ֖יִם ה
מַעֲבִדִ֣ים אֹתָ֑ם וָאֶזְכֹּ֖ר אֶת־בְּרִיתִֽי׃ לָכֵ֞ן אֱמֹ֥ר לִבְנֵֽי־יִשְׂרָאֵל֮ ו
אֲנִ֣י יהוה֒ וְהוֹצֵאתִ֣י אֶתְכֶ֗ם מִתַּ֙חַת֙ סִבְלֹ֣ת מִצְרַ֔יִם וְהִצַּלְתִּ֥י
אֶתְכֶ֖ם מֵעֲבֹדָתָ֑ם וְגָאַלְתִּ֤י אֶתְכֶם֙ בִּזְר֣וֹעַ נְטוּיָ֔ה וּבִשְׁפָטִ֖ים
גְּדֹלִֽים׃ וְלָקַחְתִּ֨י אֶתְכֶ֥ם לִי֙ לְעָ֔ם וְהָיִ֥יתִי לָכֶ֖ם לֵֽאלֹהִ֑ים וִידַעְתֶּ֗ם ז
כִּ֣י אֲנִ֤י יהוה֙ אֱלֹ֣הֵיכֶ֔ם הַמּוֹצִ֣יא אֶתְכֶ֔ם מִתַּ֖חַת סִבְל֥וֹת מִצְרָֽיִם׃
וְהֵבֵאתִ֤י אֶתְכֶם֙ אֶל־הָאָ֔רֶץ אֲשֶׁ֤ר נָשָׂ֙אתִי֙ אֶת־יָדִ֔י לָתֵ֣ת אֹתָ֔הּ ח
לְאַבְרָהָ֥ם לְיִצְחָ֖ק וּֽלְיַעֲקֹ֑ב וְנָתַתִּ֨י אֹתָ֥הּ לָכֶ֛ם מוֹרָשָׁ֖ה אֲנִ֥י יהוה׃
וַיְדַבֵּ֥ר מֹשֶׁ֛ה כֵּ֖ן אֶל־בְּנֵ֣י יִשְׂרָאֵ֑ל וְלֹ֤א שָֽׁמְעוּ֙ אֶל־מֹשֶׁ֔ה מִקֹּ֣צֶר ט
ר֔וּחַ וּמֵעֲבֹדָ֖ה קָשָֽׁה׃
וַיְדַבֵּ֥ר יהוה אֶל־מֹשֶׁ֥ה לֵּאמֹֽר׃ בֹּ֣א דַבֵּ֔ר אֶל־פַּרְעֹ֖ה מֶ֣לֶךְ י יא
מִצְרָ֑יִם וִֽישַׁלַּ֥ח אֶת־בְּנֵֽי־יִשְׂרָאֵ֖ל מֵאַרְצֽוֹ׃ וַיְדַבֵּ֣ר מֹשֶׁ֔ה לִפְנֵ֥י יב
יהוה לֵאמֹ֑ר הֵ֤ן בְּנֵֽי־יִשְׂרָאֵל֙ לֹא־שָׁמְע֣וּ אֵלַ֔י וְאֵיךְ֙ יִשְׁמָעֵ֣נִי
פַרְעֹ֔ה וַאֲנִ֖י עֲרַ֥ל שְׂפָתָֽיִם׃
וַיְדַבֵּ֣ר יהוה֮ אֶל־מֹשֶׁ֣ה וְאֶֽל־אַהֲרֹן֒ וַיְצַוֵּם֙ אֶל־בְּנֵ֣י יִשְׂרָאֵ֔ל יג
וְאֶל־פַּרְעֹ֖ה מֶ֣לֶךְ מִצְרָ֑יִם לְהוֹצִ֥יא אֶת־בְּנֵֽי־יִשְׂרָאֵ֖ל מֵאֶ֥רֶץ
מִצְרָֽיִם׃ אֵ֖לֶּה רָאשֵׁ֣י בֵית־אֲבֹתָ֑ם בְּנֵ֨י רְאוּבֵ֜ן יד שני
בְּכֹ֣ר יִשְׂרָאֵ֗ל חֲנ֤וֹךְ וּפַלּוּא֙ חֶצְרֹ֣ן וְכַרְמִ֔י אֵ֖לֶּה מִשְׁפְּחֹ֥ת רְאוּבֵֽן׃
וּבְנֵ֣י שִׁמְע֗וֹן יְמוּאֵ֨ל וְיָמִ֤ין וְאֹ֙הַד֙ וְיָכִ֣ין וְצֹ֔חַר וְשָׁא֖וּל בֶּן־הַֽכְּנַעֲנִ֑ית טו
אֵ֖לֶּה מִשְׁפְּחֹ֥ת שִׁמְעֽוֹן׃ וְאֵ֨לֶּה שְׁמ֤וֹת בְּנֵֽי־לֵוִי֙ לְתֹ֣לְדֹתָ֔ם גֵּרְשׁ֕וֹן טז
וּקְהָ֖ת וּמְרָרִ֑י וּשְׁנֵי֙ חַיֵּ֣י לֵוִ֔י שֶׁ֧בַע וּשְׁלֹשִׁ֛ים וּמְאַ֖ת שָׁנָֽה׃ בְּנֵ֥י יז
גֵרְשׁ֛וֹן לִבְנִ֥י וְשִׁמְעִ֖י לְמִשְׁפְּחֹתָֽם׃ וּבְנֵ֣י קְהָ֔ת עַמְרָ֣ם וְיִצְהָ֔ר יח
וְחֶבְר֖וֹן וְעֻזִּיאֵ֑ל וּשְׁנֵי֙ חַיֵּ֣י קְהָ֔ת שָׁל֧שׁ וּשְׁלֹשִׁ֛ים וּמְאַ֖ת שָׁנָֽה׃
וּבְנֵ֥י מְרָרִ֖י מַחְלִ֣י וּמוּשִׁ֑י אֵ֛לֶּה מִשְׁפְּחֹ֥ת הַלֵּוִ֖י לְתֹלְדֹתָֽם׃ וַיִּקַּ֨ח יט כ
עַמְרָ֜ם אֶת־יוֹכֶ֤בֶד דֹּֽדָתוֹ֙ ל֣וֹ לְאִשָּׁ֔ה וַתֵּ֣לֶד ל֔וֹ אֶֽת־אַהֲרֹ֖ן וְאֶת־
מֹשֶׁ֑ה וּשְׁנֵי֙ חַיֵּ֣י עַמְרָ֔ם שֶׁ֧בַע וּשְׁלֹשִׁ֛ים וּמְאַ֖ת שָׁנָֽה׃ וּבְנֵ֖י יִצְהָ֑ר כא

כב כג קֹרַח וָנֶפֶג וְזִכְרִי׃ וּבְנֵי עֻזִּיאֵל מִישָׁאֵל וְאֶלְצָפָן וְסִתְרִי׃ וַיִּקַּח
אַהֲרֹן אֶת־אֱלִישֶׁבַע בַּת־עַמִּינָדָב אֲחוֹת נַחְשׁוֹן לוֹ לְאִשָּׁה
וַתֵּלֶד לוֹ אֶת־נָדָב וְאֶת־אֲבִיהוּא אֶת־אֶלְעָזָר וְאֶת־אִיתָמָר׃
כד וּבְנֵי קֹרַח אַסִּיר וְאֶלְקָנָה וַאֲבִיאָסָף אֵלֶּה מִשְׁפְּחֹת הַקָּרְחִי׃
כה וְאֶלְעָזָר בֶּן־אַהֲרֹן לָקַח־לוֹ מִבְּנוֹת פּוּטִיאֵל לוֹ לְאִשָּׁה
וַתֵּלֶד לוֹ אֶת־פִּינְחָס אֵלֶּה רָאשֵׁי אֲבוֹת הַלְוִיִּם לְמִשְׁפְּחֹתָם׃
כו הוּא אַהֲרֹן וּמֹשֶׁה אֲשֶׁר אָמַר יְהוָה לָהֶם הוֹצִיאוּ אֶת־
כז בְּנֵי יִשְׂרָאֵל מֵאֶרֶץ מִצְרַיִם עַל־צִבְאֹתָם׃ הֵם הַמְדַבְּרִים
אֶל־פַּרְעֹה מֶלֶךְ־מִצְרַיִם לְהוֹצִיא אֶת־בְּנֵי־יִשְׂרָאֵל מִמִּצְרָיִם
כח הוּא מֹשֶׁה וְאַהֲרֹן׃ וַיְהִי בְּיוֹם דִּבֶּר יְהוָה אֶל־מֹשֶׁה בְּאֶרֶץ
כט מִצְרָיִם׃ וַיְדַבֵּר יְהוָה אֶל־מֹשֶׁה לֵּאמֹר אֲנִי יְהוָה שלישי
דַּבֵּר אֶל־פַּרְעֹה מֶלֶךְ מִצְרַיִם אֵת כָּל־אֲשֶׁר אֲנִי דֹּבֵר אֵלֶיךָ׃
ל וַיֹּאמֶר מֹשֶׁה לִפְנֵי יְהוָה הֵן אֲנִי עֲרַל שְׂפָתַיִם וְאֵיךְ יִשְׁמַע
אֵלַי פַּרְעֹה׃

ז א וַיֹּאמֶר יְהוָה אֶל־מֹשֶׁה רְאֵה נְתַתִּיךָ אֱלֹהִים לְפַרְעֹה וְאַהֲרֹן
ב אָחִיךָ יִהְיֶה נְבִיאֶךָ׃ אַתָּה תְדַבֵּר אֵת כָּל־אֲשֶׁר אֲצַוֶּךָּ וְאַהֲרֹן
ג אָחִיךָ יְדַבֵּר אֶל־פַּרְעֹה וְשִׁלַּח אֶת־בְּנֵי־יִשְׂרָאֵל מֵאַרְצוֹ׃ וַאֲנִי
אַקְשֶׁה אֶת־לֵב פַּרְעֹה וְהִרְבֵּיתִי אֶת־אֹתֹתַי וְאֶת־מוֹפְתַי בְּאֶרֶץ
ד מִצְרָיִם׃ וְלֹא־יִשְׁמַע אֲלֵכֶם פַּרְעֹה וְנָתַתִּי אֶת־יָדִי בְּמִצְרָיִם
וְהוֹצֵאתִי אֶת־צִבְאֹתַי אֶת־עַמִּי בְנֵי־יִשְׂרָאֵל מֵאֶרֶץ מִצְרַיִם
ה בִּשְׁפָטִים גְּדֹלִים׃ וְיָדְעוּ מִצְרַיִם כִּי־אֲנִי יְהוָה בִּנְטֹתִי אֶת־
ו יָדִי עַל־מִצְרָיִם וְהוֹצֵאתִי אֶת־בְּנֵי־יִשְׂרָאֵל מִתּוֹכָם׃ וַיַּעַשׂ
ז מֹשֶׁה וְאַהֲרֹן כַּאֲשֶׁר צִוָּה יְהוָה אֹתָם כֵּן עָשׂוּ׃ וּמֹשֶׁה בֶּן־
שְׁמֹנִים שָׁנָה וְאַהֲרֹן בֶּן־שָׁלֹשׁ וּשְׁמֹנִים שָׁנָה בְּדַבְּרָם אֶל־
פַּרְעֹה׃

ח ט וַיֹּאמֶר יְהוָה אֶל־מֹשֶׁה וְאֶל־אַהֲרֹן לֵאמֹר׃ כִּי יְדַבֵּר אֲלֵכֶם ה רביעי
פַּרְעֹה לֵאמֹר תְּנוּ לָכֶם מוֹפֵת וְאָמַרְתָּ אֶל־אַהֲרֹן קַח אֶת־

מַטְּךָ וְהַשְׁלֵךְ לִפְנֵי־פַרְעֹה יְהִי לְתַנִּין׃ וַיָּבֹא מֹשֶׁה וְאַהֲרֹן אֶל־ י
פַּרְעֹה וַיַּעֲשׂוּ־כֵן כַּאֲשֶׁר צִוָּה יְהוָה וַיַּשְׁלֵךְ אַהֲרֹן אֶת־מַטֵּהוּ
לִפְנֵי פַרְעֹה וְלִפְנֵי עֲבָדָיו וַיְהִי לְתַנִּין׃ וַיִּקְרָא גַּם־פַּרְעֹה לַחֲכָמִים יא
וְלַמְכַשְּׁפִים וַיַּעֲשׂוּ גַם־הֵם חַרְטֻמֵּי מִצְרַיִם בְּלַהֲטֵיהֶם כֵּן׃
וַיַּשְׁלִיכוּ אִישׁ מַטֵּהוּ וַיִּהְיוּ לְתַנִּינִם וַיִּבְלַע מַטֵּה־אַהֲרֹן אֶת־ יב
מַטֹּתָם׃ וַיֶּחֱזַק לֵב פַּרְעֹה וְלֹא שָׁמַע אֲלֵהֶם כַּאֲשֶׁר דִּבֶּר יג
יְהוָה׃ וַיֹּאמֶר יְהוָה אֶל־מֹשֶׁה כָּבֵד לֵב פַּרְעֹה יד
מֵאֵן לְשַׁלַּח הָעָם׃ לֵךְ אֶל־פַּרְעֹה בַּבֹּקֶר הִנֵּה יֹצֵא הַמַּיְמָה טו
וְנִצַּבְתָּ לִקְרָאתוֹ עַל־שְׂפַת הַיְאֹר וְהַמַּטֶּה אֲשֶׁר־נֶהְפַּךְ לְנָחָשׁ
תִּקַּח בְּיָדֶךָ׃ וְאָמַרְתָּ אֵלָיו יְהוָה אֱלֹהֵי הָעִבְרִים שְׁלָחַנִי אֵלֶיךָ טז
לֵאמֹר שַׁלַּח אֶת־עַמִּי וְיַעַבְדֻנִי בַּמִּדְבָּר וְהִנֵּה לֹא־שָׁמַעְתָּ
עַד־כֹּה׃ כֹּה אָמַר יְהוָה בְּזֹאת תֵּדַע כִּי אֲנִי יְהוָה הִנֵּה אָנֹכִי יז
מַכֶּה ׀ בַּמַּטֶּה אֲשֶׁר־בְּיָדִי עַל־הַמַּיִם אֲשֶׁר בַּיְאֹר וְנֶהֶפְכוּ לְדָם׃
וְהַדָּגָה אֲשֶׁר־בַּיְאֹר תָּמוּת וּבָאַשׁ הַיְאֹר וְנִלְאוּ מִצְרַיִם לִשְׁתּוֹת יח
מַיִם מִן־הַיְאֹר׃ וַיֹּאמֶר יְהוָה אֶל־מֹשֶׁה אֱמֹר יט
אֶל־אַהֲרֹן קַח מַטְּךָ וּנְטֵה־יָדְךָ עַל־מֵימֵי מִצְרַיִם עַל־נַהֲרֹתָם ׀
עַל־יְאֹרֵיהֶם וְעַל־אַגְמֵיהֶם וְעַל כָּל־מִקְוֵה מֵימֵיהֶם וְיִהְיוּ־דָם
וְהָיָה דָם בְּכָל־אֶרֶץ מִצְרַיִם וּבָעֵצִים וּבָאֲבָנִים׃ וַיַּעֲשׂוּ־כֵן כ
מֹשֶׁה וְאַהֲרֹן כַּאֲשֶׁר ׀ צִוָּה יְהוָה וַיָּרֶם בַּמַּטֶּה וַיַּךְ אֶת־הַמַּיִם
אֲשֶׁר בַּיְאֹר לְעֵינֵי פַרְעֹה וּלְעֵינֵי עֲבָדָיו וַיֵּהָפְכוּ כָּל־הַמַּיִם אֲשֶׁר־
בַּיְאֹר לְדָם׃ וְהַדָּגָה אֲשֶׁר־בַּיְאֹר מֵתָה וַיִּבְאַשׁ הַיְאֹר וְלֹא־ כא
יָכְלוּ מִצְרַיִם לִשְׁתּוֹת מַיִם מִן־הַיְאֹר וַיְהִי הַדָּם בְּכָל־אֶרֶץ
מִצְרָיִם׃ וַיַּעֲשׂוּ־כֵן חַרְטֻמֵּי מִצְרַיִם בְּלָטֵיהֶם וַיֶּחֱזַק לֵב־פַּרְעֹה כב
וְלֹא־שָׁמַע אֲלֵהֶם כַּאֲשֶׁר דִּבֶּר יְהוָה׃ וַיִּפֶן פַּרְעֹה וַיָּבֹא אֶל־ כג
בֵּיתוֹ וְלֹא־שָׁת לִבּוֹ גַּם־לָזֹאת׃ וַיַּחְפְּרוּ כָל־מִצְרַיִם סְבִיבֹת כד
הַיְאֹר מַיִם לִשְׁתּוֹת כִּי לֹא יָכְלוּ לִשְׁתֹּת מִמֵּימֵי הַיְאֹר׃ וַיִּמָּלֵא כה
שִׁבְעַת יָמִים אַחֲרֵי הַכּוֹת־יְהוָה אֶת־הַיְאֹר׃

כו וַיֹּאמֶר יְהוָה אֶל־מֹשֶׁה בֹּא אֶל־פַּרְעֹה וְאָמַרְתָּ אֵלָיו כֹּה אָמַר
כז יְהוָה שַׁלַּח אֶת־עַמִּי וְיַעַבְדֻנִי׃ וְאִם־מָאֵן אַתָּה לְשַׁלֵּחַ הִנֵּה
כח אָנֹכִי נֹגֵף אֶת־כָּל־גְּבוּלְךָ בַּצְפַרְדְּעִים׃ וְשָׁרַץ הַיְאֹר צְפַרְדְּעִים
וְעָלוּ וּבָאוּ בְּבֵיתֶךָ וּבַחֲדַר מִשְׁכָּבְךָ וְעַל־מִטָּתֶךָ וּבְבֵית עֲבָדֶיךָ
כט וּבְעַמֶּךָ וּבְתַנּוּרֶיךָ וּבְמִשְׁאֲרוֹתֶיךָ׃ וּבְכָה וּבְעַמְּךָ וּבְכָל־עֲבָדֶיךָ
ח א יַעֲלוּ הַצְפַרְדְּעִים׃ וַיֹּאמֶר יְהוָה אֶל־מֹשֶׁה אֱמֹר אֶל־אַהֲרֹן
נְטֵה אֶת־יָדְךָ בְּמַטֶּךָ עַל־הַנְּהָרֹת עַל־הַיְאֹרִים וְעַל־הָאֲגַמִּים
ב וְהַעַל אֶת־הַצְפַרְדְּעִים עַל־אֶרֶץ מִצְרָיִם׃ וַיֵּט אַהֲרֹן אֶת־יָדוֹ
עַל מֵימֵי מִצְרָיִם וַתַּעַל הַצְּפַרְדֵּעַ וַתְּכַס אֶת־אֶרֶץ מִצְרָיִם׃
ג וַיַּעֲשׂוּ־כֵן הַחַרְטֻמִּים בְּלָטֵיהֶם וַיַּעֲלוּ אֶת־הַצְפַרְדְּעִים עַל־
ד אֶרֶץ מִצְרָיִם׃ וַיִּקְרָא פַרְעֹה לְמֹשֶׁה וּלְאַהֲרֹן וַיֹּאמֶר הַעְתִּירוּ
אֶל־יְהוָה וְיָסֵר הַצְפַרְדְּעִים מִמֶּנִּי וּמֵעַמִּי וַאֲשַׁלְּחָה אֶת־הָעָם
ה וְיִזְבְּחוּ לַיהוָה׃ וַיֹּאמֶר מֹשֶׁה לְפַרְעֹה הִתְפָּאֵר עָלַי לְמָתַי ׀
אַעְתִּיר לְךָ וְלַעֲבָדֶיךָ וּלְעַמְּךָ לְהַכְרִית הַצְפַרְדְּעִים מִמְּךָ
ו וּמִבָּתֶּיךָ רַק בַּיְאֹר תִּשָּׁאַרְנָה׃ וַיֹּאמֶר לְמָחָר וַיֹּאמֶר כִּדְבָרְךָ
ז לְמַעַן תֵּדַע כִּי־אֵין כַּיהוָה אֱלֹהֵינוּ׃ וְסָרוּ הַצְפַרְדְּעִים מִמְּךָ חמישי
ח וּמִבָּתֶּיךָ וּמֵעֲבָדֶיךָ וּמֵעַמֶּךָ רַק בַּיְאֹר תִּשָּׁאַרְנָה׃ וַיֵּצֵא מֹשֶׁה
וְאַהֲרֹן מֵעִם פַּרְעֹה וַיִּצְעַק מֹשֶׁה אֶל־יְהוָה עַל־דְּבַר הַצְפַרְדְּעִים
ט אֲשֶׁר־שָׂם לְפַרְעֹה׃ וַיַּעַשׂ יְהוָה כִּדְבַר מֹשֶׁה וַיָּמֻתוּ הַצְפַרְדְּעִים
י מִן־הַבָּתִּים מִן־הַחֲצֵרֹת וּמִן־הַשָּׂדֹת׃ וַיִּצְבְּרוּ אֹתָם חֳמָרִם
יא חֳמָרִם וַתִּבְאַשׁ הָאָרֶץ׃ וַיַּרְא פַּרְעֹה כִּי הָיְתָה הָרְוָחָה וְהַכְבֵּד
יב אֶת־לִבּוֹ וְלֹא שָׁמַע אֲלֵהֶם כַּאֲשֶׁר דִּבֶּר יְהוָה׃ וַיֹּאמֶר
יְהוָה אֶל־מֹשֶׁה אֱמֹר אֶל־אַהֲרֹן נְטֵה אֶת־מַטְּךָ וְהַךְ אֶת־
יג עֲפַר הָאָרֶץ וְהָיָה לְכִנִּם בְּכָל־אֶרֶץ מִצְרָיִם׃ וַיַּעֲשׂוּ־כֵן וַיֵּט
אַהֲרֹן אֶת־יָדוֹ בְמַטֵּהוּ וַיַּךְ אֶת־עֲפַר הָאָרֶץ וַתְּהִי הַכִּנָּם בָּאָדָם
וּבַבְּהֵמָה כָּל־עֲפַר הָאָרֶץ הָיָה כִנִּים בְּכָל־אֶרֶץ מִצְרָיִם׃
יד וַיַּעֲשׂוּ־כֵן הַחַרְטֻמִּים בְּלָטֵיהֶם לְהוֹצִיא אֶת־הַכִּנִּים וְלֹא יָכֹלוּ

וַתְּהִי֙ הַכִּנָּ֔ם בָּאָדָ֖ם וּבַבְּהֵמָֽה׃ וַיֹּאמְר֤וּ הַֽחַרְטֻמִּם֙ אֶל־פַּרְעֹ֔ה טו
אֶצְבַּ֥ע אֱלֹהִ֖ים הִ֑וא וַיֶּחֱזַ֤ק לֵב־פַּרְעֹה֙ וְלֹא־שָׁמַ֣ע אֲלֵהֶ֔ם כַּאֲשֶׁ֖ר
ו דִּבֶּ֥ר יְהוָֽה׃ וַיֹּ֨אמֶר יְהוָ֜ה אֶל־מֹשֶׁ֗ה הַשְׁכֵּ֤ם בַּבֹּ֨קֶר֙ טז
וְהִתְיַצֵּב֙ לִפְנֵ֣י פַרְעֹ֔ה הִנֵּ֖ה יוֹצֵ֣א הַמָּ֑יְמָה וְאָמַרְתָּ֣ אֵלָ֗יו כֹּ֚ה
אָמַ֣ר יְהוָ֔ה שַׁלַּ֥ח עַמִּ֖י וְיַֽעַבְדֻֽנִי׃ כִּ֣י אִם־אֵינְךָ֮ מְשַׁלֵּ֣חַ אֶת־עַמִּי֒ יז
הִנְנִ֨י מַשְׁלִ֜יחַ בְּךָ֨ וּבַעֲבָדֶ֧יךָ וּבְעַמְּךָ֛ וּבְבָתֶּ֖יךָ אֶת־הֶעָרֹ֑ב וּמָ֨לְא֜וּ
בָּתֵּ֤י מִצְרַ֨יִם֙ אֶת־הֶ֣עָרֹ֔ב וְגַ֥ם הָאֲדָמָ֖ה אֲשֶׁר־הֵ֥ם עָלֶֽיהָ׃ וְהִפְלֵיתִי֩ יח
בַיּ֨וֹם הַה֜וּא אֶת־אֶ֣רֶץ גֹּ֗שֶׁן אֲשֶׁ֤ר עַמִּי֙ עֹמֵ֣ד עָלֶ֔יהָ לְבִלְתִּ֥י הֱיֽוֹת־
ששי שָׁ֖ם עָרֹ֑ב לְמַ֣עַן תֵּדַ֔ע כִּ֛י אֲנִ֥י יְהוָ֖ה בְּקֶ֥רֶב הָאָֽרֶץ׃ וְשַׂמְתִּ֣י יט
פְדֻ֔ת בֵּ֥ין עַמִּ֖י וּבֵ֣ין עַמֶּ֑ךָ לְמָחָ֥ר יִהְיֶ֖ה הָאֹ֥ת הַזֶּֽה׃ וַיַּ֤עַשׂ יְהוָה֙ כ
כֵּ֔ן וַיָּבֹא֙ עָרֹ֣ב כָּבֵ֔ד בֵּ֥יתָה פַרְעֹ֖ה וּבֵ֣ית עֲבָדָ֑יו וּבְכָל־אֶ֧רֶץ
מִצְרַ֛יִם תִּשָּׁחֵ֥ת הָאָ֖רֶץ מִפְּנֵ֥י הֶעָרֹֽב׃ וַיִּקְרָ֣א פַרְעֹ֔ה אֶל־מֹשֶׁ֖ה כא
וּֽלְאַהֲרֹ֑ן וַיֹּ֗אמֶר לְכ֛וּ זִבְח֥וּ לֵאלֹהֵיכֶ֖ם בָּאָֽרֶץ׃ וַיֹּ֣אמֶר מֹשֶׁ֗ה כב
לֹ֤א נָכוֹן֙ לַעֲשׂ֣וֹת כֵּ֔ן כִּ֚י תּוֹעֲבַ֣ת מִצְרַ֔יִם נִזְבַּ֖ח לַיהוָ֣ה אֱלֹהֵ֑ינוּ
הֵ֣ן נִזְבַּ֞ח אֶת־תּוֹעֲבַ֥ת מִצְרַ֛יִם לְעֵינֵיהֶ֖ם וְלֹ֥א יִסְקְלֻֽנוּ׃ דֶּ֚רֶךְ כג
שְׁלֹ֣שֶׁת יָמִ֔ים נֵלֵ֖ךְ בַּמִּדְבָּ֑ר וְזָבַ֨חְנוּ֙ לַיהוָ֣ה אֱלֹהֵ֔ינוּ כַּאֲשֶׁ֖ר יֹאמַ֥ר
אֵלֵֽינוּ׃ וַיֹּ֣אמֶר פַּרְעֹ֗ה אָנֹכִ֞י אֲשַׁלַּ֤ח אֶתְכֶם֙ וּזְבַחְתֶּ֞ם לַיהוָ֤ה כד
אֱלֹהֵיכֶם֙ בַּמִּדְבָּ֔ר רַ֛ק הַרְחֵ֥ק לֹא־תַרְחִ֖יקוּ לָלֶ֑כֶת הַעְתִּ֖ירוּ
בַּעֲדִֽי׃ וַיֹּ֣אמֶר מֹשֶׁ֗ה הִנֵּ֨ה אָנֹכִ֜י יוֹצֵ֣א מֵעִמָּךְ֮ וְהַעְתַּרְתִּ֣י אֶל־ כה
יְהוָה֒ וְסָ֣ר הֶעָרֹ֗ב מִפַּרְעֹ֛ה מֵעֲבָדָ֥יו וּמֵעַמּ֖וֹ מָחָ֑ר רַ֗ק אַל־יֹסֵ֤ף
פַּרְעֹה֙ הָתֵ֔ל לְבִלְתִּי֙ שַׁלַּ֣ח אֶת־הָעָ֔ם לִזְבֹּ֖חַ לַיהוָֽה׃ וַיֵּצֵ֥א מֹשֶׁ֖ה כו
מֵעִ֣ם פַּרְעֹ֑ה וַיֶּעְתַּ֖ר אֶל־יְהוָֽה׃ וַיַּ֤עַשׂ יְהוָה֙ כִּדְבַ֣ר מֹשֶׁ֔ה וַיָּ֨סַר֙ כז
הֶעָרֹ֔ב מִפַּרְעֹ֖ה מֵעֲבָדָ֣יו וּמֵעַמּ֑וֹ לֹ֥א נִשְׁאַ֖ר אֶחָֽד׃ וַיַּכְבֵּ֤ד פַּרְעֹה֙ כח
אֶת־לִבּ֔וֹ גַּ֖ם בַּפַּ֣עַם הַזֹּ֑את וְלֹ֥א שִׁלַּ֖ח אֶת־הָעָֽם׃

וַיֹּ֤אמֶר יְהוָה֙ אֶל־מֹשֶׁ֔ה בֹּ֖א אֶל־פַּרְעֹ֑ה וְדִבַּרְתָּ֣ אֵלָ֗יו כֹּֽה־אָמַ֤ר א ט
יְהוָה֙ אֱלֹהֵ֣י הָֽעִבְרִ֔ים שַׁלַּ֥ח אֶת־עַמִּ֖י וְיַֽעַבְדֻֽנִי׃ כִּ֛י אִם־מָאֵ֥ן אַתָּ֖ה ב
לְשַׁלֵּ֑חַ וְעוֹדְךָ֖ מַחֲזִ֥יק בָּֽם׃ הִנֵּ֨ה יַד־יְהוָ֜ה הוֹיָ֗ה בְּמִקְנְךָ֙ אֲשֶׁ֣ר ג

בַּשָּׂדֶה בַּסּוּסִים בַּחֲמֹרִים בַּגְּמַלִּים בַּבָּקָר וּבַצֹּאן דֶּבֶר כָּבֵד
ד מְאֹד: וְהִפְלָה יְהוָה בֵּין מִקְנֵה יִשְׂרָאֵל וּבֵין מִקְנֵה מִצְרָיִם
ה וְלֹא יָמוּת מִכָּל־לִבְנֵי יִשְׂרָאֵל דָּבָר: וַיָּשֶׂם יְהוָה מוֹעֵד לֵאמֹר
ו מָחָר יַעֲשֶׂה יְהוָה הַדָּבָר הַזֶּה בָּאָרֶץ: וַיַּעַשׂ יְהוָה אֶת־הַדָּבָר
הַזֶּה מִמָּחֳרָת וַיָּמָת כֹּל מִקְנֵה מִצְרָיִם וּמִמִּקְנֵה בְנֵי־יִשְׂרָאֵל
ז לֹא־מֵת אֶחָד: וַיִּשְׁלַח פַּרְעֹה וְהִנֵּה לֹא־מֵת מִמִּקְנֵה יִשְׂרָאֵל
עַד־אֶחָד וַיִּכְבַּד לֵב פַּרְעֹה וְלֹא שִׁלַּח אֶת־הָעָם:
ח וַיֹּאמֶר יְהוָה אֶל־מֹשֶׁה וְאֶל־אַהֲרֹן קְחוּ לָכֶם מְלֹא חָפְנֵיכֶם
ט פִּיחַ כִּבְשָׁן וּזְרָקוֹ מֹשֶׁה הַשָּׁמַיְמָה לְעֵינֵי פַרְעֹה: וְהָיָה לְאָבָק
עַל כָּל־אֶרֶץ מִצְרָיִם וְהָיָה עַל־הָאָדָם וְעַל־הַבְּהֵמָה לִשְׁחִין
י פֹּרֵחַ אֲבַעְבֻּעֹת בְּכָל־אֶרֶץ מִצְרָיִם: וַיִּקְחוּ אֶת־פִּיחַ הַכִּבְשָׁן
וַיַּעַמְדוּ לִפְנֵי פַרְעֹה וַיִּזְרֹק אֹתוֹ מֹשֶׁה הַשָּׁמָיְמָה וַיְהִי שְׁחִין
יא אֲבַעְבֻּעֹת פֹּרֵחַ בָּאָדָם וּבַבְּהֵמָה: וְלֹא־יָכְלוּ הַחַרְטֻמִּים לַעֲמֹד
לִפְנֵי מֹשֶׁה מִפְּנֵי הַשְּׁחִין כִּי־הָיָה הַשְּׁחִין בַּחַרְטֻמִּם וּבְכָל־מִצְרָיִם:
יב וַיְחַזֵּק יְהוָה אֶת־לֵב פַּרְעֹה וְלֹא שָׁמַע אֲלֵהֶם כַּאֲשֶׁר דִּבֶּר
יג יְהוָה אֶל־מֹשֶׁה: וַיֹּאמֶר יְהוָה אֶל־מֹשֶׁה הַשְׁכֵּם
בַּבֹּקֶר וְהִתְיַצֵּב לִפְנֵי פַרְעֹה וְאָמַרְתָּ אֵלָיו כֹּה־אָמַר יְהוָה
יד אֱלֹהֵי הָעִבְרִים שַׁלַּח אֶת־עַמִּי וְיַעַבְדֻנִי: כִּי | בַּפַּעַם הַזֹּאת אֲנִי
שֹׁלֵחַ אֶת־כָּל־מַגֵּפֹתַי אֶל־לִבְּךָ וּבַעֲבָדֶיךָ וּבְעַמֶּךָ בַּעֲבוּר תֵּדַע
טו כִּי אֵין כָּמֹנִי בְּכָל־הָאָרֶץ: כִּי עַתָּה שָׁלַחְתִּי אֶת־יָדִי וָאַךְ אוֹתְךָ
טז וְאֶת־עַמְּךָ בַּדָּבֶר וַתִּכָּחֵד מִן־הָאָרֶץ: וְאוּלָם בַּעֲבוּר זֹאת
הֶעֱמַדְתִּיךָ בַּעֲבוּר הַרְאֹתְךָ אֶת־כֹּחִי וּלְמַעַן סַפֵּר שְׁמִי בְּכָל־
יז יח הָאָרֶץ: עוֹדְךָ מִסְתּוֹלֵל בְּעַמִּי לְבִלְתִּי שַׁלְּחָם: הִנְנִי מַמְטִיר שביעי
כָּעֵת מָחָר בָּרָד כָּבֵד מְאֹד אֲשֶׁר לֹא־הָיָה כָמֹהוּ בְּמִצְרַיִם לְמִן־
יט הַיּוֹם הִוָּסְדָה וְעַד־עָתָּה: וְעַתָּה שְׁלַח הָעֵז אֶת־מִקְנְךָ וְאֵת כָּל־
אֲשֶׁר לְךָ בַּשָּׂדֶה כָּל־הָאָדָם וְהַבְּהֵמָה אֲשֶׁר־יִמָּצֵא בַשָּׂדֶה
כ וְלֹא יֵאָסֵף הַבַּיְתָה וְיָרַד עֲלֵהֶם הַבָּרָד וָמֵתוּ: הַיָּרֵא אֶת־דְּבַר

יְהוָה מֵעַבְדֵי פַּרְעֹה הֵנִיס אֶת־עֲבָדָיו וְאֶת־מִקְנֵהוּ אֶל־
הַבָּתִּים׃ וַאֲשֶׁר לֹא־שָׂם לִבּוֹ אֶל־דְּבַר יְהוָה וַיַּעֲזֹב אֶת־עֲבָדָיו כא
וְאֶת־מִקְנֵהוּ בַּשָּׂדֶה׃

וַיֹּאמֶר יְהוָה אֶל־מֹשֶׁה נְטֵה אֶת־יָדְךָ עַל־הַשָּׁמַיִם וִיהִי בָרָד כב
בְּכָל־אֶרֶץ מִצְרָיִם עַל־הָאָדָם וְעַל־הַבְּהֵמָה וְעַל כָּל־עֵשֶׂב
הַשָּׂדֶה בְּאֶרֶץ מִצְרָיִם׃ וַיֵּט מֹשֶׁה אֶת־מַטֵּהוּ עַל־הַשָּׁמַיִם כג
וַיהוָה נָתַן קֹלֹת וּבָרָד וַתִּהֲלַךְ־אֵשׁ אָרְצָה וַיַּמְטֵר יְהוָה בָּרָד
עַל־אֶרֶץ מִצְרָיִם׃ וַיְהִי בָרָד וְאֵשׁ מִתְלַקַּחַת בְּתוֹךְ הַבָּרָד כָּבֵד כד
מְאֹד אֲשֶׁר לֹא־הָיָה כָמֹהוּ בְּכָל־אֶרֶץ מִצְרַיִם מֵאָז הָיְתָה לְגוֹי׃
וַיַּךְ הַבָּרָד בְּכָל־אֶרֶץ מִצְרַיִם אֵת כָּל־אֲשֶׁר בַּשָּׂדֶה מֵאָדָם כה
וְעַד־בְּהֵמָה וְאֵת כָּל־עֵשֶׂב הַשָּׂדֶה הִכָּה הַבָּרָד וְאֶת־כָּל־עֵץ
הַשָּׂדֶה שִׁבֵּר׃ רַק בְּאֶרֶץ גֹּשֶׁן אֲשֶׁר־שָׁם בְּנֵי יִשְׂרָאֵל לֹא הָיָה כו
בָּרָד׃ וַיִּשְׁלַח פַּרְעֹה וַיִּקְרָא לְמֹשֶׁה וּלְאַהֲרֹן וַיֹּאמֶר אֲלֵהֶם כז
חָטָאתִי הַפָּעַם יְהוָה הַצַּדִּיק וַאֲנִי וְעַמִּי הָרְשָׁעִים׃ הַעְתִּירוּ כח
אֶל־יְהוָה וְרַב מִהְיֹת קֹלֹת אֱלֹהִים וּבָרָד וַאֲשַׁלְּחָה אֶתְכֶם וְלֹא
תֹסִפוּן לַעֲמֹד׃ וַיֹּאמֶר אֵלָיו מֹשֶׁה כְּצֵאתִי אֶת־הָעִיר אֶפְרֹשׂ כט
אֶת־כַּפַּי אֶל־יְהוָה הַקֹּלוֹת יֶחְדָּלוּן וְהַבָּרָד לֹא יִהְיֶה־עוֹד לְמַעַן
תֵּדַע כִּי לַיהוָה הָאָרֶץ׃ וְאַתָּה וַעֲבָדֶיךָ יָדַעְתִּי כִּי טֶרֶם תִּירְאוּן ל
מִפְּנֵי יְהוָה אֱלֹהִים׃ וְהַפִּשְׁתָּה וְהַשְּׂעֹרָה נֻכָּתָה כִּי הַשְּׂעֹרָה לא
אָבִיב וְהַפִּשְׁתָּה גִּבְעֹל׃ וְהַחִטָּה וְהַכֻּסֶּמֶת לֹא נֻכּוּ כִּי אֲפִילֹת לב
מפטיר הֵנָּה׃ וַיֵּצֵא מֹשֶׁה מֵעִם פַּרְעֹה אֶת־הָעִיר וַיִּפְרֹשׂ כַּפָּיו אֶל־יְהוָה לג
וַיַּחְדְּלוּ הַקֹּלוֹת וְהַבָּרָד וּמָטָר לֹא־נִתַּךְ אָרְצָה׃ וַיַּרְא פַּרְעֹה לד
כִּי־חָדַל הַמָּטָר וְהַבָּרָד וְהַקֹּלֹת וַיֹּסֶף לַחֲטֹא וַיַּכְבֵּד לִבּוֹ הוּא
וַעֲבָדָיו׃ וַיֶּחֱזַק לֵב פַּרְעֹה וְלֹא שִׁלַּח אֶת־בְּנֵי יִשְׂרָאֵל כַּאֲשֶׁר לה
דִּבֶּר יְהוָה בְּיַד־מֹשֶׁה׃

בא ז וַיֹּאמֶר יְהוָה אֶל־מֹשֶׁה בֹּא אֶל־פַּרְעֹה כִּי־אֲנִי הִכְבַּדְתִּי אֶת־ י א
לִבּוֹ וְאֶת־לֵב עֲבָדָיו לְמַעַן שִׁתִי אֹתֹתַי אֵלֶּה בְּקִרְבּוֹ׃ וּלְמַעַן ב

תְּסַפֵּר בְּאָזְנֵי בִנְךָ וּבֶן־בִּנְךָ אֵת אֲשֶׁר הִתְעַלַּלְתִּי בְּמִצְרַיִם
ג וְאֶת־אֹתֹתַי אֲשֶׁר־שַׂמְתִּי בָם וִידַעְתֶּם כִּי־אֲנִי יְהוָה: וַיָּבֹא
מֹשֶׁה וְאַהֲרֹן אֶל־פַּרְעֹה וַיֹּאמְרוּ אֵלָיו כֹּה־אָמַר יְהוָה אֱלֹהֵי
הָעִבְרִים עַד־מָתַי מֵאַנְתָּ לֵעָנֹת מִפָּנָי שַׁלַּח עַמִּי וְיַעַבְדֻנִי:
ד כִּי אִם־מָאֵן אַתָּה לְשַׁלֵּחַ אֶת־עַמִּי הִנְנִי מֵבִיא מָחָר אַרְבֶּה
ה בִּגְבֻלֶךָ: וְכִסָּה אֶת־עֵין הָאָרֶץ וְלֹא יוּכַל לִרְאֹת אֶת־הָאָרֶץ
וְאָכַל ׀ אֶת־יֶתֶר הַפְּלֵטָה הַנִּשְׁאֶרֶת לָכֶם מִן־הַבָּרָד וְאָכַל אֶת־
ו כָּל־הָעֵץ הַצֹּמֵחַ לָכֶם מִן־הַשָּׂדֶה: וּמָלְאוּ בָתֶּיךָ וּבָתֵּי כָל־
עֲבָדֶיךָ וּבָתֵּי כָל־מִצְרַיִם אֲשֶׁר לֹא־רָאוּ אֲבֹתֶיךָ וַאֲבוֹת אֲבֹתֶיךָ
מִיּוֹם הֱיוֹתָם עַל־הָאֲדָמָה עַד הַיּוֹם הַזֶּה וַיִּפֶן וַיֵּצֵא מֵעִם פַּרְעֹה:
ז וַיֹּאמְרוּ עַבְדֵי פַרְעֹה אֵלָיו עַד־מָתַי יִהְיֶה זֶה לָנוּ לְמוֹקֵשׁ
שַׁלַּח אֶת־הָאֲנָשִׁים וְיַעַבְדוּ אֶת־יְהוָה אֱלֹהֵיהֶם הֲטֶרֶם תֵּדַע
ח כִּי אָבְדָה מִצְרָיִם: וַיּוּשַׁב אֶת־מֹשֶׁה וְאֶת־אַהֲרֹן אֶל־פַּרְעֹה
וַיֹּאמֶר אֲלֵהֶם לְכוּ עִבְדוּ אֶת־יְהוָה אֱלֹהֵיכֶם מִי וָמִי הַהֹלְכִים:
ט וַיֹּאמֶר מֹשֶׁה בִּנְעָרֵינוּ וּבִזְקֵנֵינוּ נֵלֵךְ בְּבָנֵינוּ וּבִבְנוֹתֵנוּ בְּצֹאנֵנוּ
י וּבִבְקָרֵנוּ נֵלֵךְ כִּי חַג־יְהוָה לָנוּ: וַיֹּאמֶר אֲלֵהֶם יְהִי כֵן יְהוָה
עִמָּכֶם כַּאֲשֶׁר אֲשַׁלַּח אֶתְכֶם וְאֶת־טַפְּכֶם רְאוּ כִּי רָעָה נֶגֶד
יא פְּנֵיכֶם: לֹא כֵן לְכוּ־נָא הַגְּבָרִים וְעִבְדוּ אֶת־יְהוָה כִּי אֹתָהּ אַתֶּם
יב מְבַקְשִׁים וַיְגָרֶשׁ אֹתָם מֵאֵת פְּנֵי פַרְעֹה: וַיֹּאמֶר שני
יְהוָה אֶל־מֹשֶׁה נְטֵה יָדְךָ עַל־אֶרֶץ מִצְרַיִם בָּאַרְבֶּה וְיַעַל עַל־
אֶרֶץ מִצְרָיִם וְיֹאכַל אֶת־כָּל־עֵשֶׂב הָאָרֶץ אֵת כָּל־אֲשֶׁר
יג הִשְׁאִיר הַבָּרָד: וַיֵּט מֹשֶׁה אֶת־מַטֵּהוּ עַל־אֶרֶץ מִצְרַיִם וַיהוָה
נִהַג רוּחַ־קָדִים בָּאָרֶץ כָּל־הַיּוֹם הַהוּא וְכָל־הַלָּיְלָה הַבֹּקֶר
יד הָיָה וְרוּחַ הַקָּדִים נָשָׂא אֶת־הָאַרְבֶּה: וַיַּעַל הָאַרְבֶּה עַל כָּל־
אֶרֶץ מִצְרַיִם וַיָּנַח בְּכֹל גְּבוּל מִצְרָיִם כָּבֵד מְאֹד לְפָנָיו לֹא־
טו הָיָה כֵן אַרְבֶּה כָּמֹהוּ וְאַחֲרָיו לֹא יִהְיֶה־כֵּן: וַיְכַס אֶת־עֵין
כָּל־הָאָרֶץ וַתֶּחְשַׁךְ הָאָרֶץ וַיֹּאכַל אֶת־כָּל־עֵשֶׂב הָאָרֶץ וְאֵת

כָּל־פְּרִי הָעֵץ אֲשֶׁר הוֹתִיר הַבָּרָד וְלֹא־נוֹתַר כָּל־יֶרֶק בָּעֵץ
וּבְעֵשֶׂב הַשָּׂדֶה בְּכָל־אֶרֶץ מִצְרָיִם: וַיְמַהֵר פַּרְעֹה לִקְרֹא טז
לְמֹשֶׁה וּלְאַהֲרֹן וַיֹּאמֶר חָטָאתִי לַיהוָה אֱלֹהֵיכֶם וְלָכֶם: וְעַתָּה יז
שָׂא נָא חַטָּאתִי אַךְ הַפַּעַם וְהַעְתִּירוּ לַיהוָה אֱלֹהֵיכֶם וְיָסֵר
מֵעָלַי רַק אֶת־הַמָּוֶת הַזֶּה: וַיֵּצֵא מֵעִם פַּרְעֹה וַיֶּעְתַּר אֶל־יְהוָה: יח
וַיַּהֲפֹךְ יְהוָה רוּחַ־יָם חָזָק מְאֹד וַיִּשָּׂא אֶת־הָאַרְבֶּה וַיִּתְקָעֵהוּ יט
יָמָּה סּוּף לֹא נִשְׁאַר אַרְבֶּה אֶחָד בְּכֹל גְּבוּל מִצְרָיִם: וַיְחַזֵּק כ
יְהוָה אֶת־לֵב פַּרְעֹה וְלֹא שִׁלַּח אֶת־בְּנֵי יִשְׂרָאֵל:
וַיֹּאמֶר יְהוָה אֶל־מֹשֶׁה נְטֵה יָדְךָ עַל־הַשָּׁמַיִם וִיהִי חֹשֶׁךְ עַל־ כא
אֶרֶץ מִצְרָיִם וְיָמֵשׁ חֹשֶׁךְ: וַיֵּט מֹשֶׁה אֶת־יָדוֹ עַל־הַשָּׁמָיִם כב
וַיְהִי חֹשֶׁךְ־אֲפֵלָה בְּכָל־אֶרֶץ מִצְרַיִם שְׁלֹשֶׁת יָמִים: לֹא־רָאוּ כג
אִישׁ אֶת־אָחִיו וְלֹא־קָמוּ אִישׁ מִתַּחְתָּיו שְׁלֹשֶׁת יָמִים וּלְכָל־
שלישי בְּנֵי יִשְׂרָאֵל הָיָה אוֹר בְּמוֹשְׁבֹתָם: וַיִּקְרָא פַרְעֹה אֶל־מֹשֶׁה כד
וַיֹּאמֶר לְכוּ עִבְדוּ אֶת־יְהוָה רַק צֹאנְכֶם וּבְקַרְכֶם יֻצָּג גַּם־
טַפְּכֶם יֵלֵךְ עִמָּכֶם: וַיֹּאמֶר מֹשֶׁה גַּם־אַתָּה תִּתֵּן בְּיָדֵנוּ זְבָחִים כה
וְעֹלֹת וְעָשִׂינוּ לַיהוָה אֱלֹהֵינוּ: וְגַם־מִקְנֵנוּ יֵלֵךְ עִמָּנוּ לֹא כו
תִשָּׁאֵר פַּרְסָה כִּי מִמֶּנּוּ נִקַּח לַעֲבֹד אֶת־יְהוָה אֱלֹהֵינוּ וַאֲנַחְנוּ
לֹא־נֵדַע מַה־נַּעֲבֹד אֶת־יְהוָה עַד־בֹּאֵנוּ שָׁמָּה: וַיְחַזֵּק כז
יְהוָה אֶת־לֵב פַּרְעֹה וְלֹא אָבָה לְשַׁלְּחָם: וַיֹּאמֶר־לוֹ פַרְעֹה כח
לֵךְ מֵעָלָי הִשָּׁמֶר לְךָ אַל־תֹּסֶף רְאוֹת פָּנַי כִּי בְּיוֹם רְאֹתְךָ
פָנַי תָּמוּת: וַיֹּאמֶר מֹשֶׁה כֵּן דִּבַּרְתָּ לֹא־אֹסִף עוֹד רְאוֹת כט
פָּנֶיךָ:
ח וַיֹּאמֶר יְהוָה אֶל־מֹשֶׁה עוֹד נֶגַע אֶחָד אָבִיא עַל־פַּרְעֹה וְעַל־ א יא
מִצְרַיִם אַחֲרֵי־כֵן יְשַׁלַּח אֶתְכֶם מִזֶּה כְּשַׁלְּחוֹ כָּלָה גָּרֵשׁ יְגָרֵשׁ
אֶתְכֶם מִזֶּה: דַּבֶּר־נָא בְּאָזְנֵי הָעָם וְיִשְׁאֲלוּ אִישׁ ׀ מֵאֵת רֵעֵהוּ ב
וְאִשָּׁה מֵאֵת רְעוּתָהּ כְּלֵי־כֶסֶף וּכְלֵי זָהָב: וַיִּתֵּן יְהוָה אֶת־חֵן ג
הָעָם בְּעֵינֵי מִצְרָיִם גַּם ׀ הָאִישׁ מֹשֶׁה גָּדוֹל מְאֹד בְּאֶרֶץ מִצְרַיִם

רביעי

ד בְּעֵינֵי עַבְדֵי־פַרְעֹה וּבְעֵינֵי הָעָם׃ וַיֹּאמֶר מֹשֶׁה

ה כֹּה אָמַר יְהוָה כַּחֲצֹת הַלַּיְלָה אֲנִי יוֹצֵא בְּתוֹךְ מִצְרָיִם׃ וּמֵת

כָּל־בְּכוֹר בְּאֶרֶץ מִצְרַיִם מִבְּכוֹר פַּרְעֹה הַיֹּשֵׁב עַל־כִּסְאוֹ עַד

ו בְּכוֹר הַשִּׁפְחָה אֲשֶׁר אַחַר הָרֵחָיִם וְכֹל בְּכוֹר בְּהֵמָה׃ וְהָיְתָה

צְעָקָה גְדֹלָה בְּכָל־אֶרֶץ מִצְרָיִם אֲשֶׁר כָּמֹהוּ לֹא נִהְיָתָה

ז וְכָמֹהוּ לֹא תֹסִף׃ וּלְכֹל ׀ בְּנֵי יִשְׂרָאֵל לֹא יֶחֱרַץ־כֶּלֶב לְשֹׁנוֹ

לְמֵאִישׁ וְעַד־בְּהֵמָה לְמַעַן תֵּדְעוּן אֲשֶׁר יַפְלֶה יְהוָה בֵּין מִצְרַיִם

ח וּבֵין יִשְׂרָאֵל׃ וְיָרְדוּ כָל־עֲבָדֶיךָ אֵלֶּה אֵלַי וְהִשְׁתַּחֲווּ־לִי לֵאמֹר

צֵא אַתָּה וְכָל־הָעָם אֲשֶׁר־בְּרַגְלֶיךָ וְאַחֲרֵי־כֵן אֵצֵא וַיֵּצֵא

ט מֵעִם־פַּרְעֹה בָּחֳרִי־אָף׃ וַיֹּאמֶר יְהוָה אֶל־

מֹשֶׁה לֹא־יִשְׁמַע אֲלֵיכֶם פַּרְעֹה לְמַעַן רְבוֹת מוֹפְתַי בְּאֶרֶץ

י מִצְרָיִם׃ וּמֹשֶׁה וְאַהֲרֹן עָשׂוּ אֶת־כָּל־הַמֹּפְתִים הָאֵלֶּה לִפְנֵי

פַרְעֹה וַיְחַזֵּק יְהוָה אֶת־לֵב פַּרְעֹה וְלֹא־שִׁלַּח אֶת־בְּנֵי־יִשְׂרָאֵל

יב א מֵאַרְצוֹ׃ וַיֹּאמֶר יְהוָה אֶל־מֹשֶׁה וְאֶל־אַהֲרֹן

ב בְּאֶרֶץ מִצְרַיִם לֵאמֹר׃ הַחֹדֶשׁ הַזֶּה לָכֶם רֹאשׁ חֳדָשִׁים רִאשׁוֹן

ג הוּא לָכֶם לְחָדְשֵׁי הַשָּׁנָה׃ דַּבְּרוּ אֶל־כָּל־עֲדַת יִשְׂרָאֵל לֵאמֹר

בֶּעָשֹׂר לַחֹדֶשׁ הַזֶּה וְיִקְחוּ לָהֶם אִישׁ שֶׂה לְבֵית־אָבֹת שֶׂה

ד לַבָּיִת׃ וְאִם־יִמְעַט הַבַּיִת מִהְיֹת מִשֶּׂה וְלָקַח הוּא וּשְׁכֵנוֹ

הַקָּרֹב אֶל־בֵּיתוֹ בְּמִכְסַת נְפָשֹׁת אִישׁ לְפִי אָכְלוֹ תָּכֹסּוּ עַל־

ה הַשֶּׂה׃ שֶׂה תָמִים זָכָר בֶּן־שָׁנָה יִהְיֶה לָכֶם מִן־הַכְּבָשִׂים וּמִן־

ו הָעִזִּים תִּקָּחוּ׃ וְהָיָה לָכֶם לְמִשְׁמֶרֶת עַד אַרְבָּעָה עָשָׂר יוֹם

לַחֹדֶשׁ הַזֶּה וְשָׁחֲטוּ אֹתוֹ כֹּל קְהַל עֲדַת־יִשְׂרָאֵל בֵּין הָעַרְבָּיִם׃

ז וְלָקְחוּ מִן־הַדָּם וְנָתְנוּ עַל־שְׁתֵּי הַמְּזוּזֹת וְעַל־הַמַּשְׁקוֹף עַל

ח הַבָּתִּים אֲשֶׁר־יֹאכְלוּ אֹתוֹ בָּהֶם׃ וְאָכְלוּ אֶת־הַבָּשָׂר בַּלַּיְלָה

ט הַזֶּה צְלִי־אֵשׁ וּמַצּוֹת עַל־מְרֹרִים יֹאכְלֻהוּ׃ אַל־תֹּאכְלוּ מִמֶּנּוּ

נָא וּבָשֵׁל מְבֻשָּׁל בַּמָּיִם כִּי אִם־צְלִי־אֵשׁ רֹאשׁוֹ עַל־כְּרָעָיו

י וְעַל־קִרְבּוֹ׃ וְלֹא־תוֹתִירוּ מִמֶּנּוּ עַד־בֹּקֶר וְהַנֹּתָר מִמֶּנּוּ עַד־

בֹּ֖קֶר בָּאֵ֥שׁ תִּשְׂרֹֽפוּ׃ וְכָ֘כָה֮ תֹּאכְל֣וּ אֹתוֹ֒ מָתְנֵיכֶ֣ם חֲגֻרִ֔ים יא
נַֽעֲלֵיכֶם֙ בְּרַגְלֵיכֶ֔ם וּמַקֶּלְכֶ֖ם בְּיֶדְכֶ֑ם וַאֲכַלְתֶּ֤ם אֹתוֹ֙ בְּחִפָּז֔וֹן
פֶּ֥סַח ה֖וּא לַיהוָֽה׃ וְעָבַרְתִּ֣י בְאֶֽרֶץ־מִצְרַיִם֮ בַּלַּ֣יְלָה הַזֶּה֒ וְהִכֵּיתִ֤י יב
כָל־בְּכוֹר֙ בְּאֶ֣רֶץ מִצְרַ֔יִם מֵאָדָ֖ם וְעַד־בְּהֵמָ֑ה וּבְכָל־אֱלֹהֵ֥י
מִצְרַ֛יִם אֶֽעֱשֶׂ֥ה שְׁפָטִ֖ים אֲנִ֥י יְהוָֽה׃ וְהָיָה֩ הַדָּ֨ם לָכֶ֜ם לְאֹ֗ת עַ֤ל יג
הַבָּתִּים֙ אֲשֶׁ֣ר אַתֶּ֣ם שָׁ֔ם וְרָאִ֙יתִי֙ אֶת־הַדָּ֔ם וּפָסַחְתִּ֖י עֲלֵכֶ֑ם
וְלֹא־יִהְיֶ֨ה בָכֶ֥ם נֶ֙גֶף֙ לְמַשְׁחִ֔ית בְּהַכֹּתִ֖י בְּאֶ֥רֶץ מִצְרָֽיִם׃ וְהָיָה֩ יד
הַיּ֨וֹם הַזֶּ֤ה לָכֶם֙ לְזִכָּר֔וֹן וְחַגֹּתֶ֥ם אֹת֖וֹ חַ֣ג לַֽיהוָ֑ה לְדֹרֹ֣תֵיכֶ֔ם
חֻקַּ֥ת עוֹלָ֖ם תְּחָגֻּֽהוּ׃ שִׁבְעַ֤ת יָמִים֙ מַצּ֣וֹת תֹּאכֵ֔לוּ אַ֚ךְ בַּיּ֣וֹם טו
הָֽרִאשׁ֔וֹן תַּשְׁבִּ֥יתוּ שְּׂאֹ֖ר מִבָּתֵּיכֶ֑ם כִּ֣י ׀ כָּל־אֹכֵ֣ל חָמֵ֗ץ וְנִכְרְתָ֞ה
הַנֶּ֤פֶשׁ הַהִוא֙ מִיִּשְׂרָאֵ֔ל מִיּ֥וֹם הָרִאשֹׁ֖ן עַד־י֥וֹם הַשְּׁבִעִֽי׃ וּבַיּ֤וֹם טז
הָֽרִאשׁוֹן֙ מִקְרָא־קֹ֔דֶשׁ וּבַיּוֹם֙ הַשְּׁבִיעִ֔י מִקְרָא־קֹ֖דֶשׁ יִהְיֶ֣ה לָכֶ֑ם
כָּל־מְלָאכָה֙ לֹא־יֵעָשֶׂ֣ה בָהֶ֔ם אַ֚ךְ אֲשֶׁ֣ר יֵאָכֵ֣ל לְכָל־נֶ֔פֶשׁ ה֥וּא
לְבַדּ֖וֹ יֵעָשֶׂ֥ה לָכֶֽם׃ וּשְׁמַרְתֶּם֮ אֶת־הַמַּצּוֹת֒ כִּ֗י בְּעֶ֙צֶם֙ הַיּ֣וֹם יז
הַזֶּ֔ה הוֹצֵ֥אתִי אֶת־צִבְאוֹתֵיכֶ֖ם מֵאֶ֣רֶץ מִצְרָ֑יִם וּשְׁמַרְתֶּ֞ם אֶת־
הַיּ֥וֹם הַזֶּ֛ה לְדֹרֹתֵיכֶ֖ם חֻקַּ֥ת עוֹלָֽם׃ בָּרִאשֹׁ֡ן בְּאַרְבָּעָה֩ עָשָׂ֨ר יח
י֤וֹם לַחֹ֙דֶשׁ֙ בָּעֶ֔רֶב תֹּאכְל֖וּ מַצֹּ֑ת עַ֠ד י֣וֹם הָאֶחָ֧ד וְעֶשְׂרִ֛ים
לַחֹ֖דֶשׁ בָּעָֽרֶב׃ שִׁבְעַ֣ת יָמִ֔ים שְׂאֹ֕ר לֹ֥א יִמָּצֵ֖א בְּבָתֵּיכֶ֑ם כִּ֣י ׀ יט
כָּל־אֹכֵ֣ל מַחְמֶ֗צֶת וְנִכְרְתָ֞ה הַנֶּ֤פֶשׁ הַהִוא֙ מֵעֲדַ֣ת יִשְׂרָאֵ֔ל בַּגֵּ֖ר
וּבְאֶזְרַ֥ח הָאָֽרֶץ׃ כָּל־מַחְמֶ֖צֶת לֹ֣א תֹאכֵ֑לוּ בְּכֹל֙ מוֹשְׁבֹ֣תֵיכֶ֔ם כ
תֹּאכְל֖וּ מַצּֽוֹת׃
חמישי וַיִּקְרָ֥א מֹשֶׁ֛ה לְכָל־זִקְנֵ֥י יִשְׂרָאֵ֖ל וַיֹּ֣אמֶר אֲלֵהֶ֑ם מִֽשְׁכ֗וּ וּקְח֨וּ כא
לָכֶ֥ם צֹ֛אן לְמִשְׁפְּחֹתֵיכֶ֖ם וְשַׁחֲט֥וּ הַפָּֽסַח׃ וּלְקַחְתֶּ֞ם אֲגֻדַּ֣ת אֵז֗וֹב כב
וּטְבַלְתֶּם֮ בַּדָּ֣ם אֲשֶׁר־בַּסַּף֒ וְהִגַּעְתֶּ֣ם אֶל־הַמַּשְׁקוֹף֙ וְאֶל־שְׁתֵּ֣י
הַמְּזוּזֹ֔ת מִן־הַדָּ֖ם אֲשֶׁ֣ר בַּסָּ֑ף וְאַתֶּ֗ם לֹ֥א תֵצְא֛וּ אִ֥ישׁ מִפֶּֽתַח־
בֵּית֖וֹ עַד־בֹּֽקֶר׃ וְעָבַ֣ר יְהוָה֮ לִנְגֹּ֣ף אֶת־מִצְרַיִם֒ וְרָאָ֤ה אֶת־ כג
הַדָּם֙ עַל־הַמַּשְׁק֔וֹף וְעַ֖ל שְׁתֵּ֣י הַמְּזוּזֹ֑ת וּפָסַ֤ח יְהוָה֙ עַל־הַפֶּ֔תַח

כד וְלֹא יִתֵּן הַמַּשְׁחִית לָבֹא אֶל־בָּתֵּיכֶם לִנְגֹּף׃ וּשְׁמַרְתֶּם אֶת־
כה הַדָּבָר הַזֶּה לְחָק־לְךָ וּלְבָנֶיךָ עַד־עוֹלָם׃ וְהָיָה כִּי־תָבֹאוּ
אֶל־הָאָרֶץ אֲשֶׁר יִתֵּן יְהוָה לָכֶם כַּאֲשֶׁר דִּבֵּר וּשְׁמַרְתֶּם אֶת־
כו הָעֲבֹדָה הַזֹּאת׃ וְהָיָה כִּי־יֹאמְרוּ אֲלֵיכֶם בְּנֵיכֶם מָה הָעֲבֹדָה
כז הַזֹּאת לָכֶם׃ וַאֲמַרְתֶּם זֶבַח־פֶּסַח הוּא לַיהוָה אֲשֶׁר פָּסַח עַל־
בָּתֵּי בְנֵי־יִשְׂרָאֵל בְּמִצְרַיִם בְּנָגְפּוֹ אֶת־מִצְרַיִם וְאֶת־בָּתֵּינוּ הִצִּיל
כח וַיִּקֹּד הָעָם וַיִּשְׁתַּחֲווּ׃ וַיֵּלְכוּ וַיַּעֲשׂוּ בְּנֵי יִשְׂרָאֵל כַּאֲשֶׁר צִוָּה
כט יְהוָה אֶת־מֹשֶׁה וְאַהֲרֹן כֵּן עָשׂוּ׃ וַיְהִי ׀ בַּחֲצִי הַלַּיְלָה ט ששי
וַיהוָה הִכָּה כָל־בְּכוֹר בְּאֶרֶץ מִצְרַיִם מִבְּכֹר פַּרְעֹה הַיֹּשֵׁב עַל־
כִּסְאוֹ עַד בְּכוֹר הַשְּׁבִי אֲשֶׁר בְּבֵית הַבּוֹר וְכֹל בְּכוֹר בְּהֵמָה׃
ל וַיָּקָם פַּרְעֹה לַיְלָה הוּא וְכָל־עֲבָדָיו וְכָל־מִצְרַיִם וַתְּהִי צְעָקָה
לא גְדֹלָה בְּמִצְרָיִם כִּי־אֵין בַּיִת אֲשֶׁר אֵין־שָׁם מֵת׃ וַיִּקְרָא לְמֹשֶׁה
וּלְאַהֲרֹן לַיְלָה וַיֹּאמֶר קוּמוּ צְּאוּ מִתּוֹךְ עַמִּי גַּם־אַתֶּם גַּם־
לב בְּנֵי יִשְׂרָאֵל וּלְכוּ עִבְדוּ אֶת־יְהוָה כְּדַבֶּרְכֶם׃ גַּם־צֹאנְכֶם גַּם־
לג בְּקַרְכֶם קְחוּ כַּאֲשֶׁר דִּבַּרְתֶּם וָלֵכוּ וּבֵרַכְתֶּם גַּם־אֹתִי׃ וַתֶּחֱזַק
מִצְרַיִם עַל־הָעָם לְמַהֵר לְשַׁלְּחָם מִן־הָאָרֶץ כִּי אָמְרוּ כֻּלָּנוּ
לד מֵתִים׃ וַיִּשָּׂא הָעָם אֶת־בְּצֵקוֹ טֶרֶם יֶחְמָץ מִשְׁאֲרֹתָם צְרֻרֹת
לה בְּשִׂמְלֹתָם עַל־שִׁכְמָם׃ וּבְנֵי־יִשְׂרָאֵל עָשׂוּ כִּדְבַר מֹשֶׁה וַיִּשְׁאֲלוּ
לו מִמִּצְרַיִם כְּלֵי־כֶסֶף וּכְלֵי זָהָב וּשְׂמָלֹת׃ וַיהוָה נָתַן אֶת־חֵן הָעָם
בְּעֵינֵי מִצְרַיִם וַיַּשְׁאִלוּם וַיְנַצְּלוּ אֶת־מִצְרָיִם׃
לז וַיִּסְעוּ בְנֵי־יִשְׂרָאֵל מֵרַעְמְסֵס סֻכֹּתָה כְּשֵׁשׁ־מֵאוֹת אֶלֶף רַגְלִי
לח הַגְּבָרִים לְבַד מִטָּף׃ וְגַם־עֵרֶב רַב עָלָה אִתָּם וְצֹאן וּבָקָר
לט מִקְנֶה כָּבֵד מְאֹד׃ וַיֹּאפוּ אֶת־הַבָּצֵק אֲשֶׁר הוֹצִיאוּ מִמִּצְרַיִם
עֻגֹת מַצּוֹת כִּי לֹא חָמֵץ כִּי־גֹרְשׁוּ מִמִּצְרַיִם וְלֹא יָכְלוּ לְהִתְמַהְמֵהַּ
מ וְגַם־צֵדָה לֹא־עָשׂוּ לָהֶם׃ וּמוֹשַׁב בְּנֵי יִשְׂרָאֵל אֲשֶׁר יָשְׁבוּ
מא בְּמִצְרָיִם שְׁלֹשִׁים שָׁנָה וְאַרְבַּע מֵאוֹת שָׁנָה׃ וַיְהִי מִקֵּץ שְׁלֹשִׁים
שָׁנָה וְאַרְבַּע מֵאוֹת שָׁנָה וַיְהִי בְּעֶצֶם הַיּוֹם הַזֶּה יָצְאוּ כָּל־

מב צִבְאוֹת יְהוָה מֵאֶרֶץ מִצְרָיִם׃ לֵיל שִׁמֻּרִים הוּא לַיהוָה
לְהוֹצִיאָם מֵאֶרֶץ מִצְרָיִם הוּא־הַלַּיְלָה הַזֶּה לַיהוָה שִׁמֻּרִים
לְכָל־בְּנֵי יִשְׂרָאֵל לְדֹרֹתָם׃
מג וַיֹּאמֶר יְהוָה אֶל־מֹשֶׁה וְאַהֲרֹן זֹאת חֻקַּת הַפָּסַח כָּל־בֶּן־נֵכָר
מד לֹא־יֹאכַל בּוֹ׃ וְכָל־עֶבֶד אִישׁ מִקְנַת־כָּסֶף וּמַלְתָּה אֹתוֹ אָז
מה מו יֹאכַל בּוֹ׃ תּוֹשָׁב וְשָׂכִיר לֹא־יֹאכַל בּוֹ׃ בְּבַיִת אֶחָד יֵאָכֵל לֹא־
תוֹצִיא מִן־הַבַּיִת מִן־הַבָּשָׂר חוּצָה וְעֶצֶם לֹא תִשְׁבְּרוּ־בוֹ׃
מז מח כָּל־עֲדַת יִשְׂרָאֵל יַעֲשׂוּ אֹתוֹ׃ וְכִי־יָגוּר אִתְּךָ גֵּר וְעָשָׂה פֶסַח
לַיהוָה הִמּוֹל לוֹ כָל־זָכָר וְאָז יִקְרַב לַעֲשֹׂתוֹ וְהָיָה כְּאֶזְרַח הָאָרֶץ
מט וְכָל־עָרֵל לֹא־יֹאכַל בּוֹ׃ תּוֹרָה אַחַת יִהְיֶה לָאֶזְרָח וְלַגֵּר הַגָּר
נ בְּתוֹכְכֶם׃ וַיַּעֲשׂוּ כָּל־בְּנֵי יִשְׂרָאֵל כַּאֲשֶׁר צִוָּה יְהוָה אֶת־מֹשֶׁה
נא וְאֶת־אַהֲרֹן כֵּן עָשׂוּ׃ וַיְהִי בְּעֶצֶם הַיּוֹם הַזֶּה הוֹצִיא
יְהוָה אֶת־בְּנֵי יִשְׂרָאֵל מֵאֶרֶץ מִצְרַיִם עַל־צִבְאֹתָם׃
יג א ב וַיְדַבֵּר יְהוָה אֶל־מֹשֶׁה לֵּאמֹר׃ קַדֶּשׁ־לִי כָל־בְּכוֹר פֶּטֶר כָּל־רֶחֶם שביעי
ג בִּבְנֵי יִשְׂרָאֵל בָּאָדָם וּבַבְּהֵמָה לִי הוּא׃ וַיֹּאמֶר מֹשֶׁה אֶל־הָעָם י
זָכוֹר אֶת־הַיּוֹם הַזֶּה אֲשֶׁר יְצָאתֶם מִמִּצְרַיִם מִבֵּית עֲבָדִים כִּי
ד בְּחֹזֶק יָד הוֹצִיא יְהוָה אֶתְכֶם מִזֶּה וְלֹא יֵאָכֵל חָמֵץ׃ הַיּוֹם
ה אַתֶּם יֹצְאִים בְּחֹדֶשׁ הָאָבִיב׃ וְהָיָה כִי־יְבִיאֲךָ יְהוָה אֶל־אֶרֶץ
הַכְּנַעֲנִי וְהַחִתִּי וְהָאֱמֹרִי וְהַחִוִּי וְהַיְבוּסִי אֲשֶׁר נִשְׁבַּע לַאֲבֹתֶיךָ
לָתֶת לָךְ אֶרֶץ זָבַת חָלָב וּדְבָשׁ וְעָבַדְתָּ אֶת־הָעֲבֹדָה הַזֹּאת
ו בַּחֹדֶשׁ הַזֶּה׃ שִׁבְעַת יָמִים תֹּאכַל מַצֹּת וּבַיּוֹם הַשְּׁבִיעִי חַג
ז לַיהוָה׃ מַצּוֹת יֵאָכֵל אֵת שִׁבְעַת הַיָּמִים וְלֹא־יֵרָאֶה לְךָ חָמֵץ
ח וְלֹא־יֵרָאֶה לְךָ שְׂאֹר בְּכָל־גְּבֻלֶךָ׃ וְהִגַּדְתָּ לְבִנְךָ בַּיּוֹם הַהוּא
ט לֵאמֹר בַּעֲבוּר זֶה עָשָׂה יְהוָה לִי בְּצֵאתִי מִמִּצְרָיִם׃ וְהָיָה לְךָ
לְאוֹת עַל־יָדְךָ וּלְזִכָּרוֹן בֵּין עֵינֶיךָ לְמַעַן תִּהְיֶה תּוֹרַת יְהוָה
י בְּפִיךָ כִּי בְּיָד חֲזָקָה הוֹצִאֲךָ יְהוָה מִמִּצְרָיִם׃ וְשָׁמַרְתָּ אֶת־
הַחֻקָּה הַזֹּאת לְמוֹעֲדָהּ מִיָּמִים יָמִימָה׃

יא וְהָיָה כִּי־יְבִאֲךָ יהוה אֶל־אֶרֶץ הַכְּנַעֲנִי כַּאֲשֶׁר נִשְׁבַּע לְךָ
יב וְלַאֲבֹתֶיךָ וּנְתָנָהּ לָךְ׃ וְהַעֲבַרְתָּ כָל־פֶּטֶר־רֶחֶם לַיהוה וְכָל־
יג פֶּטֶר ׀ שֶׁגֶר בְּהֵמָה אֲשֶׁר יִהְיֶה לְךָ הַזְּכָרִים לַיהוה׃ וְכָל־פֶּטֶר
חֲמֹר תִּפְדֶּה בְשֶׂה וְאִם־לֹא תִפְדֶּה וַעֲרַפְתּוֹ וְכֹל בְּכוֹר אָדָם
יד בְּבָנֶיךָ תִּפְדֶּה׃ וְהָיָה כִּי־יִשְׁאָלְךָ בִנְךָ מָחָר לֵאמֹר מַה־זֹּאת מפטיר
וְאָמַרְתָּ אֵלָיו בְּחֹזֶק יָד הוֹצִיאָנוּ יהוה מִמִּצְרַיִם מִבֵּית עֲבָדִים׃
טו וַיְהִי כִּי־הִקְשָׁה פַרְעֹה לְשַׁלְּחֵנוּ וַיַּהֲרֹג יהוה כָּל־בְּכוֹר בְּאֶרֶץ
מִצְרַיִם מִבְּכֹר אָדָם וְעַד־בְּכוֹר בְּהֵמָה עַל־כֵּן אֲנִי זֹבֵחַ לַיהוה
טז כָּל־פֶּטֶר רֶחֶם הַזְּכָרִים וְכָל־בְּכוֹר בָּנַי אֶפְדֶּה׃ וְהָיָה לְאוֹת
עַל־יָדְכָה וּלְטוֹטָפֹת בֵּין עֵינֶיךָ כִּי בְּחֹזֶק יָד הוֹצִיאָנוּ יהוה
יז מִמִּצְרָיִם׃ וַיְהִי בְּשַׁלַּח פַּרְעֹה אֶת־הָעָם וְלֹא־ בשלח
נָחָם אֱלֹהִים דֶּרֶךְ אֶרֶץ פְּלִשְׁתִּים כִּי קָרוֹב הוּא כִּי ׀ אָמַר
יח אֱלֹהִים פֶּן־יִנָּחֵם הָעָם בִּרְאֹתָם מִלְחָמָה וְשָׁבוּ מִצְרָיְמָה׃ וַיַּסֵּב
אֱלֹהִים ׀ אֶת־הָעָם דֶּרֶךְ הַמִּדְבָּר יַם־סוּף וַחֲמֻשִׁים עָלוּ בְנֵי־
יט יִשְׂרָאֵל מֵאֶרֶץ מִצְרָיִם׃ וַיִּקַּח מֹשֶׁה אֶת־עַצְמוֹת יוֹסֵף עִמּוֹ
כִּי הַשְׁבֵּעַ הִשְׁבִּיעַ אֶת־בְּנֵי יִשְׂרָאֵל לֵאמֹר פָּקֹד יִפְקֹד אֱלֹהִים
כ אֶתְכֶם וְהַעֲלִיתֶם אֶת־עַצְמֹתַי מִזֶּה אִתְּכֶם׃ וַיִּסְעוּ מִסֻּכֹּת
כא וַיַּחֲנוּ בְאֵתָם בִּקְצֵה הַמִּדְבָּר׃ וַיהוה הֹלֵךְ לִפְנֵיהֶם יוֹמָם
בְּעַמּוּד עָנָן לַנְחֹתָם הַדֶּרֶךְ וְלַיְלָה בְּעַמּוּד אֵשׁ לְהָאִיר לָהֶם
כב לָלֶכֶת יוֹמָם וָלָיְלָה׃ לֹא־יָמִישׁ עַמּוּד הֶעָנָן יוֹמָם וְעַמּוּד הָאֵשׁ
לָיְלָה לִפְנֵי הָעָם׃

יד א ב וַיְדַבֵּר יהוה אֶל־מֹשֶׁה לֵּאמֹר׃ דַּבֵּר אֶל־בְּנֵי יִשְׂרָאֵל וְיָשֻׁבוּ וְיַחֲנוּ
לִפְנֵי פִּי הַחִירֹת בֵּין מִגְדֹּל וּבֵין הַיָּם לִפְנֵי בַּעַל צְפֹן נִכְחוֹ תַחֲנוּ
ג עַל־הַיָּם׃ וְאָמַר פַּרְעֹה לִבְנֵי יִשְׂרָאֵל נְבֻכִים הֵם בָּאָרֶץ סָגַר
ד עֲלֵיהֶם הַמִּדְבָּר׃ וְחִזַּקְתִּי אֶת־לֵב־פַּרְעֹה וְרָדַף אַחֲרֵיהֶם וְאִכָּבְדָה
בְּפַרְעֹה וּבְכָל־חֵילוֹ וְיָדְעוּ מִצְרַיִם כִּי־אֲנִי יהוה וַיַּעֲשׂוּ־כֵן׃
ה וַיֻּגַּד לְמֶלֶךְ מִצְרַיִם כִּי בָרַח הָעָם וַיֵּהָפֵךְ לְבַב פַּרְעֹה וַעֲבָדָיו

אל־העם ויאמרו מה־זאת עשינו כי־שלחנו את־ישראל
מעבדנו: ויאסר את־רכבו ואת־עמו לקח עמו: ויקח שש־ ו
מאות רכב בחור וכל רכב מצרים ושלשם על־כלו: ויחזק ח
יהוה את־לב פרעה מלך מצרים וירדף אחרי בני ישראל
שני ובני ישראל יצאים ביד רמה: וירדפו מצרים אחריהם וישיגו ט
אותם חנים על־הים כל־סוס רכב פרעה ופרשיו וחילו על־
פי החירת לפני בעל צפן: ופרעה הקריב וישאו בני־ישראל י
את־עיניהם והנה מצרים ׀ נסע אחריהם וייראו מאד ויצעקו
בני־ישראל אל־יהוה: ויאמרו אל־משה המבלי אין־קברים יא
במצרים לקחתנו למות במדבר מה־זאת עשית לנו להוציאנו
ממצרים: הלא־זה הדבר אשר דברנו אליך במצרים לאמר יב
חדל ממנו ונעבדה את־מצרים כי טוב לנו עבד את־מצרים
ממתנו במדבר: ויאמר משה אל־העם אל־תיראו התיצבו יג
וראו את־ישועת יהוה אשר־יעשה לכם היום כי אשר
ראיתם את־מצרים היום לא תספו לראתם עוד עד־עולם:
יהוה ילחם לכם ואתם תחרשון: יד
שלישי יא ויאמר יהוה אל־משה מה־תצעק אלי דבר אל־בני־ישראל טו
ויסעו: ואתה הרם את־מטך ונטה את־ידך על־הים ובקעהו טז
ויבאו בני־ישראל בתוך הים ביבשה: ואני הנני מחזק את־ יז
לב מצרים ויבאו אחריהם ואכבדה בפרעה ובכל־חילו
ברכבו ובפרשיו: וידעו מצרים כי־אני יהוה בהכבדי בפרעה יח
ברכבו ובפרשיו: ויסע מלאך האלהים ההלך לפני מחנה יט
ישראל וילך מאחריהם ויסע עמוד הענן מפניהם ויעמד
מאחריהם: ויבא בין ׀ מחנה מצרים ובין מחנה ישראל כ
ויהי הענן והחשך ויאר את־הלילה ולא־קרב זה אל־זה
כל־הלילה: ויט משה את־ידו על־הים ויולך יהוה ׀ את־ כא
הים ברוח קדים עזה כל־הלילה וישם את־הים לחרבה

כב וַיִּבָּקְעוּ הַמָּיִם׃ וַיָּבֹאוּ בְנֵי־יִשְׂרָאֵל בְּתוֹךְ הַיָּם בַּיַּבָּשָׁה וְהַמַּיִם
כג לָהֶם חוֹמָה מִימִינָם וּמִשְּׂמֹאלָם׃ וַיִּרְדְּפוּ מִצְרַיִם וַיָּבֹאוּ אַחֲרֵיהֶם
כד כֹּל סוּס פַּרְעֹה רִכְבּוֹ וּפָרָשָׁיו אֶל־תּוֹךְ הַיָּם׃ וַיְהִי בְּאַשְׁמֹרֶת
הַבֹּקֶר וַיַּשְׁקֵף יְהוָה אֶל־מַחֲנֵה מִצְרַיִם בְּעַמּוּד אֵשׁ וְעָנָן
כה וַיָּהָם אֵת מַחֲנֵה מִצְרָיִם׃ וַיָּסַר אֵת אֹפַן מַרְכְּבֹתָיו וַיְנַהֲגֵהוּ
בִּכְבֵדֻת וַיֹּאמֶר מִצְרַיִם אָנוּסָה מִפְּנֵי יִשְׂרָאֵל כִּי יְהוָה נִלְחָם
לָהֶם בְּמִצְרָיִם׃

כו וַיֹּאמֶר יְהוָה אֶל־מֹשֶׁה נְטֵה אֶת־יָדְךָ עַל־הַיָּם וְיָשֻׁבוּ הַמַּיִם רביעי
כז עַל־מִצְרַיִם עַל־רִכְבּוֹ וְעַל־פָּרָשָׁיו׃ וַיֵּט מֹשֶׁה אֶת־יָדוֹ עַל־הַיָּם
וַיָּשָׁב הַיָּם לִפְנוֹת בֹּקֶר לְאֵיתָנוֹ וּמִצְרַיִם נָסִים לִקְרָאתוֹ וַיְנַעֵר
כח יְהוָה אֶת־מִצְרַיִם בְּתוֹךְ הַיָּם׃ וַיָּשֻׁבוּ הַמַּיִם וַיְכַסּוּ אֶת־הָרֶכֶב
וְאֶת־הַפָּרָשִׁים לְכֹל חֵיל פַּרְעֹה הַבָּאִים אַחֲרֵיהֶם בַּיָּם לֹא־
כט נִשְׁאַר בָּהֶם עַד־אֶחָד׃ וּבְנֵי יִשְׂרָאֵל הָלְכוּ בַיַּבָּשָׁה בְּתוֹךְ הַיָּם
ל וְהַמַּיִם לָהֶם חֹמָה מִימִינָם וּמִשְּׂמֹאלָם׃ וַיּוֹשַׁע יְהוָה בַּיּוֹם הַהוּא
אֶת־יִשְׂרָאֵל מִיַּד מִצְרָיִם וַיַּרְא יִשְׂרָאֵל אֶת־מִצְרַיִם מֵת עַל־
לא שְׂפַת הַיָּם׃ וַיַּרְא יִשְׂרָאֵל אֶת־הַיָּד הַגְּדֹלָה אֲשֶׁר עָשָׂה יְהוָה
בְּמִצְרַיִם וַיִּירְאוּ הָעָם אֶת־יְהוָה וַיַּאֲמִינוּ בַּיהוָה וּבְמֹשֶׁה עַבְדּוֹ׃

טו א אָז יָשִׁיר־מֹשֶׁה וּבְנֵי יִשְׂרָאֵל אֶת־הַשִּׁירָה הַזֹּאת לַיהוָה וַיֹּאמְרוּ
לֵאמֹר   אָשִׁירָה לַיהוָה כִּי־גָאֹה גָּאָה   סוּס
ב וְרֹכְבוֹ רָמָה בַיָּם׃   עָזִּי וְזִמְרָת יָהּ וַיְהִי־לִי
לִישׁוּעָה   זֶה אֵלִי וְאַנְוֵהוּ   אֱלֹהֵי
ג אָבִי וַאֲרֹמְמֶנְהוּ׃   יְהוָה אִישׁ מִלְחָמָה יְהוָה
ד שְׁמוֹ׃   מַרְכְּבֹת פַּרְעֹה וְחֵילוֹ יָרָה בַיָּם   וּמִבְחַר
ה שָׁלִשָׁיו טֻבְּעוּ בְיַם־סוּף׃   תְּהֹמֹת יְכַסְיֻמוּ יָרְדוּ בִמְצוֹלֹת
ו כְּמוֹ־אָבֶן׃   יְמִינְךָ יְהוָה נֶאְדָּרִי בַּכֹּחַ   יְמִינְךָ
ז יְהוָה תִּרְעַץ אוֹיֵב׃   וּבְרֹב גְּאוֹנְךָ תַּהֲרֹס

קָמֶיךָ תְּשַׁלַּח חֲרֹנְךָ יֹאכְלֵמוֹ כַּקַּשׁ׃ וּבְרוּחַ ח
אַפֶּיךָ נֶעֶרְמוּ מַיִם נִצְּבוּ כְמוֹ־נֵד
נֹזְלִים קָפְאוּ תְהֹמֹת בְּלֶב־יָם׃ אָמַר ט
אוֹיֵב אֶרְדֹּף אַשִּׂיג אֲחַלֵּק שָׁלָל תִּמְלָאֵמוֹ
נַפְשִׁי אָרִיק חַרְבִּי תּוֹרִישֵׁמוֹ יָדִי׃ נָשַׁפְתָּ י
בְרוּחֲךָ כִּסָּמוֹ יָם צָלְלוּ כַּעוֹפֶרֶת בְּמַיִם
אַדִּירִים׃ מִי־כָמֹכָה בָּאֵלִם יְהוָה מִי יא
כָּמֹכָה נֶאְדָּר בַּקֹּדֶשׁ נוֹרָא תְהִלֹּת עֹשֵׂה
פֶלֶא׃ נָטִיתָ יְמִינְךָ תִּבְלָעֵמוֹ אָרֶץ׃ נָחִיתָ יב יג
בְחַסְדְּךָ עַם־זוּ גָּאָלְתָּ נֵהַלְתָּ בְעָזְּךָ אֶל־נְוֵה
קָדְשֶׁךָ׃ שָׁמְעוּ עַמִּים יִרְגָּזוּן חִיל יד
אָחַז יֹשְׁבֵי פְּלָשֶׁת׃ אָז נִבְהֲלוּ אַלּוּפֵי טו
אֱדוֹם אֵילֵי מוֹאָב יֹאחֲזֵמוֹ רָעַד נָמֹגוּ
כֹּל יֹשְׁבֵי כְנָעַן׃ תִּפֹּל עֲלֵיהֶם אֵימָתָה טז
וָפַחַד בִּגְדֹל זְרוֹעֲךָ יִדְּמוּ כָּאָבֶן עַד־
יַעֲבֹר עַמְּךָ יְהוָה עַד־יַעֲבֹר עַם־זוּ
קָנִיתָ׃ תְּבִאֵמוֹ וְתִטָּעֵמוֹ בְּהַר נַחֲלָתְךָ מָכוֹן יז
לְשִׁבְתְּךָ פָּעַלְתָּ יְהוָה מִקְּדָשׁ אֲדֹנָי כּוֹנְנוּ
יָדֶיךָ׃ יְהוָה יִמְלֹךְ לְעֹלָם וָעֶד׃ כִּי יח יט
בָא סוּס פַּרְעֹה בְּרִכְבּוֹ וּבְפָרָשָׁיו בַּיָּם וַיָּשֶׁב יְהוָה עֲלֵהֶם אֶת־מֵי
הַיָּם וּבְנֵי יִשְׂרָאֵל הָלְכוּ בַיַּבָּשָׁה בְּתוֹךְ הַיָּם׃

וַתִּקַּח מִרְיָם הַנְּבִיאָה אֲחוֹת אַהֲרֹן אֶת־הַתֹּף בְּיָדָהּ וַתֵּצֶאןָ כ
כָל־הַנָּשִׁים אַחֲרֶיהָ בְּתֻפִּים וּבִמְחֹלֹת׃ וַתַּעַן לָהֶם מִרְיָם שִׁירוּ כא
לַיהוָה כִּי־גָאֹה גָּאָה סוּס וְרֹכְבוֹ רָמָה בַיָּם׃ וַיַּסַּע כב
מֹשֶׁה אֶת־יִשְׂרָאֵל מִיַּם־סוּף וַיֵּצְאוּ אֶל־מִדְבַּר־שׁוּר וַיֵּלְכוּ שְׁלֹשֶׁת־
יָמִים בַּמִּדְבָּר וְלֹא־מָצְאוּ מָיִם׃ וַיָּבֹאוּ מָרָתָה וְלֹא יָכְלוּ לִשְׁתֹּת כג

כד מַיִם מִמָּרָה כִּי מָרִים הֵם עַל־כֵּן קָרָא־שְׁמָהּ מָרָה: וַיִּלֹּנוּ
כה הָעָם עַל־מֹשֶׁה לֵּאמֹר מַה־נִּשְׁתֶּה: וַיִּצְעַק אֶל־יהוה וַיּוֹרֵהוּ
יהוה עֵץ וַיַּשְׁלֵךְ אֶל־הַמַּיִם וַיִּמְתְּקוּ הַמָּיִם שָׁם שָׂם לוֹ חֹק
כו וּמִשְׁפָּט וְשָׁם נִסָּהוּ: וַיֹּאמֶר אִם־שָׁמוֹעַ תִּשְׁמַע לְקוֹל ׀ יהוה
אֱלֹהֶיךָ וְהַיָּשָׁר בְּעֵינָיו תַּעֲשֶׂה וְהַאֲזַנְתָּ לְמִצְוֺתָיו וְשָׁמַרְתָּ כָּל־
חֻקָּיו כָּל־הַמַּחֲלָה אֲשֶׁר־שַׂמְתִּי בְמִצְרַיִם לֹא־אָשִׂים עָלֶיךָ כִּי
כז אֲנִי יהוה רֹפְאֶךָ: וַיָּבֹאוּ אֵילִמָה וְשָׁם שְׁתֵּים חמישי
עֶשְׂרֵה עֵינֹת מַיִם וְשִׁבְעִים תְּמָרִים וַיַּחֲנוּ־שָׁם עַל־הַמָּיִם:
טז א וַיִּסְעוּ מֵאֵילִם וַיָּבֹאוּ כָּל־עֲדַת בְּנֵי־יִשְׂרָאֵל אֶל־מִדְבַּר־סִין
אֲשֶׁר בֵּין־אֵילִם וּבֵין סִינָי בַּחֲמִשָּׁה עָשָׂר יוֹם לַחֹדֶשׁ הַשֵּׁנִי
ב לְצֵאתָם מֵאֶרֶץ מִצְרָיִם: וילינו כָּל־עֲדַת בְּנֵי־יִשְׂרָאֵל עַל־מֹשֶׁה וַיִּלּוֹנוּ
ג וְעַל־אַהֲרֹן בַּמִּדְבָּר: וַיֹּאמְרוּ אֲלֵהֶם בְּנֵי יִשְׂרָאֵל מִי־יִתֵּן מוּתֵנוּ
בְיַד־יהוה בְּאֶרֶץ מִצְרַיִם בְּשִׁבְתֵּנוּ עַל־סִיר הַבָּשָׂר בְּאָכְלֵנוּ
לֶחֶם לָשֹׂבַע כִּי־הוֹצֵאתֶם אֹתָנוּ אֶל־הַמִּדְבָּר הַזֶּה לְהָמִית
ד אֶת־כָּל־הַקָּהָל הַזֶּה בָּרָעָב: וַיֹּאמֶר יהוה אֶל־ יב
מֹשֶׁה הִנְנִי מַמְטִיר לָכֶם לֶחֶם מִן־הַשָּׁמָיִם וְיָצָא הָעָם וְלָקְטוּ
ה דְּבַר־יוֹם בְּיוֹמוֹ לְמַעַן אֲנַסֶּנּוּ הֲיֵלֵךְ בְּתוֹרָתִי אִם־לֹא: וְהָיָה
בַּיּוֹם הַשִּׁשִּׁי וְהֵכִינוּ אֵת אֲשֶׁר־יָבִיאוּ וְהָיָה מִשְׁנֶה עַל אֲשֶׁר־
ו יִלְקְטוּ יוֹם ׀ יוֹם: וַיֹּאמֶר מֹשֶׁה וְאַהֲרֹן אֶל־כָּל־בְּנֵי יִשְׂרָאֵל
ז עֶרֶב וִידַעְתֶּם כִּי יהוה הוֹצִיא אֶתְכֶם מֵאֶרֶץ מִצְרָיִם: וּבֹקֶר
וּרְאִיתֶם אֶת־כְּבוֹד יהוה בְּשָׁמְעוֹ אֶת־תְּלֻנֹּתֵיכֶם עַל־יהוה
ח וְנַחְנוּ מָה כִּי תלונו עָלֵינוּ: וַיֹּאמֶר מֹשֶׁה בְּתֵת יהוה לָכֶם תַּלִּינוּ
בָּעֶרֶב בָּשָׂר לֶאֱכֹל וְלֶחֶם בַּבֹּקֶר לִשְׂבֹּעַ בִּשְׁמֹעַ יהוה אֶת־
תְּלֻנֹּתֵיכֶם אֲשֶׁר־אַתֶּם מַלִּינִם עָלָיו וְנַחְנוּ מָה לֹא־עָלֵינוּ
ט תְלֻנֹּתֵיכֶם כִּי עַל־יהוה: וַיֹּאמֶר מֹשֶׁה אֶל־אַהֲרֹן אֱמֹר אֶל־
כָּל־עֲדַת בְּנֵי יִשְׂרָאֵל קִרְבוּ לִפְנֵי יהוה כִּי שָׁמַע אֵת תְּלֻנֹּתֵיכֶם:
י וַיְהִי כְּדַבֵּר אַהֲרֹן אֶל־כָּל־עֲדַת בְּנֵי־יִשְׂרָאֵל וַיִּפְנוּ אֶל־הַמִּדְבָּר

וְהִנֵּה כְּבוֹד יְהוָה נִרְאָה בֶּעָנָן׃
ששי וַיְדַבֵּר יְהוָה אֶל־מֹשֶׁה לֵּאמֹר׃ שָׁמַעְתִּי אֶת־תְּלוּנֹּת בְּנֵי יא יב
יִשְׂרָאֵל דַּבֵּר אֲלֵהֶם לֵאמֹר בֵּין הָעַרְבַּיִם תֹּאכְלוּ בָשָׂר וּבַבֹּקֶר
תִּשְׂבְּעוּ־לָחֶם וִידַעְתֶּם כִּי אֲנִי יְהוָה אֱלֹהֵיכֶם׃ וַיְהִי בָעֶרֶב יג
וַתַּעַל הַשְּׂלָו וַתְּכַס אֶת־הַמַּחֲנֶה וּבַבֹּקֶר הָיְתָה שִׁכְבַת הַטַּל
סָבִיב לַמַּחֲנֶה׃ וַתַּעַל שִׁכְבַת הַטָּל וְהִנֵּה עַל־פְּנֵי הַמִּדְבָּר דַּק יד
מְחֻסְפָּס דַּק כַּכְּפֹר עַל־הָאָרֶץ׃ וַיִּרְאוּ בְנֵי־יִשְׂרָאֵל וַיֹּאמְרוּ אִישׁ טו
אֶל־אָחִיו מָן הוּא כִּי לֹא יָדְעוּ מַה־הוּא וַיֹּאמֶר מֹשֶׁה אֲלֵהֶם
הוּא הַלֶּחֶם אֲשֶׁר נָתַן יְהוָה לָכֶם לְאָכְלָה׃ זֶה הַדָּבָר אֲשֶׁר טז
צִוָּה יְהוָה לִקְטוּ מִמֶּנּוּ אִישׁ לְפִי אָכְלוֹ עֹמֶר לַגֻּלְגֹּלֶת מִסְפַּר
נַפְשֹׁתֵיכֶם אִישׁ לַאֲשֶׁר בְּאָהֳלוֹ תִּקָּחוּ׃ וַיַּעֲשׂוּ־כֵן בְּנֵי יִשְׂרָאֵל יז
וַיִּלְקְטוּ הַמַּרְבֶּה וְהַמַּמְעִיט׃ וַיָּמֹדּוּ בָעֹמֶר וְלֹא הֶעְדִּיף הַמַּרְבֶּה יח
וְהַמַּמְעִיט לֹא הֶחְסִיר אִישׁ לְפִי־אָכְלוֹ לָקָטוּ׃ וַיֹּאמֶר מֹשֶׁה יט
אֲלֵהֶם אִישׁ אַל־יוֹתֵר מִמֶּנּוּ עַד־בֹּקֶר׃ וְלֹא־שָׁמְעוּ אֶל־מֹשֶׁה כ
וַיּוֹתִרוּ אֲנָשִׁים מִמֶּנּוּ עַד־בֹּקֶר וַיָּרֻם תּוֹלָעִים וַיִּבְאַשׁ וַיִּקְצֹף
עֲלֵהֶם מֹשֶׁה׃ וַיִּלְקְטוּ אֹתוֹ בַּבֹּקֶר בַּבֹּקֶר אִישׁ כְּפִי אָכְלוֹ כא
וְחַם הַשֶּׁמֶשׁ וְנָמָס׃ וַיְהִי ׀ בַּיּוֹם הַשִּׁשִּׁי לָקְטוּ לֶחֶם מִשְׁנֶה שְׁנֵי כב
הָעֹמֶר לָאֶחָד וַיָּבֹאוּ כָּל־נְשִׂיאֵי הָעֵדָה וַיַּגִּידוּ לְמֹשֶׁה׃ וַיֹּאמֶר כג
אֲלֵהֶם הוּא אֲשֶׁר דִּבֶּר יְהוָה שַׁבָּתוֹן שַׁבַּת־קֹדֶשׁ לַיהוָה מָחָר
אֵת אֲשֶׁר־תֹּאפוּ אֵפוּ וְאֵת אֲשֶׁר־תְּבַשְּׁלוּ בַּשֵּׁלוּ וְאֵת כָּל־
הָעֹדֵף הַנִּיחוּ לָכֶם לְמִשְׁמֶרֶת עַד־הַבֹּקֶר׃ וַיַּנִּיחוּ אֹתוֹ עַד־ כד
הַבֹּקֶר כַּאֲשֶׁר צִוָּה מֹשֶׁה וְלֹא הִבְאִישׁ וְרִמָּה לֹא־הָיְתָה־בּוֹ׃
וַיֹּאמֶר מֹשֶׁה אִכְלֻהוּ הַיּוֹם כִּי־שַׁבָּת הַיּוֹם לַיהוָה הַיּוֹם לֹא כה
תִמְצָאֻהוּ בַּשָּׂדֶה׃ שֵׁשֶׁת יָמִים תִּלְקְטֻהוּ וּבַיּוֹם הַשְּׁבִיעִי שַׁבָּת כו
לֹא יִהְיֶה־בּוֹ׃ וַיְהִי בַּיּוֹם הַשְּׁבִיעִי יָצְאוּ מִן־הָעָם לִלְקֹט וְלֹא כז
יג מָצָאוּ׃ וַיֹּאמֶר יְהוָה אֶל־מֹשֶׁה עַד־אָנָה מֵאַנְתֶּם כח
לִשְׁמֹר מִצְוֹתַי וְתוֹרֹתָי׃ רְאוּ כִּי־יְהוָה נָתַן לָכֶם הַשַּׁבָּת עַל־ כט

כֵּן הוּא נֹתֵן לָכֶם בַּיּוֹם הַשִּׁשִּׁי לֶחֶם יוֹמָיִם שְׁבוּ ׀ אִישׁ תַּחְתָּיו
ל אַל־יֵצֵא אִישׁ מִמְּקֹמוֹ בַּיּוֹם הַשְּׁבִיעִי: וַיִּשְׁבְּתוּ הָעָם בַּיּוֹם
לא הַשְּׁבִעִי: וַיִּקְרְאוּ בֵית־יִשְׂרָאֵל אֶת־שְׁמוֹ מָן וְהוּא כְּזֶרַע גַּד
לב לָבָן וְטַעְמוֹ כְּצַפִּיחִת בִּדְבָשׁ: וַיֹּאמֶר מֹשֶׁה זֶה הַדָּבָר אֲשֶׁר
צִוָּה יְהוָה מְלֹא הָעֹמֶר מִמֶּנּוּ לְמִשְׁמֶרֶת לְדֹרֹתֵיכֶם לְמַעַן ׀ יִרְאוּ
אֶת־הַלֶּחֶם אֲשֶׁר הֶאֱכַלְתִּי אֶתְכֶם בַּמִּדְבָּר בְּהוֹצִיאִי אֶתְכֶם
לג מֵאֶרֶץ מִצְרָיִם: וַיֹּאמֶר מֹשֶׁה אֶל־אַהֲרֹן קַח צִנְצֶנֶת אַחַת
וְתֶן־שָׁמָּה מְלֹא־הָעֹמֶר מָן וְהַנַּח אֹתוֹ לִפְנֵי יְהוָה לְמִשְׁמֶרֶת
לד לְדֹרֹתֵיכֶם: כַּאֲשֶׁר צִוָּה יְהוָה אֶל־מֹשֶׁה וַיַּנִּיחֵהוּ אַהֲרֹן לִפְנֵי
לה הָעֵדֻת לְמִשְׁמָרֶת: וּבְנֵי יִשְׂרָאֵל אָכְלוּ אֶת־הַמָּן אַרְבָּעִים שָׁנָה
עַד־בֹּאָם אֶל־אֶרֶץ נוֹשָׁבֶת אֶת־הַמָּן אָכְלוּ עַד־בֹּאָם אֶל־
לו קְצֵה אֶרֶץ כְּנָעַן: וְהָעֹמֶר עֲשִׂרִית הָאֵיפָה הוּא:
יז א וַיִּסְעוּ כָּל־עֲדַת בְּנֵי־יִשְׂרָאֵל מִמִּדְבַּר־סִין לְמַסְעֵיהֶם עַל־פִּי יְהוָה שביעי
ב וַיַּחֲנוּ בִּרְפִידִים וְאֵין מַיִם לִשְׁתֹּת הָעָם: וַיָּרֶב הָעָם עִם־מֹשֶׁה
וַיֹּאמְרוּ תְּנוּ־לָנוּ מַיִם וְנִשְׁתֶּה וַיֹּאמֶר לָהֶם מֹשֶׁה מַה־תְּרִיבוּן
ג עִמָּדִי מַה־תְּנַסּוּן אֶת־יְהוָה: וַיִּצְמָא שָׁם הָעָם לַמַּיִם וַיָּלֶן הָעָם
עַל־מֹשֶׁה וַיֹּאמֶר לָמָּה זֶּה הֶעֱלִיתָנוּ מִמִּצְרַיִם לְהָמִית אֹתִי
ד וְאֶת־בָּנַי וְאֶת־מִקְנַי בַּצָּמָא: וַיִּצְעַק מֹשֶׁה אֶל־יְהוָה לֵאמֹר
ה מָה אֶעֱשֶׂה לָעָם הַזֶּה עוֹד מְעַט וּסְקָלֻנִי: וַיֹּאמֶר יְהוָה אֶל־
מֹשֶׁה עֲבֹר לִפְנֵי הָעָם וְקַח אִתְּךָ מִזִּקְנֵי יִשְׂרָאֵל וּמַטְּךָ אֲשֶׁר
ו הִכִּיתָ בּוֹ אֶת־הַיְאֹר קַח בְּיָדְךָ וְהָלָכְתָּ: הִנְנִי עֹמֵד לְפָנֶיךָ
שָּׁם ׀ עַל־הַצּוּר בְּחֹרֵב וְהִכִּיתָ בַצּוּר וְיָצְאוּ מִמֶּנּוּ מַיִם וְשָׁתָה
ז הָעָם וַיַּעַשׂ כֵּן מֹשֶׁה לְעֵינֵי זִקְנֵי יִשְׂרָאֵל: וַיִּקְרָא שֵׁם הַמָּקוֹם
מַסָּה וּמְרִיבָה עַל־רִיב ׀ בְּנֵי יִשְׂרָאֵל וְעַל נַסֹּתָם אֶת־יְהוָה
לֵאמֹר הֲיֵשׁ יְהוָה בְּקִרְבֵּנוּ אִם־אָיִן:
ח ט וַיָּבֹא עֲמָלֵק וַיִּלָּחֶם עִם־יִשְׂרָאֵל בִּרְפִידִם: וַיֹּאמֶר מֹשֶׁה אֶל־
יְהוֹשֻׁעַ בְּחַר־לָנוּ אֲנָשִׁים וְצֵא הִלָּחֵם בַּעֲמָלֵק מָחָר אָנֹכִי נִצָּב

עַל־רֹאשׁ הַגִּבְעָה וּמַטֵּה הָאֱלֹהִים בְּיָדִי׃ וַיַּעַשׂ יְהוֹשֻׁעַ כַּאֲשֶׁר י
אָמַר־לוֹ מֹשֶׁה לְהִלָּחֵם בַּעֲמָלֵק וּמֹשֶׁה אַהֲרֹן וְחוּר עָלוּ רֹאשׁ
הַגִּבְעָה׃ וְהָיָה כַּאֲשֶׁר יָרִים מֹשֶׁה יָדוֹ וְגָבַר יִשְׂרָאֵל וְכַאֲשֶׁר יא
יָנִיחַ יָדוֹ וְגָבַר עֲמָלֵק׃ וִידֵי מֹשֶׁה כְּבֵדִים וַיִּקְחוּ־אֶבֶן וַיָּשִׂימוּ יב
תַחְתָּיו וַיֵּשֶׁב עָלֶיהָ וְאַהֲרֹן וְחוּר תָּמְכוּ בְיָדָיו מִזֶּה אֶחָד וּמִזֶּה
אֶחָד וַיְהִי יָדָיו אֱמוּנָה עַד־בֹּא הַשָּׁמֶשׁ׃ וַיַּחֲלֹשׁ יְהוֹשֻׁעַ אֶת־ יג
עֲמָלֵק וְאֶת־עַמּוֹ לְפִי־חָרֶב׃

מפטיר וַיֹּאמֶר יְהוָה אֶל־מֹשֶׁה כְּתֹב זֹאת זִכָּרוֹן בַּסֵּפֶר וְשִׂים בְּאָזְנֵי יד
יְהוֹשֻׁעַ כִּי־מָחֹה אֶמְחֶה אֶת־זֵכֶר עֲמָלֵק מִתַּחַת הַשָּׁמָיִם׃ וַיִּבֶן טו
מֹשֶׁה מִזְבֵּחַ וַיִּקְרָא שְׁמוֹ יְהוָה ׀ נִסִּי׃ וַיֹּאמֶר כִּי־יָד עַל־כֵּס טז
יָהּ מִלְחָמָה לַיהוָה בַּעֲמָלֵק מִדֹּר דֹּר׃

יתרו יד וַיִּשְׁמַע יִתְרוֹ כֹהֵן מִדְיָן חֹתֵן מֹשֶׁה אֵת כָּל־אֲשֶׁר עָשָׂה אֱלֹהִים א יח
לְמֹשֶׁה וּלְיִשְׂרָאֵל עַמּוֹ כִּי־הוֹצִיא יְהוָה אֶת־יִשְׂרָאֵל מִמִּצְרָיִם׃
וַיִּקַּח יִתְרוֹ חֹתֵן מֹשֶׁה אֶת־צִפֹּרָה אֵשֶׁת מֹשֶׁה אַחַר שִׁלּוּחֶיהָ׃ ב
וְאֵת שְׁנֵי בָנֶיהָ אֲשֶׁר שֵׁם הָאֶחָד גֵּרְשֹׁם כִּי אָמַר גֵּר הָיִיתִי ג
בְּאֶרֶץ נָכְרִיָּה׃ וְשֵׁם הָאֶחָד אֱלִיעֶזֶר כִּי־אֱלֹהֵי אָבִי בְּעֶזְרִי ד
וַיַּצִּלֵנִי מֵחֶרֶב פַּרְעֹה׃ וַיָּבֹא יִתְרוֹ חֹתֵן מֹשֶׁה וּבָנָיו וְאִשְׁתּוֹ ה
אֶל־מֹשֶׁה אֶל־הַמִּדְבָּר אֲשֶׁר־הוּא חֹנֶה שָׁם הַר הָאֱלֹהִים׃
וַיֹּאמֶר אֶל־מֹשֶׁה אֲנִי חֹתֶנְךָ יִתְרוֹ בָּא אֵלֶיךָ וְאִשְׁתְּךָ וּשְׁנֵי ו
בָנֶיהָ עִמָּהּ׃ וַיֵּצֵא מֹשֶׁה לִקְרַאת חֹתְנוֹ וַיִּשְׁתַּחוּ וַיִּשַּׁק־לוֹ ז
וַיִּשְׁאֲלוּ אִישׁ־לְרֵעֵהוּ לְשָׁלוֹם וַיָּבֹאוּ הָאֹהֱלָה׃ וַיְסַפֵּר מֹשֶׁה ח
לְחֹתְנוֹ אֵת כָּל־אֲשֶׁר עָשָׂה יְהוָה לְפַרְעֹה וּלְמִצְרַיִם עַל אוֹדֹת
יִשְׂרָאֵל אֵת כָּל־הַתְּלָאָה אֲשֶׁר מְצָאָתַם בַּדֶּרֶךְ וַיַּצִּלֵם יְהוָה׃
וַיִּחַדְּ יִתְרוֹ עַל כָּל־הַטּוֹבָה אֲשֶׁר־עָשָׂה יְהוָה לְיִשְׂרָאֵל אֲשֶׁר ט
הִצִּילוֹ מִיַּד מִצְרָיִם׃ וַיֹּאמֶר יִתְרוֹ בָּרוּךְ יְהוָה אֲשֶׁר הִצִּיל י
אֶתְכֶם מִיַּד מִצְרַיִם וּמִיַּד פַּרְעֹה אֲשֶׁר הִצִּיל אֶת־הָעָם מִתַּחַת
יַד־מִצְרָיִם׃ עַתָּה יָדַעְתִּי כִּי־גָדוֹל יְהוָה מִכָּל־הָאֱלֹהִים כִּי יא

יב בדבר אשר זדו עליהם: ויקח יתרו חתן משה עלה וזבחים
לאלהים ויבא אהרן וכל ׀ זקני ישראל לאכל־לחם עם־חתן
יג משה לפני האלהים: ויהי ממחרת וישב משה לשפט את־ שני
יד העם ויעמד העם על־משה מן־הבקר עד־הערב: וירא חתן
משה את כל־אשר־הוא עשה לעם ויאמר מה־הדבר הזה
אשר אתה עשה לעם מדוע אתה יושב לבדך וכל־העם
טו נצב עליך מן־בקר עד־ערב: ויאמר משה לחתנו כי־יבא אלי
טז העם לדרש אלהים: כי־יהיה להם דבר בא אלי ושפטתי בין
איש ובין רעהו והודעתי את־חקי האלהים ואת־תורתיו:
יז ויאמר חתן משה אליו לא־טוב הדבר אשר אתה עשה:
יח נבל תבל גם־אתה גם־העם הזה אשר עמך כי־כבד ממך
יט הדבר לא־תוכל עשהו לבדך: עתה שמע בקלי איעצך ויהי
אלהים עמך היה אתה לעם מול האלהים והבאת אתה
כ את־הדברים אל־האלהים: והזהרתה אתהם את־החקים
ואת־התורת והודעת להם את־הדרך ילכו בה ואת־המעשה
כא אשר יעשון: ואתה תחזה מכל־העם אנשי־חיל יראי אלהים
אנשי אמת שנאי בצע ושמת עלהם שרי אלפים שרי מאות
כב שרי חמשים ושרי עשרת: ושפטו את־העם בכל־עת והיה
כל־הדבר הגדל יביאו אליך וכל־הדבר הקטן ישפטו־הם
כג והקל מעליך ונשאו אתך: אם את־הדבר הזה תעשה וצוך
אלהים ויכלת עמד וגם כל־העם הזה על־מקמו יבא בשלום:
כד כה וישמע משה לקול חתנו ויעש כל אשר אמר: ויבחר שלישי
משה אנשי־חיל מכל־ישראל ויתן אתם ראשים על־העם
כו שרי אלפים שרי מאות שרי חמשים ושרי עשרת: ושפטו
את־העם בכל־עת את־הדבר הקשה יביאון אל־משה וכל־
כז הדבר הקטן ישפוטו הם: וישלח משה את־חתנו וילך לו
אל־ארצו:

רביעי בחדש השלישי לצאת בני־ישראל מארץ מצרים ביום הזה א
באו מדבר סיני: ויסעו מרפידים ויבאו מדבר סיני ויחנו ב
במדבר ויחן־שם ישראל נגד ההר: ומשה עלה אל־האלהים ג
ויקרא אליו יהוה מן־ההר לאמר כה תאמר לבית יעקב
ותגיד לבני ישראל: אתם ראיתם אשר עשיתי למצרים ד
ואשא אתכם על־כנפי נשרים ואבא אתכם אלי: ועתה ה
אם־שמוע תשמעו בקלי ושמרתם את־בריתי והייתם לי
סגלה מכל־העמים כי־לי כל־הארץ: ואתם תהיו־לי ממלכת ו טו
כהנים וגוי קדוש אלה הדברים אשר תדבר אל־בני ישראל:
חמישי ויבא משה ויקרא לזקני העם וישם לפניהם את כל־הדברים ז
האלה אשר צוהו יהוה: ויענו כל־העם יחדו ויאמרו כל ח
אשר־דבר יהוה נעשה וישב משה את־דברי העם אל־
יהוה: ויאמר יהוה אל־משה הנה אנכי בא אליך בעב ט
הענן בעבור ישמע העם בדברי עמך וגם־בך יאמינו לעולם
ויגד משה את־דברי העם אל־יהוה: ויאמר יהוה אל־משה י
לך אל־העם וקדשתם היום ומחר וכבסו שמלתם: והיו יא
נכנים ליום השלישי כי ׀ ביום השלשי ירד יהוה לעיני כל־
העם על־הר סיני: והגבלת את־העם סביב לאמר השמרו יב
לכם עלות בהר ונגע בקצהו כל־הנגע בהר מות יומת:
לא־תגע בו יד כי־סקול יסקל או־ירה יירה אם־בהמה אם־ יג
איש לא יחיה במשך היבל המה יעלו בהר: וירד משה יד
מן־ההר אל־העם ויקדש את־העם ויכבסו שמלתם: ויאמר טו
אל־העם היו נכנים לשלשת ימים אל־תגשו אל־אשה:
ויהי ביום השלישי בהית הבקר ויהי קלת וברקים וענן כבד טז
על־ההר וקל שפר חזק מאד ויחרד כל־העם אשר במחנה:
ויוצא משה את־העם לקראת האלהים מן־המחנה ויתיצבו יז
בתחתית ההר: והר סיני עשן כלו מפני אשר ירד עליו יהוה יח

יט בָּאֵשׁ וַיַּעַל עֲשָׁנוֹ כְּעֶשֶׁן הַכִּבְשָׁן וַיֶּחֱרַד כָּל־הָהָר מְאֹד׃ וַיְהִי קוֹל
הַשֹּׁפָר הוֹלֵךְ וְחָזֵק מְאֹד מֹשֶׁה יְדַבֵּר וְהָאֱלֹהִים יַעֲנֶנּוּ בְקוֹל׃
כ וַיֵּרֶד יְהוָה עַל־הַר סִינַי אֶל־רֹאשׁ הָהָר וַיִּקְרָא יְהוָה לְמֹשֶׁה ששי
כא אֶל־רֹאשׁ הָהָר וַיַּעַל מֹשֶׁה׃ וַיֹּאמֶר יְהוָה אֶל־מֹשֶׁה רֵד הָעֵד
כב בָּעָם פֶּן־יֶהֶרְסוּ אֶל־יְהוָה לִרְאוֹת וְנָפַל מִמֶּנּוּ רָב׃ וְגַם הַכֹּהֲנִים
כג הַנִּגָּשִׁים אֶל־יְהוָה יִתְקַדָּשׁוּ פֶּן־יִפְרֹץ בָּהֶם יְהוָה׃ וַיֹּאמֶר מֹשֶׁה
אֶל־יְהוָה לֹא־יוּכַל הָעָם לַעֲלֹת אֶל־הַר סִינָי כִּי־אַתָּה הַעֵדֹתָה
כד בָּנוּ לֵאמֹר הַגְבֵּל אֶת־הָהָר וְקִדַּשְׁתּוֹ׃ וַיֹּאמֶר אֵלָיו יְהוָה לֶךְ־
רֵד וְעָלִיתָ אַתָּה וְאַהֲרֹן עִמָּךְ וְהַכֹּהֲנִים וְהָעָם אַל־יֶהֶרְסוּ
כה לַעֲלֹת אֶל־יְהוָה פֶּן־יִפְרָץ־בָּם׃ וַיֵּרֶד מֹשֶׁה אֶל־הָעָם וַיֹּאמֶר
כ א אֲלֵהֶם׃ וַיְדַבֵּר אֱלֹהִים אֵת כָּל־הַדְּבָרִים הָאֵלֶּה
ב לֵאמֹר׃ אָנֹכִי יְהוָה אֱלֹהֶיךָ אֲשֶׁר הוֹצֵאתִיךָ
ג מֵאֶרֶץ מִצְרַיִם מִבֵּית עֲבָדִים׃ לֹא־יִהְיֶה לְךָ אֱלֹהִים אֲחֵרִים
ד עַל־פָּנָי׃ לֹא־תַעֲשֶׂה לְךָ פֶסֶל וְכָל־תְּמוּנָה אֲשֶׁר בַּשָּׁמַיִם מִמַּעַל
ה וַאֲשֶׁר בָּאָרֶץ מִתָּחַת וַאֲשֶׁר בַּמַּיִם מִתַּחַת לָאָרֶץ׃ לֹא־
תִשְׁתַּחֲוֶה לָהֶם וְלֹא תָעָבְדֵם כִּי אָנֹכִי יְהוָה אֱלֹהֶיךָ אֵל קַנָּא
פֹּקֵד עֲוֺן אָבֹת עַל־בָּנִים עַל־שִׁלֵּשִׁים וְעַל־רִבֵּעִים לְשֹׂנְאָי׃
ו ז וְעֹשֶׂה חֶסֶד לַאֲלָפִים לְאֹהֲבַי וּלְשֹׁמְרֵי מִצְוֺתָי׃ לֹא
תִשָּׂא אֶת־שֵׁם־יְהוָה אֱלֹהֶיךָ לַשָּׁוְא כִּי לֹא יְנַקֶּה יְהוָה אֵת
אֲשֶׁר־יִשָּׂא אֶת־שְׁמוֹ לַשָּׁוְא׃
ח ט זָכוֹר אֶת־יוֹם הַשַּׁבָּת לְקַדְּשׁוֹ׃ שֵׁשֶׁת יָמִים תַּעֲבֹד וְעָשִׂיתָ כָּל־
י מְלַאכְתֶּךָ׃ וְיוֹם הַשְּׁבִיעִי שַׁבָּת לַיהוָה אֱלֹהֶיךָ לֹא־תַעֲשֶׂה כָל־
מְלָאכָה אַתָּה ׀ וּבִנְךָ וּבִתֶּךָ עַבְדְּךָ וַאֲמָתְךָ וּבְהֶמְתֶּךָ וְגֵרְךָ אֲשֶׁר
יא בִּשְׁעָרֶיךָ׃ כִּי שֵׁשֶׁת־יָמִים עָשָׂה יְהוָה אֶת־הַשָּׁמַיִם וְאֶת־הָאָרֶץ
אֶת־הַיָּם וְאֶת־כָּל־אֲשֶׁר־בָּם וַיָּנַח בַּיּוֹם הַשְּׁבִיעִי עַל־כֵּן בֵּרַךְ
יב יְהוָה אֶת־יוֹם הַשַּׁבָּת וַיְקַדְּשֵׁהוּ׃ כַּבֵּד אֶת־אָבִיךָ
וְאֶת־אִמֶּךָ לְמַעַן יַאֲרִכוּן יָמֶיךָ עַל הָאֲדָמָה אֲשֶׁר־יְהוָה אֱלֹהֶיךָ

נֹתֵ֥ן לָֽךְ׃ לֹ֥א תִּֿרְצָֽ֖ח לֹ֣א יג

תִּֿנְאָֽ֑ף לֹ֣א תִּֿגְנֹֽ֔ב לֹֽא־

תַעֲנֶ֥ה בְרֵעֲךָ֖ עֵ֥ד שָֽׁקֶר׃ לֹ֥א יד

תַחְמֹ֖ד בֵּ֣ית רֵעֶ֑ךָ לֹֽא־

תַחְמֹ֞ד אֵ֣שֶׁת רֵעֶ֗ךָ וְעַבְדּ֤וֹ וַאֲמָתוֹ֙ וְשׁוֹר֣וֹ וַחֲמֹר֔וֹ וְכֹ֖ל אֲשֶׁ֥ר

לְרֵעֶֽךָ׃

שביעי וְכָל־הָעָם֩ רֹאִ֨ים אֶת־הַקּוֹלֹ֜ת וְאֶת־הַלַּפִּידִ֗ם וְאֵת֙ ק֣וֹל הַשֹּׁפָ֔ר טו

וְאֶת־הָהָ֖ר עָשֵׁ֑ן וַיַּ֤רְא הָעָם֙ וַיָּנֻ֔עוּ וַיַּֽעַמְד֖וּ מֵֽרָחֹֽק׃ וַיֹּֽאמְרוּ֙ אֶל־ טז

מֹשֶׁ֔ה דַּבֵּר־אַתָּ֥ה עִמָּ֖נוּ וְנִשְׁמָ֑עָה וְאַל־יְדַבֵּ֥ר עִמָּ֛נוּ אֱלֹהִ֖ים פֶּן־

נָמֽוּת׃ וַיֹּ֨אמֶר מֹשֶׁ֣ה אֶל־הָעָם֮ אַל־תִּירָאוּ֒ כִּ֗י לְבַֽעֲבוּר֙ נַסּ֣וֹת יז

אֶתְכֶ֔ם בָּ֖א הָאֱלֹהִ֑ים וּבַעֲב֗וּר תִּהְיֶ֧ה יִרְאָת֛וֹ עַל־פְּנֵיכֶ֖ם לְבִלְתִּ֥י

תֶחֱטָֽאוּ׃ וַיַּעֲמֹ֥ד הָעָ֖ם מֵרָחֹ֑ק וּמֹשֶׁה֙ נִגַּ֣שׁ אֶל־הָעֲרָפֶ֔ל אֲשֶׁר־ יח

מפטיר שָׁ֖ם הָאֱלֹהִֽים׃ וַיֹּ֤אמֶר יְהוָה֙ אֶל־מֹשֶׁ֔ה כֹּ֥ה יט

תֹאמַ֖ר אֶל־בְּנֵ֣י יִשְׂרָאֵ֑ל אַתֶּ֣ם רְאִיתֶ֔ם כִּ֚י מִן־הַשָּׁמַ֔יִם דִּבַּ֖רְתִּי

עִמָּכֶֽם׃ לֹ֥א תַעֲשׂ֖וּן אִתִּ֑י אֱלֹ֤הֵי כֶ֙סֶף֙ וֵֽאלֹהֵ֣י זָהָ֔ב לֹ֥א תַעֲשׂ֖וּ כ

לָכֶֽם׃ מִזְבַּ֣ח אֲדָמָה֮ תַּעֲשֶׂה־לִּי֒ וְזָבַחְתָּ֣ עָלָ֗יו אֶת־עֹֽלֹתֶ֙יךָ֙ כא

וְאֶת־שְׁלָמֶ֔יךָ אֶת־צֹֽאנְךָ֖ וְאֶת־בְּקָרֶ֑ךָ בְּכָל־הַמָּקוֹם֙ אֲשֶׁ֣ר

אַזְכִּ֣יר אֶת־שְׁמִ֔י אָב֥וֹא אֵלֶ֖יךָ וּבֵרַכְתִּֽיךָ׃ וְאִם־מִזְבַּ֤ח אֲבָנִים֙ כב

תַּֽעֲשֶׂה־לִּ֔י לֹֽא־תִבְנֶ֥ה אֶתְהֶ֖ן גָּזִ֑ית כִּ֧י חַרְבְּךָ֛ הֵנַ֥פְתָּ עָלֶ֖יהָ

וַתְּחַלְלֶֽהָ׃ וְלֹא־תַעֲלֶ֥ה בְמַעֲלֹ֖ת עַל־מִזְבְּחִ֑י אֲשֶׁ֛ר לֹא־תִגָּלֶ֥ה כג

עֶרְוָתְךָ֖ עָלָֽיו׃

משפטים טז וְאֵ֙לֶּה֙ הַמִּשְׁפָּטִ֔ים אֲשֶׁ֥ר תָּשִׂ֖ים לִפְנֵיהֶֽם׃ כִּ֤י תִקְנֶה֙ עֶ֣בֶד עִבְרִ֔י א ב כא

שֵׁ֥שׁ שָׁנִ֖ים יַעֲבֹ֑ד וּבַ֨שְּׁבִעִ֔ת יֵצֵ֥א לַֽחָפְשִׁ֖י חִנָּֽם׃ אִם־בְּגַפּ֥וֹ יָבֹ֖א ג

בְּגַפּ֣וֹ יֵצֵ֑א אִם־בַּ֤עַל אִשָּׁה֙ ה֔וּא וְיָצְאָ֥ה אִשְׁתּ֖וֹ עִמּֽוֹ׃ אִם־אֲדֹנָיו֙ ד

יִתֶּן־ל֣וֹ אִשָּׁ֔ה וְיָלְדָה־ל֥וֹ בָנִ֖ים א֣וֹ בָנ֑וֹת הָאִשָּׁ֣ה וִילָדֶ֗יהָ תִּהְיֶה֙

לַֽאדֹנֶ֔יהָ וְה֖וּא יֵצֵ֥א בְגַפּֽוֹ׃ וְאִם־אָמֹ֤ר יֹאמַר֙ הָעֶ֔בֶד אָהַ֙בְתִּי֙ ה

אֶת־אֲדֹנִ֔י אֶת־אִשְׁתִּ֖י וְאֶת־בָּנָ֑י לֹ֥א אֵצֵ֖א חָפְשִֽׁי׃ וְהִגִּישׁ֤וֹ אֲדֹנָיו֙ ו

אֶל־הָֽאֱלֹהִ֔ים וְהִגִּישׁוֹ֙ אֶל־הַדֶּ֔לֶת א֖וֹ אֶל־הַמְּזוּזָ֑ה וְרָצַ֨ע אֲדֹנָ֤יו

ז אֶת־אׇזְנוֹ֙ בַּמַּרְצֵ֔עַ וַעֲבָד֖וֹ לְעֹלָֽם׃ וְכִֽי־יִמְכֹּ֥ר אִ֛ישׁ

ח אֶת־בִּתּ֖וֹ לְאָמָ֑ה לֹ֥א תֵצֵ֖א כְּצֵ֥את הָעֲבָדִֽים׃ אִם־רָעָ֞ה בְּעֵינֵ֧י

אֲדֹנֶ֛יהָ אֲשֶׁר־לא יְעָדָ֖הּ וְהֶפְדָּ֑הּ לְעַ֥ם נׇכְרִ֛י לֹא־יִמְשֹׁ֥ל לְמׇכְרָ֖הּ לוֹ

ט י בְּבִגְדוֹ־בָֽהּ׃ וְאִם־לִבְנ֖וֹ יִֽיעָדֶ֑נָּה כְּמִשְׁפַּ֥ט הַבָּנ֖וֹת יַעֲשֶׂה־לָּֽהּ׃ אִם־

יא אַחֶ֖רֶת יִֽקַּֽח־ל֑וֹ שְׁאֵרָ֛הּ כְּסוּתָ֥הּ וְעֹנָתָ֖הּ לֹ֥א יִגְרָֽע׃ וְאִם־שְׁלׇשׁ־

יב אֵ֣לֶּה לֹ֥א יַעֲשֶׂ֖ה לָ֑הּ וְיָצְאָ֥ה חִנָּ֖ם אֵ֥ין כָּֽסֶף׃ מַכֵּ֥ה

יג אִ֛ישׁ וָמֵ֖ת מ֥וֹת יוּמָֽת׃ וַאֲשֶׁר֙ לֹ֣א צָדָ֔ה וְהָאֱלֹהִ֖ים אִנָּ֣ה לְיָד֑וֹ

יד וְשַׂמְתִּ֤י לְךָ֙ מָק֔וֹם אֲשֶׁ֥ר יָנ֖וּס שָֽׁמָּה׃ וְכִֽי־

יָזִ֥ד אִ֛ישׁ עַל־רֵעֵ֖הוּ לְהׇרְג֣וֹ בְעׇרְמָ֑ה מֵעִ֣ם מִזְבְּחִ֔י תִּקָּחֶ֖נּוּ

טו טז לָמֽוּת׃ וּמַכֵּ֥ה אָבִ֛יו וְאִמּ֖וֹ מ֥וֹת יוּמָֽת׃ וְגֹנֵ֨ב

יז אִ֤ישׁ וּמְכָרוֹ֙ וְנִמְצָ֣א בְיָד֔וֹ מ֖וֹת יוּמָֽת׃ וּמְקַלֵּ֥ל

יח אָבִ֛יו וְאִמּ֖וֹ מ֥וֹת יוּמָֽת׃ וְכִֽי־יְרִיבֻ֣ן אֲנָשִׁ֔ים וְהִכָּה־

אִישׁ֙ אֶת־רֵעֵ֔הוּ בְּאֶ֖בֶן א֣וֹ בְאֶגְרֹ֑ף וְלֹ֥א יָמ֖וּת וְנָפַ֥ל לְמִשְׁכָּֽב׃

יט אִם־יָק֞וּם וְהִתְהַלֵּ֥ךְ בַּח֛וּץ עַֽל־מִשְׁעַנְתּ֖וֹ וְנִקָּ֣ה הַמַּכֶּ֑ה רַ֥ק

כ שִׁבְתּ֛וֹ יִתֵּ֖ן וְרַפֹּ֥א יְרַפֵּֽא׃ וְכִֽי־יַכֶּה֩ אִ֨ישׁ אֶת־עַבְדּ֜וֹ שני

כא א֤וֹ אֶת־אֲמָתוֹ֙ בַּשֵּׁ֔בֶט וּמֵ֖ת תַּ֣חַת יָד֑וֹ נָקֹ֖ם יִנָּקֵֽם׃ אַ֥ךְ אִם־י֛וֹם

כב א֥וֹ יוֹמַ֖יִם יַעֲמֹ֑ד לֹ֣א יֻקַּ֔ם כִּ֥י כַסְפּ֖וֹ הֽוּא׃ וְכִֽי־

יִנָּצ֣וּ אֲנָשִׁ֗ים וְנָ֨גְפ֜וּ אִשָּׁ֤ה הָרָה֙ וְיָצְא֣וּ יְלָדֶ֔יהָ וְלֹ֥א יִהְיֶ֖ה אָס֑וֹן

עָנ֣וֹשׁ יֵעָנֵ֗שׁ כַּֽאֲשֶׁ֨ר יָשִׁ֤ית עָלָיו֙ בַּ֣עַל הָֽאִשָּׁ֔ה וְנָתַ֖ן בִּפְלִלִֽים׃

כג כד וְאִם־אָס֖וֹן יִהְיֶ֑ה וְנָתַתָּ֥ה נֶ֖פֶשׁ תַּ֥חַת נָֽפֶשׁ׃ עַ֚יִן תַּ֣חַת עַ֔יִן שֵׁ֖ן

כה תַּ֣חַת שֵׁ֑ן יָ֚ד תַּ֣חַת יָ֔ד רֶ֖גֶל תַּ֥חַת רָֽגֶל׃ כְּוִיָּה֙ תַּ֣חַת כְּוִיָּ֔ה פֶּ֖צַע

כו תַּ֣חַת פָּ֑צַע חַבּוּרָ֕ה תַּ֖חַת חַבּוּרָֽה׃ וְכִֽי־יַכֶּ֨ה אִ֜ישׁ

אֶת־עֵ֥ין עַבְדּ֛וֹ אֽוֹ־אֶת־עֵ֥ין אֲמָת֖וֹ וְשִֽׁחֲתָ֑הּ לַֽחׇפְשִׁ֥י יְשַׁלְּחֶ֖נּוּ

כז תַּ֥חַת עֵינֽוֹ׃ וְאִם־שֵׁ֥ן עַבְדּ֛וֹ אֽוֹ־שֵׁ֥ן אֲמָת֖וֹ יַפִּ֑יל לַֽחׇפְשִׁ֥י יְשַׁלְּחֶ֖נּוּ

תַּ֥חַת שִׁנּֽוֹ׃

כח וְכִֽי־יִגַּ֨ח שׁ֥וֹר אֶת־אִ֛ישׁ א֥וֹ אֶת־אִשָּׁ֖ה וָמֵ֑ת סָק֨וֹל יִסָּקֵ֜ל הַשּׁ֗וֹר

וְלֹא יֵאָכֵל אֶת־בְּשָׂרוֹ וּבַעַל הַשּׁוֹר נָקִי׃ וְאִם שׁוֹר נַגָּח הוּא כט
מִתְּמֹל שִׁלְשֹׁם וְהוּעַד בִּבְעָלָיו וְלֹא יִשְׁמְרֶנּוּ וְהֵמִית אִישׁ אוֹ
אִשָּׁה הַשּׁוֹר יִסָּקֵל וְגַם־בְּעָלָיו יוּמָת׃ אִם־כֹּפֶר יוּשַׁת עָלָיו וְנָתַן ל
פִּדְיֹן נַפְשׁוֹ כְּכֹל אֲשֶׁר־יוּשַׁת עָלָיו׃ אוֹ־בֵן יִגָּח אוֹ־בַת יִגָּח כַּמִּשְׁפָּט לא
הַזֶּה יֵעָשֶׂה לּוֹ׃ אִם־עֶבֶד יִגַּח הַשּׁוֹר אוֹ אָמָה כֶּסֶף ׀ שְׁלֹשִׁים לב
שְׁקָלִים יִתֵּן לַאדֹנָיו וְהַשּׁוֹר יִסָּקֵל׃ וְכִי־יִפְתַּח לג
אִישׁ בּוֹר אוֹ כִּי־יִכְרֶה אִישׁ בֹּר וְלֹא יְכַסֶּנּוּ וְנָפַל־שָׁמָּה שּׁוֹר
אוֹ חֲמוֹר׃ בַּעַל הַבּוֹר יְשַׁלֵּם כֶּסֶף יָשִׁיב לִבְעָלָיו וְהַמֵּת יִהְיֶה־ לד
לּוֹ׃ וְכִי־יִגֹּף שׁוֹר־אִישׁ אֶת־שׁוֹר רֵעֵהוּ וָמֵת לה
וּמָכְרוּ אֶת־הַשּׁוֹר הַחַי וְחָצוּ אֶת־כַּסְפּוֹ וְגַם אֶת־הַמֵּת יֶחֱצוּן׃
אוֹ נוֹדַע כִּי שׁוֹר נַגָּח הוּא מִתְּמוֹל שִׁלְשֹׁם וְלֹא יִשְׁמְרֶנּוּ בְּעָלָיו לו
שַׁלֵּם יְשַׁלֵּם שׁוֹר תַּחַת הַשּׁוֹר וְהַמֵּת יִהְיֶה־לּוֹ׃ כִּי לז
יִגְנֹב־אִישׁ שׁוֹר אוֹ־שֶׂה וּטְבָחוֹ אוֹ מְכָרוֹ חֲמִשָּׁה בָקָר יְשַׁלֵּם
תַּחַת הַשּׁוֹר וְאַרְבַּע־צֹאן תַּחַת הַשֶּׂה׃ אִם־בַּמַּחְתֶּרֶת יִמָּצֵא א כב
הַגַּנָּב וְהֻכָּה וָמֵת אֵין לוֹ דָּמִים׃ אִם־זָרְחָה הַשֶּׁמֶשׁ עָלָיו ב
דָּמִים לוֹ שַׁלֵּם יְשַׁלֵּם אִם־אֵין לוֹ וְנִמְכַּר בִּגְנֵבָתוֹ׃ אִם־ ג
הִמָּצֵא תִמָּצֵא בְיָדוֹ הַגְּנֵבָה מִשּׁוֹר עַד־חֲמוֹר עַד־שֶׂה חַיִּים
שְׁנַיִם יְשַׁלֵּם׃ כִּי יַבְעֶר־אִישׁ שָׂדֶה אוֹ־כֶרֶם וְשִׁלַּח ד שלישי
אֶת־בְּעִירֹה וּבִעֵר בִּשְׂדֵה אַחֵר מֵיטַב שָׂדֵהוּ וּמֵיטַב כַּרְמוֹ
יְשַׁלֵּם׃ כִּי־תֵצֵא אֵשׁ וּמָצְאָה קֹצִים וְנֶאֱכַל ה
גָּדִישׁ אוֹ הַקָּמָה אוֹ הַשָּׂדֶה שַׁלֵּם יְשַׁלֵּם הַמַּבְעִר אֶת־
הַבְּעֵרָה׃ כִּי־יִתֵּן אִישׁ אֶל־רֵעֵהוּ כֶּסֶף אוֹ־כֵלִים ו
לִשְׁמֹר וְגֻנַּב מִבֵּית הָאִישׁ אִם־יִמָּצֵא הַגַּנָּב יְשַׁלֵּם שְׁנָיִם׃ אִם־לֹא ז
יִמָּצֵא הַגַּנָּב וְנִקְרַב בַּעַל־הַבַּיִת אֶל־הָאֱלֹהִים אִם־לֹא שָׁלַח יָדוֹ
בִּמְלֶאכֶת רֵעֵהוּ׃ עַל־כָּל־דְּבַר־פֶּשַׁע עַל־שׁוֹר עַל־חֲמוֹר עַל־ ח
שֶׂה עַל־שַׂלְמָה עַל־כָּל־אֲבֵדָה אֲשֶׁר יֹאמַר כִּי־הוּא זֶה עַד
הָאֱלֹהִים יָבֹא דְּבַר־שְׁנֵיהֶם אֲשֶׁר יַרְשִׁיעֻן אֱלֹהִים יְשַׁלֵּם שְׁנַיִם

ט לְרֵעֵהוּ׃ כִּי־יִתֵּן אִישׁ אֶל־רֵעֵהוּ חֲמוֹר אוֹ־שׁוֹר
אוֹ־שֶׂה וְכָל־בְּהֵמָה לִשְׁמֹר וּמֵת אוֹ־נִשְׁבַּר אוֹ־נִשְׁבָּה אֵין
י רֹאֶה׃ שְׁבֻעַת יְהוָה תִּהְיֶה בֵּין שְׁנֵיהֶם אִם־לֹא שָׁלַח יָדוֹ
יא בִּמְלֶאכֶת רֵעֵהוּ וְלָקַח בְּעָלָיו וְלֹא יְשַׁלֵּם׃ וְאִם־גָּנֹב יִגָּנֵב
יב מֵעִמּוֹ יְשַׁלֵּם לִבְעָלָיו׃ אִם־טָרֹף יִטָּרֵף יְבִאֵהוּ עֵד הַטְּרֵפָה
לֹא יְשַׁלֵּם׃
יג וְכִי־יִשְׁאַל אִישׁ מֵעִם רֵעֵהוּ וְנִשְׁבַּר אוֹ־מֵת בְּעָלָיו אֵין־עִמּוֹ
יד שַׁלֵּם יְשַׁלֵּם׃ אִם־בְּעָלָיו עִמּוֹ לֹא יְשַׁלֵּם אִם־שָׂכִיר הוּא בָּא
טו בִּשְׂכָרוֹ׃ וְכִי־יְפַתֶּה אִישׁ בְּתוּלָה אֲשֶׁר לֹא־אֹרָשָׂה
טז וְשָׁכַב עִמָּהּ מָהֹר יִמְהָרֶנָּה לּוֹ לְאִשָּׁה׃ אִם־מָאֵן יְמָאֵן אָבִיהָ
יז לְתִתָּהּ לוֹ כֶּסֶף יִשְׁקֹל כְּמֹהַר הַבְּתוּלֹת׃ מְכַשֵּׁפָה
יח יט לֹא תְחַיֶּה׃ כָּל־שֹׁכֵב עִם־בְּהֵמָה מוֹת יוּמָת׃ זֹבֵחַ
כ לָאֱלֹהִים יָחֳרָם בִּלְתִּי לַיהוָה לְבַדּוֹ׃ וְגֵר לֹא־תוֹנֶה וְלֹא
כא תִלְחָצֶנּוּ כִּי־גֵרִים הֱיִיתֶם בְּאֶרֶץ מִצְרָיִם׃ כָּל־אַלְמָנָה וְיָתוֹם
כב לֹא תְעַנּוּן׃ אִם־עַנֵּה תְעַנֶּה אֹתוֹ כִּי אִם־צָעֹק יִצְעַק אֵלַי
כג שָׁמֹעַ אֶשְׁמַע צַעֲקָתוֹ׃ וְחָרָה אַפִּי וְהָרַגְתִּי אֶתְכֶם בֶּחָרֶב וְהָיוּ
נְשֵׁיכֶם אַלְמָנוֹת וּבְנֵיכֶם יְתֹמִים׃
כד אִם־כֶּסֶף ׀ תַּלְוֶה אֶת־עַמִּי אֶת־הֶעָנִי עִמָּךְ לֹא־תִהְיֶה לוֹ כְּנֹשֶׁה יז
כה לֹא־תְשִׂימוּן עָלָיו נֶשֶׁךְ׃ אִם־חָבֹל תַּחְבֹּל שַׂלְמַת רֵעֶךָ עַד־
כו בֹּא הַשֶּׁמֶשׁ תְּשִׁיבֶנּוּ לוֹ׃ כִּי הִוא כְסוּתֹה לְבַדָּהּ הִוא שִׂמְלָתוֹ
לְעֹרוֹ בַּמֶּה יִשְׁכָּב וְהָיָה כִּי־יִצְעַק אֵלַי וְשָׁמַעְתִּי כִּי־חַנּוּן
כז אָנִי׃ אֱלֹהִים לֹא תְקַלֵּל וְנָשִׂיא בְעַמְּךָ לֹא תָאֹר׃ רביעי
כח כט מְלֵאָתְךָ וְדִמְעֲךָ לֹא תְאַחֵר בְּכוֹר בָּנֶיךָ תִּתֶּן־לִּי׃ כֵּן־תַּעֲשֶׂה
לְשֹׁרְךָ לְצֹאנֶךָ שִׁבְעַת יָמִים יִהְיֶה עִם־אִמּוֹ בַּיּוֹם הַשְּׁמִינִי
ל תִּתְּנוֹ־לִי׃ וְאַנְשֵׁי־קֹדֶשׁ תִּהְיוּן לִי וּבָשָׂר בַּשָּׂדֶה טְרֵפָה לֹא
כג א תֹאכֵלוּ לַכֶּלֶב תַּשְׁלִכוּן אֹתוֹ׃ לֹא תִשָּׂא שֵׁמַע
ב שָׁוְא אַל־תָּשֶׁת יָדְךָ עִם־רָשָׁע לִהְיֹת עֵד חָמָס׃ לֹא־תִהְיֶה

אַחֲרֵי־רַבִּים לְרָעֹת וְלֹא־תַעֲנֶה עַל־רִב לִנְטֹת אַחֲרֵי רַבִּים
לְהַטֹּת: וְדָל לֹא תֶהְדַּר בְּרִיבוֹ: כִּי תִפְגַּע שׁוֹר ג ד
אֹיִבְךָ אוֹ חֲמֹרוֹ תֹּעֶה הָשֵׁב תְּשִׁיבֶנּוּ לוֹ: כִּי־ ה
תִרְאֶה חֲמוֹר שֹׂנַאֲךָ רֹבֵץ תַּחַת מַשָּׂאוֹ וְחָדַלְתָּ מֵעֲזֹב לוֹ עָזֹב
תַּעֲזֹב עִמּוֹ: לֹא תַטֶּה מִשְׁפַּט אֶבְיֹנְךָ בְּרִיבוֹ: ו חמישי
מִדְּבַר־שֶׁקֶר תִּרְחָק וְנָקִי וְצַדִּיק אַל־תַּהֲרֹג כִּי לֹא־אַצְדִּיק ז
רָשָׁע: וְשֹׁחַד לֹא תִקָּח כִּי הַשֹּׁחַד יְעַוֵּר פִּקְחִים וִיסַלֵּף דִּבְרֵי ח
צַדִּיקִים: וְגֵר לֹא תִלְחָץ וְאַתֶּם יְדַעְתֶּם אֶת־נֶפֶשׁ הַגֵּר כִּי־ ט
גֵרִים הֱיִיתֶם בְּאֶרֶץ מִצְרָיִם: וְשֵׁשׁ שָׁנִים תִּזְרַע אֶת־אַרְצֶךָ י
וְאָסַפְתָּ אֶת־תְּבוּאָתָהּ: וְהַשְּׁבִיעִת תִּשְׁמְטֶנָּה וּנְטַשְׁתָּהּ וְאָכְלוּ יא
אֶבְיֹנֵי עַמֶּךָ וְיִתְרָם תֹּאכַל חַיַּת הַשָּׂדֶה כֵּן־תַּעֲשֶׂה לְכַרְמְךָ
לְזֵיתֶךָ: שֵׁשֶׁת יָמִים תַּעֲשֶׂה מַעֲשֶׂיךָ וּבַיּוֹם הַשְּׁבִיעִי תִּשְׁבֹּת יב
לְמַעַן יָנוּחַ שׁוֹרְךָ וַחֲמֹרֶךָ וְיִנָּפֵשׁ בֶּן־אֲמָתְךָ וְהַגֵּר: וּבְכֹל אֲשֶׁר־ יג
אָמַרְתִּי אֲלֵיכֶם תִּשָּׁמֵרוּ וְשֵׁם אֱלֹהִים אֲחֵרִים לֹא תַזְכִּירוּ
לֹא יִשָּׁמַע עַל־פִּיךָ: שָׁלֹשׁ רְגָלִים תָּחֹג לִי בַּשָּׁנָה: אֶת־חַג יד טו
הַמַּצּוֹת תִּשְׁמֹר שִׁבְעַת יָמִים תֹּאכַל מַצּוֹת כַּאֲשֶׁר צִוִּיתִךָ
לְמוֹעֵד חֹדֶשׁ הָאָבִיב כִּי־בוֹ יָצָאתָ מִמִּצְרָיִם וְלֹא־יֵרָאוּ פָנַי
רֵיקָם: וְחַג הַקָּצִיר בִּכּוּרֵי מַעֲשֶׂיךָ אֲשֶׁר תִּזְרַע בַּשָּׂדֶה וְחַג טז
הָאָסִף בְּצֵאת הַשָּׁנָה בְּאָסְפְּךָ אֶת־מַעֲשֶׂיךָ מִן־הַשָּׂדֶה: שָׁלֹשׁ יז
פְּעָמִים בַּשָּׁנָה יֵרָאֶה כָּל־זְכוּרְךָ אֶל־פְּנֵי הָאָדֹן ׀ יְהוָה: לֹא־ יח
תִזְבַּח עַל־חָמֵץ דַּם־זִבְחִי וְלֹא־יָלִין חֵלֶב־חַגִּי עַד־בֹּקֶר:
רֵאשִׁית בִּכּוּרֵי אַדְמָתְךָ תָּבִיא בֵּית יְהוָה אֱלֹהֶיךָ לֹא־תְבַשֵּׁל יט
גְּדִי בַּחֲלֵב אִמּוֹ:

הִנֵּה אָנֹכִי שֹׁלֵחַ מַלְאָךְ לְפָנֶיךָ לִשְׁמָרְךָ בַּדָּרֶךְ וְלַהֲבִיאֲךָ אֶל־ כ ששי
הַמָּקוֹם אֲשֶׁר הֲכִנֹתִי: הִשָּׁמֶר מִפָּנָיו וּשְׁמַע בְּקֹלוֹ אַל־תַּמֵּר כא
בּוֹ כִּי לֹא יִשָּׂא לְפִשְׁעֲכֶם כִּי שְׁמִי בְּקִרְבּוֹ: כִּי אִם־שָׁמוֹעַ כב
תִּשְׁמַע בְּקֹלוֹ וְעָשִׂיתָ כֹּל אֲשֶׁר אֲדַבֵּר וְאָיַבְתִּי אֶת־אֹיְבֶיךָ

כג וְצַרְתִּי אֶת־צֹרְרֶיךָ׃ כִּי־יֵלֵךְ מַלְאָכִי לְפָנֶיךָ וֶהֱבִיאֲךָ אֶל־
כד הָאֱמֹרִי וְהַחִתִּי וְהַפְּרִזִּי וְהַכְּנַעֲנִי הַחִוִּי וְהַיְבוּסִי וְהִכְחַדְתִּיו׃ לֹא־
תִשְׁתַּחֲוֶה לֵאלֹהֵיהֶם וְלֹא תָעָבְדֵם וְלֹא תַעֲשֶׂה כְּמַעֲשֵׂיהֶם
כה כִּי הָרֵס תְּהָרְסֵם וְשַׁבֵּר תְּשַׁבֵּר מַצֵּבֹתֵיהֶם׃ וַעֲבַדְתֶּם אֵת
יְהוָה אֱלֹהֵיכֶם וּבֵרַךְ אֶת־לַחְמְךָ וְאֶת־מֵימֶיךָ וַהֲסִרֹתִי מַחֲלָה
כו מִקִּרְבֶּךָ׃ לֹא תִהְיֶה מְשַׁכֵּלָה וַעֲקָרָה בְּאַרְצֶךָ שביעי
כז אֶת־מִסְפַּר יָמֶיךָ אֲמַלֵּא׃ אֶת־אֵימָתִי אֲשַׁלַּח לְפָנֶיךָ וְהַמֹּתִי
אֶת־כָּל־הָעָם אֲשֶׁר תָּבֹא בָּהֶם וְנָתַתִּי אֶת־כָּל־אֹיְבֶיךָ אֵלֶיךָ
כח עֹרֶף׃ וְשָׁלַחְתִּי אֶת־הַצִּרְעָה לְפָנֶיךָ וְגֵרְשָׁה אֶת־הַחִוִּי אֶת־
כט הַכְּנַעֲנִי וְאֶת־הַחִתִּי מִלְּפָנֶיךָ׃ לֹא אֲגָרְשֶׁנּוּ מִפָּנֶיךָ בְּשָׁנָה
ל אֶחָת פֶּן־תִּהְיֶה הָאָרֶץ שְׁמָמָה וְרַבָּה עָלֶיךָ חַיַּת הַשָּׂדֶה׃ מְעַט
מְעַט אֲגָרְשֶׁנּוּ מִפָּנֶיךָ עַד אֲשֶׁר תִּפְרֶה וְנָחַלְתָּ אֶת־הָאָרֶץ׃
לא וְשַׁתִּי אֶת־גְּבֻלְךָ מִיַּם־סוּף וְעַד־יָם פְּלִשְׁתִּים וּמִמִּדְבָּר עַד־
הַנָּהָר כִּי ׀ אֶתֵּן בְּיֶדְכֶם אֵת יֹשְׁבֵי הָאָרֶץ וְגֵרַשְׁתָּמוֹ מִפָּנֶיךָ׃
לב לג לֹא־תִכְרֹת לָהֶם וְלֵאלֹהֵיהֶם בְּרִית׃ לֹא יֵשְׁבוּ בְּאַרְצְךָ
פֶּן־יַחֲטִיאוּ אֹתְךָ לִי כִּי תַעֲבֹד אֶת־אֱלֹהֵיהֶם כִּי־יִהְיֶה לְךָ
לְמוֹקֵשׁ׃

כד א וְאֶל־מֹשֶׁה אָמַר עֲלֵה אֶל־יְהוָה אַתָּה וְאַהֲרֹן נָדָב וַאֲבִיהוּא
ב וְשִׁבְעִים מִזִּקְנֵי יִשְׂרָאֵל וְהִשְׁתַּחֲוִיתֶם מֵרָחֹק׃ וְנִגַּשׁ מֹשֶׁה
ג לְבַדּוֹ אֶל־יְהוָה וְהֵם לֹא יִגָּשׁוּ וְהָעָם לֹא יַעֲלוּ עִמּוֹ׃ וַיָּבֹא
מֹשֶׁה וַיְסַפֵּר לָעָם אֵת כָּל־דִּבְרֵי יְהוָה וְאֵת כָּל־הַמִּשְׁפָּטִים
וַיַּעַן כָּל־הָעָם קוֹל אֶחָד וַיֹּאמְרוּ כָּל־הַדְּבָרִים אֲשֶׁר־דִּבֶּר
ד יְהוָה נַעֲשֶׂה׃ וַיִּכְתֹּב מֹשֶׁה אֵת כָּל־דִּבְרֵי יְהוָה וַיַּשְׁכֵּם בַּבֹּקֶר
וַיִּבֶן מִזְבֵּחַ תַּחַת הָהָר וּשְׁתֵּים עֶשְׂרֵה מַצֵּבָה לִשְׁנֵים עָשָׂר
ה שִׁבְטֵי יִשְׂרָאֵל׃ וַיִּשְׁלַח אֶת־נַעֲרֵי בְּנֵי יִשְׂרָאֵל וַיַּעֲלוּ עֹלֹת
ו וַיִּזְבְּחוּ זְבָחִים שְׁלָמִים לַיהוָה פָּרִים׃ וַיִּקַּח מֹשֶׁה חֲצִי הַדָּם
ז וַיָּשֶׂם בָּאַגָּנֹת וַחֲצִי הַדָּם זָרַק עַל־הַמִּזְבֵּחַ׃ וַיִּקַּח סֵפֶר הַבְּרִית

וַיִּקְרָא בְּאׇזְנֵי הָעָם וַיֹּאמְרוּ כֹּל אֲשֶׁר־דִּבֶּר יְהֹוָה נַעֲשֶׂה וְנִשְׁמָע׃
וַיִּקַּח מֹשֶׁה אֶת־הַדָּם וַיִּזְרֹק עַל־הָעָם וַיֹּאמֶר הִנֵּה דַם־הַבְּרִית ח
אֲשֶׁר כָּרַת יְהֹוָה עִמָּכֶם עַל כׇּל־הַדְּבָרִים הָאֵלֶּה׃ וַיַּעַל מֹשֶׁה ט
וְאַהֲרֹן נָדָב וַאֲבִיהוּא וְשִׁבְעִים מִזִּקְנֵי יִשְׂרָאֵל׃ וַיִּרְאוּ אֵת י
אֱלֹהֵי יִשְׂרָאֵל וְתַחַת רַגְלָיו כְּמַעֲשֵׂה לִבְנַת הַסַּפִּיר וּכְעֶצֶם
הַשָּׁמַיִם לָטֹהַר׃ וְאֶל־אֲצִילֵי בְּנֵי יִשְׂרָאֵל לֹא שָׁלַח יָדוֹ וַיֶּחֱזוּ יא
אֶת־הָאֱלֹהִים וַיֹּאכְלוּ וַיִּשְׁתּוּ׃ וַיֹּאמֶר יְהֹוָה אֶל־ יב
מֹשֶׁה עֲלֵה אֵלַי הָהָרָה וֶהְיֵה־שָׁם וְאֶתְּנָה לְךָ אֶת־לֻחֹת הָאֶבֶן
וְהַתּוֹרָה וְהַמִּצְוָה אֲשֶׁר כָּתַבְתִּי לְהוֹרֹתָם׃ וַיָּקׇם מֹשֶׁה וִיהוֹשֻׁעַ יג
מְשָׁרְתוֹ וַיַּעַל מֹשֶׁה אֶל־הַר הָאֱלֹהִים׃ וְאֶל־הַזְּקֵנִים אָמַר יד
שְׁבוּ־לָנוּ בָזֶה עַד אֲשֶׁר־נָשׁוּב אֲלֵיכֶם וְהִנֵּה אַהֲרֹן וְחוּר עִמָּכֶם
מפטיר מִי־בַעַל דְּבָרִים יִגַּשׁ אֲלֵהֶם׃ וַיַּעַל מֹשֶׁה אֶל־הָהָר וַיְכַס הֶעָנָן טו
אֶת־הָהָר׃ וַיִּשְׁכֹּן כְּבוֹד־יְהֹוָה עַל־הַר סִינַי וַיְכַסֵּהוּ הֶעָנָן שֵׁשֶׁת טז
יָמִים וַיִּקְרָא אֶל־מֹשֶׁה בַּיּוֹם הַשְּׁבִיעִי מִתּוֹךְ הֶעָנָן׃ וּמַרְאֵה יז
כְּבוֹד יְהֹוָה כְּאֵשׁ אֹכֶלֶת בְּרֹאשׁ הָהָר לְעֵינֵי בְּנֵי יִשְׂרָאֵל׃ וַיָּבֹא יח
מֹשֶׁה בְּתוֹךְ הֶעָנָן וַיַּעַל אֶל־הָהָר וַיְהִי מֹשֶׁה בָּהָר אַרְבָּעִים
יוֹם וְאַרְבָּעִים לָיְלָה׃

תרומה יח וַיְדַבֵּר יְהֹוָה אֶל־מֹשֶׁה לֵּאמֹר׃ דַּבֵּר אֶל־בְּנֵי יִשְׂרָאֵל וְיִקְחוּ־ כה א ב
לִי תְּרוּמָה מֵאֵת כׇּל־אִישׁ אֲשֶׁר יִדְּבֶנּוּ לִבּוֹ תִּקְחוּ אֶת־תְּרוּמָתִי׃
וְזֹאת הַתְּרוּמָה אֲשֶׁר תִּקְחוּ מֵאִתָּם זָהָב וָכֶסֶף וּנְחֹשֶׁת׃ וּתְכֵלֶת ג ד
וְאַרְגָּמָן וְתוֹלַעַת שָׁנִי וְשֵׁשׁ וְעִזִּים׃ וְעֹרֹת אֵילִם מְאׇדָּמִים ה
וְעֹרֹת תְּחָשִׁים וַעֲצֵי שִׁטִּים׃ שֶׁמֶן לַמָּאֹר בְּשָׂמִים לְשֶׁמֶן ו
הַמִּשְׁחָה וְלִקְטֹרֶת הַסַּמִּים׃ אַבְנֵי־שֹׁהַם וְאַבְנֵי מִלֻּאִים ז
לָאֵפֹד וְלַחֹשֶׁן׃ וְעָשׂוּ לִי מִקְדָּשׁ וְשָׁכַנְתִּי בְּתוֹכָם׃ כְּכֹל אֲשֶׁר ח ט
אֲנִי מַרְאֶה אוֹתְךָ אֵת תַּבְנִית הַמִּשְׁכָּן וְאֵת תַּבְנִית כׇּל־כֵּלָיו
וְכֵן תַּעֲשׂוּ׃ וְעָשׂוּ אֲרוֹן עֲצֵי שִׁטִּים אַמָּתַיִם וָחֵצִי י
אׇרְכּוֹ וְאַמָּה וָחֵצִי רׇחְבּוֹ וְאַמָּה וָחֵצִי קֹמָתוֹ׃ וְצִפִּיתָ אֹתוֹ זָהָב יא

טָהוֹר מִבַּיִת וּמִחוּץ תְּצַפֶּנּוּ וְעָשִׂיתָ עָלָיו זֵר זָהָב סָבִיב׃
יב וְיָצַקְתָּ לּוֹ אַרְבַּע טַבְּעֹת זָהָב וְנָתַתָּה עַל אַרְבַּע פַּעֲמֹתָיו
וּשְׁתֵּי טַבָּעֹת עַל־צַלְעוֹ הָאֶחָת וּשְׁתֵּי טַבָּעֹת עַל־צַלְעוֹ הַשֵּׁנִית׃
יג יד וְעָשִׂיתָ בַדֵּי עֲצֵי שִׁטִּים וְצִפִּיתָ אֹתָם זָהָב׃ וְהֵבֵאתָ אֶת־הַבַּדִּים
טו בַּטַּבָּעֹת עַל צַלְעֹת הָאָרֹן לָשֵׂאת אֶת־הָאָרֹן בָּהֶם׃ בְּטַבְּעֹת
טז הָאָרֹן יִהְיוּ הַבַּדִּים לֹא יָסֻרוּ מִמֶּנּוּ׃ וְנָתַתָּ אֶל־הָאָרֹן אֵת
יז הָעֵדֻת אֲשֶׁר אֶתֵּן אֵלֶיךָ׃ וְעָשִׂיתָ כַפֹּרֶת זָהָב טָהוֹר אַמָּתַיִם שני
יח וָחֵצִי אָרְכָּהּ וְאַמָּה וָחֵצִי רָחְבָּהּ׃ וְעָשִׂיתָ שְׁנַיִם כְּרֻבִים זָהָב
יט מִקְשָׁה תַּעֲשֶׂה אֹתָם מִשְּׁנֵי קְצוֹת הַכַּפֹּרֶת׃ וַעֲשֵׂה כְּרוּב אֶחָד
מִקָּצָה מִזֶּה וּכְרוּב־אֶחָד מִקָּצָה מִזֶּה מִן־הַכַּפֹּרֶת תַּעֲשׂוּ אֶת־
כ הַכְּרֻבִים עַל־שְׁנֵי קְצוֹתָיו׃ וְהָיוּ הַכְּרֻבִים פֹּרְשֵׂי כְנָפַיִם לְמַעְלָה
סֹכְכִים בְּכַנְפֵיהֶם עַל־הַכַּפֹּרֶת וּפְנֵיהֶם אִישׁ אֶל־אָחִיו אֶל־
כא הַכַּפֹּרֶת יִהְיוּ פְּנֵי הַכְּרֻבִים׃ וְנָתַתָּ אֶת־הַכַּפֹּרֶת עַל־הָאָרֹן
מִלְמָעְלָה וְאֶל־הָאָרֹן תִּתֵּן אֶת־הָעֵדֻת אֲשֶׁר אֶתֵּן אֵלֶיךָ׃
כב וְנוֹעַדְתִּי לְךָ שָׁם וְדִבַּרְתִּי אִתְּךָ מֵעַל הַכַּפֹּרֶת מִבֵּין שְׁנֵי
הַכְּרֻבִים אֲשֶׁר עַל־אֲרוֹן הָעֵדֻת אֵת כָּל־אֲשֶׁר אֲצַוֶּה אוֹתְךָ
אֶל־בְּנֵי יִשְׂרָאֵל׃

כג וְעָשִׂיתָ שֻׁלְחָן עֲצֵי שִׁטִּים אַמָּתַיִם אָרְכּוֹ וְאַמָּה רָחְבּוֹ וְאַמָּה
כד וָחֵצִי קֹמָתוֹ׃ וְצִפִּיתָ אֹתוֹ זָהָב טָהוֹר וְעָשִׂיתָ לּוֹ זֵר זָהָב סָבִיב׃
כה וְעָשִׂיתָ לּוֹ מִסְגֶּרֶת טֹפַח סָבִיב וְעָשִׂיתָ זֵר־זָהָב לְמִסְגַּרְתּוֹ
כו סָבִיב׃ וְעָשִׂיתָ לּוֹ אַרְבַּע טַבְּעֹת זָהָב וְנָתַתָּ אֶת־הַטַּבָּעֹת
כז עַל אַרְבַּע הַפֵּאֹת אֲשֶׁר לְאַרְבַּע רַגְלָיו׃ לְעֻמַּת הַמִּסְגֶּרֶת תִּהְיֶיןָ
כח הַטַּבָּעֹת לְבָתִּים לְבַדִּים לָשֵׂאת אֶת־הַשֻּׁלְחָן׃ וְעָשִׂיתָ אֶת־
הַבַּדִּים עֲצֵי שִׁטִּים וְצִפִּיתָ אֹתָם זָהָב וְנִשָּׂא־בָם אֶת־הַשֻּׁלְחָן׃
כט וְעָשִׂיתָ קְּעָרֹתָיו וְכַפֹּתָיו וּקְשׂוֹתָיו וּמְנַקִּיֹּתָיו אֲשֶׁר יֻסַּךְ בָּהֵן
ל זָהָב טָהוֹר תַּעֲשֶׂה אֹתָם׃ וְנָתַתָּ עַל־הַשֻּׁלְחָן לֶחֶם פָּנִים לְפָנַי
תָּמִיד׃

לא וְעָשִׂיתָ מְנֹרַת זָהָב טָהוֹר מִקְשָׁה תֵּיעָשֶׂה הַמְּנוֹרָה יְרֵכָהּ
לב וְקָנָהּ גְּבִיעֶיהָ כַּפְתֹּרֶיהָ וּפְרָחֶיהָ מִמֶּנָּה יִהְיוּ׃ וְשִׁשָּׁה קָנִים
יֹצְאִים מִצִּדֶּיהָ שְׁלֹשָׁה ׀ קְנֵי מְנֹרָה מִצִּדָּהּ הָאֶחָד וּשְׁלֹשָׁה קְנֵי
לג מְנֹרָה מִצִּדָּהּ הַשֵּׁנִי׃ שְׁלֹשָׁה גְבִעִים מְשֻׁקָּדִים בַּקָּנֶה הָאֶחָד
כַּפְתֹּר וָפֶרַח וּשְׁלֹשָׁה גְבִעִים מְשֻׁקָּדִים בַּקָּנֶה הָאֶחָד כַּפְתֹּר
לד וָפָרַח כֵּן לְשֵׁשֶׁת הַקָּנִים הַיֹּצְאִים מִן־הַמְּנֹרָה׃ וּבַמְּנֹרָה אַרְבָּעָה
לה גְבִעִים מְשֻׁקָּדִים כַּפְתֹּרֶיהָ וּפְרָחֶיהָ׃ וְכַפְתֹּר תַּחַת שְׁנֵי הַקָּנִים
מִמֶּנָּה וְכַפְתֹּר תַּחַת שְׁנֵי הַקָּנִים מִמֶּנָּה וְכַפְתֹּר תַּחַת־שְׁנֵי
לו הַקָּנִים מִמֶּנָּה לְשֵׁשֶׁת הַקָּנִים הַיֹּצְאִים מִן־הַמְּנֹרָה׃ כַּפְתֹּרֵיהֶם
לז וּקְנֹתָם מִמֶּנָּה יִהְיוּ כֻּלָּהּ מִקְשָׁה אַחַת זָהָב טָהוֹר׃ וְעָשִׂיתָ
אֶת־נֵרֹתֶיהָ שִׁבְעָה וְהֶעֱלָה אֶת־נֵרֹתֶיהָ וְהֵאִיר עַל־עֵבֶר פָּנֶיהָ׃
לח לט וּמַלְקָחֶיהָ וּמַחְתֹּתֶיהָ זָהָב טָהוֹר׃ כִּכָּר זָהָב טָהוֹר יַעֲשֶׂה אֹתָהּ
מ אֵת כָּל־הַכֵּלִים הָאֵלֶּה׃ וּרְאֵה וַעֲשֵׂה בְּתַבְנִיתָם אֲשֶׁר־אַתָּה
כו א מָרְאֶה בָּהָר׃ וְאֶת־הַמִּשְׁכָּן תַּעֲשֶׂה עֶשֶׂר יְרִיעֹת שלישי יט
שֵׁשׁ מָשְׁזָר וּתְכֵלֶת וְאַרְגָּמָן וְתֹלַעַת שָׁנִי כְּרֻבִים מַעֲשֵׂה חֹשֵׁב
ב תַּעֲשֶׂה אֹתָם׃ אֹרֶךְ ׀ הַיְרִיעָה הָאַחַת שְׁמֹנֶה וְעֶשְׂרִים בָּאַמָּה
וְרֹחַב אַרְבַּע בָּאַמָּה הַיְרִיעָה הָאֶחָת מִדָּה אַחַת לְכָל־הַיְרִיעֹת׃
ג חֲמֵשׁ הַיְרִיעֹת תִּהְיֶיןָ חֹבְרֹת אִשָּׁה אֶל־אֲחֹתָהּ וְחָמֵשׁ יְרִיעֹת
ד חֹבְרֹת אִשָּׁה אֶל־אֲחֹתָהּ׃ וְעָשִׂיתָ לֻלְאֹת תְּכֵלֶת עַל שְׂפַת
הַיְרִיעָה הָאֶחָת מִקָּצָה בַּחֹבָרֶת וְכֵן תַּעֲשֶׂה בִּשְׂפַת הַיְרִיעָה
ה הַקִּיצוֹנָה בַּמַּחְבֶּרֶת הַשֵּׁנִית׃ חֲמִשִּׁים לֻלָאֹת תַּעֲשֶׂה בַּיְרִיעָה
הָאֶחָת וַחֲמִשִּׁים לֻלָאֹת תַּעֲשֶׂה בִּקְצֵה הַיְרִיעָה אֲשֶׁר בַּמַּחְבֶּרֶת
ו הַשֵּׁנִית מַקְבִּילֹת הַלֻּלָאֹת אִשָּׁה אֶל־אֲחֹתָהּ׃ וְעָשִׂיתָ חֲמִשִּׁים
קַרְסֵי זָהָב וְחִבַּרְתָּ אֶת־הַיְרִיעֹת אִשָּׁה אֶל־אֲחֹתָהּ בַּקְּרָסִים
ז וְהָיָה הַמִּשְׁכָּן אֶחָד׃ וְעָשִׂיתָ יְרִיעֹת עִזִּים לְאֹהֶל עַל־הַמִּשְׁכָּן
ח עַשְׁתֵּי־עֶשְׂרֵה יְרִיעֹת תַּעֲשֶׂה אֹתָם׃ אֹרֶךְ ׀ הַיְרִיעָה הָאַחַת
שְׁלֹשִׁים בָּאַמָּה וְרֹחַב אַרְבַּע בָּאַמָּה הַיְרִיעָה הָאֶחָת מִדָּה

ט אַ֖חַת לְעַשְׁתֵּ֥י עֶשְׂרֵ֖ה יְרִיעֹֽת׃ וְחִבַּרְתָּ֞ אֶת־חֲמֵ֤שׁ הַיְרִיעֹת֙ לְבָ֔ד
וְאֶת־שֵׁ֥שׁ הַיְרִיעֹ֖ת לְבָ֑ד וְכָפַלְתָּ֙ אֶת־הַיְרִיעָ֣ה הַשִּׁשִּׁ֔ית אֶל־
י מ֖וּל פְּנֵ֥י הָאֹֽהֶל׃ וְעָשִׂ֜יתָ חֲמִשִּׁ֣ים לֻֽלָאֹ֗ת עַ֣ל שְׂפַ֤ת הַיְרִיעָה֙
הָֽאֶחָ֔ת הַקִּיצֹנָ֖ה בַּחֹבָ֑רֶת וַחֲמִשִּׁ֣ים לֻֽלָאֹ֗ת עַ֚ל שְׂפַ֣ת הַיְרִיעָ֔ה
יא הַחֹבֶ֖רֶת הַשֵּׁנִֽית׃ וְעָשִׂ֛יתָ קַרְסֵ֥י נְחֹ֖שֶׁת חֲמִשִּׁ֑ים וְהֵבֵאתָ֤ אֶת־
יב הַקְּרָסִים֙ בַּלֻּ֣לָאֹ֔ת וְחִבַּרְתָּ֥ אֶת־הָאֹ֖הֶל וְהָיָ֥ה אֶחָֽד׃ וְסֶ֙רַח֙ הָֽעֹדֵ֔ף
בִּירִיעֹ֖ת הָאֹ֑הֶל חֲצִ֤י הַיְרִיעָה֙ הָעֹדֶ֔פֶת תִּסְרַ֕ח עַ֖ל אֲחֹרֵ֥י
יג הַמִּשְׁכָּֽן׃ וְהָאַמָּ֨ה מִזֶּ֜ה וְהָאַמָּ֣ה מִזֶּ֗ה בָּעֹדֵ֕ף בְּאֹ֖רֶךְ יְרִיעֹ֣ת
הָאֹ֑הֶל יִהְיֶ֨ה סָר֜וּחַ עַל־צִדֵּ֧י הַמִּשְׁכָּ֛ן מִזֶּ֥ה וּמִזֶּ֖ה לְכַסֹּתֽוֹ׃
יד וְעָשִׂ֤יתָ מִכְסֶה֙ לָאֹ֔הֶל עֹרֹ֥ת אֵילִ֖ם מְאָדָּמִ֑ים וּמִכְסֵ֛ה עֹרֹ֥ת
תְּחָשִׁ֖ים מִלְמָֽעְלָה׃

טו טז וְעָשִׂ֥יתָ אֶת־הַקְּרָשִׁ֖ים לַמִּשְׁכָּ֑ן עֲצֵ֥י שִׁטִּ֖ים עֹמְדִֽים׃ עֶ֥שֶׂר אַמּ֖וֹת רביעי
יז אֹ֣רֶךְ הַקָּ֑רֶשׁ וְאַמָּה֙ וַחֲצִ֣י הָֽאַמָּ֔ה רֹ֖חַב הַקֶּ֥רֶשׁ הָאֶחָֽד׃ שְׁתֵּ֣י
יָד֗וֹת לַקֶּ֙רֶשׁ֙ הָֽאֶחָ֔ד מְשֻׁלָּבֹ֔ת אִשָּׁ֖ה אֶל־אֲחֹתָ֑הּ כֵּ֣ן תַּעֲשֶׂ֔ה
יח לְכֹ֖ל קַרְשֵׁ֥י הַמִּשְׁכָּֽן׃ וְעָשִׂ֥יתָ אֶת־הַקְּרָשִׁ֖ים לַמִּשְׁכָּ֑ן עֶשְׂרִ֣ים
יט קֶ֔רֶשׁ לִפְאַ֖ת נֶ֥גְבָּה תֵימָֽנָה׃ וְאַרְבָּעִים֙ אַדְנֵי־כֶ֔סֶף תַּעֲשֶׂ֕ה
תַּ֖חַת עֶשְׂרִ֣ים הַקָּ֑רֶשׁ שְׁנֵ֨י אֲדָנִ֜ים תַּֽחַת־הַקֶּ֤רֶשׁ הָֽאֶחָד֙ לִשְׁתֵּ֣י
כ יְדֹתָ֔יו וּשְׁנֵ֧י אֲדָנִ֛ים תַּֽחַת־הַקֶּ֥רֶשׁ הָאֶחָ֖ד לִשְׁתֵּ֥י יְדֹתָֽיו׃ וּלְצֶ֧לַע
כא הַמִּשְׁכָּ֛ן הַשֵּׁנִ֖ית לִפְאַ֣ת צָפ֑וֹן עֶשְׂרִ֖ים קָֽרֶשׁ׃ וְאַרְבָּעִ֥ים אַדְנֵיהֶ֖ם
כֶּ֑סֶף שְׁנֵ֣י אֲדָנִ֗ים תַּ֚חַת הַקֶּ֣רֶשׁ הָאֶחָ֔ד וּשְׁנֵ֣י אֲדָנִ֔ים תַּ֖חַת הַקֶּ֥רֶשׁ
כב כג הָאֶחָֽד׃ וּֽלְיַרְכְּתֵ֥י הַמִּשְׁכָּ֖ן יָ֑מָּה תַּעֲשֶׂ֖ה שִׁשָּׁ֥ה קְרָשִֽׁים׃ וּשְׁנֵ֤י
כד קְרָשִׁים֙ תַּעֲשֶׂ֔ה לִמְקֻצְעֹ֖ת הַמִּשְׁכָּ֑ן בַּיַּרְכָתָֽיִם׃ וְיִהְי֣וּ תֹאֲמִם֮
מִלְּמַטָּה֒ וְיַחְדָּ֗ו יִהְי֤וּ תַמִּים֙ עַל־רֹאשׁ֔וֹ אֶל־הַטַּבַּ֖עַת הָאֶחָ֑ת
כה כֵּ֛ן יִהְיֶ֥ה לִשְׁנֵיהֶ֖ם לִשְׁנֵ֥י הַמִּקְצֹעֹ֖ת יִהְיֽוּ׃ וְהָיוּ֙ שְׁמֹנָ֣ה קְרָשִׁ֔ים
וְאַדְנֵיהֶ֣ם כֶּ֔סֶף שִׁשָּׁ֥ה עָשָׂ֖ר אֲדָנִ֑ים שְׁנֵ֣י אֲדָנִ֗ים תַּ֚חַת הַקֶּ֣רֶשׁ
כו הָאֶחָ֔ד וּשְׁנֵ֣י אֲדָנִ֔ים תַּ֖חַת הַקֶּ֥רֶשׁ הָאֶחָֽד׃ וְעָשִׂ֥יתָ בְרִיחִ֖ם עֲצֵ֣י
כז שִׁטִּ֑ים חֲמִשָּׁ֕ה לְקַרְשֵׁ֥י צֶֽלַע־הַמִּשְׁכָּ֖ן הָאֶחָֽד׃ וַחֲמִשָּׁ֣ה בְרִיחִ֔ם

לְקַרְשֵׁי צֶלַע־הַמִּשְׁכָּן הַשֵּׁנִית וַחֲמִשָּׁה בְרִיחִם לְקַרְשֵׁי צֶלַע

הַמִּשְׁכָּן לַיַּרְכָתַיִם יָמָּה: וְהַבְּרִיחַ הַתִּיכֹן בְּתוֹךְ הַקְּרָשִׁים כח

מַבְרִחַ מִן־הַקָּצֶה אֶל־הַקָּצֶה: וְאֶת־הַקְּרָשִׁים תְּצַפֶּה זָהָב כט

וְאֶת־טַבְּעֹתֵיהֶם תַּעֲשֶׂה זָהָב בָּתִּים לַבְּרִיחִם וְצִפִּיתָ אֶת־

הַבְּרִיחִם זָהָב: וַהֲקֵמֹתָ אֶת־הַמִּשְׁכָּן כְּמִשְׁפָּטוֹ אֲשֶׁר הָרְאֵיתָ ל

חמישי כ בָּהָר: וְעָשִׂיתָ פָרֹכֶת תְּכֵלֶת וְאַרְגָּמָן וְתוֹלַעַת לא

שְׁנִי וְשֵׁשׁ מָשְׁזָר מַעֲשֵׂה חֹשֵׁב יַעֲשֶׂה אֹתָהּ כְּרֻבִים: וְנָתַתָּה לב

אֹתָהּ עַל־אַרְבָּעָה עַמּוּדֵי שִׁטִּים מְצֻפִּים זָהָב וָוֵיהֶם זָהָב עַל־

אַרְבָּעָה אַדְנֵי־כָסֶף: וְנָתַתָּה אֶת־הַפָּרֹכֶת תַּחַת הַקְּרָסִים לג

וְהֵבֵאתָ שָׁמָּה מִבֵּית לַפָּרֹכֶת אֵת אֲרוֹן הָעֵדוּת וְהִבְדִּילָה

הַפָּרֹכֶת לָכֶם בֵּין הַקֹּדֶשׁ וּבֵין קֹדֶשׁ הַקֳּדָשִׁים: וְנָתַתָּ אֶת־ לד

הַכַּפֹּרֶת עַל אֲרוֹן הָעֵדֻת בְּקֹדֶשׁ הַקֳּדָשִׁים: וְשַׂמְתָּ אֶת־ לה

הַשֻּׁלְחָן מִחוּץ לַפָּרֹכֶת וְאֶת־הַמְּנֹרָה נֹכַח הַשֻּׁלְחָן עַל צֶלַע

הַמִּשְׁכָּן תֵּימָנָה וְהַשֻּׁלְחָן תִּתֵּן עַל־צֶלַע צָפוֹן: וְעָשִׂיתָ מָסָךְ לו

לְפֶתַח הָאֹהֶל תְּכֵלֶת וְאַרְגָּמָן וְתוֹלַעַת שָׁנִי וְשֵׁשׁ מָשְׁזָר מַעֲשֵׂה

רֹקֵם: וְעָשִׂיתָ לַמָּסָךְ חֲמִשָּׁה עַמּוּדֵי שִׁטִּים וְצִפִּיתָ אֹתָם זָהָב לז

ששי וָוֵיהֶם זָהָב וְיָצַקְתָּ לָהֶם חֲמִשָּׁה אַדְנֵי נְחֹשֶׁת: וְעָשִׂיתָ א כז

אֶת־הַמִּזְבֵּחַ עֲצֵי שִׁטִּים חָמֵשׁ אַמּוֹת אֹרֶךְ וְחָמֵשׁ אַמּוֹת רֹחַב

רָבוּעַ יִהְיֶה הַמִּזְבֵּחַ וְשָׁלֹשׁ אַמּוֹת קֹמָתוֹ: וְעָשִׂיתָ קַרְנֹתָיו עַל ב

אַרְבַּע פִּנֹּתָיו מִמֶּנּוּ תִּהְיֶיןָ קַרְנֹתָיו וְצִפִּיתָ אֹתוֹ נְחֹשֶׁת: וְעָשִׂיתָ ג

סִּירֹתָיו לְדַשְּׁנוֹ וְיָעָיו וּמִזְרְקֹתָיו וּמִזְלְגֹתָיו וּמַחְתֹּתָיו לְכָל־כֵּלָיו

תַּעֲשֶׂה נְחֹשֶׁת: וְעָשִׂיתָ לּוֹ מִכְבָּר מַעֲשֵׂה רֶשֶׁת נְחֹשֶׁת וְעָשִׂיתָ ד

עַל־הָרֶשֶׁת אַרְבַּע טַבְּעֹת נְחֹשֶׁת עַל אַרְבַּע קְצוֹתָיו: וְנָתַתָּה ה

אֹתָהּ תַּחַת כַּרְכֹּב הַמִּזְבֵּחַ מִלְּמָטָּה וְהָיְתָה הָרֶשֶׁת עַד חֲצִי

הַמִּזְבֵּחַ: וְעָשִׂיתָ בַדִּים לַמִּזְבֵּחַ בַּדֵּי עֲצֵי שִׁטִּים וְצִפִּיתָ אֹתָם ו

נְחֹשֶׁת: וְהוּבָא אֶת־בַּדָּיו בַּטַּבָּעֹת וְהָיוּ הַבַּדִּים עַל־שְׁתֵּי ז

צַלְעֹת הַמִּזְבֵּחַ בִּשְׂאֵת אֹתוֹ: נְבוּב לֻחֹת תַּעֲשֶׂה אֹתוֹ כַּאֲשֶׁר ח

ט הָרְאָה אֹתְךָ בָּהָר כֵּן יַעֲשׂוּ׃ וְעָשִׂיתָ אֵת חֲצַר שביעי
הַמִּשְׁכָּן לִפְאַת נֶגֶב־תֵּימָנָה קְלָעִים לֶחָצֵר שֵׁשׁ מָשְׁזָר מֵאָה
י בָאַמָּה אֹרֶךְ לַפֵּאָה הָאֶחָת׃ וְעַמֻּדָיו עֶשְׂרִים וְאַדְנֵיהֶם עֶשְׂרִים
יא נְחֹשֶׁת וָוֵי הָעַמֻּדִים וַחֲשֻׁקֵיהֶם כָּסֶף׃ וְכֵן לִפְאַת צָפוֹן בָּאֹרֶךְ
קְלָעִים מֵאָה אֹרֶךְ וְעַמֻּדָו עֶשְׂרִים וְאַדְנֵיהֶם עֶשְׂרִים נְחֹשֶׁת
יב וָוֵי הָעַמֻּדִים וַחֲשֻׁקֵיהֶם כָּסֶף׃ וְרֹחַב הֶחָצֵר לִפְאַת־יָם קְלָעִים
יג חֲמִשִּׁים אַמָּה עַמֻּדֵיהֶם עֲשָׂרָה וְאַדְנֵיהֶם עֲשָׂרָה׃ וְרֹחַב הֶחָצֵר
יד לִפְאַת קֵדְמָה מִזְרָחָה חֲמִשִּׁים אַמָּה׃ וַחֲמֵשׁ עֶשְׂרֵה אַמָּה
טו קְלָעִים לַכָּתֵף עַמֻּדֵיהֶם שְׁלֹשָׁה וְאַדְנֵיהֶם שְׁלֹשָׁה׃ וְלַכָּתֵף
הַשֵּׁנִית חֲמֵשׁ עֶשְׂרֵה קְלָעִים עַמֻּדֵיהֶם שְׁלֹשָׁה וְאַדְנֵיהֶם שְׁלֹשָׁה׃
טז וּלְשַׁעַר הֶחָצֵר מָסָךְ ׀ עֶשְׂרִים אַמָּה תְּכֵלֶת וְאַרְגָּמָן וְתוֹלַעַת
שְׁנִי וְשֵׁשׁ מָשְׁזָר מַעֲשֵׂה רֹקֵם עַמֻּדֵיהֶם אַרְבָּעָה וְאַדְנֵיהֶם
יז אַרְבָּעָה׃ כָּל־עַמּוּדֵי הֶחָצֵר סָבִיב מְחֻשָּׁקִים כֶּסֶף וָוֵיהֶם כָּסֶף מפטיר
יח וְאַדְנֵיהֶם נְחֹשֶׁת׃ אֹרֶךְ הֶחָצֵר מֵאָה בָאַמָּה וְרֹחַב ׀ חֲמִשִּׁים
יט בַּחֲמִשִּׁים וְקֹמָה חָמֵשׁ אַמּוֹת שֵׁשׁ מָשְׁזָר וְאַדְנֵיהֶם נְחֹשֶׁת׃ לְכֹל
כְּלֵי הַמִּשְׁכָּן בְּכֹל עֲבֹדָתוֹ וְכָל־יְתֵדֹתָיו וְכָל־יִתְדֹת הֶחָצֵר
כ נְחֹשֶׁת׃ וְאַתָּה תְּצַוֶּה ׀ אֶת־בְּנֵי יִשְׂרָאֵל וְיִקְחוּ כא תצוה
כא אֵלֶיךָ שֶׁמֶן זַיִת זָךְ כָּתִית לַמָּאוֹר לְהַעֲלֹת נֵר תָּמִיד׃ בְּאֹהֶל
מוֹעֵד מִחוּץ לַפָּרֹכֶת אֲשֶׁר עַל־הָעֵדֻת יַעֲרֹךְ אֹתוֹ אַהֲרֹן וּבָנָיו
מֵעֶרֶב עַד־בֹּקֶר לִפְנֵי יְהוָה חֻקַּת עוֹלָם לְדֹרֹתָם מֵאֵת בְּנֵי
כח א יִשְׂרָאֵל׃ וְאַתָּה הַקְרֵב אֵלֶיךָ אֶת־אַהֲרֹן אָחִיךָ וְאֶת־
בָּנָיו אִתּוֹ מִתּוֹךְ בְּנֵי יִשְׂרָאֵל לְכַהֲנוֹ־לִי אַהֲרֹן נָדָב וַאֲבִיהוּא
ב אֶלְעָזָר וְאִיתָמָר בְּנֵי אַהֲרֹן׃ וְעָשִׂיתָ בִגְדֵי־קֹדֶשׁ לְאַהֲרֹן אָחִיךָ
ג לְכָבוֹד וּלְתִפְאָרֶת׃ וְאַתָּה תְּדַבֵּר אֶל־כָּל־חַכְמֵי־לֵב אֲשֶׁר
מִלֵּאתִיו רוּחַ חָכְמָה וְעָשׂוּ אֶת־בִּגְדֵי אַהֲרֹן לְקַדְּשׁוֹ לְכַהֲנוֹ־
ד לִי׃ וְאֵלֶּה הַבְּגָדִים אֲשֶׁר יַעֲשׂוּ חֹשֶׁן וְאֵפוֹד וּמְעִיל וּכְתֹנֶת
תַּשְׁבֵּץ מִצְנֶפֶת וְאַבְנֵט וְעָשׂוּ בִגְדֵי־קֹדֶשׁ לְאַהֲרֹן אָחִיךָ וּלְבָנָיו

לְכַהֲנוֹ־לִי׃ וְהֵם יִקְחוּ אֶת־הַזָּהָב וְאֶת־הַתְּכֵלֶת וְאֶת־הָאַרְגָּמָן ה
וְאֶת־תּוֹלַעַת הַשָּׁנִי וְאֶת־הַשֵּׁשׁ׃
וְעָשׂוּ אֶת־הָאֵפֹד זָהָב תְּכֵלֶת וְאַרְגָּמָן תּוֹלַעַת שָׁנִי וְשֵׁשׁ מָשְׁזָר ו
מַעֲשֵׂה חֹשֵׁב׃ שְׁתֵּי כְתֵפֹת חֹבְרֹת יִהְיֶה־לּוֹ אֶל־שְׁנֵי קְצוֹתָיו ז
וְחֻבָּר׃ וְחֵשֶׁב אֲפֻדָּתוֹ אֲשֶׁר עָלָיו כְּמַעֲשֵׂהוּ מִמֶּנּוּ יִהְיֶה זָהָב ח
תְּכֵלֶת וְאַרְגָּמָן וְתוֹלַעַת שָׁנִי וְשֵׁשׁ מָשְׁזָר׃ וְלָקַחְתָּ אֶת־שְׁתֵּי ט
אַבְנֵי־שֹׁהַם וּפִתַּחְתָּ עֲלֵיהֶם שְׁמוֹת בְּנֵי יִשְׂרָאֵל׃ שִׁשָּׁה מִשְּׁמֹתָם י
עַל הָאֶבֶן הָאֶחָת וְאֶת־שְׁמוֹת הַשִּׁשָּׁה הַנּוֹתָרִים עַל־הָאֶבֶן
הַשֵּׁנִית כְּתוֹלְדֹתָם׃ מַעֲשֵׂה חָרַשׁ אֶבֶן פִּתּוּחֵי חֹתָם תְּפַתַּח יא
אֶת־שְׁתֵּי הָאֲבָנִים עַל־שְׁמֹת בְּנֵי יִשְׂרָאֵל מֻסַבֹּת מִשְׁבְּצוֹת
זָהָב תַּעֲשֶׂה אֹתָם׃ וְשַׂמְתָּ אֶת־שְׁתֵּי הָאֲבָנִים עַל כִּתְפֹת הָאֵפֹד יב
אַבְנֵי זִכָּרֹן לִבְנֵי יִשְׂרָאֵל וְנָשָׂא אַהֲרֹן אֶת־שְׁמוֹתָם לִפְנֵי יְהוָה
שני עַל־שְׁתֵּי כְתֵפָיו לְזִכָּרֹן׃ וְעָשִׂיתָ מִשְׁבְּצֹת זָהָב׃ יג
וּשְׁתֵּי שַׁרְשְׁרֹת זָהָב טָהוֹר מִגְבָּלֹת תַּעֲשֶׂה אֹתָם מַעֲשֵׂה עֲבֹת יד
וְנָתַתָּה אֶת־שַׁרְשְׁרֹת הָעֲבֹתֹת עַל־הַמִּשְׁבְּצֹת׃ וְעָשִׂיתָ טו
חֹשֶׁן מִשְׁפָּט מַעֲשֵׂה חֹשֵׁב כְּמַעֲשֵׂה אֵפֹד תַּעֲשֶׂנּוּ זָהָב תְּכֵלֶת
וְאַרְגָּמָן וְתוֹלַעַת שָׁנִי וְשֵׁשׁ מָשְׁזָר תַּעֲשֶׂה אֹתוֹ׃ רָבוּעַ יִהְיֶה טז
כָּפוּל זֶרֶת אָרְכּוֹ וְזֶרֶת רָחְבּוֹ׃ וּמִלֵּאתָ בוֹ מִלֻּאַת אֶבֶן אַרְבָּעָה יז
טוּרִים אָבֶן טוּר אֹדֶם פִּטְדָה וּבָרֶקֶת הַטּוּר הָאֶחָד׃ וְהַטּוּר יח
הַשֵּׁנִי נֹפֶךְ סַפִּיר וְיָהֲלֹם׃ וְהַטּוּר הַשְּׁלִישִׁי לֶשֶׁם שְׁבוֹ וְאַחְלָמָה׃ יט
וְהַטּוּר הָרְבִיעִי תַּרְשִׁישׁ וְשֹׁהַם וְיָשְׁפֵה מְשֻׁבָּצִים זָהָב יִהְיוּ כ
בְּמִלּוּאֹתָם׃ וְהָאֲבָנִים תִּהְיֶיןָ עַל־שְׁמֹת בְּנֵי־יִשְׂרָאֵל שְׁתֵּים כא
עֶשְׂרֵה עַל־שְׁמֹתָם פִּתּוּחֵי חוֹתָם אִישׁ עַל־שְׁמוֹ תִּהְיֶיןָ לִשְׁנֵי
עָשָׂר שָׁבֶט׃ וְעָשִׂיתָ עַל־הַחֹשֶׁן שַׁרְשֹׁת גַּבְלֻת מַעֲשֵׂה עֲבֹת כב
זָהָב טָהוֹר׃ וְעָשִׂיתָ עַל־הַחֹשֶׁן שְׁתֵּי טַבְּעוֹת זָהָב וְנָתַתָּ אֶת־ כג
שְׁתֵּי הַטַּבָּעוֹת עַל־שְׁנֵי קְצוֹת הַחֹשֶׁן׃ וְנָתַתָּה אֶת־שְׁתֵּי עֲבֹתֹת כד
הַזָּהָב עַל־שְׁתֵּי הַטַּבָּעֹת אֶל־קְצוֹת הַחֹשֶׁן׃ וְאֵת שְׁתֵּי קְצוֹת כה

שְׁתֵּי הָעֲבֹתֹת תִּתֵּן עַל־שְׁתֵּי הַמִּשְׁבְּצוֹת וְנָתַתָּה עַל־כִּתְפוֹת
כו הָאֵפֹד אֶל־מוּל פָּנָיו׃ וְעָשִׂיתָ שְׁתֵּי טַבְּעוֹת זָהָב וְשַׂמְתָּ אֹתָם
עַל־שְׁנֵי קְצוֹת הַחֹשֶׁן עַל־שְׂפָתוֹ אֲשֶׁר אֶל־עֵבֶר הָאֵפוֹד בָּיְתָה׃
כז וְעָשִׂיתָ שְׁתֵּי טַבְּעוֹת זָהָב וְנָתַתָּה אֹתָם עַל־שְׁתֵּי כִתְפוֹת
הָאֵפוֹד מִלְּמַטָּה מִמּוּל פָּנָיו לְעֻמַּת מַחְבַּרְתּוֹ מִמַּעַל לְחֵשֶׁב
כח הָאֵפוֹד׃ וְיִרְכְּסוּ אֶת־הַחֹשֶׁן מִטַּבְּעֹתָו אֶל־טַבְּעֹת הָאֵפוֹד
בִּפְתִיל תְּכֵלֶת לִהְיוֹת עַל־חֵשֶׁב הָאֵפוֹד וְלֹא־יִזַּח הַחֹשֶׁן מֵעַל
כט הָאֵפוֹד׃ וְנָשָׂא אַהֲרֹן אֶת־שְׁמוֹת בְּנֵי־יִשְׂרָאֵל בְּחֹשֶׁן הַמִּשְׁפָּט
ל עַל־לִבּוֹ בְּבֹאוֹ אֶל־הַקֹּדֶשׁ לְזִכָּרֹן לִפְנֵי־יְהוָה תָּמִיד׃ וְנָתַתָּ אֶל־
חֹשֶׁן הַמִּשְׁפָּט אֶת־הָאוּרִים וְאֶת־הַתֻּמִּים וְהָיוּ עַל־לֵב אַהֲרֹן
בְּבֹאוֹ לִפְנֵי יְהוָה וְנָשָׂא אַהֲרֹן אֶת־מִשְׁפַּט בְּנֵי־יִשְׂרָאֵל עַל־
לא לִבּוֹ לִפְנֵי יְהוָה תָּמִיד׃ וְעָשִׂיתָ אֶת־מְעִיל הָאֵפוֹד שלישי
לב כְּלִיל תְּכֵלֶת׃ וְהָיָה פִי־רֹאשׁוֹ בְּתוֹכוֹ שָׂפָה יִהְיֶה לְפִיו סָבִיב
לג מַעֲשֵׂה אֹרֵג כְּפִי תַחְרָא יִהְיֶה־לּוֹ לֹא יִקָּרֵעַ׃ וְעָשִׂיתָ עַל־שׁוּלָיו
רִמֹּנֵי תְּכֵלֶת וְאַרְגָּמָן וְתוֹלַעַת שָׁנִי עַל־שׁוּלָיו סָבִיב וּפַעֲמֹנֵי
לד זָהָב בְּתוֹכָם סָבִיב׃ פַּעֲמֹן זָהָב וְרִמּוֹן פַּעֲמֹן זָהָב וְרִמּוֹן עַל־
לה שׁוּלֵי הַמְּעִיל סָבִיב׃ וְהָיָה עַל־אַהֲרֹן לְשָׁרֵת וְנִשְׁמַע קוֹלוֹ בְּבֹאוֹ
לו אֶל־הַקֹּדֶשׁ לִפְנֵי יְהוָה וּבְצֵאתוֹ וְלֹא יָמוּת׃ וְעָשִׂיתָ
לז צִיץ זָהָב טָהוֹר וּפִתַּחְתָּ עָלָיו פִּתּוּחֵי חֹתָם קֹדֶשׁ לַיהוָה׃ וְשַׂמְתָּ
אֹתוֹ עַל־פְּתִיל תְּכֵלֶת וְהָיָה עַל־הַמִּצְנָפֶת אֶל־מוּל פְּנֵי־
לח הַמִּצְנֶפֶת יִהְיֶה׃ וְהָיָה עַל־מֵצַח אַהֲרֹן וְנָשָׂא אַהֲרֹן אֶת־עֲוֺן
הַקֳּדָשִׁים אֲשֶׁר יַקְדִּישׁוּ בְּנֵי יִשְׂרָאֵל לְכָל־מַתְּנֹת קָדְשֵׁיהֶם
לט וְהָיָה עַל־מִצְחוֹ תָּמִיד לְרָצוֹן לָהֶם לִפְנֵי יְהוָה׃ וְשִׁבַּצְתָּ הַכְּתֹנֶת
מ שֵׁשׁ וְעָשִׂיתָ מִצְנֶפֶת שֵׁשׁ וְאַבְנֵט תַּעֲשֶׂה מַעֲשֵׂה רֹקֵם׃ וְלִבְנֵי
אַהֲרֹן תַּעֲשֶׂה כֻתֳּנֹת וְעָשִׂיתָ לָהֶם אַבְנֵטִים וּמִגְבָּעוֹת תַּעֲשֶׂה
מא לָהֶם לְכָבוֹד וּלְתִפְאָרֶת׃ וְהִלְבַּשְׁתָּ אֹתָם אֶת־אַהֲרֹן אָחִיךָ
וְאֶת־בָּנָיו אִתּוֹ וּמָשַׁחְתָּ אֹתָם וּמִלֵּאתָ אֶת־יָדָם וְקִדַּשְׁתָּ אֹתָם

וכהנו־לי: ועשה להם מכנסי־בד לכסות בשר ערוה ממתנים מב
ועד־ירכים יהיו: והיו על־אהרן ועל־בניו בבאם ׀ אל־אהל מג
מועד או בגשתם אל־המזבח לשרת בקדש ולא־ישאו עון
רביעי כב ומתו חקת עולם לו ולזרעו אחריו: וזה הדבר א כט
אשר תעשה להם לקדש אתם לכהן לי לקח פר אחד בן־
בקר ואילם שנים תמימם: ולחם מצות וחלת מצת בלולת ב
בשמן ורקיקי מצות משחים בשמן סלת חטים תעשה אתם:
ונתת אותם על־סל אחד והקרבת אתם בסל ואת־הפר ג
ואת שני האילם: ואת־אהרן ואת־בניו תקריב אל־פתח אהל ד
מועד ורחצת אתם במים: ולקחת את־הבגדים והלבשת ה
את־אהרן את־הכתנת ואת מעיל האפד ואת־האפד ואת־
החשן ואפדת לו בחשב האפד: ושמת המצנפת על־ראשו ו
ונתת את־נזר הקדש על־המצנפת: ולקחת את־שמן ז
המשחה ויצקת על־ראשו ומשחת אתו: ואת־בניו תקריב ח
והלבשתם כתנת: וחגרת אתם אבנט אהרן ובניו וחבשת ט
להם מגבעת והיתה להם כהנה לחקת עולם ומלאת יד־
אהרן ויד־בניו: והקרבת את־הפר לפני אהל מועד וסמך י
אהרן ובניו את־ידיהם על־ראש הפר: ושחטת את־הפר יא
לפני יהוה פתח אהל מועד: ולקחת מדם הפר ונתתה על־ יב
קרנת המזבח באצבעך ואת־כל־הדם תשפך אל־יסוד
המזבח: ולקחת את־כל־החלב המכסה את־הקרב ואת יג
היתרת על־הכבד ואת שתי הכלית ואת־החלב אשר עליהן
והקטרת המזבחה: ואת־בשר הפר ואת־ערו ואת־פרשו יד
תשרף באש מחוץ למחנה חטאת הוא: ואת־האיל האחד טו
תקח וסמכו אהרן ובניו את־ידיהם על־ראש האיל: ושחטת טז
את־האיל ולקחת את־דמו וזרקת על־המזבח סביב: ואת־ יז
האיל תנתח לנתחיו ורחצת קרבו וכרעיו ונתת על־נתחיו

יח וְעַל־רֹאשׁוֹ׃ וְהִקְטַרְתָּ אֶת־כָּל־הָאַיִל הַמִּזְבֵּחָה עֹלָה הוּא
יט לַיהוָה רֵיחַ נִיחוֹחַ אִשֶּׁה לַיהוָה הוּא׃ וְלָקַחְתָּ אֵת הָאַיִל הַשֵּׁנִי חמישי
כ וְסָמַךְ אַהֲרֹן וּבָנָיו אֶת־יְדֵיהֶם עַל־רֹאשׁ הָאָיִל׃ וְשָׁחַטְתָּ אֶת־
הָאַיִל וְלָקַחְתָּ מִדָּמוֹ וְנָתַתָּה עַל־תְּנוּךְ אֹזֶן אַהֲרֹן וְעַל־תְּנוּךְ
אֹזֶן בָּנָיו הַיְמָנִית וְעַל־בֹּהֶן יָדָם הַיְמָנִית וְעַל־בֹּהֶן רַגְלָם
כא הַיְמָנִית וְזָרַקְתָּ אֶת־הַדָּם עַל־הַמִּזְבֵּחַ סָבִיב׃ וְלָקַחְתָּ מִן־הַדָּם
אֲשֶׁר עַל־הַמִּזְבֵּחַ וּמִשֶּׁמֶן הַמִּשְׁחָה וְהִזֵּיתָ עַל־אַהֲרֹן וְעַל־
בְּגָדָיו וְעַל־בָּנָיו וְעַל־בִּגְדֵי בָנָיו אִתּוֹ וְקָדַשׁ הוּא וּבְגָדָיו וּבָנָיו
כב וּבִגְדֵי בָנָיו אִתּוֹ׃ וְלָקַחְתָּ מִן־הָאַיִל הַחֵלֶב וְהָאַלְיָה וְאֶת־
הַחֵלֶב ׀ הַמְכַסֶּה אֶת־הַקֶּרֶב וְאֵת יֹתֶרֶת הַכָּבֵד וְאֵת ׀ שְׁתֵּי
הַכְּלָיֹת וְאֶת־הַחֵלֶב אֲשֶׁר עֲלֵיהֶן וְאֵת שׁוֹק הַיָּמִין כִּי אֵיל
כג מִלֻּאִים הוּא׃ וְכִכַּר לֶחֶם אַחַת וְחַלַּת לֶחֶם שֶׁמֶן אַחַת וְרָקִיק
כד אֶחָד מִסַּל הַמַּצּוֹת אֲשֶׁר לִפְנֵי יְהוָה׃ וְשַׂמְתָּ הַכֹּל עַל כַּפֵּי
כה אַהֲרֹן וְעַל כַּפֵּי בָנָיו וְהֵנַפְתָּ אֹתָם תְּנוּפָה לִפְנֵי יְהוָה׃ וְלָקַחְתָּ
אֹתָם מִיָּדָם וְהִקְטַרְתָּ הַמִּזְבֵּחָה עַל־הָעֹלָה לְרֵיחַ נִיחוֹחַ לִפְנֵי
כו יְהוָה אִשֶּׁה הוּא לַיהוָה׃ וְלָקַחְתָּ אֶת־הֶחָזֶה מֵאֵיל הַמִּלֻּאִים
אֲשֶׁר לְאַהֲרֹן וְהֵנַפְתָּ אֹתוֹ תְּנוּפָה לִפְנֵי יְהוָה וְהָיָה לְךָ לְמָנָה׃
כז וְקִדַּשְׁתָּ אֵת ׀ חֲזֵה הַתְּנוּפָה וְאֵת שׁוֹק הַתְּרוּמָה אֲשֶׁר הוּנַף
וַאֲשֶׁר הוּרָם מֵאֵיל הַמִּלֻּאִים מֵאֲשֶׁר לְאַהֲרֹן וּמֵאֲשֶׁר לְבָנָיו׃
כח וְהָיָה לְאַהֲרֹן וּלְבָנָיו לְחָק־עוֹלָם מֵאֵת בְּנֵי יִשְׂרָאֵל כִּי תְרוּמָה
הוּא וּתְרוּמָה יִהְיֶה מֵאֵת בְּנֵי־יִשְׂרָאֵל מִזִּבְחֵי שַׁלְמֵיהֶם
כט תְּרוּמָתָם לַיהוָה׃ וּבִגְדֵי הַקֹּדֶשׁ אֲשֶׁר לְאַהֲרֹן יִהְיוּ לְבָנָיו
ל אַחֲרָיו לְמָשְׁחָה בָהֶם וּלְמַלֵּא־בָם אֶת־יָדָם׃ שִׁבְעַת יָמִים
יִלְבָּשָׁם הַכֹּהֵן תַּחְתָּיו מִבָּנָיו אֲשֶׁר יָבֹא אֶל־אֹהֶל מוֹעֵד לְשָׁרֵת
לא בַּקֹּדֶשׁ׃ וְאֵת אֵיל הַמִּלֻּאִים תִּקָּח וּבִשַּׁלְתָּ אֶת־בְּשָׂרוֹ בְּמָקֹם
לב קָדֹשׁ׃ וְאָכַל אַהֲרֹן וּבָנָיו אֶת־בְּשַׂר הָאַיִל וְאֶת־הַלֶּחֶם אֲשֶׁר
לג בַּסָּל פֶּתַח אֹהֶל מוֹעֵד׃ וְאָכְלוּ אֹתָם אֲשֶׁר כֻּפַּר בָּהֶם לְמַלֵּא

אֶת־יָדָם לְקַדֵּשׁ אֹתָם וְזָר לֹא־יֹאכַל כִּי־קֹדֶשׁ הֵם׃ וְאִם־ לד
יִוָּתֵר מִבְּשַׂר הַמִּלֻּאִים וּמִן־הַלֶּחֶם עַד־הַבֹּקֶר וְשָׂרַפְתָּ אֶת־
הַנּוֹתָר בָּאֵשׁ לֹא יֵאָכֵל כִּי־קֹדֶשׁ הוּא׃ וְעָשִׂיתָ לְאַהֲרֹן וּלְבָנָיו לה
כָּכָה כְּכֹל אֲשֶׁר־צִוִּיתִי אֹתָכָה שִׁבְעַת יָמִים תְּמַלֵּא יָדָם׃ וּפַר לו
חַטָּאת תַּעֲשֶׂה לַיּוֹם עַל־הַכִּפֻּרִים וְחִטֵּאתָ עַל־הַמִּזְבֵּחַ בְּכַפֶּרְךָ
עָלָיו וּמָשַׁחְתָּ אֹתוֹ לְקַדְּשׁוֹ׃ שִׁבְעַת יָמִים תְּכַפֵּר עַל־הַמִּזְבֵּחַ לז
וְקִדַּשְׁתָּ אֹתוֹ וְהָיָה הַמִּזְבֵּחַ קֹדֶשׁ קָדָשִׁים כָּל־הַנֹּגֵעַ בַּמִּזְבֵּחַ
ששי יִקְדָּשׁ׃ וְזֶה אֲשֶׁר תַּעֲשֶׂה עַל־הַמִּזְבֵּחַ כְּבָשִׂים לח
בְּנֵי־שָׁנָה שְׁנַיִם לַיּוֹם תָּמִיד׃ אֶת־הַכֶּבֶשׂ הָאֶחָד תַּעֲשֶׂה לט
בַבֹּקֶר וְאֵת הַכֶּבֶשׂ הַשֵּׁנִי תַּעֲשֶׂה בֵּין הָעַרְבָּיִם׃ וְעִשָּׂרֹן סֹלֶת מ
בָּלוּל בְּשֶׁמֶן כָּתִית רֶבַע הַהִין וְנֵסֶךְ רְבִיעִת הַהִין יָיִן לַכֶּבֶשׂ
הָאֶחָד׃ וְאֵת הַכֶּבֶשׂ הַשֵּׁנִי תַּעֲשֶׂה בֵּין הָעַרְבָּיִם כְּמִנְחַת מא
הַבֹּקֶר וּכְנִסְכָּהּ תַּעֲשֶׂה־לָּהּ לְרֵיחַ נִיחֹחַ אִשֶּׁה לַיהוָה׃ עֹלַת מב
תָּמִיד לְדֹרֹתֵיכֶם פֶּתַח אֹהֶל־מוֹעֵד לִפְנֵי יְהוָה אֲשֶׁר אִוָּעֵד
לָכֶם שָׁמָּה לְדַבֵּר אֵלֶיךָ שָׁם׃ וְנֹעַדְתִּי שָׁמָּה לִבְנֵי יִשְׂרָאֵל מג
וְנִקְדַּשׁ בִּכְבֹדִי׃ וְקִדַּשְׁתִּי אֶת־אֹהֶל מוֹעֵד וְאֶת־הַמִּזְבֵּחַ מד
וְאֶת־אַהֲרֹן וְאֶת־בָּנָיו אֲקַדֵּשׁ לְכַהֵן לִי׃ וְשָׁכַנְתִּי בְּתוֹךְ בְּנֵי מה
יִשְׂרָאֵל וְהָיִיתִי לָהֶם לֵאלֹהִים׃ וְיָדְעוּ כִּי אֲנִי יְהוָה אֱלֹהֵיהֶם מו
אֲשֶׁר הוֹצֵאתִי אֹתָם מֵאֶרֶץ מִצְרַיִם לְשָׁכְנִי בְתוֹכָם אֲנִי יְהוָה
אֱלֹהֵיהֶם׃

שביעי כג וְעָשִׂיתָ מִזְבֵּחַ מִקְטַר קְטֹרֶת עֲצֵי שִׁטִּים תַּעֲשֶׂה אֹתוֹ׃ אַמָּה ל א ב
אָרְכּוֹ וְאַמָּה רָחְבּוֹ רָבוּעַ יִהְיֶה וְאַמָּתַיִם קֹמָתוֹ מִמֶּנּוּ קַרְנֹתָיו׃
וְצִפִּיתָ אֹתוֹ זָהָב טָהוֹר אֶת־גַּגּוֹ וְאֶת־קִירֹתָיו סָבִיב וְאֶת־ ג
קַרְנֹתָיו וְעָשִׂיתָ לּוֹ זֵר זָהָב סָבִיב׃ וּשְׁתֵּי טַבְּעֹת זָהָב תַּעֲשֶׂה־ ד
לּוֹ ׀ מִתַּחַת לְזֵרוֹ עַל שְׁתֵּי צַלְעֹתָיו תַּעֲשֶׂה עַל־שְׁנֵי צִדָּיו וְהָיָה
לְבָתִּים לְבַדִּים לָשֵׂאת אֹתוֹ בָּהֵמָּה׃ וְעָשִׂיתָ אֶת־הַבַּדִּים עֲצֵי ה
שִׁטִּים וְצִפִּיתָ אֹתָם זָהָב׃ וְנָתַתָּה אֹתוֹ לִפְנֵי הַפָּרֹכֶת אֲשֶׁר עַל־ ו

אֲרֹן הָעֵדֻת לִפְנֵי הַכַּפֹּרֶת אֲשֶׁר עַל־הָעֵדֻת אֲשֶׁר אִוָּעֵד לְךָ
ז שָׁמָּה׃ וְהִקְטִיר עָלָיו אַהֲרֹן קְטֹרֶת סַמִּים בַּבֹּקֶר בַּבֹּקֶר בְּהֵיטִיבוֹ
ח אֶת־הַנֵּרֹת יַקְטִירֶנָּה׃ וּבְהַעֲלֹת אַהֲרֹן אֶת־הַנֵּרֹת בֵּין הָעַרְבַּיִם מפטיר
ט יַקְטִירֶנָּה קְטֹרֶת תָּמִיד לִפְנֵי יְהוָה לְדֹרֹתֵיכֶם׃ לֹא־תַעֲלוּ עָלָיו
י קְטֹרֶת זָרָה וְעֹלָה וּמִנְחָה וְנֵסֶךְ לֹא תִסְּכוּ עָלָיו׃ וְכִפֶּר אַהֲרֹן
עַל־קַרְנֹתָיו אַחַת בַּשָּׁנָה מִדַּם חַטַּאת הַכִּפֻּרִים אַחַת בַּשָּׁנָה
יְכַפֵּר עָלָיו לְדֹרֹתֵיכֶם קֹדֶשׁ־קָדָשִׁים הוּא לַיהוָה׃

יא יב וַיְדַבֵּר יְהוָה אֶל־מֹשֶׁה לֵּאמֹר׃ כִּי תִשָּׂא אֶת־רֹאשׁ בְּנֵי־יִשְׂרָאֵל כי תשא
לִפְקֻדֵיהֶם וְנָתְנוּ אִישׁ כֹּפֶר נַפְשׁוֹ לַיהוָה בִּפְקֹד אֹתָם וְלֹא־
יג יִהְיֶה בָהֶם נֶגֶף בִּפְקֹד אֹתָם׃ זֶה ׀ יִתְּנוּ כָּל־הָעֹבֵר עַל־הַפְּקֻדִים
מַחֲצִית הַשֶּׁקֶל בְּשֶׁקֶל הַקֹּדֶשׁ עֶשְׂרִים גֵּרָה הַשֶּׁקֶל מַחֲצִית
יד הַשֶּׁקֶל תְּרוּמָה לַיהוָה׃ כֹּל הָעֹבֵר עַל־הַפְּקֻדִים מִבֶּן עֶשְׂרִים
טו שָׁנָה וָמָעְלָה יִתֵּן תְּרוּמַת יְהוָה׃ הֶעָשִׁיר לֹא־יַרְבֶּה וְהַדַּל לֹא
יַמְעִיט מִמַּחֲצִית הַשָּׁקֶל לָתֵת אֶת־תְּרוּמַת יְהוָה לְכַפֵּר עַל־
טז נַפְשֹׁתֵיכֶם׃ וְלָקַחְתָּ אֶת־כֶּסֶף הַכִּפֻּרִים מֵאֵת בְּנֵי יִשְׂרָאֵל וְנָתַתָּ
אֹתוֹ עַל־עֲבֹדַת אֹהֶל מוֹעֵד וְהָיָה לִבְנֵי יִשְׂרָאֵל לְזִכָּרוֹן לִפְנֵי
יְהוָה לְכַפֵּר עַל־נַפְשֹׁתֵיכֶם׃

יז יח וַיְדַבֵּר יְהוָה אֶל־מֹשֶׁה לֵּאמֹר׃ וְעָשִׂיתָ כִּיּוֹר נְחֹשֶׁת וְכַנּוֹ נְחֹשֶׁת
לְרָחְצָה וְנָתַתָּ אֹתוֹ בֵּין־אֹהֶל מוֹעֵד וּבֵין הַמִּזְבֵּחַ וְנָתַתָּ שָׁמָּה
יט כ מָיִם׃ וְרָחֲצוּ אַהֲרֹן וּבָנָיו מִמֶּנּוּ אֶת־יְדֵיהֶם וְאֶת־רַגְלֵיהֶם׃ בְּבֹאָם
אֶל־אֹהֶל מוֹעֵד יִרְחֲצוּ־מַיִם וְלֹא יָמֻתוּ אוֹ בְגִשְׁתָּם אֶל־הַמִּזְבֵּחַ
כא לְשָׁרֵת לְהַקְטִיר אִשֶּׁה לַיהוָה׃ וְרָחֲצוּ יְדֵיהֶם וְרַגְלֵיהֶם וְלֹא
יָמֻתוּ וְהָיְתָה לָהֶם חָק־עוֹלָם לוֹ וּלְזַרְעוֹ לְדֹרֹתָם׃

כב כג וַיְדַבֵּר יְהוָה אֶל־מֹשֶׁה לֵּאמֹר׃ וְאַתָּה קַח־לְךָ בְּשָׂמִים רֹאשׁ
מָר־דְּרוֹר חֲמֵשׁ מֵאוֹת וְקִנְּמָן־בֶּשֶׂם מַחֲצִיתוֹ חֲמִשִּׁים וּמָאתָיִם
כד וּקְנֵה־בֹשֶׂם חֲמִשִּׁים וּמָאתָיִם׃ וְקִדָּה חֲמֵשׁ מֵאוֹת בְּשֶׁקֶל
כה הַקֹּדֶשׁ וְשֶׁמֶן זַיִת הִין׃ וְעָשִׂיתָ אֹתוֹ שֶׁמֶן מִשְׁחַת־קֹדֶשׁ רֹקַח

מִרְקַ֖חַת מַעֲשֵׂ֣ה רֹקֵ֑חַ שֶׁ֥מֶן מִשְׁחַת־קֹ֖דֶשׁ יִהְיֶֽה׃ וּמָשַׁחְתָּ֥ בֽוֹ כו
אֶת־אֹ֣הֶל מוֹעֵ֑ד וְאֵ֖ת אֲר֥וֹן הָעֵדֻֽת׃ וְאֶת־הַשֻּׁלְחָן֙ וְאֶת־כָּל־ כז
כֵּלָ֔יו וְאֶת־הַמְּנֹרָ֖ה וְאֶת־כֵּלֶ֑יהָ וְאֵ֖ת מִזְבַּ֥ח הַקְּטֹֽרֶת׃ וְאֶת־ כח
מִזְבַּ֥ח הָעֹלָ֖ה וְאֶת־כָּל־כֵּלָ֑יו וְאֶת־הַכִּיֹּ֖ר וְאֶת־כַּנּֽוֹ׃ וְקִדַּשְׁתָּ֣ כט
אֹתָ֔ם וְהָי֖וּ קֹ֣דֶשׁ קָֽדָשִׁ֑ים כָּל־הַנֹּגֵ֥עַ בָּהֶ֖ם יִקְדָּֽשׁ׃ וְאֶת־אַהֲרֹ֥ן ל
וְאֶת־בָּנָ֖יו תִּמְשָׁ֑ח וְקִדַּשְׁתָּ֥ אֹתָ֖ם לְכַהֵ֥ן לִֽי׃ וְאֶל־בְּנֵ֥י יִשְׂרָאֵ֖ל לא
תְּדַבֵּ֣ר לֵאמֹ֑ר שֶׁ֠מֶן מִשְׁחַת־קֹ֨דֶשׁ יִהְיֶ֥ה זֶ֛ה לִ֖י לְדֹרֹתֵיכֶֽם׃ עַל־ לב
בְּשַׂ֤ר אָדָם֙ לֹ֣א יִיסָ֔ךְ וּבְמַ֨תְכֻּנְתּ֔וֹ לֹ֥א תַעֲשׂ֖וּ כָּמֹ֑הוּ קֹ֣דֶשׁ ה֔וּא
קֹ֖דֶשׁ יִהְיֶ֥ה לָכֶֽם׃ אִ֚ישׁ אֲשֶׁ֣ר יִרְקַ֣ח כָּמֹ֔הוּ וַאֲשֶׁ֥ר יִתֵּ֛ן מִמֶּ֖נּוּ לג
עַל־זָ֑ר וְנִכְרַ֖ת מֵעַמָּֽיו׃ וַיֹּ֩אמֶר֩ יְהֹוָ֨ה אֶל־מֹשֶׁ֜ה לד
קַח־לְךָ֣ סַמִּ֗ים נָטָ֤ף ׀ וּשְׁחֵ֙לֶת֙ וְחֶלְבְּנָ֔ה סַמִּ֖ים וּלְבֹנָ֣ה זַכָּ֑ה בַּ֥ד
בְּבַ֖ד יִהְיֶֽה׃ וְעָשִׂ֤יתָ אֹתָהּ֙ קְטֹ֔רֶת רֹ֖קַח מַעֲשֵׂ֣ה רוֹקֵ֑חַ מְמֻלָּ֖ח לה
טָה֥וֹר קֹֽדֶשׁ׃ וְשָׁחַקְתָּ֣ מִמֶּ֘נָּה֮ הָדֵק֒ וְנָתַתָּ֨ה מִמֶּ֜נָּה לִפְנֵ֤י הָעֵדֻת֙ לו
בְּאֹ֣הֶל מוֹעֵ֔ד אֲשֶׁ֛ר אִוָּעֵ֥ד לְךָ֖ שָׁ֑מָּה קֹ֥דֶשׁ קָֽדָשִׁ֖ים תִּהְיֶ֥ה לָכֶֽם׃
וְהַקְּטֹ֙רֶת֙ אֲשֶׁ֣ר תַּעֲשֶׂ֔ה בְּמַ֨תְכֻּנְתָּ֔הּ לֹ֥א תַעֲשׂ֖וּ לָכֶ֑ם קֹ֛דֶשׁ לז
תִּהְיֶ֥ה לְךָ֖ לַֽיהֹוָֽה׃ אִ֛ישׁ אֲשֶׁר־יַעֲשֶׂ֥ה כָמ֖וֹהָ לְהָרִ֣יחַ בָּ֑הּ וְנִכְרַ֖ת לח
כד מֵעַמָּֽיו׃ וַיְדַבֵּ֥ר יְהֹוָ֖ה אֶל־מֹשֶׁ֥ה לֵּאמֹֽר׃ רְאֵ֖ה א ב לא
קָרָ֣אתִי בְשֵׁ֔ם בְּצַלְאֵ֥ל בֶּן־אוּרִ֛י בֶן־ח֖וּר לְמַטֵּ֥ה יְהוּדָֽה׃ וָאֲמַלֵּ֥א ג
אֹת֖וֹ ר֣וּחַ אֱלֹהִ֑ים בְּחָכְמָ֧ה וּבִתְבוּנָ֛ה וּבְדַ֖עַת וּבְכָל־מְלָאכָֽה׃
לַחְשֹׁ֖ב מַחֲשָׁבֹ֑ת לַעֲשׂ֛וֹת בַּזָּהָ֥ב וּבַכֶּ֖סֶף וּבַנְּחֹֽשֶׁת׃ וּבַחֲרֹ֥שֶׁת ד ה
אֶ֛בֶן לְמַלֹּ֖את וּבַחֲרֹ֣שֶׁת עֵ֑ץ לַעֲשׂ֖וֹת בְּכָל־מְלָאכָֽה׃ וַאֲנִ֞י הִנֵּ֧ה ו
נָתַ֣תִּי אִתּ֗וֹ אֵ֣ת אָהֳלִיאָ֞ב בֶּן־אֲחִֽיסָמָךְ֙ לְמַטֵּה־דָ֔ן וּבְלֵ֥ב כָּל־
חֲכַם־לֵ֖ב נָתַ֣תִּי חָכְמָ֑ה וְעָשׂ֕וּ אֵ֖ת כָּל־אֲשֶׁ֥ר צִוִּיתִֽךָ׃ אֵ֣ת ׀ אֹ֣הֶל ז
מוֹעֵ֗ד וְאֶת־הָֽאָרֹן֙ לָֽעֵדֻ֔ת וְאֶת־הַכַּפֹּ֖רֶת אֲשֶׁ֣ר עָלָ֑יו וְאֵ֖ת כָּל־
כְּלֵ֥י הָאֹֽהֶל׃ וְאֶת־הַשֻּׁלְחָן֙ וְאֶת־כֵּלָ֔יו וְאֶת־הַמְּנֹרָ֥ה הַטְּהֹרָ֖ה ח
וְאֶת־כָּל־כֵּלֶ֑יהָ וְאֵ֖ת מִזְבַּ֥ח הַקְּטֹֽרֶת׃ וְאֶת־מִזְבַּ֥ח הָעֹלָ֖ה ט
וְאֶת־כָּל־כֵּלָ֑יו וְאֶת־הַכִּיֹּ֖ר וְאֶת־כַּנּֽוֹ׃ וְאֵת֙ בִּגְדֵ֣י הַשְּׂרָ֔ד וְאֶת־ י

יא בִּגְדֵי הַקֹּדֶשׁ לְאַהֲרֹן הַכֹּהֵן וְאֶת־בִּגְדֵי בָנָיו לְכַהֵן׃ וְאֵת שֶׁמֶן
הַמִּשְׁחָה וְאֶת־קְטֹרֶת הַסַּמִּים לַקֹּדֶשׁ כְּכֹל אֲשֶׁר־צִוִּיתִךָ
יַעֲשׂוּ׃

יב יג וַיֹּאמֶר יְהוָה אֶל־מֹשֶׁה לֵּאמֹר׃ וְאַתָּה דַּבֵּר אֶל־בְּנֵי יִשְׂרָאֵל
לֵאמֹר אַךְ אֶת־שַׁבְּתֹתַי תִּשְׁמֹרוּ כִּי אוֹת הִוא בֵּינִי וּבֵינֵיכֶם
יד לְדֹרֹתֵיכֶם לָדַעַת כִּי אֲנִי יְהוָה מְקַדִּשְׁכֶם׃ וּשְׁמַרְתֶּם אֶת־
הַשַּׁבָּת כִּי קֹדֶשׁ הִוא לָכֶם מְחַלְלֶיהָ מוֹת יוּמָת כִּי כָּל־הָעֹשֶׂה
טו בָהּ מְלָאכָה וְנִכְרְתָה הַנֶּפֶשׁ הַהִוא מִקֶּרֶב עַמֶּיהָ׃ שֵׁשֶׁת יָמִים
יֵעָשֶׂה מְלָאכָה וּבַיּוֹם הַשְּׁבִיעִי שַׁבַּת שַׁבָּתוֹן קֹדֶשׁ לַיהוָה
טז כָּל־הָעֹשֶׂה מְלָאכָה בְּיוֹם הַשַּׁבָּת מוֹת יוּמָת׃ וְשָׁמְרוּ
בְנֵי־יִשְׂרָאֵל אֶת־הַשַּׁבָּת לַעֲשׂוֹת אֶת־הַשַּׁבָּת לְדֹרֹתָם בְּרִית
יז עוֹלָם׃ בֵּינִי וּבֵין בְּנֵי יִשְׂרָאֵל אוֹת הִוא לְעֹלָם כִּי־שֵׁשֶׁת יָמִים
עָשָׂה יְהוָה אֶת־הַשָּׁמַיִם וְאֶת־הָאָרֶץ וּבַיּוֹם הַשְּׁבִיעִי שָׁבַת
יח וַיִּנָּפַשׁ׃ וַיִּתֵּן אֶל־מֹשֶׁה כְּכַלֹּתוֹ לְדַבֵּר אִתּוֹ שני
בְּהַר סִינַי שְׁנֵי לֻחֹת הָעֵדֻת לֻחֹת אֶבֶן כְּתֻבִים בְּאֶצְבַּע אֱלֹהִים׃
לב א וַיַּרְא הָעָם כִּי־בֹשֵׁשׁ מֹשֶׁה לָרֶדֶת מִן־הָהָר וַיִּקָּהֵל הָעָם עַל־
אַהֲרֹן וַיֹּאמְרוּ אֵלָיו קוּם ׀ עֲשֵׂה־לָנוּ אֱלֹהִים אֲשֶׁר יֵלְכוּ לְפָנֵינוּ
כִּי־זֶה ׀ מֹשֶׁה הָאִישׁ אֲשֶׁר הֶעֱלָנוּ מֵאֶרֶץ מִצְרַיִם לֹא יָדַעְנוּ
ב מֶה־הָיָה לוֹ׃ וַיֹּאמֶר אֲלֵהֶם אַהֲרֹן פָּרְקוּ נִזְמֵי הַזָּהָב אֲשֶׁר
ג בְּאָזְנֵי נְשֵׁיכֶם בְּנֵיכֶם וּבְנֹתֵיכֶם וְהָבִיאוּ אֵלָי׃ וַיִּתְפָּרְקוּ כָּל־
ד הָעָם אֶת־נִזְמֵי הַזָּהָב אֲשֶׁר בְּאָזְנֵיהֶם וַיָּבִיאוּ אֶל־אַהֲרֹן׃ וַיִּקַּח
מִיָּדָם וַיָּצַר אֹתוֹ בַּחֶרֶט וַיַּעֲשֵׂהוּ עֵגֶל מַסֵּכָה וַיֹּאמְרוּ אֵלֶּה
ה אֱלֹהֶיךָ יִשְׂרָאֵל אֲשֶׁר הֶעֱלוּךָ מֵאֶרֶץ מִצְרָיִם׃ וַיַּרְא אַהֲרֹן וַיִּבֶן
ו מִזְבֵּחַ לְפָנָיו וַיִּקְרָא אַהֲרֹן וַיֹּאמַר חַג לַיהוָה מָחָר׃ וַיַּשְׁכִּימוּ
מִמָּחֳרָת וַיַּעֲלוּ עֹלֹת וַיַּגִּשׁוּ שְׁלָמִים וַיֵּשֶׁב הָעָם לֶאֱכֹל וְשָׁתוֹ
וַיָּקֻמוּ לְצַחֵק׃

ז וַיְדַבֵּר יְהוָה אֶל־מֹשֶׁה לֶךְ־רֵד כִּי שִׁחֵת עַמְּךָ אֲשֶׁר הֶעֱלֵיתָ

מֵאֶרֶץ מִצְרָיִם׃ סָרוּ מַהֵר מִן־הַדֶּרֶךְ אֲשֶׁר צִוִּיתִם עָשׂוּ לָהֶם ח
עֵגֶל מַסֵּכָה וַיִּשְׁתַּחֲווּ־לוֹ וַיִּזְבְּחוּ־לוֹ וַיֹּאמְרוּ אֵלֶּה אֱלֹהֶיךָ
יִשְׂרָאֵל אֲשֶׁר הֶעֱלוּךָ מֵאֶרֶץ מִצְרָיִם׃ וַיֹּאמֶר יְהוָה אֶל־מֹשֶׁה ט
רָאִיתִי אֶת־הָעָם הַזֶּה וְהִנֵּה עַם־קְשֵׁה־עֹרֶף הוּא׃ וְעַתָּה הַנִּיחָה י
לִּי וְיִחַר־אַפִּי בָהֶם וַאֲכַלֵּם וְאֶעֱשֶׂה אוֹתְךָ לְגוֹי גָּדוֹל׃ וַיְחַל מֹשֶׁה יא
אֶת־פְּנֵי יְהוָה אֱלֹהָיו וַיֹּאמֶר לָמָה יְהוָה יֶחֱרֶה אַפְּךָ בְּעַמֶּךָ אֲשֶׁר
הוֹצֵאתָ מֵאֶרֶץ מִצְרַיִם בְּכֹחַ גָּדוֹל וּבְיָד חֲזָקָה׃ לָמָּה יֹאמְרוּ יב
מִצְרַיִם לֵאמֹר בְּרָעָה הוֹצִיאָם לַהֲרֹג אֹתָם בֶּהָרִים וּלְכַלֹּתָם
מֵעַל פְּנֵי הָאֲדָמָה שׁוּב מֵחֲרוֹן אַפֶּךָ וְהִנָּחֵם עַל־הָרָעָה לְעַמֶּךָ׃
זְכֹר לְאַבְרָהָם לְיִצְחָק וּלְיִשְׂרָאֵל עֲבָדֶיךָ אֲשֶׁר נִשְׁבַּעְתָּ לָהֶם יג
בָּךְ וַתְּדַבֵּר אֲלֵהֶם אַרְבֶּה אֶת־זַרְעֲכֶם כְּכוֹכְבֵי הַשָּׁמָיִם וְכָל־
הָאָרֶץ הַזֹּאת אֲשֶׁר אָמַרְתִּי אֶתֵּן לְזַרְעֲכֶם וְנָחֲלוּ לְעֹלָם׃ וַיִּנָּחֶם יד
יְהוָה עַל־הָרָעָה אֲשֶׁר דִּבֶּר לַעֲשׂוֹת לְעַמּוֹ׃

כה וַיִּפֶן וַיֵּרֶד מֹשֶׁה מִן־הָהָר וּשְׁנֵי לֻחֹת הָעֵדֻת בְּיָדוֹ לֻחֹת כְּתֻבִים טו
מִשְּׁנֵי עֶבְרֵיהֶם מִזֶּה וּמִזֶּה הֵם כְּתֻבִים׃ וְהַלֻּחֹת מַעֲשֵׂה אֱלֹהִים טז
הֵמָּה וְהַמִּכְתָּב מִכְתַּב אֱלֹהִים הוּא חָרוּת עַל־הַלֻּחֹת׃ וַיִּשְׁמַע יז
יְהוֹשֻׁעַ אֶת־קוֹל הָעָם בְּרֵעֹה וַיֹּאמֶר אֶל־מֹשֶׁה קוֹל מִלְחָמָה
בַּמַּחֲנֶה׃ וַיֹּאמֶר אֵין קוֹל עֲנוֹת גְּבוּרָה וְאֵין קוֹל עֲנוֹת חֲלוּשָׁה יח
קוֹל עַנּוֹת אָנֹכִי שֹׁמֵעַ׃ וַיְהִי כַּאֲשֶׁר קָרַב אֶל־הַמַּחֲנֶה וַיַּרְא יט
אֶת־הָעֵגֶל וּמְחֹלֹת וַיִּחַר־אַף מֹשֶׁה וַיַּשְׁלֵךְ מִיָּדָו אֶת־הַלֻּחֹת
וַיְשַׁבֵּר אֹתָם תַּחַת הָהָר׃ וַיִּקַּח אֶת־הָעֵגֶל אֲשֶׁר עָשׂוּ וַיִּשְׂרֹף כ
בָּאֵשׁ וַיִּטְחַן עַד אֲשֶׁר־דָּק וַיִּזֶר עַל־פְּנֵי הַמַּיִם וַיַּשְׁקְ אֶת־בְּנֵי
יִשְׂרָאֵל׃ וַיֹּאמֶר מֹשֶׁה אֶל־אַהֲרֹן מֶה־עָשָׂה לְךָ הָעָם הַזֶּה כא
כִּי־הֵבֵאתָ עָלָיו חֲטָאָה גְדֹלָה׃ וַיֹּאמֶר אַהֲרֹן אַל־יִחַר אַף כב
אֲדֹנִי אַתָּה יָדַעְתָּ אֶת־הָעָם כִּי בְרָע הוּא׃ וַיֹּאמְרוּ לִי עֲשֵׂה־ כג
לָנוּ אֱלֹהִים אֲשֶׁר יֵלְכוּ לְפָנֵינוּ כִּי־זֶה ׀ מֹשֶׁה הָאִישׁ אֲשֶׁר
הֶעֱלָנוּ מֵאֶרֶץ מִצְרַיִם לֹא יָדַעְנוּ מֶה־הָיָה לוֹ׃ וָאֹמַר לָהֶם כד

לְמִי זָהָב הִתְפָּרָקוּ וַיִּתְּנוּ־לִי וָאַשְׁלִכֵהוּ בָאֵשׁ וַיֵּצֵא הָעֵגֶל
כה הַזֶּה׃ וַיַּרְא מֹשֶׁה אֶת־הָעָם כִּי פָרֻעַ הוּא כִּי־פְרָעֹה אַהֲרֹן
כו לְשִׁמְצָה בְּקָמֵיהֶם׃ וַיַּעֲמֹד מֹשֶׁה בְּשַׁעַר הַמַּחֲנֶה וַיֹּאמֶר מִי
כז לַיהוָה אֵלָי וַיֵּאָסְפוּ אֵלָיו כָּל־בְּנֵי לֵוִי׃ וַיֹּאמֶר לָהֶם כֹּה־אָמַר
יְהוָה אֱלֹהֵי יִשְׂרָאֵל שִׂימוּ אִישׁ־חַרְבּוֹ עַל־יְרֵכוֹ עִבְרוּ וָשׁוּבוּ
מִשַּׁעַר לָשַׁעַר בַּמַּחֲנֶה וְהִרְגוּ אִישׁ־אֶת־אָחִיו וְאִישׁ אֶת־רֵעֵהוּ
כח וְאִישׁ אֶת־קְרֹבוֹ׃ וַיַּעֲשׂוּ בְנֵי־לֵוִי כִּדְבַר מֹשֶׁה וַיִּפֹּל מִן־הָעָם
כט בַּיּוֹם הַהוּא כִּשְׁלֹשֶׁת אַלְפֵי אִישׁ׃ וַיֹּאמֶר מֹשֶׁה מִלְאוּ יֶדְכֶם
הַיּוֹם לַיהוָה כִּי אִישׁ בִּבְנוֹ וּבְאָחִיו וְלָתֵת עֲלֵיכֶם הַיּוֹם בְּרָכָה׃
ל וַיְהִי מִמָּחֳרָת וַיֹּאמֶר מֹשֶׁה אֶל־הָעָם אַתֶּם חֲטָאתֶם חֲטָאָה
גְדֹלָה וְעַתָּה אֶעֱלֶה אֶל־יְהוָה אוּלַי אֲכַפְּרָה בְּעַד חַטַּאתְכֶם׃
לא וַיָּשָׁב מֹשֶׁה אֶל־יְהוָה וַיֹּאמַר אָנָּא חָטָא הָעָם הַזֶּה חֲטָאָה גְדֹלָה
לב וַיַּעֲשׂוּ לָהֶם אֱלֹהֵי זָהָב׃ וְעַתָּה אִם־תִּשָּׂא חַטָּאתָם וְאִם־אַיִן
לג מְחֵנִי נָא מִסִּפְרְךָ אֲשֶׁר כָּתָבְתָּ׃ וַיֹּאמֶר יְהוָה אֶל־מֹשֶׁה מִי
לד אֲשֶׁר חָטָא־לִי אֶמְחֶנּוּ מִסִּפְרִי׃ וְעַתָּה לֵךְ ׀ נְחֵה אֶת־הָעָם אֶל
אֲשֶׁר־דִּבַּרְתִּי לָךְ הִנֵּה מַלְאָכִי יֵלֵךְ לְפָנֶיךָ וּבְיוֹם פָּקְדִי וּפָקַדְתִּי
לה עֲלֵיהֶם חַטָּאתָם׃ וַיִּגֹּף יְהוָה אֶת־הָעָם עַל אֲשֶׁר עָשׂוּ אֶת־
לג א הָעֵגֶל אֲשֶׁר עָשָׂה אַהֲרֹן׃ וַיְדַבֵּר יְהוָה אֶל־מֹשֶׁה
לֵךְ עֲלֵה מִזֶּה אַתָּה וְהָעָם אֲשֶׁר הֶעֱלִיתָ מֵאֶרֶץ מִצְרָיִם אֶל־
הָאָרֶץ אֲשֶׁר נִשְׁבַּעְתִּי לְאַבְרָהָם לְיִצְחָק וּלְיַעֲקֹב לֵאמֹר
ב לְזַרְעֲךָ אֶתְּנֶנָּה׃ וְשָׁלַחְתִּי לְפָנֶיךָ מַלְאָךְ וְגֵרַשְׁתִּי אֶת־הַכְּנַעֲנִי
ג הָאֱמֹרִי וְהַחִתִּי וְהַפְּרִזִּי הַחִוִּי וְהַיְבוּסִי׃ אֶל־אֶרֶץ זָבַת חָלָב
וּדְבָשׁ כִּי לֹא אֶעֱלֶה בְּקִרְבְּךָ כִּי עַם־קְשֵׁה־עֹרֶף אַתָּה פֶּן־
ד אֲכֶלְךָ בַּדָּרֶךְ׃ וַיִּשְׁמַע הָעָם אֶת־הַדָּבָר הָרָע הַזֶּה וַיִּתְאַבָּלוּ
ה וְלֹא־שָׁתוּ אִישׁ עֶדְיוֹ עָלָיו׃ וַיֹּאמֶר יְהוָה אֶל־מֹשֶׁה אֱמֹר אֶל־
בְּנֵי־יִשְׂרָאֵל אַתֶּם עַם־קְשֵׁה־עֹרֶף רֶגַע אֶחָד אֶעֱלֶה בְקִרְבְּךָ
וְכִלִּיתִיךָ וְעַתָּה הוֹרֵד עֶדְיְךָ מֵעָלֶיךָ וְאֵדְעָה מָה אֶעֱשֶׂה־לָּךְ׃

ז וַיִּֽתְנַצְּל֧וּ בְנֵֽי־יִשְׂרָאֵ֛ל אֶת־עֶדְיָ֖ם מֵהַ֥ר חוֹרֵֽב׃ וּמֹשֶׁ֡ה יִקַּ֣ח
אֶת־הָאֹ֩הֶל֩ וְנָֽטָה־ל֨וֹ ׀ מִח֣וּץ לַֽמַּחֲנֶ֗ה הַרְחֵק֙ מִן־הַֽמַּחֲנֶ֔ה וְקָ֥רָא
ל֖וֹ אֹ֣הֶל מוֹעֵ֑ד וְהָיָה֙ כָּל־מְבַקֵּ֣שׁ יהוה יֵצֵא֙ אֶל־אֹ֣הֶל מוֹעֵ֔ד
ח אֲשֶׁ֖ר מִח֥וּץ לַֽמַּחֲנֶֽה׃ וְהָיָ֗ה כְּצֵ֤את מֹשֶׁה֙ אֶל־הָאֹ֔הֶל יָק֙וּמוּ֙
כָּל־הָעָ֔ם וְנִ֨צְּב֔וּ אִ֖ישׁ פֶּ֣תַח אָהֳל֑וֹ וְהִבִּ֙יטוּ֙ אַחֲרֵ֣י מֹשֶׁ֔ה עַד־
ט בֹּא֖וֹ הָאֹֽהֱלָה׃ וְהָיָ֗ה כְּבֹ֤א מֹשֶׁה֙ הָאֹ֔הֱלָה יֵרֵד֙ עַמּ֣וּד הֶֽעָנָ֔ן
י וְעָמַ֖ד פֶּ֣תַח הָאֹ֑הֶל וְדִבֶּ֖ר עִם־מֹשֶֽׁה׃ וְרָאָ֤ה כָל־הָעָם֙ אֶת־
עַמּ֣וּד הֶֽעָנָ֔ן עֹמֵ֖ד פֶּ֣תַח הָאֹ֑הֶל וְקָ֤ם כָּל־הָעָם֙ וְהִֽשְׁתַּחֲוּ֔וּ אִ֖ישׁ
יא פֶּ֥תַח אָהֳלֽוֹ׃ וְדִבֶּ֨ר יהוה אֶל־מֹשֶׁה֙ פָּנִ֣ים אֶל־פָּנִ֔ים כַּאֲשֶׁ֛ר
יְדַבֵּ֥ר אִ֖ישׁ אֶל־רֵעֵ֑הוּ וְשָׁב֙ אֶל־הַֽמַּחֲנֶ֔ה וּמְשָׁ֨רְת֜וֹ יְהוֹשֻׁ֤עַ בִּן־
נוּן֙ נַ֔עַר לֹ֥א יָמִ֖ישׁ מִתּ֥וֹךְ הָאֹֽהֶל׃

שלישי
יב וַיֹּ֨אמֶר מֹשֶׁ֜ה אֶל־יהוה רְ֠אֵה אַתָּ֞ה אֹמֵ֤ר אֵלַי֙ הַ֚עַל אֶת־הָעָ֣ם
הַזֶּ֔ה וְאַתָּה֙ לֹ֣א הֽוֹדַעְתַּ֔נִי אֵ֥ת אֲשֶׁר־תִּשְׁלַ֖ח עִמִּ֑י וְאַתָּ֤ה אָמַ֙רְתָּ֙
יג יְדַעְתִּ֣יךָֽ בְשֵׁ֔ם וְגַם־מָצָ֥אתָ חֵ֖ן בְּעֵינָֽי׃ וְעַתָּ֡ה אִם־נָא֩ מָצָ֨אתִי
חֵ֜ן בְּעֵינֶ֗יךָ הוֹדִעֵ֤נִי נָא֙ אֶת־דְּרָכֶ֔ךָ וְאֵדָ֣עֲךָ֔ לְמַ֥עַן אֶמְצָא־חֵ֖ן
יד בְּעֵינֶ֑יךָ וּרְאֵ֕ה כִּ֥י עַמְּךָ֖ הַגּ֥וֹי הַזֶּֽה׃ וַיֹּאמַ֑ר פָּנַ֥י יֵלֵ֖כוּ וַהֲנִחֹ֥תִי
טו לָֽךְ׃ וַיֹּ֖אמֶר אֵלָ֑יו אִם־אֵ֤ין פָּנֶ֙יךָ֙ הֹלְכִ֔ים אַֽל־תַּעֲלֵ֖נוּ מִזֶּֽה׃
טז וּבַמֶּ֣ה ׀ יִוָּדַ֣ע אֵפ֗וֹא כִּֽי־מָצָ֨אתִי חֵ֤ן בְּעֵינֶ֙יךָ֙ אֲנִ֣י וְעַמֶּ֔ךָ הֲל֖וֹא
בְּלֶכְתְּךָ֣ עִמָּ֑נוּ וְנִפְלֵ֙ינוּ֙ אֲנִ֣י וְעַמְּךָ֔ מִכָּ֨ל־הָעָ֔ם אֲשֶׁ֖ר עַל־פְּנֵ֥י
הָאֲדָמָֽה׃

רביעי
יז וַיֹּ֤אמֶר יהוה אֶל־מֹשֶׁ֔ה גַּ֚ם אֶת־הַדָּבָ֥ר הַזֶּ֛ה אֲשֶׁ֥ר דִּבַּ֖רְתָּ אֶעֱשֶׂ֑ה
יח כִּֽי־מָצָ֤אתָ חֵן֙ בְּעֵינַ֔י וָאֵדָעֲךָ֖ בְּשֵֽׁם׃ וַיֹּאמַ֑ר הַרְאֵ֥נִי נָ֖א אֶת־
יט כְּבֹדֶֽךָ׃ וַיֹּ֗אמֶר אֲנִ֨י אַעֲבִ֤יר כָּל־טוּבִי֙ עַל־פָּנֶ֔יךָ וְקָרָ֧אתִֽי בְשֵׁ֛ם
יהוה לְפָנֶ֑יךָ וְחַנֹּתִי֙ אֶת־אֲשֶׁ֣ר אָחֹ֔ן וְרִחַמְתִּ֖י אֶת־אֲשֶׁ֥ר אֲרַחֵֽם׃
כ וַיֹּ֕אמֶר לֹ֥א תוּכַ֖ל לִרְאֹ֣ת אֶת־פָּנָ֑י כִּ֛י לֹֽא־יִרְאַ֥נִי הָאָדָ֖ם וָחָֽי׃
כא כב וַיֹּ֣אמֶר יהוה הִנֵּ֥ה מָק֖וֹם אִתִּ֑י וְנִצַּבְתָּ֖ עַל־הַצּֽוּר׃ וְהָיָה֙ בַּעֲבֹ֣ר
כְּבֹדִ֔י וְשַׂמְתִּ֖יךָ בְּנִקְרַ֣ת הַצּ֑וּר וְשַׂכֹּתִ֥י כַפִּ֛י עָלֶ֖יךָ עַד־עָבְרִֽי׃

כג וַהֲסִרֹתִי֙ אֶת־כַּפִּ֔י וְרָאִ֖יתָ אֶת־אֲחֹרָ֑י וּפָנַ֖י לֹ֥א יֵרָאֽוּ׃

לד א וַיֹּ֤אמֶר יְהוָה֙ אֶל־מֹשֶׁ֔ה פְּסָל־לְךָ֛ שְׁנֵֽי־לֻחֹ֥ת אֲבָנִ֖ים כָּרִאשֹׁנִ֑ים חמישי
וְכָתַבְתִּי֙ עַל־הַלֻּחֹ֔ת אֶת־הַדְּבָרִ֔ים אֲשֶׁ֥ר הָי֛וּ עַל־הַלֻּחֹ֥ת
ב הָרִאשֹׁנִ֖ים אֲשֶׁ֥ר שִׁבַּֽרְתָּ׃ וֶהְיֵ֥ה נָכ֖וֹן לַבֹּ֑קֶר וְעָלִ֤יתָ בַבֹּ֙קֶר֙ אֶל־
ג הַ֣ר סִינַ֔י וְנִצַּבְתָּ֥ לִ֛י שָׁ֖ם עַל־רֹ֥אשׁ הָהָֽר׃ וְאִישׁ֙ לֹא־יַעֲלֶ֣ה עִמָּ֔ךְ
וְגַם־אִ֥ישׁ אַל־יֵרָ֖א בְּכָל־הָהָ֑ר גַּם־הַצֹּ֤אן וְהַבָּקָר֙ אַל־יִרְע֔וּ אֶל־
ד מ֖וּל הָהָ֥ר הַהֽוּא׃ וַיִּפְסֹ֡ל שְׁנֵֽי־לֻחֹ֨ת אֲבָנִ֜ים כָּרִאשֹׁנִ֗ים וַיַּשְׁכֵּ֨ם
מֹשֶׁ֤ה בַבֹּ֙קֶר֙ וַיַּ֙עַל֙ אֶל־הַ֣ר סִינַ֔י כַּאֲשֶׁ֛ר צִוָּ֥ה יְהוָ֖ה אֹת֑וֹ וַיִּקַּ֣ח
ה בְּיָד֔וֹ שְׁנֵ֖י לֻחֹ֥ת אֲבָנִֽים׃ וַיֵּ֤רֶד יְהוָה֙ בֶּֽעָנָ֔ן וַיִּתְיַצֵּ֥ב עִמּ֖וֹ שָׁ֑ם
ו וַיִּקְרָ֥א בְשֵׁ֖ם יְהוָֽה׃ וַיַּעֲבֹ֨ר יְהוָ֥ה ׀ עַל־פָּנָיו֮ וַיִּקְרָא֒ יְהוָ֣ה ׀ יְהוָ֔ה
ז אֵ֥ל רַח֖וּם וְחַנּ֑וּן אֶ֥רֶךְ אַפַּ֖יִם וְרַב־חֶ֥סֶד וֶאֱמֶֽת׃ נֹצֵ֥ר חֶ֙סֶד֙
לָאֲלָפִ֔ים נֹשֵׂ֥א עָוֺ֛ן וָפֶ֖שַׁע וְחַטָּאָ֑ה וְנַקֵּה֙ לֹ֣א יְנַקֶּ֔ה פֹּקֵ֣ד ׀ עֲוֺ֣ן
ח אָב֗וֹת עַל־בָּנִים֙ וְעַל־בְּנֵ֣י בָנִ֔ים עַל־שִׁלֵּשִׁ֖ים וְעַל־רִבֵּעִֽים׃ וַיְמַהֵ֖ר
ט מֹשֶׁ֑ה וַיִּקֹּ֥ד אַ֖רְצָה וַיִּשְׁתָּֽחוּ׃ וַיֹּ֡אמֶר אִם־נָא֩ מָצָ֨אתִי חֵ֤ן בְּעֵינֶ֙יךָ֙
אֲדֹנָ֔י יֵֽלֶךְ־נָ֥א אֲדֹנָ֖י בְּקִרְבֵּ֑נוּ כִּ֤י עַם־קְשֵׁה־עֹ֙רֶף֙ ה֔וּא וְסָלַחְתָּ֛
י לַעֲוֺנֵ֥נוּ וּלְחַטָּאתֵ֖נוּ וּנְחַלְתָּֽנוּ׃ וַיֹּ֗אמֶר הִנֵּ֣ה אָנֹכִי֮ כֹּרֵ֣ת בְּרִית֒ ששי
נֶ֤גֶד כָּל־עַמְּךָ֙ אֶעֱשֶׂ֣ה נִפְלָאֹ֔ת אֲשֶׁ֛ר לֹא־נִבְרְא֥וּ בְכָל־הָאָ֖רֶץ
וּבְכָל־הַגּוֹיִ֑ם וְרָאָ֣ה כָל־הָ֠עָם אֲשֶׁר־אַתָּ֨ה בְקִרְבּ֜וֹ אֶת־מַעֲשֵׂ֤ה
יא יְהוָה֙ כִּֽי־נוֹרָ֣א ה֔וּא אֲשֶׁ֥ר אֲנִ֖י עֹשֶׂ֥ה עִמָּֽךְ׃ שְׁמָ֨ר־לְךָ֔ אֵ֛ת אֲשֶׁ֥ר
אָנֹכִ֖י מְצַוְּךָ֣ הַיּ֑וֹם הִנְנִ֧י גֹרֵ֣שׁ מִפָּנֶ֗יךָ אֶת־הָֽאֱמֹרִי֙ וְהַֽכְּנַעֲנִ֔י וְהַֽחִתִּי֙
יב וְהַפְּרִזִּ֔י וְהַֽחִוִּ֖י וְהַיְבוּסִֽי׃ הִשָּׁ֣מֶר לְךָ֗ פֶּן־תִּכְרֹ֤ת בְּרִית֙ לְיוֹשֵׁ֣ב
יג הָאָ֔רֶץ אֲשֶׁ֥ר אַתָּ֖ה בָּ֣א עָלֶ֑יהָ פֶּן־יִהְיֶ֥ה לְמוֹקֵ֖שׁ בְּקִרְבֶּֽךָ׃ כִּ֤י
אֶת־מִזְבְּחֹתָם֙ תִּתֹּצ֔וּן וְאֶת־מַצֵּבֹתָ֖ם תְּשַׁבֵּר֑וּן וְאֶת־אֲשֵׁרָ֖יו
יד תִּכְרֹתֽוּן׃ כִּ֛י לֹ֥א תִֽשְׁתַּחֲוֶ֖ה לְאֵ֣ל אַחֵ֑ר כִּ֤י יְהוָה֙ קַנָּ֣א שְׁמ֔וֹ אֵ֥ל
טו קַנָּ֖א הֽוּא׃ פֶּן־תִּכְרֹ֥ת בְּרִ֖ית לְיוֹשֵׁ֣ב הָאָ֑רֶץ וְזָנ֣וּ ׀ אַחֲרֵ֣י אֱלֹֽהֵיהֶ֗ם
טז וְזָבְחוּ֙ לֵאלֹ֣הֵיהֶ֔ם וְקָרָ֣א לְךָ֔ וְאָכַלְתָּ֖ מִזִּבְחֽוֹ׃ וְלָקַחְתָּ֥ מִבְּנֹתָ֖יו
לְבָנֶ֑יךָ וְזָנ֣וּ בְנֹתָ֗יו אַחֲרֵי֙ אֱלֹ֣הֵיהֶ֔ן וְהִזְנוּ֙ אֶת־בָּנֶ֔יךָ אַחֲרֵ֖י אֱלֹהֵיהֶֽן׃

אֱלֹהֵי מַסֵּכָה לֹא תַעֲשֶׂה־לָּךְ׃ אֶת־חַג הַמַּצּוֹת תִּשְׁמֹר שִׁבְעַת יז יח
יָמִים תֹּאכַל מַצּוֹת אֲשֶׁר צִוִּיתִךָ לְמוֹעֵד חֹדֶשׁ הָאָבִיב כִּי בְּחֹדֶשׁ
הָאָבִיב יָצָאתָ מִמִּצְרָיִם׃ כָּל־פֶּטֶר רֶחֶם לִי וְכָל־מִקְנְךָ תִּזָּכָר יט
פֶּטֶר שׁוֹר וָשֶׂה׃ וּפֶטֶר חֲמוֹר תִּפְדֶּה בְשֶׂה וְאִם־לֹא תִפְדֶּה כ
וַעֲרַפְתּוֹ כֹּל בְּכוֹר בָּנֶיךָ תִּפְדֶּה וְלֹא־יֵרָאוּ פָנַי רֵיקָם׃ שֵׁשֶׁת כא
יָמִים תַּעֲבֹד וּבַיּוֹם הַשְּׁבִיעִי תִּשְׁבֹּת בֶּחָרִישׁ וּבַקָּצִיר תִּשְׁבֹּת׃
וְחַג שָׁבֻעֹת תַּעֲשֶׂה לְךָ בִּכּוּרֵי קְצִיר חִטִּים וְחַג הָאָסִיף תְּקוּפַת כב
הַשָּׁנָה׃ שָׁלֹשׁ פְּעָמִים בַּשָּׁנָה יֵרָאֶה כָּל־זְכוּרְךָ אֶת־פְּנֵי הָאָדֹן | כג
יְהוָה אֱלֹהֵי יִשְׂרָאֵל׃ כִּי־אוֹרִישׁ גּוֹיִם מִפָּנֶיךָ וְהִרְחַבְתִּי אֶת־ כד
גְּבֻלֶךָ וְלֹא־יַחְמֹד אִישׁ אֶת־אַרְצְךָ בַּעֲלֹתְךָ לֵרָאוֹת אֶת־פְּנֵי יְהוָה
אֱלֹהֶיךָ שָׁלֹשׁ פְּעָמִים בַּשָּׁנָה׃ לֹא־תִשְׁחַט עַל־חָמֵץ דַּם־זִבְחִי כה
וְלֹא־יָלִין לַבֹּקֶר זֶבַח חַג הַפָּסַח׃ רֵאשִׁית בִּכּוּרֵי אַדְמָתְךָ תָּבִיא כו
בֵּית יְהוָה אֱלֹהֶיךָ לֹא־תְבַשֵּׁל גְּדִי בַּחֲלֵב אִמּוֹ׃
שביעי כו וַיֹּאמֶר יְהוָה אֶל־מֹשֶׁה כְּתָב־לְךָ אֶת־הַדְּבָרִים הָאֵלֶּה כִּי עַל־ כז
פִּי | הַדְּבָרִים הָאֵלֶּה כָּרַתִּי אִתְּךָ בְּרִית וְאֶת־יִשְׂרָאֵל׃ וַיְהִי־שָׁם כח
עִם־יְהוָה אַרְבָּעִים יוֹם וְאַרְבָּעִים לַיְלָה לֶחֶם לֹא אָכַל וּמַיִם
לֹא שָׁתָה וַיִּכְתֹּב עַל־הַלֻּחֹת אֵת דִּבְרֵי הַבְּרִית עֲשֶׂרֶת הַדְּבָרִים׃
וַיְהִי בְּרֶדֶת מֹשֶׁה מֵהַר סִינַי וּשְׁנֵי לֻחֹת הָעֵדֻת בְּיַד־מֹשֶׁה בְּרִדְתּוֹ כט
מִן־הָהָר וּמֹשֶׁה לֹא־יָדַע כִּי קָרַן עוֹר פָּנָיו בְּדַבְּרוֹ אִתּוֹ׃ וַיַּרְא ל
אַהֲרֹן וְכָל־בְּנֵי יִשְׂרָאֵל אֶת־מֹשֶׁה וְהִנֵּה קָרַן עוֹר פָּנָיו וַיִּירְאוּ
מִגֶּשֶׁת אֵלָיו׃ וַיִּקְרָא אֲלֵהֶם מֹשֶׁה וַיָּשֻׁבוּ אֵלָיו אַהֲרֹן וְכָל־ לא
הַנְּשִׂאִים בָּעֵדָה וַיְדַבֵּר מֹשֶׁה אֲלֵהֶם׃ וְאַחֲרֵי־כֵן נִגְּשׁוּ כָּל־בְּנֵי לב
מפטיר יִשְׂרָאֵל וַיְצַוֵּם אֵת כָּל־אֲשֶׁר דִּבֶּר יְהוָה אִתּוֹ בְּהַר סִינָי׃ וַיְכַל לג
מֹשֶׁה מִדַּבֵּר אִתָּם וַיִּתֵּן עַל־פָּנָיו מַסְוֶה׃ וּבְבֹא מֹשֶׁה לִפְנֵי לד
יְהוָה לְדַבֵּר אִתּוֹ יָסִיר אֶת־הַמַּסְוֶה עַד־צֵאתוֹ וְיָצָא וְדִבֶּר אֶל־
בְּנֵי יִשְׂרָאֵל אֵת אֲשֶׁר יְצֻוֶּה׃ וְרָאוּ בְנֵי־יִשְׂרָאֵל אֶת־פְּנֵי מֹשֶׁה לה
כִּי קָרַן עוֹר פְּנֵי מֹשֶׁה וְהֵשִׁיב מֹשֶׁה אֶת־הַמַּסְוֶה עַל־פָּנָיו עַד־

א בֹּאוּ לְדַבֵּר אִתּוֹ׃ וַיַּקְהֵל מֹשֶׁה אֶת־כָּל־עֲדַת
בְּנֵי יִשְׂרָאֵל וַיֹּאמֶר אֲלֵהֶם אֵלֶּה הַדְּבָרִים אֲשֶׁר־צִוָּה יְהוָה לַעֲשֹׂת
ב אֹתָם׃ שֵׁשֶׁת יָמִים תֵּעָשֶׂה מְלָאכָה וּבַיּוֹם הַשְּׁבִיעִי יִהְיֶה לָכֶם
ג קֹדֶשׁ שַׁבַּת שַׁבָּתוֹן לַיהוָה כָּל־הָעֹשֶׂה בוֹ מְלָאכָה יוּמָת׃ לֹא־
תְבַעֲרוּ אֵשׁ בְּכֹל מֹשְׁבֹתֵיכֶם בְּיוֹם הַשַּׁבָּת׃
ד וַיֹּאמֶר מֹשֶׁה אֶל־כָּל־עֲדַת בְּנֵי־יִשְׂרָאֵל לֵאמֹר זֶה הַדָּבָר אֲשֶׁר־
ה צִוָּה יְהוָה לֵאמֹר׃ קְחוּ מֵאִתְּכֶם תְּרוּמָה לַיהוָה כֹּל נְדִיב
ו לִבּוֹ יְבִיאֶהָ אֵת תְּרוּמַת יְהוָה זָהָב וָכֶסֶף וּנְחֹשֶׁת׃ וּתְכֵלֶת
ז וְאַרְגָּמָן וְתוֹלַעַת שָׁנִי וְשֵׁשׁ וְעִזִּים׃ וְעֹרֹת אֵילִם מְאָדָּמִים וְעֹרֹת
ח תְּחָשִׁים וַעֲצֵי שִׁטִּים׃ וְשֶׁמֶן לַמָּאוֹר וּבְשָׂמִים לְשֶׁמֶן הַמִּשְׁחָה
ט וְלִקְטֹרֶת הַסַּמִּים׃ וְאַבְנֵי־שֹׁהַם וְאַבְנֵי מִלֻּאִים לָאֵפוֹד וְלַחֹשֶׁן׃
י וְכָל־חֲכַם־לֵב בָּכֶם יָבֹאוּ וְיַעֲשׂוּ אֵת כָּל־אֲשֶׁר צִוָּה יְהוָה׃
יא אֶת־הַמִּשְׁכָּן אֶת־אָהֳלוֹ וְאֶת־מִכְסֵהוּ אֶת־קְרָסָיו וְאֶת־קְרָשָׁיו
יב אֶת־בְּרִיחָו אֶת־עַמֻּדָיו וְאֶת־אֲדָנָיו׃ אֶת־הָאָרֹן וְאֶת־בַּדָּיו
יג אֶת־הַכַּפֹּרֶת וְאֵת פָּרֹכֶת הַמָּסָךְ׃ אֶת־הַשֻּׁלְחָן וְאֶת־בַּדָּיו
יד וְאֶת־כָּל־כֵּלָיו וְאֵת לֶחֶם הַפָּנִים׃ וְאֶת־מְנֹרַת הַמָּאוֹר וְאֶת־
טו כֵּלֶיהָ וְאֶת־נֵרֹתֶיהָ וְאֵת שֶׁמֶן הַמָּאוֹר׃ וְאֶת־מִזְבַּח הַקְּטֹרֶת
וְאֶת־בַּדָּיו וְאֵת שֶׁמֶן הַמִּשְׁחָה וְאֵת קְטֹרֶת הַסַּמִּים וְאֶת־
טז מָסַךְ הַפֶּתַח לְפֶתַח הַמִּשְׁכָּן׃ אֵת ׀ מִזְבַּח הָעֹלָה וְאֶת־מִכְבַּר
הַנְּחֹשֶׁת אֲשֶׁר־לוֹ אֶת־בַּדָּיו וְאֶת־כָּל־כֵּלָיו אֶת־הַכִּיֹּר וְאֶת־
יז כַּנּוֹ׃ אֵת קַלְעֵי הֶחָצֵר אֶת־עַמֻּדָיו וְאֶת־אֲדָנֶיהָ וְאֵת מָסַךְ
יח שַׁעַר הֶחָצֵר׃ אֶת־יִתְדֹת הַמִּשְׁכָּן וְאֶת־יִתְדֹת הֶחָצֵר וְאֶת־
יט מֵיתְרֵיהֶם׃ אֶת־בִּגְדֵי הַשְּׂרָד לְשָׁרֵת בַּקֹּדֶשׁ אֶת־בִּגְדֵי הַקֹּדֶשׁ
כ לְאַהֲרֹן הַכֹּהֵן וְאֶת־בִּגְדֵי בָנָיו לְכַהֵן׃ וַיֵּצְאוּ כָּל־עֲדַת בְּנֵי־
כא יִשְׂרָאֵל מִלִּפְנֵי מֹשֶׁה׃ וַיָּבֹאוּ כָּל־אִישׁ אֲשֶׁר־נְשָׂאוֹ לִבּוֹ וְכֹל שני
אֲשֶׁר נָדְבָה רוּחוֹ אֹתוֹ הֵבִיאוּ אֶת־תְּרוּמַת יְהוָה לִמְלֶאכֶת
כב אֹהֶל מוֹעֵד וּלְכָל־עֲבֹדָתוֹ וּלְבִגְדֵי הַקֹּדֶשׁ׃ וַיָּבֹאוּ הָאֲנָשִׁים

עַל־הַנָּשִׁים כֹּל ׀ נְדִיב לֵב הֵבִיאוּ חָח וָנֶזֶם וְטַבַּעַת וְכוּמָז כָּל־
כְּלִי זָהָב וְכָל־אִישׁ אֲשֶׁר הֵנִיף תְּנוּפַת זָהָב לַיהוָה׃ וְכָל־אִישׁ כג
אֲשֶׁר־נִמְצָא אִתּוֹ תְּכֵלֶת וְאַרְגָּמָן וְתוֹלַעַת שָׁנִי וְשֵׁשׁ וְעִזִּים
וְעֹרֹת אֵילִם מְאָדָּמִים וְעֹרֹת תְּחָשִׁים הֵבִיאוּ׃ כָּל־מֵרִים תְּרוּמַת כד
כֶּסֶף וּנְחֹשֶׁת הֵבִיאוּ אֵת תְּרוּמַת יְהוָה וְכֹל אֲשֶׁר נִמְצָא אִתּוֹ
עֲצֵי שִׁטִּים לְכָל־מְלֶאכֶת הָעֲבֹדָה הֵבִיאוּ׃ וְכָל־אִשָּׁה חַכְמַת־ כה
לֵב בְּיָדֶיהָ טָווּ וַיָּבִיאוּ מַטְוֶה אֶת־הַתְּכֵלֶת וְאֶת־הָאַרְגָּמָן
אֶת־תּוֹלַעַת הַשָּׁנִי וְאֶת־הַשֵּׁשׁ׃ וְכָל־הַנָּשִׁים אֲשֶׁר נָשָׂא לִבָּן כו
אֹתָנָה בְּחָכְמָה טָווּ אֶת־הָעִזִּים׃ וְהַנְּשִׂאִם הֵבִיאוּ אֵת אַבְנֵי כז
הַשֹּׁהַם וְאֵת אַבְנֵי הַמִּלֻּאִים לָאֵפוֹד וְלַחֹשֶׁן׃ וְאֶת־הַבֹּשֶׂם כח
וְאֶת־הַשָּׁמֶן לְמָאוֹר וּלְשֶׁמֶן הַמִּשְׁחָה וְלִקְטֹרֶת הַסַּמִּים׃ כָּל־ כט
אִישׁ וְאִשָּׁה אֲשֶׁר נָדַב לִבָּם אֹתָם לְהָבִיא לְכָל־הַמְּלָאכָה
אֲשֶׁר צִוָּה יְהוָה לַעֲשׂוֹת בְּיַד־מֹשֶׁה הֵבִיאוּ בְנֵי־יִשְׂרָאֵל נְדָבָה
לַיהוָה׃

שלישי /שני/ וַיֹּאמֶר מֹשֶׁה אֶל־בְּנֵי יִשְׂרָאֵל רְאוּ קָרָא יְהוָה בְּשֵׁם בְּצַלְאֵל ל
בֶּן־אוּרִי בֶן־חוּר לְמַטֵּה יְהוּדָה׃ וַיְמַלֵּא אֹתוֹ רוּחַ אֱלֹהִים לא
בְּחָכְמָה בִּתְבוּנָה וּבְדַעַת וּבְכָל־מְלָאכָה׃ וְלַחְשֹׁב מַחֲשָׁבֹת לב
לַעֲשֹׂת בַּזָּהָב וּבַכֶּסֶף וּבַנְּחֹשֶׁת׃ וּבַחֲרֹשֶׁת אֶבֶן לְמַלֹּאת לג
וּבַחֲרֹשֶׁת עֵץ לַעֲשׂוֹת בְּכָל־מְלֶאכֶת מַחֲשָׁבֶת׃ וּלְהוֹרֹת נָתַן לד
בְּלִבּוֹ הוּא וְאָהֳלִיאָב בֶּן־אֲחִיסָמָךְ לְמַטֵּה־דָן׃ מִלֵּא אֹתָם לה
חָכְמַת־לֵב לַעֲשׂוֹת כָּל־מְלֶאכֶת חָרָשׁ ׀ וְחֹשֵׁב וְרֹקֵם בַּתְּכֵלֶת
וּבָאַרְגָּמָן בְּתוֹלַעַת הַשָּׁנִי וּבַשֵּׁשׁ וְאֹרֵג עֹשֵׂי כָּל־מְלָאכָה
וְחֹשְׁבֵי מַחֲשָׁבֹת׃ וְעָשָׂה בְצַלְאֵל וְאָהֳלִיאָב וְכֹל ׀ אִישׁ חֲכַם־ לו א
לֵב אֲשֶׁר נָתַן יְהוָה חָכְמָה וּתְבוּנָה בָּהֵמָּה לָדַעַת לַעֲשֹׂת אֶת־
כָּל־מְלֶאכֶת עֲבֹדַת הַקֹּדֶשׁ לְכֹל אֲשֶׁר־צִוָּה יְהוָה׃ וַיִּקְרָא ב
מֹשֶׁה אֶל־בְּצַלְאֵל וְאֶל־אָהֳלִיאָב וְאֶל כָּל־אִישׁ חֲכַם־לֵב
אֲשֶׁר נָתַן יְהוָה חָכְמָה בְּלִבּוֹ כֹּל אֲשֶׁר נְשָׂאוֹ לִבּוֹ לְקָרְבָה

ג אֶל־הַמְּלָאכָה לַעֲשֹׂת אֹתָהּ: וַיִּקְחוּ מִלִּפְנֵי מֹשֶׁה אֵת כָּל־
הַתְּרוּמָה אֲשֶׁר הֵבִיאוּ בְּנֵי יִשְׂרָאֵל לִמְלֶאכֶת עֲבֹדַת הַקֹּדֶשׁ
לַעֲשֹׂת אֹתָהּ וְהֵם הֵבִיאוּ אֵלָיו עוֹד נְדָבָה בַּבֹּקֶר בַּבֹּקֶר:
ד וַיָּבֹאוּ כָּל־הַחֲכָמִים הָעֹשִׂים אֵת כָּל־מְלֶאכֶת הַקֹּדֶשׁ אִישׁ
ה אִישׁ מִמְּלַאכְתּוֹ אֲשֶׁר־הֵמָּה עֹשִׂים: וַיֹּאמְרוּ אֶל־מֹשֶׁה לֵּאמֹר
מַרְבִּים הָעָם לְהָבִיא מִדֵּי הָעֲבֹדָה לַמְּלָאכָה אֲשֶׁר־צִוָּה יְהוָה
ו לַעֲשֹׂת אֹתָהּ: וַיְצַו מֹשֶׁה וַיַּעֲבִירוּ קוֹל בַּמַּחֲנֶה לֵאמֹר אִישׁ
וְאִשָּׁה אַל־יַעֲשׂוּ־עוֹד מְלָאכָה לִתְרוּמַת הַקֹּדֶשׁ וַיִּכָּלֵא הָעָם
ז מֵהָבִיא: וְהַמְּלָאכָה הָיְתָה דַיָּם לְכָל־הַמְּלָאכָה לַעֲשׂוֹת אֹתָהּ
ח וְהוֹתֵר: וַיַּעֲשׂוּ כָל־חֲכַם־לֵב בְּעֹשֵׂי הַמְּלָאכָה רביעי
אֶת־הַמִּשְׁכָּן עֶשֶׂר יְרִיעֹת שֵׁשׁ מָשְׁזָר וּתְכֵלֶת וְאַרְגָּמָן וְתוֹלַעַת
ט שָׁנִי כְּרֻבִים מַעֲשֵׂה חֹשֵׁב עָשָׂה אֹתָם: אֹרֶךְ הַיְרִיעָה הָאַחַת
שְׁמֹנֶה וְעֶשְׂרִים בָּאַמָּה וְרֹחַב אַרְבַּע בָּאַמָּה הַיְרִיעָה הָאֶחָת
י מִדָּה אַחַת לְכָל־הַיְרִיעֹת: וַיְחַבֵּר אֶת־חֲמֵשׁ הַיְרִיעֹת אַחַת
יא אֶל־אֶחָת וְחָמֵשׁ יְרִיעֹת חִבַּר אַחַת אֶל־אֶחָת: וַיַּעַשׂ לֻלְאֹת
תְּכֵלֶת עַל שְׂפַת הַיְרִיעָה הָאֶחָת מִקָּצָה בַּמַּחְבָּרֶת כֵּן עָשָׂה
יב בִּשְׂפַת הַיְרִיעָה הַקִּיצוֹנָה בַּמַּחְבֶּרֶת הַשֵּׁנִית: חֲמִשִּׁים לֻלָאֹת
עָשָׂה בַּיְרִיעָה הָאֶחָת וַחֲמִשִּׁים לֻלָאֹת עָשָׂה בִּקְצֵה הַיְרִיעָה
אֲשֶׁר בַּמַּחְבֶּרֶת הַשֵּׁנִית מַקְבִּילֹת הַלֻּלָאֹת אַחַת אֶל־אֶחָת:
יג וַיַּעַשׂ חֲמִשִּׁים קַרְסֵי זָהָב וַיְחַבֵּר אֶת־הַיְרִיעֹת אַחַת אֶל־אַחַת
בַּקְּרָסִים וַיְהִי הַמִּשְׁכָּן אֶחָד:
יד וַיַּעַשׂ יְרִיעֹת עִזִּים לְאֹהֶל עַל־הַמִּשְׁכָּן עַשְׁתֵּי־עֶשְׂרֵה יְרִיעֹת
טו עָשָׂה אֹתָם: אֹרֶךְ הַיְרִיעָה הָאַחַת שְׁלֹשִׁים בָּאַמָּה וְאַרְבַּע
אַמּוֹת רֹחַב הַיְרִיעָה הָאֶחָת מִדָּה אַחַת לְעַשְׁתֵּי עֶשְׂרֵה יְרִיעֹת:
טז יז וַיְחַבֵּר אֶת־חֲמֵשׁ הַיְרִיעֹת לְבָד וְאֶת־שֵׁשׁ הַיְרִיעֹת לְבָד: וַיַּעַשׂ
לֻלָאֹת חֲמִשִּׁים עַל שְׂפַת הַיְרִיעָה הַקִּיצֹנָה בַּמַּחְבָּרֶת וַחֲמִשִּׁים
יח לֻלָאֹת עָשָׂה עַל־שְׂפַת הַיְרִיעָה הַחֹבֶרֶת הַשֵּׁנִית: וַיַּעַשׂ

קַרְסֵי נְחֹשֶׁת חֲמִשִּׁים לְחַבֵּר אֶת־הָאֹהֶל לִהְיֹת אֶחָד׃ וַיַּעַשׂ יט
מִכְסֶה לָאֹהֶל עֹרֹת אֵילִם מְאָדָּמִים וּמִכְסֵה עֹרֹת תְּחָשִׁים
חמישי מִלְמָעְלָה׃ וַיַּעַשׂ אֶת־הַקְּרָשִׁים לַמִּשְׁכָּן עֲצֵי כ
שִׁטִּים עֹמְדִים׃ עֶשֶׂר אַמֹּת אֹרֶךְ הַקָּרֶשׁ וְאַמָּה וַחֲצִי הָאַמָּה כא
רֹחַב הַקֶּרֶשׁ הָאֶחָד׃ שְׁתֵּי יָדֹת לַקֶּרֶשׁ הָאֶחָד מְשֻׁלָּבֹת אַחַת כב
אֶל־אֶחָת כֵּן עָשָׂה לְכֹל קַרְשֵׁי הַמִּשְׁכָּן׃ וַיַּעַשׂ אֶת־הַקְּרָשִׁים כג
לַמִּשְׁכָּן עֶשְׂרִים קְרָשִׁים לִפְאַת נֶגֶב תֵּימָנָה׃ וְאַרְבָּעִים אַדְנֵי־ כד
כֶסֶף עָשָׂה תַּחַת עֶשְׂרִים הַקְּרָשִׁים שְׁנֵי אֲדָנִים תַּחַת־הַקֶּרֶשׁ
הָאֶחָד לִשְׁתֵּי יְדֹתָיו וּשְׁנֵי אֲדָנִים תַּחַת־הַקֶּרֶשׁ הָאֶחָד לִשְׁתֵּי
יְדֹתָיו׃ וּלְצֶלַע הַמִּשְׁכָּן הַשֵּׁנִית לִפְאַת צָפוֹן עָשָׂה עֶשְׂרִים כה
קְרָשִׁים׃ וְאַרְבָּעִים אַדְנֵיהֶם כָּסֶף שְׁנֵי אֲדָנִים תַּחַת הַקֶּרֶשׁ כו
הָאֶחָד וּשְׁנֵי אֲדָנִים תַּחַת הַקֶּרֶשׁ הָאֶחָד׃ וּלְיַרְכְּתֵי הַמִּשְׁכָּן כז
יָמָּה עָשָׂה שִׁשָּׁה קְרָשִׁים׃ וּשְׁנֵי קְרָשִׁים עָשָׂה לִמְקֻצְעֹת הַמִּשְׁכָּן כח
בַּיַּרְכָתָיִם׃ וְהָיוּ תוֹאֲמִם מִלְּמַטָּה וְיַחְדָּו יִהְיוּ תַמִּים אֶל־רֹאשׁוֹ כט
אֶל־הַטַּבַּעַת הָאֶחָת כֵּן עָשָׂה לִשְׁנֵיהֶם לִשְׁנֵי הַמִּקְצֹעֹת׃ וְהָיוּ ל
שְׁמֹנָה קְרָשִׁים וְאַדְנֵיהֶם כֶּסֶף שִׁשָּׁה עָשָׂר אֲדָנִים שְׁנֵי אֲדָנִים
שְׁנֵי אֲדָנִים תַּחַת הַקֶּרֶשׁ הָאֶחָד׃ וַיַּעַשׂ בְּרִיחֵי עֲצֵי שִׁטִּים לא
חֲמִשָּׁה לְקַרְשֵׁי צֶלַע־הַמִּשְׁכָּן הָאֶחָת׃ וַחֲמִשָּׁה בְרִיחִם לְקַרְשֵׁי לב
צֶלַע־הַמִּשְׁכָּן הַשֵּׁנִית וַחֲמִשָּׁה בְרִיחִם לְקַרְשֵׁי הַמִּשְׁכָּן לַיַּרְכָתַיִם
יָמָּה׃ וַיַּעַשׂ אֶת־הַבְּרִיחַ הַתִּיכֹן לִבְרֹחַ בְּתוֹךְ הַקְּרָשִׁים מִן־ לג
הַקָּצֶה אֶל־הַקָּצֶה׃ וְאֶת־הַקְּרָשִׁים צִפָּה זָהָב וְאֶת־טַבְּעֹתָם לד
עָשָׂה זָהָב בָּתִּים לַבְּרִיחִם וַיְצַף אֶת־הַבְּרִיחִם זָהָב׃ וַיַּעַשׂ אֶת־ לה
הַפָּרֹכֶת תְּכֵלֶת וְאַרְגָּמָן וְתוֹלַעַת שָׁנִי וְשֵׁשׁ מָשְׁזָר מַעֲשֵׂה
חֹשֵׁב עָשָׂה אֹתָהּ כְּרֻבִים׃ וַיַּעַשׂ לָהּ אַרְבָּעָה עַמּוּדֵי שִׁטִּים לו
וַיְצַפֵּם זָהָב וָוֵיהֶם זָהָב וַיִּצֹק לָהֶם אַרְבָּעָה אַדְנֵי־כָסֶף׃ וַיַּעַשׂ לז
מָסָךְ לְפֶתַח הָאֹהֶל תְּכֵלֶת וְאַרְגָּמָן וְתוֹלַעַת שָׁנִי וְשֵׁשׁ מָשְׁזָר
מַעֲשֵׂה רֹקֵם׃ וְאֶת־עַמּוּדָיו חֲמִשָּׁה וְאֶת־וָוֵיהֶם וְצִפָּה רָאשֵׁיהֶם לח

וְחִשֻּׁקֵיהֶ֖ם זָהָ֑ב וְאַדְנֵיהֶ֥ם חֲמִשָּׁ֖ה נְחֹֽשֶׁת׃
א וַיַּ֧עַשׂ בְּצַלְאֵ֛ל אֶת־הָאָרֹ֖ן עֲצֵ֣י שִׁטִּ֑ים אַמָּתַ֨יִם וָחֵ֜צִי אָרְכּ֗וֹ וְאַמָּ֤ה כז
ב וָחֵ֙צִי֙ רָחְבּ֔וֹ וְאַמָּ֥ה וָחֵ֖צִי קֹמָתֽוֹ׃ וַיְצַפֵּ֛הוּ זָהָ֥ב טָה֖וֹר מִבַּ֣יִת
ג וּמִח֑וּץ וַיַּ֥עַשׂ ל֛וֹ זֵ֥ר זָהָ֖ב סָבִֽיב׃ וַיִּצֹ֣ק ל֗וֹ אַרְבַּע֙ טַבְּעֹ֣ת זָהָ֔ב
עַ֖ל אַרְבַּ֣ע פַּעֲמֹתָ֑יו וּשְׁתֵּ֣י טַבָּעֹ֗ת עַל־צַלְעוֹ֙ הָֽאֶחָ֔ת וּשְׁתֵּי֙ טַבָּעֹ֔ת
ד עַל־צַלְע֖וֹ הַשֵּׁנִֽית׃ וַיַּ֥עַשׂ בַּדֵּ֖י עֲצֵ֣י שִׁטִּ֑ים וַיְצַ֥ף אֹתָ֖ם זָהָֽב׃
ה וַיָּבֵ֤א אֶת־הַבַּדִּים֙ בַּטַּבָּעֹ֔ת עַ֖ל צַלְעֹ֣ת הָאָרֹ֑ן לָשֵׂ֖את אֶת־
ו הָאָרֹֽן׃ וַיַּ֥עַשׂ כַּפֹּ֖רֶת זָהָ֣ב טָה֑וֹר אַמָּתַ֤יִם וָחֵ֙צִי֙ אָרְכָּ֔הּ וְאַמָּ֥ה
ז וָחֵ֖צִי רָחְבָּֽהּ׃ וַיַּ֛עַשׂ שְׁנֵ֥י כְרֻבִ֖ים זָהָ֑ב מִקְשָׁה֙ עָשָׂ֣ה אֹתָ֔ם מִשְּׁנֵ֖י
ח קְצ֥וֹת הַכַּפֹּֽרֶת׃ כְּרוּב־אֶחָ֤ד מִקָּצָה֙ מִזֶּ֔ה וּכְרוּב־אֶחָ֖ד מִקָּצָ֣ה מִזֶּ֑ה
ט מִן־הַכַּפֹּ֛רֶת עָשָׂ֥ה אֶת־הַכְּרֻבִ֖ים מִשְּׁנֵ֥י קצוותו׃ וַיִּהְי֣וּ הַכְּרֻבִ֡ים קְצוֹתָֽיו
פֹּ֨רְשֵׂ֤י כְנָפַ֙יִם֙ לְמַ֔עְלָה סֹכְכִ֤ים בְּכַנְפֵיהֶם֙ עַל־הַכַּפֹּ֔רֶת וּפְנֵיהֶ֖ם
אִ֣ישׁ אֶל־אָחִ֑יו אֶ֨ל־הַכַּפֹּ֔רֶת הָי֖וּ פְּנֵ֥י הַכְּרֻבִֽים׃
י וַיַּ֥עַשׂ אֶת־הַשֻּׁלְחָ֖ן עֲצֵ֣י שִׁטִּ֑ים אַמָּתַ֤יִם אָרְכּוֹ֙ וְאַמָּ֣ה רָחְבּ֔וֹ
יא וְאַמָּ֥ה וָחֵ֖צִי קֹמָתֽוֹ׃ וַיְצַ֥ף אֹת֖וֹ זָהָ֣ב טָה֑וֹר וַיַּ֥עַשׂ ל֛וֹ זֵ֥ר זָהָ֖ב
יב סָבִֽיב׃ וַיַּ֨עַשׂ ל֥וֹ מִסְגֶּ֛רֶת טֹ֖פַח סָבִ֑יב וַיַּ֧עַשׂ זֵר־זָהָ֛ב לְמִסְגַּרְתּ֖וֹ
יג סָבִֽיב׃ וַיִּצֹ֣ק ל֔וֹ אַרְבַּ֖ע טַבְּעֹ֣ת זָהָ֑ב וַיִּתֵּן֙ אֶת־הַטַּבָּעֹ֔ת עַ֚ל
יד אַרְבַּ֣ע הַפֵּאֹ֔ת אֲשֶׁ֖ר לְאַרְבַּ֥ע רַגְלָֽיו׃ לְעֻמַּת֙ הַמִּסְגֶּ֔רֶת הָי֖וּ
טו הַטַּבָּעֹ֑ת בָּתִּים֙ לַבַּדִּ֔ים לָשֵׂ֖את אֶת־הַשֻּׁלְחָֽן׃ וַיַּ֤עַשׂ אֶת־הַבַּדִּים֙
טז עֲצֵ֣י שִׁטִּ֔ים וַיְצַ֥ף אֹתָ֖ם זָהָ֑ב לָשֵׂ֖את אֶת־הַשֻּׁלְחָֽן׃ וַיַּ֜עַשׂ אֶת־
הַכֵּלִ֣ים ׀ אֲשֶׁ֣ר עַל־הַשֻּׁלְחָ֗ן אֶת־קְעָרֹתָ֤יו וְאֶת־כַּפֹּתָיו֙ וְאֵת֙
מְנַקִּיֹּתָ֔יו וְאֶת־הַקְּשָׂו֔ת אֲשֶׁ֥ר יֻסַּ֖ךְ בָּהֵ֑ן זָהָ֖ב טָהֽוֹר׃
יז וַיַּ֥עַשׂ אֶת־הַמְּנֹרָ֖ה זָהָ֣ב טָה֑וֹר מִקְשָׁ֞ה עָשָׂ֣ה אֶת־הַמְּנֹרָ֗ה יְרֵכָ֣הּ ששי /שלישי/
יח וְקָנָ֔הּ גְּבִיעֶ֛יהָ כַּפְתֹּרֶ֥יהָ וּפְרָחֶ֖יהָ מִמֶּ֥נָּה הָיֽוּ׃ וְשִׁשָּׁ֣ה קָנִ֔ים יֹצְאִ֖ים
מִצִּדֶּ֑יהָ שְׁלֹשָׁ֣ה ׀ קְנֵ֣י מְנֹרָ֗ה מִצִּדָּהּ֙ הָֽאֶחָ֔ד וּשְׁלֹשָׁה֙ קְנֵ֣י מְנֹרָ֔ה
יט מִצִּדָּ֖הּ הַשֵּׁנִֽי׃ שְׁלֹשָׁ֣ה גְ֠בִעִ֠ים מְֽשֻׁקָּדִ֞ים בַּקָּנֶ֣ה הָאֶחָד֮ כַּפְתֹּ֣ר
וָפֶרַח֒ וּשְׁלֹשָׁ֣ה גְבִעִ֗ים מְשֻׁקָּדִ֛ים בְּקָנֶ֥ה אֶחָ֖ד כַּפְתֹּ֣ר וָפָ֑רַח כֵּ֚ן

לְשֵׁשֶׁת הַקָּנִים הַיֹּצְאִים מִן־הַמְּנֹרָה: וּבַמְּנֹרָה אַרְבָּעָה גְבִעִים כ
מְשֻׁקָּדִים כַּפְתֹּרֶיהָ וּפְרָחֶיהָ: וְכַפְתֹּר תַּחַת שְׁנֵי הַקָּנִים מִמֶּנָּה כא
וְכַפְתֹּר תַּחַת שְׁנֵי הַקָּנִים מִמֶּנָּה וְכַפְתֹּר תַּחַת־שְׁנֵי הַקָּנִים מִמֶּנָּה
לְשֵׁשֶׁת הַקָּנִים הַיֹּצְאִים מִמֶּנָּה: כַּפְתֹּרֵיהֶם וּקְנֹתָם מִמֶּנָּה הָיוּ כב
כֻּלָּהּ מִקְשָׁה אַחַת זָהָב טָהוֹר: וַיַּעַשׂ אֶת־נֵרֹתֶיהָ שִׁבְעָה כג
וּמַלְקָחֶיהָ וּמַחְתֹּתֶיהָ זָהָב טָהוֹר: כִּכָּר זָהָב טָהוֹר עָשָׂה אֹתָהּ כד
וְאֵת כָּל־כֵּלֶיהָ:
וַיַּעַשׂ אֶת־מִזְבַּח הַקְּטֹרֶת עֲצֵי שִׁטִּים אַמָּה אָרְכּוֹ וְאַמָּה רָחְבּוֹ כה
רָבוּעַ וְאַמָּתַיִם קֹמָתוֹ מִמֶּנּוּ הָיוּ קַרְנֹתָיו: וַיְצַף אֹתוֹ זָהָב כו
טָהוֹר אֶת־גַּגּוֹ וְאֶת־קִירֹתָיו סָבִיב וְאֶת־קַרְנֹתָיו וַיַּעַשׂ לוֹ
זֵר זָהָב סָבִיב: וּשְׁתֵּי טַבְּעֹת זָהָב עָשָׂה־לוֹ ׀ מִתַּחַת לְזֵרוֹ כז
עַל שְׁתֵּי צַלְעֹתָיו עַל שְׁנֵי צִדָּיו לְבָתִּים לְבַדִּים לָשֵׂאת אֹתוֹ
בָּהֶם: וַיַּעַשׂ אֶת־הַבַּדִּים עֲצֵי שִׁטִּים וַיְצַף אֹתָם זָהָב: וַיַּעַשׂ כח כט
אֶת־שֶׁמֶן הַמִּשְׁחָה קֹדֶשׁ וְאֶת־קְטֹרֶת הַסַּמִּים טָהוֹר מַעֲשֵׂה
שביעי /רביעי/ רֹקֵחַ: וַיַּעַשׂ אֶת־מִזְבַּח הָעֹלָה עֲצֵי שִׁטִּים חָמֵשׁ א לח
אַמּוֹת אָרְכּוֹ וְחָמֵשׁ־אַמּוֹת רָחְבּוֹ רָבוּעַ וְשָׁלֹשׁ אַמּוֹת קֹמָתוֹ:
וַיַּעַשׂ קַרְנֹתָיו עַל אַרְבַּע פִּנֹּתָיו מִמֶּנּוּ הָיוּ קַרְנֹתָיו וַיְצַף אֹתוֹ ב
נְחֹשֶׁת: וַיַּעַשׂ אֶת־כָּל־כְּלֵי הַמִּזְבֵּחַ אֶת־הַסִּירֹת וְאֶת־הַיָּעִים ג
וְאֶת־הַמִּזְרָקֹת אֶת־הַמִּזְלָגֹת וְאֶת־הַמַּחְתֹּת כָּל־כֵּלָיו עָשָׂה
נְחֹשֶׁת: וַיַּעַשׂ לַמִּזְבֵּחַ מִכְבָּר מַעֲשֵׂה רֶשֶׁת נְחֹשֶׁת תַּחַת ד
כַּרְכֻּבּוֹ מִלְּמַטָּה עַד־חֶצְיוֹ: וַיִּצֹק אַרְבַּע טַבָּעֹת בְּאַרְבַּע ה
הַקְּצָוֹת לְמִכְבַּר הַנְּחֹשֶׁת בָּתִּים לַבַּדִּים: וַיַּעַשׂ אֶת־הַבַּדִּים ו
עֲצֵי שִׁטִּים וַיְצַף אֹתָם נְחֹשֶׁת: וַיָּבֵא אֶת־הַבַּדִּים בַּטַּבָּעֹת ז
עַל צַלְעֹת הַמִּזְבֵּחַ לָשֵׂאת אֹתוֹ בָּהֶם נְבוּב לֻחֹת עָשָׂה
אֹתוֹ: וַיַּעַשׂ אֵת הַכִּיּוֹר נְחֹשֶׁת וְאֵת כַּנּוֹ נְחֹשֶׁת בְּמַרְאֹת ח
הַצֹּבְאֹת אֲשֶׁר צָבְאוּ פֶּתַח אֹהֶל מוֹעֵד: וַיַּעַשׂ ט
אֶת־הֶחָצֵר לִפְאַת ׀ נֶגֶב תֵּימָנָה קַלְעֵי הֶחָצֵר שֵׁשׁ מָשְׁזָר מֵאָה

י בָּאַמָּה: עַמּוּדֵיהֶם עֶשְׂרִים וְאַדְנֵיהֶם עֶשְׂרִים נְחֹשֶׁת וָוֵי הָעַמּוּדִים
יא וַחֲשֻׁקֵיהֶם כָּסֶף: וְלִפְאַת צָפוֹן מֵאָה בָאַמָּה עַמּוּדֵיהֶם עֶשְׂרִים
יב וְאַדְנֵיהֶם עֶשְׂרִים נְחֹשֶׁת וָוֵי הָעַמּוּדִים וַחֲשֻׁקֵיהֶם כָּסֶף: וְלִפְאַת־
יָם קְלָעִים חֲמִשִּׁים בָּאַמָּה עַמּוּדֵיהֶם עֲשָׂרָה וְאַדְנֵיהֶם עֲשָׂרָה
יג וָוֵי הָעַמֻּדִים וַחֲשׁוּקֵיהֶם כָּסֶף: וְלִפְאַת קֵדְמָה מִזְרָחָה חֲמִשִּׁים
יד אַמָּה: קְלָעִים חֲמֵשׁ־עֶשְׂרֵה אַמָּה אֶל־הַכָּתֵף עַמּוּדֵיהֶם שְׁלֹשָׁה
טו וְאַדְנֵיהֶם שְׁלֹשָׁה: וְלַכָּתֵף הַשֵּׁנִית מִזֶּה וּמִזֶּה לְשַׁעַר הֶחָצֵר
קְלָעִים חֲמֵשׁ עֶשְׂרֵה אַמָּה עַמֻּדֵיהֶם שְׁלֹשָׁה וְאַדְנֵיהֶם שְׁלֹשָׁה:
טז יז כָּל־קַלְעֵי הֶחָצֵר סָבִיב שֵׁשׁ מָשְׁזָר: וְהָאֲדָנִים לָעַמֻּדִים נְחֹשֶׁת
וָוֵי הָעַמּוּדִים וַחֲשׁוּקֵיהֶם כֶּסֶף וְצִפּוּי רָאשֵׁיהֶם כָּסֶף וְהֵם
יח מְחֻשָּׁקִים כֶּסֶף כֹּל עַמֻּדֵי הֶחָצֵר: וּמָסַךְ שַׁעַר הֶחָצֵר מַעֲשֵׂה מפטיר
רֹקֵם תְּכֵלֶת וְאַרְגָּמָן וְתוֹלַעַת שָׁנִי וְשֵׁשׁ מָשְׁזָר וְעֶשְׂרִים
אַמָּה אֹרֶךְ וְקוֹמָה בְרֹחַב חָמֵשׁ אַמּוֹת לְעֻמַּת קַלְעֵי הֶחָצֵר:
יט וְעַמֻּדֵיהֶם אַרְבָּעָה וְאַדְנֵיהֶם אַרְבָּעָה נְחֹשֶׁת וָוֵיהֶם כֶּסֶף וְצִפּוּי
כ רָאשֵׁיהֶם וַחֲשֻׁקֵיהֶם כָּסֶף: וְכָל־הַיְתֵדֹת לַמִּשְׁכָּן וְלֶחָצֵר סָבִיב
כא נְחֹשֶׁת: אֵלֶּה פְקוּדֵי הַמִּשְׁכָּן מִשְׁכַּן הָעֵדֻת כח פקודי
אֲשֶׁר פֻּקַּד עַל־פִּי מֹשֶׁה עֲבֹדַת הַלְוִיִּם בְּיַד אִיתָמָר בֶּן־אַהֲרֹן
כב הַכֹּהֵן: וּבְצַלְאֵל בֶּן־אוּרִי בֶן־חוּר לְמַטֵּה יְהוּדָה עָשָׂה אֵת
כג כָּל־אֲשֶׁר־צִוָּה יהוה אֶת־מֹשֶׁה: וְאִתּוֹ אָהֳלִיאָב בֶּן־אֲחִיסָמָךְ
לְמַטֵּה־דָן חָרָשׁ וְחֹשֵׁב וְרֹקֵם בַּתְּכֵלֶת וּבָאַרְגָּמָן וּבְתוֹלַעַת
כד הַשָּׁנִי וּבַשֵּׁשׁ: כָּל־הַזָּהָב הֶעָשׂוּי לַמְּלָאכָה בְּכֹל
מְלֶאכֶת הַקֹּדֶשׁ וַיְהִי ׀ זְהַב הַתְּנוּפָה תֵּשַׁע וְעֶשְׂרִים כִּכָּר וּשְׁבַע
כה מֵאוֹת וּשְׁלֹשִׁים שֶׁקֶל בְּשֶׁקֶל הַקֹּדֶשׁ: וְכֶסֶף פְּקוּדֵי הָעֵדָה מְאַת
כִּכָּר וְאֶלֶף וּשְׁבַע מֵאוֹת וַחֲמִשָּׁה וְשִׁבְעִים שֶׁקֶל בְּשֶׁקֶל הַקֹּדֶשׁ:
כו בֶּקַע לַגֻּלְגֹּלֶת מַחֲצִית הַשֶּׁקֶל בְּשֶׁקֶל הַקֹּדֶשׁ לְכֹל הָעֹבֵר עַל־
הַפְּקֻדִים מִבֶּן עֶשְׂרִים שָׁנָה וָמַעְלָה לְשֵׁשׁ־מֵאוֹת אֶלֶף וּשְׁלֹשֶׁת
כז אֲלָפִים וַחֲמֵשׁ מֵאוֹת וַחֲמִשִּׁים: וַיְהִי מְאַת כִּכַּר הַכֶּסֶף לָצֶקֶת

אֵת אַדְנֵי הַקֹּדֶשׁ וְאֵת אַדְנֵי הַפָּרֹכֶת מְאַת אֲדָנִים לִמְאַת
הַכִּכָּר כִּכָּר לָאָדֶן׃ וְאֶת־הָאֶלֶף וּשְׁבַע הַמֵּאוֹת וַחֲמִשָּׁה וְשִׁבְעִים כח
עָשָׂה וָוִים לָעַמּוּדִים וְצִפָּה רָאשֵׁיהֶם וְחִשַּׁק אֹתָם׃ וּנְחֹשֶׁת כט
הַתְּנוּפָה שִׁבְעִים כִּכָּר וְאַלְפַּיִם וְאַרְבַּע־מֵאוֹת שָׁקֶל׃ וַיַּעַשׂ ל
בָּהּ אֶת־אַדְנֵי פֶּתַח אֹהֶל מוֹעֵד וְאֵת מִזְבַּח הַנְּחֹשֶׁת וְאֶת־
מִכְבַּר הַנְּחֹשֶׁת אֲשֶׁר־לוֹ וְאֵת כׇּל־כְּלֵי הַמִּזְבֵּחַ׃ וְאֶת־אַדְנֵי לא
הֶחָצֵר סָבִיב וְאֶת־אַדְנֵי שַׁעַר הֶחָצֵר וְאֵת כׇּל־יִתְדֹת הַמִּשְׁכָּן
וְאֶת־כׇּל־יִתְדֹת הֶחָצֵר סָבִיב׃ וּמִן־הַתְּכֵלֶת וְהָאַרְגָּמָן וְתוֹלַעַת א לט
הַשָּׁנִי עָשׂוּ בִגְדֵי־שְׂרָד לְשָׁרֵת בַּקֹּדֶשׁ וַיַּעֲשׂוּ אֶת־בִּגְדֵי הַקֹּדֶשׁ
אֲשֶׁר לְאַהֲרֹן כַּאֲשֶׁר צִוָּה יְהֹוָה אֶת־מֹשֶׁה׃

שני /חמישי/ וַיַּעַשׂ אֶת־הָאֵפֹד זָהָב תְּכֵלֶת וְאַרְגָּמָן וְתוֹלַעַת שָׁנִי וְשֵׁשׁ ב
מׇשְׁזָר׃ וַיְרַקְּעוּ אֶת־פַּחֵי הַזָּהָב וְקִצֵּץ פְּתִילִם לַעֲשׂוֹת בְּתוֹךְ ג
הַתְּכֵלֶת וּבְתוֹךְ הָאַרְגָּמָן וּבְתוֹךְ תּוֹלַעַת הַשָּׁנִי וּבְתוֹךְ הַשֵּׁשׁ
קְצוֹתָיו מַעֲשֵׂה חֹשֵׁב׃ כְּתֵפֹת עָשׂוּ־לוֹ חֹבְרֹת עַל־שְׁנֵי קצוותו חֻבָּר׃ ד
וְחֵשֶׁב אֲפֻדָּתוֹ אֲשֶׁר עָלָיו מִמֶּנּוּ הוּא כְּמַעֲשֵׂהוּ זָהָב תְּכֵלֶת ה
וְאַרְגָּמָן וְתוֹלַעַת שָׁנִי וְשֵׁשׁ מׇשְׁזָר כַּאֲשֶׁר צִוָּה יְהֹוָה אֶת־
מֹשֶׁה׃ וַיַּעֲשׂוּ אֶת־אַבְנֵי הַשֹּׁהַם מֻסַבֹּת מִשְׁבְּצֹת ו
זָהָב מְפֻתָּחֹת פִּתּוּחֵי חוֹתָם עַל־שְׁמוֹת בְּנֵי יִשְׂרָאֵל׃ וַיָּשֶׂם ז
אֹתָם עַל כִּתְפֹת הָאֵפֹד אַבְנֵי זִכָּרוֹן לִבְנֵי יִשְׂרָאֵל כַּאֲשֶׁר צִוָּה
יְהֹוָה אֶת־מֹשֶׁה׃

וַיַּעַשׂ אֶת־הַחֹשֶׁן מַעֲשֵׂה חֹשֵׁב כְּמַעֲשֵׂה אֵפֹד זָהָב תְּכֵלֶת ח
וְאַרְגָּמָן וְתוֹלַעַת שָׁנִי וְשֵׁשׁ מׇשְׁזָר׃ רָבוּעַ הָיָה כָּפוּל עָשׂוּ אֶת־ ט
הַחֹשֶׁן זֶרֶת אׇרְכּוֹ וְזֶרֶת רׇחְבּוֹ כָּפוּל׃ וַיְמַלְאוּ־בוֹ אַרְבָּעָה טוּרֵי י
אָבֶן טוּר אֹדֶם פִּטְדָה וּבָרֶקֶת הַטּוּר הָאֶחָד׃ וְהַטּוּר הַשֵּׁנִי נֹפֶךְ יא
סַפִּיר וְיַהֲלֹם׃ וְהַטּוּר הַשְּׁלִישִׁי לֶשֶׁם שְׁבוֹ וְאַחְלָמָה׃ וְהַטּוּר יב יג
הָרְבִיעִי תַּרְשִׁישׁ שֹׁהַם וְיָשְׁפֵה מוּסַבֹּת מִשְׁבְּצוֹת זָהָב בְּמִלֻּאֹתָם׃
וְהָאֲבָנִים עַל־שְׁמֹת בְּנֵי־יִשְׂרָאֵל הֵנָּה שְׁתֵּים עֶשְׂרֵה עַל־שְׁמֹתָם יד

טו פִּתּוּחֵי חֹתָם אִישׁ עַל־שְׁמוֹ לִשְׁנֵים עָשָׂר שָׁבֶט׃ וַיַּעֲשׂוּ עַל־
טז הַחֹשֶׁן שַׁרְשְׁרֹת גַּבְלֻת מַעֲשֵׂה עֲבֹת זָהָב טָהוֹר׃ וַיַּעֲשׂוּ שְׁתֵּי
מִשְׁבְּצֹת זָהָב וּשְׁתֵּי טַבְּעֹת זָהָב וַיִּתְּנוּ אֶת־שְׁתֵּי הַטַּבָּעֹת
יז עַל־שְׁנֵי קְצוֹת הַחֹשֶׁן׃ וַיִּתְּנוּ שְׁתֵּי הָעֲבֹתֹת הַזָּהָב עַל־שְׁתֵּי
יח הַטַּבָּעֹת עַל־קְצוֹת הַחֹשֶׁן׃ וְאֵת שְׁתֵּי קְצוֹת שְׁתֵּי הָעֲבֹתֹת
נָתְנוּ עַל־שְׁתֵּי הַמִּשְׁבְּצֹת וַיִּתְּנֻם עַל־כִּתְפֹת הָאֵפֹד אֶל־מוּל
יט פָּנָיו׃ וַיַּעֲשׂוּ שְׁתֵּי טַבְּעֹת זָהָב וַיָּשִׂימוּ עַל־שְׁנֵי קְצוֹת הַחֹשֶׁן
כ עַל־שְׂפָתוֹ אֲשֶׁר אֶל־עֵבֶר הָאֵפֹד בָּיְתָה׃ וַיַּעֲשׂוּ שְׁתֵּי טַבְּעֹת
זָהָב וַיִּתְּנֻם עַל־שְׁתֵּי כִתְפֹת הָאֵפֹד מִלְּמַטָּה מִמּוּל פָּנָיו
כא לְעֻמַּת מַחְבַּרְתּוֹ מִמַּעַל לְחֵשֶׁב הָאֵפֹד׃ וַיִּרְכְּסוּ אֶת־הַחֹשֶׁן
מִטַּבְּעֹתָיו אֶל־טַבְּעֹת הָאֵפֹד בִּפְתִיל תְּכֵלֶת לִהְיֹת עַל־
חֵשֶׁב הָאֵפֹד וְלֹא־יִזַּח הַחֹשֶׁן מֵעַל הָאֵפֹד כַּאֲשֶׁר צִוָּה יְהוָה
אֶת־מֹשֶׁה׃

כב כג וַיַּעַשׂ אֶת־מְעִיל הָאֵפֹד מַעֲשֵׂה אֹרֵג כְּלִיל תְּכֵלֶת׃ וּפִי־הַמְּעִיל שלישי /ששי/
כד בְּתוֹכוֹ כְּפִי תַחְרָא שָׂפָה לְפִיו סָבִיב לֹא יִקָּרֵעַ׃ וַיַּעֲשׂוּ עַל־
שׁוּלֵי הַמְּעִיל רִמּוֹנֵי תְּכֵלֶת וְאַרְגָּמָן וְתוֹלַעַת שָׁנִי מָשְׁזָר׃
כה וַיַּעֲשׂוּ פַעֲמֹנֵי זָהָב טָהוֹר וַיִּתְּנוּ אֶת־הַפַּעֲמֹנִים בְּתוֹךְ הָרִמֹּנִים
כו עַל־שׁוּלֵי הַמְּעִיל סָבִיב בְּתוֹךְ הָרִמֹּנִים׃ פַּעֲמֹן וְרִמֹּן פַּעֲמֹן
וְרִמֹּן עַל־שׁוּלֵי הַמְּעִיל סָבִיב לְשָׁרֵת כַּאֲשֶׁר צִוָּה יְהוָה אֶת־
כז מֹשֶׁה׃ וַיַּעֲשׂוּ אֶת־הַכָּתְנֹת שֵׁשׁ מַעֲשֵׂה אֹרֵג
כח לְאַהֲרֹן וּלְבָנָיו׃ וְאֵת הַמִּצְנֶפֶת שֵׁשׁ וְאֶת־פַּאֲרֵי הַמִּגְבָּעֹת שֵׁשׁ
כט וְאֶת־מִכְנְסֵי הַבָּד שֵׁשׁ מָשְׁזָר׃ וְאֶת־הָאַבְנֵט שֵׁשׁ מָשְׁזָר וּתְכֵלֶת
וְאַרְגָּמָן וְתוֹלַעַת שָׁנִי מַעֲשֵׂה רֹקֵם כַּאֲשֶׁר צִוָּה יְהוָה אֶת־
ל מֹשֶׁה׃ וַיַּעֲשׂוּ אֶת־צִיץ נֵזֶר־הַקֹּדֶשׁ זָהָב טָהוֹר
לא וַיִּכְתְּבוּ עָלָיו מִכְתַּב פִּתּוּחֵי חוֹתָם קֹדֶשׁ לַיהוָה׃ וַיִּתְּנוּ עָלָיו
פְּתִיל תְּכֵלֶת לָתֵת עַל־הַמִּצְנֶפֶת מִלְמָעְלָה כַּאֲשֶׁר צִוָּה יְהוָה
לב אֶת־מֹשֶׁה׃ וַתֵּכֶל כָּל־עֲבֹדַת מִשְׁכַּן אֹהֶל

מוֹעֵד וַיַּעֲשׂוּ בְּנֵי יִשְׂרָאֵל כְּכֹל אֲשֶׁר צִוָּה יְהוָה אֶת־מֹשֶׁה כֵּן
עָשׂוּ׃
רביעי כט וַיָּבִיאוּ אֶת־הַמִּשְׁכָּן אֶל־מֹשֶׁה אֶת־הָאֹהֶל וְאֶת־כָּל־כֵּלָיו לג
קְרָסָיו קְרָשָׁיו בְּרִיחָו וְעַמֻּדָיו וַאֲדָנָיו׃ וְאֶת־מִכְסֵה עוֹרֹת הָאֵילִם לד
הַמְאָדָּמִים וְאֶת־מִכְסֵה עֹרֹת הַתְּחָשִׁים וְאֵת פָּרֹכֶת הַמָּסָךְ׃
אֶת־אֲרוֹן הָעֵדֻת וְאֶת־בַּדָּיו וְאֵת הַכַּפֹּרֶת׃ אֶת־הַשֻּׁלְחָן אֶת־ לה לו
כָּל־כֵּלָיו וְאֵת לֶחֶם הַפָּנִים׃ אֶת־הַמְּנֹרָה הַטְּהֹרָה אֶת־נֵרֹתֶיהָ לז
נֵרֹת הַמַּעֲרָכָה וְאֶת־כָּל־כֵּלֶיהָ וְאֵת שֶׁמֶן הַמָּאוֹר׃ וְאֵת מִזְבַּח לח
הַזָּהָב וְאֵת שֶׁמֶן הַמִּשְׁחָה וְאֵת קְטֹרֶת הַסַּמִּים וְאֵת מָסַךְ
פֶּתַח הָאֹהֶל׃ אֵת ׀ מִזְבַּח הַנְּחֹשֶׁת וְאֶת־מִכְבַּר הַנְּחֹשֶׁת אֲשֶׁר־ לט
לוֹ אֶת־בַּדָּיו וְאֶת־כָּל־כֵּלָיו אֶת־הַכִּיֹּר וְאֶת־כַּנּוֹ׃ אֵת קַלְעֵי מ
הֶחָצֵר אֶת־עַמֻּדֶיהָ וְאֶת־אֲדָנֶיהָ וְאֶת־הַמָּסָךְ לְשַׁעַר הֶחָצֵר
אֶת־מֵיתָרָיו וִיתֵדֹתֶיהָ וְאֵת כָּל־כְּלֵי עֲבֹדַת הַמִּשְׁכָּן לְאֹהֶל
מוֹעֵד׃ אֶת־בִּגְדֵי הַשְּׂרָד לְשָׁרֵת בַּקֹּדֶשׁ אֶת־בִּגְדֵי הַקֹּדֶשׁ מא
לְאַהֲרֹן הַכֹּהֵן וְאֶת־בִּגְדֵי בָנָיו לְכַהֵן׃ כְּכֹל אֲשֶׁר־צִוָּה יְהוָה מב
אֶת־מֹשֶׁה כֵּן עָשׂוּ בְּנֵי יִשְׂרָאֵל אֵת כָּל־הָעֲבֹדָה׃ וַיַּרְא מֹשֶׁה מג
אֶת־כָּל־הַמְּלָאכָה וְהִנֵּה עָשׂוּ אֹתָהּ כַּאֲשֶׁר צִוָּה יְהוָה כֵּן עָשׂוּ
וַיְבָרֶךְ אֹתָם מֹשֶׁה׃
חמישי /שביעי/ וַיְדַבֵּר יְהוָה אֶל־מֹשֶׁה לֵּאמֹר׃ בְּיוֹם־הַחֹדֶשׁ הָרִאשׁוֹן בְּאֶחָד מ א ב
לַחֹדֶשׁ תָּקִים אֶת־מִשְׁכַּן אֹהֶל מוֹעֵד׃ וְשַׂמְתָּ שָׁם אֵת אֲרוֹן ג
הָעֵדוּת וְסַכֹּתָ עַל־הָאָרֹן אֶת־הַפָּרֹכֶת׃ וְהֵבֵאתָ אֶת־הַשֻּׁלְחָן ד
וְעָרַכְתָּ אֶת־עֶרְכּוֹ וְהֵבֵאתָ אֶת־הַמְּנֹרָה וְהַעֲלֵיתָ אֶת־נֵרֹתֶיהָ׃
וְנָתַתָּה אֶת־מִזְבַּח הַזָּהָב לִקְטֹרֶת לִפְנֵי אֲרוֹן הָעֵדֻת וְשַׂמְתָּ ה
אֶת־מָסַךְ הַפֶּתַח לַמִּשְׁכָּן׃ וְנָתַתָּה אֵת מִזְבַּח הָעֹלָה לִפְנֵי ו
פֶּתַח מִשְׁכַּן אֹהֶל־מוֹעֵד׃ וְנָתַתָּ אֶת־הַכִּיֹּר בֵּין־אֹהֶל מוֹעֵד ז
וּבֵין הַמִּזְבֵּחַ וְנָתַתָּ שָׁם מָיִם׃ וְשַׂמְתָּ אֶת־הֶחָצֵר סָבִיב וְנָתַתָּ ח
אֶת־מָסַךְ שַׁעַר הֶחָצֵר׃ וְלָקַחְתָּ אֶת־שֶׁמֶן הַמִּשְׁחָה וּמָשַׁחְתָּ ט

אֶת־הַמִּשְׁכָּן וְאֶת־כָּל־אֲשֶׁר־בּוֹ וְקִדַּשְׁתָּ אֹתוֹ וְאֶת־כָּל־כֵּלָיו
י וְהָיָה קֹדֶשׁ׃ וּמָשַׁחְתָּ אֶת־מִזְבַּח הָעֹלָה וְאֶת־כָּל־כֵּלָיו וְקִדַּשְׁתָּ
יא אֶת־הַמִּזְבֵּחַ וְהָיָה הַמִּזְבֵּחַ קֹדֶשׁ קָדָשִׁים׃ וּמָשַׁחְתָּ אֶת־הַכִּיֹּר
יב וְאֶת־כַּנּוֹ וְקִדַּשְׁתָּ אֹתוֹ׃ וְהִקְרַבְתָּ אֶת־אַהֲרֹן וְאֶת־בָּנָיו אֶל־
יג פֶּתַח אֹהֶל מוֹעֵד וְרָחַצְתָּ אֹתָם בַּמָּיִם׃ וְהִלְבַּשְׁתָּ אֶת־אַהֲרֹן
יד אֵת בִּגְדֵי הַקֹּדֶשׁ וּמָשַׁחְתָּ אֹתוֹ וְקִדַּשְׁתָּ אֹתוֹ וְכִהֵן לִי׃ וְאֶת־
טו בָּנָיו תַּקְרִיב וְהִלְבַּשְׁתָּ אֹתָם כֻּתֳּנֹת׃ וּמָשַׁחְתָּ אֹתָם כַּאֲשֶׁר
מָשַׁחְתָּ אֶת־אֲבִיהֶם וְכִהֲנוּ לִי וְהָיְתָה לִהְיֹת לָהֶם מָשְׁחָתָם
טז לִכְהֻנַּת עוֹלָם לְדֹרֹתָם׃ וַיַּעַשׂ מֹשֶׁה כְּכֹל אֲשֶׁר צִוָּה יְהוָה
יז אֹתוֹ כֵּן עָשָׂה׃ וַיְהִי בַּחֹדֶשׁ הָרִאשׁוֹן בַּשָּׁנָה ששי
יח הַשֵּׁנִית בְּאֶחָד לַחֹדֶשׁ הוּקַם הַמִּשְׁכָּן׃ וַיָּקֶם מֹשֶׁה אֶת־
הַמִּשְׁכָּן וַיִּתֵּן אֶת־אֲדָנָיו וַיָּשֶׂם אֶת־קְרָשָׁיו וַיִּתֵּן אֶת־בְּרִיחָיו
יט וַיָּקֶם אֶת־עַמּוּדָיו׃ וַיִּפְרֹשׂ אֶת־הָאֹהֶל עַל־הַמִּשְׁכָּן וַיָּשֶׂם
אֶת־מִכְסֵה הָאֹהֶל עָלָיו מִלְמָעְלָה כַּאֲשֶׁר צִוָּה יְהוָה אֶת־
כ מֹשֶׁה׃ וַיִּקַּח וַיִּתֵּן אֶת־הָעֵדֻת אֶל־הָאָרֹן וַיָּשֶׂם
אֶת־הַבַּדִּים עַל־הָאָרֹן וַיִּתֵּן אֶת־הַכַּפֹּרֶת עַל־הָאָרֹן מִלְמָעְלָה׃
כא וַיָּבֵא אֶת־הָאָרֹן אֶל־הַמִּשְׁכָּן וַיָּשֶׂם אֵת פָּרֹכֶת הַמָּסָךְ וַיָּסֶךְ עַל
כב אֲרוֹן הָעֵדוּת כַּאֲשֶׁר צִוָּה יְהוָה אֶת־מֹשֶׁה׃ וַיִּתֵּן
אֶת־הַשֻּׁלְחָן בְּאֹהֶל מוֹעֵד עַל יֶרֶךְ הַמִּשְׁכָּן צָפֹנָה מִחוּץ
כג לַפָּרֹכֶת׃ וַיַּעֲרֹךְ עָלָיו עֵרֶךְ לֶחֶם לִפְנֵי יְהוָה כַּאֲשֶׁר צִוָּה יְהוָה
כד אֶת־מֹשֶׁה׃ וַיָּשֶׂם אֶת־הַמְּנֹרָה בְּאֹהֶל מוֹעֵד
כה נֹכַח הַשֻּׁלְחָן עַל יֶרֶךְ הַמִּשְׁכָּן נֶגְבָּה׃ וַיַּעַל הַנֵּרֹת לִפְנֵי יְהוָה
כו כַּאֲשֶׁר צִוָּה יְהוָה אֶת־מֹשֶׁה׃ וַיָּשֶׂם אֶת־מִזְבַּח
כז הַזָּהָב בְּאֹהֶל מוֹעֵד לִפְנֵי הַפָּרֹכֶת׃ וַיַּקְטֵר עָלָיו קְטֹרֶת סַמִּים
כח כַּאֲשֶׁר צִוָּה יְהוָה אֶת־מֹשֶׁה׃ וַיָּשֶׂם אֶת־מָסַךְ שביעי
כט הַפֶּתַח לַמִּשְׁכָּן׃ וְאֵת מִזְבַּח הָעֹלָה שָׂם פֶּתַח מִשְׁכַּן אֹהֶל־
מוֹעֵד וַיַּעַל עָלָיו אֶת־הָעֹלָה וְאֶת־הַמִּנְחָה כַּאֲשֶׁר צִוָּה יְהוָה

אֶת־מֹשֶֽׁה׃ וַיָּ֗שֶׂם אֶת־הַכִּיֹּ֔ר בֵּֽין־אֹ֥הֶל מוֹעֵ֖ד ל
וּבֵ֣ין הַמִּזְבֵּ֑חַ וַיִּתֵּ֥ן שָׁ֛מָּה מַ֖יִם לְרָחְצָֽה׃ וְרָחֲצ֣וּ מִמֶּ֔נּוּ מֹשֶׁ֖ה לא
וְאַהֲרֹ֣ן וּבָנָ֑יו אֶת־יְדֵיהֶ֖ם וְאֶת־רַגְלֵיהֶֽם׃ בְּבֹאָ֞ם אֶל־אֹ֣הֶל לב
מוֹעֵ֗ד וּבְקָרְבָתָ֛ם אֶל־הַמִּזְבֵּ֖חַ יִרְחָ֑צוּ כַּאֲשֶׁ֛ר צִוָּ֥ה יְהוָ֖ה אֶת־
מֹשֶֽׁה׃ וַיָּ֣קֶם אֶת־הֶחָצֵ֗ר סָבִיב֙ לג
לַמִּשְׁכָּ֣ן וְלַמִּזְבֵּ֔חַ וַיִּתֵּ֕ן אֶת־מָסַ֖ךְ שַׁ֣עַר הֶחָצֵ֑ר וַיְכַ֥ל מֹשֶׁ֖ה אֶת־
הַמְּלָאכָֽה׃

מפטיר וַיְכַ֥ס הֶעָנָ֖ן אֶת־אֹ֣הֶל מוֹעֵ֑ד וּכְב֣וֹד יְהוָ֔ה מָלֵ֖א אֶת־הַמִּשְׁכָּֽן׃ לד
וְלֹא־יָכֹ֣ל מֹשֶׁ֗ה לָבוֹא֙ אֶל־אֹ֣הֶל מוֹעֵ֔ד כִּֽי־שָׁכַ֥ן עָלָ֖יו הֶעָנָ֑ן לה
וּכְב֣וֹד יְהוָ֔ה מָלֵ֖א אֶת־הַמִּשְׁכָּֽן׃ וּבְהֵעָל֤וֹת הֶֽעָנָן֙ מֵעַ֣ל הַמִּשְׁכָּ֔ן לו
יִסְע֖וּ בְּנֵ֣י יִשְׂרָאֵ֑ל בְּכֹ֖ל מַסְעֵיהֶֽם׃ וְאִם־לֹ֥א יֵעָלֶ֖ה הֶעָנָ֑ן וְלֹ֣א לז
יִסְע֔וּ עַד־י֖וֹם הֵעָלֹתֽוֹ׃ כִּי֩ עֲנַ֨ן יְהוָ֤ה עַֽל־הַמִּשְׁכָּן֙ יוֹמָ֔ם וְאֵ֕שׁ לח
תִּהְיֶ֥ה לַ֖יְלָה בּ֑וֹ לְעֵינֵ֥י כָל־בֵּֽית־יִשְׂרָאֵ֖ל בְּכָל־מַסְעֵיהֶֽם׃

ויקרא

א וַיִּקְרָא אֶל־מֹשֶׁה וַיְדַבֵּר יהוה אֵלָיו מֵאֹהֶל מוֹעֵד לֵאמֹר׃ א
ב דַּבֵּר אֶל־בְּנֵי יִשְׂרָאֵל וְאָמַרְתָּ אֲלֵהֶם אָדָם כִּי־יַקְרִיב מִכֶּם
קָרְבָּן לַיהוה מִן־הַבְּהֵמָה מִן־הַבָּקָר וּמִן־הַצֹּאן תַּקְרִיבוּ אֶת־
ג קָרְבַּנְכֶם׃ אִם־עֹלָה קָרְבָּנוֹ מִן־הַבָּקָר זָכָר תָּמִים יַקְרִיבֶנּוּ
ד אֶל־פֶּתַח אֹהֶל מוֹעֵד יַקְרִיב אֹתוֹ לִרְצֹנוֹ לִפְנֵי יהוה׃ וְסָמַךְ
ה יָדוֹ עַל רֹאשׁ הָעֹלָה וְנִרְצָה לוֹ לְכַפֵּר עָלָיו׃ וְשָׁחַט אֶת־בֶּן
הַבָּקָר לִפְנֵי יהוה וְהִקְרִיבוּ בְּנֵי אַהֲרֹן הַכֹּהֲנִים אֶת־הַדָּם וְזָרְקוּ
ו אֶת־הַדָּם עַל־הַמִּזְבֵּחַ סָבִיב אֲשֶׁר־פֶּתַח אֹהֶל מוֹעֵד׃ וְהִפְשִׁיט
ז אֶת־הָעֹלָה וְנִתַּח אֹתָהּ לִנְתָחֶיהָ׃ וְנָתְנוּ בְּנֵי אַהֲרֹן הַכֹּהֵן
ח אֵשׁ עַל־הַמִּזְבֵּחַ וְעָרְכוּ עֵצִים עַל־הָאֵשׁ׃ וְעָרְכוּ בְּנֵי אַהֲרֹן
הַכֹּהֲנִים אֵת הַנְּתָחִים אֶת־הָרֹאשׁ וְאֶת־הַפָּדֶר עַל־הָעֵצִים
ט אֲשֶׁר עַל־הָאֵשׁ אֲשֶׁר עַל־הַמִּזְבֵּחַ׃ וְקִרְבּוֹ וּכְרָעָיו יִרְחַץ בַּמָּיִם
וְהִקְטִיר הַכֹּהֵן אֶת־הַכֹּל הַמִּזְבֵּחָה עֹלָה אִשֵּׁה רֵיחַ־נִיחוֹחַ
י לַיהוה׃ וְאִם־מִן־הַצֹּאן קָרְבָּנוֹ מִן־הַכְּשָׂבִים אוֹ
יא מִן־הָעִזִּים לְעֹלָה זָכָר תָּמִים יַקְרִיבֶנּוּ׃ וְשָׁחַט אֹתוֹ עַל יֶרֶךְ
הַמִּזְבֵּחַ צָפֹנָה לִפְנֵי יהוה וְזָרְקוּ בְּנֵי אַהֲרֹן הַכֹּהֲנִים אֶת־דָּמוֹ
יב עַל־הַמִּזְבֵּחַ סָבִיב׃ וְנִתַּח אֹתוֹ לִנְתָחָיו וְאֶת־רֹאשׁוֹ וְאֶת־
פִּדְרוֹ וְעָרַךְ הַכֹּהֵן אֹתָם עַל־הָעֵצִים אֲשֶׁר עַל־הָאֵשׁ אֲשֶׁר
יג עַל־הַמִּזְבֵּחַ׃ וְהַקֶּרֶב וְהַכְּרָעַיִם יִרְחַץ בַּמָּיִם וְהִקְרִיב הַכֹּהֵן
אֶת־הַכֹּל וְהִקְטִיר הַמִּזְבֵּחָה עֹלָה הוּא אִשֵּׁה רֵיחַ נִיחֹחַ
לַיהוה׃

יד וְאִם מִן־הָעוֹף עֹלָה קָרְבָּנוֹ לַיהוה וְהִקְרִיב מִן־הַתֹּרִים אוֹ שני
טו מִן־בְּנֵי הַיּוֹנָה אֶת־קָרְבָּנוֹ׃ וְהִקְרִיבוֹ הַכֹּהֵן אֶל־הַמִּזְבֵּחַ וּמָלַק
אֶת־רֹאשׁוֹ וְהִקְטִיר הַמִּזְבֵּחָה וְנִמְצָה דָמוֹ עַל קִיר הַמִּזְבֵּחַ׃
טז וְהֵסִיר אֶת־מֻרְאָתוֹ בְּנֹצָתָהּ וְהִשְׁלִיךְ אֹתָהּ אֵצֶל הַמִּזְבֵּחַ
יז קֵדְמָה אֶל־מְקוֹם הַדָּשֶׁן׃ וְשִׁסַּע אֹתוֹ בִכְנָפָיו לֹא יַבְדִּיל וְהִקְטִיר
אֹתוֹ הַכֹּהֵן הַמִּזְבֵּחָה עַל־הָעֵצִים אֲשֶׁר עַל־הָאֵשׁ עֹלָה הוּא

אִשֵּׁה רֵיחַ נִיחֹחַ לַיהוָה׃ וְנֶפֶשׁ כִּי־תַקְרִיב קָרְבַּן א
מִנְחָה לַיהוָה סֹלֶת יִהְיֶה קָרְבָּנוֹ וְיָצַק עָלֶיהָ שֶׁמֶן וְנָתַן עָלֶיהָ
לְבֹנָה׃ וֶהֱבִיאָהּ אֶל־בְּנֵי אַהֲרֹן הַכֹּהֲנִים וְקָמַץ מִשָּׁם מְלֹא קֻמְצוֹ ב
מִסָּלְתָּהּ וּמִשַּׁמְנָהּ עַל כָּל־לְבֹנָתָהּ וְהִקְטִיר הַכֹּהֵן אֶת־אַזְכָּרָתָהּ
הַמִּזְבֵּחָה אִשֵּׁה רֵיחַ נִיחֹחַ לַיהוָה׃ וְהַנּוֹתֶרֶת מִן־הַמִּנְחָה לְאַהֲרֹן ג
וּלְבָנָיו קֹדֶשׁ קָדָשִׁים מֵאִשֵּׁי יְהוָה׃ וְכִי תַקְרִב ד
קָרְבַּן מִנְחָה מַאֲפֵה תַנּוּר סֹלֶת חַלּוֹת מַצֹּת בְּלוּלֹת בַּשֶּׁמֶן
וּרְקִיקֵי מַצּוֹת מְשֻׁחִים בַּשָּׁמֶן׃ וְאִם־מִנְחָה עַל־ ה
הַמַּחֲבַת קָרְבָּנֶךָ סֹלֶת בְּלוּלָה בַשֶּׁמֶן מַצָּה תִהְיֶה׃ פָּתוֹת אֹתָהּ ו
שלישי פִּתִּים וְיָצַקְתָּ עָלֶיהָ שָׁמֶן מִנְחָה הִוא׃ וְאִם־ ז
מִנְחַת מַרְחֶשֶׁת קָרְבָּנֶךָ סֹלֶת בַּשֶּׁמֶן תֵּעָשֶׂה׃ וְהֵבֵאתָ אֶת־ ח
הַמִּנְחָה אֲשֶׁר יֵעָשֶׂה מֵאֵלֶּה לַיהוָה וְהִקְרִיבָהּ אֶל־הַכֹּהֵן וְהִגִּישָׁהּ
אֶל־הַמִּזְבֵּחַ׃ וְהֵרִים הַכֹּהֵן מִן־הַמִּנְחָה אֶת־אַזְכָּרָתָהּ וְהִקְטִיר ט
הַמִּזְבֵּחָה אִשֵּׁה רֵיחַ נִיחֹחַ לַיהוָה׃ וְהַנּוֹתֶרֶת מִן־הַמִּנְחָה לְאַהֲרֹן י
וּלְבָנָיו קֹדֶשׁ קָדָשִׁים מֵאִשֵּׁי יְהוָה׃ כָּל־הַמִּנְחָה אֲשֶׁר תַּקְרִיבוּ יא
לַיהוָה לֹא תֵעָשֶׂה חָמֵץ כִּי כָל־שְׂאֹר וְכָל־דְּבַשׁ לֹא־תַקְטִירוּ
מִמֶּנּוּ אִשֶּׁה לַיהוָה׃ קָרְבַּן רֵאשִׁית תַּקְרִיבוּ אֹתָם לַיהוָה וְאֶל־ יב
הַמִּזְבֵּחַ לֹא־יַעֲלוּ לְרֵיחַ נִיחֹחַ׃ וְכָל־קָרְבַּן מִנְחָתְךָ בַּמֶּלַח תִּמְלָח יג
וְלֹא תַשְׁבִּית מֶלַח בְּרִית אֱלֹהֶיךָ מֵעַל מִנְחָתֶךָ עַל כָּל־קָרְבָּנְךָ
תַּקְרִיב מֶלַח׃ וְאִם־תַּקְרִיב מִנְחַת בִּכּוּרִים יד
לַיהוָה אָבִיב קָלוּי בָּאֵשׁ גֶּרֶשׂ כַּרְמֶל תַּקְרִיב אֵת מִנְחַת
בִּכּוּרֶיךָ׃ וְנָתַתָּ עָלֶיהָ שֶׁמֶן וְשַׂמְתָּ עָלֶיהָ לְבֹנָה מִנְחָה הִוא׃ טו
וְהִקְטִיר הַכֹּהֵן אֶת־אַזְכָּרָתָהּ מִגִּרְשָׂהּ וּמִשַּׁמְנָהּ עַל כָּל־לְבֹנָתָהּ טז
אִשֶּׁה לַיהוָה׃

רביעי וְאִם־זֶבַח שְׁלָמִים קָרְבָּנוֹ אִם מִן־הַבָּקָר הוּא מַקְרִיב אִם־ א ג
זָכָר אִם־נְקֵבָה תָּמִים יַקְרִיבֶנּוּ לִפְנֵי יְהוָה׃ וְסָמַךְ יָדוֹ עַל־רֹאשׁ ב
קָרְבָּנוֹ וּשְׁחָטוֹ פֶּתַח אֹהֶל מוֹעֵד וְזָרְקוּ בְּנֵי אַהֲרֹן הַכֹּהֲנִים

ג אֶת־הַדָּם עַל־הַמִּזְבֵּחַ סָבִיב׃ וְהִקְרִיב מִזֶּבַח הַשְּׁלָמִים אִשֶּׁה
לַיהוָה אֶת־הַחֵלֶב הַמְכַסֶּה אֶת־הַקֶּרֶב וְאֵת כָּל־הַחֵלֶב אֲשֶׁר
ד עַל־הַקֶּרֶב׃ וְאֵת שְׁתֵּי הַכְּלָיֹת וְאֶת־הַחֵלֶב אֲשֶׁר עֲלֵהֶן אֲשֶׁר
עַל־הַכְּסָלִים וְאֶת־הַיֹּתֶרֶת עַל־הַכָּבֵד עַל־הַכְּלָיוֹת יְסִירֶנָּה׃
ה וְהִקְטִירוּ אֹתוֹ בְנֵי־אַהֲרֹן הַמִּזְבֵּחָה עַל־הָעֹלָה אֲשֶׁר עַל־הָעֵצִים
אֲשֶׁר עַל־הָאֵשׁ אִשֵּׁה רֵיחַ נִיחֹחַ לַיהוָה׃

ו וְאִם־מִן־הַצֹּאן קָרְבָּנוֹ לְזֶבַח שְׁלָמִים לַיהוָה זָכָר אוֹ נְקֵבָה
ז תָּמִים יַקְרִיבֶנּוּ׃ אִם־כֶּשֶׂב הוּא־מַקְרִיב אֶת־קָרְבָּנוֹ וְהִקְרִיב
ח אֹתוֹ לִפְנֵי יְהוָה׃ וְסָמַךְ אֶת־יָדוֹ עַל־רֹאשׁ קָרְבָּנוֹ וְשָׁחַט אֹתוֹ
לִפְנֵי אֹהֶל מוֹעֵד וְזָרְקוּ בְּנֵי אַהֲרֹן אֶת־דָּמוֹ עַל־הַמִּזְבֵּחַ סָבִיב׃
ט וְהִקְרִיב מִזֶּבַח הַשְּׁלָמִים אִשֶּׁה לַיהוָה חֶלְבּוֹ הָאַלְיָה תְמִימָה
לְעֻמַּת הֶעָצֶה יְסִירֶנָּה וְאֶת־הַחֵלֶב הַמְכַסֶּה אֶת־הַקֶּרֶב וְאֵת
י כָּל־הַחֵלֶב אֲשֶׁר עַל־הַקֶּרֶב׃ וְאֵת שְׁתֵּי הַכְּלָיֹת וְאֶת־הַחֵלֶב
אֲשֶׁר עֲלֵהֶן אֲשֶׁר עַל־הַכְּסָלִים וְאֶת־הַיֹּתֶרֶת עַל־הַכָּבֵד
יא עַל־הַכְּלָיֹת יְסִירֶנָּה׃ וְהִקְטִירוֹ הַכֹּהֵן הַמִּזְבֵּחָה לֶחֶם אִשֶּׁה
לַיהוָה׃

יב יג וְאִם־עֵז קָרְבָּנוֹ וְהִקְרִיבוֹ לִפְנֵי יְהוָה׃ וְסָמַךְ אֶת־יָדוֹ עַל־רֹאשׁוֹ
וְשָׁחַט אֹתוֹ לִפְנֵי אֹהֶל מוֹעֵד וְזָרְקוּ בְּנֵי אַהֲרֹן אֶת־דָּמוֹ עַל־
יד הַמִּזְבֵּחַ סָבִיב׃ וְהִקְרִיב מִמֶּנּוּ קָרְבָּנוֹ אִשֶּׁה לַיהוָה אֶת־הַחֵלֶב
טו הַמְכַסֶּה אֶת־הַקֶּרֶב וְאֵת כָּל־הַחֵלֶב אֲשֶׁר עַל־הַקֶּרֶב׃ וְאֵת
שְׁתֵּי הַכְּלָיֹת וְאֶת־הַחֵלֶב אֲשֶׁר עֲלֵהֶן אֲשֶׁר עַל־הַכְּסָלִים
טז וְאֶת־הַיֹּתֶרֶת עַל־הַכָּבֵד עַל־הַכְּלָיֹת יְסִירֶנָּה׃ וְהִקְטִירָם
הַכֹּהֵן הַמִּזְבֵּחָה לֶחֶם אִשֶּׁה לְרֵיחַ נִיחֹחַ כָּל־חֵלֶב לַיהוָה׃
יז חֻקַּת עוֹלָם לְדֹרֹתֵיכֶם בְּכֹל מוֹשְׁבֹתֵיכֶם כָּל־חֵלֶב וְכָל־דָּם
לֹא תֹאכֵלוּ׃

ד א ב וַיְדַבֵּר יְהוָה אֶל־מֹשֶׁה לֵּאמֹר׃ דַּבֵּר אֶל־בְּנֵי יִשְׂרָאֵל לֵאמֹר ב חמישי
נֶפֶשׁ כִּי־תֶחֱטָא בִשְׁגָגָה מִכֹּל מִצְוֹת יְהוָה אֲשֶׁר לֹא תֵעָשֶׂינָה

וְעָשָׂה מֵאַחַת מֵהֵנָּה: אִם הַכֹּהֵן הַמָּשִׁיחַ יֶחֱטָא לְאַשְׁמַת ג
הָעָם וְהִקְרִיב עַל חַטָּאתוֹ אֲשֶׁר חָטָא פַּר בֶּן־בָּקָר תָּמִים
לַיהוָה לְחַטָּאת: וְהֵבִיא אֶת־הַפָּר אֶל־פֶּתַח אֹהֶל מוֹעֵד לִפְנֵי ד
יְהוָה וְסָמַךְ אֶת־יָדוֹ עַל־רֹאשׁ הַפָּר וְשָׁחַט אֶת־הַפָּר לִפְנֵי
יְהוָה: וְלָקַח הַכֹּהֵן הַמָּשִׁיחַ מִדַּם הַפָּר וְהֵבִיא אֹתוֹ אֶל־אֹהֶל ה
מוֹעֵד: וְטָבַל הַכֹּהֵן אֶת־אֶצְבָּעוֹ בַּדָּם וְהִזָּה מִן־הַדָּם שֶׁבַע ו
פְּעָמִים לִפְנֵי יְהוָה אֶת־פְּנֵי פָּרֹכֶת הַקֹּדֶשׁ: וְנָתַן הַכֹּהֵן מִן־ ז
הַדָּם עַל־קַרְנוֹת מִזְבַּח קְטֹרֶת הַסַּמִּים לִפְנֵי יְהוָה אֲשֶׁר בְּאֹהֶל
מוֹעֵד וְאֵת ׀ כָּל־דַּם הַפָּר יִשְׁפֹּךְ אֶל־יְסוֹד מִזְבַּח הָעֹלָה אֲשֶׁר־
פֶּתַח אֹהֶל מוֹעֵד: וְאֶת־כָּל־חֵלֶב פַּר הַחַטָּאת יָרִים מִמֶּנּוּ ח
אֶת־הַחֵלֶב הַמְכַסֶּה עַל־הַקֶּרֶב וְאֵת כָּל־הַחֵלֶב אֲשֶׁר עַל־
הַקֶּרֶב: וְאֵת שְׁתֵּי הַכְּלָיֹת וְאֶת־הַחֵלֶב אֲשֶׁר עֲלֵיהֶן אֲשֶׁר עַל־ ט
הַכְּסָלִים וְאֶת־הַיֹּתֶרֶת עַל־הַכָּבֵד עַל־הַכְּלָיוֹת יְסִירֶנָּה: כַּאֲשֶׁר י
יוּרַם מִשּׁוֹר זֶבַח הַשְּׁלָמִים וְהִקְטִירָם הַכֹּהֵן עַל מִזְבַּח הָעֹלָה:
וְאֶת־עוֹר הַפָּר וְאֶת־כָּל־בְּשָׂרוֹ עַל־רֹאשׁוֹ וְעַל־כְּרָעָיו וְקִרְבּוֹ יא
וּפִרְשׁוֹ: וְהוֹצִיא אֶת־כָּל־הַפָּר אֶל־מִחוּץ לַמַּחֲנֶה אֶל־מָקוֹם יב
טָהוֹר אֶל־שֶׁפֶךְ הַדֶּשֶׁן וְשָׂרַף אֹתוֹ עַל־עֵצִים בָּאֵשׁ עַל־שֶׁפֶךְ
הַדֶּשֶׁן יִשָּׂרֵף:

וְאִם כָּל־עֲדַת יִשְׂרָאֵל יִשְׁגּוּ וְנֶעְלַם דָּבָר מֵעֵינֵי הַקָּהָל וְעָשׂוּ יג
אַחַת מִכָּל־מִצְוֹת יְהוָה אֲשֶׁר לֹא־תֵעָשֶׂינָה וְאָשֵׁמוּ: וְנוֹדְעָה יד
הַחַטָּאת אֲשֶׁר חָטְאוּ עָלֶיהָ וְהִקְרִיבוּ הַקָּהָל פַּר בֶּן־בָּקָר
לְחַטָּאת וְהֵבִיאוּ אֹתוֹ לִפְנֵי אֹהֶל מוֹעֵד: וְסָמְכוּ זִקְנֵי הָעֵדָה טו
אֶת־יְדֵיהֶם עַל־רֹאשׁ הַפָּר לִפְנֵי יְהוָה וְשָׁחַט אֶת־הַפָּר לִפְנֵי
יְהוָה: וְהֵבִיא הַכֹּהֵן הַמָּשִׁיחַ מִדַּם הַפָּר אֶל־אֹהֶל מוֹעֵד: וְטָבַל טז יז
הַכֹּהֵן אֶצְבָּעוֹ מִן־הַדָּם וְהִזָּה שֶׁבַע פְּעָמִים לִפְנֵי יְהוָה אֶת־
פְּנֵי הַפָּרֹכֶת: וּמִן־הַדָּם יִתֵּן ׀ עַל־קַרְנֹת הַמִּזְבֵּחַ אֲשֶׁר לִפְנֵי יח
יְהוָה אֲשֶׁר בְּאֹהֶל מוֹעֵד וְאֵת כָּל־הַדָּם יִשְׁפֹּךְ אֶל־יְסוֹד מִזְבַּח

יט הָעֹלָה אֲשֶׁר־פֶּתַח אֹהֶל מוֹעֵד׃ וְאֵת כָּל־חֶלְבּוֹ יָרִים מִמֶּנּוּ
כ וְהִקְטִיר הַמִּזְבֵּחָה׃ וְעָשָׂה לַפָּר כַּאֲשֶׁר עָשָׂה לְפַר הַחַטָּאת
כא כֵּן יַעֲשֶׂה־לּוֹ וְכִפֶּר עֲלֵהֶם הַכֹּהֵן וְנִסְלַח לָהֶם׃ וְהוֹצִיא אֶת־הַפָּר
אֶל־מִחוּץ לַמַּחֲנֶה וְשָׂרַף אֹתוֹ כַּאֲשֶׁר שָׂרַף אֵת הַפָּר הָרִאשׁוֹן
חַטַּאת הַקָּהָל הוּא׃

כב אֲשֶׁר נָשִׂיא יֶחֱטָא וְעָשָׂה אַחַת מִכָּל־מִצְוֺת יהוה אֱלֹהָיו
כג אֲשֶׁר לֹא־תֵעָשֶׂינָה בִּשְׁגָגָה וְאָשֵׁם׃ אוֹ־הוֹדַע אֵלָיו חַטָּאתוֹ
אֲשֶׁר חָטָא בָּהּ וְהֵבִיא אֶת־קָרְבָּנוֹ שְׂעִיר עִזִּים זָכָר תָּמִים׃
כד וְסָמַךְ יָדוֹ עַל־רֹאשׁ הַשָּׂעִיר וְשָׁחַט אֹתוֹ בִּמְקוֹם אֲשֶׁר־
כה יִשְׁחַט אֶת־הָעֹלָה לִפְנֵי יהוה חַטָּאת הוּא׃ וְלָקַח הַכֹּהֵן
מִדַּם הַחַטָּאת בְּאֶצְבָּעוֹ וְנָתַן עַל־קַרְנֹת מִזְבַּח הָעֹלָה וְאֶת־
כו דָּמוֹ יִשְׁפֹּךְ אֶל־יְסוֹד מִזְבַּח הָעֹלָה׃ וְאֶת־כָּל־חֶלְבּוֹ יַקְטִיר
הַמִּזְבֵּחָה כְּחֵלֶב זֶבַח הַשְּׁלָמִים וְכִפֶּר עָלָיו הַכֹּהֵן מֵחַטָּאתוֹ
וְנִסְלַח לוֹ׃

כז וְאִם־נֶפֶשׁ אַחַת תֶּחֱטָא בִשְׁגָגָה מֵעַם הָאָרֶץ בַּעֲשֹׂתָהּ אַחַת ששי
כח מִמִּצְוֺת יהוה אֲשֶׁר לֹא־תֵעָשֶׂינָה וְאָשֵׁם׃ אוֹ הוֹדַע אֵלָיו
חַטָּאתוֹ אֲשֶׁר חָטָא וְהֵבִיא קָרְבָּנוֹ שְׂעִירַת עִזִּים תְּמִימָה נְקֵבָה
כט עַל־חַטָּאתוֹ אֲשֶׁר חָטָא׃ וְסָמַךְ אֶת־יָדוֹ עַל רֹאשׁ הַחַטָּאת
ל וְשָׁחַט אֶת־הַחַטָּאת בִּמְקוֹם הָעֹלָה׃ וְלָקַח הַכֹּהֵן מִדָּמָהּ
בְּאֶצְבָּעוֹ וְנָתַן עַל־קַרְנֹת מִזְבַּח הָעֹלָה וְאֶת־כָּל־דָּמָהּ יִשְׁפֹּךְ
לא אֶל־יְסוֹד הַמִּזְבֵּחַ׃ וְאֶת־כָּל־חֶלְבָּהּ יָסִיר כַּאֲשֶׁר הוּסַר חֵלֶב
מֵעַל זֶבַח הַשְּׁלָמִים וְהִקְטִיר הַכֹּהֵן הַמִּזְבֵּחָה לְרֵיחַ נִיחֹחַ לַיהוה
וְכִפֶּר עָלָיו הַכֹּהֵן וְנִסְלַח לוֹ׃

לב וְאִם־כֶּבֶשׂ יָבִיא קָרְבָּנוֹ לְחַטָּאת נְקֵבָה תְמִימָה יְבִיאֶנָּה׃
לג וְסָמַךְ אֶת־יָדוֹ עַל רֹאשׁ הַחַטָּאת וְשָׁחַט אֹתָהּ לְחַטָּאת
לד בִּמְקוֹם אֲשֶׁר יִשְׁחַט אֶת־הָעֹלָה׃ וְלָקַח הַכֹּהֵן מִדַּם הַחַטָּאת
בְּאֶצְבָּעוֹ וְנָתַן עַל־קַרְנֹת מִזְבַּח הָעֹלָה וְאֶת־כָּל־דָּמָהּ יִשְׁפֹּךְ

לה אֶל־יְס֖וֹד הַמִּזְבֵּֽחַ׃ וְאֶת־כָּל־חֶלְבָּ֣הּ יָסִ֗יר כַּאֲשֶׁ֨ר יוּסַ֣ר חֵֽלֶב־
הַכֶּשֶׂב֮ מִזֶּ֣בַח הַשְּׁלָמִים֒ וְהִקְטִ֨יר הַכֹּהֵ֤ן אֹתָם֙ הַמִּזְבֵּ֔חָה עַ֖ל
אִשֵּׁ֣י יְהוָ֑ה וְכִפֶּ֨ר עָלָ֧יו הַכֹּהֵ֛ן עַל־חַטָּאת֥וֹ אֲשֶׁר־חָטָ֖א וְנִסְלַ֥ח
לֽוֹ׃

ה א וְנֶ֣פֶשׁ כִּֽי־תֶחֱטָ֗א וְשָֽׁמְעָה֙ ק֣וֹל אָלָ֔ה וְה֣וּא עֵ֔ד א֥וֹ רָאָ֖ה א֣וֹ יָדָ֑ע
ב אִם־ל֥וֹא יַגִּ֖יד וְנָשָׂ֥א עֲוֺנֽוֹ׃ א֣וֹ נֶ֗פֶשׁ אֲשֶׁ֣ר תִּגַּע֮ בְּכָל־דָּבָ֣ר טָמֵא֒
אוֹ֩ בְנִבְלַ֨ת חַיָּ֜ה טְמֵאָ֗ה א֚וֹ בְּנִבְלַת֙ בְּהֵמָ֣ה טְמֵאָ֔ה א֕וֹ בְּנִבְלַ֖ת
ג שֶׁ֣רֶץ טָמֵ֑א וְנֶעְלַ֣ם מִמֶּ֔נּוּ וְה֥וּא טָמֵ֖א וְאָשֵֽׁם׃ א֣וֹ כִ֤י יִגַּע֙
בְּטֻמְאַ֣ת אָדָ֔ם לְכֹל֙ טֻמְאָת֔וֹ אֲשֶׁ֥ר יִטְמָ֖א בָּ֑הּ וְנֶעְלַ֣ם מִמֶּ֔נּוּ
ד וְה֥וּא יָדַ֖ע וְאָשֵֽׁם׃ א֣וֹ נֶ֡פֶשׁ כִּ֣י תִשָּׁבַע֩ לְבַטֵּ֨א בִשְׂפָתַ֜יִם לְהָרַ֣ע ׀
א֣וֹ לְהֵיטִ֗יב לְ֠כֹל אֲשֶׁ֨ר יְבַטֵּ֧א הָאָדָ֛ם בִּשְׁבֻעָ֖ה וְנֶעְלַ֣ם מִמֶּ֑נּוּ
ה וְהוּא־יָדַ֥ע וְאָשֵׁ֖ם לְאַחַ֥ת מֵאֵֽלֶּה׃ וְהָיָ֥ה כִֽי־יֶאְשַׁ֖ם לְאַחַ֣ת
ו מֵאֵ֑לֶּה וְהִתְוַדָּ֔ה אֲשֶׁ֖ר חָטָ֥א עָלֶֽיהָ׃ וְהֵבִ֣יא אֶת־אֲשָׁמ֣וֹ לַיהוָ֡ה
עַ֣ל חַטָּאתוֹ֩ אֲשֶׁ֨ר חָטָ֜א נְקֵבָ֨ה מִן־הַצֹּ֥אן כִּשְׂבָּ֛ה אֽוֹ־שְׂעִירַ֥ת
ז עִזִּ֖ים לְחַטָּ֑את וְכִפֶּ֥ר עָלָ֛יו הַכֹּהֵ֖ן מֵחַטָּאתֽוֹ׃ וְאִם־לֹ֨א תַגִּ֣יע יָדוֹ֮
דֵּ֣י שֶׂה֒ וְהֵבִ֨יא אֶת־אֲשָׁמ֜וֹ אֲשֶׁ֣ר חָטָ֗א שְׁתֵּ֥י תֹרִ֛ים אֽוֹ־שְׁנֵ֥י
ח בְנֵי־יוֹנָ֖ה לַיהוָ֑ה אֶחָ֥ד לְחַטָּ֖את וְאֶחָ֥ד לְעֹלָֽה׃ וְהֵבִ֣יא אֹתָם֮
אֶל־הַכֹּהֵן֒ וְהִקְרִ֛יב אֶת־אֲשֶׁ֥ר לַֽחַטָּ֖את רִאשׁוֹנָ֑ה וּמָלַ֧ק אֶת־
ט רֹאשׁ֛וֹ מִמּ֥וּל עָרְפּ֖וֹ וְלֹ֥א יַבְדִּֽיל׃ וְהִזָּ֞ה מִדַּ֤ם הַֽחַטָּאת֙ עַל־קִ֣יר
הַמִּזְבֵּ֔חַ וְהַנִּשְׁאָ֣ר בַּדָּ֔ם יִמָּצֵ֖ה אֶל־יְס֣וֹד הַמִּזְבֵּ֑חַ חַטָּ֖את הֽוּא׃
י וְאֶת־הַשֵּׁנִ֛י יַעֲשֶׂ֥ה עֹלָ֖ה כַּמִּשְׁפָּ֑ט וְכִפֶּ֨ר עָלָ֧יו הַכֹּהֵ֛ן מֵחַטָּאת֥וֹ
שביעי יא אֲשֶׁר־חָטָ֖א וְנִסְלַ֥ח לֽוֹ׃ וְאִם־לֹא֩ תַשִּׂ֨יג יָד֜וֹ
לִשְׁתֵּ֣י תֹרִ֗ים א֣וֹ לִשְׁנֵ֣י בְנֵי־יוֹנָה֒ וְהֵבִ֨יא אֶת־קָרְבָּנ֜וֹ אֲשֶׁ֣ר חָטָ֗א
עֲשִׂירִ֧ת הָאֵפָ֛ה סֹ֖לֶת לְחַטָּ֑את לֹא־יָשִׂ֨ים עָלֶ֜יהָ שֶׁ֗מֶן וְלֹא־יִתֵּ֤ן
יב עָלֶ֙יהָ֙ לְבֹנָ֔ה כִּ֥י חַטָּ֖את הִֽוא׃ וֶֽהֱבִיאָהּ֮ אֶל־הַכֹּהֵן֒ וְקָמַ֣ץ הַכֹּהֵ֣ן ׀
מִ֠מֶּנָּה מְל֨וֹא קֻמְצ֜וֹ אֶת־אַזְכָּרָתָהּ֙ וְהִקְטִ֣יר הַמִּזְבֵּ֔חָה עַ֖ל אִשֵּׁ֣י
יג יְהוָ֑ה חַטָּ֖את הִֽוא׃ וְכִפֶּר֩ עָלָ֨יו הַכֹּהֵ֜ן עַל־חַטָּאת֧וֹ אֲשֶׁר־חָטָ֛א

יד מֵאַחַת מֵאֵלֶּה וְנִסְלַח לוֹ וְהָיְתָה לַכֹּהֵן כַּמִּנְחָה׃ וַיְדַבֵּר
טו יְהוָה אֶל־מֹשֶׁה לֵּאמֹר׃ נֶפֶשׁ כִּי־תִמְעֹל מַעַל וְחָטְאָה בִּשְׁגָגָה
מִקָּדְשֵׁי יְהוָה וְהֵבִיא אֶת־אֲשָׁמוֹ לַיהוָה אַיִל תָּמִים מִן־הַצֹּאן
טז בְּעֶרְכְּךָ כֶּסֶף־שְׁקָלִים בְּשֶׁקֶל־הַקֹּדֶשׁ לְאָשָׁם׃ וְאֵת אֲשֶׁר חָטָא
מִן־הַקֹּדֶשׁ יְשַׁלֵּם וְאֶת־חֲמִישִׁתוֹ יוֹסֵף עָלָיו וְנָתַן אֹתוֹ לַכֹּהֵן
וְהַכֹּהֵן יְכַפֵּר עָלָיו בְּאֵיל הָאָשָׁם וְנִסְלַח לוֹ׃
יז וְאִם־נֶפֶשׁ כִּי תֶחֱטָא וְעָשְׂתָה אַחַת מִכָּל־מִצְוֹת יְהוָה אֲשֶׁר
יח לֹא תֵעָשֶׂינָה וְלֹא־יָדַע וְאָשֵׁם וְנָשָׂא עֲוֺנוֹ׃ וְהֵבִיא אַיִל תָּמִים
מִן־הַצֹּאן בְּעֶרְכְּךָ לְאָשָׁם אֶל־הַכֹּהֵן וְכִפֶּר עָלָיו הַכֹּהֵן עַל
יט שִׁגְגָתוֹ אֲשֶׁר־שָׁגָג וְהוּא לֹא־יָדַע וְנִסְלַח לוֹ׃ אָשָׁם הוּא אָשֹׁם
אָשַׁם לַיהוָה׃

כ כא וַיְדַבֵּר יְהוָה אֶל־מֹשֶׁה לֵּאמֹר׃ נֶפֶשׁ כִּי תֶחֱטָא וּמָעֲלָה מַעַל
בַּיהוָה וְכִחֵשׁ בַּעֲמִיתוֹ בְּפִקָּדוֹן אוֹ־בִתְשׂוּמֶת יָד אוֹ בְגָזֵל אוֹ
כב עָשַׁק אֶת־עֲמִיתוֹ׃ אוֹ־מָצָא אֲבֵדָה וְכִחֶשׁ בָּהּ וְנִשְׁבַּע עַל־
כג שָׁקֶר עַל־אַחַת מִכֹּל אֲשֶׁר־יַעֲשֶׂה הָאָדָם לַחֲטֹא בָהֵנָּה׃ וְהָיָה
כִּי־יֶחֱטָא וְאָשֵׁם וְהֵשִׁיב אֶת־הַגְּזֵלָה אֲשֶׁר גָּזָל אוֹ אֶת־הָעֹשֶׁק
אֲשֶׁר עָשָׁק אוֹ אֶת־הַפִּקָּדוֹן אֲשֶׁר הָפְקַד אִתּוֹ אוֹ אֶת־הָאֲבֵדָה
כד אֲשֶׁר מָצָא׃ אוֹ מִכֹּל אֲשֶׁר־יִשָּׁבַע עָלָיו לַשֶּׁקֶר וְשִׁלַּם אֹתוֹ מפטיר
בְּרֹאשׁוֹ וַחֲמִשִׁתָיו יֹסֵף עָלָיו לַאֲשֶׁר הוּא לוֹ יִתְּנֶנּוּ בְּיוֹם אַשְׁמָתוֹ׃
כה וְאֶת־אֲשָׁמוֹ יָבִיא לַיהוָה אַיִל תָּמִים מִן־הַצֹּאן בְּעֶרְכְּךָ לְאָשָׁם
כו אֶל־הַכֹּהֵן׃ וְכִפֶּר עָלָיו הַכֹּהֵן לִפְנֵי יְהוָה וְנִסְלַח לוֹ עַל־אַחַת
מִכֹּל אֲשֶׁר־יַעֲשֶׂה לְאַשְׁמָה בָהּ׃

ו א ב וַיְדַבֵּר יְהוָה אֶל־מֹשֶׁה לֵּאמֹר׃ צַו אֶת־אַהֲרֹן וְאֶת־בָּנָיו לֵאמֹר צו
זֹאת תּוֹרַת הָעֹלָה הִוא הָעֹלָה עַל מוֹקְדָה עַל־הַמִּזְבֵּחַ כָּל־
ג הַלַּיְלָה עַד־הַבֹּקֶר וְאֵשׁ הַמִּזְבֵּחַ תּוּקַד בּוֹ׃ וְלָבַשׁ הַכֹּהֵן מִדּוֹ
בַד וּמִכְנְסֵי־בַד יִלְבַּשׁ עַל־בְּשָׂרוֹ וְהֵרִים אֶת־הַדֶּשֶׁן אֲשֶׁר
תֹּאכַל הָאֵשׁ אֶת־הָעֹלָה עַל־הַמִּזְבֵּחַ וְשָׂמוֹ אֵצֶל הַמִּזְבֵּחַ׃

וּפָשַׁט֙ אֶת־בְּגָדָ֔יו וְלָבַ֖שׁ בְּגָדִ֣ים אֲחֵרִ֑ים וְהוֹצִ֤יא אֶת־הַדֶּ֙שֶׁן֙ ד
אֶל־מִח֣וּץ לַֽמַּחֲנֶ֔ה אֶל־מָק֖וֹם טָהֽוֹר׃ וְהָאֵ֨שׁ עַל־הַמִּזְבֵּ֤חַ תּֽוּקַד־ ה
בּוֹ֙ לֹ֣א תִכְבֶּ֔ה וּבִעֵ֨ר עָלֶ֧יהָ הַכֹּהֵ֛ן עֵצִ֖ים בַּבֹּ֣קֶר בַּבֹּ֑קֶר וְעָרַ֤ךְ
עָלֶ֙יהָ֙ הָעֹלָ֔ה וְהִקְטִ֥יר עָלֶ֖יהָ חֶלְבֵ֥י הַשְּׁלָמִֽים׃ אֵ֗שׁ תָּמִ֛יד תּוּקַ֥ד ו
עַל־הַמִּזְבֵּ֖חַ לֹ֥א תִכְבֶּֽה׃ וְזֹ֥את תּוֹרַ֖ת הַמִּנְחָ֑ה ז
הַקְרֵ֨ב אֹתָ֤הּ בְּנֵֽי־אַהֲרֹן֙ לִפְנֵ֣י יְהוָ֔ה אֶל־פְּנֵ֖י הַמִּזְבֵּֽחַ׃ וְהֵרִ֨ים ח
מִמֶּ֜נּוּ בְּקֻמְצ֗וֹ מִסֹּ֤לֶת הַמִּנְחָה֙ וּמִשַּׁמְנָ֔הּ וְאֵת֙ כָּל־הַלְּבֹנָ֔ה אֲשֶׁ֖ר
עַל־הַמִּנְחָ֑ה וְהִקְטִ֣יר הַמִּזְבֵּ֗חַ רֵ֧יחַ נִיחֹ֛חַ אַזְכָּרָתָ֖הּ לַיהוָֽה׃
וְהַנּוֹתֶ֣רֶת מִמֶּ֔נָּה יֹאכְל֖וּ אַהֲרֹ֣ן וּבָנָ֑יו מַצּ֤וֹת תֵּֽאָכֵל֙ בְּמָק֣וֹם ט
קָדֹ֔שׁ בַּחֲצַ֥ר אֹֽהֶל־מוֹעֵ֖ד יֹאכְלֽוּהָ׃ לֹ֤א תֵאָפֶה֙ חָמֵ֔ץ חֶלְקָ֛ם י
נָתַ֥תִּי אֹתָ֖הּ מֵֽאִשָּׁ֑י קֹ֤דֶשׁ קָֽדָשִׁים֙ הִ֔וא כַּֽחַטָּ֖את וְכָאָשָֽׁם׃ כָּל־ יא
זָכָ֞ר בִּבְנֵ֤י אַהֲרֹן֙ יֹֽאכְלֶ֔נָּה חָק־עוֹלָם֙ לְדֹרֹ֣תֵיכֶ֔ם מֵאִשֵּׁ֖י יְהוָ֑ה
כֹּ֛ל אֲשֶׁר־יִגַּ֥ע בָּהֶ֖ם יִקְדָּֽשׁ׃

שני ג וַיְדַבֵּ֥ר יְהוָ֖ה אֶל־מֹשֶׁ֥ה לֵּאמֹֽר׃ זֶ֡ה קָרְבַּן֩ אַהֲרֹ֨ן וּבָנָ֜יו אֲשֶׁר־ יב יג
יַקְרִ֣יבוּ לַיהוָ֗ה בְּיוֹם֙ הִמָּשַׁ֣ח אֹת֔וֹ עֲשִׂירִ֨ת הָאֵפָ֥ה סֹ֛לֶת מִנְחָ֖ה
תָּמִ֑יד מַחֲצִיתָ֣הּ בַּבֹּ֔קֶר וּמַחֲצִיתָ֖הּ בָּעָֽרֶב׃ עַֽל־מַחֲבַ֗ת בַּשֶּׁ֛מֶן יד
תֵּעָשֶׂ֖ה מֻרְבֶּ֣כֶת תְּבִיאֶ֑נָּה תֻּפִינֵי֙ מִנְחַ֣ת פִּתִּ֔ים תַּקְרִ֥יב רֵֽיחַ־
נִיחֹ֖חַ לַיהוָֽה׃ וְהַכֹּהֵ֨ן הַמָּשִׁ֧יחַ תַּחְתָּ֛יו מִבָּנָ֖יו יַעֲשֶׂ֣ה אֹתָ֑הּ חָק־ טו
עוֹלָ֕ם לַיהוָ֖ה כָּלִ֥יל תָּקְטָֽר׃ וְכָל־מִנְחַ֥ת כֹּהֵ֛ן כָּלִ֥יל תִּהְיֶ֖ה לֹ֥א טז
תֵאָכֵֽל׃

וַיְדַבֵּ֥ר יְהוָ֖ה אֶל־מֹשֶׁ֥ה לֵּאמֹֽר׃ דַּבֵּ֤ר אֶֽל־אַהֲרֹן֙ וְאֶל־בָּנָ֣יו לֵאמֹ֔ר יז יח
זֹ֥את תּוֹרַ֖ת הַֽחַטָּ֑את בִּמְק֡וֹם אֲשֶׁר֩ תִּשָּׁחֵ֨ט הָעֹלָ֜ה תִּשָּׁחֵ֤ט
הַֽחַטָּאת֙ לִפְנֵ֣י יְהוָ֔ה קֹ֥דֶשׁ קָֽדָשִׁ֖ים הִֽוא׃ הַכֹּהֵ֛ן הַֽמְחַטֵּ֥א אֹתָ֖הּ יט
יֹֽאכְלֶ֑נָּה בְּמָק֤וֹם קָדֹשׁ֙ תֵּֽאָכֵ֔ל בַּחֲצַ֖ר אֹ֥הֶל מוֹעֵֽד׃ כֹּ֛ל אֲשֶׁר־ כ
יִגַּ֥ע בִּבְשָׂרָ֖הּ יִקְדָּ֑שׁ וַאֲשֶׁ֨ר יִזֶּ֤ה מִדָּמָהּ֙ עַל־הַבֶּ֔גֶד אֲשֶׁר֙ יִזֶּ֣ה
עָלֶ֔יהָ תְּכַבֵּ֖ס בְּמָק֥וֹם קָדֹֽשׁ׃ וּכְלִי־חֶ֛רֶשׂ אֲשֶׁ֥ר תְּבֻשַּׁל־בּ֖וֹ כא
יִשָּׁבֵ֑ר וְאִם־בִּכְלִ֤י נְחֹ֙שֶׁת֙ בֻּשָּׁ֔לָה וּמֹרַ֥ק וְשֻׁטַּ֖ף בַּמָּֽיִם׃ כָּל־זָכָ֛ר כב

כג בַּכֹּהֲנִ֖ים יֹאכַ֣ל אֹתָ֑הּ קֹ֥דֶשׁ קָֽדָשִׁ֖ים הִֽוא׃ וְכָל־חַטָּ֡את אֲשֶׁר֩
יוּבָ֨א מִדָּמָ֜הּ אֶל־אֹ֧הֶל מוֹעֵ֛ד לְכַפֵּ֥ר בַּקֹּ֖דֶשׁ לֹ֣א תֵֽאָכֵ֑ל בָּאֵ֖שׁ
תִּשָּׂרֵֽף׃

ז א ב וְזֹ֛את תּוֹרַ֥ת הָֽאָשָׁ֑ם קֹ֥דֶשׁ קָֽדָשִׁ֖ים הֽוּא׃ בִּמְק֗וֹם אֲשֶׁ֤ר יִשְׁחֲטוּ֙
אֶת־הָעֹלָ֔ה יִשְׁחֲט֖וּ אֶת־הָאָשָׁ֑ם וְאֶת־דָּמ֛וֹ יִזְרֹ֥ק עַל־הַמִּזְבֵּ֖חַ
ג סָבִֽיב׃ וְאֵ֥ת כָּל־חֶלְבּ֖וֹ יַקְרִ֣יב מִמֶּ֑נּוּ אֵ֚ת הָֽאַלְיָ֔ה וְאֶת־הַחֵ֖לֶב
ד הַֽמְכַסֶּ֥ה אֶת־הַקֶּֽרֶב׃ וְאֵת֙ שְׁתֵּ֣י הַכְּלָיֹ֔ת וְאֶת־הַחֵ֙לֶב֙ אֲשֶׁ֣ר
עֲלֵיהֶ֔ן אֲשֶׁ֖ר עַל־הַכְּסָלִ֑ים וְאֶת־הַיֹּתֶ֙רֶת֙ עַל־הַכָּבֵ֔ד עַל־הַכְּלָיֹ֖ת
ה יְסִירֶֽנָּה׃ וְהִקְטִ֨יר אֹתָ֤ם הַכֹּהֵן֙ הַמִּזְבֵּ֔חָה אִשֶּׁ֖ה לַיהוָ֑ה אָשָׁ֖ם
ו הֽוּא׃ כָּל־זָכָ֥ר בַּכֹּהֲנִ֖ים יֹאכְלֶ֑נּוּ בְּמָק֤וֹם קָדוֹשׁ֙ יֵאָכֵ֔ל קֹ֥דֶשׁ
ז קָֽדָשִׁ֖ים הֽוּא׃ כַּֽחַטָּאת֙ כָּֽאָשָׁ֔ם תּוֹרָ֥ה אַחַ֖ת לָהֶ֑ם הַכֹּהֵ֛ן אֲשֶׁ֥ר
ח יְכַפֶּר־בּ֖וֹ ל֥וֹ יִהְיֶֽה׃ וְהַ֨כֹּהֵ֔ן הַמַּקְרִ֖יב אֶת־עֹ֣לַת אִ֑ישׁ ע֤וֹר הָֽעֹלָה֙
ט אֲשֶׁ֣ר הִקְרִ֔יב לַכֹּהֵ֖ן ל֥וֹ יִהְיֶֽה׃ וְכָל־מִנְחָ֗ה אֲשֶׁ֤ר תֵּֽאָפֶה֙ בַּתַּנּ֔וּר
וְכָל־נַעֲשָׂ֥ה בַמַּרְחֶ֖שֶׁת וְעַל־מַחֲבַ֑ת לַכֹּהֵ֛ן הַמַּקְרִ֥יב אֹתָ֖הּ ל֥וֹ
י תִֽהְיֶֽה׃ וְכָל־מִנְחָ֥ה בְלוּלָֽה־בַשֶּׁ֖מֶן וַחֲרֵבָ֑ה לְכָל־בְּנֵ֧י אַהֲרֹ֛ן
תִּֽהְיֶ֖ה אִ֥ישׁ כְּאָחִֽיו׃

יא יב וְזֹ֥את תּוֹרַ֖ת זֶ֣בַח הַשְּׁלָמִ֑ים אֲשֶׁ֥ר יַקְרִ֖יב לַיהוָֽה׃ אִ֣ם עַל־תּוֹדָה֮ שלישי
יַקְרִיבֶ֒נּוּ֒ וְהִקְרִ֣יב ׀ עַל־זֶ֣בַח הַתּוֹדָ֗ה חַלּ֤וֹת מַצּוֹת֙ בְּלוּלֹ֣ת בַּשֶּׁ֔מֶן
וּרְקִיקֵ֥י מַצּ֖וֹת מְשֻׁחִ֣ים בַּשָּׁ֑מֶן וְסֹ֣לֶת מֻרְבֶּ֔כֶת חַלֹּ֖ת בְּלוּלֹ֥ת
יג בַּשָּֽׁמֶן׃ עַל־חַלֹּת֙ לֶ֣חֶם חָמֵ֔ץ יַקְרִ֖יב קָרְבָּנ֑וֹ עַל־זֶ֖בַח תּוֹדַ֥ת
יד שְׁלָמָֽיו׃ וְהִקְרִ֨יב מִמֶּ֤נּוּ אֶחָד֙ מִכָּל־קָרְבָּ֔ן תְּרוּמָ֖ה לַיהוָ֑ה לַכֹּהֵ֗ן
טו הַזֹּרֵ֛ק אֶת־דַּ֥ם הַשְּׁלָמִ֖ים ל֥וֹ יִהְיֶֽה׃ וּבְשַׂ֗ר זֶ֚בַח תּוֹדַ֣ת שְׁלָמָ֔יו
טז בְּי֥וֹם קָרְבָּנ֖וֹ יֵאָכֵ֑ל לֹֽא־יַנִּ֥יחַ מִמֶּ֖נּוּ עַד־בֹּֽקֶר׃ וְאִם־נֶ֣דֶר ׀ א֣וֹ
נְדָבָ֗ה זֶ֚בַח קָרְבָּנ֔וֹ בְּי֛וֹם הַקְרִיב֥וֹ אֶת־זִבְח֖וֹ יֵאָכֵ֑ל וּמִֽמָּחֳרָ֔ת
יז וְהַנּוֹתָ֥ר מִמֶּ֖נּוּ יֵאָכֵֽל׃ וְהַנּוֹתָ֖ר מִבְּשַׂ֣ר הַזָּ֑בַח בַּיּוֹם֙ הַשְּׁלִישִׁ֔י
יח בָּאֵ֖שׁ יִשָּׂרֵֽף׃ וְאִ֣ם הֵאָכֹ֣ל יֵ֠אָכֵל מִבְּשַׂר־זֶ֨בַח שְׁלָמָ֜יו בַּיּ֣וֹם
הַשְּׁלִישִׁי֮ לֹ֣א יֵרָצֶה֒ הַמַּקְרִ֣יב אֹת֔וֹ לֹ֥א יֵחָשֵׁ֛ב ל֖וֹ פִּגּ֣וּל יִהְיֶ֑ה

יט וְהַנֶּפֶשׁ הָאֹכֶלֶת מִמֶּנּוּ עֲוֺנָהּ תִּשָּׂא׃ וְהַבָּשָׂר אֲשֶׁר־יִגַּע בְּכׇל־
טָמֵא לֹא יֵאָכֵל בָּאֵשׁ יִשָּׂרֵף וְהַבָּשָׂר כׇּל־טָהוֹר יֹאכַל בָּשָׂר׃
כ וְהַנֶּפֶשׁ אֲשֶׁר־תֹּאכַל בָּשָׂר מִזֶּבַח הַשְּׁלָמִים אֲשֶׁר לַיהֹוָה
כא וְטֻמְאָתוֹ עָלָיו וְנִכְרְתָה הַנֶּפֶשׁ הַהִוא מֵעַמֶּיהָ׃ וְנֶפֶשׁ כִּי־תִגַּע
בְּכׇל־טָמֵא בְּטֻמְאַת אָדָם אוֹ ׀ בִּבְהֵמָה טְמֵאָה אוֹ בְּכׇל־שֶׁקֶץ
טָמֵא וְאָכַל מִבְּשַׂר־זֶבַח הַשְּׁלָמִים אֲשֶׁר לַיהֹוָה וְנִכְרְתָה הַנֶּפֶשׁ
כב כג הַהִוא מֵעַמֶּיהָ׃ וַיְדַבֵּר יְהֹוָה אֶל־מֹשֶׁה לֵּאמֹר׃ דַּבֵּר אֶל־בְּנֵי
כד יִשְׂרָאֵל לֵאמֹר כׇּל־חֵלֶב שׁוֹר וְכֶשֶׂב וָעֵז לֹא תֹאכֵלוּ׃ וְחֵלֶב נְבֵלָה
כה וְחֵלֶב טְרֵפָה יֵעָשֶׂה לְכׇל־מְלָאכָה וְאָכֹל לֹא תֹאכְלֻהוּ׃ כִּי
כׇּל־אֹכֵל חֵלֶב מִן־הַבְּהֵמָה אֲשֶׁר יַקְרִיב מִמֶּנָּה אִשֶּׁה לַיהֹוָה
כו וְנִכְרְתָה הַנֶּפֶשׁ הָאֹכֶלֶת מֵעַמֶּיהָ׃ וְכׇל־דָּם לֹא תֹאכְלוּ בְּכֹל
כז מוֹשְׁבֹתֵיכֶם לָעוֹף וְלַבְּהֵמָה׃ כׇּל־נֶפֶשׁ אֲשֶׁר־תֹּאכַל כׇּל־דָּם
וְנִכְרְתָה הַנֶּפֶשׁ הַהִוא מֵעַמֶּיהָ׃

כח כט וַיְדַבֵּר יְהֹוָה אֶל־מֹשֶׁה לֵּאמֹר׃ דַּבֵּר אֶל־בְּנֵי יִשְׂרָאֵל לֵאמֹר
הַמַּקְרִיב אֶת־זֶבַח שְׁלָמָיו לַיהֹוָה יָבִיא אֶת־קׇרְבָּנוֹ לַיהֹוָה
ל מִזֶּבַח שְׁלָמָיו׃ יָדָיו תְּבִיאֶינָה אֵת אִשֵּׁי יְהֹוָה אֶת־הַחֵלֶב עַל־
הֶחָזֶה יְבִיאֶנּוּ אֵת הֶחָזֶה לְהָנִיף אֹתוֹ תְּנוּפָה לִפְנֵי יְהֹוָה׃
לא וְהִקְטִיר הַכֹּהֵן אֶת־הַחֵלֶב הַמִּזְבֵּחָה וְהָיָה הֶחָזֶה לְאַהֲרֹן וּלְבָנָיו׃
לב וְאֵת שׁוֹק הַיָּמִין תִּתְּנוּ תְרוּמָה לַכֹּהֵן מִזִּבְחֵי שַׁלְמֵיכֶם׃
לג הַמַּקְרִיב אֶת־דַּם הַשְּׁלָמִים וְאֶת־הַחֵלֶב מִבְּנֵי אַהֲרֹן לוֹ תִהְיֶה
לד שׁוֹק הַיָּמִין לְמָנָה׃ כִּי אֶת־חֲזֵה הַתְּנוּפָה וְאֵת ׀ שׁוֹק הַתְּרוּמָה
לָקַחְתִּי מֵאֵת בְּנֵי־יִשְׂרָאֵל מִזִּבְחֵי שַׁלְמֵיהֶם וָאֶתֵּן אֹתָם
לה לְאַהֲרֹן הַכֹּהֵן וּלְבָנָיו לְחׇק־עוֹלָם מֵאֵת בְּנֵי יִשְׂרָאֵל׃ זֹאת
מִשְׁחַת אַהֲרֹן וּמִשְׁחַת בָּנָיו מֵאִשֵּׁי יְהֹוָה בְּיוֹם הִקְרִיב אֹתָם
לו לְכַהֵן לַיהֹוָה׃ אֲשֶׁר צִוָּה יְהֹוָה לָתֵת לָהֶם בְּיוֹם מׇשְׁחוֹ אֹתָם
לז מֵאֵת בְּנֵי יִשְׂרָאֵל חֻקַּת עוֹלָם לְדֹרֹתָם׃ זֹאת הַתּוֹרָה לָעֹלָה
לח לַמִּנְחָה וְלַחַטָּאת וְלָאָשָׁם וְלַמִּלּוּאִים וּלְזֶבַח הַשְּׁלָמִים׃ אֲשֶׁר

צִוָּה יְהוָה אֶת־מֹשֶׁה בְּהַר סִינָי בְּיוֹם צַוֺּתוֹ אֶת־בְּנֵי יִשְׂרָאֵל
לְהַקְרִיב אֶת־קָרְבְּנֵיהֶם לַיהוָה בְּמִדְבַּר סִינָי׃
ח א ב וַיְדַבֵּר יְהוָה אֶל־מֹשֶׁה לֵּאמֹר׃ קַח אֶת־אַהֲרֹן וְאֶת־בָּנָיו אִתּוֹ ד רביעי
וְאֵת הַבְּגָדִים וְאֵת שֶׁמֶן הַמִּשְׁחָה וְאֵת ׀ פַּר הַחַטָּאת וְאֵת שְׁנֵי
ג הָאֵילִים וְאֵת סַל הַמַּצּוֹת׃ וְאֵת כָּל־הָעֵדָה הַקְהֵל אֶל־פֶּתַח
ד אֹהֶל מוֹעֵד׃ וַיַּעַשׂ מֹשֶׁה כַּאֲשֶׁר צִוָּה יְהוָה אֹתוֹ וַתִּקָּהֵל הָעֵדָה
ה אֶל־פֶּתַח אֹהֶל מוֹעֵד׃ וַיֹּאמֶר מֹשֶׁה אֶל־הָעֵדָה זֶה הַדָּבָר
ו אֲשֶׁר־צִוָּה יְהוָה לַעֲשׂוֹת׃ וַיַּקְרֵב מֹשֶׁה אֶת־אַהֲרֹן וְאֶת־בָּנָיו
ז וַיִּרְחַץ אֹתָם בַּמָּיִם׃ וַיִּתֵּן עָלָיו אֶת־הַכֻּתֹּנֶת וַיַּחְגֹּר אֹתוֹ בָּאַבְנֵט
וַיַּלְבֵּשׁ אֹתוֹ אֶת־הַמְּעִיל וַיִּתֵּן עָלָיו אֶת־הָאֵפֹד וַיַּחְגֹּר אֹתוֹ
ח בְּחֵשֶׁב הָאֵפֹד וַיֶּאְפֹּד לוֹ בּוֹ׃ וַיָּשֶׂם עָלָיו אֶת־הַחֹשֶׁן וַיִּתֵּן אֶל־
ט הַחֹשֶׁן אֶת־הָאוּרִים וְאֶת־הַתֻּמִּים׃ וַיָּשֶׂם אֶת־הַמִּצְנֶפֶת עַל־
רֹאשׁוֹ וַיָּשֶׂם עַל־הַמִּצְנֶפֶת אֶל־מוּל פָּנָיו אֵת צִיץ הַזָּהָב נֵזֶר
י הַקֹּדֶשׁ כַּאֲשֶׁר צִוָּה יְהוָה אֶת־מֹשֶׁה׃ וַיִּקַּח מֹשֶׁה אֶת־שֶׁמֶן
הַמִּשְׁחָה וַיִּמְשַׁח אֶת־הַמִּשְׁכָּן וְאֶת־כָּל־אֲשֶׁר־בּוֹ וַיְקַדֵּשׁ אֹתָם׃
יא וַיַּז מִמֶּנּוּ עַל־הַמִּזְבֵּחַ שֶׁבַע פְּעָמִים וַיִּמְשַׁח אֶת־הַמִּזְבֵּחַ וְאֶת־
יב כָּל־כֵּלָיו וְאֶת־הַכִּיֹּר וְאֶת־כַּנּוֹ לְקַדְּשָׁם׃ וַיִּצֹק מִשֶּׁמֶן הַמִּשְׁחָה
יג עַל רֹאשׁ אַהֲרֹן וַיִּמְשַׁח אֹתוֹ לְקַדְּשׁוֹ׃ וַיַּקְרֵב מֹשֶׁה אֶת־בְּנֵי
אַהֲרֹן וַיַּלְבִּשֵׁם כֻּתֳּנֹת וַיַּחְגֹּר אֹתָם אַבְנֵט וַיַּחֲבֹשׁ לָהֶם מִגְבָּעוֹת
יד כַּאֲשֶׁר צִוָּה יְהוָה אֶת־מֹשֶׁה׃ וַיַּגֵּשׁ אֵת פַּר הַחַטָּאת וַיִּסְמֹךְ חמישי
טו אַהֲרֹן וּבָנָיו אֶת־יְדֵיהֶם עַל־רֹאשׁ פַּר הַחַטָּאת׃ וַיִּשְׁחָט וַיִּקַּח
מֹשֶׁה אֶת־הַדָּם וַיִּתֵּן עַל־קַרְנוֹת הַמִּזְבֵּחַ סָבִיב בְּאֶצְבָּעוֹ וַיְחַטֵּא
אֶת־הַמִּזְבֵּחַ וְאֶת־הַדָּם יָצַק אֶל־יְסוֹד הַמִּזְבֵּחַ וַיְקַדְּשֵׁהוּ לְכַפֵּר
טז עָלָיו׃ וַיִּקַּח אֶת־כָּל־הַחֵלֶב אֲשֶׁר עַל־הַקֶּרֶב וְאֵת יֹתֶרֶת הַכָּבֵד
יז וְאֶת־שְׁתֵּי הַכְּלָיֹת וְאֶת־חֶלְבְּהֶן וַיַּקְטֵר מֹשֶׁה הַמִּזְבֵּחָה׃ וְאֶת־
הַפָּר וְאֶת־עֹרוֹ וְאֶת־בְּשָׂרוֹ וְאֶת־פִּרְשׁוֹ שָׂרַף בָּאֵשׁ מִחוּץ
יח לַמַּחֲנֶה כַּאֲשֶׁר צִוָּה יְהוָה אֶת־מֹשֶׁה׃ וַיַּקְרֵב אֵת אֵיל הָעֹלָה

וַיִּסְמְכוּ אַהֲרֹן וּבָנָיו אֶת־יְדֵיהֶם עַל־רֹאשׁ הָאָיִל׃ וַיִּשְׁחָט וַיִּזְרֹק יט
מֹשֶׁה אֶת־הַדָּם עַל־הַמִּזְבֵּחַ סָבִיב׃ וְאֶת־הָאַיִל נִתַּח לִנְתָחָיו כ
וַיַּקְטֵר מֹשֶׁה אֶת־הָרֹאשׁ וְאֶת־הַנְּתָחִים וְאֶת־הַפָּדֶר׃ וְאֶת־ כא
הַקֶּרֶב וְאֶת־הַכְּרָעַיִם רָחַץ בַּמָּיִם וַיַּקְטֵר מֹשֶׁה אֶת־כָּל־הָאַיִל
הַמִּזְבֵּחָה עֹלָה הוּא לְרֵיחַ־נִיחֹחַ אִשֶּׁה הוּא לַיהוָה כַּאֲשֶׁר צִוָּה
ששי יְהוָה אֶת־מֹשֶׁה׃ וַיַּקְרֵב אֶת־הָאַיִל הַשֵּׁנִי אֵיל הַמִּלֻּאִים וַיִּסְמְכוּ כב
אַהֲרֹן וּבָנָיו אֶת־יְדֵיהֶם עַל־רֹאשׁ הָאָיִל׃ וַיִּשְׁחָט ׀ וַיִּקַּח מֹשֶׁה כג
מִדָּמוֹ וַיִּתֵּן עַל־תְּנוּךְ אֹזֶן־אַהֲרֹן הַיְמָנִית וְעַל־בֹּהֶן יָדוֹ הַיְמָנִית
וְעַל־בֹּהֶן רַגְלוֹ הַיְמָנִית׃ וַיַּקְרֵב אֶת־בְּנֵי אַהֲרֹן וַיִּתֵּן מֹשֶׁה מִן־ כד
הַדָּם עַל־תְּנוּךְ אָזְנָם הַיְמָנִית וְעַל־בֹּהֶן יָדָם הַיְמָנִית וְעַל־בֹּהֶן
רַגְלָם הַיְמָנִית וַיִּזְרֹק מֹשֶׁה אֶת־הַדָּם עַל־הַמִּזְבֵּחַ סָבִיב׃ וַיִּקַּח כה
אֶת־הַחֵלֶב וְאֶת־הָאַלְיָה וְאֶת־כָּל־הַחֵלֶב אֲשֶׁר עַל־הַקֶּרֶב
וְאֵת יֹתֶרֶת הַכָּבֵד וְאֶת־שְׁתֵּי הַכְּלָיֹת וְאֶת־חֶלְבְּהֶן וְאֵת שׁוֹק
הַיָּמִין׃ וּמִסַּל הַמַּצּוֹת אֲשֶׁר ׀ לִפְנֵי יְהוָה לָקַח חַלַּת מַצָּה אַחַת כו
וְחַלַּת לֶחֶם שֶׁמֶן אַחַת וְרָקִיק אֶחָד וַיָּשֶׂם עַל־הַחֲלָבִים וְעַל
שׁוֹק הַיָּמִין׃ וַיִּתֵּן אֶת־הַכֹּל עַל כַּפֵּי אַהֲרֹן וְעַל כַּפֵּי בָנָיו וַיָּנֶף כז
אֹתָם תְּנוּפָה לִפְנֵי יְהוָה׃ וַיִּקַּח מֹשֶׁה אֹתָם מֵעַל כַּפֵּיהֶם וַיַּקְטֵר כח
הַמִּזְבֵּחָה עַל־הָעֹלָה מִלֻּאִים הֵם לְרֵיחַ נִיחֹחַ אִשֶּׁה הוּא לַיהוָה׃
וַיִּקַּח מֹשֶׁה אֶת־הֶחָזֶה וַיְנִיפֵהוּ תְנוּפָה לִפְנֵי יְהוָה מֵאֵיל הַמִּלֻּאִים כט
שביעי לְמֹשֶׁה הָיָה לְמָנָה כַּאֲשֶׁר צִוָּה יְהוָה אֶת־מֹשֶׁה׃ וַיִּקַּח מֹשֶׁה ל
מִשֶּׁמֶן הַמִּשְׁחָה וּמִן־הַדָּם אֲשֶׁר עַל־הַמִּזְבֵּחַ וַיַּז עַל־אַהֲרֹן
עַל־בְּגָדָיו וְעַל־בָּנָיו וְעַל־בִּגְדֵי בָנָיו אִתּוֹ וַיְקַדֵּשׁ אֶת־אַהֲרֹן
אֶת־בְּגָדָיו וְאֶת־בָּנָיו וְאֶת־בִּגְדֵי בָנָיו אִתּוֹ׃ וַיֹּאמֶר מֹשֶׁה אֶל־ לא
אַהֲרֹן וְאֶל־בָּנָיו בַּשְּׁלוּ אֶת־הַבָּשָׂר פֶּתַח אֹהֶל מוֹעֵד וְשָׁם
תֹּאכְלוּ אֹתוֹ וְאֶת־הַלֶּחֶם אֲשֶׁר בְּסַל הַמִּלֻּאִים כַּאֲשֶׁר צִוֵּיתִי
לֵאמֹר אַהֲרֹן וּבָנָיו יֹאכְלֻהוּ׃ וְהַנּוֹתָר בַּבָּשָׂר וּבַלָּחֶם בָּאֵשׁ לב
מפטיר תִּשְׂרֹפוּ׃ וּמִפֶּתַח אֹהֶל מוֹעֵד לֹא תֵצְאוּ שִׁבְעַת יָמִים עַד יוֹם לג

לד מְלֹאת יְמֵי מִלֻּאֵיכֶם כִּי שִׁבְעַת יָמִים יְמַלֵּא אֶת־יֶדְכֶם׃ כַּאֲשֶׁר
לה עָשָׂה בַּיּוֹם הַזֶּה צִוָּה יְהוָה לַעֲשֹׂת לְכַפֵּר עֲלֵיכֶם׃ וּפֶתַח אֹהֶל
מוֹעֵד תֵּשְׁבוּ יוֹמָם וָלַיְלָה שִׁבְעַת יָמִים וּשְׁמַרְתֶּם אֶת־מִשְׁמֶרֶת
לו יְהוָה וְלֹא תָמוּתוּ כִּי־כֵן צֻוֵּיתִי׃ וַיַּעַשׂ אַהֲרֹן וּבָנָיו אֵת כָּל־
ט א הַדְּבָרִים אֲשֶׁר־צִוָּה יְהוָה בְּיַד־מֹשֶׁה׃ וַיְהִי שמיני
ב בַּיּוֹם הַשְּׁמִינִי קָרָא מֹשֶׁה לְאַהֲרֹן וּלְבָנָיו וּלְזִקְנֵי יִשְׂרָאֵל׃ וַיֹּאמֶר
אֶל־אַהֲרֹן קַח־לְךָ עֵגֶל בֶּן־בָּקָר לְחַטָּאת וְאַיִל לְעֹלָה תְּמִימִם
ג וְהַקְרֵב לִפְנֵי יְהוָה׃ וְאֶל־בְּנֵי יִשְׂרָאֵל תְּדַבֵּר לֵאמֹר קְחוּ שְׂעִיר־
ד עִזִּים לְחַטָּאת וְעֵגֶל וָכֶבֶשׂ בְּנֵי־שָׁנָה תְּמִימִם לְעֹלָה׃ וְשׁוֹר
וָאַיִל לִשְׁלָמִים לִזְבֹּחַ לִפְנֵי יְהוָה וּמִנְחָה בְּלוּלָה בַשָּׁמֶן כִּי הַיּוֹם
ה יְהוָה נִרְאָה אֲלֵיכֶם׃ וַיִּקְחוּ אֵת אֲשֶׁר צִוָּה מֹשֶׁה אֶל־פְּנֵי אֹהֶל
ו מוֹעֵד וַיִּקְרְבוּ כָּל־הָעֵדָה וַיַּעַמְדוּ לִפְנֵי יְהוָה׃ וַיֹּאמֶר מֹשֶׁה זֶה
ז הַדָּבָר אֲשֶׁר־צִוָּה יְהוָה תַּעֲשׂוּ וְיֵרָא אֲלֵיכֶם כְּבוֹד יְהוָה׃ וַיֹּאמֶר
מֹשֶׁה אֶל־אַהֲרֹן קְרַב אֶל־הַמִּזְבֵּחַ וַעֲשֵׂה אֶת־חַטָּאתְךָ וְאֶת־
עֹלָתֶךָ וְכַפֵּר בַּעַדְךָ וּבְעַד הָעָם וַעֲשֵׂה אֶת־קָרְבַּן הָעָם וְכַפֵּר
ח בַּעֲדָם כַּאֲשֶׁר צִוָּה יְהוָה׃ וַיִּקְרַב אַהֲרֹן אֶל־הַמִּזְבֵּחַ וַיִּשְׁחַט
ט אֶת־עֵגֶל הַחַטָּאת אֲשֶׁר־לוֹ׃ וַיַּקְרִבוּ בְּנֵי אַהֲרֹן אֶת־הַדָּם אֵלָיו
וַיִּטְבֹּל אֶצְבָּעוֹ בַּדָּם וַיִּתֵּן עַל־קַרְנוֹת הַמִּזְבֵּחַ וְאֶת־הַדָּם יָצַק
י אֶל־יְסוֹד הַמִּזְבֵּחַ׃ וְאֶת־הַחֵלֶב וְאֶת־הַכְּלָיֹת וְאֶת־הַיֹּתֶרֶת מִן־
הַכָּבֵד מִן־הַחַטָּאת הִקְטִיר הַמִּזְבֵּחָה כַּאֲשֶׁר צִוָּה יְהוָה אֶת־
יא מֹשֶׁה׃ וְאֶת־הַבָּשָׂר וְאֶת־הָעוֹר שָׂרַף בָּאֵשׁ מִחוּץ לַמַּחֲנֶה׃
יב וַיִּשְׁחַט אֶת־הָעֹלָה וַיַּמְצִאוּ בְּנֵי אַהֲרֹן אֵלָיו אֶת־הַדָּם וַיִּזְרְקֵהוּ
יג עַל־הַמִּזְבֵּחַ סָבִיב׃ וְאֶת־הָעֹלָה הִמְצִיאוּ אֵלָיו לִנְתָחֶיהָ וְאֶת־
יד הָרֹאשׁ וַיַּקְטֵר עַל־הַמִּזְבֵּחַ׃ וַיִּרְחַץ אֶת־הַקֶּרֶב וְאֶת־הַכְּרָעָיִם
טו וַיַּקְטֵר עַל־הָעֹלָה הַמִּזְבֵּחָה׃ וַיַּקְרֵב אֵת קָרְבַּן הָעָם וַיִּקַּח אֶת־
טז שְׂעִיר הַחַטָּאת אֲשֶׁר לָעָם וַיִּשְׁחָטֵהוּ וַיְחַטְּאֵהוּ כָּרִאשׁוֹן׃ וַיַּקְרֵב
יז אֶת־הָעֹלָה וַיַּעֲשֶׂהָ כַּמִּשְׁפָּט׃ וַיַּקְרֵב אֶת־הַמִּנְחָה וַיְמַלֵּא כַפּוֹ שני

מִמֶּנָּה וַיַּקְטֵר עַל־הַמִּזְבֵּחַ מִלְּבַד עֹלַת הַבֹּקֶר׃ וַיִּשְׁחַט אֶת־ יח
הַשּׁוֹר וְאֶת־הָאַיִל זֶבַח הַשְּׁלָמִים אֲשֶׁר לָעָם וַיַּמְצִאוּ בְּנֵי אַהֲרֹן
אֶת־הַדָּם אֵלָיו וַיִּזְרְקֵהוּ עַל־הַמִּזְבֵּחַ סָבִיב׃ וְאֶת־הַחֲלָבִים יט
מִן־הַשּׁוֹר וּמִן־הָאַיִל הָאַלְיָה וְהַמְכַסֶּה וְהַכְּלָיֹת וְיֹתֶרֶת הַכָּבֵד׃
וַיָּשִׂימוּ אֶת־הַחֲלָבִים עַל־הֶחָזוֹת וַיַּקְטֵר הַחֲלָבִים הַמִּזְבֵּחָה׃ כ
וְאֵת הֶחָזוֹת וְאֵת שׁוֹק הַיָּמִין הֵנִיף אַהֲרֹן תְּנוּפָה לִפְנֵי יְהוָה כא
כַּאֲשֶׁר צִוָּה מֹשֶׁה׃ וַיִּשָּׂא אַהֲרֹן אֶת־יָדָו אֶל־הָעָם וַיְבָרְכֵם כב
וַיֵּרֶד מֵעֲשֹׂת הַחַטָּאת וְהָעֹלָה וְהַשְּׁלָמִים׃ וַיָּבֹא מֹשֶׁה וְאַהֲרֹן כג
אֶל־אֹהֶל מוֹעֵד וַיֵּצְאוּ וַיְבָרְכוּ אֶת־הָעָם וַיֵּרָא כְבוֹד־יְהוָה אֶל־
שלישי כָּל־הָעָם׃ וַתֵּצֵא אֵשׁ מִלִּפְנֵי יְהוָה וַתֹּאכַל עַל־הַמִּזְבֵּחַ אֶת־ כד
הָעֹלָה וְאֶת־הַחֲלָבִים וַיַּרְא כָּל־הָעָם וַיָּרֹנּוּ וַיִּפְּלוּ עַל־פְּנֵיהֶם׃
וַיִּקְחוּ בְנֵי־אַהֲרֹן נָדָב וַאֲבִיהוּא אִישׁ מַחְתָּתוֹ וַיִּתְּנוּ בָהֵן אֵשׁ א י
וַיָּשִׂימוּ עָלֶיהָ קְטֹרֶת וַיַּקְרִבוּ לִפְנֵי יְהוָה אֵשׁ זָרָה אֲשֶׁר לֹא
צִוָּה אֹתָם׃ וַתֵּצֵא אֵשׁ מִלִּפְנֵי יְהוָה וַתֹּאכַל אוֹתָם וַיָּמֻתוּ לִפְנֵי ב
יְהוָה׃ וַיֹּאמֶר מֹשֶׁה אֶל־אַהֲרֹן הוּא אֲשֶׁר־דִּבֶּר יְהוָה ׀ לֵאמֹר ג
בִּקְרֹבַי אֶקָּדֵשׁ וְעַל־פְּנֵי כָל־הָעָם אֶכָּבֵד וַיִּדֹּם אַהֲרֹן׃ וַיִּקְרָא ד
מֹשֶׁה אֶל־מִישָׁאֵל וְאֶל אֶלְצָפָן בְּנֵי עֻזִּיאֵל דֹּד אַהֲרֹן וַיֹּאמֶר
אֲלֵהֶם קִרְבוּ שְׂאוּ אֶת־אֲחֵיכֶם מֵאֵת פְּנֵי־הַקֹּדֶשׁ אֶל־מִחוּץ
לַמַּחֲנֶה׃ וַיִּקְרְבוּ וַיִּשָּׂאֻם בְּכֻתֳּנֹתָם אֶל־מִחוּץ לַמַּחֲנֶה כַּאֲשֶׁר ה
דִּבֶּר מֹשֶׁה׃ וַיֹּאמֶר מֹשֶׁה אֶל־אַהֲרֹן וּלְאֶלְעָזָר וּלְאִיתָמָר ׀ בָּנָיו ו
רָאשֵׁיכֶם אַל־תִּפְרָעוּ ׀ וּבִגְדֵיכֶם לֹא־תִפְרֹמוּ וְלֹא תָמֻתוּ וְעַל כָּל־
הָעֵדָה יִקְצֹף וַאֲחֵיכֶם כָּל־בֵּית יִשְׂרָאֵל יִבְכּוּ אֶת־הַשְּׂרֵפָה
אֲשֶׁר שָׂרַף יְהוָה׃ וּמִפֶּתַח אֹהֶל מוֹעֵד לֹא תֵצְאוּ פֶּן־תָּמֻתוּ כִּי־ ז
שֶׁמֶן מִשְׁחַת יְהוָה עֲלֵיכֶם וַיַּעֲשׂוּ כִּדְבַר מֹשֶׁה׃

ה וַיְדַבֵּר יְהוָה אֶל־אַהֲרֹן לֵאמֹר׃ יַיִן וְשֵׁכָר אַל־תֵּשְׁתְּ ׀ אַתָּה ׀ ח ט
וּבָנֶיךָ אִתָּךְ בְּבֹאֲכֶם אֶל־אֹהֶל מוֹעֵד וְלֹא תָמֻתוּ חֻקַּת עוֹלָם
לְדֹרֹתֵיכֶם׃ וּלְהַבְדִּיל בֵּין הַקֹּדֶשׁ וּבֵין הַחֹל וּבֵין הַטָּמֵא וּבֵין י

יא הַטָּהֽוֹר׃ וּלְהוֹרֹ֖ת אֶת־בְּנֵ֣י יִשְׂרָאֵ֑ל אֵ֚ת כָּל־הַ֣חֻקִּ֔ים אֲשֶׁ֨ר דִּבֶּ֧ר
יהו֛ה אֲלֵיהֶ֖ם בְּיַד־מֹשֶֽׁה׃
יב וַיְדַבֵּ֣ר מֹשֶׁ֡ה אֶֽל־אַהֲרֹ֡ן וְאֶ֣ל אֶלְעָזָר֩ וְאֶל־אִֽיתָמָ֨ר ׀ בָּנָ֜יו הַנּֽוֹתָרִ֗ים רביעי
קְח֤וּ אֶת־הַמִּנְחָה֙ הַנּוֹתֶ֙רֶת֙ מֵאִשֵּׁ֣י יהו֔ה וְאִכְל֥וּהָ מַצּ֖וֹת אֵ֣צֶל
יג הַמִּזְבֵּ֑חַ כִּ֛י קֹ֥דֶשׁ קָֽדָשִׁ֖ים הִֽוא׃ וַאֲכַלְתֶּ֤ם אֹתָהּ֙ בְּמָק֣וֹם קָד֔וֹשׁ
יד כִּ֣י חָקְךָ֤ וְחָק־בָּנֶ֙יךָ֙ הִ֔וא מֵאִשֵּׁ֖י יהו֑ה כִּי־כֵ֖ן צֻוֵּֽיתִי׃ וְאֵת֩
חֲזֵ֨ה הַתְּנוּפָ֜ה וְאֵ֣ת ׀ שׁ֣וֹק הַתְּרוּמָ֗ה תֹּֽאכְלוּ֙ בְּמָק֣וֹם טָה֔וֹר
אַתָּ֕ה וּבָנֶ֥יךָ וּבְנֹתֶ֖יךָ אִתָּ֑ךְ כִּֽי־חָקְךָ֤ וְחָק־בָּנֶ֙יךָ֙ נִתְּנ֔וּ מִזִּבְחֵ֥י
טו שַׁלְמֵ֖י בְּנֵ֥י יִשְׂרָאֵֽל׃ שׁ֣וֹק הַתְּרוּמָ֞ה וַחֲזֵ֣ה הַתְּנוּפָ֗ה עַ֣ל אִשֵּׁ֤י
הַחֲלָבִים֙ יָבִ֔יאוּ לְהָנִ֥יף תְּנוּפָ֖ה לִפְנֵ֣י יהו֑ה וְהָיָ֨ה לְךָ֜ וּלְבָנֶ֤יךָ אִתְּךָ֙
טז לְחָק־עוֹלָ֔ם כַּאֲשֶׁ֖ר צִוָּ֥ה יהוֽה׃ וְאֵ֣ת ׀ שְׂעִ֣יר הַֽחַטָּ֗את דָּרֹ֥שׁ דָּרַ֖שׁ חמישי
מֹשֶׁ֑ה וְהִנֵּ֣ה שֹׂרָ֔ף וַ֠יִּקְצֹף עַל־אֶלְעָזָ֤ר וְעַל־אִיתָמָר֙ בְּנֵ֣י אַהֲרֹ֔ן
יז הַנּוֹתָרִ֖ם לֵאמֹֽר׃ מַדּ֗וּעַ לֹא־אֲכַלְתֶּ֤ם אֶת־הַֽחַטָּאת֙ בִּמְק֣וֹם
הַקֹּ֔דֶשׁ כִּ֛י קֹ֥דֶשׁ קָֽדָשִׁ֖ים הִ֑וא וְאֹתָ֣הּ ׀ נָתַ֣ן לָכֶ֗ם לָשֵׂאת֙ אֶת־
יח עֲוֺ֣ן הָֽעֵדָ֔ה לְכַפֵּ֥ר עֲלֵיהֶ֖ם לִפְנֵ֥י יהוֽה׃ הֵ֚ן לֹא־הוּבָ֣א אֶת־דָּמָ֔הּ
אֶל־הַקֹּ֖דֶשׁ פְּנִ֑ימָה אָכ֨וֹל תֹּאכְל֥וּ אֹתָ֛הּ בַּקֹּ֖דֶשׁ כַּאֲשֶׁ֥ר צִוֵּֽיתִי׃
יט וַיְדַבֵּ֨ר אַהֲרֹ֜ן אֶל־מֹשֶׁ֗ה הֵ֣ן הַ֠יּוֹם הִקְרִ֨יבוּ אֶת־חַטָּאתָ֤ם וְאֶת־
עֹֽלָתָם֙ לִפְנֵ֣י יהו֔ה וַתִּקְרֶ֥אנָה אֹתִ֖י כָּאֵ֑לֶּה וְאָכַ֤לְתִּי חַטָּאת֙ הַיּ֔וֹם
כ הַיִּיטַ֖ב בְּעֵינֵ֥י יהוֽה׃ וַיִּשְׁמַ֣ע מֹשֶׁ֔ה וַיִּיטַ֖ב בְּעֵינָֽיו׃
יא א ב וַיְדַבֵּ֧ר יהו֛ה אֶל־מֹשֶׁ֥ה וְאֶֽל־אַהֲרֹ֖ן לֵאמֹ֥ר אֲלֵהֶֽם׃ דַּבְּר֛וּ אֶל־ ו ששי
בְּנֵ֥י יִשְׂרָאֵ֖ל לֵאמֹ֑ר זֹ֤את הַֽחַיָּה֙ אֲשֶׁ֣ר תֹּאכְל֔וּ מִכָּל־הַבְּהֵמָ֖ה
ג אֲשֶׁ֥ר עַל־הָאָֽרֶץ׃ כֹּ֣ל ׀ מַפְרֶ֣סֶת פַּרְסָ֗ה וְשֹׁסַ֤עַת שֶׁ֙סַע֙ פְּרָסֹ֔ת
ד מַעֲלַ֥ת גֵּרָ֖ה בַּבְּהֵמָ֑ה אֹתָ֖הּ תֹּאכֵֽלוּ׃ אַ֤ךְ אֶת־זֶה֙ לֹ֣א תֹֽאכְל֔וּ
מִמַּעֲלֵי֙ הַגֵּרָ֔ה וּמִמַּפְרִסֵ֖י הַפַּרְסָ֑ה אֶֽת־הַ֠גָּמָל כִּֽי־מַעֲלֵ֨ה גֵרָ֜ה
ה ה֗וּא וּפַרְסָה֙ אֵינֶ֣נּוּ מַפְרִ֔יס טָמֵ֥א ה֖וּא לָכֶֽם׃ וְאֶת־הַשָּׁפָ֗ן כִּֽי־
ו מַעֲלֵ֤ה גֵרָה֙ ה֔וּא וּפַרְסָ֖ה לֹ֣א יַפְרִ֑יס טָמֵ֥א ה֖וּא לָכֶֽם׃ וְאֶת־
הָאַרְנֶ֗בֶת כִּֽי־מַעֲלַ֤ת גֵּרָה֙ הִ֔וא וּפַרְסָ֖ה לֹ֣א הִפְרִ֑יסָה טְמֵאָ֥ה

הוּא לָכֶם׃ וְאֶת־הַחֲזִיר כִּי־מַפְרִיס פַּרְסָה הוּא וְשֹׁסַע שֶׁסַע ז
פַּרְסָה וְהוּא גֵּרָה לֹא־יִגָּר טָמֵא הוּא לָכֶם׃ מִבְּשָׂרָם לֹא ח
תֹאכֵלוּ וּבְנִבְלָתָם לֹא תִגָּעוּ טְמֵאִים הֵם לָכֶם׃ אֶת־זֶה תֹּאכְלוּ ט
מִכֹּל אֲשֶׁר בַּמָּיִם כֹּל אֲשֶׁר־לוֹ סְנַפִּיר וְקַשְׂקֶשֶׂת בַּמַּיִם בַּיַּמִּים
וּבַנְּחָלִים אֹתָם תֹּאכֵלוּ׃ וְכֹל אֲשֶׁר אֵין־לוֹ סְנַפִּיר וְקַשְׂקֶשֶׂת י
בַּיַּמִּים וּבַנְּחָלִים מִכֹּל שֶׁרֶץ הַמַּיִם וּמִכֹּל נֶפֶשׁ הַחַיָּה אֲשֶׁר
בַּמָּיִם שֶׁקֶץ הֵם לָכֶם׃ וְשֶׁקֶץ יִהְיוּ לָכֶם מִבְּשָׂרָם לֹא תֹאכֵלוּ יא
וְאֶת־נִבְלָתָם תְּשַׁקֵּצוּ׃ כֹּל אֲשֶׁר אֵין־לוֹ סְנַפִּיר וְקַשְׂקֶשֶׂת בַּמָּיִם יב
שֶׁקֶץ הוּא לָכֶם׃ וְאֶת־אֵלֶּה תְּשַׁקְּצוּ מִן־הָעוֹף לֹא יֵאָכְלוּ שֶׁקֶץ יג
הֵם אֶת־הַנֶּשֶׁר וְאֶת־הַפֶּרֶס וְאֵת הָעָזְנִיָּה׃ וְאֶת־הַדָּאָה וְאֶת־ יד
הָאַיָּה לְמִינָהּ׃ אֵת כָּל־עֹרֵב לְמִינוֹ׃ וְאֵת בַּת הַיַּעֲנָה וְאֶת־ טו טז
הַתַּחְמָס וְאֶת־הַשָּׁחַף וְאֶת־הַנֵּץ לְמִינֵהוּ׃ וְאֶת־הַכּוֹס וְאֶת־ יז
הַשָּׁלָךְ וְאֶת־הַיַּנְשׁוּף׃ וְאֶת־הַתִּנְשֶׁמֶת וְאֶת־הַקָּאָת וְאֶת־ יח
הָרָחָם׃ וְאֵת הַחֲסִידָה הָאֲנָפָה לְמִינָהּ וְאֶת־הַדּוּכִיפַת וְאֶת־ יט
הָעֲטַלֵּף׃ כֹּל שֶׁרֶץ הָעוֹף הַהֹלֵךְ עַל־אַרְבַּע שֶׁקֶץ הוּא לָכֶם׃ כ
אַךְ אֶת־זֶה תֹּאכְלוּ מִכֹּל שֶׁרֶץ הָעוֹף הַהֹלֵךְ עַל־אַרְבַּע אֲשֶׁר־ כא
לוֹ לֹא כְרָעַיִם מִמַּעַל לְרַגְלָיו לְנַתֵּר בָּהֵן עַל־הָאָרֶץ׃ אֶת־אֵלֶּה כב
מֵהֶם תֹּאכֵלוּ אֶת־הָאַרְבֶּה לְמִינוֹ וְאֶת־הַסָּלְעָם לְמִינֵהוּ וְאֶת־
הַחַרְגֹּל לְמִינֵהוּ וְאֶת־הֶחָגָב לְמִינֵהוּ׃ וְכֹל שֶׁרֶץ הָעוֹף אֲשֶׁר־ כג
לוֹ אַרְבַּע רַגְלָיִם שֶׁקֶץ הוּא לָכֶם׃ וּלְאֵלֶּה תִּטַּמָּאוּ כָּל־הַנֹּגֵעַ כד
בְּנִבְלָתָם יִטְמָא עַד־הָעָרֶב׃ וְכָל־הַנֹּשֵׂא מִנִּבְלָתָם יְכַבֵּס בְּגָדָיו כה
וְטָמֵא עַד־הָעָרֶב׃ לְכָל־הַבְּהֵמָה אֲשֶׁר הִוא מַפְרֶסֶת פַּרְסָה כו
וְשֶׁסַע ׀ אֵינֶנָּה שֹׁסַעַת וְגֵרָה אֵינֶנָּה מַעֲלָה טְמֵאִים הֵם לָכֶם
כָּל־הַנֹּגֵעַ בָּהֶם יִטְמָא׃ וְכֹל ׀ הוֹלֵךְ עַל־כַּפָּיו בְּכָל־הַחַיָּה כז
הַהֹלֶכֶת עַל־אַרְבַּע טְמֵאִים הֵם לָכֶם כָּל־הַנֹּגֵעַ בְּנִבְלָתָם
יִטְמָא עַד־הָעָרֶב׃ וְהַנֹּשֵׂא אֶת־נִבְלָתָם יְכַבֵּס בְּגָדָיו וְטָמֵא כח
עַד־הָעָרֶב טְמֵאִים הֵמָּה לָכֶם׃ וְזֶה לָכֶם הַטָּמֵא כט

בַּשֶּׁרֶץ הַשֹּׁרֵץ עַל־הָאָרֶץ הַחֹלֶד וְהָעַכְבָּר וְהַצָּב לְמִינֵהוּ׃
ל לא וְהָאֲנָקָה וְהַכֹּחַ וְהַלְּטָאָה וְהַחֹמֶט וְהַתִּנְשָׁמֶת׃ אֵלֶּה הַטְּמֵאִים
לב לָכֶם בְּכָל־הַשָּׁרֶץ כָּל־הַנֹּגֵעַ בָּהֶם בְּמֹתָם יִטְמָא עַד־הָעָרֶב׃ וְכֹל
אֲשֶׁר־יִפֹּל־עָלָיו מֵהֶם ׀ בְּמֹתָם יִטְמָא מִכָּל־כְּלִי־עֵץ אוֹ בֶגֶד אוֹ־
עוֹר אוֹ שָׂק כָּל־כְּלִי אֲשֶׁר־יֵעָשֶׂה מְלָאכָה בָּהֶם בַּמַּיִם יוּבָא וְטָמֵא
לג עַד־הָעֶרֶב וְטָהֵר׃ וְכָל־כְּלִי־חֶרֶשׂ אֲשֶׁר־יִפֹּל מֵהֶם אֶל־תּוֹכוֹ שביעי
לד כֹּל אֲשֶׁר בְּתוֹכוֹ יִטְמָא וְאֹתוֹ תִשְׁבֹּרוּ׃ מִכָּל־הָאֹכֶל אֲשֶׁר
יֵאָכֵל אֲשֶׁר יָבוֹא עָלָיו מַיִם יִטְמָא וְכָל־מַשְׁקֶה אֲשֶׁר יִשָּׁתֶה
לה בְּכָל־כְּלִי יִטְמָא׃ וְכֹל אֲשֶׁר־יִפֹּל מִנִּבְלָתָם ׀ עָלָיו יִטְמָא תַּנּוּר
לו וְכִירַיִם יֻתָּץ טְמֵאִים הֵם וּטְמֵאִים יִהְיוּ לָכֶם׃ אַךְ מַעְיָן וּבוֹר
לז מִקְוֵה־מַיִם יִהְיֶה טָהוֹר וְנֹגֵעַ בְּנִבְלָתָם יִטְמָא׃ וְכִי יִפֹּל מִנִּבְלָתָם
לח עַל־כָּל־זֶרַע זֵרוּעַ אֲשֶׁר יִזָּרֵעַ טָהוֹר הוּא׃ וְכִי יֻתַּן־מַיִם עַל־
לט זֶרַע וְנָפַל מִנִּבְלָתָם עָלָיו טָמֵא הוּא לָכֶם׃ וְכִי
יָמוּת מִן־הַבְּהֵמָה אֲשֶׁר־הִיא לָכֶם לְאָכְלָה הַנֹּגֵעַ בְּנִבְלָתָהּ
מ יִטְמָא עַד־הָעָרֶב׃ וְהָאֹכֵל מִנִּבְלָתָהּ יְכַבֵּס בְּגָדָיו וְטָמֵא עַד־
הָעָרֶב וְהַנֹּשֵׂא אֶת־נִבְלָתָהּ יְכַבֵּס בְּגָדָיו וְטָמֵא עַד־הָעָרֶב׃
מא מב וְכָל־הַשֶּׁרֶץ הַשֹּׁרֵץ עַל־הָאָרֶץ שֶׁקֶץ הוּא לֹא יֵאָכֵל׃ כֹּל הוֹלֵךְ
עַל־גָּחוֹן וְכֹל ׀ הוֹלֵךְ עַל־אַרְבַּע עַד כָּל־מַרְבֵּה רַגְלַיִם לְכָל־
מג הַשֶּׁרֶץ הַשֹּׁרֵץ עַל־הָאָרֶץ לֹא תֹאכְלוּם כִּי־שֶׁקֶץ הֵם׃ אַל־
תְּשַׁקְּצוּ אֶת־נַפְשֹׁתֵיכֶם בְּכָל־הַשֶּׁרֶץ הַשֹּׁרֵץ וְלֹא תִטַּמְּאוּ בָּהֶם
מד וְנִטְמֵתֶם בָּם׃ כִּי אֲנִי יְהוָה אֱלֹהֵיכֶם וְהִתְקַדִּשְׁתֶּם וִהְיִיתֶם
קְדֹשִׁים כִּי קָדוֹשׁ אָנִי וְלֹא תְטַמְּאוּ אֶת־נַפְשֹׁתֵיכֶם בְּכָל־הַשֶּׁרֶץ
מה הָרֹמֵשׂ עַל־הָאָרֶץ׃ כִּי ׀ אֲנִי יְהוָה הַמַּעֲלֶה אֶתְכֶם מֵאֶרֶץ מִצְרַיִם מפטיר
מו לִהְיֹת לָכֶם לֵאלֹהִים וִהְיִיתֶם קְדֹשִׁים כִּי קָדוֹשׁ אָנִי׃ זֹאת
תּוֹרַת הַבְּהֵמָה וְהָעוֹף וְכֹל נֶפֶשׁ הַחַיָּה הָרֹמֶשֶׂת בַּמָּיִם וּלְכָל־
מז נֶפֶשׁ הַשֹּׁרֶצֶת עַל־הָאָרֶץ׃ לְהַבְדִּיל בֵּין הַטָּמֵא וּבֵין הַטָּהֹר וּבֵין
הַחַיָּה הַנֶּאֱכֶלֶת וּבֵין הַחַיָּה אֲשֶׁר לֹא תֵאָכֵל׃

תזריע ז וַיְדַבֵּר יְהוָה אֶל־מֹשֶׁה לֵּאמֹר׃ דַּבֵּר אֶל־בְּנֵי יִשְׂרָאֵל לֵאמֹר א ב
אִשָּׁה כִּי תַזְרִיעַ וְיָלְדָה זָכָר וְטָמְאָה שִׁבְעַת יָמִים כִּימֵי נִדַּת
דְּוֺתָהּ תִּטְמָא׃ וּבַיּוֹם הַשְּׁמִינִי יִמּוֹל בְּשַׂר עָרְלָתוֹ׃ וּשְׁלֹשִׁים ג ד
יוֹם וּשְׁלֹשֶׁת יָמִים תֵּשֵׁב בִּדְמֵי טָהֳרָה בְּכָל־קֹדֶשׁ לֹא־תִגָּע
וְאֶל־הַמִּקְדָּשׁ לֹא תָבֹא עַד־מְלֹאת יְמֵי טָהֳרָהּ׃ וְאִם־נְקֵבָה ה
תֵלֵד וְטָמְאָה שְׁבֻעַיִם כְּנִדָּתָהּ וְשִׁשִּׁים יוֹם וְשֵׁשֶׁת יָמִים תֵּשֵׁב
עַל־דְּמֵי טָהֳרָה׃ וּבִמְלֹאת ׀ יְמֵי טָהֳרָהּ לְבֵן אוֹ לְבַת תָּבִיא ו
כֶּבֶשׂ בֶּן־שְׁנָתוֹ לְעֹלָה וּבֶן־יוֹנָה אוֹ־תֹר לְחַטָּאת אֶל־פֶּתַח אֹהֶל־
מוֹעֵד אֶל־הַכֹּהֵן׃ וְהִקְרִיבוֹ לִפְנֵי יְהוָה וְכִפֶּר עָלֶיהָ וְטָהֲרָה ז
מִמְּקֹר דָּמֶיהָ זֹאת תּוֹרַת הַיֹּלֶדֶת לַזָּכָר אוֹ לַנְּקֵבָה׃ וְאִם־לֹא ח
תִמְצָא יָדָהּ דֵּי שֶׂה וְלָקְחָה שְׁתֵּי־תֹרִים אוֹ שְׁנֵי בְּנֵי יוֹנָה אֶחָד
לְעֹלָה וְאֶחָד לְחַטָּאת וְכִפֶּר עָלֶיהָ הַכֹּהֵן וְטָהֵרָה׃
וַיְדַבֵּר יְהוָה אֶל־מֹשֶׁה וְאֶל־אַהֲרֹן לֵאמֹר׃ אָדָם כִּי־יִהְיֶה א ב יג
בְעוֹר־בְּשָׂרוֹ שְׂאֵת אוֹ־סַפַּחַת אוֹ בַהֶרֶת וְהָיָה בְעוֹר־בְּשָׂרוֹ
לְנֶגַע צָרָעַת וְהוּבָא אֶל־אַהֲרֹן הַכֹּהֵן אוֹ אֶל־אַחַד מִבָּנָיו
הַכֹּהֲנִים׃ וְרָאָה הַכֹּהֵן אֶת־הַנֶּגַע בְּעוֹר־הַבָּשָׂר וְשֵׂעָר בַּנֶּגַע ג
הָפַךְ ׀ לָבָן וּמַרְאֵה הַנֶּגַע עָמֹק מֵעוֹר בְּשָׂרוֹ נֶגַע צָרַעַת הוּא
וְרָאָהוּ הַכֹּהֵן וְטִמֵּא אֹתוֹ׃ וְאִם־בַּהֶרֶת לְבָנָה הִוא בְּעוֹר בְּשָׂרוֹ ד
וְעָמֹק אֵין־מַרְאֶהָ מִן־הָעוֹר וּשְׂעָרָה לֹא־הָפַךְ לָבָן וְהִסְגִּיר
הַכֹּהֵן אֶת־הַנֶּגַע שִׁבְעַת יָמִים׃ וְרָאָהוּ הַכֹּהֵן בַּיּוֹם הַשְּׁבִיעִי ה
וְהִנֵּה הַנֶּגַע עָמַד בְּעֵינָיו לֹא־פָשָׂה הַנֶּגַע בָּעוֹר וְהִסְגִּירוֹ הַכֹּהֵן
שני שִׁבְעַת יָמִים שֵׁנִית׃ וְרָאָה הַכֹּהֵן אֹתוֹ בַּיּוֹם הַשְּׁבִיעִי שֵׁנִית ו
וְהִנֵּה כֵּהָה הַנֶּגַע וְלֹא־פָשָׂה הַנֶּגַע בָּעוֹר וְטִהֲרוֹ הַכֹּהֵן מִסְפַּחַת
הִוא וְכִבֶּס בְּגָדָיו וְטָהֵר׃ וְאִם־פָּשֹׂה תִפְשֶׂה הַמִּסְפַּחַת בָּעוֹר ז
אַחֲרֵי הֵרָאֹתוֹ אֶל־הַכֹּהֵן לְטָהֳרָתוֹ וְנִרְאָה שֵׁנִית אֶל־הַכֹּהֵן׃
וְרָאָה הַכֹּהֵן וְהִנֵּה פָּשְׂתָה הַמִּסְפַּחַת בָּעוֹר וְטִמְּאוֹ הַכֹּהֵן ח
צָרַעַת הִוא׃

ט י נֶגַע צָרַעַת כִּי תִהְיֶה בְּאָדָם וְהוּבָא אֶל־הַכֹּהֵן׃ וְרָאָה הַכֹּהֵן
וְהִנֵּה שְׂאֵת־לְבָנָה בָּעוֹר וְהִיא הָפְכָה שֵׂעָר לָבָן וּמִחְיַת בָּשָׂר
יא חַי בַּשְׂאֵת׃ צָרַעַת נוֹשֶׁנֶת הִוא בְּעוֹר בְּשָׂרוֹ וְטִמְּאוֹ הַכֹּהֵן
יב לֹא יַסְגִּרֶנּוּ כִּי טָמֵא הוּא׃ וְאִם־פָּרוֹחַ תִּפְרַח הַצָּרַעַת בָּעוֹר
וְכִסְּתָה הַצָּרַעַת אֵת כָּל־עוֹר הַנֶּגַע מֵרֹאשׁוֹ וְעַד־רַגְלָיו לְכָל־
יג מַרְאֵה עֵינֵי הַכֹּהֵן׃ וְרָאָה הַכֹּהֵן וְהִנֵּה כִסְּתָה הַצָּרַעַת אֶת־
יד כָּל־בְּשָׂרוֹ וְטִהַר אֶת־הַנָּגַע כֻּלּוֹ הָפַךְ לָבָן טָהוֹר הוּא׃ וּבְיוֹם
טו הֵרָאוֹת בּוֹ בָּשָׂר חַי יִטְמָא׃ וְרָאָה הַכֹּהֵן אֶת־הַבָּשָׂר הַחַי
טז וְטִמְּאוֹ הַבָּשָׂר הַחַי טָמֵא הוּא צָרַעַת הוּא׃ אוֹ כִי יָשׁוּב הַבָּשָׂר
יז הַחַי וְנֶהְפַּךְ לְלָבָן וּבָא אֶל־הַכֹּהֵן׃ וְרָאָהוּ הַכֹּהֵן וְהִנֵּה נֶהְפַּךְ
הַנֶּגַע לְלָבָן וְטִהַר הַכֹּהֵן אֶת־הַנֶּגַע טָהוֹר הוּא׃
יח יט וּבָשָׂר כִּי־יִהְיֶה בוֹ־בְעֹרוֹ שְׁחִין וְנִרְפָּא׃ וְהָיָה בִּמְקוֹם הַשְּׁחִין שְׂאֵת (שלישי)
כ לְבָנָה אוֹ בַהֶרֶת לְבָנָה אֲדַמְדָּמֶת וְנִרְאָה אֶל־הַכֹּהֵן׃ וְרָאָה
הַכֹּהֵן וְהִנֵּה מַרְאֶהָ שָׁפָל מִן־הָעוֹר וּשְׂעָרָהּ הָפַךְ לָבָן וְטִמְּאוֹ
כא הַכֹּהֵן נֶגַע־צָרַעַת הִוא בַּשְּׁחִין פָּרָחָה׃ וְאִם ׀ יִרְאֶנָּה הַכֹּהֵן וְהִנֵּה
אֵין־בָּהּ שֵׂעָר לָבָן וּשְׁפָלָה אֵינֶנָּה מִן־הָעוֹר וְהִיא כֵהָה וְהִסְגִּירוֹ
כב הַכֹּהֵן שִׁבְעַת יָמִים׃ וְאִם־פָּשֹׂה תִפְשֶׂה בָּעוֹר וְטִמֵּא הַכֹּהֵן אֹתוֹ
כג נֶגַע הִוא׃ וְאִם־תַּחְתֶּיהָ תַּעֲמֹד הַבַּהֶרֶת לֹא פָשָׂתָה צָרֶבֶת
כד הַשְּׁחִין הִוא וְטִהֲרוֹ הַכֹּהֵן׃ אוֹ בָשָׂר כִּי־יִהְיֶה (רביעי /שני/)
בְעֹרוֹ מִכְוַת־אֵשׁ וְהָיְתָה מִחְיַת הַמִּכְוָה בַּהֶרֶת לְבָנָה אֲדַמְדֶּמֶת
כה אוֹ לְבָנָה׃ וְרָאָה אֹתָהּ הַכֹּהֵן וְהִנֵּה נֶהְפַּךְ שֵׂעָר לָבָן בַּבַּהֶרֶת
וּמַרְאֶהָ עָמֹק מִן־הָעוֹר צָרַעַת הִוא בַּמִּכְוָה פָּרָחָה וְטִמֵּא אֹתוֹ
כו הַכֹּהֵן נֶגַע צָרַעַת הִוא׃ וְאִם ׀ יִרְאֶנָּה הַכֹּהֵן וְהִנֵּה אֵין־בַּבַּהֶרֶת
שֵׂעָר לָבָן וּשְׁפָלָה אֵינֶנָּה מִן־הָעוֹר וְהִוא כֵהָה וְהִסְגִּירוֹ הַכֹּהֵן
כז שִׁבְעַת יָמִים׃ וְרָאָהוּ הַכֹּהֵן בַּיּוֹם הַשְּׁבִיעִי אִם־פָּשֹׂה תִפְשֶׂה
כח בָּעוֹר וְטִמֵּא הַכֹּהֵן אֹתוֹ נֶגַע צָרַעַת הִוא׃ וְאִם־תַּחְתֶּיהָ תַעֲמֹד
הַבַּהֶרֶת לֹא־פָשְׂתָה בָעוֹר וְהִוא כֵהָה שְׂאֵת הַמִּכְוָה הִוא

וְטִהֲרוֹ֙ הַכֹּהֵ֔ן כִּֽי־צָרֶ֥בֶת הַמִּכְוָ֖ה הִֽוא׃
חמישי ח וְאִישׁ֙ א֣וֹ אִשָּׁ֔ה כִּֽי־יִהְיֶ֥ה ב֖וֹ נָ֑גַע בְּרֹ֖אשׁ א֥וֹ בְזָקָֽן׃ וְרָאָ֨ה הַכֹּהֵ֜ן כט ל
אֶת־הַנֶּ֗גַע וְהִנֵּ֤ה מַרְאֵ֙הוּ֙ עָמֹ֣ק מִן־הָע֔וֹר וּב֛וֹ שֵׂעָ֥ר צָהֹ֖ב דָּ֑ק
וְטִמֵּ֨א אֹת֤וֹ הַכֹּהֵן֙ נֶ֣תֶק ה֔וּא צָרַ֧עַת הָרֹ֛אשׁ א֥וֹ הַזָּקָ֖ן הֽוּא׃
וְכִֽי־יִרְאֶ֨ה הַכֹּהֵ֜ן אֶת־נֶ֣גַע הַנֶּ֗תֶק וְהִנֵּ֤ה אֵין־מַרְאֵ֙הוּ֙ עָמֹ֣ק מִן־ לא
הָע֔וֹר וְשֵׂעָ֥ר שָׁחֹ֖ר אֵ֣ין בּ֑וֹ וְהִסְגִּ֧יר הַכֹּהֵ֛ן אֶת־נֶ֥גַע הַנֶּ֖תֶק שִׁבְעַ֥ת
יָמִֽים׃ וְרָאָ֨ה הַכֹּהֵ֥ן אֶת־הַנֶּגַע֮ בַּיּ֣וֹם הַשְּׁבִיעִי֒ וְהִנֵּה֙ לֹא־פָשָׂ֣ה לב
הַנֶּ֔תֶק וְלֹא־הָ֥יָה ב֖וֹ שֵׂעָ֣ר צָהֹ֑ב וּמַרְאֵ֣ה הַנֶּ֔תֶק אֵ֥ין עָמֹ֖ק מִן־
הָעֽוֹר׃ וְהִ֨תְגַּלָּ֔ח וְאֶת־הַנֶּ֖תֶק לֹ֣א יְגַלֵּ֑חַ וְהִסְגִּ֨יר הַכֹּהֵ֧ן אֶת־הַנֶּ֛תֶק לג
שִׁבְעַ֥ת יָמִ֖ים שֵׁנִֽית׃ וְרָאָה֩ הַכֹּהֵ֨ן אֶת־הַנֶּ֜תֶק בַּיּ֣וֹם הַשְּׁבִיעִ֗י לד
וְ֠הִנֵּה לֹא־פָשָׂ֤ה הַנֶּ֙תֶק֙ בָּע֔וֹר וּמַרְאֵ֕הוּ אֵינֶ֥נּוּ עָמֹ֖ק מִן־הָע֑וֹר
וְטִהַ֤ר אֹתוֹ֙ הַכֹּהֵ֔ן וְכִבֶּ֥ס בְּגָדָ֖יו וְטָהֵֽר׃ וְאִם־פָּשֹׂ֥ה יִפְשֶׂ֛ה הַנֶּ֖תֶק לה
בָּע֑וֹר אַחֲרֵ֖י טָהֳרָתֽוֹ׃ וְרָאָ֙הוּ֙ הַכֹּהֵ֔ן וְהִנֵּ֛ה פָּשָׂ֥ה הַנֶּ֖תֶק בָּע֑וֹר לו
לֹֽא־יְבַקֵּ֧ר הַכֹּהֵ֛ן לַשֵּׂעָ֥ר הַצָּהֹ֖ב טָמֵ֥א הֽוּא׃ וְאִם־בְּעֵינָ֞יו עָמַ֣ד לז
הַנֶּ֗תֶק וְשֵׂעָ֨ר שָׁחֹ֧ר צָֽמַח־בּ֛וֹ נִרְפָּ֥א הַנֶּ֖תֶק טָה֣וֹר ה֑וּא וְטִהֲר֖וֹ
הַכֹּהֵֽן׃ וְאִישׁ֙ אֽוֹ־אִשָּׁ֔ה כִּֽי־יִהְיֶ֥ה בְעוֹר־בְּשָׂרָ֖ם בֶּהָרֹ֑ת לח
בֶּהָרֹ֖ת לְבָנֹֽת׃ וְרָאָ֣ה הַכֹּהֵ֗ן וְהִנֵּ֧ה בְעוֹר־בְּשָׂרָ֛ם בֶּהָרֹ֖ת כֵּה֣וֹת לט
ששי /שלישי/ לְבָנֹ֑ת בֹּ֣הַק ה֛וּא פָּרַ֥ח בָּע֖וֹר טָה֥וֹר הֽוּא׃ וְאִ֕ישׁ מ
כִּ֥י יִמָּרֵ֖ט רֹאשׁ֑וֹ קֵרֵ֥חַ ה֖וּא טָה֥וֹר הֽוּא׃ וְאִם֙ מִפְּאַ֣ת פָּנָ֔יו יִמָּרֵ֖ט מא
רֹאשׁ֑וֹ גִּבֵּ֥חַ ה֖וּא טָה֥וֹר הֽוּא׃ וְכִֽי־יִהְיֶ֤ה בַקָּרַ֙חַת֙ א֣וֹ בַגַּבַּ֔חַת מב
נֶ֖גַע לָבָ֣ן אֲדַמְדָּ֑ם צָרַ֤עַת פֹּרַ֙חַת֙ הִ֔וא בְּקָרַחְתּ֖וֹ א֥וֹ בְגַבַּחְתּֽוֹ׃
וְרָאָ֨ה אֹת֜וֹ הַכֹּהֵ֗ן וְהִנֵּ֤ה שְׂאֵֽת־הַנֶּ֙גַע֙ לְבָנָ֣ה אֲדַמְדֶּ֔מֶת בְּקָרַחְתּ֖וֹ מג
א֣וֹ בְגַבַּחְתּ֑וֹ כְּמַרְאֵ֥ה צָרַ֖עַת ע֥וֹר בָּשָֽׂר׃ אִישׁ־צָר֥וּעַ ה֖וּא טָמֵ֣א מד
ה֑וּא טַמֵּ֧א יְטַמְּאֶ֛נּוּ הַכֹּהֵ֖ן בְּרֹאשׁ֥וֹ נִגְעֽוֹ׃ וְהַצָּר֜וּעַ אֲשֶׁר־בּ֣וֹ הַנֶּ֗גַע מה
בְּגָדָ֞יו יִהְי֤וּ פְרֻמִים֙ וְרֹאשׁוֹ֙ יִהְיֶ֣ה פָר֔וּעַ וְעַל־שָׂפָ֖ם יַעְטֶ֑ה וְטָמֵ֥א ׀
טָמֵ֖א יִקְרָֽא׃ כָּל־יְמֵ֞י אֲשֶׁ֨ר הַנֶּ֥גַע בּ֛וֹ יִטְמָ֖א טָמֵ֣א ה֑וּא בָּדָ֣ד מו
יֵשֵׁ֔ב מִח֥וּץ לַֽמַּחֲנֶ֖ה מוֹשָׁבֽוֹ׃ וְהַבֶּ֗גֶד כִּֽי־יִהְיֶ֥ה ב֛וֹ מז

מח נֶ֣גַע צָ֑רַעַת בְּבֶ֣גֶד צֶ֔מֶר א֖וֹ בְּבֶ֥גֶד פִּשְׁתִּֽים׃ א֤וֹ בִשְׁתִי֙ א֣וֹ בְעֵ֔רֶב
מט לַפִּשְׁתִּ֖ים וְלַצָּ֑מֶר א֣וֹ בְע֔וֹר א֖וֹ בְּכָל־מְלֶ֥אכֶת עֽוֹר׃ וְהָיָ֨ה הַנֶּ֜גַע
יְרַקְרַ֣ק ׀ א֣וֹ אֲדַמְדָּ֗ם בַּ֠בֶּגֶד א֨וֹ בָע֜וֹר אֽוֹ־בַשְּׁתִ֤י אֽוֹ־בָעֵ֙רֶב֙ א֣וֹ
נ בְכָל־כְּלִי־ע֔וֹר נֶ֥גַע צָרַ֖עַת ה֑וּא וְהָרְאָ֖ה אֶת־הַכֹּהֵֽן׃ וְרָאָ֥ה
נא הַכֹּהֵ֖ן אֶת־הַנָּ֑גַע וְהִסְגִּ֥יר אֶת־הַנֶּ֖גַע שִׁבְעַ֥ת יָמִֽים׃ וְרָאָ֨ה אֶת־
הַנֶּ֜גַע בַּיּ֣וֹם הַשְּׁבִיעִ֗י כִּֽי־פָשָׂ֤ה הַנֶּ֙גַע֙ בַּ֠בֶּגֶד אֽוֹ־בַשְּׁתִ֤י אֽוֹ־בָעֵ֙רֶב֙
א֣וֹ בָע֔וֹר לְכֹ֛ל אֲשֶׁר־יֵעָשֶׂ֥ה הָע֖וֹר לִמְלָאכָ֑ה צָרַ֧עַת מַמְאֶ֛רֶת
נב הַנֶּ֖גַע טָמֵ֥א הֽוּא׃ וְשָׂרַ֨ף אֶת־הַבֶּ֜גֶד א֣וֹ אֶת־הַשְּׁתִ֣י ׀ א֣וֹ אֶת־
הָעֵ֗רֶב בַּצֶּ֙מֶר֙ א֣וֹ בַפִּשְׁתִּ֔ים א֚וֹ אֶת־כָּל־כְּלִ֣י הָע֔וֹר אֲשֶׁר־
נג יִהְיֶ֥ה ב֖וֹ הַנָּ֑גַע כִּֽי־צָרַ֤עַת מַמְאֶ֙רֶת֙ הִ֔וא בָּאֵ֖שׁ תִּשָּׂרֵֽף׃ וְאִם֙
יִרְאֶ֣ה הַכֹּהֵ֔ן וְהִנֵּה֙ לֹֽא־פָשָׂ֣ה הַנֶּ֔גַע בַּבֶּ֕גֶד א֥וֹ בַשְּׁתִ֖י א֣וֹ בָעֵ֑רֶב
נד א֖וֹ בְּכָל־כְּלִי־עֽוֹר׃ וְצִוָּה֙ הַכֹּהֵ֔ן וְכִ֨בְּס֔וּ אֵ֥ת אֲשֶׁר־בּ֖וֹ הַנָּ֑גַע
נה וְהִסְגִּיר֥וֹ שִׁבְעַת־יָמִ֖ים שֵׁנִֽית׃ וְרָאָ֨ה הַכֹּהֵ֜ן אַחֲרֵ֣י ׀ הֻכַּבֵּ֣ס שביעי /רביעי/
אֶת־הַנֶּ֗גַע וְ֠הִנֵּה לֹֽא־הָפַ֨ךְ הַנֶּ֤גַע אֶת־עֵינוֹ֙ וְהַנֶּ֣גַע לֹֽא־פָשָׂ֔ה
טָמֵ֣א ה֔וּא בָּאֵ֖שׁ תִּשְׂרְפֶ֑נּוּ פְּחֶ֣תֶת הִ֔וא בְּקָרַחְתּ֖וֹ א֥וֹ בְגַבַּחְתּֽוֹ׃
נו וְאִם֙ רָאָ֣ה הַכֹּהֵ֔ן וְהִנֵּה֙ כֵּהָ֣ה הַנֶּ֔גַע אַחֲרֵ֖י הֻכַּבֵּ֣ס אֹת֑וֹ וְקָרַ֣ע
אֹת֗וֹ מִן־הַבֶּ֙גֶד֙ א֣וֹ מִן־הָע֔וֹר א֥וֹ מִן־הַשְּׁתִ֖י א֥וֹ מִן־הָעֵֽרֶב׃
נז וְאִם־תֵּרָאֶ֨ה ע֜וֹד בַּ֠בֶּגֶד אֽוֹ־בַשְּׁתִ֤י אֽוֹ־בָעֵ֙רֶב֙ א֣וֹ בְכָל־כְּלִי־ מפטיר
נח ע֔וֹר פֹּרַ֖חַת הִ֑וא בָּאֵשׁ֙ תִּשְׂרְפֶ֔נּוּ אֵ֥ת אֲשֶׁר־בּ֖וֹ הַנָּֽגַע׃ וְהַבֶּ֡גֶד
אֽוֹ־הַשְּׁתִ֨י אֽוֹ־הָעֵ֜רֶב אֽוֹ־כָל־כְּלִ֤י הָעוֹר֙ אֲשֶׁ֣ר תְּכַבֵּ֔ס וְסָ֥ר
נט מֵהֶ֖ם הַנָּ֑גַע וְכֻבַּ֥ס שֵׁנִ֖ית וְטָהֵֽר׃ זֹ֡את תּוֹרַ֣ת נֶֽגַע־צָרַ֩עַת֩ בֶּ֨גֶד
הַצֶּ֜מֶר ׀ א֣וֹ הַפִּשְׁתִּ֗ים א֤וֹ הַשְּׁתִי֙ א֣וֹ הָעֵ֔רֶב א֖וֹ כָּל־כְּלִי־ע֑וֹר
לְטַהֲר֖וֹ א֥וֹ לְטַמְּאֽוֹ׃

יד א ב וַיְדַבֵּ֥ר יְהוָ֖ה אֶל־מֹשֶׁ֥ה לֵּאמֹֽר׃ זֹ֤את תִּֽהְיֶה֙ תּוֹרַ֣ת הַמְּצֹרָ֔ע ט מצרע
ג בְּי֖וֹם טָהֳרָת֑וֹ וְהוּבָ֖א אֶל־הַכֹּהֵֽן׃ וְיָצָא֙ הַכֹּהֵ֔ן אֶל־מִח֖וּץ לַֽמַּחֲנֶ֑ה
ד וְרָאָה֙ הַכֹּהֵ֔ן וְהִנֵּ֛ה נִרְפָּ֥א נֶֽגַע־הַצָּרַ֖עַת מִן־הַצָּרֽוּעַ׃ וְצִוָּה֙ הַכֹּהֵ֔ן
וְלָקַ֧ח לַמִּטַּהֵ֛ר שְׁתֵּֽי־צִפֳּרִ֥ים חַיּ֖וֹת טְהֹר֑וֹת וְעֵ֣ץ אֶ֔רֶז וּשְׁנִ֥י תוֹלַ֖עַת

וְאֵזֹב׃ וְצִוָּה הַכֹּהֵן וְשָׁחַט אֶת־הַצִּפּוֹר הָאֶחָת אֶל־כְּלִי־חֶרֶשׂ ה
עַל־מַיִם חַיִּים׃ אֶת־הַצִּפֹּר הַחַיָּה יִקַּח אֹתָהּ וְאֶת־עֵץ הָאֶרֶז ו
וְאֶת־שְׁנִי הַתּוֹלַעַת וְאֶת־הָאֵזֹב וְטָבַל אוֹתָם וְאֵת ׀ הַצִּפֹּר הַחַיָּה
בְּדַם הַצִּפֹּר הַשְּׁחֻטָה עַל הַמַּיִם הַחַיִּים׃ וְהִזָּה עַל הַמִּטַּהֵר ז
מִן־הַצָּרַעַת שֶׁבַע פְּעָמִים וְטִהֲרוֹ וְשִׁלַּח אֶת־הַצִּפֹּר הַחַיָּה
עַל־פְּנֵי הַשָּׂדֶה׃ וְכִבֶּס הַמִּטַּהֵר אֶת־בְּגָדָיו וְגִלַּח אֶת־כָּל־ ח
שְׂעָרוֹ וְרָחַץ בַּמַּיִם וְטָהֵר וְאַחַר יָבוֹא אֶל־הַמַּחֲנֶה וְיָשַׁב
מִחוּץ לְאָהֳלוֹ שִׁבְעַת יָמִים׃ וְהָיָה בַיּוֹם הַשְּׁבִיעִי יְגַלַּח אֶת־ ט
כָּל־שְׂעָרוֹ אֶת־רֹאשׁוֹ וְאֶת־זְקָנוֹ וְאֵת גַּבֹּת עֵינָיו וְאֶת־כָּל־
שְׂעָרוֹ יְגַלֵּחַ וְכִבֶּס אֶת־בְּגָדָיו וְרָחַץ אֶת־בְּשָׂרוֹ בַּמַּיִם וְטָהֵר׃
וּבַיּוֹם הַשְּׁמִינִי יִקַּח שְׁנֵי־כְבָשִׂים תְּמִימִם וְכַבְשָׂה אַחַת בַּת־ י
שְׁנָתָהּ תְּמִימָה וּשְׁלֹשָׁה עֶשְׂרֹנִים סֹלֶת מִנְחָה בְּלוּלָה בַשֶּׁמֶן
וְלֹג אֶחָד שָׁמֶן׃ וְהֶעֱמִיד הַכֹּהֵן הַמְטַהֵר אֵת הָאִישׁ הַמִּטַּהֵר יא
וְאֹתָם לִפְנֵי יְהוָה פֶּתַח אֹהֶל מוֹעֵד׃ וְלָקַח הַכֹּהֵן אֶת־הַכֶּבֶשׂ יב
הָאֶחָד וְהִקְרִיב אֹתוֹ לְאָשָׁם וְאֶת־לֹג הַשָּׁמֶן וְהֵנִיף אֹתָם תְּנוּפָה
לִפְנֵי יְהוָה׃ וְשָׁחַט אֶת־הַכֶּבֶשׂ בִּמְקוֹם אֲשֶׁר יִשְׁחַט אֶת־ יג שני
הַחַטָּאת וְאֶת־הָעֹלָה בִּמְקוֹם הַקֹּדֶשׁ כִּי כַּחַטָּאת הָאָשָׁם
הוּא לַכֹּהֵן קֹדֶשׁ קָדָשִׁים הוּא׃ וְלָקַח הַכֹּהֵן מִדַּם הָאָשָׁם וְנָתַן יד
הַכֹּהֵן עַל־תְּנוּךְ אֹזֶן הַמִּטַּהֵר הַיְמָנִית וְעַל־בֹּהֶן יָדוֹ הַיְמָנִית
וְעַל־בֹּהֶן רַגְלוֹ הַיְמָנִית׃ וְלָקַח הַכֹּהֵן מִלֹּג הַשָּׁמֶן וְיָצַק עַל־ טו
כַּף הַכֹּהֵן הַשְּׂמָאלִית׃ וְטָבַל הַכֹּהֵן אֶת־אֶצְבָּעוֹ הַיְמָנִית מִן־ טז
הַשֶּׁמֶן אֲשֶׁר עַל־כַּפּוֹ הַשְּׂמָאלִית וְהִזָּה מִן־הַשֶּׁמֶן בְּאֶצְבָּעוֹ
שֶׁבַע פְּעָמִים לִפְנֵי יְהוָה׃ וּמִיֶּתֶר הַשֶּׁמֶן אֲשֶׁר עַל־כַּפּוֹ יִתֵּן יז
הַכֹּהֵן עַל־תְּנוּךְ אֹזֶן הַמִּטַּהֵר הַיְמָנִית וְעַל־בֹּהֶן יָדוֹ הַיְמָנִית
וְעַל־בֹּהֶן רַגְלוֹ הַיְמָנִית עַל דַּם הָאָשָׁם׃ וְהַנּוֹתָר בַּשֶּׁמֶן אֲשֶׁר יח
עַל־כַּף הַכֹּהֵן יִתֵּן עַל־רֹאשׁ הַמִּטַּהֵר וְכִפֶּר עָלָיו הַכֹּהֵן לִפְנֵי
יְהוָה׃ וְעָשָׂה הַכֹּהֵן אֶת־הַחַטָּאת וְכִפֶּר עַל־הַמִּטַּהֵר מִטֻּמְאָתוֹ יט

כ וְאַחַר יִשְׁחַט אֶת־הָעֹלָה: וְהֶעֱלָה הַכֹּהֵן אֶת־הָעֹלָה וְאֶת־
כא הַמִּנְחָה הַמִּזְבֵּחָה וְכִפֶּר עָלָיו הַכֹּהֵן וְטָהֵר: וְאִם־ שלישי /חמישי/
דַּל הוּא וְאֵין יָדוֹ מַשֶּׂגֶת וְלָקַח כֶּבֶשׂ אֶחָד אָשָׁם לִתְנוּפָה לְכַפֵּר
כב עָלָיו וְעִשָּׂרוֹן סֹלֶת אֶחָד בָּלוּל בַּשֶּׁמֶן לְמִנְחָה וְלֹג שָׁמֶן: וּשְׁתֵּי
תֹרִים אוֹ שְׁנֵי בְּנֵי יוֹנָה אֲשֶׁר תַּשִּׂיג יָדוֹ וְהָיָה אֶחָד חַטָּאת
כג וְהָאֶחָד עֹלָה: וְהֵבִיא אֹתָם בַּיּוֹם הַשְּׁמִינִי לְטָהֳרָתוֹ אֶל־הַכֹּהֵן
כד אֶל־פֶּתַח אֹהֶל־מוֹעֵד לִפְנֵי יְהוָה: וְלָקַח הַכֹּהֵן אֶת־כֶּבֶשׂ
הָאָשָׁם וְאֶת־לֹג הַשָּׁמֶן וְהֵנִיף אֹתָם הַכֹּהֵן תְּנוּפָה לִפְנֵי יְהוָה:
כה וְשָׁחַט אֶת־כֶּבֶשׂ הָאָשָׁם וְלָקַח הַכֹּהֵן מִדַּם הָאָשָׁם וְנָתַן עַל־
תְּנוּךְ אֹזֶן־הַמִּטַּהֵר הַיְמָנִית וְעַל־בֹּהֶן יָדוֹ הַיְמָנִית וְעַל־בֹּהֶן
כו רַגְלוֹ הַיְמָנִית: וּמִן־הַשֶּׁמֶן יִצֹק הַכֹּהֵן עַל־כַּף הַכֹּהֵן הַשְּׂמָאלִית:
כז וְהִזָּה הַכֹּהֵן בְּאֶצְבָּעוֹ הַיְמָנִית מִן־הַשֶּׁמֶן אֲשֶׁר עַל־כַּפּוֹ
כח הַשְּׂמָאלִית שֶׁבַע פְּעָמִים לִפְנֵי יְהוָה: וְנָתַן הַכֹּהֵן מִן־הַשֶּׁמֶן ׀
אֲשֶׁר עַל־כַּפּוֹ עַל־תְּנוּךְ אֹזֶן הַמִּטַּהֵר הַיְמָנִית וְעַל־בֹּהֶן יָדוֹ
כט הַיְמָנִית וְעַל־בֹּהֶן רַגְלוֹ הַיְמָנִית עַל־מְקוֹם דַּם הָאָשָׁם: וְהַנּוֹתָר
מִן־הַשֶּׁמֶן אֲשֶׁר עַל־כַּף הַכֹּהֵן יִתֵּן עַל־רֹאשׁ הַמִּטַּהֵר לְכַפֵּר
ל עָלָיו לִפְנֵי יְהוָה: וְעָשָׂה אֶת־הָאֶחָד מִן־הַתֹּרִים אוֹ מִן־בְּנֵי
לא הַיּוֹנָה מֵאֲשֶׁר תַּשִּׂיג יָדוֹ: אֵת אֲשֶׁר־תַּשִּׂיג יָדוֹ אֶת־הָאֶחָד
חַטָּאת וְאֶת־הָאֶחָד עֹלָה עַל־הַמִּנְחָה וְכִפֶּר הַכֹּהֵן עַל הַמִּטַּהֵר
לב לִפְנֵי יְהוָה: זֹאת תּוֹרַת אֲשֶׁר־בּוֹ נֶגַע צָרָעַת אֲשֶׁר לֹא־תַשִּׂיג
יָדוֹ בְּטָהֳרָתוֹ:

לג לד וַיְדַבֵּר יְהוָה אֶל־מֹשֶׁה וְאֶל־אַהֲרֹן לֵאמֹר: כִּי תָבֹאוּ אֶל־אֶרֶץ י רביעי /ששי/
כְּנַעַן אֲשֶׁר אֲנִי נֹתֵן לָכֶם לַאֲחֻזָּה וְנָתַתִּי נֶגַע צָרַעַת בְּבֵית
לה אֶרֶץ אֲחֻזַּתְכֶם: וּבָא אֲשֶׁר־לוֹ הַבַּיִת וְהִגִּיד לַכֹּהֵן לֵאמֹר
לו כְּנֶגַע נִרְאָה לִי בַּבָּיִת: וְצִוָּה הַכֹּהֵן וּפִנּוּ אֶת־הַבַּיִת בְּטֶרֶם
יָבֹא הַכֹּהֵן לִרְאוֹת אֶת־הַנֶּגַע וְלֹא יִטְמָא כָּל־אֲשֶׁר בַּבָּיִת
לז וְאַחַר כֵּן יָבֹא הַכֹּהֵן לִרְאוֹת אֶת־הַבָּיִת: וְרָאָה אֶת־הַנֶּגַע וְהִנֵּה

הַנֶּגַע בְּקִירֹת הַבַּיִת שְׁקַעֲרוּרֹת יְרַקְרַקֹּת אוֹ אֲדַמְדַּמֹּת וּמַרְאֵיהֶן
שָׁפָל מִן־הַקִּיר׃ וְיָצָא הַכֹּהֵן מִן־הַבַּיִת אֶל־פֶּתַח הַבָּיִת וְהִסְגִּיר לח
אֶת־הַבַּיִת שִׁבְעַת יָמִים׃ וְשָׁב הַכֹּהֵן בַּיּוֹם הַשְּׁבִיעִי וְרָאָה וְהִנֵּה לט
פָּשָׂה הַנֶּגַע בְּקִירֹת הַבָּיִת׃ וְצִוָּה הַכֹּהֵן וְחִלְּצוּ אֶת־הָאֲבָנִים מ
אֲשֶׁר בָּהֵן הַנָּגַע וְהִשְׁלִיכוּ אֶתְהֶן אֶל־מִחוּץ לָעִיר אֶל־מָקוֹם
טָמֵא׃ וְאֶת־הַבַּיִת יַקְצִעַ מִבַּיִת סָבִיב וְשָׁפְכוּ אֶת־הֶעָפָר אֲשֶׁר מא
הִקְצוּ אֶל־מִחוּץ לָעִיר אֶל־מָקוֹם טָמֵא׃ וְלָקְחוּ אֲבָנִים אֲחֵרוֹת מב
וְהֵבִיאוּ אֶל־תַּחַת הָאֲבָנִים וְעָפָר אַחֵר יִקַּח וְטָח אֶת־הַבָּיִת׃
וְאִם־יָשׁוּב הַנֶּגַע וּפָרַח בַּבַּיִת אַחַר חִלֵּץ אֶת־הָאֲבָנִים וְאַחֲרֵי מג
הִקְצוֹת אֶת־הַבַּיִת וְאַחֲרֵי הִטּוֹחַ׃ וּבָא הַכֹּהֵן וְרָאָה וְהִנֵּה פָּשָׂה מד
הַנֶּגַע בַּבָּיִת צָרַעַת מַמְאֶרֶת הִוא בַּבַּיִת טָמֵא הוּא׃ וְנָתַץ מה
אֶת־הַבַּיִת אֶת־אֲבָנָיו וְאֶת־עֵצָיו וְאֵת כָּל־עֲפַר הַבָּיִת וְהוֹצִיא
אֶל־מִחוּץ לָעִיר אֶל־מָקוֹם טָמֵא׃ וְהַבָּא אֶל־הַבַּיִת כָּל־יְמֵי מו
הִסְגִּיר אֹתוֹ יִטְמָא עַד־הָעָרֶב׃ וְהַשֹּׁכֵב בַּבַּיִת יְכַבֵּס אֶת־בְּגָדָיו מז
וְהָאֹכֵל בַּבַּיִת יְכַבֵּס אֶת־בְּגָדָיו׃ וְאִם־בֹּא יָבֹא הַכֹּהֵן וְרָאָה מח
וְהִנֵּה לֹא־פָשָׂה הַנֶּגַע בַּבַּיִת אַחֲרֵי הִטֹּחַ אֶת־הַבָּיִת וְטִהַר
הַכֹּהֵן אֶת־הַבַּיִת כִּי נִרְפָּא הַנָּגַע׃ וְלָקַח לְחַטֵּא אֶת־הַבַּיִת מט
שְׁתֵּי צִפֳּרִים וְעֵץ אֶרֶז וּשְׁנִי תוֹלַעַת וְאֵזֹב׃ וְשָׁחַט אֶת־הַצִּפֹּר נ
הָאֶחָת אֶל־כְּלִי־חֶרֶשׂ עַל־מַיִם חַיִּים׃ וְלָקַח אֶת־עֵץ־הָאֶרֶז נא
וְאֶת־הָאֵזֹב וְאֵת ׀ שְׁנִי הַתּוֹלַעַת וְאֵת הַצִּפֹּר הַחַיָּה וְטָבַל אֹתָם
בְּדַם הַצִּפֹּר הַשְּׁחוּטָה וּבַמַּיִם הַחַיִּים וְהִזָּה אֶל־הַבַּיִת שֶׁבַע
פְּעָמִים׃ וְחִטֵּא אֶת־הַבַּיִת בְּדַם הַצִּפּוֹר וּבַמַּיִם הַחַיִּים וּבַצִּפֹּר נב
הַחַיָּה וּבְעֵץ הָאֶרֶז וּבָאֵזֹב וּבִשְׁנִי הַתּוֹלָעַת׃ וְשִׁלַּח אֶת־הַצִּפֹּר נג
הַחַיָּה אֶל־מִחוּץ לָעִיר אֶל־פְּנֵי הַשָּׂדֶה וְכִפֶּר עַל־הַבַּיִת וְטָהֵר׃
חמישי זֹאת הַתּוֹרָה לְכָל־נֶגַע הַצָּרַעַת וְלַנָּתֶק׃ וּלְצָרַעַת הַבֶּגֶד וְלַבָּיִת׃ נד נה
וְלַשְׂאֵת וְלַסַּפַּחַת וְלַבֶּהָרֶת׃ לְהוֹרֹת בְּיוֹם הַטָּמֵא וּבְיוֹם הַטָּהֹר נו נז
זֹאת תּוֹרַת הַצָּרָעַת׃

א ב וַיְדַבֵּר יְהוָה אֶל־מֹשֶׁה וְאֶל־אַהֲרֹן לֵאמֹר׃ דַּבְּרוּ אֶל־בְּנֵי יִשְׂרָאֵל יא
וַאֲמַרְתֶּם אֲלֵהֶם אִישׁ אִישׁ כִּי יִהְיֶה זָב מִבְּשָׂרוֹ זוֹבוֹ טָמֵא הוּא׃
ג וְזֹאת תִּהְיֶה טֻמְאָתוֹ בְּזוֹבוֹ רָר בְּשָׂרוֹ אֶת־זוֹבוֹ אוֹ־הֶחְתִּים
ד בְּשָׂרוֹ מִזּוֹבוֹ טֻמְאָתוֹ הִוא׃ כָּל־הַמִּשְׁכָּב אֲשֶׁר יִשְׁכַּב עָלָיו
ה הַזָּב יִטְמָא וְכָל־הַכְּלִי אֲשֶׁר־יֵשֵׁב עָלָיו יִטְמָא׃ וְאִישׁ אֲשֶׁר
ו יִגַּע בְּמִשְׁכָּבוֹ יְכַבֵּס בְּגָדָיו וְרָחַץ בַּמַּיִם וְטָמֵא עַד־הָעָרֶב׃
וְהַיֹּשֵׁב עַל־הַכְּלִי אֲשֶׁר־יֵשֵׁב עָלָיו הַזָּב יְכַבֵּס בְּגָדָיו וְרָחַץ בַּמַּיִם
ז וְטָמֵא עַד־הָעָרֶב׃ וְהַנֹּגֵעַ בִּבְשַׂר הַזָּב יְכַבֵּס בְּגָדָיו וְרָחַץ בַּמַּיִם
ח וְטָמֵא עַד־הָעָרֶב׃ וְכִי־יָרֹק הַזָּב בַּטָּהוֹר וְכִבֶּס בְּגָדָיו וְרָחַץ בַּמַּיִם
ט וְטָמֵא עַד־הָעָרֶב׃ וְכָל־הַמֶּרְכָּב אֲשֶׁר יִרְכַּב עָלָיו הַזָּב יִטְמָא׃
י וְכָל־הַנֹּגֵעַ בְּכֹל אֲשֶׁר יִהְיֶה תַחְתָּיו יִטְמָא עַד־הָעָרֶב וְהַנּוֹשֵׂא
יא אוֹתָם יְכַבֵּס בְּגָדָיו וְרָחַץ בַּמַּיִם וְטָמֵא עַד־הָעָרֶב׃ וְכֹל אֲשֶׁר
יִגַּע־בּוֹ הַזָּב וְיָדָיו לֹא־שָׁטַף בַּמָּיִם וְכִבֶּס בְּגָדָיו וְרָחַץ בַּמַּיִם
יב וְטָמֵא עַד־הָעָרֶב׃ וּכְלִי־חֶרֶשׂ אֲשֶׁר־יִגַּע־בּוֹ הַזָּב יִשָּׁבֵר וְכָל־
יג כְּלִי־עֵץ יִשָּׁטֵף בַּמָּיִם׃ וְכִי־יִטְהַר הַזָּב מִזּוֹבוֹ וְסָפַר לוֹ שִׁבְעַת
יָמִים לְטָהֳרָתוֹ וְכִבֶּס בְּגָדָיו וְרָחַץ בְּשָׂרוֹ בְּמַיִם חַיִּים וְטָהֵר׃
יד וּבַיּוֹם הַשְּׁמִינִי יִקַּח־לוֹ שְׁתֵּי תֹרִים אוֹ שְׁנֵי בְּנֵי יוֹנָה וּבָא ׀ לִפְנֵי
טו יְהוָה אֶל־פֶּתַח אֹהֶל מוֹעֵד וּנְתָנָם אֶל־הַכֹּהֵן׃ וְעָשָׂה אֹתָם
הַכֹּהֵן אֶחָד חַטָּאת וְהָאֶחָד עֹלָה וְכִפֶּר עָלָיו הַכֹּהֵן לִפְנֵי יְהוָה
טז מִזּוֹבוֹ׃ וְאִישׁ כִּי־תֵצֵא מִמֶּנּוּ שִׁכְבַת־זָרַע וְרָחַץ ששי /שביעי/
יז בַּמַּיִם אֶת־כָּל־בְּשָׂרוֹ וְטָמֵא עַד־הָעָרֶב׃ וְכָל־בֶּגֶד וְכָל־עוֹר
אֲשֶׁר־יִהְיֶה עָלָיו שִׁכְבַת־זָרַע וְכֻבַּס בַּמַּיִם וְטָמֵא עַד־הָעָרֶב׃
יח וְאִשָּׁה אֲשֶׁר יִשְׁכַּב אִישׁ אֹתָהּ שִׁכְבַת־זָרַע וְרָחֲצוּ בַמַּיִם וְטָמְאוּ
עַד־הָעָרֶב׃
יט וְאִשָּׁה כִּי־תִהְיֶה זָבָה דָּם יִהְיֶה זֹבָהּ בִּבְשָׂרָהּ שִׁבְעַת יָמִים
כ תִּהְיֶה בְנִדָּתָהּ וְכָל־הַנֹּגֵעַ בָּהּ יִטְמָא עַד־הָעָרֶב׃ וְכֹל אֲשֶׁר
כא תִּשְׁכַּב עָלָיו בְּנִדָּתָהּ יִטְמָא וְכֹל אֲשֶׁר־תֵּשֵׁב עָלָיו יִטְמָא׃ וְכָל־

הַנֹּגֵעַ בְּמִשְׁכָּבָהּ יְכַבֵּס בְּגָדָיו וְרָחַץ בַּמַּיִם וְטָמֵא עַד־הָעָרֶב׃
וְכָל־הַנֹּגֵעַ בְּכָל־כְּלִי אֲשֶׁר־תֵּשֵׁב עָלָיו יְכַבֵּס בְּגָדָיו וְרָחַץ בַּמַּיִם כב
וְטָמֵא עַד־הָעָרֶב׃ וְאִם עַל־הַמִּשְׁכָּב הוּא אוֹ עַל־הַכְּלִי אֲשֶׁר־ כג
הִוא יֹשֶׁבֶת־עָלָיו בְּנָגְעוֹ־בוֹ יִטְמָא עַד־הָעָרֶב׃ וְאִם שָׁכֹב יִשְׁכַּב כד
אִישׁ אֹתָהּ וּתְהִי נִדָּתָהּ עָלָיו וְטָמֵא שִׁבְעַת יָמִים וְכָל־הַמִּשְׁכָּב
יב אֲשֶׁר־יִשְׁכַּב עָלָיו יִטְמָא׃ וְאִשָּׁה כִּי־יָזוּב זוֹב כה
דָּמָהּ יָמִים רַבִּים בְּלֹא עֶת־נִדָּתָהּ אוֹ כִי־תָזוּב עַל־נִדָּתָהּ כָּל־
יְמֵי זוֹב טֻמְאָתָהּ כִּימֵי נִדָּתָהּ תִּהְיֶה טְמֵאָה הִוא׃ כָּל־הַמִּשְׁכָּב כו
אֲשֶׁר תִּשְׁכַּב עָלָיו כָּל־יְמֵי זוֹבָהּ כְּמִשְׁכַּב נִדָּתָהּ יִהְיֶה־לָּהּ
וְכָל־הַכְּלִי אֲשֶׁר תֵּשֵׁב עָלָיו טָמֵא יִהְיֶה כְּטֻמְאַת נִדָּתָהּ׃
וְכָל־הַנּוֹגֵעַ בָּם יִטְמָא וְכִבֶּס בְּגָדָיו וְרָחַץ בַּמַּיִם וְטָמֵא עַד־ כז
הָעָרֶב׃ וְאִם־טָהֲרָה מִזּוֹבָהּ וְסָפְרָה לָּהּ שִׁבְעַת יָמִים וְאַחַר כח
שביעי תִּטְהָר׃ וּבַיּוֹם הַשְּׁמִינִי תִּקַּח־לָהּ שְׁתֵּי תֹרִים אוֹ שְׁנֵי בְּנֵי יוֹנָה כט
וְהֵבִיאָה אוֹתָם אֶל־הַכֹּהֵן אֶל־פֶּתַח אֹהֶל מוֹעֵד׃ וְעָשָׂה הַכֹּהֵן ל
אֶת־הָאֶחָד חַטָּאת וְאֶת־הָאֶחָד עֹלָה וְכִפֶּר עָלֶיהָ הַכֹּהֵן לִפְנֵי
מפטיר יְהוָה מִזּוֹב טֻמְאָתָהּ׃ וְהִזַּרְתֶּם אֶת־בְּנֵי־יִשְׂרָאֵל מִטֻּמְאָתָם לא
וְלֹא יָמֻתוּ בְּטֻמְאָתָם בְּטַמְּאָם אֶת־מִשְׁכָּנִי אֲשֶׁר בְּתוֹכָם׃ זֹאת לב
תּוֹרַת הַזָּב וַאֲשֶׁר תֵּצֵא מִמֶּנּוּ שִׁכְבַת־זֶרַע לְטָמְאָה־בָהּ׃ וְהַדָּוָה לג
בְּנִדָּתָהּ וְהַזָּב אֶת־זוֹבוֹ לַזָּכָר וְלַנְּקֵבָה וּלְאִישׁ אֲשֶׁר יִשְׁכַּב עִם־
טְמֵאָה׃

אחרי מות וַיְדַבֵּר יְהוָה אֶל־מֹשֶׁה אַחֲרֵי מוֹת שְׁנֵי בְּנֵי אַהֲרֹן בְּקָרְבָתָם א טז
לִפְנֵי־יְהוָה וַיָּמֻתוּ׃ וַיֹּאמֶר יְהוָה אֶל־מֹשֶׁה דַּבֵּר אֶל־אַהֲרֹן אָחִיךָ ב
וְאַל־יָבֹא בְכָל־עֵת אֶל־הַקֹּדֶשׁ מִבֵּית לַפָּרֹכֶת אֶל־פְּנֵי הַכַּפֹּרֶת
אֲשֶׁר עַל־הָאָרֹן וְלֹא יָמוּת כִּי בֶּעָנָן אֵרָאֶה עַל־הַכַּפֹּרֶת׃ בְּזֹאת ג
יָבֹא אַהֲרֹן אֶל־הַקֹּדֶשׁ בְּפַר בֶּן־בָּקָר לְחַטָּאת וְאַיִל לְעֹלָה׃
כְּתֹנֶת־בַּד קֹדֶשׁ יִלְבָּשׁ וּמִכְנְסֵי־בַד יִהְיוּ עַל־בְּשָׂרוֹ וּבְאַבְנֵט ד
בַּד יַחְגֹּר וּבְמִצְנֶפֶת בַּד יִצְנֹף בִּגְדֵי־קֹדֶשׁ הֵם וְרָחַץ בַּמַּיִם אֶת־

ה בְּשָׂרוֹ וּלְבֵשָׁם: וּמֵאֵת עֲדַת בְּנֵי יִשְׂרָאֵל יִקַּח שְׁנֵי־שְׂעִירֵי עִזִּים
ו לְחַטָּאת וְאַיִל אֶחָד לְעֹלָה: וְהִקְרִיב אַהֲרֹן אֶת־פַּר הַחַטָּאת
ז אֲשֶׁר־לוֹ וְכִפֶּר בַּעֲדוֹ וּבְעַד בֵּיתוֹ: וְלָקַח אֶת־שְׁנֵי הַשְּׂעִירִם
ח וְהֶעֱמִיד אֹתָם לִפְנֵי יהוה פֶּתַח אֹהֶל מוֹעֵד: וְנָתַן אַהֲרֹן עַל־
שְׁנֵי הַשְּׂעִירִם גֹּרָלוֹת גּוֹרָל אֶחָד לַיהוה וְגוֹרָל אֶחָד לַעֲזָאזֵל:
ט וְהִקְרִיב אַהֲרֹן אֶת־הַשָּׂעִיר אֲשֶׁר עָלָה עָלָיו הַגּוֹרָל לַיהוה
י וְעָשָׂהוּ חַטָּאת: וְהַשָּׂעִיר אֲשֶׁר עָלָה עָלָיו הַגּוֹרָל לַעֲזָאזֵל יָעֳמַד־
חַי לִפְנֵי יהוה לְכַפֵּר עָלָיו לְשַׁלַּח אֹתוֹ לַעֲזָאזֵל הַמִּדְבָּרָה:
יא וְהִקְרִיב אַהֲרֹן אֶת־פַּר הַחַטָּאת אֲשֶׁר־לוֹ וְכִפֶּר בַּעֲדוֹ וּבְעַד
יב בֵּיתוֹ וְשָׁחַט אֶת־פַּר הַחַטָּאת אֲשֶׁר־לוֹ: וְלָקַח מְלֹא־הַמַּחְתָּה
גַּחֲלֵי־אֵשׁ מֵעַל הַמִּזְבֵּחַ מִלִּפְנֵי יהוה וּמְלֹא חָפְנָיו קְטֹרֶת סַמִּים
יג דַּקָּה וְהֵבִיא מִבֵּית לַפָּרֹכֶת: וְנָתַן אֶת־הַקְּטֹרֶת עַל־הָאֵשׁ לִפְנֵי
יהוה וְכִסָּה ׀ עֲנַן הַקְּטֹרֶת אֶת־הַכַּפֹּרֶת אֲשֶׁר עַל־הָעֵדוּת וְלֹא
יד יָמוּת: וְלָקַח מִדַּם הַפָּר וְהִזָּה בְאֶצְבָּעוֹ עַל־פְּנֵי הַכַּפֹּרֶת קֵדְמָה
טו וְלִפְנֵי הַכַּפֹּרֶת יַזֶּה שֶׁבַע־פְּעָמִים מִן־הַדָּם בְּאֶצְבָּעוֹ: וְשָׁחַט
אֶת־שְׂעִיר הַחַטָּאת אֲשֶׁר לָעָם וְהֵבִיא אֶת־דָּמוֹ אֶל־מִבֵּית
לַפָּרֹכֶת וְעָשָׂה אֶת־דָּמוֹ כַּאֲשֶׁר עָשָׂה לְדַם הַפָּר וְהִזָּה אֹתוֹ עַל־
טז הַכַּפֹּרֶת וְלִפְנֵי הַכַּפֹּרֶת: וְכִפֶּר עַל־הַקֹּדֶשׁ מִטֻּמְאֹת בְּנֵי יִשְׂרָאֵל
וּמִפִּשְׁעֵיהֶם לְכָל־חַטֹּאתָם וְכֵן יַעֲשֶׂה לְאֹהֶל מוֹעֵד הַשֹּׁכֵן אִתָּם
יז בְּתוֹךְ טֻמְאֹתָם: וְכָל־אָדָם לֹא־יִהְיֶה ׀ בְּאֹהֶל מוֹעֵד בְּבֹאוֹ
לְכַפֵּר בַּקֹּדֶשׁ עַד־צֵאתוֹ וְכִפֶּר בַּעֲדוֹ וּבְעַד בֵּיתוֹ וּבְעַד כָּל־
יח קְהַל יִשְׂרָאֵל: וְיָצָא אֶל־הַמִּזְבֵּחַ אֲשֶׁר לִפְנֵי־יהוה וְכִפֶּר עָלָיו שני
וְלָקַח מִדַּם הַפָּר וּמִדַּם הַשָּׂעִיר וְנָתַן עַל־קַרְנוֹת הַמִּזְבֵּחַ סָבִיב:
יט וְהִזָּה עָלָיו מִן־הַדָּם בְּאֶצְבָּעוֹ שֶׁבַע פְּעָמִים וְטִהֲרוֹ וְקִדְּשׁוֹ
כ מִטֻּמְאֹת בְּנֵי יִשְׂרָאֵל: וְכִלָּה מִכַּפֵּר אֶת־הַקֹּדֶשׁ וְאֶת־אֹהֶל
כא מוֹעֵד וְאֶת־הַמִּזְבֵּחַ וְהִקְרִיב אֶת־הַשָּׂעִיר הֶחָי: וְסָמַךְ אַהֲרֹן
אֶת־שְׁתֵּי יָדָו עַל־רֹאשׁ הַשָּׂעִיר הַחַי וְהִתְוַדָּה עָלָיו אֶת־כָּל־

עֲוֺנֹת בְּנֵי יִשְׂרָאֵל וְאֶת־כָּל־פִּשְׁעֵיהֶם לְכָל־חַטֹּאתָם וְנָתַן אֹתָם
עַל־רֹאשׁ הַשָּׂעִיר וְשִׁלַּח בְּיַד־אִישׁ עִתִּי הַמִּדְבָּרָה׃ וְנָשָׂא כב
הַשָּׂעִיר עָלָיו אֶת־כָּל־עֲוֺנֹתָם אֶל־אֶרֶץ גְּזֵרָה וְשִׁלַּח אֶת־הַשָּׂעִיר
בַּמִּדְבָּר׃ וּבָא אַהֲרֹן אֶל־אֹהֶל מוֹעֵד וּפָשַׁט אֶת־בִּגְדֵי הַבָּד כג
אֲשֶׁר לָבַשׁ בְּבֹאוֹ אֶל־הַקֹּדֶשׁ וְהִנִּיחָם שָׁם׃ וְרָחַץ אֶת־בְּשָׂרוֹ כד
בַמַּיִם בְּמָקוֹם קָדוֹשׁ וְלָבַשׁ אֶת־בְּגָדָיו וְיָצָא וְעָשָׂה אֶת־עֹלָתוֹ
שלישי /שני/ וְאֶת־עֹלַת הָעָם וְכִפֶּר בַּעֲדוֹ וּבְעַד הָעָם׃ וְאֵת חֵלֶב הַחַטָּאת כה
יַקְטִיר הַמִּזְבֵּחָה׃ וְהַמְשַׁלֵּחַ אֶת־הַשָּׂעִיר לַעֲזָאזֵל יְכַבֵּס בְּגָדָיו כו
וְרָחַץ אֶת־בְּשָׂרוֹ בַּמָּיִם וְאַחֲרֵי־כֵן יָבוֹא אֶל־הַמַּחֲנֶה׃ וְאֵת פַּר כז
הַחַטָּאת וְאֵת ׀ שְׂעִיר הַחַטָּאת אֲשֶׁר הוּבָא אֶת־דָּמָם לְכַפֵּר
בַּקֹּדֶשׁ יוֹצִיא אֶל־מִחוּץ לַמַּחֲנֶה וְשָׂרְפוּ בָאֵשׁ אֶת־עֹרֹתָם וְאֶת־
בְּשָׂרָם וְאֶת־פִּרְשָׁם׃ וְהַשֹּׂרֵף אֹתָם יְכַבֵּס בְּגָדָיו וְרָחַץ אֶת־ כח
בְּשָׂרוֹ בַּמָּיִם וְאַחֲרֵי־כֵן יָבוֹא אֶל־הַמַּחֲנֶה׃ וְהָיְתָה לָכֶם לְחֻקַּת כט
עוֹלָם בַּחֹדֶשׁ הַשְּׁבִיעִי בֶּעָשׂוֹר לַחֹדֶשׁ תְּעַנּוּ אֶת־נַפְשֹׁתֵיכֶם
וְכָל־מְלָאכָה לֹא תַעֲשׂוּ הָאֶזְרָח וְהַגֵּר הַגָּר בְּתוֹכְכֶם׃ כִּי־בַיּוֹם ל
הַזֶּה יְכַפֵּר עֲלֵיכֶם לְטַהֵר אֶתְכֶם מִכֹּל חַטֹּאתֵיכֶם לִפְנֵי יְהוָה
תִּטְהָרוּ׃ שַׁבַּת שַׁבָּתוֹן הִיא לָכֶם וְעִנִּיתֶם אֶת־נַפְשֹׁתֵיכֶם חֻקַּת לא
עוֹלָם׃ וְכִפֶּר הַכֹּהֵן אֲשֶׁר־יִמְשַׁח אֹתוֹ וַאֲשֶׁר יְמַלֵּא אֶת־יָדוֹ לב
לְכַהֵן תַּחַת אָבִיו וְלָבַשׁ אֶת־בִּגְדֵי הַבָּד בִּגְדֵי הַקֹּדֶשׁ׃ וְכִפֶּר לג
אֶת־מִקְדַּשׁ הַקֹּדֶשׁ וְאֶת־אֹהֶל מוֹעֵד וְאֶת־הַמִּזְבֵּחַ יְכַפֵּר וְעַל
הַכֹּהֲנִים וְעַל־כָּל־עַם הַקָּהָל יְכַפֵּר׃ וְהָיְתָה־זֹּאת לָכֶם לְחֻקַּת לד
עוֹלָם לְכַפֵּר עַל־בְּנֵי יִשְׂרָאֵל מִכָּל־חַטֹּאתָם אַחַת בַּשָּׁנָה וַיַּעַשׂ
כַּאֲשֶׁר צִוָּה יְהוָה אֶת־מֹשֶׁה׃

רביעי יג וַיְדַבֵּר יְהוָה אֶל־מֹשֶׁה לֵּאמֹר׃ דַּבֵּר אֶל־אַהֲרֹן וְאֶל־בָּנָיו וְאֶל א ב יז
כָּל־בְּנֵי יִשְׂרָאֵל וְאָמַרְתָּ אֲלֵיהֶם זֶה הַדָּבָר אֲשֶׁר־צִוָּה יְהוָה
לֵאמֹר׃ אִישׁ אִישׁ מִבֵּית יִשְׂרָאֵל אֲשֶׁר יִשְׁחַט שׁוֹר אוֹ־כֶשֶׂב ג
אוֹ־עֵז בַּמַּחֲנֶה אוֹ אֲשֶׁר יִשְׁחַט מִחוּץ לַמַּחֲנֶה׃ וְאֶל־פֶּתַח ד

אֹהֶל מוֹעֵד לֹא הֱבִיאוֹ לְהַקְרִיב קׇרְבָּן לַיהֹוָה לִפְנֵי מִשְׁכַּן יְהֹוָה
דָּם יֵחָשֵׁב לָאִישׁ הַהוּא דָּם שָׁפָךְ וְנִכְרַת הָאִישׁ הַהוּא מִקֶּרֶב
ה עַמּוֹ: לְמַעַן אֲשֶׁר יָבִיאוּ בְּנֵי יִשְׂרָאֵל אֶת־זִבְחֵיהֶם אֲשֶׁר הֵם
זֹבְחִים עַל־פְּנֵי הַשָּׂדֶה וֶהֱבִיאֻם לַיהֹוָה אֶל־פֶּתַח אֹהֶל מוֹעֵד
ו אֶל־הַכֹּהֵן וְזָבְחוּ זִבְחֵי שְׁלָמִים לַיהֹוָה אוֹתָם: וְזָרַק הַכֹּהֵן אֶת־
הַדָּם עַל־מִזְבַּח יְהֹוָה פֶּתַח אֹהֶל מוֹעֵד וְהִקְטִיר הַחֵלֶב לְרֵיחַ
ז נִיחֹחַ לַיהֹוָה: וְלֹא־יִזְבְּחוּ עוֹד אֶת־זִבְחֵיהֶם לַשְּׂעִירִם אֲשֶׁר הֵם
ח זֹנִים אַחֲרֵיהֶם חֻקַּת עוֹלָם תִּהְיֶה־זֹּאת לָהֶם לְדֹרֹתָם: וַאֲלֵהֶם חמישי /שלישי/
תֹּאמַר אִישׁ אִישׁ מִבֵּית יִשְׂרָאֵל וּמִן־הַגֵּר אֲשֶׁר־יָגוּר בְּתוֹכָם
ט אֲשֶׁר־יַעֲלֶה עֹלָה אוֹ־זָבַח: וְאֶל־פֶּתַח אֹהֶל מוֹעֵד לֹא יְבִיאֶנּוּ
י לַעֲשׂוֹת אֹתוֹ לַיהֹוָה וְנִכְרַת הָאִישׁ הַהוּא מֵעַמָּיו: וְאִישׁ אִישׁ
מִבֵּית יִשְׂרָאֵל וּמִן־הַגֵּר הַגָּר בְּתוֹכָם אֲשֶׁר יֹאכַל כׇּל־דָּם
וְנָתַתִּי פָנַי בַּנֶּפֶשׁ הָאֹכֶלֶת אֶת־הַדָּם וְהִכְרַתִּי אֹתָהּ מִקֶּרֶב
יא עַמָּהּ: כִּי־נֶפֶשׁ הַבָּשָׂר בַּדָּם הִוא וַאֲנִי נְתַתִּיו לָכֶם עַל־הַמִּזְבֵּחַ
יב לְכַפֵּר עַל־נַפְשֹׁתֵיכֶם כִּי־הַדָּם הוּא בַּנֶּפֶשׁ יְכַפֵּר: עַל־כֵּן
אָמַרְתִּי לִבְנֵי יִשְׂרָאֵל כׇּל־נֶפֶשׁ מִכֶּם לֹא־תֹאכַל דָּם וְהַגֵּר
יג הַגָּר בְּתוֹכְכֶם לֹא־יֹאכַל דָּם: וְאִישׁ אִישׁ מִבְּנֵי יִשְׂרָאֵל וּמִן־
הַגֵּר הַגָּר בְּתוֹכָם אֲשֶׁר יָצוּד צֵיד חַיָּה אוֹ־עוֹף אֲשֶׁר יֵאָכֵל
יד וְשָׁפַךְ אֶת־דָּמוֹ וְכִסָּהוּ בֶּעָפָר: כִּי־נֶפֶשׁ כׇּל־בָּשָׂר דָּמוֹ בְנַפְשׁוֹ
הוּא וָאֹמַר לִבְנֵי יִשְׂרָאֵל דַּם כׇּל־בָּשָׂר לֹא תֹאכֵלוּ כִּי נֶפֶשׁ
טו כׇּל־בָּשָׂר דָּמוֹ הִוא כׇּל־אֹכְלָיו יִכָּרֵת: וְכׇל־נֶפֶשׁ אֲשֶׁר תֹּאכַל
נְבֵלָה וּטְרֵפָה בָּאֶזְרָח וּבַגֵּר וְכִבֶּס בְּגָדָיו וְרָחַץ בַּמַּיִם וְטָמֵא
טז עַד־הָעֶרֶב וְטָהֵר: וְאִם לֹא יְכַבֵּס וּבְשָׂרוֹ לֹא יִרְחָץ וְנָשָׂא
עֲוֺנוֹ:

יח א ב וַיְדַבֵּר יְהֹוָה אֶל־מֹשֶׁה לֵּאמֹר: דַּבֵּר אֶל־בְּנֵי יִשְׂרָאֵל וְאָמַרְתָּ יד
ג אֲלֵהֶם אֲנִי יְהֹוָה אֱלֹהֵיכֶם: כְּמַעֲשֵׂה אֶרֶץ־מִצְרַיִם אֲשֶׁר יְשַׁבְתֶּם־
בָּהּ לֹא תַעֲשׂוּ וּכְמַעֲשֵׂה אֶרֶץ־כְּנַעַן אֲשֶׁר אֲנִי מֵבִיא אֶתְכֶם

ד שָׁמָּה לֹא תַעֲשׂוּ וּבְחֻקֹּתֵיהֶם לֹא תֵלֵכוּ׃ אֶת־מִשְׁפָּטַי תַּעֲשׂוּ
ה וְאֶת־חֻקֹּתַי תִּשְׁמְרוּ לָלֶכֶת בָּהֶם אֲנִי יְהוָה אֱלֹהֵיכֶם׃ וּשְׁמַרְתֶּם
אֶת־חֻקֹּתַי וְאֶת־מִשְׁפָּטַי אֲשֶׁר יַעֲשֶׂה אֹתָם הָאָדָם וָחַי בָּהֶם אֲנִי
ו יְהוָה׃ אִישׁ אִישׁ אֶל־כָּל־שְׁאֵר בְּשָׂרוֹ לֹא תִקְרְבוּ ששי
ז לְגַלּוֹת עֶרְוָה אֲנִי יְהוָה׃ עֶרְוַת אָבִיךָ וְעֶרְוַת אִמְּךָ
ח לֹא תְגַלֵּה אִמְּךָ הִוא לֹא תְגַלֶּה עֶרְוָתָהּ׃ עֶרְוַת
ט אֵשֶׁת־אָבִיךָ לֹא תְגַלֵּה עֶרְוַת אָבִיךָ הִוא׃ עֶרְוַת
אֲחוֹתְךָ בַת־אָבִיךָ אוֹ בַת־אִמֶּךָ מוֹלֶדֶת בַּיִת אוֹ מוֹלֶדֶת חוּץ
י לֹא תְגַלֶּה עֶרְוָתָן׃ עֶרְוַת בַּת־בִּנְךָ אוֹ בַת־
יא בִּתְּךָ לֹא תְגַלֶּה עֶרְוָתָן כִּי עֶרְוָתְךָ הֵנָּה׃ עֶרְוַת
בַּת־אֵשֶׁת אָבִיךָ מוֹלֶדֶת אָבִיךָ אֲחוֹתְךָ הִוא לֹא תְגַלֶּה
יב עֶרְוָתָהּ׃ עֶרְוַת אֲחוֹת־אָבִיךָ לֹא תְגַלֵּה שְׁאֵר
יג אָבִיךָ הִוא׃ עֶרְוַת אֲחוֹת־אִמְּךָ לֹא תְגַלֵּה כִּי־
יד שְׁאֵר אִמְּךָ הִוא׃ עֶרְוַת אֲחִי־אָבִיךָ לֹא תְגַלֵּה אֶל־
טו אִשְׁתּוֹ לֹא תִקְרָב דֹּדָתְךָ הִוא׃ עֶרְוַת כַּלָּתְךָ לֹא
טז תְגַלֵּה אֵשֶׁת בִּנְךָ הִוא לֹא תְגַלֶּה עֶרְוָתָהּ׃ עֶרְוַת
יז אֵשֶׁת־אָחִיךָ לֹא תְגַלֵּה עֶרְוַת אָחִיךָ הִוא׃ עֶרְוַת
אִשָּׁה וּבִתָּהּ לֹא תְגַלֵּה אֶת־בַּת־בְּנָהּ וְאֶת־בַּת־בִּתָּהּ לֹא
יח תִקַּח לְגַלּוֹת עֶרְוָתָהּ שַׁאֲרָה הֵנָּה זִמָּה הִוא׃ וְאִשָּׁה אֶל־
יט אֲחֹתָהּ לֹא תִקָּח לִצְרֹר לְגַלּוֹת עֶרְוָתָהּ עָלֶיהָ בְּחַיֶּיהָ׃ וְאֶל־
כ אִשָּׁה בְּנִדַּת טֻמְאָתָהּ לֹא תִקְרַב לְגַלּוֹת עֶרְוָתָהּ׃ וְאֶל־אֵשֶׁת
כא עֲמִיתְךָ לֹא־תִתֵּן שְׁכָבְתְּךָ לְזָרַע לְטָמְאָה־בָהּ׃ וּמִזַּרְעֲךָ לֹא־
תִתֵּן לְהַעֲבִיר לַמֹּלֶךְ וְלֹא תְחַלֵּל אֶת־שֵׁם אֱלֹהֶיךָ אֲנִי יְהוָה׃
כב כג וְאֶת־זָכָר לֹא תִשְׁכַּב מִשְׁכְּבֵי אִשָּׁה תּוֹעֵבָה הִוא׃ וּבְכָל־בְּהֵמָה שביעי /רביעי/
לֹא־תִתֵּן שְׁכָבְתְּךָ לְטָמְאָה־בָהּ וְאִשָּׁה לֹא־תַעֲמֹד לִפְנֵי בְהֵמָה
כד לְרִבְעָהּ תֶּבֶל הוּא׃ אַל־תִּטַּמְּאוּ בְּכָל־אֵלֶּה כִּי בְכָל־אֵלֶּה
כה נִטְמְאוּ הַגּוֹיִם אֲשֶׁר־אֲנִי מְשַׁלֵּחַ מִפְּנֵיכֶם׃ וַתִּטְמָא הָאָרֶץ

כו וְאֶפְקֹד עֲוֺנָהּ עָלֶיהָ וַתָּקִא הָאָרֶץ אֶת־יֹשְׁבֶיהָ: וּשְׁמַרְתֶּם אַתֶּם
אֶת־חֻקֹּתַי וְאֶת־מִשְׁפָּטַי וְלֹא תַעֲשׂוּ מִכֹּל הַתּוֹעֵבֹת הָאֵלֶּה
כז הָאֶזְרָח וְהַגֵּר הַגָּר בְּתוֹכְכֶם: כִּי אֶת־כָּל־הַתּוֹעֵבֹת הָאֵל עָשׂוּ
כח אַנְשֵׁי־הָאָרֶץ אֲשֶׁר לִפְנֵיכֶם וַתִּטְמָא הָאָרֶץ: וְלֹא־תָקִיא הָאָרֶץ מפטיר
אֶתְכֶם בְּטַמַּאֲכֶם אֹתָהּ כַּאֲשֶׁר קָאָה אֶת־הַגּוֹי אֲשֶׁר לִפְנֵיכֶם:
כט כִּי כָּל־אֲשֶׁר יַעֲשֶׂה מִכֹּל הַתּוֹעֵבֹת הָאֵלֶּה וְנִכְרְתוּ הַנְּפָשׁוֹת
ל הָעֹשֹׂת מִקֶּרֶב עַמָּם: וּשְׁמַרְתֶּם אֶת־מִשְׁמַרְתִּי לְבִלְתִּי עֲשׂוֹת
מֵחֻקּוֹת הַתּוֹעֵבֹת אֲשֶׁר נַעֲשׂוּ לִפְנֵיכֶם וְלֹא תִטַּמְּאוּ בָּהֶם אֲנִי
יְהוָה אֱלֹהֵיכֶם:

יט א וַיְדַבֵּר יְהוָה אֶל־מֹשֶׁה לֵּאמֹר: ב דַּבֵּר אֶל־כָּל־עֲדַת בְּנֵי־יִשְׂרָאֵל טו קדשים
וְאָמַרְתָּ אֲלֵהֶם קְדֹשִׁים תִּהְיוּ כִּי קָדוֹשׁ אֲנִי יְהוָה אֱלֹהֵיכֶם:
ג אִישׁ אִמּוֹ וְאָבִיו תִּירָאוּ וְאֶת־שַׁבְּתֹתַי תִּשְׁמֹרוּ אֲנִי יְהוָה
ד אֱלֹהֵיכֶם: אַל־תִּפְנוּ אֶל־הָאֱלִילִם וֵאלֹהֵי מַסֵּכָה לֹא תַעֲשׂוּ
ה לָכֶם אֲנִי יְהוָה אֱלֹהֵיכֶם: וְכִי תִזְבְּחוּ זֶבַח שְׁלָמִים לַיהוָה
ו לִרְצֹנְכֶם תִּזְבָּחֻהוּ: בְּיוֹם זִבְחֲכֶם יֵאָכֵל וּמִמָּחֳרָת וְהַנּוֹתָר עַד־
ז יוֹם הַשְּׁלִישִׁי בָּאֵשׁ יִשָּׂרֵף: וְאִם הֵאָכֹל יֵאָכֵל בַּיּוֹם הַשְּׁלִישִׁי
ח פִּגּוּל הוּא לֹא יֵרָצֶה: וְאֹכְלָיו עֲוֺנוֹ יִשָּׂא כִּי־אֶת־קֹדֶשׁ יְהוָה
ט חִלֵּל וְנִכְרְתָה הַנֶּפֶשׁ הַהִוא מֵעַמֶּיהָ: וּבְקֻצְרְכֶם אֶת־קְצִיר
אַרְצְכֶם לֹא תְכַלֶּה פְּאַת שָׂדְךָ לִקְצֹר וְלֶקֶט קְצִירְךָ לֹא תְלַקֵּט:
י וְכַרְמְךָ לֹא תְעוֹלֵל וּפֶרֶט כַּרְמְךָ לֹא תְלַקֵּט לֶעָנִי וְלַגֵּר תַּעֲזֹב
יא אֹתָם אֲנִי יְהוָה אֱלֹהֵיכֶם: לֹא תִּגְנֹבוּ וְלֹא־תְכַחֲשׁוּ וְלֹא־תְשַׁקְּרוּ
יב אִישׁ בַּעֲמִיתוֹ: וְלֹא־תִשָּׁבְעוּ בִשְׁמִי לַשָּׁקֶר וְחִלַּלְתָּ אֶת־שֵׁם
יג אֱלֹהֶיךָ אֲנִי יְהוָה: לֹא־תַעֲשֹׁק אֶת־רֵעֲךָ וְלֹא תִגְזֹל לֹא־תָלִין
יד פְּעֻלַּת שָׂכִיר אִתְּךָ עַד־בֹּקֶר: לֹא־תְקַלֵּל חֵרֵשׁ וְלִפְנֵי עִוֵּר לֹא
טו תִתֵּן מִכְשֹׁל וְיָרֵאתָ מֵּאֱלֹהֶיךָ אֲנִי יְהוָה: לֹא־תַעֲשׂוּ עָוֶל בַּמִּשְׁפָּט שני /חמישי/
לֹא־תִשָּׂא פְנֵי־דָל וְלֹא תֶהְדַּר פְּנֵי גָדוֹל בְּצֶדֶק תִּשְׁפֹּט עֲמִיתֶךָ:
טז לֹא־תֵלֵךְ רָכִיל בְּעַמֶּיךָ לֹא תַעֲמֹד עַל־דַּם רֵעֶךָ אֲנִי יְהוָה:

לֹא־תִשְׂנָא אֶת־אָחִיךָ בִּלְבָבֶךָ הוֹכֵחַ תּוֹכִיחַ אֶת־עֲמִיתֶךָ וְלֹא־ יז
תִשָּׂא עָלָיו חֵטְא׃ לֹא־תִקֹּם וְלֹא־תִטֹּר אֶת־בְּנֵי עַמֶּךָ וְאָהַבְתָּ יח
לְרֵעֲךָ כָּמוֹךָ אֲנִי יְהוָה׃ אֶת־חֻקֹּתַי תִּשְׁמֹרוּ בְּהֶמְתְּךָ לֹא־תַרְבִּיעַ יט
כִּלְאַיִם שָׂדְךָ לֹא־תִזְרַע כִּלְאָיִם וּבֶגֶד כִּלְאַיִם שַׁעַטְנֵז לֹא יַעֲלֶה
עָלֶיךָ׃ וְאִישׁ כִּי־יִשְׁכַּב אֶת־אִשָּׁה שִׁכְבַת־זֶרַע וְהִוא שִׁפְחָה כ
נֶחֱרֶפֶת לְאִישׁ וְהָפְדֵּה לֹא נִפְדָּתָה אוֹ חֻפְשָׁה לֹא נִתַּן־לָהּ
בִּקֹּרֶת תִּהְיֶה לֹא יוּמְתוּ כִּי־לֹא חֻפָּשָׁה׃ וְהֵבִיא אֶת־אֲשָׁמוֹ כא
לַיהוָה אֶל־פֶּתַח אֹהֶל מוֹעֵד אֵיל אָשָׁם׃ וְכִפֶּר עָלָיו הַכֹּהֵן כב
בְּאֵיל הָאָשָׁם לִפְנֵי יְהוָה עַל־חַטָּאתוֹ אֲשֶׁר חָטָא וְנִסְלַח לוֹ
מֵחַטָּאתוֹ אֲשֶׁר חָטָא׃
וְכִי־תָבֹאוּ אֶל־הָאָרֶץ וּנְטַעְתֶּם כָּל־עֵץ מַאֲכָל וַעֲרַלְתֶּם עָרְלָתוֹ כג טז שלישי
אֶת־פִּרְיוֹ שָׁלֹשׁ שָׁנִים יִהְיֶה לָכֶם עֲרֵלִים לֹא יֵאָכֵל׃ וּבַשָּׁנָה כד
הָרְבִיעִת יִהְיֶה כָּל־פִּרְיוֹ קֹדֶשׁ הִלּוּלִים לַיהוָה׃ וּבַשָּׁנָה הַחֲמִישִׁת כה
תֹּאכְלוּ אֶת־פִּרְיוֹ לְהוֹסִיף לָכֶם תְּבוּאָתוֹ אֲנִי יְהוָה אֱלֹהֵיכֶם׃
לֹא תֹאכְלוּ עַל־הַדָּם לֹא תְנַחֲשׁוּ וְלֹא תְעוֹנֵנוּ׃ לֹא תַקִּפוּ כו כז
פְּאַת רֹאשְׁכֶם וְלֹא תַשְׁחִית אֵת פְּאַת זְקָנֶךָ׃ וְשֶׂרֶט לָנֶפֶשׁ כח
לֹא תִתְּנוּ בִּבְשַׂרְכֶם וּכְתֹבֶת קַעֲקַע לֹא תִתְּנוּ בָּכֶם אֲנִי יְהוָה׃
אַל־תְּחַלֵּל אֶת־בִּתְּךָ לְהַזְנוֹתָהּ וְלֹא־תִזְנֶה הָאָרֶץ וּמָלְאָה כט
הָאָרֶץ זִמָּה׃ אֶת־שַׁבְּתֹתַי תִּשְׁמֹרוּ וּמִקְדָּשִׁי תִּירָאוּ אֲנִי יְהוָה׃ ל
אַל־תִּפְנוּ אֶל־הָאֹבֹת וְאֶל־הַיִּדְּעֹנִים אַל־תְּבַקְשׁוּ לְטָמְאָה לא
בָהֶם אֲנִי יְהוָה אֱלֹהֵיכֶם׃ מִפְּנֵי שֵׂיבָה תָּקוּם וְהָדַרְתָּ פְּנֵי זָקֵן לב
וְיָרֵאתָ מֵּאֱלֹהֶיךָ אֲנִי יְהוָה׃ וְכִי־יָגוּר אִתְּךָ גֵּר לג רביעי /ששי/
בְּאַרְצְכֶם לֹא תוֹנוּ אֹתוֹ׃ כְּאֶזְרָח מִכֶּם יִהְיֶה לָכֶם הַגֵּר ׀ הַגָּר לד
אִתְּכֶם וְאָהַבְתָּ לוֹ כָּמוֹךָ כִּי־גֵרִים הֱיִיתֶם בְּאֶרֶץ מִצְרָיִם אֲנִי
יְהוָה אֱלֹהֵיכֶם׃ לֹא־תַעֲשׂוּ עָוֶל בַּמִּשְׁפָּט בַּמִּדָּה בַּמִּשְׁקָל לה
וּבַמְּשׂוּרָה׃ מֹאזְנֵי צֶדֶק אַבְנֵי־צֶדֶק אֵיפַת צֶדֶק וְהִין צֶדֶק יִהְיֶה לו
לָכֶם אֲנִי יְהוָה אֱלֹהֵיכֶם אֲשֶׁר־הוֹצֵאתִי אֶתְכֶם מֵאֶרֶץ מִצְרָיִם׃

לז וּשְׁמַרְתֶּם אֶת־כָּל־חֻקֹּתַי וְאֶת־כָּל־מִשְׁפָּטַי וַעֲשִׂיתֶם אֹתָם אֲנִי
יְהוָה׃
כ א ב וַיְדַבֵּר יְהוָה אֶל־מֹשֶׁה לֵּאמֹר׃ וְאֶל־בְּנֵי יִשְׂרָאֵל תֹּאמַר אִישׁ חמישי
אִישׁ מִבְּנֵי יִשְׂרָאֵל וּמִן־הַגֵּר ׀ הַגָּר בְּיִשְׂרָאֵל אֲשֶׁר יִתֵּן מִזַּרְעוֹ
ג לַמֹּלֶךְ מוֹת יוּמָת עַם הָאָרֶץ יִרְגְּמֻהוּ בָאָבֶן׃ וַאֲנִי אֶתֵּן אֶת־
פָּנַי בָּאִישׁ הַהוּא וְהִכְרַתִּי אֹתוֹ מִקֶּרֶב עַמּוֹ כִּי מִזַּרְעוֹ נָתַן
ד לַמֹּלֶךְ לְמַעַן טַמֵּא אֶת־מִקְדָּשִׁי וּלְחַלֵּל אֶת־שֵׁם קָדְשִׁי׃ וְאִם
הַעְלֵם יַעְלִימוּ עַם הָאָרֶץ אֶת־עֵינֵיהֶם מִן־הָאִישׁ הַהוּא בְּתִתּוֹ
ה מִזַּרְעוֹ לַמֹּלֶךְ לְבִלְתִּי הָמִית אֹתוֹ׃ וְשַׂמְתִּי אֲנִי אֶת־פָּנַי בָּאִישׁ
הַהוּא וּבְמִשְׁפַּחְתּוֹ וְהִכְרַתִּי אֹתוֹ וְאֵת ׀ כָּל־הַזֹּנִים אַחֲרָיו לִזְנוֹת
ו אַחֲרֵי הַמֹּלֶךְ מִקֶּרֶב עַמָּם׃ וְהַנֶּפֶשׁ אֲשֶׁר תִּפְנֶה אֶל־הָאֹבֹת
וְאֶל־הַיִּדְּעֹנִים לִזְנֹת אַחֲרֵיהֶם וְנָתַתִּי אֶת־פָּנַי בַּנֶּפֶשׁ הַהִוא
ז וְהִכְרַתִּי אֹתוֹ מִקֶּרֶב עַמּוֹ׃ וְהִתְקַדִּשְׁתֶּם וִהְיִיתֶם קְדֹשִׁים כִּי
ח אֲנִי יְהוָה אֱלֹהֵיכֶם׃ וּשְׁמַרְתֶּם אֶת־חֻקֹּתַי וַעֲשִׂיתֶם אֹתָם ששי /שביעי/
ט אֲנִי יְהוָה מְקַדִּשְׁכֶם׃ כִּי־אִישׁ אִישׁ אֲשֶׁר יְקַלֵּל אֶת־אָבִיו וְאֶת־
י אִמּוֹ מוֹת יוּמָת אָבִיו וְאִמּוֹ קִלֵּל דָּמָיו בּוֹ׃ וְאִישׁ אֲשֶׁר יִנְאַף
אֶת־אֵשֶׁת אִישׁ אֲשֶׁר יִנְאַף אֶת־אֵשֶׁת רֵעֵהוּ מוֹת־יוּמַת הַנֹּאֵף
יא וְהַנֹּאָפֶת׃ וְאִישׁ אֲשֶׁר יִשְׁכַּב אֶת־אֵשֶׁת אָבִיו עֶרְוַת אָבִיו גִּלָּה
יב מוֹת־יוּמְתוּ שְׁנֵיהֶם דְּמֵיהֶם בָּם׃ וְאִישׁ אֲשֶׁר יִשְׁכַּב אֶת־כַּלָּתוֹ
יג מוֹת יוּמְתוּ שְׁנֵיהֶם תֶּבֶל עָשׂוּ דְּמֵיהֶם בָּם׃ וְאִישׁ אֲשֶׁר יִשְׁכַּב
אֶת־זָכָר מִשְׁכְּבֵי אִשָּׁה תּוֹעֵבָה עָשׂוּ שְׁנֵיהֶם מוֹת יוּמָתוּ דְּמֵיהֶם
יד בָּם׃ וְאִישׁ אֲשֶׁר יִקַּח אֶת־אִשָּׁה וְאֶת־אִמָּהּ זִמָּה הִוא בָּאֵשׁ
טו יִשְׂרְפוּ אֹתוֹ וְאֶתְהֶן וְלֹא־תִהְיֶה זִמָּה בְּתוֹכְכֶם׃ וְאִישׁ אֲשֶׁר
טז יִתֵּן שְׁכָבְתּוֹ בִּבְהֵמָה מוֹת יוּמָת וְאֶת־הַבְּהֵמָה תַּהֲרֹגוּ׃ וְאִשָּׁה
אֲשֶׁר תִּקְרַב אֶל־כָּל־בְּהֵמָה לְרִבְעָה אֹתָהּ וְהָרַגְתָּ אֶת־הָאִשָּׁה
יז וְאֶת־הַבְּהֵמָה מוֹת יוּמָתוּ דְּמֵיהֶם בָּם׃ וְאִישׁ אֲשֶׁר־יִקַּח אֶת־
אֲחֹתוֹ בַּת־אָבִיו אוֹ בַת־אִמּוֹ וְרָאָה אֶת־עֶרְוָתָהּ וְהִיא תִרְאֶה

אֶת־עֶרְוָתוֹ חֶסֶד הוּא וְנִכְרְתוּ לְעֵינֵי בְּנֵי עַמָּם עֶרְוַת אֲחֹתוֹ
יח גִּלָּה עֲוֺנוֹ יִשָּׂא׃ וְאִישׁ אֲשֶׁר־יִשְׁכַּב אֶת־אִשָּׁה דָּוָה וְגִלָּה אֶת־
עֶרְוָתָהּ אֶת־מְקֹרָהּ הֶעֱרָה וְהִוא גִּלְּתָה אֶת־מְקוֹר דָּמֶיהָ וְנִכְרְתוּ
יט שְׁנֵיהֶם מִקֶּרֶב עַמָּם׃ וְעֶרְוַת אֲחוֹת אִמְּךָ וַאֲחוֹת אָבִיךָ לֹא
כ תְגַלֵּה כִּי אֶת־שְׁאֵרוֹ הֶעֱרָה עֲוֺנָם יִשָּׂאוּ׃ וְאִישׁ אֲשֶׁר יִשְׁכַּב
כא אֶת־דֹּדָתוֹ עֶרְוַת דֹּדוֹ גִּלָּה חֶטְאָם יִשָּׂאוּ עֲרִירִים יָמֻתוּ׃ וְאִישׁ
אֲשֶׁר יִקַּח אֶת־אֵשֶׁת אָחִיו נִדָּה הִוא עֶרְוַת אָחִיו גִּלָּה עֲרִירִים
כב יִהְיוּ׃ וּשְׁמַרְתֶּם אֶת־כָּל־חֻקֹּתַי וְאֶת־כָּל־מִשְׁפָּטַי וַעֲשִׂיתֶם
אֹתָם וְלֹא־תָקִיא אֶתְכֶם הָאָרֶץ אֲשֶׁר אֲנִי מֵבִיא אֶתְכֶם שָׁמָּה
שביעי כג לָשֶׁבֶת בָּהּ׃ וְלֹא תֵלְכוּ בְּחֻקֹּת הַגּוֹי אֲשֶׁר־אֲנִי מְשַׁלֵּחַ מִפְּנֵיכֶם
כד כִּי אֶת־כָּל־אֵלֶּה עָשׂוּ וָאָקֻץ בָּם׃ וָאֹמַר לָכֶם אַתֶּם תִּירְשׁוּ
אֶת־אַדְמָתָם וַאֲנִי אֶתְּנֶנָּה לָכֶם לָרֶשֶׁת אֹתָהּ אֶרֶץ זָבַת חָלָב
וּדְבָשׁ אֲנִי יְהוָה אֱלֹהֵיכֶם אֲשֶׁר־הִבְדַּלְתִּי אֶתְכֶם מִן־הָעַמִּים׃
מפטיר כה וְהִבְדַּלְתֶּם בֵּין־הַבְּהֵמָה הַטְּהֹרָה לַטְּמֵאָה וּבֵין־הָעוֹף הַטָּמֵא
לַטָּהֹר וְלֹא־תְשַׁקְּצוּ אֶת־נַפְשֹׁתֵיכֶם בַּבְּהֵמָה וּבָעוֹף וּבְכֹל
כו אֲשֶׁר תִּרְמֹשׂ הָאֲדָמָה אֲשֶׁר־הִבְדַּלְתִּי לָכֶם לְטַמֵּא׃ וִהְיִיתֶם לִי
קְדֹשִׁים כִּי קָדוֹשׁ אֲנִי יְהוָה וָאַבְדִּל אֶתְכֶם מִן־הָעַמִּים לִהְיוֹת
כז לִי׃ וְאִישׁ אוֹ־אִשָּׁה כִּי־יִהְיֶה בָהֶם אוֹב אוֹ יִדְּעֹנִי מוֹת יוּמָתוּ
בָּאֶבֶן יִרְגְּמוּ אֹתָם דְּמֵיהֶם בָּם׃

אמר יז כא א וַיֹּאמֶר יְהוָה אֶל־מֹשֶׁה אֱמֹר אֶל־הַכֹּהֲנִים בְּנֵי אַהֲרֹן וְאָמַרְתָּ
ב אֲלֵהֶם לְנֶפֶשׁ לֹא־יִטַּמָּא בְּעַמָּיו׃ כִּי אִם־לִשְׁאֵרוֹ הַקָּרֹב אֵלָיו
ג לְאִמּוֹ וּלְאָבִיו וְלִבְנוֹ וּלְבִתּוֹ וּלְאָחִיו׃ וְלַאֲחֹתוֹ הַבְּתוּלָה הַקְּרוֹבָה
ד אֵלָיו אֲשֶׁר לֹא־הָיְתָה לְאִישׁ לָהּ יִטַּמָּא׃ לֹא יִטַּמָּא בַּעַל בְּעַמָּיו
יִקְרְחוּ ה לְהֵחַלּוֹ׃ לֹא־יקרחה קָרְחָה בְּרֹאשָׁם וּפְאַת זְקָנָם לֹא יְגַלֵּחוּ
ו וּבִבְשָׂרָם לֹא יִשְׂרְטוּ שָׂרָטֶת׃ קְדֹשִׁים יִהְיוּ לֵאלֹהֵיהֶם וְלֹא
יְחַלְּלוּ שֵׁם אֱלֹהֵיהֶם כִּי אֶת־אִשֵּׁי יְהוָה לֶחֶם אֱלֹהֵיהֶם הֵם
ז מַקְרִיבִם וְהָיוּ קֹדֶשׁ׃ אִשָּׁה זֹנָה וַחֲלָלָה לֹא יִקָּחוּ וְאִשָּׁה גְּרוּשָׁה

ח מֵאִישָׁהּ לֹא יִקָּחוּ כִּי־קָדֹשׁ הוּא לֵאלֹהָיו: וְקִדַּשְׁתּוֹ כִּי־אֶת־
לֶחֶם אֱלֹהֶיךָ הוּא מַקְרִיב קָדֹשׁ יִהְיֶה־לָּךְ כִּי קָדוֹשׁ אֲנִי יְהוָה
ט מְקַדִּשְׁכֶם: וּבַת אִישׁ כֹּהֵן כִּי תֵחֵל לִזְנוֹת אֶת־אָבִיהָ הִיא
י מְחַלֶּלֶת בָּאֵשׁ תִּשָּׂרֵף: וְהַכֹּהֵן הַגָּדוֹל מֵאֶחָיו
אֲשֶׁר־יוּצַק עַל־רֹאשׁוֹ ׀ שֶׁמֶן הַמִּשְׁחָה וּמִלֵּא אֶת־יָדוֹ לִלְבֹּשׁ
יא אֶת־הַבְּגָדִים אֶת־רֹאשׁוֹ לֹא יִפְרָע וּבְגָדָיו לֹא יִפְרֹם: וְעַל כָּל־
יב נַפְשֹׁת מֵת לֹא יָבֹא לְאָבִיו וּלְאִמּוֹ לֹא יִטַּמָּא: וּמִן־הַמִּקְדָּשׁ
לֹא יֵצֵא וְלֹא יְחַלֵּל אֵת מִקְדַּשׁ אֱלֹהָיו כִּי נֵזֶר שֶׁמֶן מִשְׁחַת
יג יד אֱלֹהָיו עָלָיו אֲנִי יְהוָה: וְהוּא אִשָּׁה בִבְתוּלֶיהָ יִקָּח: אַלְמָנָה
וּגְרוּשָׁה וַחֲלָלָה זֹנָה אֶת־אֵלֶּה לֹא יִקָּח כִּי אִם־בְּתוּלָה
טו מֵעַמָּיו יִקַּח אִשָּׁה: וְלֹא־יְחַלֵּל זַרְעוֹ בְּעַמָּיו כִּי אֲנִי יְהוָה
טז יז מְקַדְּשׁוֹ: וַיְדַבֵּר יְהוָה אֶל־מֹשֶׁה לֵּאמֹר: דַּבֵּר שני
אֶל־אַהֲרֹן לֵאמֹר אִישׁ מִזַּרְעֲךָ לְדֹרֹתָם אֲשֶׁר יִהְיֶה בוֹ מוּם
יח לֹא יִקְרַב לְהַקְרִיב לֶחֶם אֱלֹהָיו: כִּי כָל־אִישׁ אֲשֶׁר־בּוֹ מוּם לֹא
יט יִקְרָב אִישׁ עִוֵּר אוֹ פִסֵּחַ אוֹ חָרֻם אוֹ שָׂרוּעַ: אוֹ אִישׁ אֲשֶׁר־
כ יִהְיֶה בוֹ שֶׁבֶר רָגֶל אוֹ שֶׁבֶר יָד: אוֹ־גִבֵּן אוֹ־דַק אוֹ תְּבַלֻּל
כא בְּעֵינוֹ אוֹ גָרָב אוֹ יַלֶּפֶת אוֹ מְרוֹחַ אָשֶׁךְ: כָּל־אִישׁ אֲשֶׁר־בּוֹ מוּם
מִזֶּרַע אַהֲרֹן הַכֹּהֵן לֹא יִגַּשׁ לְהַקְרִיב אֶת־אִשֵּׁי יְהוָה מוּם בּוֹ
כב אֵת לֶחֶם אֱלֹהָיו לֹא יִגַּשׁ לְהַקְרִיב: לֶחֶם אֱלֹהָיו מִקָּדְשֵׁי
כג הַקֳּדָשִׁים וּמִן־הַקֳּדָשִׁים יֹאכֵל: אַךְ אֶל־הַפָּרֹכֶת לֹא יָבֹא וְאֶל־
הַמִּזְבֵּחַ לֹא יִגַּשׁ כִּי־מוּם בּוֹ וְלֹא יְחַלֵּל אֶת־מִקְדָּשַׁי כִּי אֲנִי
כד יְהוָה מְקַדְּשָׁם: וַיְדַבֵּר מֹשֶׁה אֶל־אַהֲרֹן וְאֶל־בָּנָיו וְאֶל־כָּל־
בְּנֵי יִשְׂרָאֵל:

כב א ב וַיְדַבֵּר יְהוָה אֶל־מֹשֶׁה לֵּאמֹר: דַּבֵּר אֶל־אַהֲרֹן וְאֶל־בָּנָיו וְיִנָּזְרוּ
מִקָּדְשֵׁי בְנֵי־יִשְׂרָאֵל וְלֹא יְחַלְּלוּ אֶת־שֵׁם קָדְשִׁי אֲשֶׁר הֵם
ג מַקְדִּשִׁים לִי אֲנִי יְהוָה: אֱמֹר אֲלֵהֶם לְדֹרֹתֵיכֶם כָּל־אִישׁ ׀ אֲשֶׁר־
יִקְרַב מִכָּל־זַרְעֲכֶם אֶל־הַקֳּדָשִׁים אֲשֶׁר יַקְדִּישׁוּ בְנֵי־יִשְׂרָאֵל

לַיהוָה וְטֻמְאָתוֹ עָלָיו וְנִכְרְתָה הַנֶּפֶשׁ הַהִוא מִלְּפָנַי אֲנִי יְהוָה׃
ד אִישׁ אִישׁ מִזֶּרַע אַהֲרֹן וְהוּא צָרוּעַ אוֹ זָב בַּקֳּדָשִׁים לֹא יֹאכַל
עַד אֲשֶׁר יִטְהָר וְהַנֹּגֵעַ בְּכָל־טְמֵא־נֶפֶשׁ אוֹ אִישׁ אֲשֶׁר־תֵּצֵא
ה מִמֶּנּוּ שִׁכְבַת־זָרַע׃ אוֹ־אִישׁ אֲשֶׁר יִגַּע בְּכָל־שֶׁרֶץ אֲשֶׁר יִטְמָא־
ו לוֹ אוֹ בְאָדָם אֲשֶׁר יִטְמָא־לוֹ לְכֹל טֻמְאָתוֹ׃ נֶפֶשׁ אֲשֶׁר תִּגַּע־
בּוֹ וְטָמְאָה עַד־הָעָרֶב וְלֹא יֹאכַל מִן־הַקֳּדָשִׁים כִּי אִם־רָחַץ
ז בְּשָׂרוֹ בַּמָּיִם׃ וּבָא הַשֶּׁמֶשׁ וְטָהֵר וְאַחַר יֹאכַל מִן־הַקֳּדָשִׁים
ח כִּי לַחְמוֹ הוּא׃ נְבֵלָה וּטְרֵפָה לֹא יֹאכַל לְטָמְאָה־בָהּ אֲנִי יְהוָה׃
ט וְשָׁמְרוּ אֶת־מִשְׁמַרְתִּי וְלֹא־יִשְׂאוּ עָלָיו חֵטְא וּמֵתוּ בוֹ כִּי יְחַלְּלֻהוּ
י אֲנִי יְהוָה מְקַדְּשָׁם׃ וְכָל־זָר לֹא־יֹאכַל קֹדֶשׁ תּוֹשַׁב כֹּהֵן וְשָׂכִיר
יא לֹא־יֹאכַל קֹדֶשׁ׃ וְכֹהֵן כִּי־יִקְנֶה נֶפֶשׁ קִנְיַן כַּסְפּוֹ הוּא יֹאכַל
יב בּוֹ וִילִיד בֵּיתוֹ הֵם יֹאכְלוּ בְלַחְמוֹ׃ וּבַת־כֹּהֵן כִּי תִהְיֶה לְאִישׁ
יג זָר הִוא בִּתְרוּמַת הַקֳּדָשִׁים לֹא תֹאכֵל׃ וּבַת־כֹּהֵן כִּי תִהְיֶה
אַלְמָנָה וּגְרוּשָׁה וְזֶרַע אֵין לָהּ וְשָׁבָה אֶל־בֵּית אָבִיהָ כִּנְעוּרֶיהָ
יד מִלֶּחֶם אָבִיהָ תֹּאכֵל וְכָל־זָר לֹא־יֹאכַל בּוֹ׃ וְאִישׁ כִּי־יֹאכַל
קֹדֶשׁ בִּשְׁגָגָה וְיָסַף חֲמִשִׁיתוֹ עָלָיו וְנָתַן לַכֹּהֵן אֶת־הַקֹּדֶשׁ׃
טו וְלֹא יְחַלְּלוּ אֶת־קָדְשֵׁי בְּנֵי יִשְׂרָאֵל אֵת אֲשֶׁר־יָרִימוּ לַיהוָה׃
טז וְהִשִּׂיאוּ אוֹתָם עֲוֺן אַשְׁמָה בְּאָכְלָם אֶת־קָדְשֵׁיהֶם כִּי אֲנִי יְהוָה
מְקַדְּשָׁם׃
שלישי יח
יז יח וַיְדַבֵּר יְהוָה אֶל־מֹשֶׁה לֵּאמֹר׃ דַּבֵּר אֶל־אַהֲרֹן וְאֶל־בָּנָיו וְאֶל
כָּל־בְּנֵי יִשְׂרָאֵל וְאָמַרְתָּ אֲלֵהֶם אִישׁ אִישׁ מִבֵּית יִשְׂרָאֵל וּמִן־
הַגֵּר בְּיִשְׂרָאֵל אֲשֶׁר יַקְרִיב קָרְבָּנוֹ לְכָל־נִדְרֵיהֶם וּלְכָל־נִדְבוֹתָם
יט אֲשֶׁר־יַקְרִיבוּ לַיהוָה לְעֹלָה׃ לִרְצֹנְכֶם תָּמִים זָכָר בַּבָּקָר
כ בַּכְּשָׂבִים וּבָעִזִּים׃ כֹּל אֲשֶׁר־בּוֹ מוּם לֹא תַקְרִיבוּ כִּי־לֹא לְרָצוֹן
כא יִהְיֶה לָכֶם׃ וְאִישׁ כִּי־יַקְרִיב זֶבַח־שְׁלָמִים לַיהוָה לְפַלֵּא־נֶדֶר
אוֹ לִנְדָבָה בַּבָּקָר אוֹ בַצֹּאן תָּמִים יִהְיֶה לְרָצוֹן כָּל־מוּם לֹא
כב יִהְיֶה־בּוֹ׃ עַוֶּרֶת אוֹ שָׁבוּר אוֹ־חָרוּץ אוֹ־יַבֶּלֶת אוֹ גָרָב אוֹ

יַלֶּפֶת לֹא־תַקְרִיבוּ אֵלֶּה לַיהוָה וְאִשֶּׁה לֹא־תִתְּנוּ מֵהֶם עַל־
כג הַמִּזְבֵּחַ לַיהוָה: וְשׁוֹר וָשֶׂה שָׂרוּעַ וְקָלוּט נְדָבָה תַּעֲשֶׂה אֹתוֹ
כד וּלְנֵדֶר לֹא יֵרָצֶה: וּמָעוּךְ וְכָתוּת וְנָתוּק וְכָרוּת לֹא תַקְרִיבוּ
כה לַיהוָה וּבְאַרְצְכֶם לֹא תַעֲשׂוּ: וּמִיַּד בֶּן־נֵכָר לֹא תַקְרִיבוּ אֶת־
לֶחֶם אֱלֹהֵיכֶם מִכָּל־אֵלֶּה כִּי מָשְׁחָתָם בָּהֶם מוּם בָּם לֹא יֵרָצוּ
כו כז לָכֶם: וַיְדַבֵּר יְהוָה אֶל־מֹשֶׁה לֵּאמֹר: שׁוֹר אוֹ־
כֶשֶׂב אוֹ־עֵז כִּי יִוָּלֵד וְהָיָה שִׁבְעַת יָמִים תַּחַת אִמּוֹ וּמִיּוֹם הַשְּׁמִינִי
כח וָהָלְאָה יֵרָצֶה לְקָרְבַּן אִשֶּׁה לַיהוָה: וְשׁוֹר אוֹ־שֶׂה אֹתוֹ וְאֶת־
כט בְּנוֹ לֹא תִשְׁחֲטוּ בְּיוֹם אֶחָד: וְכִי־תִזְבְּחוּ זֶבַח־תּוֹדָה לַיהוָה
ל לִרְצֹנְכֶם תִּזְבָּחוּ: בַּיּוֹם הַהוּא יֵאָכֵל לֹא־תוֹתִירוּ מִמֶּנּוּ עַד־
לא בֹּקֶר אֲנִי יְהוָה: וּשְׁמַרְתֶּם מִצְוֹתַי וַעֲשִׂיתֶם אֹתָם אֲנִי יְהוָה:
לב וְלֹא תְחַלְּלוּ אֶת־שֵׁם קָדְשִׁי וְנִקְדַּשְׁתִּי בְּתוֹךְ בְּנֵי יִשְׂרָאֵל אֲנִי
לג יְהוָה מְקַדִּשְׁכֶם: הַמּוֹצִיא אֶתְכֶם מֵאֶרֶץ מִצְרַיִם לִהְיוֹת לָכֶם
לֵאלֹהִים אֲנִי יְהוָה:

כג א ב וַיְדַבֵּר יְהוָה אֶל־מֹשֶׁה לֵּאמֹר: דַּבֵּר אֶל־בְּנֵי יִשְׂרָאֵל וְאָמַרְתָּ רביעי
אֲלֵהֶם מוֹעֲדֵי יְהוָה אֲשֶׁר־תִּקְרְאוּ אֹתָם מִקְרָאֵי קֹדֶשׁ אֵלֶּה
ג הֵם מוֹעֲדָי: שֵׁשֶׁת יָמִים תֵּעָשֶׂה מְלָאכָה וּבַיּוֹם הַשְּׁבִיעִי שַׁבַּת
שַׁבָּתוֹן מִקְרָא־קֹדֶשׁ כָּל־מְלָאכָה לֹא תַעֲשׂוּ שַׁבָּת הִוא לַיהוָה
בְּכֹל מוֹשְׁבֹתֵיכֶם:

ד אֵלֶּה מוֹעֲדֵי יְהוָה מִקְרָאֵי קֹדֶשׁ אֲשֶׁר־תִּקְרְאוּ אֹתָם בְּמוֹעֲדָם:
ה בַּחֹדֶשׁ הָרִאשׁוֹן בְּאַרְבָּעָה עָשָׂר לַחֹדֶשׁ בֵּין הָעַרְבָּיִם פֶּסַח
ו לַיהוָה: וּבַחֲמִשָּׁה עָשָׂר יוֹם לַחֹדֶשׁ הַזֶּה חַג הַמַּצּוֹת לַיהוָה
ז שִׁבְעַת יָמִים מַצּוֹת תֹּאכֵלוּ: בַּיּוֹם הָרִאשׁוֹן מִקְרָא־קֹדֶשׁ יִהְיֶה
ח לָכֶם כָּל־מְלֶאכֶת עֲבֹדָה לֹא תַעֲשׂוּ: וְהִקְרַבְתֶּם אִשֶּׁה לַיהוָה
שִׁבְעַת יָמִים בַּיּוֹם הַשְּׁבִיעִי מִקְרָא־קֹדֶשׁ כָּל־מְלֶאכֶת עֲבֹדָה
לֹא תַעֲשׂוּ:

ט וַיְדַבֵּר יְהוָה אֶל־מֹשֶׁה לֵּאמֹר: דַּבֵּר אֶל־בְּנֵי יִשְׂרָאֵל וְאָמַרְתָּ

אֲלֵהֶם כִּי־תָבֹאוּ אֶל־הָאָרֶץ אֲשֶׁר אֲנִי נֹתֵן לָכֶם וּקְצַרְתֶּם
אֶת־קְצִירָהּ וַהֲבֵאתֶם אֶת־עֹמֶר רֵאשִׁית קְצִירְכֶם אֶל־הַכֹּהֵן׃
יא וְהֵנִיף אֶת־הָעֹמֶר לִפְנֵי יְהֹוָה לִרְצֹנְכֶם מִמָּחֳרַת הַשַּׁבָּת יְנִיפֶנּוּ
יב הַכֹּהֵן׃ וַעֲשִׂיתֶם בְּיוֹם הֲנִיפְכֶם אֶת־הָעֹמֶר כֶּבֶשׂ תָּמִים בֶּן־
יג שְׁנָתוֹ לְעֹלָה לַיְהֹוָה׃ וּמִנְחָתוֹ שְׁנֵי עֶשְׂרֹנִים סֹלֶת בְּלוּלָה
בַשֶּׁמֶן אִשֶּׁה לַיְהֹוָה רֵיחַ נִיחֹחַ וְנִסְכֹּה יַיִן רְבִיעִת הַהִין׃
יד וְלֶחֶם וְקָלִי וְכַרְמֶל לֹא תֹאכְלוּ עַד־עֶצֶם הַיּוֹם הַזֶּה עַד
הֲבִיאֲכֶם אֶת־קָרְבַּן אֱלֹהֵיכֶם חֻקַּת עוֹלָם לְדֹרֹתֵיכֶם בְּכֹל
טו מֹשְׁבֹתֵיכֶם׃ וּסְפַרְתֶּם לָכֶם מִמָּחֳרַת הַשַּׁבָּת יט
מִיּוֹם הֲבִיאֲכֶם אֶת־עֹמֶר הַתְּנוּפָה שֶׁבַע שַׁבָּתוֹת תְּמִימֹת
טז תִּהְיֶינָה׃ עַד מִמָּחֳרַת הַשַּׁבָּת הַשְּׁבִיעִת תִּסְפְּרוּ חֲמִשִּׁים יוֹם
יז וְהִקְרַבְתֶּם מִנְחָה חֲדָשָׁה לַיְהֹוָה׃ מִמּוֹשְׁבֹתֵיכֶם תָּבִיאוּ ׀ לֶחֶם
תְּנוּפָה שְׁתַּיִם שְׁנֵי עֶשְׂרֹנִים סֹלֶת תִּהְיֶינָה חָמֵץ תֵּאָפֶינָה בִּכּוּרִים
יח לַיְהֹוָה׃ וְהִקְרַבְתֶּם עַל־הַלֶּחֶם שִׁבְעַת כְּבָשִׂים תְּמִימִם בְּנֵי
שָׁנָה וּפַר בֶּן־בָּקָר אֶחָד וְאֵילִם שְׁנָיִם יִהְיוּ עֹלָה לַיְהֹוָה וּמִנְחָתָם
יט וְנִסְכֵּיהֶם אִשֵּׁה רֵיחַ־נִיחֹחַ לַיְהֹוָה׃ וַעֲשִׂיתֶם שְׂעִיר־עִזִּים אֶחָד
כ לְחַטָּאת וּשְׁנֵי כְבָשִׂים בְּנֵי שָׁנָה לְזֶבַח שְׁלָמִים׃ וְהֵנִיף הַכֹּהֵן ׀
אֹתָם עַל לֶחֶם הַבִּכֻּרִים תְּנוּפָה לִפְנֵי יְהֹוָה עַל־שְׁנֵי כְּבָשִׂים
כא קֹדֶשׁ יִהְיוּ לַיְהֹוָה לַכֹּהֵן׃ וּקְרָאתֶם בְּעֶצֶם ׀ הַיּוֹם הַזֶּה מִקְרָא־
קֹדֶשׁ יִהְיֶה לָכֶם כָּל־מְלֶאכֶת עֲבֹדָה לֹא תַעֲשׂוּ חֻקַּת עוֹלָם
כב בְּכָל־מוֹשְׁבֹתֵיכֶם לְדֹרֹתֵיכֶם׃ וּבְקֻצְרְכֶם אֶת־קְצִיר אַרְצְכֶם
לֹא־תְכַלֶּה פְּאַת שָׂדְךָ בְּקֻצְרֶךָ וְלֶקֶט קְצִירְךָ לֹא תְלַקֵּט לֶעָנִי
וְלַגֵּר תַּעֲזֹב אֹתָם אֲנִי יְהֹוָה אֱלֹהֵיכֶם׃
כג כד וַיְדַבֵּר יְהֹוָה אֶל־מֹשֶׁה לֵּאמֹר׃ דַּבֵּר אֶל־בְּנֵי יִשְׂרָאֵל לֵאמֹר חמישי
בַּחֹדֶשׁ הַשְּׁבִיעִי בְּאֶחָד לַחֹדֶשׁ יִהְיֶה לָכֶם שַׁבָּתוֹן זִכְרוֹן תְּרוּעָה
כה מִקְרָא־קֹדֶשׁ׃ כָּל־מְלֶאכֶת עֲבֹדָה לֹא תַעֲשׂוּ וְהִקְרַבְתֶּם אִשֶּׁה
כו כז לַיְהֹוָה׃ וַיְדַבֵּר יְהֹוָה אֶל־מֹשֶׁה לֵּאמֹר׃ אַךְ

בֶּעָשׂוֹר לַחֹדֶשׁ הַשְּׁבִיעִי הַזֶּה יוֹם הַכִּפֻּרִים הוּא מִקְרָא־קֹדֶשׁ
יִהְיֶה לָכֶם וְעִנִּיתֶם אֶת־נַפְשֹׁתֵיכֶם וְהִקְרַבְתֶּם אִשֶּׁה לַיהוָה:
כח וְכָל־מְלָאכָה לֹא תַעֲשׂוּ בְּעֶצֶם הַיּוֹם הַזֶּה כִּי יוֹם כִּפֻּרִים הוּא
כט לְכַפֵּר עֲלֵיכֶם לִפְנֵי יְהוָה אֱלֹהֵיכֶם: כִּי כָל־הַנֶּפֶשׁ אֲשֶׁר לֹא־
ל תְעֻנֶּה בְּעֶצֶם הַיּוֹם הַזֶּה וְנִכְרְתָה מֵעַמֶּיהָ: וְכָל־הַנֶּפֶשׁ אֲשֶׁר
תַּעֲשֶׂה כָּל־מְלָאכָה בְּעֶצֶם הַיּוֹם הַזֶּה וְהַאֲבַדְתִּי אֶת־הַנֶּפֶשׁ
לא הַהִוא מִקֶּרֶב עַמָּהּ: כָּל־מְלָאכָה לֹא תַעֲשׂוּ חֻקַּת עוֹלָם
לב לְדֹרֹתֵיכֶם בְּכֹל מֹשְׁבֹתֵיכֶם: שַׁבַּת שַׁבָּתוֹן הוּא לָכֶם וְעִנִּיתֶם
אֶת־נַפְשֹׁתֵיכֶם בְּתִשְׁעָה לַחֹדֶשׁ בָּעֶרֶב מֵעֶרֶב עַד־עֶרֶב תִּשְׁבְּתוּ
שַׁבַּתְּכֶם:

לג לד וַיְדַבֵּר יְהוָה אֶל־מֹשֶׁה לֵּאמֹר: דַּבֵּר אֶל־בְּנֵי יִשְׂרָאֵל לֵאמֹר ששי
בַּחֲמִשָּׁה עָשָׂר יוֹם לַחֹדֶשׁ הַשְּׁבִיעִי הַזֶּה חַג הַסֻּכּוֹת שִׁבְעַת
לה יָמִים לַיהוָה: בַּיּוֹם הָרִאשׁוֹן מִקְרָא־קֹדֶשׁ כָּל־מְלֶאכֶת עֲבֹדָה
לו לֹא תַעֲשׂוּ: שִׁבְעַת יָמִים תַּקְרִיבוּ אִשֶּׁה לַיהוָה בַּיּוֹם הַשְּׁמִינִי
מִקְרָא־קֹדֶשׁ יִהְיֶה לָכֶם וְהִקְרַבְתֶּם אִשֶּׁה לַיהוָה עֲצֶרֶת הִוא
לז כָּל־מְלֶאכֶת עֲבֹדָה לֹא תַעֲשׂוּ: אֵלֶּה מוֹעֲדֵי יְהוָה אֲשֶׁר־
תִּקְרְאוּ אֹתָם מִקְרָאֵי קֹדֶשׁ לְהַקְרִיב אִשֶּׁה לַיהוָה עֹלָה וּמִנְחָה
לח זֶבַח וּנְסָכִים דְּבַר־יוֹם בְּיוֹמוֹ: מִלְּבַד שַׁבְּתֹת יְהוָה וּמִלְּבַד
מַתְּנוֹתֵיכֶם וּמִלְּבַד כָּל־נִדְרֵיכֶם וּמִלְּבַד כָּל־נִדְבֹתֵיכֶם אֲשֶׁר
לט תִּתְּנוּ לַיהוָה: אַךְ בַּחֲמִשָּׁה עָשָׂר יוֹם לַחֹדֶשׁ הַשְּׁבִיעִי בְּאָסְפְּכֶם
אֶת־תְּבוּאַת הָאָרֶץ תָּחֹגּוּ אֶת־חַג־יְהוָה שִׁבְעַת יָמִים בַּיּוֹם
מ הָרִאשׁוֹן שַׁבָּתוֹן וּבַיּוֹם הַשְּׁמִינִי שַׁבָּתוֹן: וּלְקַחְתֶּם לָכֶם בַּיּוֹם
הָרִאשׁוֹן פְּרִי עֵץ הָדָר כַּפֹּת תְּמָרִים וַעֲנַף עֵץ־עָבֹת וְעַרְבֵי־
מא נָחַל וּשְׂמַחְתֶּם לִפְנֵי יְהוָה אֱלֹהֵיכֶם שִׁבְעַת יָמִים: וְחַגֹּתֶם
אֹתוֹ חַג לַיהוָה שִׁבְעַת יָמִים בַּשָּׁנָה חֻקַּת עוֹלָם לְדֹרֹתֵיכֶם
מב בַּחֹדֶשׁ הַשְּׁבִיעִי תָּחֹגּוּ אֹתוֹ: בַּסֻּכֹּת תֵּשְׁבוּ שִׁבְעַת יָמִים כָּל־
מג הָאֶזְרָח בְּיִשְׂרָאֵל יֵשְׁבוּ בַּסֻּכֹּת: לְמַעַן יֵדְעוּ דֹרֹתֵיכֶם כִּי בַסֻּכּוֹת

הוֹשַׁבְתִּי אֶת־בְּנֵי יִשְׂרָאֵל בְּהוֹצִיאִי אוֹתָם מֵאֶרֶץ מִצְרָיִם
אֲנִי יְהוָה אֱלֹהֵיכֶם׃ וַיְדַבֵּר מֹשֶׁה אֶת־מֹעֲדֵי יְהוָה אֶל־בְּנֵי מד
יִשְׂרָאֵל׃

שביעי וַיְדַבֵּר יְהוָה אֶל־מֹשֶׁה לֵּאמֹר׃ צַו אֶת־בְּנֵי יִשְׂרָאֵל וְיִקְחוּ אֵלֶיךָ כד א ב
שֶׁמֶן זַיִת זָךְ כָּתִית לַמָּאוֹר לְהַעֲלֹת נֵר תָּמִיד׃ מִחוּץ לְפָרֹכֶת ג
הָעֵדֻת בְּאֹהֶל מוֹעֵד יַעֲרֹךְ אֹתוֹ אַהֲרֹן מֵעֶרֶב עַד־בֹּקֶר לִפְנֵי
יְהוָה תָּמִיד חֻקַּת עוֹלָם לְדֹרֹתֵיכֶם׃ עַל הַמְּנֹרָה הַטְּהֹרָה יַעֲרֹךְ ד
אֶת־הַנֵּרוֹת לִפְנֵי יְהוָה תָּמִיד׃

וְלָקַחְתָּ סֹלֶת וְאָפִיתָ אֹתָהּ שְׁתֵּים עֶשְׂרֵה חַלּוֹת שְׁנֵי עֶשְׂרֹנִים יִהְיֶה ה
הַחַלָּה הָאֶחָת׃ וְשַׂמְתָּ אוֹתָם שְׁתַּיִם מַעֲרָכוֹת שֵׁשׁ הַמַּעֲרָכֶת ו
עַל הַשֻּׁלְחָן הַטָּהֹר לִפְנֵי יְהוָה׃ וְנָתַתָּ עַל־הַמַּעֲרֶכֶת לְבֹנָה ז
זַכָּה וְהָיְתָה לַלֶּחֶם לְאַזְכָּרָה אִשֶּׁה לַיהוָה׃ בְּיוֹם הַשַּׁבָּת בְּיוֹם ח
הַשַּׁבָּת יַעַרְכֶנּוּ לִפְנֵי יְהוָה תָּמִיד מֵאֵת בְּנֵי־יִשְׂרָאֵל בְּרִית עוֹלָם׃
וְהָיְתָה לְאַהֲרֹן וּלְבָנָיו וַאֲכָלֻהוּ בְּמָקוֹם קָדֹשׁ כִּי קֹדֶשׁ קָדָשִׁים ט
הוּא לוֹ מֵאִשֵּׁי יְהוָה חָק־עוֹלָם׃ וַיֵּצֵא בֶּן־אִשָּׁה י
יִשְׂרְאֵלִית וְהוּא בֶּן־אִישׁ מִצְרִי בְּתוֹךְ בְּנֵי יִשְׂרָאֵל וַיִּנָּצוּ בַּמַּחֲנֶה
בֶּן הַיִּשְׂרְאֵלִית וְאִישׁ הַיִּשְׂרְאֵלִי׃ וַיִּקֹּב בֶּן־הָאִשָּׁה הַיִּשְׂרְאֵלִית יא
אֶת־הַשֵּׁם וַיְקַלֵּל וַיָּבִיאוּ אֹתוֹ אֶל־מֹשֶׁה וְשֵׁם אִמּוֹ שְׁלֹמִית
בַּת־דִּבְרִי לְמַטֵּה־דָן׃ וַיַּנִּיחֻהוּ בַּמִּשְׁמָר לִפְרֹשׁ לָהֶם עַל־פִּי יב
יְהוָה׃

וַיְדַבֵּר יְהוָה אֶל־מֹשֶׁה לֵּאמֹר׃ הוֹצֵא אֶת־הַמְקַלֵּל אֶל־מִחוּץ יג יד
לַמַּחֲנֶה וְסָמְכוּ כָל־הַשֹּׁמְעִים אֶת־יְדֵיהֶם עַל־רֹאשׁוֹ וְרָגְמוּ אֹתוֹ
כָּל־הָעֵדָה׃ וְאֶל־בְּנֵי יִשְׂרָאֵל תְּדַבֵּר לֵאמֹר אִישׁ אִישׁ כִּי טו
יְקַלֵּל אֱלֹהָיו וְנָשָׂא חֶטְאוֹ׃ וְנֹקֵב שֵׁם־יְהוָה מוֹת יוּמָת רָגוֹם טז
יִרְגְּמוּ־בוֹ כָּל־הָעֵדָה כַּגֵּר כָּאֶזְרָח בְּנָקְבוֹ־שֵׁם יוּמָת׃ וְאִישׁ כִּי יז
יַכֶּה כָּל־נֶפֶשׁ אָדָם מוֹת יוּמָת׃ וּמַכֵּה נֶפֶשׁ־בְּהֵמָה יְשַׁלְּמֶנָּה יח
נֶפֶשׁ תַּחַת נָפֶשׁ׃ וְאִישׁ כִּי־יִתֵּן מוּם בַּעֲמִיתוֹ כַּאֲשֶׁר עָשָׂה כֵּן יט

כ יעשה לו: שבר תחת שבר עין תחת עין שן תחת שן כאשר
כא יתן מום באדם כן ינתן בו: ומכה בהמה ישלמנה ומכה מפטיר
כב אדם יומת: משפט אחד יהיה לכם כגר כאזרח יהיה כי אני
כג יהוה אלהיכם: וידבר משה אל־בני ישראל ויוציאו את־
המקלל אל־מחוץ למחנה וירגמו אתו אבן ובני־ישראל עשו
כאשר צוה יהוה את־משה:

כה א ב וידבר יהוה אל־משה בהר סיני לאמר: דבר אל־בני ישראל בהר סיני
ואמרת אלהם כי תבאו אל־הארץ אשר אני נתן לכם
ג ושבתה הארץ שבת ליהוה: שש שנים תזרע שדך ושש
ד שנים תזמר כרמך ואספת את־תבואתה: ובשנה השביעת
שבת שבתון יהיה לארץ שבת ליהוה שדך לא תזרע וכרמך
ה לא תזמר: את ספיח קצירך לא תקצור ואת־ענבי נזירך
ו לא תבצר שנת שבתון יהיה לארץ: והיתה שבת הארץ
לכם לאכלה לך ולעבדך ולאמתך ולשכירך ולתושבך הגרים
ז עמך: ולבהמתך ולחיה אשר בארצך תהיה כל־תבואתה
ח לאכל: וספרת לך שבע שבתת שנים שבע
שנים שבע פעמים והיו לך ימי שבע שבתת השנים תשע
ט וארבעים שנה: והעברת שופר תרועה בחדש השבעי בעשור
י לחדש ביום הכפרים תעבירו שופר בכל־ארצכם: וקדשתם
את שנת החמשים שנה וקראתם דרור בארץ לכל־ישביה
יובל הוא תהיה לכם ושבתם איש אל־אחזתו ואיש אל־
יא משפחתו תשבו: יובל הוא שנת החמשים שנה תהיה לכם
לא תזרעו ולא תקצרו את־ספיחיה ולא תבצרו את־נזריה:
יב כי יובל הוא קדש תהיה לכם מן־השדה תאכלו את־תבואתה:
יג יד בשנת היובל הזאת תשבו איש אל־אחזתו: וכי־תמכרו שני
ממכר לעמיתך או קנה מיד עמיתך אל־תונו איש את־
טו אחיו: במספר שנים אחר היובל תקנה מאת עמיתך במספר

שְׁנֵי־תְבוּאֹת יִמְכָּר־לָךְ׃ לְפִי ׀ רֹב הַשָּׁנִים תַּרְבֶּה מִקְנָתוֹ טז
וּלְפִי מְעֹט הַשָּׁנִים תַּמְעִיט מִקְנָתוֹ כִּי מִסְפַּר תְּבוּאֹת הוּא
מֹכֵר לָךְ׃ וְלֹא תוֹנוּ אִישׁ אֶת־עֲמִיתוֹ וְיָרֵאתָ מֵאֱלֹהֶיךָ כִּי יז
אֲנִי יהוה אֱלֹהֵיכֶם׃ וַעֲשִׂיתֶם אֶת־חֻקֹּתַי וְאֶת־מִשְׁפָּטַי תִּשְׁמְרוּ יח
שלישי /שני/ וַעֲשִׂיתֶם אֹתָם וִישַׁבְתֶּם עַל־הָאָרֶץ לָבֶטַח׃ וְנָתְנָה הָאָרֶץ יט
פִּרְיָהּ וַאֲכַלְתֶּם לָשֹׂבַע וִישַׁבְתֶּם לָבֶטַח עָלֶיהָ׃ וְכִי תֹאמְרוּ כ
מַה־נֹּאכַל בַּשָּׁנָה הַשְּׁבִיעִת הֵן לֹא נִזְרָע וְלֹא נֶאֱסֹף אֶת־
תְּבוּאָתֵנוּ׃ וְצִוִּיתִי אֶת־בִּרְכָתִי לָכֶם בַּשָּׁנָה הַשִּׁשִּׁית וְעָשָׂת כא
אֶת־הַתְּבוּאָה לִשְׁלֹשׁ הַשָּׁנִים׃ וּזְרַעְתֶּם אֵת הַשָּׁנָה הַשְּׁמִינִת כב
וַאֲכַלְתֶּם מִן־הַתְּבוּאָה יָשָׁן עַד ׀ הַשָּׁנָה הַתְּשִׁיעִת עַד־בּוֹא
תְּבוּאָתָהּ תֹּאכְלוּ יָשָׁן׃ וְהָאָרֶץ לֹא תִמָּכֵר לִצְמִתֻת כִּי־לִי כג
הָאָרֶץ כִּי־גֵרִים וְתוֹשָׁבִים אַתֶּם עִמָּדִי׃ וּבְכֹל אֶרֶץ אֲחֻזַּתְכֶם כד
רביעי גְּאֻלָּה תִּתְּנוּ לָאָרֶץ׃ כִּי־יָמוּךְ אָחִיךָ וּמָכַר כה
מֵאֲחֻזָּתוֹ וּבָא גֹאֲלוֹ הַקָּרֹב אֵלָיו וְגָאַל אֵת מִמְכַּר אָחִיו׃
וְאִישׁ כִּי לֹא יִהְיֶה־לּוֹ גֹּאֵל וְהִשִּׂיגָה יָדוֹ וּמָצָא כְּדֵי גְאֻלָּתוֹ׃ כו
וְחִשַּׁב אֶת־שְׁנֵי מִמְכָּרוֹ וְהֵשִׁיב אֶת־הָעֹדֵף לָאִישׁ אֲשֶׁר מָכַר־ כז
לוֹ וְשָׁב לַאֲחֻזָּתוֹ׃ וְאִם לֹא־מָצְאָה יָדוֹ דֵּי הָשִׁיב לוֹ וְהָיָה כח
מִמְכָּרוֹ בְּיַד הַקֹּנֶה אֹתוֹ עַד שְׁנַת הַיּוֹבֵל וְיָצָא בַּיֹּבֵל וְשָׁב
חמישי /שלישי/ לַאֲחֻזָּתוֹ׃ וְאִישׁ כִּי־יִמְכֹּר בֵּית־מוֹשַׁב עִיר כט
חוֹמָה וְהָיְתָה גְּאֻלָּתוֹ עַד־תֹּם שְׁנַת מִמְכָּרוֹ יָמִים תִּהְיֶה
גְאֻלָּתוֹ׃ וְאִם לֹא־יִגָּאֵל עַד־מְלֹאת לוֹ שָׁנָה תְמִימָה וְקָם ל
לוֹ הַבַּיִת אֲשֶׁר־בָּעִיר אֲשֶׁר־לא חֹמָה לַצְּמִיתֻת לַקֹּנֶה אֹתוֹ
לְדֹרֹתָיו לֹא יֵצֵא בַּיֹּבֵל׃ וּבָתֵּי הַחֲצֵרִים אֲשֶׁר אֵין־לָהֶם לא
חֹמָה סָבִיב עַל־שְׂדֵה הָאָרֶץ יֵחָשֵׁב גְּאֻלָּה תִּהְיֶה־לּוֹ וּבַיֹּבֵל
יֵצֵא׃ וְעָרֵי הַלְוִיִּם בָּתֵּי עָרֵי אֲחֻזָּתָם גְּאֻלַּת עוֹלָם תִּהְיֶה לב
לַלְוִיִּם׃ וַאֲשֶׁר יִגְאַל מִן־הַלְוִיִּם וְיָצָא מִמְכַּר־בַּיִת וְעִיר לג
אֲחֻזָּתוֹ בַּיֹּבֵל כִּי בָתֵּי עָרֵי הַלְוִיִּם הִוא אֲחֻזָּתָם בְּתוֹךְ בְּנֵי

לד יִשְׂרָאֵל׃ וּשְׂדֵה מִגְרַשׁ עָרֵיהֶם לֹא יִמָּכֵר כִּי־אֲחֻזַּת עוֹלָם הוּא
לה לָהֶם׃ וְכִי־יָמוּךְ אָחִיךָ וּמָטָה יָדוֹ עִמָּךְ וְהֶחֱזַקְתָּ כא
לו בּוֹ גֵּר וְתוֹשָׁב וָחַי עִמָּךְ׃ אַל־תִּקַּח מֵאִתּוֹ נֶשֶׁךְ וְתַרְבִּית וְיָרֵאתָ
לז מֵאֱלֹהֶיךָ וְחֵי אָחִיךָ עִמָּךְ׃ אֶת־כַּסְפְּךָ לֹא־תִתֵּן לוֹ בְּנֶשֶׁךְ
לח וּבְמַרְבִּית לֹא־תִתֵּן אָכְלֶךָ׃ אֲנִי יהוה אֱלֹהֵיכֶם אֲשֶׁר־הוֹצֵאתִי
אֶתְכֶם מֵאֶרֶץ מִצְרָיִם לָתֵת לָכֶם אֶת־אֶרֶץ כְּנַעַן לִהְיוֹת לָכֶם
לט לֵאלֹהִים׃ וְכִי־יָמוּךְ אָחִיךָ עִמָּךְ וְנִמְכַּר־לָךְ לֹא־ ששי /רביעי/
מ תַעֲבֹד בּוֹ עֲבֹדַת עָבֶד׃ כְּשָׂכִיר כְּתוֹשָׁב יִהְיֶה עִמָּךְ עַד־שְׁנַת
מא הַיֹּבֵל יַעֲבֹד עִמָּךְ׃ וְיָצָא מֵעִמָּךְ הוּא וּבָנָיו עִמּוֹ וְשָׁב אֶל־
מב מִשְׁפַּחְתּוֹ וְאֶל־אֲחֻזַּת אֲבֹתָיו יָשׁוּב׃ כִּי־עֲבָדַי הֵם אֲשֶׁר־
מג הוֹצֵאתִי אֹתָם מֵאֶרֶץ מִצְרָיִם לֹא יִמָּכְרוּ מִמְכֶּרֶת עָבֶד׃ לֹא־
מד תִרְדֶּה בוֹ בְּפָרֶךְ וְיָרֵאתָ מֵאֱלֹהֶיךָ׃ וְעַבְדְּךָ וַאֲמָתְךָ אֲשֶׁר יִהְיוּ־
לָךְ מֵאֵת הַגּוֹיִם אֲשֶׁר סְבִיבֹתֵיכֶם מֵהֶם תִּקְנוּ עֶבֶד וְאָמָה׃
מה וְגַם מִבְּנֵי הַתּוֹשָׁבִים הַגָּרִים עִמָּכֶם מֵהֶם תִּקְנוּ וּמִמִּשְׁפַּחְתָּם
אֲשֶׁר עִמָּכֶם אֲשֶׁר הוֹלִידוּ בְּאַרְצְכֶם וְהָיוּ לָכֶם לַאֲחֻזָּה׃
מו וְהִתְנַחַלְתֶּם אֹתָם לִבְנֵיכֶם אַחֲרֵיכֶם לָרֶשֶׁת אֲחֻזָּה לְעֹלָם
בָּהֶם תַּעֲבֹדוּ וּבְאַחֵיכֶם בְּנֵי־יִשְׂרָאֵל אִישׁ בְּאָחִיו לֹא־תִרְדֶּה
מז בּוֹ בְּפָרֶךְ׃ וְכִי תַשִּׂיג יַד גֵּר וְתוֹשָׁב עִמָּךְ וּמָךְ אָחִיךָ שביעי
מח עִמּוֹ וְנִמְכַּר לְגֵר תּוֹשָׁב עִמָּךְ אוֹ לְעֵקֶר מִשְׁפַּחַת גֵּר׃ אַחֲרֵי
מט נִמְכַּר גְּאֻלָּה תִּהְיֶה־לּוֹ אֶחָד מֵאֶחָיו יִגְאָלֶנּוּ׃ אוֹ־דֹדוֹ אוֹ בֶן־
דֹּדוֹ יִגְאָלֶנּוּ אוֹ־מִשְּׁאֵר בְּשָׂרוֹ מִמִּשְׁפַּחְתּוֹ יִגְאָלֶנּוּ אוֹ־הִשִּׂיגָה
נ יָדוֹ וְנִגְאָל׃ וְחִשַּׁב עִם־קֹנֵהוּ מִשְּׁנַת הִמָּכְרוֹ לוֹ עַד שְׁנַת הַיֹּבֵל
נא וְהָיָה כֶּסֶף מִמְכָּרוֹ בְּמִסְפַּר שָׁנִים כִּימֵי שָׂכִיר יִהְיֶה עִמּוֹ׃ אִם־
נב עוֹד רַבּוֹת בַּשָּׁנִים לְפִיהֶן יָשִׁיב גְּאֻלָּתוֹ מִכֶּסֶף מִקְנָתוֹ׃ וְאִם־
מְעַט נִשְׁאַר בַּשָּׁנִים עַד־שְׁנַת הַיֹּבֵל וְחִשַּׁב־לוֹ כְּפִי שָׁנָיו יָשִׁיב
נג אֶת־גְּאֻלָּתוֹ׃ כִּשְׂכִיר שָׁנָה בְּשָׁנָה יִהְיֶה עִמּוֹ לֹא־יִרְדֶּנּוּ בְּפֶרֶךְ
נד לְעֵינֶיךָ׃ וְאִם־לֹא יִגָּאֵל בְּאֵלֶּה וְיָצָא בִּשְׁנַת הַיֹּבֵל הוּא וּבָנָיו

מפטיר נה עַמּוֹ: כִּי־לִי בְנֵי־יִשְׂרָאֵל עֲבָדִים עֲבָדַי הֵם אֲשֶׁר־הוֹצֵאתִי
כו א אוֹתָם מֵאֶרֶץ מִצְרָיִם אֲנִי יְהוָה אֱלֹהֵיכֶם: לֹא־תַעֲשׂוּ לָכֶם
אֱלִילִם וּפֶסֶל וּמַצֵּבָה לֹא־תָקִימוּ לָכֶם וְאֶבֶן מַשְׂכִּית לֹא תִתְּנוּ
ב בְּאַרְצְכֶם לְהִשְׁתַּחֲוֹת עָלֶיהָ כִּי אֲנִי יְהוָה אֱלֹהֵיכֶם: אֶת־שַׁבְּתֹתַי
תִּשְׁמֹרוּ וּמִקְדָּשִׁי תִּירָאוּ אֲנִי יְהוָה:

בחקתי כב ג ד אִם־בְּחֻקֹּתַי תֵּלֵכוּ וְאֶת־מִצְוֹתַי תִּשְׁמְרוּ וַעֲשִׂיתֶם אֹתָם: וְנָתַתִּי
גִשְׁמֵיכֶם בְּעִתָּם וְנָתְנָה הָאָרֶץ יְבוּלָהּ וְעֵץ הַשָּׂדֶה יִתֵּן פִּרְיוֹ:
ה וְהִשִּׂיג לָכֶם דַּיִשׁ אֶת־בָּצִיר וּבָצִיר יַשִּׂיג אֶת־זָרַע וַאֲכַלְתֶּם
שני ו לַחְמְכֶם לָשֹׂבַע וִישַׁבְתֶּם לָבֶטַח בְּאַרְצְכֶם: וְנָתַתִּי שָׁלוֹם בָּאָרֶץ
וּשְׁכַבְתֶּם וְאֵין מַחֲרִיד וְהִשְׁבַּתִּי חַיָּה רָעָה מִן־הָאָרֶץ וְחֶרֶב
ז לֹא־תַעֲבֹר בְּאַרְצְכֶם: וּרְדַפְתֶּם אֶת־אֹיְבֵיכֶם וְנָפְלוּ לִפְנֵיכֶם
ח לֶחָרֶב: וְרָדְפוּ מִכֶּם חֲמִשָּׁה מֵאָה וּמֵאָה מִכֶּם רְבָבָה יִרְדֹּפוּ
ט וְנָפְלוּ אֹיְבֵיכֶם לִפְנֵיכֶם לֶחָרֶב: וּפָנִיתִי אֲלֵיכֶם וְהִפְרֵיתִי אֶתְכֶם
שלישי /חמישי/ י וְהִרְבֵּיתִי אֶתְכֶם וַהֲקִימֹתִי אֶת־בְּרִיתִי אִתְּכֶם: וַאֲכַלְתֶּם יָשָׁן
יא נוֹשָׁן וְיָשָׁן מִפְּנֵי חָדָשׁ תּוֹצִיאוּ: וְנָתַתִּי מִשְׁכָּנִי בְּתוֹכְכֶם וְלֹא־
יב תִגְעַל נַפְשִׁי אֶתְכֶם: וְהִתְהַלַּכְתִּי בְּתוֹכְכֶם וְהָיִיתִי לָכֶם לֵאלֹהִים
יג וְאַתֶּם תִּהְיוּ־לִי לְעָם: אֲנִי יְהוָה אֱלֹהֵיכֶם אֲשֶׁר הוֹצֵאתִי אֶתְכֶם
מֵאֶרֶץ מִצְרַיִם מִהְיֹת לָהֶם עֲבָדִים וָאֶשְׁבֹּר מֹטֹת עֻלְּכֶם וָאוֹלֵךְ
אֶתְכֶם קוֹמְמִיּוּת:

יד טו וְאִם־לֹא תִשְׁמְעוּ לִי וְלֹא תַעֲשׂוּ אֵת כָּל־הַמִּצְוֹת הָאֵלֶּה: וְאִם־
בְּחֻקֹּתַי תִּמְאָסוּ וְאִם אֶת־מִשְׁפָּטַי תִּגְעַל נַפְשְׁכֶם לְבִלְתִּי עֲשׂוֹת
טז אֶת־כָּל־מִצְוֹתַי לְהַפְרְכֶם אֶת־בְּרִיתִי: אַף־אֲנִי אֶעֱשֶׂה־זֹּאת
לָכֶם וְהִפְקַדְתִּי עֲלֵיכֶם בֶּהָלָה אֶת־הַשַּׁחֶפֶת וְאֶת־הַקַּדַּחַת
מְכַלּוֹת עֵינַיִם וּמְדִיבֹת נָפֶשׁ וּזְרַעְתֶּם לָרִיק זַרְעֲכֶם וַאֲכָלֻהוּ
יז אֹיְבֵיכֶם: וְנָתַתִּי פָנַי בָּכֶם וְנִגַּפְתֶּם לִפְנֵי אֹיְבֵיכֶם וְרָדוּ בָכֶם
יח שֹׂנְאֵיכֶם וְנַסְתֶּם וְאֵין־רֹדֵף אֶתְכֶם: וְאִם־עַד־אֵלֶּה לֹא תִשְׁמְעוּ
יט לִי וְיָסַפְתִּי לְיַסְּרָה אֶתְכֶם שֶׁבַע עַל־חַטֹּאתֵיכֶם: וְשָׁבַרְתִּי אֶת־

גְּאוֹן עֻזְּכֶם וְנָתַתִּי אֶת־שְׁמֵיכֶם כַּבַּרְזֶל וְאֶת־אַרְצְכֶם כַּנְּחֻשָׁה׃
כ וְתַם לָרִיק כֹּחֲכֶם וְלֹא־תִתֵּן אַרְצְכֶם אֶת־יְבוּלָהּ וְעֵץ הָאָרֶץ
כא לֹא יִתֵּן פִּרְיוֹ׃ וְאִם־תֵּלְכוּ עִמִּי קֶרִי וְלֹא תֹאבוּ לִשְׁמֹעַ לִי
כב וְיָסַפְתִּי עֲלֵיכֶם מַכָּה שֶׁבַע כְּחַטֹּאתֵיכֶם׃ וְהִשְׁלַחְתִּי בָכֶם אֶת־
חַיַּת הַשָּׂדֶה וְשִׁכְּלָה אֶתְכֶם וְהִכְרִיתָה אֶת־בְּהֶמְתְּכֶם וְהִמְעִיטָה
כג אֶתְכֶם וְנָשַׁמּוּ דַּרְכֵיכֶם׃ וְאִם־בְּאֵלֶּה לֹא תִוָּסְרוּ לִי וַהֲלַכְתֶּם
כד עִמִּי קֶרִי׃ וְהָלַכְתִּי אַף־אֲנִי עִמָּכֶם בְּקֶרִי וְהִכֵּיתִי אֶתְכֶם גַּם־
כה אָנִי שֶׁבַע עַל־חַטֹּאתֵיכֶם׃ וְהֵבֵאתִי עֲלֵיכֶם חֶרֶב נֹקֶמֶת
נְקַם־בְּרִית וְנֶאֱסַפְתֶּם אֶל־עָרֵיכֶם וְשִׁלַּחְתִּי דֶבֶר בְּתוֹכְכֶם
כו וְנִתַּתֶּם בְּיַד־אוֹיֵב׃ בְּשִׁבְרִי לָכֶם מַטֵּה־לֶחֶם וְאָפוּ עֶשֶׂר נָשִׁים
לַחְמְכֶם בְּתַנּוּר אֶחָד וְהֵשִׁיבוּ לַחְמְכֶם בַּמִּשְׁקָל וַאֲכַלְתֶּם וְלֹא
כז תִשְׂבָּעוּ׃ וְאִם־בְּזֹאת לֹא תִשְׁמְעוּ לִי וַהֲלַכְתֶּם
כח עִמִּי בְּקֶרִי׃ וְהָלַכְתִּי עִמָּכֶם בַּחֲמַת־קֶרִי וְיִסַּרְתִּי אֶתְכֶם אַף־
כט אָנִי שֶׁבַע עַל־חַטֹּאתֵיכֶם׃ וַאֲכַלְתֶּם בְּשַׂר בְּנֵיכֶם וּבְשַׂר בְּנֹתֵיכֶם
ל תֹּאכֵלוּ׃ וְהִשְׁמַדְתִּי אֶת־בָּמֹתֵיכֶם וְהִכְרַתִּי אֶת־חַמָּנֵיכֶם וְנָתַתִּי
לא אֶת־פִּגְרֵיכֶם עַל־פִּגְרֵי גִּלּוּלֵיכֶם וְגָעֲלָה נַפְשִׁי אֶתְכֶם׃ וְנָתַתִּי
אֶת־עָרֵיכֶם חָרְבָּה וַהֲשִׁמּוֹתִי אֶת־מִקְדְּשֵׁיכֶם וְלֹא אָרִיחַ בְּרֵיחַ
לב נִיחֹחֲכֶם׃ וַהֲשִׁמֹּתִי אֲנִי אֶת־הָאָרֶץ וְשָׁמְמוּ עָלֶיהָ אֹיְבֵיכֶם
לג הַיֹּשְׁבִים בָּהּ׃ וְאֶתְכֶם אֱזָרֶה בַגּוֹיִם וַהֲרִיקֹתִי אַחֲרֵיכֶם חָרֶב
לד וְהָיְתָה אַרְצְכֶם שְׁמָמָה וְעָרֵיכֶם יִהְיוּ חָרְבָּה׃ אָז תִּרְצֶה הָאָרֶץ
אֶת־שַׁבְּתֹתֶיהָ כֹּל יְמֵי הֳשַׁמָּה וְאַתֶּם בְּאֶרֶץ אֹיְבֵיכֶם אָז תִּשְׁבַּת
לה הָאָרֶץ וְהִרְצָת אֶת־שַׁבְּתֹתֶיהָ׃ כָּל־יְמֵי הָשַּׁמָּה תִּשְׁבֹּת אֵת
לו אֲשֶׁר לֹא־שָׁבְתָה בְּשַׁבְּתֹתֵיכֶם בְּשִׁבְתְּכֶם עָלֶיהָ׃ וְהַנִּשְׁאָרִים
בָּכֶם וְהֵבֵאתִי מֹרֶךְ בִּלְבָבָם בְּאַרְצֹת אֹיְבֵיהֶם וְרָדַף אֹתָם קוֹל
לז עָלֶה נִדָּף וְנָסוּ מְנֻסַת־חֶרֶב וְנָפְלוּ וְאֵין רֹדֵף׃ וְכָשְׁלוּ אִישׁ־
בְּאָחִיו כְּמִפְּנֵי־חֶרֶב וְרֹדֵף אָיִן וְלֹא־תִהְיֶה לָכֶם תְּקוּמָה לִפְנֵי
לח אֹיְבֵיכֶם׃ וַאֲבַדְתֶּם בַּגּוֹיִם וְאָכְלָה אֶתְכֶם אֶרֶץ אֹיְבֵיכֶם׃

והנשארים בכם ימקו בעונם בארצת איביכם ואף בעונת לט
אבתם אתם ימקו: והתודו את־עונם ואת־עון אבתם במעלם מ
אשר מעלו־בי ואף אשר־הלכו עמי בקרי: אף־אני אלך מא
עמם בקרי והבאתי אתם בארץ איביהם או־אז יכנע לבבם
הערל ואז ירצו את־עונם: וזכרתי את־בריתי יעקוב ואף מב
את־בריתי יצחק ואף את־בריתי אברהם אזכר והארץ אזכר:
והארץ תעזב מהם ותרץ את־שבתתיה בהשמה מהם והם מג
ירצו את־עונם יען וביען במשפטי מאסו ואת־חקתי געלה
נפשם: ואף גם־זאת בהיותם בארץ איביהם לא־מאסתים מד
ולא־געלתים לכלתם להפר בריתי אתם כי אני יהוה אלהיהם:
וזכרתי להם ברית ראשנים אשר הוצאתי־אתם מארץ מצרים מה
לעיני הגוים להית להם לאלהים אני יהוה: אלה החקים מו
והמשפטים והתורת אשר נתן יהוה בינו ובין בני ישראל
בהר סיני ביד־משה:

רביעי כג /ששי/ וידבר יהוה אל־משה לאמר: דבר אל־בני ישראל ואמרת א ב כז
אלהם איש כי יפלא נדר בערכך נפשת ליהוה: והיה ערכך ג
הזכר מבן עשרים שנה ועד בן־ששים שנה והיה ערכך
חמשים שקל כסף בשקל הקדש: ואם־נקבה הוא והיה ד
ערכך שלשים שקל: ואם מבן־חמש שנים ועד בן־עשרים ה
שנה והיה ערכך הזכר עשרים שקלים ולנקבה עשרת שקלים:
ואם מבן־חדש ועד בן־חמש שנים והיה ערכך הזכר חמשה ו
שקלים כסף ולנקבה ערכך שלשת שקלים כסף: ואם מבן־ ז
ששים שנה ומעלה אם־זכר והיה ערכך חמשה עשר שקל
ולנקבה עשרה שקלים: ואם־מך הוא מערכך והעמידו לפני ח
הכהן והעריך אתו הכהן על־פי אשר תשיג יד הנדר יעריכנו
הכהן: ואם־בהמה אשר יקריבו ממנה קרבן ט
ליהוה כל אשר יתן ממנו ליהוה יהיה־קדש: לא יחליפנו י

וְלֹא־יָמִיר אֹתוֹ טוֹב בְּרָע אוֹ־רַע בְּטוֹב וְאִם־הָמֵר יָמִיר בְּהֵמָה
יא בִּבְהֵמָה וְהָיָה־הוּא וּתְמוּרָתוֹ יִהְיֶה־קֹּדֶשׁ׃ וְאִם כָּל־בְּהֵמָה
טְמֵאָה אֲשֶׁר לֹא־יַקְרִיבוּ מִמֶּנָּה קָרְבָּן לַיהוָה וְהֶעֱמִיד אֶת־
יב הַבְּהֵמָה לִפְנֵי הַכֹּהֵן׃ וְהֶעֱרִיךְ הַכֹּהֵן אֹתָהּ בֵּין טוֹב וּבֵין רָע
יג כְּעֶרְכְּךָ הַכֹּהֵן כֵּן יִהְיֶה׃ וְאִם־גָּאֹל יִגְאָלֶנָּה וְיָסַף חֲמִישִׁתוֹ עַל־
יד עֶרְכֶּךָ׃ וְאִישׁ כִּי־יַקְדִּשׁ אֶת־בֵּיתוֹ קֹדֶשׁ לַיהוָה וְהֶעֱרִיכוֹ הַכֹּהֵן
טו בֵּין טוֹב וּבֵין רָע כַּאֲשֶׁר יַעֲרִיךְ אֹתוֹ הַכֹּהֵן כֵּן יָקוּם׃ וְאִם־
הַמַּקְדִּישׁ יִגְאַל אֶת־בֵּיתוֹ וְיָסַף חֲמִישִׁית כֶּסֶף־עֶרְכְּךָ עָלָיו
טז וְהָיָה לוֹ׃ וְאִם ׀ מִשְּׂדֵה אֲחֻזָּתוֹ יַקְדִּישׁ אִישׁ לַיהוָה וְהָיָה עֶרְכְּךָ חמישי /שביעי/
יז לְפִי זַרְעוֹ זֶרַע חֹמֶר שְׂעֹרִים בַּחֲמִשִּׁים שֶׁקֶל כָּסֶף׃ אִם־מִשְּׁנַת
יח הַיֹּבֵל יַקְדִּישׁ שָׂדֵהוּ כְּעֶרְכְּךָ יָקוּם׃ וְאִם־אַחַר הַיֹּבֵל יַקְדִּישׁ
שָׂדֵהוּ וְחִשַּׁב־לוֹ הַכֹּהֵן אֶת־הַכֶּסֶף עַל־פִּי הַשָּׁנִים הַנּוֹתָרֹת
יט עַד שְׁנַת הַיֹּבֵל וְנִגְרַע מֵעֶרְכֶּךָ׃ וְאִם־גָּאֹל יִגְאַל אֶת־הַשָּׂדֶה
כ הַמַּקְדִּישׁ אֹתוֹ וְיָסַף חֲמִשִׁית כֶּסֶף־עֶרְכְּךָ עָלָיו וְקָם לוֹ׃ וְאִם־
לֹא יִגְאַל אֶת־הַשָּׂדֶה וְאִם־מָכַר אֶת־הַשָּׂדֶה לְאִישׁ אַחֵר לֹא־
כא יִגָּאֵל עוֹד׃ וְהָיָה הַשָּׂדֶה בְּצֵאתוֹ בַיֹּבֵל קֹדֶשׁ לַיהוָה כִּשְׂדֵה
כב הַחֵרֶם לַכֹּהֵן תִּהְיֶה אֲחֻזָּתוֹ׃ וְאִם אֶת־שְׂדֵה מִקְנָתוֹ אֲשֶׁר לֹא ששי
כג מִשְּׂדֵה אֲחֻזָּתוֹ יַקְדִּישׁ לַיהוָה׃ וְחִשַּׁב־לוֹ הַכֹּהֵן אֵת מִכְסַת
הָעֶרְכְּךָ עַד שְׁנַת הַיֹּבֵל וְנָתַן אֶת־הָעֶרְכְּךָ בַּיּוֹם הַהוּא קֹדֶשׁ
כד לַיהוָה׃ בִּשְׁנַת הַיּוֹבֵל יָשׁוּב הַשָּׂדֶה לַאֲשֶׁר קָנָהוּ מֵאִתּוֹ
כה לַאֲשֶׁר־לוֹ אֲחֻזַּת הָאָרֶץ׃ וְכָל־עֶרְכְּךָ יִהְיֶה בְּשֶׁקֶל הַקֹּדֶשׁ
כו עֶשְׂרִים גֵּרָה יִהְיֶה הַשָּׁקֶל׃ אַךְ־בְּכוֹר אֲשֶׁר יְבֻכַּר לַיהוָה
בִּבְהֵמָה לֹא־יַקְדִּישׁ אִישׁ אֹתוֹ אִם־שׁוֹר אִם־שֶׂה לַיהוָה
כז הוּא׃ וְאִם בַּבְּהֵמָה הַטְּמֵאָה וּפָדָה בְעֶרְכֶּךָ וְיָסַף חֲמִשִׁתוֹ עָלָיו
כח וְאִם־לֹא יִגָּאֵל וְנִמְכַּר בְּעֶרְכֶּךָ׃ אַךְ כָּל־חֵרֶם אֲשֶׁר יַחֲרִם אִישׁ
לַיהוָה מִכָּל־אֲשֶׁר־לוֹ מֵאָדָם וּבְהֵמָה וּמִשְּׂדֵה אֲחֻזָּתוֹ לֹא
כט יִמָּכֵר וְלֹא יִגָּאֵל כָּל־חֵרֶם קֹדֶשׁ־קָדָשִׁים הוּא לַיהוָה׃ כָּל־חֵרֶם שביעי

אֲשֶׁר יׇחֳרַם מִן־הָאָדָם לֹא יִפָּדֶה מוֹת יוּמָת: וְכׇל־מַעְשַׂר ל
הָאָרֶץ מִזֶּרַע הָאָרֶץ מִפְּרִי הָעֵץ לַיהוָה הוּא קֹדֶשׁ לַיהוָה:
מפטיר וְאִם־גָּאֹל יִגְאַל אִישׁ מִמַּעַשְׂרוֹ חֲמִשִׁיתוֹ יֹסֵף עָלָיו: וְכׇל־ לא לב
מַעְשַׂר בָּקָר וָצֹאן כֹּל אֲשֶׁר־יַעֲבֹר תַּחַת הַשָּׁבֶט הָעֲשִׂירִי יִהְיֶה־
קֹדֶשׁ לַיהוָה: לֹא יְבַקֵּר בֵּין־טוֹב לָרַע וְלֹא יְמִירֶנּוּ וְאִם־הָמֵר לג
יְמִירֶנּוּ וְהָיָה־הוּא וּתְמוּרָתוֹ יִהְיֶה־קֹּדֶשׁ לֹא יִגָּאֵל: אֵלֶּה לד
הַמִּצְוֺת אֲשֶׁר צִוָּה יהוה אֶת־מֹשֶׁה אֶל־בְּנֵי יִשְׂרָאֵל בְּהַר סִינָי:

במדבר

א א וַיְדַבֵּר יְהוָה אֶל־מֹשֶׁה בְּמִדְבַּר סִינַי בְּאֹהֶל מוֹעֵד בְּאֶחָד לַחֹדֶשׁ
ב הַשֵּׁנִי בַּשָּׁנָה הַשֵּׁנִית לְצֵאתָם מֵאֶרֶץ מִצְרַיִם לֵאמֹר׃ שְׂאוּ אֶת־
רֹאשׁ כָּל־עֲדַת בְּנֵי־יִשְׂרָאֵל לְמִשְׁפְּחֹתָם לְבֵית אֲבֹתָם בְּמִסְפַּר
ג שֵׁמוֹת כָּל־זָכָר לְגֻלְגְּלֹתָם׃ מִבֶּן עֶשְׂרִים שָׁנָה וָמַעְלָה כָּל־יֹצֵא
ד צָבָא בְּיִשְׂרָאֵל תִּפְקְדוּ אֹתָם לְצִבְאֹתָם אַתָּה וְאַהֲרֹן׃ וְאִתְּכֶם
ה יִהְיוּ אִישׁ אִישׁ לַמַּטֶּה אִישׁ רֹאשׁ לְבֵית־אֲבֹתָיו הוּא׃ וְאֵלֶּה
שְׁמוֹת הָאֲנָשִׁים אֲשֶׁר יַעַמְדוּ אִתְּכֶם לִרְאוּבֵן אֱלִיצוּר בֶּן־
ו ז שְׁדֵיאוּר׃ לְשִׁמְעוֹן שְׁלֻמִיאֵל בֶּן־צוּרִישַׁדָּי׃ לִיהוּדָה נַחְשׁוֹן בֶּן־
ח ט עַמִּינָדָב׃ לְיִשָּׂשכָר נְתַנְאֵל בֶּן־צוּעָר׃ לִזְבוּלֻן אֱלִיאָב בֶּן־חֵלֹן׃
י לִבְנֵי יוֹסֵף לְאֶפְרַיִם אֱלִישָׁמָע בֶּן־עַמִּיהוּד לִמְנַשֶּׁה גַּמְלִיאֵל בֶּן־
יא יב פְּדָהצוּר׃ לְבִנְיָמִן אֲבִידָן בֶּן־גִּדְעֹנִי׃ לְדָן אֲחִיעֶזֶר בֶּן־עַמִּישַׁדָּי׃
יג יד טו לְאָשֵׁר פַּגְעִיאֵל בֶּן־עָכְרָן׃ לְגָד אֶלְיָסָף בֶּן־דְּעוּאֵל׃ לְנַפְתָּלִי
טז אֲחִירַע בֶּן־עֵינָן׃ אֵלֶּה קריאי הָעֵדָה נְשִׂיאֵי מַטּוֹת אֲבוֹתָם רָאשֵׁי קְרוּאֵי
יז אַלְפֵי יִשְׂרָאֵל הֵם׃ וַיִּקַּח מֹשֶׁה וְאַהֲרֹן אֵת הָאֲנָשִׁים הָאֵלֶּה
יח אֲשֶׁר נִקְּבוּ בְּשֵׁמוֹת׃ וְאֵת כָּל־הָעֵדָה הִקְהִילוּ בְּאֶחָד לַחֹדֶשׁ
הַשֵּׁנִי וַיִּתְיַלְדוּ עַל־מִשְׁפְּחֹתָם לְבֵית אֲבֹתָם בְּמִסְפַּר שֵׁמוֹת
יט מִבֶּן עֶשְׂרִים שָׁנָה וָמַעְלָה לְגֻלְגְּלֹתָם׃ כַּאֲשֶׁר צִוָּה יְהוָה אֶת־
כ מֹשֶׁה וַיִּפְקְדֵם בְּמִדְבַּר סִינָי׃ וַיִּהְיוּ בְנֵי־רְאוּבֵן שני
בְּכֹר יִשְׂרָאֵל תּוֹלְדֹתָם לְמִשְׁפְּחֹתָם לְבֵית אֲבֹתָם בְּמִסְפַּר
שֵׁמוֹת לְגֻלְגְּלֹתָם כָּל־זָכָר מִבֶּן עֶשְׂרִים שָׁנָה וָמַעְלָה כֹּל יֹצֵא
כא צָבָא׃ פְּקֻדֵיהֶם לְמַטֵּה רְאוּבֵן שִׁשָּׁה וְאַרְבָּעִים אֶלֶף וַחֲמֵשׁ
מֵאוֹת׃

כב לִבְנֵי שִׁמְעוֹן תּוֹלְדֹתָם לְמִשְׁפְּחֹתָם לְבֵית אֲבֹתָם פְּקֻדָיו בְּמִסְפַּר
שֵׁמוֹת לְגֻלְגְּלֹתָם כָּל־זָכָר מִבֶּן עֶשְׂרִים שָׁנָה וָמַעְלָה כֹּל יֹצֵא
כג צָבָא׃ פְּקֻדֵיהֶם לְמַטֵּה שִׁמְעוֹן תִּשְׁעָה וַחֲמִשִּׁים אֶלֶף וּשְׁלֹשׁ
מֵאוֹת׃

כד לִבְנֵי גָד תּוֹלְדֹתָם לְמִשְׁפְּחֹתָם לְבֵית אֲבֹתָם בְּמִסְפַּר שֵׁמוֹת

מִבֶּן עֶשְׂרִים שָׁנָה וָמַעְלָה כֹּל יֹצֵא צָבָא׃ פְּקֻדֵיהֶם לְמַטֵּה גָד כה
חֲמִשָּׁה וְאַרְבָּעִים אֶלֶף וְשֵׁשׁ מֵאוֹת וַחֲמִשִּׁים׃
לִבְנֵי יְהוּדָה תּוֹלְדֹתָם לְמִשְׁפְּחֹתָם לְבֵית אֲבֹתָם בְּמִסְפַּר שֵׁמֹת כו
מִבֶּן עֶשְׂרִים שָׁנָה וָמַעְלָה כֹּל יֹצֵא צָבָא׃ פְּקֻדֵיהֶם לְמַטֵּה יְהוּדָה כז
אַרְבָּעָה וְשִׁבְעִים אֶלֶף וְשֵׁשׁ מֵאוֹת׃
לִבְנֵי יִשָּׂשכָר תּוֹלְדֹתָם לְמִשְׁפְּחֹתָם לְבֵית אֲבֹתָם בְּמִסְפַּר כח
שֵׁמֹת מִבֶּן עֶשְׂרִים שָׁנָה וָמַעְלָה כֹּל יֹצֵא צָבָא׃ פְּקֻדֵיהֶם לְמַטֵּה כט
יִשָּׂשכָר אַרְבָּעָה וַחֲמִשִּׁים אֶלֶף וְאַרְבַּע מֵאוֹת׃
לִבְנֵי זְבוּלֻן תּוֹלְדֹתָם לְמִשְׁפְּחֹתָם לְבֵית אֲבֹתָם בְּמִסְפַּר שֵׁמֹת ל
מִבֶּן עֶשְׂרִים שָׁנָה וָמַעְלָה כֹּל יֹצֵא צָבָא׃ פְּקֻדֵיהֶם לְמַטֵּה זְבוּלֻן לא
שִׁבְעָה וַחֲמִשִּׁים אֶלֶף וְאַרְבַּע מֵאוֹת׃
לִבְנֵי יוֹסֵף לִבְנֵי אֶפְרַיִם תּוֹלְדֹתָם לְמִשְׁפְּחֹתָם לְבֵית אֲבֹתָם לב
בְּמִסְפַּר שֵׁמֹת מִבֶּן עֶשְׂרִים שָׁנָה וָמַעְלָה כֹּל יֹצֵא צָבָא׃ פְּקֻדֵיהֶם לג
לְמַטֵּה אֶפְרָיִם אַרְבָּעִים אֶלֶף וַחֲמֵשׁ מֵאוֹת׃
לִבְנֵי מְנַשֶּׁה תּוֹלְדֹתָם לְמִשְׁפְּחֹתָם לְבֵית אֲבֹתָם בְּמִסְפַּר שֵׁמוֹת לד
מִבֶּן עֶשְׂרִים שָׁנָה וָמַעְלָה כֹּל יֹצֵא צָבָא׃ פְּקֻדֵיהֶם לְמַטֵּה מְנַשֶּׁה לה
שְׁנַיִם וּשְׁלֹשִׁים אֶלֶף וּמָאתָיִם׃
לִבְנֵי בִנְיָמִן תּוֹלְדֹתָם לְמִשְׁפְּחֹתָם לְבֵית אֲבֹתָם בְּמִסְפַּר שֵׁמֹת לו
מִבֶּן עֶשְׂרִים שָׁנָה וָמַעְלָה כֹּל יֹצֵא צָבָא׃ פְּקֻדֵיהֶם לְמַטֵּה בִנְיָמִן לז
חֲמִשָּׁה וּשְׁלֹשִׁים אֶלֶף וְאַרְבַּע מֵאוֹת׃
לִבְנֵי דָן תּוֹלְדֹתָם לְמִשְׁפְּחֹתָם לְבֵית אֲבֹתָם בְּמִסְפַּר שֵׁמֹת מִבֶּן לח
עֶשְׂרִים שָׁנָה וָמַעְלָה כֹּל יֹצֵא צָבָא׃ פְּקֻדֵיהֶם לְמַטֵּה דָן שְׁנַיִם לט
וְשִׁשִּׁים אֶלֶף וּשְׁבַע מֵאוֹת׃
לִבְנֵי אָשֵׁר תּוֹלְדֹתָם לְמִשְׁפְּחֹתָם לְבֵית אֲבֹתָם בְּמִסְפַּר שֵׁמֹת מ
מִבֶּן עֶשְׂרִים שָׁנָה וָמַעְלָה כֹּל יֹצֵא צָבָא׃ פְּקֻדֵיהֶם לְמַטֵּה אָשֵׁר מא
אֶחָד וְאַרְבָּעִים אֶלֶף וַחֲמֵשׁ מֵאוֹת׃
בְּנֵי נַפְתָּלִי תּוֹלְדֹתָם לְמִשְׁפְּחֹתָם לְבֵית אֲבֹתָם בְּמִסְפַּר שֵׁמֹת מב

מג מִבֶּן עֶשְׂרִים שָׁנָה וָמַעְלָה כֹּל יֹצֵא צָבָא: פְּקֻדֵיהֶם לְמַטֵּה נַפְתָּלִי
שְׁלֹשָׁה וַחֲמִשִּׁים אֶלֶף וְאַרְבַּע מֵאוֹת:
מד אֵלֶּה הַפְּקֻדִים אֲשֶׁר פָּקַד מֹשֶׁה וְאַהֲרֹן וּנְשִׂיאֵי יִשְׂרָאֵל שְׁנֵים
מה עָשָׂר אִישׁ אִישׁ־אֶחָד לְבֵית־אֲבֹתָיו הָיוּ: וַיִּהְיוּ כָּל־פְּקוּדֵי בְנֵי־
יִשְׂרָאֵל לְבֵית אֲבֹתָם מִבֶּן עֶשְׂרִים שָׁנָה וָמַעְלָה כָּל־יֹצֵא צָבָא
מו בְּיִשְׂרָאֵל: וַיִּהְיוּ כָּל־הַפְּקֻדִים שֵׁשׁ־מֵאוֹת אֶלֶף וּשְׁלֹשֶׁת אֲלָפִים
מז וַחֲמֵשׁ מֵאוֹת וַחֲמִשִּׁים: וְהַלְוִיִּם לְמַטֵּה אֲבֹתָם לֹא הָתְפָּקְדוּ
בְּתוֹכָם:
מח מט וַיְדַבֵּר יְהוָה אֶל־מֹשֶׁה לֵּאמֹר: אַךְ אֶת־מַטֵּה לֵוִי לֹא תִפְקֹד
נ וְאֶת־רֹאשָׁם לֹא תִשָּׂא בְּתוֹךְ בְּנֵי יִשְׂרָאֵל: וְאַתָּה הַפְקֵד אֶת־
הַלְוִיִּם עַל־מִשְׁכַּן הָעֵדֻת וְעַל כָּל־כֵּלָיו וְעַל כָּל־אֲשֶׁר־לוֹ הֵמָּה
יִשְׂאוּ אֶת־הַמִּשְׁכָּן וְאֶת־כָּל־כֵּלָיו וְהֵם יְשָׁרְתֻהוּ וְסָבִיב לַמִּשְׁכָּן
נא יַחֲנוּ: וּבִנְסֹעַ הַמִּשְׁכָּן יוֹרִידוּ אֹתוֹ הַלְוִיִּם וּבַחֲנֹת הַמִּשְׁכָּן יָקִימוּ
נב אֹתוֹ הַלְוִיִּם וְהַזָּר הַקָּרֵב יוּמָת: וְחָנוּ בְּנֵי יִשְׂרָאֵל אִישׁ עַל־
נג מַחֲנֵהוּ וְאִישׁ עַל־דִּגְלוֹ לְצִבְאֹתָם: וְהַלְוִיִּם יַחֲנוּ סָבִיב לְמִשְׁכַּן
הָעֵדֻת וְלֹא־יִהְיֶה קֶצֶף עַל־עֲדַת בְּנֵי יִשְׂרָאֵל וְשָׁמְרוּ הַלְוִיִּם
נד אֶת־מִשְׁמֶרֶת מִשְׁכַּן הָעֵדוּת: וַיַּעֲשׂוּ בְּנֵי יִשְׂרָאֵל כְּכֹל אֲשֶׁר
צִוָּה יְהוָה אֶת־מֹשֶׁה כֵּן עָשׂוּ:
ב א ב וַיְדַבֵּר יְהוָה אֶל־מֹשֶׁה וְאֶל־אַהֲרֹן לֵאמֹר: אִישׁ עַל־דִּגְלוֹ ב שלישי
בְאֹתֹת לְבֵית אֲבֹתָם יַחֲנוּ בְּנֵי יִשְׂרָאֵל מִנֶּגֶד סָבִיב לְאֹהֶל־
ג מוֹעֵד יַחֲנוּ: וְהַחֹנִים קֵדְמָה מִזְרָחָה דֶּגֶל מַחֲנֵה יְהוּדָה לְצִבְאֹתָם
ד וְנָשִׂיא לִבְנֵי יְהוּדָה נַחְשׁוֹן בֶּן־עַמִּינָדָב: וּצְבָאוֹ וּפְקֻדֵיהֶם
ה אַרְבָּעָה וְשִׁבְעִים אֶלֶף וְשֵׁשׁ מֵאוֹת: וְהַחֹנִים עָלָיו מַטֵּה
ו יִשָּׂשכָר וְנָשִׂיא לִבְנֵי יִשָּׂשכָר נְתַנְאֵל בֶּן־צוּעָר: וּצְבָאוֹ וּפְקֻדָיו
ז אַרְבָּעָה וַחֲמִשִּׁים אֶלֶף וְאַרְבַּע מֵאוֹת: מַטֵּה זְבוּלֻן וְנָשִׂיא
ח לִבְנֵי זְבוּלֻן אֱלִיאָב בֶּן־חֵלֹן: וּצְבָאוֹ וּפְקֻדָיו שִׁבְעָה וַחֲמִשִּׁים
ט אֶלֶף וְאַרְבַּע מֵאוֹת: כָּל־הַפְּקֻדִים לְמַחֲנֵה יְהוּדָה מְאַת אֶלֶף

וּשְׁמֹנִים אֶלֶף וְשֵׁשֶׁת־אֲלָפִים וְאַרְבַּע־מֵאוֹת לְצִבְאֹתָם רִאשֹׁנָה
יִסָּעוּ׃ דֶּגֶל מַחֲנֵה רְאוּבֵן תֵּימָנָה לְצִבְאֹתָם י
וְנָשִׂיא לִבְנֵי רְאוּבֵן אֱלִיצוּר בֶּן־שְׁדֵיאוּר׃ וּצְבָאוֹ וּפְקֻדָיו יא
שִׁשָּׁה וְאַרְבָּעִים אֶלֶף וַחֲמֵשׁ מֵאוֹת׃ וְהַחוֹנִם עָלָיו מַטֵּה שִׁמְעוֹן יב
וְנָשִׂיא לִבְנֵי שִׁמְעוֹן שְׁלֻמִיאֵל בֶּן־צוּרִישַׁדָּי׃ וּצְבָאוֹ וּפְקֻדֵיהֶם יג
תִּשְׁעָה וַחֲמִשִּׁים אֶלֶף וּשְׁלֹשׁ מֵאוֹת׃ וּמַטֵּה גָּד וְנָשִׂיא לִבְנֵי גָד יד
אֶלְיָסָף בֶּן־רְעוּאֵל׃ וּצְבָאוֹ וּפְקֻדֵיהֶם חֲמִשָּׁה וְאַרְבָּעִים אֶלֶף טו
וְשֵׁשׁ מֵאוֹת וַחֲמִשִּׁים׃ כָּל־הַפְּקֻדִים לְמַחֲנֵה רְאוּבֵן מְאַת טז
אֶלֶף וְאֶחָד וַחֲמִשִּׁים אֶלֶף וְאַרְבַּע־מֵאוֹת וַחֲמִשִּׁים לְצִבְאֹתָם
וּשְׁנִיִּם יִסָּעוּ׃ וְנָסַע אֹהֶל־מוֹעֵד מַחֲנֵה יז
הַלְוִיִּם בְּתוֹךְ הַמַּחֲנֹת כַּאֲשֶׁר יַחֲנוּ כֵּן יִסָּעוּ אִישׁ עַל־יָדוֹ
לְדִגְלֵיהֶם׃ דֶּגֶל מַחֲנֵה אֶפְרַיִם לְצִבְאֹתָם יח
יָמָּה וְנָשִׂיא לִבְנֵי אֶפְרַיִם אֱלִישָׁמָע בֶּן־עַמִּיהוּד׃ וּצְבָאוֹ וּפְקֻדֵיהֶם יט
אַרְבָּעִים אֶלֶף וַחֲמֵשׁ מֵאוֹת׃ וְעָלָיו מַטֵּה מְנַשֶּׁה וְנָשִׂיא לִבְנֵי כ
מְנַשֶּׁה גַּמְלִיאֵל בֶּן־פְּדָהצוּר׃ וּצְבָאוֹ וּפְקֻדֵיהֶם שְׁנַיִם וּשְׁלֹשִׁים כא
אֶלֶף וּמָאתָיִם׃ וּמַטֵּה בִּנְיָמִן וְנָשִׂיא לִבְנֵי בִנְיָמִן אֲבִידָן בֶּן־ כב
גִּדְעֹנִי׃ וּצְבָאוֹ וּפְקֻדֵיהֶם חֲמִשָּׁה וּשְׁלֹשִׁים אֶלֶף וְאַרְבַּע מֵאוֹת׃ כג
כָּל־הַפְּקֻדִים לְמַחֲנֵה אֶפְרַיִם מְאַת אֶלֶף וּשְׁמֹנַת־אֲלָפִים וּמֵאָה כד
לְצִבְאֹתָם וּשְׁלִשִׁים יִסָּעוּ׃ דֶּגֶל מַחֲנֵה דָן צָפֹנָה כה
לְצִבְאֹתָם וְנָשִׂיא לִבְנֵי דָן אֲחִיעֶזֶר בֶּן־עַמִּישַׁדָּי׃ וּצְבָאוֹ וּפְקֻדֵיהֶם כו
שְׁנַיִם וְשִׁשִּׁים אֶלֶף וּשְׁבַע מֵאוֹת׃ וְהַחֹנִים עָלָיו מַטֵּה אָשֵׁר כז
וְנָשִׂיא לִבְנֵי אָשֵׁר פַּגְעִיאֵל בֶּן־עָכְרָן׃ וּצְבָאוֹ וּפְקֻדֵיהֶם אֶחָד כח
וְאַרְבָּעִים אֶלֶף וַחֲמֵשׁ מֵאוֹת׃ וּמַטֵּה נַפְתָּלִי וְנָשִׂיא לִבְנֵי נַפְתָּלִי כט
אֲחִירַע בֶּן־עֵינָן׃ וּצְבָאוֹ וּפְקֻדֵיהֶם שְׁלֹשָׁה וַחֲמִשִּׁים אֶלֶף וְאַרְבַּע ל
מֵאוֹת׃ כָּל־הַפְּקֻדִים לְמַחֲנֵה דָן מְאַת אֶלֶף וְשִׁבְעָה וַחֲמִשִּׁים לא
אֶלֶף וְשֵׁשׁ מֵאוֹת לָאַחֲרֹנָה יִסְעוּ לְדִגְלֵיהֶם׃
אֵלֶּה פְּקוּדֵי בְנֵי־יִשְׂרָאֵל לְבֵית אֲבֹתָם כָּל־פְּקוּדֵי הַמַּחֲנֹת לב

לְצִבְאֹתָם שֵׁשׁ־מֵאוֹת אֶלֶף וּשְׁלֹשֶׁת אֲלָפִים וַחֲמֵשׁ מֵאוֹת
לג וַחֲמִשִּׁים׃ וְהַלְוִיִּם לֹא הָתְפָּקְדוּ בְּתוֹךְ בְּנֵי יִשְׂרָאֵל כַּאֲשֶׁר צִוָּה
לד יהוה אֶת־מֹשֶׁה׃ וַיַּעֲשׂוּ בְּנֵי יִשְׂרָאֵל כְּכֹל אֲשֶׁר־צִוָּה יהוה
אֶת־מֹשֶׁה כֵּן־חָנוּ לְדִגְלֵיהֶם וְכֵן נָסָעוּ אִישׁ לְמִשְׁפְּחֹתָיו עַל־
בֵּית אֲבֹתָיו׃

ג א וְאֵלֶּה תּוֹלְדֹת אַהֲרֹן וּמֹשֶׁה בְּיוֹם דִּבֶּר יהוה אֶת־מֹשֶׁה בְּהַר ג רביעי
ב סִינָי׃ וְאֵלֶּה שְׁמוֹת בְּנֵי־אַהֲרֹן הַבְּכֹר ׀ נָדָב וַאֲבִיהוּא אֶלְעָזָר
ג וְאִיתָמָר׃ אֵלֶּה שְׁמוֹת בְּנֵי אַהֲרֹן הַכֹּהֲנִים הַמְּשֻׁחִים אֲשֶׁר־מִלֵּא
ד יָדָם לְכַהֵן׃ וַיָּמָת נָדָב וַאֲבִיהוּא לִפְנֵי יהוה בְּהַקְרִבָם אֵשׁ זָרָה
לִפְנֵי יהוה בְּמִדְבַּר סִינַי וּבָנִים לֹא־הָיוּ לָהֶם וַיְכַהֵן אֶלְעָזָר
וְאִיתָמָר עַל־פְּנֵי אַהֲרֹן אֲבִיהֶם׃
ה ו וַיְדַבֵּר יהוה אֶל־מֹשֶׁה לֵּאמֹר׃ הַקְרֵב אֶת־מַטֵּה לֵוִי וְהַעֲמַדְתָּ
ז אֹתוֹ לִפְנֵי אַהֲרֹן הַכֹּהֵן וְשֵׁרְתוּ אֹתוֹ׃ וְשָׁמְרוּ אֶת־מִשְׁמַרְתּוֹ
וְאֶת־מִשְׁמֶרֶת כָּל־הָעֵדָה לִפְנֵי אֹהֶל מוֹעֵד לַעֲבֹד אֶת־עֲבֹדַת
ח הַמִּשְׁכָּן׃ וְשָׁמְרוּ אֶת־כָּל־כְּלֵי אֹהֶל מוֹעֵד וְאֶת־מִשְׁמֶרֶת
ט בְּנֵי יִשְׂרָאֵל לַעֲבֹד אֶת־עֲבֹדַת הַמִּשְׁכָּן׃ וְנָתַתָּה אֶת־הַלְוִיִּם
לְאַהֲרֹן וּלְבָנָיו נְתוּנִם נְתוּנִם הֵמָּה לוֹ מֵאֵת בְּנֵי יִשְׂרָאֵל׃
י וְאֶת־אַהֲרֹן וְאֶת־בָּנָיו תִּפְקֹד וְשָׁמְרוּ אֶת־כְּהֻנָּתָם וְהַזָּר הַקָּרֵב
יוּמָת׃
יא יב וַיְדַבֵּר יהוה אֶל־מֹשֶׁה לֵּאמֹר׃ וַאֲנִי הִנֵּה לָקַחְתִּי אֶת־הַלְוִיִּם
מִתּוֹךְ בְּנֵי יִשְׂרָאֵל תַּחַת כָּל־בְּכוֹר פֶּטֶר רֶחֶם מִבְּנֵי יִשְׂרָאֵל
יג וְהָיוּ לִי הַלְוִיִּם׃ כִּי לִי כָּל־בְּכוֹר בְּיוֹם הַכֹּתִי כָל־בְּכוֹר בְּאֶרֶץ
מִצְרַיִם הִקְדַּשְׁתִּי לִי כָל־בְּכוֹר בְּיִשְׂרָאֵל מֵאָדָם עַד־בְּהֵמָה
לִי יִהְיוּ אֲנִי יהוה׃
יד טו וַיְדַבֵּר יהוה אֶל־מֹשֶׁה בְּמִדְבַּר סִינַי לֵאמֹר׃ פְּקֹד אֶת־בְּנֵי לֵוִי חמישי
לְבֵית אֲבֹתָם לְמִשְׁפְּחֹתָם כָּל־זָכָר מִבֶּן־חֹדֶשׁ וָמַעְלָה תִּפְקְדֵם׃
טז יז וַיִּפְקֹד אֹתָם מֹשֶׁה עַל־פִּי יהוה כַּאֲשֶׁר צֻוָּה׃ וַיִּהְיוּ־אֵלֶּה בְנֵי־

יח לֵוִ֖י בִּשְׁמֹתָ֑ם גֵּרְשׁ֕וֹן וּקְהָ֖ת וּמְרָרִֽי׃ וְאֵ֛לֶּה שְׁמ֥וֹת בְּנֵֽי־גֵרְשׁ֖וֹן
יט לְמִשְׁפְּחֹתָ֑ם לִבְנִ֖י וְשִׁמְעִֽי׃ וּבְנֵ֥י קְהָ֖ת לְמִשְׁפְּחֹתָ֑ם עַמְרָ֣ם וְיִצְהָ֔ר
כ חֶבְר֖וֹן וְעֻזִּיאֵֽל׃ וּבְנֵ֧י מְרָרִ֛י לְמִשְׁפְּחֹתָ֖ם מַחְלִ֣י וּמוּשִׁ֑י אֵ֥לֶּה הֵ֛ם
כא מִשְׁפְּחֹ֥ת הַלֵּוִ֖י לְבֵ֥ית אֲבֹתָֽם׃ לְגֵרְשׁ֕וֹן מִשְׁפַּ֙חַת֙ הַלִּבְנִ֔י וּמִשְׁפַּ֖חַת
כב הַשִּׁמְעִ֑י אֵ֣לֶּה הֵ֔ם מִשְׁפְּחֹ֖ת הַגֵּרְשֻׁנִּֽי׃ פְּקֻדֵיהֶם֙ בְּמִסְפַּ֣ר כָּל־זָכָ֔ר
מִבֶּן־חֹ֖דֶשׁ וָמָ֑עְלָה פְּקֻ֣דֵיהֶ֔ם שִׁבְעַ֥ת אֲלָפִ֖ים וַחֲמֵ֥שׁ מֵאֽוֹת׃
כג כד מִשְׁפְּחֹ֖ת הַגֵּרְשֻׁנִּ֑י אַחֲרֵ֧י הַמִּשְׁכָּ֛ן יַחֲנ֖וּ יָֽמָּה׃ וּנְשִׂ֥יא בֵֽית־אָ֖ב
כה לַגֵּרְשֻׁנִּ֑י אֶלְיָסָ֖ף בֶּן־לָאֵֽל׃ וּמִשְׁמֶ֤רֶת בְּנֵֽי־גֵרְשׁוֹן֙ בְּאֹ֣הֶל מוֹעֵ֔ד
כו הַמִּשְׁכָּ֖ן וְהָאֹ֑הֶל מִכְסֵ֕הוּ וּמָסַ֕ךְ פֶּ֖תַח אֹ֥הֶל מוֹעֵֽד׃ וְקַלְעֵ֣י הֶחָצֵ֗ר
וְאֶת־מָסַךְ֙ פֶּ֣תַח הֶחָצֵ֔ר אֲשֶׁ֧ר עַל־הַמִּשְׁכָּ֛ן וְעַל־הַמִּזְבֵּ֖חַ סָבִ֑יב
כז וְאֵת֙ מֵֽיתָרָ֔יו לְכֹ֖ל עֲבֹדָתֽוֹ׃ וְלִקְהָ֗ת מִשְׁפַּ֤חַת
הָֽעַמְרָמִי֙ וּמִשְׁפַּ֣חַת הַיִּצְהָרִ֔י וּמִשְׁפַּ֙חַת֙ הַֽחֶבְרֹנִ֔י וּמִשְׁפַּ֖חַת
כח הָֽעָזִּיאֵלִ֑י אֵ֥לֶּה הֵ֖ם מִשְׁפְּחֹ֥ת הַקְּהָתִֽי׃ בְּמִסְפַּר֙ כָּל־זָכָ֔ר מִבֶּן־
חֹ֖דֶשׁ וָמָ֑עְלָה שְׁמֹנַ֤ת אֲלָפִים֙ וְשֵׁ֣שׁ מֵא֔וֹת שֹׁמְרֵ֖י מִשְׁמֶ֥רֶת
כט ל הַקֹּֽדֶשׁ׃ מִשְׁפְּחֹ֥ת בְּנֵֽי־קְהָ֖ת יַחֲנ֑וּ עַ֛ל יֶ֥רֶךְ הַמִּשְׁכָּ֖ן תֵּימָֽנָה׃ וּנְשִׂ֥יא
לא בֵֽית־אָ֖ב לְמִשְׁפְּחֹ֣ת הַקְּהָתִ֑י אֱלִיצָפָ֖ן בֶּן־עֻזִּיאֵֽל׃ וּמִשְׁמַרְתָּ֗ם
הָאָרֹ֤ן וְהַשֻּׁלְחָן֙ וְהַמְּנֹרָ֣ה וְהַֽמִּזְבְּחֹ֔ת וּכְלֵ֣י הַקֹּ֔דֶשׁ אֲשֶׁ֥ר יְשָׁרְת֖וּ
לב בָּהֶ֑ם וְהַ֨מָּסָ֔ךְ וְכֹ֖ל עֲבֹדָתֽוֹ׃ וּנְשִׂיא֙ נְשִׂיאֵ֣י הַלֵּוִ֔י אֶלְעָזָ֖ר בֶּן־
לג אַהֲרֹ֣ן הַכֹּהֵ֑ן פְּקֻדַּ֕ת שֹׁמְרֵ֖י מִשְׁמֶ֥רֶת הַקֹּֽדֶשׁ׃ לִמְרָרִ֕י מִשְׁפַּ֙חַת֙
לד הַמַּחְלִ֔י וּמִשְׁפַּ֖חַת הַמּוּשִׁ֑י אֵ֥לֶּה הֵ֖ם מִשְׁפְּחֹ֥ת מְרָרִֽי׃ וּפְקֻדֵיהֶם֙
בְּמִסְפַּ֣ר כָּל־זָכָ֔ר מִבֶּן־חֹ֖דֶשׁ וָמָ֑עְלָה שֵׁ֥שֶׁת אֲלָפִ֖ים וּמָאתָֽיִם׃
לה וּנְשִׂ֤יא בֵֽית־אָב֙ לְמִשְׁפְּחֹ֣ת מְרָרִ֔י צוּרִיאֵ֖ל בֶּן־אֲבִיחָ֑יִל עַ֣ל יֶ֧רֶךְ
לו הַמִּשְׁכָּ֛ן יַחֲנ֖וּ צָפֹֽנָה׃ וּפְקֻדַּ֣ת מִשְׁמֶ֘רֶת֮ בְּנֵ֣י מְרָרִי֒ קַרְשֵׁי֙ הַמִּשְׁכָּ֔ן
לז וּבְרִיחָ֖יו וְעַמֻּדָ֣יו וַאֲדָנָ֑יו וְכָל־כֵּלָ֔יו וְכֹ֖ל עֲבֹדָתֽוֹ׃ וְעַמֻּדֵ֧י הֶחָצֵ֛ר
לח סָבִ֖יב וְאַדְנֵיהֶ֑ם וִיתֵדֹתָ֖ם וּמֵיתְרֵיהֶֽם׃ וְהַחֹנִ֣ים לִפְנֵ֣י הַ֠מִּשְׁכָּן
קֵ֙דְמָה֙ לִפְנֵ֣י אֹֽהֶל־מוֹעֵ֜ד ׀ מִזְרָ֗חָה מֹשֶׁ֣ה ׀ וְאַהֲרֹ֣ן וּבָנָ֗יו שֹׁמְרִים֙
מִשְׁמֶ֣רֶת הַמִּקְדָּ֔שׁ לְמִשְׁמֶ֖רֶת בְּנֵ֣י יִשְׂרָאֵ֑ל וְהַזָּ֥ר הַקָּרֵ֖ב יוּמָֽת׃

לט כָּל־פְּקוּדֵי הַלְוִיִּם אֲשֶׁר פָּקַד מֹשֶׁה וְאַהֲרֹן עַל־פִּי יְהוָה
לְמִשְׁפְּחֹתָם כָּל־זָכָר מִבֶּן־חֹדֶשׁ וָמַעְלָה שְׁנַיִם וְעֶשְׂרִים
מ אָלֶף׃ וַיֹּאמֶר יְהוָה אֶל־מֹשֶׁה פְּקֹד כָּל־בְּכֹר ששי
זָכָר לִבְנֵי יִשְׂרָאֵל מִבֶּן־חֹדֶשׁ וָמָעְלָה וְשָׂא אֵת מִסְפַּר שְׁמֹתָם׃
מא וְלָקַחְתָּ אֶת־הַלְוִיִּם לִי אֲנִי יְהוָה תַּחַת כָּל־בְּכֹר בִּבְנֵי יִשְׂרָאֵל
וְאֵת בֶּהֱמַת הַלְוִיִּם תַּחַת כָּל־בְּכוֹר בְּבֶהֱמַת בְּנֵי יִשְׂרָאֵל׃
מב וַיִּפְקֹד מֹשֶׁה כַּאֲשֶׁר צִוָּה יְהוָה אֹתוֹ אֶת־כָּל־בְּכוֹר בִּבְנֵי יִשְׂרָאֵל׃
מג וַיְהִי כָל־בְּכוֹר זָכָר בְּמִסְפַּר שֵׁמֹת מִבֶּן־חֹדֶשׁ וָמַעְלָה לִפְקֻדֵיהֶם
שְׁנַיִם וְעֶשְׂרִים אֶלֶף שְׁלֹשָׁה וְשִׁבְעִים וּמָאתָיִם׃
מד מה וַיְדַבֵּר יְהוָה אֶל־מֹשֶׁה לֵּאמֹר׃ קַח אֶת־הַלְוִיִּם תַּחַת כָּל־בְּכוֹר
בִּבְנֵי יִשְׂרָאֵל וְאֶת־בֶּהֱמַת הַלְוִיִּם תַּחַת בְּהֶמְתָּם וְהָיוּ־לִי
מו הַלְוִיִּם אֲנִי יְהוָה׃ וְאֵת פְּדוּיֵי הַשְּׁלֹשָׁה וְהַשִּׁבְעִים וְהַמָּאתָיִם
מז הָעֹדְפִים עַל־הַלְוִיִּם מִבְּכוֹר בְּנֵי יִשְׂרָאֵל׃ וְלָקַחְתָּ חֲמֵשֶׁת
חֲמֵשֶׁת שְׁקָלִים לַגֻּלְגֹּלֶת בְּשֶׁקֶל הַקֹּדֶשׁ תִּקָּח עֶשְׂרִים גֵּרָה
מח הַשָּׁקֶל׃ וְנָתַתָּה הַכֶּסֶף לְאַהֲרֹן וּלְבָנָיו פְּדוּיֵי הָעֹדְפִים בָּהֶם׃
מט וַיִּקַּח מֹשֶׁה אֵת כֶּסֶף הַפִּדְיוֹם מֵאֵת הָעֹדְפִים עַל פְּדוּיֵי הַלְוִיִּם׃
נ מֵאֵת בְּכוֹר בְּנֵי יִשְׂרָאֵל לָקַח אֶת־הַכָּסֶף חֲמִשָּׁה וְשִׁשִּׁים
נא וּשְׁלֹשׁ מֵאוֹת וָאֶלֶף בְּשֶׁקֶל הַקֹּדֶשׁ׃ וַיִּתֵּן מֹשֶׁה אֶת־כֶּסֶף
הַפְּדֻיִם לְאַהֲרֹן וּלְבָנָיו עַל־פִּי יְהוָה כַּאֲשֶׁר צִוָּה יְהוָה אֶת־
מֹשֶׁה׃
ד א ב וַיְדַבֵּר יְהוָה אֶל־מֹשֶׁה וְאֶל־אַהֲרֹן לֵאמֹר׃ נָשֹׂא אֶת־רֹאשׁ בְּנֵי שביעי
ג קְהָת מִתּוֹךְ בְּנֵי לֵוִי לְמִשְׁפְּחֹתָם לְבֵית אֲבֹתָם׃ מִבֶּן שְׁלֹשִׁים
שָׁנָה וָמַעְלָה וְעַד בֶּן־חֲמִשִּׁים שָׁנָה כָּל־בָּא לַצָּבָא לַעֲשׂוֹת
ד מְלָאכָה בְּאֹהֶל מוֹעֵד׃ זֹאת עֲבֹדַת בְּנֵי־קְהָת בְּאֹהֶל מוֹעֵד
ה קֹדֶשׁ הַקֳּדָשִׁים׃ וּבָא אַהֲרֹן וּבָנָיו בִּנְסֹעַ הַמַּחֲנֶה וְהוֹרִדוּ אֵת
ו פָּרֹכֶת הַמָּסָךְ וְכִסּוּ־בָהּ אֵת אֲרֹן הָעֵדֻת׃ וְנָתְנוּ עָלָיו כְּסוּי
עוֹר תַּחַשׁ וּפָרְשׂוּ בֶגֶד־כְּלִיל תְּכֵלֶת מִלְמָעְלָה וְשָׂמוּ בַדָּיו׃

וְעַל ׀ שֻׁלְחַן הַפָּנִים יִפְרְשׂוּ בֶּגֶד תְּכֵלֶת וְנָתְנוּ עָלָיו אֶת־הַקְּעָרֹת ז
וְאֶת־הַכַּפֹּת וְאֶת־הַמְּנַקִּיֹּת וְאֵת קְשׂוֹת הַנָּסֶךְ וְלֶחֶם הַתָּמִיד
עָלָיו יִהְיֶה׃ וּפָרְשׂוּ עֲלֵיהֶם בֶּגֶד תּוֹלַעַת שָׁנִי וְכִסּוּ אֹתוֹ בְּמִכְסֵה ח
עוֹר תָּחַשׁ וְשָׂמוּ אֶת־בַּדָּיו׃ וְלָקְחוּ ׀ בֶּגֶד תְּכֵלֶת וְכִסּוּ אֶת־ ט
מְנֹרַת הַמָּאוֹר וְאֶת־נֵרֹתֶיהָ וְאֶת־מַלְקָחֶיהָ וְאֶת־מַחְתֹּתֶיהָ
וְאֵת כָּל־כְּלֵי שַׁמְנָהּ אֲשֶׁר יְשָׁרְתוּ־לָהּ בָּהֶם׃ וְנָתְנוּ אֹתָהּ וְאֶת־ י
כָּל־כֵּלֶיהָ אֶל־מִכְסֵה עוֹר תָּחַשׁ וְנָתְנוּ עַל־הַמּוֹט׃ וְעַל ׀ מִזְבַּח יא
הַזָּהָב יִפְרְשׂוּ בֶּגֶד תְּכֵלֶת וְכִסּוּ אֹתוֹ בְּמִכְסֵה עוֹר תָּחַשׁ וְשָׂמוּ
אֶת־בַּדָּיו׃ וְלָקְחוּ אֶת־כָּל־כְּלֵי הַשָּׁרֵת אֲשֶׁר יְשָׁרְתוּ־בָם בַּקֹּדֶשׁ יב
וְנָתְנוּ אֶל־בֶּגֶד תְּכֵלֶת וְכִסּוּ אוֹתָם בְּמִכְסֵה עוֹר תָּחַשׁ וְנָתְנוּ
עַל־הַמּוֹט׃ וְדִשְּׁנוּ אֶת־הַמִּזְבֵּחַ וּפָרְשׂוּ עָלָיו בֶּגֶד אַרְגָּמָן׃ וְנָתְנוּ יג יד
עָלָיו אֶת־כָּל־כֵּלָיו אֲשֶׁר יְשָׁרְתוּ עָלָיו בָּהֶם אֶת־הַמַּחְתֹּת אֶת־
הַמִּזְלָגֹת וְאֶת־הַיָּעִים וְאֶת־הַמִּזְרָקֹת כֹּל כְּלֵי הַמִּזְבֵּחַ וּפָרְשׂוּ
עָלָיו כְּסוּי עוֹר תַּחַשׁ וְשָׂמוּ בַדָּיו׃ וְכִלָּה אַהֲרֹן־וּבָנָיו לְכַסֹּת אֶת־ טו
הַקֹּדֶשׁ וְאֶת־כָּל־כְּלֵי הַקֹּדֶשׁ בִּנְסֹעַ הַמַּחֲנֶה וְאַחֲרֵי־כֵן יָבֹאוּ בְנֵי־
קְהָת לָשֵׂאת וְלֹא־יִגְּעוּ אֶל־הַקֹּדֶשׁ וָמֵתוּ אֵלֶּה מַשָּׂא בְנֵי־קְהָת
בְּאֹהֶל מוֹעֵד׃ וּפְקֻדַּת אֶלְעָזָר ׀ בֶּן־אַהֲרֹן הַכֹּהֵן שֶׁמֶן הַמָּאוֹר טז
וּקְטֹרֶת הַסַּמִּים וּמִנְחַת הַתָּמִיד וְשֶׁמֶן הַמִּשְׁחָה פְּקֻדַּת כָּל־
הַמִּשְׁכָּן וְכָל־אֲשֶׁר־בּוֹ בְּקֹדֶשׁ וּבְכֵלָיו׃

מפטיר ד וַיְדַבֵּר יְהוָה אֶל־מֹשֶׁה וְאֶל־אַהֲרֹן לֵאמֹר׃ אַל־תַּכְרִיתוּ אֶת־ יז יח
שֵׁבֶט מִשְׁפְּחֹת הַקְּהָתִי מִתּוֹךְ הַלְוִיִּם׃ וְזֹאת ׀ עֲשׂוּ לָהֶם וְחָיוּ יט
וְלֹא יָמֻתוּ בְּגִשְׁתָּם אֶת־קֹדֶשׁ הַקֳּדָשִׁים אַהֲרֹן וּבָנָיו יָבֹאוּ וְשָׂמוּ
אוֹתָם אִישׁ אִישׁ עַל־עֲבֹדָתוֹ וְאֶל־מַשָּׂאוֹ׃ וְלֹא־יָבֹאוּ לִרְאוֹת כ
כְּבַלַּע אֶת־הַקֹּדֶשׁ וָמֵתוּ׃

נשא וַיְדַבֵּר יְהוָה אֶל־מֹשֶׁה לֵּאמֹר׃ נָשֹׂא אֶת־רֹאשׁ בְּנֵי גֵרְשׁוֹן גַּם־ כא כב
הֵם לְבֵית אֲבֹתָם לְמִשְׁפְּחֹתָם׃ מִבֶּן שְׁלֹשִׁים שָׁנָה וָמַעְלָה עַד כג
בֶּן־חֲמִשִּׁים שָׁנָה תִּפְקֹד אוֹתָם כָּל־הַבָּא לִצְבֹא צָבָא לַעֲבֹד

כד עֲבֹדָה בְּאֹהֶל מוֹעֵד׃ זֹאת עֲבֹדַת מִשְׁפְּחֹת הַגֵּרְשֻׁנִּי לַעֲבֹד
כה וּלְמַשָּׂא׃ וְנָשְׂאוּ אֶת־יְרִיעֹת הַמִּשְׁכָּן וְאֶת־אֹהֶל מוֹעֵד מִכְסֵהוּ
וּמִכְסֵה הַתַּחַשׁ אֲשֶׁר־עָלָיו מִלְמָעְלָה וְאֶת־מָסַךְ פֶּתַח אֹהֶל
כו מוֹעֵד׃ וְאֵת קַלְעֵי הֶחָצֵר וְאֶת־מָסַךְ ׀ פֶּתַח ׀ שַׁעַר הֶחָצֵר אֲשֶׁר
עַל־הַמִּשְׁכָּן וְעַל־הַמִּזְבֵּחַ סָבִיב וְאֵת מֵיתְרֵיהֶם וְאֶת־כָּל־כְּלֵי
כז עֲבֹדָתָם וְאֵת כָּל־אֲשֶׁר יֵעָשֶׂה לָהֶם וְעָבָדוּ׃ עַל־פִּי אַהֲרֹן וּבָנָיו
תִּהְיֶה כָּל־עֲבֹדַת בְּנֵי הַגֵּרְשֻׁנִּי לְכָל־מַשָּׂאָם וּלְכֹל עֲבֹדָתָם
כח וּפְקַדְתֶּם עֲלֵהֶם בְּמִשְׁמֶרֶת אֵת כָּל־מַשָּׂאָם׃ זֹאת עֲבֹדַת
מִשְׁפְּחֹת בְּנֵי הַגֵּרְשֻׁנִּי בְּאֹהֶל מוֹעֵד וּמִשְׁמַרְתָּם בְּיַד אִיתָמָר בֶּן־
כט אַהֲרֹן הַכֹּהֵן׃ בְּנֵי מְרָרִי לְמִשְׁפְּחֹתָם לְבֵית־
ל אֲבֹתָם תִּפְקֹד אֹתָם׃ מִבֶּן שְׁלֹשִׁים שָׁנָה וָמַעְלָה וְעַד בֶּן־חֲמִשִּׁים
שָׁנָה תִּפְקְדֵם כָּל־הַבָּא לַצָּבָא לַעֲבֹד אֶת־עֲבֹדַת אֹהֶל מוֹעֵד׃
לא וְזֹאת מִשְׁמֶרֶת מַשָּׂאָם לְכָל־עֲבֹדָתָם בְּאֹהֶל מוֹעֵד קַרְשֵׁי הַמִּשְׁכָּן
לב וּבְרִיחָיו וְעַמּוּדָיו וַאֲדָנָיו׃ וְעַמּוּדֵי הֶחָצֵר סָבִיב וְאַדְנֵיהֶם וִיתֵדֹתָם
וּמֵיתְרֵיהֶם לְכָל־כְּלֵיהֶם וּלְכֹל עֲבֹדָתָם וּבְשֵׁמֹת תִּפְקְדוּ אֶת־
לג כְּלֵי מִשְׁמֶרֶת מַשָּׂאָם׃ זֹאת עֲבֹדַת מִשְׁפְּחֹת בְּנֵי מְרָרִי לְכָל־
לד עֲבֹדָתָם בְּאֹהֶל מוֹעֵד בְּיַד אִיתָמָר בֶּן־אַהֲרֹן הַכֹּהֵן׃ וַיִּפְקֹד
מֹשֶׁה וְאַהֲרֹן וּנְשִׂיאֵי הָעֵדָה אֶת־בְּנֵי הַקְּהָתִי לְמִשְׁפְּחֹתָם וּלְבֵית
לה אֲבֹתָם׃ מִבֶּן שְׁלֹשִׁים שָׁנָה וָמַעְלָה וְעַד בֶּן־חֲמִשִּׁים שָׁנָה כָּל־
לו הַבָּא לַצָּבָא לַעֲבֹדָה בְּאֹהֶל מוֹעֵד׃ וַיִּהְיוּ פְקֻדֵיהֶם לְמִשְׁפְּחֹתָם
לז אַלְפַּיִם שְׁבַע מֵאוֹת וַחֲמִשִּׁים׃ אֵלֶּה פְקוּדֵי מִשְׁפְּחֹת הַקְּהָתִי
כָּל־הָעֹבֵד בְּאֹהֶל מוֹעֵד אֲשֶׁר פָּקַד מֹשֶׁה וְאַהֲרֹן עַל־פִּי יְהוָה
לח בְּיַד־מֹשֶׁה׃ וּפְקוּדֵי בְּנֵי גֵרְשׁוֹן לְמִשְׁפְּחוֹתָם שני
לט וּלְבֵית אֲבֹתָם׃ מִבֶּן שְׁלֹשִׁים שָׁנָה וָמַעְלָה וְעַד בֶּן־חֲמִשִּׁים
מ שָׁנָה כָּל־הַבָּא לַצָּבָא לַעֲבֹדָה בְּאֹהֶל מוֹעֵד׃ וַיִּהְיוּ פְּקֻדֵיהֶם
מא לְמִשְׁפְּחֹתָם לְבֵית אֲבֹתָם אַלְפַּיִם וְשֵׁשׁ מֵאוֹת וּשְׁלֹשִׁים׃ אֵלֶּה
פְּקוּדֵי מִשְׁפְּחֹת בְּנֵי גֵרְשׁוֹן כָּל־הָעֹבֵד בְּאֹהֶל מוֹעֵד אֲשֶׁר פָּקַד

מֹשֶׁה וְאַהֲרֹן עַל־פִּי יְהוָה׃ וּפְקוּדֵי מִשְׁפְּחֹת בְּנֵי מְרָרִי לְמִשְׁפְּחֹתָם מב
לְבֵית אֲבֹתָם׃ מִבֶּן שְׁלֹשִׁים שָׁנָה וָמַעְלָה וְעַד בֶּן־חֲמִשִּׁים מג
שָׁנָה כָּל־הַבָּא לַצָּבָא לַעֲבֹדָה בְּאֹהֶל מוֹעֵד׃ וַיִּהְיוּ פְקֻדֵיהֶם מד
לְמִשְׁפְּחֹתָם שְׁלֹשֶׁת אֲלָפִים וּמָאתָיִם׃ אֵלֶּה פְקוּדֵי מִשְׁפְּחֹת מה
בְּנֵי מְרָרִי אֲשֶׁר פָּקַד מֹשֶׁה וְאַהֲרֹן עַל־פִּי יְהוָה בְּיַד־מֹשֶׁה׃
כָּל־הַפְּקֻדִים אֲשֶׁר פָּקַד מֹשֶׁה וְאַהֲרֹן וּנְשִׂיאֵי יִשְׂרָאֵל אֶת־ מו
הַלְוִיִּם לְמִשְׁפְּחֹתָם וּלְבֵית אֲבֹתָם׃ מִבֶּן שְׁלֹשִׁים שָׁנָה וָמַעְלָה מז
וְעַד בֶּן־חֲמִשִּׁים שָׁנָה כָּל־הַבָּא לַעֲבֹד עֲבֹדַת עֲבֹדָה וַעֲבֹדַת
מַשָּׂא בְּאֹהֶל מוֹעֵד׃ וַיִּהְיוּ פְּקֻדֵיהֶם שְׁמֹנַת אֲלָפִים וַחֲמֵשׁ מֵאוֹת מח
וּשְׁמֹנִים׃ עַל־פִּי יְהוָה פָּקַד אוֹתָם בְּיַד־מֹשֶׁה אִישׁ אִישׁ עַל־עֲבֹדָתוֹ מט
וְעַל־מַשָּׂאוֹ וּפְקֻדָיו אֲשֶׁר־צִוָּה יְהוָה אֶת־מֹשֶׁה׃

שלישי וַיְדַבֵּר יְהוָה אֶל־מֹשֶׁה לֵּאמֹר׃ צַו אֶת־בְּנֵי יִשְׂרָאֵל וִישַׁלְּחוּ מִן־ ה א ב
הַמַּחֲנֶה כָּל־צָרוּעַ וְכָל־זָב וְכֹל טָמֵא לָנָפֶשׁ׃ מִזָּכָר עַד־נְקֵבָה ג
תְּשַׁלֵּחוּ אֶל־מִחוּץ לַמַּחֲנֶה תְּשַׁלְּחוּם וְלֹא יְטַמְּאוּ אֶת־מַחֲנֵיהֶם
אֲשֶׁר אֲנִי שֹׁכֵן בְּתוֹכָם׃ וַיַּעֲשׂוּ־כֵן בְּנֵי יִשְׂרָאֵל וַיְשַׁלְּחוּ אוֹתָם ד
אֶל־מִחוּץ לַמַּחֲנֶה כַּאֲשֶׁר דִּבֶּר יְהוָה אֶל־מֹשֶׁה כֵּן עָשׂוּ בְּנֵי
יִשְׂרָאֵל׃

וַיְדַבֵּר יְהוָה אֶל־מֹשֶׁה לֵּאמֹר׃ דַּבֵּר אֶל־בְּנֵי יִשְׂרָאֵל אִישׁ אוֹ־ ה ו
אִשָּׁה כִּי יַעֲשׂוּ מִכָּל־חַטֹּאת הָאָדָם לִמְעֹל מַעַל בַּיהוָה
וְאָשְׁמָה הַנֶּפֶשׁ הַהִוא׃ וְהִתְוַדּוּ אֶת־חַטָּאתָם אֲשֶׁר עָשׂוּ וְהֵשִׁיב ז
אֶת־אֲשָׁמוֹ בְּרֹאשׁוֹ וַחֲמִישִׁתוֹ יֹסֵף עָלָיו וְנָתַן לַאֲשֶׁר אָשַׁם
לוֹ׃ וְאִם־אֵין לָאִישׁ גֹּאֵל לְהָשִׁיב הָאָשָׁם אֵלָיו הָאָשָׁם הַמּוּשָׁב ח
לַיהוָה לַכֹּהֵן מִלְּבַד אֵיל הַכִּפֻּרִים אֲשֶׁר יְכַפֶּר־בּוֹ עָלָיו׃ וְכָל־ ט
תְּרוּמָה לְכָל־קָדְשֵׁי בְנֵי־יִשְׂרָאֵל אֲשֶׁר־יַקְרִיבוּ לַכֹּהֵן לוֹ
יִהְיֶה׃ וְאִישׁ אֶת־קֳדָשָׁיו לוֹ יִהְיוּ אִישׁ אֲשֶׁר־יִתֵּן לַכֹּהֵן לוֹ י
יִהְיֶה׃

רביעי ה וַיְדַבֵּר יְהוָה אֶל־מֹשֶׁה לֵּאמֹר׃ דַּבֵּר אֶל־בְּנֵי יִשְׂרָאֵל וְאָמַרְתָּ יא יב

יג אֲלֵהֶם אִישׁ אִישׁ כִּי־תִשְׂטֶה אִשְׁתּוֹ וּמָעֲלָה בוֹ מָעַל: וְשָׁכַב
אִישׁ אֹתָהּ שִׁכְבַת־זֶרַע וְנֶעְלַם מֵעֵינֵי אִישָׁהּ וְנִסְתְּרָה וְהִיא
יד נִטְמָאָה וְעֵד אֵין בָּהּ וְהִוא לֹא נִתְפָּשָׂה: וְעָבַר עָלָיו רוּחַ־
קִנְאָה וְקִנֵּא אֶת־אִשְׁתּוֹ וְהִוא נִטְמָאָה אוֹ־עָבַר עָלָיו רוּחַ־
טו קִנְאָה וְקִנֵּא אֶת־אִשְׁתּוֹ וְהִיא לֹא נִטְמָאָה: וְהֵבִיא הָאִישׁ
אֶת־אִשְׁתּוֹ אֶל־הַכֹּהֵן וְהֵבִיא אֶת־קָרְבָּנָהּ עָלֶיהָ עֲשִׂירִת הָאֵיפָה
קֶמַח שְׂעֹרִים לֹא־יִצֹק עָלָיו שֶׁמֶן וְלֹא־יִתֵּן עָלָיו לְבֹנָה כִּי־
טז מִנְחַת קְנָאֹת הוּא מִנְחַת זִכָּרוֹן מַזְכֶּרֶת עָוֹן: וְהִקְרִיב אֹתָהּ
יז הַכֹּהֵן וְהֶעֱמִדָהּ לִפְנֵי יְהוָה: וְלָקַח הַכֹּהֵן מַיִם קְדֹשִׁים בִּכְלִי־
חָרֶשׂ וּמִן־הֶעָפָר אֲשֶׁר יִהְיֶה בְּקַרְקַע הַמִּשְׁכָּן יִקַּח הַכֹּהֵן וְנָתַן
יח אֶל־הַמָּיִם: וְהֶעֱמִיד הַכֹּהֵן אֶת־הָאִשָּׁה לִפְנֵי יְהוָה וּפָרַע אֶת־
רֹאשׁ הָאִשָּׁה וְנָתַן עַל־כַּפֶּיהָ אֵת מִנְחַת הַזִּכָּרוֹן מִנְחַת קְנָאֹת
יט הִוא וּבְיַד הַכֹּהֵן יִהְיוּ מֵי הַמָּרִים הַמְאָרְרִים: וְהִשְׁבִּיעַ אֹתָהּ
הַכֹּהֵן וְאָמַר אֶל־הָאִשָּׁה אִם־לֹא שָׁכַב אִישׁ אֹתָךְ וְאִם־לֹא
שָׂטִית טֻמְאָה תַּחַת אִישֵׁךְ הִנָּקִי מִמֵּי הַמָּרִים הַמְאָרְרִים הָאֵלֶּה:
כ וְאַתְּ כִּי שָׂטִית תַּחַת אִישֵׁךְ וְכִי נִטְמֵאת וַיִּתֵּן אִישׁ בָּךְ אֶת־
כא שְׁכָבְתּוֹ מִבַּלְעֲדֵי אִישֵׁךְ: וְהִשְׁבִּיעַ הַכֹּהֵן אֶת־הָאִשָּׁה בִּשְׁבֻעַת
הָאָלָה וְאָמַר הַכֹּהֵן לָאִשָּׁה יִתֵּן יְהוָה אוֹתָךְ לְאָלָה וְלִשְׁבֻעָה
בְּתוֹךְ עַמֵּךְ בְּתֵת יְהוָה אֶת־יְרֵכֵךְ נֹפֶלֶת וְאֶת־בִּטְנֵךְ צָבָה:
כב וּבָאוּ הַמַּיִם הַמְאָרְרִים הָאֵלֶּה בְּמֵעַיִךְ לַצְבּוֹת בֶּטֶן וְלַנְפִּל יָרֵךְ
כג וְאָמְרָה הָאִשָּׁה אָמֵן ׀ אָמֵן: וְכָתַב אֶת־הָאָלֹת הָאֵלֶּה הַכֹּהֵן
כד בַּסֵּפֶר וּמָחָה אֶל־מֵי הַמָּרִים: וְהִשְׁקָה אֶת־הָאִשָּׁה אֶת־מֵי
כה הַמָּרִים הַמְאָרְרִים וּבָאוּ בָהּ הַמַּיִם הַמְאָרְרִים לְמָרִים: וְלָקַח
הַכֹּהֵן מִיַּד הָאִשָּׁה אֵת מִנְחַת הַקְּנָאֹת וְהֵנִיף אֶת־הַמִּנְחָה
כו לִפְנֵי יְהוָה וְהִקְרִיב אֹתָהּ אֶל־הַמִּזְבֵּחַ: וְקָמַץ הַכֹּהֵן מִן־הַמִּנְחָה
אֶת־אַזְכָּרָתָהּ וְהִקְטִיר הַמִּזְבֵּחָה וְאַחַר יַשְׁקֶה אֶת־הָאִשָּׁה אֶת־
כז הַמָּיִם: וְהִשְׁקָהּ אֶת־הַמַּיִם וְהָיְתָה אִם־נִטְמְאָה וַתִּמְעֹל מַעַל

בָאִשָּׁה וּבָאוּ בָהּ הַמַּיִם הַמְאָרְרִים לְמָרִים וְצָבְתָה בִטְנָהּ
כח וְנָפְלָה יְרֵכָהּ וְהָיְתָה הָאִשָּׁה לְאָלָה בְּקֶרֶב עַמָּהּ: וְאִם־לֹא
כט נִטְמְאָה הָאִשָּׁה וּטְהֹרָה הִוא וְנִקְּתָה וְנִזְרְעָה זָרַע: זֹאת
תּוֹרַת הַקְּנָאֹת אֲשֶׁר תִּשְׂטֶה אִשָּׁה תַּחַת אִישָׁהּ וְנִטְמָאָה:
ל אוֹ אִישׁ אֲשֶׁר תַּעֲבֹר עָלָיו רוּחַ קִנְאָה וְקִנֵּא אֶת־אִשְׁתּוֹ
וְהֶעֱמִיד אֶת־הָאִשָּׁה לִפְנֵי יְהוָה וְעָשָׂה לָהּ הַכֹּהֵן אֵת כָּל־
לא הַתּוֹרָה הַזֹּאת: וְנִקָּה הָאִישׁ מֵעָוֺן וְהָאִשָּׁה הַהִוא תִּשָּׂא אֶת־
עֲוֺנָהּ:

ו א ב וַיְדַבֵּר יְהוָה אֶל־מֹשֶׁה לֵּאמֹר: דַּבֵּר אֶל־בְּנֵי יִשְׂרָאֵל וְאָמַרְתָּ
אֲלֵהֶם אִישׁ אוֹ־אִשָּׁה כִּי יַפְלִא לִנְדֹּר נֶדֶר נָזִיר לְהַזִּיר לַיהוָה:
ג מִיַּיִן וְשֵׁכָר יַזִּיר חֹמֶץ יַיִן וְחֹמֶץ שֵׁכָר לֹא יִשְׁתֶּה וְכָל־מִשְׁרַת
ד עֲנָבִים לֹא יִשְׁתֶּה וַעֲנָבִים לַחִים וִיבֵשִׁים לֹא יֹאכֵל: כֹּל יְמֵי
נִזְרוֹ מִכֹּל אֲשֶׁר יֵעָשֶׂה מִגֶּפֶן הַיַּיִן מֵחַרְצַנִּים וְעַד־זָג לֹא יֹאכֵל:
ה כָּל־יְמֵי נֶדֶר נִזְרוֹ תַּעַר לֹא־יַעֲבֹר עַל־רֹאשׁוֹ עַד־מְלֹאת הַיָּמִם
ו אֲשֶׁר־יַזִּיר לַיהוָה קָדֹשׁ יִהְיֶה גַּדֵּל פֶּרַע שְׂעַר רֹאשׁוֹ: כָּל־יְמֵי
ז הַזִּירוֹ לַיהוָה עַל־נֶפֶשׁ מֵת לֹא יָבֹא: לְאָבִיו וּלְאִמּוֹ לְאָחִיו
וּלְאַחֹתוֹ לֹא־יִטַּמָּא לָהֶם בְּמֹתָם כִּי נֵזֶר אֱלֹהָיו עַל־רֹאשׁוֹ:
ח ט כֹּל יְמֵי נִזְרוֹ קָדֹשׁ הוּא לַיהוָה: וְכִי־יָמוּת מֵת עָלָיו בְּפֶתַע
פִּתְאֹם וְטִמֵּא רֹאשׁ נִזְרוֹ וְגִלַּח רֹאשׁוֹ בְּיוֹם טָהֳרָתוֹ בַּיּוֹם הַשְּׁבִיעִי
י יְגַלְּחֶנּוּ: וּבַיּוֹם הַשְּׁמִינִי יָבִא שְׁתֵּי תֹרִים אוֹ שְׁנֵי בְּנֵי יוֹנָה אֶל־
יא הַכֹּהֵן אֶל־פֶּתַח אֹהֶל מוֹעֵד: וְעָשָׂה הַכֹּהֵן אֶחָד לְחַטָּאת וְאֶחָד
לְעֹלָה וְכִפֶּר עָלָיו מֵאֲשֶׁר חָטָא עַל־הַנָּפֶשׁ וְקִדַּשׁ אֶת־רֹאשׁוֹ
יב בַּיּוֹם הַהוּא: וְהִזִּיר לַיהוָה אֶת־יְמֵי נִזְרוֹ וְהֵבִיא כֶּבֶשׂ בֶּן־שְׁנָתוֹ
יג לְאָשָׁם וְהַיָּמִים הָרִאשֹׁנִים יִפְּלוּ כִּי טָמֵא נִזְרוֹ: וְזֹאת תּוֹרַת
הַנָּזִיר בְּיוֹם מְלֹאת יְמֵי נִזְרוֹ יָבִיא אֹתוֹ אֶל־פֶּתַח אֹהֶל מוֹעֵד:
יד וְהִקְרִיב אֶת־קָרְבָּנוֹ לַיהוָה כֶּבֶשׂ בֶּן־שְׁנָתוֹ תָמִים אֶחָד לְעֹלָה
וְכַבְשָׂה אַחַת בַּת־שְׁנָתָהּ תְּמִימָה לְחַטָּאת וְאַיִל־אֶחָד תָּמִים

טו לִשְׁלָמִֽים׃ וְסַ֣ל מַצּ֗וֹת סֹ֤לֶת חַלֹּת֙ בְּלוּלֹ֣ת בַּשֶּׁ֔מֶן וּרְקִיקֵ֥י מַצּ֖וֹת
טז מְשֻׁחִ֣ים בַּשָּׁ֑מֶן וּמִנְחָתָ֖ם וְנִסְכֵּיהֶֽם׃ וְהִקְרִ֥יב הַכֹּהֵ֖ן לִפְנֵ֣י יְהוָ֑ה
יז וְעָשָׂ֥ה אֶת־חַטָּאת֖וֹ וְאֶת־עֹלָתֽוֹ׃ וְאֶת־הָאַ֜יִל יַעֲשֶׂ֨ה זֶ֤בַח
שְׁלָמִים֙ לַֽיהוָ֔ה עַ֖ל סַ֣ל הַמַּצּ֑וֹת וְעָשָׂה֙ הַכֹּהֵ֔ן אֶת־מִנְחָת֖וֹ וְאֶת־
יח נִסְכּֽוֹ׃ וְגִלַּ֣ח הַנָּזִ֗יר פֶּ֛תַח אֹ֥הֶל מוֹעֵ֖ד אֶת־רֹ֣אשׁ נִזְר֑וֹ וְלָקַ֗ח
אֶת־שְׂעַר֙ רֹ֣אשׁ נִזְר֔וֹ וְנָתַן֙ עַל־הָאֵ֔שׁ אֲשֶׁר־תַּ֖חַת זֶ֥בַח הַשְּׁלָמִֽים׃
יט וְלָקַ֨ח הַכֹּהֵ֜ן אֶת־הַזְּרֹ֣עַ בְּשֵׁלָה֮ מִן־הָאַיִל֒ וְֽחַלַּ֨ת מַצָּ֤ה אַחַת֙
מִן־הַסַּ֔ל וּרְקִ֥יק מַצָּ֖ה אֶחָ֑ד וְנָתַן֙ עַל־כַּפֵּ֣י הַנָּזִ֔יר אַחַ֖ר הִֽתְגַּלְּח֥וֹ
כ אֶת־נִזְרֽוֹ׃ וְהֵנִיף֩ אוֹתָ֨ם הַכֹּהֵ֥ן ׀ תְּנוּפָה֮ לִפְנֵ֣י יְהוָה֒ קֹ֤דֶשׁ הוּא֙
לַכֹּהֵ֔ן עַ֚ל חֲזֵ֣ה הַתְּנוּפָ֔ה וְעַ֖ל שׁ֣וֹק הַתְּרוּמָ֑ה וְאַחַ֛ר יִשְׁתֶּ֥ה
כא הַנָּזִ֖יר יָֽיִן׃ זֹ֣את תּוֹרַ֣ת הַנָּזִיר֮ אֲשֶׁ֣ר יִדֹּר֒ קָרְבָּנ֤וֹ לַֽיהוָה֙ עַל־נִזְר֔וֹ
מִלְּבַ֖ד אֲשֶׁר־תַּשִּׂ֣יג יָד֑וֹ כְּפִ֤י נִדְרוֹ֙ אֲשֶׁ֣ר יִדֹּ֔ר כֵּ֣ן יַעֲשֶׂ֔ה עַ֖ל תּוֹרַ֥ת
נִזְרֽוֹ׃

כב כג וַיְדַבֵּ֥ר יְהוָ֖ה אֶל־מֹשֶׁ֥ה לֵּאמֹֽר׃ דַּבֵּ֤ר אֶֽל־אַהֲרֹן֙ וְאֶל־בָּנָ֣יו לֵאמֹ֔ר כֹּ֥ה ו
כד תְבָרְכ֖וּ אֶת־בְּנֵ֣י יִשְׂרָאֵ֑ל אָמ֖וֹר לָהֶֽם׃ יְבָרֶכְךָ֥ יְהוָ֖ה
כה כו וְיִשְׁמְרֶֽךָ׃ יָאֵ֨ר יְהוָ֧ה ׀ פָּנָ֛יו אֵלֶ֖יךָ וִֽיחֻנֶּֽךָּ׃ יִשָּׂ֨א
כז יְהוָ֤ה ׀ פָּנָיו֙ אֵלֶ֔יךָ וְיָשֵׂ֥ם לְךָ֖ שָׁלֽוֹם׃ וְשָׂמ֥וּ אֶת־שְׁמִ֖י
ז א עַל־בְּנֵ֣י יִשְׂרָאֵ֑ל וַאֲנִ֖י אֲבָרְכֵֽם׃ וַיְהִ֡י בְּיוֹם֩ כַּלּ֨וֹת מֹשֶׁ֜ה חמישי
לְהָקִ֣ים אֶת־הַמִּשְׁכָּ֗ן וַיִּמְשַׁ֨ח אֹת֜וֹ וַיְקַדֵּ֤שׁ אֹתוֹ֙ וְאֶת־כָּל־כֵּלָ֔יו
ב וְאֶת־הַמִּזְבֵּ֖חַ וְאֶת־כָּל־כֵּלָ֑יו וַיִּמְשָׁחֵ֖ם וַיְקַדֵּ֥שׁ אֹתָֽם׃ וַיַּקְרִ֙יבוּ֙
נְשִׂיאֵ֣י יִשְׂרָאֵ֔ל רָאשֵׁ֖י בֵּ֣ית אֲבֹתָ֑ם הֵ֚ם נְשִׂיאֵ֣י הַמַּטֹּ֔ת הֵ֥ם
ג הָעֹמְדִ֖ים עַל־הַפְּקֻדִֽים׃ וַיָּבִ֨יאוּ אֶת־קָרְבָּנָ֜ם לִפְנֵ֣י יְהוָ֗ה שֵׁשׁ־
עֶגְלֹ֥ת צָב֙ וּשְׁנֵ֣י עָשָׂ֣ר בָּקָ֔ר עֲגָלָ֛ה עַל־שְׁנֵ֥י הַנְּשִׂאִ֖ים וְשׁ֣וֹר
ד לְאֶחָ֑ד וַיַּקְרִ֥יבוּ אוֹתָ֖ם לִפְנֵ֥י הַמִּשְׁכָּֽן׃ וַיֹּ֥אמֶר יְהוָ֖ה אֶל־מֹשֶׁ֥ה
ה לֵּאמֹֽר׃ קַ֚ח מֵֽאִתָּ֔ם וְהָי֕וּ לַעֲבֹ֕ד אֶת־עֲבֹדַ֖ת אֹ֣הֶל מוֹעֵ֑ד וְנָתַתָּ֤ה
ו אוֹתָם֙ אֶל־הַלְוִיִּ֔ם אִ֖ישׁ כְּפִ֥י עֲבֹדָתֽוֹ׃ וַיִּקַּ֣ח מֹשֶׁ֔ה אֶת־הָעֲגָלֹ֖ת
ז וְאֶת־הַבָּקָ֑ר וַיִּתֵּ֥ן אוֹתָ֖ם אֶל־הַלְוִיִּֽם׃ אֵ֣ת ׀ שְׁתֵּ֣י הָעֲגָלוֹת֙ וְאֵת֙

אַרְבַּעַת הַבָּקָר נָתַן לִבְנֵי גֵרְשׁוֹן כְּפִי עֲבֹדָתָם׃ וְאֵת ׀ אַרְבַּע ח
הָעֲגָלֹת וְאֵת שְׁמֹנַת הַבָּקָר נָתַן לִבְנֵי מְרָרִי כְּפִי עֲבֹדָתָם בְּיַד
אִיתָמָר בֶּן־אַהֲרֹן הַכֹּהֵן׃ וְלִבְנֵי קְהָת לֹא נָתָן כִּי־עֲבֹדַת הַקֹּדֶשׁ ט
עֲלֵהֶם בַּכָּתֵף יִשָּׂאוּ׃ וַיַּקְרִיבוּ הַנְּשִׂאִים אֵת חֲנֻכַּת הַמִּזְבֵּחַ בְּיוֹם י
הִמָּשַׁח אֹתוֹ וַיַּקְרִיבוּ הַנְּשִׂיאִם אֶת־קָרְבָּנָם לִפְנֵי הַמִּזְבֵּחַ׃ וַיֹּאמֶר יא
יְהוָה אֶל־מֹשֶׁה נָשִׂיא אֶחָד לַיּוֹם נָשִׂיא אֶחָד לַיּוֹם יַקְרִיבוּ
אֶת־קָרְבָּנָם לַחֲנֻכַּת הַמִּזְבֵּחַ׃ וַיְהִי הַמַּקְרִיב בַּיּוֹם יב
הָרִאשׁוֹן אֶת־קָרְבָּנוֹ נַחְשׁוֹן בֶּן־עַמִּינָדָב לְמַטֵּה יְהוּדָה׃ וְקָרְבָּנוֹ יג
קַעֲרַת־כֶּסֶף אַחַת שְׁלֹשִׁים וּמֵאָה מִשְׁקָלָהּ מִזְרָק אֶחָד כֶּסֶף
שִׁבְעִים שֶׁקֶל בְּשֶׁקֶל הַקֹּדֶשׁ שְׁנֵיהֶם ׀ מְלֵאִים סֹלֶת בְּלוּלָה
בַשֶּׁמֶן לְמִנְחָה׃ כַּף אַחַת עֲשָׂרָה זָהָב מְלֵאָה קְטֹרֶת׃ פַּר אֶחָד יד טו
בֶּן־בָּקָר אַיִל אֶחָד כֶּבֶשׂ־אֶחָד בֶּן־שְׁנָתוֹ לְעֹלָה׃ שְׂעִיר־עִזִּים טז
אֶחָד לְחַטָּאת׃ וּלְזֶבַח הַשְּׁלָמִים בָּקָר שְׁנַיִם אֵילִם חֲמִשָּׁה יז
עַתּוּדִים חֲמִשָּׁה כְּבָשִׂים בְּנֵי־שָׁנָה חֲמִשָּׁה זֶה קָרְבַּן נַחְשׁוֹן
בֶּן־עַמִּינָדָב׃

בַּיּוֹם הַשֵּׁנִי הִקְרִיב נְתַנְאֵל בֶּן־צוּעָר נְשִׂיא יִשָּׂשכָר׃ הִקְרִב יח יט
אֶת־קָרְבָּנוֹ קַעֲרַת־כֶּסֶף אַחַת שְׁלֹשִׁים וּמֵאָה מִשְׁקָלָהּ מִזְרָק
אֶחָד כֶּסֶף שִׁבְעִים שֶׁקֶל בְּשֶׁקֶל הַקֹּדֶשׁ שְׁנֵיהֶם ׀ מְלֵאִים סֹלֶת
בְּלוּלָה בַשֶּׁמֶן לְמִנְחָה׃ כַּף אַחַת עֲשָׂרָה זָהָב מְלֵאָה קְטֹרֶת׃ כ
פַּר אֶחָד בֶּן־בָּקָר אַיִל אֶחָד כֶּבֶשׂ־אֶחָד בֶּן־שְׁנָתוֹ לְעֹלָה׃ כא
שְׂעִיר־עִזִּים אֶחָד לְחַטָּאת׃ וּלְזֶבַח הַשְּׁלָמִים בָּקָר שְׁנַיִם אֵילִם כב כג
חֲמִשָּׁה עַתֻּדִים חֲמִשָּׁה כְּבָשִׂים בְּנֵי־שָׁנָה חֲמִשָּׁה זֶה קָרְבַּן
נְתַנְאֵל בֶּן־צוּעָר׃

בַּיּוֹם הַשְּׁלִישִׁי נָשִׂיא לִבְנֵי זְבוּלֻן אֱלִיאָב בֶּן־חֵלֹן׃ קָרְבָּנוֹ כד כה
קַעֲרַת־כֶּסֶף אַחַת שְׁלֹשִׁים וּמֵאָה מִשְׁקָלָהּ מִזְרָק אֶחָד כֶּסֶף
שִׁבְעִים שֶׁקֶל בְּשֶׁקֶל הַקֹּדֶשׁ שְׁנֵיהֶם ׀ מְלֵאִים סֹלֶת בְּלוּלָה
בַשֶּׁמֶן לְמִנְחָה׃ כַּף אַחַת עֲשָׂרָה זָהָב מְלֵאָה קְטֹרֶת׃ פַּר אֶחָד כו כז

כח בֶּן־בָּקָ֗ר אַ֧יִל אֶחָ֛ד כֶּֽבֶשׂ־אֶחָ֥ד בֶּן־שְׁנָת֖וֹ לְעֹלָֽה׃ שְׂעִיר־עִזִּ֥ים
כט אֶחָ֖ד לְחַטָּֽאת׃ וּלְזֶ֣בַח הַשְּׁלָמִים֮ בָּקָ֣ר שְׁנַ֒יִם֒ אֵילִ֤ם חֲמִשָּׁה֙
עַתֻּדִ֣ים חֲמִשָּׁ֔ה כְּבָשִׂ֥ים בְּנֵי־שָׁנָ֖ה חֲמִשָּׁ֑ה זֶ֛ה קָרְבַּ֥ן אֱלִיאָ֖ב
בֶּן־חֵלֹֽן׃
ל לא בַּיּוֹם֙ הָֽרְבִיעִ֔י נָשִׂ֖יא לִבְנֵ֣י רְאוּבֵ֑ן אֱלִיצ֖וּר בֶּן־שְׁדֵיאֽוּר׃ קָרְבָּנ֞וֹ
קַֽעֲרַת־כֶּ֣סֶף אַחַ֗ת שְׁלֹשִׁ֣ים וּמֵאָה֮ מִשְׁקָלָהּ֒ מִזְרָ֤ק אֶחָד֙ כֶּ֔סֶף
שִׁבְעִ֥ים שֶׁ֖קֶל בְּשֶׁ֣קֶל הַקֹּ֑דֶשׁ שְׁנֵיהֶ֣ם ׀ מְלֵאִ֗ים סֹ֛לֶת בְּלוּלָ֥ה
לב לג בַשֶּׁ֖מֶן לְמִנְחָֽה׃ כַּ֥ף אַחַ֛ת עֲשָׂרָ֥ה זָהָ֖ב מְלֵאָ֥ה קְטֹֽרֶת׃ פַּ֣ר
לד אֶחָ֞ד בֶּן־בָּקָ֗ר אַ֧יִל אֶחָ֛ד כֶּֽבֶשׂ־אֶחָ֥ד בֶּן־שְׁנָת֖וֹ לְעֹלָֽה׃ שְׂעִיר־
לה עִזִּ֥ים אֶחָ֖ד לְחַטָּֽאת׃ וּלְזֶ֣בַח הַשְּׁלָמִים֮ בָּקָ֣ר שְׁנַ֒יִם֒ אֵילִ֤ם חֲמִשָּׁה֙
עַתֻּדִ֣ים חֲמִשָּׁ֔ה כְּבָשִׂ֥ים בְּנֵי־שָׁנָ֖ה חֲמִשָּׁ֑ה זֶ֛ה קָרְבַּ֥ן אֱלִיצ֖וּר
בֶּן־שְׁדֵיאֽוּר׃
לו בַּיּוֹם֙ הַחֲמִישִׁ֔י נָשִׂ֖יא לִבְנֵ֣י שִׁמְע֑וֹן שְֽׁלֻמִיאֵ֖ל בֶּן־צוּרִֽישַׁדָּֽי׃
לז קָרְבָּנ֞וֹ קַֽעֲרַת־כֶּ֣סֶף אַחַ֗ת שְׁלֹשִׁ֣ים וּמֵאָה֮ מִשְׁקָלָהּ֒ מִזְרָ֤ק אֶחָד֙
כֶּ֔סֶף שִׁבְעִ֥ים שֶׁ֖קֶל בְּשֶׁ֣קֶל הַקֹּ֑דֶשׁ שְׁנֵיהֶ֣ם ׀ מְלֵאִ֗ים סֹ֛לֶת בְּלוּלָ֥ה
לח לט בַשֶּׁ֖מֶן לְמִנְחָֽה׃ כַּ֥ף אַחַ֛ת עֲשָׂרָ֥ה זָהָ֖ב מְלֵאָ֥ה קְטֹֽרֶת׃ פַּ֣ר
מ אֶחָ֞ד בֶּן־בָּקָ֗ר אַ֧יִל אֶחָ֛ד כֶּֽבֶשׂ־אֶחָ֥ד בֶּן־שְׁנָת֖וֹ לְעֹלָֽה׃ שְׂעִיר־
מא עִזִּ֥ים אֶחָ֖ד לְחַטָּֽאת׃ וּלְזֶ֣בַח הַשְּׁלָמִים֮ בָּקָ֣ר שְׁנַ֒יִם֒ אֵילִ֤ם חֲמִשָּׁה֙
עַתֻּדִ֣ים חֲמִשָּׁ֔ה כְּבָשִׂ֥ים בְּנֵי־שָׁנָ֖ה חֲמִשָּׁ֑ה זֶ֛ה קָרְבַּ֥ן שְֽׁלֻמִיאֵ֖ל
בֶּן־צוּרִֽישַׁדָּֽי׃
מב מג בַּיּוֹם֙ הַשִּׁשִּׁ֔י נָשִׂ֖יא לִבְנֵ֣י גָ֑ד אֶלְיָסָ֖ף בֶּן־דְּעוּאֵֽל׃ קָרְבָּנ֞וֹ קַֽעֲרַת־ ששי
כֶּ֣סֶף אַחַ֗ת שְׁלֹשִׁ֣ים וּמֵאָה֮ מִשְׁקָלָהּ֒ מִזְרָ֤ק אֶחָד֙ כֶּ֔סֶף שִׁבְעִ֥ים
שֶׁ֖קֶל בְּשֶׁ֣קֶל הַקֹּ֑דֶשׁ שְׁנֵיהֶ֣ם ׀ מְלֵאִ֗ים סֹ֛לֶת בְּלוּלָ֥ה בַשֶּׁ֖מֶן
מד מה לְמִנְחָֽה׃ כַּ֥ף אַחַ֛ת עֲשָׂרָ֥ה זָהָ֖ב מְלֵאָ֥ה קְטֹֽרֶת׃ פַּ֣ר אֶחָ֞ד בֶּן־
מו בָּקָ֗ר אַ֧יִל אֶחָ֛ד כֶּֽבֶשׂ־אֶחָ֥ד בֶּן־שְׁנָת֖וֹ לְעֹלָֽה׃ שְׂעִיר־עִזִּ֥ים
מז אֶחָ֖ד לְחַטָּֽאת׃ וּלְזֶ֣בַח הַשְּׁלָמִים֮ בָּקָ֣ר שְׁנַ֒יִם֒ אֵילִ֤ם חֲמִשָּׁה֙
עַתֻּדִ֣ים חֲמִשָּׁ֔ה כְּבָשִׂ֥ים בְּנֵי־שָׁנָ֖ה חֲמִשָּׁ֑ה זֶ֛ה קָרְבַּ֥ן אֶלְיָסָ֖ף

בֶּן־דְּעוּאֵל:
ז בַּיּוֹם֙ הַשְּׁבִיעִ֔י נָשִׂ֖יא לִבְנֵ֣י אֶפְרָ֑יִם אֱלִֽישָׁמָ֖ע בֶּן־עַמִּיהֽוּד: קָרְבָּנ֞וֹ מח מט
קַֽעֲרַת־כֶּ֣סֶף אַחַ֗ת שְׁלֹשִׁ֣ים וּמֵאָה֮ מִשְׁקָלָהּ֒ מִזְרָ֤ק אֶחָד֙ כֶּ֔סֶף
שִׁבְעִ֥ים שֶׁ֖קֶל בְּשֶׁ֣קֶל הַקֹּ֑דֶשׁ שְׁנֵיהֶ֣ם ׀ מְלֵאִ֗ים סֹ֛לֶת בְּלוּלָ֥ה
בַשֶּׁ֖מֶן לְמִנְחָֽה: כַּ֥ף אַחַ֛ת עֲשָׂרָ֥ה זָהָ֖ב מְלֵאָ֥ה קְטֹֽרֶת: פַּ֣ר אֶחָ֞ד נ נא
בֶּן־בָּקָ֗ר אַ֧יִל אֶחָ֛ד כֶּֽבֶשׂ־אֶחָ֥ד בֶּן־שְׁנָת֖וֹ לְעֹלָֽה: שְׂעִיר־עִזִּ֥ים נב
אֶחָ֖ד לְחַטָּֽאת: וּלְזֶ֣בַח הַשְּׁלָמִים֮ בָּקָ֣ר שְׁנַ֒יִם֒ אֵילִ֤ם חֲמִשָּׁה֙ נג
עַתֻּדִ֣ים חֲמִשָּׁ֔ה כְּבָשִׂ֥ים בְּנֵי־שָׁנָ֖ה חֲמִשָּׁ֑ה זֶ֛ה קָרְבַּ֥ן אֱלִֽישָׁמָ֖ע
בֶּן־עַמִּיהֽוּד:
בַּיּוֹם֙ הַשְּׁמִינִ֔י נָשִׂ֖יא לִבְנֵ֣י מְנַשֶּׁ֑ה גַּמְלִיאֵ֖ל בֶּן־פְּדָהצֽוּר: קָרְבָּנ֞וֹ נד נה
קַֽעֲרַת־כֶּ֣סֶף אַחַ֗ת שְׁלֹשִׁ֣ים וּמֵאָה֮ מִשְׁקָלָהּ֒ מִזְרָ֤ק אֶחָד֙ כֶּ֔סֶף
שִׁבְעִ֥ים שֶׁ֖קֶל בְּשֶׁ֣קֶל הַקֹּ֑דֶשׁ שְׁנֵיהֶ֣ם ׀ מְלֵאִ֗ים סֹ֛לֶת בְּלוּלָ֥ה
בַשֶּׁ֖מֶן לְמִנְחָֽה: כַּ֥ף אַחַ֛ת עֲשָׂרָ֥ה זָהָ֖ב מְלֵאָ֥ה קְטֹֽרֶת: פַּ֣ר אֶחָ֞ד נו נז
בֶּן־בָּקָ֗ר אַ֧יִל אֶחָ֛ד כֶּֽבֶשׂ־אֶחָ֥ד בֶּן־שְׁנָת֖וֹ לְעֹלָֽה: שְׂעִיר־עִזִּ֥ים נח
אֶחָ֖ד לְחַטָּֽאת: וּלְזֶ֣בַח הַשְּׁלָמִים֮ בָּקָ֣ר שְׁנַ֒יִם֒ אֵילִ֤ם חֲמִשָּׁה֙ נט
עַתֻּדִ֣ים חֲמִשָּׁ֔ה כְּבָשִׂ֥ים בְּנֵי־שָׁנָ֖ה חֲמִשָּׁ֑ה זֶ֛ה קָרְבַּ֥ן גַּמְלִיאֵ֖ל
בֶּן־פְּדָהצֽוּר:
בַּיּוֹם֙ הַתְּשִׁיעִ֔י נָשִׂ֖יא לִבְנֵ֣י בִנְיָמִ֑ן אֲבִידָ֖ן בֶּן־גִּדְעֹנִֽי: קָרְבָּנ֞וֹ ס סא
קַֽעֲרַת־כֶּ֣סֶף אַחַ֗ת שְׁלֹשִׁ֣ים וּמֵאָה֮ מִשְׁקָלָהּ֒ מִזְרָ֤ק אֶחָד֙ כֶּ֔סֶף
שִׁבְעִ֥ים שֶׁ֖קֶל בְּשֶׁ֣קֶל הַקֹּ֑דֶשׁ שְׁנֵיהֶ֣ם ׀ מְלֵאִ֗ים סֹ֛לֶת בְּלוּלָ֥ה
בַשֶּׁ֖מֶן לְמִנְחָֽה: כַּ֥ף אַחַ֛ת עֲשָׂרָ֥ה זָהָ֖ב מְלֵאָ֥ה קְטֹֽרֶת: פַּ֣ר אֶחָ֞ד סב סג
בֶּן־בָּקָ֗ר אַ֧יִל אֶחָ֛ד כֶּֽבֶשׂ־אֶחָ֥ד בֶּן־שְׁנָת֖וֹ לְעֹלָֽה: שְׂעִיר־עִזִּ֥ים סד
אֶחָ֖ד לְחַטָּֽאת: וּלְזֶ֣בַח הַשְּׁלָמִים֮ בָּקָ֣ר שְׁנַ֒יִם֒ אֵילִ֤ם חֲמִשָּׁה֙ סה
עַתֻּדִ֣ים חֲמִשָּׁ֔ה כְּבָשִׂ֥ים בְּנֵי־שָׁנָ֖ה חֲמִשָּׁ֑ה זֶ֛ה קָרְבַּ֥ן אֲבִידָ֖ן
בֶּן־גִּדְעֹנִֽי:
בַּיּוֹם֙ הָעֲשִׂירִ֔י נָשִׂ֖יא לִבְנֵ֣י דָ֑ן אֲחִיעֶ֖זֶר בֶּן־עַמִּישַׁדָּֽי: קָרְבָּנ֞וֹ סו סז
קַֽעֲרַת־כֶּ֣סֶף אַחַ֗ת שְׁלֹשִׁ֣ים וּמֵאָה֮ מִשְׁקָלָהּ֒ מִזְרָ֤ק אֶחָד֙ כֶּ֔סֶף

שִׁבְעִים שֶׁקֶל בְּשֶׁקֶל הַקֹּדֶשׁ שְׁנֵיהֶם ׀ מְלֵאִים סֹלֶת בְּלוּלָה
סח סט בַשֶּׁמֶן לְמִנְחָה: כַּף אַחַת עֲשָׂרָה זָהָב מְלֵאָה קְטֹרֶת: פַּר
ע אֶחָד בֶּן־בָּקָר אַיִל אֶחָד כֶּבֶשׂ־אֶחָד בֶּן־שְׁנָתוֹ לְעֹלָה: שְׂעִיר־
עא עִזִּים אֶחָד לְחַטָּאת: וּלְזֶבַח הַשְּׁלָמִים בָּקָר שְׁנַיִם אֵילִם חֲמִשָּׁה
עַתֻּדִים חֲמִשָּׁה כְּבָשִׂים בְּנֵי־שָׁנָה חֲמִשָּׁה זֶה קָרְבַּן אֲחִיעֶזֶר
בֶּן־עַמִּישַׁדָּי:

עב עג בְּיוֹם עַשְׁתֵּי עָשָׂר יוֹם נָשִׂיא לִבְנֵי אָשֵׁר פַּגְעִיאֵל בֶּן־עָכְרָן: קָרְבָּנוֹ שביעי
קַעֲרַת־כֶּסֶף אַחַת שְׁלֹשִׁים וּמֵאָה מִשְׁקָלָהּ מִזְרָק אֶחָד כֶּסֶף
שִׁבְעִים שֶׁקֶל בְּשֶׁקֶל הַקֹּדֶשׁ שְׁנֵיהֶם ׀ מְלֵאִים סֹלֶת בְּלוּלָה
עד עה בַשֶּׁמֶן לְמִנְחָה: כַּף אַחַת עֲשָׂרָה זָהָב מְלֵאָה קְטֹרֶת: פַּר אֶחָד
עו בֶּן־בָּקָר אַיִל אֶחָד כֶּבֶשׂ־אֶחָד בֶּן־שְׁנָתוֹ לְעֹלָה: שְׂעִיר־עִזִּים
עז אֶחָד לְחַטָּאת: וּלְזֶבַח הַשְּׁלָמִים בָּקָר שְׁנַיִם אֵילִם חֲמִשָּׁה
עַתֻּדִים חֲמִשָּׁה כְּבָשִׂים בְּנֵי־שָׁנָה חֲמִשָּׁה זֶה קָרְבַּן פַּגְעִיאֵל
בֶּן־עָכְרָן:

עח עט בְּיוֹם שְׁנֵים עָשָׂר יוֹם נָשִׂיא לִבְנֵי נַפְתָּלִי אֲחִירַע בֶּן־עֵינָן: קָרְבָּנוֹ
קַעֲרַת־כֶּסֶף אַחַת שְׁלֹשִׁים וּמֵאָה מִשְׁקָלָהּ מִזְרָק אֶחָד כֶּסֶף
שִׁבְעִים שֶׁקֶל בְּשֶׁקֶל הַקֹּדֶשׁ שְׁנֵיהֶם ׀ מְלֵאִים סֹלֶת בְּלוּלָה
פ פא בַשֶּׁמֶן לְמִנְחָה: כַּף אַחַת עֲשָׂרָה זָהָב מְלֵאָה קְטֹרֶת: פַּר אֶחָד
פב בֶּן־בָּקָר אַיִל אֶחָד כֶּבֶשׂ־אֶחָד בֶּן־שְׁנָתוֹ לְעֹלָה: שְׂעִיר־עִזִּים
פג אֶחָד לְחַטָּאת: וּלְזֶבַח הַשְּׁלָמִים בָּקָר שְׁנַיִם אֵילִם חֲמִשָּׁה
עַתֻּדִים חֲמִשָּׁה כְּבָשִׂים בְּנֵי־שָׁנָה חֲמִשָּׁה זֶה קָרְבַּן אֲחִירַע
בֶּן־עֵינָן:

פד זֹאת ׀ חֲנֻכַּת הַמִּזְבֵּחַ בְּיוֹם הִמָּשַׁח אֹתוֹ מֵאֵת נְשִׂיאֵי יִשְׂרָאֵל
קַעֲרֹת כֶּסֶף שְׁתֵּים עֶשְׂרֵה מִזְרְקֵי־כֶסֶף שְׁנֵים עָשָׂר כַּפּוֹת זָהָב
פה שְׁתֵּים עֶשְׂרֵה: שְׁלֹשִׁים וּמֵאָה הַקְּעָרָה הָאַחַת כֶּסֶף וְשִׁבְעִים
הַמִּזְרָק הָאֶחָד כֹּל כֶּסֶף הַכֵּלִים אַלְפַּיִם וְאַרְבַּע־מֵאוֹת בְּשֶׁקֶל
פו הַקֹּדֶשׁ: כַּפּוֹת זָהָב שְׁתֵּים־עֶשְׂרֵה מְלֵאֹת קְטֹרֶת עֲשָׂרָה עֲשָׂרָה

מפטיר הַכַּף בְּשֶׁקֶל הַקֹּדֶשׁ כָּל־זְהַב הַכַּפּוֹת עֶשְׂרִים וּמֵאָה׃ כָּל־הַבָּקָר פז
לָעֹלָה שְׁנֵים עָשָׂר פָּרִים אֵילִם שְׁנֵים־עָשָׂר כְּבָשִׂים בְּנֵי־שָׁנָה
שְׁנֵים עָשָׂר וּמִנְחָתָם וּשְׂעִירֵי עִזִּים שְׁנֵים עָשָׂר לְחַטָּאת׃ וְכֹל פח
בְּקַר ׀ זֶבַח הַשְּׁלָמִים עֶשְׂרִים וְאַרְבָּעָה פָּרִים אֵילִם שִׁשִּׁים
עַתֻּדִים שִׁשִּׁים כְּבָשִׂים בְּנֵי־שָׁנָה שִׁשִּׁים זֹאת חֲנֻכַּת הַמִּזְבֵּחַ
אַחֲרֵי הִמָּשַׁח אֹתוֹ׃ וּבְבֹא מֹשֶׁה אֶל־אֹהֶל מוֹעֵד לְדַבֵּר אִתּוֹ פט
וַיִּשְׁמַע אֶת־הַקּוֹל מִדַּבֵּר אֵלָיו מֵעַל הַכַּפֹּרֶת אֲשֶׁר עַל־אֲרֹן
הָעֵדֻת מִבֵּין שְׁנֵי הַכְּרֻבִים וַיְדַבֵּר אֵלָיו׃

בהעלתך ח וַיְדַבֵּר יְהוה אֶל־מֹשֶׁה לֵּאמֹר׃ דַּבֵּר אֶל־אַהֲרֹן וְאָמַרְתָּ אֵלָיו ח א ב
בְּהַעֲלֹתְךָ אֶת־הַנֵּרֹת אֶל־מוּל פְּנֵי הַמְּנוֹרָה יָאִירוּ שִׁבְעַת הַנֵּרוֹת׃
וַיַּעַשׂ כֵּן אַהֲרֹן אֶל־מוּל פְּנֵי הַמְּנוֹרָה הֶעֱלָה נֵרֹתֶיהָ כַּאֲשֶׁר ג
צִוָּה יְהוה אֶת־מֹשֶׁה׃ וְזֶה מַעֲשֵׂה הַמְּנֹרָה מִקְשָׁה זָהָב עַד־ ד
יְרֵכָהּ עַד־פִּרְחָהּ מִקְשָׁה הִוא כַּמַּרְאֶה אֲשֶׁר הֶרְאָה יְהוה אֶת־
מֹשֶׁה כֵּן עָשָׂה אֶת־הַמְּנֹרָה׃
וַיְדַבֵּר יְהוה אֶל־מֹשֶׁה לֵּאמֹר׃ קַח אֶת־הַלְוִיִּם מִתּוֹךְ בְּנֵי יִשְׂרָאֵל ה ו
וְטִהַרְתָּ אֹתָם׃ וְכֹה־תַעֲשֶׂה לָהֶם לְטַהֲרָם הַזֵּה עֲלֵיהֶם מֵי ז
חַטָּאת וְהֶעֱבִירוּ תַעַר עַל־כָּל־בְּשָׂרָם וְכִבְּסוּ בִגְדֵיהֶם וְהִטֶּהָרוּ׃
וְלָקְחוּ פַּר בֶּן־בָּקָר וּמִנְחָתוֹ סֹלֶת בְּלוּלָה בַשָּׁמֶן וּפַר־שֵׁנִי בֶן־ ח
בָּקָר תִּקַּח לְחַטָּאת׃ וְהִקְרַבְתָּ אֶת־הַלְוִיִּם לִפְנֵי אֹהֶל מוֹעֵד ט
וְהִקְהַלְתָּ אֶת־כָּל־עֲדַת בְּנֵי יִשְׂרָאֵל׃ וְהִקְרַבְתָּ אֶת־הַלְוִיִּם י
לִפְנֵי יְהוה וְסָמְכוּ בְנֵי־יִשְׂרָאֵל אֶת־יְדֵיהֶם עַל־הַלְוִיִּם׃ וְהֵנִיף יא
אַהֲרֹן אֶת־הַלְוִיִּם תְּנוּפָה לִפְנֵי יְהוה מֵאֵת בְּנֵי יִשְׂרָאֵל וְהָיוּ
לַעֲבֹד אֶת־עֲבֹדַת יְהוה׃ וְהַלְוִיִּם יִסְמְכוּ אֶת־יְדֵיהֶם עַל רֹאשׁ יב
הַפָּרִים וַעֲשֵׂה אֶת־הָאֶחָד חַטָּאת וְאֶת־הָאֶחָד עֹלָה לַיהוה
לְכַפֵּר עַל־הַלְוִיִּם׃ וְהַעֲמַדְתָּ אֶת־הַלְוִיִּם לִפְנֵי אַהֲרֹן וְלִפְנֵי בָנָיו יג
וְהֵנַפְתָּ אֹתָם תְּנוּפָה לַיהוה׃ וְהִבְדַּלְתָּ אֶת־הַלְוִיִּם מִתּוֹךְ בְּנֵי יד
שני יִשְׂרָאֵל וְהָיוּ לִי הַלְוִיִּם׃ וְאַחֲרֵי־כֵן יָבֹאוּ הַלְוִיִּם לַעֲבֹד אֶת־ טו

טז אֹהֶל מוֹעֵד וְטִהַרְתָּ אֹתָם וְהֵנַפְתָּ אֹתָם תְּנוּפָה: כִּי נְתֻנִים
נְתֻנִים הֵמָּה לִי מִתּוֹךְ בְּנֵי יִשְׂרָאֵל תַּחַת פִּטְרַת כָּל־רֶחֶם בְּכוֹר
יז כֹּל מִבְּנֵי יִשְׂרָאֵל לָקַחְתִּי אֹתָם לִי: כִּי לִי כָל־בְּכוֹר בִּבְנֵי יִשְׂרָאֵל
בָּאָדָם וּבַבְּהֵמָה בְּיוֹם הַכֹּתִי כָל־בְּכוֹר בְּאֶרֶץ מִצְרַיִם הִקְדַּשְׁתִּי
יח אֹתָם לִי: וָאֶקַּח אֶת־הַלְוִיִּם תַּחַת כָּל־בְּכוֹר בִּבְנֵי יִשְׂרָאֵל:
יט וָאֶתְּנָה אֶת־הַלְוִיִּם נְתֻנִים ׀ לְאַהֲרֹן וּלְבָנָיו מִתּוֹךְ בְּנֵי יִשְׂרָאֵל
לַעֲבֹד אֶת־עֲבֹדַת בְּנֵי־יִשְׂרָאֵל בְּאֹהֶל מוֹעֵד וּלְכַפֵּר עַל־בְּנֵי
יִשְׂרָאֵל וְלֹא יִהְיֶה בִּבְנֵי יִשְׂרָאֵל נֶגֶף בְּגֶשֶׁת בְּנֵי־יִשְׂרָאֵל אֶל־
כ הַקֹּדֶשׁ: וַיַּעַשׂ מֹשֶׁה וְאַהֲרֹן וְכָל־עֲדַת בְּנֵי־יִשְׂרָאֵל לַלְוִיִּם
כְּכֹל אֲשֶׁר־צִוָּה יהוה אֶת־מֹשֶׁה לַלְוִיִּם כֵּן־עָשׂוּ לָהֶם בְּנֵי
כא יִשְׂרָאֵל: וַיִּתְחַטְּאוּ הַלְוִיִּם וַיְכַבְּסוּ בִּגְדֵיהֶם וַיָּנֶף אַהֲרֹן אֹתָם
כב תְּנוּפָה לִפְנֵי יהוה וַיְכַפֵּר עֲלֵיהֶם אַהֲרֹן לְטַהֲרָם: וְאַחֲרֵי־כֵן
בָּאוּ הַלְוִיִּם לַעֲבֹד אֶת־עֲבֹדָתָם בְּאֹהֶל מוֹעֵד לִפְנֵי אַהֲרֹן
וְלִפְנֵי בָנָיו כַּאֲשֶׁר צִוָּה יהוה אֶת־מֹשֶׁה עַל־הַלְוִיִּם כֵּן עָשׂוּ
כג כד לָהֶם: וַיְדַבֵּר יהוה אֶל־מֹשֶׁה לֵּאמֹר: זֹאת אֲשֶׁר
לַלְוִיִּם מִבֶּן חָמֵשׁ וְעֶשְׂרִים שָׁנָה וָמַעְלָה יָבוֹא לִצְבֹא צָבָא בַּעֲבֹדַת
כה אֹהֶל מוֹעֵד: וּמִבֶּן חֲמִשִּׁים שָׁנָה יָשׁוּב מִצְּבָא הָעֲבֹדָה וְלֹא יַעֲבֹד
כו עוֹד: וְשֵׁרֵת אֶת־אֶחָיו בְּאֹהֶל מוֹעֵד לִשְׁמֹר מִשְׁמֶרֶת וַעֲבֹדָה
לֹא יַעֲבֹד כָּכָה תַּעֲשֶׂה לַלְוִיִּם בְּמִשְׁמְרֹתָם:
ט א וַיְדַבֵּר יהוה אֶל־מֹשֶׁה בְמִדְבַּר־סִינַי בַּשָּׁנָה הַשֵּׁנִית לְצֵאתָם שלישי
ב מֵאֶרֶץ מִצְרַיִם בַּחֹדֶשׁ הָרִאשׁוֹן לֵאמֹר: וְיַעֲשׂוּ בְנֵי־יִשְׂרָאֵל
ג אֶת־הַפָּסַח בְּמוֹעֲדוֹ: בְּאַרְבָּעָה עָשָׂר־יוֹם בַּחֹדֶשׁ הַזֶּה בֵּין
הָעַרְבַּיִם תַּעֲשׂוּ אֹתוֹ בְּמֹעֲדוֹ כְּכָל־חֻקֹּתָיו וּכְכָל־מִשְׁפָּטָיו
ד תַּעֲשׂוּ אֹתוֹ: וַיְדַבֵּר מֹשֶׁה אֶל־בְּנֵי יִשְׂרָאֵל לַעֲשֹׂת הַפָּסַח:
ה וַיַּעֲשׂוּ אֶת־הַפֶּסַח בָּרִאשׁוֹן בְּאַרְבָּעָה עָשָׂר יוֹם לַחֹדֶשׁ בֵּין
הָעַרְבַּיִם בְּמִדְבַּר סִינָי כְּכֹל אֲשֶׁר צִוָּה יהוה אֶת־מֹשֶׁה כֵּן עָשׂוּ
ו בְּנֵי יִשְׂרָאֵל: וַיְהִי אֲנָשִׁים אֲשֶׁר הָיוּ טְמֵאִים לְנֶפֶשׁ אָדָם וְלֹא־

יָכְלוּ לַעֲשֹׂת־הַפֶּסַח בַּיּוֹם הַהוּא וַיִּקְרְבוּ לִפְנֵי מֹשֶׁה וְלִפְנֵי
ז אַהֲרֹן בַּיּוֹם הַהוּא׃ וַיֹּאמְרוּ הָאֲנָשִׁים הָהֵמָּה אֵלָיו אֲנַחְנוּ
טְמֵאִים לְנֶפֶשׁ אָדָם לָמָּה נִגָּרַע לְבִלְתִּי הַקְרִיב אֶת־קָרְבַּן יהוה
ח בְּמֹעֲדוֹ בְּתוֹךְ בְּנֵי יִשְׂרָאֵל׃ וַיֹּאמֶר אֲלֵהֶם מֹשֶׁה עִמְדוּ וְאֶשְׁמְעָה
מַה־יְצַוֶּה יהוה לָכֶם׃
ט י וַיְדַבֵּר יהוה אֶל־מֹשֶׁה לֵּאמֹר׃ דַּבֵּר אֶל־בְּנֵי יִשְׂרָאֵל לֵאמֹר
אִישׁ אִישׁ כִּי־יִהְיֶה טָמֵא ׀ לָנֶפֶשׁ אוֹ בְדֶרֶךְ רְחֹקָה לָכֶם אוֹ
יא לְדֹרֹתֵיכֶם וְעָשָׂה פֶסַח לַיהוה׃ בַּחֹדֶשׁ הַשֵּׁנִי בְּאַרְבָּעָה עָשָׂר
יוֹם בֵּין הָעַרְבַּיִם יַעֲשׂוּ אֹתוֹ עַל־מַצּוֹת וּמְרֹרִים יֹאכְלֻהוּ׃
יב לֹא־יַשְׁאִירוּ מִמֶּנּוּ עַד־בֹּקֶר וְעֶצֶם לֹא יִשְׁבְּרוּ־בוֹ כְּכָל־חֻקַּת
יג הַפֶּסַח יַעֲשׂוּ אֹתוֹ׃ וְהָאִישׁ אֲשֶׁר־הוּא טָהוֹר וּבְדֶרֶךְ לֹא־
הָיָה וְחָדַל לַעֲשׂוֹת הַפֶּסַח וְנִכְרְתָה הַנֶּפֶשׁ הַהִוא מֵעַמֶּיהָ
כִּי ׀ קָרְבַּן יהוה לֹא הִקְרִיב בְּמֹעֲדוֹ חֶטְאוֹ יִשָּׂא הָאִישׁ הַהוּא׃
יד וְכִי־יָגוּר אִתְּכֶם גֵּר וְעָשָׂה פֶסַח לַיהוה כְּחֻקַּת הַפֶּסַח
וּכְמִשְׁפָּטוֹ כֵּן יַעֲשֶׂה חֻקָּה אַחַת יִהְיֶה לָכֶם וְלַגֵּר וּלְאֶזְרַח
רביעי טו הָאָרֶץ׃ וּבְיוֹם הָקִים אֶת־הַמִּשְׁכָּן כִּסָּה הֶעָנָן
אֶת־הַמִּשְׁכָּן לְאֹהֶל הָעֵדֻת וּבָעֶרֶב יִהְיֶה עַל־הַמִּשְׁכָּן כְּמַרְאֵה־
טז אֵשׁ עַד־בֹּקֶר׃ כֵּן יִהְיֶה תָמִיד הֶעָנָן יְכַסֶּנּוּ וּמַרְאֵה־אֵשׁ לָיְלָה׃
יז וּלְפִי הֵעָלוֹת הֶעָנָן מֵעַל הָאֹהֶל וְאַחֲרֵי כֵן יִסְעוּ בְּנֵי יִשְׂרָאֵל
יח וּבִמְקוֹם אֲשֶׁר יִשְׁכָּן־שָׁם הֶעָנָן שָׁם יַחֲנוּ בְּנֵי יִשְׂרָאֵל׃ עַל־
פִּי יהוה יִסְעוּ בְּנֵי יִשְׂרָאֵל וְעַל־פִּי יהוה יַחֲנוּ כָּל־יְמֵי אֲשֶׁר
יט יִשְׁכֹּן הֶעָנָן עַל־הַמִּשְׁכָּן יַחֲנוּ׃ וּבְהַאֲרִיךְ הֶעָנָן עַל־הַמִּשְׁכָּן
יָמִים רַבִּים וְשָׁמְרוּ בְנֵי־יִשְׂרָאֵל אֶת־מִשְׁמֶרֶת יהוה וְלֹא יִסָּעוּ׃
כ וְיֵשׁ אֲשֶׁר יִהְיֶה הֶעָנָן יָמִים מִסְפָּר עַל־הַמִּשְׁכָּן עַל־פִּי יהוה
כא יַחֲנוּ וְעַל־פִּי יהוה יִסָּעוּ׃ וְיֵשׁ אֲשֶׁר יִהְיֶה הֶעָנָן מֵעֶרֶב עַד־
בֹּקֶר וְנַעֲלָה הֶעָנָן בַּבֹּקֶר וְנָסָעוּ אוֹ יוֹמָם וָלַיְלָה וְנַעֲלָה הֶעָנָן
כב וְנָסָעוּ׃ אוֹ־יֹמַיִם אוֹ־חֹדֶשׁ אוֹ־יָמִים בְּהַאֲרִיךְ הֶעָנָן עַל־הַמִּשְׁכָּן

כג לְשַׁכֹּן עָלָיו יַחֲנוּ בְנֵי־יִשְׂרָאֵל וְלֹא יִסָּעוּ וּבְהֵעָלֹתוֹ יִסָּעוּ׃ עַל־
פִּי יהוה יַחֲנוּ וְעַל־פִּי יהוה יִסָּעוּ אֶת־מִשְׁמֶרֶת יהוה שָׁמָרוּ עַל־
פִּי יהוה בְּיַד־מֹשֶׁה׃

י א ב וַיְדַבֵּר יהוה אֶל־מֹשֶׁה לֵּאמֹר׃ עֲשֵׂה לְךָ שְׁתֵּי חֲצוֹצְרֹת כֶּסֶף ט
מִקְשָׁה תַּעֲשֶׂה אֹתָם וְהָיוּ לְךָ לְמִקְרָא הָעֵדָה וּלְמַסַּע אֶת־
ג הַמַּחֲנוֹת׃ וְתָקְעוּ בָּהֵן וְנוֹעֲדוּ אֵלֶיךָ כָּל־הָעֵדָה אֶל־פֶּתַח אֹהֶל
ד מוֹעֵד׃ וְאִם־בְּאַחַת יִתְקָעוּ וְנוֹעֲדוּ אֵלֶיךָ הַנְּשִׂיאִים רָאשֵׁי
ה אַלְפֵי יִשְׂרָאֵל׃ וּתְקַעְתֶּם תְּרוּעָה וְנָסְעוּ הַמַּחֲנוֹת הַחֹנִים קֵדְמָה׃
ו וּתְקַעְתֶּם תְּרוּעָה שֵׁנִית וְנָסְעוּ הַמַּחֲנוֹת הַחֹנִים תֵּימָנָה תְּרוּעָה
ז יִתְקְעוּ לְמַסְעֵיהֶם׃ וּבְהַקְהִיל אֶת־הַקָּהָל תִּתְקְעוּ וְלֹא תָרִיעוּ׃
ח וּבְנֵי אַהֲרֹן הַכֹּהֲנִים יִתְקְעוּ בַּחֲצֹצְרוֹת וְהָיוּ לָכֶם לְחֻקַּת עוֹלָם
ט לְדֹרֹתֵיכֶם׃ וְכִי־תָבֹאוּ מִלְחָמָה בְּאַרְצְכֶם עַל־הַצַּר הַצֹּרֵר אֶתְכֶם
וַהֲרֵעֹתֶם בַּחֲצֹצְרֹת וְנִזְכַּרְתֶּם לִפְנֵי יהוה אֱלֹהֵיכֶם וְנוֹשַׁעְתֶּם
י מֵאֹיְבֵיכֶם׃ וּבְיוֹם שִׂמְחַתְכֶם וּבְמוֹעֲדֵיכֶם וּבְרָאשֵׁי חָדְשֵׁכֶם
וּתְקַעְתֶּם בַּחֲצֹצְרֹת עַל עֹלֹתֵיכֶם וְעַל זִבְחֵי שַׁלְמֵיכֶם וְהָיוּ לָכֶם
לְזִכָּרוֹן לִפְנֵי אֱלֹהֵיכֶם אֲנִי יהוה אֱלֹהֵיכֶם׃

יא וַיְהִי בַּשָּׁנָה הַשֵּׁנִית בַּחֹדֶשׁ הַשֵּׁנִי בְּעֶשְׂרִים בַּחֹדֶשׁ נַעֲלָה הֶעָנָן חמישי
יב מֵעַל מִשְׁכַּן הָעֵדֻת׃ וַיִּסְעוּ בְנֵי־יִשְׂרָאֵל לְמַסְעֵיהֶם מִמִּדְבַּר סִינָי
יג וַיִּשְׁכֹּן הֶעָנָן בְּמִדְבַּר פָּארָן׃ וַיִּסְעוּ בָּרִאשֹׁנָה עַל־פִּי יהוה בְּיַד־
יד מֹשֶׁה׃ וַיִּסַּע דֶּגֶל מַחֲנֵה בְנֵי־יְהוּדָה בָּרִאשֹׁנָה לְצִבְאֹתָם וְעַל־
טו צְבָאוֹ נַחְשׁוֹן בֶּן־עַמִּינָדָב׃ וְעַל־צְבָא מַטֵּה בְּנֵי יִשָּׂשכָר נְתַנְאֵל
טז יז בֶּן־צוּעָר׃ וְעַל־צְבָא מַטֵּה בְּנֵי זְבוּלֻן אֱלִיאָב בֶּן־חֵלֹן׃ וְהוּרַד
יח הַמִּשְׁכָּן וְנָסְעוּ בְנֵי־גֵרְשׁוֹן וּבְנֵי מְרָרִי נֹשְׂאֵי הַמִּשְׁכָּן׃ וְנָסַע דֶּגֶל
יט מַחֲנֵה רְאוּבֵן לְצִבְאֹתָם וְעַל־צְבָאוֹ אֱלִיצוּר בֶּן־שְׁדֵיאוּר׃ וְעַל־
כ צְבָא מַטֵּה בְּנֵי שִׁמְעוֹן שְׁלֻמִיאֵל בֶּן־צוּרִישַׁדָּי׃ וְעַל־צְבָא מַטֵּה
כא בְנֵי־גָד אֶלְיָסָף בֶּן־דְּעוּאֵל׃ וְנָסְעוּ הַקְּהָתִים נֹשְׂאֵי הַמִּקְדָּשׁ
כב וְהֵקִימוּ אֶת־הַמִּשְׁכָּן עַד־בֹּאָם׃ וְנָסַע דֶּגֶל מַחֲנֵה בְנֵי־אֶפְרַיִם

לְצִבְאֹתָם וְעַל־צְבָאוֹ אֱלִישָׁמָע בֶּן־עַמִּיהוּד: וְעַל־צְבָא מַטֵּה כג
בְּנֵי מְנַשֶּׁה גַּמְלִיאֵל בֶּן־פְּדָהצוּר: וְעַל־צְבָא מַטֵּה בְּנֵי בִנְיָמִן כד
אֲבִידָן בֶּן־גִּדְעוֹנִי: וְנָסַע דֶּגֶל מַחֲנֵה בְנֵי־דָן מְאַסֵּף לְכָל־ כה
הַמַּחֲנֹת לְצִבְאֹתָם וְעַל־צְבָאוֹ אֲחִיעֶזֶר בֶּן־עַמִּישַׁדָּי: וְעַל־ כו
צְבָא מַטֵּה בְּנֵי אָשֵׁר פַּגְעִיאֵל בֶּן־עָכְרָן: וְעַל־צְבָא מַטֵּה כז
בְּנֵי נַפְתָּלִי אֲחִירַע בֶּן־עֵינָן: אֵלֶּה מַסְעֵי בְנֵי־יִשְׂרָאֵל לְצִבְאֹתָם כח
וַיִּסָּעוּ: וַיֹּאמֶר מֹשֶׁה לְחֹבָב בֶּן־רְעוּאֵל הַמִּדְיָנִי כט
חֹתֵן מֹשֶׁה נֹסְעִים ׀ אֲנַחְנוּ אֶל־הַמָּקוֹם אֲשֶׁר אָמַר יְהוָה אֹתוֹ
אֶתֵּן לָכֶם לְכָה אִתָּנוּ וְהֵטַבְנוּ לָךְ כִּי־יְהוָה דִּבֶּר־טוֹב עַל־יִשְׂרָאֵל:
וַיֹּאמֶר אֵלָיו לֹא אֵלֵךְ כִּי אִם־אֶל־אַרְצִי וְאֶל־מוֹלַדְתִּי אֵלֵךְ: ל
וַיֹּאמֶר אַל־נָא תַּעֲזֹב אֹתָנוּ כִּי ׀ עַל־כֵּן יָדַעְתָּ חֲנֹתֵנוּ בַּמִּדְבָּר לא
וְהָיִיתָ לָּנוּ לְעֵינָיִם: וְהָיָה כִּי־תֵלֵךְ עִמָּנוּ וְהָיָה ׀ הַטּוֹב הַהוּא לב
אֲשֶׁר יֵיטִיב יְהוָה עִמָּנוּ וְהֵטַבְנוּ לָךְ: וַיִּסְעוּ מֵהַר יְהוָה דֶּרֶךְ לג
שְׁלֹשֶׁת יָמִים וַאֲרוֹן בְּרִית־יְהוָה נֹסֵעַ לִפְנֵיהֶם דֶּרֶךְ שְׁלֹשֶׁת
יָמִים לָתוּר לָהֶם מְנוּחָה: וַעֲנַן יְהוָה עֲלֵיהֶם יוֹמָם בְּנָסְעָם מִן־ לד
ששי הַמַּחֲנֶה: ׆ וַיְהִי בִּנְסֹעַ הָאָרֹן וַיֹּאמֶר מֹשֶׁה קוּמָה ׀ לה
יְהוָה וְיָפֻצוּ אֹיְבֶיךָ וְיָנֻסוּ מְשַׂנְאֶיךָ מִפָּנֶיךָ: וּבְנֻחֹה יֹאמַר שׁוּבָה לו
יְהוָה רִבְבוֹת אַלְפֵי יִשְׂרָאֵל: ׆
וַיְהִי הָעָם כְּמִתְאֹנְנִים רַע בְּאָזְנֵי יְהוָה וַיִּשְׁמַע יְהוָה וַיִּחַר אַפּוֹ א יא
וַתִּבְעַר־בָּם אֵשׁ יְהוָה וַתֹּאכַל בִּקְצֵה הַמַּחֲנֶה: וַיִּצְעַק הָעָם ב
אֶל־מֹשֶׁה וַיִּתְפַּלֵּל מֹשֶׁה אֶל־יְהוָה וַתִּשְׁקַע הָאֵשׁ: וַיִּקְרָא שֵׁם־ ג
הַמָּקוֹם הַהוּא תַּבְעֵרָה כִּי־בָעֲרָה בָם אֵשׁ יְהוָה: וְהָאסַפְסֻף ד
אֲשֶׁר בְּקִרְבּוֹ הִתְאַוּוּ תַּאֲוָה וַיָּשֻׁבוּ וַיִּבְכּוּ גַּם בְּנֵי יִשְׂרָאֵל וַיֹּאמְרוּ
מִי יַאֲכִלֵנוּ בָּשָׂר: זָכַרְנוּ אֶת־הַדָּגָה אֲשֶׁר־נֹאכַל בְּמִצְרַיִם חִנָּם ה
אֵת הַקִּשֻּׁאִים וְאֵת הָאֲבַטִּחִים וְאֶת־הֶחָצִיר וְאֶת־הַבְּצָלִים
וְאֶת־הַשּׁוּמִים: וְעַתָּה נַפְשֵׁנוּ יְבֵשָׁה אֵין כֹּל בִּלְתִּי אֶל־הַמָּן ו
עֵינֵינוּ: וְהַמָּן כִּזְרַע־גַּד הוּא וְעֵינוֹ כְּעֵין הַבְּדֹלַח: שָׁטוּ הָעָם ז ח

וְלָקְטוּ וְטָחֲנוּ בָרֵחַיִם אוֹ דָכוּ בַּמְּדֹכָה וּבִשְּׁלוּ בַּפָּרוּר וְעָשׂוּ אֹתוֹ
ט עֻגוֹת וְהָיָה טַעְמוֹ כְּטַעַם לְשַׁד הַשָּׁמֶן׃ וּבְרֶדֶת הַטַּל עַל־הַמַּחֲנֶה
י לָיְלָה יֵרֵד הַמָּן עָלָיו׃ וַיִּשְׁמַע מֹשֶׁה אֶת־הָעָם בֹּכֶה לְמִשְׁפְּחֹתָיו
יא אִישׁ לְפֶתַח אָהֳלוֹ וַיִּחַר־אַף יְהוָה מְאֹד וּבְעֵינֵי מֹשֶׁה רָע׃ וַיֹּאמֶר
מֹשֶׁה אֶל־יְהוָה לָמָה הֲרֵעֹתָ לְעַבְדֶּךָ וְלָמָּה לֹא־מָצָתִי חֵן בְּעֵינֶיךָ
יב לָשׂוּם אֶת־מַשָּׂא כָּל־הָעָם הַזֶּה עָלָי׃ הֶאָנֹכִי הָרִיתִי אֵת כָּל־הָעָם
הַזֶּה אִם־אָנֹכִי יְלִדְתִּיהוּ כִּי־תֹאמַר אֵלַי שָׂאֵהוּ בְחֵיקֶךָ כַּאֲשֶׁר
יִשָּׂא הָאֹמֵן אֶת־הַיֹּנֵק עַל הָאֲדָמָה אֲשֶׁר נִשְׁבַּעְתָּ לַאֲבֹתָיו׃
יג מֵאַיִן לִי בָּשָׂר לָתֵת לְכָל־הָעָם הַזֶּה כִּי־יִבְכּוּ עָלַי לֵאמֹר תְּנָה־
יד לָּנוּ בָשָׂר וְנֹאכֵלָה׃ לֹא־אוּכַל אָנֹכִי לְבַדִּי לָשֵׂאת אֶת־כָּל־הָעָם
טו הַזֶּה כִּי כָבֵד מִמֶּנִּי׃ וְאִם־כָּכָה ׀ אַתְּ־עֹשֶׂה לִּי הָרְגֵנִי נָא הָרֹג אִם־
מָצָאתִי חֵן בְּעֵינֶיךָ וְאַל־אֶרְאֶה בְּרָעָתִי׃
טז וַיֹּאמֶר יְהוָה אֶל־מֹשֶׁה אֶסְפָה־לִּי שִׁבְעִים אִישׁ מִזִּקְנֵי יִשְׂרָאֵל י
אֲשֶׁר יָדַעְתָּ כִּי־הֵם זִקְנֵי הָעָם וְשֹׁטְרָיו וְלָקַחְתָּ אֹתָם אֶל־אֹהֶל
יז מוֹעֵד וְהִתְיַצְּבוּ שָׁם עִמָּךְ׃ וְיָרַדְתִּי וְדִבַּרְתִּי עִמְּךָ שָׁם וְאָצַלְתִּי
מִן־הָרוּחַ אֲשֶׁר עָלֶיךָ וְשַׂמְתִּי עֲלֵיהֶם וְנָשְׂאוּ אִתְּךָ בְּמַשָּׂא
יח הָעָם וְלֹא־תִשָּׂא אַתָּה לְבַדֶּךָ׃ וְאֶל־הָעָם תֹּאמַר הִתְקַדְּשׁוּ
לְמָחָר וַאֲכַלְתֶּם בָּשָׂר כִּי בְּכִיתֶם בְּאָזְנֵי יְהוָה לֵאמֹר מִי יַאֲכִלֵנוּ
בָּשָׂר כִּי־טוֹב לָנוּ בְּמִצְרָיִם וְנָתַן יְהוָה לָכֶם בָּשָׂר וַאֲכַלְתֶּם׃
יט לֹא יוֹם אֶחָד תֹּאכְלוּן וְלֹא יוֹמָיִם וְלֹא ׀ חֲמִשָּׁה יָמִים וְלֹא
כ עֲשָׂרָה יָמִים וְלֹא עֶשְׂרִים יוֹם׃ עַד ׀ חֹדֶשׁ יָמִים עַד אֲשֶׁר־
יֵצֵא מֵאַפְּכֶם וְהָיָה לָכֶם לְזָרָא יַעַן כִּי־מְאַסְתֶּם אֶת־יְהוָה
אֲשֶׁר בְּקִרְבְּכֶם וַתִּבְכּוּ לְפָנָיו לֵאמֹר לָמָּה זֶּה יָצָאנוּ מִמִּצְרָיִם׃
כא וַיֹּאמֶר מֹשֶׁה שֵׁשׁ־מֵאוֹת אֶלֶף רַגְלִי הָעָם אֲשֶׁר אָנֹכִי בְּקִרְבּוֹ
כב וְאַתָּה אָמַרְתָּ בָּשָׂר אֶתֵּן לָהֶם וְאָכְלוּ חֹדֶשׁ יָמִים׃ הֲצֹאן וּבָקָר
יִשָּׁחֵט לָהֶם וּמָצָא לָהֶם אִם אֶת־כָּל־דְּגֵי הַיָּם יֵאָסֵף לָהֶם וּמָצָא
לָהֶם׃

יא כג ויאמר יהוה אל־משה היד יהוה תקצר עתה תראה היקרך
כד דברי אם־לא: ויצא משה וידבר אל־העם את דברי יהוה
ויאסף שבעים איש מזקני העם ויעמד אתם סביבת האהל:
כה וירד יהוה | בענן וידבר אליו ויאצל מן־הרוח אשר עליו ויתן
על־שבעים איש הזקנים ויהי כנוח עליהם הרוח ויתנבאו
כו ולא יספו: וישארו שני־אנשים | במחנה שם האחד | אלדד
ושם השני מידד ותנח עלהם הרוח והמה בכתבים ולא יצאו
כז האהלה ויתנבאו במחנה: וירץ הנער ויגד למשה ויאמר
כח אלדד ומידד מתנבאים במחנה: ויען יהושע בן־נון משרת
כט משה מבחריו ויאמר אדני משה כלאם: ויאמר לו משה
המקנא אתה לי ומי יתן כל־עם יהוה נביאים כי־יתן יהוה
שביעי ל את־רוחו עליהם: ויאסף משה אל־המחנה הוא וזקני ישראל:
לא ורוח נסע | מאת יהוה ויגז שלוים מן־הים ויטש על־המחנה
כדרך יום כה וכדרך יום כה סביבות המחנה וכאמתים על־
לב פני הארץ: ויקם העם כל־היום ההוא וכל־הלילה וכל | יום
המחרת ויאספו את־השלו הממעיט אסף עשרה חמרים
לג וישטחו להם שטוח סביבות המחנה: הבשר עודנו בין שניהם
טרם יכרת ואף יהוה חרה בעם ויך יהוה בעם מכה רבה
לד מאד: ויקרא את־שם־המקום ההוא קברות התאוה כי־
לה שם קברו את־העם המתאוים: מקברות התאוה נסעו העם
חצרות ויהיו בחצרות:

יב א ותדבר מרים ואהרן במשה על־אדות האשה הכשית אשר
ב לקח כי־אשה כשית לקח: ויאמרו הרק אך־במשה דבר יהוה
ג הלא גם־בנו דבר וישמע יהוה: והאיש משה ענו מאד מכל
ד האדם אשר על־פני האדמה: ויאמר יהוה
פתאם אל־משה ואל־אהרן ואל־מרים צאו שלשתכם אל־
ה אהל מועד ויצאו שלשתם: וירד יהוה בעמוד ענן ויעמד

ו פֶּתַח הָאֹהֶל וַיִּקְרָא אַהֲרֹן וּמִרְיָם וַיֵּצְאוּ שְׁנֵיהֶם: וַיֹּאמֶר שִׁמְעוּ־
נָא דְבָרָי אִם־יִהְיֶה נְבִיאֲכֶם יהוה בַּמַּרְאָה אֵלָיו אֶתְוַדָּע בַּחֲלוֹם
ז ח אֲדַבֶּר־בּוֹ: לֹא־כֵן עַבְדִּי מֹשֶׁה בְּכָל־בֵּיתִי נֶאֱמָן הוּא: פֶּה
אֶל־פֶּה אֲדַבֶּר־בּוֹ וּמַרְאֶה וְלֹא בְחִידֹת וּתְמֻנַת יהוה יַבִּיט
ט וּמַדּוּעַ לֹא יְרֵאתֶם לְדַבֵּר בְּעַבְדִּי בְמֹשֶׁה: וַיִּחַר־אַף יהוה בָּם
י וַיֵּלַךְ: וְהֶעָנָן סָר מֵעַל הָאֹהֶל וְהִנֵּה מִרְיָם מְצֹרַעַת כַּשָּׁלֶג
יא וַיִּפֶן אַהֲרֹן אֶל־מִרְיָם וְהִנֵּה מְצֹרָעַת: וַיֹּאמֶר אַהֲרֹן אֶל־
מֹשֶׁה בִּי אֲדֹנִי אַל־נָא תָשֵׁת עָלֵינוּ חַטָּאת אֲשֶׁר נוֹאַלְנוּ וַאֲשֶׁר
יב חָטָאנוּ: אַל־נָא תְהִי כַּמֵּת אֲשֶׁר בְּצֵאתוֹ מֵרֶחֶם אִמּוֹ וַיֵּאָכֵל
יג חֲצִי בְשָׂרוֹ: וַיִּצְעַק מֹשֶׁה אֶל־יהוה לֵאמֹר אֵל נָא רְפָא נָא
לָהּ:

יד וַיֹּאמֶר יהוה אֶל־מֹשֶׁה וְאָבִיהָ יָרֹק יָרַק בְּפָנֶיהָ הֲלֹא תִכָּלֵם מפטיר
שִׁבְעַת יָמִים תִּסָּגֵר שִׁבְעַת יָמִים מִחוּץ לַמַּחֲנֶה וְאַחַר תֵּאָסֵף:
טו וַתִּסָּגֵר מִרְיָם מִחוּץ לַמַּחֲנֶה שִׁבְעַת יָמִים וְהָעָם לֹא נָסַע
טז עַד הֵאָסֵף מִרְיָם: וְאַחַר נָסְעוּ הָעָם מֵחֲצֵרוֹת וַיַּחֲנוּ בְּמִדְבַּר
פָּארָן:

יג א ב וַיְדַבֵּר יהוה אֶל־מֹשֶׁה לֵּאמֹר: שְׁלַח־לְךָ אֲנָשִׁים וְיָתֻרוּ אֶת־ יב שלח
אֶרֶץ כְּנַעַן אֲשֶׁר־אֲנִי נֹתֵן לִבְנֵי יִשְׂרָאֵל אִישׁ אֶחָד אִישׁ אֶחָד
ג לְמַטֵּה אֲבֹתָיו תִּשְׁלָחוּ כֹּל נָשִׂיא בָהֶם: וַיִּשְׁלַח אֹתָם מֹשֶׁה
מִמִּדְבַּר פָּארָן עַל־פִּי יהוה כֻּלָּם אֲנָשִׁים רָאשֵׁי בְנֵי־יִשְׂרָאֵל
ד ה הֵמָּה: וְאֵלֶּה שְׁמוֹתָם לְמַטֵּה רְאוּבֵן שַׁמּוּעַ בֶּן־זַכּוּר: לְמַטֵּה
ו ז שִׁמְעוֹן שָׁפָט בֶּן־חוֹרִי: לְמַטֵּה יְהוּדָה כָּלֵב בֶּן־יְפֻנֶּה: לְמַטֵּה
ח ט יִשָּׂשכָר יִגְאָל בֶּן־יוֹסֵף: לְמַטֵּה אֶפְרָיִם הוֹשֵׁעַ בִּן־נוּן: לְמַטֵּה
י יא בִנְיָמִן פַּלְטִי בֶּן־רָפוּא: לְמַטֵּה זְבוּלֻן גַּדִּיאֵל בֶּן־סוֹדִי: לְמַטֵּה
יב יוֹסֵף לְמַטֵּה מְנַשֶּׁה גַּדִּי בֶּן־סוּסִי: לְמַטֵּה דָן עַמִּיאֵל בֶּן־גְּמַלִּי:
יג יד לְמַטֵּה אָשֵׁר סְתוּר בֶּן־מִיכָאֵל: לְמַטֵּה נַפְתָּלִי נַחְבִּי בֶּן־וָפְסִי:
טו טז לְמַטֵּה גָד גְּאוּאֵל בֶּן־מָכִי: אֵלֶּה שְׁמוֹת הָאֲנָשִׁים אֲשֶׁר־שָׁלַח

מֹשֶׁה לָתוּר אֶת־הָאָרֶץ וַיִּקְרָא מֹשֶׁה לְהוֹשֵׁעַ בִּן־נוּן יְהוֹשֻׁעַ׃
וַיִּשְׁלַח אֹתָם מֹשֶׁה לָתוּר אֶת־אֶרֶץ כְּנָעַן וַיֹּאמֶר אֲלֵהֶם עֲלוּ יז
זֶה בַּנֶּגֶב וַעֲלִיתֶם אֶת־הָהָר׃ וּרְאִיתֶם אֶת־הָאָרֶץ מַה־הִוא יח
וְאֶת־הָעָם הַיֹּשֵׁב עָלֶיהָ הֶחָזָק הוּא הֲרָפֶה הַמְעַט הוּא אִם־
רָב׃ וּמָה הָאָרֶץ אֲשֶׁר־הוּא יֹשֵׁב בָּהּ הֲטוֹבָה הִוא אִם־רָעָה יט
וּמָה הֶעָרִים אֲשֶׁר־הוּא יוֹשֵׁב בָּהֵנָּה הַבְּמַחֲנִים אִם בְּמִבְצָרִים׃
וּמָה הָאָרֶץ הַשְּׁמֵנָה הִוא אִם־רָזָה הֲיֵשׁ־בָּהּ עֵץ אִם־אַיִן כ
וְהִתְחַזַּקְתֶּם וּלְקַחְתֶּם מִפְּרִי הָאָרֶץ וְהַיָּמִים יְמֵי בִּכּוּרֵי עֲנָבִים׃
וַיַּעֲלוּ וַיָּתֻרוּ אֶת־הָאָרֶץ מִמִּדְבַּר־צִן עַד־רְחֹב לְבֹא חֲמָת׃ כא שני
וַיַּעֲלוּ בַנֶּגֶב וַיָּבֹא עַד־חֶבְרוֹן וְשָׁם אֲחִימַן שֵׁשַׁי וְתַלְמַי יְלִידֵי כב
הָעֲנָק וְחֶבְרוֹן שֶׁבַע שָׁנִים נִבְנְתָה לִפְנֵי צֹעַן מִצְרָיִם׃ וַיָּבֹאוּ כג
עַד־נַחַל אֶשְׁכֹּל וַיִּכְרְתוּ מִשָּׁם זְמוֹרָה וְאֶשְׁכּוֹל עֲנָבִים אֶחָד
וַיִּשָּׂאֻהוּ בַמּוֹט בִּשְׁנָיִם וּמִן־הָרִמֹּנִים וּמִן־הַתְּאֵנִים׃ לַמָּקוֹם כד
הַהוּא קָרָא נַחַל אֶשְׁכּוֹל עַל אֹדוֹת הָאֶשְׁכּוֹל אֲשֶׁר־כָּרְתוּ מִשָּׁם
בְּנֵי יִשְׂרָאֵל׃ וַיָּשֻׁבוּ מִתּוּר הָאָרֶץ מִקֵּץ אַרְבָּעִים יוֹם׃ וַיֵּלְכוּ כה כו
וַיָּבֹאוּ אֶל־מֹשֶׁה וְאֶל־אַהֲרֹן וְאֶל־כָּל־עֲדַת בְּנֵי־יִשְׂרָאֵל אֶל־
מִדְבַּר פָּארָן קָדֵשָׁה וַיָּשִׁיבוּ אֹתָם דָּבָר וְאֶת־כָּל־הָעֵדָה וַיַּרְאוּם
אֶת־פְּרִי הָאָרֶץ׃ וַיְסַפְּרוּ־לוֹ וַיֹּאמְרוּ בָּאנוּ אֶל־הָאָרֶץ אֲשֶׁר כז
שְׁלַחְתָּנוּ וְגַם זָבַת חָלָב וּדְבַשׁ הִוא וְזֶה־פִּרְיָהּ׃ אֶפֶס כִּי־עַז כח
הָעָם הַיֹּשֵׁב בָּאָרֶץ וְהֶעָרִים בְּצֻרוֹת גְּדֹלֹת מְאֹד וְגַם־יְלִדֵי
הָעֲנָק רָאִינוּ שָׁם׃ עֲמָלֵק יוֹשֵׁב בְּאֶרֶץ הַנֶּגֶב וְהַחִתִּי וְהַיְבוּסִי כט
וְהָאֱמֹרִי יוֹשֵׁב בָּהָר וְהַכְּנַעֲנִי יֹשֵׁב עַל־הַיָּם וְעַל יַד הַיַּרְדֵּן׃
וַיַּהַס כָּלֵב אֶת־הָעָם אֶל־מֹשֶׁה וַיֹּאמֶר עָלֹה נַעֲלֶה וְיָרַשְׁנוּ ל
אֹתָהּ כִּי־יָכוֹל נוּכַל לָהּ׃ וְהָאֲנָשִׁים אֲשֶׁר־עָלוּ עִמּוֹ אָמְרוּ לֹא לא
נוּכַל לַעֲלוֹת אֶל־הָעָם כִּי־חָזָק הוּא מִמֶּנּוּ׃ וַיֹּצִיאוּ דִּבַּת הָאָרֶץ לב
אֲשֶׁר תָּרוּ אֹתָהּ אֶל־בְּנֵי יִשְׂרָאֵל לֵאמֹר הָאָרֶץ אֲשֶׁר עָבַרְנוּ
בָהּ לָתוּר אֹתָהּ אֶרֶץ אֹכֶלֶת יוֹשְׁבֶיהָ הִוא וְכָל־הָעָם אֲשֶׁר־

לג רָאִינוּ בְתוֹכָהּ אַנְשֵׁי מִדּוֹת׃ וְשָׁם רָאִינוּ אֶת־הַנְּפִילִים בְּנֵי
עֲנָק מִן־הַנְּפִלִים וַנְּהִי בְעֵינֵינוּ כַּחֲגָבִים וְכֵן הָיִינוּ בְּעֵינֵיהֶם׃
יד א וַתִּשָּׂא כָּל־הָעֵדָה וַיִּתְּנוּ אֶת־קוֹלָם וַיִּבְכּוּ הָעָם בַּלַּיְלָה הַהוּא׃
ב וַיִּלֹּנוּ עַל־מֹשֶׁה וְעַל־אַהֲרֹן כֹּל בְּנֵי יִשְׂרָאֵל וַיֹּאמְרוּ אֲלֵהֶם כָּל־
הָעֵדָה לוּ־מַתְנוּ בְּאֶרֶץ מִצְרַיִם אוֹ בַּמִּדְבָּר הַזֶּה לוּ־מָתְנוּ׃
ג וְלָמָה יְהוָה מֵבִיא אֹתָנוּ אֶל־הָאָרֶץ הַזֹּאת לִנְפֹּל בַּחֶרֶב נָשֵׁינוּ
ד וְטַפֵּנוּ יִהְיוּ לָבַז הֲלוֹא טוֹב לָנוּ שׁוּב מִצְרָיְמָה׃ וַיֹּאמְרוּ אִישׁ
ה אֶל־אָחִיו נִתְּנָה רֹאשׁ וְנָשׁוּבָה מִצְרָיְמָה׃ וַיִּפֹּל מֹשֶׁה וְאַהֲרֹן
ו עַל־פְּנֵיהֶם לִפְנֵי כָּל־קְהַל עֲדַת בְּנֵי יִשְׂרָאֵל׃ וִיהוֹשֻׁעַ בִּן־נוּן
ז וְכָלֵב בֶּן־יְפֻנֶּה מִן־הַתָּרִים אֶת־הָאָרֶץ קָרְעוּ בִּגְדֵיהֶם׃ וַיֹּאמְרוּ
אֶל־כָּל־עֲדַת בְּנֵי־יִשְׂרָאֵל לֵאמֹר הָאָרֶץ אֲשֶׁר עָבַרְנוּ בָהּ לָתוּר
ח אֹתָהּ טוֹבָה הָאָרֶץ מְאֹד מְאֹד׃ אִם־חָפֵץ בָּנוּ יְהוָה וְהֵבִיא שלישי
אֹתָנוּ אֶל־הָאָרֶץ הַזֹּאת וּנְתָנָהּ לָנוּ אֶרֶץ אֲשֶׁר־הִוא זָבַת חָלָב
ט וּדְבָשׁ׃ אַךְ בַּיהוָה אַל־תִּמְרֹדוּ וְאַתֶּם אַל־תִּירְאוּ אֶת־עַם הָאָרֶץ
כִּי לַחְמֵנוּ הֵם סָר צִלָּם מֵעֲלֵיהֶם וַיהוָה אִתָּנוּ אַל־תִּירָאֻם׃
י וַיֹּאמְרוּ כָּל־הָעֵדָה לִרְגּוֹם אֹתָם בָּאֲבָנִים וּכְבוֹד יְהוָה נִרְאָה
בְּאֹהֶל מוֹעֵד אֶל־כָּל־בְּנֵי יִשְׂרָאֵל׃
יא וַיֹּאמֶר יְהוָה אֶל־מֹשֶׁה עַד־אָנָה יְנַאֲצֻנִי הָעָם הַזֶּה וְעַד־אָנָה יג
יב לֹא־יַאֲמִינוּ בִי בְּכֹל הָאֹתוֹת אֲשֶׁר עָשִׂיתִי בְּקִרְבּוֹ׃ אַכֶּנּוּ בַדֶּבֶר
יג וְאוֹרִשֶׁנּוּ וְאֶעֱשֶׂה אֹתְךָ לְגוֹי־גָּדוֹל וְעָצוּם מִמֶּנּוּ׃ וַיֹּאמֶר מֹשֶׁה
אֶל־יְהוָה וְשָׁמְעוּ מִצְרַיִם כִּי־הֶעֱלִיתָ בְכֹחֲךָ אֶת־הָעָם הַזֶּה
יד מִקִּרְבּוֹ׃ וְאָמְרוּ אֶל־יוֹשֵׁב הָאָרֶץ הַזֹּאת שָׁמְעוּ כִּי־אַתָּה יְהוָה
בְּקֶרֶב הָעָם הַזֶּה אֲשֶׁר־עַיִן בְּעַיִן נִרְאָה ׀ אַתָּה יְהוָה וַעֲנָנְךָ
עֹמֵד עֲלֵהֶם וּבְעַמֻּד עָנָן אַתָּה הֹלֵךְ לִפְנֵיהֶם יוֹמָם וּבְעַמּוּד אֵשׁ
טו לָיְלָה׃ וְהֵמַתָּה אֶת־הָעָם הַזֶּה כְּאִישׁ אֶחָד וְאָמְרוּ הַגּוֹיִם אֲשֶׁר־
טז שָׁמְעוּ אֶת־שִׁמְעֲךָ לֵאמֹר׃ מִבִּלְתִּי יְכֹלֶת יְהוָה לְהָבִיא אֶת־
יז הָעָם הַזֶּה אֶל־הָאָרֶץ אֲשֶׁר־נִשְׁבַּע לָהֶם וַיִּשְׁחָטֵם בַּמִּדְבָּר׃ וְעַתָּה

יִגְדַּל־נָא כֹּחַ אֲדֹנָי כַּאֲשֶׁר דִּבַּרְתָּ לֵאמֹר: יְהוָה אֶרֶךְ אַפַּיִם יח
וְרַב־חֶסֶד נֹשֵׂא עָוֺן וָפָשַׁע וְנַקֵּה לֹא יְנַקֶּה פֹּקֵד עֲוֺן אָבוֹת עַל־
בָּנִים עַל־שִׁלֵּשִׁים וְעַל־רִבֵּעִים: סְלַח־נָא לַעֲוֺן הָעָם הַזֶּה כְּגֹדֶל יט
חַסְדֶּךָ וְכַאֲשֶׁר נָשָׂאתָה לָעָם הַזֶּה מִמִּצְרַיִם וְעַד־הֵנָּה: וַיֹּאמֶר כ
יְהוָה סָלַחְתִּי כִּדְבָרֶךָ: וְאוּלָם חַי־אָנִי וְיִמָּלֵא כְבוֹד־יְהוָה אֶת־ כא
כָּל־הָאָרֶץ: כִּי כָל־הָאֲנָשִׁים הָרֹאִים אֶת־כְּבֹדִי וְאֶת־אֹתֹתַי כב
אֲשֶׁר־עָשִׂיתִי בְמִצְרַיִם וּבַמִּדְבָּר וַיְנַסּוּ אֹתִי זֶה עֶשֶׂר פְּעָמִים
וְלֹא שָׁמְעוּ בְּקוֹלִי: אִם־יִרְאוּ אֶת־הָאָרֶץ אֲשֶׁר נִשְׁבַּעְתִּי לַאֲבֹתָם כג
וְכָל־מְנַאֲצַי לֹא יִרְאוּהָ: וְעַבְדִּי כָלֵב עֵקֶב הָיְתָה רוּחַ אַחֶרֶת כד
עִמּוֹ וַיְמַלֵּא אַחֲרָי וַהֲבִיאֹתִיו אֶל־הָאָרֶץ אֲשֶׁר־בָּא שָׁמָּה וְזַרְעוֹ
יוֹרִשֶׁנָּה: וְהָעֲמָלֵקִי וְהַכְּנַעֲנִי יוֹשֵׁב בָּעֵמֶק מָחָר פְּנוּ וּסְעוּ לָכֶם כה
הַמִּדְבָּר דֶּרֶךְ יַם־סוּף:
רביעי וַיְדַבֵּר יְהוָה אֶל־מֹשֶׁה וְאֶל־אַהֲרֹן לֵאמֹר: עַד־מָתַי לָעֵדָה כו כז
הָרָעָה הַזֹּאת אֲשֶׁר הֵמָּה מַלִּינִים עָלָי אֶת־תְּלֻנּוֹת בְּנֵי יִשְׂרָאֵל
אֲשֶׁר הֵמָּה מַלִּינִים עָלַי שָׁמָעְתִּי: אֱמֹר אֲלֵהֶם חַי־אָנִי נְאֻם־ כח
יְהוָה אִם־לֹא כַּאֲשֶׁר דִּבַּרְתֶּם בְּאָזְנָי כֵּן אֶעֱשֶׂה לָכֶם: בַּמִּדְבָּר כט
הַזֶּה יִפְּלוּ פִגְרֵיכֶם וְכָל־פְּקֻדֵיכֶם לְכָל־מִסְפַּרְכֶם מִבֶּן עֶשְׂרִים
שָׁנָה וָמָעְלָה אֲשֶׁר הֲלִינֹתֶם עָלָי: אִם־אַתֶּם תָּבֹאוּ אֶל־הָאָרֶץ ל
אֲשֶׁר נָשָׂאתִי אֶת־יָדִי לְשַׁכֵּן אֶתְכֶם בָּהּ כִּי אִם־כָּלֵב בֶּן־יְפֻנֶּה
וִיהוֹשֻׁעַ בִּן־נוּן: וְטַפְּכֶם אֲשֶׁר אֲמַרְתֶּם לָבַז יִהְיֶה וְהֵבֵיאתִי לא
אֹתָם וְיָדְעוּ אֶת־הָאָרֶץ אֲשֶׁר מְאַסְתֶּם בָּהּ: וּפִגְרֵיכֶם אַתֶּם לב
יִפְּלוּ בַּמִּדְבָּר הַזֶּה: וּבְנֵיכֶם יִהְיוּ רֹעִים בַּמִּדְבָּר אַרְבָּעִים שָׁנָה לג
וְנָשְׂאוּ אֶת־זְנוּתֵיכֶם עַד־תֹּם פִּגְרֵיכֶם בַּמִּדְבָּר: בְּמִסְפַּר הַיָּמִים לד
אֲשֶׁר־תַּרְתֶּם אֶת־הָאָרֶץ אַרְבָּעִים יוֹם יוֹם לַשָּׁנָה יוֹם לַשָּׁנָה
תִּשְׂאוּ אֶת־עֲוֺנֹתֵיכֶם אַרְבָּעִים שָׁנָה וִידַעְתֶּם אֶת־תְּנוּאָתִי:
אֲנִי יְהוָה דִּבַּרְתִּי אִם־לֹא ׀ זֹאת אֶעֱשֶׂה לְכָל־הָעֵדָה הָרָעָה לה
הַזֹּאת הַנּוֹעָדִים עָלָי בַּמִּדְבָּר הַזֶּה יִתַּמּוּ וְשָׁם יָמֻתוּ: וְהָאֲנָשִׁים לו

אשר־שלח משה לתור את־הארץ וישבו וילונו עליו את־ וילינו
לז כל־העדה להוציא דבה על־הארץ: וימתו האנשים מוצאי
לח דבת־הארץ רעה במגפה לפני יהוה: ויהושע בן־נון וכלב
בן־יפנה חיו מן־האנשים ההם ההלכים לתור את־הארץ:
לט וידבר משה את־הדברים האלה אל־כל־בני ישראל ויתאבלו
מ העם מאד: וישכמו בבקר ויעלו אל־ראש־ההר לאמר
מא הננו ועלינו אל־המקום אשר־אמר יהוה כי חטאנו: ויאמר
משה למה זה אתם עברים את־פי יהוה והוא לא תצלח:
מב אל־תעלו כי אין יהוה בקרבכם ולא תנגפו לפני איביכם:
מג כי העמלקי והכנעני שם לפניכם ונפלתם בחרב כי־על־כן
מד שבתם מאחרי יהוה ולא־יהיה יהוה עמכם: ויעפלו לעלות
אל־ראש ההר וארון ברית־יהוה ומשה לא־משו מקרב
מה המחנה: וירד העמלקי והכנעני הישב בהר ההוא ויכום
ויכתום עד־החרמה:

טו א ב וידבר יהוה אל־משה לאמר: דבר אל־בני ישראל ואמרת יד
אלהם כי תבאו אל־ארץ מושבתיכם אשר אני נתן לכם:
ג ועשיתם אשה ליהוה עלה או־זבח לפלא־נדר או בנדבה
או במעדיכם לעשות ריח ניחח ליהוה מן־הבקר או מן־
ד הצאן: והקריב המקריב קרבנו ליהוה מנחה סלת עשרון
ה בלול ברבעית ההין שמן: ויין לנסך רביעית ההין תעשה
ו על־העלה או לזבח לכבש האחד: או לאיל תעשה מנחה
ז סלת שני עשרנים בלולה בשמן שלשית ההין: ויין לנסך
ח שלשית ההין תקריב ריח־ניחח ליהוה: וכי־תעשה בן־בקר חמישי
ט עלה או־זבח לפלא־נדר או־שלמים ליהוה: והקריב על־
בן־הבקר מנחה סלת שלשה עשרנים בלול בשמן חצי ההין:
י יא ויין תקריב לנסך חצי ההין אשה ריח־ניחח ליהוה: ככה
יעשה לשור האחד או לאיל האחד או־לשה בכבשים או

בָּעִזִּים: כַּמִּסְפָּר אֲשֶׁר תַּעֲשׂוּ כָּכָה תַּעֲשׂוּ לָאֶחָד כְּמִסְפָּרָם: יב
כָּל־הָאֶזְרָח יַעֲשֶׂה־כָּכָה אֶת־אֵלֶּה לְהַקְרִיב אִשֵּׁה רֵיחַ־נִיחֹחַ יג
לַיהוָה: וְכִי־יָגוּר אִתְּכֶם גֵּר אוֹ אֲשֶׁר־בְּתוֹכְכֶם לְדֹרֹתֵיכֶם וְעָשָׂה יד
אִשֵּׁה רֵיחַ־נִיחֹחַ לַיהוָה כַּאֲשֶׁר תַּעֲשׂוּ כֵּן יַעֲשֶׂה: הַקָּהָל חֻקָּה טו
אַחַת לָכֶם וְלַגֵּר הַגָּר חֻקַּת עוֹלָם לְדֹרֹתֵיכֶם כָּכֶם כַּגֵּר יִהְיֶה
לִפְנֵי יְהוָה: תּוֹרָה אַחַת וּמִשְׁפָּט אֶחָד יִהְיֶה לָכֶם וְלַגֵּר הַגָּר טז
אִתְּכֶם:
ששי וַיְדַבֵּר יְהוָה אֶל־מֹשֶׁה לֵּאמֹר: דַּבֵּר אֶל־בְּנֵי יִשְׂרָאֵל וְאָמַרְתָּ יז יח
אֲלֵהֶם בְּבֹאֲכֶם אֶל־הָאָרֶץ אֲשֶׁר אֲנִי מֵבִיא אֶתְכֶם שָׁמָּה: וְהָיָה יט
בַּאֲכָלְכֶם מִלֶּחֶם הָאָרֶץ תָּרִימוּ תְרוּמָה לַיהוָה: רֵאשִׁית עֲרִסֹתֵכֶם כ
חַלָּה תָּרִימוּ תְרוּמָה כִּתְרוּמַת גֹּרֶן כֵּן תָּרִימוּ אֹתָהּ: מֵרֵאשִׁית כא
עֲרִסֹתֵיכֶם תִּתְּנוּ לַיהוָה תְּרוּמָה לְדֹרֹתֵיכֶם: וְכִי כב
תִשְׁגּוּ וְלֹא תַעֲשׂוּ אֵת כָּל־הַמִּצְוֹת הָאֵלֶּה אֲשֶׁר־דִּבֶּר יְהוָה
אֶל־מֹשֶׁה: אֵת כָּל־אֲשֶׁר צִוָּה יְהוָה אֲלֵיכֶם בְּיַד־מֹשֶׁה מִן־ כג
הַיּוֹם אֲשֶׁר צִוָּה יְהוָה וָהָלְאָה לְדֹרֹתֵיכֶם: וְהָיָה אִם מֵעֵינֵי כד
הָעֵדָה נֶעֶשְׂתָה לִשְׁגָגָה וְעָשׂוּ כָל־הָעֵדָה פַּר בֶּן־בָּקָר אֶחָד
לְעֹלָה לְרֵיחַ נִיחֹחַ לַיהוָה וּמִנְחָתוֹ וְנִסְכּוֹ כַּמִּשְׁפָּט וּשְׂעִיר־עִזִּים
אֶחָד לְחַטָּת: וְכִפֶּר הַכֹּהֵן עַל־כָּל־עֲדַת בְּנֵי יִשְׂרָאֵל וְנִסְלַח כה
לָהֶם כִּי־שְׁגָגָה הִוא וְהֵם הֵבִיאוּ אֶת־קָרְבָּנָם אִשֶּׁה לַיהוָה
וְחַטָּאתָם לִפְנֵי יְהוָה עַל־שִׁגְגָתָם: וְנִסְלַח לְכָל־עֲדַת בְּנֵי יִשְׂרָאֵל כו
שביעי וְלַגֵּר הַגָּר בְּתוֹכָם כִּי לְכָל־הָעָם בִּשְׁגָגָה: וְאִם־ כז
נֶפֶשׁ אַחַת תֶּחֱטָא בִשְׁגָגָה וְהִקְרִיבָה עֵז בַּת־שְׁנָתָהּ לְחַטָּאת:
וְכִפֶּר הַכֹּהֵן עַל־הַנֶּפֶשׁ הַשֹּׁגֶגֶת בְּחֶטְאָה בִשְׁגָגָה לִפְנֵי יְהוָה כח
לְכַפֵּר עָלָיו וְנִסְלַח לוֹ: הָאֶזְרָח בִּבְנֵי יִשְׂרָאֵל וְלַגֵּר הַגָּר בְּתוֹכָם כט
תּוֹרָה אַחַת יִהְיֶה לָכֶם לָעֹשֶׂה בִּשְׁגָגָה: וְהַנֶּפֶשׁ אֲשֶׁר־תַּעֲשֶׂה ל
בְּיָד רָמָה מִן־הָאֶזְרָח וּמִן־הַגֵּר אֶת־יְהוָה הוּא מְגַדֵּף וְנִכְרְתָה
הַנֶּפֶשׁ הַהִוא מִקֶּרֶב עַמָּהּ: כִּי דְבַר־יְהוָה בָּזָה וְאֶת־מִצְוָתוֹ לא

הַפַּר הִכָּרֵת ׀ תִּכָּרֵת הַנֶּפֶשׁ הַהִוא עֲוֺנָהּ בָהּ׃
לב וַיִּהְיוּ בְנֵי־יִשְׂרָאֵל בַּמִּדְבָּר וַיִּמְצְאוּ אִישׁ מְקֹשֵׁשׁ עֵצִים בְּיוֹם
לג הַשַּׁבָּת׃ וַיַּקְרִיבוּ אֹתוֹ הַמֹּצְאִים אֹתוֹ מְקֹשֵׁשׁ עֵצִים אֶל־מֹשֶׁה
לד וְאֶל־אַהֲרֹן וְאֶל כָּל־הָעֵדָה׃ וַיַּנִּיחוּ אֹתוֹ בַּמִּשְׁמָר כִּי לֹא פֹרַשׁ
לה מַה־יֵּעָשֶׂה לוֹ׃ וַיֹּאמֶר יְהוָה אֶל־מֹשֶׁה מוֹת
יוּמַת הָאִישׁ רָגוֹם אֹתוֹ בָאֲבָנִים כָּל־הָעֵדָה מִחוּץ לַמַּחֲנֶה׃
לו וַיֹּצִיאוּ אֹתוֹ כָּל־הָעֵדָה אֶל־מִחוּץ לַמַּחֲנֶה וַיִּרְגְּמוּ אֹתוֹ בָּאֲבָנִים
וַיָּמֹת כַּאֲשֶׁר צִוָּה יְהוָה אֶת־מֹשֶׁה׃
לז לח וַיֹּאמֶר יְהוָה אֶל־מֹשֶׁה לֵּאמֹר׃ דַּבֵּר אֶל־בְּנֵי יִשְׂרָאֵל וְאָמַרְתָּ מפטיר
אֲלֵהֶם וְעָשׂוּ לָהֶם צִיצִת עַל־כַּנְפֵי בִגְדֵיהֶם לְדֹרֹתָם וְנָתְנוּ עַל־
לט צִיצִת הַכָּנָף פְּתִיל תְּכֵלֶת׃ וְהָיָה לָכֶם לְצִיצִת וּרְאִיתֶם אֹתוֹ
וּזְכַרְתֶּם אֶת־כָּל־מִצְוֺת יְהוָה וַעֲשִׂיתֶם אֹתָם וְלֹא תָתֻרוּ אַחֲרֵי
מ לְבַבְכֶם וְאַחֲרֵי עֵינֵיכֶם אֲשֶׁר־אַתֶּם זֹנִים אַחֲרֵיהֶם׃ לְמַעַן תִּזְכְּרוּ
מא וַעֲשִׂיתֶם אֶת־כָּל־מִצְוֺתָי וִהְיִיתֶם קְדֹשִׁים לֵאלֹהֵיכֶם׃ אֲנִי יְהוָה
אֱלֹהֵיכֶם אֲשֶׁר הוֹצֵאתִי אֶתְכֶם מֵאֶרֶץ מִצְרַיִם לִהְיוֹת לָכֶם
לֵאלֹהִים אֲנִי יְהוָה אֱלֹהֵיכֶם׃

טז א וַיִּקַּח קֹרַח בֶּן־יִצְהָר בֶּן־קְהָת בֶּן־לֵוִי וְדָתָן וַאֲבִירָם בְּנֵי אֱלִיאָב טו קרח
ב וְאוֹן בֶּן־פֶּלֶת בְּנֵי רְאוּבֵן׃ וַיָּקֻמוּ לִפְנֵי מֹשֶׁה וַאֲנָשִׁים מִבְּנֵי־
יִשְׂרָאֵל חֲמִשִּׁים וּמָאתָיִם נְשִׂיאֵי עֵדָה קְרִאֵי מוֹעֵד אַנְשֵׁי־שֵׁם׃
ג וַיִּקָּהֲלוּ עַל־מֹשֶׁה וְעַל־אַהֲרֹן וַיֹּאמְרוּ אֲלֵהֶם רַב־לָכֶם כִּי כָל־
הָעֵדָה כֻּלָּם קְדֹשִׁים וּבְתוֹכָם יְהוָה וּמַדּוּעַ תִּתְנַשְּׂאוּ עַל־קְהַל
ד ה יְהוָה׃ וַיִּשְׁמַע מֹשֶׁה וַיִּפֹּל עַל־פָּנָיו׃ וַיְדַבֵּר אֶל־קֹרַח וְאֶל־כָּל־
עֲדָתוֹ לֵאמֹר בֹּקֶר וְיֹדַע יְהוָה אֶת־אֲשֶׁר־לוֹ וְאֶת־הַקָּדוֹשׁ וְהִקְרִיב
ו אֵלָיו וְאֵת אֲשֶׁר יִבְחַר־בּוֹ יַקְרִיב אֵלָיו׃ זֹאת עֲשׂוּ קְחוּ־לָכֶם
ז מַחְתּוֹת קֹרַח וְכָל־עֲדָתוֹ׃ וּתְנוּ־בָהֵן ׀ אֵשׁ וְשִׂימוּ עֲלֵיהֶן ׀ קְטֹרֶת
לִפְנֵי יְהוָה מָחָר וְהָיָה הָאִישׁ אֲשֶׁר־יִבְחַר יְהוָה הוּא הַקָּדוֹשׁ
ח רַב־לָכֶם בְּנֵי לֵוִי׃ וַיֹּאמֶר מֹשֶׁה אֶל־קֹרַח שִׁמְעוּ־נָא בְּנֵי לֵוִי׃

הַמְעַט מִכֶּם כִּי־הִבְדִּיל אֱלֹהֵי יִשְׂרָאֵל אֶתְכֶם מֵעֲדַת יִשְׂרָאֵל ט
לְהַקְרִיב אֶתְכֶם אֵלָיו לַעֲבֹד אֶת־עֲבֹדַת מִשְׁכַּן יְהוָה וְלַעֲמֹד
לִפְנֵי הָעֵדָה לְשָׁרְתָם׃ וַיַּקְרֵב אֹתְךָ וְאֶת־כָּל־אַחֶיךָ בְנֵי־לֵוִי אִתָּךְ י
וּבִקַּשְׁתֶּם גַּם־כְּהֻנָּה׃ לָכֵן אַתָּה וְכָל־עֲדָתְךָ הַנֹּעָדִים עַל־יְהוָה יא
תַּלִּינוּ וְאַהֲרֹן מַה־הוּא כִּי תַלּוֹנוּ עָלָיו׃ וַיִּשְׁלַח מֹשֶׁה לִקְרֹא לְדָתָן יב
וְלַאֲבִירָם בְּנֵי אֱלִיאָב וַיֹּאמְרוּ לֹא נַעֲלֶה׃ הַמְעַט כִּי הֶעֱלִיתָנוּ יג
מֵאֶרֶץ זָבַת חָלָב וּדְבַשׁ לַהֲמִיתֵנוּ בַּמִּדְבָּר כִּי־תִשְׂתָּרֵר עָלֵינוּ
שני גַּם־הִשְׂתָּרֵר׃ אַף לֹא אֶל־אֶרֶץ זָבַת חָלָב וּדְבַשׁ הֲבִיאֹתָנוּ יד
וַתִּתֶּן־לָנוּ נַחֲלַת שָׂדֶה וָכָרֶם הַעֵינֵי הָאֲנָשִׁים הָהֵם תְּנַקֵּר לֹא
נַעֲלֶה׃ וַיִּחַר לְמֹשֶׁה מְאֹד וַיֹּאמֶר אֶל־יְהוָה אַל־תֵּפֶן אֶל־ טו
מִנְחָתָם לֹא חֲמוֹר אֶחָד מֵהֶם נָשָׂאתִי וְלֹא הֲרֵעֹתִי אֶת־אַחַד
מֵהֶם׃ וַיֹּאמֶר מֹשֶׁה אֶל־קֹרַח אַתָּה וְכָל־עֲדָתְךָ הֱיוּ לִפְנֵי יְהוָה טז
אַתָּה וָהֵם וְאַהֲרֹן מָחָר׃ וּקְחוּ ׀ אִישׁ מַחְתָּתוֹ וּנְתַתֶּם עֲלֵיהֶם יז
קְטֹרֶת וְהִקְרַבְתֶּם לִפְנֵי יְהוָה אִישׁ מַחְתָּתוֹ חֲמִשִּׁים וּמָאתַיִם
מַחְתֹּת וְאַתָּה וְאַהֲרֹן אִישׁ מַחְתָּתוֹ׃ וַיִּקְחוּ אִישׁ מַחְתָּתוֹ וַיִּתְּנוּ יח
עֲלֵיהֶם אֵשׁ וַיָּשִׂימוּ עֲלֵיהֶם קְטֹרֶת וַיַּעַמְדוּ פֶּתַח אֹהֶל מוֹעֵד
וּמֹשֶׁה וְאַהֲרֹן׃ וַיַּקְהֵל עֲלֵיהֶם קֹרַח אֶת־כָּל־הָעֵדָה אֶל־פֶּתַח אֹהֶל יט
שלישי מוֹעֵד וַיֵּרָא כְבוֹד־יְהוָה אֶל־כָּל־הָעֵדָה׃ וַיְדַבֵּר כ
יְהוָה אֶל־מֹשֶׁה וְאֶל־אַהֲרֹן לֵאמֹר׃ הִבָּדְלוּ מִתּוֹךְ הָעֵדָה כא
הַזֹּאת וַאֲכַלֶּה אֹתָם כְּרָגַע׃ וַיִּפְּלוּ עַל־פְּנֵיהֶם וַיֹּאמְרוּ אֵל כב
אֱלֹהֵי הָרוּחֹת לְכָל־בָּשָׂר הָאִישׁ אֶחָד יֶחֱטָא וְעַל כָּל־הָעֵדָה
תִּקְצֹף׃ וַיְדַבֵּר יְהוָה אֶל־מֹשֶׁה לֵּאמֹר׃ דַּבֵּר כג כד
אֶל־הָעֵדָה לֵאמֹר הֵעָלוּ מִסָּבִיב לְמִשְׁכַּן־קֹרַח דָּתָן וַאֲבִירָם׃
וַיָּקָם מֹשֶׁה וַיֵּלֶךְ אֶל־דָּתָן וַאֲבִירָם וַיֵּלְכוּ אַחֲרָיו זִקְנֵי יִשְׂרָאֵל׃ כה
וַיְדַבֵּר אֶל־הָעֵדָה לֵאמֹר סוּרוּ נָא מֵעַל אָהֳלֵי הָאֲנָשִׁים הָרְשָׁעִים כו
הָאֵלֶּה וְאַל־תִּגְּעוּ בְּכָל־אֲשֶׁר לָהֶם פֶּן־תִּסָּפוּ בְּכָל־חַטֹּאתָם׃
וַיֵּעָלוּ מֵעַל מִשְׁכַּן־קֹרַח דָּתָן וַאֲבִירָם מִסָּבִיב וְדָתָן וַאֲבִירָם כז

כח יֵצְאוּ נִצָּבִים פֶּתַח אָהֳלֵיהֶם וּנְשֵׁיהֶם וּבְנֵיהֶם וְטַפָּם: וַיֹּאמֶר
מֹשֶׁה בְּזֹאת תֵּדְעוּן כִּי־יְהוָה שְׁלָחַנִי לַעֲשׂוֹת אֵת כָּל־הַמַּעֲשִׂים
כט הָאֵלֶּה כִּי־לֹא מִלִּבִּי: אִם־כְּמוֹת כָּל־הָאָדָם יְמֻתוּן אֵלֶּה וּפְקֻדַּת
ל כָּל־הָאָדָם יִפָּקֵד עֲלֵיהֶם לֹא יְהוָה שְׁלָחָנִי: וְאִם־בְּרִיאָה יִבְרָא
יְהוָה וּפָצְתָה הָאֲדָמָה אֶת־פִּיהָ וּבָלְעָה אֹתָם וְאֶת־כָּל־אֲשֶׁר
לָהֶם וְיָרְדוּ חַיִּים שְׁאֹלָה וִידַעְתֶּם כִּי נִאֲצוּ הָאֲנָשִׁים הָאֵלֶּה
לא אֶת־יְהוָה: וַיְהִי כְּכַלֹּתוֹ לְדַבֵּר אֵת כָּל־הַדְּבָרִים הָאֵלֶּה וַתִּבָּקַע
לב הָאֲדָמָה אֲשֶׁר תַּחְתֵּיהֶם: וַתִּפְתַּח הָאָרֶץ אֶת־פִּיהָ וַתִּבְלַע אֹתָם
לג וְאֶת־בָּתֵּיהֶם וְאֵת כָּל־הָאָדָם אֲשֶׁר לְקֹרַח וְאֵת כָּל־הָרְכוּשׁ: וַיֵּרְדוּ
הֵם וְכָל־אֲשֶׁר לָהֶם חַיִּים שְׁאֹלָה וַתְּכַס עֲלֵיהֶם הָאָרֶץ וַיֹּאבְדוּ
לד מִתּוֹךְ הַקָּהָל: וְכָל־יִשְׂרָאֵל אֲשֶׁר סְבִיבֹתֵיהֶם נָסוּ לְקֹלָם כִּי
לה אָמְרוּ פֶּן־תִּבְלָעֵנוּ הָאָרֶץ: וְאֵשׁ יָצְאָה מֵאֵת יְהוָה וַתֹּאכַל אֵת
יז א הַחֲמִשִּׁים וּמָאתַיִם אִישׁ מַקְרִיבֵי הַקְּטֹרֶת: וַיְדַבֵּר
ב יְהוָה אֶל־מֹשֶׁה לֵּאמֹר: אֱמֹר אֶל־אֶלְעָזָר בֶּן־אַהֲרֹן הַכֹּהֵן וְיָרֵם
אֶת־הַמַּחְתֹּת מִבֵּין הַשְּׂרֵפָה וְאֶת־הָאֵשׁ זְרֵה־הָלְאָה כִּי קָדֵשׁוּ:
ג אֵת מַחְתּוֹת הַחַטָּאִים הָאֵלֶּה בְּנַפְשֹׁתָם וְעָשׂוּ אֹתָם רִקֻּעֵי
פַחִים צִפּוּי לַמִּזְבֵּחַ כִּי־הִקְרִיבֻם לִפְנֵי־יְהוָה וַיִּקְדָּשׁוּ וְיִהְיוּ לְאוֹת
ד לִבְנֵי יִשְׂרָאֵל: וַיִּקַּח אֶלְעָזָר הַכֹּהֵן אֵת מַחְתּוֹת הַנְּחֹשֶׁת אֲשֶׁר
ה הִקְרִיבוּ הַשְּׂרֻפִים וַיְרַקְּעוּם צִפּוּי לַמִּזְבֵּחַ: זִכָּרוֹן לִבְנֵי יִשְׂרָאֵל
לְמַעַן אֲשֶׁר לֹא־יִקְרַב אִישׁ זָר אֲשֶׁר לֹא מִזֶּרַע אַהֲרֹן הוּא
לְהַקְטִיר קְטֹרֶת לִפְנֵי יְהוָה וְלֹא־יִהְיֶה כְקֹרַח וְכַעֲדָתוֹ כַּאֲשֶׁר
דִּבֶּר יְהוָה בְּיַד־מֹשֶׁה לוֹ:
ו וַיִּלֹּנוּ כָּל־עֲדַת בְּנֵי־יִשְׂרָאֵל מִמָּחֳרָת עַל־מֹשֶׁה וְעַל־אַהֲרֹן
ז לֵאמֹר אַתֶּם הֲמִתֶּם אֶת־עַם יְהוָה: וַיְהִי בְּהִקָּהֵל הָעֵדָה
עַל־מֹשֶׁה וְעַל־אַהֲרֹן וַיִּפְנוּ אֶל־אֹהֶל מוֹעֵד וְהִנֵּה כִסָּהוּ
ח הֶעָנָן וַיֵּרָא כְּבוֹד יְהוָה: וַיָּבֹא מֹשֶׁה וְאַהֲרֹן אֶל־פְּנֵי אֹהֶל
ט מוֹעֵד: וַיְדַבֵּר יְהוָה אֶל־מֹשֶׁה לֵּאמֹר: הֵרֹמּוּ רביעי

מִתּוֹךְ הָעֵדָה הַזֹּאת וַאֲכַלֶּה אֹתָם כְּרָגַע וַיִּפְּלוּ עַל־פְּנֵיהֶם׃
יא וַיֹּאמֶר מֹשֶׁה אֶל־אַהֲרֹן קַח אֶת־הַמַּחְתָּה וְתֶן־עָלֶיהָ אֵשׁ
מֵעַל הַמִּזְבֵּחַ וְשִׂים קְטֹרֶת וְהוֹלֵךְ מְהֵרָה אֶל־הָעֵדָה וְכַפֵּר
יב עֲלֵיהֶם כִּי־יָצָא הַקֶּצֶף מִלִּפְנֵי יְהוָה הֵחֵל הַנָּגֶף׃ וַיִּקַּח אַהֲרֹן
כַּאֲשֶׁר ׀ דִּבֶּר מֹשֶׁה וַיָּרָץ אֶל־תּוֹךְ הַקָּהָל וְהִנֵּה הֵחֵל הַנֶּגֶף בָּעָם
יג וַיִּתֵּן אֶת־הַקְּטֹרֶת וַיְכַפֵּר עַל־הָעָם׃ וַיַּעֲמֹד בֵּין־הַמֵּתִים וּבֵין
יד הַחַיִּים וַתֵּעָצַר הַמַּגֵּפָה׃ וַיִּהְיוּ הַמֵּתִים בַּמַּגֵּפָה אַרְבָּעָה עָשָׂר
טו אֶלֶף וּשְׁבַע מֵאוֹת מִלְּבַד הַמֵּתִים עַל־דְּבַר־קֹרַח׃ וַיָּשָׁב אַהֲרֹן
אֶל־מֹשֶׁה אֶל־פֶּתַח אֹהֶל מוֹעֵד וְהַמַּגֵּפָה נֶעֱצָרָה׃
חמישי טז — טז יז וַיְדַבֵּר יְהוָה אֶל־מֹשֶׁה לֵּאמֹר׃ דַּבֵּר ׀ אֶל־בְּנֵי יִשְׂרָאֵל וְקַח
מֵאִתָּם מַטֶּה מַטֶּה לְבֵית אָב מֵאֵת כָּל־נְשִׂיאֵהֶם לְבֵית אֲבֹתָם
יח שְׁנֵים עָשָׂר מַטּוֹת אִישׁ אֶת־שְׁמוֹ תִּכְתֹּב עַל־מַטֵּהוּ׃ וְאֵת שֵׁם
אַהֲרֹן תִּכְתֹּב עַל־מַטֵּה לֵוִי כִּי מַטֶּה אֶחָד לְרֹאשׁ בֵּית אֲבוֹתָם׃
יט וְהִנַּחְתָּם בְּאֹהֶל מוֹעֵד לִפְנֵי הָעֵדוּת אֲשֶׁר אִוָּעֵד לָכֶם שָׁמָּה׃
כ וְהָיָה הָאִישׁ אֲשֶׁר אֶבְחַר־בּוֹ מַטֵּהוּ יִפְרָח וַהֲשִׁכֹּתִי מֵעָלַי אֶת־
כא תְּלֻנּוֹת בְּנֵי יִשְׂרָאֵל אֲשֶׁר הֵם מַלִּינִם עֲלֵיכֶם׃ וַיְדַבֵּר מֹשֶׁה
אֶל־בְּנֵי יִשְׂרָאֵל וַיִּתְּנוּ אֵלָיו ׀ כָּל־נְשִׂיאֵיהֶם מַטֶּה לְנָשִׂיא אֶחָד
מַטֶּה לְנָשִׂיא אֶחָד לְבֵית אֲבֹתָם שְׁנֵים עָשָׂר מַטּוֹת וּמַטֵּה
כב אַהֲרֹן בְּתוֹךְ מַטּוֹתָם׃ וַיַּנַּח מֹשֶׁה אֶת־הַמַּטֹּת לִפְנֵי יְהוָה בְּאֹהֶל
כג הָעֵדֻת׃ וַיְהִי מִמָּחֳרָת וַיָּבֹא מֹשֶׁה אֶל־אֹהֶל הָעֵדוּת וְהִנֵּה פָּרַח
מַטֵּה־אַהֲרֹן לְבֵית לֵוִי וַיֹּצֵא פֶרַח וַיָּצֵץ צִיץ וַיִּגְמֹל שְׁקֵדִים׃
כד וַיֹּצֵא מֹשֶׁה אֶת־כָּל־הַמַּטֹּת מִלִּפְנֵי יְהוָה אֶל־כָּל־בְּנֵי יִשְׂרָאֵל
וַיִּרְאוּ וַיִּקְחוּ אִישׁ מַטֵּהוּ׃
ששי כה וַיֹּאמֶר יְהוָה אֶל־מֹשֶׁה הָשֵׁב אֶת־מַטֵּה אַהֲרֹן לִפְנֵי הָעֵדוּת
לְמִשְׁמֶרֶת לְאוֹת לִבְנֵי־מֶרִי וּתְכַל תְּלוּנֹּתָם מֵעָלַי וְלֹא יָמֻתוּ׃
כו וַיַּעַשׂ מֹשֶׁה כַּאֲשֶׁר צִוָּה יְהוָה אֹתוֹ כֵּן עָשָׂה׃
כז וַיֹּאמְרוּ בְּנֵי יִשְׂרָאֵל אֶל־מֹשֶׁה לֵאמֹר הֵן גָּוַעְנוּ אָבַדְנוּ כֻּלָּנוּ

יז

כח אָבַדְנוּ׃ כֹּל הַקָּרֵב ׀ הַקָּרֵב אֶל־מִשְׁכַּן יְהוָה יָמוּת הַאִם תַּמְנוּ
יח א לִגְוֹעַ׃ וַיֹּאמֶר יְהוָה אֶל־אַהֲרֹן אַתָּה וּבָנֶיךָ וּבֵית־
אָבִיךָ אִתָּךְ תִּשְׂאוּ אֶת־עֲוֺן הַמִּקְדָּשׁ וְאַתָּה וּבָנֶיךָ אִתָּךְ תִּשְׂאוּ
ב אֶת־עֲוֺן כְּהֻנַּתְכֶם׃ וְגַם אֶת־אַחֶיךָ מַטֵּה לֵוִי שֵׁבֶט אָבִיךָ הַקְרֵב
אִתָּךְ וְיִלָּווּ עָלֶיךָ וִישָׁרְתוּךָ וְאַתָּה וּבָנֶיךָ אִתָּךְ לִפְנֵי אֹהֶל הָעֵדֻת׃
ג וְשָׁמְרוּ מִשְׁמַרְתְּךָ וּמִשְׁמֶרֶת כָּל־הָאֹהֶל אַךְ אֶל־כְּלֵי הַקֹּדֶשׁ
ד וְאֶל־הַמִּזְבֵּחַ לֹא יִקְרָבוּ וְלֹא־יָמֻתוּ גַם־הֵם גַּם־אַתֶּם׃ וְנִלְווּ
עָלֶיךָ וְשָׁמְרוּ אֶת־מִשְׁמֶרֶת אֹהֶל מוֹעֵד לְכֹל עֲבֹדַת הָאֹהֶל
ה וְזָר לֹא־יִקְרַב אֲלֵיכֶם׃ וּשְׁמַרְתֶּם אֵת מִשְׁמֶרֶת הַקֹּדֶשׁ וְאֵת
ו מִשְׁמֶרֶת הַמִּזְבֵּחַ וְלֹא־יִהְיֶה עוֹד קֶצֶף עַל־בְּנֵי יִשְׂרָאֵל׃ וַאֲנִי
הִנֵּה לָקַחְתִּי אֶת־אֲחֵיכֶם הַלְוִיִּם מִתּוֹךְ בְּנֵי יִשְׂרָאֵל לָכֶם
ז מַתָּנָה נְתֻנִים לַיהוָה לַעֲבֹד אֶת־עֲבֹדַת אֹהֶל מוֹעֵד׃ וְאַתָּה
וּבָנֶיךָ אִתְּךָ תִּשְׁמְרוּ אֶת־כְּהֻנַּתְכֶם לְכָל־דְּבַר הַמִּזְבֵּחַ וּלְמִבֵּית
לַפָּרֹכֶת וַעֲבַדְתֶּם עֲבֹדַת מַתָּנָה אֶתֵּן אֶת־כְּהֻנַּתְכֶם וְהַזָּר הַקָּרֵב
יוּמָת׃
ח וַיְדַבֵּר יְהוָה אֶל־אַהֲרֹן וַאֲנִי הִנֵּה נָתַתִּי לְךָ אֶת־מִשְׁמֶרֶת
תְּרוּמֹתָי לְכָל־קָדְשֵׁי בְנֵי־יִשְׂרָאֵל לְךָ נְתַתִּים לְמָשְׁחָה וּלְבָנֶיךָ
ט לְחָק־עוֹלָם׃ זֶה יִהְיֶה לְךָ מִקֹּדֶשׁ הַקֳּדָשִׁים מִן־הָאֵשׁ כָּל־קָרְבָּנָם
לְכָל־מִנְחָתָם וּלְכָל־חַטָּאתָם וּלְכָל־אֲשָׁמָם אֲשֶׁר יָשִׁיבוּ לִי
י קֹדֶשׁ קָדָשִׁים לְךָ הוּא וּלְבָנֶיךָ׃ בְּקֹדֶשׁ הַקֳּדָשִׁים תֹּאכְלֶנּוּ כָּל־
יא זָכָר יֹאכַל אֹתוֹ קֹדֶשׁ יִהְיֶה־לָּךְ׃ וְזֶה־לְּךָ תְּרוּמַת מַתָּנָם לְכָל־
תְּנוּפֹת בְּנֵי יִשְׂרָאֵל לְךָ נְתַתִּים וּלְבָנֶיךָ וְלִבְנֹתֶיךָ אִתְּךָ לְחָק־
יב עוֹלָם כָּל־טָהוֹר בְּבֵיתְךָ יֹאכַל אֹתוֹ׃ כֹּל חֵלֶב יִצְהָר וְכָל־חֵלֶב
יג תִּירוֹשׁ וְדָגָן רֵאשִׁיתָם אֲשֶׁר־יִתְּנוּ לַיהוָה לְךָ נְתַתִּים׃ בִּכּוּרֵי
כָּל־אֲשֶׁר בְּאַרְצָם אֲשֶׁר־יָבִיאוּ לַיהוָה לְךָ יִהְיֶה כָּל־טָהוֹר בְּבֵיתְךָ
יד טו יֹאכְלֶנּוּ׃ כָּל־חֵרֶם בְּיִשְׂרָאֵל לְךָ יִהְיֶה׃ כָּל־פֶּטֶר רֶחֶם לְכָל־
בָּשָׂר אֲשֶׁר־יַקְרִיבוּ לַיהוָה בָּאָדָם וּבַבְּהֵמָה יִהְיֶה־לָּךְ אַךְ ׀ פָּדֹה

תִּפְדֶּה אֵת בְּכוֹר הָאָדָם וְאֵת בְּכוֹר־הַבְּהֵמָה הַטְּמֵאָה תִּפְדֶּה׃
וּפְדוּיָו מִבֶּן־חֹדֶשׁ תִּפְדֶּה בְּעֶרְכְּךָ כֶּסֶף חֲמֵשֶׁת שְׁקָלִים בְּשֶׁקֶל טז
הַקֹּדֶשׁ עֶשְׂרִים גֵּרָה הוּא׃ אַךְ בְּכוֹר־שׁוֹר אוֹ־בְכוֹר כֶּשֶׂב אוֹ־ יז
בְכוֹר עֵז לֹא תִפְדֶּה קֹדֶשׁ הֵם אֶת־דָּמָם תִּזְרֹק עַל־הַמִּזְבֵּחַ
וְאֶת־חֶלְבָּם תַּקְטִיר אִשֶּׁה לְרֵיחַ נִיחֹחַ לַיהוָה׃ וּבְשָׂרָם יִהְיֶה־ יח
לָּךְ כַּחֲזֵה הַתְּנוּפָה וּכְשׁוֹק הַיָּמִין לְךָ יִהְיֶה׃ כֹּל ׀ תְּרוּמֹת יט
הַקֳּדָשִׁים אֲשֶׁר יָרִימוּ בְנֵי־יִשְׂרָאֵל לַיהוָה נָתַתִּי לְךָ וּלְבָנֶיךָ
וְלִבְנֹתֶיךָ אִתְּךָ לְחָק־עוֹלָם בְּרִית מֶלַח עוֹלָם הִוא לִפְנֵי יְהוָה
לְךָ וּלְזַרְעֲךָ אִתָּךְ׃ וַיֹּאמֶר יְהוָה אֶל־אַהֲרֹן בְּאַרְצָם לֹא תִנְחָל כ
וְחֵלֶק לֹא־יִהְיֶה לְךָ בְּתוֹכָם אֲנִי חֶלְקְךָ וְנַחֲלָתְךָ בְּתוֹךְ בְּנֵי
שביעי יִשְׂרָאֵל׃ וְלִבְנֵי לֵוִי הִנֵּה נָתַתִּי כָּל־מַעֲשֵׂר בְּיִשְׂרָאֵל כא
לְנַחֲלָה חֵלֶף עֲבֹדָתָם אֲשֶׁר־הֵם עֹבְדִים אֶת־עֲבֹדַת אֹהֶל מוֹעֵד׃
וְלֹא־יִקְרְבוּ עוֹד בְּנֵי יִשְׂרָאֵל אֶל־אֹהֶל מוֹעֵד לָשֵׂאת חֵטְא כב
לָמוּת׃ וְעָבַד הַלֵּוִי הוּא אֶת־עֲבֹדַת אֹהֶל מוֹעֵד וְהֵם יִשְׂאוּ כג
עֲוֹנָם חֻקַּת עוֹלָם לְדֹרֹתֵיכֶם וּבְתוֹךְ בְּנֵי יִשְׂרָאֵל לֹא יִנְחֲלוּ
נַחֲלָה׃ כִּי אֶת־מַעְשַׂר בְּנֵי־יִשְׂרָאֵל אֲשֶׁר יָרִימוּ לַיהוָה תְּרוּמָה כד
נָתַתִּי לַלְוִיִּם לְנַחֲלָה עַל־כֵּן אָמַרְתִּי לָהֶם בְּתוֹךְ בְּנֵי יִשְׂרָאֵל
לֹא יִנְחֲלוּ נַחֲלָה׃

יז וַיְדַבֵּר יְהוָה אֶל־מֹשֶׁה לֵּאמֹר׃ וְאֶל־הַלְוִיִּם תְּדַבֵּר וְאָמַרְתָּ כה כו
אֲלֵהֶם כִּי־תִקְחוּ מֵאֵת בְּנֵי־יִשְׂרָאֵל אֶת־הַמַּעֲשֵׂר אֲשֶׁר נָתַתִּי
לָכֶם מֵאִתָּם בְּנַחֲלַתְכֶם וַהֲרֵמֹתֶם מִמֶּנּוּ תְּרוּמַת יְהוָה מַעֲשֵׂר
מִן־הַמַּעֲשֵׂר׃ וְנֶחְשַׁב לָכֶם תְּרוּמַתְכֶם כַּדָּגָן מִן־הַגֹּרֶן וְכַמְלֵאָה כז
מִן־הַיָּקֶב׃ כֵּן תָּרִימוּ גַם־אַתֶּם תְּרוּמַת יְהוָה מִכֹּל מַעְשְׂרֹתֵיכֶם כח
אֲשֶׁר תִּקְחוּ מֵאֵת בְּנֵי יִשְׂרָאֵל וּנְתַתֶּם מִמֶּנּוּ אֶת־תְּרוּמַת יְהוָה
לְאַהֲרֹן הַכֹּהֵן׃ מִכֹּל מַתְּנֹתֵיכֶם תָּרִימוּ אֵת כָּל־תְּרוּמַת יְהוָה כט
מפטיר מִכָּל־חֶלְבּוֹ אֶת־מִקְדְּשׁוֹ מִמֶּנּוּ׃ וְאָמַרְתָּ אֲלֵהֶם בַּהֲרִימְכֶם ל
אֶת־חֶלְבּוֹ מִמֶּנּוּ וְנֶחְשַׁב לַלְוִיִּם כִּתְבוּאַת גֹּרֶן וְכִתְבוּאַת יָקֶב׃

לא וַאֲכַלְתֶּם אֹתוֹ בְּכָל־מָקוֹם אַתֶּם וּבֵיתְכֶם כִּי־שָׂכָר הוּא לָכֶם
לב חֵלֶף עֲבֹדַתְכֶם בְּאֹהֶל מוֹעֵד׃ וְלֹא־תִשְׂאוּ עָלָיו חֵטְא בַּהֲרִימְכֶם
אֶת־חֶלְבּוֹ מִמֶּנּוּ וְאֶת־קָדְשֵׁי בְנֵי־יִשְׂרָאֵל לֹא תְחַלְּלוּ וְלֹא
תָמוּתוּ׃

יט א ב וַיְדַבֵּר יהוה אֶל־מֹשֶׁה וְאֶל־אַהֲרֹן לֵאמֹר׃ זֹאת חֻקַּת הַתּוֹרָה חקת
אֲשֶׁר־צִוָּה יהוה לֵאמֹר דַּבֵּר ׀ אֶל־בְּנֵי יִשְׂרָאֵל וְיִקְחוּ אֵלֶיךָ פָרָה
אֲדֻמָּה תְּמִימָה אֲשֶׁר אֵין־בָּהּ מוּם אֲשֶׁר לֹא־עָלָה עָלֶיהָ עֹל׃
ג וּנְתַתֶּם אֹתָהּ אֶל־אֶלְעָזָר הַכֹּהֵן וְהוֹצִיא אֹתָהּ אֶל־מִחוּץ לַמַּחֲנֶה
ד וְשָׁחַט אֹתָהּ לְפָנָיו׃ וְלָקַח אֶלְעָזָר הַכֹּהֵן מִדָּמָהּ בְּאֶצְבָּעוֹ וְהִזָּה
ה אֶל־נֹכַח פְּנֵי אֹהֶל־מוֹעֵד מִדָּמָהּ שֶׁבַע פְּעָמִים׃ וְשָׂרַף אֶת־
הַפָּרָה לְעֵינָיו אֶת־עֹרָהּ וְאֶת־בְּשָׂרָהּ וְאֶת־דָּמָהּ עַל־פִּרְשָׁהּ
ו יִשְׂרֹף׃ וְלָקַח הַכֹּהֵן עֵץ אֶרֶז וְאֵזוֹב וּשְׁנִי תוֹלָעַת וְהִשְׁלִיךְ אֶל־
ז תּוֹךְ שְׂרֵפַת הַפָּרָה׃ וְכִבֶּס בְּגָדָיו הַכֹּהֵן וְרָחַץ בְּשָׂרוֹ בַּמַּיִם
ח וְאַחַר יָבֹא אֶל־הַמַּחֲנֶה וְטָמֵא הַכֹּהֵן עַד־הָעָרֶב׃ וְהַשֹּׂרֵף אֹתָהּ
יְכַבֵּס בְּגָדָיו בַּמַּיִם וְרָחַץ בְּשָׂרוֹ בַּמָּיִם וְטָמֵא עַד־הָעָרֶב׃
ט וְאָסַף ׀ אִישׁ טָהוֹר אֵת אֵפֶר הַפָּרָה וְהִנִּיחַ מִחוּץ לַמַּחֲנֶה בְּמָקוֹם
טָהוֹר וְהָיְתָה לַעֲדַת בְּנֵי־יִשְׂרָאֵל לְמִשְׁמֶרֶת לְמֵי נִדָּה חַטָּאת
י הִוא׃ וְכִבֶּס הָאֹסֵף אֶת־אֵפֶר הַפָּרָה אֶת־בְּגָדָיו וְטָמֵא עַד־
הָעָרֶב וְהָיְתָה לִבְנֵי יִשְׂרָאֵל וְלַגֵּר הַגָּר בְּתוֹכָם לְחֻקַּת עוֹלָם׃
יא יב הַנֹּגֵעַ בְּמֵת לְכָל־נֶפֶשׁ אָדָם וְטָמֵא שִׁבְעַת יָמִים׃ הוּא יִתְחַטָּא־
בוֹ בַּיּוֹם הַשְּׁלִישִׁי וּבַיּוֹם הַשְּׁבִיעִי יִטְהָר וְאִם־לֹא יִתְחַטָּא בַּיּוֹם
יג הַשְּׁלִישִׁי וּבַיּוֹם הַשְּׁבִיעִי לֹא יִטְהָר׃ כָּל־הַנֹּגֵעַ בְּמֵת בְּנֶפֶשׁ
הָאָדָם אֲשֶׁר־יָמוּת וְלֹא יִתְחַטָּא אֶת־מִשְׁכַּן יהוה טִמֵּא וְנִכְרְתָה
הַנֶּפֶשׁ הַהִוא מִיִּשְׂרָאֵל כִּי מֵי נִדָּה לֹא־זֹרַק עָלָיו טָמֵא יִהְיֶה
יד עוֹד טֻמְאָתוֹ בוֹ׃ זֹאת הַתּוֹרָה אָדָם כִּי־יָמוּת בְּאֹהֶל כָּל־
טו הַבָּא אֶל־הָאֹהֶל וְכָל־אֲשֶׁר בָּאֹהֶל יִטְמָא שִׁבְעַת יָמִים׃ וְכֹל
טז כְּלִי פָתוּחַ אֲשֶׁר אֵין־צָמִיד פָּתִיל עָלָיו טָמֵא הוּא׃ וְכֹל אֲשֶׁר־

יִגַּע עַל־פְּנֵי הַשָּׂדֶה בַּחֲלַל־חֶרֶב אוֹ בְמֵת אוֹ־בְעֶצֶם אָדָם אוֹ
בְקָבֶר יִטְמָא שִׁבְעַת יָמִים׃ וְלָקְחוּ לַטָּמֵא מֵעֲפַר שְׂרֵפַת יז
הַחַטָּאת וְנָתַן עָלָיו מַיִם חַיִּים אֶל־כֶּלִי׃ וְלָקַח אֵזוֹב וְטָבַל בַּמַּיִם יח שני
אִישׁ טָהוֹר וְהִזָּה עַל־הָאֹהֶל וְעַל־כָּל־הַכֵּלִים וְעַל־הַנְּפָשׁוֹת
אֲשֶׁר הָיוּ־שָׁם וְעַל־הַנֹּגֵעַ בַּעֶצֶם אוֹ בֶחָלָל אוֹ בַמֵּת אוֹ בַקָּבֶר׃
וְהִזָּה הַטָּהֹר עַל־הַטָּמֵא בַּיּוֹם הַשְּׁלִישִׁי וּבַיּוֹם הַשְּׁבִיעִי וְחִטְּאוֹ יט
בַּיּוֹם הַשְּׁבִיעִי וְכִבֶּס בְּגָדָיו וְרָחַץ בַּמַּיִם וְטָהֵר בָּעָרֶב׃ וְאִישׁ כ
אֲשֶׁר־יִטְמָא וְלֹא יִתְחַטָּא וְנִכְרְתָה הַנֶּפֶשׁ הַהִוא מִתּוֹךְ הַקָּהָל
כִּי אֶת־מִקְדַּשׁ יהוה טִמֵּא מֵי נִדָּה לֹא־זֹרַק עָלָיו טָמֵא הוּא׃
וְהָיְתָה לָהֶם לְחֻקַּת עוֹלָם וּמַזֵּה מֵי־הַנִּדָּה יְכַבֵּס בְּגָדָיו וְהַנֹּגֵעַ כא
בְּמֵי הַנִּדָּה יִטְמָא עַד־הָעָרֶב׃ וְכֹל אֲשֶׁר־יִגַּע־בּוֹ הַטָּמֵא יִטְמָא כב
וְהַנֶּפֶשׁ הַנֹּגַעַת תִּטְמָא עַד־הָעָרֶב׃
וַיָּבֹאוּ בְנֵי־יִשְׂרָאֵל כָּל־הָעֵדָה מִדְבַּר־צִן בַּחֹדֶשׁ הָרִאשׁוֹן וַיֵּשֶׁב א כ
הָעָם בְּקָדֵשׁ וַתָּמָת שָׁם מִרְיָם וַתִּקָּבֵר שָׁם׃ וְלֹא־הָיָה מַיִם ב
לָעֵדָה וַיִּקָּהֲלוּ עַל־מֹשֶׁה וְעַל־אַהֲרֹן׃ וַיָּרֶב הָעָם עִם־מֹשֶׁה ג
וַיֹּאמְרוּ לֵאמֹר וְלוּ גָוַעְנוּ בִּגְוַע אַחֵינוּ לִפְנֵי יהוה׃ וְלָמָה הֲבֵאתֶם ד
אֶת־קְהַל יהוה אֶל־הַמִּדְבָּר הַזֶּה לָמוּת שָׁם אֲנַחְנוּ וּבְעִירֵנוּ׃
וְלָמָה הֶעֱלִיתֻנוּ מִמִּצְרַיִם לְהָבִיא אֹתָנוּ אֶל־הַמָּקוֹם הָרָע הַזֶּה ה
לֹא ׀ מְקוֹם זֶרַע וּתְאֵנָה וְגֶפֶן וְרִמּוֹן וּמַיִם אַיִן לִשְׁתּוֹת׃ וַיָּבֹא ו
מֹשֶׁה וְאַהֲרֹן מִפְּנֵי הַקָּהָל אֶל־פֶּתַח אֹהֶל מוֹעֵד וַיִּפְּלוּ עַל־פְּנֵיהֶם
וַיֵּרָא כְבוֹד־יהוה אֲלֵיהֶם׃
וַיְדַבֵּר יהוה אֶל־מֹשֶׁה לֵּאמֹר׃ קַח אֶת־הַמַּטֶּה וְהַקְהֵל אֶת־ ז ח שלישי /שני/
הָעֵדָה אַתָּה וְאַהֲרֹן אָחִיךָ וְדִבַּרְתֶּם אֶל־הַסֶּלַע לְעֵינֵיהֶם
וְנָתַן מֵימָיו וְהוֹצֵאתָ לָהֶם מַיִם מִן־הַסֶּלַע וְהִשְׁקִיתָ אֶת־הָעֵדָה
וְאֶת־בְּעִירָם׃ וַיִּקַּח מֹשֶׁה אֶת־הַמַּטֶּה מִלִּפְנֵי יהוה כַּאֲשֶׁר ט
צִוָּהוּ׃ וַיַּקְהִלוּ מֹשֶׁה וְאַהֲרֹן אֶת־הַקָּהָל אֶל־פְּנֵי הַסָּלַע וַיֹּאמֶר י
לָהֶם שִׁמְעוּ־נָא הַמֹּרִים הֲמִן־הַסֶּלַע הַזֶּה נוֹצִיא לָכֶם מָיִם׃

יא וַיָּרֶם מֹשֶׁה אֶת־יָדוֹ וַיַּךְ אֶת־הַסֶּלַע בְּמַטֵּהוּ פַּעֲמָיִם וַיֵּצְאוּ
יב מַיִם רַבִּים וַתֵּשְׁתְּ הָעֵדָה וּבְעִירָם׃ וַיֹּאמֶר יְהוָה
אֶל־מֹשֶׁה וְאֶל־אַהֲרֹן יַעַן לֹא־הֶאֱמַנְתֶּם בִּי לְהַקְדִּישֵׁנִי לְעֵינֵי
בְּנֵי יִשְׂרָאֵל לָכֵן לֹא תָבִיאוּ אֶת־הַקָּהָל הַזֶּה אֶל־הָאָרֶץ אֲשֶׁר־
יג נָתַתִּי לָהֶם׃ הֵמָּה מֵי מְרִיבָה אֲשֶׁר־רָבוּ בְנֵי־יִשְׂרָאֵל אֶת־
יד יְהוָה וַיִּקָּדֵשׁ בָּם׃ וַיִּשְׁלַח מֹשֶׁה מַלְאָכִים מִקָּדֵשׁ יח רביעי
אֶל־מֶלֶךְ אֱדוֹם כֹּה אָמַר אָחִיךָ יִשְׂרָאֵל אַתָּה יָדַעְתָּ אֵת כָּל־
טו הַתְּלָאָה אֲשֶׁר מְצָאָתְנוּ׃ וַיֵּרְדוּ אֲבֹתֵינוּ מִצְרַיְמָה וַנֵּשֶׁב בְּמִצְרַיִם
טז יָמִים רַבִּים וַיָּרֵעוּ לָנוּ מִצְרַיִם וְלַאֲבֹתֵינוּ׃ וַנִּצְעַק אֶל־יְהוָה
וַיִּשְׁמַע קֹלֵנוּ וַיִּשְׁלַח מַלְאָךְ וַיֹּצִאֵנוּ מִמִּצְרָיִם וְהִנֵּה אֲנַחְנוּ בְקָדֵשׁ
יז עִיר קְצֵה גְבוּלֶךָ׃ נַעְבְּרָה־נָּא בְאַרְצֶךָ לֹא נַעֲבֹר בְּשָׂדֶה וּבְכֶרֶם
וְלֹא נִשְׁתֶּה מֵי בְאֵר דֶּרֶךְ הַמֶּלֶךְ נֵלֵךְ לֹא נִטֶּה יָמִין וּשְׂמֹאול
יח עַד אֲשֶׁר־נַעֲבֹר גְּבֻלֶךָ׃ וַיֹּאמֶר אֵלָיו אֱדוֹם לֹא תַעֲבֹר בִּי פֶּן־
יט בַּחֶרֶב אֵצֵא לִקְרָאתֶךָ׃ וַיֹּאמְרוּ אֵלָיו בְּנֵי־יִשְׂרָאֵל בַּמְסִלָּה נַעֲלֶה
וְאִם־מֵימֶיךָ נִשְׁתֶּה אֲנִי וּמִקְנַי וְנָתַתִּי מִכְרָם רַק אֵין־דָּבָר בְּרַגְלַי
כ אֶעֱבֹרָה׃ וַיֹּאמֶר לֹא תַעֲבֹר וַיֵּצֵא אֱדוֹם לִקְרָאתוֹ בְּעַם כָּבֵד
כא וּבְיָד חֲזָקָה׃ וַיְמָאֵן ׀ אֱדוֹם נְתֹן אֶת־יִשְׂרָאֵל עֲבֹר בִּגְבֻלוֹ וַיֵּט
יִשְׂרָאֵל מֵעָלָיו׃

כב כג וַיִּסְעוּ מִקָּדֵשׁ וַיָּבֹאוּ בְנֵי־יִשְׂרָאֵל כָּל־הָעֵדָה הֹר הָהָר׃ וַיֹּאמֶר חמישי /שלישי/
יְהוָה אֶל־מֹשֶׁה וְאֶל־אַהֲרֹן בְּהֹר הָהָר עַל־גְּבוּל אֶרֶץ־אֱדוֹם
כד לֵאמֹר׃ יֵאָסֵף אַהֲרֹן אֶל־עַמָּיו כִּי לֹא יָבֹא אֶל־הָאָרֶץ אֲשֶׁר
נָתַתִּי לִבְנֵי יִשְׂרָאֵל עַל אֲשֶׁר־מְרִיתֶם אֶת־פִּי לְמֵי מְרִיבָה׃
כה כו קַח אֶת־אַהֲרֹן וְאֶת־אֶלְעָזָר בְּנוֹ וְהַעַל אֹתָם הֹר הָהָר׃ וְהַפְשֵׁט
אֶת־אַהֲרֹן אֶת־בְּגָדָיו וְהִלְבַּשְׁתָּם אֶת־אֶלְעָזָר בְּנוֹ וְאַהֲרֹן יֵאָסֵף
כז וּמֵת שָׁם׃ וַיַּעַשׂ מֹשֶׁה כַּאֲשֶׁר צִוָּה יְהוָה וַיַּעֲלוּ אֶל־הֹר הָהָר
כח לְעֵינֵי כָּל־הָעֵדָה׃ וַיַּפְשֵׁט מֹשֶׁה אֶת־אַהֲרֹן אֶת־בְּגָדָיו וַיַּלְבֵּשׁ
אֹתָם אֶת־אֶלְעָזָר בְּנוֹ וַיָּמָת אַהֲרֹן שָׁם בְּרֹאשׁ הָהָר וַיֵּרֶד מֹשֶׁה

וְאֶלְעָזָר מִן־הָהָר׃ וַיִּרְאוּ כָּל־הָעֵדָה כִּי גָוַע אַהֲרֹן וַיִּבְכּוּ אֶת־ כט
אַהֲרֹן שְׁלֹשִׁים יוֹם כֹּל בֵּית יִשְׂרָאֵל׃ וַיִּשְׁמַע א כא
הַכְּנַעֲנִי מֶלֶךְ־עֲרָד יֹשֵׁב הַנֶּגֶב כִּי בָּא יִשְׂרָאֵל דֶּרֶךְ הָאֲתָרִים
וַיִּלָּחֶם בְּיִשְׂרָאֵל וַיִּשְׁבְּ ׀ מִמֶּנּוּ שֶׁבִי׃ וַיִּדַּר יִשְׂרָאֵל נֶדֶר לַיהוָה ב
וַיֹּאמַר אִם־נָתֹן תִּתֵּן אֶת־הָעָם הַזֶּה בְּיָדִי וְהַחֲרַמְתִּי אֶת־
עָרֵיהֶם׃ וַיִּשְׁמַע יְהוָה בְּקוֹל יִשְׂרָאֵל וַיִּתֵּן אֶת־הַכְּנַעֲנִי וַיַּחֲרֵם ג
אֶתְהֶם וְאֶת־עָרֵיהֶם וַיִּקְרָא שֵׁם־הַמָּקוֹם חָרְמָה׃
וַיִּסְעוּ מֵהֹר הָהָר דֶּרֶךְ יַם־סוּף לִסְבֹב אֶת־אֶרֶץ אֱדוֹם וַתִּקְצַר ד
נֶפֶשׁ־הָעָם בַּדָּרֶךְ׃ וַיְדַבֵּר הָעָם בֵּאלֹהִים וּבְמֹשֶׁה לָמָה הֶעֱלִיתֻנוּ ה
מִמִּצְרַיִם לָמוּת בַּמִּדְבָּר כִּי אֵין לֶחֶם וְאֵין מַיִם וְנַפְשֵׁנוּ קָצָה
בַּלֶּחֶם הַקְּלֹקֵל׃ וַיְשַׁלַּח יְהוָה בָּעָם אֵת הַנְּחָשִׁים הַשְּׂרָפִים ו
וַיְנַשְּׁכוּ אֶת־הָעָם וַיָּמָת עַם־רָב מִיִּשְׂרָאֵל׃ וַיָּבֹא הָעָם אֶל־ ז
מֹשֶׁה וַיֹּאמְרוּ חָטָאנוּ כִּי־דִבַּרְנוּ בַיהוָה וָבָךְ הִתְפַּלֵּל אֶל־יְהוָה
וְיָסֵר מֵעָלֵינוּ אֶת־הַנָּחָשׁ וַיִּתְפַּלֵּל מֹשֶׁה בְּעַד הָעָם׃ וַיֹּאמֶר ח
יְהוָה אֶל־מֹשֶׁה עֲשֵׂה לְךָ שָׂרָף וְשִׂים אֹתוֹ עַל־נֵס וְהָיָה כָּל־
הַנָּשׁוּךְ וְרָאָה אֹתוֹ וָחָי׃ וַיַּעַשׂ מֹשֶׁה נְחַשׁ נְחֹשֶׁת וַיְשִׂמֵהוּ ט
עַל־הַנֵּס וְהָיָה אִם־נָשַׁךְ הַנָּחָשׁ אֶת־אִישׁ וְהִבִּיט אֶל־נְחַשׁ
ששי הַנְּחֹשֶׁת וָחָי׃ וַיִּסְעוּ בְּנֵי יִשְׂרָאֵל וַיַּחֲנוּ בְּאֹבֹת׃ וַיִּסְעוּ מֵאֹבֹת י יא
וַיַּחֲנוּ בְּעִיֵּי הָעֲבָרִים בַּמִּדְבָּר אֲשֶׁר עַל־פְּנֵי מוֹאָב מִמִּזְרַח
הַשָּׁמֶשׁ׃ מִשָּׁם נָסָעוּ וַיַּחֲנוּ בְּנַחַל זָרֶד׃ מִשָּׁם נָסָעוּ וַיַּחֲנוּ מֵעֵבֶר יב יג
אַרְנוֹן אֲשֶׁר בַּמִּדְבָּר הַיֹּצֵא מִגְּבֻל הָאֱמֹרִי כִּי אַרְנוֹן גְּבוּל מוֹאָב
בֵּין מוֹאָב וּבֵין הָאֱמֹרִי׃ עַל־כֵּן יֵאָמַר בְּסֵפֶר מִלְחֲמֹת יְהוָה יד
אֶת־וָהֵב בְּסוּפָה וְאֶת־הַנְּחָלִים אַרְנוֹן׃ וְאֶשֶׁד הַנְּחָלִים אֲשֶׁר טו
נָטָה לְשֶׁבֶת עָר וְנִשְׁעַן לִגְבוּל מוֹאָב׃ וּמִשָּׁם בְּאֵרָה הִוא טז
הַבְּאֵר אֲשֶׁר אָמַר יְהוָה לְמֹשֶׁה אֱסֹף אֶת־הָעָם וְאֶתְּנָה לָהֶם
מָיִם׃ אָז יָשִׁיר יִשְׂרָאֵל אֶת־הַשִּׁירָה הַזֹּאת עֲלִי יז
בְאֵר עֱנוּ־לָהּ׃ בְּאֵר חֲפָרוּהָ שָׂרִים כָּרוּהָ נְדִיבֵי הָעָם בִּמְחֹקֵק יח

יט בְּמִשְׁעֲנֹתָם וּמִמִּדְבָּר מַתָּנָה: וּמִמַּתָּנָה נַחֲלִיאֵל וּמִנַּחֲלִיאֵל
כ בָּמוֹת: וּמִבָּמוֹת הַגַּיְא אֲשֶׁר בִּשְׂדֵה מוֹאָב רֹאשׁ הַפִּסְגָּה וְנִשְׁקָפָה
עַל־פְּנֵי הַיְשִׁימֹן:
כא וַיִּשְׁלַח יִשְׂרָאֵל מַלְאָכִים אֶל־סִיחֹן מֶלֶךְ־הָאֱמֹרִי לֵאמֹר: שביעי /רביעי/
כב אֶעְבְּרָה בְאַרְצֶךָ לֹא נִטֶּה בְּשָׂדֶה וּבְכֶרֶם לֹא נִשְׁתֶּה מֵי בְאֵר
כג בְּדֶרֶךְ הַמֶּלֶךְ נֵלֵךְ עַד אֲשֶׁר־נַעֲבֹר גְּבֻלֶךָ: וְלֹא־נָתַן סִיחֹן אֶת־
יִשְׂרָאֵל עֲבֹר בִּגְבֻלוֹ וַיֶּאֱסֹף סִיחֹן אֶת־כָּל־עַמּוֹ וַיֵּצֵא לִקְרַאת
כד יִשְׂרָאֵל הַמִּדְבָּרָה וַיָּבֹא יָהְצָה וַיִּלָּחֶם בְּיִשְׂרָאֵל: וַיַּכֵּהוּ יִשְׂרָאֵל
לְפִי־חָרֶב וַיִּירַשׁ אֶת־אַרְצוֹ מֵאַרְנֹן עַד־יַבֹּק עַד־בְּנֵי עַמּוֹן כִּי
כה עַז גְּבוּל בְּנֵי עַמּוֹן: וַיִּקַּח יִשְׂרָאֵל אֵת כָּל־הֶעָרִים הָאֵלֶּה וַיֵּשֶׁב
כו יִשְׂרָאֵל בְּכָל־עָרֵי הָאֱמֹרִי בְּחֶשְׁבּוֹן וּבְכָל־בְּנֹתֶיהָ: כִּי חֶשְׁבּוֹן
עִיר סִיחֹן מֶלֶךְ הָאֱמֹרִי הִוא וְהוּא נִלְחַם בְּמֶלֶךְ מוֹאָב הָרִאשׁוֹן
כז וַיִּקַּח אֶת־כָּל־אַרְצוֹ מִיָּדוֹ עַד־אַרְנֹן: עַל־כֵּן יֹאמְרוּ הַמֹּשְׁלִים
כח בֹּאוּ חֶשְׁבּוֹן תִּבָּנֶה וְתִכּוֹנֵן עִיר סִיחוֹן: כִּי־אֵשׁ יָצְאָה מֵחֶשְׁבּוֹן
כט לֶהָבָה מִקִּרְיַת סִיחֹן אָכְלָה עָר מוֹאָב בַּעֲלֵי בָּמוֹת אַרְנֹן: אוֹי־
לְךָ מוֹאָב אָבַדְתָּ עַם־כְּמוֹשׁ נָתַן בָּנָיו פְּלֵיטִם וּבְנֹתָיו בַּשְּׁבִית
ל לְמֶלֶךְ אֱמֹרִי סִיחוֹן: וַנִּירָם אָבַד חֶשְׁבּוֹן עַד־דִּיבֹן וַנַּשִּׁים עַד־
לא לב נֹפַח אֲשֶׁר עַד־מֵידְבָא: וַיֵּשֶׁב יִשְׂרָאֵל בְּאֶרֶץ הָאֱמֹרִי: וַיִּשְׁלַח
מֹשֶׁה לְרַגֵּל אֶת־יַעְזֵר וַיִּלְכְּדוּ בְּנֹתֶיהָ ויירש אֶת־הָאֱמֹרִי אֲשֶׁר־ וַיּוֹרֶשׁ
לג שָׁם: וַיִּפְנוּ וַיַּעֲלוּ דֶּרֶךְ הַבָּשָׁן וַיֵּצֵא עוֹג מֶלֶךְ־הַבָּשָׁן לִקְרָאתָם
לד הוּא וְכָל־עַמּוֹ לַמִּלְחָמָה אֶדְרֶעִי: וַיֹּאמֶר יהוה אֶל־מֹשֶׁה אַל־ מפטיר
תִּירָא אֹתוֹ כִּי בְיָדְךָ נָתַתִּי אֹתוֹ וְאֶת־כָּל־עַמּוֹ וְאֶת־אַרְצוֹ וְעָשִׂיתָ
לוֹ כַּאֲשֶׁר עָשִׂיתָ לְסִיחֹן מֶלֶךְ הָאֱמֹרִי אֲשֶׁר יוֹשֵׁב בְּחֶשְׁבּוֹן:
לה וַיַּכּוּ אֹתוֹ וְאֶת־בָּנָיו וְאֶת־כָּל־עַמּוֹ עַד־בִּלְתִּי הִשְׁאִיר־לוֹ שָׂרִיד
כב א וַיִּירְשׁוּ אֶת־אַרְצוֹ: וַיִּסְעוּ בְּנֵי יִשְׂרָאֵל וַיַּחֲנוּ בְּעַרְבוֹת מוֹאָב
ב מֵעֵבֶר לְיַרְדֵּן יְרֵחוֹ: וַיַּרְא בָּלָק בֶּן־צִפּוֹר אֵת יט בלק
ג כָּל־אֲשֶׁר־עָשָׂה יִשְׂרָאֵל לָאֱמֹרִי: וַיָּגָר מוֹאָב מִפְּנֵי הָעָם מְאֹד

כִּי רַב־הוּא וַיָּקָץ מוֹאָב מִפְּנֵי בְּנֵי יִשְׂרָאֵל׃ וַיֹּאמֶר מוֹאָב אֶל־ ד
זִקְנֵי מִדְיָן עַתָּה יְלַחֲכוּ הַקָּהָל אֶת־כָּל־סְבִיבֹתֵינוּ כִּלְחֹךְ הַשּׁוֹר
אֵת יֶרֶק הַשָּׂדֶה וּבָלָק בֶּן־צִפּוֹר מֶלֶךְ לְמוֹאָב בָּעֵת הַהִוא׃
וַיִּשְׁלַח מַלְאָכִים אֶל־בִּלְעָם בֶּן־בְּעֹר פְּתוֹרָה אֲשֶׁר עַל־הַנָּהָר ה
אֶרֶץ בְּנֵי־עַמּוֹ לִקְרֹא־לוֹ לֵאמֹר הִנֵּה עַם יָצָא מִמִּצְרַיִם הִנֵּה
כִסָּה אֶת־עֵין הָאָרֶץ וְהוּא יֹשֵׁב מִמֻּלִי׃ וְעַתָּה לְכָה־נָּא אָרָה־ ו
לִּי אֶת־הָעָם הַזֶּה כִּי־עָצוּם הוּא מִמֶּנִּי אוּלַי אוּכַל נַכֶּה־בּוֹ
וַאֲגָרְשֶׁנּוּ מִן־הָאָרֶץ כִּי יָדַעְתִּי אֵת אֲשֶׁר־תְּבָרֵךְ מְבֹרָךְ וַאֲשֶׁר
תָּאֹר יוּאָר׃ וַיֵּלְכוּ זִקְנֵי מוֹאָב וְזִקְנֵי מִדְיָן וּקְסָמִים בְּיָדָם וַיָּבֹאוּ ז
אֶל־בִּלְעָם וַיְדַבְּרוּ אֵלָיו דִּבְרֵי בָלָק׃ וַיֹּאמֶר אֲלֵיהֶם לִינוּ פֹה ח
הַלַּיְלָה וַהֲשִׁבֹתִי אֶתְכֶם דָּבָר כַּאֲשֶׁר יְדַבֵּר יְהוָה אֵלָי וַיֵּשְׁבוּ
שָׂרֵי־מוֹאָב עִם־בִּלְעָם׃ וַיָּבֹא אֱלֹהִים אֶל־בִּלְעָם וַיֹּאמֶר מִי ט
הָאֲנָשִׁים הָאֵלֶּה עִמָּךְ׃ וַיֹּאמֶר בִּלְעָם אֶל־הָאֱלֹהִים בָּלָק בֶּן־ י
צִפֹּר מֶלֶךְ מוֹאָב שָׁלַח אֵלָי׃ הִנֵּה הָעָם הַיֹּצֵא מִמִּצְרַיִם וַיְכַס יא
אֶת־עֵין הָאָרֶץ עַתָּה לְכָה קָבָה־לִּי אֹתוֹ אוּלַי אוּכַל לְהִלָּחֶם
בּוֹ וְגֵרַשְׁתִּיו׃ וַיֹּאמֶר אֱלֹהִים אֶל־בִּלְעָם לֹא תֵלֵךְ עִמָּהֶם לֹא יב
שני /חמישי/ תָאֹר אֶת־הָעָם כִּי בָרוּךְ הוּא׃ וַיָּקָם בִּלְעָם בַּבֹּקֶר וַיֹּאמֶר יג
אֶל־שָׂרֵי בָלָק לְכוּ אֶל־אַרְצְכֶם כִּי מֵאֵן יְהוָה לְתִתִּי לַהֲלֹךְ
עִמָּכֶם׃ וַיָּקוּמוּ שָׂרֵי מוֹאָב וַיָּבֹאוּ אֶל־בָּלָק וַיֹּאמְרוּ מֵאֵן בִּלְעָם יד
הֲלֹךְ עִמָּנוּ׃ וַיֹּסֶף עוֹד בָּלָק שְׁלֹחַ שָׂרִים רַבִּים וְנִכְבָּדִים מֵאֵלֶּה׃ טו
וַיָּבֹאוּ אֶל־בִּלְעָם וַיֹּאמְרוּ לוֹ כֹּה אָמַר בָּלָק בֶּן־צִפּוֹר אַל־ טז
נָא תִמָּנַע מֵהֲלֹךְ אֵלָי׃ כִּי־כַבֵּד אֲכַבֶּדְךָ מְאֹד וְכֹל אֲשֶׁר־ יז
תֹּאמַר אֵלַי אֶעֱשֶׂה וּלְכָה־נָּא קָבָה־לִּי אֵת הָעָם הַזֶּה׃ וַיַּעַן יח
בִּלְעָם וַיֹּאמֶר אֶל־עַבְדֵי בָלָק אִם־יִתֶּן־לִי בָלָק מְלֹא בֵיתוֹ
כֶּסֶף וְזָהָב לֹא אוּכַל לַעֲבֹר אֶת־פִּי יְהוָה אֱלֹהָי לַעֲשׂוֹת קְטַנָּה
אוֹ גְדוֹלָה׃ וְעַתָּה שְׁבוּ נָא בָזֶה גַּם־אַתֶּם הַלָּיְלָה וְאֵדְעָה מַה־ יט
יֹּסֵף יְהוָה דַּבֵּר עִמִּי׃ וַיָּבֹא אֱלֹהִים ׀ אֶל־בִּלְעָם לַיְלָה וַיֹּאמֶר כ

לוֹ אִם־לִקְרֹא לְךָ בָּאוּ הָאֲנָשִׁים קוּם לֵךְ אִתָּם וְאַךְ אֶת־הַדָּבָר
כא אֲשֶׁר־אֲדַבֵּר אֵלֶיךָ אֹתוֹ תַעֲשֶׂה׃ וַיָּקָם בִּלְעָם בַּבֹּקֶר וַיַּחֲבֹשׁ שלישי
כב אֶת־אֲתֹנוֹ וַיֵּלֶךְ עִם־שָׂרֵי מוֹאָב׃ וַיִּחַר־אַף אֱלֹהִים כִּי־הוֹלֵךְ
הוּא וַיִּתְיַצֵּב מַלְאַךְ יהוה בַּדֶּרֶךְ לְשָׂטָן לוֹ וְהוּא רֹכֵב עַל־אֲתֹנוֹ
כג וּשְׁנֵי נְעָרָיו עִמּוֹ׃ וַתֵּרֶא הָאָתוֹן אֶת־מַלְאַךְ יהוה נִצָּב בַּדֶּרֶךְ
וְחַרְבּוֹ שְׁלוּפָה בְּיָדוֹ וַתֵּט הָאָתוֹן מִן־הַדֶּרֶךְ וַתֵּלֶךְ בַּשָּׂדֶה וַיַּךְ
כד בִּלְעָם אֶת־הָאָתוֹן לְהַטֹּתָהּ הַדָּרֶךְ׃ וַיַּעֲמֹד מַלְאַךְ יהוה בְּמִשְׁעוֹל
כה הַכְּרָמִים גָּדֵר מִזֶּה וְגָדֵר מִזֶּה׃ וַתֵּרֶא הָאָתוֹן אֶת־מַלְאַךְ יהוה
וַתִּלָּחֵץ אֶל־הַקִּיר וַתִּלְחַץ אֶת־רֶגֶל בִּלְעָם אֶל־הַקִּיר וַיֹּסֶף
כו לְהַכֹּתָהּ׃ וַיּוֹסֶף מַלְאַךְ־יהוה עֲבוֹר וַיַּעֲמֹד בְּמָקוֹם צָר אֲשֶׁר
כז אֵין־דֶּרֶךְ לִנְטוֹת יָמִין וּשְׂמֹאול׃ וַתֵּרֶא הָאָתוֹן אֶת־מַלְאַךְ יהוה
וַתִּרְבַּץ תַּחַת בִּלְעָם וַיִּחַר־אַף בִּלְעָם וַיַּךְ אֶת־הָאָתוֹן בַּמַּקֵּל׃
כח וַיִּפְתַּח יהוה אֶת־פִּי הָאָתוֹן וַתֹּאמֶר לְבִלְעָם מֶה־עָשִׂיתִי לְךָ
כט כִּי הִכִּיתַנִי זֶה שָׁלֹשׁ רְגָלִים׃ וַיֹּאמֶר בִּלְעָם לָאָתוֹן כִּי הִתְעַלַּלְתְּ
ל בִּי לוּ יֶשׁ־חֶרֶב בְּיָדִי כִּי עַתָּה הֲרַגְתִּיךְ׃ וַתֹּאמֶר הָאָתוֹן אֶל־
בִּלְעָם הֲלוֹא אָנֹכִי אֲתֹנְךָ אֲשֶׁר־רָכַבְתָּ עָלַי מֵעוֹדְךָ עַד־הַיּוֹם
לא הַזֶּה הַהַסְכֵּן הִסְכַּנְתִּי לַעֲשׂוֹת לְךָ כֹּה וַיֹּאמֶר לֹא׃ וַיְגַל יהוה
אֶת־עֵינֵי בִלְעָם וַיַּרְא אֶת־מַלְאַךְ יהוה נִצָּב בַּדֶּרֶךְ וְחַרְבּוֹ
לב שְׁלֻפָה בְּיָדוֹ וַיִּקֹּד וַיִּשְׁתַּחוּ לְאַפָּיו׃ וַיֹּאמֶר אֵלָיו מַלְאַךְ יהוה
עַל־מָה הִכִּיתָ אֶת־אֲתֹנְךָ זֶה שָׁלוֹשׁ רְגָלִים הִנֵּה אָנֹכִי יָצָאתִי
לג לְשָׂטָן כִּי־יָרַט הַדֶּרֶךְ לְנֶגְדִּי׃ וַתִּרְאַנִי הָאָתוֹן וַתֵּט לְפָנַי זֶה שָׁלֹשׁ
רְגָלִים אוּלַי נָטְתָה מִפָּנַי כִּי עַתָּה גַּם־אֹתְכָה הָרַגְתִּי וְאוֹתָהּ
לד הֶחֱיֵיתִי׃ וַיֹּאמֶר בִּלְעָם אֶל־מַלְאַךְ יהוה חָטָאתִי כִּי לֹא יָדַעְתִּי
כִּי אַתָּה נִצָּב לִקְרָאתִי בַּדָּרֶךְ וְעַתָּה אִם־רַע בְּעֵינֶיךָ אָשׁוּבָה
לה לִּי׃ וַיֹּאמֶר מַלְאַךְ יהוה אֶל־בִּלְעָם לֵךְ עִם־הָאֲנָשִׁים וְאֶפֶס
אֶת־הַדָּבָר אֲשֶׁר־אֲדַבֵּר אֵלֶיךָ אֹתוֹ תְדַבֵּר וַיֵּלֶךְ בִּלְעָם עִם־
לו שָׂרֵי בָלָק׃ וַיִּשְׁמַע בָּלָק כִּי־בָא בִלְעָם וַיֵּצֵא לִקְרָאתוֹ אֶל־

עִיר מוֹאָב אֲשֶׁר עַל־גְּבוּל אַרְנֹן אֲשֶׁר בִּקְצֵה הַגְּבוּל׃ וַיֹּאמֶר לז
בָּלָק אֶל־בִּלְעָם הֲלֹא שָׁלֹחַ שָׁלַחְתִּי אֵלֶיךָ לִקְרֹא־לָךְ לָמָּה
לֹא־הָלַכְתָּ אֵלָי הַאֻמְנָם לֹא אוּכַל כַּבְּדֶךָ׃ וַיֹּאמֶר בִּלְעָם אֶל־ לח
בָּלָק הִנֵּה־בָאתִי אֵלֶיךָ עַתָּה הֲיָכֹל אוּכַל דַּבֵּר מְאוּמָה הַדָּבָר
רביעי /ששי/ אֲשֶׁר יָשִׂים אֱלֹהִים בְּפִי אֹתוֹ אֲדַבֵּר׃ וַיֵּלֶךְ בִּלְעָם עִם־בָּלָק לט
וַיָּבֹאוּ קִרְיַת חֻצוֹת׃ וַיִּזְבַּח בָּלָק בָּקָר וָצֹאן וַיְשַׁלַּח לְבִלְעָם מ
וְלַשָּׂרִים אֲשֶׁר אִתּוֹ׃ וַיְהִי בַבֹּקֶר וַיִּקַּח בָּלָק אֶת־בִּלְעָם וַיַּעֲלֵהוּ מא
בָּמוֹת בָּעַל וַיַּרְא מִשָּׁם קְצֵה הָעָם׃ וַיֹּאמֶר בִּלְעָם אֶל־בָּלָק א כג
בְּנֵה־לִי בָזֶה שִׁבְעָה מִזְבְּחֹת וְהָכֵן לִי בָּזֶה שִׁבְעָה פָרִים וְשִׁבְעָה
אֵילִים׃ וַיַּעַשׂ בָּלָק כַּאֲשֶׁר דִּבֶּר בִּלְעָם וַיַּעַל בָּלָק וּבִלְעָם פָּר ב
וָאַיִל בַּמִּזְבֵּחַ׃ וַיֹּאמֶר בִּלְעָם לְבָלָק הִתְיַצֵּב עַל־עֹלָתֶךָ וְאֵלְכָה ג
אוּלַי יִקָּרֵה יהוה לִקְרָאתִי וּדְבַר מַה־יַּרְאֵנִי וְהִגַּדְתִּי לָךְ וַיֵּלֶךְ
שֶׁפִי׃ וַיִּקָּר אֱלֹהִים אֶל־בִּלְעָם וַיֹּאמֶר אֵלָיו אֶת־שִׁבְעַת הַמִּזְבְּחֹת ד
עָרַכְתִּי וָאַעַל פָּר וָאַיִל בַּמִּזְבֵּחַ׃ וַיָּשֶׂם יהוה דָּבָר בְּפִי בִלְעָם ה
וַיֹּאמֶר שׁוּב אֶל־בָּלָק וְכֹה תְדַבֵּר׃ וַיָּשָׁב אֵלָיו וְהִנֵּה נִצָּב עַל־ ו
עֹלָתוֹ הוּא וְכָל־שָׂרֵי מוֹאָב׃ וַיִּשָּׂא מְשָׁלוֹ וַיֹּאמַר מִן־אֲרָם ז
יַנְחֵנִי בָלָק מֶלֶךְ־מוֹאָב מֵהַרְרֵי־קֶדֶם לְכָה אָרָה־לִּי יַעֲקֹב וּלְכָה
זֹעֲמָה יִשְׂרָאֵל׃ מָה אֶקֹּב לֹא קַבֹּה אֵל וּמָה אֶזְעֹם לֹא זָעַם ח
יהוה׃ כִּי־מֵרֹאשׁ צֻרִים אֶרְאֶנּוּ וּמִגְּבָעוֹת אֲשׁוּרֶנּוּ הֶן־עָם ט
כ לְבָדָד יִשְׁכֹּן וּבַגּוֹיִם לֹא יִתְחַשָּׁב׃ מִי מָנָה עֲפַר יַעֲקֹב וּמִסְפָּר י
אֶת־רֹבַע יִשְׂרָאֵל תָּמֹת נַפְשִׁי מוֹת יְשָׁרִים וּתְהִי אַחֲרִיתִי
כָּמֹהוּ׃ וַיֹּאמֶר בָּלָק אֶל־בִּלְעָם מֶה עָשִׂיתָ לִי לָקֹב אֹיְבַי יא
לְקַחְתִּיךָ וְהִנֵּה בֵּרַכְתָּ בָרֵךְ׃ וַיַּעַן וַיֹּאמַר הֲלֹא אֵת אֲשֶׁר יָשִׂים יב
חמישי יהוה בְּפִי אֹתוֹ אֶשְׁמֹר לְדַבֵּר׃ וַיֹּאמֶר אֵלָיו בָּלָק לְךָ־נָּא אִתִּי יג
אֶל־מָקוֹם אַחֵר אֲשֶׁר תִּרְאֶנּוּ מִשָּׁם אֶפֶס קָצֵהוּ תִרְאֶה וְכֻלּוֹ
לֹא תִרְאֶה וְקָבְנוֹ־לִי מִשָּׁם׃ וַיִּקָּחֵהוּ שְׂדֵה צֹפִים אֶל־רֹאשׁ יד
הַפִּסְגָּה וַיִּבֶן שִׁבְעָה מִזְבְּחֹת וַיַּעַל פָּר וָאַיִל בַּמִּזְבֵּחַ׃ וַיֹּאמֶר טו

טז אֶל־בָּלָק הִתְיַצֵּב כֹּה עַל־עֹלָתֶךָ וְאָנֹכִי אִקָּרֶה כֹּה׃ וַיִּקָּר יְהוָה
אֶל־בִּלְעָם וַיָּשֶׂם דָּבָר בְּפִיו וַיֹּאמֶר שׁוּב אֶל־בָּלָק וְכֹה תְדַבֵּר׃
יז וַיָּבֹא אֵלָיו וְהִנּוֹ נִצָּב עַל־עֹלָתוֹ וְשָׂרֵי מוֹאָב אִתּוֹ וַיֹּאמֶר לוֹ
יח בָּלָק מַה־דִּבֶּר יְהוָה׃ וַיִּשָּׂא מְשָׁלוֹ וַיֹּאמַר קוּם בָּלָק וּשֲׁמָע
יט הַאֲזִינָה עָדַי בְּנוֹ צִפֹּר׃ לֹא אִישׁ אֵל וִיכַזֵּב וּבֶן־אָדָם וְיִתְנֶחָם
כ הַהוּא אָמַר וְלֹא יַעֲשֶׂה וְדִבֶּר וְלֹא יְקִימֶנָּה׃ הִנֵּה בָרֵךְ לָקָחְתִּי
כא וּבֵרֵךְ וְלֹא אֲשִׁיבֶנָּה׃ לֹא־הִבִּיט אָוֶן בְּיַעֲקֹב וְלֹא־רָאָה עָמָל
כב בְּיִשְׂרָאֵל יְהוָה אֱלֹהָיו עִמּוֹ וּתְרוּעַת מֶלֶךְ בּוֹ׃ אֵל מוֹצִיאָם
כג מִמִּצְרָיִם כְּתוֹעֲפֹת רְאֵם לוֹ׃ כִּי לֹא־נַחַשׁ בְּיַעֲקֹב וְלֹא־קֶסֶם
כד בְּיִשְׂרָאֵל כָּעֵת יֵאָמֵר לְיַעֲקֹב וּלְיִשְׂרָאֵל מַה־פָּעַל אֵל׃ הֶן־עָם
כְּלָבִיא יָקוּם וְכַאֲרִי יִתְנַשָּׂא לֹא יִשְׁכַּב עַד־יֹאכַל טֶרֶף וְדַם־
כה חֲלָלִים יִשְׁתֶּה׃ וַיֹּאמֶר בָּלָק אֶל־בִּלְעָם גַּם־קֹב לֹא תִקֳּבֶנּוּ
כו גַּם־בָּרֵךְ לֹא תְבָרְכֶנּוּ׃ וַיַּעַן בִּלְעָם וַיֹּאמֶר אֶל־בָּלָק הֲלֹא
כז דִּבַּרְתִּי אֵלֶיךָ לֵאמֹר כֹּל אֲשֶׁר־יְדַבֵּר יְהוָה אֹתוֹ אֶעֱשֶׂה׃ וַיֹּאמֶר ששי /שביעי/
בָּלָק אֶל־בִּלְעָם לְכָה־נָּא אֶקָּחֲךָ אֶל־מָקוֹם אַחֵר אוּלַי יִישַׁר בְּעֵינֵי
כח הָאֱלֹהִים וְקַבֹּתוֹ לִי מִשָּׁם׃ וַיִּקַּח בָּלָק אֶת־בִּלְעָם רֹאשׁ הַפְּעוֹר
כט הַנִּשְׁקָף עַל־פְּנֵי הַיְשִׁימֹן׃ וַיֹּאמֶר בִּלְעָם אֶל־בָּלָק בְּנֵה־לִי בָזֶה
ל שִׁבְעָה מִזְבְּחֹת וְהָכֵן לִי בָּזֶה שִׁבְעָה פָרִים וְשִׁבְעָה אֵילִים׃ וַיַּעַשׂ
כד א בָּלָק כַּאֲשֶׁר אָמַר בִּלְעָם וַיַּעַל פַּר וָאַיִל בַּמִּזְבֵּחַ׃ וַיַּרְא בִּלְעָם כִּי
טוֹב בְּעֵינֵי יְהוָה לְבָרֵךְ אֶת־יִשְׂרָאֵל וְלֹא־הָלַךְ כְּפַעַם־בְּפַעַם
ב לִקְרַאת נְחָשִׁים וַיָּשֶׁת אֶל־הַמִּדְבָּר פָּנָיו׃ וַיִּשָּׂא בִלְעָם אֶת־עֵינָיו
ג וַיַּרְא אֶת־יִשְׂרָאֵל שֹׁכֵן לִשְׁבָטָיו וַתְּהִי עָלָיו רוּחַ אֱלֹהִים׃ וַיִּשָּׂא
מְשָׁלוֹ וַיֹּאמַר נְאֻם בִּלְעָם בְּנוֹ בְעֹר וּנְאֻם הַגֶּבֶר שְׁתֻם הָעָיִן׃
ד נְאֻם שֹׁמֵעַ אִמְרֵי־אֵל אֲשֶׁר מַחֲזֵה שַׁדַּי יֶחֱזֶה נֹפֵל וּגְלוּי עֵינָיִם׃
ה ו מַה־טֹּבוּ אֹהָלֶיךָ יַעֲקֹב מִשְׁכְּנֹתֶיךָ יִשְׂרָאֵל׃ כִּנְחָלִים נִטָּיוּ כְּגַנֹּת
ז עֲלֵי נָהָר כַּאֲהָלִים נָטַע יְהוָה כַּאֲרָזִים עֲלֵי־מָיִם׃ יִזַּל־מַיִם
מִדָּלְיָו וְזַרְעוֹ בְּמַיִם רַבִּים וְיָרֹם מֵאֲגַג מַלְכּוֹ וְתִנַּשֵּׂא מַלְכֻתוֹ׃

אל מוציאו ממצרים כתועפת ראם לו יאכל גוים צריו ח
ועצמתיהם יגרם וחציו ימחץ: כרע שכב כארי וכלביא מי ט
יקימנו מברכיך ברוך וארריך ארור: ויחר־אף בלק אל־ י
בלעם ויספק את־כפיו ויאמר בלק אל־בלעם לקב איבי
קראתיך והנה ברכת ברך זה שלש פעמים: ועתה ברח־לך יא
אל־מקומך אמרתי כבד אכבדך והנה מנעך יהוה מכבוד:
ויאמר בלעם אל־בלק הלא גם אל־מלאכיך אשר־שלחת יב
אלי דברתי לאמר: אם־יתן־לי בלק מלא ביתו כסף וזהב יג
לא אוכל לעבר את־פי יהוה לעשות טובה או רעה מלבי
שביעי אשר־ידבר יהוה אתו אדבר: ועתה הנני הולך לעמי לכה יד
איעצך אשר יעשה העם הזה לעמך באחרית הימים: וישא טו
משלו ויאמר נאם בלעם בנו בער ונאם הגבר שתם העין:
נאם שמע אמרי־אל וידע דעת עליון מחזה שדי יחזה נפל טז
וגלוי עינים: אראנו ולא עתה אשורנו ולא קרוב דרך כוכב יז
מיעקב וקם שבט מישראל ומחץ פאתי מואב וקרקר כל־
בני־שת: והיה אדום ירשה והיה ירשה שעיר איביו וישראל יח
עשה חיל: וירד מיעקב והאביד שריד מעיר: וירא את־ יט כ
עמלק וישא משלו ויאמר ראשית גוים עמלק ואחריתו עדי
אבד: וירא את־הקיני וישא משלו ויאמר איתן מושבך ושים כא
בסלע קנך: כי אם־יהיה לבער קין עד־מה אשור תשבך: כב
וישא משלו ויאמר אוי מי יחיה משמו אל: וצים מיד כתים כג כד
וענו אשור וענו־עבר וגם־הוא עדי אבד: ויקם בלעם וילך כה
וישב למקמו וגם־בלק הלך לדרכו:

כא וישב ישראל בשטים ויחל העם לזנות אל־בנות מואב: א כה
ותקראן לעם לזבחי אלהיהן ויאכל העם וישתחוו לאלהיהן: ב
ויצמד ישראל לבעל פעור ויחר־אף יהוה בישראל: ויאמר ג ד
יהוה אל־משה קח את־כל־ראשי העם והוקע אותם ליהוה

ה נֶגֶד הַשָּׁמֶשׁ וְיָשֹׁב חֲרוֹן אַף־יְהוָה מִיִּשְׂרָאֵל׃ וַיֹּאמֶר מֹשֶׁה אֶל־
ו שֹׁפְטֵי יִשְׂרָאֵל הִרְגוּ אִישׁ אֲנָשָׁיו הַנִּצְמָדִים לְבַעַל פְּעוֹר׃ וְהִנֵּה
אִישׁ מִבְּנֵי יִשְׂרָאֵל בָּא וַיַּקְרֵב אֶל־אֶחָיו אֶת־הַמִּדְיָנִית לְעֵינֵי
מֹשֶׁה וּלְעֵינֵי כָּל־עֲדַת בְּנֵי־יִשְׂרָאֵל וְהֵמָּה בֹכִים פֶּתַח אֹהֶל
ז מוֹעֵד׃ וַיַּרְא פִּינְחָס בֶּן־אֶלְעָזָר בֶּן־אַהֲרֹן הַכֹּהֵן וַיָּקָם מִתּוֹךְ מפטיר
ח הָעֵדָה וַיִּקַּח רֹמַח בְּיָדוֹ׃ וַיָּבֹא אַחַר אִישׁ־יִשְׂרָאֵל אֶל־הַקֻּבָּה
וַיִּדְקֹר אֶת־שְׁנֵיהֶם אֵת אִישׁ יִשְׂרָאֵל וְאֶת־הָאִשָּׁה אֶל־קֳבָתָהּ
ט וַתֵּעָצַר הַמַּגֵּפָה מֵעַל בְּנֵי יִשְׂרָאֵל׃ וַיִּהְיוּ הַמֵּתִים בַּמַּגֵּפָה אַרְבָּעָה
וְעֶשְׂרִים אָלֶף׃

י יא וַיְדַבֵּר יְהוָה אֶל־מֹשֶׁה לֵּאמֹר׃ פִּינְחָס בֶּן־אֶלְעָזָר בֶּן־אַהֲרֹן הַכֹּהֵן כב פינחס
הֵשִׁיב אֶת־חֲמָתִי מֵעַל בְּנֵי־יִשְׂרָאֵל בְּקַנְאוֹ אֶת־קִנְאָתִי בְּתוֹכָם
יב וְלֹא־כִלִּיתִי אֶת־בְּנֵי־יִשְׂרָאֵל בְּקִנְאָתִי׃ לָכֵן אֱמֹר הִנְנִי נֹתֵן לוֹ
יג אֶת־בְּרִיתִי שָׁלוֹם׃ וְהָיְתָה לּוֹ וּלְזַרְעוֹ אַחֲרָיו בְּרִית כְּהֻנַּת עוֹלָם
יד תַּחַת אֲשֶׁר קִנֵּא לֵאלֹהָיו וַיְכַפֵּר עַל־בְּנֵי יִשְׂרָאֵל׃ וְשֵׁם אִישׁ
יִשְׂרָאֵל הַמֻּכֶּה אֲשֶׁר הֻכָּה אֶת־הַמִּדְיָנִית זִמְרִי בֶּן־סָלוּא נְשִׂיא
טו בֵית־אָב לַשִּׁמְעֹנִי׃ וְשֵׁם הָאִשָּׁה הַמֻּכָּה הַמִּדְיָנִית כָּזְבִּי בַת־
צוּר רֹאשׁ אֻמּוֹת בֵּית־אָב בְּמִדְיָן הוּא׃
טז יז וַיְדַבֵּר יְהוָה אֶל־מֹשֶׁה לֵּאמֹר׃ צָרוֹר אֶת־הַמִּדְיָנִים וְהִכִּיתֶם
יח אוֹתָם׃ כִּי־צֹרְרִים הֵם לָכֶם בְּנִכְלֵיהֶם אֲשֶׁר־נִכְּלוּ לָכֶם עַל־דְּבַר
פְּעוֹר וְעַל־דְּבַר כָּזְבִּי בַת־נְשִׂיא מִדְיָן אֲחֹתָם הַמֻּכָּה בְיוֹם־
כו א הַמַּגֵּפָה עַל־דְּבַר פְּעוֹר׃ וַיְהִי אַחֲרֵי הַמַּגֵּפָה
וַיֹּאמֶר יְהוָה אֶל־מֹשֶׁה וְאֶל אֶלְעָזָר בֶּן־אַהֲרֹן הַכֹּהֵן לֵאמֹר׃
ב שְׂאוּ אֶת־רֹאשׁ ׀ כָּל־עֲדַת בְּנֵי־יִשְׂרָאֵל מִבֶּן עֶשְׂרִים שָׁנָה וָמַעְלָה
ג לְבֵית אֲבֹתָם כָּל־יֹצֵא צָבָא בְּיִשְׂרָאֵל׃ וַיְדַבֵּר מֹשֶׁה וְאֶלְעָזָר
ד הַכֹּהֵן אֹתָם בְּעַרְבֹת מוֹאָב עַל־יַרְדֵּן יְרֵחוֹ לֵאמֹר׃ מִבֶּן עֶשְׂרִים
שָׁנָה וָמָעְלָה כַּאֲשֶׁר צִוָּה יְהוָה אֶת־מֹשֶׁה וּבְנֵי יִשְׂרָאֵל הַיֹּצְאִים
ה מֵאֶרֶץ מִצְרָיִם׃ רְאוּבֵן בְּכוֹר יִשְׂרָאֵל בְּנֵי רְאוּבֵן חֲנוֹךְ מִשְׁפַּחַת שני

ו הַחֲנֹכִי לְפַלּוּא מִשְׁפַּחַת הַפַּלֻּאִי׃ לְחֶצְרֹן מִשְׁפַּחַת הַחֶצְרוֹנִי
ז לְכַרְמִי מִשְׁפַּחַת הַכַּרְמִי׃ אֵלֶּה מִשְׁפְּחֹת הָרְאוּבֵנִי וַיִּהְיוּ פְקֻדֵיהֶם
ח שְׁלֹשָׁה וְאַרְבָּעִים אֶלֶף וּשְׁבַע מֵאוֹת וּשְׁלֹשִׁים׃ וּבְנֵי פַלּוּא
ט אֱלִיאָב׃ וּבְנֵי אֱלִיאָב נְמוּאֵל וְדָתָן וַאֲבִירָם הוּא־דָתָן וַאֲבִירָם
קרואי הָעֵדָה אֲשֶׁר הִצּוּ עַל־מֹשֶׁה וְעַל־אַהֲרֹן בַּעֲדַת־קֹרַח קְרִיאֵי
י בְּהַצֹּתָם עַל־יְהוָה׃ וַתִּפְתַּח הָאָרֶץ אֶת־פִּיהָ וַתִּבְלַע אֹתָם
וְאֶת־קֹרַח בְּמוֹת הָעֵדָה בַּאֲכֹל הָאֵשׁ אֵת חֲמִשִּׁים וּמָאתַיִם
יא יב אִישׁ וַיִּהְיוּ לְנֵס׃ וּבְנֵי־קֹרַח לֹא־מֵתוּ׃ בְּנֵי שִׁמְעוֹן
לְמִשְׁפְּחֹתָם לִנְמוּאֵל מִשְׁפַּחַת הַנְּמוּאֵלִי לְיָמִין מִשְׁפַּחַת הַיָּמִינִי
יג לְיָכִין מִשְׁפַּחַת הַיָּכִינִי׃ לְזֶרַח מִשְׁפַּחַת הַזַּרְחִי לְשָׁאוּל מִשְׁפַּחַת
יד הַשָּׁאוּלִי׃ אֵלֶּה מִשְׁפְּחֹת הַשִּׁמְעֹנִי שְׁנַיִם וְעֶשְׂרִים אֶלֶף
טו וּמָאתָיִם׃ בְּנֵי גָד לְמִשְׁפְּחֹתָם לִצְפוֹן מִשְׁפַּחַת הַצְּפוֹנִי
טז לְחַגִּי מִשְׁפַּחַת הַחַגִּי לְשׁוּנִי מִשְׁפַּחַת הַשּׁוּנִי׃ לְאָזְנִי מִשְׁפַּחַת
יז הָאָזְנִי לְעֵרִי מִשְׁפַּחַת הָעֵרִי׃ לַאֲרוֹד מִשְׁפַּחַת הָאֲרוֹדִי לְאַרְאֵלִי
יח מִשְׁפַּחַת הָאַרְאֵלִי׃ אֵלֶּה מִשְׁפְּחֹת בְּנֵי־גָד לִפְקֻדֵיהֶם אַרְבָּעִים
יט אֶלֶף וַחֲמֵשׁ מֵאוֹת׃ בְּנֵי יְהוּדָה עֵר וְאוֹנָן וַיָּמָת
כ עֵר וְאוֹנָן בְּאֶרֶץ כְּנָעַן׃ וַיִּהְיוּ בְנֵי־יְהוּדָה לְמִשְׁפְּחֹתָם לְשֵׁלָה
מִשְׁפַּחַת הַשֵּׁלָנִי לְפֶרֶץ מִשְׁפַּחַת הַפַּרְצִי לְזֶרַח מִשְׁפַּחַת הַזַּרְחִי׃
כא וַיִּהְיוּ בְנֵי־פֶרֶץ לְחֶצְרֹן מִשְׁפַּחַת הַחֶצְרֹנִי לְחָמוּל מִשְׁפַּחַת הֶחָמוּלִי׃
כב אֵלֶּה מִשְׁפְּחֹת יְהוּדָה לִפְקֻדֵיהֶם שִׁשָּׁה וְשִׁבְעִים אֶלֶף וַחֲמֵשׁ
כג מֵאוֹת׃ בְּנֵי יִשָּׂשכָר לְמִשְׁפְּחֹתָם תּוֹלָע מִשְׁפַּחַת
כד הַתּוֹלָעִי לְפֻוָה מִשְׁפַּחַת הַפּוּנִי׃ לְיָשׁוּב מִשְׁפַּחַת הַיָּשֻׁבִי לְשִׁמְרֹן
כה מִשְׁפַּחַת הַשִּׁמְרֹנִי׃ אֵלֶּה מִשְׁפְּחֹת יִשָּׂשכָר לִפְקֻדֵיהֶם אַרְבָּעָה
כו וְשִׁשִּׁים אֶלֶף וּשְׁלֹשׁ מֵאוֹת׃ בְּנֵי זְבוּלֻן לְמִשְׁפְּחֹתָם
לְסֶרֶד מִשְׁפַּחַת הַסַּרְדִּי לְאֵלוֹן מִשְׁפַּחַת הָאֵלֹנִי לְיַחְלְאֵל מִשְׁפַּחַת
כז הַיַּחְלְאֵלִי׃ אֵלֶּה מִשְׁפְּחֹת הַזְּבוּלֹנִי לִפְקֻדֵיהֶם שִׁשִּׁים אֶלֶף וַחֲמֵשׁ
כח מֵאוֹת׃ בְּנֵי יוֹסֵף לְמִשְׁפְּחֹתָם מְנַשֶּׁה וְאֶפְרָיִם׃

כט בְּנֵי מְנַשֶּׁה לְמָכִיר מִשְׁפַּחַת הַמָּכִירִי וּמָכִיר הוֹלִיד אֶת־גִּלְעָד
ל לְגִלְעָד מִשְׁפַּחַת הַגִּלְעָדִי: אֵלֶּה בְּנֵי גִלְעָד אִיעֶזֶר מִשְׁפַּחַת
לא הָאִיעֶזְרִי לְחֵלֶק מִשְׁפַּחַת הַחֶלְקִי: וְאַשְׂרִיאֵל מִשְׁפַּחַת הָאַשְׂרִאֵלִי
לב וְשֶׁכֶם מִשְׁפַּחַת הַשִּׁכְמִי: וּשְׁמִידָע מִשְׁפַּחַת הַשְּׁמִידָעִי וְחֵפֶר
לג מִשְׁפַּחַת הַחֶפְרִי: וּצְלָפְחָד בֶּן־חֵפֶר לֹא־הָיוּ לוֹ בָּנִים כִּי אִם־
בָּנוֹת וְשֵׁם בְּנוֹת צְלָפְחָד מַחְלָה וְנֹעָה חָגְלָה מִלְכָּה וְתִרְצָה:
לד אֵלֶּה מִשְׁפְּחֹת מְנַשֶּׁה וּפְקֻדֵיהֶם שְׁנַיִם וַחֲמִשִּׁים אֶלֶף וּשְׁבַע
לה מֵאוֹת: אֵלֶּה בְנֵי־אֶפְרַיִם לְמִשְׁפְּחֹתָם לְשׁוּתֶלַח
מִשְׁפַּחַת הַשֻּׁתַלְחִי לְבֶכֶר מִשְׁפַּחַת הַבַּכְרִי לְתַחַן מִשְׁפַּחַת
לו לז הַתַּחֲנִי: וְאֵלֶּה בְּנֵי שׁוּתָלַח לְעֵרָן מִשְׁפַּחַת הָעֵרָנִי: אֵלֶּה מִשְׁפְּחֹת
בְּנֵי־אֶפְרַיִם לִפְקֻדֵיהֶם שְׁנַיִם וּשְׁלֹשִׁים אֶלֶף וַחֲמֵשׁ מֵאוֹת אֵלֶּה
לח בְנֵי־יוֹסֵף לְמִשְׁפְּחֹתָם: בְּנֵי בִנְיָמִן לְמִשְׁפְּחֹתָם
לְבֶלַע מִשְׁפַּחַת הַבַּלְעִי לְאַשְׁבֵּל מִשְׁפַּחַת הָאַשְׁבֵּלִי לַאֲחִירָם
לט מִשְׁפַּחַת הָאֲחִירָמִי: לִשְׁפוּפָם מִשְׁפַּחַת הַשּׁוּפָמִי לְחוּפָם מִשְׁפַּחַת
מ הַחוּפָמִי: וַיִּהְיוּ בְנֵי־בֶלַע אַרְדְּ וְנַעֲמָן מִשְׁפַּחַת הָאַרְדִּי לְנַעֲמָן
מא מִשְׁפַּחַת הַנַּעֲמִי: אֵלֶּה בְנֵי־בִנְיָמִן לְמִשְׁפְּחֹתָם וּפְקֻדֵיהֶם חֲמִשָּׁה
מב וְאַרְבָּעִים אֶלֶף וְשֵׁשׁ מֵאוֹת: אֵלֶּה בְנֵי־
דָן לְמִשְׁפְּחֹתָם לְשׁוּחָם מִשְׁפַּחַת הַשּׁוּחָמִי אֵלֶּה מִשְׁפְּחֹת דָּן
מג לְמִשְׁפְּחֹתָם: כָּל־מִשְׁפְּחֹת הַשּׁוּחָמִי לִפְקֻדֵיהֶם אַרְבָּעָה וְשִׁשִּׁים
מד אֶלֶף וְאַרְבַּע מֵאוֹת: בְּנֵי אָשֵׁר לְמִשְׁפְּחֹתָם
לְיִמְנָה מִשְׁפַּחַת הַיִּמְנָה לְיִשְׁוִי מִשְׁפַּחַת הַיִּשְׁוִי לִבְרִיעָה
מה מִשְׁפַּחַת הַבְּרִיעִי: לִבְנֵי בְרִיעָה לְחֶבֶר מִשְׁפַּחַת הַחֶבְרִי
מו מז לְמַלְכִּיאֵל מִשְׁפַּחַת הַמַּלְכִּיאֵלִי: וְשֵׁם בַּת־אָשֵׁר שָׂרַח: אֵלֶּה
מִשְׁפְּחֹת בְּנֵי־אָשֵׁר לִפְקֻדֵיהֶם שְׁלֹשָׁה וַחֲמִשִּׁים אֶלֶף וְאַרְבַּע
מח מֵאוֹת: בְּנֵי נַפְתָּלִי לְמִשְׁפְּחֹתָם לְיַחְצְאֵל מִשְׁפַּחַת
מט הַיַּחְצְאֵלִי לְגוּנִי מִשְׁפַּחַת הַגּוּנִי: לְיֵצֶר מִשְׁפַּחַת הַיִּצְרִי לְשִׁלֵּם
נ מִשְׁפַּחַת הַשִּׁלֵּמִי: אֵלֶּה מִשְׁפְּחֹת נַפְתָּלִי לְמִשְׁפְּחֹתָם וּפְקֻדֵיהֶם

חֲמִשָּׁה וְאַרְבָּעִים אֶלֶף וְאַרְבַּע מֵאוֹת׃ אֵלֶּה פְּקוּדֵי בְּנֵי יִשְׂרָאֵל נא
שֵׁשׁ־מֵאוֹת אֶלֶף וָאָלֶף שְׁבַע מֵאוֹת וּשְׁלֹשִׁים׃
שלישי כג וַיְדַבֵּר יְהוָה אֶל־מֹשֶׁה לֵּאמֹר׃ לָאֵלֶּה תֵּחָלֵק הָאָרֶץ בְּנַחֲלָה נב נג
בְּמִסְפַּר שֵׁמוֹת׃ לָרַב תַּרְבֶּה נַחֲלָתוֹ וְלַמְעַט תַּמְעִיט נַחֲלָתוֹ נד
אִישׁ לְפִי פְקֻדָיו יֻתַּן נַחֲלָתוֹ׃ אַךְ־בְּגוֹרָל יֵחָלֵק אֶת־הָאָרֶץ נה
לִשְׁמוֹת מַטּוֹת־אֲבֹתָם יִנְחָלוּ׃ עַל־פִּי הַגּוֹרָל תֵּחָלֵק נַחֲלָתוֹ נו
בֵּין רַב לִמְעָט׃ וְאֵלֶּה פְקוּדֵי הַלֵּוִי לְמִשְׁפְּחֹתָם נז
לְגֵרְשׁוֹן מִשְׁפַּחַת הַגֵּרְשֻׁנִּי לִקְהָת מִשְׁפַּחַת הַקְּהָתִי לִמְרָרִי
מִשְׁפַּחַת הַמְּרָרִי׃ אֵלֶּה ׀ מִשְׁפְּחֹת לֵוִי מִשְׁפַּחַת הַלִּבְנִי מִשְׁפַּחַת נח
הַחֶבְרֹנִי מִשְׁפַּחַת הַמַּחְלִי מִשְׁפַּחַת הַמּוּשִׁי מִשְׁפַּחַת הַקָּרְחִי
וּקְהָת הוֹלִד אֶת־עַמְרָם׃ וְשֵׁם ׀ אֵשֶׁת עַמְרָם יוֹכֶבֶד בַּת־לֵוִי נט
אֲשֶׁר יָלְדָה אֹתָהּ לְלֵוִי בְּמִצְרָיִם וַתֵּלֶד לְעַמְרָם אֶת־אַהֲרֹן וְאֶת־
מֹשֶׁה וְאֵת מִרְיָם אֲחֹתָם׃ וַיִּוָּלֵד לְאַהֲרֹן אֶת־נָדָב וְאֶת־אֲבִיהוּא ס
אֶת־אֶלְעָזָר וְאֶת־אִיתָמָר׃ וַיָּמָת נָדָב וַאֲבִיהוּא בְּהַקְרִיבָם סא
אֵשׁ־זָרָה לִפְנֵי יְהוָה׃ וַיִּהְיוּ פְקֻדֵיהֶם שְׁלֹשָׁה וְעֶשְׂרִים אֶלֶף כָּל־ סב
זָכָר מִבֶּן־חֹדֶשׁ וָמָעְלָה כִּי ׀ לֹא הָתְפָּקְדוּ בְּתוֹךְ בְּנֵי יִשְׂרָאֵל כִּי
לֹא־נִתַּן לָהֶם נַחֲלָה בְּתוֹךְ בְּנֵי יִשְׂרָאֵל׃ אֵלֶּה פְּקוּדֵי מֹשֶׁה סג
וְאֶלְעָזָר הַכֹּהֵן אֲשֶׁר פָּקְדוּ אֶת־בְּנֵי יִשְׂרָאֵל בְּעַרְבֹת מוֹאָב
עַל יַרְדֵּן יְרֵחוֹ׃ וּבְאֵלֶּה לֹא־הָיָה אִישׁ מִפְּקוּדֵי מֹשֶׁה וְאַהֲרֹן סד
הַכֹּהֵן אֲשֶׁר פָּקְדוּ אֶת־בְּנֵי יִשְׂרָאֵל בְּמִדְבַּר סִינָי׃ כִּי־אָמַר יְהוָה סה
לָהֶם מוֹת יָמֻתוּ בַּמִּדְבָּר וְלֹא־נוֹתַר מֵהֶם אִישׁ כִּי אִם־כָּלֵב
בֶּן־יְפֻנֶּה וִיהוֹשֻׁעַ בִּן־נוּן׃ וַתִּקְרַבְנָה בְּנוֹת צְלָפְחָד א כז
בֶּן־חֵפֶר בֶּן־גִּלְעָד בֶּן־מָכִיר בֶּן־מְנַשֶּׁה לְמִשְׁפְּחֹת מְנַשֶּׁה בֶן־
יוֹסֵף וְאֵלֶּה שְׁמוֹת בְּנֹתָיו מַחְלָה נֹעָה וְחָגְלָה וּמִלְכָּה וְתִרְצָה׃
וַתַּעֲמֹדְנָה לִפְנֵי מֹשֶׁה וְלִפְנֵי אֶלְעָזָר הַכֹּהֵן וְלִפְנֵי הַנְּשִׂיאִם וְכָל־ ב
הָעֵדָה פֶּתַח אֹהֶל־מוֹעֵד לֵאמֹר׃ אָבִינוּ מֵת בַּמִּדְבָּר וְהוּא לֹא־ ג
הָיָה בְּתוֹךְ הָעֵדָה הַנּוֹעָדִים עַל־יְהוָה בַּעֲדַת־קֹרַח כִּי־בְחֶטְאוֹ

ד מֵת וּבָנִים לֹא־הָיוּ לוֹ׃ לָמָּה יִגָּרַע שֵׁם־אָבִינוּ מִתּוֹךְ מִשְׁפַּחְתּוֹ
ה כִּי אֵין לוֹ בֵּן תְּנָה־לָּנוּ אֲחֻזָּה בְּתוֹךְ אֲחֵי אָבִינוּ׃ וַיַּקְרֵב מֹשֶׁה
אֶת־מִשְׁפָּטָן לִפְנֵי יְהוָה׃
ו ז וַיֹּאמֶר יְהוָה אֶל־מֹשֶׁה לֵּאמֹר׃ כֵּן בְּנוֹת צְלָפְחָד דֹּבְרֹת נָתֹן תִּתֵּן רביעי
לָהֶם אֲחֻזַּת נַחֲלָה בְּתוֹךְ אֲחֵי אֲבִיהֶם וְהַעֲבַרְתָּ אֶת־נַחֲלַת
ח אֲבִיהֶן לָהֶן׃ וְאֶל־בְּנֵי יִשְׂרָאֵל תְּדַבֵּר לֵאמֹר אִישׁ כִּי־יָמוּת וּבֵן
ט אֵין לוֹ וְהַעֲבַרְתֶּם אֶת־נַחֲלָתוֹ לְבִתּוֹ׃ וְאִם־אֵין לוֹ בַּת וּנְתַתֶּם
י אֶת־נַחֲלָתוֹ לְאֶחָיו׃ וְאִם־אֵין לוֹ אַחִים וּנְתַתֶּם אֶת־נַחֲלָתוֹ
יא לַאֲחֵי אָבִיו׃ וְאִם־אֵין אַחִים לְאָבִיו וּנְתַתֶּם אֶת־נַחֲלָתוֹ לִשְׁאֵרוֹ
הַקָּרֹב אֵלָיו מִמִּשְׁפַּחְתּוֹ וְיָרַשׁ אֹתָהּ וְהָיְתָה לִבְנֵי יִשְׂרָאֵל לְחֻקַּת
מִשְׁפָּט כַּאֲשֶׁר צִוָּה יְהוָה אֶת־מֹשֶׁה׃
יב וַיֹּאמֶר יְהוָה אֶל־מֹשֶׁה עֲלֵה אֶל־הַר הָעֲבָרִים הַזֶּה וּרְאֵה אֶת־
יג הָאָרֶץ אֲשֶׁר נָתַתִּי לִבְנֵי יִשְׂרָאֵל׃ וְרָאִיתָה אֹתָהּ וְנֶאֱסַפְתָּ אֶל־
יד עַמֶּיךָ גַּם־אָתָּה כַּאֲשֶׁר נֶאֱסַף אַהֲרֹן אָחִיךָ׃ כַּאֲשֶׁר מְרִיתֶם פִּי
בְּמִדְבַּר־צִן בִּמְרִיבַת הָעֵדָה לְהַקְדִּישֵׁנִי בַמַּיִם לְעֵינֵיהֶם הֵם מֵי־
טו מְרִיבַת קָדֵשׁ מִדְבַּר־צִן׃ וַיְדַבֵּר מֹשֶׁה אֶל־יְהוָה כד
טז לֵאמֹר׃ יִפְקֹד יְהוָה אֱלֹהֵי הָרוּחֹת לְכָל־בָּשָׂר אִישׁ עַל־הָעֵדָה׃
יז אֲשֶׁר־יֵצֵא לִפְנֵיהֶם וַאֲשֶׁר יָבֹא לִפְנֵיהֶם וַאֲשֶׁר יוֹצִיאֵם וַאֲשֶׁר
יְבִיאֵם וְלֹא תִהְיֶה עֲדַת יְהוָה כַּצֹּאן אֲשֶׁר אֵין־לָהֶם רֹעֶה׃
יח וַיֹּאמֶר יְהוָה אֶל־מֹשֶׁה קַח־לְךָ אֶת־יְהוֹשֻׁעַ בִּן־נוּן אִישׁ אֲשֶׁר־
יט רוּחַ בּוֹ וְסָמַכְתָּ אֶת־יָדְךָ עָלָיו׃ וְהַעֲמַדְתָּ אֹתוֹ לִפְנֵי אֶלְעָזָר
כ הַכֹּהֵן וְלִפְנֵי כָּל־הָעֵדָה וְצִוִּיתָה אֹתוֹ לְעֵינֵיהֶם׃ וְנָתַתָּה מֵהוֹדְךָ
כא עָלָיו לְמַעַן יִשְׁמְעוּ כָּל־עֲדַת בְּנֵי יִשְׂרָאֵל׃ וְלִפְנֵי אֶלְעָזָר הַכֹּהֵן
יַעֲמֹד וְשָׁאַל לוֹ בְּמִשְׁפַּט הָאוּרִים לִפְנֵי יְהוָה עַל־פִּיו יֵצְאוּ וְעַל־
כב פִּיו יָבֹאוּ הוּא וְכָל־בְּנֵי־יִשְׂרָאֵל אִתּוֹ וְכָל־הָעֵדָה׃ וַיַּעַשׂ מֹשֶׁה
כַּאֲשֶׁר צִוָּה יְהוָה אֹתוֹ וַיִּקַּח אֶת־יְהוֹשֻׁעַ וַיַּעֲמִדֵהוּ לִפְנֵי אֶלְעָזָר
כג הַכֹּהֵן וְלִפְנֵי כָּל־הָעֵדָה׃ וַיִּסְמֹךְ אֶת־יָדָיו עָלָיו וַיְצַוֵּהוּ כַּאֲשֶׁר

דבר יהוה ביד־משה:

חמישי וידבר יהוה אל־משה לאמר: צו את־בני ישראל ואמרת כח א ב
אלהם את־קרבני לחמי לאשי ריח ניחחי תשמרו להקריב
לי במועדו: ואמרת להם זה האשה אשר תקריבו ליהוה ג
כבשים בני־שנה תמימם שנים ליום עלה תמיד: את־הכבש ד
אחד תעשה בבקר ואת הכבש השני תעשה בין הערבים:
ועשירית האיפה סלת למנחה בלולה בשמן כתית רביעת ה
ההין: עלת תמיד העשיה בהר סיני לריח ניחח אשה ליהוה: ו
ונסכו רביעת ההין לכבש האחד בקדש הסך נסך שכר ליהוה: ז
ואת הכבש השני תעשה בין הערבים כמנחת הבקר וכנסכו ח
תעשה אשה ריח ניחח ליהוה:

וביום השבת שני־כבשים בני־שנה תמימם ושני עשרנים סלת ט
מנחה בלולה בשמן ונסכו: עלת שבת בשבתו על־עלת י
התמיד ונסכה:

ובראשי חדשיכם תקריבו עלה ליהוה פרים בני־בקר שנים יא
ואיל אחד כבשים בני־שנה שבעה תמימם: ושלשה עשרנים יב
סלת מנחה בלולה בשמן לפר האחד ושני עשרנים סלת
מנחה בלולה בשמן לאיל האחד: ועשרן עשרון סלת יג
מנחה בלולה בשמן לכבש האחד עלה ריח ניחח אשה
ליהוה: ונסכיהם חצי ההין יהיה לפר ושלישת ההין לאיל יד
ורביעת ההין לכבש יין זאת עלת חדש בחדשו לחדשי השנה:
ושעיר עזים אחד לחטאת ליהוה על־עלת התמיד יעשה טו
ששי ונסכו: ובחדש הראשון בארבעה עשר יום טז
לחדש פסח ליהוה: ובחמשה עשר יום לחדש הזה חג שבעת יז
ימים מצות יאכל: ביום הראשון מקרא־קדש כל־מלאכת יח
עבדה לא תעשו: והקרבתם אשה עלה ליהוה פרים בני־ יט
בקר שנים ואיל אחד ושבעה כבשים בני שנה תמימם יהיו

כ לכם: ומנחתם סלת בלולה בשמן שלשה עשרנים לפר ושני
כא עשרנים לאיל תעשו: עשרון עשרון תעשה לכבש האחד
כב כג לשבעת הכבשים: ושעיר חטאת אחד לכפר עליכם: מלבד
כד עלת הבקר אשר לעלת התמיד תעשו את־אלה: כאלה
תעשו ליום שבעת ימים לחם אשה ריח־ניחח ליהוה על־
כה עולת התמיד יעשה ונסכו: וביום השביעי מקרא־קדש יהיה
כו לכם כל־מלאכת עבדה לא תעשו: וביום כה
הבכורים בהקריבכם מנחה חדשה ליהוה בשבעתיכם
מקרא־קדש יהיה לכם כל־מלאכת עבדה לא תעשו:
כז והקרבתם עולה לריח ניחח ליהוה פרים בני־בקר שנים איל
כח אחד שבעה כבשים בני שנה: ומנחתם סלת בלולה בשמן
כט שלשה עשרנים לפר האחד שני עשרנים לאיל האחד: עשרון
ל עשרון לכבש האחד לשבעת הכבשים: שעיר עזים אחד
לא לכפר עליכם: מלבד עלת התמיד ומנחתו תעשו תמימם
יהיו־לכם ונסכיהם:

כט א ובחדש השביעי באחד לחדש מקרא־קדש יהיה לכם כל־
ב מלאכת עבדה לא תעשו יום תרועה יהיה לכם: ועשיתם
עלה לריח ניחח ליהוה פר בן־בקר אחד איל אחד כבשים
ג בני־שנה שבעה תמימם: ומנחתם סלת בלולה בשמן שלשה
ד עשרנים לפר שני עשרנים לאיל: ועשרון אחד לכבש האחד
ה לשבעת הכבשים: ושעיר־עזים אחד חטאת לכפר עליכם:
ו מלבד עלת החדש ומנחתה ועלת התמיד ומנחתה ונסכיהם
ז כמשפטם לריח ניחח אשה ליהוה: ובעשור
לחדש השביעי הזה מקרא־קדש יהיה לכם ועניתם את־
ח נפשתיכם כל־מלאכה לא תעשו: והקרבתם עלה ליהוה ריח
ניחח פר בן־בקר אחד איל אחד כבשים בני־שנה שבעה תמימם
ט יהיו לכם: ומנחתם סלת בלולה בשמן שלשה עשרנים לפר

שְׁנֵי עֶשְׂרֹנִים לָאַיִל הָאֶחָד׃ עִשָּׂרוֹן עִשָּׂרוֹן לַכֶּבֶשׂ הָאֶחָד לְשִׁבְעַת י
הַכְּבָשִׂים׃ שְׂעִיר־עִזִּים אֶחָד חַטָּאת מִלְּבַד חַטַּאת הַכִּפֻּרִים יא
שביעי וְעֹלַת הַתָּמִיד וּמִנְחָתָהּ וְנִסְכֵּיהֶם׃ וּבַחֲמִשָּׁה יב
עָשָׂר יוֹם לַחֹדֶשׁ הַשְּׁבִיעִי מִקְרָא־קֹדֶשׁ יִהְיֶה לָכֶם כָּל־מְלֶאכֶת
עֲבֹדָה לֹא תַעֲשׂוּ וְחַגֹּתֶם חַג לַיהוָה שִׁבְעַת יָמִים׃ וְהִקְרַבְתֶּם יג
עֹלָה אִשֵּׁה רֵיחַ נִיחֹחַ לַיהוָה פָּרִים בְּנֵי־בָקָר שְׁלֹשָׁה עָשָׂר אֵילִם
שְׁנָיִם כְּבָשִׂים בְּנֵי־שָׁנָה אַרְבָּעָה עָשָׂר תְּמִימִם יִהְיוּ׃ וּמִנְחָתָם יד
סֹלֶת בְּלוּלָה בַשָּׁמֶן שְׁלֹשָׁה עֶשְׂרֹנִים לַפָּר הָאֶחָד לִשְׁלֹשָׁה עָשָׂר
פָּרִים שְׁנֵי עֶשְׂרֹנִים לָאַיִל הָאֶחָד לִשְׁנֵי הָאֵילִם׃ וְעִשָּׂרוֹן עִשָּׂרוֹן טו
לַכֶּבֶשׂ הָאֶחָד לְאַרְבָּעָה עָשָׂר כְּבָשִׂים׃ וּשְׂעִיר־עִזִּים אֶחָד חַטָּאת טז
מִלְּבַד עֹלַת הַתָּמִיד מִנְחָתָהּ וְנִסְכָּהּ׃ וּבַיּוֹם יז
הַשֵּׁנִי פָּרִים בְּנֵי־בָקָר שְׁנֵים עָשָׂר אֵילִם שְׁנָיִם כְּבָשִׂים בְּנֵי־שָׁנָה
אַרְבָּעָה עָשָׂר תְּמִימִם׃ וּמִנְחָתָם וְנִסְכֵּיהֶם לַפָּרִים לָאֵילִם יח
וְלַכְּבָשִׂים בְּמִסְפָּרָם כַּמִּשְׁפָּט׃ וּשְׂעִיר־עִזִּים אֶחָד חַטָּאת מִלְּבַד יט
עֹלַת הַתָּמִיד וּמִנְחָתָהּ וְנִסְכֵּיהֶם׃ וּבַיּוֹם הַשְּׁלִישִׁי כ
פָּרִים עַשְׁתֵּי־עָשָׂר אֵילִם שְׁנָיִם כְּבָשִׂים בְּנֵי־שָׁנָה אַרְבָּעָה
עָשָׂר תְּמִימִם׃ וּמִנְחָתָם וְנִסְכֵּיהֶם לַפָּרִים לָאֵילִם וְלַכְּבָשִׂים כא
בְּמִסְפָּרָם כַּמִּשְׁפָּט׃ וּשְׂעִיר חַטָּאת אֶחָד מִלְּבַד עֹלַת הַתָּמִיד כב
וּמִנְחָתָהּ וְנִסְכָּהּ׃ וּבַיּוֹם הָרְבִיעִי פָּרִים עֲשָׂרָה כג
אֵילִם שְׁנָיִם כְּבָשִׂים בְּנֵי־שָׁנָה אַרְבָּעָה עָשָׂר תְּמִימִם׃ מִנְחָתָם כד
וְנִסְכֵּיהֶם לַפָּרִים לָאֵילִם וְלַכְּבָשִׂים בְּמִסְפָּרָם כַּמִּשְׁפָּט׃
וּשְׂעִיר־עִזִּים אֶחָד חַטָּאת מִלְּבַד עֹלַת הַתָּמִיד מִנְחָתָהּ כה
וְנִסְכָּהּ׃ וּבַיּוֹם הַחֲמִישִׁי פָּרִים תִּשְׁעָה אֵילִם שְׁנָיִם כו
כְּבָשִׂים בְּנֵי־שָׁנָה אַרְבָּעָה עָשָׂר תְּמִימִם׃ וּמִנְחָתָם וְנִסְכֵּיהֶם כז
לַפָּרִים לָאֵילִם וְלַכְּבָשִׂים בְּמִסְפָּרָם כַּמִּשְׁפָּט׃ וּשְׂעִיר חַטָּאת כח
אֶחָד מִלְּבַד עֹלַת הַתָּמִיד וּמִנְחָתָהּ וְנִסְכָּהּ׃ וּבַיּוֹם כט
הַשִּׁשִּׁי פָּרִים שְׁמֹנָה אֵילִם שְׁנָיִם כְּבָשִׂים בְּנֵי־שָׁנָה אַרְבָּעָה

ל עֶשֶׂר תְּמִימִם׃ וּמִנְחָתָם וְנִסְכֵּיהֶם לַפָּרִים לָאֵילִם וְלַכְּבָשִׂים
לא בְּמִסְפָּרָם כַּמִּשְׁפָּט׃ וּשְׂעִיר חַטָּאת אֶחָד מִלְּבַד עֹלַת הַתָּמִיד
לב מִנְחָתָהּ וּנְסָכֶיהָ׃ וּבַיּוֹם הַשְּׁבִיעִי פָּרִים שִׁבְעָה
לג אֵילִם שְׁנָיִם כְּבָשִׂים בְּנֵי־שָׁנָה אַרְבָּעָה עָשָׂר תְּמִימִם׃ וּמִנְחָתָם
לד וְנִסְכֵּהֶם לַפָּרִים לָאֵילִם וְלַכְּבָשִׂים בְּמִסְפָּרָם כְּמִשְׁפָּטָם׃ וּשְׂעִיר
לה חַטָּאת אֶחָד מִלְּבַד עֹלַת הַתָּמִיד מִנְחָתָהּ וְנִסְכָּהּ׃ בַּיּוֹם מפטיר
הַשְּׁמִינִי עֲצֶרֶת תִּהְיֶה לָכֶם כָּל־מְלֶאכֶת עֲבֹדָה לֹא תַעֲשׂוּ׃
לו וְהִקְרַבְתֶּם עֹלָה אִשֵּׁה רֵיחַ נִיחֹחַ לַיהוָה פַּר אֶחָד אַיִל אֶחָד
לז כְּבָשִׂים בְּנֵי־שָׁנָה שִׁבְעָה תְּמִימִם׃ מִנְחָתָם וְנִסְכֵּיהֶם לַפָּר
לח לָאַיִל וְלַכְּבָשִׂים בְּמִסְפָּרָם כַּמִּשְׁפָּט׃ וּשְׂעִיר חַטָּאת אֶחָד
לט מִלְּבַד עֹלַת הַתָּמִיד וּמִנְחָתָהּ וְנִסְכָּהּ׃ אֵלֶּה תַּעֲשׂוּ לַיהוָה
בְּמוֹעֲדֵיכֶם לְבַד מִנִּדְרֵיכֶם וְנִדְבֹתֵיכֶם לְעֹלֹתֵיכֶם וּלְמִנְחֹתֵיכֶם
ל א וּלְנִסְכֵּיכֶם וּלְשַׁלְמֵיכֶם׃ וַיֹּאמֶר מֹשֶׁה אֶל־בְּנֵי יִשְׂרָאֵל כְּכֹל
אֲשֶׁר־צִוָּה יְהוָה אֶת־מֹשֶׁה׃

ב וַיְדַבֵּר מֹשֶׁה אֶל־רָאשֵׁי הַמַּטּוֹת לִבְנֵי יִשְׂרָאֵל לֵאמֹר זֶה הַדָּבָר כו מטות
ג אֲשֶׁר צִוָּה יְהוָה׃ אִישׁ כִּי־יִדֹּר נֶדֶר לַיהוָה אוֹ־הִשָּׁבַע שְׁבֻעָה
לֶאְסֹר אִסָּר עַל־נַפְשׁוֹ לֹא יַחֵל דְּבָרוֹ כְּכָל־הַיֹּצֵא מִפִּיו יַעֲשֶׂה׃
ד וְאִשָּׁה כִּי־תִדֹּר נֶדֶר לַיהוָה וְאָסְרָה אִסָּר בְּבֵית אָבִיהָ בִּנְעֻרֶיהָ׃
ה וְשָׁמַע אָבִיהָ אֶת־נִדְרָהּ וֶאֱסָרָהּ אֲשֶׁר אָסְרָה עַל־נַפְשָׁהּ וְהֶחֱרִישׁ
לָהּ אָבִיהָ וְקָמוּ כָּל־נְדָרֶיהָ וְכָל־אִסָּר אֲשֶׁר־אָסְרָה עַל־נַפְשָׁהּ
ו יָקוּם׃ וְאִם־הֵנִיא אָבִיהָ אֹתָהּ בְּיוֹם שָׁמְעוֹ כָּל־נְדָרֶיהָ וֶאֱסָרֶיהָ
אֲשֶׁר־אָסְרָה עַל־נַפְשָׁהּ לֹא יָקוּם וַיהוָה יִסְלַח־לָהּ כִּי־הֵנִיא
ז אָבִיהָ אֹתָהּ׃ וְאִם־הָיוֹ תִהְיֶה לְאִישׁ וּנְדָרֶיהָ עָלֶיהָ אוֹ מִבְטָא
ח שְׂפָתֶיהָ אֲשֶׁר אָסְרָה עַל־נַפְשָׁהּ׃ וְשָׁמַע אִישָׁהּ בְּיוֹם שָׁמְעוֹ
וְהֶחֱרִישׁ לָהּ וְקָמוּ נְדָרֶיהָ וֶאֱסָרֶהָ אֲשֶׁר־אָסְרָה עַל־נַפְשָׁהּ
ט יָקֻמוּ׃ וְאִם בְּיוֹם שְׁמֹעַ אִישָׁהּ יָנִיא אוֹתָהּ וְהֵפֵר אֶת־נִדְרָהּ
אֲשֶׁר עָלֶיהָ וְאֵת מִבְטָא שְׂפָתֶיהָ אֲשֶׁר אָסְרָה עַל־נַפְשָׁהּ וַיהוָה

י יסלח־לה: ונדר אלמנה וגרושה כל אשר־אסרה על־נפשה
יא יקום עליה: ואם־בית אישה נדרה או־אסרה אסר על־נפשה
יב בשבעה: ושמע אישה והחרש לה לא הניא אתה וקמו כל־
יג נדריה וכל־אסר אשר־אסרה על־נפשה יקום: ואם־הפר
יפר אתם ׀ אישה ביום שמעו כל־מוצא שפתיה לנדריה
יד ולאסר נפשה לא יקום אישה הפרם ויהוה יסלח־לה: כל־
נדר וכל־שבעת אסר לענת נפש אישה יקימנו ואישה יפרנו:
טו ואם־החרש יחריש לה אישה מיום אל־יום והקים את־כל־
נדריה או את־כל־אסריה אשר עליה הקים אתם כי־החרש
טז לה ביום שמעו: ואם־הפר יפר אתם אחרי שמעו ונשא את־
יז עונה: אלה החקים אשר צוה יהוה את־משה בין איש
לאשתו בין־אב לבתו בנעריה בית אביה:

שני כז

לא א ב וידבר יהוה אל־משה לאמר: נקם נקמת בני ישראל מאת
ג המדינים אחר תאסף אל־עמיך: וידבר משה אל־העם לאמר
החלצו מאתכם אנשים לצבא ויהיו על־מדין לתת נקמת־
ד יהוה במדין: אלף למטה אלף למטה לכל מטות ישראל
ה תשלחו לצבא: וימסרו מאלפי ישראל אלף למטה שנים־
ו עשר אלף חלוצי צבא: וישלח אתם משה אלף למטה לצבא
אתם ואת־פינחס בן־אלעזר הכהן לצבא וכלי הקדש וחצצרות
ז התרועה בידו: ויצבאו על־מדין כאשר צוה יהוה את־משה
ח ויהרגו כל־זכר: ואת־מלכי מדין הרגו על־חלליהם את־אוי
ואת־רקם ואת־צור ואת־חור ואת־רבע חמשת מלכי מדין
ט ואת בלעם בן־בעור הרגו בחרב: וישבו בני־ישראל את־
נשי מדין ואת־טפם ואת כל־בהמתם ואת־כל־מקנהם ואת־
י כל־חילם בזזו: ואת כל־עריהם במושבתם ואת כל־טירתם
יא שרפו באש: ויקחו את־כל־השלל ואת כל־המלקוח באדם
יב ובבהמה: ויבאו אל־משה ואל־אלעזר הכהן ואל־עדת בני־

יִשְׂרָאֵל אֶת־הַשְּׁבִי וְאֶת־הַמַּלְקוֹחַ וְאֶת־הַשָּׁלָל אֶל־הַמַּחֲנֶה
יג אֶל־עַרְבֹת מוֹאָב אֲשֶׁר עַל־יַרְדֵּן יְרֵחוֹ׃ וַיֵּצְאוּ שלישי /שני/
מֹשֶׁה וְאֶלְעָזָר הַכֹּהֵן וְכָל־נְשִׂיאֵי הָעֵדָה לִקְרָאתָם אֶל־מִחוּץ
יד לַמַּחֲנֶה׃ וַיִּקְצֹף מֹשֶׁה עַל פְּקוּדֵי הֶחָיִל שָׂרֵי הָאֲלָפִים וְשָׂרֵי
טו הַמֵּאוֹת הַבָּאִים מִצְּבָא הַמִּלְחָמָה׃ וַיֹּאמֶר אֲלֵיהֶם מֹשֶׁה
טז הַחִיִּיתֶם כָּל־נְקֵבָה׃ הֵן הֵנָּה הָיוּ לִבְנֵי יִשְׂרָאֵל בִּדְבַר בִּלְעָם
לִמְסָר־מַעַל בַּיהוָה עַל־דְּבַר פְּעוֹר וַתְּהִי הַמַּגֵּפָה בַּעֲדַת יְהוָה׃
יז וְעַתָּה הִרְגוּ כָל־זָכָר בַּטָּף וְכָל־אִשָּׁה יֹדַעַת אִישׁ לְמִשְׁכַּב
יח זָכָר הֲרֹגוּ׃ וְכֹל הַטַּף בַּנָּשִׁים אֲשֶׁר לֹא־יָדְעוּ מִשְׁכַּב זָכָר הַחֲיוּ
יט לָכֶם׃ וְאַתֶּם חֲנוּ מִחוּץ לַמַּחֲנֶה שִׁבְעַת יָמִים כֹּל הֹרֵג נֶפֶשׁ
וְכֹל ׀ נֹגֵעַ בֶּחָלָל תִּתְחַטְּאוּ בַּיּוֹם הַשְּׁלִישִׁי וּבַיּוֹם הַשְּׁבִיעִי אַתֶּם
כ וּשְׁבִיכֶם׃ וְכָל־בֶּגֶד וְכָל־כְּלִי־עוֹר וְכָל־מַעֲשֵׂה עִזִּים וְכָל־כְּלִי־
כא עֵץ תִּתְחַטָּאוּ׃ וַיֹּאמֶר אֶלְעָזָר הַכֹּהֵן אֶל־אַנְשֵׁי
הַצָּבָא הַבָּאִים לַמִּלְחָמָה זֹאת חֻקַּת הַתּוֹרָה אֲשֶׁר־צִוָּה יְהוָה
כב אֶת־מֹשֶׁה׃ אַךְ אֶת־הַזָּהָב וְאֶת־הַכָּסֶף אֶת־הַנְּחֹשֶׁת אֶת־הַבַּרְזֶל
כג אֶת־הַבְּדִיל וְאֶת־הָעֹפָרֶת׃ כָּל־דָּבָר אֲשֶׁר־יָבֹא בָאֵשׁ תַּעֲבִירוּ
בָאֵשׁ וְטָהֵר אַךְ בְּמֵי נִדָּה יִתְחַטָּא וְכֹל אֲשֶׁר לֹא־יָבֹא בָּאֵשׁ
כד תַּעֲבִירוּ בַמָּיִם׃ וְכִבַּסְתֶּם בִּגְדֵיכֶם בַּיּוֹם הַשְּׁבִיעִי וּטְהַרְתֶּם
כה וְאַחַר תָּבֹאוּ אֶל־הַמַּחֲנֶה׃ וַיֹּאמֶר יְהוָה אֶל־ כח רביעי
כו מֹשֶׁה לֵּאמֹר׃ שָׂא אֵת רֹאשׁ מַלְקוֹחַ הַשְּׁבִי בָּאָדָם וּבַבְּהֵמָה
כז אַתָּה וְאֶלְעָזָר הַכֹּהֵן וְרָאשֵׁי אֲבוֹת הָעֵדָה׃ וְחָצִיתָ אֶת־הַמַּלְקוֹחַ
כח בֵּין תֹּפְשֵׂי הַמִּלְחָמָה הַיֹּצְאִים לַצָּבָא וּבֵין כָּל־הָעֵדָה׃ וַהֲרֵמֹתָ
מֶכֶס לַיהוָה מֵאֵת אַנְשֵׁי הַמִּלְחָמָה הַיֹּצְאִים לַצָּבָא אֶחָד נֶפֶשׁ
מֵחֲמֵשׁ הַמֵּאוֹת מִן־הָאָדָם וּמִן־הַבָּקָר וּמִן־הַחֲמֹרִים וּמִן־הַצֹּאן׃
כט מִמַּחֲצִיתָם תִּקָּחוּ וְנָתַתָּה לְאֶלְעָזָר הַכֹּהֵן תְּרוּמַת יְהוָה׃
ל וּמִמַּחֲצִת בְּנֵי־יִשְׂרָאֵל תִּקַּח ׀ אֶחָד ׀ אָחֻז מִן־הַחֲמִשִּׁים מִן־הָאָדָם
מִן־הַבָּקָר מִן־הַחֲמֹרִים וּמִן־הַצֹּאן מִכָּל־הַבְּהֵמָה וְנָתַתָּה אֹתָם

לא לַלְוִיִּם שֹׁמְרֵי מִשְׁמֶרֶת מִשְׁכַּן יְהוָה: וַיַּעַשׂ מֹשֶׁה וְאֶלְעָזָר הַכֹּהֵן
לב כַּאֲשֶׁר צִוָּה יְהוָה אֶת־מֹשֶׁה: וַיְהִי הַמַּלְקוֹחַ יֶתֶר הַבָּז אֲשֶׁר בָּזְזוּ
עַם הַצָּבָא צֹאן שֵׁשׁ־מֵאוֹת אֶלֶף וְשִׁבְעִים אֶלֶף וַחֲמֵשֶׁת אֲלָפִים:
לג לד לה וּבָקָר שְׁנַיִם וְשִׁבְעִים אָלֶף: וַחֲמֹרִים אֶחָד וְשִׁשִּׁים אָלֶף: וְנֶפֶשׁ
אָדָם מִן־הַנָּשִׁים אֲשֶׁר לֹא־יָדְעוּ מִשְׁכַּב זָכָר כָּל־נֶפֶשׁ שְׁנַיִם
לו וּשְׁלֹשִׁים אָלֶף: וַתְּהִי הַמֶּחֱצָה חֵלֶק הַיֹּצְאִים בַּצָּבָא מִסְפַּר
הַצֹּאן שְׁלֹשׁ־מֵאוֹת אֶלֶף וּשְׁלֹשִׁים אֶלֶף וְשִׁבְעַת אֲלָפִים וַחֲמֵשׁ
לז מֵאוֹת: וַיְהִי הַמֶּכֶס לַיהוָה מִן־הַצֹּאן שֵׁשׁ מֵאוֹת חָמֵשׁ וְשִׁבְעִים:
לח וְהַבָּקָר שִׁשָּׁה וּשְׁלֹשִׁים אָלֶף וּמִכְסָם לַיהוָה שְׁנַיִם וְשִׁבְעִים:
לט וַחֲמֹרִים שְׁלֹשִׁים אֶלֶף וַחֲמֵשׁ מֵאוֹת וּמִכְסָם לַיהוָה אֶחָד וְשִׁשִּׁים:
מ וְנֶפֶשׁ אָדָם שִׁשָּׁה עָשָׂר אָלֶף וּמִכְסָם לַיהוָה שְׁנַיִם וּשְׁלֹשִׁים נָפֶשׁ:
מא וַיִּתֵּן מֹשֶׁה אֶת־מֶכֶס תְּרוּמַת יְהוָה לְאֶלְעָזָר הַכֹּהֵן כַּאֲשֶׁר צִוָּה
מב יְהוָה אֶת־מֹשֶׁה: וּמִמַּחֲצִית בְּנֵי יִשְׂרָאֵל אֲשֶׁר חָצָה מֹשֶׁה מִן־ חמישי
מג הָאֲנָשִׁים הַצֹּבְאִים: וַתְּהִי מֶחֱצַת הָעֵדָה מִן־הַצֹּאן שְׁלֹשׁ־מֵאוֹת
מד אֶלֶף וּשְׁלֹשִׁים אֶלֶף שִׁבְעַת אֲלָפִים וַחֲמֵשׁ מֵאוֹת: וּבָקָר שִׁשָּׁה
מה מו וּשְׁלֹשִׁים אָלֶף: וַחֲמֹרִים שְׁלֹשִׁים אֶלֶף וַחֲמֵשׁ מֵאוֹת: וְנֶפֶשׁ אָדָם
מז שִׁשָּׁה עָשָׂר אָלֶף: וַיִּקַּח מֹשֶׁה מִמַּחֲצִת בְּנֵי־יִשְׂרָאֵל אֶת־הָאָחֻז
אֶחָד מִן־הַחֲמִשִּׁים מִן־הָאָדָם וּמִן־הַבְּהֵמָה וַיִּתֵּן אֹתָם לַלְוִיִּם
שֹׁמְרֵי מִשְׁמֶרֶת מִשְׁכַּן יְהוָה כַּאֲשֶׁר צִוָּה יְהוָה אֶת־מֹשֶׁה:
מח וַיִּקְרְבוּ אֶל־מֹשֶׁה הַפְּקֻדִים אֲשֶׁר לְאַלְפֵי הַצָּבָא שָׂרֵי הָאֲלָפִים
מט וְשָׂרֵי הַמֵּאוֹת: וַיֹּאמְרוּ אֶל־מֹשֶׁה עֲבָדֶיךָ נָשְׂאוּ אֶת־רֹאשׁ
נ אַנְשֵׁי הַמִּלְחָמָה אֲשֶׁר בְּיָדֵנוּ וְלֹא־נִפְקַד מִמֶּנּוּ אִישׁ: וַנַּקְרֵב
אֶת־קָרְבַּן יְהוָה אִישׁ אֲשֶׁר מָצָא כְלִי־זָהָב אֶצְעָדָה וְצָמִיד
נא טַבַּעַת עָגִיל וְכוּמָז לְכַפֵּר עַל־נַפְשֹׁתֵינוּ לִפְנֵי יְהוָה: וַיִּקַּח מֹשֶׁה
נב וְאֶלְעָזָר הַכֹּהֵן אֶת־הַזָּהָב מֵאִתָּם כֹּל כְּלִי מַעֲשֶׂה: וַיְהִי | כָּל־
זְהַב הַתְּרוּמָה אֲשֶׁר הֵרִימוּ לַיהוָה שִׁשָּׁה עָשָׂר אֶלֶף שְׁבַע־
מֵאוֹת וַחֲמִשִּׁים שָׁקֶל מֵאֵת שָׂרֵי הָאֲלָפִים וּמֵאֵת שָׂרֵי הַמֵּאוֹת:

נג נד אַנְשֵׁי הַצָּבָא בָּזְזוּ אִישׁ לוֹ: וַיִּקַּח מֹשֶׁה וְאֶלְעָזָר הַכֹּהֵן אֶת־הַזָּהָב
מֵאֵת שָׂרֵי הָאֲלָפִים וְהַמֵּאוֹת וַיָּבִאוּ אֹתוֹ אֶל־אֹהֶל מוֹעֵד זִכָּרוֹן
לִבְנֵי־יִשְׂרָאֵל לִפְנֵי יְהוָה:

לב א וּמִקְנֶה רַב הָיָה לִבְנֵי רְאוּבֵן וְלִבְנֵי־גָד עָצוּם מְאֹד וַיִּרְאוּ אֶת־ כט ששי /שלישי/
ב אֶרֶץ יַעְזֵר וְאֶת־אֶרֶץ גִּלְעָד וְהִנֵּה הַמָּקוֹם מְקוֹם מִקְנֶה: וַיָּבֹאוּ
בְנֵי־גָד וּבְנֵי רְאוּבֵן וַיֹּאמְרוּ אֶל־מֹשֶׁה וְאֶל־אֶלְעָזָר הַכֹּהֵן וְאֶל־
ג נְשִׂיאֵי הָעֵדָה לֵאמֹר: עֲטָרוֹת וְדִיבֹן וְיַעְזֵר וְנִמְרָה וְחֶשְׁבּוֹן
ד וְאֶלְעָלֵה וּשְׂבָם וּנְבוֹ וּבְעֹן: הָאָרֶץ אֲשֶׁר הִכָּה יְהוָה לִפְנֵי עֲדַת
ה יִשְׂרָאֵל אֶרֶץ מִקְנֶה הִוא וְלַעֲבָדֶיךָ מִקְנֶה: וַיֹּאמְרוּ
אִם־מָצָאנוּ חֵן בְּעֵינֶיךָ יֻתַּן אֶת־הָאָרֶץ הַזֹּאת לַעֲבָדֶיךָ לַאֲחֻזָּה
ו אַל־תַּעֲבִרֵנוּ אֶת־הַיַּרְדֵּן: וַיֹּאמֶר מֹשֶׁה לִבְנֵי־גָד וְלִבְנֵי רְאוּבֵן
ז הַאַחֵיכֶם יָבֹאוּ לַמִּלְחָמָה וְאַתֶּם תֵּשְׁבוּ פֹה: וְלָמָּה תנואון אֶת־ תְּנִיאוּן
ח לֵב בְּנֵי יִשְׂרָאֵל מֵעֲבֹר אֶל־הָאָרֶץ אֲשֶׁר־נָתַן לָהֶם יְהוָה: כֹּה
עָשׂוּ אֲבֹתֵיכֶם בְּשָׁלְחִי אֹתָם מִקָּדֵשׁ בַּרְנֵעַ לִרְאוֹת אֶת־הָאָרֶץ:
ט וַיַּעֲלוּ עַד־נַחַל אֶשְׁכּוֹל וַיִּרְאוּ אֶת־הָאָרֶץ וַיָּנִיאוּ אֶת־לֵב בְּנֵי
י יִשְׂרָאֵל לְבִלְתִּי־בֹא אֶל־הָאָרֶץ אֲשֶׁר־נָתַן לָהֶם יְהוָה: וַיִּחַר־אַף
יא יְהוָה בַּיּוֹם הַהוּא וַיִּשָּׁבַע לֵאמֹר: אִם־יִרְאוּ הָאֲנָשִׁים הָעֹלִים
מִמִּצְרַיִם מִבֶּן עֶשְׂרִים שָׁנָה וָמַעְלָה אֵת הָאֲדָמָה אֲשֶׁר נִשְׁבַּעְתִּי
יב לְאַבְרָהָם לְיִצְחָק וּלְיַעֲקֹב כִּי לֹא־מִלְאוּ אַחֲרָי: בִּלְתִּי כָּלֵב
יג בֶּן־יְפֻנֶּה הַקְּנִזִּי וִיהוֹשֻׁעַ בִּן־נוּן כִּי מִלְאוּ אַחֲרֵי יְהוָה: וַיִּחַר־
אַף יְהוָה בְּיִשְׂרָאֵל וַיְנִעֵם בַּמִּדְבָּר אַרְבָּעִים שָׁנָה עַד־תֹּם כָּל־
יד הַדּוֹר הָעֹשֶׂה הָרַע בְּעֵינֵי יְהוָה: וְהִנֵּה קַמְתֶּם תַּחַת אֲבֹתֵיכֶם
תַּרְבּוּת אֲנָשִׁים חַטָּאִים לִסְפּוֹת עוֹד עַל חֲרוֹן אַף־יְהוָה אֶל־
טו יִשְׂרָאֵל: כִּי תְשׁוּבֻן מֵאַחֲרָיו וְיָסַף עוֹד לְהַנִּיחוֹ בַּמִּדְבָּר וְשִׁחַתֶּם
טז לְכָל־הָעָם הַזֶּה: וַיִּגְּשׁוּ אֵלָיו וַיֹּאמְרוּ גִּדְרֹת צֹאן
יז נִבְנֶה לְמִקְנֵנוּ פֹּה וְעָרִים לְטַפֵּנוּ: וַאֲנַחְנוּ נֵחָלֵץ חֻשִׁים לִפְנֵי בְּנֵי
יִשְׂרָאֵל עַד אֲשֶׁר אִם־הֲבִיאֹנֻם אֶל־מְקוֹמָם וְיָשַׁב טַפֵּנוּ בְּעָרֵי

יח הַמִּבְצָר מִפְּנֵי יֹשְׁבֵי הָאָרֶץ: לֹא נָשׁוּב אֶל־בָּתֵּינוּ עַד הִתְנַחֵל בְּנֵי
יט יִשְׂרָאֵל אִישׁ נַחֲלָתוֹ: כִּי לֹא נִנְחַל אִתָּם מֵעֵבֶר לַיַּרְדֵּן וָהָלְאָה
כִּי בָאָה נַחֲלָתֵנוּ אֵלֵינוּ מֵעֵבֶר הַיַּרְדֵּן מִזְרָחָה:
כ וַיֹּאמֶר אֲלֵיהֶם מֹשֶׁה אִם־תַּעֲשׂוּן אֶת־הַדָּבָר הַזֶּה אִם־תֵּחָלְצוּ שביעי /רביעי/
כא לִפְנֵי יהוה לַמִּלְחָמָה: וְעָבַר לָכֶם כָּל־חָלוּץ אֶת־הַיַּרְדֵּן לִפְנֵי
כב יהוה עַד הוֹרִישׁוֹ אֶת־אֹיְבָיו מִפָּנָיו: וְנִכְבְּשָׁה הָאָרֶץ לִפְנֵי יהוה
וְאַחַר תָּשֻׁבוּ וִהְיִיתֶם נְקִיִּם מֵיהוה וּמִיִּשְׂרָאֵל וְהָיְתָה הָאָרֶץ
כג הַזֹּאת לָכֶם לַאֲחֻזָּה לִפְנֵי יהוה: וְאִם־לֹא תַעֲשׂוּן כֵּן הִנֵּה חֲטָאתֶם
כד לַיהוה וּדְעוּ חַטַּאתְכֶם אֲשֶׁר תִּמְצָא אֶתְכֶם: בְּנוּ־לָכֶם עָרִים
כה לְטַפְּכֶם וּגְדֵרֹת לְצֹנַאֲכֶם וְהַיֹּצֵא מִפִּיכֶם תַּעֲשׂוּ: וַיֹּאמֶר בְּנֵי־
גָד וּבְנֵי רְאוּבֵן אֶל־מֹשֶׁה לֵאמֹר עֲבָדֶיךָ יַעֲשׂוּ כַּאֲשֶׁר אֲדֹנִי
כו מְצַוֶּה: טַפֵּנוּ נָשֵׁינוּ מִקְנֵנוּ וְכָל־בְּהֶמְתֵּנוּ יִהְיוּ־שָׁם בְּעָרֵי הַגִּלְעָד:
כז וַעֲבָדֶיךָ יַעַבְרוּ כָּל־חֲלוּץ צָבָא לִפְנֵי יהוה לַמִּלְחָמָה כַּאֲשֶׁר
כח אֲדֹנִי דֹּבֵר: וַיְצַו לָהֶם מֹשֶׁה אֵת אֶלְעָזָר הַכֹּהֵן וְאֵת יְהוֹשֻׁעַ
כט בִּן־נוּן וְאֶת־רָאשֵׁי אֲבוֹת הַמַּטּוֹת לִבְנֵי יִשְׂרָאֵל: וַיֹּאמֶר מֹשֶׁה
אֲלֵהֶם אִם־יַעַבְרוּ בְנֵי־גָד וּבְנֵי־רְאוּבֵן ׀ אִתְּכֶם אֶת־הַיַּרְדֵּן כָּל־
חָלוּץ לַמִּלְחָמָה לִפְנֵי יהוה וְנִכְבְּשָׁה הָאָרֶץ לִפְנֵיכֶם וּנְתַתֶּם
ל לָהֶם אֶת־אֶרֶץ הַגִּלְעָד לַאֲחֻזָּה: וְאִם־לֹא יַעַבְרוּ חֲלוּצִים אִתְּכֶם
לא וְנֹאחֲזוּ בְתֹכְכֶם בְּאֶרֶץ כְּנָעַן: וַיַּעֲנוּ בְנֵי־גָד וּבְנֵי רְאוּבֵן לֵאמֹר
לב אֵת אֲשֶׁר דִּבֶּר יהוה אֶל־עֲבָדֶיךָ כֵּן נַעֲשֶׂה: נַחְנוּ נַעֲבֹר חֲלוּצִים
לִפְנֵי יהוה אֶרֶץ כְּנָעַן וְאִתָּנוּ אֲחֻזַּת נַחֲלָתֵנוּ מֵעֵבֶר לַיַּרְדֵּן:
לג וַיִּתֵּן לָהֶם ׀ מֹשֶׁה לִבְנֵי־גָד וְלִבְנֵי רְאוּבֵן וְלַחֲצִי ׀ שֵׁבֶט ׀ מְנַשֶּׁה
בֶן־יוֹסֵף אֶת־מַמְלֶכֶת סִיחֹן מֶלֶךְ הָאֱמֹרִי וְאֶת־מַמְלֶכֶת עוֹג
לד מֶלֶךְ הַבָּשָׁן הָאָרֶץ לְעָרֶיהָ בִּגְבֻלֹת עָרֵי הָאָרֶץ סָבִיב: וַיִּבְנוּ
לה בְנֵי־גָד אֶת־דִּיבֹן וְאֶת־עֲטָרֹת וְאֵת עֲרֹעֵר: וְאֶת־עַטְרֹת שׁוֹפָן
לו וְאֶת־יַעְזֵר וְיָגְבְּהָה: וְאֶת־בֵּית נִמְרָה וְאֶת־בֵּית הָרָן עָרֵי מִבְצָר
לז וּגְדֵרֹת צֹאן: וּבְנֵי רְאוּבֵן בָּנוּ אֶת־חֶשְׁבּוֹן וְאֶת־אֶלְעָלֵא וְאֵת

לח קִרְיָתָיִם: וְאֶת־נְבוֹ וְאֶת־בַּעַל מְעוֹן מוּסַבֹּת שֵׁם וְאֶת־שִׂבְמָה
לט וַיִּקְרְאוּ בְשֵׁמֹת אֶת־שְׁמוֹת הֶעָרִים אֲשֶׁר בָּנוּ: וַיֵּלְכוּ בְּנֵי
מָכִיר בֶּן־מְנַשֶּׁה גִּלְעָדָה וַיִּלְכְּדֻהָ וַיּוֹרֶשׁ אֶת־הָאֱמֹרִי אֲשֶׁר־
מ בָּהּ: וַיִּתֵּן מֹשֶׁה אֶת־הַגִּלְעָד לְמָכִיר בֶּן־מְנַשֶּׁה וַיֵּשֶׁב בָּהּ: מפטיר
מא וְיָאִיר בֶּן־מְנַשֶּׁה הָלַךְ וַיִּלְכֹּד אֶת־חַוֹּתֵיהֶם וַיִּקְרָא אֶתְהֶן חַוֹּת
מב יָאִיר: וְנֹבַח הָלַךְ וַיִּלְכֹּד אֶת־קְנָת וְאֶת־בְּנֹתֶיהָ וַיִּקְרָא לָה
נֹבַח בִּשְׁמוֹ:

לג א אֵלֶּה מַסְעֵי בְנֵי־יִשְׂרָאֵל אֲשֶׁר יָצְאוּ מֵאֶרֶץ מִצְרַיִם לְצִבְאֹתָם ל מסעי
ב בְּיַד־מֹשֶׁה וְאַהֲרֹן: וַיִּכְתֹּב מֹשֶׁה אֶת־מוֹצָאֵיהֶם לְמַסְעֵיהֶם
ג עַל־פִּי יְהוָה וְאֵלֶּה מַסְעֵיהֶם לְמוֹצָאֵיהֶם: וַיִּסְעוּ מֵרַעְמְסֵס
בַּחֹדֶשׁ הָרִאשׁוֹן בַּחֲמִשָּׁה עָשָׂר יוֹם לַחֹדֶשׁ הָרִאשׁוֹן מִמָּחֳרַת
ד הַפֶּסַח יָצְאוּ בְנֵי־יִשְׂרָאֵל בְּיָד רָמָה לְעֵינֵי כָּל־מִצְרָיִם: וּמִצְרַיִם
מְקַבְּרִים אֵת אֲשֶׁר הִכָּה יְהוָה בָּהֶם כָּל־בְּכוֹר וּבֵאלֹהֵיהֶם
ה עָשָׂה יְהוָה שְׁפָטִים: וַיִּסְעוּ בְנֵי־יִשְׂרָאֵל מֵרַעְמְסֵס וַיַּחֲנוּ בְּסֻכֹּת:
ו ז וַיִּסְעוּ מִסֻּכֹּת וַיַּחֲנוּ בְאֵתָם אֲשֶׁר בִּקְצֵה הַמִּדְבָּר: וַיִּסְעוּ מֵאֵתָם
וַיָּשָׁב עַל־פִּי הַחִירֹת אֲשֶׁר עַל־פְּנֵי בַּעַל צְפוֹן וַיַּחֲנוּ לִפְנֵי מִגְדֹּל:
ח וַיִּסְעוּ מִפְּנֵי הַחִירֹת וַיַּעַבְרוּ בְתוֹךְ־הַיָּם הַמִּדְבָּרָה וַיֵּלְכוּ דֶּרֶךְ
ט שְׁלֹשֶׁת יָמִים בְּמִדְבַּר אֵתָם וַיַּחֲנוּ בְּמָרָה: וַיִּסְעוּ מִמָּרָה וַיָּבֹאוּ
אֵילִמָה וּבְאֵילִם שְׁתֵּים עֶשְׂרֵה עֵינֹת מַיִם וְשִׁבְעִים תְּמָרִים
י יא וַיַּחֲנוּ־שָׁם: וַיִּסְעוּ מֵאֵילִם וַיַּחֲנוּ עַל־יַם־סוּף: וַיִּסְעוּ מִיַּם־סוּף שני
יב יג וַיַּחֲנוּ בְּמִדְבַּר־סִין: וַיִּסְעוּ מִמִּדְבַּר־סִין וַיַּחֲנוּ בְּדָפְקָה: וַיִּסְעוּ
יד מִדָּפְקָה וַיַּחֲנוּ בְּאָלוּשׁ: וַיִּסְעוּ מֵאָלוּשׁ וַיַּחֲנוּ בִּרְפִידִם וְלֹא־
טו הָיָה שָׁם מַיִם לָעָם לִשְׁתּוֹת: וַיִּסְעוּ מֵרְפִידִם וַיַּחֲנוּ בְּמִדְבַּר
טז יז סִינָי: וַיִּסְעוּ מִמִּדְבַּר סִינָי וַיַּחֲנוּ בְּקִבְרֹת הַתַּאֲוָה: וַיִּסְעוּ מִקִּבְרֹת
יח יט הַתַּאֲוָה וַיַּחֲנוּ בַּחֲצֵרֹת: וַיִּסְעוּ מֵחֲצֵרֹת וַיַּחֲנוּ בְּרִתְמָה: וַיִּסְעוּ
כ מֵרִתְמָה וַיַּחֲנוּ בְּרִמֹּן פָּרֶץ: וַיִּסְעוּ מֵרִמֹּן פָּרֶץ וַיַּחֲנוּ בְּלִבְנָה:
כא כב וַיִּסְעוּ מִלִּבְנָה וַיַּחֲנוּ בְּרִסָּה: וַיִּסְעוּ מֵרִסָּה וַיַּחֲנוּ בִּקְהֵלָתָה:

וַיִּסְעוּ מִקְּהֵלָתָה וַיַּחֲנוּ בְּהַר־שָׁפֶר׃ וַיִּסְעוּ מֵהַר־שָׁפֶר וַיַּחֲנוּ כג כד
בַּחֲרָדָה׃ וַיִּסְעוּ מֵחֲרָדָה וַיַּחֲנוּ בְּמַקְהֵלֹת׃ וַיִּסְעוּ מִמַּקְהֵלֹת כה כו
וַיַּחֲנוּ בְּתָחַת׃ וַיִּסְעוּ מִתָּחַת וַיַּחֲנוּ בְּתָרַח׃ וַיִּסְעוּ מִתָּרַח וַיַּחֲנוּ כז כח
בְּמִתְקָה׃ וַיִּסְעוּ מִמִּתְקָה וַיַּחֲנוּ בְּחַשְׁמֹנָה׃ וַיִּסְעוּ מֵחַשְׁמֹנָה כט ל
וַיַּחֲנוּ בְּמֹסֵרוֹת׃ וַיִּסְעוּ מִמֹּסֵרוֹת וַיַּחֲנוּ בִּבְנֵי יַעֲקָן׃ וַיִּסְעוּ מִבְּנֵי לא לב
יַעֲקָן וַיַּחֲנוּ בְּחֹר הַגִּדְגָּד׃ וַיִּסְעוּ מֵחֹר הַגִּדְגָּד וַיַּחֲנוּ בְּיָטְבָתָה׃ לג
וַיִּסְעוּ מִיָּטְבָתָה וַיַּחֲנוּ בְּעַבְרֹנָה׃ וַיִּסְעוּ מֵעַבְרֹנָה וַיַּחֲנוּ בְּעֶצְיֹן לד לה
גָּבֶר׃ וַיִּסְעוּ מֵעֶצְיֹן גָּבֶר וַיַּחֲנוּ בְמִדְבַּר־צִן הִוא קָדֵשׁ׃ וַיִּסְעוּ לו לז
מִקָּדֵשׁ וַיַּחֲנוּ בְּהֹר הָהָר בִּקְצֵה אֶרֶץ אֱדוֹם׃ וַיַּעַל אַהֲרֹן לח
הַכֹּהֵן אֶל־הֹר הָהָר עַל־פִּי יְהוָה וַיָּמָת שָׁם בִּשְׁנַת הָאַרְבָּעִים
לְצֵאת בְּנֵי־יִשְׂרָאֵל מֵאֶרֶץ מִצְרַיִם בַּחֹדֶשׁ הַחֲמִישִׁי בְּאֶחָד
לַחֹדֶשׁ׃ וְאַהֲרֹן בֶּן־שָׁלֹשׁ וְעֶשְׂרִים וּמְאַת שָׁנָה בְּמֹתוֹ בְּהֹר לט
הָהָר׃ וַיִּשְׁמַע הַכְּנַעֲנִי מֶלֶךְ עֲרָד וְהוּא־יֹשֵׁב מ
בַּנֶּגֶב בְּאֶרֶץ כְּנָעַן בְּבֹא בְּנֵי יִשְׂרָאֵל׃ וַיִּסְעוּ מֵהֹר הָהָר וַיַּחֲנוּ מא
בְּצַלְמֹנָה׃ וַיִּסְעוּ מִצַּלְמֹנָה וַיַּחֲנוּ בְּפוּנֹן׃ וַיִּסְעוּ מִפּוּנֹן וַיַּחֲנוּ מב מג
בְּאֹבֹת׃ וַיִּסְעוּ מֵאֹבֹת וַיַּחֲנוּ בְּעִיֵּי הָעֲבָרִים בִּגְבוּל מוֹאָב׃ מד
וַיִּסְעוּ מֵעִיִּים וַיַּחֲנוּ בְּדִיבֹן גָּד׃ וַיִּסְעוּ מִדִּיבֹן גָּד וַיַּחֲנוּ בְּעַלְמֹן מה מו
דִּבְלָתָיְמָה׃ וַיִּסְעוּ מֵעַלְמֹן דִּבְלָתָיְמָה וַיַּחֲנוּ בְּהָרֵי הָעֲבָרִים מז
לִפְנֵי נְבוֹ׃ וַיִּסְעוּ מֵהָרֵי הָעֲבָרִים וַיַּחֲנוּ בְּעַרְבֹת מוֹאָב עַל יַרְדֵּן מח
יְרֵחוֹ׃ וַיַּחֲנוּ עַל־הַיַּרְדֵּן מִבֵּית הַיְשִׁמֹת עַד אָבֵל הַשִּׁטִּים בְּעַרְבֹת מט
מוֹאָב׃ וַיְדַבֵּר יְהוָה אֶל־מֹשֶׁה בְּעַרְבֹת מוֹאָב נ (שלישי /חמישי/)
עַל־יַרְדֵּן יְרֵחוֹ לֵאמֹר׃ דַּבֵּר אֶל־בְּנֵי יִשְׂרָאֵל וְאָמַרְתָּ אֲלֵהֶם נא
כִּי אַתֶּם עֹבְרִים אֶת־הַיַּרְדֵּן אֶל־אֶרֶץ כְּנָעַן׃ וְהוֹרַשְׁתֶּם אֶת־ נב
כָּל־יֹשְׁבֵי הָאָרֶץ מִפְּנֵיכֶם וְאִבַּדְתֶּם אֵת כָּל־מַשְׂכִּיֹּתָם וְאֵת
כָּל־צַלְמֵי מַסֵּכֹתָם תְּאַבֵּדוּ וְאֵת כָּל־בָּמוֹתָם תַּשְׁמִידוּ׃ וְהוֹרַשְׁתֶּם נג
אֶת־הָאָרֶץ וִישַׁבְתֶּם־בָּהּ כִּי לָכֶם נָתַתִּי אֶת־הָאָרֶץ לָרֶשֶׁת
אֹתָהּ׃ וְהִתְנַחַלְתֶּם אֶת־הָאָרֶץ בְּגוֹרָל לְמִשְׁפְּחֹתֵיכֶם לָרַב נד

תַּרְבּוּ אֶת־נַחֲלָתוֹ וְלַמְעַט תַּמְעִיט אֶת־נַחֲלָתוֹ אֶל אֲשֶׁר־יֵצֵא
נה לוֹ שָׁמָּה הַגּוֹרָל לוֹ יִהְיֶה לְמַטּוֹת אֲבֹתֵיכֶם תִּתְנֶחָלוּ׃ וְאִם־
לֹא תוֹרִישׁוּ אֶת־יֹשְׁבֵי הָאָרֶץ מִפְּנֵיכֶם וְהָיָה אֲשֶׁר תּוֹתִירוּ
מֵהֶם לְשִׂכִּים בְּעֵינֵיכֶם וְלִצְנִינִם בְּצִדֵּיכֶם וְצָרְרוּ אֶתְכֶם עַל־
נו הָאָרֶץ אֲשֶׁר אַתֶּם יֹשְׁבִים בָּהּ׃ וְהָיָה כַּאֲשֶׁר דִּמִּיתִי לַעֲשׂוֹת
לָהֶם אֶעֱשֶׂה לָכֶם׃

לד א ב וַיְדַבֵּר יְהוָה אֶל־מֹשֶׁה לֵּאמֹר׃ צַו אֶת־בְּנֵי יִשְׂרָאֵל וְאָמַרְתָּ לא
אֲלֵהֶם כִּי־אַתֶּם בָּאִים אֶל־הָאָרֶץ כְּנָעַן זֹאת הָאָרֶץ אֲשֶׁר
ג תִּפֹּל לָכֶם בְּנַחֲלָה אֶרֶץ כְּנַעַן לִגְבֻלֹתֶיהָ׃ וְהָיָה לָכֶם פְּאַת־
נֶגֶב מִמִּדְבַּר־צִן עַל־יְדֵי אֱדוֹם וְהָיָה לָכֶם גְּבוּל נֶגֶב מִקְצֵה יָם־
ד הַמֶּלַח קֵדְמָה׃ וְנָסַב לָכֶם הַגְּבוּל מִנֶּגֶב לְמַעֲלֵה עַקְרַבִּים וְעָבַר
צִנָה וְהָיה תּוֹצְאֹתָיו מִנֶּגֶב לְקָדֵשׁ בַּרְנֵעַ וְיָצָא חֲצַר־אַדָּר וְעָבַר וְהָיוּ
ה עַצְמֹנָה׃ וְנָסַב הַגְּבוּל מֵעַצְמוֹן נַחְלָה מִצְרָיִם וְהָיוּ תוֹצְאֹתָיו
ו הַיָּמָּה׃ וּגְבוּל יָם וְהָיָה לָכֶם הַיָּם הַגָּדוֹל וּגְבוּל זֶה־יִהְיֶה לָכֶם
ז גְּבוּל יָם׃ וְזֶה־יִהְיֶה לָכֶם גְּבוּל צָפוֹן מִן־הַיָּם הַגָּדֹל תְּתָאוּ לָכֶם
ח הֹר הָהָר׃ מֵהֹר הָהָר תְּתָאוּ לְבֹא חֲמָת וְהָיוּ תּוֹצְאֹת הַגְּבֻל
ט צְדָדָה׃ וְיָצָא הַגְּבֻל זִפְרֹנָה וְהָיוּ תוֹצְאֹתָיו חֲצַר עֵינָן זֶה־יִהְיֶה
י לָכֶם גְּבוּל צָפוֹן׃ וְהִתְאַוִּיתֶם לָכֶם לִגְבוּל קֵדְמָה מֵחֲצַר עֵינָן
יא שְׁפָמָה׃ וְיָרַד הַגְּבֻל מִשְּׁפָם הָרִבְלָה מִקֶּדֶם לָעָיִן וְיָרַד הַגְּבֻל וּמָחָה
יב עַל־כֶּתֶף יָם־כִּנֶּרֶת קֵדְמָה׃ וְיָרַד הַגְּבוּל הַיַּרְדֵּנָה וְהָיוּ תוֹצְאֹתָיו
יג יָם הַמֶּלַח זֹאת תִּהְיֶה לָכֶם הָאָרֶץ לִגְבֻלֹתֶיהָ סָבִיב׃ וַיְצַו מֹשֶׁה
אֶת־בְּנֵי יִשְׂרָאֵל לֵאמֹר זֹאת הָאָרֶץ אֲשֶׁר תִּתְנַחֲלוּ אֹתָהּ בְּגוֹרָל
יד אֲשֶׁר צִוָּה יְהוָה לָתֵת לְתִשְׁעַת הַמַּטּוֹת וַחֲצִי הַמַּטֶּה׃ כִּי לָקְחוּ
מַטֵּה בְנֵי הָראוּבֵנִי לְבֵית אֲבֹתָם וּמַטֵּה בְנֵי־הַגָּדִי לְבֵית אֲבֹתָם
טו וַחֲצִי מַטֵּה מְנַשֶּׁה לָקְחוּ נַחֲלָתָם׃ שְׁנֵי הַמַּטּוֹת וַחֲצִי הַמַּטֶּה לָקְחוּ
נַחֲלָתָם מֵעֵבֶר לְיַרְדֵּן יְרֵחוֹ קֵדְמָה מִזְרָחָה׃

טז יז וַיְדַבֵּר יְהוָה אֶל־מֹשֶׁה לֵּאמֹר׃ אֵלֶּה שְׁמוֹת הָאֲנָשִׁים אֲשֶׁר־ רביעי /ששי/

יִנְחֲלוּ לָכֶם אֶת־הָאָרֶץ אֶלְעָזָר הַכֹּהֵן וִיהוֹשֻׁעַ בִּן־נוּן׃ וְנָשִׂיא יח
אֶחָד נָשִׂיא אֶחָד מִמַּטֶּה תִּקְחוּ לִנְחֹל אֶת־הָאָרֶץ׃ וְאֵלֶּה שְׁמוֹת יט
הָאֲנָשִׁים לְמַטֵּה יְהוּדָה כָּלֵב בֶּן־יְפֻנֶּה׃ וּלְמַטֵּה בְּנֵי שִׁמְעוֹן כ
שְׁמוּאֵל בֶּן־עַמִּיהוּד׃ לְמַטֵּה בִנְיָמִן אֱלִידָד בֶּן־כִּסְלוֹן׃ וּלְמַטֵּה כא כב
בְנֵי־דָן נָשִׂיא בֻּקִּי בֶּן־יָגְלִי׃ לִבְנֵי יוֹסֵף לְמַטֵּה בְנֵי־מְנַשֶּׁה נָשִׂיא כג
חַנִּיאֵל בֶּן־אֵפֹד׃ וּלְמַטֵּה בְנֵי־אֶפְרַיִם נָשִׂיא קְמוּאֵל בֶּן־שִׁפְטָן׃ כד
וּלְמַטֵּה בְנֵי־זְבוּלֻן נָשִׂיא אֱלִיצָפָן בֶּן־פַּרְנָךְ׃ וּלְמַטֵּה בְנֵי־יִשָּׂשכָר כה כו
נָשִׂיא פַּלְטִיאֵל בֶּן־עַזָּן׃ וּלְמַטֵּה בְנֵי־אָשֵׁר נָשִׂיא אֲחִיהוּד בֶּן־שְׁלֹמִי׃ כז
וּלְמַטֵּה בְנֵי־נַפְתָּלִי נָשִׂיא פְּדַהְאֵל בֶּן־עַמִּיהוּד׃ אֵלֶּה אֲשֶׁר צִוָּה כח כט
יְהוָה לְנַחֵל אֶת־בְּנֵי־יִשְׂרָאֵל בְּאֶרֶץ כְּנָעַן׃

חמישי וַיְדַבֵּר יְהוָה אֶל־מֹשֶׁה בְּעַרְבֹת מוֹאָב עַל־יַרְדֵּן יְרֵחוֹ לֵאמֹר׃ א לה
צַו אֶת־בְּנֵי יִשְׂרָאֵל וְנָתְנוּ לַלְוִיִּם מִנַּחֲלַת אֲחֻזָּתָם עָרִים לָשָׁבֶת ב
וּמִגְרָשׁ לֶעָרִים סְבִיבֹתֵיהֶם תִּתְּנוּ לַלְוִיִּם׃ וְהָיוּ הֶעָרִים לָהֶם ג
לָשָׁבֶת וּמִגְרְשֵׁיהֶם יִהְיוּ לִבְהֶמְתָּם וְלִרְכֻשָׁם וּלְכֹל חַיָּתָם׃
וּמִגְרְשֵׁי הֶעָרִים אֲשֶׁר תִּתְּנוּ לַלְוִיִּם מִקִּיר הָעִיר וָחוּצָה אֶלֶף אַמָּה ד
סָבִיב׃ וּמַדֹּתֶם מִחוּץ לָעִיר אֶת־פְּאַת־קֵדְמָה אַלְפַּיִם בָּאַמָּה ה
וְאֶת־פְּאַת־נֶגֶב אַלְפַּיִם בָּאַמָּה וְאֶת־פְּאַת־יָם ׀ אַלְפַּיִם בָּאַמָּה
וְאֵת פְּאַת צָפוֹן אַלְפַּיִם בָּאַמָּה וְהָעִיר בַּתָּוֶךְ זֶה יִהְיֶה לָהֶם
מִגְרְשֵׁי הֶעָרִים׃ וְאֵת הֶעָרִים אֲשֶׁר תִּתְּנוּ לַלְוִיִּם אֵת שֵׁשׁ־עָרֵי ו
הַמִּקְלָט אֲשֶׁר תִּתְּנוּ לָנֻס שָׁמָּה הָרֹצֵחַ וַעֲלֵיהֶם תִּתְּנוּ אַרְבָּעִים
וּשְׁתַּיִם עִיר׃ כָּל־הֶעָרִים אֲשֶׁר תִּתְּנוּ לַלְוִיִּם אַרְבָּעִים וּשְׁמֹנֶה עִיר ז
אֶתְהֶן וְאֶת־מִגְרְשֵׁיהֶן׃ וְהֶעָרִים אֲשֶׁר תִּתְּנוּ מֵאֲחֻזַּת בְּנֵי־יִשְׂרָאֵל ח
מֵאֵת הָרַב תַּרְבּוּ וּמֵאֵת הַמְעַט תַּמְעִיטוּ אִישׁ כְּפִי נַחֲלָתוֹ אֲשֶׁר
יִנְחָלוּ יִתֵּן מֵעָרָיו לַלְוִיִּם׃

ששי /שביעי/ לב וַיְדַבֵּר יְהוָה אֶל־מֹשֶׁה לֵּאמֹר׃ דַּבֵּר אֶל־בְּנֵי יִשְׂרָאֵל וְאָמַרְתָּ ט
אֲלֵהֶם כִּי אַתֶּם עֹבְרִים אֶת־הַיַּרְדֵּן אַרְצָה כְּנָעַן׃ וְהִקְרִיתֶם יא
לָכֶם עָרִים עָרֵי מִקְלָט תִּהְיֶינָה לָכֶם וְנָס שָׁמָּה רֹצֵחַ מַכֵּה־

יב נֶפֶשׁ בִּשְׁגָגָה׃ וְהָיוּ לָכֶם הֶעָרִים לְמִקְלָט מִגֹּאֵל וְלֹא יָמוּת הָרֹצֵחַ
יג עַד־עָמְדוֹ לִפְנֵי הָעֵדָה לַמִּשְׁפָּט׃ וְהֶעָרִים אֲשֶׁר תִּתֵּנוּ שֵׁשׁ־
יד עָרֵי מִקְלָט תִּהְיֶינָה לָכֶם׃ אֵת ׀ שְׁלֹשׁ הֶעָרִים תִּתְּנוּ מֵעֵבֶר
לַיַּרְדֵּן וְאֵת שְׁלֹשׁ הֶעָרִים תִּתְּנוּ בְּאֶרֶץ כְּנָעַן עָרֵי מִקְלָט תִּהְיֶינָה׃
טו לִבְנֵי יִשְׂרָאֵל וְלַגֵּר וְלַתּוֹשָׁב בְּתוֹכָם תִּהְיֶינָה שֵׁשׁ־הֶעָרִים הָאֵלֶּה
טז לְמִקְלָט לָנוּס שָׁמָּה כָּל־מַכֵּה־נֶפֶשׁ בִּשְׁגָגָה׃ וְאִם־בִּכְלִי בַרְזֶל ׀
יז הִכָּהוּ וַיָּמֹת רֹצֵחַ הוּא מוֹת יוּמַת הָרֹצֵחַ׃ וְאִם בְּאֶבֶן יָד אֲשֶׁר־
יח יָמוּת בָּהּ הִכָּהוּ וַיָּמֹת רֹצֵחַ הוּא מוֹת יוּמַת הָרֹצֵחַ׃ אוֹ בִּכְלִי
עֵץ־יָד אֲשֶׁר־יָמוּת בּוֹ הִכָּהוּ וַיָּמֹת רֹצֵחַ הוּא מוֹת יוּמַת הָרֹצֵחַ׃
יט כ גֹּאֵל הַדָּם הוּא יָמִית אֶת־הָרֹצֵחַ בְּפִגְעוֹ־בוֹ הוּא יְמִתֶנּוּ׃ וְאִם־
כא בְּשִׂנְאָה יֶהְדֳּפֶנּוּ אוֹ־הִשְׁלִיךְ עָלָיו בִּצְדִיָּה וַיָּמֹת׃ אוֹ בְאֵיבָה
הִכָּהוּ בְיָדוֹ וַיָּמֹת מוֹת־יוּמַת הַמַּכֶּה רֹצֵחַ הוּא גֹּאֵל הַדָּם יָמִית
כב אֶת־הָרֹצֵחַ בְּפִגְעוֹ־בוֹ׃ וְאִם־בְּפֶתַע בְּלֹא־אֵיבָה הֲדָפוֹ אוֹ־
כג הִשְׁלִיךְ עָלָיו כָּל־כְּלִי בְּלֹא צְדִיָּה׃ אוֹ בְכָל־אֶבֶן אֲשֶׁר־יָמוּת
בָּהּ בְּלֹא רְאוֹת וַיַּפֵּל עָלָיו וַיָּמֹת וְהוּא לֹא־אוֹיֵב לוֹ וְלֹא מְבַקֵּשׁ
כד רָעָתוֹ׃ וְשָׁפְטוּ הָעֵדָה בֵּין הַמַּכֶּה וּבֵין גֹּאֵל הַדָּם עַל הַמִּשְׁפָּטִים
כה הָאֵלֶּה׃ וְהִצִּילוּ הָעֵדָה אֶת־הָרֹצֵחַ מִיַּד גֹּאֵל הַדָּם וְהֵשִׁיבוּ אֹתוֹ
הָעֵדָה אֶל־עִיר מִקְלָטוֹ אֲשֶׁר־נָס שָׁמָּה וְיָשַׁב בָּהּ עַד־מוֹת
כו הַכֹּהֵן הַגָּדֹל אֲשֶׁר־מָשַׁח אֹתוֹ בְּשֶׁמֶן הַקֹּדֶשׁ׃ וְאִם־יָצֹא יֵצֵא
כז הָרֹצֵחַ אֶת־גְּבוּל עִיר מִקְלָטוֹ אֲשֶׁר יָנוּס שָׁמָּה׃ וּמָצָא אֹתוֹ
גֹּאֵל הַדָּם מִחוּץ לִגְבוּל עִיר מִקְלָטוֹ וְרָצַח גֹּאֵל הַדָּם אֶת־הָרֹצֵחַ
כח אֵין לוֹ דָּם׃ כִּי בְעִיר מִקְלָטוֹ יֵשֵׁב עַד־מוֹת הַכֹּהֵן הַגָּדֹל וְאַחֲרֵי־
כט מוֹת הַכֹּהֵן הַגָּדֹל יָשׁוּב הָרֹצֵחַ אֶל־אֶרֶץ אֲחֻזָּתוֹ׃ וְהָיוּ אֵלֶּה
ל לָכֶם לְחֻקַּת מִשְׁפָּט לְדֹרֹתֵיכֶם בְּכֹל מוֹשְׁבֹתֵיכֶם׃ כָּל־מַכֵּה־
נֶפֶשׁ לְפִי עֵדִים יִרְצַח אֶת־הָרֹצֵחַ וְעֵד אֶחָד לֹא־יַעֲנֶה בְנֶפֶשׁ
לא לָמוּת׃ וְלֹא־תִקְחוּ כֹפֶר לְנֶפֶשׁ רֹצֵחַ אֲשֶׁר־הוּא רָשָׁע לָמוּת
לב כִּי־מוֹת יוּמָת׃ וְלֹא־תִקְחוּ כֹפֶר לָנוּס אֶל־עִיר מִקְלָטוֹ לָשׁוּב

לג לשבת בארץ עד־מות הכהן׃ ולא־תחניפו את־הארץ אשר
אתם בה כי הדם הוא יחניף את־הארץ ולארץ לא־יכפר
לד לדם אשר שפך־בה כי־אם בדם שפכו׃ ולא תטמא את־
הארץ אשר אתם ישבים בה אשר אני שכן בתוכה כי אני
יהוה שכן בתוך בני ישראל׃

לו א ויקרבו ראשי האבות למשפחת בני־גלעד בן־מכיר בן־מנשה שביעי
ממשפחת בני יוסף וידברו לפני משה ולפני הנשאים ראשי
ב אבות לבני ישראל׃ ויאמרו את־אדני צוה יהוה לתת את־הארץ
בנחלה בגורל לבני ישראל ואדני צוה ביהוה לתת את־נחלת
ג צלפחד אחינו לבנתיו׃ והיו לאחד מבני שבטי בני־ישראל
לנשים ונגרעה נחלתן מנחלת אבתינו ונוסף על נחלת המטה
ד אשר תהיינה להם ומגרל נחלתנו יגרע׃ ואם־יהיה היבל לבני
ישראל ונוספה נחלתן על נחלת המטה אשר תהיינה להם
ה ומנחלת מטה אבתינו יגרע נחלתן׃ ויצו משה את־בני ישראל
ו על־פי יהוה לאמר כן מטה בני־יוסף דברים׃ זה הדבר אשר־צוה
יהוה לבנות צלפחד לאמר לטוב בעיניהם תהיינה לנשים
ז אך למשפחת מטה אביהם תהיינה לנשים׃ ולא־תסב נחלה
לבני ישראל ממטה אל־מטה כי איש בנחלת מטה אבתיו
ח ידבקו בני ישראל׃ וכל־בת ירשת נחלה ממטות בני ישראל
לאחד ממשפחת מטה אביה תהיה לאשה למען יירשו
ט בני ישראל איש נחלת אבתיו׃ ולא־תסב נחלה ממטה
י למטה אחר כי־איש בנחלתו ידבקו מטות בני ישראל׃ כאשר
יא צוה יהוה את־משה כן עשו בנות צלפחד׃ ותהיינה מחלה מפטיר
תרצה וחגלה ומלכה ונעה בנות צלפחד לבני דדיהן לנשים׃
יב ממשפחת בני־מנשה בן־יוסף היו לנשים ותהי נחלתן על־
יג מטה משפחת אביהן׃ אלה המצות והמשפטים אשר צוה
יהוה ביד־משה אל־בני ישראל בערבת מואב על ירדן ירחו׃

דברים

א אֵ֣לֶּה הַדְּבָרִ֗ים אֲשֶׁ֨ר דִּבֶּ֤ר מֹשֶׁה֙ אֶל־כָּל־יִשְׂרָאֵ֔ל בְּעֵ֖בֶר הַיַּרְדֵּ֑ן א
בַּמִּדְבָּ֡ר בָּֽעֲרָבָה֩ מ֨וֹל ס֜וּף בֵּֽין־פָּארָ֧ן וּבֵֽין־תֹּ֛פֶל וְלָבָ֥ן וַחֲצֵרֹ֖ת
ב וְדִ֥י זָהָֽב׃ אַחַ֨ד עָשָׂ֥ר יוֹם֙ מֵֽחֹרֵ֔ב דֶּ֖רֶךְ הַר־שֵׂעִ֑יר עַ֖ד קָדֵ֥שׁ בַּרְנֵֽעַ׃
ג וַיְהִי֙ בְּאַרְבָּעִ֣ים שָׁנָ֔ה בְּעַשְׁתֵּֽי־עָשָׂ֥ר חֹ֖דֶשׁ בְּאֶחָ֣ד לַחֹ֑דֶשׁ דִּבֶּ֤ר
ד מֹשֶׁה֙ אֶל־בְּנֵ֣י יִשְׂרָאֵ֔ל כְּ֠כֹל אֲשֶׁ֨ר צִוָּ֧ה יְהוָ֛ה אֹת֖וֹ אֲלֵהֶֽם׃ אַחֲרֵ֣י
הַכֹּת֗וֹ אֵ֚ת סִיחֹן֙ מֶ֣לֶךְ הָֽאֱמֹרִ֔י אֲשֶׁ֥ר יוֹשֵׁ֖ב בְּחֶשְׁבּ֑וֹן וְאֵ֗ת ע֚וֹג
ה מֶ֣לֶךְ הַבָּשָׁ֔ן אֲשֶׁר־יוֹשֵׁ֥ב בְּעַשְׁתָּרֹ֖ת בְּאֶדְרֶֽעִי׃ בְּעֵ֥בֶר הַיַּרְדֵּ֖ן
בְּאֶ֣רֶץ מוֹאָ֑ב הוֹאִ֣יל מֹשֶׁ֔ה בֵּאֵ֛ר אֶת־הַתּוֹרָ֥ה הַזֹּ֖את לֵאמֹֽר׃
ו יְהוָ֧ה אֱלֹהֵ֛ינוּ דִּבֶּ֥ר אֵלֵ֖ינוּ בְּחֹרֵ֣ב לֵאמֹ֑ר רַב־לָכֶ֥ם שֶׁ֖בֶת בָּהָ֥ר
ז הַזֶּֽה׃ פְּנ֣וּ ׀ וּסְע֣וּ לָכֶ֗ם וּבֹ֨אוּ הַ֥ר הָֽאֱמֹרִי֮ וְאֶל־כָּל־שְׁכֵנָיו֒ בָּעֲרָבָ֥ה
בָהָ֛ר וּבַשְּׁפֵלָ֥ה וּבַנֶּ֖גֶב וּבְח֣וֹף הַיָּ֑ם אֶ֤רֶץ הַֽכְּנַעֲנִי֙ וְהַלְּבָנ֔וֹן עַד־
ח הַנָּהָ֥ר הַגָּדֹ֖ל נְהַר־פְּרָֽת׃ רְאֵ֛ה נָתַ֥תִּי לִפְנֵיכֶ֖ם אֶת־הָאָ֑רֶץ בֹּ֚אוּ
וּרְשׁ֣וּ אֶת־הָאָ֔רֶץ אֲשֶׁ֣ר נִשְׁבַּ֣ע יְ֠הוָה לַאֲבֹ֨תֵיכֶ֜ם לְאַבְרָהָ֨ם לְיִצְחָ֤ק
ט וּֽלְיַעֲקֹב֙ לָתֵ֣ת לָהֶ֔ם וּלְזַרְעָ֖ם אַחֲרֵיהֶֽם׃ וָאֹמַ֣ר אֲלֵכֶ֔ם בָּעֵ֥ת הַהִ֖וא
י לֵאמֹ֑ר לֹא־אוּכַ֥ל לְבַדִּ֖י שְׂאֵ֥ת אֶתְכֶֽם׃ יְהוָ֥ה אֱלֹהֵיכֶ֖ם הִרְבָּ֣ה
יא אֶתְכֶ֑ם וְהִנְּכֶ֣ם הַיּ֔וֹם כְּכוֹכְבֵ֥י הַשָּׁמַ֖יִם לָרֹֽב׃ יְהוָ֞ה אֱלֹהֵ֣י אֲבוֹתֵכֶ֗ם שני
יֹסֵ֧ף עֲלֵיכֶ֛ם כָּכֶ֖ם אֶ֣לֶף פְּעָמִ֑ים וִיבָרֵ֣ךְ אֶתְכֶ֔ם כַּאֲשֶׁ֖ר דִּבֶּ֥ר לָכֶֽם׃
יב יג אֵיכָ֥ה אֶשָּׂ֖א לְבַדִּ֑י טָרְחֲכֶ֥ם וּמַֽשַּׂאֲכֶ֖ם וְרִֽיבְכֶֽם׃ הָב֣וּ לָ֠כֶם אֲנָשִׁ֨ים
יד חֲכָמִ֧ים וּנְבֹנִ֛ים וִידֻעִ֖ים לְשִׁבְטֵיכֶ֑ם וַאֲשִׂימֵ֖ם בְּרָאשֵׁיכֶֽם׃ וַתַּעֲנ֖וּ
טו אֹתִ֑י וַתֹּ֣אמְר֔וּ טוֹב־הַדָּבָ֥ר אֲשֶׁר־דִּבַּ֖רְתָּ לַעֲשֽׂוֹת׃ וָאֶקַּ֞ח אֶת־
רָאשֵׁ֣י שִׁבְטֵיכֶ֗ם אֲנָשִׁ֤ים חֲכָמִים֙ וִֽידֻעִ֔ים וָאֶתֵּ֥ן אֹתָ֛ם רָאשִׁ֖ים
עֲלֵיכֶ֑ם שָׂרֵ֨י אֲלָפִ֜ים וְשָׂרֵ֣י מֵא֗וֹת וְשָׂרֵ֤י חֲמִשִּׁים֙ וְשָׂרֵ֣י עֲשָׂרֹ֔ת
טז וְשֹׁטְרִ֖ים לְשִׁבְטֵיכֶֽם׃ וָאֲצַוֶּה֙ אֶת־שֹׁ֣פְטֵיכֶ֔ם בָּעֵ֥ת הַהִ֖וא לֵאמֹ֑ר
שָׁמֹ֤עַ בֵּין־אֲחֵיכֶם֙ וּשְׁפַטְתֶּ֣ם צֶ֔דֶק בֵּֽין־אִ֥ישׁ וּבֵין־אָחִ֖יו וּבֵ֥ין גֵּרֽוֹ׃
יז לֹא־תַכִּ֨ירוּ פָנִ֜ים בַּמִּשְׁפָּ֗ט כַּקָּטֹ֤ן כַּגָּדֹל֙ תִּשְׁמָע֔וּן לֹ֤א תָג֙וּרוּ֙
מִפְּנֵי־אִ֔ישׁ כִּ֥י הַמִּשְׁפָּ֖ט לֵאלֹהִ֣ים ה֑וּא וְהַדָּבָר֙ אֲשֶׁ֣ר יִקְשֶׁ֣ה מִכֶּ֔ם
יח תַּקְרִב֥וּן אֵלַ֖י וּשְׁמַעְתִּֽיו׃ וָאֲצַוֶּ֥ה אֶתְכֶ֖ם בָּעֵ֣ת הַהִ֑וא אֵ֥ת כָּל־

יט הַדְּבָרִים אֲשֶׁר תַּעֲשׂוּן: וַנִּסַּע מֵחֹרֵב וַנֵּלֶךְ אֵת כָּל־הַמִּדְבָּר
הַגָּדוֹל וְהַנּוֹרָא הַהוּא אֲשֶׁר רְאִיתֶם דֶּרֶךְ הַר הָאֱמֹרִי כַּאֲשֶׁר
כ צִוָּה יהוה אֱלֹהֵינוּ אֹתָנוּ וַנָּבֹא עַד קָדֵשׁ בַּרְנֵעַ: וָאֹמַר אֲלֵכֶם
כא בָּאתֶם עַד־הַר הָאֱמֹרִי אֲשֶׁר־יהוה אֱלֹהֵינוּ נֹתֵן לָנוּ: רְאֵה נָתַן
יהוה אֱלֹהֶיךָ לְפָנֶיךָ אֶת־הָאָרֶץ עֲלֵה רֵשׁ כַּאֲשֶׁר דִּבֶּר יהוה
כב אֱלֹהֵי אֲבֹתֶיךָ לָךְ אַל־תִּירָא וְאַל־תֵּחָת: וַתִּקְרְבוּן אֵלַי כֻּלְּכֶם שלישי
וַתֹּאמְרוּ נִשְׁלְחָה אֲנָשִׁים לְפָנֵינוּ וְיַחְפְּרוּ־לָנוּ אֶת־הָאָרֶץ וְיָשִׁבוּ
אֹתָנוּ דָּבָר אֶת־הַדֶּרֶךְ אֲשֶׁר נַעֲלֶה־בָּהּ וְאֵת הֶעָרִים אֲשֶׁר נָבֹא
כג אֲלֵיהֶן: וַיִּיטַב בְּעֵינַי הַדָּבָר וָאֶקַּח מִכֶּם שְׁנֵים עָשָׂר אֲנָשִׁים אִישׁ
כד אֶחָד לַשָּׁבֶט: וַיִּפְנוּ וַיַּעֲלוּ הָהָרָה וַיָּבֹאוּ עַד־נַחַל אֶשְׁכֹּל וַיְרַגְּלוּ
כה אֹתָהּ: וַיִּקְחוּ בְיָדָם מִפְּרִי הָאָרֶץ וַיּוֹרִדוּ אֵלֵינוּ וַיָּשִׁבוּ אֹתָנוּ
כו דָבָר וַיֹּאמְרוּ טוֹבָה הָאָרֶץ אֲשֶׁר־יהוה אֱלֹהֵינוּ נֹתֵן לָנוּ: וְלֹא
כז אֲבִיתֶם לַעֲלֹת וַתַּמְרוּ אֶת־פִּי יהוה אֱלֹהֵיכֶם: וַתֵּרָגְנוּ בְאָהֳלֵיכֶם
וַתֹּאמְרוּ בְּשִׂנְאַת יהוה אֹתָנוּ הוֹצִיאָנוּ מֵאֶרֶץ מִצְרָיִם לָתֵת
כח אֹתָנוּ בְּיַד הָאֱמֹרִי לְהַשְׁמִידֵנוּ: אָנָה ׀ אֲנַחְנוּ עֹלִים אַחֵינוּ הֵמַסּוּ
אֶת־לְבָבֵנוּ לֵאמֹר עַם גָּדוֹל וָרָם מִמֶּנּוּ עָרִים גְּדֹלֹת וּבְצוּרֹת
כט בַּשָּׁמָיִם וְגַם־בְּנֵי עֲנָקִים רָאִינוּ שָׁם: וָאֹמַר אֲלֵכֶם לֹא־תַעַרְצוּן
ל וְלֹא־תִירְאוּן מֵהֶם: יהוה אֱלֹהֵיכֶם הַהֹלֵךְ לִפְנֵיכֶם הוּא יִלָּחֵם
לא לָכֶם כְּכֹל אֲשֶׁר עָשָׂה אִתְּכֶם בְּמִצְרַיִם לְעֵינֵיכֶם: וּבַמִּדְבָּר
אֲשֶׁר רָאִיתָ אֲשֶׁר נְשָׂאֲךָ יהוה אֱלֹהֶיךָ כַּאֲשֶׁר יִשָּׂא־אִישׁ אֶת־
בְּנוֹ בְּכָל־הַדֶּרֶךְ אֲשֶׁר הֲלַכְתֶּם עַד־בֹּאֲכֶם עַד־הַמָּקוֹם הַזֶּה:
לב לג וּבַדָּבָר הַזֶּה אֵינְכֶם מַאֲמִינִם בַּיהוה אֱלֹהֵיכֶם: הַהֹלֵךְ לִפְנֵיכֶם
בַּדֶּרֶךְ לָתוּר לָכֶם מָקוֹם לַחֲנֹתְכֶם בָּאֵשׁ ׀ לַיְלָה לַרְאֹתְכֶם בַּדֶּרֶךְ
לד אֲשֶׁר תֵּלְכוּ־בָהּ וּבֶעָנָן יוֹמָם: וַיִּשְׁמַע יהוה אֶת־קוֹל דִּבְרֵיכֶם
לה וַיִּקְצֹף וַיִּשָּׁבַע לֵאמֹר: אִם־יִרְאֶה אִישׁ בָּאֲנָשִׁים הָאֵלֶּה הַדּוֹר
הָרָע הַזֶּה אֵת הָאָרֶץ הַטּוֹבָה אֲשֶׁר נִשְׁבַּעְתִּי לָתֵת לַאֲבֹתֵיכֶם:
לו זוּלָתִי כָּלֵב בֶּן־יְפֻנֶּה הוּא יִרְאֶנָּה וְלוֹ־אֶתֵּן אֶת־הָאָרֶץ אֲשֶׁר

לו דרך־בה ולבניו יען אשר מלא אחרי יהוה: גם־בי התאנף
לח יהוה בגללכם לאמר גם־אתה לא־תבא שם: יהושע בן־נון
העמד לפניך הוא יבא שמה אתו חזק כי־הוא ינחלנה את־
לט ישראל: וטפכם אשר אמרתם לבז יהיה ובניכם אשר לא־ רביעי
ידעו היום טוב ורע המה יבאו שמה ולהם אתננה והם
מ מא יירשוה: ואתם פנו לכם וסעו המדברה דרך ים־סוף: ותענו ׀
ותאמרו אלי חטאנו ליהוה אנחנו נעלה ונלחמנו ככל אשר־
צונו יהוה אלהינו ותחגרו איש את־כלי מלחמתו ותהינו
מב לעלת ההרה: ויאמר יהוה אלי אמר להם לא תעלו ולא
מג תלחמו כי אינני בקרבכם ולא תנגפו לפני איביכם: ואדבר
אליכם ולא שמעתם ותמרו את־פי יהוה ותזדו ותעלו ההרה:
מד ויצא האמרי הישב בהר ההוא לקראתכם וירדפו אתכם
כאשר תעשינה הדברים ויכתו אתכם בשעיר עד־חרמה:
מה ותשבו ותבכו לפני יהוה ולא־שמע יהוה בקלכם ולא האזין
מו אליכם: ותשבו בקדש ימים רבים כימים אשר ישבתם:
ב א ונפן ונסע המדברה דרך ים־סוף כאשר דבר יהוה אלי ונסב
ב את־הר־שעיר ימים רבים: ויאמר יהוה אלי ב חמישי
ג ד לאמר: רב־לכם סב את־ההר הזה פנו לכם צפנה: ואת־העם
צו לאמר אתם עברים בגבול אחיכם בני־עשו הישבים
ה בשעיר וייראו מכם ונשמרתם מאד: אל־תתגרו בם כי לא־
אתן לכם מארצם עד מדרך כף־רגל כי־ירשה לעשו נתתי
ו את־הר שעיר: אכל תשברו מאתם בכסף ואכלתם וגם־
ז מים תכרו מאתם בכסף ושתיתם: כי יהוה אלהיך ברכך
בכל מעשה ידך ידע לכתך את־המדבר הגדל הזה זה ׀ ארבעים
ח שנה יהוה אלהיך עמך לא חסרת דבר: ונעבר מאת אחינו
בני־עשו הישבים בשעיר מדרך הערבה מאילת ומעצין
ט גבר ונפן ונעבר דרך מדבר מואב: ויאמר

יְהוָה אֵלַי אַל־תָּצַר אֶת־מוֹאָב וְאַל־תִּתְגָּר בָּם מִלְחָמָה כִּי
לֹא־אֶתֵּן לְךָ מֵאַרְצוֹ יְרֻשָּׁה כִּי לִבְנֵי־לוֹט נָתַתִּי אֶת־עָר יְרֻשָּׁה׃
הָאֵמִים לְפָנִים יָשְׁבוּ בָהּ עַם גָּדוֹל וְרַב וָרָם כַּעֲנָקִים׃ רְפָאִים י יא
יֵחָשְׁבוּ אַף־הֵם כַּעֲנָקִים וְהַמֹּאָבִים יִקְרְאוּ לָהֶם אֵמִים׃ וּבְשֵׂעִיר יב
יָשְׁבוּ הַחֹרִים לְפָנִים וּבְנֵי עֵשָׂו יִירָשׁוּם וַיַּשְׁמִידוּם מִפְּנֵיהֶם וַיֵּשְׁבוּ
תַּחְתָּם כַּאֲשֶׁר עָשָׂה יִשְׂרָאֵל לְאֶרֶץ יְרֻשָּׁתוֹ אֲשֶׁר־נָתַן יְהוָה
לָהֶם׃ עַתָּה קֻמוּ וְעִבְרוּ לָכֶם אֶת־נַחַל זָרֶד וַנַּעֲבֹר אֶת־נַחַל זָרֶד׃ יג
וְהַיָּמִים אֲשֶׁר־הָלַכְנוּ ׀ מִקָּדֵשׁ בַּרְנֵעַ עַד אֲשֶׁר־עָבַרְנוּ אֶת־נַחַל יד
זֶרֶד שְׁלֹשִׁים וּשְׁמֹנֶה שָׁנָה עַד־תֹּם כָּל־הַדּוֹר אַנְשֵׁי הַמִּלְחָמָה
מִקֶּרֶב הַמַּחֲנֶה כַּאֲשֶׁר נִשְׁבַּע יְהוָה לָהֶם׃ וְגַם יַד־יְהוָה הָיְתָה בָּם טו
לְהֻמָּם מִקֶּרֶב הַמַּחֲנֶה עַד תֻּמָּם׃ וַיְהִי כַאֲשֶׁר־תַּמּוּ כָּל־אַנְשֵׁי טז
הַמִּלְחָמָה לָמוּת מִקֶּרֶב הָעָם׃ וַיְדַבֵּר יְהוָה אֵלַי יז
לֵאמֹר׃ אַתָּה עֹבֵר הַיּוֹם אֶת־גְּבוּל מוֹאָב אֶת־עָר׃ וְקָרַבְתָּ יח יט
מוּל בְּנֵי עַמּוֹן אַל־תְּצֻרֵם וְאַל־תִּתְגָּר בָּם כִּי לֹא־אֶתֵּן מֵאֶרֶץ
בְּנֵי־עַמּוֹן לְךָ יְרֻשָּׁה כִּי לִבְנֵי־לוֹט נְתַתִּיהָ יְרֻשָּׁה׃ אֶרֶץ־רְפָאִים כ
תֵּחָשֵׁב אַף־הִוא רְפָאִים יָשְׁבוּ־בָהּ לְפָנִים וְהָעַמֹּנִים יִקְרְאוּ לָהֶם
זַמְזֻמִּים׃ עַם גָּדוֹל וְרַב וָרָם כַּעֲנָקִים וַיַּשְׁמִידֵם יְהוָה מִפְּנֵיהֶם כא
וַיִּירָשֻׁם וַיֵּשְׁבוּ תַחְתָּם׃ כַּאֲשֶׁר עָשָׂה לִבְנֵי עֵשָׂו הַיֹּשְׁבִים בְּשֵׂעִיר כב
אֲשֶׁר הִשְׁמִיד אֶת־הַחֹרִי מִפְּנֵיהֶם וַיִּירָשֻׁם וַיֵּשְׁבוּ תַחְתָּם עַד הַיּוֹם
הַזֶּה׃ וְהָעַוִּים הַיֹּשְׁבִים בַּחֲצֵרִים עַד־עַזָּה כַּפְתֹּרִים הַיֹּצְאִים כג
מִכַּפְתּוֹר הִשְׁמִידֻם וַיֵּשְׁבוּ תַחְתָּם׃ קוּמוּ סְעוּ וְעִבְרוּ אֶת־נַחַל כד
אַרְנֹן רְאֵה נָתַתִּי בְיָדְךָ אֶת־סִיחֹן מֶלֶךְ־חֶשְׁבּוֹן הָאֱמֹרִי וְאֶת־
אַרְצוֹ הָחֵל רָשׁ וְהִתְגָּר בּוֹ מִלְחָמָה׃ הַיּוֹם הַזֶּה אָחֵל תֵּת פַּחְדְּךָ כה
וְיִרְאָתְךָ עַל־פְּנֵי הָעַמִּים תַּחַת כָּל־הַשָּׁמָיִם אֲשֶׁר יִשְׁמְעוּן שִׁמְעֲךָ
וְרָגְזוּ וְחָלוּ מִפָּנֶיךָ׃ וָאֶשְׁלַח מַלְאָכִים מִמִּדְבַּר קְדֵמוֹת אֶל־ כו
סִיחוֹן מֶלֶךְ חֶשְׁבּוֹן דִּבְרֵי שָׁלוֹם לֵאמֹר׃ אֶעְבְּרָה בְאַרְצֶךָ בַּדֶּרֶךְ כז
בַּדֶּרֶךְ אֵלֵךְ לֹא אָסוּר יָמִין וּשְׂמֹאול׃ אֹכֶל בַּכֶּסֶף תַּשְׁבִּרֵנִי כח

וְאָכַלְתִּי וּמַיִם בַּכֶּסֶף תִּתֶּן־לִי וְשָׁתִיתִי רַק אֶעְבְּרָה בְרַגְלָי:
כט כַּאֲשֶׁר עָשׂוּ־לִי בְּנֵי עֵשָׂו הַיֹּשְׁבִים בְּשֵׂעִיר וְהַמּוֹאָבִים הַיֹּשְׁבִים
בְּעָר עַד אֲשֶׁר־אֶעֱבֹר אֶת־הַיַּרְדֵּן אֶל־הָאָרֶץ אֲשֶׁר־יְהוָה
ל אֱלֹהֵינוּ נֹתֵן לָנוּ: וְלֹא אָבָה סִיחֹן מֶלֶךְ חֶשְׁבּוֹן הַעֲבִרֵנוּ בּוֹ
כִּי־הִקְשָׁה יְהוָה אֱלֹהֶיךָ אֶת־רוּחוֹ וְאִמֵּץ אֶת־לְבָבוֹ לְמַעַן תִּתּוֹ
לא בְיָדְךָ כַּיּוֹם הַזֶּה: וַיֹּאמֶר יְהוָה אֵלַי רְאֵה הַחִלֹּתִי ג ששי
תֵּת לְפָנֶיךָ אֶת־סִיחֹן וְאֶת־אַרְצוֹ הָחֵל רָשׁ לָרֶשֶׁת אֶת־אַרְצוֹ:
לב לג וַיֵּצֵא סִיחֹן לִקְרָאתֵנוּ הוּא וְכָל־עַמּוֹ לַמִּלְחָמָה יָהְצָה: וַיִּתְּנֵהוּ
לד יְהוָה אֱלֹהֵינוּ לְפָנֵינוּ וַנַּךְ אֹתוֹ וְאֶת־בָּנָו וְאֶת־כָּל־עַמּוֹ: וַנִּלְכֹּד
אֶת־כָּל־עָרָיו בָּעֵת הַהִוא וַנַּחֲרֵם אֶת־כָּל־עִיר מְתִם וְהַנָּשִׁים
לה וְהַטָּף לֹא הִשְׁאַרְנוּ שָׂרִיד: רַק הַבְּהֵמָה בָּזַזְנוּ לָנוּ וּשְׁלַל הֶעָרִים
לו אֲשֶׁר לָכָדְנוּ: מֵעֲרֹעֵר אֲשֶׁר עַל־שְׂפַת־נַחַל אַרְנֹן וְהָעִיר אֲשֶׁר
בַּנַּחַל וְעַד־הַגִּלְעָד לֹא הָיְתָה קִרְיָה אֲשֶׁר שָׂגְבָה מִמֶּנּוּ אֶת־
לז הַכֹּל נָתַן יְהוָה אֱלֹהֵינוּ לְפָנֵינוּ: רַק אֶל־אֶרֶץ בְּנֵי־עַמּוֹן לֹא
קָרָבְתָּ כָּל־יַד נַחַל יַבֹּק וְעָרֵי הָהָר וְכֹל אֲשֶׁר־צִוָּה יְהוָה אֱלֹהֵינוּ:
ג א וַנֵּפֶן וַנַּעַל דֶּרֶךְ הַבָּשָׁן וַיֵּצֵא עוֹג מֶלֶךְ־הַבָּשָׁן לִקְרָאתֵנוּ הוּא
ב וְכָל־עַמּוֹ לַמִּלְחָמָה אֶדְרֶעִי: וַיֹּאמֶר יְהוָה אֵלַי אַל־תִּירָא אֹתוֹ
כִּי בְיָדְךָ נָתַתִּי אֹתוֹ וְאֶת־כָּל־עַמּוֹ וְאֶת־אַרְצוֹ וְעָשִׂיתָ לּוֹ כַּאֲשֶׁר
ג עָשִׂיתָ לְסִיחֹן מֶלֶךְ הָאֱמֹרִי אֲשֶׁר יוֹשֵׁב בְּחֶשְׁבּוֹן: וַיִּתֵּן יְהוָה
אֱלֹהֵינוּ בְּיָדֵנוּ גַּם אֶת־עוֹג מֶלֶךְ־הַבָּשָׁן וְאֶת־כָּל־עַמּוֹ וַנַּכֵּהוּ
ד עַד־בִּלְתִּי הִשְׁאִיר־לוֹ שָׂרִיד: וַנִּלְכֹּד אֶת־כָּל־עָרָיו בָּעֵת הַהִוא
לֹא הָיְתָה קִרְיָה אֲשֶׁר לֹא־לָקַחְנוּ מֵאִתָּם שִׁשִּׁים עִיר כָּל־חֶבֶל
ה אַרְגֹּב מַמְלֶכֶת עוֹג בַּבָּשָׁן: כָּל־אֵלֶּה עָרִים בְּצֻרֹת חוֹמָה גְבֹהָה
ו דְּלָתַיִם וּבְרִיחַ לְבַד מֵעָרֵי הַפְּרָזִי הַרְבֵּה מְאֹד: וַנַּחֲרֵם אוֹתָם
כַּאֲשֶׁר עָשִׂינוּ לְסִיחֹן מֶלֶךְ חֶשְׁבּוֹן הַחֲרֵם כָּל־עִיר מְתִם הַנָּשִׁים
ז ח וְהַטָּף: וְכָל־הַבְּהֵמָה וּשְׁלַל הֶעָרִים בַּזּוֹנוּ לָנוּ: וַנִּקַּח בָּעֵת הַהִוא
אֶת־הָאָרֶץ מִיַּד שְׁנֵי מַלְכֵי הָאֱמֹרִי אֲשֶׁר בְּעֵבֶר הַיַּרְדֵּן מִנַּחַל

ארנן עד־הר חרמון׃ צידנים יקראו לחרמון שרין והאמרי ט
יקראו־לו שניר׃ כל ׀ ערי המישר וכל־הגלעד וכל־הבשן עד־ י
סלכה ואדרעי ערי ממלכת עוג בבשן׃ כי רק־עוג מלך הבשן יא
נשאר מיתר הרפאים הנה ערשו ערש ברזל הלה הוא ברבת
בני עמון תשע אמות ארכה וארבע אמות רחבה באמת־
איש׃ ואת־הארץ הזאת ירשנו בעת ההוא מערער אשר־על־ יב
נחל ארנן וחצי הר־הגלעד ועריו נתתי לראובני ולגדי׃ ויתר יג
הגלעד וכל־הבשן ממלכת עוג נתתי לחצי שבט המנשה
כל חבל הארגב לכל־הבשן ההוא יקרא ארץ רפאים׃ יאיר יד
בן־מנשה לקח את־כל־חבל ארגב עד־גבול הגשורי והמעכתי
ויקרא אתם על־שמו את־הבשן חות יאיר עד היום הזה׃
שביעי ולמכיר נתתי את־הגלעד׃ ולראובני ולגדי נתתי מן־הגלעד טו טז
ועד־נחל ארנן תוך הנחל וגבל ועד יבק הנחל גבול בני עמון׃
והערבה והירדן וגבל מכנרת ועד ים הערבה ים המלח תחת יז
אשדת הפסגה מזרחה׃ ואצו אתכם בעת ההוא לאמר יהוה יח
אלהיכם נתן לכם את־הארץ הזאת לרשתה חלוצים תעברו
לפני אחיכם בני־ישראל כל־בני־חיל׃ רק נשיכם וטפכם יט
ומקנכם ידעתי כי־מקנה רב לכם ישבו בעריכם אשר נתתי
מפטיר לכם׃ עד אשר־יניח יהוה ׀ לאחיכם ככם וירשו גם־הם את־ כ
הארץ אשר יהוה אלהיכם נתן להם בעבר הירדן ושבתם
איש לירשתו אשר נתתי לכם׃ ואת־יהושוע צויתי בעת כא
ההוא לאמר עיניך הראת את כל־אשר עשה יהוה אלהיכם
לשני המלכים האלה כן־יעשה יהוה לכל־הממלכות אשר
אתה עבר שמה׃ לא תיראום כי יהוה אלהיכם הוא הנלחם כב
ואתחנן ד לכם׃ ואתחנן אל־יהוה בעת ההוא לאמר׃ כג
אדני יהוה אתה החלות להראות את־עבדך את־גדלך ואת־ כד
ידך החזקה אשר מי־אל בשמים ובארץ אשר־יעשה כמעשיך

כה וּכִגְבוּרֹתֶךָ׃ אֶעְבְּרָה־נָּא וְאֶרְאֶה אֶת־הָאָרֶץ הַטּוֹבָה אֲשֶׁר בְּעֵבֶר
כו הַיַּרְדֵּן הָהָר הַטּוֹב הַזֶּה וְהַלְּבָנֹן׃ וַיִּתְעַבֵּר יְהוָה בִּי לְמַעַנְכֶם
וְלֹא שָׁמַע אֵלָי וַיֹּאמֶר יְהוָה אֵלַי רַב־לָךְ אַל־תּוֹסֶף דַּבֵּר אֵלַי
כז עוֹד בַּדָּבָר הַזֶּה׃ עֲלֵה ׀ רֹאשׁ הַפִּסְגָּה וְשָׂא עֵינֶיךָ יָמָּה וְצָפֹנָה
וְתֵימָנָה וּמִזְרָחָה וּרְאֵה בְעֵינֶיךָ כִּי־לֹא תַעֲבֹר אֶת־הַיַּרְדֵּן הַזֶּה׃
כח וְצַו אֶת־יְהוֹשֻׁעַ וְחַזְּקֵהוּ וְאַמְּצֵהוּ כִּי־הוּא יַעֲבֹר לִפְנֵי הָעָם הַזֶּה
כט וְהוּא יַנְחִיל אוֹתָם אֶת־הָאָרֶץ אֲשֶׁר תִּרְאֶה׃ וַנֵּשֶׁב בַּגָּיְא מוּל
בֵּית פְּעוֹר׃

ד א וְעַתָּה יִשְׂרָאֵל שְׁמַע אֶל־הַחֻקִּים וְאֶל־הַמִּשְׁפָּטִים אֲשֶׁר אָנֹכִי
מְלַמֵּד אֶתְכֶם לַעֲשׂוֹת לְמַעַן תִּחְיוּ וּבָאתֶם וִירִשְׁתֶּם אֶת־הָאָרֶץ
ב אֲשֶׁר יְהוָה אֱלֹהֵי אֲבֹתֵיכֶם נֹתֵן לָכֶם׃ לֹא תֹסִפוּ עַל־הַדָּבָר
אֲשֶׁר אָנֹכִי מְצַוֶּה אֶתְכֶם וְלֹא תִגְרְעוּ מִמֶּנּוּ לִשְׁמֹר אֶת־מִצְוֹת
ג יְהוָה אֱלֹהֵיכֶם אֲשֶׁר אָנֹכִי מְצַוֶּה אֶתְכֶם׃ עֵינֵיכֶם הָרֹאוֹת אֵת
אֲשֶׁר־עָשָׂה יְהוָה בְּבַעַל פְּעוֹר כִּי כָל־הָאִישׁ אֲשֶׁר הָלַךְ אַחֲרֵי
ד בַעַל־פְּעוֹר הִשְׁמִידוֹ יְהוָה אֱלֹהֶיךָ מִקִּרְבֶּךָ׃ וְאַתֶּם הַדְּבֵקִים
ה בַּיהוָה אֱלֹהֵיכֶם חַיִּים כֻּלְּכֶם הַיּוֹם׃ רְאֵה ׀ לִמַּדְתִּי אֶתְכֶם חֻקִּים שני
וּמִשְׁפָּטִים כַּאֲשֶׁר צִוַּנִי יְהוָה אֱלֹהָי לַעֲשׂוֹת כֵּן בְּקֶרֶב הָאָרֶץ
ו אֲשֶׁר אַתֶּם בָּאִים שָׁמָּה לְרִשְׁתָּהּ׃ וּשְׁמַרְתֶּם וַעֲשִׂיתֶם כִּי הִוא
חָכְמַתְכֶם וּבִינַתְכֶם לְעֵינֵי הָעַמִּים אֲשֶׁר יִשְׁמְעוּן אֵת כָּל־הַחֻקִּים
ז הָאֵלֶּה וְאָמְרוּ רַק עַם־חָכָם וְנָבוֹן הַגּוֹי הַגָּדוֹל הַזֶּה׃ כִּי מִי־
גוֹי גָּדוֹל אֲשֶׁר־לוֹ אֱלֹהִים קְרֹבִים אֵלָיו כַּיהוָה אֱלֹהֵינוּ בְּכָל־
ח קָרְאֵנוּ אֵלָיו׃ וּמִי גּוֹי גָּדוֹל אֲשֶׁר־לוֹ חֻקִּים וּמִשְׁפָּטִים צַדִּיקִם
ט כְּכֹל הַתּוֹרָה הַזֹּאת אֲשֶׁר אָנֹכִי נֹתֵן לִפְנֵיכֶם הַיּוֹם׃ רַק הִשָּׁמֶר
לְךָ וּשְׁמֹר נַפְשְׁךָ מְאֹד פֶּן־תִּשְׁכַּח אֶת־הַדְּבָרִים אֲשֶׁר־רָאוּ
עֵינֶיךָ וּפֶן־יָסוּרוּ מִלְּבָבְךָ כֹּל יְמֵי חַיֶּיךָ וְהוֹדַעְתָּם לְבָנֶיךָ וְלִבְנֵי
י בָנֶיךָ׃ יוֹם אֲשֶׁר עָמַדְתָּ לִפְנֵי יְהוָה אֱלֹהֶיךָ בְּחֹרֵב בֶּאֱמֹר יְהוָה
אֵלַי הַקְהֶל־לִי אֶת־הָעָם וְאַשְׁמִעֵם אֶת־דְּבָרָי אֲשֶׁר יִלְמְדוּן

לְיִרְאָה אֹתִי כָּל־הַיָּמִים אֲשֶׁר הֵם חַיִּים עַל־הָאֲדָמָה וְאֶת־
יא בְּנֵיהֶם יְלַמֵּדוּן׃ וַתִּקְרְבוּן וַתַּעַמְדוּן תַּחַת הָהָר וְהָהָר בֹּעֵר
יב בָּאֵשׁ עַד־לֵב הַשָּׁמַיִם חֹשֶׁךְ עָנָן וַעֲרָפֶל׃ וַיְדַבֵּר יְהוָה אֲלֵיכֶם
מִתּוֹךְ הָאֵשׁ קוֹל דְּבָרִים אַתֶּם שֹׁמְעִים וּתְמוּנָה אֵינְכֶם רֹאִים
יג זוּלָתִי קוֹל׃ וַיַּגֵּד לָכֶם אֶת־בְּרִיתוֹ אֲשֶׁר צִוָּה אֶתְכֶם לַעֲשׂוֹת
יד עֲשֶׂרֶת הַדְּבָרִים וַיִּכְתְּבֵם עַל־שְׁנֵי לֻחוֹת אֲבָנִים׃ וְאֹתִי צִוָּה
יְהוָה בָּעֵת הַהִוא לְלַמֵּד אֶתְכֶם חֻקִּים וּמִשְׁפָּטִים לַעֲשֹׂתְכֶם
טו אֹתָם בָּאָרֶץ אֲשֶׁר אַתֶּם עֹבְרִים שָׁמָּה לְרִשְׁתָּהּ׃ וְנִשְׁמַרְתֶּם
מְאֹד לְנַפְשֹׁתֵיכֶם כִּי לֹא רְאִיתֶם כָּל־תְּמוּנָה בְּיוֹם דִּבֶּר יְהוָה
טז אֲלֵיכֶם בְּחֹרֵב מִתּוֹךְ הָאֵשׁ׃ פֶּן־תַּשְׁחִתוּן וַעֲשִׂיתֶם לָכֶם פֶּסֶל
יז תְּמוּנַת כָּל־סָמֶל תַּבְנִית זָכָר אוֹ נְקֵבָה׃ תַּבְנִית כָּל־בְּהֵמָה אֲשֶׁר
יח בָּאָרֶץ תַּבְנִית כָּל־צִפּוֹר כָּנָף אֲשֶׁר תָּעוּף בַּשָּׁמָיִם׃ תַּבְנִית כָּל־
רֹמֵשׂ בָּאֲדָמָה תַּבְנִית כָּל־דָּגָה אֲשֶׁר־בַּמַּיִם מִתַּחַת לָאָרֶץ׃
יט וּפֶן־תִּשָּׂא עֵינֶיךָ הַשָּׁמַיְמָה וְרָאִיתָ אֶת־הַשֶּׁמֶשׁ וְאֶת־הַיָּרֵחַ
וְאֶת־הַכּוֹכָבִים כֹּל צְבָא הַשָּׁמַיִם וְנִדַּחְתָּ וְהִשְׁתַּחֲוִיתָ לָהֶם
וַעֲבַדְתָּם אֲשֶׁר חָלַק יְהוָה אֱלֹהֶיךָ אֹתָם לְכֹל הָעַמִּים תַּחַת
כ כָּל־הַשָּׁמָיִם׃ וְאֶתְכֶם לָקַח יְהוָה וַיּוֹצִא אֶתְכֶם מִכּוּר הַבַּרְזֶל
כא מִמִּצְרָיִם לִהְיוֹת לוֹ לְעַם נַחֲלָה כַּיּוֹם הַזֶּה׃ וַיהוָה הִתְאַנַּף־
בִּי עַל־דִּבְרֵיכֶם וַיִּשָּׁבַע לְבִלְתִּי עָבְרִי אֶת־הַיַּרְדֵּן וּלְבִלְתִּי־בֹא
כב אֶל־הָאָרֶץ הַטּוֹבָה אֲשֶׁר יְהוָה אֱלֹהֶיךָ נֹתֵן לְךָ נַחֲלָה׃ כִּי אָנֹכִי
מֵת בָּאָרֶץ הַזֹּאת אֵינֶנִּי עֹבֵר אֶת־הַיַּרְדֵּן וְאַתֶּם עֹבְרִים וִירִשְׁתֶּם
כג אֶת־הָאָרֶץ הַטּוֹבָה הַזֹּאת׃ הִשָּׁמְרוּ לָכֶם פֶּן־תִּשְׁכְּחוּ אֶת־בְּרִית
יְהוָה אֱלֹהֵיכֶם אֲשֶׁר כָּרַת עִמָּכֶם וַעֲשִׂיתֶם לָכֶם פֶּסֶל תְּמוּנַת
כד כֹּל אֲשֶׁר צִוְּךָ יְהוָה אֱלֹהֶיךָ׃ כִּי יְהוָה אֱלֹהֶיךָ אֵשׁ אֹכְלָה הוּא
אֵל קַנָּא׃

כה כִּי־תוֹלִיד בָּנִים וּבְנֵי בָנִים וְנוֹשַׁנְתֶּם בָּאָרֶץ וְהִשְׁחַתֶּם וַעֲשִׂיתֶם
פֶּסֶל תְּמוּנַת כֹּל וַעֲשִׂיתֶם הָרַע בְּעֵינֵי־יְהוָה אֱלֹהֶיךָ לְהַכְעִיסוֹ׃

כו העידתי בכם היום את־השמים ואת־הארץ כי־אבד תאבדון
מהר מעל הארץ אשר אתם עברים את־הירדן שמה לרשתה
כז לא־תאריכן ימים עליה כי השמד תשמדון: והפיץ יהוה אתכם
בעמים ונשארתם מתי מספר בגוים אשר ינהג יהוה אתכם
כח שמה: ועבדתם־שם אלהים מעשה ידי אדם עץ ואבן אשר
כט לא־יראון ולא ישמעון ולא יאכלון ולא יריחן: ובקשתם משם
את־יהוה אלהיך ומצאת כי תדרשנו בכל־לבבך ובכל־
ל נפשך: בצר לך ומצאוך כל הדברים האלה באחרית הימים
לא ושבת עד־יהוה אלהיך ושמעת בקלו: כי אל רחום יהוה
אלהיך לא ירפך ולא ישחיתך ולא ישכח את־ברית אבתיך
לב אשר נשבע להם: כי שאל־נא לימים ראשנים אשר־היו לפניך
למן־היום אשר ברא אלהים ׀ אדם על־הארץ ולמקצה השמים
ועד־קצה השמים הנהיה כדבר הגדול הזה או הנשמע כמהו:
לג השמע עם קול אלהים מדבר מתוך־האש כאשר־שמעת
לד אתה ויחי: או ׀ הנסה אלהים לבוא לקחת לו גוי מקרב גוי
במסת באתת ובמופתים ובמלחמה וביד חזקה ובזרוע נטויה
ובמוראים גדלים ככל אשר־עשה לכם יהוה אלהיכם במצרים
לה לעיניך: אתה הראת לדעת כי יהוה הוא האלהים אין עוד
לו מלבדו: מן־השמים השמיעך את־קלו ליסרך ועל־הארץ
לז הראך את־אשו הגדולה ודבריו שמעת מתוך האש: ותחת
כי אהב את־אבתיך ויבחר בזרעו אחריו ויוצאך בפניו בכחו
לח הגדל ממצרים: להוריש גוים גדלים ועצמים ממך מפניך
לט להביאך לתת־לך את־ארצם נחלה כיום הזה: וידעת היום
והשבת אל־לבבך כי יהוה הוא האלהים בשמים ממעל ועל־
מ הארץ מתחת אין עוד: ושמרת את־חקיו ואת־מצותיו אשר אנכי
מצוך היום אשר ייטב לך ולבניך אחריך ולמען תאריך ימים על־
האדמה אשר יהוה אלהיך נתן לך כל־הימים:

שלישי ה אָז יַבְדִּיל מֹשֶׁה שָׁלֹשׁ עָרִים בְּעֵבֶר הַיַּרְדֵּן מִזְרְחָה שָׁמֶשׁ: לָנֻס מא מב
שָׁמָּה רוֹצֵחַ אֲשֶׁר יִרְצַח אֶת־רֵעֵהוּ בִּבְלִי־דַעַת וְהוּא לֹא־שֹׂנֵא
לוֹ מִתְּמֹל שִׁלְשֹׁם וְנָס אֶל־אַחַת מִן־הֶעָרִים הָאֵל וָחָי: אֶת־בֶּצֶר מג
בַּמִּדְבָּר בְּאֶרֶץ הַמִּישֹׁר לָראוּבֵנִי וְאֶת־רָאמֹת בַּגִּלְעָד לַגָּדִי
וְאֶת־גּוֹלָן בַּבָּשָׁן לַמְנַשִּׁי: וְזֹאת הַתּוֹרָה אֲשֶׁר־שָׂם מֹשֶׁה לִפְנֵי מד
בְּנֵי יִשְׂרָאֵל: אֵלֶּה הָעֵדֹת וְהַחֻקִּים וְהַמִּשְׁפָּטִים אֲשֶׁר דִּבֶּר מֹשֶׁה מה
אֶל־בְּנֵי יִשְׂרָאֵל בְּצֵאתָם מִמִּצְרָיִם: בְּעֵבֶר הַיַּרְדֵּן בַּגַּיְא מוּל מו
בֵּית פְּעוֹר בְּאֶרֶץ סִיחֹן מֶלֶךְ הָאֱמֹרִי אֲשֶׁר יוֹשֵׁב בְּחֶשְׁבּוֹן אֲשֶׁר
הִכָּה מֹשֶׁה וּבְנֵי יִשְׂרָאֵל בְּצֵאתָם מִמִּצְרָיִם: וַיִּירְשׁוּ אֶת־אַרְצוֹ מז
וְאֶת־אֶרֶץ ׀ עוֹג מֶלֶךְ־הַבָּשָׁן שְׁנֵי מַלְכֵי הָאֱמֹרִי אֲשֶׁר בְּעֵבֶר
הַיַּרְדֵּן מִזְרַח שָׁמֶשׁ: מֵעֲרֹעֵר אֲשֶׁר עַל־שְׂפַת־נַחַל אַרְנֹן וְעַד־הַר מח
שִׂיאֹן הוּא חֶרְמוֹן: וְכָל־הָעֲרָבָה עֵבֶר הַיַּרְדֵּן מִזְרָחָה וְעַד יָם מט
הָעֲרָבָה תַּחַת אַשְׁדֹּת הַפִּסְגָּה:

רביעי וַיִּקְרָא מֹשֶׁה אֶל־כָּל־יִשְׂרָאֵל וַיֹּאמֶר אֲלֵהֶם שְׁמַע יִשְׂרָאֵל א ה
אֶת־הַחֻקִּים וְאֶת־הַמִּשְׁפָּטִים אֲשֶׁר אָנֹכִי דֹּבֵר בְּאָזְנֵיכֶם הַיּוֹם
וּלְמַדְתֶּם אֹתָם וּשְׁמַרְתֶּם לַעֲשֹׂתָם: יְהוָה אֱלֹהֵינוּ כָּרַת עִמָּנוּ ב
בְּרִית בְּחֹרֵב: לֹא אֶת־אֲבֹתֵינוּ כָּרַת יְהוָה אֶת־הַבְּרִית הַזֹּאת ג
כִּי אִתָּנוּ אֲנַחְנוּ אֵלֶּה פֹה הַיּוֹם כֻּלָּנוּ חַיִּים: פָּנִים ׀ בְּפָנִים דִּבֶּר ד
יְהוָה עִמָּכֶם בָּהָר מִתּוֹךְ הָאֵשׁ: אָנֹכִי עֹמֵד בֵּין־יְהוָה וּבֵינֵיכֶם ה
בָּעֵת הַהִוא לְהַגִּיד לָכֶם אֶת־דְּבַר יְהוָה כִּי יְרֵאתֶם מִפְּנֵי הָאֵשׁ
וְלֹא־עֲלִיתֶם בָּהָר לֵאמֹר: אָנֹכִי יְהוָה אֱלֹהֶיךָ ו
אֲשֶׁר הוֹצֵאתִיךָ מֵאֶרֶץ מִצְרַיִם מִבֵּית עֲבָדִים: לֹא־יִהְיֶה לְךָ ז
אֱלֹהִים אֲחֵרִים עַל־פָּנָי: לֹא־תַעֲשֶׂה לְךָ פֶסֶל כָּל־תְּמוּנָה ח
אֲשֶׁר בַּשָּׁמַיִם מִמַּעַל וַאֲשֶׁר בָּאָרֶץ מִתָּחַת וַאֲשֶׁר בַּמַּיִם
מִתַּחַת לָאָרֶץ: לֹא־תִשְׁתַּחֲוֶה לָהֶם וְלֹא תָעָבְדֵם כִּי אָנֹכִי יְהוָה ט
אֱלֹהֶיךָ אֵל קַנָּא פֹּקֵד עֲוֺן אָבוֹת עַל־בָּנִים וְעַל־שִׁלֵּשִׁים
וְעַל־רִבֵּעִים לְשֹׂנְאָי: וְעֹשֶׂה חֶסֶד לַאֲלָפִים לְאֹהֲבַי וּלְשֹׁמְרֵי י

יא מצותו: לא תשא את־שם־יהוה אלהיך לשוא כי לא מצותי
יב ינקה יהוה את אשר־ישא את־שמו לשוא: שמור
יג את־יום השבת לקדשו כאשר צוך יהוה אלהיך: ששת ימים
יד תעבד ועשית כל־מלאכתך: ויום השביעי שבת ליהוה
אלהיך לא־תעשה כל־מלאכה אתה ׀ ובנך־ובתך ועבדך־
ואמתך ושורך וחמרך וכל־בהמתך וגרך אשר בשעריך למען
טו ינוח עבדך ואמתך כמוך: וזכרת כי עבד היית בארץ מצרים
ויצאך יהוה אלהיך משם ביד חזקה ובזרע נטויה על־כן צוך
טז יהוה אלהיך לעשות את־יום השבת: כבד
את־אביך ואת־אמך כאשר צוך יהוה אלהיך למען ׀ יאריכן
ימיך ולמען ייטב לך על האדמה אשר־יהוה אלהיך נתן
יז לך: לא תרצח ולא
תנאף ולא תגנב ולא־
יח תענה ברעך עד שוא: ולא
תחמד אשת רעך ולא
תתאוה בית רעך שדהו ועבדו ואמתו שורו וחמרו וכל אשר
יט לרעך: את־הדברים האלה דבר יהוה אל־כל־ חמישי
קהלכם בהר מתוך האש הענן והערפל קול גדול ולא יסף
כ ויכתבם על־שני לחת אבנים ויתנם אלי: ויהי כשמעכם את־
הקול מתוך החשך וההר בער באש ותקרבון אלי כל־ראשי
כא שבטיכם וזקניכם: ותאמרו הן הראנו יהוה אלהינו את־כבדו
ואת־גדלו ואת־קלו שמענו מתוך האש היום הזה ראינו כי־
כב ידבר אלהים את־האדם וחי: ועתה למה נמות כי תאכלנו
האש הגדלה הזאת אם־יספים ׀ אנחנו לשמע את־קול יהוה
כג אלהינו עוד ומתנו: כי מי כל־בשר אשר שמע קול אלהים
כד חיים מדבר מתוך־האש כמנו ויחי: קרב אתה ושמע את כל־
אשר יאמר יהוה אלהינו ואת ׀ תדבר אלינו את כל־אשר

יְדַבֵּר יהוה אֱלֹהֵינוּ אֵלֶיךָ וְשָׁמַעְנוּ וְעָשִׂינוּ׃ וַיִּשְׁמַע יהוה אֶת־ כה
קוֹל דִּבְרֵיכֶם בְּדַבֶּרְכֶם אֵלָי וַיֹּאמֶר יהוה אֵלַי שָׁמַעְתִּי אֶת־קוֹל
דִּבְרֵי הָעָם הַזֶּה אֲשֶׁר דִּבְּרוּ אֵלֶיךָ הֵיטִיבוּ כָּל־אֲשֶׁר דִּבֵּרוּ׃ מִי־ כו
יִתֵּן וְהָיָה לְבָבָם זֶה לָהֶם לְיִרְאָה אֹתִי וְלִשְׁמֹר אֶת־כָּל־מִצְוֺתַי
כָּל־הַיָּמִים לְמַעַן יִיטַב לָהֶם וְלִבְנֵיהֶם לְעֹלָם׃ לֵךְ אֱמֹר לָהֶם שׁוּבוּ כז
לָכֶם לְאָהֳלֵיכֶם׃ וְאַתָּה פֹּה עֲמֹד עִמָּדִי וַאֲדַבְּרָה אֵלֶיךָ אֵת כָּל־ כח
הַמִּצְוָה וְהַחֻקִּים וְהַמִּשְׁפָּטִים אֲשֶׁר תְּלַמְּדֵם וְעָשׂוּ בָאָרֶץ אֲשֶׁר
אָנֹכִי נֹתֵן לָהֶם לְרִשְׁתָּהּ׃ וּשְׁמַרְתֶּם לַעֲשׂוֹת כַּאֲשֶׁר צִוָּה יהוה כט
אֱלֹהֵיכֶם אֶתְכֶם לֹא תָסֻרוּ יָמִין וּשְׂמֹאל׃ בְּכָל־הַדֶּרֶךְ אֲשֶׁר צִוָּה ל
יהוה אֱלֹהֵיכֶם אֶתְכֶם תֵּלֵכוּ לְמַעַן תִּחְיוּן וְטוֹב לָכֶם וְהַאֲרַכְתֶּם
יָמִים בָּאָרֶץ אֲשֶׁר תִּירָשׁוּן׃ וְזֹאת הַמִּצְוָה הַחֻקִּים וְהַמִּשְׁפָּטִים ו א
אֲשֶׁר צִוָּה יהוה אֱלֹהֵיכֶם לְלַמֵּד אֶתְכֶם לַעֲשׂוֹת בָּאָרֶץ אֲשֶׁר
אַתֶּם עֹבְרִים שָׁמָּה לְרִשְׁתָּהּ׃ לְמַעַן תִּירָא אֶת־יהוה אֱלֹהֶיךָ ב
לִשְׁמֹר אֶת־כָּל־חֻקֹּתָיו וּמִצְוֺתָיו אֲשֶׁר אָנֹכִי מְצַוֶּךָ אַתָּה וּבִנְךָ
וּבֶן־בִּנְךָ כֹּל יְמֵי חַיֶּיךָ וּלְמַעַן יַאֲרִכֻן יָמֶיךָ׃ וְשָׁמַעְתָּ יִשְׂרָאֵל ג
וְשָׁמַרְתָּ לַעֲשׂוֹת אֲשֶׁר יִיטַב לְךָ וַאֲשֶׁר תִּרְבּוּן מְאֹד כַּאֲשֶׁר דִּבֶּר
יהוה אֱלֹהֵי אֲבֹתֶיךָ לָךְ אֶרֶץ זָבַת חָלָב וּדְבָשׁ׃

ששי ו שְׁמַע יִשְׂרָאֵל יהוה אֱלֹהֵינוּ יהוה ׀ אֶחָד׃ וְאָהַבְתָּ אֵת יהוה ד ה
אֱלֹהֶיךָ בְּכָל־לְבָבְךָ וּבְכָל־נַפְשְׁךָ וּבְכָל־מְאֹדֶךָ׃ וְהָיוּ הַדְּבָרִים ו
הָאֵלֶּה אֲשֶׁר אָנֹכִי מְצַוְּךָ הַיּוֹם עַל־לְבָבֶךָ׃ וְשִׁנַּנְתָּם לְבָנֶיךָ ז
וְדִבַּרְתָּ בָּם בְּשִׁבְתְּךָ בְּבֵיתֶךָ וּבְלֶכְתְּךָ בַדֶּרֶךְ וּבְשָׁכְבְּךָ וּבְקוּמֶךָ׃
וּקְשַׁרְתָּם לְאוֹת עַל־יָדֶךָ וְהָיוּ לְטֹטָפֹת בֵּין עֵינֶיךָ׃ וּכְתַבְתָּם ח ט
עַל־מְזֻזוֹת בֵּיתֶךָ וּבִשְׁעָרֶיךָ׃ וְהָיָה כִּי־יְבִיאֲךָ ׀ יהוה י
אֱלֹהֶיךָ אֶל־הָאָרֶץ אֲשֶׁר נִשְׁבַּע לַאֲבֹתֶיךָ לְאַבְרָהָם לְיִצְחָק
וּלְיַעֲקֹב לָתֶת לָךְ עָרִים גְּדֹלֹת וְטֹבֹת אֲשֶׁר לֹא־בָנִיתָ׃ וּבָתִּים יא
מְלֵאִים כָּל־טוּב אֲשֶׁר לֹא־מִלֵּאתָ וּבֹרֹת חֲצוּבִים אֲשֶׁר לֹא־
חָצַבְתָּ כְּרָמִים וְזֵיתִים אֲשֶׁר לֹא־נָטָעְתָּ וְאָכַלְתָּ וְשָׂבָעְתָּ׃ הִשָּׁמֶר יב

לְךָ פֶּן־תִּשְׁכַּח אֶת־יְהוָה אֲשֶׁר הוֹצִיאֲךָ מֵאֶרֶץ מִצְרַיִם מִבֵּית
עֲבָדִים׃ אֶת־יְהוָה אֱלֹהֶיךָ תִּירָא וְאֹתוֹ תַעֲבֹד וּבִשְׁמוֹ תִּשָּׁבֵעַ׃ לֹא יג יד
תֵלְכוּן אַחֲרֵי אֱלֹהִים אֲחֵרִים מֵאֱלֹהֵי הָעַמִּים אֲשֶׁר סְבִיבוֹתֵיכֶם׃
כִּי אֵל קַנָּא יְהוָה אֱלֹהֶיךָ בְּקִרְבֶּךָ פֶּן־יֶחֱרֶה אַף־יְהוָה אֱלֹהֶיךָ טו
בָּךְ וְהִשְׁמִידְךָ מֵעַל פְּנֵי הָאֲדָמָה׃ לֹא תְנַסּוּ אֶת־ טז
יְהוָה אֱלֹהֵיכֶם כַּאֲשֶׁר נִסִּיתֶם בַּמַּסָּה׃ שָׁמוֹר תִּשְׁמְרוּן אֶת־ יז
מִצְוֹת יְהוָה אֱלֹהֵיכֶם וְעֵדֹתָיו וְחֻקָּיו אֲשֶׁר צִוָּךְ׃ וְעָשִׂיתָ הַיָּשָׁר יח
וְהַטּוֹב בְּעֵינֵי יְהוָה לְמַעַן יִיטַב לָךְ וּבָאתָ וְיָרַשְׁתָּ אֶת־הָאָרֶץ
הַטֹּבָה אֲשֶׁר־נִשְׁבַּע יְהוָה לַאֲבֹתֶיךָ׃ לַהֲדֹף אֶת־כָּל־אֹיְבֶיךָ יט
מִפָּנֶיךָ כַּאֲשֶׁר דִּבֶּר יְהוָה׃ כִּי־יִשְׁאָלְךָ בִנְךָ מָחָר כ
לֵאמֹר מָה הָעֵדֹת וְהַחֻקִּים וְהַמִּשְׁפָּטִים אֲשֶׁר צִוָּה יְהוָה אֱלֹהֵינוּ
אֶתְכֶם׃ וְאָמַרְתָּ לְבִנְךָ עֲבָדִים הָיִינוּ לְפַרְעֹה בְּמִצְרָיִם וַיֹּצִיאֵנוּ כא
יְהוָה מִמִּצְרַיִם בְּיָד חֲזָקָה׃ וַיִּתֵּן יְהוָה אוֹתֹת וּמֹפְתִים גְּדֹלִים כב
וְרָעִים ׀ בְּמִצְרַיִם בְּפַרְעֹה וּבְכָל־בֵּיתוֹ לְעֵינֵינוּ׃ וְאוֹתָנוּ הוֹצִיא כג
מִשָּׁם לְמַעַן הָבִיא אֹתָנוּ לָתֶת לָנוּ אֶת־הָאָרֶץ אֲשֶׁר נִשְׁבַּע
לַאֲבֹתֵינוּ׃ וַיְצַוֵּנוּ יְהוָה לַעֲשׂוֹת אֶת־כָּל־הַחֻקִּים הָאֵלֶּה לְיִרְאָה כד
אֶת־יְהוָה אֱלֹהֵינוּ לְטוֹב לָנוּ כָּל־הַיָּמִים לְחַיֹּתֵנוּ כְּהַיּוֹם הַזֶּה׃
וּצְדָקָה תִּהְיֶה־לָּנוּ כִּי־נִשְׁמֹר לַעֲשׂוֹת אֶת־כָּל־הַמִּצְוָה הַזֹּאת כה
שביעי לִפְנֵי יְהוָה אֱלֹהֵינוּ כַּאֲשֶׁר צִוָּנוּ׃ כִּי יְבִיאֲךָ יְהוָה ז א
אֱלֹהֶיךָ אֶל־הָאָרֶץ אֲשֶׁר־אַתָּה בָא־שָׁמָּה לְרִשְׁתָּהּ וְנָשַׁל גּוֹיִם־
רַבִּים ׀ מִפָּנֶיךָ הַחִתִּי וְהַגִּרְגָּשִׁי וְהָאֱמֹרִי וְהַכְּנַעֲנִי וְהַפְּרִזִּי וְהַחִוִּי
וְהַיְבוּסִי שִׁבְעָה גוֹיִם רַבִּים וַעֲצוּמִים מִמֶּךָּ׃ וּנְתָנָם יְהוָה אֱלֹהֶיךָ ב
לְפָנֶיךָ וְהִכִּיתָם הַחֲרֵם תַּחֲרִים אֹתָם לֹא־תִכְרֹת לָהֶם בְּרִית
וְלֹא תְחָנֵּם׃ וְלֹא תִתְחַתֵּן בָּם בִּתְּךָ לֹא־תִתֵּן לִבְנוֹ וּבִתּוֹ לֹא־ ג
תִקַּח לִבְנֶךָ׃ כִּי־יָסִיר אֶת־בִּנְךָ מֵאַחֲרַי וְעָבְדוּ אֱלֹהִים אֲחֵרִים ד
וְחָרָה אַף־יְהוָה בָּכֶם וְהִשְׁמִידְךָ מַהֵר׃ כִּי אִם־כֹּה תַעֲשׂוּ ה
לָהֶם מִזְבְּחֹתֵיהֶם תִּתֹּצוּ וּמַצֵּבֹתָם תְּשַׁבֵּרוּ וַאֲשֵׁירֵהֶם תְּגַדֵּעוּן

וּפְסִילֵיהֶם תִּשְׂרְפוּן בָּאֵשׁ׃ כִּי עַם קָדוֹשׁ אַתָּה לַיהוָה אֱלֹהֶיךָ ו
בְּךָ בָּחַר ׀ יְהוָה אֱלֹהֶיךָ לִהְיוֹת לוֹ לְעַם סְגֻלָּה מִכֹּל הָעַמִּים
אֲשֶׁר עַל־פְּנֵי הָאֲדָמָה׃ לֹא מֵרֻבְּכֶם מִכָּל־הָעַמִּים חָשַׁק יְהוָה ז
בָּכֶם וַיִּבְחַר בָּכֶם כִּי־אַתֶּם הַמְעַט מִכָּל־הָעַמִּים׃ כִּי מֵאַהֲבַת ח
יְהוָה אֶתְכֶם וּמִשָּׁמְרוֹ אֶת־הַשְּׁבֻעָה אֲשֶׁר נִשְׁבַּע לַאֲבֹתֵיכֶם
הוֹצִיא יְהוָה אֶתְכֶם בְּיָד חֲזָקָה וַיִּפְדְּךָ מִבֵּית עֲבָדִים מִיַּד פַּרְעֹה
מפטיר מֶלֶךְ־מִצְרָיִם׃ וְיָדַעְתָּ כִּי־יְהוָה אֱלֹהֶיךָ הוּא הָאֱלֹהִים הָאֵל ט
הַנֶּאֱמָן שֹׁמֵר הַבְּרִית וְהַחֶסֶד לְאֹהֲבָיו וּלְשֹׁמְרֵי מִצְוֹתָו לְאֶלֶף
דּוֹר׃ וּמְשַׁלֵּם לְשֹׂנְאָיו אֶל־פָּנָיו לְהַאֲבִידוֹ לֹא יְאַחֵר לְשֹׂנְאוֹ אֶל־ י
פָּנָיו יְשַׁלֶּם־לוֹ׃ וְשָׁמַרְתָּ אֶת־הַמִּצְוָה וְאֶת־הַחֻקִּים וְאֶת־הַמִּשְׁפָּטִים יא
אֲשֶׁר אָנֹכִי מְצַוְּךָ הַיּוֹם לַעֲשׂוֹתָם׃

עקב ז וְהָיָה ׀ עֵקֶב תִּשְׁמְעוּן אֵת הַמִּשְׁפָּטִים הָאֵלֶּה וּשְׁמַרְתֶּם וַעֲשִׂיתֶם יב
אֹתָם וְשָׁמַר יְהוָה אֱלֹהֶיךָ לְךָ אֶת־הַבְּרִית וְאֶת־הַחֶסֶד אֲשֶׁר
נִשְׁבַּע לַאֲבֹתֶיךָ׃ וַאֲהֵבְךָ וּבֵרַכְךָ וְהִרְבֶּךָ וּבֵרַךְ פְּרִי־בִטְנְךָ וּפְרִי־ יג
אַדְמָתֶךָ דְּגָנְךָ וְתִירֹשְׁךָ וְיִצְהָרֶךָ שְׁגַר־אֲלָפֶיךָ וְעַשְׁתְּרֹת צֹאנֶךָ
עַל הָאֲדָמָה אֲשֶׁר־נִשְׁבַּע לַאֲבֹתֶיךָ לָתֶת לָךְ׃ בָּרוּךְ תִּהְיֶה מִכָּל־ יד
הָעַמִּים לֹא־יִהְיֶה בְךָ עָקָר וַעֲקָרָה וּבִבְהֶמְתֶּךָ׃ וְהֵסִיר יְהוָה טו
מִמְּךָ כָּל־חֹלִי וְכָל־מַדְוֵי מִצְרַיִם הָרָעִים אֲשֶׁר יָדַעְתָּ לֹא יְשִׂימָם
בָּךְ וּנְתָנָם בְּכָל־שֹׂנְאֶיךָ׃ וְאָכַלְתָּ אֶת־כָּל־הָעַמִּים אֲשֶׁר יְהוָה טז
אֱלֹהֶיךָ נֹתֵן לָךְ לֹא־תָחוֹס עֵינְךָ עֲלֵיהֶם וְלֹא תַעֲבֹד אֶת־אֱלֹהֵיהֶם
כִּי־מוֹקֵשׁ הוּא לָךְ׃ כִּי תֹאמַר בִּלְבָבְךָ רַבִּים יז
הַגּוֹיִם הָאֵלֶּה מִמֶּנִּי אֵיכָה אוּכַל לְהוֹרִישָׁם׃ לֹא תִירָא מֵהֶם זָכֹר יח
תִּזְכֹּר אֵת אֲשֶׁר־עָשָׂה יְהוָה אֱלֹהֶיךָ לְפַרְעֹה וּלְכָל־מִצְרָיִם׃
הַמַּסֹּת הַגְּדֹלֹת אֲשֶׁר־רָאוּ עֵינֶיךָ וְהָאֹתֹת וְהַמֹּפְתִים וְהַיָּד הַחֲזָקָה יט
וְהַזְּרֹעַ הַנְּטוּיָה אֲשֶׁר הוֹצִאֲךָ יְהוָה אֱלֹהֶיךָ כֵּן־יַעֲשֶׂה יְהוָה אֱלֹהֶיךָ
לְכָל־הָעַמִּים אֲשֶׁר־אַתָּה יָרֵא מִפְּנֵיהֶם׃ וְגַם אֶת־הַצִּרְעָה כ
יְשַׁלַּח יְהוָה אֱלֹהֶיךָ בָּם עַד־אֲבֹד הַנִּשְׁאָרִים וְהַנִּסְתָּרִים מִפָּנֶיךָ׃

כא לֹא תַעֲרֹץ מִפְּנֵיהֶם כִּי־יְהוָה אֱלֹהֶיךָ בְּקִרְבֶּךָ אֵל גָּדוֹל וְנוֹרָא׃
כב וְנָשַׁל יְהוָה אֱלֹהֶיךָ אֶת־הַגּוֹיִם הָאֵל מִפָּנֶיךָ מְעַט מְעָט לֹא
כג תוּכַל כַּלֹּתָם מַהֵר פֶּן־תִּרְבֶּה עָלֶיךָ חַיַּת הַשָּׂדֶה׃ וּנְתָנָם יְהוָה
כד אֱלֹהֶיךָ לְפָנֶיךָ וְהָמָם מְהוּמָה גְדֹלָה עַד הִשָּׁמְדָם׃ וְנָתַן מַלְכֵיהֶם
בְּיָדֶךָ וְהַאֲבַדְתָּ אֶת־שְׁמָם מִתַּחַת הַשָּׁמָיִם לֹא־יִתְיַצֵּב אִישׁ בְּפָנֶיךָ
כה עַד הִשְׁמִדְךָ אֹתָם׃ פְּסִילֵי אֱלֹהֵיהֶם תִּשְׂרְפוּן בָּאֵשׁ לֹא־תַחְמֹד
כֶּסֶף וְזָהָב עֲלֵיהֶם וְלָקַחְתָּ לָךְ פֶּן תִּוָּקֵשׁ בּוֹ כִּי תוֹעֲבַת יְהוָה
כו אֱלֹהֶיךָ הוּא׃ וְלֹא־תָבִיא תוֹעֵבָה אֶל־בֵּיתֶךָ וְהָיִיתָ חֵרֶם כָּמֹהוּ
שַׁקֵּץ ׀ תְּשַׁקְּצֶנּוּ וְתַעֵב ׀ תְּתַעֲבֶנּוּ כִּי־חֵרֶם הוּא׃
ח א כָּל־הַמִּצְוָה אֲשֶׁר אָנֹכִי מְצַוְּךָ הַיּוֹם תִּשְׁמְרוּן לַעֲשׂוֹת לְמַעַן
תִּחְיוּן וּרְבִיתֶם וּבָאתֶם וִירִשְׁתֶּם אֶת־הָאָרֶץ אֲשֶׁר־נִשְׁבַּע יְהוָה
ב לַאֲבֹתֵיכֶם׃ וְזָכַרְתָּ אֶת־כָּל־הַדֶּרֶךְ אֲשֶׁר הוֹלִיכְךָ יְהוָה אֱלֹהֶיךָ
זֶה אַרְבָּעִים שָׁנָה בַּמִּדְבָּר לְמַעַן עַנֹּתְךָ לְנַסֹּתְךָ לָדַעַת אֶת־
ג אֲשֶׁר בִּלְבָבְךָ הֲתִשְׁמֹר מִצְוֺתָו אִם־לֹא׃ וַיְעַנְּךָ וַיַּרְעִבֶךָ וַיַּאֲכִלְךָ
אֶת־הַמָּן אֲשֶׁר לֹא־יָדַעְתָּ וְלֹא יָדְעוּן אֲבֹתֶיךָ לְמַעַן הוֹדִיעֲךָ
כִּי לֹא עַל־הַלֶּחֶם לְבַדּוֹ יִחְיֶה הָאָדָם כִּי עַל־כָּל־מוֹצָא פִי־
ד יְהוָה יִחְיֶה הָאָדָם׃ שִׂמְלָתְךָ לֹא בָלְתָה מֵעָלֶיךָ וְרַגְלְךָ לֹא
ה בָצֵקָה זֶה אַרְבָּעִים שָׁנָה׃ וְיָדַעְתָּ עִם־לְבָבֶךָ כִּי כַּאֲשֶׁר יְיַסֵּר
ו אִישׁ אֶת־בְּנוֹ יְהוָה אֱלֹהֶיךָ מְיַסְּרֶךָּ׃ וְשָׁמַרְתָּ אֶת־מִצְוֺת יְהוָה
ז אֱלֹהֶיךָ לָלֶכֶת בִּדְרָכָיו וּלְיִרְאָה אֹתוֹ׃ כִּי יְהוָה אֱלֹהֶיךָ מְבִיאֲךָ
אֶל־אֶרֶץ טוֹבָה אֶרֶץ נַחֲלֵי מָיִם עֲיָנֹת וּתְהֹמֹת יֹצְאִים בַּבִּקְעָה
ח וּבָהָר׃ אֶרֶץ חִטָּה וּשְׂעֹרָה וְגֶפֶן וּתְאֵנָה וְרִמּוֹן אֶרֶץ־זֵית שֶׁמֶן
ט וּדְבָשׁ׃ אֶרֶץ אֲשֶׁר לֹא בְמִסְכֵּנֻת תֹּאכַל־בָּהּ לֶחֶם לֹא־תֶחְסַר
כֹּל בָּהּ אֶרֶץ אֲשֶׁר אֲבָנֶיהָ בַרְזֶל וּמֵהֲרָרֶיהָ תַּחְצֹב נְחֹשֶׁת׃
י וְאָכַלְתָּ וְשָׂבָעְתָּ וּבֵרַכְתָּ אֶת־יְהוָה אֱלֹהֶיךָ עַל־הָאָרֶץ הַטֹּבָה
יא אֲשֶׁר נָתַן־לָךְ׃ הִשָּׁמֶר לְךָ פֶּן־תִּשְׁכַּח אֶת־יְהוָה אֱלֹהֶיךָ לְבִלְתִּי שני
יב שְׁמֹר מִצְוֺתָיו וּמִשְׁפָּטָיו וְחֻקֹּתָיו אֲשֶׁר אָנֹכִי מְצַוְּךָ הַיּוֹם׃ פֶּן־

יג תֹּאכַל וְשָׂבָעְתָּ וּבָתִּים טֹבִים תִּבְנֶה וְיָשָׁבְתָּ׃ וּבְקָרְךָ וְצֹאנְךָ
יד יִרְבְּיֻן וְכֶסֶף וְזָהָב יִרְבֶּה־לָּךְ וְכֹל אֲשֶׁר־לְךָ יִרְבֶּה׃ וְרָם לְבָבֶךָ
וְשָׁכַחְתָּ אֶת־יהוה אֱלֹהֶיךָ הַמּוֹצִיאֲךָ מֵאֶרֶץ מִצְרַיִם מִבֵּית
טו עֲבָדִים׃ הַמּוֹלִיכֲךָ בַּמִּדְבָּר ׀ הַגָּדֹל וְהַנּוֹרָא נָחָשׁ ׀ שָׂרָף וְעַקְרָב
וְצִמָּאוֹן אֲשֶׁר אֵין־מָיִם הַמּוֹצִיא לְךָ מַיִם מִצּוּר הַחַלָּמִישׁ׃
טז הַמַּאֲכִלְךָ מָן בַּמִּדְבָּר אֲשֶׁר לֹא־יָדְעוּן אֲבֹתֶיךָ לְמַעַן עַנֹּתְךָ
יז וּלְמַעַן נַסֹּתֶךָ לְהֵיטִבְךָ בְּאַחֲרִיתֶךָ׃ וְאָמַרְתָּ בִּלְבָבֶךָ כֹּחִי וְעֹצֶם
יח יָדִי עָשָׂה לִי אֶת־הַחַיִל הַזֶּה׃ וְזָכַרְתָּ אֶת־יהוה אֱלֹהֶיךָ כִּי הוּא
הַנֹּתֵן לְךָ כֹּחַ לַעֲשׂוֹת חָיִל לְמַעַן הָקִים אֶת־בְּרִיתוֹ אֲשֶׁר־נִשְׁבַּע
לַאֲבֹתֶיךָ כַּיּוֹם הַזֶּה׃

יט וְהָיָה אִם־שָׁכֹחַ תִּשְׁכַּח אֶת־יהוה אֱלֹהֶיךָ וְהָלַכְתָּ אַחֲרֵי אֱלֹהִים
אֲחֵרִים וַעֲבַדְתָּם וְהִשְׁתַּחֲוִיתָ לָהֶם הַעִדֹתִי בָכֶם הַיּוֹם כִּי אָבֹד
כ תֹּאבֵדוּן׃ כַּגּוֹיִם אֲשֶׁר יהוה מַאֲבִיד מִפְּנֵיכֶם כֵּן תֹּאבֵדוּן עֵקֶב
לֹא תִשְׁמְעוּן בְּקוֹל יהוה אֱלֹהֵיכֶם׃

ט א שְׁמַע יִשְׂרָאֵל אַתָּה עֹבֵר הַיּוֹם אֶת־הַיַּרְדֵּן לָבֹא לָרֶשֶׁת גּוֹיִם ח
ב גְּדֹלִים וַעֲצֻמִים מִמֶּךָּ עָרִים גְּדֹלֹת וּבְצֻרֹת בַּשָּׁמָיִם׃ עַם־גָּדוֹל
וָרָם בְּנֵי עֲנָקִים אֲשֶׁר אַתָּה יָדַעְתָּ וְאַתָּה שָׁמַעְתָּ מִי יִתְיַצֵּב לִפְנֵי
ג בְּנֵי עֲנָק׃ וְיָדַעְתָּ הַיּוֹם כִּי יהוה אֱלֹהֶיךָ הוּא־הָעֹבֵר לְפָנֶיךָ אֵשׁ
אֹכְלָה הוּא יַשְׁמִידֵם וְהוּא יַכְנִיעֵם לְפָנֶיךָ וְהוֹרַשְׁתָּם וְהַאֲבַדְתָּם
ד מַהֵר כַּאֲשֶׁר דִּבֶּר יהוה לָךְ׃ אַל־תֹּאמַר בִּלְבָבְךָ בַּהֲדֹף יהוה שלישי
אֱלֹהֶיךָ אֹתָם ׀ מִלְּפָנֶיךָ לֵאמֹר בְּצִדְקָתִי הֱבִיאַנִי יהוה לָרֶשֶׁת
אֶת־הָאָרֶץ הַזֹּאת וּבְרִשְׁעַת הַגּוֹיִם הָאֵלֶּה יהוה מוֹרִישָׁם מִפָּנֶיךָ׃
ה לֹא בְצִדְקָתְךָ וּבְיֹשֶׁר לְבָבְךָ אַתָּה בָא לָרֶשֶׁת אֶת־אַרְצָם כִּי
בְּרִשְׁעַת ׀ הַגּוֹיִם הָאֵלֶּה יהוה אֱלֹהֶיךָ מוֹרִישָׁם מִפָּנֶיךָ וּלְמַעַן
הָקִים אֶת־הַדָּבָר אֲשֶׁר נִשְׁבַּע יהוה לַאֲבֹתֶיךָ לְאַבְרָהָם לְיִצְחָק
ו וּלְיַעֲקֹב׃ וְיָדַעְתָּ כִּי לֹא בְצִדְקָתְךָ יהוה אֱלֹהֶיךָ נֹתֵן לְךָ אֶת־
ז הָאָרֶץ הַטּוֹבָה הַזֹּאת לְרִשְׁתָּהּ כִּי עַם־קְשֵׁה־עֹרֶף אָתָּה׃ זְכֹר

אַל־תִּשְׁכַּח אֵת אֲשֶׁר־הִקְצַפְתָּ אֶת־יְהוָה אֱלֹהֶיךָ בַּמִּדְבָּר לְמִן־
הַיּוֹם אֲשֶׁר־יָצָאתָ ׀ מֵאֶרֶץ מִצְרַיִם עַד־בֹּאֲכֶם עַד־הַמָּקוֹם הַזֶּה
ח מַמְרִים הֱיִיתֶם עִם־יְהוָה׃ וּבְחֹרֵב הִקְצַפְתֶּם אֶת־יְהוָה וַיִּתְאַנַּף
ט יְהוָה בָּכֶם לְהַשְׁמִיד אֶתְכֶם׃ בַּעֲלֹתִי הָהָרָה לָקַחַת לוּחֹת
הָאֲבָנִים לוּחֹת הַבְּרִית אֲשֶׁר־כָּרַת יְהוָה עִמָּכֶם וָאֵשֵׁב בָּהָר
אַרְבָּעִים יוֹם וְאַרְבָּעִים לַיְלָה לֶחֶם לֹא אָכַלְתִּי וּמַיִם לֹא שָׁתִיתִי׃
י וַיִּתֵּן יְהוָה אֵלַי אֶת־שְׁנֵי לוּחֹת הָאֲבָנִים כְּתֻבִים בְּאֶצְבַּע אֱלֹהִים
וַעֲלֵיהֶם כְּכָל־הַדְּבָרִים אֲשֶׁר דִּבֶּר יְהוָה עִמָּכֶם בָּהָר מִתּוֹךְ הָאֵשׁ
יא בְּיוֹם הַקָּהָל׃ וַיְהִי מִקֵּץ אַרְבָּעִים יוֹם וְאַרְבָּעִים לַיְלָה נָתַן יְהוָה
יב אֵלַי אֶת־שְׁנֵי לֻחֹת הָאֲבָנִים לֻחוֹת הַבְּרִית׃ וַיֹּאמֶר יְהוָה אֵלַי קוּם
רֵד מַהֵר מִזֶּה כִּי שִׁחֵת עַמְּךָ אֲשֶׁר הוֹצֵאתָ מִמִּצְרָיִם סָרוּ מַהֵר
יג מִן־הַדֶּרֶךְ אֲשֶׁר צִוִּיתִם עָשׂוּ לָהֶם מַסֵּכָה׃ וַיֹּאמֶר יְהוָה אֵלַי
יד לֵאמֹר רָאִיתִי אֶת־הָעָם הַזֶּה וְהִנֵּה עַם־קְשֵׁה־עֹרֶף הוּא׃ הֶרֶף
מִמֶּנִּי וְאַשְׁמִידֵם וְאֶמְחֶה אֶת־שְׁמָם מִתַּחַת הַשָּׁמָיִם וְאֶעֱשֶׂה
טו אוֹתְךָ לְגוֹי־עָצוּם וָרָב מִמֶּנּוּ׃ וָאֵפֶן וָאֵרֵד מִן־הָהָר וְהָהָר בֹּעֵר
טז בָּאֵשׁ וּשְׁנֵי לוּחֹת הַבְּרִית עַל שְׁתֵּי יָדָי׃ וָאֵרֶא וְהִנֵּה חֲטָאתֶם
לַיהוָה אֱלֹהֵיכֶם עֲשִׂיתֶם לָכֶם עֵגֶל מַסֵּכָה סַרְתֶּם מַהֵר מִן־
יז הַדֶּרֶךְ אֲשֶׁר־צִוָּה יְהוָה אֶתְכֶם׃ וָאֶתְפֹּשׂ בִּשְׁנֵי הַלֻּחֹת וָאַשְׁלִכֵם
יח מֵעַל שְׁתֵּי יָדָי וָאֲשַׁבְּרֵם לְעֵינֵיכֶם׃ וָאֶתְנַפַּל לִפְנֵי יְהוָה כָּרִאשֹׁנָה
אַרְבָּעִים יוֹם וְאַרְבָּעִים לַיְלָה לֶחֶם לֹא אָכַלְתִּי וּמַיִם לֹא שָׁתִיתִי
עַל כָּל־חַטַּאתְכֶם אֲשֶׁר חֲטָאתֶם לַעֲשׂוֹת הָרַע בְּעֵינֵי יְהוָה
יט לְהַכְעִיסוֹ׃ כִּי יָגֹרְתִּי מִפְּנֵי הָאַף וְהַחֵמָה אֲשֶׁר קָצַף יְהוָה עֲלֵיכֶם
כ לְהַשְׁמִיד אֶתְכֶם וַיִּשְׁמַע יְהוָה אֵלַי גַּם בַּפַּעַם הַהִוא׃ וּבְאַהֲרֹן
הִתְאַנַּף יְהוָה מְאֹד לְהַשְׁמִידוֹ וָאֶתְפַּלֵּל גַּם־בְּעַד אַהֲרֹן בָּעֵת
כא הַהִוא׃ וְאֶת־חַטַּאתְכֶם אֲשֶׁר־עֲשִׂיתֶם אֶת־הָעֵגֶל לָקַחְתִּי וָאֶשְׂרֹף
אֹתוֹ ׀ בָּאֵשׁ וָאֶכֹּת אֹתוֹ טָחוֹן הֵיטֵב עַד אֲשֶׁר־דַּק לְעָפָר וָאַשְׁלִךְ
כב אֶת־עֲפָרוֹ אֶל־הַנַּחַל הַיֹּרֵד מִן־הָהָר׃ וּבְתַבְעֵרָה וּבְמַסָּה

כג ובקברת התאוה מקצפים הייתם את־יהוה: ובשלח יהוה
אתכם מקדש ברנע לאמר עלו ורשו את־הארץ אשר נתתי
לכם ותמרו את־פי יהוה אלהיכם ולא האמנתם לו ולא
כד שמעתם בקלו: ממרים הייתם עם־יהוה מיום דעתי אתכם:
כה ואתנפל לפני יהוה את־ארבעים היום ואת־ארבעים הלילה
כו אשר התנפלתי כי־אמר יהוה להשמיד אתכם: ואתפלל
אל־יהוה ואמר אדני יהוה אל־תשחת עמך ונחלתך אשר
כז פדית בגדלך אשר־הוצאת ממצרים ביד חזקה: זכר לעבדיך
לאברהם ליצחק וליעקב אל־תפן אל־קשי העם הזה ואל־
כח רשעו ואל־חטאתו: פן־יאמרו הארץ אשר הוצאתנו משם
מבלי יכלת יהוה להביאם אל־הארץ אשר־דבר להם ומשנאתו
כט אותם הוציאם להמתם במדבר: והם עמך ונחלתך אשר
הוצאת בכחך הגדל ובזרעך הנטויה:

י א בעת ההוא אמר יהוה אלי פסל־לך שני־לוחת אבנים כראשנים ט רביעי
ב ועלה אלי ההרה ועשית לך ארון עץ: ואכתב על־הלחת את־
הדברים אשר היו על־הלחת הראשנים אשר שברת ושמתם
ג בארון: ואעש ארון עצי שטים ואפסל שני־לחת אבנים
ד כראשנים ואעל ההרה ושני הלחת בידי: ויכתב על־הלחת
כמכתב הראשון את עשרת הדברים אשר דבר יהוה אליכם
ה בהר מתוך האש ביום הקהל ויתנם יהוה אלי: ואפן וארד
מן־ההר ואשם את־הלחת בארון אשר עשיתי ויהיו שם
ו כאשר צוני יהוה: ובני ישראל נסעו מבארת בני־יעקן מוסרה
ז שם מת אהרן ויקבר שם ויכהן אלעזר בנו תחתיו: משם נסעו
ח הגדגדה ומן־הגדגדה יטבתה ארץ נחלי־מים: בעת ההוא
הבדיל יהוה את־שבט הלוי לשאת את־ארון ברית־יהוה
ט לעמד לפני יהוה לשרתו ולברך בשמו עד היום הזה: על־
כן לא־היה ללוי חלק ונחלה עם־אחיו יהוה הוא נחלתו

י כַּאֲשֶׁר דִּבֶּר יְהוָה אֱלֹהֶיךָ לוֹ׃ וְאָנֹכִי עָמַדְתִּי בָהָר כַּיָּמִים
הָרִאשֹׁנִים אַרְבָּעִים יוֹם וְאַרְבָּעִים לָיְלָה וַיִּשְׁמַע יְהוָה אֵלַי גַּם
יא בַּפַּעַם הַהִוא לֹא־אָבָה יְהוָה הַשְׁחִיתֶךָ׃ וַיֹּאמֶר יְהוָה אֵלַי קוּם
לֵךְ לְמַסַּע לִפְנֵי הָעָם וְיָבֹאוּ וְיִירְשׁוּ אֶת־הָאָרֶץ אֲשֶׁר־נִשְׁבַּעְתִּי
לַאֲבֹתָם לָתֵת לָהֶם׃
יב וְעַתָּה יִשְׂרָאֵל מָה יְהוָה אֱלֹהֶיךָ שֹׁאֵל מֵעִמָּךְ כִּי אִם־לְיִרְאָה חמישי
אֶת־יְהוָה אֱלֹהֶיךָ לָלֶכֶת בְּכָל־דְּרָכָיו וּלְאַהֲבָה אֹתוֹ וְלַעֲבֹד
יג אֶת־יְהוָה אֱלֹהֶיךָ בְּכָל־לְבָבְךָ וּבְכָל־נַפְשֶׁךָ׃ לִשְׁמֹר אֶת־מִצְוֺת
יד יְהוָה וְאֶת־חֻקֹּתָיו אֲשֶׁר אָנֹכִי מְצַוְּךָ הַיּוֹם לְטוֹב לָךְ׃ הֵן לַיהוָה
טו אֱלֹהֶיךָ הַשָּׁמַיִם וּשְׁמֵי הַשָּׁמָיִם הָאָרֶץ וְכָל־אֲשֶׁר־בָּהּ׃ רַק
בַּאֲבֹתֶיךָ חָשַׁק יְהוָה לְאַהֲבָה אוֹתָם וַיִּבְחַר בְּזַרְעָם אַחֲרֵיהֶם
טז בָּכֶם מִכָּל־הָעַמִּים כַּיּוֹם הַזֶּה׃ וּמַלְתֶּם אֵת עָרְלַת לְבַבְכֶם
יז וְעָרְפְּכֶם לֹא תַקְשׁוּ עוֹד׃ כִּי יְהוָה אֱלֹהֵיכֶם הוּא אֱלֹהֵי הָאֱלֹהִים
וַאֲדֹנֵי הָאֲדֹנִים הָאֵל הַגָּדֹל הַגִּבֹּר וְהַנּוֹרָא אֲשֶׁר לֹא־יִשָּׂא פָנִים
יח וְלֹא יִקַּח שֹׁחַד׃ עֹשֶׂה מִשְׁפַּט יָתוֹם וְאַלְמָנָה וְאֹהֵב גֵּר לָתֶת לוֹ
יט לֶחֶם וְשִׂמְלָה׃ וַאֲהַבְתֶּם אֶת־הַגֵּר כִּי־גֵרִים הֱיִיתֶם בְּאֶרֶץ מִצְרָיִם׃
כ אֶת־יְהוָה אֱלֹהֶיךָ תִּירָא אֹתוֹ תַעֲבֹד וּבוֹ תִדְבָּק וּבִשְׁמוֹ תִּשָּׁבֵעַ׃
כא הוּא תְהִלָּתְךָ וְהוּא אֱלֹהֶיךָ אֲשֶׁר־עָשָׂה אִתְּךָ אֶת־הַגְּדֹלֹת
כב וְאֶת־הַנּוֹרָאֹת הָאֵלֶּה אֲשֶׁר רָאוּ עֵינֶיךָ׃ בְּשִׁבְעִים נֶפֶשׁ יָרְדוּ
אֲבֹתֶיךָ מִצְרָיְמָה וְעַתָּה שָׂמְךָ יְהוָה אֱלֹהֶיךָ כְּכוֹכְבֵי הַשָּׁמַיִם
יא א לָרֹב׃ וְאָהַבְתָּ אֵת יְהוָה אֱלֹהֶיךָ וְשָׁמַרְתָּ מִשְׁמַרְתּוֹ וְחֻקֹּתָיו
ב וּמִשְׁפָּטָיו וּמִצְוֺתָיו כָּל־הַיָּמִים׃ וִידַעְתֶּם הַיּוֹם כִּי לֹא אֶת־בְּנֵיכֶם
אֲשֶׁר לֹא־יָדְעוּ וַאֲשֶׁר לֹא־רָאוּ אֶת־מוּסַר יְהוָה אֱלֹהֵיכֶם אֶת־
ג גָּדְלוֹ אֶת־יָדוֹ הַחֲזָקָה וּזְרֹעוֹ הַנְּטוּיָה׃ וְאֶת־אֹתֹתָיו וְאֶת־מַעֲשָׂיו
אֲשֶׁר עָשָׂה בְּתוֹךְ מִצְרָיִם לְפַרְעֹה מֶלֶךְ־מִצְרַיִם וּלְכָל־אַרְצוֹ׃
ד וַאֲשֶׁר עָשָׂה לְחֵיל מִצְרַיִם לְסוּסָיו וּלְרִכְבּוֹ אֲשֶׁר הֵצִיף אֶת־מֵי
יַם־סוּף עַל־פְּנֵיהֶם בְּרָדְפָם אַחֲרֵיכֶם וַיְאַבְּדֵם יְהוָה עַד הַיּוֹם

ה הַזֶּה׃ וַאֲשֶׁר עָשָׂה לָכֶם בַּמִּדְבָּר עַד־בֹּאֲכֶם עַד־הַמָּקוֹם הַזֶּה׃
ו וַאֲשֶׁר עָשָׂה לְדָתָן וְלַאֲבִירָם בְּנֵי אֱלִיאָב בֶּן־רְאוּבֵן אֲשֶׁר פָּצְתָה
הָאָרֶץ אֶת־פִּיהָ וַתִּבְלָעֵם וְאֶת־בָּתֵּיהֶם וְאֶת־אָהֳלֵיהֶם וְאֵת כָּל־
ז הַיְקוּם אֲשֶׁר בְּרַגְלֵיהֶם בְּקֶרֶב כָּל־יִשְׂרָאֵל׃ כִּי עֵינֵיכֶם הָרֹאֹת
ח אֶת כָּל־מַעֲשֵׂה יְהוָה הַגָּדֹל אֲשֶׁר עָשָׂה׃ וּשְׁמַרְתֶּם אֶת־כָּל־
הַמִּצְוָה אֲשֶׁר אָנֹכִי מְצַוְּךָ הַיּוֹם לְמַעַן תֶּחֶזְקוּ וּבָאתֶם וִירִשְׁתֶּם
ט אֶת־הָאָרֶץ אֲשֶׁר אַתֶּם עֹבְרִים שָׁמָּה לְרִשְׁתָּהּ׃ וּלְמַעַן תַּאֲרִיכוּ
יָמִים עַל־הָאֲדָמָה אֲשֶׁר נִשְׁבַּע יְהוָה לַאֲבֹתֵיכֶם לָתֵת לָהֶם
ששי י וּלְזַרְעָם אֶרֶץ זָבַת חָלָב וּדְבָשׁ׃ כִּי הָאָרֶץ אֲשֶׁר
אַתָּה בָא־שָׁמָּה לְרִשְׁתָּהּ לֹא כְאֶרֶץ מִצְרַיִם הִוא אֲשֶׁר יְצָאתֶם
יא מִשָּׁם אֲשֶׁר תִּזְרַע אֶת־זַרְעֲךָ וְהִשְׁקִיתָ בְרַגְלְךָ כְּגַן הַיָּרָק׃ וְהָאָרֶץ
אֲשֶׁר אַתֶּם עֹבְרִים שָׁמָּה לְרִשְׁתָּהּ אֶרֶץ הָרִים וּבְקָעֹת לִמְטַר
יב הַשָּׁמַיִם תִּשְׁתֶּה־מָּיִם׃ אֶרֶץ אֲשֶׁר־יְהוָה אֱלֹהֶיךָ דֹּרֵשׁ אֹתָהּ
תָּמִיד עֵינֵי יְהוָה אֱלֹהֶיךָ בָּהּ מֵרֵשִׁית הַשָּׁנָה וְעַד אַחֲרִית
יג שָׁנָה׃ וְהָיָה אִם־שָׁמֹעַ תִּשְׁמְעוּ אֶל־מִצְוֺתַי אֲשֶׁר
אָנֹכִי מְצַוֶּה אֶתְכֶם הַיּוֹם לְאַהֲבָה אֶת־יְהוָה אֱלֹהֵיכֶם וּלְעָבְדוֹ
יד בְּכָל־לְבַבְכֶם וּבְכָל־נַפְשְׁכֶם׃ וְנָתַתִּי מְטַר־אַרְצְכֶם בְּעִתּוֹ יוֹרֶה
טו וּמַלְקוֹשׁ וְאָסַפְתָּ דְגָנֶךָ וְתִירֹשְׁךָ וְיִצְהָרֶךָ׃ וְנָתַתִּי עֵשֶׂב בְּשָׂדְךָ
טז לִבְהֶמְתֶּךָ וְאָכַלְתָּ וְשָׂבָעְתָּ׃ הִשָּׁמְרוּ לָכֶם פֶּן־יִפְתֶּה לְבַבְכֶם
יז וְסַרְתֶּם וַעֲבַדְתֶּם אֱלֹהִים אֲחֵרִים וְהִשְׁתַּחֲוִיתֶם לָהֶם׃ וְחָרָה
אַף־יְהוָה בָּכֶם וְעָצַר אֶת־הַשָּׁמַיִם וְלֹא־יִהְיֶה מָטָר וְהָאֲדָמָה
לֹא תִתֵּן אֶת־יְבוּלָהּ וַאֲבַדְתֶּם מְהֵרָה מֵעַל הָאָרֶץ הַטֹּבָה אֲשֶׁר
יח יְהוָה נֹתֵן לָכֶם׃ וְשַׂמְתֶּם אֶת־דְּבָרַי אֵלֶּה עַל־לְבַבְכֶם וְעַל־
נַפְשְׁכֶם וּקְשַׁרְתֶּם אֹתָם לְאוֹת עַל־יֶדְכֶם וְהָיוּ לְטוֹטָפֹת בֵּין
יט עֵינֵיכֶם׃ וְלִמַּדְתֶּם אֹתָם אֶת־בְּנֵיכֶם לְדַבֵּר בָּם בְּשִׁבְתְּךָ בְּבֵיתֶךָ
כ וּבְלֶכְתְּךָ בַדֶּרֶךְ וּבְשָׁכְבְּךָ וּבְקוּמֶךָ׃ וּכְתַבְתָּם עַל־מְזוּזוֹת
כא בֵּיתֶךָ וּבִשְׁעָרֶיךָ׃ לְמַעַן יִרְבּוּ יְמֵיכֶם וִימֵי בְנֵיכֶם עַל הָאֲדָמָה

אֲשֶׁר נִשְׁבַּע יְהוָה לַאֲבֹתֵיכֶם לָתֵת לָהֶם כִּימֵי הַשָּׁמַיִם עַל־
כב הָאָרֶץ׃ כִּי אִם־שָׁמֹר תִּשְׁמְרוּן אֶת־כָּל־ שביעי ומפטיר
הַמִּצְוָה הַזֹּאת אֲשֶׁר אָנֹכִי מְצַוֶּה אֶתְכֶם לַעֲשֹׂתָהּ לְאַהֲבָה
כג אֶת־יְהוָה אֱלֹהֵיכֶם לָלֶכֶת בְּכָל־דְּרָכָיו וּלְדָבְקָה־בוֹ׃ וְהוֹרִישׁ
יְהוָה אֶת־כָּל־הַגּוֹיִם הָאֵלֶּה מִלִּפְנֵיכֶם וִירִשְׁתֶּם גּוֹיִם גְּדֹלִים
כד וַעֲצֻמִים מִכֶּם׃ כָּל־הַמָּקוֹם אֲשֶׁר תִּדְרֹךְ כַּף־רַגְלְכֶם בּוֹ לָכֶם
יִהְיֶה מִן־הַמִּדְבָּר וְהַלְּבָנוֹן מִן־הַנָּהָר נְהַר־פְּרָת וְעַד הַיָּם הָאַחֲרוֹן
כה יִהְיֶה גְּבֻלְכֶם׃ לֹא־יִתְיַצֵּב אִישׁ בִּפְנֵיכֶם פַּחְדְּכֶם וּמוֹרַאֲכֶם יִתֵּן ׀
יְהוָה אֱלֹהֵיכֶם עַל־פְּנֵי כָל־הָאָרֶץ אֲשֶׁר תִּדְרְכוּ־בָהּ כַּאֲשֶׁר דִּבֶּר
כו לָכֶם׃ רְאֵה אָנֹכִי נֹתֵן לִפְנֵיכֶם הַיּוֹם בְּרָכָה ראה
כז וּקְלָלָה׃ אֶת־הַבְּרָכָה אֲשֶׁר תִּשְׁמְעוּ אֶל־מִצְוֹת יְהוָה אֱלֹהֵיכֶם
כח אֲשֶׁר אָנֹכִי מְצַוֶּה אֶתְכֶם הַיּוֹם׃ וְהַקְּלָלָה אִם־לֹא תִשְׁמְעוּ
אֶל־מִצְוֹת יְהוָה אֱלֹהֵיכֶם וְסַרְתֶּם מִן־הַדֶּרֶךְ אֲשֶׁר אָנֹכִי
מְצַוֶּה אֶתְכֶם הַיּוֹם לָלֶכֶת אַחֲרֵי אֱלֹהִים אֲחֵרִים אֲשֶׁר לֹא־
כט יְדַעְתֶּם׃ וְהָיָה כִּי יְבִיאֲךָ יְהוָה אֱלֹהֶיךָ אֶל־
הָאָרֶץ אֲשֶׁר־אַתָּה בָא־שָׁמָּה לְרִשְׁתָּהּ וְנָתַתָּה אֶת־הַבְּרָכָה
ל עַל־הַר גְּרִזִים וְאֶת־הַקְּלָלָה עַל־הַר עֵיבָל׃ הֲלֹא־הֵמָּה בְּעֵבֶר
הַיַּרְדֵּן אַחֲרֵי דֶּרֶךְ מְבוֹא הַשֶּׁמֶשׁ בְּאֶרֶץ הַכְּנַעֲנִי הַיֹּשֵׁב בָּעֲרָבָה
לא מוּל הַגִּלְגָּל אֵצֶל אֵלוֹנֵי מֹרֶה׃ כִּי אַתֶּם עֹבְרִים אֶת־הַיַּרְדֵּן
לָבֹא לָרֶשֶׁת אֶת־הָאָרֶץ אֲשֶׁר־יְהוָה אֱלֹהֵיכֶם נֹתֵן לָכֶם וִירִשְׁתֶּם
לב אֹתָהּ וִישַׁבְתֶּם־בָּהּ׃ וּשְׁמַרְתֶּם לַעֲשׂוֹת אֵת כָּל־הַחֻקִּים וְאֶת־
יב א הַמִּשְׁפָּטִים אֲשֶׁר אָנֹכִי נֹתֵן לִפְנֵיכֶם הַיּוֹם׃ אֵלֶּה הַחֻקִּים
וְהַמִּשְׁפָּטִים אֲשֶׁר תִּשְׁמְרוּן לַעֲשׂוֹת בָּאָרֶץ אֲשֶׁר נָתַן יְהוָה
אֱלֹהֵי אֲבֹתֶיךָ לְךָ לְרִשְׁתָּהּ כָּל־הַיָּמִים אֲשֶׁר־אַתֶּם חַיִּים עַל־
ב הָאֲדָמָה׃ אַבֵּד תְּאַבְּדוּן אֶת־כָּל־הַמְּקֹמוֹת אֲשֶׁר עָבְדוּ־שָׁם
הַגּוֹיִם אֲשֶׁר אַתֶּם יֹרְשִׁים אֹתָם אֶת־אֱלֹהֵיהֶם עַל־הֶהָרִים
ג הָרָמִים וְעַל־הַגְּבָעוֹת וְתַחַת כָּל־עֵץ רַעֲנָן׃ וְנִתַּצְתֶּם אֶת־

מזבחתם ושברתם את־מצבתם ואשריהם תשרפון באש
ופסילי אלהיהם תגדעון ואבדתם את־שמם מן־המקום ההוא:
לא־תעשון כן ליהוה אלהיכם: כי אם־אל־המקום אשר־יבחר ד ה
יהוה אלהיכם מכל־שבטיכם לשום את־שמו שם לשכנו
תדרשו ובאת שמה: והבאתם שמה עלתיכם וזבחיכם ואת ו
מעשרתיכם ואת תרומת ידכם ונדריכם ונדבתיכם ובכרת
בקרכם וצאנכם: ואכלתם־שם לפני יהוה אלהיכם ושמחתם ז
בכל משלח ידכם אתם ובתיכם אשר ברכך יהוה אלהיך:
לא תעשון ככל אשר אנחנו עשים פה היום איש כל־הישר ח
בעיניו: כי לא־באתם עד־עתה אל־המנוחה ואל־הנחלה ט
אשר־יהוה אלהיך נתן לך: ועברתם את־הירדן וישבתם י
בארץ אשר־יהוה אלהיכם מנחיל אתכם והניח לכם מכל־
שני איביכם מסביב וישבתם־בטח: והיה המקום אשר־יבחר יהוה יא
אלהיכם בו לשכן שמו שם שמה תביאו את כל־אשר אנכי
מצוה אתכם עולתיכם וזבחיכם מעשרתיכם ותרמת ידכם
וכל מבחר נדריכם אשר תדרו ליהוה: ושמחתם לפני יהוה יב
אלהיכם אתם ובניכם ובנתיכם ועבדיכם ואמהתיכם והלוי
אשר בשעריכם כי אין לו חלק ונחלה אתכם: השמר לך פן־ יג
תעלה עלתיך בכל־מקום אשר תראה: כי אם־במקום אשר־ יד
יבחר יהוה באחד שבטיך שם תעלה עלתיך ושם תעשה כל
אשר אנכי מצוך: רק בכל־אות נפשך תזבח ׀ ואכלת בשר טו
כברכת יהוה אלהיך אשר נתן־לך בכל־שעריך הטמא והטהור
יאכלנו כצבי וכאיל: רק הדם לא תאכלו על־הארץ תשפכנו טז
כמים: לא־תוכל לאכל בשעריך מעשר דגנך ותירשך ויצהרך יז
ובכרת בקרך וצאנך וכל־נדריך אשר תדר ונדבתיך ותרומת
ידך: כי אם־לפני יהוה אלהיך תאכלנו במקום אשר יבחר יח
יהוה אלהיך בו אתה ובנך ובתך ועבדך ואמתך והלוי אשר

יט בִּשְׁעָרֶיךָ וְשָׂמַחְתָּ לִפְנֵי יהוה אֱלֹהֶיךָ בְּכֹל מִשְׁלַח יָדֶךָ׃ הִשָּׁמֶר
כ לְךָ פֶּן־תַּעֲזֹב אֶת־הַלֵּוִי כָּל־יָמֶיךָ עַל־אַדְמָתֶךָ׃ כִּי־ יא
יַרְחִיב יהוה אֱלֹהֶיךָ אֶת־גְּבֻלְךָ כַּאֲשֶׁר דִּבֶּר־לָךְ וְאָמַרְתָּ אֹכְלָה
בָשָׂר כִּי־תְאַוֶּה נַפְשְׁךָ לֶאֱכֹל בָּשָׂר בְּכָל־אַוַּת נַפְשְׁךָ תֹּאכַל
כא בָּשָׂר׃ כִּי־יִרְחַק מִמְּךָ הַמָּקוֹם אֲשֶׁר יִבְחַר יהוה אֱלֹהֶיךָ לָשׂוּם
שְׁמוֹ שָׁם וְזָבַחְתָּ מִבְּקָרְךָ וּמִצֹּאנְךָ אֲשֶׁר נָתַן יהוה לְךָ כַּאֲשֶׁר
כב צִוִּיתִךָ וְאָכַלְתָּ בִּשְׁעָרֶיךָ בְּכֹל אַוַּת נַפְשֶׁךָ׃ אַךְ כַּאֲשֶׁר יֵאָכֵל
אֶת־הַצְּבִי וְאֶת־הָאַיָּל כֵּן תֹּאכְלֶנּוּ הַטָּמֵא וְהַטָּהוֹר יַחְדָּו
כג יֹאכְלֶנּוּ׃ רַק חֲזַק לְבִלְתִּי אֲכֹל הַדָּם כִּי הַדָּם הוּא הַנָּפֶשׁ וְלֹא־
כד תֹאכַל הַנֶּפֶשׁ עִם־הַבָּשָׂר׃ לֹא תֹּאכְלֶנּוּ עַל־הָאָרֶץ תִּשְׁפְּכֶנּוּ
כה כַּמָּיִם׃ לֹא תֹּאכְלֶנּוּ לְמַעַן יִיטַב לְךָ וּלְבָנֶיךָ אַחֲרֶיךָ כִּי־תַעֲשֶׂה
כו הַיָּשָׁר בְּעֵינֵי יהוה׃ רַק קָדָשֶׁיךָ אֲשֶׁר־יִהְיוּ לְךָ וּנְדָרֶיךָ תִּשָּׂא וּבָאתָ
כז אֶל־הַמָּקוֹם אֲשֶׁר־יִבְחַר יהוה׃ וְעָשִׂיתָ עֹלֹתֶיךָ הַבָּשָׂר וְהַדָּם עַל־
מִזְבַּח יהוה אֱלֹהֶיךָ וְדַם־זְבָחֶיךָ יִשָּׁפֵךְ עַל־מִזְבַּח יהוה אֱלֹהֶיךָ
כח וְהַבָּשָׂר תֹּאכֵל׃ שְׁמֹר וְשָׁמַעְתָּ אֵת כָּל־הַדְּבָרִים הָאֵלֶּה אֲשֶׁר
אָנֹכִי מְצַוֶּךָּ לְמַעַן יִיטַב לְךָ וּלְבָנֶיךָ אַחֲרֶיךָ עַד־עוֹלָם כִּי תַעֲשֶׂה
כט הַטּוֹב וְהַיָּשָׁר בְּעֵינֵי יהוה אֱלֹהֶיךָ׃ כִּי־יַכְרִית שלישי
יהוה אֱלֹהֶיךָ אֶת־הַגּוֹיִם אֲשֶׁר אַתָּה בָא־שָׁמָּה לָרֶשֶׁת אוֹתָם
ל מִפָּנֶיךָ וְיָרַשְׁתָּ אֹתָם וְיָשַׁבְתָּ בְּאַרְצָם׃ הִשָּׁמֶר לְךָ פֶּן־תִּנָּקֵשׁ
אַחֲרֵיהֶם אַחֲרֵי הִשָּׁמְדָם מִפָּנֶיךָ וּפֶן־תִּדְרֹשׁ לֵאלֹהֵיהֶם לֵאמֹר
אֵיכָה יַעַבְדוּ הַגּוֹיִם הָאֵלֶּה אֶת־אֱלֹהֵיהֶם וְאֶעֱשֶׂה־כֵּן גַּם־אָנִי׃
לא לֹא־תַעֲשֶׂה כֵן לַיהוה אֱלֹהֶיךָ כִּי כָל־תּוֹעֲבַת יהוה אֲשֶׁר שָׂנֵא
עָשׂוּ לֵאלֹהֵיהֶם כִּי גַם אֶת־בְּנֵיהֶם וְאֶת־בְּנֹתֵיהֶם יִשְׂרְפוּ בָאֵשׁ
יג א לֵאלֹהֵיהֶם׃ אֵת כָּל־הַדָּבָר אֲשֶׁר אָנֹכִי מְצַוֶּה אֶתְכֶם אֹתוֹ תִשְׁמְרוּ
לַעֲשׂוֹת לֹא־תֹסֵף עָלָיו וְלֹא תִגְרַע מִמֶּנּוּ׃
ב כִּי־יָקוּם בְּקִרְבְּךָ נָבִיא אוֹ חֹלֵם חֲלוֹם וְנָתַן אֵלֶיךָ אוֹת אוֹ
ג מוֹפֵת׃ וּבָא הָאוֹת וְהַמּוֹפֵת אֲשֶׁר־דִּבֶּר אֵלֶיךָ לֵאמֹר נֵלְכָה

אַחֲרֵי אֱלֹהִים אֲחֵרִים אֲשֶׁר לֹא־יְדַעְתָּם וְנָעָבְדֵם׃ לֹא תִשְׁמַע ד
אֶל־דִּבְרֵי הַנָּבִיא הַהוּא אוֹ אֶל־חוֹלֵם הַחֲלוֹם הַהוּא כִּי מְנַסֶּה
יְהוָה אֱלֹהֵיכֶם אֶתְכֶם לָדַעַת הֲיִשְׁכֶם אֹהֲבִים אֶת־יְהוָה
אֱלֹהֵיכֶם בְּכָל־לְבַבְכֶם וּבְכָל־נַפְשְׁכֶם׃ אַחֲרֵי יְהוָה אֱלֹהֵיכֶם ה
תֵּלֵכוּ וְאֹתוֹ תִירָאוּ וְאֶת־מִצְוֺתָיו תִּשְׁמֹרוּ וּבְקֹלוֹ תִשְׁמָעוּ וְאֹתוֹ
תַעֲבֹדוּ וּבוֹ תִדְבָּקוּן׃ וְהַנָּבִיא הַהוּא אוֹ חֹלֵם הַחֲלוֹם הַהוּא ו
יוּמָת כִּי דִבֶּר־סָרָה עַל־יְהוָה אֱלֹהֵיכֶם הַמּוֹצִיא אֶתְכֶם ׀ מֵאֶרֶץ
מִצְרַיִם וְהַפֹּדְךָ מִבֵּית עֲבָדִים לְהַדִּיחֲךָ מִן־הַדֶּרֶךְ אֲשֶׁר צִוְּךָ יְהוָה
אֱלֹהֶיךָ לָלֶכֶת בָּהּ וּבִעַרְתָּ הָרָע מִקִּרְבֶּךָ׃ כִּי ז
יְסִיתְךָ אָחִיךָ בֶן־אִמֶּךָ אוֹ־בִנְךָ אוֹ־בִתְּךָ אוֹ ׀ אֵשֶׁת חֵיקֶךָ אוֹ
רֵעֲךָ אֲשֶׁר כְּנַפְשְׁךָ בַּסֵּתֶר לֵאמֹר נֵלְכָה וְנַעַבְדָה אֱלֹהִים אֲחֵרִים
אֲשֶׁר לֹא יָדַעְתָּ אַתָּה וַאֲבֹתֶיךָ׃ מֵאֱלֹהֵי הָעַמִּים אֲשֶׁר סְבִיבֹתֵיכֶם ח
הַקְּרֹבִים אֵלֶיךָ אוֹ הָרְחֹקִים מִמֶּךָּ מִקְצֵה הָאָרֶץ וְעַד־קְצֵה
הָאָרֶץ׃ לֹא־תֹאבֶה לוֹ וְלֹא תִשְׁמַע אֵלָיו וְלֹא־תָחוֹס עֵינְךָ עָלָיו ט
וְלֹא־תַחְמֹל וְלֹא־תְכַסֶּה עָלָיו׃ כִּי הָרֹג תַּהַרְגֶנּוּ יָדְךָ תִּהְיֶה־בּוֹ י
בָרִאשׁוֹנָה לַהֲמִיתוֹ וְיַד כָּל־הָעָם בָּאַחֲרֹנָה׃ וּסְקַלְתּוֹ בָאֲבָנִים יא
וָמֵת כִּי בִקֵּשׁ לְהַדִּיחֲךָ מֵעַל יְהוָה אֱלֹהֶיךָ הַמּוֹצִיאֲךָ מֵאֶרֶץ
מִצְרַיִם מִבֵּית עֲבָדִים׃ וְכָל־יִשְׂרָאֵל יִשְׁמְעוּ וְיִרָאוּן וְלֹא־יוֹסִפוּ יב
לַעֲשׂוֹת כַּדָּבָר הָרָע הַזֶּה בְּקִרְבֶּךָ׃ כִּי־תִשְׁמַע יג
בְּאַחַת עָרֶיךָ אֲשֶׁר יְהוָה אֱלֹהֶיךָ נֹתֵן לְךָ לָשֶׁבֶת שָׁם לֵאמֹר׃
יָצְאוּ אֲנָשִׁים בְּנֵי־בְלִיַּעַל מִקִּרְבֶּךָ וַיַּדִּיחוּ אֶת־יֹשְׁבֵי עִירָם לֵאמֹר יד
נֵלְכָה וְנַעַבְדָה אֱלֹהִים אֲחֵרִים אֲשֶׁר לֹא־יְדַעְתֶּם׃ וְדָרַשְׁתָּ טו
וְחָקַרְתָּ וְשָׁאַלְתָּ הֵיטֵב וְהִנֵּה אֱמֶת נָכוֹן הַדָּבָר נֶעֶשְׂתָה הַתּוֹעֵבָה
הַזֹּאת בְּקִרְבֶּךָ׃ הַכֵּה תַכֶּה אֶת־יֹשְׁבֵי הָעִיר הַהִוא לְפִי־חָרֶב טז
הַחֲרֵם אֹתָהּ וְאֶת־כָּל־אֲשֶׁר־בָּהּ וְאֶת־בְּהֶמְתָּהּ לְפִי־חָרֶב׃
וְאֶת־כָּל־שְׁלָלָהּ תִּקְבֹּץ אֶל־תּוֹךְ רְחֹבָהּ וְשָׂרַפְתָּ בָאֵשׁ אֶת־ יז
הָעִיר וְאֶת־כָּל־שְׁלָלָהּ כָּלִיל לַיהוָה אֱלֹהֶיךָ וְהָיְתָה תֵּל עוֹלָם

יח לֹא תִבָּנֶה עוֹד: וְלֹא־יִדְבַּק בְּיָדְךָ מְאוּמָה מִן־הַחֵרֶם לְמַעַן יָשׁוּב
יְהוָה מֵחֲרוֹן אַפּוֹ וְנָתַן־לְךָ רַחֲמִים וְרִחַמְךָ וְהִרְבֶּךָ כַּאֲשֶׁר
יט נִשְׁבַּע לַאֲבֹתֶיךָ: כִּי תִשְׁמַע בְּקוֹל יְהוָה אֱלֹהֶיךָ לִשְׁמֹר אֶת־
כָּל־מִצְוֹתָיו אֲשֶׁר אָנֹכִי מְצַוְּךָ הַיּוֹם לַעֲשׂוֹת הַיָּשָׁר בְּעֵינֵי יְהוָה
יד א אֱלֹהֶיךָ: בָּנִים אַתֶּם לַיהוָה אֱלֹהֵיכֶם לֹא תִתְגֹּדְדוּ יב רביעי
ב וְלֹא־תָשִׂימוּ קָרְחָה בֵּין עֵינֵיכֶם לָמֵת: כִּי עַם קָדוֹשׁ אַתָּה
לַיהוָה אֱלֹהֶיךָ וּבְךָ בָּחַר יְהוָה לִהְיוֹת לוֹ לְעַם סְגֻלָּה מִכֹּל
ג הָעַמִּים אֲשֶׁר עַל־פְּנֵי הָאֲדָמָה: לֹא תֹאכַל כָּל־
ד תּוֹעֵבָה: זֹאת הַבְּהֵמָה אֲשֶׁר תֹּאכֵלוּ שׁוֹר שֵׂה כְשָׂבִים וְשֵׂה
ה ו עִזִּים: אַיָּל וּצְבִי וְיַחְמוּר וְאַקּוֹ וְדִישֹׁן וּתְאוֹ וָזָמֶר: וְכָל־בְּהֵמָה
מַפְרֶסֶת פַּרְסָה וְשֹׁסַעַת שֶׁסַע שְׁתֵּי פְרָסוֹת מַעֲלַת גֵּרָה בַּבְּהֵמָה
ז אֹתָהּ תֹּאכֵלוּ: אַךְ אֶת־זֶה לֹא תֹאכְלוּ מִמַּעֲלֵי הַגֵּרָה וּמִמַּפְרִיסֵי
הַפַּרְסָה הַשְּׁסוּעָה אֶת־הַגָּמָל וְאֶת־הָאַרְנֶבֶת וְאֶת־הַשָּׁפָן כִּי־
ח מַעֲלֵה גֵרָה הֵמָּה וּפַרְסָה לֹא הִפְרִיסוּ טְמֵאִים הֵם לָכֶם: וְאֶת־
הַחֲזִיר כִּי־מַפְרִיס פַּרְסָה הוּא וְלֹא גֵרָה טָמֵא הוּא לָכֶם מִבְּשָׂרָם
ט לֹא תֹאכֵלוּ וּבְנִבְלָתָם לֹא תִגָּעוּ: אֶת־זֶה
תֹּאכְלוּ מִכֹּל אֲשֶׁר בַּמָּיִם כֹּל אֲשֶׁר־לוֹ סְנַפִּיר וְקַשְׂקֶשֶׂת תֹּאכֵלוּ:
י וְכֹל אֲשֶׁר אֵין־לוֹ סְנַפִּיר וְקַשְׂקֶשֶׂת לֹא תֹאכֵלוּ טָמֵא הוּא
יא יב לָכֶם: כָּל־צִפּוֹר טְהֹרָה תֹּאכֵלוּ: וְזֶה אֲשֶׁר לֹא־
יג תֹאכְלוּ מֵהֶם הַנֶּשֶׁר וְהַפֶּרֶס וְהָעָזְנִיָּה: וְהָרָאָה וְאֶת־הָאַיָּה וְהַדַּיָּה
יד טו לְמִינָהּ: וְאֵת כָּל־עֹרֵב לְמִינוֹ: וְאֵת בַּת הַיַּעֲנָה וְאֶת־הַתַּחְמָס וְאֶת־
טז הַשָּׁחַף וְאֶת־הַנֵּץ לְמִינֵהוּ: אֶת־הַכּוֹס וְאֶת־הַיַּנְשׁוּף וְהַתִּנְשָׁמֶת:
יז יח וְהַקָּאָת וְאֶת־הָרָחָמָה וְאֶת־הַשָּׁלָךְ: וְהַחֲסִידָה וְהָאֲנָפָה לְמִינָהּ
יט וְהַדּוּכִיפַת וְהָעֲטַלֵּף: וְכֹל שֶׁרֶץ הָעוֹף טָמֵא הוּא לָכֶם לֹא יֵאָכֵלוּ:
כ כא כָּל־עוֹף טָהוֹר תֹּאכֵלוּ: לֹא תֹאכְלוּ כָל־נְבֵלָה לַגֵּר אֲשֶׁר־בִּשְׁעָרֶיךָ
תִּתְּנֶנָּה וַאֲכָלָהּ אוֹ מָכֹר לְנָכְרִי כִּי עַם קָדוֹשׁ אַתָּה לַיהוָה אֱלֹהֶיךָ
לֹא־תְבַשֵּׁל גְּדִי בַּחֲלֵב אִמּוֹ:

חמישי עַשֵּׂר תְּעַשֵּׂר אֵת כָּל־תְּבוּאַת זַרְעֶךָ הַיֹּצֵא הַשָּׂדֶה שָׁנָה שָׁנָה׃ כב
וְאָכַלְתָּ לִפְנֵי ׀ יְהוָה אֱלֹהֶיךָ בַּמָּקוֹם אֲשֶׁר־יִבְחַר לְשַׁכֵּן שְׁמוֹ כג
שָׁם מַעְשַׂר דְּגָנְךָ תִּירֹשְׁךָ וְיִצְהָרֶךָ וּבְכֹרֹת בְּקָרְךָ וְצֹאנֶךָ
לְמַעַן תִּלְמַד לְיִרְאָה אֶת־יְהוָה אֱלֹהֶיךָ כָּל־הַיָּמִים׃ וְכִי־יִרְבֶּה כד
מִמְּךָ הַדֶּרֶךְ כִּי לֹא תוּכַל שְׂאֵתוֹ כִּי־יִרְחַק מִמְּךָ הַמָּקוֹם אֲשֶׁר
יִבְחַר יְהוָה אֱלֹהֶיךָ לָשׂוּם שְׁמוֹ שָׁם כִּי יְבָרֶכְךָ יְהוָה אֱלֹהֶיךָ׃
וְנָתַתָּה בַּכָּסֶף וְצַרְתָּ הַכֶּסֶף בְּיָדְךָ וְהָלַכְתָּ אֶל־הַמָּקוֹם אֲשֶׁר כה
יִבְחַר יְהוָה אֱלֹהֶיךָ בּוֹ׃ וְנָתַתָּה הַכֶּסֶף בְּכֹל אֲשֶׁר־תְּאַוֶּה כו
נַפְשְׁךָ בַּבָּקָר וּבַצֹּאן וּבַיַּיִן וּבַשֵּׁכָר וּבְכֹל אֲשֶׁר תִּשְׁאָלְךָ
נַפְשֶׁךָ וְאָכַלְתָּ שָׁם לִפְנֵי יְהוָה אֱלֹהֶיךָ וְשָׂמַחְתָּ אַתָּה וּבֵיתֶךָ׃
וְהַלֵּוִי אֲשֶׁר־בִּשְׁעָרֶיךָ לֹא תַעַזְבֶנּוּ כִּי אֵין לוֹ חֵלֶק וְנַחֲלָה כז
עִמָּךְ׃ מִקְצֵה ׀ שָׁלֹשׁ שָׁנִים תּוֹצִיא אֶת־כָּל־מַעְשַׂר כח
תְּבוּאָתְךָ בַּשָּׁנָה הַהִוא וְהִנַּחְתָּ בִּשְׁעָרֶיךָ׃ וּבָא הַלֵּוִי כִּי אֵין כט
לוֹ חֵלֶק וְנַחֲלָה עִמָּךְ וְהַגֵּר וְהַיָּתוֹם וְהָאַלְמָנָה אֲשֶׁר בִּשְׁעָרֶיךָ
וְאָכְלוּ וְשָׂבֵעוּ לְמַעַן יְבָרֶכְךָ יְהוָה אֱלֹהֶיךָ בְּכָל־מַעֲשֵׂה יָדְךָ
ששי אֲשֶׁר תַּעֲשֶׂה׃ מִקֵּץ שֶׁבַע־שָׁנִים תַּעֲשֶׂה שְׁמִטָּה׃ א טו
וְזֶה דְּבַר הַשְּׁמִטָּה שָׁמוֹט כָּל־בַּעַל מַשֵּׁה יָדוֹ אֲשֶׁר יַשֶּׁה בְּרֵעֵהוּ ב
לֹא־יִגֹּשׂ אֶת־רֵעֵהוּ וְאֶת־אָחִיו כִּי־קָרָא שְׁמִטָּה לַיהוָה׃ אֶת־ ג
הַנָּכְרִי תִּגֹּשׂ וַאֲשֶׁר יִהְיֶה לְךָ אֶת־אָחִיךָ תַּשְׁמֵט יָדֶךָ׃ אֶפֶס ד
כִּי לֹא יִהְיֶה־בְּךָ אֶבְיוֹן כִּי־בָרֵךְ יְבָרֶכְךָ יְהוָה בָּאָרֶץ אֲשֶׁר יְהוָה
אֱלֹהֶיךָ נֹתֵן־לְךָ נַחֲלָה לְרִשְׁתָּהּ׃ רַק אִם־שָׁמוֹעַ תִּשְׁמַע בְּקוֹל ה
יְהוָה אֱלֹהֶיךָ לִשְׁמֹר לַעֲשׂוֹת אֶת־כָּל־הַמִּצְוָה הַזֹּאת אֲשֶׁר
אָנֹכִי מְצַוְּךָ הַיּוֹם׃ כִּי־יְהוָה אֱלֹהֶיךָ בֵּרַכְךָ כַּאֲשֶׁר דִּבֶּר־לָךְ ו
וְהַעֲבַטְתָּ גּוֹיִם רַבִּים וְאַתָּה לֹא תַעֲבֹט וּמָשַׁלְתָּ בְּגוֹיִם רַבִּים
יג וּבְךָ לֹא יִמְשֹׁלוּ׃ כִּי־יִהְיֶה בְךָ אֶבְיוֹן מֵאַחַד ז
אַחֶיךָ בְּאַחַד שְׁעָרֶיךָ בְּאַרְצְךָ אֲשֶׁר־יְהוָה אֱלֹהֶיךָ נֹתֵן לָךְ לֹא
תְאַמֵּץ אֶת־לְבָבְךָ וְלֹא תִקְפֹּץ אֶת־יָדְךָ מֵאָחִיךָ הָאֶבְיוֹן׃ כִּי־ ח

פתח תפתח את־ידך לו והעבט תעביטנו די מחסרו אשר
ט יחסר לו: השמר לך פן־יהיה דבר עם־לבבך בליעל לאמר
קרבה שנת־השבע שנת השמטה ורעה עינך באחיך האביון
י ולא תתן לו וקרא עליך אל־יהוה והיה בך חטא: נתון תתן
לו ולא־ירע לבבך בתתך לו כי בגלל ׀ הדבר הזה יברכך יהוה
יא אלהיך בכל־מעשך ובכל משלח ידך: כי לא־יחדל אביון
מקרב הארץ על־כן אנכי מצוך לאמר פתח תפתח את־
יב ידך לאחיך לעניך ולאבינך בארצך: כי־ימכר
לך אחיך העברי או העבריה ועבדך שש שנים ובשנה השביעת
יג תשלחנו חפשי מעמך: וכי־תשלחנו חפשי מעמך לא תשלחנו
יד ריקם: העניק תעניק לו מצאנך ומגרנך ומיקבך אשר ברכך
טו יהוה אלהיך תתן־לו: וזכרת כי עבד היית בארץ מצרים
ויפדך יהוה אלהיך על־כן אנכי מצוך את־הדבר הזה היום:
טז והיה כי־יאמר אליך לא אצא מעמך כי אהבך ואת־ביתך
יז כי־טוב לו עמך: ולקחת את־המרצע ונתתה באזנו ובדלת
יח והיה לך עבד עולם ואף לאמתך תעשה־כן: לא־יקשה בעינך
בשלחך אתו חפשי מעמך כי משנה שכר שכיר עבדך שש
שנים וברכך יהוה אלהיך בכל אשר תעשה:
יט כל־הבכור אשר יולד בבקרך ובצאנך הזכר תקדיש ליהוה שביעי
כ אלהיך לא תעבד בבכר שורך ולא תגז בכור צאנך: לפני
יהוה אלהיך תאכלנו שנה בשנה במקום אשר־יבחר יהוה
כא אתה וביתך: וכי־יהיה בו מום פסח או עור כל מום רע
כב לא תזבחנו ליהוה אלהיך: בשעריך תאכלנו הטמא והטהור
כג יחדו כצבי וכאיל: רק את־דמו לא תאכל על־הארץ תשפכנו
כמים:

טז א שמור את־חדש האביב ועשית פסח ליהוה אלהיך כי בחדש
ב האביב הוציאך יהוה אלהיך ממצרים לילה: וזבחת פסח

לַיהוָה אֱלֹהֶיךָ צֹאן וּבָקָר בַּמָּקוֹם אֲשֶׁר יִבְחַר יְהוָה לְשַׁכֵּן
שְׁמוֹ שָׁם׃ לֹא־תֹאכַל עָלָיו חָמֵץ שִׁבְעַת יָמִים תֹּאכַל־עָלָיו מַצּוֹת ג
לֶחֶם עֹנִי כִּי בְחִפָּזוֹן יָצָאתָ מֵאֶרֶץ מִצְרַיִם לְמַעַן תִּזְכֹּר אֶת־יוֹם
צֵאתְךָ מֵאֶרֶץ מִצְרַיִם כֹּל יְמֵי חַיֶּיךָ׃ וְלֹא־יֵרָאֶה לְךָ שְׂאֹר בְּכָל־ ד
גְּבֻלְךָ שִׁבְעַת יָמִים וְלֹא־יָלִין מִן־הַבָּשָׂר אֲשֶׁר תִּזְבַּח בָּעֶרֶב
בַּיּוֹם הָרִאשׁוֹן לַבֹּקֶר׃ לֹא תוּכַל לִזְבֹּחַ אֶת־הַפָּסַח בְּאַחַד ה
שְׁעָרֶיךָ אֲשֶׁר־יְהוָה אֱלֹהֶיךָ נֹתֵן לָךְ׃ כִּי אִם־אֶל־הַמָּקוֹם אֲשֶׁר־ ו
יִבְחַר יְהוָה אֱלֹהֶיךָ לְשַׁכֵּן שְׁמוֹ שָׁם תִּזְבַּח אֶת־הַפֶּסַח בָּעָרֶב
כְּבוֹא הַשֶּׁמֶשׁ מוֹעֵד צֵאתְךָ מִמִּצְרָיִם׃ וּבִשַּׁלְתָּ וְאָכַלְתָּ בַּמָּקוֹם ז
אֲשֶׁר יִבְחַר יְהוָה אֱלֹהֶיךָ בּוֹ וּפָנִיתָ בַבֹּקֶר וְהָלַכְתָּ לְאֹהָלֶיךָ׃
שֵׁשֶׁת יָמִים תֹּאכַל מַצּוֹת וּבַיּוֹם הַשְּׁבִיעִי עֲצֶרֶת לַיהוָה אֱלֹהֶיךָ ח
לֹא תַעֲשֶׂה מְלָאכָה׃ שִׁבְעָה שָׁבֻעֹת תִּסְפָּר־לָךְ ט
מֵהָחֵל חֶרְמֵשׁ בַּקָּמָה תָּחֵל לִסְפֹּר שִׁבְעָה שָׁבֻעוֹת׃ וְעָשִׂיתָ חַג י
שָׁבֻעוֹת לַיהוָה אֱלֹהֶיךָ מִסַּת נִדְבַת יָדְךָ אֲשֶׁר תִּתֵּן כַּאֲשֶׁר
יְבָרֶכְךָ יְהוָה אֱלֹהֶיךָ׃ וְשָׂמַחְתָּ לִפְנֵי ׀ יְהוָה אֱלֹהֶיךָ אַתָּה וּבִנְךָ יא
וּבִתֶּךָ וְעַבְדְּךָ וַאֲמָתֶךָ וְהַלֵּוִי אֲשֶׁר בִּשְׁעָרֶיךָ וְהַגֵּר וְהַיָּתוֹם
וְהָאַלְמָנָה אֲשֶׁר בְּקִרְבֶּךָ בַּמָּקוֹם אֲשֶׁר יִבְחַר יְהוָה אֱלֹהֶיךָ
לְשַׁכֵּן שְׁמוֹ שָׁם׃ וְזָכַרְתָּ כִּי־עֶבֶד הָיִיתָ בְּמִצְרָיִם וְשָׁמַרְתָּ וְעָשִׂיתָ יב
אֶת־הַחֻקִּים הָאֵלֶּה׃

מפטיר חַג הַסֻּכֹּת תַּעֲשֶׂה לְךָ שִׁבְעַת יָמִים בְּאָסְפְּךָ מִגָּרְנְךָ וּמִיִּקְבֶךָ׃ יג
וְשָׂמַחְתָּ בְּחַגֶּךָ אַתָּה וּבִנְךָ וּבִתֶּךָ וְעַבְדְּךָ וַאֲמָתֶךָ וְהַלֵּוִי וְהַגֵּר יד
וְהַיָּתוֹם וְהָאַלְמָנָה אֲשֶׁר בִּשְׁעָרֶיךָ׃ שִׁבְעַת יָמִים תָּחֹג לַיהוָה טו
אֱלֹהֶיךָ בַּמָּקוֹם אֲשֶׁר־יִבְחַר יְהוָה כִּי יְבָרֶכְךָ יְהוָה אֱלֹהֶיךָ בְּכֹל־
תְּבוּאָתְךָ וּבְכֹל מַעֲשֵׂה יָדֶיךָ וְהָיִיתָ אַךְ שָׂמֵחַ׃ שָׁלוֹשׁ פְּעָמִים ׀ טז
בַּשָּׁנָה יֵרָאֶה כָל־זְכוּרְךָ אֶת־פְּנֵי ׀ יְהוָה אֱלֹהֶיךָ בַּמָּקוֹם אֲשֶׁר
יִבְחָר בְּחַג הַמַּצּוֹת וּבְחַג הַשָּׁבֻעוֹת וּבְחַג הַסֻּכּוֹת וְלֹא יֵרָאֶה
אֶת־פְּנֵי יְהוָה רֵיקָם׃ אִישׁ כְּמַתְּנַת יָדוֹ כְּבִרְכַּת יְהוָה אֱלֹהֶיךָ יז

יח אֲשֶׁר נָתַן־לָךְ׃ שֹׁפְטִים וְשֹׁטְרִים תִּתֶּן־לְךָ בְּכָל־
שְׁעָרֶיךָ אֲשֶׁר יְהוָה אֱלֹהֶיךָ נֹתֵן לְךָ לִשְׁבָטֶיךָ וְשָׁפְטוּ אֶת־הָעָם
יט מִשְׁפַּט־צֶדֶק׃ לֹא־תַטֶּה מִשְׁפָּט לֹא תַכִּיר פָּנִים וְלֹא־תִקַּח
כ שֹׁחַד כִּי הַשֹּׁחַד יְעַוֵּר עֵינֵי חֲכָמִים וִיסַלֵּף דִּבְרֵי צַדִּיקִם׃ צֶדֶק
צֶדֶק תִּרְדֹּף לְמַעַן תִּחְיֶה וְיָרַשְׁתָּ אֶת־הָאָרֶץ אֲשֶׁר־יְהוָה אֱלֹהֶיךָ
כא נֹתֵן לָךְ׃ לֹא־תִטַּע לְךָ אֲשֵׁרָה כָּל־עֵץ אֵצֶל
כב מִזְבַּח יְהוָה אֱלֹהֶיךָ אֲשֶׁר תַּעֲשֶׂה־לָּךְ׃ וְלֹא־תָקִים לְךָ מַצֵּבָה
יז א אֲשֶׁר שָׂנֵא יְהוָה אֱלֹהֶיךָ׃ לֹא־תִזְבַּח לַיהוָה
אֱלֹהֶיךָ שׁוֹר וָשֶׂה אֲשֶׁר יִהְיֶה בוֹ מוּם כֹּל דָּבָר רָע כִּי תוֹעֲבַת
ב יְהוָה אֱלֹהֶיךָ הוּא׃ כִּי־יִמָּצֵא בְקִרְבְּךָ בְּאַחַד
שְׁעָרֶיךָ אֲשֶׁר־יְהוָה אֱלֹהֶיךָ נֹתֵן לָךְ אִישׁ אוֹ־אִשָּׁה אֲשֶׁר יַעֲשֶׂה
ג אֶת־הָרַע בְּעֵינֵי יְהוָה־אֱלֹהֶיךָ לַעֲבֹר בְּרִיתוֹ׃ וַיֵּלֶךְ וַיַּעֲבֹד אֱלֹהִים
אֲחֵרִים וַיִּשְׁתַּחוּ לָהֶם וְלַשֶּׁמֶשׁ ׀ אוֹ לַיָּרֵחַ אוֹ לְכָל־צְבָא הַשָּׁמַיִם
ד אֲשֶׁר לֹא־צִוִּיתִי׃ וְהֻגַּד־לְךָ וְשָׁמָעְתָּ וְדָרַשְׁתָּ הֵיטֵב וְהִנֵּה אֱמֶת
ה נָכוֹן הַדָּבָר נֶעֶשְׂתָה הַתּוֹעֵבָה הַזֹּאת בְּיִשְׂרָאֵל׃ וְהוֹצֵאתָ אֶת־
הָאִישׁ הַהוּא אוֹ אֶת־הָאִשָּׁה הַהִוא אֲשֶׁר עָשׂוּ אֶת־הַדָּבָר הָרָע
הַזֶּה אֶל־שְׁעָרֶיךָ אֶת־הָאִישׁ אוֹ אֶת־הָאִשָּׁה וּסְקַלְתָּם בָּאֲבָנִים
ו וָמֵתוּ׃ עַל־פִּי ׀ שְׁנַיִם עֵדִים אוֹ שְׁלֹשָׁה עֵדִים יוּמַת הַמֵּת לֹא יוּמַת
ז עַל־פִּי עֵד אֶחָד׃ יַד הָעֵדִים תִּהְיֶה־בּוֹ בָרִאשֹׁנָה לַהֲמִיתוֹ וְיַד כָּל־
הָעָם בָּאַחֲרֹנָה וּבִעַרְתָּ הָרָע מִקִּרְבֶּךָ׃
ח כִּי יִפָּלֵא מִמְּךָ דָבָר לַמִּשְׁפָּט בֵּין־דָּם ׀ לְדָם בֵּין־דִּין לְדִין וּבֵין
נֶגַע לָנֶגַע דִּבְרֵי רִיבֹת בִּשְׁעָרֶיךָ וְקַמְתָּ וְעָלִיתָ אֶל־הַמָּקוֹם
ט אֲשֶׁר יִבְחַר יְהוָה אֱלֹהֶיךָ בּוֹ׃ וּבָאתָ אֶל־הַכֹּהֲנִים הַלְוִיִּם וְאֶל־
הַשֹּׁפֵט אֲשֶׁר יִהְיֶה בַּיָּמִים הָהֵם וְדָרַשְׁתָּ וְהִגִּידוּ לְךָ אֵת דְּבַר
י הַמִּשְׁפָּט׃ וְעָשִׂיתָ עַל־פִּי הַדָּבָר אֲשֶׁר יַגִּידוּ לְךָ מִן־הַמָּקוֹם
הַהוּא אֲשֶׁר יִבְחַר יְהוָה וְשָׁמַרְתָּ לַעֲשׂוֹת כְּכֹל אֲשֶׁר יוֹרוּךָ׃
יא עַל־פִּי הַתּוֹרָה אֲשֶׁר יוֹרוּךָ וְעַל־הַמִּשְׁפָּט אֲשֶׁר־יֹאמְרוּ לְךָ

תַּעֲשֶׂה לֹא תָסוּר מִן־הַדָּבָר אֲשֶׁר־יַגִּידוּ לְךָ יָמִין וּשְׂמֹאל׃
וְהָאִישׁ אֲשֶׁר־יַעֲשֶׂה בְזָדוֹן לְבִלְתִּי שְׁמֹעַ אֶל־הַכֹּהֵן הָעֹמֵד יב
לְשָׁרֶת שָׁם אֶת־יהוה אֱלֹהֶיךָ אוֹ אֶל־הַשֹּׁפֵט וּמֵת הָאִישׁ הַהוּא
וּבִעַרְתָּ הָרָע מִיִּשְׂרָאֵל׃ וְכָל־הָעָם יִשְׁמְעוּ וְיִרָאוּ וְלֹא יְזִידוּן יג
שני טו עוֹד׃ כִּי־תָבֹא אֶל־הָאָרֶץ אֲשֶׁר יהוה אֱלֹהֶיךָ יד
נֹתֵן לָךְ וִירִשְׁתָּהּ וְיָשַׁבְתָּה בָּהּ וְאָמַרְתָּ אָשִׂימָה עָלַי מֶלֶךְ כְּכָל־
הַגּוֹיִם אֲשֶׁר סְבִיבֹתָי׃ שׂוֹם תָּשִׂים עָלֶיךָ מֶלֶךְ אֲשֶׁר יִבְחַר יהוה טו
אֱלֹהֶיךָ בּוֹ מִקֶּרֶב אַחֶיךָ תָּשִׂים עָלֶיךָ מֶלֶךְ לֹא תוּכַל לָתֵת
עָלֶיךָ אִישׁ נָכְרִי אֲשֶׁר לֹא־אָחִיךָ הוּא׃ רַק לֹא־יַרְבֶּה־לּוֹ סוּסִים טז
וְלֹא־יָשִׁיב אֶת־הָעָם מִצְרַיְמָה לְמַעַן הַרְבּוֹת סוּס וַיהוה אָמַר
לָכֶם לֹא תֹסִפוּן לָשׁוּב בַּדֶּרֶךְ הַזֶּה עוֹד׃ וְלֹא יַרְבֶּה־לּוֹ נָשִׁים יז
וְלֹא יָסוּר לְבָבוֹ וְכֶסֶף וְזָהָב לֹא יַרְבֶּה־לּוֹ מְאֹד׃ וְהָיָה כְשִׁבְתּוֹ יח
עַל כִּסֵּא מַמְלַכְתּוֹ וְכָתַב לוֹ אֶת־מִשְׁנֵה הַתּוֹרָה הַזֹּאת עַל־
סֵפֶר מִלִּפְנֵי הַכֹּהֲנִים הַלְוִיִּם׃ וְהָיְתָה עִמּוֹ וְקָרָא בוֹ כָּל־יְמֵי יט
חַיָּיו לְמַעַן יִלְמַד לְיִרְאָה אֶת־יהוה אֱלֹהָיו לִשְׁמֹר אֶת־כָּל־דִּבְרֵי
הַתּוֹרָה הַזֹּאת וְאֶת־הַחֻקִּים הָאֵלֶּה לַעֲשֹׂתָם׃ לְבִלְתִּי רוּם־לְבָבוֹ כ
מֵאֶחָיו וּלְבִלְתִּי סוּר מִן־הַמִּצְוָה יָמִין וּשְׂמֹאול לְמַעַן יַאֲרִיךְ
שלישי יָמִים עַל־מַמְלַכְתּוֹ הוּא וּבָנָיו בְּקֶרֶב יִשְׂרָאֵל׃ לֹא־ א יח
יִהְיֶה לַכֹּהֲנִים הַלְוִיִּם כָּל־שֵׁבֶט לֵוִי חֵלֶק וְנַחֲלָה עִם־יִשְׂרָאֵל
אִשֵּׁי יהוה וְנַחֲלָתוֹ יֹאכֵלוּן׃ וְנַחֲלָה לֹא־יִהְיֶה־לּוֹ בְּקֶרֶב אֶחָיו ב
יהוה הוּא נַחֲלָתוֹ כַּאֲשֶׁר דִּבֶּר־לוֹ׃ וְזֶה יִהְיֶה ג
מִשְׁפַּט הַכֹּהֲנִים מֵאֵת הָעָם מֵאֵת זֹבְחֵי הַזֶּבַח אִם־שׁוֹר אִם־
שֶׂה וְנָתַן לַכֹּהֵן הַזְּרֹעַ וְהַלְּחָיַיִם וְהַקֵּבָה׃ רֵאשִׁית דְּגָנְךָ תִּירֹשְׁךָ ד
וְיִצְהָרֶךָ וְרֵאשִׁית גֵּז צֹאנְךָ תִּתֶּן־לוֹ׃ כִּי בוֹ בָּחַר יהוה אֱלֹהֶיךָ ה
מִכָּל־שְׁבָטֶיךָ לַעֲמֹד לְשָׁרֵת בְּשֵׁם־יהוה הוּא וּבָנָיו כָּל־
רביעי הַיָּמִים׃ וְכִי־יָבֹא הַלֵּוִי מֵאַחַד שְׁעָרֶיךָ מִכָּל־ ו
יִשְׂרָאֵל אֲשֶׁר־הוּא גָּר שָׁם וּבָא בְּכָל־אַוַּת נַפְשׁוֹ אֶל־הַמָּקוֹם

ז אֲשֶׁר־יִבְחַר יְהוָה׃ וְשֵׁרֵת בְּשֵׁם יְהוָה אֱלֹהָיו כְּכָל־אֶחָיו הַלְוִיִּם
ח הָעֹמְדִים שָׁם לִפְנֵי יְהוָה׃ חֵלֶק כְּחֵלֶק יֹאכֵלוּ לְבַד מִמְכָּרָיו
ט עַל־הָאָבוֹת׃ כִּי אַתָּה בָּא אֶל־הָאָרֶץ אֲשֶׁר־
יְהוָה אֱלֹהֶיךָ נֹתֵן לָךְ לֹא־תִלְמַד לַעֲשׂוֹת כְּתוֹעֲבֹת הַגּוֹיִם הָהֵם׃
י לֹא־יִמָּצֵא בְךָ מַעֲבִיר בְּנוֹ־וּבִתּוֹ בָּאֵשׁ קֹסֵם קְסָמִים מְעוֹנֵן
יא וּמְנַחֵשׁ וּמְכַשֵּׁף׃ וְחֹבֵר חָבֶר וְשֹׁאֵל אוֹב וְיִדְּעֹנִי וְדֹרֵשׁ אֶל־
יב הַמֵּתִים׃ כִּי־תוֹעֲבַת יְהוָה כָּל־עֹשֵׂה אֵלֶּה וּבִגְלַל הַתּוֹעֵבֹת
יג הָאֵלֶּה יְהוָה אֱלֹהֶיךָ מוֹרִישׁ אוֹתָם מִפָּנֶיךָ׃ תָּמִים תִּהְיֶה עִם
יד יְהוָה אֱלֹהֶיךָ׃ כִּי ׀ הַגּוֹיִם הָאֵלֶּה אֲשֶׁר אַתָּה יוֹרֵשׁ אוֹתָם אֶל־ חמישי
מְעֹנְנִים וְאֶל־קֹסְמִים יִשְׁמָעוּ וְאַתָּה לֹא כֵן נָתַן לְךָ יְהוָה אֱלֹהֶיךָ׃
טו נָבִיא מִקִּרְבְּךָ מֵאַחֶיךָ כָּמֹנִי יָקִים לְךָ יְהוָה אֱלֹהֶיךָ אֵלָיו תִּשְׁמָעוּן׃
טז כְּכֹל אֲשֶׁר־שָׁאַלְתָּ מֵעִם יְהוָה אֱלֹהֶיךָ בְּחֹרֵב בְּיוֹם הַקָּהָל לֵאמֹר
לֹא אֹסֵף לִשְׁמֹעַ אֶת־קוֹל יְהוָה אֱלֹהָי וְאֶת־הָאֵשׁ הַגְּדֹלָה הַזֹּאת
יז לֹא־אֶרְאֶה עוֹד וְלֹא אָמוּת׃ וַיֹּאמֶר יְהוָה אֵלָי הֵיטִיבוּ אֲשֶׁר
יח דִּבֵּרוּ׃ נָבִיא אָקִים לָהֶם מִקֶּרֶב אֲחֵיהֶם כָּמוֹךָ וְנָתַתִּי דְבָרַי
יט בְּפִיו וְדִבֶּר אֲלֵיהֶם אֵת כָּל־אֲשֶׁר אֲצַוֶּנּוּ׃ וְהָיָה הָאִישׁ אֲשֶׁר
לֹא־יִשְׁמַע אֶל־דְּבָרַי אֲשֶׁר יְדַבֵּר בִּשְׁמִי אָנֹכִי אֶדְרֹשׁ מֵעִמּוֹ׃
כ אַךְ הַנָּבִיא אֲשֶׁר יָזִיד לְדַבֵּר דָּבָר בִּשְׁמִי אֵת אֲשֶׁר לֹא־צִוִּיתִיו ששי
לְדַבֵּר וַאֲשֶׁר יְדַבֵּר בְּשֵׁם אֱלֹהִים אֲחֵרִים וּמֵת הַנָּבִיא הַהוּא׃
כא וְכִי תֹאמַר בִּלְבָבֶךָ אֵיכָה נֵדַע אֶת־הַדָּבָר אֲשֶׁר לֹא־דִבְּרוֹ
כב יְהוָה׃ אֲשֶׁר יְדַבֵּר הַנָּבִיא בְּשֵׁם יְהוָה וְלֹא־יִהְיֶה הַדָּבָר וְלֹא
יָבֹא הוּא הַדָּבָר אֲשֶׁר לֹא־דִבְּרוֹ יְהוָה בְּזָדוֹן דִּבְּרוֹ הַנָּבִיא לֹא
יט א תָגוּר מִמֶּנּוּ׃ כִּי־יַכְרִית יְהוָה אֱלֹהֶיךָ אֶת־הַגּוֹיִם
אֲשֶׁר יְהוָה אֱלֹהֶיךָ נֹתֵן לְךָ אֶת־אַרְצָם וִירִשְׁתָּם וְיָשַׁבְתָּ בְעָרֵיהֶם
ב וּבְבָתֵּיהֶם׃ שָׁלוֹשׁ עָרִים תַּבְדִּיל לָךְ בְּתוֹךְ אַרְצְךָ אֲשֶׁר יְהוָה
ג אֱלֹהֶיךָ נֹתֵן לְךָ לְרִשְׁתָּהּ׃ תָּכִין לְךָ הַדֶּרֶךְ וְשִׁלַּשְׁתָּ אֶת־גְּבוּל
אַרְצְךָ אֲשֶׁר יַנְחִילְךָ יְהוָה אֱלֹהֶיךָ וְהָיָה לָנוּס שָׁמָּה כָּל־רֹצֵחַ׃

וְזֶה דְּבַר הָרֹצֵחַ אֲשֶׁר־יָנוּס שָׁמָּה וָחָי אֲשֶׁר יַכֶּה אֶת־רֵעֵהוּ ד
בִּבְלִי־דַעַת וְהוּא לֹא־שֹׂנֵא לוֹ מִתְּמֹל שִׁלְשֹׁם׃ וַאֲשֶׁר יָבֹא אֶת־ ה
רֵעֵהוּ בַיַּעַר לַחְטֹב עֵצִים וְנִדְּחָה יָדוֹ בַגַּרְזֶן לִכְרֹת הָעֵץ וְנָשַׁל
הַבַּרְזֶל מִן־הָעֵץ וּמָצָא אֶת־רֵעֵהוּ וָמֵת הוּא יָנוּס אֶל־אַחַת
הֶעָרִים־הָאֵלֶּה וָחָי׃ פֶּן־יִרְדֹּף גֹּאֵל הַדָּם אַחֲרֵי הָרֹצֵחַ כִּי יֵחַם ו
לְבָבוֹ וְהִשִּׂיגוֹ כִּי־יִרְבֶּה הַדֶּרֶךְ וְהִכָּהוּ נָפֶשׁ וְלוֹ אֵין מִשְׁפַּט־
מָוֶת כִּי לֹא־שֹׂנֵא הוּא לוֹ מִתְּמוֹל שִׁלְשׁוֹם׃ עַל־כֵּן אָנֹכִי מְצַוְּךָ ז
לֵאמֹר שָׁלֹשׁ עָרִים תַּבְדִּיל לָךְ׃ וְאִם־יַרְחִיב יְהוָה אֱלֹהֶיךָ אֶת־ ח
גְּבֻלְךָ כַּאֲשֶׁר נִשְׁבַּע לַאֲבֹתֶיךָ וְנָתַן לְךָ אֶת־כָּל־הָאָרֶץ אֲשֶׁר
דִּבֶּר לָתֵת לַאֲבֹתֶיךָ׃ כִּי־תִשְׁמֹר אֶת־כָּל־הַמִּצְוָה הַזֹּאת לַעֲשֹׂתָהּ ט
אֲשֶׁר אָנֹכִי מְצַוְּךָ הַיּוֹם לְאַהֲבָה אֶת־יְהוָה אֱלֹהֶיךָ וְלָלֶכֶת בִּדְרָכָיו
כָּל־הַיָּמִים וְיָסַפְתָּ לְךָ עוֹד שָׁלֹשׁ עָרִים עַל הַשָּׁלֹשׁ הָאֵלֶּה׃ וְלֹא י
יִשָּׁפֵךְ דָּם נָקִי בְּקֶרֶב אַרְצְךָ אֲשֶׁר יְהוָה אֱלֹהֶיךָ נֹתֵן לְךָ נַחֲלָה
וְהָיָה עָלֶיךָ דָּמִים׃
וְכִי־יִהְיֶה אִישׁ שֹׂנֵא לְרֵעֵהוּ וְאָרַב לוֹ וְקָם עָלָיו וְהִכָּהוּ נֶפֶשׁ וָמֵת יא
וְנָס אֶל־אַחַת הֶעָרִים הָאֵל׃ וְשָׁלְחוּ זִקְנֵי עִירוֹ וְלָקְחוּ אֹתוֹ מִשָּׁם יב
וְנָתְנוּ אֹתוֹ בְּיַד גֹּאֵל הַדָּם וָמֵת׃ לֹא־תָחוֹס עֵינְךָ עָלָיו וּבִעַרְתָּ דַם־ יג
ששי הַנָּקִי מִיִּשְׂרָאֵל וְטוֹב לָךְ׃ לֹא תַסִּיג גְּבוּל רֵעֲךָ יד
אֲשֶׁר גָּבְלוּ רִאשֹׁנִים בְּנַחֲלָתְךָ אֲשֶׁר תִּנְחַל בָּאָרֶץ אֲשֶׁר יְהוָה
אֱלֹהֶיךָ נֹתֵן לְךָ לְרִשְׁתָּהּ׃ לֹא־יָקוּם עֵד אֶחָד טו
בְּאִישׁ לְכָל־עָוֺן וּלְכָל־חַטָּאת בְּכָל־חֵטְא אֲשֶׁר יֶחֱטָא עַל־
פִּי ׀ שְׁנֵי עֵדִים אוֹ עַל־פִּי שְׁלֹשָׁה־עֵדִים יָקוּם דָּבָר׃ כִּי־יָקוּם עֵד־ טז
חָמָס בְּאִישׁ לַעֲנוֹת בּוֹ סָרָה׃ וְעָמְדוּ שְׁנֵי־הָאֲנָשִׁים אֲשֶׁר־לָהֶם יז
הָרִיב לִפְנֵי יְהוָה לִפְנֵי הַכֹּהֲנִים וְהַשֹּׁפְטִים אֲשֶׁר יִהְיוּ בַּיָּמִים
הָהֵם׃ וְדָרְשׁוּ הַשֹּׁפְטִים הֵיטֵב וְהִנֵּה עֵד־שֶׁקֶר הָעֵד שֶׁקֶר עָנָה יח
בְאָחִיו׃ וַעֲשִׂיתֶם לוֹ כַּאֲשֶׁר זָמַם לַעֲשׂוֹת לְאָחִיו וּבִעַרְתָּ הָרָע יט
מִקִּרְבֶּךָ׃ וְהַנִּשְׁאָרִים יִשְׁמְעוּ וְיִרָאוּ וְלֹא־יֹסִפוּ לַעֲשׂוֹת עוֹד כַּדָּבָר כ

כא הָרָע הַזֶּה בְּקִרְבֶּךָ: וְלֹא תָחוֹס עֵינֶךָ נֶפֶשׁ בְּנֶפֶשׁ עַיִן בְּעַיִן שֵׁן
כ א בְּשֵׁן יָד בְּיָד רֶגֶל בְּרָגֶל: כִּי־תֵצֵא לַמִּלְחָמָה עַל־
אֹיְבֶךָ וְרָאִיתָ סוּס וָרֶכֶב עַם רַב מִמְּךָ לֹא תִירָא מֵהֶם כִּי־יְהוָה
ב אֱלֹהֶיךָ עִמָּךְ הַמַּעַלְךָ מֵאֶרֶץ מִצְרָיִם: וְהָיָה כְּקָרָבְכֶם אֶל־
ג הַמִּלְחָמָה וְנִגַּשׁ הַכֹּהֵן וְדִבֶּר אֶל־הָעָם: וְאָמַר אֲלֵהֶם שְׁמַע
יִשְׂרָאֵל אַתֶּם קְרֵבִים הַיּוֹם לַמִּלְחָמָה עַל־אֹיְבֵיכֶם אַל־יֵרַךְ
ד לְבַבְכֶם אַל־תִּירְאוּ וְאַל־תַּחְפְּזוּ וְאַל־תַּעַרְצוּ מִפְּנֵיהֶם: כִּי יְהוָה
אֱלֹהֵיכֶם הַהֹלֵךְ עִמָּכֶם לְהִלָּחֵם לָכֶם עִם־אֹיְבֵיכֶם לְהוֹשִׁיעַ
ה אֶתְכֶם: וְדִבְּרוּ הַשֹּׁטְרִים אֶל־הָעָם לֵאמֹר מִי־הָאִישׁ אֲשֶׁר בָּנָה
בַיִת־חָדָשׁ וְלֹא חֲנָכוֹ יֵלֵךְ וְיָשֹׁב לְבֵיתוֹ פֶּן־יָמוּת בַּמִּלְחָמָה
ו וְאִישׁ אַחֵר יַחְנְכֶנּוּ: וּמִי־הָאִישׁ אֲשֶׁר נָטַע כֶּרֶם וְלֹא חִלְּלוֹ יֵלֵךְ
ז וְיָשֹׁב לְבֵיתוֹ פֶּן־יָמוּת בַּמִּלְחָמָה וְאִישׁ אַחֵר יְחַלְּלֶנּוּ: וּמִי־
הָאִישׁ אֲשֶׁר אֵרַשׂ אִשָּׁה וְלֹא לְקָחָהּ יֵלֵךְ וְיָשֹׁב לְבֵיתוֹ פֶּן־יָמוּת
ח בַּמִּלְחָמָה וְאִישׁ אַחֵר יִקָּחֶנָּה: וְיָסְפוּ הַשֹּׁטְרִים לְדַבֵּר אֶל־הָעָם
וְאָמְרוּ מִי־הָאִישׁ הַיָּרֵא וְרַךְ הַלֵּבָב יֵלֵךְ וְיָשֹׁב לְבֵיתוֹ וְלֹא יִמַּס
ט אֶת־לְבַב אֶחָיו כִּלְבָבוֹ: וְהָיָה כְּכַלֹּת הַשֹּׁטְרִים לְדַבֵּר אֶל־הָעָם
י וּפָקְדוּ שָׂרֵי צְבָאוֹת בְּרֹאשׁ הָעָם: כִּי־תִקְרַב אֶל־ טז שביעי
יא עִיר לְהִלָּחֵם עָלֶיהָ וְקָרָאתָ אֵלֶיהָ לְשָׁלוֹם: וְהָיָה אִם־שָׁלוֹם
תַּעַנְךָ וּפָתְחָה לָךְ וְהָיָה כָּל־הָעָם הַנִּמְצָא־בָהּ יִהְיוּ לְךָ לָמַס
יב וַעֲבָדוּךָ: וְאִם־לֹא תַשְׁלִים עִמָּךְ וְעָשְׂתָה עִמְּךָ מִלְחָמָה וְצַרְתָּ
יג עָלֶיהָ: וּנְתָנָהּ יְהוָה אֱלֹהֶיךָ בְּיָדֶךָ וְהִכִּיתָ אֶת־כָּל־זְכוּרָהּ לְפִי־
יד חָרֶב: רַק הַנָּשִׁים וְהַטַּף וְהַבְּהֵמָה וְכֹל אֲשֶׁר יִהְיֶה בָעִיר כָּל־
שְׁלָלָהּ תָּבֹז לָךְ וְאָכַלְתָּ אֶת־שְׁלַל אֹיְבֶיךָ אֲשֶׁר נָתַן יְהוָה אֱלֹהֶיךָ
טו לָךְ: כֵּן תַּעֲשֶׂה לְכָל־הֶעָרִים הָרְחֹקֹת מִמְּךָ מְאֹד אֲשֶׁר לֹא־מֵעָרֵי
טז הַגּוֹיִם־הָאֵלֶּה הֵנָּה: רַק מֵעָרֵי הָעַמִּים הָאֵלֶּה אֲשֶׁר יְהוָה אֱלֹהֶיךָ
יז נֹתֵן לְךָ נַחֲלָה לֹא תְחַיֶּה כָּל־נְשָׁמָה: כִּי־הַחֲרֵם תַּחֲרִימֵם הַחִתִּי
וְהָאֱמֹרִי הַכְּנַעֲנִי וְהַפְּרִזִּי הַחִוִּי וְהַיְבוּסִי כַּאֲשֶׁר צִוְּךָ יְהוָה אֱלֹהֶיךָ:

יח לְמַ֗עַן אֲשֶׁר֙ לֹא־יְלַמְּד֣וּ אֶתְכֶם֙ לַעֲשׂ֔וֹת כְּכֹל֙ תּֽוֹעֲבֹתָ֔ם אֲשֶׁ֥ר
יט עָשׂ֖וּ לֵאלֹֽהֵיהֶ֑ם וַחֲטָאתֶ֖ם לַֽיהוָ֥ה אֱלֹהֵיכֶֽם׃ כִּֽי־
תָצ֣וּר אֶל־עִיר֩ יָמִ֨ים רַבִּ֜ים לְֽהִלָּחֵ֧ם עָלֶ֣יהָ לְתָפְשָׂ֗הּ לֹֽא־תַשְׁחִ֤ית
אֶת־עֵצָהּ֙ לִנְדֹּ֤חַ עָלָיו֙ גַּרְזֶ֔ן כִּ֚י מִמֶּ֣נּוּ תֹאכֵ֔ל וְאֹת֖וֹ לֹ֣א תִכְרֹ֑ת כִּ֤י
כ הָֽאָדָם֙ עֵ֣ץ הַשָּׂדֶ֔ה לָבֹ֥א מִפָּנֶ֖יךָ בַּמָּצֽוֹר׃ רַ֞ק עֵ֣ץ אֲשֶׁר־תֵּדַ֗ע כִּֽי־לֹא־
עֵ֤ץ מַאֲכָל֙ ה֔וּא אֹת֥וֹ תַשְׁחִ֖ית וְכָרָ֑תָּ וּבָנִ֣יתָ מָצ֗וֹר עַל־הָעִיר֙
אֲשֶׁר־הִ֨וא עֹשָׂ֧ה עִמְּךָ֛ מִלְחָמָ֖ה עַ֥ד רִדְתָּֽהּ׃
כא א כִּֽי־יִמָּצֵ֣א חָלָ֗ל בָּֽאֲדָמָה֙ אֲשֶׁר֩ יְהוָ֨ה אֱלֹהֶ֜יךָ נֹתֵ֤ן לְךָ֙ לְרִשְׁתָּ֔הּ נֹפֵ֖ל
ב בַּשָּׂדֶ֑ה לֹ֥א נוֹדַ֖ע מִ֥י הִכָּֽהוּ׃ וְיָצְא֥וּ זְקֵנֶ֖יךָ וְשֹׁפְטֶ֑יךָ וּמָֽדְדוּ֙ אֶל־
ג הֶ֣עָרִ֔ים אֲשֶׁ֖ר סְבִיבֹ֥ת הֶחָלָֽל׃ וְהָיָ֣ה הָעִ֔יר הַקְּרֹבָ֖ה אֶל־הֶחָלָ֑ל
וְלָֽקְח֡וּ זִקְנֵי֩ הָעִ֨יר הַהִ֜וא עֶגְלַ֣ת בָּקָ֗ר אֲשֶׁ֤ר לֹֽא־עֻבַּד֙ בָּ֔הּ אֲשֶׁ֥ר
ד לֹא־מָשְׁכָ֖ה בְּעֹֽל׃ וְהוֹרִ֡דוּ זִקְנֵי֩ הָעִ֨יר הַהִ֤וא אֶת־הָֽעֶגְלָה֙ אֶל־
נַ֣חַל אֵיתָ֔ן אֲשֶׁ֛ר לֹא־יֵעָבֵ֥ד בּ֖וֹ וְלֹ֣א יִזָּרֵ֑עַ וְעָֽרְפוּ־שָׁ֥ם אֶת־הָעֶגְלָ֖ה
ה בַּנָּֽחַל׃ וְנִגְּשׁ֣וּ הַכֹּהֲנִים֮ בְּנֵ֣י לֵוִי֒ כִּ֣י בָ֗ם בָּחַ֞ר יְהוָ֤ה אֱלֹהֶ֙יךָ֙ לְשָׁ֣רְת֔וֹ
ו וּלְבָרֵ֖ךְ בְּשֵׁ֣ם יְהוָ֑ה וְעַל־פִּיהֶ֥ם יִהְיֶ֖ה כָּל־רִ֥יב וְכָל־נָֽגַע׃ וְכֹ֗ל
זִקְנֵי֙ הָעִ֣יר הַהִ֔וא הַקְּרֹבִ֖ים אֶל־הֶחָלָ֑ל יִרְחֲצוּ֙ אֶת־יְדֵיהֶ֔ם עַל־
ז הָעֶגְלָ֖ה הָעֲרוּפָ֥ה בַנָּֽחַל׃ וְעָנ֖וּ וְאָמְר֑וּ יָדֵ֗ינוּ לֹ֤א שָֽׁפְכָה֙ אֶת־ מפטיר שָׁפְכוּ
ח הַדָּ֣ם הַזֶּ֔ה וְעֵינֵ֖ינוּ לֹ֥א רָאֽוּ׃ כַּפֵּר֙ לְעַמְּךָ֤ יִשְׂרָאֵל֙ אֲשֶׁר־פָּדִ֔יתָ
יְהוָ֔ה וְאַל־תִּתֵּן֙ דָּ֣ם נָקִ֔י בְּקֶ֖רֶב עַמְּךָ֣ יִשְׂרָאֵ֑ל וְנִכַּפֵּ֥ר לָהֶ֖ם
ט הַדָּֽם׃ וְאַתָּ֗ה תְּבַעֵ֛ר הַדָּ֥ם הַנָּקִ֖י מִקִּרְבֶּ֑ךָ כִּֽי־תַעֲשֶׂ֥ה הַיָּשָׁ֖ר
י בְּעֵינֵ֥י יְהוָֽה׃ כִּֽי־תֵצֵ֥א לַמִּלְחָמָ֖ה עַל־אֹיְבֶ֑יךָ כי תצא
יא וּנְתָנ֞וֹ יְהוָ֧ה אֱלֹהֶ֛יךָ בְּיָדֶ֖ךָ וְשָׁבִ֥יתָ שִׁבְיֽוֹ׃ וְרָאִ֙יתָ֙ בַּשִּׁבְיָ֔ה אֵ֖שֶׁת
יב יְפַת־תֹּ֑אַר וְחָשַׁקְתָּ֣ בָ֔הּ וְלָקַחְתָּ֥ לְךָ֖ לְאִשָּֽׁה׃ וַהֲבֵאתָ֖הּ אֶל־
יג תּ֣וֹךְ בֵּיתֶ֑ךָ וְגִלְּחָה֙ אֶת־רֹאשָׁ֔הּ וְעָשְׂתָ֖ה אֶת־צִפָּרְנֶֽיהָ׃ וְהֵסִ֩ירָה֩
אֶת־שִׂמְלַ֨ת שִׁבְיָ֜הּ מֵעָלֶ֗יהָ וְיָֽשְׁבָה֙ בְּבֵיתֶ֔ךָ וּבָֽכְתָ֛ה אֶת־אָבִ֥יהָ
וְאֶת־אִמָּ֖הּ יֶ֣רַח יָמִ֑ים וְאַ֨חַר כֵּ֜ן תָּב֤וֹא אֵלֶ֙יהָ֙ וּבְעַלְתָּ֔הּ וְהָיְתָ֥ה
יד לְךָ֖ לְאִשָּֽׁה׃ וְהָיָ֞ה אִם־לֹ֧א חָפַ֣צְתָּ בָּ֗הּ וְשִׁלַּחְתָּהּ֙ לְנַפְשָׁ֔הּ

וּמָכֹר לֹא־תִמְכְּרֶנָּה בַּכָּסֶף לֹא־תִתְעַמֵּר בָּהּ תַּחַת אֲשֶׁר
טו עִנִּיתָהּ: כִּי־תִהְיֶיןָ לְאִישׁ שְׁתֵּי נָשִׁים הָאַחַת
אֲהוּבָה וְהָאַחַת שְׂנוּאָה וְיָלְדוּ־לוֹ בָנִים הָאֲהוּבָה וְהַשְּׂנוּאָה
טז וְהָיָה הַבֵּן הַבְּכֹר לַשְּׂנִיאָה: וְהָיָה בְּיוֹם הַנְחִילוֹ אֶת־בָּנָיו אֵת
אֲשֶׁר־יִהְיֶה לוֹ לֹא יוּכַל לְבַכֵּר אֶת־בֶּן־הָאֲהוּבָה עַל־פְּנֵי בֶן־
יז הַשְּׂנוּאָה הַבְּכֹר: כִּי אֶת־הַבְּכֹר בֶּן־הַשְּׂנוּאָה יַכִּיר לָתֶת לוֹ
פִּי שְׁנַיִם בְּכֹל אֲשֶׁר־יִמָּצֵא לוֹ כִּי־הוּא רֵאשִׁית אֹנוֹ לוֹ מִשְׁפַּט
יח הַבְּכֹרָה: כִּי־יִהְיֶה לְאִישׁ בֵּן סוֹרֵר וּמוֹרֶה אֵינֶנּוּ
שֹׁמֵעַ בְּקוֹל אָבִיו וּבְקוֹל אִמּוֹ וְיִסְּרוּ אֹתוֹ וְלֹא יִשְׁמַע אֲלֵיהֶם:
יט וְתָפְשׂוּ בוֹ אָבִיו וְאִמּוֹ וְהוֹצִיאוּ אֹתוֹ אֶל־זִקְנֵי עִירוֹ וְאֶל־שַׁעַר
כ מְקֹמוֹ: וְאָמְרוּ אֶל־זִקְנֵי עִירוֹ בְּנֵנוּ זֶה סוֹרֵר וּמֹרֶה אֵינֶנּוּ שֹׁמֵעַ
כא בְּקֹלֵנוּ זוֹלֵל וְסֹבֵא: וּרְגָמֻהוּ כָּל־אַנְשֵׁי עִירוֹ בָאֲבָנִים וָמֵת וּבִעַרְתָּ
כב הָרָע מִקִּרְבֶּךָ וְכָל־יִשְׂרָאֵל יִשְׁמְעוּ וְיִרָאוּ: וְכִי־ שני
יִהְיֶה בְאִישׁ חֵטְא מִשְׁפַּט־מָוֶת וְהוּמָת וְתָלִיתָ אֹתוֹ עַל־עֵץ:
כג לֹא־תָלִין נִבְלָתוֹ עַל־הָעֵץ כִּי־קָבוֹר תִּקְבְּרֶנּוּ בַּיּוֹם הַהוּא כִּי־
קִלְלַת אֱלֹהִים תָּלוּי וְלֹא תְטַמֵּא אֶת־אַדְמָתְךָ אֲשֶׁר יהוה אֱלֹהֶיךָ
כב א נֹתֵן לְךָ נַחֲלָה: לֹא־תִרְאֶה אֶת־שׁוֹר אָחִיךָ אוֹ
ב אֶת־שֵׂיוֹ נִדָּחִים וְהִתְעַלַּמְתָּ מֵהֶם הָשֵׁב תְּשִׁיבֵם לְאָחִיךָ: וְאִם־
לֹא קָרוֹב אָחִיךָ אֵלֶיךָ וְלֹא יְדַעְתּוֹ וַאֲסַפְתּוֹ אֶל־תּוֹךְ בֵּיתֶךָ וְהָיָה
ג עִמְּךָ עַד דְּרֹשׁ אָחִיךָ אֹתוֹ וַהֲשֵׁבֹתוֹ לוֹ: וְכֵן תַּעֲשֶׂה לַחֲמֹרוֹ וְכֵן
תַּעֲשֶׂה לְשִׂמְלָתוֹ וְכֵן תַּעֲשֶׂה לְכָל־אֲבֵדַת אָחִיךָ אֲשֶׁר־תֹּאבַד
ד מִמֶּנּוּ וּמְצָאתָהּ לֹא תוּכַל לְהִתְעַלֵּם: לֹא־תִרְאֶה
אֶת־חֲמוֹר אָחִיךָ אוֹ שׁוֹרוֹ נֹפְלִים בַּדֶּרֶךְ וְהִתְעַלַּמְתָּ מֵהֶם הָקֵם
ה תָּקִים עִמּוֹ: לֹא־יִהְיֶה כְלִי־גֶבֶר עַל־אִשָּׁה וְלֹא־
יִלְבַּשׁ גֶּבֶר שִׂמְלַת אִשָּׁה כִּי תוֹעֲבַת יהוה אֱלֹהֶיךָ כָּל־עֹשֵׂה
אֵלֶּה:
ו כִּי יִקָּרֵא קַן־צִפּוֹר ׀ לְפָנֶיךָ בַּדֶּרֶךְ בְּכָל־עֵץ ׀ אוֹ עַל־הָאָרֶץ יז

אֶפְרֹחִים אוֹ בֵיצִים וְהָאֵם רֹבֶצֶת עַל־הָאֶפְרֹחִים אוֹ עַל־הַבֵּיצִים
לֹא־תִקַּח הָאֵם עַל־הַבָּנִים׃ שַׁלֵּחַ תְּשַׁלַּח אֶת־הָאֵם וְאֶת־הַבָּנִים ז
שלישי תִּקַּח־לָךְ לְמַעַן יִיטַב לָךְ וְהַאֲרַכְתָּ יָמִים׃ כִּי ח
תִבְנֶה בַּיִת חָדָשׁ וְעָשִׂיתָ מַעֲקֶה לְגַגֶּךָ וְלֹא־תָשִׂים דָּמִים בְּבֵיתֶךָ
כִּי־יִפֹּל הַנֹּפֵל מִמֶּנּוּ׃ לֹא־תִזְרַע כַּרְמְךָ כִּלְאָיִם פֶּן־תִּקְדַּשׁ ט
הַמְלֵאָה הַזֶּרַע אֲשֶׁר תִּזְרָע וּתְבוּאַת הַכָּרֶם׃ לֹא־ י
תַחֲרֹשׁ בְּשׁוֹר־וּבַחֲמֹר יַחְדָּו׃ לֹא תִלְבַּשׁ שַׁעַטְנֵז צֶמֶר וּפִשְׁתִּים יא
יַחְדָּו׃ גְּדִלִים תַּעֲשֶׂה־לָּךְ עַל־אַרְבַּע כַּנְפוֹת יב
כְּסוּתְךָ אֲשֶׁר תְּכַסֶּה־בָּהּ׃ כִּי־יִקַּח אִישׁ אִשָּׁה יג
וּבָא אֵלֶיהָ וּשְׂנֵאָהּ׃ וְשָׂם לָהּ עֲלִילֹת דְּבָרִים וְהוֹצִא עָלֶיהָ יד
שֵׁם רָע וְאָמַר אֶת־הָאִשָּׁה הַזֹּאת לָקַחְתִּי וָאֶקְרַב אֵלֶיהָ וְלֹא־
מָצָאתִי לָהּ בְּתוּלִים׃ וְלָקַח אֲבִי הַנַּעֲרָ וְאִמָּהּ וְהוֹצִיאוּ אֶת־ טו
בְּתוּלֵי הַנַּעֲרָ אֶל־זִקְנֵי הָעִיר הַשָּׁעְרָה׃ וְאָמַר אֲבִי הַנַּעֲרָ אֶל־ טז
הַזְּקֵנִים אֶת־בִּתִּי נָתַתִּי לָאִישׁ הַזֶּה לְאִשָּׁה וַיִּשְׂנָאֶהָ׃ וְהִנֵּה־הוּא יז
שָׂם עֲלִילֹת דְּבָרִים לֵאמֹר לֹא־מָצָאתִי לְבִתְּךָ בְּתוּלִים וְאֵלֶּה
בְּתוּלֵי בִתִּי וּפָרְשׂוּ הַשִּׂמְלָה לִפְנֵי זִקְנֵי הָעִיר׃ וְלָקְחוּ זִקְנֵי הָעִיר־ יח
הַהִוא אֶת־הָאִישׁ וְיִסְּרוּ אֹתוֹ׃ וְעָנְשׁוּ אֹתוֹ מֵאָה כֶסֶף וְנָתְנוּ יט
לַאֲבִי הַנַּעֲרָה כִּי הוֹצִיא שֵׁם רָע עַל בְּתוּלַת יִשְׂרָאֵל וְלוֹ־תִהְיֶה
לְאִשָּׁה לֹא־יוּכַל לְשַׁלְּחָהּ כָּל־יָמָיו׃ וְאִם־אֱמֶת הָיָה כ
הַדָּבָר הַזֶּה לֹא־נִמְצְאוּ בְתוּלִים לַנַּעֲרָ׃ וְהוֹצִיאוּ אֶת־הַנַּעֲרָ כא
אֶל־פֶּתַח בֵּית־אָבִיהָ וּסְקָלוּהָ אַנְשֵׁי עִירָהּ בָּאֲבָנִים וָמֵתָה
כִּי־עָשְׂתָה נְבָלָה בְּיִשְׂרָאֵל לִזְנוֹת בֵּית אָבִיהָ וּבִעַרְתָּ הָרָע
מִקִּרְבֶּךָ׃ כִּי־יִמָּצֵא אִישׁ שֹׁכֵב ׀ עִם־אִשָּׁה בְעֻלַת־ כב
בַּעַל וּמֵתוּ גַּם־שְׁנֵיהֶם הָאִישׁ הַשֹּׁכֵב עִם־הָאִשָּׁה וְהָאִשָּׁה וּבִעַרְתָּ
הָרָע מִיִּשְׂרָאֵל׃ כִּי יִהְיֶה נַעֲרָ בְתוּלָה מְאֹרָשָׂה כג
לְאִישׁ וּמְצָאָהּ אִישׁ בָּעִיר וְשָׁכַב עִמָּהּ׃ וְהוֹצֵאתֶם אֶת־שְׁנֵיהֶם אֶל־ כד
שַׁעַר ׀ הָעִיר הַהִוא וּסְקַלְתֶּם אֹתָם בָּאֲבָנִים וָמֵתוּ אֶת־הַנַּעֲרָ עַל־

דְּבַר אֲשֶׁר לֹא־צָעֲקָה בָעִיר וְאֶת־הָאִישׁ עַל־דְּבַר אֲשֶׁר־עִנָּה אֶת־
כה אֵשֶׁת רֵעֵהוּ וּבִעַרְתָּ הָרָע מִקִּרְבֶּךָ: וְאִם־בַּשָּׂדֶה
יִמְצָא הָאִישׁ אֶת־הַנַּעֲרָ הַמְאֹרָשָׂה וְהֶחֱזִיק־בָּהּ הָאִישׁ וְשָׁכַב
כו עִמָּהּ וּמֵת הָאִישׁ אֲשֶׁר־שָׁכַב עִמָּהּ לְבַדּוֹ: וְלַנַּעֲרָ לֹא־תַעֲשֶׂה
דָבָר אֵין לַנַּעֲרָ חֵטְא מָוֶת כִּי כַּאֲשֶׁר יָקוּם אִישׁ עַל־רֵעֵהוּ וּרְצָחוֹ
כז נֶפֶשׁ כֵּן הַדָּבָר הַזֶּה: כִּי בַשָּׂדֶה מְצָאָהּ צָעֲקָה הַנַּעֲרָ הַמְאֹרָשָׂה
כח וְאֵין מוֹשִׁיעַ לָהּ: כִּי־יִמְצָא אִישׁ נַעֲרָ בְתוּלָה
כט אֲשֶׁר לֹא־אֹרָשָׂה וּתְפָשָׂהּ וְשָׁכַב עִמָּהּ וְנִמְצָאוּ: וְנָתַן הָאִישׁ
הַשֹּׁכֵב עִמָּהּ לַאֲבִי הַנַּעֲרָ חֲמִשִּׁים כָּסֶף וְלוֹ־תִהְיֶה לְאִשָּׁה תַּחַת
כג א אֲשֶׁר עִנָּהּ לֹא־יוּכַל שַׁלְּחָהּ כָּל־יָמָיו: לֹא־יִקַּח
ב אִישׁ אֶת־אֵשֶׁת אָבִיו וְלֹא יְגַלֶּה כְּנַף אָבִיו: לֹא־
ג יָבֹא פְצוּעַ־דַּכָּא וּכְרוּת שָׁפְכָה בִּקְהַל יהוה: לֹא־
יָבֹא מַמְזֵר בִּקְהַל יהוה גַּם דּוֹר עֲשִׂירִי לֹא־יָבֹא לוֹ בִּקְהַל
ד יהוה: לֹא־יָבֹא עַמּוֹנִי וּמוֹאָבִי בִּקְהַל יהוה גַּם
ה דּוֹר עֲשִׂירִי לֹא־יָבֹא לָהֶם בִּקְהַל יהוה עַד־עוֹלָם: עַל־דְּבַר אֲשֶׁר
לֹא־קִדְּמוּ אֶתְכֶם בַּלֶּחֶם וּבַמַּיִם בַּדֶּרֶךְ בְּצֵאתְכֶם מִמִּצְרָיִם
וַאֲשֶׁר שָׂכַר עָלֶיךָ אֶת־בִּלְעָם בֶּן־בְּעוֹר מִפְּתוֹר אֲרַם נַהֲרַיִם
ו לְקַלְלֶךָּ: וְלֹא־אָבָה יהוה אֱלֹהֶיךָ לִשְׁמֹעַ אֶל־בִּלְעָם וַיַּהֲפֹךְ יהוה
ז אֱלֹהֶיךָ לְּךָ אֶת־הַקְּלָלָה לִבְרָכָה כִּי אֲהֵבְךָ יהוה אֱלֹהֶיךָ: לֹא־
ח תִדְרֹשׁ שְׁלֹמָם וְטֹבָתָם כָּל־יָמֶיךָ לְעוֹלָם: לֹא־ רביעי
תְתַעֵב אֲדֹמִי כִּי אָחִיךָ הוּא לֹא־תְתַעֵב מִצְרִי כִּי־גֵר הָיִיתָ
ט בְאַרְצוֹ: בָּנִים אֲשֶׁר־יִוָּלְדוּ לָהֶם דּוֹר שְׁלִישִׁי יָבֹא לָהֶם בִּקְהַל
י יהוה: כִּי־תֵצֵא מַחֲנֶה עַל־אֹיְבֶיךָ וְנִשְׁמַרְתָּ יח
יא מִכֹּל דָּבָר רָע: כִּי־יִהְיֶה בְךָ אִישׁ אֲשֶׁר לֹא־יִהְיֶה טָהוֹר מִקְּרֵה־
יב לָיְלָה וְיָצָא אֶל־מִחוּץ לַמַּחֲנֶה לֹא יָבֹא אֶל־תּוֹךְ הַמַּחֲנֶה: וְהָיָה
לִפְנוֹת־עֶרֶב יִרְחַץ בַּמָּיִם וּכְבֹא הַשֶּׁמֶשׁ יָבֹא אֶל־תּוֹךְ הַמַּחֲנֶה:
יג יד וְיָד תִּהְיֶה לְךָ מִחוּץ לַמַּחֲנֶה וְיָצָאתָ שָׁמָּה חוּץ: וְיָתֵד תִּהְיֶה לְךָ

על־אזנך והיה בשבתך חוץ וחפרתה בה ושבת וכסית את־
טו צאתך: כי יהוה אלהיך מתהלך | בקרב מחנך להצילך ולתת
איביך לפניך והיה מחניך קדוש ולא־יראה בך ערות דבר
טז ושב מאחריך: לא־תסגיר עבד אל־אדניו אשר־
יז ינצל אליך מעם אדניו: עמך ישב בקרבך במקום אשר־יבחר
יח באחד שעריך בטוב לו לא תוננו: לא־תהיה
יט קדשה מבנות ישראל ולא־יהיה קדש מבני ישראל: לא־תביא
אתנן זונה ומחיר כלב בית יהוה אלהיך לכל־נדר כי תועבת
כ יהוה אלהיך גם־שניהם: לא־תשיך לאחיך נשך
כא כסף נשך אכל נשך כל־דבר אשר ישך: לנכרי תשיך ולאחיך
לא תשיך למען יברכך יהוה אלהיך בכל משלח ידך על־הארץ
יט כב אשר־אתה בא־שמה לרשתה: כי־תדר נדר
ליהוה אלהיך לא תאחר לשלמו כי־דרש ידרשנו יהוה אלהיך
כג מעמך והיה בך חטא: וכי תחדל לנדר לא־יהיה בך חטא:
כד מוצא שפתיך תשמר ועשית כאשר נדרת ליהוה אלהיך נדבה
חמישי כה אשר דברת בפיך: כי תבא בכרם רעך ואכלת
כו ענבים כנפשך שבעך ואל־כליך לא תתן: כי
תבא בקמת רעך וקטפת מלילת בידך וחרמש לא תניף על
כד א קמת רעך: כי־יקח איש אשה ובעלה והיה אם־לא
תמצא־חן בעיניו כי־מצא בה ערות דבר וכתב לה ספר כריתת
ב ונתן בידה ושלחה מביתו: ויצאה מביתו והלכה והיתה
ג לאיש־אחר: ושנאה האיש האחרון וכתב לה ספר כריתת
ונתן בידה ושלחה מביתו או כי ימות האיש האחרון אשר־
ד לקחה לו לאשה: לא־יוכל בעלה הראשון אשר־שלחה לשוב
לקחתה להיות לו לאשה אחרי אשר הטמאה כי־תועבה
הוא לפני יהוה ולא תחטיא את־הארץ אשר יהוה אלהיך נתן
ששי ה לך נחלה: כי־יקח איש אשה חדשה לא יצא

בצבא ולא־יעבר עליו לכל־דבר נקי יהיה לביתו שנה אחת
ו ושמח את־אשתו אשר־לקח: לא־יחבל רחים ורכב כי־נפש
ז הוא חבל: כי־ימצא איש גנב נפש מאחיו מבני
ישראל והתעמר־בו ומכרו ומת הגנב ההוא ובערת הרע
ח מקרבך: השמר בנגע־הצרעת לשמר מאד
ולעשות ככל אשר־יורו אתכם הכהנים הלוים כאשר צויתם
ט תשמרו לעשות: זכור את אשר־עשה יהוה אלהיך למרים
י בדרך בצאתכם ממצרים: כי־תשה ברעך
יא משאת מאומה לא־תבא אל־ביתו לעבט עבטו: בחוץ
תעמד והאיש אשר אתה נשה בו יוציא אליך את־העבוט
יב יג החוצה: ואם־איש עני הוא לא תשכב בעבטו: השב תשיב
לו את־העבוט כבוא השמש ושכב בשלמתו וברכך ולך
יד תהיה צדקה לפני יהוה אלהיך: לא־תעשק שביעי
שכיר עני ואביון מאחיך או מגרך אשר בארצך בשעריך:
טו ביומו תתן שכרו ולא־תבוא עליו השמש כי עני הוא ואליו
הוא נשא את־נפשו ולא־יקרא עליך אל־יהוה והיה בך
טז חטא: לא־יומתו אבות על־בנים ובנים לא־
יז יומתו על־אבות איש בחטאו יומתו: לא תטה
יח משפט גר יתום ולא תחבל בגד אלמנה: וזכרת כי עבד היית
במצרים ויפדך יהוה אלהיך משם על־כן אנכי מצוך לעשות
יט את־הדבר הזה: כי תקצר קצירך בשדך ושכחת כ
עמר בשדה לא תשוב לקחתו לגר ליתום ולאלמנה יהיה
כ למען יברכך יהוה אלהיך בכל מעשה ידיך: כי
תחבט זיתך לא תפאר אחריך לגר ליתום ולאלמנה יהיה:
כא כי תבצר כרמך לא תעולל אחריך לגר ליתום ולאלמנה יהיה:
כב וזכרת כי־עבד היית בארץ מצרים על־כן אנכי מצוך לעשות
כה א את־הדבר הזה: כי־יהיה ריב בין אנשים ונגשו

אֶל־הַמִּשְׁפָּט וּשְׁפָטוּם וְהִצְדִּיקוּ אֶת־הַצַּדִּיק וְהִרְשִׁיעוּ אֶת־
הָרָשָׁע: וְהָיָה אִם־בִּן הַכּוֹת הָרָשָׁע וְהִפִּילוֹ הַשֹּׁפֵט וְהִכָּהוּ ב
לְפָנָיו כְּדֵי רִשְׁעָתוֹ בְּמִסְפָּר: אַרְבָּעִים יַכֶּנּוּ לֹא יֹסִיף פֶּן־יֹסִיף ג
לְהַכֹּתוֹ עַל־אֵלֶּה מַכָּה רַבָּה וְנִקְלָה אָחִיךָ לְעֵינֶיךָ: לֹא־תַחְסֹם ד
שׁוֹר בְּדִישׁוֹ: כִּי־יֵשְׁבוּ אַחִים יַחְדָּו וּמֵת אַחַד ה
מֵהֶם וּבֵן אֵין־לוֹ לֹא־תִהְיֶה אֵשֶׁת־הַמֵּת הַחוּצָה לְאִישׁ זָר יְבָמָהּ
יָבֹא עָלֶיהָ וּלְקָחָהּ לוֹ לְאִשָּׁה וְיִבְּמָהּ: וְהָיָה הַבְּכוֹר אֲשֶׁר תֵּלֵד ו
יָקוּם עַל־שֵׁם אָחִיו הַמֵּת וְלֹא־יִמָּחֶה שְׁמוֹ מִיִּשְׂרָאֵל: וְאִם־ ז
לֹא יַחְפֹּץ הָאִישׁ לָקַחַת אֶת־יְבִמְתּוֹ וְעָלְתָה יְבִמְתּוֹ הַשַּׁעְרָה
אֶל־הַזְּקֵנִים וְאָמְרָה מֵאֵן יְבָמִי לְהָקִים לְאָחִיו שֵׁם בְּיִשְׂרָאֵל
לֹא אָבָה יַבְּמִי: וְקָרְאוּ־לוֹ זִקְנֵי־עִירוֹ וְדִבְּרוּ אֵלָיו וְעָמַד וְאָמַר ח
לֹא חָפַצְתִּי לְקַחְתָּהּ: וְנִגְּשָׁה יְבִמְתּוֹ אֵלָיו לְעֵינֵי הַזְּקֵנִים וְחָלְצָה ט
נַעֲלוֹ מֵעַל רַגְלוֹ וְיָרְקָה בְּפָנָיו וְעָנְתָה וְאָמְרָה כָּכָה יֵעָשֶׂה לָאִישׁ
אֲשֶׁר לֹא־יִבְנֶה אֶת־בֵּית אָחִיו: וְנִקְרָא שְׁמוֹ בְּיִשְׂרָאֵל בֵּית חֲלוּץ י
הַנָּעַל: כִּי־יִנָּצוּ אֲנָשִׁים יַחְדָּו אִישׁ וְאָחִיו וְקָרְבָה יא
אֵשֶׁת הָאֶחָד לְהַצִּיל אֶת־אִישָׁהּ מִיַּד מַכֵּהוּ וְשָׁלְחָה יָדָהּ וְהֶחֱזִיקָה
בִּמְבֻשָׁיו: וְקַצֹּתָה אֶת־כַּפָּהּ לֹא תָחוֹס עֵינֶךָ: לֹא־ יב יג
יִהְיֶה לְךָ בְּכִיסְךָ אֶבֶן וָאָבֶן גְּדוֹלָה וּקְטַנָּה: לֹא־יִהְיֶה לְךָ בְּבֵיתְךָ יד
אֵיפָה וְאֵיפָה גְּדוֹלָה וּקְטַנָּה: אֶבֶן שְׁלֵמָה וָצֶדֶק יִהְיֶה־לָּךְ אֵיפָה טו
שְׁלֵמָה וָצֶדֶק יִהְיֶה־לָּךְ לְמַעַן יַאֲרִיכוּ יָמֶיךָ עַל הָאֲדָמָה אֲשֶׁר־
יְהוָה אֱלֹהֶיךָ נֹתֵן לָךְ: כִּי תוֹעֲבַת יְהוָה אֱלֹהֶיךָ כָּל־עֹשֵׂה אֵלֶּה טז
כֹּל עֹשֵׂה עָוֶל:

מפטיר זָכוֹר אֵת אֲשֶׁר־עָשָׂה לְךָ עֲמָלֵק בַּדֶּרֶךְ בְּצֵאתְכֶם מִמִּצְרָיִם: אֲשֶׁר יז יח
קָרְךָ בַּדֶּרֶךְ וַיְזַנֵּב בְּךָ כָּל־הַנֶּחֱשָׁלִים אַחֲרֶיךָ וְאַתָּה עָיֵף וְיָגֵעַ וְלֹא
יָרֵא אֱלֹהִים: וְהָיָה בְּהָנִיחַ יְהוָה אֱלֹהֶיךָ לְךָ מִכָּל־אֹיְבֶיךָ מִסָּבִיב יט
בָּאָרֶץ אֲשֶׁר־יְהוָה אֱלֹהֶיךָ נֹתֵן לְךָ נַחֲלָה לְרִשְׁתָּהּ תִּמְחֶה אֶת־
זֵכֶר עֲמָלֵק מִתַּחַת הַשָּׁמָיִם לֹא תִּשְׁכָּח:

כא

א וְהָיָה כִּי־תָבוֹא אֶל־הָאָרֶץ אֲשֶׁר יְהוָה אֱלֹהֶיךָ נֹתֵן לְךָ נַחֲלָה
ב וִירִשְׁתָּהּ וְיָשַׁבְתָּ בָּהּ׃ וְלָקַחְתָּ מֵרֵאשִׁית ׀ כָּל־פְּרִי הָאֲדָמָה אֲשֶׁר
תָּבִיא מֵאַרְצְךָ אֲשֶׁר יְהוָה אֱלֹהֶיךָ נֹתֵן לָךְ וְשַׂמְתָּ בַטֶּנֶא וְהָלַכְתָּ
ג אֶל־הַמָּקוֹם אֲשֶׁר יִבְחַר יְהוָה אֱלֹהֶיךָ לְשַׁכֵּן שְׁמוֹ שָׁם׃ וּבָאתָ
אֶל־הַכֹּהֵן אֲשֶׁר יִהְיֶה בַּיָּמִים הָהֵם וְאָמַרְתָּ אֵלָיו הִגַּדְתִּי הַיּוֹם
לַיהוָה אֱלֹהֶיךָ כִּי־בָאתִי אֶל־הָאָרֶץ אֲשֶׁר נִשְׁבַּע יְהוָה לַאֲבֹתֵינוּ
ד לָתֶת לָנוּ׃ וְלָקַח הַכֹּהֵן הַטֶּנֶא מִיָּדֶךָ וְהִנִּיחוֹ לִפְנֵי מִזְבַּח יְהוָה
ה אֱלֹהֶיךָ׃ וְעָנִיתָ וְאָמַרְתָּ לִפְנֵי ׀ יְהוָה אֱלֹהֶיךָ אֲרַמִּי אֹבֵד אָבִי וַיֵּרֶד
מִצְרַיְמָה וַיָּגָר שָׁם בִּמְתֵי מְעָט וַיְהִי־שָׁם לְגוֹי גָּדוֹל עָצוּם וָרָב׃
ו ז וַיָּרֵעוּ אֹתָנוּ הַמִּצְרִים וַיְעַנּוּנוּ וַיִּתְּנוּ עָלֵינוּ עֲבֹדָה קָשָׁה׃ וַנִּצְעַק
אֶל־יְהוָה אֱלֹהֵי אֲבֹתֵינוּ וַיִּשְׁמַע יְהוָה אֶת־קֹלֵנוּ וַיַּרְא אֶת־
ח עָנְיֵנוּ וְאֶת־עֲמָלֵנוּ וְאֶת־לַחֲצֵנוּ׃ וַיּוֹצִאֵנוּ יְהוָה מִמִּצְרַיִם בְּיָד חֲזָקָה
ט וּבִזְרֹעַ נְטוּיָה וּבְמֹרָא גָּדֹל וּבְאֹתוֹת וּבְמֹפְתִים׃ וַיְבִאֵנוּ אֶל־
הַמָּקוֹם הַזֶּה וַיִּתֶּן־לָנוּ אֶת־הָאָרֶץ הַזֹּאת אֶרֶץ זָבַת חָלָב וּדְבָשׁ׃
י וְעַתָּה הִנֵּה הֵבֵאתִי אֶת־רֵאשִׁית פְּרִי הָאֲדָמָה אֲשֶׁר־נָתַתָּה לִּי
יְהוָה וְהִנַּחְתּוֹ לִפְנֵי יְהוָה אֱלֹהֶיךָ וְהִשְׁתַּחֲוִיתָ לִפְנֵי יְהוָה אֱלֹהֶיךָ׃
יא וְשָׂמַחְתָּ בְכָל־הַטּוֹב אֲשֶׁר נָתַן־לְךָ יְהוָה אֱלֹהֶיךָ וּלְבֵיתֶךָ אַתָּה
יב וְהַלֵּוִי וְהַגֵּר אֲשֶׁר בְּקִרְבֶּךָ׃ כִּי תְכַלֶּה לַעְשֵׂר אֶת־ שני
כָּל־מַעְשַׂר תְּבוּאָתְךָ בַּשָּׁנָה הַשְּׁלִישִׁת שְׁנַת הַמַּעֲשֵׂר וְנָתַתָּה
יג לַלֵּוִי לַגֵּר לַיָּתוֹם וְלָאַלְמָנָה וְאָכְלוּ בִשְׁעָרֶיךָ וְשָׂבֵעוּ׃ וְאָמַרְתָּ
לִפְנֵי יְהוָה אֱלֹהֶיךָ בִּעַרְתִּי הַקֹּדֶשׁ מִן־הַבַּיִת וְגַם נְתַתִּיו לַלֵּוִי
וְלַגֵּר לַיָּתוֹם וְלָאַלְמָנָה כְּכָל־מִצְוָתְךָ אֲשֶׁר צִוִּיתָנִי לֹא־עָבַרְתִּי
יד מִמִּצְוֹתֶיךָ וְלֹא שָׁכָחְתִּי׃ לֹא־אָכַלְתִּי בְאֹנִי מִמֶּנּוּ וְלֹא־בִעַרְתִּי
מִמֶּנּוּ בְּטָמֵא וְלֹא־נָתַתִּי מִמֶּנּוּ לְמֵת שָׁמַעְתִּי בְּקוֹל יְהוָה אֱלֹהָי
טו עָשִׂיתִי כְּכֹל אֲשֶׁר צִוִּיתָנִי׃ הַשְׁקִיפָה מִמְּעוֹן קָדְשְׁךָ מִן־הַשָּׁמַיִם
וּבָרֵךְ אֶת־עַמְּךָ אֶת־יִשְׂרָאֵל וְאֵת הָאֲדָמָה אֲשֶׁר נָתַתָּה לָנוּ כַּאֲשֶׁר
טז נִשְׁבַּעְתָּ לַאֲבֹתֵינוּ אֶרֶץ זָבַת חָלָב וּדְבָשׁ׃ הַיּוֹם שלישי

הזה יהוה אלהיך מצוך לעשות את־החקים האלה ואת־
המשפטים ושמרת ועשית אותם בכל־לבבך ובכל־נפשך:
את־יהוה האמרת היום להיות לך לאלהים וללכת בדרכיו יז
ולשמר חקיו ומצותיו ומשפטיו ולשמע בקלו: ויהוה האמירך יח
היום להיות לו לעם סגלה כאשר דבר־לך ולשמר כל־מצותיו:
ולתתך עליון על כל־הגוים אשר עשה לתהלה ולשם ולתפארת יט
ולהיתך עם־קדש ליהוה אלהיך כאשר דבר:
רביעי ויצו משה וזקני ישראל את־העם לאמר שמר את־כל־המצוה א כז
אשר אנכי מצוה אתכם היום: והיה ביום אשר תעברו את־ ב
הירדן אל־הארץ אשר־יהוה אלהיך נתן לך והקמת לך אבנים
גדלות ושדת אתם בשיד: וכתבת עליהן את־כל־דברי התורה ג
הזאת בעברך למען אשר תבא אל־הארץ אשר־יהוה אלהיך ׀
נתן לך ארץ זבת חלב ודבש כאשר דבר יהוה אלהי־אבתיך
לך: והיה בעברכם את־הירדן תקימו את־האבנים האלה ד
אשר אנכי מצוה אתכם היום בהר עיבל ושדת אותם בשיד:
ובנית שם מזבח ליהוה אלהיך מזבח אבנים לא־תניף עליהם ה
ברזל: אבנים שלמות תבנה את־מזבח יהוה אלהיך והעלית ו
עליו עולת ליהוה אלהיך: וזבחת שלמים ואכלת שם ושמחת ז
לפני יהוה אלהיך: וכתבת על־האבנים את־כל־דברי התורה ח
הזאת באר היטב: וידבר משה והכהנים הלוים ט
אל־כל־ישראל לאמר הסכת ׀ ושמע ישראל היום הזה נהיית
לעם ליהוה אלהיך: ושמעת בקול יהוה אלהיך ועשית את־ י
חמישי מצותו ואת־חקיו אשר אנכי מצוך היום: ויצו יא
משה את־העם ביום ההוא לאמר: אלה יעמדו לברך את־ יב
העם על־הר גרזים בעברכם את־הירדן שמעון ולוי ויהודה
ויששכר ויוסף ובנימן: ואלה יעמדו על־הקללה בהר עיבל יג
ראובן גד ואשר וזבולן דן ונפתלי: וענו הלוים ואמרו אל־כל־ יד

טו אִ֣ישׁ יִשְׂרָאֵ֖ל ק֥וֹל רָֽם׃ אָר֣וּר הָאִ֡ישׁ אֲשֶׁ֣ר יַעֲשֶׂה֩
פֶ֨סֶל וּמַסֵּכָ֜ה תּוֹעֲבַ֣ת יְהוָ֗ה מַעֲשֵׂ֛ה יְדֵ֥י חָרָ֖שׁ וְשָׂ֣ם בַּסָּ֑תֶר וְעָנ֧וּ
טז כָל־הָעָ֛ם וְאָמְר֖וּ אָמֵֽן׃ אָר֕וּר מַקְלֶ֥ה אָבִ֖יו וְאִמּ֑וֹ
יז וְאָמַ֥ר כָּל־הָעָ֖ם אָמֵֽן׃ אָר֕וּר מַסִּ֖יג גְּב֣וּל רֵעֵ֑הוּ
יח וְאָמַ֥ר כָּל־הָעָ֖ם אָמֵֽן׃ אָר֕וּר מַשְׁגֶּ֥ה עִוֵּ֖ר בַּדָּ֑רֶךְ
יט וְאָמַ֥ר כָּל־הָעָ֖ם אָמֵֽן׃ אָר֗וּר מַטֶּ֛ה מִשְׁפַּ֥ט גֵּר־
כ יָת֖וֹם וְאַלְמָנָ֑ה וְאָמַ֥ר כָּל־הָעָ֖ם אָמֵֽן׃ אָר֗וּר שֹׁכֵב֙ עִם־אֵ֣שֶׁת
כא אָבִ֔יו כִּ֥י גִלָּ֖ה כְּנַ֣ף אָבִ֑יו וְאָמַ֥ר כָּל־הָעָ֖ם אָמֵֽן׃ אָר֕וּר
כב שֹׁכֵ֖ב עִם־כָּל־בְּהֵמָ֑ה וְאָמַ֥ר כָּל־הָעָ֖ם אָמֵֽן׃ אָר֗וּר
שֹׁכֵב֙ עִם־אֲחֹת֔וֹ בַּת־אָבִ֖יו א֣וֹ בַת־אִמּ֑וֹ וְאָמַ֥ר כָּל־הָעָ֖ם
כג אָמֵֽן׃ אָר֕וּר שֹׁכֵ֖ב עִם־חֹֽתַנְתּ֑וֹ וְאָמַ֥ר כָּל־הָעָ֖ם
כד אָמֵֽן׃ אָר֕וּר מַכֵּ֥ה רֵעֵ֖הוּ בַּסָּ֑תֶר וְאָמַ֥ר כָּל־הָעָ֖ם
כה אָמֵֽן׃ אָרוּר֙ לֹקֵ֣חַ שֹׁ֔חַד לְהַכּ֣וֹת נֶ֖פֶשׁ דָּ֣ם נָקִ֑י
כו וְאָמַ֥ר כָּל־הָעָ֖ם אָמֵֽן׃ אָר֗וּר אֲשֶׁ֧ר לֹא־יָקִ֛ים
אֶת־דִּבְרֵ֥י הַתּוֹרָֽה־הַזֹּ֖את לַעֲשׂ֣וֹת אוֹתָ֑ם וְאָמַ֥ר כָּל־הָעָ֖ם
אָמֵֽן׃

כח א וְהָיָ֗ה אִם־שָׁמ֤וֹעַ תִּשְׁמַע֙ בְּקוֹל֙ יְהוָ֣ה אֱלֹהֶ֔יךָ לִשְׁמֹ֤ר לַעֲשׂוֹת֙ אֶת־ כב
כָּל־מִצְוֺתָ֔יו אֲשֶׁ֛ר אָנֹכִ֥י מְצַוְּךָ֖ הַיּ֑וֹם וּנְתָנְךָ֞ יְהוָ֤ה אֱלֹהֶ֙יךָ֙ עֶלְי֔וֹן
ב עַ֖ל כָּל־גּוֹיֵ֥י הָאָֽרֶץ׃ וּבָ֥אוּ עָלֶ֛יךָ כָּל־הַבְּרָכ֥וֹת הָאֵ֖לֶּה וְהִשִּׂיגֻ֑ךָ
ג כִּ֣י תִשְׁמַ֔ע בְּק֖וֹל יְהוָ֥ה אֱלֹהֶֽיךָ׃ בָּר֥וּךְ אַתָּ֖ה בָּעִ֑יר וּבָר֥וּךְ אַתָּ֖ה
ד בַּשָּׂדֶֽה׃ בָּר֧וּךְ פְּרִֽי־בִטְנְךָ֛ וּפְרִ֥י אַדְמָתְךָ֖ וּפְרִ֣י בְהֶמְתֶּ֑ךָ שְׁגַ֥ר
ה ו אֲלָפֶ֖יךָ וְעַשְׁתְּר֥וֹת צֹאנֶֽךָ׃ בָּר֥וּךְ טַנְאֲךָ֖ וּמִשְׁאַרְתֶּֽךָ׃ בָּר֥וּךְ אַתָּ֖ה
ז בְּבֹאֶ֑ךָ וּבָר֥וּךְ אַתָּ֖ה בְּצֵאתֶֽךָ׃ יִתֵּ֨ן יְהוָ֤ה אֶת־אֹֽיְבֶ֙יךָ֙ הַקָּמִ֣ים ששי
עָלֶ֔יךָ נִגָּפִ֖ים לְפָנֶ֑יךָ בְּדֶ֤רֶךְ אֶחָד֙ יֵצְא֣וּ אֵלֶ֔יךָ וּבְשִׁבְעָ֥ה דְרָכִ֖ים
ח יָנ֥וּסוּ לְפָנֶֽיךָ׃ יְצַ֨ו יְהוָ֤ה אִתְּךָ֙ אֶת־הַבְּרָכָ֔ה בַּאֲסָמֶ֕יךָ וּבְכֹ֖ל
ט מִשְׁלַ֣ח יָדֶ֑ךָ וּבֵ֣רַכְךָ֔ בָּאָ֕רֶץ אֲשֶׁר־יְהוָ֥ה אֱלֹהֶ֖יךָ נֹתֵ֥ן לָֽךְ׃ יְקִֽימְךָ֨
יְהוָ֥ה לוֹ֙ לְעַ֣ם קָד֔וֹשׁ כַּאֲשֶׁ֖ר נִשְׁבַּֽע־לָ֑ךְ כִּ֣י תִשְׁמֹ֗ר אֶת־מִצְוֺת֙

י יהוה אלהיך והלכת בדרכיו: וראו כל-עמי הארץ כי שם
יא יהוה נקרא עליך ויראו ממך: והותרך יהוה לטובה בפרי
בטנך ובפרי בהמתך ובפרי אדמתך על האדמה אשר נשבע
יב יהוה לאבתיך לתת לך: יפתח יהוה ׀ לך את-אוצרו הטוב
את-השמים לתת מטר-ארצך בעתו ולברך את כל-מעשה
יג ידך והלוית גוים רבים ואתה לא תלוה: ונתנך יהוה לראש
ולא לזנב והיית רק למעלה ולא תהיה למטה כי-תשמע אל-
מצות ׀ יהוה אלהיך אשר אנכי מצוך היום לשמר ולעשות:
יד ולא תסור מכל-הדברים אשר אנכי מצוה אתכם היום ימין
ושמאול ללכת אחרי אלהים אחרים לעבדם:
טו והיה אם-לא תשמע בקול יהוה אלהיך לשמר לעשות את-כל-
מצותיו וחקתיו אשר אנכי מצוך היום ובאו עליך כל-הקללות
טז יז האלה והשיגוך: ארור אתה בעיר וארור אתה בשדה: ארור
יח טנאך ומשארתך: ארור פרי-בטנך ופרי אדמתך שגר אלפיך
יט ועשתרת צאנך: ארור אתה בבאך וארור אתה בצאתך:
כ ישלח יהוה ׀ בך את-המארה את-המהומה ואת-המגערת
בכל-משלח ידך אשר תעשה עד השמדך ועד-אבדך מהר
כא מפני רע מעלליך אשר עזבתני: ידבק יהוה בך את-הדבר עד
כלתו אתך מעל האדמה אשר-אתה בא-שמה לרשתה:
כב יככה יהוה בשחפת ובקדחת ובדלקת ובחרחר ובחרב
כג ובשדפון ובירקון ורדפוך עד אבדך: והיו שמיך אשר על-
כד ראשך נחשת והארץ אשר-תחתיך ברזל: יתן יהוה את-
מטר ארצך אבק ועפר מן-השמים ירד עליך עד השמדך:
כה יתנך יהוה ׀ נגף לפני איביך בדרך אחד תצא אליו ובשבעה
כו דרכים תנוס לפניו והיית לזעוה לכל ממלכות הארץ: והיתה
נבלתך למאכל לכל-עוף השמים ולבהמת הארץ ואין מחריד:
כז יככה יהוה בשחין מצרים ובעפלים ובגרב ובחרס אשר לא- ובטחורים

כח תוכל להרפא: יככה יהוה בשגעון ובעורון ובתמהון לבב:
כט והיית ממשש בצהרים כאשר ימשש העור באפלה ולא תצליח
את־דרכיך והיית אך עשוק וגזול כל־הימים ואין מושיע:
ל אשה תארש ואיש אחר ישגלנה בית תבנה ולא־תשב בו ישכבנה
לא כרם תטע ולא תחללנו: שורך טבוח לעיניך ולא תאכל ממנו
חמרך גזול מלפניך ולא ישוב לך צאנך נתנות לאיביך ואין לך
לב מושיע: בניך ובנתיך נתנים לעם אחר ועיניך ראות וכלות
לג אליהם כל־היום ואין לאל ידך: פרי אדמתך וכל־יגיעך יאכל
לד עם אשר לא־ידעת והיית רק עשוק ורצוץ כל־הימים: והיית
לה משגע ממראה עיניך אשר תראה: יככה יהוה בשחין רע
על־הברכים ועל־השקים אשר לא־תוכל להרפא מכף רגלך
לו ועד קדקדך: יולך יהוה אתך ואת־מלכך אשר תקים עליך
אל־גוי אשר לא־ידעת אתה ואבתיך ועבדת שם אלהים
לז אחרים עץ ואבן: והיית לשמה למשל ולשנינה בכל העמים
לח אשר־ינהגך יהוה שמה: זרע רב תוציא השדה ומעט תאסף
לט כי יחסלנו הארבה: כרמים תטע ועבדת ויין לא־תשתה ולא
מ תאגר כי תאכלנו התלעת: זיתים יהיו לך בכל־גבולך ושמן
מא לא תסוך כי ישל זיתך: בנים ובנות תוליד ולא־יהיו לך כי
מב מג ילכו בשבי: כל־עצך ופרי אדמתך יירש הצלצל: הגר אשר
בקרבך יעלה עליך מעלה מעלה ואתה תרד מטה מטה:
מד הוא ילוך ואתה לא תלונו הוא יהיה לראש ואתה תהיה לזנב:
מה ובאו עליך כל־הקללות האלה ורדפוך והשיגוך עד השמדך
כי־לא שמעת בקול יהוה אלהיך לשמר מצותיו וחקתיו אשר
מו מז צוך: והיו בך לאות ולמופת ובזרעך עד־עולם: תחת אשר
לא־עבדת את־יהוה אלהיך בשמחה ובטוב לבב מרב כל:
מח ועבדת את־איביך אשר ישלחנו יהוה בך ברעב ובצמא
ובעירם ובחסר כל ונתן על ברזל על־צוארך עד השמידו

אֹתָךְ׃ יִשָּׂא יְהוָה עָלֶיךָ גּוֹי מֵרָחֹק מִקְצֵה הָאָרֶץ כַּאֲשֶׁר יִדְאֶה מט
הַנָּשֶׁר גּוֹי אֲשֶׁר לֹא־תִשְׁמַע לְשֹׁנוֹ׃ גּוֹי עַז פָּנִים אֲשֶׁר לֹא־יִשָּׂא נ
פָנִים לְזָקֵן וְנַעַר לֹא יָחֹן׃ וְאָכַל פְּרִי בְהֶמְתְּךָ וּפְרִי־אַדְמָתְךָ נא
עַד הִשָּׁמְדָךְ אֲשֶׁר לֹא־יַשְׁאִיר לְךָ דָּגָן תִּירוֹשׁ וְיִצְהָר שְׁגַר אֲלָפֶיךָ
וְעַשְׁתְּרֹת צֹאנֶךָ עַד הַאֲבִידוֹ אֹתָךְ׃ וְהֵצַר לְךָ בְּכָל־שְׁעָרֶיךָ עַד נב
רֶדֶת חֹמֹתֶיךָ הַגְּבֹהֹת וְהַבְּצֻרוֹת אֲשֶׁר אַתָּה בֹּטֵחַ בָּהֵן בְּכָל־
אַרְצֶךָ וְהֵצַר לְךָ בְּכָל־שְׁעָרֶיךָ בְּכָל־אַרְצְךָ אֲשֶׁר נָתַן יְהוָה
אֱלֹהֶיךָ לָךְ׃ וְאָכַלְתָּ פְרִי־בִטְנְךָ בְּשַׂר בָּנֶיךָ וּבְנֹתֶיךָ אֲשֶׁר נָתַן־ נג
לְךָ יְהוָה אֱלֹהֶיךָ בְּמָצוֹר וּבְמָצוֹק אֲשֶׁר־יָצִיק לְךָ אֹיְבֶךָ׃ הָאִישׁ נד
הָרַךְ בְּךָ וְהֶעָנֹג מְאֹד תֵּרַע עֵינוֹ בְאָחִיו וּבְאֵשֶׁת חֵיקוֹ וּבְיֶתֶר
בָּנָיו אֲשֶׁר יוֹתִיר׃ מִתֵּת ׀ לְאַחַד מֵהֶם מִבְּשַׂר בָּנָיו אֲשֶׁר יֹאכֵל נה
מִבְּלִי הִשְׁאִיר־לוֹ כֹּל בְּמָצוֹר וּבְמָצוֹק אֲשֶׁר יָצִיק לְךָ אֹיִבְךָ
בְּכָל־שְׁעָרֶיךָ׃ הָרַכָּה בְךָ וְהָעֲנֻגָּה אֲשֶׁר לֹא־נִסְּתָה כַף־רַגְלָהּ נו
הַצֵּג עַל־הָאָרֶץ מֵהִתְעַנֵּג וּמֵרֹךְ תֵּרַע עֵינָהּ בְּאִישׁ חֵיקָהּ וּבִבְנָהּ
וּבְבִתָּהּ׃ וּבְשִׁלְיָתָהּ הַיּוֹצֵת ׀ מִבֵּין רַגְלֶיהָ וּבְבָנֶיהָ אֲשֶׁר תֵּלֵד נז
כִּי־תֹאכְלֵם בְּחֹסֶר־כֹּל בַּסָּתֶר בְּמָצוֹר וּבְמָצוֹק אֲשֶׁר יָצִיק לְךָ
אֹיִבְךָ בִּשְׁעָרֶיךָ׃ אִם־לֹא תִשְׁמֹר לַעֲשׂוֹת אֶת־כָּל־דִּבְרֵי הַתּוֹרָה נח
הַזֹּאת הַכְּתֻבִים בַּסֵּפֶר הַזֶּה לְיִרְאָה אֶת־הַשֵּׁם הַנִּכְבָּד וְהַנּוֹרָא
הַזֶּה אֵת יְהוָה אֱלֹהֶיךָ׃ וְהִפְלָא יְהוָה אֶת־מַכֹּתְךָ וְאֵת מַכּוֹת נט
זַרְעֶךָ מַכּוֹת גְּדֹלֹת וְנֶאֱמָנוֹת וָחֳלָיִם רָעִים וְנֶאֱמָנִים׃ וְהֵשִׁיב ס
בְּךָ אֵת כָּל־מַדְוֵה מִצְרַיִם אֲשֶׁר יָגֹרְתָּ מִפְּנֵיהֶם וְדָבְקוּ בָּךְ׃
גַּם כָּל־חֳלִי וְכָל־מַכָּה אֲשֶׁר לֹא כָתוּב בְּסֵפֶר הַתּוֹרָה הַזֹּאת יַעְלֵם סא
יְהוָה עָלֶיךָ עַד הִשָּׁמְדָךְ׃ וְנִשְׁאַרְתֶּם בִּמְתֵי מְעָט תַּחַת אֲשֶׁר סב
הֱיִיתֶם כְּכוֹכְבֵי הַשָּׁמַיִם לָרֹב כִּי־לֹא שָׁמַעְתָּ בְּקוֹל יְהוָה אֱלֹהֶיךָ׃
וְהָיָה כַּאֲשֶׁר־שָׂשׂ יְהוָה עֲלֵיכֶם לְהֵיטִיב אֶתְכֶם וּלְהַרְבּוֹת אֶתְכֶם סג
כֵּן יָשִׂישׂ יְהוָה עֲלֵיכֶם לְהַאֲבִיד אֶתְכֶם וּלְהַשְׁמִיד אֶתְכֶם
וְנִסַּחְתֶּם מֵעַל הָאֲדָמָה אֲשֶׁר־אַתָּה בָא־שָׁמָּה לְרִשְׁתָּהּ׃ וֶהֱפִיצְךָ סד

יהוה בכל־העמים מקצה הארץ ועד־קצה הארץ ועבדת שם
סה אלהים אחרים אשר לא־ידעת אתה ואבתיך עץ ואבן: ובגוים
ההם לא תרגיע ולא־יהיה מנוח לכף־רגלך ונתן יהוה לך
סו שם לב רגז וכליון עינים ודאבון נפש: והיו חייך תלאים לך
סז מנגד ופחדת לילה ויומם ולא תאמין בחייך: בבקר תאמר מי־
יתן ערב ובערב תאמר מי־יתן בקר מפחד לבבך אשר תפחד
סח וממראה עיניך אשר תראה: והשיבך יהוה | מצרים באניות
בדרך אשר אמרתי לך לא־תסיף עוד לראתה והתמכרתם
סט שם לאיביך לעבדים ולשפחות ואין קנה: אלה
דברי הברית אשר־צוה יהוה את־משה לכרת את־בני ישראל
בארץ מואב מלבד הברית אשר־כרת אתם בחרב:
כט א ויקרא משה אל־כל־ישראל ויאמר אלהם אתם ראיתם את שביעי
כל־אשר עשה יהוה לעיניכם בארץ מצרים לפרעה ולכל־
ב עבדיו ולכל־ארצו: המסות הגדלת אשר ראו עיניך האתת
ג והמפתים הגדלים ההם: ולא־נתן יהוה לכם לב לדעת
ד ועינים לראות ואזנים לשמע עד היום הזה: ואולך אתכם
ארבעים שנה במדבר לא־בלו שלמתיכם מעליכם ונעלך לא־
ה בלתה מעל רגלך: לחם לא אכלתם ויין ושכר לא שתיתם
ו למען תדעו כי אני יהוה אלהיכם: ותבאו אל־המקום הזה מפטיר
ויצא סיחן מלך־חשבון ועוג מלך־הבשן לקראתנו למלחמה
ז ונכם: ונקח את־ארצם ונתנה לנחלה לראובני ולגדי ולחצי
ח שבט המנשי: ושמרתם את־דברי הברית הזאת ועשיתם
אתם למען תשכילו את כל־אשר תעשון:
ט אתם נצבים היום כלכם לפני יהוה אלהיכם ראשיכם שבטיכם כג נצבים
י זקניכם ושטריכם כל איש ישראל: טפכם נשיכם וגרך אשר
יא בקרב מחניך מחטב עציך עד שאב מימיך: לעברך בברית
יהוה אלהיך ובאלתו אשר יהוה אלהיך כרת עמך היום:

שני למען הקים־אתך היום לו לעם והוא יהיה־לך לאלהים כאשר יב
דבר־לך וכאשר נשבע לאבתיך לאברהם ליצחק וליעקב:
ולא אתכם לבדכם אנכי כרת את־הברית הזאת ואת־האלה יג
הזאת: כי את־אשר ישנו פה עמנו עמד היום לפני יהוה אלהינו יד
שלישי ואת אשר איננו פה עמנו היום: כי־אתם ידעתם את אשר־ טו
ישבנו בארץ מצרים ואת אשר־עברנו בקרב הגוים אשר
עברתם: ותראו את־שקוציהם ואת גלליהם עץ ואבן כסף טז
וזהב אשר עמהם: פן־יש בכם איש או־אשה או משפחה או־ יז
שבט אשר לבבו פנה היום מעם יהוה אלהינו ללכת לעבד
את־אלהי הגוים ההם פן־יש בכם שרש פרה ראש ולענה:
והיה בשמעו את־דברי האלה הזאת והתברך בלבבו לאמר יח
שלום יהיה־לי כי בשררות לבי אלך למען ספות הרוה את־
הצמאה: לא־יאבה יהוה סלח לו כי אז יעשן אף־יהוה וקנאתו יט
באיש ההוא ורבצה בו כל־האלה הכתובה בספר הזה ומחה
יהוה את־שמו מתחת השמים: והבדילו יהוה לרעה מכל כ
שבטי ישראל ככל אלות הברית הכתובה בספר התורה
הזה: ואמר הדור האחרון בניכם אשר יקומו מאחריכם כא
והנכרי אשר יבא מארץ רחוקה וראו את־מכות הארץ ההוא
ואת־תחלאיה אשר־חלה יהוה בה: גפרית ומלח שרפה כב
כל־ארצה לא תזרע ולא תצמח ולא־יעלה בה כל־עשב
וצבוים כמהפכת סדם ועמרה אדמה וצביים אשר הפך יהוה באפו
ובחמתו: ואמרו כל־הגוים על־מה עשה יהוה ככה לארץ כג
הזאת מה חרי האף הגדול הזה: ואמרו על אשר עזבו את־ כד
ברית יהוה אלהי אבתם אשר כרת עמם בהוציאו אתם
מארץ מצרים: וילכו ויעבדו אלהים אחרים וישתחוו להם כה
אלהים אשר לא־ידעום ולא חלק להם: ויחר־אף יהוה כו
בארץ ההוא להביא עליה את־כל־הקללה הכתובה בספר

כז הַזֶּה: וַיִּתְּשֵׁם יְהוָה מֵעַל אַדְמָתָם בְּאַף וּבְחֵמָה וּבְקֶצֶף גָּדוֹל
כח וַיַּשְׁלִכֵם אֶל־אֶרֶץ אַחֶרֶת כַּיּוֹם הַזֶּה: הַנִּסְתָּרֹת לַיהוָה אֱלֹהֵינוּ
וְהַנִּגְלֹת לָנוּ וּלְבָנֵינוּ עַד־עוֹלָם לַעֲשׂוֹת אֶת־כָּל־דִּבְרֵי הַתּוֹרָה
ל א הַזֹּאת: וְהָיָה כִי־יָבֹאוּ עָלֶיךָ כָּל־הַדְּבָרִים הָאֵלֶּה רביעי /שני/
הַבְּרָכָה וְהַקְּלָלָה אֲשֶׁר נָתַתִּי לְפָנֶיךָ וַהֲשֵׁבֹתָ אֶל־לְבָבֶךָ בְּכָל־
ב הַגּוֹיִם אֲשֶׁר הִדִּיחֲךָ יְהוָה אֱלֹהֶיךָ שָׁמָּה: וְשַׁבְתָּ עַד־יְהוָה
אֱלֹהֶיךָ וְשָׁמַעְתָּ בְקֹלוֹ כְּכֹל אֲשֶׁר־אָנֹכִי מְצַוְּךָ הַיּוֹם אַתָּה
ג וּבָנֶיךָ בְּכָל־לְבָבְךָ וּבְכָל־נַפְשֶׁךָ: וְשָׁב יְהוָה אֱלֹהֶיךָ אֶת־שְׁבוּתְךָ
וְרִחֲמֶךָ וְשָׁב וְקִבֶּצְךָ מִכָּל־הָעַמִּים אֲשֶׁר הֱפִיצְךָ יְהוָה אֱלֹהֶיךָ
ד שָׁמָּה: אִם־יִהְיֶה נִדַּחֲךָ בִּקְצֵה הַשָּׁמָיִם מִשָּׁם יְקַבֶּצְךָ יְהוָה
ה אֱלֹהֶיךָ וּמִשָּׁם יִקָּחֶךָ: וֶהֱבִיאֲךָ יְהוָה אֱלֹהֶיךָ אֶל־הָאָרֶץ אֲשֶׁר־
ו יָרְשׁוּ אֲבֹתֶיךָ וִירִשְׁתָּהּ וְהֵיטִבְךָ וְהִרְבְּךָ מֵאֲבֹתֶיךָ: וּמָל יְהוָה
אֱלֹהֶיךָ אֶת־לְבָבְךָ וְאֶת־לְבַב זַרְעֶךָ לְאַהֲבָה אֶת־יְהוָה אֱלֹהֶיךָ
ז בְּכָל־לְבָבְךָ וּבְכָל־נַפְשְׁךָ לְמַעַן חַיֶּיךָ: וְנָתַן יְהוָה אֱלֹהֶיךָ אֵת חמישי /שלישי/
ח כָּל־הָאָלוֹת הָאֵלֶּה עַל־אֹיְבֶיךָ וְעַל־שֹׂנְאֶיךָ אֲשֶׁר רְדָפוּךָ: וְאַתָּה
תָשׁוּב וְשָׁמַעְתָּ בְּקוֹל יְהוָה וְעָשִׂיתָ אֶת־כָּל־מִצְוֺתָיו אֲשֶׁר אָנֹכִי
ט מְצַוְּךָ הַיּוֹם: וְהוֹתִירְךָ יְהוָה אֱלֹהֶיךָ בְּכֹל ׀ מַעֲשֵׂה יָדֶךָ בִּפְרִי
בִטְנְךָ וּבִפְרִי בְהֶמְתְּךָ וּבִפְרִי אַדְמָתְךָ לְטֹבָה כִּי ׀ יָשׁוּב יְהוָה
י לָשׂוּשׂ עָלֶיךָ לְטוֹב כַּאֲשֶׁר־שָׂשׂ עַל־אֲבֹתֶיךָ: כִּי תִשְׁמַע
בְּקוֹל יְהוָה אֱלֹהֶיךָ לִשְׁמֹר מִצְוֺתָיו וְחֻקֹּתָיו הַכְּתוּבָה בְּסֵפֶר
הַתּוֹרָה הַזֶּה כִּי תָשׁוּב אֶל־יְהוָה אֱלֹהֶיךָ בְּכָל־לְבָבְךָ וּבְכָל־
יא נַפְשֶׁךָ: כִּי הַמִּצְוָה הַזֹּאת אֲשֶׁר אָנֹכִי מְצַוְּךָ הַיּוֹם כד ששי
יב לֹא־נִפְלֵאת הִוא מִמְּךָ וְלֹא־רְחֹקָה הִוא: לֹא בַשָּׁמַיִם הִוא
לֵאמֹר מִי יַעֲלֶה־לָּנוּ הַשָּׁמַיְמָה וְיִקָּחֶהָ לָּנוּ וְיַשְׁמִעֵנוּ אֹתָהּ
יג וְנַעֲשֶׂנָּה: וְלֹא־מֵעֵבֶר לַיָּם הִוא לֵאמֹר מִי יַעֲבָר־לָנוּ אֶל־עֵבֶר
יד הַיָּם וְיִקָּחֶהָ לָּנוּ וְיַשְׁמִעֵנוּ אֹתָהּ וְנַעֲשֶׂנָּה: כִּי־קָרוֹב אֵלֶיךָ הַדָּבָר
טו מְאֹד בְּפִיךָ וּבִלְבָבְךָ לַעֲשֹׂתוֹ: רְאֵה נָתַתִּי לְפָנֶיךָ שביעי ומפטיר /רביעי/

ל

הַיּוֹם אֶת־הַחַיִּים וְאֶת־הַטּוֹב וְאֶת־הַמָּוֶת וְאֶת־הָרָע׃ אֲשֶׁר טז
אָנֹכִי מְצַוְּךָ הַיּוֹם לְאַהֲבָה אֶת־יְהוָה אֱלֹהֶיךָ לָלֶכֶת בִּדְרָכָיו
וְלִשְׁמֹר מִצְוֺתָיו וְחֻקֹּתָיו וּמִשְׁפָּטָיו וְחָיִיתָ וְרָבִיתָ וּבֵרַכְךָ יְהוָה
אֱלֹהֶיךָ בָּאָרֶץ אֲשֶׁר־אַתָּה בָא־שָׁמָּה לְרִשְׁתָּהּ׃ וְאִם־יִפְנֶה יז
לְבָבְךָ וְלֹא תִשְׁמָע וְנִדַּחְתָּ וְהִשְׁתַּחֲוִיתָ לֵאלֹהִים אֲחֵרִים
וַעֲבַדְתָּם׃ הִגַּדְתִּי לָכֶם הַיּוֹם כִּי אָבֹד תֹּאבֵדוּן לֹא־תַאֲרִיכֻן יח
יָמִים עַל־הָאֲדָמָה אֲשֶׁר אַתָּה עֹבֵר אֶת־הַיַּרְדֵּן לָבוֹא שָׁמָּה
לְרִשְׁתָּהּ׃ הַעִידֹתִי בָכֶם הַיּוֹם אֶת־הַשָּׁמַיִם וְאֶת־הָאָרֶץ הַחַיִּים יט
וְהַמָּוֶת נָתַתִּי לְפָנֶיךָ הַבְּרָכָה וְהַקְּלָלָה וּבָחַרְתָּ בַּחַיִּים לְמַעַן
תִּחְיֶה אַתָּה וְזַרְעֶךָ׃ לְאַהֲבָה אֶת־יְהוָה אֱלֹהֶיךָ לִשְׁמֹעַ בְּקֹלוֹ כ
וּלְדָבְקָה־בוֹ כִּי הוּא חַיֶּיךָ וְאֹרֶךְ יָמֶיךָ לָשֶׁבֶת עַל־הָאֲדָמָה
אֲשֶׁר נִשְׁבַּע יְהוָה לַאֲבֹתֶיךָ לְאַבְרָהָם לְיִצְחָק וּלְיַעֲקֹב לָתֵת
לָהֶם׃

וילך וַיֵּלֶךְ מֹשֶׁה וַיְדַבֵּר אֶת־הַדְּבָרִים הָאֵלֶּה אֶל־כָּל־יִשְׂרָאֵל׃ וַיֹּאמֶר א ב לא
אֲלֵהֶם בֶּן־מֵאָה וְעֶשְׂרִים שָׁנָה אָנֹכִי הַיּוֹם לֹא־אוּכַל עוֹד
לָצֵאת וְלָבוֹא וַיהוָה אָמַר אֵלַי לֹא תַעֲבֹר אֶת־הַיַּרְדֵּן הַזֶּה׃
יְהוָה אֱלֹהֶיךָ הוּא ׀ עֹבֵר לְפָנֶיךָ הוּא־יַשְׁמִיד אֶת־הַגּוֹיִם הָאֵלֶּה ג
מִלְּפָנֶיךָ וִירִשְׁתָּם יְהוֹשֻׁעַ הוּא עֹבֵר לְפָנֶיךָ כַּאֲשֶׁר דִּבֶּר יְהוָה׃
שני וְעָשָׂה יְהוָה לָהֶם כַּאֲשֶׁר עָשָׂה לְסִיחוֹן וּלְעוֹג מַלְכֵי הָאֱמֹרִי ד
וּלְאַרְצָם אֲשֶׁר הִשְׁמִיד אֹתָם׃ וּנְתָנָם יְהוָה לִפְנֵיכֶם וַעֲשִׂיתֶם ה
לָהֶם כְּכָל־הַמִּצְוָה אֲשֶׁר צִוִּיתִי אֶתְכֶם׃ חִזְקוּ וְאִמְצוּ אַל־תִּירְאוּ ו
וְאַל־תַּעַרְצוּ מִפְּנֵיהֶם כִּי ׀ יְהוָה אֱלֹהֶיךָ הוּא הַהֹלֵךְ עִמָּךְ לֹא
שלישי /חמישי/ יַרְפְּךָ וְלֹא יַעַזְבֶךָּ׃ וַיִּקְרָא מֹשֶׁה לִיהוֹשֻׁעַ וַיֹּאמֶר ז
אֵלָיו לְעֵינֵי כָל־יִשְׂרָאֵל חֲזַק וֶאֱמָץ כִּי אַתָּה תָּבוֹא אֶת־הָעָם
הַזֶּה אֶל־הָאָרֶץ אֲשֶׁר נִשְׁבַּע יְהוָה לַאֲבֹתָם לָתֵת לָהֶם וְאַתָּה
תַּנְחִילֶנָּה אוֹתָם׃ וַיהוָה הוּא ׀ הַהֹלֵךְ לְפָנֶיךָ הוּא יִהְיֶה עִמָּךְ ח
לֹא יַרְפְּךָ וְלֹא יַעַזְבֶךָּ לֹא תִירָא וְלֹא תֵחָת׃ וַיִּכְתֹּב מֹשֶׁה אֶת־ ט

הַתּוֹרָה הַזֹּאת וַיִּתְּנָהּ אֶל־הַכֹּהֲנִים בְּנֵי לֵוִי הַנֹּשְׂאִים אֶת־אֲרוֹן
י בְּרִית יְהוָה וְאֶל־כָּל־זִקְנֵי יִשְׂרָאֵל: וַיְצַו מֹשֶׁה אוֹתָם לֵאמֹר רביעי
יא מִקֵּץ | שֶׁבַע שָׁנִים בְּמֹעֵד שְׁנַת הַשְּׁמִטָּה בְּחַג הַסֻּכּוֹת: בְּבוֹא
כָל־יִשְׂרָאֵל לֵרָאוֹת אֶת־פְּנֵי יְהוָה אֱלֹהֶיךָ בַּמָּקוֹם אֲשֶׁר יִבְחָר
יב תִּקְרָא אֶת־הַתּוֹרָה הַזֹּאת נֶגֶד כָּל־יִשְׂרָאֵל בְּאָזְנֵיהֶם: הַקְהֵל
אֶת־הָעָם הָאֲנָשִׁים וְהַנָּשִׁים וְהַטַּף וְגֵרְךָ אֲשֶׁר בִּשְׁעָרֶיךָ לְמַעַן
יִשְׁמְעוּ וּלְמַעַן יִלְמְדוּ וְיָרְאוּ אֶת־יְהוָה אֱלֹהֵיכֶם וְשָׁמְרוּ לַעֲשׂוֹת
יג אֶת־כָּל־דִּבְרֵי הַתּוֹרָה הַזֹּאת: וּבְנֵיהֶם אֲשֶׁר לֹא־יָדְעוּ יִשְׁמְעוּ
וְלָמְדוּ לְיִרְאָה אֶת־יְהוָה אֱלֹהֵיכֶם כָּל־הַיָּמִים אֲשֶׁר אַתֶּם
חַיִּים עַל־הָאֲדָמָה אֲשֶׁר אַתֶּם עֹבְרִים אֶת־הַיַּרְדֵּן שָׁמָּה
לְרִשְׁתָּהּ:
יד וַיֹּאמֶר יְהוָה אֶל־מֹשֶׁה הֵן קָרְבוּ יָמֶיךָ לָמוּת קְרָא אֶת־יְהוֹשֻׁעַ כה חמישי /ששי/
וְהִתְיַצְּבוּ בְּאֹהֶל מוֹעֵד וַאֲצַוֶּנּוּ וַיֵּלֶךְ מֹשֶׁה וִיהוֹשֻׁעַ וַיִּתְיַצְּבוּ בְּאֹהֶל
טו מוֹעֵד: וַיֵּרָא יְהוָה בָּאֹהֶל בְּעַמּוּד עָנָן וַיַּעֲמֹד עַמּוּד הֶעָנָן עַל־
טז פֶּתַח הָאֹהֶל: וַיֹּאמֶר יְהוָה אֶל־מֹשֶׁה הִנְּךָ שֹׁכֵב עִם־אֲבֹתֶיךָ
וְקָם הָעָם הַזֶּה וְזָנָה | אַחֲרֵי | אֱלֹהֵי נֵכַר־הָאָרֶץ אֲשֶׁר הוּא בָא־
יז שָׁמָּה בְּקִרְבּוֹ וַעֲזָבַנִי וְהֵפֵר אֶת־בְּרִיתִי אֲשֶׁר כָּרַתִּי אִתּוֹ: וְחָרָה
אַפִּי בוֹ בַיּוֹם־הַהוּא וַעֲזַבְתִּים וְהִסְתַּרְתִּי פָנַי מֵהֶם וְהָיָה לֶאֱכֹל
וּמְצָאֻהוּ רָעוֹת רַבּוֹת וְצָרוֹת וְאָמַר בַּיּוֹם הַהוּא הֲלֹא עַל כִּי־
יח אֵין אֱלֹהַי בְּקִרְבִּי מְצָאוּנִי הָרָעוֹת הָאֵלֶּה: וְאָנֹכִי הַסְתֵּר אַסְתִּיר
פָּנַי בַּיּוֹם הַהוּא עַל כָּל־הָרָעָה אֲשֶׁר עָשָׂה כִּי פָנָה אֶל־אֱלֹהִים
יט אֲחֵרִים: וְעַתָּה כִּתְבוּ לָכֶם אֶת־הַשִּׁירָה הַזֹּאת וְלַמְּדָהּ אֶת־בְּנֵי־
יִשְׂרָאֵל שִׂימָהּ בְּפִיהֶם לְמַעַן תִּהְיֶה־לִּי הַשִּׁירָה הַזֹּאת לְעֵד בִּבְנֵי
כ יִשְׂרָאֵל: כִּי־אֲבִיאֶנּוּ אֶל־הָאֲדָמָה | אֲשֶׁר־נִשְׁבַּעְתִּי לַאֲבֹתָיו זָבַת ששי /שביעי/
חָלָב וּדְבַשׁ וְאָכַל וְשָׂבַע וְדָשֵׁן וּפָנָה אֶל־אֱלֹהִים אֲחֵרִים וַעֲבָדוּם
כא וְנִאֲצוּנִי וְהֵפֵר אֶת־בְּרִיתִי: וְהָיָה כִּי־תִמְצֶאןָ אֹתוֹ רָעוֹת רַבּוֹת
וְצָרוֹת וְעָנְתָה הַשִּׁירָה הַזֹּאת לְפָנָיו לְעֵד כִּי לֹא תִשָּׁכַח מִפִּי

זַרְעוֹ כִּי יָדַעְתִּי אֶת־יִצְרוֹ אֲשֶׁר הוּא עֹשֶׂה הַיּוֹם בְּטֶרֶם אֲבִיאֶנּוּ
אֶל־הָאָרֶץ אֲשֶׁר נִשְׁבָּעְתִּי: וַיִּכְתֹּב מֹשֶׁה אֶת־הַשִּׁירָה הַזֹּאת כב
בַּיּוֹם הַהוּא וַיְלַמְּדָהּ אֶת־בְּנֵי יִשְׂרָאֵל: וַיְצַו אֶת־יְהוֹשֻׁעַ בִּן־ כג
נוּן וַיֹּאמֶר חֲזַק וֶאֱמָץ כִּי אַתָּה תָּבִיא אֶת־בְּנֵי יִשְׂרָאֵל אֶל־
הָאָרֶץ אֲשֶׁר־נִשְׁבַּעְתִּי לָהֶם וְאָנֹכִי אֶהְיֶה עִמָּךְ: וַיְהִי ׀ כְּכַלּוֹת כד
מֹשֶׁה לִכְתֹּב אֶת־דִּבְרֵי הַתּוֹרָה־הַזֹּאת עַל־סֵפֶר עַד תֻּמָּם:
שביעי וַיְצַו מֹשֶׁה אֶת־הַלְוִיִּם נֹשְׂאֵי אֲרוֹן בְּרִית־יְהוָה לֵאמֹר: לָקֹחַ כה כו
אֵת סֵפֶר הַתּוֹרָה הַזֶּה וְשַׂמְתֶּם אֹתוֹ מִצַּד אֲרוֹן בְּרִית־יְהוָה
אֱלֹהֵיכֶם וְהָיָה־שָׁם בְּךָ לְעֵד: כִּי אָנֹכִי יָדַעְתִּי אֶת־מֶרְיְךָ כז
וְאֶת־עָרְפְּךָ הַקָּשֶׁה הֵן בְּעוֹדֶנִּי חַי עִמָּכֶם הַיּוֹם מַמְרִים הֱיִתֶם
מפטיר עִם־יְהוָה וְאַף כִּי־אַחֲרֵי מוֹתִי: הַקְהִילוּ אֵלַי אֶת־כָּל־זִקְנֵי כח
שִׁבְטֵיכֶם וְשֹׁטְרֵיכֶם וַאֲדַבְּרָה בְאָזְנֵיהֶם אֵת הַדְּבָרִים הָאֵלֶּה
וְאָעִידָה בָּם אֶת־הַשָּׁמַיִם וְאֶת־הָאָרֶץ: כִּי יָדַעְתִּי אַחֲרֵי מוֹתִי כט
כִּי־הַשְׁחֵת תַּשְׁחִתוּן וְסַרְתֶּם מִן־הַדֶּרֶךְ אֲשֶׁר צִוִּיתִי אֶתְכֶם וְקָרָאת
אֶתְכֶם הָרָעָה בְּאַחֲרִית הַיָּמִים כִּי־תַעֲשׂוּ אֶת־הָרַע בְּעֵינֵי יְהוָה
לְהַכְעִיסוֹ בְּמַעֲשֵׂה יְדֵיכֶם: וַיְדַבֵּר מֹשֶׁה בְּאָזְנֵי כָּל־קְהַל יִשְׂרָאֵל ל
אֶת־דִּבְרֵי הַשִּׁירָה הַזֹּאת עַד תֻּמָּם:

האזינו כו הַאֲזִינוּ הַשָּׁמַיִם וַאֲדַבֵּרָה   וְתִשְׁמַע הָאָרֶץ אִמְרֵי־פִי: א לב
יַעֲרֹף כַּמָּטָר לִקְחִי   תִּזַּל כַּטַּל אִמְרָתִי ב
כִּשְׂעִירִם עֲלֵי־דֶשֶׁא   וְכִרְבִיבִים עֲלֵי־עֵשֶׂב:
כִּי שֵׁם יְהוָה אֶקְרָא   הָבוּ גֹדֶל לֵאלֹהֵינוּ: ג
הַצּוּר תָּמִים פָּעֳלוֹ   כִּי כָל־דְּרָכָיו מִשְׁפָּט ד
אֵל אֱמוּנָה וְאֵין עָוֶל   צַדִּיק וְיָשָׁר הוּא:
שִׁחֵת לוֹ לֹא בָּנָיו מוּמָם   דּוֹר עִקֵּשׁ וּפְתַלְתֹּל: ה
הַ לַיהוָה תִּגְמְלוּ־זֹאת   עַם נָבָל וְלֹא חָכָם ו
הֲלוֹא־הוּא אָבִיךָ קָּנֶךָ   הוּא עָשְׂךָ וַיְכֹנְנֶךָ:

ז זְכֹר֙ יְמ֣וֹת עוֹלָ֔ם   בִּ֖ינוּ שְׁנ֣וֹת דֹּר־וָדֹ֑ר שני
שְׁאַ֤ל אָבִ֙יךָ֙ וְיַגֵּ֔דְךָ   זְקֵנֶ֖יךָ וְיֹ֥אמְרוּ לָֽךְ׃
ח בְּהַנְחֵ֤ל עֶלְיוֹן֙ גּוֹיִ֔ם   בְּהַפְרִיד֖וֹ בְּנֵ֣י אָדָ֑ם
יַצֵּב֙ גְּבֻלֹ֣ת עַמִּ֔ים   לְמִסְפַּ֖ר בְּנֵ֥י יִשְׂרָאֵֽל׃
ט כִּ֛י חֵ֥לֶק יהוה֖ עַמּ֑וֹ   יַעֲקֹ֖ב חֶ֥בֶל נַחֲלָתֽוֹ׃
י יִמְצָאֵ֙הוּ֙ בְּאֶ֣רֶץ מִדְבָּ֔ר   וּבְתֹ֖הוּ יְלֵ֣ל יְשִׁמֹ֑ן
יְסֹבְבֶ֙נְהוּ֙ יְב֣וֹנְנֵ֔הוּ   יִצְּרֶ֖נְהוּ כְּאִישׁ֥וֹן עֵינֽוֹ׃
יא כְּנֶ֙שֶׁר֙ יָעִ֣יר קִנּ֔וֹ   עַל־גּוֹזָלָ֖יו יְרַחֵ֑ף
יִפְרֹ֤שׂ כְּנָפָיו֙ יִקָּחֵ֔הוּ   יִשָּׂאֵ֖הוּ עַל־אֶבְרָתֽוֹ׃
יב יהוה֖ בָּדָ֣ד יַנְחֶ֑נּוּ   וְאֵ֥ין עִמּ֖וֹ אֵ֥ל נֵכָֽר׃ שלישי
יג יַרְכִּבֵ֙הוּ֙ עַל־בָּ֣מותי אָ֔רֶץ   וַיֹּאכַ֖ל תְּנוּבֹ֣ת שָׂדָ֑י בָּמֳתֵי
וַיֵּנִקֵ֤הוּ דְבַשׁ֙ מִסֶּ֔לַע   וְשֶׁ֖מֶן מֵחַלְמִ֥ישׁ צֽוּר׃
יד חֶמְאַ֨ת בָּקָ֜ר וַחֲלֵ֣ב צֹ֗אן   עִם־חֵ֨לֶב כָּרִ֜ים
וְאֵילִ֤ים בְּנֵֽי־בָשָׁן֙ וְעַתּוּדִ֔ים   עִם־חֵ֖לֶב כִּלְי֣וֹת חִטָּ֑ה
טו וְדַם־עֵנָ֖ב תִּשְׁתֶּה־חָֽמֶר׃   וַיִּשְׁמַ֤ן יְשֻׁרוּן֙ וַיִּבְעָ֔ט
שָׁמַ֖נְתָּ עָבִ֣יתָ כָּשִׂ֑יתָ   וַיִּטֹּשׁ֙ אֱל֣וֹהַ עָשָׂ֔הוּ
טז וַיְנַבֵּ֖ל צ֥וּר יְשֻׁעָתֽוֹ׃   יַקְנִאֻ֖הוּ בְּזָרִ֑ים
יז בְּתוֹעֵבֹ֖ת יַכְעִיסֻֽהוּ׃   יִזְבְּח֗וּ לַשֵּׁדִים֙ לֹ֣א אֱלֹ֔הַ
אֱלֹהִ֖ים לֹ֣א יְדָע֑וּם   חֲדָשִׁים֙ מִקָּרֹ֣ב בָּ֔אוּ
יח לֹ֥א שְׂעָר֖וּם אֲבֹתֵיכֶֽם׃   צ֥וּר יְלָדְךָ֖ תֶּ֑שִׁי
יט וַתִּשְׁכַּ֖ח אֵ֥ל מְחֹלְלֶֽךָ׃   וַיַּ֥רְא יהוה֖ וַיִּנְאָ֑ץ רביעי
כ מִכַּ֥עַס בָּנָ֖יו וּבְנֹתָֽיו׃   וַיֹּ֗אמֶר אַסְתִּ֤ירָה פָנַי֙ מֵהֶ֔ם
אֶרְאֶ֖ה מָ֣ה אַחֲרִיתָ֑ם   כִּ֣י ד֤וֹר תַּהְפֻּכֹת֙ הֵ֔מָּה
כא בָּנִ֖ים לֹא־אֵ֥מֻן בָּֽם׃   הֵ֚ם קִנְא֣וּנִי בְלֹא־אֵ֔ל
כִּעֲס֖וּנִי בְּהַבְלֵיהֶ֑ם   וַאֲנִי֙ אַקְנִיאֵ֣ם בְּלֹא־עָ֔ם
כב בְּג֥וֹי נָבָ֖ל אַכְעִיסֵֽם׃   כִּי־אֵשׁ֙ קָדְחָ֣ה בְאַפִּ֔י
וַתִּיקַ֖ד עַד־שְׁא֣וֹל תַּחְתִּ֑ית   וַתֹּ֤אכַל אֶ֙רֶץ֙ וִיבֻלָ֔הּ

וַתִּלְהַ֖ט מוֹסְדֵ֥י הָרִֽים׃   אַסְפֶּ֥ה עָלֵ֖ימוֹ רָע֑וֹת כג
חִצַּ֖י אֲכַלֶּה־בָּֽם׃   מְזֵ֥י רָעָ֛ב וּלְחֻ֥מֵי רֶ֖שֶׁף כד
וְקֶ֣טֶב מְרִירִ֑י   וְשֶׁן־בְּהֵמֹת֙ אֲשַׁלַּח־בָּ֔ם
עִם־חֲמַ֖ת זֹחֲלֵ֥י עָפָֽר׃   מִחוּץ֙ תְּשַׁכֶּל־חֶ֔רֶב כה
וּמֵחֲדָרִ֖ים אֵימָ֑ה   גַּם־בָּחוּר֙ גַּם־בְּתוּלָ֔ה
יוֹנֵ֖ק עִם־אִ֥ישׁ שֵׂיבָֽה׃   אָמַ֖רְתִּי אַפְאֵיהֶ֑ם כו
אַשְׁבִּ֥יתָה מֵאֱנ֖וֹשׁ זִכְרָֽם׃   לוּלֵ֗י כַּ֤עַס אוֹיֵב֙ אָג֔וּר כז
פֶּן־יְנַכְּר֖וּ צָרֵ֑ימוֹ   פֶּן־יֹֽאמְרוּ֙ יָדֵ֣נוּ רָ֔מָה
וְלֹ֥א יהוה פָּעַ֥ל כָּל־זֹֽאת׃   כִּי־ג֛וֹי אֹבַ֥ד עֵצ֖וֹת הֵ֑מָּה כח
חמישי וְאֵ֥ין בָּהֶ֖ם תְּבוּנָֽה׃   ל֥וּ חָכְמ֖וּ יַשְׂכִּ֣ילוּ זֹ֑את כט
יָבִ֖ינוּ לְאַחֲרִיתָֽם׃   אֵיכָ֞ה יִרְדֹּ֤ף אֶחָד֙ אֶ֔לֶף ל
וּשְׁנַ֖יִם יָנִ֣יסוּ רְבָבָ֑ה   אִם־לֹא֙ כִּי־צוּרָ֣ם מְכָרָ֔ם
וַֽיהוה הִסְגִּירָֽם׃   כִּ֛י לֹ֥א כְצוּרֵ֖נוּ צוּרָ֑ם לא
וְאֹיְבֵ֖ינוּ פְּלִילִֽים׃   כִּֽי־מִגֶּ֤פֶן סְדֹם֙ גַּפְנָ֔ם לב
וּמִשַּׁדְמֹ֖ת עֲמֹרָ֑ה   עֲנָבֵ֙מוֹ֙ עִנְּבֵי־ר֔וֹשׁ
אַשְׁכְּלֹ֥ת מְרֹרֹ֖ת לָֽמוֹ׃   חֲמַ֥ת תַּנִּינִ֖ם יֵינָ֑ם לג
וְרֹ֥אשׁ פְּתָנִ֖ים אַכְזָֽר׃   הֲלֹא־ה֖וּא כָּמֻ֣ס עִמָּדִ֑י לד
חָת֖וּם בְּאוֹצְרֹתָֽי׃   לִ֤י נָקָם֙ וְשִׁלֵּ֔ם לה
לְעֵ֖ת תָּמ֣וּט רַגְלָ֑ם   כִּ֤י קָרוֹב֙ י֣וֹם אֵידָ֔ם
וְחָ֖שׁ עֲתִדֹ֥ת לָֽמוֹ׃   כִּֽי־יָדִ֤ין יהוה֙ עַמּ֔וֹ לו
וְעַל־עֲבָדָ֖יו יִתְנֶחָ֑ם   כִּ֤י יִרְאֶה֙ כִּי־אָ֣זְלַת יָ֔ד
וְאֶ֖פֶס עָצ֥וּר וְעָזֽוּב׃   וְאָמַ֖ר אֵ֣י אֱלֹהֵ֑ימוֹ לז
צ֖וּר חָסָ֥יוּ בֽוֹ׃   אֲשֶׁ֨ר חֵ֤לֶב זְבָחֵ֙ימוֹ֙ יֹאכֵ֔לוּ לח
יִשְׁתּ֖וּ יֵ֣ין נְסִיכָ֑ם   יָק֙וּמוּ֙ וְיַעְזְרֻכֶ֔ם
יְהִ֥י עֲלֵיכֶ֖ם סִתְרָֽה׃   רְא֣וּ ׀ עַתָּ֗ה כִּ֣י אֲנִ֤י אֲנִי֙ ה֔וּא לט
וְאֵ֥ין אֱלֹהִ֖ים עִמָּדִ֑י   אֲנִ֧י אָמִ֣ית וַאֲחַיֶּ֗ה
מָחַ֙צְתִּי֙ וַאֲנִ֣י אֶרְפָּ֔א   וְאֵ֥ין מִיָּדִ֖י מַצִּֽיל׃

מ כִּי־אֶשָּׂא אֶל־שָׁמַיִם יָדִי וְאָמַרְתִּי חַי אָנֹכִי לְעֹלָם: ששי
מא אִם־שַׁנּוֹתִי בְּרַק חַרְבִּי וְתֹאחֵז בְּמִשְׁפָּט יָדִי
אָשִׁיב נָקָם לְצָרָי וְלִמְשַׂנְאַי אֲשַׁלֵּם:
מב אַשְׁכִּיר חִצַּי מִדָּם וְחַרְבִּי תֹּאכַל בָּשָׂר
מִדַּם חָלָל וְשִׁבְיָה מֵרֹאשׁ פַּרְעוֹת אוֹיֵב:
מג הַרְנִינוּ גוֹיִם עַמּוֹ כִּי דַם־עֲבָדָיו יִקּוֹם
וְנָקָם יָשִׁיב לְצָרָיו וְכִפֶּר אַדְמָתוֹ עַמּוֹ:

מד וַיָּבֹא מֹשֶׁה וַיְדַבֵּר אֶת־כָּל־דִּבְרֵי הַשִּׁירָה־הַזֹּאת בְּאָזְנֵי הָעָם הוּא שביעי
מה וְהוֹשֵׁעַ בִּן־נוּן: וַיְכַל מֹשֶׁה לְדַבֵּר אֶת־כָּל־הַדְּבָרִים הָאֵלֶּה אֶל־
מו כָּל־יִשְׂרָאֵל: וַיֹּאמֶר אֲלֵהֶם שִׂימוּ לְבַבְכֶם לְכָל־הַדְּבָרִים אֲשֶׁר
אָנֹכִי מֵעִיד בָּכֶם הַיּוֹם אֲשֶׁר תְּצַוֻּם אֶת־בְּנֵיכֶם לִשְׁמֹר לַעֲשׂוֹת
מז אֶת־כָּל־דִּבְרֵי הַתּוֹרָה הַזֹּאת: כִּי לֹא־דָבָר רֵק הוּא מִכֶּם כִּי־הוּא
חַיֵּיכֶם וּבַדָּבָר הַזֶּה תַּאֲרִיכוּ יָמִים עַל־הָאֲדָמָה אֲשֶׁר אַתֶּם עֹבְרִים
אֶת־הַיַּרְדֵּן שָׁמָּה לְרִשְׁתָּהּ:
מח מט וַיְדַבֵּר יְהוָה אֶל־מֹשֶׁה בְּעֶצֶם הַיּוֹם הַזֶּה לֵאמֹר: עֲלֵה אֶל־ מפטיר
הַר הָעֲבָרִים הַזֶּה הַר־נְבוֹ אֲשֶׁר בְּאֶרֶץ מוֹאָב אֲשֶׁר עַל־פְּנֵי
יְרֵחוֹ וּרְאֵה אֶת־אֶרֶץ כְּנַעַן אֲשֶׁר אֲנִי נֹתֵן לִבְנֵי יִשְׂרָאֵל
נ לַאֲחֻזָּה: וּמֻת בָּהָר אֲשֶׁר אַתָּה עֹלֶה שָׁמָּה וְהֵאָסֵף אֶל־עַמֶּיךָ
נא כַּאֲשֶׁר־מֵת אַהֲרֹן אָחִיךָ בְּהֹר הָהָר וַיֵּאָסֶף אֶל־עַמָּיו: עַל אֲשֶׁר
מְעַלְתֶּם בִּי בְּתוֹךְ בְּנֵי יִשְׂרָאֵל בְּמֵי־מְרִיבַת קָדֵשׁ מִדְבַּר־צִן
נב עַל אֲשֶׁר לֹא־קִדַּשְׁתֶּם אוֹתִי בְּתוֹךְ בְּנֵי יִשְׂרָאֵל: כִּי מִנֶּגֶד תִּרְאֶה
אֶת־הָאָרֶץ וְשָׁמָּה לֹא תָבוֹא אֶל־הָאָרֶץ אֲשֶׁר־אֲנִי נֹתֵן לִבְנֵי
יִשְׂרָאֵל:

כז וזאת הברכה

לג א וְזֹאת הַבְּרָכָה אֲשֶׁר בֵּרַךְ מֹשֶׁה אִישׁ הָאֱלֹהִים אֶת־בְּנֵי יִשְׂרָאֵל
ב לִפְנֵי מוֹתוֹ: וַיֹּאמַר יְהוָה מִסִּינַי בָּא וְזָרַח מִשֵּׂעִיר לָמוֹ הוֹפִיעַ
ג מֵהַר פָּארָן וְאָתָה מֵרִבְבֹת קֹדֶשׁ מִימִינוֹ אשדת לָמוֹ: אַף חֹבֵב אֵשׁ דָּת

עַמִּים כָּל־קְדֹשָׁיו בְּיָדֶךָ וְהֵם תֻּכּוּ לְרַגְלֶךָ יִשָּׂא מִדַּבְּרֹתֶיךָ׃
תּוֹרָה צִוָּה־לָנוּ מֹשֶׁה מוֹרָשָׁה קְהִלַּת יַעֲקֹב׃ וַיְהִי בִישֻׁרוּן מֶלֶךְ ד ה
בְּהִתְאַסֵּף רָאשֵׁי עָם יַחַד שִׁבְטֵי יִשְׂרָאֵל׃ יְחִי רְאוּבֵן וְאַל־יָמֹת ו
וִיהִי מְתָיו מִסְפָּר׃ וְזֹאת לִיהוּדָה וַיֹּאמַר שְׁמַע ז
יהוה קוֹל יְהוּדָה וְאֶל־עַמּוֹ תְּבִיאֶנּוּ יָדָיו רָב לוֹ וְעֵזֶר מִצָּרָיו
תִּהְיֶה׃
שני וּלְלֵוִי אָמַר תֻּמֶּיךָ וְאוּרֶיךָ לְאִישׁ חֲסִידֶךָ אֲשֶׁר נִסִּיתוֹ בְּמַסָּה ח
תְּרִיבֵהוּ עַל־מֵי מְרִיבָה׃ הָאֹמֵר לְאָבִיו וּלְאִמּוֹ לֹא רְאִיתִיו וְאֶת־ ט
אֶחָיו לֹא הִכִּיר וְאֶת־בָּנָו לֹא יָדָע כִּי שָׁמְרוּ אִמְרָתֶךָ וּבְרִיתְךָ
יִנְצֹרוּ׃ יוֹרוּ מִשְׁפָּטֶיךָ לְיַעֲקֹב וְתוֹרָתְךָ לְיִשְׂרָאֵל יָשִׂימוּ קְטוֹרָה י
בְּאַפֶּךָ וְכָלִיל עַל־מִזְבְּחֶךָ׃ בָּרֵךְ יהוה חֵילוֹ וּפֹעַל יָדָיו תִּרְצֶה יא
מְחַץ מָתְנַיִם קָמָיו וּמְשַׂנְאָיו מִן־יְקוּמוּן׃ לְבִנְיָמִן יב
אָמַר יְדִיד יהוה יִשְׁכֹּן לָבֶטַח עָלָיו חֹפֵף עָלָיו כָּל־הַיּוֹם וּבֵין
שלישי כְּתֵפָיו שָׁכֵן׃ וּלְיוֹסֵף אָמַר מְבֹרֶכֶת יהוה אַרְצוֹ יג
מִמֶּגֶד שָׁמַיִם מִטָּל וּמִתְּהוֹם רֹבֶצֶת תָּחַת׃ וּמִמֶּגֶד תְּבוּאֹת שָׁמֶשׁ יד
וּמִמֶּגֶד גֶּרֶשׁ יְרָחִים׃ וּמֵרֹאשׁ הַרְרֵי־קֶדֶם וּמִמֶּגֶד גִּבְעוֹת עוֹלָם׃ טו
וּמִמֶּגֶד אֶרֶץ וּמְלֹאָהּ וּרְצוֹן שֹׁכְנִי סְנֶה תָּבוֹאתָה לְרֹאשׁ יוֹסֵף טז
וּלְקָדְקֹד נְזִיר אֶחָיו׃ בְּכוֹר שׁוֹרוֹ הָדָר לוֹ וְקַרְנֵי רְאֵם קַרְנָיו בָּהֶם יז
עַמִּים יְנַגַּח יַחְדָּו אַפְסֵי־אָרֶץ וְהֵם רִבְבוֹת אֶפְרַיִם וְהֵם אַלְפֵי
רביעי מְנַשֶּׁה׃ וְלִזְבוּלֻן אָמַר שְׂמַח זְבוּלֻן בְּצֵאתֶךָ יח
וְיִשָּׂשכָר בְּאֹהָלֶיךָ׃ עַמִּים הַר־יִקְרָאוּ שָׁם יִזְבְּחוּ זִבְחֵי־צֶדֶק כִּי יט
שֶׁפַע יַמִּים יִינָקוּ וּשְׂפֻנֵי טְמוּנֵי חוֹל׃ וּלְגָד אָמַר כ
בָּרוּךְ מַרְחִיב גָּד כְּלָבִיא שָׁכֵן וְטָרַף זְרוֹעַ אַף־קָדְקֹד׃ וַיַּרְא כא
רֵאשִׁית לוֹ כִּי־שָׁם חֶלְקַת מְחֹקֵק סָפוּן וַיֵּתֵא רָאשֵׁי עָם צִדְקַת
חמישי יהוה עָשָׂה וּמִשְׁפָּטָיו עִם־יִשְׂרָאֵל׃ וּלְדָן אָמַר כב
דָּן גּוּר אַרְיֵה יְזַנֵּק מִן־הַבָּשָׁן׃ וּלְנַפְתָּלִי אָמַר נַפְתָּלִי שְׂבַע רָצוֹן כג
וּמָלֵא בִּרְכַּת יהוה יָם וְדָרוֹם יְרָשָׁה׃ וּלְאָשֵׁר כד

אָמַר בָּרוּךְ מִבָּנִים אָשֵׁר יְהִי רְצוּי אֶחָיו וְטֹבֵל בַּשֶּׁמֶן רַגְלוֹ׃
כה כו בַּרְזֶל וּנְחֹשֶׁת מִנְעָלֶךָ וּכְיָמֶיךָ דָּבְאֶךָ׃ אֵין כָּאֵל יְשֻׁרוּן רֹכֵב
כז שָׁמַיִם בְּעֶזְרֶךָ וּבְגַאֲוָתוֹ שְׁחָקִים׃ מְעֹנָה אֱלֹהֵי קֶדֶם וּמִתַּחַת חתן התורה
כח זְרֹעֹת עוֹלָם וַיְגָרֶשׁ מִפָּנֶיךָ אוֹיֵב וַיֹּאמֶר הַשְׁמֵד׃ וַיִּשְׁכֹּן יִשְׂרָאֵל
בֶּטַח בָּדָד עֵין יַעֲקֹב אֶל־אֶרֶץ דָּגָן וְתִירוֹשׁ אַף־שָׁמָיו יַעַרְפוּ־
כט טָל׃ אַשְׁרֶיךָ יִשְׂרָאֵל מִי כָמוֹךָ עַם נוֹשַׁע בַּיהוָה מָגֵן עֶזְרֶךָ
וַאֲשֶׁר־חֶרֶב גַּאֲוָתֶךָ וְיִכָּחֲשׁוּ אֹיְבֶיךָ לָךְ וְאַתָּה עַל־בָּמוֹתֵימוֹ
לד א תִדְרֹךְ׃ וַיַּעַל מֹשֶׁה מֵעַרְבֹת מוֹאָב אֶל־הַר נְבוֹ
רֹאשׁ הַפִּסְגָּה אֲשֶׁר עַל־פְּנֵי יְרֵחוֹ וַיַּרְאֵהוּ יְהוָה אֶת־כָּל־הָאָרֶץ
ב אֶת־הַגִּלְעָד עַד־דָּן׃ וְאֵת כָּל־נַפְתָּלִי וְאֶת־אֶרֶץ אֶפְרַיִם וּמְנַשֶּׁה
ג וְאֵת כָּל־אֶרֶץ יְהוּדָה עַד הַיָּם הָאַחֲרוֹן׃ וְאֶת־הַנֶּגֶב וְאֶת־הַכִּכָּר
ד בִּקְעַת יְרֵחוֹ עִיר הַתְּמָרִים עַד־צֹעַר׃ וַיֹּאמֶר יְהוָה אֵלָיו זֹאת
הָאָרֶץ אֲשֶׁר נִשְׁבַּעְתִּי לְאַבְרָהָם לְיִצְחָק וּלְיַעֲקֹב לֵאמֹר לְזַרְעֲךָ
ה אֶתְּנֶנָּה הֶרְאִיתִיךָ בְעֵינֶיךָ וְשָׁמָּה לֹא תַעֲבֹר׃ וַיָּמָת שָׁם מֹשֶׁה
ו עֶבֶד־יְהוָה בְּאֶרֶץ מוֹאָב עַל־פִּי יְהוָה׃ וַיִּקְבֹּר אֹתוֹ בַגַּי בְּאֶרֶץ
מוֹאָב מוּל בֵּית פְּעוֹר וְלֹא־יָדַע אִישׁ אֶת־קְבֻרָתוֹ עַד הַיּוֹם הַזֶּה׃
ז וּמֹשֶׁה בֶּן־מֵאָה וְעֶשְׂרִים שָׁנָה בְּמֹתוֹ לֹא־כָהֲתָה עֵינוֹ וְלֹא־
ח נָס לֵחֹה׃ וַיִּבְכּוּ בְנֵי יִשְׂרָאֵל אֶת־מֹשֶׁה בְּעַרְבֹת מוֹאָב שְׁלֹשִׁים
ט יוֹם וַיִּתְּמוּ יְמֵי בְכִי אֵבֶל מֹשֶׁה׃ וִיהוֹשֻׁעַ בִּן־נוּן מָלֵא רוּחַ חָכְמָה
כִּי־סָמַךְ מֹשֶׁה אֶת־יָדָיו עָלָיו וַיִּשְׁמְעוּ אֵלָיו בְּנֵי־יִשְׂרָאֵל וַיַּעֲשׂוּ
י כַּאֲשֶׁר צִוָּה יְהוָה אֶת־מֹשֶׁה׃ וְלֹא־קָם נָבִיא עוֹד בְּיִשְׂרָאֵל
יא כְּמֹשֶׁה אֲשֶׁר יְדָעוֹ יְהוָה פָּנִים אֶל־פָּנִים׃ לְכָל־הָאֹתֹת וְהַמּוֹפְתִים
אֲשֶׁר שְׁלָחוֹ יְהוָה לַעֲשׂוֹת בְּאֶרֶץ מִצְרָיִם לְפַרְעֹה וּלְכָל־עֲבָדָיו
יב וּלְכָל־אַרְצוֹ׃ וּלְכֹל הַיָּד הַחֲזָקָה וּלְכֹל הַמּוֹרָא הַגָּדוֹל אֲשֶׁר
עָשָׂה מֹשֶׁה לְעֵינֵי כָּל־יִשְׂרָאֵל׃

נביאים

יהושע
שופטים
שמואל
מלכים
ישעיה
ירמיה
יחזקאל
שנים עשר
הושע
יואל
עמוס
עובדיה
יונה
מיכה
נחום
חבקוק
צפניה
חגי
זכריה
מלאכי

יהושע

א

א וַיְהִי אַחֲרֵי מוֹת מֹשֶׁה עֶבֶד יְהוָה וַיֹּאמֶר יְהוָה אֶל־יְהוֹשֻׁעַ בִּן־
ב נוּן מְשָׁרֵת מֹשֶׁה לֵאמֹר׃ מֹשֶׁה עַבְדִּי מֵת וְעַתָּה קוּם עֲבֹר אֶת־
הַיַּרְדֵּן הַזֶּה אַתָּה וְכָל־הָעָם הַזֶּה אֶל־הָאָרֶץ אֲשֶׁר אָנֹכִי נֹתֵן
ג לָהֶם לִבְנֵי יִשְׂרָאֵל׃ כָּל־מָקוֹם אֲשֶׁר תִּדְרֹךְ כַּף־רַגְלְכֶם בּוֹ
ד לָכֶם נְתַתִּיו כַּאֲשֶׁר דִּבַּרְתִּי אֶל־מֹשֶׁה׃ מֵהַמִּדְבָּר וְהַלְּבָנוֹן הַזֶּה
וְעַד־הַנָּהָר הַגָּדוֹל נְהַר־פְּרָת כֹּל אֶרֶץ הַחִתִּים וְעַד־הַיָּם
ה הַגָּדוֹל מְבוֹא הַשָּׁמֶשׁ יִהְיֶה גְּבוּלְכֶם׃ לֹא־יִתְיַצֵּב אִישׁ לְפָנֶיךָ
כֹּל יְמֵי חַיֶּיךָ כַּאֲשֶׁר הָיִיתִי עִם־מֹשֶׁה אֶהְיֶה עִמָּךְ לֹא אַרְפְּךָ
ו וְלֹא אֶעֶזְבֶךָּ׃ חֲזַק וֶאֱמָץ כִּי אַתָּה תַּנְחִיל אֶת־הָעָם הַזֶּה אֶת־
ז הָאָרֶץ אֲשֶׁר־נִשְׁבַּעְתִּי לַאֲבוֹתָם לָתֵת לָהֶם׃ רַק חֲזַק וֶאֱמַץ
מְאֹד לִשְׁמֹר לַעֲשׂוֹת כְּכָל־הַתּוֹרָה אֲשֶׁר צִוְּךָ מֹשֶׁה עַבְדִּי אַל־
תָּסוּר מִמֶּנּוּ יָמִין וּשְׂמֹאול לְמַעַן תַּשְׂכִּיל בְּכֹל אֲשֶׁר תֵּלֵךְ׃
ח לֹא־יָמוּשׁ סֵפֶר הַתּוֹרָה הַזֶּה מִפִּיךָ וְהָגִיתָ בּוֹ יוֹמָם וָלַיְלָה לְמַעַן
תִּשְׁמֹר לַעֲשׂוֹת כְּכָל־הַכָּתוּב בּוֹ כִּי־אָז תַּצְלִיחַ אֶת־דְּרָכֶךָ וְאָז
ט תַּשְׂכִּיל׃ הֲלוֹא צִוִּיתִיךָ חֲזַק וֶאֱמָץ אַל־תַּעֲרֹץ וְאַל־תֵּחָת כִּי
י עִמְּךָ יְהוָה אֱלֹהֶיךָ בְּכֹל אֲשֶׁר תֵּלֵךְ׃ וַיְצַו יְהוֹשֻׁעַ
יא אֶת־שֹׁטְרֵי הָעָם לֵאמֹר׃ עִבְרוּ ׀ בְּקֶרֶב הַמַּחֲנֶה וְצַוּוּ אֶת־
הָעָם לֵאמֹר הָכִינוּ לָכֶם צֵידָה כִּי בְּעוֹד ׀ שְׁלֹשֶׁת יָמִים אַתֶּם
עֹבְרִים אֶת־הַיַּרְדֵּן הַזֶּה לָבוֹא לָרֶשֶׁת אֶת־הָאָרֶץ אֲשֶׁר יְהוָה
יב אֱלֹהֵיכֶם נֹתֵן לָכֶם לְרִשְׁתָּהּ׃ וְלָרֻאוּבֵנִי וְלַגָּדִי
יג וְלַחֲצִי שֵׁבֶט הַמְנַשֶּׁה אָמַר יְהוֹשֻׁעַ לֵאמֹר׃ זָכוֹר אֶת־הַדָּבָר
אֲשֶׁר צִוָּה אֶתְכֶם מֹשֶׁה עֶבֶד־יְהוָה לֵאמֹר יְהוָה אֱלֹהֵיכֶם
יד מֵנִיחַ לָכֶם וְנָתַן לָכֶם אֶת־הָאָרֶץ הַזֹּאת׃ נְשֵׁיכֶם טַפְּכֶם וּמִקְנֵיכֶם
יֵשְׁבוּ בָּאָרֶץ אֲשֶׁר נָתַן לָכֶם מֹשֶׁה בְּעֵבֶר הַיַּרְדֵּן וְאַתֶּם תַּעַבְרוּ
טו חֲמֻשִׁים לִפְנֵי אֲחֵיכֶם כֹּל גִּבּוֹרֵי הַחַיִל וַעֲזַרְתֶּם אוֹתָם׃ עַד
אֲשֶׁר־יָנִיחַ יְהוָה ׀ לַאֲחֵיכֶם כָּכֶם וְיָרְשׁוּ גַם־הֵמָּה אֶת־הָאָרֶץ
אֲשֶׁר־יְהוָה אֱלֹהֵיכֶם נֹתֵן לָהֶם וְשַׁבְתֶּם לְאֶרֶץ יְרֻשַּׁתְכֶם

וִירִשְׁתֶּם אוֹתָהּ אֲשֶׁר ׀ נָתַן לָכֶם מֹשֶׁה עֶבֶד יְהוָה בְּעֵבֶר הַיַּרְדֵּן
טז מִזְרַח הַשָּׁמֶשׁ׃ וַיַּעֲנוּ אֶת־יְהוֹשֻׁעַ לֵאמֹר כֹּל אֲשֶׁר־צִוִּיתָנוּ
יז נַעֲשֶׂה וְאֶל־כָּל־אֲשֶׁר תִּשְׁלָחֵנוּ נֵלֵךְ׃ כְּכֹל אֲשֶׁר־שָׁמַעְנוּ אֶל־
מֹשֶׁה כֵּן נִשְׁמַע אֵלֶיךָ רַק יִהְיֶה יְהוָה אֱלֹהֶיךָ עִמָּךְ כַּאֲשֶׁר הָיָה
יח עִם־מֹשֶׁה׃ כָּל־אִישׁ אֲשֶׁר־יַמְרֶה אֶת־פִּיךָ וְלֹא־יִשְׁמַע אֶת־
דְּבָרֶיךָ לְכֹל אֲשֶׁר־תְּצַוֶּנּוּ יוּמָת רַק חֲזַק וֶאֱמָץ׃
ב א וַיִּשְׁלַח יְהוֹשֻׁעַ בִּן־נוּן מִן־הַשִּׁטִּים שְׁנַיִם אֲנָשִׁים מְרַגְּלִים חֶרֶשׁ
לֵאמֹר לְכוּ רְאוּ אֶת־הָאָרֶץ וְאֶת־יְרִיחוֹ וַיֵּלְכוּ וַיָּבֹאוּ בֵּית אִשָּׁה
ב זוֹנָה וּשְׁמָהּ רָחָב וַיִּשְׁכְּבוּ־שָׁמָּה׃ וַיֵּאָמַר לְמֶלֶךְ יְרִיחוֹ לֵאמֹר
הִנֵּה אֲנָשִׁים בָּאוּ הֵנָּה הַלַּיְלָה מִבְּנֵי יִשְׂרָאֵל לַחְפֹּר אֶת־הָאָרֶץ׃
ג וַיִּשְׁלַח מֶלֶךְ יְרִיחוֹ אֶל־רָחָב לֵאמֹר הוֹצִיאִי הָאֲנָשִׁים הַבָּאִים
ד אֵלַיִךְ אֲשֶׁר־בָּאוּ לְבֵיתֵךְ כִּי לַחְפֹּר אֶת־כָּל־הָאָרֶץ בָּאוּ׃ וַתִּקַּח
הָאִשָּׁה אֶת־שְׁנֵי הָאֲנָשִׁים וַתִּצְפְּנוֹ וַתֹּאמֶר כֵּן בָּאוּ אֵלַי
ה הָאֲנָשִׁים וְלֹא יָדַעְתִּי מֵאַיִן הֵמָּה׃ וַיְהִי הַשַּׁעַר לִסְגּוֹר בַּחֹשֶׁךְ
וְהָאֲנָשִׁים יָצָאוּ לֹא יָדַעְתִּי אָנָה הָלְכוּ הָאֲנָשִׁים רִדְפוּ מַהֵר
ו אַחֲרֵיהֶם כִּי תַשִּׂיגוּם׃ וְהִיא הֶעֱלָתַם הַגָּגָה וַתִּטְמְנֵם בְּפִשְׁתֵּי
ז הָעֵץ הָעֲרֻכוֹת לָהּ עַל־הַגָּג׃ וְהָאֲנָשִׁים רָדְפוּ אַחֲרֵיהֶם דֶּרֶךְ
הַיַּרְדֵּן עַל הַמַּעְבְּרוֹת וְהַשַּׁעַר סָגָרוּ אַחֲרֵי כַּאֲשֶׁר יָצְאוּ
ח הָרֹדְפִים אַחֲרֵיהֶם׃ וְהֵמָּה טֶרֶם יִשְׁכָּבוּן וְהִיא עָלְתָה עֲלֵיהֶם
ט עַל־הַגָּג׃ וַתֹּאמֶר אֶל־הָאֲנָשִׁים יָדַעְתִּי כִּי־נָתַן יְהוָה לָכֶם
אֶת־הָאָרֶץ וְכִי־נָפְלָה אֵימַתְכֶם עָלֵינוּ וְכִי נָמֹגוּ כָּל־יֹשְׁבֵי
י הָאָרֶץ מִפְּנֵיכֶם׃ כִּי שָׁמַעְנוּ אֵת אֲשֶׁר־הוֹבִישׁ יְהוָה אֶת־מֵי
יַם־סוּף מִפְּנֵיכֶם בְּצֵאתְכֶם מִמִּצְרָיִם וַאֲשֶׁר עֲשִׂיתֶם לִשְׁנֵי מַלְכֵי
הָאֱמֹרִי אֲשֶׁר בְּעֵבֶר הַיַּרְדֵּן לְסִיחֹן וּלְעוֹג אֲשֶׁר הֶחֱרַמְתֶּם
יא אוֹתָם׃ וַנִּשְׁמַע וַיִּמַּס לְבָבֵנוּ וְלֹא־קָמָה עוֹד רוּחַ בְּאִישׁ
מִפְּנֵיכֶם כִּי יְהוָה אֱלֹהֵיכֶם הוּא אֱלֹהִים בַּשָּׁמַיִם מִמַּעַל וְעַל־
יב הָאָרֶץ מִתָּחַת׃ וְעַתָּה הִשָּׁבְעוּ־נָא לִי בַּיהוָה כִּי־עָשִׂיתִי עִמָּכֶם

חֶסֶד וַעֲשִׂיתֶם גַּם־אַתֶּם עִם־בֵּית אָבִי חֶסֶד וּנְתַתֶּם לִי אוֹת
יג אֱמֶת׃ וְהַחֲיִתֶם אֶת־אָבִי וְאֶת־אִמִּי וְאֶת־אַחַי וְאֶת־אחותי אַחְיוֹתַי
יד וְאֵת כָּל־אֲשֶׁר לָהֶם וְהִצַּלְתֶּם אֶת־נַפְשֹׁתֵינוּ מִמָּוֶת׃ וַיֹּאמְרוּ
לָהּ הָאֲנָשִׁים נַפְשֵׁנוּ תַחְתֵּיכֶם לָמוּת אִם לֹא תַגִּידוּ אֶת־
דְּבָרֵנוּ זֶה וְהָיָה בְּתֵת־יְהוָה לָנוּ אֶת־הָאָרֶץ וְעָשִׂינוּ עִמָּךְ חֶסֶד
טו וֶאֱמֶת׃ וַתּוֹרִדֵם בַּחֶבֶל בְּעַד הַחַלּוֹן כִּי בֵיתָהּ בְּקִיר הַחוֹמָה
טז וּבַחוֹמָה הִיא יוֹשָׁבֶת׃ וַתֹּאמֶר לָהֶם הָהָרָה לֵּכוּ פֶּן־יִפְגְּעוּ
בָכֶם הָרֹדְפִים וְנַחְבֵּתֶם שָׁמָּה שְׁלֹשֶׁת יָמִים עַד שׁוֹב הָרֹדְפִים
יז וְאַחַר תֵּלְכוּ לְדַרְכְּכֶם׃ וַיֹּאמְרוּ אֵלֶיהָ הָאֲנָשִׁים נְקִיִּם אֲנַחְנוּ
יח מִשְּׁבֻעָתֵךְ הַזֶּה אֲשֶׁר הִשְׁבַּעְתָּנוּ׃ הִנֵּה אֲנַחְנוּ בָאִים בָּאָרֶץ
אֶת־תִּקְוַת חוּט הַשָּׁנִי הַזֶּה תִּקְשְׁרִי בַּחַלּוֹן אֲשֶׁר הוֹרַדְתֵּנוּ
בוֹ וְאֶת־אָבִיךְ וְאֶת־אִמֵּךְ וְאֶת־אַחַיִךְ וְאֵת כָּל־בֵּית אָבִיךְ
יט תַּאַסְפִי אֵלַיִךְ הַבָּיְתָה׃ וְהָיָה כֹּל אֲשֶׁר־יֵצֵא מִדַּלְתֵי בֵיתֵךְ ׀
הַחוּצָה דָּמוֹ בְרֹאשׁוֹ וַאֲנַחְנוּ נְקִיִּם וְכֹל אֲשֶׁר יִהְיֶה אִתָּךְ בַּבַּיִת
כ דָּמוֹ בְרֹאשֵׁנוּ אִם־יָד תִּהְיֶה־בּוֹ׃ וְאִם־תַּגִּידִי אֶת־דְּבָרֵנוּ זֶה
כא וְהָיִינוּ נְקִיִּם מִשְּׁבֻעָתֵךְ אֲשֶׁר הִשְׁבַּעְתָּנוּ׃ וַתֹּאמֶר כְּדִבְרֵיכֶם
כֶּן־הוּא וַתְּשַׁלְּחֵם וַיֵּלֵכוּ וַתִּקְשֹׁר אֶת־תִּקְוַת הַשָּׁנִי בַּחַלּוֹן׃
כב וַיֵּלְכוּ וַיָּבֹאוּ הָהָרָה וַיֵּשְׁבוּ שָׁם שְׁלֹשֶׁת יָמִים עַד־שָׁבוּ הָרֹדְפִים
כג וַיְבַקְשׁוּ הָרֹדְפִים בְּכָל־הַדֶּרֶךְ וְלֹא מָצָאוּ׃ וַיָּשֻׁבוּ שְׁנֵי הָאֲנָשִׁים
וַיֵּרְדוּ מֵהָהָר וַיַּעַבְרוּ וַיָּבֹאוּ אֶל־יְהוֹשֻׁעַ בִּן־נוּן וַיְסַפְּרוּ־
כד לוֹ אֵת כָּל־הַמֹּצְאוֹת אוֹתָם׃ וַיֹּאמְרוּ אֶל־יְהוֹשֻׁעַ כִּי־נָתַן
יְהוָה בְּיָדֵנוּ אֶת־כָּל־הָאָרֶץ וְגַם־נָמֹגוּ כָּל־יֹשְׁבֵי הָאָרֶץ
ג א מִפָּנֵינוּ׃ וַיַּשְׁכֵּם יְהוֹשֻׁעַ בַּבֹּקֶר וַיִּסְעוּ מֵהַשִּׁטִּים
וַיָּבֹאוּ עַד־הַיַּרְדֵּן הוּא וְכָל־בְּנֵי יִשְׂרָאֵל וַיָּלִנוּ שָׁם טֶרֶם יַעֲבֹרוּ׃
ב וַיְהִי מִקְצֵה שְׁלֹשֶׁת יָמִים וַיַּעַבְרוּ הַשֹּׁטְרִים בְּקֶרֶב הַמַּחֲנֶה׃
ג וַיְצַוּוּ אֶת־הָעָם לֵאמֹר כִּרְאֹתְכֶם אֵת אֲרוֹן בְּרִית־יְהוָה
אֱלֹהֵיכֶם וְהַכֹּהֲנִים הַלְוִיִּם נֹשְׂאִים אֹתוֹ וְאַתֶּם תִּסְעוּ מִמְּקוֹמְכֶם

והלכתם אחריו: אך ׀ רחוק יהיה ביניכם ובינו כאלפים אמה ד
במדה אל־תקרבו אליו למען אשר־תדעו את־הדרך אשר תלכו־
בה כי לא עברתם בדרך מתמול שלשום: ויאמר ה
יהושע אל־העם התקדשו כי מחר יעשה יהוה בקרבכם
נפלאות: ויאמר יהושע אל־הכהנים לאמר שאו את־ארון ו
הברית ועברו לפני העם וישאו את־ארון הברית וילכו
ב לפני העם: ויאמר יהוה אל־יהושע היום הזה ז
אחל גדלך בעיני כל־ישראל אשר ידעון כי כאשר הייתי
עם־משה אהיה עמך: ואתה תצוה את־הכהנים נשאי ח
ארון־הברית לאמר כבאכם עד־קצה מי הירדן בירדן
תעמדו: ויאמר יהושע אל־בני ישראל גשו הנה ט
ושמעו את־דברי יהוה אלהיכם: ויאמר יהושע בזאת י
תדעון כי אל חי בקרבכם והורש יוריש מפניכם את־הכנעני
ואת־החתי ואת־החוי ואת־הפרזי ואת־הגרגשי והאמרי
והיבוסי: הנה ארון הברית אדון כל־הארץ עבר לפניכם יא
בירדן: ועתה קחו לכם שני עשר איש משבטי ישראל איש־ יב
אחד איש־אחד לשבט: והיה כנוח כפות רגלי הכהנים נשאי יג
ארון יהוה אדון כל־הארץ במי הירדן מי הירדן יכרתון
המים הירדים מלמעלה ויעמדו נד אחד: ויהי בנסע העם יד
מאהליהם לעבר את־הירדן והכהנים נשאי הארון הברית
לפני העם: וכבוא נשאי הארון עד־הירדן ורגלי הכהנים טו
נשאי הארון נטבלו בקצה המים והירדן מלא על־כל־גדותיו
כל ימי קציר: ויעמדו המים הירדים מלמעלה קמו נד־אחד טז
מאדם הרחק מאד באדם העיר אשר מצד צרתן והירדים על ים
הערבה ים־המלח תמו נכרתו והעם עברו נגד יריחו: ויעמדו יז
הכהנים נשאי הארון ברית־יהוה בחרבה בתוך הירדן
הכן וכל־ישראל עברים בחרבה עד אשר־תמו כל־הגוי

א לַעֲבוֹר אֶת־הַיַּרְדֵּן: וַיְהִי כַּאֲשֶׁר־תַּמּוּ כָל־הַגּוֹי לַעֲבוֹר אֶת־
ב הַיַּרְדֵּן וַיֹּאמֶר יְהוָה אֶל־יְהוֹשֻׁעַ לֵאמֹר: קְחוּ
לָכֶם מִן־הָעָם שְׁנֵים עָשָׂר אֲנָשִׁים אִישׁ־אֶחָד אִישׁ־אֶחָד
ג מִשָּׁבֶט: וְצַוּוּ אוֹתָם לֵאמֹר שְׂאוּ־לָכֶם מִזֶּה מִתּוֹךְ הַיַּרְדֵּן
מִמַּצַּב רַגְלֵי הַכֹּהֲנִים הָכִין שְׁתֵּים־עֶשְׂרֵה אֲבָנִים וְהַעֲבַרְתֶּם
אוֹתָם עִמָּכֶם וְהִנַּחְתֶּם אוֹתָם בַּמָּלוֹן אֲשֶׁר־תָּלִינוּ בוֹ
ד הַלָּיְלָה: וַיִּקְרָא יְהוֹשֻׁעַ אֶל־שְׁנֵים הֶעָשָׂר אִישׁ
ה אֲשֶׁר הֵכִין מִבְּנֵי יִשְׂרָאֵל אִישׁ־אֶחָד אִישׁ־אֶחָד מִשָּׁבֶט: וַיֹּאמֶר
לָהֶם יְהוֹשֻׁעַ עִבְרוּ לִפְנֵי אֲרוֹן יְהוָה אֱלֹהֵיכֶם אֶל־תּוֹךְ הַיַּרְדֵּן
וְהָרִימוּ לָכֶם אִישׁ אֶבֶן אַחַת עַל־שִׁכְמוֹ לְמִסְפַּר שִׁבְטֵי בְנֵי־
ו יִשְׂרָאֵל: לְמַעַן תִּהְיֶה זֹאת אוֹת בְּקִרְבְּכֶם כִּי־יִשְׁאָלוּן בְּנֵיכֶם
ז מָחָר לֵאמֹר מָה הָאֲבָנִים הָאֵלֶּה לָכֶם: וַאֲמַרְתֶּם לָהֶם אֲשֶׁר
נִכְרְתוּ מֵימֵי הַיַּרְדֵּן מִפְּנֵי אֲרוֹן בְּרִית־יְהוָה בְּעָבְרוֹ בַּיַּרְדֵּן
נִכְרְתוּ מֵי הַיַּרְדֵּן וְהָיוּ הָאֲבָנִים הָאֵלֶּה לְזִכָּרוֹן לִבְנֵי יִשְׂרָאֵל
ח עַד־עוֹלָם: וַיַּעֲשׂוּ־כֵן בְּנֵי־יִשְׂרָאֵל כַּאֲשֶׁר צִוָּה יְהוֹשֻׁעַ וַיִּשְׂאוּ
שְׁתֵּי־עֶשְׂרֵה אֲבָנִים מִתּוֹךְ הַיַּרְדֵּן כַּאֲשֶׁר דִּבֶּר יְהוָה אֶל־יְהוֹשֻׁעַ
לְמִסְפַּר שִׁבְטֵי בְנֵי־יִשְׂרָאֵל וַיַּעֲבִרוּם עִמָּם אֶל־הַמָּלוֹן וַיַּנִּחוּם
ט שָׁם: וּשְׁתֵּים עֶשְׂרֵה אֲבָנִים הֵקִים יְהוֹשֻׁעַ בְּתוֹךְ הַיַּרְדֵּן תַּחַת
מַצַּב רַגְלֵי הַכֹּהֲנִים נֹשְׂאֵי אֲרוֹן הַבְּרִית וַיִּהְיוּ שָׁם עַד הַיּוֹם
י הַזֶּה: וְהַכֹּהֲנִים נֹשְׂאֵי הָאָרוֹן עֹמְדִים בְּתוֹךְ הַיַּרְדֵּן עַד־תֹּם
כָּל־הַדָּבָר אֲשֶׁר־צִוָּה יְהוָה אֶת־יְהוֹשֻׁעַ לְדַבֵּר אֶל־הָעָם כְּכֹל
יא אֲשֶׁר־צִוָּה מֹשֶׁה אֶת־יְהוֹשֻׁעַ וַיְמַהֲרוּ הָעָם וַיַּעֲבֹרוּ: וַיְהִי
כַּאֲשֶׁר־תַּם כָּל־הָעָם לַעֲבוֹר וַיַּעֲבֹר אֲרוֹן־יְהוָה וְהַכֹּהֲנִים לִפְנֵי
יב הָעָם: וַיַּעַבְרוּ בְּנֵי־רְאוּבֵן וּבְנֵי־גָד וַחֲצִי שֵׁבֶט הַמְנַשֶּׁה חֲמֻשִׁים
יג לִפְנֵי בְּנֵי יִשְׂרָאֵל כַּאֲשֶׁר דִּבֶּר אֲלֵיהֶם מֹשֶׁה: כְּאַרְבָּעִים
אֶלֶף חֲלוּצֵי הַצָּבָא עָבְרוּ לִפְנֵי יְהוָה לַמִּלְחָמָה אֶל עַרְבוֹת
יד יְרִיחוֹ: בַּיּוֹם הַהוּא גִּדַּל יְהוָה אֶת־יְהוֹשֻׁעַ בְּעֵינֵי

כָּל־יִשְׂרָאֵל וַיִּרְאוּ אֹתוֹ כַּאֲשֶׁר יָרְאוּ אֶת־מֹשֶׁה כָּל־יְמֵי
חַיָּיו׃ וַיֹּאמֶר יְהוָה אֶל־יְהוֹשֻׁעַ לֵאמֹר׃ צַוֵּה טו טז
אֶת־הַכֹּהֲנִים נֹשְׂאֵי אֲרוֹן הָעֵדוּת וְיַעֲלוּ מִן־הַיַּרְדֵּן׃ וַיְצַו יְהוֹשֻׁעַ יז
כְּעָלוֹת אֶת־הַכֹּהֲנִים לֵאמֹר עֲלוּ מִן־הַיַּרְדֵּן׃ וַיְהִי בעלות הַכֹּהֲנִים יח
נֹשְׂאֵי אֲרוֹן בְּרִית־יְהוָה מִתּוֹךְ הַיַּרְדֵּן נִתְּקוּ כַּפּוֹת רַגְלֵי
הַכֹּהֲנִים אֶל הֶחָרָבָה וַיָּשֻׁבוּ מֵי־הַיַּרְדֵּן לִמְקוֹמָם וַיֵּלְכוּ כִתְמוֹל־
שִׁלְשׁוֹם עַל־כָּל־גְּדוֹתָיו׃ וְהָעָם עָלוּ מִן־הַיַּרְדֵּן בֶּעָשׂוֹר לַחֹדֶשׁ יט
הָרִאשׁוֹן וַיַּחֲנוּ בַּגִּלְגָּל בִּקְצֵה מִזְרַח יְרִיחוֹ׃ וְאֵת שְׁתֵּים עֶשְׂרֵה כ
הָאֲבָנִים הָאֵלֶּה אֲשֶׁר לָקְחוּ מִן־הַיַּרְדֵּן הֵקִים יְהוֹשֻׁעַ בַּגִּלְגָּל׃
וַיֹּאמֶר אֶל־בְּנֵי יִשְׂרָאֵל לֵאמֹר אֲשֶׁר יִשְׁאָלוּן בְּנֵיכֶם מָחָר אֶת־ כא
אֲבוֹתָם לֵאמֹר מָה הָאֲבָנִים הָאֵלֶּה׃ וְהוֹדַעְתֶּם אֶת־בְּנֵיכֶם כב
לֵאמֹר בַּיַּבָּשָׁה עָבַר יִשְׂרָאֵל אֶת־הַיַּרְדֵּן הַזֶּה׃ אֲשֶׁר־הוֹבִישׁ כג
יְהוָה אֱלֹהֵיכֶם אֶת־מֵי הַיַּרְדֵּן מִפְּנֵיכֶם עַד־עָבְרְכֶם כַּאֲשֶׁר עָשָׂה
יְהוָה אֱלֹהֵיכֶם לְיַם־סוּף אֲשֶׁר־הוֹבִישׁ מִפָּנֵינוּ עַד־עָבְרֵנוּ׃
ג לְמַעַן דַּעַת כָּל־עַמֵּי הָאָרֶץ אֶת־יַד יְהוָה כִּי חֲזָקָה הִיא לְמַעַן כד
ה א יְרָאתֶם אֶת־יְהוָה אֱלֹהֵיכֶם כָּל־הַיָּמִים׃ וַיְהִי
כִשְׁמֹעַ כָּל־מַלְכֵי הָאֱמֹרִי אֲשֶׁר בְּעֵבֶר הַיַּרְדֵּן יָמָּה וְכָל־מַלְכֵי
הַכְּנַעֲנִי אֲשֶׁר עַל־הַיָּם אֵת אֲשֶׁר־הוֹבִישׁ יְהוָה אֶת־מֵי הַיַּרְדֵּן
עָבְרָם מִפְּנֵי בְנֵי־יִשְׂרָאֵל עַד־עברנו וַיִּמַּס לְבָבָם וְלֹא־הָיָה בָם עוֹד
רוּחַ מִפְּנֵי בְּנֵי־יִשְׂרָאֵל׃ בָּעֵת הַהִיא אָמַר יְהוָה ב
אֶל־יְהוֹשֻׁעַ עֲשֵׂה לְךָ חַרְבוֹת צֻרִים וְשׁוּב מֹל אֶת־בְּנֵי־יִשְׂרָאֵל
שֵׁנִית׃ וַיַּעַשׂ־לוֹ יְהוֹשֻׁעַ חַרְבוֹת צֻרִים וַיָּמָל אֶת־בְּנֵי יִשְׂרָאֵל ג
אֶל־גִּבְעַת הָעֲרָלוֹת׃ וְזֶה הַדָּבָר אֲשֶׁר־מָל יְהוֹשֻׁעַ כָּל־הָעָם ד
הַיֹּצֵא מִמִּצְרַיִם הַזְּכָרִים כֹּל ׀ אַנְשֵׁי הַמִּלְחָמָה מֵתוּ בַמִּדְבָּר
בַּדֶּרֶךְ בְּצֵאתָם מִמִּצְרָיִם׃ כִּי־מֻלִים הָיוּ כָּל־הָעָם הַיֹּצְאִים ה
וְכָל־הָעָם הַיִּלֹּדִים בַּמִּדְבָּר בַּדֶּרֶךְ בְּצֵאתָם מִמִּצְרַיִם לֹא־מָלוּ׃
כִּי ׀ אַרְבָּעִים שָׁנָה הָלְכוּ בְנֵי־יִשְׂרָאֵל בַּמִּדְבָּר עַד־תֹּם כָּל־ ו

הַגּוֹי אַנְשֵׁי הַמִּלְחָמָה הַיֹּצְאִים מִמִּצְרַיִם אֲשֶׁר לֹא־שָׁמְעוּ בְּקוֹל
יְהוָה אֲשֶׁר נִשְׁבַּע יְהוָה לָהֶם לְבִלְתִּי הַרְאוֹתָם אֶת־הָאָרֶץ
אֲשֶׁר נִשְׁבַּע יְהוָה לַאֲבוֹתָם לָתֶת לָנוּ אֶרֶץ זָבַת חָלָב וּדְבָשׁ׃
ז וְאֶת־בְּנֵיהֶם הֵקִים תַּחְתָּם אֹתָם מָל יְהוֹשֻׁעַ כִּי־עֲרֵלִים הָיוּ כִּי
ח לֹא־מָלוּ אוֹתָם בַּדָּרֶךְ׃ וַיְהִי כַּאֲשֶׁר־תַּמּוּ כָל־הַגּוֹי לְהִמּוֹל
ט וַיֵּשְׁבוּ תַחְתָּם בַּמַּחֲנֶה עַד חֲיוֹתָם׃ וַיֹּאמֶר יְהוָה
אֶל־יְהוֹשֻׁעַ הַיּוֹם גַּלּוֹתִי אֶת־חֶרְפַּת מִצְרַיִם מֵעֲלֵיכֶם וַיִּקְרָא
י שֵׁם הַמָּקוֹם הַהוּא גִּלְגָּל עַד הַיּוֹם הַזֶּה׃ וַיַּחֲנוּ בְנֵי־יִשְׂרָאֵל
בַּגִּלְגָּל וַיַּעֲשׂוּ אֶת־הַפֶּסַח בְּאַרְבָּעָה עָשָׂר יוֹם לַחֹדֶשׁ בָּעֶרֶב
יא בְּעַרְבוֹת יְרִיחוֹ׃ וַיֹּאכְלוּ מֵעֲבוּר הָאָרֶץ מִמָּחֳרַת הַפֶּסַח מַצּוֹת
יב וְקָלוּי בְּעֶצֶם הַיּוֹם הַזֶּה׃ וַיִּשְׁבֹּת הַמָּן מִמָּחֳרָת בְּאָכְלָם מֵעֲבוּר
הָאָרֶץ וְלֹא־הָיָה עוֹד לִבְנֵי יִשְׂרָאֵל מָן וַיֹּאכְלוּ מִתְּבוּאַת אֶרֶץ
יג כְּנַעַן בַּשָּׁנָה הַהִיא׃ וַיְהִי בִּהְיוֹת יְהוֹשֻׁעַ בִּירִיחוֹ
וַיִּשָּׂא עֵינָיו וַיַּרְא וְהִנֵּה־אִישׁ עֹמֵד לְנֶגְדּוֹ וְחַרְבּוֹ שְׁלוּפָה בְּיָדוֹ
יד וַיֵּלֶךְ יְהוֹשֻׁעַ אֵלָיו וַיֹּאמֶר לוֹ הֲלָנוּ אַתָּה אִם־לְצָרֵינוּ׃ וַיֹּאמֶר ׀
לֹא כִּי אֲנִי שַׂר־צְבָא־יְהוָה עַתָּה בָאתִי וַיִּפֹּל יְהוֹשֻׁעַ אֶל־
פָּנָיו אַרְצָה וַיִּשְׁתָּחוּ וַיֹּאמֶר לוֹ מָה אֲדֹנִי מְדַבֵּר אֶל־עַבְדּוֹ׃
טו וַיֹּאמֶר שַׂר־צְבָא יְהוָה אֶל־יְהוֹשֻׁעַ שַׁל־נַעַלְךָ מֵעַל רַגְלֶךָ כִּי
הַמָּקוֹם אֲשֶׁר אַתָּה עֹמֵד עָלָיו קֹדֶשׁ הוּא וַיַּעַשׂ יְהוֹשֻׁעַ כֵּן׃
ו א וִירִיחוֹ סֹגֶרֶת וּמְסֻגֶּרֶת מִפְּנֵי בְּנֵי יִשְׂרָאֵל אֵין יוֹצֵא וְאֵין
ב בָּא׃ וַיֹּאמֶר יְהוָה אֶל־יְהוֹשֻׁעַ רְאֵה נָתַתִּי בְיָדְךָ
ג אֶת־יְרִיחוֹ וְאֶת־מַלְכָּהּ גִּבּוֹרֵי הֶחָיִל׃ וְסַבֹּתֶם אֶת־הָעִיר כֹּל
אַנְשֵׁי הַמִּלְחָמָה הַקֵּיף אֶת־הָעִיר פַּעַם אֶחָת כֹּה תַעֲשֶׂה שֵׁשֶׁת
ד יָמִים׃ וְשִׁבְעָה כֹהֲנִים יִשְׂאוּ שִׁבְעָה שׁוֹפְרוֹת הַיּוֹבְלִים לִפְנֵי
הָאָרוֹן וּבַיּוֹם הַשְּׁבִיעִי תָּסֹבּוּ אֶת־הָעִיר שֶׁבַע פְּעָמִים וְהַכֹּהֲנִים
ה יִתְקְעוּ בַּשּׁוֹפָרוֹת׃ וְהָיָה בִּמְשֹׁךְ ׀ בְּקֶרֶן הַיּוֹבֵל בשמעכם אֶת־ כְּשָׁמְעֲכֶם
קוֹל הַשּׁוֹפָר יָרִיעוּ כָל־הָעָם תְּרוּעָה גְדוֹלָה וְנָפְלָה חוֹמַת הָעִיר

ו תַּחְתֶּיהָ וְעָלוּ הָעָם אִישׁ נֶגְדּוֹ: וַיִּקְרָא יְהוֹשֻׁעַ בִּן־נוּן אֶל־
הַכֹּהֲנִים וַיֹּאמֶר אֲלֵהֶם שְׂאוּ אֶת־אֲרוֹן הַבְּרִית וְשִׁבְעָה כֹהֲנִים
ז יִשְׂאוּ שִׁבְעָה שׁוֹפְרוֹת יוֹבְלִים לִפְנֵי אֲרוֹן יְהוָה: ויאמרו אֶל־ וַיֹּאמֶר
הָעָם עִבְרוּ וְסֹבּוּ אֶת־הָעִיר וְהֶחָלוּץ יַעֲבֹר לִפְנֵי אֲרוֹן יְהוָה:
ח וַיְהִי כֶּאֱמֹר יְהוֹשֻׁעַ אֶל־הָעָם וְשִׁבְעָה הַכֹּהֲנִים נֹשְׂאִים שִׁבְעָה
שׁוֹפְרוֹת הַיּוֹבְלִים לִפְנֵי יְהוָה עָבְרוּ וְתָקְעוּ בַּשּׁוֹפָרוֹת וַאֲרוֹן
ט בְּרִית יְהוָה הֹלֵךְ אַחֲרֵיהֶם: וְהֶחָלוּץ הֹלֵךְ לִפְנֵי הַכֹּהֲנִים תקעו תֹּקְעֵי
הַשּׁוֹפָרוֹת וְהַמְאַסֵּף הֹלֵךְ אַחֲרֵי הָאָרוֹן הָלוֹךְ וְתָקוֹעַ בַּשּׁוֹפָרוֹת:
י וְאֶת־הָעָם צִוָּה יְהוֹשֻׁעַ לֵאמֹר לֹא תָרִיעוּ וְלֹא־תַשְׁמִיעוּ אֶת־
קוֹלְכֶם וְלֹא־יֵצֵא מִפִּיכֶם דָּבָר עַד יוֹם אָמְרִי אֲלֵיכֶם הָרִיעוּ
יא וַהֲרִיעֹתֶם: וַיַּסֵּב אֲרוֹן־יְהוָה אֶת־הָעִיר הַקֵּף פַּעַם אֶחָת וַיָּבֹאוּ
יב הַמַּחֲנֶה וַיָּלִינוּ בַּמַּחֲנֶה: וַיַּשְׁכֵּם יְהוֹשֻׁעַ בַּבֹּקֶר
יג וַיִּשְׂאוּ הַכֹּהֲנִים אֶת־אֲרוֹן יְהוָה: וְשִׁבְעָה הַכֹּהֲנִים נֹשְׂאִים
שִׁבְעָה שׁוֹפְרוֹת הַיֹּבְלִים לִפְנֵי אֲרוֹן יְהוָה הֹלְכִים הָלוֹךְ וְתָקְעוּ
בַּשּׁוֹפָרוֹת וְהֶחָלוּץ הֹלֵךְ לִפְנֵיהֶם וְהַמְאַסֵּף הֹלֵךְ אַחֲרֵי אֲרוֹן
יד יְהוָה הולך וְתָקוֹעַ בַּשּׁוֹפָרוֹת: וַיָּסֹבּוּ אֶת־הָעִיר בַּיּוֹם הַשֵּׁנִי הָלוֹךְ
טו פַּעַם אַחַת וַיָּשֻׁבוּ הַמַּחֲנֶה כֹּה עָשׂוּ שֵׁשֶׁת יָמִים: וַיְהִי ׀ בַּיּוֹם
הַשְּׁבִיעִי וַיַּשְׁכִּמוּ כַּעֲלוֹת הַשַּׁחַר וַיָּסֹבּוּ אֶת־הָעִיר כַּמִּשְׁפָּט הַזֶּה
שֶׁבַע פְּעָמִים רַק בַּיּוֹם הַהוּא סָבְבוּ אֶת־הָעִיר שֶׁבַע פְּעָמִים:
טז וַיְהִי בַּפַּעַם הַשְּׁבִיעִית תָּקְעוּ הַכֹּהֲנִים בַּשּׁוֹפָרוֹת וַיֹּאמֶר יְהוֹשֻׁעַ
יז אֶל־הָעָם הָרִיעוּ כִּי־נָתַן יְהוָה לָכֶם אֶת־הָעִיר: וְהָיְתָה הָעִיר
חֵרֶם הִיא וְכָל־אֲשֶׁר־בָּהּ לַיהוָה רַק רָחָב הַזּוֹנָה תִּחְיֶה הִיא
וְכָל־אֲשֶׁר אִתָּהּ בַּבַּיִת כִּי הֶחְבְּאַתָה אֶת־הַמַּלְאָכִים אֲשֶׁר
יח שָׁלָחְנוּ: וְרַק־אַתֶּם שִׁמְרוּ מִן־הַחֵרֶם פֶּן־תַּחֲרִימוּ וּלְקַחְתֶּם מִן־
יט הַחֵרֶם וְשַׂמְתֶּם אֶת־מַחֲנֵה יִשְׂרָאֵל לְחֵרֶם וַעֲכַרְתֶּם אוֹתוֹ: וְכֹל ׀
כֶּסֶף וְזָהָב וּכְלֵי נְחֹשֶׁת וּבַרְזֶל קֹדֶשׁ הוּא לַיהוָה אוֹצַר יְהוָה
כ יָבוֹא: וַיָּרַע הָעָם וַיִּתְקְעוּ בַּשּׁוֹפָרוֹת וַיְהִי כִשְׁמֹעַ הָעָם אֶת־

קול השופר ויריעו העם תרועה גדולה ותפל החומה תחתיה
כא ויעל העם העירה איש נגדו וילכדו את־העיר: ויחרימו את־
כל־אשר בעיר מאיש ועד־אשה מנער ועד־זקן ועד שור
כב ושה וחמור לפי־חרב: ולשנים האנשים המרגלים את־הארץ
אמר יהושע באו בית־האשה הזונה והוציאו משם את־
כג האשה ואת־כל־אשר־לה כאשר נשבעתם לה: ויבאו
הנערים המרגלים ויציאו את־רחב ואת־אביה ואת־אמה
ואת־אחיה ואת־כל־אשר־לה ואת כל־משפחותיה הוציאו
כד ויניחום מחוץ למחנה ישראל: והעיר שרפו באש וכל־אשר־
בה רק ׀ הכסף והזהב וכלי הנחשת והברזל נתנו אוצר
כה בית־יהוה: ואת־רחב הזונה ואת־בית אביה ואת־כל־
אשר־לה החיה יהושע ותשב בקרב ישראל עד היום הזה
כי החביאה את־המלאכים אשר־שלח יהושע לרגל את־
כו יריחו: וישבע יהושע בעת ההיא לאמר ארור
האיש לפני יהוה אשר יקום ובנה את־העיר הזאת את־יריחו
כז בבכרו ייסדנה ובצעירו יציב דלתיה: ויהי ד
ז א יהוה את־יהושע ויהי שמעו בכל־הארץ: וימעלו בני־ישראל
מעל בחרם ויקח עכן בן־כרמי בן־זבדי בן־זרח למטה יהודה
ב מן־החרם ויחר־אף יהוה בבני ישראל: וישלח
יהושע אנשים מיריחו העי אשר עם־בית און מקדם לבית־
אל ויאמר אליהם לאמר עלו ורגלו את־הארץ ויעלו
ג האנשים וירגלו את־העי: וישבו אל־יהושע ויאמרו אליו
אל־יעל כל־העם כאלפים איש או כשלשת אלפים איש
יעלו ויכו את־העי אל־תיגע שמה את־כל־העם כי מעט
ד המה: ויעלו מן־העם שמה כשלשת אלפים איש וינסו לפני
ה אנשי העי: ויכו מהם אנשי העי כשלשים וששה איש
וירדפום לפני השער עד־השברים ויכום במורד וימס לבב־

הָעָם וַיְהִי לְמָיִם׃ וַיִּקְרַע יְהוֹשֻׁעַ שִׂמְלֹתָיו וַיִּפֹּל עַל־פָּנָיו אַרְצָה ו
לִפְנֵי אֲרוֹן יהוה עַד־הָעֶרֶב הוּא וְזִקְנֵי יִשְׂרָאֵל וַיַּעֲלוּ עָפָר עַל־
רֹאשָׁם׃ וַיֹּאמֶר יְהוֹשֻׁעַ אֲהָהּ ׀ אֲדֹנָי יֱהֹוִה לָמָה הֵעֲבַרְתָּ ז
הַעֲבִיר אֶת־הָעָם הַזֶּה אֶת־הַיַּרְדֵּן לָתֵת אֹתָנוּ בְּיַד הָאֱמֹרִי
לְהַאֲבִידֵנוּ וְלוּ הוֹאַלְנוּ וַנֵּשֶׁב בְּעֵבֶר הַיַּרְדֵּן׃ בִּי אֲדֹנָי מָה אֹמַר ח
אַחֲרֵי אֲשֶׁר הָפַךְ יִשְׂרָאֵל עֹרֶף לִפְנֵי אֹיְבָיו׃ וְיִשְׁמְעוּ הַכְּנַעֲנִי ט
וְכֹל יֹשְׁבֵי הָאָרֶץ וְנָסַבּוּ עָלֵינוּ וְהִכְרִיתוּ אֶת־שְׁמֵנוּ מִן־הָאָרֶץ
וּמַה־תַּעֲשֵׂה לְשִׁמְךָ הַגָּדוֹל׃ וַיֹּאמֶר יהוה אֶל־ י
יְהוֹשֻׁעַ קֻם לָךְ לָמָּה זֶּה אַתָּה נֹפֵל עַל־פָּנֶיךָ׃ חָטָא יִשְׂרָאֵל יא
וְגַם עָבְרוּ אֶת־בְּרִיתִי אֲשֶׁר צִוִּיתִי אוֹתָם וְגַם לָקְחוּ מִן־הַחֵרֶם
וְגַם גָּנְבוּ וְגַם כִּחֲשׁוּ וְגַם שָׂמוּ בִכְלֵיהֶם׃ וְלֹא יֻכְלוּ בְּנֵי יִשְׂרָאֵל יב
לָקוּם לִפְנֵי אֹיְבֵיהֶם עֹרֶף יִפְנוּ לִפְנֵי אֹיְבֵיהֶם כִּי הָיוּ לְחֵרֶם לֹא
אוֹסִיף לִהְיוֹת עִמָּכֶם אִם־לֹא תַשְׁמִידוּ הַחֵרֶם מִקִּרְבְּכֶם׃ קֻם יג
קַדֵּשׁ אֶת־הָעָם וְאָמַרְתָּ הִתְקַדְּשׁוּ לְמָחָר כִּי כֹה אָמַר יהוה
אֱלֹהֵי יִשְׂרָאֵל חֵרֶם בְּקִרְבְּךָ יִשְׂרָאֵל לֹא תוּכַל לָקוּם לִפְנֵי
אֹיְבֶיךָ עַד־הֲסִירְכֶם הַחֵרֶם מִקִּרְבְּכֶם׃ וְנִקְרַבְתֶּם בַּבֹּקֶר יד
לְשִׁבְטֵיכֶם וְהָיָה הַשֵּׁבֶט אֲשֶׁר־יִלְכְּדֶנּוּ יהוה יִקְרַב לַמִּשְׁפָּחוֹת
וְהַמִּשְׁפָּחָה אֲשֶׁר־יִלְכְּדֶנָּה יהוה תִּקְרַב לַבָּתִּים וְהַבַּיִת אֲשֶׁר
יִלְכְּדֶנּוּ יהוה יִקְרַב לַגְּבָרִים׃ וְהָיָה הַנִּלְכָּד בַּחֵרֶם יִשָּׂרֵף בָּאֵשׁ טו
אֹתוֹ וְאֶת־כָּל־אֲשֶׁר־לוֹ כִּי עָבַר אֶת־בְּרִית יהוה וְכִי־עָשָׂה
נְבָלָה בְּיִשְׂרָאֵל׃ וַיַּשְׁכֵּם יְהוֹשֻׁעַ בַּבֹּקֶר וַיַּקְרֵב אֶת־יִשְׂרָאֵל טז
לִשְׁבָטָיו וַיִּלָּכֵד שֵׁבֶט יְהוּדָה׃ וַיַּקְרֵב אֶת־מִשְׁפַּחַת יְהוּדָה יז
וַיִּלְכֹּד אֵת מִשְׁפַּחַת הַזַּרְחִי וַיַּקְרֵב אֶת־מִשְׁפַּחַת הַזַּרְחִי
לַגְּבָרִים וַיִּלָּכֵד זַבְדִּי׃ וַיַּקְרֵב אֶת־בֵּיתוֹ לַגְּבָרִים וַיִּלָּכֵד עָכָן יח
בֶּן־כַּרְמִי בֶן־זַבְדִּי בֶּן־זֶרַח לְמַטֵּה יְהוּדָה׃ וַיֹּאמֶר יְהוֹשֻׁעַ אֶל־ יט
עָכָן בְּנִי שִׂים־נָא כָבוֹד לַיהוה אֱלֹהֵי יִשְׂרָאֵל וְתֶן־לוֹ תוֹדָה
וְהַגֶּד־נָא לִי מֶה עָשִׂיתָ אַל־תְּכַחֵד מִמֶּנִּי׃ וַיַּעַן עָכָן אֶת־יְהוֹשֻׁעַ כ

ויאמר אמנה אנכי חטאתי ליהוה אלהי ישראל וכזאת
כא וכזאת עשיתי: וארא בשלל אדרת שנער אחת טובה (וארא)
ומאתים שקלים כסף ולשון זהב אחד חמשים שקלים
משקלו ואחמדם ואקחם והנם טמונים בארץ בתוך האהלי
כב והכסף תחתיה: וישלח יהושע מלאכים וירצו האהלה והנה
כג טמונה באהלו והכסף תחתיה: ויקחום מתוך האהל ויבאום
כד אל־יהושע ואל כל־בני ישראל ויצקם לפני יהוה: ויקח
יהושע את־עכן בן־זרח ואת־הכסף ואת־האדרת ואת־
לשון הזהב ואת־בניו ואת־בנתיו ואת־שורו ואת־חמרו
ואת־צאנו ואת־אהלו ואת־כל־אשר־לו וכל־ישראל עמו
כה ויעלו אתם עמק עכור: ויאמר יהושע מה עכרתנו יעכרך
יהוה ביום הזה וירגמו אתו כל־ישראל אבן וישרפו אתם
כו באש ויסקלו אתם באבנים: ויקימו עליו גל־אבנים גדול עד
היום הזה וישב יהוה מחרון אפו על־כן קרא שם המקום
ההוא עמק עכור עד היום הזה:

ח א ויאמר יהוה אל־יהושע אל־תירא ואל־תחת קח עמך את
כל־עם המלחמה וקום עלה העי ראה נתתי בידך את־
ב מלך העי ואת־עמו ואת־עירו ואת־ארצו: ועשית לעי
ולמלכה כאשר עשית ליריחו ולמלכה רק־שללה ובהמתה
ג תבזו לכם שים־לך ארב לעיר מאחריה: ויקם יהושע וכל־
עם המלחמה לעלות העי ויבחר יהושע שלשים אלף איש
ד גבורי החיל וישלחם לילה: ויצו אתם לאמר ראו אתם
ארבים לעיר מאחרי העיר אל־תרחיקו מן־העיר מאד
ה והייתם כלכם נכונים: ואני וכל־העם אשר אתי נקרב אל־
העיר והיה כי־יצאו לקראתנו כאשר בראשנה ונסנו
ו לפניהם: ויצאו אחרינו עד התיקנו אותם מן־העיר כי יאמרו
ז נסים לפנינו כאשר בראשנה ונסנו לפניהם: ואתם תקמו

מֵהָאוֹרֵב וְהוֹרַשְׁתֶּם אֶת־הָעִיר וּנְתָנָהּ יְהוָה אֱלֹהֵיכֶם בְּיֶדְכֶם׃
וְהָיָה כְּתָפְשְׂכֶם אֶת־הָעִיר תַּצִּיתוּ אֶת־הָעִיר בָּאֵשׁ כִּדְבַר יְהוָה ח
תַּעֲשׂוּ רְאוּ צִוִּיתִי אֶתְכֶם׃ וַיִּשְׁלָחֵם יְהוֹשֻׁעַ וַיֵּלְכוּ אֶל־הַמַּאְרָב ט
וַיֵּשְׁבוּ בֵּין בֵּית־אֵל וּבֵין הָעַי מִיָּם לָעָי וַיָּלֶן יְהוֹשֻׁעַ בַּלַּיְלָה
הַהוּא בְּתוֹךְ הָעָם׃ וַיַּשְׁכֵּם יְהוֹשֻׁעַ בַּבֹּקֶר וַיִּפְקֹד אֶת־הָעָם י
וַיַּעַל הוּא וְזִקְנֵי יִשְׂרָאֵל לִפְנֵי הָעָם הָעָי׃ וְכָל־הָעָם הַמִּלְחָמָה יא
אֲשֶׁר אִתּוֹ עָלוּ וַיִּגְּשׁוּ וַיָּבֹאוּ נֶגֶד הָעִיר וַיַּחֲנוּ מִצְּפוֹן לָעַי וְהַגַּי
בֵּינָו וּבֵין הָעָי׃ וַיִּקַּח כַּחֲמֵשֶׁת אֲלָפִים אִישׁ וַיָּשֶׂם אוֹתָם אֹרֵב יב
לָעַי בֵּין בֵּית־אֵל וּבֵין הָעַי מִיָּם לָעִיר׃ וַיָּשִׂימוּ הָעָם אֶת־כָּל־ יג
הַמַּחֲנֶה אֲשֶׁר מִצְּפוֹן לָעִיר וְאֶת־עֲקֵבוֹ מִיָּם לָעִיר וַיֵּלֶךְ יְהוֹשֻׁעַ
בַּלַּיְלָה הַהוּא בְּתוֹךְ הָעֵמֶק׃ וַיְהִי כִּרְאוֹת מֶלֶךְ־הָעַי וַיְמַהֲרוּ יד
וַיַּשְׁכִּימוּ וַיֵּצְאוּ אַנְשֵׁי־הָעִיר לִקְרַאת־יִשְׂרָאֵל לַמִּלְחָמָה הוּא
וְכָל־עַמּוֹ לַמּוֹעֵד לִפְנֵי הָעֲרָבָה וְהוּא לֹא יָדַע כִּי־אֹרֵב לוֹ
מֵאַחֲרֵי הָעִיר׃ וַיִּנָּגְעוּ יְהוֹשֻׁעַ וְכָל־יִשְׂרָאֵל לִפְנֵיהֶם וַיָּנֻסוּ דֶּרֶךְ טו
בָּעַי הַמִּדְבָּר׃ וַיִּזָּעֲקוּ כָּל־הָעָם אֲשֶׁר בָּעִיר לִרְדֹּף אַחֲרֵיהֶם וַיִּרְדְּפוּ טז
אַחֲרֵי יְהוֹשֻׁעַ וַיִּנָּתְקוּ מִן־הָעִיר׃ וְלֹא־נִשְׁאַר אִישׁ בָּעַי וּבֵית יז
אֵל אֲשֶׁר לֹא־יָצְאוּ אַחֲרֵי יִשְׂרָאֵל וַיַּעַזְבוּ אֶת־הָעִיר פְּתוּחָה
וַיִּרְדְּפוּ אַחֲרֵי יִשְׂרָאֵל׃ וַיֹּאמֶר יְהוָה אֶל־יְהוֹשֻׁעַ יח
נְטֵה בַּכִּידוֹן אֲשֶׁר־בְּיָדְךָ אֶל־הָעַי כִּי בְיָדְךָ אֶתְּנֶנָּה וַיֵּט יְהוֹשֻׁעַ
בַּכִּידוֹן אֲשֶׁר־בְּיָדוֹ אֶל־הָעִיר׃ וְהָאוֹרֵב קָם מְהֵרָה מִמְּקוֹמוֹ יט
וַיָּרוּצוּ כִּנְטוֹת יָדוֹ וַיָּבֹאוּ הָעִיר וַיִּלְכְּדוּהָ וַיְמַהֲרוּ וַיַּצִּיתוּ אֶת־
הָעִיר בָּאֵשׁ׃ וַיִּפְנוּ אַנְשֵׁי הָעַי אַחֲרֵיהֶם וַיִּרְאוּ וְהִנֵּה עָלָה עֲשַׁן כ
הָעִיר הַשָּׁמַיְמָה וְלֹא־הָיָה בָהֶם יָדַיִם לָנוּס הֵנָּה וָהֵנָּה וְהָעָם
הַנָּס הַמִּדְבָּר נֶהְפַּךְ אֶל־הָרוֹדֵף׃ וִיהוֹשֻׁעַ וְכָל־יִשְׂרָאֵל רָאוּ כִּי־ כא
לָכַד הָאֹרֵב אֶת־הָעִיר וְכִי עָלָה עֲשַׁן הָעִיר וַיָּשֻׁבוּ וַיַּכּוּ אֶת־
אַנְשֵׁי הָעָי׃ וְאֵלֶּה יָצְאוּ מִן־הָעִיר לִקְרָאתָם וַיִּהְיוּ לְיִשְׂרָאֵל כב
בַּתָּוֶךְ אֵלֶּה מִזֶּה וְאֵלֶּה מִזֶּה וַיַּכּוּ אוֹתָם עַד־בִּלְתִּי הִשְׁאִיר־

כג לוֹ שָׂרִיד וּפָלִיט׃ וְאֶת־מֶלֶךְ הָעַי תָּפְשׂוּ חָי וַיַּקְרִבוּ אֹתוֹ
כד אֶל־יְהוֹשֻׁעַ׃ וַיְהִי כְּכַלּוֹת יִשְׂרָאֵל לַהֲרֹג אֶת־כָּל־יֹשְׁבֵי הָעַי
בַּשָּׂדֶה בַּמִּדְבָּר אֲשֶׁר רְדָפוּם בּוֹ וַיִּפְּלוּ כֻלָּם לְפִי־חֶרֶב עַד־
תֻּמָּם וַיָּשֻׁבוּ כָל־יִשְׂרָאֵל הָעַי וַיַּכּוּ אֹתָהּ לְפִי־
כה חָרֶב׃ וַיְהִי כָל־הַנֹּפְלִים בַּיּוֹם הַהוּא מֵאִישׁ וְעַד־אִשָּׁה שְׁנֵים
כו עָשָׂר אָלֶף כֹּל אַנְשֵׁי הָעָי׃ וִיהוֹשֻׁעַ לֹא־הֵשִׁיב יָדוֹ אֲשֶׁר נָטָה
כז בַּכִּידוֹן עַד אֲשֶׁר הֶחֱרִים אֵת כָּל־יֹשְׁבֵי הָעָי׃ רַק הַבְּהֵמָה
וּשְׁלַל הָעִיר הַהִיא בָּזְזוּ לָהֶם יִשְׂרָאֵל כִּדְבַר יְהוָה אֲשֶׁר צִוָּה
כח אֶת־יְהוֹשֻׁעַ׃ וַיִּשְׂרֹף יְהוֹשֻׁעַ אֶת־הָעָי וַיְשִׂימֶהָ תֵּל־עוֹלָם
כט שְׁמָמָה עַד הַיּוֹם הַזֶּה׃ וְאֶת־מֶלֶךְ הָעַי תָּלָה עַל־הָעֵץ עַד־
עֵת הָעָרֶב וּכְבוֹא הַשֶּׁמֶשׁ צִוָּה יְהוֹשֻׁעַ וַיֹּרִידוּ אֶת־נִבְלָתוֹ מִן־
הָעֵץ וַיַּשְׁלִיכוּ אוֹתָהּ אֶל־פֶּתַח שַׁעַר הָעִיר וַיָּקִימוּ עָלָיו גַּל־
אֲבָנִים גָּדוֹל עַד הַיּוֹם הַזֶּה׃
ל אָז יִבְנֶה יְהוֹשֻׁעַ מִזְבֵּחַ לַיהוָה אֱלֹהֵי יִשְׂרָאֵל בְּהַר עֵיבָל׃
לא כַּאֲשֶׁר צִוָּה מֹשֶׁה עֶבֶד־יְהוָה אֶת־בְּנֵי יִשְׂרָאֵל כַּכָּתוּב בְּסֵפֶר
תּוֹרַת מֹשֶׁה מִזְבַּח אֲבָנִים שְׁלֵמוֹת אֲשֶׁר לֹא־הֵנִיף עֲלֵיהֶן
לב בַּרְזֶל וַיַּעֲלוּ עָלָיו עֹלוֹת לַיהוָה וַיִּזְבְּחוּ שְׁלָמִים׃ וַיִּכְתָּב־שָׁם עַל־
הָאֲבָנִים אֵת מִשְׁנֵה תּוֹרַת מֹשֶׁה אֲשֶׁר כָּתַב לִפְנֵי בְּנֵי יִשְׂרָאֵל׃
לג וְכָל־יִשְׂרָאֵל וּזְקֵנָיו וְשֹׁטְרִים ׀ וְשֹׁפְטָיו עֹמְדִים מִזֶּה ׀ וּמִזֶּה ׀ ה
לָאָרוֹן נֶגֶד הַכֹּהֲנִים הַלְוִיִּם נֹשְׂאֵי ׀ אֲרוֹן בְּרִית־יְהוָה כַּגֵּר
כָּאֶזְרָח חֶצְיוֹ אֶל־מוּל הַר־גְּרִזִים וְהַחֶצְיוֹ אֶל־מוּל הַר־עֵיבָל
כַּאֲשֶׁר צִוָּה מֹשֶׁה עֶבֶד־יְהוָה לְבָרֵךְ אֶת־הָעָם יִשְׂרָאֵל
לד בָּרִאשֹׁנָה׃ וְאַחֲרֵי־כֵן קָרָא אֶת־כָּל־דִּבְרֵי הַתּוֹרָה הַבְּרָכָה
לה וְהַקְּלָלָה כְּכָל־הַכָּתוּב בְּסֵפֶר הַתּוֹרָה׃ לֹא־הָיָה דָבָר מִכֹּל
אֲשֶׁר־צִוָּה מֹשֶׁה אֲשֶׁר לֹא־קָרָא יְהוֹשֻׁעַ נֶגֶד כָּל־קְהַל יִשְׂרָאֵל
ט א וְהַנָּשִׁים וְהַטַּף וְהַגֵּר הַהֹלֵךְ בְּקִרְבָּם׃ וַיְהִי כִשְׁמֹעַ
כָּל־הַמְּלָכִים אֲשֶׁר בְּעֵבֶר הַיַּרְדֵּן בָּהָר וּבַשְּׁפֵלָה וּבְכֹל חוֹף הַיָּם

הַגָּדוֹל אֶל־מוּל הַלְּבָנוֹן הַחִתִּי וְהָאֱמֹרִי הַכְּנַעֲנִי הַפְּרִזִּי הַחִוִּי
ב וְהַיְבוּסִי: וַיִּתְקַבְּצוּ יַחְדָּו לְהִלָּחֵם עִם־יְהוֹשֻׁעַ וְעִם־יִשְׂרָאֵל פֶּה
ג אֶחָד: וְיֹשְׁבֵי גִבְעוֹן שָׁמְעוּ אֵת אֲשֶׁר עָשָׂה
ד יְהוֹשֻׁעַ לִירִיחוֹ וְלָעָי: וַיַּעֲשׂוּ גַם־הֵמָּה בְעָרְמָה וַיֵּלְכוּ וַיִּצְטַיָּרוּ
וַיִּקְחוּ שַׂקִּים בָּלִים לַחֲמוֹרֵיהֶם וְנֹאדוֹת יַיִן בָּלִים וּמְבֻקָּעִים
ה וּמְצֹרָרִים: וּנְעָלוֹת בָּלוֹת וּמְטֻלָּאוֹת בְּרַגְלֵיהֶם וּשְׂלָמוֹת בָּלוֹת
ו עֲלֵיהֶם וְכֹל לֶחֶם צֵידָם יָבֵשׁ הָיָה נִקֻּדִים: וַיֵּלְכוּ אֶל־יְהוֹשֻׁעַ
אֶל־הַמַּחֲנֶה הַגִּלְגָּל וַיֹּאמְרוּ אֵלָיו וְאֶל־אִישׁ יִשְׂרָאֵל מֵאֶרֶץ
ז רְחוֹקָה בָּאנוּ וְעַתָּה כִּרְתוּ־לָנוּ בְרִית: ויאמרו אִישׁ־יִשְׂרָאֵל (וַיֹּאמֶר)
אֶל־הַחִוִּי אוּלַי בְּקִרְבִּי אַתָּה יוֹשֵׁב וְאֵיךְ אכרות־לְךָ בְרִית: (אֶכְרָת־)
ח וַיֹּאמְרוּ אֶל־יְהוֹשֻׁעַ עֲבָדֶיךָ אֲנָחְנוּ וַיֹּאמֶר אֲלֵיהֶם יְהוֹשֻׁעַ מִי
ט אַתֶּם וּמֵאַיִן תָּבֹאוּ: וַיֹּאמְרוּ אֵלָיו מֵאֶרֶץ רְחוֹקָה מְאֹד בָּאוּ
עֲבָדֶיךָ לְשֵׁם יְהוָה אֱלֹהֶיךָ כִּי־שָׁמַעְנוּ שָׁמְעוֹ וְאֵת כָּל־אֲשֶׁר
י עָשָׂה בְּמִצְרָיִם: וְאֵת ׀ כָּל־אֲשֶׁר עָשָׂה לִשְׁנֵי מַלְכֵי הָאֱמֹרִי
אֲשֶׁר בְּעֵבֶר הַיַּרְדֵּן לְסִיחוֹן מֶלֶךְ חֶשְׁבּוֹן וּלְעוֹג מֶלֶךְ־הַבָּשָׁן
יא אֲשֶׁר בְּעַשְׁתָּרוֹת: וַיֹּאמְרוּ אֵלֵינוּ זְקֵינֵינוּ וְכָל־יֹשְׁבֵי אַרְצֵנוּ
לֵאמֹר קְחוּ בְיֶדְכֶם צֵידָה לַדֶּרֶךְ וּלְכוּ לִקְרָאתָם וַאֲמַרְתֶּם
יב אֲלֵיהֶם עַבְדֵיכֶם אֲנַחְנוּ וְעַתָּה כִּרְתוּ־לָנוּ בְרִית: זֶה ׀ לַחְמֵנוּ
חָם הִצְטַיַּדְנוּ אֹתוֹ מִבָּתֵּינוּ בְּיוֹם צֵאתֵנוּ לָלֶכֶת אֲלֵיכֶם וְעַתָּה
יג הִנֵּה יָבֵשׁ וְהָיָה נִקֻּדִים: וְאֵלֶּה נֹאדוֹת הַיַּיִן אֲשֶׁר מִלֵּאנוּ
חֲדָשִׁים וְהִנֵּה הִתְבַּקָּעוּ וְאֵלֶּה שַׂלְמוֹתֵינוּ וּנְעָלֵינוּ בָּלוּ מֵרֹב
יד הַדֶּרֶךְ מְאֹד: וַיִּקְחוּ הָאֲנָשִׁים מִצֵּידָם וְאֶת־פִּי יְהוָה לֹא שָׁאָלוּ:
טו וַיַּעַשׂ לָהֶם יְהוֹשֻׁעַ שָׁלוֹם וַיִּכְרֹת לָהֶם בְּרִית לְחַיּוֹתָם וַיִּשָּׁבְעוּ
טז לָהֶם נְשִׂיאֵי הָעֵדָה: וַיְהִי מִקְצֵה שְׁלֹשֶׁת יָמִים אַחֲרֵי אֲשֶׁר־
כָּרְתוּ לָהֶם בְּרִית וַיִּשְׁמְעוּ כִּי־קְרֹבִים הֵם אֵלָיו וּבְקִרְבּוֹ הֵם
יז יֹשְׁבִים: וַיִּסְעוּ בְנֵי־יִשְׂרָאֵל וַיָּבֹאוּ אֶל־עָרֵיהֶם בַּיּוֹם הַשְּׁלִישִׁי
יח וְעָרֵיהֶם גִּבְעוֹן וְהַכְּפִירָה וּבְאֵרוֹת וְקִרְיַת יְעָרִים: וְלֹא הִכּוּם

בְּנֵי יִשְׂרָאֵל כִּי־נִשְׁבְּעוּ לָהֶם נְשִׂיאֵי הָעֵדָה בַּיהוָה אֱלֹהֵי
יט יִשְׂרָאֵל וַיִּלֹּנוּ כָל־הָעֵדָה עַל־הַנְּשִׂיאִים: וַיֹּאמְרוּ כָל־הַנְּשִׂיאִים
אֶל־כָּל־הָעֵדָה אֲנַחְנוּ נִשְׁבַּעְנוּ לָהֶם בַּיהוָה אֱלֹהֵי יִשְׂרָאֵל
כ וְעַתָּה לֹא נוּכַל לִנְגֹּעַ בָּהֶם: זֹאת נַעֲשֶׂה לָהֶם וְהַחֲיֵה אוֹתָם
וְלֹא־יִהְיֶה עָלֵינוּ קֶצֶף עַל־הַשְּׁבוּעָה אֲשֶׁר־נִשְׁבַּעְנוּ לָהֶם:
כא וַיֹּאמְרוּ אֲלֵיהֶם הַנְּשִׂיאִים יִחְיוּ וַיִּהְיוּ חֹטְבֵי עֵצִים וְשֹׁאֲבֵי־
כב מַיִם לְכָל־הָעֵדָה כַּאֲשֶׁר דִּבְּרוּ לָהֶם הַנְּשִׂיאִים: וַיִּקְרָא לָהֶם
יְהוֹשֻׁעַ וַיְדַבֵּר אֲלֵיהֶם לֵאמֹר לָמָּה רִמִּיתֶם אֹתָנוּ לֵאמֹר
כג רְחוֹקִים אֲנַחְנוּ מִכֶּם מְאֹד וְאַתֶּם בְּקִרְבֵּנוּ יֹשְׁבִים: וְעַתָּה
אֲרוּרִים אַתֶּם וְלֹא־יִכָּרֵת מִכֶּם עֶבֶד וְחֹטְבֵי עֵצִים וְשֹׁאֲבֵי מַיִם
כד לְבֵית אֱלֹהָי: וַיַּעֲנוּ אֶת־יְהוֹשֻׁעַ וַיֹּאמְרוּ כִּי הֻגֵּד הֻגַּד לַעֲבָדֶיךָ
אֵת אֲשֶׁר צִוָּה יְהוָה אֱלֹהֶיךָ אֶת־מֹשֶׁה עַבְדּוֹ לָתֵת לָכֶם אֶת־
כָּל־הָאָרֶץ וּלְהַשְׁמִיד אֶת־כָּל־יֹשְׁבֵי הָאָרֶץ מִפְּנֵיכֶם וַנִּירָא
כה מְאֹד לְנַפְשֹׁתֵינוּ מִפְּנֵיכֶם וַנַּעֲשֵׂה אֶת־הַדָּבָר הַזֶּה: וְעַתָּה הִנְנוּ
כו בְיָדֶךָ כַּטּוֹב וְכַיָּשָׁר בְּעֵינֶיךָ לַעֲשׂוֹת לָנוּ עֲשֵׂה: וַיַּעַשׂ לָהֶם כֵּן
כז וַיַּצֵּל אוֹתָם מִיַּד בְּנֵי־יִשְׂרָאֵל וְלֹא הֲרָגוּם: וַיִּתְּנֵם יְהוֹשֻׁעַ בַּיּוֹם
הַהוּא חֹטְבֵי עֵצִים וְשֹׁאֲבֵי מַיִם לָעֵדָה וּלְמִזְבַּח יְהוָה עַד־
י א הַיּוֹם הַזֶּה אֶל־הַמָּקוֹם אֲשֶׁר יִבְחָר: וַיְהִי כִשְׁמֹעַ
אֲדֹנִי־צֶדֶק מֶלֶךְ יְרוּשָׁלִַם כִּי־לָכַד יְהוֹשֻׁעַ אֶת־הָעַי וַיַּחֲרִימָהּ
כַּאֲשֶׁר עָשָׂה לִירִיחוֹ וּלְמַלְכָּהּ כֵּן־עָשָׂה לָעַי וּלְמַלְכָּהּ וְכִי
ב הִשְׁלִימוּ יֹשְׁבֵי גִבְעוֹן אֶת־יִשְׂרָאֵל וַיִּהְיוּ בְּקִרְבָּם: וַיִּירְאוּ מְאֹד
כִּי עִיר גְּדוֹלָה גִּבְעוֹן כְּאַחַת עָרֵי הַמַּמְלָכָה וְכִי הִיא גְדוֹלָה
ג מִן־הָעַי וְכָל־אֲנָשֶׁיהָ גִּבֹּרִים: וַיִּשְׁלַח אֲדֹנִי־צֶדֶק מֶלֶךְ יְרוּשָׁלִַם
אֶל־הוֹהָם מֶלֶךְ־חֶבְרוֹן וְאֶל־פִּרְאָם מֶלֶךְ־יַרְמוּת וְאֶל־יָפִיעַ
ד מֶלֶךְ־לָכִישׁ וְאֶל־דְּבִיר מֶלֶךְ־עֶגְלוֹן לֵאמֹר: עֲלוּ־אֵלַי וְעִזְרֻנִי
וְנַכֶּה אֶת־גִּבְעוֹן כִּי־הִשְׁלִימָה אֶת־יְהוֹשֻׁעַ וְאֶת־בְּנֵי יִשְׂרָאֵל:
ה וַיֵּאָסְפוּ וַיַּעֲלוּ חֲמֵשֶׁת ׀ מַלְכֵי הָאֱמֹרִי מֶלֶךְ יְרוּשָׁלִַם מֶלֶךְ־

חֶבְרוֹן מֶלֶךְ־יַרְמוּת מֶלֶךְ־לָכִישׁ מֶלֶךְ־עֶגְלוֹן הֵם וְכָל־מַחֲנֵיהֶם
וַיַּחֲנוּ עַל־גִּבְעוֹן וַיִּלָּחֲמוּ עָלֶיהָ׃ וַיִּשְׁלְחוּ אַנְשֵׁי גִבְעוֹן אֶל־ ו
יְהוֹשֻׁעַ אֶל־הַמַּחֲנֶה הַגִּלְגָּלָה לֵאמֹר אַל־תֶּרֶף יָדֶיךָ מֵעֲבָדֶיךָ
עֲלֵה אֵלֵינוּ מְהֵרָה וְהוֹשִׁיעָה לָּנוּ וְעָזְרֵנוּ כִּי נִקְבְּצוּ אֵלֵינוּ כָּל־
מַלְכֵי הָאֱמֹרִי יֹשְׁבֵי הָהָר׃ וַיַּעַל יְהוֹשֻׁעַ מִן־הַגִּלְגָּל הוּא וְכָל־ ז
ו עַם הַמִּלְחָמָה עִמּוֹ וְכֹל גִּבּוֹרֵי הֶחָיִל׃ וַיֹּאמֶר ח
יְהוָה אֶל־יְהוֹשֻׁעַ אַל־תִּירָא מֵהֶם כִּי בְיָדְךָ נְתַתִּים לֹא־יַעֲמֹד
אִישׁ מֵהֶם בְּפָנֶיךָ׃ וַיָּבֹא אֲלֵיהֶם יְהוֹשֻׁעַ פִּתְאֹם כָּל־הַלַּיְלָה ט
עָלָה מִן־הַגִּלְגָּל׃ וַיְהֻמֵּם יְהוָה לִפְנֵי יִשְׂרָאֵל וַיַּכֵּם מַכָּה־גְדוֹלָה י
בְּגִבְעוֹן וַיִּרְדְּפֵם דֶּרֶךְ מַעֲלֵה בֵית־חוֹרֹן וַיַּכֵּם עַד־עֲזֵקָה וְעַד־
מַקֵּדָה׃ וַיְהִי בְּנֻסָם ׀ מִפְּנֵי יִשְׂרָאֵל הֵם בְּמוֹרַד בֵּית־חוֹרֹן וַיהוָה יא
הִשְׁלִיךְ עֲלֵיהֶם אֲבָנִים גְּדֹלוֹת מִן־הַשָּׁמַיִם עַד־עֲזֵקָה וַיָּמֻתוּ
רַבִּים אֲשֶׁר־מֵתוּ בְּאַבְנֵי הַבָּרָד מֵאֲשֶׁר הָרְגוּ בְּנֵי יִשְׂרָאֵל
בֶּחָרֶב׃ אָז יְדַבֵּר יְהוֹשֻׁעַ לַיהוָה בְּיוֹם תֵּת יְהוָה יב
אֶת־הָאֱמֹרִי לִפְנֵי בְּנֵי יִשְׂרָאֵל וַיֹּאמֶר ׀ לְעֵינֵי יִשְׂרָאֵל שֶׁמֶשׁ
בְּגִבְעוֹן דּוֹם וְיָרֵחַ בְּעֵמֶק אַיָּלוֹן׃ וַיִּדֹּם הַשֶּׁמֶשׁ וְיָרֵחַ עָמָד עַד־ יג
יִקֹּם גּוֹי אֹיְבָיו הֲלֹא־הִיא כְתוּבָה עַל־סֵפֶר הַיָּשָׁר וַיַּעֲמֹד
הַשֶּׁמֶשׁ בַּחֲצִי הַשָּׁמַיִם וְלֹא־אָץ לָבוֹא כְּיוֹם תָּמִים׃ וְלֹא הָיָה יד
כַּיּוֹם הַהוּא לְפָנָיו וְאַחֲרָיו לִשְׁמֹעַ יְהוָה בְּקוֹל אִישׁ כִּי יְהוָה
נִלְחָם לְיִשְׂרָאֵל׃ וַיָּשָׁב יְהוֹשֻׁעַ וְכָל־יִשְׂרָאֵל עִמּוֹ טו
אֶל־הַמַּחֲנֶה הַגִּלְגָּלָה׃ וַיָּנֻסוּ חֲמֵשֶׁת הַמְּלָכִים הָאֵלֶּה וַיֵּחָבְאוּ טז
בַמְּעָרָה בְּמַקֵּדָה׃ וַיֻּגַּד לִיהוֹשֻׁעַ לֵאמֹר נִמְצְאוּ חֲמֵשֶׁת יז
הַמְּלָכִים נֶחְבָּאִים בַּמְּעָרָה בְּמַקֵּדָה׃ וַיֹּאמֶר יְהוֹשֻׁעַ גֹּלּוּ אֲבָנִים יח
גְּדֹלוֹת אֶל־פִּי הַמְּעָרָה וְהַפְקִידוּ עָלֶיהָ אֲנָשִׁים לְשָׁמְרָם׃ וְאַתֶּם יט
אַל־תַּעֲמֹדוּ רִדְפוּ אַחֲרֵי אֹיְבֵיכֶם וְזִנַּבְתֶּם אוֹתָם אַל־תִּתְּנוּם
לָבוֹא אֶל־עָרֵיהֶם כִּי נְתָנָם יְהוָה אֱלֹהֵיכֶם בְּיֶדְכֶם׃ וַיְהִי כ
כְּכַלּוֹת יְהוֹשֻׁעַ וּבְנֵי יִשְׂרָאֵל לְהַכּוֹתָם מַכָּה גְדוֹלָה־מְאֹד עַד־

כא תַּמָּם וְהַשְּׂרִידִים שָׂרְדוּ מֵהֶם וַיָּבֹאוּ אֶל־עָרֵי הַמִּבְצָר׃ וַיָּשֻׁבוּ
כָל־הָעָם אֶל־הַמַּחֲנֶה אֶל־יְהוֹשֻׁעַ מַקֵּדָה בְּשָׁלוֹם לֹא־חָרַץ
כב לִבְנֵי יִשְׂרָאֵל לְאִישׁ אֶת־לְשֹׁנוֹ׃ וַיֹּאמֶר יְהוֹשֻׁעַ פִּתְחוּ אֶת־פִּי
הַמְּעָרָה וְהוֹצִיאוּ אֵלַי אֶת־חֲמֵשֶׁת הַמְּלָכִים הָאֵלֶּה מִן־
כג הַמְּעָרָה׃ וַיַּעֲשׂוּ כֵן וַיֹּצִיאוּ אֵלָיו אֶת־חֲמֵשֶׁת הַמְּלָכִים הָאֵלֶּה
מִן־הַמְּעָרָה אֵת ׀ מֶלֶךְ יְרוּשָׁלַ͏ִם אֶת־מֶלֶךְ חֶבְרוֹן אֶת־מֶלֶךְ
כד יַרְמוּת אֶת־מֶלֶךְ לָכִישׁ אֶת־מֶלֶךְ עֶגְלוֹן׃ וַיְהִי כְּהוֹצִיאָם אֶת־
הַמְּלָכִים הָאֵלֶּה אֶל־יְהוֹשֻׁעַ וַיִּקְרָא יְהוֹשֻׁעַ אֶל־כָּל־אִישׁ
יִשְׂרָאֵל וַיֹּאמֶר אֶל־קְצִינֵי אַנְשֵׁי הַמִּלְחָמָה הֶהָלְכוּא אִתּוֹ
קִרְבוּ שִׂימוּ אֶת־רַגְלֵיכֶם עַל־צַוְּארֵי הַמְּלָכִים הָאֵלֶּה וַיִּקְרְבוּ
כה וַיָּשִׂימוּ אֶת־רַגְלֵיהֶם עַל־צַוְּארֵיהֶם׃ וַיֹּאמֶר אֲלֵיהֶם יְהוֹשֻׁעַ אַל־
תִּירְאוּ וְאַל־תֵּחָתּוּ חִזְקוּ וְאִמְצוּ כִּי כָכָה יַעֲשֶׂה יְהוָה לְכָל־
כו אֹיְבֵיכֶם אֲשֶׁר אַתֶּם נִלְחָמִים אוֹתָם׃ וַיַּכֵּם יְהוֹשֻׁעַ אַחֲרֵי־כֵן
וַיְמִיתֵם וַיִּתְלֵם עַל חֲמִשָּׁה עֵצִים וַיִּהְיוּ תְּלוּיִם עַל־הָעֵצִים
כז עַד־הָעָרֶב׃ וַיְהִי לְעֵת ׀ בּוֹא הַשֶּׁמֶשׁ צִוָּה יְהוֹשֻׁעַ וַיֹּרִידוּם מֵעַל
הָעֵצִים וַיַּשְׁלִכֻם אֶל־הַמְּעָרָה אֲשֶׁר נֶחְבְּאוּ־שָׁם וַיָּשִׂמוּ אֲבָנִים
כח גְּדֹלוֹת עַל־פִּי הַמְּעָרָה עַד־עֶצֶם הַיּוֹם הַזֶּה׃ וְאֶת־
מַקֵּדָה לָכַד יְהוֹשֻׁעַ בַּיּוֹם הַהוּא וַיַּכֶּהָ לְפִי־חֶרֶב וְאֶת־מַלְכָּהּ
הֶחֱרִם אוֹתָם וְאֶת־כָּל־הַנֶּפֶשׁ אֲשֶׁר־בָּהּ לֹא הִשְׁאִיר שָׂרִיד וַיַּעַשׂ
כט לְמֶלֶךְ מַקֵּדָה כַּאֲשֶׁר עָשָׂה לְמֶלֶךְ יְרִיחוֹ׃ וַיַּעֲבֹר
יְהוֹשֻׁעַ וְכָל־יִשְׂרָאֵל עִמּוֹ מִמַּקֵּדָה לִבְנָה וַיִּלָּחֶם עִם־לִבְנָה׃
ל וַיִּתֵּן יְהוָה גַּם־אוֹתָהּ בְּיַד יִשְׂרָאֵל וְאֶת־מַלְכָּהּ וַיַּכֶּהָ לְפִי־חֶרֶב
וְאֶת־כָּל־הַנֶּפֶשׁ אֲשֶׁר־בָּהּ לֹא־הִשְׁאִיר בָּהּ שָׂרִיד וַיַּעַשׂ
לא לְמַלְכָּהּ כַּאֲשֶׁר עָשָׂה לְמֶלֶךְ יְרִיחוֹ׃ וַיַּעֲבֹר יְהוֹשֻׁעַ
וְכָל־יִשְׂרָאֵל עִמּוֹ מִלִּבְנָה לָכִישָׁה וַיִּחַן עָלֶיהָ וַיִּלָּחֶם בָּהּ׃
לב וַיִּתֵּן יְהוָה אֶת־לָכִישׁ בְּיַד יִשְׂרָאֵל וַיִּלְכְּדָהּ בַּיּוֹם הַשֵּׁנִי
וַיַּכֶּהָ לְפִי־חֶרֶב וְאֶת־כָּל־הַנֶּפֶשׁ אֲשֶׁר־בָּהּ כְּכֹל אֲשֶׁר־עָשָׂה

לְלִבְנָה: אָז עָלָה הֹרָם מֶלֶךְ גֶּזֶר לַעְזֹר לג
אֶת־לָכִישׁ וַיַּכֵּהוּ יְהוֹשֻׁעַ וְאֶת־עַמּוֹ עַד־בִּלְתִּי הִשְׁאִיר־לוֹ
שָׂרִיד: וַיַּעֲבֹר יְהוֹשֻׁעַ וְכָל־יִשְׂרָאֵל עִמּוֹ לד
מִלָּכִישׁ עֶגְלֹנָה וַיַּחֲנוּ עָלֶיהָ וַיִּלָּחֲמוּ עָלֶיהָ: וַיִּלְכְּדוּהָ בַּיּוֹם הַהוּא לה
וַיַּכּוּהָ לְפִי־חֶרֶב וְאֵת כָּל־הַנֶּפֶשׁ אֲשֶׁר־בָּהּ בַּיּוֹם הַהוּא הֶחֱרִים
כְּכֹל אֲשֶׁר־עָשָׂה לְלָכִישׁ: וַיַּעַל יְהוֹשֻׁעַ וְכָל־ לו
יִשְׂרָאֵל עִמּוֹ מֵעֶגְלוֹנָה חֶבְרוֹנָה וַיִּלָּחֲמוּ עָלֶיהָ: וַיִּלְכְּדוּהָ וַיַּכּוּהָ לז
לְפִי־חֶרֶב וְאֶת־מַלְכָּהּ וְאֶת־כָּל־עָרֶיהָ וְאֶת־כָּל־הַנֶּפֶשׁ אֲשֶׁר־
בָּהּ לֹא־הִשְׁאִיר שָׂרִיד כְּכֹל אֲשֶׁר־עָשָׂה לְעֶגְלוֹן וַיַּחֲרֵם אוֹתָהּ
וְאֶת־כָּל־הַנֶּפֶשׁ אֲשֶׁר־בָּהּ: וַיָּשָׁב יְהוֹשֻׁעַ לח
וְכָל־יִשְׂרָאֵל עִמּוֹ דְּבִרָה וַיִּלָּחֶם עָלֶיהָ: וַיִּלְכְּדָהּ וְאֶת־מַלְכָּהּ לט
וְאֶת־כָּל־עָרֶיהָ וַיַּכּוּם לְפִי־חֶרֶב וַיַּחֲרִימוּ אֶת־כָּל־נֶפֶשׁ אֲשֶׁר־
בָּהּ לֹא הִשְׁאִיר שָׂרִיד כַּאֲשֶׁר עָשָׂה לְחֶבְרוֹן כֵּן־עָשָׂה לִדְבִרָה
וּלְמַלְכָּהּ וְכַאֲשֶׁר עָשָׂה לְלִבְנָה וּלְמַלְכָּהּ: וַיַּכֶּה יְהוֹשֻׁעַ אֶת־ מ
כָּל־הָאָרֶץ הָהָר וְהַנֶּגֶב וְהַשְּׁפֵלָה וְהָאֲשֵׁדוֹת וְאֵת כָּל־מַלְכֵיהֶם
לֹא הִשְׁאִיר שָׂרִיד וְאֵת כָּל־הַנְּשָׁמָה הֶחֱרִים כַּאֲשֶׁר צִוָּה יְהוָה
אֱלֹהֵי יִשְׂרָאֵל: וַיַּכֵּם יְהוֹשֻׁעַ מִקָּדֵשׁ בַּרְנֵעַ וְעַד־עַזָּה וְאֵת כָּל־ מא
ז אֶרֶץ גֹּשֶׁן וְעַד־גִּבְעוֹן: וְאֵת כָּל־הַמְּלָכִים הָאֵלֶּה וְאֶת־אַרְצָם מב
לָכַד יְהוֹשֻׁעַ פַּעַם אֶחָת כִּי יְהוָה אֱלֹהֵי יִשְׂרָאֵל נִלְחָם
לְיִשְׂרָאֵל: וַיָּשָׁב יְהוֹשֻׁעַ וְכָל־יִשְׂרָאֵל עִמּוֹ אֶל־הַמַּחֲנֶה מג
הַגִּלְגָּלָה: וַיְהִי כִּשְׁמֹעַ יָבִין מֶלֶךְ־חָצוֹר וַיִּשְׁלַח א **יא**
אֶל־יוֹבָב מֶלֶךְ מָדוֹן וְאֶל־מֶלֶךְ שִׁמְרוֹן וְאֶל־מֶלֶךְ אַכְשָׁף:
וְאֶל־הַמְּלָכִים אֲשֶׁר מִצְּפוֹן בָּהָר וּבָעֲרָבָה נֶגֶב כִּנְרוֹת וּבַשְּׁפֵלָה ב
וּבְנָפוֹת דּוֹר מִיָּם: הַכְּנַעֲנִי מִמִּזְרָח וּמִיָּם וְהָאֱמֹרִי וְהַחִתִּי וְהַפְּרִזִּי ג
וְהַיְבוּסִי בָּהָר וְהַחִוִּי תַּחַת חֶרְמוֹן בְּאֶרֶץ הַמִּצְפָּה: וַיֵּצְאוּ הֵם ד
וְכָל־מַחֲנֵיהֶם עִמָּם עַם־רָב כַּחוֹל אֲשֶׁר עַל־שְׂפַת־הַיָּם לָרֹב
וְסוּס וָרֶכֶב רַב־מְאֹד: וַיִּוָּעֲדוּ כֹּל הַמְּלָכִים הָאֵלֶּה וַיָּבֹאוּ וַיַּחֲנוּ ה

ו יַחְדָּ֔ו אֶל־מֵ֥י מֵר֖וֹם לְהִלָּחֵ֥ם עִם־יִשְׂרָאֵֽל׃ וַיֹּ֨אמֶר
יְהוָ֜ה אֶל־יְהוֹשֻׁ֗עַ אַל־תִּירָא֮ מִפְּנֵיהֶם֒ כִּֽי־מָחָ֞ר כָּעֵ֣ת הַזֹּ֗את
אָנֹכִ֞י נֹתֵ֧ן אֶת־כֻּלָּ֛ם חֲלָלִ֖ים לִפְנֵ֣י יִשְׂרָאֵ֑ל אֶת־סוּסֵיהֶ֣ם תְּעַקֵּ֔ר
ז וְאֶת־מַרְכְּבֹתֵיהֶ֖ם תִּשְׂרֹ֥ף בָּאֵֽשׁ׃ וַיָּבֹא֩ יְהוֹשֻׁ֨עַ וְכָל־עַ֧ם הַמִּלְחָמָ֛ה
ח עִמּ֖וֹ עֲלֵיהֶ֛ם עַל־מֵ֥י מֵר֖וֹם פִּתְאֹ֑ם וַֽיִּפְּל֖וּ בָּהֶֽם׃ וַיִּתְּנֵ֨ם יְהוָ֥ה
בְּיַֽד־יִשְׂרָאֵל֮ וַיַּכּוּם֒ וַֽיִּרְדְּפ֞וּם עַד־צִיד֣וֹן רַבָּ֗ה וְעַד֙ מִשְׂרְפ֣וֹת מַ֔יִם
וְעַד־בִּקְעַ֥ת מִצְפֶּ֖ה מִזְרָ֑חָה וַיַּכֻּ֕ם עַד־בִּלְתִּ֥י הִשְׁאִֽיר־לָהֶ֖ם
ט שָׂרִֽיד׃ וַיַּ֤עַשׂ לָהֶם֙ יְהוֹשֻׁ֔עַ כַּאֲשֶׁ֥ר אָֽמַר־ל֖וֹ יְהוָ֑ה אֶת־סוּסֵיהֶ֣ם
י עִקֵּ֔ר וְאֶת־מַרְכְּבֹתֵיהֶ֖ם שָׂרַ֥ף בָּאֵֽשׁ׃ וַיָּ֨שָׁב יְהוֹשֻׁ֜עַ
בָּעֵ֤ת הַהִיא֙ וַיִּלְכֹּ֣ד אֶת־חָצ֔וֹר וְאֶת־מַלְכָּ֖הּ הִכָּ֣ה בֶחָ֑רֶב כִּֽי־
יא חָצ֣וֹר לְפָנִ֔ים הִ֕יא רֹ֖אשׁ כָּל־הַמַּמְלָכ֥וֹת הָאֵֽלֶּה׃ וַיַּכּ֨וּ אֶת־כָּל־
הַנֶּ֜פֶשׁ אֲשֶׁר־בָּ֤הּ לְפִי־חֶ֙רֶב֙ הַחֲרֵ֔ם לֹ֥א נוֹתַ֖ר כָּל־נְשָׁמָ֑ה וְאֶת־
יב חָצ֖וֹר שָׂרַ֥ף בָּאֵֽשׁ׃ וְֽאֶת־כָּל־עָרֵ֣י הַמְּלָכִֽים־הָ֠אֵלֶּה וְאֶת־כָּל־
מַלְכֵיהֶ֞ם לָכַ֧ד יְהוֹשֻׁ֛עַ וַיַּכֵּ֥ם לְפִי־חֶ֖רֶב הֶחֱרִ֣ים אוֹתָ֑ם כַּאֲשֶׁ֣ר
יג צִוָּ֔ה מֹשֶׁ֖ה עֶ֥בֶד יְהוָֽה׃ רַ֣ק כָּל־הֶעָרִ֗ים הָעֹֽמְדוֹת֙ עַל־תִּלָּ֔ם
יד לֹ֥א שְׂרָפָ֖ם יִשְׂרָאֵ֑ל זוּלָתִ֛י אֶת־חָצ֥וֹר לְבַדָּ֖הּ שָׂרַ֥ף יְהוֹשֻֽׁעַ׃ וְכֹ֨ל
שְׁלַ֜ל הֶעָרִ֤ים הָאֵ֙לֶּה֙ וְהַבְּהֵמָ֔ה בָּזְז֥וּ לָהֶ֖ם בְּנֵ֣י יִשְׂרָאֵ֑ל רַ֣ק אֶֽת־
כָּל־הָאָדָ֞ם הִכּ֣וּ לְפִי־חֶ֗רֶב עַד־הִשְׁמִדָם֙ אוֹתָ֔ם לֹ֥א הִשְׁאִ֖ירוּ
טו כָּל־נְשָׁמָֽה׃ כַּאֲשֶׁ֨ר צִוָּ֤ה יְהוָה֙ אֶת־מֹשֶׁ֣ה עַבְדּ֔וֹ כֵּן־צִוָּ֥ה מֹשֶׁ֖ה
אֶת־יְהוֹשֻׁ֑עַ וְכֵן֙ עָשָׂ֣ה יְהוֹשֻׁ֔עַ לֹֽא־הֵסִ֣יר דָּבָ֔ר מִכֹּ֛ל אֲשֶׁר־צִוָּ֥ה
טז יְהוָ֖ה אֶת־מֹשֶֽׁה׃ וַיִּקַּ֨ח יְהוֹשֻׁ֜עַ אֶת־כָּל־הָאָ֣רֶץ הַזֹּ֗את הָהָ֤ר
וְאֶת־כָּל־הַנֶּ֙גֶב֙ וְאֵ֨ת כָּל־אֶ֣רֶץ הַגֹּ֔שֶׁן וְאֶת־הַשְּׁפֵלָ֖ה וְאֶת־
יז הָעֲרָבָ֑ה וְאֶת־הַ֥ר יִשְׂרָאֵ֖ל וּשְׁפֵלָתֹֽה׃ מִן־הָהָ֤ר הֶֽחָלָק֙ הָעֹלֶ֣ה
שֵׂעִ֔יר וְעַד־בַּ֤עַל גָּד֙ בְּבִקְעַ֣ת הַלְּבָנ֔וֹן תַּ֖חַת הַר־חֶרְמ֑וֹן וְאֵ֤ת
יח כָּל־מַלְכֵיהֶם֙ לָכַ֔ד וַיַּכֵּ֖ם וַיְמִיתֵֽם׃ יָמִ֣ים רַבִּ֗ים עָשָׂ֧ה יְהוֹשֻׁ֛עַ
יט אֶת־כָּל־הַמְּלָכִ֥ים הָאֵ֖לֶּה מִלְחָמָֽה׃ לֹֽא־הָיְתָ֣ה עִ֗יר אֲשֶׁ֤ר
הִשְׁלִ֙ימָה֙ אֶל־בְּנֵ֣י יִשְׂרָאֵ֔ל בִּלְתִּ֖י הַחִוִּ֣י יֹשְׁבֵ֣י גִבְע֑וֹן אֶת־הַכֹּ֖ל

כ לָקְחוּ בַּמִּלְחָמָה: כִּי־מֵאֵת יְהוָה ׀ הָיְתָה לְחַזֵּק אֶת־לִבָּם
לִקְרַאת הַמִּלְחָמָה אֶת־יִשְׂרָאֵל לְמַעַן הַחֲרִימָם לְבִלְתִּי הֱיוֹת־
לָהֶם תְּחִנָּה כִּי לְמַעַן הַשְׁמִידָם כַּאֲשֶׁר צִוָּה יְהוָה אֶת־
כא מֹשֶׁה: וַיָּבֹא יְהוֹשֻׁעַ בָּעֵת הַהִיא וַיַּכְרֵת אֶת־
הָעֲנָקִים מִן־הָהָר מִן־חֶבְרוֹן מִן־דְּבִר מִן־עֲנָב וּמִכֹּל הַר
כב יְהוּדָה וּמִכֹּל הַר יִשְׂרָאֵל עִם־עָרֵיהֶם הֶחֱרִימָם יְהוֹשֻׁעַ: לֹא־
נוֹתַר עֲנָקִים בְּאֶרֶץ בְּנֵי יִשְׂרָאֵל רַק בְּעַזָּה בְּגַת וּבְאַשְׁדּוֹד
כג נִשְׁאָרוּ: וַיִּקַּח יְהוֹשֻׁעַ אֶת־כָּל־הָאָרֶץ כְּכֹל אֲשֶׁר דִּבֶּר יְהוָה אֶל־
מֹשֶׁה וַיִּתְּנָהּ יְהוֹשֻׁעַ לְנַחֲלָה לְיִשְׂרָאֵל כְּמַחְלְקֹתָם לְשִׁבְטֵיהֶם
יב א וְהָאָרֶץ שָׁקְטָה מִמִּלְחָמָה: וְאֵלֶּה ׀ מַלְכֵי הָאָרֶץ
אֲשֶׁר הִכּוּ בְנֵי־יִשְׂרָאֵל וַיִּרְשׁוּ אֶת־אַרְצָם בְּעֵבֶר הַיַּרְדֵּן מִזְרְחָה
הַשָּׁמֶשׁ מִנַּחַל אַרְנוֹן עַד־הַר חֶרְמוֹן וְכָל־הָעֲרָבָה מִזְרָחָה:
ב סִיחוֹן מֶלֶךְ הָאֱמֹרִי הַיּוֹשֵׁב בְּחֶשְׁבּוֹן מֹשֵׁל מֵעֲרוֹעֵר אֲשֶׁר
עַל־שְׂפַת־נַחַל אַרְנוֹן וְתוֹךְ הַנַּחַל וַחֲצִי הַגִּלְעָד וְעַד יַבֹּק
ג הַנַּחַל גְּבוּל בְּנֵי עַמּוֹן: וְהָעֲרָבָה עַד־יָם כִּנְרוֹת מִזְרָחָה
וְעַד יָם הָעֲרָבָה יָם־הַמֶּלַח מִזְרָחָה דֶּרֶךְ בֵּית הַיְשִׁמוֹת
ד וּמִתֵּימָן תַּחַת אַשְׁדּוֹת הַפִּסְגָּה: וּגְבוּל עוֹג מֶלֶךְ הַבָּשָׁן מִיֶּתֶר
ה הָרְפָאִים הַיּוֹשֵׁב בְּעַשְׁתָּרוֹת וּבְאֶדְרֶעִי: וּמֹשֵׁל בְּהַר חֶרְמוֹן
וּבְסַלְכָה וּבְכָל־הַבָּשָׁן עַד־גְּבוּל הַגְּשׁוּרִי וְהַמַּעֲכָתִי וַחֲצִי
ו הַגִּלְעָד גְּבוּל סִיחוֹן מֶלֶךְ־חֶשְׁבּוֹן: מֹשֶׁה עֶבֶד־יְהוָה וּבְנֵי
יִשְׂרָאֵל הִכּוּם וַיִּתְּנָהּ מֹשֶׁה עֶבֶד־יְהוָה יְרֻשָּׁה לָראוּבֵנִי וְלַגָּדִי
ז וְלַחֲצִי שֵׁבֶט הַמְנַשֶּׁה: וְאֵלֶּה מַלְכֵי הָאָרֶץ
אֲשֶׁר הִכָּה יְהוֹשֻׁעַ וּבְנֵי יִשְׂרָאֵל בְּעֵבֶר הַיַּרְדֵּן יָמָּה מִבַּעַל גָּד
בְּבִקְעַת הַלְּבָנוֹן וְעַד־הָהָר הֶחָלָק הָעֹלֶה שֵׂעִירָה וַיִּתְּנָהּ
ח יְהוֹשֻׁעַ לְשִׁבְטֵי יִשְׂרָאֵל יְרֻשָּׁה כְּמַחְלְקֹתָם: בָּהָר וּבַשְּׁפֵלָה
וּבָעֲרָבָה וּבָאֲשֵׁדוֹת וּבַמִּדְבָּר וּבַנֶּגֶב הַחִתִּי הָאֱמֹרִי וְהַכְּנַעֲנִי
הַפְּרִזִּי הַחִוִּי וְהַיְבוּסִי:

ט מֶ֤לֶךְ יְרִיחוֹ֙ אֶחָ֔ד
מֶ֧לֶךְ הָעַ֛י אֲשֶׁר־מִצַּ֥ד בֵּֽית־אֵ֖ל אֶחָֽד׃
י מֶ֤לֶךְ יְרוּשָׁלִַ֙ם֙ אֶחָ֔ד
מֶ֥לֶךְ חֶבְר֖וֹן אֶחָֽד׃
יא מֶ֤לֶךְ יַרְמוּת֙ אֶחָ֔ד
מֶ֥לֶךְ לָכִ֖ישׁ אֶחָֽד׃
יב מֶ֤לֶךְ עֶגְלוֹן֙ אֶחָ֔ד
מֶ֥לֶךְ גֶּ֖זֶר אֶחָֽד׃
יג מֶ֤לֶךְ דְּבִר֙ אֶחָ֔ד
מֶ֥לֶךְ גֶּ֖דֶר אֶחָֽד׃
יד מֶ֤לֶךְ חָרְמָה֙ אֶחָ֔ד
מֶ֥לֶךְ עֲרָ֖ד אֶחָֽד׃
טו מֶ֤לֶךְ לִבְנָה֙ אֶחָ֔ד
מֶ֥לֶךְ עֲדֻלָּ֖ם אֶחָֽד׃
טז מֶ֤לֶךְ מַקֵּדָה֙ אֶחָ֔ד
מֶ֥לֶךְ בֵּֽית־אֵ֖ל אֶחָֽד׃
יז מֶ֤לֶךְ תַּפּ֙וּחַ֙ אֶחָ֔ד
מֶ֥לֶךְ חֵ֖פֶר אֶחָֽד׃
יח מֶ֤לֶךְ אֲפֵק֙ אֶחָ֔ד
מֶ֥לֶךְ לַשָּׁר֖וֹן אֶחָֽד׃
יט מֶ֤לֶךְ מָדוֹן֙ אֶחָ֔ד
מֶ֥לֶךְ חָצ֖וֹר אֶחָֽד׃
כ מֶ֨לֶךְ שִׁמְר֤וֹן מְרֹאון֙ אֶחָ֔ד
מֶ֥לֶךְ אַכְשָׁ֖ף אֶחָֽד׃
כא מֶ֤לֶךְ תַּעְנַךְ֙ אֶחָ֔ד
מֶ֥לֶךְ מְגִדּ֖וֹ אֶחָֽד׃
כב מֶ֤לֶךְ קֶ֙דֶשׁ֙ אֶחָ֔ד

מֶלֶךְ־יָקְנְעָם לַכַּרְמֶל אֶחָֽד׃

כג מֶלֶךְ דּוֹר לְנָפַת דּוֹר אֶחָד

מֶֽלֶךְ־גּוֹיִם לְגִלְגָּל אֶחָֽד׃

כד מֶלֶךְ תִּרְצָה אֶחָד

כָּל־מְלָכִים שְׁלֹשִׁים וְאֶחָֽד׃

ח יג א וִיהוֹשֻׁעַ זָקֵן בָּא בַּיָּמִים וַיֹּאמֶר יְהוָה אֵלָיו אַתָּה זָקַנְתָּה בָּאתָ
ב בַיָּמִים וְהָאָרֶץ נִשְׁאֲרָה הַרְבֵּֽה־מְאֹד לְרִשְׁתָּֽהּ׃ זֹאת הָאָרֶץ
ג הַנִּשְׁאָרֶת כָּל־גְּלִילוֹת הַפְּלִשְׁתִּים וְכָל־הַגְּשׁוּרִֽי׃ מִן־הַשִּׁיחוֹר
אֲשֶׁר ׀ עַל־פְּנֵי מִצְרַיִם וְעַד גְּבוּל עֶקְרוֹן צָפוֹנָה לַכְּנַעֲנִי תֵּחָשֵׁב
חֲמֵשֶׁת ׀ סַרְנֵי פְלִשְׁתִּים הָֽעַזָּתִי וְהָֽאַשְׁדּוֹדִי הָֽאֶשְׁקְלוֹנִי הַגִּתִּי
ד וְהָֽעֶקְרוֹנִי וְהָעַוִּֽים׃ מִתֵּימָן כָּל־אֶרֶץ הַֽכְּנַעֲנִי וּמְעָרָה אֲשֶׁר
ה לַצִּידֹנִים עַד־אֲפֵקָה עַד גְּבוּל הָאֱמֹרִֽי׃ וְהָאָרֶץ הַגִּבְלִי וְכָל־
הַלְּבָנוֹן מִזְרַח הַשֶּׁמֶשׁ מִבַּעַל גָּד תַּחַת הַר־חֶרְמוֹן עַד לְבוֹא
ו חֲמָֽת׃ כָּל־יֹשְׁבֵי הָהָר מִן־הַלְּבָנוֹן עַד־מִשְׂרְפֹת מַיִם כָּל־
צִידֹנִים אָנֹכִי אוֹרִישֵׁם מִפְּנֵי בְּנֵי יִשְׂרָאֵל רַק הַפִּלֶהָ לְיִשְׂרָאֵל
ז בְּנַחֲלָה כַּאֲשֶׁר צִוִּיתִֽיךָ׃ וְעַתָּה חַלֵּק אֶת־הָאָרֶץ הַזֹּאת בְּנַחֲלָה
ח לְתִשְׁעַת הַשְּׁבָטִים וַחֲצִי הַשֵּׁבֶט הַֽמְנַשֶּֽׁה׃ עִמּוֹ הָרֽאוּבֵנִי וְהַגָּדִי
לָקְחוּ נַחֲלָתָם אֲשֶׁר נָתַן לָהֶם מֹשֶׁה בְּעֵבֶר הַיַּרְדֵּן מִזְרָחָה
ט כַּאֲשֶׁר נָתַן לָהֶם מֹשֶׁה עֶבֶד יְהוָֽה׃ מֵעֲרוֹעֵר אֲשֶׁר עַל־שְׂפַת־
נַחַל אַרְנוֹן וְהָעִיר אֲשֶׁר בְּתוֹךְ־הַנַּחַל וְכָל־הַמִּישֹׁר מֵידְבָא
י עַד־דִּיבֽוֹן׃ וְכֹל עָרֵי סִיחוֹן מֶלֶךְ הָאֱמֹרִי אֲשֶׁר מָלַךְ בְּחֶשְׁבּוֹן
יא עַד־גְּבוּל בְּנֵי עַמּֽוֹן׃ וְהַגִּלְעָד וּגְבוּל הַגְּשׁוּרִי וְהַמַּעֲכָתִי וְכֹל הַר
יב חֶרְמוֹן וְכָל־הַבָּשָׁן עַד־סַלְכָֽה׃ כָּל־מַמְלְכוּת עוֹג בַּבָּשָׁן אֲשֶׁר־
מָלַךְ בְּעַשְׁתָּרוֹת וּבְאֶדְרֶעִי הוּא נִשְׁאַר מִיֶּתֶר הָרְפָאִים וַיַּכֵּם
יג מֹשֶׁה וַיֹּרִשֵֽׁם׃ וְלֹא הוֹרִישׁוּ בְּנֵי יִשְׂרָאֵל אֶת־הַגְּשׁוּרִי וְאֶת־
הַמַּעֲכָתִי וַיֵּשֶׁב גְּשׁוּר וּמַעֲכָת בְּקֶרֶב יִשְׂרָאֵל עַד הַיּוֹם הַזֶּֽה׃
יד רַק לְשֵׁבֶט הַלֵּוִי לֹא נָתַן נַחֲלָה אִשֵּׁי יְהוָה אֱלֹהֵי יִשְׂרָאֵל הוּא

טו נַחֲלָתוֹ כַּאֲשֶׁר דִּבֶּר־לוֹ׃ וַיִּתֵּן מֹשֶׁה לְמַטֵּה בְנֵי־
טז רְאוּבֵן לְמִשְׁפְּחֹתָם׃ וַיְהִי לָהֶם הַגְּבוּל מֵעֲרוֹעֵר אֲשֶׁר עַל־
שְׂפַת־נַחַל אַרְנוֹן וְהָעִיר אֲשֶׁר בְּתוֹךְ־הַנַּחַל וְכָל־הַמִּישֹׁר עַל־
יז מֵידְבָא׃ חֶשְׁבּוֹן וְכָל־עָרֶיהָ אֲשֶׁר בַּמִּישֹׁר דִּיבוֹן וּבָמוֹת בַּעַל
יח יט וּבֵית בַּעַל מְעוֹן׃ וְיַהְצָה וּקְדֵמֹת וּמֵפָעַת׃ וְקִרְיָתַיִם וְשִׂבְמָה
כ וְצֶרֶת הַשַּׁחַר בְּהַר הָעֵמֶק׃ וּבֵית פְּעוֹר וְאַשְׁדּוֹת הַפִּסְגָּה וּבֵית
כא הַיְשִׁמוֹת׃ וְכֹל עָרֵי הַמִּישֹׁר וְכָל־מַמְלְכוּת סִיחוֹן מֶלֶךְ הָאֱמֹרִי
אֲשֶׁר מָלַךְ בְּחֶשְׁבּוֹן אֲשֶׁר הִכָּה מֹשֶׁה אֹתוֹ ׀ וְאֶת־נְשִׂיאֵי
מִדְיָן אֶת־אֱוִי וְאֶת־רֶקֶם וְאֶת־צוּר וְאֶת־חוּר וְאֶת־רֶבַע
כב נְסִיכֵי סִיחוֹן יֹשְׁבֵי הָאָרֶץ׃ וְאֶת־בִּלְעָם בֶּן־בְּעוֹר הַקּוֹסֵם
כג הָרְגוּ בְנֵי־יִשְׂרָאֵל בַּחֶרֶב אֶל־חַלְלֵיהֶם׃ וַיְהִי גְּבוּל בְּנֵי רְאוּבֵן
הַיַּרְדֵּן וּגְבוּל זֹאת נַחֲלַת בְּנֵי־רְאוּבֵן לְמִשְׁפְּחוֹתָם הֶעָרִים
כד וְחַצְרֵיהֶן׃ וַיִּתֵּן מֹשֶׁה לְמַטֵּה גָד לִבְנֵי גָד
כה לְמִשְׁפְּחֹתָם׃ וַיְהִי לָהֶם הַגְּבוּל יַעְזֵר וְכָל־עָרֵי הַגִּלְעָד וַחֲצִי אֶרֶץ
כו בְּנֵי עַמּוֹן עַד־עֲרוֹעֵר אֲשֶׁר עַל־פְּנֵי רַבָּה׃ וּמֵחֶשְׁבּוֹן
עַד־רָמַת הַמִּצְפֶּה וּבְטֹנִים וּמִמַּחֲנַיִם עַד־גְּבוּל לִדְבִר׃
כז וּבָעֵמֶק בֵּית הָרָם וּבֵית נִמְרָה וְסֻכּוֹת וְצָפוֹן יֶתֶר מַמְלְכוּת
סִיחוֹן מֶלֶךְ חֶשְׁבּוֹן הַיַּרְדֵּן וּגְבֻל עַד־קְצֵה יָם־כִּנֶּרֶת עֵבֶר
כח הַיַּרְדֵּן מִזְרָחָה׃ זֹאת נַחֲלַת בְּנֵי־גָד לְמִשְׁפְּחֹתָם הֶעָרִים
כט וְחַצְרֵיהֶם׃ וַיִּתֵּן מֹשֶׁה לַחֲצִי שֵׁבֶט מְנַשֶּׁה וַיְהִי
ל לַחֲצִי מַטֵּה בְנֵי־מְנַשֶּׁה לְמִשְׁפְּחוֹתָם׃ וַיְהִי גְבוּלָם מִמַּחֲנַיִם
כָּל־הַבָּשָׁן כָּל־מַמְלְכוּת ׀ עוֹג מֶלֶךְ־הַבָּשָׁן וְכָל־חַוֹּת יָאִיר
לא אֲשֶׁר בַּבָּשָׁן שִׁשִּׁים עִיר׃ וַחֲצִי הַגִּלְעָד וְעַשְׁתָּרוֹת וְאֶדְרֶעִי עָרֵי
מַמְלְכוּת עוֹג בַּבָּשָׁן לִבְנֵי מָכִיר בֶּן־מְנַשֶּׁה לַחֲצִי בְנֵי־מָכִיר
לב לְמִשְׁפְּחוֹתָם׃ אֵלֶּה אֲשֶׁר־נִחַל מֹשֶׁה בְּעַרְבוֹת מוֹאָב מֵעֵבֶר
לג לְיַרְדֵּן יְרִיחוֹ מִזְרָחָה׃ וּלְשֵׁבֶט הַלֵּוִי לֹא־נָתַן מֹשֶׁה נַחֲלָה יְהוָה
יד א אֱלֹהֵי יִשְׂרָאֵל הוּא נַחֲלָתָם כַּאֲשֶׁר דִּבֶּר לָהֶם׃ וְאֵלֶּה אֲשֶׁר־

נָחֲלוּ בְנֵי־יִשְׂרָאֵל בְּאֶרֶץ כְּנָעַן אֲשֶׁר נִחֲלוּ אוֹתָם אֶלְעָזָר הַכֹּהֵן
וִיהוֹשֻׁעַ בִּן־נוּן וְרָאשֵׁי אֲבוֹת הַמַּטּוֹת לִבְנֵי יִשְׂרָאֵל׃ בְּגוֹרַל ב
נַחֲלָתָם כַּאֲשֶׁר צִוָּה יְהוָה בְּיַד־מֹשֶׁה לְתִשְׁעַת הַמַּטּוֹת וַחֲצִי
הַמַּטֶּה׃ כִּי־נָתַן מֹשֶׁה נַחֲלַת שְׁנֵי הַמַּטּוֹת וַחֲצִי הַמַּטֶּה מֵעֵבֶר ג
לַיַּרְדֵּן וְלַלְוִיִּם לֹא־נָתַן נַחֲלָה בְּתוֹכָם׃ כִּי־הָיוּ בְנֵי־יוֹסֵף שְׁנֵי ד
מַטּוֹת מְנַשֶּׁה וְאֶפְרָיִם וְלֹא־נָתְנוּ חֵלֶק לַלְוִיִּם בָּאָרֶץ כִּי
אִם־עָרִים לָשֶׁבֶת וּמִגְרְשֵׁיהֶם לְמִקְנֵיהֶם וּלְקִנְיָנָם׃ כַּאֲשֶׁר ה
צִוָּה יְהוָה אֶת־מֹשֶׁה כֵּן עָשׂוּ בְּנֵי יִשְׂרָאֵל וַיַּחְלְקוּ אֶת־
הָאָרֶץ׃ וַיִּגְּשׁוּ בְנֵי־יְהוּדָה אֶל־יְהוֹשֻׁעַ בַּגִּלְגָּל ו
וַיֹּאמֶר אֵלָיו כָּלֵב בֶּן־יְפֻנֶּה הַקְּנִזִּי אַתָּה יָדַעְתָּ אֶת־הַדָּבָר
אֲשֶׁר־דִּבֶּר יְהוָה אֶל־מֹשֶׁה אִישׁ־הָאֱלֹהִים עַל אֹדוֹתַי וְעַל־
אֹדוֹתֶיךָ בְּקָדֵשׁ בַּרְנֵעַ׃ בֶּן־אַרְבָּעִים שָׁנָה אָנֹכִי בִּשְׁלֹחַ מֹשֶׁה ז
עֶבֶד־יְהוָה אֹתִי מִקָּדֵשׁ בַּרְנֵעַ לְרַגֵּל אֶת־הָאָרֶץ וָאָשֵׁב אֹתוֹ
דָּבָר כַּאֲשֶׁר עִם־לְבָבִי׃ וְאַחַי אֲשֶׁר עָלוּ עִמִּי הִמְסִיו אֶת־לֵב ח
הָעָם וְאָנֹכִי מִלֵּאתִי אַחֲרֵי יְהוָה אֱלֹהָי׃ וַיִּשָּׁבַע מֹשֶׁה בַּיּוֹם ט
הַהוּא לֵאמֹר אִם־לֹא הָאָרֶץ אֲשֶׁר דָּרְכָה רַגְלְךָ בָּהּ לְךָ תִהְיֶה
לְנַחֲלָה וּלְבָנֶיךָ עַד־עוֹלָם כִּי מִלֵּאתָ אַחֲרֵי יְהוָה אֱלֹהָי׃ וְעַתָּה י
הִנֵּה הֶחֱיָה יְהוָה ׀ אוֹתִי כַּאֲשֶׁר דִּבֵּר זֶה אַרְבָּעִים וְחָמֵשׁ שָׁנָה
מֵאָז דִּבֶּר יְהוָה אֶת־הַדָּבָר הַזֶּה אֶל־מֹשֶׁה אֲשֶׁר־הָלַךְ יִשְׂרָאֵל
בַּמִּדְבָּר וְעַתָּה הִנֵּה אָנֹכִי הַיּוֹם בֶּן־חָמֵשׁ וּשְׁמוֹנִים שָׁנָה׃ עוֹדֶנִּי יא
הַיּוֹם חָזָק כַּאֲשֶׁר בְּיוֹם שְׁלֹחַ אוֹתִי מֹשֶׁה כְּכֹחִי אָז וּכְכֹחִי עָתָּה
לַמִּלְחָמָה וְלָצֵאת וְלָבוֹא׃ וְעַתָּה תְּנָה־לִּי אֶת־הָהָר הַזֶּה יב
אֲשֶׁר־דִּבֶּר יְהוָה בַּיּוֹם הַהוּא כִּי־אַתָּה שָׁמַעְתָּ בַיּוֹם הַהוּא כִּי־
עֲנָקִים שָׁם וְעָרִים גְּדֹלוֹת בְּצֻרוֹת אוּלַי יְהוָה אוֹתִי וְהוֹרַשְׁתִּים
כַּאֲשֶׁר דִּבֶּר יְהוָה׃ וַיְבָרְכֵהוּ יְהוֹשֻׁעַ וַיִּתֵּן אֶת־חֶבְרוֹן לְכָלֵב יג
בֶּן־יְפֻנֶּה לְנַחֲלָה׃ עַל־כֵּן הָיְתָה־חֶבְרוֹן לְכָלֵב בֶּן־יְפֻנֶּה הַקְּנִזִּי יד
לְנַחֲלָה עַד הַיּוֹם הַזֶּה יַעַן אֲשֶׁר מִלֵּא אַחֲרֵי יְהוָה אֱלֹהֵי

טו יִשְׂרָאֵל: וְשֵׁם חֶבְרוֹן לְפָנִים קִרְיַת אַרְבַּע הָאָדָם הַגָּדוֹל ט
טו א בָּעֲנָקִים הוּא וְהָאָרֶץ שָׁקְטָה מִמִּלְחָמָה: וַיְהִי
הַגּוֹרָל לְמַטֵּה בְּנֵי יְהוּדָה לְמִשְׁפְּחֹתָם אֶל־גְּבוּל אֱדוֹם מִדְבַּר־
ב צִן נֶגְבָּה מִקְצֵה תֵימָן: וַיְהִי לָהֶם גְּבוּל נֶגֶב מִקְצֵה יָם הַמֶּלַח
ג מִן־הַלָּשֹׁן הַפֹּנֶה נֶגְבָּה: וְיָצָא אֶל־מִנֶּגֶב לְמַעֲלֵה עַקְרַבִּים
וְעָבַר צִנָה וְעָלָה מִנֶּגֶב לְקָדֵשׁ בַּרְנֵעַ וְעָבַר חֶצְרוֹן וְעָלָה
ד אַדָּרָה וְנָסַב הַקַּרְקָעָה: וְעָבַר עַצְמוֹנָה וְיָצָא נַחַל מִצְרַיִם וְהָיָה וְהָיוּ
ה תֹּצְאוֹת הַגְּבוּל יָמָּה זֶה־יִהְיֶה לָכֶם גְּבוּל נֶגֶב: וּגְבוּל קֵדְמָה
יָם הַמֶּלַח עַד־קְצֵה הַיַּרְדֵּן וּגְבוּל לִפְאַת צָפוֹנָה מִלְּשׁוֹן הַיָּם
ו מִקְצֵה הַיַּרְדֵּן: וְעָלָה הַגְּבוּל בֵּית חָגְלָה וְעָבַר מִצְּפוֹן לְבֵית
ז הָעֲרָבָה וְעָלָה הַגְּבוּל אֶבֶן בֹּהַן בֶּן־רְאוּבֵן: וְעָלָה הַגְּבוּל ׀
דְּבִרָה מֵעֵמֶק עָכוֹר וְצָפוֹנָה פֹּנֶה אֶל־הַגִּלְגָּל אֲשֶׁר־נֹכַח
לְמַעֲלֵה אֲדֻמִּים אֲשֶׁר מִנֶּגֶב לַנָּחַל וְעָבַר הַגְּבוּל אֶל־מֵי־עֵין־
ח שֶׁמֶשׁ וְהָיוּ תֹצְאֹתָיו אֶל־עֵין רֹגֵל: וְעָלָה הַגְּבוּל גֵּי בֶן־הִנֹּם
אֶל־כֶּתֶף הַיְבוּסִי מִנֶּגֶב הִיא יְרוּשָׁלִַם וְעָלָה הַגְּבוּל אֶל־רֹאשׁ
הָהָר אֲשֶׁר עַל־פְּנֵי גֵי־הִנֹּם יָמָּה אֲשֶׁר בִּקְצֵה עֵמֶק־רְפָאִים
ט צָפוֹנָה: וְתָאַר הַגְּבוּל מֵרֹאשׁ הָהָר אֶל־מַעְיַן מֵי נֶפְתּוֹחַ וְיָצָא
אֶל־עָרֵי הַר־עֶפְרוֹן וְתָאַר הַגְּבוּל בַּעֲלָה הִיא קִרְיַת יְעָרִים:
י וְנָסַב הַגְּבוּל מִבַּעֲלָה יָמָּה אֶל־הַר שֵׂעִיר וְעָבַר אֶל־כֶּתֶף הַר־
יְעָרִים מִצָּפוֹנָה הִיא כְסָלוֹן וְיָרַד בֵּית־שֶׁמֶשׁ וְעָבַר תִּמְנָה:
יא וְיָצָא הַגְּבוּל אֶל־כֶּתֶף עֶקְרוֹן צָפוֹנָה וְתָאַר הַגְּבוּל שִׁכְּרוֹנָה
וְעָבַר הַר־הַבַּעֲלָה וְיָצָא יַבְנְאֵל וְהָיוּ תֹּצְאוֹת הַגְּבוּל יָמָּה:
יב וּגְבוּל יָם הַיָּמָּה הַגָּדוֹל וּגְבוּל זֶה גְּבוּל בְּנֵי־יְהוּדָה סָבִיב
יג לְמִשְׁפְּחֹתָם: וּלְכָלֵב בֶּן־יְפֻנֶּה נָתַן חֵלֶק בְּתוֹךְ בְּנֵי־יְהוּדָה אֶל־
פִּי יְהוָה לִיהוֹשֻׁעַ אֶת־קִרְיַת אַרְבַּע אֲבִי הָעֲנָק הִיא חֶבְרוֹן:
יד וַיֹּרֶשׁ מִשָּׁם כָּלֵב אֶת־שְׁלוֹשָׁה בְּנֵי הָעֲנָק אֶת־שֵׁשַׁי וְאֶת־אֲחִימַן
טו וְאֶת־תַּלְמַי יְלִידֵי הָעֲנָק: וַיַּעַל מִשָּׁם אֶל־יֹשְׁבֵי דְּבִר וְשֵׁם־

טז דְּבִר לְפָנִים קִרְיַת־סֵפֶר׃ וַיֹּאמֶר כָּלֵב אֲשֶׁר־יַכֶּה אֶת־קִרְיַת־
יז סֵפֶר וּלְכָדָהּ וְנָתַתִּי לוֹ אֶת־עַכְסָה בִתִּי לְאִשָּׁה׃ וַיִּלְכְּדָהּ
עָתְנִיאֵל בֶּן־קְנַז אֲחִי כָלֵב וַיִּתֶּן־לוֹ אֶת־עַכְסָה בִתּוֹ לְאִשָּׁה׃
יח וַיְהִי בְּבוֹאָהּ וַתְּסִיתֵהוּ לִשְׁאוֹל מֵאֵת־אָבִיהָ שָׂדֶה וַתִּצְנַח מֵעַל
יט הַחֲמוֹר וַיֹּאמֶר־לָהּ כָּלֵב מַה־לָּךְ׃ וַתֹּאמֶר תְּנָה־לִּי בְרָכָה כִּי
אֶרֶץ הַנֶּגֶב נְתַתָּנִי וְנָתַתָּה לִי גֻּלֹּת מָיִם וַיִּתֶּן־לָהּ אֵת גֻּלֹּת
כ עִלִּיּוֹת וְאֵת גֻּלֹּת תַּחְתִּיּוֹת׃ זֹאת נַחֲלַת מַטֵּה
כא בְנֵי־יְהוּדָה לְמִשְׁפְּחֹתָם׃ וַיִּהְיוּ הֶעָרִים מִקְצֵה לְמַטֵּה בְנֵי־
כב יְהוּדָה אֶל־גְּבוּל אֱדוֹם בַּנֶּגְבָּה קַבְצְאֵל וְעֵדֶר וְיָגוּר׃ וְקִינָה
כג כד וְדִימוֹנָה וְעַדְעָדָה׃ וְקֶדֶשׁ וְחָצוֹר וְיִתְנָן׃ זִיף וָטֶלֶם וּבְעָלוֹת׃
כה כו וְחָצוֹר ׀ חֲדַתָּה וּקְרִיּוֹת חֶצְרוֹן הִיא חָצוֹר׃ אֲמָם וּשְׁמַע וּמוֹלָדָה׃
כז כח וַחֲצַר גַּדָּה וְחֶשְׁמוֹן וּבֵית פָּלֶט׃ וַחֲצַר שׁוּעָל וּבְאֵר שֶׁבַע
כט ל לא וּבִזְיוֹתְיָה׃ בַּעֲלָה וְעִיִּים וָעָצֶם׃ וְאֶלְתּוֹלַד וּכְסִיל וְחָרְמָה׃ וְצִקְלַג
לב וּמַדְמַנָּה וְסַנְסַנָּה׃ וּלְבָאוֹת וְשִׁלְחִים וְעַיִן וְרִמּוֹן כָּל־עָרִים
לג עֶשְׂרִים וָתֵשַׁע וְחַצְרֵיהֶן׃ בַּשְּׁפֵלָה אֶשְׁתָּאוֹל
לד לה וְצָרְעָה וְאַשְׁנָה׃ וְזָנוֹחַ וְעֵין גַּנִּים תַּפּוּחַ וְהָעֵינָם׃ יַרְמוּת
לו וַעֲדֻלָּם שׂוֹכֹה וַעֲזֵקָה׃ וְשַׁעֲרַיִם וַעֲדִיתַיִם וְהַגְּדֵרָה וּגְדֵרֹתָיִם
לז עָרִים אַרְבַּע־עֶשְׂרֵה וְחַצְרֵיהֶן׃ צְנָן וַחֲדָשָׁה
לח לט וּמִגְדַּל־גָּד׃ וְדִלְעָן וְהַמִּצְפֶּה וְיָקְתְאֵל׃ לָכִישׁ וּבָצְקַת וְעֶגְלוֹן׃
מ מא וְכַבּוֹן וְלַחְמָס וְכִתְלִישׁ׃ וּגְדֵרוֹת בֵּית־דָּגוֹן וְנַעֲמָה וּמַקֵּדָה
מב עָרִים שֵׁשׁ־עֶשְׂרֵה וְחַצְרֵיהֶן׃ לִבְנָה וָעֶתֶר וְעָשָׁן׃
מג מד וְיִפְתָּח וְאַשְׁנָה וּנְצִיב׃ וּקְעִילָה וְאַכְזִיב וּמָרֵאשָׁה עָרִים תֵּשַׁע
מה מו וְחַצְרֵיהֶן׃ עֶקְרוֹן וּבְנֹתֶיהָ וַחֲצֵרֶיהָ׃ מֵעֶקְרוֹן
מז וָיָמָּה כֹּל אֲשֶׁר־עַל־יַד אַשְׁדּוֹד וְחַצְרֵיהֶן׃ אַשְׁדּוֹד
בְּנוֹתֶיהָ וַחֲצֵרֶיהָ עַזָּה בְּנוֹתֶיהָ וַחֲצֵרֶיהָ עַד־נַחַל מִצְרָיִם וְהַיָּם
מח מט הגבול וּגְבוּל׃ וּבָהָר שָׁמִיר וְיַתִּיר וְשׂוֹכֹה׃ וְדַנָּה וְקִרְיַת־סַנָּה הַגָּדוֹל
נ נא הִיא דְבִר׃ וַעֲנָב וְאֶשְׁתְּמֹה וְעָנִים׃ וְגֹשֶׁן וְחֹלֹן וְגִלֹה עָרִים

נב אַחַת־עֶשְׂרֵה וְחַצְרֵיהֶן׃ אֲרַב וְדוּמָה וְאֶשְׁעָן׃
נג נד וְיָנִים וּבֵית־תַּפּוּחַ וַאֲפֵקָה׃ וְחֻמְטָה וְקִרְיַת אַרְבַּע הִיא ויָנוּם
נה חֶבְרוֹן וְצִיעֹר עָרִים תֵּשַׁע וְחַצְרֵיהֶן׃ מָעוֹן ׀
נו נז כַּרְמֶל וָזִיף וְיוּטָּה׃ וְיִזְרְעֶאל וְיָקְדְעָם וְזָנוֹחַ׃ הַקַּיִן גִּבְעָה
נח וְתִמְנָה עָרִים עֶשֶׂר וְחַצְרֵיהֶן׃ חַלְחוּל
נט בֵּית־צוּר וּגְדוֹר׃ וּמַעֲרָת וּבֵית־עֲנוֹת וְאֶלְתְּקֹן עָרִים שֵׁשׁ
ס וְחַצְרֵיהֶן׃ קִרְיַת־בַּעַל הִיא קִרְיַת יְעָרִים
סא וְהָרַבָּה עָרִים שְׁתַּיִם וְחַצְרֵיהֶן׃ בַּמִּדְבָּר
סב בֵּית הָעֲרָבָה מִדִּין וּסְכָכָה׃ וְהַנִּבְשָׁן וְעִיר־הַמֶּלַח וְעֵין
סג גֶּדִי עָרִים שֵׁשׁ וְחַצְרֵיהֶן׃ וְאֶת־הַיְבוּסִי יוֹשְׁבֵי
יְרוּשָׁלִַם לֹא־יוכלו בְנֵי־יְהוּדָה לְהוֹרִישָׁם וַיֵּשֶׁב הַיְבוּסִי אֶת־ יָכְלוּ
טז א בְּנֵי יְהוּדָה בִּירוּשָׁלִַם עַד הַיּוֹם הַזֶּה׃ וַיֵּצֵא הַגּוֹרָל
לִבְנֵי יוֹסֵף מִיַּרְדֵּן יְרִיחוֹ לְמֵי יְרִיחוֹ מִזְרָחָה הַמִּדְבָּר עֹלֶה
ב מִירִיחוֹ בָּהָר בֵּית־אֵל׃ וְיָצָא מִבֵּית־אֵל לוּזָה וְעָבַר אֶל־גְּבוּל
ג הָאַרְכִּי עֲטָרוֹת׃ וְיָרַד יָמָּה אֶל־גְּבוּל הַיַּפְלֵטִי עַד־גְּבוּל בֵּית־
ד חוֹרֹן תַּחְתּוֹן וְעַד־גָּזֶר וְהָיוּ תֹצְאֹתָו יָמָּה׃ וַיִּנְחֲלוּ בְנֵי־יוֹסֵף
ה מְנַשֶּׁה וְאֶפְרָיִם׃ וַיְהִי גְּבוּל בְּנֵי־אֶפְרַיִם לְמִשְׁפְּחֹתָם וַיְהִי גְּבוּל
ו נַחֲלָתָם מִזְרָחָה עַטְרוֹת אַדָּר עַד־בֵּית חוֹרֹן עֶלְיוֹן׃ וְיָצָא
הַגְּבוּל הַיָּמָּה הַמִּכְמְתָת מִצָּפוֹן וְנָסַב הַגְּבוּל מִזְרָחָה תַּאֲנַת
ז שִׁלֹה וְעָבַר אוֹתוֹ מִמִּזְרַח יָנוֹחָה׃ וְיָרַד מִיָּנוֹחָה עֲטָרוֹת
ח וְנַעֲרָתָה וּפָגַע בִּירִיחוֹ וְיָצָא הַיַּרְדֵּן׃ מִתַּפּוּחַ יֵלֵךְ הַגְּבוּל יָמָּה
נַחַל קָנָה וְהָיוּ תֹצְאֹתָיו הַיָּמָּה זֹאת נַחֲלַת מַטֵּה בְנֵי־אֶפְרַיִם
ט לְמִשְׁפְּחֹתָם׃ וְהֶעָרִים הַמִּבְדָּלוֹת לִבְנֵי אֶפְרַיִם בְּתוֹךְ נַחֲלַת
י בְּנֵי־מְנַשֶּׁה כָּל־הֶעָרִים וְחַצְרֵיהֶן׃ וְלֹא הוֹרִישׁוּ אֶת־הַכְּנַעֲנִי
הַיּוֹשֵׁב בְּגָזֶר וַיֵּשֶׁב הַכְּנַעֲנִי בְּקֶרֶב אֶפְרַיִם עַד־הַיּוֹם הַזֶּה וַיְהִי
יז א לְמַס־עֹבֵד׃ וַיְהִי הַגּוֹרָל לְמַטֵּה מְנַשֶּׁה כִּי־הוּא
בְּכוֹר יוֹסֵף לְמָכִיר בְּכוֹר מְנַשֶּׁה אֲבִי הַגִּלְעָד כִּי הוּא הָיָה אִישׁ

מִלְחָמָה וַיְהִי־לוֹ הַגִּלְעָד וְהַבָּשָׁן׃ וַיְהִי לִבְנֵי מְנַשֶּׁה הַנּוֹתָרִים ב
לְמִשְׁפְּחֹתָם לִבְנֵי אֲבִיעֶזֶר וְלִבְנֵי־חֵלֶק וְלִבְנֵי אַשְׂרִיאֵל וְלִבְנֵי־
שֶׁכֶם וְלִבְנֵי־חֵפֶר וְלִבְנֵי שְׁמִידָע אֵלֶּה בְּנֵי מְנַשֶּׁה בֶּן־יוֹסֵף
הַזְּכָרִים לְמִשְׁפְּחֹתָם׃ וְלִצְלָפְחָד בֶּן־חֵפֶר בֶּן־גִּלְעָד בֶּן־מָכִיר ג
בֶּן־מְנַשֶּׁה לֹא־הָיוּ לוֹ בָּנִים כִּי אִם־בָּנוֹת וְאֵלֶּה שְׁמוֹת בְּנֹתָיו
י מַחְלָה וְנֹעָה חָגְלָה מִלְכָּה וְתִרְצָה׃ וַתִּקְרַבְנָה לִפְנֵי אֶלְעָזָר ד
הַכֹּהֵן וְלִפְנֵי ׀ יְהוֹשֻׁעַ בִּן־נוּן וְלִפְנֵי הַנְּשִׂיאִים לֵאמֹר יְהוָה צִוָּה
אֶת־מֹשֶׁה לָתֶת־לָנוּ נַחֲלָה בְּתוֹךְ אַחֵינוּ וַיִּתֵּן לָהֶם אֶל־פִּי
יְהוָה נַחֲלָה בְּתוֹךְ אֲחֵי אֲבִיהֶן׃ וַיִּפְּלוּ חַבְלֵי־מְנַשֶּׁה עֲשָׂרָה ה
לְבַד מֵאֶרֶץ הַגִּלְעָד וְהַבָּשָׁן אֲשֶׁר מֵעֵבֶר לַיַּרְדֵּן׃ כִּי בְּנוֹת ו
מְנַשֶּׁה נָחֲלוּ נַחֲלָה בְּתוֹךְ בָּנָיו וְאֶרֶץ הַגִּלְעָד הָיְתָה לִבְנֵי־
מְנַשֶּׁה הַנּוֹתָרִים׃ וַיְהִי גְבוּל־מְנַשֶּׁה מֵאָשֵׁר הַמִּכְמְתָת אֲשֶׁר ז
עַל־פְּנֵי שְׁכֶם וְהָלַךְ הַגְּבוּל אֶל־הַיָּמִין אֶל־יֹשְׁבֵי עֵין תַּפּוּחַ׃
לִמְנַשֶּׁה הָיְתָה אֶרֶץ תַּפּוּחַ וְתַפּוּחַ אֶל־גְּבוּל מְנַשֶּׁה לִבְנֵי ח
אֶפְרָיִם׃ וְיָרַד הַגְּבוּל נַחַל קָנָה נֶגְבָּה לַנַּחַל עָרִים הָאֵלֶּה ט
לְאֶפְרַיִם בְּתוֹךְ עָרֵי מְנַשֶּׁה וּגְבוּל מְנַשֶּׁה מִצְּפוֹן לַנַּחַל וַיְהִי
תֹצְאֹתָיו הַיָּמָּה׃ נֶגְבָּה לְאֶפְרַיִם וְצָפוֹנָה לִמְנַשֶּׁה וַיְהִי הַיָּם י
גְּבוּלוֹ וּבְאָשֵׁר יִפְגְּעוּן מִצָּפוֹן וּבְיִשָּׂשכָר מִמִּזְרָח׃ וַיְהִי לִמְנַשֶּׁה יא
בְּיִשָּׂשכָר וּבְאָשֵׁר בֵּית־שְׁאָן וּבְנוֹתֶיהָ וְיִבְלְעָם וּבְנוֹתֶיהָ וְאֶת־
יֹשְׁבֵי דֹאר וּבְנוֹתֶיהָ וְיֹשְׁבֵי עֵין־דֹּר וּבְנֹתֶיהָ וְיֹשְׁבֵי תַעְנַךְ
וּבְנֹתֶיהָ וְיֹשְׁבֵי מְגִדּוֹ וּבְנוֹתֶיהָ שְׁלֹשֶׁת הַנָּפֶת׃ וְלֹא יָכְלוּ בְּנֵי יב
מְנַשֶּׁה לְהוֹרִישׁ אֶת־הֶעָרִים הָאֵלֶּה וַיּוֹאֶל הַכְּנַעֲנִי לָשֶׁבֶת
בָּאָרֶץ הַזֹּאת׃ וַיְהִי כִּי חָזְקוּ בְּנֵי יִשְׂרָאֵל וַיִּתְּנוּ אֶת־הַכְּנַעֲנִי יג
לָמַס וְהוֹרֵשׁ לֹא הוֹרִישׁוֹ׃ וַיְדַבְּרוּ בְּנֵי יוֹסֵף אֶת־ יד
יְהוֹשֻׁעַ לֵאמֹר מַדּוּעַ נָתַתָּה לִּי נַחֲלָה גּוֹרָל אֶחָד וְחֶבֶל אֶחָד
וַאֲנִי עַם רָב עַד אֲשֶׁר־עַד־כֹּה בֵּרְכַנִי יְהוָה׃ וַיֹּאמֶר אֲלֵיהֶם טו
יְהוֹשֻׁעַ אִם־עַם־רַב אַתָּה עֲלֵה לְךָ הַיַּעְרָה וּבֵרֵאתָ לְךָ שָׁם

טו בְּאֶרֶץ הַפְּרִזִּי וְהָרְפָאִים כִּי־אָץ לְךָ הַר־אֶפְרָיִם: וַיֹּאמְרוּ בְּנֵי
יוֹסֵף לֹא־יִמָּצֵא לָנוּ הָהָר וְרֶכֶב בַּרְזֶל בְּכָל־הַכְּנַעֲנִי הַיֹּשֵׁב
בְּאֶרֶץ־הָעֵמֶק לַאֲשֶׁר בְּבֵית־שְׁאָן וּבְנוֹתֶיהָ וְלַאֲשֶׁר בְּעֵמֶק
יז יִזְרְעֶאל: וַיֹּאמֶר יְהוֹשֻׁעַ אֶל־בֵּית יוֹסֵף לְאֶפְרַיִם וְלִמְנַשֶּׁה
לֵאמֹר עַם־רַב אַתָּה וְכֹחַ גָּדוֹל לָךְ לֹא־יִהְיֶה לְךָ גּוֹרָל
יח אֶחָד: כִּי הַר יִהְיֶה־לָּךְ כִּי־יַעַר הוּא וּבֵרֵאתוֹ וְהָיָה לְךָ
תֹּצְאֹתָיו כִּי־תוֹרִישׁ אֶת־הַכְּנַעֲנִי כִּי רֶכֶב בַּרְזֶל לוֹ כִּי
יח א חָזָק הוּא: וַיִּקָּהֲלוּ כָּל־עֲדַת בְּנֵי־יִשְׂרָאֵל שִׁלֹה
ב וַיַּשְׁכִּינוּ שָׁם אֶת־אֹהֶל מוֹעֵד וְהָאָרֶץ נִכְבְּשָׁה לִפְנֵיהֶם: וַיִּוָּתְרוּ
בִּבְנֵי יִשְׂרָאֵל אֲשֶׁר לֹא־חָלְקוּ אֶת־נַחֲלָתָם שִׁבְעָה שְׁבָטִים:
ג וַיֹּאמֶר יְהוֹשֻׁעַ אֶל־בְּנֵי יִשְׂרָאֵל עַד־אָנָה אַתֶּם מִתְרַפִּים לָבוֹא
ד לָרֶשֶׁת אֶת־הָאָרֶץ אֲשֶׁר נָתַן לָכֶם יְהוָה אֱלֹהֵי אֲבוֹתֵיכֶם: הָבוּ
לָכֶם שְׁלֹשָׁה אֲנָשִׁים לַשָּׁבֶט וְאֶשְׁלָחֵם וְיָקֻמוּ וְיִתְהַלְּכוּ בָאָרֶץ
ה וְיִכְתְּבוּ אוֹתָהּ לְפִי נַחֲלָתָם וְיָבֹאוּ אֵלָי: וְהִתְחַלְּקוּ אֹתָהּ
לְשִׁבְעָה חֲלָקִים יְהוּדָה יַעֲמֹד עַל־גְּבוּלוֹ מִנֶּגֶב וּבֵית יוֹסֵף
ו יַעַמְדוּ עַל־גְּבוּלָם מִצָּפוֹן: וְאַתֶּם תִּכְתְּבוּ אֶת־הָאָרֶץ שִׁבְעָה
חֲלָקִים וַהֲבֵאתֶם אֵלַי הֵנָּה וְיָרִיתִי לָכֶם גּוֹרָל פֹּה לִפְנֵי יְהוָה
ז אֱלֹהֵינוּ: כִּי אֵין־חֵלֶק לַלְוִיִּם בְּקִרְבְּכֶם כִּי־כְהֻנַּת יְהוָה
נַחֲלָתוֹ וְגָד וּרְאוּבֵן וַחֲצִי שֵׁבֶט הַמְנַשֶּׁה לָקְחוּ נַחֲלָתָם מֵעֵבֶר
ח לַיַּרְדֵּן מִזְרָחָה אֲשֶׁר נָתַן לָהֶם מֹשֶׁה עֶבֶד יְהוָה: וַיָּקֻמוּ
הָאֲנָשִׁים וַיֵּלֵכוּ וַיְצַו יְהוֹשֻׁעַ אֶת־הַהֹלְכִים לִכְתֹּב אֶת־הָאָרֶץ
לֵאמֹר לְכוּ וְהִתְהַלְּכוּ בָאָרֶץ וְכִתְבוּ אוֹתָהּ וְשׁוּבוּ אֵלַי וּפֹה
ט אַשְׁלִיךְ לָכֶם גּוֹרָל לִפְנֵי יְהוָה בְּשִׁלֹה: וַיֵּלְכוּ הָאֲנָשִׁים וַיַּעַבְרוּ
בָאָרֶץ וַיִּכְתְּבוּהָ לֶעָרִים לְשִׁבְעָה חֲלָקִים עַל־סֵפֶר וַיָּבֹאוּ
י אֶל־יְהוֹשֻׁעַ אֶל־הַמַּחֲנֶה שִׁלֹה: וַיַּשְׁלֵךְ לָהֶם יְהוֹשֻׁעַ גּוֹרָל
בְּשִׁלֹה לִפְנֵי יְהוָה וַיְחַלֶּק־שָׁם יְהוֹשֻׁעַ אֶת־הָאָרֶץ לִבְנֵי
יא יִשְׂרָאֵל כְּמַחְלְקֹתָם: וַיַּעַל גּוֹרַל מַטֵּה בְנֵי־בִנְיָמִן

למשפחתם ויצא גבול גורלם בין בני יהודה ובין בני יוסף:
ויהי להם הגבול לפאת צפונה מן־הירדן ועלה הגבול אל־ [יב]
(והיו) כתף יריחו מצפון ועלה בהר ימה והיה תצאתיו מדברה
בית און: ועבר משם הגבול לוזה אל־כתף לוזה נגבה היא [יג]
בית־אל וירד הגבול עטרות אדר על־ההר אשר מנגב
לבית־חרון תחתון: ותאר הגבול ונסב לפאת־ים נגבה מן־ [יד]
(והיו) ההר אשר על־פני בית־חרון נגבה והיה תצאתיו אל־קרית־
בעל היא קרית יערים עיר בני יהודה זאת פאת־ים: ופאת־ [טו]
נגבה מקצה קרית יערים ויצא הגבול ימה ויצא אל־מעין
מי נפתוח: וירד הגבול אל־קצה ההר אשר על־פני גי בן־ [טז]
הנם אשר בעמק רפאים צפונה וירד גי הנם אל־כתף
היבוסי נגבה וירד עין רגל: ותאר מצפון ויצא עין שמש [יז]
ויצא אל־גלילות אשר־נכח מעלה אדמים וירד אבן
בהן בן־ראובן: ועבר אל־כתף מול־הערבה צפונה וירד [יח]
(והיו) הערבתה: ועבר הגבול אל־כתף בית־חגלה צפונה והיה [יט]
(תוצאות) תוצאותיו הגבול אל־לשון ים־המלח צפונה אל־קצה הירדן
נגבה זה גבול נגב: והירדן יגבל־אתו לפאת־קדמה זאת [כ]
נחלת בני בנימן לגבולתיה סביב למשפחתם: והיו הערים [כא]
למטה בני בנימן למשפחותיהם יריחו ובית־חגלה ועמק
קציץ: ובית הערבה וצמרים ובית־אל: והעוים והפרה [כב] [כג]
(העמונה) ועפרה: וכפר העמני והעפני וגבע ערים שתים־עשרה [כד]
וחצריהן: גבעון והרמה ובארות: והמצפה והכפירה והמצה: [כה] [כו]
(יא) ורקם וירפאל ותראלה: וצלע האלף והיבוסי היא ירושלם [כז] [כח]
גבעת קרית ערים ארבע־עשרה וחצריהן זאת נחלת בני־
בנימן למשפחתם: ויצא הגורל השני לשמעון [א] [יט]
למטה בני־שמעון למשפחותם ויהי נחלתם בתוך נחלת
בני־יהודה: ויהי להם בנחלתם באר־שבע ושבע ומולדה: [ב]

ג ד ה וַחֲצַר שׁוּעָל וּבָלָה וָעָצֶם׃ וְאֶלְתּוֹלַד וּבְתוּל וְחָרְמָה׃ וְצִקְלַג
ו וּבֵית־הַמַּרְכָּבֹת וַחֲצַר סוּסָה׃ וּבֵית לְבָאוֹת וְשָׁרוּחֶן עָרִים
ז שְׁלֹשׁ־עֶשְׂרֵה וְחַצְרֵיהֶן׃ עַיִן רִמּוֹן וָעֶתֶר וְעָשָׁן עָרִים אַרְבַּע
ח וְחַצְרֵיהֶן׃ וְכָל־הַחֲצֵרִים אֲשֶׁר סְבִיבוֹת הֶעָרִים הָאֵלֶּה עַד־
בַּעֲלַת בְּאֵר רָאמַת נֶגֶב זֹאת נַחֲלַת מַטֵּה בְנֵי־שִׁמְעוֹן
ט לְמִשְׁפְּחֹתָם׃ מֵחֶבֶל בְּנֵי יְהוּדָה נַחֲלַת בְּנֵי שִׁמְעוֹן כִּי־
הָיָה חֵלֶק בְּנֵי־יְהוּדָה רַב מֵהֶם וַיִּנְחֲלוּ בְנֵי־שִׁמְעוֹן בְּתוֹךְ
י נַחֲלָתָם׃ וַיַּעַל הַגּוֹרָל הַשְּׁלִישִׁי לִבְנֵי זְבוּלֻן
יא לְמִשְׁפְּחֹתָם וַיְהִי גְּבוּל נַחֲלָתָם עַד־שָׂרִיד׃ וְעָלָה גְבוּלָם ׀ לַיָּמָּה
וּמַרְעֲלָה וּפָגַע בְּדַבָּשֶׁת וּפָגַע אֶל־הַנַּחַל אֲשֶׁר עַל־פְּנֵי יָקְנְעָם׃
יב וְשָׁב מִשָּׂרִיד קֵדְמָה מִזְרַח הַשֶּׁמֶשׁ עַל־גְּבוּל כִּסְלֹת תָּבֹר
יג וְיָצָא אֶל־הַדָּבְרַת וְעָלָה יָפִיעַ׃ וּמִשָּׁם עָבַר קֵדְמָה מִזְרָחָה
יד גִּתָּה חֵפֶר עִתָּה קָצִין וְיָצָא רִמּוֹן הַמְּתֹאָר הַנֵּעָה׃ וְנָסַב אֹתוֹ
טו הַגְּבוּל מִצְּפוֹן חַנָּתֹן וְהָיוּ תֹּצְאֹתָיו גֵּי יִפְתַּח־אֵל׃ וְקַטָּת
וְנַהֲלָל וְשִׁמְרוֹן וְיִדְאֲלָה וּבֵית לָחֶם עָרִים שְׁתֵּים־עֶשְׂרֵה
טז וְחַצְרֵיהֶן׃ זֹאת נַחֲלַת בְּנֵי־זְבוּלֻן לְמִשְׁפְּחוֹתָם הֶעָרִים הָאֵלֶּה
יז וְחַצְרֵיהֶן׃ לְיִשָּׂשכָר יָצָא הַגּוֹרָל הָרְבִיעִי לִבְנֵי
יח יִשָּׂשכָר לְמִשְׁפְּחוֹתָם׃ וַיְהִי גְּבוּלָם יִזְרְעֶאלָה וְהַכְּסֻלּוֹת וְשׁוּנֵם׃
יט כ כא וַחֲפָרַיִם וְשִׁיאֹן וַאֲנָחֲרַת׃ וְהָרַבִּית וְקִשְׁיוֹן וָאָבֶץ׃ וְרֶמֶת וְעֵין־
כב גַּנִּים וְעֵין חַדָּה וּבֵית פַּצֵּץ׃ וּפָגַע הַגְּבוּל בְּתָבוֹר ושחצומה וְשַׁחֲצִימָה
וּבֵית שֶׁמֶשׁ וְהָיוּ תֹּצְאוֹת גְּבוּלָם הַיַּרְדֵּן עָרִים שֵׁשׁ־עֶשְׂרֵה
כג וְחַצְרֵיהֶן׃ זֹאת נַחֲלַת מַטֵּה בְנֵי־יִשָּׂשכָר לְמִשְׁפְּחֹתָם הֶעָרִים
כד וְחַצְרֵיהֶן׃ וַיֵּצֵא הַגּוֹרָל הַחֲמִישִׁי לְמַטֵּה בְנֵי־
כה אָשֵׁר לְמִשְׁפְּחוֹתָם׃ וַיְהִי גְּבוּלָם חֶלְקַת וַחֲלִי וָבֶטֶן וְאַכְשָׁף׃
כו וְאַלַמֶּלֶךְ וְעַמְעָד וּמִשְׁאָל וּפָגַע בְּכַרְמֶל הַיָּמָּה וּבְשִׁיחוֹר לִבְנָת׃
כז וְשָׁב מִזְרַח הַשֶּׁמֶשׁ בֵּית דָּגֹן וּפָגַע בִּזְבֻלוּן וּבְגֵי יִפְתַּח־אֵל
כח צָפוֹנָה בֵּית הָעֵמֶק וּנְעִיאֵל וְיָצָא אֶל־כָּבוּל מִשְּׂמֹאל׃ וְעֶבְרֹן

ורחב וחמון וקנה עד צידון רבה: ושב הגבול הרמה ועד־ כט
והיו עיר מבצר־צר ושב הגבול חסה ויהיו תצאתיו הימה מחבל
אכזיבה: ועמה ואפק ורחב ערים עשרים ושתים וחצריהן: ל
זאת נחלת מטה בני־אשר למשפחתם הערים האלה לא
וחצריהן: לבני נפתלי יצא הגורל הששי לבני לב
נפתלי למשפחתם: ויהי גבולם מחלף מאלון בצעננים ואדמי לג
הנקב ויבנאל עד־לקום ויהי תצאתיו הירדן: ושב הגבול לד
ימה אזנות תבור ויצא משם חוקקה ופגע בזבלון מנגב
ובאשר פגע מים וביהודה הירדן מזרח השמש: וערי מבצר לה
הצדים צר וחמת רקת וכנרת: ואדמה והרמה וחצור: וקדש לו לז
ואדרעי ועין חצור: ויראון ומגדל־אל חרם ובית־ענת ובית לח
שמש ערים תשע־עשרה וחצריהן: זאת נחלת מטה בני־ לט
נפתלי למשפחתם הערים וחצריהן: למטה מ
בני־דן למשפחתם יצא הגורל השביעי: ויהי גבול נחלתם מא
צרעה ואשתאול ועיר שמש: ושעלבין ואילון ויתלה: ואילון מב מג
ותמנתה ועקרון: ואלתקה וגבתון ובעלת: ויהד ובני־ברק מד מה
וגת־רמון: ומי הירקון והרקון עם־הגבול מול יפו: ויצא מו מז
גבול בני־דן מהם ויעלו בני־דן וילחמו עם־לשם וילכדו
אותה ׀ ויכו אותה לפי־חרב וירשו אותה וישבו בה ויקראו
ללשם דן כשם דן אביהם: זאת נחלת מטה בני־דן מח
למשפחתם הערים האלה וחצריהן: ויכלו מט
לנחל את־הארץ לגבולתיה ויתנו בני־ישראל נחלה
ליהושע בן־נון בתוכם: על־פי יהוה נתנו לו את־העיר נ
אשר שאל את־תמנת־סרח בהר אפרים ויבנה את־
יב העיר וישב בה: אלה הנחלת אשר־נחלו נא
אלעזר הכהן ׀ ויהושע בן־נון וראשי האבות למטות בני־
ישראל ׀ בגורל ׀ בשלה לפני יהוה פתח אהל מועד ויכלו

מְחַלֵּק אֶת־הָאָרֶץ׃

א ב וַיְדַבֵּר יְהוָה אֶל־יְהוֹשֻׁעַ לֵאמֹר׃ דַּבֵּר אֶל־בְּנֵי יִשְׂרָאֵל לֵאמֹר

תְּנוּ לָכֶם אֶת־עָרֵי הַמִּקְלָט אֲשֶׁר־דִּבַּרְתִּי אֲלֵיכֶם בְּיַד־מֹשֶׁה׃

ג לָנוּס שָׁמָּה רוֹצֵחַ מַכֵּה־נֶפֶשׁ בִּשְׁגָגָה בִּבְלִי־דָעַת וְהָיוּ לָכֶם

ד לְמִקְלָט מִגֹּאֵל הַדָּם׃ וְנָס אֶל־אַחַת ׀ מֵהֶעָרִים הָאֵלֶּה וְעָמַד

פֶּתַח שַׁעַר הָעִיר וְדִבֶּר בְּאָזְנֵי זִקְנֵי הָעִיר־הַהִיא אֶת־דְּבָרָיו

ה וְאָסְפוּ אֹתוֹ הָעִירָה אֲלֵיהֶם וְנָתְנוּ־לוֹ מָקוֹם וְיָשַׁב עִמָּם׃ וְכִי

יִרְדֹּף גֹּאֵל הַדָּם אַחֲרָיו וְלֹא־יַסְגִּרוּ אֶת־הָרֹצֵחַ בְּיָדוֹ כִּי בִבְלִי־

דַעַת הִכָּה אֶת־רֵעֵהוּ וְלֹא־שֹׂנֵא הוּא לוֹ מִתְּמוֹל שִׁלְשׁוֹם׃

ו וְיָשַׁב ׀ בָּעִיר הַהִיא עַד־עָמְדוֹ לִפְנֵי הָעֵדָה לַמִּשְׁפָּט עַד־מוֹת

הַכֹּהֵן הַגָּדוֹל אֲשֶׁר יִהְיֶה בַּיָּמִים הָהֵם אָז ׀ יָשׁוּב הָרוֹצֵחַ וּבָא

ז אֶל־עִירוֹ וְאֶל־בֵּיתוֹ אֶל־הָעִיר אֲשֶׁר־נָס מִשָּׁם׃ וַיַּקְדִּשׁוּ אֶת־

קֶדֶשׁ בַּגָּלִיל בְּהַר נַפְתָּלִי וְאֶת־שְׁכֶם בְּהַר אֶפְרָיִם וְאֶת־קִרְיַת

ח אַרְבַּע הִיא חֶבְרוֹן בְּהַר יְהוּדָה׃ וּמֵעֵבֶר לְיַרְדֵּן יְרִיחוֹ מִזְרָחָה

נָתְנוּ אֶת־בֶּצֶר בַּמִּדְבָּר בַּמִּישֹׁר מִמַּטֵּה רְאוּבֵן וְאֶת־רָאמֹת

ט בַּגִּלְעָד מִמַּטֵּה־גָד וְאֶת־גלון בַּבָּשָׁן מִמַּטֵּה מְנַשֶּׁה׃ אֵלֶּה הָיוּ גּוֹלָן

עָרֵי הַמּוּעָדָה לְכֹל ׀ בְּנֵי יִשְׂרָאֵל וְלַגֵּר הַגָּר בְּתוֹכָם לָנוּס שָׁמָּה

כָּל־מַכֵּה־נֶפֶשׁ בִּשְׁגָגָה וְלֹא יָמוּת בְּיַד גֹּאֵל הַדָּם עַד־עָמְדוֹ לִפְנֵי

כא א הָעֵדָה׃ וַיִּגְּשׁוּ רָאשֵׁי אֲבוֹת הַלְוִיִּם אֶל־אֶלְעָזָר

הַכֹּהֵן וְאֶל־יְהוֹשֻׁעַ בִּן־נוּן וְאֶל־רָאשֵׁי אֲבוֹת הַמַּטּוֹת לִבְנֵי

ב יִשְׂרָאֵל׃ וַיְדַבְּרוּ אֲלֵיהֶם בְּשִׁלֹה בְּאֶרֶץ כְּנַעַן לֵאמֹר יְהוָה צִוָּה בְיַד־

ג מֹשֶׁה לָתֶת־לָנוּ עָרִים לָשָׁבֶת וּמִגְרְשֵׁיהֶן לִבְהֶמְתֵּנוּ׃ וַיִּתְּנוּ בְנֵי־

יִשְׂרָאֵל לַלְוִיִּם מִנַּחֲלָתָם אֶל־פִּי יְהוָה אֶת־הֶעָרִים הָאֵלֶּה וְאֶת־

ד מִגְרְשֵׁיהֶן׃ וַיֵּצֵא הַגּוֹרָל לְמִשְׁפְּחֹת הַקְּהָתִי וַיְהִי

לִבְנֵי אַהֲרֹן הַכֹּהֵן מִן־הַלְוִיִּם מִמַּטֵּה יְהוּדָה וּמִמַּטֵּה הַשִּׁמְעֹנִי

ה וּמִמַּטֵּה בִנְיָמִן בַּגּוֹרָל עָרִים שְׁלֹשׁ עֶשְׂרֵה׃ וְלִבְנֵי

קְהָת הַנּוֹתָרִים מִמִּשְׁפְּחֹת מַטֵּה־אֶפְרַיִם וּמִמַּטֵּה־דָן וּמֵחֲצִי

מטה מנשה בגורל ערים עשר: ולבני ו
גרשון ממשפחות מטה־יששכר וממטה־אשר וממטה
נפתלי ומחצי מטה מנשה בבשן בגורל ערים שלש
עשרה: לבני מררי למשפחתם ממטה ראובן וממטה־ ז
גד וממטה זבולן ערים שתים עשרה: ויתנו בני־ ח
ישראל ללוים את־הערים האלה ואת־מגרשיהן כאשר
צוה יהוה ביד־משה בגורל: ויתנו ממטה בני ט
יהודה וממטה בני שמעון את הערים האלה אשר־יקרא
אתהן בשם: ויהי לבני אהרן ממשפחות הקהתי מבני י
לוי כי להם היה הגורל ראישנה: ויתנו להם את־קרית יא
ארבע אבי הענוק היא חברון בהר יהודה ואת־מגרשה
סביבתיה: ואת־שדה העיר ואת־חצריה נתנו לכלב בן־יפנה יב
באחזתו: ולבני אהרן הכהן נתנו את־עיר מקלט יג
הרצח את־חברון ואת־מגרשיה ואת־לבנה ואת־מגרשיה:
ואת־יתר ואת־מגרשה ואת־אשתמע ואת־מגרשה: ואת־ יד טו
חלן ואת־מגרשה ואת־דבר ואת־מגרשה: ואת־עין ואת־ טז
מגרשה ואת־יטה ואת־מגרשה את־בית שמש ואת־מגרשה
ערים תשע מאת שני השבטים האלה: וממטה יז
בנימן את־גבעון ואת־מגרשה את־גבע ואת־מגרשה:
את־ענתות ואת־מגרשה ואת־עלמון ואת־מגרשה ערים יח
ארבע: כל־ערי בני־אהרן הכהנים שלש־עשרה ערים יט
ומגרשיהן: ולמשפחות בני־קהת הלוים הנותרים כ
מבני קהת ויהי ערי גורלם ממטה אפרים: ויתנו להם את־ כא
עיר מקלט הרצח את־שכם ואת־מגרשה בהר אפרים ואת־
גזר ואת־מגרשה: ואת־קבצים ואת־מגרשה ואת־בית חרון כב
ואת־מגרשה ערים ארבע: וממטה־דן את־אלתקא כג
ואת־מגרשה את־גבתון ואת־מגרשה: את־אילון ואת־מגרשה כד

כה אֶת־גַּת־רִמּוֹן וְאֶת־מִגְרָשֶׁהָ עָרִים אַרְבַּע׃ וּמִמַּחֲצִית
מַטֵּה מְנַשֶּׁה אֶת־תַּעְנַךְ וְאֶת־מִגְרָשֶׁהָ וְאֶת־גַּת רִמּוֹן וְאֶת־
כו מִגְרָשֶׁהָ עָרִים שְׁתָּיִם׃ כָּל־עָרִים עֶשֶׂר וּמִגְרְשֵׁיהֶן לְמִשְׁפְּחוֹת
כז בְּנֵי־קְהָת הַנּוֹתָרִים׃ וְלִבְנֵי גֵרְשׁוֹן מִמִּשְׁפְּחֹת
הַלְוִיִּם מֵחֲצִי מַטֵּה מְנַשֶּׁה אֶת־עִיר מִקְלַט הָרֹצֵחַ אֶת־גלון גּוֹלָן
בַּבָּשָׁן וְאֶת־מִגְרָשֶׁהָ וְאֶת־בְּעֶשְׁתְּרָה וְאֶת־מִגְרָשֶׁהָ עָרִים
כח שְׁתָּיִם׃ וּמִמַּטֵּה יִשָּׂשכָר אֶת־קִשְׁיוֹן וְאֶת־
כט מִגְרָשֶׁהָ אֶת־דָּבְרַת וְאֶת־מִגְרָשֶׁהָ׃ אֶת־יַרְמוּת וְאֶת־מִגְרָשֶׁהָ
ל אֶת־עֵין גַּנִּים וְאֶת־מִגְרָשֶׁהָ עָרִים אַרְבַּע׃ וּמִמַּטֵּה
אָשֵׁר אֶת־מִשְׁאָל וְאֶת־מִגְרָשֶׁהָ אֶת־עַבְדּוֹן וְאֶת־מִגְרָשֶׁהָ׃
לא אֶת־חֶלְקָת וְאֶת־מִגְרָשֶׁהָ וְאֶת־רְחֹב וְאֶת־מִגְרָשֶׁהָ עָרִים
לב אַרְבַּע׃ וּמִמַּטֵּה נַפְתָּלִי אֶת־עִיר ׀ מִקְלַט הָרֹצֵחַ
אֶת־קֶדֶשׁ בַּגָּלִיל וְאֶת־מִגְרָשֶׁהָ וְאֶת־חַמֹּת דֹּאר וְאֶת־מִגְרָשֶׁהָ
לג וְאֶת־קַרְתָּן וְאֶת־מִגְרָשֶׁהָ עָרִים שָׁלֹשׁ׃ כָּל־עָרֵי הַגֵּרְשֻׁנִּי
לד לְמִשְׁפְּחֹתָם שְׁלֹשׁ־עֶשְׂרֵה עִיר וּמִגְרְשֵׁיהֶן׃ וּלְמִשְׁפְּחוֹת
בְּנֵי־מְרָרִי הַלְוִיִּם הַנּוֹתָרִים מֵאֵת מַטֵּה זְבוּלֻן אֶת־יָקְנְעָם וְאֶת־
לה מִגְרָשֶׁהָ אֶת־קַרְתָּה וְאֶת־מִגְרָשֶׁהָ׃ אֶת־דִּמְנָה וְאֶת־מִגְרָשֶׁהָ
לו אֶת־נַהֲלָל וְאֶת־מִגְרָשֶׁהָ עָרִים אַרְבַּע׃ וּמִמַּטֵּה־
גָד אֶת־עִיר מִקְלַט הָרֹצֵחַ אֶת־רָמֹת בַּגִּלְעָד וְאֶת־מִגְרָשֶׁהָ
לז וְאֶת־מַחֲנַיִם וְאֶת־מִגְרָשֶׁהָ׃ אֶת־חֶשְׁבּוֹן וְאֶת־מִגְרָשֶׁהָ אֶת־
לח יַעְזֵר וְאֶת־מִגְרָשֶׁהָ כָּל־עָרִים אַרְבַּע׃ כָּל־
הֶעָרִים לִבְנֵי מְרָרִי לְמִשְׁפְּחֹתָם הַנּוֹתָרִים מִמִּשְׁפְּחוֹת הַלְוִיִּם
לט וַיְהִי גּוֹרָלָם עָרִים שְׁתֵּים עֶשְׂרֵה׃ כֹּל עָרֵי הַלְוִיִּם בְּתוֹךְ אֲחֻזַּת
מ בְּנֵי־יִשְׂרָאֵל עָרִים אַרְבָּעִים וּשְׁמֹנֶה וּמִגְרְשֵׁיהֶן׃ תִּהְיֶינָה

בקצת ספרים אחר פסוק לה

וּמִמַּטֵּה רְאוּבֵן אֶת־בֶּצֶר וְאֶת־מִגְרָשֶׁהָ וְאֶת־יַהְצָה וְאֶת־מִגְרָשֶׁהָ׃
אֶת־קְדֵמוֹת וְאֶת־מִגְרָשֶׁהָ וְאֶת־מֵיפַעַת וְאֶת־מִגְרָשֶׁהָ עָרִים אַרְבַּע׃

הֶעָרִים הָאֵלֶּה עִיר עִיר וּמִגְרָשֶׁיהָ סְבִיבֹתֶיהָ כֵּן לְכָל־הֶעָרִים
יג הָאֵלֶּה׃ וַיִּתֵּן יְהוָה לְיִשְׂרָאֵל אֶת־כָּל־הָאָרֶץ מא
אֲשֶׁר נִשְׁבַּע לָתֵת לַאֲבוֹתָם וַיִּרָשׁוּהָ וַיֵּשְׁבוּ בָהּ׃ וַיָּנַח יְהוָה מב
לָהֶם מִסָּבִיב כְּכֹל אֲשֶׁר־נִשְׁבַּע לַאֲבוֹתָם וְלֹא־עָמַד אִישׁ
בִּפְנֵיהֶם מִכָּל־אֹיְבֵיהֶם אֵת כָּל־אֹיְבֵיהֶם נָתַן יְהוָה בְּיָדָם׃
לֹא־נָפַל דָּבָר מִכֹּל הַדָּבָר הַטּוֹב אֲשֶׁר־דִּבֶּר יְהוָה אֶל־בֵּית מג
יִשְׂרָאֵל הַכֹּל בָּא׃ אָז יִקְרָא יְהוֹשֻׁעַ לָרֻאוּבֵנִי א כב
וְלַגָּדִי וְלַחֲצִי מַטֵּה מְנַשֶּׁה׃ וַיֹּאמֶר אֲלֵיהֶם אַתֶּם שְׁמַרְתֶּם אֵת ב
כָּל־אֲשֶׁר צִוָּה אֶתְכֶם מֹשֶׁה עֶבֶד יְהוָה וַתִּשְׁמְעוּ בְקוֹלִי לְכֹל
אֲשֶׁר־צִוִּיתִי אֶתְכֶם׃ לֹא־עֲזַבְתֶּם אֶת־אֲחֵיכֶם זֶה יָמִים רַבִּים עַד ג
הַיּוֹם הַזֶּה וּשְׁמַרְתֶּם אֶת־מִשְׁמֶרֶת מִצְוַת יְהוָה אֱלֹהֵיכֶם׃
וְעַתָּה הֵנִיחַ יְהוָה אֱלֹהֵיכֶם לַאֲחֵיכֶם כַּאֲשֶׁר דִּבֶּר לָהֶם וְעַתָּה ד
פְּנוּ וּלְכוּ לָכֶם לְאָהֳלֵיכֶם אֶל־אֶרֶץ אֲחֻזַּתְכֶם אֲשֶׁר ׀ נָתַן לָכֶם
מֹשֶׁה עֶבֶד יְהוָה בְּעֵבֶר הַיַּרְדֵּן׃ רַק ׀ שִׁמְרוּ מְאֹד לַעֲשׂוֹת אֶת־ ה
הַמִּצְוָה וְאֶת־הַתּוֹרָה אֲשֶׁר צִוָּה אֶתְכֶם מֹשֶׁה עֶבֶד־יְהוָה
לְאַהֲבָה אֶת־יְהוָה אֱלֹהֵיכֶם וְלָלֶכֶת בְּכָל־דְּרָכָיו וְלִשְׁמֹר מִצְוֹתָיו
וּלְדָבְקָה־בוֹ וּלְעָבְדוֹ בְּכָל־לְבַבְכֶם וּבְכָל־נַפְשְׁכֶם׃ וַיְבָרְכֵם ו
יְהוֹשֻׁעַ וַיְשַׁלְּחֵם וַיֵּלְכוּ אֶל־אָהֳלֵיהֶם׃ וְלַחֲצִי ׀ ז
שֵׁבֶט הַמְנַשֶּׁה נָתַן מֹשֶׁה בַּבָּשָׁן וּלְחֶצְיוֹ נָתַן יְהוֹשֻׁעַ עִם־
בְּעֵבֶר אֲחֵיהֶם מֵעֵבֶר הַיַּרְדֵּן יָמָּה וְגַם כִּי שִׁלְּחָם יְהוֹשֻׁעַ אֶל־
אָהֳלֵיהֶם וַיְבָרְכֵם׃ וַיֹּאמֶר אֲלֵיהֶם לֵאמֹר בִּנְכָסִים רַבִּים שׁוּבוּ ח
אֶל־אָהֳלֵיכֶם וּבְמִקְנֶה רַב־מְאֹד בְּכֶסֶף וּבְזָהָב וּבִנְחֹשֶׁת
וּבְבַרְזֶל וּבִשְׂלָמוֹת הַרְבֵּה מְאֹד חִלְקוּ שְׁלַל־אֹיְבֵיכֶם עִם־
אֲחֵיכֶם׃ וַיָּשֻׁבוּ וַיֵּלְכוּ בְּנֵי־רְאוּבֵן וּבְנֵי־גָד וַחֲצִי ׀ ט
שֵׁבֶט הַמְנַשֶּׁה מֵאֵת בְּנֵי יִשְׂרָאֵל מִשִּׁלֹה אֲשֶׁר בְּאֶרֶץ־כְּנָעַן
לָלֶכֶת אֶל־אֶרֶץ הַגִּלְעָד אֶל־אֶרֶץ אֲחֻזָּתָם אֲשֶׁר נֹאחֲזוּ־בָהּ
עַל־פִּי יְהוָה בְּיַד־מֹשֶׁה׃ וַיָּבֹאוּ אֶל־גְּלִילוֹת הַיַּרְדֵּן אֲשֶׁר בְּאֶרֶץ י

כְּנַעַן וַיִּבְנוּ בְנֵי־רְאוּבֵן וּבְנֵי־גָד וַחֲצִי שֵׁבֶט הַמְנַשֶּׁה שָׁם מִזְבֵּחַ
יא עַל־הַיַּרְדֵּן מִזְבֵּחַ גָּדוֹל לְמַרְאֶה׃ וַיִּשְׁמְעוּ בְנֵי־יִשְׂרָאֵל לֵאמֹר
הִנֵּה־בָנוּ בְנֵי־רְאוּבֵן וּבְנֵי־גָד וַחֲצִי שֵׁבֶט הַמְנַשֶּׁה אֶת־הַמִּזְבֵּחַ
אֶל־מוּל אֶרֶץ כְּנַעַן אֶל־גְּלִילוֹת הַיַּרְדֵּן אֶל־עֵבֶר בְּנֵי יִשְׂרָאֵל׃
יב וַיִּשְׁמְעוּ בְּנֵי יִשְׂרָאֵל וַיִּקָּהֲלוּ כָּל־עֲדַת בְּנֵי־יִשְׂרָאֵל שִׁלֹה
יג לַעֲלוֹת עֲלֵיהֶם לַצָּבָא׃ וַיִּשְׁלְחוּ בְנֵי־יִשְׂרָאֵל
אֶל־בְּנֵי־רְאוּבֵן וְאֶל־בְּנֵי־גָד וְאֶל־חֲצִי שֵׁבֶט־מְנַשֶּׁה אֶל־אֶרֶץ
יד הַגִּלְעָד אֶת־פִּינְחָס בֶּן־אֶלְעָזָר הַכֹּהֵן׃ וַעֲשָׂרָה נְשִׂאִים עִמּוֹ
נָשִׂיא אֶחָד נָשִׂיא אֶחָד לְבֵית אָב לְכֹל מַטּוֹת יִשְׂרָאֵל וְאִישׁ
טו רֹאשׁ בֵּית־אֲבוֹתָם הֵמָּה לְאַלְפֵי יִשְׂרָאֵל׃ וַיָּבֹאוּ אֶל־בְּנֵי־
רְאוּבֵן וְאֶל־בְּנֵי־גָד וְאֶל־חֲצִי שֵׁבֶט־מְנַשֶּׁה אֶל־אֶרֶץ הַגִּלְעָד
טז וַיְדַבְּרוּ אִתָּם לֵאמֹר׃ כֹּה אָמְרוּ כֹּל ׀ עֲדַת יְהוָה מָה־הַמַּעַל הַזֶּה
אֲשֶׁר מְעַלְתֶּם בֵּאלֹהֵי יִשְׂרָאֵל לָשׁוּב הַיּוֹם מֵאַחֲרֵי יְהוָה
יז בִּבְנוֹתְכֶם לָכֶם מִזְבֵּחַ לִמְרָדְכֶם הַיּוֹם בַּיהוָה׃ הַמְעַט־לָנוּ אֶת־
עֲוֺן פְּעוֹר אֲשֶׁר לֹא־הִטַּהַרְנוּ מִמֶּנּוּ עַד הַיּוֹם הַזֶּה וַיְהִי הַנֶּגֶף
יח בַּעֲדַת יְהוָה׃ וְאַתֶּם תָּשֻׁבוּ הַיּוֹם מֵאַחֲרֵי יְהוָה וְהָיָה אַתֶּם
יט תִּמְרְדוּ הַיּוֹם בַּיהוָה וּמָחָר אֶל־כָּל־עֲדַת יִשְׂרָאֵל יִקְצֹף׃ וְאַךְ
אִם־טְמֵאָה אֶרֶץ אֲחֻזַּתְכֶם עִבְרוּ לָכֶם אֶל־אֶרֶץ אֲחֻזַּת יְהוָה
אֲשֶׁר שָׁכַן־שָׁם מִשְׁכַּן יְהוָה וְהֵאָחֲזוּ בְּתוֹכֵנוּ וּבַיהוָה אַל־
תִּמְרֹדוּ וְאֹתָנוּ אַל־תִּמְרֹדוּ בִּבְנֹתְכֶם לָכֶם מִזְבֵּחַ מִבַּלְעֲדֵי
כ מִזְבַּח יְהוָה אֱלֹהֵינוּ׃ הֲלוֹא ׀ עָכָן בֶּן־זֶרַח מָעַל מַעַל בַּחֵרֶם
וְעַל־כָּל־עֲדַת יִשְׂרָאֵל הָיָה קָצֶף וְהוּא אִישׁ אֶחָד לֹא גָוַע
כא בַּעֲוֺנוֹ׃ וַיַּעֲנוּ בְּנֵי־רְאוּבֵן וּבְנֵי־גָד וַחֲצִי שֵׁבֶט
כב הַמְנַשֶּׁה וַיְדַבְּרוּ אֶת־רָאשֵׁי אַלְפֵי יִשְׂרָאֵל׃ אֵל ׀ אֱלֹהִים ׀ יְהוָה
אֵל ׀ אֱלֹהִים ׀ יְהוָה הוּא יֹדֵעַ וְיִשְׂרָאֵל הוּא יֵדָע אִם־בְּמֶרֶד
כג וְאִם־בְּמַעַל בַּיהוָה אַל־תּוֹשִׁיעֵנוּ הַיּוֹם הַזֶּה׃ לִבְנוֹת לָנוּ מִזְבֵּחַ
לָשׁוּב מֵאַחֲרֵי יְהוָה וְאִם־לְהַעֲלוֹת עָלָיו עוֹלָה וּמִנְחָה וְאִם־

לַעֲשׂוֹת עָלָיו זִבְחֵי שְׁלָמִים יְהוָה הוּא יְבַקֵּשׁ: וְאִם־לֹא מִדְּאָגָה כד
מִדָּבָר עָשִׂינוּ אֶת־זֹאת לֵאמֹר מָחָר יֹאמְרוּ בְנֵיכֶם לְבָנֵינוּ
לֵאמֹר מַה־לָּכֶם וְלַיהוָה אֱלֹהֵי יִשְׂרָאֵל: וּגְבוּל נָתַן־יְהוָה בֵּינֵנוּ כה
וּבֵינֵיכֶם בְּנֵי־רְאוּבֵן וּבְנֵי־גָד אֶת־הַיַּרְדֵּן אֵין־לָכֶם חֵלֶק בַּיהוָה
וְהִשְׁבִּיתוּ בְנֵיכֶם אֶת־בָּנֵינוּ לְבִלְתִּי יְרֹא אֶת־יְהוָה: וַנֹּאמֶר כו
נַעֲשֶׂה־נָּא לָנוּ לִבְנוֹת אֶת־הַמִּזְבֵּחַ לֹא לְעוֹלָה וְלֹא לְזָבַח: כִּי כז
עֵד הוּא בֵּינֵינוּ וּבֵינֵיכֶם וּבֵין דֹּרוֹתֵינוּ אַחֲרֵינוּ לַעֲבֹד אֶת־
עֲבֹדַת יְהוָה לְפָנָיו בְּעֹלוֹתֵינוּ וּבִזְבָחֵינוּ וּבִשְׁלָמֵינוּ וְלֹא־יֹאמְרוּ
בְנֵיכֶם מָחָר לְבָנֵינוּ אֵין־לָכֶם חֵלֶק בַּיהוָה: וַנֹּאמֶר וְהָיָה כִּי־ כח
יֹאמְרוּ אֵלֵינוּ וְאֶל־דֹּרֹתֵינוּ מָחָר וְאָמַרְנוּ רְאוּ אֶת־תַּבְנִית
מִזְבַּח יְהוָה אֲשֶׁר־עָשׂוּ אֲבוֹתֵינוּ לֹא לְעוֹלָה וְלֹא לְזֶבַח כִּי־
עֵד הוּא בֵּינֵינוּ וּבֵינֵיכֶם: חָלִילָה לָּנוּ מִמֶּנּוּ לִמְרֹד בַּיהוָה וְלָשׁוּב כט
הַיּוֹם מֵאַחֲרֵי יְהוָה לִבְנוֹת מִזְבֵּחַ לְעֹלָה לְמִנְחָה וּלְזָבַח מִלְּבַד
מִזְבַּח יְהוָה אֱלֹהֵינוּ אֲשֶׁר לִפְנֵי מִשְׁכָּנוֹ: וַיִּשְׁמַע ל
פִּינְחָס הַכֹּהֵן וּנְשִׂיאֵי הָעֵדָה וְרָאשֵׁי אַלְפֵי יִשְׂרָאֵל אֲשֶׁר אִתּוֹ
אֶת־הַדְּבָרִים אֲשֶׁר דִּבְּרוּ בְּנֵי־רְאוּבֵן וּבְנֵי־גָד וּבְנֵי מְנַשֶּׁה וַיִּיטַב
בְּעֵינֵיהֶם: וַיֹּאמֶר פִּינְחָס בֶּן־אֶלְעָזָר הַכֹּהֵן אֶל־בְּנֵי־רְאוּבֵן לא
וְאֶל־בְּנֵי־גָד וְאֶל־בְּנֵי מְנַשֶּׁה הַיּוֹם יָדַעְנוּ כִּי־בְתוֹכֵנוּ יְהוָה
אֲשֶׁר לֹא־מְעַלְתֶּם בַּיהוָה הַמַּעַל הַזֶּה אָז הִצַּלְתֶּם אֶת־בְּנֵי
יִשְׂרָאֵל מִיַּד יְהוָה: וַיָּשָׁב פִּינְחָס בֶּן־אֶלְעָזָר הַכֹּהֵן ׀ וְהַנְּשִׂיאִים לב
מֵאֵת בְּנֵי־רְאוּבֵן וּמֵאֵת בְּנֵי־גָד מֵאֶרֶץ הַגִּלְעָד אֶל־אֶרֶץ כְּנַעַן
אֶל־בְּנֵי יִשְׂרָאֵל וַיָּשִׁבוּ אוֹתָם דָּבָר: וַיִּיטַב הַדָּבָר בְּעֵינֵי בְּנֵי לג
יִשְׂרָאֵל וַיְבָרְכוּ אֱלֹהִים בְּנֵי יִשְׂרָאֵל וְלֹא אָמְרוּ לַעֲלוֹת עֲלֵיהֶם
לַצָּבָא לְשַׁחֵת אֶת־הָאָרֶץ אֲשֶׁר בְּנֵי־רְאוּבֵן וּבְנֵי־גָד יֹשְׁבִים
יד בָּהּ: וַיִּקְרְאוּ בְּנֵי־רְאוּבֵן וּבְנֵי־גָד לַמִּזְבֵּחַ כִּי עֵד הוּא בֵּינֹתֵינוּ לד
כִּי יְהוָה הָאֱלֹהִים:

וַיְהִי מִיָּמִים רַבִּים אַחֲרֵי אֲשֶׁר־הֵנִיחַ יְהוָה לְיִשְׂרָאֵל מִכָּל־ א כג

ב אֹיְבֵיהֶם מִסָּבִיב וִיהוֹשֻׁעַ זָקֵן בָּא בַּיָּמִים: וַיִּקְרָא יְהוֹשֻׁעַ לְכָל־
יִשְׂרָאֵל לִזְקֵנָיו וּלְרָאשָׁיו וּלְשֹׁפְטָיו וּלְשֹׁטְרָיו וַיֹּאמֶר אֲלֵהֶם
ג אֲנִי זָקַנְתִּי בָּאתִי בַּיָּמִים: וְאַתֶּם רְאִיתֶם אֵת כָּל־אֲשֶׁר עָשָׂה
יְהוָה אֱלֹהֵיכֶם לְכָל־הַגּוֹיִם הָאֵלֶּה מִפְּנֵיכֶם כִּי יְהוָה אֱלֹהֵיכֶם
ד הוּא הַנִּלְחָם לָכֶם: רְאוּ הִפַּלְתִּי לָכֶם אֶת־הַגּוֹיִם הַנִּשְׁאָרִים
הָאֵלֶּה בְּנַחֲלָה לְשִׁבְטֵיכֶם מִן־הַיַּרְדֵּן וְכָל־הַגּוֹיִם אֲשֶׁר הִכְרַתִּי
ה וְהַיָּם הַגָּדוֹל מְבוֹא הַשָּׁמֶשׁ: וַיהוָה אֱלֹהֵיכֶם הוּא יֶהְדֳּפֵם
מִפְּנֵיכֶם וְהוֹרִישׁ אֹתָם מִלִּפְנֵיכֶם וִירִשְׁתֶּם אֶת־אַרְצָם כַּאֲשֶׁר
ו דִּבֶּר יְהוָה אֱלֹהֵיכֶם לָכֶם: וַחֲזַקְתֶּם מְאֹד לִשְׁמֹר וְלַעֲשׂוֹת
אֵת כָּל־הַכָּתוּב בְּסֵפֶר תּוֹרַת מֹשֶׁה לְבִלְתִּי סוּר־מִמֶּנּוּ יָמִין
ז וּשְׂמֹאול: לְבִלְתִּי־בוֹא בַּגּוֹיִם הָאֵלֶּה הַנִּשְׁאָרִים הָאֵלֶּה אִתְּכֶם
וּבְשֵׁם אֱלֹהֵיהֶם לֹא־תַזְכִּירוּ וְלֹא תַשְׁבִּיעוּ וְלֹא תַעַבְדוּם וְלֹא
ח תִשְׁתַּחֲווּ לָהֶם: כִּי אִם־בַּיהוָה אֱלֹהֵיכֶם תִּדְבָּקוּ כַּאֲשֶׁר עֲשִׂיתֶם
ט עַד הַיּוֹם הַזֶּה: וַיּוֹרֶשׁ יְהוָה מִפְּנֵיכֶם גּוֹיִם גְּדֹלִים וַעֲצוּמִים
י וְאַתֶּם לֹא־עָמַד אִישׁ בִּפְנֵיכֶם עַד הַיּוֹם הַזֶּה: אִישׁ־אֶחָד מִכֶּם
יִרְדָּף־אָלֶף כִּי ׀ יְהוָה אֱלֹהֵיכֶם הוּא הַנִּלְחָם לָכֶם כַּאֲשֶׁר דִּבֶּר
יא לָכֶם: וְנִשְׁמַרְתֶּם מְאֹד לְנַפְשֹׁתֵיכֶם לְאַהֲבָה אֶת־יְהוָה אֱלֹהֵיכֶם:
יב כִּי ׀ אִם־שׁוֹב תָּשׁוּבוּ וּדְבַקְתֶּם בְּיֶתֶר הַגּוֹיִם הָאֵלֶּה הַנִּשְׁאָרִים
יג הָאֵלֶּה אִתְּכֶם וְהִתְחַתַּנְתֶּם בָּהֶם וּבָאתֶם בָּהֶם וְהֵם בָּכֶם: יָדוֹעַ
תֵּדְעוּ כִּי לֹא יוֹסִיף יְהוָה אֱלֹהֵיכֶם לְהוֹרִישׁ אֶת־הַגּוֹיִם הָאֵלֶּה
מִלִּפְנֵיכֶם וְהָיוּ לָכֶם לְפַח וּלְמוֹקֵשׁ וּלְשֹׁטֵט בְּצִדֵּיכֶם וְלִצְנִנִים
בְּעֵינֵיכֶם עַד אֲבָדְכֶם מֵעַל הָאֲדָמָה הַטּוֹבָה הַזֹּאת אֲשֶׁר נָתַן
יד לָכֶם יְהוָה אֱלֹהֵיכֶם: וְהִנֵּה אָנֹכִי הוֹלֵךְ הַיּוֹם בְּדֶרֶךְ כָּל־הָאָרֶץ
וִידַעְתֶּם בְּכָל־לְבַבְכֶם וּבְכָל־נַפְשְׁכֶם כִּי לֹא־נָפַל דָּבָר אֶחָד
מִכֹּל ׀ הַדְּבָרִים הַטּוֹבִים אֲשֶׁר דִּבֶּר יְהוָה אֱלֹהֵיכֶם עֲלֵיכֶם הַכֹּל
טו בָּאוּ לָכֶם לֹא־נָפַל מִמֶּנּוּ דָּבָר אֶחָד: וְהָיָה כַּאֲשֶׁר־בָּא עֲלֵיכֶם
כָּל־הַדָּבָר הַטּוֹב אֲשֶׁר דִּבֶּר יְהוָה אֱלֹהֵיכֶם אֲלֵיכֶם כֵּן יָבִיא

יהוה עליכם את כל־הדבר הרע עד־השמידו אותכם מעל
האדמה הטובה הזאת אשר נתן לכם יהוה אלהיכם:
בעברכם את־ברית יהוה אלהיכם אשר צוה אתכם והלכתם טז
ועבדתם אלהים אחרים והשתחויתם להם וחרה אף־
יהוה בכם ואבדתם מהרה מעל הארץ הטובה אשר נתן
לכם: ויאסף יהושע את־כל־שבטי ישראל א כד
שכמה ויקרא לזקני ישראל ולראשיו ולשפטיו ולשטריו
ויתיצבו לפני האלהים: ויאמר יהושע אל־כל־העם כה־אמר ב
יהוה אלהי ישראל בעבר הנהר ישבו אבותיכם מעולם תרח
אבי אברהם ואבי נחור ויעבדו אלהים אחרים: ואקח את־ ג
אביכם את־אברהם מעבר הנהר ואולך אותו בכל־ארץ
כנען וארבה את־זרעו ואתן־לו את־יצחק: ואתן ליצחק את־ ד
יעקב ואת־עשו ואתן לעשו את־הר שעיר לרשת אותו
ויעקב ובניו ירדו מצרים: ואשלח את־משה ואת־אהרן ואגף ה
את־מצרים כאשר עשיתי בקרבו ואחר הוצאתי אתכם:
ואוציא את־אבותיכם ממצרים ותבאו הימה וירדפו מצרים ו
אחרי אבותיכם ברכב ובפרשים ים־סוף: ויצעקו אל־יהוה ז
וישם מאפל ביניכם ׀ ובין המצרים ויבא עליו את־הים
ויכסהו ותראינה עיניכם את אשר־עשיתי במצרים ותשבו
ואביא במדבר ימים רבים: ואביאה אתכם אל־ארץ האמרי היושב ח
בעבר הירדן וילחמו אתכם ואתן אותם בידכם ותירשו את־
ארצם ואשמידם מפניכם: ויקם בלק בן־צפור מלך מואב ט
וילחם בישראל וישלח ויקרא לבלעם בן־בעור לקלל אתכם:
ולא אביתי לשמע לבלעם ויברך ברוך אתכם ואצל אתכם י
מידו: ותעברו את־הירדן ותבאו אל־יריחו וילחמו בכם יא
בעלי־יריחו האמרי והפרזי והכנעני והחתי והגרגשי החוי
והיבוסי ואתן אותם בידכם: ואשלח לפניכם את־הצרעה יב

וַתְּגָרֶשׁ אוֹתָם מִפְּנֵיכֶם שְׁנֵי מַלְכֵי הָאֱמֹרִי לֹא בְחַרְבְּךָ וְלֹא
יג בְקַשְׁתֶּךָ׃ וָאֶתֵּן לָכֶם אֶרֶץ ׀ אֲשֶׁר לֹא־יָגַעְתָּ בָּהּ וְעָרִים אֲשֶׁר
לֹא־בְנִיתֶם וַתֵּשְׁבוּ בָּהֶם כְּרָמִים וְזֵיתִים אֲשֶׁר לֹא־נְטַעְתֶּם
יד אַתֶּם אֹכְלִים׃ וְעַתָּה יְראוּ אֶת־יְהוָה וְעִבְדוּ אֹתוֹ בְּתָמִים
וּבֶאֱמֶת וְהָסִירוּ אֶת־אֱלֹהִים אֲשֶׁר עָבְדוּ אֲבוֹתֵיכֶם בְּעֵבֶר
טו הַנָּהָר וּבְמִצְרַיִם וְעִבְדוּ אֶת־יְהוָה׃ וְאִם רַע בְּעֵינֵיכֶם לַעֲבֹד
אֶת־יְהוָה בַּחֲרוּ לָכֶם הַיּוֹם אֶת־מִי תַעֲבֹדוּן אִם אֶת־אֱלֹהִים
אֲשֶׁר־עָבְדוּ אֲבוֹתֵיכֶם אֲשֶׁר בעבר הַנָּהָר וְאִם אֶת־אֱלֹהֵי מֵעֵבֶר
הָאֱמֹרִי אֲשֶׁר אַתֶּם יֹשְׁבִים בְּאַרְצָם וְאָנֹכִי וּבֵיתִי נַעֲבֹד אֶת־
טז יְהוָה׃ וַיַּעַן הָעָם וַיֹּאמֶר חָלִילָה לָּנוּ מֵעֲזֹב אֶת־
יז יְהוָה לַעֲבֹד אֱלֹהִים אֲחֵרִים׃ כִּי יְהוָה אֱלֹהֵינוּ הוּא הַמַּעֲלֶה
אֹתָנוּ וְאֶת־אֲבוֹתֵינוּ מֵאֶרֶץ מִצְרַיִם מִבֵּית עֲבָדִים וַאֲשֶׁר עָשָׂה
לְעֵינֵינוּ אֶת־הָאֹתוֹת הַגְּדֹלוֹת הָאֵלֶּה וַיִּשְׁמְרֵנוּ בְּכָל־הַדֶּרֶךְ
יח אֲשֶׁר הָלַכְנוּ בָהּ וּבְכֹל הָעַמִּים אֲשֶׁר עָבַרְנוּ בְּקִרְבָּם׃ וַיְגָרֶשׁ
יְהוָה אֶת־כָּל־הָעַמִּים וְאֶת־הָאֱמֹרִי יֹשֵׁב הָאָרֶץ מִפָּנֵינוּ גַּם־
יט אֲנַחְנוּ נַעֲבֹד אֶת־יְהוָה כִּי־הוּא אֱלֹהֵינוּ׃ וַיֹּאמֶר
יְהוֹשֻׁעַ אֶל־הָעָם לֹא תוּכְלוּ לַעֲבֹד אֶת־יְהוָה כִּי־אֱלֹהִים
קְדֹשִׁים הוּא אֵל־קַנּוֹא הוּא לֹא־יִשָּׂא לְפִשְׁעֲכֶם וּלְחַטֹּאותֵיכֶם׃
כ כִּי תַעַזְבוּ אֶת־יְהוָה וַעֲבַדְתֶּם אֱלֹהֵי נֵכָר וְשָׁב וְהֵרַע לָכֶם
כא וְכִלָּה אֶתְכֶם אַחֲרֵי אֲשֶׁר־הֵיטִיב לָכֶם׃ וַיֹּאמֶר הָעָם אֶל־
כב יְהוֹשֻׁעַ לֹא כִּי אֶת־יְהוָה נַעֲבֹד׃ וַיֹּאמֶר יְהוֹשֻׁעַ אֶל־הָעָם עֵדִים
אַתֶּם בָּכֶם כִּי־אַתֶּם בְּחַרְתֶּם לָכֶם אֶת־יְהוָה לַעֲבֹד אוֹתוֹ
כג וַיֹּאמְרוּ עֵדִים׃ וְעַתָּה הָסִירוּ אֶת־אֱלֹהֵי הַנֵּכָר אֲשֶׁר בְּקִרְבְּכֶם
כד וְהַטּוּ אֶת־לְבַבְכֶם אֶל־יְהוָה אֱלֹהֵי יִשְׂרָאֵל׃ וַיֹּאמְרוּ הָעָם
כה אֶל־יְהוֹשֻׁעַ אֶת־יְהוָה אֱלֹהֵינוּ נַעֲבֹד וּבְקוֹלוֹ נִשְׁמָע׃ וַיִּכְרֹת
יְהוֹשֻׁעַ בְּרִית לָעָם בַּיּוֹם הַהוּא וַיָּשֶׂם לוֹ חֹק וּמִשְׁפָּט בִּשְׁכֶם׃
כו וַיִּכְתֹּב יְהוֹשֻׁעַ אֶת־הַדְּבָרִים הָאֵלֶּה בְּסֵפֶר תּוֹרַת אֱלֹהִים

וַיִּקַּח֙ אֶ֣בֶן גְּדוֹלָ֔ה וַיְקִימֶ֣הָ שָּׁ֔ם תַּ֚חַת הָֽאַלָּ֔ה אֲשֶׁ֖ר בְּמִקְדַּ֥שׁ
יְהוָֽה׃ וַיֹּ֨אמֶר יְהוֹשֻׁ֜עַ אֶל־כָּל־הָעָ֗ם הִנֵּ֨ה הָאֶ֤בֶן כז
הַזֹּאת֙ תִּֽהְיֶה־בָּ֣נוּ לְעֵדָ֔ה כִּֽי־הִ֣יא שָֽׁמְעָ֗ה אֵ֚ת כָּל־אִמְרֵ֣י יְהוָ֔ה
אֲשֶׁ֥ר דִּבֶּ֖ר עִמָּ֑נוּ וְהָיְתָ֤ה בָכֶם֙ לְעֵדָ֔ה פֶּֽן־תְּכַחֲשׁ֖וּן בֵּאלֹהֵיכֶֽם׃
וַיְשַׁלַּ֤ח יְהוֹשֻׁ֙עַ֙ אֶת־הָעָ֔ם אִ֖ישׁ לְנַחֲלָתֽוֹ׃ וַיְהִ֗י כח כט
אַחֲרֵי֙ הַדְּבָרִ֣ים הָאֵ֔לֶּה וַיָּ֛מָת יְהוֹשֻׁ֥עַ בִּן־נ֖וּן עֶ֣בֶד יְהוָ֑ה בֶּן־
מֵאָ֥ה וָעֶ֖שֶׂר שָׁנִֽים׃ וַיִּקְבְּר֤וּ אוֹתוֹ֙ בִּגְב֣וּל נַחֲלָת֔וֹ בְּתִמְנַת־סֶ֖רַח ל
אֲשֶׁ֣ר בְּהַר־אֶפְרָ֑יִם מִצְּפ֖וֹן לְהַר־גָּֽעַשׁ׃ וַיַּעֲבֹ֤ד יִשְׂרָאֵל֙ אֶת־ לא
יְהוָ֔ה כֹּ֖ל יְמֵ֣י יְהוֹשֻׁ֑עַ וְכֹ֣ל ׀ יְמֵ֣י הַזְּקֵנִ֗ים אֲשֶׁ֨ר הֶאֱרִ֤יכוּ יָמִים֙
אַחֲרֵ֣י יְהוֹשֻׁ֔עַ וַאֲשֶׁ֣ר יָֽדְע֗וּ אֵ֚ת כָּל־מַעֲשֵׂ֣ה יְהוָ֔ה אֲשֶׁ֥ר עָשָׂ֖ה
לְיִשְׂרָאֵֽל׃ וְאֶת־עַצְמ֣וֹת יוֹסֵ֡ף אֲשֶׁר־הֶעֱל֣וּ בְנֵי־יִשְׂרָאֵ֣ל ׀ לב
מִמִּצְרַ֠יִם קָבְר֨וּ בִשְׁכֶ֜ם בְּחֶלְקַ֣ת הַשָּׂדֶ֗ה אֲשֶׁ֨ר קָנָ֧ה יַעֲקֹ֛ב מֵאֵ֛ת
בְּנֵֽי־חֲמ֥וֹר אֲבִֽי־שְׁכֶ֖ם בְּמֵאָ֣ה קְשִׂיטָ֑ה וַיִּהְי֥וּ לִבְנֵֽי־יוֹסֵ֖ף לְנַחֲלָֽה׃
וְאֶלְעָזָ֤ר בֶּֽן־אַהֲרֹן֙ מֵ֔ת וַיִּקְבְּר֣וּ אֹת֗וֹ בְּגִבְעַת֙ פִּֽינְחָ֣ס בְּנ֔וֹ אֲשֶׁ֥ר לג
נִתַּן־ל֖וֹ בְּהַ֥ר אֶפְרָֽיִם׃

שופטים

א א ויהי אחרי מות יהושע וישאלו בני ישראל ביהוה לאמר
ב מי יעלה־לנו אל־הכנעני בתחלה להלחם בו: ויאמר יהוה
ג יהודה יעלה הנה נתתי את־הארץ בידו: ויאמר יהודה
לשמעון אחיו עלה אתי בגורלי ונלחמה בכנעני והלכתי גם־
ד אני אתך בגורלך וילך אתו שמעון: ויעל יהודה ויתן יהוה את־
ה הכנעני והפרזי בידם ויכום בבזק עשרת אלפים איש: וימצאו
את־אדני בזק בבזק וילחמו בו ויכו את־הכנעני ואת־הפרזי:
ו וינס אדני בזק וירדפו אחריו ויאחזו אותו ויקצצו את־בהנות
ז ידיו ורגליו: ויאמר אדני־בזק שבעים ׀ מלכים בהנות ידיהם
ורגליהם מקצצים היו מלקטים תחת שלחני כאשר עשיתי
כן שלם־לי אלהים ויביאהו ירושלם וימת שם:
ח וילחמו בני־יהודה בירושלם וילכדו אותה ויכוה לפי־חרב
ט ואת־העיר שלחו באש: ואחר ירדו בני יהודה להלחם בכנעני
י יושב ההר והנגב והשפלה: וילך יהודה אל־הכנעני היושב
בחברון ושם־חברון לפנים קרית ארבע ויכו את־ששי ואת־
יא אחימן ואת־תלמי: וילך משם אל־יושבי דביר ושם־דביר
יב לפנים קרית־ספר: ויאמר כלב אשר־יכה את־קרית־ספר
יג ולכדה ונתתי לו את־עכסה בתי לאשה: וילכדה עתניאל
בן־קנז אחי כלב הקטן ממנו ויתן־לו את־עכסה בתו לאשה:
יד ויהי בבואה ותסיתהו לשאל מאת־אביה השדה ותצנח מעל
טו החמור ויאמר־לה כלב מה־לך: ותאמר לו הבה־לי ברכה
כי ארץ הנגב נתתני ונתתה לי גלת מים ויתן־לה כלב את
טז גלת עלית ואת גלת תחתית: ובני קיני חתן
משה עלו מעיר התמרים את־בני יהודה מדבר יהודה אשר
יז בנגב ערד וילך וישב את־העם: וילך יהודה את־שמעון
אחיו ויכו את־הכנעני יושב צפת ויחרימו אותה ויקרא את־
יח שם־העיר חרמה: וילכד יהודה את־עזה ואת־גבולה ואת־

יט אַשְׁקְלוֹן וְאֶת־גְּבוּלָהּ וְאֶת־עֶקְרוֹן וְאֶת־גְּבוּלָהּ׃ וַיְהִי יְהוָה
אֶת־יְהוּדָה וַיֹּרֶשׁ אֶת־הָהָר כִּי לֹא לְהוֹרִישׁ אֶת־יֹשְׁבֵי הָעֵמֶק
כ כִּי־רֶכֶב בַּרְזֶל לָהֶם׃ וַיִּתְּנוּ לְכָלֵב אֶת־חֶבְרוֹן כַּאֲשֶׁר דִּבֶּר
כא מֹשֶׁה וַיּוֹרֶשׁ מִשָּׁם אֶת־שְׁלֹשָׁה בְּנֵי הָעֲנָק׃ וְאֶת־הַיְבוּסִי יֹשֵׁב
יְרוּשָׁלִַם לֹא הוֹרִישׁוּ בְּנֵי בִנְיָמִן וַיֵּשֶׁב הַיְבוּסִי אֶת־בְּנֵי בִנְיָמִן
כב בִּירוּשָׁלִַם עַד הַיּוֹם הַזֶּה׃ וַיַּעֲלוּ בֵית־יוֹסֵף גַּם־
כג הֵם בֵּית־אֵל וַיהוָה עִמָּם׃ וַיָּתִירוּ בֵית־יוֹסֵף בְּבֵית־אֵל וְשֵׁם־הָעִיר
כד לְפָנִים לוּז׃ וַיִּרְאוּ הַשֹּׁמְרִים אִישׁ יוֹצֵא מִן־הָעִיר וַיֹּאמְרוּ לוֹ
כה הַרְאֵנוּ נָא אֶת־מְבוֹא הָעִיר וְעָשִׂינוּ עִמְּךָ חָסֶד׃ וַיַּרְאֵם אֶת־
מְבוֹא הָעִיר וַיַּכּוּ אֶת־הָעִיר לְפִי־חָרֶב וְאֶת־הָאִישׁ וְאֶת־כָּל־
כו מִשְׁפַּחְתּוֹ שִׁלֵּחוּ׃ וַיֵּלֶךְ הָאִישׁ אֶרֶץ הַחִתִּים וַיִּבֶן עִיר וַיִּקְרָא
כז שְׁמָהּ לוּז הוּא שְׁמָהּ עַד הַיּוֹם הַזֶּה׃ וְלֹא־הוֹרִישׁ
מְנַשֶּׁה אֶת־בֵּית־שְׁאָן וְאֶת־בְּנוֹתֶיהָ וְאֶת־תַּעְנַךְ וְאֶת־בְּנֹתֶיהָ
וְאֶת־יֹשֵׁב דוֹר וְאֶת־בְּנוֹתֶיהָ וְאֶת־יוֹשְׁבֵי יִבְלְעָם וְאֶת־בְּנֹתֶיהָ
וְאֶת־יוֹשְׁבֵי מְגִדּוֹ וְאֶת־בְּנוֹתֶיהָ וַיּוֹאֶל הַכְּנַעֲנִי לָשֶׁבֶת בָּאָרֶץ
כח הַזֹּאת׃ וַיְהִי כִּי־חָזַק יִשְׂרָאֵל וַיָּשֶׂם אֶת־הַכְּנַעֲנִי לָמַס וְהוֹרֵישׁ
כט לֹא הוֹרִישׁוֹ׃ וְאֶפְרַיִם לֹא הוֹרִישׁ אֶת־הַכְּנַעֲנִי
ל הַיּוֹשֵׁב בְּגָזֶר וַיֵּשֶׁב הַכְּנַעֲנִי בְּקִרְבּוֹ בְּגָזֶר׃ זְבוּלֻן
לֹא הוֹרִישׁ אֶת־יוֹשְׁבֵי קִטְרוֹן וְאֶת־יוֹשְׁבֵי נַהֲלֹל וַיֵּשֶׁב הַכְּנַעֲנִי
לא בְּקִרְבּוֹ וַיִּהְיוּ לָמַס׃ אָשֵׁר לֹא הוֹרִישׁ אֶת־יֹשְׁבֵי
עַכּוֹ וְאֶת־יוֹשְׁבֵי צִידוֹן וְאֶת־אַחְלָב וְאֶת־אַכְזִיב וְאֶת־חֶלְבָּה
לב וְאֶת־אֲפִיק וְאֶת־רְחֹב׃ וַיֵּשֶׁב הָאָשֵׁרִי בְּקֶרֶב הַכְּנַעֲנִי יֹשְׁבֵי
לג הָאָרֶץ כִּי לֹא הוֹרִישׁוֹ׃ נַפְתָּלִי לֹא־הוֹרִישׁ אֶת־
יֹשְׁבֵי בֵית־שֶׁמֶשׁ וְאֶת־יֹשְׁבֵי בֵית־עֲנָת וַיֵּשֶׁב בְּקֶרֶב הַכְּנַעֲנִי
יֹשְׁבֵי הָאָרֶץ וְיֹשְׁבֵי בֵית־שֶׁמֶשׁ וּבֵית עֲנָת הָיוּ לָהֶם לָמַס׃
לד וַיִּלְחֲצוּ הָאֱמֹרִי אֶת־בְּנֵי־דָן הָהָרָה כִּי־לֹא נְתָנוֹ לָרֶדֶת לָעֵמֶק׃
לה וַיּוֹאֶל הָאֱמֹרִי לָשֶׁבֶת בְּהַר־חֶרֶס בְּאַיָּלוֹן וּבְשַׁעַלְבִים וַתִּכְבַּד

לו יַד בֵּית־יוֹסֵף וַיִּהְיוּ לָמַס׃ וּגְבוּל הָאֱמֹרִי מִמַּעֲלֵה עַקְרַבִּים

ב א מֵהַסֶּלַע וָמָעְלָה׃ וַיַּעַל מַלְאַךְ־יהוה מִן־הַגִּלְגָּל

אֶל־הַבֹּכִים וַיֹּאמֶר אַעֲלֶה אֶתְכֶם מִמִּצְרַיִם

וָאָבִיא אֶתְכֶם אֶל־הָאָרֶץ אֲשֶׁר נִשְׁבַּעְתִּי לַאֲבֹתֵיכֶם וָאֹמַר

ב לֹא־אָפֵר בְּרִיתִי אִתְּכֶם לְעוֹלָם׃ וְאַתֶּם לֹא־תִכְרְתוּ בְרִית

לְיוֹשְׁבֵי הָאָרֶץ הַזֹּאת מִזְבְּחוֹתֵיהֶם תִּתֹּצוּן וְלֹא־שְׁמַעְתֶּם בְּקֹלִי

ג מַה־זֹּאת עֲשִׂיתֶם׃ וְגַם אָמַרְתִּי לֹא־אֲגָרֵשׁ אוֹתָם מִפְּנֵיכֶם וְהָיוּ

ד לָכֶם לְצִדִּים וֵאלֹהֵיהֶם יִהְיוּ לָכֶם לְמוֹקֵשׁ׃ וַיְהִי כְּדַבֵּר מַלְאַךְ

יהוה אֶת־הַדְּבָרִים הָאֵלֶּה אֶל־כָּל־בְּנֵי יִשְׂרָאֵל וַיִּשְׂאוּ הָעָם

ה אֶת־קוֹלָם וַיִּבְכּוּ׃ וַיִּקְרְאוּ שֵׁם־הַמָּקוֹם הַהוּא בֹּכִים וַיִּזְבְּחוּ־שָׁם

ו לַיהוה׃ וַיְשַׁלַּח יְהוֹשֻׁעַ אֶת־הָעָם וַיֵּלְכוּ בְנֵי־

ז יִשְׂרָאֵל אִישׁ לְנַחֲלָתוֹ לָרֶשֶׁת אֶת־הָאָרֶץ׃ וַיַּעַבְדוּ הָעָם אֶת־ ב

יהוה כֹּל יְמֵי יְהוֹשֻׁעַ וְכֹל ׀ יְמֵי הַזְּקֵנִים אֲשֶׁר הֶאֱרִיכוּ יָמִים

אַחֲרֵי יְהוֹשׁוּעַ אֲשֶׁר רָאוּ אֵת כָּל־מַעֲשֵׂה יהוה הַגָּדוֹל אֲשֶׁר

ח עָשָׂה לְיִשְׂרָאֵל׃ וַיָּמָת יְהוֹשֻׁעַ בִּן־נוּן עֶבֶד יהוה בֶּן־מֵאָה

ט וָעֶשֶׂר שָׁנִים׃ וַיִּקְבְּרוּ אוֹתוֹ בִּגְבוּל נַחֲלָתוֹ בְּתִמְנַת־חֶרֶס בְּהַר

י אֶפְרָיִם מִצְּפוֹן לְהַר־גָּעַשׁ׃ וְגַם כָּל־הַדּוֹר הַהוּא נֶאֶסְפוּ אֶל־

אֲבוֹתָיו וַיָּקָם דּוֹר אַחֵר אַחֲרֵיהֶם אֲשֶׁר לֹא־יָדְעוּ אֶת־יהוה

יא וְגַם אֶת־הַמַּעֲשֶׂה אֲשֶׁר עָשָׂה לְיִשְׂרָאֵל׃ וַיַּעֲשׂוּ

בְנֵי־יִשְׂרָאֵל אֶת־הָרַע בְּעֵינֵי יהוה וַיַּעַבְדוּ אֶת־הַבְּעָלִים׃

יב וַיַּעַזְבוּ אֶת־יהוה ׀ אֱלֹהֵי אֲבוֹתָם הַמּוֹצִיא אוֹתָם מֵאֶרֶץ

מִצְרַיִם וַיֵּלְכוּ אַחֲרֵי ׀ אֱלֹהִים אֲחֵרִים מֵאֱלֹהֵי הָעַמִּים אֲשֶׁר

יג סְבִיבוֹתֵיהֶם וַיִּשְׁתַּחֲווּ לָהֶם וַיַּכְעִסוּ אֶת־יהוה׃ וַיַּעַזְבוּ אֶת־

יד יהוה וַיַּעַבְדוּ לַבַּעַל וְלָעַשְׁתָּרוֹת׃ וַיִּחַר־אַף יהוה בְּיִשְׂרָאֵל

וַיִּתְּנֵם בְּיַד שֹׁסִים וַיָּשֹׁסּוּ אוֹתָם וַיִּמְכְּרֵם בְּיַד אוֹיְבֵיהֶם מִסָּבִיב

טו וְלֹא־יָכְלוּ עוֹד לַעֲמֹד לִפְנֵי אוֹיְבֵיהֶם׃ בְּכֹל ׀ אֲשֶׁר יָצְאוּ יַד־

יהוה הָיְתָה־בָּם לְרָעָה כַּאֲשֶׁר דִּבֶּר יהוה וְכַאֲשֶׁר נִשְׁבַּע יהוה

להם ויצר להם מאד: ויקם יהוה שפטים ויושיעום מיד טז
שסיהם: וגם אל־שפטיהם לא שמעו כי זנו אחרי אלהים יז
אחרים וישתחוו להם סרו מהר מן־הדרך אשר הלכו אבותם
לשמע מצות־יהוה לא־עשו כן: וכי־הקים יהוה | להם יח
שפטים והיה יהוה עם־השפט והושיעם מיד איביהם כל ימי
השופט כי־ינחם יהוה מנאקתם מפני לחציהם ודחקיהם: והיה | יט
במות השופט ישבו והשחיתו מאבותם ללכת אחרי אלהים
אחרים לעבדם ולהשתחות להם לא הפילו ממעלליהם
ומדרכם הקשה: ויחר־אף יהוה בישראל ויאמר יען אשר כ
עברו הגוי הזה את־בריתי אשר צויתי את־אבותם ולא
שמעו לקולי: גם־אני לא אוסיף להוריש איש מפניהם מן־ כא
הגוים אשר־עזב יהושע וימת: למען נסות בם את־ישראל כב
השמרים הם את־דרך יהוה ללכת בם כאשר שמרו אבותם
אם־לא: וינח יהוה את־הגוים האלה לבלתי הורישם מהר כג
ולא נתנם ביד יהושע: ואלה הגוים אשר הניח א ג
יהוה לנסות בם את־ישראל את כל־אשר לא־ידעו את כל־
מלחמות כנען: רק למען דעת דרות בני־ישראל ללמדם ב
מלחמה רק אשר־לפנים לא ידעום: חמשת | סרני פלשתים ג
וכל־הכנעני והצידני והחוי ישב הר הלבנון מהר בעל חרמון
עד לבוא חמת: ויהיו לנסות בם את־ישראל לדעת הישמעו ד
את־מצות יהוה אשר־צוה את־אבותם ביד־משה: ובני ה
ישראל ישבו בקרב הכנעני החתי והאמרי והפרזי והחוי
והיבוסי: ויקחו את־בנותיהם להם לנשים ואת־בנותיהם ו
נתנו לבניהם ויעבדו את־אלהיהם: ויעשו ז
בני־ישראל את־הרע בעיני יהוה וישכחו את־יהוה אלהיהם
ויעבדו את־הבעלים ואת־האשרות: ויחר־אף יהוה בישראל ח
וימכרם ביד כושן רשעתים מלך ארם נהרים ויעבדו בני־

ט ישראל את־כושן רשעתים שמנה שנים: ויזעקו בני־ישראל
אל־יהוה ויקם יהוה מושיע לבני ישראל ויושיעם את עתניאל
י בן־קנז אחי כלב הקטן ממנו: ותהי עליו רוח־יהוה וישפט
את־ישראל ויצא למלחמה ויתן יהוה בידו את־כושן רשעתים
יא מלך ארם ותעז ידו על כושן רשעתים: ותשקט הארץ
יב ארבעים שנה וימת עתניאל בן־קנז: ויספו בני
ישראל לעשות הרע בעיני יהוה ויחזק יהוה את־עגלון מלך־
יג מואב על־ישראל על כי־עשו את־הרע בעיני יהוה: ויאסף
אליו את־בני עמון ועמלק וילך ויך את־ישראל ויירשו את־
יד עיר התמרים: ויעבדו בני־ישראל את־עגלון מלך־מואב
טו שמונה עשרה שנה: ויזעקו בני־ישראל אל־יהוה ויקם יהוה
להם מושיע את־אהוד בן־גרא בן־הימיני איש אטר יד־
ימינו וישלחו בני־ישראל בידו מנחה לעגלון מלך מואב:
טז ויעש לו אהוד חרב ולה שני פיות גמד ארכה ויחגר אותה
יז מתחת למדיו על ירך ימינו: ויקרב את־המנחה לעגלון מלך
יח מואב ועגלון איש בריא מאד: ויהי כאשר כלה להקריב
יט את־המנחה וישלח את־העם נשאי המנחה: והוא שב מן־
הפסילים אשר את־הגלגל ויאמר דבר־סתר לי אליך המלך
כ ויאמר הס ויצאו מעליו כל־העמדים עליו: ואהוד | בא אליו
והוא ישב בעלית המקרה אשר־לו לבדו ויאמר אהוד דבר־
כא אלהים לי אליך ויקם מעל הכסא: וישלח אהוד את־יד
שמאלו ויקח את־החרב מעל ירך ימינו ויתקעה בבטנו:
כב ויבא גם־הנצב אחר הלהב ויסגר החלב בעד הלהב כי לא
כג שלף החרב מבטנו ויצא הפרשדנה: ויצא אהוד המסדרונה
כד ויסגר דלתות העליה בעדו ונעל: והוא יצא ועבדיו באו
ויראו והנה דלתות העליה נעלות ויאמרו אך מסיך הוא
כה את־רגליו בחדר המקרה: ויחילו עד־בוש והנה איננו פתח

דַּלְתוֹת הָעֲלִיָּה וַיִּקְחוּ אֶת־הַמַּפְתֵּחַ וַיִּפְתָּחוּ וְהִנֵּה אֲדֹנֵיהֶם נֹפֵל
כו אַרְצָה מֵת׃ וְאֵהוּד נִמְלַט עַד הִתְמַהְמְהָם וְהוּא עָבַר אֶת־
כז הַפְּסִילִים וַיִּמָּלֵט הַשְּׂעִירָתָה׃ וַיְהִי בְּבוֹאוֹ וַיִּתְקַע בַּשּׁוֹפָר
בְּהַר אֶפְרָיִם וַיֵּרְדוּ עִמּוֹ בְנֵי־יִשְׂרָאֵל מִן־הָהָר וְהוּא לִפְנֵיהֶם׃
כח וַיֹּאמֶר אֲלֵהֶם רִדְפוּ אַחֲרַי כִּי־נָתַן יהוה אֶת־אֹיְבֵיכֶם אֶת־
מוֹאָב בְּיֶדְכֶם וַיֵּרְדוּ אַחֲרָיו וַיִּלְכְּדוּ אֶת־מַעְבְּרוֹת הַיַּרְדֵּן
כט לְמוֹאָב וְלֹא־נָתְנוּ אִישׁ לַעֲבֹר׃ וַיַּכּוּ אֶת־מוֹאָב בָּעֵת הַהִיא
כַּעֲשֶׂרֶת אֲלָפִים אִישׁ כָּל־שָׁמֵן וְכָל־אִישׁ חָיִל וְלֹא נִמְלַט אִישׁ׃
ל וַתִּכָּנַע מוֹאָב בַּיּוֹם הַהוּא תַּחַת יַד יִשְׂרָאֵל וַתִּשְׁקֹט הָאָרֶץ
לא שְׁמוֹנִים שָׁנָה׃ וְאַחֲרָיו הָיָה שַׁמְגַּר בֶּן־עֲנָת וַיַּךְ ג
אֶת־פְּלִשְׁתִּים שֵׁשׁ־מֵאוֹת אִישׁ בְּמַלְמַד הַבָּקָר וַיּוֹשַׁע גַּם־הוּא
א אֶת־יִשְׂרָאֵל׃ וַיֹּסִפוּ בְּנֵי יִשְׂרָאֵל לַעֲשׂוֹת הָרַע ד
ב בְּעֵינֵי יהוה וְאֵהוּד מֵת׃ וַיִּמְכְּרֵם יהוה בְּיַד יָבִין מֶלֶךְ־כְּנַעַן אֲשֶׁר
מָלַךְ בְּחָצוֹר וְשַׂר־צְבָאוֹ סִיסְרָא וְהוּא יוֹשֵׁב בַּחֲרֹשֶׁת הַגּוֹיִם׃
ג וַיִּצְעֲקוּ בְנֵי־יִשְׂרָאֵל אֶל־יהוה כִּי תְּשַׁע מֵאוֹת רֶכֶב־בַּרְזֶל לוֹ
וְהוּא לָחַץ אֶת־בְּנֵי יִשְׂרָאֵל בְּחׇזְקָה עֶשְׂרִים שָׁנָה׃
ד וּדְבוֹרָה אִשָּׁה נְבִיאָה אֵשֶׁת לַפִּידוֹת הִיא שֹׁפְטָה אֶת־יִשְׂרָאֵל
ה בָּעֵת הַהִיא׃ וְהִיא יוֹשֶׁבֶת תַּחַת־תֹּמֶר דְּבוֹרָה בֵּין הָרָמָה
וּבֵין בֵּית־אֵל בְּהַר אֶפְרָיִם וַיַּעֲלוּ אֵלֶיהָ בְּנֵי יִשְׂרָאֵל לַמִּשְׁפָּט׃
ו וַתִּשְׁלַח וַתִּקְרָא לְבָרָק בֶּן־אֲבִינֹעַם מִקֶּדֶשׁ נַפְתָּלִי וַתֹּאמֶר
אֵלָיו הֲלֹא־צִוָּה ׀ יהוה אֱלֹהֵי־יִשְׂרָאֵל לֵךְ וּמָשַׁכְתָּ בְּהַר תָּבוֹר
וְלָקַחְתָּ עִמְּךָ עֲשֶׂרֶת אֲלָפִים אִישׁ מִבְּנֵי נַפְתָּלִי וּמִבְּנֵי זְבֻלוּן׃
ז וּמָשַׁכְתִּי אֵלֶיךָ אֶל־נַחַל קִישׁוֹן אֶת־סִיסְרָא שַׂר־צְבָא יָבִין
ח וְאֶת־רִכְבּוֹ וְאֶת־הֲמוֹנוֹ וּנְתַתִּיהוּ בְּיָדֶךָ׃ וַיֹּאמֶר אֵלֶיהָ בָּרָק
ט אִם־תֵּלְכִי עִמִּי וְהָלָכְתִּי וְאִם־לֹא תֵלְכִי עִמִּי לֹא אֵלֵךְ׃ וַתֹּאמֶר
הָלֹךְ אֵלֵךְ עִמָּךְ אֶפֶס כִּי לֹא תִהְיֶה תִּפְאַרְתְּךָ עַל־הַדֶּרֶךְ
אֲשֶׁר אַתָּה הוֹלֵךְ כִּי בְיַד־אִשָּׁה יִמְכֹּר יהוה אֶת־סִיסְרָא וַתָּקׇם

י דְּבוֹרָה וַתֵּלֶךְ עִם־בָּרָק קֶדְשָׁה: וַיַּזְעֵק בָּרָק אֶת־זְבוּלֻן וְאֶת־
נַפְתָּלִי קֶדְשָׁה וַיַּעַל בְּרַגְלָיו עֲשֶׂרֶת אַלְפֵי אִישׁ וַתַּעַל עִמּוֹ
יא דְּבוֹרָה: וְחֶבֶר הַקֵּינִי נִפְרָד מִקַּיִן מִבְּנֵי חֹבָב חֹתֵן מֹשֶׁה וַיֵּט
יב אָהֳלוֹ עַד־אֵלוֹן בצענים אֲשֶׁר אֶת־קֶדֶשׁ: וַיַּגִּדוּ לְסִיסְרָא כִּי בְּצַעֲנַנִּים
יג עָלָה בָּרָק בֶּן־אֲבִינֹעַם הַר־תָּבוֹר: וַיַּזְעֵק סִיסְרָא אֶת־כָּל־
רִכְבּוֹ תְּשַׁע מֵאוֹת רֶכֶב בַּרְזֶל וְאֶת־כָּל־הָעָם אֲשֶׁר אִתּוֹ
יד מֵחֲרֹשֶׁת הַגּוֹיִם אֶל־נַחַל קִישׁוֹן: וַתֹּאמֶר דְּבֹרָה אֶל־בָּרָק קוּם
כִּי זֶה הַיּוֹם אֲשֶׁר נָתַן יְהוָה אֶת־סִיסְרָא בְּיָדֶךָ הֲלֹא יְהוָה יָצָא
לְפָנֶיךָ וַיֵּרֶד בָּרָק מֵהַר תָּבוֹר וַעֲשֶׂרֶת אֲלָפִים אִישׁ אַחֲרָיו:
טו וַיָּהָם יְהוָה אֶת־סִיסְרָא וְאֶת־כָּל־הָרֶכֶב וְאֶת־כָּל־הַמַּחֲנֶה
לְפִי־חֶרֶב לִפְנֵי בָרָק וַיֵּרֶד סִיסְרָא מֵעַל הַמֶּרְכָּבָה וַיָּנָס בְּרַגְלָיו:
טז וּבָרָק רָדַף אַחֲרֵי הָרֶכֶב וְאַחֲרֵי הַמַּחֲנֶה עַד חֲרֹשֶׁת הַגּוֹיִם וַיִּפֹּל
יז כָּל־מַחֲנֵה סִיסְרָא לְפִי־חֶרֶב לֹא נִשְׁאַר עַד־אֶחָד: וְסִיסְרָא
נָס בְּרַגְלָיו אֶל־אֹהֶל יָעֵל אֵשֶׁת חֶבֶר הַקֵּינִי כִּי שָׁלוֹם בֵּין יָבִין
יח מֶלֶךְ־חָצוֹר וּבֵין בֵּית חֶבֶר הַקֵּינִי: וַתֵּצֵא יָעֵל לִקְרַאת סִיסְרָא
וַתֹּאמֶר אֵלָיו סוּרָה אֲדֹנִי סוּרָה אֵלַי אַל־תִּירָא וַיָּסַר אֵלֶיהָ
יט הָאֹהֱלָה וַתְּכַסֵּהוּ בַּשְּׂמִיכָה: וַיֹּאמֶר אֵלֶיהָ הַשְׁקִינִי־נָא מְעַט־
מַיִם כִּי צָמֵאתִי וַתִּפְתַּח אֶת־נֹאוד הֶחָלָב וַתַּשְׁקֵהוּ וַתְּכַסֵּהוּ:
כ וַיֹּאמֶר אֵלֶיהָ עֲמֹד פֶּתַח הָאֹהֶל וְהָיָה אִם־אִישׁ יָבֹא וּשְׁאֵלֵךְ
כא וְאָמַר הֲיֵשׁ־פֹּה אִישׁ וְאָמַרְתְּ אָיִן: וַתִּקַּח יָעֵל אֵשֶׁת־חֶבֶר
אֶת־יְתַד הָאֹהֶל וַתָּשֶׂם אֶת־הַמַּקֶּבֶת בְּיָדָהּ וַתָּבוֹא אֵלָיו
בַּלָּאט וַתִּתְקַע אֶת־הַיָּתֵד בְּרַקָּתוֹ וַתִּצְנַח בָּאָרֶץ וְהוּא־
כב נִרְדָּם וַיָּעַף וַיָּמֹת: וְהִנֵּה בָרָק רֹדֵף אֶת־סִיסְרָא וַתֵּצֵא
יָעֵל לִקְרָאתוֹ וַתֹּאמֶר לוֹ לֵךְ וְאַרְאֶךָּ אֶת־הָאִישׁ אֲשֶׁר־
אַתָּה מְבַקֵּשׁ וַיָּבֹא אֵלֶיהָ וְהִנֵּה סִיסְרָא נֹפֵל מֵת וְהַיָּתֵד
כג בְּרַקָּתוֹ: וַיַּכְנַע אֱלֹהִים בַּיּוֹם הַהוּא אֵת יָבִין מֶלֶךְ־כְּנָעַן
כד לִפְנֵי בְּנֵי יִשְׂרָאֵל: וַתֵּלֶךְ יַד בְּנֵי־יִשְׂרָאֵל הָלוֹךְ וְקָשָׁה עַל

יָבִין מֶלֶךְ־כְּנָעַן עַד אֲשֶׁר הִכְרִיתוּ אֵת יָבִין מֶלֶךְ־כְּנָעַן׃

ה א וַתָּשַׁר דְּבוֹרָה וּבָרָק בֶּן־אֲבִינֹעַם בַּיּוֹם הַהוּא
ב לֵאמֹר׃ בִּפְרֹעַ פְּרָעוֹת בְּיִשְׂרָאֵל בְּהִתְנַדֵּב
ג עָם בָּרְכוּ יְהוָה׃ שִׁמְעוּ מְלָכִים הַאֲזִינוּ
רֹזְנִים אָנֹכִי לַיהוָה אָנֹכִי אָשִׁירָה אֲזַמֵּר
ד לַיהוָה אֱלֹהֵי יִשְׂרָאֵל׃ יְהוָה בְּצֵאתְךָ
מִשֵּׂעִיר בְּצַעְדְּךָ מִשְּׂדֵה אֱדוֹם אֶרֶץ
רָעָשָׁה גַּם־שָׁמַיִם נָטָפוּ גַּם־עָבִים נָטְפוּ
ה מָיִם׃ הָרִים נָזְלוּ מִפְּנֵי יְהוָה זֶה
ו סִינַי מִפְּנֵי יְהוָה אֱלֹהֵי יִשְׂרָאֵל׃ בִּימֵי שַׁמְגַּר בֶּן־
עֲנָת בִּימֵי יָעֵל חָדְלוּ אֳרָחוֹת וְהֹלְכֵי
ז נְתִיבוֹת יֵלְכוּ אֳרָחוֹת עֲקַלְקַלּוֹת׃ חָדְלוּ פְרָזוֹן בְּיִשְׂרָאֵל
חָדֵלּוּ עַד שַׁקַּמְתִּי דְּבוֹרָה שַׁקַּמְתִּי
ח אֵם בְּיִשְׂרָאֵל׃ יִבְחַר אֱלֹהִים
חֲדָשִׁים אָז לָחֶם שְׁעָרִים מָגֵן
אִם־יֵרָאֶה וָרֹמַח בְּאַרְבָּעִים אֶלֶף
ט בְּיִשְׂרָאֵל׃ לִבִּי לְחוֹקְקֵי יִשְׂרָאֵל הַמִּתְנַדְּבִים
י בָּעָם בָּרְכוּ יְהוָה׃ רֹכְבֵי אֲתֹנוֹת
צְחֹרוֹת יֹשְׁבֵי עַל־מִדִּין וְהֹלְכֵי
יא עַל־דֶּרֶךְ שִׂיחוּ׃ מִקּוֹל מְחַצְצִים בֵּין
מַשְׁאַבִּים שָׁם יְתַנּוּ צִדְקוֹת יְהוָה צִדְקֹת
פִּרְזוֹנוֹ בְּיִשְׂרָאֵל אָז יָרְדוּ לַשְּׁעָרִים עַם־
יב יְהוָה׃ עוּרִי עוּרִי דְּבוֹרָה עוּרִי
עוּרִי דַּבְּרִי־שִׁיר קוּם בָּרָק וּשְׁבֵה שֶׁבְיְךָ בֶּן־
יג אֲבִינֹעַם׃ אָז יְרַד שָׂרִיד לְאַדִּירִים עָם יְהוָה
יד יְרַד־לִי בַּגִּבּוֹרִים׃ מִנִּי אֶפְרַיִם שָׁרְשָׁם

בַּעֲמָלֵק   אַחֲרֶיךָ בִנְיָמִין בַּעֲמָמֶיךָ   מִנִּי
מָכִיר יָרְדוּ מְחֹקְקִים   וּמִזְּבוּלֻן מֹשְׁכִים בְּשֵׁבֶט
טו סֹפֵר׃   וְשָׂרַי בְּיִשָּׂשכָר עִם־דְּבֹרָה   וְיִשָּׂשכָר
כֵּן בָּרָק   בָּעֵמֶק שֻׁלַּח
בְּרַגְלָיו   בִּפְלַגּוֹת רְאוּבֵן   גְּדֹלִים
טז חִקְקֵי־לֵב׃   לָמָּה יָשַׁבְתָּ בֵּין
הַמִּשְׁפְּתַיִם   לִשְׁמֹעַ שְׁרִקוֹת עֲדָרִים   לִפְלַגּוֹת
יז רְאוּבֵן גְּדוֹלִים חִקְרֵי־לֵב׃   גִּלְעָד בְּעֵבֶר הַיַּרְדֵּן
שָׁכֵן   וְדָן לָמָּה יָגוּר אֳנִיּוֹת   אָשֵׁר
יָשַׁב לְחוֹף יַמִּים   וְעַל מִפְרָצָיו
יח יִשְׁכּוֹן׃   זְבֻלוּן עַם חֵרֵף נַפְשׁוֹ לָמוּת   וְנַפְתָּלִי
יט עַל מְרוֹמֵי שָׂדֶה׃   בָּאוּ מְלָכִים
נִלְחָמוּ   אָז נִלְחֲמוּ מַלְכֵי כְנַעַן   בְּתַעְנַךְ
עַל־מֵי מְגִדּוֹ   בֶּצַע כֶּסֶף לֹא
כ לָקָחוּ׃   מִן־שָׁמַיִם נִלְחָמוּ   הַכּוֹכָבִים
כא מִמְּסִלּוֹתָם נִלְחֲמוּ עִם סִיסְרָא׃   נַחַל קִישׁוֹן
גְּרָפָם   נַחַל קְדוּמִים נַחַל קִישׁוֹן   תִּדְרְכִי
כב נַפְשִׁי עֹז׃   אָז הָלְמוּ עִקְּבֵי־
כג סוּס   מִדַּהֲרוֹת דַּהֲרוֹת אַבִּירָיו׃   אוֹרוּ
מֵרוֹז אָמַר מַלְאַךְ יְהוָה   אֹרוּ אָרוֹר
יֹשְׁבֶיהָ   כִּי לֹא־בָאוּ לְעֶזְרַת יְהוָה   לְעֶזְרַת
כד יְהוָה בַּגִּבּוֹרִים׃   תְּבֹרַךְ מִנָּשִׁים
יָעֵל   אֵשֶׁת חֶבֶר הַקֵּינִי   מִנָּשִׁים
כה בָּאֹהֶל תְּבֹרָךְ׃   מַיִם שָׁאַל חָלָב
כו נָתָנָה   בְּסֵפֶל אַדִּירִים הִקְרִיבָה חֶמְאָה׃   יָדָהּ
לַיָּתֵד תִּשְׁלַחְנָה   וִימִינָהּ לְהַלְמוּת
עֲמֵלִים   וְהָלְמָה סִיסְרָא מָחֲקָה רֹאשׁוֹ   וּמָחֲצָה

וחלפה רקתו: בין רגליה כרע נפל כז

שכב בין רגליה כרע נפל באשר

כרע שם נפל שדוד: בעד החלון נשקפה כח

ותיבב אם סיסרא בעד האשנב מדוע

בשש רכבו לבוא מדוע אחרו פעמי

מרכבותיו: חכמות שרותיה תעננה אף־ כט

היא תשיב אמריה לה: הלא ימצאו יחלקו ל

שלל רחם רחמתים לראש גבר שלל

צבעים לסיסרא שלל צבעים

ד רקמה צבע רקמתים לצוארי שלל: כן לא

יאבדו כל־אויביך יהוה ואהביו כצאת השמש

בגברתו ותשקט הארץ ארבעים שנה:

ויעשו בני־ישראל הרע בעיני יהוה ויתנם יהוה ביד־מדין ו א

שבע שנים: ותעז יד־מדין על־ישראל מפני מדין עשו־להם ׀ ב

בני ישראל את־המנהרות אשר בהרים ואת־המערות ואת־

המצדות: והיה אם־זרע ישראל ועלה מדין ועמלק ובני־ ג

קדם ועלו עליו: ויחנו עליהם וישחיתו את־יבול הארץ עד־ ד

בואך עזה ולא־ישאירו מחיה בישראל ושה ושור וחמור: כי ה

ובאו הם ומקניהם יעלו ואהליהם יבאו כדי־ארבה לרב ולהם

ולגמליהם אין מספר ויבאו בארץ לשחתה: וידל ישראל ו

מאד מפני מדין ויזעקו בני־ישראל אל־יהוה: ויהי כי־זעקו ז

בני־ישראל אל־יהוה על אדות מדין: וישלח יהוה איש נביא ח

אל־בני ישראל ויאמר להם כה־אמר יהוה ׀ אלהי ישראל

אנכי העליתי אתכם ממצרים ואוציא אתכם מבית עבדים:

ואצל אתכם מיד מצרים ומיד כל־לחציכם ואגרש אותם ט

מפניכם ואתנה לכם את־ארצם: ואמרה לכם אני יהוה י

אֱלֹהֵיכֶם לֹא תִֽירְאוּ אֶת־אֱלֹהֵי הָֽאֱמֹרִי אֲשֶׁר אַתֶּם יוֹשְׁבִים
יא בְּאַרְצָם וְלֹא שְׁמַעְתֶּם בְּקוֹלִי׃ וַיָּבֹא מַלְאַךְ יְהוָה
וַיֵּשֶׁב תַּחַת הָאֵלָה אֲשֶׁר בְּעָפְרָה אֲשֶׁר לְיוֹאָשׁ אֲבִי הָעֶזְרִי
יב וְגִדְעוֹן בְּנוֹ חֹבֵט חִטִּים בַּגַּת לְהָנִיס מִפְּנֵי מִדְיָן׃ וַיֵּרָא אֵלָיו
יג מַלְאַךְ יְהוָה וַיֹּאמֶר אֵלָיו יְהוָה עִמְּךָ גִּבּוֹר הֶחָיִל׃ וַיֹּאמֶר אֵלָיו
גִּדְעוֹן בִּי אֲדֹנִי וְיֵשׁ יְהוָה עִמָּנוּ וְלָמָּה מְצָאַתְנוּ כָּל־זֹאת וְאַיֵּה
כָל־נִפְלְאֹתָיו אֲשֶׁר סִפְּרוּ־לָנוּ אֲבוֹתֵינוּ לֵאמֹר הֲלֹא מִמִּצְרַיִם
יד הֶעֱלָנוּ יְהוָה וְעַתָּה נְטָשָׁנוּ יְהוָה וַיִּתְּנֵנוּ בְּכַף מִדְיָן׃ וַיִּפֶן אֵלָיו
יְהוָה וַיֹּאמֶר לֵךְ בְּכֹחֲךָ זֶה וְהוֹשַׁעְתָּ אֶת־יִשְׂרָאֵל מִכַּף מִדְיָן
טו הֲלֹא שְׁלַחְתִּיךָ׃ וַיֹּאמֶר אֵלָיו בִּי אֲדֹנָי בַּמָּה אוֹשִׁיעַ אֶת־
יִשְׂרָאֵל הִנֵּה אַלְפִּי הַדַּל בִּמְנַשֶּׁה וְאָנֹכִי הַצָּעִיר בְּבֵית אָבִי׃
טז וַיֹּאמֶר אֵלָיו יְהוָה כִּי אֶהְיֶה עִמָּךְ וְהִכִּיתָ אֶת־מִדְיָן כְּאִישׁ
יז אֶחָד׃ וַיֹּאמֶר אֵלָיו אִם־נָא מָצָאתִי חֵן בְּעֵינֶיךָ וְעָשִׂיתָ לִּי אוֹת
יח שָׁאַתָּה מְדַבֵּר עִמִּי׃ אַל־נָא תָמֻשׁ מִזֶּה עַד־בֹּאִי אֵלֶיךָ
וְהֹצֵאתִי אֶת־מִנְחָתִי וְהִנַּחְתִּי לְפָנֶיךָ וַיֹּאמַר אָנֹכִי אֵשֵׁב עַד
יט שׁוּבֶךָ׃ וְגִדְעוֹן בָּא וַיַּעַשׂ גְּדִי־עִזִּים וְאֵיפַת־קֶמַח מַצּוֹת הַבָּשָׂר
שָׂם בַּסַּל וְהַמָּרַק שָׂם בַּפָּרוּר וַיּוֹצֵא אֵלָיו אֶל־תַּחַת הָאֵלָה
כ וַיַּגַּשׁ׃ וַיֹּאמֶר אֵלָיו מַלְאַךְ הָאֱלֹהִים קַח אֶת־
הַבָּשָׂר וְאֶת־הַמַּצּוֹת וְהַנַּח אֶל־הַסֶּלַע הַלָּז וְאֶת־הַמָּרַק שְׁפוֹךְ
כא וַיַּעַשׂ כֵּן׃ וַיִּשְׁלַח מַלְאַךְ יְהוָה אֶת־קְצֵה הַמִּשְׁעֶנֶת אֲשֶׁר בְּיָדוֹ
וַיִּגַּע בַּבָּשָׂר וּבַמַּצּוֹת וַתַּעַל הָאֵשׁ מִן־הַצּוּר וַתֹּאכַל אֶת־
כב הַבָּשָׂר וְאֶת־הַמַּצּוֹת וּמַלְאַךְ יְהוָה הָלַךְ מֵעֵינָיו׃ וַיַּרְא גִּדְעוֹן
כִּי־מַלְאַךְ יְהוָה הוּא וַיֹּאמֶר גִּדְעוֹן אֲהָהּ אֲדֹנָי יֱהוִה כִּי־
כג עַל־כֵּן רָאִיתִי מַלְאַךְ יְהוָה פָּנִים אֶל־פָּנִים׃ וַיֹּאמֶר לוֹ יְהוָה
כד שָׁלוֹם לְךָ אַל־תִּירָא לֹא תָּמוּת׃ וַיִּבֶן שָׁם גִּדְעוֹן מִזְבֵּחַ לַיהוָה
וַיִּקְרָא־לוֹ יְהוָה ׀ שָׁלוֹם עַד הַיּוֹם הַזֶּה עוֹדֶנּוּ בְּעָפְרַת אֲבִי
כה הָעֶזְרִי׃ וַיְהִי בַּלַּיְלָה הַהוּא וַיֹּאמֶר לוֹ יְהוָה קַח

אֶת־פַּר־הַשּׁוֹר אֲשֶׁר לְאָבִיךָ וּפַר הַשֵּׁנִי שֶׁבַע שָׁנִים וְהָרַסְתָּ
אֶת־מִזְבַּח הַבַּעַל אֲשֶׁר לְאָבִיךָ וְאֶת־הָאֲשֵׁרָה אֲשֶׁר־עָלָיו
כו תִּכְרֹת׃ וּבָנִיתָ מִזְבֵּחַ לַיהוָה אֱלֹהֶיךָ עַל רֹאשׁ הַמָּעוֹז הַזֶּה
בַּמַּעֲרָכָה וְלָקַחְתָּ אֶת־הַפָּר הַשֵּׁנִי וְהַעֲלִיתָ עוֹלָה בַּעֲצֵי
כז הָאֲשֵׁרָה אֲשֶׁר תִּכְרֹת׃ וַיִּקַּח גִּדְעוֹן עֲשָׂרָה אֲנָשִׁים מֵעֲבָדָיו
וַיַּעַשׂ כַּאֲשֶׁר דִּבֶּר אֵלָיו יְהוָה וַיְהִי כַּאֲשֶׁר יָרֵא אֶת־בֵּית אָבִיו
כח וְאֶת־אַנְשֵׁי הָעִיר מֵעֲשׂוֹת יוֹמָם וַיַּעַשׂ לָיְלָה׃ וַיַּשְׁכִּימוּ אַנְשֵׁי
הָעִיר בַּבֹּקֶר וְהִנֵּה נֻתַּץ מִזְבַּח הַבַּעַל וְהָאֲשֵׁרָה אֲשֶׁר־עָלָיו
כט כֹּרָתָה וְאֵת הַפָּר הַשֵּׁנִי הֹעֲלָה עַל־הַמִּזְבֵּחַ הַבָּנוּי׃ וַיֹּאמְרוּ אִישׁ
אֶל־רֵעֵהוּ מִי עָשָׂה הַדָּבָר הַזֶּה וַיִּדְרְשׁוּ וַיְבַקְשׁוּ וַיֹּאמְרוּ גִּדְעוֹן
ל בֶּן־יוֹאָשׁ עָשָׂה הַדָּבָר הַזֶּה׃ וַיֹּאמְרוּ אַנְשֵׁי הָעִיר אֶל־יוֹאָשׁ
הוֹצֵא אֶת־בִּנְךָ וְיָמֹת כִּי נָתַץ אֶת־מִזְבַּח הַבַּעַל וְכִי כָרַת
לא הָאֲשֵׁרָה אֲשֶׁר־עָלָיו׃ וַיֹּאמֶר יוֹאָשׁ לְכֹל אֲשֶׁר־עָמְדוּ עָלָיו
הַאַתֶּם ׀ תְּרִיבוּן לַבַּעַל אִם־אַתֶּם תּוֹשִׁיעוּן אוֹתוֹ אֲשֶׁר יָרִיב
לוֹ יוּמַת עַד־הַבֹּקֶר אִם־אֱלֹהִים הוּא יָרֶב לוֹ כִּי נָתַץ אֶת־
לב מִזְבְּחוֹ׃ וַיִּקְרָא־לוֹ בַיּוֹם־הַהוּא יְרֻבַּעַל לֵאמֹר יָרֶב בּוֹ הַבַּעַל כִּי
לג נָתַץ אֶת־מִזְבְּחוֹ׃ וְכָל־מִדְיָן וַעֲמָלֵק וּבְנֵי־קֶדֶם
לד נֶאֶסְפוּ יַחְדָּו וַיַּעַבְרוּ וַיַּחֲנוּ בְּעֵמֶק יִזְרְעֶאל׃ וְרוּחַ יְהוָה לָבְשָׁה
לה אֶת־גִּדְעוֹן וַיִּתְקַע בַּשּׁוֹפָר וַיִּזָּעֵק אֲבִיעֶזֶר אַחֲרָיו׃ וּמַלְאָכִים
שָׁלַח בְּכָל־מְנַשֶּׁה וַיִּזָּעֵק גַּם־הוּא אַחֲרָיו וּמַלְאָכִים שָׁלַח
לו בְּאָשֵׁר וּבִזְבֻלוּן וּבְנַפְתָּלִי וַיַּעֲלוּ לִקְרָאתָם׃ וַיֹּאמֶר גִּדְעוֹן אֶל־
הָאֱלֹהִים אִם־יֶשְׁךָ מוֹשִׁיעַ בְּיָדִי אֶת־יִשְׂרָאֵל כַּאֲשֶׁר דִּבַּרְתָּ׃
לז הִנֵּה אָנֹכִי מַצִּיג אֶת־גִּזַּת הַצֶּמֶר בַּגֹּרֶן אִם טַל יִהְיֶה עַל־הַגִּזָּה
לְבַדָּהּ וְעַל כָּל־הָאָרֶץ חֹרֶב וְיָדַעְתִּי כִּי־תוֹשִׁיעַ בְּיָדִי אֶת־
לח יִשְׂרָאֵל כַּאֲשֶׁר דִּבַּרְתָּ׃ וַיְהִי־כֵן וַיַּשְׁכֵּם מִמָּחֳרָת וַיָּזַר אֶת־
לט הַגִּזָּה וַיִּמֶץ טַל מִן־הַגִּזָּה מְלוֹא הַסֵּפֶל מָיִם׃ וַיֹּאמֶר גִּדְעוֹן אֶל־
הָאֱלֹהִים אַל־יִחַר אַפְּךָ בִּי וַאֲדַבְּרָה אַךְ הַפָּעַם אֲנַסֶּה נָּא־רַק־

הַפַּעַם בַּגִּזָּה יְהִי־נָא חֹרֶב אֶל־הַגִּזָּה לְבַדָּהּ וְעַל־כָּל־הָאָרֶץ
מ יִהְיֶה־טָּל׃ וַיַּעַשׂ אֱלֹהִים כֵּן בַּלַּיְלָה הַהוּא וַיְהִי־חֹרֶב אֶל־הַגִּזָּה ה
ז א לְבַדָּהּ וְעַל־כָּל־הָאָרֶץ הָיָה טָל׃ וַיַּשְׁכֵּם יְרֻבַּעַל הוּא גִדְעוֹן
וְכָל־הָעָם אֲשֶׁר אִתּוֹ וַיַּחֲנוּ עַל־עֵין חֲרֹד וּמַחֲנֵה מִדְיָן הָיָה־לוֹ
ב מִצָּפוֹן מִגִּבְעַת הַמּוֹרֶה בָּעֵמֶק׃ וַיֹּאמֶר יְהוָה
אֶל־גִּדְעוֹן רַב הָעָם אֲשֶׁר אִתָּךְ מִתִּתִּי אֶת־מִדְיָן בְּיָדָם פֶּן־
ג יִתְפָּאֵר עָלַי יִשְׂרָאֵל לֵאמֹר יָדִי הוֹשִׁיעָה לִּי׃ וְעַתָּה קְרָא
נָא בְּאָזְנֵי הָעָם לֵאמֹר מִי־יָרֵא וְחָרֵד יָשֹׁב וְיִצְפֹּר מֵהַר
הַגִּלְעָד וַיָּשָׁב מִן־הָעָם עֶשְׂרִים וּשְׁנַיִם אֶלֶף וַעֲשֶׂרֶת אֲלָפִים
ד נִשְׁאָרוּ׃ וַיֹּאמֶר יְהוָה אֶל־גִּדְעוֹן עוֹד הָעָם רָב
הוֹרֵד אוֹתָם אֶל־הַמַּיִם וְאֶצְרְפֶנּוּ לְךָ שָׁם וְהָיָה אֲשֶׁר אֹמַר אֵלֶיךָ
זֶה ׀ יֵלֵךְ אִתָּךְ הוּא יֵלֵךְ אִתָּךְ וְכֹל אֲשֶׁר־אֹמַר אֵלֶיךָ זֶה לֹא־
ה יֵלֵךְ עִמָּךְ הוּא לֹא יֵלֵךְ׃ וַיּוֹרֶד אֶת־הָעָם אֶל־הַמָּיִם וַיֹּאמֶר יְהוָה
אֶל־גִּדְעוֹן כֹּל אֲשֶׁר־יָלֹק בִּלְשׁוֹנוֹ מִן־הַמַּיִם כַּאֲשֶׁר יָלֹק הַכֶּלֶב
ו תַּצִּיג אוֹתוֹ לְבָד וְכֹל אֲשֶׁר־יִכְרַע עַל־בִּרְכָּיו לִשְׁתּוֹת׃ וַיְהִי
מִסְפַּר הַמְלַקְקִים בְּיָדָם אֶל־פִּיהֶם שְׁלֹשׁ מֵאוֹת אִישׁ וְכֹל יֶתֶר
ז הָעָם כָּרְעוּ עַל־בִּרְכֵיהֶם לִשְׁתּוֹת מָיִם׃ וַיֹּאמֶר
יְהוָה אֶל־גִּדְעוֹן בִּשְׁלֹשׁ מֵאוֹת הָאִישׁ הַמְלַקְקִים אוֹשִׁיעַ אֶתְכֶם
ח וְנָתַתִּי אֶת־מִדְיָן בְּיָדֶךָ וְכָל־הָעָם יֵלְכוּ אִישׁ לִמְקֹמוֹ׃ וַיִּקְחוּ
אֶת־צֵדָה הָעָם בְּיָדָם וְאֵת שׁוֹפְרֹתֵיהֶם וְאֵת כָּל־אִישׁ יִשְׂרָאֵל
שִׁלַּח אִישׁ לְאֹהָלָיו וּבִשְׁלֹשׁ־מֵאוֹת הָאִישׁ הֶחֱזִיק וּמַחֲנֵה מִדְיָן
ט הָיָה לוֹ מִתַּחַת בָּעֵמֶק׃ וַיְהִי בַּלַּיְלָה הַהוּא
י וַיֹּאמֶר אֵלָיו יְהוָה קוּם רֵד בַּמַּחֲנֶה כִּי נְתַתִּיו בְּיָדֶךָ׃ וְאִם־יָרֵא
יא אַתָּה לָרֶדֶת רֵד אַתָּה וּפֻרָה נַעַרְךָ אֶל־הַמַּחֲנֶה׃ וְשָׁמַעְתָּ מַה־
יְדַבֵּרוּ וְאַחַר תֶּחֱזַקְנָה יָדֶיךָ וְיָרַדְתָּ בַּמַּחֲנֶה וַיֵּרֶד הוּא וּפֻרָה
יב נַעֲרוֹ אֶל־קְצֵה הַחֲמֻשִׁים אֲשֶׁר בַּמַּחֲנֶה׃ וּמִדְיָן וַעֲמָלֵק וְכָל־
בְּנֵי־קֶדֶם נֹפְלִים בָּעֵמֶק כָּאַרְבֶּה לָרֹב וְלִגְמַלֵּיהֶם אֵין מִסְפָּר

כַּחוֹל שֶׁעַל־שְׂפַת הַיָּם לָרֹב׃ וַיָּבֹא גִדְעוֹן וְהִנֵּה־אִישׁ מְסַפֵּר יג
צְלִיל לְרֵעֵהוּ חֲלוֹם וַיֹּאמֶר הִנֵּה חֲלוֹם חָלַמְתִּי וְהִנֵּה צלול לֶחֶם
שְׂעֹרִים מִתְהַפֵּךְ בְּמַחֲנֵה מִדְיָן וַיָּבֹא עַד־הָאֹהֶל וַיַּכֵּהוּ וַיִּפֹּל
וַיַּהַפְכֵהוּ לְמַעְלָה וְנָפַל הָאֹהֶל׃ וַיַּעַן רֵעֵהוּ וַיֹּאמֶר אֵין זֹאת יד
בִּלְתִּי אִם־חֶרֶב גִּדְעוֹן בֶּן־יוֹאָשׁ אִישׁ יִשְׂרָאֵל נָתַן הָאֱלֹהִים
בְּיָדוֹ אֶת־מִדְיָן וְאֶת־כָּל־הַמַּחֲנֶה׃ וַיְהִי כִשְׁמֹעַ טו
גִדְעוֹן אֶת־מִסְפַּר הַחֲלוֹם וְאֶת־שִׁבְרוֹ וַיִּשְׁתָּחוּ וַיָּשָׁב אֶל־
מַחֲנֵה יִשְׂרָאֵל וַיֹּאמֶר קוּמוּ כִּי־נָתַן יְהוָה בְּיֶדְכֶם אֶת־מַחֲנֵה
מִדְיָן׃ וַיַּחַץ אֶת־שְׁלֹשׁ־מֵאוֹת הָאִישׁ שְׁלֹשָׁה רָאשִׁים וַיִּתֵּן טז
שׁוֹפָרוֹת בְּיַד־כֻּלָּם וְכַדִּים רֵקִים וְלַפִּדִים בְּתוֹךְ הַכַּדִּים׃ וַיֹּאמֶר יז
אֲלֵיהֶם מִמֶּנִּי תִרְאוּ וְכֵן תַּעֲשׂוּ וְהִנֵּה אָנֹכִי בָא בִּקְצֵה הַמַּחֲנֶה
וְהָיָה כַאֲשֶׁר אֶעֱשֶׂה כֵּן תַּעֲשׂוּן׃ וְתָקַעְתִּי בַּשּׁוֹפָר אָנֹכִי וְכָל־ יח
אֲשֶׁר אִתִּי וּתְקַעְתֶּם בַּשּׁוֹפָרוֹת גַּם־אַתֶּם סְבִיבוֹת כָּל־הַמַּחֲנֶה
וַאֲמַרְתֶּם לַיהוָה וּלְגִדְעוֹן׃ וַיָּבֹא גִדְעוֹן וּמֵאָה־ יט
אִישׁ אֲשֶׁר־אִתּוֹ בִּקְצֵה הַמַּחֲנֶה רֹאשׁ הָאַשְׁמֹרֶת הַתִּיכוֹנָה אַךְ
הָקֵם הֵקִימוּ אֶת־הַשֹּׁמְרִים וַיִּתְקְעוּ בַּשּׁוֹפָרוֹת וְנָפוֹץ הַכַּדִּים
אֲשֶׁר בְּיָדָם׃ וַיִּתְקְעוּ שְׁלֹשֶׁת הָרָאשִׁים בַּשּׁוֹפָרוֹת וַיִּשְׁבְּרוּ כ
הַכַּדִּים וַיַּחֲזִיקוּ בְיַד־שְׂמֹאולָם בַּלַּפִּדִים וּבְיַד־יְמִינָם הַשּׁוֹפָרוֹת
לִתְקוֹעַ וַיִּקְרְאוּ חֶרֶב לַיהוָה וּלְגִדְעוֹן׃ וַיַּעַמְדוּ אִישׁ תַּחְתָּיו כא
וַיָּנוּסוּ סָבִיב לַמַּחֲנֶה וַיָּרָץ כָּל־הַמַּחֲנֶה וַיָּרִיעוּ ויניסו׃ וַיִּתְקְעוּ שְׁלֹשׁ־ כב
מֵאוֹת הַשּׁוֹפָרוֹת וַיָּשֶׂם יְהוָה אֵת חֶרֶב אִישׁ בְּרֵעֵהוּ וּבְכָל־
הַמַּחֲנֶה וַיָּנָס הַמַּחֲנֶה עַד־בֵּית הַשִּׁטָּה צְרֵרָתָה עַד שְׂפַת־אָבֵל
מְחוֹלָה עַל־טַבָּת׃ וַיִּצָּעֵק אִישׁ־יִשְׂרָאֵל מִנַּפְתָּלִי וּמִן־אָשֵׁר כג
וּמִן־כָּל־מְנַשֶּׁה וַיִּרְדְּפוּ אַחֲרֵי מִדְיָן׃ וּמַלְאָכִים שָׁלַח גִּדְעוֹן כד
בְּכָל־הַר אֶפְרַיִם לֵאמֹר רְדוּ לִקְרַאת מִדְיָן וְלִכְדוּ לָהֶם אֶת־
הַמַּיִם עַד בֵּית בָּרָה וְאֶת־הַיַּרְדֵּן וַיִּצָּעֵק כָּל־אִישׁ אֶפְרַיִם
וַיִּלְכְּדוּ אֶת־הַמַּיִם עַד בֵּית בָּרָה וְאֶת־הַיַּרְדֵּן׃ וַיִּלְכְּדוּ שְׁנֵי־שָׂרֵי כה

מִדְיָן אֶת־עֹרֵב וְאֶת־זְאֵב וַיַּהַרְגוּ אֶת־עוֹרֵב בְּצוּר־עוֹרֵב וְאֶת־
זְאֵב הָרְגוּ בְיֶקֶב־זְאֵב וַיִּרְדְּפוּ אֶל־מִדְיָן וְרֹאשׁ־עֹרֵב וּזְאֵב
ח א הֵבִיאוּ אֶל־גִּדְעוֹן מֵעֵבֶר לַיַּרְדֵּן׃ וַיֹּאמְרוּ אֵלָיו אִישׁ אֶפְרַיִם
מָה־הַדָּבָר הַזֶּה עָשִׂיתָ לָּנוּ לְבִלְתִּי קְרֹאות לָנוּ כִּי הָלַכְתָּ
ב לְהִלָּחֵם בְּמִדְיָן וַיְרִיבוּן אִתּוֹ בְּחָזְקָה׃ וַיֹּאמֶר אֲלֵיהֶם מֶה־
עָשִׂיתִי עַתָּה כָּכֶם הֲלֹא טוֹב עֹלְלוֹת אֶפְרַיִם מִבְצִיר אֲבִיעֶזֶר׃
ג בְּיֶדְכֶם נָתַן אֱלֹהִים אֶת־שָׂרֵי מִדְיָן אֶת־עֹרֵב וְאֶת־זְאֵב וּמַה־ ו
יָּכֹלְתִּי עֲשׂוֹת כָּכֶם אָז רָפְתָה רוּחָם מֵעָלָיו בְּדַבְּרוֹ הַדָּבָר הַזֶּה׃
ד וַיָּבֹא גִדְעוֹן הַיַּרְדֵּנָה עֹבֵר הוּא וּשְׁלֹשׁ־מֵאוֹת הָאִישׁ אֲשֶׁר אִתּוֹ
ה עֲיֵפִים וְרֹדְפִים׃ וַיֹּאמֶר לְאַנְשֵׁי סֻכּוֹת תְּנוּ־נָא כִּכְּרוֹת לֶחֶם לָעָם
אֲשֶׁר בְּרַגְלָי כִּי־עֲיֵפִים הֵם וְאָנֹכִי רֹדֵף אַחֲרֵי זֶבַח וְצַלְמֻנָּע
ו מַלְכֵי מִדְיָן׃ וַיֹּאמֶר שָׂרֵי סֻכּוֹת הֲכַף זֶבַח וְצַלְמֻנָּע עַתָּה בְּיָדֶךָ
ז כִּי־נִתֵּן לִצְבָאֲךָ לָחֶם׃ וַיֹּאמֶר גִּדְעוֹן לָכֵן בְּתֵת יְהוָה אֶת־זֶבַח
וְאֶת־צַלְמֻנָּע בְּיָדִי וְדַשְׁתִּי אֶת־בְּשַׂרְכֶם אֶת־קוֹצֵי הַמִּדְבָּר
ח וְאֶת־הַבַּרְקֳנִים׃ וַיַּעַל מִשָּׁם פְּנוּאֵל וַיְדַבֵּר אֲלֵיהֶם כָּזֹאת
ט וַיַּעֲנוּ אוֹתוֹ אַנְשֵׁי פְנוּאֵל כַּאֲשֶׁר עָנוּ אַנְשֵׁי סֻכּוֹת׃ וַיֹּאמֶר
גַּם־לְאַנְשֵׁי פְנוּאֵל לֵאמֹר בְּשׁוּבִי בְשָׁלוֹם אֶתֹּץ אֶת־הַמִּגְדָּל
י הַזֶּה׃ וְזֶבַח וְצַלְמֻנָּע בַּקַּרְקֹר וּמַחֲנֵיהֶם עִמָּם
כַּחֲמֵשֶׁת עָשָׂר אֶלֶף כֹּל הַנּוֹתָרִים מִכֹּל מַחֲנֵה בְנֵי־קֶדֶם
יא וְהַנֹּפְלִים מֵאָה וְעֶשְׂרִים אֶלֶף אִישׁ שֹׁלֵף חָרֶב׃ וַיַּעַל גִּדְעוֹן
דֶּרֶךְ הַשְּׁכוּנֵי בָאֳהָלִים מִקֶּדֶם לְנֹבַח וְיָגְבֳּהָה וַיַּךְ אֶת־הַמַּחֲנֶה
יב וְהַמַּחֲנֶה הָיָה בֶטַח׃ וַיָּנוּסוּ זֶבַח וְצַלְמֻנָּע וַיִּרְדֹּף אַחֲרֵיהֶם וַיִּלְכֹּד
אֶת־שְׁנֵי ׀ מַלְכֵי מִדְיָן אֶת־זֶבַח וְאֶת־צַלְמֻנָּע וְכָל־הַמַּחֲנֶה
יג הֶחֱרִיד׃ וַיָּשָׁב גִּדְעוֹן בֶּן־יוֹאָשׁ מִן־הַמִּלְחָמָה מִלְמַעֲלֵה הֶחָרֶס׃
יד וַיִּלְכָּד־נַעַר מֵאַנְשֵׁי סֻכּוֹת וַיִּשְׁאָלֵהוּ וַיִּכְתֹּב אֵלָיו אֶת־שָׂרֵי
טו סֻכּוֹת וְאֶת־זְקֵנֶיהָ שִׁבְעִים וְשִׁבְעָה אִישׁ׃ וַיָּבֹא אֶל־אַנְשֵׁי סֻכּוֹת
וַיֹּאמֶר הִנֵּה זֶבַח וְצַלְמֻנָּע אֲשֶׁר חֵרַפְתֶּם אוֹתִי לֵאמֹר הֲכַף זֶבַח

וְצַלְמֻנָּע עַתָּה בְּיָדֶךָ כִּי נִתֵּן לַאֲנָשֶׁיךָ הַיְּעֵפִים לָחֶם׃ וַיִּקַּח אֶת־ טז
זִקְנֵי הָעִיר וְאֶת־קוֹצֵי הַמִּדְבָּר וְאֶת־הַבַּרְקֳנִים וַיֹּדַע בָּהֶם אֵת
אַנְשֵׁי סֻכּוֹת׃ וְאֶת־מִגְדַּל פְּנוּאֵל נָתָץ וַיַּהֲרֹג אֶת־אַנְשֵׁי הָעִיר׃ יז
וַיֹּאמֶר אֶל־זֶבַח וְאֶל־צַלְמֻנָּע אֵיפֹה הָאֲנָשִׁים אֲשֶׁר הֲרַגְתֶּם יח
בְּתָבוֹר וַיֹּאמְרוּ כָּמוֹךָ כְמוֹהֶם אֶחָד כְּתֹאַר בְּנֵי הַמֶּלֶךְ׃ וַיֹּאמַר יט
אַחַי בְּנֵי־אִמִּי הֵם חַי־יְהוָה לוּ הַחֲיִתֶם אוֹתָם לֹא הָרַגְתִּי
אֶתְכֶם׃ וַיֹּאמֶר לְיֶתֶר בְּכוֹרוֹ קוּם הֲרֹג אוֹתָם וְלֹא־שָׁלַף כ
הַנַּעַר חַרְבּוֹ כִּי יָרֵא כִּי עוֹדֶנּוּ נָעַר׃ וַיֹּאמֶר זֶבַח וְצַלְמֻנָּע כא
קוּם אַתָּה וּפְגַע־בָּנוּ כִּי כָאִישׁ גְּבוּרָתוֹ וַיָּקָם גִּדְעוֹן וַיַּהֲרֹג
אֶת־זֶבַח וְאֶת־צַלְמֻנָּע וַיִּקַּח אֶת־הַשַּׂהֲרֹנִים אֲשֶׁר בְּצַוְּארֵי
גְמַלֵּיהֶם׃ וַיֹּאמְרוּ אִישׁ־יִשְׂרָאֵל אֶל־גִּדְעוֹן כב
מְשָׁל־בָּנוּ גַּם־אַתָּה גַּם־בִּנְךָ גַּם בֶּן־בְּנֶךָ כִּי הוֹשַׁעְתָּנוּ מִיַּד
מִדְיָן׃ וַיֹּאמֶר אֲלֵהֶם גִּדְעוֹן לֹא־אֶמְשֹׁל אֲנִי בָּכֶם וְלֹא־יִמְשֹׁל כג
בְּנִי בָּכֶם יְהוָה יִמְשֹׁל בָּכֶם׃ וַיֹּאמֶר אֲלֵהֶם גִּדְעוֹן אֶשְׁאֲלָה כד
מִכֶּם שְׁאֵלָה וּתְנוּ־לִי אִישׁ נֶזֶם שְׁלָלוֹ כִּי־נִזְמֵי זָהָב לָהֶם כִּי
יִשְׁמְעֵאלִים הֵם׃ וַיֹּאמְרוּ נָתוֹן נִתֵּן וַיִּפְרְשׂוּ אֶת־הַשִּׂמְלָה כה
וַיַּשְׁלִיכוּ שָׁמָּה אִישׁ נֶזֶם שְׁלָלוֹ׃ וַיְהִי מִשְׁקַל נִזְמֵי הַזָּהָב אֲשֶׁר כו
שָׁאָל אֶלֶף וּשְׁבַע־מֵאוֹת זָהָב לְבַד מִן־הַשַּׂהֲרֹנִים וְהַנְּטִפוֹת
וּבִגְדֵי הָאַרְגָּמָן שֶׁעַל מַלְכֵי מִדְיָן וּלְבַד מִן־הָעֲנָקוֹת אֲשֶׁר
בְּצַוְּארֵי גְמַלֵּיהֶם׃ וַיַּעַשׂ אוֹתוֹ גִדְעוֹן לְאֵפוֹד וַיַּצֵּג אוֹתוֹ בְעִירוֹ כז
בְּעָפְרָה וַיִּזְנוּ כָל־יִשְׂרָאֵל אַחֲרָיו שָׁם וַיְהִי לְגִדְעוֹן וּלְבֵיתוֹ
לְמוֹקֵשׁ׃ וַיִּכָּנַע מִדְיָן לִפְנֵי בְּנֵי יִשְׂרָאֵל וְלֹא יָסְפוּ לָשֵׂאת רֹאשָׁם כח
וַתִּשְׁקֹט הָאָרֶץ אַרְבָּעִים שָׁנָה בִּימֵי גִדְעוֹן׃ וַיֵּלֶךְ כט
יְרֻבַּעַל בֶּן־יוֹאָשׁ וַיֵּשֶׁב בְּבֵיתוֹ׃ וּלְגִדְעוֹן הָיוּ שִׁבְעִים בָּנִים יֹצְאֵי ל
יְרֵכוֹ כִּי־נָשִׁים רַבּוֹת הָיוּ לוֹ׃ וּפִילַגְשׁוֹ אֲשֶׁר בִּשְׁכֶם יָלְדָה־לּוֹ לא
גַם־הִיא בֵּן וַיָּשֶׂם אֶת־שְׁמוֹ אֲבִימֶלֶךְ׃ וַיָּמָת גִּדְעוֹן בֶּן־ לב
יוֹאָשׁ בְּשֵׂיבָה טוֹבָה וַיִּקָּבֵר בְּקֶבֶר יוֹאָשׁ אָבִיו בְּעָפְרָה אֲבִי

ס

לג הָעֶזְרִי׃ וַיְהִי כַּאֲשֶׁר מֵת גִּדְעוֹן וַיָּשׁוּבוּ בְּנֵי
יִשְׂרָאֵל וַיִּזְנוּ אַחֲרֵי הַבְּעָלִים וַיָּשִׂימוּ לָהֶם בַּעַל בְּרִית לֵאלֹהִים׃
לד וְלֹא זָכְרוּ בְּנֵי יִשְׂרָאֵל אֶת־יְהוָה אֱלֹהֵיהֶם הַמַּצִּיל אוֹתָם מִיַּד
לה כָּל־אֹיְבֵיהֶם מִסָּבִיב׃ וְלֹא־עָשׂוּ חֶסֶד עִם־בֵּית יְרֻבַּעַל גִּדְעוֹן
ט א כְּכָל־הַטּוֹבָה אֲשֶׁר עָשָׂה עִם־יִשְׂרָאֵל׃ וַיֵּלֶךְ
אֲבִימֶלֶךְ בֶּן־יְרֻבַּעַל שְׁכֶמָה אֶל־אֲחֵי אִמּוֹ וַיְדַבֵּר אֲלֵיהֶם וְאֶל־
ב כָּל־מִשְׁפַּחַת בֵּית־אֲבִי אִמּוֹ לֵאמֹר׃ דַּבְּרוּ־נָא בְּאָזְנֵי כָל־בַּעֲלֵי
שְׁכֶם מַה־טּוֹב לָכֶם הַמְשֹׁל בָּכֶם שִׁבְעִים אִישׁ כֹּל בְּנֵי יְרֻבַּעַל
אִם־מְשֹׁל בָּכֶם אִישׁ אֶחָד וּזְכַרְתֶּם כִּי־עַצְמְכֶם וּבְשַׂרְכֶם אָנִי׃
ג וַיְדַבְּרוּ אֲחֵי־אִמּוֹ עָלָיו בְּאָזְנֵי כָּל־בַּעֲלֵי שְׁכֶם אֵת כָּל־הַדְּבָרִים
ד הָאֵלֶּה וַיֵּט לִבָּם אַחֲרֵי אֲבִימֶלֶךְ כִּי אָמְרוּ אָחִינוּ הוּא׃ וַיִּתְּנוּ־
לוֹ שִׁבְעִים כֶּסֶף מִבֵּית בַּעַל בְּרִית וַיִּשְׂכֹּר בָּהֶם אֲבִימֶלֶךְ
ה אֲנָשִׁים רֵיקִים וּפֹחֲזִים וַיֵּלְכוּ אַחֲרָיו׃ וַיָּבֹא בֵית־אָבִיו עָפְרָתָה
וַיַּהֲרֹג אֶת־אֶחָיו בְּנֵי־יְרֻבַּעַל שִׁבְעִים אִישׁ עַל־אֶבֶן אֶחָת וַיִּוָּתֵר
ו יוֹתָם בֶּן־יְרֻבַּעַל הַקָּטֹן כִּי נֶחְבָּא׃ וַיֵּאָסְפוּ כָּל־
בַּעֲלֵי שְׁכֶם וְכָל־בֵּית מִלּוֹא וַיֵּלְכוּ וַיַּמְלִיכוּ אֶת־אֲבִימֶלֶךְ
ז לְמֶלֶךְ עִם־אֵלוֹן מֻצָּב אֲשֶׁר בִּשְׁכֶם׃ וַיַּגִּדוּ לְיוֹתָם וַיֵּלֶךְ וַיַּעֲמֹד ז
בְּרֹאשׁ הַר־גְּרִזִּים וַיִּשָּׂא קוֹלוֹ וַיִּקְרָא וַיֹּאמֶר לָהֶם שִׁמְעוּ אֵלַי
ח בַּעֲלֵי שְׁכֶם וְיִשְׁמַע אֲלֵיכֶם אֱלֹהִים׃ הָלוֹךְ הָלְכוּ הָעֵצִים לִמְשֹׁחַ
ט עֲלֵיהֶם מֶלֶךְ וַיֹּאמְרוּ לַזַּיִת מלוכה עָלֵינוּ׃ וַיֹּאמֶר לָהֶם הַזַּיִת מָלְכָה
הֶחֳדַלְתִּי אֶת־דִּשְׁנִי אֲשֶׁר־בִּי יְכַבְּדוּ אֱלֹהִים וַאֲנָשִׁים וְהָלַכְתִּי
י לָנוּעַ עַל־הָעֵצִים׃ וַיֹּאמְרוּ הָעֵצִים לַתְּאֵנָה לְכִי־אַתְּ מָלְכִי
יא עָלֵינוּ׃ וַתֹּאמֶר לָהֶם הַתְּאֵנָה הֶחֳדַלְתִּי אֶת־מָתְקִי וְאֶת־
יב תְּנוּבָתִי הַטּוֹבָה וְהָלַכְתִּי לָנוּעַ עַל־הָעֵצִים׃ וַיֹּאמְרוּ הָעֵצִים
יג לַגֶּפֶן לְכִי־אַתְּ מלוכי עָלֵינוּ׃ וַתֹּאמֶר לָהֶם הַגֶּפֶן הֶחֳדַלְתִּי אֶת־ מָלְכִי
תִּירוֹשִׁי הַמְשַׂמֵּחַ אֱלֹהִים וַאֲנָשִׁים וְהָלַכְתִּי לָנוּעַ עַל־הָעֵצִים׃
יד טו וַיֹּאמְרוּ כָל־הָעֵצִים אֶל־הָאָטָד לֵךְ אַתָּה מְלָךְ־עָלֵינוּ׃ וַיֹּאמֶר

הָאָטָד אֶל־הָעֵצִים אִם בֶּאֱמֶת אַתֶּם מֹשְׁחִים אֹתִי לְמֶלֶךְ
עֲלֵיכֶם בֹּאוּ חֲסוּ בְצִלִּי וְאִם־אַיִן תֵּצֵא אֵשׁ מִן־הָאָטָד וְתֹאכַל
טז אֶת־אַרְזֵי הַלְּבָנוֹן׃ וְעַתָּה אִם־בֶּאֱמֶת וּבְתָמִים עֲשִׂיתֶם
וַתַּמְלִיכוּ אֶת־אֲבִימֶלֶךְ וְאִם־טוֹבָה עֲשִׂיתֶם עִם־יְרֻבַּעַל וְעִם־
יז בֵּיתוֹ וְאִם־כִּגְמוּל יָדָיו עֲשִׂיתֶם לוֹ׃ אֲשֶׁר־נִלְחַם אָבִי עֲלֵיכֶם
יח וַיַּשְׁלֵךְ אֶת־נַפְשׁוֹ מִנֶּגֶד וַיַּצֵּל אֶתְכֶם מִיַּד מִדְיָן׃ וְאַתֶּם קַמְתֶּם
עַל־בֵּית אָבִי הַיּוֹם וַתַּהַרְגוּ אֶת־בָּנָיו שִׁבְעִים אִישׁ עַל־אֶבֶן
אֶחָת וַתַּמְלִיכוּ אֶת־אֲבִימֶלֶךְ בֶּן־אֲמָתוֹ עַל־בַּעֲלֵי שְׁכֶם כִּי
יט אֲחִיכֶם הוּא׃ וְאִם־בֶּאֱמֶת וּבְתָמִים עֲשִׂיתֶם עִם־יְרֻבַּעַל וְעִם־
כ בֵּיתוֹ הַיּוֹם הַזֶּה שִׂמְחוּ בַּאֲבִימֶלֶךְ וְיִשְׂמַח גַּם־הוּא בָּכֶם׃ וְאִם־
אַיִן תֵּצֵא אֵשׁ מֵאֲבִימֶלֶךְ וְתֹאכַל אֶת־בַּעֲלֵי שְׁכֶם וְאֶת־בֵּית
מִלּוֹא וְתֵצֵא אֵשׁ מִבַּעֲלֵי שְׁכֶם וּמִבֵּית מִלּוֹא וְתֹאכַל אֶת־
כא אֲבִימֶלֶךְ׃ וַיָּנָס יוֹתָם וַיִּבְרַח וַיֵּלֶךְ בְּאֵרָה וַיֵּשֶׁב שָׁם מִפְּנֵי
כב אֲבִימֶלֶךְ אָחִיו׃ וַיָּשַׂר אֲבִימֶלֶךְ עַל־יִשְׂרָאֵל
כג שָׁלֹשׁ שָׁנִים׃ וַיִּשְׁלַח אֱלֹהִים רוּחַ רָעָה בֵּין אֲבִימֶלֶךְ וּבֵין בַּעֲלֵי
כד שְׁכֶם וַיִּבְגְּדוּ בַעֲלֵי־שְׁכֶם בַּאֲבִימֶלֶךְ׃ לָבוֹא חֲמַס שִׁבְעִים
בְּנֵי־יְרֻבָּעַל וְדָמָם לָשׂוּם עַל־אֲבִימֶלֶךְ אֲחִיהֶם אֲשֶׁר הָרַג אוֹתָם
כה וְעַל בַּעֲלֵי שְׁכֶם אֲשֶׁר־חִזְּקוּ אֶת־יָדָיו לַהֲרֹג אֶת־אֶחָיו׃ וַיָּשִׂימוּ
לוֹ בַעֲלֵי שְׁכֶם מְאָרְבִים עַל רָאשֵׁי הֶהָרִים וַיִּגְזְלוּ אֵת כָּל־
כו אֲשֶׁר־יַעֲבֹר עֲלֵיהֶם בַּדָּרֶךְ וַיֻּגַּד לַאֲבִימֶלֶךְ׃ וַיָּבֹא
גַּעַל בֶּן־עֶבֶד וְאֶחָיו וַיַּעַבְרוּ בִּשְׁכֶם וַיִּבְטְחוּ־בוֹ בַּעֲלֵי שְׁכֶם׃
כז וַיֵּצְאוּ הַשָּׂדֶה וַיִּבְצְרוּ אֶת־כַּרְמֵיהֶם וַיִּדְרְכוּ וַיַּעֲשׂוּ הִלּוּלִים
וַיָּבֹאוּ בֵּית אֱלֹהֵיהֶם וַיֹּאכְלוּ וַיִּשְׁתּוּ וַיְקַלְלוּ אֶת־אֲבִימֶלֶךְ׃
כח וַיֹּאמֶר ׀ גַּעַל בֶּן־עֶבֶד מִי־אֲבִימֶלֶךְ וּמִי־שְׁכֶם כִּי נַעַבְדֶנּוּ הֲלֹא
בֶן־יְרֻבַּעַל וּזְבֻל פְּקִידוֹ עִבְדוּ אֶת־אַנְשֵׁי חֲמוֹר אֲבִי שְׁכֶם
כט וּמַדּוּעַ נַעַבְדֶנּוּ אֲנָחְנוּ׃ וּמִי יִתֵּן אֶת־הָעָם הַזֶּה בְּיָדִי וְאָסִירָה
ל אֶת־אֲבִימֶלֶךְ וַיֹּאמֶר לַאֲבִימֶלֶךְ רַבֶּה צְבָאֲךָ וָצֵאָה׃ וַיִּשְׁמַע

לא זבל שר העיר את־דברי געל בן־עבד ויחר אפו: וישלח
מלאכים אל־אבימלך בתרמה לאמר הנה געל בן־עבד
לב ואחיו באים שכמה והנם צרים את־העיר עליך: ועתה קום
לג לילה אתה והעם אשר־אתך וארב בשדה: והיה בבקר
כזרח השמש תשכים ופשטת על־העיר והנה־הוא והעם
לד אשר־אתו יצאים אליך ועשית לו כאשר תמצא ידך: ויקם
אבימלך וכל־העם אשר־עמו לילה ויארבו על־שכם
לה ארבעה ראשים: ויצא געל בן־עבד ויעמד פתח שער העיר
לו ויקם אבימלך והעם אשר־אתו מן־המארב: וירא־געל את־
העם ויאמר אל־זבל הנה־עם יורד מראשי ההרים ויאמר
לז אליו זבל את צל ההרים אתה ראה כאנשים: ויסף עוד
געל לדבר ויאמר הנה־עם יורדים מעם טבור הארץ וראש־
לח אחד בא מדרך אלון מעוננים: ויאמר אליו זבל איה אפוא
פיך אשר תאמר מי אבימלך כי נעבדנו הלא זה העם אשר־
לט מאסתה בו צא־נא עתה והלחם בו: ויצא געל לפני בעלי
מ שכם וילחם באבימלך: וירדפהו אבימלך וינס מפניו ויפלו
מא חללים רבים עד־פתח השער: וישב אבימלך בארומה ויגרש
מב זבל את־געל ואת־אחיו משבת בשכם: ויהי
מג ממחרת ויצא העם השדה ויגדו לאבימלך: ויקח את־העם
ויחצם לשלשה ראשים ויארב בשדה וירא והנה העם יצא
מד מן־העיר ויקם עליהם ויכם: ואבימלך והראשים אשר עמו
פשטו ויעמדו פתח שער העיר ושני הראשים פשטו על־כל־
מה אשר בשדה ויכום: ואבימלך נלחם בעיר כל היום ההוא
וילכד את־העיר ואת־העם אשר־בה הרג ויתץ את־העיר
מו ויזרעה מלח: וישמעו כל־בעלי מגדל־שכם
מז ויבאו אל־צריח בית אל ברית: ויגד לאבימלך כי התקבצו
מח כל־בעלי מגדל־שכם: ויעל אבימלך הר־צלמון הוא וכל־

הָעָם אֲשֶׁר־אִתּוֹ וַיִּקַּח אֲבִימֶלֶךְ אֶת־הַקַּרְדֻּמּוֹת בְּיָדוֹ וַיִּכְרֹת
שׂוֹכַת עֵצִים וַיִּשָּׂאֶהָ וַיָּשֶׂם עַל־שִׁכְמוֹ וַיֹּאמֶר אֶל־הָעָם אֲשֶׁר־
עִמּוֹ מָה רְאִיתֶם עָשִׂיתִי מַהֲרוּ עֲשׂוּ כָמוֹנִי׃ וַיִּכְרְתוּ גַם־כָּל־ מט
הָעָם אִישׁ שׂוֹכֹה וַיֵּלְכוּ אַחֲרֵי אֲבִימֶלֶךְ וַיָּשִׂימוּ עַל־הַצְּרִיחַ
וַיַּצִּיתוּ עֲלֵיהֶם אֶת־הַצְּרִיחַ בָּאֵשׁ וַיָּמֻתוּ גַּם כָּל־אַנְשֵׁי מִגְדַּל־
שְׁכֶם כְּאֶלֶף אִישׁ וְאִשָּׁה׃ וַיֵּלֶךְ אֲבִימֶלֶךְ אֶל־ נ
תֵּבֵץ וַיִּחַן בְּתֵבֵץ וַיִּלְכְּדָהּ׃ וּמִגְדַּל־עֹז הָיָה בְתוֹךְ־הָעִיר וַיָּנֻסוּ נא
שָׁמָּה כָּל־הָאֲנָשִׁים וְהַנָּשִׁים וְכֹל בַּעֲלֵי הָעִיר וַיִּסְגְּרוּ בַּעֲדָם
וַיַּעֲלוּ עַל־גַּג הַמִּגְדָּל׃ וַיָּבֹא אֲבִימֶלֶךְ עַד־הַמִּגְדָּל וַיִּלָּחֶם בּוֹ נב
וַיִּגַּשׁ עַד־פֶּתַח הַמִּגְדָּל לְשָׂרְפוֹ בָאֵשׁ׃ וַתַּשְׁלֵךְ אִשָּׁה אַחַת פֶּלַח נג
רֶכֶב עַל־רֹאשׁ אֲבִימֶלֶךְ וַתָּרִץ אֶת־גֻּלְגָּלְתּוֹ׃ וַיִּקְרָא מְהֵרָה נד
אֶל־הַנַּעַר ׀ נֹשֵׂא כֵלָיו וַיֹּאמֶר לוֹ שְׁלֹף חַרְבְּךָ וּמוֹתְתֵנִי פֶּן־
יֹאמְרוּ לִי אִשָּׁה הֲרָגָתְהוּ וַיִּדְקְרֵהוּ נַעֲרוֹ וַיָּמֹת׃ וַיִּרְאוּ אִישׁ־ נה
יִשְׂרָאֵל כִּי מֵת אֲבִימֶלֶךְ וַיֵּלְכוּ אִישׁ לִמְקֹמוֹ׃ וַיָּשֶׁב אֱלֹהִים אֵת נו
רָעַת אֲבִימֶלֶךְ אֲשֶׁר עָשָׂה לְאָבִיו לַהֲרֹג אֶת־שִׁבְעִים אֶחָיו׃
וְאֵת כָּל־רָעַת אַנְשֵׁי שְׁכֶם הֵשִׁיב אֱלֹהִים בְּרֹאשָׁם וַתָּבֹא נז
אֲלֵיהֶם קִלְלַת יוֹתָם בֶּן־יְרֻבָּעַל׃ וַיָּקָם אַחֲרֵי א י ח
אֲבִימֶלֶךְ לְהוֹשִׁיעַ אֶת־יִשְׂרָאֵל תּוֹלָע בֶּן־פּוּאָה בֶּן־דּוֹדוֹ אִישׁ
יִשָּׂשכָר וְהוּא־יֹשֵׁב בְּשָׁמִיר בְּהַר אֶפְרָיִם׃ וַיִּשְׁפֹּט אֶת־יִשְׂרָאֵל ב
עֶשְׂרִים וְשָׁלֹשׁ שָׁנָה וַיָּמָת וַיִּקָּבֵר בְּשָׁמִיר׃ וַיָּקָם ג
אַחֲרָיו יָאִיר הַגִּלְעָדִי וַיִּשְׁפֹּט אֶת־יִשְׂרָאֵל עֶשְׂרִים וּשְׁתַּיִם
שָׁנָה׃ וַיְהִי־לוֹ שְׁלֹשִׁים בָּנִים רֹכְבִים עַל־שְׁלֹשִׁים עֲיָרִים ד
וּשְׁלֹשִׁים עֲיָרִים לָהֶם לָהֶם יִקְרְאוּ ׀ חַוֺּת יָאִיר עַד הַיּוֹם הַזֶּה
אֲשֶׁר בְּאֶרֶץ הַגִּלְעָד׃ וַיָּמָת יָאִיר וַיִּקָּבֵר בְּקָמוֹן׃ ה
וַיֹּסִפוּ ׀ בְּנֵי יִשְׂרָאֵל לַעֲשׂוֹת הָרַע בְּעֵינֵי יהוה וַיַּעַבְדוּ אֶת־ ו
הַבְּעָלִים וְאֶת־הָעַשְׁתָּרוֹת וְאֶת־אֱלֹהֵי אֲרָם וְאֶת־אֱלֹהֵי צִידוֹן
וְאֵת ׀ אֱלֹהֵי מוֹאָב וְאֵת אֱלֹהֵי בְנֵי־עַמּוֹן וְאֵת אֱלֹהֵי פְלִשְׁתִּים

ז וַיַּעַזְבוּ אֶת־יְהוָה וְלֹא עֲבָדוּהוּ׃ וַיִּחַר־אַף יְהוָה בְּיִשְׂרָאֵל
ח וַיִּמְכְּרֵם בְּיַד־פְּלִשְׁתִּים וּבְיַד בְּנֵי עַמּוֹן׃ וַיִּרְעֲצוּ וַיְרֹצְצוּ אֶת־
בְּנֵי יִשְׂרָאֵל בַּשָּׁנָה הַהִיא שְׁמֹנֶה עֶשְׂרֵה שָׁנָה אֶת־כָּל־בְּנֵי
יִשְׂרָאֵל אֲשֶׁר בְּעֵבֶר הַיַּרְדֵּן בְּאֶרֶץ הָאֱמֹרִי אֲשֶׁר בַּגִּלְעָד׃
ט וַיַּעַבְרוּ בְנֵי־עַמּוֹן אֶת־הַיַּרְדֵּן לְהִלָּחֵם גַּם־בִּיהוּדָה וּבְבִנְיָמִין
י וּבְבֵית אֶפְרָיִם וַתֵּצֶר לְיִשְׂרָאֵל מְאֹד׃ וַיִּזְעֲקוּ בְּנֵי יִשְׂרָאֵל
אֶל־יְהוָה לֵאמֹר חָטָאנוּ לָךְ וְכִי עָזַבְנוּ אֶת־אֱלֹהֵינוּ וַנַּעֲבֹד
יא אֶת־הַבְּעָלִים׃ וַיֹּאמֶר יְהוָה אֶל־בְּנֵי יִשְׂרָאֵל הֲלֹא
יב מִמִּצְרַיִם וּמִן־הָאֱמֹרִי וּמִן־בְּנֵי עַמּוֹן וּמִן־פְּלִשְׁתִּים׃ וְצִידוֹנִים
וַעֲמָלֵק וּמָעוֹן לָחֲצוּ אֶתְכֶם וַתִּצְעֲקוּ אֵלַי וָאוֹשִׁיעָה אֶתְכֶם
יג מִיָּדָם׃ וְאַתֶּם עֲזַבְתֶּם אוֹתִי וַתַּעַבְדוּ אֱלֹהִים אֲחֵרִים לָכֵן לֹא־
יד אוֹסִיף לְהוֹשִׁיעַ אֶתְכֶם׃ לְכוּ וְזַעֲקוּ אֶל־הָאֱלֹהִים אֲשֶׁר בְּחַרְתֶּם
טו בָּם הֵמָּה יוֹשִׁיעוּ לָכֶם בְּעֵת צָרַתְכֶם׃ וַיֹּאמְרוּ בְנֵי־יִשְׂרָאֵל אֶל־
יְהוָה חָטָאנוּ עֲשֵׂה־אַתָּה לָנוּ כְּכָל־הַטּוֹב בְּעֵינֶיךָ אַךְ הַצִּילֵנוּ
טז נָא הַיּוֹם הַזֶּה׃ וַיָּסִירוּ אֶת־אֱלֹהֵי הַנֵּכָר מִקִּרְבָּם וַיַּעַבְדוּ אֶת־
יז יְהוָה וַתִּקְצַר נַפְשׁוֹ בַּעֲמַל יִשְׂרָאֵל׃ וַיִּצָּעֲקוּ בְּנֵי עַמּוֹן
יח וַיַּחֲנוּ בַּגִּלְעָד וַיֵּאָסְפוּ בְּנֵי יִשְׂרָאֵל וַיַּחֲנוּ בַּמִּצְפָּה׃ וַיֹּאמְרוּ
הָעָם שָׂרֵי גִלְעָד אִישׁ אֶל־רֵעֵהוּ מִי הָאִישׁ אֲשֶׁר יָחֵל לְהִלָּחֵם
יא א בִּבְנֵי עַמּוֹן יִהְיֶה לְרֹאשׁ לְכֹל יֹשְׁבֵי גִלְעָד׃ וְיִפְתָּח
הַגִּלְעָדִי הָיָה גִּבּוֹר חַיִל וְהוּא בֶּן־אִשָּׁה זוֹנָה וַיּוֹלֶד גִּלְעָד אֶת־
ב יִפְתָּח׃ וַתֵּלֶד אֵשֶׁת־גִּלְעָד לוֹ בָּנִים וַיִּגְדְּלוּ בְנֵי־הָאִשָּׁה וַיְגָרְשׁוּ
אֶת־יִפְתָּח וַיֹּאמְרוּ לוֹ לֹא־תִנְחַל בְּבֵית־אָבִינוּ כִּי בֶּן־אִשָּׁה
ג אַחֶרֶת אָתָּה׃ וַיִּבְרַח יִפְתָּח מִפְּנֵי אֶחָיו וַיֵּשֶׁב בְּאֶרֶץ טוֹב וַיִּתְלַקְּטוּ
ד אֶל־יִפְתָּח אֲנָשִׁים רֵיקִים וַיֵּצְאוּ עִמּוֹ׃ וַיְהִי
ה מִיָּמִים וַיִּלָּחֲמוּ בְנֵי־עַמּוֹן עִם־יִשְׂרָאֵל׃ וַיְהִי כַּאֲשֶׁר־נִלְחֲמוּ
בְנֵי־עַמּוֹן עִם־יִשְׂרָאֵל וַיֵּלְכוּ זִקְנֵי גִלְעָד לָקַחַת אֶת־יִפְתָּח
ו מֵאֶרֶץ טוֹב׃ וַיֹּאמְרוּ לְיִפְתָּח לְכָה וְהָיִיתָה לָּנוּ לְקָצִין וְנִלָּחֲמָה

בִּבְנֵ֥י עַמּֽוֹן׃ וַיֹּ֤אמֶר יִפְתָּח֙ לְזִקְנֵ֣י גִלְעָ֔ד הֲלֹ֤א אַתֶּם֙ שְׂנֵאתֶ֣ם ז
אוֹתִ֔י וַתְּגָרְשׁ֖וּנִי מִבֵּ֣ית אָבִ֑י וּמַדּ֜וּעַ בָּאתֶ֤ם אֵלַי֙ עַ֔תָּה כַּאֲשֶׁ֖ר
צַ֥ר לָכֶֽם׃ וַיֹּ֨אמְר֜וּ זִקְנֵ֣י גִלְעָ֗ד אֶל־יִפְתָּ֔ח לָכֵן֙ עַתָּה֙ שַׁ֣בְנוּ אֵלֶ֔יךָ ח
וְהָלַכְתָּ֣ עִמָּ֔נוּ וְנִלְחַמְתָּ֖ בִּבְנֵ֣י עַמּ֑וֹן וְהָיִ֤יתָ לָּ֙נוּ֙ לְרֹ֔אשׁ לְכֹ֖ל יֹשְׁבֵ֥י
גִלְעָֽד׃ וַיֹּ֨אמֶר יִפְתָּ֜ח אֶל־זִקְנֵ֣י גִלְעָ֗ד אִם־מְשִׁיבִ֨ים אַתֶּ֤ם אוֹתִי֙ ט
לְהִלָּחֵם֙ בִּבְנֵ֣י עַמּ֔וֹן וְנָתַ֧ן יְהוָ֛ה אוֹתָ֖ם לְפָנָ֑י אָנֹכִ֕י אֶהְיֶ֥ה לָכֶ֖ם
לְרֹֽאשׁ׃ וַיֹּאמְר֥וּ זִקְנֵי־גִלְעָ֖ד אֶל־יִפְתָּ֑ח יְהוָ֗ה יִהְיֶ֤ה שֹׁמֵ֙עַ֙ י
בֵּֽינוֹתֵ֔ינוּ אִם־לֹ֥א כִדְבָרְךָ֖ כֵּ֥ן נַעֲשֶֽׂה׃ וַיֵּ֤לֶךְ יִפְתָּח֙ עִם־זִקְנֵ֣י יא
גִלְעָ֔ד וַיָּשִׂ֨ימוּ הָעָ֥ם אוֹת֛וֹ עֲלֵיהֶ֖ם לְרֹ֣אשׁ וּלְקָצִ֑ין וַיְדַבֵּ֨ר יִפְתָּ֧ח
אֶת־כָּל־דְּבָרָ֛יו לִפְנֵ֥י יְהוָ֖ה בַּמִּצְפָּֽה׃ וַיִּשְׁלַ֤ח יב
יִפְתָּח֙ מַלְאָכִ֔ים אֶל־מֶ֖לֶךְ בְּנֵי־עַמּ֣וֹן לֵאמֹ֑ר מַה־לִּ֣י וָלָ֔ךְ כִּֽי־
בָ֥אתָ אֵלַ֖י לְהִלָּחֵ֥ם בְּאַרְצִֽי׃ וַיֹּאמֶר֩ מֶ֨לֶךְ בְּנֵֽי־עַמּ֜וֹן אֶל־מַלְאֲכֵ֣י יג
יִפְתָּ֗ח כִּֽי־לָקַ֨ח יִשְׂרָאֵ֤ל אֶת־אַרְצִי֙ בַּעֲלוֹת֣וֹ מִמִּצְרַ֔יִם מֵאַרְנ֥וֹן
וְעַד־הַיַּבֹּ֖ק וְעַד־הַיַּרְדֵּ֑ן וְעַתָּ֕ה הָשִׁ֥יבָה אֶתְהֶ֖ן בְּשָׁלֽוֹם׃ וַיּ֥וֹסֶף יד
ע֖וֹד יִפְתָּ֑ח וַיִּשְׁלַח֙ מַלְאָכִ֔ים אֶל־מֶ֖לֶךְ בְּנֵ֥י עַמּֽוֹן׃ וַיֹּ֣אמֶר ל֔וֹ טו
כֹּ֖ה אָמַ֣ר יִפְתָּ֑ח לֹא־לָקַ֤ח יִשְׂרָאֵל֙ אֶת־אֶ֣רֶץ מוֹאָ֔ב וְאֶת־אֶ֖רֶץ
בְּנֵ֥י עַמּֽוֹן׃ כִּ֖י בַּעֲלוֹתָ֣ם מִמִּצְרָ֑יִם וַיֵּ֨לֶךְ יִשְׂרָאֵ֤ל בַּמִּדְבָּר֙ עַד־ טז
יַם־ס֔וּף וַיָּבֹ֖א קָדֵֽשָׁה׃ וַיִּשְׁלַ֣ח יִשְׂרָאֵ֣ל מַלְאָכִ֣ים ׀ אֶל־מֶ֣לֶךְ יז
אֱד֡וֹם לֵאמֹ֡ר אֶעְבְּרָה־נָּ֣א בְאַרְצֶךָ֮ וְלֹ֣א שָׁמַע֮ מֶ֣לֶךְ אֱדוֹם֒ וְגַ֨ם
אֶל־מֶ֧לֶךְ מוֹאָ֛ב שָׁלַ֖ח וְלֹ֣א אָבָ֑ה וַיֵּ֥שֶׁב יִשְׂרָאֵ֖ל בְּקָדֵֽשׁ׃ וַיֵּ֣לֶךְ יח
בַּמִּדְבָּ֗ר וַיָּ֜סָב אֶת־אֶ֤רֶץ אֱדוֹם֙ וְאֶת־אֶ֣רֶץ מוֹאָ֔ב וַיָּבֹ֤א מִמִּזְרַח־
שֶׁ֙מֶשׁ֙ לְאֶ֣רֶץ מוֹאָ֔ב וַֽיַּחֲנ֖וּן בְּעֵ֣בֶר אַרְנ֑וֹן וְלֹא־בָ֙אוּ֙ בִּגְב֣וּל מוֹאָ֔ב
כִּ֥י אַרְנ֖וֹן גְּב֥וּל מוֹאָֽב׃ וַיִּשְׁלַ֤ח יִשְׂרָאֵל֙ מַלְאָכִ֔ים אֶל־סִיח֥וֹן יט
מֶֽלֶךְ־הָאֱמֹרִ֖י מֶ֣לֶךְ חֶשְׁבּ֑וֹן וַיֹּ֤אמֶר לוֹ֙ יִשְׂרָאֵ֔ל נַעְבְּרָה־נָּ֥א
בְאַרְצְךָ֖ עַד־מְקוֹמִֽי׃ וְלֹא־הֶאֱמִ֨ין סִיח֤וֹן אֶת־יִשְׂרָאֵל֙ עֲבֹ֣ר כ
בִּגְבֻל֔וֹ וַיֶּאֱסֹ֤ף סִיחוֹן֙ אֶת־כָּל־עַמּ֔וֹ וַֽיַּחֲנ֖וּ בְּיָ֑הְצָה וַיִּלָּ֖חֶם עִם־
יִשְׂרָאֵֽל׃ וַ֠יִּתֵּן יְהוָ֨ה אֱלֹהֵֽי־יִשְׂרָאֵ֧ל אֶת־סִיח֛וֹן וְאֶת־כָּל־עַמּ֖וֹ כא

בְּיַד יִשְׂרָאֵל וַיַּכּוּם וַיִּירַשׁ יִשְׂרָאֵל אֵת כׇּל־אֶרֶץ הָאֱמֹרִי יוֹשֵׁב
כב הָאָרֶץ הַהִיא׃ וַיִּירְשׁוּ אֵת כׇּל־גְּבוּל הָאֱמֹרִי מֵאַרְנוֹן וְעַד־הַיַּבֹּק
כג וּמִן־הַמִּדְבָּר וְעַד־הַיַּרְדֵּן׃ וְעַתָּה יְהוָה ׀ אֱלֹהֵי יִשְׂרָאֵל הוֹרִישׁ
כד אֶת־הָאֱמֹרִי מִפְּנֵי עַמּוֹ יִשְׂרָאֵל וְאַתָּה תִּירָשֶׁנּוּ׃ הֲלֹא אֵת אֲשֶׁר
יוֹרִישְׁךָ כְּמוֹשׁ אֱלֹהֶיךָ אוֹתוֹ תִירָשׁ וְאֵת כׇּל־אֲשֶׁר הוֹרִישׁ יְהוָה
כה אֱלֹהֵינוּ מִפָּנֵינוּ אוֹתוֹ נִירָשׁ׃ וְעַתָּה הֲטוֹב טוֹב אַתָּה מִבָּלָק בֶּן־
צִפּוֹר מֶלֶךְ מוֹאָב הֲרוֹב רָב עִם־יִשְׂרָאֵל אִם־נִלְחֹם נִלְחַם בָּם׃
כו בְּשֶׁבֶת יִשְׂרָאֵל בְּחֶשְׁבּוֹן וּבִבְנוֹתֶיהָ וּבְעַרְעוֹר וּבִבְנוֹתֶיהָ וּבְכׇל־
הֶעָרִים אֲשֶׁר עַל־יְדֵי אַרְנוֹן שְׁלֹשׁ מֵאוֹת שָׁנָה וּמַדּוּעַ לֹא־
כז הִצַּלְתֶּם בָּעֵת הַהִיא׃ וְאָנֹכִי לֹא־חָטָאתִי לָךְ וְאַתָּה עֹשֶׂה אִתִּי
רָעָה לְהִלָּחֶם בִּי יִשְׁפֹּט יְהוָה הַשֹּׁפֵט הַיּוֹם בֵּין בְּנֵי יִשְׂרָאֵל וּבֵין
כח בְּנֵי עַמּוֹן׃ וְלֹא שָׁמַע מֶלֶךְ בְּנֵי עַמּוֹן אֶל־דִּבְרֵי יִפְתָּח אֲשֶׁר
כט שָׁלַח אֵלָיו׃ וַתְּהִי עַל־יִפְתָּח רוּחַ יְהוָה וַיַּעֲבֹר
אֶת־הַגִּלְעָד וְאֶת־מְנַשֶּׁה וַיַּעֲבֹר אֶת־מִצְפֵּה גִלְעָד וּמִמִּצְפֵּה
ל גִלְעָד עָבַר בְּנֵי עַמּוֹן׃ וַיִּדַּר יִפְתָּח נֶדֶר לַיהוָה וַיֹּאמַר אִם־
לא נָתוֹן תִּתֵּן אֶת־בְּנֵי עַמּוֹן בְּיָדִי׃ וְהָיָה הַיּוֹצֵא אֲשֶׁר יֵצֵא
מִדַּלְתֵי בֵיתִי לִקְרָאתִי בְּשׁוּבִי בְשָׁלוֹם מִבְּנֵי עַמּוֹן וְהָיָה
לַיהוָה וְהַעֲלִיתִהוּ עוֹלָה׃
לב וַיַּעֲבֹר יִפְתָּח אֶל־בְּנֵי עַמּוֹן לְהִלָּחֶם בָּם וַיִּתְּנֵם יְהוָה בְּיָדוֹ׃ ט
לג וַיַּכֵּם מֵעֲרוֹעֵר וְעַד־בּוֹאֲךָ מִנִּית עֶשְׂרִים עִיר וְעַד אָבֵל
כְּרָמִים מַכָּה גְּדוֹלָה מְאֹד וַיִּכָּנְעוּ בְּנֵי עַמּוֹן מִפְּנֵי בְּנֵי
לד יִשְׂרָאֵל׃ וַיָּבֹא יִפְתָּח הַמִּצְפָּה אֶל־בֵּיתוֹ וְהִנֵּה
בִתּוֹ יֹצֵאת לִקְרָאתוֹ בְּתֻפִּים וּבִמְחֹלוֹת וְרַק הִיא יְחִידָה אֵין־
לה לוֹ מִמֶּנּוּ בֵּן אוֹ־בַת׃ וַיְהִי כִרְאוֹתוֹ אוֹתָהּ וַיִּקְרַע אֶת־בְּגָדָיו
וַיֹּאמֶר אֲהָהּ בִּתִּי הַכְרֵעַ הִכְרַעְתִּנִי וְאַתְּ הָיִית בְּעֹכְרָי וְאָנֹכִי
לו פָּצִיתִי פִי אֶל־יְהוָה וְלֹא אוּכַל לָשׁוּב׃ וַתֹּאמֶר אֵלָיו אָבִי
פָּצִיתָה אֶת־פִּיךָ אֶל־יְהוָה עֲשֵׂה לִי כַּאֲשֶׁר יָצָא מִפִּיךָ אַחֲרֵי

אֲשֶׁר עָשָׂה לְךָ יְהוָה נְקָמוֹת מֵאֹיְבֶיךָ מִבְּנֵי עַמּוֹן׃ וַתֹּאמֶר אֶל־ לז
אָבִיהָ יֵעָשֶׂה לִּי הַדָּבָר הַזֶּה הַרְפֵּה מִמֶּנִּי שְׁנַיִם חֳדָשִׁים וְאֵלְכָה
ורעותי וְיָרַדְתִּי עַל־הֶהָרִים וְאֶבְכֶּה עַל־בְּתוּלַי אָנֹכִי ורעיתי׃ וַיֹּאמֶר לח
לֵכִי וַיִּשְׁלַח אוֹתָהּ שְׁנֵי חֳדָשִׁים וַתֵּלֶךְ הִיא וְרֵעוֹתֶיהָ וַתֵּבְךְּ עַל־
בְּתוּלֶיהָ עַל־הֶהָרִים׃ וַיְהִי מִקֵּץ ׀ שְׁנַיִם חֳדָשִׁים וַתָּשָׁב אֶל־אָבִיהָ לט
וַיַּעַשׂ לָהּ אֶת־נִדְרוֹ אֲשֶׁר נָדָר וְהִיא לֹא־יָדְעָה אִישׁ וַתְּהִי־חֹק
בְּיִשְׂרָאֵל׃ מִיָּמִים ׀ יָמִימָה תֵּלַכְנָה בְּנוֹת יִשְׂרָאֵל לְתַנּוֹת לְבַת־ מ
יִפְתָּח הַגִּלְעָדִי אַרְבַּעַת יָמִים בַּשָּׁנָה׃ וַיִּצָּעֵק א יב
אִישׁ אֶפְרַיִם וַיַּעֲבֹר צָפוֹנָה וַיֹּאמְרוּ לְיִפְתָּח מַדּוּעַ ׀ עָבַרְתָּ ׀
לְהִלָּחֵם בִּבְנֵי־עַמּוֹן וְלָנוּ לֹא קָרָאתָ לָלֶכֶת עִמָּךְ בֵּיתְךָ נִשְׂרֹף
עָלֶיךָ בָּאֵשׁ׃ וַיֹּאמֶר יִפְתָּח אֲלֵיהֶם אִישׁ רִיב הָיִיתִי אֲנִי וְעַמִּי ב
וּבְנֵי־עַמּוֹן מְאֹד וָאֶזְעַק אֶתְכֶם וְלֹא־הוֹשַׁעְתֶּם אוֹתִי מִיָּדָם׃
וָאֶרְאֶה כִּי־אֵינְךָ מוֹשִׁיעַ וָאָשִׂימָה נַפְשִׁי בְכַפִּי וָאֶעְבְּרָה אֶל־ ג
בְּנֵי עַמּוֹן וַיִּתְּנֵם יְהוָה בְּיָדִי וְלָמָה עֲלִיתֶם אֵלַי הַיּוֹם הַזֶּה
לְהִלָּחֶם בִּי׃ וַיִּקְבֹּץ יִפְתָּח אֶת־כָּל־אַנְשֵׁי גִלְעָד וַיִּלָּחֶם אֶת־ ד
אֶפְרָיִם וַיַּכּוּ אַנְשֵׁי גִלְעָד אֶת־אֶפְרַיִם כִּי אָמְרוּ פְּלִיטֵי אֶפְרַיִם
אַתֶּם גִּלְעָד בְּתוֹךְ אֶפְרַיִם בְּתוֹךְ מְנַשֶּׁה׃ וַיִּלְכֹּד גִּלְעָד אֶת־ ה
מַעְבְּרוֹת הַיַּרְדֵּן לְאֶפְרָיִם וְהָיָה כִּי יֹאמְרוּ פְּלִיטֵי אֶפְרַיִם
אֶעֱבֹרָה וַיֹּאמְרוּ לוֹ אַנְשֵׁי־גִלְעָד הַאֶפְרָתִי אַתָּה וַיֹּאמֶר ׀
לֹא׃ וַיֹּאמְרוּ לוֹ אֱמָר־נָא שִׁבֹּלֶת וַיֹּאמֶר סִבֹּלֶת וְלֹא יָכִין ו
לְדַבֵּר כֵּן וַיֹּאחֲזוּ אוֹתוֹ וַיִּשְׁחָטוּהוּ אֶל־מַעְבְּרוֹת הַיַּרְדֵּן וַיִּפֹּל
בָּעֵת הַהִיא מֵאֶפְרַיִם אַרְבָּעִים וּשְׁנַיִם אָלֶף׃ וַיִּשְׁפֹּט יִפְתָּח ז
אֶת־יִשְׂרָאֵל שֵׁשׁ שָׁנִים וַיָּמָת יִפְתָּח הַגִּלְעָדִי וַיִּקָּבֵר בְּעָרֵי
גִלְעָד׃ וַיִּשְׁפֹּט אַחֲרָיו אֶת־יִשְׂרָאֵל אִבְצָן מִבֵּית ח
לָחֶם׃ וַיְהִי־לוֹ שְׁלֹשִׁים בָּנִים וּשְׁלֹשִׁים בָּנוֹת שִׁלַּח הַחוּצָה ט
וּשְׁלֹשִׁים בָּנוֹת הֵבִיא לְבָנָיו מִן־הַחוּץ וַיִּשְׁפֹּט אֶת־יִשְׂרָאֵל
שֶׁבַע שָׁנִים׃ וַיָּמָת אִבְצָן וַיִּקָּבֵר בְּבֵית לָחֶם׃ וַיִּשְׁפֹּט יא

אַחֲרָיו אֶת־יִשְׂרָאֵל אֵילוֹן הַזְּבוּלֹנִי וַיִּשְׁפֹּט אֶת־יִשְׂרָאֵל
יב עֶשֶׂר שָׁנִים׃ וַיָּמָת אֵילוֹן הַזְּבוּלֹנִי וַיִּקָּבֵר בְּאַיָּלוֹן בְּאֶרֶץ
יג זְבוּלֻן׃ וַיִּשְׁפֹּט אַחֲרָיו אֶת־יִשְׂרָאֵל עַבְדּוֹן בֶּן־
יד הִלֵּל הַפִּרְעָתוֹנִי׃ וַיְהִי־לוֹ אַרְבָּעִים בָּנִים וּשְׁלֹשִׁים בְּנֵי בָנִים
רֹכְבִים עַל־שִׁבְעִים עֲיָרִם וַיִּשְׁפֹּט אֶת־יִשְׂרָאֵל שְׁמֹנֶה שָׁנִים׃
טו וַיָּמָת עַבְדּוֹן בֶּן־הִלֵּל הַפִּרְעָתוֹנִי וַיִּקָּבֵר בְּפִרְעָתוֹן בְּאֶרֶץ
יג א אֶפְרַיִם בְּהַר הָעֲמָלֵקִי׃ וַיֹּסִפוּ בְּנֵי יִשְׂרָאֵל
לַעֲשׂוֹת הָרַע בְּעֵינֵי יְהוָה וַיִּתְּנֵם יְהוָה בְּיַד־פְּלִשְׁתִּים אַרְבָּעִים
ב שָׁנָה׃ וַיְהִי אִישׁ אֶחָד מִצָּרְעָה מִמִּשְׁפַּחַת הַדָּנִי
ג וּשְׁמוֹ מָנוֹחַ וְאִשְׁתּוֹ עֲקָרָה וְלֹא יָלָדָה׃ וַיֵּרָא מַלְאַךְ־יְהוָה אֶל־
הָאִשָּׁה וַיֹּאמֶר אֵלֶיהָ הִנֵּה־נָא אַתְּ־עֲקָרָה וְלֹא יָלַדְתְּ וְהָרִית
ד וְיָלַדְתְּ בֵּן׃ וְעַתָּה הִשָּׁמְרִי נָא וְאַל־תִּשְׁתִּי יַיִן וְשֵׁכָר וְאַל־
ה תֹּאכְלִי כָּל־טָמֵא׃ כִּי הִנָּךְ הָרָה וְיֹלַדְתְּ בֵּן וּמוֹרָה לֹא־יַעֲלֶה
עַל־רֹאשׁוֹ כִּי־נְזִיר אֱלֹהִים יִהְיֶה הַנַּעַר מִן־הַבָּטֶן וְהוּא יָחֵל
ו לְהוֹשִׁיעַ אֶת־יִשְׂרָאֵל מִיַּד פְּלִשְׁתִּים׃ וַתָּבֹא הָאִשָּׁה וַתֹּאמֶר
לְאִישָׁהּ לֵאמֹר אִישׁ הָאֱלֹהִים בָּא אֵלַי וּמַרְאֵהוּ כְּמַרְאֵה מַלְאַךְ
הָאֱלֹהִים נוֹרָא מְאֹד וְלֹא שְׁאִלְתִּיהוּ אֵי־מִזֶּה הוּא וְאֶת־שְׁמוֹ
ז לֹא־הִגִּיד לִי׃ וַיֹּאמֶר לִי הִנָּךְ הָרָה וְיֹלַדְתְּ בֵּן וְעַתָּה אַל־תִּשְׁתִּי
יַיִן וְשֵׁכָר וְאַל־תֹּאכְלִי כָּל־טֻמְאָה כִּי־נְזִיר אֱלֹהִים יִהְיֶה הַנַּעַר
מִן־הַבֶּטֶן עַד־יוֹם מוֹתוֹ׃

ח וַיֶּעְתַּר מָנוֹחַ אֶל־יְהוָה וַיֹּאמַר בִּי אֲדוֹנָי אִישׁ הָאֱלֹהִים אֲשֶׁר
שָׁלַחְתָּ יָבוֹא־נָא עוֹד אֵלֵינוּ וְיוֹרֵנוּ מַה־נַּעֲשֶׂה לַנַּעַר הַיּוּלָּד׃
ט וַיִּשְׁמַע הָאֱלֹהִים בְּקוֹל מָנוֹחַ וַיָּבֹא מַלְאַךְ הָאֱלֹהִים עוֹד אֶל־
י הָאִשָּׁה וְהִיא יוֹשֶׁבֶת בַּשָּׂדֶה וּמָנוֹחַ אִישָׁהּ אֵין עִמָּהּ׃ וַתְּמַהֵר
הָאִשָּׁה וַתָּרָץ וַתַּגֵּד לְאִישָׁהּ וַתֹּאמֶר אֵלָיו הִנֵּה נִרְאָה אֵלַי
יא הָאִישׁ אֲשֶׁר־בָּא בַיּוֹם אֵלָי׃ וַיָּקָם וַיֵּלֶךְ מָנוֹחַ אַחֲרֵי אִשְׁתּוֹ
וַיָּבֹא אֶל־הָאִישׁ וַיֹּאמֶר לוֹ הַאַתָּה הָאִישׁ אֲשֶׁר־דִּבַּרְתָּ אֶל־

הָאִשָּׁה וַיֹּאמֶר אָנִי׃ וַיֹּאמֶר מָנוֹחַ עַתָּה יָבֹא דְבָרֶיךָ מַה־יִּהְיֶה יב
מִשְׁפַּט־הַנַּעַר וּמַעֲשֵׂהוּ׃ וַיֹּאמֶר מַלְאַךְ יְהוָה אֶל־מָנוֹחַ מִכֹּל יג
אֲשֶׁר־אָמַרְתִּי אֶל־הָאִשָּׁה תִּשָּׁמֵר׃ מִכֹּל אֲשֶׁר־יֵצֵא מִגֶּפֶן הַיַּיִן יד
לֹא תֹאכַל וְיַיִן וְשֵׁכָר אַל־תֵּשְׁתְּ וְכָל־טֻמְאָה אַל־תֹּאכַל כֹּל
אֲשֶׁר־צִוִּיתִיהָ תִּשְׁמֹר׃ וַיֹּאמֶר מָנוֹחַ אֶל־מַלְאַךְ יְהוָה נַעְצְרָה־ טו
נָּא אוֹתָךְ וְנַעֲשֶׂה לְפָנֶיךָ גְּדִי עִזִּים׃ וַיֹּאמֶר מַלְאַךְ יְהוָה אֶל־ טז
מָנוֹחַ אִם־תַּעְצְרֵנִי לֹא־אֹכַל בְּלַחְמֶךָ וְאִם־תַּעֲשֶׂה עֹלָה לַיהוָה
תַּעֲלֶנָּה כִּי לֹא־יָדַע מָנוֹחַ כִּי־מַלְאַךְ יְהוָה הוּא׃ וַיֹּאמֶר מָנוֹחַ יז
דְּבָרְךָ אֶל־מַלְאַךְ יְהוָה מִי שְׁמֶךָ כִּי־יָבֹא דבריך וְכִבַּדְנוּךָ׃ וַיֹּאמֶר יח
לוֹ מַלְאַךְ יְהוָה לָמָּה זֶּה תִּשְׁאַל לִשְׁמִי וְהוּא־פֶלִאי׃ וַיִּקַּח מָנוֹחַ יט
אֶת־גְּדִי הָעִזִּים וְאֶת־הַמִּנְחָה וַיַּעַל עַל־הַצּוּר לַיהוָה וּמַפְלִא
לַעֲשׂוֹת וּמָנוֹחַ וְאִשְׁתּוֹ רֹאִים׃ וַיְהִי בַעֲלוֹת הַלַּהַב מֵעַל הַמִּזְבֵּחַ כ
הַשָּׁמַיְמָה וַיַּעַל מַלְאַךְ־יְהוָה בְּלַהַב הַמִּזְבֵּחַ וּמָנוֹחַ וְאִשְׁתּוֹ
רֹאִים וַיִּפְּלוּ עַל־פְּנֵיהֶם אָרְצָה׃ וְלֹא־יָסַף עוֹד מַלְאַךְ יְהוָה כא
לְהֵרָאֹה אֶל־מָנוֹחַ וְאֶל־אִשְׁתּוֹ אָז יָדַע מָנוֹחַ כִּי־מַלְאַךְ יְהוָה
הוּא׃ וַיֹּאמֶר מָנוֹחַ אֶל־אִשְׁתּוֹ מוֹת נָמוּת כִּי אֱלֹהִים רָאִינוּ׃ כב
וַתֹּאמֶר לוֹ אִשְׁתּוֹ לוּ חָפֵץ יְהוָה לַהֲמִיתֵנוּ לֹא־לָקַח מִיָּדֵנוּ כג
עֹלָה וּמִנְחָה וְלֹא הֶרְאָנוּ אֶת־כָּל־אֵלֶּה וְכָעֵת לֹא הִשְׁמִיעָנוּ
י כָּזֹאת׃ וַתֵּלֶד הָאִשָּׁה בֵּן וַתִּקְרָא אֶת־שְׁמוֹ שִׁמְשׁוֹן וַיִּגְדַּל הַנַּעַר כד
וַיְבָרְכֵהוּ יְהוָה׃ וַתָּחֶל רוּחַ יְהוָה לְפַעֲמוֹ בְּמַחֲנֵה־דָן בֵּין צָרְעָה כה
וּבֵין אֶשְׁתָּאֹל׃ וַיֵּרֶד שִׁמְשׁוֹן תִּמְנָתָה וַיַּרְא א יד
אִשָּׁה בְּתִמְנָתָה מִבְּנוֹת פְּלִשְׁתִּים׃ וַיַּעַל וַיַּגֵּד לְאָבִיו וּלְאִמּוֹ ב
וַיֹּאמֶר אִשָּׁה רָאִיתִי בְתִמְנָתָה מִבְּנוֹת פְּלִשְׁתִּים וְעַתָּה קְחוּ־
אוֹתָהּ לִי לְאִשָּׁה׃ וַיֹּאמֶר לוֹ אָבִיו וְאִמּוֹ הַאֵין בִּבְנוֹת אַחֶיךָ ג
וּבְכָל־עַמִּי אִשָּׁה כִּי־אַתָּה הוֹלֵךְ לָקַחַת אִשָּׁה מִפְּלִשְׁתִּים
הָעֲרֵלִים וַיֹּאמֶר שִׁמְשׁוֹן אֶל־אָבִיו אוֹתָהּ קַח־לִי כִּי־הִיא יָשְׁרָה
בְעֵינָי׃ וְאָבִיו וְאִמּוֹ לֹא יָדְעוּ כִּי מֵיְהוָה הִיא כִּי־תֹאֲנָה הוּא־ ד

מְבַקֵּ֖שׁ מִפְּלִשְׁתִּ֑ים וּבָעֵ֣ת הַהִ֔יא פְּלִשְׁתִּ֖ים מֹשְׁלִ֥ים בְּיִשְׂרָאֵֽל׃
ה וַיֵּ֥רֶד שִׁמְשׁ֛וֹן וְאָבִ֥יו וְאִמּ֖וֹ תִּמְנָ֑תָה וַיָּבֹ֗אוּ עַד־כַּרְמֵ֣י תִמְנָ֔תָה
ו וְהִנֵּה֙ כְּפִ֣יר אֲרָי֔וֹת שֹׁאֵ֖ג לִקְרָאתֽוֹ׃ וַתִּצְלַ֨ח עָלָ֜יו ר֣וּחַ יהוה
וַֽיְשַׁסְּעֵ֙הוּ֙ כְּשַׁסַּ֣ע הַגְּדִ֔י וּמְא֖וּמָה אֵ֣ין בְּיָד֑וֹ וְלֹ֤א הִגִּיד֙ לְאָבִ֣יו
ז וּלְאִמּ֔וֹ אֵ֖ת אֲשֶׁ֥ר עָשָֽׂה׃ וַיֵּ֕רֶד וַיְדַבֵּ֖ר לָֽאִשָּׁ֑ה וַתִּישַׁ֖ר בְּעֵינֵ֥י
ח שִׁמְשֽׁוֹן׃ וַיָּ֤שָׁב מִיָּמִים֙ לְקַחְתָּ֔הּ וַיָּ֣סַר לִרְא֔וֹת אֵ֖ת מַפֶּ֣לֶת
ט הָאַרְיֵ֑ה וְהִנֵּ֨ה עֲדַ֧ת דְּבוֹרִ֛ים בִּגְוִיַּ֥ת הָאַרְיֵ֖ה וּדְבָֽשׁ׃ וַיִּרְדֵּ֣הוּ אֶל־
כַּפָּ֗יו וַיֵּ֤לֶךְ הָלוֹךְ֙ וְאָכֹ֔ל וַיֵּ֙לֶךְ֙ אֶל־אָבִ֣יו וְאֶל־אִמּ֔וֹ וַיִּתֵּ֥ן לָהֶ֖ם
י וַיֹּאכֵ֑לוּ וְלֹא־הִגִּ֣יד לָהֶ֔ם כִּ֛י מִגְּוִיַּ֥ת הָאַרְיֵ֖ה רָדָ֥ה הַדְּבָֽשׁ׃ וַיֵּ֥רֶד
אָבִ֖יהוּ אֶל־הָאִשָּׁ֑ה וַיַּ֨עַשׂ שָׁ֤ם שִׁמְשׁוֹן֙ מִשְׁתֶּ֔ה כִּ֛י כֵּ֥ן יַעֲשׂ֖וּ
יא הַבַּחוּרִֽים׃ וַיְהִ֖י כִּרְאוֹתָ֣ם אוֹת֑וֹ וַיִּקְחוּ֙ שְׁלֹשִׁ֣ים מֵֽרֵעִ֔ים וַיִּהְי֖וּ
יב אִתּֽוֹ׃ וַיֹּ֧אמֶר לָהֶ֛ם שִׁמְשׁ֖וֹן אָחֽוּדָה־נָּ֥א לָכֶ֖ם חִידָ֑ה אִם־הַגֵּ֣ד
תַּגִּ֨ידוּ אוֹתָ֜הּ לִ֨י שִׁבְעַ֤ת יְמֵי֙ הַמִּשְׁתֶּה֙ וּמְצָאתֶ֔ם וְנָתַתִּ֤י לָכֶם֙
יג שְׁלֹשִׁ֣ים סְדִינִ֔ים וּשְׁלֹשִׁ֖ים חֲלִפֹ֥ת בְּגָדִֽים׃ וְאִם־לֹ֣א תוּכְלוּ֮ לְהַגִּ֣יד
לִי֒ וּנְתַתֶּ֨ם אַתֶּ֥ם לִי֙ שְׁלֹשִׁ֣ים סְדִינִ֔ים וּשְׁלֹשִׁ֖ים חֲלִיפ֣וֹת בְּגָדִ֑ים
יד וַיֹּ֣אמְרוּ ל֔וֹ ח֥וּדָה חִידָתְךָ֖ וְנִשְׁמָעֶֽנָּה׃ וַיֹּ֣אמֶר לָהֶ֗ם מֵהָֽאֹכֵל֙ יָצָ֣א
מַאֲכָ֔ל וּמֵעַ֖ז יָצָ֣א מָת֑וֹק וְלֹ֥א יָכְל֛וּ לְהַגִּ֥יד הַחִידָ֖ה שְׁל֥שֶׁת
טו יָמִֽים׃ וַיְהִ֣י ׀ בַּיּ֣וֹם הַשְּׁבִיעִ֗י וַיֹּאמְר֣וּ לְאֵֽשֶׁת־שִׁמְשׁ֡וֹן פַּתִּ֣י אֶת־
אִישֵׁךְ֩ וְיַגֶּד־לָ֨נוּ֙ אֶת־הַ֣חִידָ֔ה פֶּן־נִשְׂרֹ֥ף אוֹתָ֖ךְ וְאֶת־בֵּ֣ית אָבִ֑יךְ
טז בָּאֵ֑שׁ הַלְיָרְשֵׁ֛נוּ קְרָאתֶ֥ם לָ֖נוּ הֲלֹֽא׃ וַתֵּבְךְּ֩ אֵ֨שֶׁת שִׁמְשׁ֜וֹן עָלָ֗יו
וַתֹּ֙אמֶר֙ רַק־שְׂנֵאתַ֙נִי֙ וְלֹ֣א אֲהַבְתָּ֔נִי הַחִידָ֤ה חַ֙דְתָּ֙ לִבְנֵ֣י עַמִּ֔י
וְלִ֖י לֹ֣א הִגַּ֑דְתָּה וַיֹּ֣אמֶר לָ֗הּ הִנֵּ֨ה לְאָבִ֧י וּלְאִמִּ֛י לֹ֥א הִגַּ֖דְתִּי וְלָ֥ךְ
יז אַגִּֽיד׃ וַתֵּ֤בְךְּ עָלָיו֙ שִׁבְעַ֣ת הַיָּמִ֔ים אֲשֶׁר־הָיָ֥ה לָהֶ֖ם הַמִּשְׁתֶּ֑ה
וַיְהִ֣י ׀ בַּיּ֣וֹם הַשְּׁבִיעִ֗י וַיַּגֶּד־לָהּ֙ כִּ֣י הֱצִיקַ֔תְהוּ וַתַּגֵּ֥ד הַחִידָ֖ה לִבְנֵ֥י
יח עַמָּֽהּ׃ וַיֹּ֧אמְרוּ ל֜וֹ אַנְשֵׁ֣י הָעִ֗יר בַּיּ֣וֹם הַשְּׁבִיעִי֮ בְּטֶ֣רֶם יָבֹ֣א
הַחַ֒רְסָה֒ מַה־מָּת֣וֹק מִדְּבַ֔שׁ וּמֶ֥ה עַ֖ז מֵאֲרִ֑י וַיֹּ֣אמֶר לָהֶ֔ם לוּלֵא֙
יט חֲרַשְׁתֶּ֣ם בְּעֶגְלָתִ֔י לֹ֥א מְצָאתֶ֖ם חִידָתִֽי׃ וַתִּצְלַ֨ח עָלָ֜יו ר֣וּחַ יהוה

וַיֵּרֶד אַשְׁקְלוֹן וַיַּךְ מֵהֶם ׀ שְׁלֹשִׁים אִישׁ וַיִּקַּח אֶת־חֲלִיצוֹתָם
וַיִּתֵּן הַחֲלִיפוֹת לְמַגִּידֵי הַחִידָה וַיִּחַר אַפּוֹ וַיַּעַל בֵּית אָבִיהוּ׃
וַתְּהִי אֵשֶׁת שִׁמְשׁוֹן לְמֵרֵעֵהוּ אֲשֶׁר רֵעָה לוֹ׃ וַיְהִי כ א טו
מִיָּמִים בִּימֵי קְצִיר־חִטִּים וַיִּפְקֹד שִׁמְשׁוֹן אֶת־אִשְׁתּוֹ בִּגְדִי
עִזִּים וַיֹּאמֶר אָבֹאָה אֶל־אִשְׁתִּי הֶחָדְרָה וְלֹא־נְתָנוֹ אָבִיהָ
לָבוֹא׃ וַיֹּאמֶר אָבִיהָ אָמֹר אָמַרְתִּי כִּי־שָׂנֹא שְׂנֵאתָהּ וָאֶתְּנֶנָּה ב
לְמֵרֵעֶךָ הֲלֹא אֲחוֹתָהּ הַקְּטַנָּה טוֹבָה מִמֶּנָּה תְּהִי־נָא לְךָ
תַּחְתֶּיהָ׃ וַיֹּאמֶר לָהֶם שִׁמְשׁוֹן נִקֵּיתִי הַפַּעַם מִפְּלִשְׁתִּים כִּי־ ג
עֹשֶׂה אֲנִי עִמָּם רָעָה׃ וַיֵּלֶךְ שִׁמְשׁוֹן וַיִּלְכֹּד שְׁלֹשׁ־מֵאוֹת ד
שׁוּעָלִים וַיִּקַּח לַפִּדִים וַיֶּפֶן זָנָב אֶל־זָנָב וַיָּשֶׂם לַפִּיד אֶחָד בֵּין־
שְׁנֵי הַזְּנָבוֹת בַּתָּוֶךְ׃ וַיַּבְעֶר־אֵשׁ בַּלַּפִּידִים וַיְשַׁלַּח בְּקָמוֹת ה
פְּלִשְׁתִּים וַיַּבְעֵר מִגָּדִישׁ וְעַד־קָמָה וְעַד־כֶּרֶם זָיִת׃ וַיֹּאמְרוּ ו
פְלִשְׁתִּים מִי עָשָׂה זֹאת וַיֹּאמְרוּ שִׁמְשׁוֹן חֲתַן הַתִּמְנִי כִּי לָקַח
אֶת־אִשְׁתּוֹ וַיִּתְּנָהּ לְמֵרֵעֵהוּ וַיַּעֲלוּ פְלִשְׁתִּים וַיִּשְׂרְפוּ אוֹתָהּ
וְאֶת־אָבִיהָ בָּאֵשׁ׃ וַיֹּאמֶר לָהֶם שִׁמְשׁוֹן אִם־תַּעֲשׂוּן כָּזֹאת כִּי ז
אִם־נִקַּמְתִּי בָכֶם וְאַחַר אֶחְדָּל׃ וַיַּךְ אוֹתָם שׁוֹק עַל־יָרֵךְ מַכָּה ח
גְדוֹלָה וַיֵּרֶד וַיֵּשֶׁב בִּסְעִיף סֶלַע עֵיטָם׃ וַיַּעֲלוּ ט
פְלִשְׁתִּים וַיַּחֲנוּ בִּיהוּדָה וַיִּנָּטְשׁוּ בַּלֶּחִי׃ וַיֹּאמְרוּ אִישׁ יְהוּדָה י
לָמָה עֲלִיתֶם עָלֵינוּ וַיֹּאמְרוּ לֶאֱסוֹר אֶת־שִׁמְשׁוֹן עָלִינוּ לַעֲשׂוֹת
לוֹ כַּאֲשֶׁר עָשָׂה לָנוּ׃ וַיֵּרְדוּ שְׁלֹשֶׁת אֲלָפִים אִישׁ מִיהוּדָה אֶל־ יא
סְעִיף סֶלַע עֵיטָם וַיֹּאמְרוּ לְשִׁמְשׁוֹן הֲלֹא יָדַעְתָּ כִּי־מֹשְׁלִים בָּנוּ
פְּלִשְׁתִּים וּמַה־זֹּאת עָשִׂיתָ לָּנוּ וַיֹּאמֶר לָהֶם כַּאֲשֶׁר עָשׂוּ לִי כֵּן
עָשִׂיתִי לָהֶם׃ וַיֹּאמְרוּ לוֹ לֶאֱסָרְךָ יָרַדְנוּ לְתִתְּךָ בְּיַד־פְּלִשְׁתִּים יב
וַיֹּאמֶר לָהֶם שִׁמְשׁוֹן הִשָּׁבְעוּ לִי פֶּן־תִּפְגְּעוּן בִּי אַתֶּם׃ וַיֹּאמְרוּ יג
לוֹ לֵאמֹר לֹא כִּי־אָסֹר נֶאֱסָרְךָ וּנְתַנּוּךָ בְיָדָם וְהָמֵת לֹא נְמִיתֶךָ
וַיַּאַסְרֻהוּ בִּשְׁנַיִם עֲבֹתִים חֲדָשִׁים וַיַּעֲלוּהוּ מִן־הַסָּלַע׃ הוּא־בָא יד
עַד־לֶחִי וּפְלִשְׁתִּים הֵרִיעוּ לִקְרָאתוֹ וַתִּצְלַח עָלָיו רוּחַ יְהוָה

וַתִּהְיֶינָה הָעֲבֹתִים אֲשֶׁר־עַל־זְרוֹעוֹתָיו כַּפִּשְׁתִּים אֲשֶׁר בָּעֲרוּ
טו בָאֵשׁ וַיִּמַּסּוּ אֱסוּרָיו מֵעַל יָדָיו׃ וַיִּמְצָא לְחִי־חֲמוֹר טְרִיָּה וַיִּשְׁלַח
טז יָדוֹ וַיִּקָּחֶהָ וַיַּךְ־בָּהּ אֶלֶף אִישׁ׃ וַיֹּאמֶר שִׁמְשׁוֹן בִּלְחִי הַחֲמוֹר
יז חֲמוֹר חֲמֹרָתָיִם בִּלְחִי הַחֲמוֹר הִכֵּיתִי אֶלֶף אִישׁ׃ וַיְהִי כְּכַלֹּתוֹ
לְדַבֵּר וַיַּשְׁלֵךְ הַלְּחִי מִיָּדוֹ וַיִּקְרָא לַמָּקוֹם הַהוּא רָמַת לֶחִי׃
יח וַיִּצְמָא מְאֹד וַיִּקְרָא אֶל־יהוה וַיֹּאמַר אַתָּה נָתַתָּ בְיַד־עַבְדְּךָ
אֶת־הַתְּשׁוּעָה הַגְּדֹלָה הַזֹּאת וְעַתָּה אָמוּת בַּצָּמָא וְנָפַלְתִּי בְּיַד
יט הָעֲרֵלִים׃ וַיִּבְקַע אֱלֹהִים אֶת־הַמַּכְתֵּשׁ אֲשֶׁר־בַּלֶּחִי וַיֵּצְאוּ מִמֶּנּוּ
מַיִם וַיֵּשְׁתְּ וַתָּשָׁב רוּחוֹ וַיֶּחִי עַל־כֵּן ׀ קָרָא שְׁמָהּ עֵין הַקּוֹרֵא
כ אֲשֶׁר בַּלֶּחִי עַד הַיּוֹם הַזֶּה׃ וַיִּשְׁפֹּט אֶת־יִשְׂרָאֵל בִּימֵי פְלִשְׁתִּים
טז א עֶשְׂרִים שָׁנָה׃ וַיֵּלֶךְ שִׁמְשׁוֹן עַזָּתָה וַיַּרְא־שָׁם
ב אִשָּׁה זוֹנָה וַיָּבֹא אֵלֶיהָ׃ לָעַזָּתִים ׀ לֵאמֹר בָּא שִׁמְשׁוֹן הֵנָּה
וַיָּסֹבּוּ וַיֶּאֶרְבוּ־לוֹ כָל־הַלַּיְלָה בְּשַׁעַר הָעִיר וַיִּתְחָרְשׁוּ כָל־
ג הַלַּיְלָה לֵאמֹר עַד־אוֹר הַבֹּקֶר וַהֲרַגְנֻהוּ׃ וַיִּשְׁכַּב שִׁמְשׁוֹן עַד־ יא
חֲצִי הַלַּיְלָה וַיָּקָם ׀ בַּחֲצִי הַלַּיְלָה וַיֶּאֱחֹז בְּדַלְתוֹת שַׁעַר־הָעִיר
וּבִשְׁתֵּי הַמְּזֻזוֹת וַיִּסָּעֵם עִם־הַבְּרִיחַ וַיָּשֶׂם עַל־כְּתֵפָיו וַיַּעֲלֵם
ד אֶל־רֹאשׁ הָהָר אֲשֶׁר עַל־פְּנֵי חֶבְרוֹן׃ וַיְהִי
ה אַחֲרֵי־כֵן וַיֶּאֱהַב אִשָּׁה בְּנַחַל שֹׂרֵק וּשְׁמָהּ דְּלִילָה׃ וַיַּעֲלוּ
אֵלֶיהָ סַרְנֵי פְלִשְׁתִּים וַיֹּאמְרוּ לָהּ פַּתִּי אוֹתוֹ וּרְאִי בַּמֶּה כֹּחוֹ
גָדוֹל וּבַמֶּה נוּכַל לוֹ וַאֲסַרְנֻהוּ לְעַנֹּתוֹ וַאֲנַחְנוּ נִתַּן־לָךְ אִישׁ
ו אֶלֶף וּמֵאָה כָּסֶף׃ וַתֹּאמֶר דְּלִילָה אֶל־שִׁמְשׁוֹן הַגִּידָה־נָּא
ז לִי בַּמֶּה כֹּחֲךָ גָדוֹל וּבַמֶּה תֵאָסֵר לְעַנּוֹתֶךָ׃ וַיֹּאמֶר אֵלֶיהָ
שִׁמְשׁוֹן אִם־יַאַסְרֻנִי בְּשִׁבְעָה יְתָרִים לַחִים אֲשֶׁר לֹא־חֹרָבוּ
ח וְחָלִיתִי וְהָיִיתִי כְּאַחַד הָאָדָם׃ וַיַּעֲלוּ־לָהּ סַרְנֵי פְלִשְׁתִּים שִׁבְעָה
ט יְתָרִים לַחִים אֲשֶׁר לֹא־חֹרָבוּ וַתַּאַסְרֵהוּ בָּהֶם׃ וְהָאֹרֵב יֹשֵׁב
לָהּ בַּחֶדֶר וַתֹּאמֶר אֵלָיו פְּלִשְׁתִּים עָלֶיךָ שִׁמְשׁוֹן וַיְנַתֵּק אֶת־
הַיְתָרִים כַּאֲשֶׁר יִנָּתֵק פְּתִיל־הַנְּעֹרֶת בַּהֲרִיחוֹ אֵשׁ וְלֹא נוֹדַע

כֹּחוֹ׃ וַתֹּאמֶר דְּלִילָה אֶל־שִׁמְשׁוֹן הִנֵּה הֵתַלְתָּ בִּי וַתְּדַבֵּר אֵלַי י
כְּזָבִים עַתָּה הַגִּידָה־נָּא לִי בַּמֶּה תֵּאָסֵר׃ וַיֹּאמֶר אֵלֶיהָ אִם־ יא
אָסוֹר יַאַסְרוּנִי בַּעֲבֹתִים חֲדָשִׁים אֲשֶׁר לֹא־נַעֲשָׂה בָהֶם מְלָאכָה
וְחָלִיתִי וְהָיִיתִי כְּאַחַד הָאָדָם׃ וַתִּקַּח דְּלִילָה עֲבֹתִים חֲדָשִׁים יב
וַתַּאַסְרֵהוּ בָהֶם וַתֹּאמֶר אֵלָיו פְּלִשְׁתִּים עָלֶיךָ שִׁמְשׁוֹן וְהָאֹרֵב
יֹשֵׁב בֶּחָדֶר וַיְנַתְּקֵם מֵעַל זְרֹעֹתָיו כַּחוּט׃ וַתֹּאמֶר דְּלִילָה אֶל־ יג
שִׁמְשׁוֹן עַד־הֵנָּה הֵתַלְתָּ בִּי וַתְּדַבֵּר אֵלַי כְּזָבִים הַגִּידָה לִי בַּמֶּה
תֵּאָסֵר וַיֹּאמֶר אֵלֶיהָ אִם־תַּאַרְגִי אֶת־שֶׁבַע מַחְלְפוֹת רֹאשִׁי
עִם־הַמַּסָּכֶת׃ וַתִּתְקַע בַּיָּתֵד וַתֹּאמֶר אֵלָיו פְּלִשְׁתִּים עָלֶיךָ יד
שִׁמְשׁוֹן וַיִּיקַץ מִשְּׁנָתוֹ וַיִּסַּע אֶת־הַיְתַד הָאֶרֶג וְאֶת־הַמַּסָּכֶת׃
וַתֹּאמֶר אֵלָיו אֵיךְ תֹּאמַר אֲהַבְתִּיךְ וְלִבְּךָ אֵין אִתִּי זֶה שָׁלֹשׁ טו
פְּעָמִים הֵתַלְתָּ בִּי וְלֹא־הִגַּדְתָּ לִּי בַּמֶּה כֹּחֲךָ גָדוֹל׃ וַיְהִי כִּי־ טז
הֵצִיקָה לּוֹ בִדְבָרֶיהָ כָּל־הַיָּמִים וַתְּאַלְצֵהוּ וַתִּקְצַר נַפְשׁוֹ לָמוּת׃
וַיַּגֶּד־לָהּ אֶת־כָּל־לִבּוֹ וַיֹּאמֶר לָהּ מוֹרָה לֹא־עָלָה עַל־רֹאשִׁי יז
כִּי־נְזִיר אֱלֹהִים אֲנִי מִבֶּטֶן אִמִּי אִם־גֻּלַּחְתִּי וְסָר מִמֶּנִּי כֹחִי
וְחָלִיתִי וְהָיִיתִי כְּכָל־הָאָדָם׃ וַתֵּרֶא דְלִילָה כִּי־הִגִּיד לָהּ אֶת־ יח
כָּל־לִבּוֹ וַתִּשְׁלַח וַתִּקְרָא לְסַרְנֵי פְלִשְׁתִּים לֵאמֹר עֲלוּ הַפַּעַם
לִי כִּי־הִגִּיד לה אֶת־כָּל־לִבּוֹ וְעָלוּ אֵלֶיהָ סַרְנֵי פְלִשְׁתִּים וַיַּעֲלוּ
הַכֶּסֶף בְּיָדָם׃ וַתְּיַשְּׁנֵהוּ עַל־בִּרְכֶּיהָ וַתִּקְרָא לָאִישׁ וַתְּגַלַּח אֶת־ יט
שֶׁבַע מַחְלְפוֹת רֹאשׁוֹ וַתָּחֶל לְעַנּוֹתוֹ וַיָּסַר כֹּחוֹ מֵעָלָיו׃ וַתֹּאמֶר כ
פְּלִשְׁתִּים עָלֶיךָ שִׁמְשׁוֹן וַיִּקַץ מִשְּׁנָתוֹ וַיֹּאמֶר אֵצֵא כְּפַעַם
בְּפַעַם וְאִנָּעֵר וְהוּא לֹא יָדַע כִּי יְהוָה סָר מֵעָלָיו׃ וַיֹּאחֲזוּהוּ כא
פְלִשְׁתִּים וַיְנַקְּרוּ אֶת־עֵינָיו וַיּוֹרִידוּ אוֹתוֹ עַזָּתָה וַיַּאַסְרוּהוּ
הָאֲסוּרִים בַּנְחֻשְׁתַּיִם וַיְהִי טוֹחֵן בְּבֵית האסירים׃ וַיָּחֶל שְׂעַר־רֹאשׁוֹ כב
לְצַמֵּחַ כַּאֲשֶׁר גֻּלָּח׃ וְסַרְנֵי פְלִשְׁתִּים נֶאֶסְפוּ לִזְבֹּחַ כג
זֶבַח־גָּדוֹל לְדָגוֹן אֱלֹהֵיהֶם וּלְשִׂמְחָה וַיֹּאמְרוּ נָתַן אֱלֹהֵינוּ בְּיָדֵנוּ
אֵת שִׁמְשׁוֹן אוֹיְבֵנוּ׃ וַיִּרְאוּ אֹתוֹ הָעָם וַיְהַלְלוּ אֶת־אֱלֹהֵיהֶם כד

כִּי אָמְרוּ נָתַן אֱלֹהֵינוּ בְּיָדֵנוּ אֶת־אוֹיְבֵנוּ וְאֵת מַחֲרִיב אַרְצֵנוּ
כה וַאֲשֶׁר הִרְבָּה אֶת־חֲלָלֵינוּ׃ וַיְהִי כי טוֹב לִבָּם וַיֹּאמְרוּ קִרְאוּ כְּטוֹב
לְשִׁמְשׁוֹן וִישַׂחֶק־לָנוּ וַיִּקְרְאוּ לְשִׁמְשׁוֹן מִבֵּית האסירים וַיְצַחֵק הָאֲסוּרִים
כו לִפְנֵיהֶם וַיַּעֲמִידוּ אוֹתוֹ בֵּין הָעַמּוּדִים׃ וַיֹּאמֶר שִׁמְשׁוֹן אֶל־
הַנַּעַר הַמַּחֲזִיק בְּיָדוֹ הַנִּיחָה אוֹתִי והימשני אֶת־הָעַמֻּדִים אֲשֶׁר וַהֲמִשֵׁנִי
כז הַבַּיִת נָכוֹן עֲלֵיהֶם וְאֶשָּׁעֵן עֲלֵיהֶם׃ וְהַבַּיִת מָלֵא הָאֲנָשִׁים
וְהַנָּשִׁים וְשָׁמָּה כֹּל סַרְנֵי פְלִשְׁתִּים וְעַל־הַגָּג כִּשְׁלֹשֶׁת אֲלָפִים
כח אִישׁ וְאִשָּׁה הָרֹאִים בִּשְׂחוֹק שִׁמְשׁוֹן׃ וַיִּקְרָא שִׁמְשׁוֹן אֶל־יְהוָה
וַיֹּאמַר אֲדֹנָי יֱהוִה זָכְרֵנִי נָא וְחַזְּקֵנִי נָא אַךְ הַפַּעַם הַזֶּה הָאֱלֹהִים
כט וְאִנָּקְמָה נְקַם־אַחַת מִשְּׁתֵי עֵינַי מִפְּלִשְׁתִּים׃ וַיִּלְפֹּת שִׁמְשׁוֹן
אֶת־שְׁנֵי ׀ עַמּוּדֵי הַתָּוֶךְ אֲשֶׁר הַבַּיִת נָכוֹן עֲלֵיהֶם וַיִּסָּמֵךְ עֲלֵיהֶם
ל אֶחָד בִּימִינוֹ וְאֶחָד בִּשְׂמֹאלוֹ׃ וַיֹּאמֶר שִׁמְשׁוֹן תָּמוֹת נַפְשִׁי עִם־
פְּלִשְׁתִּים וַיֵּט בְּכֹחַ וַיִּפֹּל הַבַּיִת עַל־הַסְּרָנִים וְעַל־כָּל־הָעָם
אֲשֶׁר־בּוֹ וַיִּהְיוּ הַמֵּתִים אֲשֶׁר הֵמִית בְּמוֹתוֹ רַבִּים מֵאֲשֶׁר
לא הֵמִית בְּחַיָּיו׃ וַיֵּרְדוּ אֶחָיו וְכָל־בֵּית אָבִיהוּ וַיִּשְׂאוּ אֹתוֹ וַיַּעֲלוּ ׀
וַיִּקְבְּרוּ אוֹתוֹ בֵּין צָרְעָה וּבֵין אֶשְׁתָּאֹל בְּקֶבֶר מָנוֹחַ אָבִיו וְהוּא
יז א שָׁפַט אֶת־יִשְׂרָאֵל עֶשְׂרִים שָׁנָה׃ וַיְהִי־אִישׁ
ב מֵהַר־אֶפְרָיִם וּשְׁמוֹ מִיכָיְהוּ׃ וַיֹּאמֶר לְאִמּוֹ אֶלֶף וּמֵאָה הַכֶּסֶף
אֲשֶׁר לֻקַּח־לָךְ ואתי אָלִית וְגַם אָמַרְתְּ בְּאָזְנַי הִנֵּה־הַכֶּסֶף אִתִּי וְאַתְּ
ג אֲנִי לְקַחְתִּיו וַתֹּאמֶר אִמּוֹ בָּרוּךְ בְּנִי לַיהוָה׃ וַיָּשֶׁב אֶת־אֶלֶף־
וּמֵאָה הַכֶּסֶף לְאִמּוֹ וַתֹּאמֶר אִמּוֹ הַקְדֵּשׁ הִקְדַּשְׁתִּי אֶת־הַכֶּסֶף
לַיהוָה מִיָּדִי לִבְנִי לַעֲשׂוֹת פֶּסֶל וּמַסֵּכָה וְעַתָּה אֲשִׁיבֶנּוּ לָךְ׃
ד וַיָּשֶׁב אֶת־הַכֶּסֶף לְאִמּוֹ וַתִּקַּח אִמּוֹ מָאתַיִם כֶּסֶף וַתִּתְּנֵהוּ
ה לַצּוֹרֵף וַיַּעֲשֵׂהוּ פֶּסֶל וּמַסֵּכָה וַיְהִי בְּבֵית מִיכָיְהוּ׃ וְהָאִישׁ מִיכָה
לוֹ בֵּית אֱלֹהִים וַיַּעַשׂ אֵפוֹד וּתְרָפִים וַיְמַלֵּא אֶת־יַד אַחַד
ו מִבָּנָיו וַיְהִי־לוֹ לְכֹהֵן׃ בַּיָּמִים הָהֵם אֵין מֶלֶךְ בְּיִשְׂרָאֵל אִישׁ
ז הַיָּשָׁר בְּעֵינָיו יַעֲשֶׂה׃ וַיְהִי־נַעַר מִבֵּית לֶחֶם

יְהוּדָה מִמִּשְׁפַּחַת יְהוּדָה וְהוּא לֵוִי וְהוּא גָר־שָׁם: וַיֵּלֶךְ הָאִישׁ ח
מֵהָעִיר מִבֵּית לֶחֶם יְהוּדָה לָגוּר בַּאֲשֶׁר יִמְצָא וַיָּבֹא הַר־
אֶפְרַיִם עַד־בֵּית מִיכָה לַעֲשׂוֹת דַּרְכּוֹ: וַיֹּאמֶר־לוֹ מִיכָה מֵאַיִן ט
תָּבוֹא וַיֹּאמֶר אֵלָיו לֵוִי אָנֹכִי מִבֵּית לֶחֶם יְהוּדָה וְאָנֹכִי הֹלֵךְ
לָגוּר בַּאֲשֶׁר אֶמְצָא: וַיֹּאמֶר לוֹ מִיכָה שְׁבָה עִמָּדִי וֶהְיֵה־לִי י
לְאָב וּלְכֹהֵן וְאָנֹכִי אֶתֶּן־לְךָ עֲשֶׂרֶת כֶּסֶף לַיָּמִים וְעֵרֶךְ בְּגָדִים
וּמִחְיָתֶךָ וַיֵּלֶךְ הַלֵּוִי: וַיּוֹאֶל הַלֵּוִי לָשֶׁבֶת אֶת־הָאִישׁ וַיְהִי הַנַּעַר יא
לוֹ כְּאַחַד מִבָּנָיו: וַיְמַלֵּא מִיכָה אֶת־יַד הַלֵּוִי וַיְהִי־לוֹ הַנַּעַר יב
לְכֹהֵן וַיְהִי בְּבֵית מִיכָה: וַיֹּאמֶר מִיכָה עַתָּה יָדַעְתִּי כִּי־יֵיטִיב יג
יְהוָה לִי כִּי הָיָה־לִי הַלֵּוִי לְכֹהֵן: בַּיָּמִים הָהֵם אֵין מֶלֶךְ א יח
בְּיִשְׂרָאֵל וּבַיָּמִים הָהֵם שֵׁבֶט הַדָּנִי מְבַקֶּשׁ־לוֹ נַחֲלָה לָשֶׁבֶת
כִּי לֹא־נָפְלָה לּוֹ עַד־הַיּוֹם הַהוּא בְּתוֹךְ־שִׁבְטֵי יִשְׂרָאֵל
בְּנַחֲלָה: וַיִּשְׁלְחוּ בְנֵי־דָן ׀ מִמִּשְׁפַּחְתָּם חֲמִשָּׁה ב
אֲנָשִׁים מִקְצוֹתָם אֲנָשִׁים בְּנֵי־חַיִל מִצָּרְעָה וּמֵאֶשְׁתָּאֹל לְרַגֵּל
אֶת־הָאָרֶץ וּלְחָקְרָהּ וַיֹּאמְרוּ אֲלֵהֶם לְכוּ חִקְרוּ אֶת־הָאָרֶץ
וַיָּבֹאוּ הַר־אֶפְרַיִם עַד־בֵּית מִיכָה וַיָּלִינוּ שָׁם: הֵמָּה עִם־בֵּית ג
מִיכָה וְהֵמָּה הִכִּירוּ אֶת־קוֹל הַנַּעַר הַלֵּוִי וַיָּסוּרוּ שָׁם וַיֹּאמְרוּ
לוֹ מִי־הֱבִיאֲךָ הֲלֹם וּמָה־אַתָּה עֹשֶׂה בָּזֶה וּמַה־לְּךָ פֹה: וַיֹּאמֶר ד
אֲלֵהֶם כָּזֹה וְכָזֶה עָשָׂה לִי מִיכָה וַיִּשְׂכְּרֵנִי וָאֱהִי־לוֹ לְכֹהֵן:
וַיֹּאמְרוּ לוֹ שְׁאַל־נָא בֵאלֹהִים וְנֵדְעָה הֲתַצְלִיחַ דַּרְכֵּנוּ אֲשֶׁר ה
יב אֲנַחְנוּ הֹלְכִים עָלֶיהָ: וַיֹּאמֶר לָהֶם הַכֹּהֵן לְכוּ לְשָׁלוֹם נֹכַח ו
יְהוָה דַּרְכְּכֶם אֲשֶׁר תֵּלְכוּ־בָהּ: וַיֵּלְכוּ חֲמֵשֶׁת ז
הָאֲנָשִׁים וַיָּבֹאוּ לָיְשָׁה וַיִּרְאוּ אֶת־הָעָם אֲשֶׁר־בְּקִרְבָּהּ יוֹשֶׁבֶת
לָבֶטַח כְּמִשְׁפַּט צִדֹנִים שֹׁקֵט ׀ וּבֹטֵחַ וְאֵין־מַכְלִים דָּבָר בָּאָרֶץ
יוֹרֵשׁ עֶצֶר וּרְחֹקִים הֵמָּה מִצִּדֹנִים וְדָבָר אֵין־לָהֶם עִם־אָדָם:
וַיָּבֹאוּ אֶל־אֲחֵיהֶם צָרְעָה וְאֶשְׁתָּאֹל וַיֹּאמְרוּ לָהֶם אֲחֵיהֶם מָה ח
אַתֶּם: וַיֹּאמְרוּ קוּמָה וְנַעֲלֶה עֲלֵיהֶם כִּי רָאִינוּ אֶת־הָאָרֶץ וְהִנֵּה ט

טוֹבָה מְאֹד וְאַתֶּם מַחְשִׁים אַל־תֵּעָצְלוּ לָלֶכֶת לָבֹא לָרֶשֶׁת
י אֶת־הָאָרֶץ׃ כְּבֹאֲכֶם תָּבֹאוּ ׀ אֶל־עַם בֹּטֵחַ וְהָאָרֶץ רַחֲבַת
יָדַיִם כִּי־נְתָנָהּ אֱלֹהִים בְּיֶדְכֶם מָקוֹם אֲשֶׁר אֵין־שָׁם מַחְסוֹר
יא כָּל־דָּבָר אֲשֶׁר בָּאָרֶץ׃ וַיִּסְעוּ מִשָּׁם מִמִּשְׁפַּחַת הַדָּנִי מִצָּרְעָה
יב וּמֵאֶשְׁתָּאֹל שֵׁשׁ־מֵאוֹת אִישׁ חָגוּר כְּלֵי מִלְחָמָה׃ וַיַּעֲלוּ וַיַּחֲנוּ
בְּקִרְיַת יְעָרִים בִּיהוּדָה עַל־כֵּן קָרְאוּ לַמָּקוֹם הַהוּא מַחֲנֵה־דָן
יג עַד הַיּוֹם הַזֶּה הִנֵּה אַחֲרֵי קִרְיַת יְעָרִים׃ וַיַּעַבְרוּ מִשָּׁם הַר־
יד אֶפְרָיִם וַיָּבֹאוּ עַד־בֵּית מִיכָה׃ וַיַּעֲנוּ חֲמֵשֶׁת הָאֲנָשִׁים הַהֹלְכִים
לְרַגֵּל אֶת־הָאָרֶץ לַיִשׁ וַיֹּאמְרוּ אֶל־אֲחֵיהֶם הַיְדַעְתֶּם כִּי יֵשׁ
בַּבָּתִּים הָאֵלֶּה אֵפוֹד וּתְרָפִים וּפֶסֶל וּמַסֵּכָה וְעַתָּה דְּעוּ מַה־
טו תַּעֲשׂוּ׃ וַיָּסוּרוּ שָׁמָּה וַיָּבֹאוּ אֶל־בֵּית־הַנַּעַר הַלֵּוִי בֵּית מִיכָה
טז וַיִּשְׁאֲלוּ־לוֹ לְשָׁלוֹם׃ וְשֵׁשׁ־מֵאוֹת אִישׁ חֲגוּרִים כְּלֵי מִלְחַמְתָּם
יז נִצָּבִים פֶּתַח הַשָּׁעַר אֲשֶׁר מִבְּנֵי־דָן׃ וַיַּעֲלוּ חֲמֵשֶׁת הָאֲנָשִׁים
הַהֹלְכִים לְרַגֵּל אֶת־הָאָרֶץ בָּאוּ שָׁמָּה לָקְחוּ אֶת־הַפֶּסֶל וְאֶת־
הָאֵפוֹד וְאֶת־הַתְּרָפִים וְאֶת־הַמַּסֵּכָה וְהַכֹּהֵן נִצָּב פֶּתַח הַשַּׁעַר
יח וְשֵׁשׁ־מֵאוֹת הָאִישׁ הֶחָגוּר כְּלֵי הַמִּלְחָמָה׃ וְאֵלֶּה בָּאוּ בֵּית
מִיכָה וַיִּקְחוּ אֶת־פֶּסֶל הָאֵפוֹד וְאֶת־הַתְּרָפִים וְאֶת־הַמַּסֵּכָה
יט וַיֹּאמֶר אֲלֵיהֶם הַכֹּהֵן מָה אַתֶּם עֹשִׂים׃ וַיֹּאמְרוּ לוֹ הַחֲרֵשׁ שִׂים־
יָדְךָ עַל־פִּיךָ וְלֵךְ עִמָּנוּ וֶהְיֵה־לָנוּ לְאָב וּלְכֹהֵן הֲטוֹב ׀ הֱיוֹתְךָ
כֹהֵן לְבֵית אִישׁ אֶחָד אוֹ הֱיוֹתְךָ כֹהֵן לְשֵׁבֶט וּלְמִשְׁפָּחָה
כ בְּיִשְׂרָאֵל׃ וַיִּיטַב לֵב הַכֹּהֵן וַיִּקַּח אֶת־הָאֵפוֹד וְאֶת־הַתְּרָפִים
כא וְאֶת־הַפָּסֶל וַיָּבֹא בְּקֶרֶב הָעָם׃ וַיִּפְנוּ וַיֵּלֵכוּ וַיָּשִׂימוּ אֶת־הַטַּף
כב וְאֶת־הַמִּקְנֶה וְאֶת־הַכְּבוּדָּה לִפְנֵיהֶם׃ הֵמָּה הִרְחִיקוּ מִבֵּית
מִיכָה וְהָאֲנָשִׁים אֲשֶׁר בַּבָּתִּים אֲשֶׁר עִם־בֵּית מִיכָה נִזְעֲקוּ
כג וַיַּדְבִּיקוּ אֶת־בְּנֵי־דָן׃ וַיִּקְרְאוּ אֶל־בְּנֵי־דָן וַיַּסֵּבּוּ פְּנֵיהֶם וַיֹּאמְרוּ
כד לְמִיכָה מַה־לְּךָ כִּי נִזְעָקְתָּ׃ וַיֹּאמֶר אֶת־אֱלֹהַי אֲשֶׁר־עָשִׂיתִי
לְקַחְתֶּם וְאֶת־הַכֹּהֵן וַתֵּלְכוּ וּמַה־לִּי עוֹד וּמַה־זֶּה תֹּאמְרוּ אֵלַי

כה מַה־לָּךְ: וַיֹּאמְרוּ אֵלָיו בְּנֵי־דָן אַל־תַּשְׁמַע קוֹלְךָ עִמָּנוּ פֶּן־
יִפְגְּעוּ בָכֶם אֲנָשִׁים מָרֵי נֶפֶשׁ וְאָסַפְתָּה נַפְשְׁךָ וְנֶפֶשׁ בֵּיתֶךָ:
כו וַיֵּלְכוּ בְנֵי־דָן לְדַרְכָּם וַיַּרְא מִיכָה כִּי־חֲזָקִים הֵמָּה מִמֶּנּוּ וַיִּפֶן
כז וַיָּשָׁב אֶל־בֵּיתוֹ: וְהֵמָּה לָקְחוּ אֵת אֲשֶׁר־עָשָׂה מִיכָה וְאֶת־
הַכֹּהֵן אֲשֶׁר הָיָה־לוֹ וַיָּבֹאוּ עַל־לַיִשׁ עַל־עַם שֹׁקֵט וּבֹטֵחַ וַיַּכּוּ
כח אוֹתָם לְפִי־חָרֶב וְאֶת־הָעִיר שָׂרְפוּ בָאֵשׁ: וְאֵין מַצִּיל כִּי
רְחוֹקָה־הִיא מִצִּידוֹן וְדָבָר אֵין־לָהֶם עִם־אָדָם וְהִיא בָּעֵמֶק
כט אֲשֶׁר לְבֵית־רְחוֹב וַיִּבְנוּ אֶת־הָעִיר וַיֵּשְׁבוּ בָהּ: וַיִּקְרְאוּ שֵׁם־
הָעִיר דָּן בְּשֵׁם דָּן אֲבִיהֶם אֲשֶׁר יוּלַּד לְיִשְׂרָאֵל וְאוּלָם לַיִשׁ
ל שֵׁם־הָעִיר לָרִאשֹׁנָה: וַיָּקִימוּ לָהֶם בְּנֵי־דָן אֶת־הַפָּסֶל וִיהוֹנָתָן
בֶּן־גֵּרְשֹׁם בֶּן־מְנַשֶּׁה הוּא וּבָנָיו הָיוּ כֹהֲנִים לְשֵׁבֶט הַדָּנִי עַד־
לא יוֹם גְּלוֹת הָאָרֶץ: וַיָּשִׂימוּ לָהֶם אֶת־פֶּסֶל מִיכָה אֲשֶׁר עָשָׂה
יט א כָּל־יְמֵי הֱיוֹת בֵּית־הָאֱלֹהִים בְּשִׁלֹה: וַיְהִי
בַּיָּמִים הָהֵם וּמֶלֶךְ אֵין בְּיִשְׂרָאֵל וַיְהִי ׀ אִישׁ לֵוִי גָּר בְּיַרְכְּתֵי
ב הַר־אֶפְרַיִם וַיִּקַּח־לוֹ אִשָּׁה פִּילֶגֶשׁ מִבֵּית לֶחֶם יְהוּדָה: וַתִּזְנֶה
עָלָיו פִּילַגְשׁוֹ וַתֵּלֶךְ מֵאִתּוֹ אֶל־בֵּית אָבִיהָ אֶל־בֵּית לֶחֶם
ג יְהוּדָה וַתְּהִי־שָׁם יָמִים אַרְבָּעָה חֳדָשִׁים: וַיָּקָם אִישָׁהּ וַיֵּלֶךְ
אַחֲרֶיהָ לְדַבֵּר עַל־לִבָּהּ להשיבו וְנַעֲרוֹ עִמּוֹ וְצֶמֶד חֲמֹרִים לַהֲשִׁיבָהּ
וַתְּבִיאֵהוּ בֵּית אָבִיהָ וַיִּרְאֵהוּ אֲבִי הַנַּעֲרָה וַיִּשְׂמַח לִקְרָאתוֹ:
ד וַיֶּחֱזַק־בּוֹ חֹתְנוֹ אֲבִי הַנַּעֲרָה וַיֵּשֶׁב אִתּוֹ שְׁלֹשֶׁת יָמִים וַיֹּאכְלוּ
ה וַיִּשְׁתּוּ וַיָּלִינוּ שָׁם: וַיְהִי בַּיּוֹם הָרְבִיעִי וַיַּשְׁכִּימוּ בַבֹּקֶר וַיָּקָם
לָלֶכֶת וַיֹּאמֶר אֲבִי הַנַּעֲרָה אֶל־חֲתָנוֹ סְעָד לִבְּךָ פַּת־לֶחֶם
ו וְאַחַר תֵּלֵכוּ: וַיֵּשְׁבוּ וַיֹּאכְלוּ שְׁנֵיהֶם יַחְדָּו וַיִּשְׁתּוּ וַיֹּאמֶר אֲבִי
ז הַנַּעֲרָה אֶל־הָאִישׁ הוֹאֶל־נָא וְלִין וְיִטַב לִבֶּךָ: וַיָּקָם הָאִישׁ
ח לָלֶכֶת וַיִּפְצַר־בּוֹ חֹתְנוֹ וַיָּשָׁב וַיָּלֶן שָׁם: וַיַּשְׁכֵּם בַּבֹּקֶר בַּיּוֹם
הַחֲמִישִׁי לָלֶכֶת וַיֹּאמֶר ׀ אֲבִי הַנַּעֲרָה סְעָד־נָא לְבָבְךָ
ט וְהִתְמַהְמְהוּ עַד־נְטוֹת הַיּוֹם וַיֹּאכְלוּ שְׁנֵיהֶם: וַיָּקָם הָאִישׁ לָלֶכֶת

הוּא וּפִילַגְשׁוֹ וְנַעֲרוֹ וַיֹּאמֶר לוֹ חֹתְנוֹ אֲבִי הַנַּעֲרָה הִנֵּה נָא
רָפָה הַיּוֹם לַעֲרֹב לִינוּ־נָא הִנֵּה חֲנוֹת הַיּוֹם לִין פֹּה וְיִיטַב
י לְבָבֶךָ וְהִשְׁכַּמְתֶּם מָחָר לְדַרְכְּכֶם וְהָלַכְתָּ לְאֹהָלֶךָ: וְלֹא־אָבָה
הָאִישׁ לָלוּן וַיָּקָם וַיֵּלֶךְ וַיָּבֹא עַד־נֹכַח יְבוּס הִיא יְרוּשָׁלִָם וְעִמּוֹ
יא צֶמֶד חֲמוֹרִים חֲבוּשִׁים וּפִילַגְשׁוֹ עִמּוֹ: הֵם עִם־יְבוּס וְהַיּוֹם רַד
מְאֹד וַיֹּאמֶר הַנַּעַר אֶל־אֲדֹנָיו לְכָה־נָּא וְנָסוּרָה אֶל־עִיר־
יב הַיְבוּסִי הַזֹּאת וְנָלִין בָּהּ: וַיֹּאמֶר אֵלָיו אֲדֹנָיו לֹא נָסוּר אֶל־
עִיר נָכְרִי אֲשֶׁר לֹא־מִבְּנֵי יִשְׂרָאֵל הֵנָּה וְעָבַרְנוּ עַד־גִּבְעָה:
יג וַיֹּאמֶר לְנַעֲרוֹ לְךָ וְנִקְרְבָה בְּאַחַד הַמְּקֹמוֹת וְלַנּוּ בַגִּבְעָה אוֹ
יד בָרָמָה: וַיַּעַבְרוּ וַיֵּלֵכוּ וַתָּבֹא לָהֶם הַשֶּׁמֶשׁ אֵצֶל הַגִּבְעָה אֲשֶׁר
טו לְבִנְיָמִן: וַיָּסֻרוּ שָׁם לָבוֹא לָלוּן בַּגִּבְעָה וַיָּבֹא וַיֵּשֶׁב בִּרְחוֹב
טז הָעִיר וְאֵין אִישׁ מְאַסֵּף־אוֹתָם הַבַּיְתָה לָלוּן: וְהִנֵּה ׀ אִישׁ זָקֵן
בָּא מִן־מַעֲשֵׂהוּ מִן־הַשָּׂדֶה בָּעֶרֶב וְהָאִישׁ מֵהַר אֶפְרַיִם וְהוּא־
יז גָר בַּגִּבְעָה וְאַנְשֵׁי הַמָּקוֹם בְּנֵי יְמִינִי: וַיִּשָּׂא עֵינָיו וַיַּרְא אֶת־
הָאִישׁ הָאֹרֵחַ בִּרְחֹב הָעִיר וַיֹּאמֶר הָאִישׁ הַזָּקֵן אָנָה תֵלֵךְ
יח וּמֵאַיִן תָּבוֹא: וַיֹּאמֶר אֵלָיו עֹבְרִים אֲנַחְנוּ מִבֵּית־לֶחֶם יְהוּדָה
עַד־יַרְכְּתֵי הַר־אֶפְרַיִם מִשָּׁם אָנֹכִי וָאֵלֵךְ עַד־בֵּית לֶחֶם
יְהוּדָה וְאֶת־בֵּית יהוה אֲנִי הֹלֵךְ וְאֵין אִישׁ מְאַסֵּף אוֹתִי
יט הַבָּיְתָה: וְגַם־תֶּבֶן גַּם־מִסְפּוֹא יֵשׁ לַחֲמוֹרֵינוּ וְגַם לֶחֶם וָיַיִן יֶשׁ־
כ לִי וְלַאֲמָתֶךָ וְלַנַּעַר עִם־עֲבָדֶיךָ אֵין מַחְסוֹר כָּל־דָּבָר: וַיֹּאמֶר יג
הָאִישׁ הַזָּקֵן שָׁלוֹם לָךְ רַק כָּל־מַחְסוֹרְךָ עָלָי רַק בָּרְחוֹב אַל־
כא תָּלַן: וַיְבִיאֵהוּ לְבֵיתוֹ ויבול לַחֲמוֹרִים וַיִּרְחֲצוּ רַגְלֵיהֶם וַיֹּאכְלוּ וַיָּבָל
כב וַיִּשְׁתּוּ: הֵמָּה מֵיטִיבִים אֶת־לִבָּם וְהִנֵּה אַנְשֵׁי הָעִיר אַנְשֵׁי בְנֵי־
בְלִיַּעַל נָסַבּוּ אֶת־הַבַּיִת מִתְדַּפְּקִים עַל־הַדָּלֶת וַיֹּאמְרוּ אֶל־
הָאִישׁ בַּעַל הַבַּיִת הַזָּקֵן לֵאמֹר הוֹצֵא אֶת־הָאִישׁ אֲשֶׁר־בָּא
כג אֶל־בֵּיתְךָ וְנֵדָעֶנּוּ: וַיֵּצֵא אֲלֵיהֶם הָאִישׁ בַּעַל הַבַּיִת וַיֹּאמֶר
אֲלֵהֶם אַל־אַחַי אַל־תָּרֵעוּ נָא אַחֲרֵי אֲשֶׁר־בָּא הָאִישׁ הַזֶּה

אל-ביתי אל-תעשו את-הנבלה הזאת: הנה בתי הבתולה כד
ופילגשהו אוציאה-נא אותם וענו אותם ועשו להם הטוב
בעיניכם ולאיש הזה לא תעשו דבר הנבלה הזאת: ולא- כה
אבו האנשים לשמע לו ויחזק האיש בפילגשו ויצא אליהם
החוץ וידעו אותה ויתעללו-בה כל-הלילה עד-הבקר
כעלות וישלחוה בעלות השחר: ותבא האשה לפנות הבקר ותפל כו
פתח בית-האיש אשר-אדוניה שם עד-האור: ויקם אדניה כז
בבקר ויפתח דלתות הבית ויצא ללכת לדרכו והנה האשה
פילגשו נפלת פתח הבית וידיה על-הסף: ויאמר אליה קומי כח
ונלכה ואין ענה ויקחה על-החמור ויקם האיש וילך למקמו:
ויבא אל-ביתו ויקח את-המאכלת ויחזק בפילגשו וינתחה כט
לעצמיה לשנים עשר נתחים וישלחה בכל גבול ישראל:
והיה כל-הראה ואמר לא-נהיתה ולא-נראתה כזאת למיום ל
עלות בני-ישראל מארץ מצרים עד היום הזה שימו-לכם
עליה עצו ודברו: ויצאו כל-בני ישראל ותקהל כ א
העדה כאיש אחד למדן ועד-באר שבע וארץ הגלעד אל-
יהוה המצפה: ויתיצבו פנות כל-העם כל שבטי ישראל ב
בקהל עם האלהים ארבע מאות אלף איש רגלי שלף
חרב: וישמעו בני בנימן כי-עלו בני-ישראל ג
המצפה ויאמרו בני ישראל דברו איכה נהיתה הרעה הזאת:
ויען האיש הלוי איש האשה הנרצחה ויאמר הגבעתה אשר ד
לבנימן באתי אני ופילגשי ללון: ויקמו עלי בעלי הגבעה ה
ויסבו עלי את-הבית לילה אותי דמו להרג ואת-פילגשי ענו
ותמת: ואחז בפילגשי ואנתחה ואשלחה בכל-שדה נחלת ו
ישראל כי עשו זמה ונבלה בישראל: הנה כלכם בני ישראל ז
הבו לכם דבר ועצה הלם: ויקם כל-העם כאיש אחד לאמר ח
לא נלך איש לאהלו ולא נסור איש לביתו: ועתה זה הדבר ט

י אֲשֶׁר נַעֲשֶׂה לַגִּבְעָה עָלֶיהָ בְּגוֹרָל׃ וְלָקַחְנוּ עֲשָׂרָה אֲנָשִׁים
לְמֵאָה לְכֹל ׀ שִׁבְטֵי יִשְׂרָאֵל וּמֵאָה לָאֶלֶף וְאֶלֶף לָרְבָבָה לָקַחַת
צֵדָה לָעָם לַעֲשׂוֹת לְבוֹאָם לְגֶבַע בִּנְיָמִן כְּכָל־הַנְּבָלָה אֲשֶׁר
יא עָשָׂה בְּיִשְׂרָאֵל׃ וַיֵּאָסֵף כָּל־אִישׁ יִשְׂרָאֵל אֶל־הָעִיר כְּאִישׁ
יב אֶחָד חֲבֵרִים׃ וַיִּשְׁלְחוּ שִׁבְטֵי יִשְׂרָאֵל אֲנָשִׁים
בְּכָל־שִׁבְטֵי בִנְיָמִן לֵאמֹר מָה הָרָעָה הַזֹּאת אֲשֶׁר נִהְיְתָה
יג בָּכֶם׃ וְעַתָּה תְּנוּ אֶת־הָאֲנָשִׁים בְּנֵי־בְלִיַּעַל אֲשֶׁר בַּגִּבְעָה
וּנְמִיתֵם וּנְבַעֲרָה רָעָה מִיִּשְׂרָאֵל וְלֹא אָבוּ בִּנְיָמִן לִשְׁמֹעַ בְּנֵי
יד בְּקוֹל אֲחֵיהֶם בְּנֵי־יִשְׂרָאֵל׃ וַיֵּאָסְפוּ בְנֵי־בִנְיָמִן מִן־הֶעָרִים
טו הַגִּבְעָתָה לָצֵאת לַמִּלְחָמָה עִם־בְּנֵי יִשְׂרָאֵל׃ וַיִּתְפָּקְדוּ בְנֵי
בִנְיָמִן בַּיּוֹם הַהוּא מֵהֶעָרִים עֶשְׂרִים וְשִׁשָּׁה אֶלֶף אִישׁ שֹׁלֵף
חָרֶב לְבַד מִיֹּשְׁבֵי הַגִּבְעָה הִתְפָּקְדוּ שְׁבַע מֵאוֹת אִישׁ בָּחוּר׃
טז מִכֹּל ׀ הָעָם הַזֶּה שְׁבַע מֵאוֹת אִישׁ בָּחוּר אִטֵּר יַד־יְמִינוֹ כָּל־זֶה
יז קֹלֵעַ בָּאֶבֶן אֶל־הַשַּׂעֲרָה וְלֹא יַחֲטִא׃ וְאִישׁ
יִשְׂרָאֵל הִתְפָּקְדוּ לְבַד מִבִּנְיָמִן אַרְבַּע מֵאוֹת אֶלֶף אִישׁ שֹׁלֵף
יח חָרֶב כָּל־זֶה אִישׁ מִלְחָמָה׃ וַיָּקֻמוּ וַיַּעֲלוּ בֵית־אֵל וַיִּשְׁאֲלוּ
בֵאלֹהִים וַיֹּאמְרוּ בְּנֵי יִשְׂרָאֵל מִי יַעֲלֶה־לָּנוּ בַתְּחִלָּה לַמִּלְחָמָה
יט עִם־בְּנֵי בִנְיָמִן וַיֹּאמֶר יְהוָה יְהוּדָה בַתְּחִלָּה׃ וַיָּקוּמוּ בְנֵי־
כ יִשְׂרָאֵל בַּבֹּקֶר וַיַּחֲנוּ עַל־הַגִּבְעָה׃ וַיֵּצֵא אִישׁ יִשְׂרָאֵל לַמִּלְחָמָה
עִם־בִּנְיָמִן וַיַּעַרְכוּ אִתָּם אִישׁ־יִשְׂרָאֵל מִלְחָמָה אֶל־הַגִּבְעָה׃
כא וַיֵּצְאוּ בְנֵי־בִנְיָמִן מִן־הַגִּבְעָה וַיַּשְׁחִיתוּ בְיִשְׂרָאֵל בַּיּוֹם הַהוּא
כב שְׁנַיִם וְעֶשְׂרִים אֶלֶף אִישׁ אָרְצָה׃ וַיִּתְחַזֵּק הָעָם אִישׁ יִשְׂרָאֵל
וַיֹּסִפוּ לַעֲרֹךְ מִלְחָמָה בַּמָּקוֹם אֲשֶׁר־עָרְכוּ שָׁם בַּיּוֹם הָרִאשׁוֹן׃
כג וַיַּעֲלוּ בְנֵי־יִשְׂרָאֵל וַיִּבְכּוּ לִפְנֵי־יְהוָה עַד־הָעֶרֶב וַיִּשְׁאֲלוּ בַיהוָה
לֵאמֹר הַאוֹסִיף לָגֶשֶׁת לַמִּלְחָמָה עִם־בְּנֵי בִּנְיָמִן אָחִי וַיֹּאמֶר
כד יְהוָה עֲלוּ אֵלָיו׃ וַיִּקְרְבוּ בְנֵי־יִשְׂרָאֵל אֶל־בְּנֵי
כה בִנְיָמִן בַּיּוֹם הַשֵּׁנִי׃ וַיֵּצֵא בִנְיָמִן ׀ לִקְרָאתָם ׀ מִן־הַגִּבְעָה בַּיּוֹם

הַשֵּׁנִ֗י וַיַּשְׁחִ֨יתוּ בִבְנֵ֤י יִשְׂרָאֵל֙ ע֔וֹד שְׁמֹנַ֨ת עָשָׂ֥ר אֶ֛לֶף אִ֖ישׁ אַ֑רְצָה
כָּל־אֵ֖לֶּה שֹׁ֥לְפֵי חָֽרֶב׃ וַיַּעֲל֣וּ כָל־בְּנֵ֣י יִשְׂרָאֵ֣ל וְכָל־הָעָ֡ם וַיָּבֹ֣אוּ כו
בֵֽית־אֵל֩ וַיִּבְכּ֨וּ וַיֵּ֤שְׁבוּ שָׁם֙ לִפְנֵ֣י יְהוָ֔ה וַיָּצ֥וּמוּ בַיּוֹם־הַה֖וּא עַד־
יד הָעָ֑רֶב וַיַּעֲל֥וּ עֹל֛וֹת וּשְׁלָמִ֖ים לִפְנֵ֥י יְהוָֽה׃ וַיִּשְׁאֲל֥וּ בְנֵֽי־יִשְׂרָאֵ֖ל כז
בַּֽיהוָ֑ה וְשָׁ֗ם אֲרוֹן֙ בְּרִ֣ית הָאֱלֹהִ֔ים בַּיָּמִ֖ים הָהֵֽם׃ וּ֠פִינְחָס בֶּן־ כח
אֶלְעָזָ֨ר בֶּן־אַהֲרֹ֜ן עֹמֵ֣ד ׀ לְפָנָ֗יו בַּיָּמִ֣ים הָהֵם֮ לֵאמֹר֒ הַאוֹסִ֨ף ע֜וֹד
לָצֵ֧את לַמִּלְחָמָ֛ה עִם־בְּנֵֽי־בִנְיָמִ֥ן אָחִ֖י אִם־אֶחְדָּ֑ל וַיֹּ֤אמֶר יְהוָה֙
עֲל֔וּ כִּ֥י מָחָ֖ר אֶתְּנֶ֥נּוּ בְיָדֶֽךָ׃ וַיָּ֤שֶׂם יִשְׂרָאֵל֙ אֹֽרְבִ֔ים אֶל־הַגִּבְעָ֖ה כט
סָבִֽיב׃ וַיַּעֲל֧וּ בְנֵֽי־יִשְׂרָאֵ֛ל אֶל־בְּנֵ֥י בִנְיָמִ֖ן בַּיּ֣וֹם ל
הַשְּׁלִישִׁ֑י וַיַּעַרְכ֧וּ אֶל־הַגִּבְעָ֛ה כְּפַ֥עַם בְּפָֽעַם׃ וַיֵּצְא֤וּ בְנֵֽי־בִנְיָמִן֙ לא
לִקְרַ֣את הָעָ֔ם הָנְתְּק֖וּ מִן־הָעִ֑יר וַיָּחֵ֡לּוּ לְהַכּ֣וֹת מֵהָעָם֩ חֲלָלִ֨ים
כְּפַ֜עַם ׀ בְּפַ֗עַם בַּֽמְסִלּ֞וֹת אֲשֶׁ֨ר אַחַ֜ת עֹלָ֣ה בֵֽית־אֵ֗ל וְאַחַ֤ת
גִּבְעָ֙תָה֙ בַּשָּׂדֶ֔ה כִּשְׁלֹשִׁ֥ים אִ֖ישׁ בְּיִשְׂרָאֵֽל׃ וַיֹּֽאמְרוּ֙ בְּנֵ֣י בִנְיָמִ֔ן לב
נִגָּפִ֥ים הֵ֛ם לְפָנֵ֖ינוּ כְּבָרִאשֹׁנָ֑ה וּבְנֵ֧י יִשְׂרָאֵ֣ל אָמְר֗וּ נָנ֙וּסָה֙
וּֽנְתַקְּנֻ֔הוּ מִן־הָעִ֖יר אֶל־הַֽמְסִלּֽוֹת׃ וְכֹ֣ל ׀ אִ֣ישׁ יִשְׂרָאֵ֗ל קָ֚מוּ לג
מִמְּקוֹמ֔וֹ וַיַּעַרְכ֖וּ בְּבַ֣עַל תָּמָ֑ר וְאֹרֵ֧ב יִשְׂרָאֵ֛ל מֵגִ֥יחַ מִמְּקֹמ֖וֹ
מִמַּֽעֲרֵה־גָֽבַע׃ וַיָּבֹ֨אוּ מִנֶּ֜גֶד לַגִּבְעָ֗ה עֲשֶׂרֶת֩ אֲלָפִ֨ים אִ֤ישׁ בָּחוּר֙ לד
מִכָּל־יִשְׂרָאֵ֔ל וְהַמִּלְחָמָ֖ה כָּבֵ֑דָה וְהֵם֙ לֹ֣א יָדְע֔וּ כִּֽי־נֹגַ֥עַת
עֲלֵיהֶ֖ם הָרָעָֽה׃ וַיִּגֹּ֣ף יְהוָ֣ה ׀ אֶֽת־בִּנְיָמִן֮ לִפְנֵ֣י לה
יִשְׂרָאֵל֒ וַיַּשְׁחִיתוּ֩ בְנֵ֨י יִשְׂרָאֵ֤ל בְּבִנְיָמִן֙ בַּיּ֣וֹם הַה֔וּא עֶשְׂרִ֨ים
וַחֲמִשָּׁ֥ה אֶ֛לֶף וּמֵאָ֖ה אִ֑ישׁ כָּל־אֵ֖לֶּה שֹׁ֥לֵף חָֽרֶב׃ וַיִּרְא֥וּ בְנֵֽי־ לו
בִנְיָמִ֖ן כִּ֣י נִגָּ֑פוּ וַיִּתְּנ֨וּ אִֽישׁ־יִשְׂרָאֵ֤ל מָקוֹם֙ לְבִנְיָמִ֔ן כִּ֤י בָֽטְחוּ֙ אֶל־
הָ֣אֹרֵ֔ב אֲשֶׁ֥ר שָׂ֖מוּ אֶל־הַגִּבְעָֽה׃ וְהָאֹרֵ֣ב הֵחִ֔ישׁוּ וַֽיִּפְשְׁט֖וּ אֶל־ לז
הַגִּבְעָ֑ה וַיִּמְשֹׁךְ֙ הָֽאֹרֵ֔ב וַיַּ֥ךְ אֶת־כָּל־הָעִ֖יר לְפִי־חָֽרֶב׃ וְהַמּוֹעֵ֕ד לח
הָיָ֖ה לְאִ֣ישׁ יִשְׂרָאֵ֑ל עִם־הָאֹרֵ֗ב הֶ֛רֶב לְהַעֲלוֹתָ֥ם מַשְׂאַ֥ת הֶעָשָׁ֖ן
מִן־הָעִֽיר׃ וַיַּהֲפֹ֥ךְ אִישׁ־יִשְׂרָאֵ֖ל בַּמִּלְחָמָ֑ה וּבִנְיָמִ֡ן הֵחֵל֩ לְהַכּ֨וֹת לט
חֲלָלִ֤ים בְּאִֽישׁ־יִשְׂרָאֵל֙ כִּשְׁלֹשִׁ֣ים אִ֔ישׁ כִּ֣י אָמְר֔וּ אַ֗ךְ נִגּ֨וֹף נִגָּ֥ף

מ הוּא לְפָנֵינוּ כַּמִּלְחָמָה הָרִאשֹׁנָה: וְהַמַּשְׂאֵת הֵחֵלָּה לַעֲלוֹת מִן־
הָעִיר עַמּוּד עָשָׁן וַיִּפֶן בִּנְיָמִן אַחֲרָיו וְהִנֵּה עָלָה כְלִיל־הָעִיר
מא הַשָּׁמָיְמָה: וְאִישׁ יִשְׂרָאֵל הָפַךְ וַיִּבָּהֵל אִישׁ בִּנְיָמִן כִּי רָאָה כִּי־
מב נָגְעָה עָלָיו הָרָעָה: וַיִּפְנוּ לִפְנֵי אִישׁ יִשְׂרָאֵל אֶל־דֶּרֶךְ הַמִּדְבָּר
וְהַמִּלְחָמָה הִדְבִּיקָתְהוּ וַאֲשֶׁר מֵהֶעָרִים מַשְׁחִיתִים אוֹתוֹ בְּתוֹכוֹ:
מג כִּתְּרוּ אֶת־בִּנְיָמִן הִרְדִיפֻהוּ מְנוּחָה הִדְרִיכֻהוּ עַד נֹכַח הַגִּבְעָה
מד מִמִּזְרַח־שָׁמֶשׁ: וַיִּפְּלוּ מִבִּנְיָמִן שְׁמֹנָה־עָשָׂר אֶלֶף אִישׁ אֶת־כָּל־
מה אֵלֶּה אַנְשֵׁי־חָיִל: וַיִּפְנוּ וַיָּנֻסוּ הַמִּדְבָּרָה אֶל־סֶלַע הָרִמּוֹן
וַיְעֹלְלֻהוּ בַּמְסִלּוֹת חֲמֵשֶׁת אֲלָפִים אִישׁ וַיַּדְבִּיקוּ אַחֲרָיו עַד־
מו גִּדְעֹם וַיַּכּוּ מִמֶּנּוּ אַלְפַּיִם אִישׁ: וַיְהִי כָל־הַנֹּפְלִים מִבִּנְיָמִן
עֶשְׂרִים וַחֲמִשָּׁה אֶלֶף אִישׁ שֹׁלֵף חֶרֶב בַּיּוֹם הַהוּא אֶת־כָּל־
מז אֵלֶּה אַנְשֵׁי־חָיִל: וַיִּפְנוּ וַיָּנֻסוּ הַמִּדְבָּרָה אֶל־סֶלַע הָרִמּוֹן
מח שֵׁשׁ מֵאוֹת אִישׁ וַיֵּשְׁבוּ בְּסֶלַע רִמּוֹן אַרְבָּעָה חֳדָשִׁים: וְאִישׁ
יִשְׂרָאֵל שָׁבוּ אֶל־בְּנֵי בִנְיָמִן וַיַּכּוּם לְפִי־חֶרֶב מֵעִיר מְתֹם עַד־
בְּהֵמָה עַד כָּל־הַנִּמְצָא גַּם כָּל־הֶעָרִים הַנִּמְצָאוֹת שִׁלְּחוּ
כא א בָאֵשׁ: וְאִישׁ יִשְׂרָאֵל נִשְׁבַּע בַּמִּצְפָּה לֵאמֹר אִישׁ
ב מִמֶּנּוּ לֹא־יִתֵּן בִּתּוֹ לְבִנְיָמִן לְאִשָּׁה: וַיָּבֹא הָעָם בֵּית־אֵל וַיֵּשְׁבוּ
שָׁם עַד־הָעֶרֶב לִפְנֵי הָאֱלֹהִים וַיִּשְׂאוּ קוֹלָם וַיִּבְכּוּ בְּכִי גָדוֹל:
ג וַיֹּאמְרוּ לָמָה יהוה אֱלֹהֵי יִשְׂרָאֵל הָיְתָה־זֹּאת בְּיִשְׂרָאֵל לְהִפָּקֵד
ד הַיּוֹם מִיִּשְׂרָאֵל שֵׁבֶט אֶחָד: וַיְהִי מִמָּחֳרָת וַיַּשְׁכִּימוּ הָעָם
ה וַיִּבְנוּ־שָׁם מִזְבֵּחַ וַיַּעֲלוּ עֹלוֹת וּשְׁלָמִים: וַיֹּאמְרוּ
בְּנֵי יִשְׂרָאֵל מִי אֲשֶׁר לֹא־עָלָה בַקָּהָל מִכָּל־שִׁבְטֵי יִשְׂרָאֵל
אֶל־יהוה כִּי הַשְּׁבוּעָה הַגְּדוֹלָה הָיְתָה לַאֲשֶׁר לֹא־עָלָה אֶל־
ו יהוה הַמִּצְפָּה לֵאמֹר מוֹת יוּמָת: וַיִּנָּחֲמוּ בְּנֵי יִשְׂרָאֵל אֶל־
ז בִּנְיָמִן אָחִיו וַיֹּאמְרוּ נִגְדַּע הַיּוֹם שֵׁבֶט אֶחָד מִיִּשְׂרָאֵל: מַה־
נַּעֲשֶׂה לָהֶם לַנּוֹתָרִים לְנָשִׁים וַאֲנַחְנוּ נִשְׁבַּעְנוּ בַיהוה לְבִלְתִּי
ח תֵּת־לָהֶם מִבְּנוֹתֵינוּ לְנָשִׁים: וַיֹּאמְרוּ מִי אֶחָד מִשִּׁבְטֵי יִשְׂרָאֵל

אֲשֶׁר לֹא־עָלָה אֶל־יְהוָה הַמִּצְפָּה וְהִנֵּה לֹא בָא־אִישׁ אֶל־
הַמַּחֲנֶה מִיָּבֵישׁ גִּלְעָד אֶל־הַקָּהָל: וַיִּתְפָּקֵד הָעָם וְהִנֵּה אֵין־ ט
שָׁם אִישׁ מִיּוֹשְׁבֵי יָבֵשׁ גִּלְעָד: וַיִּשְׁלְחוּ־שָׁם הָעֵדָה שְׁנֵים־עָשָׂר י
אֶלֶף אִישׁ מִבְּנֵי הֶחָיִל וַיְצַוּוּ אוֹתָם לֵאמֹר לְכוּ וְהִכִּיתֶם אֶת־
יוֹשְׁבֵי יָבֵשׁ גִּלְעָד לְפִי־חֶרֶב וְהַנָּשִׁים וְהַטָּף: וְזֶה הַדָּבָר אֲשֶׁר יא
תַּעֲשׂוּ כָּל־זָכָר וְכָל־אִשָּׁה יֹדַעַת מִשְׁכַּב־זָכָר תַּחֲרִימוּ:
וַיִּמְצְאוּ מִיּוֹשְׁבֵי ׀ יָבֵישׁ גִּלְעָד אַרְבַּע מֵאוֹת נַעֲרָה בְתוּלָה אֲשֶׁר יב
לֹא־יָדְעָה אִישׁ לְמִשְׁכַּב זָכָר וַיָּבִיאוּ אוֹתָם אֶל־הַמַּחֲנֶה שִׁלֹה
אֲשֶׁר בְּאֶרֶץ כְּנָעַן: וַיִּשְׁלְחוּ כָּל־הָעֵדָה וַיְדַבְּרוּ יג
אֶל־בְּנֵי בִנְיָמִן אֲשֶׁר בְּסֶלַע רִמּוֹן וַיִּקְרְאוּ לָהֶם שָׁלוֹם:
וַיָּשָׁב בִּנְיָמִן בָּעֵת הַהִיא וַיִּתְּנוּ לָהֶם הַנָּשִׁים אֲשֶׁר חִיּוּ מִנְּשֵׁי יד
יָבֵשׁ גִּלְעָד וְלֹא־מָצְאוּ לָהֶם כֵּן: וְהָעָם נִחָם לְבִנְיָמִן כִּי־עָשָׂה טו
יְהוָה פֶּרֶץ בְּשִׁבְטֵי יִשְׂרָאֵל: וַיֹּאמְרוּ זִקְנֵי הָעֵדָה מַה־נַּעֲשֶׂה טז
לַנּוֹתָרִים לְנָשִׁים כִּי־נִשְׁמְדָה מִבִּנְיָמִן אִשָּׁה: וַיֹּאמְרוּ יְרֻשַּׁת יז
פְּלֵיטָה לְבִנְיָמִן וְלֹא־יִמָּחֶה שֵׁבֶט מִיִּשְׂרָאֵל: וַאֲנַחְנוּ לֹא נוּכַל יח
לָתֵת־לָהֶם נָשִׁים מִבְּנוֹתֵינוּ כִּי־נִשְׁבְּעוּ בְנֵי־יִשְׂרָאֵל לֵאמֹר
אָרוּר נֹתֵן אִשָּׁה לְבִנְיָמִן: וַיֹּאמְרוּ הִנֵּה חַג־יְהוָה בְּשִׁלוֹ מִיָּמִים ׀ יט
יָמִימָה אֲשֶׁר מִצְּפוֹנָה לְבֵית־אֵל מִזְרְחָה הַשֶּׁמֶשׁ לִמְסִלָּה
הָעֹלָה מִבֵּית־אֵל שְׁכֶמָה וּמִנֶּגֶב לִלְבוֹנָה: וַיְצַוּוּ אֶת־בְּנֵי בִנְיָמִן כ
לֵאמֹר לְכוּ וַאֲרַבְתֶּם בַּכְּרָמִים: וּרְאִיתֶם וְהִנֵּה אִם־יֵצְאוּ בְנוֹת־ כא
שִׁילוֹ לָחוּל בַּמְּחֹלוֹת וִיצָאתֶם מִן־הַכְּרָמִים וַחֲטַפְתֶּם לָכֶם אִישׁ
אִשְׁתּוֹ מִבְּנוֹת שִׁילוֹ וַהֲלַכְתֶּם אֶרֶץ בִּנְיָמִן: וְהָיָה כִּי־יָבֹאוּ כב
לָרִיב אֲבוֹתָם אוֹ אֲחֵיהֶם לָרוֹב ׀ אֵלֵינוּ וְאָמַרְנוּ אֲלֵיהֶם חָנּוּנוּ אוֹתָם
כִּי לֹא לָקַחְנוּ אִישׁ אִשְׁתּוֹ בַּמִּלְחָמָה כִּי לֹא אַתֶּם נְתַתֶּם לָהֶם
כָּעֵת תֶּאְשָׁמוּ: וַיַּעֲשׂוּ־כֵן בְּנֵי בִנְיָמִן וַיִּשְׂאוּ נָשִׁים לְמִסְפָּרָם מִן־ כג
הַמְּחֹלְלוֹת אֲשֶׁר גָּזָלוּ וַיֵּלְכוּ וַיָּשׁוּבוּ אֶל־נַחֲלָתָם וַיִּבְנוּ אֶת־
הֶעָרִים וַיֵּשְׁבוּ בָּהֶם: וַיִּתְהַלְּכוּ מִשָּׁם בְּנֵי־יִשְׂרָאֵל בָּעֵת הַהִיא כד

כה אִ֥ישׁ לְשִׁבְט֖וֹ וּלְמִשְׁפַּחְתּ֑וֹ וַיֵּצְא֣וּ מִשָּׁ֔ם אִ֖ישׁ לְנַחֲלָתֽוֹ׃ בַּיָּמִ֣ים
הָהֵ֔ם אֵ֥ין מֶ֖לֶךְ בְּיִשְׂרָאֵ֑ל אִ֛ישׁ הַיָּשָׁ֥ר בְּעֵינָ֖יו יַעֲשֶֽׂה׃

שמואל

א

א וַיְהִי אִישׁ אֶחָד מִן־הָרָמָתַיִם צוֹפִים מֵהַר אֶפְרָיִם וּשְׁמוֹ אֶלְקָנָה
ב בֶּן־יְרֹחָם בֶּן־אֱלִיהוּא בֶּן־תֹּחוּ בֶן־צוּף אֶפְרָתִי: וְלוֹ שְׁתֵּי נָשִׁים
שֵׁם אַחַת חַנָּה וְשֵׁם הַשֵּׁנִית פְּנִנָּה וַיְהִי לִפְנִנָּה יְלָדִים וּלְחַנָּה
ג אֵין יְלָדִים: וְעָלָה הָאִישׁ הַהוּא מֵעִירוֹ מִיָּמִים ׀ יָמִימָה
לְהִשְׁתַּחֲוֺת וְלִזְבֹּחַ לַיהוָה צְבָאוֹת בְּשִׁלֹה וְשָׁם שְׁנֵי בְנֵי־עֵלִי
ד חָפְנִי וּפִנְחָס כֹּהֲנִים לַיהוָה: וַיְהִי הַיּוֹם וַיִּזְבַּח אֶלְקָנָה וְנָתַן
ה לִפְנִנָּה אִשְׁתּוֹ וּלְכָל־בָּנֶיהָ וּבְנוֹתֶיהָ מָנוֹת: וּלְחַנָּה יִתֵּן מָנָה
ו אַחַת אַפָּיִם כִּי אֶת־חַנָּה אָהֵב וַיהוָה סָגַר רַחְמָהּ: וְכִעֲסַתָּה
צָרָתָהּ גַּם־כַּעַס בַּעֲבוּר הַרְּעִמָהּ כִּי־סָגַר יְהוָה בְּעַד רַחְמָהּ:
ז וְכֵן יַעֲשֶׂה שָׁנָה בְשָׁנָה מִדֵּי עֲלֹתָהּ בְּבֵית יְהוָה כֵּן תַּכְעִסֶנָּה
ח וַתִּבְכֶּה וְלֹא תֹאכַל: וַיֹּאמֶר לָהּ אֶלְקָנָה אִישָׁהּ חַנָּה לָמֶה
תִבְכִּי וְלָמֶה לֹא תֹאכְלִי וְלָמֶה יֵרַע לְבָבֵךְ הֲלוֹא אָנֹכִי טוֹב
ט לָךְ מֵעֲשָׂרָה בָּנִים: וַתָּקָם חַנָּה אַחֲרֵי אָכְלָה בְשִׁלֹה וְאַחֲרֵי
י שָׁתֹה וְעֵלִי הַכֹּהֵן יֹשֵׁב עַל־הַכִּסֵּא עַל־מְזוּזַת הֵיכַל יְהוָה: וְהִיא
יא מָרַת נָפֶשׁ וַתִּתְפַּלֵּל עַל־יְהוָה וּבָכֹה תִבְכֶּה: וַתִּדֹּר נֶדֶר וַתֹּאמַר
יְהוָה צְבָאוֹת אִם־רָאֹה תִרְאֶה ׀ בָּעֳנִי אֲמָתֶךָ וּזְכַרְתַּנִי וְלֹא־
תִשְׁכַּח אֶת־אֲמָתֶךָ וְנָתַתָּה לַאֲמָתְךָ זֶרַע אֲנָשִׁים וּנְתַתִּיו
יב לַיהוָה כָּל־יְמֵי חַיָּיו וּמוֹרָה לֹא־יַעֲלֶה עַל־רֹאשׁוֹ: וְהָיָה כִּי
יג הִרְבְּתָה לְהִתְפַּלֵּל לִפְנֵי יְהוָה וְעֵלִי שֹׁמֵר אֶת־פִּיהָ: וְחַנָּה הִיא
מְדַבֶּרֶת עַל־לִבָּהּ רַק שְׂפָתֶיהָ נָּעוֹת וְקוֹלָהּ לֹא יִשָּׁמֵעַ וַיַּחְשְׁבֶהָ
יד עֵלִי לְשִׁכֹּרָה: וַיֹּאמֶר אֵלֶיהָ עֵלִי עַד־מָתַי תִּשְׁתַּכָּרִין הָסִירִי
טו אֶת־יֵינֵךְ מֵעָלָיִךְ: וַתַּעַן חַנָּה וַתֹּאמֶר לֹא אֲדֹנִי אִשָּׁה קְשַׁת־
רוּחַ אָנֹכִי וְיַיִן וְשֵׁכָר לֹא שָׁתִיתִי וָאֶשְׁפֹּךְ אֶת־נַפְשִׁי לִפְנֵי יְהוָה:
טז אַל־תִּתֵּן אֶת־אֲמָתְךָ לִפְנֵי בַּת־בְּלִיָּעַל כִּי־מֵרֹב שִׂיחִי וְכַעְסִי
יז דִּבַּרְתִּי עַד־הֵנָּה: וַיַּעַן עֵלִי וַיֹּאמֶר לְכִי לְשָׁלוֹם וֵאלֹהֵי יִשְׂרָאֵל
יח יִתֵּן אֶת־שֵׁלָתֵךְ אֲשֶׁר שָׁאַלְתְּ מֵעִמּוֹ: וַתֹּאמֶר תִּמְצָא שִׁפְחָתְךָ
חֵן בְּעֵינֶיךָ וַתֵּלֶךְ הָאִשָּׁה לְדַרְכָּהּ וַתֹּאכַל וּפָנֶיהָ לֹא־הָיוּ־לָהּ

עוֹד׃ וַיַּשְׁכִּ֣מוּ בַבֹּ֗קֶר וַיִּֽשְׁתַּחֲווּ֙ לִפְנֵ֣י יְהוָ֔ה וַיָּשֻׁ֖בוּ וַיָּבֹ֣אוּ אֶל־ יט
בֵּיתָ֣ם הָֽרָמָ֑תָה וַיֵּ֤דַע אֶלְקָנָה֙ אֶת־חַנָּ֣ה אִשְׁתּ֔וֹ וַיִּֽזְכְּרֶ֖הָ יְהוָֽה׃
וַיְהִי֙ לִתְקֻפ֣וֹת הַיָּמִ֔ים וַתַּ֥הַר חַנָּ֖ה וַתֵּ֣לֶד בֵּ֑ן וַתִּקְרָ֤א אֶת־שְׁמוֹ֙ כ
שְׁמוּאֵ֔ל כִּ֥י מֵיְהוָ֖ה שְׁאִלְתִּֽיו׃ וַיַּ֛עַל הָאִ֥ישׁ אֶלְקָנָ֖ה וְכָל־בֵּית֑וֹ כא
לִזְבֹּ֧חַ לַֽיהוָ֛ה אֶת־זֶ֥בַח הַיָּמִ֖ים וְאֶת־נִדְרֽוֹ׃ וְחַנָּ֖ה לֹ֣א עָלָ֑תָה כִּֽי־ כב
אָמְרָ֣ה לְאִישָׁ֗הּ עַ֣ד יִגָּמֵ֤ל הַנַּ֙עַר֙ וַהֲבִאֹתִ֗יו וְנִרְאָה֙ אֶת־פְּנֵ֣י יְהוָ֔ה
וְיָ֥שַׁב שָׁ֖ם עַד־עוֹלָֽם׃ וַיֹּ֣אמֶר לָ֡הּ אֶלְקָנָ֣ה אִישָׁ֡הּ עֲשִׂ֣י הַטּ֣וֹב כג
בְּעֵינַ֡יִךְ שְׁבִי֙ עַד־גָּמְלֵ֣ךְ אֹת֔וֹ אַ֛ךְ יָקֵ֥ם יְהוָ֖ה אֶת־דְּבָר֑וֹ וַתֵּ֤שֶׁב
הָֽאִשָּׁה֙ וַתֵּ֣ינֶק אֶת־בְּנָ֔הּ עַד־גָמְלָ֖הּ אֹתֽוֹ׃ וַתַּעֲלֵ֨הוּ עִמָּ֜הּ כַּאֲשֶׁ֣ר כד
גְּמָלַ֗תּוּ בְּפָרִ֤ים שְׁלֹשָׁה֙ וְאֵיפָ֨ה אַחַ֥ת קֶ֙מַח֙ וְנֵ֣בֶל יַ֔יִן וַתְּבִאֵ֥הוּ
בֵית־יְהוָ֖ה שִׁל֑וֹ וְהַנַּ֖עַר נָֽעַר׃ וַֽיִּשְׁחֲט֖וּ אֶת־הַפָּ֑ר וַיָּבִ֥אוּ אֶת־ כה
הַנַּ֖עַר אֶל־עֵלִֽי׃ וַתֹּ֙אמֶר֙ בִּ֣י אֲדֹנִ֔י חֵ֥י נַפְשְׁךָ֖ אֲדֹנִ֑י אֲנִ֣י הָֽאִשָּׁ֗ה כו
הַנִּצֶּ֤בֶת עִמְּכָה֙ בָּזֶ֔ה לְהִתְפַּלֵּ֖ל אֶל־יְהוָֽה׃ אֶל־הַנַּ֥עַר הַזֶּ֖ה כז
הִתְפַּלָּ֑לְתִּי וַיִּתֵּ֨ן יְהוָ֥ה לִי֙ אֶת־שְׁאֵ֣לָתִ֔י אֲשֶׁ֥ר שָׁאַ֖לְתִּי מֵעִמּֽוֹ׃
וְגַ֣ם אָנֹכִ֗י הִשְׁאִלְתִּ֙הוּ֙ לַֽיהוָ֔ה כָּל־הַיָּמִים֙ אֲשֶׁ֣ר הָיָ֔ה ה֥וּא כח
שָׁא֖וּל לַֽיהוָ֑ה וַיִּשְׁתַּ֥חוּ שָׁ֖ם לַֽיהוָֽה׃ וַתִּתְפַּלֵּ֤ל חַנָּה֙ א ב
וַתֹּאמַ֔ר עָלַ֤ץ לִבִּי֙ בַּֽיהוָ֔ה רָ֥מָה קַרְנִ֖י בַּֽיהוָ֑ה רָ֤חַב פִּי֙ עַל־אֽוֹיְבַ֔י
כִּ֥י שָׂמַ֖חְתִּי בִּישׁוּעָתֶֽךָ׃ אֵין־קָד֥וֹשׁ כַּיהוָ֖ה כִּ֣י אֵ֣ין בִּלְתֶּ֑ךָ וְאֵ֥ין ב
צ֖וּר כֵּאלֹהֵֽינוּ׃ אַל־תַּרְבּ֤וּ תְדַבְּרוּ֙ גְּבֹהָ֣ה גְבֹהָ֔ה יֵצֵ֥א עָתָ֖ק ג
וְלוֹ מִפִּיכֶ֑ם כִּ֣י אֵ֤ל דֵּעוֹת֙ יְהוָ֔ה ולא נִתְכְּנ֖וּ עֲלִלֽוֹת׃ קֶ֥שֶׁת גִּבֹּרִ֖ים ד
חַתִּ֑ים וְנִכְשָׁלִ֖ים אָ֥זְרוּ חָֽיִל׃ שְׂבֵעִ֤ים בַּלֶּ֙חֶם֙ נִשְׂכָּ֔רוּ וּרְעֵבִ֖ים חָדֵ֑לּוּ ה
עַד־עֲקָרָה֙ יָלְדָ֣ה שִׁבְעָ֔ה וְרַבַּ֥ת בָּנִ֖ים אֻמְלָֽלָה׃ יְהוָ֖ה מֵמִ֣ית ו
וּמְחַיֶּ֑ה מוֹרִ֥יד שְׁא֖וֹל וַיָּֽעַל׃ יְהוָ֖ה מוֹרִ֣ישׁ וּמַעֲשִׁ֑יר מַשְׁפִּ֖יל ז
אַף־מְרוֹמֵֽם׃ מֵקִ֨ים מֵעָפָ֜ר דָּ֗ל מֵֽאַשְׁפֹּת֙ יָרִ֣ים אֶבְי֔וֹן לְהוֹשִׁיב֙ ח
עִם־נְדִיבִ֔ים וְכִסֵּ֥א כָב֖וֹד יַנְחִלֵ֑ם כִּ֤י לַֽיהוָה֙ מְצֻ֣קֵי אֶ֔רֶץ וַיָּ֥שֶׁת
עֲלֵיהֶ֖ם תֵּבֵֽל׃ רַגְלֵ֤י חֲסִידָו֙ יִשְׁמֹ֔ר וּרְשָׁעִ֖ים בַּחֹ֣שֶׁךְ יִדָּ֑מּוּ כִּי־לֹ֥א ט
ב בְכֹ֖חַ יִגְבַּר־אִֽישׁ׃ יְהוָ֞ה יֵחַ֣תּוּ מְרִיבָ֗ו עָלָו֙ בַּשָּׁמַ֣יִם יַרְעֵ֔ם יְהוָ֖ה י

יָדִין אַפְסֵי־אָרֶץ וְיִתֶּן־עֹז לְמַלְכּוֹ וְיָרֵם קֶרֶן מְשִׁיחוֹ׃
יא וַיֵּלֶךְ אֶלְקָנָה הָרָמָתָה עַל־בֵּיתוֹ וְהַנַּעַר הָיָה מְשָׁרֵת אֶת־יְהוָה
יב אֶת־פְּנֵי עֵלִי הַכֹּהֵן׃ וּבְנֵי עֵלִי בְּנֵי בְלִיָּעַל לֹא יָדְעוּ אֶת־יְהוָה׃
יג וּמִשְׁפַּט הַכֹּהֲנִים אֶת־הָעָם כָּל־אִישׁ זֹבֵחַ זֶבַח וּבָא נַעַר הַכֹּהֵן
יד כְּבַשֵּׁל הַבָּשָׂר וְהַמַּזְלֵג שְׁלֹשׁ הַשִּׁנַּיִם בְּיָדוֹ׃ וְהִכָּה בַכִּיּוֹר אוֹ
בַדּוּד אוֹ בַקַּלַּחַת אוֹ בַפָּרוּר כֹּל אֲשֶׁר יַעֲלֶה הַמַּזְלֵג יִקַּח הַכֹּהֵן
טו בּוֹ כָּכָה יַעֲשׂוּ לְכָל־יִשְׂרָאֵל הַבָּאִים שָׁם בְּשִׁלֹה׃ גַּם בְּטֶרֶם
יַקְטִרוּן אֶת־הַחֵלֶב וּבָא ׀ נַעַר הַכֹּהֵן וְאָמַר לָאִישׁ הַזֹּבֵחַ תְּנָה
בָשָׂר לִצְלוֹת לַכֹּהֵן וְלֹא־יִקַּח מִמְּךָ בָּשָׂר מְבֻשָּׁל כִּי אִם־חָי׃
טז וַיֹּאמֶר אֵלָיו הָאִישׁ קַטֵּר יַקְטִירוּן כַּיּוֹם הַחֵלֶב וְקַח־לְךָ
כַּאֲשֶׁר תְּאַוֶּה נַפְשֶׁךָ וְאָמַר ׀ לוֹ כִּי עַתָּה תִתֵּן וְאִם־לֹא לָקַחְתִּי לֹא
יז בְחָזְקָה׃ וַתְּהִי חַטַּאת הַנְּעָרִים גְּדוֹלָה מְאֹד אֶת־פְּנֵי יְהוָה כִּי
יח נִאֲצוּ הָאֲנָשִׁים אֵת מִנְחַת יְהוָה׃ וּשְׁמוּאֵל מְשָׁרֵת אֶת־פְּנֵי
יט יְהוָה נַעַר חָגוּר אֵפוֹד בָּד׃ וּמְעִיל קָטֹן תַּעֲשֶׂה־לּוֹ אִמּוֹ
וְהַעַלְתָה לוֹ מִיָּמִים ׀ יָמִימָה בַּעֲלוֹתָהּ אֶת־אִישָׁהּ לִזְבֹּחַ אֶת־
כ זֶבַח הַיָּמִים׃ וּבֵרַךְ עֵלִי אֶת־אֶלְקָנָה וְאֶת־אִשְׁתּוֹ וְאָמַר
יָשֵׂם יְהוָה לְךָ זֶרַע מִן־הָאִשָּׁה הַזֹּאת תַּחַת הַשְּׁאֵלָה אֲשֶׁר
כא שָׁאַל לַיהוָה וְהָלְכוּ לִמְקֹמוֹ׃ כִּי־פָקַד יְהוָה אֶת־חַנָּה וַתַּהַר
וַתֵּלֶד שְׁלֹשָׁה־בָנִים וּשְׁתֵּי בָנוֹת וַיִּגְדַּל הַנַּעַר שְׁמוּאֵל עִם־
כב יְהוָה׃ וְעֵלִי זָקֵן מְאֹד וְשָׁמַע אֵת כָּל־אֲשֶׁר
יַעֲשׂוּן בָּנָיו לְכָל־יִשְׂרָאֵל וְאֵת אֲשֶׁר־יִשְׁכְּבֻן אֶת־הַנָּשִׁים
כג הַצֹּבְאוֹת פֶּתַח אֹהֶל מוֹעֵד׃ וַיֹּאמֶר לָהֶם לָמָּה תַעֲשׂוּן כַּדְּבָרִים
הָאֵלֶּה אֲשֶׁר אָנֹכִי שֹׁמֵעַ אֶת־דִּבְרֵיכֶם רָעִים מֵאֵת כָּל־הָעָם
כד אֵלֶּה׃ אַל בָּנָי כִּי לוֹא־טוֹבָה הַשְּׁמֻעָה אֲשֶׁר אָנֹכִי שֹׁמֵעַ
כה מַעֲבִרִים עַם־יְהוָה׃ אִם־יֶחֱטָא אִישׁ לְאִישׁ וּפִלְלוֹ אֱלֹהִים
וְאִם לַיהוָה יֶחֱטָא־אִישׁ מִי יִתְפַּלֶּל־לוֹ וְלֹא יִשְׁמְעוּ לְקוֹל
כו אֲבִיהֶם כִּי־חָפֵץ יְהוָה לַהֲמִיתָם׃ וְהַנַּעַר שְׁמוּאֵל הֹלֵךְ וְגָדֵל

וָטוֹב גַּם עִם־יְהוָה וְגַם עִם־אֲנָשִׁים׃
כז וַיָּבֹא אִישׁ־אֱלֹהִים אֶל־עֵלִי וַיֹּאמֶר אֵלָיו כֹּה אָמַר יְהוָה הֲנִגְלֹה
כח נִגְלֵיתִי אֶל־בֵּית אָבִיךָ בִּהְיוֹתָם בְּמִצְרַיִם לְבֵית פַּרְעֹה׃ וּבָחֹר
אֹתוֹ מִכָּל־שִׁבְטֵי יִשְׂרָאֵל לִי לְכֹהֵן לַעֲלוֹת עַל־מִזְבְּחִי לְהַקְטִיר
קְטֹרֶת לָשֵׂאת אֵפוֹד לְפָנָי וָאֶתְּנָה לְבֵית אָבִיךָ אֶת־כָּל־אִשֵּׁי
כט בְּנֵי יִשְׂרָאֵל׃ לָמָּה תִבְעֲטוּ בְּזִבְחִי וּבְמִנְחָתִי אֲשֶׁר צִוִּיתִי מָעוֹן
וַתְּכַבֵּד אֶת־בָּנֶיךָ מִמֶּנִּי לְהַבְרִיאֲכֶם מֵרֵאשִׁית כָּל־מִנְחַת
ל יִשְׂרָאֵל לְעַמִּי׃ לָכֵן נְאֻם יְהוָה אֱלֹהֵי יִשְׂרָאֵל אָמוֹר אָמַרְתִּי
בֵּיתְךָ וּבֵית אָבִיךָ יִתְהַלְּכוּ לְפָנַי עַד־עוֹלָם וְעַתָּה נְאֻם־יְהוָה
לא חָלִילָה לִּי כִּי־מְכַבְּדַי אֲכַבֵּד וּבֹזַי יֵקָלּוּ׃ הִנֵּה יָמִים בָּאִים
וְגָדַעְתִּי אֶת־זְרֹעֲךָ וְאֶת־זְרֹעַ בֵּית אָבִיךָ מִהְיוֹת זָקֵן בְּבֵיתֶךָ׃
לב וְהִבַּטְתָּ צַר מָעוֹן בְּכֹל אֲשֶׁר־יֵיטִיב אֶת־יִשְׂרָאֵל וְלֹא־יִהְיֶה
לג זָקֵן בְּבֵיתְךָ כָּל־הַיָּמִים׃ וְאִישׁ לֹא־אַכְרִית לְךָ מֵעִם מִזְבְּחִי
לְכַלּוֹת אֶת־עֵינֶיךָ וְלַאֲדִיב אֶת־נַפְשֶׁךָ וְכָל־מַרְבִּית בֵּיתְךָ
לד יָמוּתוּ אֲנָשִׁים׃ וְזֶה־לְּךָ הָאוֹת אֲשֶׁר יָבֹא אֶל־שְׁנֵי בָנֶיךָ אֶל־
לה חָפְנִי וּפִינְחָס בְּיוֹם אֶחָד יָמוּתוּ שְׁנֵיהֶם׃ וַהֲקִימֹתִי לִי כֹּהֵן נֶאֱמָן
כַּאֲשֶׁר בִּלְבָבִי וּבְנַפְשִׁי יַעֲשֶׂה וּבָנִיתִי לוֹ בַּיִת נֶאֱמָן וְהִתְהַלֵּךְ
לו לִפְנֵי־מְשִׁיחִי כָּל־הַיָּמִים׃ וְהָיָה כָּל־הַנּוֹתָר בְּבֵיתְךָ יָבוֹא
לְהִשְׁתַּחֲוֺת לוֹ לַאֲגוֹרַת כֶּסֶף וְכִכַּר־לָחֶם וְאָמַר סְפָחֵנִי נָא אֶל־
ג א אַחַת הַכְּהֻנּוֹת לֶאֱכֹל פַּת־לָחֶם׃ וְהַנַּעַר שְׁמוּאֵל
מְשָׁרֵת אֶת־יְהוָה לִפְנֵי עֵלִי וּדְבַר יְהוָה הָיָה יָקָר בַּיָּמִים הָהֵם
ב אֵין חָזוֹן נִפְרָץ׃ וַיְהִי בַּיּוֹם הַהוּא וְעֵלִי שֹׁכֵב בִּמְקֹמוֹ וְעֵינָו הֵחֵלּוּ
ג כֵהוֹת לֹא יוּכַל לִרְאוֹת׃ וְנֵר אֱלֹהִים טֶרֶם יִכְבֶּה וּשְׁמוּאֵל שֹׁכֵב
ד בְּהֵיכַל יְהוָה אֲשֶׁר־שָׁם אֲרוֹן אֱלֹהִים׃ וַיִּקְרָא
ה יְהוָה אֶל־שְׁמוּאֵל וַיֹּאמֶר הִנֵּנִי׃ וַיָּרָץ אֶל־עֵלִי וַיֹּאמֶר הִנְנִי כִּי־
ו קָרָאתָ לִּי וַיֹּאמֶר לֹא־קָרָאתִי שׁוּב שְׁכָב וַיֵּלֶךְ וַיִּשְׁכָּב׃ וַיֹּסֶף
יְהוָה קְרֹא עוֹד שְׁמוּאֵל וַיָּקָם שְׁמוּאֵל וַיֵּלֶךְ אֶל־עֵלִי וַיֹּאמֶר

ז הִנְנִי כִּי קָרָאתָ לִי וַיֹּאמֶר לֹא־קָרָאתִי בְנִי שׁוּב שְׁכָב׃ וּשְׁמוּאֵל
ח טֶרֶם יָדַע אֶת־יְהוָה וְטֶרֶם יִגָּלֶה אֵלָיו דְּבַר־יְהוָה׃ וַיֹּסֶף יְהוָה
קְרֹא־שְׁמוּאֵל בַּשְּׁלִשִׁית וַיָּקָם וַיֵּלֶךְ אֶל־עֵלִי וַיֹּאמֶר הִנְנִי כִּי
ט קָרָאתָ לִי וַיָּבֶן עֵלִי כִּי יְהוָה קֹרֵא לַנָּעַר׃ וַיֹּאמֶר עֵלִי לִשְׁמוּאֵל
לֵךְ שְׁכָב וְהָיָה אִם־יִקְרָא אֵלֶיךָ וְאָמַרְתָּ דַּבֵּר יְהוָה כִּי שֹׁמֵעַ
י עַבְדֶּךָ וַיֵּלֶךְ שְׁמוּאֵל וַיִּשְׁכַּב בִּמְקוֹמוֹ׃ וַיָּבֹא יְהוָה וַיִּתְיַצַּב וַיִּקְרָא
כְפַעַם־בְּפַעַם שְׁמוּאֵל ׀ שְׁמוּאֵל וַיֹּאמֶר שְׁמוּאֵל דַּבֵּר כִּי שֹׁמֵעַ
יא עַבְדֶּךָ׃ וַיֹּאמֶר יְהוָה אֶל־שְׁמוּאֵל הִנֵּה אָנֹכִי
יב עֹשֶׂה דָבָר בְּיִשְׂרָאֵל אֲשֶׁר כָּל־שֹׁמְעוֹ תְּצִלֶּינָה שְׁתֵּי אָזְנָיו׃ בַּיּוֹם
הַהוּא אָקִים אֶל־עֵלִי אֵת כָּל־אֲשֶׁר דִּבַּרְתִּי אֶל־בֵּיתוֹ הָחֵל
יג וְכַלֵּה׃ וְהִגַּדְתִּי לוֹ כִּי־שֹׁפֵט אֲנִי אֶת־בֵּיתוֹ עַד־עוֹלָם בַּעֲוֺן
יד אֲשֶׁר־יָדַע כִּי־מְקַלְלִים לָהֶם בָּנָיו וְלֹא כִהָה בָּם׃ וְלָכֵן נִשְׁבַּעְתִּי
לְבֵית עֵלִי אִם־יִתְכַּפֵּר עֲוֺן בֵּית־עֵלִי בְּזֶבַח וּבְמִנְחָה עַד־עוֹלָם׃
טו וַיִּשְׁכַּב שְׁמוּאֵל עַד־הַבֹּקֶר וַיִּפְתַּח אֶת־דַּלְתוֹת בֵּית־יְהוָה
טז וּשְׁמוּאֵל יָרֵא מֵהַגִּיד אֶת־הַמַּרְאָה אֶל־עֵלִי׃ וַיִּקְרָא עֵלִי אֶת־
יז שְׁמוּאֵל וַיֹּאמֶר שְׁמוּאֵל בְּנִי וַיֹּאמֶר הִנֵּנִי׃ וַיֹּאמֶר מָה הַדָּבָר
אֲשֶׁר דִּבֶּר אֵלֶיךָ אַל־נָא תְכַחֵד מִמֶּנִּי כֹּה יַעֲשֶׂה־לְּךָ אֱלֹהִים
וְכֹה יוֹסִיף אִם־תְּכַחֵד מִמֶּנִּי דָּבָר מִכָּל־הַדָּבָר אֲשֶׁר־דִּבֶּר
יח אֵלֶיךָ׃ וַיַּגֶּד־לוֹ שְׁמוּאֵל אֶת־כָּל־הַדְּבָרִים וְלֹא כִחֵד מִמֶּנּוּ
יט וַיֹּאמַר יְהוָה הוּא הַטּוֹב בְּעֵינָו יַעֲשֶׂה׃ וַיִּגְדַּל
כ שְׁמוּאֵל וַיהוָה הָיָה עִמּוֹ וְלֹא־הִפִּיל מִכָּל־דְּבָרָיו אָרְצָה׃ וַיֵּדַע ג
כָּל־יִשְׂרָאֵל מִדָּן וְעַד־בְּאֵר שָׁבַע כִּי נֶאֱמָן שְׁמוּאֵל לְנָבִיא
כא לַיהוָה׃ וַיֹּסֶף יְהוָה לְהֵרָאֹה בְשִׁלֹה כִּי־נִגְלָה
ד א יְהוָה אֶל־שְׁמוּאֵל בְּשִׁלוֹ בִּדְבַר יְהוָה׃ וַיְהִי
דְבַר־שְׁמוּאֵל לְכָל־יִשְׂרָאֵל וַיֵּצֵא יִשְׂרָאֵל
לִקְרַאת פְּלִשְׁתִּים לַמִּלְחָמָה וַיַּחֲנוּ עַל־הָאֶבֶן הָעֵזֶר וּפְלִשְׁתִּים
ב חָנוּ בַאֲפֵק׃ וַיַּעַרְכוּ פְלִשְׁתִּים לִקְרַאת יִשְׂרָאֵל וַתִּטֹּשׁ הַמִּלְחָמָה

וַיִּנָּגֶף יִשְׂרָאֵל לִפְנֵי פְלִשְׁתִּים וַיַּכּוּ בַמַּעֲרָכָה בַּשָּׂדֶה כְּאַרְבַּעַת
אֲלָפִים אִישׁ׃ וַיָּבֹא הָעָם אֶל־הַמַּחֲנֶה וַיֹּאמְרוּ זִקְנֵי יִשְׂרָאֵל ג
לָמָּה נְגָפָנוּ יְהוָה הַיּוֹם לִפְנֵי פְלִשְׁתִּים נִקְחָה אֵלֵינוּ מִשִּׁלֹה אֶת־
אֲרוֹן בְּרִית יְהוָה וְיָבֹא בְקִרְבֵּנוּ וְיֹשִׁעֵנוּ מִכַּף אֹיְבֵינוּ׃ וַיִּשְׁלַח ד
הָעָם שִׁלֹה וַיִּשְׂאוּ מִשָּׁם אֵת אֲרוֹן בְּרִית־יְהוָה צְבָאוֹת יֹשֵׁב
הַכְּרֻבִים וְשָׁם שְׁנֵי בְנֵי־עֵלִי עִם־אֲרוֹן בְּרִית הָאֱלֹהִים חָפְנִי
וּפִינְחָס׃ וַיְהִי כְּבוֹא אֲרוֹן בְּרִית־יְהוָה אֶל־הַמַּחֲנֶה וַיָּרִעוּ כָל־ ה
יִשְׂרָאֵל תְּרוּעָה גְדוֹלָה וַתֵּהֹם הָאָרֶץ׃ וַיִּשְׁמְעוּ פְלִשְׁתִּים אֶת־ ו
קוֹל הַתְּרוּעָה וַיֹּאמְרוּ מֶה קוֹל הַתְּרוּעָה הַגְּדוֹלָה הַזֹּאת
בְּמַחֲנֵה הָעִבְרִים וַיֵּדְעוּ כִּי אֲרוֹן יְהוָה בָּא אֶל־הַמַּחֲנֶה׃ וַיִּרְאוּ ז
הַפְּלִשְׁתִּים כִּי אָמְרוּ בָּא אֱלֹהִים אֶל־הַמַּחֲנֶה וַיֹּאמְרוּ אוֹי לָנוּ
כִּי לֹא הָיְתָה כָּזֹאת אֶתְמוֹל שִׁלְשֹׁם׃ אוֹי לָנוּ מִי יַצִּילֵנוּ מִיַּד ח
הָאֱלֹהִים הָאַדִּירִים הָאֵלֶּה אֵלֶּה הֵם הָאֱלֹהִים הַמַּכִּים אֶת־
מִצְרַיִם בְּכָל־מַכָּה בַּמִּדְבָּר׃ הִתְחַזְּקוּ וִהְיוּ לַאֲנָשִׁים פְּלִשְׁתִּים ט
פֶּן תַּעַבְדוּ לָעִבְרִים כַּאֲשֶׁר עָבְדוּ לָכֶם וִהְיִיתֶם לַאֲנָשִׁים
וְנִלְחַמְתֶּם׃ וַיִּלָּחֲמוּ פְלִשְׁתִּים וַיִּנָּגֶף יִשְׂרָאֵל וַיָּנֻסוּ אִישׁ לְאֹהָלָיו י
וַתְּהִי הַמַּכָּה גְּדוֹלָה מְאֹד וַיִּפֹּל מִיִּשְׂרָאֵל שְׁלֹשִׁים אֶלֶף רַגְלִי׃
וַאֲרוֹן אֱלֹהִים נִלְקָח וּשְׁנֵי בְנֵי־עֵלִי מֵתוּ חָפְנִי וּפִינְחָס׃ וַיָּרָץ יא יב
אִישׁ־בִּנְיָמִן מֵהַמַּעֲרָכָה וַיָּבֹא שִׁלֹה בַּיּוֹם הַהוּא וּמַדָּיו קְרֻעִים
יַד וַאֲדָמָה עַל־רֹאשׁוֹ׃ וַיָּבוֹא וְהִנֵּה עֵלִי יֹשֵׁב עַל־הַכִּסֵּא יַךְ דֶּרֶךְ יג
מְצַפֶּה כִּי־הָיָה לִבּוֹ חָרֵד עַל אֲרוֹן הָאֱלֹהִים וְהָאִישׁ בָּא לְהַגִּיד
בָּעִיר וַתִּזְעַק כָּל־הָעִיר׃ וַיִּשְׁמַע עֵלִי אֶת־קוֹל הַצְּעָקָה וַיֹּאמֶר יד
מֶה קוֹל הֶהָמוֹן הַזֶּה וְהָאִישׁ מִהַר וַיָּבֹא וַיַּגֵּד לְעֵלִי׃ וְעֵלִי בֶּן־ טו
תִּשְׁעִים וּשְׁמֹנֶה שָׁנָה וְעֵינָיו קָמָה וְלֹא יָכוֹל לִרְאוֹת׃ וַיֹּאמֶר טז
הָאִישׁ אֶל־עֵלִי אָנֹכִי הַבָּא מִן־הַמַּעֲרָכָה וַאֲנִי מִן־הַמַּעֲרָכָה
נַסְתִּי הַיּוֹם וַיֹּאמֶר מֶה־הָיָה הַדָּבָר בְּנִי׃ וַיַּעַן הַמְבַשֵּׂר וַיֹּאמֶר יז
נָס יִשְׂרָאֵל לִפְנֵי פְלִשְׁתִּים וְגַם מַגֵּפָה גְדוֹלָה הָיְתָה בָעָם וְגַם־

יח שְׁנֵי בָנֶיךָ מֵתוּ חָפְנִי וּפִינְחָס וַאֲרוֹן הָאֱלֹהִים נִלְקָחָה׃ וַיְהִי
כְּהַזְכִּירוֹ ׀ אֶת־אֲרוֹן הָאֱלֹהִים וַיִּפֹּל מֵעַל־הַכִּסֵּא אֲחֹרַנִּית בְּעַד ׀
יַד הַשַּׁעַר וַתִּשָּׁבֵר מַפְרַקְתּוֹ וַיָּמֹת כִּי־זָקֵן הָאִישׁ וְכָבֵד וְהוּא
יט שָׁפַט אֶת־יִשְׂרָאֵל אַרְבָּעִים שָׁנָה׃ וְכַלָּתוֹ אֵשֶׁת־פִּינְחָס הָרָה
לָלַת וַתִּשְׁמַע אֶת־הַשְּׁמֻעָה אֶל־הִלָּקַח אֲרוֹן הָאֱלֹהִים וּמֵת
כ חָמִיהָ וְאִישָׁהּ וַתִּכְרַע וַתֵּלֶד כִּי־נֶהֶפְכוּ עָלֶיהָ צִרֶיהָ׃ וּכְעֵת
מוּתָהּ וַתְּדַבֵּרְנָה הַנִּצָּבוֹת עָלֶיהָ אַל־תִּירְאִי כִּי־בֵן יָלָדְתְּ וְלֹא
כא עָנְתָה וְלֹא־שָׁתָה לִבָּהּ׃ וַתִּקְרָא לַנַּעַר אִי כָבוֹד לֵאמֹר גָּלָה
כָבוֹד מִיִּשְׂרָאֵל אֶל־הִלָּקַח אֲרוֹן הָאֱלֹהִים וְאֶל־חָמִיהָ וְאִישָׁהּ׃
כב וַתֹּאמֶר גָּלָה כָבוֹד מִיִּשְׂרָאֵל כִּי נִלְקַח אֲרוֹן הָאֱלֹהִים׃

ה

א וּפְלִשְׁתִּים לָקְחוּ אֵת אֲרוֹן הָאֱלֹהִים וַיְבִאֻהוּ מֵאֶבֶן הָעֶזֶר
ב אַשְׁדּוֹדָה׃ וַיִּקְחוּ פְלִשְׁתִּים אֶת־אֲרוֹן הָאֱלֹהִים וַיָּבִיאוּ אֹתוֹ בֵּית
ג דָּגוֹן וַיַּצִּיגוּ אֹתוֹ אֵצֶל דָּגוֹן׃ וַיַּשְׁכִּמוּ אַשְׁדּוֹדִים מִמָּחֳרָת וְהִנֵּה
דָגוֹן נֹפֵל לְפָנָיו אַרְצָה לִפְנֵי אֲרוֹן יְהוָה וַיִּקְחוּ אֶת־דָּגוֹן וַיָּשִׁבוּ
ד אֹתוֹ לִמְקוֹמוֹ׃ וַיַּשְׁכִּמוּ בַבֹּקֶר מִמָּחֳרָת וְהִנֵּה דָגוֹן נֹפֵל לְפָנָיו
אַרְצָה לִפְנֵי אֲרוֹן יְהוָה וְרֹאשׁ דָּגוֹן וּשְׁתֵּי ׀ כַּפּוֹת יָדָיו כְּרֻתוֹת
ה אֶל־הַמִּפְתָּן רַק דָּגוֹן נִשְׁאַר עָלָיו׃ עַל־כֵּן לֹא־יִדְרְכוּ כֹהֲנֵי דָגוֹן
וְכָל־הַבָּאִים בֵּית־דָּגוֹן עַל־מִפְתַּן דָּגוֹן בְּאַשְׁדּוֹד עַד הַיּוֹם
ו הַזֶּה׃ וַתִּכְבַּד יַד־יְהוָה אֶל־הָאַשְׁדּוֹדִים וַיְשִׁמֵּם
ז וַיַּךְ אֹתָם בעפלים אֶת־אַשְׁדּוֹד וְאֶת־גְּבוּלֶיהָ׃ וַיִּרְאוּ אַנְשֵׁי־ בַּטְּחֹרִים
אַשְׁדּוֹד כִּי־כֵן וְאָמְרוּ לֹא־יֵשֵׁב אֲרוֹן אֱלֹהֵי יִשְׂרָאֵל עִמָּנוּ כִּי־
ח קָשְׁתָה יָדוֹ עָלֵינוּ וְעַל דָּגוֹן אֱלֹהֵינוּ׃ וַיִּשְׁלְחוּ וַיַּאַסְפוּ אֶת־כָּל־
סַרְנֵי פְלִשְׁתִּים אֲלֵיהֶם וַיֹּאמְרוּ מַה־נַּעֲשֶׂה לַאֲרוֹן אֱלֹהֵי
יִשְׂרָאֵל וַיֹּאמְרוּ גַּת יִסֹּב אֲרוֹן אֱלֹהֵי יִשְׂרָאֵל וַיַּסֵּבּוּ אֶת־אֲרוֹן
ט אֱלֹהֵי יִשְׂרָאֵל׃ וַיְהִי אַחֲרֵי ׀ הֵסַבּוּ אֹתוֹ וַתְּהִי יַד־יְהוָה בָּעִיר
מְהוּמָה גְּדוֹלָה מְאֹד וַיַּךְ אֶת־אַנְשֵׁי הָעִיר מִקָּטֹן וְעַד־גָּדוֹל
י וַיִּשָּׂתְרוּ לָהֶם עפלים׃ וַיְשַׁלְּחוּ אֶת־אֲרוֹן הָאֱלֹהִים עֶקְרוֹן וַיְהִי טְחֹרִים

כְּב֞וֹא אֲר֤וֹן הָאֱלֹהִים֙ עֶקְר֔וֹן וַיִּזְעֲק֨וּ הָֽעֶקְרֹנִ֜ים לֵאמֹ֗ר הֵסַ֨בּוּ
יא אֵלַ֜י אֶת־אֲר֨וֹן אֱלֹהֵ֧י יִשְׂרָאֵ֛ל לַהֲמִיתֵ֖נִי וְאֶת־עַמִּֽי׃ וַֽיִּשְׁלְח֡וּ
וַיַּאַסְפוּ֩ אֶת־כָּל־סַרְנֵ֨י פְלִשְׁתִּ֜ים וַיֹּאמְר֗וּ שַׁלְּח֞וּ אֶת־אֲר֨וֹן אֱלֹהֵ֤י
יִשְׂרָאֵל֙ וְיָשֹׁ֣ב לִמְקֹמ֔וֹ וְלֹֽא־יָמִ֥ית אֹתִ֖י וְאֶת־עַמִּ֑י כִּֽי־הָיְתָ֤ה
מְהֽוּמַת־מָ֙וֶת֙ בְּכָל־הָעִ֔יר כָּבְדָ֥ה מְאֹ֛ד יַ֥ד הָאֱלֹהִ֖ים שָֽׁם׃
יב וְהָֽאֲנָשִׁים֙ אֲשֶׁ֣ר לֹא־מֵ֔תוּ הֻכּ֖וּ בעפלים וַתַּ֛עַל שַׁוְעַ֥ת הָעִ֖יר בַּטְּחֹרִ֑ים
ו א הַשָּׁמָֽיִם׃ וַיְהִ֧י אֲרוֹן־יְהוָ֛ה בִּשְׂדֵ֥ה פְלִשְׁתִּ֖ים
ב שִׁבְעָ֥ה חֳדָשִֽׁים׃ וַיִּקְרְא֣וּ פְלִשְׁתִּ֗ים לַכֹּהֲנִ֤ים וְלַקֹּסְמִים֙ לֵאמֹ֔ר
מַֽה־נַּעֲשֶׂ֖ה לַאֲר֣וֹן יְהוָ֑ה הוֹדִעֻ֕נוּ בַּמֶּ֖ה נְשַׁלְּחֶ֥נּוּ לִמְקוֹמֽוֹ׃
ג וַיֹּאמְר֗וּ אִם־מְשַׁלְּחִ֞ים אֶת־אֲר֨וֹן אֱלֹהֵ֤י יִשְׂרָאֵל֙ אַל־תְּשַׁלְּח֤וּ
אֹתוֹ֙ רֵיקָ֔ם כִּֽי־הָשֵׁ֥ב תָּשִׁ֛יבוּ ל֖וֹ אָשָׁ֑ם אָ֤ז תֵּרָֽפְאוּ֙ וְנוֹדַ֣ע לָכֶ֔ם
ד לָ֛מָּה לֹא־תָס֥וּר יָד֖וֹ מִכֶּֽם׃ וַיֹּֽאמְר֗וּ מָ֣ה הָאָשָׁם֮ אֲשֶׁ֣ר נָשִׁ֣יב לוֹ֒
וַיֹּֽאמְר֗וּ מִסְפַּר֙ סַרְנֵ֣י פְלִשְׁתִּ֔ים חֲמִשָּׁה֙ עפלי זָהָ֔ב וַחֲמִשָּׁ֖ה טְחֹרֵ֣י
ה עַכְבְּרֵ֣י זָהָ֑ב כִּֽי־מַגֵּפָ֥ה אַחַ֛ת לְכֻלָּ֖ם וּלְסַרְנֵיכֶֽם׃ וַעֲשִׂיתֶ֨ם צַלְמֵ֜י
עפליכם וְצַלְמֵ֣י עַכְבְּרֵיכֶ֗ם הַמַּשְׁחִיתִם֙ אֶת־הָאָ֔רֶץ וּנְתַתֶּ֛ם טְחֹרֵיכֶ֜ם
לֵאלֹהֵ֥י יִשְׂרָאֵ֖ל כָּב֑וֹד אוּלַ֗י יָקֵ֤ל אֶת־יָדוֹ֙ מֵעֲלֵיכֶ֔ם וּמֵעַ֥ל
ו אֱלֹהֵיכֶ֖ם וּמֵעַ֥ל אַרְצְכֶֽם׃ וְלָ֤מָּה תְכַבְּדוּ֙ אֶת־לְבַבְכֶ֔ם כַּאֲשֶׁ֛ר
כִּבְּד֥וּ מִצְרַ֛יִם וּפַרְעֹ֖ה אֶת־לִבָּ֑ם הֲלוֹא֙ כַּאֲשֶׁ֣ר הִתְעַלֵּ֣ל בָּהֶ֔ם
ז וַֽיְשַׁלְּח֖וּם וַיֵּלֵֽכוּ׃ וְעַתָּ֗ה קְח֨וּ וַעֲשׂ֜וּ עֲגָלָ֤ה חֲדָשָׁה֙ אֶחָ֔ת וּשְׁתֵּ֤י
פָרוֹת֙ עָל֔וֹת אֲשֶׁ֛ר לֹא־עָלָ֥ה עֲלֵיהֶ֖ם עֹ֑ל וַאֲסַרְתֶּ֤ם אֶת־הַפָּרוֹת֙
ח בָּעֲגָלָ֔ה וַהֲשֵׁיבֹתֶ֧ם בְּנֵיהֶ֛ם מֵאַחֲרֵיהֶ֖ם הַבָּֽיְתָה׃ וּלְקַחְתֶּ֞ם אֶת־
אֲר֣וֹן יְהוָ֗ה וּנְתַתֶּ֣ם אֹתוֹ֮ אֶל־הָעֲגָלָה֒ וְאֵ֣ת ׀ כְּלֵ֣י הַזָּהָ֗ב אֲשֶׁ֨ר
הֲשֵׁבֹתֶ֥ם לוֹ֙ אָשָׁ֔ם תָּשִׂ֥ימוּ בָאַרְגַּ֖ז מִצִּדּ֑וֹ וְשִׁלַּחְתֶּ֥ם אֹת֖וֹ וְהָלָֽךְ׃
ט וּרְאִיתֶ֗ם אִם־דֶּ֨רֶךְ גְּבוּל֤וֹ יַעֲלֶה֙ בֵּ֣ית שֶׁ֔מֶשׁ ה֚וּא עָ֣שָׂה לָ֔נוּ אֶת־
הָרָעָ֥ה הַגְּדוֹלָ֖ה הַזֹּ֑את וְאִם־לֹ֗א וְיָדַ֙עְנוּ֙ כִּ֣י לֹ֤א יָדוֹ֙ נָ֣גְעָה
י בָּ֔נוּ מִקְרֶ֥ה ה֖וּא הָ֥יָה לָֽנוּ׃ וַיַּעֲשׂ֤וּ הָאֲנָשִׁים֙ כֵּ֔ן וַיִּקְח֗וּ שְׁתֵּ֤י
יא פָרוֹת֙ עָל֔וֹת וַיַּאַסְר֖וּם בָּעֲגָלָ֑ה וְאֶת־בְּנֵיהֶ֖ם כָּל֥וּ בַבָּֽיִת׃ וַיָּשִׂ֜מוּ

אֶת־אֲרוֹן יְהוָה אֶל־הָעֲגָלָה וְאֵת הָאַרְגַּז וְאֵת עַכְבְּרֵי הַזָּהָב
יב וְאֵת צַלְמֵי טְחֹרֵיהֶם׃ וַיִּשַּׁרְנָה הַפָּרוֹת בַּדֶּרֶךְ עַל־דֶּרֶךְ בֵּית
שֶׁמֶשׁ בִּמְסִלָּה אַחַת הָלְכוּ הָלֹךְ וְגָעוֹ וְלֹא־סָרוּ יָמִין וּשְׂמֹאול
יג וְסַרְנֵי פְלִשְׁתִּים הֹלְכִים אַחֲרֵיהֶם עַד־גְּבוּל בֵּית שָׁמֶשׁ׃ וּבֵית
שֶׁמֶשׁ קֹצְרִים קְצִיר־חִטִּים בָּעֵמֶק וַיִּשְׂאוּ אֶת־עֵינֵיהֶם וַיִּרְאוּ
יד אֶת־הָאָרוֹן וַיִּשְׂמְחוּ לִרְאוֹת׃ וְהָעֲגָלָה בָּאָה אֶל־שְׂדֵה יְהוֹשֻׁעַ ד
בֵּית־הַשִּׁמְשִׁי וַתַּעֲמֹד שָׁם וְשָׁם אֶבֶן גְּדוֹלָה וַיְבַקְּעוּ אֶת־עֲצֵי
טו הָעֲגָלָה וְאֶת־הַפָּרוֹת הֶעֱלוּ עֹלָה לַיהוָה׃ וְהַלְוִיִּם
הוֹרִידוּ ׀ אֶת־אֲרוֹן יְהוָה וְאֶת־הָאַרְגַּז אֲשֶׁר־אִתּוֹ אֲשֶׁר־בּוֹ
כְלֵי־זָהָב וַיָּשִׂמוּ אֶל־הָאֶבֶן הַגְּדוֹלָה וְאַנְשֵׁי בֵית־שֶׁמֶשׁ הֶעֱלוּ
טז עֹלוֹת וַיִּזְבְּחוּ זְבָחִים בַּיּוֹם הַהוּא לַיהוָה׃ וַחֲמִשָּׁה סַרְנֵי־
יז פְלִשְׁתִּים רָאוּ וַיָּשֻׁבוּ עֶקְרוֹן בַּיּוֹם הַהוּא׃ וְאֵלֶּה
טְחֹרֵי הַזָּהָב אֲשֶׁר הֵשִׁיבוּ פְלִשְׁתִּים אָשָׁם לַיהוָה לְאַשְׁדּוֹד
אֶחָד לְעַזָּה אֶחָד לְאַשְׁקְלוֹן אֶחָד לְגַת אֶחָד לְעֶקְרוֹן
יח אֶחָד׃ וְעַכְבְּרֵי הַזָּהָב מִסְפַּר כָּל־עָרֵי פְלִשְׁתִּים
לַחֲמֵשֶׁת הַסְּרָנִים מֵעִיר מִבְצָר וְעַד כֹּפֶר הַפְּרָזִי וְעַד ׀ אָבֵל
הַגְּדוֹלָה אֲשֶׁר הִנִּיחוּ עָלֶיהָ אֵת אֲרוֹן יְהוָה עַד הַיּוֹם הַזֶּה בִּשְׂדֵה
יט יְהוֹשֻׁעַ בֵּית־הַשִּׁמְשִׁי׃ וַיַּךְ בְּאַנְשֵׁי בֵית־שֶׁמֶשׁ כִּי רָאוּ בַּאֲרוֹן
יְהוָה וַיַּךְ בָּעָם שִׁבְעִים אִישׁ חֲמִשִּׁים אֶלֶף אִישׁ וַיִּתְאַבְּלוּ הָעָם
כ כִּי־הִכָּה יְהוָה בָּעָם מַכָּה גְדוֹלָה׃ וַיֹּאמְרוּ אַנְשֵׁי בֵית־שֶׁמֶשׁ
מִי יוּכַל לַעֲמֹד לִפְנֵי יְהוָה הָאֱלֹהִים הַקָּדוֹשׁ הַזֶּה וְאֶל־מִי
כא יַעֲלֶה מֵעָלֵינוּ׃ וַיִּשְׁלְחוּ מַלְאָכִים אֶל־יוֹשְׁבֵי קִרְיַת־יְעָרִים
לֵאמֹר הֵשִׁבוּ פְלִשְׁתִּים אֶת־אֲרוֹן יְהוָה רְדוּ הַעֲלוּ אֹתוֹ
ז א אֲלֵיכֶם׃ וַיָּבֹאוּ אַנְשֵׁי ׀ קִרְיַת יְעָרִים וַיַּעֲלוּ אֶת־אֲרוֹן יְהוָה
וַיָּבִאוּ אֹתוֹ אֶל־בֵּית אֲבִינָדָב בַּגִּבְעָה וְאֶת־אֶלְעָזָר בְּנוֹ קִדְּשׁוּ
ב לִשְׁמֹר אֶת־אֲרוֹן יְהוָה׃ וַיְהִי מִיּוֹם שֶׁבֶת הָאָרוֹן
בְּקִרְיַת יְעָרִים וַיִּרְבּוּ הַיָּמִים וַיִּהְיוּ עֶשְׂרִים שָׁנָה וַיִּנָּהוּ כָּל־בֵּית

יִשְׂרָאֵ֖ל אַחֲרֵ֥י יְהוָֽה׃ וַיֹּ֣אמֶר שְׁמוּאֵ֗ל אֶל־כָּל־ ג
בֵּ֣ית יִשְׂרָאֵל֮ לֵאמֹר֒ אִם־בְּכָל־לְבַבְכֶ֗ם אַתֶּם֙ שָׁבִ֣ים אֶל־יְהוָ֔ה
הָסִ֜ירוּ אֶת־אֱלֹהֵ֧י הַנֵּכָ֛ר מִתּוֹכְכֶ֖ם וְהָעַשְׁתָּר֑וֹת וְהָכִ֨ינוּ לְבַבְכֶ֤ם
אֶל־יְהוָה֙ וְעִבְדֻ֣הוּ לְבַדּ֔וֹ וְיַצֵּ֥ל אֶתְכֶ֖ם מִיַּ֥ד פְּלִשְׁתִּֽים׃ וַיָּסִ֙ירוּ֙ בְּנֵ֣י ד
יִשְׂרָאֵ֔ל אֶת־הַבְּעָלִ֖ים וְאֶת־הָעַשְׁתָּרֹ֑ת וַיַּֽעַבְד֥וּ אֶת־יְהוָ֖ה
לְבַדּֽוֹ׃ וַיֹּ֣אמֶר שְׁמוּאֵ֔ל קִבְצ֥וּ אֶת־כָּל־יִשְׂרָאֵ֖ל ה
הַמִּצְפָּ֑תָה וְאֶתְפַּלֵּ֥ל בַּעַדְכֶ֖ם אֶל־יְהוָֽה׃ וַיִּקָּבְצ֣וּ הַמִּצְפָּ֗תָה ו
וַיִּֽשְׁאֲבוּ־מַ֜יִם וַיִּשְׁפְּכ֣וּ ׀ לִפְנֵ֣י יְהוָ֗ה וַיָּצ֙וּמוּ֙ בַּיּ֣וֹם הַה֔וּא וַיֹּ֣אמְרוּ
שָׁ֔ם חָטָ֖אנוּ לַיהוָ֑ה וַיִּשְׁפֹּ֧ט שְׁמוּאֵ֛ל אֶת־בְּנֵ֥י יִשְׂרָאֵ֖ל בַּמִּצְפָּֽה׃
וַיִּשְׁמְע֣וּ פְלִשְׁתִּ֗ים כִּֽי־הִתְקַבְּצ֤וּ בְנֵֽי־יִשְׂרָאֵל֙ הַמִּצְפָּ֔תָה וַיַּעֲל֥וּ ז
סַרְנֵֽי־פְלִשְׁתִּ֖ים אֶל־יִשְׂרָאֵ֑ל וַיִּשְׁמְעוּ֙ בְּנֵ֣י יִשְׂרָאֵ֔ל וַיִּרְא֖וּ מִפְּנֵ֥י
פְלִשְׁתִּֽים׃ וַיֹּאמְר֤וּ בְנֵֽי־יִשְׂרָאֵל֙ אֶל־שְׁמוּאֵ֔ל אַל־תַּחֲרֵ֣שׁ מִמֶּ֔נּוּ ח
מִזְּעֹ֕ק אֶל־יְהוָ֖ה אֱלֹהֵ֑ינוּ וְיֹשִׁעֵ֖נוּ מִיַּ֥ד פְּלִשְׁתִּֽים׃ וַיִּקַּ֣ח שְׁמוּאֵ֗ל ט
טְלֵ֤ה חָלָב֙ אֶחָ֔ד וַיַּעֲלֵ֥ה עוֹלָ֛ה כָּלִ֖יל לַיהוָ֑ה וַיִּזְעַ֨ק שְׁמוּאֵ֤ל אֶל־
יְהוָה֙ בְּעַ֣ד יִשְׂרָאֵ֔ל וַֽיַּעֲנֵ֖הוּ יְהוָֽה׃ וַיְהִ֣י שְׁמוּאֵל֮ מַעֲלֶ֣ה הָעוֹלָה֒ י
וּפְלִשְׁתִּ֣ים נִגְּשׁ֔וּ לַמִּלְחָמָ֖ה בְּיִשְׂרָאֵ֑ל וַיַּרְעֵ֣ם יְהוָ֣ה ׀ בְּקוֹל־גָּ֠דוֹל
בַּיּ֨וֹם הַה֤וּא עַל־פְּלִשְׁתִּים֙ וַיְהֻמֵּ֔ם וַיִּנָּגְפ֖וּ לִפְנֵ֥י יִשְׂרָאֵֽל׃ וַיֵּ֨צְא֜וּ יא
אַנְשֵׁ֤י יִשְׂרָאֵל֙ מִן־הַמִּצְפָּ֔ה וַֽיִּרְדְּפ֖וּ אֶת־פְּלִשְׁתִּ֑ים וַיַּכּ֕וּם עַד־
מִתַּ֖חַת לְבֵ֥ית כָּֽר׃ וַיִּקַּ֨ח שְׁמוּאֵ֜ל אֶ֣בֶן אַחַ֗ת וַיָּ֤שֶׂם בֵּין־הַמִּצְפָּה֙ יב
וּבֵ֣ין הַשֵּׁ֔ן וַיִּקְרָ֥א אֶת־שְׁמָ֖הּ אֶ֣בֶן הָעָ֑זֶר וַיֹּאמַ֕ר עַד־הֵ֖נָּה עֲזָרָ֥נוּ
יְהוָֽה׃ וַיִּכָּֽנְעוּ֙ הַפְּלִשְׁתִּ֔ים וְלֹא־יָסְפ֥וּ עוֹד֖ לָב֣וֹא בִּגְב֣וּל יִשְׂרָאֵ֑ל יג
וַתְּהִ֤י יַד־יְהוָה֙ בַּפְּלִשְׁתִּ֔ים כֹּ֖ל יְמֵ֥י שְׁמוּאֵֽל׃ וַתָּשֹׁ֣בְנָה הֶעָרִ֣ים יד
אֲשֶׁ֣ר לָֽקְחֽוּ־פְלִשְׁתִּ֣ים מֵאֵ֪ת יִשְׂרָאֵ֟ל ׀ לְיִשְׂרָאֵל֙ מֵעֶקְר֣וֹן וְעַד־
גַּ֔ת וְאֶת־גְּבוּלָ֔ן הִצִּ֥יל יִשְׂרָאֵ֖ל מִיַּ֣ד פְּלִשְׁתִּ֑ים וַיְהִ֣י שָׁל֔וֹם
בֵּ֥ין יִשְׂרָאֵ֖ל וּבֵ֥ין הָאֱמֹרִֽי׃ וַיִּשְׁפֹּ֥ט שְׁמוּאֵ֖ל אֶת־יִשְׂרָאֵ֑ל כֹּ֖ל טו
יְמֵ֥י חַיָּֽיו׃ וְהָלַ֗ךְ מִדֵּ֤י שָׁנָה֙ בְּשָׁנָ֔ה וְסָבַב֙ בֵּֽית־אֵ֔ל וְהַגִּלְגָּ֖ל טז
וְהַמִּצְפָּ֑ה וְשָׁפַט֙ אֶת־יִשְׂרָאֵ֔ל אֵ֥ת כָּל־הַמְּקוֹמ֖וֹת הָאֵֽלֶּה׃

יז וּתְשֻׁבָתוֹ הָרָמָתָה כִּי־שָׁם בֵּיתוֹ וְשָׁם שָׁפָט אֶת־יִשְׂרָאֵל
וַיִּבֶן־שָׁם מִזְבֵּחַ לַיהוָה׃
ח א וַיְהִי כַּאֲשֶׁר זָקֵן שְׁמוּאֵל וַיָּשֶׂם אֶת־בָּנָיו שֹׁפְטִים לְיִשְׂרָאֵל׃
ב וַיְהִי שֶׁם־בְּנוֹ הַבְּכוֹר יוֹאֵל וְשֵׁם מִשְׁנֵהוּ אֲבִיָּה שֹׁפְטִים בִּבְאֵר
ג שָׁבַע׃ וְלֹא־הָלְכוּ בָנָיו בִּדְרָכָו וַיִּטּוּ אַחֲרֵי הַבָּצַע וַיִּקְחוּ־שֹׁחַד
ד וַיַּטּוּ מִשְׁפָּט׃ וַיִּתְקַבְּצוּ כֹּל זִקְנֵי יִשְׂרָאֵל וַיָּבֹאוּ
ה אֶל־שְׁמוּאֵל הָרָמָתָה׃ וַיֹּאמְרוּ אֵלָיו הִנֵּה אַתָּה זָקַנְתָּ וּבָנֶיךָ לֹא
הָלְכוּ בִּדְרָכֶיךָ עַתָּה שִׂימָה־לָּנוּ מֶלֶךְ לְשָׁפְטֵנוּ כְּכָל־הַגּוֹיִם׃
ו וַיֵּרַע הַדָּבָר בְּעֵינֵי שְׁמוּאֵל כַּאֲשֶׁר אָמְרוּ תְּנָה־לָּנוּ מֶלֶךְ
ז לְשָׁפְטֵנוּ וַיִּתְפַּלֵּל שְׁמוּאֵל אֶל־יְהוָה׃ וַיֹּאמֶר
יְהוָה אֶל־שְׁמוּאֵל שְׁמַע בְּקוֹל הָעָם לְכֹל אֲשֶׁר־יֹאמְרוּ אֵלֶיךָ
ח כִּי לֹא אֹתְךָ מָאָסוּ כִּי־אֹתִי מָאֲסוּ מִמְּלֹךְ עֲלֵיהֶם׃ כְּכָל־
הַמַּעֲשִׂים אֲשֶׁר־עָשׂוּ מִיּוֹם הַעֲלֹתִי אוֹתָם מִמִּצְרַיִם וְעַד־הַיּוֹם
הַזֶּה וַיַּעַזְבֻנִי וַיַּעַבְדוּ אֱלֹהִים אֲחֵרִים כֵּן הֵמָּה עֹשִׂים גַּם־לָךְ׃
ט וְעַתָּה שְׁמַע בְּקוֹלָם אַךְ כִּי־הָעֵד תָּעִיד בָּהֶם וְהִגַּדְתָּ לָהֶם
י מִשְׁפַּט הַמֶּלֶךְ אֲשֶׁר יִמְלֹךְ עֲלֵיהֶם׃ וַיֹּאמֶר
שְׁמוּאֵל אֵת כָּל־דִּבְרֵי יְהוָה אֶל־הָעָם הַשֹּׁאֲלִים מֵאִתּוֹ
יא מֶלֶךְ׃ וַיֹּאמֶר זֶה יִהְיֶה מִשְׁפַּט הַמֶּלֶךְ אֲשֶׁר יִמְלֹךְ
עֲלֵיכֶם אֶת־בְּנֵיכֶם יִקָּח וְשָׂם לוֹ בְּמֶרְכַּבְתּוֹ וּבְפָרָשָׁיו וְרָצוּ לִפְנֵי
יב מֶרְכַּבְתּוֹ׃ וְלָשׂוּם לוֹ שָׂרֵי אֲלָפִים וְשָׂרֵי חֲמִשִּׁים וְלַחֲרֹשׁ חֲרִישׁוֹ
יג וְלִקְצֹר קְצִירוֹ וְלַעֲשׂוֹת כְּלֵי־מִלְחַמְתּוֹ וּכְלֵי רִכְבּוֹ׃ וְאֶת־
יד בְּנוֹתֵיכֶם יִקָּח לְרַקָּחוֹת וּלְטַבָּחוֹת וּלְאֹפוֹת׃ וְאֶת־שְׂדוֹתֵיכֶם
טו וְאֶת־כַּרְמֵיכֶם וְזֵיתֵיכֶם הַטּוֹבִים יִקָּח וְנָתַן לַעֲבָדָיו׃ וְזַרְעֵיכֶם
טז וְכַרְמֵיכֶם יַעְשֹׂר וְנָתַן לְסָרִיסָיו וְלַעֲבָדָיו׃ וְאֶת־עַבְדֵיכֶם וְאֶת־
שִׁפְחוֹתֵיכֶם וְאֶת־בַּחוּרֵיכֶם הַטּוֹבִים וְאֶת־חֲמוֹרֵיכֶם יִקָּח
יז וְעָשָׂה לִמְלַאכְתּוֹ׃ צֹאנְכֶם יַעְשֹׂר וְאַתֶּם תִּהְיוּ־לוֹ לַעֲבָדִים׃
יח וּזְעַקְתֶּם בַּיּוֹם הַהוּא מִלִּפְנֵי מַלְכְּכֶם אֲשֶׁר בְּחַרְתֶּם לָכֶם וְלֹא־

יַעֲנֶה יְהוָה אֶתְכֶם בַּיּוֹם הַהוּא׃ וַיְמָאֲנוּ הָעָם לִשְׁמֹעַ בְּקוֹל יט
שְׁמוּאֵל וַיֹּאמְרוּ לֹּא כִּי אִם־מֶלֶךְ יִהְיֶה עָלֵינוּ׃ וְהָיִינוּ גַם־ כ
אֲנַחְנוּ כְּכָל־הַגּוֹיִם וּשְׁפָטָנוּ מַלְכֵּנוּ וְיָצָא לְפָנֵינוּ וְנִלְחַם אֶת־
מִלְחֲמֹתֵנוּ׃ וַיִּשְׁמַע שְׁמוּאֵל אֵת כָּל־דִּבְרֵי הָעָם וַיְדַבְּרֵם בְּאָזְנֵי כא
יְהוָה׃ וַיֹּאמֶר יְהוָה אֶל־שְׁמוּאֵל שְׁמַע בְּקוֹלָם כב
וְהִמְלַכְתָּ לָהֶם מֶלֶךְ וַיֹּאמֶר שְׁמוּאֵל אֶל־אַנְשֵׁי יִשְׂרָאֵל לְכוּ
מִבִּנְיָמִין אִישׁ לְעִירוֹ׃ וַיְהִי־אִישׁ מבן ימין וּשְׁמוֹ קִישׁ בֶּן־ א ט
אֲבִיאֵל בֶּן־צְרוֹר בֶּן־בְּכוֹרַת בֶּן־אֲפִיחַ בֶּן־אִישׁ יְמִינִי גִּבּוֹר
ה חָיִל׃ וְלוֹ־הָיָה בֵן וּשְׁמוֹ שָׁאוּל בָּחוּר וָטוֹב וְאֵין אִישׁ מִבְּנֵי ב
יִשְׂרָאֵל טוֹב מִמֶּנּוּ מִשִּׁכְמוֹ וָמַעְלָה גָּבֹהַּ מִכָּל־הָעָם׃ וַתֹּאבַדְנָה ג
הָאֲתֹנוֹת לְקִישׁ אֲבִי שָׁאוּל וַיֹּאמֶר קִישׁ אֶל־שָׁאוּל בְּנוֹ קַח־נָא
אִתְּךָ אֶת־אַחַד מֵהַנְּעָרִים וְקוּם לֵךְ בַּקֵּשׁ אֶת־הָאֲתֹנֹת׃ וַיַּעֲבֹר ד
בְּהַר־אֶפְרַיִם וַיַּעֲבֹר בְּאֶרֶץ־שָׁלִשָׁה וְלֹא מָצָאוּ וַיַּעַבְרוּ בְאֶרֶץ־
שַׁעֲלִים וָאַיִן וַיַּעֲבֹר בְּאֶרֶץ־יְמִינִי וְלֹא מָצָאוּ׃ הֵמָּה בָּאוּ בְּאֶרֶץ ה
צוּף וְשָׁאוּל אָמַר לְנַעֲרוֹ אֲשֶׁר־עִמּוֹ לְכָה וְנָשׁוּבָה פֶּן־יֶחְדַּל אָבִי
מִן־הָאֲתֹנוֹת וְדָאַג לָנוּ׃ וַיֹּאמֶר לוֹ הִנֵּה־נָא אִישׁ־אֱלֹהִים בָּעִיר ו
הַזֹּאת וְהָאִישׁ נִכְבָּד כֹּל אֲשֶׁר־יְדַבֵּר בּוֹא יָבוֹא עַתָּה נֵלְכָה שָּׁם
אוּלַי יַגִּיד לָנוּ אֶת־דַּרְכֵּנוּ אֲשֶׁר־הָלַכְנוּ עָלֶיהָ׃ וַיֹּאמֶר שָׁאוּל ז
לְנַעֲרוֹ וְהִנֵּה נֵלֵךְ וּמַה־נָּבִיא לָאִישׁ כִּי הַלֶּחֶם אָזַל מִכֵּלֵינוּ
וּתְשׁוּרָה אֵין־לְהָבִיא לְאִישׁ הָאֱלֹהִים מָה אִתָּנוּ׃ וַיֹּסֶף הַנַּעַר ח
לַעֲנוֹת אֶת־שָׁאוּל וַיֹּאמֶר הִנֵּה נִמְצָא בְיָדִי רֶבַע שֶׁקֶל כָּסֶף
וְנָתַתִּי לְאִישׁ הָאֱלֹהִים וְהִגִּיד לָנוּ אֶת־דַּרְכֵּנוּ׃ לְפָנִים ׀ בְּיִשְׂרָאֵל ט
כֹּה־אָמַר הָאִישׁ בְּלֶכְתּוֹ לִדְרוֹשׁ אֱלֹהִים לְכוּ וְנֵלְכָה עַד־הָרֹאֶה
כִּי לַנָּבִיא הַיּוֹם יִקָּרֵא לְפָנִים הָרֹאֶה׃ וַיֹּאמֶר שָׁאוּל לְנַעֲרוֹ טוֹב י
דְּבָרְךָ לְכָה ׀ נֵלֵכָה וַיֵּלְכוּ אֶל־הָעִיר אֲשֶׁר־שָׁם אִישׁ הָאֱלֹהִים׃
הֵמָּה עֹלִים בְּמַעֲלֵה הָעִיר וְהֵמָּה מָצְאוּ נְעָרוֹת יֹצְאוֹת לִשְׁאֹב יא
מָיִם וַיֹּאמְרוּ לָהֶן הֲיֵשׁ בָּזֶה הָרֹאֶה׃ וַתַּעֲנֶינָה אוֹתָם וַתֹּאמַרְנָה יב

יֵ֣שׁ הִנֵּ֣ה לְפָנֶ֑יךָ מַהֵ֣ר ׀ עַתָּ֗ה כִּ֤י הַיּוֹם֙ בָּ֣א לָעִ֔יר כִּ֣י זֶ֥בַח הַיּ֛וֹם
לָעָ֖ם בַּבָּמָֽה׃ כְּבֹאֲכֶ֣ם הָעִ֣יר כֵּ֣ן תִּמְצְא֣וּן אֹת֡וֹ בְּטֶרֶם֩ יַעֲלֶ֨ה יג
הַבָּמָ֜תָה לֶאֱכֹ֗ל כִּ֠י לֹֽא־יֹאכַ֤ל הָעָם֙ עַד־בֹּא֔וֹ כִּֽי־הוּא֙ יְבָרֵ֣ךְ
הַזֶּ֔בַח אַחֲרֵי־כֵ֖ן יֹאכְל֣וּ הַקְּרֻאִ֑ים וְעַתָּ֣ה עֲל֔וּ כִּֽי־אֹת֥וֹ כְהַיּ֖וֹם
תִּמְצְא֥וּן אֹתֽוֹ׃ וַֽיַּעֲל֖וּ הָעִ֑יר הֵ֗מָּה בָּאִים֙ בְּת֣וֹךְ הָעִ֔יר וְהִנֵּ֤ה יד
שְׁמוּאֵל֙ יֹצֵ֣א לִקְרָאתָ֔ם לַעֲל֖וֹת הַבָּמָֽה׃ וַֽיהוָ֔ה טו
גָּלָ֖ה אֶת־אֹ֣זֶן שְׁמוּאֵ֑ל י֣וֹם אֶחָ֔ד לִפְנֵ֥י בֽוֹא־שָׁא֖וּל לֵאמֹֽר׃ כָּעֵ֣ת ׀ טז
מָחָ֗ר אֶשְׁלַ֨ח אֵלֶ֜יךָ אִ֗ישׁ מֵאֶ֙רֶץ֙ בִּנְיָמִ֔ן וּמְשַׁחְתּ֤וֹ לְנָגִיד֙ עַל־עַמִּ֣י
יִשְׂרָאֵ֔ל וְהוֹשִׁ֥יעַ אֶת־עַמִּ֖י מִיַּ֣ד פְּלִשְׁתִּ֑ים כִּ֤י רָאִ֙יתִי֙ אֶת־עַמִּ֔י
כִּ֛י בָּ֥אָה צַעֲקָת֖וֹ אֵלָֽי׃ וּשְׁמוּאֵ֖ל רָאָ֣ה אֶת־שָׁא֑וּל וַֽיהוָ֣ה עָנָ֗הוּ יז
הִנֵּ֤ה הָאִישׁ֙ אֲשֶׁ֣ר אָמַ֣רְתִּי אֵלֶ֔יךָ זֶ֖ה יַעְצֹ֥ר בְּעַמִּֽי׃ וַיִּגַּ֥שׁ שָׁא֛וּל יח
אֶת־שְׁמוּאֵ֖ל בְּת֣וֹךְ הַשָּׁ֑עַר וַיֹּ֙אמֶר֙ הַגִּֽידָה־נָּ֣א לִ֔י אֵי־זֶ֖ה בֵּ֥ית
הָרֹאֶֽה׃ וַיַּ֨עַן שְׁמוּאֵ֜ל אֶת־שָׁא֗וּל וַיֹּ֙אמֶר֙ אָנֹכִ֣י הָרֹאֶ֔ה עֲלֵ֤ה יט
לְפָנַי֙ הַבָּמָ֔ה וַאֲכַלְתֶּ֥ם עִמִּ֖י הַיּ֑וֹם וְשִׁלַּחְתִּ֣יךָ בַבֹּ֔קֶר וְכֹ֥ל אֲשֶׁ֛ר
בִּֽלְבָבְךָ֖ אַגִּ֥יד לָֽךְ׃ וְלָאֲתֹנ֞וֹת הָאֹבְד֣וֹת לְךָ֗ הַיּוֹם֙ שְׁלֹ֣שֶׁת הַיָּמִ֔ים כ
אַל־תָּ֧שֶׂם אֶֽת־לִבְּךָ֛ לָהֶ֖ם כִּ֣י נִמְצָ֑אוּ וּלְמִי֙ כָּל־חֶמְדַּ֣ת יִשְׂרָאֵ֔ל
הֲל֣וֹא לְךָ֔ וּלְכֹ֖ל בֵּ֥ית אָבִֽיךָ׃ וַיַּ֨עַן שָׁא֜וּל וַיֹּ֗אמֶר כא
הֲלוֹא֩ בֶן־יְמִינִ֨י אָנֹ֜כִי מִקַּטַנֵּ֣י שִׁבְטֵ֣י יִשְׂרָאֵ֗ל וּמִשְׁפַּחְתִּי֙ הַצְּעִרָ֔ה
מִכָּל־מִשְׁפְּח֖וֹת שִׁבְטֵ֣י בִנְיָמִ֑ן וְלָ֙מָּה֙ דִּבַּ֣רְתָּ אֵלַ֔י כַּדָּבָ֖ר
הַזֶּֽה׃ וַיִּקַּ֤ח שְׁמוּאֵל֙ אֶת־שָׁא֣וּל וְאֶֽת־נַעֲר֔וֹ כב
וַיְבִיאֵ֖ם לִשְׁכָּ֑תָה וַיִּתֵּ֨ן לָהֶ֤ם מָקוֹם֙ בְּרֹ֣אשׁ הַקְּרוּאִ֔ים וְהֵ֖מָּה
כִּשְׁלֹשִׁ֥ים אִֽישׁ׃ וַיֹּ֤אמֶר שְׁמוּאֵל֙ לַטַּבָּ֔ח תְּנָה֙ אֶת־הַמָּנָ֔ה אֲשֶׁ֣ר כג
נָתַ֣תִּי לָ֔ךְ אֲשֶׁר֙ אָמַ֣רְתִּי אֵלֶ֔יךָ שִׂ֥ים אֹתָ֖הּ עִמָּֽךְ׃ וַיָּ֣רֶם הַ֠טַּבָּח כד
אֶת־הַשּׁ֨וֹק וְהֶעָלֶ֜יהָ וַיָּ֣שֶׂם ׀ לִפְנֵ֣י שָׁא֗וּל וַיֹּ֙אמֶר֙ הִנֵּ֤ה הַנִּשְׁאָר֙
שִׂים־לְפָנֶ֣יךָ אֱכֹ֔ל כִּ֧י לַמּוֹעֵ֛ד שָֽׁמוּר־לְךָ֥ לֵאמֹ֖ר הָעָ֣ם קָרָ֑אתִי
וַיֹּ֧אכַל שָׁא֛וּל עִם־שְׁמוּאֵ֖ל בַּיּ֥וֹם הַהֽוּא׃ וַיֵּרְד֥וּ מֵהַבָּמָ֖ה הָעִ֑יר כה
וַיְדַבֵּ֥ר עִם־שָׁא֖וּל עַל־הַגָּֽג׃ וַיַּשְׁכִּ֗מוּ וַיְהִ֤י כַּעֲל֣וֹת הַשַּׁ֙חַר֙ וַיִּקְרָ֨א כו

שְׁמוּאֵל אֶל־שָׁאוּל הַגָּג לֵאמֹר קוּמָה וַאֲשַׁלְּחֶךָּ וַיָּקָם שָׁאוּל
כז וַיֵּצְאוּ שְׁנֵיהֶם הוּא וּשְׁמוּאֵל הַחוּצָה: הֵמָּה יוֹרְדִים בִּקְצֵה הָעִיר
וּשְׁמוּאֵל אָמַר אֶל־שָׁאוּל אֱמֹר לַנַּעַר וְיַעֲבֹר לְפָנֵינוּ וַיַּעֲבֹר וְאַתָּה
א י עֲמֹד כַּיּוֹם וְאַשְׁמִיעֲךָ אֶת־דְּבַר אֱלֹהִים: וַיִּקַּח
שְׁמוּאֵל אֶת־פַּךְ הַשֶּׁמֶן וַיִּצֹק עַל־רֹאשׁוֹ וַיִּשָּׁקֵהוּ וַיֹּאמֶר הֲלוֹא
ב כִּי־מְשָׁחֲךָ יְהוָה עַל־נַחֲלָתוֹ לְנָגִיד: בְּלֶכְתְּךָ הַיּוֹם מֵעִמָּדִי
וּמָצָאתָ שְׁנֵי אֲנָשִׁים עִם־קְבֻרַת רָחֵל בִּגְבוּל בִּנְיָמִן בְּצֶלְצַח
וְאָמְרוּ אֵלֶיךָ נִמְצְאוּ הָאֲתֹנוֹת אֲשֶׁר הָלַכְתָּ לְבַקֵּשׁ וְהִנֵּה נָטַשׁ
אָבִיךָ אֶת־דִּבְרֵי הָאֲתֹנוֹת וְדָאַג לָכֶם לֵאמֹר מָה אֶעֱשֶׂה לִבְנִי:
ג וְחָלַפְתָּ מִשָּׁם וָהָלְאָה וּבָאתָ עַד־אֵלוֹן תָּבוֹר וּמְצָאוּךָ שָּׁם
שְׁלֹשָׁה אֲנָשִׁים עֹלִים אֶל־הָאֱלֹהִים בֵּית־אֵל אֶחָד נֹשֵׂא
שְׁלֹשָׁה גְדָיִים וְאֶחָד נֹשֵׂא שְׁלֹשֶׁת כִּכְּרוֹת לֶחֶם וְאֶחָד נֹשֵׂא
ד נֵבֶל־יָיִן: וְשָׁאֲלוּ לְךָ לְשָׁלוֹם וְנָתְנוּ לְךָ שְׁתֵּי־לֶחֶם וְלָקַחְתָּ
ה מִיָּדָם: אַחַר כֵּן תָּבוֹא גִּבְעַת הָאֱלֹהִים אֲשֶׁר־שָׁם נְצִבֵי
פְלִשְׁתִּים וִיהִי כְבֹאֲךָ שָׁם הָעִיר וּפָגַעְתָּ חֶבֶל נְבִאִים יֹרְדִים
מֵהַבָּמָה וְלִפְנֵיהֶם נֵבֶל וְתֹף וְחָלִיל וְכִנּוֹר וְהֵמָּה מִתְנַבְּאִים:
ו וְצָלְחָה עָלֶיךָ רוּחַ יְהוָה וְהִתְנַבִּיתָ עִמָּם וְנֶהְפַּכְתָּ לְאִישׁ אַחֵר:
ז וְהָיָה כִּי תבאינה הָאֹתוֹת הָאֵלֶּה לָךְ עֲשֵׂה לְךָ אֲשֶׁר תִּמְצָא תָּבֹאנָה
ח יָדֶךָ כִּי הָאֱלֹהִים עִמָּךְ: וְיָרַדְתָּ לְפָנַי הַגִּלְגָּל וְהִנֵּה אָנֹכִי יֹרֵד
אֵלֶיךָ לְהַעֲלוֹת עֹלוֹת לִזְבֹּחַ זִבְחֵי שְׁלָמִים שִׁבְעַת יָמִים תּוֹחֵל
ט עַד־בּוֹאִי אֵלֶיךָ וְהוֹדַעְתִּי לְךָ אֵת אֲשֶׁר תַּעֲשֶׂה: וְהָיָה כְּהַפְנֹתוֹ
שִׁכְמוֹ לָלֶכֶת מֵעִם שְׁמוּאֵל וַיַּהֲפָךְ־לוֹ אֱלֹהִים לֵב אַחֵר וַיָּבֹאוּ
י כָּל־הָאֹתוֹת הָאֵלֶּה בַּיּוֹם הַהוּא: וַיָּבֹאוּ שָׁם
הַגִּבְעָתָה וְהִנֵּה חֶבֶל־נְבִאִים לִקְרָאתוֹ וַתִּצְלַח עָלָיו רוּחַ אֱלֹהִים
יא וַיִּתְנַבֵּא בְּתוֹכָם: וַיְהִי כָּל־יוֹדְעוֹ מֵאִתְּמוֹל שִׁלְשֹׁם וַיִּרְאוּ
וְהִנֵּה עִם־נְבִאִים נִבָּא וַיֹּאמֶר הָעָם אִישׁ אֶל־
יב רֵעֵהוּ מַה־זֶּה הָיָה לְבֶן־קִישׁ הֲגַם שָׁאוּל בַּנְּבִיאִם: וַיַּעַן אִישׁ

מִשָּׁם וַיֹּאמֶר וּמִי אֲבִיהֶם עַל־כֵּן הָיְתָה לְמָשָׁל הֲגַם שָׁאוּל
יג יד בַּנְּבִאִים׃ וַיְכַל מֵהִתְנַבּוֹת וַיָּבֹא הַבָּמָה׃ וַיֹּאמֶר דּוֹד שָׁאוּל
אֵלָיו וְאֶל־נַעֲרוֹ אָן הֲלַכְתֶּם וַיֹּאמֶר לְבַקֵּשׁ אֶת־הָאֲתֹנוֹת
טו וַנִּרְאֶה כִי־אַיִן וַנָּבוֹא אֶל־שְׁמוּאֵל׃ וַיֹּאמֶר דּוֹד שָׁאוּל הַגִּידָה־
טז נָּא לִי מָה־אָמַר לָכֶם שְׁמוּאֵל׃ וַיֹּאמֶר שָׁאוּל אֶל־דּוֹדוֹ הַגֵּד
הִגִּיד לָנוּ כִּי נִמְצְאוּ הָאֲתֹנוֹת וְאֶת־דְּבַר הַמְּלוּכָה לֹא־הִגִּיד לוֹ
יז אֲשֶׁר אָמַר שְׁמוּאֵל׃ וַיַּצְעֵק שְׁמוּאֵל אֶת־הָעָם
יח אֶל־יְהוָה הַמִּצְפָּה׃ וַיֹּאמֶר ׀ אֶל־בְּנֵי יִשְׂרָאֵל כֹּה־אָמַר יְהוָה
אֱלֹהֵי יִשְׂרָאֵל אָנֹכִי הֶעֱלֵיתִי אֶת־יִשְׂרָאֵל מִמִּצְרָיִם וָאַצִּיל
אֶתְכֶם מִיַּד מִצְרַיִם וּמִיַּד כָּל־הַמַּמְלָכוֹת הַלֹּחֲצִים אֶתְכֶם׃
יט וְאַתֶּם הַיּוֹם מְאַסְתֶּם אֶת־אֱלֹהֵיכֶם אֲשֶׁר־הוּא מוֹשִׁיעַ לָכֶם
מִכָּל־רָעוֹתֵיכֶם וְצָרֹתֵיכֶם וַתֹּאמְרוּ לוֹ כִּי־מֶלֶךְ תָּשִׂים עָלֵינוּ
כ וְעַתָּה הִתְיַצְּבוּ לִפְנֵי יְהוָה לְשִׁבְטֵיכֶם וּלְאַלְפֵיכֶם׃ וַיַּקְרֵב
כא שְׁמוּאֵל אֵת כָּל־שִׁבְטֵי יִשְׂרָאֵל וַיִּלָּכֵד שֵׁבֶט בִּנְיָמִן׃ וַיַּקְרֵב
אֶת־שֵׁבֶט בִּנְיָמִן לְמִשְׁפְּחֹתָו וַתִּלָּכֵד מִשְׁפַּחַת הַמַּטְרִי וַיִּלָּכֵד
כב שָׁאוּל בֶּן־קִישׁ וַיְבַקְשֻׁהוּ וְלֹא נִמְצָא׃ וַיִּשְׁאֲלוּ־עוֹד בַּיהוָה
הֲבָא עוֹד הֲלֹם אִישׁ וַיֹּאמֶר יְהוָה הִנֵּה־הוּא
כג נֶחְבָּא אֶל־הַכֵּלִים׃ וַיָּרֻצוּ וַיִּקָּחֻהוּ מִשָּׁם וַיִּתְיַצֵּב בְּתוֹךְ הָעָם
כד וַיִּגְבַּהּ מִכָּל־הָעָם מִשִּׁכְמוֹ וָמָעְלָה׃ וַיֹּאמֶר שְׁמוּאֵל אֶל־כָּל־ ו
הָעָם הַרְּאִיתֶם אֲשֶׁר בָּחַר־בּוֹ יְהוָה כִּי אֵין כָּמֹהוּ בְּכָל־הָעָם
כה וַיָּרִעוּ כָל־הָעָם וַיֹּאמְרוּ יְחִי הַמֶּלֶךְ׃ וַיְדַבֵּר שְׁמוּאֵל
אֶל־הָעָם אֵת מִשְׁפַּט הַמְּלֻכָה וַיִּכְתֹּב בַּסֵּפֶר וַיַּנַּח לִפְנֵי
כו יְהוָה וַיְשַׁלַּח שְׁמוּאֵל אֶת־כָּל־הָעָם אִישׁ לְבֵיתוֹ׃ וְגַם־שָׁאוּל
הָלַךְ לְבֵיתוֹ גִּבְעָתָה וַיֵּלְכוּ עִמּוֹ הַחַיִל אֲשֶׁר־נָגַע אֱלֹהִים
כז בְּלִבָּם׃ וּבְנֵי בְלִיַּעַל אָמְרוּ מַה־יֹּשִׁעֵנוּ זֶה וַיִּבְזֻהוּ וְלֹא־הֵבִיאוּ
יא א לוֹ מִנְחָה וַיְהִי כְּמַחֲרִישׁ׃ וַיַּעַל נָחָשׁ הָעַמּוֹנִי וַיִּחַן
עַל־יָבֵישׁ גִּלְעָד וַיֹּאמְרוּ כָּל־אַנְשֵׁי יָבֵישׁ אֶל־נָחָשׁ כְּרָת־לָנוּ

בְּרִית וְנַעַבְדֶךָּ: וַיֹּאמֶר אֲלֵיהֶם נָחָשׁ הָעַמּוֹנִי בְּזֹאת אֶכְרֹת ב
לָכֶם בִּנְקוֹר לָכֶם כָּל־עֵין יָמִין וְשַׂמְתִּיהָ חֶרְפָּה עַל־כָּל־
יִשְׂרָאֵל: וַיֹּאמְרוּ אֵלָיו זִקְנֵי יָבֵישׁ הֶרֶף לָנוּ שִׁבְעַת יָמִים ג
וְנִשְׁלְחָה מַלְאָכִים בְּכֹל גְּבוּל יִשְׂרָאֵל וְאִם־אֵין מוֹשִׁיעַ אֹתָנוּ
וְיָצָאנוּ אֵלֶיךָ: וַיָּבֹאוּ הַמַּלְאָכִים גִּבְעַת שָׁאוּל וַיְדַבְּרוּ הַדְּבָרִים ד
בְּאָזְנֵי הָעָם וַיִּשְׂאוּ כָל־הָעָם אֶת־קוֹלָם וַיִּבְכּוּ: וְהִנֵּה שָׁאוּל בָּא ה
אַחֲרֵי הַבָּקָר מִן־הַשָּׂדֶה וַיֹּאמֶר שָׁאוּל מַה־לָּעָם כִּי יִבְכּוּ
וַיְסַפְּרוּ־לוֹ אֶת־דִּבְרֵי אַנְשֵׁי יָבֵישׁ: וַתִּצְלַח רוּחַ־אֱלֹהִים עַל־ ו
כְּשָׁמְעוֹ   שָׁאוּל בשמעו אֶת־הַדְּבָרִים הָאֵלֶּה וַיִּחַר אַפּוֹ מְאֹד: וַיִּקַּח ז
צֶמֶד בָּקָר וַיְנַתְּחֵהוּ וַיְשַׁלַּח בְּכָל־גְּבוּל יִשְׂרָאֵל בְּיַד הַמַּלְאָכִים ׀
לֵאמֹר אֲשֶׁר אֵינֶנּוּ יֹצֵא אַחֲרֵי שָׁאוּל וְאַחַר שְׁמוּאֵל כֹּה יֵעָשֶׂה
לִבְקָרוֹ וַיִּפֹּל פַּחַד־יְהוָה עַל־הָעָם וַיֵּצְאוּ כְּאִישׁ אֶחָד: וַיִּפְקְדֵם ח
בְּבָזֶק וַיִּהְיוּ בְנֵי־יִשְׂרָאֵל שְׁלֹשׁ מֵאוֹת אֶלֶף וְאִישׁ יְהוּדָה שְׁלֹשִׁים
אָלֶף: וַיֹּאמְרוּ לַמַּלְאָכִים הַבָּאִים כֹּה תֹאמְרוּן לְאִישׁ יָבֵישׁ ט
כְּחֹם   גִּלְעָד מָחָר תִּהְיֶה־לָכֶם תְּשׁוּעָה בחם הַשָּׁמֶשׁ וַיָּבֹאוּ הַמַּלְאָכִים
וַיַּגִּידוּ לְאַנְשֵׁי יָבֵישׁ וַיִּשְׂמָחוּ: וַיֹּאמְרוּ אַנְשֵׁי יָבֵישׁ מָחָר נֵצֵא י
אֲלֵיכֶם וַעֲשִׂיתֶם לָּנוּ כְּכָל־הַטּוֹב בְּעֵינֵיכֶם: וַיְהִי יא
מִמָּחֳרָת וַיָּשֶׂם שָׁאוּל אֶת־הָעָם שְׁלֹשָׁה רָאשִׁים וַיָּבֹאוּ בְתוֹךְ־
הַמַּחֲנֶה בְּאַשְׁמֹרֶת הַבֹּקֶר וַיַּכּוּ אֶת־עַמּוֹן עַד־חֹם הַיּוֹם וַיְהִי
הַנִּשְׁאָרִים וַיָּפֻצוּ וְלֹא נִשְׁאֲרוּ־בָם שְׁנַיִם יָחַד: וַיֹּאמֶר הָעָם אֶל־ יב
שְׁמוּאֵל מִי הָאֹמֵר שָׁאוּל יִמְלֹךְ עָלֵינוּ תְּנוּ הָאֲנָשִׁים וּנְמִיתֵם:
וַיֹּאמֶר שָׁאוּל לֹא־יוּמַת אִישׁ בַּיּוֹם הַזֶּה כִּי הַיּוֹם עָשָׂה־יְהוָה יג
תְּשׁוּעָה בְּיִשְׂרָאֵל: וַיֹּאמֶר שְׁמוּאֵל אֶל־הָעָם יד
לְכוּ וְנֵלְכָה הַגִּלְגָּל וּנְחַדֵּשׁ שָׁם הַמְּלוּכָה: וַיֵּלְכוּ כָל־הָעָם טו
הַגִּלְגָּל וַיַּמְלִכוּ שָׁם אֶת־שָׁאוּל לִפְנֵי יְהוָה בַּגִּלְגָּל וַיִּזְבְּחוּ־שָׁם
זְבָחִים שְׁלָמִים לִפְנֵי יְהוָה וַיִּשְׂמַח שָׁם שָׁאוּל וְכָל־אַנְשֵׁי
יִשְׂרָאֵל עַד־מְאֹד: וַיֹּאמֶר שְׁמוּאֵל אֶל־כָּל־ א יב

יִשְׂרָאֵל הִנֵּה שָׁמַעְתִּי בְקֹלְכֶם לְכֹל אֲשֶׁר־אֲמַרְתֶּם לִי וָאַמְלִיךְ
ב עֲלֵיכֶם מֶלֶךְ׃ וְעַתָּה הִנֵּה הַמֶּלֶךְ ׀ מִתְהַלֵּךְ לִפְנֵיכֶם וַאֲנִי זָקַנְתִּי
וָשַׂבְתִּי וּבָנַי הִנָּם אִתְּכֶם וַאֲנִי הִתְהַלַּכְתִּי לִפְנֵיכֶם מִנְּעֻרַי עַד־
ג הַיּוֹם הַזֶּה׃ הִנְנִי עֲנוּ בִי נֶגֶד יְהוָה וְנֶגֶד מְשִׁיחוֹ אֶת־שׁוֹר ׀ מִי
לָקַחְתִּי וַחֲמוֹר מִי לָקַחְתִּי וְאֶת־מִי עָשַׁקְתִּי אֶת־מִי רַצּוֹתִי
ד וּמִיַּד־מִי לָקַחְתִּי כֹפֶר וְאַעְלִים עֵינַי בּוֹ וְאָשִׁיב לָכֶם׃ וַיֹּאמְרוּ
לֹא עֲשַׁקְתָּנוּ וְלֹא רַצּוֹתָנוּ וְלֹא־לָקַחְתָּ מִיַּד־אִישׁ מְאוּמָה׃
ה וַיֹּאמֶר אֲלֵיהֶם עֵד יְהוָה בָּכֶם וְעֵד מְשִׁיחוֹ הַיּוֹם הַזֶּה כִּי לֹא
ו מְצָאתֶם בְּיָדִי מְאוּמָה וַיֹּאמֶר עֵד׃ וַיֹּאמֶר
שְׁמוּאֵל אֶל־הָעָם יְהוָה אֲשֶׁר עָשָׂה אֶת־מֹשֶׁה וְאֶת־אַהֲרֹן
ז וַאֲשֶׁר הֶעֱלָה אֶת־אֲבוֹתֵיכֶם מֵאֶרֶץ מִצְרָיִם׃ וְעַתָּה הִתְיַצְּבוּ
וְאִשָּׁפְטָה אִתְּכֶם לִפְנֵי יְהוָה אֵת כָּל־צִדְקוֹת יְהוָה אֲשֶׁר־עָשָׂה
ח אִתְּכֶם וְאֶת־אֲבוֹתֵיכֶם׃ כַּאֲשֶׁר־בָּא יַעֲקֹב מִצְרָיִם וַיִּזְעֲקוּ
אֲבֹתֵיכֶם אֶל־יְהוָה וַיִּשְׁלַח יְהוָה אֶת־מֹשֶׁה וְאֶת־אַהֲרֹן
ט וַיּוֹצִיאוּ אֶת־אֲבֹתֵיכֶם מִמִּצְרַיִם וַיֹּשִׁבוּם בַּמָּקוֹם הַזֶּה׃ וַיִּשְׁכְּחוּ
אֶת־יְהוָה אֱלֹהֵיהֶם וַיִּמְכֹּר אֹתָם בְּיַד סִיסְרָא שַׂר־צְבָא חָצוֹר
י וּבְיַד־פְּלִשְׁתִּים וּבְיַד מֶלֶךְ מוֹאָב וַיִּלָּחֲמוּ בָּם׃ וַיִּזְעֲקוּ אֶל־יְהוָה
וַיֹּאמְר חָטָאנוּ כִּי עָזַבְנוּ אֶת־יְהוָה וַנַּעֲבֹד אֶת־הַבְּעָלִים וְאֶת־
יא הָעַשְׁתָּרוֹת וְעַתָּה הַצִּילֵנוּ מִיַּד אֹיְבֵינוּ וְנַעַבְדֶךָּ׃ וַיִּשְׁלַח יְהוָה
אֶת־יְרֻבַּעַל וְאֶת־בְּדָן וְאֶת־יִפְתָּח וְאֶת־שְׁמוּאֵל וַיַּצֵּל אֶתְכֶם
יב מִיַּד אֹיְבֵיכֶם מִסָּבִיב וַתֵּשְׁבוּ בֶּטַח׃ וַתִּרְאוּ כִּי נָחָשׁ מֶלֶךְ בְּנֵי־
עַמּוֹן בָּא עֲלֵיכֶם וַתֹּאמְרוּ לִי לֹא כִּי־מֶלֶךְ יִמְלֹךְ עָלֵינוּ וַיהוָה
יג אֱלֹהֵיכֶם מַלְכְּכֶם׃ וְעַתָּה הִנֵּה הַמֶּלֶךְ אֲשֶׁר בְּחַרְתֶּם אֲשֶׁר
יד שְׁאֶלְתֶּם וְהִנֵּה נָתַן יְהוָה עֲלֵיכֶם מֶלֶךְ׃ אִם־תִּירְאוּ אֶת־יְהוָה
וַעֲבַדְתֶּם אֹתוֹ וּשְׁמַעְתֶּם בְּקֹלוֹ וְלֹא תַמְרוּ אֶת־פִּי יְהוָה וִהְיִתֶם
גַּם־אַתֶּם וְגַם־הַמֶּלֶךְ אֲשֶׁר מָלַךְ עֲלֵיכֶם אַחַר יְהוָה אֱלֹהֵיכֶם׃
טו וְאִם־לֹא תִשְׁמְעוּ בְּקוֹל יְהוָה וּמְרִיתֶם אֶת־פִּי יְהוָה וְהָיְתָה

יַד־יְהוָה בָּכֶם וּבַאֲבֹתֵיכֶם׃ גַּם־עַתָּה הִתְיַצְּבוּ וּרְאוּ אֶת־ טז
הַדָּבָר הַגָּדוֹל הַזֶּה אֲשֶׁר יְהוָה עֹשֶׂה לְעֵינֵיכֶם׃ הֲלוֹא קְצִיר־ יז
חִטִּים הַיּוֹם אֶקְרָא אֶל־יְהוָה וְיִתֵּן קֹלוֹת וּמָטָר וּדְעוּ וּרְאוּ
כִּי־רָעַתְכֶם רַבָּה אֲשֶׁר עֲשִׂיתֶם בְּעֵינֵי יְהוָה לִשְׁאוֹל לָכֶם
מֶלֶךְ׃ וַיִּקְרָא שְׁמוּאֵל אֶל־יְהוָה וַיִּתֵּן יְהוָה קֹלֹת יח
וּמָטָר בַּיּוֹם הַהוּא וַיִּירָא כָל־הָעָם מְאֹד אֶת־יְהוָה וְאֶת־
שְׁמוּאֵל׃ וַיֹּאמְרוּ כָל־הָעָם אֶל־שְׁמוּאֵל הִתְפַּלֵּל בְּעַד־עֲבָדֶיךָ יט
אֶל־יְהוָה אֱלֹהֶיךָ וְאַל־נָמוּת כִּי־יָסַפְנוּ עַל־כָּל־חַטֹּאתֵינוּ
רָעָה לִשְׁאֹל לָנוּ מֶלֶךְ׃ וַיֹּאמֶר שְׁמוּאֵל אֶל־הָעָם כ
אַל־תִּירָאוּ אַתֶּם עֲשִׂיתֶם אֵת כָּל־הָרָעָה הַזֹּאת אַךְ אַל־
תָּסוּרוּ מֵאַחֲרֵי יְהוָה וַעֲבַדְתֶּם אֶת־יְהוָה בְּכָל־לְבַבְכֶם׃ וְלֹא כא
תָּסוּרוּ כִּי ׀ אַחֲרֵי הַתֹּהוּ אֲשֶׁר לֹא־יוֹעִילוּ וְלֹא יַצִּילוּ כִּי־תֹהוּ
ז הֵמָּה׃ כִּי לֹא־יִטֹּשׁ יְהוָה אֶת־עַמּוֹ בַּעֲבוּר שְׁמוֹ הַגָּדוֹל כִּי כב
הוֹאִיל יְהוָה לַעֲשׂוֹת אֶתְכֶם לוֹ לְעָם׃ גַּם אָנֹכִי חָלִילָה לִּי כג
מֵחֲטֹא לַיהוָה מֵחֲדֹל לְהִתְפַּלֵּל בַּעַדְכֶם וְהוֹרֵיתִי אֶתְכֶם בְּדֶרֶךְ
הַטּוֹבָה וְהַיְשָׁרָה׃ אַךְ ׀ יְראוּ אֶת־יְהוָה וַעֲבַדְתֶּם אֹתוֹ בֶּאֱמֶת כד
בְּכָל־לְבַבְכֶם כִּי רְאוּ אֵת אֲשֶׁר־הִגְדִּל עִמָּכֶם׃ וְאִם־הָרֵעַ כה
תָּרֵעוּ גַּם־אַתֶּם גַּם־מַלְכְּכֶם תִּסָּפוּ׃

יג בֶּן־שָׁנָה שָׁאוּל בְּמָלְכוֹ וּשְׁתֵּי שָׁנִים מָלַךְ עַל־יִשְׂרָאֵל׃ וַיִּבְחַר־ א ב
לוֹ שָׁאוּל שְׁלֹשֶׁת אֲלָפִים מִיִּשְׂרָאֵל וַיִּהְיוּ עִם־שָׁאוּל אַלְפַּיִם
בְּמִכְמָשׂ וּבְהַר בֵּית־אֵל וְאֶלֶף הָיוּ עִם־יוֹנָתָן בְּגִבְעַת בִּנְיָמִין
וְיֶתֶר הָעָם שִׁלַּח אִישׁ לְאֹהָלָיו׃ וַיַּךְ יוֹנָתָן אֵת נְצִיב פְּלִשְׁתִּים ג
אֲשֶׁר בְּגֶבַע וַיִּשְׁמְעוּ פְּלִשְׁתִּים וְשָׁאוּל תָּקַע בַּשּׁוֹפָר בְּכָל־
הָאָרֶץ לֵאמֹר יִשְׁמְעוּ הָעִבְרִים׃ וְכָל־יִשְׂרָאֵל שָׁמְעוּ לֵאמֹר ד
הִכָּה שָׁאוּל אֶת־נְצִיב פְּלִשְׁתִּים וְגַם־נִבְאַשׁ יִשְׂרָאֵל בַּפְּלִשְׁתִּים
וַיִּצָּעֲקוּ הָעָם אַחֲרֵי שָׁאוּל הַגִּלְגָּל׃ וּפְלִשְׁתִּים נֶאֶסְפוּ ׀ לְהִלָּחֵם ה
עִם־יִשְׂרָאֵל שְׁלֹשִׁים אֶלֶף רֶכֶב וְשֵׁשֶׁת אֲלָפִים פָּרָשִׁים וְעָם

כַּחוֹל אֲשֶׁר עַל־שְׂפַת־הַיָּם לָרֹב וַיַּעֲלוּ וַיַּחֲנוּ בְמִכְמָשׂ קִדְמַת
ו בֵּית אָוֶן: וְאִישׁ יִשְׂרָאֵל רָאוּ כִּי צַר־לוֹ כִּי נִגַּשׂ הָעָם וַיִּתְחַבְּאוּ
ז הָעָם בַּמְּעָרוֹת וּבַחֲוָחִים וּבַסְּלָעִים וּבַצְּרִחִים וּבַבֹּרוֹת: וְעִבְרִים
עָבְרוּ אֶת־הַיַּרְדֵּן אֶרֶץ גָּד וְגִלְעָד וְשָׁאוּל עוֹדֶנּוּ בַגִּלְגָּל וְכָל־
ח הָעָם חָרְדוּ אַחֲרָיו: ויחל ׀ שִׁבְעַת יָמִים לַמּוֹעֵד אֲשֶׁר שְׁמוּאֵל וַיּוֹחֶל
ט וְלֹא־בָא שְׁמוּאֵל הַגִּלְגָּל וַיָּפֶץ הָעָם מֵעָלָיו: וַיֹּאמֶר שָׁאוּל הַגִּשׁוּ
י אֵלַי הָעֹלָה וְהַשְּׁלָמִים וַיַּעַל הָעֹלָה: וַיְהִי כְּכַלֹּתוֹ לְהַעֲלוֹת
יא הָעֹלָה וְהִנֵּה שְׁמוּאֵל בָּא וַיֵּצֵא שָׁאוּל לִקְרָאתוֹ לְבָרֲכוֹ: וַיֹּאמֶר
שְׁמוּאֵל מֶה עָשִׂיתָ וַיֹּאמֶר שָׁאוּל כִּי־רָאִיתִי כִי־נָפַץ הָעָם
מֵעָלַי וְאַתָּה לֹא־בָאתָ לְמוֹעֵד הַיָּמִים וּפְלִשְׁתִּים נֶאֱסָפִים
יב מִכְמָשׂ: וָאֹמַר עַתָּה יֵרְדוּ פְלִשְׁתִּים אֵלַי הַגִּלְגָּל וּפְנֵי יְהוָה לֹא
יג חִלִּיתִי וָאֶתְאַפַּק וָאַעֲלֶה הָעֹלָה: וַיֹּאמֶר שְׁמוּאֵל
אֶל־שָׁאוּל נִסְכָּלְתָּ לֹא שָׁמַרְתָּ אֶת־מִצְוַת יְהוָה אֱלֹהֶיךָ אֲשֶׁר
צִוָּךְ כִּי עַתָּה הֵכִין יְהוָה אֶת־מַמְלַכְתְּךָ אֶל־יִשְׂרָאֵל עַד־
יד עוֹלָם: וְעַתָּה מַמְלַכְתְּךָ לֹא־תָקוּם בִּקֵּשׁ יְהוָה לוֹ אִישׁ כִּלְבָבוֹ
וַיְצַוֵּהוּ יְהוָה לְנָגִיד עַל־עַמּוֹ כִּי לֹא שָׁמַרְתָּ אֵת אֲשֶׁר־צִוְּךָ
טו יְהוָה: וַיָּקָם שְׁמוּאֵל וַיַּעַל מִן־הַגִּלְגָּל גִּבְעַת
בִּנְיָמִן וַיִּפְקֹד שָׁאוּל אֶת־הָעָם הַנִּמְצְאִים עִמּוֹ כְּשֵׁשׁ מֵאוֹת
טז אִישׁ: וְשָׁאוּל וְיוֹנָתָן בְּנוֹ וְהָעָם הַנִּמְצָא עִמָּם יֹשְׁבִים בְּגֶבַע
יז בִּנְיָמִן וּפְלִשְׁתִּים חָנוּ בְמִכְמָשׂ: וַיֵּצֵא הַמַּשְׁחִית מִמַּחֲנֵה
פְלִשְׁתִּים שְׁלֹשָׁה רָאשִׁים הָרֹאשׁ אֶחָד יִפְנֶה אֶל־דֶּרֶךְ
יח עָפְרָה אֶל־אֶרֶץ שׁוּעָל: וְהָרֹאשׁ אֶחָד יִפְנֶה דֶּרֶךְ בֵּית חֹרוֹן
וְהָרֹאשׁ אֶחָד יִפְנֶה דֶּרֶךְ הַגְּבוּל הַנִּשְׁקָף עַל־גֵּי הַצְּבֹעִים
יט הַמִּדְבָּרָה: וְחָרָשׁ לֹא יִמָּצֵא בְּכֹל אֶרֶץ יִשְׂרָאֵל
כ כִּי־אָמַר פְלִשְׁתִּים פֶּן יַעֲשׂוּ הָעִבְרִים חֶרֶב אוֹ חֲנִית: וַיֵּרְדוּ
כָל־יִשְׂרָאֵל הַפְּלִשְׁתִּים לִלְטוֹשׁ אִישׁ אֶת־מַחֲרַשְׁתּוֹ וְאֶת־אֵתוֹ
כא וְאֶת־קַרְדֻּמּוֹ וְאֵת מַחֲרֵשָׁתוֹ: וְהָיְתָה הַפְּצִירָה פִים לַמַּחֲרֵשֹׁת

כב וְלָאֵתִים וְלִשְׁלֹשׁ קִלְּשׁוֹן וּלְהַקַּרְדֻּמִּים וּלְהַצִּיב הַדָּרְבָן׃ וְהָיָה
בְּיוֹם מִלְחֶמֶת וְלֹא נִמְצָא חֶרֶב וַחֲנִית בְּיַד כָּל־הָעָם אֲשֶׁר
כג אֶת־שָׁאוּל וְאֶת־יוֹנָתָן וַתִּמָּצֵא לְשָׁאוּל וּלְיוֹנָתָן בְּנוֹ׃ וַיֵּצֵא
א יד מַצַּב פְּלִשְׁתִּים אֶל־מַעֲבַר מִכְמָשׂ׃ וַיְהִי הַיּוֹם
וַיֹּאמֶר יוֹנָתָן בֶּן־שָׁאוּל אֶל־הַנַּעַר נֹשֵׂא כֵלָיו לְכָה וְנַעְבְּרָה
ב אֶל־מַצַּב פְּלִשְׁתִּים אֲשֶׁר מֵעֵבֶר הַלָּז וּלְאָבִיו לֹא הִגִּיד׃ וְשָׁאוּל
יוֹשֵׁב בִּקְצֵה הַגִּבְעָה תַּחַת הָרִמּוֹן אֲשֶׁר בְּמִגְרוֹן וְהָעָם אֲשֶׁר
ג עִמּוֹ כְּשֵׁשׁ מֵאוֹת אִישׁ׃ וַאֲחִיָּה בֶן־אֲחִטוּב אֲחִי אִיכָבוֹד ׀ בֶּן־
פִּינְחָס בֶּן־עֵלִי כֹּהֵן יְהוָה בְּשִׁלוֹ נֹשֵׂא אֵפוֹד וְהָעָם לֹא יָדַע כִּי
ד הָלַךְ יוֹנָתָן׃ וּבֵין הַמַּעְבְּרוֹת אֲשֶׁר בִּקֵּשׁ יוֹנָתָן לַעֲבֹר עַל־מַצַּב
פְּלִשְׁתִּים שֵׁן־הַסֶּלַע מֵהָעֵבֶר מִזֶּה וְשֵׁן־הַסֶּלַע מֵהָעֵבֶר מִזֶּה
ה וְשֵׁם הָאֶחָד בּוֹצֵץ וְשֵׁם הָאֶחָד סֶנֶּה׃ הַשֵּׁן הָאֶחָד מָצוּק מִצָּפוֹן
ו מוּל מִכְמָשׂ וְהָאֶחָד מִנֶּגֶב מוּל גָּבַע׃ וַיֹּאמֶר
יְהוֹנָתָן אֶל־הַנַּעַר ׀ נֹשֵׂא כֵלָיו לְכָה וְנַעְבְּרָה אֶל־מַצַּב הָעֲרֵלִים
הָאֵלֶּה אוּלַי יַעֲשֶׂה יְהוָה לָנוּ כִּי אֵין לַיהוָה מַעְצוֹר לְהוֹשִׁיעַ
ז בְּרַב אוֹ בִמְעָט׃ וַיֹּאמֶר לוֹ נֹשֵׂא כֵלָיו עֲשֵׂה כָּל־אֲשֶׁר בִּלְבָבֶךָ
ח נְטֵה לָךְ הִנְנִי עִמְּךָ כִּלְבָבֶךָ׃ וַיֹּאמֶר יְהוֹנָתָן הִנֵּה
ט אֲנַחְנוּ עֹבְרִים אֶל־הָאֲנָשִׁים וְנִגְלִינוּ אֲלֵיהֶם׃ אִם־כֹּה יֹאמְרוּ
אֵלֵינוּ דֹּמּוּ עַד־הַגִּיעֵנוּ אֲלֵיכֶם וְעָמַדְנוּ תַחְתֵּינוּ וְלֹא נַעֲלֶה
י אֲלֵיהֶם׃ וְאִם־כֹּה יֹאמְרוּ עֲלוּ עָלֵינוּ וְעָלִינוּ כִּי־נְתָנָם יְהוָה
יא בְּיָדֵנוּ וְזֶה־לָּנוּ הָאוֹת׃ וַיִּגָּלוּ שְׁנֵיהֶם אֶל־מַצַּב פְּלִשְׁתִּים וַיֹּאמְרוּ
פְלִשְׁתִּים הִנֵּה עִבְרִים יֹצְאִים מִן־הַחֹרִים אֲשֶׁר הִתְחַבְּאוּ־שָׁם׃
יב וַיַּעֲנוּ אַנְשֵׁי הַמַּצָּבָה אֶת־יוֹנָתָן ׀ וְאֶת־נֹשֵׂא כֵלָיו וַיֹּאמְרוּ עֲלוּ
אֵלֵינוּ וְנוֹדִיעָה אֶתְכֶם דָּבָר וַיֹּאמֶר יוֹנָתָן אֶל־
יג נֹשֵׂא כֵלָיו עֲלֵה אַחֲרַי כִּי־נְתָנָם יְהוָה בְּיַד יִשְׂרָאֵל׃ וַיַּעַל יוֹנָתָן
עַל־יָדָיו וְעַל־רַגְלָיו וְנֹשֵׂא כֵלָיו אַחֲרָיו וַיִּפְּלוּ לִפְנֵי יוֹנָתָן וְנֹשֵׂא
יד כֵלָיו מְמוֹתֵת אַחֲרָיו׃ וַתְּהִי הַמַּכָּה הָרִאשֹׁנָה אֲשֶׁר הִכָּה יוֹנָתָן

ונשא כליו כעשרים איש כבחצי מענה צמד שדה:
ותהי חרדה במחנה בשדה ובכל־העם המצב והמשחית טו
חרדו גם־המה ותרגז הארץ ותהי לחרדת אלהים: ויראו טז
הצפים לשאול בגבעת בנימן והנה ההמון נמוג וילך
והלם: ויאמר שאול לעם אשר אתו פקדו־ יז
נא וראו מי הלך מעמנו ויפקדו והנה אין יונתן ונשא
כליו: ויאמר שאול לאחיה הגישה ארון האלהים כי־ יח
היה ארון האלהים ביום ההוא ובני ישראל: ויהי עד דבר יט
שאול אל־הכהן וההמון אשר במחנה פלשתים וילך הלוך
ורב ויאמר שאול אל־הכהן אסף ידך: ויזעק כ
שאול וכל־העם אשר אתו ויבאו עד־המלחמה והנה היתה
חרב איש ברעהו מהומה גדולה מאד: והעברים היו כא
לפלשתים כאתמול שלשום אשר עלו עמם במחנה סביב
וגם־המה להיות עם־ישראל אשר עם־שאול ויונתן: וכל כב
איש ישראל המתחבאים בהר־אפרים שמעו כי־נסו
ח פלשתים וידבקו גם־המה אחריהם במלחמה: ויושע יהוה כג
ביום ההוא את־ישראל והמלחמה עברה את־בית און:
ואיש־ישראל נגש ביום ההוא ויאל שאול את־העם לאמר כד
ארור האיש אשר־יאכל לחם עד־הערב ונקמתי מאיבי ולא־
טעם כל־העם לחם: וכל־הארץ באו ביער ויהי דבש על־ כה
פני השדה: ויבא העם אל־היער והנה הלך דבש ואין־משיג כו
ידו אל־פיו כי־ירא העם את־השבעה: ויונתן לא־שמע כז
בהשביע אביו את־העם וישלח את־קצה המטה אשר בידו
ותארנה ויטבל אותה ביערת הדבש וישב ידו אל־פיו ותראנה עיניו:
ויען איש מהעם ויאמר השבע השביע אביך את־העם כח
לאמר ארור האיש אשר־יאכל לחם היום ויעף העם: ויאמר כט
יונתן עכר אבי את־הארץ ראו־נא כי־ארו עיני כי טעמתי

ל מְעַט דְּבַשׁ הַזֶּה׃ אַף כִּי לוּא אָכֹל אָכַל הַיּוֹם הָעָם מִשְּׁלַל
לא אֹיְבָיו אֲשֶׁר מָצָא כִּי עַתָּה לֹא־רָבְתָה מַכָּה בַּפְּלִשְׁתִּים׃ וַיַּכּוּ
לב בַּיּוֹם הַהוּא בַּפְּלִשְׁתִּים מִמִּכְמָשׂ אַיָּלֹנָה וַיָּעַף הָעָם מְאֹד׃ ויעש
וַיַּעַט הָעָם אֶל־שלל וַיִּקְחוּ צֹאן וּבָקָר וּבְנֵי בָקָר וַיִּשְׁחֲטוּ אָרְצָה
לג וַיֹּאכַל הָעָם עַל־הַדָּם׃ וַיַּגִּידוּ לְשָׁאוּל לֵאמֹר הִנֵּה הָעָם חֹטְאִים
הַשָּׁלָל לַיהוָה לֶאֱכֹל עַל־הַדָּם וַיֹּאמֶר בְּגַדְתֶּם גֹּלּוּ אֵלַי הַיּוֹם אֶבֶן
לד גְּדוֹלָה׃ וַיֹּאמֶר שָׁאוּל פֻּצוּ בָעָם וַאֲמַרְתֶּם לָהֶם הַגִּישׁוּ אֵלַי אִישׁ
שׁוֹרוֹ וְאִישׁ שֵׂיֵהוּ וּשְׁחַטְתֶּם בָּזֶה וַאֲכַלְתֶּם וְלֹא־תֶחֶטְאוּ לַיהוָה
לֶאֱכֹל אֶל־הַדָּם וַיַּגִּשׁוּ כָל־הָעָם אִישׁ שׁוֹרוֹ בְיָדוֹ הַלַּיְלָה
לה וַיִּשְׁחֲטוּ־שָׁם׃ וַיִּבֶן שָׁאוּל מִזְבֵּחַ לַיהוָה אֹתוֹ הֵחֵל לִבְנוֹת מִזְבֵּחַ
לו לַיהוָה׃ וַיֹּאמֶר שָׁאוּל נֵרְדָה אַחֲרֵי פְלִשְׁתִּים
לַיְלָה וְנָבֹזָּה בָהֶם ׀ עַד־אוֹר הַבֹּקֶר וְלֹא־נַשְׁאֵר בָּהֶם אִישׁ
וַיֹּאמְרוּ כָּל־הַטּוֹב בְּעֵינֶיךָ עֲשֵׂה וַיֹּאמֶר הַכֹּהֵן
לז נִקְרְבָה הֲלֹם אֶל־הָאֱלֹהִים׃ וַיִּשְׁאַל שָׁאוּל בֵּאלֹהִים הַאֵרֵד
אַחֲרֵי פְלִשְׁתִּים הֲתִתְּנֵם בְּיַד יִשְׂרָאֵל וְלֹא עָנָהוּ בַּיּוֹם הַהוּא׃
לח וַיֹּאמֶר שָׁאוּל גֹּשׁוּ הֲלֹם כֹּל פִּנּוֹת הָעָם וּדְעוּ וּרְאוּ בַּמָּה הָיְתָה
לט הַחַטָּאת הַזֹּאת הַיּוֹם׃ כִּי חַי־יְהוָה הַמּוֹשִׁיעַ אֶת־יִשְׂרָאֵל כִּי
אִם־יֶשְׁנוֹ בְּיוֹנָתָן בְּנִי כִּי מוֹת יָמוּת וְאֵין עֹנֵהוּ מִכָּל־הָעָם׃
מ וַיֹּאמֶר אֶל־כָּל־יִשְׂרָאֵל אַתֶּם תִּהְיוּ לְעֵבֶר אֶחָד וַאֲנִי וְיוֹנָתָן
בְּנִי נִהְיֶה לְעֵבֶר אֶחָד וַיֹּאמְרוּ הָעָם אֶל־שָׁאוּל הַטּוֹב בְּעֵינֶיךָ
מא עֲשֵׂה׃ וַיֹּאמֶר שָׁאוּל אֶל־יְהוָה אֱלֹהֵי יִשְׂרָאֵל
מב הָבָה תָמִים וַיִּלָּכֵד יוֹנָתָן וְשָׁאוּל וְהָעָם יָצָאוּ׃ וַיֹּאמֶר שָׁאוּל
מג הַפִּילוּ בֵּינִי וּבֵין יוֹנָתָן בְּנִי וַיִּלָּכֵד יוֹנָתָן׃ וַיֹּאמֶר שָׁאוּל אֶל־
יוֹנָתָן הַגִּידָה לִּי מֶה עָשִׂיתָה וַיַּגֶּד־לוֹ יוֹנָתָן וַיֹּאמֶר טָעֹם
טָעַמְתִּי בִּקְצֵה הַמַּטֶּה אֲשֶׁר־בְּיָדִי מְעַט דְּבַשׁ הִנְנִי אָמוּת׃
מד וַיֹּאמֶר שָׁאוּל כֹּה־יַעֲשֶׂה אֱלֹהִים וְכֹה יוֹסִף כִּי־מוֹת תָּמוּת
מה יוֹנָתָן׃ וַיֹּאמֶר הָעָם אֶל־שָׁאוּל הֲיוֹנָתָן יָמוּת אֲשֶׁר עָשָׂה

הַיְשׁוּעָה הַגְּדוֹלָה הַזֹּאת בְּיִשְׂרָאֵל חָלִילָה חַי־יהוה אִם־יִפֹּל
מִשַּׂעֲרַת רֹאשׁוֹ אַרְצָה כִּי־עִם־אֱלֹהִים עָשָׂה הַיּוֹם הַזֶּה וַיִּפְדּוּ
מו הָעָם אֶת־יוֹנָתָן וְלֹא־מֵת׃ וַיַּעַל שָׁאוּל מֵאַחֲרֵי
מז פְּלִשְׁתִּים וּפְלִשְׁתִּים הָלְכוּ לִמְקוֹמָם׃ וְשָׁאוּל לָכַד הַמְּלוּכָה
עַל־יִשְׂרָאֵל וַיִּלָּחֶם סָבִיב ׀ בְּכָל־אֹיְבָיו בְּמוֹאָב ׀ וּבִבְנֵי־
עַמּוֹן וּבֶאֱדוֹם וּבְמַלְכֵי צוֹבָה וּבַפְּלִשְׁתִּים וּבְכֹל אֲשֶׁר־יִפְנֶה
מח יַרְשִׁיעַ׃ וַיַּעַשׂ חַיִל וַיַּךְ אֶת־עֲמָלֵק וַיַּצֵּל אֶת־יִשְׂרָאֵל מִיַּד
מט שֹׁסֵהוּ׃ וַיִּהְיוּ בְּנֵי שָׁאוּל יוֹנָתָן וְיִשְׁוִי וּמַלְכִּי־שׁוּעַ
נ וְשֵׁם שְׁתֵּי בְנֹתָיו שֵׁם הַבְּכִירָה מֵרַב וְשֵׁם הַקְּטַנָּה מִיכַל׃ וְשֵׁם
אֵשֶׁת שָׁאוּל אֲחִינֹעַם בַּת־אֲחִימָעַץ וְשֵׁם שַׂר־צְבָאוֹ אֲבִינֵר
נא בֶּן־נֵר דּוֹד שָׁאוּל׃ וְקִישׁ אֲבִי־שָׁאוּל וְנֵר אֲבִי־אַבְנֵר בֶּן־
נב אֲבִיאֵל׃ וַתְּהִי הַמִּלְחָמָה חֲזָקָה עַל־פְּלִשְׁתִּים
כֹּל יְמֵי שָׁאוּל וְרָאָה שָׁאוּל כָּל־אִישׁ גִּבּוֹר וְכָל־בֶּן־חַיִל
טו א וַיַּאַסְפֵהוּ אֵלָיו׃ וַיֹּאמֶר שְׁמוּאֵל אֶל־שָׁאוּל אֹתִי
שָׁלַח יהוה לִמְשָׁחֳךָ לְמֶלֶךְ עַל־עַמּוֹ עַל־יִשְׂרָאֵל וְעַתָּה
ב שְׁמַע לְקוֹל דִּבְרֵי יהוה׃ כֹּה אָמַר יהוה צְבָאוֹת
פָּקַדְתִּי אֵת אֲשֶׁר־עָשָׂה עֲמָלֵק לְיִשְׂרָאֵל אֲשֶׁר־שָׂם לוֹ
ג בַּדֶּרֶךְ בַּעֲלֹתוֹ מִמִּצְרָיִם׃ עַתָּה לֵךְ וְהִכִּיתָה אֶת־עֲמָלֵק
וְהַחֲרַמְתֶּם אֶת־כָּל־אֲשֶׁר־לוֹ וְלֹא תַחְמֹל עָלָיו וְהֵמַתָּה מֵאִישׁ
עַד־אִשָּׁה מֵעֹלֵל וְעַד־יוֹנֵק מִשּׁוֹר וְעַד־שֶׂה מִגָּמָל וְעַד־
ד חֲמוֹר׃ וַיְשַׁמַּע שָׁאוּל אֶת־הָעָם וַיִּפְקְדֵם בַּטְּלָאִים
ה מָאתַיִם אֶלֶף רַגְלִי וַעֲשֶׂרֶת אֲלָפִים אֶת־אִישׁ יְהוּדָה׃ וַיָּבֹא
ו שָׁאוּל עַד־עִיר עֲמָלֵק וַיָּרֶב בַּנָּחַל׃ וַיֹּאמֶר שָׁאוּל אֶל־הַקֵּינִי
לְכוּ סֻּרוּ רְדוּ מִתּוֹךְ עֲמָלֵקִי פֶּן־אֹסִפְךָ עִמּוֹ וְאַתָּה עָשִׂיתָה
חֶסֶד עִם־כָּל־בְּנֵי יִשְׂרָאֵל בַּעֲלוֹתָם מִמִּצְרָיִם וַיָּסַר קֵינִי מִתּוֹךְ
ז עֲמָלֵק׃ וַיַּךְ שָׁאוּל אֶת־עֲמָלֵק מֵחֲוִילָה בּוֹאֲךָ שׁוּר אֲשֶׁר עַל־
ח פְּנֵי מִצְרָיִם׃ וַיִּתְפֹּשׂ אֶת־אֲגַג מֶלֶךְ־עֲמָלֵק חָי וְאֶת־כָּל־הָעָם

הֶחֱרִימוּ לְפִי־חָרֶב׃ וַיַּחְמֹל שָׁאוּל וְהָעָם עַל־אֲגָג וְעַל־ ט
מֵיטַב הַצֹּאן וְהַבָּקָר וְהַמִּשְׁנִים וְעַל־הַכָּרִים וְעַל־כָּל־הַטּוֹב
וְלֹא אָבוּ הַחֲרִימָם וְכָל־הַמְּלָאכָה נְמִבְזָה וְנָמֵס אֹתָהּ
הֶחֱרִימוּ׃ וַיְהִי דְּבַר יְהוָה אֶל־שְׁמוּאֵל לֵאמֹר׃ י
נִחַמְתִּי כִּי־הִמְלַכְתִּי אֶת־שָׁאוּל לְמֶלֶךְ כִּי־שָׁב מֵאַחֲרַי יא
וְאֶת־דְּבָרַי לֹא הֵקִים וַיִּחַר לִשְׁמוּאֵל וַיִּזְעַק אֶל־יְהוָה
כָּל־הַלָּיְלָה׃ וַיַּשְׁכֵּם שְׁמוּאֵל לִקְרַאת שָׁאוּל בַּבֹּקֶר וַיֻּגַּד יב
לִשְׁמוּאֵל לֵאמֹר בָּא־שָׁאוּל הַכַּרְמֶלָה וְהִנֵּה מַצִּיב לוֹ יָד וַיִּסֹּב
וַיַּעֲבֹר וַיֵּרֶד הַגִּלְגָּל׃ וַיָּבֹא שְׁמוּאֵל אֶל־שָׁאוּל וַיֹּאמֶר לוֹ יג
שָׁאוּל בָּרוּךְ אַתָּה לַיהוָה הֲקִימֹתִי אֶת־דְּבַר יְהוָה׃ וַיֹּאמֶר יד
שְׁמוּאֵל וּמֶה קוֹל־הַצֹּאן הַזֶּה בְּאָזְנָי וְקוֹל הַבָּקָר אֲשֶׁר אָנֹכִי
שֹׁמֵעַ׃ וַיֹּאמֶר שָׁאוּל מֵעֲמָלֵקִי הֱבִיאוּם אֲשֶׁר חָמַל הָעָם טו
עַל־מֵיטַב הַצֹּאן וְהַבָּקָר לְמַעַן זְבֹחַ לַיהוָה אֱלֹהֶיךָ וְאֶת־
הַיּוֹתֵר הֶחֱרַמְנוּ׃ וַיֹּאמֶר שְׁמוּאֵל אֶל־שָׁאוּל הֶרֶף טז
וַיֹּאמֶר וְאַגִּידָה לְּךָ אֵת אֲשֶׁר דִּבֶּר יְהוָה אֵלַי הַלָּיְלָה וַיֹּאמְרוּ לוֹ
ט דַּבֵּר׃ וַיֹּאמֶר שְׁמוּאֵל הֲלוֹא אִם־קָטֹן אַתָּה יז
בְּעֵינֶיךָ רֹאשׁ שִׁבְטֵי יִשְׂרָאֵל אָתָּה וַיִּמְשָׁחֲךָ יְהוָה לְמֶלֶךְ עַל־
יִשְׂרָאֵל׃ וַיִּשְׁלָחֲךָ יְהוָה בְּדָרֶךְ וַיֹּאמֶר לֵךְ וְהַחֲרַמְתָּה אֶת־ יח
הַחַטָּאִים אֶת־עֲמָלֵק וְנִלְחַמְתָּ בוֹ עַד־כַּלּוֹתָם אֹתָם׃ וְלָמָּה יט
לֹא־שָׁמַעְתָּ בְּקוֹל יְהוָה וַתַּעַט אֶל־הַשָּׁלָל וַתַּעַשׂ הָרַע
בְּעֵינֵי יְהוָה׃ וַיֹּאמֶר שָׁאוּל אֶל־שְׁמוּאֵל אֲשֶׁר כ
שָׁמַעְתִּי בְּקוֹל יְהוָה וָאֵלֵךְ בַּדֶּרֶךְ אֲשֶׁר־שְׁלָחַנִי יְהוָה וָאָבִיא
אֶת־אֲגַג מֶלֶךְ עֲמָלֵק וְאֶת־עֲמָלֵק הֶחֱרַמְתִּי׃ וַיִּקַּח הָעָם כא
מֵהַשָּׁלָל צֹאן וּבָקָר רֵאשִׁית הַחֵרֶם לִזְבֹּחַ לַיהוָה אֱלֹהֶיךָ
בַּגִּלְגָּל׃ וַיֹּאמֶר שְׁמוּאֵל הַחֵפֶץ לַיהוָה בְּעֹלוֹת כב
וּזְבָחִים כִּשְׁמֹעַ בְּקוֹל יְהוָה הִנֵּה שְׁמֹעַ מִזֶּבַח טוֹב לְהַקְשִׁיב
מֵחֵלֶב אֵילִים׃ כִּי חַטַּאת־קֶסֶם מֶרִי וְאָוֶן וּתְרָפִים הַפְצַר יַעַן כג

כד מָאַסְתָּ אֶת־דְּבַר יְהוָה וַיִּמְאָסְךָ מִמֶּלֶךְ׃ וַיֹּאמֶר
שָׁאוּל אֶל־שְׁמוּאֵל חָטָאתִי כִּי־עָבַרְתִּי אֶת־פִּי־יְהוָה וְאֶת־
כה דְּבָרֶיךָ כִּי יָרֵאתִי אֶת־הָעָם וָאֶשְׁמַע בְּקוֹלָם׃ וְעַתָּה שָׂא נָא
כו אֶת־חַטָּאתִי וְשׁוּב עִמִּי וְאֶשְׁתַּחֲוֶה לַיהוָה׃ וַיֹּאמֶר שְׁמוּאֵל אֶל־
שָׁאוּל לֹא אָשׁוּב עִמָּךְ כִּי מָאַסְתָּה אֶת־דְּבַר יְהוָה וַיִּמְאָסְךָ
כז יְהוָה מִהְיוֹת מֶלֶךְ עַל־יִשְׂרָאֵל׃ וַיִּסֹּב שְׁמוּאֵל לָלֶכֶת וַיַּחֲזֵק
כח בִּכְנַף־מְעִילוֹ וַיִּקָּרַע׃ וַיֹּאמֶר אֵלָיו שְׁמוּאֵל קָרַע יְהוָה אֶת־
כט מַמְלְכוּת יִשְׂרָאֵל מֵעָלֶיךָ הַיּוֹם וּנְתָנָהּ לְרֵעֲךָ הַטּוֹב מִמֶּךָּ׃ וְגַם
נֵצַח יִשְׂרָאֵל לֹא יְשַׁקֵּר וְלֹא יִנָּחֵם כִּי לֹא אָדָם הוּא לְהִנָּחֵם׃
ל וַיֹּאמֶר חָטָאתִי עַתָּה כַּבְּדֵנִי נָא נֶגֶד זִקְנֵי־עַמִּי וְנֶגֶד יִשְׂרָאֵל
לא וְשׁוּב עִמִּי וְהִשְׁתַּחֲוֵיתִי לַיהוָה אֱלֹהֶיךָ׃ וַיָּשָׁב שְׁמוּאֵל אַחֲרֵי
לב שָׁאוּל וַיִּשְׁתַּחוּ שָׁאוּל לַיהוָה׃ וַיֹּאמֶר שְׁמוּאֵל
הַגִּישׁוּ אֵלַי אֶת־אֲגַג מֶלֶךְ עֲמָלֵק וַיֵּלֶךְ אֵלָיו אֲגַג מַעֲדַנֹּת
לג וַיֹּאמֶר אֲגָג אָכֵן סָר מַר־הַמָּוֶת׃ וַיֹּאמֶר שְׁמוּאֵל כַּאֲשֶׁר שִׁכְּלָה
נָשִׁים חַרְבֶּךָ כֵּן־תִּשְׁכַּל מִנָּשִׁים אִמֶּךָ וַיְשַׁסֵּף שְׁמוּאֵל אֶת־אֲגָג
לד לִפְנֵי יְהוָה בַּגִּלְגָּל׃ וַיֵּלֶךְ שְׁמוּאֵל הָרָמָתָה וְשָׁאוּל
לה עָלָה אֶל־בֵּיתוֹ גִּבְעַת שָׁאוּל׃ וְלֹא־יָסַף שְׁמוּאֵל לִרְאוֹת אֶת־
שָׁאוּל עַד־יוֹם מוֹתוֹ כִּי־הִתְאַבֵּל שְׁמוּאֵל אֶל־שָׁאוּל וַיהוָה נִחָם
טז א כִּי־הִמְלִיךְ אֶת־שָׁאוּל עַל־יִשְׂרָאֵל׃ וַיֹּאמֶר
יְהוָה אֶל־שְׁמוּאֵל עַד־מָתַי אַתָּה מִתְאַבֵּל אֶל־שָׁאוּל וַאֲנִי
מְאַסְתִּיו מִמְּלֹךְ עַל־יִשְׂרָאֵל מַלֵּא קַרְנְךָ שֶׁמֶן וְלֵךְ אֶשְׁלָחֲךָ
ב אֶל־יִשַׁי בֵּית־הַלַּחְמִי כִּי־רָאִיתִי בְּבָנָיו לִי מֶלֶךְ׃ וַיֹּאמֶר
שְׁמוּאֵל אֵיךְ אֵלֵךְ וְשָׁמַע שָׁאוּל וַהֲרָגָנִי וַיֹּאמֶר
יְהוָה עֶגְלַת בָּקָר תִּקַּח בְּיָדֶךָ וְאָמַרְתָּ לִזְבֹּחַ לַיהוָה בָּאתִי׃
ג וְקָרָאתָ לְיִשַׁי בַּזָּבַח וְאָנֹכִי אוֹדִיעֲךָ אֵת אֲשֶׁר־תַּעֲשֶׂה וּמָשַׁחְתָּ
ד לִי אֵת אֲשֶׁר־אֹמַר אֵלֶיךָ׃ וַיַּעַשׂ שְׁמוּאֵל אֵת אֲשֶׁר דִּבֶּר יְהוָה
וַיָּבֹא בֵּית לָחֶם וַיֶּחֶרְדוּ זִקְנֵי הָעִיר לִקְרָאתוֹ וַיֹּאמֶר שָׁלֹם

בּוֹאֶךָ׃ וַיֹּאמֶר ׀ שָׁלוֹם לִזְבֹּחַ לַיהוָה בָּאתִי הִתְקַדְּשׁוּ וּבָאתֶם ה
אִתִּי בַּזָּבַח וַיְקַדֵּשׁ אֶת־יִשַׁי וְאֶת־בָּנָיו וַיִּקְרָא לָהֶם לַזָּבַח׃
וַיְהִי בְּבוֹאָם וַיַּרְא אֶת־אֱלִיאָב וַיֹּאמֶר אַךְ נֶגֶד יְהוָה ו
מְשִׁיחוֹ׃ וַיֹּאמֶר יְהוָה אֶל־שְׁמוּאֵל אַל־תַּבֵּט ז
אֶל־מַרְאֵהוּ וְאֶל־גְּבֹהַּ קוֹמָתוֹ כִּי מְאַסְתִּיהוּ כִּי ׀ לֹא אֲשֶׁר
יִרְאֶה הָאָדָם כִּי הָאָדָם יִרְאֶה לַעֵינַיִם וַיהוָה יִרְאֶה לַלֵּבָב׃
וַיִּקְרָא יִשַׁי אֶל־אֲבִינָדָב וַיַּעֲבִרֵהוּ לִפְנֵי שְׁמוּאֵל וַיֹּאמֶר ח
גַּם־בָּזֶה לֹא־בָחַר יְהוָה׃ וַיַּעֲבֵר יִשַׁי שַׁמָּה וַיֹּאמֶר גַּם־בָּזֶה ט
לֹא־בָחַר יְהוָה׃ וַיַּעֲבֵר יִשַׁי שִׁבְעַת בָּנָיו לִפְנֵי שְׁמוּאֵל י
וַיֹּאמֶר שְׁמוּאֵל אֶל־יִשַׁי לֹא־בָחַר יְהוָה בָּאֵלֶּה׃ וַיֹּאמֶר יא
שְׁמוּאֵל אֶל־יִשַׁי הֲתַמּוּ הַנְּעָרִים וַיֹּאמֶר עוֹד שָׁאַר הַקָּטָן וְהִנֵּה
רֹעֶה בַּצֹּאן וַיֹּאמֶר שְׁמוּאֵל אֶל־יִשַׁי שִׁלְחָה וְקָחֶנּוּ כִּי לֹא־נָסֹב
עַד־בֹּאוֹ פֹה׃ וַיִּשְׁלַח וַיְבִיאֵהוּ וְהוּא אַדְמוֹנִי עִם־יְפֵה עֵינַיִם יב
וְטוֹב רֹאִי וַיֹּאמֶר יְהוָה קוּם מְשָׁחֵהוּ כִּי־זֶה הוּא׃
וַיִּקַּח שְׁמוּאֵל אֶת־קֶרֶן הַשֶּׁמֶן וַיִּמְשַׁח אֹתוֹ בְּקֶרֶב אֶחָיו וַתִּצְלַח יג
רוּחַ־יְהוָה אֶל־דָּוִד מֵהַיּוֹם הַהוּא וָמָעְלָה וַיָּקָם שְׁמוּאֵל וַיֵּלֶךְ
הָרָמָתָה׃ וְרוּחַ יְהוָה סָרָה מֵעִם שָׁאוּל וּבִעֲתַתּוּ רוּחַ־רָעָה מֵאֵת יד
יְהוָה׃ וַיֹּאמְרוּ עַבְדֵי־שָׁאוּל אֵלָיו הִנֵּה־נָא רוּחַ־אֱלֹהִים רָעָה טו
מְבַעִתֶּךָ׃ יֹאמַר־נָא אֲדֹנֵנוּ עֲבָדֶיךָ לְפָנֶיךָ יְבַקְשׁוּ אִישׁ יֹדֵעַ טז
מְנַגֵּן בַּכִּנּוֹר וְהָיָה בִּהְיוֹת עָלֶיךָ רוּחַ־אֱלֹהִים רָעָה וְנִגֵּן בְּיָדוֹ
וְטוֹב לָךְ׃ וַיֹּאמֶר שָׁאוּל אֶל־עֲבָדָיו רְאוּ־נָא לִי אִישׁ מֵיטִיב יז
י לְנַגֵּן וַהֲבִיאוֹתֶם אֵלָי׃ וַיַּעַן אֶחָד מֵהַנְּעָרִים וַיֹּאמֶר הִנֵּה רָאִיתִי יח
בֵּן לְיִשַׁי בֵּית הַלַּחְמִי יֹדֵעַ נַגֵּן וְגִבּוֹר חַיִל וְאִישׁ מִלְחָמָה וּנְבוֹן
דָּבָר וְאִישׁ תֹּאַר וַיהוָה עִמּוֹ׃ וַיִּשְׁלַח שָׁאוּל מַלְאָכִים אֶל־יִשָׁי יט
וַיֹּאמֶר שִׁלְחָה אֵלַי אֶת־דָּוִד בִּנְךָ אֲשֶׁר בַּצֹּאן׃ וַיִּקַּח יִשַׁי חֲמוֹר כ
לֶחֶם וְנֹאד יַיִן וּגְדִי עִזִּים אֶחָד וַיִּשְׁלַח בְּיַד־דָּוִד בְּנוֹ אֶל־שָׁאוּל׃
וַיָּבֹא דָוִד אֶל־שָׁאוּל וַיַּעֲמֹד לְפָנָיו וַיֶּאֱהָבֵהוּ מְאֹד וַיְהִי־לוֹ נֹשֵׂא כא

כב כֵּלִים: וַיִּשְׁלַח שָׁאוּל אֶל־יִשַׁי לֵאמֹר יַעֲמָד־נָא דָוִד לְפָנַי כִּי־
כג מָצָא חֵן בְּעֵינָי: וְהָיָה בִּהְיוֹת רוּחַ־אֱלֹהִים אֶל־שָׁאוּל וְלָקַח
דָּוִד אֶת־הַכִּנּוֹר וְנִגֵּן בְּיָדוֹ וְרָוַח לְשָׁאוּל וְטוֹב לוֹ וְסָרָה מֵעָלָיו
יז א רוּחַ הָרָעָה: וַיַּאַסְפוּ פְלִשְׁתִּים אֶת־מַחֲנֵיהֶם
לַמִּלְחָמָה וַיֵּאָסְפוּ שֹׂכֹה אֲשֶׁר לִיהוּדָה וַיַּחֲנוּ בֵּין־שׂוֹכֹה וּבֵין־
ב עֲזֵקָה בְּאֶפֶס דַּמִּים: וְשָׁאוּל וְאִישׁ־יִשְׂרָאֵל נֶאֶסְפוּ וַיַּחֲנוּ בְּעֵמֶק
ג הָאֵלָה וַיַּעַרְכוּ מִלְחָמָה לִקְרַאת פְּלִשְׁתִּים: וּפְלִשְׁתִּים עֹמְדִים
אֶל־הָהָר מִזֶּה וְיִשְׂרָאֵל עֹמְדִים אֶל־הָהָר מִזֶּה וְהַגַּיְא בֵּינֵיהֶם:
ד וַיֵּצֵא אִישׁ־הַבֵּנַיִם מִמַּחֲנוֹת פְּלִשְׁתִּים גָּלְיָת שְׁמוֹ מִגַּת גָּבְהוֹ
ה שֵׁשׁ אַמּוֹת וָזָרֶת: וְכוֹבַע נְחֹשֶׁת עַל־רֹאשׁוֹ וְשִׁרְיוֹן קַשְׂקַשִּׂים
הוּא לָבוּשׁ וּמִשְׁקַל הַשִּׁרְיוֹן חֲמֵשֶׁת־אֲלָפִים שְׁקָלִים נְחֹשֶׁת:
ו ז וּמִצְחַת נְחֹשֶׁת עַל־רַגְלָיו וְכִידוֹן נְחֹשֶׁת בֵּין כְּתֵפָיו: וחץ חֲנִיתוֹ ועֵץ
כִּמְנוֹר אֹרְגִים וְלַהֶבֶת חֲנִיתוֹ שֵׁשׁ־מֵאוֹת שְׁקָלִים בַּרְזֶל וְנֹשֵׂא
ח הַצִּנָּה הֹלֵךְ לְפָנָיו: וַיַּעֲמֹד וַיִּקְרָא אֶל־מַעַרְכֹת יִשְׂרָאֵל וַיֹּאמֶר
לָהֶם לָמָּה תֵצְאוּ לַעֲרֹךְ מִלְחָמָה הֲלוֹא אָנֹכִי הַפְּלִשְׁתִּי וְאַתֶּם
ט עֲבָדִים לְשָׁאוּל בְּרוּ־לָכֶם אִישׁ וְיֵרֵד אֵלָי: אִם־יוּכַל לְהִלָּחֵם
אִתִּי וְהִכָּנִי וְהָיִינוּ לָכֶם לַעֲבָדִים וְאִם־אֲנִי אוּכַל־לוֹ וְהִכִּיתִיו
י וִהְיִיתֶם לָנוּ לַעֲבָדִים וַעֲבַדְתֶּם אֹתָנוּ: וַיֹּאמֶר הַפְּלִשְׁתִּי אֲנִי
חֵרַפְתִּי אֶת־מַעַרְכוֹת יִשְׂרָאֵל הַיּוֹם הַזֶּה תְּנוּ־לִי אִישׁ וְנִלָּחֲמָה
יא יָחַד: וַיִּשְׁמַע שָׁאוּל וְכָל־יִשְׂרָאֵל אֶת־דִּבְרֵי הַפְּלִשְׁתִּי הָאֵלֶּה
יב וַיֵּחַתּוּ וַיִּרְאוּ מְאֹד: וְדָוִד בֶּן־אִישׁ אֶפְרָתִי הַזֶּה
מִבֵּית לֶחֶם יְהוּדָה וּשְׁמוֹ יִשַׁי וְלוֹ שְׁמֹנָה בָנִים וְהָאִישׁ
יג בִּימֵי שָׁאוּל זָקֵן בָּא בַאֲנָשִׁים: וַיֵּלְכוּ שְׁלֹשֶׁת בְּנֵי־יִשַׁי הַגְּדֹלִים
הָלְכוּ אַחֲרֵי־שָׁאוּל לַמִּלְחָמָה וְשֵׁם ׀ שְׁלֹשֶׁת בָּנָיו אֲשֶׁר
הָלְכוּ בַּמִּלְחָמָה אֱלִיאָב הַבְּכוֹר וּמִשְׁנֵהוּ אֲבִינָדָב וְהַשְּׁלִשִׁי
יד שַׁמָּה: וְדָוִד הוּא הַקָּטָן וּשְׁלֹשָׁה הַגְּדֹלִים הָלְכוּ אַחֲרֵי
טו שָׁאוּל: וְדָוִד הֹלֵךְ וָשָׁב מֵעַל שָׁאוּל לִרְעוֹת אֶת־צֹאן אָבִיו

בֵּֽית־לָֽחֶם׃ וַיִּגַּ֥שׁ הַפְּלִשְׁתִּ֖י הַשְׁכֵּ֣ם וְהַעֲרֵ֑ב וַיִּתְיַצֵּ֖ב אַרְבָּעִ֥ים טז
יֽוֹם׃ וַיֹּ֨אמֶר יִשַׁ֜י לְדָוִ֣ד בְּנ֗וֹ קַח־נָ֤א לְאַחֶ֙יךָ֙ אֵיפַ֤ת יז
הַקָּלִיא֙ הַזֶּ֔ה וַעֲשָׂרָ֥ה לֶ֖חֶם הַזֶּ֑ה וְהָרֵ֥ץ הַֽמַּחֲנֶ֖ה לְאַחֶֽיךָ׃ וְ֠אֵת יח
עֲשֶׂ֜רֶת חֲרִיצֵ֤י הֶֽחָלָב֙ הָאֵ֔לֶּה תָּבִ֖יא לְשַׂ֣ר הָאָ֑לֶף וְאֶת־אַחֶ֙יךָ֙ תִּפְקֹ֣ד
לְשָׁל֔וֹם וְאֶת־עֲרֻבָּתָ֖ם תִּקָּֽח׃ וְשָׁא֣וּל וְהֵ֗מָּה וְכָל־אִ֤ישׁ יִשְׂרָאֵל֙ יט
בְּעֵ֖מֶק הָאֵלָ֑ה נִלְחָמִ֖ים עִם־פְּלִשְׁתִּֽים׃ וַיַּשְׁכֵּ֨ם כ
דָּוִ֜ד בַּבֹּ֗קֶר וַיִּטֹּ֤שׁ אֶת־הַצֹּאן֙ עַל־שֹׁמֵ֔ר וַיִּשָּׂ֣א וַיֵּ֔לֶךְ כַּאֲשֶׁ֖ר צִוָּ֣הוּ
יִשָׁ֑י וַיָּבֹא֙ הַמַּעְגָּ֔לָה וְהַחַ֗יִל הַיֹּצֵא֙ אֶל־הַמַּ֣עֲרָכָ֔ה וְהֵרֵ֖עוּ
בַּמִּלְחָמָֽה׃ וַתַּעֲרֹ֤ךְ יִשְׂרָאֵל֙ וּפְלִשְׁתִּ֔ים מַעֲרָכָ֖ה לִקְרַ֥את כא
מַעֲרָכָֽה׃ וַיִּטֹּשׁ֩ דָּוִ֨ד אֶת־הַכֵּלִ֜ים מֵעָלָ֗יו עַל־יַד֙ שׁוֹמֵ֣ר הַכֵּלִ֔ים כב
וַיָּ֖רָץ הַֽמַּעֲרָכָ֑ה וַיָּבֹ֕א וַיִּשְׁאַ֥ל לְאֶחָ֖יו לְשָׁלֽוֹם׃ וְה֣וּא ׀ מְדַבֵּ֣ר עִמָּ֗ם כג
מִמַּעַרְכ֣וֹת וְהִנֵּ֣ה אִ֣ישׁ הַ֠בֵּנַיִם עוֹלֶ֞ה גָּלְיָ֨ת הַפְּלִשְׁתִּ֤י שְׁמוֹ֙ מִגַּת֙ מִמַּעַרְוֹת
פְּלִשְׁתִּ֔ים וַיְדַבֵּ֖ר כַּדְּבָרִ֣ים הָאֵ֑לֶּה וַיִּשְׁמַ֖ע דָּוִֽד׃ וְכֹל֙ אִ֣ישׁ כד
יִשְׂרָאֵ֔ל בִּרְאוֹתָ֖ם אֶת־הָאִ֑ישׁ וַיָּנֻ֙סוּ֙ מִפָּנָ֔יו וַיִּֽירְא֖וּ מְאֹֽד׃
וַיֹּ֣אמֶר ׀ אִ֣ישׁ יִשְׂרָאֵ֗ל הַרְּאִיתֶם֙ הָאִ֤ישׁ הָֽעֹלֶה֙ הַזֶּ֔ה כִּ֛י לְחָרֵ֥ף כה
אֶת־יִשְׂרָאֵ֖ל עֹלֶ֑ה וְֽהָיָ֡ה הָאִ֣ישׁ אֲשֶׁר־יַכֶּנּוּ֩ יַעְשְׁרֶ֨נּוּ הַמֶּ֜לֶךְ ׀
עֹ֣שֶׁר גָּד֗וֹל וְאֶת־בִּתּוֹ֙ יִתֶּן־ל֔וֹ וְאֵת֙ בֵּ֣ית אָבִ֔יו יַעֲשֶׂ֥ה חָפְשִׁ֖י
בְּיִשְׂרָאֵֽל׃ וַיֹּ֣אמֶר דָּוִ֗ד אֶֽל־הָאֲנָשִׁ֞ים הָעֹמְדִ֣ים כו
עִמּוֹ֮ לֵאמֹר֒ מַה־יֵּעָשֶׂ֗ה לָאִישׁ֙ אֲשֶׁ֤ר יַכֶּה֙ אֶת־הַפְּלִשְׁתִּ֣י הַלָּ֔ז
וְהֵסִ֥יר חֶרְפָּ֖ה מֵעַ֣ל יִשְׂרָאֵ֑ל כִּ֣י מִ֗י הַפְּלִשְׁתִּ֤י הֶֽעָרֵל֙ הַזֶּ֔ה כִּ֣י
חֵרֵ֔ף מַעַרְכ֖וֹת אֱלֹהִ֥ים חַיִּֽים׃ וַיֹּ֤אמֶר לוֹ֙ הָעָ֔ם כַּדָּבָ֥ר הַזֶּ֖ה לֵאמֹ֑ר כז
כֹּ֣ה יֵעָשֶׂ֔ה לָאִ֖ישׁ אֲשֶׁ֥ר יַכֶּֽנּוּ׃ וַיִּשְׁמַ֤ע אֱלִיאָב֙ אָחִ֣יו הַגָּד֔וֹל כח
בְּדַבְּר֖וֹ אֶל־הָאֲנָשִׁ֑ים וַיִּֽחַר־אַ֨ף אֱלִיאָ֜ב בְּדָוִ֗ד וַיֹּ֣אמֶר ׀ לָמָּה־זֶּ֣ה
יָרַ֗דְתָּ וְעַל־מִ֨י נָטַ֜שְׁתָּ מְעַ֨ט הַצֹּ֤אן הָהֵ֙נָּה֙ בַּמִּדְבָּ֔ר אֲנִ֧י יָדַ֛עְתִּי
אֶת־זְדֹנְךָ֗ וְאֵת֙ רֹ֣עַ לְבָבֶ֔ךָ כִּ֗י לְמַ֛עַן רְא֥וֹת הַמִּלְחָמָ֖ה יָרָֽדְתָּ׃
וַיֹּ֣אמֶר דָּוִ֔ד מֶ֥ה עָשִׂ֖יתִי עָ֑תָּה הֲל֖וֹא דָּבָ֥ר הֽוּא׃ וַיִּסֹּ֤ב מֵֽאֶצְלוֹ֙ כט ל
אֶל־מ֣וּל אַחֵ֔ר וַיֹּ֖אמֶר כַּדָּבָ֣ר הַזֶּ֑ה וַיְשִׁבֻ֤הוּ הָעָם֙ דָּבָ֔ר כַּדָּבָ֖ר

לא הָרִאשׁוֹן׃ וַיִּשָּׁמְעוּ הַדְּבָרִים אֲשֶׁר דִּבֶּר דָּוִד וַיַּגִּדוּ לִפְנֵי־שָׁאוּל
לב וַיִּקָּחֵהוּ׃ וַיֹּאמֶר דָּוִד אֶל־שָׁאוּל אַל־יִפֹּל לֵב־אָדָם עָלָיו עַבְדְּךָ
לג יֵלֵךְ וְנִלְחַם עִם־הַפְּלִשְׁתִּי הַזֶּה׃ וַיֹּאמֶר שָׁאוּל אֶל־דָּוִד לֹא
תוּכַל לָלֶכֶת אֶל־הַפְּלִשְׁתִּי הַזֶּה לְהִלָּחֵם עִמּוֹ כִּי־נַעַר אַתָּה
לד וְהוּא אִישׁ מִלְחָמָה מִנְּעֻרָיו׃ וַיֹּאמֶר דָּוִד אֶל־
שָׁאוּל רֹעֶה הָיָה עַבְדְּךָ לְאָבִיו בַּצֹּאן וּבָא הָאֲרִי וְאֶת־הַדּוֹב
לה וְנָשָׂא שֶׂה מֵהָעֵדֶר׃ וְיָצָאתִי אַחֲרָיו וְהִכִּתִיו וְהִצַּלְתִּי מִפִּיו וַיָּקָם
לו עָלַי וְהֶחֱזַקְתִּי בִּזְקָנוֹ וְהִכִּתִיו וַהֲמִיתִּיו׃ גַּם אֶת־הָאֲרִי גַּם־הַדּוֹב
הִכָּה עַבְדֶּךָ וְהָיָה הַפְּלִשְׁתִּי הֶעָרֵל הַזֶּה כְּאַחַד מֵהֶם כִּי חֵרֵף
לז מַעַרְכֹת אֱלֹהִים חַיִּים׃ וַיֹּאמֶר דָּוִד יְהוָה אֲשֶׁר יא
הִצִּלַנִי מִיַּד הָאֲרִי וּמִיַּד הַדֹּב הוּא יַצִּילֵנִי מִיַּד הַפְּלִשְׁתִּי
הַזֶּה וַיֹּאמֶר שָׁאוּל אֶל־דָּוִד לֵךְ וַיהוָה יִהְיֶה
לח עִמָּךְ׃ וַיַּלְבֵּשׁ שָׁאוּל אֶת־דָּוִד מַדָּיו וְנָתַן קוֹבַע נְחֹשֶׁת עַל־
לט רֹאשׁוֹ וַיַּלְבֵּשׁ אֹתוֹ שִׁרְיוֹן׃ וַיַּחְגֹּר דָּוִד אֶת־חַרְבּוֹ מֵעַל לְמַדָּיו
וַיֹּאֶל לָלֶכֶת כִּי לֹא־נִסָּה וַיֹּאמֶר דָּוִד אֶל־שָׁאוּל לֹא אוּכַל
מ לָלֶכֶת בָּאֵלֶּה כִּי לֹא נִסִּיתִי וַיְסִרֵם דָּוִד מֵעָלָיו׃ וַיִּקַּח מַקְלוֹ
בְּיָדוֹ וַיִּבְחַר־לוֹ חֲמִשָּׁה חַלֻּקֵי אֲבָנִים ׀ מִן־הַנַּחַל וַיָּשֶׂם אֹתָם
בִּכְלִי הָרֹעִים אֲשֶׁר־לוֹ וּבַיַּלְקוּט וְקַלְעוֹ בְיָדוֹ וַיִּגַּשׁ אֶל־
מא הַפְּלִשְׁתִּי׃ וַיֵּלֶךְ הַפְּלִשְׁתִּי הֹלֵךְ וְקָרֵב אֶל־דָּוִד וְהָאִישׁ נֹשֵׂא
מב הַצִּנָּה לְפָנָיו׃ וַיַּבֵּט הַפְּלִשְׁתִּי וַיִּרְאֶה אֶת־דָּוִד וַיִּבְזֵהוּ כִּי־הָיָה
מג נַעַר וְאַדְמֹנִי עִם־יְפֵה מַרְאֶה׃ וַיֹּאמֶר הַפְּלִשְׁתִּי אֶל־דָּוִד הֲכֶלֶב
אָנֹכִי כִּי־אַתָּה בָא־אֵלַי בַּמַּקְלוֹת וַיְקַלֵּל הַפְּלִשְׁתִּי אֶת־דָּוִד
מד בֵּאלֹהָיו׃ וַיֹּאמֶר הַפְּלִשְׁתִּי אֶל־דָּוִד לְכָה אֵלַי וְאֶתְּנָה אֶת־
מה בְּשָׂרְךָ לְעוֹף הַשָּׁמַיִם וּלְבֶהֱמַת הַשָּׂדֶה׃ וַיֹּאמֶר
דָּוִד אֶל־הַפְּלִשְׁתִּי אַתָּה בָּא אֵלַי בְּחֶרֶב וּבַחֲנִית וּבְכִידוֹן וְאָנֹכִי
בָא־אֵלֶיךָ בְּשֵׁם יְהוָה צְבָאוֹת אֱלֹהֵי מַעַרְכוֹת יִשְׂרָאֵל אֲשֶׁר
מו חֵרַפְתָּ׃ הַיּוֹם הַזֶּה יְסַגֶּרְךָ יְהוָה בְּיָדִי וְהִכִּיתִךָ וַהֲסִרֹתִי אֶת־

רֹאשְׁךָ מֵעָלֶיךָ וְנָתַתִּי פֶּגֶר מַחֲנֵה פְלִשְׁתִּים הַיּוֹם הַזֶּה לְעוֹף
הַשָּׁמַיִם וּלְחַיַּת הָאָרֶץ וְיֵדְעוּ כָּל־הָאָרֶץ כִּי יֵשׁ אֱלֹהִים
לְיִשְׂרָאֵל׃ וְיֵדְעוּ כָּל־הַקָּהָל הַזֶּה כִּי־לֹא בְּחֶרֶב וּבַחֲנִית יְהוֹשִׁיעַ מז
יְהוָה כִּי לַיהוָה הַמִּלְחָמָה וְנָתַן אֶתְכֶם בְּיָדֵנוּ׃ וְהָיָה כִּי־קָם מח
הַפְּלִשְׁתִּי וַיֵּלֶךְ וַיִּקְרַב לִקְרַאת דָּוִד וַיְמַהֵר דָּוִד וַיָּרָץ הַמַּעֲרָכָה
לִקְרַאת הַפְּלִשְׁתִּי׃ וַיִּשְׁלַח דָּוִד אֶת־יָדוֹ אֶל־הַכֶּלִי וַיִּקַּח מִשָּׁם מט
אֶבֶן וַיְקַלַּע וַיַּךְ אֶת־הַפְּלִשְׁתִּי אֶל־מִצְחוֹ וַתִּטְבַּע הָאֶבֶן בְּמִצְחוֹ
וַיִּפֹּל עַל־פָּנָיו אָרְצָה׃ וַיֶּחֱזַק דָּוִד מִן־הַפְּלִשְׁתִּי בַּקֶּלַע וּבָאֶבֶן נ
וַיַּךְ אֶת־הַפְּלִשְׁתִּי וַיְמִיתֵהוּ וְחֶרֶב אֵין בְּיַד־דָּוִד׃ וַיָּרָץ דָּוִד נא
וַיַּעֲמֹד אֶל־הַפְּלִשְׁתִּי וַיִּקַּח אֶת־חַרְבּוֹ וַיִּשְׁלְפָהּ מִתַּעְרָהּ
וַיְמֹתְתֵהוּ וַיִּכְרָת־בָּהּ אֶת־רֹאשׁוֹ וַיִּרְאוּ הַפְּלִשְׁתִּים כִּי־מֵת
גִּבּוֹרָם וַיָּנֻסוּ׃ וַיָּקֻמוּ אַנְשֵׁי יִשְׂרָאֵל וִיהוּדָה וַיָּרִעוּ וַיִּרְדְּפוּ אֶת־ נב
הַפְּלִשְׁתִּים עַד־בּוֹאֲךָ גַיְא וְעַד שַׁעֲרֵי עֶקְרוֹן וַיִּפְּלוּ חַלְלֵי
פְלִשְׁתִּים בְּדֶרֶךְ שַׁעֲרַיִם וְעַד־גַּת וְעַד־עֶקְרוֹן׃ וַיָּשֻׁבוּ בְּנֵי נג
יִשְׂרָאֵל מִדְּלֹק אַחֲרֵי פְלִשְׁתִּים וַיָּשֹׁסּוּ אֶת־מַחֲנֵיהֶם׃ וַיִּקַּח נד
דָּוִד אֶת־רֹאשׁ הַפְּלִשְׁתִּי וַיְבִאֵהוּ יְרוּשָׁלָםִ וְאֶת־כֵּלָיו שָׂם
בְּאָהֳלוֹ׃ וְכִרְאוֹת שָׁאוּל אֶת־דָּוִד יֹצֵא לִקְרַאת נה
הַפְּלִשְׁתִּי אָמַר אֶל־אַבְנֵר שַׂר הַצָּבָא בֶּן־מִי־זֶה הַנַּעַר אַבְנֵר
וַיֹּאמֶר אַבְנֵר חֵי־נַפְשְׁךָ הַמֶּלֶךְ אִם־יָדָעְתִּי׃ וַיֹּאמֶר הַמֶּלֶךְ שְׁאַל נו
אַתָּה בֶּן־מִי־זֶה הָעָלֶם׃ וּכְשׁוּב דָּוִד מֵהַכּוֹת נז
אֶת־הַפְּלִשְׁתִּי וַיִּקַּח אֹתוֹ אַבְנֵר וַיְבִאֵהוּ לִפְנֵי שָׁאוּל וְרֹאשׁ
הַפְּלִשְׁתִּי בְּיָדוֹ׃ וַיֹּאמֶר אֵלָיו שָׁאוּל בֶּן־מִי אַתָּה הַנָּעַר וַיֹּאמֶר נח
דָּוִד בֶּן־עַבְדְּךָ יִשַׁי בֵּית הַלַּחְמִי׃ וַיְהִי כְּכַלֹּתוֹ לְדַבֵּר אֶל־שָׁאוּל א יח
וַיֶּאֱהָבֵהוּ וְנֶפֶשׁ יְהוֹנָתָן נִקְשְׁרָה בְּנֶפֶשׁ דָּוִד ויאהבו יְהוֹנָתָן כְּנַפְשׁוֹ׃
וַיִּקָּחֵהוּ שָׁאוּל בַּיּוֹם הַהוּא וְלֹא נְתָנוֹ לָשׁוּב בֵּית אָבִיו׃ וַיִּכְרֹת ב ג
יְהוֹנָתָן וְדָוִד בְּרִית בְּאַהֲבָתוֹ אֹתוֹ כְּנַפְשׁוֹ׃ וַיִּתְפַּשֵּׁט יְהוֹנָתָן ד
אֶת־הַמְּעִיל אֲשֶׁר עָלָיו וַיִּתְּנֵהוּ לְדָוִד וּמַדָּיו וְעַד־חַרְבּוֹ וְעַד־

ה קַשְׁתּוֹ וְעַד־חֲגֹרוֹ׃ וַיֵּצֵא דָוִד בְּכֹל אֲשֶׁר יִשְׁלָחֶנּוּ שָׁאוּל יַשְׂכִּיל
וַיְשִׂמֵהוּ שָׁאוּל עַל אַנְשֵׁי הַמִּלְחָמָה וַיִּיטַב בְּעֵינֵי כָל־הָעָם וְגַם
ו בְּעֵינֵי עַבְדֵי שָׁאוּל׃ וַיְהִי בְּבוֹאָם בְּשׁוּב דָּוִד
מֵהַכּוֹת אֶת־הַפְּלִשְׁתִּי וַתֵּצֶאנָה הַנָּשִׁים מִכָּל־עָרֵי יִשְׂרָאֵל
לָשׁוּר וְהַמְּחֹלוֹת לִקְרַאת שָׁאוּל הַמֶּלֶךְ בְּתֻפִּים בְּשִׂמְחָה לָשִׁיר
ז וּבְשָׁלִשִׁים׃ וַתַּעֲנֶינָה הַנָּשִׁים הַמְשַׂחֲקוֹת וַתֹּאמַרְןָ הִכָּה שָׁאוּל
ח בַּאֲלָפָו וְדָוִד בְּרִבְבֹתָיו׃ וַיִּחַר לְשָׁאוּל מְאֹד וַיֵּרַע בְּעֵינָיו הַדָּבָר
הַזֶּה וַיֹּאמֶר נָתְנוּ לְדָוִד רְבָבוֹת וְלִי נָתְנוּ הָאֲלָפִים וְעוֹד
ט לוֹ אַךְ הַמְּלוּכָה׃ וַיְהִי שָׁאוּל עוֹן אֶת־דָּוִד מֵהַיּוֹם הַהוּא עוֹיֵן
י וָהָלְאָה׃ וַיְהִי מִמָּחֳרָת וַתִּצְלַח רוּחַ אֱלֹהִים ׀
רָעָה ׀ אֶל־שָׁאוּל וַיִּתְנַבֵּא בְתוֹךְ־הַבַּיִת וְדָוִד מְנַגֵּן בְּיָדוֹ כְּיוֹם ׀
יא בְּיוֹם וְהַחֲנִית בְּיַד־שָׁאוּל׃ וַיָּטֶל שָׁאוּל אֶת־הַחֲנִית וַיֹּאמֶר אַכֶּה
יב בְדָוִד וּבַקִּיר וַיִּסֹּב דָּוִד מִפָּנָיו פַּעֲמָיִם׃ וַיִּרָא שָׁאוּל מִלִּפְנֵי דָוִד
יג כִּי־הָיָה יהוה עִמּוֹ וּמֵעִם שָׁאוּל סָר׃ וַיְסִרֵהוּ שָׁאוּל מֵעִמּוֹ
יד וַיְשִׂמֵהוּ לוֹ שַׂר־אָלֶף וַיֵּצֵא וַיָּבֹא לִפְנֵי הָעָם׃ וַיְהִי יב
טו דָוִד לְכָל־דְּרָכָו מַשְׂכִּיל וַיהוה עִמּוֹ׃ וַיַּרְא שָׁאוּל אֲשֶׁר־הוּא
טז מַשְׂכִּיל מְאֹד וַיָּגָר מִפָּנָיו׃ וְכָל־יִשְׂרָאֵל וִיהוּדָה אֹהֵב אֶת־דָּוִד
יז כִּי־הוּא יוֹצֵא וָבָא לִפְנֵיהֶם׃ וַיֹּאמֶר שָׁאוּל אֶל־
דָּוִד הִנֵּה בִתִּי הַגְּדוֹלָה מֵרַב אֹתָהּ אֶתֶּן־לְךָ לְאִשָּׁה אַךְ הֱיֵה־לִּי
לְבֶן־חַיִל וְהִלָּחֵם מִלְחֲמוֹת יהוה וְשָׁאוּל אָמַר אַל־תְּהִי יָדִי בּוֹ
יח וּתְהִי־בוֹ יַד־פְּלִשְׁתִּים׃ וַיֹּאמֶר דָּוִד אֶל־שָׁאוּל
מִי אָנֹכִי וּמִי חַיַּי מִשְׁפַּחַת אָבִי בְּיִשְׂרָאֵל כִּי־אֶהְיֶה חָתָן לַמֶּלֶךְ׃
יט וַיְהִי בְּעֵת תֵּת אֶת־מֵרַב בַּת־שָׁאוּל לְדָוִד וְהִיא נִתְּנָה
כ לְעַדְרִיאֵל הַמְּחֹלָתִי לְאִשָּׁה׃ וַתֶּאֱהַב מִיכַל בַּת־שָׁאוּל אֶת־
כא דָּוִד וַיַּגִּדוּ לְשָׁאוּל וַיִּשַׁר הַדָּבָר בְּעֵינָיו׃ וַיֹּאמֶר שָׁאוּל אֶתְּנֶנָּה לּוֹ
וּתְהִי־לוֹ לְמוֹקֵשׁ וּתְהִי־בוֹ יַד־פְּלִשְׁתִּים וַיֹּאמֶר שָׁאוּל אֶל־דָּוִד
כב בִּשְׁתַּיִם תִּתְחַתֵּן בִּי הַיּוֹם׃ וַיְצַו שָׁאוּל אֶת־עֲבָדָו דַּבְּרוּ אֶל־

דוד בלט לאמר הנה חפץ בך המלך וכל־עבדיו אהבוך
ועתה התחתן במלך: וידברו עבדי שאול באזני דוד את־ כג
הדברים האלה ויאמר דוד הנקלה בעיניכם התחתן במלך
ואנכי איש־רש ונקלה: ויגדו עבדי שאול לו לאמר כדברים כד
האלה דבר דוד: ויאמר שאול כה־תאמרו כה
לדוד אין־חפץ למלך במהר כי במאה ערלות פלשתים
להנקם באיבי המלך ושאול חשב להפיל את־דוד ביד־
פלשתים: ויגדו עבדיו לדוד את־הדברים האלה וישר הדבר כו
בעיני דוד להתחתן במלך ולא מלאו הימים: ויקם דוד וילך ׀ כז
הוא ואנשיו ויך בפלשתים מאתים איש ויבא דוד את־
ערלתיהם וימלאום למלך להתחתן במלך ויתן־לו שאול
את־מיכל בתו לאשה: וירא שאול וידע כי יהוה עם־דוד כח
ומיכל בת־שאול אהבתהו: ויאסף שאול לרא מפני דוד עוד כט
ויהי שאול איב את־דוד כל־הימים: ויצאו ל
שרי פלשתים ויהי ׀ מדי צאתם שכל דוד מכל עבדי שאול
וייקר שמו מאד: וידבר שאול אל־יונתן בנו א יט
ואל־כל־עבדיו להמית את־דוד ויהונתן בן־שאול חפץ
בדוד מאד: ויגד יהונתן לדוד לאמר מבקש שאול אבי ב
להמיתך ועתה השמר־נא בבקר וישבת בסתר ונחבאת:
ואני אצא ועמדתי ליד־אבי בשדה אשר אתה שם ואני ג
אדבר בך אל־אבי וראיתי מה והגדתי לך: וידבר ד
יהונתן בדוד טוב אל־שאול אביו ויאמר אליו אל־יחטא
המלך בעבדו בדוד כי לוא חטא לך וכי מעשיו טוב־לך
מאד: וישם את־נפשו בכפו ויך את־הפלשתי ויעש יהוה ה
תשועה גדולה לכל־ישראל ראית ותשמח ולמה תחטא בדם
נקי להמית את־דוד חנם: וישמע שאול בקול יהונתן וישבע ו
שאול חי־יהוה אם־יומת: ויקרא יהונתן לדוד ויגד־לו יהונתן ז

אֵת כָּל־הַדְּבָרִים הָאֵלֶּה וַיָּבֵא יְהוֹנָתָן אֶת־דָּוִד אֶל־שָׁאוּל
ח וַיְהִי לְפָנָיו כְּאֶתְמוֹל שִׁלְשׁוֹם׃ וַתּוֹסֶף הַמִּלְחָמָה
לִהְיוֹת וַיֵּצֵא דָוִד וַיִּלָּחֶם בַּפְּלִשְׁתִּים וַיַּךְ בָּהֶם מַכָּה גְדוֹלָה וַיָּנֻסוּ
ט מִפָּנָיו׃ וַתְּהִי רוּחַ יְהוָה ׀ רָעָה אֶל־שָׁאוּל וְהוּא בְּבֵיתוֹ יוֹשֵׁב
י וַחֲנִיתוֹ בְּיָדוֹ וְדָוִד מְנַגֵּן בְּיָד׃ וַיְבַקֵּשׁ שָׁאוּל לְהַכּוֹת בַּחֲנִית בְּדָוִד
וּבַקִּיר וַיִּפְטַר מִפְּנֵי שָׁאוּל וַיַּךְ אֶת־הַחֲנִית בַּקִּיר וְדָוִד נָס וַיִּמָּלֵט
יא בַּלַּיְלָה הוּא׃ וַיִּשְׁלַח שָׁאוּל מַלְאָכִים אֶל־בֵּית
דָּוִד לְשָׁמְרוֹ וְלַהֲמִיתוֹ בַּבֹּקֶר וַתַּגֵּד לְדָוִד מִיכַל אִשְׁתּוֹ לֵאמֹר
יב אִם־אֵינְךָ מְמַלֵּט אֶת־נַפְשְׁךָ הַלַּיְלָה מָחָר אַתָּה מוּמָת׃ וַתֹּרֶד
יג מִיכַל אֶת־דָּוִד בְּעַד הַחַלּוֹן וַיֵּלֶךְ וַיִּבְרַח וַיִּמָּלֵט׃ וַתִּקַּח מִיכַל
אֶת־הַתְּרָפִים וַתָּשֶׂם אֶל־הַמִּטָּה וְאֵת כְּבִיר הָעִזִּים שָׂמָה
יד מְרַאֲשֹׁתָיו וַתְּכַס בַּבָּגֶד׃ וַיִּשְׁלַח שָׁאוּל מַלְאָכִים
טו לָקַחַת אֶת־דָּוִד וַתֹּאמֶר חֹלֶה הוּא׃ וַיִּשְׁלַח
שָׁאוּל אֶת־הַמַּלְאָכִים לִרְאוֹת אֶת־דָּוִד לֵאמֹר הַעֲלוּ אֹתוֹ
טז בַמִּטָּה אֵלַי לַהֲמִתוֹ׃ וַיָּבֹאוּ הַמַּלְאָכִים וְהִנֵּה הַתְּרָפִים אֶל־
יז הַמִּטָּה וּכְבִיר הָעִזִּים מְרַאֲשֹׁתָיו׃ וַיֹּאמֶר שָׁאוּל
אֶל־מִיכַל לָמָּה כָּכָה רִמִּיתִנִי וַתְּשַׁלְּחִי אֶת־אֹיְבִי וַיִּמָּלֵט
וַתֹּאמֶר מִיכַל אֶל־שָׁאוּל הוּא־אָמַר אֵלַי שַׁלְּחִנִי לָמָה אֲמִיתֵךְ׃
יח וְדָוִד בָּרַח וַיִּמָּלֵט וַיָּבֹא אֶל־שְׁמוּאֵל הָרָמָתָה וַיַּגֶּד־לוֹ אֵת כָּל־
יט אֲשֶׁר עָשָׂה־לוֹ שָׁאוּל וַיֵּלֶךְ הוּא וּשְׁמוּאֵל וַיֵּשְׁבוּ בנוית׃ וַיֻּגַּד בְּנָיוֹת
כ לְשָׁאוּל לֵאמֹר הִנֵּה דָוִד בנוית בָּרָמָה׃ וַיִּשְׁלַח שָׁאוּל מַלְאָכִים בְּנָיוֹת
לָקַחַת אֶת־דָּוִד וַיַּרְא אֶת־לַהֲקַת הַנְּבִיאִים נִבְּאִים וּשְׁמוּאֵל
עֹמֵד נִצָּב עֲלֵיהֶם וַתְּהִי עַל־מַלְאֲכֵי שָׁאוּל רוּחַ אֱלֹהִים
כא וַיִּתְנַבְּאוּ גַּם־הֵמָּה׃ וַיַּגִּדוּ לְשָׁאוּל וַיִּשְׁלַח מַלְאָכִים אֲחֵרִים
וַיִּתְנַבְּאוּ גַּם־הֵמָּה וַיֹּסֶף שָׁאוּל וַיִּשְׁלַח מַלְאָכִים שְׁלִשִׁים
כב וַיִּתְנַבְּאוּ גַּם־הֵמָּה׃ וַיֵּלֶךְ גַּם־הוּא הָרָמָתָה וַיָּבֹא עַד־בּוֹר
הַגָּדוֹל אֲשֶׁר בַּשֶּׂכוּ וַיִּשְׁאַל וַיֹּאמֶר אֵיפֹה שְׁמוּאֵל וְדָוִד וַיֹּאמֶר

בְּנָיוֹת נָיוֹת הִנֵּה בנוית בָּרָמָה: וַיֵּלֶךְ שָׁם אֶל־נוית בָּרָמָה וַתְּהִי עָלָיו גַּם־ כג
בְּנָיוֹת הוּא רוּחַ אֱלֹהִים וַיֵּלֶךְ הָלוֹךְ וַיִּתְנַבֵּא עַד־בֹּאוֹ בנוית בָּרָמָה:
וַיִּפְשַׁט גַּם־הוּא בְּגָדָיו וַיִּתְנַבֵּא גַם־הוּא לִפְנֵי שְׁמוּאֵל וַיִּפֹּל כד
עָרֹם כָּל־הַיּוֹם הַהוּא וְכָל־הַלָּיְלָה עַל־כֵּן יֹאמְרוּ הֲגַם שָׁאוּל
מִנָּיוֹת בַּנְּבִיאִם: וַיִּבְרַח דָּוִד מנוית בָּרָמָה וַיָּבֹא וַיֹּאמֶר ׀ א כ
לִפְנֵי יְהוֹנָתָן מֶה עָשִׂיתִי מֶה־עֲוֺנִי וּמֶה־חַטָּאתִי לִפְנֵי אָבִיךָ כִּי
לֹא־יַעֲשֶׂה מְבַקֵּשׁ אֶת־נַפְשִׁי: וַיֹּאמֶר לוֹ חָלִילָה לֹא תָמוּת הִנֵּה לו־עשה ב
אָבִי דָּבָר גָּדוֹל אוֹ דָּבָר קָטֹן וְלֹא יִגְלֶה אֶת־אָזְנִי וּמַדּוּעַ יַסְתִּיר
אָבִי מִמֶּנִּי אֶת־הַדָּבָר הַזֶּה אֵין זֹאת: וַיִּשָּׁבַע עוֹד דָּוִד וַיֹּאמֶר ג
יָדֹעַ יָדַע אָבִיךָ כִּי־מָצָאתִי חֵן בְּעֵינֶיךָ וַיֹּאמֶר אַל־יֵדַע־זֹאת
יְהוֹנָתָן פֶּן־יֵעָצֵב וְאוּלָם חַי־יְהוָה וְחֵי נַפְשֶׁךָ כִּי כְפֶשַׂע בֵּינִי וּבֵין
יג הַמָּוֶת: וַיֹּאמֶר יְהוֹנָתָן אֶל־דָּוִד מַה־תֹּאמַר נַפְשְׁךָ וְאֶעֱשֶׂה־ ד
לָּךְ: וַיֹּאמֶר דָּוִד אֶל־יְהוֹנָתָן הִנֵּה־חֹדֶשׁ מָחָר ה
וְאָנֹכִי יָשֹׁב־אֵשֵׁב עִם־הַמֶּלֶךְ לֶאֱכוֹל וְשִׁלַּחְתַּנִי וְנִסְתַּרְתִּי בַשָּׂדֶה
עַד הָעֶרֶב הַשְּׁלִשִׁית: אִם־פָּקֹד יִפְקְדֵנִי אָבִיךָ וְאָמַרְתָּ נִשְׁאֹל ו
נִשְׁאַל מִמֶּנִּי דָוִד לָרוּץ בֵּית־לֶחֶם עִירוֹ כִּי זֶבַח הַיָּמִים שָׁם לְכָל־
הַמִּשְׁפָּחָה: אִם־כֹּה יֹאמַר טוֹב שָׁלוֹם לְעַבְדֶּךָ וְאִם־חָרֹה יֶחֱרֶה ז
לוֹ דַּע כִּי־כָלְתָה הָרָעָה מֵעִמּוֹ: וְעָשִׂיתָ חֶסֶד עַל־עַבְדֶּךָ כִּי ח
בִּבְרִית יְהוָה הֵבֵאתָ אֶת־עַבְדְּךָ עִמָּךְ וְאִם־יֶשׁ־בִּי עָוֺן הֲמִיתֵנִי
אַתָּה וְעַד־אָבִיךָ לָמָּה־זֶּה תְבִיאֵנִי: וַיֹּאמֶר ט
יְהוֹנָתָן חָלִילָה לָּךְ כִּי ׀ אִם־יָדֹעַ אֵדַע כִּי־כָלְתָה הָרָעָה מֵעִם
אָבִי לָבוֹא עָלֶיךָ וְלֹא אֹתָהּ אַגִּיד לָךְ: וַיֹּאמֶר י
דָּוִד אֶל־יְהוֹנָתָן מִי יַגִּיד לִי אוֹ מַה־יַּעַנְךָ אָבִיךָ קָשָׁה:
וַיֹּאמֶר יְהוֹנָתָן אֶל־דָּוִד לְכָה וְנֵצֵא הַשָּׂדֶה וַיֵּצְאוּ שְׁנֵיהֶם יא
הַשָּׂדֶה: וַיֹּאמֶר יְהוֹנָתָן אֶל־דָּוִד יְהוָה אֱלֹהֵי יב
יִשְׂרָאֵל כִּי־אֶחְקֹר אֶת־אָבִי כָּעֵת ׀ מָחָר הַשְּׁלִשִׁית וְהִנֵּה־טוֹב
אֶל־דָּוִד וְלֹא־אָז אֶשְׁלַח אֵלֶיךָ וְגָלִיתִי אֶת־אָזְנֶךָ: כֹּה־יַעֲשֶׂה יג

יְהוָה לִיהוֹנָתָן וְכֹה יֹסִיף כִּי־יֵיטִב אֶל־אָבִי אֶת־הָרָעָה עָלֶיךָ
וְגָלִיתִי אֶת־אָזְנֶךָ וְשִׁלַּחְתִּיךָ וְהָלַכְתָּ לְשָׁלוֹם וִיהִי יְהוָה עִמָּךְ
יד כַּאֲשֶׁר הָיָה עִם־אָבִי׃ וְלֹא אִם־עוֹדֶנִּי חָי וְלֹא־תַעֲשֶׂה עִמָּדִי
טו חֶסֶד יְהוָה וְלֹא אָמוּת׃ וְלֹא־תַכְרִית אֶת־חַסְדְּךָ מֵעִם בֵּיתִי
עַד־עוֹלָם וְלֹא בְּהַכְרִת יְהוָה אֶת־אֹיְבֵי דָוִד אִישׁ מֵעַל פְּנֵי
טז הָאֲדָמָה׃ וַיִּכְרֹת יְהוֹנָתָן עִם־בֵּית דָּוִד וּבִקֵּשׁ יְהוָה מִיַּד אֹיְבֵי
יז דָוִד׃ וַיּוֹסֶף יְהוֹנָתָן לְהַשְׁבִּיעַ אֶת־דָּוִד בְּאַהֲבָתוֹ אֹתוֹ כִּי־
יח אַהֲבַת נַפְשׁוֹ אֲהֵבוֹ׃ וַיֹּאמֶר־לוֹ יְהוֹנָתָן מָחָר
יט חֹדֶשׁ וְנִפְקַדְתָּ כִּי יִפָּקֵד מוֹשָׁבֶךָ׃ וְשִׁלַּשְׁתָּ תֵּרֵד מְאֹד וּבָאתָ
אֶל־הַמָּקוֹם אֲשֶׁר־נִסְתַּרְתָּ שָּׁם בְּיוֹם הַמַּעֲשֶׂה וְיָשַׁבְתָּ אֵצֶל
כ הָאֶבֶן הָאָזֶל׃ וַאֲנִי שְׁלֹשֶׁת הַחִצִּים צִדָּה אוֹרֶה לְשַׁלַּח־לִי
כא לְמַטָּרָה׃ וְהִנֵּה אֶשְׁלַח אֶת־הַנַּעַר לֵךְ מְצָא אֶת־הַחִצִּים אִם־
אָמֹר אֹמַר לַנַּעַר הִנֵּה הַחִצִּים ׀ מִמְּךָ וָהֵנָּה קָחֶנּוּ וָבֹאָה כִּי־
כב שָׁלוֹם לְךָ וְאֵין דָּבָר חַי־יְהוָה׃ וְאִם־כֹּה אֹמַר לָעֶלֶם הִנֵּה הַחִצִּים
כג מִמְּךָ וָהָלְאָה לֵךְ כִּי שִׁלַּחֲךָ יְהוָה׃ וְהַדָּבָר אֲשֶׁר דִּבַּרְנוּ אֲנִי
כד וָאָתָּה הִנֵּה יְהוָה בֵּינִי וּבֵינְךָ עַד־עוֹלָם׃ וַיִּסָּתֵר
כה דָּוִד בַּשָּׂדֶה וַיְהִי הַחֹדֶשׁ וַיֵּשֶׁב הַמֶּלֶךְ עַל־הַלֶּחֶם לֶאֱכוֹל׃ וַיֵּשֶׁב אֶל־
הַמֶּלֶךְ עַל־מוֹשָׁבוֹ כְּפַעַם ׀ בְּפַעַם אֶל־מוֹשַׁב הַקִּיר וַיָּקָם יְהוֹנָתָן
כו וַיֵּשֶׁב אַבְנֵר מִצַּד שָׁאוּל וַיִּפָּקֵד מְקוֹם דָּוִד׃ וְלֹא־דִבֶּר שָׁאוּל
מְאוּמָה בַּיּוֹם הַהוּא כִּי אָמַר מִקְרֶה הוּא בִּלְתִּי טָהוֹר הוּא כִּי־
כז לֹא טָהוֹר׃ וַיְהִי מִמָּחֳרַת הַחֹדֶשׁ הַשֵּׁנִי וַיִּפָּקֵד
מְקוֹם דָּוִד וַיֹּאמֶר שָׁאוּל אֶל־יְהוֹנָתָן בְּנוֹ מַדּוּעַ לֹא־בָא בֶן־יִשַׁי
כח גַּם־תְּמוֹל גַּם־הַיּוֹם אֶל־הַלָּחֶם׃ וַיַּעַן יְהוֹנָתָן אֶת־שָׁאוּל נִשְׁאֹל
כט נִשְׁאַל דָּוִד מֵעִמָּדִי עַד־בֵּית לָחֶם׃ וַיֹּאמֶר שַׁלְּחֵנִי נָא כִּי זֶבַח
מִשְׁפָּחָה לָנוּ בָּעִיר וְהוּא צִוָּה־לִי אָחִי וְעַתָּה אִם־מָצָאתִי חֵן
בְּעֵינֶיךָ אִמָּלְטָה נָּא וְאֶרְאֶה אֶת־אֶחָי עַל־כֵּן לֹא־בָא אֶל־
ל שֻׁלְחַן הַמֶּלֶךְ׃ וַיִּחַר־אַף שָׁאוּל בִּיהוֹנָתָן וַיֹּאמֶר

לוֹ בֶּן־נַעֲוַת הַמַּרְדּוּת הֲלוֹא יָדַעְתִּי כִּי־בֹחֵר אַתָּה לְבֶן־יִשַׁי
לא לְבָשְׁתְּךָ וּלְבֹשֶׁת עֶרְוַת אִמֶּךָ: כִּי כָל־הַיָּמִים אֲשֶׁר בֶּן־יִשַׁי חַי
עַל־הָאֲדָמָה לֹא תִכּוֹן אַתָּה וּמַלְכוּתֶךָ וְעַתָּה שְׁלַח וְקַח אֹתוֹ
לב אֵלַי כִּי בֶן־מָוֶת הוּא: וַיַּעַן יְהוֹנָתָן אֶת־שָׁאוּל
לג אָבִיו וַיֹּאמֶר אֵלָיו לָמָּה יוּמַת מֶה עָשָׂה: וַיָּטֶל שָׁאוּל אֶת־
הַחֲנִית עָלָיו לְהַכֹּתוֹ וַיֵּדַע יְהוֹנָתָן כִּי־כָלָה הִיא מֵעִם אָבִיו
לד לְהָמִית אֶת־דָּוִד: וַיָּקָם יְהוֹנָתָן מֵעִם הַשֻּׁלְחָן
בָּחֳרִי־אָף וְלֹא־אָכַל בְּיוֹם־הַחֹדֶשׁ הַשֵּׁנִי לֶחֶם כִּי נֶעְצַב
לה אֶל־דָּוִד כִּי הִכְלִמוֹ אָבִיו: וַיְהִי בַבֹּקֶר וַיֵּצֵא
לו יְהוֹנָתָן הַשָּׂדֶה לְמוֹעֵד דָּוִד וְנַעַר קָטֹן עִמּוֹ: וַיֹּאמֶר לְנַעֲרוֹ רֻץ
מְצָא־נָא אֶת־הַחִצִּים אֲשֶׁר אָנֹכִי מוֹרֶה הַנַּעַר רָץ וְהוּא־יָרָה
לז הַחֵצִי לְהַעֲבִרוֹ: וַיָּבֹא הַנַּעַר עַד־מְקוֹם הַחֵצִי אֲשֶׁר יָרָה יְהוֹנָתָן
וַיִּקְרָא יְהוֹנָתָן אַחֲרֵי הַנַּעַר וַיֹּאמֶר הֲלוֹא הַחֵצִי מִמְּךָ וָהָלְאָה:
לח וַיִּקְרָא יְהוֹנָתָן אַחֲרֵי הַנַּעַר מְהֵרָה חוּשָׁה אַל־תַּעֲמֹד וַיְלַקֵּט
לט נַעַר יְהוֹנָתָן אֶת־הַחִצִּי וַיָּבֹא אֶל־אֲדֹנָיו: וְהַנַּעַר לֹא־יָדַע הַחִצִּים
מ מְאוּמָה אַךְ יְהוֹנָתָן וְדָוִד יָדְעוּ אֶת־הַדָּבָר: וַיִּתֵּן יְהוֹנָתָן אֶת־
מא כֵּלָיו אֶל־הַנַּעַר אֲשֶׁר־לוֹ וַיֹּאמֶר לוֹ לֵךְ הָבֵיא הָעִיר: הַנַּעַר
בָּא וְדָוִד קָם מֵאֵצֶל הַנֶּגֶב וַיִּפֹּל לְאַפָּיו אַרְצָה וַיִּשְׁתַּחוּ שָׁלֹשׁ
פְּעָמִים וַיִּשְּׁקוּ ׀ אִישׁ אֶת־רֵעֵהוּ וַיִּבְכּוּ אִישׁ אֶת־רֵעֵהוּ עַד־
מב דָּוִד הִגְדִּיל: וַיֹּאמֶר יְהוֹנָתָן לְדָוִד לֵךְ לְשָׁלוֹם אֲשֶׁר נִשְׁבַּעְנוּ יד
שְׁנֵינוּ אֲנַחְנוּ בְּשֵׁם יְהוָה לֵאמֹר יְהוָה יִהְיֶה ׀ בֵּינִי וּבֵינֶךָ וּבֵין
כא א זַרְעִי וּבֵין זַרְעֲךָ עַד־עוֹלָם: וַיָּקָם וַיֵּלַךְ וִיהוֹנָתָן
ב בָּא הָעִיר: וַיָּבֹא דָוִד נֹבֶה אֶל־אֲחִימֶלֶךְ הַכֹּהֵן וַיֶּחֱרַד אֲחִימֶלֶךְ
לִקְרַאת דָּוִד וַיֹּאמֶר לוֹ מַדּוּעַ אַתָּה לְבַדֶּךָ וְאִישׁ אֵין אִתָּךְ:
ג וַיֹּאמֶר דָּוִד לַאֲחִימֶלֶךְ הַכֹּהֵן הַמֶּלֶךְ צִוַּנִי דָבָר וַיֹּאמֶר אֵלַי אִישׁ
אַל־יֵדַע מְאוּמָה אֶת־הַדָּבָר אֲשֶׁר־אָנֹכִי שֹׁלֵחֲךָ וַאֲשֶׁר צִוִּיתִךָ
ד וְאֶת־הַנְּעָרִים יוֹדַעְתִּי אֶל־מְקוֹם פְּלֹנִי אַלְמוֹנִי: וְעַתָּה מַה־יֵּשׁ

ה תחת־ידך חמשה־לחם תנה בידי או הנמצא: ויען הכהן
את־דוד ויאמר אין־לחם חל אל־תחת ידי כי־אם־לחם קדש
ו יש אם־נשמרו הנערים אך מאשה: ויען דוד את־
הכהן ויאמר לו כי אם־אשה עצרה־לנו כתמול שלשם
בצאתי ויהיו כלי־הנערים קדש והוא דרך חל ואף כי היום
ז יקדש בכלי: ויתן־לו הכהן קדש כי לא־היה שם לחם כי־
אם־לחם הפנים המוסרים מלפני יהוה לשום לחם חם ביום
ח הלקחו: ושם איש מעבדי שאול ביום ההוא נעצר לפני יהוה
ט ושמו דאג האדמי אביר הרעים אשר לשאול: ויאמר
דוד לאחימלך ואין יש־פה תחת־ידך חנית או־חרב כי
גם־חרבי וגם־כלי לא־לקחתי בידי כי־היה דבר־המלך
י נחוץ: ויאמר הכהן חרב גלית הפלשתי אשר־
הכית | בעמק האלה הנה־היא לוטה בשמלה אחרי
האפוד אם־אתה תקח־לך קח כי אין אחרת זולתה
יא בזה ויאמר דוד אין כמוה תנה לי: ויקם דוד
ויברח ביום־ההוא מפני שאול ויבא אל־אכיש מלך גת:
יב ויאמרו עבדי אכיש אליו הלוא־זה דוד מלך הארץ הלוא לזה
יג יענו במחלות לאמר הכה שאול באלפו ודוד ברבבתו: וישם
דוד את־הדברים האלה בלבבו וירא מאד מפני אכיש מלך־
יד גת: וישנו את־טעמו בעיניהם ויתהלל בידם ויתו על־דלתות
טו השער ויורד רירו אל־זקנו: ויאמר אכיש אל־
טז עבדיו הנה תראו איש משתגע למה תביאו אתו אלי: חסר
משגעים אני כי־הבאתם את־זה להשתגע עלי הזה יבוא
כב א אל־ביתי: וילך דוד משם וימלט אל־מערת
עדלם וישמעו אחיו וכל־בית אביו וירדו אליו שמה:
ב ויתקבצו אליו כל־איש מצוק וכל־איש אשר־לו נשא וכל־
איש מר־נפש ויהי עליהם לשר ויהיו עמו כארבע מאות

אִישׁ: וַיֵּלֶךְ דָּוִד מִשָּׁם מִצְפֵּה מוֹאָב וַיֹּאמֶר ׀ אֶל־מֶלֶךְ מוֹאָב ג
יֵצֵא־נָא אָבִי וְאִמִּי אִתְּכֶם עַד אֲשֶׁר אֵדַע מַה־יַּעֲשֶׂה־לִּי
אֱלֹהִים: וַיַּנְחֵם אֶת־פְּנֵי מֶלֶךְ מוֹאָב וַיֵּשְׁבוּ עִמּוֹ כָּל־יְמֵי הֱיוֹת־ ד
דָּוִד בַּמְּצוּדָה: וַיֹּאמֶר גָּד הַנָּבִיא אֶל־דָּוִד לֹא ה
תֵשֵׁב בַּמְּצוּדָה לֵךְ וּבָאתָ־לְּךָ אֶרֶץ יְהוּדָה וַיֵּלֶךְ דָּוִד וַיָּבֹא יַעַר
חָרֶת: וַיִּשְׁמַע שָׁאוּל כִּי נוֹדַע דָּוִד וַאֲנָשִׁים אֲשֶׁר ו
אִתּוֹ וְשָׁאוּל יוֹשֵׁב בַּגִּבְעָה תַּחַת־הָאֶשֶׁל בָּרָמָה וַחֲנִיתוֹ בְיָדוֹ
וְכָל־עֲבָדָיו נִצָּבִים עָלָיו: וַיֹּאמֶר שָׁאוּל לַעֲבָדָיו הַנִּצָּבִים עָלָיו ז
שִׁמְעוּ־נָא בְּנֵי יְמִינִי גַּם־לְכֻלְּכֶם יִתֵּן בֶּן־יִשַׁי שָׂדוֹת וּכְרָמִים
לְכֻלְּכֶם יָשִׂים שָׂרֵי אֲלָפִים וְשָׂרֵי מֵאוֹת: כִּי קְשַׁרְתֶּם כֻּלְּכֶם ח
עָלַי וְאֵין־גֹּלֶה אֶת־אָזְנִי בִּכְרָת־בְּנִי עִם־בֶּן־יִשַׁי וְאֵין־חֹלֶה
מִכֶּם עָלַי וְגֹלֶה אֶת־אָזְנִי כִּי הֵקִים בְּנִי אֶת־עַבְדִּי עָלַי
לְאֹרֵב כַּיּוֹם הַזֶּה: וַיַּעַן דֹּאֵג הָאֲדֹמִי וְהוּא נִצָּב ט
עַל־עַבְדֵי־שָׁאוּל וַיֹּאמַר רָאִיתִי אֶת־בֶּן־יִשַׁי בָּא נֹבֶה אֶל־
אֲחִימֶלֶךְ בֶּן־אֲחִטוּב: וַיִּשְׁאַל־לוֹ בַּיהוָה וְצֵידָה נָתַן לוֹ וְאֵת י
חֶרֶב גָּלְיָת הַפְּלִשְׁתִּי נָתַן לוֹ: וַיִּשְׁלַח הַמֶּלֶךְ לִקְרֹא אֶת־ יא
אֲחִימֶלֶךְ בֶּן־אֲחִיטוּב הַכֹּהֵן וְאֵת כָּל־בֵּית אָבִיו הַכֹּהֲנִים אֲשֶׁר
בְּנֹב וַיָּבֹאוּ כֻלָּם אֶל־הַמֶּלֶךְ: וַיֹּאמֶר שָׁאוּל יב
שְׁמַע־נָא בֶּן־אֲחִיטוּב וַיֹּאמֶר הִנְנִי אֲדֹנִי: וַיֹּאמֶר אֵלָו שָׁאוּל יג
לָמָּה קְשַׁרְתֶּם עָלַי אַתָּה וּבֶן־יִשָׁי בְּתִתְּךָ לוֹ לֶחֶם וְחֶרֶב וְשָׁאוֹל
לוֹ בֵּאלֹהִים לָקוּם אֵלַי לְאֹרֵב כַּיּוֹם הַזֶּה: וַיַּעַן יד
אֲחִימֶלֶךְ אֶת־הַמֶּלֶךְ וַיֹּאמַר וּמִי בְכָל־עֲבָדֶיךָ כְּדָוִד נֶאֱמָן
וַחֲתַן הַמֶּלֶךְ וְסָר אֶל־מִשְׁמַעְתֶּךָ וְנִכְבָּד בְּבֵיתֶךָ: הַיּוֹם הַחִלֹּתִי טו
לִשְׁאָל־ לשאול־לוֹ בֵאלֹהִים חָלִילָה לִּי אַל־יָשֵׂם הַמֶּלֶךְ בְּעַבְדּוֹ דָבָר
בְּכָל־בֵּית אָבִי כִּי לֹא־יָדַע עַבְדְּךָ בְּכָל־זֹאת דָּבָר קָטֹן אוֹ גָדוֹל:
וַיֹּאמֶר הַמֶּלֶךְ מוֹת תָּמוּת אֲחִימֶלֶךְ אַתָּה וְכָל־בֵּית אָבִיךָ: טז
וַיֹּאמֶר הַמֶּלֶךְ לָרָצִים הַנִּצָּבִים עָלָיו סֹבּוּ וְהָמִיתוּ ׀ כֹּהֲנֵי יְהוָה יז

כִּ֤י גַם־יָדָם֙ עִם־דָּוִ֔ד וְכִ֤י יָֽדְעוּ֙ כִּֽי־בֹרֵ֣חַ ה֔וּא וְלֹ֥א גָל֖וּ אֶת־
אזנו וְלֹֽא־אָב֞וּ עַבְדֵ֤י הַמֶּ֙לֶךְ֙ לִשְׁלֹ֣חַ אֶת־יָדָ֔ם לִפְגֹ֖עַ בְּכֹהֲנֵ֥י אָזְנִ֑י
יח יְהוָֽה׃ וַיֹּ֣אמֶר הַמֶּ֙לֶךְ֙ לדויג סֹ֣ב אַתָּ֔ה וּפְגַ֖ע לְדוֹאֵ֔ג
בַּכֹּהֲנִ֑ים וַיִּסֹּב֩ דויג הָאֲדֹמִ֨י וַיִּפְגַּע־ה֜וּא בַּכֹּהֲנִ֗ים וַיָּ֣מֶת ׀ בַּיּ֣וֹם דּוֹאֵ֣ג
יט הַה֗וּא שְׁמֹנִ֤ים וַחֲמִשָּׁה֙ אִ֔ישׁ נֹשֵׂ֖א אֵפ֥וֹד בָּֽד׃ וְאֵ֨ת נֹב עִיר־
הַכֹּהֲנִים֙ הִכָּ֣ה לְפִי־חֶ֔רֶב מֵאִישׁ֙ וְעַד־אִשָּׁ֔ה מֵעוֹלֵ֖ל וְעַד־יוֹנֵ֑ק
כ וְשׁ֧וֹר וַחֲמ֛וֹר וָשֶׂ֖ה לְפִי־חָֽרֶב׃ וַיִּמָּלֵ֣ט בֵּן־אֶחָ֗ד לַאֲחִימֶ֙לֶךְ֙ בֶּן־
כא אֲחִט֔וּב וּשְׁמ֖וֹ אֶבְיָתָ֑ר וַיִּבְרַ֖ח אַחֲרֵ֥י דָוִֽד׃ וַיַּגֵּ֥ד אֶבְיָתָ֖ר לְדָוִ֑ד
כב כִּ֚י הָרַ֣ג שָׁא֔וּל אֵ֖ת כֹּהֲנֵ֥י יְהוָֽה׃ וַיֹּ֨אמֶר דָּוִ֜ד לְאֶבְיָתָ֗ר יָדַ֜עְתִּי
בַּיּ֤וֹם הַהוּא֙ כִּי־שָׁם֙ דויג הָֽאֲדֹמִ֔י כִּֽי־הַגֵּ֥ד יַגִּ֖יד לְשָׁא֑וּל אָנֹכִ֣י דּוֹאֵ֣ג
כג סַבֹּ֔תִי בְּכָל־נֶ֖פֶשׁ בֵּ֥ית אָבִֽיךָ׃ שְׁבָ֤ה אִתִּי֙ אַל־תִּירָ֔א כִּ֛י אֲשֶׁר־
יְבַקֵּ֥שׁ אֶת־נַפְשִׁ֖י יְבַקֵּ֣שׁ אֶת־נַפְשֶׁ֑ךָ כִּֽי־מִשְׁמֶ֥רֶת אַתָּ֖ה עִמָּדִֽי׃
כג א וַיַּגִּ֥דוּ לְדָוִ֖ד לֵאמֹ֑ר הִנֵּ֤ה פְלִשְׁתִּים֙ נִלְחָמִ֣ים בִּקְעִילָ֔ה וְהֵ֖מָּה
ב שֹׁסִ֥ים אֶת־הַגֳּרָנֽוֹת׃ וַיִּשְׁאַ֨ל דָּוִ֤ד בַּֽיהוָה֙ לֵאמֹ֔ר הַאֵלֵ֣ךְ וְהִכֵּ֔יתִי
בַּפְּלִשְׁתִּ֖ים הָאֵ֑לֶּה וַיֹּ֨אמֶר יְהוָ֜ה אֶל־דָּוִ֗ד לֵ֚ךְ
ג וְהִכִּ֣יתָ בַפְּלִשְׁתִּ֔ים וְהוֹשַׁעְתָּ֖ אֶת־קְעִילָֽה׃ וַיֹּ֨אמְר֜וּ אַנְשֵׁ֤י דָוִד֙
אֵלָ֔יו הִנֵּ֨ה אֲנַ֥חְנוּ פֹ֛ה בִּֽיהוּדָ֖ה יְרֵאִ֑ים וְאַף֙ כִּֽי־נֵלֵ֣ךְ קְעִלָ֔ה אֶל־
ד מַֽעַרְכ֖וֹת פְּלִשְׁתִּֽים׃ וַיּ֨וֹסֶף ע֤וֹד דָּוִד֙ לִשְׁא֣וֹל טו
בַּֽיהוָ֔ה וַֽיַּעֲנֵ֣הוּ יְהוָ֗ה וַיֹּ֙אמֶר֙ ק֣וּם רֵ֣ד קְעִילָ֔ה כִּֽי־
ה אֲנִ֥י נֹתֵ֛ן אֶת־פְּלִשְׁתִּ֖ים בְּיָדֶֽךָ׃ וַיֵּ֣לֶךְ דָּוִד֩ וַאֲנָשָׁ֨יו קְעִילָ֜ה וַיִּלָּ֣חֶם
בַּפְּלִשְׁתִּ֗ים וַיִּנְהַג֙ אֶת־מִקְנֵיהֶ֔ם וַיַּ֥ךְ בָּהֶ֖ם מַכָּ֣ה גְדוֹלָ֑ה וַיֹּ֨שַׁע
ו דָּוִ֔ד אֵ֖ת יֹשְׁבֵ֥י קְעִילָֽה׃ וַיְהִ֗י בִּ֠בְרֹחַ אֶבְיָתָ֤ר בֶּן־
ז אֲחִימֶ֙לֶךְ֙ אֶל־דָּוִ֔ד קְעִילָ֑ה אֵפ֖וֹד יָרַ֥ד בְּיָדֽוֹ׃ וַיֻּגַּ֣ד לְשָׁא֔וּל כִּי־בָ֥א
דָוִ֖ד קְעִילָ֑ה וַיֹּ֨אמֶר שָׁא֜וּל נִכַּ֨ר אֹת֤וֹ אֱלֹהִים֙ בְּיָדִ֔י כִּ֚י נִסְגַּ֣ר
ח לָב֔וֹא בְּעִ֖יר דְּלָתַ֥יִם וּבְרִֽיחַ׃ וַיְשַׁמַּ֥ע שָׁא֛וּל אֶת־כָּל־הָעָ֖ם
ט לַמִּלְחָמָ֑ה לָרֶ֣דֶת קְעִילָ֔ה לָצ֥וּר אֶל־דָּוִ֖ד וְאֶל־אֲנָשָֽׁיו׃ וַיֵּ֣דַע דָּוִ֔ד
כִּ֣י עָלָ֔יו שָׁא֖וּל מַחֲרִ֣ישׁ הָרָעָ֑ה וַיֹּ֗אמֶר אֶל־אֶבְיָתָ֤ר הַכֹּהֵן֙

הַגִּישָׁה הָאֵפוֹד׃ וַיֹּאמֶר דָּוִד יהוה אֱלֹהֵי יִשְׂרָאֵל י
שָׁמֹעַ שָׁמַע עַבְדְּךָ כִּי־מְבַקֵּשׁ שָׁאוּל לָבוֹא אֶל־קְעִילָה
לְשַׁחֵת לָעִיר בַּעֲבוּרִי׃ הֲיַסְגִּרֻנִי בַעֲלֵי קְעִילָה בְיָדוֹ הֲיֵרֵד יא
שָׁאוּל כַּאֲשֶׁר שָׁמַע עַבְדֶּךָ יהוה אֱלֹהֵי יִשְׂרָאֵל הַגֶּד־נָא
לְעַבְדֶּךָ וַיֹּאמֶר יהוה יֵרֵד׃ וַיֹּאמֶר דָּוִד הֲיַסְגִּרוּ יב
בַּעֲלֵי קְעִילָה אֹתִי וְאֶת־אֲנָשַׁי בְּיַד שָׁאוּל וַיֹּאמֶר יהוה
יַסְגִּירוּ׃ וַיָּקָם דָּוִד וַאֲנָשָׁיו כְּשֵׁשׁ־מֵאוֹת אִישׁ יג
וַיֵּצְאוּ מִקְּעִלָה וַיִּתְהַלְּכוּ בַּאֲשֶׁר יִתְהַלָּכוּ וּלְשָׁאוּל הֻגַּד כִּי־נִמְלַט
דָּוִד מִקְּעִילָה וַיֶּחְדַּל לָצֵאת׃ וַיֵּשֶׁב דָּוִד בַּמִּדְבָּר בַּמְּצָדוֹת וַיֵּשֶׁב יד
בָּהָר בְּמִדְבַּר־זִיף וַיְבַקְשֵׁהוּ שָׁאוּל כָּל־הַיָּמִים וְלֹא־נְתָנוֹ אֱלֹהִים
בְּיָדוֹ׃ וַיַּרְא דָוִד כִּי־יָצָא שָׁאוּל לְבַקֵּשׁ אֶת־נַפְשׁוֹ וְדָוִד בְּמִדְבַּר־ טו
זִיף בַּחֹרְשָׁה׃ וַיָּקָם יְהוֹנָתָן בֶּן־שָׁאוּל וַיֵּלֶךְ אֶל־ טז
דָּוִד חֹרְשָׁה וַיְחַזֵּק אֶת־יָדוֹ בֵּאלֹהִים׃ וַיֹּאמֶר אֵלָיו אַל־תִּירָא יז
כִּי לֹא תִמְצָאֲךָ יַד־שָׁאוּל אָבִי וְאַתָּה תִּמְלֹךְ עַל־יִשְׂרָאֵל
וְאָנֹכִי אֶהְיֶה־לְּךָ לְמִשְׁנֶה וְגַם־שָׁאוּל אָבִי יֹדֵעַ כֵּן׃ וַיִּכְרְתוּ יח
שְׁנֵיהֶם בְּרִית לִפְנֵי יהוה וַיֵּשֶׁב דָּוִד בַּחֹרְשָׁה וִיהוֹנָתָן הָלַךְ
לְבֵיתוֹ׃ וַיַּעֲלוּ זִפִים אֶל־שָׁאוּל הַגִּבְעָתָה לֵאמֹר יט
הֲלוֹא דָוִד מִסְתַּתֵּר עִמָּנוּ בַמְּצָדוֹת בַּחֹרְשָׁה בְּגִבְעַת הַחֲכִילָה
אֲשֶׁר מִימִין הַיְשִׁימוֹן׃ וְעַתָּה לְכָל־אַוַּת נַפְשְׁךָ הַמֶּלֶךְ לָרֶדֶת כ
רֵד וְלָנוּ הַסְגִּירוֹ בְּיַד הַמֶּלֶךְ׃ וַיֹּאמֶר שָׁאוּל בְּרוּכִים אַתֶּם כא
לַיהוה כִּי חֲמַלְתֶּם עָלָי׃ לְכוּ־נָא הָכִינוּ עוֹד וּדְעוּ וּרְאוּ אֶת־ כב
מְקוֹמוֹ אֲשֶׁר תִּהְיֶה רַגְלוֹ מִי רָאָהוּ שָׁם כִּי אָמַר אֵלַי עָרוֹם
יַעְרִם הוּא׃ וּרְאוּ וּדְעוּ מִכֹּל הַמַּחֲבֹאִים אֲשֶׁר יִתְחַבֵּא שָׁם כג
וְשַׁבְתֶּם אֵלַי אֶל־נָכוֹן וְהָלַכְתִּי אִתְּכֶם וְהָיָה אִם־יֶשְׁנוֹ בָאָרֶץ
וְחִפַּשְׂתִּי אֹתוֹ בְּכֹל אַלְפֵי יְהוּדָה׃ וַיָּקוּמוּ וַיֵּלְכוּ זִיפָה לִפְנֵי כד
שָׁאוּל וְדָוִד וַאֲנָשָׁיו בְּמִדְבַּר מָעוֹן בָּעֲרָבָה אֶל יְמִין הַיְשִׁימוֹן׃
וַיֵּלֶךְ שָׁאוּל וַאֲנָשָׁיו לְבַקֵּשׁ וַיַּגִּדוּ לְדָוִד וַיֵּרֶד הַסֶּלַע וַיֵּשֶׁב כה

בְּמִדְבַּ֣ר מָע֑וֹן וַיִּשְׁמַ֣ע שָׁא֔וּל וַיִּרְדֹּ֥ף אַֽחֲרֵי־דָוִ֖ד מִדְבַּ֥ר מָעֽוֹן׃
כו וַיֵּ֨לֶךְ שָׁא֜וּל מִצַּ֤ד הָהָר֙ מִזֶּ֔ה וְדָוִ֣ד וַאֲנָשָׁ֔יו מִצַּ֥ד הָהָ֖ר מִזֶּ֑ה וַיְהִ֨י
דָוִ֜ד נֶחְפָּ֤ז לָלֶ֙כֶת֙ מִפְּנֵ֣י שָׁא֔וּל וְשָׁא֣וּל וַאֲנָשָׁ֗יו עֹֽטְרִ֛ים אֶל־דָּוִ֥ד
כז וְאֶל־אֲנָשָׁ֖יו לְתָפְשָֽׂם׃ וּמַלְאָ֣ךְ בָּ֔א אֶל־שָׁא֖וּל לֵאמֹ֑ר מַהֲרָ֣ה
כח וְלֵ֔כָה כִּֽי־פָשְׁט֥וּ פְלִשְׁתִּ֖ים עַל־הָאָֽרֶץ׃ וַיָּ֣שָׁב שָׁא֗וּל מִרְדֹף֙
אַחֲרֵ֣י דָוִ֔ד וַיֵּ֖לֶךְ לִקְרַ֣את פְּלִשְׁתִּ֑ים עַל־כֵּ֗ן קָֽרְאוּ֙ לַמָּק֣וֹם
כט הַה֔וּא סֶ֖לַע הַֽמַּחְלְקֽוֹת׃ וַיַּ֥עַל דָּוִ֖ד מִשָּׁ֑ם וַיֵּ֖שֶׁב בִּמְצָד֥וֹת עֵין־
כד א גֶּֽדִי׃ וַיְהִ֗י כַּאֲשֶׁר֙ שָׁ֣ב שָׁא֔וּל מֵאַחֲרֵ֖י פְּלִשְׁתִּ֑ים
ב וַיַּגִּ֤דוּ לוֹ֙ לֵאמֹ֔ר הִנֵּ֣ה דָוִ֔ד בְּמִדְבַּ֖ר עֵ֥ין גֶּֽדִי׃ וַיִּקַּ֣ח
שָׁא֗וּל שְׁלֹ֧שֶׁת אֲלָפִ֛ים אִ֥ישׁ בָּח֖וּר מִכָּל־יִשְׂרָאֵ֑ל וַיֵּ֗לֶךְ לְבַקֵּ֤שׁ
ג אֶת־דָּוִד֙ וַאֲנָשָׁ֔יו עַל־פְּנֵ֖י צוּרֵ֥י הַיְּעֵלִֽים׃ וַ֠יָּבֹא אֶל־גִּדְר֨וֹת הַצֹּ֤אן
עַל־הַדֶּ֙רֶךְ֙ וְשָׁ֣ם מְעָרָ֔ה וַיָּבֹ֥א שָׁא֖וּל לְהָסֵ֣ךְ אֶת־רַגְלָ֑יו וְדָוִד֙
ד וַאֲנָשָׁ֔יו בְּיַרְכְּתֵ֥י הַמְּעָרָ֖ה יֹשְׁבִֽים׃ וַיֹּ֨אמְר֜וּ אַנְשֵׁ֨י דָוִ֜ד אֵלָ֗יו הִנֵּ֨ה
הַיּ֜וֹם אֲֽשֶׁר־אָמַ֧ר יְהוָ֣ה אֵלֶ֗יךָ הִנֵּ֨ה אָנֹכִ֜י נֹתֵ֤ן אֶת־איביך֙ בְּיָדֶ֔ךָ אֹיִבְךָ֙
וְעָשִׂ֣יתָ לּ֔וֹ כַּאֲשֶׁ֖ר יִטַ֣ב בְּעֵינֶ֑יךָ וַיָּ֣קָם דָּוִ֗ד וַיִּכְרֹ֛ת אֶת־כְּנַף־
ה הַמְּעִ֥יל אֲשֶׁר־לְשָׁא֖וּל בַּלָּֽט׃ וַֽיְהִי֙ אַחֲרֵי־כֵ֔ן וַיַּ֥ךְ לֵב־דָּוִ֖ד אֹת֑וֹ
ו עַ֚ל אֲשֶׁ֣ר כָּרַ֔ת אֶת־כָּנָ֖ף אֲשֶׁ֥ר לְשָׁאֽוּל׃ וַיֹּ֨אמֶר לַאֲנָשָׁ֜יו חָלִ֧ילָה
לִּ֣י מֵיְהוָ֗ה אִם־אֶעֱשֶׂ֨ה אֶת־הַדָּבָ֜ר הַזֶּ֤ה לַֽאדֹנִי֙ לִמְשִׁ֣יחַ יְהוָ֔ה
ז לִשְׁלֹ֥חַ יָדִ֖י בּ֑וֹ כִּֽי־מְשִׁ֥יחַ יְהוָ֖ה הֽוּא׃ וַיְשַׁסַּ֨ע דָּוִ֤ד אֶת־אֲנָשָׁיו֙
בַּדְּבָרִ֔ים וְלֹ֥א נְתָנָ֖ם לָק֣וּם אֶל־שָׁא֑וּל וְשָׁא֛וּל קָ֥ם מֵהַמְּעָרָ֖ה
ח וַיֵּ֥לֶךְ בַּדָּֽרֶךְ׃ וַיָּ֨קָם דָּוִ֜ד אַחֲרֵי־כֵ֗ן וַיֵּצֵא֙ מן המערה מֵהַמְּעָרָ֔ה
וַיִּקְרָ֧א אַחֲרֵֽי־שָׁא֛וּל לֵאמֹ֖ר אֲדֹנִ֣י הַמֶּ֑לֶךְ וַיַּבֵּ֤ט שָׁאוּל֙ אַחֲרָ֔יו
ט וַיִּקֹּ֨ד דָּוִ֥ד אַפַּ֛יִם אַ֖רְצָה וַיִּשְׁתָּֽחוּ׃ וַיֹּ֤אמֶר דָּוִד֙ לְשָׁא֔וּל לָ֣מָּה
י תִשְׁמַ֔ע אֶת־דִּבְרֵ֥י אָדָ֖ם לֵאמֹ֑ר הִנֵּ֣ה דָוִ֔ד מְבַקֵּ֖שׁ רָעָתֶֽךָ׃ הִנֵּה֩
הַיּ֨וֹם הַזֶּ֜ה רָא֣וּ עֵינֶ֗יךָ אֵ֣ת אֲשֶׁר־נְתָנְךָ֩ יְהוָ֨ה ׀ הַיּ֤וֹם ׀ בְּיָדִי֙
בַּמְּעָרָ֔ה וְאָמַ֣ר לַהֲרָגְךָ֔ וַתָּ֖חָס עָלֶ֑יךָ וָאֹמַ֗ר לֹֽא־אֶשְׁלַ֤ח יָדִי֙ בַּֽאדֹנִ֔י
יא כִּֽי־מְשִׁ֥יחַ יְהוָ֖ה הֽוּא׃ וְאָבִי֙ רְאֵ֔ה גַּ֗ם רְאֵ֛ה אֶת־כְּנַ֥ף מְעִילְךָ֖ בְּיָדִ֑י

כִּי בְּכָרְתִי אֶת־כְּנַף מְעִילְךָ וְלֹא הֲרַגְתִּיךָ דַּע וּרְאֵה כִּי אֵין בְּיָדִי
רָעָה וָפֶשַׁע וְלֹא־חָטָאתִי לָךְ וְאַתָּה צֹדֶה אֶת־נַפְשִׁי לְקַחְתָּהּ׃
יִשְׁפֹּט יְהוָה בֵּינִי וּבֵינֶךָ וּנְקָמַנִי יְהוָה מִמֶּךָּ וְיָדִי לֹא תִהְיֶה־בָּךְ׃ יב
כַּאֲשֶׁר יֹאמַר מְשַׁל הַקַּדְמֹנִי מֵרְשָׁעִים יֵצֵא רֶשַׁע וְיָדִי לֹא יג
תִהְיֶה־בָּךְ׃ אַחֲרֵי מִי יָצָא מֶלֶךְ יִשְׂרָאֵל אַחֲרֵי מִי אַתָּה רֹדֵף יד
אַחֲרֵי כֶּלֶב מֵת אַחֲרֵי פַּרְעֹשׁ אֶחָד׃ וְהָיָה יְהוָה לְדַיָּן וְשָׁפַט בֵּינִי טו
וּבֵינֶךָ וְיֵרֶא וְיָרֵב אֶת־רִיבִי וְיִשְׁפְּטֵנִי מִיָּדֶךָ׃ וַיְהִי ׀ טז
כְּכַלּוֹת דָּוִד לְדַבֵּר אֶת־הַדְּבָרִים הָאֵלֶּה אֶל־שָׁאוּל וַיֹּאמֶר
שָׁאוּל הֲקֹלְךָ זֶה בְּנִי דָוִד וַיִּשָּׂא שָׁאוּל קֹלוֹ וַיֵּבְךְּ׃ וַיֹּאמֶר אֶל־ יז
דָּוִד צַדִּיק אַתָּה מִמֶּנִּי כִּי אַתָּה גְּמַלְתַּנִי הַטּוֹבָה וַאֲנִי גְּמַלְתִּיךָ
הָרָעָה׃ וְאַתְּ הִגַּדְתָּ הַיּוֹם אֵת אֲשֶׁר־עָשִׂיתָה אִתִּי טוֹבָה אֵת יח
אֲשֶׁר סִגְּרַנִי יְהוָה בְּיָדְךָ וְלֹא הֲרַגְתָּנִי׃ וְכִי־יִמְצָא אִישׁ אֶת־ יט
אֹיְבוֹ וְשִׁלְּחוֹ בְּדֶרֶךְ טוֹבָה וַיהוָה יְשַׁלֶּמְךָ טוֹבָה תַּחַת הַיּוֹם הַזֶּה
טז אֲשֶׁר עָשִׂיתָה לִי׃ וְעַתָּה הִנֵּה יָדַעְתִּי כִּי מָלֹךְ תִּמְלוֹךְ וְקָמָה כ
בְּיָדְךָ מַמְלֶכֶת יִשְׂרָאֵל׃ וְעַתָּה הִשָּׁבְעָה לִּי בַּיהוָה אִם־תַּכְרִית כא
אֶת־זַרְעִי אַחֲרָי וְאִם־תַּשְׁמִיד אֶת־שְׁמִי מִבֵּית אָבִי׃ וַיִּשָּׁבַע כב
דָּוִד לְשָׁאוּל וַיֵּלֶךְ שָׁאוּל אֶל־בֵּיתוֹ וְדָוִד וַאֲנָשָׁיו עָלוּ עַל־
הַמְּצוּדָה׃ וַיָּמָת שְׁמוּאֵל וַיִּקָּבְצוּ כָל־יִשְׂרָאֵל א כה
וַיִּסְפְּדוּ־לוֹ וַיִּקְבְּרֻהוּ בְּבֵיתוֹ בָּרָמָה וַיָּקָם דָּוִד וַיֵּרֶד אֶל־מִדְבַּר
פָּארָן׃ וְאִישׁ בְּמָעוֹן וּמַעֲשֵׂהוּ בַכַּרְמֶל וְהָאִישׁ ב
גָּדוֹל מְאֹד וְלוֹ צֹאן שְׁלֹשֶׁת־אֲלָפִים וְאֶלֶף עִזִּים וַיְהִי בִּגְזֹז אֶת־
צֹאנוֹ בַּכַּרְמֶל׃ וְשֵׁם הָאִישׁ נָבָל וְשֵׁם אִשְׁתּוֹ אֲבִגָיִל וְהָאִשָּׁה ג
טוֹבַת־שֶׂכֶל וִיפַת תֹּאַר וְהָאִישׁ קָשֶׁה וְרַע מַעֲלָלִים וְהוּא
כָלִבִּי כלבו׃ וַיִּשְׁמַע דָּוִד בַּמִּדְבָּר כִּי־גֹזֵז נָבָל אֶת־צֹאנוֹ׃ וַיִּשְׁלַח דָּוִד ד ה
עֲשָׂרָה נְעָרִים וַיֹּאמֶר דָּוִד לַנְּעָרִים עֲלוּ כַרְמֶלָה וּבָאתֶם אֶל־
נָבָל וּשְׁאֶלְתֶּם־לוֹ בִשְׁמִי לְשָׁלוֹם׃ וַאֲמַרְתֶּם כֹּה לֶחָי וְאַתָּה ו
שָׁלוֹם וּבֵיתְךָ שָׁלוֹם וְכֹל אֲשֶׁר־לְךָ שָׁלוֹם׃ וְעַתָּה שָׁמַעְתִּי כִּי ז

גזזים לך עתה הרעים אשר־לך היו עמנו לא הכלמנום ולא־
ח נפקד להם מאומה כל־ימי היותם בכרמל: שאל את־
נעריך ויגידו לך וימצאו הנערים חן בעיניך כי־על־יום טוב
בנו תנה־נא את אשר תמצא ידך לעבדיך ולבנך לדוד: באנו
ט ויבאו נערי דוד וידברו אל־נבל ככל־הדברים האלה בשם
י דוד וינוחו: ויען נבל את־עבדי דוד ויאמר מי דוד ומי בן־
יא ישי היום רבו עבדים המתפרצים איש מפני אדניו: ולקחתי
את־לחמי ואת־מימי ואת טבחתי אשר טבחתי לגזזי ונתתי
יב לאנשים אשר לא ידעתי אי מזה המה: ויהפכו נערי־דוד
יג לדרכם וישבו ויבאו ויגדו לו ככל הדברים האלה: ויאמר
דוד לאנשיו חגרו ׀ איש את־חרבו ויחגרו איש את־חרבו
ויחגר גם־דוד את־חרבו ויעלו ׀ אחרי דוד כארבע מאות
יד איש ומאתים ישבו על־הכלים: ולאביגיל אשת נבל הגיד
נער־אחד מהנערים לאמר הנה שלח דוד מלאכים ׀
טו מהמדבר לברך את־אדנינו ויעט בהם: והאנשים טבים לנו
מאד ולא הכלמנו ולא־פקדנו מאומה כל־ימי התהלכנו
טז אתם בהיותנו בשדה: חומה היו עלינו גם־לילה גם־יומם
יז כל־ימי היותנו עמם רעים הצאן: ועתה דעי וראי מה־תעשי
כי־כלתה הרעה אל־אדנינו ועל־כל־ביתו והוא בן־בליעל
יח מדבר אליו: ותמהר אבוגיל ותקח מאתים לחם ושנים נבלי־ אביגיל
יין וחמש צאן עשוות וחמש סאים קלי ומאה צמקים עשויות
יט ומאתים דבלים ותשם על־החמרים: ותאמר לנעריה עברו
כ לפני הנני אחריכם באה ולאישה נבל לא הגידה: והיה היא ׀
רכבת על־החמור וירדת בסתר ההר והנה דוד ואנשיו
כא ירדים לקראתה ותפגש אתם: ודוד אמר אך לשקר שמרתי
את־כל־אשר לזה במדבר ולא־נפקד מכל־אשר־לו מאומה
כב וישב־לי רעה תחת טובה: כה־יעשה אלהים לאיבי דוד וכה

יֹסִיף אִם־אַשְׁאִיר מִכָּל־אֲשֶׁר־לוֹ עַד־אוֹר הַבֹּקֶר מַשְׁתִּין
בְּקִיר׃ וַתֵּרֶא אֲבִיגַיִל אֶת־דָּוִד וַתְּמַהֵר וַתֵּרֶד מֵעַל הַחֲמוֹר כג
וַתִּפֹּל לְאַפֵּי דָוִד עַל־פָּנֶיהָ וַתִּשְׁתַּחוּ אָרֶץ׃ וַתִּפֹּל עַל־רַגְלָיו כד
וַתֹּאמֶר בִּי־אֲנִי אֲדֹנִי הֶעָוֺן וּתְדַבֶּר־נָא אֲמָתְךָ בְּאָזְנֶיךָ וּשְׁמַע
אֵת דִּבְרֵי אֲמָתֶךָ׃ אַל־נָא יָשִׂים אֲדֹנִי ׀ אֶת־לִבּוֹ אֶל־אִישׁ כה
הַבְּלִיַּעַל הַזֶּה עַל־נָבָל כִּי כִשְׁמוֹ כֶּן־הוּא נָבָל שְׁמוֹ וּנְבָלָה
עִמּוֹ וַאֲנִי אֲמָתְךָ לֹא רָאִיתִי אֶת־נַעֲרֵי אֲדֹנִי אֲשֶׁר שָׁלָחְתָּ׃
וְעַתָּה אֲדֹנִי חַי־יהוה וְחֵי־נַפְשְׁךָ אֲשֶׁר מְנָעֲךָ יהוה מִבּוֹא כו
בְדָמִים וְהוֹשֵׁעַ יָדְךָ לָךְ וְעַתָּה יִהְיוּ כְנָבָל אֹיְבֶיךָ וְהַמְבַקְשִׁים
אֶל־אֲדֹנִי רָעָה׃ וְעַתָּה הַבְּרָכָה הַזֹּאת אֲשֶׁר־הֵבִיא שִׁפְחָתְךָ כז
לַאדֹנִי וְנִתְּנָה לַנְּעָרִים הַמִּתְהַלְּכִים בְּרַגְלֵי אֲדֹנִי׃ שָׂא נָא כח
לְפֶשַׁע אֲמָתֶךָ כִּי־עָשֹׂה יַעֲשֶׂה יהוה לַאדֹנִי בַּיִת נֶאֱמָן כִּי־
מִלְחֲמוֹת יהוה אֲדֹנִי נִלְחָם וְרָעָה לֹא־תִמָּצֵא בְךָ מִיָּמֶיךָ׃ וַיָּקָם כט
אָדָם לִרְדָפְךָ וּלְבַקֵּשׁ אֶת־נַפְשֶׁךָ וְהָיְתָה נֶפֶשׁ אֲדֹנִי צְרוּרָה ׀
בִּצְרוֹר הַחַיִּים אֵת יהוה אֱלֹהֶיךָ וְאֵת נֶפֶשׁ אֹיְבֶיךָ יְקַלְּעֶנָּה
בְּתוֹךְ כַּף הַקָּלַע׃ וְהָיָה כִּי־יַעֲשֶׂה יהוה לַאדֹנִי כְּכֹל אֲשֶׁר־ ל
דִּבֶּר אֶת־הַטּוֹבָה עָלֶיךָ וְצִוְּךָ לְנָגִיד עַל־יִשְׂרָאֵל׃ וְלֹא לא
תִהְיֶה זֹאת ׀ לְךָ לְפוּקָה וּלְמִכְשׁוֹל לֵב לַאדֹנִי וְלִשְׁפָּךְ־דָּם
חִנָּם וּלְהוֹשִׁיעַ אֲדֹנִי לוֹ וְהֵיטִב יהוה לַאדֹנִי וְזָכַרְתָּ אֶת־
אֲמָתֶךָ׃ וַיֹּאמֶר דָּוִד לַאֲבִיגַל בָּרוּךְ יהוה אֱלֹהֵי לב
יז יִשְׂרָאֵל אֲשֶׁר שְׁלָחֵךְ הַיּוֹם הַזֶּה לִקְרָאתִי׃ וּבָרוּךְ טַעְמֵךְ לג
וּבְרוּכָה אָתְּ אֲשֶׁר כְּלִתִנִי הַיּוֹם הַזֶּה מִבּוֹא בְדָמִים וְהֹשֵׁעַ יָדִי
לִי׃ וְאוּלָם חַי־יהוה אֱלֹהֵי יִשְׂרָאֵל אֲשֶׁר מְנָעַנִי מֵהָרַע אֹתָךְ לד
וַתָּבֹאת כִּי ׀ לוּלֵי מִהַרְתְּ ותבאתי לִקְרָאתִי כִּי אִם־נוֹתַר לְנָבָל עַד־
אוֹר הַבֹּקֶר מַשְׁתִּין בְּקִיר׃ וַיִּקַּח דָּוִד מִיָּדָהּ אֵת אֲשֶׁר־הֵבִיאָה לה
לוֹ וְלָהּ אָמַר עֲלִי לְשָׁלוֹם לְבֵיתֵךְ רְאִי שָׁמַעְתִּי בְקוֹלֵךְ וָאֶשָּׂא
פָּנָיִךְ׃ וַתָּבֹא אֲבִיגַיִל ׀ אֶל־נָבָל וְהִנֵּה־לוֹ מִשְׁתֶּה בְּבֵיתוֹ לו

כְּמִשְׁתֵּה הַמֶּלֶךְ וְלֵב נָבָל טוֹב עָלָיו וְהוּא שִׁכֹּר עַד־מְאֹד וְלֹא־
לז הִגִּידָה לּוֹ דָּבָר קָטֹן וְגָדוֹל עַד־אוֹר הַבֹּקֶר׃ וַיְהִי בַבֹּקֶר בְּצֵאת
הַיַּיִן מִנָּבָל וַתַּגֶּד־לוֹ אִשְׁתּוֹ אֶת־הַדְּבָרִים הָאֵלֶּה וַיָּמָת לִבּוֹ
לח בְּקִרְבּוֹ וְהוּא הָיָה לְאָבֶן׃ וַיְהִי כַּעֲשֶׂרֶת הַיָּמִים וַיִּגֹּף יְהוָה אֶת־
לט נָבָל וַיָּמֹת׃ וַיִּשְׁמַע דָּוִד כִּי־מֵת נָבָל וַיֹּאמֶר בָּרוּךְ יְהוָה אֲשֶׁר
רָב אֶת־רִיב חֶרְפָּתִי מִיַּד נָבָל וְאֶת־עַבְדּוֹ חָשַׂךְ מֵרָעָה וְאֵת
רָעַת נָבָל הֵשִׁיב יְהוָה בְּרֹאשׁוֹ וַיִּשְׁלַח דָּוִד וַיְדַבֵּר בַּאֲבִיגַיִל
מ לְקַחְתָּהּ לוֹ לְאִשָּׁה׃ וַיָּבֹאוּ עַבְדֵי דָוִד אֶל־אֲבִיגַיִל הַכַּרְמֶלָה
וַיְדַבְּרוּ אֵלֶיהָ לֵאמֹר דָּוִד שְׁלָחָנוּ אֵלַיִךְ לְקַחְתֵּךְ לוֹ לְאִשָּׁה׃
מא וַתָּקָם וַתִּשְׁתַּחוּ אַפַּיִם אָרְצָה וַתֹּאמֶר הִנֵּה אֲמָתְךָ לְשִׁפְחָה
מב לִרְחֹץ רַגְלֵי עַבְדֵי אֲדֹנִי׃ וַתְּמַהֵר וַתָּקָם אֲבִיגַיִל וַתִּרְכַּב עַל־
הַחֲמוֹר וְחָמֵשׁ נַעֲרֹתֶיהָ הַהֹלְכוֹת לְרַגְלָהּ וַתֵּלֶךְ אַחֲרֵי מַלְאֲכֵי
מג דָוִד וַתְּהִי־לוֹ לְאִשָּׁה׃ וְאֶת־אֲחִינֹעַם לָקַח דָּוִד מִיִּזְרְעֶאל
מד וַתִּהְיֶיןָ גַּם־שְׁתֵּיהֶן לוֹ לְנָשִׁים׃ וְשָׁאוּל נָתַן אֶת־
כו א מִיכַל בִּתּוֹ אֵשֶׁת דָּוִד לְפַלְטִי בֶן־לַיִשׁ אֲשֶׁר מִגַּלִּים׃ וַיָּבֹאוּ
הַזִּפִים אֶל־שָׁאוּל הַגִּבְעָתָה לֵאמֹר הֲלוֹא דָוִד מִסְתַּתֵּר בְּגִבְעַת
ב הַחֲכִילָה עַל פְּנֵי הַיְשִׁימֹן׃ וַיָּקָם שָׁאוּל וַיֵּרֶד אֶל־מִדְבַּר־זִיף
וְאִתּוֹ שְׁלֹשֶׁת־אֲלָפִים אִישׁ בְּחוּרֵי יִשְׂרָאֵל לְבַקֵּשׁ אֶת־דָּוִד
ג בְּמִדְבַּר־זִיף׃ וַיִּחַן שָׁאוּל בְּגִבְעַת הַחֲכִילָה אֲשֶׁר עַל־פְּנֵי
הַיְשִׁימֹן עַל־הַדָּרֶךְ וְדָוִד יֹשֵׁב בַּמִּדְבָּר וַיַּרְא כִּי בָא שָׁאוּל
ד אַחֲרָיו הַמִּדְבָּרָה׃ וַיִּשְׁלַח דָּוִד מְרַגְּלִים וַיֵּדַע כִּי־בָא שָׁאוּל אֶל־
ה נָכוֹן׃ וַיָּקָם דָּוִד וַיָּבֹא אֶל־הַמָּקוֹם אֲשֶׁר חָנָה־שָׁם שָׁאוּל וַיַּרְא
דָּוִד אֶת־הַמָּקוֹם אֲשֶׁר שָׁכַב־שָׁם שָׁאוּל וְאַבְנֵר בֶּן־נֵר שַׂר־
ו צְבָאוֹ וְשָׁאוּל שֹׁכֵב בַּמַּעְגָּל וְהָעָם חֹנִים סְבִיבֹתָו׃ וַיַּעַן דָּוִד
וַיֹּאמֶר ׀ אֶל־אֲחִימֶלֶךְ הַחִתִּי וְאֶל־אֲבִישַׁי בֶּן־צְרוּיָה אֲחִי יוֹאָב
לֵאמֹר מִי־יֵרֵד אִתִּי אֶל־שָׁאוּל אֶל־הַמַּחֲנֶה וַיֹּאמֶר אֲבִישַׁי אֲנִי
ז אֵרֵד עִמָּךְ׃ וַיָּבֹא דָוִד וַאֲבִישַׁי ׀ אֶל־הָעָם לַיְלָה וְהִנֵּה שָׁאוּל

שכב ישן במעגל וחניתו מעוכה בארץ מראשתו ואבנר
והעם שכבים סביבתו: ויאמר אבישי אל־דוד ח
סגר אלהים היום את־איבך בידך ועתה אכנו נא בחנית
ובארץ פעם אחת ולא אשנה לו: ויאמר דוד אל־אבישי אל־ ט
תשחיתהו כי מי שלח ידו במשיח יהוה ונקה: ויאמר דוד חי־ י
יהוה כי אם־יהוה יגפנו או־יומו יבוא ומת או במלחמה ירד
ונספה: חלילה לי מיהוה משלח ידי במשיח יהוה ועתה קח־ יא
נא את־החנית אשר מראשתו ואת־צפחת המים ונלכה־
לנו: ויקח דוד את־החנית ואת־צפחת המים מראשתי יב
שאול וילכו להם ואין ראה ואין יודע ואין מקיץ כי כלם
ישנים כי תרדמת יהוה נפלה עליהם: ויעבר דוד העבר יג
ויעמד על־ראש־ההר מרחק רב המקום ביניהם: ויקרא דוד יד
אל־העם ואל־אבנר בן־נר לאמר הלוא תענה אבנר ויען
אבנר ויאמר מי אתה קראת אל־המלך: ויאמר דוד אל־ טו
אבנר הלוא־איש אתה ומי כמוך בישראל ולמה לא שמרת
אל־אדניך המלך כי־בא אחד העם להשחית את־המלך
אדניך: לא־טוב הדבר הזה אשר עשית חי־יהוה כי בני־מות טז
אתם אשר לא־שמרתם על־אדניכם על־משיח יהוה ועתה ׀
ראה אי־חנית המלך ואת־צפחת המים אשר מראשתו: ויכר יז
שאול את־קול דוד ויאמר הקולך זה בני דוד ויאמר דוד
קולי אדני המלך: ויאמר למה זה אדני רדף אחרי עבדו כי יח
מה עשיתי ומה־בידי רעה: ועתה ישמע־נא אדני המלך את יט
דברי עבדו אם־יהוה הסיתך בי ירח מנחה ואם ׀ בני האדם
ארורים הם לפני יהוה כי־גרשוני היום מהסתפח בנחלת יהוה
לאמר לך עבד אלהים אחרים: ועתה אל־יפל דמי ארצה כ
מנגד פני יהוה כי־יצא מלך ישראל לבקש את־פרעש אחד
כאשר ירדף הקרא בהרים: ויאמר שאול חטאתי שוב בני־ כא

דָּוִד כִּי לֹא־אָרַע לְךָ עוֹד תַּחַת אֲשֶׁר יָקְרָה נַפְשִׁי בְּעֵינֶיךָ הַיּוֹם
כב הַזֶּה הִנֵּה הִסְכַּלְתִּי וָאֶשְׁגֶּה הַרְבֵּה מְאֹד׃ וַיַּעַן דָּוִד וַיֹּאמֶר הִנֵּה
כג החנית הַמֶּלֶךְ וְיַעֲבֹר אֶחָד מֵהַנְּעָרִים וְיִקָּחֶהָ׃ וַיהוָה יָשִׁיב חֲנִית
לָאִישׁ אֶת־צִדְקָתוֹ וְאֶת־אֱמֻנָתוֹ אֲשֶׁר נְתָנְךָ יְהוָה ׀ הַיּוֹם בְּיָד
כד וְלֹא אָבִיתִי לִשְׁלֹחַ יָדִי בִּמְשִׁיחַ יְהוָה׃ וְהִנֵּה כַּאֲשֶׁר גָּדְלָה
נַפְשְׁךָ הַיּוֹם הַזֶּה בְּעֵינָי כֵּן תִּגְדַּל נַפְשִׁי בְּעֵינֵי יְהוָה וְיַצִּלֵנִי
כה מִכָּל־צָרָה׃ וַיֹּאמֶר שָׁאוּל אֶל־דָּוִד בָּרוּךְ אַתָּה בְּנִי דָוִד גַּם יח
עָשֹׂה תַעֲשֶׂה וְגַם יָכֹל תּוּכָל וַיֵּלֶךְ דָּוִד לְדַרְכּוֹ וְשָׁאוּל שָׁב
כז א לִמְקוֹמוֹ׃ וַיֹּאמֶר דָּוִד אֶל־לִבּוֹ עַתָּה אֶסָּפֶה יוֹם־
אֶחָד בְּיַד־שָׁאוּל אֵין־לִי טוֹב כִּי הִמָּלֵט אִמָּלֵט ׀ אֶל־אֶרֶץ
פְּלִשְׁתִּים וְנוֹאַשׁ מִמֶּנִּי שָׁאוּל לְבַקְשֵׁנִי עוֹד בְּכָל־גְּבוּל יִשְׂרָאֵל
ב וְנִמְלַטְתִּי מִיָּדוֹ׃ וַיָּקָם דָּוִד וַיַּעֲבֹר הוּא וְשֵׁשׁ־מֵאוֹת אִישׁ אֲשֶׁר
ג עִמּוֹ אֶל־אָכִישׁ בֶּן־מָעוֹךְ מֶלֶךְ גַּת׃ וַיֵּשֶׁב דָּוִד עִם־אָכִישׁ בְּגַת
הוּא וַאֲנָשָׁיו אִישׁ וּבֵיתוֹ דָּוִד וּשְׁתֵּי נָשָׁיו אֲחִינֹעַם הַיִּזְרְעֵאלִת
ד וַאֲבִיגַיִל אֵשֶׁת־נָבָל הַכַּרְמְלִית׃ וַיֻּגַּד לְשָׁאוּל כִּי־בָרַח דָּוִד גַּת
ה ולא־יוסף עוֹד לְבַקְשׁוֹ׃ וַיֹּאמֶר דָּוִד אֶל־אָכִישׁ יָסַף
אִם־נָא מָצָאתִי חֵן בְּעֵינֶיךָ יִתְּנוּ־לִי מָקוֹם בְּאַחַת עָרֵי הַשָּׂדֶה
ו וְאֵשְׁבָה שָּׁם וְלָמָּה יֵשֵׁב עַבְדְּךָ בְּעִיר הַמַּמְלָכָה עִמָּךְ׃ וַיִּתֶּן־לוֹ
אָכִישׁ בַּיּוֹם הַהוּא אֶת־צִקְלָג לָכֵן הָיְתָה צִקְלַג לְמַלְכֵי יְהוּדָה
ז עַד הַיּוֹם הַזֶּה׃ וַיְהִי מִסְפַּר הַיָּמִים אֲשֶׁר־יָשַׁב
ח דָּוִד בִּשְׂדֵה פְלִשְׁתִּים יָמִים וְאַרְבָּעָה חֳדָשִׁים׃ וַיַּעַל דָּוִד וַאֲנָשָׁיו
וַיִּפְשְׁטוּ אֶל־הַגְּשׁוּרִי והגרזי וְהָעֲמָלֵקִי כִּי הֵנָּה יֹשְׁבוֹת הָאָרֶץ וְהַגִּזְרִי
ט אֲשֶׁר מֵעוֹלָם בּוֹאֲךָ שׁוּרָה וְעַד־אֶרֶץ מִצְרָיִם׃ וְהִכָּה דָוִד אֶת־
הָאָרֶץ וְלֹא יְחַיֶּה אִישׁ וְאִשָּׁה וְלָקַח צֹאן וּבָקָר וַחֲמֹרִים וּגְמַלִּים
י וּבְגָדִים וַיָּשָׁב וַיָּבֹא אֶל־אָכִישׁ׃ וַיֹּאמֶר אָכִישׁ אַל־פְּשַׁטְתֶּם
הַיּוֹם וַיֹּאמֶר דָּוִד עַל־נֶגֶב יְהוּדָה וְעַל־נֶגֶב הַיְּרַחְמְאֵלִי וְאֶל־
יא נֶגֶב הַקֵּינִי׃ וְאִישׁ וְאִשָּׁה לֹא־יְחַיֶּה דָוִד לְהָבִיא גַת לֵאמֹר פֶּן־

יגדו עלינו לאמר כה־עשה דוד וכה משפטו כל־הימים אשר
ישב בשדה פלשתים: ויאמן אכיש בדוד לאמר הבאש יב
הבאיש בעמו בישראל והיה לי לעבד עולם: ויהי א כח
בימים ההם ויקבצו פלשתים את־מחניהם לצבא להלחם
בישראל ויאמר אכיש אל־דוד ידע תדע כי אתי תצא
במחנה אתה ואנשיך: ויאמר דוד אל־אכיש לכן אתה ב
תדע את אשר־יעשה עבדך ויאמר אכיש אל־דוד לכן
שמר לראשי אשימך כל־הימים:
ושמואל מת ויספדו־לו כל־ישראל ויקברהו ברמה ובעירו ג
ושאול הסיר האבות ואת־הידענים מהארץ: ויקבצו ד
פלשתים ויבאו ויחנו בשונם ויקבץ שאול את־כל־ישראל
ויחנו בגלבע: וירא שאול את־מחנה פלשתים ויירא ויחרד ה
לבו מאד: וישאל שאול ביהוה ולא ענהו יהוה גם בחלמות ו
גם באורים גם בנביאם: ויאמר שאול לעבדיו בקשו־לי אשת ז
בעלת־אוב ואלכה אליה ואדרשה־בה ויאמרו עבדיו אליו
הנה אשת בעלת־אוב בעין דור: ויתחפש שאול וילבש ח
בגדים אחרים וילך הוא ושני אנשים עמו ויבאו אל־האשה
קסמי־ לילה ויאמר קסומי־נא לי באוב והעלי לי את אשר־אמר
אליך: ותאמר האשה אליו הנה אתה ידעת את אשר־עשה ט
שאול אשר הכרית את־האבות ואת־הידעני מן־הארץ
ולמה אתה מתנקש בנפשי להמיתני: וישבע לה שאול י
ביהוה לאמר חי־יהוה אם־יקרך עון בדבר הזה: ותאמר יא
האשה את־מי אעלה־לך ויאמר את־שמואל העלי־לי:
ותרא האשה את־שמואל ותזעק בקול גדול ותאמר האשה יב
אל־שאול ׀ לאמר למה רמיתני ואתה שאול: ויאמר לה יג
המלך אל־תיראי כי מה ראית ותאמר האשה אל־שאול
אלהים ראיתי עלים מן־הארץ: ויאמר לה מה־תארו ותאמר יד

אִישׁ זָקֵן עֹלֶה וְהוּא עֹטֶה מְעִיל וַיֵּדַע שָׁאוּל כִּי־שְׁמוּאֵל הוּא
טו וַיִּקֹּד אַפַּיִם אַרְצָה וַיִּשְׁתָּחוּ׃ וַיֹּאמֶר שְׁמוּאֵל
אֶל־שָׁאוּל לָמָּה הִרְגַּזְתַּנִי לְהַעֲלוֹת אֹתִי וַיֹּאמֶר שָׁאוּל צַר־לִי
מְאֹד וּפְלִשְׁתִּים ׀ נִלְחָמִים בִּי וֵאלֹהִים סָר מֵעָלַי וְלֹא־עָנָנִי עוֹד
גַּם בְּיַד הַנְּבִיאִים גַּם בַּחֲלֹמוֹת וָאֶקְרָאֶה לְךָ לְהוֹדִיעֵנִי מָה
טז אֶעֱשֶׂה׃ וַיֹּאמֶר שְׁמוּאֵל וְלָמָּה תִּשְׁאָלֵנִי וַיהוָה סָר מֵעָלֶיךָ וַיְהִי
יז עָרֶךָ׃ וַיַּעַשׂ יְהוָה לוֹ כַּאֲשֶׁר דִּבֶּר בְּיָדִי וַיִּקְרַע יְהוָה אֶת־
יח הַמַּמְלָכָה מִיָּדֶךָ וַיִּתְּנָהּ לְרֵעֲךָ לְדָוִד׃ כַּאֲשֶׁר לֹא־שָׁמַעְתָּ בְּקוֹל
יְהוָה וְלֹא־עָשִׂיתָ חֲרוֹן־אַפּוֹ בַּעֲמָלֵק עַל־כֵּן הַדָּבָר הַזֶּה עָשָׂה־
יט לְךָ יְהוָה הַיּוֹם הַזֶּה׃ וְיִתֵּן יְהוָה גַּם אֶת־יִשְׂרָאֵל עִמְּךָ בְּיַד־
פְּלִשְׁתִּים וּמָחָר אַתָּה וּבָנֶיךָ עִמִּי גַּם אֶת־מַחֲנֵה יִשְׂרָאֵל יִתֵּן
כ יְהוָה בְּיַד־פְּלִשְׁתִּים׃ וַיְמַהֵר שָׁאוּל וַיִּפֹּל מְלֹא־קוֹמָתוֹ אַרְצָה
וַיִּרָא מְאֹד מִדִּבְרֵי שְׁמוּאֵל גַּם־כֹּחַ לֹא־הָיָה בוֹ כִּי לֹא אָכַל
כא לֶחֶם כָּל־הַיּוֹם וְכָל־הַלָּיְלָה׃ וַתָּבוֹא הָאִשָּׁה אֶל־שָׁאוּל וַתֵּרֶא
כִּי־נִבְהַל מְאֹד וַתֹּאמֶר אֵלָיו הִנֵּה שָׁמְעָה שִׁפְחָתְךָ בְּקוֹלֶךָ
וָאָשִׂים נַפְשִׁי בְּכַפִּי וָאֶשְׁמַע אֶת־דְּבָרֶיךָ אֲשֶׁר דִּבַּרְתָּ אֵלָי׃
כב וְעַתָּה שְׁמַע־נָא גַם־אַתָּה בְּקוֹל שִׁפְחָתֶךָ וְאָשִׂמָה לְפָנֶיךָ
כג פַּת־לֶחֶם וֶאֱכוֹל וִיהִי בְךָ כֹּחַ כִּי תֵלֵךְ בַּדָּרֶךְ׃ וַיְמָאֵן
וַיֹּאמֶר לֹא אֹכַל וַיִּפְרְצוּ־בוֹ עֲבָדָיו וְגַם־הָאִשָּׁה וַיִּשְׁמַע
כד לְקֹלָם וַיָּקָם מֵהָאָרֶץ וַיֵּשֶׁב אֶל־הַמִּטָּה׃ וְלָאִשָּׁה עֵגֶל־מַרְבֵּק יט
בַּבַּיִת וַתְּמַהֵר וַתִּזְבָּחֵהוּ וַתִּקַּח־קֶמַח וַתָּלָשׁ וַתֹּפֵהוּ מַצּוֹת׃
כה וַתַּגֵּשׁ לִפְנֵי־שָׁאוּל וְלִפְנֵי עֲבָדָיו וַיֹּאכֵלוּ וַיָּקֻמוּ וַיֵּלְכוּ בַּלַּיְלָה
כט א הַהוּא׃ וַיִּקְבְּצוּ פְלִשְׁתִּים אֶת־כָּל־מַחֲנֵיהֶם
ב אֲפֵקָה וְיִשְׂרָאֵל חֹנִים בַּעַיִן אֲשֶׁר בְּיִזְרְעֶאל׃ וְסַרְנֵי פְלִשְׁתִּים
עֹבְרִים לְמֵאוֹת וְלַאֲלָפִים וְדָוִד וַאֲנָשָׁיו עֹבְרִים בָּאַחֲרֹנָה
ג עִם־אָכִישׁ׃ וַיֹּאמְרוּ שָׂרֵי פְלִשְׁתִּים מָה הָעִבְרִים הָאֵלֶּה וַיֹּאמֶר
אָכִישׁ אֶל־שָׂרֵי פְלִשְׁתִּים הֲלוֹא־זֶה דָוִד עֶבֶד ׀ שָׁאוּל מֶלֶךְ־

יִשְׂרָאֵל אֲשֶׁר הָיָה אִתִּי זֶה יָמִים אוֹ־זֶה שָׁנִים וְלֹא־מָצָאתִי
בוֹ מְאוּמָה מִיּוֹם נָפְלוֹ עַד־הַיּוֹם הַזֶּה׃ וַיִּקְצְפוּ ד
עָלָיו שָׂרֵי פְלִשְׁתִּים וַיֹּאמְרוּ לוֹ שָׂרֵי פְלִשְׁתִּים הָשֵׁב אֶת־
הָאִישׁ וְיָשֹׁב אֶל־מְקוֹמוֹ אֲשֶׁר הִפְקַדְתּוֹ שָׁם וְלֹא־יֵרֵד עִמָּנוּ
בַּמִּלְחָמָה וְלֹא־יִהְיֶה־לָּנוּ לְשָׂטָן בַּמִּלְחָמָה וּבַמֶּה יִתְרַצֶּה זֶה
אֶל־אֲדֹנָיו הֲלוֹא בְּרָאשֵׁי הָאֲנָשִׁים הָהֵם׃ הֲלוֹא־זֶה דָוִד ה
אֲשֶׁר יַעֲנוּ־לוֹ בַּמְּחֹלוֹת לֵאמֹר הִכָּה שָׁאוּל בַּאֲלָפָיו וְדָוִד
בְּרִבְבֹתָו׃ וַיִּקְרָא אָכִישׁ אֶל־דָּוִד וַיֹּאמֶר אֵלָיו ו
חַי־יְהוָה כִּי־יָשָׁר אַתָּה וְטוֹב בְּעֵינַי צֵאתְךָ וּבֹאֲךָ אִתִּי בַּמַּחֲנֶה
כִּי לֹא־מָצָאתִי בְךָ רָעָה מִיּוֹם בֹּאֲךָ אֵלַי עַד־הַיּוֹם הַזֶּה וּבְעֵינֵי
הַסְּרָנִים לֹא־טוֹב אָתָּה׃ וְעַתָּה שׁוּב וְלֵךְ בְּשָׁלוֹם וְלֹא־תַעֲשֶׂה ז
רָע בְּעֵינֵי סַרְנֵי פְלִשְׁתִּים׃ וַיֹּאמֶר דָּוִד אֶל־אָכִישׁ ח
כִּי מֶה עָשִׂיתִי וּמַה־מָּצָאתָ בְעַבְדְּךָ מִיּוֹם אֲשֶׁר הָיִיתִי לְפָנֶיךָ
עַד הַיּוֹם הַזֶּה כִּי לֹא אָבוֹא וְנִלְחַמְתִּי בְּאֹיְבֵי אֲדֹנִי הַמֶּלֶךְ׃
וַיַּעַן אָכִישׁ וַיֹּאמֶר אֶל־דָּוִד יָדַעְתִּי כִּי טוֹב אַתָּה בְּעֵינַי ט
כְּמַלְאַךְ אֱלֹהִים אַךְ שָׂרֵי פְלִשְׁתִּים אָמְרוּ לֹא־יַעֲלֶה עִמָּנוּ
בַּמִּלְחָמָה׃ וְעַתָּה הַשְׁכֵּם בַּבֹּקֶר וְעַבְדֵי אֲדֹנֶיךָ אֲשֶׁר־בָּאוּ אִתָּךְ י
וְהִשְׁכַּמְתֶּם בַּבֹּקֶר וְאוֹר לָכֶם וָלֵכוּ׃ וַיַּשְׁכֵּם דָּוִד הוּא וַאֲנָשָׁיו יא
לָלֶכֶת בַּבֹּקֶר לָשׁוּב אֶל־אֶרֶץ פְּלִשְׁתִּים וּפְלִשְׁתִּים עָלוּ
יִזְרְעֶאל׃ וַיְהִי בְּבֹא דָוִד וַאֲנָשָׁיו צִקְלַג בַּיּוֹם א ל
הַשְּׁלִישִׁי וַעֲמָלֵקִי פָשְׁטוּ אֶל־נֶגֶב וְאֶל־צִקְלַג וַיַּכּוּ אֶת־צִקְלַג
וַיִּשְׂרְפוּ אֹתָהּ בָּאֵשׁ׃ וַיִּשְׁבּוּ אֶת־הַנָּשִׁים אֲשֶׁר־בָּהּ מִקָּטֹן וְעַד־ ב
גָּדוֹל לֹא הֵמִיתוּ אִישׁ וַיִּנְהֲגוּ וַיֵּלְכוּ לְדַרְכָּם׃ וַיָּבֹא דָוִד וַאֲנָשָׁיו ג
אֶל־הָעִיר וְהִנֵּה שְׂרוּפָה בָּאֵשׁ וּנְשֵׁיהֶם וּבְנֵיהֶם וּבְנֹתֵיהֶם נִשְׁבּוּ׃
וַיִּשָּׂא דָוִד וְהָעָם אֲשֶׁר־אִתּוֹ אֶת־קוֹלָם וַיִּבְכּוּ עַד אֲשֶׁר אֵין־ ד
בָּהֶם כֹּחַ לִבְכּוֹת׃ וּשְׁתֵּי נְשֵׁי־דָוִד נִשְׁבּוּ אֲחִינֹעַם הַיִּזְרְעֵלִית ה
וַאֲבִיגַיִל אֵשֶׁת נָבָל הַכַּרְמְלִי׃ וַתֵּצֶר לְדָוִד מְאֹד כִּי־אָמְרוּ הָעָם ו

לְסָקְלוֹ כִּי־מָרָה נֶפֶשׁ כָּל־הָעָם אִישׁ עַל־בָּנָו וְעַל־בְּנֹתָיו
ז וַיִּתְחַזֵּק דָּוִד בַּיהוָה אֱלֹהָיו׃ וַיֹּאמֶר דָּוִד אֶל־
אֶבְיָתָר הַכֹּהֵן בֶּן־אֲחִימֶלֶךְ הַגִּישָׁה־נָּא לִי הָאֵפֹד וַיַּגֵּשׁ אֶבְיָתָר
ח אֶת־הָאֵפֹד אֶל־דָּוִד׃ וַיִּשְׁאַל דָּוִד בַּיהוָה לֵאמֹר אֶרְדֹּף אַחֲרֵי
הַגְּדוּד־הַזֶּה הַאַשִּׂגֶנּוּ וַיֹּאמֶר לוֹ רְדֹף כִּי־הַשֵּׂג תַּשִּׂיג וְהַצֵּל
ט תַּצִּיל׃ וַיֵּלֶךְ דָּוִד הוּא וְשֵׁשׁ־מֵאוֹת אִישׁ אֲשֶׁר אִתּוֹ וַיָּבֹאוּ עַד־
י נַחַל הַבְּשׂוֹר וְהַנּוֹתָרִים עָמָדוּ׃ וַיִּרְדֹּף דָּוִד הוּא וְאַרְבַּע־מֵאוֹת
אִישׁ וַיַּעַמְדוּ מָאתַיִם אִישׁ אֲשֶׁר פִּגְּרוּ מֵעֲבֹר אֶת־נַחַל הַבְּשׂוֹר׃
יא וַיִּמְצְאוּ אִישׁ־מִצְרִי בַּשָּׂדֶה וַיִּקְחוּ אֹתוֹ אֶל־דָּוִד וַיִּתְּנוּ־לוֹ לֶחֶם
יב וַיֹּאכַל וַיַּשְׁקֻהוּ מָיִם׃ וַיִּתְּנוּ־לוֹ פֶלַח דְּבֵלָה וּשְׁנֵי צִמֻּקִים וַיֹּאכַל
וַתָּשָׁב רוּחוֹ אֵלָיו כִּי לֹא־אָכַל לֶחֶם וְלֹא־שָׁתָה מַיִם שְׁלֹשָׁה
יג יָמִים וּשְׁלֹשָׁה לֵילוֹת׃ וַיֹּאמֶר לוֹ דָוִד לְמִי־אַתָּה
וְאֵי מִזֶּה אָתָּה וַיֹּאמֶר נַעַר מִצְרִי אָנֹכִי עֶבֶד לְאִישׁ עֲמָלֵקִי
יד וַיַּעַזְבֵנִי אֲדֹנִי כִּי חָלִיתִי הַיּוֹם שְׁלֹשָׁה׃ אֲנַחְנוּ פָּשַׁטְנוּ נֶגֶב
הַכְּרֵתִי וְעַל־אֲשֶׁר לִיהוּדָה וְעַל־נֶגֶב כָּלֵב וְאֶת־צִקְלַג שָׂרַפְנוּ
טו בָאֵשׁ׃ וַיֹּאמֶר אֵלָיו דָּוִד הֲתוֹרִדֵנִי אֶל־הַגְּדוּד הַזֶּה וַיֹּאמֶר
הִשָּׁבְעָה לִּי בֵאלֹהִים אִם־תְּמִיתֵנִי וְאִם־תַּסְגִּרֵנִי בְּיַד־אֲדֹנִי
טז וְאוֹרִדְךָ אֶל־הַגְּדוּד הַזֶּה׃ וַיֹּרִדֵהוּ וְהִנֵּה נְטֻשִׁים עַל־פְּנֵי כָל־
הָאָרֶץ אֹכְלִים וְשֹׁתִים וְחֹגְגִים בְּכֹל הַשָּׁלָל הַגָּדוֹל אֲשֶׁר לָקְחוּ
יז מֵאֶרֶץ פְּלִשְׁתִּים וּמֵאֶרֶץ יְהוּדָה׃ וַיַּכֵּם דָּוִד מֵהַנֶּשֶׁף וְעַד־הָעֶרֶב
לְמָחֳרָתָם וְלֹא־נִמְלַט מֵהֶם אִישׁ כִּי אִם־אַרְבַּע מֵאוֹת אִישׁ־
יח נַעַר אֲשֶׁר־רָכְבוּ עַל־הַגְּמַלִּים וַיָּנֻסוּ׃ וַיַּצֵּל דָּוִד אֵת כָּל־אֲשֶׁר
יט לָקְחוּ עֲמָלֵק וְאֶת־שְׁתֵּי נָשָׁיו הִצִּיל דָּוִד׃ וְלֹא נֶעְדַּר־לָהֶם מִן־
הַקָּטֹן וְעַד־הַגָּדוֹל וְעַד־בָּנִים וּבָנוֹת וּמִשָּׁלָל וְעַד כָּל־אֲשֶׁר
כ לָקְחוּ לָהֶם הַכֹּל הֵשִׁיב דָּוִד׃ וַיִּקַּח דָּוִד אֶת־כָּל־הַצֹּאן וְהַבָּקָר
כא נָהֲגוּ לִפְנֵי הַמִּקְנֶה הַהוּא וַיֹּאמְרוּ זֶה שְׁלַל דָּוִד׃ וַיָּבֹא דָוִד אֶל־
מָאתַיִם הָאֲנָשִׁים אֲשֶׁר־פִּגְּרוּ ׀ מִלֶּכֶת ׀ אַחֲרֵי דָוִד וַיֹּשִׁבֻם בְּנַחַל

הַבְּשׂוֹר וַיֵּצְאוּ לִקְרַאת דָּוִד וְלִקְרַאת הָעָם אֲשֶׁר אִתּוֹ וַיִּגַּשׁ דָּוִד
כב אֶת־הָעָם וַיִּשְׁאַל לָהֶם לְשָׁלוֹם: וַיַּעַן כָּל־אִישׁ ׀
רָע וּבְלִיַּעַל מֵהָאֲנָשִׁים אֲשֶׁר הָלְכוּ עִם־דָּוִד וַיֹּאמְרוּ יַעַן אֲשֶׁר
לֹא־הָלְכוּ עִמִּי לֹא־נִתֵּן לָהֶם מֵהַשָּׁלָל אֲשֶׁר הִצַּלְנוּ כִּי אִם־
כג אִישׁ אֶת־אִשְׁתּוֹ וְאֶת־בָּנָיו וְיִנְהֲגוּ וְיֵלֵכוּ: וַיֹּאמֶר
דָּוִד לֹא־תַעֲשׂוּ כֵן אֶחָי אֵת אֲשֶׁר־נָתַן יְהוָה לָנוּ וַיִּשְׁמֹר אֹתָנוּ
כד וַיִּתֵּן אֶת־הַגְּדוּד הַבָּא עָלֵינוּ בְּיָדֵנוּ: וּמִי יִשְׁמַע לָכֶם לַדָּבָר
הַזֶּה כִּי כְּחֵלֶק ׀ הוֹרֵד בַּמִּלְחָמָה וּכְחֵלֶק הַיֹּשֵׁב עַל־הַכֵּלִים הַיֹּרֵד
כה יַחְדָּו יַחֲלֹקוּ: וַיְהִי מֵהַיּוֹם הַהוּא וָמָעְלָה וַיְשִׂמֶהָ כ
כו לְחֹק וּלְמִשְׁפָּט לְיִשְׂרָאֵל עַד הַיּוֹם הַזֶּה: וַיָּבֹא
דָוִד אֶל־צִקְלַג וַיְשַׁלַּח מֵהַשָּׁלָל לְזִקְנֵי יְהוּדָה לְרֵעֵהוּ לֵאמֹר
כז הִנֵּה לָכֶם בְּרָכָה מִשְּׁלַל אֹיְבֵי יְהוָה: לַאֲשֶׁר בְּבֵית־אֵל וְלַאֲשֶׁר
כח בְּרָמוֹת־נֶגֶב וְלַאֲשֶׁר בְּיַתִּר: וְלַאֲשֶׁר בַּעֲרֹעֵר וְלַאֲשֶׁר בְּשִׂפְמוֹת
כט וְלַאֲשֶׁר בְּאֶשְׁתְּמֹעַ: וְלַאֲשֶׁר בְּרָכָל וְלַאֲשֶׁר בְּעָרֵי הַיְּרַחְמְאֵלִי
ל וְלַאֲשֶׁר בְּעָרֵי הַקֵּינִי: וְלַאֲשֶׁר בְּחָרְמָה וְלַאֲשֶׁר בְּבוֹר־עָשָׁן
לא וְלַאֲשֶׁר בַּעֲתָךְ: וְלַאֲשֶׁר בְּחֶבְרוֹן וּלְכָל־הַמְּקֹמוֹת אֲשֶׁר־
הִתְהַלֶּךְ־שָׁם דָּוִד הוּא וַאֲנָשָׁיו:

לא א וּפְלִשְׁתִּים נִלְחָמִים בְּיִשְׂרָאֵל וַיָּנֻסוּ אַנְשֵׁי יִשְׂרָאֵל מִפְּנֵי
ב פְּלִשְׁתִּים וַיִּפְּלוּ חֲלָלִים בְּהַר הַגִּלְבֹּעַ: וַיַּדְבְּקוּ פְלִשְׁתִּים אֶת־
שָׁאוּל וְאֶת־בָּנָיו וַיַּכּוּ פְלִשְׁתִּים אֶת־יְהוֹנָתָן וְאֶת־אֲבִינָדָב
ג וְאֶת־מַלְכִּי־שׁוּעַ בְּנֵי שָׁאוּל: וַתִּכְבַּד הַמִּלְחָמָה אֶל־שָׁאוּל
ד וַיִּמְצָאֻהוּ הַמּוֹרִים אֲנָשִׁים בַּקָּשֶׁת וַיָּחֶל מְאֹד מֵהַמּוֹרִים: וַיֹּאמֶר
שָׁאוּל לְנֹשֵׂא כֵלָיו שְׁלֹף חַרְבְּךָ ׀ וְדָקְרֵנִי בָהּ פֶּן־יָבוֹאוּ הָעֲרֵלִים
הָאֵלֶּה וּדְקָרֻנִי וְהִתְעַלְּלוּ־בִי וְלֹא אָבָה נֹשֵׂא כֵלָיו כִּי יָרֵא מְאֹד
ה וַיִּקַּח שָׁאוּל אֶת־הַחֶרֶב וַיִּפֹּל עָלֶיהָ: וַיַּרְא נֹשֵׂא־כֵלָיו כִּי־מֵת
ו שָׁאוּל וַיִּפֹּל גַּם־הוּא עַל־חַרְבּוֹ וַיָּמָת עִמּוֹ: וַיָּמָת שָׁאוּל וּשְׁלֹשֶׁת
ז בָּנָיו וְנֹשֵׂא כֵלָיו גַּם כָּל־אֲנָשָׁיו בַּיּוֹם הַהוּא יַחְדָּו: וַיִּרְאוּ אַנְשֵׁי־

יִשְׂרָאֵל אֲשֶׁר־בְּעֵבֶר הָעֵמֶק וַאֲשֶׁר ׀ בְּעֵבֶר הַיַּרְדֵּן כִּי־נָסוּ אַנְשֵׁי
יִשְׂרָאֵל וְכִי־מֵתוּ שָׁאוּל וּבָנָיו וַיַּעַזְבוּ אֶת־הֶעָרִים וַיָּנֻסוּ וַיָּבֹאוּ
ח פְלִשְׁתִּים וַיֵּשְׁבוּ בָּהֶן׃ וַיְהִי מִמָּחֳרָת וַיָּבֹאוּ
פְלִשְׁתִּים לְפַשֵּׁט אֶת־הַחֲלָלִים וַיִּמְצְאוּ אֶת־שָׁאוּל וְאֶת־
ט שְׁלֹשֶׁת בָּנָיו נֹפְלִים בְּהַר הַגִּלְבֹּעַ׃ וַיִּכְרְתוּ אֶת־רֹאשׁוֹ וַיַּפְשִׁטוּ
אֶת־כֵּלָיו וַיְשַׁלְּחוּ בְאֶרֶץ־פְּלִשְׁתִּים סָבִיב לְבַשֵּׂר בֵּית עֲצַבֵּיהֶם
י וְאֶת־הָעָם׃ וַיָּשִׂמוּ אֶת־כֵּלָיו בֵּית עַשְׁתָּרוֹת וְאֶת־גְּוִיָּתוֹ תָּקְעוּ
יא בְּחוֹמַת בֵּית שָׁן׃ וַיִּשְׁמְעוּ אֵלָיו יֹשְׁבֵי יָבֵישׁ גִּלְעָד אֵת אֲשֶׁר־
יב עָשׂוּ פְלִשְׁתִּים לְשָׁאוּל׃ וַיָּקוּמוּ כָּל־אִישׁ חַיִל וַיֵּלְכוּ כָל־הַלַּיְלָה
וַיִּקְחוּ אֶת־גְּוִיַּת שָׁאוּל וְאֵת גְּוִיֹּת בָּנָיו מֵחוֹמַת בֵּית שָׁן וַיָּבֹאוּ
יג יָבֵשָׁה וַיִּשְׂרְפוּ אֹתָם שָׁם׃ וַיִּקְחוּ אֶת־עַצְמֹתֵיהֶם וַיִּקְבְּרוּ תַחַת־
א א הָאֶשֶׁל בְּיָבֵשָׁה וַיָּצֻמוּ שִׁבְעַת יָמִים׃ וַיְהִי אַחֲרֵי שמואל ב
מוֹת שָׁאוּל וְדָוִד שָׁב מֵהַכּוֹת אֶת־הָעֲמָלֵק וַיֵּשֶׁב דָּוִד
ב בְּצִקְלָג יָמִים שְׁנָיִם׃ וַיְהִי ׀ בַּיּוֹם הַשְּׁלִישִׁי וְהִנֵּה אִישׁ בָּא מִן־
הַמַּחֲנֶה מֵעִם שָׁאוּל וּבְגָדָיו קְרֻעִים וַאֲדָמָה עַל־רֹאשׁוֹ וַיְהִי
ג בְּבֹאוֹ אֶל־דָּוִד וַיִּפֹּל אַרְצָה וַיִּשְׁתָּחוּ׃ וַיֹּאמֶר לוֹ דָּוִד אֵי מִזֶּה
ד תָּבוֹא וַיֹּאמֶר אֵלָיו מִמַּחֲנֵה יִשְׂרָאֵל נִמְלָטְתִּי׃ וַיֹּאמֶר אֵלָיו
דָּוִד מֶה־הָיָה הַדָּבָר הַגֶּד־נָא לִי וַיֹּאמֶר אֲשֶׁר־נָס הָעָם מִן־
הַמִּלְחָמָה וְגַם־הַרְבֵּה נָפַל מִן־הָעָם וַיָּמֻתוּ וְגַם שָׁאוּל וִיהוֹנָתָן
ה בְּנוֹ מֵתוּ׃ וַיֹּאמֶר דָּוִד אֶל־הַנַּעַר הַמַּגִּיד לוֹ אֵיךְ יָדַעְתָּ כִּי־
ו מֵת שָׁאוּל וִיהוֹנָתָן בְּנוֹ׃ וַיֹּאמֶר הַנַּעַר ׀ הַמַּגִּיד לוֹ נִקְרֹא
נִקְרֵיתִי בְּהַר הַגִּלְבֹּעַ וְהִנֵּה שָׁאוּל נִשְׁעָן עַל־חֲנִיתוֹ וְהִנֵּה
ז הָרֶכֶב וּבַעֲלֵי הַפָּרָשִׁים הִדְבִּקֻהוּ׃ וַיִּפֶן אַחֲרָיו וַיִּרְאֵנִי וַיִּקְרָא
ח אֵלָי וָאֹמַר הִנֵּנִי׃ וַיֹּאמֶר לִי מִי־אָתָּה ויאמר אֵלָיו עֲמָלֵקִי וָאֹמַר
ט אָנֹכִי׃ וַיֹּאמֶר אֵלַי עֲמָד־נָא עָלַי וּמֹתְתֵנִי כִּי אֲחָזַנִי הַשָּׁבָץ כִּי־
י כָל־עוֹד נַפְשִׁי בִּי׃ וָאֶעֱמֹד עָלָיו וַאֲמֹתְתֵהוּ כִּי יָדַעְתִּי כִּי לֹא
יִחְיֶה אַחֲרֵי נִפְלוֹ וָאֶקַּח הַנֵּזֶר ׀ אֲשֶׁר עַל־רֹאשׁוֹ וְאֶצְעָדָה אֲשֶׁר

א

עַל־זְרֹעוֹ וָאֲבִיאֵם אֶל־אֲדֹנִי הֵנָּה׃ וַיַּחֲזֵק דָּוִד בִּבְגָדָו וַיִּקְרָעֵם יא
וְגַם כָּל־הָאֲנָשִׁים אֲשֶׁר אִתּוֹ׃ וַיִּסְפְּדוּ וַיִּבְכּוּ וַיָּצֻמוּ עַד־הָעָרֶב יב
עַל־שָׁאוּל וְעַל־יְהוֹנָתָן בְּנוֹ וְעַל־עַם יהוה וְעַל־בֵּית יִשְׂרָאֵל
כִּי נָפְלוּ בֶּחָרֶב׃ וַיֹּאמֶר דָּוִד אֶל־הַנַּעַר הַמַּגִּיד יג
לוֹ אֵי מִזֶּה אָתָּה וַיֹּאמֶר בֶּן־אִישׁ גֵּר עֲמָלֵקִי אָנֹכִי׃ וַיֹּאמֶר יד
אֵלָיו דָּוִד אֵיךְ לֹא יָרֵאתָ לִשְׁלֹחַ יָדְךָ לְשַׁחֵת אֶת־מְשִׁיחַ יהוה׃
וַיִּקְרָא דָוִד לְאַחַד מֵהַנְּעָרִים וַיֹּאמֶר גַּשׁ פְּגַע־בּוֹ וַיַּכֵּהוּ וַיָּמֹת׃ טו
דָּמְךָ וַיֹּאמֶר אֵלָיו דָּוִד דמיך עַל־רֹאשֶׁךָ כִּי פִיךָ עָנָה בְךָ לֵאמֹר טז
אָנֹכִי מֹתַתִּי אֶת־מְשִׁיחַ יהוה׃ וַיְקֹנֵן דָּוִד אֶת־ יז
הַקִּינָה הַזֹּאת עַל־שָׁאוּל וְעַל־יְהוֹנָתָן בְּנוֹ׃ וַיֹּאמֶר לְלַמֵּד בְּנֵי־ יח
יְהוּדָה קָשֶׁת הִנֵּה כְתוּבָה עַל־סֵפֶר הַיָּשָׁר׃ הַצְּבִי יִשְׂרָאֵל עַל־ יט
בָּמוֹתֶיךָ חָלָל אֵיךְ נָפְלוּ גִבּוֹרִים׃ אַל־תַּגִּידוּ בְגַת אַל־תְּבַשְּׂרוּ כ
בְּחוּצֹת אַשְׁקְלוֹן פֶּן־תִּשְׂמַחְנָה בְּנוֹת פְּלִשְׁתִּים פֶּן־תַּעֲלֹזְנָה
בְּנוֹת הָעֲרֵלִים׃ הָרֵי בַגִּלְבֹּעַ אַל־טַל וְאַל־מָטָר עֲלֵיכֶם וּשְׂדֵי כא
תְרוּמֹת כִּי שָׁם נִגְעַל מָגֵן גִּבּוֹרִים מָגֵן שָׁאוּל בְּלִי מָשִׁיחַ בַּשָּׁמֶן׃
מִדַּם חֲלָלִים מֵחֵלֶב גִּבּוֹרִים קֶשֶׁת יְהוֹנָתָן לֹא נָשׂוֹג אָחוֹר כב
וְחֶרֶב שָׁאוּל לֹא תָשׁוּב רֵיקָם׃ שָׁאוּל וִיהוֹנָתָן הַנֶּאֱהָבִים כג
וְהַנְּעִימִם בְּחַיֵּיהֶם וּבְמוֹתָם לֹא נִפְרָדוּ מִנְּשָׁרִים קַלּוּ מֵאֲרָיוֹת
גָּבֵרוּ׃ בְּנוֹת יִשְׂרָאֵל אֶל־שָׁאוּל בְּכֶינָה הַמַּלְבִּשְׁכֶם שָׁנִי עִם־ כד
עֲדָנִים הַמַּעֲלֶה עֲדִי זָהָב עַל לְבוּשְׁכֶן׃ אֵיךְ נָפְלוּ גִבֹּרִים בְּתוֹךְ כה
הַמִּלְחָמָה יְהוֹנָתָן עַל־בָּמוֹתֶיךָ חָלָל׃ צַר־לִי עָלֶיךָ אָחִי יְהוֹנָתָן כו
נָעַמְתָּ לִּי מְאֹד נִפְלְאַתָה אַהֲבָתְךָ לִי מֵאַהֲבַת נָשִׁים׃ אֵיךְ כז
נָפְלוּ גִבּוֹרִים וַיֹּאבְדוּ כְּלֵי מִלְחָמָה׃ וַיְהִי אַחֲרֵי־ א ב
כֵן וַיִּשְׁאַל דָּוִד בַּיהוה ׀ לֵאמֹר הַאֶעֱלֶה בְּאַחַת עָרֵי יְהוּדָה
וַיֹּאמֶר יהוה אֵלָיו עֲלֵה וַיֹּאמֶר דָּוִד אָנָה אֶעֱלֶה וַיֹּאמֶר חֶבְרֹנָה׃
וַיַּעַל שָׁם דָּוִד וְגַם שְׁתֵּי נָשָׁיו אֲחִינֹעַם הַיִּזְרְעֵלִית וַאֲבִיגַיִל אֵשֶׁת ב
נָבָל הַכַּרְמְלִי׃ וַאֲנָשָׁיו אֲשֶׁר־עִמּוֹ הֶעֱלָה דָוִד אִישׁ וּבֵיתוֹ וַיֵּשְׁבוּ ג

ד בְּעָרֵי חֶבְרוֹן׃ וַיָּבֹאוּ אַנְשֵׁי יְהוּדָה וַיִּמְשְׁחוּ־שָׁם אֶת־דָּוִד לְמֶלֶךְ
עַל־בֵּית יְהוּדָה וַיַּגִּדוּ לְדָוִד לֵאמֹר אַנְשֵׁי יָבֵישׁ גִּלְעָד אֲשֶׁר
ה קָבְרוּ אֶת־שָׁאוּל׃ וַיִּשְׁלַח דָּוִד מַלְאָכִים אֶל־
אַנְשֵׁי יָבֵישׁ גִּלְעָד וַיֹּאמֶר אֲלֵיהֶם בְּרֻכִים אַתֶּם לַיהוָה אֲשֶׁר
עֲשִׂיתֶם הַחֶסֶד הַזֶּה עִם־אֲדֹנֵיכֶם עִם־שָׁאוּל וַתִּקְבְּרוּ אֹתוֹ׃
ו וְעַתָּה יַעַשׂ־יְהוָה עִמָּכֶם חֶסֶד וֶאֱמֶת וְגַם אָנֹכִי אֶעֱשֶׂה אִתְּכֶם
ז הַטּוֹבָה הַזֹּאת אֲשֶׁר עֲשִׂיתֶם הַדָּבָר הַזֶּה׃ וְעַתָּה ׀ תֶּחֱזַקְנָה כא
יְדֵיכֶם וִהְיוּ לִבְנֵי־חַיִל כִּי־מֵת אֲדֹנֵיכֶם שָׁאוּל וְגַם אֹתִי מָשְׁחוּ
ח בֵית־יְהוּדָה לְמֶלֶךְ עֲלֵיהֶם׃ וְאַבְנֵר בֶּן־נֵר שַׂר־
צָבָא אֲשֶׁר לְשָׁאוּל לָקַח אֶת־אִישׁ בֹּשֶׁת בֶּן־שָׁאוּל וַיַּעֲבִרֵהוּ
ט מַחֲנָיִם׃ וַיַּמְלִכֵהוּ אֶל־הַגִּלְעָד וְאֶל־הָאֲשׁוּרִי וְאֶל־יִזְרְעֶאל
י וְעַל־אֶפְרַיִם וְעַל־בִּנְיָמִן וְעַל־יִשְׂרָאֵל כֻּלֹּה׃ בֶּן־
אַרְבָּעִים שָׁנָה אִישׁ־בֹּשֶׁת בֶּן־שָׁאוּל בְּמָלְכוֹ עַל־יִשְׂרָאֵל
יא וּשְׁתַּיִם שָׁנִים מָלָךְ אַךְ בֵּית יְהוּדָה הָיוּ אַחֲרֵי דָוִד׃ וַיְהִי מִסְפַּר
הַיָּמִים אֲשֶׁר הָיָה דָוִד מֶלֶךְ בְּחֶבְרוֹן עַל־בֵּית יְהוּדָה שֶׁבַע
יב שָׁנִים וְשִׁשָּׁה חֳדָשִׁים׃ וַיֵּצֵא אַבְנֵר בֶּן־נֵר וְעַבְדֵי אִישׁ־
יג בֹּשֶׁת בֶּן־שָׁאוּל מִמַּחֲנַיִם גִּבְעוֹנָה׃ וְיוֹאָב בֶּן־צְרוּיָה
וְעַבְדֵי דָוִד יָצְאוּ וַיִּפְגְּשׁוּם עַל־בְּרֵכַת גִּבְעוֹן יַחְדָּו וַיֵּשְׁבוּ אֵלֶּה
יד עַל־הַבְּרֵכָה מִזֶּה וְאֵלֶּה עַל־הַבְּרֵכָה מִזֶּה׃ וַיֹּאמֶר אַבְנֵר אֶל־
יוֹאָב יָקוּמוּ נָא הַנְּעָרִים וִישַׂחֲקוּ לְפָנֵינוּ וַיֹּאמֶר יוֹאָב יָקֻמוּ׃
טו וַיָּקֻמוּ וַיַּעַבְרוּ בְמִסְפָּר שְׁנֵים עָשָׂר לְבִנְיָמִן וּלְאִישׁ בֹּשֶׁת בֶּן־
טז שָׁאוּל וּשְׁנֵים עָשָׂר מֵעַבְדֵי דָוִד׃ וַיַּחֲזִקוּ אִישׁ ׀ בְּרֹאשׁ רֵעֵהוּ
וְחַרְבּוֹ בְּצַד רֵעֵהוּ וַיִּפְּלוּ יַחְדָּו וַיִּקְרָא לַמָּקוֹם הַהוּא חֶלְקַת
יז הַצֻּרִים אֲשֶׁר בְּגִבְעוֹן׃ וַתְּהִי הַמִּלְחָמָה קָשָׁה עַד־מְאֹד בַּיּוֹם
יח הַהוּא וַיִּנָּגֶף אַבְנֵר וְאַנְשֵׁי יִשְׂרָאֵל לִפְנֵי עַבְדֵי דָוִד׃ וַיִּהְיוּ שָׁם
שְׁלֹשָׁה בְּנֵי צְרוּיָה יוֹאָב וַאֲבִישַׁי וַעֲשָׂהאֵל וַעֲשָׂהאֵל קַל
יט בְּרַגְלָיו כְּאַחַד הַצְּבָיִם אֲשֶׁר בַּשָּׂדֶה׃ וַיִּרְדֹּף עֲשָׂהאֵל אַחֲרֵי

אַבְנֵ֔ר וְלֹֽא־נָטָ֤ה לָלֶ֙כֶת֙ עַל־הַיָּמִ֣ין וְעַל־הַשְּׂמֹ֔אול מֵאַחֲרֵ֖י
אַבְנֵֽר׃ וַיִּ֤פֶן אַבְנֵר֙ אַחֲרָ֔יו וַיֹּ֕אמֶר הַאַתָּ֥ה זֶ֖ה עֲשָׂהאֵ֑ל וַיֹּ֖אמֶר כ
אָנֹֽכִי׃ וַיֹּ֧אמֶר ל֣וֹ אַבְנֵ֗ר נְטֵ֤ה לְךָ֙ עַל־יְמִֽינְךָ֙ א֣וֹ עַל־שְׂמֹאלֶ֔ךָ כא
וֶֽאֱחֹ֣ז לְךָ֗ אֶחָד֙ מֵהַנְּעָרִ֔ים וְקַח־לְךָ֖ אֶת־חֲלִצָת֑וֹ וְלֹֽא־אָבָ֣ה
עֲשָׂהאֵ֔ל לָס֖וּר מֵאַחֲרָֽיו׃ וַיֹּ֧סֶף ע֣וֹד אַבְנֵ֗ר לֵאמֹר֙ אֶל־עֲשָׂהאֵ֔ל כב
ס֥וּר לְךָ֖ מֵאַחֲרָ֑י לָ֤מָּה אַכֶּ֙כָּה֙ אַ֔רְצָה וְאֵיךְ֙ אֶשָּׂ֣א פָנַ֔י אֶל־יוֹאָ֖ב
אָחִֽיךָ׃ וַיְמָאֵ֣ן לָס֗וּר וַיַּכֵּ֣הוּ אַ֠בְנֵר בְּאַחֲרֵ֨י הַחֲנִ֜ית אֶל־הַחֹ֗מֶשׁ כג
וַתֵּצֵ֤א הַחֲנִית֙ מֵאַֽחֲרָ֔יו וַיִּפָּל־שָׁ֖ם וַיָּ֣מָת תַּחְתָּ֑ו וַיְהִ֡י כָּל־הַבָּ֣א
אֶל־הַ֠מָּקוֹם אֲשֶׁר־נָ֨פַל שָׁ֧ם עֲשָׂהאֵ֛ל וַיָּמֹ֖ת וַיַּעֲמֹֽדוּ׃ וַֽיִּרְדְּפ֛וּ כד
יוֹאָ֥ב וַאֲבִישַׁ֖י אַחֲרֵ֣י אַבְנֵ֑ר וְהַשֶּׁ֣מֶשׁ בָּ֔אָה וְהֵ֗מָּה בָּ֚אוּ עַד־
גִּבְעַ֣ת אַמָּ֔ה אֲשֶׁר֙ עַל־פְּנֵי־גִ֔יחַ דֶּ֖רֶךְ מִדְבַּ֥ר גִּבְעֽוֹן׃ וַיִּֽתְקַבְּצ֤וּ כה
בְנֵֽי־בִנְיָמִן֙ אַחֲרֵ֣י אַבְנֵ֔ר וַיִּהְי֖וּ לַאֲגֻדָּ֣ה אֶחָ֑ת וַיַּֽעַמְד֔וּ עַ֥ל רֹאשׁ־
גִּבְעָ֖ה אֶחָֽת׃ וַיִּקְרָ֨א אַבְנֵ֜ר אֶל־יוֹאָ֗ב וַיֹּ֙אמֶר֙ הֲלָנֶ֙צַח֙ תֹּ֣אכַל כו
חֶ֔רֶב הֲל֣וֹא יָדַ֔עְתָּה כִּֽי־מָרָ֥ה תִהְיֶ֖ה בָּאַחֲרוֹנָ֑ה וְעַד־מָתַי֙ לֹֽא־
תֹאמַ֣ר לָעָ֔ם לָשׁ֖וּב מֵאַחֲרֵ֥י אֲחֵיהֶֽם׃ וַיֹּ֣אמֶר יוֹאָ֔ב חַ֚י הָאֱלֹהִ֔ים כז
כִּ֚י לוּלֵ֣א דִּבַּ֔רְתָּ כִּ֣י אָ֤ז מֵֽהַבֹּ֙קֶר֙ נַעֲלָ֣ה הָעָ֔ם אִ֖ישׁ מֵאַחֲרֵ֥י אָחִֽיו׃
וַיִּתְקַ֤ע יוֹאָב֙ בַּשּׁוֹפָ֔ר וַיַּעַמְדוּ֙ כָּל־הָעָ֔ם וְלֹֽא־יִרְדְּפ֥וּ ע֖וֹד אַחֲרֵ֣י כח
יִשְׂרָאֵ֑ל וְלֹֽא־יָסְפ֥וּ ע֖וֹד לְהִלָּחֵֽם׃ וְאַבְנֵר֙ וַאֲנָשָׁ֔יו הָלְכוּ֙ בָּעֲרָבָ֔ה כט
כֹּ֖ל הַלַּ֣יְלָה הַה֑וּא וַיַּעַבְר֣וּ אֶת־הַיַּרְדֵּ֗ן וַיֵּֽלְכוּ֙ כָּל־הַבִּתְר֔וֹן וַיָּבֹ֖אוּ
מַחֲנָֽיִם׃ וְיוֹאָ֗ב שָׁב֙ מֵאַחֲרֵ֣י אַבְנֵ֔ר וַיִּקְבֹּ֖ץ אֶת־כָּל־הָעָ֑ם וַיִּפָּ֨קְד֜וּ ל
מֵעַבְדֵ֥י דָוִ֛ד תִּשְׁעָֽה־עָשָׂ֥ר אִ֖ישׁ וַעֲשָׂהאֵֽל׃ וְעַבְדֵ֣י דָוִ֗ד הִכּוּ֙ לא
מִבִּנְיָמִ֔ן וּבְאַנְשֵׁ֖י אַבְנֵ֑ר שְׁלֹשׁ־מֵא֧וֹת וְשִׁשִּׁ֛ים אִ֖ישׁ מֵֽתוּ׃ וַיִּשְׂאוּ֙ לב
אֶת־עֲשָׂהאֵ֔ל וַֽיִּקְבְּרֻ֔הוּ בְּקֶ֥בֶר אָבִ֖יו אֲשֶׁ֣ר בֵּ֣ית לָ֑חֶם וַיֵּלְכ֤וּ כָל־
הַלַּ֙יְלָה֙ יוֹאָ֣ב וַאֲנָשָׁ֔יו וַיֵּאֹ֥ר לָהֶ֖ם בְּחֶבְרֽוֹן׃ וַתְּהִ֤י הַמִּלְחָמָה֙ א ג
אֲרֻכָּ֔ה בֵּ֚ין בֵּ֣ית שָׁא֔וּל וּבֵ֖ין בֵּ֣ית דָּוִ֑ד וְדָוִד֙ הֹלֵ֣ךְ וְחָזֵ֔ק וּבֵ֥ית
וַיִּוָּלְד֧וּ שָׁא֖וּל הֹלְכִ֥ים וְדַלִּֽים׃ וילדו לְדָוִ֛ד בָּנִ֖ים בְּחֶבְר֑וֹן ב
וַיְהִ֤י בְכוֹרוֹ֙ אַמְנ֔וֹן לַאֲחִינֹ֖עַם הַיִּזְרְעֵאלִֽת׃ וּמִשְׁנֵ֣הוּ כִלְאָ֔ב ג

לאביגיל לאביגל אשת נבל הכרמלי והשלשי אבשלום בן־מעכה
בת־תלמי מלך גשור׃ והרביעי אדניה בן־חגית והחמישי ד
שפטיה בן־אביטל׃ והששי יתרעם לעגלה אשת דוד אלה ה
ילדו לדוד בחברון׃ ויהי בהיות המלחמה בין ו
בית שאול ובין בית דוד ואבנר היה מתחזק בבית שאול׃
ולשאול פלגש ושמה רצפה בת־איה ויאמר אל־אבנר מדוע ז
באתה אל־פילגש אבי׃ ויחר לאבנר מאד על־דברי איש־ ח
בשת ויאמר הראש כלב אנכי אשר ליהודה היום אעשה־
חסד עם־בית ׀ שאול אביך אל־אחיו ואל־מרעהו ולא
המציתך ביד־דוד ותפקד עלי עון האשה היום׃ כה־יעשה ט
אלהים לאבנר וכה יסיף לו כי כאשר נשבע יהוה לדוד כי־
כן אעשה־לו׃ להעביר הממלכה מבית שאול ולהקים י
את־כסא דוד על־ישראל ועל־יהודה מדן ועד־באר
שבע׃ ולא־יכל עוד להשיב את־אבנר דבר מיראתו יא
אתו׃ וישלח אבנר מלאכים ׀ אל־דוד תחתו יב
לאמר למי־ארץ לאמר כרתה בריתך אתי והנה ידי עמך
להסב אליך את־כל־ישראל׃ ויאמר טוב אני אכרת אתך יג
ברית אך דבר אחד אנכי שאל מאתך לאמר לא־תראה
את־פני כי ׀ אם־לפני הביאך את מיכל בת־שאול בבאך
לראות את־פני׃ וישלח דוד מלאכים אל־איש־בשת יד
בן־שאול לאמר תנה את־אשתי את־מיכל אשר ארשתי לי
במאה ערלות פלשתים׃ וישלח איש בשת ויקחה מעם איש טו
ליש מעם פלטיאל בן־לוש׃ וילך אתה אישה הלוך ובכה אחריה טז
עד־בחרים ויאמר אליו אבנר לך שוב וישב׃ ודבר־אבנר יז
היה עם־זקני ישראל לאמר גם־תמול גם־שלשם הייתם
מבקשים את־דוד למלך עליכם׃ ועתה עשו כי יהוה אמר יח
אל־דוד לאמר ביד ׀ דוד עבדי הושיע את־עמי ישראל מיד

פְּלִשְׁתִּים וּמִיַּד כָּל־אֹיְבֵיהֶם׃ וַיְדַבֵּר גַּם־אַבְנֵר בְּאָזְנֵי בִנְיָמִין יט
וַיֵּלֶךְ גַּם־אַבְנֵר לְדַבֵּר בְּאָזְנֵי דָוִד בְּחֶבְרוֹן אֵת כָּל־אֲשֶׁר־טוֹב
בְּעֵינֵי יִשְׂרָאֵל וּבְעֵינֵי כָּל־בֵּית בִּנְיָמִן׃ וַיָּבֹא אַבְנֵר אֶל־דָּוִד כ
חֶבְרוֹן וְאִתּוֹ עֶשְׂרִים אֲנָשִׁים וַיַּעַשׂ דָּוִד לְאַבְנֵר וְלַאֲנָשִׁים אֲשֶׁר־
כב אִתּוֹ מִשְׁתֶּה׃ וַיֹּאמֶר אַבְנֵר אֶל־דָּוִד אָקוּמָה ׀ וְאֵלֵכָה וְאֶקְבְּצָה כא
אֶל־אֲדֹנִי הַמֶּלֶךְ אֶת־כָּל־יִשְׂרָאֵל וְיִכְרְתוּ אִתְּךָ בְּרִית וּמָלַכְתָּ
בְּכֹל אֲשֶׁר־תְּאַוֶּה נַפְשֶׁךָ וַיְשַׁלַּח דָּוִד אֶת־אַבְנֵר וַיֵּלֶךְ בְּשָׁלוֹם׃
וְהִנֵּה עַבְדֵי דָוִד וְיוֹאָב בָּא מֵהַגְּדוּד וְשָׁלָל רָב עִמָּם הֵבִיאוּ כב
וְאַבְנֵר אֵינֶנּוּ עִם־דָּוִד בְּחֶבְרוֹן כִּי שִׁלְּחוֹ וַיֵּלֶךְ בְּשָׁלוֹם׃ וְיוֹאָב כג
וְכָל־הַצָּבָא אֲשֶׁר־אִתּוֹ בָּאוּ וַיַּגִּדוּ לְיוֹאָב לֵאמֹר בָּא־אַבְנֵר בֶּן־
נֵר אֶל־הַמֶּלֶךְ וַיְשַׁלְּחֵהוּ וַיֵּלֶךְ בְּשָׁלוֹם׃ וַיָּבֹא יוֹאָב אֶל־הַמֶּלֶךְ כד
וַיֹּאמֶר מֶה עָשִׂיתָה הִנֵּה־בָא אַבְנֵר אֵלֶיךָ לָמָּה־זֶּה שִׁלַּחְתּוֹ
וַיֵּלֶךְ הָלוֹךְ׃ יָדַעְתָּ אֶת־אַבְנֵר בֶּן־נֵר כִּי לְפַתֹּתְךָ בָּא וְלָדַעַת כה
מוּבָאֶךָ אֶת־מוֹצָאֲךָ וְאֶת־מבואך וְלָדַעַת אֵת כָּל־אֲשֶׁר אַתָּה עֹשֶׂה׃
וַיֵּצֵא יוֹאָב מֵעִם דָּוִד וַיִּשְׁלַח מַלְאָכִים אַחֲרֵי אַבְנֵר וַיָּשִׁבוּ אֹתוֹ כו
מִבּוֹר הַסִּרָה וְדָוִד לֹא יָדָע׃ וַיָּשָׁב אַבְנֵר חֶבְרוֹן וַיַּטֵּהוּ יוֹאָב כז
אֶל־תּוֹךְ הַשַּׁעַר לְדַבֵּר אִתּוֹ בַּשֶּׁלִי וַיַּכֵּהוּ שָׁם הַחֹמֶשׁ וַיָּמָת
בְּדַם עֲשָׂהאֵל אָחִיו׃ וַיִּשְׁמַע דָּוִד מֵאַחֲרֵי כֵן וַיֹּאמֶר נָקִי אָנֹכִי כח
וּמַמְלַכְתִּי מֵעִם יְהוָה עַד־עוֹלָם מִדְּמֵי אַבְנֵר בֶּן־נֵר׃ יָחֻלוּ עַל־ כט
רֹאשׁ יוֹאָב וְאֶל כָּל־בֵּית אָבִיו וְאַל־יִכָּרֵת מִבֵּית יוֹאָב זָב
וּמְצֹרָע וּמַחֲזִיק בַּפֶּלֶךְ וְנֹפֵל בַּחֶרֶב וַחֲסַר־לָחֶם׃ וְיוֹאָב וַאֲבִישַׁי ל
אָחִיו הָרְגוּ לְאַבְנֵר עַל אֲשֶׁר הֵמִית אֶת־עֲשָׂהאֵל אֲחִיהֶם
בְּגִבְעוֹן בַּמִּלְחָמָה׃ וַיֹּאמֶר דָּוִד אֶל־יוֹאָב וְאֶל־ לא
כָּל־הָעָם אֲשֶׁר־אִתּוֹ קִרְעוּ בִגְדֵיכֶם וְחִגְרוּ שַׂקִּים וְסִפְדוּ לִפְנֵי
אַבְנֵר וְהַמֶּלֶךְ דָּוִד הֹלֵךְ אַחֲרֵי הַמִּטָּה׃ וַיִּקְבְּרוּ אֶת־אַבְנֵר לב
בְּחֶבְרוֹן וַיִּשָּׂא הַמֶּלֶךְ אֶת־קוֹלוֹ וַיֵּבְךְּ אֶל־קֶבֶר אַבְנֵר וַיִּבְכּוּ כָּל־
הָעָם׃ וַיְקֹנֵן הַמֶּלֶךְ אֶל־אַבְנֵר וַיֹּאמַר הַכְּמוֹת לג

נבל ימות אבנר: ידך לא־אסרות ורגליך לא־לנחשתים הגשו לד
כנפול לפני בני־עולה נפלת ויספו כל־העם לבכות
עליו: ויבא כל־העם להברות את־דוד לחם בעוד היום לה
וישבע דוד לאמר כה יעשה־לי אלהים וכה יסיף כי אם־
לפני בוא־השמש אטעם־לחם או כל־מאומה: וכל־העם לו
הכירו וייטב בעיניהם ככל אשר עשה המלך בעיני כל־העם
טוב: וידעו כל־העם וכל־ישראל ביום ההוא כי לא היתה לז
מהמלך להמית את־אבנר בן־נר: ויאמר לח
המלך אל־עבדיו הלוא תדעו כי־שר וגדול נפל היום
הזה בישראל: ואנכי היום רך ומשוח מלך והאנשים לט
האלה בני צרויה קשים ממני ישלם יהוה לעשה הרעה
כרעתו: וישמע בן־שאול כי מת אבנר בחברון ד א
וירפו ידיו וכל־ישראל נבהלו: ושני אנשים שרי־גדודים היו ב
בן־שאול שם האחד בענה ושם השני רכב בני רמון הבארתי
מבני בנימן כי גם־בארות תחשב על־בנימן: ויברחו הבארתים ג
גתימה ויהיו־שם גרים עד היום הזה: וליהונתן ד
בן־שאול בן נכה רגלים בן־חמש שנים היה בבא שמעת
שאול ויהונתן מיזרעאל ותשאהו אמנתו ותנס ויהי בחפזה
לנוס ויפל ויפסח ושמו מפיבשת: וילכו בני־רמון הבארתי ה
רכב ובענה ויבאו כחם היום אל־בית איש בשת והוא שכב
את משכב הצהרים: והנה באו עד־תוך הבית לקחי חטים ו
ויכהו אל־החמש ורכב ובענה אחיו נמלטו: ויבאו הבית ז
והוא־שכב על־מטתו בחדר משכבו ויכהו וימתהו ויסרו את־
ראשו ויקחו את־ראשו וילכו דרך הערבה כל־הלילה: ויבאו ח
את־ראש איש־בשת אל־דוד חברון ויאמרו אל־המלך
הנה־ראש איש־בשת בן־שאול איבך אשר בקש את־נפשך
ויתן יהוה לאדני המלך נקמות היום הזה משאול ומזרעו:

וַיַּעַן דָּוִד אֶת־רֵכָב ׀ וְאֶת־בַּעֲנָה אָחִיו בְּנֵי רִמּוֹן הַבְּאֵרֹתִי ט
וַיֹּאמֶר לָהֶם חַי־יְהוָה אֲשֶׁר־פָּדָה אֶת־נַפְשִׁי מִכָּל־צָרָה: כִּי י
הַמַּגִּיד לִי לֵאמֹר הִנֵּה־מֵת שָׁאוּל וְהוּא־הָיָה כִמְבַשֵּׂר בְּעֵינָיו
וָאֹחֲזָה בוֹ וָאֶהְרְגֵהוּ בְּצִקְלָג אֲשֶׁר לְתִתִּי־לוֹ בְּשֹׂרָה: אַף כִּי־ יא
אֲנָשִׁים רְשָׁעִים הָרְגוּ אֶת־אִישׁ־צַדִּיק בְּבֵיתוֹ עַל־מִשְׁכָּבוֹ
וְעַתָּה הֲלוֹא אֲבַקֵּשׁ אֶת־דָּמוֹ מִיֶּדְכֶם וּבִעַרְתִּי אֶתְכֶם מִן־
הָאָרֶץ: וַיְצַו דָּוִד אֶת־הַנְּעָרִים וַיַּהַרְגוּם וַיְקַצְּצוּ אֶת־יְדֵיהֶם יב
וְאֶת־רַגְלֵיהֶם וַיִּתְלוּ עַל־הַבְּרֵכָה בְּחֶבְרוֹן וְאֵת רֹאשׁ אִישׁ־
בֹּשֶׁת לָקָחוּ וַיִּקְבְּרוּ בְקֶבֶר־אַבְנֵר בְּחֶבְרוֹן: וַיָּבֹאוּ ה א
כָּל־שִׁבְטֵי יִשְׂרָאֵל אֶל־דָּוִד חֶבְרוֹנָה וַיֹּאמְרוּ לֵאמֹר הִנְנוּ
עַצְמְךָ וּבְשָׂרְךָ אֲנָחְנוּ: גַּם־אֶתְמוֹל גַּם־שִׁלְשׁוֹם בִּהְיוֹת ב
הַמּוֹצִיא שָׁאוּל מֶלֶךְ עָלֵינוּ אַתָּה הָיִיתָה מוציא וְהַמֵּבִי אֶת־
יִשְׂרָאֵל וַיֹּאמֶר יְהוָה לְךָ אַתָּה תִרְעֶה אֶת־עַמִּי
אֶת־יִשְׂרָאֵל וְאַתָּה תִּהְיֶה לְנָגִיד עַל־יִשְׂרָאֵל: וַיָּבֹאוּ כָּל־ ג
זִקְנֵי יִשְׂרָאֵל אֶל־הַמֶּלֶךְ חֶבְרוֹנָה וַיִּכְרֹת לָהֶם הַמֶּלֶךְ דָּוִד
בְּרִית בְּחֶבְרוֹן לִפְנֵי יְהוָה וַיִּמְשְׁחוּ אֶת־דָּוִד לְמֶלֶךְ עַל־
יִשְׂרָאֵל: בֶּן־שְׁלֹשִׁים שָׁנָה דָּוִד בְּמָלְכוֹ אַרְבָּעִים ד
שָׁנָה מָלָךְ: בְּחֶבְרוֹן מָלַךְ עַל־יְהוּדָה שֶׁבַע שָׁנִים וְשִׁשָּׁה חֳדָשִׁים ה
וּבִירוּשָׁלַםִ מָלַךְ שְׁלֹשִׁים וְשָׁלֹשׁ שָׁנָה עַל כָּל־יִשְׂרָאֵל וִיהוּדָה:
וַיֵּלֶךְ הַמֶּלֶךְ וַאֲנָשָׁיו יְרוּשָׁלַםִ אֶל־הַיְבֻסִי יוֹשֵׁב הָאָרֶץ וַיֹּאמֶר ו
לְדָוִד לֵאמֹר לֹא־תָבוֹא הֵנָּה כִּי אִם־הֱסִירְךָ הַעִוְרִים וְהַפִּסְחִים
לֵאמֹר לֹא־יָבוֹא דָוִד הֵנָּה: וַיִּלְכֹּד דָּוִד אֵת מְצֻדַת צִיּוֹן הִיא ז
עִיר דָּוִד: וַיֹּאמֶר דָּוִד בַּיּוֹם הַהוּא כָּל־מַכֵּה יְבֻסִי וְיִגַּע בַּצִּנּוֹר ח
שְׂנֻאֵי וְאֶת־הַפִּסְחִים וְאֶת־הַעִוְרִים שנאו נֶפֶשׁ דָּוִד עַל־כֵּן יֹאמְרוּ
עִוֵּר וּפִסֵּחַ לֹא יָבוֹא אֶל־הַבָּיִת: וַיֵּשֶׁב דָּוִד בַּמְּצֻדָה וַיִּקְרָא־לָהּ ט
כג עִיר דָּוִד וַיִּבֶן דָּוִד סָבִיב מִן־הַמִּלּוֹא וָבָיְתָה: וַיֵּלֶךְ דָּוִד הָלוֹךְ י
וְגָדוֹל וַיהוָה אֱלֹהֵי צְבָאוֹת עִמּוֹ: וַיִּשְׁלַח חִירָם יא

מֶלֶךְ־צֹר מַלְאָכִים אֶל־דָּוִד וַעֲצֵי אֲרָזִים וְחָרָשֵׁי עֵץ וְחָרָשֵׁי אֶבֶן
יב קִיר וַיִּבְנוּ־בַיִת לְדָוִד׃ וַיֵּדַע דָּוִד כִּי־הֱכִינוֹ יְהוָה לְמֶלֶךְ עַל־יִשְׂרָאֵל
יג וְכִי נִשֵּׂא מַמְלַכְתּוֹ בַּעֲבוּר עַמּוֹ יִשְׂרָאֵל׃ וַיִּקַּח
דָּוִד עוֹד פִּלַגְשִׁים וְנָשִׁים מִירוּשָׁלַםִ אַחֲרֵי בֹּאוֹ מֵחֶבְרוֹן וַיִּוָּלְדוּ
יד עוֹד לְדָוִד בָּנִים וּבָנוֹת׃ וְאֵלֶּה שְׁמוֹת הַיִּלֹּדִים לוֹ בִּירוּשָׁלָםִ
טו שַׁמּוּעַ וְשׁוֹבָב וְנָתָן וּשְׁלֹמֹה׃ וְיִבְחָר וֶאֱלִישׁוּעַ וְנֶפֶג וְיָפִיעַ׃
טז יז וֶאֱלִישָׁמָע וְאֶלְיָדָע וֶאֱלִיפָלֶט׃ וַיִּשְׁמְעוּ פְלִשְׁתִּים
כִּי־מָשְׁחוּ אֶת־דָּוִד לְמֶלֶךְ עַל־יִשְׂרָאֵל וַיַּעֲלוּ כָל־פְּלִשְׁתִּים
יח לְבַקֵּשׁ אֶת־דָּוִד וַיִּשְׁמַע דָּוִד וַיֵּרֶד אֶל־הַמְּצוּדָה׃ וּפְלִשְׁתִּים
יט בָּאוּ וַיִּנָּטְשׁוּ בְּעֵמֶק רְפָאִים׃ וַיִּשְׁאַל דָּוִד בַּיהוָה לֵאמֹר הַאֶעֱלֶה
אֶל־פְּלִשְׁתִּים הֲתִתְּנֵם בְּיָדִי וַיֹּאמֶר יְהוָה אֶל־
כ דָּוִד עֲלֵה כִּי־נָתֹן אֶתֵּן אֶת־הַפְּלִשְׁתִּים בְּיָדֶךָ׃ וַיָּבֹא דָוִד
בְּבַעַל־פְּרָצִים וַיַּכֵּם שָׁם דָּוִד וַיֹּאמֶר פָּרַץ יְהוָה אֶת־אֹיְבַי לְפָנַי
כא כְּפֶרֶץ מָיִם עַל־כֵּן קָרָא שֵׁם־הַמָּקוֹם הַהוּא בַּעַל פְּרָצִים׃ וַיַּעַזְבוּ־
כב שָׁם אֶת־עֲצַבֵּיהֶם וַיִּשָּׂאֵם דָּוִד וַאֲנָשָׁיו׃ וַיֹּסִפוּ
כג עוֹד פְּלִשְׁתִּים לַעֲלוֹת וַיִּנָּטְשׁוּ בְּעֵמֶק רְפָאִים׃ וַיִּשְׁאַל דָּוִד בַּיהוָה
וַיֹּאמֶר לֹא תַעֲלֶה הָסֵב אֶל־אַחֲרֵיהֶם וּבָאתָ לָהֶם מִמּוּל
כד בְּכָאִים׃ וִיהִי בשמעך אֶת־קוֹל צְעָדָה בְּרָאשֵׁי הַבְּכָאִים אָז כְּשָׁמְעֲךָ
כה תֶּחֱרָץ כִּי אָז יָצָא יְהוָה לְפָנֶיךָ לְהַכּוֹת בְּמַחֲנֵה פְלִשְׁתִּים׃ וַיַּעַשׂ
דָּוִד כֵּן כַּאֲשֶׁר צִוָּהוּ יְהוָה וַיַּךְ אֶת־פְּלִשְׁתִּים מִגֶּבַע עַד־בֹּאֲךָ
ו א גָזֶר׃ וַיֹּסֶף עוֹד דָּוִד אֶת־כָּל־בָּחוּר בְּיִשְׂרָאֵל
ב שְׁלֹשִׁים אָלֶף׃ וַיָּקָם ׀ וַיֵּלֶךְ דָּוִד וְכָל־הָעָם אֲשֶׁר אִתּוֹ מִבַּעֲלֵי
יְהוּדָה לְהַעֲלוֹת מִשָּׁם אֵת אֲרוֹן הָאֱלֹהִים אֲשֶׁר־נִקְרָא שֵׁם שֵׁם
ג יְהוָה צְבָאוֹת יֹשֵׁב הַכְּרֻבִים עָלָיו׃ וַיַּרְכִּבוּ אֶת־אֲרוֹן הָאֱלֹהִים
אֶל־עֲגָלָה חֲדָשָׁה וַיִּשָּׂאֻהוּ מִבֵּית אֲבִינָדָב אֲשֶׁר בַּגִּבְעָה וְעֻזָּא
ד וְאַחְיוֹ בְּנֵי אֲבִינָדָב נֹהֲגִים אֶת־הָעֲגָלָה חֲדָשָׁה׃ וַיִּשָּׂאֻהוּ מִבֵּית
אֲבִינָדָב אֲשֶׁר בַּגִּבְעָה עִם אֲרוֹן הָאֱלֹהִים וְאַחְיוֹ הֹלֵךְ לִפְנֵי

ה הָאָרוֹן׃ וְדָוִד ׀ וְכָל־בֵּית יִשְׂרָאֵל מְשַׂחֲקִים לִפְנֵי יְהוָה בְּכֹל עֲצֵי
בְרוֹשִׁים וּבְכִנֹּרוֹת וּבִנְבָלִים וּבְתֻפִּים וּבִמְנַעַנְעִים וּבְצֶלְצֶלִים׃
ו וַיָּבֹאוּ עַד־גֹּרֶן נָכוֹן וַיִּשְׁלַח עֻזָּה אֶל־אֲרוֹן הָאֱלֹהִים וַיֹּאחֶז בּוֹ
ז כִּי שָׁמְטוּ הַבָּקָר׃ וַיִּחַר־אַף יְהוָה בְּעֻזָּה וַיַּכֵּהוּ שָׁם הָאֱלֹהִים
ח עַל־הַשַּׁל וַיָּמָת שָׁם עִם אֲרוֹן הָאֱלֹהִים׃ וַיִּחַר לְדָוִד עַל אֲשֶׁר
פָּרַץ יְהוָה פֶּרֶץ בְּעֻזָּה וַיִּקְרָא לַמָּקוֹם הַהוּא פֶּרֶץ עֻזָּה עַד
ט הַיּוֹם הַזֶּה׃ וַיִּרָא דָוִד אֶת־יְהוָה בַּיּוֹם הַהוּא וַיֹּאמֶר אֵיךְ יָבוֹא
י אֵלַי אֲרוֹן יְהוָה׃ וְלֹא־אָבָה דָוִד לְהָסִיר אֵלָיו אֶת־אֲרוֹן יְהוָה
יא עַל־עִיר דָּוִד וַיַּטֵּהוּ דָוִד בֵּית עֹבֵד־אֱדֹם הַגִּתִּי׃ וַיֵּשֶׁב אֲרוֹן
יְהוָה בֵּית עֹבֵד אֱדֹם הַגִּתִּי שְׁלֹשָׁה חֳדָשִׁים וַיְבָרֶךְ יְהוָה אֶת־
יב עֹבֵד אֱדֹם וְאֶת־כָּל־בֵּיתוֹ׃ וַיֻּגַּד לַמֶּלֶךְ דָּוִד לֵאמֹר בֵּרַךְ יְהוָה
אֶת־בֵּית עֹבֵד אֱדֹם וְאֶת־כָּל־אֲשֶׁר־לוֹ בַּעֲבוּר אֲרוֹן הָאֱלֹהִים
וַיֵּלֶךְ דָּוִד וַיַּעַל אֶת־אֲרוֹן הָאֱלֹהִים מִבֵּית עֹבֵד אֱדֹם עִיר דָּוִד
יג בְּשִׂמְחָה׃ וַיְהִי כִּי צָעֲדוּ נֹשְׂאֵי אֲרוֹן־יְהוָה שִׁשָּׁה צְעָדִים וַיִּזְבַּח
יד שׁוֹר וּמְרִיא׃ וְדָוִד מְכַרְכֵּר בְּכָל־עֹז לִפְנֵי יְהוָה וְדָוִד חָגוּר
טו אֵפוֹד בָּד׃ וְדָוִד וְכָל־בֵּית יִשְׂרָאֵל מַעֲלִים אֶת־אֲרוֹן יְהוָה
טז בִּתְרוּעָה וּבְקוֹל שׁוֹפָר׃ וְהָיָה אֲרוֹן יְהוָה בָּא עִיר דָּוִד וּמִיכַל
בַּת־שָׁאוּל נִשְׁקְפָה ׀ בְּעַד הַחַלּוֹן וַתֵּרֶא אֶת־הַמֶּלֶךְ דָּוִד מְפַזֵּז
יז וּמְכַרְכֵּר לִפְנֵי יְהוָה וַתִּבֶז לוֹ בְּלִבָּהּ׃ וַיָּבִאוּ אֶת־אֲרוֹן יְהוָה
וַיַּצִּגוּ אֹתוֹ בִּמְקוֹמוֹ בְּתוֹךְ הָאֹהֶל אֲשֶׁר נָטָה־לוֹ דָּוִד וַיַּעַל דָּוִד
יח עֹלוֹת לִפְנֵי יְהוָה וּשְׁלָמִים׃ וַיְכַל דָּוִד מֵהַעֲלוֹת הָעוֹלָה
יט וְהַשְּׁלָמִים וַיְבָרֶךְ אֶת־הָעָם בְּשֵׁם יְהוָה צְבָאוֹת׃ וַיְחַלֵּק לְכָל־
הָעָם לְכָל־הֲמוֹן יִשְׂרָאֵל לְמֵאִישׁ וְעַד־אִשָּׁה לְאִישׁ חַלַּת לֶחֶם
אַחַת וְאֶשְׁפָּר אֶחָד וַאֲשִׁישָׁה אֶחָת וַיֵּלֶךְ כָּל־הָעָם אִישׁ לְבֵיתוֹ׃
כ וַיָּשָׁב דָּוִד לְבָרֵךְ אֶת־בֵּיתוֹ וַתֵּצֵא מִיכַל בַּת־שָׁאוּל לִקְרַאת
דָּוִד וַתֹּאמֶר מַה־נִּכְבַּד הַיּוֹם מֶלֶךְ יִשְׂרָאֵל אֲשֶׁר נִגְלָה הַיּוֹם
כא לְעֵינֵי אַמְהוֹת עֲבָדָיו כְּהִגָּלוֹת נִגְלוֹת אַחַד הָרֵקִים׃ וַיֹּאמֶר דָּוִד

אל־מיכל לפני יהוה אשר בחר־בי מאביך ומכל־ביתו לצות
כב אתי נגיד על־עם יהוה על־ישראל ושחקתי לפני יהוה: ונקלתי
עוד מזאת והייתי שפל בעיני ועם־האמהות אשר אמרת
כג עמם אכבדה: ולמיכל בת־שאול לא־היה לה ילד עד יום
ז א מותה: ויהי כי־ישב המלך בביתו ויהוה הניח־
ב לו מסביב מכל־איביו: ויאמר המלך אל־נתן הנביא ראה נא
אנכי יושב בבית ארזים וארון האלהים ישב בתוך היריעה:
ג ויאמר נתן אל־המלך כל אשר בלבבך לך עשה כי יהוה
ד עמך: ויהי בלילה ההוא ויהי
ה דבר־יהוה אל־נתן לאמר: לך ואמרת אל־עבדי אל־דוד
ו כה אמר יהוה האתה תבנה־לי בית לשבתי: כי לא ישבתי
בבית למיום העלתי את־בני ישראל ממצרים ועד היום הזה
ז ואהיה מתהלך באהל ובמשכן: בכל אשר־התהלכתי בכל־
בני ישראל הדבר דברתי את־אחד שבטי ישראל אשר
צויתי לרעות את־עמי את־ישראל לאמר למה לא־בניתם
ח לי בית ארזים: ועתה כה־תאמר לעבדי לדוד כה אמר יהוה
צבאות אני לקחתיך מן־הנוה מאחר הצאן להיות נגיד על־
ט עמי על־ישראל: ואהיה עמך בכל אשר הלכת ואכרתה
את־כל־איביך מפניך ועשתי לך שם גדול כשם הגדלים
י אשר בארץ: ושמתי מקום לעמי לישראל ונטעתיו ושכן
תחתיו ולא ירגז עוד ולא־יסיפו בני־עולה לענותו כאשר
יא בראשונה: ולמן־היום אשר צויתי שפטים על־עמי ישראל
והניחתי לך מכל־איביך והגיד לך יהוה כי־בית יעשה־לך
יב יהוה: כי ׀ ימלאו ימיך ושכבת את־אבתיך והקימתי את־
יג זרעך אחריך אשר יצא ממעיך והכינתי את־ממלכתו: הוא
יד יבנה־בית לשמי וכננתי את־כסא ממלכתו עד־עולם: אני
אהיה־לו לאב והוא יהיה־לי לבן אשר בהעותו והכחתיו

בְּשֵׁבֶט אֲנָשִׁים וּבְנִגְעֵי בְּנֵי אָדָם׃ וְחַסְדִּי לֹא־יָסוּר מִמֶּנּוּ כַּאֲשֶׁר טו
כד הֲסִרֹתִי מֵעִם שָׁאוּל אֲשֶׁר הֲסִרֹתִי מִלְּפָנֶיךָ׃ וְנֶאְמַן בֵּיתְךָ טז
וּמַמְלַכְתְּךָ עַד־עוֹלָם לְפָנֶיךָ כִּסְאֲךָ יִהְיֶה נָכוֹן עַד־עוֹלָם׃ כְּכֹל יז
הַדְּבָרִים הָאֵלֶּה וּכְכֹל הַחִזָּיוֹן הַזֶּה כֵּן דִּבֶּר נָתָן אֶל־דָּוִד׃
וַיָּבֹא הַמֶּלֶךְ דָּוִד וַיֵּשֶׁב לִפְנֵי יְהוָה וַיֹּאמֶר מִי אָנֹכִי אֲדֹנָי יֱהוִה יח
וּמִי בֵיתִי כִּי הֲבִיאֹתַנִי עַד־הֲלֹם׃ וַתִּקְטַן עוֹד זֹאת בְּעֵינֶיךָ אֲדֹנָי יט
יֱהוִה וַתְּדַבֵּר גַּם אֶל־בֵּית־עַבְדְּךָ לְמֵרָחוֹק וְזֹאת תּוֹרַת הָאָדָם
אֲדֹנָי יֱהוִה׃ וּמַה־יּוֹסִיף דָּוִד עוֹד לְדַבֵּר אֵלֶיךָ וְאַתָּה יָדַעְתָּ כ
אֶת־עַבְדְּךָ אֲדֹנָי יֱהוִה׃ בַּעֲבוּר דְּבָרְךָ וּכְלִבְּךָ עָשִׂיתָ אֵת כָּל־ כא
הַגְּדוּלָּה הַזֹּאת לְהוֹדִיעַ אֶת־עַבְדֶּךָ׃ עַל־כֵּן גָּדַלְתָּ יְהוָה אֱלֹהִים כב
כִּי־אֵין כָּמוֹךָ וְאֵין אֱלֹהִים זוּלָתֶךָ בְּכֹל אֲשֶׁר־שָׁמַעְנוּ בְּאָזְנֵינוּ׃
וּמִי כְעַמְּךָ כְּיִשְׂרָאֵל גּוֹי אֶחָד בָּאָרֶץ אֲשֶׁר הָלְכוּ־אֱלֹהִים כג
לִפְדּוֹת־לוֹ לְעָם וְלָשׂוּם לוֹ שֵׁם וְלַעֲשׂוֹת לָכֶם הַגְּדוּלָּה וְנֹרָאוֹת
לְאַרְצֶךָ מִפְּנֵי עַמְּךָ אֲשֶׁר פָּדִיתָ לְּךָ מִמִּצְרַיִם גּוֹיִם וֵאלֹהָיו׃
וַתְּכוֹנֵן לְךָ אֶת־עַמְּךָ יִשְׂרָאֵל ׀ לְךָ לְעָם עַד־עוֹלָם וְאַתָּה יְהוָה כד
הָיִיתָ לָהֶם לֵאלֹהִים׃ וְעַתָּה יְהוָה אֱלֹהִים הַדָּבָר אֲשֶׁר דִּבַּרְתָּ כה
עַל־עַבְדְּךָ וְעַל־בֵּיתוֹ הָקֵם עַד־עוֹלָם וַעֲשֵׂה כַּאֲשֶׁר דִּבַּרְתָּ׃
וְיִגְדַּל שִׁמְךָ עַד־עוֹלָם לֵאמֹר יְהוָה צְבָאוֹת אֱלֹהִים עַל־יִשְׂרָאֵל כו
וּבֵית עַבְדְּךָ דָוִד יִהְיֶה נָכוֹן לְפָנֶיךָ׃ כִּי־אַתָּה יְהוָה צְבָאוֹת כז
אֱלֹהֵי יִשְׂרָאֵל גָּלִיתָה אֶת־אֹזֶן עַבְדְּךָ לֵאמֹר בַּיִת אֶבְנֶה־
לָּךְ עַל־כֵּן מָצָא עַבְדְּךָ אֶת־לִבּוֹ לְהִתְפַּלֵּל אֵלֶיךָ אֶת־
הַתְּפִלָּה הַזֹּאת׃ וְעַתָּה ׀ אֲדֹנָי יֱהוִה אַתָּה־הוּא הָאֱלֹהִים כח
וּדְבָרֶיךָ יִהְיוּ אֱמֶת וַתְּדַבֵּר אֶל־עַבְדְּךָ אֶת־הַטּוֹבָה הַזֹּאת׃
וְעַתָּה הוֹאֵל וּבָרֵךְ אֶת־בֵּית עַבְדְּךָ לִהְיוֹת לְעוֹלָם לְפָנֶיךָ כט
כִּי־אַתָּה אֲדֹנָי יֱהוִה דִּבַּרְתָּ וּמִבִּרְכָתְךָ יְבֹרַךְ בֵּית־עַבְדְּךָ
ח לְעוֹלָם׃ וַיְהִי אַחֲרֵי־כֵן וַיַּךְ דָּוִד אֶת־פְּלִשְׁתִּים א
וַיַּכְנִיעֵם וַיִּקַּח דָּוִד אֶת־מֶתֶג הָאַמָּה מִיַּד פְּלִשְׁתִּים׃ וַיַּךְ אֶת־ ב

ח

מוֹאָב וַיְמַדְּדֵם בַּחֶבֶל הַשְׁכֵּב אוֹתָם אַרְצָה וַיְמַדֵּד שְׁנֵי־חֲבָלִים
לְהָמִית וּמְלֹא הַחֶבֶל לְהַחֲיוֹת וַתְּהִי מוֹאָב לְדָוִד לַעֲבָדִים נֹשְׂאֵי
ג מִנְחָה׃ וַיַּךְ דָּוִד אֶת־הֲדַדְעֶזֶר בֶּן־רְחֹב מֶלֶךְ צוֹבָה בְּלֶכְתּוֹ
ד לְהָשִׁיב יָדוֹ בִּנְהַר־ ׃ וַיִּלְכֹּד דָּוִד מִמֶּנּוּ אֶלֶף וּשְׁבַע־מֵאוֹת פְּרָת
פָּרָשִׁים וְעֶשְׂרִים אֶלֶף אִישׁ רַגְלִי וַיְעַקֵּר דָּוִד אֶת־כָּל־הָרֶכֶב
ה וַיּוֹתֵר מִמֶּנּוּ מֵאָה רָכֶב׃ וַתָּבֹא אֲרַם דַּמֶּשֶׂק לַעְזֹר לַהֲדַדְעֶזֶר
ו מֶלֶךְ צוֹבָה וַיַּךְ דָּוִד בַּאֲרָם עֶשְׂרִים־וּשְׁנַיִם אֶלֶף אִישׁ׃ וַיָּשֶׂם
דָּוִד נְצִבִים בַּאֲרַם דַּמֶּשֶׂק וַתְּהִי אֲרָם לְדָוִד לַעֲבָדִים נוֹשְׂאֵי
ז מִנְחָה וַיֹּשַׁע יְהוָה אֶת־דָּוִד בְּכֹל אֲשֶׁר הָלָךְ׃ וַיִּקַּח דָּוִד אֵת
שִׁלְטֵי הַזָּהָב אֲשֶׁר הָיוּ אֶל עַבְדֵי הֲדַדְעָזֶר וַיְבִאֵם יְרוּשָׁלִָם׃
ח וּמִבֶּטַח וּמִבֵּרֹתַי עָרֵי הֲדַדְעָזֶר לָקַח הַמֶּלֶךְ דָּוִד נְחֹשֶׁת הַרְבֵּה
ט מְאֹד׃ וַיִּשְׁמַע תֹּעִי מֶלֶךְ חֲמָת כִּי הִכָּה דָוִד אֵת
י כָּל־חֵיל הֲדַדְעָזֶר׃ וַיִּשְׁלַח תֹּעִי אֶת־יוֹרָם־בְּנוֹ אֶל־הַמֶּלֶךְ־דָּוִד
לִשְׁאָל־לוֹ לְשָׁלוֹם וּלְבָרְכוֹ עַל אֲשֶׁר נִלְחַם בַּהֲדַדְעֶזֶר וַיַּכֵּהוּ
כִּי־אִישׁ מִלְחֲמוֹת תֹּעִי הָיָה הֲדַדְעָזֶר וּבְיָדוֹ הָיוּ כְּלֵי־כֶסֶף וּכְלֵי־
יא זָהָב וּכְלֵי נְחֹשֶׁת׃ גַּם־אֹתָם הִקְדִּישׁ הַמֶּלֶךְ דָּוִד לַיהוָה עִם־
יב הַכֶּסֶף וְהַזָּהָב אֲשֶׁר הִקְדִּישׁ מִכָּל־הַגּוֹיִם אֲשֶׁר כִּבֵּשׁ׃ מֵאֲרָם
וּמִמּוֹאָב וּמִבְּנֵי עַמּוֹן וּמִפְּלִשְׁתִּים וּמֵעֲמָלֵק וּמִשְּׁלַל הֲדַדְעֶזֶר
יג בֶּן־רְחֹב מֶלֶךְ צוֹבָה׃ וַיַּעַשׂ דָּוִד שֵׁם בְּשֻׁבוֹ מֵהַכּוֹתוֹ אֶת־אֲרָם
יד בְּגֵיא־מֶלַח שְׁמוֹנָה עָשָׂר אָלֶף׃ וַיָּשֶׂם בֶּאֱדוֹם נְצִבִים בְּכָל־
אֱדוֹם שָׂם נְצִבִים וַיְהִי כָל־אֱדוֹם עֲבָדִים לְדָוִד וַיּוֹשַׁע יְהוָה אֶת־
טו דָּוִד בְּכֹל אֲשֶׁר הָלָךְ׃ וַיִּמְלֹךְ דָּוִד עַל־כָּל־יִשְׂרָאֵל וַיְהִי דָוִד עֹשֶׂה
טז מִשְׁפָּט וּצְדָקָה לְכָל־עַמּוֹ׃ וְיוֹאָב בֶּן־צְרוּיָה עַל־הַצָּבָא וִיהוֹשָׁפָט
יז בֶּן־אֲחִילוּד מַזְכִּיר׃ וְצָדוֹק בֶּן־אֲחִיטוּב וַאֲחִימֶלֶךְ בֶּן־אֶבְיָתָר
יח כֹּהֲנִים וּשְׂרָיָה סוֹפֵר׃ וּבְנָיָהוּ בֶּן־יְהוֹיָדָע וְהַכְּרֵתִי וְהַפְּלֵתִי וּבְנֵי
ט א דָוִד כֹּהֲנִים הָיוּ׃ וַיֹּאמֶר דָּוִד הֲכִי יֶשׁ־עוֹד אֲשֶׁר
ב נוֹתַר לְבֵית שָׁאוּל וְאֶעֱשֶׂה עִמּוֹ חֶסֶד בַּעֲבוּר יְהוֹנָתָן׃ וּלְבֵית

שָׁא֖וּל עֶ֣בֶד וּשְׁמ֣וֹ צִיבָ֑א וַיִּקְרְאוּ־ל֖וֹ אֶל־דָּוִ֑ד וַיֹּ֨אמֶר הַמֶּ֧לֶךְ
אֵלָ֛יו הַאַתָּ֥ה צִיבָ֖א וַיֹּ֥אמֶר עַבְדֶּֽךָ׃ וַיֹּ֣אמֶר הַמֶּ֗לֶךְ הַאֶ֨פֶס ע֥וֹד ג
אִישׁ֙ לְבֵ֣ית שָׁא֔וּל וְאֶעֱשֶׂ֥ה עִמּ֖וֹ חֶ֣סֶד אֱלֹהִ֑ים וַיֹּ֤אמֶר צִיבָא֙ אֶל־
הַמֶּ֔לֶךְ ע֥וֹד בֵּ֛ן לִיהֽוֹנָתָ֖ן נְכֵ֥ה רַגְלָֽיִם׃ וַיֹּֽאמֶר־ל֥וֹ הַמֶּ֖לֶךְ אֵיפֹ֣ה ד
ה֑וּא וַיֹּ֨אמֶר צִיבָ֜א אֶל־הַמֶּ֗לֶךְ הִנֵּה־ה֙וּא בֵּ֛ית מָכִ֥יר בֶּן־עַמִּיאֵ֖ל
בְּל֥וֹ דְבָֽר׃ וַיִּשְׁלַ֖ח הַמֶּ֣לֶךְ דָּוִ֑ד וַיִּקָּחֵ֗הוּ מִבֵּ֛ית מָכִ֥יר בֶּן־עַמִּיאֵ֖ל ה
מִלּ֥וֹ דְבָֽר׃ וַ֠יָּבֹא מְפִיבֹ֨שֶׁת בֶּן־יְהוֹנָתָ֤ן בֶּן־שָׁאוּל֙ אֶל־דָּוִ֔ד וַיִּפֹּ֥ל ו
עַל־פָּנָ֖יו וַיִּשְׁתָּ֑חוּ וַיֹּ֤אמֶר דָּוִד֙ מְפִיבֹ֔שֶׁת וַיֹּ֖אמֶר הִנֵּ֥ה עַבְדֶּֽךָ׃
וַיֹּ֩אמֶר֩ ל֨וֹ דָוִ֜ד אַל־תִּירָ֗א כִּ֣י עָשֹׂה֩ אֶעֱשֶׂ֨ה עִמְּךָ֥ חֶ֙סֶד֙ בַּעֲב֨וּר ז
יְהוֹנָתָ֣ן אָבִ֔יךָ וַהֲשִׁבֹתִ֣י לְךָ֔ אֶֽת־כָּל־שְׂדֵ֖ה שָׁא֣וּל אָבִ֑יךָ
וְאַתָּ֗ה תֹּ֥אכַל לֶ֛חֶם עַל־שֻׁלְחָנִ֖י תָּמִֽיד׃ וַיִּשְׁתַּ֕חוּ וַיֹּ֕אמֶר מֶ֖ה ח
עַבְדֶּ֑ךָ כִּ֣י פָנִ֔יתָ אֶל־הַכֶּ֥לֶב הַמֵּ֖ת אֲשֶׁ֥ר כָּמֽוֹנִי׃ וַיִּקְרָ֣א הַמֶּ֗לֶךְ ט
אֶל־צִיבָ֛א נַ֥עַר שָׁא֖וּל וַיֹּ֣אמֶר אֵלָ֑יו כֹּ֨ל אֲשֶׁ֤ר הָיָה֙ לְשָׁא֣וּל
וּלְכָל־בֵּית֔וֹ נָתַ֖תִּי לְבֶן־אֲדֹנֶֽיךָ׃ וְעָבַ֣דְתָּ לּוֹ֩ אֶֽת־הָאֲדָמָ֨ה אַתָּ֜ה י
וּבָנֶ֣יךָ וַעֲבָדֶ֗יךָ וְהֵֽבֵאתָ֙ וְהָיָ֞ה לְבֶן־אֲדֹנֶ֤יךָ לֶּ֙חֶם֙ וַאֲכָל֔וֹ וּמְפִיבֹ֙שֶׁת֙
בֶּן־אֲדֹנֶ֔יךָ יֹאכַ֥ל תָּמִ֛יד לֶ֖חֶם עַל־שֻׁלְחָנִ֑י וּלְצִיבָ֕א חֲמִשָּׁ֥ה עָשָׂ֛ר
בָּנִ֖ים וְעֶשְׂרִ֥ים עֲבָדִֽים׃ וַיֹּ֨אמֶר צִיבָ֜א אֶל־הַמֶּ֗לֶךְ כְּכֹל֩ אֲשֶׁ֨ר יא
יְצַוֶּ֜ה אֲדֹנִ֤י הַמֶּ֙לֶךְ֙ אֶת־עַבְדּ֔וֹ כֵּ֖ן יַעֲשֶׂ֣ה עַבְדֶּ֑ךָ וּמְפִיבֹ֗שֶׁת אֹכֵל֙
עַל־שֻׁלְחָנִ֔י כְּאַחַ֖ד מִבְּנֵ֥י הַמֶּֽלֶךְ׃ וְלִמְפִיבֹ֥שֶׁת בֵּן־קָטָ֖ן וּשְׁמ֣וֹ יב
מִיכָ֑א וְכֹל֙ מוֹשַׁ֣ב בֵּית־צִיבָ֔א עֲבָדִ֖ים לִמְפִיבֹֽשֶׁת׃ וּמְפִיבֹ֗שֶׁת יג
יֹשֵׁב֙ בִּיר֣וּשָׁלִַ֔ם כִּ֧י עַל־שֻׁלְחַ֛ן הַמֶּ֖לֶךְ תָּמִ֣יד ה֣וּא אֹכֵ֑ל וְה֥וּא
פִּסֵּ֖חַ שְׁתֵּ֥י רַגְלָֽיו׃ וַיְהִי֙ אַחֲרֵי־כֵ֔ן וַיָּ֕מָת מֶ֖לֶךְ בְּנֵ֣י א י
עַמּ֑וֹן וַיִּמְלֹ֛ךְ חָנ֥וּן בְּנ֖וֹ תַּחְתָּֽיו׃ וַיֹּ֣אמֶר דָּוִ֗ד אֶֽעֱשֶׂה־חֶ֣סֶד ׀ עִם־ ב
חָנ֣וּן בֶּן־נָחָ֗שׁ כַּאֲשֶׁר֩ עָשָׂ֨ה אָבִ֤יו עִמָּדִי֙ חֶ֔סֶד וַיִּשְׁלַ֨ח דָּוִ֧ד
לְנַחֲמ֛וֹ בְּיַד־עֲבָדָ֖יו אֶל־אָבִ֑יו וַיָּבֹ֙אוּ֙ עַבְדֵ֣י דָוִ֔ד אֶ֖רֶץ בְּנֵ֥י עַמּֽוֹן׃
וַיֹּאמְר֞וּ שָׂרֵ֤י בְנֵֽי־עַמּוֹן֙ אֶל־חָנ֣וּן אֲדֹנֵיהֶ֔ם הַֽמְכַבֵּ֨ד דָּוִ֤ד אֶת־ ג
אָבִ֙יךָ֙ בְּעֵינֶ֔יךָ כִּֽי־שָׁלַ֥ח לְךָ֖ מְנַחֲמִ֑ים הֲל֗וֹא בַּעֲב֞וּר חֲקֹ֤ר אֶת־

ד הָעִיר וּלְרַגְּלָהּ וּלְהָפְכָהּ שָׁלַח דָּוִד אֶת־עֲבָדָיו אֵלֶיךָ׃ וַיִּקַּח חָנוּן
אֶת־עַבְדֵי דָוִד וַיְגַלַּח אֶת־חֲצִי זְקָנָם וַיִּכְרֹת אֶת־מַדְוֵיהֶם
ה בַּחֵצִי עַד־שְׁתוֹתֵיהֶם וַיְשַׁלְּחֵם׃ וַיַּגִּדוּ לְדָוִד וַיִּשְׁלַח לִקְרָאתָם
כִּי־הָיוּ הָאֲנָשִׁים נִכְלָמִים מְאֹד וַיֹּאמֶר הַמֶּלֶךְ שְׁבוּ בִירֵחוֹ עַד־
ו יְצַמַּח זְקַנְכֶם וְשַׁבְתֶּם׃ וַיִּרְאוּ בְּנֵי עַמּוֹן כִּי נִבְאֲשׁוּ בְּדָוִד
וַיִּשְׁלְחוּ בְנֵי־עַמּוֹן וַיִּשְׂכְּרוּ אֶת־אֲרַם בֵּית־רְחוֹב וְאֶת־אֲרַם
צוֹבָא עֶשְׂרִים אֶלֶף רַגְלִי וְאֶת־מֶלֶךְ מַעֲכָה אֶלֶף אִישׁ וְאִישׁ
ז טוֹב שְׁנֵים־עָשָׂר אֶלֶף אִישׁ׃ וַיִּשְׁמַע דָּוִד וַיִּשְׁלַח אֶת־יוֹאָב
ח וְאֵת כָּל־הַצָּבָא הַגִּבֹּרִים׃ וַיֵּצְאוּ בְּנֵי עַמּוֹן וַיַּעַרְכוּ מִלְחָמָה
פֶּתַח הַשָּׁעַר וַאֲרַם צוֹבָא וּרְחוֹב וְאִישׁ־טוֹב וּמַעֲכָה לְבַדָּם
ט בַּשָּׂדֶה׃ וַיַּרְא יוֹאָב כִּי־הָיְתָה אֵלָיו פְּנֵי הַמִּלְחָמָה מִפָּנִים
וּמֵאָחוֹר וַיִּבְחַר מִכֹּל בְּחוּרֵי בישראל וַיַּעֲרֹךְ לִקְרַאת אֲרָם׃ יִשְׂרָאֵל
י וְאֵת יֶתֶר הָעָם נָתַן בְּיַד אַבְשַׁי אָחִיו וַיַּעֲרֹךְ לִקְרַאת בְּנֵי עַמּוֹן׃
יא וַיֹּאמֶר אִם־תֶּחֱזַק אֲרָם מִמֶּנִּי וְהָיִתָה לִּי לִישׁוּעָה וְאִם־בְּנֵי עַמּוֹן
יב יֶחֶזְקוּ מִמְּךָ וְהָלַכְתִּי לְהוֹשִׁיעַ לָךְ׃ חֲזַק וְנִתְחַזַּק בְּעַד עַמֵּנוּ
יג וּבְעַד עָרֵי אֱלֹהֵינוּ וַיהוָה יַעֲשֶׂה הַטּוֹב בְּעֵינָיו׃ וַיִּגַּשׁ יוֹאָב כה
יד וְהָעָם אֲשֶׁר עִמּוֹ לַמִּלְחָמָה בַּאֲרָם וַיָּנֻסוּ מִפָּנָיו׃ וּבְנֵי עַמּוֹן רָאוּ
כִּי־נָס אֲרָם וַיָּנֻסוּ מִפְּנֵי אֲבִישַׁי וַיָּבֹאוּ הָעִיר וַיָּשָׁב יוֹאָב מֵעַל
טו בְּנֵי עַמּוֹן וַיָּבֹא יְרוּשָׁלִָם׃ וַיַּרְא אֲרָם כִּי נִגַּף לִפְנֵי יִשְׂרָאֵל
טז וַיֵּאָסְפוּ יָחַד׃ וַיִּשְׁלַח הֲדַדְעֶזֶר וַיֹּצֵא אֶת־אֲרָם אֲשֶׁר מֵעֵבֶר
יז הַנָּהָר וַיָּבֹאוּ חֵילָם וְשׁוֹבַךְ שַׂר־צְבָא הֲדַדְעֶזֶר לִפְנֵיהֶם׃ וַיֻּגַּד
לְדָוִד וַיֶּאֱסֹף אֶת־כָּל־יִשְׂרָאֵל וַיַּעֲבֹר אֶת־הַיַּרְדֵּן וַיָּבֹא
יח חֵלָאמָה וַיַּעַרְכוּ אֲרָם לִקְרַאת דָּוִד וַיִּלָּחֲמוּ עִמּוֹ׃ וַיָּנָס אֲרָם
מִפְּנֵי יִשְׂרָאֵל וַיַּהֲרֹג דָּוִד מֵאֲרָם שְׁבַע מֵאוֹת רֶכֶב וְאַרְבָּעִים
יט אֶלֶף פָּרָשִׁים וְאֵת שׁוֹבַךְ שַׂר־צְבָאוֹ הִכָּה וַיָּמָת שָׁם׃ וַיִּרְאוּ
כָל־הַמְּלָכִים עַבְדֵי הֲדַדְעֶזֶר כִּי נִגְּפוּ לִפְנֵי יִשְׂרָאֵל וַיַּשְׁלִמוּ
אֶת־יִשְׂרָאֵל וַיַּעַבְדוּם וַיִּרְאוּ אֲרָם לְהוֹשִׁיעַ עוֹד אֶת־בְּנֵי

עמון׃ ויהי לתשובת השנה לעת צאת א
המלאכים וישלח דוד את־יואב ואת־עבדיו עמו ואת־כל־
ישראל וישחתו את־בני עמון ויצרו על־רבה ודוד יושב
בירושלם׃ ויהי לעת הערב ויקם דוד מעל ב
משכבו ויתהלך על־גג בית־המלך וירא אשה רחצת מעל
הגג והאשה טובת מראה מאד׃ וישלח דוד וידרש לאשה ג
ויאמר הלוא־זאת בת־שבע בת־אליעם אשת אוריה החתי׃
וישלח דוד מלאכים ויקחה ותבוא אליו וישכב עמה ד
והיא מתקדשת מטמאתה ותשב אל־ביתה׃ ותהר האשה ה
ותשלח ותגד לדוד ותאמר הרה אנכי׃ וישלח דוד אל־יואב ו
שלח אלי את־אוריה החתי וישלח יואב את־אוריה אל־
דוד׃ ויבא אוריה אליו וישאל דוד לשלום יואב ולשלום ז
העם ולשלום המלחמה׃ ויאמר דוד לאוריה רד לביתך ורחץ ח
רגליך ויצא אוריה מבית המלך ותצא אחריו משאת המלך׃
וישכב אוריה פתח בית המלך את כל־עבדי אדניו ולא ירד ט
אל־ביתו׃ ויגדו לדוד לאמר לא־ירד אוריה אל־ביתו ויאמר י
דוד אל־אוריה הלוא מדרך אתה בא מדוע לא־ירדת אל־
ביתך׃ ויאמר אוריה אל־דוד הארון וישראל ויהודה ישבים יא
בסכות ואדני יואב ועבדי אדני על־פני השדה חנים ואני
אבוא אל־ביתי לאכל ולשתות ולשכב עם־אשתי חיך וחי
נפשך אם־אעשה את־הדבר הזה׃ ויאמר דוד אל־אוריה יב
שב בזה גם־היום ומחר אשלחך וישב אוריה בירושלם ביום
ההוא וממחרת׃ ויקרא־לו דוד ויאכל לפניו וישת וישכרהו יג
ויצא בערב לשכב במשכבו עם־עבדי אדניו ואל־ביתו לא
ירד׃ ויהי בבקר ויכתב דוד ספר אל־יואב וישלח ביד אוריה׃ יד
ויכתב בספר לאמר הבו את־אוריה אל־מול פני המלחמה טו
החזקה ושבתם מאחריו ונכה ומת׃ ויהי טז

בשמור יואב אל־העיר ויתן את־אוריה אל־המקום אשר
יז ידע כי אנשי־חיל שם: ויצאו אנשי העיר וילחמו את־יואב
יח ויפל מן־העם מעבדי דוד וימת גם אוריה החתי: וישלח
יט יואב ויגד לדוד את כל־דברי המלחמה: ויצו את־המלאך
לאמר ככלותך את כל־דברי המלחמה לדבר אל־המלך:
כ והיה אם־תעלה חמת המלך ואמר לך מדוע נגשתם אל־
כא העיר להלחם הלוא ידעתם את אשר־ירו מעל החומה: מי־
הכה את־אבימלך בן־ירבשת הלוא אשה השליכה עליו
פלח רכב מעל החומה וימת בתבץ למה נגשתם אל־החומה
כב ואמרת גם עבדך אוריה החתי מת: וילך המלאך ויבא
כג ויגד לדוד את כל־אשר שלחו יואב: ויאמר המלאך אל־
דוד כי־גברו עלינו האנשים ויצאו אלינו השדה ונהיה
כד עליהם עד־פתח השער: ויראו המוראים אל־עבדיך מעל
החומה וימותו מעבדי המלך וגם עבדך אוריה החתי
כה מת: ויאמר דוד אל־המלאך כה־תאמר אל־
יואב אל־ירע בעיניך את־הדבר הזה כי־כזה וכזה תאכל
כו החרב החזק מלחמתך אל־העיר והרסה וחזקהו: ותשמע
אשת אוריה כי־מת אוריה אישה ותספד על־בעלה:
כז ויעבר האבל וישלח דוד ויאספה אל־ביתו ותהי־לו
לאשה ותלד לו בן וירע הדבר אשר־עשה דוד בעיני
יב א יהוה: וישלח יהוה את־נתן אל־דוד ויבא אליו
ויאמר לו שני אנשים היו בעיר אחת אחד עשיר ואחד ראש:
ב ג לעשיר היה צאן ובקר הרבה מאד: ולרש אין־כל כי אם־
כבשה אחת קטנה אשר קנה ויחיה ותגדל עמו ועם־בניו
יחדו מפתו תאכל ומכסו תשתה ובחיקו תשכב ותהי־לו כבת:
ד ויבא הלך לאיש העשיר ויחמל לקחת מצאנו ומבקרו
לעשות לארח הבא לו ויקח את־כבשת האיש הראש ויעשה

לָאִישׁ הַבָּא אֵלָיו׃ וַיִּחַר־אַף דָּוִד בָּאִישׁ מְאֹד וַיֹּאמֶר אֶל־נָתָן ה
חַי־יְהוָה כִּי בֶן־מָוֶת הָאִישׁ הָעֹשֶׂה זֹאת׃ וְאֶת־הַכִּבְשָׂה יְשַׁלֵּם ו
אַרְבַּעְתָּיִם עֵקֶב אֲשֶׁר עָשָׂה אֶת־הַדָּבָר הַזֶּה וְעַל אֲשֶׁר לֹא־
חָמָל׃ וַיֹּאמֶר נָתָן אֶל־דָּוִד אַתָּה הָאִישׁ כֹּה־ ז
אָמַר יְהוָה אֱלֹהֵי יִשְׂרָאֵל אָנֹכִי מְשַׁחְתִּיךָ לְמֶלֶךְ עַל־יִשְׂרָאֵל
וְאָנֹכִי הִצַּלְתִּיךָ מִיַּד שָׁאוּל׃ וָאֶתְּנָה לְךָ אֶת־בֵּית אֲדֹנֶיךָ וְאֶת־ ח
נְשֵׁי אֲדֹנֶיךָ בְּחֵיקֶךָ וָאֶתְּנָה לְךָ אֶת־בֵּית יִשְׂרָאֵל וִיהוּדָה וְאִם־
מְעָט וְאֹסִפָה לְּךָ כָּהֵנָּה וְכָהֵנָּה׃ מַדּוּעַ בָּזִיתָ ׀ אֶת־דְּבַר יְהוָה ט
לַעֲשׂוֹת הָרַע בעינו אֵת אוּרִיָּה הַחִתִּי הִכִּיתָ בַחֶרֶב וְאֶת־
בְּעֵינָ֑י
אִשְׁתּוֹ לָקַחְתָּ לְּךָ לְאִשָּׁה וְאֹתוֹ הָרַגְתָּ בְּחֶרֶב בְּנֵי עַמּוֹן׃ וְעַתָּה י
לֹא־תָסוּר חֶרֶב מִבֵּיתְךָ עַד־עוֹלָם עֵקֶב כִּי בְזִתָנִי וַתִּקַּח אֶת־
אֵשֶׁת אוּרִיָּה הַחִתִּי לִהְיוֹת לְךָ לְאִשָּׁה׃ כֹּה ׀ יא
אָמַר יְהוָה הִנְנִי מֵקִים עָלֶיךָ רָעָה מִבֵּיתֶךָ וְלָקַחְתִּי אֶת־נָשֶׁיךָ
לְעֵינֶיךָ וְנָתַתִּי לְרֵעֶיךָ וְשָׁכַב עִם־נָשֶׁיךָ לְעֵינֵי הַשֶּׁמֶשׁ הַזֹּאת׃
כִּי אַתָּה עָשִׂיתָ בַסָּתֶר וַאֲנִי אֶעֱשֶׂה אֶת־הַדָּבָר הַזֶּה נֶגֶד כָּל־ יב
כו יִשְׂרָאֵל וְנֶגֶד הַשָּׁמֶשׁ׃ וַיֹּאמֶר דָּוִד אֶל־נָתָן יג
חָטָאתִי לַיהוָה וַיֹּאמֶר נָתָן אֶל־דָּוִד גַּם־יְהוָה
הֶעֱבִיר חַטָּאתְךָ לֹא תָמוּת׃ אֶפֶס כִּי־נִאֵץ נִאַצְתָּ אֶת־אֹיְבֵי יד
יְהוָה בַּדָּבָר הַזֶּה גַּם הַבֵּן הַיִּלּוֹד לְךָ מוֹת יָמוּת׃ וַיֵּלֶךְ נָתָן אֶל־ טו
בֵּיתוֹ וַיִּגֹּף יְהוָה אֶת־הַיֶּלֶד אֲשֶׁר יָלְדָה אֵשֶׁת־אוּרִיָּה לְדָוִד
וַיֵּאָנַשׁ׃ וַיְבַקֵּשׁ דָּוִד אֶת־הָאֱלֹהִים בְּעַד הַנָּעַר וַיָּצָם דָּוִד צוֹם טז
וּבָא וְלָן וְשָׁכַב אָרְצָה׃ וַיָּקֻמוּ זִקְנֵי בֵיתוֹ עָלָיו לַהֲקִימוֹ מִן־ יז
הָאָרֶץ וְלֹא אָבָה וְלֹא־בָרָא אִתָּם לָחֶם׃ וַיְהִי בַּיּוֹם הַשְּׁבִיעִי יח
וַיָּמָת הַיָּלֶד וַיִּרְאוּ עַבְדֵי דָוִד לְהַגִּיד לוֹ ׀ כִּי־מֵת הַיֶּלֶד כִּי
אָמְרוּ הִנֵּה בִהְיוֹת הַיֶּלֶד חַי דִּבַּרְנוּ אֵלָיו וְלֹא־שָׁמַע בְּקוֹלֵנוּ
וְאֵיךְ נֹאמַר אֵלָיו מֵת הַיֶּלֶד וְעָשָׂה רָעָה׃ וַיַּרְא דָּוִד כִּי עֲבָדָיו יט
מִתְלַחֲשִׁים וַיָּבֶן דָּוִד כִּי מֵת הַיָּלֶד וַיֹּאמֶר דָּוִד אֶל־עֲבָדָיו הֲמֵת

כ הַיֶּלֶד וַיֹּאמְרוּ מֵת׃ וַיָּקָם דָּוִד מֵהָאָרֶץ וַיִּרְחַץ וַיָּסֶךְ וַיְחַלֵּף
שִׂמְלֹתָו וַיָּבֹא בֵית־יְהוָה וַיִּשְׁתָּחוּ וַיָּבֹא אֶל־בֵּיתוֹ וַיִּשְׁאַל
כא וַיָּשִׂימוּ לוֹ לֶחֶם וַיֹּאכַל׃ וַיֹּאמְרוּ עֲבָדָיו אֵלָיו מָה־הַדָּבָר הַזֶּה
אֲשֶׁר עָשִׂיתָה בַּעֲבוּר הַיֶּלֶד חַי צַמְתָּ וַתֵּבְךְּ וְכַאֲשֶׁר מֵת הַיֶּלֶד
כב קַמְתָּ וַתֹּאכַל לָחֶם׃ וַיֹּאמֶר בְּעוֹד הַיֶּלֶד חַי צַמְתִּי וָאֶבְכֶּה כִּי
כג אָמַרְתִּי מִי יוֹדֵעַ יחנני יְהוָה וְחַי הַיָּלֶד׃ וְעַתָּה ׀ מֵת לָמָּה זֶּה וְחַנַּנִי
אֲנִי צָם הַאוּכַל לַהֲשִׁיבוֹ עוֹד אֲנִי הֹלֵךְ אֵלָיו וְהוּא לֹא־יָשׁוּב
כד אֵלָי׃ וַיְנַחֵם דָּוִד אֵת בַּת־שֶׁבַע אִשְׁתּוֹ וַיָּבֹא אֵלֶיהָ וַיִּשְׁכַּב
עִמָּהּ וַתֵּלֶד בֵּן ויקרא אֶת־שְׁמוֹ שְׁלֹמֹה וַיהוָה אֲהֵבוֹ׃ וַתִּקְרָא
כה וַיִּשְׁלַח בְּיַד נָתָן הַנָּבִיא וַיִּקְרָא אֶת־שְׁמוֹ יְדִידְיָהּ בַּעֲבוּר
כו יְהוָה׃ וַיִּלָּחֶם יוֹאָב בְּרַבַּת בְּנֵי עַמּוֹן וַיִּלְכֹּד אֶת־
כז עִיר הַמְּלוּכָה׃ וַיִּשְׁלַח יוֹאָב מַלְאָכִים אֶל־דָּוִד וַיֹּאמֶר נִלְחַמְתִּי
כח בְרַבָּה גַּם־לָכַדְתִּי אֶת־עִיר הַמָּיִם׃ וְעַתָּה אֱסֹף אֶת־יֶתֶר הָעָם
וַחֲנֵה עַל־הָעִיר וְלָכְדָהּ פֶּן־אֶלְכֹּד אֲנִי אֶת־הָעִיר וְנִקְרָא
כט שְׁמִי עָלֶיהָ׃ וַיֶּאֱסֹף דָּוִד אֶת־כָּל־הָעָם וַיֵּלֶךְ רַבָּתָה וַיִּלָּחֶם בָּהּ
ל וַיִּלְכְּדָהּ׃ וַיִּקַּח אֶת־עֲטֶרֶת־מַלְכָּם מֵעַל רֹאשׁוֹ וּמִשְׁקָלָהּ כִּכַּר
זָהָב וְאֶבֶן יְקָרָה וַתְּהִי עַל־רֹאשׁ דָּוִד וּשְׁלַל הָעִיר הוֹצִיא הַרְבֵּה
לא מְאֹד׃ וְאֶת־הָעָם אֲשֶׁר־בָּהּ הוֹצִיא וַיָּשֶׂם בַּמְּגֵרָה וּבַחֲרִצֵי הַבַּרְזֶל
וּבְמַגְזְרֹת הַבַּרְזֶל וְהֶעֱבִיר אוֹתָם במלכן וְכֵן יַעֲשֶׂה לְכֹל עָרֵי בַּמַּלְבֵּן
יג א בְנֵי־עַמּוֹן וַיָּשָׁב דָּוִד וְכָל־הָעָם יְרוּשָׁלִָם׃ וַיְהִי
אַחֲרֵי־כֵן וּלְאַבְשָׁלוֹם בֶּן־דָּוִד אָחוֹת יָפָה וּשְׁמָהּ תָּמָר וַיֶּאֱהָבֶהָ
ב אַמְנוֹן בֶּן־דָּוִד׃ וַיֵּצֶר לְאַמְנוֹן לְהִתְחַלּוֹת בַּעֲבוּר תָּמָר אֲחֹתוֹ
כִּי בְתוּלָה הִיא וַיִּפָּלֵא בְּעֵינֵי אַמְנוֹן לַעֲשׂוֹת לָהּ מְאוּמָה׃
ג וּלְאַמְנוֹן רֵעַ וּשְׁמוֹ יוֹנָדָב בֶּן־שִׁמְעָה אֲחִי דָוִד וְיוֹנָדָב אִישׁ
ד חָכָם מְאֹד׃ וַיֹּאמֶר לוֹ מַדּוּעַ אַתָּה כָּכָה דַּל בֶּן־הַמֶּלֶךְ בַּבֹּקֶר
בַּבֹּקֶר הֲלוֹא תַּגִּיד לִי וַיֹּאמֶר לוֹ אַמְנוֹן אֶת־תָּמָר אֲחוֹת
ה אַבְשָׁלֹם אָחִי אֲנִי אֹהֵב׃ וַיֹּאמֶר לוֹ יְהוֹנָדָב שְׁכַב עַל־מִשְׁכָּבְךָ

וְהִתְחַל וּבָא אָבִיךָ לִרְאוֹתֶךָ וְאָמַרְתָּ אֵלָיו תָּבֹא נָא תָמָר
אֲחוֹתִי וְתַבְרֵנִי לֶחֶם וְעָשְׂתָה לְעֵינַי אֶת־הַבִּרְיָה לְמַעַן אֲשֶׁר
אֶרְאֶה וְאָכַלְתִּי מִיָּדָהּ׃ וַיִּשְׁכַּב אַמְנוֹן וַיִּתְחָל וַיָּבֹא הַמֶּלֶךְ ו
לִרְאוֹתוֹ וַיֹּאמֶר אַמְנוֹן אֶל־הַמֶּלֶךְ תָּבוֹא־נָא תָּמָר אֲחֹתִי
וּתְלַבֵּב לְעֵינַי שְׁתֵּי לְבִבוֹת וְאֶבְרֶה מִיָּדָהּ׃ וַיִּשְׁלַח דָּוִד אֶל־ ז
תָּמָר הַבַּיְתָה לֵאמֹר לְכִי נָא בֵּית אַמְנוֹן אָחִיךְ וַעֲשִׂי־לוֹ
הַבִּרְיָה׃ וַתֵּלֶךְ תָּמָר בֵּית אַמְנוֹן אָחִיהָ וְהוּא שֹׁכֵב וַתִּקַּח אֶת־ ח
וַתָּלָשׁ הַבָּצֵק ותלוש וַתְּלַבֵּב לְעֵינָיו וַתְּבַשֵּׁל אֶת־הַלְּבִבוֹת׃ וַתִּקַּח ט
אֶת־הַמַּשְׂרֵת וַתִּצֹק לְפָנָיו וַיְמָאֵן לֶאֱכוֹל וַיֹּאמֶר אַמְנוֹן הוֹצִיאוּ
כָל־אִישׁ מֵעָלַי וַיֵּצְאוּ כָל־אִישׁ מֵעָלָיו׃ וַיֹּאמֶר אַמְנוֹן אֶל־תָּמָר י
הָבִיאִי הַבִּרְיָה הַחֶדֶר וְאֶבְרֶה מִיָּדֵךְ וַתִּקַּח תָּמָר אֶת־הַלְּבִבוֹת
אֲשֶׁר עָשָׂתָה וַתָּבֵא לְאַמְנוֹן אָחִיהָ הֶחָדְרָה׃ וַתַּגֵּשׁ אֵלָיו לֶאֱכֹל יא
וַיַּחֲזֶק־בָּהּ וַיֹּאמֶר לָהּ בּוֹאִי שִׁכְבִי עִמִּי אֲחוֹתִי׃ וַתֹּאמֶר לוֹ אַל־ יב
אָחִי אַל־תְּעַנֵּנִי כִּי לֹא־יֵעָשֶׂה כֵן בְּיִשְׂרָאֵל אַל־תַּעֲשֵׂה אֶת־
הַנְּבָלָה הַזֹּאת׃ וַאֲנִי אָנָה אוֹלִיךְ אֶת־חֶרְפָּתִי וְאַתָּה תִּהְיֶה יג
כְּאַחַד הַנְּבָלִים בְּיִשְׂרָאֵל וְעַתָּה דַּבֶּר־נָא אֶל־הַמֶּלֶךְ כִּי לֹא
יִמְנָעֵנִי מִמֶּךָּ׃ וְלֹא אָבָה לִשְׁמֹעַ בְּקוֹלָהּ וַיֶּחֱזַק מִמֶּנָּה וַיְעַנֶּהָ יד
וַיִּשְׁכַּב אֹתָהּ׃ וַיִּשְׂנָאֶהָ אַמְנוֹן שִׂנְאָה גְּדוֹלָה מְאֹד כִּי גְדוֹלָה טו
הַשִּׂנְאָה אֲשֶׁר שְׂנֵאָהּ מֵאַהֲבָה אֲשֶׁר אֲהֵבָהּ וַיֹּאמֶר־לָהּ אַמְנוֹן
קוּמִי לֵכִי׃ וַתֹּאמֶר לוֹ אַל־אוֹדֹת הָרָעָה הַגְּדוֹלָה הַזֹּאת טז
מֵאַחֶרֶת אֲשֶׁר־עָשִׂיתָ עִמִּי לְשַׁלְּחֵנִי וְלֹא אָבָה לִשְׁמֹעַ לָהּ׃
וַיִּקְרָא אֶת־נַעֲרוֹ מְשָׁרְתוֹ וַיֹּאמֶר שִׁלְחוּ־נָא אֶת־זֹאת מֵעָלַי יז
הַחוּצָה וּנְעֹל הַדֶּלֶת אַחֲרֶיהָ׃ וְעָלֶיהָ כְּתֹנֶת פַּסִּים כִּי כֵן יח
תִּלְבַּשְׁןָ בְנוֹת־הַמֶּלֶךְ הַבְּתוּלֹת מְעִילִים וַיֹּצֵא אוֹתָהּ מְשָׁרְתוֹ
הַחוּץ וְנָעַל הַדֶּלֶת אַחֲרֶיהָ׃ וַתִּקַּח תָּמָר אֵפֶר עַל־רֹאשָׁהּ יט
וּכְתֹנֶת הַפַּסִּים אֲשֶׁר עָלֶיהָ קָרָעָה וַתָּשֶׂם יָדָהּ עַל־רֹאשָׁהּ
וַתֵּלֶךְ הָלוֹךְ וְזָעָקָה׃ וַיֹּאמֶר אֵלֶיהָ אַבְשָׁלוֹם אָחִיהָ הַאֲמִינוֹן כ

אָחִיךְ הָיָה עִמָּךְ וְעַתָּה אֲחוֹתִי הַחֲרִישִׁי אָחִיךְ הוּא אַל־תָּשִׁיתִי
אֶת־לִבֵּךְ לַדָּבָר הַזֶּה וַתֵּשֶׁב תָּמָר וְשֹׁמֵמָה בֵּית אַבְשָׁלוֹם
כא אָחִיהָ׃ וְהַמֶּלֶךְ דָּוִד שָׁמַע אֵת כָּל־הַדְּבָרִים הָאֵלֶּה וַיִּחַר לוֹ
כב מְאֹד׃ וְלֹא־דִבֶּר אַבְשָׁלוֹם עִם־אַמְנוֹן לְמֵרָע וְעַד־טוֹב כִּי־
שָׂנֵא אַבְשָׁלוֹם אֶת־אַמְנוֹן עַל־דְּבַר אֲשֶׁר עִנָּה אֵת תָּמָר
כג אֲחֹתוֹ׃ וַיְהִי לִשְׁנָתַיִם יָמִים וַיִּהְיוּ גֹזְזִים לְאַבְשָׁלוֹם
בְּבַעַל חָצוֹר אֲשֶׁר עִם־אֶפְרָיִם וַיִּקְרָא אַבְשָׁלוֹם לְכָל־בְּנֵי
כד הַמֶּלֶךְ׃ וַיָּבֹא אַבְשָׁלוֹם אֶל־הַמֶּלֶךְ וַיֹּאמֶר הִנֵּה־נָא גֹזְזִים
כה לְעַבְדֶּךָ יֵלֶךְ־נָא הַמֶּלֶךְ וַעֲבָדָיו עִם־עַבְדֶּךָ׃ וַיֹּאמֶר הַמֶּלֶךְ אֶל־ כז
אַבְשָׁלוֹם אַל־בְּנִי אַל־נָא נֵלֵךְ כֻּלָּנוּ וְלֹא נִכְבַּד עָלֶיךָ וַיִּפְרָץ־
כו בּוֹ וְלֹא־אָבָה לָלֶכֶת וַיְבָרְכֵהוּ׃ וַיֹּאמֶר אַבְשָׁלוֹם וָלֹא יֵלֶךְ־
נָא אִתָּנוּ אַמְנוֹן אָחִי וַיֹּאמֶר לוֹ הַמֶּלֶךְ לָמָּה יֵלֵךְ עִמָּךְ׃
כז וַיִּפְרָץ־בּוֹ אַבְשָׁלוֹם וַיִּשְׁלַח אִתּוֹ אֶת־אַמְנוֹן וְאֵת כָּל־בְּנֵי
כח הַמֶּלֶךְ׃ וַיְצַו אַבְשָׁלוֹם אֶת־נְעָרָיו לֵאמֹר רְאוּ־
נָא כְּטוֹב לֵב־אַמְנוֹן בַּיַּיִן וְאָמַרְתִּי אֲלֵיכֶם הַכּוּ אֶת־אַמְנוֹן
וַהֲמִתֶּם אֹתוֹ אַל־תִּירָאוּ הֲלוֹא כִּי אָנֹכִי צִוִּיתִי אֶתְכֶם
כט חִזְקוּ וִהְיוּ לִבְנֵי־חָיִל׃ וַיַּעֲשׂוּ נַעֲרֵי אַבְשָׁלוֹם לְאַמְנוֹן כַּאֲשֶׁר
צִוָּה אַבְשָׁלוֹם וַיָּקֻמוּ ׀ כָּל־בְּנֵי הַמֶּלֶךְ וַיִּרְכְּבוּ אִישׁ עַל־
ל פִּרְדּוֹ וַיָּנֻסוּ׃ וַיְהִי הֵמָּה בַדֶּרֶךְ וְהַשְּׁמֻעָה בָאָה אֶל־דָּוִד
לֵאמֹר הִכָּה אַבְשָׁלוֹם אֶת־כָּל־בְּנֵי הַמֶּלֶךְ וְלֹא־נוֹתַר מֵהֶם
לא אֶחָד׃ וַיָּקָם הַמֶּלֶךְ וַיִּקְרַע אֶת־בְּגָדָיו וַיִּשְׁכַּב
לב אָרְצָה וְכָל־עֲבָדָיו נִצָּבִים קְרֻעֵי בְגָדִים׃ וַיַּעַן
יוֹנָדָב ׀ בֶּן־שִׁמְעָה אֲחִי־דָוִד וַיֹּאמֶר אַל־יֹאמַר אֲדֹנִי אֵת כָּל־
הַנְּעָרִים בְּנֵי־הַמֶּלֶךְ הֵמִיתוּ כִּי־אַמְנוֹן לְבַדּוֹ מֵת כִּי־עַל־פִּי
לג אַבְשָׁלוֹם הָיְתָה שִׂימָה מִיּוֹם עַנֹּתוֹ אֵת תָּמָר אֲחֹתוֹ׃ וְעַתָּה שׂוּמָה
אַל־יָשֵׂם אֲדֹנִי הַמֶּלֶךְ אֶל־לִבּוֹ דָּבָר לֵאמֹר כָּל־בְּנֵי הַמֶּלֶךְ מֵתוּ
לד כִּי־אִם־אַמְנוֹן לְבַדּוֹ מֵת׃ וַיִּבְרַח אַבְשָׁלוֹם וַיִּשָּׂא

הַנַּ֤עַר הַצֹּפֶה֙ אֶת־עֵינָ֔ו וַיַּ֕רְא וְהִנֵּ֨ה עַם־רַ֧ב הֹלְכִ֛ים מִדֶּ֥רֶךְ
אַחֲרָ֖יו מִצַּ֥ד הָהָֽר׃ וַיֹּ֤אמֶר יוֹנָדָב֙ אֶל־הַמֶּ֔לֶךְ הִנֵּ֥ה בְנֵֽי־הַמֶּ֖לֶךְ לה
בָּ֑אוּ כִּדְבַ֥ר עַבְדְּךָ֖ כֵּ֥ן הָיָֽה׃ וַיְהִ֣י ׀ כְּכַלֹּתוֹ֮ לְדַבֵּר֒ וְהִנֵּ֧ה בְנֵֽי־ לו
הַמֶּ֛לֶךְ בָּ֖אוּ וַיִּשְׂא֣וּ קוֹלָ֑ם וַיִּבְכּ֗וּ וְגַ֤ם־הַמֶּ֙לֶךְ֙ וְכָל־עֲבָדָ֔יו בָּכ֕וּ בְּכִ֖י
עַמִּיה֖וּד גָּד֥וֹל מְאֹֽד׃ וְאַבְשָׁל֣וֹם בָּרַ֔ח וַיֵּ֛לֶךְ אֶל־תַּלְמַ֥י בֶּן־עמיחור מֶ֣לֶךְ לז
גְּשׁ֑וּר וַיִּתְאַבֵּ֥ל עַל־בְּנ֖וֹ כָּל־הַיָּמִֽים׃ וְאַבְשָׁל֥וֹם בָּרַ֖ח וַיֵּ֣לֶךְ גְּשׁ֑וּר לח
וַֽיְהִי־שָׁ֖ם שָׁלֹ֥שׁ שָׁנִֽים׃ וַתְּכַל֙ דָּוִ֣ד הַמֶּ֔לֶךְ לָצֵ֖את אֶל־אַבְשָׁל֑וֹם לט
כִּֽי־נִחַ֥ם עַל־אַמְנ֖וֹן כִּי־מֵֽת׃ וַיֵּ֖דַע יוֹאָ֣ב בֶּן־ א יד
צְרֻיָ֑ה כִּי־לֵ֥ב הַמֶּ֖לֶךְ עַל־אַבְשָׁלֽוֹם׃ וַיִּשְׁלַ֤ח יוֹאָב֙ תְּק֔וֹעָה וַיִּקַּ֥ח ב
מִשָּׁ֖ם אִשָּׁ֣ה חֲכָמָ֑ה וַיֹּ֣אמֶר אֵ֠לֶיהָ הִֽתְאַבְּלִי־נָ֨א וְלִבְשִׁי־נָ֤א
בִגְדֵי־אֵ֙בֶל֙ וְאַל־תָּס֔וּכִי שֶׁ֕מֶן וְהָיִ֕ית כְּאִשָּׁ֗ה זֶ֚ה יָמִ֣ים רַבִּ֔ים
מִתְאַבֶּ֖לֶת עַל־מֵֽת׃ וּבָאת֙ אֶל־הַמֶּ֔לֶךְ וְדִבַּ֥רְתְּ אֵלָ֖יו כַּדָּבָ֣ר ג
הַזֶּ֑ה וַיָּ֧שֶׂם יוֹאָ֛ב אֶת־הַדְּבָרִ֖ים בְּפִֽיהָ׃ וַתֹּ֙אמֶר֙ הָאִשָּׁ֣ה הַתְּקֹעִ֔ית ד
אֶל־הַמֶּ֔לֶךְ וַתִּפֹּ֧ל עַל־אַפֶּ֛יהָ אַ֖רְצָה וַתִּשְׁתָּ֑חוּ וַתֹּ֖אמֶר הוֹשִׁ֥עָה
הַמֶּֽלֶךְ׃ וַיֹּֽאמֶר־לָ֥הּ הַמֶּ֖לֶךְ מַה־לָּ֑ךְ וַתֹּ֗אמֶר ה
אֲבָ֛ל אִשָּֽׁה־אַלְמָנָ֥ה אָ֖נִי וַיָּ֥מָת אִישִֽׁי׃ וּלְשִׁפְחָֽתְךָ֙ שְׁנֵ֣י בָנִ֔ים ו
וַיִּנָּצ֤וּ שְׁנֵיהֶם֙ בַּשָּׂדֶ֔ה וְאֵ֥ין מַצִּ֖יל בֵּינֵיהֶ֑ם וַיַּכּ֧וּ הָאֶחָ֛ד אֶת־הָאֶחָ֖ד
וַיָּ֥מֶת אֹתֽוֹ׃ וְהִנֵּה֩ קָ֨מָה כָֽל־הַמִּשְׁפָּחָ֜ה עַל־שִׁפְחָתֶ֗ךָ וַיֹּֽאמְרוּ֙ ז
תְּנִ֣י ׀ אֶת־מַכֵּ֣ה אָחִ֗יו וּנְמִתֵ֙הוּ֙ בְּנֶ֤פֶשׁ אָחִיו֙ אֲשֶׁ֣ר הָרָ֔ג וְנַשְׁמִ֖ידָה
שִֽׂים־ גַּ֣ם אֶת־הַיּוֹרֵ֑שׁ וְכִבּ֗וּ אֶת־גַּֽחַלְתִּי֙ אֲשֶׁ֣ר נִשְׁאָ֔רָה לְבִלְתִּ֧י שוֹם־
לְאִישִׁ֛י שֵׁ֥ם וּשְׁאֵרִ֖ית עַל־פְּנֵ֥י הָאֲדָמָֽה׃ וַיֹּ֧אמֶר ח
הַמֶּ֛לֶךְ אֶל־הָאִשָּׁ֖ה לְכִ֣י לְבֵיתֵ֑ךְ וַאֲנִ֖י אֲצַוֶּ֥ה עָלָֽיִךְ׃ וַתֹּ֨אמֶר ט
הָאִשָּׁ֤ה הַתְּקוֹעִית֙ אֶל־הַמֶּ֔לֶךְ עָלַ֞י אֲדֹנִ֥י הַמֶּ֛לֶךְ הֶעָוֺ֖ן וְעַל־בֵּ֣ית
אָבִ֑י וְהַמֶּ֥לֶךְ וְכִסְא֖וֹ נָקִֽי׃ וַיֹּ֣אמֶר הַמֶּ֔לֶךְ הַֽמְדַבֵּ֥ר י
אֵלַ֖יִךְ וַהֲבֵאת֣וֹ אֵלַ֑י וְלֹֽא־יֹסִ֥יף ע֖וֹד לָגַ֥עַת בָּֽךְ׃ וַתֹּ֗אמֶר יִזְכָּר־ יא
מֵֽהַרְבַּ֫ת נָ֨א הַמֶּ֜לֶךְ אֶת־יְהוָ֣ה אֱלֹהֶ֗יךָ מהרבית גֹּאֵ֤ל הַדָּם֙ לְשַׁחֵ֔ת וְלֹ֥א
יַשְׁמִ֖ידוּ אֶת־בְּנִ֑י וַיֹּ֙אמֶר֙ חַי־יְהוָ֔ה אִם־יִפֹּ֛ל מִשַּׂעֲרַ֥ת בְּנֵ֖ךְ

יב אָ֑רְצָה׃ וַתֹּ֣אמֶר הָֽאִשָּׁ֔ה תְּדַבֶּר־נָ֧א שִׁפְחָתְךָ֛ אֶל־אֲדֹנִ֥י הַמֶּ֖לֶךְ
יג דָּבָ֑ר וַיֹּ֖אמֶר דַּבֵּֽרִי׃ וַתֹּ֣אמֶר הָֽאִשָּׁ֗ה וְלָ֧מָּה
חָשַׁ֛בְתָּה כָּזֹ֖את עַל־עַ֣ם אֱלֹהִ֑ים וּמִדַּבֵּ֨ר הַמֶּ֜לֶךְ הַדָּבָ֤ר הַזֶּה֙
יד כְּאָשֵׁ֔ם לְבִלְתִּ֛י הָשִׁ֥יב הַמֶּ֖לֶךְ אֶת־נִדְּחֽוֹ׃ כִּי־מ֣וֹת נָמ֔וּת וְכַמַּ֙יִם֙
הַנִּגָּרִ֣ים אַ֔רְצָה אֲשֶׁ֖ר לֹ֣א יֵאָסֵ֑פוּ וְלֹֽא־יִשָּׂ֤א אֱלֹהִים֙ נֶ֔פֶשׁ וְחָשַׁב֙
טו מַחֲשָׁב֔וֹת לְבִלְתִּ֛י יִדַּ֥ח מִמֶּ֖נּוּ נִדָּֽח׃ וְעַתָּ֞ה אֲשֶׁר־בָּ֗אתִי לְדַבֵּ֞ר
אֶל־הַמֶּ֤לֶךְ אֲדֹנִי֙ אֶת־הַדָּבָ֣ר הַזֶּ֔ה כִּ֥י יֵרְאֻ֖נִי הָעָ֑ם וַתֹּ֣אמֶר
שִׁפְחָתְךָ֗ אֲדַבְּרָה־נָּא֙ אֶל־הַמֶּ֔לֶךְ אוּלַ֗י יַעֲשֶׂ֛ה הַמֶּ֖לֶךְ אֶת־דְּבַ֥ר
טז אֲמָתֽוֹ׃ כִּ֤י יִשְׁמַע֙ הַמֶּ֔לֶךְ לְהַצִּ֥יל אֶת־אֲמָת֖וֹ מִכַּ֣ף הָאִ֑ישׁ
יז לְהַשְׁמִ֨יד אֹתִ֤י וְאֶת־בְּנִי֙ יַ֔חַד מִנַּחֲלַ֖ת אֱלֹהִֽים׃ וַתֹּ֙אמֶר֙ שִׁפְחָ֣תְךָ֔
יִֽהְיֶה־נָּ֛א דְּבַר־אֲדֹנִ֥י הַמֶּ֖לֶךְ לִמְנֻחָ֑ה כִּ֣י ׀ כְּמַלְאַ֣ךְ הָאֱלֹהִ֗ים
כֵּ֣ן אֲדֹנִ֤י הַמֶּ֙לֶךְ֙ לִשְׁמֹ֙עַ֙ הַטּ֣וֹב וְהָרָ֔ע וַיהוָ֥ה אֱלֹהֶ֖יךָ יְהִ֥י
יח עִמָּֽךְ׃ וַיַּ֣עַן הַמֶּ֗לֶךְ וַיֹּ֙אמֶר֙ אֶל־הָ֣אִשָּׁ֔ה אַל־נָ֨א
תְכַחֲדִ֤י מִמֶּ֙נִּי֙ דָּבָ֔ר אֲשֶׁ֥ר אָנֹכִ֖י שֹׁאֵ֣ל אֹתָ֑ךְ וַתֹּ֙אמֶר֙ הָֽאִשָּׁ֔ה
יט יְדַבֶּר־נָ֖א אֲדֹנִ֥י הַמֶּֽלֶךְ׃ וַיֹּ֣אמֶר הַמֶּ֔לֶךְ הֲיַ֣ד יוֹאָ֔ב אִתָּ֖ךְ בְּכָל־
זֹ֑את וַתַּ֨עַן הָאִשָּׁ֜ה וַתֹּ֗אמֶר חֵי־נַפְשְׁךָ֮ אֲדֹנִ֣י הַמֶּלֶךְ֒ אִם־אִ֣שׁ ׀
לְהֵמִ֣ין וּלְהַשְׂמִ֗יל מִכֹּ֤ל אֲשֶׁר־דִּבֶּר֙ אֲדֹנִ֣י הַמֶּ֔לֶךְ כִּֽי־עַבְדְּךָ֥ יוֹאָב֙
ה֣וּא צִוָּ֔נִי וְה֗וּא שָׂ֚ם בְּפִ֣י שִׁפְחָתְךָ֔ אֵ֥ת כָּל־הַדְּבָרִ֖ים הָאֵֽלֶּה׃
כ לְבַֽעֲב֤וּר סַבֵּב֙ אֶת־פְּנֵ֣י הַדָּבָ֔ר עָשָׂ֛ה עַבְדְּךָ֥ יוֹאָ֖ב אֶת־הַדָּבָ֣ר
הַזֶּ֑ה וַאדֹנִ֣י חָכָ֗ם כְּחָכְמַת֙ מַלְאַ֣ךְ הָאֱלֹהִ֔ים לָדַ֖עַת אֶת־כָּל־
כא אֲשֶׁ֥ר בָּאָֽרֶץ׃ וַיֹּ֤אמֶר הַמֶּ֙לֶךְ֙ אֶל־יוֹאָ֔ב הִנֵּה־נָ֥א
עָשִׂ֖יתִי אֶת־הַדָּבָ֣ר הַזֶּ֑ה וְלֵ֕ךְ הָשֵׁ֥ב אֶת־הַנַּ֖עַר אֶת־אַבְשָׁלֽוֹם׃
כב וַיִּפֹּ֨ל יוֹאָ֧ב אֶל־פָּנָ֛יו אַ֖רְצָה וַיִּשְׁתַּ֑חוּ וַיְבָ֖רֶךְ אֶת־הַמֶּ֑לֶךְ וַיֹּ֣אמֶר
יוֹאָ֗ב הַיּ֨וֹם יָדַ֜ע עַבְדְּךָ֗ כִּֽי־מָצָ֨אתִי חֵ֤ן בְּעֵינֶ֙יךָ֙ אֲדֹנִ֣י הַמֶּ֔לֶךְ
כג אֲשֶׁר־עָשָׂ֥ה הַמֶּ֖לֶךְ אֶת־דְּבַ֥ר עבדו׃ וַיָּ֥קָם יוֹאָ֖ב וַיֵּ֣לֶךְ גְּשׁ֑וּרָה עַבְדֶּֽךָ
כד וַיָּבֵ֥א אֶת־אַבְשָׁל֖וֹם יְרֽוּשָׁלָֽם׃ וַיֹּ֣אמֶר הַמֶּ֗לֶךְ
יִסֹּ֣ב אֶל־בֵּית֔וֹ וּפָנַ֖י לֹ֣א יִרְאֶ֑ה וַיִּסֹּ֤ב אַבְשָׁלוֹם֙ אֶל־בֵּית֔וֹ וּפְנֵ֥י

כה הַמֶּלֶךְ לֹא רָאָה׃ וּכְאַבְשָׁלוֹם לֹא־הָיָה אִישׁ־
יָפֶה בְּכָל־יִשְׂרָאֵל לְהַלֵּל מְאֹד מִכַּף רַגְלוֹ וְעַד קָדְקֳדוֹ לֹא־
כו הָיָה בוֹ מוּם׃ וּבְגַלְּחוֹ אֶת־רֹאשׁוֹ וְהָיָה מִקֵּץ יָמִים ׀ לַיָּמִים
אֲשֶׁר יְגַלֵּחַ כִּי־כָבֵד עָלָיו וְגִלְּחוֹ וְשָׁקַל אֶת־שְׂעַר רֹאשׁוֹ
כז מָאתַיִם שְׁקָלִים בְּאֶבֶן הַמֶּלֶךְ׃ וַיִּוָּלְדוּ לְאַבְשָׁלוֹם שְׁלוֹשָׁה
בָנִים וּבַת אַחַת וּשְׁמָהּ תָּמָר הִיא הָיְתָה אִשָּׁה יְפַת
כח מַרְאֶה׃ וַיֵּשֶׁב אַבְשָׁלוֹם בִּירוּשָׁלִַם שְׁנָתַיִם יָמִים
כט וּפְנֵי הַמֶּלֶךְ לֹא רָאָה׃ וַיִּשְׁלַח אַבְשָׁלוֹם אֶל־יוֹאָב לִשְׁלֹחַ אֹתוֹ
אֶל־הַמֶּלֶךְ וְלֹא אָבָה לָבוֹא אֵלָיו וַיִּשְׁלַח עוֹד שֵׁנִית וְלֹא אָבָה
ל לָבוֹא׃ וַיֹּאמֶר אֶל־עֲבָדָיו רְאוּ חֶלְקַת יוֹאָב אֶל־יָדִי וְלוֹ־שָׁם
שְׂעֹרִים לְכוּ והוצתיה בָאֵשׁ וַיַּצִּתוּ עַבְדֵי אַבְשָׁלוֹם אֶת־ וְהַצִּיתוּהָ
לא הַחֶלְקָה בָּאֵשׁ׃ וַיָּקָם יוֹאָב וַיָּבֹא אֶל־אַבְשָׁלוֹם
הַבָּיְתָה וַיֹּאמֶר אֵלָיו לָמָּה הִצִּיתוּ עֲבָדֶיךָ אֶת־הַחֶלְקָה אֲשֶׁר־
לב לִי בָּאֵשׁ׃ וַיֹּאמֶר אַבְשָׁלוֹם אֶל־יוֹאָב הִנֵּה שָׁלַחְתִּי אֵלֶיךָ ׀
לֵאמֹר בֹּא הֵנָּה וְאֶשְׁלְחָה אֹתְךָ אֶל־הַמֶּלֶךְ לֵאמֹר לָמָּה בָּאתִי
מִגְּשׁוּר טוֹב לִי עֹד אֲנִי־שָׁם וְעַתָּה אֶרְאֶה פְּנֵי הַמֶּלֶךְ וְאִם־יֶשׁ־
לג בִּי עָוֺן וֶהֱמִתָנִי׃ וַיָּבֹא יוֹאָב אֶל־הַמֶּלֶךְ וַיַּגֶּד־לוֹ וַיִּקְרָא אֶל־ כח
אַבְשָׁלוֹם וַיָּבֹא אֶל־הַמֶּלֶךְ וַיִּשְׁתַּחוּ לוֹ עַל־אַפָּיו אַרְצָה לִפְנֵי
טו א הַמֶּלֶךְ וַיִּשַּׁק הַמֶּלֶךְ לְאַבְשָׁלוֹם׃ וַיְהִי מֵאַחֲרֵי כֵן
וַיַּעַשׂ לוֹ אַבְשָׁלוֹם מֶרְכָּבָה וְסֻסִים וַחֲמִשִּׁים אִישׁ רָצִים לְפָנָיו׃
ב וְהִשְׁכִּים אַבְשָׁלוֹם וְעָמַד עַל־יַד דֶּרֶךְ הַשָּׁעַר וַיְהִי כָּל־הָאִישׁ
אֲשֶׁר־יִהְיֶה־לּוֹ רִיב לָבוֹא אֶל־הַמֶּלֶךְ לַמִּשְׁפָּט וַיִּקְרָא אַבְשָׁלוֹם
אֵלָיו וַיֹּאמֶר אֵי־מִזֶּה עִיר אַתָּה וַיֹּאמֶר מֵאַחַד שִׁבְטֵי־יִשְׂרָאֵל
ג עַבְדֶּךָ׃ וַיֹּאמֶר אֵלָיו אַבְשָׁלוֹם רְאֵה דְבָרֶךָ טוֹבִים וּנְכֹחִים
ד וְשֹׁמֵעַ אֵין־לְךָ מֵאֵת הַמֶּלֶךְ׃ וַיֹּאמֶר אַבְשָׁלוֹם מִי־יְשִׂמֵנִי שֹׁפֵט
בָּאָרֶץ וְעָלַי יָבוֹא כָּל־אִישׁ אֲשֶׁר־יִהְיֶה־לּוֹ־רִיב וּמִשְׁפָּט
ה וְהִצְדַּקְתִּיו׃ וְהָיָה בִּקְרָב־אִישׁ לְהִשְׁתַּחֲוֺת לוֹ וְשָׁלַח אֶת־יָדוֹ

ו וְהֶחֱזִיק לוֹ וְנָשַׁק לוֹ: וַיַּעַשׂ אַבְשָׁלוֹם כַּדָּבָר הַזֶּה לְכָל־
יִשְׂרָאֵל אֲשֶׁר־יָבֹאוּ לַמִּשְׁפָּט אֶל־הַמֶּלֶךְ וַיְגַנֵּב אַבְשָׁלוֹם אֶת־
ז לֵב אַנְשֵׁי יִשְׂרָאֵל: וַיְהִי מִקֵּץ אַרְבָּעִים שָׁנָה
וַיֹּאמֶר אַבְשָׁלוֹם אֶל־הַמֶּלֶךְ אֵלְכָה נָּא וַאֲשַׁלֵּם אֶת־נִדְרִי
ח אֲשֶׁר־נָדַרְתִּי לַיהוָה בְּחֶבְרוֹן: כִּי־נֵדֶר נָדַר עַבְדְּךָ בְּשִׁבְתִּי
בִגְשׁוּר בַּאֲרָם לֵאמֹר אִם־ישיב יְשִׁיבֵנִי יְהוָה יְרוּשָׁלִַם יָשׁוֹב
ט וְעָבַדְתִּי אֶת־יְהוָה: וַיֹּאמֶר־לוֹ הַמֶּלֶךְ לֵךְ בְּשָׁלוֹם וַיָּקָם וַיֵּלֶךְ
י חֶבְרוֹנָה: וַיִּשְׁלַח אַבְשָׁלוֹם מְרַגְּלִים בְּכָל־שִׁבְטֵי
יִשְׂרָאֵל לֵאמֹר כְּשָׁמְעֲכֶם אֶת־קוֹל הַשֹּׁפָר וַאֲמַרְתֶּם מָלַךְ
יא אַבְשָׁלוֹם בְּחֶבְרוֹן: וְאֶת־אַבְשָׁלוֹם הָלְכוּ מָאתַיִם אִישׁ
יב מִירוּשָׁלִַם קְרֻאִים וְהֹלְכִים לְתֻמָּם וְלֹא יָדְעוּ כָּל־דָּבָר: וַיִּשְׁלַח
אַבְשָׁלוֹם אֶת־אֲחִיתֹפֶל הַגִּילֹנִי יוֹעֵץ דָּוִד מֵעִירוֹ מִגִּלֹה בְּזָבְחוֹ
אֶת־הַזְּבָחִים וַיְהִי הַקֶּשֶׁר אַמִּץ וְהָעָם הוֹלֵךְ וָרָב אֶת־
יג אַבְשָׁלוֹם: וַיָּבֹא הַמַּגִּיד אֶל־דָּוִד לֵאמֹר הָיָה לֶב־אִישׁ יִשְׂרָאֵל
יד אַחֲרֵי אַבְשָׁלוֹם: וַיֹּאמֶר דָּוִד לְכָל־עֲבָדָיו אֲשֶׁר־אִתּוֹ בִירוּשָׁלִַם
קוּמוּ וְנִבְרָחָה כִּי לֹא־תִהְיֶה־לָּנוּ פְלֵיטָה מִפְּנֵי אַבְשָׁלֹם מַהֲרוּ
לָלֶכֶת פֶּן־יְמַהֵר וְהִשִּׂגְנוּ וְהִדִּיחַ עָלֵינוּ אֶת־הָרָעָה וְהִכָּה הָעִיר
טו לְפִי־חָרֶב: וַיֹּאמְרוּ עַבְדֵי־הַמֶּלֶךְ אֶל־הַמֶּלֶךְ כְּכֹל אֲשֶׁר־יִבְחַר
טז אֲדֹנִי הַמֶּלֶךְ הִנֵּה עֲבָדֶיךָ: וַיֵּצֵא הַמֶּלֶךְ וְכָל־בֵּיתוֹ בְּרַגְלָיו וַיַּעֲזֹב
יז הַמֶּלֶךְ אֵת עֶשֶׂר נָשִׁים פִּלַגְשִׁים לִשְׁמֹר הַבָּיִת: וַיֵּצֵא הַמֶּלֶךְ וְכָל־
יח הָעָם בְּרַגְלָיו וַיַּעַמְדוּ בֵּית הַמֶּרְחָק: וְכָל־עֲבָדָיו עֹבְרִים עַל־יָדוֹ
וְכָל־הַכְּרֵתִי וְכָל־הַפְּלֵתִי וְכָל־הַגִּתִּים שֵׁשׁ־מֵאוֹת אִישׁ אֲשֶׁר־
יט בָּאוּ בְרַגְלוֹ מִגַּת עֹבְרִים עַל־פְּנֵי הַמֶּלֶךְ: וַיֹּאמֶר
הַמֶּלֶךְ אֶל־אִתַּי הַגִּתִּי לָמָּה תֵלֵךְ גַּם־אַתָּה אִתָּנוּ שׁוּב וְשֵׁב
כ עִם־הַמֶּלֶךְ כִּי־נָכְרִי אַתָּה וְגַם־גֹּלֶה אַתָּה לִמְקוֹמֶךָ: תְּמוֹל ׀
בּוֹאֶךָ וְהַיּוֹם אנועך עִמָּנוּ לָלֶכֶת וַאֲנִי הוֹלֵךְ עַל אֲשֶׁר־אֲנִי הוֹלֵךְ אֲנִיעֲךָ
כא שׁוּב וְהָשֵׁב אֶת־אַחֶיךָ עִמָּךְ חֶסֶד וֶאֱמֶת: וַיַּעַן אִתַּי אֶת־הַמֶּלֶךְ

וַיֹּאמֶר חַי־יהוה וְחֵי אֲדֹנִי הַמֶּלֶךְ כִּי אִם בִּמְקוֹם אֲשֶׁר יִהְיֶה־
שָׁם ׀ אֲדֹנִי הַמֶּלֶךְ אִם־לְמָוֶת אִם־לְחַיִּים כִּי־שָׁם יִהְיֶה עַבְדֶּךָ׃
וַיֹּאמֶר דָּוִד אֶל־אִתַּי לֵךְ וַעֲבֹר וַיַּעֲבֹר אִתַּי הַגִּתִּי וְכָל־אֲנָשָׁיו כב
וְכָל־הַטַּף אֲשֶׁר אִתּוֹ׃ וְכָל־הָאָרֶץ בּוֹכִים קוֹל גָּדוֹל וְכָל־הָעָם כג
עֹבְרִים וְהַמֶּלֶךְ עֹבֵר בְּנַחַל קִדְרוֹן וְכָל־הָעָם עֹבְרִים עַל־פְּנֵי־דֶרֶךְ
אֶת־הַמִּדְבָּר׃ וְהִנֵּה גַם־צָדוֹק וְכָל־הַלְוִיִּם אִתּוֹ נֹשְׂאִים אֶת־ כד
אֲרוֹן בְּרִית הָאֱלֹהִים וַיַּצִּקוּ אֶת־אֲרוֹן הָאֱלֹהִים וַיַּעַל אֶבְיָתָר
עַד־תֹּם כָּל־הָעָם לַעֲבוֹר מִן־הָעִיר׃ וַיֹּאמֶר כה
הַמֶּלֶךְ לְצָדוֹק הָשֵׁב אֶת־אֲרוֹן הָאֱלֹהִים הָעִיר אִם־אֶמְצָא
חֵן בְּעֵינֵי יהוה וֶהֱשִׁבַנִי וְהִרְאַנִי אֹתוֹ וְאֶת־נָוֵהוּ׃ וְאִם כו
כֹּה יֹאמַר לֹא חָפַצְתִּי בָּךְ הִנְנִי יַעֲשֶׂה־לִּי כַּאֲשֶׁר טוֹב
בְּעֵינָיו׃ וַיֹּאמֶר הַמֶּלֶךְ אֶל־צָדוֹק הַכֹּהֵן הֲרוֹאֶה כז
אַתָּה שֻׁבָה הָעִיר בְּשָׁלוֹם וַאֲחִימַעַץ בִּנְךָ וִיהוֹנָתָן בֶּן־אֶבְיָתָר
בְּעַרְבוֹת שְׁנֵי בְנֵיכֶם אִתְּכֶם׃ רְאוּ אָנֹכִי מִתְמַהְמֵהַּ בעברות הַמִּדְבָּר כח
עַד בּוֹא דָבָר מֵעִמָּכֶם לְהַגִּיד לִי׃ וַיָּשֶׁב צָדוֹק וְאֶבְיָתָר אֶת־ כט
אֲרוֹן הָאֱלֹהִים יְרוּשָׁלָםִ וַיֵּשְׁבוּ שָׁם׃ וְדָוִד עֹלֶה בְמַעֲלֵה הַזֵּיתִים ל
עֹלֶה ׀ וּבוֹכֶה וְרֹאשׁ לוֹ חָפוּי וְהוּא הֹלֵךְ יָחֵף וְכָל־הָעָם אֲשֶׁר־
אִתּוֹ חָפוּ אִישׁ רֹאשׁוֹ וְעָלוּ עָלֹה וּבָכֹה׃ וְדָוִד הִגִּיד לֵאמֹר לא
אֲחִיתֹפֶל בַּקֹּשְׁרִים עִם־אַבְשָׁלוֹם וַיֹּאמֶר דָּוִד סַכֶּל־נָא אֶת־
עֲצַת אֲחִיתֹפֶל יהוה׃ וַיְהִי דָוִד בָּא עַד־הָרֹאשׁ אֲשֶׁר־יִשְׁתַּחֲוֶה לב
שָׁם לֵאלֹהִים וְהִנֵּה לִקְרָאתוֹ חוּשַׁי הָאַרְכִּי קָרוּעַ כֻּתָּנְתּוֹ
וַאֲדָמָה עַל־רֹאשׁוֹ׃ וַיֹּאמֶר לוֹ דָּוִד אִם עָבַרְתָּ אִתִּי וְהָיִתָ עָלַי לג
לְמַשָּׂא׃ וְאִם־הָעִיר תָּשׁוּב וְאָמַרְתָּ לְאַבְשָׁלוֹם עַבְדְּךָ אֲנִי לד
הַמֶּלֶךְ אֶהְיֶה עֶבֶד אָבִיךָ וַאֲנִי מֵאָז וְעַתָּה וַאֲנִי עַבְדֶּךָ וְהֵפַרְתָּה
לִי אֵת עֲצַת אֲחִיתֹפֶל׃ וַהֲלוֹא עִמְּךָ שָׁם צָדוֹק וְאֶבְיָתָר לה
הַכֹּהֲנִים וְהָיָה כָּל־הַדָּבָר אֲשֶׁר תִּשְׁמַע מִבֵּית הַמֶּלֶךְ תַּגִּיד
לְצָדוֹק וּלְאֶבְיָתָר הַכֹּהֲנִים׃ הִנֵּה־שָׁם עִמָּם שְׁנֵי בְנֵיהֶם אֲחִימַעַץ לו

לצדוק ויהונתן לאביתר ושלחתם בידם אלי כל-דבר
לז אשר תשמעו: ויבא חושי רעה דוד העיר ואבשלום יבוא כט
טז א ירושלם: ודוד עבר מעט מהראש והנה ציבא
נער מפיבשת לקראתו וצמד חמרים חבשים ועליהם מאתים
ב לחם ומאה צמוקים ומאה קיץ ונבל יין: ויאמר המלך אל-
ציבא מה-אלה לך ויאמר ציבא החמורים לבית-המלך
לרכב ולהלחם והקיץ לאכול הנערים והיין לשתות היעף והלחם
ג במדבר: ויאמר המלך ואיה בן-אדניך ויאמר ציבא אל-
המלך הנה יושב בירושלם כי אמר היום ישיבו לי בית ישראל
ד את ממלכות אבי: ויאמר המלך לצבא הנה לך כל אשר
למפיבשת ויאמר ציבא השתחויתי אמצא-חן בעיניך אדני
ה המלך: ובא המלך דוד עד-בחורים והנה משם איש יוצא
ממשפחת בית-שאול ושמו שמעי בן-גרא יצא יצוא
ו ומקלל: ויסקל באבנים את-דוד ואת-כל-עבדי המלך דוד
ז וכל-העם וכל-הגברים מימינו ומשמאלו: וכה-אמר שמעי
ח בקללו צא צא איש הדמים ואיש הבליעל: השיב עליך יהוה
כל | דמי בית-שאול אשר מלכת תחתו ויתן יהוה את-
המלוכה ביד אבשלום בנך והנך ברעתך כי איש דמים
ט אתה: ויאמר אבישי בן-צרויה אל-המלך למה יקלל
הכלב המת הזה את-אדני המלך אעברה-נא ואסירה את-
י ראשו: ויאמר המלך מה-לי ולכם בני צרויה
כי יקלל וכי יהוה אמר לו קלל את-דוד ומי יאמר מדוע כה כי
יא עשיתה כן: ויאמר דוד אל-אבישי ואל-כל-
עבדיו הנה בני אשר-יצא ממעי מבקש את-נפשי ואף כי-
יב עתה בן-הימיני הנחו לו ויקלל כי-אמר לו יהוה: אולי יראה
יהוה בעוני והשיב יהוה לי טובה תחת קללתו היום הזה: בעיני
יג וילך דוד ואנשיו בדרך ושמעי הלך בצלע

הָהָר לְעֻמָּתוֹ הָלוֹךְ וַיְקַלֵּל וַיְסַקֵּל בָּאֲבָנִים לְעֻמָּתוֹ וְעִפַּר
בֶּעָפָר׃ וַיָּבֹא הַמֶּלֶךְ וְכָל־הָעָם אֲשֶׁר־אִתּוֹ יד
עֲיֵפִים וַיִּנָּפֵשׁ שָׁם׃ וְאַבְשָׁלוֹם וְכָל־הָעָם אִישׁ יִשְׂרָאֵל בָּאוּ טו
יְרוּשָׁלִָם וַאֲחִיתֹפֶל אִתּוֹ׃ וַיְהִי כַּאֲשֶׁר־בָּא חוּשַׁי הָאַרְכִּי רֵעֶה טז
דָוִד אֶל־אַבְשָׁלוֹם וַיֹּאמֶר חוּשַׁי אֶל־אַבְשָׁלוֹם יְחִי הַמֶּלֶךְ יְחִי
הַמֶּלֶךְ׃ וַיֹּאמֶר אַבְשָׁלוֹם אֶל־חוּשַׁי זֶה חַסְדְּךָ אֶת־רֵעֶךָ לָמָּה יז
לֹא־הָלַכְתָּ אֶת־רֵעֶךָ׃ וַיֹּאמֶר חוּשַׁי אֶל־אַבְשָׁלֹם לֹא כִּי אֲשֶׁר יח
לוֹ בָּחַר יְהוָה וְהָעָם הַזֶּה וְכָל־אִישׁ יִשְׂרָאֵל לא אֶהְיֶה וְאִתּוֹ
אֵשֵׁב׃ וְהַשֵּׁנִית לְמִי אֲנִי אֶעֱבֹד הֲלוֹא לִפְנֵי בְנוֹ כַּאֲשֶׁר עָבַדְתִּי יט
לִפְנֵי אָבִיךָ כֵּן אֶהְיֶה לְפָנֶיךָ׃ וַיֹּאמֶר אַבְשָׁלוֹם כ
אֶל־אֲחִיתֹפֶל הָבוּ לָכֶם עֵצָה מַה־נַּעֲשֶׂה׃ וַיֹּאמֶר אֲחִיתֹפֶל כא
אֶל־אַבְשָׁלֹם בּוֹא אֶל־פִּלַגְשֵׁי אָבִיךָ אֲשֶׁר הִנִּיחַ לִשְׁמוֹר הַבָּיִת
וְשָׁמַע כָּל־יִשְׂרָאֵל כִּי־נִבְאַשְׁתָּ אֶת־אָבִיךָ וְחָזְקוּ יְדֵי כָּל־אֲשֶׁר
אִתָּךְ׃ וַיַּטּוּ לְאַבְשָׁלוֹם הָאֹהֶל עַל־הַגָּג וַיָּבֹא אַבְשָׁלוֹם אֶל־ כב
פִּלַגְשֵׁי אָבִיו לְעֵינֵי כָּל־יִשְׂרָאֵל׃ וַעֲצַת אֲחִיתֹפֶל אֲשֶׁר יָעַץ כג
אִישׁ בַּיָּמִים הָהֵם כַּאֲשֶׁר יִשְׁאַל־ בִּדְבַר הָאֱלֹהִים כֵּן כָּל־עֲצַת
אֲחִיתֹפֶל גַּם־לְדָוִד גַּם־לְאַבְשָׁלֹם׃ וַיֹּאמֶר א יז
אֲחִיתֹפֶל אֶל־אַבְשָׁלֹם אֶבְחֲרָה נָּא שְׁנֵים־עָשָׂר אֶלֶף אִישׁ
וְאָקוּמָה וְאֶרְדְּפָה אַחֲרֵי־דָוִד הַלָּיְלָה׃ וְאָבוֹא עָלָיו וְהוּא יָגֵעַ ב
וּרְפֵה יָדַיִם וְהַחֲרַדְתִּי אֹתוֹ וְנָס כָּל־הָעָם אֲשֶׁר־אִתּוֹ וְהִכֵּיתִי
אֶת־הַמֶּלֶךְ לְבַדּוֹ׃ וְאָשִׁיבָה כָל־הָעָם אֵלֶיךָ כְּשׁוּב הַכֹּל הָאִישׁ ג
אֲשֶׁר אַתָּה מְבַקֵּשׁ כָּל־הָעָם יִהְיֶה שָׁלוֹם׃ וַיִּישַׁר הַדָּבָר בְּעֵינֵי ד
אַבְשָׁלֹם וּבְעֵינֵי כָּל־זִקְנֵי יִשְׂרָאֵל׃ וַיֹּאמֶר ה
אַבְשָׁלוֹם קְרָא נָא גַּם לְחוּשַׁי הָאַרְכִּי וְנִשְׁמְעָה מַה־בְּפִיו גַּם־
הוּא׃ וַיָּבֹא חוּשַׁי אֶל־אַבְשָׁלוֹם וַיֹּאמֶר אַבְשָׁלוֹם אֵלָיו לֵאמֹר ו
כַּדָּבָר הַזֶּה דִּבֶּר אֲחִיתֹפֶל הֲנַעֲשֶׂה אֶת־דְּבָרוֹ אִם־אַיִן אַתָּה
דַבֵּר׃ וַיֹּאמֶר חוּשַׁי אֶל־אַבְשָׁלוֹם לֹא־טוֹבָה ז

ח הָעֵצָה אֲשֶׁר־יָעַץ אֲחִיתֹפֶל בַּפַּעַם הַזֹּאת: וַיֹּאמֶר חוּשַׁי אַתָּה
יָדַעְתָּ אֶת־אָבִיךָ וְאֶת־אֲנָשָׁיו כִּי גִבֹּרִים הֵמָּה וּמָרֵי נֶפֶשׁ הֵמָּה
כְּדֹב שַׁכּוּל בַּשָּׂדֶה וְאָבִיךָ אִישׁ מִלְחָמָה וְלֹא יָלִין אֶת־הָעָם:
ט הִנֵּה עַתָּה הוּא־נֶחְבָּא בְּאַחַת הַפְּחָתִים אוֹ בְּאַחַד הַמְּקוֹמֹת
וְהָיָה כִּנְפֹל בָּהֶם בַּתְּחִלָּה וְשָׁמַע הַשֹּׁמֵעַ וְאָמַר הָיְתָה מַגֵּפָה
י בָּעָם אֲשֶׁר אַחֲרֵי אַבְשָׁלֹם: וְהוּא גַם־בֶּן־חַיִל אֲשֶׁר לִבּוֹ כְּלֵב
הָאַרְיֵה הִמֵּס יִמָּס כִּי־יֹדֵעַ כָּל־יִשְׂרָאֵל כִּי־גִבּוֹר אָבִיךָ וּבְנֵי־
יא חַיִל אֲשֶׁר אִתּוֹ: כִּי יָעַצְתִּי הֵאָסֹף יֵאָסֵף עָלֶיךָ כָל־יִשְׂרָאֵל מִדָּן
וְעַד־בְּאֵר שָׁבַע כַּחוֹל אֲשֶׁר־עַל־הַיָּם לָרֹב וּפָנֶיךָ הֹלְכִים
יב בַּקְרָב: וּבָאנוּ אֵלָיו באחת הַמְּקוֹמֹת אֲשֶׁר נִמְצָא שָׁם וְנַחְנוּ בְּאַחַד
עָלָיו כַּאֲשֶׁר יִפֹּל הַטַּל עַל־הָאֲדָמָה וְלֹא־נוֹתַר בּוֹ וּבְכָל־
יג הָאֲנָשִׁים אֲשֶׁר־אִתּוֹ גַּם־אֶחָד: וְאִם־אֶל־עִיר יֵאָסֵף וְהִשִּׂיאוּ
כָל־יִשְׂרָאֵל אֶל־הָעִיר הַהִיא חֲבָלִים וְסָחַבְנוּ אֹתוֹ עַד־הַנַּחַל
יד עַד אֲשֶׁר־לֹא־נִמְצָא שָׁם גַּם־צְרוֹר: וַיֹּאמֶר
אַבְשָׁלוֹם וְכָל־אִישׁ יִשְׂרָאֵל טוֹבָה עֲצַת חוּשַׁי הָאַרְכִּי
מֵעֲצַת אֲחִיתֹפֶל וַיהוָה צִוָּה לְהָפֵר אֶת־עֲצַת
אֲחִיתֹפֶל הַטּוֹבָה לְבַעֲבוּר הָבִיא יְהוָה אֶל־אַבְשָׁלוֹם אֶת־
טו הָרָעָה: וַיֹּאמֶר חוּשַׁי אֶל־צָדוֹק וְאֶל־אֶבְיָתָר
הַכֹּהֲנִים כָּזֹאת וְכָזֹאת יָעַץ אֲחִיתֹפֶל אֶת־אַבְשָׁלֹם וְאֵת זִקְנֵי
טז יִשְׂרָאֵל וְכָזֹאת וְכָזֹאת יָעַצְתִּי אָנִי: וְעַתָּה שִׁלְחוּ מְהֵרָה וְהַגִּידוּ
לְדָוִד לֵאמֹר אַל־תָּלֶן הַלַּיְלָה בְּעַרְבוֹת הַמִּדְבָּר וְגַם עָבוֹר
יז תַּעֲבוֹר פֶּן יְבֻלַּע לַמֶּלֶךְ וּלְכָל־הָעָם אֲשֶׁר אִתּוֹ: וִיהוֹנָתָן
וַאֲחִימַעַץ עֹמְדִים בְּעֵין־רֹגֵל וְהָלְכָה הַשִּׁפְחָה וְהִגִּידָה לָהֶם וְהֵם
יֵלְכוּ וְהִגִּידוּ לַמֶּלֶךְ דָּוִד כִּי לֹא יוּכְלוּ לְהֵרָאוֹת לָבוֹא הָעִירָה:
יח וַיַּרְא אֹתָם נַעַר וַיַּגֵּד לְאַבְשָׁלֹם וַיֵּלְכוּ שְׁנֵיהֶם מְהֵרָה וַיָּבֹאוּ
יט אֶל־בֵּית־אִישׁ בְּבַחוּרִים וְלוֹ בְאֵר בַּחֲצֵרוֹ וַיֵּרְדוּ שָׁם: וַתִּקַּח
הָאִשָּׁה וַתִּפְרֹשׂ אֶת־הַמָּסָךְ עַל־פְּנֵי הַבְּאֵר וַתִּשְׁטַח עָלָיו

ל הַֽרְפּוֹת וְלֹא נוֹדַע דָּבָר׃ וַיָּבֹאוּ עַבְדֵי אַבְשָׁלוֹם אֶל־ כ
הָאִשָּׁה הַבַּיְתָה וַיֹּאמְרוּ אַיֵּה אֲחִימַעַץ וִיהוֹנָתָן וַתֹּאמֶר לָהֶם
הָאִשָּׁה עָבְרוּ מִיכַל הַמָּיִם וַיְבַקְשׁוּ וְלֹא מָצָאוּ וַיָּשֻׁבוּ
יְרוּשָׁלָֽם׃ וַיְהִי ׀ אַחֲרֵי לֶכְתָּם וַיַּעֲלוּ מֵֽהַבְּאֵר כא
וַיֵּלְכוּ וַיַּגִּדוּ לַמֶּלֶךְ דָּוִד וַיֹּאמְרוּ אֶל־דָּוִד קוּמוּ וְעִבְרוּ מְהֵרָה
אֶת־הַמַּיִם כִּי־כָכָה יָעַץ עֲלֵיכֶם אֲחִיתֹֽפֶל׃ וַיָּקָם דָּוִד וְכָל־הָעָם כב
אֲשֶׁר אִתּוֹ וַיַּעַבְרוּ אֶת־הַיַּרְדֵּן עַד־אוֹר הַבֹּקֶר עַד־אַחַד
לֹא נֶעְדָּר אֲשֶׁר לֹא־עָבַר אֶת־הַיַּרְדֵּֽן׃ וַאֲחִיתֹפֶל רָאָה כִּי כג
לֹא נֶעֶשְׂתָה עֲצָתוֹ וַיַּחֲבֹשׁ אֶת־הַחֲמוֹר וַיָּקָם וַיֵּלֶךְ אֶל־
בֵּיתוֹ אֶל־עִירוֹ וַיְצַו אֶל־בֵּיתוֹ וַיֵּחָנַק וַיָּמָת וַיִּקָּבֵר בְּקֶבֶר
אָבִֽיו׃ וְדָוִד בָּא מַחֲנָיְמָה וְאַבְשָׁלֹם עָבַר אֶת־ כד
הַיַּרְדֵּן הוּא וְכָל־אִישׁ יִשְׂרָאֵל עִמּֽוֹ׃ וְאֶת־עֲמָשָׂא שָׂם אַבְשָׁלֹם כה
תַּחַת יוֹאָב עַל־הַצָּבָא וַעֲמָשָׂא בֶן־אִישׁ וּשְׁמוֹ יִתְרָא הַיִּשְׂרְאֵלִי
אֲשֶׁר־בָּא אֶל־אֲבִיגַל בַּת־נָחָשׁ אֲחוֹת צְרוּיָה אֵם יוֹאָֽב׃ וַיִּחַן כו
יִשְׂרָאֵל וְאַבְשָׁלֹם אֶרֶץ הַגִּלְעָֽד׃ וַיְהִי כְּבוֹא דָוִד כז
מַחֲנָיְמָה וְשֹׁבִי בֶן־נָחָשׁ מֵרַבַּת בְּנֵי־עַמּוֹן וּמָכִיר בֶּן־עַמִּיאֵל
מִלֹּא דְבָר וּבַרְזִלַּי הַגִּלְעָדִי מֵרֹגְלִֽים׃ מִשְׁכָּב וְסַפּוֹת וּכְלִי יוֹצֵר כח
וְחִטִּים וּשְׂעֹרִים וְקֶמַח וְקָלִי וּפוֹל וַעֲדָשִׁים וְקָלִֽי׃ וּדְבַשׁ וְחֶמְאָה כט
וְצֹאן וּשְׁפוֹת בָּקָר הִגִּישׁוּ לְדָוִד וְלָעָם אֲשֶׁר־אִתּוֹ לֶאֱכוֹל כִּי
אָמְרוּ הָעָם רָעֵב וְעָיֵף וְצָמֵא בַּמִּדְבָּֽר׃ וַיִּפְקֹד דָּוִד אֶת־הָעָם א יח
אֲשֶׁר אִתּוֹ וַיָּשֶׂם עֲלֵיהֶם שָׂרֵי אֲלָפִים וְשָׂרֵי מֵאֽוֹת׃ וַיְשַׁלַּח דָּוִד ב
אֶת־הָעָם הַשְּׁלִשִׁית בְּיַד־יוֹאָב וְהַשְּׁלִשִׁית בְּיַד אֲבִישַׁי בֶּן־צְרוּיָה
אֲחִי יוֹאָב וְהַשְּׁלִשִׁת בְּיַד אִתַּי הַגִּתִּי וַיֹּאמֶר
הַמֶּלֶךְ אֶל־הָעָם יָצֹא אֵצֵא גַּם־אֲנִי עִמָּכֶֽם׃ וַיֹּאמֶר הָעָם לֹא ג
תֵצֵא כִּי אִם־נֹס נָנוּס לֹא־יָשִׂימוּ אֵלֵינוּ לֵב וְאִם־יָמֻתוּ חֶצְיֵנוּ
לֹא־יָשִׂימוּ אֵלֵינוּ לֵב כִּי־עַתָּה כָמֹנוּ עֲשָׂרָה אֲלָפִים וְעַתָּה טוֹב
לַעְזוֹר כִּי־תִהְיֶה־לָּנוּ מֵעִיר לעזיר׃ וַיֹּאמֶר אֲלֵיהֶם ד

הַמֶּלֶךְ אֲשֶׁר־יִיטַב בְּעֵינֵיכֶם אֶעֱשֶׂה וַיַּעֲמֹד הַמֶּלֶךְ אֶל־יַד
ה הַשַּׁעַר וְכָל־הָעָם יָצְאוּ לְמֵאוֹת וְלַאֲלָפִים: וַיְצַו הַמֶּלֶךְ אֶת־
יוֹאָב וְאֶת־אֲבִישַׁי וְאֶת־אִתַּי לֵאמֹר לְאַט־לִי לַנַּעַר לְאַבְשָׁלוֹם
וְכָל־הָעָם שָׁמְעוּ בְּצַוֺּת הַמֶּלֶךְ אֶת־כָּל־הַשָּׂרִים עַל־דְּבַר
ו אַבְשָׁלוֹם: וַיֵּצֵא הָעָם הַשָּׂדֶה לִקְרַאת יִשְׂרָאֵל וַתְּהִי הַמִּלְחָמָה
ז בְּיַעַר אֶפְרָיִם: וַיִּנָּגְפוּ שָׁם עַם יִשְׂרָאֵל לִפְנֵי עַבְדֵי דָוִד וַתְּהִי־
ח שָׁם הַמַּגֵּפָה גְדוֹלָה בַּיּוֹם הַהוּא עֶשְׂרִים אָלֶף: וַתְּהִי־שָׁם
הַמִּלְחָמָה נפצות עַל־פְּנֵי כָל־הָאָרֶץ וַיֶּרֶב הַיַּעַר לֶאֱכֹל בָּעָם נָפוֹצֶת
ט מֵאֲשֶׁר אָכְלָה הַחֶרֶב בַּיּוֹם הַהוּא: וַיִּקָּרֵא אַבְשָׁלוֹם לִפְנֵי עַבְדֵי
דָוִד וְאַבְשָׁלוֹם רֹכֵב עַל־הַפֶּרֶד וַיָּבֹא הַפֶּרֶד תַּחַת שׂוֹבֶךְ הָאֵלָה
הַגְּדוֹלָה וַיֶּחֱזַק רֹאשׁוֹ בָאֵלָה וַיֻּתַּן בֵּין הַשָּׁמַיִם וּבֵין הָאָרֶץ
י וְהַפֶּרֶד אֲשֶׁר־תַּחְתָּיו עָבָר: וַיַּרְא אִישׁ אֶחָד וַיַּגֵּד לְיוֹאָב וַיֹּאמֶר
יא הִנֵּה רָאִיתִי אֶת־אַבְשָׁלֹם תָּלוּי בָּאֵלָה: וַיֹּאמֶר יוֹאָב לָאִישׁ
הַמַּגִּיד לוֹ וְהִנֵּה רָאִיתָ וּמַדּוּעַ לֹא־הִכִּיתוֹ שָׁם אָרְצָה וְעָלַי
יב לָתֶת לְךָ עֲשָׂרָה כֶסֶף וַחֲגֹרָה אֶחָת: וַיֹּאמֶר הָאִישׁ אֶל־יוֹאָב
ולא אָנֹכִי שֹׁקֵל עַל־כַּפַּי אֶלֶף כֶּסֶף לֹא־אֶשְׁלַח יָדִי אֶל־בֶּן־ וְלוּ
הַמֶּלֶךְ כִּי בְאָזְנֵינוּ צִוָּה הַמֶּלֶךְ אֹתְךָ וְאֶת־אֲבִישַׁי וְאֶת־אִתַּי
יג לֵאמֹר שִׁמְרוּ־מִי בַּנַּעַר בְּאַבְשָׁלוֹם: אוֹ־עָשִׂיתִי בנפשו שֶׁקֶר בְנַפְשִׁי
יד וְכָל־דָּבָר לֹא־יִכָּחֵד מִן־הַמֶּלֶךְ וְאַתָּה תִּתְיַצֵּב מִנֶּגֶד: וַיֹּאמֶר
יוֹאָב לֹא־כֵן אֹחִילָה לְפָנֶיךָ וַיִּקַּח שְׁלֹשָׁה שְׁבָטִים בְּכַפּוֹ
טו וַיִּתְקָעֵם בְּלֵב אַבְשָׁלוֹם עוֹדֶנּוּ חַי בְּלֵב הָאֵלָה: וַיָּסֹבּוּ עֲשָׂרָה
טז נְעָרִים נֹשְׂאֵי כְּלֵי יוֹאָב וַיַּכּוּ אֶת־אַבְשָׁלוֹם וַיְמִתֻהוּ: וַיִּתְקַע
יוֹאָב בַּשֹּׁפָר וַיָּשָׁב הָעָם מִרְדֹף אַחֲרֵי יִשְׂרָאֵל כִּי־חָשַׂךְ יוֹאָב
יז אֶת־הָעָם: וַיִּקְחוּ אֶת־אַבְשָׁלוֹם וַיַּשְׁלִכוּ אֹתוֹ בַיַּעַר אֶל־הַפַּחַת
הַגָּדוֹל וַיַּצִּבוּ עָלָיו גַּל־אֲבָנִים גָּדוֹל מְאֹד וְכָל־יִשְׂרָאֵל נָסוּ אִישׁ
יח לְאֹהָלָו: וְאַבְשָׁלֹם לָקַח וַיַּצֶּב־לוֹ בְחַיָּו אֶת־מַצֶּבֶת אֲשֶׁר
בְּעֵמֶק־הַמֶּלֶךְ כִּי אָמַר אֵין־לִי בֵן בַּעֲבוּר הַזְכִּיר שְׁמִי

ויקרא למצבת על־שמו ויקרא לה יד אבשלום עד היום
הזה: ואחימעץ בן־צדוק אמר ארוצה נא יט
ואבשרה את־המלך כי־שפטו יהוה מיד איביו: ויאמר לו כ
יואב לא איש בשרה אתה היום הזה ובשרת ביום אחר
כן והיום הזה לא תבשר כי על־ בן־המלך מת: ויאמר יואב כא
לכושי לך הגד למלך אשר ראיתה וישתחו כושי ליואב
וירץ: ויסף עוד אחימעץ בן־צדוק ויאמר אל־יואב ויהי מה כב
ארצה־נא גם־אני אחרי הכושי ויאמר יואב למה זה אתה
רץ בני ולכה אין־בשורה מצאת: ויהי־מה ארוץ ויאמר לו כג
רוץ וירץ אחימעץ דרך הככר ויעבר את־הכושי: ודוד יושב כד
בין־שני השערים וילך הצפה אל־גג השער אל־החומה
וישא את־עיניו וירא והנה־איש רץ לבדו: ויקרא הצפה ויגד כה
למלך ויאמר המלך אם־לבדו בשורה בפיו וילך הלוך וקרב:
וירא הצפה איש־אחר רץ ויקרא הצפה אל־השער ויאמר כו
לא הנה־איש רץ לבדו ויאמר המלך גם־זה מבשר: ויאמר כז
הצפה אני ראה את־מרוצת הראשון כמרצת אחימעץ בן־
צדוק ויאמר המלך איש־טוב זה ואל־בשורה טובה יבוא:
ויקרא אחימעץ ויאמר אל־המלך שלום וישתחו למלך לאפיו כח
ארצה ויאמר ברוך יהוה אלהיך אשר סגר את־האנשים
אשר־נשאו את־ידם באדני המלך: ויאמר כט
המלך שלום לנער לאבשלום ויאמר אחימעץ ראיתי ההמון
הגדול לשלח את־עבד המלך יואב ואת־עבדך ולא ידעתי
מה: ויאמר המלך סב התיצב כה ויסב ויעמד: והנה הכושי ל לא
בא ויאמר הכושי יתבשר אדני המלך כי־שפטך יהוה היום
מיד כל־הקמים עליך: ויאמר המלך אל־ לב
הכושי השלום לנער לאבשלום ויאמר הכושי יהיו כנער איבי
אדני המלך וכל אשר־קמו עליך לרעה: וירגז א יט

המלך ויעל על־עלית השער ויבך וכה ׀ אמר בלכתו בני
אבשלום בני בני אבשלום מי־יתן מותי אני תחתיך אבשלום
ב בני בני: ויגד ליואב הנה המלך בכה ויתאבל על־אבשלום:
ג ותהי התשעה ביום ההוא לאבל לכל־העם כי־שמע העם
ד ביום ההוא לאמר נעצב המלך על־בנו: ויתגנב העם ביום
ההוא לבוא העיר כאשר יתגנב העם הנכלמים בנוסם
ה במלחמה: והמלך לאט את־פניו ויזעק המלך קול גדול בני
ו אבשלום אבשלום בני בני: ויבא יואב אל־המלך
הבית ויאמר הבשת היום את־פני כל־עבדיך הממלטים
את־נפשך היום ואת נפש בניך ובנתיך ונפש נשיך ונפש
ז פלגשיך: לאהבה את־שנאיך ולשנא את־אהביך כי ׀ הגדת
היום כי אין לך שרים ועבדים כי ׀ ידעתי היום כי לא אבשלום (לו)
ח חי וכלנו היום מתים כי־אז ישר בעיניך: ועתה קום צא ודבר
על־לב עבדיך כי ביהוה נשבעתי כי־אינך יוצא אם־ילין
איש אתך הלילה ורעה לך זאת מכל־הרעה אשר־באה עליך
ט מנעריך עד־עתה: ויקם המלך וישב בשער
ולכל־העם הגידו לאמר הנה המלך יושב בשער ויבא כל־
י העם לפני המלך וישראל נס איש לאהליו: ויהי
כל־העם נדון בכל־שבטי ישראל לאמר המלך הצילנו ׀ מכף
איבינו והוא מלטנו מכף פלשתים ועתה ברח מן־הארץ מעל
יא אבשלום: ואבשלום אשר משחנו עלינו מת במלחמה ועתה
יב למה אתם מחרשים להשיב את־המלך: והמלך
דוד שלח אל־צדוק ואל־אביתר הכהנים לאמר דברו אל־
זקני יהודה לאמר למה תהיו אחרנים להשיב את־המלך אל־
יג ביתו ודבר כל־ישראל בא אל־המלך אל־ביתו: אחי אתם
עצמי ובשרי אתם ולמה תהיו אחרנים להשיב את־המלך:
יד ולעמשא תמרו הלוא עצמי ובשרי אתה כה יעשה־לי

אֱלֹהִים וְכֹה יוֹסִיף אִם־לֹא שַׂר־צָבָא תִּהְיֶה לְפָנַי כָּל־הַיָּמִים
תַּחַת יוֹאָב׃ וַיַּט אֶת־לְבַב כָּל־אִישׁ־יְהוּדָה כְּאִישׁ אֶחָד טו
וַיִּשְׁלְחוּ אֶל־הַמֶּלֶךְ שׁוּב אַתָּה וְכָל־עֲבָדֶיךָ׃ וַיָּשָׁב הַמֶּלֶךְ וַיָּבֹא טז
עַד־הַיַּרְדֵּן וִיהוּדָה בָּא הַגִּלְגָּלָה לָלֶכֶת לִקְרַאת הַמֶּלֶךְ
לְהַעֲבִיר אֶת־הַמֶּלֶךְ אֶת־הַיַּרְדֵּן׃ וַיְמַהֵר שִׁמְעִי בֶן־גֵּרָא בֶן־ יז
הַיְמִינִי אֲשֶׁר מִבַּחוּרִים וַיֵּרֶד עִם־אִישׁ יְהוּדָה לִקְרַאת הַמֶּלֶךְ
דָּוִד׃ וְאֶלֶף אִישׁ עִמּוֹ מִבִּנְיָמִן וְצִיבָא נַעַר בֵּית שָׁאוּל וַחֲמֵשֶׁת יח
עָשָׂר בָּנָיו וְעֶשְׂרִים עֲבָדָיו אִתּוֹ וְצָלְחוּ הַיַּרְדֵּן לִפְנֵי הַמֶּלֶךְ׃
וְעָבְרָה הָעֲבָרָה לַעֲבִיר אֶת־בֵּית הַמֶּלֶךְ וְלַעֲשׂוֹת הַטּוֹב בְּעֵינָו יט
וְשִׁמְעִי בֶן־גֵּרָא נָפַל לִפְנֵי הַמֶּלֶךְ בְּעָבְרוֹ בַּיַּרְדֵּן׃ וַיֹּאמֶר כ
אֶל־הַמֶּלֶךְ אַל־יַחֲשָׁב־לִי אֲדֹנִי עָוֹן וְאַל־תִּזְכֹּר אֵת אֲשֶׁר
הֶעֱוָה עַבְדְּךָ בַּיּוֹם אֲשֶׁר־יָצָא אֲדֹנִי־הַמֶּלֶךְ מִירוּשָׁלִַם לָשׂוּם
הַמֶּלֶךְ אֶל־לִבּוֹ׃ כִּי יָדַע עַבְדְּךָ כִּי אֲנִי חָטָאתִי וְהִנֵּה־ כא
בָאתִי הַיּוֹם רִאשׁוֹן לְכָל־בֵּית יוֹסֵף לָרֶדֶת לִקְרַאת אֲדֹנִי
הַמֶּלֶךְ׃ וַיַּעַן אֲבִישַׁי בֶּן־צְרוּיָה וַיֹּאמַר הֲתַחַת זֹאת כב
לֹא יוּמַת שִׁמְעִי כִּי קִלֵּל אֶת־מְשִׁיחַ יְהוָה׃ וַיֹּאמֶר כג
דָּוִד מַה־לִּי וְלָכֶם בְּנֵי צְרוּיָה כִּי־תִהְיוּ־לִי הַיּוֹם לְשָׂטָן הַיּוֹם
יוּמַת אִישׁ בְּיִשְׂרָאֵל כִּי הֲלוֹא יָדַעְתִּי כִּי הַיּוֹם אֲנִי־מֶלֶךְ עַל־
יִשְׂרָאֵל׃ וַיֹּאמֶר הַמֶּלֶךְ אֶל־שִׁמְעִי לֹא תָמוּת וַיִּשָּׁבַע לוֹ כד
הַמֶּלֶךְ׃ וּמְפִבֹשֶׁת בֶּן־שָׁאוּל יָרַד לִקְרַאת הַמֶּלֶךְ כה
וְלֹא־עָשָׂה רַגְלָיו וְלֹא־עָשָׂה שְׂפָמוֹ וְאֶת־בְּגָדָיו לֹא כִבֵּס לְמִן־
הַיּוֹם לֶכֶת הַמֶּלֶךְ עַד־הַיּוֹם אֲשֶׁר־בָּא בְשָׁלוֹם׃ וַיְהִי כִּי־בָא כו
יְרוּשָׁלִַם לִקְרַאת הַמֶּלֶךְ וַיֹּאמֶר לוֹ הַמֶּלֶךְ לָמָּה לֹא־הָלַכְתָּ
עִמִּי מְפִיבֹשֶׁת׃ וַיֹּאמַר אֲדֹנִי הַמֶּלֶךְ עַבְדִּי רִמָּנִי כִּי־אָמַר עַבְדְּךָ כז
אֶחְבְּשָׁה־לִּי הַחֲמוֹר וְאֶרְכַּב עָלֶיהָ וְאֵלֵךְ אֶת־הַמֶּלֶךְ כִּי
פִסֵּחַ עַבְדֶּךָ׃ וַיְרַגֵּל בְּעַבְדְּךָ אֶל־אֲדֹנִי הַמֶּלֶךְ וַאדֹנִי הַמֶּלֶךְ כח
כְּמַלְאַךְ הָאֱלֹהִים וַעֲשֵׂה הַטּוֹב בְּעֵינֶיךָ׃ כִּי לֹא הָיָה כָּל־ כט

בֵּית אָבִי כִּי אִם־אַנְשֵׁי־מָוֶת לַאדֹנִי הַמֶּלֶךְ וַתָּשֶׁת אֶת־עַבְדְּךָ
בְּאֹכְלֵי שֻׁלְחָנֶךָ וּמַה־יֶּשׁ־לִי עוֹד צְדָקָה וְלִזְעֹק עוֹד אֶל־
ל הַמֶּלֶךְ׃ וַיֹּאמֶר לוֹ הַמֶּלֶךְ לָמָּה תְּדַבֵּר עוֹד
לא דְּבָרֶיךָ אָמַרְתִּי אַתָּה וְצִיבָא תַּחְלְקוּ אֶת־הַשָּׂדֶה׃ וַיֹּאמֶר
מְפִיבֹשֶׁת אֶל־הַמֶּלֶךְ גַּם אֶת־הַכֹּל יִקָּח אַחֲרֵי אֲשֶׁר־בָּא אֲדֹנִי
לב הַמֶּלֶךְ בְּשָׁלוֹם אֶל־בֵּיתוֹ׃ וּבַרְזִלַּי הַגִּלְעָדִי יָרַד
לג מֵרֹגְלִים וַיַּעֲבֹר אֶת־הַמֶּלֶךְ הַיַּרְדֵּן לְשַׁלְּחוֹ אֶת־בירדן׃ וּבַרְזִלַּי הַיַּרְדֵּן
זָקֵן מְאֹד בֶּן־שְׁמֹנִים שָׁנָה וְהוּא־כִלְכַּל אֶת־הַמֶּלֶךְ בְּשִׁיבָתוֹ
לד בְמַחֲנַיִם כִּי־אִישׁ גָּדוֹל הוּא מְאֹד׃ וַיֹּאמֶר הַמֶּלֶךְ אֶל־בַּרְזִלָּי
לה אַתָּה עֲבֹר אִתִּי וְכִלְכַּלְתִּי אֹתְךָ עִמָּדִי בִּירוּשָׁלָם׃ וַיֹּאמֶר
בַּרְזִלַּי אֶל־הַמֶּלֶךְ כַּמָּה יְמֵי שְׁנֵי חַיַּי כִּי־אֶעֱלֶה אֶת־הַמֶּלֶךְ
לו יְרוּשָׁלָם׃ בֶּן־שְׁמֹנִים שָׁנָה אָנֹכִי הַיּוֹם הַאֵדַע ׀ בֵּין־טוֹב לְרָע
אִם־יִטְעַם עַבְדְּךָ אֶת־אֲשֶׁר אֹכַל וְאֶת־אֲשֶׁר אֶשְׁתֶּה אִם־
אֶשְׁמַע עוֹד בְּקוֹל שָׁרִים וְשָׁרוֹת וְלָמָּה יִהְיֶה עַבְדְּךָ עוֹד לְמַשָּׂא
לז אֶל־אֲדֹנִי הַמֶּלֶךְ׃ כִּמְעַט יַעֲבֹר עַבְדְּךָ אֶת־הַיַּרְדֵּן אֶת־הַמֶּלֶךְ
לח וְלָמָּה יִגְמְלֵנִי הַמֶּלֶךְ הַגְּמוּלָה הַזֹּאת׃ יָשָׁב־נָא עַבְדְּךָ וְאָמֻת
בְּעִירִי עִם קֶבֶר אָבִי וְאִמִּי וְהִנֵּה ׀ עַבְדְּךָ כִמְהָם יַעֲבֹר עִם־אֲדֹנִי
לט הַמֶּלֶךְ וַעֲשֵׂה־לוֹ אֵת אֲשֶׁר־טוֹב בְּעֵינֶיךָ׃ וַיֹּאמֶר
הַמֶּלֶךְ אִתִּי יַעֲבֹר כִּמְהָם וַאֲנִי אֶעֱשֶׂה־לּוֹ אֶת־הַטּוֹב בְּעֵינֶיךָ
מ וְכֹל אֲשֶׁר־תִּבְחַר עָלַי אֶעֱשֶׂה־לָּךְ׃ וַיַּעֲבֹר כָּל־הָעָם אֶת־ לב
הַיַּרְדֵּן וְהַמֶּלֶךְ עָבָר וַיִּשַּׁק הַמֶּלֶךְ לְבַרְזִלַּי וַיְבָרְכֵהוּ וַיָּשָׁב
מא לִמְקֹמוֹ׃ וַיַּעֲבֹר הַמֶּלֶךְ הַגִּלְגָּלָה וְכִמְהָן עָבַר עִמּוֹ
וְכָל־עַם יְהוּדָה ויעבירו אֶת־הַמֶּלֶךְ וְגַם חֲצִי עַם יִשְׂרָאֵל׃ הֶעֱבִירוּ
מב וְהִנֵּה כָּל־אִישׁ יִשְׂרָאֵל בָּאִים אֶל־הַמֶּלֶךְ וַיֹּאמְרוּ אֶל־הַמֶּלֶךְ
מַדּוּעַ גְּנָבוּךָ אַחֵינוּ אִישׁ יְהוּדָה וַיַּעֲבִרוּ אֶת־הַמֶּלֶךְ וְאֶת־בֵּיתוֹ
מג אֶת־הַיַּרְדֵּן וְכָל־אַנְשֵׁי דָוִד עִמּוֹ׃ וַיַּעַן כָּל־אִישׁ
יְהוּדָה עַל־אִישׁ יִשְׂרָאֵל כִּי־קָרוֹב הַמֶּלֶךְ אֵלַי וְלָמָּה זֶּה חָרָה

לָךְ עַל־הַדָּבָר הַזֶּה הֶאָכוֹל אָכַלְנוּ מִן־הַמֶּלֶךְ אִם־נִשֵּׂאת נִשָּׂא
לָנוּ׃ וַיַּעַן אִישׁ־יִשְׂרָאֵל אֶת־אִישׁ יְהוּדָה וַיֹּאמֶר מד
עֶשֶׂר־יָדוֹת לִי בַמֶּלֶךְ וְגַם־בְּדָוִד אֲנִי מִמְּךָ וּמַדּוּעַ הֱקִלֹּתַנִי וְלֹא־
הָיָה דְבָרִי רִאשׁוֹן לִי לְהָשִׁיב אֶת־מַלְכִּי וַיִּקֶשׁ דְּבַר־אִישׁ
יְהוּדָה מִדְּבַר אִישׁ יִשְׂרָאֵל׃ וְשָׁם נִקְרָא אִישׁ בְּלִיַּעַל וּשְׁמוֹ א כ
שֶׁבַע בֶּן־בִּכְרִי אִישׁ יְמִינִי וַיִּתְקַע בַּשֹּׁפָר וַיֹּאמֶר אֵין־לָנוּ חֵלֶק
בְּדָוִד וְלֹא נַחֲלָה־לָנוּ בְּבֶן־יִשַׁי אִישׁ לְאֹהָלָיו יִשְׂרָאֵל׃ וַיַּעַל ב
כָּל־אִישׁ יִשְׂרָאֵל מֵאַחֲרֵי דָוִד אַחֲרֵי שֶׁבַע בֶּן־בִּכְרִי וְאִישׁ
יְהוּדָה דָּבְקוּ בְמַלְכָּם מִן־הַיַּרְדֵּן וְעַד־יְרוּשָׁלִָם׃ וַיָּבֹא דָוִד ג
אֶל־בֵּיתוֹ יְרוּשָׁלִַם וַיִּקַּח הַמֶּלֶךְ אֵת עֶשֶׂר־נָשִׁים ׀ פִּלַגְשִׁים
אֲשֶׁר הִנִּיחַ לִשְׁמֹר הַבַּיִת וַיִּתְּנֵם בֵּית־מִשְׁמֶרֶת וַיְכַלְכְּלֵם
וַאֲלֵיהֶם לֹא־בָא וַתִּהְיֶינָה צְרֻרוֹת עַד־יוֹם מֻתָן אַלְמְנוּת
חַיּוּת׃ וַיֹּאמֶר הַמֶּלֶךְ אֶל־עֲמָשָׂא הַזְעֶק־לִי אֶת־ ד
אִישׁ־יְהוּדָה שְׁלֹשֶׁת יָמִים וְאַתָּה פֹּה עֲמֹד׃ וַיֵּלֶךְ עֲמָשָׂא לְהַזְעִיק ה
וַיּוֹחֶר אֶת־יְהוּדָה וייחר מִן־הַמּוֹעֵד אֲשֶׁר יְעָדוֹ׃ וַיֹּאמֶר ו
דָּוִד אֶל־אֲבִישַׁי עַתָּה יֵרַע לָנוּ שֶׁבַע בֶּן־בִּכְרִי מִן־אַבְשָׁלוֹם
אַתָּה קַח אֶת־עַבְדֵי אֲדֹנֶיךָ וּרְדֹף אַחֲרָיו פֶּן־מָצָא לוֹ עָרִים
בְּצֻרוֹת וְהִצִּיל עֵינֵנוּ׃ וַיֵּצְאוּ אַחֲרָיו אַנְשֵׁי יוֹאָב וְהַכְּרֵתִי ז
וְהַפְּלֵתִי וְכָל־הַגִּבֹּרִים וַיֵּצְאוּ מִירוּשָׁלִַם לִרְדֹּף אַחֲרֵי שֶׁבַע בֶּן־
בִּכְרִי׃ הֵם עִם־הָאֶבֶן הַגְּדוֹלָה אֲשֶׁר בְּגִבְעוֹן וַעֲמָשָׂא בָּא ח
לִפְנֵיהֶם וְיוֹאָב חָגוּר ׀ מִדּוֹ לְבֻשׁוֹ וְעָלָו חֲגוֹר חֶרֶב מְצֻמֶּדֶת עַל־
מָתְנָיו בְּתַעְרָהּ וְהוּא יָצָא וַתִּפֹּל׃ וַיֹּאמֶר יוֹאָב ט
לַעֲמָשָׂא הֲשָׁלוֹם אַתָּה אָחִי וַתֹּחֶז יַד־יְמִין יוֹאָב בִּזְקַן עֲמָשָׂא
לִנְשָׁק־לוֹ׃ וַעֲמָשָׂא לֹא־נִשְׁמַר בַּחֶרֶב ׀ אֲשֶׁר בְּיַד־יוֹאָב י
וַיַּכֵּהוּ בָהּ אֶל־הַחֹמֶשׁ וַיִּשְׁפֹּךְ מֵעָיו אַרְצָה וְלֹא־שָׁנָה לוֹ
וַיָּמֹת וְיוֹאָב וַאֲבִישַׁי אָחִיו רָדַף אַחֲרֵי שֶׁבַע בֶּן־
בִּכְרִי׃ וְאִישׁ עָמַד עָלָיו מִנַּעֲרֵי יוֹאָב וַיֹּאמֶר מִי אֲשֶׁר חָפֵץ יא

יב בְּיוֹאָב וּמִי אֲשֶׁר־לְדָוִד אַחֲרֵי יוֹאָב׃ וַעֲמָשָׂא מִתְגֹּלֵל בַּדָּם
בְּתוֹךְ הַמְסִלָּה וַיַּרְא הָאִישׁ כִּי־עָמַד כָּל־הָעָם וַיַּסֵּב אֶת־
עֲמָשָׂא מִן־הַמְסִלָּה הַשָּׂדֶה וַיַּשְׁלֵךְ עָלָיו בֶּגֶד כַּאֲשֶׁר רָאָה כָּל־
יג הַבָּא עָלָיו וְעָמָד׃ כַּאֲשֶׁר הֹגָה מִן־הַמְסִלָּה עָבַר כָּל־אִישׁ
יד אַחֲרֵי יוֹאָב לִרְדֹּף אַחֲרֵי שֶׁבַע בֶּן־בִּכְרִי׃ וַיַּעֲבֹר בְּכָל־שִׁבְטֵי
יִשְׂרָאֵל אָבֵלָה וּבֵית מַעֲכָה וְכָל־הַבֵּרִים ויקלהו וַיָּבֹאוּ אַף־ וַיִּקָּהֲלוּ
טו אַחֲרָיו׃ וַיָּבֹאוּ וַיָּצֻרוּ עָלָיו בְּאָבֵלָה בֵּית הַמַּעֲכָה וַיִּשְׁפְּכוּ סֹלְלָה
אֶל־הָעִיר וַתַּעֲמֹד בַּחֵל וְכָל־הָעָם אֲשֶׁר אֶת־יוֹאָב מַשְׁחִיתִם
טז לְהַפִּיל הַחוֹמָה׃ וַתִּקְרָא אִשָּׁה חֲכָמָה מִן־הָעִיר שִׁמְעוּ שִׁמְעוּ
יז אִמְרוּ־נָא אֶל־יוֹאָב קְרַב עַד־הֵנָּה וַאֲדַבְּרָה אֵלֶיךָ׃ וַיִּקְרַב
אֵלֶיהָ וַתֹּאמֶר הָאִשָּׁה הַאַתָּה יוֹאָב וַיֹּאמֶר אָנִי וַתֹּאמֶר לוֹ
יח שְׁמַע דִּבְרֵי אֲמָתֶךָ וַיֹּאמֶר שֹׁמֵעַ אָנֹכִי׃ וַתֹּאמֶר לֵאמֹר דַּבֵּר
יט יְדַבְּרוּ בָרִאשֹׁנָה לֵאמֹר שָׁאֹל יְשָׁאֲלוּ בְּאָבֵל וְכֵן הֵתַמּוּ׃ אָנֹכִי
שְׁלֻמֵי אֱמוּנֵי יִשְׂרָאֵל אַתָּה מְבַקֵּשׁ לְהָמִית עִיר וְאֵם בְּיִשְׂרָאֵל
כ לָמָּה תְבַלַּע נַחֲלַת יְהוָה׃ וַיַּעַן יוֹאָב וַיֹּאמַר
כא חָלִילָה חָלִילָה לִּי אִם־אֲבַלַּע וְאִם־אַשְׁחִית׃ לֹא־כֵן הַדָּבָר כִּי
אִישׁ מֵהַר אֶפְרַיִם שֶׁבַע בֶּן־בִּכְרִי שְׁמוֹ נָשָׂא יָדוֹ בַּמֶּלֶךְ בְּדָוִד
תְּנוּ־אֹתוֹ לְבַדּוֹ וְאֵלְכָה מֵעַל הָעִיר וַתֹּאמֶר הָאִשָּׁה אֶל־יוֹאָב
כב הִנֵּה רֹאשׁוֹ מֻשְׁלָךְ אֵלֶיךָ בְּעַד הַחוֹמָה׃ וַתָּבוֹא הָאִשָּׁה אֶל־כָּל־
הָעָם בְּחָכְמָתָהּ וַיִּכְרְתוּ אֶת־רֹאשׁ שֶׁבַע בֶּן־בִּכְרִי וַיַּשְׁלִכוּ אֶל־
יוֹאָב וַיִּתְקַע בַּשֹּׁפָר וַיָּפֻצוּ מֵעַל־הָעִיר אִישׁ לְאֹהָלָיו וְיוֹאָב
כג שָׁב יְרוּשָׁלִַם אֶל־הַמֶּלֶךְ׃ וְיוֹאָב אֶל כָּל־הַצָּבָא
כד יִשְׂרָאֵל וּבְנָיָה בֶּן־יְהוֹיָדָע עַל־הכרי וְעַל־הַפְּלֵתִי׃ וַאֲדֹרָם עַל־ הַכְּרֵתִי
כה הַמַּס וִיהוֹשָׁפָט בֶּן־אֲחִילוּד הַמַּזְכִּיר׃ ושיא סֹפֵר וְצָדוֹק וְאֶבְיָתָר וּשְׁוָא
כא כו א כֹּהֲנִים׃ וְגַם עִירָא הַיָּאִרִי הָיָה כֹהֵן לְדָוִד׃ וַיְהִי
רָעָב בִּימֵי דָוִד שָׁלֹשׁ שָׁנִים שָׁנָה אַחֲרֵי שָׁנָה וַיְבַקֵּשׁ דָּוִד אֶת־
פְּנֵי יְהוָה וַיֹּאמֶר יְהוָה אֶל־שָׁאוּל וְאֶל־בֵּית

הַדָּמִים עַל אֲשֶׁר־הֵמִית אֶת־הַגִּבְעֹנִים׃ וַיִּקְרָא הַמֶּלֶךְ ב
לַגִּבְעֹנִים וַיֹּאמֶר אֲלֵיהֶם וְהַגִּבְעֹנִים לֹא מִבְּנֵי יִשְׂרָאֵל הֵמָּה כִּי
אִם־מִיֶּתֶר הָאֱמֹרִי וּבְנֵי יִשְׂרָאֵל נִשְׁבְּעוּ לָהֶם וַיְבַקֵּשׁ שָׁאוּל
לְהַכֹּתָם בְּקַנְאֹתוֹ לִבְנֵי־יִשְׂרָאֵל וִיהוּדָה׃ וַיֹּאמֶר דָּוִד אֶל־ ג
הַגִּבְעֹנִים מָה אֶעֱשֶׂה לָכֶם וּבַמָּה אֲכַפֵּר וּבָרְכוּ אֶת־נַחֲלַת
[לָנוּ] יְהוָה׃ וַיֹּאמְרוּ לוֹ הַגִּבְעֹנִים אֵין־לי כֶּסֶף וְזָהָב עִם־שָׁאוּל וְעִם־ ד
בֵּיתוֹ וְאֵין־לָנוּ אִישׁ לְהָמִית בְּיִשְׂרָאֵל וַיֹּאמֶר מָה־אַתֶּם
אֹמְרִים אֶעֱשֶׂה לָכֶם׃ וַיֹּאמְרוּ אֶל־הַמֶּלֶךְ הָאִישׁ אֲשֶׁר כִּלָּנוּ ה
[יֻתַּן] וַאֲשֶׁר דִּמָּה־לָנוּ נִשְׁמַדְנוּ מֵהִתְיַצֵּב בְּכָל־גְּבֻל יִשְׂרָאֵל׃ ינתן־ ו
לָנוּ שִׁבְעָה אֲנָשִׁים מִבָּנָיו וְהוֹקַעֲנוּם לַיהוָה בְּגִבְעַת שָׁאוּל בְּחִיר
לג יְהוָה   וַיֹּאמֶר הַמֶּלֶךְ אֲנִי אֶתֵּן׃ וַיַּחְמֹל הַמֶּלֶךְ עַל־ ז
מְפִיבֹשֶׁת בֶּן־יְהוֹנָתָן בֶּן־שָׁאוּל עַל־שְׁבֻעַת יְהוָה אֲשֶׁר בֵּינֹתָם
בֵּין דָּוִד וּבֵין יְהוֹנָתָן בֶּן־שָׁאוּל׃ וַיִּקַּח הַמֶּלֶךְ אֶת־שְׁנֵי בְּנֵי ח
רִצְפָּה בַת־אַיָּה אֲשֶׁר יָלְדָה לְשָׁאוּל אֶת־אַרְמֹנִי וְאֶת־
מְפִבֹשֶׁת וְאֶת־חֲמֵשֶׁת בְּנֵי מִיכַל בַּת־שָׁאוּל אֲשֶׁר יָלְדָה
לְעַדְרִיאֵל בֶּן־בַּרְזִלַּי הַמְּחֹלָתִי׃ וַיִּתְּנֵם בְּיַד הַגִּבְעֹנִים וַיֹּקִיעֻם ט
[שִׁבְעָתָם וְהֵמָּה] בָהָר לִפְנֵי יְהוָה וַיִּפְּלוּ שבעתים יָחַד והם הֻמְתוּ בִּימֵי קָצִיר
[בִּתְחִלַּת] בָּרִאשֹׁנִים תחלת קְצִיר שְׂעֹרִים׃ וַתִּקַּח רִצְפָּה בַת־אַיָּה אֶת־ י
הַשַּׂק וַתַּטֵּהוּ לָהּ אֶל־הַצּוּר מִתְּחִלַּת קָצִיר עַד נִתַּךְ־מַיִם
עֲלֵיהֶם מִן־הַשָּׁמָיִם וְלֹא־נָתְנָה עוֹף הַשָּׁמַיִם לָנוּחַ עֲלֵיהֶם יוֹמָם
וְאֶת־חַיַּת הַשָּׂדֶה לָיְלָה׃ וַיֻּגַּד לְדָוִד אֵת אֲשֶׁר־עָשְׂתָה רִצְפָּה יא
בַת־אַיָּה פִּלֶגֶשׁ שָׁאוּל׃ וַיֵּלֶךְ דָּוִד וַיִּקַּח אֶת־עַצְמוֹת שָׁאוּל יב
וְאֶת־עַצְמוֹת יְהוֹנָתָן בְּנוֹ מֵאֵת בַּעֲלֵי יָבֵישׁ גִּלְעָד אֲשֶׁר
[תְּלָאוּם שָׁמָּה פְּלִשְׁתִּים] גָּנְבוּ אֹתָם מֵרְחֹב בֵּית־שַׁן אֲשֶׁר תלום שם הפלשתים
בְּיוֹם הַכּוֹת פְּלִשְׁתִּים אֶת־שָׁאוּל בַּגִּלְבֹּעַ׃ וַיַּעַל מִשָּׁם אֶת־ יג
עַצְמוֹת שָׁאוּל וְאֶת־עַצְמוֹת יְהוֹנָתָן בְּנוֹ וַיַּאַסְפוּ אֶת־עַצְמוֹת
הַמּוּקָעִים׃ וַיִּקְבְּרוּ אֶת־עַצְמוֹת־שָׁאוּל וִיהוֹנָתָן בְּנוֹ בְּאֶרֶץ יד

בִּנְיָמִ֜ן בְּצֵלָ֗ע בְּקֶ֙בֶר֙ קִ֣ישׁ אָבִ֔יו וַֽיַּעֲשׂ֕וּ כֹּ֖ל אֲשֶׁר־צִוָּ֣ה הַמֶּ֑לֶךְ
טו וַיֵּעָתֵ֧ר אֱלֹהִ֛ים לָאָ֖רֶץ אַחֲרֵי־כֵֽן׃ וַתְּהִי־ע֧וֹד
מִלְחָמָ֛ה לַפְּלִשְׁתִּ֖ים אֶת־יִשְׂרָאֵ֑ל וַיֵּ֨רֶד דָּוִ֜ד וַעֲבָדָ֣יו עִמּ֗וֹ
טז וַיִּלָּחֲמ֛וּ אֶת־פְּלִשְׁתִּ֖ים וַיָּ֥עַף דָּוִֽד׃ וישבו בְּנֹ֜ב אֲשֶׁ֣ר ׀ בִּילִידֵ֣י וְיִשְׁבִּ֣י
הָרָפָ֗ה וּמִשְׁקַ֤ל קֵינוֹ֙ שְׁל֤שׁ מֵאוֹת֙ מִשְׁקַ֣ל נְחֹ֔שֶׁת וְה֖וּא
יז חָג֣וּר חֲדָשָׁ֑ה וַיֹּ֖אמֶר לְהַכּ֥וֹת אֶת־דָּוִֽד׃ וַיַּֽעֲזָר־לוֹ֙ אֲבִישַׁ֣י בֶּן־
צְרוּיָ֔ה וַיַּ֥ךְ אֶת־הַפְּלִשְׁתִּ֖י וַיְמִיתֵ֑הוּ אָ֣ז נִשְׁבְּעוּ֩ אַנְשֵׁי־דָוִ֨ד ל֜וֹ
לֵאמֹ֗ר לֹֽא־תֵצֵ֨א ע֤וֹד אִתָּ֙נוּ֙ לַמִּלְחָמָ֔ה וְלֹ֥א תְכַבֶּ֖ה אֶת־נֵ֥ר
יח יִשְׂרָאֵֽל׃ וַֽיְהִי֙ אַחֲרֵי־כֵ֔ן וַתְּהִי־ע֧וֹד הַמִּלְחָמָ֛ה
בְּג֖וֹב עִם־פְּלִשְׁתִּ֑ים אָ֣ז הִכָּ֗ה סִבְּכַי֙ הַחֻ֣שָׁתִ֔י אֶת־סַ֕ף אֲשֶׁ֖ר בִּילִדֵ֥י
יט הָרָפָֽה׃ וַתְּהִי־ע֧וֹד הַמִּלְחָמָ֛ה בְּג֖וֹב עִם־פְּלִשְׁתִּ֑ים
וַיַּ֣ךְ אֶלְחָנָ֡ן בֶּן־יַעְרֵי֩ אֹרְגִ֨ים בֵּ֜ית הַלַּחְמִ֗י אֵ֚ת גָּלְיָ֣ת הַגִּתִּ֔י
כ וְעֵ֣ץ חֲנִית֔וֹ כִּמְנ֖וֹר אֹרְגִֽים׃ וַתְּהִי־ע֥וֹד מִלְחָמָ֖ה
בְּגַ֑ת וַיְהִ֣י ׀ אִ֣ישׁ מדין וְאֶצְבְּעֹ֨ת יָדָ֜יו וְאֶצְבְּע֤וֹת רַגְלָיו֙ שֵׁ֣שׁ וָשֵׁ֔שׁ מָד֗וֹן
כא עֶשְׂרִ֥ים וְאַרְבַּ֖ע מִסְפָּ֑ר וְגַם־ה֖וּא יֻלַּ֥ד לְהָרָפָֽה׃ וַיְחָרֵ֖ף אֶת־
כב יִשְׂרָאֵ֑ל וַיַּכֵּ֕הוּ יְהֽוֹנָתָן֙ בֶּן־שמעי אֲחִ֥י דָוִֽד׃ אֶת־אַרְבַּ֥עַת שִׁמְעָ֖ה
אֵ֛לֶּה יֻלְּד֥וּ לְהָרָפָ֖ה בְּגַ֑ת וַיִּפְּל֥וּ בְיַד־דָּוִ֖ד וּבְיַ֥ד עֲבָדָֽיו׃

כב א וַיְדַבֵּ֤ר דָּוִד֙ לַֽיהוָ֔ה אֶת־דִּבְרֵ֖י הַשִּׁירָ֣ה הַזֹּ֑את בְּיוֹם֩
הִצִּ֨יל יְהוָ֥ה אֹת֛וֹ מִכַּ֥ף כָּל־אֹיְבָ֖יו וּמִכַּ֥ף שָׁאֽוּל׃
ב ג וַיֹּאמַ֑ר יְהוָ֛ה סַלְעִ֥י וּמְצֻדָתִ֖י וּמְפַלְטִי־לִֽי׃ אֱלֹהֵ֥י
צוּרִ֖י אֶחֱסֶה־בּ֑וֹ מָגִנִּ֞י וְקֶ֣רֶן יִשְׁעִ֗י מִשְׂגַּבִּי֙
ד וּמְנוּסִ֔י מֹשִׁעִ֕י מֵחָמָ֖ס תֹּשִׁעֵֽנִי׃ מְהֻלָּ֖ל
ה אֶקְרָ֣א יְהוָ֑ה וּמֵאֹיְבַ֖י אִוָּשֵֽׁעַ׃ כִּ֥י אֲפָפֻ֖נִי מִשְׁבְּרֵי־
ו מָ֑וֶת נַחֲלֵ֥י בְלִיַּ֖עַל יְבַעֲתֻֽנִי׃ חֶבְלֵ֥י
שְׁא֖וֹל סַבֻּ֑נִי קִדְּמֻ֖נִי מֹ֥קְשֵׁי־
ז מָֽוֶת׃ בַּצַּר־לִי֙ אֶקְרָ֣א יְהוָ֔ה וְאֶל־

אֱלֹהַי אֶקְרָא וַיִּשְׁמַע מֵהֵיכָלוֹ

וַיִּתְגָּעַשׁ קוֹלִי וְשַׁוְעָתִי בְּאָזְנָיו׃ ותגעש ח

וַתִּרְעַשׁ הָאָרֶץ מוֹסְדוֹת הַשָּׁמַיִם

יִרְגָּזוּ וַיִּתְגָּעֲשׁוּ כִּי־חָרָה לוֹ׃ עָלָה ט

עָשָׁן בְּאַפּוֹ וְאֵשׁ מִפִּיו

תֹּאכֵל גֶּחָלִים בָּעֲרוּ מִמֶּנּוּ׃ וַיֵּט י

שָׁמַיִם וַיֵּרַד וַעֲרָפֶל תַּחַת

רַגְלָיו׃ וַיִּרְכַּב עַל־כְּרוּב וַיָּעֹף וַיֵּרָא יא

עַל־כַּנְפֵי־רוּחַ׃ וַיָּשֶׁת חֹשֶׁךְ סְבִיבֹתָיו יב

סֻכּוֹת חַשְׁרַת־מַיִם עָבֵי שְׁחָקִים׃ מִנֹּגַהּ יג

נֶגְדּוֹ בָּעֲרוּ גַּחֲלֵי־אֵשׁ׃ יַרְעֵם מִן־שָׁמַיִם יד

יְהוָה וְעֶלְיוֹן יִתֵּן קוֹלוֹ׃ וַיִּשְׁלַח טו

וַיָּהֹם חִצִּים וַיְפִיצֵם בָּרָק ויהמם׃ וַיֵּרָאוּ אֲפִקֵי טז

יָם יִגָּלוּ מֹסְדוֹת תֵּבֵל בְּגַעֲרַת

יְהוָה מִנִּשְׁמַת רוּחַ אַפּוֹ׃ יִשְׁלַח מִמָּרוֹם יז

יִקָּחֵנִי יַמְשֵׁנִי מִמַּיִם רַבִּים׃ יַצִּילֵנִי יח

מֵאֹיְבִי עָז מִשֹּׂנְאַי כִּי אָמְצוּ

מִמֶּנִּי׃ יְקַדְּמֻנִי בְּיוֹם אֵידִי וַיְהִי יט

יְהוָה מִשְׁעָן לִי׃ וַיֹּצֵא לַמֶּרְחָב כ

אֹתִי יְחַלְּצֵנִי כִּי־חָפֵץ בִּי׃ יִגְמְלֵנִי כא

יְהוָה כְּצִדְקָתִי כְּבֹר יָדַי יָשִׁיב

לִי׃ כִּי שָׁמַרְתִּי דַּרְכֵי יְהוָה וְלֹא כב

רָשַׁעְתִּי מֵאֱלֹהָי׃ כִּי כָל־מִשְׁפָּטָו כג

לְנֶגְדִּי וְחֻקֹּתָיו לֹא־אָסוּר מִמֶּנָּה׃ וָאֶהְיֶה כד

תָמִים לוֹ וָאֶשְׁתַּמְּרָה מֵעֲוֺנִי׃ וַיָּשֶׁב יְהוָה לִי כה

כְּצִדְקָתִי כְּבֹרִי לְנֶגֶד עֵינָיו׃ עִם־ כו

חָסִיד תִּתְחַסָּד עִם־גְּבוֹר תָּמִים

כז תִּתַּמָּם׃ עִם־נָבָר תִּתָּבָר וְעִם־
כח עִקֵּשׁ תִּתַּפָּל׃ וְאֶת־עַם עָנִי
כט תּוֹשִׁיעַ וְעֵינֶיךָ עַל־רָמִים תַּשְׁפִּיל׃ כִּי־
אַתָּה נֵירִי יְהוָה וַיהוָה יַגִּיהַּ
ל חָשְׁכִּי׃ כִּי בְכָה אָרוּץ גְּדוּד בֵּאלֹהַי
לא אֲדַלֶּג־שׁוּר׃ הָאֵל תָּמִים
דַּרְכּוֹ אִמְרַת יְהוָה צְרוּפָה מָגֵן
לב הוּא לְכֹל הַחֹסִים בּוֹ׃ כִּי מִי־אֵל מִבַּלְעֲדֵי
לג יְהוָה וּמִי צוּר מִבַּלְעֲדֵי אֱלֹהֵינוּ׃ הָאֵל
מָעוּזִּי חָיִל וַיַּתֵּר תָּמִים
לד דרכו׃ מְשַׁוֶּה רגליו כָּאַיָּלוֹת וְעַל־ דַּרְכִּי רַגְלַי
לה בָּמוֹתַי יַעֲמִידֵנִי׃ מְלַמֵּד יָדַי
לו לַמִּלְחָמָה וְנִחַת קֶשֶׁת־נְחוּשָׁה זְרֹעֹתָי׃ וַתִּתֶּן־
לז לִי מָגֵן יִשְׁעֶךָ וַעֲנֹתְךָ תַּרְבֵּנִי׃ תַּרְחִיב צַעֲדִי
לח תַּחְתֵּנִי וְלֹא מָעֲדוּ קַרְסֻלָּי׃ אֶרְדְּפָה
אֹיְבַי וָאַשְׁמִידֵם וְלֹא אָשׁוּב עַד־
לט כַּלּוֹתָם׃ וָאֲכַלֵּם וָאֶמְחָצֵם וְלֹא יְקוּמוּן וַיִּפְּלוּ
מ תַּחַת רַגְלָי׃ וַתַּזְרֵנִי חַיִל
מא לַמִּלְחָמָה תַּכְרִיעַ קָמַי תַּחְתֵּנִי׃ וְאֹיְבַי
מב תַּתָּה לִּי עֹרֶף מְשַׂנְאַי וָאַצְמִיתֵם׃ יִשְׁעוּ וְאֵין
מג מֹשִׁיעַ אֶל־יְהוָה וְלֹא עָנָם׃ וְאֶשְׁחָקֵם
כַּעֲפַר־אָרֶץ כְּטִיט־חוּצוֹת אֲדִקֵּם
מד אֶרְקָעֵם׃ וַתְּפַלְּטֵנִי מֵרִיבֵי עַמִּי תִּשְׁמְרֵנִי
לְרֹאשׁ גּוֹיִם עַם לֹא־יָדַעְתִּי
מה יַעַבְדֻנִי׃ בְּנֵי נֵכָר יִתְכַּחֲשׁוּ־לִי לִשְׁמוֹעַ
מו אֹזֶן יִשָּׁמְעוּ לִי׃ בְּנֵי נֵכָר יִבֹּלוּ וְיַחְגְּרוּ
מז מִמִּסְגְּרוֹתָם׃ חַי־יְהוָה וּבָרוּךְ צוּרִי וְיָרֻם

אֱלֹהֵי צוּר יִשְׁעִי: הָאֵל הַנֹּתֵן נְקָמֹת מח
לִי וּמֹרִיד עַמִּים תַּחְתֵּנִי: וּמוֹצִיאִי מט
מֵאֹיְבָי וּמִקָּמַי תְּרוֹמְמֵנִי מֵאִישׁ חֲמָסִים
תַּצִּילֵנִי: עַל־כֵּן אוֹדְךָ יְהוָה בַּגּוֹיִם וּלְשִׁמְךָ נ
מִגְדּוֹל לד אֲזַמֵּר: מגדיל יְשׁוּעוֹת נא
מַלְכּוֹ וְעֹשֶׂה־חֶסֶד לִמְשִׁיחוֹ
לְדָוִד וּלְזַרְעוֹ עַד־עוֹלָם:

וְאֵלֶּה דִּבְרֵי דָוִד הָאַחֲרֹנִים נְאֻם דָּוִד בֶּן־יִשַׁי וּנְאֻם הַגֶּבֶר הֻקַם א כג
עָל מְשִׁיחַ אֱלֹהֵי יַעֲקֹב וּנְעִים זְמִרוֹת יִשְׂרָאֵל: רוּחַ יְהוָה דִּבֶּר־ ב
בִּי וּמִלָּתוֹ עַל־לְשׁוֹנִי: אָמַר אֱלֹהֵי יִשְׂרָאֵל לִי דִבֶּר צוּר יִשְׂרָאֵל ג
מוֹשֵׁל בָּאָדָם צַדִּיק מוֹשֵׁל יִרְאַת אֱלֹהִים: וּכְאוֹר בֹּקֶר יִזְרַח־ ד
שָׁמֶשׁ בֹּקֶר לֹא עָבוֹת מִנֹּגַהּ מִמָּטָר דֶּשֶׁא מֵאָרֶץ: כִּי־לֹא־כֵן ה
בֵּיתִי עִם־אֵל כִּי בְרִית עוֹלָם שָׂם לִי עֲרוּכָה בַכֹּל וּשְׁמֻרָה כִּי־
כָל־יִשְׁעִי וְכָל־חֵפֶץ כִּי־לֹא יַצְמִיחַ: וּבְלִיַּעַל כְּקוֹץ מֻנָד כֻּלָּהַם ו
כִּי־לֹא בְיָד יִקָּחוּ: וְאִישׁ יִגַּע בָּהֶם יִמָּלֵא בַרְזֶל וְעֵץ חֲנִית ז
וּבָאֵשׁ שָׂרוֹף יִשָּׂרְפוּ בַּשָּׁבֶת:
אֵלֶּה שְׁמוֹת הַגִּבֹּרִים אֲשֶׁר לְדָוִד יֹשֵׁב בַּשֶּׁבֶת תַּחְכְּמֹנִי ׀ רֹאשׁ ח
הָעֶצְנִי הַשָּׁלִשִׁי הוּא עֲדִינוֹ העצנו עַל־שְׁמֹנֶה מֵאוֹת חָלָל בְּפַעַם
אֶחָת דֹּדוֹ הַגִּבֹּרִים אחד: וְאַחֲרוֹ אֶלְעָזָר בֶּן־דדי בֶּן־אֲחֹחִי בִּשְׁלֹשָׁה גברים ט
עִם־דָּוִד בְּחָרְפָם בַּפְּלִשְׁתִּים נֶאֶסְפוּ־שָׁם לַמִּלְחָמָה וַיַּעֲלוּ אִישׁ
יִשְׂרָאֵל: הוּא קָם וַיַּךְ בַּפְּלִשְׁתִּים עַד ׀ כִּי־יָגְעָה יָדוֹ וַתִּדְבַּק יָדוֹ י
אֶל־הַחֶרֶב וַיַּעַשׂ יְהוָה תְּשׁוּעָה גְדוֹלָה בַּיּוֹם הַהוּא וְהָעָם יָשֻׁבוּ
אַחֲרָיו אַךְ לְפַשֵּׁט: וְאַחֲרָיו שַׁמָּא בֶן־אָגֵא הָרָרִי וַיֵּאָסְפוּ יא
פְלִשְׁתִּים לַחַיָּה וַתְּהִי־שָׁם חֶלְקַת הַשָּׂדֶה מְלֵאָה עֲדָשִׁים וְהָעָם
נָס מִפְּנֵי פְלִשְׁתִּים: וַיִּתְיַצֵּב בְּתוֹךְ־הַחֶלְקָה וַיַּצִּילֶהָ וַיַּךְ אֶת־ יב
שְׁלֹשָׁה פְּלִשְׁתִּים וַיַּעַשׂ יְהוָה תְּשׁוּעָה גְדוֹלָה: וַיֵּרְדוּ שלשים יג

מהשלשים ראש ויבאו אל־קציר אל־דוד אל־מערת עדלם יג
וחית פלשתים חנה בעמק רפאים: ודוד אז במצודה ומצב יד
פלשתים אז בית לחם: ויתאוה דוד ויאמר מי ישקני מים טו
מבאר בית־לחם אשר בשער: ויבקעו שלשת הגברים טז
במחנה פלשתים וישאבו־מים מבאר בית־לחם אשר בשער
וישאו ויבאו אל־דוד ולא אבה לשתותם ויסך אתם
ליהוה: ויאמר חלילה לי יהוה מעשתי זאת הדם האנשים יז
ההלכים בנפשותם ולא אבה לשתותם אלה עשו שלשת
הגברים: ואבישי אחי ׀ יואב בן־צרויה הוא ראש יח
השלשה | השלשי והוא עורר את־חניתו על־שלש מאות חלל ולו־שם
בשלשה: מן־השלשה הכי נכבד ויהי להם לשר ועד־ יט
חיל | השלשה לא־בא: ובניהו בן־יהוידע בן־איש־חי רב־ כ
פעלים מקבצאל הוא הכה את שני אראל מואב והוא ירד
הארי | והכה את־האריה בתוך הבאר ביום השלג: והוא הכה כא
איש | את־איש מצרי אשר מראה וביד המצרי חנית וירד אליו
בשבט ויגזל את־החנית מיד המצרי ויהרגהו בחניתו:
אלה עשה בניהו בן־יהוידע ולו־שם בשלשה הגברים: כב
מן־השלשים נכבד ואל־השלשה לא־בא וישמהו דוד כג
אל־משמעתו: עשהאל אחי־יואב בשלשים אלחנן כד
דדו | בן־דדי בית לחם: שמה החרדי אליקא החרדי: חלץ כה כו
הפלטי עירא בן־עקש התקועי: אביעזר הענתתי מבני כז
החשתי: צלמון האחחי מהרי הנטפתי: חלב בן־ כח כט
בענה הנטפתי אתי בן־ריבי מגבעת בני בנימן: בניהו ל
פרעתני הדי מנחלי־געש: אבי־עלבון הערבתי עזמות לא
הברחמי: אליחבא השעלבני בני ישן יהונתן: שמה לב לג
ההררי אחיאם בן־שרר האררי: אליפלט בן־אחסבי לד
חצרי | בן־המעכתי אליעם בן־אחיתפל הגלני: חצרו הכרמלי לה

כג

צלק יגאל בן־נתן מצבה בני הגדי: פערי הארבי: לו לז
נשא העמוני נחרי הבארתי נשאי כלי יואב בן־צריה: עירא לח
היתרי גרב היתרי: אוריה החתי כל שלשים לט
ושבעה: ויסף אף־יהוה לחרות בישראל ויסת א כד
את־דוד בהם לאמר לך מנה את־ישראל ואת־יהודה:
ויאמר המלך אל־יואב | שר־החיל אשר־אתו שוט־נא בכל־ ב
שבטי ישראל מדן ועד־באר שבע ופקדו את־העם וידעתי
את מספר העם: ויאמר יואב אל־המלך ויוסף ג
יהוה אלהיך אל־העם כהם | וכהם מאה פעמים ועיני אדני־
המלך ראות ואדני המלך למה חפץ בדבר הזה: ויחזק דבר־ ד
המלך אל־יואב ועל שרי החיל ויצא יואב ושרי החיל לפני
המלך לפקד את־העם את־ישראל: ויעברו את־הירדן ה
ויחנו בערוער ימין העיר אשר בתוך־הנחל הגד ואל־יעזר:
ויבאו הגלעדה ואל־ארץ תחתים חדשי ויבאו דנה יען ו
וסביב אל־צידון: ויבאו מבצר־צר וכל־ערי החוי והכנעני ז
ויצאו אל־נגב יהודה באר שבע: וישטו בכל־הארץ ח
ויבאו מקצה תשעה חדשים ועשרים יום ירושלם: ויתן ט
יואב את־מספר מפקד־העם אל־המלך ותהי ישראל
שמנה מאות אלף איש־חיל שלף חרב ואיש יהודה חמש־
מאות אלף איש: ויך לב־דוד אתו אחרי־כן ספר את־ י
העם ויאמר דוד אל־יהוה חטאתי מאד אשר
עשיתי ועתה יהוה העבר־נא את־עון עבדך כי נסכלתי
מאד: ויקם דוד בבקר ודבר־יהוה היה אל־גד יא
הנביא חזה דוד לאמר: הלוך ודברת אל־דוד כה אמר יהוה יב
שלש אנכי נוטל עליך בחר־לך אחת־מהם ואעשה־לך:
ויבא־גד אל־דוד ויגד־לו ויאמר לו התבוא לך שבע־שנים | יג
רעב | בארצך ואם־שלשה חדשים נסך לפני־צריך והוא

רָדְפֶ֑ךָ וְאִם־הֱי֨וֹת שְׁלֹ֤שֶׁת יָמִים֙ דֶּ֣בֶר בְּאַרְצֶ֔ךָ עַתָּה֙ דַּ֣ע וּרְאֵ֔ה
יד מָֽה־אָשִׁ֥יב שֹׁלְחִ֖י דָּבָֽר׃ וַיֹּ֧אמֶר דָּוִ֛ד אֶל־גָּ֖ד צַר־
לִ֣י מְאֹ֑ד נִפְּלָה־נָּ֤א בְיַד־יהוה֙ כִּֽי־רַבִּ֣ים רַחֲמָ֔ו וּבְיַד־אָדָ֖ם אַל־
טו אֶפֹּֽלָה׃ וַיִּתֵּ֨ן יהוה דֶּ֙בֶר֙ בְּיִשְׂרָאֵ֔ל מֵהַבֹּ֖קֶר וְעַד־עֵ֣ת מוֹעֵ֑ד וַיָּ֣מָת
טז מִן־הָעָ֗ם מִדָּן֙ וְעַד־בְּאֵ֣ר שֶׁ֔בַע שִׁבְעִ֥ים אֶ֖לֶף אִֽישׁ׃ וַיִּשְׁלַח֩ יָד֨וֹ
הַמַּלְאָ֥ךְ ׀ יְרֽוּשָׁלִַם֮ לְשַׁחֲתָהּ֒ וַיִּנָּ֤חֶם יהוה֙ אֶל־הָ֣רָעָ֔ה וַ֠יֹּאמֶר
לַמַּלְאָ֞ךְ הַמַּשְׁחִ֤ית בָּעָם֙ רַ֔ב עַתָּ֖ה הֶ֣רֶף יָדֶ֑ךָ וּמַלְאַ֤ךְ יהוה֙ הָיָ֔ה
יז עִם־גֹּ֖רֶן האורנה הַיְבֻסִֽי׃ וַיֹּ֩אמֶר דָּוִ֨ד אֶל־יהוה הארונה
בִּרְאֹת֣וֹ ׀ אֶֽת־הַמַּלְאָ֣ךְ ׀ הַמַּכֶּ֣ה בָעָ֗ם וַיֹּ֙אמֶר֙ הִנֵּ֨ה אָנֹכִ֤י חָטָ֙אתִי֙
וְאָנֹכִ֣י הֶעֱוֵ֔יתִי וְאֵ֥לֶּה הַצֹּ֖אן מֶ֣ה עָשׂ֑וּ תְּהִ֨י נָ֥א יָדְךָ֛ בִּ֖י וּבְבֵ֥ית
יח אָבִֽי׃ וַיָּבֹא־גָ֥ד אֶל־דָּוִ֖ד בַּיּ֣וֹם הַה֑וּא וַיֹּ֣אמֶר ל֗וֹ
יט עֲלֵה֙ הָקֵ֤ם לַֽיהוה֙ מִזְבֵּ֔חַ בְּגֹ֖רֶן ארניה הַיְבֻסִֽי׃ וַיַּ֥עַל דָּוִ֖ד כִּדְבַר־ ארונה
כ גָּ֑ד כַּאֲשֶׁ֖ר צִוָּ֥ה יהוה׃ וַיַּשְׁקֵ֣ף אֲרַ֗וְנָה וַיַּ֤רְא אֶת־הַמֶּ֙לֶךְ֙ וְאֶת־
עֲבָדָ֔יו עֹבְרִ֖ים עָלָ֑יו וַיֵּצֵ֣א אֲרַ֔וְנָה וַיִּשְׁתַּ֧חוּ לַמֶּ֛לֶךְ אַפָּ֖יו אָֽרְצָה׃
כא וַיֹּ֣אמֶר אֲרַ֔וְנָה מַדּ֛וּעַ בָּ֥א אֲדֹנִֽי־הַמֶּ֖לֶךְ אֶל־עַבְדּ֑וֹ וַיֹּ֣אמֶר דָּוִ֡ד
לִקְנ֨וֹת מֵעִמְּךָ֤ אֶת־הַגֹּ֙רֶן֙ לִבְנ֤וֹת מִזְבֵּ֙חַ֙ לַֽיהוה֙ וְתֵעָצַ֥ר הַמַּגֵּפָ֖ה
כב מֵעַ֥ל הָעָֽם׃ וַיֹּ֤אמֶר אֲרַ֙וְנָה֙ אֶל־דָּוִ֔ד יִקַּ֥ח וְיַ֛עַל אֲדֹנִ֥י הַמֶּ֖לֶךְ
הַטּ֣וֹב בְּעֵינָ֑ו רְאֵה֙ הַבָּקָ֣ר לָעֹלָ֔ה וְהַמֹּרִגִּ֛ים וּכְלֵ֥י הַבָּקָ֖ר לָעֵצִֽים׃
כג הַכֹּ֗ל נָתַ֛ן אֲרַ֥וְנָה הַמֶּ֖לֶךְ לַמֶּ֑לֶךְ וַיֹּ֤אמֶר אֲרַ֙וְנָה֙
כד אֶל־הַמֶּ֔לֶךְ יהוה אֱלֹהֶ֖יךָ יִרְצֶֽךָ׃ וַיֹּ֨אמֶר הַמֶּ֜לֶךְ אֶל־אֲרַ֗וְנָה לֹ֤א
כִּֽי־קָנ֨וֹ אֶקְנֶ֤ה מֵאוֹתְךָ֙ בִּמְחִ֔יר וְלֹ֧א אַעֲלֶ֛ה לַיהוה אֱלֹהַ֖י עֹל֣וֹת
חִנָּ֑ם וַיִּ֨קֶן דָּוִ֤ד אֶת־הַגֹּ֙רֶן֙ וְאֶת־הַבָּקָ֔ר בְּכֶ֖סֶף שְׁקָלִ֥ים חֲמִשִּֽׁים׃
כה וַיִּ֨בֶן שָׁ֤ם דָּוִד֙ מִזְבֵּ֙חַ֙ לַֽיהוה֙ וַיַּ֥עַל עֹל֖וֹת וּשְׁלָמִ֑ים וַיֵּעָתֵ֤ר יהוה֙
לָאָ֔רֶץ וַתֵּעָצַ֥ר הַמַּגֵּפָ֖ה מֵעַ֥ל יִשְׂרָאֵֽל׃

מלכים

א א וְהַמֶּלֶךְ דָּוִד זָקֵן בָּא בַּיָּמִים וַיְכַסֻּהוּ בַּבְּגָדִים וְלֹא יִחַם לוֹ׃
ב וַיֹּאמְרוּ לוֹ עֲבָדָיו יְבַקְשׁוּ לַאדֹנִי הַמֶּלֶךְ נַעֲרָה בְתוּלָה וְעָמְדָה
לִפְנֵי הַמֶּלֶךְ וּתְהִי־לוֹ סֹכֶנֶת וְשָׁכְבָה בְחֵיקֶךָ וְחַם לַאדֹנִי הַמֶּלֶךְ׃
ג וַיְבַקְשׁוּ נַעֲרָה יָפָה בְּכֹל גְּבוּל יִשְׂרָאֵל וַיִּמְצְאוּ אֶת־אֲבִישַׁג
ד הַשּׁוּנַמִּית וַיָּבִאוּ אֹתָהּ לַמֶּלֶךְ׃ וְהַנַּעֲרָה יָפָה עַד־מְאֹד וַתְּהִי
ה לַמֶּלֶךְ סֹכֶנֶת וַתְּשָׁרְתֵהוּ וְהַמֶּלֶךְ לֹא יְדָעָהּ׃ וַאֲדֹנִיָּה בֶן־חַגִּית
מִתְנַשֵּׂא לֵאמֹר אֲנִי אֶמְלֹךְ וַיַּעַשׂ לוֹ רֶכֶב וּפָרָשִׁים וַחֲמִשִּׁים
ו אִישׁ רָצִים לְפָנָיו׃ וְלֹא־עֲצָבוֹ אָבִיו מִיָּמָיו לֵאמֹר מַדּוּעַ כָּכָה
עָשִׂיתָ וְגַם־הוּא טוֹב־תֹּאַר מְאֹד וְאֹתוֹ יָלְדָה אַחֲרֵי אַבְשָׁלוֹם׃
ז וַיִּהְיוּ דְבָרָיו עִם יוֹאָב בֶּן־צְרוּיָה וְעִם אֶבְיָתָר הַכֹּהֵן וַיַּעְזְרוּ
ח אַחֲרֵי אֲדֹנִיָּה׃ וְצָדוֹק הַכֹּהֵן וּבְנָיָהוּ בֶן־יְהוֹיָדָע וְנָתָן הַנָּבִיא
ט וְשִׁמְעִי וְרֵעִי וְהַגִּבּוֹרִים אֲשֶׁר לְדָוִד לֹא הָיוּ עִם־אֲדֹנִיָּהוּ׃ וַיִּזְבַּח
אֲדֹנִיָּהוּ צֹאן וּבָקָר וּמְרִיא עִם אֶבֶן הַזֹּחֶלֶת אֲשֶׁר־אֵצֶל עֵין
רֹגֵל וַיִּקְרָא אֶת־כָּל־אֶחָיו בְּנֵי הַמֶּלֶךְ וּלְכָל־אַנְשֵׁי יְהוּדָה עַבְדֵי
י הַמֶּלֶךְ׃ וְאֶת־נָתָן הַנָּבִיא וּבְנָיָהוּ וְאֶת־הַגִּבּוֹרִים וְאֶת־שְׁלֹמֹה
יא אָחִיו לֹא קָרָא׃ וַיֹּאמֶר נָתָן אֶל־בַּת־שֶׁבַע אֵם־שְׁלֹמֹה לֵאמֹר
הֲלוֹא שָׁמַעַתְּ כִּי מָלַךְ אֲדֹנִיָּהוּ בֶן־חַגִּית וַאֲדֹנֵינוּ דָוִד לֹא יָדָע׃
יב וְעַתָּה לְכִי אִיעָצֵךְ נָא עֵצָה וּמַלְּטִי אֶת־נַפְשֵׁךְ וְאֶת־נֶפֶשׁ בְּנֵךְ
יג שְׁלֹמֹה׃ לְכִי וּבֹאִי ׀ אֶל־הַמֶּלֶךְ דָּוִד וְאָמַרְתְּ אֵלָיו הֲלֹא־אַתָּה
אֲדֹנִי הַמֶּלֶךְ נִשְׁבַּעְתָּ לַאֲמָתְךָ לֵאמֹר כִּי־שְׁלֹמֹה בְנֵךְ יִמְלֹךְ
יד אַחֲרַי וְהוּא יֵשֵׁב עַל־כִּסְאִי וּמַדּוּעַ מָלַךְ אֲדֹנִיָּהוּ׃ הִנֵּה עוֹדָךְ
מְדַבֶּרֶת שָׁם עִם־הַמֶּלֶךְ וַאֲנִי אָבוֹא אַחֲרַיִךְ וּמִלֵּאתִי אֶת־
טו דְּבָרָיִךְ׃ וַתָּבֹא בַת־שֶׁבַע אֶל־הַמֶּלֶךְ הַחַדְרָה וְהַמֶּלֶךְ זָקֵן מְאֹד
טז וַאֲבִישַׁג הַשּׁוּנַמִּית מְשָׁרַת אֶת־הַמֶּלֶךְ׃ וַתִּקֹּד בַּת־שֶׁבַע
יז וַתִּשְׁתַּחוּ לַמֶּלֶךְ וַיֹּאמֶר הַמֶּלֶךְ מַה־לָּךְ׃ וַתֹּאמֶר לוֹ אֲדֹנִי אַתָּה
נִשְׁבַּעְתָּ בַּיהוָה אֱלֹהֶיךָ לַאֲמָתֶךָ כִּי־שְׁלֹמֹה בְנֵךְ יִמְלֹךְ אַחֲרָי
יח וְהוּא יֵשֵׁב עַל־כִּסְאִי׃ וְעַתָּה הִנֵּה אֲדֹנִיָּה מָלָךְ וְעַתָּה אֲדֹנִי

יט הַמֶּלֶךְ לֹא יָדָעְתָּ׃ וַיִּזְבַּח שׁוֹר וּמְרִיא־וְצֹאן לָרֹב וַיִּקְרָא לְכָל־
בְּנֵי הַמֶּלֶךְ וּלְאֶבְיָתָר הַכֹּהֵן וּלְיֹאָב שַׂר הַצָּבָא וְלִשְׁלֹמֹה עַבְדְּךָ
כ לֹא קָרָא׃ וְאַתָּה אֲדֹנִי הַמֶּלֶךְ עֵינֵי כָל־יִשְׂרָאֵל עָלֶיךָ לְהַגִּיד
כא לָהֶם מִי יֵשֵׁב עַל־כִּסֵּא אֲדֹנִי־הַמֶּלֶךְ אַחֲרָיו׃ וְהָיָה כִּשְׁכַב
כב אֲדֹנִי־הַמֶּלֶךְ עִם־אֲבֹתָיו וְהָיִיתִי אֲנִי וּבְנִי שְׁלֹמֹה חַטָּאִים׃ וְהִנֵּה
כג עוֹדֶנָּה מְדַבֶּרֶת עִם־הַמֶּלֶךְ וְנָתָן הַנָּבִיא בָּא׃ וַיַּגִּידוּ לַמֶּלֶךְ
לֵאמֹר הִנֵּה נָתָן הַנָּבִיא וַיָּבֹא לִפְנֵי הַמֶּלֶךְ וַיִּשְׁתַּחוּ לַמֶּלֶךְ עַל־
כד אַפָּיו אָרְצָה׃ וַיֹּאמַר נָתָן אֲדֹנִי הַמֶּלֶךְ אַתָּה אָמַרְתָּ אֲדֹנִיָּהוּ
כה יִמְלֹךְ אַחֲרָי וְהוּא יֵשֵׁב עַל־כִּסְאִי׃ כִּי ׀ יָרַד הַיּוֹם וַיִּזְבַּח שׁוֹר
וּמְרִיא־וְצֹאן לָרֹב וַיִּקְרָא לְכָל־בְּנֵי הַמֶּלֶךְ וּלְשָׂרֵי הַצָּבָא
וּלְאֶבְיָתָר הַכֹּהֵן וְהִנָּם אֹכְלִים וְשֹׁתִים לְפָנָיו וַיֹּאמְרוּ יְחִי הַמֶּלֶךְ
כו אֲדֹנִיָּהוּ׃ וְלִי אֲנִי־עַבְדֶּךָ וּלְצָדֹק הַכֹּהֵן וְלִבְנָיָהוּ בֶן־יְהוֹיָדָע
כז וְלִשְׁלֹמֹה עַבְדְּךָ לֹא קָרָא׃ אִם מֵאֵת אֲדֹנִי הַמֶּלֶךְ נִהְיָה הַדָּבָר
הַזֶּה וְלֹא הוֹדַעְתָּ אֶת־עבדיך מִי יֵשֵׁב עַל־כִּסֵּא אֲדֹנִי־הַמֶּלֶךְ
עַבְדְּךָ
כח אַחֲרָיו׃ וַיַּעַן הַמֶּלֶךְ דָּוִד וַיֹּאמֶר קִרְאוּ־לִי לְבַת־שָׁבַע וַתָּבֹא
כט לִפְנֵי הַמֶּלֶךְ וַתַּעֲמֹד לִפְנֵי הַמֶּלֶךְ׃ וַיִּשָּׁבַע הַמֶּלֶךְ וַיֹּאמַר חַי־
ל יְהוָה אֲשֶׁר־פָּדָה אֶת־נַפְשִׁי מִכָּל־צָרָה׃ כִּי כַּאֲשֶׁר נִשְׁבַּעְתִּי
לָךְ בַּיהוָה אֱלֹהֵי יִשְׂרָאֵל לֵאמֹר כִּי־שְׁלֹמֹה בְנֵךְ יִמְלֹךְ אַחֲרַי
לא וְהוּא יֵשֵׁב עַל־כִּסְאִי תַּחְתָּי כִּי כֵּן אֶעֱשֶׂה הַיּוֹם הַזֶּה׃ וַתִּקֹּד
בַּת־שֶׁבַע אַפַּיִם אֶרֶץ וַתִּשְׁתַּחוּ לַמֶּלֶךְ וַתֹּאמֶר יְחִי אֲדֹנִי הַמֶּלֶךְ
לב דָּוִד לְעֹלָם׃ וַיֹּאמֶר ׀ הַמֶּלֶךְ דָּוִד קִרְאוּ־לִי לְצָדוֹק
הַכֹּהֵן וּלְנָתָן הַנָּבִיא וְלִבְנָיָהוּ בֶּן־יְהוֹיָדָע וַיָּבֹאוּ לִפְנֵי הַמֶּלֶךְ׃
לג וַיֹּאמֶר הַמֶּלֶךְ לָהֶם קְחוּ עִמָּכֶם אֶת־עַבְדֵי אֲדֹנֵיכֶם וְהִרְכַּבְתֶּם
אֶת־שְׁלֹמֹה בְנִי עַל־הַפִּרְדָּה אֲשֶׁר־לִי וְהוֹרַדְתֶּם אֹתוֹ אֶל־
לד גִּחוֹן׃ וּמָשַׁח אֹתוֹ שָׁם צָדוֹק הַכֹּהֵן וְנָתָן הַנָּבִיא לְמֶלֶךְ עַל־
לה יִשְׂרָאֵל וּתְקַעְתֶּם בַּשּׁוֹפָר וַאֲמַרְתֶּם יְחִי הַמֶּלֶךְ שְׁלֹמֹה׃ וַעֲלִיתֶם
אַחֲרָיו וּבָא וְיָשַׁב עַל־כִּסְאִי וְהוּא יִמְלֹךְ תַּחְתָּי וְאֹתוֹ צִוִּיתִי

א

לו לִהְי֥וֹת נָגִ֛יד עַל־יִשְׂרָאֵ֖ל וְעַל־יְהוּדָֽה׃ וַיַּ֨עַן בְּנָיָ֧הוּ בֶן־יְהוֹיָדָ֛ע
אֶת־הַמֶּ֖לֶךְ וַיֹּ֣אמֶר ׀ אָמֵ֑ן כֵּ֚ן יֹאמַ֣ר יְהוָ֔ה אֱלֹהֵ֖י אֲדֹנִ֥י הַמֶּֽלֶךְ׃
לז כַּאֲשֶׁ֨ר הָיָ֤ה יְהוָה֙ עִם־אֲדֹנִ֣י הַמֶּ֔לֶךְ כֵּ֖ן יְהִ֣י עִם־שְׁלֹמֹ֑ה וִֽיגַדֵּל֙
לח אֶת־כִּסְא֔וֹ מִכִּסֵּ֕א אֲדֹנִ֖י הַמֶּ֥לֶךְ דָּוִֽד׃ וַיֵּ֣רֶד צָד֣וֹק הַ֠כֹּהֵן וְנָתָ֨ן
הַנָּבִ֜יא וּבְנָיָ֣הוּ בֶן־יְהוֹיָדָ֗ע וְהַכְּרֵתִי֙ וְהַפְּלֵתִ֔י וַיַּרְכִּ֙בוּ֙ אֶת־
לט שְׁלֹמֹ֔ה עַל־פִּרְדַּ֖ת הַמֶּ֣לֶךְ דָּוִ֑ד וַיֹּלִ֥כוּ אֹת֖וֹ עַל־גִּחֽוֹן׃ וַיִּקַּח֩ צָד֨וֹק
הַכֹּהֵ֜ן אֶת־קֶ֤רֶן הַשֶּׁ֙מֶן֙ מִן־הָאֹ֔הֶל וַיִּמְשַׁ֖ח אֶת־שְׁלֹמֹ֑ה וַֽיִּתְקְעוּ֙
מ בַּשּׁוֹפָ֔ר וַיֹּֽאמְרוּ֙ כָּל־הָעָ֔ם יְחִ֖י הַמֶּ֥לֶךְ שְׁלֹמֹֽה׃ וַיַּעֲל֤וּ כָל־הָעָם֙
אַחֲרָ֔יו וְהָעָם֙ מְחַלְּלִ֣ים בַּחֲלִלִ֔ים וּשְׂמֵחִ֖ים שִׂמְחָ֣ה גְדוֹלָ֑ה וַתִּבָּקַ֥ע
מא הָאָ֖רֶץ בְּקוֹלָֽם׃ וַיִּשְׁמַ֣ע אֲדֹנִיָּ֗הוּ וְכָל־הַקְּרֻאִים֙ אֲשֶׁ֣ר אִתּ֔וֹ וְהֵ֖ם
כִּלּ֣וּ לֶאֱכֹ֑ל וַיִּשְׁמַ֤ע יוֹאָב֙ אֶת־ק֣וֹל הַשּׁוֹפָ֔ר וַיֹּ֕אמֶר מַדּ֥וּעַ קוֹל־
מב הַקִּרְיָ֖ה הוֹמָֽה׃ עוֹדֶ֣נּוּ מְדַבֵּ֔ר וְהִנֵּ֛ה יוֹנָתָ֥ן בֶּן־אֶבְיָתָ֖ר הַכֹּהֵ֣ן בָּ֑א
מג וַיֹּ֤אמֶר אֲדֹנִיָּ֙הוּ֙ בֹּ֔א כִּ֣י אִ֥ישׁ חַ֛יִל אַ֖תָּה וְט֥וֹב תְּבַשֵּֽׂר׃ וַיַּ֙עַן֙ יוֹנָתָ֔ן
וַיֹּ֖אמֶר לַאֲדֹנִיָּ֑הוּ אֲבָ֕ל אֲדֹנֵ֥ינוּ הַמֶּֽלֶךְ־דָּוִ֖ד הִמְלִ֥יךְ אֶת־שְׁלֹמֹֽה׃
מד וַיִּשְׁלַ֣ח אִתּוֹ֩ הַמֶּ֨לֶךְ אֶת־צָד֜וֹק הַכֹּהֵ֗ן וְאֶת־נָתָ֤ן הַנָּבִיא֙ וּבְנָיָ֙הוּ֙
בֶּן־יְה֣וֹיָדָ֔ע וְהַכְּרֵתִ֖י וְהַפְּלֵתִ֑י וַיַּרְכִּ֣בוּ אֹת֔וֹ עַ֖ל פִּרְדַּ֥ת הַמֶּֽלֶךְ׃
מה וַיִּמְשְׁח֣וּ אֹת֡וֹ צָד֣וֹק הַכֹּהֵן֩ וְנָתָ֨ן הַנָּבִ֤יא ׀ לְמֶ֙לֶךְ֙ בְּגִח֔וֹן וַיַּעֲל֤וּ
מו מִשָּׁם֙ שְׂמֵחִ֔ים וַתֵּהֹ֖ם הַקִּרְיָ֑ה ה֥וּא הַקּ֖וֹל אֲשֶׁ֥ר שְׁמַעְתֶּֽם׃ וְגַ֗ם
מז יָשַׁ֚ב שְׁלֹמֹ֔ה עַ֖ל כִּסֵּ֥א הַמְּלוּכָֽה׃ וְגַם־בָּ֜אוּ עַבְדֵ֣י הַמֶּ֗לֶךְ לְבָ֨רֵךְ
אֶת־אֲדֹנֵ֜ינוּ הַמֶּ֣לֶךְ דָּוִד֮ לֵאמֹר֒ יֵיטֵ֞ב אלהיך אֶת־שֵׁ֤ם שְׁלֹמֹה֙ אֱלֹהִים
מִשְּׁמֶ֔ךָ וִֽיגַדֵּ֥ל אֶת־כִּסְא֖וֹ מִכִּסְאֶ֑ךָ וַיִּשְׁתַּ֥חוּ הַמֶּ֖לֶךְ עַל־
מח הַמִּשְׁכָּֽב׃ וְגַם־כָּ֖כָה אָמַ֣ר הַמֶּ֑לֶךְ בָּר֨וּךְ יְהוָ֜ה אֱלֹהֵ֣י יִשְׂרָאֵ֗ל ב
מט אֲשֶׁ֨ר נָתַ֥ן הַיּ֛וֹם יֹשֵׁ֥ב עַל־כִּסְאִ֖י וְעֵינַ֥י רֹאֽוֹת׃ וַיֶּֽחֶרְדוּ֙ וַיָּקֻ֔מוּ כָּל־
נ הַקְּרֻאִ֖ים אֲשֶׁ֣ר לַאֲדֹנִיָּ֑הוּ וַיֵּלְכ֖וּ אִ֥ישׁ לְדַרְכּֽוֹ׃ וַאֲדֹנִיָּ֕הוּ יָרֵ֖א מִפְּנֵ֣י
נא שְׁלֹמֹ֑ה וַיָּ֣קָם וַיֵּ֔לֶךְ וַֽיַּחֲזֵ֖ק בְּקַרְנ֥וֹת הַמִּזְבֵּֽחַ׃ וַיֻּגַּ֨ד לִשְׁלֹמֹ֜ה לֵאמֹ֗ר
הִנֵּה֙ אֲדֹנִיָּ֔הוּ יָרֵ֖א אֶת־הַמֶּ֣לֶךְ שְׁלֹמֹ֑ה וְ֠הִנֵּה אָחַ֞ז בְּקַרְנ֤וֹת
הַמִּזְבֵּ֙חַ֙ לֵאמֹ֔ר יִשָּֽׁבַֽע־לִ֤י כַיּוֹם֙ הַמֶּ֣לֶךְ שְׁלֹמֹ֔ה אִם־יָמִ֥ית אֶת־

עַבְדּוֹ בֶּחָרֶב: וַיֹּאמֶר שְׁלֹמֹה אִם יִהְיֶה לְבֶן־חַיִל לֹא־יִפֹּל נב
מִשַּׂעֲרָתוֹ אָרְצָה וְאִם־רָעָה תִמָּצֵא־בוֹ וָמֵת: וַיִּשְׁלַח הַמֶּלֶךְ נג
שְׁלֹמֹה וַיֹּרִדֻהוּ מֵעַל הַמִּזְבֵּחַ וַיָּבֹא וַיִּשְׁתַּחוּ לַמֶּלֶךְ שְׁלֹמֹה
וַיֹּאמֶר־לוֹ שְׁלֹמֹה לֵךְ לְבֵיתֶךָ: וַיִּקְרְבוּ יְמֵי־דָוִד א ב
לָמוּת וַיְצַו אֶת־שְׁלֹמֹה בְנוֹ לֵאמֹר: אָנֹכִי הֹלֵךְ בְּדֶרֶךְ כָּל־ ב
הָאָרֶץ וְחָזַקְתָּ וְהָיִיתָ לְאִישׁ: וְשָׁמַרְתָּ אֶת־מִשְׁמֶרֶת ׀ יְהוָה ג
אֱלֹהֶיךָ לָלֶכֶת בִּדְרָכָיו לִשְׁמֹר חֻקֹּתָיו מִצְוֹתָיו וּמִשְׁפָּטָיו
וְעֵדְוֹתָיו כַּכָּתוּב בְּתוֹרַת מֹשֶׁה לְמַעַן תַּשְׂכִּיל אֵת כָּל־אֲשֶׁר
תַּעֲשֶׂה וְאֵת כָּל־אֲשֶׁר תִּפְנֶה שָׁם: לְמַעַן יָקִים יְהוָה אֶת־דְּבָרוֹ ד
אֲשֶׁר דִּבֶּר עָלַי לֵאמֹר אִם־יִשְׁמְרוּ בָנֶיךָ אֶת־דַּרְכָּם לָלֶכֶת
לְפָנַי בֶּאֱמֶת בְּכָל־לְבָבָם וּבְכָל־נַפְשָׁם לֵאמֹר לֹא־יִכָּרֵת לְךָ
אִישׁ מֵעַל כִּסֵּא יִשְׂרָאֵל: וְגַם אַתָּה יָדַעְתָּ אֵת אֲשֶׁר־עָשָׂה לִי ה
יוֹאָב בֶּן־צְרוּיָה אֲשֶׁר עָשָׂה לִשְׁנֵי־שָׂרֵי צִבְאוֹת יִשְׂרָאֵל
לְאַבְנֵר בֶּן־נֵר וְלַעֲמָשָׂא בֶן־יֶתֶר וַיַּהַרְגֵם וַיָּשֶׂם דְּמֵי־מִלְחָמָה
בְּשָׁלֹם וַיִּתֵּן דְּמֵי מִלְחָמָה בַּחֲגֹרָתוֹ אֲשֶׁר בְּמָתְנָיו וּבְנַעֲלוֹ
אֲשֶׁר בְּרַגְלָיו: וְעָשִׂיתָ כְּחָכְמָתֶךָ וְלֹא־תוֹרֵד שֵׂיבָתוֹ בְּשָׁלֹם ו
שְׁאֹל: וְלִבְנֵי בַרְזִלַּי הַגִּלְעָדִי תַּעֲשֶׂה־חֶסֶד וְהָיוּ ז
בְּאֹכְלֵי שֻׁלְחָנֶךָ כִּי־כֵן קָרְבוּ אֵלַי בְּבָרְחִי מִפְּנֵי אַבְשָׁלוֹם אָחִיךָ:
וְהִנֵּה עִמְּךָ שִׁמְעִי בֶן־גֵּרָא בֶן־הַיְמִינִי מִבַּחֻרִים וְהוּא קִלְלַנִי ח
קְלָלָה נִמְרֶצֶת בְּיוֹם לֶכְתִּי מַחֲנָיִם וְהוּא־יָרַד לִקְרָאתִי הַיַּרְדֵּן
וָאֶשָּׁבַע לוֹ בַיהוָה לֵאמֹר אִם־אֲמִיתְךָ בֶּחָרֶב: וְעַתָּה אַל־ ט
תְּנַקֵּהוּ כִּי אִישׁ חָכָם אָתָּה וְיָדַעְתָּ אֵת אֲשֶׁר תַּעֲשֶׂה־לּוֹ
וְהוֹרַדְתָּ אֶת־שֵׂיבָתוֹ בְּדָם שְׁאוֹל: וַיִּשְׁכַּב דָּוִד עִם־אֲבֹתָיו י
וַיִּקָּבֵר בְּעִיר דָּוִד: וְהַיָּמִים אֲשֶׁר מָלַךְ דָּוִד עַל־ יא
יִשְׂרָאֵל אַרְבָּעִים שָׁנָה בְּחֶבְרוֹן מָלַךְ שֶׁבַע שָׁנִים וּבִירוּשָׁלַםִ
מָלַךְ שְׁלֹשִׁים וְשָׁלֹשׁ שָׁנִים: וּשְׁלֹמֹה יָשַׁב עַל־כִּסֵּא דָּוִד אָבִיו יב
וַתִּכֹּן מַלְכֻתוֹ מְאֹד: וַיָּבֹא אֲדֹנִיָּהוּ בֶן־חַגִּית יג

אֶל־בַּת־שֶׁבַע אֵם־שְׁלֹמֹה וַתֹּאמֶר הֲשָׁלוֹם בֹּאֶךָ וַיֹּאמֶר שָׁלוֹם׃
יד טו וַיֹּאמֶר דָּבָר לִי אֵלָיִךְ וַתֹּאמֶר דַּבֵּר׃ וַיֹּאמֶר אַתְּ יָדַעַתְּ כִּי־לִי
הָיְתָה הַמְּלוּכָה וְעָלַי שָׂמוּ כָל־יִשְׂרָאֵל פְּנֵיהֶם לִמְלֹךְ וַתִּסֹּב
טז הַמְּלוּכָה וַתְּהִי לְאָחִי כִּי מֵיְהוָה הָיְתָה לּוֹ׃ וְעַתָּה שְׁאֵלָה אַחַת
אָנֹכִי שֹׁאֵל מֵאִתָּךְ אַל־תָּשִׁבִי אֶת־פָּנָי וַתֹּאמֶר אֵלָיו דַּבֵּר׃
יז וַיֹּאמֶר אִמְרִי־נָא לִשְׁלֹמֹה הַמֶּלֶךְ כִּי לֹא־יָשִׁיב אֶת־פָּנָיִךְ
יח וְיִתֶּן־לִי אֶת־אֲבִישַׁג הַשּׁוּנַמִּית לְאִשָּׁה׃ וַתֹּאמֶר בַּת־שֶׁבַע
יט טוֹב אָנֹכִי אֲדַבֵּר עָלֶיךָ אֶל־הַמֶּלֶךְ׃ וַתָּבֹא בַת־שֶׁבַע אֶל־
הַמֶּלֶךְ שְׁלֹמֹה לְדַבֶּר־לוֹ עַל־אֲדֹנִיָּהוּ וַיָּקָם הַמֶּלֶךְ לִקְרָאתָהּ
וַיִּשְׁתַּחוּ לָהּ וַיֵּשֶׁב עַל־כִּסְאוֹ וַיָּשֶׂם כִּסֵּא לְאֵם הַמֶּלֶךְ וַתֵּשֶׁב
כ לִימִינוֹ׃ וַתֹּאמֶר שְׁאֵלָה אַחַת קְטַנָּה אָנֹכִי שֹׁאֶלֶת מֵאִתָּךְ אַל־
תָּשֶׁב אֶת־פָּנָי וַיֹּאמֶר לָהּ הַמֶּלֶךְ שַׁאֲלִי אִמִּי כִּי לֹא־אָשִׁיב
כא אֶת־פָּנָיִךְ׃ וַתֹּאמֶר יֻתַּן אֶת־אֲבִישַׁג הַשֻּׁנַמִּית לַאֲדֹנִיָּהוּ אָחִיךָ
כב לְאִשָּׁה׃ וַיַּעַן הַמֶּלֶךְ שְׁלֹמֹה וַיֹּאמֶר לְאִמּוֹ וְלָמָה אַתְּ שֹׁאֶלֶת
אֶת־אֲבִישַׁג הַשֻּׁנַמִּית לַאֲדֹנִיָּהוּ וְשַׁאֲלִי־לוֹ אֶת־הַמְּלוּכָה כִּי
הוּא אָחִי הַגָּדוֹל מִמֶּנִּי וְלוֹ וּלְאֶבְיָתָר הַכֹּהֵן וּלְיוֹאָב בֶּן־
כג צְרוּיָה׃ וַיִּשָּׁבַע הַמֶּלֶךְ שְׁלֹמֹה בַּיהוָה לֵאמֹר כֹּה
יַעֲשֶׂה־לִּי אֱלֹהִים וְכֹה יוֹסִיף כִּי בְנַפְשׁוֹ דִּבֶּר אֲדֹנִיָּהוּ אֶת־
כד הַדָּבָר הַזֶּה׃ וְעַתָּה חַי־יְהוָה אֲשֶׁר הֱכִינַנִי ויושיביני עַל־כִּסֵּא וַיּוֹשִׁיבַנִי
דָּוִד אָבִי וַאֲשֶׁר עָשָׂה־לִי בַּיִת כַּאֲשֶׁר דִּבֵּר כִּי הַיּוֹם יוּמַת
כה אֲדֹנִיָּהוּ׃ וַיִּשְׁלַח הַמֶּלֶךְ שְׁלֹמֹה בְּיַד בְּנָיָהוּ בֶן־יְהוֹיָדָע וַיִּפְגַּע־
כו בּוֹ וַיָּמֹת׃ וּלְאֶבְיָתָר הַכֹּהֵן אָמַר הַמֶּלֶךְ עֲנָתֹת
לֵךְ עַל־שָׂדֶיךָ כִּי אִישׁ מָוֶת אָתָּה וּבַיּוֹם הַזֶּה לֹא אֲמִיתֶךָ כִּי־
נָשָׂאתָ אֶת־אֲרוֹן אֲדֹנָי יְהוִה לִפְנֵי דָּוִד אָבִי וְכִי הִתְעַנִּיתָ בְּכֹל
כז אֲשֶׁר־הִתְעַנָּה אָבִי׃ וַיְגָרֶשׁ שְׁלֹמֹה אֶת־אֶבְיָתָר מִהְיוֹת כֹּהֵן
לַיהוָה לְמַלֵּא אֶת־דְּבַר יְהוָה אֲשֶׁר דִּבֶּר עַל־בֵּית עֵלִי
כח בְּשִׁלֹה׃ וְהַשְּׁמֻעָה בָּאָה עַד־יוֹאָב כִּי יוֹאָב נָטָה

אַחֲרֵי אֲדֹנִיָּה וְאַחֲרֵי אַבְשָׁלוֹם לֹא נָטָה וַיָּנָס יוֹאָב אֶל־אֹהֶל
יהוה וַיַּחֲזֵק בְּקַרְנוֹת הַמִּזְבֵּחַ׃ וַיֻּגַּד לַמֶּלֶךְ שְׁלֹמֹה כִּי נָס יוֹאָב כט
אֶל־אֹהֶל יהוה וְהִנֵּה אֵצֶל הַמִּזְבֵּחַ וַיִּשְׁלַח שְׁלֹמֹה אֶת־בְּנָיָהוּ
בֶן־יְהוֹיָדָע לֵאמֹר לֵךְ פְּגַע־בּוֹ׃ וַיָּבֹא בְנָיָהוּ אֶל־אֹהֶל יהוה ל
וַיֹּאמֶר אֵלָיו כֹּה־אָמַר הַמֶּלֶךְ צֵא וַיֹּאמֶר ׀ לֹא כִּי פֹה אָמוּת
וַיָּשֶׁב בְּנָיָהוּ אֶת־הַמֶּלֶךְ דָּבָר לֵאמֹר כֹּה־דִבֶּר יוֹאָב וְכֹה עָנָנִי׃
וַיֹּאמֶר לוֹ הַמֶּלֶךְ עֲשֵׂה כַּאֲשֶׁר דִּבֶּר וּפְגַע־בּוֹ וּקְבַרְתּוֹ וַהֲסִירֹתָ ׀ לא
דְּמֵי חִנָּם אֲשֶׁר שָׁפַךְ יוֹאָב מֵעָלַי וּמֵעַל בֵּית אָבִי׃ וְהֵשִׁיב יהוה לב
אֶת־דָּמוֹ עַל־רֹאשׁוֹ אֲשֶׁר פָּגַע בִּשְׁנֵי־אֲנָשִׁים צַדִּקִים וְטֹבִים
מִמֶּנּוּ וַיַּהַרְגֵם בַּחֶרֶב וְאָבִי דָוִד לֹא יָדָע אֶת־אַבְנֵר בֶּן־נֵר שַׂר־
צְבָא יִשְׂרָאֵל וְאֶת־עֲמָשָׂא בֶן־יֶתֶר שַׂר־צְבָא יְהוּדָה׃ וְשָׁבוּ לג
דְמֵיהֶם בְּרֹאשׁ יוֹאָב וּבְרֹאשׁ זַרְעוֹ לְעֹלָם וּלְדָוִד וּלְזַרְעוֹ וּלְבֵיתוֹ
וּלְכִסְאוֹ יִהְיֶה שָׁלוֹם עַד־עוֹלָם מֵעִם יהוה׃ וַיַּעַל בְּנָיָהוּ בֶּן־ לד
יְהוֹיָדָע וַיִּפְגַּע־בּוֹ וַיְמִתֵהוּ וַיִּקָּבֵר בְּבֵיתוֹ בַּמִּדְבָּר׃ וַיִּתֵּן הַמֶּלֶךְ לה
אֶת־בְּנָיָהוּ בֶן־יְהוֹיָדָע תַּחְתָּיו עַל־הַצָּבָא וְאֶת־צָדוֹק הַכֹּהֵן
נָתַן הַמֶּלֶךְ תַּחַת אֶבְיָתָר׃ וַיִּשְׁלַח הַמֶּלֶךְ וַיִּקְרָא לְשִׁמְעִי וַיֹּאמֶר לו
לוֹ בְּנֵה־לְךָ בַיִת בִּירוּשָׁלִַם וְיָשַׁבְתָּ שָׁם וְלֹא־תֵצֵא מִשָּׁם אָנֶה
וָאָנָה׃ וְהָיָה ׀ בְּיוֹם צֵאתְךָ וְעָבַרְתָּ אֶת־נַחַל קִדְרוֹן יָדֹעַ תֵּדַע לז
כִּי מוֹת תָּמוּת דָּמְךָ יִהְיֶה בְרֹאשֶׁךָ׃ וַיֹּאמֶר שִׁמְעִי לַמֶּלֶךְ טוֹב לח
הַדָּבָר כַּאֲשֶׁר דִּבֶּר אֲדֹנִי הַמֶּלֶךְ כֵּן יַעֲשֶׂה עַבְדֶּךָ וַיֵּשֶׁב שִׁמְעִי
בִּירוּשָׁלִַם יָמִים רַבִּים׃ וַיְהִי מִקֵּץ שָׁלֹשׁ שָׁנִים לט
וַיִּבְרְחוּ שְׁנֵי־עֲבָדִים לְשִׁמְעִי אֶל־אָכִישׁ בֶּן־מַעֲכָה מֶלֶךְ גַּת
וַיַּגִּידוּ לְשִׁמְעִי לֵאמֹר הִנֵּה עֲבָדֶיךָ בְּגַת׃ וַיָּקָם שִׁמְעִי וַיַּחֲבֹשׁ מ
אֶת־חֲמֹרוֹ וַיֵּלֶךְ גַּתָה אֶל־אָכִישׁ לְבַקֵּשׁ אֶת־עֲבָדָיו וַיֵּלֶךְ
שִׁמְעִי וַיָּבֵא אֶת־עֲבָדָיו מִגַּת׃ וַיֻּגַּד לִשְׁלֹמֹה מא
כִּי־הָלַךְ שִׁמְעִי מִירוּשָׁלִַם גַּת וַיָּשֹׁב׃ וַיִּשְׁלַח הַמֶּלֶךְ וַיִּקְרָא מב
לְשִׁמְעִי וַיֹּאמֶר אֵלָיו הֲלוֹא הִשְׁבַּעְתִּיךָ בַיהוה וָאָעִד בְּךָ לֵאמֹר

בְּיוֹם צֵאתְךָ וְהָלַכְתָּ אָנֶה וָאָנָה יָדֹעַ תֵּדַע כִּי מוֹת תָּמוּת
מג וַתֹּאמֶר אֵלַי טוֹב הַדָּבָר שָׁמָעְתִּי׃ וּמַדּוּעַ לֹא שָׁמַרְתָּ אֵת
מד שְׁבֻעַת יְהוָה וְאֶת־הַמִּצְוָה אֲשֶׁר־צִוִּיתִי עָלֶיךָ׃ וַיֹּאמֶר הַמֶּלֶךְ
אֶל־שִׁמְעִי אַתָּה יָדַעְתָּ אֵת כָּל־הָרָעָה אֲשֶׁר יָדַע לְבָבְךָ אֲשֶׁר
מה עָשִׂיתָ לְדָוִד אָבִי וְהֵשִׁיב יְהוָה אֶת־רָעָתְךָ בְּרֹאשֶׁךָ׃ וְהַמֶּלֶךְ ג
מו שְׁלֹמֹה בָּרוּךְ וְכִסֵּא דָוִד יִהְיֶה נָכוֹן לִפְנֵי יְהוָה עַד־עוֹלָם׃ וַיְצַו
הַמֶּלֶךְ אֶת־בְּנָיָהוּ בֶּן־יְהוֹיָדָע וַיֵּצֵא וַיִּפְגַּע־בּוֹ וַיָּמֹת וְהַמַּמְלָכָה
ג א נָכוֹנָה בְּיַד־שְׁלֹמֹה׃ וַיִּתְחַתֵּן שְׁלֹמֹה אֶת־פַּרְעֹה
מֶלֶךְ מִצְרָיִם וַיִּקַּח אֶת־בַּת־פַּרְעֹה וַיְבִיאֶהָ אֶל־עִיר דָּוִד עַד
כַּלֹּתוֹ לִבְנוֹת אֶת־בֵּיתוֹ וְאֶת־בֵּית יְהוָה וְאֶת־חוֹמַת יְרוּשָׁלִַם
ב סָבִיב׃ רַק הָעָם מְזַבְּחִים בַּבָּמוֹת כִּי לֹא־נִבְנָה בַיִת לְשֵׁם יְהוָה
ג עַד הַיָּמִים הָהֵם׃ וַיֶּאֱהַב שְׁלֹמֹה אֶת־יְהוָה
לָלֶכֶת בְּחֻקּוֹת דָּוִד אָבִיו רַק בַּבָּמוֹת הוּא מְזַבֵּחַ וּמַקְטִיר׃
ד וַיֵּלֶךְ הַמֶּלֶךְ גִּבְעֹנָה לִזְבֹּחַ שָׁם כִּי־הִיא הַבָּמָה הַגְּדוֹלָה אֶלֶף
ה עֹלוֹת יַעֲלֶה שְׁלֹמֹה עַל הַמִּזְבֵּחַ הַהוּא׃ בְּגִבְעוֹן
נִרְאָה יְהוָה אֶל־שְׁלֹמֹה בַּחֲלוֹם הַלָּיְלָה וַיֹּאמֶר אֱלֹהִים שְׁאַל
ו מָה אֶתֶּן־לָךְ׃ וַיֹּאמֶר שְׁלֹמֹה אַתָּה עָשִׂיתָ עִם־עַבְדְּךָ דָוִד אָבִי
חֶסֶד גָּדוֹל כַּאֲשֶׁר הָלַךְ לְפָנֶיךָ בֶּאֱמֶת וּבִצְדָקָה וּבְיִשְׁרַת לֵבָב
עִמָּךְ וַתִּשְׁמָר־לוֹ אֶת־הַחֶסֶד הַגָּדוֹל הַזֶּה וַתִּתֶּן־לוֹ בֵן יֹשֵׁב
ז עַל־כִּסְאוֹ כַּיּוֹם הַזֶּה׃ וְעַתָּה יְהוָה אֱלֹהָי אַתָּה הִמְלַכְתָּ אֶת־
עַבְדְּךָ תַּחַת דָּוִד אָבִי וְאָנֹכִי נַעַר קָטֹן לֹא אֵדַע צֵאת וָבֹא׃
ח וְעַבְדְּךָ בְּתוֹךְ עַמְּךָ אֲשֶׁר בָּחָרְתָּ עַם־רָב אֲשֶׁר לֹא־יִמָּנֶה וְלֹא
ט יִסָּפֵר מֵרֹב׃ וְנָתַתָּ לְעַבְדְּךָ לֵב שֹׁמֵעַ לִשְׁפֹּט אֶת־עַמְּךָ לְהָבִין
י בֵּין־טוֹב לְרָע כִּי מִי יוּכַל לִשְׁפֹּט אֶת־עַמְּךָ הַכָּבֵד הַזֶּה׃ וַיִּיטַב
יא הַדָּבָר בְּעֵינֵי אֲדֹנָי כִּי שָׁאַל שְׁלֹמֹה אֶת־הַדָּבָר הַזֶּה׃ וַיֹּאמֶר
אֱלֹהִים אֵלָיו יַעַן אֲשֶׁר שָׁאַלְתָּ אֶת־הַדָּבָר הַזֶּה וְלֹא־שָׁאַלְתָּ
לְּךָ יָמִים רַבִּים וְלֹא־שָׁאַלְתָּ לְּךָ עֹשֶׁר וְלֹא שָׁאַלְתָּ נֶפֶשׁ אֹיְבֶיךָ

יב וְשָׁאַלְתָּ לְּךָ הָבִין לִשְׁמֹעַ מִשְׁפָּט׃ הִנֵּה עָשִׂיתִי כִּדְבָרֶיךָ הִנֵּה ׀
נָתַתִּי לְךָ לֵב חָכָם וְנָבוֹן אֲשֶׁר כָּמוֹךָ לֹא־הָיָה לְפָנֶיךָ וְאַחֲרֶיךָ
יג לֹא־יָקוּם כָּמוֹךָ׃ וְגַם אֲשֶׁר לֹא־שָׁאַלְתָּ נָתַתִּי לָךְ גַּם־עֹשֶׁר גַּם־
יד כָּבוֹד אֲשֶׁר לֹא־הָיָה כָמוֹךָ אִישׁ בַּמְּלָכִים כָּל־יָמֶיךָ׃ וְאִם ׀
תֵּלֵךְ בִּדְרָכַי לִשְׁמֹר חֻקַּי וּמִצְוֹתַי כַּאֲשֶׁר הָלַךְ דָּוִיד אָבִיךָ
טו וְהַאַרַכְתִּי אֶת־יָמֶיךָ׃ וַיִּקַץ שְׁלֹמֹה וְהִנֵּה חֲלוֹם
וַיָּבוֹא יְרוּשָׁלַ͏ִם וַיַּעֲמֹד ׀ לִפְנֵי ׀ אֲרוֹן בְּרִית־אֲדֹנָי וַיַּעַל עֹלוֹת וַיַּעַשׂ
טז שְׁלָמִים וַיַּעַשׂ מִשְׁתֶּה לְכָל־עֲבָדָיו׃ אָז תָּבֹאנָה
יז שְׁתַּיִם נָשִׁים זֹנוֹת אֶל־הַמֶּלֶךְ וַתַּעֲמֹדְנָה לְפָנָיו׃ וַתֹּאמֶר הָאִשָּׁה
הָאַחַת בִּי אֲדֹנִי אֲנִי וְהָאִשָּׁה הַזֹּאת יֹשְׁבֹת בְּבַיִת אֶחָד וָאֵלֵד
יח עִמָּהּ בַּבָּיִת׃ וַיְהִי בַּיּוֹם הַשְּׁלִישִׁי לְלִדְתִּי וַתֵּלֶד גַּם־הָאִשָּׁה
הַזֹּאת וַאֲנַחְנוּ יַחְדָּו אֵין־זָר אִתָּנוּ בַּבַּיִת זוּלָתִי שְׁתַּיִם־אֲנַחְנוּ
יט כ בַּבָּיִת׃ וַיָּמָת בֶּן־הָאִשָּׁה הַזֹּאת לָיְלָה אֲשֶׁר שָׁכְבָה עָלָיו׃ וַתָּקָם
בְּתוֹךְ הַלַּיְלָה וַתִּקַּח אֶת־בְּנִי מֵאֶצְלִי וַאֲמָתְךָ יְשֵׁנָה וַתַּשְׁכִּיבֵהוּ
כא בְּחֵיקָהּ וְאֶת־בְּנָהּ הַמֵּת הִשְׁכִּיבָה בְחֵיקִי׃ וָאָקֻם בַּבֹּקֶר
לְהֵינִיק אֶת־בְּנִי וְהִנֵּה־מֵת וָאֶתְבּוֹנֵן אֵלָיו בַּבֹּקֶר וְהִנֵּה לֹא־
כב הָיָה בְנִי אֲשֶׁר יָלָדְתִּי׃ וַתֹּאמֶר הָאִשָּׁה הָאַחֶרֶת לֹא כִי בְּנִי הַחַי
וּבְנֵךְ הַמֵּת וְזֹאת אֹמֶרֶת לֹא כִי בְּנֵךְ הַמֵּת וּבְנִי הֶחָי וַתְּדַבֵּרְנָה
כג לִפְנֵי הַמֶּלֶךְ׃ וַיֹּאמֶר הַמֶּלֶךְ זֹאת אֹמֶרֶת זֶה־בְּנִי הַחַי וּבְנֵךְ הַמֵּת
כד וְזֹאת אֹמֶרֶת לֹא כִי בְּנֵךְ הַמֵּת וּבְנִי הֶחָי׃ וַיֹּאמֶר
כה הַמֶּלֶךְ קְחוּ לִי־חָרֶב וַיָּבִאוּ הַחֶרֶב לִפְנֵי הַמֶּלֶךְ׃ וַיֹּאמֶר הַמֶּלֶךְ
גִּזְרוּ אֶת־הַיֶּלֶד הַחַי לִשְׁנָיִם וּתְנוּ אֶת־הַחֲצִי לְאַחַת וְאֶת־
כו הַחֲצִי לְאֶחָת׃ וַתֹּאמֶר הָאִשָּׁה אֲשֶׁר־בְּנָהּ הַחַי אֶל־הַמֶּלֶךְ כִּי־
נִכְמְרוּ רַחֲמֶיהָ עַל־בְּנָהּ וַתֹּאמֶר ׀ בִּי אֲדֹנִי תְּנוּ־לָהּ אֶת־הַיָּלוּד
הַחַי וְהָמֵת אַל־תְּמִיתֻהוּ וְזֹאת אֹמֶרֶת גַּם־לִי גַם־לָךְ לֹא יִהְיֶה
כז גְּזֹרוּ׃ וַיַּעַן הַמֶּלֶךְ וַיֹּאמֶר תְּנוּ־לָהּ אֶת־הַיָּלוּד הַחַי וְהָמֵת לֹא
כח תְמִיתֻהוּ הִיא אִמּוֹ׃ וַיִּשְׁמְעוּ כָל־יִשְׂרָאֵל אֶת־הַמִּשְׁפָּט אֲשֶׁר

שָׁפַט הַמֶּלֶךְ וַיִּרְאוּ מִפְּנֵי הַמֶּלֶךְ כִּי רָאוּ כִּי־חׇכְמַת אֱלֹהִים
ד א בְּקִרְבּוֹ לַעֲשׂוֹת מִשְׁפָּט: וַיְהִי הַמֶּלֶךְ שְׁלֹמֹה מֶלֶךְ עַל־כׇּל־
ב יִשְׂרָאֵל: וְאֵלֶּה הַשָּׂרִים אֲשֶׁר־לוֹ עֲזַרְיָהוּ בֶן־צָדוֹק
ג הַכֹּהֵן: אֱלִיחֹרֶף וַאֲחִיָּה בְּנֵי שִׁישָׁא סֹפְרִים יְהוֹשָׁפָט בֶּן־
ד אֲחִילוּד הַמַּזְכִּיר: וּבְנָיָהוּ בֶן־יְהוֹיָדָע עַל־הַצָּבָא וְצָדוֹק
ה וְאֶבְיָתָר כֹּהֲנִים: וַעֲזַרְיָהוּ בֶן־נָתָן עַל־הַנִּצָּבִים וְזָבוּד בֶּן־נָתָן
ו כֹּהֵן רֵעֶה הַמֶּלֶךְ: וַאֲחִישָׁר עַל־הַבָּיִת וַאֲדֹנִירָם בֶּן־עַבְדָּא
ז עַל־הַמַּס: וְלִשְׁלֹמֹה שְׁנֵים־עָשָׂר נִצָּבִים עַל־כׇּל־
יִשְׂרָאֵל וְכִלְכְּלוּ אֶת־הַמֶּלֶךְ וְאֶת־בֵּיתוֹ חֹדֶשׁ בַּשָּׁנָה יִהְיֶה עַל־
ח ט אחד לְכַלְכֵּל: וְאֵלֶּה שְׁמוֹתָם בֶּן־חוּר בְּהַר אֶפְרָיִם: בֶּן־דֶּקֶר האֶחָד
י בְּמָקַץ וּבְשַׁעַלְבִים וּבֵית שָׁמֶשׁ וְאֵילוֹן בֵּית חָנָן: בֶּן־חֶסֶד
יא בָּאֲרֻבּוֹת לוֹ שֹׂכֹה וְכׇל־אֶרֶץ חֵפֶר: בֶּן־אֲבִינָדָב כׇּל־נָפַת דֹּאר
יב טָפַת בַּת־שְׁלֹמֹה הָיְתָה לּוֹ לְאִשָּׁה: בַּעֲנָא בֶּן־
אֲחִילוּד תַּעְנַךְ וּמְגִדּוֹ וְכׇל־בֵּית שְׁאָן אֲשֶׁר אֵצֶל צָרְתַנָה
מִתַּחַת לְיִזְרְעֶאל מִבֵּית שְׁאָן עַד אָבֵל מְחוֹלָה עַד מֵעֵבֶר
יג לְיׇקְמְעָם: בֶּן־גֶּבֶר בְּרָמֹת גִּלְעָד לוֹ חַוֺּת יָאִיר
בֶּן־מְנַשֶּׁה אֲשֶׁר בַּגִּלְעָד לוֹ חֶבֶל אַרְגֹּב אֲשֶׁר בַּבָּשָׁן שִׁשִּׁים
יד עָרִים גְּדֹלוֹת חוֹמָה וּבְרִיחַ נְחֹשֶׁת: אֲחִינָדָב
טו בֶּן־עִדֹּא מַחֲנָיְמָה: אֲחִימַעַץ בְּנַפְתָּלִי גַּם־הוּא
טז לָקַח אֶת־בָּשְׂמַת בַּת־שְׁלֹמֹה לְאִשָּׁה: בַּעֲנָא
יז בֶּן־חוּשַׁי בְּאָשֵׁר וּבְעָלוֹת: יְהוֹשָׁפָט בֶּן־פָּרוּחַ
יח יט בְּיִשָּׂשכָר: שִׁמְעִי בֶן־אֵלָא בְּבִנְיָמִן: גֶּבֶר
בֶּן־אֻרִי בְּאֶרֶץ גִּלְעָד אֶרֶץ סִיחוֹן ׀ מֶלֶךְ הָאֱמֹרִי וְעֹג מֶלֶךְ
כ הַבָּשָׁן וּנְצִיב אֶחָד אֲשֶׁר בָּאָרֶץ: יְהוּדָה וְיִשְׂרָאֵל רַבִּים ד
ה א כַּחוֹל אֲשֶׁר־עַל־הַיָּם לָרֹב אֹכְלִים וְשֹׁתִים וּשְׂמֵחִים: וּשְׁלֹמֹה
הָיָה מוֹשֵׁל בְּכׇל־הַמַּמְלָכוֹת מִן־הַנָּהָר אֶרֶץ פְּלִשְׁתִּים וְעַד
גְּבוּל מִצְרָיִם מַגִּשִׁים מִנְחָה וְעֹבְדִים אֶת־שְׁלֹמֹה כׇּל־יְמֵי

חַיָּֽיו׃ וַיְהִ֥י לֶֽחֶם־שְׁלֹמֹ֖ה לְי֣וֹם אֶחָ֑ד שְׁלֹשִׁ֥ים כֹּר֙ ב
סֹ֔לֶת וְשִׁשִּׁ֥ים כֹּ֖ר קָֽמַח׃ עֲשָׂרָ֨ה בָקָ֜ר בְּרִאִ֗ים וְעֶשְׂרִ֥ים בָּקָ֛ר ג
רְעִ֖י וּמֵ֣אָה צֹ֑אן לְ֠בַד מֵֽאַיָּ֤ל וּצְבִי֙ וְיַחְמ֔וּר וּבַרְבֻּרִ֖ים אֲבוּסִֽים׃
כִּי־ה֞וּא רֹדֶ֣ה ׀ בְּכָל־עֵ֣בֶר הַנָּהָ֗ר מִתִּפְסַח֙ וְעַד־עַזָּ֔ה בְּכָֽל־מַלְכֵ֖י ד
עֵ֣בֶר הַנָּהָ֑ר וְשָׁל֗וֹם הָ֥יָה ל֛וֹ מִכָּל־עֲבָרָ֖יו מִסָּבִֽיב׃ וַיֵּשֶׁב֩ יְהוּדָ֨ה ה
וְיִשְׂרָאֵ֜ל לָבֶ֗טַח אִ֣ישׁ תַּ֤חַת גַּפְנוֹ֙ וְתַ֣חַת תְּאֵנָת֔וֹ מִדָּ֖ן וְעַד־בְּאֵ֣ר
שָׁ֑בַע כֹּ֖ל יְמֵ֥י שְׁלֹמֹֽה׃ וַיְהִ֣י לִשְׁלֹמֹ֗ה אַרְבָּעִ֥ים ו
אֶ֛לֶף אֻרְוֺ֥ת סוּסִ֖ים לְמֶרְכָּב֑וֹ וּשְׁנֵים־עָשָׂ֥ר אֶ֖לֶף פָּרָשִֽׁים׃ וְכִלְכְּל֜וּ ז
הַנִּצָּבִ֣ים הָאֵ֗לֶּה אֶת־הַמֶּ֤לֶךְ שְׁלֹמֹה֙ וְאֵ֨ת כָּל־הַקָּרֵ֜ב אֶל־שֻׁלְחַ֧ן
הַמֶּֽלֶךְ־שְׁלֹמֹ֛ה אִ֖ישׁ חָדְשׁ֑וֹ לֹ֥א יְעַדְּר֖וּ דָּבָֽר׃ וְהַשְּׂעֹרִ֣ים וְהַתֶּ֔בֶן ח
לַסּוּסִ֖ים וְלָרָ֑כֶשׁ יָבִ֗אוּ אֶל־הַמָּקוֹם֙ אֲשֶׁ֣ר יִֽהְיֶה־שָּׁ֔ם אִ֖ישׁ
כְּמִשְׁפָּטֽוֹ׃ וַיִּתֵּן֩ אֱלֹהִ֨ים חָכְמָ֧ה לִשְׁלֹמֹ֛ה וּתְבוּנָ֖ה ט
הַרְבֵּ֣ה מְאֹ֑ד וְרֹ֣חַב לֵ֔ב כַּח֕וֹל אֲשֶׁ֖ר עַל־שְׂפַ֥ת הַיָּֽם׃ וַתֵּ֙רֶב֙ י
חָכְמַ֣ת שְׁלֹמֹ֔ה מֵֽחָכְמַ֖ת כָּל־בְּנֵי־קֶ֑דֶם וּמִכֹּ֖ל חָכְמַ֥ת מִצְרָֽיִם׃
וַיֶּחְכַּם֮ מִכָּל־הָאָדָם֒ מֵאֵיתָן֙ הָֽאֶזְרָחִ֔י וְהֵימָ֛ן וְכַלְכֹּ֥ל וְדַרְדַּ֖ע בְּנֵ֣י יא
מָח֑וֹל וַיְהִֽי־שְׁמ֥וֹ בְכָֽל־הַגּוֹיִ֖ם סָבִֽיב׃ וַיְדַבֵּ֕ר שְׁלֹ֥שֶׁת אֲלָפִ֖ים יב
מָשָׁ֑ל וַיְהִ֥י שִׁיר֖וֹ חֲמִשָּׁ֥ה וָאָֽלֶף׃ וַיְדַבֵּר֮ עַל־הָעֵצִים֒ מִן־הָאֶ֙רֶז֙ יג
אֲשֶׁ֣ר בַּלְּבָנ֔וֹן וְעַד֙ הָאֵז֔וֹב אֲשֶׁ֥ר יֹצֵ֖א בַּקִּ֑יר וַיְדַבֵּר֙ עַל־הַבְּהֵמָ֣ה
וְעַל־הָע֔וֹף וְעַל־הָרֶ֖מֶשׂ וְעַל־הַדָּגִֽים׃ וַיָּבֹ֙אוּ֙ מִכָּל־הָ֣עַמִּ֔ים יד
לִשְׁמֹ֕עַ אֵ֖ת חָכְמַ֣ת שְׁלֹמֹ֑ה מֵאֵת֙ כָּל־מַלְכֵ֣י הָאָ֔רֶץ אֲשֶׁ֥ר שָׁמְע֖וּ
אֶת־חָכְמָתֽוֹ׃ וַיִּשְׁלַח֩ חִירָ֨ם מֶֽלֶךְ־צ֤וֹר אֶת־עֲבָדָיו֙ טו
אֶל־שְׁלֹמֹ֔ה כִּ֣י שָׁמַ֔ע כִּ֥י אֹת֛וֹ מָשְׁח֥וּ לְמֶ֖לֶךְ תַּ֣חַת אָבִ֑יהוּ
כִּ֣י אֹהֵ֥ב הָיָ֛ה חִירָ֖ם לְדָוִ֖ד כָּל־הַיָּמִֽים׃ וַיִּשְׁלַ֣ח טז
שְׁלֹמֹ֔ה אֶל־חִירָ֖ם לֵאמֹֽר׃ אַתָּ֨ה יָדַ֜עְתָּ אֶת־דָּוִ֣ד אָבִ֗י כִּ֣י לֹ֤א יז
יָכֹל֙ לִבְנ֣וֹת בַּ֗יִת לְשֵׁם֙ יְהוָ֣ה אֱלֹהָ֔יו מִפְּנֵ֥י הַמִּלְחָמָ֖ה אֲשֶׁ֣ר
רַגְלָֽי סְבָבֻ֑הוּ עַ֣ד תֵּת־יְהוָ֣ה אֹתָ֔ם תַּ֖חַת כַּפּ֥וֹת רגלו׃ וְעַתָּ֕ה הֵנִ֨יחַ יח
יְהוָ֧ה אֱלֹהַ֛י לִ֖י מִסָּבִ֑יב אֵ֥ין שָׂטָ֖ן וְאֵ֥ין פֶּ֥גַע רָֽע׃ וְהִנְנִ֣י אֹמֵ֔ר יט

לִבְנוֹת בַּיִת לְשֵׁם יְהוָה אֱלֹהָי כַּאֲשֶׁר ׀ דִּבֶּר יְהוָה אֶל־דָּוִד אָבִי
לֵאמֹר בִּנְךָ אֲשֶׁר אֶתֵּן תַּחְתֶּיךָ עַל־כִּסְאֶךָ הוּא־יִבְנֶה הַבַּיִת
כ לִשְׁמִי: וְעַתָּה צַוֵּה וְיִכְרְתוּ־לִי אֲרָזִים מִן־הַלְּבָנוֹן וַעֲבָדַי
יִהְיוּ עִם־עֲבָדֶיךָ וּשְׂכַר עֲבָדֶיךָ אֶתֵּן לְךָ כְּכֹל אֲשֶׁר תֹּאמֵר
כִּי ׀ אַתָּה יָדַעְתָּ כִּי אֵין בָּנוּ אִישׁ יֹדֵעַ לִכְרָת־עֵצִים
כא כַּצִּדֹנִים: וַיְהִי כִּשְׁמֹעַ חִירָם אֶת־דִּבְרֵי שְׁלֹמֹה
וַיִּשְׂמַח מְאֹד וַיֹּאמֶר בָּרוּךְ יְהוָה הַיּוֹם אֲשֶׁר נָתַן לְדָוִד בֵּן
כב חָכָם עַל־הָעָם הָרָב הַזֶּה: וַיִּשְׁלַח חִירָם אֶל־שְׁלֹמֹה לֵאמֹר
שָׁמַעְתִּי אֵת אֲשֶׁר־שָׁלַחְתָּ אֵלָי אֲנִי אֶעֱשֶׂה אֶת־כָּל־חֶפְצְךָ
כג בַּעֲצֵי אֲרָזִים וּבַעֲצֵי בְרוֹשִׁים: עֲבָדַי יֹרִדוּ מִן־הַלְּבָנוֹן יָמָּה
וַאֲנִי אֲשִׂימֵם דֹּבְרוֹת בַּיָּם עַד־הַמָּקוֹם אֲשֶׁר־תִּשְׁלַח אֵלַי
וְנִפַּצְתִּים שָׁם וְאַתָּה תִשָּׂא וְאַתָּה תַּעֲשֶׂה אֶת־חֶפְצִי לָתֵת
כד לֶחֶם בֵּיתִי: וַיְהִי חִירוֹם נֹתֵן לִשְׁלֹמֹה עֲצֵי אֲרָזִים וַעֲצֵי
כה בְרוֹשִׁים כָּל־חֶפְצוֹ: וּשְׁלֹמֹה נָתַן לְחִירָם עֶשְׂרִים אֶלֶף כֹּר
חִטִּים מַכֹּלֶת לְבֵיתוֹ וְעֶשְׂרִים כֹּר שֶׁמֶן כָּתִית כֹּה־יִתֵּן שְׁלֹמֹה
לְחִירָם שָׁנָה בְשָׁנָה:
כו וַיהוָה נָתַן חָכְמָה לִשְׁלֹמֹה כַּאֲשֶׁר דִּבֶּר־לוֹ וַיְהִי שָׁלֹם בֵּין
כז חִירָם וּבֵין שְׁלֹמֹה וַיִּכְרְתוּ בְרִית שְׁנֵיהֶם: וַיַּעַל הַמֶּלֶךְ שְׁלֹמֹה
כח מַס מִכָּל־יִשְׂרָאֵל וַיְהִי הַמַּס שְׁלֹשִׁים אֶלֶף אִישׁ: וַיִּשְׁלָחֵם
לְבָנוֹנָה עֲשֶׂרֶת אֲלָפִים בַּחֹדֶשׁ חֲלִיפוֹת חֹדֶשׁ יִהְיוּ בַלְּבָנוֹן
כט שְׁנַיִם חֳדָשִׁים בְּבֵיתוֹ וַאֲדֹנִירָם עַל־הַמַּס: וַיְהִי
לִשְׁלֹמֹה שִׁבְעִים אֶלֶף נֹשֵׂא סַבָּל וּשְׁמֹנִים אֶלֶף חֹצֵב בָּהָר:
ל לְבַד מִשָּׂרֵי הַנִּצָּבִים לִשְׁלֹמֹה אֲשֶׁר עַל־הַמְּלָאכָה שְׁלֹשֶׁת
לא אֲלָפִים וּשְׁלֹשׁ מֵאוֹת הָרֹדִים בָּעָם הָעֹשִׂים בַּמְּלָאכָה: וַיְצַו
הַמֶּלֶךְ וַיַּסִּעוּ אֲבָנִים גְּדֹלוֹת אֲבָנִים יְקָרוֹת לְיַסֵּד הַבָּיִת אַבְנֵי
לב גָזִית: וַיִּפְסְלוּ בֹּנֵי שְׁלֹמֹה וּבֹנֵי חִירוֹם וְהַגִּבְלִים וַיָּכִינוּ הָעֵצִים
ו א וְהָאֲבָנִים לִבְנוֹת הַבָּיִת: וַיְהִי בִשְׁמוֹנִים שָׁנָה

וְאַרְבַּע מֵאוֹת שָׁנָה לְצֵאת בְּנֵי־יִשְׂרָאֵל מֵאֶרֶץ־מִצְרַיִם בַּשָּׁנָה
הָרְבִיעִית בְּחֹדֶשׁ זִו הוּא הַחֹדֶשׁ הַשֵּׁנִי לִמְלֹךְ שְׁלֹמֹה עַל־
יִשְׂרָאֵל וַיִּבֶן הַבַּיִת לַיהוָה׃ וְהַבַּיִת אֲשֶׁר בָּנָה הַמֶּלֶךְ שְׁלֹמֹה ב
לַיהוָה שִׁשִּׁים־אַמָּה אָרְכּוֹ וְעֶשְׂרִים רָחְבּוֹ וּשְׁלֹשִׁים אַמָּה
קוֹמָתוֹ׃ וְהָאוּלָם עַל־פְּנֵי הֵיכַל הַבַּיִת עֶשְׂרִים אַמָּה אָרְכּוֹ עַל־ ג
פְּנֵי רֹחַב הַבָּיִת עֶשֶׂר בָּאַמָּה רָחְבּוֹ עַל־פְּנֵי הַבָּיִת׃ וַיַּעַשׂ לַבָּיִת ד
יָצִיעַ חַלּוֹנֵי שְׁקֻפִים אֲטֻמִים׃ וַיִּבֶן עַל־קִיר הַבַּיִת יצוע סָבִיב אֶת־ ה
הַיָּצִיעַ קִירוֹת הַבַּיִת סָבִיב לַהֵיכָל וְלַדְּבִיר וַיַּעַשׂ צְלָעוֹת סָבִיב׃ היצוע ו
הַתַּחְתֹּנָה חָמֵשׁ בָּאַמָּה רָחְבָּהּ וְהַתִּיכֹנָה שֵׁשׁ בָּאַמָּה רָחְבָּהּ
וְהַשְּׁלִישִׁית שֶׁבַע בָּאַמָּה רָחְבָּהּ כִּי מִגְרָעוֹת נָתַן לַבַּיִת סָבִיב
חוּצָה לְבִלְתִּי אֲחֹז בְּקִירוֹת הַבָּיִת׃ וְהַבַּיִת בְּהִבָּנֹתוֹ אֶבֶן־ ז
שְׁלֵמָה מַסָּע נִבְנָה וּמַקָּבוֹת וְהַגַּרְזֶן כָּל־כְּלִי בַרְזֶל לֹא־נִשְׁמַע
בַּבַּיִת בְּהִבָּנֹתוֹ׃ פֶּתַח הַצֵּלָע הַתִּיכֹנָה אֶל־כֶּתֶף הַבַּיִת הַיְמָנִית ח
וּבְלוּלִּים יַעֲלוּ עַל־הַתִּיכֹנָה וּמִן־הַתִּיכֹנָה אֶל־הַשְּׁלִשִׁים׃
וַיִּבֶן אֶת־הַבַּיִת וַיְכַלֵּהוּ וַיִּסְפֹּן אֶת־הַבַּיִת גֵּבִים וּשְׂדֵרֹת ט
הַיָּצִיעַ בָּאֲרָזִים׃ וַיִּבֶן אֶת־היצוע עַל־כָּל־הַבַּיִת חָמֵשׁ אַמּוֹת קוֹמָתוֹ י
וַיֶּאֱחֹז אֶת־הַבַּיִת בַּעֲצֵי אֲרָזִים׃ וַיְהִי דְּבַר־ יא
יְהוָה אֶל־שְׁלֹמֹה לֵאמֹר׃ הַבַּיִת הַזֶּה אֲשֶׁר־אַתָּה בֹנֶה אִם־ יב
תֵּלֵךְ בְּחֻקֹּתַי וְאֶת־מִשְׁפָּטַי תַּעֲשֶׂה וְשָׁמַרְתָּ אֶת־כָּל־מִצְוֺתַי
לָלֶכֶת בָּהֶם וַהֲקִמֹתִי אֶת־דְּבָרִי אִתָּךְ אֲשֶׁר דִּבַּרְתִּי אֶל־דָּוִד
ה אָבִיךָ׃ וְשָׁכַנְתִּי בְּתוֹךְ בְּנֵי יִשְׂרָאֵל וְלֹא אֶעֱזֹב אֶת־עַמִּי יג
יִשְׂרָאֵל׃ וַיִּבֶן שְׁלֹמֹה אֶת־הַבַּיִת וַיְכַלֵּהוּ׃ וַיִּבֶן יד טו
אֶת־קִירוֹת הַבַּיִת מִבַּיְתָה בְּצַלְעוֹת אֲרָזִים מִקַּרְקַע הַבַּיִת עַד־
קִירוֹת הַסִּפֻּן צִפָּה עֵץ מִבָּיִת וַיְצַף אֶת־קַרְקַע הַבַּיִת בְּצַלְעוֹת
מִירְכְּתֵי בְּרוֹשִׁים׃ וַיִּבֶן אֶת־עֶשְׂרִים אַמָּה מירכותי הַבַּיִת בְּצַלְעוֹת טז
אֲרָזִים מִן־הַקַּרְקַע עַד־הַקִּירוֹת וַיִּבֶן לוֹ מִבַּיִת לִדְבִיר לְקֹדֶשׁ
הַקֳּדָשִׁים׃ וְאַרְבָּעִים בָּאַמָּה הָיָה הַבָּיִת הוּא הַהֵיכָל לִפְנָי׃ יז

יח וְאֶ֤רֶז אֶל־הַבַּ֙יִת֙ פְּנִ֔ימָה מִקְלַ֥עַת פְּקָעִ֖ים וּפְטוּרֵ֣י צִצִּ֑ים הַכֹּ֣ל אֶ֔רֶז
יט אֵ֥ין אֶ֖בֶן נִרְאָֽה׃ וּדְבִ֥יר בְּתוֹךְ־הַבַּ֛יִת מִפְּנִ֖ימָה הֵכִ֑ין לְתִתֵּ֣ן שָׁ֔ם
כ אֶת־אֲר֖וֹן בְּרִ֥ית יְהוָֽה׃ וְלִפְנֵ֣י הַדְּבִ֡יר עֶשְׂרִים֩ אַמָּ֨ה אֹ֜רֶךְ
וְעֶשְׂרִ֨ים אַמָּ֤ה רֹ֙חַב֙ וְעֶשְׂרִ֤ים אַמָּה֙ קֽוֹמָת֔וֹ וַיְצַפֵּ֖הוּ זָהָ֣ב סָג֑וּר
כא וַיְצַ֥ף מִזְבֵּ֖חַ אָֽרֶז׃ וַיְצַ֙ף שְׁלֹמֹ֧ה אֶת־הַבַּ֛יִת מִפְּנִ֖ימָה זָהָ֣ב סָג֑וּר
כב וַיְעַבֵּ֞ר ברתיקות זָהָב֙ לִפְנֵ֣י הַדְּבִ֔יר וַיְצַפֵּ֖הוּ זָהָֽב׃ וְאֶת־כָּל־הַבַּ֛יִת בְּרַתּוּקוֹת
צִפָּ֥ה זָהָ֖ב עַד־תֹּ֣ם כָּל־הַבָּ֑יִת וְכָל־הַמִּזְבֵּ֥חַ אֲשֶׁר־לַדְּבִ֖יר צִפָּ֥ה
כג זָהָֽב׃ וַיַּ֣עַשׂ בַּדְּבִ֔יר שְׁנֵ֥י כְרוּבִ֖ים עֲצֵי־שָׁ֑מֶן עֶ֥שֶׂר אַמּ֖וֹת קוֹמָתֽוֹ׃
כד וְחָמֵ֨שׁ אַמּ֜וֹת כְּנַ֤ף הַכְּרוּב֙ הָֽאֶחָ֔ת וְחָמֵ֣שׁ אַמּ֔וֹת כְּנַ֥ף הַכְּר֖וּב
כה הַשֵּׁנִ֑ית עֶ֣שֶׂר אַמּ֔וֹת מִקְצ֥וֹת כְּנָפָ֖יו וְעַד־קְצ֥וֹת כְּנָפָֽיו׃ וְעֶ֙שֶׂר֙
בָּֽאַמָּ֔ה הַכְּר֖וּב הַשֵּׁנִ֑י מִדָּ֥ה אַחַ֛ת וְקֶ֥צֶב אֶחָ֖ד לִשְׁנֵ֥י הַכְּרֻבִֽים׃
כו כז קוֹמַת֙ הַכְּר֣וּב הָאֶחָ֔ד עֶ֖שֶׂר בָּאַמָּ֑ה וְכֵ֖ן הַכְּר֥וּב הַשֵּׁנִֽי׃ וַיִּתֵּ֨ן אֶת־
הַכְּרוּבִ֜ים בְּת֣וֹךְ ׀ הַבַּ֣יִת הַפְּנִימִ֗י וַֽיִּפְרְשׂוּ֮ אֶת־כַּנְפֵ֣י הַכְּרֻבִים֒
וַתִּגַּ֤ע כְּנַף־הָֽאֶחָד֙ בַּקִּ֔יר וּכְנַף֙ הַכְּר֣וּב הַשֵּׁנִ֔י נֹגַ֖עַת בַּקִּ֣יר הַשֵּׁנִ֑י
כח וְכַנְפֵיהֶם֙ אֶל־תּ֣וֹךְ הַבַּ֔יִת נֹגְעֹ֖ת כָּנָ֥ף אֶל־כָּנָֽף׃ וַיְצַ֥ף אֶת־
כט הַכְּרוּבִ֖ים זָהָֽב׃ וְאֵת֩ כָּל־קִיר֨וֹת הַבַּ֜יִת מֵסַ֣ב ׀ קָלַ֗ע פִּתּוּחֵי֙
ל מִקְלְע֣וֹת כְּרוּבִ֔ים וְתִמֹרֹ֖ת וּפְטוּרֵ֣י צִצִּ֑ים מִלִּפְנִ֖ים וְלַחִיצֽוֹן׃ וְאֶת־
לא קַרְקַ֥ע הַבַּ֖יִת צִפָּ֣ה זָהָ֑ב לִפְנִ֖ימָה וְלַחִיצֽוֹן׃ וְאֵת֙ פֶּ֣תַח הַדְּבִ֔יר
לב עָשָׂ֖ה דַּלְת֣וֹת עֲצֵי־שָׁ֑מֶן הָאַ֥יִל מְזוּז֖וֹת חֲמִשִֽׁית׃ וּשְׁתֵּי֙ דַּלְת֣וֹת
עֲצֵי־שֶׁ֔מֶן וְקָלַ֣ע עֲלֵיהֶ֗ם מִקְלְע֨וֹת כְּרוּבִ֧ים וְתִמֹר֛וֹת וּפְטוּרֵ֥י צִצִּ֖ים
לג וְצִפָּ֣ה זָהָ֑ב וַיָּ֧רֶד עַל־הַכְּרוּבִ֛ים וְעַל־הַתִּמֹר֖וֹת אֶת־הַזָּהָֽב׃ וְכֵ֛ן
לד עָשָׂ֛ה לְפֶ֥תַח הַֽהֵיכָ֖ל מְזוּז֣וֹת עֲצֵי־שָׁ֑מֶן מֵאֵ֖ת רְבִעִֽית׃ וּשְׁתֵּ֤י
דַלְתוֹת֙ עֲצֵ֣י בְרוֹשִׁ֔ים שְׁנֵ֨י צְלָעִ֜ים הַדֶּ֤לֶת הָֽאַחַת֙ גְּלִילִ֔ים וּשְׁנֵ֥י
לה קְלָעִ֖ים הַדֶּ֥לֶת הַשֵּׁנִ֖ית גְּלִילִֽים׃ וְקָלַ֤ע כְּרוּבִים֙ וְתִמֹר֔וֹת וּפְטֻרֵ֖י
לו צִצִּ֑ים וְצִפָּ֣ה זָהָ֔ב מְיֻשָּׁ֖ר עַל־הַמְּחֻקֶּֽה׃ וַיִּ֙בֶן֙ אֶת־הֶחָצֵ֣ר הַפְּנִימִ֔ית
לז שְׁלֹשָׁ֖ה טוּרֵ֣י גָזִ֑ית וְט֖וּר כְּרֻתֹ֥ת אֲרָזִֽים׃ בַּשָּׁנָה֙ הָרְבִיעִ֔ית יֻסַּ֖ד
לח בֵּ֣ית יְהוָ֑ה בְּיֶ֖רַח זִֽו׃ וּבַשָּׁנָ֨ה הָאַחַ֜ת עֶשְׂרֵ֗ה בְּיֶ֣רַח בּ֗וּל ה֚וּא הַחֹ֣דֶשׁ

השמיני כלה הבית לכל־דבריו ולכל־משפטו ויבנהו שבע
שנים: ואת־ביתו בנה שלמה שלש עשרה שנה ויכל את־כל־ א ז
ביתו: ויבן את־בית ׀ יער הלבנון מאה אמה ארכו וחמשים ב
אמה רחבו ושלשים אמה קומתו על ארבעה טורי עמודי
ארזים וכרתות ארזים על־העמודים: וספן בארז ממעל על־ ג
הצלעת אשר על־העמודים ארבעים וחמשה חמשה עשר
הטור: ושקפים שלשה טורים ומחזה אל־מחזה שלש פעמים: ד
וכל־הפתחים והמזוזות רבעים שקף ומול מחזה אל־מחזה ה
שלש פעמים: ואת אולם העמודים עשה חמשים אמה ארכו ו
ושלשים אמה רחבו ואולם על־פניהם ועמדים ועב על־פניהם:
ואולם הכסא אשר ישפט־שם אלם המשפט עשה וספון בארז ז
מהקרקע עד־הקרקע: וביתו אשר־ישב שם חצר האחרת ח
מבית לאולם כמעשה הזה היה ובית יעשה לבת־פרעה
אשר לקח שלמה כאולם הזה: כל־אלה אבנים יקרת כמדות ט
גזית מגררות במגרה מבית ומחוץ וממסד עד־הטפחות
ומחוץ עד־החצר הגדולה: ומיסד אבנים יקרות אבנים גדלות י
אבני עשר אמות ואבני שמנה אמות: ומלמעלה אבנים יא
יקרות כמדות גזית וארז: וחצר הגדולה סביב שלשה טורים יב
גזית וטור כרתת ארזים ולחצר בית־יהוה הפנימית ולאלם
הבית: וישלח המלך שלמה ויקח את־חירם יג
מצר: בן־אשה אלמנה הוא ממטה נפתלי ואביו איש־צרי יד
חרש נחשת וימלא את־החכמה ואת־התבונה ואת־הדעת
לעשות כל־מלאכה בנחשת ויבוא אל־המלך שלמה ויעש
את־כל־מלאכתו: ויצר את־שני העמודים נחשת שמנה טו
עשרה אמה קומת העמוד האחד וחוט שתים־עשרה אמה
יסב את־העמוד השני: ושתי כתרת עשה לתת על־ראשי טז
העמודים מצק נחשת חמש אמות קומת הכתרת האחת

יז וְחָמֵשׁ אַמּוֹת קוֹמַת הַכֹּתֶרֶת הַשֵּׁנִית: שְׂבָכִים מַעֲשֵׂה שְׂבָכָה
גְּדִלִים מַעֲשֵׂה שַׁרְשְׁרוֹת לַכֹּתָרֹת אֲשֶׁר עַל־רֹאשׁ הָעַמּוּדִים
יח שִׁבְעָה לַכֹּתֶרֶת הָאֶחָת וְשִׁבְעָה לַכֹּתֶרֶת הַשֵּׁנִית: וַיַּעַשׂ אֶת־
הָעַמּוּדִים וּשְׁנֵי טוּרִים סָבִיב עַל־הַשְּׂבָכָה הָאֶחָת לְכַסּוֹת אֶת־
הַכֹּתָרֹת אֲשֶׁר עַל־רֹאשׁ הָרִמֹּנִים וְכֵן עָשָׂה לַכֹּתֶרֶת הַשֵּׁנִית:
יט וְכֹתָרֹת אֲשֶׁר עַל־רֹאשׁ הָעַמּוּדִים מַעֲשֵׂה שׁוּשַׁן בָּאוּלָם
כ אַרְבַּע אַמּוֹת: וְכֹתָרֹת עַל־שְׁנֵי הָעַמּוּדִים גַּם־מִמַּעַל מִלְּעֻמַּת
הַבֶּטֶן אֲשֶׁר לְעֵבֶר שבכה וְהָרִמּוֹנִים מָאתַיִם טֻרִים סָבִיב עַל הַשְּׂבָכָה
כא הַכֹּתֶרֶת הַשֵּׁנִית: וַיָּקֶם אֶת־הָעַמֻּדִים לְאֻלָם הַהֵיכָל וַיָּקֶם ׀
אֶת־הָעַמּוּד הַיְמָנִי וַיִּקְרָא אֶת־שְׁמוֹ יָכִין וַיָּקֶם אֶת־הָעַמּוּד
כב הַשְּׂמָאלִי וַיִּקְרָא אֶת־שְׁמוֹ בֹּעַז: וְעַל רֹאשׁ הָעַמּוּדִים מַעֲשֵׂה
כג שׁוֹשָׁן וַתִּתֹּם מְלֶאכֶת הָעַמּוּדִים: וַיַּעַשׂ אֶת־
הַיָּם מוּצָק עֶשֶׂר בָּאַמָּה מִשְּׂפָתוֹ עַד־שְׂפָתוֹ עָגֹל ׀ סָבִיב וְחָמֵשׁ
כד בָּאַמָּה קוֹמָתוֹ וקוה שְׁלֹשִׁים בָּאַמָּה יָסֹב אֹתוֹ סָבִיב: וּפְקָעִים וְקָו
מִתַּחַת לִשְׂפָתוֹ ׀ סָבִיב סֹבְבִים אֹתוֹ עֶשֶׂר בָּאַמָּה מַקִּפִים אֶת־
כה הַיָּם סָבִיב שְׁנֵי טוּרִים הַפְּקָעִים יְצֻקִים בִּיצֻקָתוֹ: עֹמֵד עַל־שְׁנֵי
עָשָׂר בָּקָר שְׁלֹשָׁה פֹנִים ׀ צָפוֹנָה וּשְׁלֹשָׁה פֹנִים ׀ יָמָּה וּשְׁלֹשָׁה ׀
פֹּנִים נֶגְבָּה וּשְׁלֹשָׁה פֹּנִים מִזְרָחָה וְהַיָּם עֲלֵיהֶם מִלְמָעְלָה וְכָל־
כו אֲחֹרֵיהֶם בָּיְתָה: וְעָבְיוֹ טֶפַח וּשְׂפָתוֹ כְּמַעֲשֵׂה שְׂפַת־כּוֹס פֶּרַח
כז שׁוֹשָׁן אַלְפַּיִם בַּת יָכִיל: וַיַּעַשׂ אֶת־הַמְּכֹנוֹת
עֶשֶׂר נְחֹשֶׁת אַרְבַּע בָּאַמָּה אֹרֶךְ הַמְּכוֹנָה הָאֶחָת וְאַרְבַּע
כח בָּאַמָּה רָחְבָּהּ וְשָׁלֹשׁ בָּאַמָּה קוֹמָתָהּ: וְזֶה מַעֲשֵׂה הַמְּכוֹנָה
כט מִסְגְּרֹת לָהֶם וּמִסְגְּרֹת בֵּין הַשְׁלַבִּים: וְעַל־הַמִּסְגְּרוֹת אֲשֶׁר ׀
בֵּין הַשְׁלַבִּים אֲרָיוֹת ׀ בָּקָר וּכְרוּבִים וְעַל־הַשְׁלַבִּים כֵּן מִמָּעַל
ל וּמִתַּחַת לַאֲרָיוֹת וְלַבָּקָר לֹיוֹת מַעֲשֵׂה מוֹרָד: וְאַרְבָּעָה אוֹפַנֵּי
נְחֹשֶׁת לַמְּכוֹנָה הָאַחַת וְסַרְנֵי נְחֹשֶׁת וְאַרְבָּעָה פַעֲמֹתָיו כְּתֵפֹת
לא לָהֶם מִתַּחַת לַכִּיֹּר הַכְּתֵפֹת יְצֻקוֹת מֵעֵבֶר אִישׁ לֹיוֹת: וּפִיהוּ

מִבֵּית לַכֹּתֶרֶת וָמַעְלָה בָּאַמָּה וּפִיהָ עָגֹל מַעֲשֵׂה־כֵן אַמָּה וַחֲצִי
הָאַמָּה וְגַם־עַל־פִּיהָ מִקְלָעוֹת וּמִסְגְּרֹתֵיהֶם מְרֻבָּעוֹת לֹא
עֲגֻלּוֹת׃ וְאַרְבַּעַת הָאוֹפַנִּים לְמִתַּחַת לַמִּסְגְּרוֹת וִידוֹת הָאוֹפַנִּים לב
בַּמְּכוֹנָה וְקוֹמַת הָאוֹפַן הָאֶחָד אַמָּה וַחֲצִי הָאַמָּה׃ וּמַעֲשֵׂה לג
הָאוֹפַנִּים כְּמַעֲשֵׂה אוֹפַן הַמֶּרְכָּבָה יְדוֹתָם וְגַבֵּיהֶם וְחִשֻּׁקֵיהֶם
וְחִשֻּׁרֵיהֶם הַכֹּל מוּצָק׃ וְאַרְבַּע כְּתֵפוֹת אֶל אַרְבַּע פִּנּוֹת לד
הַמְּכֹנָה הָאֶחָת מִן־הַמְּכֹנָה כְּתֵפֶיהָ׃ וּבְרֹאשׁ הַמְּכוֹנָה חֲצִי לה
הָאַמָּה קוֹמָה עָגֹל ׀ סָבִיב וְעַל רֹאשׁ הַמְּכֹנָה יְדֹתֶיהָ וּמִסְגְּרֹתֶיהָ
מִמֶּנָּה׃ וַיְפַתַּח עַל־הַלֻּחֹת יְדֹתֶיהָ וְעַל ומסגרתיה כְּרוּבִים לו
אֲרָיוֹת וְתִמֹרֹת כְּמַעַר־אִישׁ וְלֹיוֹת סָבִיב׃ כָּזֹאת עָשָׂה לז
אֵת עֶשֶׂר הַמְּכֹנוֹת מוּצָק אֶחָד מִדָּה אַחַת קֶצֶב אֶחָד
לְכֻלָּהְנָה׃ וַיַּעַשׂ עֲשָׂרָה כִיֹּרוֹת נְחֹשֶׁת אַרְבָּעִים לח
בַּת יָכִיל ׀ הַכִּיּוֹר הָאֶחָד אַרְבַּע בָּאַמָּה הַכִּיּוֹר הָאֶחָד כִּיּוֹר
אֶחָד עַל־הַמְּכוֹנָה הָאַחַת לְעֶשֶׂר הַמְּכֹנוֹת׃ וַיִּתֵּן אֶת־ לט
הַמְּכֹנוֹת חָמֵשׁ עַל־כֶּתֶף הַבַּיִת מִיָּמִין וְחָמֵשׁ עַל־כֶּתֶף הַבַּיִת
מִשְּׂמֹאלוֹ וְאֶת־הַיָּם נָתַן מִכֶּתֶף הַבַּיִת הַיְמָנִית קֵדְמָה מִמּוּל
נֶגֶב׃ וַיַּעַשׂ חִירוֹם אֶת־הַכִּיֹּרוֹת וְאֶת־הַיָּעִים מ
וְאֶת־הַמִּזְרָקוֹת וַיְכַל חִירָם לַעֲשׂוֹת אֶת־כָּל־הַמְּלָאכָה אֲשֶׁר
עָשָׂה לַמֶּלֶךְ שְׁלֹמֹה בֵּית יְהוָה׃ עַמֻּדִים שְׁנַיִם וְגֻלֹּת הַכֹּתָרֹת מא
אֲשֶׁר־עַל־רֹאשׁ הָעַמֻּדִים שְׁתָּיִם וְהַשְּׂבָכוֹת שְׁתַּיִם לְכַסּוֹת
אֶת־שְׁתֵּי גֻּלּוֹת הַכֹּתָרֹת אֲשֶׁר עַל־רֹאשׁ הָעַמּוּדִים׃ וְאֶת־ מב
הָרִמֹּנִים אַרְבַּע מֵאוֹת לִשְׁתֵּי הַשְּׂבָכוֹת שְׁנֵי־טוּרִים רִמֹּנִים
לַשְּׂבָכָה הָאֶחָת לְכַסּוֹת אֶת־שְׁתֵּי גֻּלֹּת הַכֹּתָרֹת אֲשֶׁר עַל־
פְּנֵי הָעַמּוּדִים׃ וְאֶת־הַמְּכֹנוֹת עָשֶׂר וְאֶת־הַכִּיֹּרֹת עֲשָׂרָה עַל־ מג
הַמְּכֹנוֹת׃ וְאֶת־הַיָּם הָאֶחָד וְאֶת־הַבָּקָר שְׁנֵים־עָשָׂר תַּחַת מד
הַיָּם׃ וְאֶת־הַסִּירוֹת וְאֶת־הַיָּעִים וְאֶת־הַמִּזְרָקוֹת וְאֵת כָּל־ מה
הַכֵּלִים האהל אֲשֶׁר עָשָׂה חִירָם לַמֶּלֶךְ שְׁלֹמֹה בֵּית יְהוָה

מִסְגְּרֹתֶיהָ
הָאֵלֶּה

מו נְחֹשֶׁת מְמֹרָט: בְּכִכַּר הַיַּרְדֵּן יְצָקָם הַמֶּלֶךְ בְּמַעֲבֵה הָאֲדָמָה
מז בֵּין סֻכּוֹת וּבֵין צָרְתָן: וַיַּנַּח שְׁלֹמֹה אֶת־כָּל־הַכֵּלִים מֵרֹב מְאֹד
מח מְאֹד לֹא נֶחְקַר מִשְׁקַל הַנְּחֹשֶׁת: וַיַּעַשׂ שְׁלֹמֹה אֵת כָּל־
הַכֵּלִים אֲשֶׁר בֵּית יְהוָה אֵת מִזְבַּח הַזָּהָב וְאֶת־הַשֻּׁלְחָן אֲשֶׁר
מט עָלָיו לֶחֶם הַפָּנִים זָהָב: וְאֶת־הַמְּנֹרוֹת חָמֵשׁ מִיָּמִין וְחָמֵשׁ
מִשְּׂמֹאול לִפְנֵי הַדְּבִיר זָהָב סָגוּר וְהַפֶּרַח וְהַנֵּרֹת וְהַמֶּלְקַחַיִם
נ זָהָב: וְהַסִּפּוֹת וְהַמְזַמְּרוֹת וְהַמִּזְרָקוֹת וְהַכַּפּוֹת וְהַמַּחְתּוֹת זָהָב
סָגוּר וְהַפֹּתוֹת לְדַלְתוֹת הַבַּיִת הַפְּנִימִי לְקֹדֶשׁ הַקֳּדָשִׁים לְדַלְתֵי
נא הַבַּיִת לְהֵיכָל זָהָב: וַתִּשְׁלַם כָּל־הַמְּלָאכָה אֲשֶׁר
עָשָׂה הַמֶּלֶךְ שְׁלֹמֹה בֵּית יְהוָה וַיָּבֵא שְׁלֹמֹה אֶת־קָדְשֵׁי ׀ דָּוִד
אָבִיו אֶת־הַכֶּסֶף וְאֶת־הַזָּהָב וְאֶת־הַכֵּלִים נָתַן בְּאֹצְרוֹת בֵּית
ח א יְהוָה: אָז יַקְהֵל שְׁלֹמֹה אֶת־זִקְנֵי יִשְׂרָאֵל אֶת־
כָּל־רָאשֵׁי הַמַּטּוֹת נְשִׂיאֵי הָאָבוֹת לִבְנֵי יִשְׂרָאֵל אֶל־הַמֶּלֶךְ
שְׁלֹמֹה יְרוּשָׁלִָם לְהַעֲלוֹת אֶת־אֲרוֹן בְּרִית־יְהוָה מֵעִיר דָּוִד הִיא
ב צִיּוֹן: וַיִּקָּהֲלוּ אֶל־הַמֶּלֶךְ שְׁלֹמֹה כָּל־אִישׁ יִשְׂרָאֵל בְּיֶרַח הָאֵתָנִים
ג בֶּחָג הוּא הַחֹדֶשׁ הַשְּׁבִיעִי: וַיָּבֹאוּ כֹּל זִקְנֵי יִשְׂרָאֵל וַיִּשְׂאוּ הַכֹּהֲנִים
ד אֶת־הָאָרוֹן: וַיַּעֲלוּ אֶת־אֲרוֹן יְהוָה וְאֶת־אֹהֶל מוֹעֵד וְאֶת־כָּל־
ה כְּלֵי הַקֹּדֶשׁ אֲשֶׁר בָּאֹהֶל וַיַּעֲלוּ אֹתָם הַכֹּהֲנִים וְהַלְוִיִּם: וְהַמֶּלֶךְ
שְׁלֹמֹה וְכָל־עֲדַת יִשְׂרָאֵל הַנּוֹעָדִים עָלָיו אִתּוֹ לִפְנֵי הָאָרוֹן
ו מְזַבְּחִים צֹאן וּבָקָר אֲשֶׁר לֹא־יִסָּפְרוּ וְלֹא יִמָּנוּ מֵרֹב: וַיָּבִאוּ
הַכֹּהֲנִים אֶת־אֲרוֹן בְּרִית־יְהוָה אֶל־מְקוֹמוֹ אֶל־דְּבִיר הַבַּיִת אֶל־
ז קֹדֶשׁ הַקֳּדָשִׁים אֶל־תַּחַת כַּנְפֵי הַכְּרוּבִים: כִּי הַכְּרוּבִים פֹּרְשִׂים
כְּנָפַיִם אֶל־מְקוֹם הָאָרוֹן וַיָּסֹכּוּ הַכְּרֻבִים עַל־הָאָרוֹן וְעַל־בַּדָּיו
ח מִלְמָעְלָה: וַיַּאֲרִכוּ הַבַּדִּים וַיֵּרָאוּ רָאשֵׁי הַבַּדִּים מִן־הַקֹּדֶשׁ עַל־
ט פְּנֵי הַדְּבִיר וְלֹא יֵרָאוּ הַחוּצָה וַיִּהְיוּ שָׁם עַד הַיּוֹם הַזֶּה: אֵין בָּאָרוֹן
רַק שְׁנֵי לֻחוֹת הָאֲבָנִים אֲשֶׁר הִנִּחַ שָׁם מֹשֶׁה בְּחֹרֵב אֲשֶׁר
י כָּרַת יְהוָה עִם־בְּנֵי יִשְׂרָאֵל בְּצֵאתָם מֵאֶרֶץ מִצְרָיִם: וַיְהִי

ז בְּצֵאת הַכֹּהֲנִים מִן־הַקֹּדֶשׁ וְהֶעָנָן מָלֵא אֶת־בֵּית יְהוָה׃ וְלֹא־ יא
יָכְלוּ הַכֹּהֲנִים לַעֲמֹד לְשָׁרֵת מִפְּנֵי הֶעָנָן כִּי־מָלֵא כְבוֹד־יְהוָה
אֶת־בֵּית יְהוָה׃ אָז אָמַר שְׁלֹמֹה יְהוָה אָמַר יב
לִשְׁכֹּן בָּעֲרָפֶל׃ בָּנֹה בָנִיתִי בֵּית זְבֻל לָךְ מָכוֹן לְשִׁבְתְּךָ עוֹלָמִים׃ יג
וַיַּסֵּב הַמֶּלֶךְ אֶת־פָּנָיו וַיְבָרֶךְ אֵת כָּל־קְהַל יִשְׂרָאֵל וְכָל־קְהַל יד
יִשְׂרָאֵל עֹמֵד׃ וַיֹּאמֶר בָּרוּךְ יְהוָה אֱלֹהֵי יִשְׂרָאֵל אֲשֶׁר דִּבֶּר טו
בְּפִיו אֵת דָּוִד אָבִי וּבְיָדוֹ מִלֵּא לֵאמֹר׃ מִן־הַיּוֹם אֲשֶׁר הוֹצֵאתִי טז
אֶת־עַמִּי אֶת־יִשְׂרָאֵל מִמִּצְרַיִם לֹא־בָחַרְתִּי בְעִיר מִכֹּל שִׁבְטֵי
יִשְׂרָאֵל לִבְנוֹת בַּיִת לִהְיוֹת שְׁמִי שָׁם וָאֶבְחַר בְּדָוִד לִהְיוֹת עַל־
עַמִּי יִשְׂרָאֵל׃ וַיְהִי עִם־לְבַב דָּוִד אָבִי לִבְנוֹת בַּיִת לְשֵׁם יְהוָה יז
אֱלֹהֵי יִשְׂרָאֵל׃ וַיֹּאמֶר יְהוָה אֶל־דָּוִד אָבִי יַעַן אֲשֶׁר הָיָה עִם־ יח
לְבָבְךָ לִבְנוֹת בַּיִת לִשְׁמִי הֱטִיבֹתָ כִּי הָיָה עִם־לְבָבֶךָ׃ רַק אַתָּה יט
לֹא תִבְנֶה הַבָּיִת כִּי אִם־בִּנְךָ הַיֹּצֵא מֵחֲלָצֶיךָ הוּא־יִבְנֶה הַבַּיִת
לִשְׁמִי׃ וַיָּקֶם יְהוָה אֶת־דְּבָרוֹ אֲשֶׁר דִּבֵּר וָאָקֻם תַּחַת דָּוִד אָבִי כ
וָאֵשֵׁב ׀ עַל־כִּסֵּא יִשְׂרָאֵל כַּאֲשֶׁר דִּבֶּר יְהוָה וָאֶבְנֶה הַבַּיִת לְשֵׁם
יְהוָה אֱלֹהֵי יִשְׂרָאֵל׃ וָאָשִׂם שָׁם מָקוֹם לָאָרוֹן אֲשֶׁר־שָׁם כא
בְּרִית יְהוָה אֲשֶׁר כָּרַת עִם־אֲבֹתֵינוּ בְּהוֹצִיאוֹ אֹתָם מֵאֶרֶץ
מִצְרָיִם׃ וַיַּעֲמֹד שְׁלֹמֹה לִפְנֵי מִזְבַּח יְהוָה נֶגֶד כב
כָּל־קְהַל יִשְׂרָאֵל וַיִּפְרֹשׂ כַּפָּיו הַשָּׁמָיִם׃ וַיֹּאמַר יְהוָה אֱלֹהֵי כג
יִשְׂרָאֵל אֵין־כָּמוֹךָ אֱלֹהִים בַּשָּׁמַיִם מִמַּעַל וְעַל־הָאָרֶץ מִתָּחַת
שֹׁמֵר הַבְּרִית וְהַחֶסֶד לַעֲבָדֶיךָ הַהֹלְכִים לְפָנֶיךָ בְּכָל־לִבָּם׃
אֲשֶׁר שָׁמַרְתָּ לְעַבְדְּךָ דָּוִד אָבִי אֵת אֲשֶׁר־דִּבַּרְתָּ לוֹ וַתְּדַבֵּר כד
בְּפִיךָ וּבְיָדְךָ מִלֵּאתָ כַּיּוֹם הַזֶּה׃ וְעַתָּה יְהוָה ׀ אֱלֹהֵי יִשְׂרָאֵל כה
שְׁמֹר לְעַבְדְּךָ דָוִד אָבִי אֵת אֲשֶׁר דִּבַּרְתָּ לּוֹ לֵאמֹר לֹא־יִכָּרֵת
לְךָ אִישׁ מִלְּפָנַי יֹשֵׁב עַל־כִּסֵּא יִשְׂרָאֵל רַק אִם־יִשְׁמְרוּ בָנֶיךָ
אֶת־דַּרְכָּם לָלֶכֶת לְפָנַי כַּאֲשֶׁר הָלַכְתָּ לְפָנָי׃ וְעַתָּה אֱלֹהֵי כו
דְּבָרְךָ יִשְׂרָאֵל יֵאָמֶן נָא דבריך אֲשֶׁר דִּבַּרְתָּ לְעַבְדְּךָ דָּוִד אָבִי׃ כִּי כז

הַאֻמְנָם יֵשֵׁב אֱלֹהִים עַל־הָאָרֶץ הִנֵּה הַשָּׁמַיִם וּשְׁמֵי הַשָּׁמַיִם
כח לֹא יְכַלְכְּלוּךָ אַף כִּי־הַבַּיִת הַזֶּה אֲשֶׁר בָּנִיתִי׃ וּפָנִיתָ אֶל־תְּפִלַּת
עַבְדְּךָ וְאֶל־תְּחִנָּתוֹ יְהוָה אֱלֹהָי לִשְׁמֹעַ אֶל־הָרִנָּה וְאֶל־
כט הַתְּפִלָּה אֲשֶׁר עַבְדְּךָ מִתְפַּלֵּל לְפָנֶיךָ הַיּוֹם׃ לִהְיוֹת עֵינֶךָ פְתֻחֹת
אֶל־הַבַּיִת הַזֶּה לַיְלָה וָיוֹם אֶל־הַמָּקוֹם אֲשֶׁר אָמַרְתָּ יִהְיֶה שְׁמִי
שָׁם לִשְׁמֹעַ אֶל־הַתְּפִלָּה אֲשֶׁר יִתְפַּלֵּל עַבְדְּךָ אֶל־הַמָּקוֹם הַזֶּה׃
ל וְשָׁמַעְתָּ אֶל־תְּחִנַּת עַבְדְּךָ וְעַמְּךָ יִשְׂרָאֵל אֲשֶׁר יִתְפַּלְלוּ
אֶל־הַמָּקוֹם הַזֶּה וְאַתָּה תִּשְׁמַע אֶל־מְקוֹם שִׁבְתְּךָ אֶל־
לא הַשָּׁמַיִם וְשָׁמַעְתָּ וְסָלָחְתָּ׃ אֵת אֲשֶׁר יֶחֱטָא אִישׁ לְרֵעֵהוּ
וְנָשָׁא־בוֹ אָלָה לְהַאֲלֹתוֹ וּבָא אָלָה לִפְנֵי מִזְבַּחֲךָ בַּבַּיִת
לב הַזֶּה׃ וְאַתָּה ׀ תִּשְׁמַע הַשָּׁמַיִם וְעָשִׂיתָ וְשָׁפַטְתָּ אֶת־עֲבָדֶיךָ
לְהַרְשִׁיעַ רָשָׁע לָתֵת דַּרְכּוֹ בְּרֹאשׁוֹ וּלְהַצְדִּיק צַדִּיק לָתֵת
לג לוֹ כְּצִדְקָתוֹ׃ בְּהִנָּגֵף עַמְּךָ יִשְׂרָאֵל לִפְנֵי אוֹיֵב
אֲשֶׁר יֶחֶטְאוּ־לָךְ וְשָׁבוּ אֵלֶיךָ וְהוֹדוּ אֶת־שְׁמֶךָ וְהִתְפַּלְלוּ
לד וְהִתְחַנְּנוּ אֵלֶיךָ בַּבַּיִת הַזֶּה׃ וְאַתָּה תִּשְׁמַע הַשָּׁמַיִם וְסָלַחְתָּ
לְחַטַּאת עַמְּךָ יִשְׂרָאֵל וַהֲשֵׁבֹתָם אֶל־הָאֲדָמָה אֲשֶׁר נָתַתָּ
לה לַאֲבוֹתָם׃ בְּהֵעָצֵר שָׁמַיִם וְלֹא־יִהְיֶה מָטָר כִּי
יֶחֶטְאוּ־לָךְ וְהִתְפַּלְלוּ אֶל־הַמָּקוֹם הַזֶּה וְהוֹדוּ אֶת־שְׁמֶךָ
לו וּמֵחַטָּאתָם יְשׁוּבוּן כִּי תַעֲנֵם׃ וְאַתָּה ׀ תִּשְׁמַע הַשָּׁמַיִם וְסָלַחְתָּ
לְחַטַּאת עֲבָדֶיךָ וְעַמְּךָ יִשְׂרָאֵל כִּי תוֹרֵם אֶת־הַדֶּרֶךְ הַטּוֹבָה
אֲשֶׁר יֵלְכוּ־בָהּ וְנָתַתָּה מָטָר עַל־אַרְצְךָ אֲשֶׁר־נָתַתָּה לְעַמְּךָ
לז לְנַחֲלָה׃ רָעָב כִּי־יִהְיֶה בָאָרֶץ דֶּבֶר כִּי־יִהְיֶה
שִׁדָּפוֹן יֵרָקוֹן אַרְבֶּה חָסִיל כִּי יִהְיֶה כִּי יָצַר־לוֹ אֹיְבוֹ בְּאֶרֶץ
לח שְׁעָרָיו כָּל־נֶגַע כָּל־מַחֲלָה׃ כָּל־תְּפִלָּה כָל־תְּחִנָּה אֲשֶׁר תִהְיֶה
לְכָל־הָאָדָם לְכֹל עַמְּךָ יִשְׂרָאֵל אֲשֶׁר יֵדְעוּן אִישׁ נֶגַע לְבָבוֹ
לט וּפָרַשׂ כַּפָּיו אֶל־הַבַּיִת הַזֶּה׃ וְאַתָּה תִּשְׁמַע הַשָּׁמַיִם מְכוֹן
שִׁבְתֶּךָ וְסָלַחְתָּ וְעָשִׂיתָ וְנָתַתָּ לָאִישׁ כְּכָל־דְּרָכָיו אֲשֶׁר תֵּדַע

אֶת־לְבָבוֹ כִּי־אַתָּה יָדַעְתָּ לְבַדְּךָ אֶת־לְבַב כָּל־בְּנֵי הָאָדָם׃
לְמַעַן יִרָאוּךָ כָּל־הַיָּמִים אֲשֶׁר־הֵם חַיִּים עַל־פְּנֵי הָאֲדָמָה אֲשֶׁר מ
נָתַתָּה לַאֲבֹתֵינוּ׃ וְגַם אֶל־הַנָּכְרִי אֲשֶׁר לֹא־ מא
מֵעַמְּךָ יִשְׂרָאֵל הוּא וּבָא מֵאֶרֶץ רְחוֹקָה לְמַעַן שְׁמֶךָ׃ כִּי מב
יִשְׁמְעוּן אֶת־שִׁמְךָ הַגָּדוֹל וְאֶת־יָדְךָ הַחֲזָקָה וּזְרֹעֲךָ הַנְּטוּיָה
וּבָא וְהִתְפַּלֵּל אֶל־הַבַּיִת הַזֶּה׃ אַתָּה תִּשְׁמַע הַשָּׁמַיִם מְכוֹן מג
שִׁבְתֶּךָ וְעָשִׂיתָ כְּכֹל אֲשֶׁר־יִקְרָא אֵלֶיךָ הַנָּכְרִי לְמַעַן יֵדְעוּן כָּל־
עַמֵּי הָאָרֶץ אֶת־שְׁמֶךָ לְיִרְאָה אֹתְךָ כְּעַמְּךָ יִשְׂרָאֵל וְלָדַעַת
כִּי־שִׁמְךָ נִקְרָא עַל־הַבַּיִת הַזֶּה אֲשֶׁר בָּנִיתִי׃ כִּי־ מד
יֵצֵא עַמְּךָ לַמִּלְחָמָה עַל־אֹיְבוֹ בַּדֶּרֶךְ אֲשֶׁר תִּשְׁלָחֵם וְהִתְפַּלְלוּ
אֶל־יְהוָה דֶּרֶךְ הָעִיר אֲשֶׁר בָּחַרְתָּ בָּהּ וְהַבַּיִת אֲשֶׁר־בָּנִתִי
לִשְׁמֶךָ׃ וְשָׁמַעְתָּ הַשָּׁמַיִם אֶת־תְּפִלָּתָם וְאֶת־תְּחִנָּתָם וְעָשִׂיתָ מה
מִשְׁפָּטָם׃ כִּי יֶחֶטְאוּ־לָךְ כִּי אֵין אָדָם אֲשֶׁר לֹא־יֶחֱטָא וְאָנַפְתָּ מו
בָם וּנְתַתָּם לִפְנֵי אוֹיֵב וְשָׁבוּם שֹׁבֵיהֶם אֶל־אֶרֶץ הָאוֹיֵב
רְחוֹקָה אוֹ קְרוֹבָה׃ וְהֵשִׁיבוּ אֶל־לִבָּם בָּאָרֶץ אֲשֶׁר נִשְׁבּוּ־שָׁם מז
וְשָׁבוּ ׀ וְהִתְחַנְּנוּ אֵלֶיךָ בְּאֶרֶץ שֹׁבֵיהֶם לֵאמֹר חָטָאנוּ וְהֶעֱוִינוּ
רָשָׁעְנוּ׃ וְשָׁבוּ אֵלֶיךָ בְּכָל־לְבָבָם וּבְכָל־נַפְשָׁם בְּאֶרֶץ אֹיְבֵיהֶם מח
אֲשֶׁר־שָׁבוּ אֹתָם וְהִתְפַּלְלוּ אֵלֶיךָ דֶּרֶךְ אַרְצָם אֲשֶׁר־נָתַתָּה
לַאֲבוֹתָם הָעִיר אֲשֶׁר בָּחַרְתָּ וְהַבַּיִת אֲשֶׁר־בָּנִיתָ לִשְׁמֶךָ׃
וְשָׁמַעְתָּ הַשָּׁמַיִם מְכוֹן שִׁבְתְּךָ אֶת־תְּפִלָּתָם וְאֶת־תְּחִנָּתָם מט
וְעָשִׂיתָ מִשְׁפָּטָם׃ וְסָלַחְתָּ לְעַמְּךָ אֲשֶׁר חָטְאוּ־לָךְ וּלְכָל־ נ
פִּשְׁעֵיהֶם אֲשֶׁר פָּשְׁעוּ־בָךְ וּנְתַתָּם לְרַחֲמִים לִפְנֵי שֹׁבֵיהֶם
וְרִחֲמוּם׃ כִּי־עַמְּךָ וְנַחֲלָתְךָ הֵם אֲשֶׁר הוֹצֵאתָ מִמִּצְרַיִם מִתּוֹךְ נא
כּוּר הַבַּרְזֶל׃ לִהְיוֹת עֵינֶיךָ פְתֻחוֹת אֶל־תְּחִנַּת עַבְדְּךָ וְאֶל־ נב
תְּחִנַּת עַמְּךָ יִשְׂרָאֵל לִשְׁמֹעַ אֲלֵיהֶם בְּכֹל קָרְאָם אֵלֶיךָ׃ כִּי־ נג
אַתָּה הִבְדַּלְתָּם לְךָ לְנַחֲלָה מִכֹּל עַמֵּי הָאָרֶץ כַּאֲשֶׁר דִּבַּרְתָּ
בְּיַד ׀ מֹשֶׁה עַבְדֶּךָ בְּהוֹצִיאֲךָ אֶת־אֲבֹתֵינוּ מִמִּצְרַיִם אֲדֹנָי

נד יְהוָה׃ וַיְהִי ׀ כְּכַלּוֹת שְׁלֹמֹה לְהִתְפַּלֵּל אֶל־יְהוָה
אֵת כָּל־הַתְּפִלָּה וְהַתְּחִנָּה הַזֹּאת קָם מִלִּפְנֵי מִזְבַּח יְהוָה מִכְּרֹעַ
נה עַל־בִּרְכָּיו וְכַפָּיו פְּרֻשׂוֹת הַשָּׁמָיִם׃ וַיַּעֲמֹד וַיְבָרֶךְ אֵת כָּל־קְהַל
נו יִשְׂרָאֵל קוֹל גָּדוֹל לֵאמֹר׃ בָּרוּךְ יְהוָה אֲשֶׁר נָתַן מְנוּחָה לְעַמּוֹ
יִשְׂרָאֵל כְּכֹל אֲשֶׁר דִּבֵּר לֹא־נָפַל דָּבָר אֶחָד מִכֹּל דְּבָרוֹ הַטּוֹב
נז אֲשֶׁר דִּבֶּר בְּיַד מֹשֶׁה עַבְדּוֹ׃ יְהִי יְהוָה אֱלֹהֵינוּ עִמָּנוּ כַּאֲשֶׁר
נח הָיָה עִם־אֲבֹתֵינוּ אַל־יַעַזְבֵנוּ וְאַל־יִטְּשֵׁנוּ׃ לְהַטּוֹת לְבָבֵנוּ אֵלָיו ח
לָלֶכֶת בְּכָל־דְּרָכָיו וְלִשְׁמֹר מִצְוֹתָיו וְחֻקָּיו וּמִשְׁפָּטָיו אֲשֶׁר צִוָּה
נט אֶת־אֲבֹתֵינוּ׃ וְיִהְיוּ דְבָרַי אֵלֶּה אֲשֶׁר הִתְחַנַּנְתִּי לִפְנֵי יְהוָה
קְרֹבִים אֶל־יְהוָה אֱלֹהֵינוּ יוֹמָם וָלָיְלָה לַעֲשׂוֹת ׀ מִשְׁפַּט עַבְדּוֹ
ס וּמִשְׁפַּט עַמּוֹ יִשְׂרָאֵל דְּבַר־יוֹם בְּיוֹמוֹ׃ לְמַעַן דַּעַת כָּל־עַמֵּי
סא הָאָרֶץ כִּי יְהוָה הוּא הָאֱלֹהִים אֵין עוֹד׃ וְהָיָה לְבַבְכֶם שָׁלֵם
עִם יְהוָה אֱלֹהֵינוּ לָלֶכֶת בְּחֻקָּיו וְלִשְׁמֹר מִצְוֹתָיו כַּיּוֹם הַזֶּה׃
סב סג וְהַמֶּלֶךְ וְכָל־יִשְׂרָאֵל עִמּוֹ זֹבְחִים זֶבַח לִפְנֵי יְהוָה׃ וַיִּזְבַּח שְׁלֹמֹה
אֵת זֶבַח הַשְּׁלָמִים אֲשֶׁר זָבַח לַיהוָה בָּקָר עֶשְׂרִים וּשְׁנַיִם אֶלֶף
וְצֹאן מֵאָה וְעֶשְׂרִים אָלֶף וַיַּחְנְכוּ אֶת־בֵּית יְהוָה הַמֶּלֶךְ וְכָל־
סד בְּנֵי יִשְׂרָאֵל׃ בַּיּוֹם הַהוּא קִדַּשׁ הַמֶּלֶךְ אֶת־תּוֹךְ הֶחָצֵר אֲשֶׁר
לִפְנֵי בֵית־יְהוָה כִּי־עָשָׂה שָׁם אֶת־הָעֹלָה וְאֶת־הַמִּנְחָה וְאֵת
חֶלְבֵי הַשְּׁלָמִים כִּי־מִזְבַּח הַנְּחֹשֶׁת אֲשֶׁר לִפְנֵי יְהוָה קָטֹן
סה מֵהָכִיל אֶת־הָעֹלָה וְאֶת־הַמִּנְחָה וְאֵת חֶלְבֵי הַשְּׁלָמִים׃ וַיַּעַשׂ
שְׁלֹמֹה בָעֵת־הַהִיא ׀ אֶת־הֶחָג וְכָל־יִשְׂרָאֵל עִמּוֹ קָהָל גָּדוֹל
מִלְּבוֹא חֲמָת ׀ עַד־נַחַל מִצְרַיִם לִפְנֵי יְהוָה אֱלֹהֵינוּ שִׁבְעַת
סו יָמִים וְשִׁבְעַת יָמִים אַרְבָּעָה עָשָׂר יוֹם׃ בַּיּוֹם הַשְּׁמִינִי שִׁלַּח
אֶת־הָעָם וַיְבָרְכוּ אֶת־הַמֶּלֶךְ וַיֵּלְכוּ לְאָהֳלֵיהֶם שְׂמֵחִים וְטוֹבֵי
לֵב עַל כָּל־הַטּוֹבָה אֲשֶׁר עָשָׂה יְהוָה לְדָוִד עַבְדּוֹ וּלְיִשְׂרָאֵל
ט א עַמּוֹ׃ וַיְהִי כְּכַלּוֹת שְׁלֹמֹה לִבְנוֹת אֶת־בֵּית־
יְהוָה וְאֶת־בֵּית הַמֶּלֶךְ וְאֵת כָּל־חֵשֶׁק שְׁלֹמֹה אֲשֶׁר חָפֵץ

לַעֲשׂוֹת׃ וַיֵּרָא יְהוָה אֶל־שְׁלֹמֹה שֵׁנִית כַּאֲשֶׁר ב
נִרְאָה אֵלָיו בְּגִבְעוֹן׃ וַיֹּאמֶר יְהוָה אֵלָיו שָׁמַעְתִּי אֶת־תְּפִלָּתְךָ ג
וְאֶת־תְּחִנָּתְךָ אֲשֶׁר הִתְחַנַּנְתָּה לְפָנַי הִקְדַּשְׁתִּי אֶת־הַבַּיִת הַזֶּה
אֲשֶׁר בָּנִתָה לָשׂוּם־שְׁמִי שָׁם עַד־עוֹלָם וְהָיוּ עֵינַי וְלִבִּי שָׁם כָּל־
הַיָּמִים׃ וְאַתָּה אִם־תֵּלֵךְ לְפָנַי כַּאֲשֶׁר הָלַךְ דָּוִד אָבִיךָ בְּתָם־ ד
לֵבָב וּבְיֹשֶׁר לַעֲשׂוֹת כְּכֹל אֲשֶׁר צִוִּיתִיךָ חֻקַּי וּמִשְׁפָּטַי תִּשְׁמֹר׃
וַהֲקִמֹתִי אֶת־כִּסֵּא מַמְלַכְתְּךָ עַל־יִשְׂרָאֵל לְעֹלָם כַּאֲשֶׁר ה
דִּבַּרְתִּי עַל־דָּוִד אָבִיךָ לֵאמֹר לֹא־יִכָּרֵת לְךָ אִישׁ מֵעַל כִּסֵּא
יִשְׂרָאֵל׃ אִם־שׁוֹב תְּשֻׁבוּן אַתֶּם וּבְנֵיכֶם מֵאַחֲרַי וְלֹא תִשְׁמְרוּ ו
מִצְוֹתַי חֻקֹּתַי אֲשֶׁר נָתַתִּי לִפְנֵיכֶם וַהֲלַכְתֶּם וַעֲבַדְתֶּם אֱלֹהִים
אֲחֵרִים וְהִשְׁתַּחֲוִיתֶם לָהֶם׃ וְהִכְרַתִּי אֶת־יִשְׂרָאֵל מֵעַל פְּנֵי ז
הָאֲדָמָה אֲשֶׁר נָתַתִּי לָהֶם וְאֶת־הַבַּיִת אֲשֶׁר הִקְדַּשְׁתִּי לִשְׁמִי
אֲשַׁלַּח מֵעַל פָּנָי וְהָיָה יִשְׂרָאֵל לְמָשָׁל וְלִשְׁנִינָה בְּכָל־הָעַמִּים׃
וְהַבַּיִת הַזֶּה יִהְיֶה עֶלְיוֹן כָּל־עֹבֵר עָלָיו יִשֹּׁם וְשָׁרָק וְאָמְרוּ עַל־ ח
מֶה עָשָׂה יְהוָה כָּכָה לָאָרֶץ הַזֹּאת וְלַבַּיִת הַזֶּה׃ וְאָמְרוּ עַל אֲשֶׁר ט
עָזְבוּ אֶת־יְהוָה אֱלֹהֵיהֶם אֲשֶׁר הוֹצִיא אֶת־אֲבֹתָם מֵאֶרֶץ
מִצְרַיִם וַיַּחֲזִקוּ בֵּאלֹהִים אֲחֵרִים וַיִּשְׁתַּחֲוּ לָהֶם וַיַּעַבְדֻם עַל־כֵּן
הֵבִיא יְהוָה עֲלֵיהֶם אֵת כָּל־הָרָעָה הַזֹּאת׃ וַיְהִי י
מִקְצֵה עֶשְׂרִים שָׁנָה אֲשֶׁר־בָּנָה שְׁלֹמֹה אֶת־שְׁנֵי הַבָּתִּים אֶת־
בֵּית יְהוָה וְאֶת־בֵּית הַמֶּלֶךְ׃ חִירָם מֶלֶךְ־צֹר נִשָּׂא אֶת־שְׁלֹמֹה יא
בַּעֲצֵי אֲרָזִים וּבַעֲצֵי בְרוֹשִׁים וּבַזָּהָב לְכָל־חֶפְצוֹ אָז יִתֵּן הַמֶּלֶךְ
שְׁלֹמֹה לְחִירָם עֶשְׂרִים עִיר בְּאֶרֶץ הַגָּלִיל׃ וַיֵּצֵא חִירָם מִצֹּר יב
לִרְאוֹת אֶת־הֶעָרִים אֲשֶׁר נָתַן־לוֹ שְׁלֹמֹה וְלֹא יָשְׁרוּ בְּעֵינָיו׃
וַיֹּאמֶר מָה הֶעָרִים הָאֵלֶּה אֲשֶׁר־נָתַתָּה לִּי אָחִי וַיִּקְרָא לָהֶם יג
אֶרֶץ כָּבוּל עַד הַיּוֹם הַזֶּה׃ וַיִּשְׁלַח חִירָם לַמֶּלֶךְ יד
מֵאָה וְעֶשְׂרִים כִּכַּר זָהָב׃ וְזֶה דְבַר־הַמַּס אֲשֶׁר־הֶעֱלָה ׀ הַמֶּלֶךְ טו
שְׁלֹמֹה לִבְנוֹת אֶת־בֵּית יְהוָה וְאֶת־בֵּיתוֹ וְאֶת־הַמִּלּוֹא וְאֵת

טז חומת ירושלם ואת־חצר ואת־מגדו ואת־גזר׃ פרעה מלך־
מצרים עלה וילכד את־גזר וישרפה באש ואת־הכנעני
יז הישב בעיר הרג ויתנה שלחים לבתו אשת שלמה׃ ויבן
יח שלמה את־גזר ואת־בית חרן תחתון׃ ואת־בעלת ואת־
יט תמר במדבר בארץ׃ ואת כל־ערי המסכנות אשר היו תַּדְמֹר
לשלמה ואת ערי הרכב ואת ערי הפרשים ואת ׀ חשק
שלמה אשר חשק לבנות בירושלם ובלבנון ובכל ארץ
כ ממשלתו׃ כל־העם הנותר מן־האמרי החתי הפרזי החוי
כא והיבוסי אשר לא־מבני ישראל המה׃ בניהם אשר נתרו
אחריהם בארץ אשר לא־יכלו בני ישראל להחרימם ויעלם
כב שלמה למס־עבד עד היום הזה׃ ומבני ישראל לא־נתן
שלמה עבד כי־הם אנשי המלחמה ועבדיו ושריו ושלישיו
כג ושרי רכבו ופרשיו׃ אלה ׀ שרי הנצבים אשר
על־המלאכה לשלמה חמשים וחמש מאות הרדים בעם
כד העשים במלאכה׃ אך בת־פרעה עלתה מעיר דוד אל־
כה ביתה אשר בנה־לה אז בנה את־המלוא׃ והעלה שלמה
שלש פעמים בשנה עלות ושלמים על־המזבח אשר בנה
כו ליהוה והקטיר אתו אשר לפני יהוה ושלם את־הבית׃ ואני
עשה המלך שלמה בעציון־גבר אשר את־אלות על־שפת
כז ים־סוף בארץ אדום׃ וישלח חירם באני את־עבדיו אנשי
כח אניות ידעי הים עם עבדי שלמה׃ ויבאו אופירה ויקחו
משם זהב ארבע־מאות ועשרים ככר ויבאו אל־המלך
י א שלמה׃ ומלכת־שבא שמעת את־שמע שלמה
ב לשם יהוה ותבא לנסתו בחידות׃ ותבא ירושלמה בחיל
כבד מאד גמלים נשאים בשמים וזהב רב־מאד ואבן יקרה
ותבא אל־שלמה ותדבר אליו את כל־אשר היה עם־לבבה׃
ג ויגד־לה שלמה את־כל־דבריה לא־היה דבר נעלם מן־

המלך אשר לא הגיד לה: ותרא מלכת־שבא את כל־חכמת ד
שלמה והבית אשר בנה: ומאכל שלחנו ומושב עבדיו ומעמד ה
משרתו ומלבשיהם ומשקיו ועלתו אשר יעלה בית יהוה
ולא־היה בה עוד רוח: ותאמר אל־המלך אמת היה הדבר ו
אשר שמעתי בארצי על־דבריך ועל־חכמתך: ולא־האמנתי ז
לדברים עד אשר־באתי ותראינה עיני והנה לא־הגד־לי
החצי הוספת חכמה וטוב אל־השמועה אשר שמעתי: אשרי ח
אנשיך אשרי עבדיך אלה העמדים לפניך תמיד השמעים
ט את־חכמתך: יהי יהוה אלהיך ברוך אשר חפץ בך לתתך ט
על־כסא ישראל באהבת יהוה את־ישראל לעלם וישימך
למלך לעשות משפט וצדקה: ותתן למלך מאה ועשרים י
ככר זהב ובשמים הרבה מאד ואבן יקרה לא בא כבשם
ההוא עוד לרב אשר־נתנה מלכת־שבא למלך שלמה: וגם יא
אני חירם אשר־נשא זהב מאופיר הביא מאפיר עצי אלמגים
הרבה מאד ואבן יקרה: ויעש המלך את־עצי האלמגים יב
מסעד לבית־יהוה ולבית המלך וכנרות ונבלים לשרים לא
בא־כן עצי אלמגים ולא נראה עד היום הזה: והמלך שלמה יג
נתן למלכת־שבא את־כל־חפצה אשר שאלה מלבד אשר
נתן־לה כיד המלך שלמה ותפן ותלך לארצה היא
ועבדיה: ויהי משקל הזהב אשר־בא לשלמה יד
בשנה אחת שש מאות ששים ושש ככר זהב: לבד מאנשי טו
התרים ומסחר הרכלים וכל־מלכי הערב ופחות הארץ:
ויעש המלך שלמה מאתים צנה זהב שחוט שש־מאות זהב טז
יעלה על־הצנה האחת: ושלש־מאות מגנים זהב שחוט יז
שלשת מנים זהב יעלה על־המגן האחת ויתנם המלך בית
יער הלבנון: ויעש המלך כסא־שן גדול ויצפהו יח
זהב מופז: שש מעלות לכסה וראש עגול לכסה מאחריו יט

וידת מזה ומזה אל־מקום השבת ושנים אריות עמדים אצל
כ הידות: ושנים עשר אריים עמדים שם על־שש המעלות מזה
כא ומזה לא־נעשה כן לכל־ממלכות: וכל כלי משקה המלך
שלמה זהב וכל כלי בית־יער הלבנון זהב סגור אין כסף לא
כב נחשב בימי שלמה למאומה: כי אני תרשיש למלך בים עם
אני חירם אחת לשלש שנים תבוא ׀ אני תרשיש נשאת זהב
כג וכסף שנהבים וקפים ותכיים: ויגדל המלך שלמה מכל מלכי
כד הארץ לעשר ולחכמה: וכל־הארץ מבקשים את־פני שלמה
כה לשמע את־חכמתו אשר־נתן אלהים בלבו: והמה מביאים
איש מנחתו כלי־כסף וכלי זהב ושלמות ונשק ובשמים סוסים
כו ופרדים דבר־שנה בשנה: ויאסף שלמה רכב
ופרשים ויהי־לו אלף וארבע־מאות רכב ושנים־עשר אלף
כז פרשים וינחם בערי הרכב ועם־המלך בירושלם: ויתן המלך
את־הכסף בירושלם כאבנים ואת הארזים נתן כשקמים
כח אשר־בשפלה לרב: ומוצא הסוסים אשר לשלמה ממצרים
כט ומקוה סחרי המלך יקחו מקוה במחיר: ותעלה ותצא מרכבה
ממצרים בשש מאות כסף וסוס בחמשים ומאה וכן לכל־
יא א מלכי החתים ולמלכי ארם בידם יצאו: והמלך
שלמה אהב נשים נכריות רבות ואת־בת־פרעה מואביות
ב עמניות אדמית צדנית חתית: מן־הגוים אשר אמר־יהוה
אל־בני ישראל לא־תבאו בהם והם לא־יבאו בכם אכן יטו
ג את־לבבכם אחרי אלהיהם בהם דבק שלמה לאהבה: ויהי־
לו נשים שרות שבע מאות ופילגשים שלש מאות ויטו נשיו
ד את־לבו: ויהי לעת זקנת שלמה נשיו הטו את־לבבו אחרי
אלהים אחרים ולא־היה לבבו שלם עם־יהוה אלהיו כלבב
ה דויד אביו: וילך שלמה אחרי עשתרת אלהי צדנים ואחרי
ו מלכם שקץ עמנים: ויעש שלמה הרע בעיני יהוה ולא מלא

אַחֲרֵי יְהוָה כְּדָוִד אָבִיו׃ אָז יִבְנֶה שְׁלֹמֹה בָּמָה ז
לִכְמוֹשׁ שִׁקֻּץ מוֹאָב בָּהָר אֲשֶׁר עַל־פְּנֵי יְרוּשָׁלִָם וּלְמֹלֶךְ שִׁקֻּץ
בְּנֵי עַמּוֹן׃ וְכֵן עָשָׂה לְכָל־נָשָׁיו הַנָּכְרִיּוֹת מַקְטִירוֹת וּמְזַבְּחוֹת ח
לֵאלֹהֵיהֶן׃ וַיִּתְאַנַּף יְהוָה בִּשְׁלֹמֹה כִּי־נָטָה לְבָבוֹ מֵעִם יְהוָה ט
אֱלֹהֵי יִשְׂרָאֵל הַנִּרְאָה אֵלָיו פַּעֲמָיִם׃ וְצִוָּה אֵלָיו עַל־הַדָּבָר הַזֶּה י
לְבִלְתִּי־לֶכֶת אַחֲרֵי אֱלֹהִים אֲחֵרִים וְלֹא שָׁמַר אֵת אֲשֶׁר־צִוָּה
יְהוָה׃ וַיֹּאמֶר יְהוָה לִשְׁלֹמֹה יַעַן אֲשֶׁר הָיְתָה־ יא
זֹּאת עִמָּךְ וְלֹא שָׁמַרְתָּ בְּרִיתִי וְחֻקֹּתַי אֲשֶׁר צִוִּיתִי עָלֶיךָ קָרֹעַ
אֶקְרַע אֶת־הַמַּמְלָכָה מֵעָלֶיךָ וּנְתַתִּיהָ לְעַבְדֶּךָ׃ אַךְ־בְּיָמֶיךָ יב
לֹא אֶעֱשֶׂנָּה לְמַעַן דָּוִד אָבִיךָ מִיַּד בִּנְךָ אֶקְרָעֶנָּה׃ רַק אֶת־ יג
כָּל־הַמַּמְלָכָה לֹא אֶקְרָע שֵׁבֶט אֶחָד אֶתֵּן לִבְנֶךָ לְמַעַן דָּוִד
עַבְדִּי וּלְמַעַן יְרוּשָׁלִַם אֲשֶׁר בָּחָרְתִּי׃ וַיָּקֶם יְהוָה ׀ יד
שָׂטָן לִשְׁלֹמֹה אֵת הֲדַד הָאֲדֹמִי מִזֶּרַע הַמֶּלֶךְ הוּא בֶּאֱדוֹם׃
וַיְהִי בִּהְיוֹת דָּוִד אֶת־אֱדוֹם בַּעֲלוֹת יוֹאָב שַׂר הַצָּבָא לְקַבֵּר טו
אֶת־הַחֲלָלִים וַיַּךְ כָּל־זָכָר בֶּאֱדוֹם׃ כִּי שֵׁשֶׁת חֳדָשִׁים יָשַׁב־שָׁם טז
יוֹאָב וְכָל־יִשְׂרָאֵל עַד־הִכְרִית כָּל־זָכָר בֶּאֱדוֹם׃ וַיִּבְרַח אֲדַד יז
הוּא וַאֲנָשִׁים אֲדֹמִיִּים מֵעַבְדֵי אָבִיו אִתּוֹ לָבוֹא מִצְרָיִם וַהֲדַד
נַעַר קָטָן׃ וַיָּקֻמוּ מִמִּדְיָן וַיָּבֹאוּ פָּארָן וַיִּקְחוּ אֲנָשִׁים עִמָּם יח
מִפָּארָן וַיָּבֹאוּ מִצְרַיִם אֶל־פַּרְעֹה מֶלֶךְ־מִצְרַיִם וַיִּתֶּן־לוֹ בַיִת
וְלֶחֶם אָמַר לוֹ וְאֶרֶץ נָתַן לוֹ׃ וַיִּמְצָא הֲדַד חֵן בְּעֵינֵי פַרְעֹה יט
מְאֹד וַיִּתֶּן־לוֹ אִשָּׁה אֶת־אֲחוֹת אִשְׁתּוֹ אֲחוֹת תַּחְפְּנֵיס הַגְּבִירָה׃
וַתֵּלֶד לוֹ אֲחוֹת תַּחְפְּנֵיס אֵת גְּנֻבַת בְּנוֹ וַתִּגְמְלֵהוּ תַחְפְּנֵס בְּתוֹךְ כ
בֵּית פַּרְעֹה וַיְהִי גְנֻבַת בֵּית פַּרְעֹה בְּתוֹךְ בְּנֵי פַרְעֹה׃ וַהֲדַד כא
שָׁמַע בְּמִצְרַיִם כִּי־שָׁכַב דָּוִד עִם־אֲבֹתָיו וְכִי־מֵת יוֹאָב שַׂר־
הַצָּבָא וַיֹּאמֶר הֲדַד אֶל־פַּרְעֹה שַׁלְּחֵנִי וְאֵלֵךְ אֶל־אַרְצִי׃ וַיֹּאמֶר כב
לוֹ פַרְעֹה כִּי מָה־אַתָּה חָסֵר עִמִּי וְהִנְּךָ מְבַקֵּשׁ לָלֶכֶת אֶל־
אַרְצֶךָ וַיֹּאמֶר ׀ לֹא כִּי שַׁלֵּחַ תְּשַׁלְּחֵנִי׃ וַיָּקֶם אֱלֹהִים לוֹ שָׂטָן כג

אֶת־רְזוֹן בֶּן־אֶלְיָדָע אֲשֶׁר בָּרַח מֵאֵת הֲדַדְעֶזֶר מֶלֶךְ־צוֹבָה
כד אֲדֹנָיו׃ וַיִּקְבֹּץ עָלָיו אֲנָשִׁים וַיְהִי שַׂר־גְּדוּד בַּהֲרֹג דָּוִד אֹתָם
כה וַיֵּלְכוּ דַמֶּשֶׂק וַיֵּשְׁבוּ בָהּ וַיִּמְלְכוּ בְּדַמָּשֶׂק׃ וַיְהִי שָׂטָן לְיִשְׂרָאֵל
כָּל־יְמֵי שְׁלֹמֹה וְאֶת־הָרָעָה אֲשֶׁר הֲדָד וַיָּקָץ בְּיִשְׂרָאֵל וַיִּמְלֹךְ
כו עַל־אֲרָם׃ וְיָרָבְעָם בֶּן־נְבָט אֶפְרָתִי מִן־הַצְּרֵדָה
וְשֵׁם אִמּוֹ צְרוּעָה אִשָּׁה אַלְמָנָה עֶבֶד לִשְׁלֹמֹה וַיָּרֶם יָד בַּמֶּלֶךְ׃
כז וְזֶה הַדָּבָר אֲשֶׁר־הֵרִים יָד בַּמֶּלֶךְ שְׁלֹמֹה בָּנָה אֶת־הַמִּלּוֹא
כח סָגַר אֶת־פֶּרֶץ עִיר דָּוִד אָבִיו׃ וְהָאִישׁ יָרָבְעָם גִּבּוֹר חָיִל וַיַּרְא י
שְׁלֹמֹה אֶת־הַנַּעַר כִּי־עֹשֵׂה מְלָאכָה הוּא וַיַּפְקֵד אֹתוֹ לְכָל־
כט סֵבֶל בֵּית יוֹסֵף׃ וַיְהִי בָּעֵת הַהִיא וְיָרָבְעָם יָצָא
מִירוּשָׁלִָם וַיִּמְצָא אֹתוֹ אֲחִיָּה הַשִּׁילֹנִי הַנָּבִיא בַּדֶּרֶךְ וְהוּא
ל מִתְכַּסֶּה בְּשַׂלְמָה חֲדָשָׁה וּשְׁנֵיהֶם לְבַדָּם בַּשָּׂדֶה׃ וַיִּתְפֹּשׂ אֲחִיָּה
בַּשַּׂלְמָה הַחֲדָשָׁה אֲשֶׁר עָלָיו וַיִּקְרָעֶהָ שְׁנֵים עָשָׂר קְרָעִים׃
לא וַיֹּאמֶר לְיָרָבְעָם קַח־לְךָ עֲשָׂרָה קְרָעִים כִּי כֹה אָמַר יהוה
אֱלֹהֵי יִשְׂרָאֵל הִנְנִי קֹרֵעַ אֶת־הַמַּמְלָכָה מִיַּד שְׁלֹמֹה וְנָתַתִּי לְךָ
לב אֵת עֲשָׂרָה הַשְּׁבָטִים׃ וְהַשֵּׁבֶט הָאֶחָד יִהְיֶה־לּוֹ לְמַעַן ׀ עַבְדִּי
דָוִד וּלְמַעַן יְרוּשָׁלִַם הָעִיר אֲשֶׁר בָּחַרְתִּי בָהּ מִכֹּל שִׁבְטֵי
לג יִשְׂרָאֵל׃ יַעַן ׀ אֲשֶׁר עֲזָבוּנִי וַיִּשְׁתַּחֲווּ לְעַשְׁתֹּרֶת אֱלֹהֵי צִדֹנִין
לִכְמוֹשׁ אֱלֹהֵי מוֹאָב וּלְמִלְכֹּם אֱלֹהֵי בְנֵי־עַמּוֹן וְלֹא־הָלְכוּ
לד בִדְרָכַי לַעֲשׂוֹת הַיָּשָׁר בְּעֵינַי וְחֻקֹּתַי וּמִשְׁפָּטַי כְּדָוִד אָבִיו׃ וְלֹא־
אֶקַּח אֶת־כָּל־הַמַּמְלָכָה מִיָּדוֹ כִּי ׀ נָשִׂיא אֲשִׁתֶנּוּ כֹּל יְמֵי חַיָּיו
לְמַעַן דָּוִד עַבְדִּי אֲשֶׁר בָּחַרְתִּי אֹתוֹ אֲשֶׁר שָׁמַר מִצְוֺתַי וְחֻקֹּתָי׃
לה וְלָקַחְתִּי הַמְּלוּכָה מִיַּד בְּנוֹ וּנְתַתִּיהָ לְּךָ אֵת עֲשֶׂרֶת הַשְּׁבָטִים׃
לו וְלִבְנוֹ אֶתֵּן שֵׁבֶט־אֶחָד לְמַעַן הֱיוֹת־נִיר לְדָוִיד־עַבְדִּי כָּל־
הַיָּמִים ׀ לְפָנַי בִּירוּשָׁלִַם הָעִיר אֲשֶׁר בָּחַרְתִּי לִי לָשׂוּם שְׁמִי שָׁם׃
לז וְאֹתְךָ אֶקַּח וּמָלַכְתָּ בְּכֹל אֲשֶׁר־תְּאַוֶּה נַפְשֶׁךָ וְהָיִיתָ מֶּלֶךְ
לח עַל־יִשְׂרָאֵל׃ וְהָיָה אִם־תִּשְׁמַע אֶת־כָּל־אֲשֶׁר אֲצַוֶּךָ וְהָלַכְתָּ

בִּדְרָכַ֗י וְעָשִׂ֨יתָ הַיָּשָׁ֤ר בְּעֵינַי֙ לִשְׁמ֣וֹר חֻקּוֹתַ֔י וּמִצְוֺתַ֕י כַּאֲשֶׁ֥ר עָשָׂ֖ה
דָּוִ֣ד עַבְדִּ֑י וְהָיִ֣יתִי עִמָּ֗ךְ וּבָנִ֨יתִי לְךָ֤ בַֽיִת־נֶאֱמָן֙ כַּאֲשֶׁ֣ר בָּנִ֣יתִי
לְדָוִ֔ד וְנָתַתִּ֥י לְךָ֖ אֶת־יִשְׂרָאֵֽל׃ וַאְעַנֶּ֛ה אֶת־זֶ֥רַע דָּוִ֖ד לְמַ֣עַן לט
זֹ֑את אַ֖ךְ לֹ֥א כָל־הַיָּמִֽים׃ וַיְבַקֵּ֥שׁ שְׁלֹמֹ֖ה לְהָמִ֣ית אֶת־יָרָבְעָ֑ם מ
וַיָּ֨קָם יָרָבְעָ֜ם וַיִּבְרַ֤ח מִצְרַ֙יִם֙ אֶל־שִׁישַׁ֣ק מֶֽלֶךְ־מִצְרַ֔יִם וַיְהִ֥י
בְמִצְרַ֖יִם עַד־מ֥וֹת שְׁלֹמֹֽה׃ וְיֶ֛תֶר דִּבְרֵ֥י שְׁלֹמֹ֖ה וְכָל־אֲשֶׁ֣ר עָשָׂ֑ה מא
וְחָכְמָת֑וֹ הֲלוֹא־הֵ֣ם כְּתֻבִ֔ים עַל־סֵ֖פֶר דִּבְרֵ֥י שְׁלֹמֹֽה׃ וְהַיָּמִ֗ים מב
אֲשֶׁ֨ר מָלַ֜ךְ שְׁלֹמֹ֤ה בִירֽוּשָׁלִַ֙ם֙ עַל־כָּל־יִשְׂרָאֵ֔ל אַרְבָּעִ֖ים שָׁנָֽה׃
וַיִּשְׁכַּ֤ב שְׁלֹמֹה֙ עִם־אֲבֹתָ֔יו וַיִּקָּבֵ֕ר בְּעִ֖יר דָּוִ֣ד אָבִ֑יו וַיִּמְלֹ֛ךְ מג
רְחַבְעָ֥ם בְּנ֖וֹ תַּחְתָּֽיו׃ וַיֵּ֥לֶךְ רְחַבְעָ֖ם שְׁכֶ֑ם כִּ֥י שְׁכֶ֛ם א יב
בָּ֥א כָל־יִשְׂרָאֵ֖ל לְהַמְלִ֥יךְ אֹתֽוֹ׃ וַיְהִ֞י כִּשְׁמֹ֣עַ ׀ יָרָבְעָ֣ם בֶּן־נְבָ֗ט ב
וְהוּא֙ עוֹדֶ֣נּוּ בְמִצְרַ֔יִם אֲשֶׁ֣ר בָּרַ֔ח מִפְּנֵ֖י הַמֶּ֣לֶךְ שְׁלֹמֹ֑ה וַיֵּ֥שֶׁב
וַיָּבֹ֑א יָרָבְעָ֖ם בְּמִצְרָֽיִם׃ וַיִּשְׁלְח֙וּ וַיִּקְרְאוּ־ל֔וֹ ויבאו יָרָבְעָ֖ם וְכָל־קְהַ֣ל ג
יִשְׂרָאֵ֑ל וַיְדַבְּר֙וּ אֶל־רְחַבְעָ֔ם לֵאמֹֽר׃ אָבִ֖יךָ הִקְשָׁ֣ה אֶת־עֻלֵּ֑נוּ ד
וְאַתָּ֗ה עַתָּ֨ה הָקֵ֜ל מֵעֲבֹדַ֤ת אָבִ֙יךָ֙ הַקָּשָׁ֔ה וּמֵעֻלּ֧וֹ הַכָּבֵ֛ד אֲשֶׁר־
נָתַ֥ן עָלֵ֖ינוּ וְנַעַבְדֶֽךָּ׃ וַיֹּ֣אמֶר אֲלֵיהֶ֔ם לְכ֥וּ עֹ֛ד שְׁלֹשָׁ֥ה יָמִ֖ים וְשׁ֣וּבוּ ה
אֵלָ֑י וַיֵּלְכ֖וּ הָעָֽם׃ וַיִּוָּעַ֞ץ הַמֶּ֣לֶךְ רְחַבְעָ֗ם אֶת־הַזְּקֵנִים֙ אֲשֶׁר־הָי֣וּ ו
עֹמְדִ֗ים אֶת־פְּנֵי֙ שְׁלֹמֹ֣ה אָבִ֔יו בִּֽהְיֹת֥וֹ חַ֖י לֵאמֹ֑ר אֵ֣יךְ אַתֶּ֣ם
נֽוֹעָצִ֔ים לְהָשִׁ֥יב אֶת־הָֽעָם־הַזֶּ֖ה דָּבָֽר׃ וַיְדַבֵּ֨ר אֵלָ֜יו לֵאמֹ֗ר אִם־ ז
הַ֠יּוֹם תִּֽהְיֶה־עֶ֜בֶד לָעָ֤ם הַזֶּה֙ וַעֲבַדְתָּ֔ם וַעֲנִיתָ֕ם וְדִבַּרְתָּ֥ אֲלֵיהֶ֖ם
דְּבָרִ֣ים טוֹבִ֑ים וְהָי֥וּ לְךָ֛ עֲבָדִ֖ים כָּל־הַיָּמִֽים׃ וַיַּעֲזֹ֛ב אֶת־עֲצַ֥ת ח
הַזְּקֵנִ֖ים אֲשֶׁ֣ר יְעָצֻ֑הוּ וַיִּוָּעַ֗ץ אֶת־הַיְלָדִים֙ אֲשֶׁ֣ר גָּדְל֣וּ אִתּ֔וֹ אֲשֶׁ֥ר
הָעֹמְדִ֖ים לְפָנָֽיו׃ וַיֹּ֣אמֶר אֲלֵיהֶ֗ם מָ֤ה אַתֶּם֙ נֽוֹעָצִ֔ים וְנָשִׁ֥יב דָּבָ֖ר ט
אֶת־הָעָ֣ם הַזֶּ֑ה אֲשֶׁ֨ר דִּבְּר֤וּ אֵלַי֙ לֵאמֹ֔ר הָקֵל֙ מִן־הָעֹ֔ל אֲשֶׁר־
נָתַ֥ן אָבִ֖יךָ עָלֵֽינוּ׃ וַיְדַבְּר֣וּ אֵלָ֗יו הַיְלָדִים֮ אֲשֶׁ֨ר גָּדְל֣וּ אִתּוֹ֮ לֵאמֹר֒ י
כֹּֽה־תֹאמַ֞ר לָעָ֣ם הַזֶּ֗ה אֲשֶׁ֨ר דִּבְּר֤וּ אֵלֶ֙יךָ֙ לֵאמֹ֔ר אָבִ֙יךָ֙ הִכְבִּ֣יד
אֶת־עֻלֵּ֔נוּ וְאַתָּ֖ה הָקֵ֣ל מֵעָלֵ֑ינוּ כֹּ֚ה תְּדַבֵּ֣ר אֲלֵיהֶ֔ם קָֽטָנִּ֥י עָבָ֖ה

יא מִמָּתְנֵי אָבִי׃ וְעַתָּה אָבִי הֶעְמִיס עֲלֵיכֶם עֹל כָּבֵד וַאֲנִי אֹסִיף
עַל־עֻלְּכֶם אָבִי יִסַּר אֶתְכֶם בַּשּׁוֹטִים וַאֲנִי אֲיַסֵּר אֶתְכֶם
יב בָּעַקְרַבִּים׃ וַיָּבוֹ יָרָבְעָם וְכָל־הָעָם אֶל־רְחַבְעָם בַּיּוֹם הַשְּׁלִישִׁי
יג כַּאֲשֶׁר דִּבֶּר הַמֶּלֶךְ לֵאמֹר שׁוּבוּ אֵלַי בַּיּוֹם הַשְּׁלִישִׁי׃ וַיַּעַן
הַמֶּלֶךְ אֶת־הָעָם קָשָׁה וַיַּעֲזֹב אֶת־עֲצַת הַזְּקֵנִים אֲשֶׁר יְעָצֻהוּ׃
יד וַיְדַבֵּר אֲלֵיהֶם כַּעֲצַת הַיְלָדִים לֵאמֹר אָבִי הִכְבִּיד אֶת־עֻלְּכֶם
וַאֲנִי אֹסִיף עַל־עֻלְּכֶם אָבִי יִסַּר אֶתְכֶם בַּשּׁוֹטִים וַאֲנִי אֲיַסֵּר
טו אֶתְכֶם בָּעַקְרַבִּים׃ וְלֹא־שָׁמַע הַמֶּלֶךְ אֶל־הָעָם כִּי־הָיְתָה סִבָּה
מֵעִם יְהוָה לְמַעַן הָקִים אֶת־דְּבָרוֹ אֲשֶׁר דִּבֶּר יְהוָה בְּיַד אֲחִיָּה
טז הַשִּׁילֹנִי אֶל־יָרָבְעָם בֶּן־נְבָט׃ וַיַּרְא כָּל־יִשְׂרָאֵל כִּי לֹא־שָׁמַע
הַמֶּלֶךְ אֲלֵהֶם וַיָּשִׁבוּ הָעָם אֶת־הַמֶּלֶךְ ׀ דָּבָר ׀ לֵאמֹר מַה־לָּנוּ
חֵלֶק בְּדָוִד וְלֹא־נַחֲלָה בְּבֶן־יִשַׁי לְאֹהָלֶיךָ יִשְׂרָאֵל עַתָּה רְאֵה
יז בֵיתְךָ דָּוִד וַיֵּלֶךְ יִשְׂרָאֵל לְאֹהָלָיו׃ וּבְנֵי יִשְׂרָאֵל הַיֹּשְׁבִים בְּעָרֵי
יְהוּדָה וַיִּמְלֹךְ עֲלֵיהֶם רְחַבְעָם׃
יח וַיִּשְׁלַח הַמֶּלֶךְ רְחַבְעָם אֶת־אֲדֹרָם אֲשֶׁר עַל־הַמַּס וַיִּרְגְּמוּ כָל־
יִשְׂרָאֵל בּוֹ אֶבֶן וַיָּמֹת וְהַמֶּלֶךְ רְחַבְעָם הִתְאַמֵּץ לַעֲלוֹת
יט בַּמֶּרְכָּבָה לָנוּס יְרוּשָׁלִָם׃ וַיִּפְשְׁעוּ יִשְׂרָאֵל בְּבֵית דָּוִד עַד הַיּוֹם
כ הַזֶּה׃ וַיְהִי כִּשְׁמֹעַ כָּל־יִשְׂרָאֵל כִּי־שָׁב יָרָבְעָם
וַיִּשְׁלְחוּ וַיִּקְרְאוּ אֹתוֹ אֶל־הָעֵדָה וַיַּמְלִיכוּ אֹתוֹ עַל־כָּל־
יִשְׂרָאֵל לֹא הָיָה אַחֲרֵי בֵית־דָּוִד זוּלָתִי שֵׁבֶט־יְהוּדָה לְבַדּוֹ׃
כא וַיָּבֹאו רְחַבְעָם יְרוּשָׁלִַם וַיַּקְהֵל אֶת־כָּל־בֵּית יְהוּדָה וְאֶת־ וַיָּבֹא
שֵׁבֶט בִּנְיָמִן מֵאָה וּשְׁמֹנִים אֶלֶף בָּחוּר עֹשֵׂה מִלְחָמָה
לְהִלָּחֵם עִם־בֵּית יִשְׂרָאֵל לְהָשִׁיב אֶת־הַמְּלוּכָה לִרְחַבְעָם
כב בֶּן־שְׁלֹמֹה׃ וַיְהִי דְּבַר הָאֱלֹהִים אֶל־שְׁמַעְיָה
כג אִישׁ־הָאֱלֹהִים לֵאמֹר׃ אֱמֹר אֶל־רְחַבְעָם בֶּן־שְׁלֹמֹה מֶלֶךְ
כד יְהוּדָה וְאֶל־כָּל־בֵּית יְהוּדָה וּבִנְיָמִין וְיֶתֶר הָעָם לֵאמֹר׃ כֹּה יא
אָמַר יְהוָה לֹא־תַעֲלוּ וְלֹא־תִלָּחֲמוּן עִם־אֲחֵיכֶם בְּנֵי־יִשְׂרָאֵל

שׁוּבוּ אִישׁ לְבֵיתוֹ כִּי מֵאִתִּי נִהְיָה הַדָּבָר הַזֶּה וַיִּשְׁמְעוּ אֶת־
דְּבַר יְהוָה וַיָּשֻׁבוּ לָלֶכֶת כִּדְבַר יְהוָה׃ וַיִּבֶן כה
יָרָבְעָם אֶת־שְׁכֶם בְּהַר אֶפְרַיִם וַיֵּשֶׁב בָּהּ וַיֵּצֵא מִשָּׁם וַיִּבֶן אֶת־
פְּנוּאֵל׃ וַיֹּאמֶר יָרָבְעָם בְּלִבּוֹ עַתָּה תָּשׁוּב הַמַּמְלָכָה לְבֵית־ כו
דָּוִד׃ אִם־יַעֲלֶה ׀ הָעָם הַזֶּה לַעֲשׂוֹת זְבָחִים בְּבֵית־יְהוָה כז
בִּירוּשָׁלִַם וְשָׁב לֵב הָעָם הַזֶּה אֶל־אֲדֹנֵיהֶם אֶל־רְחַבְעָם מֶלֶךְ
יְהוּדָה וַהֲרָגֻנִי וְשָׁבוּ אֶל־רְחַבְעָם מֶלֶךְ־יְהוּדָה׃ וַיִּוָּעַץ הַמֶּלֶךְ כח
וַיַּעַשׂ שְׁנֵי עֶגְלֵי זָהָב וַיֹּאמֶר אֲלֵהֶם רַב־לָכֶם מֵעֲלוֹת יְרוּשָׁלִַם
הִנֵּה אֱלֹהֶיךָ יִשְׂרָאֵל אֲשֶׁר הֶעֱלוּךָ מֵאֶרֶץ מִצְרָיִם׃ וַיָּשֶׂם אֶת־ כט
הָאֶחָד בְּבֵית־אֵל וְאֶת־הָאֶחָד נָתַן בְּדָן׃ וַיְהִי הַדָּבָר הַזֶּה ל
לְחַטָּאת וַיֵּלְכוּ הָעָם לִפְנֵי הָאֶחָד עַד־דָּן׃ וַיַּעַשׂ אֶת־בֵּית בָּמוֹת לא
וַיַּעַשׂ כֹּהֲנִים מִקְצוֹת הָעָם אֲשֶׁר לֹא־הָיוּ מִבְּנֵי לֵוִי׃ וַיַּעַשׂ לב
יָרָבְעָם ׀ חָג בַּחֹדֶשׁ הַשְּׁמִינִי בַּחֲמִשָּׁה־עָשָׂר יוֹם ׀ לַחֹדֶשׁ כֶּחָג ׀
אֲשֶׁר בִּיהוּדָה וַיַּעַל עַל־הַמִּזְבֵּחַ כֵּן עָשָׂה בְּבֵית־אֵל לְזַבֵּחַ
לָעֲגָלִים אֲשֶׁר־עָשָׂה וְהֶעֱמִיד בְּבֵית אֵל אֶת־כֹּהֲנֵי הַבָּמוֹת
אֲשֶׁר עָשָׂה׃ וַיַּעַל עַל־הַמִּזְבֵּחַ ׀ אֲשֶׁר־עָשָׂה בְּבֵית־אֵל בַּחֲמִשָּׁה לג
מִלִּבּוֹ עָשָׂר יוֹם בַּחֹדֶשׁ הַשְּׁמִינִי בַּחֹדֶשׁ אֲשֶׁר־בָּדָא מלבד וַיַּעַשׂ חָג
לִבְנֵי יִשְׂרָאֵל וַיַּעַל עַל־הַמִּזְבֵּחַ לְהַקְטִיר׃ וְהִנֵּה ׀ א יג
אִישׁ אֱלֹהִים בָּא מִיהוּדָה בִּדְבַר יְהוָה אֶל־בֵּית־אֵל וְיָרָבְעָם
עֹמֵד עַל־הַמִּזְבֵּחַ לְהַקְטִיר׃ וַיִּקְרָא עַל־הַמִּזְבֵּחַ בִּדְבַר יְהוָה ב
וַיֹּאמֶר מִזְבֵּחַ מִזְבֵּחַ כֹּה אָמַר יְהוָה הִנֵּה־בֵן נוֹלָד לְבֵית־דָּוִד
יֹאשִׁיָּהוּ שְׁמוֹ וְזָבַח עָלֶיךָ אֶת־כֹּהֲנֵי הַבָּמוֹת הַמַּקְטִרִים עָלֶיךָ
וְעַצְמוֹת אָדָם יִשְׂרְפוּ עָלֶיךָ׃ וְנָתַן בַּיּוֹם הַהוּא מוֹפֵת לֵאמֹר זֶה ג
הַמּוֹפֵת אֲשֶׁר דִּבֶּר יְהוָה הִנֵּה הַמִּזְבֵּחַ נִקְרָע וְנִשְׁפַּךְ הַדֶּשֶׁן
אֲשֶׁר־עָלָיו׃ וַיְהִי כִשְׁמֹעַ הַמֶּלֶךְ אֶת־דְּבַר אִישׁ־הָאֱלֹהִים אֲשֶׁר ד
קָרָא עַל־הַמִּזְבֵּחַ בְּבֵית־אֵל וַיִּשְׁלַח יָרָבְעָם אֶת־יָדוֹ מֵעַל
הַמִּזְבֵּחַ לֵאמֹר ׀ תִּפְשֻׂהוּ וַתִּיבַשׁ יָדוֹ אֲשֶׁר שָׁלַח עָלָיו וְלֹא יָכֹל

ה לְהִשָּׁפֵךְ אֵלָיו: וְהַמִּזְבֵּחַ נִקְרָע וַיִּשָּׁפֵךְ הַדֶּשֶׁן מִן־הַמִּזְבֵּחַ
ו כַּמּוֹפֵת אֲשֶׁר נָתַן אִישׁ הָאֱלֹהִים בִּדְבַר יְהוָה: וַיַּעַן הַמֶּלֶךְ
וַיֹּאמֶר ׀ אֶל־אִישׁ הָאֱלֹהִים חַל־נָא אֶת־פְּנֵי יְהוָה אֱלֹהֶיךָ
וְהִתְפַּלֵּל בַּעֲדִי וְתָשֹׁב יָדִי אֵלָי וַיְחַל אִישׁ־הָאֱלֹהִים אֶת־פְּנֵי
ז יְהוָה וַתָּשָׁב יַד־הַמֶּלֶךְ אֵלָיו וַתְּהִי כְּבָרִאשֹׁנָה: וַיְדַבֵּר הַמֶּלֶךְ
אֶל־אִישׁ הָאֱלֹהִים בֹּאָה־אִתִּי הַבַּיְתָה וּסְעָדָה וְאֶתְּנָה לְךָ
ח מַתָּת: וַיֹּאמֶר אִישׁ־הָאֱלֹהִים אֶל־הַמֶּלֶךְ אִם־תִּתֶּן־לִי אֶת־
חֲצִי בֵיתֶךָ לֹא אָבֹא עִמָּךְ וְלֹא־אֹכַל לֶחֶם וְלֹא אֶשְׁתֶּה־מַּיִם
ט בַּמָּקוֹם הַזֶּה: כִּי־כֵן ׀ צִוָּה אֹתִי בִּדְבַר יְהוָה לֵאמֹר לֹא־תֹאכַל
לֶחֶם וְלֹא תִשְׁתֶּה־מָּיִם וְלֹא תָשׁוּב בַּדֶּרֶךְ אֲשֶׁר הָלָכְתָּ:
י וַיֵּלֶךְ בְּדֶרֶךְ אַחֵר וְלֹא־שָׁב בַּדֶּרֶךְ אֲשֶׁר בָּא בָהּ אֶל־בֵּית־
יא אֵל: וְנָבִיא אֶחָד זָקֵן יֹשֵׁב בְּבֵית־אֵל וַיָּבוֹא בְנוֹ
וַיְסַפֶּר־לוֹ אֶת־כָּל־הַמַּעֲשֶׂה אֲשֶׁר־עָשָׂה אִישׁ־הָאֱלֹהִים ׀ הַיּוֹם
בְּבֵית־אֵל אֶת־הַדְּבָרִים אֲשֶׁר דִּבֶּר אֶל־הַמֶּלֶךְ וַיְסַפְּרוּם
יב לַאֲבִיהֶם: וַיְדַבֵּר אֲלֵהֶם אֲבִיהֶם אֵי־זֶה הַדֶּרֶךְ הָלָךְ וַיִּרְאוּ בָנָיו
אֶת־הַדֶּרֶךְ אֲשֶׁר הָלַךְ אִישׁ הָאֱלֹהִים אֲשֶׁר־בָּא מִיהוּדָה:
יג וַיֹּאמֶר אֶל־בָּנָיו חִבְשׁוּ־לִי הַחֲמוֹר וַיַּחְבְּשׁוּ־לוֹ הַחֲמוֹר וַיִּרְכַּב
יד עָלָיו: וַיֵּלֶךְ אַחֲרֵי אִישׁ הָאֱלֹהִים וַיִּמְצָאֵהוּ יֹשֵׁב תַּחַת הָאֵלָה
וַיֹּאמֶר אֵלָיו הַאַתָּה אִישׁ־הָאֱלֹהִים אֲשֶׁר־בָּאתָ מִיהוּדָה
טו טז וַיֹּאמֶר אָנִי: וַיֹּאמֶר אֵלָיו לֵךְ אִתִּי הַבָּיְתָה וֶאֱכֹל לָחֶם: וַיֹּאמֶר
לֹא אוּכַל לָשׁוּב אִתָּךְ וְלָבוֹא אִתָּךְ וְלֹא־אֹכַל לֶחֶם וְלֹא־אֶשְׁתֶּה
יז אִתְּךָ מַיִם בַּמָּקוֹם הַזֶּה: כִּי־דָבָר אֵלַי בִּדְבַר יְהוָה לֹא־תֹאכַל
לֶחֶם וְלֹא־תִשְׁתֶּה שָׁם מָיִם לֹא־תָשׁוּב לָלֶכֶת בַּדֶּרֶךְ אֲשֶׁר־
יח הָלַכְתָּ בָּהּ: וַיֹּאמֶר לוֹ גַּם־אֲנִי נָבִיא כָּמוֹךָ וּמַלְאָךְ דִּבֶּר אֵלַי
בִּדְבַר יְהוָה לֵאמֹר הֲשִׁבֵהוּ אִתְּךָ אֶל־בֵּיתֶךָ וְיֹאכַל לֶחֶם וְיֵשְׁתְּ
יט כ מָיִם כִּחֵשׁ לוֹ: וַיָּשָׁב אִתּוֹ וַיֹּאכַל לֶחֶם בְּבֵיתוֹ וַיֵּשְׁתְּ מָיִם: וַיְהִי
הֵם יֹשְׁבִים אֶל־הַשֻּׁלְחָן   וַיְהִי דְּבַר־יְהוָה אֶל־הַנָּבִיא אֲשֶׁר

הֵשִׁיבֽוֹ׃ וַיִּקְרָ֞א אֶל־אִ֣ישׁ הָאֱלֹהִ֗ים אֲשֶׁר־בָּ֤א מִֽיהוּדָה֙ לֵאמֹ֔ר כא
כֹּ֚ה אָמַ֣ר יְהוָ֔ה יַ֗עַן כִּ֤י מָרִ֙יתָ֙ פִּ֣י יְהוָ֔ה וְלֹ֤א שָׁמַ֙רְתָּ֙ אֶת־הַמִּצְוָ֔ה
אֲשֶׁ֥ר צִוְּךָ֖ יְהוָ֥ה אֱלֹהֶֽיךָ׃ וַתָּ֗שָׁב וַתֹּ֤אכַל לֶ֙חֶם֙ וַתֵּ֣שְׁתְּ מַ֔יִם כב
בַּמָּק֞וֹם אֲשֶׁ֨ר דִּבֶּ֤ר אֵלֶ֙יךָ֙ אַל־תֹּ֣אכַל לֶ֔חֶם וְאַל־תֵּ֖שְׁתְּ מָ֑יִם לֹֽא־
תָב֣וֹא נִבְלָתְךָ֔ אֶל־קֶ֖בֶר אֲבֹתֶֽיךָ׃ וַיְהִ֗י אַחֲרֵ֛י אָכְל֥וֹ לֶ֖חֶם וְאַחֲרֵ֣י כג
שְׁתוֹת֑וֹ וַיַּחֲבָשׁ־ל֣וֹ הַחֲמ֔וֹר לַנָּבִ֖יא אֲשֶׁ֥ר הֱשִׁיבֽוֹ׃ וַיֵּ֕לֶךְ וַיִּמְצָאֵ֥הוּ כד
אַרְיֵ֛ה בַּדֶּ֖רֶךְ וַיְמִיתֵ֑הוּ וַתְּהִ֤י נִבְלָתוֹ֙ מֻשְׁלֶ֣כֶת בַּדֶּ֔רֶךְ וְהַחֲמוֹר֙
עֹמֵ֣ד אֶצְלָ֔הּ וְהָ֣אַרְיֵ֔ה עֹמֵ֖ד אֵ֥צֶל הַנְּבֵלָֽה׃ וְהִנֵּ֧ה אֲנָשִׁ֣ים עֹבְרִ֗ים כה
וַיִּרְא֤וּ אֶת־הַנְּבֵלָה֙ מֻשְׁלֶ֣כֶת בַּדֶּ֔רֶךְ וְאֶת־הָ֣אַרְיֵ֔ה עֹמֵ֖ד אֵ֣צֶל
הַנְּבֵלָ֑ה וַיָּבֹ֙אוּ֙ וַיְדַבְּר֣וּ בָעִ֔יר אֲשֶׁ֛ר הַנָּבִ֥יא הַזָּקֵ֖ן יֹשֵׁ֥ב בָּֽהּ׃
וַיִּשְׁמַ֣ע הַנָּבִיא֮ אֲשֶׁ֣ר הֱשִׁיב֣וֹ מִן־הַדֶּרֶךְ֒ וַיֹּ֗אמֶר אִ֤ישׁ הָֽאֱלֹהִים֙ כו
ה֔וּא אֲשֶׁ֥ר מָרָ֖ה אֶת־פִּ֣י יְהוָ֑ה וַיִּתְּנֵ֨הוּ יְהוָ֜ה לָאַרְיֵ֗ה וַיִּשְׁבְּרֵ֙הוּ֙
וַיְמִתֵ֔הוּ כִּדְבַ֥ר יְהוָ֖ה אֲשֶׁ֥ר דִּבֶּר־לֽוֹ׃ וַיְדַבֵּ֧ר אֶל־בָּנָ֛יו לֵאמֹ֖ר כז
חִבְשׁוּ־לִ֣י אֶת־הַחֲמ֑וֹר וַֽיַּחֲבֹֽשׁוּ׃ וַיֵּ֗לֶךְ וַיִּמְצָ֤א אֶת־נִבְלָתוֹ֙ כח
מֻשְׁלֶ֣כֶת בַּדֶּ֔רֶךְ וַחֲמוֹר֙ וְהָ֣אַרְיֵ֔ה עֹמְדִ֖ים אֵ֣צֶל הַנְּבֵלָ֑ה לֹֽא־אָכַ֤ל
הָאַרְיֵה֙ אֶת־הַנְּבֵלָ֔ה וְלֹ֥א שָׁבַ֖ר אֶת־הַחֲמֽוֹר׃ וַיִּשָּׂ֨א הַנָּבִ֜יא כט
אֶת־נִבְלַ֧ת אִישׁ־הָאֱלֹהִ֛ים וַיַּנִּחֵ֥הוּ אֶל־הַחֲמ֖וֹר וַיְשִׁיבֵ֑הוּ וַיָּבֹ֗א
אֶל־עִיר֙ הַנָּבִ֣יא הַזָּקֵ֔ן לִסְפֹּ֖ד וּלְקָבְרֽוֹ׃ וַיַּנַּ֥ח אֶת־נִבְלָת֖וֹ בְּקִבְר֑וֹ ל
יב וַיִּסְפְּד֥וּ עָלָ֖יו ה֥וֹי אָחִֽי׃ וַיְהִ֞י אַחֲרֵ֣י קָבְר֣וֹ אֹת֗וֹ וַיֹּ֤אמֶר אֶל־בָּנָיו֙ לא
לֵאמֹ֔ר בְּמוֹתִי֙ וּקְבַרְתֶּ֣ם אֹתִ֔י בַּקֶּ֕בֶר אֲשֶׁ֛ר אִ֥ישׁ הָאֱלֹהִ֖ים קָב֣וּר
בּ֑וֹ אֵ֚צֶל עַצְמֹתָ֔יו הַנִּ֖יחוּ אֶת־עַצְמֹתָֽי׃ כִּ֣י הָיֹ֨ה יִהְיֶ֜ה הַדָּבָ֗ר אֲשֶׁ֤ר לב
קָרָא֙ בִּדְבַ֣ר יְהוָ֔ה עַל־הַמִּזְבֵּ֖חַ אֲשֶׁ֣ר בְּבֵֽית־אֵ֑ל וְעַל֙ כָּל־
בָּתֵּ֣י הַבָּמ֔וֹת אֲשֶׁ֖ר בְּעָרֵ֥י שֹׁמְרֽוֹן׃ אַחַר֙ הַדָּבָ֣ר לג
הַזֶּ֔ה לֹא־שָׁ֥ב יָרָבְעָ֖ם מִדַּרְכּ֣וֹ הָרָעָ֑ה וַ֠יָּשָׁב וַיַּ֜עַשׂ מִקְצ֤וֹת הָעָם֙
כֹּהֲנֵ֣י בָמ֔וֹת הֶחָפֵץ֙ יְמַלֵּ֣א אֶת־יָד֔וֹ וִיהִ֖י כֹּהֲנֵ֥י בָמֽוֹת׃ וַיְהִ֙י֙ לד
בַּדָּבָ֣ר הַזֶּ֔ה לְחַטַּ֖את בֵּ֣ית יָרָבְעָ֑ם וּלְהַכְחִיד֙ וּלְהַשְׁמִ֔יד מֵעַ֖ל פְּנֵ֥י
הָאֲדָמָֽה׃ בָּעֵ֣ת הַהִ֔יא חָלָ֖ה אֲבִיָּ֥ה בֶן־יָרָבְעָֽם׃ יד א

ב וַיֹּאמֶר יָרָבְעָם לְאִשְׁתּוֹ קוּמִי נָא וְהִשְׁתַּנִּית וְלֹא יֵדְעוּ כִּי־אתי אֶת
אֵשֶׁת יָרָבְעָם וְהָלַכְתְּ שִׁלֹה הִנֵּה־שָׁם אֲחִיָּה הַנָּבִיא הוּא־דִבֶּר
ג עָלַי לְמֶלֶךְ עַל־הָעָם הַזֶּה׃ וְלָקַחַתְּ בְּיָדֵךְ עֲשָׂרָה לֶחֶם וְנִקֻּדִים
ד וּבַקְבֻּק דְּבַשׁ וּבָאת אֵלָיו הוּא יַגִּיד לָךְ מַה־יִּהְיֶה לַנָּעַר׃ וַתַּעַשׂ
כֵּן אֵשֶׁת יָרָבְעָם וַתָּקָם וַתֵּלֶךְ שִׁלֹה וַתָּבֹא בֵּית אֲחִיָּה וַאֲחִיָּהוּ
ה לֹא־יָכֹל לִרְאוֹת כִּי קָמוּ עֵינָיו מִשֵּׂיבוֹ׃ וַיהוָה
אָמַר אֶל־אֲחִיָּהוּ הִנֵּה אֵשֶׁת יָרָבְעָם בָּאָה לִדְרֹשׁ דָּבָר מֵעִמְּךָ
אֶל־בְּנָהּ כִּי־חֹלֶה הוּא כָּזֹה וְכָזֶה תְּדַבֵּר אֵלֶיהָ וִיהִי כְבֹאָהּ
ו וְהִיא מִתְנַכֵּרָה׃ וַיְהִי כִשְׁמֹעַ אֲחִיָּהוּ אֶת־קוֹל רַגְלֶיהָ בָּאָה
בַפֶּתַח וַיֹּאמֶר בֹּאִי אֵשֶׁת יָרָבְעָם לָמָּה זֶּה אַתְּ מִתְנַכֵּרָה וְאָנֹכִי
ז שָׁלוּחַ אֵלַיִךְ קָשָׁה׃ לְכִי אִמְרִי לְיָרָבְעָם כֹּה־אָמַר יְהוָה אֱלֹהֵי
יִשְׂרָאֵל יַעַן אֲשֶׁר הֲרִימֹתִיךָ מִתּוֹךְ הָעָם וָאֶתֶּנְךָ נָגִיד עַל עַמִּי
ח יִשְׂרָאֵל׃ וָאֶקְרַע אֶת־הַמַּמְלָכָה מִבֵּית דָּוִד וָאֶתְּנֶהָ לָךְ וְלֹא־
הָיִיתָ כְּעַבְדִּי דָוִד אֲשֶׁר שָׁמַר מִצְוֹתַי וַאֲשֶׁר הָלַךְ אַחֲרַי בְּכָל־
ט לְבָבוֹ לַעֲשׂוֹת רַק הַיָּשָׁר בְּעֵינָי׃ וַתָּרַע לַעֲשׂוֹת מִכֹּל אֲשֶׁר־הָיוּ
לְפָנֶיךָ וַתֵּלֶךְ וַתַּעֲשֶׂה־לְּךָ אֱלֹהִים אֲחֵרִים וּמַסֵּכוֹת לְהַכְעִיסֵנִי
י וְאֹתִי הִשְׁלַכְתָּ אַחֲרֵי גַוֶּךָ׃ לָכֵן הִנְנִי מֵבִיא רָעָה אֶל־בֵּית
יָרָבְעָם וְהִכְרַתִּי לְיָרָבְעָם מַשְׁתִּין בְּקִיר עָצוּר וְעָזוּב בְּיִשְׂרָאֵל
וּבִעַרְתִּי אַחֲרֵי בֵית־יָרָבְעָם כַּאֲשֶׁר יְבַעֵר הַגָּלָל עַד־תֻּמּוֹ׃
יא הַמֵּת לְיָרָבְעָם בָּעִיר יֹאכְלוּ הַכְּלָבִים וְהַמֵּת בַּשָּׂדֶה יֹאכְלוּ עוֹף
יב הַשָּׁמָיִם כִּי יְהוָה דִּבֵּר׃ וְאַתְּ קוּמִי לְכִי לְבֵיתֵךְ בְּבֹאָה רַגְלַיִךְ
יג הָעִירָה וּמֵת הַיָּלֶד׃ וְסָפְדוּ־לוֹ כָל־יִשְׂרָאֵל וְקָבְרוּ אֹתוֹ כִּי־זֶה
לְבַדּוֹ יָבֹא לְיָרָבְעָם אֶל־קָבֶר יַעַן נִמְצָא־בוֹ דָּבָר טוֹב אֶל־יְהוָה
יד אֱלֹהֵי יִשְׂרָאֵל בְּבֵית יָרָבְעָם׃ וְהֵקִים יְהוָה לוֹ מֶלֶךְ עַל־יִשְׂרָאֵל
טו אֲשֶׁר יַכְרִית אֶת־בֵּית יָרָבְעָם זֶה הַיּוֹם וּמֶה גַּם־עָתָּה׃ וְהִכָּה
יְהוָה אֶת־יִשְׂרָאֵל כַּאֲשֶׁר יָנוּד הַקָּנֶה בַּמַּיִם וְנָתַשׁ אֶת־יִשְׂרָאֵל
מֵעַל הָאֲדָמָה הַטּוֹבָה הַזֹּאת אֲשֶׁר נָתַן לַאֲבוֹתֵיהֶם וְזֵרָם

מֵעֵבֶר לַנָּהָר יַעַן אֲשֶׁר עָשׂוּ אֶת־אֲשֵׁרֵיהֶם מַכְעִיסִים אֶת־
טז יְהוָה: וְיִתֵּן אֶת־יִשְׂרָאֵל בִּגְלַל חַטֹּאות יָרָבְעָם אֲשֶׁר חָטָא
יז וַאֲשֶׁר הֶחֱטִיא אֶת־יִשְׂרָאֵל: וַתָּקָם אֵשֶׁת יָרָבְעָם וַתֵּלֶךְ וַתָּבֹא
יח תִרְצָתָה הִיא בָּאָה בְסַף־הַבַּיִת וְהַנַּעַר מֵת: וַיִּקְבְּרוּ אֹתוֹ
וַיִּסְפְּדוּ־לוֹ כָּל־יִשְׂרָאֵל כִּדְבַר יְהוָה אֲשֶׁר דִּבֶּר בְּיַד־עַבְדּוֹ
יט אֲחִיָּהוּ הַנָּבִיא: וְיֶתֶר דִּבְרֵי יָרָבְעָם אֲשֶׁר נִלְחַם וַאֲשֶׁר מָלָךְ
כ הִנָּם כְּתוּבִים עַל־סֵפֶר דִּבְרֵי הַיָּמִים לְמַלְכֵי יִשְׂרָאֵל: וְהַיָּמִים
אֲשֶׁר מָלַךְ יָרָבְעָם עֶשְׂרִים וּשְׁתַּיִם שָׁנָה וַיִּשְׁכַּב עִם־אֲבֹתָיו
כא וַיִּמְלֹךְ נָדָב בְּנוֹ תַּחְתָּיו: וּרְחַבְעָם בֶּן־שְׁלֹמֹה
מָלַךְ בִּיהוּדָה בֶּן־אַרְבָּעִים וְאַחַת שָׁנָה רְחַבְעָם בְּמָלְכוֹ וּשְׁבַע
עֶשְׂרֵה שָׁנָה | מָלַךְ בִּירוּשָׁלִַם הָעִיר אֲשֶׁר־בָּחַר יְהוָה לָשׂוּם
אֶת־שְׁמוֹ שָׁם מִכֹּל שִׁבְטֵי יִשְׂרָאֵל וְשֵׁם אִמּוֹ נַעֲמָה הָעַמֹּנִית:
כב וַיַּעַשׂ יְהוּדָה הָרַע בְּעֵינֵי יְהוָה וַיְקַנְאוּ אֹתוֹ מִכֹּל אֲשֶׁר עָשׂוּ
כג אֲבֹתָם בְּחַטֹּאתָם אֲשֶׁר חָטָאוּ: וַיִּבְנוּ גַם־הֵמָּה לָהֶם בָּמוֹת
וּמַצֵּבוֹת וַאֲשֵׁרִים עַל כָּל־גִּבְעָה גְבֹהָה וְתַחַת כָּל־עֵץ רַעֲנָן:
כד וְגַם־קָדֵשׁ הָיָה בָאָרֶץ עָשׂוּ כְּכֹל הַתּוֹעֲבֹת הַגּוֹיִם אֲשֶׁר הוֹרִישׁ
כה יְהוָה מִפְּנֵי בְּנֵי יִשְׂרָאֵל: וַיְהִי בַּשָּׁנָה הַחֲמִישִׁית
כו לַמֶּלֶךְ רְחַבְעָם עָלָה שושק מֶלֶךְ־מִצְרַיִם עַל־יְרוּשָׁלִָם: וַיִּקַּח שִׁישַׁק
אֶת־אֹצְרוֹת בֵּית־יְהוָה וְאֶת־אוֹצְרוֹת בֵּית הַמֶּלֶךְ וְאֶת־הַכֹּל
כז לָקָח וַיִּקַּח אֶת־כָּל־מָגִנֵּי הַזָּהָב אֲשֶׁר עָשָׂה שְׁלֹמֹה: וַיַּעַשׂ
הַמֶּלֶךְ רְחַבְעָם תַּחְתָּם מָגִנֵּי נְחֹשֶׁת וְהִפְקִיד עַל־יַד שָׂרֵי
כח הָרָצִים הַשֹּׁמְרִים פֶּתַח בֵּית הַמֶּלֶךְ: וַיְהִי מִדֵּי־בֹא הַמֶּלֶךְ בֵּית
כט יְהוָה יִשָּׂאוּם הָרָצִים וֶהֱשִׁיבוּם אֶל־תָּא הָרָצִים: וְיֶתֶר דִּבְרֵי
רְחַבְעָם וְכָל־אֲשֶׁר עָשָׂה הֲלֹא־הֵמָּה כְתוּבִים עַל־סֵפֶר דִּבְרֵי
ל הַיָּמִים לְמַלְכֵי יְהוּדָה: וּמִלְחָמָה הָיְתָה בֵין־רְחַבְעָם וּבֵין
לא יָרָבְעָם כָּל־הַיָּמִים: וַיִּשְׁכַּב רְחַבְעָם עִם־אֲבֹתָיו וַיִּקָּבֵר עִם־
אֲבֹתָיו בְּעִיר דָּוִד וְשֵׁם אִמּוֹ נַעֲמָה הָעַמֹּנִית וַיִּמְלֹךְ אֲבִיָּם בְּנוֹ

א תַּחְתָּיו׃ וּבִשְׁנַת שְׁמֹנֶה עֶשְׂרֵה לַמֶּלֶךְ יָרׇבְעָם
ב בֶּן־נְבָט מָלַךְ אֲבִיָּם עַל־יְהוּדָה׃ שָׁלֹשׁ שָׁנִים מָלַךְ בִּירוּשָׁלָ͏ִם
ג וְשֵׁם אִמּוֹ מַעֲכָה בַּת־אֲבִישָׁלוֹם׃ וַיֵּלֶךְ בְּכׇל־חַטֹּאות אָבִיו
אֲשֶׁר־עָשָׂה לְפָנָיו וְלֹא־הָיָה לְבָבוֹ שָׁלֵם עִם־יְהֹוָה אֱלֹהָיו
ד כִּלְבַב דָּוִד אָבִיו׃ כִּי לְמַעַן דָּוִד נָתַן יְהֹוָה אֱלֹהָיו לוֹ נִיר
בִּירוּשָׁלָ͏ִם לְהָקִים אֶת־בְּנוֹ אַחֲרָיו וּלְהַעֲמִיד אֶת־יְרוּשָׁלָ͏ִם׃
ה אֲשֶׁר עָשָׂה דָוִד אֶת־הַיָּשָׁר בְּעֵינֵי יְהֹוָה וְלֹא־סָר מִכֹּל ׀ אֲשֶׁר
ו צִוָּהוּ כֹּל יְמֵי חַיָּיו רַק בִּדְבַר אוּרִיָּה הַחִתִּי׃ וּמִלְחָמָה הָיְתָה
ז בֵּין־רְחַבְעָם וּבֵין יָרׇבְעָם כׇּל־יְמֵי חַיָּיו׃ וְיֶתֶר דִּבְרֵי אֲבִיָּם וְכׇל־
אֲשֶׁר עָשָׂה הֲלוֹא־הֵם כְּתוּבִים עַל־סֵפֶר דִּבְרֵי הַיָּמִים לְמַלְכֵי
ח יְהוּדָה וּמִלְחָמָה הָיְתָה בֵּין אֲבִיָּם וּבֵין יָרׇבְעָם׃ וַיִּשְׁכַּב יג
אֲבִיָּם עִם־אֲבֹתָיו וַיִּקְבְּרוּ אֹתוֹ בְּעִיר דָּוִד וַיִּמְלֹךְ אָסָא בְנוֹ
ט תַּחְתָּיו׃ וּבִשְׁנַת עֶשְׂרִים לְיָרׇבְעָם מֶלֶךְ יִשְׂרָאֵל
י מָלַךְ אָסָא עַל־יְהוּדָה׃ וְאַרְבָּעִים וְאַחַת שָׁנָה מָלַךְ בִּירוּשָׁלָ͏ִם
יא וְשֵׁם אִמּוֹ מַעֲכָה בַּת־אֲבִישָׁלוֹם׃ וַיַּעַשׂ אָסָא הַיָּשָׁר בְּעֵינֵי
יב יְהֹוָה כְּדָוִד אָבִיו׃ וַיַּעֲבֵר הַקְּדֵשִׁים מִן־הָאָרֶץ וַיָּסַר אֶת־כׇּל־
יג הַגִּלֻּלִים אֲשֶׁר עָשׂוּ אֲבֹתָיו׃ וְגַם ׀ אֶת־מַעֲכָה אִמּוֹ וַיְסִרֶהָ
מִגְּבִירָה אֲשֶׁר־עָשְׂתָה מִפְלֶצֶת לָאֲשֵׁרָה וַיִּכְרֹת אָסָא אֶת־
יד מִפְלַצְתָּהּ וַיִּשְׂרֹף בְּנַחַל קִדְרוֹן׃ וְהַבָּמוֹת לֹא־סָרוּ רַק לְבַב־
טו אָסָא הָיָה שָׁלֵם עִם־יְהֹוָה כׇּל־יָמָיו׃ וַיָּבֵא אֶת־קׇדְשֵׁי אָבִיו
טז וקדשו בֵּית יְהֹוָה כֶּסֶף וְזָהָב וְכֵלִים׃ וּמִלְחָמָה הָיְתָה בֵּין אָסָא וְקׇדָשֵׁי
יז וּבֵין בַּעְשָׁא מֶלֶךְ־יִשְׂרָאֵל כׇּל־יְמֵיהֶם׃ וַיַּעַל בַּעְשָׁא מֶלֶךְ־
יִשְׂרָאֵל עַל־יְהוּדָה וַיִּבֶן אֶת־הָרָמָה לְבִלְתִּי תֵּת יֹצֵא וָבָא
יח לְאָסָא מֶלֶךְ יְהוּדָה׃ וַיִּקַּח אָסָא אֶת־כׇּל־הַכֶּסֶף וְהַזָּהָב
הַנּוֹתָרִים ׀ בְּאוֹצְרוֹת בֵּית־יְהֹוָה וְאֶת־אוֹצְרוֹת בֵּית מלך וַיִּתְּנֵם הַמֶּלֶךְ
בְּיַד עֲבָדָיו וַיִּשְׁלָחֵם הַמֶּלֶךְ אָסָא אֶל־בֶּן־הֲדַד בֶּן־טַבְרִמֹּן בֶּן־
יט חֶזְיוֹן מֶלֶךְ אֲרָם הַיֹּשֵׁב בְּדַמֶּשֶׂק לֵאמֹר׃ בְּרִית בֵּינִי וּבֵינֶךָ בֵּין

אבי ובין אביך הנה שלחתי לך שחד כסף וזהב לך הפרה
כ את־בריתך את־בעשא מלך־ישראל ויעלה מעלי: וישמע
בן־הדד אל־המלך אסא וישלח את־שרי החילים אשר־לו
על־ערי ישראל ויך את־עיון ואת־דן ואת אבל בית־מעכה
כא ואת כל־כנרות על כל־ארץ נפתלי: ויהי כשמע בעשא
כב ויחדל מבנות את־הרמה וישב בתרצה: והמלך אסא
השמיע את־כל־יהודה אין נקי וישאו את־אבני הרמה ואת־
עציה אשר בנה בעשא ויבן בם המלך אסא את־גבע בנימן
כג ואת־המצפה: ויתר כל־דברי אסא וכל־גבורתו וכל־אשר
עשה והערים אשר בנה הלא־המה כתובים על־ספר דברי
כד הימים למלכי יהודה רק לעת זקנתו חלה את־רגליו: וישכב
אסא עם־אבתיו ויקבר עם־אבתיו בעיר דוד אביו וימלך
כה יהושפט בנו תחתיו: ונדב בן־ירבעם מלך על־
ישראל בשנת שתים לאסא מלך יהודה וימלך על־ישראל
כו שנתים: ויעש הרע בעיני יהוה וילך בדרך אביו ובחטאתו
כז אשר החטיא את־ישראל: ויקשר עליו בעשא בן־אחיה לבית
יששכר ויכהו בעשא בגבתון אשר לפלשתים ונדב וכל־
כח ישראל צרים על־גבתון: וימתהו בעשא בשנת שלש לאסא
כט מלך יהודה וימלך תחתיו: ויהי כמלכו הכה את־כל־בית
ירבעם לא־השאיר כל־נשמה לירבעם עד־השמדו כדבר
ל יהוה אשר דבר ביד־עבדו אחיה השילני: על־חטאות ירבעם
אשר חטא ואשר החטיא את־ישראל בכעסו אשר הכעיס
לא את־יהוה אלהי ישראל: ויתר דברי נדב וכל־אשר עשה
הלא־הם כתובים על־ספר דברי הימים למלכי ישראל:
לב ומלחמה היתה בין אסא ובין בעשא מלך־ישראל כל־
לג ימיהם: בשנת שלש לאסא מלך יהודה מלך
בעשא בן־אחיה על־כל־ישראל בתרצה עשרים וארבע

לד שָׁנָה: וַיַּעַשׂ הָרַע בְּעֵינֵי יְהוָה וַיֵּלֶךְ בְּדֶרֶךְ יָרָבְעָם וּבְחַטָּאתוֹ
טז א אֲשֶׁר הֶחֱטִיא אֶת־יִשְׂרָאֵל: וַיְהִי דְבַר־יְהוָה
ב אֶל־יֵהוּא בֶן־חֲנָנִי עַל־בַּעְשָׁא לֵאמֹר: יַעַן אֲשֶׁר הֲרִימֹתִיךָ מִן־
הֶעָפָר וָאֶתֶּנְךָ נָגִיד עַל עַמִּי יִשְׂרָאֵל וַתֵּלֶךְ ׀ בְּדֶרֶךְ יָרָבְעָם
ג וַתַּחֲטִא אֶת־עַמִּי יִשְׂרָאֵל לְהַכְעִיסֵנִי בְּחַטֹּאתָם: הִנְנִי מַבְעִיר
אַחֲרֵי בַעְשָׁא וְאַחֲרֵי בֵיתוֹ וְנָתַתִּי אֶת־בֵּיתְךָ כְּבֵית יָרָבְעָם בֶּן־
ד נְבָט: הַמֵּת לְבַעְשָׁא בָּעִיר יֹאכְלוּ הַכְּלָבִים וְהַמֵּת לוֹ בַּשָּׂדֶה
ה יֹאכְלוּ עוֹף הַשָּׁמָיִם: וְיֶתֶר דִּבְרֵי בַעְשָׁא וַאֲשֶׁר עָשָׂה וּגְבוּרָתוֹ
הֲלֹא־הֵם כְּתוּבִים עַל־סֵפֶר דִּבְרֵי הַיָּמִים לְמַלְכֵי יִשְׂרָאֵל:
ו וַיִּשְׁכַּב בַּעְשָׁא עִם־אֲבֹתָיו וַיִּקָּבֵר בְּתִרְצָה וַיִּמְלֹךְ אֵלָה בְנוֹ
ז תַּחְתָּיו: וְגַם בְּיַד־יֵהוּא בֶן־חֲנָנִי הַנָּבִיא דְּבַר־יְהוָה הָיָה אֶל־
בַּעְשָׁא וְאֶל־בֵּיתוֹ וְעַל כָּל־הָרָעָה ׀ אֲשֶׁר־עָשָׂה ׀ בְּעֵינֵי יְהוָה
לְהַכְעִיסוֹ בְּמַעֲשֵׂה יָדָיו לִהְיוֹת כְּבֵית יָרָבְעָם וְעַל אֲשֶׁר־הִכָּה
ח אֹתוֹ: בִּשְׁנַת עֶשְׂרִים וָשֵׁשׁ שָׁנָה לְאָסָא מֶלֶךְ
יְהוּדָה מָלַךְ אֵלָה בֶן־בַּעְשָׁא עַל־יִשְׂרָאֵל בְּתִרְצָה שְׁנָתָיִם:
ט וַיִּקְשֹׁר עָלָיו עַבְדּוֹ זִמְרִי שַׂר מַחֲצִית הָרָכֶב וְהוּא בְתִרְצָה
י שֹׁתֶה שִׁכּוֹר בֵּית אַרְצָא אֲשֶׁר עַל־הַבַּיִת בְּתִרְצָה: וַיָּבֹא זִמְרִי
וַיַּכֵּהוּ וַיְמִיתֵהוּ בִּשְׁנַת עֶשְׂרִים וָשֶׁבַע לְאָסָא מֶלֶךְ יְהוּדָה וַיִּמְלֹךְ
יא תַּחְתָּיו: וַיְהִי בְמָלְכוֹ כְּשִׁבְתּוֹ עַל־כִּסְאוֹ הִכָּה אֶת־כָּל־בֵּית
יב בַּעְשָׁא לֹא־הִשְׁאִיר לוֹ מַשְׁתִּין בְּקִיר וְגֹאֲלָיו וְרֵעֵהוּ: וַיַּשְׁמֵד
זִמְרִי אֵת כָּל־בֵּית בַּעְשָׁא כִּדְבַר יְהוָה אֲשֶׁר דִּבֶּר אֶל־בַּעְשָׁא
יג בְּיַד יֵהוּא הַנָּבִיא: אֶל כָּל־חַטֹּאות בַּעְשָׁא וְחַטֹּאות אֵלָה בְנוֹ
אֲשֶׁר חָטְאוּ וַאֲשֶׁר הֶחֱטִיאוּ אֶת־יִשְׂרָאֵל לְהַכְעִיס אֶת־יְהוָה
יד אֱלֹהֵי יִשְׂרָאֵל בְּהַבְלֵיהֶם: וְיֶתֶר דִּבְרֵי אֵלָה וְכָל־אֲשֶׁר
עָשָׂה הֲלוֹא־הֵם כְּתוּבִים עַל־סֵפֶר דִּבְרֵי הַיָּמִים לְמַלְכֵי
טו יִשְׂרָאֵל: בִּשְׁנַת עֶשְׂרִים וָשֶׁבַע שָׁנָה לְאָסָא מֶלֶךְ יד
יְהוּדָה מָלַךְ זִמְרִי שִׁבְעַת יָמִים בְּתִרְצָה וְהָעָם חֹנִים עַל־גִּבְּתוֹן

אֲשֶׁר לַפְּלִשְׁתִּים׃ וַיִּשְׁמַע הָעָם הַחֹנִים לֵאמֹר קָשַׁר זִמְרִי וְגַם טז
הִכָּה אֶת־הַמֶּלֶךְ וַיַּמְלִכוּ כָל־יִשְׂרָאֵל אֶת־עָמְרִי שַׂר־צָבָא
עַל־יִשְׂרָאֵל בַּיּוֹם הַהוּא בַּמַּחֲנֶה׃ וַיַּעֲלֶה עָמְרִי וְכָל־יִשְׂרָאֵל יז
עִמּוֹ מִגִּבְּתוֹן וַיָּצֻרוּ עַל־תִּרְצָה׃ וַיְהִי כִּרְאוֹת זִמְרִי כִּי־נִלְכְּדָה יח
הָעִיר וַיָּבֹא אֶל־אַרְמוֹן בֵּית־הַמֶּלֶךְ וַיִּשְׂרֹף עָלָיו אֶת־בֵּית־
מֶלֶךְ בָּאֵשׁ וַיָּמֹת׃ עַל־חַטֹּאתָיו אֲשֶׁר חָטָא לַעֲשׂוֹת הָרַע בְּעֵינֵי יט
יְהֹוָה לָלֶכֶת בְּדֶרֶךְ יָרָבְעָם וּבְחַטָּאתוֹ אֲשֶׁר עָשָׂה לְהַחֲטִיא
אֶת־יִשְׂרָאֵל׃ וְיֶתֶר דִּבְרֵי זִמְרִי וְקִשְׁרוֹ אֲשֶׁר קָשָׁר הֲלֹא־הֵם כ
כְּתוּבִים עַל־סֵפֶר דִּבְרֵי הַיָּמִים לְמַלְכֵי יִשְׂרָאֵל׃ אָז כא
יֵחָלֵק הָעָם יִשְׂרָאֵל לַחֵצִי חֲצִי הָעָם הָיָה אַחֲרֵי תִבְנִי
בֶן־גִּינַת לְהַמְלִיכוֹ וְהַחֲצִי אַחֲרֵי עָמְרִי׃ וַיֶּחֱזַק הָעָם אֲשֶׁר כב
אַחֲרֵי עָמְרִי אֶת־הָעָם אֲשֶׁר אַחֲרֵי תִּבְנִי בֶן־גִּינַת וַיָּמָת
תִּבְנִי וַיִּמְלֹךְ עָמְרִי׃
בִּשְׁנַת שְׁלֹשִׁים וְאַחַת שָׁנָה לְאָסָא מֶלֶךְ יְהוּדָה מָלַךְ עָמְרִי כג
עַל־יִשְׂרָאֵל שְׁתֵּים עֶשְׂרֵה שָׁנָה בְּתִרְצָה מָלַךְ שֶׁשׁ־שָׁנִים׃ וַיִּקֶן כד
אֶת־הָהָר שֹׁמְרוֹן מֵאֶת שֶׁמֶר בְּכִכְּרַיִם כָּסֶף וַיִּבֶן אֶת־הָהָר
וַיִּקְרָא אֶת־שֵׁם הָעִיר אֲשֶׁר בָּנָה עַל שֶׁם־שֶׁמֶר אֲדֹנֵי
הָהָר שֹׁמְרוֹן׃ וַיַּעֲשֶׂה עָמְרִי הָרַע בְּעֵינֵי יְהֹוָה וַיָּרַע מִכֹּל כה
וּבְחַטָּאתוֹ אֲשֶׁר לְפָנָיו׃ וַיֵּלֶךְ בְּכָל־דֶּרֶךְ יָרָבְעָם בֶּן־נְבָט וּבחטאתיו כו
אֲשֶׁר הֶחֱטִיא אֶת־יִשְׂרָאֵל לְהַכְעִיס אֶת־יְהֹוָה אֱלֹהֵי יִשְׂרָאֵל
בְּהַבְלֵיהֶם׃ וְיֶתֶר דִּבְרֵי עָמְרִי אֲשֶׁר עָשָׂה וּגְבוּרָתוֹ אֲשֶׁר עָשָׂה כז
הֲלֹא־הֵם כְּתוּבִים עַל־סֵפֶר דִּבְרֵי הַיָּמִים לְמַלְכֵי יִשְׂרָאֵל׃
וַיִּשְׁכַּב עָמְרִי עִם־אֲבֹתָיו וַיִּקָּבֵר בְּשֹׁמְרוֹן וַיִּמְלֹךְ אַחְאָב בְּנוֹ כח
תַּחְתָּיו׃ וְאַחְאָב בֶּן־עָמְרִי מָלַךְ עַל־יִשְׂרָאֵל בִּשְׁנַת כט
שְׁלֹשִׁים וּשְׁמֹנֶה שָׁנָה לְאָסָא מֶלֶךְ יְהוּדָה וַיִּמְלֹךְ אַחְאָב
בֶּן־עָמְרִי עַל־יִשְׂרָאֵל בְּשֹׁמְרוֹן עֶשְׂרִים וּשְׁתַּיִם שָׁנָה׃ וַיַּעַשׂ ל
אַחְאָב בֶּן־עָמְרִי הָרַע בְּעֵינֵי יְהֹוָה מִכֹּל אֲשֶׁר לְפָנָיו׃ וַיְהִי לא

הַנָּקֵל לֶכְתּוֹ בְּחַטֹּאות יָרָבְעָם בֶּן־נְבָט וַיִּקַּח אִשָּׁה אֶת־אִיזֶבֶל
בַּת־אֶתְבַּעַל מֶלֶךְ צִידֹנִים וַיֵּלֶךְ וַיַּעֲבֹד אֶת־הַבַּעַל וַיִּשְׁתַּחוּ לוֹ׃
לב לג וַיָּקֶם מִזְבֵּחַ לַבָּעַל בֵּית הַבַּעַל אֲשֶׁר בָּנָה בְּשֹׁמְרוֹן׃ וַיַּעַשׂ
אַחְאָב אֶת־הָאֲשֵׁרָה וַיּוֹסֶף אַחְאָב לַעֲשׂוֹת לְהַכְעִיס אֶת־יְהוָה
לד אֱלֹהֵי יִשְׂרָאֵל מִכֹּל מַלְכֵי יִשְׂרָאֵל אֲשֶׁר הָיוּ לְפָנָיו׃ בְּיָמָיו בָּנָה
חִיאֵל בֵּית הָאֱלִי אֶת־יְרִיחֹה בַּאֲבִירָם בְּכֹרוֹ יִסְּדָהּ ובשגיב וּבִשְׂגוּב
צְעִירוֹ הִצִּיב דְּלָתֶיהָ כִּדְבַר יְהוָה אֲשֶׁר דִּבֶּר בְּיַד יְהוֹשֻׁעַ בִּן־
יז א נוּן׃ וַיֹּאמֶר אֵלִיָּהוּ הַתִּשְׁבִּי מִתֹּשָׁבֵי גִלְעָד אֶל־
אַחְאָב חַי־יְהוָה אֱלֹהֵי יִשְׂרָאֵל אֲשֶׁר עָמַדְתִּי לְפָנָיו אִם־יִהְיֶה
ב הַשָּׁנִים הָאֵלֶּה טַל וּמָטָר כִּי אִם־לְפִי דְבָרִי׃ וַיְהִי
ג דְבַר־יְהוָה אֵלָיו לֵאמֹר׃ לֵךְ מִזֶּה וּפָנִיתָ לְּךָ קֵדְמָה וְנִסְתַּרְתָּ
ד בְּנַחַל כְּרִית אֲשֶׁר עַל־פְּנֵי הַיַּרְדֵּן׃ וְהָיָה מֵהַנַּחַל תִּשְׁתֶּה וְאֶת־
ה הָעֹרְבִים צִוִּיתִי לְכַלְכֶּלְךָ שָׁם׃ וַיֵּלֶךְ וַיַּעַשׂ כִּדְבַר יְהוָה וַיֵּלֶךְ וַיֵּשֶׁב
ו בְּנַחַל כְּרִית אֲשֶׁר עַל־פְּנֵי הַיַּרְדֵּן׃ וְהָעֹרְבִים מְבִיאִים לוֹ לֶחֶם
ז וּבָשָׂר בַּבֹּקֶר וְלֶחֶם וּבָשָׂר בָּעָרֶב וּמִן־הַנַּחַל יִשְׁתֶּה׃ וַיְהִי מִקֵּץ
ח יָמִים וַיִּיבַשׁ הַנָּחַל כִּי לֹא־הָיָה גֶשֶׁם בָּאָרֶץ׃ וַיְהִי
ט דְבַר־יְהוָה אֵלָיו לֵאמֹר׃ קוּם לֵךְ צָרְפַתָה אֲשֶׁר לְצִידוֹן וְיָשַׁבְתָּ
י שָׁם הִנֵּה צִוִּיתִי שָׁם אִשָּׁה אַלְמָנָה לְכַלְכְּלֶךָ׃ וַיָּקָם ׀ וַיֵּלֶךְ צָרְפַתָה
וַיָּבֹא אֶל־פֶּתַח הָעִיר וְהִנֵּה־שָׁם אִשָּׁה אַלְמָנָה מְקֹשֶׁשֶׁת עֵצִים
וַיִּקְרָא אֵלֶיהָ וַיֹּאמַר קְחִי־נָא לִי מְעַט־מַיִם בַּכְּלִי וְאֶשְׁתֶּה׃
יא וַתֵּלֶךְ לָקַחַת וַיִּקְרָא אֵלֶיהָ וַיֹּאמַר לִקְחִי־נָא לִי פַּת־לֶחֶם בְּיָדֵךְ׃
יב וַתֹּאמֶר חַי־יְהוָה אֱלֹהֶיךָ אִם־יֶשׁ־לִי מָעוֹג כִּי אִם־מְלֹא
כַף־קֶמַח בַּכַּד וּמְעַט־שֶׁמֶן בַּצַּפָּחַת וְהִנְנִי מְקֹשֶׁשֶׁת שְׁנַיִם
יג עֵצִים וּבָאתִי וַעֲשִׂיתִיהוּ לִי וְלִבְנִי וַאֲכַלְנֻהוּ וָמָתְנוּ׃ וַיֹּאמֶר
אֵלֶיהָ אֵלִיָּהוּ אַל־תִּירְאִי בֹּאִי עֲשִׂי כִדְבָרֵךְ אַךְ עֲשִׂי־לִי
מִשָּׁם עֻגָה קְטַנָּה בָרִאשֹׁנָה וְהוֹצֵאת לִי וְלָךְ וְלִבְנֵךְ תַּעֲשִׂי
יד בָּאַחֲרֹנָה׃ כִּי כֹה אָמַר יְהוָה אֱלֹהֵי יִשְׂרָאֵל כַּד

תִּתֵּֽן־ הַקֶּמַח לֹא תִכְלָה וְצַפַּחַת הַשֶּׁמֶן לֹא תֶחְסָר עַד יוֹם תתן־יְהוָה
גֶּשֶׁם עַל־פְּנֵי הָאֲדָמָה: וַתֵּלֶךְ וַתַּעֲשֶׂה כִּדְבַר אֵלִיָּהוּ וַתֹּאכַל טו
הִֽיא־וָהֽוּא הוא־והיא וּבֵיתָהּ יָמִים: כַּד הַקֶּמַח לֹא כָלָתָה וְצַפַּחַת הַשֶּׁמֶן טז
לֹא חָסֵר כִּדְבַר יְהוָה אֲשֶׁר דִּבֶּר בְּיַד אֵלִיָּהוּ: וַיְהִי יז
אַחַר הַדְּבָרִים הָאֵלֶּה חָלָה בֶּן־הָאִשָּׁה בַּעֲלַת הַבָּיִת וַיְהִי חָלְיוֹ
חָזָק מְאֹד עַד אֲשֶׁר לֹא־נוֹתְרָה־בּוֹ נְשָׁמָה: וַתֹּאמֶר אֶל־אֵלִיָּהוּ יח
מַה־לִּי וָלָךְ אִישׁ הָאֱלֹהִים בָּאתָ אֵלַי לְהַזְכִּיר אֶת־עֲוֺנִי
וּלְהָמִית אֶת־בְּנִי: וַיֹּאמֶר אֵלֶיהָ תְּנִי־לִי אֶת־בְּנֵךְ וַיִּקָּחֵהוּ יט
מֵחֵיקָהּ וַיַּעֲלֵהוּ אֶל־הָעֲלִיָּה אֲשֶׁר־הוּא יֹשֵׁב שָׁם וַיַּשְׁכִּבֵהוּ עַל־
מִטָּתוֹ: וַיִּקְרָא אֶל־יְהוָה וַיֹּאמַר יְהוָה אֱלֹהָי הֲגַם עַל־הָאַלְמָנָה כ
אֲשֶׁר־אֲנִי מִתְגּוֹרֵר עִמָּהּ הֲרֵעוֹתָ לְהָמִית אֶת־בְּנָהּ: וַיִּתְמֹדֵד כא
עַל־הַיֶּלֶד שָׁלֹשׁ פְּעָמִים וַיִּקְרָא אֶל־יְהוָה וַיֹּאמַר יְהוָה אֱלֹהָי
תָּשָׁב־נָא נֶפֶשׁ־הַיֶּלֶד הַזֶּה עַל־קִרְבּוֹ: וַיִּשְׁמַע יְהוָה בְּקוֹל כב
אֵלִיָּהוּ וַתָּשָׁב נֶפֶשׁ־הַיֶּלֶד עַל־קִרְבּוֹ וַיֶּחִי: וַיִּקַּח אֵלִיָּהוּ אֶת־ כג
הַיֶּלֶד וַיֹּרִדֵהוּ מִן־הָעֲלִיָּה הַבַּיְתָה וַיִּתְּנֵהוּ לְאִמּוֹ וַיֹּאמֶר אֵלִיָּהוּ
טו רְאִי חַי בְּנֵךְ: וַתֹּאמֶר הָאִשָּׁה אֶל־אֵלִיָּהוּ עַתָּה זֶה יָדַעְתִּי כִּי כד
אִישׁ אֱלֹהִים אָתָּה וּדְבַר־יְהוָה בְּפִיךָ אֱמֶת: וַיְהִי א יח
יָמִים רַבִּים וּדְבַר־יְהוָה הָיָה אֶל־אֵלִיָּהוּ בַּשָּׁנָה הַשְּׁלִישִׁית
לֵאמֹר לֵךְ הֵרָאֵה אֶל־אַחְאָב וְאֶתְּנָה מָטָר עַל־פְּנֵי הָאֲדָמָה:
וַיֵּלֶךְ אֵלִיָּהוּ לְהֵרָאוֹת אֶל־אַחְאָב וְהָרָעָב חָזָק בְּשֹׁמְרוֹן: וַיִּקְרָא ב ג
אַחְאָב אֶל־עֹבַדְיָהוּ אֲשֶׁר עַל־הַבָּיִת וְעֹבַדְיָהוּ הָיָה יָרֵא אֶת־
יְהוָה מְאֹד: וַיְהִי בְּהַכְרִית אִיזֶבֶל אֵת נְבִיאֵי יְהוָה וַיִּקַּח ד
עֹבַדְיָהוּ מֵאָה נְבִאִים וַיַּחְבִּיאֵם חֲמִשִּׁים אִישׁ בַּמְּעָרָה וְכִלְכְּלָם
לֶחֶם וָמָיִם: וַיֹּאמֶר אַחְאָב אֶל־עֹבַדְיָהוּ לֵךְ בָּאָרֶץ אֶל־כָּל־ ה
מַעְיְנֵי הַמַּיִם וְאֶל כָּל־הַנְּחָלִים אוּלַי ׀ נִמְצָא חָצִיר וּנְחַיֶּה סוּס
וָפֶרֶד וְלוֹא נַכְרִית מֵהַבְּהֵמָה: וַיְחַלְּקוּ לָהֶם אֶת־הָאָרֶץ לַעֲבָר־ ו
בָּהּ אַחְאָב הָלַךְ בְּדֶרֶךְ אֶחָד לְבַדּוֹ וְעֹבַדְיָהוּ הָלַךְ בְּדֶרֶךְ־אֶחָד

ז לבדו: ויהי עבדיהו בדרך והנה אליהו לקראתו ויכרהו ויפל
ח על־פניו ויאמר האתה זה אדני אליהו: ויאמר לו אני לך
ט אמר לאדניך הנה אליהו: ויאמר מה חטאתי כי־אתה נתן
י את־עבדך ביד־אחאב להמיתני: חי ׀ יהוה אלהיך אם־יש־
גוי וממלכה אשר לא־שלח אדני שם לבקשך ואמרו אין
יא והשביע את־הממלכה ואת־הגוי כי לא ימצאכה: ועתה
יב אתה אמר לך אמר לאדניך הנה אליהו: והיה אני ׀ אלך
מאתך ורוח יהוה ׀ ישאך על אשר לא־אדע ובאתי להגיד
לאחאב ולא ימצאך והרגני ועבדך ירא את־יהוה מנערי:
יג הלא־הגד לאדני את אשר־עשיתי בהרג איזבל את נביאי
יהוה ואחבא מנביאי יהוה מאה איש חמשים חמשים איש
יד במערה ואכלכלם לחם ומים: ועתה אתה אמר לך אמר
טו לאדניך הנה אליהו והרגני: ויאמר אליהו חי יהוה צבאות
טז אשר עמדתי לפניו כי היום אראה אליו: וילך עבדיהו
יז לקראת אחאב ויגד־לו וילך אחאב לקראת אליהו: ויהי
כראות אחאב את־אליהו ויאמר אחאב אליו האתה זה עכר
יח ישראל: ויאמר לא עכרתי את־ישראל כי אם־אתה ובית
יט אביך בעזבכם את־מצות יהוה ותלך אחרי הבעלים: ועתה
שלח קבץ אלי את־כל־ישראל אל־הר הכרמל ואת־נביאי
הבעל ארבע מאות וחמשים ונביאי האשרה ארבע מאות
כ אכלי שלחן איזבל: וישלח אחאב בכל־בני ישראל ויקבץ
כא את־הנביאים אל־הר הכרמל: ויגש אליהו אל־כל־העם
ויאמר עד־מתי אתם פסחים על־שתי הסעפים אם־יהוה
האלהים לכו אחריו ואם־הבעל לכו אחריו ולא־ענו העם
כב אתו דבר: ויאמר אליהו אל־העם אני נותרתי נביא ליהוה
כג לבדי ונביאי הבעל ארבע־מאות וחמשים איש: ויתנו־לנו
שנים פרים ויבחרו להם הפר האחד וינתחהו וישימו על־

הָעֵצִים וְאֵשׁ לֹא יָשִׂימוּ וַאֲנִי אֶעֱשֶׂה ׀ אֶת־הַפָּר הָאֶחָד וְנָתַתִּי
עַל־הָעֵצִים וְאֵשׁ לֹא אָשִׂים: וּקְרָאתֶם בְּשֵׁם אֱלֹהֵיכֶם וַאֲנִי כד
אֶקְרָא בְשֵׁם־יְהוָה וְהָיָה הָאֱלֹהִים אֲשֶׁר־יַעֲנֶה בָאֵשׁ הוּא
הָאֱלֹהִים וַיַּעַן כָּל־הָעָם וַיֹּאמְרוּ טוֹב הַדָּבָר: וַיֹּאמֶר אֵלִיָּהוּ כה
לִנְבִיאֵי הַבַּעַל בַּחֲרוּ לָכֶם הַפָּר הָאֶחָד וַעֲשׂוּ רִאשֹׁנָה כִּי אַתֶּם
הָרַבִּים וְקִרְאוּ בְּשֵׁם אֱלֹהֵיכֶם וְאֵשׁ לֹא תָשִׂימוּ: וַיִּקְחוּ אֶת־ כו
הַפָּר אֲשֶׁר־נָתַן לָהֶם וַיַּעֲשׂוּ וַיִּקְרְאוּ בְשֵׁם־הַבַּעַל מֵהַבֹּקֶר
וְעַד־הַצָּהֳרַיִם לֵאמֹר הַבַּעַל עֲנֵנוּ וְאֵין קוֹל וְאֵין עֹנֶה וַיְפַסְּחוּ
עַל־הַמִּזְבֵּחַ אֲשֶׁר עָשָׂה: וַיְהִי בַצָּהֳרַיִם וַיְהַתֵּל בָּהֶם אֵלִיָּהוּ כז
וַיֹּאמֶר קִרְאוּ בְקוֹל־גָּדוֹל כִּי־אֱלֹהִים הוּא כִּי־שִׂיחַ וְכִי־שִׂיג לוֹ
וְכִי־דֶרֶךְ לוֹ אוּלַי יָשֵׁן הוּא וְיִקָץ: וַיִּקְרְאוּ בְּקוֹל גָּדוֹל וַיִּתְגֹּדְדוּ כח
כְּמִשְׁפָּטָם בַּחֲרָבוֹת וּבָרְמָחִים עַד־שְׁפָךְ־דָּם עֲלֵיהֶם: וַיְהִי כט
כַּעֲבֹר הַצָּהֳרַיִם וַיִּתְנַבְּאוּ עַד לַעֲלוֹת הַמִּנְחָה וְאֵין־קוֹל וְאֵין־
עֹנֶה וְאֵין קָשֶׁב: וַיֹּאמֶר אֵלִיָּהוּ לְכָל־הָעָם גְּשׁוּ אֵלַי וַיִּגְּשׁוּ כָל־ ל
הָעָם אֵלָיו וַיְרַפֵּא אֶת־מִזְבַּח יְהוָה הֶהָרוּס: וַיִּקַּח אֵלִיָּהוּ שְׁתֵּים לא
עֶשְׂרֵה אֲבָנִים כְּמִסְפַּר שִׁבְטֵי בְנֵי־יַעֲקֹב אֲשֶׁר הָיָה דְבַר־יְהוָה
אֵלָיו לֵאמֹר יִשְׂרָאֵל יִהְיֶה שְׁמֶךָ: וַיִּבְנֶה אֶת־הָאֲבָנִים מִזְבֵּחַ לב
בְּשֵׁם יְהוָה וַיַּעַשׂ תְּעָלָה כְּבֵית סָאתַיִם זֶרַע סָבִיב לַמִּזְבֵּחַ:
וַיַּעֲרֹךְ אֶת־הָעֵצִים וַיְנַתַּח אֶת־הַפָּר וַיָּשֶׂם עַל־הָעֵצִים: וַיֹּאמֶר לג לד
מִלְאוּ אַרְבָּעָה כַדִּים מַיִם וְיִצְקוּ עַל־הָעֹלָה וְעַל־הָעֵצִים וַיֹּאמֶר
שְׁנוּ וַיִּשְׁנוּ וַיֹּאמֶר שַׁלֵּשׁוּ וַיְשַׁלֵּשׁוּ: וַיֵּלְכוּ הַמַּיִם סָבִיב לַמִּזְבֵּחַ לה
וְגַם אֶת־הַתְּעָלָה מִלֵּא־מָיִם: וַיְהִי ׀ בַּעֲלוֹת הַמִּנְחָה וַיִּגַּשׁ לו
אֵלִיָּהוּ הַנָּבִיא וַיֹּאמַר יְהוָה אֱלֹהֵי אַבְרָהָם יִצְחָק וְיִשְׂרָאֵל הַיּוֹם
ובִדְבָרְךָ יִוָּדַע כִּי־אַתָּה אֱלֹהִים בְּיִשְׂרָאֵל וַאֲנִי עַבְדֶּךָ ובדבריך עָשִׂיתִי
אֵת כָּל־הַדְּבָרִים הָאֵלֶּה: עֲנֵנִי יְהוָה עֲנֵנִי וְיֵדְעוּ הָעָם הַזֶּה כִּי־ לז
אַתָּה יְהוָה הָאֱלֹהִים וְאַתָּה הֲסִבֹּתָ אֶת־לִבָּם אֲחֹרַנִּית: וַתִּפֹּל לח
אֵשׁ־יְהוָה וַתֹּאכַל אֶת־הָעֹלָה וְאֶת־הָעֵצִים וְאֶת־הָאֲבָנִים

לט וְאֶת־הֶעָפָר וְאֶת־הַמַּיִם אֲשֶׁר־בַּתְּעָלָה לִחֵכָה׃ וַיַּרְא כָּל־ טז
הָעָם וַיִּפְּלוּ עַל־פְּנֵיהֶם וַיֹּאמְרוּ יְהוָה הוּא הָאֱלֹהִים יְהוָה הוּא
מ הָאֱלֹהִים׃ וַיֹּאמֶר אֵלִיָּהוּ לָהֶם תִּפְשׂוּ ׀ אֶת־נְבִיאֵי הַבַּעַל אִישׁ
אַל־יִמָּלֵט מֵהֶם וַיִּתְפְּשׂוּם וַיּוֹרִדֵם אֵלִיָּהוּ אֶל־נַחַל קִישׁוֹן
מא וַיִּשְׁחָטֵם שָׁם׃ וַיֹּאמֶר אֵלִיָּהוּ לְאַחְאָב עֲלֵה אֱכֹל וּשְׁתֵה כִּי־
מב קוֹל הֲמוֹן הַגָּשֶׁם׃ וַיַּעֲלֶה אַחְאָב לֶאֱכֹל וְלִשְׁתּוֹת וְאֵלִיָּהוּ עָלָה
מג אֶל־רֹאשׁ הַכַּרְמֶל וַיִּגְהַר אַרְצָה וַיָּשֶׂם פָּנָיו בֵּין בִּרְכָּו׃ וַיֹּאמֶר
אֶל־נַעֲרוֹ עֲלֵה־נָא הַבֵּט דֶּרֶךְ־יָם וַיַּעַל וַיַּבֵּט וַיֹּאמֶר אֵין
מד מְאוּמָה וַיֹּאמֶר שֻׁב שֶׁבַע פְּעָמִים׃ וַיְהִי בַּשְּׁבִעִית וַיֹּאמֶר הִנֵּה־
עָב קְטַנָּה כְּכַף־אִישׁ עֹלָה מִיָּם וַיֹּאמֶר עֲלֵה אֱמֹר אֶל־אַחְאָב
מה אֱסֹר וָרֵד וְלֹא יַעַצָרְכָה הַגָּשֶׁם׃ וַיְהִי ׀ עַד־כֹּה וְעַד־כֹּה וְהַשָּׁמַיִם
הִתְקַדְּרוּ עָבִים וְרוּחַ וַיְהִי גֶּשֶׁם גָּדוֹל וַיִּרְכַּב אַחְאָב וַיֵּלֶךְ
מו יִזְרְעֶאלָה׃ וְיַד־יְהוָה הָיְתָה אֶל־אֵלִיָּהוּ וַיְשַׁנֵּס
יט א מָתְנָיו וַיָּרָץ לִפְנֵי אַחְאָב עַד־בֹּאֲכָה יִזְרְעֶאלָה׃ וַיַּגֵּד אַחְאָב
לְאִיזֶבֶל אֵת כָּל־אֲשֶׁר עָשָׂה אֵלִיָּהוּ וְאֵת כָּל־אֲשֶׁר הָרַג אֶת־
ב כָּל־הַנְּבִיאִים בֶּחָרֶב׃ וַתִּשְׁלַח אִיזֶבֶל מַלְאָךְ אֶל־אֵלִיָּהוּ לֵאמֹר
כֹּה־יַעֲשׂוּן אֱלֹהִים וְכֹה יוֹסִפוּן כִּי־כָעֵת מָחָר אָשִׂים אֶת־נַפְשְׁךָ
ג כְּנֶפֶשׁ אַחַד מֵהֶם׃ וַיַּרְא וַיָּקָם וַיֵּלֶךְ אֶל־נַפְשׁוֹ וַיָּבֹא בְּאֵר שֶׁבַע
ד אֲשֶׁר לִיהוּדָה וַיַּנַּח אֶת־נַעֲרוֹ שָׁם׃ וְהוּא־הָלַךְ בַּמִּדְבָּר דֶּרֶךְ יוֹם
וַיָּבֹא וַיֵּשֶׁב תַּחַת רֹתֶם אחת וַיִּשְׁאַל אֶת־נַפְשׁוֹ לָמוּת וַיֹּאמֶר ׀ אֶחָד
ה רַב עַתָּה יְהוָה קַח נַפְשִׁי כִּי לֹא־טוֹב אָנֹכִי מֵאֲבֹתָי׃ וַיִּשְׁכַּב
וַיִּישַׁן תַּחַת רֹתֶם אֶחָד וְהִנֵּה־זֶה מַלְאָךְ נֹגֵעַ בּוֹ וַיֹּאמֶר לוֹ קוּם
ו אֱכוֹל׃ וַיַּבֵּט וְהִנֵּה מְרַאֲשֹׁתָיו עֻגַת רְצָפִים וְצַפַּחַת מָיִם וַיֹּאכַל
ז וַיֵּשְׁתְּ וַיָּשָׁב וַיִּשְׁכָּב׃ וַיָּשָׁב מַלְאַךְ יְהוָה ׀ שֵׁנִית וַיִּגַּע־בּוֹ וַיֹּאמֶר
ח קוּם אֱכֹל כִּי רַב מִמְּךָ הַדָּרֶךְ׃ וַיָּקָם וַיֹּאכַל וַיִּשְׁתֶּה וַיֵּלֶךְ
בְּכֹחַ ׀ הָאֲכִילָה הַהִיא אַרְבָּעִים יוֹם וְאַרְבָּעִים לַיְלָה עַד הַר
ט הָאֱלֹהִים חֹרֵב׃ וַיָּבֹא־שָׁם אֶל־הַמְּעָרָה וַיָּלֶן שָׁם וְהִנֵּה דְבַר־

יְהוָה אֵלָיו וַיֹּאמֶר לוֹ מַה־לְּךָ פֹה אֵלִיָּהוּ׃ וַיֹּאמֶר קַנֹּא קִנֵּאתִי י
לַיהוָה ׀ אֱלֹהֵי צְבָאוֹת כִּי־עָזְבוּ בְרִיתְךָ בְּנֵי יִשְׂרָאֵל אֶת־
מִזְבְּחֹתֶיךָ הָרָסוּ וְאֶת־נְבִיאֶיךָ הָרְגוּ בֶחָרֶב וָאִוָּתֵר אֲנִי לְבַדִּי
וַיְבַקְשׁוּ אֶת־נַפְשִׁי לְקַחְתָּהּ׃ וַיֹּאמֶר צֵא וְעָמַדְתָּ בָהָר לִפְנֵי יְהוָה יא
וְהִנֵּה יְהוָה עֹבֵר וְרוּחַ גְּדוֹלָה וְחָזָק מְפָרֵק הָרִים וּמְשַׁבֵּר
סְלָעִים לִפְנֵי יְהוָה לֹא בָרוּחַ יְהוָה וְאַחַר הָרוּחַ רַעַשׁ לֹא בָרַעַשׁ
יְהוָה׃ וְאַחַר הָרַעַשׁ אֵשׁ לֹא בָאֵשׁ יְהוָה וְאַחַר הָאֵשׁ קוֹל יב
דְּמָמָה דַקָּה׃ וַיְהִי ׀ כִּשְׁמֹעַ אֵלִיָּהוּ וַיָּלֶט פָּנָיו בְּאַדַּרְתּוֹ יג
וַיֵּצֵא וַיַּעֲמֹד פֶּתַח הַמְּעָרָה וְהִנֵּה אֵלָיו קוֹל וַיֹּאמֶר מַה־לְּךָ
פֹה אֵלִיָּהוּ׃ וַיֹּאמֶר קַנֹּא קִנֵּאתִי לַיהוָה ׀ אֱלֹהֵי צְבָאוֹת יד
כִּי־עָזְבוּ בְרִיתְךָ בְּנֵי יִשְׂרָאֵל אֶת־מִזְבְּחֹתֶיךָ הָרָסוּ וְאֶת־
נְבִיאֶיךָ הָרְגוּ בֶחָרֶב וָאִוָּתֵר אֲנִי לְבַדִּי וַיְבַקְשׁוּ אֶת־נַפְשִׁי
לְקַחְתָּהּ׃ וַיֹּאמֶר יְהוָה אֵלָיו לֵךְ שׁוּב לְדַרְכְּךָ טו
מִדְבַּרָה דַמָּשֶׂק וּבָאתָ וּמָשַׁחְתָּ אֶת־חֲזָאֵל לְמֶלֶךְ עַל־אֲרָם׃
וְאֵת יֵהוּא בֶן־נִמְשִׁי תִּמְשַׁח לְמֶלֶךְ עַל־יִשְׂרָאֵל וְאֶת־אֱלִישָׁע טז
בֶּן־שָׁפָט מֵאָבֵל מְחוֹלָה תִּמְשַׁח לְנָבִיא תַּחְתֶּיךָ׃ וְהָיָה הַנִּמְלָט יז
מֵחֶרֶב חֲזָאֵל יָמִית יֵהוּא וְהַנִּמְלָט מֵחֶרֶב יֵהוּא יָמִית אֱלִישָׁע׃
וְהִשְׁאַרְתִּי בְיִשְׂרָאֵל שִׁבְעַת אֲלָפִים כָּל־הַבִּרְכַּיִם אֲשֶׁר לֹא־ יח
כָרְעוּ לַבַּעַל וְכָל־הַפֶּה אֲשֶׁר לֹא־נָשַׁק לוֹ׃ וַיֵּלֶךְ מִשָּׁם וַיִּמְצָא יט
אֶת־אֱלִישָׁע בֶּן־שָׁפָט וְהוּא חֹרֵשׁ שְׁנֵים־עָשָׂר צְמָדִים לְפָנָיו
וְהוּא בִּשְׁנֵים הֶעָשָׂר וַיַּעֲבֹר אֵלִיָּהוּ אֵלָיו וַיַּשְׁלֵךְ אַדַּרְתּוֹ אֵלָיו׃
וַיַּעֲזֹב אֶת־הַבָּקָר וַיָּרָץ אַחֲרֵי אֵלִיָּהוּ וַיֹּאמֶר אֶשְּׁקָה־נָּא לְאָבִי כ
וּלְאִמִּי וְאֵלְכָה אַחֲרֶיךָ וַיֹּאמֶר לוֹ לֵךְ שׁוּב כִּי מֶה־עָשִׂיתִי לָךְ׃
וַיָּשָׁב מֵאַחֲרָיו וַיִּקַּח אֶת־צֶמֶד הַבָּקָר וַיִּזְבָּחֵהוּ וּבִכְלִי הַבָּקָר כא
בִּשְּׁלָם הַבָּשָׂר וַיִּתֵּן לָעָם וַיֹּאכֵלוּ וַיָּקָם וַיֵּלֶךְ אַחֲרֵי אֵלִיָּהוּ
וַיְשָׁרְתֵהוּ׃ וּבֶן־הֲדַד מֶלֶךְ־אֲרָם קָבַץ אֶת־כָּל־ א כ
חֵילוֹ וּשְׁלֹשִׁים וּשְׁנַיִם מֶלֶךְ אִתּוֹ וְסוּס וָרָכֶב וַיַּעַל וַיָּצַר עַל־

ב שֹׁמְרוֹן וַיִּלָּחֶם בָּהּ: וַיִּשְׁלַח מַלְאָכִים אֶל־אַחְאָב מֶלֶךְ־יִשְׂרָאֵל
ג הָעִירָה: וַיֹּאמֶר לוֹ כֹּה אָמַר בֶּן־הֲדַד כַּסְפְּךָ וּזְהָבְךָ לִי־הוּא
ד וְנָשֶׁיךָ וּבָנֶיךָ הַטּוֹבִים לִי־הֵם: וַיַּעַן מֶלֶךְ־יִשְׂרָאֵל וַיֹּאמֶר
ה כִּדְבָרְךָ אֲדֹנִי הַמֶּלֶךְ לְךָ אֲנִי וְכָל־אֲשֶׁר־לִי: וַיָּשֻׁבוּ הַמַּלְאָכִים
וַיֹּאמְרוּ כֹּה־אָמַר בֶּן־הֲדַד לֵאמֹר כִּי־שָׁלַחְתִּי אֵלֶיךָ לֵאמֹר
ו כַּסְפְּךָ וּזְהָבְךָ וְנָשֶׁיךָ וּבָנֶיךָ לִי תִתֵּן: כִּי ׀ אִם־כָּעֵת מָחָר אֶשְׁלַח
אֶת־עֲבָדַי אֵלֶיךָ וְחִפְּשׂוּ אֶת־בֵּיתְךָ וְאֵת בָּתֵּי עֲבָדֶיךָ וְהָיָה
ז כָּל־מַחְמַד עֵינֶיךָ יָשִׂימוּ בְיָדָם וְלָקָחוּ: וַיִּקְרָא מֶלֶךְ־יִשְׂרָאֵל
לְכָל־זִקְנֵי הָאָרֶץ וַיֹּאמֶר דְּעוּ־נָא וּרְאוּ כִּי רָעָה זֶה מְבַקֵּשׁ כִּי־
שָׁלַח אֵלַי לְנָשַׁי וּלְבָנַי וּלְכַסְפִּי וְלִזְהָבִי וְלֹא מָנַעְתִּי מִמֶּנּוּ:
ח וַיֹּאמְרוּ אֵלָיו כָּל־הַזְּקֵנִים וְכָל־הָעָם אַל־תִּשְׁמַע וְלוֹא תֹאבֶה:
ט וַיֹּאמֶר לְמַלְאֲכֵי בֶן־הֲדַד אִמְרוּ לַאדֹנִי הַמֶּלֶךְ כֹּל אֲשֶׁר־שָׁלַחְתָּ
אֶל־עַבְדְּךָ בָרִאשֹׁנָה אֶעֱשֶׂה וְהַדָּבָר הַזֶּה לֹא אוּכַל לַעֲשׂוֹת
י וַיֵּלְכוּ הַמַּלְאָכִים וַיְשִׁבֻהוּ דָּבָר: וַיִּשְׁלַח אֵלָיו בֶּן־הֲדַד וַיֹּאמֶר
כֹּה־יַעֲשׂוּן לִי אֱלֹהִים וְכֹה יוֹסִפוּ אִם־יִשְׂפֹּק עֲפַר שֹׁמְרוֹן
יא לִשְׁעָלִים לְכָל־הָעָם אֲשֶׁר בְּרַגְלָי: וַיַּעַן מֶלֶךְ־יִשְׂרָאֵל וַיֹּאמֶר
יב דַּבְּרוּ אַל־יִתְהַלֵּל חֹגֵר כִּמְפַתֵּחַ: וַיְהִי כִּשְׁמֹעַ אֶת־הַדָּבָר הַזֶּה
וְהוּא שֹׁתֶה הוּא וְהַמְּלָכִים בַּסֻּכּוֹת וַיֹּאמֶר אֶל־עֲבָדָיו שִׂימוּ
יג וַיָּשִׂימוּ עַל־הָעִיר: וְהִנֵּה ׀ נָבִיא אֶחָד נִגַּשׁ אֶל־אַחְאָב מֶלֶךְ־ יז
יִשְׂרָאֵל וַיֹּאמֶר כֹּה אָמַר יְהוָה הְרָאִיתָ אֵת כָּל־הֶהָמוֹן הַגָּדוֹל
יד הַזֶּה הִנְנִי נֹתְנוֹ בְיָדְךָ הַיּוֹם וְיָדַעְתָּ כִּי־אֲנִי יְהוָה: וַיֹּאמֶר אַחְאָב
בְּמִי וַיֹּאמֶר כֹּה־אָמַר יְהוָה בְּנַעֲרֵי שָׂרֵי הַמְּדִינוֹת וַיֹּאמֶר מִי־
טו יֶאְסֹר הַמִּלְחָמָה וַיֹּאמֶר אָתָּה: וַיִּפְקֹד אֶת־נַעֲרֵי שָׂרֵי הַמְּדִינוֹת
וַיִּהְיוּ מָאתַיִם שְׁנַיִם וּשְׁלֹשִׁים וְאַחֲרֵיהֶם פָּקַד אֶת־כָּל־הָעָם
טז כָּל־בְּנֵי יִשְׂרָאֵל שִׁבְעַת אֲלָפִים: וַיֵּצְאוּ בַּצָּהֳרָיִם וּבֶן־הֲדַד
שֹׁתֶה שִׁכּוֹר בַּסֻּכּוֹת הוּא וְהַמְּלָכִים שְׁלֹשִׁים־וּשְׁנַיִם מֶלֶךְ עֹזֵר
יז אֹתוֹ: וַיֵּצְאוּ נַעֲרֵי שָׂרֵי הַמְּדִינוֹת בָּרִאשֹׁנָה וַיִּשְׁלַח בֶּן־הֲדַד

וַיַּגִּידוּ לוֹ לֵאמֹר אֲנָשִׁים יָצְאוּ מִשֹּׁמְרוֹן׃ וַיֹּאמֶר אִם־לְשָׁלוֹם יח
יָצְאוּ תִּפְשׂוּם חַיִּים וְאִם לְמִלְחָמָה יָצְאוּ חַיִּים תִּפְשׂוּם׃ וְאֵלֶּה יט
יָצְאוּ מִן־הָעִיר נַעֲרֵי שָׂרֵי הַמְּדִינוֹת וְהַחַיִל אֲשֶׁר אַחֲרֵיהֶם׃
וַיַּכּוּ אִישׁ אִישׁוֹ וַיָּנֻסוּ אֲרָם וַיִּרְדְּפֵם יִשְׂרָאֵל וַיִּמָּלֵט בֶּן־הֲדַד כ
מֶלֶךְ אֲרָם עַל־סוּס וּפָרָשִׁים׃ וַיֵּצֵא מֶלֶךְ יִשְׂרָאֵל וַיַּךְ אֶת־ כא
הַסּוּס וְאֶת־הָרֶכֶב וְהִכָּה בַאֲרָם מַכָּה גְדוֹלָה׃ וַיִּגַּשׁ הַנָּבִיא אֶל־ כב
מֶלֶךְ יִשְׂרָאֵל וַיֹּאמֶר לוֹ לֵךְ הִתְחַזַּק וְדַע וּרְאֵה אֵת אֲשֶׁר־
תַּעֲשֶׂה כִּי לִתְשׁוּבַת הַשָּׁנָה מֶלֶךְ אֲרָם עֹלֶה עָלֶיךָ׃
וְעַבְדֵי מֶלֶךְ־אֲרָם אָמְרוּ אֵלָיו אֱלֹהֵי הָרִים אֱלֹהֵיהֶם עַל־כֵּן כג
חָזְקוּ מִמֶּנּוּ וְאוּלָם נִלָּחֵם אִתָּם בַּמִּישׁוֹר אִם־לֹא נֶחֱזַק מֵהֶם׃
וְאֶת־הַדָּבָר הַזֶּה עֲשֵׂה הָסֵר הַמְּלָכִים אִישׁ מִמְּקֹמוֹ וְשִׂים כד
פַּחוֹת תַּחְתֵּיהֶם׃ וְאַתָּה תִמְנֶה־לְךָ ׀ חַיִל כַּחַיִל הַנֹּפֵל מֵאוֹתָךְ כה
וְסוּס כַּסּוּס ׀ וְרֶכֶב כָּרֶכֶב וְנִלָּחֲמָה אוֹתָם בַּמִּישׁוֹר אִם־לֹא נֶחֱזַק
מֵהֶם וַיִּשְׁמַע לְקֹלָם וַיַּעַשׂ כֵּן׃ וַיְהִי לִתְשׁוּבַת כו
הַשָּׁנָה וַיִּפְקֹד בֶּן־הֲדַד אֶת־אֲרָם וַיַּעַל אֲפֵקָה לַמִּלְחָמָה עִם־
יִשְׂרָאֵל׃ וּבְנֵי יִשְׂרָאֵל הָתְפָּקְדוּ וְכָלְכְּלוּ וַיֵּלְכוּ לִקְרָאתָם וַיַּחֲנוּ כז
בְנֵי־יִשְׂרָאֵל נֶגְדָּם כִּשְׁנֵי חֲשִׂפֵי עִזִּים וַאֲרָם מִלְאוּ אֶת־הָאָרֶץ׃
וַיִּגַּשׁ אִישׁ הָאֱלֹהִים וַיֹּאמֶר אֶל־מֶלֶךְ יִשְׂרָאֵל וַיֹּאמֶר כֹּה־אָמַר כח
יְהוָה יַעַן אֲשֶׁר אָמְרוּ אֲרָם אֱלֹהֵי הָרִים יְהוָה וְלֹא־אֱלֹהֵי
עֲמָקִים הוּא וְנָתַתִּי אֶת־כָּל־הֶהָמוֹן הַגָּדוֹל הַזֶּה בְּיָדֶךָ וִידַעְתֶּם
כִּי־אֲנִי יְהוָה׃ וַיַּחֲנוּ אֵלֶּה נֹכַח־אֵלֶּה שִׁבְעַת יָמִים וַיְהִי ׀ בַּיּוֹם כט
הַשְּׁבִיעִי וַתִּקְרַב הַמִּלְחָמָה וַיַּכּוּ בְנֵי־יִשְׂרָאֵל אֶת־אֲרָם מֵאָה־
אֶלֶף רַגְלִי בְּיוֹם אֶחָד׃ וַיָּנֻסוּ הַנּוֹתָרִים ׀ אֲפֵקָה אֶל־הָעִיר וַתִּפֹּל ל
הַחוֹמָה עַל־עֶשְׂרִים וְשִׁבְעָה אֶלֶף אִישׁ הַנּוֹתָרִים וּבֶן־הֲדַד נָס
וַיָּבֹא אֶל־הָעִיר חֶדֶר בְּחָדֶר׃ וַיֹּאמְרוּ אֵלָיו עֲבָדָיו הִנֵּה־נָא לא
שָׁמַעְנוּ כִּי מַלְכֵי בֵּית יִשְׂרָאֵל כִּי־מַלְכֵי חֶסֶד הֵם נָשִׂימָה נָּא
שַׂקִּים בְּמָתְנֵינוּ וַחֲבָלִים בְּרֹאשֵׁנוּ וְנֵצֵא אֶל־מֶלֶךְ יִשְׂרָאֵל אוּלַי

לב יְחַיֶּה אֶת־נַפְשֶׁךָ׃ וַיַּחְגְּרוּ שַׂקִּים בְּמָתְנֵיהֶם וַחֲבָלִים בְּרָאשֵׁיהֶם
וַיָּבֹאוּ אֶל־מֶלֶךְ יִשְׂרָאֵל וַיֹּאמְרוּ עַבְדְּךָ בֶן־הֲדַד אָמַר תְּחִי־נָא
לג נַפְשִׁי וַיֹּאמֶר הַעוֹדֶנּוּ חַי אָחִי הוּא׃ וְהָאֲנָשִׁים יְנַחֲשׁוּ וַיְמַהֲרוּ
וַיַּחְלְטוּ הֲמִמֶּנּוּ וַיֹּאמְרוּ אָחִיךָ בֶן־הֲדַד וַיֹּאמֶר בֹּאוּ קָחֻהוּ וַיֵּצֵא
לד אֵלָיו בֶּן־הֲדַד וַיַּעֲלֵהוּ עַל־הַמֶּרְכָּבָה׃ וַיֹּאמֶר אֵלָיו הֶעָרִים
אֲשֶׁר־לָקַח־אָבִי מֵאֵת אָבִיךָ אָשִׁיב וְחוּצוֹת תָּשִׂים לְךָ בְדַמֶּשֶׂק
כַּאֲשֶׁר־שָׂם אָבִי בְּשֹׁמְרוֹן וַאֲנִי בַּבְּרִית אֲשַׁלְּחֶךָּ וַיִּכְרָת־לוֹ
לה בְרִית וַיְשַׁלְּחֵהוּ׃ וְאִישׁ אֶחָד מִבְּנֵי הַנְּבִיאִים
אָמַר אֶל־רֵעֵהוּ בִּדְבַר יהוה הַכֵּינִי נָא וַיְמָאֵן הָאִישׁ לְהַכֹּתוֹ׃
לו וַיֹּאמֶר לוֹ יַעַן אֲשֶׁר לֹא־שָׁמַעְתָּ בְּקוֹל יהוה הִנְּךָ הוֹלֵךְ מֵאִתִּי
לז וְהִכְּךָ הָאַרְיֵה וַיֵּלֶךְ מֵאֶצְלוֹ וַיִּמְצָאֵהוּ הָאַרְיֵה וַיַּכֵּהוּ׃ וַיִּמְצָא
לח אִישׁ אַחֵר וַיֹּאמֶר הַכֵּינִי נָא וַיַּכֵּהוּ הָאִישׁ הַכֵּה וּפָצֹעַ׃ וַיֵּלֶךְ
הַנָּבִיא וַיַּעֲמֹד לַמֶּלֶךְ עַל־הַדָּרֶךְ וַיִּתְחַפֵּשׂ בָּאֲפֵר עַל־עֵינָיו׃
לט וַיְהִי הַמֶּלֶךְ עֹבֵר וְהוּא צָעַק אֶל־הַמֶּלֶךְ וַיֹּאמֶר עַבְדְּךָ ׀ יָצָא
בְקֶרֶב־הַמִּלְחָמָה וְהִנֵּה־אִישׁ סָר וַיָּבֵא אֵלַי אִישׁ וַיֹּאמֶר שְׁמֹר
אֶת־הָאִישׁ הַזֶּה אִם־הִפָּקֵד יִפָּקֵד וְהָיְתָה נַפְשְׁךָ תַּחַת נַפְשׁוֹ אוֹ
מ כִכַּר־כֶּסֶף תִּשְׁקוֹל׃ וַיְהִי עַבְדְּךָ עֹשֶׂה הֵנָּה וָהֵנָּה וְהוּא אֵינֶנּוּ
מא וַיֹּאמֶר אֵלָיו מֶלֶךְ־יִשְׂרָאֵל כֵּן מִשְׁפָּטֶךָ אַתָּה חָרָצְתָּ׃ וַיְמַהֵר
וַיָּסַר אֶת־הָאֲפֵר מֵעַל עֵינָיו וַיַּכֵּר אֹתוֹ מֶלֶךְ יִשְׂרָאֵל כִּי
מב מֵהַנְּבִאִים הוּא׃ וַיֹּאמֶר אֵלָיו כֹּה אָמַר יהוה יַעַן שִׁלַּחְתָּ
אֶת־אִישׁ־חֶרְמִי מִיָּד וְהָיְתָה נַפְשְׁךָ תַּחַת נַפְשׁוֹ וְעַמְּךָ
מג תַּחַת עַמּוֹ׃ וַיֵּלֶךְ מֶלֶךְ־יִשְׂרָאֵל עַל־בֵּיתוֹ סַר וְזָעֵף וַיָּבֹא
כא א שֹׁמְרוֹנָה׃ וַיְהִי אַחַר הַדְּבָרִים הָאֵלֶּה כֶּרֶם הָיָה
לְנָבוֹת הַיִּזְרְעֵאלִי אֲשֶׁר בְּיִזְרְעֶאל אֵצֶל הֵיכַל אַחְאָב מֶלֶךְ
ב שֹׁמְרוֹן׃ וַיְדַבֵּר אַחְאָב אֶל־נָבוֹת ׀ לֵאמֹר ׀ תְּנָה־לִּי אֶת־כַּרְמְךָ
וִיהִי־לִי לְגַן־יָרָק כִּי הוּא קָרוֹב אֵצֶל בֵּיתִי וְאֶתְּנָה לְךָ תַּחְתָּיו
כֶּרֶם טוֹב מִמֶּנּוּ אִם טוֹב בְּעֵינֶיךָ אֶתְּנָה־לְךָ כֶסֶף מְחִיר זֶה׃

וַיֹּאמֶר נָבוֹת אֶל־אַחְאָב חָלִילָה לִּי מֵיהוָה מִתִּתִּי אֶת־נַחֲלַת ג
אֲבֹתַי לָךְ׃ וַיָּבֹא אַחְאָב אֶל־בֵּיתוֹ סַר וְזָעֵף עַל־הַדָּבָר אֲשֶׁר־ ד
דִּבֶּר אֵלָיו נָבוֹת הַיִּזְרְעֵאלִי וַיֹּאמֶר לֹא־אֶתֵּן לְךָ אֶת־נַחֲלַת
אֲבוֹתָי וַיִּשְׁכַּב עַל־מִטָּתוֹ וַיַּסֵּב אֶת־פָּנָיו וְלֹא־אָכַל לָחֶם׃
וַתָּבֹא אֵלָיו אִיזֶבֶל אִשְׁתּוֹ וַתְּדַבֵּר אֵלָיו מַה־זֶּה רוּחֲךָ סָרָה ה
וְאֵינְךָ אֹכֵל לָחֶם׃ וַיְדַבֵּר אֵלֶיהָ כִּי־אֲדַבֵּר אֶל־נָבוֹת הַיִּזְרְעֵאלִי ו
וָאֹמַר לוֹ תְּנָה־לִּי אֶת־כַּרְמְךָ בְּכֶסֶף אוֹ אִם־חָפֵץ אַתָּה אֶתְּנָה־
לְךָ כֶרֶם תַּחְתָּיו וַיֹּאמֶר לֹא־אֶתֵּן לְךָ אֶת־כַּרְמִי׃ וַתֹּאמֶר אֵלָיו ז
אִיזֶבֶל אִשְׁתּוֹ אַתָּה עַתָּה תַּעֲשֶׂה מְלוּכָה עַל־יִשְׂרָאֵל קוּם
אֱכָל־לֶחֶם וְיִטַב לִבֶּךָ אֲנִי אֶתֵּן לְךָ אֶת־כֶּרֶם נָבוֹת הַיִּזְרְעֵאלִי׃
סְפָרִים וַתִּכְתֹּב סְפָרִים בְּשֵׁם אַחְאָב וַתַּחְתֹּם בְּחֹתָמוֹ וַתִּשְׁלַח הספרים ח
אֶל־הַזְּקֵנִים וְאֶל־הַחֹרִים אֲשֶׁר בְּעִירוֹ הַיֹּשְׁבִים אֶת־נָבוֹת׃
וַתִּכְתֹּב בַּסְּפָרִים לֵאמֹר קִרְאוּ־צוֹם וְהֹשִׁיבוּ אֶת־נָבוֹת בְּרֹאשׁ ט
הָעָם׃ וְהוֹשִׁיבוּ שְׁנַיִם אֲנָשִׁים בְּנֵי־בְלִיַּעַל נֶגְדּוֹ וִיעִדֻהוּ לֵאמֹר י
בֵּרַכְתָּ אֱלֹהִים וָמֶלֶךְ וְהוֹצִיאֻהוּ וְסִקְלֻהוּ וְיָמֹת׃ וַיַּעֲשׂוּ אַנְשֵׁי יא
עִירוֹ הַזְּקֵנִים וְהַחֹרִים אֲשֶׁר הַיֹּשְׁבִים בְּעִירוֹ כַּאֲשֶׁר שָׁלְחָה
אֲלֵיהֶם אִיזָבֶל כַּאֲשֶׁר כָּתוּב בַּסְּפָרִים אֲשֶׁר שָׁלְחָה אֲלֵיהֶם׃
קָרְאוּ צוֹם וְהֹשִׁיבוּ אֶת־נָבוֹת בְּרֹאשׁ הָעָם׃ וַיָּבֹאוּ שְׁנֵי הָאֲנָשִׁים יב יג
בְּנֵי־בְלִיַּעַל וַיֵּשְׁבוּ נֶגְדּוֹ וַיְעִדֻהוּ אַנְשֵׁי הַבְּלִיַּעַל אֶת־נָבוֹת נֶגֶד
הָעָם לֵאמֹר בֵּרַךְ נָבוֹת אֱלֹהִים וָמֶלֶךְ וַיֹּצִאֻהוּ מִחוּץ לָעִיר
וַיִּסְקְלֻהוּ בָאֲבָנִים וַיָּמֹת׃ וַיִּשְׁלְחוּ אֶל־אִיזֶבֶל לֵאמֹר סֻקַּל נָבוֹת יד
וַיָּמֹת׃ וַיְהִי כִּשְׁמֹעַ אִיזֶבֶל כִּי־סֻקַּל נָבוֹת וַיָּמֹת וַתֹּאמֶר אִיזֶבֶל טו
אֶל־אַחְאָב קוּם רֵשׁ אֶת־כֶּרֶם ׀ נָבוֹת הַיִּזְרְעֵאלִי אֲשֶׁר מֵאֵן
לָתֶת־לְךָ בְכֶסֶף כִּי אֵין נָבוֹת חַי כִּי־מֵת׃ וַיְהִי כִשְׁמֹעַ אַחְאָב טז
כִּי מֵת נָבוֹת וַיָּקָם אַחְאָב לָרֶדֶת אֶל־כֶּרֶם נָבוֹת הַיִּזְרְעֵאלִי
לְרִשְׁתּוֹ׃ וַיְהִי דְּבַר־יְהוָה אֶל־אֵלִיָּהוּ הַתִּשְׁבִּי יז
יח לֵאמֹר׃ קוּם רֵד לִקְרַאת אַחְאָב מֶלֶךְ־יִשְׂרָאֵל אֲשֶׁר בְּשֹׁמְרוֹן יח

יט הִנֵּה בְּכֶרֶם נָבוֹת אֲשֶׁר־יָרַד שָׁם לְרִשְׁתּוֹ׃ וְדִבַּרְתָּ אֵלָיו לֵאמֹר
כֹּה אָמַר יְהוָה הֲרָצַחְתָּ וְגַם־יָרָשְׁתָּ וְדִבַּרְתָּ אֵלָיו לֵאמֹר כֹּה
אָמַר יְהוָה בִּמְקוֹם אֲשֶׁר לָקְקוּ הַכְּלָבִים אֶת־דַּם נָבוֹת יָלֹקּוּ
כ הַכְּלָבִים אֶת־דָּמְךָ גַּם־אָתָּה׃ וַיֹּאמֶר אַחְאָב אֶל־אֵלִיָּהוּ
הַמְצָאתַנִי אֹיְבִי וַיֹּאמֶר מָצָאתִי יַעַן הִתְמַכֶּרְךָ לַעֲשׂוֹת הָרַע
כא בְּעֵינֵי יְהוָה׃ הִנְנִי מֵבִי אֵלֶיךָ רָעָה וּבִעַרְתִּי אַחֲרֶיךָ וְהִכְרַתִּי
כב לְאַחְאָב מַשְׁתִּין בְּקִיר וְעָצוּר וְעָזוּב בְּיִשְׂרָאֵל׃ וְנָתַתִּי אֶת־
בֵּיתְךָ כְּבֵית יָרָבְעָם בֶּן־נְבָט וּכְבֵית בַּעְשָׁא בֶן־אֲחִיָּה אֶל־
כג הַכַּעַס אֲשֶׁר הִכְעַסְתָּ וַתַּחֲטִא אֶת־יִשְׂרָאֵל׃ וְגַם־לְאִיזֶבֶל דִּבֶּר
כד יְהוָה לֵאמֹר הַכְּלָבִים יֹאכְלוּ אֶת־אִיזֶבֶל בְּחֵל יִזְרְעֶאל׃ הַמֵּת
לְאַחְאָב בָּעִיר יֹאכְלוּ הַכְּלָבִים וְהַמֵּת בַּשָּׂדֶה יֹאכְלוּ עוֹף
כה הַשָּׁמָיִם׃ רַק לֹא־הָיָה כְאַחְאָב אֲשֶׁר הִתְמַכֵּר לַעֲשׂוֹת הָרַע
כו בְּעֵינֵי יְהוָה אֲשֶׁר־הֵסַתָּה אֹתוֹ אִיזֶבֶל אִשְׁתּוֹ׃ וַיַּתְעֵב מְאֹד
לָלֶכֶת אַחֲרֵי הַגִּלֻּלִים כְּכֹל אֲשֶׁר עָשׂוּ הָאֱמֹרִי אֲשֶׁר הוֹרִישׁ
כז יְהוָה מִפְּנֵי בְּנֵי יִשְׂרָאֵל׃ וַיְהִי כִשְׁמֹעַ אַחְאָב אֶת־הַדְּבָרִים
הָאֵלֶּה וַיִּקְרַע בְּגָדָיו וַיָּשֶׂם־שַׂק עַל־בְּשָׂרוֹ וַיָּצוֹם וַיִּשְׁכַּב בַּשָּׂק
כח וַיְהַלֵּךְ אַט׃ וַיְהִי דְּבַר־יְהוָה אֶל־אֵלִיָּהוּ הַתִּשְׁבִּי
כט לֵאמֹר׃ הֲרָאִיתָ כִּי־נִכְנַע אַחְאָב מִלְּפָנָי יַעַן כִּי־נִכְנַע מִפָּנַי לֹא־
כב א אָבִי הָרָעָה בְּיָמָיו בִּימֵי בְנוֹ אָבִיא הָרָעָה עַל־בֵּיתוֹ׃ וַיֵּשְׁבוּ אָבִיא
שָׁלֹשׁ שָׁנִים אֵין מִלְחָמָה בֵּין אֲרָם וּבֵין יִשְׂרָאֵל׃
ב וַיְהִי בַּשָּׁנָה הַשְּׁלִישִׁית וַיֵּרֶד יְהוֹשָׁפָט מֶלֶךְ־יְהוּדָה אֶל־מֶלֶךְ
ג יִשְׂרָאֵל׃ וַיֹּאמֶר מֶלֶךְ־יִשְׂרָאֵל אֶל־עֲבָדָיו הַיְדַעְתֶּם כִּי־לָנוּ רָמֹת
ד גִּלְעָד וַאֲנַחְנוּ מַחְשִׁים מִקַּחַת אֹתָהּ מִיַּד מֶלֶךְ אֲרָם׃ וַיֹּאמֶר
אֶל־יְהוֹשָׁפָט הֲתֵלֵךְ אִתִּי לַמִּלְחָמָה רָמֹת גִּלְעָד וַיֹּאמֶר יְהוֹשָׁפָט
אֶל־מֶלֶךְ יִשְׂרָאֵל כָּמוֹנִי כָמוֹךָ כְּעַמִּי כְעַמֶּךָ כְּסוּסַי כְּסוּסֶיךָ׃
ה וַיֹּאמֶר יְהוֹשָׁפָט אֶל־מֶלֶךְ יִשְׂרָאֵל דְּרָשׁ־נָא כַיּוֹם אֶת־דְּבַר
ו יְהוָה׃ וַיִּקְבֹּץ מֶלֶךְ־יִשְׂרָאֵל אֶת־הַנְּבִיאִים כְּאַרְבַּע מֵאוֹת אִישׁ

וַיֹּאמֶר אֲלֵהֶם הַאֵלֵךְ עַל־רָמֹת גִּלְעָד לַמִּלְחָמָה אִם־אֶחְדָּל
וַיֹּאמְרוּ עֲלֵה וְיִתֵּן אֲדֹנָי בְּיַד הַמֶּלֶךְ׃ וַיֹּאמֶר יְהוֹשָׁפָט הַאֵין פֹּה ז
נָבִיא לַיהוָה עוֹד וְנִדְרְשָׁה מֵאוֹתוֹ׃ וַיֹּאמֶר מֶלֶךְ־יִשְׂרָאֵל ׀ אֶל־ ח
יְהוֹשָׁפָט עוֹד אִישׁ־אֶחָד לִדְרֹשׁ אֶת־יְהוָה מֵאֹתוֹ וַאֲנִי שְׂנֵאתִיו
כִּי לֹא־יִתְנַבֵּא עָלַי טוֹב כִּי אִם־רָע מִיכָיְהוּ בֶּן־יִמְלָה וַיֹּאמֶר
יְהוֹשָׁפָט אַל־יֹאמַר הַמֶּלֶךְ כֵּן׃ וַיִּקְרָא מֶלֶךְ יִשְׂרָאֵל אֶל־סָרִיס ט
אֶחָד וַיֹּאמֶר מַהֲרָה מִיכָיְהוּ בֶן־יִמְלָה׃ וּמֶלֶךְ יִשְׂרָאֵל וִיהוֹשָׁפָט י
מֶלֶךְ־יְהוּדָה יֹשְׁבִים אִישׁ עַל־כִּסְאוֹ מְלֻבָּשִׁים בְּגָדִים בְּגֹרֶן
פֶּתַח שַׁעַר שֹׁמְרוֹן וְכָל־הַנְּבִיאִים מִתְנַבְּאִים לִפְנֵיהֶם׃ וַיַּעַשׂ לוֹ יא
צִדְקִיָּה בֶן־כְּנַעֲנָה קַרְנֵי בַרְזֶל וַיֹּאמֶר כֹּה־אָמַר יְהוָה בְּאֵלֶּה
תְּנַגַּח אֶת־אֲרָם עַד־כַּלֹּתָם׃ וְכָל־הַנְּבִאִים נִבְּאִים כֵּן לֵאמֹר יב
עֲלֵה רָמֹת גִּלְעָד וְהַצְלַח וְנָתַן יְהוָה בְּיַד הַמֶּלֶךְ׃ וְהַמַּלְאָךְ יג
אֲשֶׁר־הָלַךְ ׀ לִקְרֹא מִיכָיְהוּ דִּבֶּר אֵלָיו לֵאמֹר הִנֵּה־נָא דִּבְרֵי
דְּבָרְךָ הַנְּבִיאִים פֶּה־אֶחָד טוֹב אֶל־הַמֶּלֶךְ יְהִי־נָא דבריך כִּדְבַר אַחַד
מֵהֶם וְדִבַּרְתָּ טּוֹב׃ וַיֹּאמֶר מִיכָיְהוּ חַי־יְהוָה כִּי אֶת־אֲשֶׁר יֹאמַר יד
יְהוָה אֵלַי אֹתוֹ אֲדַבֵּר׃ וַיָּבוֹא אֶל־הַמֶּלֶךְ וַיֹּאמֶר הַמֶּלֶךְ אֵלָיו טו
מִיכָיְהוּ הֲנֵלֵךְ אֶל־רָמֹת גִּלְעָד לַמִּלְחָמָה אִם־נֶחְדָּל וַיֹּאמֶר
אֵלָיו עֲלֵה וְהַצְלַח וְנָתַן יְהוָה בְּיַד הַמֶּלֶךְ׃ וַיֹּאמֶר אֵלָיו הַמֶּלֶךְ טז
עַד־כַּמֶּה פְעָמִים אֲנִי מַשְׁבִּעֶךָ אֲשֶׁר לֹא־תְדַבֵּר אֵלַי רַק־
אֱמֶת בְּשֵׁם יְהוָה׃ וַיֹּאמֶר רָאִיתִי אֶת־כָּל־יִשְׂרָאֵל נְפֹצִים אֶל־ יז
הֶהָרִים כַּצֹּאן אֲשֶׁר אֵין־לָהֶם רֹעֶה וַיֹּאמֶר יְהוָה לֹא־אֲדֹנִים
לָאֵלֶּה יָשׁוּבוּ אִישׁ־לְבֵיתוֹ בְּשָׁלוֹם׃ וַיֹּאמֶר מֶלֶךְ־יִשְׂרָאֵל אֶל־ יח
יְהוֹשָׁפָט הֲלוֹא אָמַרְתִּי אֵלֶיךָ לוֹא־יִתְנַבֵּא עָלַי טוֹב כִּי אִם־רָע׃
וַיֹּאמֶר לָכֵן שְׁמַע דְּבַר־יְהוָה רָאִיתִי אֶת־יְהוָה יֹשֵׁב עַל־כִּסְאוֹ יט
וְכָל־צְבָא הַשָּׁמַיִם עֹמֵד עָלָיו מִימִינוֹ וּמִשְּׂמֹאלוֹ׃ וַיֹּאמֶר יְהוָה כ
מִי יְפַתֶּה אֶת־אַחְאָב וְיַעַל וְיִפֹּל בְּרָמֹת גִּלְעָד וַיֹּאמֶר זֶה בְּכֹה
וְזֶה אֹמֵר בְּכֹה׃ וַיֵּצֵא הָרוּחַ וַיַּעֲמֹד לִפְנֵי יְהוָה וַיֹּאמֶר אֲנִי כא

כב אפתנו ויאמר יהוה אליו במה׃ ויאמר אצא והייתי רוח שקר
כג בפי כל־נביאיו ויאמר תפתה וגם־תוכל צא ועשה־כן׃ ועתה
הנה נתן יהוה רוח שקר בפי כל־נביאיך אלה ויהוה דבר
כד עליך רעה׃ ויגש צדקיהו בן־כנענה ויכה את־מיכיהו על־
הלחי ויאמר אי־זה עבר רוח־יהוה מאתי לדבר אותך׃
כה ויאמר מיכיהו הנך ראה ביום ההוא אשר תבא חדר בחדר
כו להחבה׃ ויאמר מלך ישראל קח את־מיכיהו והשיבהו אל־
כז אמן שר־העיר ואל־יואש בן־המלך׃ ואמרת כה אמר
המלך שימו את־זה בית הכלא והאכלהו לחם לחץ ומים
כח לחץ עד באי בשלום׃ ויאמר מיכיהו אם־שוב תשוב בשלום
כט לא־דבר יהוה בי ויאמר שמעו עמים כלם׃ ויעל מלך־
ל ישראל ויהושפט מלך־יהודה רמת גלעד׃ ויאמר מלך
ישראל אל־יהושפט התחפש ובא במלחמה ואתה לבש
לא בגדיך ויתחפש מלך ישראל ויבוא במלחמה׃ ומלך ארם
צוה את־שרי הרכב אשר־לו שלשים ושנים לאמר לא
תלחמו את־קטן ואת־גדול כי אם־את־מלך ישראל לבדו׃
לב ויהי כראות שרי הרכב את־יהושפט והמה אמרו אך מלך־
לג ישראל הוא ויסרו עליו להלחם ויזעק יהושפט׃ ויהי כראות
לד שרי הרכב כי־לא־מלך ישראל הוא וישובו מאחריו׃ ואיש
משך בקשת לתמו ויכה את־מלך ישראל בין הדבקים ובין
השרין ויאמר לרכבו הפך ידך והוציאני מן־המחנה כי
לה החליתי׃ ותעלה המלחמה ביום ההוא והמלך היה מעמד
במרכבה נכח ארם וימת בערב ויצק דם־המכה אל־חיק
לו הרכב׃ ויעבר הרנה במחנה כבא השמש לאמר איש אל־עירו
לז ואיש אל־ארצו׃ וימת המלך ויבוא שמרון ויקברו את־המלך
לח בשמרון׃ וישטף את־הרכב על ׀ ברכת שמרון וילקו הכלבים
לט את־דמו והזנות רחצו כדבר יהוה אשר דבר׃ ויתר דברי

אַחְאָב וְכָל־אֲשֶׁר עָשָׂה וּבֵית הַשֵּׁן אֲשֶׁר בָּנָה וְכָל־הֶעָרִים
אֲשֶׁר בָּנָה הֲלוֹא־הֵם כְּתוּבִים עַל־סֵפֶר דִּבְרֵי הַיָּמִים לְמַלְכֵי
יִשְׂרָאֵל׃ וַיִּשְׁכַּב אַחְאָב עִם־אֲבֹתָיו וַיִּמְלֹךְ אֲחַזְיָהוּ בְנוֹ מ
תַּחְתָּיו׃ וִיהוֹשָׁפָט בֶּן־אָסָא מָלַךְ עַל־יְהוּדָה מא
בִּשְׁנַת אַרְבַּע לְאַחְאָב מֶלֶךְ יִשְׂרָאֵל׃ יְהוֹשָׁפָט בֶּן־שְׁלֹשִׁים מב
וְחָמֵשׁ שָׁנָה בְּמָלְכוֹ וְעֶשְׂרִים וְחָמֵשׁ שָׁנָה מָלַךְ בִּירוּשָׁלִָם וְשֵׁם
יט אִמּוֹ עֲזוּבָה בַּת־שִׁלְחִי׃ וַיֵּלֶךְ בְּכָל־דֶּרֶךְ אָסָא אָבִיו לֹא־סָר מג
מִמֶּנּוּ לַעֲשׂוֹת הַיָּשָׁר בְּעֵינֵי יְהוָה׃ אַךְ הַבָּמוֹת לֹא־סָרוּ עוֹד מד
הָעָם מְזַבְּחִים וּמְקַטְּרִים בַּבָּמוֹת׃ וַיַּשְׁלֵם יְהוֹשָׁפָט עִם־מֶלֶךְ מה
יִשְׂרָאֵל׃ וְיֶתֶר דִּבְרֵי יְהוֹשָׁפָט וּגְבוּרָתוֹ אֲשֶׁר־עָשָׂה וַאֲשֶׁר מו
נִלְחָם הֲלֹא־הֵם כְּתוּבִים עַל־סֵפֶר דִּבְרֵי הַיָּמִים לְמַלְכֵי יְהוּדָה׃
וְיֶתֶר הַקָּדֵשׁ אֲשֶׁר נִשְׁאַר בִּימֵי אָסָא אָבִיו בִּעֵר מִן־הָאָרֶץ׃ מז
עָשָׂה וּמֶלֶךְ אֵין בֶּאֱדוֹם נִצָּב מֶלֶךְ׃ יְהוֹשָׁפָט עשר אֳנִיּוֹת תַּרְשִׁישׁ מח מט
נִשְׁבְּרוּ לָלֶכֶת אוֹפִירָה לַזָּהָב וְלֹא הָלָךְ כִּי־נשברה אֳנִיּוֹת בְּעֶצְיוֹן
גָּבֶר׃ אָז אָמַר אֲחַזְיָהוּ בֶן־אַחְאָב אֶל־יְהוֹשָׁפָט יֵלְכוּ עֲבָדַי נ
עִם־עֲבָדֶיךָ בָּאֳנִיּוֹת וְלֹא אָבָה יְהוֹשָׁפָט׃ וַיִּשְׁכַּב יְהוֹשָׁפָט עִם־ נא
אֲבֹתָיו וַיִּקָּבֵר עִם־אֲבֹתָיו בְּעִיר דָּוִד אָבִיו וַיִּמְלֹךְ יְהוֹרָם בְּנוֹ
תַּחְתָּיו׃ אֲחַזְיָהוּ בֶן־אַחְאָב מָלַךְ עַל־יִשְׂרָאֵל נב
בְּשֹׁמְרוֹן בִּשְׁנַת שְׁבַע עֶשְׂרֵה לִיהוֹשָׁפָט מֶלֶךְ יְהוּדָה וַיִּמְלֹךְ
עַל־יִשְׂרָאֵל שְׁנָתָיִם׃ וַיַּעַשׂ הָרַע בְּעֵינֵי יְהוָה וַיֵּלֶךְ בְּדֶרֶךְ אָבִיו נג
וּבְדֶרֶךְ אִמּוֹ וּבְדֶרֶךְ יָרָבְעָם בֶּן־נְבָט אֲשֶׁר הֶחֱטִיא אֶת־
יִשְׂרָאֵל׃ וַיַּעֲבֹד אֶת־הַבַּעַל וַיִּשְׁתַּחֲוֶה לוֹ וַיַּכְעֵס אֶת־יְהוָה נד
מלכים ב אֱלֹהֵי יִשְׂרָאֵל כְּכֹל אֲשֶׁר־עָשָׂה אָבִיו׃ וַיִּפְשַׁע מוֹאָב בְּיִשְׂרָאֵל א א
אַחֲרֵי מוֹת אַחְאָב׃ וַיִּפֹּל אֲחַזְיָה בְּעַד הַשְּׂבָכָה בַּעֲלִיָּתוֹ אֲשֶׁר ב
בְּשֹׁמְרוֹן וַיָּחַל וַיִּשְׁלַח מַלְאָכִים וַיֹּאמֶר אֲלֵהֶם לְכוּ דִרְשׁוּ בְּבַעַל
זְבוּב אֱלֹהֵי עֶקְרוֹן אִם־אֶחְיֶה מֵחֳלִי זֶה׃ וּמַלְאַךְ ג
יְהוָה דִּבֶּר אֶל־אֵלִיָּה הַתִּשְׁבִּי קוּם עֲלֵה לִקְרַאת מַלְאֲכֵי

מֶלֶךְ־שֹׁמְרוֹן וְדַבֵּר אֲלֵהֶם הֲמִבְּלִי אֵין־אֱלֹהִים בְּיִשְׂרָאֵל
ד אַתֶּם הֹלְכִים לִדְרֹשׁ בְּבַעַל זְבוּב אֱלֹהֵי עֶקְרוֹן׃ וְלָכֵן כֹּה־
אָמַר יְהוָה הַמִּטָּה אֲשֶׁר־עָלִיתָ שָּׁם לֹא־תֵרֵד מִמֶּנָּה כִּי מוֹת
ה תָּמוּת וַיֵּלֶךְ אֵלִיָּה׃ וַיָּשׁוּבוּ הַמַּלְאָכִים אֵלָיו וַיֹּאמֶר אֲלֵיהֶם מַה־
ו זֶּה שַׁבְתֶּם׃ וַיֹּאמְרוּ אֵלָיו אִישׁ ׀ עָלָה לִקְרָאתֵנוּ וַיֹּאמֶר אֵלֵינוּ
לְכוּ שׁוּבוּ אֶל־הַמֶּלֶךְ אֲשֶׁר־שָׁלַח אֶתְכֶם וְדִבַּרְתֶּם אֵלָיו כֹּה
אָמַר יְהוָה הֲמִבְּלִי אֵין־אֱלֹהִים בְּיִשְׂרָאֵל אַתָּה שֹׁלֵחַ לִדְרֹשׁ
בְּבַעַל זְבוּב אֱלֹהֵי עֶקְרוֹן לָכֵן הַמִּטָּה אֲשֶׁר־עָלִיתָ שָּׁם לֹא־
ז תֵרֵד מִמֶּנָּה כִּי־מוֹת תָּמוּת׃ וַיְדַבֵּר אֲלֵהֶם מֶה מִשְׁפַּט הָאִישׁ
אֲשֶׁר עָלָה לִקְרַאתְכֶם וַיְדַבֵּר אֲלֵיכֶם אֶת־הַדְּבָרִים הָאֵלֶּה׃
ח וַיֹּאמְרוּ אֵלָיו אִישׁ בַּעַל שֵׂעָר וְאֵזוֹר עוֹר אָזוּר בְּמָתְנָיו וַיֹּאמַר
ט אֵלִיָּה הַתִּשְׁבִּי הוּא׃ וַיִּשְׁלַח אֵלָיו שַׂר־חֲמִשִּׁים וַחֲמִשָּׁיו וַיַּעַל
אֵלָיו וְהִנֵּה יֹשֵׁב עַל־רֹאשׁ הָהָר וַיְדַבֵּר אֵלָיו אִישׁ הָאֱלֹהִים
י הַמֶּלֶךְ דִּבֶּר רֵדָה׃ וַיַּעֲנֶה אֵלִיָּהוּ וַיְדַבֵּר אֶל־שַׂר הַחֲמִשִּׁים וְאִם־
אִישׁ אֱלֹהִים אָנִי תֵּרֶד אֵשׁ מִן־הַשָּׁמַיִם וְתֹאכַל אֹתְךָ וְאֶת־
חֲמִשֶּׁיךָ וַתֵּרֶד אֵשׁ מִן־הַשָּׁמַיִם וַתֹּאכַל אֹתוֹ וְאֶת־חֲמִשָּׁיו׃
יא וַיָּשָׁב וַיִּשְׁלַח אֵלָיו שַׂר־חֲמִשִּׁים אַחֵר וַחֲמִשָּׁיו וַיַּעַן וַיְדַבֵּר אֵלָיו
יב אִישׁ הָאֱלֹהִים כֹּה־אָמַר הַמֶּלֶךְ מְהֵרָה רֵדָה׃ וַיַּעַן אֵלִיָּה וַיְדַבֵּר
אֲלֵיהֶם אִם־אִישׁ הָאֱלֹהִים אָנִי תֵּרֶד אֵשׁ מִן־הַשָּׁמַיִם וְתֹאכַל
אֹתְךָ וְאֶת־חֲמִשֶּׁיךָ וַתֵּרֶד אֵשׁ־אֱלֹהִים מִן־הַשָּׁמַיִם וַתֹּאכַל
יג אֹתוֹ וְאֶת־חֲמִשָּׁיו׃ וַיָּשָׁב וַיִּשְׁלַח שַׂר־חֲמִשִּׁים שְׁלִשִׁים וַחֲמִשָּׁיו
וַיַּעַל וַיָּבֹא שַׂר־הַחֲמִשִּׁים הַשְּׁלִישִׁי וַיִּכְרַע עַל־בִּרְכָּיו ׀ לְנֶגֶד
אֵלִיָּהוּ וַיִּתְחַנֵּן אֵלָיו וַיְדַבֵּר אֵלָיו אִישׁ הָאֱלֹהִים תִּיקַר־נָא נַפְשִׁי
יד וְנֶפֶשׁ עֲבָדֶיךָ אֵלֶּה חֲמִשִּׁים בְּעֵינֶיךָ׃ הִנֵּה יָרְדָה אֵשׁ מִן־הַשָּׁמַיִם
וַתֹּאכַל אֶת־שְׁנֵי שָׂרֵי הַחֲמִשִּׁים הָרִאשֹׁנִים וְאֶת־חֲמִשֵּׁיהֶם
טו וְעַתָּה תִּיקַר נַפְשִׁי בְּעֵינֶיךָ׃ וַיְדַבֵּר מַלְאַךְ יְהוָה
אֶל־אֵלִיָּהוּ רֵד אוֹתוֹ אַל־תִּירָא מִפָּנָיו וַיָּקָם וַיֵּרֶד אוֹתוֹ אֶל־

הַמֶּלֶךְ: וַיְדַבֵּר אֵלָיו כֹּה־אָמַר יהוה יַעַן אֲשֶׁר־שָׁלַחְתָּ מַלְאָכִים טז
לִדְרֹשׁ בְּבַעַל זְבוּב אֱלֹהֵי עֶקְרוֹן הֲמִבְּלִי אֵין־אֱלֹהִים בְּיִשְׂרָאֵל
לִדְרֹשׁ בִּדְבָרוֹ לָכֵן הַמִּטָּה אֲשֶׁר־עָלִיתָ שָּׁם לֹא־תֵרֵד מִמֶּנָּה
כִּי־מוֹת תָּמוּת: וַיָּמָת כִּדְבַר־יהוה ׀ אֲשֶׁר־דִּבֶּר אֵלִיָּהוּ וַיִּמְלֹךְ יז
יְהוֹרָם תַּחְתָּיו בִּשְׁנַת שְׁתַּיִם לִיהוֹרָם בֶּן־יְהוֹשָׁפָט
מֶלֶךְ יְהוּדָה כִּי לֹא־הָיָה לוֹ בֵּן: וְיֶתֶר דִּבְרֵי אֲחַזְיָהוּ אֲשֶׁר יח
עָשָׂה הֲלוֹא־הֵמָּה כְתוּבִים עַל־סֵפֶר דִּבְרֵי הַיָּמִים לְמַלְכֵי
יִשְׂרָאֵל: וַיְהִי בְּהַעֲלוֹת יהוה אֶת־אֵלִיָּהוּ בִּסְעָרָה א ב
הַשָּׁמָיִם וַיֵּלֶךְ אֵלִיָּהוּ וֶאֱלִישָׁע מִן־הַגִּלְגָּל: וַיֹּאמֶר אֵלִיָּהוּ אֶל־ ב
אֱלִישָׁע שֵׁב־נָא פֹה כִּי יהוה שְׁלָחַנִי עַד־בֵּית־אֵל וַיֹּאמֶר
אֱלִישָׁע חַי־יהוה וְחֵי־נַפְשְׁךָ אִם־אֶעֶזְבֶךָּ וַיֵּרְדוּ בֵּית־אֵל:
וַיֵּצְאוּ בְנֵי־הַנְּבִיאִים אֲשֶׁר־בֵּית־אֵל אֶל־אֱלִישָׁע וַיֹּאמְרוּ אֵלָיו ג
הֲיָדַעְתָּ כִּי הַיּוֹם יהוה לֹקֵחַ אֶת־אֲדֹנֶיךָ מֵעַל רֹאשֶׁךָ וַיֹּאמֶר
גַּם־אֲנִי יָדַעְתִּי הֶחֱשׁוּ: וַיֹּאמֶר לוֹ אֵלִיָּהוּ אֱלִישָׁע ׀ שֵׁב־נָא פֹה ד
כִּי יהוה שְׁלָחַנִי יְרִיחוֹ וַיֹּאמֶר חַי־יהוה וְחֵי־נַפְשְׁךָ אִם־אֶעֶזְבֶךָּ
וַיָּבֹאוּ יְרִיחוֹ: וַיִּגְּשׁוּ בְנֵי־הַנְּבִיאִים ׀ אֲשֶׁר־בִּירִיחוֹ אֶל־אֱלִישָׁע ה
וַיֹּאמְרוּ אֵלָיו הֲיָדַעְתָּ כִּי הַיּוֹם יהוה לֹקֵחַ אֶת־אֲדֹנֶיךָ מֵעַל
רֹאשֶׁךָ וַיֹּאמֶר גַּם־אֲנִי יָדַעְתִּי הֶחֱשׁוּ: וַיֹּאמֶר לוֹ אֵלִיָּהוּ שֵׁב־ ו
נָא פֹה כִּי יהוה שְׁלָחַנִי הַיַּרְדֵּנָה וַיֹּאמֶר חַי־יהוה וְחֵי־נַפְשְׁךָ
אִם־אֶעֶזְבֶךָּ וַיֵּלְכוּ שְׁנֵיהֶם: וַחֲמִשִּׁים אִישׁ מִבְּנֵי הַנְּבִיאִים הָלְכוּ ז
וַיַּעַמְדוּ מִנֶּגֶד מֵרָחוֹק וּשְׁנֵיהֶם עָמְדוּ עַל־הַיַּרְדֵּן: וַיִּקַּח אֵלִיָּהוּ ח
אֶת־אַדַּרְתּוֹ וַיִּגְלֹם וַיַּכֶּה אֶת־הַמַּיִם וַיֵּחָצוּ הֵנָּה וָהֵנָּה וַיַּעַבְרוּ
שְׁנֵיהֶם בֶּחָרָבָה: וַיְהִי כְעָבְרָם וְאֵלִיָּהוּ אָמַר אֶל־אֱלִישָׁע שְׁאַל ט
מָה אֶעֱשֶׂה־לָּךְ בְּטֶרֶם אֶלָּקַח מֵעִמָּךְ וַיֹּאמֶר אֱלִישָׁע וִיהִי־נָא
פִּי־שְׁנַיִם בְּרוּחֲךָ אֵלָי: וַיֹּאמֶר הִקְשִׁיתָ לִשְׁאוֹל אִם־תִּרְאֶה י
אֹתִי לֻקָּח מֵאִתָּךְ יְהִי־לְךָ כֵן וְאִם־אַיִן לֹא יִהְיֶה: וַיְהִי הֵמָּה יא
הֹלְכִים הָלוֹךְ וְדַבֵּר וְהִנֵּה רֶכֶב־אֵשׁ וְסוּסֵי אֵשׁ וַיַּפְרִדוּ בֵּין

יב שְׁנֵיהֶם וַיַּעַל אֵלִיָּהוּ בַּסְעָרָה הַשָּׁמָיִם׃ וֶאֱלִישָׁע רֹאֶה וְהוּא
מְצַעֵק אָבִי ׀ אָבִי רֶכֶב יִשְׂרָאֵל וּפָרָשָׁיו וְלֹא רָאָהוּ עוֹד וַיַּחֲזֵק
יג בִּבְגָדָיו וַיִּקְרָעֵם לִשְׁנַיִם קְרָעִים׃ וַיָּרֶם אֶת־אַדֶּרֶת אֵלִיָּהוּ אֲשֶׁר
יד נָפְלָה מֵעָלָיו וַיָּשָׁב וַיַּעֲמֹד עַל־שְׂפַת הַיַּרְדֵּן׃ וַיִּקַּח אֶת־אַדֶּרֶת
אֵלִיָּהוּ אֲשֶׁר־נָפְלָה מֵעָלָיו וַיַּכֶּה אֶת־הַמַּיִם וַיֹּאמַר אַיֵּה יְהוָה
אֱלֹהֵי אֵלִיָּהוּ אַף־הוּא ׀ וַיַּכֶּה אֶת־הַמַּיִם וַיֵּחָצוּ הֵנָּה וָהֵנָּה
טו וַיַּעֲבֹר אֱלִישָׁע׃ וַיִּרְאֻהוּ בְנֵי־הַנְּבִיאִים אֲשֶׁר־בִּירִיחוֹ מִנֶּגֶד כ
וַיֹּאמְרוּ נָחָה רוּחַ אֵלִיָּהוּ עַל־אֱלִישָׁע וַיָּבֹאוּ לִקְרָאתוֹ וַיִּשְׁתַּחֲווּ־
טז לוֹ אָרְצָה׃ וַיֹּאמְרוּ אֵלָיו הִנֵּה־נָא יֵשׁ־אֶת־עֲבָדֶיךָ חֲמִשִּׁים
אֲנָשִׁים בְּנֵי־חַיִל יֵלְכוּ־נָא וִיבַקְשׁוּ אֶת־אֲדֹנֶיךָ פֶּן־נְשָׂאוֹ רוּחַ
יְהוָה וַיַּשְׁלִכֵהוּ בְּאַחַד הֶהָרִים אוֹ בְּאַחַת הגיאות וַיֹּאמֶר לֹא הַגֵּאָיוֹת
יז תִשְׁלָחוּ׃ וַיִּפְצְרוּ־בוֹ עַד־בֹּשׁ וַיֹּאמֶר שְׁלָחוּ וַיְשַׁלְּחוּ חֲמִשִּׁים
יח אִישׁ וַיְבַקְשׁוּ שְׁלֹשָׁה־יָמִים וְלֹא מְצָאֻהוּ׃ וַיָּשֻׁבוּ אֵלָיו וְהוּא
יֹשֵׁב בִּירִיחוֹ וַיֹּאמֶר אֲלֵהֶם הֲלוֹא־אָמַרְתִּי אֲלֵיכֶם אַל־תֵּלֵכוּ׃
יט וַיֹּאמְרוּ אַנְשֵׁי הָעִיר אֶל־אֱלִישָׁע הִנֵּה־נָא מוֹשַׁב הָעִיר טוֹב
כ כַּאֲשֶׁר אֲדֹנִי רֹאֶה וְהַמַּיִם רָעִים וְהָאָרֶץ מְשַׁכָּלֶת׃ וַיֹּאמֶר קְחוּ־
כא לִי צְלֹחִית חֲדָשָׁה וְשִׂימוּ שָׁם מֶלַח וַיִּקְחוּ אֵלָיו׃ וַיֵּצֵא אֶל־
מוֹצָא הַמַּיִם וַיַּשְׁלֶךְ־שָׁם מֶלַח וַיֹּאמֶר כֹּה־אָמַר יְהוָה רִפִּאתִי
כב לַמַּיִם הָאֵלֶּה לֹא־יִהְיֶה מִשָּׁם עוֹד מָוֶת וּמְשַׁכָּלֶת׃ וַיֵּרָפוּ הַמַּיִם
כג עַד הַיּוֹם הַזֶּה כִּדְבַר אֱלִישָׁע אֲשֶׁר דִּבֵּר׃ וַיַּעַל
מִשָּׁם בֵּית־אֵל וְהוּא ׀ עֹלֶה בַדֶּרֶךְ וּנְעָרִים קְטַנִּים יָצְאוּ מִן־
כד הָעִיר וַיִּתְקַלְּסוּ־בוֹ וַיֹּאמְרוּ לוֹ עֲלֵה קֵרֵחַ עֲלֵה קֵרֵחַ׃ וַיִּפֶן
אַחֲרָיו וַיִּרְאֵם וַיְקַלְלֵם בְּשֵׁם יְהוָה וַתֵּצֶאנָה שְׁתַּיִם דֻּבִּים מִן־
כה הַיַּעַר וַתְּבַקַּעְנָה מֵהֶם אַרְבָּעִים וּשְׁנֵי יְלָדִים׃ וַיֵּלֶךְ מִשָּׁם אֶל־
ג א הַר הַכַּרְמֶל וּמִשָּׁם שָׁב שֹׁמְרוֹן׃ וִיהוֹרָם בֶּן־
אַחְאָב מָלַךְ עַל־יִשְׂרָאֵל בְּשֹׁמְרוֹן בִּשְׁנַת שְׁמֹנֶה עֶשְׂרֵה
ב לִיהוֹשָׁפָט מֶלֶךְ יְהוּדָה וַיִּמְלֹךְ שְׁתֵּים־עֶשְׂרֵה שָׁנָה׃ וַיַּעֲשֶׂה

הָרַע בְּעֵינֵי יְהוָה רַק לֹא כְאָבִיו וּכְאִמּוֹ וַיָּסַר אֶת־מַצְּבַת הַבַּעַל
אֲשֶׁר עָשָׂה אָבִיו: רַק בְּחַטֹּאות יָרָבְעָם בֶּן־נְבָט אֲשֶׁר־הֶחֱטִיא ג
אֶת־יִשְׂרָאֵל דָּבֵק לֹא־סָר מִמֶּנָּה: וּמֵישַׁע מֶלֶךְ־ ד
מוֹאָב הָיָה נֹקֵד וְהֵשִׁיב לְמֶלֶךְ־יִשְׂרָאֵל מֵאָה־אֶלֶף כָּרִים
וּמֵאָה אֶלֶף אֵילִים צָמֶר: וַיְהִי כְּמוֹת אַחְאָב וַיִּפְשַׁע מֶלֶךְ־ ה
מוֹאָב בְּמֶלֶךְ יִשְׂרָאֵל: וַיֵּצֵא הַמֶּלֶךְ יְהוֹרָם בַּיּוֹם הַהוּא מִשֹּׁמְרוֹן ו
וַיִּפְקֹד אֶת־כָּל־יִשְׂרָאֵל: וַיֵּלֶךְ וַיִּשְׁלַח אֶל־יְהוֹשָׁפָט מֶלֶךְ־ ז
יְהוּדָה לֵאמֹר מֶלֶךְ מוֹאָב פָּשַׁע בִּי הֲתֵלֵךְ אִתִּי אֶל־מוֹאָב
לַמִּלְחָמָה וַיֹּאמֶר אֶעֱלֶה כָּמוֹנִי כָמוֹךָ כְּעַמִּי כְעַמֶּךָ כְּסוּסַי
כְּסוּסֶיךָ: וַיֹּאמֶר אֵי־זֶה הַדֶּרֶךְ נַעֲלֶה וַיֹּאמֶר דֶּרֶךְ מִדְבַּר אֱדוֹם: ח
וַיֵּלֶךְ מֶלֶךְ יִשְׂרָאֵל וּמֶלֶךְ־יְהוּדָה וּמֶלֶךְ אֱדוֹם וַיָּסֹבּוּ דֶּרֶךְ שִׁבְעַת ט
יָמִים וְלֹא־הָיָה מַיִם לַמַּחֲנֶה וְלַבְּהֵמָה אֲשֶׁר בְּרַגְלֵיהֶם: וַיֹּאמֶר י
מֶלֶךְ יִשְׂרָאֵל אֲהָהּ כִּי־קָרָא יְהוָה לִשְׁלֹשֶׁת הַמְּלָכִים הָאֵלֶּה
לָתֵת אוֹתָם בְּיַד־מוֹאָב: וַיֹּאמֶר יְהוֹשָׁפָט הַאֵין פֹּה נָבִיא לַיהוָה יא
וְנִדְרְשָׁה אֶת־יְהוָה מֵאוֹתוֹ וַיַּעַן אֶחָד מֵעַבְדֵי מֶלֶךְ־יִשְׂרָאֵל
וַיֹּאמֶר פֹּה אֱלִישָׁע בֶּן־שָׁפָט אֲשֶׁר־יָצַק מַיִם עַל־יְדֵי אֵלִיָּהוּ:
וַיֹּאמֶר יְהוֹשָׁפָט יֵשׁ אוֹתוֹ דְּבַר־יְהוָה וַיֵּרְדוּ אֵלָיו מֶלֶךְ יִשְׂרָאֵל יב
וִיהוֹשָׁפָט וּמֶלֶךְ אֱדוֹם: וַיֹּאמֶר אֱלִישָׁע אֶל־מֶלֶךְ יִשְׂרָאֵל מַה־לִּי יג
וָלָךְ לֵךְ אֶל־נְבִיאֵי אָבִיךָ וְאֶל־נְבִיאֵי אִמֶּךָ וַיֹּאמֶר לוֹ מֶלֶךְ
יִשְׂרָאֵל אַל כִּי־קָרָא יְהוָה לִשְׁלֹשֶׁת הַמְּלָכִים הָאֵלֶּה לָתֵת
אוֹתָם בְּיַד מוֹאָב: וַיֹּאמֶר אֱלִישָׁע חַי־יְהוָה צְבָאוֹת אֲשֶׁר יד
עָמַדְתִּי לְפָנָיו כִּי לוּלֵי פְּנֵי יְהוֹשָׁפָט מֶלֶךְ־יְהוּדָה אֲנִי נֹשֵׂא אִם־
אַבִּיט אֵלֶיךָ וְאִם־אֶרְאֶךָּ: וְעַתָּה קְחוּ־לִי מְנַגֵּן וְהָיָה כְּנַגֵּן טו
הַמְנַגֵּן וַתְּהִי עָלָיו יַד יְהוָה: וַיֹּאמֶר כֹּה אָמַר יְהוָה עָשֹׂה הַנַּחַל טז
הַזֶּה גֵּבִים ׀ גֵּבִים: כִּי־כֹה ׀ אָמַר יְהוָה לֹא־תִרְאוּ רוּחַ וְלֹא־ יז
תִרְאוּ גֶשֶׁם וְהַנַּחַל הַהוּא יִמָּלֵא מָיִם וּשְׁתִיתֶם אַתֶּם וּמִקְנֵיכֶם
וּבְהֶמְתְּכֶם: וְנָקַל זֹאת בְּעֵינֵי יְהוָה וְנָתַן אֶת־מוֹאָב בְּיֶדְכֶם: יח

יט וְהִכִּיתֶ֞ם כָּל־עִ֤יר מִבְצָר֙ וְכָל־עִ֣יר מִבְח֔וֹר וְכָל־עֵ֥ץ טוֹב֙ תַּפִּ֔ילוּ
וְכָל־מַעְיְנֵי־מַ֖יִם תִּסְתֹּ֑מוּ וְכֹל֙ הַחֶלְקָ֣ה הַטּוֹבָ֔ה תַּכְאִ֖בוּ
כ בָּאֲבָנִֽים׃ וַיְהִ֤י בַבֹּ֙קֶר֙ כַּעֲל֣וֹת הַמִּנְחָ֔ה וְהִנֵּה־מַ֥יִם בָּאִ֖ים מִדֶּ֣רֶךְ
כא אֱד֑וֹם וַתִּמָּלֵ֥א הָאָ֖רֶץ אֶת־הַמָּֽיִם׃ וְכָל־מוֹאָב֙ שָֽׁמְע֔וּ כִּֽי־עָל֥וּ
הַמְּלָכִ֖ים לְהִלָּ֣חֶם בָּ֑ם וַיִּצָּעֲק֗וּ מִכֹּ֨ל חֹגֵ֤ר חֲגֹרָה֙ וָמַ֔עְלָה וַיַּֽעַמְד֖וּ
כב עַל־הַגְּבֽוּל׃ וַיַּשְׁכִּ֣ימוּ בַבֹּ֔קֶר וְהַשֶּׁ֖מֶשׁ זָרְחָ֣ה עַל־הַמָּ֑יִם וַיִּרְא֨וּ
כג מוֹאָ֥ב מִנֶּ֛גֶד אֶת־הַמַּ֖יִם אֲדֻמִּ֥ים כַּדָּֽם׃ וַיֹּאמְרוּ֙ דָּ֣ם זֶ֔ה הָחֳרֵ֤ב
נֶחֶרְבוּ֙ הַמְּלָכִ֔ים וַיַּכּ֖וּ אִ֣ישׁ אֶת־רֵעֵ֑הוּ וְעַתָּ֥ה לַשָּׁלָ֖ל מוֹאָֽב׃
כד וַיָּבֹ֜אוּ אֶל־מַחֲנֵ֣ה יִשְׂרָאֵ֗ל וַיָּקֻ֤מוּ יִשְׂרָאֵל֙ וַיַּכּ֣וּ אֶת־מוֹאָ֔ב וַיָּנֻ֖סוּ
כה מִפְּנֵיהֶ֑ם וַיַּבוּ־בָ֔הּ וְהַכּ֖וֹת אֶת־מוֹאָֽב׃ וְהֶעָרִ֣ים יַהֲרֹ֗סוּ וְכָל־ וַיַּכּוּ־
חֶלְקָ֨ה טוֹבָ֜ה יַשְׁלִ֣יכוּ אִישׁ־אַבְנוֹ֮ וּמִלְאוּהָ֒ וְכָל־מַעְיַן־מַ֣יִם
יִסְתֹּ֗מוּ וְכָל־עֵץ־ט֙וֹב֙ יַפִּ֔ילוּ עַד־הִשְׁאִ֧יר אֲבָנֶ֛יהָ בַּקִּ֥יר חֲרֶ֖שֶׂת
כו וַיָּסֹ֥בּוּ הַקַּלָּעִ֖ים וַיַּכּֽוּהָ׃ וַיַּרְא֙ מֶ֣לֶךְ מוֹאָ֔ב כִּֽי־חָזַ֥ק מִמֶּ֖נּוּ
הַמִּלְחָמָ֑ה וַיִּקַּ֣ח אוֹת֡וֹ שְׁבַע־מֵא֨וֹת אִ֜ישׁ שֹׁ֣לֵֽף חֶ֗רֶב לְהַבְקִ֛יעַ
כז אֶל־מֶ֥לֶךְ אֱד֖וֹם וְלֹ֥א יָכֹֽלוּ׃ וַיִּקַּ֞ח אֶת־בְּנ֣וֹ הַבְּכ֗וֹר אֲשֶׁר־יִמְלֹ֣ךְ
תַּחְתָּ֔יו וַיַּעֲלֵ֤הוּ עֹלָה֙ עַל־הַ֣חֹמָ֔ה וַיְהִ֥י קֶצֶף־גָּד֖וֹל עַל־יִשְׂרָאֵ֑ל
ד א וַיִּסְעוּ֙ מֵֽעָלָ֔יו וַיָּשֻׁ֖בוּ לָאָֽרֶץ׃ וְאִשָּׁ֣ה אַחַ֣ת מִנְּשֵׁ֣י
בְנֵֽי־הַ֠נְּבִיאִים צָעֲקָ֨ה אֶל־אֱלִישָׁ֜ע לֵאמֹ֗ר עַבְדְּךָ֤ אִישִׁי֙ מֵ֔ת
וְאַתָּ֣ה יָדַ֔עְתָּ כִּ֣י עַבְדְּךָ֔ הָיָ֥ה יָרֵ֖א אֶת־יְהוָ֑ה וְהַ֨נֹּשֶׁ֔ה בָּ֗א לָקַ֜חַת
ב אֶת־שְׁנֵ֧י יְלָדַ֛י ל֖וֹ לַעֲבָדִֽים׃ וַיֹּ֨אמֶר אֵלֶ֤יהָ אֱלִישָׁע֙ מָ֣ה אֶֽעֱשֶׂה־
לָּ֔ךְ הַגִּ֣ידִי לִ֔י מַה־יֶּשׁ־לָ֖כי בַּבָּ֑יִת וַתֹּ֗אמֶר אֵ֣ין לְשִׁפְחָתְךָ֥ כֹל֙ לָ֖ךְ
ג בַּבַּ֔יִת כִּ֖י אִם־אָס֥וּךְ שָֽׁמֶן׃ וַיֹּ֗אמֶר לְכִ֨י שַׁאֲלִי־לָ֤ךְ כֵּלִים֙ מִן־
ד הַח֔וּץ מֵאֵ֖ת כָּל־שְׁכֵנָ֑כי כֵּלִ֣ים רֵקִ֔ים אַל־תַּמְעִֽיטִי׃ וּבָ֗את שְׁכֵנָ֑יִךְ
וְסָגַ֤רְתְּ הַדֶּ֙לֶת֙ בַּעֲדֵ֣ךְ וּבְעַד־בָּנַ֔יִךְ וְיָצַ֕קְתְּ עַ֖ל כָּל־הַכֵּלִ֣ים הָאֵ֑לֶּה
ה וְהַמָּלֵ֖א תַּסִּֽיעִי׃ וַתֵּ֙לֶךְ֙ מֵֽאִתּ֔וֹ וַתִּסְגֹּ֣ר הַדֶּ֔לֶת בַּעֲדָ֖הּ וּבְעַ֣ד בָּנֶ֑יהָ
ו הֵ֛ם מַגִּשִׁ֥ים אֵלֶ֖יהָ וְהִ֥יא מיצקת׃ וַיְהִ֣י ׀ כִּמְלֹ֣את הַכֵּלִ֗ים מוֹצָֽקֶת
וַתֹּ֤אמֶר אֶל־בְּנָהּ֙ הַגִּ֨ישָׁה אֵלַ֥י עוֹד֙ כֶּ֔לִי וַיֹּ֣אמֶר אֵלֶ֔יהָ אֵ֥ין ע֖וֹד

ז כְּלִי וַיַּעֲמֹד הַשָּׁמֶן׃ וַתָּבֹא וַתַּגֵּד לְאִישׁ הָאֱלֹהִים וַיֹּאמֶר
לְכִי מִכְרִי אֶת־הַשֶּׁמֶן וְשַׁלְּמִי אֶת־נשיכי וְאַתְּ בניכי תִּחְיִי נִשְׁיֵךְ | וּבָנַיִךְ
ח בַּנּוֹתָר׃ וַיְהִי הַיּוֹם וַיַּעֲבֹר אֱלִישָׁע אֶל־שׁוּנֵם
וְשָׁם אִשָּׁה גְדוֹלָה וַתַּחֲזֶק־בּוֹ לֶאֱכָל־לָחֶם וַיְהִי מִדֵּי עָבְרוֹ יָסֻר
ט שָׁמָּה לֶאֱכָל־לָחֶם׃ וַתֹּאמֶר אֶל־אִישָׁהּ הִנֵּה־נָא יָדַעְתִּי כִּי
י אִישׁ אֱלֹהִים קָדוֹשׁ הוּא עֹבֵר עָלֵינוּ תָּמִיד׃ נַעֲשֶׂה־נָּא עֲלִיַּת־
קִיר קְטַנָּה וְנָשִׂים לוֹ שָׁם מִטָּה וְשֻׁלְחָן וְכִסֵּא וּמְנוֹרָה וְהָיָה
יא בְּבֹאוֹ אֵלֵינוּ יָסוּר שָׁמָּה׃ וַיְהִי הַיּוֹם וַיָּבֹא שָׁמָּה וַיָּסַר אֶל־
יב הָעֲלִיָּה וַיִּשְׁכַּב־שָׁמָּה׃ וַיֹּאמֶר אֶל־גֵּיחֲזִי נַעֲרוֹ קְרָא לַשּׁוּנַמִּית
יג הַזֹּאת וַיִּקְרָא־לָהּ וַתַּעֲמֹד לְפָנָיו׃ וַיֹּאמֶר לוֹ אֱמָר־נָא אֵלֶיהָ
הִנֵּה חָרַדְתְּ ׀ אֵלֵינוּ אֶת־כָּל־הַחֲרָדָה הַזֹּאת מֶה לַעֲשׂוֹת לָךְ
הֲיֵשׁ לְדַבֶּר־לָךְ אֶל־הַמֶּלֶךְ אוֹ אֶל־שַׂר הַצָּבָא וַתֹּאמֶר בְּתוֹךְ
יד עַמִּי אָנֹכִי יֹשָׁבֶת׃ וַיֹּאמֶר וּמֶה לַעֲשׂוֹת לָהּ וַיֹּאמֶר גֵּיחֲזִי אֲבָל
טו בֵּן אֵין־לָהּ וְאִישָׁהּ זָקֵן׃ וַיֹּאמֶר קְרָא־לָהּ וַיִּקְרָא־לָהּ וַתַּעֲמֹד
טז בַּפָּתַח׃ וַיֹּאמֶר לַמּוֹעֵד הַזֶּה כָּעֵת חַיָּה אתי חֹבֶקֶת בֵּן וַתֹּאמֶר אַתְּ
יז אַל־אֲדֹנִי אִישׁ הָאֱלֹהִים אַל־תְּכַזֵּב בְּשִׁפְחָתֶךָ׃ וַתַּהַר הָאִשָּׁה
וַתֵּלֶד בֵּן לַמּוֹעֵד הַזֶּה כָּעֵת חַיָּה אֲשֶׁר־דִּבֶּר אֵלֶיהָ אֱלִישָׁע׃
יח יט וַיִּגְדַּל הַיָּלֶד וַיְהִי הַיּוֹם וַיֵּצֵא אֶל־אָבִיו אֶל־הַקֹּצְרִים׃ וַיֹּאמֶר
אֶל־אָבִיו רֹאשִׁי ׀ רֹאשִׁי וַיֹּאמֶר אֶל־הַנַּעַר שָׂאֵהוּ אֶל־אִמּוֹ׃
כ וַיִּשָּׂאֵהוּ וַיְבִיאֵהוּ אֶל־אִמּוֹ וַיֵּשֶׁב עַל־בִּרְכֶּיהָ עַד־הַצָּהֳרַיִם
כא וַיָּמֹת׃ וַתַּעַל וַתַּשְׁכִּבֵהוּ עַל־מִטַּת אִישׁ הָאֱלֹהִים וַתִּסְגֹּר בַּעֲדוֹ
כב וַתֵּצֵא׃ וַתִּקְרָא אֶל־אִישָׁהּ וַתֹּאמֶר שִׁלְחָה נָא לִי אֶחָד מִן־
הַנְּעָרִים וְאַחַת הָאֲתֹנוֹת וְאָרוּצָה עַד־אִישׁ הָאֱלֹהִים וְאָשׁוּבָה׃
כג וַיֹּאמֶר מַדּוּעַ אתי הלכתי אֵלָיו הַיּוֹם לֹא־חֹדֶשׁ וְלֹא שַׁבָּת אַתְּ הֹלֶכֶת
כד וַתֹּאמֶר שָׁלוֹם׃ וַתַּחֲבֹשׁ הָאָתוֹן וַתֹּאמֶר אֶל־נַעֲרָהּ נְהַג וָלֵךְ
כה אַל־תַּעֲצָר־לִי לִרְכֹּב כִּי אִם־אָמַרְתִּי לָךְ׃ וַתֵּלֶךְ וַתָּבוֹא אֶל־
אִישׁ הָאֱלֹהִים אֶל־הַר הַכַּרְמֶל וַיְהִי כִּרְאוֹת אִישׁ־הָאֱלֹהִים

כו אַתָּה מִנֶּגֶד וַיֹּאמֶר אֶל־גֵּיחֲזִי נַעֲרוֹ הִנֵּה הַשּׁוּנַמִּית הַלָּז: עַתָּה
רוּץ־נָא לִקְרָאתָהּ וֶאֱמָר־לָהּ הֲשָׁלוֹם לָךְ הֲשָׁלוֹם לְאִישֵׁךְ
כז הֲשָׁלוֹם לַיָּלֶד וַתֹּאמֶר שָׁלוֹם: וַתָּבֹא אֶל־אִישׁ הָאֱלֹהִים אֶל־
הָהָר וַתַּחֲזֵק בְּרַגְלָיו וַיִּגַּשׁ גֵּיחֲזִי לְהָדְפָהּ וַיֹּאמֶר אִישׁ הָאֱלֹהִים
הַרְפֵּה־לָהּ כִּי־נַפְשָׁהּ מָרָה־לָהּ וַיהוָה הֶעְלִים מִמֶּנִּי וְלֹא הִגִּיד
כח לִי: וַתֹּאמֶר הֲשָׁאַלְתִּי בֵן מֵאֵת אֲדֹנִי הֲלֹא אָמַרְתִּי לֹא תַשְׁלֶה
כט אֹתִי: וַיֹּאמֶר לְגֵיחֲזִי חֲגֹר מָתְנֶיךָ וְקַח מִשְׁעַנְתִּי בְיָדְךָ וָלֵךְ כִּי־
תִמְצָא אִישׁ לֹא תְבָרְכֶנּוּ וְכִי־יְבָרֶכְךָ אִישׁ לֹא תַעֲנֶנּוּ וְשַׂמְתָּ
ל מִשְׁעַנְתִּי עַל־פְּנֵי הַנָּעַר: וַתֹּאמֶר אֵם הַנַּעַר חַי־יְהוָה וְחֵי־נַפְשְׁךָ
לא אִם־אֶעֶזְבֶךָּ וַיָּקָם וַיֵּלֶךְ אַחֲרֶיהָ: וְגֵחֲזִי עָבַר לִפְנֵיהֶם וַיָּשֶׂם אֶת־
הַמִּשְׁעֶנֶת עַל־פְּנֵי הַנַּעַר וְאֵין קוֹל וְאֵין קָשֶׁב וַיָּשָׁב לִקְרָאתוֹ
לב וַיַּגֶּד־לוֹ לֵאמֹר לֹא הֵקִיץ הַנָּעַר: וַיָּבֹא אֱלִישָׁע הַבָּיְתָה וְהִנֵּה
לג הַנַּעַר מֵת מֻשְׁכָּב עַל־מִטָּתוֹ: וַיָּבֹא וַיִּסְגֹּר הַדֶּלֶת בְּעַד שְׁנֵיהֶם
לד וַיִּתְפַּלֵּל אֶל־יְהוָה: וַיַּעַל וַיִּשְׁכַּב עַל־הַיֶּלֶד וַיָּשֶׂם פִּיו עַל־פִּיו
וְעֵינָיו עַל־עֵינָיו וְכַפָּיו עַל־כַּפָּו וַיִּגְהַר עָלָיו וַיָּחָם בְּשַׂר הַיָּלֶד:
לה וַיָּשָׁב וַיֵּלֶךְ בַּבַּיִת אַחַת הֵנָּה וְאַחַת הֵנָּה וַיַּעַל וַיִּגְהַר עָלָיו וַיְזוֹרֵר
לו הַנַּעַר עַד־שֶׁבַע פְּעָמִים וַיִּפְקַח הַנַּעַר אֶת־עֵינָיו: וַיִּקְרָא אֶל־
גֵּיחֲזִי וַיֹּאמֶר קְרָא אֶל־הַשֻּׁנַמִּית הַזֹּאת וַיִּקְרָאֶהָ וַתָּבוֹא אֵלָיו
לז וַיֹּאמֶר שְׂאִי בְנֵךְ: וַתָּבֹא וַתִּפֹּל עַל־רַגְלָיו וַתִּשְׁתַּחוּ אָרְצָה
לח וַתִּשָּׂא אֶת־בְּנָהּ וַתֵּצֵא: וֶאֱלִישָׁע שָׁב הַגִּלְגָּלָה
וְהָרָעָב בָּאָרֶץ וּבְנֵי הַנְּבִיאִים יֹשְׁבִים לְפָנָיו וַיֹּאמֶר לְנַעֲרוֹ שְׁפֹת
לט הַסִּיר הַגְּדוֹלָה וּבַשֵּׁל נָזִיד לִבְנֵי הַנְּבִיאִים: וַיֵּצֵא אֶחָד אֶל־
הַשָּׂדֶה לְלַקֵּט אֹרֹת וַיִּמְצָא גֶּפֶן שָׂדֶה וַיְלַקֵּט מִמֶּנּוּ פַּקֻּעֹת שָׂדֶה
מ מְלֹא בִגְדוֹ וַיָּבֹא וַיְפַלַּח אֶל־סִיר הַנָּזִיד כִּי־לֹא יָדָעוּ: וַיִּצְקוּ
לַאֲנָשִׁים לֶאֱכוֹל וַיְהִי כְּאָכְלָם מֵהַנָּזִיד וְהֵמָּה צָעָקוּ וַיֹּאמְרוּ מָוֶת
מא בַּסִּיר אִישׁ הָאֱלֹהִים וְלֹא יָכְלוּ לֶאֱכֹל: וַיֹּאמֶר וּקְחוּ־קֶמַח
וַיַּשְׁלֵךְ אֶל־הַסִּיר וַיֹּאמֶר צַק לָעָם וְיֹאכֵלוּ וְלֹא הָיָה דָּבָר רָע

בַּסִּיר: וְאִישׁ בָּא מִבַּעַל שָׁלִשָׁה וַיָּבֵא לְאִישׁ מב
הָאֱלֹהִים לֶחֶם בִּכּוּרִים עֶשְׂרִים־לֶחֶם שְׂעֹרִים וְכַרְמֶל בְּצִקְלֹנוֹ
וַיֹּאמֶר תֵּן לָעָם וְיֹאכֵלוּ: וַיֹּאמֶר מְשָׁרְתוֹ מָה אֶתֵּן זֶה לִפְנֵי מֵאָה מג
אִישׁ וַיֹּאמֶר תֵּן לָעָם וְיֹאכֵלוּ כִּי כֹה אָמַר יְהוָה אָכֹל וְהוֹתֵר:
וַיִּתֵּן לִפְנֵיהֶם וַיֹּאכְלוּ וַיּוֹתִרוּ כִּדְבַר יְהוָה: וְנַעֲמָן מד ה א
שַׂר־צְבָא מֶלֶךְ־אֲרָם הָיָה אִישׁ גָּדוֹל לִפְנֵי אֲדֹנָיו וּנְשֻׂא פָנִים
כִּי־בוֹ נָתַן־יְהוָה תְּשׁוּעָה לַאֲרָם וְהָאִישׁ הָיָה גִּבּוֹר חַיִל מְצֹרָע:
וַאֲרָם יָצְאוּ גְדוּדִים וַיִּשְׁבּוּ מֵאֶרֶץ יִשְׂרָאֵל נַעֲרָה קְטַנָּה וַתְּהִי ב
לִפְנֵי אֵשֶׁת נַעֲמָן: וַתֹּאמֶר אֶל־גְּבִרְתָּהּ אַחֲלֵי אֲדֹנִי לִפְנֵי ג
הַנָּבִיא אֲשֶׁר בְּשֹׁמְרוֹן אָז יֶאֱסֹף אֹתוֹ מִצָּרַעְתּוֹ: וַיָּבֹא וַיַּגֵּד ד
לַאדֹנָיו לֵאמֹר כָּזֹאת וְכָזֹאת דִּבְּרָה הַנַּעֲרָה אֲשֶׁר מֵאֶרֶץ
יִשְׂרָאֵל: וַיֹּאמֶר מֶלֶךְ־אֲרָם לֶךְ־בֹּא וְאֶשְׁלְחָה סֵפֶר אֶל־מֶלֶךְ ה
יִשְׂרָאֵל וַיֵּלֶךְ וַיִּקַּח בְּיָדוֹ עֶשֶׂר כִּכְּרֵי־כֶסֶף וְשֵׁשֶׁת אֲלָפִים זָהָב
וְעֶשֶׂר חֲלִיפוֹת בְּגָדִים: וַיָּבֵא הַסֵּפֶר אֶל־מֶלֶךְ יִשְׂרָאֵל לֵאמֹר ו
וְעַתָּה כְּבוֹא הַסֵּפֶר הַזֶּה אֵלֶיךָ הִנֵּה שָׁלַחְתִּי אֵלֶיךָ אֶת־נַעֲמָן
עַבְדִּי וַאֲסַפְתּוֹ מִצָּרַעְתּוֹ: וַיְהִי כִּקְרֹא מֶלֶךְ־יִשְׂרָאֵל אֶת־ ז
הַסֵּפֶר וַיִּקְרַע בְּגָדָיו וַיֹּאמֶר הַאֱלֹהִים אָנִי לְהָמִית וּלְהַחֲיוֹת כִּי־
זֶה שֹׁלֵחַ אֵלַי לֶאֱסֹף אִישׁ מִצָּרַעְתּוֹ כִּי אַךְ־דְּעוּ־נָא וּרְאוּ כִּי־
מִתְאַנֶּה הוּא לִי: וַיְהִי כִּשְׁמֹעַ אֱלִישָׁע אִישׁ־הָאֱלֹהִים כִּי־ ח
קָרַע מֶלֶךְ־יִשְׂרָאֵל אֶת־בְּגָדָיו וַיִּשְׁלַח אֶל־הַמֶּלֶךְ לֵאמֹר לָמָּה
קָרַעְתָּ בְּגָדֶיךָ יָבֹא־נָא אֵלַי וְיֵדַע כִּי יֵשׁ נָבִיא בְּיִשְׂרָאֵל: וַיָּבֹא ט
נַעֲמָן בְּסוּסָו וּבְרִכְבּוֹ וַיַּעֲמֹד פֶּתַח־הַבַּיִת לֶאֱלִישָׁע: וַיִּשְׁלַח י
אֵלָיו אֱלִישָׁע מַלְאָךְ לֵאמֹר הָלוֹךְ וְרָחַצְתָּ שֶׁבַע־פְּעָמִים בַּיַּרְדֵּן
וְיָשֹׁב בְּשָׂרְךָ לְךָ וּטְהָר: וַיִּקְצֹף נַעֲמָן וַיֵּלַךְ וַיֹּאמֶר הִנֵּה אָמַרְתִּי יא
אֵלַי יֵצֵא יָצוֹא וְעָמַד וְקָרָא בְּשֵׁם־יְהוָה אֱלֹהָיו וְהֵנִיף יָדוֹ אֶל־
הַמָּקוֹם וְאָסַף הַמְּצֹרָע: הֲלֹא טוֹב אבנה וּפַרְפַּר נַהֲרוֹת דַּמֶּשֶׂק יב
מִכֹּל מֵימֵי יִשְׂרָאֵל הֲלֹא־אֶרְחַץ בָּהֶם וְטָהָרְתִּי וַיִּפֶן וַיֵּלֶךְ

אֲמָנָה

יג בְּחֵמָה: וַיִּגְּשׁוּ עֲבָדָיו וַיְדַבְּרוּ אֵלָיו וַיֹּאמְרוּ אָבִי דָּבָר גָּדוֹל
הַנָּבִיא דִּבֶּר אֵלֶיךָ הֲלוֹא תַעֲשֶׂה וְאַף כִּי־אָמַר אֵלֶיךָ רְחַץ
יד וּטְהָר: וַיֵּרֶד וַיִּטְבֹּל בַּיַּרְדֵּן שֶׁבַע פְּעָמִים כִּדְבַר אִישׁ הָאֱלֹהִים
טו וַיָּשָׁב בְּשָׂרוֹ כִּבְשַׂר נַעַר קָטֹן וַיִּטְהָר: וַיָּשָׁב אֶל־אִישׁ הָאֱלֹהִים
הוּא וְכָל־מַחֲנֵהוּ וַיָּבֹא וַיַּעֲמֹד לְפָנָיו וַיֹּאמֶר הִנֵּה־נָא יָדַעְתִּי כִּי
אֵין אֱלֹהִים בְּכָל־הָאָרֶץ כִּי אִם־בְּיִשְׂרָאֵל וְעַתָּה קַח־נָא
טז בְרָכָה מֵאֵת עַבְדֶּךָ: וַיֹּאמֶר חַי־יְהוָה אֲשֶׁר־עָמַדְתִּי לְפָנָיו אִם־
יז אֶקָּח וַיִּפְצַר־בּוֹ לָקַחַת וַיְמָאֵן: וַיֹּאמֶר נַעֲמָן וָלֹא יֻתַּן־נָא
לְעַבְדְּךָ מַשָּׂא צֶמֶד־פְּרָדִים אֲדָמָה כִּי לוֹא־יַעֲשֶׂה עוֹד עַבְדְּךָ
יח עֹלָה וָזֶבַח לֵאלֹהִים אֲחֵרִים כִּי אִם־לַיהוָה: לַדָּבָר הַזֶּה יִסְלַח
יְהוָה לְעַבְדֶּךָ בְּבוֹא אֲדֹנִי בֵית־רִמּוֹן לְהִשְׁתַּחֲוֹת שָׁמָּה וְהוּא ׀
נִשְׁעָן עַל־יָדִי וְהִשְׁתַּחֲוֵיתִי בֵּית רִמֹּן בְּהִשְׁתַּחֲוָיָתִי בֵּית רִמֹּן
יט יִסְלַח־נָא יְהוָה לְעַבְדְּךָ בַּדָּבָר הַזֶּה: וַיֹּאמֶר לוֹ לֵךְ לְשָׁלוֹם
כ וַיֵּלֶךְ מֵאִתּוֹ כִּבְרַת אָרֶץ: וַיֹּאמֶר גֵּיחֲזִי נַעַר
אֱלִישָׁע אִישׁ־הָאֱלֹהִים הִנֵּה ׀ חָשַׂךְ אֲדֹנִי אֶת־נַעֲמָן הָאֲרַמִּי
הַזֶּה מִקַּחַת מִיָּדוֹ אֵת אֲשֶׁר־הֵבִיא חַי־יְהוָה כִּי־אִם־רַצְתִּי
כא אַחֲרָיו וְלָקַחְתִּי מֵאִתּוֹ מְאוּמָה: וַיִּרְדֹּף גֵּיחֲזִי אַחֲרֵי נַעֲמָן
וַיִּרְאֶה נַעֲמָן רָץ אַחֲרָיו וַיִּפֹּל מֵעַל הַמֶּרְכָּבָה לִקְרָאתוֹ וַיֹּאמֶר
כב הֲשָׁלוֹם: וַיֹּאמֶר ׀ שָׁלוֹם אֲדֹנִי שְׁלָחַנִי לֵאמֹר הִנֵּה עַתָּה זֶה בָּאוּ
אֵלַי שְׁנֵי־נְעָרִים מֵהַר אֶפְרַיִם מִבְּנֵי הַנְּבִיאִים תְּנָה־נָא לָהֶם
כג כִּכַּר־כֶּסֶף וּשְׁתֵּי חֲלִפוֹת בְּגָדִים: וַיֹּאמֶר נַעֲמָן הוֹאֵל קַח
כִּכָּרָיִם וַיִּפְרָץ־בּוֹ וַיָּצַר כִּכְּרַיִם כֶּסֶף בִּשְׁנֵי חֲרִטִים וּשְׁתֵּי חֲלִפוֹת
כד בְּגָדִים וַיִּתֵּן אֶל־שְׁנֵי נְעָרָיו וַיִּשְׂאוּ לְפָנָיו: וַיָּבֹא אֶל־הָעֹפֶל וַיִּקַּח
כה מִיָּדָם וַיַּפְקֵד בַּבָּיִת וַיְשַׁלַּח אֶת־הָאֲנָשִׁים וַיֵּלֵכוּ: וְהוּא־בָא
וַיַּעֲמֹד אֶל־אֲדֹנָיו וַיֹּאמֶר אֵלָיו אֱלִישָׁע מאן גֵּחֲזִי וַיֹּאמֶר לֹא־ מֵאַיִן
כו הָלַךְ עַבְדְּךָ אָנֶה וָאָנָה: וַיֹּאמֶר אֵלָיו לֹא־לִבִּי הָלַךְ כַּאֲשֶׁר
הָפַךְ־אִישׁ מֵעַל מֶרְכַּבְתּוֹ לִקְרָאתֶךָ הַעֵת לָקַחַת אֶת־הַכֶּסֶף

וְלָקַחַת בְּגָדִים וְזֵיתִים וּכְרָמִים וְצֹאן וּבָקָר וַעֲבָדִים וּשְׁפָחוֹת׃
וְצָרַעַת נַעֲמָן תִּדְבַּק־בְּךָ וּבְזַרְעֲךָ לְעוֹלָם וַיֵּצֵא מִלְּפָנָיו מְצֹרָע כז
כַּשָּׁלֶג׃ וַיֹּאמְרוּ בְנֵי־הַנְּבִיאִים אֶל־אֱלִישָׁע הִנֵּה־ ו א
נָא הַמָּקוֹם אֲשֶׁר אֲנַחְנוּ יֹשְׁבִים שָׁם לְפָנֶיךָ צַר מִמֶּנּוּ׃ נֵלְכָה־ ב
נָּא עַד־הַיַּרְדֵּן וְנִקְחָה מִשָּׁם אִישׁ קוֹרָה אֶחָת וְנַעֲשֶׂה־לָּנוּ שָׁם
מָקוֹם לָשֶׁבֶת שָׁם וַיֹּאמֶר לֵכוּ׃ וַיֹּאמֶר הָאֶחָד הוֹאֶל נָא וְלֵךְ ג
אֶת־עֲבָדֶיךָ וַיֹּאמֶר אֲנִי אֵלֵךְ׃ וַיֵּלֶךְ אִתָּם וַיָּבֹאוּ הַיַּרְדֵּנָה ד
וַיִּגְזְרוּ הָעֵצִים׃ וַיְהִי הָאֶחָד מַפִּיל הַקּוֹרָה וְאֶת־הַבַּרְזֶל נָפַל ה
אֶל־הַמָּיִם וַיִּצְעַק וַיֹּאמֶר אֲהָהּ אֲדֹנִי וְהוּא שָׁאוּל׃ וַיֹּאמֶר ו
אִישׁ־הָאֱלֹהִים אָנָה נָפָל וַיַּרְאֵהוּ אֶת־הַמָּקוֹם וַיִּקְצָב־עֵץ
וַיַּשְׁלֶךְ־שָׁמָּה וַיָּצֶף הַבַּרְזֶל׃ וַיֹּאמֶר הָרֶם לָךְ וַיִּשְׁלַח יָדוֹ ז
וַיִּקָּחֵהוּ׃ וּמֶלֶךְ אֲרָם הָיָה נִלְחָם בְּיִשְׂרָאֵל וַיִּוָּעַץ ח
אֶל־עֲבָדָיו לֵאמֹר אֶל־מְקוֹם פְּלֹנִי אַלְמֹנִי תַּחֲנֹתִי׃ וַיִּשְׁלַח אִישׁ ט
הָאֱלֹהִים אֶל־מֶלֶךְ יִשְׂרָאֵל לֵאמֹר הִשָּׁמֶר מֵעֲבֹר הַמָּקוֹם הַזֶּה
כִּי־שָׁם אֲרָם נְחִתִּים׃ וַיִּשְׁלַח מֶלֶךְ יִשְׂרָאֵל אֶל־הַמָּקוֹם אֲשֶׁר י
אָמַר־לוֹ אִישׁ־הָאֱלֹהִים וְהִזְהִירֹה וְנִשְׁמַר שָׁם לֹא־אַחַת וְלֹא
שְׁתָּיִם׃ וַיִּסָּעֵר לֵב מֶלֶךְ־אֲרָם עַל־הַדָּבָר הַזֶּה וַיִּקְרָא אֶל־ יא
עֲבָדָיו וַיֹּאמֶר אֲלֵיהֶם הֲלוֹא תַּגִּידוּ לִי מִי מִשֶּׁלָּנוּ אֶל־מֶלֶךְ
יִשְׂרָאֵל׃ וַיֹּאמֶר אַחַד מֵעֲבָדָיו לוֹא אֲדֹנִי הַמֶּלֶךְ כִּי־אֱלִישָׁע יב
הַנָּבִיא אֲשֶׁר בְּיִשְׂרָאֵל יַגִּיד לְמֶלֶךְ יִשְׂרָאֵל אֶת־הַדְּבָרִים אֲשֶׁר
תְּדַבֵּר בַּחֲדַר מִשְׁכָּבֶךָ׃ וַיֹּאמֶר לְכוּ וּרְאוּ אֵיכֹה הוּא וְאֶשְׁלַח יג
וְאֶקָּחֵהוּ וַיֻּגַּד־לוֹ לֵאמֹר הִנֵּה בְדֹתָן׃ וַיִּשְׁלַח שָׁמָּה סוּסִים וְרֶכֶב יד
וְחַיִל כָּבֵד וַיָּבֹאוּ לַיְלָה וַיַּקִּפוּ עַל־הָעִיר׃ וַיַּשְׁכֵּם מְשָׁרֵת אִישׁ טו
הָאֱלֹהִים לָקוּם וַיֵּצֵא וְהִנֵּה־חַיִל סוֹבֵב אֶת־הָעִיר וְסוּס וָרָכֶב
וַיֹּאמֶר נַעֲרוֹ אֵלָיו אֲהָהּ אֲדֹנִי אֵיכָה נַעֲשֶׂה׃ וַיֹּאמֶר אַל־תִּירָא טז
כִּי רַבִּים אֲשֶׁר אִתָּנוּ מֵאֲשֶׁר אוֹתָם׃ וַיִּתְפַּלֵּל אֱלִישָׁע וַיֹּאמַר יז
יְהוָה פְּקַח־נָא אֶת־עֵינָיו וְיִרְאֶה וַיִּפְקַח יְהוָה אֶת־עֵינֵי הַנַּעַר

וַיַּ֗רְא וְהִנֵּ֨ה הָהָ֜ר מָלֵ֨א סוּסִ֥ים וְרֶ֛כֶב אֵ֖שׁ סְבִיבֹ֥ת אֱלִישָֽׁע׃
יח וַיֵּרְדוּ֮ אֵלָיו֒ וַיִּתְפַּלֵּ֨ל אֱלִישָׁ֤ע אֶל־יְהוָה֙ וַיֹּאמַ֔ר הַךְ־נָ֥א אֶת־
יט הַגּוֹי־הַזֶּ֖ה בַּסַּנְוֵרִ֑ים וַיַּכֵּ֥ם בַּסַּנְוֵרִ֖ים כִּדְבַ֥ר אֱלִישָֽׁע׃ וַיֹּאמֶר֩
אֲלֵהֶ֨ם אֱלִישָׁ֜ע לֹ֣א זֶ֣ה הַדֶּ֗רֶךְ וְלֹ֣א זֹ֣ה הָעִיר֮ לְכ֣וּ אַחֲרַי֒
וְאוֹלִ֣יכָה אֶתְכֶ֔ם אֶל־הָאִ֖ישׁ אֲשֶׁ֣ר תְּבַקֵּשׁ֑וּן וַיֹּ֥לֶךְ אוֹתָ֖ם
כ שֹׁמְרֽוֹנָה׃ וַיְהִי֮ כְּבֹאָ֣ם שֹׁמְרוֹן֒ וַיֹּ֣אמֶר אֱלִישָׁ֔ע יְהוָ֕ה פְּקַ֥ח אֶת־
עֵינֵֽי־אֵ֖לֶּה וְיִרְא֑וּ וַיִּפְקַ֤ח יְהוָה֙ אֶת־עֵ֣ינֵיהֶ֔ם וַיִּרְא֕וּ וְהִנֵּ֖ה בְּת֥וֹךְ
כא שֹׁמְרֽוֹן׃ וַיֹּ֤אמֶר מֶֽלֶךְ־יִשְׂרָאֵל֙ אֶל־אֱלִישָׁ֔ע כִּרְאֹת֖וֹ אוֹתָ֑ם
כב הַאַכֶּ֥ה אַכֶּ֖ה אָבִֽי׃ וַיֹּאמֶר֮ לֹ֣א תַכֶּה֒ הַאֲשֶׁ֥ר שָׁבִ֛יתָ בְּחַרְבְּךָ֥
וּבְקַשְׁתְּךָ֖ אַתָּ֣ה מַכֶּ֑ה שִׂ֨ים לֶ֜חֶם וָמַ֗יִם לִפְנֵיהֶם֙ וְיֹֽאכְלוּ֙ וְיִשְׁתּ֔וּ
כג וְיֵלְכ֖וּ אֶל־אֲדֹנֵיהֶֽם׃ וַיִּכְרֶ֨ה לָהֶ֜ם כֵּרָ֣ה גְדוֹלָ֗ה וַיֹּֽאכְלוּ֙ וַיִּשְׁתּ֔וּ כב
וַֽיְשַׁלְּחֵ֔ם וַיֵּלְכ֖וּ אֶל־אֲדֹנֵיהֶ֑ם וְלֹא־יָ֤סְפוּ עוֹד֙ גְּדוּדֵ֣י אֲרָ֔ם לָב֖וֹא
כד בְּאֶ֥רֶץ יִשְׂרָאֵֽל׃   וַֽיְהִי֙ אַחֲרֵי־כֵ֔ן וַיִּקְבֹּ֛ץ בֶּן־הֲדַ֥ד
כה מֶֽלֶךְ־אֲרָ֖ם אֶת־כָּל־מַחֲנֵ֑הוּ וַיַּ֕עַל וַיָּ֖צַר עַל־שֹׁמְרֽוֹן׃ וַיְהִ֨י רָעָ֤ב
גָּדוֹל֙ בְּשֹׁ֣מְר֔וֹן וְהִנֵּ֖ה צָרִ֣ים עָלֶ֑יהָ עַ֣ד הֱי֣וֹת רֹאשׁ־חֲמוֹר֩ בִּשְׁמֹנִ֨ים
כו כֶּ֜סֶף וְרֹ֧בַע הַקַּ֛ב חרייונים בַּחֲמִשָּׁ֥ה כָֽסֶף׃ וַיְהִי֙ מֶ֣לֶךְ יִשְׂרָאֵ֔ל דִּבְיוֹנִ֗ים
עֹבֵ֖ר עַל־הַחֹמָ֑ה וְאִשָּׁ֗ה צָעֲקָ֤ה אֵלָיו֙ לֵאמֹ֔ר הוֹשִׁ֖יעָה אֲדֹנִ֥י
כז הַמֶּֽלֶךְ׃ וַיֹּאמֶר֙ אַל־יוֹשִׁעֵ֣ךְ יְהוָ֔ה מֵאַ֖יִן אוֹשִׁיעֵ֑ךְ הֲמִן־הַגֹּ֖רֶן
כח א֥וֹ מִן־הַיָּֽקֶב׃ וַיֹּֽאמֶר־לָ֥הּ הַמֶּ֖לֶךְ מַה־לָּ֑ךְ וַתֹּ֗אמֶר הָאִשָּׁ֤ה הַזֹּאת֙
אָמְרָ֣ה אֵלַ֔י תְּנִ֤י אֶת־בְּנֵךְ֙ וְנֹאכְלֶ֣נּוּ הַיּ֔וֹם וְאֶת־בְּנִ֖י נֹאכַ֥ל מָחָֽר׃
כט וַנְּבַשֵּׁ֥ל אֶת־בְּנִ֖י וַנֹּֽאכְלֵ֑הוּ וָאֹמַ֨ר אֵלֶ֜יהָ בַּיּ֣וֹם הָאַחֵ֗ר תְּנִ֤י אֶת־
ל בְּנֵךְ֙ וְנֹ֣אכְלֶ֔נּוּ וַתַּחְבִּ֖א אֶת־בְּנָֽהּ׃ וַיְהִי֩ כִשְׁמֹ֨עַ הַמֶּ֜לֶךְ אֶת־דִּבְרֵ֣י
הָאִשָּׁ֗ה וַיִּקְרַע֙ אֶת־בְּגָדָ֔יו וְה֖וּא עֹבֵ֣ר עַל־הַחֹמָ֑ה וַיַּ֣רְא הָעָ֗ם
לא וְהִנֵּ֥ה הַשַּׂ֛ק עַל־בְּשָׂר֖וֹ מִבָּֽיִת׃ וַיֹּ֗אמֶר כֹּֽה־יַעֲשֶׂה־לִּ֥י אֱלֹהִ֖ים
וְכֹ֣ה יוֹסִ֑ף אִֽם־יַעֲמֹ֞ד רֹ֣אשׁ אֱלִישָׁ֧ע בֶּן־שָׁפָ֛ט עָלָ֖יו הַיּֽוֹם׃
לב וֶאֱלִישָׁע֙ יֹשֵׁ֣ב בְּבֵית֔וֹ וְהַזְּקֵנִ֖ים יֹשְׁבִ֣ים אִתּ֑וֹ וַיִּשְׁלַ֨ח אִ֜ישׁ מִלְּפָנָ֗יו
בְּטֶרֶם֩ יָבֹ֨א הַמַּלְאָ֜ךְ אֵלָ֗יו וְה֣וּא ׀ אָמַר֮ אֶל־הַזְּקֵנִים֒ הַרְּאִיתֶם֙

כי־שלח בן־המרצח הזה להסיר את־ראשי ראו ׀ כבא
המלאך סגרו הדלת ולחצתם אתו בדלת הלוא קול רגלי
לג אדניו אחריו׃ עודנו מדבר עמם והנה המלאך ירד אליו
ויאמר הנה־זאת הרעה מאת יהוה מה־אוחיל ליהוה
ז א עוד׃ ויאמר אלישע שמעו דבר־יהוה כה ׀
אמר יהוה כעת ׀ מחר סאה־סלת בשקל וסאתים שערים
ב בשקל בשער שמרון׃ ויען השליש אשר למלך נשען על־
ידו את־איש האלהים ויאמר הנה יהוה עשה ארבות בשמים
היהיה הדבר הזה ויאמר הנכה ראה בעיניך ומשם לא
ג תאכל׃ וארבעה אנשים היו מצרעים פתח
השער ויאמרו איש אל־רעהו מה אנחנו ישבים פה עד־
ד מתנו׃ אם־אמרנו נבוא העיר והרעב בעיר ומתנו שם ואם־
ישבנו פה ומתנו ועתה לכו ונפלה אל־מחנה ארם אם־יחינו
ה נחיה ואם־ימיתנו ומתנו׃ ויקמו בנשף לבוא אל־מחנה ארם
ו ויבאו עד־קצה מחנה ארם והנה אין־שם איש׃ ואדני
השמיע ׀ את־מחנה ארם קול רכב קול סוס קול חיל גדול
ויאמרו איש אל־אחיו הנה שכר־עלינו מלך ישראל את־
ז מלכי החתים ואת־מלכי מצרים לבוא עלינו׃ ויקומו וינוסו
בנשף ויעזבו את־אהליהם ואת־סוסיהם ואת־חמריהם
ח המחנה כאשר היא וינסו אל־נפשם׃ ויבאו המצרעים האלה
עד־קצה המחנה ויבאו אל־אהל אחד ויאכלו וישתו וישאו
משם כסף וזהב ובגדים וילכו ויטמנו וישבו ויבאו אל־אהל
ט אחר וישאו משם וילכו ויטמנו׃ ויאמרו איש אל־רעהו לא־
כן ׀ אנחנו עשים היום הזה יום־בשרה הוא ואנחנו מחשים
וחכינו עד־אור הבקר ומצאנו עוון ועתה לכו ונבאה ונגידה
י בית המלך׃ ויבאו ויקראו אל־שער העיר ויגידו להם לאמר
באנו אל־מחנה ארם והנה אין־שם איש וקול אדם כי אם־

יא הסוס אסור והחמור אסור ואהלים כאשר המה: ויקרא
יב השערים ויגידו בית המלך פנימה: ויקם המלך לילה ויאמר
אל־עבדיו אגידה־נא לכם את אשר־עשו לנו ארם ידעו
כי־רעבים אנחנו ויצאו מן־המחנה להחבה בהשדה לאמר בשדה
יג כי־יצאו מן־העיר ונתפשם חיים ואל־העיר נבא: ויען אחד
מעבדיו ויאמר ויקחו־נא חמשה מן־הסוסים הנשארים
אשר נשארו־בה הנם ככל־ההמון ישראל אשר נשארו־בה המון
יד הנם ככל־המון ישראל אשר־תמו ונשלחה ונראה: ויקחו
שני רכב סוסים וישלח המלך אחרי מחנה־ארם לאמר לכו
טו וראו: וילכו אחריהם עד־הירדן והנה כל־הדרך מלאה
בגדים וכלים אשר־השליכו ארם בהחפזם וישבו המלאכים בחפזם
טז ויגדו למלך: ויצא העם ויבזו את מחנה ארם ויהי סאה־סלת כג
יז בשקל וסאתים שערים בשקל כדבר יהוה: והמלך הפקיד
את־השליש אשר־נשען על־ידו על־השער וירמסהו העם
בשער וימת כאשר דבר איש האלהים אשר דבר ברדת
יח המלך אליו: ויהי כדבר איש האלהים אל־המלך לאמר
סאתים שערים בשקל וסאה־סלת בשקל יהיה כעת מחר
יט בשער שמרון: ויען השליש את־איש האלהים ויאמר והנה
יהוה עשה ארבות בשמים היהיה כדבר הזה ויאמר הנך
כ ראה בעיניך ומשם לא תאכל: ויהי־לו כן וירמסו אתו העם
ח א בשער וימת: ואלישע דבר אל־האשה אשר־
החיה את־בנה לאמר קומי ולכי אתי וביתך וגורי באשר את
תגורי כי־קרא יהוה לרעב וגם־בא אל־הארץ שבע שנים:
ב ותקם האשה ותעש כדבר איש האלהים ותלך היא וביתה
ג ותגר בארץ־פלשתים שבע שנים: ויהי מקצה שבע שנים
ותשב האשה מארץ פלשתים ותצא לצעק אל־המלך אל־
ד ביתה ואל־שדה: והמלך מדבר אל־גחזי נער איש־האלהים

לֵאמֹר סַפְּרָה־נָּא לִי אֵת כָּל־הַגְּדֹלוֹת אֲשֶׁר־עָשָׂה אֱלִישָׁע׃
וַיְהִי הוּא מְסַפֵּר לַמֶּלֶךְ אֵת אֲשֶׁר־הֶחֱיָה אֶת־הַמֵּת וְהִנֵּה ה
הָאִשָּׁה אֲשֶׁר־הֶחֱיָה אֶת־בְּנָהּ צֹעֶקֶת אֶל־הַמֶּלֶךְ עַל־בֵּיתָהּ
וְעַל־שָׂדָהּ וַיֹּאמֶר גֵּחֲזִי אֲדֹנִי הַמֶּלֶךְ זֹאת הָאִשָּׁה וְזֶה־בְּנָהּ
אֲשֶׁר־הֶחֱיָה אֱלִישָׁע׃ וַיִּשְׁאַל הַמֶּלֶךְ לָאִשָּׁה וַתְּסַפֶּר־ ו
לוֹ וַיִּתֶּן־לָהּ הַמֶּלֶךְ סָרִיס אֶחָד לֵאמֹר הָשֵׁיב אֶת־כָּל־
אֲשֶׁר־לָהּ וְאֵת כָּל־תְּבוּאֹת הַשָּׂדֶה מִיּוֹם עָזְבָה אֶת־הָאָרֶץ
וְעַד־עָתָּה׃
וַיָּבֹא אֱלִישָׁע דַּמֶּשֶׂק וּבֶן־הֲדַד מֶלֶךְ־אֲרָם חֹלֶה וַיֻּגַּד־לוֹ לֵאמֹר ז
בָּא אִישׁ הָאֱלֹהִים עַד־הֵנָּה׃ וַיֹּאמֶר הַמֶּלֶךְ אֶל־חֲזָהאֵל קַח ח
בְּיָדְךָ מִנְחָה וְלֵךְ לִקְרַאת אִישׁ הָאֱלֹהִים וְדָרַשְׁתָּ אֶת־יְהוָה
מֵאוֹתוֹ לֵאמֹר הַאֶחְיֶה מֵחֳלִי זֶה׃ וַיֵּלֶךְ חֲזָאֵל לִקְרָאתוֹ וַיִּקַּח ט
מִנְחָה בְיָדוֹ וְכָל־טוּב דַּמֶּשֶׂק מַשָּׂא אַרְבָּעִים גָּמָל וַיָּבֹא וַיַּעֲמֹד
לְפָנָיו וַיֹּאמֶר בִּנְךָ בֶן־הֲדַד מֶלֶךְ־אֲרָם שְׁלָחַנִי אֵלֶיךָ לֵאמֹר
לו הַאֶחְיֶה מֵחֳלִי זֶה׃ וַיֹּאמֶר אֵלָיו אֱלִישָׁע לֵךְ אֱמָר־לא חָיֹה י
תִחְיֶה וְהִרְאַנִי יְהוָה כִּי־מוֹת יָמוּת׃ וַיַּעֲמֵד אֶת־פָּנָיו וַיָּשֶׂם עַד־ יא
בֹּשׁ וַיֵּבְךְּ אִישׁ הָאֱלֹהִים׃ וַיֹּאמֶר חֲזָאֵל מַדּוּעַ אֲדֹנִי בֹכֶה וַיֹּאמֶר יב
כִּי־יָדַעְתִּי אֵת אֲשֶׁר־תַּעֲשֶׂה לִבְנֵי יִשְׂרָאֵל רָעָה מִבְצְרֵיהֶם
תְּשַׁלַּח בָּאֵשׁ וּבַחֻרֵיהֶם בַּחֶרֶב תַּהֲרֹג וְעֹלְלֵיהֶם תְּרַטֵּשׁ
וְהָרֹתֵיהֶם תְּבַקֵּעַ׃ וַיֹּאמֶר חֲזָהאֵל כִּי מָה עַבְדְּךָ הַכֶּלֶב כִּי יג
יַעֲשֶׂה הַדָּבָר הַגָּדוֹל הַזֶּה וַיֹּאמֶר אֱלִישָׁע הִרְאַנִי יְהוָה אֹתְךָ
מֶלֶךְ עַל־אֲרָם׃ וַיֵּלֶךְ ׀ מֵאֵת אֱלִישָׁע וַיָּבֹא אֶל־אֲדֹנָיו וַיֹּאמֶר יד
לוֹ מָה־אָמַר לְךָ אֱלִישָׁע וַיֹּאמֶר אָמַר לִי חָיֹה תִחְיֶה׃ וַיְהִי טו
מִמָּחֳרָת וַיִּקַּח הַמַּכְבֵּר וַיִּטְבֹּל בַּמַּיִם וַיִּפְרֹשׂ עַל־פָּנָיו וַיָּמֹת
וַיִּמְלֹךְ חֲזָהאֵל תַּחְתָּיו׃ וּבִשְׁנַת חָמֵשׁ לְיוֹרָם בֶּן־ טז
אַחְאָב מֶלֶךְ יִשְׂרָאֵל וִיהוֹשָׁפָט מֶלֶךְ יְהוּדָה מָלַךְ יְהוֹרָם בֶּן־
יְהוֹשָׁפָט מֶלֶךְ יְהוּדָה׃ בֶּן־שְׁלֹשִׁים וּשְׁתַּיִם שָׁנָה הָיָה בְמָלְכוֹ יז

שָׁנִים

ח
יח ושמנה שנה מלך בירושלם: וילך בדרך ׀ מלכי ישראל
כאשר עשו בית אחאב כי בת־אחאב היתה־לו לאשה ויעש
יט הרע בעיני יהוה: ולא־אבה יהוה להשחית את־יהודה למען
דוד עבדו כאשר אמר־לו לתת לו ניר ולבניו כל־הימים:
כ בימיו פשע אדום מתחת יד־יהודה וימלכו עליהם מלך:
כא ויעבר יורם צעירה וכל־הרכב עמו ויהי־הוא קם לילה ויכה
את־אדום הסביב אליו ואת שרי הרכב וינס העם לאהליו:
כב ויפשע אדום מתחת יד־יהודה עד היום הזה אז תפשע לבנה
כג בעת ההיא: ויתר דברי יורם וכל־אשר עשה הלא־הם
כד כתובים על־ספר דברי הימים למלכי יהודה: וישכב יורם
עם־אבתיו ויקבר עם־אבתיו בעיר דוד וימלך אחזיהו בנו
כה תחתיו: בשנת שתים־עשרה שנה ליורם בן־
כו אחאב מלך ישראל מלך אחזיהו בן־יהורם מלך יהודה: בן־
עשרים ושתים שנה אחזיהו במלכו ושנה אחת מלך
כז בירושלם ושם אמו עתליהו בת־עמרי מלך ישראל: וילך
בדרך בית אחאב ויעש הרע בעיני יהוה כבית אחאב כי
כח חתן בית־אחאב הוא: וילך את־יורם בן־אחאב למלחמה
עם־חזאל מלך־ארם ברמת גלעד ויכו ארמים את־יורם:
כט וישב יורם המלך להתרפא ביזרעאל מן־המכים אשר יכהו
ארמים ברמה בהלחמו את־חזהאל מלך ארם ואחזיהו בן־
יהורם מלך יהודה ירד לראות את־יורם בן־אחאב ביזרעאל
ט א כי־חלה הוא: ואלישע הנביא קרא לאחד מבני
הנביאים ויאמר לו חגר מתניך וקח פך השמן הזה
ב בידך ולך רמת גלעד: ובאת שמה וראה־שם יהוא בן־
יהושפט בן־נמשי ובאת והקמתו מתוך אחיו והביאת אתו
ג חדר בחדר: ולקחת פך־השמן ויצקת על־ראשו ואמרת
כה־אמר יהוה משחתיך למלך אל־ישראל ופתחת הדלת

ונסתה ולא תחכה: וילך הנער הנער הנביא רמת גלעד: ד
ויבא והנה שרי החיל ישבים ויאמר דבר לי אליך השר ה
ויאמר יהוא אל־מי מכלנו ויאמר אליך השר: ויקם ויבא ו
הביתה ויצק השמן אל־ראשו ויאמר לו כה־אמר יהוה
אלהי ישראל משחתיך למלך אל־עם יהוה אל־ישראל:
והכיתה את־בית אחאב אדניך ונקמתי דמי | עבדי הנביאים ז
ודמי כל־עבדי יהוה מיד איזבל: ואבד כל־בית אחאב ח
והכרתי לאחאב משתין בקיר ועצור ועזוב בישראל: ונתתי ט
את־בית אחאב כבית ירבעם בן־נבט וכבית בעשא בן־
אחיה: ואת־איזבל יאכלו הכלבים בחלק יזרעאל ואין קבר י
ויפתח הדלת וינס: ויהוא יצא אל־עבדי אדניו ויאמר לו יא
השלום מדוע בא־המשגע הזה אליך ויאמר אליהם אתם
ידעתם את־האיש ואת־שיחו: ויאמרו שקר הגד־נא לנו יב
ויאמר כזאת וכזאת אמר אלי לאמר כה אמר יהוה משחתיך
כד למלך אל־ישראל: וימהרו ויקחו איש בגדו וישימו תחתיו יג
אל־גרם המעלות ויתקעו בשופר ויאמרו מלך יהוא:
ויתקשר יהוא בן־יהושפט בן־נמשי אל־יורם ויורם היה יד
שמר ברמת גלעד הוא וכל־ישראל מפני חזאל מלך ארם:
וישב יהורם המלך להתרפא ביזרעאל מן־המכים אשר יכהו טו
ארמים בהלחמו את־חזאל מלך ארם ויאמר יהוא אם־יש
להגיד נפשכם אל־יצא פליט מן־העיר ללכת לגיד ביזרעאל:
וירכב יהוא וילך יזרעאלה כי יורם שכב שמה ואחזיה מלך טז
יהודה ירד לראות את־יורם: והצפה עמד על־המגדל יז
ביזרעאל וירא את־שפעת יהוא בבאו ויאמר שפעת אני ראה
ויאמר יהורם קח רכב ושלח לקראתם ויאמר השלום:
וילך רכב הסוס לקראתו ויאמר כה־אמר המלך השלום יח
ויאמר יהוא מה־לך ולשלום סב אל־אחרי ויגד הצפה לאמר

יט בא־המלאך עד־הם ולא־שב׃ וישלח רכב סוס שני ויבא
אלהם ויאמר כה־אמר המלך שלום ויאמר יהוא מה־לך
כ ולשלום סב אל־אחרי׃ ויגד הצפה לאמר בא עד־אליהם
ולא־שב והמנהג כמנהג יהוא בן־נמשי כי בשגעון ינהג׃
כא ויאמר יהורם אסר ויאסר רכבו ויצא יהורם מלך־ישראל
ואחזיהו מלך־יהודה איש ברכבו ויצאו לקראת יהוא
כב וימצאהו בחלקת נבות היזרעאלי׃ ויהי כראות יהורם את־
יהוא ויאמר השלום יהוא ויאמר מה השלום עד־זנוני איזבל
כג אמך וכשפיה הרבים׃ ויהפך יהורם ידיו וינס ויאמר אל־
כד אחזיהו מרמה אחזיה׃ ויהוא מלא ידו בקשת ויך את־יהורם
כה בין זרעיו ויצא החצי מלבו ויכרע ברכבו׃ ויאמר אל־בדקר
שלשה שא השלכהו בחלקת שדה נבות היזרעאלי כי־זכר
אני ואתה את רכבים צמדים אחרי אחאב אביו ויהוה נשא
כו עליו את־המשא הזה׃ אם־לא את־דמי נבות ואת־דמי בניו
ראיתי אמש נאם־יהוה ושלמתי לך בחלקה הזאת נאם־
כז יהוה ועתה שא השלכהו בחלקה כדבר יהוה׃ ואחזיה מלך־
יהודה ראה וינס דרך בית הגן וירדף אחריו יהוא ויאמר
גם־אתו הכהו אל־המרכבה במעלה־גור אשר את־יבלעם
כח וינס מגדו וימת שם׃ וירכבו אתו עבדיו ירושלמה ויקברו
כט אתו בקברתו עם־אבתיו בעיר דוד׃ ובשנת
אחת־עשרה שנה ליורם בן־אחאב מלך אחזיה על־יהודה׃
ל ויבוא יהוא יזרעאלה ואיזבל שמעה ותשם בפוך עיניה
לא ותיטב את־ראשה ותשקף בעד החלון׃ ויהוא בא בשער
לב ותאמר השלום זמרי הרג אדניו׃ וישא פניו אל־החלון ויאמר
לג מי אתי מי וישקיפו אליו שנים שלשה סריסים׃ ויאמר
שמטהו וישמטוה ויז מדמה אל־הקיר ואל־הסוסים שמטוה
לד וירמסנה׃ ויבא ויאכל וישת ויאמר פקדו־נא את־הארורה

הַזֹּאת וְקִבְרוּהָ כִּי בַת־מֶלֶךְ הִיא׃ וַיֵּלְכוּ לְקׇבְרָהּ וְלֹא־מָצְאוּ לה
בָהּ כִּי אִם־הַגֻּלְגֹּלֶת וְהָרַגְלַיִם וְכַפּוֹת הַיָּדָיִם׃ וַיָּשֻׁבוּ וַיַּגִּידוּ לוֹ לו
וַיֹּאמֶר דְּבַר־יְהוָה הוּא אֲשֶׁר דִּבֶּר בְּיַד־עַבְדּוֹ אֵלִיָּהוּ הַתִּשְׁבִּי
לֵאמֹר בְּחֵלֶק יִזְרְעֶאל יֹאכְלוּ הַכְּלָבִים אֶת־בְּשַׂר אִיזָבֶל׃ וְהָיְתָ לז
נִבְלַת אִיזֶבֶל כְּדֹמֶן עַל־פְּנֵי הַשָּׂדֶה בְּחֵלֶק יִזְרְעֶאל אֲשֶׁר לֹא־
יֹאמְרוּ זֹאת אִיזָבֶל׃ וּלְאַחְאָב שִׁבְעִים בָּנִים א י
בְּשֹׁמְרוֹן וַיִּכְתֹּב יֵהוּא סְפָרִים וַיִּשְׁלַח שֹׁמְרוֹן אֶל־שָׂרֵי יִזְרְעֶאל
הַזְּקֵנִים וְאֶל־הָאֹמְנִים אַחְאָב לֵאמֹר׃ וְעַתָּה כְּבֹא הַסֵּפֶר הַזֶּה ב
אֲלֵיכֶם וְאִתְּכֶם בְּנֵי אֲדֹנֵיכֶם וְאִתְּכֶם הָרֶכֶב וְהַסּוּסִים וְעִיר
מִבְצָר וְהַנָּשֶׁק׃ וּרְאִיתֶם הַטּוֹב וְהַיָּשָׁר מִבְּנֵי אֲדֹנֵיכֶם וְשַׂמְתֶּם ג
עַל־כִּסֵּא אָבִיו וְהִלָּחֲמוּ עַל־בֵּית אֲדֹנֵיכֶם׃ וַיִּרְאוּ מְאֹד מְאֹד ד
וַיֹּאמְרוּ הִנֵּה שְׁנֵי הַמְּלָכִים לֹא עָמְדוּ לְפָנָיו וְאֵיךְ נַעֲמֹד אֲנָחְנוּ׃
וַיִּשְׁלַח אֲשֶׁר־עַל־הַבַּיִת וַאֲשֶׁר עַל־הָעִיר וְהַזְּקֵנִים וְהָאֹמְנִים ה
אֶל־יֵהוּא ׀ לֵאמֹר עֲבָדֶיךָ אֲנַחְנוּ וְכֹל אֲשֶׁר־תֹּאמַר אֵלֵינוּ
נַעֲשֶׂה לֹא־נַמְלִיךְ אִישׁ הַטּוֹב בְּעֵינֶיךָ עֲשֵׂה׃ וַיִּכְתֹּב אֲלֵיהֶם ו
סֵפֶר ׀ שֵׁנִית לֵאמֹר אִם־לִי אַתֶּם וּלְקֹלִי ׀ אַתֶּם שֹׁמְעִים קְחוּ
אֶת־רָאשֵׁי אַנְשֵׁי בְנֵי־אֲדֹנֵיכֶם וּבֹאוּ אֵלַי כָּעֵת מָחָר יִזְרְעֶאלָה
וּבְנֵי הַמֶּלֶךְ שִׁבְעִים אִישׁ אֶת־גְּדֹלֵי הָעִיר מְגַדְּלִים אוֹתָם׃ וַיְהִי ז
כְּבֹא הַסֵּפֶר אֲלֵיהֶם וַיִּקְחוּ אֶת־בְּנֵי הַמֶּלֶךְ וַיִּשְׁחֲטוּ שִׁבְעִים
אִישׁ וַיָּשִׂימוּ אֶת־רָאשֵׁיהֶם בַּדּוּדִים וַיִּשְׁלְחוּ אֵלָיו יִזְרְעֶאלָה׃
וַיָּבֹא הַמַּלְאָךְ וַיַּגֶּד־לוֹ לֵאמֹר הֵבִיאוּ רָאשֵׁי בְנֵי־הַמֶּלֶךְ וַיֹּאמֶר ח
שִׂימוּ אֹתָם שְׁנֵי צִבֻּרִים פֶּתַח הַשַּׁעַר עַד־הַבֹּקֶר׃ וַיְהִי בַבֹּקֶר ט
וַיֵּצֵא וַיַּעֲמֹד וַיֹּאמֶר אֶל־כׇּל־הָעָם צַדִּקִים אַתֶּם הִנֵּה אֲנִי
קָשַׁרְתִּי עַל־אֲדֹנִי וָאֶהְרְגֵהוּ וּמִי הִכָּה אֶת־כׇּל־אֵלֶּה׃ דְּעוּ י
אֵפוֹא כִּי לֹא יִפֹּל מִדְּבַר יְהוָה אַרְצָה אֲשֶׁר־דִּבֶּר יְהוָה עַל־
בֵּית אַחְאָב וַיהוָה עָשָׂה אֵת אֲשֶׁר דִּבֶּר בְּיַד עַבְדּוֹ אֵלִיָּהוּ׃ וַיַּךְ יא
יֵהוּא אֵת כׇּל־הַנִּשְׁאָרִים לְבֵית־אַחְאָב בְּיִזְרְעֶאל וְכׇל־גְּדֹלָיו

יב ומידעיו וכהניו עד־בלתי השאיר־לו שריד: ויקם ויבא וילך
יג שמרון הוא בית־עקד הרעים בדרך: ויהוא מצא את־אחי
אחזיהו מלך־יהודה ויאמר מי אתם ויאמרו אחי אחזיהו
יד אנחנו ונרד לשלום בני־המלך ובני הגבירה: ויאמר תפשום
חיים ויתפשום חיים וישחטום אל־בור בית־עקד ארבעים
טו ושנים איש ולא־השאיר איש מהם: וילך כה
משם וימצא את־יהונדב בן־רכב לקראתו ויברכהו ויאמר
אליו היש את־לבבך ישר כאשר לבבי עם־לבבך ויאמר
יהונדב יש ויש תנה את־ידך ויתן ידו ויעלהו אליו
טז אל־המרכבה: ויאמר לכה אתי וראה בקנאתי ליהוה
יז וירכבו אתו ברכבו: ויבא שמרון ויך את־כל־הנשארים
לאחאב בשמרון עד־השמדו כדבר יהוה אשר דבר אל־
יח אליהו: ויקבץ יהוא את־כל־העם ויאמר
אלהם אחאב עבד את־הבעל מעט יהוא יעבדנו הרבה:
יט ועתה כל־נביאי הבעל כל־עבדיו וכל־כהניו קראו אלי איש
אל־יפקד כי זבח גדול לי לבעל כל אשר־יפקד לא יחיה ויהוא
כ עשה בעקבה למען האביד את־עבדי הבעל: ויאמר יהוא
כא קדשו עצרה לבעל ויקראו: וישלח יהוא בכל־ישראל ויבאו
כל־עבדי הבעל ולא־נשאר איש אשר לא־בא ויבאו בית
כב הבעל וימלא בית־הבעל פה לפה: ויאמר לאשר על־
המלתחה הוצא לבוש לכל עבדי הבעל ויצא להם המלבוש:
כג ויבא יהוא ויהונדב בן־רכב בית הבעל ויאמר לעבדי הבעל
חפשו וראו פן־יש־פה עמכם מעבדי יהוה כי אם־עבדי
כד הבעל לבדם: ויבאו לעשות זבחים ועלות ויהוא שם־לו בחוץ
שמנים איש ויאמר האיש אשר־ימלט מן־האנשים אשר אני
כה מביא על־ידיכם נפשו תחת נפשו: ויהי ככלתו | לעשות
העלה ויאמר יהוא לרצים ולשלשים באו הכום איש אל־יצא

וַיַּכּוּם לְפִי־חָרֶב וַיַּשְׁלִכוּ הָרָצִים וְהַשָּׁלִשִׁים וַיֵּלְכוּ עַד־עִיר
בֵּית־הַבָּעַל׃ וַיֹּצִאוּ אֶת־מַצְּבוֹת בֵּית־הַבַּעַל וַיִּשְׂרְפוּהָ׃ כו
וַיִּתְּצוּ אֵת מַצְּבַת הַבָּעַל וַיִּתְּצוּ אֶת־בֵּית הַבַּעַל וַיְשִׂמֻהוּ כז
לְמוֹצָאוֹת — לְמַחֲראוֹת עַד־הַיּוֹם׃ וַיַּשְׁמֵד יֵהוּא אֶת־הַבַּעַל מִיִּשְׂרָאֵל׃ רַק כח כט
חֲטָאֵי יָרָבְעָם בֶּן־נְבָט אֲשֶׁר הֶחֱטִיא אֶת־יִשְׂרָאֵל לֹא־
סָר יֵהוּא מֵאַחֲרֵיהֶם עֶגְלֵי הַזָּהָב אֲשֶׁר בֵּית־אֵל וַאֲשֶׁר
בְּדָן׃ וַיֹּאמֶר יְהוָה אֶל־יֵהוּא יַעַן אֲשֶׁר־הֱטִיבֹתָ ל
לַעֲשׂוֹת הַיָּשָׁר בְּעֵינַי כְּכֹל אֲשֶׁר בִּלְבָבִי עָשִׂיתָ לְבֵית אַחְאָב
בְּנֵי רְבִעִים יֵשְׁבוּ לְךָ עַל־כִּסֵּא יִשְׂרָאֵל׃ וְיֵהוּא לֹא שָׁמַר לָלֶכֶת לא
בְּתוֹרַת־יְהוָה אֱלֹהֵי־יִשְׂרָאֵל בְּכָל־לְבָבוֹ לֹא סָר מֵעַל חַטֹּאות
יָרָבְעָם אֲשֶׁר הֶחֱטִיא אֶת־יִשְׂרָאֵל׃ בַּיָּמִים הָהֵם הֵחֵל יְהוָה לב
לְקַצּוֹת בְּיִשְׂרָאֵל וַיַּכֵּם חֲזָאֵל בְּכָל־גְּבוּל יִשְׂרָאֵל׃ מִן־הַיַּרְדֵּן לג
מִזְרַח הַשֶּׁמֶשׁ אֵת כָּל־אֶרֶץ הַגִּלְעָד הַגָּדִי וְהָראוּבֵנִי וְהַמְנַשִּׁי
מֵעֲרֹעֵר אֲשֶׁר עַל־נַחַל אַרְנֹן וְהַגִּלְעָד וְהַבָּשָׁן׃ וְיֶתֶר דִּבְרֵי לד
יֵהוּא וְכָל־אֲשֶׁר עָשָׂה וְכָל־גְּבוּרָתוֹ הֲלוֹא־הֵם כְּתוּבִים
עַל־סֵפֶר דִּבְרֵי הַיָּמִים לְמַלְכֵי יִשְׂרָאֵל׃ וַיִּשְׁכַּב יֵהוּא עִם־ לה
אֲבֹתָיו וַיִּקְבְּרוּ אֹתוֹ בְּשֹׁמְרוֹן וַיִּמְלֹךְ יְהוֹאָחָז בְּנוֹ תַּחְתָּיו׃
וְהַיָּמִים אֲשֶׁר מָלַךְ יֵהוּא עַל־יִשְׂרָאֵל עֶשְׂרִים־וּשְׁמֹנֶה שָׁנָה לו
רָאֲתָה — בְּשֹׁמְרוֹן׃ וַעֲתַלְיָה אֵם אֲחַזְיָהוּ וראתה כִּי מֵת א יא
בְּנָהּ וַתָּקָם וַתְּאַבֵּד אֵת כָּל־זֶרַע הַמַּמְלָכָה׃ וַתִּקַּח יְהוֹשֶׁבַע ב
בַּת־הַמֶּלֶךְ־יוֹרָם אֲחוֹת אֲחַזְיָהוּ אֶת־יוֹאָשׁ בֶּן־אֲחַזְיָה וַתִּגְנֹב
הַמּוּמָתִים — אֹתוֹ מִתּוֹךְ בְּנֵי־הַמֶּלֶךְ הממותתים אֹתוֹ וְאֶת־מֵינִקְתּוֹ בַּחֲדַר
הַמִּטּוֹת וַיַּסְתִּרוּ אֹתוֹ מִפְּנֵי עֲתַלְיָהוּ וְלֹא הוּמָת׃ וַיְהִי ג
אִתָּהּ בֵּית יְהוָה מִתְחַבֵּא שֵׁשׁ שָׁנִים וַעֲתַלְיָה מֹלֶכֶת עַל־
הָאָרֶץ׃ וּבַשָּׁנָה הַשְּׁבִיעִית שָׁלַח יְהוֹיָדָע וַיִּקַּח ד
הַמֵּאוֹת — אֶת־שָׂרֵי המאיות לַכָּרִי וְלָרָצִים וַיָּבֵא אֹתָם אֵלָיו בֵּית יְהוָה
וַיִּכְרֹת לָהֶם בְּרִית וַיַּשְׁבַּע אֹתָם בְּבֵית יְהוָה וַיַּרְא אֹתָם אֶת־

ה בֶּן־הַמֶּלֶךְ: וַיְצַוֵּם לֵאמֹר זֶה הַדָּבָר אֲשֶׁר תַּעֲשׂוּן הַשְּׁלִשִׁית
ו מִכֶּם בָּאֵי הַשַּׁבָּת וְשֹׁמְרֵי מִשְׁמֶרֶת בֵּית הַמֶּלֶךְ: וְהַשְּׁלִשִׁית
בְּשַׁעַר סוּר וְהַשְּׁלִשִׁית בַּשַּׁעַר אַחַר הָרָצִים וּשְׁמַרְתֶּם אֶת־
ז מִשְׁמֶרֶת הַבַּיִת מַסָּח: וּשְׁתֵּי הַיָּדוֹת בָּכֶם כֹּל יֹצְאֵי הַשַּׁבָּת
ח וְשָׁמְרוּ אֶת־מִשְׁמֶרֶת בֵּית־יְהוָה אֶל־הַמֶּלֶךְ: וְהִקַּפְתֶּם עַל־
הַמֶּלֶךְ סָבִיב אִישׁ וְכֵלָיו בְּיָדוֹ וְהַבָּא אֶל־הַשְּׂדֵרוֹת יוּמָת וִהְיוּ
ט אֶת־הַמֶּלֶךְ בְּצֵאתוֹ וּבְבֹאוֹ: וַיַּעֲשׂוּ שָׂרֵי המאיות כְּכֹל אֲשֶׁר־ הַמֵּאוֹת
צִוָּה יְהוֹיָדָע הַכֹּהֵן וַיִּקְחוּ אִישׁ אֶת־אֲנָשָׁיו בָּאֵי הַשַּׁבָּת עִם
י יֹצְאֵי הַשַּׁבָּת וַיָּבֹאוּ אֶל־יְהוֹיָדָע הַכֹּהֵן: וַיִּתֵּן הַכֹּהֵן לְשָׂרֵי
המאיות אֶת־הַחֲנִית וְאֶת־הַשְּׁלָטִים אֲשֶׁר לַמֶּלֶךְ דָּוִד אֲשֶׁר הַמֵּאוֹת
יא בְּבֵית יְהוָה: וַיַּעַמְדוּ הָרָצִים אִישׁ ׀ וְכֵלָיו בְּיָדוֹ מִכֶּתֶף הַבַּיִת
הַיְמָנִית עַד־כֶּתֶף הַבַּיִת הַשְּׂמָאלִית לַמִּזְבֵּחַ וְלַבָּיִת עַל־
יב הַמֶּלֶךְ סָבִיב: וַיּוֹצִא אֶת־בֶּן־הַמֶּלֶךְ וַיִּתֵּן עָלָיו אֶת־הַנֵּזֶר
וְאֶת־הָעֵדוּת וַיַּמְלִכוּ אֹתוֹ וַיִּמְשָׁחֻהוּ וַיַּכּוּ־כָף וַיֹּאמְרוּ יְחִי
יג הַמֶּלֶךְ: וַתִּשְׁמַע עֲתַלְיָה אֶת־קוֹל הָרָצִין הָעָם
יד וַתָּבֹא אֶל־הָעָם בֵּית יְהוָה: וַתֵּרֶא וְהִנֵּה הַמֶּלֶךְ עֹמֵד עַל־
הָעַמּוּד כַּמִּשְׁפָּט וְהַשָּׂרִים וְהַחֲצֹצְרוֹת אֶל־הַמֶּלֶךְ וְכָל־עַם
הָאָרֶץ שָׂמֵחַ וְתֹקֵעַ בַּחֲצֹצְרוֹת וַתִּקְרַע עֲתַלְיָה אֶת־בְּגָדֶיהָ
טו וַתִּקְרָא קֶשֶׁר קָשֶׁר: וַיְצַו יְהוֹיָדָע הַכֹּהֵן אֶת־שָׂרֵי המאיות ׀ הַמֵּאוֹת ׀
פְּקֻדֵי הַחַיִל וַיֹּאמֶר אֲלֵיהֶם הוֹצִיאוּ אֹתָהּ אֶל־מִבֵּית לַשְּׂדֵרֹת
וְהַבָּא אַחֲרֶיהָ הָמֵת בֶּחָרֶב כִּי אָמַר הַכֹּהֵן אַל־תּוּמַת בֵּית
טז יְהוָה: וַיָּשִׂמוּ לָהּ יָדַיִם וַתָּבוֹא דֶּרֶךְ־מְבוֹא הַסּוּסִים בֵּית הַמֶּלֶךְ
יז וַתּוּמַת שָׁם: וַיִּכְרֹת יְהוֹיָדָע אֶת־הַבְּרִית בֵּין
יְהוָה וּבֵין הַמֶּלֶךְ וּבֵין הָעָם לִהְיוֹת לְעָם לַיהוָה וּבֵין הַמֶּלֶךְ וּבֵין
יח הָעָם: וַיָּבֹאוּ כָל־עַם הָאָרֶץ בֵּית־הַבַּעַל וַיִּתְּצֻהוּ אֶת־מִזְבְּחֹתָו
וְאֶת־צְלָמָיו שִׁבְּרוּ הֵיטֵב וְאֵת מַתָּן כֹּהֵן הַבַּעַל הָרְגוּ לִפְנֵי
יט הַמִּזְבְּחוֹת וַיָּשֶׂם הַכֹּהֵן פְּקֻדֹּת עַל־בֵּית יְהוָה: וַיִּקַּח אֶת־שָׂרֵי

הַמֵּאוֹת וְאֶת־הַכָּרִי וְאֶת־הָרָצִים וְאֵת ׀ כָּל־עַם הָאָרֶץ
וַיֹּרִידוּ אֶת־הַמֶּלֶךְ מִבֵּית יְהוָה וַיָּבוֹאוּ דֶּרֶךְ־שַׁעַר הָרָצִים
בֵּית הַמֶּלֶךְ וַיֵּשֶׁב עַל־כִּסֵּא הַמְּלָכִים׃ וַיִּשְׂמַח כָּל־עַם־ כ
הָאָרֶץ וְהָעִיר שָׁקָטָה וְאֶת־עֲתַלְיָהוּ הֵמִיתוּ בַחֶרֶב בֵּית
הַמֶּלֶךְ מלך׃ בֶּן־שֶׁבַע שָׁנִים יְהוֹאָשׁ בְּמָלְכוֹ׃ בִּשְׁנַת־ א ב יב
שֶׁבַע לְיֵהוּא מָלַךְ יְהוֹאָשׁ וְאַרְבָּעִים שָׁנָה מָלַךְ בִּירוּשָׁלִָם וְשֵׁם
כו אִמּוֹ צִבְיָה מִבְּאֵר שָׁבַע׃ וַיַּעַשׂ יְהוֹאָשׁ הַיָּשָׁר בְּעֵינֵי יְהוָה כָּל־ ג
יָמָיו אֲשֶׁר הוֹרָהוּ יְהוֹיָדָע הַכֹּהֵן׃ רַק הַבָּמוֹת לֹא־סָרוּ עוֹד הָעָם ד
מְזַבְּחִים וּמְקַטְּרִים בַּבָּמוֹת׃ וַיֹּאמֶר יְהוֹאָשׁ אֶל־הַכֹּהֲנִים כֹּל ה
כֶּסֶף הַקֳּדָשִׁים אֲשֶׁר יוּבָא בֵית־יְהוָה כֶּסֶף עוֹבֵר אִישׁ כֶּסֶף
נַפְשׁוֹת עֶרְכּוֹ כָּל־כֶּסֶף אֲשֶׁר יַעֲלֶה עַל לֶב־אִישׁ לְהָבִיא בֵּית
יְהוָה׃ יִקְחוּ לָהֶם הַכֹּהֲנִים אִישׁ מֵאֵת מַכָּרוֹ וְהֵם יְחַזְּקוּ אֶת־ ו
בֶּדֶק הַבַּיִת לְכֹל אֲשֶׁר־יִמָּצֵא שָׁם בָּדֶק׃ וַיְהִי ז
בִּשְׁנַת עֶשְׂרִים וְשָׁלֹשׁ שָׁנָה לַמֶּלֶךְ יְהוֹאָשׁ לֹא־חִזְּקוּ הַכֹּהֲנִים
אֶת־בֶּדֶק הַבָּיִת׃ וַיִּקְרָא הַמֶּלֶךְ יְהוֹאָשׁ לִיהוֹיָדָע הַכֹּהֵן ח
וְלַכֹּהֲנִים וַיֹּאמֶר אֲלֵהֶם מַדּוּעַ אֵינְכֶם מְחַזְּקִים אֶת־בֶּדֶק הַבָּיִת
וְעַתָּה אַל־תִּקְחוּ־כֶסֶף מֵאֵת מַכָּרֵיכֶם כִּי־לְבֶדֶק הַבַּיִת
תִּתְּנֻהוּ׃ וַיֵּאֹתוּ הַכֹּהֲנִים לְבִלְתִּי קְחַת־כֶּסֶף מֵאֵת הָעָם וּלְבִלְתִּי ט
חַזֵּק אֶת־בֶּדֶק הַבָּיִת׃ וַיִּקַּח יְהוֹיָדָע הַכֹּהֵן אֲרוֹן אֶחָד וַיִּקֹּב י
מִיָּמִין חֹר בְּדַלְתּוֹ וַיִּתֵּן אֹתוֹ אֵצֶל הַמִּזְבֵּחַ בימין בְּבוֹא־אִישׁ בֵּית
יְהוָה וְנָתְנוּ־שָׁמָּה הַכֹּהֲנִים שֹׁמְרֵי הַסַּף אֶת־כָּל־הַכֶּסֶף הַמּוּבָא
בֵית־יְהוָה׃ וַיְהִי כִּרְאוֹתָם כִּי־רַב הַכֶּסֶף בָּאָרוֹן וַיַּעַל סֹפֵר יא
הַמֶּלֶךְ וְהַכֹּהֵן הַגָּדוֹל וַיָּצֻרוּ וַיִּמְנוּ אֶת־הַכֶּסֶף הַנִּמְצָא בֵית־
יְהוָה׃ וְנָתְנוּ אֶת־הַכֶּסֶף הַמְתֻכָּן עַל־יְדֵי עֹשֵׂי הַמְּלָאכָה יב
הַמֻּפְקָדִים הפקדים בֵּית יְהוָה וַיּוֹצִיאֻהוּ לְחָרָשֵׁי הָעֵץ וְלַבֹּנִים הָעֹשִׂים
בֵּית יְהוָה׃ וְלַגֹּדְרִים וּלְחֹצְבֵי הָאֶבֶן וְלִקְנוֹת עֵצִים וְאַבְנֵי מַחְצֵב יג
לְחַזֵּק אֶת־בֶּדֶק בֵּית־יְהוָה וּלְכֹל אֲשֶׁר־יֵצֵא עַל־הַבַּיִת

יד לְחַזְּקָה׃ אַךְ לֹא יֵעָשֶׂה בֵּית יְהוָה סִפּוֹת כֶּסֶף מְזַמְּרוֹת מִזְרָקוֹת
חֲצֹצְרוֹת כָּל־כְּלִי זָהָב וּכְלִי־כָסֶף מִן־הַכֶּסֶף הַמּוּבָא בֵית־
טו יְהוָה׃ כִּי־לְעֹשֵׂי הַמְּלָאכָה יִתְּנֻהוּ וְחִזְּקוּ־בוֹ אֶת־בֵּית יְהוָה׃
טז וְלֹא יְחַשְּׁבוּ אֶת־הָאֲנָשִׁים אֲשֶׁר יִתְּנוּ אֶת־הַכֶּסֶף עַל־יָדָם
יז לָתֵת לְעֹשֵׂי הַמְּלָאכָה כִּי בֶאֱמֻנָה הֵם עֹשִׂים׃ כֶּסֶף אָשָׁם וְכֶסֶף
יח חַטָּאוֹת לֹא יוּבָא בֵּית יְהוָה לַכֹּהֲנִים יִהְיוּ׃ אָז
יַעֲלֶה חֲזָאֵל מֶלֶךְ אֲרָם וַיִּלָּחֶם עַל־גַּת וַיִּלְכְּדָהּ וַיָּשֶׂם חֲזָאֵל
יט פָּנָיו לַעֲלוֹת עַל־יְרוּשָׁלִָם׃ וַיִּקַּח יְהוֹאָשׁ מֶלֶךְ־יְהוּדָה אֵת כָּל־
הַקֳּדָשִׁים אֲשֶׁר־הִקְדִּישׁוּ יְהוֹשָׁפָט וִיהוֹרָם וַאֲחַזְיָהוּ אֲבֹתָיו
מַלְכֵי יְהוּדָה וְאֶת־קֳדָשָׁיו וְאֵת כָּל־הַזָּהָב הַנִּמְצָא בְּאֹצְרוֹת
בֵּית־יְהוָה וּבֵית הַמֶּלֶךְ וַיִּשְׁלַח לַחֲזָאֵל מֶלֶךְ אֲרָם וַיַּעַל מֵעַל
כ יְרוּשָׁלִָם׃ וְיֶתֶר דִּבְרֵי יוֹאָשׁ וְכָל־אֲשֶׁר עָשָׂה הֲלוֹא־הֵם כְּתוּבִים
כא עַל־סֵפֶר דִּבְרֵי הַיָּמִים לְמַלְכֵי יְהוּדָה׃ וַיָּקֻמוּ עֲבָדָיו וַיִּקְשְׁרוּ־
כב קָשֶׁר וַיַּכּוּ אֶת־יוֹאָשׁ בֵּית מִלֹּא הַיֹּרֵד סִלָּא׃ וְיוֹזָכָר בֶּן־שִׁמְעָת
וִיהוֹזָבָד בֶּן־שֹׁמֵר ׀ עֲבָדָיו הִכֻּהוּ וַיָּמֹת וַיִּקְבְּרוּ אֹתוֹ עִם־אֲבֹתָיו
יג א בְּעִיר דָּוִד וַיִּמְלֹךְ אֲמַצְיָה בְנוֹ תַּחְתָּיו׃ בִּשְׁנַת
עֶשְׂרִים וְשָׁלֹשׁ שָׁנָה לְיוֹאָשׁ בֶּן־אֲחַזְיָהוּ מֶלֶךְ יְהוּדָה מָלַךְ
יְהוֹאָחָז בֶּן־יֵהוּא עַל־יִשְׂרָאֵל בְּשֹׁמְרוֹן שְׁבַע עֶשְׂרֵה שָׁנָה׃
ב וַיַּעַשׂ הָרַע בְּעֵינֵי יְהוָה וַיֵּלֶךְ אַחַר חַטֹּאת יָרָבְעָם בֶּן־נְבָט
ג אֲשֶׁר־הֶחֱטִיא אֶת־יִשְׂרָאֵל לֹא־סָר מִמֶּנָּה׃ וַיִּחַר־אַף יְהוָה
בְּיִשְׂרָאֵל וַיִּתְּנֵם בְּיַד ׀ חֲזָאֵל מֶלֶךְ־אֲרָם וּבְיַד בֶּן־הֲדַד בֶּן־
ד חֲזָאֵל כָּל־הַיָּמִים׃ וַיְחַל יְהוֹאָחָז אֶת־פְּנֵי יְהוָה וַיִּשְׁמַע אֵלָיו
יְהוָה כִּי רָאָה אֶת־לַחַץ יִשְׂרָאֵל כִּי־לָחַץ אֹתָם מֶלֶךְ אֲרָם׃
ה וַיִּתֵּן יְהוָה לְיִשְׂרָאֵל מוֹשִׁיעַ וַיֵּצְאוּ מִתַּחַת יַד־אֲרָם וַיֵּשְׁבוּ בְנֵי־
ו יִשְׂרָאֵל בְּאָהֳלֵיהֶם כִּתְמוֹל שִׁלְשׁוֹם׃ אַךְ לֹא־סָרוּ מֵחַטֹּאת
בֵּית־יָרָבְעָם אֲשֶׁר־הֶחֱטִי אֶת־יִשְׂרָאֵל בָּהּ הָלָךְ וְגַם הָאֲשֵׁרָה
ז עָמְדָה בְּשֹׁמְרוֹן׃ כִּי לֹא הִשְׁאִיר לִיהוֹאָחָז עָם כִּי אִם־חֲמִשִּׁים

פָּרָשִׁים וַעֲשָׂרָה רֶכֶב וַעֲשֶׂרֶת אֲלָפִים רַגְלִי כִּי אִבְּדָם מֶלֶךְ
ח אֲרָם וַיְשִׂמֵם כֶּעָפָר לָדֻשׁ׃ וְיֶתֶר דִּבְרֵי יְהוֹאָחָז וְכָל־אֲשֶׁר עָשָׂה
וּגְבוּרָתוֹ הֲלוֹא־הֵם כְּתוּבִים עַל־סֵפֶר דִּבְרֵי הַיָּמִים לְמַלְכֵי
ט יִשְׂרָאֵל׃ וַיִּשְׁכַּב יְהוֹאָחָז עִם־אֲבֹתָיו וַיִּקְבְּרֻהוּ בְּשֹׁמְרוֹן וַיִּמְלֹךְ
יוֹאָשׁ בְּנוֹ תַּחְתָּיו׃
י בִּשְׁנַת שְׁלֹשִׁים וָשֶׁבַע שָׁנָה לְיוֹאָשׁ מֶלֶךְ יְהוּדָה מָלַךְ יְהוֹאָשׁ
יא בֶּן־יְהוֹאָחָז עַל־יִשְׂרָאֵל בְּשֹׁמְרוֹן שֵׁשׁ עֶשְׂרֵה שָׁנָה׃ וַיַּעֲשֶׂה
הָרַע בְּעֵינֵי יְהוָה לֹא־סָר מִכָּל־חַטֹּאות יָרָבְעָם בֶּן־נְבָט אֲשֶׁר־
יב הֶחֱטִיא אֶת־יִשְׂרָאֵל בָּהּ הָלָךְ׃ וְיֶתֶר דִּבְרֵי יוֹאָשׁ וְכָל־אֲשֶׁר
עָשָׂה וּגְבוּרָתוֹ אֲשֶׁר נִלְחַם עִם אֲמַצְיָה מֶלֶךְ־יְהוּדָה הֲלוֹא־הֵם
יג כְּתוּבִים עַל־סֵפֶר דִּבְרֵי הַיָּמִים לְמַלְכֵי יִשְׂרָאֵל׃ וַיִּשְׁכַּב יוֹאָשׁ
עִם־אֲבֹתָיו וְיָרָבְעָם יָשַׁב עַל־כִּסְאוֹ וַיִּקָּבֵר יוֹאָשׁ בְּשֹׁמְרוֹן עִם
יד מַלְכֵי יִשְׂרָאֵל׃ וֶאֱלִישָׁע חָלָה אֶת־חָלְיוֹ אֲשֶׁר
יָמוּת בּוֹ וַיֵּרֶד אֵלָיו יוֹאָשׁ מֶלֶךְ־יִשְׂרָאֵל וַיֵּבְךְּ עַל־פָּנָיו וַיֹּאמַר
טו אָבִי ׀ אָבִי רֶכֶב יִשְׂרָאֵל וּפָרָשָׁיו׃ וַיֹּאמֶר לוֹ אֱלִישָׁע קַח קֶשֶׁת
טז וְחִצִּים וַיִּקַּח אֵלָיו קֶשֶׁת וְחִצִּים׃ וַיֹּאמֶר ׀ לְמֶלֶךְ יִשְׂרָאֵל הַרְכֵּב
יָדְךָ עַל־הַקֶּשֶׁת וַיַּרְכֵּב יָדוֹ וַיָּשֶׂם אֱלִישָׁע יָדָיו עַל־יְדֵי הַמֶּלֶךְ׃
יז וַיֹּאמֶר פְּתַח הַחַלּוֹן קֵדְמָה וַיִּפְתָּח וַיֹּאמֶר אֱלִישָׁע יְרֵה וַיּוֹר
וַיֹּאמֶר חֵץ־תְּשׁוּעָה לַיהוָה וְחֵץ־תְּשׁוּעָה בַאֲרָם וְהִכִּיתָ אֶת־
יח אֲרָם בַּאֲפֵק עַד־כַּלֵּה׃ וַיֹּאמֶר קַח הַחִצִּים וַיִּקָּח וַיֹּאמֶר לְמֶלֶךְ־
יט יִשְׂרָאֵל הַךְ אַרְצָה וַיַּךְ שָׁלֹשׁ־פְּעָמִים וַיַּעֲמֹד׃ וַיִּקְצֹף עָלָיו
אִישׁ הָאֱלֹהִים וַיֹּאמֶר לְהַכּוֹת חָמֵשׁ אוֹ־שֵׁשׁ פְּעָמִים אָז
הִכִּיתָ אֶת־אֲרָם עַד־כַּלֵּה וְעַתָּה שָׁלֹשׁ פְּעָמִים תַּכֶּה אֶת־
כ אֲרָם׃ וַיָּמָת אֱלִישָׁע וַיִּקְבְּרֻהוּ וּגְדוּדֵי מוֹאָב
כא יָבֹאוּ בָאָרֶץ בָּא שָׁנָה׃ וַיְהִי הֵם ׀ קֹבְרִים אִישׁ וְהִנֵּה רָאוּ אֶת־
הַגְּדוּד וַיַּשְׁלִיכוּ אֶת־הָאִישׁ בְּקֶבֶר אֱלִישָׁע וַיֵּלֶךְ וַיִּגַּע הָאִישׁ
כב בְּעַצְמוֹת אֱלִישָׁע וַיְחִי וַיָּקָם עַל־רַגְלָיו׃ וַחֲזָאֵל מֶלֶךְ אֲרָם לָחַץ

כג אֶת־יִשְׂרָאֵל כֹּל יְמֵי יְהוֹאָחָז׃ וַיָּחׇן יְהוָה אֹתָם וַיְרַחֲמֵם וַיִּפֶן כז
אֲלֵיהֶם לְמַעַן בְּרִיתוֹ אֶת־אַבְרָהָם יִצְחָק וְיַעֲקֹב וְלֹא אָבָה
כד הַשְׁחִיתָם וְלֹא־הִשְׁלִיכָם מֵעַל־פָּנָיו עַד־עָתָּה׃ וַיָּמׇת חֲזָאֵל
כה מֶלֶךְ־אֲרָם וַיִּמְלֹךְ בֶּן־הֲדַד בְּנוֹ תַּחְתָּיו׃ וַיָּשׇׁב יְהוֹאָשׁ בֶּן־
יְהוֹאָחָז וַיִּקַּח אֶת־הֶעָרִים מִיַּד בֶּן־הֲדַד בֶּן־חֲזָאֵל אֲשֶׁר לָקַח
מִיַּד יְהוֹאָחָז אָבִיו בַּמִּלְחָמָה שָׁלֹשׁ פְּעָמִים הִכָּהוּ יוֹאָשׁ וַיָּשֶׁב
יד א אֶת־עָרֵי יִשְׂרָאֵל׃ בִּשְׁנַת שְׁתַּיִם לְיוֹאָשׁ בֶּן־
ב יוֹאָחָז מֶלֶךְ יִשְׂרָאֵל מָלַךְ אֲמַצְיָהוּ בֶן־יוֹאָשׁ מֶלֶךְ יְהוּדָה׃ בֶּן־
עֶשְׂרִים וְחָמֵשׁ שָׁנָה הָיָה בְמׇלְכוֹ וְעֶשְׂרִים וָתֵשַׁע שָׁנָה מָלַךְ
ג בִּירוּשָׁלָ͏ִם וְשֵׁם אִמּוֹ יהועדין מִן־יְרוּשָׁלָ͏ִם׃ וַיַּעַשׂ הַיָּשָׁר בְּעֵינֵי יְהוֹעַדָּן
יְהוָה רַק לֹא כְּדָוִד אָבִיו כְּכֹל אֲשֶׁר־עָשָׂה יוֹאָשׁ אָבִיו עָשָׂה׃
ד רַק הַבָּמוֹת לֹא־סָרוּ עוֹד הָעָם מְזַבְּחִים וּמְקַטְּרִים בַּבָּמוֹת׃
ה וַיְהִי כַּאֲשֶׁר חָזְקָה הַמַּמְלָכָה בְּיָדוֹ וַיַּךְ אֶת־עֲבָדָיו הַמַּכִּים אֶת־
ו הַמֶּלֶךְ אָבִיו׃ וְאֶת־בְּנֵי הַמַּכִּים לֹא הֵמִית כַּכָּתוּב בְּסֵפֶר תּוֹרַת־
מֹשֶׁה אֲשֶׁר־צִוָּה יְהוָה לֵאמֹר לֹא־יוּמְתוּ אָבוֹת עַל־בָּנִים
וּבָנִים לֹא־יוּמְתוּ עַל־אָבוֹת כִּי אִם־אִישׁ בְּחֶטְאוֹ יָמוּת׃ יוּמָת
ז הוּא־הִכָּה אֶת־אֱדוֹם בְּגֵי־הַמֶּלַח עֲשֶׂרֶת אֲלָפִים וְתָפַשׂ מֶלַח
אֶת־הַסֶּלַע בַּמִּלְחָמָה וַיִּקְרָא אֶת־שְׁמָהּ יׇקְתְאֵל עַד הַיּוֹם
ח הַזֶּה׃ אָז שָׁלַח אֲמַצְיָה מַלְאָכִים אֶל־יְהוֹאָשׁ
בֶּן־יְהוֹאָחָז בֶּן־יֵהוּא מֶלֶךְ יִשְׂרָאֵל לֵאמֹר לְכָה נִתְרָאֶה פָנִים׃
ט וַיִּשְׁלַח יְהוֹאָשׁ מֶלֶךְ־יִשְׂרָאֵל אֶל־אֲמַצְיָהוּ מֶלֶךְ־יְהוּדָה לֵאמֹר
הַחוֹחַ אֲשֶׁר בַּלְּבָנוֹן שָׁלַח אֶל־הָאֶרֶז אֲשֶׁר בַּלְּבָנוֹן לֵאמֹר תְּנָה
אֶת־בִּתְּךָ לִבְנִי לְאִשָּׁה וַתַּעֲבֹר חַיַּת הַשָּׂדֶה אֲשֶׁר בַּלְּבָנוֹן
י וַתִּרְמֹס אֶת־הַחוֹחַ׃ הַכֵּה הִכִּיתָ אֶת־אֱדוֹם וּנְשָׂאֲךָ לִבֶּךָ הִכָּבֵד
וְשֵׁב בְּבֵיתֶךָ וְלָמָּה תִתְגָּרֶה בְּרָעָה וְנָפַלְתָּה אַתָּה וִיהוּדָה
יא עִמָּךְ׃ וְלֹא־שָׁמַע אֲמַצְיָהוּ וַיַּעַל יְהוֹאָשׁ מֶלֶךְ־יִשְׂרָאֵל וַיִּתְרָאוּ
פָנִים הוּא וַאֲמַצְיָהוּ מֶלֶךְ־יְהוּדָה בְּבֵית שֶׁמֶשׁ אֲשֶׁר לִיהוּדָה׃

ויגף יהודה לפני ישראל וינסו איש לאהלו: ואת אמציהו יב יג
מלך־יהודה בן־יהואש בן־אחזיהו תפש יהואש מלך־
ויבא ישראל בבית שמש ויבאו ירושלם ויפרץ בחומת ירושלם
בשער אפרים עד־שער הפנה ארבע מאות אמה: ולקח את־ יד
כל־הזהב והכסף ואת כל־הכלים הנמצאים בית־יהוה
ובאוצרות בית המלך ואת בני התערבות וישב שמרונה:
ויתר דברי יהואש אשר עשה וגבורתו ואשר נלחם עם טו
אמציהו מלך־יהודה הלא־הם כתובים על־ספר דברי הימים
למלכי ישראל: וישכב יהואש עם־אבתיו ויקבר בשמרון עם טז
מלכי ישראל וימלך ירבעם בנו תחתיו: ויחי יז
אמציהו בן־יואש מלך יהודה אחרי מות יהואש בן־יהואחז
מלך ישראל חמש עשרה שנה: ויתר דברי אמציהו הלא־הם יח
כתבים על־ספר דברי הימים למלכי יהודה: ויקשרו עליו יט
קשר בירושלם וינס לכישה וישלחו אחריו לכישה וימתהו
שם: וישאו אתו על־הסוסים ויקבר בירושלם עם־אבתיו כ
בעיר דוד: ויקחו כל־עם יהודה את־עזריה והוא בן־ כא
שש עשרה שנה וימלכו אתו תחת אביו אמציהו: הוא כב
בנה את־אילת וישבה ליהודה אחרי שכב־המלך עם־
אבתיו: בשנת חמש־עשרה שנה לאמציהו כג
בן־יואש מלך יהודה מלך ירבעם בן־יואש מלך־ישראל
בשמרון ארבעים ואחת שנה: ויעש הרע בעיני יהוה לא סר כד
מכל־חטאות ירבעם בן־נבט אשר החטיא את־ישראל:
הוא השיב את־גבול ישראל מלבוא חמת עד־ים הערבה כה
כדבר יהוה אלהי ישראל אשר דבר ביד־עבדו יונה בן־
אמתי הנביא אשר מגת החפר: כי־ראה יהוה את־עני כו
ישראל מרה מאד ואפס עצור ואפס עזוב ואין עזר לישראל:
ולא־דבר יהוה למחות את־שם ישראל מתחת השמים כז

כח וַיּוֹשִׁיעֵם בְּיַד יָרָבְעָם בֶּן־יוֹאָשׁ׃ וְיֶתֶר דִּבְרֵי יָרָבְעָם וְכָל־אֲשֶׁר
עָשָׂה וּגְבוּרָתוֹ אֲשֶׁר־נִלְחָם וַאֲשֶׁר הֵשִׁיב אֶת־דַּמֶּשֶׂק וְאֶת־
חֲמָת לִיהוּדָה בְּיִשְׂרָאֵל הֲלֹא־הֵם כְּתוּבִים עַל־סֵפֶר דִּבְרֵי
כט הַיָּמִים לְמַלְכֵי יִשְׂרָאֵל׃ וַיִּשְׁכַּב יָרָבְעָם עִם־אֲבֹתָיו עִם מַלְכֵי
טו א יִשְׂרָאֵל וַיִּמְלֹךְ זְכַרְיָה בְנוֹ תַּחְתָּיו׃ בִּשְׁנַת
עֶשְׂרִים וָשֶׁבַע שָׁנָה לְיָרָבְעָם מֶלֶךְ יִשְׂרָאֵל מָלַךְ עֲזַרְיָה בֶן־
ב אֲמַצְיָה מֶלֶךְ יְהוּדָה׃ בֶּן־שֵׁשׁ עֶשְׂרֵה שָׁנָה הָיָה בְמָלְכוֹ
וַחֲמִשִּׁים וּשְׁתַּיִם שָׁנָה מָלַךְ בִּירוּשָׁלָ͏ִם וְשֵׁם אִמּוֹ יְכָלְיָהוּ
ג מִירוּשָׁלָ͏ִם׃ וַיַּעַשׂ הַיָּשָׁר בְּעֵינֵי יְהוָה כְּכֹל אֲשֶׁר־עָשָׂה אֲמַצְיָהוּ
ד אָבִיו׃ רַק הַבָּמוֹת לֹא־סָרוּ עוֹד הָעָם מְזַבְּחִים וּמְקַטְּרִים
ה בַּבָּמוֹת׃ וַיְנַגַּע יְהוָה אֶת־הַמֶּלֶךְ וַיְהִי מְצֹרָע עַד־יוֹם מֹתוֹ
וַיֵּשֶׁב בְּבֵית הַחָפְשִׁית וְיוֹתָם בֶּן־הַמֶּלֶךְ עַל־הַבַּיִת שֹׁפֵט אֶת־
ו עַם הָאָרֶץ׃ וְיֶתֶר דִּבְרֵי עֲזַרְיָהוּ וְכָל־אֲשֶׁר עָשָׂה הֲלֹא־הֵם
ז כְּתוּבִים עַל־סֵפֶר דִּבְרֵי הַיָּמִים לְמַלְכֵי יְהוּדָה׃ וַיִּשְׁכַּב עֲזַרְיָה כח
עִם־אֲבֹתָיו וַיִּקְבְּרוּ אֹתוֹ עִם־אֲבֹתָיו בְּעִיר דָּוִד וַיִּמְלֹךְ יוֹתָם בְּנוֹ
ח תַּחְתָּיו׃ בִּשְׁנַת שְׁלֹשִׁים וּשְׁמֹנֶה שָׁנָה לַעֲזַרְיָהוּ
מֶלֶךְ יְהוּדָה מָלַךְ זְכַרְיָהוּ בֶן־יָרָבְעָם עַל־יִשְׂרָאֵל בְּשֹׁמְרוֹן
ט שִׁשָּׁה חֳדָשִׁים׃ וַיַּעַשׂ הָרַע בְּעֵינֵי יְהוָה כַּאֲשֶׁר עָשׂוּ אֲבֹתָיו לֹא
סָר מֵחַטֹּאות יָרָבְעָם בֶּן־נְבָט אֲשֶׁר הֶחֱטִיא אֶת־יִשְׂרָאֵל׃
י וַיִּקְשֹׁר עָלָיו שַׁלֻּם בֶּן־יָבֵשׁ וַיַּכֵּהוּ קָבָל־עָם וַיְמִיתֵהוּ וַיִּמְלֹךְ
יא תַּחְתָּיו׃ וְיֶתֶר דִּבְרֵי זְכַרְיָה הִנָּם כְּתוּבִים עַל־סֵפֶר דִּבְרֵי הַיָּמִים
יב לְמַלְכֵי יִשְׂרָאֵל׃ הוּא דְבַר־יְהוָה אֲשֶׁר דִּבֶּר אֶל־יֵהוּא
לֵאמֹר בְּנֵי רְבִיעִים יֵשְׁבוּ לְךָ עַל־כִּסֵּא יִשְׂרָאֵל וַיְהִי־
יג כֵן׃ שַׁלּוּם בֶּן־יָבֵישׁ מָלַךְ בִּשְׁנַת שְׁלֹשִׁים וָתֵשַׁע
יד שָׁנָה לְעֻזִּיָּה מֶלֶךְ יְהוּדָה וַיִּמְלֹךְ יֶרַח־יָמִים בְּשֹׁמְרוֹן׃ וַיַּעַל
מְנַחֵם בֶּן־גָּדִי מִתִּרְצָה וַיָּבֹא שֹׁמְרוֹן וַיַּךְ אֶת־שַׁלּוּם בֶּן־יָבֵישׁ
טו בְּשֹׁמְרוֹן וַיְמִיתֵהוּ וַיִּמְלֹךְ תַּחְתָּיו׃ וְיֶתֶר דִּבְרֵי שַׁלּוּם וְקִשְׁרוֹ

אֲשֶׁר קָשָׁר הִנָּם כְּתוּבִים עַל־סֵפֶר דִּבְרֵי הַיָּמִים לְמַלְכֵי
טז יִשְׂרָאֵל׃ אָז יַכֶּה־מְנַחֵם אֶת־תִּפְסַח וְאֶת־כָּל־אֲשֶׁר־בָּהּ
וְאֶת־גְּבוּלֶיהָ מִתִּרְצָה כִּי לֹא פָתַח וַיַּךְ אֵת כָּל־הֶהָרוֹתֶיהָ
יז בִּקֵּעַ׃ בִּשְׁנַת שְׁלֹשִׁים וָתֵשַׁע שָׁנָה לַעֲזַרְיָה מֶלֶךְ
יְהוּדָה מָלַךְ מְנַחֵם בֶּן־גָּדִי עַל־יִשְׂרָאֵל עֶשֶׂר שָׁנִים בְּשֹׁמְרוֹן׃
יח וַיַּעַשׂ הָרַע בְּעֵינֵי יְהוָה לֹא סָר מֵעַל חַטֹּאות יָרָבְעָם בֶּן־נְבָט
יט אֲשֶׁר־הֶחֱטִיא אֶת־יִשְׂרָאֵל כָּל־יָמָיו׃ בָּא פוּל מֶלֶךְ־אַשּׁוּר עַל־
הָאָרֶץ וַיִּתֵּן מְנַחֵם לְפוּל אֶלֶף כִּכַּר־כָּסֶף לִהְיוֹת יָדָיו אִתּוֹ
כ לְהַחֲזִיק הַמַּמְלָכָה בְּיָדוֹ׃ וַיֹּצֵא מְנַחֵם אֶת־הַכֶּסֶף עַל־יִשְׂרָאֵל
עַל כָּל־גִּבּוֹרֵי הַחַיִל לָתֵת לְמֶלֶךְ אַשּׁוּר חֲמִשִּׁים שְׁקָלִים כֶּסֶף
כא לְאִישׁ אֶחָד וַיָּשָׁב מֶלֶךְ אַשּׁוּר וְלֹא־עָמַד שָׁם בָּאָרֶץ׃ וְיֶתֶר
דִּבְרֵי מְנַחֵם וְכָל־אֲשֶׁר עָשָׂה הֲלוֹא־הֵם כְּתוּבִים עַל־סֵפֶר
כב דִּבְרֵי הַיָּמִים לְמַלְכֵי יִשְׂרָאֵל׃ וַיִּשְׁכַּב מְנַחֵם עִם־אֲבֹתָיו וַיִּמְלֹךְ
כג פְּקַחְיָה בְנוֹ תַּחְתָּיו׃ בִּשְׁנַת חֲמִשִּׁים שָׁנָה לַעֲזַרְיָה
מֶלֶךְ יְהוּדָה מָלַךְ פְּקַחְיָה בֶן־מְנַחֵם עַל־יִשְׂרָאֵל בְּשֹׁמְרוֹן
כד שְׁנָתָיִם׃ וַיַּעַשׂ הָרַע בְּעֵינֵי יְהוָה לֹא סָר מֵחַטֹּאות יָרָבְעָם בֶּן־
כה נְבָט אֲשֶׁר הֶחֱטִיא אֶת־יִשְׂרָאֵל׃ וַיִּקְשֹׁר עָלָיו פֶּקַח בֶּן־רְמַלְיָהוּ
שָׁלִישׁוֹ וַיַּכֵּהוּ בְשֹׁמְרוֹן בְּאַרְמוֹן בֵּית־מלך אֶת־אַרְגֹּב וְאֶת־ הַמֶּלֶךְ
הָאַרְיֵה וְעִמּוֹ חֲמִשִּׁים אִישׁ מִבְּנֵי גִלְעָדִים וַיְמִתֵהוּ וַיִּמְלֹךְ
כו תַּחְתָּיו׃ וְיֶתֶר דִּבְרֵי פְקַחְיָה וְכָל־אֲשֶׁר עָשָׂה הִנָּם כְּתוּבִים
כז עַל־סֵפֶר דִּבְרֵי הַיָּמִים לְמַלְכֵי יִשְׂרָאֵל׃ בִּשְׁנַת
חֲמִשִּׁים וּשְׁתַּיִם שָׁנָה לַעֲזַרְיָה מֶלֶךְ יְהוּדָה מָלַךְ פֶּקַח בֶּן־
כח רְמַלְיָהוּ עַל־יִשְׂרָאֵל בְּשֹׁמְרוֹן עֶשְׂרִים שָׁנָה׃ וַיַּעַשׂ הָרַע בְּעֵינֵי
יְהוָה לֹא סָר מִן־חַטֹּאות יָרָבְעָם בֶּן־נְבָט אֲשֶׁר הֶחֱטִיא אֶת־
כט יִשְׂרָאֵל׃ בִּימֵי פֶּקַח מֶלֶךְ־יִשְׂרָאֵל בָּא תִּגְלַת פִּלְאֶסֶר מֶלֶךְ
אַשּׁוּר וַיִּקַּח אֶת־עִיּוֹן וְאֶת־אָבֵל בֵּית־מַעֲכָה וְאֶת־יָנוֹחַ וְאֶת־
קֶדֶשׁ וְאֶת־חָצוֹר וְאֶת־הַגִּלְעָד וְאֶת־הַגָּלִילָה כֹּל אֶרֶץ נַפְתָּלִי

ל וַיַּגְלֵם אַשּׁוּרָה׃ וַיִּקְשָׁר־קֶשֶׁר הוֹשֵׁעַ בֶּן־אֵלָה עַל־פֶּקַח בֶּן־
רְמַלְיָהוּ וַיַּכֵּהוּ וַיְמִיתֵהוּ וַיִּמְלֹךְ תַּחְתָּיו בִּשְׁנַת עֶשְׂרִים לְיוֹתָם
לא בֶּן־עֻזִּיָּה׃ וְיֶתֶר דִּבְרֵי־פֶקַח וְכָל־אֲשֶׁר עָשָׂה הִנָּם כְּתוּבִים
לב עַל־סֵפֶר דִּבְרֵי הַיָּמִים לְמַלְכֵי יִשְׂרָאֵל׃ בִּשְׁנַת
שְׁתַּיִם לְפֶקַח בֶּן־רְמַלְיָהוּ מֶלֶךְ יִשְׂרָאֵל מָלַךְ יוֹתָם בֶּן־עֻזִּיָּהוּ
לג מֶלֶךְ יְהוּדָה׃ בֶּן־עֶשְׂרִים וְחָמֵשׁ שָׁנָה הָיָה בְמָלְכוֹ וְשֵׁשׁ־עֶשְׂרֵה
לד שָׁנָה מָלַךְ בִּירוּשָׁלָםִ וְשֵׁם אִמּוֹ יְרוּשָׁא בַּת־צָדוֹק׃ וַיַּעַשׂ הַיָּשָׁר
לה בְּעֵינֵי יְהוָה כְּכֹל אֲשֶׁר־עָשָׂה עֻזִּיָּהוּ אָבִיו עָשָׂה׃ רַק הַבָּמוֹת
לֹא סָרוּ עוֹד הָעָם מְזַבְּחִים וּמְקַטְּרִים בַּבָּמוֹת הוּא בָּנָה אֶת־
לו שַׁעַר בֵּית־יְהוָה הָעֶלְיוֹן׃ וְיֶתֶר דִּבְרֵי יוֹתָם וְכָל־אֲשֶׁר עָשָׂה
לז הֲלֹא־הֵם כְּתוּבִים עַל־סֵפֶר דִּבְרֵי הַיָּמִים לְמַלְכֵי יְהוּדָה׃ בַּיָּמִים
הָהֵם הֵחֵל יְהוָה לְהַשְׁלִיחַ בִּיהוּדָה רְצִין מֶלֶךְ אֲרָם וְאֵת פֶּקַח
לח בֶּן־רְמַלְיָהוּ׃ וַיִּשְׁכַּב יוֹתָם עִם־אֲבֹתָיו וַיִּקָּבֵר עִם־אֲבֹתָיו בְּעִיר
טז א דָּוִד אָבִיו וַיִּמְלֹךְ אָחָז בְּנוֹ תַּחְתָּיו׃ בִּשְׁנַת שְׁבַע־
עֶשְׂרֵה שָׁנָה לְפֶקַח בֶּן־רְמַלְיָהוּ מָלַךְ אָחָז בֶּן־יוֹתָם מֶלֶךְ
ב יְהוּדָה׃ בֶּן־עֶשְׂרִים שָׁנָה אָחָז בְּמָלְכוֹ וְשֵׁשׁ־עֶשְׂרֵה שָׁנָה מָלַךְ
בִּירוּשָׁלָםִ וְלֹא־עָשָׂה הַיָּשָׁר בְּעֵינֵי יְהוָה אֱלֹהָיו כְּדָוִד אָבִיו׃
ג וַיֵּלֶךְ בְּדֶרֶךְ מַלְכֵי יִשְׂרָאֵל וְגַם אֶת־בְּנוֹ הֶעֱבִיר בָּאֵשׁ כְּתֹעֲבוֹת
ד הַגּוֹיִם אֲשֶׁר הוֹרִישׁ יְהוָה אֹתָם מִפְּנֵי בְּנֵי יִשְׂרָאֵל׃ וַיְזַבֵּחַ וַיְקַטֵּר
ה בַּבָּמוֹת וְעַל־הַגְּבָעוֹת וְתַחַת כָּל־עֵץ רַעֲנָן׃ אָז יַעֲלֶה רְצִין
מֶלֶךְ־אֲרָם וּפֶקַח בֶּן־רְמַלְיָהוּ מֶלֶךְ־יִשְׂרָאֵל יְרוּשָׁלַםִ לַמִּלְחָמָה
ו וַיָּצֻרוּ עַל־אָחָז וְלֹא יָכְלוּ לְהִלָּחֵם׃ בָּעֵת הַהִיא הֵשִׁיב רְצִין
מֶלֶךְ־אֲרָם אֶת־אֵילַת לַאֲרָם וַיְנַשֵּׁל אֶת־הַיְּהוּדִים מֵאֵילוֹת
ז וארומים בָּאוּ אֵילַת וַיֵּשְׁבוּ שָׁם עַד הַיּוֹם הַזֶּה׃ וַיִּשְׁלַח אָחָז וַאֲדוֹמִים
מַלְאָכִים אֶל־תִּגְלַת פְּלֶסֶר מֶלֶךְ־אַשּׁוּר לֵאמֹר עַבְדְּךָ וּבִנְךָ אָנִי
עֲלֵה וְהוֹשִׁעֵנִי מִכַּף מֶלֶךְ־אֲרָם וּמִכַּף מֶלֶךְ יִשְׂרָאֵל הַקּוֹמִים
ח עָלָי׃ וַיִּקַּח אָחָז אֶת־הַכֶּסֶף וְאֶת־הַזָּהָב הַנִּמְצָא בֵּית יְהוָה

ט ובאצרות בית המלך וישלח למלך אשור שחד: וישמע אליו
מלך אשור ויעל מלך אשור אל־דמשק ויתפשה ויגלה קירה
י ואת־רצין המית: וילך המלך אחז לקראת תגלת פלאסר
מלך־אשור דומשק וירא את־המזבח אשר בדמשק וישלח
המלך אחז אל־אוריה הכהן את־דמות המזבח ואת־תבניתו
יא לכל־מעשהו: ויבן אוריה הכהן את־המזבח ככל אשר־שלח
המלך אחז מדמשק כן עשה אוריה הכהן עד־בוא המלך־
יב אחז מדמשק: ויבא המלך מדמשק וירא המלך את־המזבח
יג ויקרב המלך על־המזבח ויעל עליו: ויקטר את־עלתו ואת־
מנחתו ויסך את־נסכו ויזרק את־דם־השלמים אשר־לו
יד על־המזבח: ואת המזבח הנחשת אשר לפני יהוה ויקרב
מאת פני הבית מבין המזבח ומבין בית יהוה ויתן אתו על־
טו ירך המזבח צפונה: ויצוהו המלך אחז את־אוריה הכהן (ויצוה)
לאמר על המזבח הגדול הקטר את־עלת־הבקר ואת־
מנחת הערב ואת־עלת המלך ואת־מנחתו ואת עלת כל־
עם הארץ ומנחתם ונסכיהם וכל־דם עלה וכל־דם־זבח עליו
טז תזרק ומזבח הנחשת יהיה־לי לבקר: ויעש אוריה הכהן
יז ככל אשר־צוה המלך אחז: ויקצץ המלך אחז את־המסגרות
המכנות ויסר מעליהם ואת־הכיר ואת־הים הורד מעל (את־)
הבקר הנחשת אשר תחתיה ויתן אתו על מרצפת אבנים:
יח ואת־מיסך השבת אשר־בנו בבית ואת־מבוא המלך (מוסך)
יט החיצונה הסב בית יהוה מפני מלך אשור: ויתר דברי אחז
אשר עשה הלא־הם כתובים על־ספר דברי הימים למלכי
כ יהודה: וישכב אחז עם־אבתיו ויקבר עם־אבתיו בעיר דוד (כט)
א יז וימלך חזקיהו בנו תחתיו: בשנת שתים עשרה
לאחז מלך יהודה מלך הושע בן־אלה בשמרון על־ישראל
ב תשע שנים: ויעש הרע בעיני יהוה רק לא כמלכי ישראל

ג אֲשֶׁר הָיוּ לְפָנָיו: עָלָיו עָלָה שַׁלְמַנְאֶסֶר מֶלֶךְ אַשּׁוּר וַיְהִי־לוֹ
ד הוֹשֵׁעַ עֶבֶד וַיָּשֶׁב לוֹ מִנְחָה: וַיִּמְצָא מֶלֶךְ־אַשּׁוּר בְּהוֹשֵׁעַ קֶשֶׁר
אֲשֶׁר שָׁלַח מַלְאָכִים אֶל־סוֹא מֶלֶךְ־מִצְרַיִם וְלֹא־הֶעֱלָה מִנְחָה
לְמֶלֶךְ אַשּׁוּר כְּשָׁנָה בְשָׁנָה וַיַּעַצְרֵהוּ מֶלֶךְ אַשּׁוּר וַיַּאַסְרֵהוּ בֵּית
ה כֶּלֶא: וַיַּעַל מֶלֶךְ־אַשּׁוּר בְּכָל־הָאָרֶץ וַיַּעַל שֹׁמְרוֹן וַיָּצַר עָלֶיהָ
ו שָׁלֹשׁ שָׁנִים: בִּשְׁנַת הַתְּשִׁיעִית לְהוֹשֵׁעַ לָכַד מֶלֶךְ־אַשּׁוּר אֶת־
שֹׁמְרוֹן וַיֶּגֶל אֶת־יִשְׂרָאֵל אַשּׁוּרָה וַיֹּשֶׁב אֹתָם בַּחְלַח וּבְחָבוֹר
ז נְהַר גּוֹזָן וְעָרֵי מָדָי: וַיְהִי כִּי־חָטְאוּ בְנֵי־יִשְׂרָאֵל
לַיהוָה אֱלֹהֵיהֶם הַמַּעֲלֶה אֹתָם מֵאֶרֶץ מִצְרַיִם מִתַּחַת יַד
ח פַּרְעֹה מֶלֶךְ־מִצְרָיִם וַיִּירְאוּ אֱלֹהִים אֲחֵרִים: וַיֵּלְכוּ בְּחֻקּוֹת
הַגּוֹיִם אֲשֶׁר הוֹרִישׁ יְהוָה מִפְּנֵי בְּנֵי יִשְׂרָאֵל וּמַלְכֵי יִשְׂרָאֵל אֲשֶׁר
ט עָשׂוּ: וַיְחַפְּאוּ בְנֵי־יִשְׂרָאֵל דְּבָרִים אֲשֶׁר לֹא־כֵן עַל־יְהוָה
אֱלֹהֵיהֶם וַיִּבְנוּ לָהֶם בָּמוֹת בְּכָל־עָרֵיהֶם מִמִּגְדַּל נוֹצְרִים עַד־
י עִיר מִבְצָר: וַיַּצִּבוּ לָהֶם מַצֵּבוֹת וַאֲשֵׁרִים עַל כָּל־גִּבְעָה גְבֹהָה
יא וְתַחַת כָּל־עֵץ רַעֲנָן: וַיְקַטְּרוּ־שָׁם בְּכָל־בָּמוֹת כַּגּוֹיִם אֲשֶׁר־
הֶגְלָה יְהוָה מִפְּנֵיהֶם וַיַּעֲשׂוּ דְּבָרִים רָעִים לְהַכְעִיס אֶת־יְהוָה:
יב וַיַּעַבְדוּ הַגִּלֻּלִים אֲשֶׁר אָמַר יְהוָה לָהֶם לֹא תַעֲשׂוּ אֶת־הַדָּבָר
יג הַזֶּה: וַיָּעַד יְהוָה בְּיִשְׂרָאֵל וּבִיהוּדָה בְּיַד כָּל־נביאו כָּל־חֹזֶה נְבִיאֵי
לֵאמֹר שֻׁבוּ מִדַּרְכֵיכֶם הָרָעִים וְשִׁמְרוּ מִצְוֹתַי חֻקּוֹתַי כְּכָל־
הַתּוֹרָה אֲשֶׁר צִוִּיתִי אֶת־אֲבֹתֵיכֶם וַאֲשֶׁר שָׁלַחְתִּי אֲלֵיכֶם בְּיַד
יד עֲבָדַי הַנְּבִיאִים: וְלֹא שָׁמֵעוּ וַיַּקְשׁוּ אֶת־עָרְפָּם כְּעֹרֶף אֲבוֹתָם
טו אֲשֶׁר לֹא הֶאֱמִינוּ בַּיהוָה אֱלֹהֵיהֶם: וַיִּמְאֲסוּ אֶת־חֻקָּיו וְאֶת־
בְּרִיתוֹ אֲשֶׁר כָּרַת אֶת־אֲבוֹתָם וְאֵת עֵדְוֹתָיו אֲשֶׁר הֵעִיד בָּם
וַיֵּלְכוּ אַחֲרֵי הַהֶבֶל וַיֶּהְבָּלוּ וְאַחֲרֵי הַגּוֹיִם אֲשֶׁר סְבִיבֹתָם אֲשֶׁר
טז צִוָּה יְהוָה אֹתָם לְבִלְתִּי עֲשׂוֹת כָּהֶם: וַיַּעַזְבוּ אֶת־כָּל־מִצְוֹת
יְהוָה אֱלֹהֵיהֶם וַיַּעֲשׂוּ לָהֶם מַסֵּכָה שְׁנֵים עֲגָלִים וַיַּעֲשׂוּ אֲשֵׁירָה שְׁנֵי
יז וַיִּשְׁתַּחֲווּ לְכָל־צְבָא הַשָּׁמַיִם וַיַּעַבְדוּ אֶת־הַבָּעַל: וַיַּעֲבִירוּ אֶת־

בְּנֵיהֶם וְאֶת־בְּנוֹתֵיהֶם בָּאֵשׁ וַיִּקְסְמוּ קְסָמִים וַיְנַחֵשׁוּ וַיִּתְמַכְּרוּ
יח לַעֲשׂוֹת הָרַע בְּעֵינֵי יְהוָה לְהַכְעִיסוֹ׃ וַיִּתְאַנַּף יְהוָה מְאֹד
בְּיִשְׂרָאֵל וַיְסִרֵם מֵעַל פָּנָיו לֹא נִשְׁאַר רַק שֵׁבֶט יְהוּדָה לְבַדּוֹ׃
יט גַּם־יְהוּדָה לֹא שָׁמַר אֶת־מִצְוֺת יְהוָה אֱלֹהֵיהֶם וַיֵּלְכוּ בְּחֻקּוֹת
כ יִשְׂרָאֵל אֲשֶׁר עָשׂוּ׃ וַיִּמְאַס יְהוָה בְּכָל־זֶרַע יִשְׂרָאֵל וַיְעַנֵּם
כא וַיִּתְּנֵם בְּיַד־שֹׁסִים עַד אֲשֶׁר הִשְׁלִיכָם מִפָּנָיו׃ כִּי־קָרַע יִשְׂרָאֵל
מֵעַל בֵּית דָּוִד וַיַּמְלִיכוּ אֶת־יָרָבְעָם בֶּן־נְבָט וידא יָרָבְעָם אֶת־ וַיַּדַּח
כב יִשְׂרָאֵל מֵאַחֲרֵי יְהוָה וְהֶחֱטִיאָם חֲטָאָה גְדוֹלָה׃ וַיֵּלְכוּ בְּנֵי
כג יִשְׂרָאֵל בְּכָל־חַטֹּאות יָרָבְעָם אֲשֶׁר עָשָׂה לֹא־סָרוּ מִמֶּנָּה׃ עַד
אֲשֶׁר־הֵסִיר יְהוָה אֶת־יִשְׂרָאֵל מֵעַל פָּנָיו כַּאֲשֶׁר דִּבֶּר בְּיַד כָּל־
עֲבָדָיו הַנְּבִיאִים וַיִּגֶל יִשְׂרָאֵל מֵעַל אַדְמָתוֹ אַשּׁוּרָה עַד הַיּוֹם
כד הַזֶּה׃ וַיָּבֵא מֶלֶךְ־אַשּׁוּר מִבָּבֶל וּמִכּוּתָה וּמֵעַוָּא
וּמֵחֲמָת וספרוים וַיֹּשֶׁב בְּעָרֵי שֹׁמְרוֹן תַּחַת בְּנֵי יִשְׂרָאֵל וַיִּרְשׁוּ וּמִסְפְּרַוִים
כה אֶת־שֹׁמְרוֹן וַיֵּשְׁבוּ בְּעָרֶיהָ׃ וַיְהִי בִּתְחִלַּת שִׁבְתָּם שָׁם לֹא יָרְאוּ
אֶת־יְהוָה וַיְשַׁלַּח יְהוָה בָּהֶם אֶת־הָאֲרָיוֹת וַיִּהְיוּ הֹרְגִים בָּהֶם׃
כו וַיֹּאמְרוּ לְמֶלֶךְ אַשּׁוּר לֵאמֹר הַגּוֹיִם אֲשֶׁר הִגְלִיתָ וַתּוֹשֶׁב בְּעָרֵי
שֹׁמְרוֹן לֹא יָדְעוּ אֶת־מִשְׁפַּט אֱלֹהֵי הָאָרֶץ וַיְשַׁלַּח־בָּם אֶת־
הָאֲרָיוֹת וְהִנָּם מְמִיתִים אוֹתָם כַּאֲשֶׁר אֵינָם יֹדְעִים אֶת־מִשְׁפַּט
כז אֱלֹהֵי הָאָרֶץ׃ וַיְצַו מֶלֶךְ־אַשּׁוּר לֵאמֹר הֹלִיכוּ שָׁמָּה אֶחָד
מֵהַכֹּהֲנִים אֲשֶׁר הִגְלִיתֶם מִשָּׁם וְיֵלְכוּ וְיֵשְׁבוּ שָׁם וְיֹרֵם אֶת־
כח מִשְׁפַּט אֱלֹהֵי הָאָרֶץ׃ וַיָּבֹא אֶחָד מֵהַכֹּהֲנִים אֲשֶׁר הִגְלוּ
מִשֹּׁמְרוֹן וַיֵּשֶׁב בְּבֵית־אֵל וַיְהִי מוֹרֶה אֹתָם אֵיךְ יִירְאוּ אֶת־
כט יְהוָה׃ וַיִּהְיוּ עֹשִׂים גּוֹי גּוֹי אֱלֹהָיו וַיַּנִּיחוּ ׀ בְּבֵית הַבָּמוֹת אֲשֶׁר
ל עָשׂוּ הַשֹּׁמְרֹנִים גּוֹי גּוֹי בְּעָרֵיהֶם אֲשֶׁר הֵם יֹשְׁבִים שָׁם׃ וְאַנְשֵׁי
בָבֶל עָשׂוּ אֶת־סֻכּוֹת בְּנוֹת וְאַנְשֵׁי־כוּת עָשׂוּ אֶת־נֵרְגַל וְאַנְשֵׁי
לא חֲמָת עָשׂוּ אֶת־אֲשִׁימָא׃ וְהָעַוִּים עָשׂוּ נִבְחַז וְאֶת־תַּרְתָּק
וְהַסְפַרְוִים שֹׂרְפִים אֶת־בְּנֵיהֶם בָּאֵשׁ לְאַדְרַמֶּלֶךְ וַעֲנַמֶּלֶךְ אֱלֹהֵ

לב ספרים: וַיִּהְיוּ יְרֵאִים אֶת־יְהוָה וַיַּעֲשׂוּ לָהֶם מִקְצוֹתָם כֹּהֲנֵי ספרוים
לג בָּמוֹת וַיִּהְיוּ עֹשִׂים לָהֶם בְּבֵית הַבָּמוֹת: אֶת־יְהוָה הָיוּ יְרֵאִים
וְאֶת־אֱלֹהֵיהֶם הָיוּ עֹבְדִים כְּמִשְׁפַּט הַגּוֹיִם אֲשֶׁר־הִגְלוּ אֹתָם
לד מִשָּׁם: עַד הַיּוֹם הַזֶּה הֵם עֹשִׂים כַּמִּשְׁפָּטִים הָרִאשֹׁנִים אֵינָם
יְרֵאִים אֶת־יְהוָה וְאֵינָם עֹשִׂים כְּחֻקֹּתָם וּכְמִשְׁפָּטָם וְכַתּוֹרָה
וְכַמִּצְוָה אֲשֶׁר צִוָּה יְהוָה אֶת־בְּנֵי יַעֲקֹב אֲשֶׁר־שָׂם שְׁמוֹ
לה יִשְׂרָאֵל: וַיִּכְרֹת יְהוָה אִתָּם בְּרִית וַיְצַוֵּם לֵאמֹר לֹא תִירְאוּ
אֱלֹהִים אֲחֵרִים וְלֹא־תִשְׁתַּחֲווּ לָהֶם וְלֹא תַעַבְדוּם וְלֹא תִזְבְּחוּ
לו לָהֶם: כִּי ׀ אִם־אֶת־יְהוָה אֲשֶׁר הֶעֱלָה אֶתְכֶם מֵאֶרֶץ מִצְרַיִם
בְּכֹחַ גָּדוֹל וּבִזְרוֹעַ נְטוּיָה אֹתוֹ תִירָאוּ וְלוֹ תִשְׁתַּחֲווּ וְלוֹ תִזְבָּחוּ:
לז וְאֶת־הַחֻקִּים וְאֶת־הַמִּשְׁפָּטִים וְהַתּוֹרָה וְהַמִּצְוָה אֲשֶׁר כָּתַב
לָכֶם תִּשְׁמְרוּן לַעֲשׂוֹת כָּל־הַיָּמִים וְלֹא תִירְאוּ אֱלֹהִים אֲחֵרִים:
לח וְהַבְּרִית אֲשֶׁר־כָּרַתִּי אִתְּכֶם לֹא תִשְׁכָּחוּ וְלֹא תִירְאוּ אֱלֹהִים
לט אֲחֵרִים: כִּי אִם־אֶת־יְהוָה אֱלֹהֵיכֶם תִּירָאוּ וְהוּא יַצִּיל אֶתְכֶם
מ מִיַּד כָּל־אֹיְבֵיכֶם: וְלֹא שָׁמֵעוּ כִּי אִם־כְּמִשְׁפָּטָם הָרִאשׁוֹן הֵם
מא עֹשִׂים: וַיִּהְיוּ ׀ הַגּוֹיִם הָאֵלֶּה יְרֵאִים אֶת־יְהוָה וְאֶת־פְּסִילֵיהֶם
הָיוּ עֹבְדִים גַּם־בְּנֵיהֶם ׀ וּבְנֵי בְנֵיהֶם כַּאֲשֶׁר עָשׂוּ אֲבֹתָם הֵם
יח א עֹשִׂים עַד הַיּוֹם הַזֶּה: וַיְהִי בִּשְׁנַת שָׁלשׁ לְהוֹשֵׁעַ
ב בֶּן־אֵלָה מֶלֶךְ יִשְׂרָאֵל מָלַךְ חִזְקִיָּה בֶן־אָחָז מֶלֶךְ יְהוּדָה: בֶּן־
עֶשְׂרִים וְחָמֵשׁ שָׁנָה הָיָה בְמָלְכוֹ וְעֶשְׂרִים וָתֵשַׁע שָׁנָה מָלַךְ
ג בִּירוּשָׁלָם וְשֵׁם אִמּוֹ אֲבִי בַּת־זְכַרְיָה: וַיַּעַשׂ הַיָּשָׁר בְּעֵינֵי יְהוָה
ד כְּכֹל אֲשֶׁר־עָשָׂה דָּוִד אָבִיו: הוּא ׀ הֵסִיר אֶת־הַבָּמוֹת וְשִׁבַּר
אֶת־הַמַּצֵּבֹת וְכָרַת אֶת־הָאֲשֵׁרָה וְכִתַּת נְחַשׁ הַנְּחֹשֶׁת אֲשֶׁר־
עָשָׂה מֹשֶׁה כִּי עַד־הַיָּמִים הָהֵמָּה הָיוּ בְנֵי־יִשְׂרָאֵל מְקַטְּרִים
ה לוֹ וַיִּקְרָא־לוֹ נְחֻשְׁתָּן: בַּיהוָה אֱלֹהֵי־יִשְׂרָאֵל בָּטָח וְאַחֲרָיו לֹא־
ו הָיָה כָמֹהוּ בְּכֹל מַלְכֵי יְהוּדָה וַאֲשֶׁר הָיוּ לְפָנָיו: וַיִּדְבַּק בַּיהוָה ל
לֹא־סָר מֵאַחֲרָיו וַיִּשְׁמֹר מִצְוֺתָיו אֲשֶׁר־צִוָּה יְהוָה אֶת־מֹשֶׁה:

ז והיה יהוה עמו בכל אשר־יצא ישכיל וימרד במלך־אשור
ח ולא עבדו: הוא־הכה את־פלשתים עד־עזה ואת־גבוליה
ט ממגדל נוצרים עד־עיר מבצר: ויהי בשנה
הרביעית למלך חזקיהו היא השנה השביעית להושע בן־
אלה מלך ישראל עלה שלמנאסר מלך־אשור על־שמרון
י ויצר עליה: וילכדה מקצה שלש שנים בשנת־שש לחזקיה
יא היא שנת־תשע להושע מלך ישראל נלכדה שמרון: ויגל
מלך־אשור את־ישראל אשורה וינחם בחלח ובחבור נהר
יב גוזן וערי מדי: על ׀ אשר לא־שמעו בקול יהוה אלהיהם
ויעברו את־בריתו את כל־אשר צוה משה עבד יהוה
ולא שמעו ולא עשו:
יג ובארבע עשרה שנה למלך חזקיה עלה סנחריב מלך־אשור
יד על כל־ערי יהודה הבצרות ויתפשם: וישלח חזקיה מלך־
יהודה אל־מלך־אשור ׀ לכישה ׀ לאמר ׀ חטאתי שוב מעלי
את אשר־תתן עלי אשא וישם מלך־אשור על־חזקיה מלך־
טו יהודה שלש מאות ככר־כסף ושלשים ככר זהב: ויתן חזקיה
את־כל־הכסף הנמצא בית־יהוה ובאוצרות בית המלך:
טז בעת ההיא קצץ חזקיה את־דלתות היכל יהוה ואת־
האמנות אשר צפה חזקיה מלך יהודה ויתנם למלך
יז אשור: וישלח מלך־אשור את־תרתן ואת־
רב־סריס ׀ ואת־רבשקה מן־לכיש אל־המלך חזקיהו בחיל
כבד ירושלם ויעלו ויבאו ירושלם ויעלו ויבאו ויעמדו
יח בתעלת הברכה העליונה אשר במסלת שדה כובס: ויקראו
אל־המלך ויצא אלהם אליקים בן־חלקיהו אשר על־הבית
יט ושבנה הספר ויואח בן־אסף המזכיר: ויאמר אליהם רבשקה
אמרו־נא אל־חזקיהו כה־אמר המלך הגדול מלך אשור מה
כ הבטחון הזה אשר בטחת: אמרת אך־דבר שפתים עצה

כא וּגְבוּרָה לַמִּלְחָמָה עַתָּה עַל־מִי בָטַחְתָּ כִּי מָרַדְתָּ בִּי׃ עַתָּה
הִנֵּה בָטַחְתָּ לְּךָ עַל־מִשְׁעֶנֶת הַקָּנֶה הָרָצוּץ הַזֶּה עַל־מִצְרַיִם
אֲשֶׁר יִסָּמֵךְ אִישׁ עָלָיו וּבָא בְכַפּוֹ וּנְקָבָהּ כֵּן פַּרְעֹה מֶלֶךְ־
כב מִצְרַיִם לְכָל־הַבֹּטְחִים עָלָיו׃ וְכִי־תֹאמְרוּן אֵלַי אֶל־יְהוָה
אֱלֹהֵינוּ בָּטָחְנוּ הֲלוֹא־הוּא אֲשֶׁר הֵסִיר חִזְקִיָּהוּ אֶת־בָּמֹתָיו
וְאֶת־מִזְבְּחֹתָיו וַיֹּאמֶר לִיהוּדָה וְלִירוּשָׁלִַם לִפְנֵי הַמִּזְבֵּחַ הַזֶּה
כג תִּשְׁתַּחֲווּ בִּירוּשָׁלִָם׃ וְעַתָּה הִתְעָרֶב נָא אֶת־אֲדֹנִי אֶת־מֶלֶךְ
אַשּׁוּר וְאֶתְּנָה לְךָ אַלְפַּיִם סוּסִים אִם־תּוּכַל לָתֶת לְךָ רֹכְבִים
כד עֲלֵיהֶם׃ וְאֵיךְ תָּשִׁיב אֵת פְּנֵי פַחַת אַחַד עַבְדֵי אֲדֹנִי הַקְּטַנִּים
כה וַתִּבְטַח לְךָ עַל־מִצְרַיִם לְרֶכֶב וּלְפָרָשִׁים׃ עַתָּה הֲמִבַּלְעֲדֵי
יְהוָה עָלִיתִי עַל־הַמָּקוֹם הַזֶּה לְהַשְׁחִתוֹ יְהוָה אָמַר אֵלַי עֲלֵה
כו עַל־הָאָרֶץ הַזֹּאת וְהַשְׁחִיתָהּ׃ וַיֹּאמֶר אֶלְיָקִים בֶּן־חִלְקִיָּהוּ
וְשֶׁבְנָה וְיוֹאָח אֶל־רַבְשָׁקֵה דַּבֶּר־נָא אֶל־עֲבָדֶיךָ אֲרָמִית כִּי
שֹׁמְעִים אֲנָחְנוּ וְאַל־תְּדַבֵּר עִמָּנוּ יְהוּדִית בְּאָזְנֵי הָעָם אֲשֶׁר
כז עַל־הַחֹמָה׃ וַיֹּאמֶר אֲלֵיהֶם רַבְשָׁקֵה הַעַל אֲדֹנֶיךָ וְאֵלֶיךָ שְׁלָחַנִי
אֲדֹנִי לְדַבֵּר אֶת־הַדְּבָרִים הָאֵלֶּה הֲלֹא עַל־הָאֲנָשִׁים הַיֹּשְׁבִים
עַל־הַחֹמָה לֶאֱכֹל אֶת־חריהם וְלִשְׁתּוֹת אֶת־שיניהם עִמָּכֶם׃

צוֹאָתָם
מֵימֵי רַגְלֵיהֶם

כח וַיַּעֲמֹד רַבְשָׁקֵה וַיִּקְרָא בְקוֹל־גָּדוֹל יְהוּדִית וַיְדַבֵּר וַיֹּאמֶר
כט שִׁמְעוּ דְּבַר־הַמֶּלֶךְ הַגָּדוֹל מֶלֶךְ אַשּׁוּר׃ כֹּה אָמַר הַמֶּלֶךְ אַל־
ל יַשִּׁא לָכֶם חִזְקִיָּהוּ כִּי־לֹא יוּכַל לְהַצִּיל אֶתְכֶם מִיָּדוֹ׃ וְאַל־
יַבְטַח אֶתְכֶם חִזְקִיָּהוּ אֶל־יְהוָה לֵאמֹר הַצֵּל יַצִּילֵנוּ יְהוָה וְלֹא
לא תִנָּתֵן אֶת־הָעִיר הַזֹּאת בְּיַד מֶלֶךְ אַשּׁוּר׃ אַל־תִּשְׁמְעוּ אֶל־
חִזְקִיָּהוּ כִּי כֹה אָמַר מֶלֶךְ אַשּׁוּר עֲשׂוּ אִתִּי בְרָכָה וּצְאוּ אֵלַי
לב וְאִכְלוּ אִישׁ־גַּפְנוֹ וְאִישׁ תְּאֵנָתוֹ וּשְׁתוּ אִישׁ מֵי־בֹרוֹ׃ עַד־בֹּאִי
וְלָקַחְתִּי אֶתְכֶם אֶל־אֶרֶץ כְּאַרְצְכֶם אֶרֶץ דָּגָן וְתִירוֹשׁ אֶרֶץ
לֶחֶם וּכְרָמִים אֶרֶץ זֵית יִצְהָר וּדְבַשׁ וִחְיוּ וְלֹא תָמֻתוּ וְאַל־
תִּשְׁמְעוּ אֶל־חִזְקִיָּהוּ כִּי־יַסִּית אֶתְכֶם לֵאמֹר יְהוָה יַצִּילֵנוּ׃

ההצל הצילו אלהי הגוים איש את־ארצו מיד מלך אשור׃ לג
איה אלהי חמת וארפד איה אלהי ספרוים הנע ועוה כי־ לד
הצילו את־שמרון מידי׃ מי בכל־אלהי הארצות אשר־ לה
הצילו את־ארצם מידי כי־יציל יהוה את־ירושלם מידי׃
והחרישו העם ולא־ענו אתו דבר כי־מצות המלך היא לו
לאמר לא תענהו׃ ויבא אליקים בן־חלקיה אשר־על־הבית לז
ושבנא הספר ויואח בן־אסף המזכיר אל־חזקיהו קרועי
בגדים ויגדו לו דברי רבשקה׃ ויהי כשמע המלך חזקיהו א יט
ויקרע את־בגדיו ויתכס בשק ויבא בית יהוה׃ וישלח את־ ב
אליקים אשר־על־הבית ושבנא הספר ואת זקני הכהנים
מתכסים בשקים אל־ישעיהו הנביא בן־אמוץ׃ ויאמרו אליו ג
כה אמר חזקיהו יום־צרה ותוכחה ונאצה היום הזה כי־באו
בנים עד־משבר וכח אין ללדה׃ אולי ישמע יהוה אלהיך ד
את ׀ כל־דברי רבשקה אשר שלחו מלך־אשור ׀ אדניו לחרף
אלהים חי והוכיח בדברים אשר שמע יהוה אלהיך ונשאת
תפלה בעד השארית הנמצאה׃ ויבאו עבדי המלך חזקיהו ה
אל־ישעיהו׃ ויאמר להם ישעיהו כה תאמרון אל־אדניכם ו
כה ׀ אמר יהוה אל־תירא מפני הדברים אשר שמעת אשר
גדפו נערי מלך־אשור אתי׃ הנני נתן בו רוח ושמע שמועה ז
ושב לארצו והפלתיו בחרב בארצו׃ וישב רבשקה וימצא ח
את־מלך אשור נלחם על־לבנה כי שמע כי נסע מלכיש׃
וישמע אל־תרהקה מלך־כוש לאמר הנה יצא להלחם אתך ט
וישב וישלח מלאכים אל־חזקיהו לאמר׃ כה תאמרון אל־ י
חזקיהו מלך־יהודה לאמר אל־ישאך אלהיך אשר אתה
בטח בו לאמר לא תנתן ירושלם ביד מלך אשור׃ הנה ׀ אתה יא
שמעת את אשר עשו מלכי אשור לכל־הארצות להחרימם
ואתה תנצל׃ ההצילו אתם אלהי הגוים אשר שחתו אבותי יב

יג אֶת־גּוֹזָן וְאֶת־חָרָן וְרֶצֶף וּבְנֵי־עֶדֶן אֲשֶׁר בִּתְלַאשָּׂר׃ אַיּוֹ מֶלֶךְ־
יד חֲמָת וּמֶלֶךְ אַרְפָּד וּמֶלֶךְ לָעִיר סְפַרְוָיִם הֵנַע וְעִוָּה׃ וַיִּקַּח
חִזְקִיָּהוּ אֶת־הַסְּפָרִים מִיַּד הַמַּלְאָכִים וַיִּקְרָאֵם וַיַּעַל בֵּית יְהוָה
וַיִּפְרְשֵׂהוּ חִזְקִיָּהוּ לִפְנֵי יְהוָה׃
טו וַיִּתְפַּלֵּל חִזְקִיָּהוּ לִפְנֵי יְהוָה וַיֹּאמַר יְהוָה אֱלֹהֵי יִשְׂרָאֵל יֹשֵׁב
הַכְּרֻבִים אַתָּה־הוּא הָאֱלֹהִים לְבַדְּךָ לְכֹל מַמְלְכוֹת הָאָרֶץ
טז אַתָּה עָשִׂיתָ אֶת־הַשָּׁמַיִם וְאֶת־הָאָרֶץ׃ הַטֵּה יְהוָה ׀ אָזְנְךָ
וּשְׁמָע פְּקַח יְהוָה עֵינֶיךָ וּרְאֵה וּשְׁמַע אֵת דִּבְרֵי סַנְחֵרִיב אֲשֶׁר
יז שְׁלָחוֹ לְחָרֵף אֱלֹהִים חָי׃ אָמְנָם יְהוָה הֶחֱרִיבוּ מַלְכֵי אַשּׁוּר אֶת־
יח הַגּוֹיִם וְאֶת־אַרְצָם׃ וְנָתְנוּ אֶת־אֱלֹהֵיהֶם בָּאֵשׁ כִּי לֹא אֱלֹהִים
יט הֵמָּה כִּי אִם־מַעֲשֵׂה יְדֵי־אָדָם עֵץ וָאֶבֶן וַיְאַבְּדוּם׃ וְעַתָּה יְהוָה לא
אֱלֹהֵינוּ הוֹשִׁיעֵנוּ נָא מִיָּדוֹ וְיֵדְעוּ כָּל־מַמְלְכוֹת הָאָרֶץ כִּי אַתָּה
כ יְהוָה אֱלֹהִים לְבַדֶּךָ׃ וַיִּשְׁלַח יְשַׁעְיָהוּ בֶן־אָמוֹץ
אֶל־חִזְקִיָּהוּ לֵאמֹר כֹּה־אָמַר יְהוָה אֱלֹהֵי יִשְׂרָאֵל אֲשֶׁר
כא הִתְפַּלַּלְתָּ אֵלַי אֶל־סַנְחֵרִב מֶלֶךְ־אַשּׁוּר שָׁמָעְתִּי׃ זֶה הַדָּבָר
אֲשֶׁר־דִּבֶּר יְהוָה עָלָיו בָּזָה לְךָ לָעֲגָה לְךָ בְּתוּלַת בַּת־צִיּוֹן
כב אַחֲרֶיךָ רֹאשׁ הֵנִיעָה בַּת יְרוּשָׁלִָם׃ אֶת־מִי חֵרַפְתָּ וְגִדַּפְתָּ וְעַל־
כג מִי הֲרִימוֹתָ קּוֹל וַתִּשָּׂא מָרוֹם עֵינֶיךָ עַל־קְדוֹשׁ יִשְׂרָאֵל׃ בְּיַד
מַלְאָכֶיךָ חֵרַפְתָּ ׀ אֲדֹנָי וַתֹּאמֶר בְּרֶכֶב רִכְבִּי אֲנִי עָלִיתִי מְרוֹם בְּרֹב
הָרִים יַרְכְּתֵי לְבָנוֹן וְאֶכְרֹת קוֹמַת אֲרָזָיו מִבְחוֹר בְּרֹשָׁיו
כד וְאָבוֹאָה מְלוֹן קִצֹּה יַעַר כַּרְמִלּוֹ׃ אֲנִי קַרְתִּי וְשָׁתִיתִי מַיִם זָרִים
כה וְאַחְרִב בְּכַף־פְּעָמַי כֹּל יְאֹרֵי מָצוֹר׃ הֲלֹא־שָׁמַעְתָּ לְמֵרָחוֹק
אֹתָהּ עָשִׂיתִי לְמִימֵי קֶדֶם וִיצַרְתִּיהָ עַתָּה הֲבֵאתִיהָ וּתְהִי
כו לְהַשְׁאוֹת גַּלִּים נִצִּים עָרִים בְּצֻרוֹת׃ וְיֹשְׁבֵיהֶן קִצְרֵי־יָד חַתּוּ
וַיֵּבֹשׁוּ הָיוּ עֵשֶׂב שָׂדֶה וִירַק דֶּשֶׁא חֲצִיר גַּגּוֹת וּשְׁדֵפָה לִפְנֵי
כז כח קָמָה׃ וְשִׁבְתְּךָ וְצֵאתְךָ וּבֹאֲךָ יָדָעְתִּי וְאֵת הִתְרַגֶּזְךָ אֵלָי׃ יַעַן
הִתְרַגֶּזְךָ אֵלַי וְשַׁאֲנַנְךָ עָלָה בְאָזְנָי וְשַׂמְתִּי חַחִי בְּאַפֶּךָ וּמִתְגִּי

כט בִּשְׂפָתֶיךָ וַהֲשִׁבֹתִיךָ בַּדֶּרֶךְ אֲשֶׁר־בָּאתָ בָּהּ: וְזֶה־לְּךָ הָאוֹת
אָכוֹל הַשָּׁנָה סָפִיחַ וּבַשָּׁנָה הַשֵּׁנִית סָחִישׁ וּבַשָּׁנָה הַשְּׁלִישִׁית
ל זִרְעוּ וְקִצְרוּ וְנִטְעוּ כְרָמִים וְאִכְלוּ פִרְיָם: וְיָסְפָה פְּלֵיטַת בֵּית־
לא יְהוּדָה הַנִּשְׁאָרָה שֹׁרֶשׁ לְמָטָּה וְעָשָׂה פְרִי לְמָעְלָה: כִּי
מִירוּשָׁלַםִ תֵּצֵא שְׁאֵרִית וּפְלֵיטָה מֵהַר צִיּוֹן קִנְאַת יְהוָה צְבָאוֹת
לב תַּעֲשֶׂה־זֹּאת: לָכֵן כֹּה־אָמַר יְהוָה אֶל־מֶלֶךְ
אַשּׁוּר לֹא יָבֹא אֶל־הָעִיר הַזֹּאת וְלֹא־יוֹרֶה שָׁם חֵץ וְלֹא־
לג יְקַדְּמֶנָּה מָגֵן וְלֹא־יִשְׁפֹּךְ עָלֶיהָ סֹלְלָה: בַּדֶּרֶךְ אֲשֶׁר־יָבֹא בָּהּ
לד יָשׁוּב וְאֶל־הָעִיר הַזֹּאת לֹא יָבֹא נְאֻם־יְהוָה: וְגַנּוֹתִי אֶל־הָעִיר
לה הַזֹּאת לְהוֹשִׁיעָהּ לְמַעֲנִי וּלְמַעַן דָּוִד עַבְדִּי: וַיְהִי
בַּלַּיְלָה הַהוּא וַיֵּצֵא ׀ מַלְאַךְ יְהוָה וַיַּךְ בְּמַחֲנֵה אַשּׁוּר מֵאָה
שְׁמוֹנִים וַחֲמִשָּׁה אָלֶף וַיַּשְׁכִּימוּ בַבֹּקֶר וְהִנֵּה כֻלָּם פְּגָרִים מֵתִים:
לו לז וַיִּסַּע וַיֵּלֶךְ וַיָּשָׁב סַנְחֵרִיב מֶלֶךְ־אַשּׁוּר וַיֵּשֶׁב בְּנִינְוֵה: וַיְהִי
הוּא מִשְׁתַּחֲוֶה בֵּית ׀ נִסְרֹךְ אֱלֹהָיו וְאַדְרַמֶּלֶךְ וְשַׂרְאֶצֶר בָּנָיו
הִכֻּהוּ בַחֶרֶב וְהֵמָּה נִמְלְטוּ אֶרֶץ אֲרָרָט וַיִּמְלֹךְ אֵסַר־חַדֹּן
כ א בְּנוֹ תַּחְתָּיו: בַּיָּמִים הָהֵם חָלָה חִזְקִיָּהוּ לָמוּת וַיָּבֹא
אֵלָיו יְשַׁעְיָהוּ בֶן־אָמוֹץ הַנָּבִיא וַיֹּאמֶר אֵלָיו כֹּה־אָמַר יְהוָה
ב צַו לְבֵיתֶךָ כִּי מֵת אַתָּה וְלֹא תִחְיֶה: וַיַּסֵּב אֶת־פָּנָיו אֶל־הַקִּיר
ג וַיִּתְפַּלֵּל אֶל־יְהוָה לֵאמֹר: אָנָּה יְהוָה זְכָר־נָא אֵת אֲשֶׁר
הִתְהַלַּכְתִּי לְפָנֶיךָ בֶּאֱמֶת וּבְלֵבָב שָׁלֵם וְהַטּוֹב בְּעֵינֶיךָ עָשִׂיתִי
ד וַיֵּבְךְּ חִזְקִיָּהוּ בְּכִי גָדוֹל: וַיְהִי יְשַׁעְיָהוּ לֹא יָצָא
ה הָעִיר הַתִּיכֹנָה וּדְבַר־יְהוָה הָיָה אֵלָיו לֵאמֹר: שׁוּב וְאָמַרְתָּ חָצֵר
אֶל־חִזְקִיָּהוּ נְגִיד־עַמִּי כֹּה־אָמַר יְהוָה אֱלֹהֵי דָּוִד אָבִיךָ
שָׁמַעְתִּי אֶת־תְּפִלָּתֶךָ רָאִיתִי אֶת־דִּמְעָתֶךָ הִנְנִי רֹפֶא לָךְ בַּיּוֹם
ו הַשְּׁלִישִׁי תַּעֲלֶה בֵּית יְהוָה: וְהֹסַפְתִּי עַל־יָמֶיךָ חֲמֵשׁ עֶשְׂרֵה
שָׁנָה וּמִכַּף מֶלֶךְ־אַשּׁוּר אַצִּילְךָ וְאֵת הָעִיר הַזֹּאת וְגַנּוֹתִי עַל־
ז הָעִיר הַזֹּאת לְמַעֲנִי וּלְמַעַן דָּוִד עַבְדִּי: וַיֹּאמֶר יְשַׁעְיָהוּ קְחוּ

ח דְּבֶלֶת תְּאֵנִים וַיִּקְחוּ וַיָּשִׂימוּ עַל־הַשְּׁחִין וַיֶּחִי׃ וַיֹּאמֶר חִזְקִיָּהוּ
אֶל־יְשַׁעְיָהוּ מָה אוֹת כִּי־יִרְפָּא יְהוָה לִי וְעָלִיתִי בַּיּוֹם הַשְּׁלִישִׁי
ט בֵּית יְהוָה׃ וַיֹּאמֶר יְשַׁעְיָהוּ זֶה־לְּךָ הָאוֹת מֵאֵת יְהוָה כִּי יַעֲשֶׂה
יְהוָה אֶת־הַדָּבָר אֲשֶׁר דִּבֵּר הָלַךְ הַצֵּל עֶשֶׂר מַעֲלוֹת אִם־יָשׁוּב
י עֶשֶׂר מַעֲלוֹת׃ וַיֹּאמֶר יְחִזְקִיָּהוּ נָקֵל לַצֵּל לִנְטוֹת עֶשֶׂר מַעֲלוֹת
יא לֹא כִּי יָשׁוּב הַצֵּל אֲחֹרַנִּית עֶשֶׂר מַעֲלוֹת׃ וַיִּקְרָא יְשַׁעְיָהוּ
הַנָּבִיא אֶל־יְהוָה וַיָּשֶׁב אֶת־הַצֵּל בַּמַּעֲלוֹת אֲשֶׁר יָרְדָה
יב בְּמַעֲלוֹת אָחָז אֲחֹרַנִּית עֶשֶׂר מַעֲלוֹת׃ בָּעֵת
הַהִיא שָׁלַח בְּרֹאדַךְ בַּלְאֲדָן בֶּן־בַּלְאֲדָן מֶלֶךְ־בָּבֶל סְפָרִים
יג וּמִנְחָה אֶל־חִזְקִיָּהוּ כִּי שָׁמַע כִּי חָלָה חִזְקִיָּהוּ׃ וַיִּשְׁמַע עֲלֵיהֶם
חִזְקִיָּהוּ וַיַּרְאֵם אֶת־כָּל־בֵּית נְכֹתֹה אֶת־הַכֶּסֶף וְאֶת־הַזָּהָב
וְאֶת־הַבְּשָׂמִים וְאֵת ׀ שֶׁמֶן הַטּוֹב וְאֵת בֵּית כֵּלָיו וְאֵת כָּל־אֲשֶׁר
נִמְצָא בְּאוֹצְרֹתָיו לֹא־הָיָה דָבָר אֲשֶׁר לֹא־הֶרְאָם חִזְקִיָּהוּ
יד בְּבֵיתוֹ וּבְכָל־מֶמְשַׁלְתּוֹ׃ וַיָּבֹא יְשַׁעְיָהוּ הַנָּבִיא אֶל־הַמֶּלֶךְ
חִזְקִיָּהוּ וַיֹּאמֶר אֵלָיו מָה־אָמְרוּ ׀ הָאֲנָשִׁים הָאֵלֶּה וּמֵאַיִן יָבֹאוּ
טו אֵלֶיךָ וַיֹּאמֶר חִזְקִיָּהוּ מֵאֶרֶץ רְחוֹקָה בָּאוּ מִבָּבֶל׃ וַיֹּאמֶר מָה
רָאוּ בְּבֵיתֶךָ וַיֹּאמֶר חִזְקִיָּהוּ אֵת כָּל־אֲשֶׁר בְּבֵיתִי רָאוּ לֹא־
טז הָיָה דָבָר אֲשֶׁר לֹא־הִרְאִיתִם בְּאֹצְרֹתָי׃ וַיֹּאמֶר יְשַׁעְיָהוּ אֶל־
יז חִזְקִיָּהוּ שְׁמַע דְּבַר־יְהוָה׃ הִנֵּה יָמִים בָּאִים וְנִשָּׂא ׀ כָּל־אֲשֶׁר
בְּבֵיתֶךָ וַאֲשֶׁר אָצְרוּ אֲבֹתֶיךָ עַד־הַיּוֹם הַזֶּה בָּבֶלָה לֹא־יִוָּתֵר
יח דָּבָר אָמַר יְהוָה׃ וּמִבָּנֶיךָ אֲשֶׁר יֵצְאוּ מִמְּךָ אֲשֶׁר תּוֹלִיד יִקָּח וְהָיוּ
יט סָרִיסִים בְּהֵיכַל מֶלֶךְ בָּבֶל׃ וַיֹּאמֶר חִזְקִיָּהוּ אֶל־יְשַׁעְיָהוּ טוֹב
דְּבַר־יְהוָה אֲשֶׁר דִּבַּרְתָּ וַיֹּאמֶר הֲלוֹא אִם־שָׁלוֹם וֶאֱמֶת יִהְיֶה
כ בְיָמָי׃ וְיֶתֶר דִּבְרֵי חִזְקִיָּהוּ וְכָל־גְּבוּרָתוֹ וַאֲשֶׁר עָשָׂה אֶת־
הַבְּרֵכָה וְאֶת־הַתְּעָלָה וַיָּבֵא אֶת־הַמַּיִם הָעִירָה הֲלֹא־הֵם
כא כְּתוּבִים עַל־סֵפֶר דִּבְרֵי הַיָּמִים לְמַלְכֵי יְהוּדָה׃ וַיִּשְׁכַּב חִזְקִיָּהוּ
כא א עִם־אֲבֹתָיו וַיִּמְלֹךְ מְנַשֶּׁה בְנוֹ תַּחְתָּיו׃ בֶּן־

שְׁתֵּים עֶשְׂרֵה שָׁנָה מְנַשֶּׁה בְמָלְכוֹ וַחֲמִשִּׁים וְחָמֵשׁ שָׁנָה מָלַךְ

ב בִּירוּשָׁלָ͏ִם וְשֵׁם אִמּוֹ חֶפְצִי־בָהּ׃ וַיַּעַשׂ הָרַע בְּעֵינֵי יְהוָה

ג כְּתוֹעֲבֹת הַגּוֹיִם אֲשֶׁר הוֹרִישׁ יְהוָה מִפְּנֵי בְּנֵי יִשְׂרָאֵל׃ וַיָּשָׁב

וַיִּבֶן אֶת־הַבָּמוֹת אֲשֶׁר אִבַּד חִזְקִיָּהוּ אָבִיו וַיָּקֶם מִזְבְּחֹת

לַבַּעַל וַיַּעַשׂ אֲשֵׁרָה כַּאֲשֶׁר עָשָׂה אַחְאָב מֶלֶךְ יִשְׂרָאֵל וַיִּשְׁתַּחוּ

ד לְכָל־צְבָא הַשָּׁמַיִם וַיַּעֲבֹד אֹתָם׃ וּבָנָה מִזְבְּחֹת בְּבֵית יְהוָה

ה אֲשֶׁר אָמַר יְהוָה בִּירוּשָׁלַ͏ִם אָשִׂים אֶת־שְׁמִי׃ וַיִּבֶן מִזְבְּחוֹת

ו לְכָל־צְבָא הַשָּׁמָיִם בִּשְׁתֵּי חַצְרוֹת בֵּית־יְהוָה׃ וְהֶעֱבִיר אֶת־

בְּנוֹ בָּאֵשׁ וְעוֹנֵן וְנִחֵשׁ וְעָשָׂה אוֹב וְיִדְּעֹנִים הִרְבָּה לַעֲשׂוֹת הָרַע

ז בְּעֵינֵי יְהוָה לְהַכְעִיס׃ וַיָּשֶׂם אֶת־פֶּסֶל הָאֲשֵׁרָה אֲשֶׁר עָשָׂה

בַּבַּיִת אֲשֶׁר אָמַר יְהוָה אֶל־דָּוִד וְאֶל־שְׁלֹמֹה בְנוֹ בַּבַּיִת הַזֶּה

וּבִירוּשָׁלַ͏ִם אֲשֶׁר בָּחַרְתִּי מִכֹּל שִׁבְטֵי יִשְׂרָאֵל אָשִׂים אֶת־שְׁמִי

ח לְעוֹלָם׃ וְלֹא אֹסִיף לְהָנִיד רֶגֶל יִשְׂרָאֵל מִן־הָאֲדָמָה אֲשֶׁר

נָתַתִּי לַאֲבוֹתָם רַק ׀ אִם־יִשְׁמְרוּ לַעֲשׂוֹת כְּכֹל אֲשֶׁר צִוִּיתִים

ט וּלְכָל־הַתּוֹרָה אֲשֶׁר־צִוָּה אֹתָם עַבְדִּי מֹשֶׁה׃ וְלֹא שָׁמֵעוּ וַיַּתְעֵם

מְנַשֶּׁה לַעֲשׂוֹת אֶת־הָרָע מִן־הַגּוֹיִם אֲשֶׁר הִשְׁמִיד יְהוָה מִפְּנֵי

י יא בְּנֵי יִשְׂרָאֵל׃ וַיְדַבֵּר יְהוָה בְּיַד־עֲבָדָיו הַנְּבִיאִים לֵאמֹר׃ יַעַן

אֲשֶׁר עָשָׂה מְנַשֶּׁה מֶלֶךְ־יְהוּדָה הַתֹּעֵבוֹת הָאֵלֶּה הֵרַע מִכֹּל

אֲשֶׁר־עָשׂוּ הָאֱמֹרִי אֲשֶׁר לְפָנָיו וַיַּחֲטִא גַם־אֶת־יְהוּדָה

יב בְּגִלּוּלָיו׃ לָכֵן כֹּה־אָמַר יְהוָה אֱלֹהֵי יִשְׂרָאֵל

הִנְנִי מֵבִיא רָעָה עַל־יְרוּשָׁלַ͏ִם וִיהוּדָה אֲשֶׁר כָּל־שמעיו שֹׁמְעָהּ

יג תִּצַּלְנָה שְׁתֵּי אָזְנָיו׃ וְנָטִיתִי עַל־יְרוּשָׁלַ͏ִם אֵת קָו שֹׁמְרוֹן וְאֶת־

מִשְׁקֹלֶת בֵּית אַחְאָב וּמָחִיתִי אֶת־יְרוּשָׁלַ͏ִם כַּאֲשֶׁר־יִמְחֶה

יד אֶת־הַצַּלַּחַת מָחָה וְהָפַךְ עַל־פָּנֶיהָ׃ וְנָטַשְׁתִּי אֵת שְׁאֵרִית

נַחֲלָתִי וּנְתַתִּים בְּיַד אֹיְבֵיהֶם וְהָיוּ לְבַז וְלִמְשִׁסָּה לְכָל־

טו אֹיְבֵיהֶם׃ יַעַן אֲשֶׁר עָשׂוּ אֶת־הָרַע בְּעֵינַי וַיִּהְיוּ מַכְעִסִים אֹתִי

טז מִן־הַיּוֹם אֲשֶׁר יָצְאוּ אֲבוֹתָם מִמִּצְרַיִם וְעַד הַיּוֹם הַזֶּה׃ וְגַם

דם נקי שפך מנשה הרבה מאד עד אשר־מלא את־ירושלם
פה לפה לבד מחטאתו אשר החטיא את־יהודה לעשות
יז הרע בעיני יהוה: ויתר דברי מנשה וכל־אשר עשה וחטאתו
אשר חטא הלא־הם כתובים על־ספר דברי הימים למלכי
יח יהודה: וישכב מנשה עם־אבתיו ויקבר בגן־ביתו בגן־עזא
יט וימלך אמון בנו תחתיו: בן־עשרים ושתים
שנה אמון במלכו ושתים שנים מלך בירושלם ושם אמו
כ משלמת בת־חרוץ מן־יטבה: ויעש הרע בעיני יהוה כאשר
כא עשה מנשה אביו: וילך בכל־הדרך אשר־הלך אביו ויעבד
כב את־הגללים אשר עבד אביו וישתחו להם: ויעזב את־יהוה
כג אלהי אבתיו ולא־הלך בדרך יהוה: ויקשרו עבדי־אמון עליו
כד וימיתו את־המלך בביתו: ויך עם־הארץ את כל־הקשרים
על־המלך אמון וימליכו עם־הארץ את־יאשיהו בנו תחתיו:
כה ויתר דברי אמון אשר עשה הלא־הם כתובים על־ספר דברי
כו הימים למלכי יהודה: ויקבר אתו בקברתו בגן־עזא וימלך
כב א יאשיהו בנו תחתיו: בן־שמנה שנה יאשיהו
במלכו ושלשים ואחת שנה מלך בירושלם ושם אמו ידידה
ב בת־עדיה מבצקת: ויעש הישר בעיני יהוה וילך בכל־דרך לג
ג דוד אביו ולא־סר ימין ושמאול: ויהי בשמנה עשרה שנה
למלך יאשיהו שלח המלך את־שפן בן־אצליהו בן־משלם
ד הספר בית יהוה לאמר: עלה אל־חלקיהו הכהן הגדול ויתם
את־הכסף המובא בית יהוה אשר אספו שמרי הסף מאת
ה העם: ויתנה על־יד עשי המלאכה המפקדים בבית יהוה בית
ויתנו אתו לעשי המלאכה אשר בבית יהוה לחזק בדק
ו הבית: לחרשים ולבנים ולגדרים ולקנות עצים ואבני מחצב
ז לחזק את־הבית: אך לא־יחשב אתם הכסף הנתן על־ידם
ח כי באמונה הם עשים: ויאמר חלקיהו הכהן הגדול על־שפן

הַסֹּפֵר סֵפֶר הַתּוֹרָה מָצָאתִי בְּבֵית יְהוָה וַיִּתֵּן חִלְקִיָּה אֶת־
הַסֵּפֶר אֶל־שָׁפָן וַיִּקְרָאֵהוּ׃ וַיָּבֹא שָׁפָן הַסֹּפֵר אֶל־הַמֶּלֶךְ וַיָּשֶׁב ט
אֶת־הַמֶּלֶךְ דָּבָר וַיֹּאמֶר הִתִּיכוּ עֲבָדֶיךָ אֶת־הַכֶּסֶף הַנִּמְצָא
בַבַּיִת וַיִּתְּנֻהוּ עַל־יַד עֹשֵׂי הַמְּלָאכָה הַמֻּפְקָדִים בֵּית יְהוָה׃
וַיַּגֵּד שָׁפָן הַסֹּפֵר לַמֶּלֶךְ לֵאמֹר סֵפֶר נָתַן לִי חִלְקִיָּה הַכֹּהֵן י
וַיִּקְרָאֵהוּ שָׁפָן לִפְנֵי הַמֶּלֶךְ׃ וַיְהִי כִּשְׁמֹעַ הַמֶּלֶךְ אֶת־דִּבְרֵי יא
סֵפֶר הַתּוֹרָה וַיִּקְרַע אֶת־בְּגָדָיו׃ וַיְצַו הַמֶּלֶךְ אֶת־חִלְקִיָּה הַכֹּהֵן יב
וְאֶת־אֲחִיקָם בֶּן־שָׁפָן וְאֶת־עַכְבּוֹר בֶּן־מִיכָיָה וְאֵת ׀ שָׁפָן הַסֹּפֵר
וְאֵת עֲשָׂיָה עֶבֶד־הַמֶּלֶךְ לֵאמֹר׃ לְכוּ דִרְשׁוּ אֶת־יְהוָה בַּעֲדִי יג
וּבְעַד־הָעָם וּבְעַד כָּל־יְהוּדָה עַל־דִּבְרֵי הַסֵּפֶר הַנִּמְצָא הַזֶּה
כִּי־גְדוֹלָה חֲמַת יְהוָה אֲשֶׁר־הִיא נִצְּתָה בָנוּ עַל אֲשֶׁר לֹא־
שָׁמְעוּ אֲבֹתֵינוּ עַל־דִּבְרֵי הַסֵּפֶר הַזֶּה לַעֲשׂוֹת כְּכָל־הַכָּתוּב
עָלֵינוּ׃ וַיֵּלֶךְ חִלְקִיָּהוּ הַכֹּהֵן וַאֲחִיקָם וְעַכְבּוֹר וְשָׁפָן וַעֲשָׂיָה אֶל־ יד
חֻלְדָּה הַנְּבִיאָה אֵשֶׁת ׀ שַׁלֻּם בֶּן־תִּקְוָה בֶּן־חַרְחַס שֹׁמֵר הַבְּגָדִים
וְהִיא יֹשֶׁבֶת בִּירוּשָׁלִַם בַּמִּשְׁנֶה וַיְדַבְּרוּ אֵלֶיהָ׃ וַתֹּאמֶר אֲלֵיהֶם טו
כֹּה־אָמַר יְהוָה אֱלֹהֵי יִשְׂרָאֵל אִמְרוּ לָאִישׁ אֲשֶׁר־שָׁלַח אֶתְכֶם
אֵלָי׃ כֹּה אָמַר יְהוָה הִנְנִי מֵבִיא רָעָה אֶל־הַמָּקוֹם הַזֶּה וְעַל־ טז
יֹשְׁבָיו אֵת כָּל־דִּבְרֵי הַסֵּפֶר אֲשֶׁר קָרָא מֶלֶךְ יְהוּדָה׃ תַּחַת ׀ יז
אֲשֶׁר עֲזָבוּנִי וַיְקַטְּרוּ לֵאלֹהִים אֲחֵרִים לְמַעַן הַכְעִיסֵנִי בְּכֹל
מַעֲשֵׂה יְדֵיהֶם וְנִצְּתָה חֲמָתִי בַּמָּקוֹם הַזֶּה וְלֹא תִכְבֶּה׃ וְאֶל־ יח
מֶלֶךְ יְהוּדָה הַשֹּׁלֵחַ אֶתְכֶם לִדְרֹשׁ אֶת־יְהוָה כֹּה תֹאמְרוּ אֵלָיו
כֹּה־אָמַר יְהוָה אֱלֹהֵי יִשְׂרָאֵל הַדְּבָרִים אֲשֶׁר שָׁמָעְתָּ׃ יַעַן רַךְ־ יט
לְבָבְךָ וַתִּכָּנַע ׀ מִפְּנֵי יְהוָה בְּשָׁמְעֲךָ אֲשֶׁר דִּבַּרְתִּי עַל־הַמָּקוֹם
הַזֶּה וְעַל־יֹשְׁבָיו לִהְיוֹת לְשַׁמָּה וְלִקְלָלָה וַתִּקְרַע אֶת־בְּגָדֶיךָ
וַתֵּבְךְּ לְפָנָי וְגַם אָנֹכִי שָׁמַעְתִּי נְאֻם־יְהוָה׃ לָכֵן הִנְנִי אֹסִפְךָ כ
עַל־אֲבֹתֶיךָ וְנֶאֱסַפְתָּ אֶל־קִבְרֹתֶיךָ בְּשָׁלוֹם וְלֹא־תִרְאֶינָה
עֵינֶיךָ בְּכֹל הָרָעָה אֲשֶׁר־אֲנִי מֵבִיא עַל־הַמָּקוֹם הַזֶּה וַיָּשִׁבוּ

א אֶת־הַמֶּלֶךְ דָּבָר: וַיִּשְׁלַח הַמֶּלֶךְ וַיַּאַסְפוּ אֵלָיו כָּל־זִקְנֵי יְהוּדָה
ב וִירוּשָׁלִָם: וַיַּעַל הַמֶּלֶךְ בֵּית־יְהוָה וְכָל־אִישׁ יְהוּדָה וְכָל־יֹשְׁבֵי
יְרוּשָׁלִַם אִתּוֹ וְהַכֹּהֲנִים וְהַנְּבִיאִים וְכָל־הָעָם לְמִקָּטֹן וְעַד־גָּדוֹל
וַיִּקְרָא בְאָזְנֵיהֶם אֶת־כָּל־דִּבְרֵי סֵפֶר הַבְּרִית הַנִּמְצָא בְּבֵית
ג יְהוָה: וַיַּעֲמֹד הַמֶּלֶךְ עַל־הָעַמּוּד וַיִּכְרֹת אֶת־הַבְּרִית ׀ לִפְנֵי
יְהוָה לָלֶכֶת אַחַר יְהוָה וְלִשְׁמֹר מִצְוֺתָיו וְאֶת־עֵדְוֺתָיו וְאֶת־
חֻקֹּתָיו בְּכָל־לֵב וּבְכָל־נֶפֶשׁ לְהָקִים אֶת־דִּבְרֵי הַבְּרִית הַזֹּאת
ד הַכְּתֻבִים עַל־הַסֵּפֶר הַזֶּה וַיַּעֲמֹד כָּל־הָעָם בַּבְּרִית: וַיְצַו
הַמֶּלֶךְ אֶת־חִלְקִיָּהוּ הַכֹּהֵן הַגָּדוֹל וְאֶת־כֹּהֲנֵי הַמִּשְׁנֶה וְאֶת־
שֹׁמְרֵי הַסַּף לְהוֹצִיא מֵהֵיכַל יְהוָה אֵת כָּל־הַכֵּלִים הָעֲשׂוּיִם
לַבַּעַל וְלָאֲשֵׁרָה וּלְכֹל צְבָא הַשָּׁמָיִם וַיִּשְׂרְפֵם מִחוּץ לִירוּשָׁלִַם
ה בְּשַׁדְמוֹת קִדְרוֹן וְנָשָׂא אֶת עֲפָרָם בֵּית־אֵל: וְהִשְׁבִּית אֶת־
הַכְּמָרִים אֲשֶׁר נָתְנוּ מַלְכֵי יְהוּדָה וַיְקַטֵּר בַּבָּמוֹת בְּעָרֵי
יְהוּדָה וּמְסִבֵּי יְרוּשָׁלִָם וְאֶת־הַמְקַטְּרִים לַבַּעַל לַשֶּׁמֶשׁ וְלַיָּרֵחַ
ו וְלַמַּזָּלוֹת וּלְכֹל צְבָא הַשָּׁמָיִם: וַיֹּצֵא אֶת־הָאֲשֵׁרָה מִבֵּית יְהוָה
מִחוּץ לִירוּשָׁלִַם אֶל־נַחַל קִדְרוֹן וַיִּשְׂרֹף אֹתָהּ בְּנַחַל קִדְרוֹן
ז וַיָּדֶק לְעָפָר וַיַּשְׁלֵךְ אֶת־עֲפָרָהּ עַל־קֶבֶר בְּנֵי הָעָם: וַיִּתֹּץ אֶת־
בָּתֵּי הַקְּדֵשִׁים אֲשֶׁר בְּבֵית יְהוָה אֲשֶׁר הַנָּשִׁים אֹרְגוֹת שָׁם
ח בָּתִּים לָאֲשֵׁרָה: וַיָּבֵא אֶת־כָּל־הַכֹּהֲנִים מֵעָרֵי יְהוּדָה וַיְטַמֵּא
אֶת־הַבָּמוֹת אֲשֶׁר קִטְּרוּ־שָׁמָּה הַכֹּהֲנִים מִגֶּבַע עַד־בְּאֵר שָׁבַע
וְנָתַץ אֶת־בָּמוֹת הַשְּׁעָרִים אֲשֶׁר־פֶּתַח שַׁעַר יְהוֹשֻׁעַ שַׂר־הָעִיר
ט אֲשֶׁר־עַל־שְׂמֹאול אִישׁ בְּשַׁעַר הָעִיר: אַךְ לֹא יַעֲלוּ כֹּהֲנֵי
הַבָּמוֹת אֶל־מִזְבַּח יְהוָה בִּירוּשָׁלִָם כִּי אִם־אָכְלוּ מַצּוֹת בְּתוֹךְ
י אֲחֵיהֶם: וְטִמֵּא אֶת־הַתֹּפֶת אֲשֶׁר בְּגֵי בני־הִנֹּם לְבִלְתִּי בֶן־
יא לְהַעֲבִיר אִישׁ אֶת־בְּנוֹ וְאֶת־בִּתּוֹ בָּאֵשׁ לַמֹּלֶךְ: וַיַּשְׁבֵּת אֶת־
הַסּוּסִים אֲשֶׁר נָתְנוּ מַלְכֵי יְהוּדָה לַשֶּׁמֶשׁ מִבֹּא בֵית־יְהוָה אֶל־
לִשְׁכַּת נְתַן־מֶלֶךְ הַסָּרִיס אֲשֶׁר בַּפַּרְוָרִים וְאֶת־מַרְכְּבוֹת

הַשֶּׁמֶשׁ שָׂרַף בָּאֵשׁ׃ וְאֶת־הַמִּזְבְּחוֹת אֲשֶׁר עַל־הַגָּג עֲלִיַּת אָחָז יב
אֲשֶׁר־עָשׂוּ ׀ מַלְכֵי יְהוּדָה וְאֶת־הַמִּזְבְּחוֹת אֲשֶׁר עָשָׂה מְנַשֶּׁה
בִּשְׁתֵּי חַצְרוֹת בֵּית־יְהוָה נָתַץ הַמֶּלֶךְ וַיָּרָץ מִשָּׁם וְהִשְׁלִיךְ
אֶת־עֲפָרָם אֶל־נַחַל קִדְרוֹן׃ וְאֶת־הַבָּמוֹת אֲשֶׁר ׀ עַל־פְּנֵי יג
יְרוּשָׁלַםִ אֲשֶׁר מִימִין לְהַר־הַמַּשְׁחִית אֲשֶׁר בָּנָה שְׁלֹמֹה מֶלֶךְ־
יִשְׂרָאֵל לְעַשְׁתֹּרֶת ׀ שִׁקֻּץ צִידֹנִים וְלִכְמוֹשׁ שִׁקֻּץ מוֹאָב
וּלְמִלְכֹּם תּוֹעֲבַת בְּנֵי־עַמּוֹן טִמֵּא הַמֶּלֶךְ׃ וְשִׁבַּר אֶת־הַמַּצֵּבוֹת יד
וַיִּכְרֹת אֶת־הָאֲשֵׁרִים וַיְמַלֵּא אֶת־מְקוֹמָם עַצְמוֹת אָדָם׃ וְגַם טו
אֶת־הַמִּזְבֵּחַ אֲשֶׁר בְּבֵית־אֵל הַבָּמָה אֲשֶׁר עָשָׂה יָרָבְעָם בֶּן־
נְבָט אֲשֶׁר הֶחֱטִיא אֶת־יִשְׂרָאֵל גַּם אֶת־הַמִּזְבֵּחַ הַהוּא וְאֶת־
הַבָּמָה נָתָץ וַיִּשְׂרֹף אֶת־הַבָּמָה הֵדַק לְעָפָר וְשָׂרַף אֲשֵׁרָה׃ וַיִּפֶן טז
יֹאשִׁיָּהוּ וַיַּרְא אֶת־הַקְּבָרִים אֲשֶׁר־שָׁם בָּהָר וַיִּשְׁלַח וַיִּקַּח אֶת־
הָעֲצָמוֹת מִן־הַקְּבָרִים וַיִּשְׂרֹף עַל־הַמִּזְבֵּחַ וַיְטַמְּאֵהוּ כִּדְבַר
יְהוָה אֲשֶׁר קָרָא אִישׁ הָאֱלֹהִים אֲשֶׁר קָרָא אֶת־הַדְּבָרִים
הָאֵלֶּה׃ וַיֹּאמֶר מָה הַצִּיּוּן הַלָּז אֲשֶׁר אֲנִי רֹאֶה וַיֹּאמְרוּ אֵלָיו יז
אַנְשֵׁי הָעִיר הַקֶּבֶר אִישׁ־הָאֱלֹהִים אֲשֶׁר־בָּא מִיהוּדָה וַיִּקְרָא
אֶת־הַדְּבָרִים הָאֵלֶּה אֲשֶׁר עָשִׂיתָ עַל הַמִּזְבַּח בֵּית־אֵל׃ וַיֹּאמֶר יח
הַנִּיחוּ לוֹ אִישׁ אַל־יָנַע עַצְמֹתָיו וַיְמַלְּטוּ עַצְמֹתָיו אֵת עַצְמוֹת
הַנָּבִיא אֲשֶׁר־בָּא מִשֹּׁמְרוֹן׃ וְגַם אֶת־כָּל־בָּתֵּי הַבָּמוֹת אֲשֶׁר ׀ יט
בְּעָרֵי שֹׁמְרוֹן אֲשֶׁר עָשׂוּ מַלְכֵי יִשְׂרָאֵל לְהַכְעִיס הֵסִיר יֹאשִׁיָּהוּ
וַיַּעַשׂ לָהֶם כְּכָל־הַמַּעֲשִׂים אֲשֶׁר עָשָׂה בְּבֵית־אֵל׃ וַיִּזְבַּח כ
אֶת־כָּל־כֹּהֲנֵי הַבָּמוֹת אֲשֶׁר־שָׁם עַל־הַמִּזְבְּחוֹת וַיִּשְׂרֹף אֶת־
עַצְמוֹת אָדָם עֲלֵיהֶם וַיָּשָׁב יְרוּשָׁלָםִ׃ וַיְצַו הַמֶּלֶךְ אֶת־כָּל־הָעָם כא
לֵאמֹר עֲשׂוּ פֶסַח לַיהוָה אֱלֹהֵיכֶם כַּכָּתוּב עַל סֵפֶר הַבְּרִית
הַזֶּה׃ כִּי לֹא נַעֲשָׂה כַּפֶּסַח הַזֶּה מִימֵי הַשֹּׁפְטִים אֲשֶׁר שָׁפְטוּ כב
אֶת־יִשְׂרָאֵל וְכֹל יְמֵי מַלְכֵי יִשְׂרָאֵל וּמַלְכֵי יְהוּדָה׃ כִּי אִם־ כג
בִּשְׁמֹנֶה עֶשְׂרֵה שָׁנָה לַמֶּלֶךְ יֹאשִׁיָּהוּ נַעֲשָׂה הַפֶּסַח הַזֶּה לַיהוָה

כד בירושלם: וגם את־האבות ואת־הידענים ואת־התרפים
ואת־הגללים ואת כל־השקצים אשר נראו בארץ יהודה
ובירושלם בער יאשיהו למען הקים את־דברי התורה
הכתבים על־הספר אשר מצא חלקיהו הכהן בית יהוה:
כה וכמהו לא־היה לפניו מלך אשר־שב אל־יהוה בכל־לבבו לד
ובכל־נפשו ובכל־מאדו ככל תורת משה ואחריו לא־קם
כו כמהו: אך ׀ לא־שב יהוה מחרון אפו הגדול אשר־חרה אפו
כז ביהודה על כל־הכעסים אשר הכעיסו מנשה: ויאמר יהוה גם
את־יהודה אסיר מעל פני כאשר הסרתי את־ישראל ומאסתי
את־העיר הזאת אשר־בחרתי את־ירושלם ואת־הבית
כח אשר אמרתי יהיה שמי שם: ויתר דברי יאשיהו וכל־אשר
עשה הלא־הם כתובים על־ספר דברי הימים למלכי יהודה:
כט בימיו עלה פרעה נכה מלך־מצרים על־מלך אשור על־נהר
פרת וילך המלך יאשיהו לקראתו וימיתהו במגדו כראתו
ל אתו: וירכבהו עבדיו מת ממגדו ויבאהו ירושלם ויקברהו
בקברתו ויקח עם־הארץ את־יהואחז בן־יאשיהו וימשחו
לא אתו וימליכו אתו תחת אביו: בן־עשרים
ושלש שנה יהואחז במלכו ושלשה חדשים מלך בירושלם
לב ושם אמו חמוטל בת־ירמיהו מלבנה: ויעש הרע בעיני יהוה
לג ככל אשר־עשו אבתיו: ויאסרהו פרעה נכה ברבלה בארץ
חמת במלך בירושלם ויתן־ענש על־הארץ מאה ככר־ ממלך
לד כסף וככר זהב: וימלך פרעה נכה את־אליקים בן־יאשיהו
תחת יאשיהו אביו ויסב את־שמו יהויקים ואת־יהואחז לקח
לה ויבא מצרים וימת שם: והכסף והזהב נתן יהויקים לפרעה
אך העריך את־הארץ לתת את־הכסף על־פי פרעה איש
כערכו נגש את־הכסף ואת־הזהב את־עם הארץ לתת
לו לפרעה נכה: בן־עשרים וחמש שנה יהויקים

זְבוּדָּה בְּמָלְכוֹ וְאַחַת עֶשְׂרֵה שָׁנָה מָלַךְ בִּירוּשָׁלָם וְשֵׁם אִמּוֹ זבידה
בַּת־פְּדָיָה מִן־רוּמָה: וַיַּעַשׂ הָרַע בְּעֵינֵי יְהוָה כְּכֹל אֲשֶׁר־עָשׂוּ לז
אֲבֹתָיו: בְּיָמָיו עָלָה נְבֻכַדְנֶאצַּר מֶלֶךְ בָּבֶל וַיְהִי־לוֹ יְהוֹיָקִים א כד
עֶבֶד שָׁלֹשׁ שָׁנִים וַיָּשָׁב וַיִּמְרָד־בּוֹ: וַיְשַׁלַּח יְהוָה ׀ בּוֹ אֶת־גְּדוּדֵי ב
כַשְׂדִּים וְאֶת־גְּדוּדֵי אֲרָם וְאֵת ׀ גְּדוּדֵי מוֹאָב וְאֵת גְּדוּדֵי בְנֵי־
עַמּוֹן וַיְשַׁלְּחֵם בִּיהוּדָה לְהַאֲבִידוֹ כִּדְבַר יְהוָה אֲשֶׁר דִּבֶּר בְּיַד
עֲבָדָיו הַנְּבִיאִים: אַךְ ׀ עַל־פִּי יְהוָה הָיְתָה בִּיהוּדָה לְהָסִיר ג
מֵעַל פָּנָיו בְּחַטֹּאת מְנַשֶּׁה כְּכֹל אֲשֶׁר עָשָׂה: וְגַם דַּם־הַנָּקִי ד
אֲשֶׁר שָׁפָךְ וַיְמַלֵּא אֶת־יְרוּשָׁלַם דָּם נָקִי וְלֹא־אָבָה יְהוָה
לִסְלֹחַ: וְיֶתֶר דִּבְרֵי יְהוֹיָקִים וְכָל־אֲשֶׁר עָשָׂה הֲלֹא־הֵם כְּתוּבִים ה
עַל־סֵפֶר דִּבְרֵי הַיָּמִים לְמַלְכֵי יְהוּדָה: וַיִּשְׁכַּב יְהוֹיָקִים עִם־ ו
אֲבֹתָיו וַיִּמְלֹךְ יְהוֹיָכִין בְּנוֹ תַּחְתָּיו: וְלֹא־הֹסִיף עוֹד מֶלֶךְ ז
מִצְרַיִם לָצֵאת מֵאַרְצוֹ כִּי־לָקַח מֶלֶךְ בָּבֶל מִנַּחַל מִצְרַיִם עַד־
נְהַר פְּרָת כֹּל אֲשֶׁר הָיְתָה לְמֶלֶךְ מִצְרָיִם: בֶּן־ ח
שְׁמֹנֶה עֶשְׂרֵה שָׁנָה יְהוֹיָכִין בְּמָלְכוֹ וּשְׁלֹשָׁה חֳדָשִׁים מָלַךְ
בִּירוּשָׁלָם וְשֵׁם אִמּוֹ נְחֻשְׁתָּא בַת־אֶלְנָתָן מִירוּשָׁלָם: וַיַּעַשׂ ט
עָלוּ הָרַע בְּעֵינֵי יְהוָה כְּכֹל אֲשֶׁר־עָשָׂה אָבִיו: בָּעֵת הַהִיא עלה י
עַבְדֵי נְבֻכַדְנֶאצַּר מֶלֶךְ־בָּבֶל יְרוּשָׁלָם וַתָּבֹא הָעִיר בַּמָּצוֹר:
וַיָּבֹא נְבוּכַדְנֶאצַּר מֶלֶךְ־בָּבֶל עַל־הָעִיר וַעֲבָדָיו צָרִים עָלֶיהָ: יא
וַיֵּצֵא יְהוֹיָכִין מֶלֶךְ־יְהוּדָה עַל־מֶלֶךְ בָּבֶל הוּא וְאִמּוֹ וַעֲבָדָיו יב
וְשָׂרָיו וְסָרִיסָיו וַיִּקַּח אֹתוֹ מֶלֶךְ בָּבֶל בִּשְׁנַת שְׁמֹנֶה לְמָלְכוֹ:
וַיּוֹצֵא מִשָּׁם אֶת־כָּל־אוֹצְרוֹת בֵּית יְהוָה וְאוֹצְרוֹת בֵּית הַמֶּלֶךְ יג
וַיְקַצֵּץ אֶת־כָּל־כְּלֵי הַזָּהָב אֲשֶׁר עָשָׂה שְׁלֹמֹה מֶלֶךְ־יִשְׂרָאֵל
בְּהֵיכַל יְהוָה כַּאֲשֶׁר דִּבֶּר יְהוָה: וְהִגְלָה אֶת־כָּל־יְרוּשָׁלַם וְאֶת־ יד
עֲשֶׂרֶת כָּל־הַשָּׂרִים וְאֵת ׀ כָּל־גִּבּוֹרֵי הַחַיִל עשרה אֲלָפִים גּוֹלֶה וְכָל־
הֶחָרָשׁ וְהַמַּסְגֵּר לֹא נִשְׁאַר זוּלַת דַּלַּת עַם־הָאָרֶץ: וַיֶּגֶל אֶת־ טו
יְהוֹיָכִין בָּבֶלָה וְאֶת־אֵם הַמֶּלֶךְ וְאֶת־נְשֵׁי הַמֶּלֶךְ וְאֶת־סָרִיסָיו

טז וְאֵת אוּלֵי הָאָרֶץ הוֹלִיךְ גּוֹלָה מִירוּשָׁלִַם בָּבֶלָה׃ וְאֵת כׇּל־ אֵילֵי
אַנְשֵׁי הַחַיִל שִׁבְעַת אֲלָפִים וְהֶחָרָשׁ וְהַמַּסְגֵּר אֶלֶף הַכֹּל
גִּבּוֹרִים עֹשֵׂי מִלְחָמָה וַיְבִיאֵם מֶלֶךְ־בָּבֶל גּוֹלָה בָּבֶלָה׃
יז וַיַּמְלֵךְ מֶלֶךְ־בָּבֶל אֶת־מַתַּנְיָה דֹדוֹ תַּחְתָּיו וַיַּסֵּב אֶת־
יח שְׁמוֹ צִדְקִיָּהוּ׃ בֶּן־עֶשְׂרִים וְאַחַת שָׁנָה צִדְקִיָּהוּ לה
בְמׇלְכוֹ וְאַחַת עֶשְׂרֵה שָׁנָה מָלַךְ בִּירוּשָׁלִָם וְשֵׁם אִמּוֹ
יט חמיטַל בַּת־יִרְמְיָהוּ מִלִּבְנָה׃ וַיַּעַשׂ הָרַע בְּעֵינֵי יְהֹוָה כְּכֹל חֲמוּטַל
כ אֲשֶׁר־עָשָׂה יְהוֹיָקִים׃ כִּי ׀ עַל־אַף יְהֹוָה הָיְתָה בִירוּשָׁלִַם
וּבִיהוּדָה עַד־הִשְׁלִכוֹ אֹתָם מֵעַל פָּנָיו וַיִּמְרֹד צִדְקִיָּהוּ בְּמֶלֶךְ
כה א בָּבֶל׃ וַיְהִי בִשְׁנַת הַתְּשִׁיעִית לְמׇלְכוֹ בַּחֹדֶשׁ
הָעֲשִׂירִי בֶּעָשׂוֹר לַחֹדֶשׁ בָּא נְבֻכַדְנֶאצַּר מֶלֶךְ־בָּבֶל הוּא וְכׇל־
ב חֵילוֹ עַל־יְרוּשָׁלִַם וַיִּחַן עָלֶיהָ וַיִּבְנוּ עָלֶיהָ דָּיֵק סָבִיב׃ וַתָּבֹא
ג הָעִיר בַּמָּצוֹר עַד עַשְׁתֵּי עֶשְׂרֵה שָׁנָה לַמֶּלֶךְ צִדְקִיָּהוּ׃ בְּתִשְׁעָה
ד לַחֹדֶשׁ וַיֶּחֱזַק הָרָעָב בָּעִיר וְלֹא־הָיָה לֶחֶם לְעַם הָאָרֶץ׃ וַתִּבָּקַע
הָעִיר וְכׇל־אַנְשֵׁי הַמִּלְחָמָה ׀ הַלַּיְלָה דֶּרֶךְ שַׁעַר ׀ בֵּין הַחֹמֹתַיִם
אֲשֶׁר עַל־גַּן הַמֶּלֶךְ וְכַשְׂדִּים עַל־הָעִיר סָבִיב וַיֵּלֶךְ דֶּרֶךְ
ה הָעֲרָבָה׃ וַיִּרְדְּפוּ חֵיל־כַּשְׂדִּים אַחַר הַמֶּלֶךְ וַיַּשִּׂגוּ אֹתוֹ בְּעַרְבוֹת
ו יְרֵחוֹ וְכׇל־חֵילוֹ נָפֹצוּ מֵעָלָיו׃ וַיִּתְפְּשׂוּ אֶת־הַמֶּלֶךְ וַיַּעֲלוּ אֹתוֹ
ז אֶל־מֶלֶךְ בָּבֶל רִבְלָתָה וַיְדַבְּרוּ אִתּוֹ מִשְׁפָּט׃ וְאֶת־בְּנֵי צִדְקִיָּהוּ
שָׁחֲטוּ לְעֵינָיו וְאֶת־עֵינֵי צִדְקִיָּהוּ עִוֵּר וַיַּאַסְרֵהוּ בַנְחֻשְׁתַּיִם
ח וַיְבִאֵהוּ בָּבֶל׃ וּבַחֹדֶשׁ הַחֲמִישִׁי בְּשִׁבְעָה לַחֹדֶשׁ
הִיא שְׁנַת תְּשַׁע־עֶשְׂרֵה שָׁנָה לַמֶּלֶךְ נְבֻכַדְנֶאצַּר מֶלֶךְ־בָּבֶל
ט בָּא נְבוּזַרְאֲדָן רַב־טַבָּחִים עֶבֶד מֶלֶךְ־בָּבֶל יְרוּשָׁלִָם׃ וַיִּשְׂרֹף
אֶת־בֵּית יְהֹוָה וְאֶת־בֵּית הַמֶּלֶךְ וְאֵת כׇּל־בָּתֵּי יְרוּשָׁלִַם וְאֶת־
י כׇּל־בֵּית גָּדוֹל שָׂרַף בָּאֵשׁ׃ וְאֶת־חוֹמֹת יְרוּשָׁלִַם סָבִיב נָתְצוּ
יא כׇּל־חֵיל כַּשְׂדִּים אֲשֶׁר רַב־טַבָּחִים׃ וְאֵת יֶתֶר הָעָם הַנִּשְׁאָרִים
בָּעִיר וְאֶת־הַנֹּפְלִים אֲשֶׁר נָפְלוּ עַל־הַמֶּלֶךְ בָּבֶל וְאֵת יֶתֶר

הֶהָמוֹן הֶגְלָה נְבוּזַרְאֲדָן רַב־טַבָּחִים׃ וּמִדַּלַּת הָאָרֶץ הִשְׁאִיר יב
וּלְיֹגְבִים רַב־טַבָּחִים לְכֹרְמִים ולגבים׃ וְאֶת־עַמּוּדֵי הַנְּחֹשֶׁת אֲשֶׁר יג
בֵּית־יְהֹוָה וְאֶת־הַמְּכֹנוֹת וְאֶת־יָם הַנְּחֹשֶׁת אֲשֶׁר בְּבֵית־יְהֹוָה
שִׁבְּרוּ כַשְׂדִּים וַיִּשְׂאוּ אֶת־נְחֻשְׁתָּם בָּבֶלָה׃ וְאֶת־הַסִּירֹת יד
וְאֶת־הַיָּעִים וְאֶת־הַמְזַמְּרוֹת וְאֶת־הַכַּפּוֹת וְאֵת כָּל־כְּלֵי
הַנְּחֹשֶׁת אֲשֶׁר יְשָׁרְתוּ־בָם לָקָחוּ׃ וְאֶת־הַמַּחְתּוֹת וְאֶת־ טו
הַמִּזְרָקוֹת אֲשֶׁר זָהָב זָהָב וַאֲשֶׁר־כֶּסֶף כָּסֶף לָקַח רַב־טַבָּחִים׃
הָעַמּוּדִים ׀ שְׁנַיִם הַיָּם הָאֶחָד וְהַמְּכֹנוֹת אֲשֶׁר־עָשָׂה שְׁלֹמֹה טז
לְבֵית יְהֹוָה לֹא־הָיָה מִשְׁקָל לִנְחֹשֶׁת כָּל־הַכֵּלִים הָאֵלֶּה׃
שְׁמֹנֶה עֶשְׂרֵה אַמָּה קוֹמַת ׀ הָעַמּוּד הָאֶחָד וְכֹתֶרֶת עָלָיו ׀ יז
אַמּוֹת נְחֹשֶׁת וְקוֹמַת הַכֹּתֶרֶת שָׁלֹשׁ אמה וּשְׂבָכָה וְרִמֹּנִים עַל־
הַכֹּתֶרֶת סָבִיב הַכֹּל נְחֹשֶׁת וְכָאֵלֶּה לָעַמּוּד הַשֵּׁנִי עַל־הַשְּׂבָכָה׃
וַיִּקַּח רַב־טַבָּחִים אֶת־שְׂרָיָה כֹּהֵן הָרֹאשׁ וְאֶת־צְפַנְיָהוּ כֹּהֵן יח
מִשְׁנֶה וְאֶת־שְׁלֹשֶׁת שֹׁמְרֵי הַסַּף׃ וּמִן־הָעִיר לָקַח סָרִיס אֶחָד יט
אֲשֶׁר־הוּא פָקִיד ׀ עַל־אַנְשֵׁי הַמִּלְחָמָה וַחֲמִשָּׁה אֲנָשִׁים מֵרֹאֵי
פְנֵי־הַמֶּלֶךְ אֲשֶׁר נִמְצְאוּ בָעִיר וְאֵת הַסֹּפֵר שַׂר הַצָּבָא הַמַּצְבִּא
אֶת־עַם הָאָרֶץ וְשִׁשִּׁים אִישׁ מֵעַם הָאָרֶץ הַנִּמְצְאִים בָּעִיר׃
וַיִּקַּח אֹתָם נְבוּזַרְאֲדָן רַב־טַבָּחִים וַיֹּלֶךְ אֹתָם עַל־מֶלֶךְ בָּבֶל כ
רִבְלָתָה׃ וַיַּךְ אֹתָם מֶלֶךְ בָּבֶל וַיְמִיתֵם בְּרִבְלָה בְּאֶרֶץ חֲמָת כא
וַיִּגֶל יְהוּדָה מֵעַל אַדְמָתוֹ׃ וְהָעָם הַנִּשְׁאָר בְּאֶרֶץ יְהוּדָה אֲשֶׁר כב
הִשְׁאִיר נְבוּכַדְנֶאצַּר מֶלֶךְ בָּבֶל וַיַּפְקֵד עֲלֵיהֶם אֶת־גְּדַלְיָהוּ
בֶּן־אֲחִיקָם בֶּן־שָׁפָן׃ וַיִּשְׁמְעוּ כָל־שָׂרֵי הַחֲיָלִים הֵמָּה וְהָאֲנָשִׁים כג
כִּי־הִפְקִיד מֶלֶךְ־בָּבֶל אֶת־גְּדַלְיָהוּ וַיָּבֹאוּ אֶל־גְּדַלְיָהוּ הַמִּצְפָּה
וְיִשְׁמָעֵאל בֶּן־נְתַנְיָה וְיוֹחָנָן בֶּן־קָרֵחַ וּשְׂרָיָה בֶן־תַּנְחֻמֶת
הַנְּטֹפָתִי וְיַאֲזַנְיָהוּ בֶּן־הַמַּעֲכָתִי הֵמָּה וְאַנְשֵׁיהֶם׃ וַיִּשָּׁבַע לָהֶם כד
גְּדַלְיָהוּ וּלְאַנְשֵׁיהֶם וַיֹּאמֶר לָהֶם אַל־תִּירְאוּ מֵעַבְדֵי הַכַּשְׂדִּים
שְׁבוּ בָאָרֶץ וְעִבְדוּ אֶת־מֶלֶךְ בָּבֶל וְיִטַב לָכֶם׃ וַיְהִי ׀ כה

בַחֹ֣דֶשׁ הַשְּׁבִיעִ֗י בָּ֣א יִשְׁמָעֵ֣אל בֶּן־נְתַנְיָ֣ה בֶן־אֱלִֽישָׁמָ֡ע מִזֶּ֣רַע
הַמְּלוּכָ֡ה וַעֲשָׂרָ֨ה אֲנָשִׁ֥ים אִתּ֛וֹ וַיַּכּ֥וּ אֶת־גְּדַלְיָ֖הוּ וַיָּמֹ֑ת וְאֶת־
כו הַיְּהוּדִים֙ וְאֶת־הַכַּשְׂדִּ֔ים אֲשֶׁר־הָי֥וּ אִתּ֖וֹ בַּמִּצְפָּֽה׃ וַיָּקֻ֨מוּ כָל־
הָעָ֜ם מִקָּטֹ֣ן וְעַד־גָּד֗וֹל וְשָׂרֵ֛י הַחֲיָלִ֖ים וַיָּבֹ֣אוּ מִצְרָ֑יִם כִּ֥י יָֽרְא֖וּ
כז מִפְּנֵ֥י כַשְׂדִּֽים׃ וַיְהִי֩ בִשְׁלֹשִׁ֨ים וָשֶׁ֜בַע שָׁנָ֗ה לְגָלוּת֙
יְהוֹיָכִ֣ין מֶלֶךְ־יְהוּדָ֔ה בִּשְׁנֵ֤ים עָשָׂר֙ חֹ֔דֶשׁ בְּעֶשְׂרִ֥ים וְשִׁבְעָ֖ה
לַחֹ֑דֶשׁ נָ֠שָׂא אֱוִ֨יל מְרֹדַ֜ךְ מֶ֣לֶךְ בָּבֶ֗ל בִּשְׁנַת֙ מָלְכ֔וֹ אֶת־רֹ֛אשׁ
כח יְהוֹיָכִ֥ין מֶלֶךְ־יְהוּדָ֖ה מִבֵּ֥ית כֶּֽלֶא׃ וַיְדַבֵּ֥ר אִתּ֖וֹ טֹב֑וֹת וַיִּתֵּן֙ אֶת־
כט כִּסְא֔וֹ מֵעַ֗ל כִּסֵּ֤א הַמְּלָכִים֙ אֲשֶׁ֣ר אִתּ֔וֹ בְּבָבֶֽל׃ וְשִׁנָּ֕א אֵ֖ת בִּגְדֵ֣י
ל כִלְא֑וֹ וְאָכַ֨ל לֶ֧חֶם תָּמִ֛יד לְפָנָ֖יו כָּל־יְמֵ֥י חַיָּֽו׃ וַאֲרֻחָת֗וֹ אֲרֻחַ֨ת
תָּמִ֧יד נִתְּנָה־לּ֛וֹ מֵאֵ֥ת הַמֶּ֖לֶךְ דְּבַר־י֣וֹם בְּיוֹמ֑וֹ כֹּ֖ל יְמֵ֥י חַיָּֽו׃

ישעיה

א

א

חֲזוֹן יְשַׁעְיָהוּ בֶן־אָמוֹץ אֲשֶׁר חָזָה עַל־יְהוּדָה וִירוּשָׁלִָם בִּימֵי א
עֻזִּיָּהוּ יוֹתָם אָחָז יְחִזְקִיָּהוּ מַלְכֵי יְהוּדָה׃ שִׁמְעוּ שָׁמַיִם וְהַאֲזִינִי ב
אֶרֶץ כִּי יהוה דִּבֵּר בָּנִים גִּדַּלְתִּי וְרוֹמַמְתִּי וְהֵם פָּשְׁעוּ בִי׃ יָדַע ג
שׁוֹר קֹנֵהוּ וַחֲמוֹר אֵבוּס בְּעָלָיו יִשְׂרָאֵל לֹא יָדַע עַמִּי לֹא
הִתְבּוֹנָן׃ הוֹי ׀ גּוֹי חֹטֵא עַם כֶּבֶד עָוֺן זֶרַע מְרֵעִים בָּנִים מַשְׁחִיתִים ד
עָזְבוּ אֶת־יהוה נִאֲצוּ אֶת־קְדוֹשׁ יִשְׂרָאֵל נָזֹרוּ אָחוֹר׃ עַל מֶה ה
תֻכּוּ עוֹד תּוֹסִיפוּ סָרָה כָּל־רֹאשׁ לָחֳלִי וְכָל־לֵבָב דַּוָּי׃ מִכַּף־רֶגֶל ו
וְעַד־רֹאשׁ אֵין־בּוֹ מְתֹם פֶּצַע וְחַבּוּרָה וּמַכָּה טְרִיָּה לֹא־זֹרוּ
וְלֹא חֻבָּשׁוּ וְלֹא רֻכְּכָה בַּשָּׁמֶן׃ אַרְצְכֶם שְׁמָמָה עָרֵיכֶם שְׂרֻפוֹת ז
אֵשׁ אַדְמַתְכֶם לְנֶגְדְּכֶם זָרִים אֹכְלִים אֹתָהּ וּשְׁמָמָה כְּמַהְפֵּכַת
זָרִים׃ וְנוֹתְרָה בַת־צִיּוֹן כְּסֻכָּה בְכָרֶם כִּמְלוּנָה בְמִקְשָׁה כְּעִיר ח
נְצוּרָה׃ לוּלֵי יהוה צְבָאוֹת הוֹתִיר לָנוּ שָׂרִיד כִּמְעָט כִּסְדֹם ט
הָיִינוּ לַעֲמֹרָה דָּמִינוּ׃ שִׁמְעוּ דְבַר־יהוה קְצִינֵי י
סְדֹם הַאֲזִינוּ תּוֹרַת אֱלֹהֵינוּ עַם עֲמֹרָה׃ לָמָּה לִּי רֹב־זִבְחֵיכֶם יא
יֹאמַר יהוה שָׂבַעְתִּי עֹלוֹת אֵילִים וְחֵלֶב מְרִיאִים וְדַם פָּרִים
וּכְבָשִׂים וְעַתּוּדִים לֹא חָפָצְתִּי׃ כִּי תָבֹאוּ לֵרָאוֹת פָּנָי מִי־בִקֵּשׁ יב
זֹאת מִיֶּדְכֶם רְמֹס חֲצֵרָי׃ לֹא תוֹסִיפוּ הָבִיא מִנְחַת־שָׁוְא יג
קְטֹרֶת תּוֹעֵבָה הִיא לִי חֹדֶשׁ וְשַׁבָּת קְרֹא מִקְרָא לֹא־אוּכַל
אָוֶן וַעֲצָרָה׃ חָדְשֵׁיכֶם וּמוֹעֲדֵיכֶם שָׂנְאָה נַפְשִׁי הָיוּ עָלַי יד
לָטֹרַח נִלְאֵיתִי נְשֹׂא׃ וּבְפָרִשְׂכֶם כַּפֵּיכֶם אַעְלִים עֵינַי מִכֶּם טו
גַּם כִּי־תַרְבּוּ תְפִלָּה אֵינֶנִּי שֹׁמֵעַ יְדֵיכֶם דָּמִים מָלֵאוּ׃
רַחֲצוּ הִזַּכּוּ הָסִירוּ רֹעַ מַעַלְלֵיכֶם מִנֶּגֶד עֵינָי חִדְלוּ הָרֵעַ׃ טז
לִמְדוּ הֵיטֵב דִּרְשׁוּ מִשְׁפָּט אַשְּׁרוּ חָמוֹץ שִׁפְטוּ יָתוֹם רִיבוּ יז
אַלְמָנָה׃ לְכוּ־נָא וְנִוָּכְחָה יֹאמַר יהוה אִם־יִהְיוּ יח
חֲטָאֵיכֶם כַּשָּׁנִים כַּשֶּׁלֶג יַלְבִּינוּ אִם־יַאְדִּימוּ כַתּוֹלָע כַּצֶּמֶר יִהְיוּ׃
אִם־תֹּאבוּ וּשְׁמַעְתֶּם טוּב הָאָרֶץ תֹּאכֵלוּ׃ וְאִם־תְּמָאֲנוּ יט כ
וּמְרִיתֶם חֶרֶב תְּאֻכְּלוּ כִּי פִּי יהוה דִּבֵּר׃ אֵיכָה כא

הָיְתָה לְזוֹנָה קִרְיָה נֶאֱמָנָה מְלֵאֲתִי מִשְׁפָּט צֶדֶק יָלִין בָּהּ וְעַתָּה
מְרַצְּחִים: כַּסְפֵּךְ הָיָה לְסִיגִים סָבְאֵךְ מָהוּל בַּמָּיִם: שָׂרַיִךְ כב כג
סוֹרְרִים וְחַבְרֵי גַּנָּבִים כֻּלּוֹ אֹהֵב שֹׁחַד וְרֹדֵף שַׁלְמֹנִים יָתוֹם לֹא
יִשְׁפֹּטוּ וְרִיב אַלְמָנָה לֹא־יָבוֹא אֲלֵיהֶם: לָכֵן כד
נְאֻם הָאָדוֹן יהוה צְבָאוֹת אֲבִיר יִשְׂרָאֵל הוֹי אֶנָּחֵם מִצָּרַי
וְאִנָּקְמָה מֵאוֹיְבָי: וְאָשִׁיבָה יָדִי עָלַיִךְ וְאֶצְרֹף כַּבֹּר סִיגָיִךְ כה
וְאָסִירָה כׇּל־בְּדִילָיִךְ: וְאָשִׁיבָה שֹׁפְטַיִךְ כְּבָרִאשֹׁנָה וְיֹעֲצַיִךְ כו
כְּבַתְּחִלָּה אַחֲרֵי־כֵן יִקָּרֵא לָךְ עִיר הַצֶּדֶק קִרְיָה נֶאֱמָנָה: צִיּוֹן כז
בְּמִשְׁפָּט תִּפָּדֶה וְשָׁבֶיהָ בִּצְדָקָה: וְשֶׁבֶר פֹּשְׁעִים וְחַטָּאִים יַחְדָּו כח
וְעֹזְבֵי יהוה יִכְלוּ: כִּי יֵבֹשׁוּ מֵאֵילִים אֲשֶׁר חֲמַדְתֶּם וְתַחְפְּרוּ כט
מֵהַגַּנּוֹת אֲשֶׁר בְּחַרְתֶּם: כִּי תִהְיוּ כְּאֵלָה נֹבֶלֶת עָלֶהָ וּכְגַנָּה ל
אֲשֶׁר־מַיִם אֵין לָהּ: וְהָיָה הֶחָסֹן לִנְעֹרֶת וּפֹעֲלוֹ לְנִיצוֹץ וּבָעֲרוּ לא
שְׁנֵיהֶם יַחְדָּו וְאֵין מְכַבֶּה: הַדָּבָר אֲשֶׁר חָזָה א ב
יְשַׁעְיָהוּ בֶּן־אָמוֹץ עַל־יְהוּדָה וִירוּשָׁלָ͏ִם: וְהָיָה ׀ בְּאַחֲרִית ב
הַיָּמִים נָכוֹן יִהְיֶה הַר בֵּית־יהוה בְּרֹאשׁ הֶהָרִים וְנִשָּׂא מִגְּבָעוֹת
וְנָהֲרוּ אֵלָיו כׇּל־הַגּוֹיִם: וְהָלְכוּ עַמִּים רַבִּים וְאָמְרוּ לְכוּ ׀ וְנַעֲלֶה ג
אֶל־הַר־יהוה אֶל־בֵּית אֱלֹהֵי יַעֲקֹב וְיֹרֵנוּ מִדְּרָכָיו וְנֵלְכָה
בְּאֹרְחֹתָיו כִּי מִצִּיּוֹן תֵּצֵא תוֹרָה וּדְבַר־יהוה מִירוּשָׁלָ͏ִם: וְשָׁפַט ד
בֵּין הַגּוֹיִם וְהוֹכִיחַ לְעַמִּים רַבִּים וְכִתְּתוּ חַרְבוֹתָם לְאִתִּים
וַחֲנִיתוֹתֵיהֶם לְמַזְמֵרוֹת לֹא־יִשָּׂא גוֹי אֶל־גּוֹי חֶרֶב וְלֹא־יִלְמְדוּ
עוֹד מִלְחָמָה: בֵּית יַעֲקֹב לְכוּ וְנֵלְכָה בְּאוֹר ה
יהוה: כִּי נָטַשְׁתָּה עַמְּךָ בֵּית יַעֲקֹב כִּי מָלְאוּ מִקֶּדֶם וְעֹנְנִים ו
כַּפְּלִשְׁתִּים וּבְיַלְדֵי נׇכְרִים יַשְׂפִּיקוּ: וַתִּמָּלֵא אַרְצוֹ כֶּסֶף ז
וְזָהָב וְאֵין קֵצֶה לְאֹצְרֹתָיו וַתִּמָּלֵא אַרְצוֹ סוּסִים וְאֵין קֵצֶה
לְמַרְכְּבֹתָיו: וַתִּמָּלֵא אַרְצוֹ אֱלִילִים לְמַעֲשֵׂה יָדָיו יִשְׁתַּחֲווּ ח
לַאֲשֶׁר עָשׂוּ אֶצְבְּעֹתָיו: וַיִּשַּׁח אָדָם וַיִּשְׁפַּל־אִישׁ וְאַל־תִּשָּׂא ט
לָהֶם: בּוֹא בַצּוּר וְהִטָּמֵן בֶּעָפָר מִפְּנֵי פַּחַד יהוה וּמֵהֲדַר גְּאֹנוֹ: י

יא עיני גבהות אדם שפל ושח רום אנשים ונשגב יהוה לבדו
יב ביום ההוא: כי יום ליהוה צבאות על כל-גאה
יג ורם ועל כל-נשא ושפל: ועל כל-ארזי הלבנון הרמים
יד והנשאים ועל כל-אלוני הבשן: ועל כל-ההרים הרמים ועל
טו כל-הגבעות הנשאות: ועל כל-מגדל גבה ועל כל-חומה
טז בצורה: ועל כל-אניות תרשיש ועל כל-שכיות החמדה:
יז ושח גבהות האדם ושפל רום אנשים ונשגב יהוה לבדו ביום
יח יט ההוא: והאלילים כליל יחלף: ובאו במערות צרים ובמחלות
כ עפר מפני פחד יהוה ומהדר גאונו בקומו לערץ הארץ: ביום
ההוא ישליך האדם את אלילי כספו ואת אלילי זהבו אשר
כא עשו-לו להשתחות לחפר פרות ולעטלפים: לבוא בנקרות
הצרים ובסעפי הסלעים מפני פחד יהוה ומהדר גאונו בקומו
כב לערץ הארץ: חדלו לכם מן-האדם אשר נשמה באפו כי
ג א במה נחשב הוא: כי הנה האדון יהוה צבאות
מסיר מירושלם ומיהודה משען ומשענה כל משען-לחם
ב וכל משען-מים: גבור ואיש מלחמה שופט ונביא וקסם וזקן:
ג שר-חמשים ונשוא פנים ויועץ וחכם חרשים ונבון לחש:
ד ה ונתתי נערים שריהם ותעלולים ימשלו-בם: ונגש העם איש
ו באיש ואיש ברעהו ירהבו הנער בזקן והנקלה בנכבד: כי-
יתפש איש באחיו בית אביו שמלה לכה קצין תהיה-לנו
ז והמכשלה הזאת תחת ידך: ישא ביום ההוא | לאמר לא-
אהיה חבש ובביתי אין לחם ואין שמלה לא תשימני קצין
ח עם: כי כשלה ירושלם ויהודה נפל כי-לשונם ומעלליהם
ט אל-יהוה למרות עני כבודו: הכרת פניהם ענתה בם וחטאתם
כסדם הגידו לא כחדו אוי לנפשם כי-גמלו להם רעה:
י יא אמרו צדיק כי-טוב כי-פרי מעלליהם יאכלו: אוי לרשע רע
יב כי-גמול ידיו יעשה לו: עמי נגשיו מעולל ונשים משלו בו עמי

מְאַשְּׁרֶיךָ מַתְעִים וְדֶרֶךְ אֹרְחֹתֶיךָ בִּלֵּעוּ׃ נִצָּב יג
לָרִיב יְהוָה וְעֹמֵד לָדִין עַמִּים׃ יְהוָה בְּמִשְׁפָּט יָבוֹא עִם־זִקְנֵי יד
עַמּוֹ וְשָׂרָיו וְאַתֶּם בִּעַרְתֶּם הַכֶּרֶם גְּזֵלַת הֶעָנִי בְּבָתֵּיכֶם׃
מַה־לָּכֶם מלכם תְּדַכְּאוּ עַמִּי וּפְנֵי עֲנִיִּים תִּטְחָנוּ נְאֻם־אֲדֹנָי יֱהוִה טו
צְבָאוֹת׃ וַיֹּאמֶר יְהוָה יַעַן כִּי גָבְהוּ בְּנוֹת צִיּוֹן טז
נְטוּיוֹת וַתֵּלַכְנָה נטוות גָּרוֹן וּמְשַׂקְּרוֹת עֵינָיִם הָלוֹךְ וְטָפֹף תֵּלַכְנָה
וּבְרַגְלֵיהֶם תְּעַכַּסְנָה׃ וְשִׂפַּח אֲדֹנָי קָדְקֹד בְּנוֹת צִיּוֹן וַיהוָה פָּתְהֵן יז
יְעָרֶה׃ בַּיּוֹם הַהוּא יָסִיר אֲדֹנָי אֵת תִּפְאֶרֶת יח
הָעֲכָסִים וְהַשְּׁבִיסִים וְהַשַּׂהֲרֹנִים׃ הַנְּטִפוֹת וְהַשֵּׁירוֹת וְהָרְעָלוֹת׃ יט
הַפְּאֵרִים וְהַצְּעָדוֹת וְהַקִּשֻּׁרִים וּבָתֵּי הַנֶּפֶשׁ וְהַלְּחָשִׁים׃ הַטַּבָּעוֹת כ כא
וְנִזְמֵי הָאָף׃ הַמַּחֲלָצוֹת וְהַמַּעֲטָפוֹת וְהַמִּטְפָּחוֹת וְהָחֲרִיטִים׃ כב
הַגִּלְיֹנִים וְהַסְּדִינִים וְהַצְּנִיפוֹת וְהָרְדִידִים׃ וְהָיָה תַחַת בֹּשֶׂם מַק כג כד
יִהְיֶה וְתַחַת חֲגוֹרָה נִקְפָּה וְתַחַת מַעֲשֶׂה מִקְשֶׁה קָרְחָה
וְתַחַת פְּתִיגִיל מַחֲגֹרֶת שָׂק כִּי־תַחַת יֹפִי׃ מְתַיִךְ בַּחֶרֶב יִפֹּלוּ כה
וּגְבוּרָתֵךְ בַּמִּלְחָמָה׃ וְאָנוּ וְאָבְלוּ פְּתָחֶיהָ וְנִקָּתָה לָאָרֶץ כו
תֵּשֵׁב׃ וְהֶחֱזִיקוּ שֶׁבַע נָשִׁים בְּאִישׁ אֶחָד בַּיּוֹם הַהוּא לֵאמֹר א ד
לַחְמֵנוּ נֹאכֵל וְשִׂמְלָתֵנוּ נִלְבָּשׁ רַק יִקָּרֵא שִׁמְךָ עָלֵינוּ אֱסֹף
חֶרְפָּתֵנוּ׃ בַּיּוֹם הַהוּא יִהְיֶה צֶמַח יְהוָה לִצְבִי ב
ב וּלְכָבוֹד וּפְרִי הָאָרֶץ לְגָאוֹן וּלְתִפְאֶרֶת לִפְלֵיטַת יִשְׂרָאֵל׃ וְהָיָה ׀ ג
הַנִּשְׁאָר בְּצִיּוֹן וְהַנּוֹתָר בִּירוּשָׁלִַם קָדוֹשׁ יֵאָמֶר לוֹ כָּל־הַכָּתוּב
לַחַיִּים בִּירוּשָׁלִָם׃ אִם ׀ רָחַץ אֲדֹנָי אֵת צֹאַת בְּנוֹת־צִיּוֹן וְאֶת־ ד
דְּמֵי יְרוּשָׁלִַם יָדִיחַ מִקִּרְבָּהּ בְּרוּחַ מִשְׁפָּט וּבְרוּחַ בָּעֵר׃ וּבָרָא ה
יְהוָה עַל כָּל־מְכוֹן הַר־צִיּוֹן וְעַל־מִקְרָאֶהָ עָנָן ׀ יוֹמָם
וְעָשָׁן וְנֹגַהּ אֵשׁ לֶהָבָה לָיְלָה כִּי עַל־כָּל־כָּבוֹד חֻפָּה׃
וְסֻכָּה תִּהְיֶה לְצֵל־יוֹמָם מֵחֹרֶב וּלְמַחְסֶה וּלְמִסְתּוֹר מִזֶּרֶם ו
וּמִמָּטָר׃ אָשִׁירָה נָּא לִידִידִי שִׁירַת דּוֹדִי לְכַרְמוֹ א ה
כֶּרֶם הָיָה לִידִידִי בְּקֶרֶן בֶּן־שָׁמֶן׃ וַיְעַזְּקֵהוּ וַיְסַקְּלֵהוּ וַיִּטָּעֵהוּ ב

שֹׂרֵק וַיִּבֶן מִגְדָּל בְּתוֹכוֹ וְגַם־יֶקֶב חָצֵב בּוֹ וַיְקַו לַעֲשׂוֹת עֲנָבִים
ג וַיַּעַשׂ בְּאֻשִׁים׃ וְעַתָּה יוֹשֵׁב יְרוּשָׁלִַם וְאִישׁ יְהוּדָה שִׁפְטוּ־נָא
ד בֵּינִי וּבֵין כַּרְמִי׃ מַה־לַּעֲשׂוֹת עוֹד לְכַרְמִי וְלֹא עָשִׂיתִי בּוֹ
ה מַדּוּעַ קִוֵּיתִי לַעֲשׂוֹת עֲנָבִים וַיַּעַשׂ בְּאֻשִׁים׃ וְעַתָּה אוֹדִיעָה־נָּא
אֶתְכֶם אֵת אֲשֶׁר־אֲנִי עֹשֶׂה לְכַרְמִי הָסֵר מְשׂוּכָּתוֹ וְהָיָה לְבָעֵר
ו פָּרֹץ גְּדֵרוֹ וְהָיָה לְמִרְמָס׃ וַאֲשִׁיתֵהוּ בָתָה לֹא יִזָּמֵר וְלֹא
יֵעָדֵר וְעָלָה שָׁמִיר וָשָׁיִת וְעַל הֶעָבִים אֲצַוֶּה מֵהַמְטִיר עָלָיו
ז מָטָר׃ כִּי כֶרֶם יְהוָה צְבָאוֹת בֵּית יִשְׂרָאֵל וְאִישׁ יְהוּדָה
נְטַע שַׁעֲשׁוּעָיו וַיְקַו לְמִשְׁפָּט וְהִנֵּה מִשְׂפָּח לִצְדָקָה וְהִנֵּה
ח צְעָקָה׃ הוֹי מַגִּיעֵי בַיִת בְּבַיִת שָׂדֶה בְשָׂדֶה
יַקְרִיבוּ עַד אֶפֶס מָקוֹם וְהוּשַׁבְתֶּם לְבַדְּכֶם בְּקֶרֶב הָאָרֶץ׃
ט בְּאָזְנָי יְהוָה צְבָאוֹת אִם־לֹא בָּתִּים רַבִּים לְשַׁמָּה יִהְיוּ גְּדֹלִים
י וְטוֹבִים מֵאֵין יוֹשֵׁב׃ כִּי עֲשֶׂרֶת צִמְדֵּי־כֶרֶם יַעֲשׂוּ בַּת אֶחָת
יא וְזֶרַע חֹמֶר יַעֲשֶׂה אֵיפָה׃ הוֹי מַשְׁכִּימֵי בַבֹּקֶר
יב שֵׁכָר יִרְדֹּפוּ מְאַחֲרֵי בַנֶּשֶׁף יַיִן יַדְלִיקֵם׃ וְהָיָה כִנּוֹר וָנֶבֶל תֹּף
וְחָלִיל וָיַיִן מִשְׁתֵּיהֶם וְאֵת פֹּעַל יְהוָה לֹא יַבִּיטוּ וּמַעֲשֵׂה יָדָיו
יג לֹא רָאוּ׃ לָכֵן גָּלָה עַמִּי מִבְּלִי־דָעַת וּכְבוֹדוֹ מְתֵי רָעָב וַהֲמוֹנוֹ
יד צִחֵה צָמָא׃ לָכֵן הִרְחִיבָה שְּׁאוֹל נַפְשָׁהּ וּפָעֲרָה פִיהָ לִבְלִי־
טו חֹק וְיָרַד הֲדָרָהּ וַהֲמוֹנָהּ וּשְׁאוֹנָהּ וְעָלֵז בָּהּ׃ וַיִּשַּׁח אָדָם
טז וַיִּשְׁפַּל־אִישׁ וְעֵינֵי גְבֹהִים תִּשְׁפַּלְנָה׃ וַיִּגְבַּהּ יְהוָה צְבָאוֹת
יז בַּמִּשְׁפָּט וְהָאֵל הַקָּדוֹשׁ נִקְדָּשׁ בִּצְדָקָה׃ וְרָעוּ כְבָשִׂים כְּדָבְרָם
יח וְחָרְבוֹת מֵחִים גָּרִים יֹאכֵלוּ׃ הוֹי מֹשְׁכֵי הֶעָוֹן
יט בְּחַבְלֵי הַשָּׁוְא וְכַעֲבוֹת הָעֲגָלָה חַטָּאָה׃ הָאֹמְרִים יְמַהֵר
יָחִישָׁה מַעֲשֵׂהוּ לְמַעַן נִרְאֶה וְתִקְרַב וְתָבוֹאָה עֲצַת קְדוֹשׁ
כ יִשְׂרָאֵל וְנֵדָעָה׃ הוֹי הָאֹמְרִים לָרַע טוֹב וְלַטּוֹב
רָע שָׂמִים חֹשֶׁךְ לְאוֹר וְאוֹר לְחֹשֶׁךְ שָׂמִים מַר לְמָתוֹק
כא וּמָתוֹק לְמָר׃ הוֹי חֲכָמִים בְּעֵינֵיהֶם וְנֶגֶד פְּנֵיהֶם

נְבֹנִים: הוֹי גִּבּוֹרִים לִשְׁתּוֹת יָיִן וְאַנְשֵׁי־חַיִל כב
לִמְסֹךְ שֵׁכָר: מַצְדִּיקֵי רָשָׁע עֵקֶב שֹׁחַד וְצִדְקַת צַדִּיקִים יָסִירוּ כג
מִמֶּנּוּ: לָכֵן כֶּאֱכֹל קַשׁ לְשׁוֹן אֵשׁ וַחֲשַׁשׁ לֶהָבָה כד
יִרְפֶּה שָׁרְשָׁם כַּמָּק יִהְיֶה וּפִרְחָם כָּאָבָק יַעֲלֶה כִּי מָאֲסוּ אֵת
תּוֹרַת יְהוָה צְבָאוֹת וְאֵת אִמְרַת קְדוֹשׁ־יִשְׂרָאֵל נִאֵצוּ: עַל־כֵּן כה
חָרָה אַף־יְהוָה בְּעַמּוֹ וַיֵּט יָדוֹ עָלָיו וַיַּכֵּהוּ וַיִּרְגְּזוּ הֶהָרִים וַתְּהִי
נִבְלָתָם כַּסּוּחָה בְּקֶרֶב חוּצוֹת בְּכָל־זֹאת לֹא־שָׁב אַפּוֹ וְעוֹד
יָדוֹ נְטוּיָה: וְנָשָׂא־נֵס לַגּוֹיִם מֵרָחוֹק וְשָׁרַק לוֹ מִקְצֵה הָאָרֶץ כו
וְהִנֵּה מְהֵרָה קַל יָבוֹא: אֵין־עָיֵף וְאֵין־כּוֹשֵׁל בּוֹ לֹא יָנוּם וְלֹא כז
יִישָׁן וְלֹא נִפְתַּח אֵזוֹר חֲלָצָיו וְלֹא נִתַּק שְׂרוֹךְ נְעָלָיו: אֲשֶׁר כח
חִצָּיו שְׁנוּנִים וְכָל־קַשְּׁתֹתָיו דְּרֻכוֹת פַּרְסוֹת סוּסָיו כַּצַּר
יִשְׁאַג נֶחְשָׁבוּ וְגַלְגִּלָּיו כַּסּוּפָה: שְׁאָגָה לוֹ כַּלָּבִיא ושאג כַּכְּפִירִים כט
וְיִנְהֹם וְיֹאחֵז טֶרֶף וְיַפְלִיט וְאֵין מַצִּיל: וְיִנְהֹם עָלָיו בַּיּוֹם ל
הַהוּא כְּנַהֲמַת־יָם וְנִבַּט לָאָרֶץ וְהִנֵּה־חֹשֶׁךְ צַר וָאוֹר חָשַׁךְ
בַּעֲרִיפֶיהָ: בִּשְׁנַת־מוֹת הַמֶּלֶךְ עֻזִּיָּהוּ וָאֶרְאֶה א ו
אֶת־אֲדֹנָי יֹשֵׁב עַל־כִּסֵּא רָם וְנִשָּׂא וְשׁוּלָיו מְלֵאִים אֶת־
הַהֵיכָל: שְׂרָפִים עֹמְדִים ׀ מִמַּעַל לוֹ שֵׁשׁ כְּנָפַיִם שֵׁשׁ כְּנָפַיִם ב
לְאֶחָד בִּשְׁתַּיִם ׀ יְכַסֶּה פָנָיו וּבִשְׁתַּיִם יְכַסֶּה רַגְלָיו וּבִשְׁתַּיִם
ג יְעוֹפֵף: וְקָרָא זֶה אֶל־זֶה וְאָמַר קָדוֹשׁ ׀ קָדוֹשׁ קָדוֹשׁ יְהוָה ג
צְבָאוֹת מְלֹא כָל־הָאָרֶץ כְּבוֹדוֹ: וַיָּנֻעוּ אַמּוֹת הַסִּפִּים מִקּוֹל ד
הַקּוֹרֵא וְהַבַּיִת יִמָּלֵא עָשָׁן: וָאֹמַר אוֹי־לִי כִי־נִדְמֵיתִי כִּי אִישׁ ה
טְמֵא־שְׂפָתַיִם אָנֹכִי וּבְתוֹךְ עַם־טְמֵא שְׂפָתַיִם אָנֹכִי יֹשֵׁב כִּי
אֶת־הַמֶּלֶךְ יְהוָה צְבָאוֹת רָאוּ עֵינָי: וַיָּעָף אֵלַי אֶחָד מִן־ ו
הַשְּׂרָפִים וּבְיָדוֹ רִצְפָּה בְּמֶלְקַחַיִם לָקַח מֵעַל הַמִּזְבֵּחַ: וַיַּגַּע עַל־ ז
פִּי וַיֹּאמֶר הִנֵּה נָגַע זֶה עַל־שְׂפָתֶיךָ וְסָר עֲוֺנֶךָ וְחַטָּאתְךָ
תְּכֻפָּר: וָאֶשְׁמַע אֶת־קוֹל אֲדֹנָי אֹמֵר אֶת־מִי אֶשְׁלַח וּמִי יֵלֶךְ־ ח
לָנוּ וָאֹמַר הִנְנִי שְׁלָחֵנִי: וַיֹּאמֶר לֵךְ וְאָמַרְתָּ לָעָם הַזֶּה שִׁמְעוּ ט

י שְׁמוֹעַ וְאַל־תָּבִינוּ וּרְאוּ רָאוֹ וְאַל־תֵּדָעוּ׃ הַשְׁמֵן לֵב־הָעָם הַזֶּה
וְאָזְנָיו הַכְבֵּד וְעֵינָיו הָשַׁע פֶּן־יִרְאֶה בְעֵינָיו וּבְאָזְנָיו יִשְׁמָע וּלְבָבוֹ
יא יָבִין וָשָׁב וְרָפָא לוֹ׃ וָאֹמַר עַד־מָתַי אֲדֹנָי וַיֹּאמֶר עַד אֲשֶׁר
אִם־שָׁאוּ עָרִים מֵאֵין יוֹשֵׁב וּבָתִּים מֵאֵין אָדָם וְהָאֲדָמָה תִּשָּׁאֶה
יב שְׁמָמָה׃ וְרִחַק יְהוָה אֶת־הָאָדָם וְרַבָּה הָעֲזוּבָה בְּקֶרֶב הָאָרֶץ׃
יג וְעוֹד בָּהּ עֲשִׂרִיָּה וְשָׁבָה וְהָיְתָה לְבָעֵר כָּאֵלָה וְכָאַלּוֹן אֲשֶׁר
ז א בְּשַׁלֶּכֶת מַצֶּבֶת בָּם זֶרַע קֹדֶשׁ מַצַּבְתָּהּ׃ וַיְהִי
בִּימֵי אָחָז בֶּן־יוֹתָם בֶּן־עֻזִּיָּהוּ מֶלֶךְ יְהוּדָה עָלָה רְצִין מֶלֶךְ־
אֲרָם וּפֶקַח בֶּן־רְמַלְיָהוּ מֶלֶךְ־יִשְׂרָאֵל יְרוּשָׁלַםִ לַמִּלְחָמָה עָלֶיהָ
ב וְלֹא יָכֹל לְהִלָּחֵם עָלֶיהָ׃ וַיֻּגַּד לְבֵית דָּוִד לֵאמֹר נָחָה אֲרָם
עַל־אֶפְרָיִם וַיָּנַע לְבָבוֹ וּלְבַב עַמּוֹ כְּנוֹעַ עֲצֵי־יַעַר מִפְּנֵי־
ג רוּחַ׃ וַיֹּאמֶר יְהוָה אֶל־יְשַׁעְיָהוּ צֵא־נָא לִקְרַאת
אָחָז אַתָּה וּשְׁאָר יָשׁוּב בְּנֶךָ אֶל־קְצֵה תְּעָלַת הַבְּרֵכָה הָעֶלְיוֹנָה
ד אֶל־מְסִלַּת שְׂדֵה כוֹבֵס׃ וְאָמַרְתָּ אֵלָיו הִשָּׁמֵר וְהַשְׁקֵט אַל־
תִּירָא וּלְבָבְךָ אַל־יֵרַךְ מִשְּׁנֵי זַנְבוֹת הָאוּדִים הָעֲשֵׁנִים הָאֵלֶּה
ה בָּחֳרִי־אַף רְצִין וַאֲרָם וּבֶן־רְמַלְיָהוּ׃ יַעַן כִּי־יָעַץ עָלֶיךָ
ו אֲרָם רָעָה אֶפְרַיִם וּבֶן־רְמַלְיָהוּ לֵאמֹר׃ נַעֲלֶה בִיהוּדָה
וּנְקִיצֶנָּה וְנַבְקִעֶנָּה אֵלֵינוּ וְנַמְלִיךְ מֶלֶךְ בְּתוֹכָהּ אֵת בֶּן־
ז טָבְאַל׃ כֹּה אָמַר אֲדֹנָי יְהוִה לֹא תָקוּם וְלֹא
ח תִהְיֶה׃ כִּי רֹאשׁ אֲרָם דַּמֶּשֶׂק וְרֹאשׁ דַּמֶּשֶׂק רְצִין וּבְעוֹד
ט שִׁשִּׁים וְחָמֵשׁ שָׁנָה יֵחַת אֶפְרַיִם מֵעָם׃ וְרֹאשׁ אֶפְרַיִם
שֹׁמְרוֹן וְרֹאשׁ שֹׁמְרוֹן בֶּן־רְמַלְיָהוּ אִם לֹא תַאֲמִינוּ כִּי לֹא
י תֵאָמֵנוּ׃ וַיּוֹסֶף יְהוָה דַּבֵּר אֶל־אָחָז לֵאמֹר׃
יא שְׁאַל־לְךָ אוֹת מֵעִם יְהוָה אֱלֹהֶיךָ הַעְמֵק שְׁאָלָה אוֹ הַגְבֵּהַּ
יב לְמָעְלָה׃ וַיֹּאמֶר אָחָז לֹא־אֶשְׁאַל וְלֹא־אֲנַסֶּה אֶת־יְהוָה׃
יג וַיֹּאמֶר שִׁמְעוּ־נָא בֵּית דָּוִד הַמְעַט מִכֶּם הַלְאוֹת אֲנָשִׁים כִּי
יד תַלְאוּ גַּם אֶת־אֱלֹהָי׃ לָכֵן יִתֵּן אֲדֹנָי הוּא לָכֶם אוֹת הִנֵּה

הָעַלְמָה הָרָה וְיֹלֶדֶת בֵּן וְקָרָאת שְׁמוֹ עִמָּנוּאֵל: חֶמְאָה וּדְבַשׁ טו
יֹאכֵל לְדַעְתּוֹ מָאוֹס בָּרָע וּבָחוֹר בַּטּוֹב: כִּי בְּטֶרֶם יֵדַע הַנַּעַר טז
מָאֹס בָּרָע וּבָחֹר בַּטּוֹב תֵּעָזֵב הָאֲדָמָה אֲשֶׁר־אַתָּה קָץ מִפְּנֵי
שְׁנֵי מְלָכֶיהָ: יָבִיא יְהוָה עָלֶיךָ וְעַל־עַמְּךָ וְעַל־בֵּית אָבִיךָ יָמִים יז
אֲשֶׁר לֹא־בָאוּ לְמִיּוֹם סוּר־אֶפְרַיִם מֵעַל יְהוּדָה אֵת מֶלֶךְ
אַשּׁוּר: וְהָיָה | בַּיּוֹם הַהוּא יִשְׁרֹק יְהוָה לַזְּבוּב יח
אֲשֶׁר בִּקְצֵה יְאֹרֵי מִצְרָיִם וְלַדְּבוֹרָה אֲשֶׁר בְּאֶרֶץ אַשּׁוּר: וּבָאוּ יט
וְנָחוּ כֻלָּם בְּנַחֲלֵי הַבַּתּוֹת וּבִנְקִיקֵי הַסְּלָעִים וּבְכֹל הַנַּעֲצוּצִים
וּבְכֹל הַנַּהֲלֹלִים: בַּיּוֹם הַהוּא יְגַלַּח אֲדֹנָי בְּתַעַר הַשְּׂכִירָה כ
בְּעֶבְרֵי נָהָר בְּמֶלֶךְ אַשּׁוּר אֶת־הָרֹאשׁ וְשַׂעַר הָרַגְלָיִם וְגַם אֶת־
הַזָּקָן תִּסְפֶּה: וְהָיָה בַּיּוֹם הַהוּא יְחַיֶּה־אִישׁ כא
עֶגְלַת בָּקָר וּשְׁתֵּי־צֹאן: וְהָיָה מֵרֹב עֲשׂוֹת חָלָב יֹאכַל חֶמְאָה כב
כִּי־חֶמְאָה וּדְבַשׁ יֹאכֵל כָּל־הַנּוֹתָר בְּקֶרֶב הָאָרֶץ: וְהָיָה בַּיּוֹם כג
הַהוּא יִהְיֶה כָל־מָקוֹם אֲשֶׁר יִהְיֶה־שָּׁם אֶלֶף גֶּפֶן בְּאֶלֶף כָּסֶף
לַשָּׁמִיר וְלַשַּׁיִת יִהְיֶה: בַּחִצִּים וּבַקֶּשֶׁת יָבוֹא שָׁמָּה כִּי־שָׁמִיר כד
וָשַׁיִת תִּהְיֶה כָל־הָאָרֶץ: וְכֹל הֶהָרִים אֲשֶׁר בַּמַּעְדֵּר יֵעָדֵרוּן כה
לֹא־תָבוֹא שָׁמָּה יִרְאַת שָׁמִיר וָשָׁיִת וְהָיָה לְמִשְׁלַח שׁוֹר
וּלְמִרְמַס שֶׂה: וַיֹּאמֶר יְהוָה אֵלַי קַח־לְךָ גִּלָּיוֹן א ח
גָּדוֹל וּכְתֹב עָלָיו בְּחֶרֶט אֱנוֹשׁ לְמַהֵר שָׁלָל חָשׁ בַּז: וְאָעִידָה ב
לִּי עֵדִים נֶאֱמָנִים אֵת אוּרִיָּה הַכֹּהֵן וְאֶת־זְכַרְיָהוּ בֶּן יְבֶרֶכְיָהוּ:
וָאֶקְרַב אֶל־הַנְּבִיאָה וַתַּהַר וַתֵּלֶד בֵּן וַיֹּאמֶר יְהוָה אֵלַי קְרָא ג
שְׁמוֹ מַהֵר שָׁלָל חָשׁ בַּז: כִּי בְּטֶרֶם יֵדַע הַנַּעַר קְרֹא אָבִי ד
וְאִמִּי יִשָּׂא | אֶת־חֵיל דַּמֶּשֶׂק וְאֵת שְׁלַל שֹׁמְרוֹן לִפְנֵי מֶלֶךְ
אַשּׁוּר: וַיֹּסֶף יְהוָה דַּבֵּר אֵלַי עוֹד לֵאמֹר: יַעַן ה ו
כִּי מָאַס הָעָם הַזֶּה אֵת מֵי הַשִּׁלֹחַ הַהֹלְכִים לְאַט וּמְשׂוֹשׂ אֶת־
רְצִין וּבֶן־רְמַלְיָהוּ: וְלָכֵן הִנֵּה אֲדֹנָי מַעֲלֶה עֲלֵיהֶם אֶת־מֵי ז
הַנָּהָר הָעֲצוּמִים וְהָרַבִּים אֶת־מֶלֶךְ אַשּׁוּר וְאֶת־כָּל־כְּבוֹדוֹ

וְעָלָה עַל־כׇּל־אֲפִיקָיו וְהָלַךְ עַל־כׇּל־גְּדוֹתָיו׃ וְחָלַף בִּיהוּדָה ח
שָׁטַף וְעָבַר עַד־צַוָּאר יַגִּיעַ וְהָיָה מֻטּוֹת כְּנָפָיו מְלֹא רֹחַב־
אַרְצְךָ עִמָּנוּ אֵל׃ רֹעוּ עַמִּים וָחֹתּוּ וְהַאֲזִינוּ כֹּל ט
מֶרְחַקֵּי־אָרֶץ הִתְאַזְּרוּ וָחֹתּוּ הִתְאַזְּרוּ וָחֹתּוּ׃ עֻצוּ עֵצָה וְתֻפָר י
דַּבְּרוּ דָבָר וְלֹא יָקוּם כִּי עִמָּנוּ אֵל׃ כִּי כֹה אָמַר יא
יְהֹוָה אֵלַי כְּחֶזְקַת הַיָּד וְיִסְּרֵנִי מִלֶּכֶת בְּדֶרֶךְ הָעָם־הַזֶּה לֵאמֹר׃
לֹא־תֹאמְרוּן קֶשֶׁר לְכֹל אֲשֶׁר־יֹאמַר הָעָם הַזֶּה קָשֶׁר וְאֶת־ יב
מוֹרָאוֹ לֹא־תִירְאוּ וְלֹא תַעֲרִיצוּ׃ אֶת־יְהֹוָה צְבָאוֹת אֹתוֹ יג
תַקְדִּישׁוּ וְהוּא מוֹרַאֲכֶם וְהוּא מַעֲרִצְכֶם׃ וְהָיָה לְמִקְדָּשׁ יד
וּלְאֶבֶן נֶגֶף וּלְצוּר מִכְשׁוֹל לִשְׁנֵי בָתֵּי יִשְׂרָאֵל לְפַח וּלְמוֹקֵשׁ
לְיוֹשֵׁב יְרוּשָׁלָ͏ִם׃ וְכָשְׁלוּ בָם רַבִּים וְנָפְלוּ וְנִשְׁבָּרוּ וְנוֹקְשׁוּ טו
וְנִלְכָּדוּ׃ צוֹר תְּעוּדָה חֲתוֹם תּוֹרָה בְּלִמֻּדָי׃ טז
וְחִכִּיתִי לַיהֹוָה הַמַּסְתִּיר פָּנָיו מִבֵּית יַעֲקֹב וְקִוֵּיתִי־לוֹ׃ הִנֵּה יז יח
אָנֹכִי וְהַיְלָדִים אֲשֶׁר נָתַן־לִי יְהֹוָה לְאֹתוֹת וּלְמוֹפְתִים בְּיִשְׂרָאֵל
מֵעִם יְהֹוָה צְבָאוֹת הַשֹּׁכֵן בְּהַר צִיּוֹן׃ וְכִי־ יט
יֹאמְרוּ אֲלֵיכֶם דִּרְשׁוּ אֶל־הָאֹבוֹת וְאֶל־הַיִּדְּעֹנִים הַמְצַפְצְפִים
וְהַמַּהְגִּים הֲלוֹא־עַם אֶל־אֱלֹהָיו יִדְרֹשׁ בְּעַד הַחַיִּים אֶל־
הַמֵּתִים׃ לְתוֹרָה וְלִתְעוּדָה אִם־לֹא יֹאמְרוּ כַּדָּבָר הַזֶּה אֲשֶׁר כ
אֵין־לוֹ שָׁחַר׃ וְעָבַר בָּהּ נִקְשֶׁה וְרָעֵב וְהָיָה כִי־יִרְעַב וְהִתְקַצַּף כא
וְקִלֵּל בְּמַלְכּוֹ וּבֵאלֹהָיו וּפָנָה לְמָעְלָה׃ וְאֶל־אֶרֶץ יַבִּיט וְהִנֵּה כב
צָרָה וַחֲשֵׁכָה מְעוּף צוּקָה וַאֲפֵלָה מְנֻדָּח׃ כִּי לֹא מוּעָף לַאֲשֶׁר כג
מוּצָק לָהּ כָּעֵת הָרִאשׁוֹן הֵקַל אַרְצָה זְבֻלוּן וְאַרְצָה נַפְתָּלִי
וְהָאַחֲרוֹן הִכְבִּיד דֶּרֶךְ הַיָּם עֵבֶר הַיַּרְדֵּן גְּלִיל הַגּוֹיִם׃ הָעָם ט א
הַהֹלְכִים בַּחֹשֶׁךְ רָאוּ אוֹר גָּדוֹל יֹשְׁבֵי בְּאֶרֶץ צַלְמָוֶת אוֹר נָגַהּ
לוֹ עֲלֵיהֶם׃ הִרְבִּיתָ הַגּוֹי לֹא הִגְדַּלְתָּ הַשִּׂמְחָה שָׂמְחוּ לְפָנֶיךָ ב
כְּשִׂמְחַת בַּקָּצִיר כַּאֲשֶׁר יָגִילוּ בְּחַלְּקָם שָׁלָל׃ כִּי ׀ אֶת־עֹל ג
סֻבֳּלוֹ וְאֵת מַטֵּה שִׁכְמוֹ שֵׁבֶט הַנֹּגֵשׂ בּוֹ הַחִתֹּתָ כְּיוֹם מִדְיָן׃

כִּ֤י כָל־סְאוֹן֙ סֹאֵ֣ן בְּרַ֔עַשׁ וְשִׂמְלָ֖ה מְגוֹלָלָ֣ה בְדָמִ֑ים וְהָיְתָ֥ה ד
לִשְׂרֵפָ֖ה מַאֲכֹ֥לֶת אֵֽשׁ׃ כִּי־יֶ֣לֶד יֻלַּד־לָ֗נוּ בֵּ֚ן נִתַּן־לָ֔נוּ וַתְּהִ֥י ה
הַמִּשְׂרָ֖ה עַל־שִׁכְמ֑וֹ וַיִּקְרָ֨א שְׁמ֜וֹ פֶּ֠לֶא יוֹעֵץ֙ אֵ֣ל גִּבּ֔וֹר אֲבִי־
לְמַרְבֵּה ד עַ֖ד שַׂר־שָׁלֽוֹם׃ לםרבה הַמִּשְׂרָ֜ה וּלְשָׁל֣וֹם אֵֽין־קֵ֗ץ עַל־ ו
כִּסֵּ֤א דָוִד֙ וְעַל־מַמְלַכְתּ֔וֹ לְהָכִ֤ין אֹתָהּ֙ וּֽלְסַעֲדָ֔הּ בְּמִשְׁפָּ֖ט
וּבִצְדָקָ֑ה מֵעַתָּה֙ וְעַד־עוֹלָ֔ם קִנְאַ֛ת יְהוָ֥ה צְבָא֖וֹת תַּעֲשֶׂה־
זֹּֽאת׃ דָּבָ֛ר שָׁלַ֥ח אֲדֹנָ֖י בְּיַעֲקֹ֑ב וְנָפַ֖ל בְּיִשְׂרָאֵֽל׃ ז
וְיָֽדְעוּ֙ הָעָ֣ם כֻּלּ֔וֹ אֶפְרַ֖יִם וְיוֹשֵׁ֣ב שֹׁמְר֑וֹן בְּגַאֲוָ֛ה וּבְגֹ֥דֶל לֵבָ֖ב ח
לֵאמֹֽר׃ לְבֵנִ֥ים נָפָ֖לוּ וְגָזִ֣ית נִבְנֶ֑ה שִׁקְמִ֣ים גֻּדָּ֔עוּ וַאֲרָזִ֖ים נַחֲלִֽיף׃ ט
וַיְשַׂגֵּ֧ב יְהוָ֛ה אֶת־צָרֵ֥י רְצִ֖ין עָלָ֑יו וְאֶת־אֹיְבָ֖יו יְסַכְסֵֽךְ׃ אֲרָ֣ם יא
מִקֶּ֗דֶם וּפְלִשְׁתִּים֙ מֵֽאָח֔וֹר וַיֹּאכְל֥וּ אֶת־יִשְׂרָאֵ֖ל בְּכָל־פֶּ֑ה בְּכָל־
זֹאת֙ לֹא־שָׁ֣ב אַפּ֔וֹ וְע֖וֹד יָד֥וֹ נְטוּיָֽה׃ וְהָעָ֣ם לֹא־שָׁ֔ב עַד־הַמַּכֵּ֖הוּ יב
וְאֶת־יְהוָ֥ה צְבָא֖וֹת לֹ֥א דָרָֽשׁוּ׃ וַיַּכְרֵ֣ת יְ֠הוָה יג
מִיִּשְׂרָאֵ֜ל רֹ֧אשׁ וְזָנָ֛ב כִּפָּ֥ה וְאַגְמ֖וֹן י֥וֹם אֶחָֽד׃ זָקֵ֥ן וּנְשׂוּא־פָנִ֖ים יד
ה֣וּא הָרֹ֑אשׁ וְנָבִ֥יא מֽוֹרֶה־שֶּׁ֖קֶר ה֥וּא הַזָּנָֽב׃ וַיִּֽהְי֛וּ מְאַשְּׁרֵ֥י טו
הָעָם־הַזֶּ֖ה מַתְעִ֑ים וּמְאֻשָּׁרָ֖יו מְבֻלָּעִֽים׃ עַל־כֵּ֨ן עַל־בַּחוּרָ֜יו טז
לֹֽא־יִשְׂמַ֣ח ׀ אֲדֹנָ֗י וְאֶת־יְתֹמָ֤יו וְאֶת־אַלְמְנֹתָיו֙ לֹ֣א יְרַחֵ֔ם כִּ֤י
כֻלּוֹ֙ חָנֵ֣ף וּמֵרַ֔ע וְכָל־פֶּ֖ה דֹּבֵ֣ר נְבָלָ֑ה בְּכָל־זֹאת֙ לֹא־שָׁ֣ב אַפּ֔וֹ
וְע֖וֹד יָד֥וֹ נְטוּיָֽה׃ כִּֽי־בָעֲרָ֤ה כָאֵשׁ֙ רִשְׁעָ֔ה שָׁמִ֥יר וָשַׁ֖יִת תֹּאכֵ֑ל יז
וַתִּצַּת֙ בְּסִבְכֵ֣י הַיַּ֔עַר וַיִּֽתְאַבְּכ֖וּ גֵּא֥וּת עָשָֽׁן׃ בְּעֶבְרַ֛ת יְהוָ֥ה יח
צְבָא֖וֹת נֶעְתַּ֣ם אָ֑רֶץ וַיְהִ֤י הָעָם֙ כְּמַאֲכֹ֣לֶת אֵ֔שׁ אִ֥ישׁ אֶל־אָחִ֖יו
לֹ֥א יַחְמֹֽלוּ׃ וַיִּגְזֹ֤ר עַל־יָמִין֙ וְרָעֵ֔ב וַיֹּ֥אכַל עַל־שְׂמֹ֖אול וְלֹ֣א שָׂבֵ֑עוּ יט
אִ֥ישׁ בְּשַׂר־זְרֹע֖וֹ יֹאכֵֽלוּ׃ מְנַשֶּׁ֣ה אֶת־אֶפְרַ֗יִם וְאֶפְרַ֙יִם֙ אֶת־ כ
מְנַשֶּׁ֔ה יַחְדָּ֥ו הֵ֖מָּה עַל־יְהוּדָ֑ה בְּכָל־זֹאת֙ לֹא־שָׁ֣ב אַפּ֔וֹ וְע֖וֹד יָד֥וֹ
נְטוּיָֽה׃ ה֥וֹי הַחֹקְקִ֖ים חִקְקֵי־אָ֑וֶן וּֽמְכַתְּבִ֖ים עָמָ֥ל י א
כִּתֵּֽבוּ׃ לְהַטּ֤וֹת מִדִּין֙ דַּלִּ֔ים וְלִגְזֹ֕ל מִשְׁפַּ֖ט עֲנִיֵּ֣י עַמִּ֑י לִהְי֤וֹת ב
אַלְמָנוֹת֙ שְׁלָלָ֔ם וְאֶת־יְתוֹמִ֖ים יָבֹֽזּוּ׃ וּמַה־תַּעֲשׂוּ֙ לְי֣וֹם פְּקֻדָּ֔ה ג

וּלְשׁוֹאָה מִמֶּרְחָק תָּבוֹא עַל־מִי תָּנוּסוּ לְעֶזְרָה וְאָנָה תַעַזְבוּ
ד כְּבוֹדְכֶם: בִּלְתִּי כָרַע תַּחַת אַסִּיר וְתַחַת הֲרוּגִים יִפֹּלוּ בְּכָל־
ה זֹאת לֹא־שָׁב אַפּוֹ וְעוֹד יָדוֹ נְטוּיָה: הוֹי אַשּׁוּר
ו שֵׁבֶט אַפִּי וּמַטֶּה־הוּא בְיָדָם זַעְמִי: בְּגוֹי חָנֵף אֲשַׁלְּחֶנּוּ וְעַל־עַם
עֶבְרָתִי אֲצַוֶּנּוּ לִשְׁלֹל שָׁלָל וְלָבֹז בַּז ולשימו מִרְמָס כְּחֹמֶר וּלְשׂוּמוֹ
ז חוּצוֹת: וְהוּא לֹא־כֵן יְדַמֶּה וּלְבָבוֹ לֹא־כֵן יַחְשֹׁב כִּי לְהַשְׁמִיד
ח בִּלְבָבוֹ וּלְהַכְרִית גּוֹיִם לֹא מְעָט: כִּי יֹאמַר הֲלֹא שָׂרַי יַחְדָּו
ט מְלָכִים: הֲלֹא כְּכַרְכְּמִישׁ כַּלְנוֹ אִם־לֹא כְאַרְפַּד חֲמָת אִם־
י לֹא כְדַמֶּשֶׂק שֹׁמְרוֹן: כַּאֲשֶׁר מָצְאָה יָדִי לְמַמְלְכֹת הָאֱלִיל
יא וּפְסִילֵיהֶם מִירוּשָׁלִַם וּמִשֹּׁמְרוֹן: הֲלֹא כַּאֲשֶׁר עָשִׂיתִי לְשֹׁמְרוֹן
יב וְלֶאֱלִילֶיהָ כֵּן אֶעֱשֶׂה לִירוּשָׁלִַם וְלַעֲצַבֶּיהָ: וְהָיָה
כִּי־יְבַצַּע אֲדֹנָי אֶת־כָּל־מַעֲשֵׂהוּ בְּהַר צִיּוֹן וּבִירוּשָׁלִָם אֶפְקֹד
יג עַל־פְּרִי־גֹדֶל לְבַב מֶלֶךְ־אַשּׁוּר וְעַל־תִּפְאֶרֶת רוּם עֵינָיו: כִּי
אָמַר בְּכֹחַ יָדִי עָשִׂיתִי וּבְחָכְמָתִי כִּי נְבֻנוֹתִי וְאָסִיר ׀ גְּבוּלֹת
יד עַמִּים ועתידתיהם שׁוֹשֵׂתִי וְאוֹרִיד כַּאבִּיר יוֹשְׁבִים: וַתִּמְצָא וַעֲתוּדֹתֵיהֶם
כַקֵּן ׀ יָדִי לְחֵיל הָעַמִּים וְכֶאֱסֹף בֵּיצִים עֲזֻבוֹת כָּל־הָאָרֶץ אֲנִי
טו אָסָפְתִּי וְלֹא הָיָה נֹדֵד כָּנָף וּפֹצֶה פֶה וּמְצַפְצֵף: הֲיִתְפָּאֵר הַגַּרְזֶן
עַל הַחֹצֵב בּוֹ אִם־יִתְגַּדֵּל הַמַּשּׂוֹר עַל־מְנִיפוֹ כְּהָנִיף שֵׁבֶט
טז וְאֶת־מְרִימָיו כְּהָרִים מַטֶּה לֹא־עֵץ: לָכֵן יְשַׁלַּח
הָאָדוֹן יְהוָה צְבָאוֹת בְּמִשְׁמַנָּיו רָזוֹן וְתַחַת כְּבֹדוֹ יֵקַד יְקֹד
יז כִּיקוֹד אֵשׁ: וְהָיָה אוֹר־יִשְׂרָאֵל לְאֵשׁ וּקְדוֹשׁוֹ לְלֶהָבָה וּבָעֲרָה
יח וְאָכְלָה שִׁיתוֹ וּשְׁמִירוֹ בְּיוֹם אֶחָד: וּכְבוֹד יַעְרוֹ וְכַרְמִלּוֹ מִנֶּפֶשׁ
יט וְעַד־בָּשָׂר יְכַלֶּה וְהָיָה כִּמְסֹס נֹסֵס: וּשְׁאָר עֵץ יַעְרוֹ מִסְפָּר יִהְיוּ
כ וְנַעַר יִכְתְּבֵם: וְהָיָה ׀ בַּיּוֹם הַהוּא לֹא־יוֹסִיף עוֹד
שְׁאָר יִשְׂרָאֵל וּפְלֵיטַת בֵּית־יַעֲקֹב לְהִשָּׁעֵן עַל־מַכֵּהוּ וְנִשְׁעַן
כא עַל־יְהוָה קְדוֹשׁ יִשְׂרָאֵל בֶּאֱמֶת: שְׁאָר יָשׁוּב שְׁאָר יַעֲקֹב אֶל־
כב אֵל גִּבּוֹר: כִּי אִם־יִהְיֶה עַמְּךָ יִשְׂרָאֵל כְּחוֹל הַיָּם שְׁאָר יָשׁוּב

בּוֹ כִּלָּיוֹן חָרוּץ שׁוֹטֵף צְדָקָה׃ כִּי כָלָה וְנֶחֱרָצָה אֲדֹנָי יֱהֹוִה כג
צְבָאוֹת עֹשֶׂה בְּקֶרֶב כָּל־הָאָרֶץ׃ לָכֵן כֹּה־אָמַר כד
אֲדֹנָי יֱהֹוִה צְבָאוֹת אַל־תִּירָא עַמִּי יֹשֵׁב צִיּוֹן מֵאַשּׁוּר בַּשֵּׁבֶט
יַכֶּכָּה וּמַטֵּהוּ יִשָּׂא־עָלֶיךָ בְּדֶרֶךְ מִצְרָיִם׃ כִּי־עוֹד מְעַט מִזְעָר כה
וְכָלָה זַעַם וְאַפִּי עַל־תַּבְלִיתָם׃ וְעוֹרֵר עָלָיו יְהֹוָה צְבָאוֹת שׁוֹט כו
כְּמַכַּת מִדְיָן בְּצוּר עוֹרֵב וּמַטֵּהוּ עַל־הַיָּם וּנְשָׂאוֹ בְּדֶרֶךְ
מִצְרָיִם׃ וְהָיָה ׀ בַּיּוֹם הַהוּא יָסוּר סֻבֳּלוֹ מֵעַל שִׁכְמֶךָ וְעֻלּוֹ מֵעַל כז
צַוָּארֶךָ וְחֻבַּל עֹל מִפְּנֵי־שָׁמֶן׃ בָּא עַל־עַיַּת עָבַר בְּמִגְרוֹן כח
לְמִכְמָשׂ יַפְקִיד כֵּלָיו׃ עָבְרוּ מַעְבָּרָה גֶּבַע מָלוֹן לָנוּ חָרְדָה כט
הָרָמָה גִּבְעַת שָׁאוּל נָסָה׃ צַהֲלִי קוֹלֵךְ בַּת־גַּלִּים הַקְשִׁיבִי ל
לַיְשָׁה עֲנִיָּה עֲנָתוֹת׃ נָדְדָה מַדְמֵנָה יֹשְׁבֵי הַגֵּבִים הֵעִיזוּ׃ לא
בַּת־ עוֹד הַיּוֹם בְּנֹב לַעֲמֹד יְנֹפֵף יָדוֹ הַר בית־צִיּוֹן גִּבְעַת לב
יְרוּשָׁלִָם׃ הִנֵּה הָאָדוֹן יְהֹוָה צְבָאוֹת מְסָעֵף לג
פֻּארָה בְּמַעֲרָצָה וְרָמֵי הַקּוֹמָה גְּדֻעִים וְהַגְּבֹהִים יִשְׁפָּלוּ׃ וְנִקַּף לד
סִבְכֵי הַיַּעַר בַּבַּרְזֶל וְהַלְּבָנוֹן בְּאַדִּיר יִפּוֹל׃ וְיָצָא א יא
ה חֹטֶר מִגֵּזַע יִשָׁי וְנֵצֶר מִשָּׁרָשָׁיו יִפְרֶה׃ וְנָחָה עָלָיו רוּחַ יְהֹוָה ב
רוּחַ חָכְמָה וּבִינָה רוּחַ עֵצָה וּגְבוּרָה רוּחַ דַּעַת וְיִרְאַת יְהֹוָה׃
וַהֲרִיחוֹ בְּיִרְאַת יְהֹוָה וְלֹא־לְמַרְאֵה עֵינָיו יִשְׁפּוֹט וְלֹא־לְמִשְׁמַע ג
אָזְנָיו יוֹכִיחַ׃ וְשָׁפַט בְּצֶדֶק דַּלִּים וְהוֹכִיחַ בְּמִישׁוֹר לְעַנְוֵי־אָרֶץ ד
וְהִכָּה־אֶרֶץ בְּשֵׁבֶט פִּיו וּבְרוּחַ שְׂפָתָיו יָמִית רָשָׁע׃ וְהָיָה ה
צֶדֶק אֵזוֹר מָתְנָיו וְהָאֱמוּנָה אֵזוֹר חֲלָצָיו׃ וְגָר זְאֵב עִם־ ו
כֶּבֶשׂ וְנָמֵר עִם־גְּדִי יִרְבָּץ וְעֵגֶל וּכְפִיר וּמְרִיא יַחְדָּו וְנַעַר
קָטֹן נֹהֵג בָּם׃ וּפָרָה וָדֹב תִּרְעֶינָה יַחְדָּו יִרְבְּצוּ יַלְדֵיהֶן ז
וְאַרְיֵה כַּבָּקָר יֹאכַל־תֶּבֶן׃ וְשִׁעֲשַׁע יוֹנֵק עַל־חֻר פָּתֶן וְעַל ח
מְאוּרַת צִפְעוֹנִי גָּמוּל יָדוֹ הָדָה׃ לֹא־יָרֵעוּ וְלֹא־יַשְׁחִיתוּ ט
בְּכָל־הַר קָדְשִׁי כִּי־מָלְאָה הָאָרֶץ דֵּעָה אֶת־יְהֹוָה כַּמַּיִם
לַיָּם מְכַסִּים׃ וְהָיָה בַּיּוֹם הַהוּא שֹׁרֶשׁ יִשַׁי י

אֲשֶׁר עֹמֵד לְנֵס עַמִּים אֵלָיו גּוֹיִם יִדְרֹשׁוּ וְהָיְתָה מְנֻחָתוֹ
יא כָּבוֹד׃ וְהָיָה בַּיּוֹם הַהוּא יוֹסִיף אֲדֹנָי שֵׁנִית
יָדוֹ לִקְנוֹת אֶת־שְׁאָר עַמּוֹ אֲשֶׁר יִשָּׁאֵר מֵאַשּׁוּר וּמִמִּצְרַיִם
יב וּמִפַּתְרוֹס וּמִכּוּשׁ וּמֵעֵילָם וּמִשִּׁנְעָר וּמֵחֲמָת וּמֵאִיֵּי הַיָּם׃ וְנָשָׂא
נֵס לַגּוֹיִם וְאָסַף נִדְחֵי יִשְׂרָאֵל וּנְפֻצוֹת יְהוּדָה יְקַבֵּץ מֵאַרְבַּע
יג כַּנְפוֹת הָאָרֶץ׃ וְסָרָה קִנְאַת אֶפְרַיִם וְצֹרְרֵי יְהוּדָה יִכָּרֵתוּ
אֶפְרַיִם לֹא־יְקַנֵּא אֶת־יְהוּדָה וִיהוּדָה לֹא־יָצֹר אֶת־אֶפְרָיִם׃
יד וְעָפוּ בְכָתֵף פְּלִשְׁתִּים יָמָּה יַחְדָּו יָבֹזּוּ אֶת־בְּנֵי־קֶדֶם אֱדוֹם
טו וּמוֹאָב מִשְׁלוֹח יָדָם וּבְנֵי עַמּוֹן מִשְׁמַעְתָּם׃ וְהֶחֱרִים יְהוָה אֵת
לְשׁוֹן יַם־מִצְרַיִם וְהֵנִיף יָדוֹ עַל־הַנָּהָר בַּעְיָם רוּחוֹ וְהִכָּהוּ
טז לְשִׁבְעָה נְחָלִים וְהִדְרִיךְ בַּנְּעָלִים׃ וְהָיְתָה מְסִלָּה לִשְׁאָר עַמּוֹ
אֲשֶׁר יִשָּׁאֵר מֵאַשּׁוּר כַּאֲשֶׁר הָיְתָה לְיִשְׂרָאֵל בְּיוֹם עֲלֹתוֹ מֵאֶרֶץ
יב א מִצְרָיִם׃ וְאָמַרְתָּ בַּיּוֹם הַהוּא אוֹדְךָ יְהוָה כִּי אָנַפְתָּ בִּי יָשֹׁב אַפְּךָ
ב וּתְנַחֲמֵנִי׃ הִנֵּה אֵל יְשׁוּעָתִי אֶבְטַח וְלֹא אֶפְחָד כִּי־עָזִּי וְזִמְרָת
ג יָהּ יְהוָה וַיְהִי־לִי לִישׁוּעָה׃ וּשְׁאַבְתֶּם־מַיִם בְּשָׂשׂוֹן מִמַּעַיְנֵי
ד הַיְשׁוּעָה׃ וַאֲמַרְתֶּם בַּיּוֹם הַהוּא הוֹדוּ לַיהוָה קִרְאוּ בִשְׁמוֹ
ה הוֹדִיעוּ בָעַמִּים עֲלִילֹתָיו הַזְכִּירוּ כִּי נִשְׂגָּב שְׁמוֹ׃ זַמְּרוּ יְהוָה
ו כִּי גֵאוּת עָשָׂה מידַעַת זֹאת בְּכָל־הָאָרֶץ׃ צַהֲלִי וָרֹנִּי יוֹשֶׁבֶת מוּדַעַת
יג א צִיּוֹן כִּי־גָדוֹל בְּקִרְבֵּךְ קְדוֹשׁ יִשְׂרָאֵל׃ מַשָּׂא
ב בָּבֶל אֲשֶׁר חָזָה יְשַׁעְיָהוּ בֶּן־אָמוֹץ׃ עַל הַר־נִשְׁפֶּה שְׂאוּ־נֵס
ג הָרִימוּ קוֹל לָהֶם הָנִיפוּ יָד וְיָבֹאוּ פִּתְחֵי נְדִיבִים׃ אֲנִי צִוֵּיתִי
ד לִמְקֻדָּשָׁי גַּם קָרָאתִי גִבּוֹרַי לְאַפִּי עַלִּיזֵי גַּאֲוָתִי׃ קוֹל הָמוֹן
בֶּהָרִים דְּמוּת עַם־רָב קוֹל שְׁאוֹן מַמְלְכוֹת גּוֹיִם נֶאֱסָפִים יְהוָה
ה צְבָאוֹת מְפַקֵּד צְבָא מִלְחָמָה׃ בָּאִים מֵאֶרֶץ מֶרְחָק מִקְצֵה
ו הַשָּׁמָיִם יְהוָה וּכְלֵי זַעְמוֹ לְחַבֵּל כָּל־הָאָרֶץ׃ הֵילִילוּ כִּי קָרוֹב
ז יוֹם יְהוָה כְּשֹׁד מִשַּׁדַּי יָבוֹא׃ עַל־כֵּן כָּל־יָדַיִם תִּרְפֶּינָה וְכָל־
ח לְבַב אֱנוֹשׁ יִמָּס׃ וְנִבְהָלוּ צִירִים וַחֲבָלִים יֹאחֵזוּן כַּיּוֹלֵדָה

ט יְחִילוּן אִישׁ אֶל־רֵעֵהוּ יִתְמָהוּ פְּנֵי לְהָבִים פְּנֵיהֶם׃ הִנֵּה יוֹם־
יְהוָה בָּא אַכְזָרִי וְעֶבְרָה וַחֲרוֹן אָף לָשׂוּם הָאָרֶץ לְשַׁמָּה
י וְחַטָּאֶיהָ יַשְׁמִיד מִמֶּנָּה׃ כִּי־כוֹכְבֵי הַשָּׁמַיִם וּכְסִילֵיהֶם לֹא יָהֵלּוּ
יא אוֹרָם חָשַׁךְ הַשֶּׁמֶשׁ בְּצֵאתוֹ וְיָרֵחַ לֹא־יַגִּיהַּ אוֹרוֹ׃ וּפָקַדְתִּי עַל־
תֵּבֵל רָעָה וְעַל־רְשָׁעִים עֲוֺנָם וְהִשְׁבַּתִּי גְּאוֹן זֵדִים וְגַאֲוַת
יב יג עָרִיצִים אַשְׁפִּיל׃ אוֹקִיר אֱנוֹשׁ מִפָּז וְאָדָם מִכֶּתֶם אוֹפִיר׃ עַל־
כֵּן שָׁמַיִם אַרְגִּיז וְתִרְעַשׁ הָאָרֶץ מִמְּקוֹמָהּ בְּעֶבְרַת יְהוָה
יד צְבָאוֹת וּבְיוֹם חֲרוֹן אַפּוֹ׃ וְהָיָה כִּצְבִי מֻדָּח וּכְצֹאן וְאֵין מְקַבֵּץ
טו אִישׁ אֶל־עַמּוֹ יִפְנוּ וְאִישׁ אֶל־אַרְצוֹ יָנוּסוּ׃ כָּל־הַנִּמְצָא יִדָּקֵר
טז וְכָל־הַנִּסְפֶּה יִפּוֹל בֶּחָרֶב׃ וְעֹלְלֵיהֶם יְרֻטְּשׁוּ לְעֵינֵיהֶם יִשַּׁסּוּ
יז בָּתֵּיהֶם וּנְשֵׁיהֶם תשגלנה׃ הִנְנִי מֵעִיר עֲלֵיהֶם אֶת־מָדָי אֲשֶׁר־ תִּשָּׁכַבְנָה
יח כֶּסֶף לֹא יַחְשֹׁבוּ וְזָהָב לֹא יַחְפְּצוּ־בוֹ׃ וּקְשָׁתוֹת נְעָרִים תְּרַטַּשְׁנָה
יט וּפְרִי־בֶטֶן לֹא יְרַחֵמוּ עַל־בָּנִים לֹא־תָחוּס עֵינָם׃ וְהָיְתָה בָבֶל
צְבִי מַמְלָכוֹת תִּפְאֶרֶת גְּאוֹן כַּשְׂדִּים כְּמַהְפֵּכַת אֱלֹהִים אֶת־
כ סְדֹם וְאֶת־עֲמֹרָה׃ לֹא־תֵשֵׁב לָנֶצַח וְלֹא תִשְׁכֹּן עַד־דּוֹר וָדוֹר
כא וְלֹא־יַהֵל שָׁם עֲרָבִי וְרֹעִים לֹא־יַרְבִּצוּ שָׁם׃ וְרָבְצוּ־שָׁם צִיִּים
וּמָלְאוּ בָתֵּיהֶם אֹחִים וְשָׁכְנוּ שָׁם בְּנוֹת יַעֲנָה וּשְׂעִירִים יְרַקְּדוּ־
כב שָׁם׃ וְעָנָה אִיִּים בְּאַלְמְנוֹתָיו וְתַנִּים בְּהֵיכְלֵי עֹנֶג וְקָרוֹב לָבוֹא
יד א עִתָּהּ וְיָמֶיהָ לֹא יִמָּשֵׁכוּ׃ כִּי יְרַחֵם יְהוָה אֶת־יַעֲקֹב וּבָחַר עוֹד
בְּיִשְׂרָאֵל וְהִנִּיחָם עַל־אַדְמָתָם וְנִלְוָה הַגֵּר עֲלֵיהֶם וְנִסְפְּחוּ עַל־
ב בֵּית יַעֲקֹב׃ וּלְקָחוּם עַמִּים וֶהֱבִיאוּם אֶל־מְקוֹמָם וְהִתְנַחֲלוּם ו
בֵּית־יִשְׂרָאֵל עַל אַדְמַת יְהוָה לַעֲבָדִים וְלִשְׁפָחוֹת וְהָיוּ שֹׁבִים
ג לְשֹׁבֵיהֶם וְרָדוּ בְּנֹגְשֵׂיהֶם׃ וְהָיָה בְּיוֹם הָנִיחַ יְהוָה
לְךָ מֵעָצְבְּךָ וּמֵרָגְזֶךָ וּמִן־הָעֲבֹדָה הַקָּשָׁה אֲשֶׁר עֻבַּד־בָּךְ׃
ד וְנָשָׂאתָ הַמָּשָׁל הַזֶּה עַל־מֶלֶךְ בָּבֶל וְאָמָרְתָּ אֵיךְ שָׁבַת נֹגֵשׂ
ה שָׁבְתָה מַדְהֵבָה׃ שָׁבַר יְהוָה מַטֵּה רְשָׁעִים שֵׁבֶט מֹשְׁלִים׃ מַכֶּה
עַמִּים בְּעֶבְרָה מַכַּת בִּלְתִּי סָרָה רֹדֶה בָאַף גּוֹיִם מֻרְדָּף בְּלִי

ח חשך: נחה שקטה כל־הארץ פצחו רנה: גם־ברושים שמחו
ט לך ארזי לבנון מאז שכבת לא־יעלה הכרת עלינו: שאול
מתחת רגזה לך לקראת בואך עורר לך רפאים כל־עתודי
י ארץ הקים מכסאותם כל מלכי גוים: כלם יענו ויאמרו
יא אליך גם־אתה חלית כמונו אלינו נמשלת: הורד שאול
יב גאונך המית נבליך תחתיך יצע רמה ומכסיך תולעה: איך
נפלת משמים הילל בן־שחר נגדעת לארץ חולש על־גוים:
יג ואתה אמרת בלבבך השמים אעלה ממעל לכוכבי־אל
יד ארים כסאי ואשב בהר־מועד בירכתי צפון: אעלה על־
טו במתי עב אדמה לעליון: אך אל־שאול תורד אל־ירכתי־
טז בור: ראיך אליך ישגיחו אליך יתבוננו הזה האיש מרגיז
יז הארץ מרעיש ממלכות: שם תבל כמדבר ועריו הרס
יח אסיריו לא־פתח ביתה: כל־מלכי גוים כלם שכבו בכבוד
יט איש בביתו: ואתה השלכת מקברך כנצר נתעב לבש הרגים
כ מטעני חרב יורדי אל־אבני־בור כפגר מובס: לא־תחד אתם
בקבורה כי־ארצך שחת עמך הרגת לא־יקרא לעולם זרע
כא מרעים: הכינו לבניו מטבח בעון אבותם בל־יקמו וירשו
כב ארץ ומלאו פני־תבל ערים: וקמתי עליהם נאם יהוה צבאות
כג והכרתי לבבל שם ושאר ונין ונכד נאם־יהוה: ושמתיה
למורש קפד ואגמי־מים וטאטאתיה במטאטא השמד נאם
כד יהוה צבאות: נשבע יהוה צבאות לאמר אם־
כה לא כאשר דמיתי כן היתה וכאשר יעצתי היא תקום: לשבר
אשור בארצי ועל־הרי אבוסנו וסר מעליהם עלו וסבלו מעל
כו שכמו יסור: זאת העצה היעוצה על־כל־הארץ וזאת היד
כז הנטויה על־כל־הגוים: כי־יהוה צבאות יעץ ומי יפר וידו
כח הנטויה ומי ישיבנה: בשנת־מות המלך אחז
כט היה המשא הזה: אל־תשמחי פלשת כלך כי נשבר שבט

מַכֵּךְ כִּי־מִשֹּׁרֶשׁ נָחָשׁ יֵצֵא צֶפַע וּפִרְיוֹ שָׂרָף מְעוֹפֵף: וְרָעוּ ל
בְּכוֹרֵי דַלִּים וְאֶבְיוֹנִים לָבֶטַח יִרְבָּצוּ וְהֵמַתִּי בָרָעָב שָׁרְשֵׁךְ
וּשְׁאֵרִיתֵךְ יַהֲרֹג: הֵילִילִי שַׁעַר זַעֲקִי־עִיר נָמוֹג פְּלֶשֶׁת כֻּלֵּךְ כִּי לא
מִצָּפוֹן עָשָׁן בָּא וְאֵין בּוֹדֵד בְּמוֹעָדָיו: וּמַה־יַּעֲנֶה מַלְאֲכֵי־גוֹי כִּי לב
יְהוָה יִסַּד צִיּוֹן וּבָהּ יֶחֱסוּ עֲנִיֵּי עַמּוֹ: מַשָּׂא מוֹאָב א טו
כִּי בְּלֵיל שֻׁדַּד עָר מוֹאָב נִדְמָה כִּי בְּלֵיל שֻׁדַּד קִיר־מוֹאָב
נִדְמָה: עָלָה הַבַּיִת וְדִיבֹן הַבָּמוֹת לְבֶכִי עַל־נְבוֹ וְעַל מֵידְבָא ב
מוֹאָב יְיֵלִיל בְּכָל־רָאשָׁיו קָרְחָה כָּל־זָקָן גְּרוּעָה: בְּחוּצֹתָיו ג
חָגְרוּ שָׂק עַל גַּגּוֹתֶיהָ וּבִרְחֹבֹתֶיהָ כֻּלֹּה יְיֵלִיל יֹרֵד בַּבֶּכִי:
וַתִּזְעַק חֶשְׁבּוֹן וְאֶלְעָלֵה עַד־יַהַץ נִשְׁמַע קוֹלָם עַל־כֵּן חֲלֻצֵי ד
מוֹאָב יָרִיעוּ נַפְשׁוֹ יָרְעָה לוֹ: לִבִּי לְמוֹאָב יִזְעָק בְּרִיחֶהָ עַד־ ה
צֹעַר עֶגְלַת שְׁלִשִׁיָּה כִּי | מַעֲלֵה הַלּוּחִית בִּבְכִי יַעֲלֶה־בּוֹ כִּי
דֶּרֶךְ חוֹרֹנַיִם זַעֲקַת־שֶׁבֶר יְעֹעֵרוּ: כִּי־מֵי נִמְרִים מְשַׁמּוֹת יִהְיוּ ו
כִּי־יָבֵשׁ חָצִיר כָּלָה דֶשֶׁא יֶרֶק לֹא הָיָה: עַל־כֵּן יִתְרָה עָשָׂה ז
וּפְקֻדָּתָם עַל נַחַל הָעֲרָבִים יִשָּׂאוּם: כִּי־הִקִּיפָה הַזְּעָקָה אֶת־ ח
גְּבוּל מוֹאָב עַד־אֶגְלַיִם יִלְלָתָהּ וּבְאֵר אֵילִים יִלְלָתָהּ: כִּי מֵי ט
דִימוֹן מָלְאוּ דָם כִּי־אָשִׁית עַל־דִּימוֹן נוֹסָפוֹת לִפְלֵיטַת מוֹאָב
אַרְיֵה וְלִשְׁאֵרִית אֲדָמָה: שִׁלְחוּ־כַר מֹשֵׁל־אֶרֶץ מִסֶּלַע א טז
מִדְבָּרָה אֶל־הַר בַּת־צִיּוֹן: וְהָיָה כְעוֹף־נוֹדֵד קֵן מְשֻׁלָּח תִּהְיֶינָה ב
הָבִיאִי | עֲשׂוּ בְּנוֹת מוֹאָב מַעְבָּרֹת לְאַרְנוֹן: הביאו עֵצָה עשי פְלִילָה שִׁיתִי ג
כַלַּיִל צִלֵּךְ בְּתוֹךְ צָהֳרָיִם סַתְּרִי נִדָּחִים נֹדֵד אַל־תְּגַלִּי: יָגוּרוּ ד
בָךְ נִדָּחַי מוֹאָב הֱוִי־סֵתֶר לָמוֹ מִפְּנֵי שׁוֹדֵד כִּי־אָפֵס הַמֵּץ כָּלָה
ז שֹׁד תַּמּוּ רֹמֵס מִן־הָאָרֶץ: וְהוּכַן בַּחֶסֶד כִּסֵּא ה
וְיָשַׁב עָלָיו בֶּאֱמֶת בְּאֹהֶל דָּוִד שֹׁפֵט וְדֹרֵשׁ מִשְׁפָּט וּמְהִר צֶדֶק:
שָׁמַעְנוּ גְאוֹן־מוֹאָב גֵּא מְאֹד גַּאֲוָתוֹ וּגְאוֹנוֹ וְעֶבְרָתוֹ לֹא־כֵן בַּדָּיו: ו
לָכֵן יְיֵלִיל מוֹאָב לְמוֹאָב כֻּלֹּה יְיֵלִיל לַאֲשִׁישֵׁי קִיר־ ז
חֲרֶשֶׂת תֶּהְגּוּ אַךְ־נְכָאִים: כִּי שַׁדְמוֹת חֶשְׁבּוֹן אֻמְלָל גֶּפֶן ח

שִׂבְמָה בַּעֲלֵי גוֹיִם הָלְמוּ שְׂרוּקֶּיהָ עַד־יַעְזֵר נָגָעוּ תָּעוּ מִדְבָּר
ט שְׁלֻחוֹתֶיהָ נִטְּשׁוּ עָבְרוּ יָם׃ עַל־כֵּן אֶבְכֶּה בִּבְכִי יַעְזֵר גֶּפֶן
שִׂבְמָה אֲרַיָּוֶךְ דִּמְעָתִי חֶשְׁבּוֹן וְאֶלְעָלֵה כִּי עַל־קֵיצֵךְ וְעַל־
י קְצִירֵךְ הֵידָד נָפָל׃ וְנֶאֱסַף שִׂמְחָה וָגִיל מִן־הַכַּרְמֶל וּבַכְּרָמִים
לֹא־יְרֻנָּן לֹא יְרֹעָע יַיִן בַּיְקָבִים לֹא־יִדְרֹךְ הַדֹּרֵךְ הֵידָד
יא הִשְׁבַּתִּי׃ עַל־כֵּן מֵעַי לְמוֹאָב כַּכִּנּוֹר יֶהֱמוּ וְקִרְבִּי לְקִיר חָרֶשׂ׃
יב וְהָיָה כִי־נִרְאָה כִּי־נִלְאָה מוֹאָב עַל־הַבָּמָה וּבָא אֶל־מִקְדָּשׁוֹ
יג לְהִתְפַּלֵּל וְלֹא יוּכָל׃ זֶה הַדָּבָר אֲשֶׁר דִּבֶּר יְהוָה
יד אֶל־מוֹאָב מֵאָז׃ וְעַתָּה דִּבֶּר יְהוָה לֵאמֹר בְּשָׁלֹשׁ שָׁנִים כִּשְׁנֵי
שָׂכִיר וְנִקְלָה כְּבוֹד מוֹאָב בְּכֹל הֶהָמוֹן הָרָב וּשְׁאָר מְעַט מִזְעָר
יז א לוֹא כַבִּיר׃ מַשָּׂא דַּמָּשֶׂק הִנֵּה דַמֶּשֶׂק מוּסָר
ב מֵעִיר וְהָיְתָה מְעִי מַפָּלָה׃ עֲזֻבוֹת עָרֵי עֲרֹעֵר לַעֲדָרִים תִּהְיֶינָה
ג וְרָבְצוּ וְאֵין מַחֲרִיד׃ וְנִשְׁבַּת מִבְצָר מֵאֶפְרַיִם וּמַמְלָכָה
מִדַּמֶּשֶׂק וּשְׁאָר אֲרָם כִּכְבוֹד בְּנֵי־יִשְׂרָאֵל יִהְיוּ נְאֻם יְהוָה
ד צְבָאוֹת׃ וְהָיָה בַּיּוֹם הַהוּא יִדַּל כְּבוֹד יַעֲקֹב
ה וּמִשְׁמַן בְּשָׂרוֹ יֵרָזֶה׃ וְהָיָה כֶּאֱסֹף קָצִיר קָמָה וּזְרֹעוֹ שִׁבֳּלִים
ו יִקְצוֹר וְהָיָה כִּמְלַקֵּט שִׁבֳּלִים בְּעֵמֶק רְפָאִים׃ וְנִשְׁאַר־בּוֹ עוֹלֵלֹת
כְּנֹקֶף זַיִת שְׁנַיִם שְׁלֹשָׁה גַּרְגְּרִים בְּרֹאשׁ אָמִיר אַרְבָּעָה חֲמִשָּׁה
ז בִּסְעִפֶיהָ פֹּרִיָּה נְאֻם־יְהוָה אֱלֹהֵי יִשְׂרָאֵל׃ בַּיּוֹם
הַהוּא יִשְׁעֶה הָאָדָם עַל־עֹשֵׂהוּ וְעֵינָיו אֶל־קְדוֹשׁ יִשְׂרָאֵל
ח תִּרְאֶינָה׃ וְלֹא יִשְׁעֶה אֶל־הַמִּזְבְּחוֹת מַעֲשֵׂה יָדָיו וַאֲשֶׁר עָשׂוּ
ט אֶצְבְּעֹתָיו לֹא יִרְאֶה וְהָאֲשֵׁרִים וְהַחַמָּנִים׃ בַּיּוֹם
הַהוּא יִהְיוּ עָרֵי מָעֻזּוֹ כַּעֲזוּבַת הַחֹרֶשׁ וְהָאָמִיר אֲשֶׁר עָזְבוּ
י מִפְּנֵי בְּנֵי יִשְׂרָאֵל וְהָיְתָה שְׁמָמָה׃ כִּי שָׁכַחַתְּ אֱלֹהֵי יִשְׁעֵךְ וְצוּר
מָעֻזֵּךְ לֹא זָכָרְתְּ עַל־כֵּן תִּטְּעִי נִטְעֵי נַעֲמָנִים וּזְמֹרַת זָר
יא תִּזְרָעֶנּוּ׃ בְּיוֹם נִטְעֵךְ תְּשַׂגְשֵׂגִי וּבַבֹּקֶר זַרְעֵךְ תַּפְרִיחִי נֵד קָצִיר
יב בְּיוֹם נַחֲלָה וּכְאֵב אָנוּשׁ׃ הוֹי הֲמוֹן עַמִּים רַבִּים

כַּהֲמוֹת יַמִּים יֶהֱמָיוּן וּשְׁאוֹן לְאֻמִּים כִּשְׁאוֹן מַיִם כַּבִּירִים
יִשָּׁאוּן׃ לְאֻמִּים כִּשְׁאוֹן מַיִם רַבִּים יִשָּׁאוּן וְגָעַר בּוֹ וְנָס מִמֶּרְחָק יג
וְרֻדַּף כְּמֹץ הָרִים לִפְנֵי־רוּחַ וּכְגַלְגַּל לִפְנֵי סוּפָה׃ לְעֵת עֶרֶב יד
וְהִנֵּה בַלָּהָה בְּטֶרֶם בֹּקֶר אֵינֶנּוּ זֶה חֵלֶק שׁוֹסֵינוּ וְגוֹרָל
לְבֹזְזֵינוּ׃ הוֹי אֶרֶץ צִלְצַל כְּנָפָיִם אֲשֶׁר מֵעֵבֶר א יח
לְנַהֲרֵי־כוּשׁ׃ הַשֹּׁלֵחַ בַּיָּם צִירִים וּבִכְלֵי־גֹמֶא עַל־פְּנֵי־מַיִם לְכוּ ׀ ב
מַלְאָכִים קַלִּים אֶל־גּוֹי מְמֻשָּׁךְ וּמוֹרָט אֶל־עַם נוֹרָא מִן־הוּא
וָהָלְאָה גּוֹי קַו־קָו וּמְבוּסָה אֲשֶׁר־בָּזְאוּ נְהָרִים אַרְצוֹ׃ כָּל־ ג
יֹשְׁבֵי תֵבֵל וְשֹׁכְנֵי אָרֶץ כִּנְשֹׂא־נֵס הָרִים תִּרְאוּ וְכִתְקֹעַ שׁוֹפָר
אֶשְׁקֳטָה תִּשְׁמָעוּ׃ כִּי כֹה אָמַר יְהוָה אֵלַי אשקוטה ד
וְאַבִּיטָה בִמְכוֹנִי כְּחֹם צַח עֲלֵי־אוֹר כְּעָב טַל בְּחֹם קָצִיר׃ כִּי־ ה
לִפְנֵי קָצִיר כְּתָם־פֶּרַח וּבֹסֶר גֹּמֵל יִהְיֶה נִצָּה וְכָרַת הַזַּלְזַלִּים
בַּמַּזְמֵרוֹת וְאֶת־הַנְּטִישׁוֹת הֵסִיר הֵתַז׃ יֵעָזְבוּ יַחְדָּו לְעֵיט הָרִים ו
וּלְבֶהֱמַת הָאָרֶץ וְקָץ עָלָיו הָעַיִט וְכָל־בֶּהֱמַת הָאָרֶץ עָלָיו
תֶּחֱרָף׃ בָּעֵת הַהִיא יוּבַל־שַׁי לַיהוָה צְבָאוֹת עַם ז
מְמֻשָּׁךְ וּמוֹרָט וּמֵעַם נוֹרָא מִן־הוּא וָהָלְאָה גּוֹי ׀ קַו־קָו וּמְבוּסָה
אֲשֶׁר בָּזְאוּ נְהָרִים אַרְצוֹ אֶל־מְקוֹם שֵׁם־יְהוָה צְבָאוֹת הַר־
צִיּוֹן׃ מַשָּׂא מִצְרָיִם הִנֵּה יְהוָה רֹכֵב עַל־עָב קַל א יט
וּבָא מִצְרַיִם וְנָעוּ אֱלִילֵי מִצְרַיִם מִפָּנָיו וּלְבַב מִצְרַיִם יִמַּס
בְּקִרְבּוֹ׃ וְסִכְסַכְתִּי מִצְרַיִם בְּמִצְרַיִם וְנִלְחֲמוּ אִישׁ בְּאָחִיו וְאִישׁ ב
בְּרֵעֵהוּ עִיר בְּעִיר מַמְלָכָה בְּמַמְלָכָה׃ וְנָבְקָה רוּחַ־מִצְרַיִם ג
בְּקִרְבּוֹ וַעֲצָתוֹ אֲבַלֵּעַ וְדָרְשׁוּ אֶל־הָאֱלִילִים וְאֶל־הָאִטִּים וְאֶל־
הָאֹבוֹת וְאֶל־הַיִּדְּעֹנִים׃ וְסִכַּרְתִּי אֶת־מִצְרַיִם בְּיַד אֲדֹנִים קָשֶׁה ד
וּמֶלֶךְ עַז יִמְשָׁל־בָּם נְאֻם הָאָדוֹן יְהוָה צְבָאוֹת׃ וְנִשְּׁתוּ־מַיִם ה
מֵהַיָּם וְנָהָר יֶחֱרַב וְיָבֵשׁ׃ וְהֶאֶזְנִיחוּ נְהָרוֹת דָּלְלוּ וְחָרְבוּ יְאֹרֵי ו
מָצוֹר קָנֶה וָסוּף קָמֵלוּ׃ עָרוֹת עַל־יְאוֹר עַל־פִּי יְאוֹר וְכֹל ז
מִזְרַע יְאוֹר יִיבַשׁ נִדַּף וְאֵינֶנּוּ׃ וְאָנוּ הַדַּיָּגִים וְאָבְלוּ כָּל־מַשְׁלִיכֵי ח

ט בַיְאוֹר חַכָּה וּפֹרְשֵׂי מִכְמֹרֶת עַל־פְּנֵי־מַיִם אֻמְלָלוּ׃ וּבֹשׁוּ עֹבְדֵי
י פִשְׁתִּים שְׂרִיקוֹת וְאֹרְגִים חוֹרָי׃ וְהָיוּ שָׁתֹתֶיהָ מְדֻכָּאִים כָּל־
יא עֹשֵׂי שֶׂכֶר אַגְמֵי־נָפֶשׁ׃ אַךְ־אֱוִלִים שָׂרֵי צֹעַן חַכְמֵי יֹעֲצֵי פַרְעֹה
עֵצָה נִבְעָרָה אֵיךְ תֹּאמְרוּ אֶל־פַּרְעֹה בֶּן־חֲכָמִים אֲנִי בֶּן־
יב מַלְכֵי־קֶדֶם׃ אַיָּם אֵפוֹא חֲכָמֶיךָ וְיַגִּידוּ נָא לָךְ וְיֵדְעוּ מַה־יָּעַץ
יג יְהוָה צְבָאוֹת עַל־מִצְרָיִם׃ נוֹאֲלוּ שָׂרֵי צֹעַן נִשְּׁאוּ שָׂרֵי נֹף
יד הִתְעוּ אֶת־מִצְרַיִם פִּנַּת שְׁבָטֶיהָ׃ יְהוָה מָסַךְ בְּקִרְבָּהּ רוּחַ
עִוְעִים וְהִתְעוּ אֶת־מִצְרַיִם בְּכָל־מַעֲשֵׂהוּ כְּהִתָּעוֹת שִׁכּוֹר
טו בְּקִיאוֹ׃ וְלֹא־יִהְיֶה לְמִצְרַיִם מַעֲשֶׂה אֲשֶׁר יַעֲשֶׂה רֹאשׁ וְזָנָב
טז כִּפָּה וְאַגְמוֹן׃ בַּיּוֹם הַהוּא יִהְיֶה מִצְרַיִם כַּנָּשִׁים
וְחָרַד ׀ וּפָחַד מִפְּנֵי תְּנוּפַת יַד־יְהוָה צְבָאוֹת אֲשֶׁר־הוּא מֵנִיף
יז עָלָיו׃ וְהָיְתָה אַדְמַת יְהוּדָה לְמִצְרַיִם לְחָגָּא כֹּל אֲשֶׁר יַזְכִּיר
אֹתָהּ אֵלָיו יִפְחָד מִפְּנֵי עֲצַת יְהוָה צְבָאוֹת אֲשֶׁר־הוּא יוֹעֵץ
יח עָלָיו׃ בַּיּוֹם הַהוּא יִהְיוּ חָמֵשׁ עָרִים בְּאֶרֶץ
מִצְרַיִם מְדַבְּרוֹת שְׂפַת כְּנַעַן וְנִשְׁבָּעוֹת לַיהוָה צְבָאוֹת עִיר
יט הַהֶרֶס יֵאָמֵר לְאֶחָת׃ בַּיּוֹם הַהוּא יִהְיֶה מִזְבֵּחַ
כ לַיהוָה בְּתוֹךְ אֶרֶץ מִצְרָיִם וּמַצֵּבָה אֵצֶל־גְּבוּלָהּ לַיהוָה׃ וְהָיָה
לְאוֹת וּלְעֵד לַיהוָה צְבָאוֹת בְּאֶרֶץ מִצְרָיִם כִּי־יִצְעֲקוּ אֶל־יְהוָה
כא מִפְּנֵי לֹחֲצִים וְיִשְׁלַח לָהֶם מוֹשִׁיעַ וָרָב וְהִצִּילָם׃ וְנוֹדַע יְהוָה
לְמִצְרַיִם וְיָדְעוּ מִצְרַיִם אֶת־יְהוָה בַּיּוֹם הַהוּא וְעָבְדוּ זֶבַח וּמִנְחָה
כב וְנָדְרוּ־נֵדֶר לַיהוָה וְשִׁלֵּמוּ׃ וְנָגַף יְהוָה אֶת־מִצְרַיִם נָגֹף וְרָפוֹא
כג וְשָׁבוּ עַד־יְהוָה וְנֶעְתַּר לָהֶם וּרְפָאָם׃ בַּיּוֹם הַהוּא
תִּהְיֶה מְסִלָּה מִמִּצְרַיִם אַשּׁוּרָה וּבָא־אַשּׁוּר בְּמִצְרַיִם וּמִצְרַיִם
כד בְּאַשּׁוּר וְעָבְדוּ מִצְרַיִם אֶת־אַשּׁוּר׃ בַּיּוֹם הַהוּא
יִהְיֶה יִשְׂרָאֵל שְׁלִישִׁיָּה לְמִצְרַיִם וּלְאַשּׁוּר בְּרָכָה בְּקֶרֶב הָאָרֶץ׃
כה אֲשֶׁר בֵּרְכוֹ יְהוָה צְבָאוֹת לֵאמֹר בָּרוּךְ עַמִּי מִצְרַיִם וּמַעֲשֵׂה ח
א יָדַי אַשּׁוּר וְנַחֲלָתִי יִשְׂרָאֵל׃ בִּשְׁנַת בֹּא תַרְתָּן כ

אַשְׁדּוֹדָה בִּשְׁלֹחַ אֹתוֹ סַרְגוֹן מֶלֶךְ אַשּׁוּר וַיִּלָּחֶם בְּאַשְׁדּוֹד
וַיִּלְכְּדָהּ׃ בָּעֵת הַהִיא דִּבֶּר יְהוָה בְּיַד יְשַׁעְיָהוּ בֶן־אָמוֹץ לֵאמֹר ב
לֵךְ וּפִתַּחְתָּ הַשַּׂק מֵעַל מָתְנֶיךָ וְנַעַלְךָ תַחֲלֹץ מֵעַל רַגְלֶךָ וַיַּעַשׂ
כֵּן הָלֹךְ עָרוֹם וְיָחֵף׃ וַיֹּאמֶר יְהוָה כַּאֲשֶׁר הָלַךְ ג
עַבְדִּי יְשַׁעְיָהוּ עָרוֹם וְיָחֵף שָׁלֹשׁ שָׁנִים אוֹת וּמוֹפֵת עַל־מִצְרַיִם
וְעַל־כּוּשׁ׃ כֵּן יִנְהַג מֶלֶךְ־אַשּׁוּר אֶת־שְׁבִי מִצְרַיִם וְאֶת־גָּלוּת ד
כּוּשׁ נְעָרִים וּזְקֵנִים עָרוֹם וְיָחֵף וַחֲשׂוּפַי שֵׁת עֶרְוַת מִצְרָיִם׃ וְחַתּוּ ה
וָבֹשׁוּ מִכּוּשׁ מַבָּטָם וּמִן־מִצְרַיִם תִּפְאַרְתָּם׃ וְאָמַר יֹשֵׁב הָאִי ו
הַזֶּה בַּיּוֹם הַהוּא הִנֵּה־כֹה מַבָּטֵנוּ אֲשֶׁר נַסְנוּ שָׁם לְעֶזְרָה לְהִנָּצֵל
מִפְּנֵי מֶלֶךְ אַשּׁוּר וְאֵיךְ נִמָּלֵט אֲנָחְנוּ׃ מַשָּׂא א כא
מִדְבַּר־יָם כְּסוּפוֹת בַּנֶּגֶב לַחֲלֹף מִמִּדְבָּר בָּא מֵאֶרֶץ נוֹרָאָה׃
חָזוּת קָשָׁה הֻגַּד־לִי הַבּוֹגֵד ׀ בּוֹגֵד וְהַשּׁוֹדֵד ׀ שׁוֹדֵד עֲלִי עֵילָם ב
צוּרִי מָדַי כָּל־אַנְחָתָה הִשְׁבַּתִּי׃ עַל־כֵּן מָלְאוּ מָתְנַי חַלְחָלָה ג
צִירִים אֲחָזוּנִי כְּצִירֵי יוֹלֵדָה נַעֲוֵיתִי מִשְּׁמֹעַ נִבְהַלְתִּי מֵרְאוֹת׃
תָּעָה לְבָבִי פַּלָּצוּת בִּעֲתָתְנִי אֵת נֶשֶׁף חִשְׁקִי שָׂם לִי לַחֲרָדָה׃ ד
עָרֹךְ הַשֻּׁלְחָן צָפֹה הַצָּפִית אָכוֹל שָׁתֹה קוּמוּ הַשָּׂרִים מִשְׁחוּ ה
מָגֵן׃ כִּי כֹה אָמַר אֵלַי אֲדֹנָי לֵךְ הַעֲמֵד הַמְצַפֶּה ו
אֲשֶׁר יִרְאֶה יַגִּיד׃ וְרָאָה רֶכֶב צֶמֶד פָּרָשִׁים רֶכֶב חֲמוֹר רֶכֶב ז
גָּמָל וְהִקְשִׁיב קֶשֶׁב רַב־קָשֶׁב׃ וַיִּקְרָא אַרְיֵה עַל־מִצְפֶּה ׀ אֲדֹנָי ח
אָנֹכִי עֹמֵד תָּמִיד יוֹמָם וְעַל־מִשְׁמַרְתִּי אָנֹכִי נִצָּב כָּל־הַלֵּילוֹת׃
וְהִנֵּה־זֶה בָא רֶכֶב אִישׁ צֶמֶד פָּרָשִׁים וַיַּעַן וַיֹּאמֶר נָפְלָה נָפְלָה ט
בָּבֶל וְכָל־פְּסִילֵי אֱלֹהֶיהָ שִׁבַּר לָאָרֶץ׃ מְדֻשָׁתִי וּבֶן־גָּרְנִי י
אֲשֶׁר שָׁמַעְתִּי מֵאֵת יְהוָה צְבָאוֹת אֱלֹהֵי יִשְׂרָאֵל הִגַּדְתִּי
לָכֶם׃ מַשָּׂא דּוּמָה אֵלַי קֹרֵא מִשֵּׂעִיר שֹׁמֵר מַה־ יא
מִלַּיְלָה שֹׁמֵר מַה־מִּלֵּיל׃ אָמַר שֹׁמֵר אָתָא בֹקֶר וְגַם־לָיְלָה יב
אִם־תִּבְעָיוּן בְּעָיוּ שֻׁבוּ אֵתָיוּ׃ מַשָּׂא בַּעְרָב יג
בַּיַּעַר בַּעְרַב תָּלִינוּ אֹרְחוֹת דְּדָנִים׃ לִקְרַאת צָמֵא הֵתָיוּ יד

טו מַיִם יֹשְׁבֵי אֶרֶץ תֵּימָא בְּלַחְמוֹ קִדְּמוּ נֹדֵד׃ כִּי־מִפְּנֵי חֲרָבוֹת
נָדָדוּ מִפְּנֵי ׀ חֶרֶב נְטוּשָׁה וּמִפְּנֵי קֶשֶׁת דְּרוּכָה וּמִפְּנֵי כֹּבֶד
טז מִלְחָמָה׃ כִּי־כֹה אָמַר אֲדֹנָי אֵלָי בְּעוֹד שָׁנָה כִּשְׁנֵי
יז שָׂכִיר וְכָלָה כָּל־כְּבוֹד קֵדָר׃ וּשְׁאָר מִסְפַּר־קֶשֶׁת גִּבּוֹרֵי בְנֵי־
כב א קֵדָר יִמְעָטוּ כִּי יְהוָה אֱלֹהֵי־יִשְׂרָאֵל דִּבֵּר׃ מַשָּׂא
ב גֵּיא חִזָּיוֹן מַה־לָּךְ אֵפוֹא כִּי־עָלִית כֻּלָּךְ לַגַּגּוֹת׃ תְּשֻׁאוֹת ׀
מְלֵאָה עִיר הוֹמִיָּה קִרְיָה עַלִּיזָה חֲלָלַיִךְ לֹא חַלְלֵי־חֶרֶב וְלֹא
ג מֵתֵי מִלְחָמָה׃ כָּל־קְצִינַיִךְ נָדְדוּ יַחַד מִקֶּשֶׁת אֻסָּרוּ כָּל־
ד נִמְצָאַיִךְ אֻסְּרוּ יַחְדָּו מֵרָחוֹק בָּרָחוּ׃ עַל־כֵּן אָמַרְתִּי שְׁעוּ מִנִּי
ה אֲמָרֵר בַּבֶּכִי אַל־תָּאִיצוּ לְנַחֲמֵנִי עַל־שֹׁד בַּת־עַמִּי׃ כִּי יוֹם
מְהוּמָה וּמְבוּסָה וּמְבוּכָה לַאדֹנָי יְהוִה צְבָאוֹת בְּגֵי חִזָּיוֹן
ו מְקַרְקַר קִר וְשׁוֹעַ אֶל־הָהָר׃ וְעֵילָם נָשָׂא אַשְׁפָּה בְּרֶכֶב אָדָם
ז פָּרָשִׁים וְקִיר עֵרָה מָגֵן׃ וַיְהִי מִבְחַר־עֲמָקַיִךְ מָלְאוּ רָכֶב
ח וְהַפָּרָשִׁים שֹׁת שָׁתוּ הַשָּׁעְרָה׃ וַיְגַל אֵת מָסַךְ יְהוּדָה וַתַּבֵּט
ט בַּיּוֹם הַהוּא אֶל־נֶשֶׁק בֵּית הַיָּעַר׃ וְאֵת בְּקִיעֵי עִיר־דָּוִד רְאִיתֶם
י כִּי־רָבּוּ וַתְּקַבְּצוּ אֶת־מֵי הַבְּרֵכָה הַתַּחְתּוֹנָה׃ וְאֶת־בָּתֵּי
יא יְרוּשָׁלִַם סְפַרְתֶּם וַתִּתְצוּ הַבָּתִּים לְבַצֵּר הַחוֹמָה׃ וּמִקְוָה
עֲשִׂיתֶם בֵּין הַחֹמֹתַיִם לְמֵי הַבְּרֵכָה הַיְשָׁנָה וְלֹא הִבַּטְתֶּם אֶל־
יב עֹשֶׂיהָ וְיֹצְרָהּ מֵרָחוֹק לֹא רְאִיתֶם׃ וַיִּקְרָא אֲדֹנָי יְהוִה צְבָאוֹת
יג בַּיּוֹם הַהוּא לִבְכִי וּלְמִסְפֵּד וּלְקָרְחָה וְלַחֲגֹר שָׂק׃ וְהִנֵּה ׀ שָׂשׂוֹן
וְשִׂמְחָה הָרֹג ׀ בָּקָר וְשָׁחֹט צֹאן אָכֹל בָּשָׂר וְשָׁתוֹת יָיִן
יד אָכוֹל וְשָׁתוֹ כִּי מָחָר נָמוּת׃ וְנִגְלָה בְאָזְנָי יְהוָה צְבָאוֹת
אִם־יְכֻפַּר הֶעָוֺן הַזֶּה לָכֶם עַד־תְּמֻתוּן אָמַר אֲדֹנָי יְהוִה
טו צְבָאוֹת׃ כֹּה אָמַר אֲדֹנָי יְהוִה צְבָאוֹת לֶךְ־בֹּא
טז אֶל־הַסֹּכֵן הַזֶּה עַל־שֶׁבְנָא אֲשֶׁר עַל־הַבָּיִת׃ מַה־לְּךָ פֹה וּמִי
לְךָ פֹה כִּי־חָצַבְתָּ לְּךָ פֹּה קָבֶר חֹצְבִי מָרוֹם קִבְרוֹ חֹקְקִי בַסֶּלַע
יז מִשְׁכָּן לוֹ׃ הִנֵּה יְהוָה מְטַלְטֶלְךָ טַלְטֵלָה גָּבֶר וְעֹטְךָ עָטֹה׃

יח צָנוֹף יִצְנָפְךָ צְנֵפָה כַּדּוּר אֶל־אֶרֶץ רַחֲבַת יָדָיִם שָׁמָּה תָמוּת
יט וְשָׁמָּה מַרְכְּבוֹת כְּבוֹדֶךָ קְלוֹן בֵּית אֲדֹנֶיךָ: וַהֲדַפְתִּיךָ מִמַּצָּבֶךָ
כ וּמִמַּעֲמָדְךָ יֶהֶרְסֶךָ: וְהָיָה בַּיּוֹם הַהוּא וְקָרָאתִי לְעַבְדִּי לְאֶלְיָקִים
כא בֶּן־חִלְקִיָּהוּ: וְהִלְבַּשְׁתִּיו כֻּתָּנְתֶּךָ וְאַבְנֵטְךָ אֲחַזְּקֶנּוּ וּמֶמְשַׁלְתְּךָ
כב אֶתֵּן בְּיָדוֹ וְהָיָה לְאָב לְיוֹשֵׁב יְרוּשָׁלִַם וּלְבֵית יְהוּדָה: וְנָתַתִּי
מַפְתֵּחַ בֵּית־דָּוִד עַל־שִׁכְמוֹ וּפָתַח וְאֵין סֹגֵר וְסָגַר וְאֵין פֹּתֵחַ:
ט כג וּתְקַעְתִּיו יָתֵד בְּמָקוֹם נֶאֱמָן וְהָיָה לְכִסֵּא כָבוֹד לְבֵית אָבִיו:
כד וְתָלוּ עָלָיו כֹּל | כְּבוֹד בֵּית־אָבִיו הַצֶּאֱצָאִים וְהַצְּפִעוֹת כֹּל
כה כְּלֵי הַקָּטָן מִכְּלֵי הָאַגָּנוֹת וְעַד כָּל־כְּלֵי הַנְּבָלִים: בַּיּוֹם
הַהוּא נְאֻם יְהוָה צְבָאוֹת תָּמוּשׁ הַיָּתֵד הַתְּקוּעָה בְּמָקוֹם
נֶאֱמָן וְנִגְדְּעָה וְנָפְלָה וְנִכְרַת הַמַּשָּׂא אֲשֶׁר־עָלֶיהָ כִּי יְהוָה
כג א דִּבֵּר: מַשָּׂא צֹר הֵילִילוּ | אֳנִיּוֹת תַּרְשִׁישׁ כִּי־שֻׁדַּד
ב מִבַּיִת מִבּוֹא מֵאֶרֶץ כִּתִּים נִגְלָה־לָמוֹ: דֹּמּוּ יֹשְׁבֵי אִי סֹחֵר
ג צִידוֹן עֹבֵר יָם מִלְאוּךְ: וּבְמַיִם רַבִּים זֶרַע שִׁחֹר קְצִיר יְאוֹר
ד תְּבוּאָתָהּ וַתְּהִי סְחַר גּוֹיִם: בּוֹשִׁי צִידוֹן כִּי־אָמַר יָם מָעוֹז הַיָּם
לֵאמֹר לֹא־חַלְתִּי וְלֹא־יָלַדְתִּי וְלֹא גִדַּלְתִּי בַחוּרִים רוֹמַמְתִּי
ה ו בְתוּלוֹת: כַּאֲשֶׁר שֵׁמַע לְמִצְרָיִם יָחִילוּ כְּשֵׁמַע צֹר: עִבְרוּ
ז תַּרְשִׁישָׁה הֵילִילוּ יֹשְׁבֵי אִי: הֲזֹאת לָכֶם עַלִּיזָה מִימֵי־קֶדֶם
ח קַדְמָתָהּ יֹבִלוּהָ רַגְלֶיהָ מֵרָחוֹק לָגוּר: מִי יָעַץ זֹאת עַל־צֹר
ט הַמַּעֲטִירָה אֲשֶׁר סֹחֲרֶיהָ שָׂרִים כִּנְעָנֶיהָ נִכְבַּדֵּי־אָרֶץ: יְהוָה
צְבָאוֹת יְעָצָהּ לְחַלֵּל גְּאוֹן כָּל־צְבִי לְהָקֵל כָּל־נִכְבַּדֵּי־אָרֶץ:
י יא עִבְרִי אַרְצֵךְ כַּיְאֹר בַּת־תַּרְשִׁישׁ אֵין מֵזַח עוֹד: יָדוֹ נָטָה עַל־
הַיָּם הִרְגִּיז מַמְלָכוֹת יְהוָה צִוָּה אֶל־כְּנַעַן לַשְׁמִד מָעֻזְנֶיהָ:
יב וַיֹּאמֶר לֹא־תוֹסִיפִי עוֹד לַעֲלוֹז הַמְעֻשָּׁקָה בְּתוּלַת בַּת־צִידוֹן
יג כתיים קוּמִי עֲבֹרִי גַּם־שָׁם לֹא־יָנוּחַ לָךְ: הֵן | אֶרֶץ כַּשְׂדִּים זֶה כִּתִּים
הָעָם לֹא הָיָה אַשּׁוּר יְסָדָהּ לְצִיִּים הֵקִימוּ בחיניו עוֹרְרוּ בְּחוּנָיו
יד אַרְמְנוֹתֶיהָ שָׂמָהּ לְמַפֵּלָה: הֵילִילוּ אֳנִיּוֹת תַּרְשִׁישׁ כִּי שֻׁדַּד

טו מָעֻזְּנֶֽהָ׃ וְהָיָה בַּיּוֹם הַהוּא וְנִשְׁכַּחַת צֹר שִׁבְעִים
שָׁנָה כִּימֵי מֶלֶךְ אֶחָד מִקֵּץ שִׁבְעִים שָׁנָה יִהְיֶה לְצֹר כְּשִׁירַת
טז הַזּוֹנָה׃ קְחִי כִנּוֹר סֹבִּי עִיר זוֹנָה נִשְׁכָּחָה הֵיטִיבִי נַגֵּן הַרְבִּי־
יז שִׁיר לְמַעַן תִּזָּכֵרִי׃ וְהָיָה מִקֵּץ ׀ שִׁבְעִים שָׁנָה יִפְקֹד יְהוָה אֶת־
צֹר וְשָׁבָה לְאֶתְנַנָּה וְזָנְתָה אֶת־כָּל־מַמְלְכוֹת הָאָרֶץ עַל־פְּנֵי
יח הָאֲדָמָה׃ וְהָיָה סַחְרָהּ וְאֶתְנַנָּהּ קֹדֶשׁ לַיהוָה לֹא יֵאָצֵר וְלֹא יֵחָסֵן
כִּי לַיֹּשְׁבִים לִפְנֵי יְהוָה יִהְיֶה סַחְרָהּ לֶאֱכֹל לְשָׂבְעָה וְלִמְכַסֶּה
כד א עָתִיק׃ הִנֵּה יְהוָה בּוֹקֵק הָאָרֶץ וּבוֹלְקָהּ וְעִוָּה
ב פָנֶיהָ וְהֵפִיץ יֹשְׁבֶיהָ׃ וְהָיָה כָעָם כַּכֹּהֵן כַּעֶבֶד כַּאדֹנָיו כַּשִּׁפְחָה
כַּגְּבִרְתָּהּ כַּקּוֹנֶה כַּמּוֹכֵר כַּמַּלְוֶה כַּלֹּוֶה כַּנֹּשֶׁה כַּאֲשֶׁר נֹשֶׁא בוֹ׃
ג הִבּוֹק ׀ תִּבּוֹק הָאָרֶץ וְהִבּוֹז ׀ תִּבּוֹז כִּי יְהוָה דִּבֶּר אֶת־הַדָּבָר
ד הַזֶּה׃ אָבְלָה נָבְלָה הָאָרֶץ אֻמְלְלָה נָבְלָה תֵבֵל אֻמְלָלוּ מְרוֹם
ה עַם־הָאָרֶץ׃ וְהָאָרֶץ חָנְפָה תַּחַת יֹשְׁבֶיהָ כִּי־עָבְרוּ תוֹרֹת חָלְפוּ
ו חֹק הֵפֵרוּ בְּרִית עוֹלָם׃ עַל־כֵּן אָלָה אָכְלָה אֶרֶץ וַיֶּאְשְׁמוּ יֹשְׁבֵי
ז בָהּ עַל־כֵּן חָרוּ יֹשְׁבֵי אֶרֶץ וְנִשְׁאַר אֱנוֹשׁ מִזְעָר׃ אָבַל תִּירוֹשׁ
ח אֻמְלְלָה־גָפֶן נֶאֶנְחוּ כָּל־שִׂמְחֵי־לֵב׃ שָׁבַת מְשׂוֹשׂ תֻּפִּים חָדַל
ט שְׁאוֹן עַלִּיזִים שָׁבַת מְשׂוֹשׂ כִּנּוֹר׃ בַּשִּׁיר לֹא יִשְׁתּוּ־יָיִן יֵמַר
י יא שֵׁכָר לְשֹׁתָיו׃ נִשְׁבְּרָה קִרְיַת־תֹּהוּ סֻגַּר כָּל־בַּיִת מִבּוֹא׃ צְוָחָה
יב עַל־הַיַּיִן בַּחוּצוֹת עָרְבָה כָּל־שִׂמְחָה גָּלָה מְשׂוֹשׂ הָאָרֶץ׃ נִשְׁאַר
יג בָּעִיר שַׁמָּה וּשְׁאִיָּה יֻכַּת־שָׁעַר׃ כִּי כֹה יִהְיֶה בְּקֶרֶב הָאָרֶץ
יד בְּתוֹךְ הָעַמִּים כְּנֹקֶף זַיִת כְּעוֹלֵלֹת אִם־כָּלָה בָצִיר׃ הֵמָּה יִשְׂאוּ
טו קוֹלָם יָרֹנּוּ בִּגְאוֹן יְהוָה צָהֲלוּ מִיָּם׃ עַל־כֵּן בָּאֻרִים כַּבְּדוּ יְהוָה
טז בְּאִיֵּי הַיָּם שֵׁם יְהוָה אֱלֹהֵי יִשְׂרָאֵל׃ מִכְּנַף
הָאָרֶץ זְמִרֹת שָׁמַעְנוּ צְבִי לַצַּדִּיק וָאֹמַר רָזִי־לִי רָזִי־לִי אוֹי לִי
יז בֹּגְדִים בָּגָדוּ וּבֶגֶד בּוֹגְדִים בָּגָדוּ׃ פַּחַד וָפַחַת וָפָח עָלֶיךָ יוֹשֵׁב
יח הָאָרֶץ׃ וְהָיָה הַנָּס מִקּוֹל הַפַּחַד יִפֹּל אֶל־הַפַּחַת וְהָעוֹלֶה מִתּוֹךְ
הַפַּחַת יִלָּכֵד בַּפָּח כִּי־אֲרֻבּוֹת מִמָּרוֹם נִפְתָּחוּ וַיִּרְעֲשׁוּ מוֹסְדֵי

אֶרֶץ׃ רֹעָה הִתְרֹעֲעָה הָאָרֶץ פּוֹר הִתְפּוֹרְרָה אֶרֶץ מוֹט יט
הִתְמוֹטְטָה אָרֶץ׃ נוֹעַ תָּנוּעַ אֶרֶץ כַּשִּׁכּוֹר וְהִתְנוֹדְדָה כַּמְּלוּנָה כ
וְכָבַד עָלֶיהָ פִּשְׁעָהּ וְנָפְלָה וְלֹא־תֹסִיף קוּם׃ וְהָיָה כא
בַּיּוֹם הַהוּא יִפְקֹד יְהוָה עַל־צְבָא הַמָּרוֹם בַּמָּרוֹם וְעַל־מַלְכֵי
הָאֲדָמָה עַל־הָאֲדָמָה׃ וְאֻסְּפוּ אֲסֵפָה אַסִּיר עַל־בּוֹר וְסֻגְּרוּ עַל־ כב
י מַסְגֵּר וּמֵרֹב יָמִים יִפָּקֵדוּ׃ וְחָפְרָה הַלְּבָנָה וּבוֹשָׁה הַחַמָּה כג
כִּי־מָלַךְ יְהוָה צְבָאוֹת בְּהַר צִיּוֹן וּבִירוּשָׁלִַם וְנֶגֶד זְקֵנָיו
כָּבוֹד׃ יְהוָה אֱלֹהַי אַתָּה אֲרוֹמִמְךָ אוֹדֶה שִׁמְךָ א כה
כִּי עָשִׂיתָ פֶּלֶא עֵצוֹת מֵרָחוֹק אֱמוּנָה אֹמֶן׃ כִּי שַׂמְתָּ מֵעִיר לַגָּל ב
קִרְיָה בְצוּרָה לְמַפֵּלָה אַרְמוֹן זָרִים מֵעִיר לְעוֹלָם לֹא יִבָּנֶה׃
עַל־כֵּן יְכַבְּדוּךָ עַם־עָז קִרְיַת גּוֹיִם עָרִיצִים יִירָאוּךָ׃ כִּי־הָיִיתָ ג ד
מָעוֹז לַדָּל מָעוֹז לָאֶבְיוֹן בַּצַּר־לוֹ מַחְסֶה מִזֶּרֶם צֵל מֵחֹרֶב כִּי
רוּחַ עָרִיצִים כְּזֶרֶם קִיר׃ כְּחֹרֶב בְּצָיוֹן שְׁאוֹן זָרִים תַּכְנִיעַ חֹרֶב ה
בְּצֵל עָב זְמִיר עָרִיצִים יַעֲנֶה׃ וְעָשָׂה יְהוָה ו
צְבָאוֹת לְכָל־הָעַמִּים בָּהָר הַזֶּה מִשְׁתֵּה שְׁמָנִים מִשְׁתֵּה שְׁמָרִים
שְׁמָנִים מְמֻחָיִם שְׁמָרִים מְזֻקָּקִים׃ וּבִלַּע בָּהָר הַזֶּה פְּנֵי־הַלּוֹט ׀ ז
הַלּוֹט עַל־כָּל־הָעַמִּים וְהַמַּסֵּכָה הַנְּסוּכָה עַל־כָּל־הַגּוֹיִם׃ בִּלַּע ח
הַמָּוֶת לָנֶצַח וּמָחָה אֲדֹנָי יְהוִה דִּמְעָה מֵעַל כָּל־פָּנִים וְחֶרְפַּת
עַמּוֹ יָסִיר מֵעַל כָּל־הָאָרֶץ כִּי יְהוָה דִּבֵּר׃ וְאָמַר ט
בַּיּוֹם הַהוּא הִנֵּה אֱלֹהֵינוּ זֶה קִוִּינוּ לוֹ וְיוֹשִׁיעֵנוּ זֶה יְהוָה קִוִּינוּ
לוֹ נָגִילָה וְנִשְׂמְחָה בִּישׁוּעָתוֹ׃ כִּי־תָנוּחַ יַד־יְהוָה בָּהָר הַזֶּה י
בְּמוֹ וְנָדוֹשׁ מוֹאָב תַּחְתָּיו כְּהִדּוֹשׁ מַתְבֵּן בְּמֵי מַדְמֵנָה׃ וּפֵרַשׂ יָדָיו יא
בְּקִרְבּוֹ כַּאֲשֶׁר יְפָרֵשׂ הַשֹּׂחֶה לִשְׂחוֹת וְהִשְׁפִּיל גַּאֲוָתוֹ עִם
אָרְבּוֹת יָדָיו׃ וּמִבְצַר מִשְׂגַּב חוֹמֹתֶיךָ הֵשַׁח הִשְׁפִּיל הִגִּיעַ יב
לָאָרֶץ עַד־עָפָר׃ בַּיּוֹם הַהוּא יוּשַׁר הַשִּׁיר־הַזֶּה א כו
בְּאֶרֶץ יְהוּדָה עִיר עָז־לָנוּ יְשׁוּעָה יָשִׁית חוֹמוֹת וָחֵל׃ פִּתְחוּ ב
שְׁעָרִים וְיָבֹא גוֹי־צַדִּיק שֹׁמֵר אֱמֻנִים׃ יֵצֶר סָמוּךְ תִּצֹּר שָׁלוֹם ׀ ג

ד שָׁלוֹם כִּי בְךָ בָּטוּחַ: בִּטְחוּ בַיהוָה עֲדֵי־עַד כִּי בְּיָהּ יְהוָה צוּר
ה עוֹלָמִים: כִּי הֵשַׁח יֹשְׁבֵי מָרוֹם קִרְיָה נִשְׂגָּבָה יַשְׁפִּילֶנָּה יַשְׁפִּילָהּ
ו עַד־אֶרֶץ יַגִּיעֶנָּה עַד־עָפָר: תִּרְמְסֶנָּה רָגֶל רַגְלֵי עָנִי פַּעֲמֵי
ז ח דַלִּים: אֹרַח לַצַּדִּיק מֵישָׁרִים יָשָׁר מַעְגַּל צַדִּיק תְּפַלֵּס: אַף
ט אֹרַח מִשְׁפָּטֶיךָ יְהוָה קִוִּינוּךָ לְשִׁמְךָ וּלְזִכְרְךָ תַּאֲוַת־נָפֶשׁ: נַפְשִׁי
אִוִּיתִךָ בַּלַּיְלָה אַף־רוּחִי בְקִרְבִּי אֲשַׁחֲרֶךָּ כִּי כַּאֲשֶׁר מִשְׁפָּטֶיךָ
י לָאָרֶץ צֶדֶק לָמְדוּ יֹשְׁבֵי תֵבֵל: יֻחַן רָשָׁע בַּל־לָמַד צֶדֶק בְּאֶרֶץ
יא נְכֹחוֹת יְעַוֵּל וּבַל־יִרְאֶה גֵּאוּת יְהוָה: יְהוָה רָמָה
יָדְךָ בַּל־יֶחֱזָיוּן יֶחֱזוּ וְיֵבֹשׁוּ קִנְאַת־עָם אַף־אֵשׁ צָרֶיךָ תֹאכְלֵם:
יב יג יְהוָה תִּשְׁפֹּת שָׁלוֹם לָנוּ כִּי גַּם כָּל־מַעֲשֵׂינוּ פָּעַלְתָּ לָּנוּ: יְהוָה
יד אֱלֹהֵינוּ בְּעָלוּנוּ אֲדֹנִים זוּלָתֶךָ לְבַד־בְּךָ נַזְכִּיר שְׁמֶךָ: מֵתִים
בַּל־יִחְיוּ רְפָאִים בַּל־יָקֻמוּ לָכֵן פָּקַדְתָּ וַתַּשְׁמִידֵם וַתְּאַבֵּד כָּל־
טו זֵכֶר לָמוֹ: יָסַפְתָּ לַגּוֹי יְהוָה יָסַפְתָּ לַגּוֹי נִכְבָּדְתָּ רִחַקְתָּ כָּל־
טז קַצְוֵי־אָרֶץ: יְהוָה בַּצַּר פְּקָדוּךָ צָקוּן לַחַשׁ
יז מוּסָרְךָ לָמוֹ: כְּמוֹ הָרָה תַּקְרִיב לָלֶדֶת תָּחִיל תִּזְעַק בַּחֲבָלֶיהָ
יח כֵּן הָיִינוּ מִפָּנֶיךָ יְהוָה: הָרִינוּ חַלְנוּ כְּמוֹ יָלַדְנוּ רוּחַ יְשׁוּעֹת בַּל־
יט נַעֲשֶׂה אֶרֶץ וּבַל־יִפְּלוּ יֹשְׁבֵי תֵבֵל: יִחְיוּ מֵתֶיךָ נְבֵלָתִי יְקוּמוּן
הָקִיצוּ וְרַנְּנוּ שֹׁכְנֵי עָפָר כִּי טַל אוֹרֹת טַלֶּךָ וָאָרֶץ רְפָאִים
כ תַּפִּיל: לֵךְ עַמִּי בֹּא בַחֲדָרֶיךָ וּסְגֹר דלתיך בַּעֲדֶךָ דְּלָתְךָ
כא חֲבִי כִמְעַט־רֶגַע עַד־יעבור־זָעַם: כִּי־הִנֵּה יְהוָה יֹצֵא מִמְּקוֹמוֹ יַעֲבָר־
לִפְקֹד עֲוֹן יֹשֵׁב־הָאָרֶץ עָלָיו וְגִלְּתָה הָאָרֶץ אֶת־דָּמֶיהָ
כז א וְלֹא־תְכַסֶּה עוֹד עַל־הֲרוּגֶיהָ: בַּיּוֹם הַהוּא יִפְקֹד
יְהוָה בְּחַרְבּוֹ הַקָּשָׁה וְהַגְּדוֹלָה וְהַחֲזָקָה עַל לִוְיָתָן נָחָשׁ
בָּרִחַ וְעַל לִוְיָתָן נָחָשׁ עֲקַלָּתוֹן וְהָרַג אֶת־הַתַּנִּין אֲשֶׁר
ב ג בַּיָּם: בַּיּוֹם הַהוּא כֶּרֶם חֶמֶר עַנּוּ־לָהּ: אֲנִי יְהוָה
נֹצְרָהּ לִרְגָעִים אַשְׁקֶנָּה פֶּן יִפְקֹד עָלֶיהָ לַיְלָה וָיוֹם אֶצֳּרֶנָּה:
ד חֵמָה אֵין לִי מִי־יִתְּנֵנִי שָׁמִיר שַׁיִת בַּמִּלְחָמָה אֶפְשְׂעָה בָהּ

אֶצִּיתֶנָּה יָּחַד׃ אוֹ יַחֲזֵק בְּמָעוּזִּי יַעֲשֶׂה שָׁלוֹם לִי שָׁלוֹם יַעֲשֶׂה־ ה
לִּי׃ הַבָּאִים יַשְׁרֵשׁ יַעֲקֹב יָצִיץ וּפָרַח יִשְׂרָאֵל וּמָלְאוּ פְנֵי־תֵבֵל ו
תְּנוּבָה׃ הַכְּמַכַּת מַכֵּהוּ הִכָּהוּ אִם־כְּהֶרֶג הֲרֻגָיו ז
הֹרָג׃ בְּסַאסְּאָה בְּשַׁלְחָהּ תְּרִיבֶנָּה הָגָה בְּרוּחוֹ הַקָּשָׁה בְּיוֹם ח
קָדִים׃ לָכֵן בְּזֹאת יְכֻפַּר עֲוֺן־יַעֲקֹב וְזֶה כָּל־פְּרִי הָסִר חַטָּאתוֹ ט
בְּשׂוּמוֹ ׀ כָּל־אַבְנֵי מִזְבֵּחַ כְּאַבְנֵי־גִר מְנֻפָּצוֹת לֹא־יָקֻמוּ אֲשֵׁרִים
וְחַמָּנִים׃ כִּי עִיר בְּצוּרָה בָּדָד נָוֶה מְשֻׁלָּח וְנֶעֱזָב כַּמִּדְבָּר שָׁם י
יִרְעֶה עֵגֶל וְשָׁם יִרְבָּץ וְכִלָּה סְעִפֶיהָ׃ בִּיבֹשׁ קְצִירָהּ תִּשָּׁבַרְנָה יא
נָשִׁים בָּאוֹת מְאִירוֹת אוֹתָהּ כִּי לֹא עַם־בִּינוֹת הוּא עַל־כֵּן
יא לֹא־יְרַחֲמֶנּוּ עֹשֵׂהוּ וְיֹצְרוֹ לֹא יְחֻנֶּנּוּ׃ וְהָיָה בַּיּוֹם יב
הַהוּא יַחְבֹּט יְהוָה מִשִּׁבֹּלֶת הַנָּהָר עַד־נַחַל מִצְרָיִם וְאַתֶּם
תְּלֻקְּטוּ לְאַחַד אֶחָד בְּנֵי יִשְׂרָאֵל׃ וְהָיָה ׀ בַּיּוֹם יג
הַהוּא יִתָּקַע בְּשׁוֹפָר גָּדוֹל וּבָאוּ הָאֹבְדִים בְּאֶרֶץ אַשּׁוּר
וְהַנִּדָּחִים בְּאֶרֶץ מִצְרָיִם וְהִשְׁתַּחֲווּ לַיהוָה בְּהַר הַקֹּדֶשׁ
בִּירוּשָׁלָםִ׃ הוֹי עֲטֶרֶת גֵּאוּת שִׁכֹּרֵי אֶפְרַיִם וְצִיץ א כח
נֹבֵל צְבִי תִפְאַרְתּוֹ אֲשֶׁר עַל־רֹאשׁ גֵּיא־שְׁמָנִים הֲלוּמֵי יָיִן׃ הִנֵּה ב
חָזָק וְאַמִּץ לַאדֹנָי כְּזֶרֶם בָּרָד שַׂעַר קָטֶב כְּזֶרֶם מַיִם כַּבִּירִים
שֹׁטְפִים הִנִּיחַ לָאָרֶץ בְּיָד׃ בְּרַגְלַיִם תֵּרָמַסְנָה עֲטֶרֶת גֵּאוּת ג
שִׁכּוֹרֵי אֶפְרָיִם׃ וְהָיְתָה צִיצַת נֹבֵל צְבִי תִפְאַרְתּוֹ אֲשֶׁר עַל־ ד
רֹאשׁ גֵּיא שְׁמָנִים כְּבִכּוּרָהּ בְּטֶרֶם קַיִץ אֲשֶׁר יִרְאֶה הָרֹאֶה
אוֹתָהּ בְּעוֹדָהּ בְּכַפּוֹ יִבְלָעֶנָּה׃ בַּיּוֹם הַהוּא יִהְיֶה ה
יְהוָה צְבָאוֹת לַעֲטֶרֶת צְבִי וְלִצְפִירַת תִּפְאָרָה לִשְׁאָר עַמּוֹ׃
וּלְרוּחַ מִשְׁפָּט לַיּוֹשֵׁב עַל־הַמִּשְׁפָּט וְלִגְבוּרָה מְשִׁיבֵי מִלְחָמָה ו
שָׁעְרָה׃ וְגַם־אֵלֶּה בַּיַּיִן שָׁגוּ וּבַשֵּׁכָר תָּעוּ כֹּהֵן וְנָבִיא שָׁגוּ בַשֵּׁכָר ז
נִבְלְעוּ מִן־הַיַּיִן תָּעוּ מִן־הַשֵּׁכָר שָׁגוּ בָּרֹאֶה פָּקוּ פְּלִילִיָּה׃ כִּי ח
כָּל־שֻׁלְחָנוֹת מָלְאוּ קִיא צֹאָה בְּלִי מָקוֹם׃ אֶת־ ט
מִי יוֹרֶה דֵעָה וְאֶת־מִי יָבִין שְׁמוּעָה גְּמוּלֵי מֵחָלָב עַתִּיקֵי

י מִשָּׁדָיִם: כִּי צַו לָצָו צַו לָצָו קַו לָקָו קַו לָקָו זְעֵיר שָׁם זְעֵיר שָׁם:
יא יב כִּי בְּלַעֲגֵי שָׂפָה וּבְלָשׁוֹן אַחֶרֶת יְדַבֵּר אֶל־הָעָם הַזֶּה: אֲשֶׁר
אָמַר אֲלֵיהֶם זֹאת הַמְּנוּחָה הָנִיחוּ לֶעָיֵף וְזֹאת הַמַּרְגֵּעָה וְלֹא
יג אָבוּא שְׁמוֹעַ: וְהָיָה לָהֶם דְּבַר־יְהוָה צַו לָצָו צַו לָצָו קַו לָקָו קַו
לָקָו זְעֵיר שָׁם זְעֵיר שָׁם לְמַעַן יֵלְכוּ וְכָשְׁלוּ אָחוֹר וְנִשְׁבָּרוּ וְנוֹקְשׁוּ
יד וְנִלְכָּדוּ: לָכֵן שִׁמְעוּ דְבַר־יְהוָה אַנְשֵׁי לָצוֹן
טו מֹשְׁלֵי הָעָם הַזֶּה אֲשֶׁר בִּירוּשָׁלָםִ: כִּי אֲמַרְתֶּם כָּרַתְנוּ בְרִית
אֶת־מָוֶת וְעִם־שְׁאוֹל עָשִׂינוּ חֹזֶה שִׁיט שׁוֹטֵף כִּי־עבר לֹא יְבוֹאֵנוּ שׁוֹט | יַעֲבוֹר
טז כִּי שַׂמְנוּ כָזָב מַחְסֵנוּ וּבַשֶּׁקֶר נִסְתָּרְנוּ: לָכֵן כֹּה
אָמַר אֲדֹנָי יֱהֹוִה הִנְנִי יִסַּד בְּצִיּוֹן אָבֶן אֶבֶן בֹּחַן פִּנַּת יִקְרַת
יז מוּסָד מוּסָּד הַמַּאֲמִין לֹא יָחִישׁ: וְשַׂמְתִּי מִשְׁפָּט לְקָו וּצְדָקָה
יח לְמִשְׁקָלֶת וְיָעָה בָרָד מַחְסֵה כָזָב וְסֵתֶר מַיִם יִשְׁטֹפוּ: וְכֻפַּר
בְּרִיתְכֶם אֶת־מָוֶת וְחָזוּתְכֶם אֶת־שְׁאוֹל לֹא תָקוּם שׁוֹט שׁוֹטֵף
יט כִּי יַעֲבֹר וִהְיִיתֶם לוֹ לְמִרְמָס: מִדֵּי עָבְרוֹ יִקַּח אֶתְכֶם כִּי־בַבֹּקֶר
כ בַּבֹּקֶר יַעֲבֹר בַּיּוֹם וּבַלָּיְלָה וְהָיָה רַק־זְוָעָה הָבִין שְׁמוּעָה: כִּי־
כא קָצַר הַמַּצָּע מֵהִשְׂתָּרֵעַ וְהַמַּסֵּכָה צָרָה כְּהִתְכַּנֵּס: כִּי כְהַר־
פְּרָצִים יָקוּם יְהוָה כְּעֵמֶק בְּגִבְעוֹן יִרְגָּז לַעֲשׂוֹת מַעֲשֵׂהוּ זָר
כב מַעֲשֵׂהוּ וְלַעֲבֹד עֲבֹדָתוֹ נָכְרִיָּה עֲבֹדָתוֹ: וְעַתָּה אַל־תִּתְלוֹצָצוּ
פֶּן־יֶחְזְקוּ מוֹסְרֵיכֶם כִּי־כָלָה וְנֶחֱרָצָה שָׁמַעְתִּי מֵאֵת אֲדֹנָי יֱהֹוִה
כג צְבָאוֹת עַל־כָּל־הָאָרֶץ: הַאֲזִינוּ וְשִׁמְעוּ קוֹלִי
כד הַקְשִׁיבוּ וְשִׁמְעוּ אִמְרָתִי: הֲכֹל הַיּוֹם יַחֲרֹשׁ הַחֹרֵשׁ לִזְרֹעַ יְפַתַּח
כה וִישַׂדֵּד אַדְמָתוֹ: הֲלוֹא אִם־שִׁוָּה פָנֶיהָ וְהֵפִיץ קֶצַח וְכַמֹּן יִזְרֹק
כו וְשָׂם חִטָּה שׂוֹרָה וּשְׂעֹרָה נִסְמָן וְכֻסֶּמֶת גְּבֻלָתוֹ: וְיִסְּרוֹ לַמִּשְׁפָּט
כז אֱלֹהָיו יוֹרֶנּוּ: כִּי לֹא בֶחָרוּץ יוּדַשׁ קֶצַח וְאוֹפַן עֲגָלָה עַל־כַּמֹּן
כח יוּסָּב כִּי בַמַּטֶּה יֵחָבֶט קֶצַח וְכַמֹּן בַּשָּׁבֶט: לֶחֶם יוּדָק כִּי
לֹא לָנֶצַח אָדוֹשׁ יְדוּשֶׁנּוּ וְהָמַם גִּלְגַּל עֶגְלָתוֹ וּפָרָשָׁיו לֹא
כט יְדֻקֶּנּוּ: גַּם־זֹאת מֵעִם יְהוָה צְבָאוֹת יָצָאָה הִפְלִא עֵצָה הִגְדִּיל

א תּוּשִׁיָּה׃ הוֹי אֲרִיאֵל אֲרִיאֵל קִרְיַת חָנָה דָוִד סְפוּ
ב שָׁנָה עַל־שָׁנָה חַגִּים יִנְקֹפוּ׃ וַהֲצִיקוֹתִי לַאֲרִיאֵל וְהָיְתָה תַאֲנִיָּה
ג וַאֲנִיָּה וְהָיְתָה לִּי כַּאֲרִיאֵל׃ וְחָנִיתִי כַדּוּר עָלָיִךְ וְצַרְתִּי עָלַיִךְ מֻצָּב
ד וַהֲקִמֹתִי עָלַיִךְ מְצֻרֹת׃ וְשָׁפַלְתְּ מֵאֶרֶץ תְּדַבֵּרִי וּמֵעָפָר
תִּשַּׁח אִמְרָתֵךְ וְהָיָה כְּאוֹב מֵאֶרֶץ קוֹלֵךְ וּמֵעָפָר אִמְרָתֵךְ
ה תְּצַפְצֵף׃ וְהָיָה כְּאָבָק דַּק הֲמוֹן זָרָיִךְ וּכְמֹץ עֹבֵר הֲמוֹן עָרִיצִים
ו וְהָיָה לְפֶתַע פִּתְאֹם׃ מֵעִם יְהוָה צְבָאוֹת תִּפָּקֵד בְּרַעַם וּבְרַעַשׁ
ז וְקוֹל גָּדוֹל סוּפָה וּסְעָרָה וְלַהַב אֵשׁ אוֹכֵלָה׃ וְהָיָה כַּחֲלוֹם חֲזוֹן
לַיְלָה הֲמוֹן כָּל־הַגּוֹיִם הַצֹּבְאִים עַל־אֲרִיאֵל וְכָל־צֹבֶיהָ
ח וּמְצֹדָתָהּ וְהַמְּצִיקִים לָהּ׃ וְהָיָה כַּאֲשֶׁר יַחֲלֹם הָרָעֵב וְהִנֵּה אוֹכֵל
וְהֵקִיץ וְרֵיקָה נַפְשׁוֹ וְכַאֲשֶׁר יַחֲלֹם הַצָּמֵא וְהִנֵּה שֹׁתֶה וְהֵקִיץ
וְהִנֵּה עָיֵף וְנַפְשׁוֹ שׁוֹקֵקָה כֵּן יִהְיֶה הֲמוֹן כָּל־הַגּוֹיִם הַצֹּבְאִים
ט עַל־הַר צִיּוֹן׃ הִתְמַהְמְהוּ וּתְמָהוּ הִשְׁתַּעַשְׁעוּ
י וָשֹׁעוּ שָׁכְרוּ וְלֹא־יַיִן נָעוּ וְלֹא שֵׁכָר׃ כִּי־נָסַךְ עֲלֵיכֶם יְהוָה רוּחַ
תַּרְדֵּמָה וַיְעַצֵּם אֶת־עֵינֵיכֶם אֶת־הַנְּבִיאִים וְאֶת־רָאשֵׁיכֶם
יא הַחֹזִים כִּסָּה׃ וַתְּהִי לָכֶם חָזוּת הַכֹּל כְּדִבְרֵי הַסֵּפֶר הֶחָתוּם
אֲשֶׁר־יִתְּנוּ אֹתוֹ אֶל־יוֹדֵעַ הַסֵּפֶר לֵאמֹר קְרָא נָא־זֶה וְאָמַר לֹא ספר
יב אוּכַל כִּי חָתוּם הוּא׃ וְנִתַּן הַסֵּפֶר עַל אֲשֶׁר לֹא־יָדַע סֵפֶר לֵאמֹר
יג קְרָא נָא־זֶה וְאָמַר לֹא יָדַעְתִּי סֵפֶר׃ וַיֹּאמֶר
אֲדֹנָי יַעַן כִּי נִגַּשׁ הָעָם הַזֶּה בְּפִיו וּבִשְׂפָתָיו כִּבְּדוּנִי וְלִבּוֹ רִחַק
יד מִמֶּנִּי וַתְּהִי יִרְאָתָם אֹתִי מִצְוַת אֲנָשִׁים מְלֻמָּדָה׃ לָכֵן הִנְנִי
יוֹסִף לְהַפְלִיא אֶת־הָעָם־הַזֶּה הַפְלֵא וָפֶלֶא וְאָבְדָה חָכְמַת
טו חֲכָמָיו וּבִינַת נְבֹנָיו תִּסְתַּתָּר׃ הוֹי הַמַּעֲמִיקִים
מֵיהוָה לַסְתִּר עֵצָה וְהָיָה בְמַחְשָׁךְ מַעֲשֵׂיהֶם וַיֹּאמְרוּ מִי רֹאֵנוּ
טז וּמִי יֹדְעֵנוּ׃ הַפְכְּכֶם אִם־כְּחֹמֶר הַיֹּצֵר יֵחָשֵׁב כִּי־יֹאמַר מַעֲשֶׂה
יז לְעֹשֵׂהוּ לֹא עָשָׂנִי וְיֵצֶר אָמַר לְיֹצְרוֹ לֹא הֵבִין׃ הֲלֹא־עוֹד מְעַט
יח מִזְעָר וְשָׁב לְבָנוֹן לַכַּרְמֶל וְהַכַּרְמֶל לַיַּעַר יֵחָשֵׁב׃ וְשָׁמְעוּ בַיּוֹם־

הַהוּא הַחֵרְשִׁים דִּבְרֵי־סֵפֶר וּמֵאֹפֶל וּמֵחֹשֶׁךְ עֵינֵי עִוְרִים
יט תִּרְאֶינָה׃ וְיָסְפוּ עֲנָוִים בַּיהוָה שִׂמְחָה וְאֶבְיוֹנֵי אָדָם בִּקְדוֹשׁ
כ יִשְׂרָאֵל יָגִילוּ׃ כִּי־אָפֵס עָרִיץ וְכָלָה לֵץ וְנִכְרְתוּ כָּל־שֹׁקְדֵי
כא אָוֶן׃ מַחֲטִיאֵי אָדָם בְּדָבָר וְלַמּוֹכִיחַ בַּשַּׁעַר יְקֹשׁוּן וַיַּטּוּ בַתֹּהוּ
כב צַדִּיק׃ לָכֵן כֹּה־אָמַר יְהוָה אֶל־בֵּית יַעֲקֹב אֲשֶׁר
פָּדָה אֶת־אַבְרָהָם לֹא־עַתָּה יֵבוֹשׁ יַעֲקֹב וְלֹא עַתָּה פָּנָיו יֶחֱוָרוּ׃
כג כִּי בִרְאֹתוֹ יְלָדָיו מַעֲשֵׂה יָדַי בְּקִרְבּוֹ יַקְדִּישׁוּ שְׁמִי וְהִקְדִּישׁוּ יב
כד אֶת־קְדוֹשׁ יַעֲקֹב וְאֶת־אֱלֹהֵי יִשְׂרָאֵל יַעֲרִיצוּ׃ וְיָדְעוּ תֹעֵי־רוּחַ
ל א בִּינָה וְרוֹגְנִים יִלְמְדוּ־לֶקַח׃ הוֹי בָּנִים סוֹרְרִים
נְאֻם־יְהוָה לַעֲשׂוֹת עֵצָה וְלֹא מִנִּי וְלִנְסֹךְ מַסֵּכָה וְלֹא רוּחִי
ב לְמַעַן סְפוֹת חַטָּאת עַל־חַטָּאת׃ הַהֹלְכִים לָרֶדֶת מִצְרַיִם וּפִי
ג לֹא שָׁאָלוּ לָעוֹז בְּמָעוֹז פַּרְעֹה וְלַחְסוֹת בְּצֵל מִצְרָיִם׃ וְהָיָה
ד לָכֶם מָעוֹז פַּרְעֹה לְבֹשֶׁת וְהֶחָסוּת בְּצֵל־מִצְרַיִם לִכְלִמָּה׃ כִּי־
ה הָיוּ בְצֹעַן שָׂרָיו וּמַלְאָכָיו חָנֵס יַגִּיעוּ׃ כֹּל הִבְאִישׁ עַל־עַם
לֹא־יוֹעִילוּ לָמוֹ לֹא לְעֵזֶר וְלֹא לְהוֹעִיל כִּי לְבֹשֶׁת וְגַם־
ו לְחֶרְפָּה׃ מַשָּׂא בַּהֲמוֹת נֶגֶב בְּאֶרֶץ צָרָה וְצוּקָה
לָבִיא וָלַיִשׁ מֵהֶם אֶפְעֶה וְשָׂרָף מְעוֹפֵף יִשְׂאוּ עַל־כֶּתֶף עוֹרִים עֲיָרִים
חֵילֵהֶם וְעַל־דַּבֶּשֶׁת גְּמַלִּים אוֹצְרֹתָם עַל־עַם לֹא יוֹעִילוּ׃
ז וּמִצְרַיִם הֶבֶל וָרִיק יַעְזֹרוּ לָכֵן קָרָאתִי לָזֹאת רַהַב הֵם שָׁבֶת׃
ח עַתָּה בּוֹא כָתְבָהּ עַל־לוּחַ אִתָּם וְעַל־סֵפֶר חֻקָּהּ וּתְהִי לְיוֹם
ט אַחֲרוֹן לָעַד עַד־עוֹלָם׃ כִּי עַם מְרִי הוּא בָּנִים כֶּחָשִׁים בָּנִים
י לֹא־אָבוּ שְׁמוֹעַ תּוֹרַת יְהוָה׃ אֲשֶׁר אָמְרוּ לָרֹאִים לֹא תִרְאוּ
וְלַחֹזִים לֹא־תֶחֱזוּ־לָנוּ נְכֹחוֹת דַּבְּרוּ־לָנוּ חֲלָקוֹת חֲזוּ מַהֲתַלּוֹת׃
יא סוּרוּ מִנֵּי־דֶרֶךְ הַטּוּ מִנֵּי־אֹרַח הַשְׁבִּיתוּ מִפָּנֵינוּ אֶת־קְדוֹשׁ
יב יִשְׂרָאֵל׃ לָכֵן כֹּה אָמַר קְדוֹשׁ יִשְׂרָאֵל יַעַן
יג מָאָסְכֶם בַּדָּבָר הַזֶּה וַתִּבְטְחוּ בְּעֹשֶׁק וְנָלוֹז וַתִּשָּׁעֲנוּ עָלָיו׃ לָכֵן
יִהְיֶה לָכֶם הֶעָוֺן הַזֶּה כְּפֶרֶץ נֹפֵל נִבְעֶה בְּחוֹמָה נִשְׂגָּבָה אֲשֶׁר־

יד פִּתְאֹם לְפֶתַע יָבוֹא שִׁבְרָהּ: וּשְׁבָרָהּ כְּשֵׁבֶר נֵבֶל יוֹצְרִים כָּתוּת
לֹא יַחְמֹל וְלֹא־יִמָּצֵא בִמְכִתָּתוֹ חֶרֶשׂ לַחְתּוֹת אֵשׁ מִיָּקוּד
טו וְלַחְשֹׂף מַיִם מִגֶּבֶא: כִּי כֹה־אָמַר אֲדֹנָי יֱהוִה
קְדוֹשׁ יִשְׂרָאֵל בְּשׁוּבָה וָנַחַת תִּוָּשֵׁעוּן בְּהַשְׁקֵט וּבְבִטְחָה תִּהְיֶה
טז גְּבוּרַתְכֶם וְלֹא אֲבִיתֶם: וַתֹּאמְרוּ לֹא־כִי עַל־סוּס נָנוּס עַל־כֵּן
יז תְּנוּסוּן וְעַל־קַל נִרְכָּב עַל־כֵּן יִקַּלּוּ רֹדְפֵיכֶם: אֶלֶף אֶחָד מִפְּנֵי
גַּעֲרַת אֶחָד מִפְּנֵי גַּעֲרַת חֲמִשָּׁה תָּנֻסוּ עַד אִם־נוֹתַרְתֶּם כַּתֹּרֶן
יח עַל־רֹאשׁ הָהָר וְכַנֵּס עַל־הַגִּבְעָה: וְלָכֵן יְחַכֶּה יהוה לַחֲנַנְכֶם
וְלָכֵן יָרוּם לְרַחֶמְכֶם כִּי־אֱלֹהֵי מִשְׁפָּט יהוה אַשְׁרֵי כָּל־חוֹכֵי
יט לוֹ: כִּי־עַם בְּצִיּוֹן יֵשֵׁב בִּירוּשָׁלִָם בָּכוֹ לֹא־
כ תִבְכֶּה חָנוֹן יָחְנְךָ לְקוֹל זַעֲקֶךָ כְּשָׁמְעָתוֹ עָנָךְ: וְנָתַן לָכֶם אֲדֹנָי
לֶחֶם צָר וּמַיִם לָחַץ וְלֹא־יִכָּנֵף עוֹד מוֹרֶיךָ וְהָיוּ עֵינֶיךָ רֹאוֹת
כא אֶת־מוֹרֶיךָ: וְאָזְנֶיךָ תִּשְׁמַעְנָה דָבָר מֵאַחֲרֶיךָ לֵאמֹר זֶה הַדֶּרֶךְ
כב לְכוּ בוֹ כִּי תַאֲמִינוּ וְכִי תַשְׂמְאִילוּ: וְטִמֵּאתֶם אֶת־צִפּוּי פְּסִילֵי
כַסְפֶּךָ וְאֶת־אֲפֻדַּת מַסֵּכַת זְהָבֶךָ תִּזְרֵם כְּמוֹ דָוָה צֵא תֹּאמַר
כג לוֹ: וְנָתַן מְטַר זַרְעֲךָ אֲשֶׁר־תִּזְרַע אֶת־הָאֲדָמָה וְלֶחֶם תְּבוּאַת
הָאֲדָמָה וְהָיָה דָשֵׁן וְשָׁמֵן יִרְעֶה מִקְנֶיךָ בַּיּוֹם הַהוּא כַּר נִרְחָב:
כד וְהָאֲלָפִים וְהָעֲיָרִים עֹבְדֵי הָאֲדָמָה בְּלִיל חָמִיץ יֹאכֵלוּ אֲשֶׁר־
כה זֹרֶה בָרַחַת וּבַמִּזְרֶה: וְהָיָה עַל־כָּל־הַר גָּבֹהַּ וְעַל כָּל־גִּבְעָה
כו נִשָּׂאָה פְּלָגִים יִבְלֵי־מָיִם בְּיוֹם הֶרֶג רָב בִּנְפֹל מִגְדָּלִים: וְהָיָה
אוֹר־הַלְּבָנָה כְּאוֹר הַחַמָּה וְאוֹר הַחַמָּה יִהְיֶה שִׁבְעָתַיִם כְּאוֹר
שִׁבְעַת הַיָּמִים בְּיוֹם חֲבֹשׁ יהוה אֶת־שֶׁבֶר עַמּוֹ וּמַחַץ מַכָּתוֹ
כז יִרְפָּא: הִנֵּה שֵׁם־יהוה בָּא מִמֶּרְחָק בֹּעֵר אַפּוֹ
כח וְכֹבֶד מַשָּׂאָה שְׂפָתָיו מָלְאוּ זַעַם וּלְשׁוֹנוֹ כְּאֵשׁ אֹכָלֶת: וְרוּחוֹ
כְּנַחַל שׁוֹטֵף עַד־צַוָּאר יֶחֱצֶה לַהֲנָפָה גוֹיִם בְּנָפַת שָׁוְא וְרֶסֶן
כט מַתְעֶה עַל לְחָיֵי עַמִּים: הַשִּׁיר יִהְיֶה לָכֶם כְּלֵיל הִתְקַדֶּשׁ־חָג
וְשִׂמְחַת לֵבָב כַּהוֹלֵךְ בֶּחָלִיל לָבוֹא בְהַר־יהוה אֶל־צוּר

ל יִשְׂרָאֵל: וְהִשְׁמִיעַ יהוה אֶת־הוֹד קוֹלוֹ וְנַחַת זְרוֹעוֹ יַרְאֶה
לא בְּזַעַף אַף וְלַהַב אֵשׁ אוֹכֵלָה נֶפֶץ וָזֶרֶם וְאֶבֶן בָּרָד: כִּי־מִקּוֹל
לב יהוה יֵחַת אַשּׁוּר בַּשֵּׁבֶט יַכֶּה: וְהָיָה כֹּל מַעֲבַר מַטֵּה מוּסָדָה
אֲשֶׁר יָנִיחַ יהוה עָלָיו בְּתֻפִּים וּבְכִנֹּרוֹת וּבְמִלְחֲמוֹת תְּנוּפָה
לג נִלְחַם־בָּה: כִּי־עָרוּךְ מֵאֶתְמוּל תָּפְתֶּה גַּם־הִוא לַמֶּלֶךְ הוּכָן בָּם הִיא
הֶעְמִיק הִרְחִב מְדֻרָתָהּ אֵשׁ וְעֵצִים הַרְבֵּה נִשְׁמַת יהוה כְּנַחַל
לא א גָּפְרִית בֹּעֲרָה בָּהּ: הוֹי הַיֹּרְדִים מִצְרַיִם לְעֶזְרָה
עַל־סוּסִים יִשָּׁעֵנוּ וַיִּבְטְחוּ עַל־רֶכֶב כִּי רָב וְעַל פָּרָשִׁים כִּי־
עָצְמוּ מְאֹד וְלֹא שָׁעוּ עַל־קְדוֹשׁ יִשְׂרָאֵל וְאֶת־יהוה לֹא דָרָשׁוּ:
ב וְגַם־הוּא חָכָם וַיָּבֵא רָע וְאֶת־דְּבָרָיו לֹא הֵסִיר וְקָם עַל־בֵּית
ג מְרֵעִים וְעַל־עֶזְרַת פֹּעֲלֵי אָוֶן: וּמִצְרַיִם אָדָם וְלֹא־אֵל וְסוּסֵיהֶם
בָּשָׂר וְלֹא־רוּחַ וַיהוה יַטֶּה יָדוֹ וְכָשַׁל עוֹזֵר וְנָפַל עָזֻר וְיַחְדָּו
ד כֻּלָּם יִכְלָיוּן: כִּי כֹה אָמַר־יהוה ׀ אֵלַי כַּאֲשֶׁר
יֶהְגֶּה הָאַרְיֵה וְהַכְּפִיר עַל־טַרְפּוֹ אֲשֶׁר יִקָּרֵא עָלָיו מְלֹא רֹעִים
מִקּוֹלָם לֹא יֵחָת וּמֵהֲמוֹנָם לֹא יַעֲנֶה כֵּן יֵרֵד יהוה צְבָאוֹת
ה לִצְבֹּא עַל־הַר־צִיּוֹן וְעַל־גִּבְעָתָהּ: כְּצִפֳּרִים עָפוֹת כֵּן יָגֵן יהוה
ו צְבָאוֹת עַל־יְרוּשָׁלִָם גָּנוֹן וְהִצִּיל פָּסֹחַ וְהִמְלִיט: שׁוּבוּ לַאֲשֶׁר
ז הֶעְמִיקוּ סָרָה בְּנֵי יִשְׂרָאֵל: כִּי בַּיּוֹם הַהוּא יִמְאָסוּן אִישׁ אֱלִילֵי
ח כַסְפּוֹ וֶאֱלִילֵי זְהָבוֹ אֲשֶׁר עָשׂוּ לָכֶם יְדֵיכֶם חֵטְא: וְנָפַל אַשּׁוּר
בְּחֶרֶב לֹא־אִישׁ וְחֶרֶב לֹא־אָדָם תֹּאכְלֶנּוּ וְנָס לוֹ מִפְּנֵי־חֶרֶב
ט וּבַחוּרָיו לָמַס יִהְיוּ: וְסַלְעוֹ מִמָּגוֹר יַעֲבוֹר וְחַתּוּ מִנֵּס שָׂרָיו נְאֻם־
לב א יהוה אֲשֶׁר־אוּר לוֹ בְּצִיּוֹן וְתַנּוּר לוֹ בִּירוּשָׁלִָם: הֵן
ב לְצֶדֶק יִמְלָךְ־מֶלֶךְ וּלְשָׂרִים לְמִשְׁפָּט יָשֹׂרוּ: וְהָיָה־אִישׁ
כְּמַחֲבֵא־רוּחַ וְסֵתֶר זָרֶם כְּפַלְגֵי־מַיִם בְּצָיוֹן כְּצֵל סֶלַע־כָּבֵד
ג בְּאֶרֶץ עֲיֵפָה: וְלֹא תִשְׁעֶינָה עֵינֵי רֹאִים וְאָזְנֵי שֹׁמְעִים
ד תִּקְשַׁבְנָה: וּלְבַב נִמְהָרִים יָבִין לָדָעַת וּלְשׁוֹן עִלְּגִים תְּמַהֵר
ה לְדַבֵּר צָחוֹת: לֹא־יִקָּרֵא עוֹד לְנָבָל נָדִיב וּלְכִילַי לֹא יֵאָמֵר

ו שׁוֹעַ׃ כִּי נָבָל נְבָלָה יְדַבֵּר וְלִבּוֹ יַעֲשֶׂה־אָוֶן לַעֲשׂוֹת חֹנֶף
וּלְדַבֵּר אֶל־יהוה תּוֹעָה לְהָרִיק נֶפֶשׁ רָעֵב וּמַשְׁקֶה צָמֵא
ז יַחְסִיר׃ וְכֵלַי כֵּלָיו רָעִים הוּא זִמּוֹת יָעָץ לְחַבֵּל ענוים בְּאִמְרֵי־ עֲנִיִּים
ח שֶׁקֶר וּבְדַבֵּר אֶבְיוֹן מִשְׁפָּט׃ וְנָדִיב נְדִיבוֹת יָעָץ וְהוּא עַל־
ט נְדִיבוֹת יָקוּם׃ נָשִׁים שַׁאֲנַנּוֹת קֹמְנָה שְׁמַעְנָה
י קוֹלִי בָּנוֹת בֹּטְחוֹת הַאְזֵנָּה אִמְרָתִי׃ יָמִים עַל־שָׁנָה תִּרְגַּזְנָה
יא בֹּטְחוֹת כִּי כָּלָה בָצִיר אֹסֶף בְּלִי יָבוֹא׃ חִרְדוּ שַׁאֲנַנּוֹת רְגָזָה
יב בֹּטְחוֹת פְּשֹׁטָה וְעֹרָה וַחֲגוֹרָה עַל־חֲלָצָיִם׃ עַל־שָׁדַיִם סֹפְדִים
יג עַל־שְׂדֵי־חֶמֶד עַל־גֶּפֶן פֹּרִיָּה׃ עַל אַדְמַת עַמִּי קוֹץ שָׁמִיר
יד תַּעֲלֶה כִּי עַל־כָּל־בָּתֵּי מָשׂוֹשׂ קִרְיָה עַלִּיזָה׃ כִּי־אַרְמוֹן נֻטָּשׁ
הֲמוֹן עִיר עֻזָּב עֹפֶל וָבַחַן הָיָה בְעַד מְעָרוֹת עַד־עוֹלָם מְשׂוֹשׂ
טו פְּרָאִים מִרְעֵה עֲדָרִים׃ עַד־יֵעָרֶה עָלֵינוּ רוּחַ מִמָּרוֹם וְהָיָה
טז מִדְבָּר לַכַּרְמֶל וכרמל לַיַּעַר יֵחָשֵׁב׃ וְשָׁכַן בַּמִּדְבָּר מִשְׁפָּט וְהַכַּרְמֶל
יז וּצְדָקָה בַּכַּרְמֶל תֵּשֵׁב׃ וְהָיָה מַעֲשֵׂה הַצְּדָקָה שָׁלוֹם וַעֲבֹדַת
יח הַצְּדָקָה הַשְׁקֵט וָבֶטַח עַד־עוֹלָם׃ וְיָשַׁב עַמִּי בִּנְוֵה שָׁלוֹם יג
יט וּבְמִשְׁכְּנוֹת מִבְטַחִים וּבִמְנוּחֹת שַׁאֲנַנּוֹת׃ וּבָרַד בְּרֶדֶת הַיָּעַר
כ וּבַשִּׁפְלָה תִּשְׁפַּל הָעִיר׃ אַשְׁרֵיכֶם זֹרְעֵי עַל־כָּל־מָיִם מְשַׁלְּחֵי
לג א רֶגֶל־הַשּׁוֹר וְהַחֲמוֹר׃ הוֹי שׁוֹדֵד וְאַתָּה לֹא שָׁדוּד
וּבוֹגֵד וְלֹא־בָגְדוּ בוֹ כַּהֲתִמְךָ שׁוֹדֵד תּוּשַּׁד כַּנְּלֹתְךָ לִבְגֹּד
ב יִבְגְּדוּ־בָךְ׃ יהוה חָנֵּנוּ לְךָ קִוִּינוּ הֱיֵה זְרֹעָם
ג לַבְּקָרִים אַף־יְשׁוּעָתֵנוּ בְּעֵת צָרָה׃ מִקּוֹל הָמוֹן נָדְדוּ עַמִּים
ד מֵרוֹמְמֻתֶךָ נָפְצוּ גּוֹיִם׃ וְאֻסַּף שְׁלַלְכֶם אֹסֶף הֶחָסִיל כְּמַשַּׁק גֵּבִים
ה שֹׁקֵק בּוֹ׃ נִשְׂגָּב יהוה כִּי שֹׁכֵן מָרוֹם מִלֵּא צִיּוֹן מִשְׁפָּט
ו וּצְדָקָה׃ וְהָיָה אֱמוּנַת עִתֶּיךָ חֹסֶן יְשׁוּעֹת חָכְמַת וָדָעַת יִרְאַת
ז יהוה הִיא אוֹצָרוֹ׃ הֵן אֶרְאֶלָּם צָעֲקוּ חֻצָה
ח מַלְאֲכֵי שָׁלוֹם מַר יִבְכָּיוּן׃ נָשַׁמּוּ מְסִלּוֹת שָׁבַת עֹבֵר אֹרַח הֵפַר
ט בְּרִית מָאַס עָרִים לֹא חָשַׁב אֱנוֹשׁ׃ אָבַל אֻמְלְלָה אֶרֶץ הֶחְפִּיר

י לְבָנוֹן קָמַל הָיָה הַשָּׁרוֹן כָּעֲרָבָה וְנֹעֵר בָּשָׁן וְכַרְמֶל׃ עַתָּה
יא אָקוּם יֹאמַר יְהוָה עַתָּה אֵרוֹמָם עַתָּה אֶנָּשֵׂא׃ תַּהֲרוּ חֲשַׁשׁ
יב תֵּלְדוּ קַשׁ רוּחֲכֶם אֵשׁ תֹּאכַלְכֶם׃ וְהָיוּ עַמִּים מִשְׂרְפוֹת שִׂיד
יג קוֹצִים כְּסוּחִים בָּאֵשׁ יִצַּתּוּ׃ שִׁמְעוּ רְחוֹקִים
יד אֲשֶׁר עָשִׂיתִי וּדְעוּ קְרוֹבִים גְּבֻרָתִי׃ פָּחֲדוּ בְצִיּוֹן חַטָּאִים אָחֲזָה
רְעָדָה חֲנֵפִים מִי ׀ יָגוּר לָנוּ אֵשׁ אוֹכֵלָה מִי־יָגוּר לָנוּ מוֹקְדֵי
טו עוֹלָם׃ הֹלֵךְ צְדָקוֹת וְדֹבֵר מֵישָׁרִים מֹאֵס בְּבֶצַע מַעֲשַׁקּוֹת נֹעֵר
כַּפָּיו מִתְּמֹךְ בַּשֹּׁחַד אֹטֵם אָזְנוֹ מִשְּׁמֹעַ דָּמִים וְעֹצֵם עֵינָיו
טז מֵרְאוֹת בְּרָע׃ הוּא מְרוֹמִים יִשְׁכֹּן מְצָדוֹת סְלָעִים מִשְׂגַּבּוֹ
יז לַחְמוֹ נִתָּן מֵימָיו נֶאֱמָנִים׃ מֶלֶךְ בְּיָפְיוֹ תֶּחֱזֶינָה עֵינֶיךָ תִּרְאֶינָה
יח אֶרֶץ מַרְחַקִּים׃ לִבְּךָ יֶהְגֶּה אֵימָה אַיֵּה סֹפֵר אַיֵּה שֹׁקֵל אַיֵּה
יט סֹפֵר אֶת־הַמִּגְדָּלִים׃ אֶת־עַם נוֹעָז לֹא תִרְאֶה עַם עִמְקֵי שָׂפָה
כ מִשְּׁמוֹעַ נִלְעַג לָשׁוֹן אֵין בִּינָה׃ חֲזֵה צִיּוֹן קִרְיַת מוֹעֲדֵנוּ עֵינֶיךָ
תִרְאֶינָה יְרוּשָׁלַםִ נָוֶה שַׁאֲנָן אֹהֶל בַּל־יִצְעָן בַּל־יִסַּע יְתֵדֹתָיו
כא לָנֶצַח וְכָל־חֲבָלָיו בַּל־יִנָּתֵקוּ׃ כִּי אִם־שָׁם אַדִּיר יְהוָה לָנוּ
מְקוֹם־נְהָרִים יְאֹרִים רַחֲבֵי יָדָיִם בַּל־תֵּלֶךְ בּוֹ אֳנִי־שַׁיִט וְצִי
כב אַדִּיר לֹא יַעַבְרֶנּוּ׃ כִּי יְהוָה שֹׁפְטֵנוּ יְהוָה מְחֹקְקֵנוּ יְהוָה מַלְכֵּנוּ
כג הוּא יוֹשִׁיעֵנוּ׃ נִטְּשׁוּ חֲבָלָיִךְ בַּל־יְחַזְּקוּ כֵן־תָּרְנָם בַּל־פָּרְשׂוּ
כד נֵס אָז חֻלַּק עַד־שָׁלָל מַרְבֶּה פִּסְחִים בָּזְזוּ בַז׃ וּבַל־יֹאמַר שָׁכֵן
לד א חָלִיתִי הָעָם הַיֹּשֵׁב בָּהּ נְשֻׂא עָוֺן׃ קִרְבוּ גוֹיִם
לִשְׁמֹעַ וּלְאֻמִּים הַקְשִׁיבוּ תִּשְׁמַע הָאָרֶץ וּמְלֹאָהּ תֵּבֵל וְכָל־
ב צֶאֱצָאֶיהָ׃ כִּי קֶצֶף לַיהוָה עַל־כָּל־הַגּוֹיִם וְחֵמָה עַל־כָּל־צְבָאָם
ג הֶחֱרִימָם נְתָנָם לַטָּבַח׃ וְחַלְלֵיהֶם יֻשְׁלָכוּ וּפִגְרֵיהֶם יַעֲלֶה בָאְשָׁם
ד וְנָמַסּוּ הָרִים מִדָּמָם׃ וְנָמַקּוּ כָּל־צְבָא הַשָּׁמַיִם וְנָגֹלּוּ כַסֵּפֶר
הַשָּׁמָיִם וְכָל־צְבָאָם יִבּוֹל כִּנְבֹל עָלֶה מִגֶּפֶן וּכְנֹבֶלֶת מִתְּאֵנָה׃
ה כִּי־רִוְּתָה בַשָּׁמַיִם חַרְבִּי הִנֵּה עַל־אֱדוֹם תֵּרֵד וְעַל־עַם חֶרְמִי
ו לְמִשְׁפָּט׃ חֶרֶב לַיהוָה מָלְאָה דָם הֻדַּשְּׁנָה מֵחֵלֶב מִדַּם כָּרִים

ועתודים מחלב כליות אילים כי זבח ליהוה בבצרה וטבח
גדול בארץ אדום: וירדו ראמים עמם ופרים עם־אבירים ז
ורותה ארצם מדם ועפרם מחלב ידשן: כי יום נקם ליהוה ח
שנת שלומים לריב ציון: ונהפכו נחליה לזפת ועפרה ט
לגפרית והיתה ארצה לזפת בערה: לילה ויומם לא תכבה י
לעולם יעלה עשנה מדור לדור תחרב לנצח נצחים אין עבר
בה: וירשוה קאת וקפוד וינשוף וערב ישכנו־בה ונטה עליה יא
קו־תהו ואבני־בהו: חריה ואין־שם מלוכה יקראו וכל־ יב
שריה יהיו אפס: ועלתה ארמנתיה סירים קמוש וחוח יג
במבצריה והיתה נוה תנים חציר לבנות יענה: ופגשו ציים יד
את־איים ושעיר על־רעהו יקרא אך־שם הרגיעה לילית
ומצאה לה מנוח: שמה קננה קפוז ותמלט ובקעה ודגרה טו
בצלה אך־שם נקבצו דיות אשה רעותה: דרשו מעל־ספר טז
יהוה וקראו אחת מהנה לא נעדרה אשה רעותה לא פקדו
כי־פי הוא צוה ורוחו הוא קבצן: והוא־הפיל להן גורל וידו יז
חלקתה להם בקו עד־עולם יירשוה לדור ודור ישכנו־
בה: ישושום מדבר וציה ותגל ערבה ותפרח א לה
כחבצלת: פרח תפרח ותגל אף גילת ורנן כבוד הלבנון ב
נתן־לה הדר הכרמל והשרון המה יראו כבוד־יהוה הדר
אלהינו: חזקו ידים רפות וברכים כשלות ג
אמצו: אמרו לנמהרי־לב חזקו אל־תיראו הנה אלהיכם ד
נקם יבוא גמול אלהים הוא יבוא וישעכם: אז תפקחנה עיני ה
עורים ואזני חרשים תפתחנה: אז ידלג כאיל פסח ותרן לשון ו
אלם כי־נבקעו במדבר מים ונחלים בערבה: והיה השרב ז
לאגם וצמאון למבועי מים בנוה תנים רבצה חציר לקנה
וגמא: והיה־שם מסלול ודרך ודרך הקדש יקרא לה לא־ ח
יעברנו טמא והוא־למו הלך דרך ואוילים לא יתעו: לא־ ט

יִהְיֶה שָׁם אַרְיֵה וּפְרִיץ חַיּוֹת בַּל־יַעֲלֶנָּה לֹא תִמָּצֵא שָׁם וְהָלְכוּ
י גְּאוּלִים׃ וּפְדוּיֵי יְהוָה יְשֻׁבוּן וּבָאוּ צִיּוֹן בְּרִנָּה וְשִׂמְחַת עוֹלָם יד
עַל־רֹאשָׁם שָׂשׂוֹן וְשִׂמְחָה יַשִּׂיגוּ וְנָסוּ יָגוֹן וַאֲנָחָה׃
לו א וַיְהִי בְּאַרְבַּע עֶשְׂרֵה שָׁנָה לַמֶּלֶךְ חִזְקִיָּהוּ עָלָה סַנְחֵרִיב מֶלֶךְ־
ב אַשּׁוּר עַל כָּל־עָרֵי יְהוּדָה הַבְּצֻרוֹת וַיִּתְפְּשֵׂם׃ וַיִּשְׁלַח מֶלֶךְ־
אַשּׁוּר ׀ אֶת־רַבְשָׁקֵה מִלָּכִישׁ יְרוּשָׁלְַמָה אֶל־הַמֶּלֶךְ חִזְקִיָּהוּ
בְּחֵיל כָּבֵד וַיַּעֲמֹד בִּתְעָלַת הַבְּרֵכָה הָעֶלְיוֹנָה בִּמְסִלַּת שְׂדֵה
ג כוֹבֵס׃ וַיֵּצֵא אֵלָיו אֶלְיָקִים בֶּן־חִלְקִיָּהוּ אֲשֶׁר עַל־הַבָּיִת וְשֶׁבְנָא
ד הַסֹּפֵר וְיוֹאָח בֶּן־אָסָף הַמַּזְכִּיר׃ וַיֹּאמֶר אֲלֵיהֶם רַבְשָׁקֵה אִמְרוּ־
נָא אֶל־חִזְקִיָּהוּ כֹּה־אָמַר הַמֶּלֶךְ הַגָּדוֹל מֶלֶךְ אַשּׁוּר מָה
ה הַבִּטָּחוֹן הַזֶּה אֲשֶׁר בָּטָחְתָּ׃ אָמַרְתִּי אַךְ־דְּבַר־שְׂפָתַיִם עֵצָה
ו וּגְבוּרָה לַמִּלְחָמָה עַתָּה עַל־מִי בָטַחְתָּ כִּי מָרַדְתָּ בִּי׃ הִנֵּה
בָטַחְתָּ עַל־מִשְׁעֶנֶת הַקָּנֶה הָרָצוּץ הַזֶּה עַל־מִצְרַיִם אֲשֶׁר
יִסָּמֵךְ אִישׁ עָלָיו וּבָא בְכַפּוֹ וּנְקָבָהּ כֵּן פַּרְעֹה מֶלֶךְ־מִצְרַיִם
ז לְכָל־הַבֹּטְחִים עָלָיו׃ וְכִי־תֹאמַר אֵלַי אֶל־יְהוָה אֱלֹהֵינוּ
בָּטָחְנוּ הֲלוֹא הוּא אֲשֶׁר הֵסִיר חִזְקִיָּהוּ אֶת־בָּמֹתָיו וְאֶת־
מִזְבְּחֹתָיו וַיֹּאמֶר לִיהוּדָה וְלִירוּשָׁלִַם לִפְנֵי הַמִּזְבֵּחַ הַזֶּה
ח תִּשְׁתַּחֲווּ׃ וְעַתָּה הִתְעָרֶב נָא אֶת־אֲדֹנִי הַמֶּלֶךְ אַשּׁוּר וְאֶתְּנָה
ט לְךָ אַלְפַּיִם סוּסִים אִם־תּוּכַל לָתֶת לְךָ רֹכְבִים עֲלֵיהֶם׃ וְאֵיךְ
תָּשִׁיב אֵת פְּנֵי פַחַת אַחַד עַבְדֵי אֲדֹנִי הַקְּטַנִּים וַתִּבְטַח לְךָ
י עַל־מִצְרַיִם לְרֶכֶב וּלְפָרָשִׁים׃ וְעַתָּה הֲמִבַּלְעֲדֵי יְהוָה עָלִיתִי
עַל־הָאָרֶץ הַזֹּאת לְהַשְׁחִיתָהּ יְהוָה אָמַר אֵלַי עֲלֵה אֶל־הָאָרֶץ
יא הַזֹּאת וְהַשְׁחִיתָהּ׃ וַיֹּאמֶר אֶלְיָקִים וְשֶׁבְנָא וְיוֹאָח אֶל־רַבְשָׁקֵה
דַּבֶּר־נָא אֶל־עֲבָדֶיךָ אֲרָמִית כִּי שֹׁמְעִים אֲנָחְנוּ וְאַל־תְּדַבֵּר
יב אֵלֵינוּ יְהוּדִית בְּאָזְנֵי הָעָם אֲשֶׁר עַל־הַחוֹמָה׃ וַיֹּאמֶר רַבְשָׁקֵה
הַאֶל אֲדֹנֶיךָ וְאֵלֶיךָ שְׁלָחַנִי אֲדֹנִי לְדַבֵּר אֶת־הַדְּבָרִים הָאֵלֶּה
הֲלֹא עַל־הָאֲנָשִׁים הַיֹּשְׁבִים עַל־הַחוֹמָה לֶאֱכֹל אֶת־חראיהם צֹאָתָם

מימי רגליהם

וְלִשְׁתּוֹת אֶת־שֵׁינֵיהֶם עִמָּכֶם׃ וַיַּעֲמֹד רַבְשָׁקֵה וַיִּקְרָא בְקוֹל־ יג
גָּדוֹל יְהוּדִית וַיֹּאמֶר שִׁמְעוּ אֶת־דִּבְרֵי הַמֶּלֶךְ הַגָּדוֹל מֶלֶךְ
אַשּׁוּר׃ כֹּה אָמַר הַמֶּלֶךְ אַל־יַשִּׁא לָכֶם חִזְקִיָּהוּ כִּי לֹא־יוּכַל יד
לְהַצִּיל אֶתְכֶם׃ וְאַל־יַבְטַח אֶתְכֶם חִזְקִיָּהוּ אֶל־יְהוָה לֵאמֹר טו
הַצֵּל יַצִּילֵנוּ יְהוָה לֹא תִנָּתֵן הָעִיר הַזֹּאת בְּיַד מֶלֶךְ אַשּׁוּר׃
אַל־תִּשְׁמְעוּ אֶל־חִזְקִיָּהוּ כִּי כֹה אָמַר הַמֶּלֶךְ אַשּׁוּר עֲשׂוּ אִתִּי טז
בְרָכָה וּצְאוּ אֵלַי וְאִכְלוּ אִישׁ־גַּפְנוֹ וְאִישׁ תְּאֵנָתוֹ וּשְׁתוּ אִישׁ
מֵי־בוֹרוֹ׃ עַד־בֹּאִי וְלָקַחְתִּי אֶתְכֶם אֶל־אֶרֶץ כְּאַרְצְכֶם אֶרֶץ יז
דָּגָן וְתִירוֹשׁ אֶרֶץ לֶחֶם וּכְרָמִים׃ פֶּן־יַסִּית אֶתְכֶם חִזְקִיָּהוּ יח
לֵאמֹר יְהוָה יַצִּילֵנוּ הַהִצִּילוּ אֱלֹהֵי הַגּוֹיִם אִישׁ אֶת־אַרְצוֹ מִיַּד
מֶלֶךְ אַשּׁוּר׃ אַיֵּה אֱלֹהֵי חֲמָת וְאַרְפָּד אַיֵּה אֱלֹהֵי סְפַרְוָיִם וְכִי־ יט
הִצִּילוּ אֶת־שֹׁמְרוֹן מִיָּדִי׃ מִי בְּכָל־אֱלֹהֵי הָאֲרָצוֹת הָאֵלֶּה כ
אֲשֶׁר־הִצִּילוּ אֶת־אַרְצָם מִיָּדִי כִּי־יַצִּיל יְהוָה אֶת־יְרוּשָׁלִַם
מִיָּדִי׃ וַיַּחֲרִישׁוּ וְלֹא־עָנוּ אֹתוֹ דָּבָר כִּי־מִצְוַת הַמֶּלֶךְ הִיא כא
לֵאמֹר לֹא תַעֲנֻהוּ׃ וַיָּבֹא אֶלְיָקִים בֶּן־חִלְקִיָּהוּ אֲשֶׁר־עַל־הַבַּיִת כב
וְשֶׁבְנָא הַסּוֹפֵר וְיוֹאָח בֶּן־אָסָף הַמַּזְכִּיר אֶל־חִזְקִיָּהוּ קְרוּעֵי
בְגָדִים וַיַּגִּידוּ לוֹ אֵת דִּבְרֵי רַבְשָׁקֵה׃ וַיְהִי כִּשְׁמֹעַ א לז
הַמֶּלֶךְ חִזְקִיָּהוּ וַיִּקְרַע אֶת־בְּגָדָיו וַיִּתְכַּס בַּשָּׂק וַיָּבֹא בֵּית יְהוָה׃
וַיִּשְׁלַח אֶת־אֶלְיָקִים אֲשֶׁר־עַל־הַבַּיִת וְאֵת ׀ שֶׁבְנָא הַסּוֹפֵר ב
וְאֵת זִקְנֵי הַכֹּהֲנִים מִתְכַּסִּים בַּשַּׂקִּים אֶל־יְשַׁעְיָהוּ בֶן־אָמוֹץ
הַנָּבִיא׃ וַיֹּאמְרוּ אֵלָיו כֹּה אָמַר חִזְקִיָּהוּ יוֹם־צָרָה וְתוֹכֵחָה ג
וּנְאָצָה הַיּוֹם הַזֶּה כִּי בָאוּ בָנִים עַד־מַשְׁבֵּר וְכֹחַ אַיִן לְלֵדָה׃
אוּלַי יִשְׁמַע יְהוָה אֱלֹהֶיךָ אֵת ׀ דִּבְרֵי רַבְשָׁקֵה אֲשֶׁר שְׁלָחוֹ ד
מֶלֶךְ־אַשּׁוּר ׀ אֲדֹנָיו לְחָרֵף אֱלֹהִים חַי וְהוֹכִיחַ בַּדְּבָרִים אֲשֶׁר
שָׁמַע יְהוָה אֱלֹהֶיךָ וְנָשָׂאתָ תְפִלָּה בְּעַד הַשְּׁאֵרִית הַנִּמְצָאָה׃
וַיָּבֹאוּ עַבְדֵי הַמֶּלֶךְ חִזְקִיָּהוּ אֶל־יְשַׁעְיָהוּ׃ וַיֹּאמֶר אֲלֵיהֶם ה ו
יְשַׁעְיָהוּ כֹּה תֹאמְרוּן אֶל־אֲדֹנֵיכֶם כֹּה ׀ אָמַר יְהוָה אַל־תִּירָא

מִפְּנֵי הַדְּבָרִים אֲשֶׁר שָׁמַעְתָּ אֲשֶׁר גִּדְּפוּ נַעֲרֵי מֶלֶךְ־אַשּׁוּר
ז אוֹתִי׃ הִנְנִי נוֹתֵן בּוֹ רוּחַ וְשָׁמַע שְׁמוּעָה וְשָׁב אֶל־אַרְצוֹ
ח וְהִפַּלְתִּיו בַּחֶרֶב בְּאַרְצוֹ׃ וַיָּשָׁב רַבְשָׁקֵה וַיִּמְצָא אֶת־מֶלֶךְ
ט אַשּׁוּר נִלְחָם עַל־לִבְנָה כִּי שָׁמַע כִּי נָסַע מִלָּכִישׁ׃ וַיִּשְׁמַע עַל־
תִּרְהָקָה מֶלֶךְ־כּוּשׁ לֵאמֹר יָצָא לְהִלָּחֵם אִתָּךְ וַיִּשְׁמַע וַיִּשְׁלַח
י מַלְאָכִים אֶל־חִזְקִיָּהוּ לֵאמֹר׃ כֹּה תֹאמְרוּן אֶל־חִזְקִיָּהוּ מֶלֶךְ־
יְהוּדָה לֵאמֹר אַל־יַשִּׁאֲךָ אֱלֹהֶיךָ אֲשֶׁר אַתָּה בּוֹטֵחַ בּוֹ לֵאמֹר
יא לֹא תִנָּתֵן יְרוּשָׁלַםִ בְּיַד מֶלֶךְ אַשּׁוּר׃ הִנֵּה | אַתָּה שָׁמַעְתָּ אֲשֶׁר
עָשׂוּ מַלְכֵי אַשּׁוּר לְכָל־הָאֲרָצוֹת לְהַחֲרִימָם וְאַתָּה תִּנָּצֵל׃
יב הַהִצִּילוּ אוֹתָם אֱלֹהֵי הַגּוֹיִם אֲשֶׁר הִשְׁחִיתוּ אֲבוֹתַי אֶת־גּוֹזָן
יג וְאֶת־חָרָן וְרֶצֶף וּבְנֵי־עֶדֶן אֲשֶׁר בִּתְלַשָּׂר׃ אַיֵּה מֶלֶךְ־חֲמָת
יד וּמֶלֶךְ אַרְפָּד וּמֶלֶךְ לָעִיר סְפַרְוָיִם הֵנַע וְעִוָּה׃ וַיִּקַּח חִזְקִיָּהוּ
אֶת־הַסְּפָרִים מִיַּד הַמַּלְאָכִים וַיִּקְרָאֵהוּ וַיַּעַל בֵּית יְהוָה
טו וַיִּפְרְשֵׂהוּ חִזְקִיָּהוּ לִפְנֵי יְהוָה׃ וַיִּתְפַּלֵּל חִזְקִיָּהוּ אֶל־יְהוָה לֵאמֹר׃
טז יְהוָה צְבָאוֹת אֱלֹהֵי יִשְׂרָאֵל יֹשֵׁב הַכְּרֻבִים אַתָּה־הוּא הָאֱלֹהִים
לְבַדְּךָ לְכֹל מַמְלְכוֹת הָאָרֶץ אַתָּה עָשִׂיתָ אֶת־הַשָּׁמַיִם וְאֶת־
יז הָאָרֶץ׃ הַטֵּה יְהוָה | אָזְנְךָ וּשְׁמָע פְּקַח יְהוָה עֵינְךָ וּרְאֵה וּשְׁמַע
יח אֵת כָּל־דִּבְרֵי סַנְחֵרִיב אֲשֶׁר שָׁלַח לְחָרֵף אֱלֹהִים חָי׃ אָמְנָם
יְהוָה הֶחֱרִיבוּ מַלְכֵי אַשּׁוּר אֶת־כָּל־הָאֲרָצוֹת וְאֶת־אַרְצָם׃
יט וְנָתֹן אֶת־אֱלֹהֵיהֶם בָּאֵשׁ כִּי לֹא אֱלֹהִים הֵמָּה כִּי אִם־מַעֲשֵׂה
כ יְדֵי־אָדָם עֵץ וָאֶבֶן וַיְאַבְּדוּם׃ וְעַתָּה יְהוָה אֱלֹהֵינוּ הוֹשִׁיעֵנוּ טו
כא מִיָּדוֹ וְיֵדְעוּ כָּל־מַמְלְכוֹת הָאָרֶץ כִּי־אַתָּה יְהוָה לְבַדֶּךָ׃ וַיִּשְׁלַח
יְשַׁעְיָהוּ בֶן־אָמוֹץ אֶל־חִזְקִיָּהוּ לֵאמֹר כֹּה־אָמַר יְהוָה אֱלֹהֵי
כב יִשְׂרָאֵל אֲשֶׁר הִתְפַּלַּלְתָּ אֵלַי אֶל־סַנְחֵרִיב מֶלֶךְ אַשּׁוּר׃ זֶה
הַדָּבָר אֲשֶׁר־דִּבֶּר יְהוָה עָלָיו בָּזָה לְךָ לָעֲגָה לְךָ בְּתוּלַת בַּת־
כג צִיּוֹן אַחֲרֶיךָ רֹאשׁ הֵנִיעָה בַּת יְרוּשָׁלָםִ׃ אֶת־מִי חֵרַפְתָּ וְגִדַּפְתָּ
וְעַל־מִי הֲרִימוֹתָה קּוֹל וַתִּשָּׂא מָרוֹם עֵינֶיךָ אֶל־קְדוֹשׁ יִשְׂרָאֵל׃

בְּיַד עֲבָדֶיךָ חֵרַפְתָּ ׀ אֲדֹנָי וַתֹּאמֶר בְּרֹב רִכְבִּי אֲנִי עָלִיתִי מְרוֹם כד
הָרִים יַרְכְּתֵי לְבָנוֹן וְאֶכְרֹת קוֹמַת אֲרָזָיו מִבְחַר בְּרֹשָׁיו וְאָבוֹא
מְרוֹם קִצּוֹ יַעַר כַּרְמִלּוֹ: אֲנִי קַרְתִּי וְשָׁתִיתִי מָיִם וְאַחְרִב בְּכַף־ כה
פְּעָמַי כֹּל יְאֹרֵי מָצוֹר: הֲלוֹא־שָׁמַעְתָּ לְמֵרָחוֹק אוֹתָהּ עָשִׂיתִי כו
מִימֵי קֶדֶם וִיצַרְתִּיהָ עַתָּה הֲבֵאתִיהָ וּתְהִי לְהַשְׁאוֹת גַּלִּים נִצִּים
עָרִים בְּצֻרוֹת: וְיֹשְׁבֵיהֶן קִצְרֵי־יָד חַתּוּ וָבֹשׁוּ הָיוּ עֵשֶׂב שָׂדֶה כז
וִירַק דֶּשֶׁא חֲצִיר גַּגּוֹת וּשְׁדֵמָה לִפְנֵי קָמָה: וְשִׁבְתְּךָ וְצֵאתְךָ כח
וּבוֹאֲךָ יָדָעְתִּי וְאֵת הִתְרַגֶּזְךָ אֵלָי: יַעַן הִתְרַגֶּזְךָ אֵלַי וְשַׁאֲנַנְךָ כט
עָלָה בְאָזְנָי וְשַׂמְתִּי חַחִי בְּאַפֶּךָ וּמִתְגִּי בִּשְׂפָתֶיךָ וַהֲשִׁיבֹתִיךָ
בַּדֶּרֶךְ אֲשֶׁר־בָּאתָ בָּהּ: וְזֶה־לְּךָ הָאוֹת אָכוֹל הַשָּׁנָה סָפִיחַ ל
וּבַשָּׁנָה הַשֵּׁנִית שָׁחִיס וּבַשָּׁנָה הַשְּׁלִישִׁית זִרְעוּ וְקִצְרוּ וְנִטְעוּ
וְאִכְלוּ כְרָמִים ואכול פִּרְיָם: וְיָסְפָה פְּלֵיטַת בֵּית־יְהוּדָה הַנִּשְׁאָרָה לא
שֹׁרֶשׁ לְמָטָּה וְעָשָׂה פְרִי לְמָעְלָה: כִּי מִירוּשָׁלִַם תֵּצֵא לב
שְׁאֵרִית וּפְלֵיטָה מֵהַר צִיּוֹן קִנְאַת יְהוָה צְבָאוֹת תַּעֲשֶׂה־
זֹּאת: לָכֵן כֹּה־אָמַר יְהוָה אֶל־מֶלֶךְ אַשּׁוּר לֹא לג
יָבוֹא אֶל־הָעִיר הַזֹּאת וְלֹא־יוֹרֶה שָׁם חֵץ וְלֹא־יְקַדְּמֶנָּה מָגֵן
וְלֹא־יִשְׁפֹּךְ עָלֶיהָ סֹלְלָה: בַּדֶּרֶךְ אֲשֶׁר־בָּא בָּהּ יָשׁוּב וְאֶל־ לד
הָעִיר הַזֹּאת לֹא יָבוֹא נְאֻם־יְהוָה: וְגַנּוֹתִי עַל־הָעִיר הַזֹּאת לה
לְהוֹשִׁיעָהּ לְמַעֲנִי וּלְמַעַן דָּוִד עַבְדִּי: וַיֵּצֵא ׀ לו
מַלְאַךְ יְהוָה וַיַּכֶּה בְּמַחֲנֵה אַשּׁוּר מֵאָה וּשְׁמֹנִים וַחֲמִשָּׁה
אָלֶף וַיַּשְׁכִּימוּ בַבֹּקֶר וְהִנֵּה כֻלָּם פְּגָרִים מֵתִים: וַיִּסַּע לז
וַיֵּלֶךְ וַיָּשָׁב סַנְחֵרִיב מֶלֶךְ־אַשּׁוּר וַיֵּשֶׁב בְּנִינְוֵה: וַיְהִי הוּא לח
מִשְׁתַּחֲוֶה בֵּית ׀ נִסְרֹךְ אֱלֹהָיו וְאַדְרַמֶּלֶךְ וְשַׂרְאֶצֶר בָּנָיו הִכֻּהוּ
בַחֶרֶב וְהֵמָּה נִמְלְטוּ אֶרֶץ אֲרָרָט וַיִּמְלֹךְ אֵסַר־חַדֹּן בְּנוֹ
תַּחְתָּיו: בַּיָּמִים הָהֵם חָלָה חִזְקִיָּהוּ לָמוּת וַיָּבוֹא א לח
אֵלָיו יְשַׁעְיָהוּ בֶן־אָמוֹץ הַנָּבִיא וַיֹּאמֶר אֵלָיו כֹּה־אָמַר יְהוָה צַו
לְבֵיתֶךָ כִּי מֵת אַתָּה וְלֹא תִחְיֶה: וַיַּסֵּב חִזְקִיָּהוּ פָּנָיו אֶל־הַקִּיר ב

ג וַיִּתְפַּלֵּל אֶל־יְהוָה׃ וַיֹּאמַר אָנָּה יְהוָה זְכָר־נָא אֵת אֲשֶׁר
הִתְהַלַּכְתִּי לְפָנֶיךָ בֶּאֱמֶת וּבְלֵב שָׁלֵם וְהַטּוֹב בְּעֵינֶיךָ עָשִׂיתִי
ד וַיֵּבְךְּ חִזְקִיָּהוּ בְּכִי גָדוֹל׃ וַיְהִי דְּבַר־יְהוָה אֶל־
ה יְשַׁעְיָהוּ לֵאמֹר׃ הָלוֹךְ וְאָמַרְתָּ אֶל־חִזְקִיָּהוּ כֹּה־אָמַר יְהוָה
אֱלֹהֵי דָּוִד אָבִיךָ שָׁמַעְתִּי אֶת־תְּפִלָּתֶךָ רָאִיתִי אֶת־דִּמְעָתֶךָ
ו הִנְנִי יוֹסִף עַל־יָמֶיךָ חֲמֵשׁ עֶשְׂרֵה שָׁנָה׃ וּמִכַּף מֶלֶךְ־אַשּׁוּר
ז אַצִּילְךָ וְאֵת הָעִיר הַזֹּאת וְגַנּוֹתִי עַל־הָעִיר הַזֹּאת׃ וְזֶה־לְּךָ
הָאוֹת מֵאֵת יְהוָה אֲשֶׁר יַעֲשֶׂה יְהוָה אֶת־הַדָּבָר הַזֶּה אֲשֶׁר
ח דִּבֵּר׃ הִנְנִי מֵשִׁיב אֶת־צֵל הַמַּעֲלוֹת אֲשֶׁר יָרְדָה בְמַעֲלוֹת אָחָז
בַּשֶּׁמֶשׁ אֲחֹרַנִּית עֶשֶׂר מַעֲלוֹת וַתָּשָׁב הַשֶּׁמֶשׁ עֶשֶׂר מַעֲלוֹת
ט בַּמַּעֲלוֹת אֲשֶׁר יָרָדָה׃ מִכְתָּב לְחִזְקִיָּהוּ מֶלֶךְ־
י יְהוּדָה בַּחֲלֹתוֹ וַיְחִי מֵחָלְיוֹ׃ אֲנִי אָמַרְתִּי בִּדְמִי יָמַי אֵלֵכָה
יא בְּשַׁעֲרֵי שְׁאוֹל פֻּקַּדְתִּי יֶתֶר שְׁנוֹתָי׃ אָמַרְתִּי לֹא־אֶרְאֶה יָהּ יָהּ
יב בְּאֶרֶץ הַחַיִּים לֹא־אַבִּיט אָדָם עוֹד עִם־יוֹשְׁבֵי חָדֶל׃ דּוֹרִי נִסַּע
וְנִגְלָה מִנִּי כְּאֹהֶל רֹעִי קִפַּדְתִּי כָאֹרֵג חַיַּי מִדַּלָּה יְבַצְּעֵנִי מִיּוֹם
יג עַד־לַיְלָה תַּשְׁלִימֵנִי׃ שִׁוִּיתִי עַד־בֹּקֶר כָּאֲרִי כֵּן יְשַׁבֵּר כָּל־
יד עַצְמוֹתָי מִיּוֹם עַד־לַיְלָה תַּשְׁלִימֵנִי׃ כְּסוּס עָגוּר כֵּן אֲצַפְצֵף
טו אֶהְגֶּה כַּיּוֹנָה דַּלּוּ עֵינַי לַמָּרוֹם אֲדֹנָי עָשְׁקָה־לִּי עָרְבֵנִי׃ מָה־
אֲדַבֵּר וְאָמַר־לִי וְהוּא עָשָׂה אֶדַּדֶּה כָל־שְׁנוֹתַי עַל־מַר נַפְשִׁי׃
טז יז אֲדֹנָי עֲלֵיהֶם יִחְיוּ וּלְכָל־בָּהֶן חַיֵּי רוּחִי וְתַחֲלִימֵנִי וְהַחֲיֵנִי׃ הִנֵּה
לְשָׁלוֹם מַר־לִי מָר וְאַתָּה חָשַׁקְתָּ נַפְשִׁי מִשַּׁחַת בְּלִי כִּי
יח הִשְׁלַכְתָּ אַחֲרֵי גֵוְךָ כָּל־חֲטָאָי׃ כִּי לֹא שְׁאוֹל תּוֹדֶךָּ מָוֶת
יט יְהַלְלֶךָּ לֹא־יְשַׂבְּרוּ יוֹרְדֵי־בוֹר אֶל־אֲמִתֶּךָ׃ חַי חַי הוּא יוֹדֶךָ
כ כָּמוֹנִי הַיּוֹם אָב לְבָנִים יוֹדִיעַ אֶל־אֲמִתֶּךָ׃ יְהוָה לְהוֹשִׁיעֵנִי
כא וּנְגִנוֹתַי נְנַגֵּן כָּל־יְמֵי חַיֵּינוּ עַל־בֵּית יְהוָה׃ וַיֹּאמֶר יְשַׁעְיָהוּ
כב יִשְׂאוּ דְּבֶלֶת תְּאֵנִים וְיִמְרְחוּ עַל־הַשְּׁחִין וְיֶחִי׃ וַיֹּאמֶר חִזְקִיָּהוּ
לט א מָה אוֹת כִּי אֶעֱלֶה בֵּית יְהוָה׃ בָּעֵת הַהִוא שָׁלַח

מְרֹאדַךְ בַּלְאֲדָן בֶּן־בַּלְאֲדָן מֶלֶךְ־בָּבֶל סְפָרִים וּמִנְחָה אֶל־
חִזְקִיָּהוּ וַיִּשְׁמַע כִּי חָלָה וַיֶּחֱזָק׃ וַיִּשְׂמַח עֲלֵיהֶם חִזְקִיָּהוּ וַיַּרְאֵם ב
אֶת־בֵּית נְכֹתֹה אֶת־הַכֶּסֶף וְאֶת־הַזָּהָב וְאֶת־הַבְּשָׂמִים וְאֵת
הַשֶּׁמֶן הַטּוֹב וְאֵת כָּל־בֵּית כֵּלָיו וְאֵת כָּל־אֲשֶׁר נִמְצָא
בְּאוֹצְרֹתָיו לֹא־הָיָה דָבָר אֲשֶׁר לֹא־הֶרְאָם חִזְקִיָּהוּ בְּבֵיתוֹ
וּבְכָל־מֶמְשַׁלְתּוֹ׃ וַיָּבֹא יְשַׁעְיָהוּ הַנָּבִיא אֶל־הַמֶּלֶךְ חִזְקִיָּהוּ ג
וַיֹּאמֶר אֵלָיו מָה אָמְרוּ ׀ הָאֲנָשִׁים הָאֵלֶּה וּמֵאַיִן יָבֹאוּ אֵלֶיךָ
וַיֹּאמֶר חִזְקִיָּהוּ מֵאֶרֶץ רְחוֹקָה בָּאוּ אֵלַי מִבָּבֶל׃ וַיֹּאמֶר מָה ד
רָאוּ בְּבֵיתֶךָ וַיֹּאמֶר חִזְקִיָּהוּ אֵת כָּל־אֲשֶׁר בְּבֵיתִי רָאוּ לֹא־הָיָה
דָבָר אֲשֶׁר לֹא־הִרְאִיתִים בְּאוֹצְרֹתָי׃ וַיֹּאמֶר יְשַׁעְיָהוּ אֶל־ ה
חִזְקִיָּהוּ שְׁמַע דְּבַר־יְהוָה צְבָאוֹת׃ הִנֵּה יָמִים בָּאִים וְנִשָּׂא ו
כָּל־אֲשֶׁר בְּבֵיתֶךָ וַאֲשֶׁר אָצְרוּ אֲבֹתֶיךָ עַד־הַיּוֹם הַזֶּה בָּבֶל
לֹא־יִוָּתֵר דָּבָר אָמַר יְהוָה׃ וּמִבָּנֶיךָ אֲשֶׁר יֵצְאוּ מִמְּךָ אֲשֶׁר ז
תּוֹלִיד יִקָּחוּ וְהָיוּ סָרִיסִים בְּהֵיכַל מֶלֶךְ בָּבֶל׃ וַיֹּאמֶר חִזְקִיָּהוּ ח
אֶל־יְשַׁעְיָהוּ טוֹב דְּבַר־יְהוָה אֲשֶׁר דִּבַּרְתָּ וַיֹּאמֶר כִּי יִהְיֶה
טז שָׁלוֹם וֶאֱמֶת בְּיָמָי׃ נַחֲמוּ נַחֲמוּ עַמִּי יֹאמַר א מ
אֱלֹהֵיכֶם׃ דַּבְּרוּ עַל־לֵב יְרוּשָׁלִַם וְקִרְאוּ אֵלֶיהָ כִּי מָלְאָה ב
צְבָאָהּ כִּי נִרְצָה עֲוֺנָהּ כִּי לָקְחָה מִיַּד יְהוָה כִּפְלַיִם בְּכָל־
חַטֹּאתֶיהָ׃ קוֹל קוֹרֵא בַּמִּדְבָּר פַּנּוּ דֶּרֶךְ יְהוָה ג
יַשְּׁרוּ בָּעֲרָבָה מְסִלָּה לֵאלֹהֵינוּ׃ כָּל־גֶּיא יִנָּשֵׂא וְכָל־הַר וְגִבְעָה ד
יִשְׁפָּלוּ וְהָיָה הֶעָקֹב לְמִישׁוֹר וְהָרְכָסִים לְבִקְעָה׃ וְנִגְלָה כְּבוֹד ה
יְהוָה וְרָאוּ כָל־בָּשָׂר יַחְדָּו כִּי פִּי יְהוָה דִּבֵּר׃ קוֹל ו
אֹמֵר קְרָא וְאָמַר מָה אֶקְרָא כָּל־הַבָּשָׂר חָצִיר וְכָל־חַסְדּוֹ
כְּצִיץ הַשָּׂדֶה׃ יָבֵשׁ חָצִיר נָבֵל צִיץ כִּי רוּחַ יְהוָה נָשְׁבָה בּוֹ ז
אָכֵן חָצִיר הָעָם׃ יָבֵשׁ חָצִיר נָבֵל צִיץ וּדְבַר אֱלֹהֵינוּ יָקוּם ח
לְעוֹלָם׃ עַל הַר־גָּבֹהַּ עֲלִי־לָךְ מְבַשֶּׂרֶת צִיּוֹן ט
הָרִימִי בַכֹּחַ קוֹלֵךְ מְבַשֶּׂרֶת יְרוּשָׁלִָם הָרִימִי אַל־תִּירָאִי

י אִמְרִי֙ לְעָרֵ֣י יְהוּדָ֔ה הִנֵּ֖ה אֱלֹהֵיכֶֽם׃ הִנֵּ֨ה אֲדֹנָ֤י יֱהוִה֙ בְּחָזָ֣ק
יָב֔וֹא וּזְרֹע֖וֹ מֹ֣שְׁלָה ל֑וֹ הִנֵּ֤ה שְׂכָרוֹ֙ אִתּ֔וֹ וּפְעֻלָּת֖וֹ לְפָנָֽיו׃
יא כְּרֹעֶה֙ עֶדְר֣וֹ יִרְעֶ֔ה בִּזְרֹעוֹ֙ יְקַבֵּ֣ץ טְלָאִ֔ים וּבְחֵיק֖וֹ יִשָּׂ֑א עָל֖וֹת
יב יְנַהֵֽל׃ מִֽי־מָדַ֨ד בְּשָׁעֳל֜וֹ מַ֗יִם וְשָׁמַ֙יִם֙ בַּזֶּ֣רֶת תִּכֵּ֔ן
וְכָ֤ל בַּשָּׁלִשׁ֙ עֲפַ֣ר הָאָ֔רֶץ וְשָׁקַ֤ל בַּפֶּ֙לֶס֙ הָרִ֔ים וּגְבָע֖וֹת בְּמֹאזְנָֽיִם׃
יג יד מִֽי־תִכֵּ֥ן אֶת־ר֖וּחַ יְהוָ֑ה וְאִ֥ישׁ עֲצָת֖וֹ יוֹדִיעֶֽנּוּ׃ אֶת־מִ֤י נוֹעָץ֙
וַיְבִינֵ֔הוּ וַֽיְלַמְּדֵ֖הוּ בְּאֹ֣רַח מִשְׁפָּ֑ט וַיְלַמְּדֵ֣הוּ דַ֔עַת וְדֶ֥רֶךְ תְּבוּנ֖וֹת
טו יוֹדִיעֶֽנּוּ׃ הֵ֤ן גּוֹיִם֙ כְּמַ֣ר מִדְּלִ֔י וּכְשַׁ֥חַק מֹאזְנַ֖יִם נֶחְשָׁ֑בוּ
טז הֵ֥ן אִיִּ֖ים כַּדַּ֥ק יִטּֽוֹל׃ וּלְבָנ֕וֹן אֵ֥ין דֵּ֖י בָּעֵ֑ר וְחַיָּת֔וֹ אֵ֥ין דֵּ֖י
יז עוֹלָֽה׃ כָּל־הַגּוֹיִ֖ם כְּאַ֣יִן נֶגְדּ֑וֹ מֵאֶ֥פֶס וָתֹ֖הוּ
יח נֶחְשְׁבוּ־לֽוֹ׃ וְאֶל־מִ֖י תְּדַמְּי֣וּן אֵ֑ל וּמַה־דְּמ֖וּת תַּ֥עַרְכוּ־לֽוֹ׃
יט הַפֶּ֙סֶל֙ נָסַ֣ךְ חָרָ֔שׁ וְצֹרֵ֖ף בַּזָּהָ֣ב יְרַקְּעֶ֑נּוּ וּרְתֻק֥וֹת כֶּ֖סֶף צוֹרֵֽף׃
כ הַֽמְסֻכָּ֣ן תְּרוּמָ֔ה עֵ֥ץ לֹֽא־יִרְקַ֖ב יִבְחָ֑ר חָרָ֤שׁ חָכָם֙ יְבַקֶּשׁ־ל֔וֹ
כא לְהָכִ֥ין פֶּ֖סֶל לֹ֥א יִמּֽוֹט׃ הֲל֤וֹא תֵֽדְעוּ֙ הֲל֣וֹא תִשְׁמָ֔עוּ הֲל֛וֹא הֻגַּ֥ד
כב מֵרֹ֖אשׁ לָכֶ֑ם הֲלוֹא֙ הֲבִ֣ינֹתֶ֔ם מוֹסְד֖וֹת הָאָֽרֶץ׃ הַיֹּשֵׁב֙ עַל־ח֣וּג
הָאָ֔רֶץ וְיֹשְׁבֶ֖יהָ כַּחֲגָבִ֑ים הַנּוֹטֶ֤ה כַדֹּק֙ שָׁמַ֔יִם וַיִּמְתָּחֵ֥ם כָּאֹ֖הֶל
כג כד לָשָֽׁבֶת׃ הַנּוֹתֵ֥ן רוֹזְנִ֖ים לְאָ֑יִן שֹׁ֥פְטֵי אֶ֖רֶץ כַּתֹּ֥הוּ עָשָֽׂה׃ אַ֣ף בַּל־
נִטָּ֗עוּ אַ֚ף בַּל־זֹרָ֔עוּ אַ֛ף בַּל־שֹׁרֵ֥שׁ בָּאָ֖רֶץ גִּזְעָ֑ם וְגַם נָשַׁ֤ף בָּהֶם֙
כה וַיִּבָ֔שׁוּ וּסְעָרָ֖ה כַּקַּ֥שׁ תִּשָּׂאֵֽם׃ וְאֶל־מִ֥י תְדַמְּי֖וּנִי
כו וְאֶשְׁוֶ֑ה יֹאמַ֖ר קָדֽוֹשׁ׃ שְׂאוּ־מָר֨וֹם עֵינֵיכֶ֜ם וּרְא֣וּ מִי־בָרָ֣א אֵ֗לֶּה
הַמּוֹצִ֥יא בְמִסְפָּ֖ר צְבָאָ֑ם לְכֻלָּם֙ בְּשֵׁ֣ם יִקְרָ֔א מֵרֹ֣ב אוֹנִ֗ים וְאַמִּ֥יץ
כז כֹּ֛חַ אִ֖ישׁ לֹ֥א נֶעְדָּֽר׃ לָ֤מָּה תֹאמַר֙ יַעֲקֹ֔ב וּתְדַבֵּ֖ר
כח יִשְׂרָאֵ֑ל נִסְתְּרָ֤ה דַרְכִּי֙ מֵֽיְהוָ֔ה וּמֵאֱלֹהַ֖י מִשְׁפָּטִ֥י יַעֲבֽוֹר׃ הֲל֨וֹא
יָדַ֜עְתָּ אִם־לֹ֣א שָׁמַ֗עְתָּ אֱלֹהֵ֨י עוֹלָ֤ם ׀ יְהוָה֙ בּוֹרֵא֙ קְצ֣וֹת הָאָ֔רֶץ
כט לֹ֥א יִיעַ֖ף וְלֹ֣א יִיגָ֑ע אֵ֥ין חֵ֖קֶר לִתְבוּנָתֽוֹ׃ נֹתֵ֥ן לַיָּעֵ֖ף כֹּ֑חַ וּלְאֵ֥ין
ל אוֹנִ֖ים עָצְמָ֥ה יַרְבֶּֽה׃ וְיִעֲפ֥וּ נְעָרִ֖ים וְיִגָ֑עוּ וּבַחוּרִ֖ים כָּשׁ֥וֹל יִכָּשֵֽׁלוּ׃
לא וְקוֹיֵ֤ יְהוָה֙ יַחֲלִ֣יפוּ כֹ֔חַ יַעֲל֥וּ אֵ֖בֶר כַּנְּשָׁרִ֑ים יָר֙וּצוּ֙ וְלֹ֣א יִיגָ֔עוּ

יֵלְכוּ וְלֹא יִיעָפוּ: הַחֲרִישׁוּ אֵלַי אִיִּים וּלְאֻמִּים א
יַחֲלִיפוּ כֹחַ יִגְּשׁוּ אָז יְדַבֵּרוּ יַחְדָּו לַמִּשְׁפָּט נִקְרָבָה: מִי הֵעִיר ב
מִמִּזְרָח צֶדֶק יִקְרָאֵהוּ לְרַגְלוֹ יִתֵּן לְפָנָיו גּוֹיִם וּמְלָכִים יַרְדְּ יִתֵּן
כֶּעָפָר חַרְבּוֹ כְּקַשׁ נִדָּף קַשְׁתּוֹ: יִרְדְּפֵם יַעֲבוֹר שָׁלוֹם אֹרַח ג
בְּרַגְלָיו לֹא יָבוֹא: מִי־פָעַל וְעָשָׂה קֹרֵא הַדֹּרוֹת מֵרֹאשׁ אֲנִי ד
יְהוָה רִאשׁוֹן וְאֶת־אַחֲרֹנִים אֲנִי־הוּא: רָאוּ אִיִּים וְיִירָאוּ קְצוֹת ה
הָאָרֶץ יֶחֱרָדוּ קָרְבוּ וַיֶּאֱתָיוּן: אִישׁ אֶת־רֵעֵהוּ יַעְזֹרוּ וּלְאָחִיו ו
יֹאמַר חֲזָק: וַיְחַזֵּק חָרָשׁ אֶת־צֹרֵף מַחֲלִיק פַּטִּישׁ אֶת־ ז
הוֹלֶם פָּעַם אֹמֵר לַדֶּבֶק טוֹב הוּא וַיְחַזְּקֵהוּ בְמַסְמְרִים לֹא
יִמּוֹט: וְאַתָּה יִשְׂרָאֵל עַבְדִּי יַעֲקֹב אֲשֶׁר בְּחַרְתִּיךָ ח
זֶרַע אַבְרָהָם אֹהֲבִי: אֲשֶׁר הֶחֱזַקְתִּיךָ מִקְצוֹת הָאָרֶץ וּמֵאֲצִילֶיהָ ט
קְרָאתִיךָ וָאֹמַר לְךָ עַבְדִּי־אַתָּה בְּחַרְתִּיךָ וְלֹא מְאַסְתִּיךָ: אַל־ י
תִּירָא כִּי עִמְּךָ־אָנִי אַל־תִּשְׁתָּע כִּי־אֲנִי אֱלֹהֶיךָ אִמַּצְתִּיךָ אַף־
עֲזַרְתִּיךָ אַף־תְּמַכְתִּיךָ בִּימִין צִדְקִי: הֵן יֵבֹשׁוּ וְיִכָּלְמוּ כֹּל יא
הַנֶּחֱרִים בָּךְ יִהְיוּ כְאַיִן וְיֹאבְדוּ אַנְשֵׁי רִיבֶךָ: תְּבַקְשֵׁם וְלֹא יב
תִמְצָאֵם אַנְשֵׁי מַצֻּתֶךָ יִהְיוּ כְאַיִן וּכְאֶפֶס אַנְשֵׁי מִלְחַמְתֶּךָ: כִּי יג
אֲנִי יְהוָה אֱלֹהֶיךָ מַחֲזִיק יְמִינֶךָ הָאֹמֵר לְךָ אַל־תִּירָא אֲנִי
עֲזַרְתִּיךָ: אַל־תִּירְאִי תּוֹלַעַת יַעֲקֹב מְתֵי יִשְׂרָאֵל יד
אֲנִי עֲזַרְתִּיךְ נְאֻם־יְהוָה וְגֹאֲלֵךְ קְדוֹשׁ יִשְׂרָאֵל: הִנֵּה שַׂמְתִּיךְ טו
לְמוֹרַג חָרוּץ חָדָשׁ בַּעַל פִּיפִיּוֹת תָּדוּשׁ הָרִים וְתָדֹק וּגְבָעוֹת
כַּמֹּץ תָּשִׂים: תִּזְרֵם וְרוּחַ תִּשָּׂאֵם וּסְעָרָה תָּפִיץ אוֹתָם וְאַתָּה טז
תָּגִיל בַּיהוָה בִּקְדוֹשׁ יִשְׂרָאֵל תִּתְהַלָּל: הָעֲנִיִּים יז
וְהָאֶבְיוֹנִים מְבַקְשִׁים מַיִם וָאַיִן לְשׁוֹנָם בַּצָּמָא נָשָׁתָּה אֲנִי יְהוָה
אֶעֱנֵם אֱלֹהֵי יִשְׂרָאֵל לֹא אֶעֶזְבֵם: אֶפְתַּח עַל־שְׁפָיִים נְהָרוֹת יח
וּבְתוֹךְ בְּקָעוֹת מַעְיָנוֹת אָשִׂים מִדְבָּר לַאֲגַם־מַיִם וְאֶרֶץ צִיָּה
לְמוֹצָאֵי מָיִם: אֶתֵּן בַּמִּדְבָּר אֶרֶז שִׁטָּה וַהֲדַס וְעֵץ שָׁמֶן אָשִׂים יט
בָּעֲרָבָה בְּרוֹשׁ תִּדְהָר וּתְאַשּׁוּר יַחְדָּו: לְמַעַן יִרְאוּ וְיֵדְעוּ וְיָשִׂימוּ כ

וְיַשְׂכִּילוּ יַחְדָּו כִּי יַד־יְהוָה עָשְׂתָה זֹּאת וּקְדוֹשׁ יִשְׂרָאֵל

כא בְּרָאָהּ: קָרְבוּ רִיבְכֶם יֹאמַר יְהוָה הַגִּישׁוּ

כב עֲצֻמוֹתֵיכֶם יֹאמַר מֶלֶךְ יַעֲקֹב: יַגִּישׁוּ וְיַגִּידוּ לָנוּ אֵת אֲשֶׁר

תִּקְרֶינָה הָרִאשֹׁנוֹת ׀ מָה הֵנָּה הַגִּידוּ וְנָשִׂימָה לִבֵּנוּ וְנֵדְעָה

כג אַחֲרִיתָן אוֹ הַבָּאוֹת הַשְׁמִיעֻנוּ: הַגִּידוּ הָאֹתִיּוֹת לְאָחוֹר

וְנֵדְעָה כִּי אֱלֹהִים אַתֶּם אַף־תֵּיטִיבוּ וְתָרֵעוּ וְנִשְׁתָּעָה

כד וְנִרְאֶה יַחְדָּו: הֵן־אַתֶּם מֵאַיִן וּפָעָלְכֶם מֵאָפַע תּוֹעֵבָה יִבְחַר

כה בָּכֶם: הַעִירוֹתִי מִצָּפוֹן וַיַּאת מִמִּזְרַח־שֶׁמֶשׁ

יִקְרָא בִשְׁמִי וְיָבֹא סְגָנִים כְּמוֹ־חֹמֶר וּכְמוֹ יוֹצֵר יִרְמָס־טִיט:

כו מִי־הִגִּיד מֵרֹאשׁ וְנֵדָעָה וּמִלְּפָנִים וְנֹאמַר צַדִּיק אַף אֵין־מַגִּיד

כז אַף אֵין מַשְׁמִיעַ אַף אֵין־שֹׁמֵעַ אִמְרֵיכֶם: רִאשׁוֹן לְצִיּוֹן הִנֵּה הִנָּם יז

כח וְלִירוּשָׁלִַם מְבַשֵּׂר אֶתֵּן: וְאֵרֶא וְאֵין אִישׁ וּמֵאֵלֶּה וְאֵין

כט יוֹעֵץ וְאֶשְׁאָלֵם וְיָשִׁיבוּ דָבָר: הֵן כֻּלָּם אָוֶן אֶפֶס מַעֲשֵׂיהֶם רוּחַ

מב א וָתֹהוּ נִסְכֵּיהֶם: הֵן עַבְדִּי אֶתְמָךְ־בּוֹ בְּחִירִי

ב רָצְתָה נַפְשִׁי נָתַתִּי רוּחִי עָלָיו מִשְׁפָּט לַגּוֹיִם יוֹצִיא: לֹא

ג יִצְעַק וְלֹא יִשָּׂא וְלֹא־יַשְׁמִיעַ בַּחוּץ קוֹלוֹ: קָנֶה רָצוּץ לֹא

ד יִשְׁבּוֹר וּפִשְׁתָּה כֵהָה לֹא יְכַבֶּנָּה לֶאֱמֶת יוֹצִיא מִשְׁפָּט: לֹא

יִכְהֶה וְלֹא יָרוּץ עַד־יָשִׂים בָּאָרֶץ מִשְׁפָּט וּלְתוֹרָתוֹ אִיִּים

ה יְיַחֵלוּ: כֹּה־אָמַר הָאֵל ׀ יְהוָה בּוֹרֵא הַשָּׁמַיִם

וְנוֹטֵיהֶם רֹקַע הָאָרֶץ וְצֶאֱצָאֶיהָ נֹתֵן נְשָׁמָה לָעָם עָלֶיהָ וְרוּחַ

ו לַהֹלְכִים בָּהּ: אֲנִי יְהוָה קְרָאתִיךָ בְצֶדֶק וְאַחְזֵק בְּיָדֶךָ וְאֶצָּרְךָ

ז וְאֶתֶּנְךָ לִבְרִית עָם לְאוֹר גּוֹיִם: לִפְקֹחַ עֵינַיִם עִוְרוֹת לְהוֹצִיא

ח מִמַּסְגֵּר אַסִּיר מִבֵּית כֶּלֶא יֹשְׁבֵי חֹשֶׁךְ: אֲנִי יְהוָה הוּא

ט שְׁמִי וּכְבוֹדִי לְאַחֵר לֹא־אֶתֵּן וּתְהִלָּתִי לַפְּסִילִים: הָרִאשֹׁנוֹת

הִנֵּה־בָאוּ וַחֲדָשׁוֹת אֲנִי מַגִּיד בְּטֶרֶם תִּצְמַחְנָה אַשְׁמִיעַ

י אֶתְכֶם: שִׁירוּ לַיהוָה שִׁיר חָדָשׁ תְּהִלָּתוֹ

יא מִקְצֵה הָאָרֶץ יוֹרְדֵי הַיָּם וּמְלֹאוֹ אִיִּים וְיֹשְׁבֵיהֶם: יִשְׂאוּ מִדְבָּר

וְעָרָיו חֲצֵרִים תֵּשֵׁב קֵדָר יָרֹנּוּ יֹשְׁבֵי סֶלַע מֵרֹאשׁ הָרִים יִצְוָחוּ׃
יָשִׂימוּ לַיהוה כָּבוֹד וּתְהִלָּתוֹ בָּאִיִּים יַגִּידוּ׃ יהוה כַּגִּבּוֹר יֵצֵא יב יג
כְּאִישׁ מִלְחָמוֹת יָעִיר קִנְאָה יָרִיעַ אַף־יַצְרִיחַ עַל־אֹיְבָיו
יִתְגַּבָּר׃ הֶחֱשֵׁיתִי מֵעוֹלָם אַחֲרִישׁ אֶתְאַפָּק כַּיּוֹלֵדָה יד
אֶפְעֶה אֶשֹּׁם וְאֶשְׁאַף יָחַד׃ אַחֲרִיב הָרִים וּגְבָעוֹת וְכָל־עֶשְׂבָּם טו
אוֹבִישׁ וְשַׂמְתִּי נְהָרוֹת לָאִיִּים וַאֲגַמִּים אוֹבִישׁ׃ וְהוֹלַכְתִּי עִוְרִים טז
בְּדֶרֶךְ לֹא יָדָעוּ בִּנְתִיבוֹת לֹא־יָדְעוּ אַדְרִיכֵם אָשִׂים מַחְשָׁךְ
לִפְנֵיהֶם לָאוֹר וּמַעֲקַשִּׁים לְמִישׁוֹר אֵלֶּה הַדְּבָרִים עֲשִׂיתִם וְלֹא
עֲזַבְתִּים׃ נָסֹגוּ אָחוֹר יֵבֹשׁוּ בֹשֶׁת הַבֹּטְחִים בַּפָּסֶל הָאֹמְרִים יז
לְמַסֵּכָה אַתֶּם אֱלֹהֵינוּ׃ הַחֵרְשִׁים שְׁמָעוּ וְהַעִוְרִים יח
הַבִּיטוּ לִרְאוֹת׃ מִי עִוֵּר כִּי אִם־עַבְדִּי וְחֵרֵשׁ כְּמַלְאָכִי אֶשְׁלָח יט
רָאוֹת מִי עִוֵּר כִּמְשֻׁלָּם וְעִוֵּר כְּעֶבֶד יהוה׃ רָאִית רַבּוֹת וְלֹא תִשְׁמֹר כ
פָּקוֹחַ אָזְנַיִם וְלֹא יִשְׁמָע׃ יהוה חָפֵץ לְמַעַן צִדְקוֹ יַגְדִּיל תּוֹרָה כא
וְיַאְדִּיר׃ וְהוּא עַם־בָּזוּז וְשָׁסוּי הָפֵחַ בַּחוּרִים כֻּלָּם וּבְבָתֵּי כב
כְלָאִים הָחְבָּאוּ הָיוּ לָבַז וְאֵין מַצִּיל מְשִׁסָּה וְאֵין־אֹמֵר הָשַׁב׃
לִמְשִׁסָּה מִי בָכֶם יַאֲזִין זֹאת יַקְשִׁב וְיִשְׁמַע לְאָחוֹר׃ מִי־נָתַן למשוסה כג כד
יַעֲקֹב וְיִשְׂרָאֵל לְבֹזְזִים הֲלוֹא יהוה זוּ חָטָאנוּ לוֹ וְלֹא־אָבוּ
בִדְרָכָיו הָלוֹךְ וְלֹא שָׁמְעוּ בְּתוֹרָתוֹ׃ וַיִּשְׁפֹּךְ עָלָיו חֵמָה אַפּוֹ כה
וֶעֱזוּז מִלְחָמָה וַתְּלַהֲטֵהוּ מִסָּבִיב וְלֹא יָדָע וַתִּבְעַר־בּוֹ וְלֹא־
יָשִׂים עַל־לֵב׃ וְעַתָּה כֹּה־אָמַר יהוה בֹּרַאֲךָ א מג
יַעֲקֹב וְיֹצֶרְךָ יִשְׂרָאֵל אַל־תִּירָא כִּי גְאַלְתִּיךָ קָרָאתִי בְשִׁמְךָ
לִי־אָתָּה׃ כִּי־תַעֲבֹר בַּמַּיִם אִתְּךָ־אָנִי וּבַנְּהָרוֹת לֹא יִשְׁטְפוּךָ ב
כִּי־תֵלֵךְ בְּמוֹ־אֵשׁ לֹא תִכָּוֶה וְלֶהָבָה לֹא תִבְעַר־בָּךְ׃ כִּי אֲנִי ג
יהוה אֱלֹהֶיךָ קְדוֹשׁ יִשְׂרָאֵל מוֹשִׁיעֶךָ נָתַתִּי כָפְרְךָ מִצְרַיִם כּוּשׁ
וּסְבָא תַּחְתֶּיךָ׃ מֵאֲשֶׁר יָקַרְתָּ בְעֵינַי נִכְבַּדְתָּ וַאֲנִי אֲהַבְתִּיךָ ד
וְאֶתֵּן אָדָם תַּחְתֶּיךָ וּלְאֻמִּים תַּחַת נַפְשֶׁךָ׃ אַל־תִּירָא כִּי אִתְּךָ־ ה
אָנִי מִמִּזְרָח אָבִיא זַרְעֶךָ וּמִמַּעֲרָב אֲקַבְּצֶךָּ׃ אֹמַר לַצָּפוֹן תֵּנִי ו

וּלְתֵימָ֖ן אַל־תִּכְלָ֑אִי הָבִ֤יאִי בָנַי֙ מֵֽרָח֔וֹק וּבְנוֹתַ֖י מִקְצֵ֥ה הָאָֽרֶץ׃
ז כֹּ֚ל הַנִּקְרָ֣א בִשְׁמִ֔י וְלִכְבוֹדִ֖י בְּרָאתִ֑יו יְצַרְתִּ֖יו אַף־עֲשִׂיתִֽיו׃
ח ט הוֹצִ֛יא עַם־עִוֵּ֖ר וְעֵינַ֣יִם יֵ֑שׁ וְחֵרְשִׁ֖ים וְאָזְנַ֥יִם לָֽמוֹ׃ כָּֽל־הַגּוֹיִ֞ם
נִקְבְּצ֣וּ יַחְדָּ֗ו וְיֵאָֽסְפוּ֙ לְאֻמִּ֔ים מִ֚י בָהֶם֙ יַגִּ֣יד זֹ֔את וְרִֽאשֹׁנ֖וֹת
י יַשְׁמִיעֻ֑נוּ יִתְּנ֤וּ עֵֽדֵיהֶם֙ וְיִצְדָּ֔קוּ וְיִשְׁמְע֖וּ וְיֹאמְר֥וּ אֱמֶֽת׃ אַתֶּ֤ם
עֵדַי֙ נְאֻם־יְהוָ֔ה וְעַבְדִּ֖י אֲשֶׁ֣ר בָּחָ֑רְתִּי לְמַ֣עַן תֵּ֠דְעוּ וְתַאֲמִ֨ינוּ
לִ֤י וְתָבִ֙ינוּ֙ כִּֽי־אֲנִ֣י ה֔וּא לְפָנַי֙ לֹא־נ֣וֹצַר אֵ֔ל וְאַחֲרַ֖י לֹ֥א
יא יִהְיֶֽה׃ אָנֹכִ֥י אָנֹכִ֖י יְהוָ֑ה וְאֵ֥ין מִבַּלְעָדַ֖י מוֹשִֽׁיעַ׃
יב אָנֹכִ֞י הִגַּ֤דְתִּי וְהוֹשַׁ֙עְתִּי֙ וְהִשְׁמַ֔עְתִּי וְאֵ֥ין בָּכֶ֖ם זָ֑ר וְאַתֶּ֥ם עֵדַ֛י
יג נְאֻם־יְהוָ֖ה וַאֲנִי־אֵֽל׃ גַּם־מִיּוֹם֙ אֲנִ֣י ה֔וּא וְאֵ֥ין מִיָּדִ֖י מַצִּ֑יל אֶפְעַ֖ל
יד וּמִ֥י יְשִׁיבֶֽנָּה׃ כֹּֽה־אָמַ֧ר יְהוָ֛ה גֹּאַלְכֶ֖ם קְד֣וֹשׁ
יִשְׂרָאֵ֑ל לְמַֽעַנְכֶ֞ם שִׁלַּ֣חְתִּי בָבֶ֗לָה וְהוֹרַדְתִּ֤י בָרִיחִים֙ כֻּלָּ֔ם
טו וְכַשְׂדִּ֖ים בָּאֳנִיּ֥וֹת רִנָּתָֽם׃ אֲנִ֥י יְהוָ֖ה קְדֽוֹשְׁכֶ֑ם בּוֹרֵ֥א יִשְׂרָאֵ֖ל
טז מַלְכְּכֶֽם׃ כֹּ֚ה אָמַ֣ר יְהוָ֔ה הַנּוֹתֵ֥ן בַּיָּ֖ם דָּ֑רֶךְ וּבְמַ֥יִם
יז עַזִּ֖ים נְתִיבָֽה׃ הַמּוֹצִ֥יא רֶֽכֶב־וָס֖וּס חַ֣יִל וְעִזּ֑וּז יַחְדָּ֤ו יִשְׁכְּבוּ֙ בַּל־
יח יָק֔וּמוּ דָּעֲכ֖וּ כַּפִּשְׁתָּ֥ה כָבֽוּ׃ אַֽל־תִּזְכְּר֖וּ רִאשֹׁנ֑וֹת וְקַדְמֹנִיּ֖וֹת
יט אַל־תִּתְבֹּנָֽנוּ׃ הִנְנִ֨י עֹשֶׂ֤ה חֲדָשָׁה֙ עַתָּ֣ה תִצְמָ֔ח הֲל֖וֹא תֵֽדָע֑וּהָ
כ אַ֣ף אָשִׂ֤ים בַּמִּדְבָּר֙ דֶּ֔רֶךְ בִּישִׁמ֖וֹן נְהָרֽוֹת׃ תְּכַבְּדֵ֙נִי֙ חַיַּ֣ת הַשָּׂדֶ֔ה
תַּנִּ֖ים וּבְנ֣וֹת יַעֲנָ֑ה כִּֽי־נָתַ֨תִּי בַמִּדְבָּ֜ר מַ֗יִם נְהָרוֹת֙ בִּֽישִׁימֹ֔ן
כא כב לְהַשְׁק֖וֹת עַמִּ֥י בְחִירִֽי׃ עַם־ז֙וּ֙ יָצַ֣רְתִּי לִ֔י תְּהִלָּתִ֖י יְסַפֵּֽרוּ׃ וְלֹֽא־
כג אֹתִ֥י קָרָ֖אתָ יַעֲקֹ֑ב כִּֽי־יָגַ֥עַתָּ בִּ֖י יִשְׂרָאֵֽל׃ לֹא־הֵבֵ֤יאתָ לִּי֙ שֵׂ֣ה
עֹלֹתֶ֔יךָ וּזְבָחֶ֖יךָ לֹ֣א כִבַּדְתָּ֑נִי לֹ֤א הֶעֱבַדְתִּ֙יךָ֙ בְּמִנְחָ֔ה וְלֹ֥א
כד הוֹגַעְתִּ֖יךָ בִּלְבוֹנָֽה׃ לֹא־קָנִ֨יתָ לִּ֤י בַכֶּ֙סֶף֙ קָנֶ֔ה וְחֵ֥לֶב זְבָחֶ֖יךָ לֹ֣א
כה הִרְוִיתָ֑נִי אַ֗ךְ הֶעֱבַדְתַּ֙נִי֙ בְּחַטֹּאותֶ֔יךָ הוֹגַעְתַּ֖נִי בַּעֲוֺנֹתֶֽיךָ׃ אָנֹכִ֨י
כו אָנֹכִ֥י ה֛וּא מֹחֶ֥ה פְשָׁעֶ֖יךָ לְמַעֲנִ֑י וְחַטֹּאתֶ֖יךָ לֹ֥א אֶזְכֹּֽר׃ הַזְכִּיר֕וּנִי
כז נִשָּׁפְטָ֖ה יָ֑חַד סַפֵּ֥ר אַתָּ֖ה לְמַ֥עַן תִּצְדָּֽק׃ אָבִ֥יךָ הָרִאשׁ֖וֹן חָטָ֑א
כח וּמְלִיצֶ֖יךָ פָּ֥שְׁעוּ בִֽי׃ וַאֲחַלֵּ֖ל שָׂ֣רֵי קֹ֑דֶשׁ וְאֶתְּנָ֤ה לַחֵ֙רֶם֙ יַעֲקֹ֔ב

וְיִשְׂרָאֵל לְגִדּוּפִים׃ וְעַתָּה שְׁמַע יַעֲקֹב עַבְדִּי א
וְיִשְׂרָאֵל בָּחַרְתִּי בוֹ׃ כֹּה־אָמַר יְהוָה עֹשֶׂךָ וְיֹצֶרְךָ מִבֶּטֶן יַעְזְרֶךָּ ב
אַל־תִּירָא עַבְדִּי יַעֲקֹב וִישֻׁרוּן בָּחַרְתִּי בוֹ׃ כִּי אֶצָּק־מַיִם עַל־ ג
צָמֵא וְנֹזְלִים עַל־יַבָּשָׁה אֶצֹּק רוּחִי עַל־זַרְעֶךָ וּבִרְכָתִי עַל־
צֶאֱצָאֶיךָ׃ וְצָמְחוּ בְּבֵין חָצִיר כַּעֲרָבִים עַל־יִבְלֵי־מָיִם׃ זֶה ד ה
יֹאמַר לַיהוָה אָנִי וְזֶה יִקְרָא בְשֵׁם־יַעֲקֹב וְזֶה יִכְתֹּב יָדוֹ לַיהוָה
יח וּבְשֵׁם יִשְׂרָאֵל יְכַנֶּה׃ כֹּה־אָמַר יְהוָה מֶלֶךְ־ ו
יִשְׂרָאֵל וְגֹאֲלוֹ יְהוָה צְבָאוֹת אֲנִי רִאשׁוֹן וַאֲנִי אַחֲרוֹן וּמִבַּלְעָדַי
אֵין אֱלֹהִים׃ וּמִי־כָמוֹנִי יִקְרָא וְיַגִּידֶהָ וְיַעְרְכֶהָ לִי מִשּׂוּמִי עַם־ ז
עוֹלָם וְאֹתִיּוֹת וַאֲשֶׁר תָּבֹאנָה יַגִּידוּ לָמוֹ׃ אַל־תִּפְחֲדוּ וְאַל־ ח
תִּרְהוּ הֲלֹא מֵאָז הִשְׁמַעְתִּיךָ וְהִגַּדְתִּי וְאַתֶּם עֵדָי הֲיֵשׁ אֱלוֹהַּ
מִבַּלְעָדַי וְאֵין צוּר בַּל־יָדָעְתִּי׃ יֹצְרֵי־פֶסֶל כֻּלָּם תֹּהוּ וַחֲמוּדֵיהֶם ט
בַּל־יוֹעִילוּ וְעֵדֵיהֶם הֵמָּה בַּל־יִרְאוּ וּבַל־יֵדְעוּ לְמַעַן יֵבֹשׁוּ׃ מִי־ י
יָצַר אֵל וּפֶסֶל נָסָךְ לְבִלְתִּי הוֹעִיל׃ הֵן כָּל־חֲבֵרָיו יֵבֹשׁוּ וְחָרָשִׁים יא
הֵמָּה מֵאָדָם יִתְקַבְּצוּ כֻלָּם יַעֲמֹדוּ יִפְחֲדוּ יֵבֹשׁוּ יָחַד׃ חָרַשׁ יב
בַּרְזֶל מַעֲצָד וּפָעַל בַּפֶּחָם וּבַמַּקָּבוֹת יִצְּרֵהוּ וַיִּפְעָלֵהוּ בִּזְרוֹעַ
כֹּחוֹ גַּם־רָעֵב וְאֵין כֹּחַ לֹא־שָׁתָה מַיִם וַיִּיעָף׃ חָרַשׁ עֵצִים נָטָה יג
קָו יְתָאֲרֵהוּ בַשֶּׂרֶד יַעֲשֵׂהוּ בַּמַּקְצֻעוֹת וּבַמְּחוּגָה יְתָאֳרֵהוּ
וַיַּעֲשֵׂהוּ כְּתַבְנִית אִישׁ כְּתִפְאֶרֶת אָדָם לָשֶׁבֶת בָּיִת׃ לִכְרָת־לוֹ יד
אֲרָזִים וַיִּקַּח תִּרְזָה וְאַלּוֹן וַיְאַמֶּץ־לוֹ בַּעֲצֵי־יָעַר נָטַע אֹרֶן וְגֶשֶׁם
יְגַדֵּל׃ וְהָיָה לְאָדָם לְבָעֵר וַיִּקַּח מֵהֶם וַיָּחָם אַף־יַשִּׂיק וְאָפָה טו
לָחֶם אַף־יִפְעַל־אֵל וַיִּשְׁתָּחוּ עָשָׂהוּ פֶסֶל וַיִּסְגָּד־לָמוֹ׃ חֶצְיוֹ טז
שָׂרַף בְּמוֹ־אֵשׁ עַל־חֶצְיוֹ בָּשָׂר יֹאכֵל יִצְלֶה צָלִי וְיִשְׂבָּע אַף־יָחֹם
וְיֹאמַר הֶאָח חַמּוֹתִי רָאִיתִי אוּר׃ וּשְׁאֵרִיתוֹ לְאֵל עָשָׂה לְפִסְלוֹ יז
יִסְגָּד־ יסגוד־לוֹ וְיִשְׁתַּחוּ וְיִתְפַּלֵּל אֵלָיו וְיֹאמַר הַצִּילֵנִי כִּי אֵלִי אָתָּה׃
לֹא יָדְעוּ וְלֹא יָבִינוּ כִּי טַח מֵרְאוֹת עֵינֵיהֶם מֵהַשְׂכִּיל לִבֹּתָם׃ יח
וְלֹא־יָשִׁיב אֶל־לִבּוֹ וְלֹא דַעַת וְלֹא־תְבוּנָה לֵאמֹר חֶצְיוֹ יט

שָׂרַפְתִּי בְמוֹ־אֵשׁ וְאַף אָפִיתִי עַל־גֶּחָלָיו לֶחֶם אֶצְלֶה בָשָׂר
כ וְאֹכֵל וְיִתְרוֹ לְתוֹעֵבָה אֶעֱשֶׂה לְבוּל עֵץ אֶסְגּוֹד׃ רֹעֶה אֵפֶר לֵב
הוּתַל הִטָּהוּ וְלֹא־יַצִּיל אֶת־נַפְשׁוֹ וְלֹא יֹאמַר הֲלוֹא שֶׁקֶר
כא בִּימִינִי׃ זְכָר־אֵלֶּה יַעֲקֹב וְיִשְׂרָאֵל כִּי עַבְדִּי־
כב אָתָּה יְצַרְתִּיךָ עֶבֶד־לִי אַתָּה יִשְׂרָאֵל לֹא תִנָּשֵׁנִי׃ מָחִיתִי כָעָב
כג פְּשָׁעֶיךָ וְכֶעָנָן חַטֹּאותֶיךָ שׁוּבָה אֵלַי כִּי גְאַלְתִּיךָ׃ רָנּוּ שָׁמַיִם כִּי־
עָשָׂה יהוה הָרִיעוּ תַּחְתִּיּוֹת אָרֶץ פִּצְחוּ הָרִים רִנָּה יַעַר וְכָל־עֵץ
כד בּוֹ כִּי־גָאַל יהוה יַעֲקֹב וּבְיִשְׂרָאֵל יִתְפָּאָר׃ כֹּה־
אָמַר יהוה גֹּאֲלֶךָ וְיֹצֶרְךָ מִבָּטֶן אָנֹכִי יהוה עֹשֶׂה כֹּל נֹטֶה
כה שָׁמַיִם לְבַדִּי רֹקַע הָאָרֶץ מִי אִתִּי׃ מֵפֵר אֹתוֹת בַּדִּים וְקֹסְמִים מֵאִתִּי
כו יְהוֹלֵל מֵשִׁיב חֲכָמִים אָחוֹר וְדַעְתָּם יְסַכֵּל׃ מֵקִים דְּבַר עַבְדּוֹ
וַעֲצַת מַלְאָכָיו יַשְׁלִים הָאֹמֵר לִירוּשָׁלַםִ תּוּשָׁב וּלְעָרֵי יְהוּדָה
כז תִּבָּנֶינָה וְחָרְבוֹתֶיהָ אֲקוֹמֵם׃ הָאֹמֵר לַצּוּלָה חֳרָבִי וְנַהֲרֹתַיִךְ
כח אוֹבִישׁ׃ הָאֹמֵר לְכוֹרֶשׁ רֹעִי וְכָל־חֶפְצִי יַשְׁלִם וְלֵאמֹר לִירוּשָׁלַםִ
מה א תִּבָּנֶה וְהֵיכָל תִּוָּסֵד׃ כֹּה־אָמַר יהוה לִמְשִׁיחוֹ
לְכוֹרֶשׁ אֲשֶׁר־הֶחֱזַקְתִּי בִימִינוֹ לְרַד לְפָנָיו גּוֹיִם וּמָתְנֵי מְלָכִים
ב אֲפַתֵּחַ לִפְתֹּחַ לְפָנָיו דְּלָתַיִם וּשְׁעָרִים לֹא יִסָּגֵרוּ׃ אֲנִי לְפָנֶיךָ
אֵלֵךְ וַהֲדוּרִים אושר דַּלְתוֹת נְחוּשָׁה אֲשַׁבֵּר וּבְרִיחֵי בַרְזֶל אֲיַשֵּׁר
ג אֲגַדֵּעַ׃ וְנָתַתִּי לְךָ אוֹצְרוֹת חֹשֶׁךְ וּמַטְמֻנֵי מִסְתָּרִים לְמַעַן תֵּדַע
ד כִּי־אֲנִי יהוה הַקּוֹרֵא בְשִׁמְךָ אֱלֹהֵי יִשְׂרָאֵל׃ לְמַעַן עַבְדִּי יַעֲקֹב
ה וְיִשְׂרָאֵל בְּחִירִי וָאֶקְרָא לְךָ בִּשְׁמֶךָ אֲכַנְּךָ וְלֹא יְדַעְתָּנִי׃ אֲנִי
ו יהוה וְאֵין עוֹד זוּלָתִי אֵין אֱלֹהִים אֲאַזֶּרְךָ וְלֹא יְדַעְתָּנִי׃ לְמַעַן
יֵדְעוּ מִמִּזְרַח־שֶׁמֶשׁ וּמִמַּעֲרָבָהּ כִּי־אֶפֶס בִּלְעָדָי אֲנִי יהוה וְאֵין
ז עוֹד׃ יוֹצֵר אוֹר וּבוֹרֵא חֹשֶׁךְ עֹשֶׂה שָׁלוֹם וּבוֹרֵא רָע אֲנִי יהוה
ח עֹשֶׂה כָל־אֵלֶּה׃ הַרְעִיפוּ שָׁמַיִם מִמַּעַל וּשְׁחָקִים
יִזְּלוּ־צֶדֶק תִּפְתַּח־אֶרֶץ וְיִפְרוּ־יֶשַׁע וּצְדָקָה תַצְמִיחַ יַחַד אֲנִי
ט יהוה בְּרָאתִיו׃ הוֹי רָב אֶת־יֹצְרוֹ חֶרֶשׂ אֶת־

חָרְשֵׂי אֲדָמָה הֲיֹאמַר חֹמֶר לְיֹצְרוֹ מַה־תַּעֲשֶׂה וּפָעָלְךָ אֵין־
יָדַיִם לוֹ׃ הוֹי אֹמֵר לְאָב מַה־תּוֹלִיד וּלְאִשָּׁה י
מַה־תְּחִילִין׃ כֹּה־אָמַר יְהוָה קְדוֹשׁ יִשְׂרָאֵל יא
וְיֹצְרוֹ הָאֹתִיּוֹת שְׁאָלוּנִי עַל־בָּנַי וְעַל־פֹּעַל יָדַי תְּצַוֻּנִי׃ אָנֹכִי יב
עָשִׂיתִי אֶרֶץ וְאָדָם עָלֶיהָ בָרָאתִי אֲנִי יָדַי נָטוּ שָׁמַיִם וְכָל־
צְבָאָם צִוֵּיתִי׃ אָנֹכִי הַעִירֹתִהוּ בְצֶדֶק וְכָל־דְּרָכָיו אֲיַשֵּׁר הוּא־ יג
יִבְנֶה עִירִי וְגָלוּתִי יְשַׁלֵּחַ לֹא בִמְחִיר וְלֹא בְשֹׁחַד אָמַר יְהוָה
צְבָאוֹת׃ כֹּה ׀ אָמַר יְהוָה יְגִיעַ מִצְרַיִם וּסְחַר־ יד
כּוּשׁ וּסְבָאִים אַנְשֵׁי מִדָּה עָלַיִךְ יַעֲבֹרוּ וְלָךְ יִהְיוּ אַחֲרַיִךְ יֵלֵכוּ
בַּזִּקִּים יַעֲבֹרוּ וְאֵלַיִךְ יִשְׁתַּחֲווּ אֵלַיִךְ יִתְפַּלָּלוּ אַךְ בָּךְ אֵל וְאֵין
עוֹד אֶפֶס אֱלֹהִים׃ אָכֵן אַתָּה אֵל מִסְתַּתֵּר אֱלֹהֵי יִשְׂרָאֵל טו
מוֹשִׁיעַ׃ בּוֹשׁוּ וְגַם־נִכְלְמוּ כֻּלָּם יַחְדָּו הָלְכוּ בַכְּלִמָּה חָרָשֵׁי טז
יט צִירִים׃ יִשְׂרָאֵל נוֹשַׁע בַּיהוָה תְּשׁוּעַת עוֹלָמִים לֹא־תֵבֹשׁוּ יז
וְלֹא־תִכָּלְמוּ עַד־עוֹלְמֵי עַד׃ כִּי־כֹה אָמַר־ יח
יְהוָה בּוֹרֵא הַשָּׁמַיִם הוּא הָאֱלֹהִים יֹצֵר הָאָרֶץ וְעֹשָׂהּ הוּא
כוֹנְנָהּ לֹא־תֹהוּ בְרָאָהּ לָשֶׁבֶת יְצָרָהּ אֲנִי יְהוָה וְאֵין עוֹד׃ לֹא יט
בַסֵּתֶר דִּבַּרְתִּי בִּמְקוֹם אֶרֶץ חֹשֶׁךְ לֹא אָמַרְתִּי לְזֶרַע יַעֲקֹב תֹּהוּ
בַקְּשׁוּנִי אֲנִי יְהוָה דֹּבֵר צֶדֶק מַגִּיד מֵישָׁרִים׃ הִקָּבְצוּ וָבֹאוּ כ
הִתְנַגְּשׁוּ יַחְדָּו פְּלִיטֵי הַגּוֹיִם לֹא יָדְעוּ הַנֹּשְׂאִים אֶת־עֵץ פִּסְלָם
וּמִתְפַּלְלִים אֶל־אֵל לֹא יוֹשִׁיעַ׃ הַגִּידוּ וְהַגִּישׁוּ אַף יִוָּעֲצוּ יַחְדָּו כא
מִי הִשְׁמִיעַ זֹאת מִקֶּדֶם מֵאָז הִגִּידָהּ הֲלוֹא אֲנִי יְהוָה וְאֵין־עוֹד
אֱלֹהִים מִבַּלְעָדַי אֵל־צַדִּיק וּמוֹשִׁיעַ אַיִן זוּלָתִי׃ פְּנוּ־אֵלַי כב
וְהִוָּשְׁעוּ כָּל־אַפְסֵי־אָרֶץ כִּי אֲנִי־אֵל וְאֵין עוֹד׃ בִּי נִשְׁבַּעְתִּי כג
יָצָא מִפִּי צְדָקָה דָּבָר וְלֹא יָשׁוּב כִּי־לִי תִּכְרַע כָּל־בֶּרֶךְ תִּשָּׁבַע
כָּל־לָשׁוֹן׃ אַךְ בַּיהוָה לִי אָמַר צְדָקוֹת וָעֹז עָדָיו יָבוֹא וְיֵבֹשׁוּ כד
כֹּל הַנֶּחֱרִים בּוֹ׃ בַּיהוָה יִצְדְּקוּ וְיִתְהַלְלוּ כָּל־זֶרַע יִשְׂרָאֵל׃ כָּרַע כה א מו
בֵּל קֹרֵס נְבוֹ הָיוּ עֲצַבֵּיהֶם לַחַיָּה וְלַבְּהֵמָה נְשֻׂאֹתֵיכֶם עֲמוּסוֹת

ב משא לעיפה: קרסו כרעו יחדו לא יכלו מלט משא ונפשם
ג בשבי הלכה: שמעו אלי בית יעקב וכל־
שארית בית ישראל העמסים מני־בטן הנשאים מני־רחם:
ד ועד־זקנה אני הוא ועד־שיבה אני אסבל אני עשיתי ואני
ה אשא ואני אסבל ואמלט: למי תדמיוני ותשוו
ו ותמשלוני ונדמה: הזלים זהב מכיס וכסף בקנה ישקלו
ז ישכרו צורף ויעשהו אל יסגדו אף־ישתחוו: ישאהו על־כתף
יסבלהו ויניחהו תחתיו ויעמד ממקומו לא ימיש אף־יצעק
ח אליו ולא יענה מצרתו לא יושיענו: זכרו־זאת
ט והתאששו השיבו פושעים על־לב: זכרו ראשנות מעולם כי
י אנכי אל ואין עוד אלהים ואפס כמוני: מגיד מראשית
אחרית ומקדם אשר לא־נעשו אמר עצתי תקום וכל־חפצי
יא אעשה: קרא ממזרח עיט מארץ מרחק איש עצתו אף־ עצתי
יב דברתי אף־אביאנה יצרתי אף־אעשנה: שמעו
יג אלי אבירי לב הרחוקים מצדקה: קרבתי צדקתי לא
תרחק ותשועתי לא תאחר ונתתי בציון תשועה לישראל
מז א תפארתי: רדי ׀ ושבי על־עפר בתולת בת־
בבל שבי־לארץ אין־כסא בת־כשדים כי לא תוסיפי
ב יקראו־לך רכה וענגה: קחי רחים וטחני קמח גלי צמתך
ג חשפי־שבל גלי־שוק עברי נהרות: תגל ערותך גם תראה
ד חרפתך נקם אקח ולא אפגע אדם: גאלנו יהוה
ה צבאות שמו קדוש ישראל: שבי דומם ובאי בחשך בת־
ו כשדים כי לא תוסיפי יקראו־לך גברת ממלכות: קצפתי על־
עמי חללתי נחלתי ואתנם בידך לא־שמת להם רחמים על־
ז זקן הכבדת עלך מאד: ותאמרי לעולם אהיה גברת עד לא־
ח שמת אלה על־לבך לא זכרת אחריתה: ועתה
שמעי־זאת עדינה היושבת לבטח האמרה בלבבה אני

ט וְאַפְסִי עוֹד לֹא אֵשֵׁב אַלְמָנָה וְלֹא אֵדַע שְׁכוֹל׃ וְתָבֹאנָה לָּךְ
שְׁתֵּי־אֵלֶּה רֶגַע בְּיוֹם אֶחָד שְׁכוֹל וְאַלְמֹן כְּתֻמָּם בָּאוּ עָלַיִךְ
י בְּרֹב כְּשָׁפַיִךְ בְּעָצְמַת חֲבָרַיִךְ מְאֹד׃ וַתִּבְטְחִי בְרָעָתֵךְ אָמַרְתְּ
אֵין רֹאָנִי חָכְמָתֵךְ וְדַעְתֵּךְ הִיא שׁוֹבְבָתֶךְ וַתֹּאמְרִי בְלִבֵּךְ אֲנִי
יא וְאַפְסִי עוֹד׃ וּבָא עָלַיִךְ רָעָה לֹא תֵדְעִי שַׁחְרָהּ וְתִפֹּל עָלַיִךְ הֹוָה
יב לֹא תוּכְלִי כַּפְּרָהּ וְתָבֹא עָלַיִךְ פִּתְאֹם שׁוֹאָה לֹא תֵדָעִי׃ עִמְדִי־
נָא בַחֲבָרַיִךְ וּבְרֹב כְּשָׁפַיִךְ בַּאֲשֶׁר יָגַעַתְּ מִנְּעוּרָיִךְ אוּלַי תּוּכְלִי
יג הוֹעִיל אוּלַי תַּעֲרוֹצִי׃ נִלְאֵית בְּרֹב עֲצָתָיִךְ יַעַמְדוּ־נָא וְיוֹשִׁיעֻךְ
הברו שָׁמַיִם הַחֹזִים בַּכּוֹכָבִים מוֹדִיעִם לֶחֳדָשִׁים מֵאֲשֶׁר יָבֹאוּ הֹבְרֵי
יד עָלָיִךְ׃ הִנֵּה הָיוּ כְקַשׁ אֵשׁ שְׂרָפָתַם לֹא־יַצִּילוּ אֶת־נַפְשָׁם
טו מִיַּד לֶהָבָה אֵין־גַּחֶלֶת לַחְמָם אוּר לָשֶׁבֶת נֶגְדּוֹ׃ כֵּן הָיוּ־
לָךְ אֲשֶׁר יָגָעַתְּ סֹחֲרַיִךְ מִנְּעוּרַיִךְ אִישׁ לְעֶבְרוֹ תָּעוּ אֵין
מח א מוֹשִׁיעֵךְ׃ שִׁמְעוּ־זֹאת בֵּית־יַעֲקֹב הַנִּקְרָאִים
בְּשֵׁם יִשְׂרָאֵל וּמִמֵּי יְהוּדָה יָצָאוּ הַנִּשְׁבָּעִים ׀ בְּשֵׁם יהוה
כ ב וּבֵאלֹהֵי יִשְׂרָאֵל יַזְכִּירוּ לֹא בֶאֱמֶת וְלֹא בִצְדָקָה׃ כִּי־מֵעִיר
הַקֹּדֶשׁ נִקְרָאוּ וְעַל־אֱלֹהֵי יִשְׂרָאֵל נִסְמָכוּ יְהוָה צְבָאוֹת
ג שְׁמוֹ׃ הָרִאשֹׁנוֹת מֵאָז הִגַּדְתִּי וּמִפִּי יָצְאוּ
ד וְאַשְׁמִיעֵם פִּתְאֹם עָשִׂיתִי וַתָּבֹאנָה׃ מִדַּעְתִּי כִּי קָשֶׁה אָתָּה
ה וְגִיד בַּרְזֶל עָרְפֶּךָ וּמִצְחֲךָ נְחוּשָׁה׃ וָאַגִּיד לְךָ מֵאָז בְּטֶרֶם תָּבוֹא
ו הִשְׁמַעְתִּיךָ פֶּן־תֹּאמַר עָצְבִּי עָשָׂם וּפִסְלִי וְנִסְכִּי צִוָּם׃ שָׁמַעְתָּ
חֲזֵה כֻּלָּהּ וְאַתֶּם הֲלוֹא תַגִּידוּ הִשְׁמַעְתִּיךָ חֲדָשׁוֹת מֵעַתָּה
ז וּנְצֻרוֹת וְלֹא יְדַעְתָּם׃ עַתָּה נִבְרְאוּ וְלֹא מֵאָז וְלִפְנֵי־יוֹם וְלֹא
ח שְׁמַעְתָּם פֶּן־תֹּאמַר הִנֵּה יְדַעְתִּין׃ גַּם לֹא־שָׁמַעְתָּ גַּם לֹא
יָדַעְתָּ גַּם מֵאָז לֹא־פִתְּחָה אָזְנֶךָ כִּי יָדַעְתִּי בָּגוֹד תִּבְגּוֹד וּפֹשֵׁעַ
ט מִבֶּטֶן קֹרָא לָךְ׃ לְמַעַן שְׁמִי אַאֲרִיךְ אַפִּי וּתְהִלָּתִי אֶחֱטָם־לָךְ
י לְבִלְתִּי הַכְרִיתֶךָ׃ הִנֵּה צְרַפְתִּיךָ וְלֹא בְכָסֶף בְּחַרְתִּיךָ בְּכוּר
יא עֹנִי׃ לְמַעֲנִי לְמַעֲנִי אֶעֱשֶׂה כִּי אֵיךְ יֵחָל וּכְבוֹדִי לְאַחֵר לֹא־

יב אָתֶּן׃ שְׁמַע אֵלַי יַעֲקֹב וְיִשְׂרָאֵל מְקֹרָאִי אֲנִי־
יג הוּא אֲנִי רִאשׁוֹן אַף אֲנִי אַחֲרוֹן׃ אַף־יָדִי יָסְדָה אֶרֶץ וִימִינִי
יד טִפְּחָה שָׁמָיִם קֹרֵא אֲנִי אֲלֵיהֶם יַעַמְדוּ יַחְדָּו׃ הִקָּבְצוּ כֻלְּכֶם
וּשְׁמָעוּ מִי בָהֶם הִגִּיד אֶת־אֵלֶּה יהוה אֲהֵבוֹ יַעֲשֶׂה חֶפְצוֹ
טו בְּבָבֶל וּזְרֹעוֹ כַּשְׂדִּים׃ אֲנִי אֲנִי דִּבַּרְתִּי אַף־קְרָאתִיו הֲבִאֹתִיו
טז וְהִצְלִיחַ דַּרְכּוֹ׃ קִרְבוּ אֵלַי שִׁמְעוּ־זֹאת לֹא מֵרֹאשׁ בַּסֵּתֶר
דִּבַּרְתִּי מֵעֵת הֱיוֹתָהּ שָׁם אָנִי וְעַתָּה אֲדֹנָי יֱהֹוִה שְׁלָחַנִי
יז וְרוּחוֹ׃ כֹּה־אָמַר יהוה גֹּאַלְךָ קְדוֹשׁ יִשְׂרָאֵל אֲנִי
יח יהוה אֱלֹהֶיךָ מְלַמֶּדְךָ לְהוֹעִיל מַדְרִיכֲךָ בְּדֶרֶךְ תֵּלֵךְ׃ לוּא
יט הִקְשַׁבְתָּ לְמִצְוֹתָי וַיְהִי כַנָּהָר שְׁלוֹמֶךָ וְצִדְקָתְךָ כְּגַלֵּי הַיָּם׃ וַיְהִי
כַחוֹל זַרְעֶךָ וְצֶאֱצָאֵי מֵעֶיךָ כִּמְעֹתָיו לֹא־יִכָּרֵת וְלֹא־יִשָּׁמֵד
כ שְׁמוֹ מִלְּפָנָי׃ צְאוּ מִבָּבֶל בִּרְחוּ מִכַּשְׂדִּים בְּקוֹל
רִנָּה הַגִּידוּ הַשְׁמִיעוּ זֹאת הוֹצִיאוּהָ עַד־קְצֵה הָאָרֶץ אִמְרוּ
כא גָּאַל יהוה עַבְדּוֹ יַעֲקֹב׃ וְלֹא צָמְאוּ בֶּחֳרָבוֹת הוֹלִיכָם מַיִם
כב מִצּוּר הִזִּיל לָמוֹ וַיִּבְקַע־צוּר וַיָּזֻבוּ מָיִם׃ אֵין שָׁלוֹם אָמַר יהוה
מט א לָרְשָׁעִים׃ שִׁמְעוּ אִיִּים אֵלַי וְהַקְשִׁיבוּ לְאֻמִּים
ב מֵרָחוֹק יהוה מִבֶּטֶן קְרָאָנִי מִמְּעֵי אִמִּי הִזְכִּיר שְׁמִי׃ וַיָּשֶׂם פִּי
כְּחֶרֶב חַדָּה בְּצֵל יָדוֹ הֶחְבִּיאָנִי וַיְשִׂימֵנִי לְחֵץ בָּרוּר בְּאַשְׁפָּתוֹ
ג הִסְתִּירָנִי׃ וַיֹּאמֶר לִי עַבְדִּי־אָתָּה יִשְׂרָאֵל אֲשֶׁר־בְּךָ אֶתְפָּאָר׃
ד וַאֲנִי אָמַרְתִּי לְרִיק יָגַעְתִּי לְתֹהוּ וְהֶבֶל כֹּחִי כִלֵּיתִי אָכֵן מִשְׁפָּטִי
ה אֶת־יהוה וּפְעֻלָּתִי אֶת־אֱלֹהָי׃ וְעַתָּה ׀ אָמַר
יהוה יֹצְרִי מִבֶּטֶן לְעֶבֶד לוֹ לְשׁוֹבֵב יַעֲקֹב אֵלָיו וְיִשְׂרָאֵל לא לוֹ
ו יֵאָסֵף וְאֶכָּבֵד בְּעֵינֵי יהוה וֵאלֹהַי הָיָה עֻזִּי׃ וַיֹּאמֶר נָקֵל
מִהְיוֹתְךָ לִי עֶבֶד לְהָקִים אֶת־שִׁבְטֵי יַעֲקֹב ונצירי יִשְׂרָאֵל וּנְצוּרֵי
לְהָשִׁיב וּנְתַתִּיךָ לְאוֹר גּוֹיִם לִהְיוֹת יְשׁוּעָתִי עַד־קְצֵה
ז הָאָרֶץ׃ כֹּה אָמַר־יהוה גֹּאֵל יִשְׂרָאֵל קְדוֹשׁוֹ
לִבְזֹה־נֶפֶשׁ לִמְתָעֵב גּוֹי לְעֶבֶד מֹשְׁלִים מְלָכִים יִרְאוּ וָקָמוּ

שָׂרִים וְיִשְׁתַּחֲווּ לְמַעַן יְהוָה אֲשֶׁר נֶאֱמָן קְדֹשׁ יִשְׂרָאֵל
וַיִּבְחָרֶךָּ׃ כֹּה ׀ אָמַר יְהוָה בְּעֵת רָצוֹן עֲנִיתִיךָ ח
וּבְיוֹם יְשׁוּעָה עֲזַרְתִּיךָ וְאֶצָּרְךָ וְאֶתֶּנְךָ לִבְרִית עָם לְהָקִים אֶרֶץ
לְהַנְחִיל נְחָלוֹת שֹׁמֵמוֹת׃ לֵאמֹר לַאֲסוּרִים צֵאוּ לַאֲשֶׁר בַּחֹשֶׁךְ ט
הִגָּלוּ עַל־דְּרָכִים יִרְעוּ וּבְכָל־שְׁפָיִים מַרְעִיתָם׃ לֹא יִרְעָבוּ וְלֹא י
יִצְמָאוּ וְלֹא־יַכֵּם שָׁרָב וָשָׁמֶשׁ כִּי־מְרַחֲמָם יְנַהֲגֵם וְעַל־
מַבּוּעֵי מַיִם יְנַהֲלֵם׃ וְשַׂמְתִּי כָל־הָרַי לַדָּרֶךְ וּמְסִלֹּתַי יְרֻמוּן׃ יא
הִנֵּה־אֵלֶּה מֵרָחוֹק יָבֹאוּ וְהִנֵּה־אֵלֶּה מִצָּפוֹן וּמִיָּם וְאֵלֶּה מֵאֶרֶץ יב
סִינִים׃ רָנּוּ שָׁמַיִם וְגִילִי אָרֶץ יפצחו הָרִים רִנָּה כִּי־נִחַם יְהוָה יג (וּפִצְחוּ)
עַמּוֹ וַעֲנִיָּו יְרַחֵם׃ וַתֹּאמֶר צִיּוֹן עֲזָבַנִי יְהוָה וַאדֹנָי יד
שְׁכֵחָנִי׃ הֲתִשְׁכַּח אִשָּׁה עוּלָהּ מֵרַחֵם בֶּן־בִּטְנָהּ גַּם־אֵלֶּה טו
תִשְׁכַּחְנָה וְאָנֹכִי לֹא אֶשְׁכָּחֵךְ׃ הֵן עַל־כַּפַּיִם חַקֹּתִיךְ חוֹמֹתַיִךְ טז
נֶגְדִּי תָּמִיד׃ מִהֲרוּ בָּנָיִךְ מְהָרְסַיִךְ וּמַחֲרִבַיִךְ מִמֵּךְ יֵצֵאוּ׃ שְׂאִי־ יז יח
סָבִיב עֵינַיִךְ וּרְאִי כֻּלָּם נִקְבְּצוּ בָאוּ־לָךְ חַי־אָנִי נְאֻם־יְהוָה כִּי
כֻלָּם כַּעֲדִי תִלְבָּשִׁי וּתְקַשְּׁרִים כַּכַּלָּה׃ כִּי חָרְבֹתַיִךְ וְשֹׁמְמֹתַיִךְ יט
וְאֶרֶץ הֲרִסֻתֵךְ כִּי עַתָּה תֵּצְרִי מִיּוֹשֵׁב וְרָחֲקוּ מְבַלְּעָיִךְ׃ עוֹד כ
יֹאמְרוּ בְאָזְנַיִךְ בְּנֵי שִׁכֻּלָיִךְ צַר־לִי הַמָּקוֹם גְּשָׁה־לִּי וְאֵשֵׁבָה׃
וְאָמַרְתְּ בִּלְבָבֵךְ מִי יָלַד־לִי אֶת־אֵלֶּה וַאֲנִי שְׁכוּלָה וְגַלְמוּדָה כא
גֹּלָה ׀ וְסוּרָה וְאֵלֶּה מִי גִדֵּל הֵן אֲנִי נִשְׁאַרְתִּי לְבַדִּי אֵלֶּה אֵיפֹה
הֵם׃ כֹּה־אָמַר אֲדֹנָי יְהוִה הִנֵּה אֶשָּׂא אֶל־גּוֹיִם כב
יָדִי וְאֶל־עַמִּים אָרִים נִסִּי וְהֵבִיאוּ בָנַיִךְ בְּחֹצֶן וּבְנֹתַיִךְ עַל־
כָּתֵף תִּנָּשֶׂאנָה׃ וְהָיוּ מְלָכִים אֹמְנַיִךְ וְשָׂרוֹתֵיהֶם מֵינִיקֹתַיִךְ כג
אַפַּיִם אֶרֶץ יִשְׁתַּחֲווּ־לָךְ וַעֲפַר רַגְלַיִךְ יְלַחֵכוּ וְיָדַעַתְּ כִּי־אֲנִי
יְהוָה אֲשֶׁר לֹא־יֵבֹשׁוּ קֹוָי׃ הֲיֻקַּח מִגִּבּוֹר מַלְקוֹחַ כד
וְאִם־שְׁבִי צַדִּיק יִמָּלֵט׃ כִּי־כֹה ׀ אָמַר יְהוָה גַּם־שְׁבִי גִבּוֹר יֻקָּח כה
וּמַלְקוֹחַ עָרִיץ יִמָּלֵט וְאֶת־יְרִיבֵךְ אָנֹכִי אָרִיב וְאֶת־בָּנַיִךְ אָנֹכִי
כא אוֹשִׁיעַ׃ וְהַאֲכַלְתִּי אֶת־מוֹנַיִךְ אֶת־בְּשָׂרָם וְכֶעָסִיס דָּמָם כו

יִשְׁכָּרוּן וְיָדְעוּ כָל־בָּשָׂר כִּי אֲנִי יְהוָה מוֹשִׁיעֵךְ וְגֹאֲלֵךְ אֲבִיר
נ א יַעֲקֹב׃ כֹּה ׀ אָמַר יְהוָה אֵי זֶה סֵפֶר כְּרִיתוּת
אִמְּכֶם אֲשֶׁר שִׁלַּחְתִּיהָ אוֹ מִי מִנּוֹשַׁי אֲשֶׁר־מָכַרְתִּי אֶתְכֶם לוֹ
ב הֵן בַּעֲוֺנֹתֵיכֶם נִמְכַּרְתֶּם וּבְפִשְׁעֵיכֶם שֻׁלְּחָה אִמְּכֶם׃ מַדּוּעַ
בָּאתִי וְאֵין אִישׁ קָרָאתִי וְאֵין עוֹנֶה הֲקָצוֹר קָצְרָה יָדִי מִפְּדוּת
וְאִם־אֵין־בִּי כֹחַ לְהַצִּיל הֵן בְּגַעֲרָתִי אַחֲרִיב יָם אָשִׂים נְהָרוֹת
ג מִדְבָּר תִּבְאַשׁ דְּגָתָם מֵאֵין מַיִם וְתָמֹת בַּצָּמָא׃ אַלְבִּישׁ שָׁמַיִם
ד קַדְרוּת וְשַׂק אָשִׂים כְּסוּתָם׃ אֲדֹנָי יֱהֹוִה נָתַן לִי
לְשׁוֹן לִמּוּדִים לָדַעַת לָעוּת אֶת־יָעֵף דָּבָר יָעִיר ׀ בַּבֹּקֶר בַּבֹּקֶר
ה יָעִיר לִי אֹזֶן לִשְׁמֹעַ כַּלִּמּוּדִים׃ אֲדֹנָי יֱהֹוִה פָּתַח־לִי אֹזֶן וְאָנֹכִי
ו לֹא מָרִיתִי אָחוֹר לֹא נְסוּגֹתִי׃ גֵּוִי נָתַתִּי לְמַכִּים וּלְחָיַי לְמֹרְטִים
ז פָּנַי לֹא הִסְתַּרְתִּי מִכְּלִמּוֹת וָרֹק׃ וַאדֹנָי יֱהֹוִה יַעֲזָר־לִי עַל־כֵּן
לֹא נִכְלָמְתִּי עַל־כֵּן שַׂמְתִּי פָנַי כַּחַלָּמִישׁ וָאֵדַע כִּי־לֹא אֵבוֹשׁ׃
ח קָרוֹב מַצְדִּיקִי מִי־יָרִיב אִתִּי נַעַמְדָה יָּחַד מִי־בַעַל מִשְׁפָּטִי יִגַּשׁ
ט אֵלָי׃ הֵן אֲדֹנָי יֱהֹוִה יַעֲזָר־לִי מִי־הוּא יַרְשִׁיעֵנִי הֵן כֻּלָּם כַּבֶּגֶד
י יִבְלוּ עָשׁ יֹאכְלֵם׃ מִי בָכֶם יְרֵא יְהוָה שֹׁמֵעַ בְּקוֹל
עַבְדּוֹ אֲשֶׁר ׀ הָלַךְ חֲשֵׁכִים וְאֵין נֹגַהּ לוֹ יִבְטַח בְּשֵׁם יְהוָה וְיִשָּׁעֵן
יא בֵּאלֹהָיו׃ הֵן כֻּלְּכֶם קֹדְחֵי אֵשׁ מְאַזְּרֵי זִיקוֹת לְכוּ ׀ בְּאוּר
אֶשְׁכֶם וּבְזִיקוֹת בִּעַרְתֶּם מִיָּדִי הָיְתָה־זֹּאת לָכֶם לְמַעֲצֵבָה
נא א תִּשְׁכָּבוּן׃ שִׁמְעוּ אֵלַי רֹדְפֵי צֶדֶק מְבַקְשֵׁי יְהוָה
ב הַבִּיטוּ אֶל־צוּר חֻצַּבְתֶּם וְאֶל־מַקֶּבֶת בּוֹר נֻקַּרְתֶּם׃ הַבִּיטוּ אֶל־
אַבְרָהָם אֲבִיכֶם וְאֶל־שָׂרָה תְּחוֹלֶלְכֶם כִּי־אֶחָד קְרָאתִיו
ג וַאֲבָרְכֵהוּ וְאַרְבֵּהוּ׃ כִּי־נִחַם יְהוָה צִיּוֹן נִחַם כָּל־חָרְבֹתֶיהָ וַיָּשֶׂם
מִדְבָּרָהּ כְּעֵדֶן וְעַרְבָתָהּ כְּגַן־יְהוָה שָׂשׂוֹן וְשִׂמְחָה יִמָּצֵא בָהּ
ד תּוֹדָה וְקוֹל זִמְרָה׃ הַקְשִׁיבוּ אֵלַי עַמִּי וּלְאוּמִּי
אֵלַי הַאֲזִינוּ כִּי תוֹרָה מֵאִתִּי תֵצֵא וּמִשְׁפָּטִי לְאוֹר עַמִּים אַרְגִּיעַ׃
ה קָרוֹב צִדְקִי יָצָא יִשְׁעִי וּזְרֹעַי עַמִּים יִשְׁפֹּטוּ אֵלַי אִיִּים יְקַוּוּ

וְאֶל־זְרֹעִי יְיַחֵלוּן׃ שְׂאוּ לַשָּׁמַיִם עֵינֵיכֶם וְהַבִּיטוּ אֶל־הָאָרֶץ ו
מִתַּחַת כִּי־שָׁמַיִם כֶּעָשָׁן נִמְלָחוּ וְהָאָרֶץ כַּבֶּגֶד תִּבְלֶה
וְיֹשְׁבֶיהָ כְּמוֹ־כֵן יְמוּתוּן וִישׁוּעָתִי לְעוֹלָם תִּהְיֶה וְצִדְקָתִי לֹא
תֵחָת׃ שִׁמְעוּ אֵלַי יֹדְעֵי צֶדֶק עַם תּוֹרָתִי בְלִבָּם ז
אַל־תִּירְאוּ חֶרְפַּת אֱנוֹשׁ וּמִגִּדֻּפֹתָם אַל־תֵּחָתּוּ׃ כִּי כַבֶּגֶד ח
יֹאכְלֵם עָשׁ וְכַצֶּמֶר יֹאכְלֵם סָס וְצִדְקָתִי לְעוֹלָם תִּהְיֶה וִישׁוּעָתִי
לְדוֹר דּוֹרִים׃ עוּרִי עוּרִי לִבְשִׁי־עֹז זְרוֹעַ יהוה ט
עוּרִי כִּימֵי קֶדֶם דֹּרוֹת עוֹלָמִים הֲלוֹא אַתְּ־הִיא הַמַּחְצֶבֶת
רַהַב מְחוֹלֶלֶת תַּנִּין׃ הֲלוֹא אַתְּ־הִיא הַמַּחֲרֶבֶת יָם מֵי תְּהוֹם י
רַבָּה הַשָּׂמָה מַעֲמַקֵּי־יָם דֶּרֶךְ לַעֲבֹר גְּאוּלִים׃ וּפְדוּיֵי יהוה יא
יְשׁוּבוּן וּבָאוּ צִיּוֹן בְּרִנָּה וְשִׂמְחַת עוֹלָם עַל־רֹאשָׁם שָׂשׂוֹן
וְשִׂמְחָה יַשִּׂיגוּן נָסוּ יָגוֹן וַאֲנָחָה׃ אָנֹכִי אָנֹכִי הוּא יב
מְנַחֶמְכֶם מִי־אַתְּ וַתִּירְאִי מֵאֱנוֹשׁ יָמוּת וּמִבֶּן־אָדָם חָצִיר
יִנָּתֵן׃ וַתִּשְׁכַּח יהוה עֹשֶׂךָ נוֹטֶה שָׁמַיִם וְיֹסֵד אָרֶץ וַתְּפַחֵד יג
תָּמִיד כָּל־הַיּוֹם מִפְּנֵי חֲמַת הַמֵּצִיק כַּאֲשֶׁר כּוֹנֵן לְהַשְׁחִית
וְאַיֵּה חֲמַת הַמֵּצִיק׃ מִהַר צֹעֶה לְהִפָּתֵחַ וְלֹא־יָמוּת לַשַּׁחַת וְלֹא יד
יֶחְסַר לַחְמוֹ׃ וְאָנֹכִי יהוה אֱלֹהֶיךָ רֹגַע הַיָּם וַיֶּהֱמוּ גַּלָּיו יהוה טו
צְבָאוֹת שְׁמוֹ׃ וָאָשִׂם דְּבָרַי בְּפִיךָ וּבְצֵל יָדִי כִּסִּיתִיךָ לִנְטֹעַ שָׁמַיִם טז
וְלִיסֹד אָרֶץ וְלֵאמֹר לְצִיּוֹן עַמִּי־אָתָּה׃ הִתְעוֹרְרִי יז
הִתְעוֹרְרִי קוּמִי יְרוּשָׁלַםִ אֲשֶׁר שָׁתִית מִיַּד יהוה אֶת־כּוֹס חֲמָתוֹ
אֶת־קֻבַּעַת כּוֹס הַתַּרְעֵלָה שָׁתִית מָצִית׃ אֵין־מְנַהֵל לָהּ מִכָּל־ יח
בָּנִים יָלָדָה וְאֵין מַחֲזִיק בְּיָדָהּ מִכָּל־בָּנִים גִּדֵּלָה׃ שְׁתַּיִם הֵנָּה יט
קֹרְאֹתַיִךְ מִי יָנוּד לָךְ הַשֹּׁד וְהַשֶּׁבֶר וְהָרָעָב וְהַחֶרֶב מִי אֲנַחֲמֵךְ׃
בָּנַיִךְ עֻלְּפוּ שָׁכְבוּ בְּרֹאשׁ כָּל־חוּצוֹת כְּתוֹא מִכְמָר הַמְלֵאִים כ
חֲמַת־יהוה גַּעֲרַת אֱלֹהָיִךְ׃ לָכֵן שִׁמְעִי־נָא זֹאת עֲנִיָּה וּשְׁכֻרַת כא
וְלֹא מִיָּיִן׃ כֹּה־אָמַר אֲדֹנַיִךְ יהוה וֵאלֹהַיִךְ יָרִיב כב
עַמּוֹ הִנֵּה לָקַחְתִּי מִיָּדֵךְ אֶת־כּוֹס הַתַּרְעֵלָה אֶת־קֻבַּעַת

כג כּוֹס חֲמָתִי לֹא־תוֹסִיפִי לִשְׁתּוֹתָהּ עוֹד׃ וְשַׂמְתִּיהָ בְּיַד־מוֹגַיִךְ
אֲשֶׁר־אָמְרוּ לְנַפְשֵׁךְ שְׁחִי וְנַעֲבֹרָה וַתָּשִׂימִי כָאָרֶץ גֵּוֵךְ וְכַחוּץ
נב א לַעֹבְרִים׃ עוּרִי עוּרִי לִבְשִׁי עֻזֵּךְ צִיּוֹן לִבְשִׁי ׀ בִּגְדֵי
תִפְאַרְתֵּךְ יְרוּשָׁלִַם עִיר הַקֹּדֶשׁ כִּי לֹא יוֹסִיף יָבֹא־בָךְ עוֹד עָרֵל
ב וְטָמֵא׃ הִתְנַעֲרִי מֵעָפָר קוּמִי שְּׁבִי יְרוּשָׁלִָם התפתחו מוֹסְרֵי הִתְפַּתְּחִי
ג צַוָּארֵךְ שְׁבִיָּה בַּת־צִיּוֹן׃ כִּי־כֹה אָמַר יהוה חִנָּם
ד נִמְכַּרְתֶּם וְלֹא בְכֶסֶף תִּגָּאֵלוּ׃ כִּי כֹה אָמַר אֲדֹנָי
יֱהֹוִה מִצְרַיִם יָרַד־עַמִּי בָרִאשֹׁנָה לָגוּר שָׁם וְאַשּׁוּר בְּאֶפֶס
ה עֲשָׁקוֹ׃ וְעַתָּה מַה־לִּי־פֹה נְאֻם־יהוה כִּי־לֻקַּח עַמִּי חִנָּם מֹשְׁלָו
ו יְהֵילִילוּ נְאֻם־יהוה וְתָמִיד כָּל־הַיּוֹם שְׁמִי מִנֹּאָץ׃ לָכֵן
יֵדַע עַמִּי שְׁמִי לָכֵן בַּיּוֹם הַהוּא כִּי־אֲנִי־הוּא הַמְדַבֵּר
ז הִנֵּנִי׃ מַה־נָּאווּ עַל־הֶהָרִים רַגְלֵי מְבַשֵּׂר מַשְׁמִיעַ כב
שָׁלוֹם מְבַשֵּׂר טוֹב מַשְׁמִיעַ יְשׁוּעָה אֹמֵר לְצִיּוֹן מָלַךְ אֱלֹהָיִךְ׃
ח קוֹל צֹפַיִךְ נָשְׂאוּ קוֹל יַחְדָּו יְרַנֵּנוּ כִּי עַיִן בְּעַיִן יִרְאוּ בְּשׁוּב יְהֹוָה
ט צִיּוֹן׃ פִּצְחוּ רַנְּנוּ יַחְדָּו חָרְבוֹת יְרוּשָׁלִָם כִּי־נִחַם יהוה עַמּוֹ גָּאַל
י יְרוּשָׁלִָם׃ חָשַׂף יהוה אֶת־זְרוֹעַ קָדְשׁוֹ לְעֵינֵי כָּל־הַגּוֹיִם וְרָאוּ
יא כָּל־אַפְסֵי־אָרֶץ אֵת יְשׁוּעַת אֱלֹהֵינוּ׃ סוּרוּ סוּרוּ
צְאוּ מִשָּׁם טָמֵא אַל־תִּגָּעוּ צְאוּ מִתּוֹכָהּ הִבָּרוּ נֹשְׂאֵי כְּלֵי יְהֹוָה׃
יב כִּי לֹא בְחִפָּזוֹן תֵּצֵאוּ וּבִמְנוּסָה לֹא תֵלֵכוּן כִּי־הֹלֵךְ לִפְנֵיכֶם
יג יְהֹוָה וּמְאַסִּפְכֶם אֱלֹהֵי יִשְׂרָאֵל׃ הִנֵּה יַשְׂכִּיל
יד עַבְדִּי יָרוּם וְנִשָּׂא וְגָבַהּ מְאֹד׃ כַּאֲשֶׁר שָׁמְמוּ עָלֶיךָ רַבִּים כֵּן־
טו מִשְׁחַת מֵאִישׁ מַרְאֵהוּ וְתֹאֲרוֹ מִבְּנֵי אָדָם׃ כֵּן יַזֶּה גּוֹיִם רַבִּים
עָלָיו יִקְפְּצוּ מְלָכִים פִּיהֶם כִּי אֲשֶׁר לֹא־סֻפַּר לָהֶם רָאוּ וַאֲשֶׁר
נג א לֹא־שָׁמְעוּ הִתְבּוֹנָנוּ׃ מִי הֶאֱמִין לִשְׁמֻעָתֵנוּ וּזְרוֹעַ יהוה עַל־מִי
ב נִגְלָתָה׃ וַיַּעַל כַּיּוֹנֵק לְפָנָיו וְכַשֹּׁרֶשׁ מֵאֶרֶץ צִיָּה לֹא־תֹאַר לוֹ
ג וְלֹא הָדָר וְנִרְאֵהוּ וְלֹא־מַרְאֶה וְנֶחְמְדֵהוּ׃ נִבְזֶה וַחֲדַל אִישִׁים
אִישׁ מַכְאֹבוֹת וִידוּעַ חֹלִי וּכְמַסְתֵּר פָּנִים מִמֶּנּוּ נִבְזֶה וְלֹא

חֲשַׁבְנֻֽהוּ׃ אָכֵן חֳלָיֵנוּ הוּא נָשָׂא וּמַכְאֹבֵינוּ סְבָלָם וַאֲנַחְנוּ ד
חֲשַׁבְנֻהוּ נָגוּעַ מֻכֵּה אֱלֹהִים וּמְעֻנֶּה׃ וְהוּא מְחֹלָל מִפְּשָׁעֵנוּ ה
מְדֻכָּא מֵעֲוֺנֹתֵינוּ מוּסַר שְׁלוֹמֵנוּ עָלָיו וּבַחֲבֻרָתוֹ נִרְפָּא־לָנוּ׃
כֻּלָּנוּ כַּצֹּאן תָּעִינוּ אִישׁ לְדַרְכּוֹ פָּנִינוּ וַיהוָה הִפְגִּיעַ בּוֹ אֵת עֲוֺן ו
כֻּלָּנוּ׃ נִגַּשׂ וְהוּא נַעֲנֶה וְלֹא יִפְתַּח־פִּיו כַּשֶּׂה לַטֶּבַח יוּבָל ז
וּכְרָחֵל לִפְנֵי גֹזְזֶיהָ נֶאֱלָמָה וְלֹא יִפְתַּח פִּיו׃ מֵעֹצֶר וּמִמִּשְׁפָּט ח
לֻקָּח וְאֶת־דּוֹרוֹ מִי יְשׂוֹחֵחַ כִּי נִגְזַר מֵאֶרֶץ חַיִּים מִפֶּשַׁע עַמִּי
נֶגַע לָמוֹ׃ וַיִּתֵּן אֶת־רְשָׁעִים קִבְרוֹ וְאֶת־עָשִׁיר בְּמֹתָיו עַל לֹא־ ט
חָמָס עָשָׂה וְלֹא מִרְמָה בְּפִיו׃ וַיהוָה חָפֵץ דַּכְּאוֹ הֶחֱלִי אִם־ י
תָּשִׂים אָשָׁם נַפְשׁוֹ יִרְאֶה זֶרַע יַאֲרִיךְ יָמִים וְחֵפֶץ יְהוָה
בְּיָדוֹ יִצְלָח׃ מֵעֲמַל נַפְשׁוֹ יִרְאֶה יִשְׂבָּע בְּדַעְתּוֹ יַצְדִּיק יא
צַדִּיק עַבְדִּי לָרַבִּים וַעֲוֺנֹתָם הוּא יִסְבֹּל׃ לָכֵן אֲחַלֶּק־לוֹ יב
בָרַבִּים וְאֶת־עֲצוּמִים יְחַלֵּק שָׁלָל תַּחַת אֲשֶׁר הֶעֱרָה לַמָּוֶת
נַפְשׁוֹ וְאֶת־פֹּשְׁעִים נִמְנָה וְהוּא חֵטְא־רַבִּים נָשָׂא וְלַפֹּשְׁעִים
יַפְגִּיעַ׃ רָנִּי עֲקָרָה לֹא יָלָדָה פִּצְחִי רִנָּה וְצַהֲלִי א נד
לֹא־חָלָה כִּי־רַבִּים בְּנֵי־שׁוֹמֵמָה מִבְּנֵי בְעוּלָה אָמַר יְהוָה׃
הַרְחִיבִי ׀ מְקוֹם אָהֳלֵךְ וִירִיעוֹת מִשְׁכְּנוֹתַיִךְ יַטּוּ אַל־תַּחְשֹׂכִי ב
הַאֲרִיכִי מֵיתָרַיִךְ וִיתֵדֹתַיִךְ חַזֵּקִי׃ כִּי־יָמִין וּשְׂמֹאול תִּפְרֹצִי ג
וְזַרְעֵךְ גּוֹיִם יִירָשׁ וְעָרִים נְשַׁמּוֹת יוֹשִׁיבוּ׃ אַל־תִּירְאִי כִּי־לֹא ד
תֵבוֹשִׁי וְאַל־תִּכָּלְמִי כִּי לֹא תַחְפִּירִי כִּי בֹשֶׁת עֲלוּמַיִךְ תִּשְׁכָּחִי
וְחֶרְפַּת אַלְמְנוּתַיִךְ לֹא תִזְכְּרִי־עוֹד׃ כִּי בֹעֲלַיִךְ עֹשַׂיִךְ יְהוָה ה
צְבָאוֹת שְׁמוֹ וְגֹאֲלֵךְ קְדוֹשׁ יִשְׂרָאֵל אֱלֹהֵי כָל־הָאָרֶץ יִקָּרֵא׃
כִּי־כְאִשָּׁה עֲזוּבָה וַעֲצוּבַת רוּחַ קְרָאָךְ יְהוָה וְאֵשֶׁת נְעוּרִים כִּי ו
תִמָּאֵס אָמַר אֱלֹהָיִךְ׃ בְּרֶגַע קָטֹן עֲזַבְתִּיךְ וּבְרַחֲמִים גְּדֹלִים ז
אֲקַבְּצֵךְ׃ בְּשֶׁצֶף קֶצֶף הִסְתַּרְתִּי פָנַי רֶגַע מִמֵּךְ וּבְחֶסֶד עוֹלָם ח
רִחַמְתִּיךְ אָמַר גֹּאֲלֵךְ יְהוָה׃ כִּי־מֵי נֹחַ זֹאת לִי ט
אֲשֶׁר נִשְׁבַּעְתִּי מֵעֲבֹר מֵי־נֹחַ עוֹד עַל־הָאָרֶץ כֵּן נִשְׁבַּעְתִּי

י מִקְּצֹף עָלַיִךְ וּמִגְּעׇר־בָּךְ׃ כִּי הֶהָרִים יָמוּשׁוּ וְהַגְּבָעוֹת תְּמוּטֶינָה
וְחַסְדִּי מֵאִתֵּךְ לֹא־יָמוּשׁ וּבְרִית שְׁלוֹמִי לֹא תָמוּט אָמַר
יא מְרַחֲמֵךְ יְהֹוָה׃ עֲנִיָּה סֹעֲרָה לֹא נֻחָמָה הִנֵּה
יב אָנֹכִי מַרְבִּיץ בַּפּוּךְ אֲבָנַיִךְ וִיסַדְתִּיךְ בַּסַּפִּירִים׃ וְשַׂמְתִּי כַּדְכֹד
שִׁמְשֹׁתַיִךְ וּשְׁעָרַיִךְ לְאַבְנֵי אֶקְדָּח וְכׇל־גְּבוּלֵךְ לְאַבְנֵי־חֵפֶץ׃
יג יד וְכׇל־בָּנַיִךְ לִמּוּדֵי יְהֹוָה וְרַב שְׁלוֹם בָּנָיִךְ׃ בִּצְדָקָה תִּכּוֹנָנִי רַחֲקִי
טו מֵעֹשֶׁק כִּי־לֹא תִירָאִי וּמִמְּחִתָּה כִּי לֹא־תִקְרַב אֵלָיִךְ׃ הֵן גּוֹר
טז יָגוּר אֶפֶס מֵאוֹתִי מִי־גָר אִתָּךְ עָלַיִךְ יִפּוֹל׃ הֵן אָנֹכִי בָּרָאתִי הִנֵּה
חָרָשׁ נֹפֵחַ בְּאֵשׁ פֶּחָם וּמוֹצִיא כְלִי לְמַעֲשֵׂהוּ וְאָנֹכִי בָּרָאתִי
יז מַשְׁחִית לְחַבֵּל׃ כׇּל־כְּלִי יוּצַר עָלַיִךְ לֹא יִצְלָח וְכׇל־לָשׁוֹן
תָּקוּם־אִתָּךְ לַמִּשְׁפָּט תַּרְשִׁיעִי זֹאת נַחֲלַת עַבְדֵי יְהֹוָה וְצִדְקָתָם
נה א מֵאִתִּי נְאֻם־יְהֹוָה׃ הוֹי כׇּל־צָמֵא לְכוּ לַמַּיִם
וַאֲשֶׁר אֵין־לוֹ כָּסֶף לְכוּ שִׁבְרוּ וֶאֱכֹלוּ וּלְכוּ שִׁבְרוּ בְּלוֹא־כֶסֶף
ב וּבְלוֹא מְחִיר יַיִן וְחָלָב׃ לָמָּה תִשְׁקְלוּ־כֶסֶף בְּלוֹא־לֶחֶם
וִיגִיעֲכֶם בְּלוֹא לְשׇׂבְעָה שִׁמְעוּ שָׁמוֹעַ אֵלַי וְאִכְלוּ־טוֹב וְתִתְעַנַּג
ג בַּדֶּשֶׁן נַפְשְׁכֶם׃ הַטּוּ אׇזְנְכֶם וּלְכוּ אֵלַי שִׁמְעוּ וּתְחִי נַפְשְׁכֶם
ד וְאֶכְרְתָה לָכֶם בְּרִית עוֹלָם חַסְדֵי דָוִד הַנֶּאֱמָנִים׃ הֵן עֵד
ה לְאוּמִּים נְתַתִּיו נָגִיד וּמְצַוֵּה לְאֻמִּים׃ הֵן גּוֹי לֹא־תֵדַע תִּקְרָא
וְגוֹי לֹא־יְדָעוּךָ אֵלֶיךָ יָרוּצוּ לְמַעַן יְהֹוָה אֱלֹהֶיךָ וְלִקְדוֹשׁ
ו יִשְׂרָאֵל כִּי פֵאֲרָךְ׃ דִּרְשׁוּ יְהֹוָה בְּהִמָּצְאוֹ קְרָאֻהוּ
ז בִּהְיוֹתוֹ קָרוֹב׃ יַעֲזֹב רָשָׁע דַּרְכּוֹ וְאִישׁ אָוֶן מַחְשְׁבֹתָיו וְיָשֹׁב
ח אֶל־יְהֹוָה וִירַחֲמֵהוּ וְאֶל־אֱלֹהֵינוּ כִּי־יַרְבֶּה לִסְלוֹחַ׃ כִּי לֹא
ט מַחְשְׁבוֹתַי מַחְשְׁבוֹתֵיכֶם וְלֹא דַרְכֵיכֶם דְּרָכָי נְאֻם יְהֹוָה׃ כִּי־
גָבְהוּ שָׁמַיִם מֵאָרֶץ כֵּן גָּבְהוּ דְרָכַי מִדַּרְכֵיכֶם וּמַחְשְׁבֹתַי
י מִמַּחְשְׁבֹתֵיכֶם׃ כִּי כַּאֲשֶׁר יֵרֵד הַגֶּשֶׁם וְהַשֶּׁלֶג מִן־הַשָּׁמַיִם
וְשָׁמָּה לֹא יָשׁוּב כִּי אִם־הִרְוָה אֶת־הָאָרֶץ וְהוֹלִידָהּ וְהִצְמִיחָהּ
יא וְנָתַן זֶרַע לַזֹּרֵעַ וְלֶחֶם לָאֹכֵל׃ כֵּן יִהְיֶה דְבָרִי אֲשֶׁר יֵצֵא מִפִּי

לֹא־יָשׁוּב אֵלַי רֵיקָם כִּי אִם־עָשָׂה אֶת־אֲשֶׁר חָפַצְתִּי וְהִצְלִיחַ
אֲשֶׁר שְׁלַחְתִּיו׃ כִּי־בְשִׂמְחָה תֵצֵאוּ וּבְשָׁלוֹם תּוּבָלוּן הֶהָרִים יב
וְהַגְּבָעוֹת יִפְצְחוּ לִפְנֵיכֶם רִנָּה וְכָל־עֲצֵי הַשָּׂדֶה יִמְחֲאוּ־כָף׃
וְתַחַת כג
תַּחַת הַנַּעֲצוּץ יַעֲלֶה בְרוֹשׁ תחת הַסִּרְפַּד יַעֲלֶה הֲדַס וְהָיָה יג
לַיהוָה לְשֵׁם לְאוֹת עוֹלָם לֹא יִכָּרֵת׃ כֹּה אָמַר א נו
יְהוָה שִׁמְרוּ מִשְׁפָּט וַעֲשׂוּ צְדָקָה כִּי־קְרוֹבָה יְשׁוּעָתִי לָבוֹא
וְצִדְקָתִי לְהִגָּלוֹת׃ אַשְׁרֵי אֱנוֹשׁ יַעֲשֶׂה־זֹּאת וּבֶן־אָדָם יַחֲזִיק ב
בָּהּ שֹׁמֵר שַׁבָּת מֵחַלְּלוֹ וְשֹׁמֵר יָדוֹ מֵעֲשׂוֹת כָּל־רָע׃ וְאַל־יֹאמַר ג
בֶּן־הַנֵּכָר הַנִּלְוָה אֶל־יְהוָה לֵאמֹר הַבְדֵּל יַבְדִּילַנִי יְהוָה מֵעַל
עַמּוֹ וְאַל־יֹאמַר הַסָּרִיס הֵן אֲנִי עֵץ יָבֵשׁ׃ כִּי־ ד
כֹה ׀ אָמַר יְהוָה לַסָּרִיסִים אֲשֶׁר יִשְׁמְרוּ אֶת־שַׁבְּתוֹתַי וּבָחֲרוּ
בַּאֲשֶׁר חָפָצְתִּי וּמַחֲזִיקִים בִּבְרִיתִי׃ וְנָתַתִּי לָהֶם בְּבֵיתִי ה
וּבְחוֹמֹתַי יָד וָשֵׁם טוֹב מִבָּנִים וּמִבָּנוֹת שֵׁם עוֹלָם אֶתֶּן־לוֹ אֲשֶׁר
לֹא יִכָּרֵת׃ וּבְנֵי הַנֵּכָר הַנִּלְוִים עַל־יְהוָה לְשָׁרְתוֹ ו
וּלְאַהֲבָה אֶת־שֵׁם יְהוָה לִהְיוֹת לוֹ לַעֲבָדִים כָּל־שֹׁמֵר שַׁבָּת
מֵחַלְּלוֹ וּמַחֲזִיקִים בִּבְרִיתִי׃ וַהֲבִיאוֹתִים אֶל־הַר קָדְשִׁי ז
וְשִׂמַּחְתִּים בְּבֵית תְּפִלָּתִי עוֹלֹתֵיהֶם וְזִבְחֵיהֶם לְרָצוֹן עַל־
מִזְבְּחִי כִּי בֵיתִי בֵּית־תְּפִלָּה יִקָּרֵא לְכָל־הָעַמִּים׃ נְאֻם אֲדֹנָי ח
יֱהוִה מְקַבֵּץ נִדְחֵי יִשְׂרָאֵל עוֹד אֲקַבֵּץ עָלָיו לְנִקְבָּצָיו׃ כֹּל חַיְתוֹ ט
שָׂדָי אֵתָיוּ לֶאֱכֹל כָּל־חַיְתוֹ בַּיָּעַר׃ צֹפָו עִוְרִים י
כֻּלָּם לֹא יָדָעוּ כֻּלָּם כְּלָבִים אִלְּמִים לֹא יוּכְלוּ לִנְבֹּחַ הֹזִים
שֹׁכְבִים אֹהֲבֵי לָנוּם׃ וְהַכְּלָבִים עַזֵּי־נֶפֶשׁ לֹא יָדְעוּ שָׂבְעָה וְהֵמָּה יא
רֹעִים לֹא יָדְעוּ הָבִין כֻּלָּם לְדַרְכָּם פָּנוּ אִישׁ לְבִצְעוֹ מִקָּצֵהוּ׃
אֵתָיוּ אֶקְחָה־יַיִן וְנִסְבְּאָה שֵׁכָר וְהָיָה כָזֶה יוֹם מָחָר גָּדוֹל יֶתֶר יב
מְאֹד׃ הַצַּדִּיק אָבָד וְאֵין אִישׁ שָׂם עַל־לֵב וְאַנְשֵׁי־חֶסֶד א נז
נֶאֱסָפִים בְּאֵין מֵבִין כִּי־מִפְּנֵי הָרָעָה נֶאֱסַף הַצַּדִּיק׃ יָבוֹא שָׁלוֹם ב
יָנוּחוּ עַל־מִשְׁכְּבוֹתָם הֹלֵךְ נְכֹחוֹ׃ וְאַתֶּם קִרְבוּ־ ג

ד הֵנָּה בְּנֵי עֹנְנָה זֶרַע מְנָאֵף וַתִּזְנֶה: עַל־מִי תִּתְעַנָּגוּ עַל־מִי
תַּרְחִיבוּ פֶה תַּאֲרִיכוּ לָשׁוֹן הֲלוֹא־אַתֶּם יִלְדֵי־פֶשַׁע זֶרַע שָׁקֶר:
ה הַנֵּחָמִים בָּאֵלִים תַּחַת כָּל־עֵץ רַעֲנָן שֹׁחֲטֵי הַיְלָדִים בַּנְּחָלִים
ו תַּחַת סְעִפֵי הַסְּלָעִים: בְּחַלְּקֵי־נַחַל חֶלְקֵךְ הֵם הֵם גּוֹרָלֵךְ גַּם־
ז לָהֶם שָׁפַכְתְּ נֶסֶךְ הֶעֱלִית מִנְחָה הַעַל אֵלֶּה אֶנָּחֵם: עַל הַר־גָּבֹהַּ
ח וְנִשָּׂא שַׂמְתְּ מִשְׁכָּבֵךְ גַּם־שָׁם עָלִית לִזְבֹּחַ זָבַח: וְאַחַר הַדֶּלֶת
וְהַמְּזוּזָה שַׂמְתְּ זִכְרוֹנֵךְ כִּי מֵאִתִּי גִּלִּית וַתַּעֲלִי הִרְחַבְתְּ מִשְׁכָּבֵךְ
ט וַתִּכְרָת־לָךְ מֵהֶם אָהַבְתְּ מִשְׁכָּבָם יָד חָזִית: וַתָּשֻׁרִי לַמֶּלֶךְ
בַּשֶּׁמֶן וַתַּרְבִּי רִקֻּחָיִךְ וַתְּשַׁלְּחִי צִרַיִךְ עַד־מֵרָחֹק וַתַּשְׁפִּילִי עַד־
י שְׁאוֹל: בְּרֹב דַּרְכֵּךְ יָגַעַתְּ לֹא אָמַרְתְּ נוֹאָשׁ חַיַּת יָדֵךְ מָצָאת
יא עַל־כֵּן לֹא חָלִית: וְאֶת־מִי דָּאַגְתְּ וַתִּירְאִי כִּי תְכַזֵּבִי וְאוֹתִי לֹא
זָכַרְתְּ לֹא־שַׂמְתְּ עַל־לִבֵּךְ הֲלֹא אֲנִי מַחְשֶׁה וּמֵעֹלָם וְאוֹתִי לֹא
יב יג תִירָאִי: אֲנִי אַגִּיד צִדְקָתֵךְ וְאֶת־מַעֲשַׂיִךְ וְלֹא יוֹעִילוּךְ: בְּזַעֲקֵךְ
יַצִּילֻךְ קִבּוּצַיִךְ וְאֶת־כֻּלָּם יִשָּׂא־רוּחַ יִקַּח־הָבֶל וְהַחוֹסֶה בִי
יד יִנְחַל־אֶרֶץ וְיִירַשׁ הַר־קָדְשִׁי: וְאָמַר סֹלּוּ־סֹלּוּ פַּנּוּ־דָרֶךְ הָרִימוּ
טו מִכְשׁוֹל מִדֶּרֶךְ עַמִּי: כִּי כֹה אָמַר רָם וְנִשָּׂא שֹׁכֵן
עַד וְקָדוֹשׁ שְׁמוֹ מָרוֹם וְקָדוֹשׁ אֶשְׁכּוֹן וְאֶת־דַּכָּא וּשְׁפַל־רוּחַ
טז לְהַחֲיוֹת רוּחַ שְׁפָלִים וּלְהַחֲיוֹת לֵב נִדְכָּאִים: כִּי לֹא לְעוֹלָם
אָרִיב וְלֹא לָנֶצַח אֶקְּצוֹף כִּי־רוּחַ מִלְּפָנַי יַעֲטוֹף וּנְשָׁמוֹת אֲנִי
יז עָשִׂיתִי: בַּעֲוֺן בִּצְעוֹ קָצַפְתִּי וְאַכֵּהוּ הַסְתֵּר וְאֶקְצֹף וַיֵּלֶךְ שׁוֹבָב
יח בְּדֶרֶךְ לִבּוֹ: דְּרָכָיו רָאִיתִי וְאֶרְפָּאֵהוּ וְאַנְחֵהוּ וַאֲשַׁלֵּם נִחֻמִים
יט לוֹ וְלַאֲבֵלָיו: בּוֹרֵא נוּב שְׂפָתָיִם שָׁלוֹם ׀ שָׁלוֹם לָרָחוֹק וְלַקָּרוֹב נִיב
כ אָמַר יְהוָה וּרְפָאתִיו: וְהָרְשָׁעִים כַּיָּם נִגְרָשׁ כִּי הַשְׁקֵט לֹא
כא יוּכָל וַיִּגְרְשׁוּ מֵימָיו רֶפֶשׁ וָטִיט: אֵין שָׁלוֹם אָמַר אֱלֹהַי
נח א לָרְשָׁעִים: קְרָא בְגָרוֹן אַל־תַּחְשֹׂךְ כַּשּׁוֹפָר הָרֵם
ב קוֹלֶךָ וְהַגֵּד לְעַמִּי פִּשְׁעָם וּלְבֵית יַעֲקֹב חַטֹּאתָם: וְאוֹתִי יוֹם יוֹם
יִדְרֹשׁוּן וְדַעַת דְּרָכַי יֶחְפָּצוּן כְּגוֹי אֲשֶׁר־צְדָקָה עָשָׂה וּמִשְׁפַּט

אֱלֹהָיו לֹא עָזָב יִשְׁאָלוּנִי מִשְׁפְּטֵי־צֶדֶק קִרְבַת אֱלֹהִים יֶחְפָּצוּן׃
לָמָּה צַּמְנוּ וְלֹא רָאִיתָ עִנִּינוּ נַפְשֵׁנוּ וְלֹא תֵדָע הֵן בְּיוֹם צֹמְכֶם ג
תִּמְצְאוּ־חֵפֶץ וְכָל־עַצְּבֵיכֶם תִּנְגֹּשׂוּ׃ הֵן לְרִיב וּמַצָּה תָּצוּמוּ ד
וּלְהַכּוֹת בְּאֶגְרֹף רֶשַׁע לֹא־תָצוּמוּ כַיּוֹם לְהַשְׁמִיעַ בַּמָּרוֹם
קוֹלְכֶם׃ הֲכָזֶה יִהְיֶה צוֹם אֶבְחָרֵהוּ יוֹם עַנּוֹת אָדָם נַפְשׁוֹ הֲלָכֹף ה
כְּאַגְמֹן רֹאשׁוֹ וְשַׂק וָאֵפֶר יַצִּיעַ הֲלָזֶה תִּקְרָא־צוֹם וְיוֹם רָצוֹן
לַיהוה׃ הֲלוֹא זֶה צוֹם אֶבְחָרֵהוּ פַּתֵּחַ חַרְצֻבּוֹת רֶשַׁע הַתֵּר ו
אֲגֻדּוֹת מוֹטָה וְשַׁלַּח רְצוּצִים חָפְשִׁים וְכָל־מוֹטָה תְּנַתֵּקוּ׃ הֲלוֹא ז
פָרֹס לָרָעֵב לַחְמֶךָ וַעֲנִיִּים מְרוּדִים תָּבִיא בָיִת כִּי־תִרְאֶה עָרֹם
וְכִסִּיתוֹ וּמִבְּשָׂרְךָ לֹא תִתְעַלָּם׃ אָז יִבָּקַע כַּשַּׁחַר אוֹרֶךָ וַאֲרֻכָתְךָ ח
מְהֵרָה תִצְמָח וְהָלַךְ לְפָנֶיךָ צִדְקֶךָ כְּבוֹד יהוה יַאַסְפֶךָ׃ אָז ט
תִּקְרָא וַיהוה יַעֲנֶה תְּשַׁוַּע וְיֹאמַר הִנֵּנִי אִם־תָּסִיר מִתּוֹכְךָ
מוֹטָה שְׁלַח אֶצְבַּע וְדַבֶּר־אָוֶן׃ וְתָפֵק לָרָעֵב נַפְשֶׁךָ וְנֶפֶשׁ נַעֲנָה י
תַּשְׂבִּיעַ וְזָרַח בַּחֹשֶׁךְ אוֹרֶךָ וַאֲפֵלָתְךָ כַּצָּהֳרָיִם׃ וְנָחֲךָ יהוה יא
תָּמִיד וְהִשְׂבִּיעַ בְּצַחְצָחוֹת נַפְשֶׁךָ וְעַצְמֹתֶיךָ יַחֲלִיץ וְהָיִיתָ כְּגַן
רָוֶה וּכְמוֹצָא מַיִם אֲשֶׁר לֹא־יְכַזְּבוּ מֵימָיו׃ וּבָנוּ מִמְּךָ חָרְבוֹת יב
עוֹלָם מוֹסְדֵי דוֹר־וָדוֹר תְּקוֹמֵם וְקֹרָא לְךָ גֹּדֵר פֶּרֶץ מְשֹׁבֵב
נְתִיבוֹת לָשָׁבֶת׃ אִם־תָּשִׁיב מִשַּׁבָּת רַגְלֶךָ עֲשׂוֹת חֲפָצֶךָ בְּיוֹם יג
קָדְשִׁי וְקָרָאתָ לַשַּׁבָּת עֹנֶג לִקְדוֹשׁ יהוה מְכֻבָּד וְכִבַּדְתּוֹ
כד מֵעֲשׂוֹת דְּרָכֶיךָ מִמְּצוֹא חֶפְצְךָ וְדַבֵּר דָּבָר׃ אָז תִּתְעַנַּג עַל־ יד
בָּמֳתֵי יהוה וְהִרְכַּבְתִּיךָ עַל־בָּמוֹתֵי אָרֶץ וְהַאֲכַלְתִּיךָ נַחֲלַת יַעֲקֹב
אָבִיךָ כִּי פִּי יהוה דִּבֵּר׃ הֵן לֹא־קָצְרָה יַד־יהוה א נט
מֵהוֹשִׁיעַ וְלֹא־כָבְדָה אָזְנוֹ מִשְּׁמוֹעַ׃ כִּי אִם־עֲוֹנֹתֵיכֶם הָיוּ ב
מַבְדִּלִים בֵּינֵכֶם לְבֵין אֱלֹהֵיכֶם וְחַטֹּאותֵיכֶם הִסְתִּירוּ פָנִים מִכֶּם
מִשְּׁמוֹעַ׃ כִּי כַפֵּיכֶם נְגֹאֲלוּ בַדָּם וְאֶצְבְּעוֹתֵיכֶם בֶּעָוֹן שִׂפְתוֹתֵיכֶם ג
דִּבְּרוּ־שֶׁקֶר לְשׁוֹנְכֶם עַוְלָה תֶהְגֶּה׃ אֵין־קֹרֵא בְצֶדֶק וְאֵין נִשְׁפָּט ד
בֶּאֱמוּנָה בָּטוֹחַ עַל־תֹּהוּ וְדַבֶּר־שָׁוְא הָרוֹ עָמָל וְהוֹלֵיד אָוֶן׃

ה בֵּיצֵי צִפְעוֹנִי בִּקֵּעוּ וְקוּרֵי עַכָּבִישׁ יֶאֱרֹגוּ הָאֹכֵל מִבֵּיצֵיהֶם יָמוּת
ו וְהַזּוּרֶה תִּבָּקַע אֶפְעֶה׃ קוּרֵיהֶם לֹא־יִהְיוּ לְבֶגֶד וְלֹא יִתְכַּסּוּ
ז בְּמַעֲשֵׂיהֶם מַעֲשֵׂיהֶם מַעֲשֵׂי־אָוֶן וּפֹעַל חָמָס בְּכַפֵּיהֶם׃ רַגְלֵיהֶם
לָרַע יָרֻצוּ וִימַהֲרוּ לִשְׁפֹּךְ דָּם נָקִי מַחְשְׁבוֹתֵיהֶם מַחְשְׁבוֹת אָוֶן
ח שֹׁד וָשֶׁבֶר בִּמְסִלּוֹתָם׃ דֶּרֶךְ שָׁלוֹם לֹא יָדָעוּ וְאֵין מִשְׁפָּט
בְּמַעְגְּלוֹתָם נְתִיבוֹתֵיהֶם עִקְּשׁוּ לָהֶם כֹּל דֹּרֵךְ בָּהּ לֹא יָדַע
ט שָׁלוֹם׃ עַל־כֵּן רָחַק מִשְׁפָּט מִמֶּנּוּ וְלֹא תַשִּׂיגֵנוּ צְדָקָה נְקַוֶּה
י לָאוֹר וְהִנֵּה־חֹשֶׁךְ לִנְגֹהוֹת בָּאֲפֵלוֹת נְהַלֵּךְ׃ נְגַשְׁשָׁה כַעִוְרִים
קִיר וּכְאֵין עֵינַיִם נְגַשֵּׁשָׁה כָּשַׁלְנוּ בַצָּהֳרַיִם כַּנֶּשֶׁף בָּאַשְׁמַנִּים
יא כַּמֵּתִים׃ נֶהֱמֶה כַדֻּבִּים כֻּלָּנוּ וְכַיּוֹנִים הָגֹה נֶהְגֶּה נְקַוֶּה לַמִּשְׁפָּט
יב וָאַיִן לִישׁוּעָה רָחֲקָה מִמֶּנּוּ׃ כִּי־רַבּוּ פְשָׁעֵינוּ נֶגְדֶּךָ וְחַטֹּאותֵינוּ
יג עָנְתָה בָּנוּ כִּי־פְשָׁעֵינוּ אִתָּנוּ וַעֲוֺנֹתֵינוּ יְדַעֲנוּם׃ פָּשֹׁעַ וְכַחֵשׁ
בַּיהוָה וְנָסוֹג מֵאַחַר אֱלֹהֵינוּ דַּבֶּר־עֹשֶׁק וְסָרָה הֹרוֹ וְהֹגוֹ מִלֵּב
יד דִּבְרֵי־שָׁקֶר׃ וְהֻסַּג אָחוֹר מִשְׁפָּט וּצְדָקָה מֵרָחוֹק תַּעֲמֹד כִּי־
טו כָשְׁלָה בָרְחוֹב אֱמֶת וּנְכֹחָה לֹא־תוּכַל לָבוֹא׃ וַתְּהִי הָאֱמֶת
נֶעְדֶּרֶת וְסָר מֵרָע מִשְׁתּוֹלֵל וַיַּרְא יְהוָה וַיֵּרַע בְּעֵינָיו כִּי־אֵין
טז מִשְׁפָּט׃ וַיַּרְא כִּי־אֵין אִישׁ וַיִּשְׁתּוֹמֵם כִּי אֵין מַפְגִּיעַ וַתּוֹשַׁע
יז לוֹ זְרֹעוֹ וְצִדְקָתוֹ הִיא סְמָכָתְהוּ׃ וַיִּלְבַּשׁ צְדָקָה כַּשִּׁרְיָן וְכוֹבַע
יְשׁוּעָה בְּרֹאשׁוֹ וַיִּלְבַּשׁ בִּגְדֵי נָקָם תִּלְבֹּשֶׁת וַיַּעַט כַּמְעִיל קִנְאָה׃
יח כְּעַל גְּמֻלוֹת כְּעַל יְשַׁלֵּם חֵמָה לְצָרָיו גְּמוּל לְאֹיְבָיו לָאִיִּים גְּמוּל
יט יְשַׁלֵּם׃ וְיִירְאוּ מִמַּעֲרָב אֶת־שֵׁם יְהוָה וּמִמִּזְרַח־שֶׁמֶשׁ אֶת־
כ כְּבוֹדוֹ כִּי־יָבוֹא כַנָּהָר צָר רוּחַ יְהוָה נֹסְסָה בוֹ׃ וּבָא לְצִיּוֹן גּוֹאֵל
כא וּלְשָׁבֵי פֶשַׁע בְּיַעֲקֹב נְאֻם יְהוָה׃ וַאֲנִי זֹאת בְּרִיתִי אוֹתָם אָמַר
יְהוָה רוּחִי אֲשֶׁר עָלֶיךָ וּדְבָרַי אֲשֶׁר־שַׂמְתִּי בְּפִיךָ לֹא־יָמוּשׁוּ
מִפִּיךָ וּמִפִּי זַרְעֲךָ וּמִפִּי זֶרַע זַרְעֲךָ אָמַר יְהוָה מֵעַתָּה וְעַד־
ס א עוֹלָם׃ קוּמִי אוֹרִי כִּי בָא אוֹרֵךְ וּכְבוֹד יְהוָה
ב עָלַיִךְ זָרָח׃ כִּי־הִנֵּה הַחֹשֶׁךְ יְכַסֶּה־אֶרֶץ וַעֲרָפֶל לְאֻמִּים וְעָלַיִךְ

יִזְרַח יְהוָה וּכְבוֹדוֹ עָלַיִךְ יֵרָאֶה: וְהָלְכוּ גוֹיִם לְאוֹרֵךְ וּמְלָכִים ג
לְנֹגַהּ זַרְחֵךְ: שְׂאִי־סָבִיב עֵינַיִךְ וּרְאִי כֻּלָּם נִקְבְּצוּ בָאוּ־ ד
לָךְ בָּנַיִךְ מֵרָחוֹק יָבֹאוּ וּבְנֹתַיִךְ עַל־צַד תֵּאָמַנָה: אָז תִּרְאִי ה
וְנָהַרְתְּ וּפָחַד וְרָחַב לְבָבֵךְ כִּי־יֵהָפֵךְ עָלַיִךְ הֲמוֹן יָם חֵיל גּוֹיִם
יָבֹאוּ לָךְ: שִׁפְעַת גְּמַלִּים תְּכַסֵּךְ בִּכְרֵי מִדְיָן וְעֵיפָה כֻּלָּם ו
מִשְּׁבָא יָבֹאוּ זָהָב וּלְבוֹנָה יִשָּׂאוּ וּתְהִלֹּת יְהוָה יְבַשֵּׂרוּ: כָּל־ ז
צֹאן קֵדָר יִקָּבְצוּ לָךְ אֵילֵי נְבָיוֹת יְשָׁרְתוּנֶךְ יַעֲלוּ עַל־רָצוֹן
מִזְבְּחִי וּבֵית תִּפְאַרְתִּי אֲפָאֵר: מִי־אֵלֶּה כָּעָב תְּעוּפֶינָה וְכַיּוֹנִים ח
אֶל־אֲרֻבֹּתֵיהֶם: כִּי־לִי ׀ אִיִּים יְקַוּוּ וָאֳנִיּוֹת תַּרְשִׁישׁ בָּרִאשֹׁנָה ט
לְהָבִיא בָנַיִךְ מֵרָחוֹק כַּסְפָּם וּזְהָבָם אִתָּם לְשֵׁם יְהוָה אֱלֹהַיִךְ
וְלִקְדוֹשׁ יִשְׂרָאֵל כִּי פֵאֲרָךְ: וּבָנוּ בְנֵי־נֵכָר חֹמֹתַיִךְ וּמַלְכֵיהֶם י
יְשָׁרְתוּנֶךְ כִּי בְקִצְפִּי הִכִּיתִיךְ וּבִרְצוֹנִי רִחַמְתִּיךְ: וּפִתְּחוּ שְׁעָרַיִךְ יא
תָּמִיד יוֹמָם וָלַיְלָה לֹא יִסָּגֵרוּ לְהָבִיא אֵלַיִךְ חֵיל גּוֹיִם וּמַלְכֵיהֶם
נְהוּגִים: כִּי־הַגּוֹי וְהַמַּמְלָכָה אֲשֶׁר לֹא־יַעַבְדוּךְ יֹאבֵדוּ וְהַגּוֹיִם יב
חָרֹב יֶחֱרָבוּ: כְּבוֹד הַלְּבָנוֹן אֵלַיִךְ יָבוֹא בְּרוֹשׁ תִּדְהָר וּתְאַשּׁוּר יג
יַחְדָּו לְפָאֵר מְקוֹם מִקְדָּשִׁי וּמְקוֹם רַגְלַי אֲכַבֵּד: וְהָלְכוּ אֵלַיִךְ יד
שְׁחוֹחַ בְּנֵי מְעַנַּיִךְ וְהִשְׁתַּחֲווּ עַל־כַּפּוֹת רַגְלַיִךְ כָּל־מְנַאֲצָיִךְ
וְקָרְאוּ לָךְ עִיר יְהוָה צִיּוֹן קְדוֹשׁ יִשְׂרָאֵל: תַּחַת הֱיוֹתֵךְ עֲזוּבָה טו
וּשְׂנוּאָה וְאֵין עוֹבֵר וְשַׂמְתִּיךְ לִגְאוֹן עוֹלָם מְשׂוֹשׂ דּוֹר וָדוֹר:
וְיָנַקְתְּ חֲלֵב גּוֹיִם וְשֹׁד מְלָכִים תִּינָקִי וְיָדַעַתְּ כִּי אֲנִי יְהוָה טז
מוֹשִׁיעֵךְ וְגֹאֲלֵךְ אֲבִיר יַעֲקֹב: תַּחַת הַנְּחֹשֶׁת אָבִיא זָהָב וְתַחַת יז
הַבַּרְזֶל אָבִיא כֶסֶף וְתַחַת הָעֵצִים נְחֹשֶׁת וְתַחַת הָאֲבָנִים בַּרְזֶל
וְשַׂמְתִּי פְקֻדָּתֵךְ שָׁלוֹם וְנֹגְשַׂיִךְ צְדָקָה: לֹא־יִשָּׁמַע עוֹד חָמָס יח
בְּאַרְצֵךְ שֹׁד וָשֶׁבֶר בִּגְבוּלָיִךְ וְקָרָאת יְשׁוּעָה חוֹמֹתַיִךְ וּשְׁעָרַיִךְ
תְּהִלָּה: לֹא־יִהְיֶה־לָּךְ עוֹד הַשֶּׁמֶשׁ לְאוֹר יוֹמָם וּלְנֹגַהּ הַיָּרֵחַ יט
לֹא־יָאִיר לָךְ וְהָיָה־לָךְ יְהוָה לְאוֹר עוֹלָם וֵאלֹהַיִךְ לְתִפְאַרְתֵּךְ:
לֹא־יָבוֹא עוֹד שִׁמְשֵׁךְ וִירֵחֵךְ לֹא יֵאָסֵף כִּי יְהוָה יִהְיֶה־לָּךְ כ

כא לְאוֹר עוֹלָם וְשָׁלְמוּ יְמֵי אֶבְלֵךְ׃ וְעַמֵּךְ כֻּלָּם צַדִּיקִים לְעוֹלָם
כב יִירְשׁוּ אָרֶץ נֵצֶר מטעו מַעֲשֵׂה יָדַי לְהִתְפָּאֵר׃ הַקָּטֹן יִהְיֶה לָאֶלֶף מַטָּעַי
סא א וְהַצָּעִיר לְגוֹי עָצוּם אֲנִי יְהוָה בְּעִתָּהּ אֲחִישֶׁנָּה׃ רוּחַ
אֲדֹנָי יֱהוִה עָלָי יַעַן מָשַׁח יְהוָה אֹתִי לְבַשֵּׂר עֲנָוִים שְׁלָחַנִי לַחֲבֹשׁ
לְנִשְׁבְּרֵי־לֵב לִקְרֹא לִשְׁבוּיִם דְּרוֹר וְלַאֲסוּרִים פְּקַח־קוֹחַ׃
ב לִקְרֹא שְׁנַת־רָצוֹן לַיהוָה וְיוֹם נָקָם לֵאלֹהֵינוּ לְנַחֵם כָּל־
ג אֲבֵלִים׃ לָשׂוּם ׀ לַאֲבֵלֵי צִיּוֹן לָתֵת לָהֶם פְּאֵר תַּחַת אֵפֶר שֶׁמֶן
שָׂשׂוֹן תַּחַת אֵבֶל מַעֲטֵה תְהִלָּה תַּחַת רוּחַ כֵּהָה וְקֹרָא לָהֶם
ד אֵילֵי הַצֶּדֶק מַטַּע יְהוָה לְהִתְפָּאֵר׃ וּבָנוּ חָרְבוֹת עוֹלָם שֹׁמְמוֹת
ה רִאשֹׁנִים יְקוֹמֵמוּ וְחִדְּשׁוּ עָרֵי חֹרֶב שֹׁמְמוֹת דּוֹר וָדוֹר׃ וְעָמְדוּ
ו זָרִים וְרָעוּ צֹאנְכֶם וּבְנֵי נֵכָר אִכָּרֵיכֶם וְכֹרְמֵיכֶם׃ וְאַתֶּם כֹּהֲנֵי
יְהוָה תִּקָּרֵאוּ מְשָׁרְתֵי אֱלֹהֵינוּ יֵאָמֵר לָכֶם חֵיל גּוֹיִם תֹּאכֵלוּ
ז וּבִכְבוֹדָם תִּתְיַמָּרוּ׃ תַּחַת בָּשְׁתְּכֶם מִשְׁנֶה וּכְלִמָּה יָרֹנּוּ חֶלְקָם
ח לָכֵן בְּאַרְצָם מִשְׁנֶה יִירָשׁוּ שִׂמְחַת עוֹלָם תִּהְיֶה לָהֶם׃ כִּי
אֲנִי יְהוָה אֹהֵב מִשְׁפָּט שֹׂנֵא גָזֵל בְּעוֹלָה וְנָתַתִּי פְעֻלָּתָם
ט בֶּאֱמֶת וּבְרִית עוֹלָם אֶכְרוֹת לָהֶם׃ וְנוֹדַע בַּגּוֹיִם זַרְעָם כה
וְצֶאֱצָאֵיהֶם בְּתוֹךְ הָעַמִּים כָּל־רֹאֵיהֶם יַכִּירוּם כִּי הֵם זֶרַע בֵּרַךְ
י יְהוָה׃ שׂוֹשׂ אָשִׂישׂ בַּיהוָה תָּגֵל נַפְשִׁי בֵּאלֹהַי כִּי
הִלְבִּישַׁנִי בִּגְדֵי־יֶשַׁע מְעִיל צְדָקָה יְעָטָנִי כֶּחָתָן יְכַהֵן פְּאֵר
יא וְכַכַּלָּה תַּעְדֶּה כֵלֶיהָ׃ כִּי כָאָרֶץ תּוֹצִיא צִמְחָהּ וּכְגַנָּה זֵרוּעֶיהָ
תַצְמִיחַ כֵּן ׀ אֲדֹנָי יֱהוִה יַצְמִיחַ צְדָקָה וּתְהִלָּה נֶגֶד כָּל־הַגּוֹיִם׃
סב א לְמַעַן צִיּוֹן לֹא אֶחֱשֶׁה וּלְמַעַן יְרוּשָׁלִַם לֹא אֶשְׁקוֹט עַד־יֵצֵא
ב כַנֹּגַהּ צִדְקָהּ וִישׁוּעָתָהּ כְּלַפִּיד יִבְעָר׃ וְרָאוּ גוֹיִם צִדְקֵךְ וְכָל־
מְלָכִים כְּבוֹדֵךְ וְקֹרָא לָךְ שֵׁם חָדָשׁ אֲשֶׁר פִּי יְהוָה יִקֳּבֶנּוּ׃
ג וְהָיִית עֲטֶרֶת תִּפְאֶרֶת בְּיַד־יְהוָה וצנוף מְלוּכָה בְּכַף־אֱלֹהָיִךְ׃ וּצְנִיף
ד לֹא־יֵאָמֵר לָךְ עוֹד עֲזוּבָה וּלְאַרְצֵךְ לֹא־יֵאָמֵר עוֹד שְׁמָמָה כִּי
לָךְ יִקָּרֵא חֶפְצִי־בָהּ וּלְאַרְצֵךְ בְּעוּלָה כִּי־חָפֵץ יְהוָה בָּךְ וְאַרְצֵךְ

תִּבָּעֵל׃ כִּי־יִבְעַל בָּחוּר בְּתוּלָה יִבְעָלוּךְ בָּנָיִךְ וּמְשׂוֹשׂ חָתָן עַל־ ה
כַּלָּה יָשִׂישׂ עָלַיִךְ אֱלֹהָיִךְ׃ עַל־חוֹמֹתַיִךְ יְרוּשָׁלִַם הִפְקַדְתִּי ו
שֹׁמְרִים כָּל־הַיּוֹם וְכָל־הַלַּיְלָה תָּמִיד לֹא יֶחֱשׁוּ הַמַּזְכִּרִים אֶת־
יְהוָה אַל־דֳּמִי לָכֶם׃ וְאַל־תִּתְּנוּ דֳמִי לוֹ עַד־יְכוֹנֵן וְעַד־יָשִׂים ז
אֶת־יְרוּשָׁלִַם תְּהִלָּה בָּאָרֶץ׃ נִשְׁבַּע יְהוָה בִּימִינוֹ וּבִזְרוֹעַ עֻזּוֹ ח
אִם־אֶתֵּן אֶת־דְּגָנֵךְ עוֹד מַאֲכָל לְאֹיְבַיִךְ וְאִם־יִשְׁתּוּ בְנֵי־נֵכָר
תִּירוֹשֵׁךְ אֲשֶׁר יָגַעַתְּ בּוֹ׃ כִּי מְאַסְפָיו יֹאכְלֻהוּ וְהִלְלוּ אֶת־יְהוָה ט
וּמְקַבְּצָיו יִשְׁתֻּהוּ בְּחַצְרוֹת קָדְשִׁי׃ עִבְרוּ עִבְרוּ י
בַּשְּׁעָרִים פַּנּוּ דֶּרֶךְ הָעָם סֹלּוּ סֹלּוּ הַמְסִלָּה סַקְּלוּ מֵאֶבֶן הָרִימוּ
נֵס עַל־הָעַמִּים׃ הִנֵּה יְהוָה הִשְׁמִיעַ אֶל־קְצֵה הָאָרֶץ אִמְרוּ יא
לְבַת־צִיּוֹן הִנֵּה יִשְׁעֵךְ בָּא הִנֵּה שְׂכָרוֹ אִתּוֹ וּפְעֻלָּתוֹ לְפָנָיו׃
וְקָרְאוּ לָהֶם עַם־הַקֹּדֶשׁ גְּאוּלֵי יְהוָה וְלָךְ יִקָּרֵא דְרוּשָׁה עִיר לֹא יב
נֶעֱזָבָה׃ מִי־זֶה ׀ בָּא מֵאֱדוֹם חֲמוּץ בְּגָדִים א סג
מִבָּצְרָה זֶה הָדוּר בִּלְבוּשׁוֹ צֹעֶה בְּרֹב כֹּחוֹ אֲנִי מְדַבֵּר בִּצְדָקָה
רַב לְהוֹשִׁיעַ׃ מַדּוּעַ אָדֹם לִלְבוּשֶׁךָ וּבְגָדֶיךָ כְּדֹרֵךְ בְּגַת׃ פּוּרָה ׀ ב ג
דָּרַכְתִּי לְבַדִּי וּמֵעַמִּים אֵין־אִישׁ אִתִּי וְאֶדְרְכֵם בְּאַפִּי וְאֶרְמְסֵם
בַּחֲמָתִי וְיֵז נִצְחָם עַל־בְּגָדַי וְכָל־מַלְבּוּשַׁי אֶגְאָלְתִּי׃ כִּי יוֹם נָקָם ד
בְּלִבִּי וּשְׁנַת גְּאוּלַי בָּאָה׃ וְאַבִּיט וְאֵין עֹזֵר וְאֶשְׁתּוֹמֵם וְאֵין ה
סוֹמֵךְ וַתּוֹשַׁע לִי זְרֹעִי וַחֲמָתִי הִיא סְמָכָתְנִי׃ וְאָבוּס עַמִּים בְּאַפִּי ו
וַאֲשַׁכְּרֵם בַּחֲמָתִי וְאוֹרִיד לָאָרֶץ נִצְחָם׃ חַסְדֵי ז
יְהוָה ׀ אַזְכִּיר תְּהִלֹּת יְהוָה כְּעַל כֹּל אֲשֶׁר־גְּמָלָנוּ יְהוָה וְרַב־
טוּב לְבֵית יִשְׂרָאֵל אֲשֶׁר־גְּמָלָם כְּרַחֲמָיו וּכְרֹב חֲסָדָיו׃ וַיֹּאמֶר ח
אַךְ־עַמִּי הֵמָּה בָּנִים לֹא יְשַׁקֵּרוּ וַיְהִי לָהֶם לְמוֹשִׁיעַ׃ בְּכָל־ ט
צָרָתָם ׀ לא צָר וּמַלְאַךְ פָּנָיו הוֹשִׁיעָם בְּאַהֲבָתוֹ וּבְחֶמְלָתוֹ הוּא לוֹ
גְאָלָם וַיְנַטְּלֵם וַיְנַשְּׂאֵם כָּל־יְמֵי עוֹלָם׃ וְהֵמָּה מָרוּ וְעִצְּבוּ אֶת־ י
רוּחַ קָדְשׁוֹ וַיֵּהָפֵךְ לָהֶם לְאוֹיֵב הוּא נִלְחַם־בָּם׃ וַיִּזְכֹּר יְמֵי־עוֹלָם יא
מֹשֶׁה עַמּוֹ אַיֵּה ׀ הַמַּעֲלֵם מִיָּם אֵת רֹעֵה צֹאנוֹ אַיֵּה הַשָּׂם בְּקִרְבּוֹ

יב אֶת־רוּחַ קָדְשׁוֹ: מוֹלִיךְ לִימִין מֹשֶׁה זְרוֹעַ תִּפְאַרְתּוֹ בּוֹקֵעַ מַיִם
יג מִפְּנֵיהֶם לַעֲשׂוֹת לוֹ שֵׁם עוֹלָם: מוֹלִיכָם בַּתְּהֹמוֹת כַּסּוּס
יד בַּמִּדְבָּר לֹא יִכָּשֵׁלוּ: כַּבְּהֵמָה בַּבִּקְעָה תֵרֵד רוּחַ יהוה תְּנִיחֶנּוּ
טו כֵּן נִהַגְתָּ עַמְּךָ לַעֲשׂוֹת לְךָ שֵׁם תִּפְאָרֶת: הַבֵּט מִשָּׁמַיִם וּרְאֵה
מִזְּבֻל קָדְשְׁךָ וְתִפְאַרְתֶּךָ אַיֵּה קִנְאָתְךָ וּגְבוּרֹתֶיךָ הֲמוֹן מֵעֶיךָ
טז וְרַחֲמֶיךָ אֵלַי הִתְאַפָּקוּ: כִּי־אַתָּה אָבִינוּ כִּי אַבְרָהָם לֹא יְדָעָנוּ
וְיִשְׂרָאֵל לֹא יַכִּירָנוּ אַתָּה יהוה אָבִינוּ גֹּאֲלֵנוּ מֵעוֹלָם שְׁמֶךָ:
יז לָמָּה תַתְעֵנוּ יהוה מִדְּרָכֶיךָ תַּקְשִׁיחַ לִבֵּנוּ מִיִּרְאָתֶךָ שׁוּב לְמַעַן
יח עֲבָדֶיךָ שִׁבְטֵי נַחֲלָתֶךָ: לַמִּצְעָר יָרְשׁוּ עַם־קָדְשֶׁךָ צָרֵינוּ בּוֹסְסוּ
יט מִקְדָּשֶׁךָ: הָיִינוּ מֵעוֹלָם לֹא־מָשַׁלְתָּ בָּם לֹא־נִקְרָא שִׁמְךָ
סד א עֲלֵיהֶם לוּא־קָרַעְתָּ שָׁמַיִם יָרַדְתָּ מִפָּנֶיךָ הָרִים נָזֹלּוּ: כִּקְדֹחַ
אֵשׁ הֲמָסִים מַיִם תִּבְעֶה־אֵשׁ לְהוֹדִיעַ שִׁמְךָ לְצָרֶיךָ מִפָּנֶיךָ גּוֹיִם
ב יִרְגָּזוּ: בַּעֲשׂוֹתְךָ נוֹרָאוֹת לֹא נְקַוֶּה יָרַדְתָּ מִפָּנֶיךָ הָרִים נָזֹלּוּ:
ג וּמֵעוֹלָם לֹא־שָׁמְעוּ לֹא הֶאֱזִינוּ עַיִן לֹא־רָאָתָה אֱלֹהִים זוּלָתְךָ
ד יַעֲשֶׂה לִמְחַכֵּה־לוֹ: פָּגַעְתָּ אֶת־שָׂשׂ וְעֹשֵׂה צֶדֶק בִּדְרָכֶיךָ
ה יִזְכְּרוּךָ הֶן־אַתָּה קָצַפְתָּ וַנֶּחֱטָא בָּהֶם עוֹלָם וְנִוָּשֵׁעַ: וַנְּהִי כַטָּמֵא
כֻּלָּנוּ וּכְבֶגֶד עִדִּים כָּל־צִדְקֹתֵינוּ וַנָּבֶל כֶּעָלֶה כֻּלָּנוּ וַעֲוֺנֵנוּ כָּרוּחַ
ו יִשָּׂאֻנוּ: וְאֵין־קוֹרֵא בְשִׁמְךָ מִתְעוֹרֵר לְהַחֲזִיק בָּךְ כִּי־הִסְתַּרְתָּ
ז פָנֶיךָ מִמֶּנּוּ וַתְּמוּגֵנוּ בְּיַד־עֲוֺנֵנוּ: וְעַתָּה יהוה אָבִינוּ אָתָּה אֲנַחְנוּ
ח הַחֹמֶר וְאַתָּה יֹצְרֵנוּ וּמַעֲשֵׂה יָדְךָ כֻּלָּנוּ: אַל־תִּקְצֹף יהוה עַד־
ט מְאֹד וְאַל־לָעַד תִּזְכֹּר עָוֺן הֵן הַבֶּט־נָא עַמְּךָ כֻלָּנוּ: עָרֵי קָדְשְׁךָ
י הָיוּ מִדְבָּר צִיּוֹן מִדְבָּר הָיָתָה יְרוּשָׁלַם שְׁמָמָה: בֵּית קָדְשֵׁנוּ
וְתִפְאַרְתֵּנוּ אֲשֶׁר הִלְלוּךָ אֲבֹתֵינוּ הָיָה לִשְׂרֵפַת אֵשׁ וְכָל־
יא מַחֲמַדֵּינוּ הָיָה לְחָרְבָּה: הַעַל־אֵלֶּה תִתְאַפַּק יהוה תֶּחֱשֶׁה
סה א וּתְעַנֵּנוּ עַד־מְאֹד: נִדְרַשְׁתִּי לְלוֹא שָׁאָלוּ נִמְצֵאתִי
לְלֹא בִקְשֻׁנִי אָמַרְתִּי הִנֵּנִי הִנֵּנִי אֶל־גּוֹי לֹא־קֹרָא בִשְׁמִי:
ב פֵּרַשְׂתִּי יָדַי כָּל־הַיּוֹם אֶל־עַם סוֹרֵר הַהֹלְכִים הַדֶּרֶךְ לֹא־טוֹב

אַחַר מַחְשְׁבֹתֵיהֶם׃ הָעָם הַמַּכְעִיסִים אוֹתִי עַל־פָּנַי תָּמִיד ג
זֹבְחִים בַּגַּנּוֹת וּמְקַטְּרִים עַל־הַלְּבֵנִים׃ הַיֹּשְׁבִים בַּקְּבָרִים ד
וּמְרַק וּבַנְּצוּרִים יָלִינוּ הָאֹכְלִים בְּשַׂר הַחֲזִיר ופרק פִּגֻּלִים כְּלֵיהֶם׃
הָאֹמְרִים קְרַב אֵלֶיךָ אַל־תִּגַּשׁ־בִּי כִּי קְדַשְׁתִּיךָ אֵלֶּה עָשָׁן ה
בְּאַפִּי אֵשׁ יֹקֶדֶת כָּל־הַיּוֹם׃ הִנֵּה כְתוּבָה לְפָנָי לֹא אֶחֱשֶׁה כִּי ו
אִם־שִׁלַּמְתִּי וְשִׁלַּמְתִּי עַל־חֵיקָם׃ עֲוֺנֹתֵיכֶם וַעֲוֺנֹת אֲבוֹתֵיכֶם ז
יַחְדָּו אָמַר יְהוָה אֲשֶׁר קִטְּרוּ עַל־הֶהָרִים וְעַל־הַגְּבָעוֹת חֵרְפוּנִי
אֶל־ וּמַדֹּתִי פְעֻלָּתָם רִאשֹׁנָה עַל־חֵיקָם׃ כֹּה ׀ אָמַר ח
יְהוָה כַּאֲשֶׁר יִמָּצֵא הַתִּירוֹשׁ בָּאֶשְׁכּוֹל וְאָמַר אַל־תַּשְׁחִיתֵהוּ כִּי
בְרָכָה בּוֹ כֵּן אֶעֱשֶׂה לְמַעַן עֲבָדַי לְבִלְתִּי הַשְׁחִית הַכֹּל׃
כו וְהוֹצֵאתִי מִיַּעֲקֹב זֶרַע וּמִיהוּדָה יוֹרֵשׁ הָרָי וִירֵשׁוּהָ בְחִירַי ט
וַעֲבָדַי יִשְׁכְּנוּ־שָׁמָּה׃ וְהָיָה הַשָּׁרוֹן לִנְוֵה־צֹאן וְעֵמֶק עָכוֹר י
לְרֵבֶץ בָּקָר לְעַמִּי אֲשֶׁר דְּרָשׁוּנִי׃ וְאַתֶּם עֹזְבֵי יְהוָה הַשְּׁכֵחִים יא
אֶת־הַר קָדְשִׁי הַעֹרְכִים לַגַּד שֻׁלְחָן וְהַמְמַלְאִים לַמְנִי מִמְסָךְ׃
וּמָנִיתִי אֶתְכֶם לַחֶרֶב וְכֻלְּכֶם לַטֶּבַח תִּכְרָעוּ יַעַן קָרָאתִי וְלֹא יב
עֲנִיתֶם דִּבַּרְתִּי וְלֹא שְׁמַעְתֶּם וַתַּעֲשׂוּ הָרַע בְּעֵינַי וּבַאֲשֶׁר לֹא־
חָפַצְתִּי בְּחַרְתֶּם׃ לָכֵן כֹּה־אָמַר ׀ אֲדֹנָי יֱהוִה הִנֵּה יג
עֲבָדַי ׀ יֹאכֵלוּ וְאַתֶּם תִּרְעָבוּ הִנֵּה עֲבָדַי יִשְׁתּוּ וְאַתֶּם תִּצְמָאוּ
הִנֵּה עֲבָדַי יִשְׂמָחוּ וְאַתֶּם תֵּבֹשׁוּ׃ הִנֵּה עֲבָדַי יָרֹנּוּ מִטּוּב לֵב יד
וְאַתֶּם תִּצְעֲקוּ מִכְּאֵב לֵב וּמִשֵּׁבֶר רוּחַ תְּיֵלִילוּ׃ וְהִנַּחְתֶּם שִׁמְכֶם טו
לִשְׁבוּעָה לִבְחִירַי וֶהֱמִיתְךָ אֲדֹנָי יֱהוִה וְלַעֲבָדָיו יִקְרָא שֵׁם
אַחֵר׃ אֲשֶׁר הַמִּתְבָּרֵךְ בָּאָרֶץ יִתְבָּרֵךְ בֵּאלֹהֵי אָמֵן וְהַנִּשְׁבָּע טז
בָּאָרֶץ יִשָּׁבַע בֵּאלֹהֵי אָמֵן כִּי נִשְׁכְּחוּ הַצָּרוֹת הָרִאשֹׁנוֹת וְכִי
נִסְתְּרוּ מֵעֵינָי׃ כִּי־הִנְנִי בוֹרֵא שָׁמַיִם חֲדָשִׁים וָאָרֶץ חֲדָשָׁה וְלֹא יז
תִזָּכַרְנָה הָרִאשֹׁנוֹת וְלֹא תַעֲלֶינָה עַל־לֵב׃ כִּי־אִם־שִׂישׂוּ וְגִילוּ יח
עֲדֵי־עַד אֲשֶׁר אֲנִי בוֹרֵא כִּי הִנְנִי בוֹרֵא אֶת־יְרוּשָׁלִַם גִּילָה
וְעַמָּהּ מָשׂוֹשׂ׃ וְגַלְתִּי בִירוּשָׁלִַם וְשַׂשְׂתִּי בְעַמִּי וְלֹא־יִשָּׁמַע בָּהּ יט

כ עוֹד קוֹל בְּכִי וְקוֹל זְעָקָה: לֹא־יִהְיֶה מִשָּׁם עוֹד עוּל יָמִים וְזָקֵן
אֲשֶׁר לֹא־יְמַלֵּא אֶת־יָמָיו כִּי הַנַּעַר בֶּן־מֵאָה שָׁנָה יָמוּת
כא וְהַחוֹטֶא בֶּן־מֵאָה שָׁנָה יְקֻלָּל: וּבָנוּ בָתִּים וְיָשָׁבוּ וְנָטְעוּ כְרָמִים
כב וְאָכְלוּ פִּרְיָם: לֹא יִבְנוּ וְאַחֵר יֵשֵׁב לֹא יִטְּעוּ וְאַחֵר יֹאכֵל כִּי־
כג כִימֵי הָעֵץ יְמֵי עַמִּי וּמַעֲשֵׂה יְדֵיהֶם יְבַלּוּ בְחִירָי: לֹא יִיגְעוּ
לָרִיק וְלֹא יֵלְדוּ לַבֶּהָלָה כִּי זֶרַע בְּרוּכֵי יהוה הֵמָּה וְצֶאֱצָאֵיהֶם
כד אִתָּם: וְהָיָה טֶרֶם יִקְרָאוּ וַאֲנִי אֶעֱנֶה עוֹד הֵם מְדַבְּרִים וַאֲנִי
כה אֶשְׁמָע: זְאֵב וְטָלֶה יִרְעוּ כְאֶחָד וְאַרְיֵה כַּבָּקָר יֹאכַל־תֶּבֶן וְנָחָשׁ
עָפָר לַחְמוֹ לֹא־יָרֵעוּ וְלֹא־יַשְׁחִיתוּ בְּכָל־הַר קָדְשִׁי אָמַר
סו א יהוה: כֹּה אָמַר יהוה הַשָּׁמַיִם כִּסְאִי וְהָאָרֶץ
הֲדֹם רַגְלָי אֵי־זֶה בַיִת אֲשֶׁר תִּבְנוּ־לִי וְאֵי־זֶה מָקוֹם מְנוּחָתִי:
ב וְאֶת־כָּל־אֵלֶּה יָדִי עָשָׂתָה וַיִּהְיוּ כָל־אֵלֶּה נְאֻם־יהוה וְאֶל־זֶה
ג אַבִּיט אֶל־עָנִי וּנְכֵה־רוּחַ וְחָרֵד עַל־דְּבָרִי: שׁוֹחֵט הַשּׁוֹר מַכֵּה־
אִישׁ זוֹבֵחַ הַשֶּׂה עֹרֵף כֶּלֶב מַעֲלֵה מִנְחָה דַּם־חֲזִיר מַזְכִּיר
לְבֹנָה מְבָרֵךְ אָוֶן גַּם־הֵמָּה בָּחֲרוּ בְּדַרְכֵיהֶם וּבְשִׁקּוּצֵיהֶם נַפְשָׁם
ד חָפֵצָה: גַּם־אֲנִי אֶבְחַר בְּתַעֲלֻלֵיהֶם וּמְגוּרֹתָם אָבִיא לָהֶם יַעַן
קָרָאתִי וְאֵין עוֹנֶה דִּבַּרְתִּי וְלֹא שָׁמֵעוּ וַיַּעֲשׂוּ הָרַע בְּעֵינַי
ה וּבַאֲשֶׁר לֹא־חָפַצְתִּי בָּחָרוּ: שִׁמְעוּ דְּבַר־יהוה
הַחֲרֵדִים אֶל־דְּבָרוֹ אָמְרוּ אֲחֵיכֶם שֹׂנְאֵיכֶם מְנַדֵּיכֶם לְמַעַן שְׁמִי
ו יִכְבַּד יהוה וְנִרְאֶה בְשִׂמְחַתְכֶם וְהֵם יֵבֹשׁוּ: קוֹל שָׁאוֹן מֵעִיר
ז קוֹל מֵהֵיכָל קוֹל יהוה מְשַׁלֵּם גְּמוּל לְאֹיְבָיו: בְּטֶרֶם תָּחִיל
ח יָלָדָה בְּטֶרֶם יָבוֹא חֵבֶל לָהּ וְהִמְלִיטָה זָכָר: מִי־שָׁמַע כָּזֹאת
מִי רָאָה כָּאֵלֶּה הֲיוּחַל אֶרֶץ בְּיוֹם אֶחָד אִם־יִוָּלֵד גּוֹי פַּעַם
ט אֶחָת כִּי־חָלָה גַּם־יָלְדָה צִיּוֹן אֶת־בָּנֶיהָ: הַאֲנִי אַשְׁבִּיר
וְלֹא אוֹלִיד יֹאמַר יהוה אִם־אֲנִי הַמּוֹלִיד וְעָצַרְתִּי אָמַר
י אֱלֹהָיִךְ: שִׂמְחוּ אֶת־יְרוּשָׁלִַם וְגִילוּ בָהּ כָּל־
יא אֹהֲבֶיהָ שִׂישׂוּ אִתָּהּ מָשׂוֹשׂ כָּל־הַמִּתְאַבְּלִים עָלֶיהָ: לְמַעַן

תִּינְקוּ֙ וּשְׂבַעְתֶּ֔ם מִשֹּׁ֖ד תַּנְחֻמֶ֑יהָ לְמַ֧עַן תָּמֹ֛צּוּ וְהִתְעַנַּגְתֶּ֖ם מִזִּ֥יז
כְּבוֹדָֽהּ׃ כִּי־כֹ֣ה ׀ אָמַ֣ר יְהוָ֗ה הִנְנִ֣י נֹטֶה־אֵ֠לֶיהָ יב
כְּנָהָ֨ר שָׁל֜וֹם וּכְנַ֧חַל שׁוֹטֵ֛ף כְּב֥וֹד גּוֹיִ֖ם וִינַקְתֶּ֑ם עַל־צַד֙ תִּנָּשֵׂ֔אוּ
וְעַל־בִּרְכַּ֖יִם תְּשָׁעֳשָֽׁעוּ׃ כְּאִ֕ישׁ אֲשֶׁ֥ר אִמּ֖וֹ תְּנַחֲמֶ֑נּוּ כֵּ֤ן אָנֹכִי֙ יג
אֲנַחֶמְכֶ֔ם וּבִירוּשָׁלִַ֖ם תְּנֻחָֽמוּ׃ וּרְאִיתֶם֙ וְשָׂ֣שׂ לִבְּכֶ֔ם וְעַצְמוֹתֵיכֶ֖ם יד
כַּדֶּ֣שֶׁא תִפְרַ֑חְנָה וְנוֹדְעָ֤ה יַד־יְהוָה֙ אֶת־עֲבָדָ֔יו וְזָעַ֖ם אֶת־
אֹיְבָֽיו׃ כִּֽי־הִנֵּ֤ה יְהוָה֙ בָּאֵ֣שׁ יָב֔וֹא וְכַסּוּפָ֖ה מַרְכְּבֹתָ֑יו לְהָשִׁ֤יב טו
בְּחֵמָה֙ אַפּ֔וֹ וְגַעֲרָת֖וֹ בְּלַהֲבֵי־אֵֽשׁ׃ כִּ֤י בָאֵשׁ֙ יְהוָ֣ה נִשְׁפָּ֔ט וּבְחַרְבּ֖וֹ טז
אֶת־כׇּל־בָּשָׂ֑ר וְרַבּ֖וּ חַלְלֵ֥י יְהוָֽה׃ הַמִּתְקַדְּשִׁ֨ים וְהַמִּטַּהֲרִ֜ים אֶל־ יז
הַגַּנּ֗וֹת אַחַ֤ר אחד֙ בַּתָּ֔וֶךְ אֹֽכְלֵי֙ בְּשַׂ֣ר הַחֲזִ֔יר וְהַשֶּׁ֖קֶץ וְהָעַכְבָּ֑ר (אַחַת֙)
יַחְדָּ֥ו יָסֻ֖פוּ נְאֻם־יְהוָֽה׃ וְאָנֹכִ֗י מַעֲשֵׂיהֶם֙ וּמַחְשְׁבֹ֣תֵיהֶ֔ם בָּאָ֕ה יח
לְקַבֵּ֥ץ אֶת־כׇּל־הַגּוֹיִ֖ם וְהַלְּשֹׁנ֑וֹת וּבָ֖אוּ וְרָא֥וּ אֶת־כְּבוֹדִֽי׃
וְשַׂמְתִּ֨י בָהֶ֜ם א֗וֹת וְשִׁלַּחְתִּ֣י מֵהֶ֣ם ׀ פְּ֠לֵיטִים אֶל־הַגּוֹיִ֞ם תַּרְשִׁ֨ישׁ יט
פּ֥וּל וְל֛וּד מֹ֥שְׁכֵי קֶ֖שֶׁת תֻּבַ֣ל וְיָוָ֑ן הָאִיִּ֣ים הָרְחֹקִ֗ים אֲשֶׁ֨ר לֹא־
שָׁמְע֤וּ אֶת־שִׁמְעִי֙ וְלֹא־רָא֣וּ אֶת־כְּבוֹדִ֔י וְהִגִּ֥ידוּ אֶת־כְּבוֹדִ֖י
בַּגּוֹיִֽם׃ וְהֵבִ֣יאוּ אֶת־כׇּל־אֲחֵיכֶ֣ם ׀ מִכׇּל־הַגּוֹיִ֣ם ׀ מִנְחָ֣ה ׀ לַיהוָ֡ה כ
בַּסּוּסִ֡ים וּ֠בָרֶכֶב וּבַצַּבִּ֨ים וּבַפְּרָדִ֜ים וּבַכִּרְכָּר֗וֹת עַ֣ל הַ֥ר קׇדְשִׁ֛י
יְרוּשָׁלִַ֖ם אָמַ֣ר יְהוָ֑ה כַּאֲשֶׁ֣ר יָבִ֣יאוּ בְנֵ֧י יִשְׂרָאֵ֛ל אֶת־הַמִּנְחָ֛ה
בִּכְלִ֥י טָה֖וֹר בֵּ֥ית יְהוָֽה׃ וְגַם־מֵהֶ֥ם אֶקַּ֛ח לַכֹּהֲנִ֥ים לַלְוִיִּ֖ם אָמַ֥ר כא
יְהוָֽה׃ כִּ֣י כַאֲשֶׁ֣ר הַשָּׁמַ֣יִם הַ֠חֲדָשִׁים וְהָאָ֨רֶץ הַחֲדָשָׁ֜ה אֲשֶׁ֨ר אֲנִ֥י כב
עֹשֶׂ֛ה עֹמְדִ֥ים לְפָנַ֖י נְאֻם־יְהוָ֑ה כֵּ֛ן יַעֲמֹ֥ד זַרְעֲכֶ֖ם וְשִׁמְכֶֽם׃
וְהָיָ֗ה מִדֵּי־חֹ֙דֶשׁ֙ בְּחׇדְשׁ֔וֹ וּמִדֵּ֥י שַׁבָּ֖ת בְּשַׁבַּתּ֑וֹ יָב֧וֹא כׇל־בָּשָׂ֛ר כג
לְהִשְׁתַּחֲוֺ֥ת לְפָנַ֖י אָמַ֥ר יְהוָֽה׃ וְיָצְא֣וּ וְרָא֔וּ בְּפִגְרֵי֙ הָאֲנָשִׁ֔ים כד
הַפֹּשְׁעִ֖ים בִּ֑י כִּ֣י תוֹלַעְתָּ֞ם לֹ֣א תָמ֗וּת וְאִשָּׁם֙ לֹ֣א תִכְבֶּ֔ה
וְהָי֥וּ דֵרָא֖וֹן לְכׇל־בָּשָֽׂר׃

והיה מדי חדש בחדשו ומדי שבת בשבתו
יבוא כל בשר להשתחות לפני
אמר יהוה

ירמיה

א

א דברי ירמיהו בן־חלקיהו מן־הכהנים אשר בענתות בארץ
ב בנימן: אשר היה דבר־יהוה אליו בימי יאשיהו בן־אמון
ג מלך יהודה בשלש־עשרה שנה למלכו: ויהי בימי יהויקים
בן־יאשיהו מלך יהודה עד־תם עשתי־עשרה שנה
לצדקיהו בן־יאשיהו מלך יהודה עד־גלות ירושלם בחדש
ד ה החמישי: ויהי דבר־יהוה אלי לאמר: בטרם
אצורך בבטן ידעתיך ובטרם תצא מרחם הקדשתיך נביא אֶצָּרְךָ
ו לגוים נתתיך: ואמר אהה אדני יהוה הנה לא־ידעתי דבר
ז כי־נער אנכי: ויאמר יהוה אלי אל־תאמר נער אנכי כי על־
ח כל־אשר אשלחך תלך ואת כל־אשר אצוך תדבר: אל־
ט תירא מפניהם כי־אתך אני להצלך נאם־יהוה: וישלח יהוה
את־ידו ויגע על־פי ויאמר יהוה אלי הנה נתתי דברי בפיך:
י ראה הפקדתיך | היום הזה על־הגוים ועל־הממלכות לנתוש
יא ולנתוץ ולהאביד ולהרוס לבנות ולנטוע: ויהי
דבר־יהוה אלי לאמר מה־אתה ראה ירמיהו ואמר מקל
יב שקד אני ראה: ויאמר יהוה אלי היטבת לראות כי־שקד
יג אני על־דברי לעשתו: ויהי דבר־יהוה | אלי
שנית לאמר מה אתה ראה ואמר סיר נפוח אני ראה ופניו
יד מפני צפונה: ויאמר יהוה אלי מצפון תפתח הרעה על כל־
טו ישבי הארץ: כי | הנני קרא לכל־משפחות ממלכות צפונה
נאם־יהוה ובאו ונתנו איש כסאו פתח | שערי ירושלם ועל
טז כל־חומתיה סביב ועל כל־ערי יהודה: ודברתי משפטי
אותם על כל־רעתם אשר עזבוני ויקטרו לאלהים אחרים
יז וישתחוו למעשי ידיהם: ואתה תאזר מתניך וקמת ודברת
אליהם את כל־אשר אנכי אצוך אל־תחת מפניהם פן־
יח אחתך לפניהם: ואני הנה נתתיך היום לעיר מבצר ולעמוד
ברזל ולחמות נחשת על־כל־הארץ למלכי יהודה לשריה

לְכֹהֲנֶיהָ וּלְעַם הָאָרֶץ: וְנִלְחֲמוּ אֵלֶיךָ וְלֹא־יוּכְלוּ לָךְ כִּי־אִתְּךָ יט
אֲנִי נְאֻם־יְהוָה לְהַצִּילֶךָ: וַיְהִי דְבַר־יְהוָה אֵלַי א ב
לֵאמֹר: הָלֹךְ וְקָרָאתָ בְאָזְנֵי יְרוּשָׁלִַם לֵאמֹר כֹּה אָמַר יְהוָה ב
זָכַרְתִּי לָךְ חֶסֶד נְעוּרַיִךְ אַהֲבַת כְּלוּלֹתָיִךְ לֶכְתֵּךְ אַחֲרַי
בַּמִּדְבָּר בְּאֶרֶץ לֹא זְרוּעָה: קֹדֶשׁ יִשְׂרָאֵל לַיהוָה רֵאשִׁית ג
תְּבוּאָתֹה כָּל־אֹכְלָיו יֶאְשָׁמוּ רָעָה תָּבֹא אֲלֵיהֶם נְאֻם־
יְהוָה: שִׁמְעוּ דְבַר־יְהוָה בֵּית יַעֲקֹב וְכָל־ ד
מִשְׁפְּחוֹת בֵּית יִשְׂרָאֵל: כֹּה ׀ אָמַר יְהוָה מַה־מָּצְאוּ אֲבוֹתֵיכֶם ה
בִּי עָוֶל כִּי רָחֲקוּ מֵעָלָי וַיֵּלְכוּ אַחֲרֵי הַהֶבֶל וַיֶּהְבָּלוּ: וְלֹא אָמְרוּ ו
אַיֵּה יְהוָה הַמַּעֲלֶה אֹתָנוּ מֵאֶרֶץ מִצְרָיִם הַמּוֹלִיךְ אֹתָנוּ
בַּמִּדְבָּר בְּאֶרֶץ עֲרָבָה וְשׁוּחָה בְּאֶרֶץ צִיָּה וְצַלְמָוֶת בְּאֶרֶץ לֹא־
עָבַר בָּהּ אִישׁ וְלֹא־יָשַׁב אָדָם שָׁם: וָאָבִיא אֶתְכֶם אֶל־אֶרֶץ ז
הַכַּרְמֶל לֶאֱכֹל פִּרְיָהּ וְטוּבָהּ וַתָּבֹאוּ וַתְּטַמְּאוּ אֶת־אַרְצִי
וְנַחֲלָתִי שַׂמְתֶּם לְתוֹעֵבָה: הַכֹּהֲנִים לֹא אָמְרוּ אַיֵּה יְהוָה וְתֹפְשֵׂי ח
הַתּוֹרָה לֹא יְדָעוּנִי וְהָרֹעִים פָּשְׁעוּ בִי וְהַנְּבִאִים נִבְּאוּ בַבַּעַל
וְאַחֲרֵי לֹא־יוֹעִלוּ הָלָכוּ: לָכֵן עֹד אָרִיב אִתְּכֶם נְאֻם־יְהוָה ט
וְאֶת־בְּנֵי בְנֵיכֶם אָרִיב: כִּי עִבְרוּ אִיֵּי כִתִּיִּים וּרְאוּ וְקֵדָר שִׁלְחוּ י
וְהִתְבּוֹנְנוּ מְאֹד וּרְאוּ הֵן הָיְתָה כָּזֹאת: הַהֵימִיר גּוֹי אֱלֹהִים יא
וְהֵמָּה לֹא אֱלֹהִים וְעַמִּי הֵמִיר כְּבוֹדוֹ בְּלוֹא יוֹעִיל: שֹׁמּוּ שָׁמַיִם יב
עַל־זֹאת וְשַׂעֲרוּ חָרְבוּ מְאֹד נְאֻם־יְהוָה: כִּי־שְׁתַּיִם רָעוֹת עָשָׂה יג
עַמִּי אֹתִי עָזְבוּ מְקוֹר ׀ מַיִם חַיִּים לַחְצֹב לָהֶם בֹּארוֹת בֹּארֹת
נִשְׁבָּרִים אֲשֶׁר לֹא־יָכִלוּ הַמָּיִם: הַעֶבֶד יִשְׂרָאֵל אִם־יְלִיד בַּיִת יד
הוּא מַדּוּעַ הָיָה לָבַז: עָלָיו יִשְׁאֲגוּ כְפִרִים נָתְנוּ קוֹלָם וַיָּשִׁיתוּ טו
נִצְּתוּ | וְתַחְפַּנְחֵס אַרְצוֹ לְשַׁמָּה עָרָיו נצתה מִבְּלִי יֹשֵׁב: גַּם־בְּנֵי־נֹף ותחפנס טז
יִרְעוּךְ קָדְקֹד: הֲלוֹא־זֹאת תַּעֲשֶׂה־לָּךְ עָזְבֵךְ אֶת־יְהוָה אֱלֹהַיִךְ יז
בְּעֵת מוֹלִכֵךְ בַּדָּרֶךְ: וְעַתָּה מַה־לָּךְ לְדֶרֶךְ מִצְרַיִם לִשְׁתּוֹת מֵי יח
שִׁחוֹר וּמַה־לָּךְ לְדֶרֶךְ אַשּׁוּר לִשְׁתּוֹת מֵי נָהָר: תְּיַסְּרֵךְ רָעָתֵךְ יט

וּמְשֻׁבוֹתַיִךְ תּוֹכִחֻךְ וּדְעִי וּרְאִי כִּי־רַע וָמָר עָזְבֵךְ אֶת־יְהוָה
כ אֱלֹהָיִךְ וְלֹא פַחְדָּתִי אֵלַיִךְ נְאֻם־אֲדֹנָי יְהוִה צְבָאוֹת׃ כִּי מֵעוֹלָם
שָׁבַרְתִּי עֻלֵּךְ נִתַּקְתִּי מוֹסְרוֹתַיִךְ וַתֹּאמְרִי לֹא אעבוד כִּי עַל־ (אֶעֱבוֹר)
כא כָּל־גִּבְעָה גְּבֹהָה וְתַחַת כָּל־עֵץ רַעֲנָן אַתְּ צֹעָה זֹנָה׃ וְאָנֹכִי
נְטַעְתִּיךְ שֹׂרֵק כֻּלֹּה זֶרַע אֱמֶת וְאֵיךְ נֶהְפַּכְתְּ לִי סוּרֵי הַגֶּפֶן
כב נָכְרִיָּה׃ כִּי אִם־תְּכַבְּסִי בַּנֶּתֶר וְתַרְבִּי־לָךְ בֹּרִית נִכְתָּם עֲוֹנֵךְ
כג לְפָנַי נְאֻם אֲדֹנָי יְהוִה׃ אֵיךְ תֹּאמְרִי לֹא נִטְמֵאתִי אַחֲרֵי
הַבְּעָלִים לֹא הָלַכְתִּי רְאִי דַרְכֵּךְ בַּגַּיְא דְּעִי מֶה עָשִׂית בִּכְרָה
כד קַלָּה מְשָׂרֶכֶת דְּרָכֶיהָ׃ פֶּרֶה ׀ לִמֻּד מִדְבָּר בְּאַוַּת נפשו שָׁאֲפָה (נַפְשָׁהּ)
רוּחַ תַּאֲנָתָהּ מִי יְשִׁיבֶנָּה כָּל־מְבַקְשֶׁיהָ לֹא יִיעָפוּ בְּחָדְשָׁהּ
כה יִמְצָאוּנְהָ׃ מִנְעִי רַגְלֵךְ מִיָּחֵף וגורנך מִצִּמְאָה וַתֹּאמְרִי נוֹאָשׁ (וּגְרוֹנֵךְ)
כו לוֹא כִּי־אָהַבְתִּי זָרִים וְאַחֲרֵיהֶם אֵלֵךְ׃ כְּבֹשֶׁת גַּנָּב כִּי יִמָּצֵא
כֵּן הֹבִישׁוּ בֵּית יִשְׂרָאֵל הֵמָּה מַלְכֵיהֶם שָׂרֵיהֶם וְכֹהֲנֵיהֶם
כז וּנְבִיאֵיהֶם׃ אֹמְרִים לָעֵץ אָבִי אַתָּה וְלָאֶבֶן אַתְּ ילדתני כִּי־פָנוּ (יְלִדְתָּנוּ)
אֵלַי עֹרֶף וְלֹא פָנִים וּבְעֵת רָעָתָם יֹאמְרוּ קוּמָה וְהוֹשִׁיעֵנוּ׃
כח וְאַיֵּה אֱלֹהֶיךָ אֲשֶׁר עָשִׂיתָ לָּךְ יָקוּמוּ אִם־יוֹשִׁיעוּךָ בְּעֵת רָעָתֶךָ
כט כִּי מִסְפַּר עָרֶיךָ הָיוּ אֱלֹהֶיךָ יְהוּדָה׃ לָמָּה תָרִיבוּ
ל אֵלָי כֻּלְּכֶם פְּשַׁעְתֶּם בִּי נְאֻם־יְהוָה׃ לַשָּׁוְא הִכֵּיתִי אֶת־בְּנֵיכֶם
מוּסָר לֹא לָקָחוּ אָכְלָה חַרְבְּכֶם נְבִיאֵיכֶם כְּאַרְיֵה מַשְׁחִית׃
לא הַדּוֹר אַתֶּם רְאוּ דְבַר־יְהוָה הֲמִדְבָּר הָיִיתִי לְיִשְׂרָאֵל אִם אֶרֶץ
מַאְפֵּלְיָה מַדּוּעַ אָמְרוּ עַמִּי רַדְנוּ לוֹא־נָבוֹא עוֹד אֵלֶיךָ׃
לב הֲתִשְׁכַּח בְּתוּלָה עֶדְיָהּ כַּלָּה קִשֻּׁרֶיהָ וְעַמִּי שְׁכֵחוּנִי יָמִים אֵין
לג מִסְפָּר׃ מַה־תֵּיטִבִי דַּרְכֵּךְ לְבַקֵּשׁ אַהֲבָה לָכֵן גַּם אֶת־הָרָעוֹת
לד למדתי אֶת־דְּרָכָיִךְ׃ גַּם בִּכְנָפַיִךְ נִמְצְאוּ דַּם נַפְשׁוֹת אֶבְיוֹנִים (לִמַּדְתְּ)
לה נְקִיִּים לֹא־בַמַּחְתֶּרֶת מְצָאתִים כִּי עַל־כָּל־אֵלֶּה׃ וַתֹּאמְרִי כִּי
נִקֵּיתִי אַךְ שָׁב אַפּוֹ מִמֶּנִּי הִנְנִי נִשְׁפָּט אוֹתָךְ עַל־אָמְרֵךְ לֹא
לו חָטָאתִי׃ מַה־תֵּזְלִי מְאֹד לְשַׁנּוֹת אֶת־דַּרְכֵּךְ גַּם מִמִּצְרַיִם

תֵּבְשִׁי כַּאֲשֶׁר־בֹּשְׁתְּ מֵאַשּׁוּר׃ גַּם מֵאֵת זֶה תֵּצְאִי וְיָדַיִךְ עַל־ לז
רֹאשֵׁךְ כִּי־מָאַס יְהוָה בְּמִבְטַחַיִךְ וְלֹא תַצְלִיחִי לָהֶם׃ לֵאמֹר הֵן א ג
יְשַׁלַּח אִישׁ אֶת־אִשְׁתּוֹ וְהָלְכָה מֵאִתּוֹ וְהָיְתָה לְאִישׁ־אַחֵר
הֲיָשׁוּב אֵלֶיהָ עוֹד הֲלוֹא חָנוֹף תֶּחֱנַף הָאָרֶץ הַהִיא וְאַתְּ זָנִית
רֵעִים רַבִּים וְשׁוֹב אֵלַי נְאֻם־יְהוָה׃ שְׂאִי־עֵינַיִךְ עַל־שְׁפָיִם וּרְאִי ב
שֻׁכַּבְתְּ אֵיפֹה לֹא שגלת עַל־דְּרָכִים יָשַׁבְתְּ לָהֶם כַּעֲרָבִי בַּמִּדְבָּר וַתַּחֲנִיפִי
אֶרֶץ בִּזְנוּתַיִךְ וּבְרָעָתֵךְ׃ וַיִּמָּנְעוּ רְבִבִים וּמַלְקוֹשׁ לוֹא הָיָה ג
קָרָאת ב וּמֵצַח אִשָּׁה זוֹנָה הָיָה לָךְ מֵאַנְתְּ הִכָּלֵם׃ הֲלוֹא מֵעַתָּה קראתי ד
לִי אָבִי אַלּוּף נְעֻרַי אָתָּה׃ הֲיִנְטֹר לְעוֹלָם אִם־יִשְׁמֹר לָנֶצַח ה
הִנֵּה דִבַּרְתְּ וַתַּעֲשִׂי הָרָעוֹת וַתּוּכָל׃ וַיֹּאמֶר יְהוָה ו
אֵלַי בִּימֵי יֹאשִׁיָּהוּ הַמֶּלֶךְ הֲרָאִיתָ אֲשֶׁר עָשְׂתָה מְשֻׁבָה יִשְׂרָאֵל
הֹלְכָה הִיא עַל־כָּל־הַר גָּבֹהַּ וְאֶל־תַּחַת כָּל־עֵץ רַעֲנָן וַתִּזְנִי־
שָׁם׃ וָאֹמַר אַחֲרֵי עֲשׂוֹתָהּ אֶת־כָּל־אֵלֶּה אֵלַי תָּשׁוּב וְלֹא־שָׁבָה ז
וַתֵּרֶא ותראה בָּגוֹדָה אֲחוֹתָהּ יְהוּדָה׃ וָאֵרֶא כִּי עַל־כָּל־אֹדוֹת אֲשֶׁר ח
נִאֲפָה מְשֻׁבָה יִשְׂרָאֵל שִׁלַּחְתִּיהָ וָאֶתֵּן אֶת־סֵפֶר כְּרִיתֻתֶיהָ
אֵלֶיהָ וְלֹא יָרְאָה בֹּגֵדָה יְהוּדָה אֲחוֹתָהּ וַתֵּלֶךְ וַתִּזֶן גַּם־הִיא׃
וְהָיָה מִקֹּל זְנוּתָהּ וַתֶּחֱנַף אֶת־הָאָרֶץ וַתִּנְאַף אֶת־הָאֶבֶן וְאֶת־ ט
הָעֵץ׃ וְגַם־בְּכָל־זֹאת לֹא־שָׁבָה אֵלַי בָּגוֹדָה אֲחוֹתָהּ יְהוּדָה י
בְּכָל־לִבָּהּ כִּי אִם־בְּשֶׁקֶר נְאֻם־יְהוָה׃ וַיֹּאמֶר יא
יְהוָה אֵלַי צִדְּקָה נַפְשָׁהּ מְשֻׁבָה יִשְׂרָאֵל מִבֹּגֵדָה יְהוּדָה׃ הָלֹךְ יב
וְקָרָאתָ אֶת־הַדְּבָרִים הָאֵלֶּה צָפוֹנָה וְאָמַרְתָּ שׁוּבָה מְשֻׁבָה
יִשְׂרָאֵל נְאֻם־יְהוָה לוֹא־אַפִּיל פָּנַי בָּכֶם כִּי־חָסִיד אֲנִי נְאֻם־
יְהוָה לֹא אֶטּוֹר לְעוֹלָם׃ אַךְ דְּעִי עֲוֹנֵךְ כִּי בַּיהוָה אֱלֹהַיִךְ יג
פָּשָׁעַתְּ וַתְּפַזְּרִי אֶת־דְּרָכַיִךְ לַזָּרִים תַּחַת כָּל־עֵץ רַעֲנָן וּבְקוֹלִי
לֹא־שְׁמַעְתֶּם נְאֻם־יְהוָה׃ שׁוּבוּ בָנִים שׁוֹבָבִים נְאֻם־יְהוָה כִּי יד
אָנֹכִי בָּעַלְתִּי בָכֶם וְלָקַחְתִּי אֶתְכֶם אֶחָד מֵעִיר וּשְׁנַיִם
מִמִּשְׁפָּחָה וְהֵבֵאתִי אֶתְכֶם צִיּוֹן׃ וְנָתַתִּי לָכֶם רֹעִים כְּלִבִּי וְרָעוּ טו

טז אֶתְכֶם דֵּעָה וְהַשְׂכֵּיל: וְהָיָה כִּי תִרְבּוּ וּפְרִיתֶם בָּאָרֶץ בַּיָּמִים
הָהֵמָּה נְאֻם־יהוה לֹא־יֹאמְרוּ עוֹד אֲרוֹן בְּרִית־יהוה וְלֹא יַעֲלֶה
יז עַל־לֵב וְלֹא יִזְכְּרוּ־בוֹ וְלֹא יִפְקֹדוּ וְלֹא יֵעָשֶׂה עוֹד: בָּעֵת
הַהִיא יִקְרְאוּ לִירוּשָׁלַם כִּסֵּא יהוה וְנִקְווּ אֵלֶיהָ כָל־הַגּוֹיִם
לְשֵׁם יהוה לִירוּשָׁלָם וְלֹא־יֵלְכוּ עוֹד אַחֲרֵי שְׁרִרוּת לִבָּם
יח הָרָע: בַּיָּמִים הָהֵמָּה יֵלְכוּ בֵית־יְהוּדָה עַל־בֵּית
יִשְׂרָאֵל וְיָבֹאוּ יַחְדָּו מֵאֶרֶץ צָפוֹן עַל־הָאָרֶץ אֲשֶׁר הִנְחַלְתִּי
יט אֶת־אֲבוֹתֵיכֶם: וְאָנֹכִי אָמַרְתִּי אֵיךְ אֲשִׁיתֵךְ בַּבָּנִים וְאֶתֶּן־לָךְ
אֶרֶץ חֶמְדָּה נַחֲלַת צְבִי צִבְאוֹת גּוֹיִם וָאֹמַר אָבִי תקראו־לִי תִּקְרְאִי־
כ וּמֵאַחֲרַי לֹא תשובו: אָכֵן בָּגְדָה אִשָּׁה מֵרֵעָהּ כֵּן בְּגַדְתֶּם בִּי תָשׁוּבִי
כא בֵּית יִשְׂרָאֵל נְאֻם־יהוה: קוֹל עַל־שְׁפָיִים נִשְׁמָע בְּכִי תַחֲנוּנֵי
בְּנֵי יִשְׂרָאֵל כִּי הֶעֱווּ אֶת־דַּרְכָּם שָׁכְחוּ אֶת־יהוה אֱלֹהֵיהֶם:
כב שׁוּבוּ בָּנִים שׁוֹבָבִים אֶרְפָּה מְשׁוּבֹתֵיכֶם הִנְנוּ אָתָנוּ לָךְ כִּי אַתָּה
כג יהוה אֱלֹהֵינוּ: אָכֵן לַשֶּׁקֶר מִגְּבָעוֹת הָמוֹן הָרִים אָכֵן בַּיהוה
כד אֱלֹהֵינוּ תְּשׁוּעַת יִשְׂרָאֵל: וְהַבֹּשֶׁת אָכְלָה אֶת־יְגִיעַ אֲבוֹתֵינוּ
מִנְּעוּרֵינוּ אֶת־צֹאנָם וְאֶת־בְּקָרָם אֶת־בְּנֵיהֶם וְאֶת־בְּנוֹתֵיהֶם:
כה נִשְׁכְּבָה בְּבָשְׁתֵּנוּ וּתְכַסֵּנוּ כְּלִמָּתֵנוּ כִּי לַיהוה אֱלֹהֵינוּ חָטָאנוּ
אֲנַחְנוּ וַאֲבוֹתֵינוּ מִנְּעוּרֵינוּ וְעַד־הַיּוֹם הַזֶּה וְלֹא שָׁמַעְנוּ
ד א בְּקוֹל יהוה אֱלֹהֵינוּ: אִם־תָּשׁוּב יִשְׂרָאֵל ׀ נְאֻם־יהוה אֵלַי
ב תָּשׁוּב וְאִם־תָּסִיר שִׁקּוּצֶיךָ מִפָּנַי וְלֹא תָנוּד: וְנִשְׁבַּעְתָּ
חַי־יהוה בֶּאֱמֶת בְּמִשְׁפָּט וּבִצְדָקָה וְהִתְבָּרְכוּ בוֹ גּוֹיִם וּבוֹ
ג יִתְהַלָּלוּ: כִּי־כֹה ׀ אָמַר יהוה לְאִישׁ יְהוּדָה
ד וְלִירוּשָׁלַם נִירוּ לָכֶם נִיר וְאַל־תִּזְרְעוּ אֶל־קֹצִים: הִמֹּלוּ לַיהוה
וְהָסִרוּ עָרְלוֹת לְבַבְכֶם אִישׁ יְהוּדָה וְיֹשְׁבֵי יְרוּשָׁלָם פֶּן־תֵּצֵא
ה כָאֵשׁ חֲמָתִי וּבָעֲרָה וְאֵין מְכַבֶּה מִפְּנֵי רֹעַ מַעַלְלֵיכֶם: הַגִּידוּ
בִיהוּדָה וּבִירוּשָׁלַם הַשְׁמִיעוּ וְאִמְרוּ ותקעו שׁוֹפָר בָּאָרֶץ קִרְאוּ תִּקְעוּ
ו מַלְאוּ וְאִמְרוּ הֵאָסְפוּ וְנָבוֹאָה אֶל־עָרֵי הַמִּבְצָר: שְׂאוּ־נֵס

צִיּוֹנָה הָעִיזוּ אַל־תַּעֲמֹדוּ כִּי רָעָה אָנֹכִי מֵבִיא מִצָּפוֹן וְשֶׁבֶר
גָּדוֹל׃ עָלָה אַרְיֵה מִסֻּבְּכוֹ וּמַשְׁחִית גּוֹיִם נָסַע יָצָא מִמְּקֹמוֹ ז
לָשׂוּם אַרְצֵךְ לְשַׁמָּה עָרַיִךְ תִּצֶּינָה מֵאֵין יוֹשֵׁב׃ עַל־זֹאת ח
חִגְרוּ שַׂקִּים סִפְדוּ וְהֵילִילוּ כִּי לֹא־שָׁב חֲרוֹן אַף־יְהוָה
מִמֶּנּוּ׃ וְהָיָה בַיּוֹם־הַהוּא נְאֻם־יְהוָה יֹאבַד לֵב־ ט
הַמֶּלֶךְ וְלֵב הַשָּׂרִים וְנָשַׁמּוּ הַכֹּהֲנִים וְהַנְּבִאִים יִתְמָהוּ׃ וָאֹמַר י
אֲהָהּ ׀ אֲדֹנָי יֱהֹוִה אָכֵן הַשֵּׁא הִשֵּׁאתָ לָעָם הַזֶּה וְלִירוּשָׁלִַם
לֵאמֹר שָׁלוֹם יִהְיֶה לָכֶם וְנָגְעָה חֶרֶב עַד־הַנָּפֶשׁ׃ בָּעֵת הַהִיא יא
יֵאָמֵר לָעָם־הַזֶּה וְלִירוּשָׁלִַם רוּחַ צַח שְׁפָיִם בַּמִּדְבָּר דֶּרֶךְ בַּת־
עַמִּי לוֹא לִזְרוֹת וְלוֹא לְהָבַר׃ רוּחַ מָלֵא מֵאֵלֶּה יָבוֹא לִי עַתָּה יב
גַּם־אֲנִי אֲדַבֵּר מִשְׁפָּטִים אוֹתָם׃ הִנֵּה ׀ כַּעֲנָנִים יַעֲלֶה וְכַסּוּפָה יג
מַרְכְּבוֹתָיו קַלּוּ מִנְּשָׁרִים סוּסָיו אוֹי לָנוּ כִּי שֻׁדָּדְנוּ׃ כַּבְּסִי יד
מֵרָעָה לִבֵּךְ יְרוּשָׁלִַם לְמַעַן תִּוָּשֵׁעִי עַד־מָתַי תָּלִין בְּקִרְבֵּךְ
מַחְשְׁבוֹת אוֹנֵךְ׃ כִּי קוֹל מַגִּיד מִדָּן וּמַשְׁמִיעַ אָוֶן מֵהַר אֶפְרָיִם׃ טו
הַזְכִּירוּ לַגּוֹיִם הִנֵּה הַשְׁמִיעוּ עַל־יְרוּשָׁלִַם נֹצְרִים בָּאִים מֵאֶרֶץ טז
הַמֶּרְחָק וַיִּתְּנוּ עַל־עָרֵי יְהוּדָה קוֹלָם׃ כְּשֹׁמְרֵי שָׂדַי הָיוּ עָלֶיהָ יז
מִסָּבִיב כִּי־אֹתִי מָרָתָה נְאֻם־יְהוָה׃ דַּרְכֵּךְ וּמַעֲלָלַיִךְ עָשׂוֹ אֵלֶּה יח
לָךְ זֹאת רָעָתֵךְ כִּי מָר כִּי נָגַע עַד־לִבֵּךְ׃ מֵעַי ׀ יט
מֵעַי ׀ אחולה קִירוֹת לִבִּי הֹמֶה־לִּי לִבִּי לֹא אַחֲרִשׁ כִּי קוֹל אוֹחִילָה
שׁוֹפָר שמעתי נַפְשִׁי תְּרוּעַת מִלְחָמָה׃ שֶׁבֶר עַל־שֶׁבֶר נִקְרָא כ שָׁמַעַתְּ
כִּי־שֻׁדְּדָה כָּל־הָאָרֶץ פִּתְאֹם שֻׁדְּדוּ אֹהָלַי רֶגַע יְרִיעֹתָי׃ עַד־ כא
מָתַי אֶרְאֶה־נֵּס אֶשְׁמְעָה קוֹל שׁוֹפָר׃ כִּי ׀ אֱוִיל כב
עַמִּי אוֹתִי לֹא יָדָעוּ בָּנִים סְכָלִים הֵמָּה וְלֹא נְבוֹנִים הֵמָּה
חֲכָמִים הֵמָּה לְהָרַע וּלְהֵיטִיב לֹא יָדָעוּ׃ רָאִיתִי אֶת־הָאָרֶץ כג
וְהִנֵּה־תֹהוּ וָבֹהוּ וְאֶל־הַשָּׁמַיִם וְאֵין אוֹרָם׃ רָאִיתִי הֶהָרִים וְהִנֵּה כד
רֹעֲשִׁים וְכָל־הַגְּבָעוֹת הִתְקַלְקָלוּ׃ רָאִיתִי וְהִנֵּה אֵין הָאָדָם כה
וְכָל־עוֹף הַשָּׁמַיִם נָדָדוּ׃ רָאִיתִי וְהִנֵּה הַכַּרְמֶל הַמִּדְבָּר וְכָל־ כו

כז עָרָיו נִתְּצוּ מִפְּנֵי יְהוָה מִפְּנֵי חֲרוֹן אַפּוֹ: כִּי־כֹה
כח אָמַר יְהוָה שְׁמָמָה תִהְיֶה כָּל־הָאָרֶץ וְכָלָה לֹא אֶעֱשֶׂה: עַל־
זֹאת תֶּאֱבַל הָאָרֶץ וְקָדְרוּ הַשָּׁמַיִם מִמָּעַל עַל כִּי־דִבַּרְתִּי זַמֹּתִי
כט וְלֹא נִחַמְתִּי וְלֹא־אָשׁוּב מִמֶּנָּה: מִקּוֹל פָּרָשׁ וְרֹמֵה קֶשֶׁת
בֹּרַחַת כָּל־הָעִיר בָּאוּ בֶּעָבִים וּבַכֵּפִים עָלוּ כָּל־הָעִיר עֲזוּבָה
ל וְאֵין־יוֹשֵׁב בָּהֵן אִישׁ: ואתי שָׁדוּד מַה־תַּעֲשִׂי כִּי־תִלְבְּשִׁי שָׁנִי וְאַתְּ
כִּי־תַעְדִּי עֲדִי־זָהָב כִּי־תִקְרְעִי בַפּוּךְ עֵינַיִךְ לַשָּׁוְא תִּתְיַפִּי
לא מָאֲסוּ־בָךְ עֹגְבִים נַפְשֵׁךְ יְבַקֵּשׁוּ: כִּי קוֹל כְּחוֹלָה שָׁמַעְתִּי צָרָה
כְּמַבְכִּירָה קוֹל בַּת־צִיּוֹן תִּתְיַפֵּחַ תְּפָרֵשׂ כַּפֶּיהָ אוֹי־נָא לִי כִּי־
ה א עָיְפָה נַפְשִׁי לְהֹרְגִים: שׁוֹטְטוּ בְּחוּצוֹת יְרוּשָׁלִַם ג
וּרְאוּ־נָא וּדְעוּ וּבַקְשׁוּ בִרְחוֹבוֹתֶיהָ אִם־תִּמְצְאוּ אִישׁ אִם־יֵשׁ
ב עֹשֶׂה מִשְׁפָּט מְבַקֵּשׁ אֱמוּנָה וְאֶסְלַח לָהּ: וְאִם חַי־יְהוָה יֹאמֵרוּ
ג לָכֵן לַשֶּׁקֶר יִשָּׁבֵעוּ: יְהוָה עֵינֶיךָ הֲלוֹא לֶאֱמוּנָה הִכִּיתָה אֹתָם
וְלֹא־חָלוּ כִּלִּיתָם מֵאֲנוּ קַחַת מוּסָר חִזְּקוּ פְנֵיהֶם מִסֶּלַע מֵאֲנוּ
ד לָשׁוּב: וַאֲנִי אָמַרְתִּי אַךְ־דַּלִּים הֵם נוֹאֲלוּ כִּי לֹא יָדְעוּ דֶּרֶךְ
ה יְהוָה מִשְׁפַּט אֱלֹהֵיהֶם: אֵלְכָה־לִּי אֶל־הַגְּדֹלִים וַאֲדַבְּרָה אוֹתָם
כִּי הֵמָּה יָדְעוּ דֶּרֶךְ יְהוָה מִשְׁפַּט אֱלֹהֵיהֶם אַךְ הֵמָּה יַחְדָּו שָׁבְרוּ
ו עֹל נִתְּקוּ מוֹסֵרוֹת: עַל־כֵּן הִכָּם אַרְיֵה מִיַּעַר זְאֵב עֲרָבוֹת
יְשָׁדְדֵם נָמֵר שֹׁקֵד עַל־עָרֵיהֶם כָּל־הַיּוֹצֵא מֵהֵנָּה יִטָּרֵף כִּי רַבּוּ
ז פִּשְׁעֵיהֶם עָצְמוּ מְשֻׁבוֹתֵיהֶם: אֵי לָזֹאת אסלוח־לָךְ בָּנַיִךְ אֶסְלַח־
עֲזָבוּנִי וַיִּשָּׁבְעוּ בְּלֹא אֱלֹהִים וָאַשְׂבִּעַ אוֹתָם וַיִּנְאָפוּ וּבֵית זוֹנָה
ח יִתְגֹּדָדוּ: סוּסִים מוזנים מַשְׁכִּים הָיוּ אִישׁ אֶל־אֵשֶׁת רֵעֵהוּ מְיֻזָּנִים
ט יִצְהָלוּ: הַעַל־אֵלֶּה לוֹא־אֶפְקֹד נְאֻם־יְהוָה וְאִם בְּגוֹי אֲשֶׁר־
י כָּזֶה לֹא תִתְנַקֵּם נַפְשִׁי: עֲלוּ בְשָׁרוֹתֶיהָ וְשַׁחֵתוּ
יא וְכָלָה אַל־תַּעֲשׂוּ הָסִירוּ נְטִישׁוֹתֶיהָ כִּי לוֹא לַיהוָה הֵמָּה: כִּי
יב בָגוֹד בָּגְדוּ בִּי בֵּית יִשְׂרָאֵל וּבֵית יְהוּדָה נְאֻם־יְהוָה: כִּחֲשׁוּ
בַּיהוָה וַיֹּאמְרוּ לוֹא־הוּא וְלֹא־תָבוֹא עָלֵינוּ רָעָה וְחֶרֶב וְרָעָב

לוֹא נִרְאֶה׃ וְהַנְּבִיאִים יִהְיוּ לְרוּחַ וְהַדִּבֵּר אֵין בָּהֶם כֹּה יֵעָשֶׂה יג
לָהֶם׃ לָכֵן כֹּה־אָמַר יְהוָה אֱלֹהֵי צְבָאוֹת יַעַן יד
דַּבֶּרְכֶם אֶת־הַדָּבָר הַזֶּה הִנְנִי נֹתֵן דְּבָרַי בְּפִיךָ לְאֵשׁ וְהָעָם הַזֶּה
עֵצִים וַאֲכָלָתַם׃ הִנְנִי מֵבִיא עֲלֵיכֶם גּוֹי מִמֶּרְחָק בֵּית יִשְׂרָאֵל טו
נְאֻם־יְהוָה גּוֹי ׀ אֵיתָן הוּא גּוֹי מֵעוֹלָם הוּא גּוֹי לֹא־תֵדַע לְשֹׁנוֹ
וְלֹא תִשְׁמַע מַה־יְדַבֵּר׃ אַשְׁפָּתוֹ כְּקֶבֶר פָּתוּחַ כֻּלָּם גִּבּוֹרִים׃ טז
וְאָכַל קְצִירְךָ וְלַחְמֶךָ יֹאכְלוּ בָּנֶיךָ וּבְנוֹתֶיךָ יֹאכַל צֹאנְךָ וּבְקָרֶךָ יז
יֹאכַל גַּפְנְךָ וּתְאֵנָתֶךָ יְרֹשֵׁשׁ עָרֵי מִבְצָרֶיךָ אֲשֶׁר אַתָּה בּוֹטֵחַ
בָּהֵנָּה בֶּחָרֶב׃ וְגַם בַּיָּמִים הָהֵמָּה נְאֻם־יְהוָה לֹא־אֶעֱשֶׂה אִתְּכֶם יח
כָּלָה׃ וְהָיָה כִּי תֹאמְרוּ תַּחַת מֶה עָשָׂה יְהוָה אֱלֹהֵינוּ יט
לָנוּ אֶת־כָּל־אֵלֶּה וְאָמַרְתָּ אֲלֵיהֶם כַּאֲשֶׁר עֲזַבְתֶּם אוֹתִי
וַתַּעַבְדוּ אֱלֹהֵי נֵכָר בְּאַרְצְכֶם כֵּן תַּעַבְדוּ זָרִים בְּאֶרֶץ לֹא
לָכֶם׃ הַגִּידוּ זֹאת בְּבֵית יַעֲקֹב וְהַשְׁמִיעוּהָ כ
בִיהוּדָה לֵאמֹר׃ שִׁמְעוּ־נָא זֹאת עַם סָכָל וְאֵין לֵב עֵינַיִם כא
לָהֶם וְלֹא יִרְאוּ אָזְנַיִם לָהֶם וְלֹא יִשְׁמָעוּ׃ הַאוֹתִי לֹא־תִירָאוּ כב
נְאֻם־יְהוָה אִם מִפָּנַי לֹא תָחִילוּ אֲשֶׁר־שַׂמְתִּי חוֹל גְּבוּל לַיָּם
חָק־עוֹלָם וְלֹא יַעַבְרֶנְהוּ וַיִּתְגָּעֲשׁוּ וְלֹא יוּכָלוּ וְהָמוּ גַלָּיו וְלֹא־
יַעַבְרֻנְהוּ׃ וְלָעָם הַזֶּה הָיָה לֵב סוֹרֵר וּמוֹרֶה סָרוּ וַיֵּלֵכוּ׃ וְלוֹא־ כג כד
יוֹרֶה אָמְרוּ בִלְבָבָם נִירָא נָא אֶת־יְהוָה אֱלֹהֵינוּ הַנֹּתֵן גֶּשֶׁם וירה
וּמַלְקוֹשׁ בְּעִתּוֹ שְׁבֻעֹת חֻקּוֹת קָצִיר יִשְׁמָר־לָנוּ׃ עֲוֺנוֹתֵיכֶם כה
הִטּוּ־אֵלֶּה וְחַטֹּאותֵיכֶם מָנְעוּ הַטּוֹב מִכֶּם׃ כִּי־נִמְצְאוּ בְעַמִּי כו
רְשָׁעִים יָשׁוּר כְּשַׁךְ יְקוּשִׁים הִצִּיבוּ מַשְׁחִית אֲנָשִׁים יִלְכֹּדוּ׃
כִּכְלוּב מָלֵא עוֹף כֵּן בָּתֵּיהֶם מְלֵאִים מִרְמָה עַל־כֵּן גָּדְלוּ כז
וַיַּעֲשִׁירוּ׃ שָׁמְנוּ עָשְׁתוּ גַּם עָבְרוּ דִבְרֵי־רָע דִּין לֹא־דָנוּ כח
דִּין יָתוֹם וְיַצְלִיחוּ וּמִשְׁפַּט אֶבְיוֹנִים לֹא שָׁפָטוּ׃ הַעַל־אֵלֶּה כט
לֹא־אֶפְקֹד נְאֻם־יְהוָה אִם בְּגוֹי אֲשֶׁר־כָּזֶה לֹא תִתְנַקֵּם
נַפְשִׁי׃ שַׁמָּה וְשַׁעֲרוּרָה נִהְיְתָה בָּאָרֶץ׃ הַנְּבִאִים ל לא

נִבְּא֣וּ בַשֶּׁ֗קֶר וְהַכֹּהֲנִים֙ יִרְדּ֣וּ עַל־יְדֵיהֶ֔ם וְעַמִּ֖י אָ֣הֲבוּ כֵ֑ן וּמַה־
ו א תַּעֲשׂ֖וּ לְאַחֲרִיתָֽהּ׃ הָעִ֣זוּ ׀ בְּנֵ֣י בִנְיָמִ֗ן מִקֶּ֙רֶב֙ יְר֣וּשָׁלִַ֔ם וּבִתְק֙וֹעַ֙
תִּקְע֣וּ שׁוֹפָ֔ר וְעַל־בֵּ֥ית הַכֶּ֖רֶם שְׂא֣וּ מַשְׂאֵ֑ת כִּ֥י רָעָ֛ה נִשְׁקְפָ֥ה
ב ג מִצָּפ֖וֹן וְשֶׁ֥בֶר גָּדֽוֹל׃ הַנָּוָה֙ וְהַמְּעֻנָּגָ֔ה דָּמִ֖יתִי בַּת־צִיּֽוֹן׃ אֵלֶ֛יהָ ד
יָבֹ֥אוּ רֹעִ֖ים וְעֶדְרֵיהֶ֑ם תָּקְע֨וּ עָלֶ֤יהָ אֹהָלִים֙ סָבִ֔יב רָע֖וּ אִ֥ישׁ אֶת־
ד יָדֽוֹ׃ קַדְּשׁ֤וּ עָלֶ֙יהָ֙ מִלְחָמָ֔ה ק֖וּמוּ וְנַעֲלֶ֣ה בַֽצָּהֳרָ֑יִם א֥וֹי לָ֙נוּ֙ כִּֽי־
ה פָנָ֣ה הַיּ֔וֹם כִּ֥י יִנָּט֖וּ צִלְלֵי־עָֽרֶב׃ ק֚וּמוּ וְנַעֲלֶ֣ה בַלָּ֔יְלָה וְנַשְׁחִ֖יתָה
ו אַרְמְנוֹתֶֽיהָ׃ כִּ֣י כֹ֤ה אָמַר֙ יְהוָ֣ה צְבָא֔וֹת כִּרְת֣וּ
עֵצָ֔ה וְשִׁפְכ֥וּ עַל־יְרוּשָׁלִַ֖ם סֹלְלָ֑ה הִ֚יא הָעִ֣יר הָפְקַ֔ד כֻּלָּ֖הּ עֹ֥שֶׁק
ז בְּקִרְבָּֽהּ׃ כְּהָקִ֥יר בּוֹר֙ מֵימֶ֔יהָ כֵּ֖ן הֵקֵ֣רָה רָעָתָ֑הּ חָמָ֣ס וָשֹׁ֞ד יִשָּׁ֤מַע בַּ֙יִר֙
ח בָּהּ֙ עַל־פָּנַ֣י תָּמִ֔יד חֳלִ֖י וּמַכָּֽה׃ הִוָּסְרִי֙ יְר֣וּשָׁלִַ֔ם פֶּן־תֵּקַ֥ע נַפְשִׁ֖י
ט מִמֵּ֑ךְ פֶּן־אֲשִׂימֵ֣ךְ שְׁמָמָ֔ה אֶ֖רֶץ ל֥וֹא נוֹשָֽׁבָה׃ כֹּ֤ה
אָמַר֙ יְהוָ֣ה צְבָא֔וֹת עוֹלֵ֛ל יְעוֹלְל֥וּ כַגֶּ֖פֶן שְׁאֵרִ֣ית יִשְׂרָאֵ֑ל הָשֵׁב֙
י יָֽדְךָ֔ כְּבוֹצֵ֖ר עַל־סַלְסִלּֽוֹת׃ עַל־מִ֨י אֲדַבְּרָ֤ה וְאָעִ֙ידָה֙ וְיִשְׁמָ֔עוּ
הִנֵּה֙ עֲרֵלָ֣ה אָזְנָ֔ם וְלֹ֥א יוּכְל֖וּ לְהַקְשִׁ֑יב הִנֵּ֣ה דְבַר־יְהוָ֗ה הָיָ֥ה
יא לָהֶ֛ם לְחֶרְפָּ֖ה לֹ֥א יַחְפְּצוּ־בֽוֹ׃ וְאֵת֩ חֲמַ֨ת יְהוָ֤ה ׀ מָלֵ֙אתִי֙ נִלְאֵ֣יתִי
הָכִ֔יל שְׁפֹ֤ךְ עַל־עוֹלָל֙ בַּח֔וּץ וְעַ֛ל ס֥וֹד בַּחוּרִ֖ים יַחְדָּ֑ו כִּֽי־גַם־אִ֤ישׁ
יב עִם־אִשָּׁה֙ יִלָּכֵ֔דוּ זָקֵ֖ן עִם־מְלֵ֥א יָמִֽים׃ וְנָסַ֤בּוּ בָתֵּיהֶם֙ לַֽאֲחֵרִ֔ים
שָׂד֖וֹת וְנָשִׁ֣ים יַחְדָּ֑ו כִּֽי־אַטֶּ֧ה אֶת־יָדִ֛י עַל־יֹשְׁבֵ֥י הָאָ֖רֶץ נְאֻם־
יג יְהוָֽה׃ כִּ֤י מִקְּטַנָּם֙ וְעַד־גְּדוֹלָ֔ם כֻּלּ֖וֹ בּוֹצֵ֣עַ בָּ֑צַע וּמִנָּבִיא֙ וְעַד־
יד כֹּהֵ֔ן כֻּלּ֖וֹ עֹ֥שֶׂה שָּֽׁקֶר׃ וַיְרַפְּא֞וּ אֶת־שֶׁ֤בֶר עַמִּי֙ עַל־נְקַלָּ֔ה לֵאמֹ֖ר
טו שָׁל֣וֹם ׀ שָׁל֑וֹם וְאֵ֖ין שָׁלֽוֹם׃ הֹבִ֕שׁוּ כִּֽי־תוֹעֵבָ֖ה עָשׂ֑וּ גַּם־בּ֣וֹשׁ
לֹֽא־יֵב֗שׁוּ גַּם־הַכְלִים֙ לֹ֣א יָדָ֔עוּ לָכֵ֞ן יִפְּל֤וּ בַנֹּפְלִים֙ בְּעֵת־
טז פְּקַדְתִּ֥ים יִכָּשְׁל֖וּ אָמַ֥ר יְהוָֽה׃ כֹּ֣ה אָמַ֣ר יְהוָ֗ה
עִמְד֨וּ עַל־דְּרָכִ֜ים וּרְא֗וּ וְשַׁאֲל֣וּ ׀ לִנְתִב֣וֹת עוֹלָ֗ם אֵי־זֶ֨ה דֶ֤רֶךְ
הַטּוֹב֙ וּלְכוּ־בָ֔הּ וּמִצְא֥וּ מַרְגּ֖וֹעַ לְנַפְשְׁכֶ֑ם וַיֹּאמְר֖וּ לֹ֥א נֵלֵֽךְ׃
יז וַהֲקִמֹתִ֤י עֲלֵיכֶם֙ צֹפִ֔ים הַקְשִׁ֖יבוּ לְק֣וֹל שׁוֹפָ֑ר וַיֹּאמְר֖וּ לֹ֥א

נִקְשִׁיב׃ לָכֵן שִׁמְעוּ הַגּוֹיִם וּדְעִי עֵדָה אֶת־אֲשֶׁר־בָּם׃ שִׁמְעִי יח יט
הָאָרֶץ הִנֵּה אָנֹכִי מֵבִיא רָעָה אֶל־הָעָם הַזֶּה פְּרִי מַחְשְׁבוֹתָם
כִּי עַל־דְּבָרַי לֹא הִקְשִׁיבוּ וְתוֹרָתִי וַיִּמְאֲסוּ־בָהּ׃ לָמָּה־זֶּה לִי כ
לְבוֹנָה מִשְּׁבָא תָבוֹא וְקָנֶה הַטּוֹב מֵאֶרֶץ מֶרְחָק עֹלוֹתֵיכֶם לֹא
לְרָצוֹן וְזִבְחֵיכֶם לֹא־עָרְבוּ לִי׃ לָכֵן כֹּה אָמַר כא
יהוה הִנְנִי נֹתֵן אֶל־הָעָם הַזֶּה מִכְשֹׁלִים וְכָשְׁלוּ בָם אָבוֹת וּבָנִים
וְאָבָדוּ יַחְדָּו שָׁכֵן וְרֵעוֹ יאבדו׃ כֹּה אָמַר יהוה הִנֵּה עַם כב
בָּא מֵאֶרֶץ צָפוֹן וְגוֹי גָּדוֹל יֵעוֹר מִיַּרְכְּתֵי־אָרֶץ׃ קֶשֶׁת וְכִידוֹן כג
יַחֲזִיקוּ אַכְזָרִי הוּא וְלֹא יְרַחֵמוּ קוֹלָם כַּיָּם יֶהֱמֶה וְעַל־סוּסִים
יִרְכָּבוּ עָרוּךְ כְּאִישׁ לַמִּלְחָמָה עָלַיִךְ בַּת־צִיּוֹן׃ שָׁמַעְנוּ אֶת־ כד
תֵּצְאוּ שָׁמְעוֹ רָפוּ יָדֵינוּ צָרָה הֶחֱזִקַתְנוּ חִיל כַּיּוֹלֵדָה׃ אַל־תצאי כה
תֵּלֵכוּ הַשָּׂדֶה וּבַדֶּרֶךְ אַל־תלכי כִּי חֶרֶב לְאֹיֵב מָגוֹר מִסָּבִיב׃ בַּת־ כו
עַמִּי חִגְרִי־שָׂק וְהִתְפַּלְּשִׁי בָאֵפֶר אֵבֶל יָחִיד עֲשִׂי־לָךְ מִסְפַּד
תַּמְרוּרִים כִּי פִתְאֹם יָבֹא הַשֹּׁדֵד עָלֵינוּ׃ בָּחוֹן נְתַתִּיךָ בְעַמִּי כז
מִבְצָר וְתֵדַע וּבָחַנְתָּ אֶת־דַּרְכָּם׃ כֻּלָּם סָרֵי סוֹרְרִים הֹלְכֵי רָכִיל כח
מֵאֵשׁ תַּם נְחֹשֶׁת וּבַרְזֶל כֻּלָּם מַשְׁחִיתִים הֵמָּה׃ נָחַר מַפֻּחַ מאשתם כט
עֹפָרֶת לַשָּׁוְא צָרַף צָרוֹף וְרָעִים לֹא נִתָּקוּ׃ כֶּסֶף נִמְאָס קָרְאוּ ל
לָהֶם כִּי־מָאַס יהוה בָּהֶם׃ הַדָּבָר אֲשֶׁר הָיָה א ז
אֶל־יִרְמְיָהוּ מֵאֵת יהוה לֵאמֹר׃ עֲמֹד בְּשַׁעַר בֵּית יהוה וְקָרָאתָ ב
שָּׁם אֶת־הַדָּבָר הַזֶּה וְאָמַרְתָּ שִׁמְעוּ דְבַר־יהוה כָּל־יְהוּדָה
הַבָּאִים בַּשְּׁעָרִים הָאֵלֶּה לְהִשְׁתַּחֲוֺת לַיהוה׃ כֹּה־ ג
אָמַר יהוה צְבָאוֹת אֱלֹהֵי יִשְׂרָאֵל הֵיטִיבוּ דַרְכֵיכֶם וּמַעַלְלֵיכֶם
וַאֲשַׁכְּנָה אֶתְכֶם בַּמָּקוֹם הַזֶּה׃ אַל־תִּבְטְחוּ לָכֶם אֶל־דִּבְרֵי ד
הַשֶּׁקֶר לֵאמֹר הֵיכַל יהוה הֵיכַל יהוה הֵיכַל יהוה הֵמָּה׃ כִּי אִם־ ה
הֵיטֵיב תֵּיטִיבוּ אֶת־דַּרְכֵיכֶם וְאֶת־מַעַלְלֵיכֶם אִם־עָשׂוֹ תַעֲשׂוּ
מִשְׁפָּט בֵּין אִישׁ וּבֵין רֵעֵהוּ׃ גֵּר יָתוֹם וְאַלְמָנָה לֹא תַעֲשֹׁקוּ וְדָם ו
נָקִי אַל־תִּשְׁפְּכוּ בַּמָּקוֹם הַזֶּה וְאַחֲרֵי אֱלֹהִים אֲחֵרִים לֹא תֵלְכוּ

ז לְרַע לָכֶם׃ וְשִׁכַּנְתִּי אֶתְכֶם בַּמָּקוֹם הַזֶּה בָּאָרֶץ אֲשֶׁר נָתַתִּי
ח לַאֲבוֹתֵיכֶם לְמִן־עוֹלָם וְעַד־עוֹלָם׃ הִנֵּה אַתֶּם בֹּטְחִים לָכֶם
ט עַל־דִּבְרֵי הַשָּׁקֶר לְבִלְתִּי הוֹעִיל׃ הֲגָנֹב ׀ רָצֹחַ וְנָאֹף וְהִשָּׁבֵעַ
לַשֶּׁקֶר וְקַטֵּר לַבָּעַל וְהָלֹךְ אַחֲרֵי אֱלֹהִים אֲחֵרִים אֲשֶׁר לֹא־
י יְדַעְתֶּם׃ וּבָאתֶם וַעֲמַדְתֶּם לְפָנַי בַּבַּיִת הַזֶּה אֲשֶׁר נִקְרָא־שְׁמִי
עָלָיו וַאֲמַרְתֶּם נִצַּלְנוּ לְמַעַן עֲשׂוֹת אֵת כָּל־הַתּוֹעֵבוֹת הָאֵלֶּה׃
יא הַמְעָרַת פָּרִצִים הָיָה הַבַּיִת הַזֶּה אֲשֶׁר־נִקְרָא־שְׁמִי עָלָיו
יב בְּעֵינֵיכֶם גַּם אָנֹכִי הִנֵּה רָאִיתִי נְאֻם־יְהוָה׃ כִּי לְכוּ־נָא אֶל־
מְקוֹמִי אֲשֶׁר בְּשִׁילוֹ אֲשֶׁר שִׁכַּנְתִּי שְׁמִי שָׁם בָּרִאשׁוֹנָה וּרְאוּ
יג אֵת אֲשֶׁר־עָשִׂיתִי לוֹ מִפְּנֵי רָעַת עַמִּי יִשְׂרָאֵל׃ וְעַתָּה יַעַן
עֲשׂוֹתְכֶם אֶת־כָּל־הַמַּעֲשִׂים הָאֵלֶּה נְאֻם־יְהוָה וָאֲדַבֵּר אֲלֵיכֶם
הַשְׁכֵּם וְדַבֵּר וְלֹא שְׁמַעְתֶּם וָאֶקְרָא אֶתְכֶם וְלֹא עֲנִיתֶם׃
יד וְעָשִׂיתִי לַבַּיִת ׀ אֲשֶׁר נִקְרָא־שְׁמִי עָלָיו אֲשֶׁר אַתֶּם בֹּטְחִים בּוֹ
וְלַמָּקוֹם אֲשֶׁר־נָתַתִּי לָכֶם וְלַאֲבוֹתֵיכֶם כַּאֲשֶׁר עָשִׂיתִי לְשִׁלוֹ׃
טו וְהִשְׁלַכְתִּי אֶתְכֶם מֵעַל פָּנָי כַּאֲשֶׁר הִשְׁלַכְתִּי אֶת־כָּל־אֲחֵיכֶם
טז אֵת כָּל־זֶרַע אֶפְרָיִם׃ וְאַתָּה אַל־תִּתְפַּלֵּל ׀ בְּעַד־
הָעָם הַזֶּה וְאַל־תִּשָּׂא בַעֲדָם רִנָּה וּתְפִלָּה וְאַל־תִּפְגַּע־בִּי
יז כִּי־אֵינֶנִּי שֹׁמֵעַ אֹתָךְ׃ הַאֵינְךָ רֹאֶה מָה הֵמָּה עֹשִׂים בְּעָרֵי
יח יְהוּדָה וּבְחֻצוֹת יְרוּשָׁלִָם׃ הַבָּנִים מְלַקְּטִים עֵצִים וְהָאָבוֹת
מְבַעֲרִים אֶת־הָאֵשׁ וְהַנָּשִׁים לָשׁוֹת בָּצֵק לַעֲשׂוֹת כַּוָּנִים
לִמְלֶכֶת הַשָּׁמַיִם וְהַסֵּךְ נְסָכִים לֵאלֹהִים אֲחֵרִים לְמַעַן הַכְעִסֵנִי׃
יט הַאֹתִי הֵם מַכְעִסִים נְאֻם־יְהוָה הֲלוֹא אֹתָם לְמַעַן בֹּשֶׁת
כ פְּנֵיהֶם׃ לָכֵן כֹּה־אָמַר ׀ אֲדֹנָי יֱהוִה הִנֵּה אַפִּי וַחֲמָתִי
נִתֶּכֶת אֶל־הַמָּקוֹם הַזֶּה עַל־הָאָדָם וְעַל־הַבְּהֵמָה וְעַל־עֵץ
כא הַשָּׂדֶה וְעַל־פְּרִי הָאֲדָמָה וּבָעֲרָה וְלֹא תִכְבֶּה׃ כֹּה
אָמַר יְהוָה צְבָאוֹת אֱלֹהֵי יִשְׂרָאֵל עֹלוֹתֵיכֶם סְפוּ עַל־זִבְחֵיכֶם
כב וְאִכְלוּ בָשָׂר׃ כִּי לֹא־דִבַּרְתִּי אֶת־אֲבוֹתֵיכֶם וְלֹא צִוִּיתִים בְּיוֹם

כג הוֹצִיאִ אוֹתָם מֵאֶרֶץ מִצְרָיִם עַל־דִּבְרֵי עוֹלָה וָזָבַח׃ כִּי אִם־ ה
אֶת־הַדָּבָר הַזֶּה צִוִּיתִי אוֹתָם לֵאמֹר שִׁמְעוּ בְקוֹלִי וְהָיִיתִי לָכֶם
לֵאלֹהִים וְאַתֶּם תִּהְיוּ־לִי לְעָם וַהֲלַכְתֶּם בְּכָל־הַדֶּרֶךְ אֲשֶׁר
כד אֲצַוֶּה אֶתְכֶם לְמַעַן יִיטַב לָכֶם׃ וְלֹא שָׁמְעוּ וְלֹא־הִטּוּ אֶת־
אָזְנָם וַיֵּלְכוּ בְּמֹעֵצוֹת בִּשְׁרִרוּת לִבָּם הָרָע וַיִּהְיוּ לְאָחוֹר וְלֹא
כה לְפָנִים׃ לְמִן־הַיּוֹם אֲשֶׁר יָצְאוּ אֲבוֹתֵיכֶם מֵאֶרֶץ מִצְרַיִם עַד
הַיּוֹם הַזֶּה וָאֶשְׁלַח אֲלֵיכֶם אֶת־כָּל־עֲבָדַי הַנְּבִיאִים יוֹם הַשְׁכֵּם
כו וְשָׁלֹחַ׃ וְלוֹא שָׁמְעוּ אֵלַי וְלֹא הִטּוּ אֶת־אָזְנָם וַיַּקְשׁוּ אֶת־עָרְפָּם
כז הֵרֵעוּ מֵאֲבוֹתָם׃ וְדִבַּרְתָּ אֲלֵיהֶם אֶת־כָּל־הַדְּבָרִים הָאֵלֶּה וְלֹא
כח יִשְׁמְעוּ אֵלֶיךָ וְקָרָאתָ אֲלֵיהֶם וְלֹא יַעֲנוּכָה׃ וְאָמַרְתָּ אֲלֵיהֶם זֶה
הַגּוֹי אֲשֶׁר לוֹא־שָׁמְעוּ בְּקוֹל יְהוָה אֱלֹהָיו וְלֹא לָקְחוּ מוּסָר
כט אָבְדָה הָאֱמוּנָה וְנִכְרְתָה מִפִּיהֶם׃ גָּזִּי נִזְרֵךְ
וְהַשְׁלִיכִי וּשְׂאִי עַל־שְׁפָיִם קִינָה כִּי מָאַס יְהוָה וַיִּטֹּשׁ אֶת־דּוֹר
ל עֶבְרָתוֹ׃ כִּי־עָשׂוּ בְנֵי־יְהוּדָה הָרַע בְּעֵינַי נְאֻם־יְהוָה שָׂמוּ
לא שִׁקּוּצֵיהֶם בַּבַּיִת אֲשֶׁר־נִקְרָא־שְׁמִי עָלָיו לְטַמְּאוֹ׃ וּבָנוּ בָּמוֹת
הַתֹּפֶת אֲשֶׁר בְּגֵיא בֶן־הִנֹּם לִשְׂרֹף אֶת־בְּנֵיהֶם וְאֶת־בְּנֹתֵיהֶם
לב בָּאֵשׁ אֲשֶׁר לֹא צִוִּיתִי וְלֹא עָלְתָה עַל־לִבִּי׃ לָכֵן
הִנֵּה יָמִים בָּאִים נְאֻם־יְהוָה וְלֹא־יֵאָמֵר עוֹד הַתֹּפֶת וְגֵיא בֶן־
לג הִנֹּם כִּי אִם־גֵּיא הַהֲרֵגָה וְקָבְרוּ בְתֹפֶת מֵאֵין מָקוֹם׃ וְהָיְתָה
נִבְלַת הָעָם הַזֶּה לְמַאֲכָל לְעוֹף הַשָּׁמַיִם וּלְבֶהֱמַת הָאָרֶץ וְאֵין
לד מַחֲרִיד׃ וְהִשְׁבַּתִּי ׀ מֵעָרֵי יְהוּדָה וּמֵחֻצוֹת יְרוּשָׁלִַם קוֹל שָׂשׂוֹן
וְקוֹל שִׂמְחָה קוֹל חָתָן וְקוֹל כַּלָּה כִּי לְחָרְבָּה תִּהְיֶה הָאָרֶץ׃
ח א בָּעֵת הַהִיא נְאֻם־יְהוָה ויוציאו אֶת־עַצְמוֹת מַלְכֵי־יְהוּדָה יוֹצִיאוּ
וְאֶת־עַצְמוֹת שָׂרָיו וְאֶת־עַצְמוֹת הַכֹּהֲנִים וְאֵת ׀ עַצְמוֹת
ב הַנְּבִיאִים וְאֵת עַצְמוֹת יוֹשְׁבֵי־יְרוּשָׁלִָם מִקִּבְרֵיהֶם׃ וּשְׁטָחוּם
לַשֶּׁמֶשׁ וְלַיָּרֵחַ וּלְכֹל ׀ צְבָא הַשָּׁמַיִם אֲשֶׁר אֲהֵבוּם וַאֲשֶׁר עֲבָדוּם
וַאֲשֶׁר הָלְכוּ אַחֲרֵיהֶם וַאֲשֶׁר דְּרָשׁוּם וַאֲשֶׁר הִשְׁתַּחֲווּ לָהֶם לֹא

ג יֵאָסְפוּ וְלֹא יִקָּבֵרוּ לְדֹמֶן עַל־פְּנֵי הָאֲדָמָה יִהְיוּ׃ וְנִבְחַר מָוֶת
מֵחַיִּים לְכֹל הַשְּׁאֵרִית הַנִּשְׁאָרִים מִן־הַמִּשְׁפָּחָה הָרָעָה הַזֹּאת
בְּכָל־הַמְּקֹמוֹת הַנִּשְׁאָרִים אֲשֶׁר הִדַּחְתִּים שָׁם נְאֻם יְהוָה
ד צְבָאוֹת׃ וְאָמַרְתָּ אֲלֵיהֶם כֹּה אָמַר יְהוָה הֲיִפְּלוּ
ה וְלֹא יָקוּמוּ אִם־יָשׁוּב וְלֹא יָשׁוּב׃ מַדּוּעַ שׁוֹבְבָה הָעָם הַזֶּה
יְרוּשָׁלַ͏ִם מְשֻׁבָה נִצַּחַת הֶחֱזִיקוּ בַּתַּרְמִת מֵאֲנוּ לָשׁוּב׃
ו הִקְשַׁבְתִּי וָאֶשְׁמָע לוֹא־כֵן יְדַבֵּרוּ אֵין אִישׁ נִחָם עַל־רָעָתוֹ
לֵאמֹר מֶה עָשִׂיתִי כֻּלֹּה שָׁב במרצותם כְּסוּס שׁוֹטֵף בַּמִּלְחָמָה׃ בִּמְרוּצָתָם
ז גַּם־חֲסִידָה בַשָּׁמַיִם יָדְעָה מוֹעֲדֶיהָ וְתֹר וסוס וְעָגוּר שָׁמְרוּ אֶת־ וְסִיס
ח עֵת בֹּאָנָה וְעַמִּי לֹא יָדְעוּ אֵת מִשְׁפַּט יְהוָה׃ אֵיכָה תֹאמְרוּ
חֲכָמִים אֲנַחְנוּ וְתוֹרַת יְהוָה אִתָּנוּ אָכֵן הִנֵּה לַשֶּׁקֶר עָשָׂה עֵט
ט שֶׁקֶר סֹפְרִים׃ הֹבִשׁוּ חֲכָמִים חַתּוּ וַיִּלָּכֵדוּ הִנֵּה בִדְבַר־יְהוָה
י מָאָסוּ וְחָכְמַת־מֶה לָהֶם׃ לָכֵן אֶתֵּן אֶת־נְשֵׁיהֶם לַאֲחֵרִים
שְׂדוֹתֵיהֶם לְיוֹרְשִׁים כִּי מִקָּטֹן וְעַד־גָּדוֹל כֻּלֹּה בֹּצֵעַ בָּצַע מִנָּבִיא
יא וְעַד־כֹּהֵן כֻּלֹּה עֹשֶׂה שָּׁקֶר׃ וַיְרַפּוּ אֶת־שֶׁבֶר בַּת־עַמִּי עַל־
יב נְקַלָּה לֵאמֹר שָׁלוֹם ׀ שָׁלוֹם וְאֵין שָׁלוֹם׃ הֹבִשׁוּ כִּי תוֹעֵבָה עָשׂוּ
גַּם־בּוֹשׁ לֹא־יֵבֹשׁוּ וְהִכָּלֵם לֹא יָדָעוּ לָכֵן יִפְּלוּ בַנֹּפְלִים בְּעֵת
יג פְּקֻדָּתָם יִכָּשְׁלוּ אָמַר יְהוָה׃ אָסֹף אֲסִיפֵם נְאֻם־יְהוָה
אֵין עֲנָבִים בַּגֶּפֶן וְאֵין תְּאֵנִים בַּתְּאֵנָה וְהֶעָלֶה נָבֵל וָאֶתֵּן לָהֶם
יד יַעַבְרוּם׃ עַל־מָה אֲנַחְנוּ יֹשְׁבִים הֵאָסְפוּ וְנָבוֹא אֶל־עָרֵי
הַמִּבְצָר וְנִדְּמָה־שָּׁם כִּי יְהוָה אֱלֹהֵינוּ הֲדִמָּנוּ וַיַּשְׁקֵנוּ מֵי־רֹאשׁ
טו כִּי חָטָאנוּ לַיהוָה׃ קַוֵּה לְשָׁלוֹם וְאֵין טוֹב לְעֵת מַרְפֵּה וְהִנֵּה
טז בְעָתָה׃ מִדָּן נִשְׁמַע נַחְרַת סוּסָיו מִקּוֹל מִצְהֲלוֹת אַבִּירָיו
רָעֲשָׁה כָּל־הָאָרֶץ וַיָּבוֹאוּ וַיֹּאכְלוּ אֶרֶץ וּמְלוֹאָהּ עִיר וְיֹשְׁבֵי
יז בָהּ׃ כִּי הִנְנִי מְשַׁלֵּחַ בָּכֶם נְחָשִׁים צִפְעֹנִים אֲשֶׁר אֵין־לָהֶם לָחַשׁ
יח וְנִשְּׁכוּ אֶתְכֶם נְאֻם־יְהוָה׃ מַבְלִיגִיתִי עֲלֵי יָגוֹן
יט עָלַי לִבִּי דַוָּי׃ הִנֵּה־קוֹל שַׁוְעַת בַּת־עַמִּי מֵאֶרֶץ מַרְחַקִּים

הַיהוָה אֵין בְּצִיּוֹן אִם־מַלְכָּהּ אֵין בָּהּ מַדּוּעַ הִכְעִסוּנִי בִּפְסִלֵיהֶם
בְּהַבְלֵי נֵכָר׃ עָבַר קָצִיר כָּלָה קָיִץ וַאֲנַחְנוּ לוֹא נוֹשָׁעְנוּ׃ עַל־ כ כא
שֶׁבֶר בַּת־עַמִּי הָשְׁבָּרְתִּי קָדַרְתִּי שַׁמָּה הֶחֱזִקָתְנִי׃ הַצֳרִי אֵין כב
בְּגִלְעָד אִם־רֹפֵא אֵין שָׁם כִּי מַדּוּעַ לֹא עָלְתָה אֲרֻכַת בַּת־
עַמִּי׃ מִי־יִתֵּן רֹאשִׁי מַיִם וְעֵינִי מְקוֹר דִּמְעָה כג
וְאֶבְכֶּה יוֹמָם וָלַיְלָה אֵת חַלְלֵי בַת־עַמִּי׃ מִי־יִתְּנֵנִי בַמִּדְבָּר ט א
מְלוֹן אֹרְחִים וְאֶעֶזְבָה אֶת־עַמִּי וְאֵלְכָה מֵאִתָּם כִּי כֻלָּם
מְנָאֲפִים עֲצֶרֶת בֹּגְדִים׃ וַיַּדְרְכוּ אֶת־לְשׁוֹנָם קַשְׁתָּם שֶׁקֶר וְלֹא ב
לֶאֱמוּנָה גָּבְרוּ בָאָרֶץ כִּי מֵרָעָה אֶל־רָעָה ׀ יָצָאוּ וְאֹתִי לֹא־
יָדָעוּ נְאֻם־יהוָה׃ אִישׁ מֵרֵעֵהוּ הִשָּׁמֵרוּ וְעַל־כָּל־אָח אַל־ ג
תִּבְטָחוּ כִּי כָל־אָח עָקוֹב יַעְקֹב וְכָל־רֵעַ רָכִיל יַהֲלֹךְ׃ וְאִישׁ ד
בְּרֵעֵהוּ יְהָתֵלּוּ וֶאֱמֶת לֹא יְדַבֵּרוּ לִמְּדוּ לְשׁוֹנָם דַּבֶּר־שֶׁקֶר הַעֲוֵה
נִלְאוּ׃ שִׁבְתְּךָ בְּתוֹךְ מִרְמָה בְּמִרְמָה מֵאֲנוּ דַעַת־אוֹתִי נְאֻם־ ה
יהוָה׃ לָכֵן כֹּה אָמַר יהוָה צְבָאוֹת הִנְנִי צוֹרְפָם ו
שָׁחוּט וּבְחַנְתִּים כִּי־אֵיךְ אֶעֱשֶׂה מִפְּנֵי בַּת־עַמִּי׃ חֵץ שׁוֹחֵט לְשׁוֹנָם ז
מִרְמָה דִבֵּר בְּפִיו שָׁלוֹם אֶת־רֵעֵהוּ יְדַבֵּר וּבְקִרְבּוֹ יָשִׂים אָרְבּוֹ׃
הַעַל־אֵלֶּה לֹא־אֶפְקָד־בָּם נְאֻם־יהוָה אִם בְּגוֹי אֲשֶׁר־כָּזֶה לֹא ח
תִתְנַקֵּם נַפְשִׁי׃ עַל־הֶהָרִים אֶשָּׂא בְכִי וָנֶהִי ט
וְעַל־נְאוֹת מִדְבָּר קִינָה כִּי נִצְּתוּ מִבְּלִי־אִישׁ עֹבֵר וְלֹא שָׁמְעוּ
קוֹל מִקְנֶה מֵעוֹף הַשָּׁמַיִם וְעַד־בְּהֵמָה נָדְדוּ הָלָכוּ׃ וְנָתַתִּי אֶת־ י
יְרוּשָׁלִַם לְגַלִּים מְעוֹן תַּנִּים וְאֶת־עָרֵי יְהוּדָה אֶתֵּן שְׁמָמָה מִבְּלִי
יוֹשֵׁב׃ מִי־הָאִישׁ הֶחָכָם וְיָבֵן אֶת־זֹאת וַאֲשֶׁר יא
דִּבֶּר פִּי־יהוָה אֵלָיו וְיַגִּדָהּ עַל־מָה אָבְדָה הָאָרֶץ נִצְּתָה
כַמִּדְבָּר מִבְּלִי עֹבֵר׃ וַיֹּאמֶר יהוָה עַל־עָזְבָם יב
אֶת־תּוֹרָתִי אֲשֶׁר נָתַתִּי לִפְנֵיהֶם וְלֹא־שָׁמְעוּ בְקוֹלִי וְלֹא־הָלְכוּ
בָהּ׃ וַיֵּלְכוּ אַחֲרֵי שְׁרִרוּת לִבָּם וְאַחֲרֵי הַבְּעָלִים אֲשֶׁר לִמְּדוּם יג
אֲבוֹתָם׃ לָכֵן כֹּה־אָמַר יהוָה צְבָאוֹת אֱלֹהֵי יד

יִשְׂרָאֵל הִנְנִי מַאֲכִילָם אֶת־הָעָם הַזֶּה לַעֲנָה וְהִשְׁקִיתִים מֵי־
טו רֹאשׁ: וַהֲפִצוֹתִים בַּגּוֹיִם אֲשֶׁר לֹא יָדְעוּ הֵמָּה וַאֲבוֹתָם וְשִׁלַּחְתִּי
טז אַחֲרֵיהֶם אֶת־הַחֶרֶב עַד כַּלּוֹתִי אוֹתָם: כֹּה
אָמַר יְהוָה צְבָאוֹת הִתְבּוֹנְנוּ וְקִרְאוּ לַמְקוֹנְנוֹת וּתְבוֹאֶינָה וְאֶל־
יז הַחֲכָמוֹת שִׁלְחוּ וְתָבוֹאנָה: וּתְמַהֵרְנָה וְתִשֶּׂנָה עָלֵינוּ נֶהִי
יח וְתֵרַדְנָה עֵינֵינוּ דִּמְעָה וְעַפְעַפֵּינוּ יִזְּלוּ־מָיִם: כִּי קוֹל נְהִי נִשְׁמַע
מִצִּיּוֹן אֵיךְ שֻׁדָּדְנוּ בֹּשְׁנוּ מְאֹד כִּי־עָזַבְנוּ אָרֶץ כִּי הִשְׁלִיכוּ
יט מִשְׁכְּנוֹתֵינוּ: כִּי־שְׁמַעְנָה נָשִׁים דְּבַר־יְהוָה וְתִקַּח
אָזְנְכֶם דְּבַר־פִּיו וְלַמֵּדְנָה בְנוֹתֵיכֶם נֶהִי וְאִשָּׁה רְעוּתָהּ קִינָה:
כ כִּי־עָלָה מָוֶת בְּחַלּוֹנֵינוּ בָּא בְּאַרְמְנוֹתֵינוּ לְהַכְרִית עוֹלָל
כא מִחוּץ בַּחוּרִים מֵרְחֹבוֹת: דַּבֵּר כֹּה נְאֻם־יְהוָה וְנָפְלָה נִבְלַת
הָאָדָם כְּדֹמֶן עַל־פְּנֵי הַשָּׂדֶה וּכְעָמִיר מֵאַחֲרֵי הַקֹּצֵר וְאֵין
כב מְאַסֵּף: כֹּה | אָמַר יְהוָה אַל־יִתְהַלֵּל חָכָם
בְּחָכְמָתוֹ וְאַל־יִתְהַלֵּל הַגִּבּוֹר בִּגְבוּרָתוֹ אַל־יִתְהַלֵּל עָשִׁיר
כג בְּעָשְׁרוֹ: כִּי אִם־בְּזֹאת יִתְהַלֵּל הַמִּתְהַלֵּל הַשְׂכֵּל וְיָדֹעַ אוֹתִי ו
כִּי אֲנִי יְהוָה עֹשֶׂה חֶסֶד מִשְׁפָּט וּצְדָקָה בָּאָרֶץ כִּי־בְאֵלֶּה
כד חָפַצְתִּי נְאֻם־יְהוָה: הִנֵּה יָמִים בָּאִים נְאֻם־יְהוָה
כה וּפָקַדְתִּי עַל־כָּל־מוּל בְּעָרְלָה: עַל־מִצְרַיִם וְעַל־יְהוּדָה וְעַל־
אֱדוֹם וְעַל־בְּנֵי עַמּוֹן וְעַל־מוֹאָב וְעַל כָּל־קְצוּצֵי פֵאָה הַיֹּשְׁבִים
בַּמִּדְבָּר כִּי כָל־הַגּוֹיִם עֲרֵלִים וְכָל־בֵּית יִשְׂרָאֵל עַרְלֵי־
י א לֵב: שִׁמְעוּ אֶת־הַדָּבָר אֲשֶׁר דִּבֶּר יְהוָה עֲלֵיכֶם
ב בֵּית יִשְׂרָאֵל: כֹּה | אָמַר יְהוָה אֶל־דֶּרֶךְ הַגּוֹיִם אַל־תִּלְמָדוּ
ג וּמֵאֹתוֹת הַשָּׁמַיִם אַל־תֵּחָתּוּ כִּי־יֵחַתּוּ הַגּוֹיִם מֵהֵמָּה: כִּי־
חֻקּוֹת הָעַמִּים הֶבֶל הוּא כִּי־עֵץ מִיַּעַר כְּרָתוֹ מַעֲשֵׂה יְדֵי־חָרָשׁ
ד בַּמַּעֲצָד: בְּכֶסֶף וּבְזָהָב יְיַפֵּהוּ בְּמַסְמְרוֹת וּבְמַקָּבוֹת יְחַזְּקוּם
ה וְלוֹא יָפִיק: כְּתֹמֶר מִקְשָׁה הֵמָּה וְלֹא יְדַבֵּרוּ נָשׂוֹא יִנָּשׂוּא
כִּי לֹא יִצְעָדוּ אַל־תִּירְאוּ מֵהֶם כִּי־לֹא יָרֵעוּ וְגַם־הֵיטֵיב אֵין

ו אוֹתָם׃ מֵאֵין כָּמוֹךָ יְהוָה גָּדוֹל אַתָּה וְגָדוֹל שִׁמְךָ
ז בִּגְבוּרָה׃ מִי לֹא יִרָאֲךָ מֶלֶךְ הַגּוֹיִם כִּי לְךָ יָאָתָה כִּי בְכָל־חַכְמֵי
ח הַגּוֹיִם וּבְכָל־מַלְכוּתָם מֵאֵין כָּמוֹךָ׃ וּבְאַחַת יִבְעֲרוּ וְיִכְסָלוּ
ט מוּסַר הֲבָלִים עֵץ הוּא׃ כֶּסֶף מְרֻקָּע מִתַּרְשִׁישׁ יוּבָא וְזָהָב מֵאוּפָז
מַעֲשֵׂה חָרָשׁ וִידֵי צוֹרֵף תְּכֵלֶת וְאַרְגָּמָן לְבוּשָׁם מַעֲשֵׂה חֲכָמִים
י כֻּלָּם׃ וַיהוָה אֱלֹהִים אֱמֶת הוּא־אֱלֹהִים חַיִּים וּמֶלֶךְ עוֹלָם מִקִּצְפּוֹ
יא תִּרְעַשׁ הָאָרֶץ וְלֹא־יָכִלוּ גוֹיִם זַעְמוֹ׃ כִּדְנָה
תֵּאמְרוּן לְהוֹם אֱלָהַיָּא דִּי־שְׁמַיָּא וְאַרְקָא לָא עֲבַדוּ יֵאבַדוּ
יב מֵאַרְעָא וּמִן־תְּחוֹת שְׁמַיָּא אֵלֶּה׃ עֹשֵׂה אֶרֶץ
יג בְּכֹחוֹ מֵכִין תֵּבֵל בְּחָכְמָתוֹ וּבִתְבוּנָתוֹ נָטָה שָׁמָיִם׃ לְקוֹל
תִּתּוֹ הֲמוֹן מַיִם בַּשָּׁמַיִם וַיַּעֲלֶה נְשִׂאִים מִקְצֵה ארץ בְּרָקִים הָאָרֶץ
יד לַמָּטָר עָשָׂה וַיּוֹצֵא רוּחַ מֵאֹצְרֹתָיו׃ נִבְעַר כָּל־אָדָם מִדַּעַת
טו הֹבִישׁ כָּל־צוֹרֵף מִפָּסֶל כִּי שֶׁקֶר נִסְכּוֹ וְלֹא־רוּחַ בָּם׃ הֶבֶל
טז הֵמָּה מַעֲשֵׂה תַּעְתֻּעִים בְּעֵת פְּקֻדָּתָם יֹאבֵדוּ׃ לֹא־כְאֵלֶּה
חֵלֶק יַעֲקוֹב כִּי־יוֹצֵר הַכֹּל הוּא וְיִשְׂרָאֵל שֵׁבֶט נַחֲלָתוֹ
יז יְהוָה צְבָאוֹת שְׁמוֹ׃ אִסְפִּי מֵאֶרֶץ כִּנְעָתֵךְ
יח יושבתי בַּמָּצוֹר׃ כִּי־כֹה אָמַר יְהוָה הִנְנִי יֹשֶׁבֶת
קוֹלֵעַ אֶת־יוֹשְׁבֵי הָאָרֶץ בַּפַּעַם הַזֹּאת וַהֲצֵרוֹתִי לָהֶם לְמַעַן
יט יִמְצָאוּ׃ אוֹי לִי עַל־שִׁבְרִי נַחְלָה מַכָּתִי וַאֲנִי
כ אָמַרְתִּי אַךְ זֶה חֳלִי וְאֶשָּׂאֶנּוּ׃ אָהֳלִי שֻׁדָּד וְכָל־מֵיתָרַי נִתָּקוּ
כא בָּנַי יְצָאֻנִי וְאֵינָם אֵין־נֹטֶה עוֹד אָהֳלִי וּמֵקִים יְרִיעוֹתָי׃ כִּי
נִבְעֲרוּ הָרֹעִים וְאֶת־יְהוָה לֹא דָרָשׁוּ עַל־כֵּן לֹא הִשְׂכִּילוּ וְכָל־
כב מַרְעִיתָם נְפוֹצָה׃ קוֹל שְׁמוּעָה הִנֵּה בָאָה וְרַעַשׁ
גָּדוֹל מֵאֶרֶץ צָפוֹן לָשׂוּם אֶת־עָרֵי יְהוּדָה שְׁמָמָה מְעוֹן תַּנִּים׃
כג יָדַעְתִּי יְהוָה כִּי לֹא לָאָדָם דַּרְכּוֹ לֹא־לְאִישׁ הֹלֵךְ וְהָכִין אֶת־
כד כה צַעֲדוֹ׃ יַסְּרֵנִי יְהוָה אַךְ בְּמִשְׁפָּט אַל־בְּאַפְּךָ פֶּן־תַּמְעִטֵנִי׃ שְׁפֹךְ
חֲמָתְךָ עַל־הַגּוֹיִם אֲשֶׁר לֹא־יְדָעוּךָ וְעַל מִשְׁפָּחוֹת אֲשֶׁר בְּשִׁמְךָ

לֹ֣א קָרָ֑אוּ כִּֽי־אָכְל֣וּ אֶֽת־יַעֲקֹ֗ב וַאֲכָלֻ֙הוּ֙ וַיְכַלֻּ֔הוּ וְאֶת־נָוֵ֖הוּ

יא א הֵשַֽׁמּוּ׃ הַדָּבָר֙ אֲשֶׁ֣ר הָיָ֣ה אֶֽל־יִרְמְיָ֔הוּ מֵאֵ֥ת

ב יְהוָ֖ה לֵאמֹֽר׃ שִׁמְע֕וּ אֶת־דִּבְרֵ֖י הַבְּרִ֣ית הַזֹּ֑את וְדִבַּרְתָּם֙ אֶל־

ג אִ֣ישׁ יְהוּדָ֔ה וְעַל־יֹשְׁבֵ֖י יְרוּשָׁלִָֽם׃ וְאָמַרְתָּ֣ אֲלֵיהֶ֔ם כֹּה־אָמַ֥ר

יְהוָ֖ה אֱלֹהֵ֣י יִשְׂרָאֵ֑ל אָר֣וּר הָאִ֔ישׁ אֲשֶׁר֙ לֹ֣א יִשְׁמַ֔ע אֶת־דִּבְרֵ֖י

ד הַבְּרִ֥ית הַזֹּֽאת׃ אֲשֶׁ֨ר צִוִּ֜יתִי אֶת־אֲבֽוֹתֵיכֶ֗ם בְּי֣וֹם הֽוֹצִיאִֽי־

אוֹתָ֣ם מֵאֶֽרֶץ־מִצְרַיִם֩ מִכּ֨וּר הַבַּרְזֶ֜ל לֵאמֹ֗ר שִׁמְע֤וּ בְקוֹלִי֙

וַעֲשִׂיתֶ֣ם אוֹתָ֔ם כְּכֹ֥ל אֲשֶׁר־אֲצַוֶּ֖ה אֶתְכֶ֑ם וִהְיִ֤יתֶם לִי֙ לְעָ֔ם

ה וְאָ֣נֹכִ֔י אֶהְיֶ֥ה לָכֶ֖ם לֵאלֹהִֽים׃ לְמַ֡עַן הָקִים֩ אֶת־הַשְּׁבוּעָ֨ה אֲשֶׁר־

נִשְׁבַּ֜עְתִּי לַאֲבֽוֹתֵיכֶ֗ם לָתֵ֤ת לָהֶם֙ אֶ֛רֶץ זָבַ֥ת חָלָ֖ב וּדְבַ֑שׁ כַּיּ֖וֹם

ו הַזֶּ֑ה וָאַ֥עַן וָאֹמַ֖ר אָמֵ֥ן ׀ יְהוָֽה׃ וַיֹּ֤אמֶר יְהוָה֙ אֵלַ֔י

קְרָ֨א אֶת־כָּל־הַדְּבָרִ֤ים הָאֵ֙לֶּה֙ בְּעָרֵ֣י יְהוּדָ֔ה וּבְחֻצ֥וֹת יְרוּשָׁלִַ֖ם

ז לֵאמֹ֑ר שִׁמְע֗וּ אֶת־דִּבְרֵי֙ הַבְּרִ֣ית הַזֹּ֔את וַעֲשִׂיתֶ֖ם אוֹתָֽם׃ כִּ֡י

הָעֵ֣ד הַעִדֹ֩תִי֩ בַּאֲב֨וֹתֵיכֶ֜ם בְּי֨וֹם הַעֲלוֹתִ֤י אוֹתָם֙ מֵאֶ֣רֶץ מִצְרַ֔יִם

ח עַד־הַיּ֖וֹם הַזֶּ֑ה הַשְׁכֵּ֣ם וְהָעֵ֔ד לֵאמֹ֖ר שִׁמְע֥וּ בְּקוֹלִֽי׃ וְלֹ֤א שָֽׁמְעוּ֙

וְלֹֽא־הִטּ֣וּ אֶת־אָזְנָ֔ם וַיֵּ֣לְכ֔וּ אִ֕ישׁ בִּשְׁרִיר֖וּת לִבָּ֣ם הָרָ֑ע וָאָבִ֨יא

עֲלֵיהֶ֜ם אֶֽת־כָּל־דִּבְרֵ֧י הַבְּרִית־הַזֹּ֛את אֲשֶׁר־צִוִּ֥יתִי לַעֲשׂ֖וֹת

ט וְלֹ֥א עָשֽׂוּ׃ וַיֹּ֥אמֶר יְהוָ֖ה אֵלָ֑י נִֽמְצָא־קֶ֙שֶׁר֙ בְּאִ֣ישׁ

י יְהוּדָ֔ה וּבְיֹשְׁבֵ֖י יְרוּשָׁלִָֽם׃ שָׁ֡בוּ עַל־עֲוֺנֹ֨ת אֲבוֹתָ֜ם הָרִֽאשֹׁנִ֗ים

אֲשֶׁ֤ר מֵֽאֲנוּ֙ לִשְׁמ֣וֹעַ אֶת־דְּבָרַ֔י וְהֵ֣מָּה הָלְכ֔וּ אַחֲרֵ֛י אֱלֹהִ֥ים

אֲחֵרִ֖ים לְעָבְדָ֑ם הֵפֵ֤רוּ בֵֽית־יִשְׂרָאֵל֙ וּבֵ֣ית יְהוּדָ֔ה אֶת־בְּרִיתִ֕י

יא אֲשֶׁ֥ר כָּרַ֖תִּי אֶת־אֲבוֹתָֽם׃ לָכֵ֗ן כֹּ֚ה אָמַ֣ר יְהוָ֔ה

הִנְנִ֨י מֵבִ֤יא אֲלֵיהֶם֙ רָעָ֔ה אֲשֶׁ֥ר לֹֽא־יוּכְל֖וּ לָצֵ֣את מִמֶּ֑נָּה וְזָעֲק֣וּ

יב אֵלַ֔י וְלֹ֥א אֶשְׁמַ֖ע אֲלֵיהֶֽם׃ וְהָלְכ֞וּ עָרֵ֣י יְהוּדָ֗ה וְיֹשְׁבֵי֙ יְרוּשָׁלִַ֔ם

וְזָֽעֲקוּ֙ אֶל־הָ֣אֱלֹהִ֔ים אֲשֶׁ֛ר הֵ֥ם מְקַטְּרִ֖ים לָהֶ֑ם וְהוֹשֵׁ֛עַ לֹֽא־

יג יוֹשִׁ֥יעוּ לָהֶ֖ם בְּעֵ֥ת רָעָתָֽם׃ כִּ֚י מִסְפַּ֣ר עָרֶ֔יךָ הָי֥וּ אֱלֹהֶ֖יךָ יְהוּדָ֑ה

וּמִסְפַּ֞ר חֻצ֣וֹת יְרוּשָׁלִַ֗ם שַׂמְתֶּ֤ם מִזְבְּחוֹת֙ לַבֹּ֔שֶׁת מִזְבְּח֖וֹת

לְקַטֵּר לַבָּעַל׃ וְאַתָּה אַל־תִּתְפַּלֵּל בְּעַד־הָעָם הַזֶּה יד
וְאַל־תִּשָּׂא בַעֲדָם רִנָּה וּתְפִלָּה כִּי ׀ אֵינֶנִּי שֹׁמֵעַ בְּעֵת קָרְאָם
אֵלַי בְּעַד רָעָתָם׃ מֶה לִידִידִי בְּבֵיתִי עֲשׂוֹתָהּ טו
הַמְזִמָּתָה הָרַבִּים וּבְשַׂר־קֹדֶשׁ יַעַבְרוּ מֵעָלָיִךְ כִּי רָעָתֵכִי אָז
תַּעֲלֹזִי׃ זַיִת רַעֲנָן יְפֵה פְרִי־תֹאַר קָרָא יהוה שְׁמֵךְ לְקוֹל ׀ הֲמוּלָּה טז
גְדֹלָה הִצִּית אֵשׁ עָלֶיהָ וְרָעוּ דָּלִיּוֹתָיו׃ וַיהוה צְבָאוֹת הַנּוֹטֵעַ יז
אוֹתָךְ דִּבֶּר עָלַיִךְ רָעָה בִּגְלַל רָעַת בֵּית־יִשְׂרָאֵל וּבֵית יְהוּדָה
אֲשֶׁר עָשׂוּ לָהֶם לְהַכְעִסֵנִי לְקַטֵּר לַבָּעַל׃ וַיהוה יח
הוֹדִיעַנִי וָאֵדָעָה אָז הִרְאִיתַנִי מַעַלְלֵיהֶם׃ וַאֲנִי כְּכֶבֶשׂ יט
אַלּוּף יוּבַל לִטְבוֹחַ וְלֹא־יָדַעְתִּי כִּי־עָלַי ׀ חָשְׁבוּ מַחֲשָׁבוֹת
נַשְׁחִיתָה עֵץ בְּלַחְמוֹ וְנִכְרְתֶנּוּ מֵאֶרֶץ חַיִּים וּשְׁמוֹ לֹא־
יִזָּכֵר עוֹד׃ וַיהוה צְבָאוֹת שֹׁפֵט צֶדֶק בֹּחֵן כ
כְּלָיוֹת וָלֵב אֶרְאֶה נִקְמָתְךָ מֵהֶם כִּי אֵלֶיךָ גִּלִּיתִי אֶת־
רִיבִי׃ לָכֵן כֹּה־אָמַר יהוה עַל־אַנְשֵׁי עֲנָתוֹת כא
הַמְבַקְשִׁים אֶת־נַפְשְׁךָ לֵאמֹר לֹא תִנָּבֵא בְּשֵׁם יהוה וְלֹא
תָמוּת בְּיָדֵנוּ׃ לָכֵן כֹּה אָמַר יהוה צְבָאוֹת הִנְנִי כב
פֹקֵד עֲלֵיהֶם הַבַּחוּרִים יָמֻתוּ בַחֶרֶב בְּנֵיהֶם וּבְנוֹתֵיהֶם יָמֻתוּ
בָּרָעָב׃ וּשְׁאֵרִית לֹא תִהְיֶה לָהֶם כִּי־אָבִיא רָעָה אֶל־אַנְשֵׁי כג
עֲנָתוֹת שְׁנַת פְּקֻדָּתָם׃ צַדִּיק אַתָּה יהוה כִּי א יב
אָרִיב אֵלֶיךָ אַךְ מִשְׁפָּטִים אֲדַבֵּר אוֹתָךְ מַדּוּעַ דֶּרֶךְ רְשָׁעִים
צָלֵחָה שָׁלוּ כָּל־בֹּגְדֵי בָגֶד׃ נְטַעְתָּם גַּם־שֹׁרָשׁוּ יֵלְכוּ גַּם־עָשׂוּ ב
פֶרִי קָרוֹב אַתָּה בְּפִיהֶם וְרָחוֹק מִכִּלְיוֹתֵיהֶם׃ וְאַתָּה יהוה ג
יְדַעְתָּנִי תִּרְאֵנִי וּבָחַנְתָּ לִבִּי אִתָּךְ הַתִּקֵם כְּצֹאן לְטִבְחָה
וְהַקְדִּשֵׁם לְיוֹם הֲרֵגָה׃ עַד־מָתַי תֶּאֱבַל הָאָרֶץ ד
וְעֵשֶׂב כָּל־הַשָּׂדֶה יִיבָשׁ מֵרָעַת יֹשְׁבֵי־בָהּ סָפְתָה בְהֵמוֹת וָעוֹף
כִּי אָמְרוּ לֹא יִרְאֶה אֶת־אַחֲרִיתֵנוּ׃ כִּי אֶת־רַגְלִים ׀ רַצְתָּה וַיַּלְאוּךָ ה
וְאֵיךְ תְּתַחֲרֶה אֶת־הַסּוּסִים וּבְאֶרֶץ שָׁלוֹם אַתָּה בוֹטֵחַ וְאֵיךְ

ו תַּעֲשֶׂה בִּגְאוֹן הַיַּרְדֵּן׃ כִּי גַם־אַחֶיךָ וּבֵית־אָבִיךָ גַּם־הֵמָּה בָּגְדוּ
בָךְ גַּם־הֵמָּה קָרְאוּ אַחֲרֶיךָ מָלֵא אַל־תַּאֲמֵן בָּם כִּי־יְדַבְּרוּ
ז אֵלֶיךָ טוֹבוֹת׃ עָזַבְתִּי אֶת־בֵּיתִי נָטַשְׁתִּי אֶת־
ח נַחֲלָתִי נָתַתִּי אֶת־יְדִדוּת נַפְשִׁי בְּכַף אֹיְבֶיהָ׃ הָיְתָה־לִּי נַחֲלָתִי
ט כְּאַרְיֵה בַיָּעַר נָתְנָה עָלַי בְּקוֹלָהּ עַל־כֵּן שְׂנֵאתִיהָ׃ הַעַיִט צָבוּעַ
נַחֲלָתִי לִי הַעַיִט סָבִיב עָלֶיהָ לְכוּ אִסְפוּ כָּל־חַיַּת הַשָּׂדֶה הֵתָיוּ
י לְאָכְלָה׃ רֹעִים רַבִּים שִׁחֲתוּ כַרְמִי בֹּסְסוּ אֶת־חֶלְקָתִי נָתְנוּ
יא אֶת־חֶלְקַת חֶמְדָּתִי לְמִדְבַּר שְׁמָמָה׃ שָׂמָהּ לִשְׁמָמָה אָבְלָה
יב עָלַי שְׁמֵמָה נָשַׁמָּה כָּל־הָאָרֶץ כִּי אֵין אִישׁ שָׂם עַל־לֵב׃ עַל־
כָּל־שְׁפָיִם בַּמִּדְבָּר בָּאוּ שֹׁדְדִים כִּי חֶרֶב לַיהוָה אֹכְלָה מִקְצֵה
יג אֶרֶץ וְעַד־קְצֵה הָאָרֶץ אֵין שָׁלוֹם לְכָל־בָּשָׂר׃ זָרְעוּ חִטִּים
וְקֹצִים קָצָרוּ נֶחְלוּ לֹא יוֹעִלוּ וּבֹשׁוּ מִתְּבוּאֹתֵיכֶם מֵחֲרוֹן אַף־
יד יְהוָה׃ כֹּה אָמַר יְהוָה עַל־כָּל־שְׁכֵנַי הָרָעִים
הַנֹּגְעִים בַּנַּחֲלָה אֲשֶׁר־הִנְחַלְתִּי אֶת־עַמִּי אֶת־יִשְׂרָאֵל הִנְנִי
טו נֹתְשָׁם מֵעַל אַדְמָתָם וְאֶת־בֵּית יְהוּדָה אֶתּוֹשׁ מִתּוֹכָם׃ וְהָיָה ז
אַחֲרֵי נָתְשִׁי אוֹתָם אָשׁוּב וְרִחַמְתִּים וַהֲשִׁבֹתִים אִישׁ לְנַחֲלָתוֹ
טז וְאִישׁ לְאַרְצוֹ׃ וְהָיָה אִם־לָמֹד יִלְמְדוּ אֶת־דַּרְכֵי עַמִּי לְהִשָּׁבֵעַ
בִּשְׁמִי חַי־יְהוָה כַּאֲשֶׁר לִמְּדוּ אֶת־עַמִּי לְהִשָּׁבֵעַ בַּבָּעַל וְנִבְנוּ
יז בְּתוֹךְ עַמִּי׃ וְאִם לֹא יִשְׁמָעוּ וְנָתַשְׁתִּי אֶת־הַגּוֹי הַהוּא
יג א נָתוֹשׁ וְאַבֵּד נְאֻם־יְהוָה׃ כֹּה־אָמַר יְהוָה אֵלַי
הָלוֹךְ וְקָנִיתָ לְּךָ אֵזוֹר פִּשְׁתִּים וְשַׂמְתּוֹ עַל־מָתְנֶיךָ וּבַמַּיִם
ב לֹא תְבִאֵהוּ׃ וָאֶקְנֶה אֶת־הָאֵזוֹר כִּדְבַר יְהוָה וָאָשִׂם עַל־
ג מָתְנָי׃ וַיְהִי דְבַר־יְהוָה אֵלַי שֵׁנִית לֵאמֹר׃ קַח
ד אֶת־הָאֵזוֹר אֲשֶׁר קָנִיתָ אֲשֶׁר עַל־מָתְנֶיךָ וְקוּם לֵךְ פְּרָתָה
ה וְטָמְנֵהוּ שָׁם בִּנְקִיק הַסָּלַע׃ וָאֵלֵךְ וָאֶטְמְנֵהוּ בִּפְרָת כַּאֲשֶׁר צִוָּה
ו יְהוָה אוֹתִי׃ וַיְהִי מִקֵּץ יָמִים רַבִּים וַיֹּאמֶר יְהוָה אֵלַי קוּם לֵךְ
ז פְּרָתָה וְקַח מִשָּׁם אֶת־הָאֵזוֹר אֲשֶׁר צִוִּיתִיךָ לְטָמְנוֹ־שָׁם׃ וָאֵלֵךְ

פרתה ואחפר ואקח את־האזור מן־המקום אשר־טמנתיו
שמה והנה נשחת האזור לא יצלח לכל: ויהי דבר־ ח
יהוה אלי לאמר: כה אמר יהוה ככה אשחית את־גאון ט
יהודה ואת־גאון ירושלם הרב: העם הזה הרע המאנים י
לשמוע את־דברי ההלכים בשררות לבם וילכו אחרי אלהים
אחרים לעבדם ולהשתחות להם ויהי כאזור הזה אשר לא־
יצלח לכל: כי כאשר ידבק האזור אל־מתני איש כן הדבקתי יא
אלי את־כל־בית ישראל ואת־כל־בית יהודה נאם־יהוה
להיות לי לעם ולשם ולתהלה ולתפארת ולא שמעו: ואמרת יב
אליהם את־הדבר הזה כה־אמר יהוה אלהי ישראל כל־
נבל ימלא יין ואמרו אליך הידע לא נדע כי
כל־נבל ימלא יין: ואמרת אליהם כה־אמר יהוה הנני ממלא יג
את־כל־ישבי הארץ הזאת ואת־המלכים הישבים לדוד
על־כסאו ואת־הכהנים ואת־הנביאים ואת כל־ישבי
ירושלם שכרון: ונפצתים איש אל־אחיו והאבות והבנים יד
יחדו נאם־יהוה לא־אחמול ולא־אחוס ולא ארחם
מהשחיתם: שמעו והאזינו אל־תגבהו כי טו
יהוה דבר: תנו ליהוה אלהיכם כבוד בטרם יחשך ובטרם טז
יתנגפו רגליכם על־הרי נשף וקויתם לאור ושמה לצלמות
ושית ישית לערפל: ואם לא תשמעוה במסתרים תבכה־נפשי יז
מפני גוה ודמע תדמע ותרד עיני דמעה כי נשבה עדר
יהוה: אמרו למלך ולגבירה השפילו שבו כי יח
ירד מראשותיכם עטרת תפארתכם: ערי הנגב סגרו ואין יט
שאו פתח הגלת יהודה כלה הגלת שלומים: שאי כ
וראו עיניכם וראי הבאים מצפון איה העדר נתן־לך צאן
תפארתך: מה־תאמרי כי־יפקד עליך ואת למדת אתם כא
עליך אלפים לראש הלוא חבלים יאחזוך כמו אשת לדה:

כב וְכִי תֹאמְרִי בִּלְבָבֵךְ מַדּוּעַ קְרָאֻנִי אֵלֶּה בְּרֹב עֲוֺנֵךְ נִגְלוּ שׁוּלַיִךְ
כג נֶחְמְסוּ עֲקֵבָיִךְ׃ הֲיַהֲפֹךְ כּוּשִׁי עוֹרוֹ וְנָמֵר חֲבַרְבֻּרֹתָיו גַּם־אַתֶּם
כד תּוּכְלוּ לְהֵיטִיב לִמֻּדֵי הָרֵעַ׃ וַאֲפִיצֵם כְּקַשׁ עוֹבֵר לְרוּחַ מִדְבָּר׃
כה זֶה גוֹרָלֵךְ מְנָת־מִדַּיִךְ מֵאִתִּי נְאֻם־יְהוָה אֲשֶׁר שָׁכַחַתְּ אוֹתִי
כו וַתִּבְטְחִי בַּשָּׁקֶר׃ וְגַם־אֲנִי חָשַׂפְתִּי שׁוּלַיִךְ עַל־פָּנָיִךְ וְנִרְאָה
כז קְלוֹנֵךְ׃ נִאֻפַיִךְ וּמִצְהֲלוֹתַיִךְ זִמַּת זְנוּתֵךְ עַל־גְּבָעוֹת בַּשָּׂדֶה
רָאִיתִי שִׁקּוּצָיִךְ אוֹי לָךְ יְרוּשָׁלַםִ לֹא תִטְהֲרִי אַחֲרֵי מָתַי
יד א עֹד׃ אֲשֶׁר הָיָה דְבַר־יְהוָה אֶל־יִרְמְיָהוּ עַל־
ב דִּבְרֵי הַבַּצָּרוֹת׃ אָבְלָה יְהוּדָה וּשְׁעָרֶיהָ אֻמְלְלוּ קָדְרוּ לָאָרֶץ
ג וְצִוְחַת יְרוּשָׁלַםִ עָלָתָה׃ וְאַדִּרֵיהֶם שָׁלְחוּ צעוריהם לַמָּיִם בָּאוּ צְעִירֵיהֶם
עַל־גֵּבִים לֹא־מָצְאוּ מַיִם שָׁבוּ כְלֵיהֶם רֵיקָם בֹּשׁוּ וְהָכְלְמוּ וְחָפוּ
ד רֹאשָׁם׃ בַּעֲבוּר הָאֲדָמָה חַתָּה כִּי לֹא־הָיָה גֶשֶׁם בָּאָרֶץ בֹּשׁוּ
ה אִכָּרִים חָפוּ רֹאשָׁם׃ כִּי גַם־אַיֶּלֶת בַּשָּׂדֶה יָלְדָה וְעָזוֹב כִּי לֹא־
ו הָיָה דֶּשֶׁא׃ וּפְרָאִים עָמְדוּ עַל־שְׁפָיִם שָׁאֲפוּ רוּחַ כַּתַּנִּים כָּלוּ
ז עֵינֵיהֶם כִּי־אֵין עֵשֶׂב׃ אִם־עֲוֺנֵינוּ עָנוּ בָנוּ יְהוָה עֲשֵׂה לְמַעַן
ח שְׁמֶךָ כִּי־רַבּוּ מְשׁוּבֹתֵינוּ לְךָ חָטָאנוּ׃ מִקְוֵה יִשְׂרָאֵל מוֹשִׁיעוֹ
ט בְּעֵת צָרָה לָמָּה תִהְיֶה כְּגֵר בָּאָרֶץ וּכְאֹרֵחַ נָטָה לָלוּן׃ לָמָּה
תִהְיֶה כְּאִישׁ נִדְהָם כְּגִבּוֹר לֹא־יוּכַל לְהוֹשִׁיעַ וְאַתָּה בְקִרְבֵּנוּ
י יְהוָה וְשִׁמְךָ עָלֵינוּ נִקְרָא אַל־תַּנִּחֵנוּ׃ כֹּה־אָמַר
יְהוָה לָעָם הַזֶּה כֵּן אָהֲבוּ לָנוּעַ רַגְלֵיהֶם לֹא חָשָׂכוּ וַיהוָה לֹא
יא רָצָם עַתָּה יִזְכֹּר עֲוֺנָם וְיִפְקֹד חַטֹּאתָם׃ וַיֹּאמֶר
יב יְהוָה אֵלַי אַל־תִּתְפַּלֵּל בְּעַד־הָעָם הַזֶּה לְטוֹבָה׃ כִּי יָצֻמוּ אֵינֶנִּי
שֹׁמֵעַ אֶל־רִנָּתָם וְכִי יַעֲלוּ עֹלָה וּמִנְחָה אֵינֶנִּי רֹצָם כִּי בַּחֶרֶב
יג וּבָרָעָב וּבַדֶּבֶר אָנֹכִי מְכַלֶּה אוֹתָם׃ וָאֹמַר אֲהָהּ ׀ אֲדֹנָי יְהוִה הִנֵּה
הַנְּבִאִים אֹמְרִים לָהֶם לֹא־תִרְאוּ חֶרֶב וְרָעָב לֹא־יִהְיֶה לָכֶם
יד כִּי־שְׁלוֹם אֱמֶת אֶתֵּן לָכֶם בַּמָּקוֹם הַזֶּה׃ וַיֹּאמֶר
יְהוָה אֵלַי שֶׁקֶר הַנְּבִאִים נִבְּאִים בִּשְׁמִי לֹא שְׁלַחְתִּים וְלֹא

ואליל ותרמית · צויתים ולא דברתי אליהם חזון שקר וקסם ואלול ותרמות
לבם המה מתנבאים לכם: לכן כה־אמר יהוה טו
על־הנבאים הנבאים בשמי ואני לא־שלחתים והמה אמרים
חרב ורעב לא יהיה בארץ הזאת בחרב וברעב יתמו הנבאים
ההמה: והעם אשר־המה נבאים להם יהיו משלכים בחצות טז
ירושלם מפני ׀ הרעב והחרב ואין מקבר להמה המה נשיהם
ובניהם ובנתיהם ושפכתי עליהם את־רעתם: ואמרת אליהם יז
את־הדבר הזה תרדנה עיני דמעה לילה ויומם ואל־תדמינה
כי שבר גדול נשברה בתולת בת־עמי מכה נחלה מאד:
אם־יצאתי השדה והנה חללי־חרב ואם באתי העיר והנה יח
תחלואי רעב כי־גם־נביא גם־כהן סחרו אל־ארץ ולא
ידעו: המאס מאסת את־יהודה אם־בציון יט
געלה נפשך מדוע הכיתנו ואין לנו מרפא קוה לשלום ואין
טוב ולעת מרפא והנה בעתה: ידענו יהוה רשענו עון כ
אבותינו כי חטאנו לך: אל־תנאץ למען שמך אל־תנבל כא
ח כסא כבודך זכר אל־תפר בריתך אתנו: היש בהבלי כב
הגוים מגשמים ואם־השמים יתנו רבבים הלא אתה־
הוא יהוה אלהינו ונקוה־לך כי־אתה עשית את־כל־
אלה: ויאמר יהוה אלי אם־יעמד משה א טו
ושמואל לפני אין נפשי אל־העם הזה שלח מעל־פני ויצאו:
והיה כי־יאמרו אליך אנה נצא ואמרת אליהם כה־אמר ב
יהוה אשר למות למות ואשר לחרב לחרב ואשר לרעב לרעב
ואשר לשבי לשבי: ופקדתי עליהם ארבע משפחות ג
נאם־יהוה את־החרב להרג ואת־הכלבים לסחב ואת־עוף
לזעוה · השמים ואת־בהמת הארץ לאכל ולהשחית: ונתתים לזועה ד
לכל ממלכות הארץ בגלל מנשה בן־יחזקיהו מלך יהודה
על אשר־עשה בירושלם: כי מי־יחמל עליך ירושלם ומי ה

ו יָנוּד לָךְ וּמִי יָסוּר לִשְׁאֹל לְשָׁלֹם לָךְ: אַתְּ נָטַשְׁתְּ אֹתִי נְאֻם־
יְהוָה אָחוֹר תֵּלֵכִי וָאַט אֶת־יָדִי עָלַיִךְ וָאַשְׁחִיתֵךְ נִלְאֵיתִי
ז הִנָּחֵם: וָאֶזְרֵם בְּמִזְרֶה בְּשַׁעֲרֵי הָאָרֶץ שִׁכַּלְתִּי אִבַּדְתִּי אֶת־עַמִּי
ח מִדַּרְכֵיהֶם לוֹא שָׁבוּ: עָצְמוּ־לִי אַלְמְנוֹתָו מֵחוֹל יַמִּים הֵבֵאתִי
לָהֶם עַל־אֵם בָּחוּר שֹׁדֵד בַּצָּהֳרָיִם הִפַּלְתִּי עָלֶיהָ פִּתְאֹם עִיר
ט וּבֶהָלוֹת: אֻמְלְלָה יֹלֶדֶת הַשִּׁבְעָה נָפְחָה נַפְשָׁהּ באה שִׁמְשָׁהּ   בָּא
בְּעֹד יוֹמָם בּוֹשָׁה וְחָפֵרָה וּשְׁאֵרִיתָם לַחֶרֶב אֶתֵּן לִפְנֵי אֹיְבֵיהֶם
י נְאֻם־יְהוָה: אוֹי־לִי אִמִּי כִּי יְלִדְתִּנִי אִישׁ רִיב
וְאִישׁ מָדוֹן לְכָל־הָאָרֶץ לֹא־נָשִׁיתִי וְלֹא־נָשׁוּ־בִי כֻּלֹּה
יא מְקַלְלַונִי: אָמַר יְהוָה אִם־לֹא שרותך לְטוֹב אִם־לוֹא ׀ הִפְגַּעְתִּי   שֵׁרִיתִךָ
יב בְךָ בְּעֵת רָעָה וּבְעֵת צָרָה אֶת־הָאֹיֵב: הֲיָרֹעַ בַּרְזֶל ׀ בַּרְזֶל
יג מִצָּפוֹן וּנְחֹשֶׁת: חֵילְךָ וְאוֹצְרוֹתֶיךָ לָבַז אֶתֵּן לֹא בִמְחִיר וּבְכָל־
יד חַטֹּאותֶיךָ וּבְכָל־גְּבוּלֶיךָ: וְהַעֲבַרְתִּי אֶת־אֹיְבַיִךְ בְּאֶרֶץ לֹא
טו יָדָעְתָּ כִּי־אֵשׁ קָדְחָה בְאַפִּי עֲלֵיכֶם תּוּקָד: אַתָּה
יָדַעְתָּ יְהוָה זָכְרֵנִי וּפָקְדֵנִי וְהִנָּקֶם לִי מֵרֹדְפַי אַל־לְאֶרֶךְ אַפְּךָ
טז תִּקָּחֵנִי דַּע שְׂאֵתִי עָלֶיךָ חֶרְפָּה: נִמְצְאוּ דְבָרֶיךָ וָאֹכְלֵם וַיְהִי
דבריך לִי לְשָׂשׂוֹן וּלְשִׂמְחַת לְבָבִי כִּי־נִקְרָא שִׁמְךָ עָלַי יְהוָה   דְּבָרְךָ
יז אֱלֹהֵי צְבָאוֹת: לֹא־יָשַׁבְתִּי בְסוֹד־מְשַׂחֲקִים וָאֶעְלֹז מִפְּנֵי
יח יָדְךָ בָּדָד יָשַׁבְתִּי כִּי־זַעַם מִלֵּאתָנִי: לָמָּה הָיָה כְאֵבִי נֶצַח
וּמַכָּתִי אֲנוּשָׁה מֵאֲנָה הֵרָפֵא הָיוֹ תִהְיֶה לִי כְּמוֹ אַכְזָב מַיִם לֹא
יט נֶאֱמָנוּ:   לָכֵן כֹּה־אָמַר יְהוָה אִם־תָּשׁוּב וַאֲשִׁיבְךָ
לְפָנַי תַּעֲמֹד וְאִם־תּוֹצִיא יָקָר מִזּוֹלֵל כְּפִי תִהְיֶה יָשֻׁבוּ הֵמָּה
כ אֵלֶיךָ וְאַתָּה לֹא־תָשׁוּב אֲלֵיהֶם: וּנְתַתִּיךָ לָעָם הַזֶּה לְחוֹמַת
נְחֹשֶׁת בְּצוּרָה וְנִלְחֲמוּ אֵלֶיךָ וְלֹא־יוּכְלוּ לָךְ כִּי־אִתְּךָ אֲנִי
כא לְהוֹשִׁיעֲךָ וּלְהַצִּילֶךָ נְאֻם־יְהוָה: וְהִצַּלְתִּיךָ מִיַּד רָעִים וּפְדִתִיךָ
טז א מִכַּף עָרִצִים: וַיְהִי דְבַר־יְהוָה אֵלַי לֵאמֹר:
ב לֹא־תִקַּח לְךָ אִשָּׁה וְלֹא־יִהְיוּ לְךָ בָּנִים וּבָנוֹת בַּמָּקוֹם

הַזֶּה׃ כִּי־כֹה ׀ אָמַר יהוה עַל־הַבָּנִים וְעַל־ ג
הַבָּנוֹת הַיִּלּוֹדִים בַּמָּקוֹם הַזֶּה וְעַל־אִמֹּתָם הַיֹּלְדוֹת אוֹתָם וְעַל־
אֲבוֹתָם הַמּוֹלִדִים אוֹתָם בָּאָרֶץ הַזֹּאת׃ מְמוֹתֵי תַחֲלֻאִים יָמֻתוּ ד
לֹא יִסָּפְדוּ וְלֹא יִקָּבֵרוּ לְדֹמֶן עַל־פְּנֵי הָאֲדָמָה יִהְיוּ וּבַחֶרֶב
וּבָרָעָב יִכְלוּ וְהָיְתָה נִבְלָתָם לְמַאֲכָל לְעוֹף הַשָּׁמַיִם וּלְבֶהֱמַת
הָאָרֶץ׃ כִּי־כֹה ׀ אָמַר יהוה אַל־תָּבוֹא בֵּית ה
מַרְזֵחַ וְאַל־תֵּלֵךְ לִסְפּוֹד וְאַל־תָּנֹד לָהֶם כִּי־אָסַפְתִּי אֶת־
שְׁלוֹמִי מֵאֵת הָעָם הַזֶּה נְאֻם־יהוה אֶת־הַחֶסֶד וְאֶת־הָרַחֲמִים׃
וּמֵתוּ גְדֹלִים וּקְטַנִּים בָּאָרֶץ הַזֹּאת לֹא יִקָּבֵרוּ וְלֹא־יִסְפְּדוּ לָהֶם ו
וְלֹא יִתְגֹּדַד וְלֹא יִקָּרֵחַ לָהֶם׃ וְלֹא־יִפְרְסוּ לָהֶם עַל־אֵבֶל ז
לְנַחֲמוֹ עַל־מֵת וְלֹא־יַשְׁקוּ אוֹתָם כּוֹס תַּנְחוּמִים עַל־אָבִיו
וְעַל־אִמּוֹ׃ וּבֵית־מִשְׁתֶּה לֹא־תָבוֹא לָשֶׁבֶת אוֹתָם לֶאֱכֹל ח
וְלִשְׁתּוֹת׃ כִּי כֹה אָמַר יהוה צְבָאוֹת אֱלֹהֵי ט
יִשְׂרָאֵל הִנְנִי מַשְׁבִּית מִן־הַמָּקוֹם הַזֶּה לְעֵינֵיכֶם וּבִימֵיכֶם קוֹל
שָׂשׂוֹן וְקוֹל שִׂמְחָה קוֹל חָתָן וְקוֹל כַּלָּה׃ וְהָיָה כִּי תַגִּיד לָעָם י
הַזֶּה אֵת כָּל־הַדְּבָרִים הָאֵלֶּה וְאָמְרוּ אֵלֶיךָ עַל־מֶה דִבֶּר יהוה
עָלֵינוּ אֵת כָּל־הָרָעָה הַגְּדוֹלָה הַזֹּאת וּמֶה עֲוֺנֵנוּ וּמֶה חַטָּאתֵנוּ
אֲשֶׁר חָטָאנוּ לַיהוה אֱלֹהֵינוּ׃ וְאָמַרְתָּ אֲלֵיהֶם עַל אֲשֶׁר־עָזְבוּ יא
אֲבוֹתֵיכֶם אוֹתִי נְאֻם־יהוה וַיֵּלְכוּ אַחֲרֵי אֱלֹהִים אֲחֵרִים
וַיַּעַבְדוּם וַיִּשְׁתַּחֲווּ לָהֶם וְאֹתִי עָזָבוּ וְאֶת־תּוֹרָתִי לֹא שָׁמָרוּ׃
וְאַתֶּם הֲרֵעֹתֶם לַעֲשׂוֹת מֵאֲבוֹתֵיכֶם וְהִנְּכֶם הֹלְכִים אִישׁ אַחֲרֵי יב
שְׁרִרוּת לִבּוֹ־הָרָע לְבִלְתִּי שְׁמֹעַ אֵלָי׃ וְהֵטַלְתִּי אֶתְכֶם מֵעַל יג
הָאָרֶץ הַזֹּאת עַל־הָאָרֶץ אֲשֶׁר לֹא יְדַעְתֶּם אַתֶּם וַאֲבוֹתֵיכֶם
וַעֲבַדְתֶּם־שָׁם אֶת־אֱלֹהִים אֲחֵרִים יוֹמָם וָלַיְלָה אֲשֶׁר לֹא־אֶתֵּן
לָכֶם חֲנִינָה׃ לָכֵן הִנֵּה־יָמִים בָּאִים נְאֻם־יהוה יד
וְלֹא־יֵאָמֵר עוֹד חַי־יהוה אֲשֶׁר הֶעֱלָה אֶת־בְּנֵי יִשְׂרָאֵל מֵאֶרֶץ
מִצְרָיִם׃ כִּי אִם־חַי־יהוה אֲשֶׁר הֶעֱלָה אֶת־בְּנֵי יִשְׂרָאֵל מֵאֶרֶץ טו

צָפוֹן וּמִכֹּל הָאֲרָצוֹת אֲשֶׁר הִדִּיחָם שָׁמָּה וַהֲשִׁבֹתִים עַל־
טז אַדְמָתָם אֲשֶׁר נָתַתִּי לַאֲבוֹתָם: הִנְנִי שֹׁלֵחַ
לדוגים רַבִּים נְאֻם־יהוה וְדִיגוּם וְאַחֲרֵי־כֵן אֶשְׁלַח לְרַבִּים לְדַיָּגִים
צַיָּדִים וְצָדוּם מֵעַל כָּל־הַר וּמֵעַל כָּל־גִּבְעָה וּמִנְּקִיקֵי הַסְּלָעִים:
יז כִּי עֵינַי עַל־כָּל־דַּרְכֵיהֶם לֹא נִסְתְּרוּ מִלְּפָנָי וְלֹא־נִצְפַּן עֲוֺנָם
יח מִנֶּגֶד עֵינָי: וְשִׁלַּמְתִּי רִאשׁוֹנָה מִשְׁנֵה עֲוֺנָם וְחַטָּאתָם עַל
חַלְּלָם אֶת־אַרְצִי בְּנִבְלַת שִׁקּוּצֵיהֶם וְתוֹעֲבוֹתֵיהֶם מָלְאוּ אֶת־
יט נַחֲלָתִי: יהוה עֻזִּי וּמָעֻזִּי וּמְנוּסִי בְּיוֹם צָרָה אֵלֶיךָ
גּוֹיִם יָבֹאוּ מֵאַפְסֵי־אָרֶץ וְיֹאמְרוּ אַךְ־שֶׁקֶר נָחֲלוּ אֲבוֹתֵינוּ הֶבֶל
כ וְאֵין־בָּם מוֹעִיל: הֲיַעֲשֶׂה־לּוֹ אָדָם אֱלֹהִים וְהֵמָּה לֹא אֱלֹהִים:
כא לָכֵן הִנְנִי מוֹדִיעָם בַּפַּעַם הַזֹּאת אוֹדִיעֵם אֶת־יָדִי וְאֶת־גְּבוּרָתִי
יז א וְיָדְעוּ כִּי־שְׁמִי יהוה: חַטַּאת יְהוּדָה כְּתוּבָה
בְּעֵט בַּרְזֶל בְּצִפֹּרֶן שָׁמִיר חֲרוּשָׁה עַל־לוּחַ לִבָּם וּלְקַרְנוֹת
ב מִזְבְּחוֹתֵיכֶם: כִּזְכֹּר בְּנֵיהֶם מִזְבְּחוֹתָם וַאֲשֵׁרֵיהֶם עַל־עֵץ רַעֲנָן
ג עַל גְּבָעוֹת הַגְּבֹהוֹת: הֲרָרִי בַּשָּׂדֶה חֵילְךָ כָל־אוֹצְרוֹתֶיךָ לָבַז
ד אֶתֵּן בָּמֹתֶיךָ בְּחַטָּאת בְּכָל־גְּבוּלֶיךָ: וְשָׁמַטְתָּה וּבְךָ מִנַּחֲלָתְךָ
אֲשֶׁר נָתַתִּי לָךְ וְהַעֲבַדְתִּיךָ אֶת־אֹיְבֶיךָ בָּאָרֶץ אֲשֶׁר לֹא־יָדָעְתָּ
ה כִּי־אֵשׁ קְדַחְתֶּם בְּאַפִּי עַד־עוֹלָם תּוּקָד: כֹּה ׀
אָמַר יהוה אָרוּר הַגֶּבֶר אֲשֶׁר יִבְטַח בָּאָדָם וְשָׂם בָּשָׂר זְרֹעוֹ
ו וּמִן־יהוה יָסוּר לִבּוֹ: וְהָיָה כְּעַרְעָר בָּעֲרָבָה וְלֹא יִרְאֶה
כִּי־יָבוֹא טוֹב וְשָׁכַן חֲרֵרִים בַּמִּדְבָּר אֶרֶץ מְלֵחָה וְלֹא
ז תֵשֵׁב: בָּרוּךְ הַגֶּבֶר אֲשֶׁר יִבְטַח בַּיהוה וְהָיָה ט
ח יהוה מִבְטַחוֹ: וְהָיָה כְּעֵץ ׀ שָׁתוּל עַל־מַיִם וְעַל־יוּבַל יְשַׁלַּח
שָׁרָשָׁיו וְלֹא יִרְאֶ כִּי־יָבֹא חֹם וְהָיָה עָלֵהוּ רַעֲנָן וּבִשְׁנַת בַּצֹּרֶת
ט לֹא יִדְאָג וְלֹא יָמִישׁ מֵעֲשׂוֹת פֶּרִי: עָקֹב הַלֵּב מִכֹּל וְאָנֻשׁ הוּא
י מִי יֵדָעֶנּוּ: אֲנִי יהוה חֹקֵר לֵב בֹּחֵן כְּלָיוֹת וְלָתֵת לְאִישׁ כִּדְרָכָו
יא פְּרִי מַעֲלָלָיו: קֹרֵא דָגַר וְלֹא יָלָד עֹשֶׂה עֹשֶׁר

וְלֹא בְמִשְׁפָּט בַּחֲצִי יָמָו יַעַזְבֶנּוּ וּבְאַחֲרִיתוֹ יִהְיֶה נָבָל׃ כִּסֵּא יב
כָבוֹד מָרוֹם מֵרִאשׁוֹן מְקוֹם מִקְדָּשֵׁנוּ׃ מִקְוֵה יִשְׂרָאֵל יְהוָה כָּל־ יג
וְסוּרַי עֹזְבֶיךָ יֵבֹשׁוּ יסורי בָּאָרֶץ יִכָּתֵבוּ כִּי עָזְבוּ מְקוֹר מַיִם־חַיִּים אֶת־
יְהוָה׃ רְפָאֵנִי יְהוָה וְאֵרָפֵא הוֹשִׁיעֵנִי וְאִוָּשֵׁעָה כִּי יד
תְהִלָּתִי אָתָּה׃ הִנֵּה־הֵמָּה אֹמְרִים אֵלָי אַיֵּה דְבַר־יְהוָה יָבוֹא־ טו
נָא׃ וַאֲנִי לֹא־אַצְתִּי מֵרֹעֶה אַחֲרֶיךָ וְיוֹם אָנוּשׁ לֹא הִתְאַוֵּיתִי טז
אַתָּה יָדָעְתָּ מוֹצָא שְׂפָתַי נֹכַח פָּנֶיךָ הָיָה׃ אַל־תִּהְיֵה־לִי יז
לִמְחִתָּה מַחֲסִי־אַתָּה בְּיוֹם רָעָה׃ יֵבֹשׁוּ רֹדְפַי וְאַל־אֵבֹשָׁה אָנִי יח
יֵחַתּוּ הֵמָּה וְאַל־אֵחַתָּה אָנִי הָבִיא עֲלֵיהֶם יוֹם רָעָה וּמִשְׁנֶה
שִׁבָּרוֹן שָׁבְרֵם׃ כֹּה־אָמַר יְהוָה אֵלַי הָלֹךְ יט
הָעָם וְעָמַדְתָּ בְּשַׁעַר בְּנֵי־עָם אֲשֶׁר יָבֹאוּ בוֹ מַלְכֵי יְהוּדָה וַאֲשֶׁר
יֵצְאוּ בוֹ וּבְכֹל שַׁעֲרֵי יְרוּשָׁלִָם׃ וְאָמַרְתָּ אֲלֵיהֶם שִׁמְעוּ דְבַר־ כ
יְהוָה מַלְכֵי יְהוּדָה וְכָל־יְהוּדָה וְכֹל יֹשְׁבֵי יְרוּשָׁלִָם הַבָּאִים
בַּשְּׁעָרִים הָאֵלֶּה׃ כֹּה אָמַר יְהוָה הִשָּׁמְרוּ בְּנַפְשׁוֹתֵיכֶם וְאַל־ כא
תִּשְׂאוּ מַשָּׂא בְּיוֹם הַשַּׁבָּת וַהֲבֵאתֶם בְּשַׁעֲרֵי יְרוּשָׁלִָם׃ וְלֹא־ כב
תוֹצִיאוּ מַשָּׂא מִבָּתֵּיכֶם בְּיוֹם הַשַּׁבָּת וְכָל־מְלָאכָה לֹא תַעֲשׂוּ
וְקִדַּשְׁתֶּם אֶת־יוֹם הַשַּׁבָּת כַּאֲשֶׁר צִוִּיתִי אֶת־אֲבוֹתֵיכֶם׃ וְלֹא כג
שְׁמוֹעַ שָׁמְעוּ וְלֹא הִטּוּ אֶת־אָזְנָם וַיַּקְשׁוּ אֶת־עָרְפָּם לְבִלְתִּי שומע
וּלְבִלְתִּי קַחַת מוּסָר׃ וְהָיָה אִם־שָׁמֹעַ תִּשְׁמְעוּן אֵלַי נְאֻם־יְהוָה כד
לְבִלְתִּי ׀ הָבִיא מַשָּׂא בְּשַׁעֲרֵי הָעִיר הַזֹּאת בְּיוֹם הַשַּׁבָּת וּלְקַדֵּשׁ
אֶת־יוֹם הַשַּׁבָּת לְבִלְתִּי עֲשׂוֹת־בָּהּ כָּל־מְלָאכָה׃ וּבָאוּ בְשַׁעֲרֵי כה
הָעִיר הַזֹּאת מְלָכִים ׀ וְשָׂרִים יֹשְׁבִים עַל־כִּסֵּא דָוִד רֹכְבִים ׀
בָּרֶכֶב וּבַסּוּסִים הֵמָּה וְשָׂרֵיהֶם אִישׁ יְהוּדָה וְיֹשְׁבֵי יְרוּשָׁלִָם
וְיָשְׁבָה הָעִיר הַזֹּאת לְעוֹלָם׃ וּבָאוּ מֵעָרֵי־יְהוּדָה וּמִסְּבִיבוֹת כו
יְרוּשָׁלִַם וּמֵאֶרֶץ בִּנְיָמִן וּמִן־הַשְּׁפֵלָה וּמִן־הָהָר וּמִן־הַנֶּגֶב
מְבִאִים עֹלָה וְזֶבַח וּמִנְחָה וּלְבוֹנָה וּמְבִאֵי תוֹדָה בֵּית יְהוָה׃
וְאִם־לֹא תִשְׁמְעוּ אֵלַי לְקַדֵּשׁ אֶת־יוֹם הַשַּׁבָּת וּלְבִלְתִּי ׀ שְׂאֵת כז

מַשָּׂא וּבָא בְּשַׁעֲרֵי יְרוּשָׁלִָם בְּיוֹם הַשַּׁבָּת וְהִצַּתִּי אֵשׁ בִּשְׁעָרֶיהָ
יח א וְאָכְלָה אַרְמְנוֹת יְרוּשָׁלִָם וְלֹא תִכְבֶּה׃ הַדָּבָר
ב אֲשֶׁר הָיָה אֶל־יִרְמְיָהוּ מֵאֵת יְהוָה לֵאמֹר׃ קוּם וְיָרַדְתָּ בֵּית
ג הַיּוֹצֵר וְשָׁמָּה אַשְׁמִיעֲךָ אֶת־דְּבָרָי׃ וָאֵרֵד בֵּית הַיּוֹצֵר והנהו וְהִנֵּה־הוּא
ד עֹשֶׂה מְלָאכָה עַל־הָאָבְנָיִם׃ וְנִשְׁחַת הַכְּלִי אֲשֶׁר הוּא עֹשֶׂה
בַּחֹמֶר בְּיַד הַיּוֹצֵר וְשָׁב וַיַּעֲשֵׂהוּ כְּלִי אַחֵר כַּאֲשֶׁר יָשַׁר
ה בְּעֵינֵי הַיּוֹצֵר לַעֲשׂוֹת׃ וַיְהִי דְבַר־יְהוָה אֵלַי
ו לֵאמוֹר׃ הֲכַיּוֹצֵר הַזֶּה לֹא־אוּכַל לַעֲשׂוֹת לָכֶם בֵּית יִשְׂרָאֵל
נְאֻם־יְהוָה הִנֵּה כַחֹמֶר בְּיַד הַיּוֹצֵר כֵּן־אַתֶּם בְּיָדִי בֵּית
ז יִשְׂרָאֵל׃ רֶגַע אֲדַבֵּר עַל־גּוֹי וְעַל־מַמְלָכָה
ח לִנְתוֹשׁ וְלִנְתוֹץ וּלְהַאֲבִיד׃ וְשָׁב הַגּוֹי הַהוּא מֵרָעָתוֹ אֲשֶׁר
דִּבַּרְתִּי עָלָיו וְנִחַמְתִּי עַל־הָרָעָה אֲשֶׁר חָשַׁבְתִּי לַעֲשׂוֹת
ט לוֹ׃ וְרֶגַע אֲדַבֵּר עַל־גּוֹי וְעַל־מַמְלָכָה לִבְנֹת
י וְלִנְטֹעַ׃ וְעָשָׂה הרעה בְּעֵינַי לְבִלְתִּי שְׁמֹעַ בְּקוֹלִי וְנִחַמְתִּי עַל־ הָרַע
יא הַטּוֹבָה אֲשֶׁר אָמַרְתִּי לְהֵיטִיב אוֹתוֹ׃ וְעַתָּה אֱמָר־נָא אֶל־
אִישׁ יְהוּדָה וְעַל־יוֹשְׁבֵי יְרוּשָׁלִַם לֵאמֹר כֹּה אָמַר יְהוָה הִנֵּה
אָנֹכִי יוֹצֵר עֲלֵיכֶם רָעָה וְחֹשֵׁב עֲלֵיכֶם מַחֲשָׁבָה שׁוּבוּ נָא
יב אִישׁ מִדַּרְכּוֹ הָרָעָה וְהֵיטִיבוּ דַרְכֵיכֶם וּמַעַלְלֵיכֶם׃ וְאָמְרוּ
נוֹאָשׁ כִּי־אַחֲרֵי מַחְשְׁבוֹתֵינוּ נֵלֵךְ וְאִישׁ שְׁרִרוּת לִבּוֹ־הָרָע
יג נַעֲשֶׂה׃ לָכֵן כֹּה אָמַר יְהוָה שַׁאֲלוּ־נָא בַּגּוֹיִם מִי
יד שָׁמַע כָּאֵלֶּה שַׁעֲרֻרִת עָשְׂתָה מְאֹד בְּתוּלַת יִשְׂרָאֵל׃ הֲיַעֲזֹב
טו מִצּוּר שָׂדַי שֶׁלֶג לְבָנוֹן אִם־יִנָּתְשׁוּ מַיִם זָרִים קָרִים נוֹזְלִים׃ כִּי־
שְׁכֵחֻנִי עַמִּי לַשָּׁוְא יְקַטֵּרוּ וַיַּכְשִׁלוּם בְּדַרְכֵיהֶם שבולי עוֹלָם שְׁבִילֵי
טז לָלֶכֶת נְתִיבוֹת דֶּרֶךְ לֹא סְלוּלָה׃ לָשׂוּם אַרְצָם לְשַׁמָּה
יז שרוקת עוֹלָם כֹּל עוֹבֵר עָלֶיהָ יִשֹּׁם וְיָנִיד בְּרֹאשׁוֹ׃ כְּרוּחַ־ שְׁרִיקוֹת
קָדִים אֲפִיצֵם לִפְנֵי אוֹיֵב עֹרֶף וְלֹא־פָנִים אַרְאֵם בְּיוֹם
יח אֵידָם׃ וַיֹּאמְרוּ לְכוּ וְנַחְשְׁבָה עַל־יִרְמְיָהוּ

מַחֲשָׁבוֹת כִּי לֹא־תֹאבַד תּוֹרָה מִכֹּהֵן וְעֵצָה מֵחָכָם וְדָבָר
מִנָּבִיא לְכוּ וְנַכֵּהוּ בַלָּשׁוֹן וְאַל־נַקְשִׁיבָה אֶל־כָּל־דְּבָרָיו׃
יט כ י הַקְשִׁיבָה יְהוָה אֵלָי וּשְׁמַע לְקוֹל יְרִיבָי׃ הַיְשֻׁלַּם תַּחַת־טוֹבָה
רָעָה כִּי־כָרוּ שׁוּחָה לְנַפְשִׁי זְכֹר ׀ עָמְדִי לְפָנֶיךָ לְדַבֵּר עֲלֵיהֶם
כא טוֹבָה לְהָשִׁיב אֶת־חֲמָתְךָ מֵהֶם׃ לָכֵן תֵּן אֶת־בְּנֵיהֶם לָרָעָב
וְהַגִּרֵם עַל־יְדֵי־חֶרֶב וְתִהְיֶנָה נְשֵׁיהֶם שַׁכֻּלוֹת וְאַלְמָנוֹת
וְאַנְשֵׁיהֶם יִהְיוּ הֲרֻגֵי מָוֶת בַּחוּרֵיהֶם מֻכֵּי־חֶרֶב בַּמִּלְחָמָה׃
כב תִּשָּׁמַע זְעָקָה מִבָּתֵּיהֶם כִּי־תָבִיא עֲלֵיהֶם גְּדוּד פִּתְאֹם כִּי־כָרוּ
כג שיחה לְלָכְדֵנִי וּפַחִים טָמְנוּ לְרַגְלָי׃ וְאַתָּה יְהוָה יָדַעְתָּ אֶת־כָּל־ שׁוּחָה
עֲצָתָם עָלַי לַמָּוֶת אַל־תְּכַפֵּר עַל־עֲוֺנָם וְחַטָּאתָם מִלְּפָנֶיךָ אַל־
יט א תֶּמְחִי והיו מֻכְשָׁלִים לְפָנֶיךָ בְּעֵת אַפְּךָ עֲשֵׂה בָהֶם׃ כֹּה וְיִהְיוּ
אָמַר יְהוָה הָלֹךְ וְקָנִיתָ בַקְבֻּק יוֹצֵר חָרֶשׂ וּמִזִּקְנֵי הָעָם
ב וּמִזִּקְנֵי הַכֹּהֲנִים׃ וְיָצָאתָ אֶל־גֵּיא בֶן־הִנֹּם אֲשֶׁר פֶּתַח שַׁעַר
החרסות וְקָרָאתָ שָּׁם אֶת־הַדְּבָרִים אֲשֶׁר־אֲדַבֵּר אֵלֶיךָ׃ הַחַרְסִית
ג וְאָמַרְתָּ שִׁמְעוּ דְבַר־יְהוָה מַלְכֵי יְהוּדָה וְיֹשְׁבֵי יְרוּשָׁלָם כֹּה־
אָמַר יְהוָה צְבָאוֹת אֱלֹהֵי יִשְׂרָאֵל הִנְנִי מֵבִיא רָעָה עַל־הַמָּקוֹם
ד הַזֶּה אֲשֶׁר כָּל־שֹׁמְעָהּ תִּצַּלְנָה אָזְנָיו׃ יַעַן ׀ אֲשֶׁר עֲזָבֻנִי וַיְנַכְּרוּ
אֶת־הַמָּקוֹם הַזֶּה וַיְקַטְּרוּ־בוֹ לֵאלֹהִים אֲחֵרִים אֲשֶׁר לֹא־
יְדָעוּם הֵמָּה וַאֲבוֹתֵיהֶם וּמַלְכֵי יְהוּדָה וּמָלְאוּ אֶת־הַמָּקוֹם הַזֶּה
ה דַּם נְקִיִּם׃ וּבָנוּ אֶת־בָּמוֹת הַבַּעַל לִשְׂרֹף אֶת־בְּנֵיהֶם בָּאֵשׁ
עֹלוֹת לַבָּעַל אֲשֶׁר לֹא־צִוִּיתִי וְלֹא דִבַּרְתִּי וְלֹא עָלְתָה
ו עַל־לִבִּי׃ לָכֵן הִנֵּה־יָמִים בָּאִים נְאֻם־יְהוָה וְלֹא־
יִקָּרֵא לַמָּקוֹם הַזֶּה עוֹד הַתֹּפֶת וְגֵיא בֶן־הִנֹּם כִּי אִם־גֵּיא
ז הַהֲרֵגָה׃ וּבַקֹּתִי אֶת־עֲצַת יְהוּדָה וִירוּשָׁלַם בַּמָּקוֹם הַזֶּה
וְהִפַּלְתִּים בַּחֶרֶב לִפְנֵי אֹיְבֵיהֶם וּבְיַד מְבַקְשֵׁי נַפְשָׁם וְנָתַתִּי אֶת־
ח נִבְלָתָם לְמַאֲכָל לְעוֹף הַשָּׁמַיִם וּלְבֶהֱמַת הָאָרֶץ׃ וְשַׂמְתִּי אֶת־
הָעִיר הַזֹּאת לְשַׁמָּה וְלִשְׁרֵקָה כֹּל עֹבֵר עָלֶיהָ יִשֹּׁם וְיִשְׁרֹק עַל־

ט כָּל־מַכֹּתֶהָ׃ וְהַאֲכַלְתִּים אֶת־בְּשַׂר בְּנֵיהֶם וְאֵת בְּשַׂר בְּנֹתֵיהֶם
וְאִישׁ בְּשַׂר־רֵעֵהוּ יֹאכֵלוּ בְּמָצוֹר וּבְמָצוֹק אֲשֶׁר יָצִיקוּ לָהֶם
י אֹיְבֵיהֶם וּמְבַקְשֵׁי נַפְשָׁם׃ וְשָׁבַרְתָּ הַבַּקְבֻּק לְעֵינֵי הָאֲנָשִׁים
יא הַהֹלְכִים אוֹתָךְ׃ וְאָמַרְתָּ אֲלֵיהֶם כֹּה־אָמַר ׀ יהוה צְבָאוֹת כָּכָה
אֶשְׁבֹּר אֶת־הָעָם הַזֶּה וְאֶת־הָעִיר הַזֹּאת כַּאֲשֶׁר יִשְׁבֹּר אֶת־
כְּלִי הַיּוֹצֵר אֲשֶׁר לֹא־יוּכַל לְהֵרָפֵה עוֹד וּבְתֹפֶת יִקְבְּרוּ מֵאֵין
יב מָקוֹם לִקְבּוֹר׃ כֵּן־אֶעֱשֶׂה לַמָּקוֹם הַזֶּה נְאֻם־יהוה וּלְיוֹשְׁבָיו
יג וְלָתֵת אֶת־הָעִיר הַזֹּאת כְּתֹפֶת׃ וְהָיוּ בָּתֵּי יְרוּשָׁלַםִ וּבָתֵּי
מַלְכֵי יְהוּדָה כִּמְקוֹם הַתֹּפֶת הַטְּמֵאִים לְכֹל הַבָּתִּים אֲשֶׁר
קִטְּרוּ עַל־גַּגֹּתֵיהֶם לְכֹל צְבָא הַשָּׁמַיִם וְהַסֵּךְ נְסָכִים לֵאלֹהִים
יד אֲחֵרִים׃ וַיָּבֹא יִרְמְיָהוּ מֵהַתֹּפֶת אֲשֶׁר שְׁלָחוֹ
יהוה שָׁם לְהִנָּבֵא וַיַּעֲמֹד בַּחֲצַר בֵּית־יהוה וַיֹּאמֶר אֶל־כָּל־
טו הָעָם׃ כֹּה־אָמַר יהוה צְבָאוֹת אֱלֹהֵי יִשְׂרָאֵל
הִנְנִי מֵבִי אֶל־הָעִיר הַזֹּאת וְעַל־כָּל־עָרֶיהָ אֵת כָּל־הָרָעָה
אֲשֶׁר דִּבַּרְתִּי עָלֶיהָ כִּי הִקְשׁוּ אֶת־עָרְפָּם לְבִלְתִּי שְׁמוֹעַ אֶת־
כ א דְּבָרָי׃ וַיִּשְׁמַע פַּשְׁחוּר בֶּן־אִמֵּר הַכֹּהֵן וְהוּא־פָקִיד נָגִיד בְּבֵית
ב יהוה אֶת־יִרְמְיָהוּ נִבָּא אֶת־הַדְּבָרִים הָאֵלֶּה׃ וַיַּכֶּה פַשְׁחוּר אֵת
יִרְמְיָהוּ הַנָּבִיא וַיִּתֵּן אֹתוֹ עַל־הַמַּהְפֶּכֶת אֲשֶׁר בְּשַׁעַר בִּנְיָמִן
ג הָעֶלְיוֹן אֲשֶׁר בְּבֵית יהוה׃ וַיְהִי מִמָּחֳרָת וַיֹּצֵא פַשְׁחוּר אֶת־
יִרְמְיָהוּ מִן־הַמַּהְפָּכֶת וַיֹּאמֶר אֵלָיו יִרְמְיָהוּ לֹא פַשְׁחוּר קָרָא
ד יהוה שְׁמֶךָ כִּי אִם־מָגוֹר מִסָּבִיב׃ כִּי כֹה
אָמַר יהוה הִנְנִי נֹתֶנְךָ לְמָגוֹר לְךָ וּלְכָל־אֹהֲבֶיךָ וְנָפְלוּ בְּחֶרֶב
אֹיְבֵיהֶם וְעֵינֶיךָ רֹאוֹת וְאֶת־כָּל־יְהוּדָה אֶתֵּן בְּיַד מֶלֶךְ־בָּבֶל
ה וְהִגְלָם בָּבֶלָה וְהִכָּם בֶּחָרֶב׃ וְנָתַתִּי אֶת־כָּל־חֹסֶן הָעִיר
הַזֹּאת וְאֶת־כָּל־יְגִיעָהּ וְאֶת־כָּל־יְקָרָהּ וְאֵת כָּל־אוֹצְרוֹת
מַלְכֵי יְהוּדָה אֶתֵּן בְּיַד אֹיְבֵיהֶם וּבְזָזוּם וּלְקָחוּם וֶהֱבִיאוּם
ו בָּבֶלָה׃ וְאַתָּה פַשְׁחוּר וְכֹל יֹשְׁבֵי בֵיתֶךָ תֵּלְכוּ בַּשֶּׁבִי וּבָבֶל

תָּב֔וֹא וְשָׁ֣ם תָּמ֗וּת וְשָׁ֤ם תִּקָּבֵר֙ אַתָּה֙ וְכָל־אֹ֣הֲבֶ֔יךָ אֲשֶׁר־נִבֵּ֥אתָ
לָהֶ֖ם בַּשָּֽׁקֶר׃ פִּתִּיתַ֤נִי יְהוָה֙ וָֽאֶפָּ֔ת חֲזַקְתַּ֖נִי וַתּוּכָ֑ל ז
הָיִ֤יתִי לִשְׂחוֹק֙ כָּל־הַיּ֔וֹם כֻּלֹּ֖ה לֹעֵ֥ג לִֽי׃ כִּֽי־מִדֵּ֤י אֲדַבֵּר֙ אֶזְעָ֔ק ח
חָמָ֥ס וָשֹׁ֖ד אֶקְרָ֑א כִּֽי־הָיָ֨ה דְבַר־יְהוָ֥ה לִ֛י לְחֶרְפָּ֥ה וּלְקֶ֖לֶס כָּל־
הַיּֽוֹם׃ וְאָמַרְתִּ֣י לֹֽא־אֶזְכְּרֶ֗נּוּ וְלֹֽא־אֲדַבֵּ֥ר עוֹד֙ בִּשְׁמ֔וֹ וְהָיָ֤ה בְלִבִּי֙ ט
כְּאֵ֣שׁ בֹּעֶ֔רֶת עָצֻ֖ר בְּעַצְמֹתָ֑י וְנִלְאֵ֥יתִי כַּלְכֵ֖ל וְלֹ֥א אוּכָֽל׃ כִּ֣י י
שָׁמַ֜עְתִּי דִּבַּ֣ת רַבִּ֗ים מָג֣וֹר מִסָּבִ֔יב הַגִּ֙ידוּ֙ וְנַגִּידֶ֔נּוּ כֹּ֚ל אֱנ֣וֹשׁ
שְׁלֹמִ֔י שֹׁמְרֵ֖י צַלְעִ֑י אוּלַ֤י יְפֻתֶּה֙ וְנ֣וּכְלָה ל֔וֹ וְנִקְחָ֥ה נִקְמָתֵ֖נוּ
מִמֶּֽנּוּ׃ וַיהוָ֤ה אוֹתִי֙ כְּגִבּ֣וֹר עָרִ֔יץ עַל־כֵּ֛ן רֹדְפַ֥י יִכָּשְׁל֖וּ יא
וְלֹ֣א יֻכָ֑לוּ בֹּ֤שׁוּ מְאֹד֙ כִּי־לֹ֣א הִשְׂכִּ֔ילוּ כְּלִמַּ֥ת עוֹלָ֖ם לֹ֥א
תִשָּׁכֵֽחַ׃ וַיהוָ֣ה צְבָא֗וֹת בֹּחֵ֣ן צַדִּ֔יק רֹאֶ֥ה כְלָי֖וֹת וָלֵ֑ב אֶרְאֶ֤ה יב
יא נִקְמָֽתְךָ֙ מֵהֶ֔ם כִּ֥י אֵלֶ֖יךָ גִּלִּ֥יתִי אֶת־רִיבִֽי׃ שִׁ֚ירוּ יג
לַֽיהוָ֔ה הַֽלְל֖וּ אֶת־יְהוָ֑ה כִּ֥י הִצִּ֛יל אֶת־נֶ֥פֶשׁ אֶבְי֖וֹן מִיַּ֥ד
מְרֵעִֽים׃ אָר֣וּר הַיּ֔וֹם אֲשֶׁ֥ר יֻלַּ֖דְתִּי בּ֑וֹ י֛וֹם אֲשֶׁר־ יד
יְלָדַ֥תְנִי אִמִּ֖י אַל־יְהִ֥י בָרֽוּךְ׃ אָר֣וּר הָאִ֗ישׁ אֲשֶׁ֨ר בִּשַּׂ֤ר אֶת־אָבִי֙ טו
לֵאמֹ֔ר יֻלַּד־לְךָ֖ בֵּ֣ן זָכָ֑ר שַׂמֵּ֖חַ שִׂמְּחָֽהוּ׃ וְהָיָה֙ הָאִ֣ישׁ הַה֔וּא טז
כֶּעָרִ֛ים אֲשֶׁר־הָפַ֥ךְ יְהוָ֖ה וְלֹ֣א נִחָ֑ם וְשָׁמַ֤ע זְעָקָה֙ בַּבֹּ֔קֶר וּתְרוּעָ֖ה
בְּעֵ֥ת צָהֳרָֽיִם׃ אֲשֶׁ֥ר לֹא־מֽוֹתְתַ֖נִי מֵרָ֑חֶם וַתְּהִי־לִ֤י אִמִּי֙ קִבְרִ֔י יז
וְרַחְמָ֖הּ הֲרַ֥ת עוֹלָֽם׃ לָ֤מָּה זֶּה֙ מֵרֶ֣חֶם יָצָ֔אתִי לִרְא֖וֹת עָמָ֣ל יח
וְיָג֑וֹן וַיִּכְל֥וּ בְּבֹ֖שֶׁת יָמָֽי׃ הַדָּבָר֙ אֲשֶׁר־הָיָ֣ה א כא
אֶֽל־יִרְמְיָ֔הוּ מֵאֵ֖ת יְהוָ֑ה בִּשְׁלֹ֨חַ אֵלָ֜יו הַמֶּ֣לֶךְ צִדְקִיָּ֗הוּ אֶת־
פַּשְׁחוּר֙ בֶּן־מַלְכִּיָּ֔ה וְאֶת־צְפַנְיָ֥ה בֶן־מַעֲשֵׂיָ֖ה הַכֹּהֵ֥ן לֵאמֹֽר׃
דְּרָשׁ־נָ֤א בַעֲדֵ֙נוּ֙ אֶת־יְהוָ֔ה כִּ֛י נְבוּכַדְרֶאצַּ֥ר מֶֽלֶךְ־בָּבֶ֖ל ב
נִלְחָ֣ם עָלֵ֑ינוּ אוּלַ֞י יַעֲשֶׂ֨ה יְהוָ֤ה אוֹתָ֙נוּ֙ כְּכָל־נִפְלְאֹתָ֔יו וְיַעֲלֶ֖ה
מֵעָלֵֽינוּ׃ וַיֹּ֥אמֶר יִרְמְיָ֖הוּ אֲלֵיהֶ֑ם כֹּ֥ה תֹאמְרֻ֖ן ג
אֶל־צִדְקִיָּֽהוּ׃ כֹּֽה־אָמַ֞ר יְהוָ֣ה אֱלֹהֵ֣י יִשְׂרָאֵ֗ל הִנְנִ֤י מֵסֵב֙ אֶת־ ד
כְּלֵ֣י הַמִּלְחָמָ֗ה אֲשֶׁר֮ בְּיֶדְכֶם֒ אֲשֶׁ֨ר אַתֶּ֜ם נִלְחָמִ֣ים בָּ֗ם אֶת־מֶ֣לֶךְ

בָּבֶל וְאֶת־הַכַּשְׂדִּים הַצָּרִים עֲלֵיכֶם מִחוּץ לַחוֹמָה וְאָסַפְתִּי
ה אוֹתָם אֶל־תּוֹךְ הָעִיר הַזֹּאת׃ וְנִלְחַמְתִּי אֲנִי אִתְּכֶם בְּיָד נְטוּיָה
ו וּבִזְרוֹעַ חֲזָקָה וּבְאַף וּבְחֵמָה וּבְקֶצֶף גָּדוֹל׃ וְהִכֵּיתִי אֶת־יוֹשְׁבֵי
הָעִיר הַזֹּאת וְאֶת־הָאָדָם וְאֶת־הַבְּהֵמָה בְּדֶבֶר גָּדוֹל יָמֻתוּ׃
ז וְאַחֲרֵי־כֵן נְאֻם־יְהוָה אֶתֵּן אֶת־צִדְקִיָּהוּ מֶלֶךְ־יְהוּדָה ׀ וְאֶת־
עֲבָדָיו ׀ וְאֶת־הָעָם וְאֶת־הַנִּשְׁאָרִים בָּעִיר הַזֹּאת מִן־הַדֶּבֶר ׀
מִן־הַחֶרֶב וּמִן־הָרָעָב בְּיַד נְבוּכַדְרֶאצַּר מֶלֶךְ־בָּבֶל וּבְיַד
אֹיְבֵיהֶם וּבְיַד מְבַקְשֵׁי נַפְשָׁם וְהִכָּם לְפִי־חֶרֶב לֹא־יָחוּס עֲלֵיהֶם
ח וְלֹא יַחְמֹל וְלֹא יְרַחֵם׃ וְאֶל־הָעָם הַזֶּה תֹּאמַר כֹּה אָמַר יְהוָה
ט הִנְנִי נֹתֵן לִפְנֵיכֶם אֶת־דֶּרֶךְ הַחַיִּים וְאֶת־דֶּרֶךְ הַמָּוֶת׃ הַיֹּשֵׁב בָּעִיר
הַזֹּאת יָמוּת בַּחֶרֶב וּבָרָעָב וּבַדָּבֶר וְהַיּוֹצֵא וְנָפַל עַל־הַכַּשְׂדִּים
י הַצָּרִים עֲלֵיכֶם יחיה וְהָיְתָה־לּוֹ נַפְשׁוֹ לְשָׁלָל׃ כִּי־שַׂמְתִּי פָנַי וְחָיָה
בָּעִיר הַזֹּאת לְרָעָה וְלֹא לְטוֹבָה נְאֻם־יְהוָה בְּיַד מֶלֶךְ־בָּבֶל
יא תִּנָּתֵן וּשְׂרָפָהּ בָּאֵשׁ׃ וּלְבֵית מֶלֶךְ יְהוּדָה שִׁמְעוּ
יב דְּבַר־יְהוָה׃ בֵּית דָּוִד כֹּה אָמַר יְהוָה דִּינוּ לַבֹּקֶר מִשְׁפָּט
וְהַצִּילוּ גָזוּל מִיַּד עוֹשֵׁק פֶּן־תֵּצֵא כָאֵשׁ חֲמָתִי וּבָעֲרָה וְאֵין
יג מְכַבֶּה מִפְּנֵי רֹעַ מעלליהם׃ הִנְנִי אֵלַיִךְ יֹשֶׁבֶת הָעֵמֶק צוּר מַעַלְלֵיכֶם
הַמִּישֹׁר נְאֻם־יְהוָה הָאֹמְרִים מִי־יֵחַת עָלֵינוּ וּמִי יָבוֹא
יד בִּמְעוֹנוֹתֵינוּ׃ וּפָקַדְתִּי עֲלֵיכֶם כִּפְרִי מַעַלְלֵיכֶם נְאֻם־יְהוָה
כב א וְהִצַּתִּי אֵשׁ בְּיַעְרָהּ וְאָכְלָה כָּל־סְבִיבֶיהָ׃ כֹּה
אָמַר יְהוָה רֵד בֵּית־מֶלֶךְ יְהוּדָה וְדִבַּרְתָּ שָּׁם אֶת־הַדָּבָר הַזֶּה׃
ב וְאָמַרְתָּ שְׁמַע דְּבַר־יְהוָה מֶלֶךְ יְהוּדָה הַיֹּשֵׁב עַל־כִּסֵּא דָוִד
ג אַתָּה וַעֲבָדֶיךָ וְעַמְּךָ הַבָּאִים בַּשְּׁעָרִים הָאֵלֶּה׃ כֹּה ׀ אָמַר יְהוָה
עֲשׂוּ מִשְׁפָּט וּצְדָקָה וְהַצִּילוּ גָזוּל מִיַּד עָשׁוֹק וְגֵר יָתוֹם וְאַלְמָנָה
ד אַל־תֹּנוּ אַל־תַּחְמֹסוּ וְדָם נָקִי אַל־תִּשְׁפְּכוּ בַּמָּקוֹם הַזֶּה׃ כִּי אִם־
עָשׂוֹ תַּעֲשׂוּ אֶת־הַדָּבָר הַזֶּה וּבָאוּ בְשַׁעֲרֵי הַבַּיִת הַזֶּה מְלָכִים
יֹשְׁבִים לְדָוִד עַל־כִּסְאוֹ רֹכְבִים בָּרֶכֶב וּבַסּוּסִים הוּא וַעֲבָדָו

וְעַמּוֹ׃ וְאִם לֹא תִשְׁמְעוּ אֶת־הַדְּבָרִים הָאֵלֶּה כִּי נִשְׁבַּעְתִּי ה
נְאֻם־יהוה כִּי־לְחָרְבָּה יִהְיֶה הַבַּיִת הַזֶּה׃ כִּי־ ו
כֹה ׀ אָמַר יהוה עַל־בֵּית מֶלֶךְ יְהוּדָה גִּלְעָד אַתָּה לִי רֹאשׁ
הַלְּבָנוֹן אִם־לֹא אֲשִׁיתְךָ מִדְבָּר עָרִים לֹא נושבה׃ וְקִדַּשְׁתִּי ז (נוֹשָׁבוּ)
עָלֶיךָ מַשְׁחִתִים אִישׁ וְכֵלָיו וְכָרְתוּ מִבְחַר אֲרָזֶיךָ וְהִפִּילוּ עַל־
הָאֵשׁ׃ וְעָבְרוּ גּוֹיִם רַבִּים עַל הָעִיר הַזֹּאת וְאָמְרוּ אִישׁ אֶל־ ח
רֵעֵהוּ עַל־מֶה עָשָׂה יהוה כָּכָה לָעִיר הַגְּדוֹלָה הַזֹּאת׃ וְאָמְרוּ ט
עַל אֲשֶׁר עָזְבוּ אֶת־בְּרִית יהוה אֱלֹהֵיהֶם וַיִּשְׁתַּחֲווּ לֵאלֹהִים
אֲחֵרִים וַיַּעַבְדוּם׃ אַל־תִּבְכּוּ לְמֵת וְאַל־תָּנֻדוּ י
לוֹ בְּכוּ בָכוֹ לַהֹלֵךְ כִּי לֹא יָשׁוּב עוֹד וְרָאָה אֶת־אֶרֶץ
מוֹלַדְתּוֹ׃ כִּי־כֹה אָמַר־יהוה אֶל־שַׁלֻּם בֶּן־ יא
יֹאשִׁיָּהוּ מֶלֶךְ יְהוּדָה הַמֹּלֵךְ תַּחַת יֹאשִׁיָּהוּ אָבִיו אֲשֶׁר יָצָא מִן־
הַמָּקוֹם הַזֶּה לֹא־יָשׁוּב שָׁם עוֹד׃ כִּי בִּמְקוֹם אֲשֶׁר־הִגְלוּ אֹתוֹ יב
שָׁם יָמוּת וְאֶת־הָאָרֶץ הַזֹּאת לֹא־יִרְאֶה עוֹד׃ הוֹי יג
בֹּנֶה בֵיתוֹ בְּלֹא־צֶדֶק וַעֲלִיּוֹתָיו בְּלֹא מִשְׁפָּט בְּרֵעֵהוּ יַעֲבֹד חִנָּם
וּפֹעֲלוֹ לֹא יִתֶּן־לוֹ׃ הָאֹמֵר אֶבְנֶה־לִּי בֵּית מִדּוֹת וַעֲלִיּוֹת יד
מְרֻוָּחִים וְקָרַע לוֹ חַלּוֹנָי וְסָפוּן בָּאָרֶז וּמָשׁוֹחַ בַּשָּׁשַׁר׃ הֲתִמְלֹךְ טו
כִּי אַתָּה מְתַחֲרֶה בָאָרֶז אָבִיךָ הֲלוֹא אָכַל וְשָׁתָה וְעָשָׂה
מִשְׁפָּט וּצְדָקָה אָז טוֹב לוֹ׃ דָּן דִּין־עָנִי וְאֶבְיוֹן אָז טוֹב הֲלוֹא־ טז
הִיא הַדַּעַת אֹתִי נְאֻם־יהוה׃ כִּי אֵין עֵינֶיךָ וְלִבְּךָ כִּי אִם־ יז
עַל־בִּצְעֶךָ וְעַל דַּם־הַנָּקִי לִשְׁפּוֹךְ וְעַל־הָעֹשֶׁק וְעַל־הַמְּרוּצָה
לַעֲשׂוֹת׃ לָכֵן כֹּה־אָמַר יהוה אֶל־יְהוֹיָקִים בֶּן־ יח
יֹאשִׁיָּהוּ מֶלֶךְ יְהוּדָה לֹא־יִסְפְּדוּ לוֹ הוֹי אָחִי וְהוֹי אָחוֹת לֹא־
יִסְפְּדוּ לוֹ הוֹי אָדוֹן וְהוֹי הֹדֹה׃ קְבוּרַת חֲמוֹר יִקָּבֵר סָחוֹב יט
וְהַשְׁלֵךְ מֵהָלְאָה לְשַׁעֲרֵי יְרוּשָׁלָםִ׃ עֲלִי הַלְּבָנוֹן כ
וּצְעָקִי וּבַבָּשָׁן תְּנִי קוֹלֵךְ וְצַעֲקִי מֵעֲבָרִים כִּי נִשְׁבְּרוּ כָּל־
מְאַהֲבָיִךְ׃ דִּבַּרְתִּי אֵלַיִךְ בְּשַׁלְוֹתַיִךְ אָמַרְתְּ לֹא אֶשְׁמָע זֶה כא

כב דַּרְכֵּךְ מִנְּעוּרַיִךְ כִּי לֹא־שָׁמַעַתְּ בְּקוֹלִי׃ כָּל־רֹעַיִךְ תִּרְעֶה־רוּחַ
וּמְאַהֲבַיִךְ בַּשְּׁבִי יֵלֵכוּ כִּי אָז תֵּבֹשִׁי וְנִכְלַמְתְּ מִכֹּל רָעָתֵךְ׃
כג ישבתי בַּלְּבָנוֹן מקננתי בָּאֲרָזִים מַה־נֵּחַנְתְּ בְּבֹא־לָךְ חֲבָלִים יֹשַׁבְתְּ | מְקֻנַּנְתְּ
כד חִיל כַּיֹּלֵדָה׃ חַי־אָנִי נְאֻם־יְהוָה כִּי אִם־יִהְיֶה כָּנְיָהוּ בֶן־
יְהוֹיָקִים מֶלֶךְ יְהוּדָה חוֹתָם עַל־יַד יְמִינִי כִּי מִשָּׁם אֶתְּקֶנְךָּ׃
כה וּנְתַתִּיךָ בְּיַד מְבַקְשֵׁי נַפְשֶׁךָ וּבְיַד אֲשֶׁר־אַתָּה יָגוֹר מִפְּנֵיהֶם
כו וּבְיַד נְבוּכַדְרֶאצַּר מֶלֶךְ־בָּבֶל וּבְיַד הַכַּשְׂדִּים׃ וְהֵטַלְתִּי אֹתְךָ
וְאֶת־אִמְּךָ אֲשֶׁר יְלָדַתְךָ עַל הָאָרֶץ אַחֶרֶת אֲשֶׁר לֹא־יֻלַּדְתֶּם
כז שָׁם וְשָׁם תָּמוּתוּ׃ וְעַל־הָאָרֶץ אֲשֶׁר־הֵם מְנַשְּׂאִים אֶת־נַפְשָׁם
כח לָשׁוּב שָׁם שָׁמָּה לֹא יָשׁוּבוּ׃ הַעֶצֶב נִבְזֶה נָפוּץ
הָאִישׁ הַזֶּה כָּנְיָהוּ אִם־כְּלִי אֵין חֵפֶץ בּוֹ מַדּוּעַ הוּטְלוּ הוּא
כט וְזַרְעוֹ וְהֻשְׁלְכוּ עַל־הָאָרֶץ אֲשֶׁר לֹא־יָדָעוּ׃ אֶרֶץ אֶרֶץ אָרֶץ
ל שִׁמְעִי דְּבַר־יְהוָה׃ כֹּה ׀ אָמַר יְהוָה כִּתְבוּ אֶת־הָאִישׁ הַזֶּה
עֲרִירִי גֶּבֶר לֹא־יִצְלַח בְּיָמָיו כִּי לֹא יִצְלַח מִזַּרְעוֹ אִישׁ יֹשֵׁב
כג א עַל־כִּסֵּא דָוִד וּמֹשֵׁל עוֹד בִּיהוּדָה׃ הוֹי רֹעִים
ב מְאַבְּדִים וּמְפִצִים אֶת־צֹאן מַרְעִיתִי נְאֻם־יְהוָה׃ לָכֵן כֹּה־
אָמַר יְהוָה אֱלֹהֵי יִשְׂרָאֵל עַל־הָרֹעִים הָרֹעִים אֶת־עַמִּי אַתֶּם
הֲפִצֹתֶם אֶת־צֹאנִי וַתַּדִּחוּם וְלֹא פְקַדְתֶּם אֹתָם הִנְנִי פֹקֵד
ג עֲלֵיכֶם אֶת־רֹעַ מַעַלְלֵיכֶם נְאֻם־יְהוָה׃ וַאֲנִי אֲקַבֵּץ אֶת־
שְׁאֵרִית צֹאנִי מִכֹּל הָאֲרָצוֹת אֲשֶׁר־הִדַּחְתִּי אֹתָם שָׁם וַהֲשִׁבֹתִי
ד אֶתְהֶן עַל־נְוֵהֶן וּפָרוּ וְרָבוּ׃ וַהֲקִמֹתִי עֲלֵיהֶם רֹעִים וְרָעוּם וְלֹא־
ה יִירְאוּ עוֹד וְלֹא־יֵחַתּוּ וְלֹא יִפָּקֵדוּ נְאֻם־יְהוָה׃ הִנֵּה
יָמִים בָּאִים נְאֻם־יְהוָה וַהֲקִמֹתִי לְדָוִד צֶמַח צַדִּיק וּמָלַךְ
ו מֶלֶךְ וְהִשְׂכִּיל וְעָשָׂה מִשְׁפָּט וּצְדָקָה בָּאָרֶץ׃ בְּיָמָיו תִּוָּשַׁע יב
יְהוּדָה וְיִשְׂרָאֵל יִשְׁכֹּן לָבֶטַח וְזֶה־שְּׁמוֹ אֲשֶׁר־יִקְרְאוֹ יְהוָה ׀
ז צִדְקֵנוּ׃ לָכֵן הִנֵּה־יָמִים בָּאִים נְאֻם־יְהוָה וְלֹא־
יֹאמְרוּ עוֹד חַי־יְהוָה אֲשֶׁר הֶעֱלָה אֶת־בְּנֵי יִשְׂרָאֵל מֵאֶרֶץ

מִצְרָיִם: כִּי אִם־חַי־יְהוָה אֲשֶׁר הֶעֱלָה וַאֲשֶׁר הֵבִיא אֶת־זֶרַע ח
בֵּית יִשְׂרָאֵל מֵאֶרֶץ צָפוֹנָה וּמִכֹּל הָאֲרָצוֹת אֲשֶׁר הִדַּחְתִּים שָׁם
וְיָשְׁבוּ עַל־אַדְמָתָם: לַנְּבִאִים נִשְׁבַּר לִבִּי בְקִרְבִּי ט
רָחֲפוּ כָּל־עַצְמוֹתַי הָיִיתִי כְּאִישׁ שִׁכּוֹר וּכְגֶבֶר עֲבָרוֹ יָיִן מִפְּנֵי
יְהוָה וּמִפְּנֵי דִּבְרֵי קָדְשׁוֹ: כִּי מְנָאֲפִים מָלְאָה הָאָרֶץ כִּי־מִפְּנֵי י
אָלָה אָבְלָה הָאָרֶץ יָבְשׁוּ נְאוֹת מִדְבָּר וַתְּהִי מְרוּצָתָם רָעָה
וּגְבוּרָתָם לֹא־כֵן: כִּי־גַם־נָבִיא גַם־כֹּהֵן חָנֵפוּ גַּם־בְּבֵיתִי יא
מָצָאתִי רָעָתָם נְאֻם־יְהוָה: לָכֵן יִהְיֶה דַרְכָּם לָהֶם כַּחֲלַקְלַקּוֹת יב
בָּאֲפֵלָה יִדַּחוּ וְנָפְלוּ בָהּ כִּי־אָבִיא עֲלֵיהֶם רָעָה שְׁנַת פְּקֻדָּתָם
נְאֻם־יְהוָה: וּבִנְבִיאֵי שֹׁמְרוֹן רָאִיתִי תִפְלָה יג
הִנַּבְּאוּ בַבַּעַל וַיַּתְעוּ אֶת־עַמִּי אֶת־יִשְׂרָאֵל: וּבִנְבִאֵי יְרוּשָׁלַםִ יד
רָאִיתִי שַׁעֲרוּרָה נָאוֹף וְהָלֹךְ בַּשֶּׁקֶר וְחִזְּקוּ יְדֵי מְרֵעִים
לְבִלְתִּי־שָׁבוּ אִישׁ מֵרָעָתוֹ הָיוּ־לִי כֻלָּם כִּסְדֹם וְיֹשְׁבֶיהָ
כַּעֲמֹרָה: לָכֵן כֹּה־אָמַר יְהוָה צְבָאוֹת עַל־ טו
הַנְּבִאִים הִנְנִי מַאֲכִיל אוֹתָם לַעֲנָה וְהִשְׁקִתִים מֵי־רֹאשׁ כִּי מֵאֵת
נְבִיאֵי יְרוּשָׁלַםִ יָצְאָה חֲנֻפָּה לְכָל־הָאָרֶץ: כֹּה־ טז
אָמַר יְהוָה צְבָאוֹת אַל־תִּשְׁמְעוּ עַל־דִּבְרֵי הַנְּבִאִים הַנִּבְּאִים
לָכֶם מַהְבִּלִים הֵמָּה אֶתְכֶם חֲזוֹן לִבָּם יְדַבֵּרוּ לֹא מִפִּי יְהוָה:
אֹמְרִים אָמוֹר לִמְנַאֲצַי דִּבֶּר יְהוָה שָׁלוֹם יִהְיֶה לָכֶם וְכֹל יז
הֹלֵךְ בִּשְׁרִרוּת לִבּוֹ אָמְרוּ לֹא־תָבוֹא עֲלֵיכֶם רָעָה: כִּי מִי יח
דְּבָרוֹ עָמַד בְּסוֹד יְהוָה וְיֵרֶא וְיִשְׁמַע אֶת־דְּבָרוֹ מִי־הִקְשִׁיב דְּבָרִי
וַיִּשְׁמָע: הִנֵּה ׀ סַעֲרַת יְהוָה חֵמָה יָצְאָה וְסַעַר יט
מִתְחוֹלֵל עַל רֹאשׁ רְשָׁעִים יָחוּל: לֹא יָשׁוּב אַף־יְהוָה עַד־ כ
עֲשֹׂתוֹ וְעַד־הֲקִימוֹ מְזִמּוֹת לִבּוֹ בְּאַחֲרִית הַיָּמִים תִּתְבּוֹנְנוּ בָהּ
בִּינָה: לֹא־שָׁלַחְתִּי אֶת־הַנְּבִאִים וְהֵם רָצוּ לֹא־דִבַּרְתִּי אֲלֵיהֶם כא
וְהֵם נִבָּאוּ: וְאִם־עָמְדוּ בְּסוֹדִי וְיַשְׁמִעוּ דְבָרַי אֶת־עַמִּי וִישִׁבוּם כב
מִדַּרְכָּם הָרָע וּמֵרֹעַ מַעַלְלֵיהֶם: הַאֱלֹהֵי מִקָּרֹב כג

כד אֲנִי נְאֻם־יְהוָה וְלֹא אֱלֹהֵי מֵרָחֹק: אִם־יִסָּתֵר אִישׁ בַּמִּסְתָּרִים
וַאֲנִי לֹא־אֶרְאֶנּוּ נְאֻם־יְהוָה הֲלוֹא אֶת־הַשָּׁמַיִם וְאֶת־הָאָרֶץ
כה אֲנִי מָלֵא נְאֻם־יְהוָה: שָׁמַעְתִּי אֵת אֲשֶׁר־אָמְרוּ הַנְּבִאִים
כו הַנִּבְּאִים בִּשְׁמִי שֶׁקֶר לֵאמֹר חָלַמְתִּי חָלָמְתִּי: עַד־מָתַי הֲיֵשׁ
כז בְּלֵב הַנְּבִאִים נִבְּאֵי הַשָּׁקֶר וּנְבִיאֵי תַּרְמִת לִבָּם: הַחֹשְׁבִים
לְהַשְׁכִּיחַ אֶת־עַמִּי שְׁמִי בַּחֲלוֹמֹתָם אֲשֶׁר יְסַפְּרוּ אִישׁ לְרֵעֵהוּ
כח כַּאֲשֶׁר שָׁכְחוּ אֲבוֹתָם אֶת־שְׁמִי בַּבָּעַל: הַנָּבִיא אֲשֶׁר־אִתּוֹ
חֲלוֹם יְסַפֵּר חֲלוֹם וַאֲשֶׁר דְּבָרִי אִתּוֹ יְדַבֵּר דְּבָרִי אֱמֶת מַה־
כט לַתֶּבֶן אֶת־הַבָּר נְאֻם־יְהוָה: הֲלוֹא כֹה דְבָרִי כָּאֵשׁ נְאֻם־יְהוָה
ל וּכְפַטִּישׁ יְפֹצֵץ סָלַע: לָכֵן הִנְנִי עַל־הַנְּבִאִים נְאֻם־יְהוָה מְגַנְּבֵי
לא דְבָרַי אִישׁ מֵאֵת רֵעֵהוּ: הִנְנִי עַל־הַנְּבִיאִם נְאֻם־יְהוָה הַלֹּקְחִים
לב לְשׁוֹנָם וַיִּנְאֲמוּ נְאֻם: הִנְנִי עַל־נִבְּאֵי חֲלֹמוֹת שֶׁקֶר נְאֻם־יְהוָה
וַיְסַפְּרוּם וַיַּתְעוּ אֶת־עַמִּי בְּשִׁקְרֵיהֶם וּבְפַחֲזוּתָם וְאָנֹכִי לֹא־
שְׁלַחְתִּים וְלֹא צִוִּיתִים וְהוֹעֵיל לֹא־יוֹעִילוּ לָעָם־הַזֶּה נְאֻם־יְהוָה:
לג וְכִי־יִשְׁאָלְךָ הָעָם הַזֶּה אוֹ־הַנָּבִיא אוֹ־כֹהֵן לֵאמֹר מַה־מַּשָּׂא
יְהוָה וְאָמַרְתָּ אֲלֵיהֶם אֶת־מַה־מַּשָּׂא וְנָטַשְׁתִּי אֶתְכֶם נְאֻם־
לד יְהוָה: וְהַנָּבִיא וְהַכֹּהֵן וְהָעָם אֲשֶׁר יֹאמַר מַשָּׂא יְהוָה וּפָקַדְתִּי
לה עַל־הָאִישׁ הַהוּא וְעַל־בֵּיתוֹ: כֹּה תֹאמְרוּ אִישׁ עַל־רֵעֵהוּ וְאִישׁ
לו אֶל־אָחִיו מֶה־עָנָה יְהוָה וּמַה־דִּבֶּר יְהוָה: וּמַשָּׂא יְהוָה לֹא
תִזְכְּרוּ־עוֹד כִּי הַמַּשָּׂא יִהְיֶה לְאִישׁ דְּבָרוֹ וַהֲפַכְתֶּם אֶת־דִּבְרֵי
לז אֱלֹהִים חַיִּים יְהוָה צְבָאוֹת אֱלֹהֵינוּ: כֹּה תֹאמַר אֶל־הַנָּבִיא
לח מֶה־עָנָךְ יְהוָה וּמַה־דִּבֶּר יְהוָה: וְאִם־מַשָּׂא יְהוָה תֹּאמֵרוּ לָכֵן
כֹּה אָמַר יְהוָה יַעַן אֲמָרְכֶם אֶת־הַדָּבָר הַזֶּה מַשָּׂא יְהוָה
לט וָאֶשְׁלַח אֲלֵיכֶם לֵאמֹר לֹא תֹאמְרוּ מַשָּׂא יְהוָה: לָכֵן הִנְנִי
וְנָשִׁיתִי אֶתְכֶם נָשֹׁא וְנָטַשְׁתִּי אֶתְכֶם וְאֶת־הָעִיר אֲשֶׁר נָתַתִּי
מ לָכֶם וְלַאֲבוֹתֵיכֶם מֵעַל פָּנָי: וְנָתַתִּי עֲלֵיכֶם חֶרְפַּת עוֹלָם וּכְלִמּוּת
כד א עוֹלָם אֲשֶׁר לֹא תִשָּׁכֵחַ: הִרְאַנִי יְהוָה וְהִנֵּה שְׁנֵי

דּוּדָאֵי תְאֵנִים מוּעָדִים לִפְנֵי הֵיכַל יְהוָה אַחֲרֵי הַגְלוֹת
נְבוּכַדְרֶאצַּר מֶלֶךְ־בָּבֶל אֶת־יְכׇנְיָהוּ בֶן־יְהוֹיָקִים מֶלֶךְ־יְהוּדָה
וְאֶת־שָׂרֵי יְהוּדָה וְאֶת־הֶחָרָשׁ וְאֶת־הַמַּסְגֵּר מִירוּשָׁלַ͏ִם
וַיְבִאֵם בָּבֶל׃ הַדּוּד אֶחָד תְּאֵנִים טֹבוֹת מְאֹד כִּתְאֵנֵי ב
הַבַּכֻּרוֹת וְהַדּוּד אֶחָד תְּאֵנִים רָעוֹת מְאֹד אֲשֶׁר לֹא־תֵאָכַלְנָה
מֵרֹעַ׃ וַיֹּאמֶר יְהוָה אֵלַי מָה־אַתָּה רֹאֶה יִרְמְיָהוּ ג
וָאֹמַר תְּאֵנִים הַתְּאֵנִים הַטֹּבוֹת טֹבוֹת מְאֹד וְהָרָעוֹת רָעוֹת
מְאֹד אֲשֶׁר לֹא־תֵאָכַלְנָה מֵרֹעַ׃ וַיְהִי דְבַר־ ד
יְהוָה אֵלַי לֵאמֹר׃ כֹּה־אָמַר יְהוָה אֱלֹהֵי יִשְׂרָאֵל כַּתְּאֵנִים ה
הַטֹּבוֹת הָאֵלֶּה כֵּן אַכִּיר אֶת־גָּלוּת יְהוּדָה אֲשֶׁר שִׁלַּחְתִּי מִן־
הַמָּקוֹם הַזֶּה אֶרֶץ כַּשְׂדִּים לְטוֹבָה׃ וְשַׂמְתִּי עֵינִי עֲלֵיהֶם לְטוֹבָה ו
וַהֲשִׁבֹתִים עַל־הָאָרֶץ הַזֹּאת וּבְנִיתִים וְלֹא אֶהֱרֹס וּנְטַעְתִּים
יג וְלֹא אֶתּוֹשׁ׃ וְנָתַתִּי לָהֶם לֵב לָדַעַת אֹתִי כִּי אֲנִי יְהוָה וְהָיוּ־ ז
לִי לְעָם וְאָנֹכִי אֶהְיֶה לָהֶם לֵאלֹהִים כִּי־יָשֻׁבוּ אֵלַי בְּכׇל־
לִבָּם׃ וְכַתְּאֵנִים הָרָעוֹת אֲשֶׁר לֹא־תֵאָכַלְנָה ח
מֵרֹעַ כִּי־כֹה ׀ אָמַר יְהוָה כֵּן אֶתֵּן אֶת־צִדְקִיָּהוּ מֶלֶךְ־יְהוּדָה
וְאֶת־שָׂרָיו וְאֵת ׀ שְׁאֵרִית יְרוּשָׁלַ͏ִם הַנִּשְׁאָרִים בָּאָרֶץ הַזֹּאת
לְזַעֲוָה וְהַיֹּשְׁבִים בְּאֶרֶץ מִצְרָיִם׃ וּנְתַתִּים לזועה לְרָעָה לְכֹל ט
מַמְלְכוֹת הָאָרֶץ לְחֶרְפָּה וּלְמָשָׁל לִשְׁנִינָה וְלִקְלָלָה בְּכׇל־
הַמְּקֹמוֹת אֲשֶׁר־אַדִּיחֵם שָׁם׃ וְשִׁלַּחְתִּי בָם אֶת־הַחֶרֶב אֶת־ י
הָרָעָב וְאֶת־הַדָּבֶר עַד־תֻּמָּם מֵעַל הָאֲדָמָה אֲשֶׁר־נָתַתִּי לָהֶם
וְלַאֲבוֹתֵיהֶם׃ הַדָּבָר אֲשֶׁר־הָיָה עַל־יִרְמְיָהוּ א כה
עַל־כׇּל־עַם יְהוּדָה בַּשָּׁנָה הָרְבִעִית לִיהוֹיָקִים בֶּן־יֹאשִׁיָּהוּ
מֶלֶךְ יְהוּדָה הִיא הַשָּׁנָה הָרִאשֹׁנִית לִנְבוּכַדְרֶאצַּר מֶלֶךְ בָּבֶל׃
אֲשֶׁר דִּבֶּר יִרְמְיָהוּ הַנָּבִיא עַל־כׇּל־עַם יְהוּדָה וְאֶל כׇּל־יֹשְׁבֵי ב
יְרוּשָׁלַ͏ִם לֵאמֹר׃ מִן־שְׁלֹשׁ עֶשְׂרֵה שָׁנָה לְיֹאשִׁיָּהוּ בֶן־אָמוֹן ג
מֶלֶךְ יְהוּדָה וְעַד ׀ הַיּוֹם הַזֶּה זֶה שָׁלֹשׁ וְעֶשְׂרִים שָׁנָה הָיָה

דבר־יהוה אלי ואדבר אליכם אשכים ודבר ולא שמעתם:
ד ושלח יהוה אליכם את־כל־עבדיו הנבאים השכם ושלח ולא
ה שמעתם ולא־הטיתם את־אזנכם לשמע: לאמר שובו־נא
איש מדרכו הרעה ומרע מעלליכם ושבו על־האדמה אשר
ו נתן יהוה לכם ולאבותיכם למן־עולם ועד־עולם: ואל־
תלכו אחרי אלהים אחרים לעבדם ולהשתחות להם
ז ולא־תכעיסו אותי במעשה ידיכם ולא ארע לכם: ולא־
שמעתם אלי נאם־יהוה למען הכעסוני במעשה ידיכם לרע הכעיסני
ח לכם: לכן כה אמר יהוה צבאות יען אשר לא־
ט שמעתם את־דברי: הנני שלח ולקחתי את־כל־משפחות
צפון נאם־יהוה ואל־נבוכדראצר מלך־בבל עבדי והבאתים
על־הארץ הזאת ועל־ישביה ועל כל־הגוים האלה סביב
והחרמתים ושמתים לשמה ולשרקה ולחרבות עולם:
י והאבדתי מהם קול ששון וקול שמחה קול חתן וקול כלה
יא קול רחים ואור נר: והיתה כל־הארץ הזאת לחרבה לשמה
יב ועבדו הגוים האלה את־מלך בבל שבעים שנה: והיה
כמלאות שבעים שנה אפקד על־מלך־בבל ועל־הגוי ההוא
נאם־יהוה את־עונם ועל־ארץ כשדים ושמתי אתו
יג לשממות עולם: והבאותי על־הארץ ההיא את־כל־דברי והבאתי
אשר־דברתי עליה את כל־הכתוב בספר הזה אשר־
יד נבא ירמיהו על־כל־הגוים: כי עבדו־בם גם־המה גוים
רבים ומלכים גדולים ושלמתי להם כפעלם וכמעשה
טו ידיהם: כי כה אמר יהוה אלהי ישראל אלי
קח את־כוס היין החמה הזאת מידי והשקיתה אותו את־
טז כל־הגוים אשר אנכי שלח אותך אליהם: ושתו והתגעשו
יז והתהללו מפני החרב אשר אנכי שלח בינתם: ואקח את־
הכוס מיד יהוה ואשקה את־כל־הגוים אשר־שלחני יהוה

יח אֲלֵיהֶם׃ אֶת־יְרוּשָׁלִַם וְאֶת־עָרֵי יְהוּדָה וְאֶת־מְלָכֶיהָ אֶת־
שָׂרֶיהָ לָתֵת אֹתָם לְחָרְבָּה לְשַׁמָּה לִשְׁרֵקָה וְלִקְלָלָה כַּיּוֹם הַזֶּה׃
יט אֶת־פַּרְעֹה מֶלֶךְ־מִצְרַיִם וְאֶת־עֲבָדָיו וְאֶת־שָׂרָיו וְאֶת־כָּל־
כ עַמּוֹ׃ וְאֵת כָּל־הָעֶרֶב וְאֵת כָּל־מַלְכֵי אֶרֶץ הָעוּץ וְאֵת כָּל־
מַלְכֵי אֶרֶץ פְּלִשְׁתִּים וְאֶת־אַשְׁקְלוֹן וְאֶת־עַזָּה וְאֶת־עֶקְרוֹן
כא וְאֵת שְׁאֵרִית אַשְׁדּוֹד׃ אֶת־אֱדוֹם וְאֶת־מוֹאָב וְאֶת־בְּנֵי עַמּוֹן׃
כב וְאֵת כָּל־מַלְכֵי צֹר וְאֵת כָּל־מַלְכֵי צִידוֹן וְאֵת מַלְכֵי הָאִי אֲשֶׁר
כג בְּעֵבֶר הַיָּם׃ אֶת־דְּדָן וְאֶת־תֵּימָא וְאֶת־בּוּז וְאֵת כָּל־קְצוּצֵי
כד פֵאָה׃ וְאֵת כָּל־מַלְכֵי עֲרָב וְאֵת כָּל־מַלְכֵי הָעֶרֶב הַשֹּׁכְנִים
כה בַּמִּדְבָּר׃ וְאֵת ׀ כָּל־מַלְכֵי זִמְרִי וְאֵת כָּל־מַלְכֵי עֵילָם וְאֵת כָּל־
כו מַלְכֵי מָדָי׃ וְאֵת ׀ כָּל־מַלְכֵי הַצָּפוֹן הַקְּרֹבִים וְהָרְחֹקִים אִישׁ
אֶל־אָחִיו וְאֵת כָּל־הַמַּמְלְכוֹת הָאָרֶץ אֲשֶׁר עַל־פְּנֵי הָאֲדָמָה
כז וּמֶלֶךְ שֵׁשַׁךְ יִשְׁתֶּה אַחֲרֵיהֶם׃ וְאָמַרְתָּ אֲלֵיהֶם כֹּה־אָמַר יְהוָה
צְבָאוֹת אֱלֹהֵי יִשְׂרָאֵל שְׁתוּ וְשִׁכְרוּ וּקְיוּ וְנִפְלוּ וְלֹא תָקוּמוּ מִפְּנֵי
כח הַחֶרֶב אֲשֶׁר אָנֹכִי שֹׁלֵחַ בֵּינֵיכֶם׃ וְהָיָה כִּי יְמָאֲנוּ לָקַחַת־הַכּוֹס
מִיָּדְךָ לִשְׁתּוֹת וְאָמַרְתָּ אֲלֵיהֶם כֹּה אָמַר יְהוָה צְבָאוֹת שָׁתוֹ
כט תִשְׁתּוּ׃ כִּי הִנֵּה בָעִיר אֲשֶׁר נִקְרָא־שְׁמִי עָלֶיהָ אָנֹכִי מֵחֵל
לְהָרַע וְאַתֶּם הִנָּקֵה תִנָּקוּ לֹא תִנָּקוּ כִּי חֶרֶב אֲנִי קֹרֵא עַל־
ל כָּל־יֹשְׁבֵי הָאָרֶץ נְאֻם יְהוָה צְבָאוֹת׃ וְאַתָּה תִּנָּבֵא אֲלֵיהֶם אֵת
כָּל־הַדְּבָרִים הָאֵלֶּה וְאָמַרְתָּ אֲלֵיהֶם יְהוָה מִמָּרוֹם יִשְׁאָג
וּמִמְּעוֹן קָדְשׁוֹ יִתֵּן קוֹלוֹ שָׁאֹג יִשְׁאַג עַל־נָוֵהוּ הֵידָד כְּדֹרְכִים
לא יַעֲנֶה אֶל כָּל־יֹשְׁבֵי הָאָרֶץ׃ בָּא שָׁאוֹן עַד־קְצֵה הָאָרֶץ כִּי רִיב
לַיהוָה בַּגּוֹיִם נִשְׁפָּט הוּא לְכָל־בָּשָׂר הָרְשָׁעִים נְתָנָם לַחֶרֶב
לב נְאֻם־יְהוָה׃ כֹּה אָמַר יְהוָה צְבָאוֹת הִנֵּה רָעָה
לג יֹצֵאת מִגּוֹי אֶל־גּוֹי וְסַעַר גָּדוֹל יֵעוֹר מִיַּרְכְּתֵי־אָרֶץ׃ וְהָיוּ חַלְלֵי
יְהוָה בַּיּוֹם הַהוּא מִקְצֵה הָאָרֶץ וְעַד־קְצֵה הָאָרֶץ לֹא יִסָּפְדוּ
לד וְלֹא יֵאָסְפוּ וְלֹא יִקָּבֵרוּ לְדֹמֶן עַל־פְּנֵי הָאֲדָמָה יִהְיוּ׃ הֵילִילוּ

הָרֹעִים וְזַעֲקוּ וְהִתְפַּלְּשׁוּ אַדִּירֵי הַצֹּאן כִּי־מָלְאוּ יְמֵיכֶם לִטְבוֹחַ
לה וּתְפוֹצוֹתִיכֶם וּנְפַלְתֶּם כִּכְלִי חֶמְדָּה: וְאָבַד מָנוֹס מִן־הָרֹעִים
לו וּפְלֵיטָה מֵאַדִּירֵי הַצֹּאן: קוֹל צַעֲקַת הָרֹעִים וִילְלַת אַדִּירֵי
לז הַצֹּאן כִּי־שֹׁדֵד יְהוָה אֶת־מַרְעִיתָם: וְנָדַמּוּ נְאוֹת הַשָּׁלוֹם מִפְּנֵי
לח חֲרוֹן אַף־יְהוָה: עָזַב כַּכְּפִיר סֻכּוֹ כִּי־הָיְתָה אַרְצָם לְשַׁמָּה מִפְּנֵי
כו א חֲרוֹן הַיּוֹנָה וּמִפְּנֵי חֲרוֹן אַפּוֹ: בְּרֵאשִׁית מַמְלְכוּת יד
יְהוֹיָקִים בֶּן־יֹאשִׁיָּהוּ מֶלֶךְ יְהוּדָה הָיָה הַדָּבָר הַזֶּה מֵאֵת יְהוָה
ב לֵאמֹר: כֹּה ׀ אָמַר יְהוָה עֲמֹד בַּחֲצַר בֵּית־יְהוָה וְדִבַּרְתָּ עַל־
כָּל־עָרֵי יְהוּדָה הַבָּאִים לְהִשְׁתַּחֲוֹת בֵּית־יְהוָה אֵת כָּל־
ג הַדְּבָרִים אֲשֶׁר צִוִּיתִיךָ לְדַבֵּר אֲלֵיהֶם אַל־תִּגְרַע דָּבָר: אוּלַי
יִשְׁמְעוּ וְיָשֻׁבוּ אִישׁ מִדַּרְכּוֹ הָרָעָה וְנִחַמְתִּי אֶל־הָרָעָה אֲשֶׁר
ד אָנֹכִי חֹשֵׁב לַעֲשׂוֹת לָהֶם מִפְּנֵי רֹעַ מַעַלְלֵיהֶם: וְאָמַרְתָּ אֲלֵיהֶם
כֹּה אָמַר יְהוָה אִם־לֹא תִשְׁמְעוּ אֵלַי לָלֶכֶת בְּתוֹרָתִי אֲשֶׁר
ה נָתַתִּי לִפְנֵיכֶם: לִשְׁמֹעַ עַל־דִּבְרֵי עֲבָדַי הַנְּבִאִים אֲשֶׁר אָנֹכִי
ו שֹׁלֵחַ אֲלֵיכֶם וְהַשְׁכֵּם וְשָׁלֹחַ וְלֹא שְׁמַעְתֶּם: וְנָתַתִּי אֶת־
הַבַּיִת הַזֶּה כְּשִׁלֹה וְאֶת־הָעִיר הזאתה אֶתֵּן לִקְלָלָה לְכֹל גּוֹיֵי הַזֹּאת
ז הָאָרֶץ: וַיִּשְׁמְעוּ הַכֹּהֲנִים וְהַנְּבִאִים וְכָל־הָעָם
ח אֶת־יִרְמְיָהוּ מְדַבֵּר אֶת־הַדְּבָרִים הָאֵלֶּה בְּבֵית יְהוָה: וַיְהִי ׀
כְּכַלּוֹת יִרְמְיָהוּ לְדַבֵּר אֵת כָּל־אֲשֶׁר־צִוָּה יְהוָה לְדַבֵּר אֶל־כָּל־
הָעָם וַיִּתְפְּשׂוּ אֹתוֹ הַכֹּהֲנִים וְהַנְּבִאִים וְכָל־הָעָם לֵאמֹר מוֹת
ט תָּמוּת: מַדּוּעַ נִבֵּיתָ בְשֵׁם־יְהוָה לֵאמֹר כְּשִׁלוֹ יִהְיֶה הַבַּיִת הַזֶּה
וְהָעִיר הַזֹּאת תֶּחֱרַב מֵאֵין יוֹשֵׁב וַיִּקָּהֵל כָּל־הָעָם אֶל־יִרְמְיָהוּ
י בְּבֵית יְהוָה: וַיִּשְׁמְעוּ ׀ שָׂרֵי יְהוּדָה אֵת הַדְּבָרִים הָאֵלֶּה וַיַּעֲלוּ
מִבֵּית־הַמֶּלֶךְ בֵּית יְהוָה וַיֵּשְׁבוּ בְּפֶתַח שַׁעַר־יְהוָה הֶחָדָשׁ:
יא וַיֹּאמְרוּ הַכֹּהֲנִים וְהַנְּבִאִים אֶל־הַשָּׂרִים וְאֶל־כָּל־הָעָם לֵאמֹר
מִשְׁפַּט־מָוֶת לָאִישׁ הַזֶּה כִּי נִבָּא אֶל־הָעִיר הַזֹּאת כַּאֲשֶׁר
יב שְׁמַעְתֶּם בְּאָזְנֵיכֶם: וַיֹּאמֶר יִרְמְיָהוּ אֶל־כָּל־הַשָּׂרִים וְאֶל־כָּל־

הָעָם לֵאמֹר יְהוָה שְׁלָחַנִי לְהִנָּבֵא אֶל־הַבַּיִת הַזֶּה וְאֶל־הָעִיר
יג הַזֹּאת אֵת כָּל־הַדְּבָרִים אֲשֶׁר שְׁמַעְתֶּם׃ וְעַתָּה הֵיטִיבוּ
דַרְכֵיכֶם וּמַעַלְלֵיכֶם וְשִׁמְעוּ בְּקוֹל יְהוָה אֱלֹהֵיכֶם וְיִנָּחֵם יְהוָה
יד אֶל־הָרָעָה אֲשֶׁר דִּבֶּר עֲלֵיכֶם׃ וַאֲנִי הִנְנִי בְיֶדְכֶם עֲשׂוּ־לִי כַּטּוֹב
טו וְכַיָּשָׁר בְּעֵינֵיכֶם׃ אַךְ ׀ יָדֹעַ תֵּדְעוּ כִּי אִם־מְמִתִים אַתֶּם אֹתִי
כִּי־דָם נָקִי אַתֶּם נֹתְנִים עֲלֵיכֶם וְאֶל־הָעִיר הַזֹּאת וְאֶל־יֹשְׁבֶיהָ
כִּי בֶאֱמֶת שְׁלָחַנִי יְהוָה עֲלֵיכֶם לְדַבֵּר בְּאָזְנֵיכֶם אֵת כָּל־
טז הַדְּבָרִים הָאֵלֶּה׃ וַיֹּאמְרוּ הַשָּׂרִים וְכָל־הָעָם
אֶל־הַכֹּהֲנִים וְאֶל־הַנְּבִיאִים אֵין־לָאִישׁ הַזֶּה מִשְׁפַּט־מָוֶת כִּי
יז בְּשֵׁם יְהוָה אֱלֹהֵינוּ דִּבֶּר אֵלֵינוּ׃ וַיָּקֻמוּ אֲנָשִׁים מִזִּקְנֵי הָאָרֶץ
יח וַיֹּאמְרוּ אֶל־כָּל־קְהַל הָעָם לֵאמֹר׃ מִיכָיה הַמּוֹרַשְׁתִּי הָיָה נִבָּא מִיכָה
בִּימֵי חִזְקִיָּהוּ מֶלֶךְ־יְהוּדָה וַיֹּאמֶר אֶל־כָּל־עַם יְהוּדָה לֵאמֹר
כֹּה־אָמַר ׀ יְהוָה צְבָאוֹת צִיּוֹן שָׂדֶה תֵחָרֵשׁ וִירוּשָׁלַיִם עִיִּים
יט תִּהְיֶה וְהַר הַבַּיִת לְבָמוֹת יָעַר׃ הֶהָמֵת הֱמִתֻהוּ חִזְקִיָּהוּ מֶלֶךְ־
יְהוּדָה וְכָל־יְהוּדָה הֲלֹא יָרֵא אֶת־יְהוָה וַיְחַל אֶת־פְּנֵי יְהוָה
וַיִּנָּחֶם יְהוָה אֶל־הָרָעָה אֲשֶׁר־דִּבֶּר עֲלֵיהֶם וַאֲנַחְנוּ עֹשִׂים רָעָה
כ גְדוֹלָה עַל־נַפְשׁוֹתֵינוּ׃ וְגַם־אִישׁ הָיָה מִתְנַבֵּא בְּשֵׁם יְהוָה
אוּרִיָּהוּ בֶּן־שְׁמַעְיָהוּ מִקִּרְיַת הַיְּעָרִים וַיִּנָּבֵא עַל־הָעִיר הַזֹּאת
כא וְעַל־הָאָרֶץ הַזֹּאת כְּכֹל דִּבְרֵי יִרְמְיָהוּ׃ וַיִּשְׁמַע הַמֶּלֶךְ יְהוֹיָקִים
וְכָל־גִּבּוֹרָיו וְכָל־הַשָּׂרִים אֶת־דְּבָרָיו וַיְבַקֵּשׁ הַמֶּלֶךְ הֲמִיתוֹ
כב וַיִּשְׁמַע אוּרִיָּהוּ וַיִּרָא וַיִּבְרַח וַיָּבֹא מִצְרָיִם׃ וַיִּשְׁלַח הַמֶּלֶךְ
יְהוֹיָקִים אֲנָשִׁים מִצְרָיִם אֵת אֶלְנָתָן בֶּן־עַכְבּוֹר וַאֲנָשִׁים אִתּוֹ
כג אֶל־מִצְרָיִם׃ וַיּוֹצִיאוּ אֶת־אוּרִיָּהוּ מִמִּצְרַיִם וַיְבִאֻהוּ אֶל־הַמֶּלֶךְ
יְהוֹיָקִים וַיַּכֵּהוּ בֶּחָרֶב וַיַּשְׁלֵךְ אֶת־נִבְלָתוֹ אֶל־קִבְרֵי בְּנֵי הָעָם׃
כד אַךְ יַד אֲחִיקָם בֶּן־שָׁפָן הָיְתָה אֶת־יִרְמְיָהוּ לְבִלְתִּי תֵּת־אֹתוֹ
כז א בְּיַד־הָעָם לַהֲמִיתוֹ׃ בְּרֵאשִׁית מַמְלֶכֶת יְהוֹיָקִם
בֶּן־יֹאושִׁיָּהוּ מֶלֶךְ יְהוּדָה הָיָה הַדָּבָר הַזֶּה אֶל־יִרְמְיָה מֵאֵת

ב יְהוָה לֵאמֹר׃ כֹּה־אָמַר יְהוָה אֵלַי עֲשֵׂה לְךָ מוֹסֵרוֹת וּמֹטוֹת
ג וּנְתַתָּם עַל־צַוָּארֶךָ׃ וְשִׁלַּחְתָּם אֶל־מֶלֶךְ אֱדוֹם וְאֶל־מֶלֶךְ
מוֹאָב וְאֶל־מֶלֶךְ בְּנֵי עַמּוֹן וְאֶל־מֶלֶךְ צֹר וְאֶל־מֶלֶךְ צִידוֹן בְּיַד
ד מַלְאָכִים הַבָּאִים יְרוּשָׁלִַם אֶל־צִדְקִיָּהוּ מֶלֶךְ יְהוּדָה׃ וְצִוִּיתָ
אֹתָם אֶל־אֲדֹנֵיהֶם לֵאמֹר כֹּה־אָמַר יְהוָה צְבָאוֹת אֱלֹהֵי
ה יִשְׂרָאֵל כֹּה תֹאמְרוּ אֶל־אֲדֹנֵיכֶם׃ אָנֹכִי עָשִׂיתִי אֶת־הָאָרֶץ טו
אֶת־הָאָדָם וְאֶת־הַבְּהֵמָה אֲשֶׁר עַל־פְּנֵי הָאָרֶץ בְּכֹחִי הַגָּדוֹל
ו וּבִזְרוֹעִי הַנְּטוּיָה וּנְתַתִּיהָ לַאֲשֶׁר יָשַׁר בְּעֵינָי׃ וְעַתָּה אָנֹכִי נָתַתִּי
אֶת־כָּל־הָאֲרָצוֹת הָאֵלֶּה בְּיַד נְבוּכַדְנֶאצַּר מֶלֶךְ־בָּבֶל עַבְדִּי
ז וְגַם אֶת־חַיַּת הַשָּׂדֶה נָתַתִּי לוֹ לְעָבְדוֹ׃ וְעָבְדוּ אֹתוֹ כָּל־הַגּוֹיִם
וְאֶת־בְּנוֹ וְאֶת־בֶּן־בְּנוֹ עַד בֹּא־עֵת אַרְצוֹ גַּם־הוּא וְעָבְדוּ בוֹ
ח גּוֹיִם רַבִּים וּמְלָכִים גְּדֹלִים׃ וְהָיָה הַגּוֹי וְהַמַּמְלָכָה אֲשֶׁר לֹא־
יַעַבְדוּ אֹתוֹ אֶת־נְבוּכַדְנֶאצַּר מֶלֶךְ־בָּבֶל וְאֵת אֲשֶׁר לֹא־יִתֵּן
אֶת־צַוָּארוֹ בְּעֹל מֶלֶךְ בָּבֶל בַּחֶרֶב וּבָרָעָב וּבַדֶּבֶר אֶפְקֹד עַל־
ט הַגּוֹי הַהוּא נְאֻם־יְהוָה עַד־תֻּמִּי אֹתָם בְּיָדוֹ׃ וְאַתֶּם אַל־
תִּשְׁמְעוּ אֶל־נְבִיאֵיכֶם וְאֶל־קֹסְמֵיכֶם וְאֶל חֲלֹמֹתֵיכֶם וְאֶל־
עֹנְנֵיכֶם וְאֶל־כַּשָּׁפֵיכֶם אֲשֶׁר־הֵם אֹמְרִים אֲלֵיכֶם לֵאמֹר לֹא
י תַעַבְדוּ אֶת־מֶלֶךְ בָּבֶל׃ כִּי שֶׁקֶר הֵם נִבְּאִים לָכֶם לְמַעַן
יא הַרְחִיק אֶתְכֶם מֵעַל אַדְמַתְכֶם וְהִדַּחְתִּי אֶתְכֶם וַאֲבַדְתֶּם׃ וְהַגּוֹי
אֲשֶׁר יָבִיא אֶת־צַוָּארוֹ בְּעֹל מֶלֶךְ־בָּבֶל וַעֲבָדוֹ וְהִנַּחְתִּיו עַל־
יב אַדְמָתוֹ נְאֻם־יְהוָה וַעֲבָדָהּ וְיָשַׁב בָּהּ׃ וְאֶל־צִדְקִיָּה מֶלֶךְ־
יְהוּדָה דִּבַּרְתִּי כְּכָל־הַדְּבָרִים הָאֵלֶּה לֵאמֹר הָבִיאוּ אֶת־
יג צַוְּארֵיכֶם בְּעֹל ׀ מֶלֶךְ בָּבֶל וְעִבְדוּ אֹתוֹ וְעַמּוֹ וִחְיוּ׃ לָמָּה תָמוּתוּ
אַתָּה וְעַמֶּךָ בַּחֶרֶב בָּרָעָב וּבַדָּבֶר כַּאֲשֶׁר דִּבֶּר יְהוָה אֶל־הַגּוֹי
יד אֲשֶׁר לֹא־יַעֲבֹד אֶת־מֶלֶךְ בָּבֶל׃ וְאַל־תִּשְׁמְעוּ אֶל־דִּבְרֵי
הַנְּבִאִים הָאֹמְרִים אֲלֵיכֶם לֵאמֹר לֹא תַעַבְדוּ אֶת־מֶלֶךְ בָּבֶל
טו כִּי שֶׁקֶר הֵם נִבְּאִים לָכֶם׃ כִּי לֹא שְׁלַחְתִּים נְאֻם־יְהוָה וְהֵם

נִבְּאִים בִּשְׁמִי לַשָּׁקֶר לְמַעַן הַדִּיחִי אֶתְכֶם וַאֲבַדְתֶּם אַתֶּם
וְהַנְּבִאִים הַנִּבְּאִים לָכֶם: וְאֶל־הַכֹּהֲנִים וְאֶל־כָּל־הָעָם הַזֶּה דִּבַּרְתִּי טז
לֵאמֹר כֹּה אָמַר יהוה אַל־תִּשְׁמְעוּ אֶל־דִּבְרֵי נְבִיאֵיכֶם
הַנִּבְּאִים לָכֶם לֵאמֹר הִנֵּה כְלֵי בֵית־יהוה מוּשָׁבִים מִבָּבֶלָה
עַתָּה מְהֵרָה כִּי שֶׁקֶר הֵמָּה נִבְּאִים לָכֶם: אַל־תִּשְׁמְעוּ אֲלֵיהֶם יז
עִבְדוּ אֶת־מֶלֶךְ בָּבֶל וִחְיוּ לָמָּה תִהְיֶה הָעִיר הַזֹּאת חָרְבָּה:
וְאִם־נְבִאִים הֵם וְאִם־יֵשׁ דְּבַר־יהוה אִתָּם יִפְגְּעוּ־נָא בַּיהוה יח
צְבָאוֹת לְבִלְתִּי־בֹאוּ הַכֵּלִים ׀ הַנּוֹתָרִים בְּבֵית־יהוה וּבֵית מֶלֶךְ
יְהוּדָה וּבִירוּשָׁלִַם בָּבֶלָה: כִּי כֹה אָמַר יהוה יט
צְבָאוֹת אֶל־הָעַמֻּדִים וְעַל־הַיָּם וְעַל־הַמְּכֹנוֹת וְעַל יֶתֶר הַכֵּלִים
הַנּוֹתָרִים בָּעִיר הַזֹּאת: אֲשֶׁר לֹא־לְקָחָם נְבוּכַדְנֶאצַּר מֶלֶךְ כ
יְכָנְיָה בָּבֶל בַּגְלוֹתוֹ אֶת־יכוניה בֶן־יְהוֹיָקִים מֶלֶךְ־יְהוּדָה מִירוּשָׁלִַם
בָּבֶלָה וְאֵת כָּל־חֹרֵי יְהוּדָה וִירוּשָׁלִָם: כִּי כֹה כא
אָמַר יהוה צְבָאוֹת אֱלֹהֵי יִשְׂרָאֵל עַל־הַכֵּלִים הַנּוֹתָרִים בֵּית
יהוה וּבֵית מֶלֶךְ־יְהוּדָה וִירוּשָׁלִָם: בָּבֶלָה יוּבָאוּ וְשָׁמָּה יִהְיוּ עַד כב
יוֹם פָּקְדִי אֹתָם נְאֻם־יהוה וְהַעֲלִיתִים וַהֲשִׁיבֹתִים אֶל־הַמָּקוֹם
הַזֶּה: וַיְהִי ׀ בַּשָּׁנָה הַהִיא בְּרֵאשִׁית מַמְלֶכֶת א כח
בַּשָּׁנָה צִדְקִיָּה מֶלֶךְ־יְהוּדָה בשנת הָרְבִעִית בַּחֹדֶשׁ הַחֲמִישִׁי אָמַר
אֵלַי חֲנַנְיָה בֶן־עַזּוּר הַנָּבִיא אֲשֶׁר מִגִּבְעוֹן בְּבֵית יהוה לְעֵינֵי
הַכֹּהֲנִים וְכָל־הָעָם לֵאמֹר: כֹּה־אָמַר יהוה צְבָאוֹת אֱלֹהֵי ב
יִשְׂרָאֵל לֵאמֹר שָׁבַרְתִּי אֶת־עֹל מֶלֶךְ בָּבֶל: בְּעוֹד ׀ שְׁנָתַיִם ג
יָמִים אֲנִי מֵשִׁיב אֶל־הַמָּקוֹם הַזֶּה אֶת־כָּל־כְּלֵי בֵּית יהוה
אֲשֶׁר לָקַח נְבוּכַדְנֶאצַּר מֶלֶךְ־בָּבֶל מִן־הַמָּקוֹם הַזֶּה וַיְבִיאֵם
בָּבֶל: וְאֶת־יְכָנְיָה בֶן־יְהוֹיָקִים מֶלֶךְ־יְהוּדָה וְאֶת־כָּל־גָּלוּת ד
יְהוּדָה הַבָּאִים בָּבֶלָה אֲנִי מֵשִׁיב אֶל־הַמָּקוֹם הַזֶּה נְאֻם־יהוה
כִּי אֶשְׁבֹּר אֶת־עֹל מֶלֶךְ בָּבֶל: וַיֹּאמֶר יִרְמְיָה הַנָּבִיא אֶל־ ה
חֲנַנְיָה הַנָּבִיא לְעֵינֵי הַכֹּהֲנִים וּלְעֵינֵי כָל־הָעָם הָעֹמְדִים בְּבֵית

ו יהוה: וַיֹּאמֶר יִרְמְיָה הַנָּבִיא אָמֵן כֵּן יַעֲשֶׂה יהוה יָקֵם יהוה
אֶת־דְּבָרֶיךָ אֲשֶׁר נִבֵּאתָ לְהָשִׁיב כְּלֵי בֵית־יהוה וְכָל־הַגּוֹלָה
ז מִבָּבֶל אֶל־הַמָּקוֹם הַזֶּה: אַךְ שְׁמַע־נָא הַדָּבָר הַזֶּה אֲשֶׁר אָנֹכִי
ח דֹּבֵר בְּאָזְנֶיךָ וּבְאָזְנֵי כָּל־הָעָם: הַנְּבִיאִים אֲשֶׁר הָיוּ לְפָנַי וּלְפָנֶיךָ
מִן־הָעוֹלָם וַיִּנָּבְאוּ אֶל־אֲרָצוֹת רַבּוֹת וְעַל־מַמְלָכוֹת גְּדֹלוֹת
ט לְמִלְחָמָה וּלְרָעָה וּלְדָבֶר: הַנָּבִיא אֲשֶׁר יִנָּבֵא לְשָׁלוֹם בְּבֹא
י דְּבַר הַנָּבִיא יִוָּדַע הַנָּבִיא אֲשֶׁר־שְׁלָחוֹ יהוה בֶּאֱמֶת: וַיִּקַּח
חֲנַנְיָה הַנָּבִיא אֶת־הַמּוֹטָה מֵעַל צַוַּאר יִרְמְיָה הַנָּבִיא
יא וַיִּשְׁבְּרֵהוּ: וַיֹּאמֶר חֲנַנְיָה לְעֵינֵי כָל־הָעָם לֵאמֹר כֹּה אָמַר
יהוה כָּכָה אֶשְׁבֹּר אֶת־עֹל ׀ נְבֻכַדְנֶאצַּר מֶלֶךְ־בָּבֶל בְּעוֹד
שְׁנָתַיִם יָמִים מֵעַל צַוַּאר כָּל־הַגּוֹיִם וַיֵּלֶךְ יִרְמְיָה הַנָּבִיא
יב לְדַרְכּוֹ: וַיְהִי דְבַר־יהוה אֶל־יִרְמְיָה אַחֲרֵי
שְׁבוֹר חֲנַנְיָה הַנָּבִיא אֶת־הַמּוֹטָה מֵעַל צַוַּאר יִרְמְיָה הַנָּבִיא
יג לֵאמֹר: הָלוֹךְ וְאָמַרְתָּ אֶל־חֲנַנְיָה לֵאמֹר כֹּה אָמַר יהוה מוֹטֹת
יד עֵץ שָׁבָרְתָּ וְעָשִׂיתָ תַחְתֵּיהֶן מֹטוֹת בַּרְזֶל: כִּי כֹה־אָמַר יהוה
צְבָאוֹת אֱלֹהֵי יִשְׂרָאֵל עֹל בַּרְזֶל נָתַתִּי עַל־צַוַּאר ׀ כָּל־
הַגּוֹיִם הָאֵלֶּה לַעֲבֹד אֶת־נְבֻכַדְנֶאצַּר מֶלֶךְ־בָּבֶל וַעֲבָדֻהוּ
טו וְגַם אֶת־חַיַּת הַשָּׂדֶה נָתַתִּי לוֹ: וַיֹּאמֶר יִרְמְיָה הַנָּבִיא אֶל־
חֲנַנְיָה הַנָּבִיא שְׁמַע־נָא חֲנַנְיָה לֹא־שְׁלָחֲךָ יהוה וְאַתָּה
טז הִבְטַחְתָּ אֶת־הָעָם הַזֶּה עַל־שָׁקֶר: לָכֵן כֹּה אָמַר יהוה הִנְנִי
מְשַׁלֵּחֲךָ מֵעַל פְּנֵי הָאֲדָמָה הַשָּׁנָה אַתָּה מֵת כִּי־סָרָה
יז דִבַּרְתָּ אֶל־יהוה: וַיָּמָת חֲנַנְיָה הַנָּבִיא בַּשָּׁנָה הַהִיא בַּחֹדֶשׁ
כט א הַשְּׁבִיעִי: וְאֵלֶּה דִּבְרֵי הַסֵּפֶר אֲשֶׁר שָׁלַח יִרְמְיָה
הַנָּבִיא מִירוּשָׁלָםִ אֶל־יֶתֶר זִקְנֵי הַגּוֹלָה וְאֶל־הַכֹּהֲנִים וְאֶל־
הַנְּבִיאִים וְאֶל־כָּל־הָעָם אֲשֶׁר הֶגְלָה נְבוּכַדְנֶאצַּר מִירוּשָׁלַםִ
ב בָּבֶלָה: אַחֲרֵי צֵאת יְכָנְיָה הַמֶּלֶךְ וְהַגְּבִירָה וְהַסָּרִיסִים שָׂרֵי
ג יְהוּדָה וִירוּשָׁלַםִ וְהֶחָרָשׁ וְהַמַּסְגֵּר מִירוּשָׁלָםִ: בְּיַד אֶלְעָשָׂה

בֶּן־שָׁפָן וּגְמַרְיָה בֶּן־חִלְקִיָּה אֲשֶׁר שָׁלַח צִדְקִיָּה מֶלֶךְ־יְהוּדָה
אֶל־נְבוּכַדְנֶאצַּר מֶלֶךְ בָּבֶל בָּבֶלָה לֵאמֹר: כֹּה אָמַר יְהוָה ד
צְבָאוֹת אֱלֹהֵי יִשְׂרָאֵל לְכָל־הַגּוֹלָה אֲשֶׁר־הִגְלֵיתִי מִירוּשָׁלִַם
בָּבֶלָה: בְּנוּ בָתִּים וְשֵׁבוּ וְנִטְעוּ גַנּוֹת וְאִכְלוּ אֶת־פִּרְיָן: קְחוּ נָשִׁים ה ו
וְהוֹלִידוּ בָּנִים וּבָנוֹת וּקְחוּ לִבְנֵיכֶם נָשִׁים וְאֶת־בְּנוֹתֵיכֶם תְּנוּ
טז לַאֲנָשִׁים וְתֵלַדְנָה בָּנִים וּבָנוֹת וּרְבוּ־שָׁם וְאַל־תִּמְעָטוּ: וְדִרְשׁוּ ז
אֶת־שְׁלוֹם הָעִיר אֲשֶׁר הִגְלֵיתִי אֶתְכֶם שָׁמָּה וְהִתְפַּלְלוּ בַעֲדָהּ
אֶל־יְהוָה כִּי בִשְׁלוֹמָהּ יִהְיֶה לָכֶם שָׁלוֹם: כִּי כֹה ח
אָמַר יְהוָה צְבָאוֹת אֱלֹהֵי יִשְׂרָאֵל אַל־יַשִּׁיאוּ לָכֶם נְבִיאֵיכֶם
אֲשֶׁר־בְּקִרְבְּכֶם וְקֹסְמֵיכֶם וְאַל־תִּשְׁמְעוּ אֶל־חֲלֹמֹתֵיכֶם אֲשֶׁר
אַתֶּם מַחְלְמִים: כִּי בְשֶׁקֶר הֵם נִבְּאִים לָכֶם בִּשְׁמִי לֹא ט
שְׁלַחְתִּים נְאֻם־יְהוָה: כִּי־כֹה אָמַר יְהוָה כִּי לְפִי י
מְלֹאת לְבָבֶל שִׁבְעִים שָׁנָה אֶפְקֹד אֶתְכֶם וַהֲקִמֹתִי עֲלֵיכֶם
אֶת־דְּבָרִי הַטּוֹב לְהָשִׁיב אֶתְכֶם אֶל־הַמָּקוֹם הַזֶּה: כִּי אָנֹכִי יא
יָדַעְתִּי אֶת־הַמַּחֲשָׁבֹת אֲשֶׁר אָנֹכִי חֹשֵׁב עֲלֵיכֶם נְאֻם־יְהוָה
מַחְשְׁבוֹת שָׁלוֹם וְלֹא לְרָעָה לָתֵת לָכֶם אַחֲרִית וְתִקְוָה:
וּקְרָאתֶם אֹתִי וַהֲלַכְתֶּם וְהִתְפַּלַּלְתֶּם אֵלָי וְשָׁמַעְתִּי אֲלֵיכֶם: יב
וּבִקַּשְׁתֶּם אֹתִי וּמְצָאתֶם כִּי תִדְרְשֻׁנִי בְּכָל־לְבַבְכֶם: וְנִמְצֵאתִי יג יד
שְׁבוּתְכֶם לָכֶם נְאֻם־יְהוָה וְשַׁבְתִּי אֶת־שביתכם וְקִבַּצְתִּי אֶתְכֶם מִכָּל־
הַגּוֹיִם וּמִכָּל־הַמְּקוֹמוֹת אֲשֶׁר הִדַּחְתִּי אֶתְכֶם שָׁם נְאֻם־יְהוָה
וַהֲשִׁבֹתִי אֶתְכֶם אֶל־הַמָּקוֹם אֲשֶׁר־הִגְלֵיתִי אֶתְכֶם מִשָּׁם: כִּי טו
אֲמַרְתֶּם הֵקִים לָנוּ יְהוָה נְבִאִים בָּבֶלָה: כִּי־ טז
כֹה ׀ אָמַר יְהוָה אֶל־הַמֶּלֶךְ הַיּוֹשֵׁב אֶל־כִּסֵּא דָוִד וְאֶל־כָּל־
הָעָם הַיּוֹשֵׁב בָּעִיר הַזֹּאת אֲחֵיכֶם אֲשֶׁר לֹא־יָצְאוּ אִתְּכֶם
בַּגּוֹלָה: כֹּה אָמַר יְהוָה צְבָאוֹת הִנְנִי מְשַׁלֵּחַ בָּם יז
אֶת־הַחֶרֶב אֶת־הָרָעָב וְאֶת־הַדָּבֶר וְנָתַתִּי אוֹתָם כַּתְּאֵנִים
הַשֹּׁעָרִים אֲשֶׁר לֹא־תֵאָכַלְנָה מֵרֹעַ: וְרָדַפְתִּי אַחֲרֵיהֶם בַּחֶרֶב יח

בָּרָעָב וּבַדָּבֶר וּנְתַתִּים לזועה לְכֹל ׀ מַמְלְכוֹת הָאָרֶץ לְאָלָה לְזַעֲוָה
וּלְשַׁמָּה וְלִשְׁרֵקָה וּלְחֶרְפָּה בְּכָל־הַגּוֹיִם אֲשֶׁר־הִדַּחְתִּים שָׁם׃
יט תַּחַת אֲשֶׁר־לֹא־שָׁמְעוּ אֶל־דְּבָרַי נְאֻם־יהוה אֲשֶׁר שָׁלַחְתִּי
אֲלֵיהֶם אֶת־עֲבָדַי הַנְּבִאִים הַשְׁכֵּם וְשָׁלֹחַ וְלֹא שְׁמַעְתֶּם נְאֻם־
כ יהוה׃ וְאַתֶּם שִׁמְעוּ דְבַר־יהוה כָּל־הַגּוֹלָה אֲשֶׁר־שִׁלַּחְתִּי
כא מִירוּשָׁלִַם בָּבֶלָה׃ כֹּה־אָמַר יהוה צְבָאוֹת אֱלֹהֵי
יִשְׂרָאֵל אֶל־אַחְאָב בֶּן־קוֹלָיָה וְאֶל־צִדְקִיָּהוּ בֶן־מַעֲשֵׂיָה
הַנִּבְּאִים לָכֶם בִּשְׁמִי שָׁקֶר הִנְנִי ׀ נֹתֵן אֹתָם בְּיַד נְבוּכַדְרֶאצַּר
כב מֶלֶךְ־בָּבֶל וְהִכָּם לְעֵינֵיכֶם׃ וְלֻקַּח מֵהֶם קְלָלָה לְכֹל גָּלוּת
יְהוּדָה אֲשֶׁר בְּבָבֶל לֵאמֹר יְשִׂמְךָ יהוה כְּצִדְקִיָּהוּ וּכְאֶחָב אֲשֶׁר־
כג קָלָם מֶלֶךְ־בָּבֶל בָּאֵשׁ׃ יַעַן אֲשֶׁר עָשׂוּ נְבָלָה בְּיִשְׂרָאֵל וַיְנַאֲפוּ
אֶת־נְשֵׁי רֵעֵיהֶם וַיְדַבְּרוּ דָבָר בִּשְׁמִי שֶׁקֶר אֲשֶׁר לוֹא צִוִּיתִם
כד וְאָנֹכִי הוידע וָעֵד נְאֻם־יהוה׃ וְאֶל־שְׁמַעְיָהוּ הַיֹּדֵעַ
כה הַנֶּחֱלָמִי תֹּאמַר לֵאמֹר׃ כֹּה־אָמַר יהוה צְבָאוֹת אֱלֹהֵי יִשְׂרָאֵל
לֵאמֹר יַעַן אֲשֶׁר אַתָּה שָׁלַחְתָּ בְשִׁמְכָה סְפָרִים אֶל־כָּל־הָעָם
אֲשֶׁר בִּירוּשָׁלִַם וְאֶל־צְפַנְיָה בֶן־מַעֲשֵׂיָה הַכֹּהֵן וְאֶל־כָּל־
כו הַכֹּהֲנִים לֵאמֹר׃ יהוה נְתָנְךָ כֹהֵן תַּחַת יְהוֹיָדָע הַכֹּהֵן לִהְיוֹת
פְקִדִים בֵּית יהוה לְכָל־אִישׁ מְשֻׁגָּע וּמִתְנַבֵּא וְנָתַתָּה אֹתוֹ אֶל־
כז הַמַּהְפֶּכֶת וְאֶל־הַצִּינֹק׃ וְעַתָּה לָמָּה לֹא גָעַרְתָּ בְּיִרְמְיָהוּ
כח הָעַנְּתֹתִי הַמִּתְנַבֵּא לָכֶם׃ כִּי עַל־כֵּן שָׁלַח אֵלֵינוּ בָּבֶל לֵאמֹר
אֲרֻכָּה הִיא בְּנוּ בָתִּים וְשֵׁבוּ וְנִטְעוּ גַנּוֹת וְאִכְלוּ אֶת־
כט פְּרִיהֶן׃ וַיִּקְרָא צְפַנְיָה הַכֹּהֵן אֶת־הַסֵּפֶר הַזֶּה בְּאָזְנֵי יִרְמְיָהוּ
ל הַנָּבִיא׃ וַיְהִי דְּבַר־יהוה אֶל־יִרְמְיָהוּ לֵאמֹר׃
לא שְׁלַח עַל־כָּל־הַגּוֹלָה לֵאמֹר כֹּה אָמַר יהוה אֶל־שְׁמַעְיָה
הַנֶּחֱלָמִי יַעַן אֲשֶׁר נִבָּא לָכֶם שְׁמַעְיָה וַאֲנִי לֹא שְׁלַחְתִּיו וַיַּבְטַח
לב אֶתְכֶם עַל־שָׁקֶר׃ לָכֵן כֹּה־אָמַר יהוה הִנְנִי פֹקֵד עַל־שְׁמַעְיָה
הַנֶּחֱלָמִי וְעַל־זַרְעוֹ לֹא־יִהְיֶה לוֹ אִישׁ ׀ יוֹשֵׁב ׀ בְּתוֹךְ־הָעָם הַזֶּה

וְלֹא־יִרְאֶה בַטּוֹב אֲשֶׁר־אֲנִי עֹשֶׂה־לְעַמִּי נְאֻם־יְהוָה כִּי־סָרָה
דִבֶּר עַל־יְהוָה׃ הַדָּבָר אֲשֶׁר הָיָה אֶל־יִרְמְיָהוּ א ל
מֵאֵת יְהוָה לֵאמֹר׃ כֹּה־אָמַר יְהוָה אֱלֹהֵי יִשְׂרָאֵל לֵאמֹר ב
כְּתָב־לְךָ אֵת כָּל־הַדְּבָרִים אֲשֶׁר־דִּבַּרְתִּי אֵלֶיךָ אֶל־סֵפֶר׃ כִּי ג
הִנֵּה יָמִים בָּאִים נְאֻם־יְהוָה וְשַׁבְתִּי אֶת־שְׁבוּת עַמִּי יִשְׂרָאֵל
וִיהוּדָה אָמַר יְהוָה וַהֲשִׁבֹתִים אֶל־הָאָרֶץ אֲשֶׁר־נָתַתִּי לַאֲבוֹתָם
וִירֵשׁוּהָ׃ וְאֵלֶּה הַדְּבָרִים אֲשֶׁר דִּבֶּר יְהוָה אֶל־ ד
יִשְׂרָאֵל וְאֶל־יְהוּדָה׃ כִּי־כֹה אָמַר יְהוָה קוֹל חֲרָדָה שָׁמָעְנוּ ה
פַּחַד וְאֵין שָׁלוֹם׃ שַׁאֲלוּ־נָא וּרְאוּ אִם־יֹלֵד זָכָר מַדּוּעַ רָאִיתִי ו
כָל־גֶּבֶר יָדָיו עַל־חֲלָצָיו כַּיּוֹלֵדָה וְנֶהֶפְכוּ כָל־פָּנִים לְיֵרָקוֹן׃ הוֹי ז
כִּי גָדוֹל הַיּוֹם הַהוּא מֵאַיִן כָּמֹהוּ וְעֵת־צָרָה הִיא לְיַעֲקֹב וּמִמֶּנָּה
יִוָּשֵׁעַ׃ וְהָיָה בַיּוֹם הַהוּא נְאֻם ׀ יְהוָה צְבָאוֹת אֶשְׁבֹּר עֻלּוֹ ח
מֵעַל צַוָּארֶךָ וּמוֹסְרוֹתֶיךָ אֲנַתֵּק וְלֹא־יַעַבְדוּ־בוֹ עוֹד זָרִים׃
יז וְעָבְדוּ אֵת יְהוָה אֱלֹהֵיהֶם וְאֵת דָּוִד מַלְכָּם אֲשֶׁר אָקִים ט
לָהֶם׃ וְאַתָּה אַל־תִּירָא עַבְדִּי יַעֲקֹב נְאֻם־יְהוָה י
וְאַל־תֵּחַת יִשְׂרָאֵל כִּי הִנְנִי מוֹשִׁיעֲךָ מֵרָחוֹק וְאֶת־זַרְעֲךָ מֵאֶרֶץ
שִׁבְיָם וְשָׁב יַעֲקֹב וְשָׁקַט וְשַׁאֲנַן וְאֵין מַחֲרִיד׃ כִּי־אִתְּךָ אֲנִי יא
נְאֻם־יְהוָה לְהוֹשִׁיעֶךָ כִּי אֶעֱשֶׂה כָלָה בְּכָל־הַגּוֹיִם ׀ אֲשֶׁר
הֲפִצוֹתִיךָ שָּׁם אַךְ אֹתְךָ לֹא־אֶעֱשֶׂה כָלָה וְיִסַּרְתִּיךָ לַמִּשְׁפָּט
וְנַקֵּה לֹא אֲנַקֶּךָּ׃ כִּי כֹה אָמַר יְהוָה אָנוּשׁ יב
לְשִׁבְרֵךְ נַחְלָה מַכָּתֵךְ׃ אֵין־דָּן דִּינֵךְ לְמָזוֹר רְפֻאוֹת תְּעָלָה אֵין יג
לָךְ׃ כָּל־מְאַהֲבַיִךְ שְׁכֵחוּךְ אוֹתָךְ לֹא יִדְרֹשׁוּ כִּי מַכַּת אוֹיֵב יד
הִכִּיתִיךְ מוּסַר אַכְזָרִי עַל רֹב עֲוֺנֵךְ עָצְמוּ חַטֹּאתָיִךְ׃ מַה־ טו
תִּזְעַק עַל־שִׁבְרֵךְ אָנוּשׁ מַכְאֹבֵךְ עַל ׀ רֹב עֲוֺנֵךְ עָצְמוּ חַטֹּאתַיִךְ
עָשִׂיתִי אֵלֶּה לָךְ׃ לָכֵן כָּל־אֹכְלַיִךְ יֵאָכֵלוּ וְכָל־צָרַיִךְ כֻּלָּם טז
בַּשְּׁבִי יֵלֵכוּ וְהָיוּ שֹׁאסַיִךְ לִמְשִׁסָּה וְכָל־בֹּזְזַיִךְ אֶתֵּן לָבַז׃ כִּי יז
אַעֲלֶה אֲרֻכָה לָךְ וּמִמַּכּוֹתַיִךְ אֶרְפָּאֵךְ נְאֻם־יְהוָה כִּי נִדָּחָה

יח קִרְאוּ לָךְ צִיּוֹן הִיא דֹּרֵשׁ אֵין לָהּ: כֹּה ׀ אָמַר
יְהוָה הִנְנִי־שָׁב שְׁבוּת אָהֳלֵי יַעֲקוֹב וּמִשְׁכְּנֹתָיו אֲרַחֵם וְנִבְנְתָה
יט עִיר עַל־תִּלָּהּ וְאַרְמוֹן עַל־מִשְׁפָּטוֹ יֵשֵׁב: וְיָצָא מֵהֶם תּוֹדָה וְקוֹל
כ מְשַׂחֲקִים וְהִרְבִּתִים וְלֹא יִמְעָטוּ וְהִכְבַּדְתִּים וְלֹא יִצְעָרוּ: וְהָיוּ
כא בָנָיו כְּקֶדֶם וַעֲדָתוֹ לְפָנַי תִּכּוֹן וּפָקַדְתִּי עַל כָּל־לֹחֲצָיו: וְהָיָה
אַדִּירוֹ מִמֶּנּוּ וּמֹשְׁלוֹ מִקִּרְבּוֹ יֵצֵא וְהִקְרַבְתִּיו וְנִגַּשׁ אֵלָי כִּי מִי
כב הוּא־זֶה עָרַב אֶת־לִבּוֹ לָגֶשֶׁת אֵלַי נְאֻם־יְהוָה: וִהְיִיתֶם
כג לִי לְעָם וְאָנֹכִי אֶהְיֶה לָכֶם לֵאלֹהִים: הִנֵּה ׀
סַעֲרַת יְהוָה חֵמָה יָצְאָה סַעַר מִתְגּוֹרֵר עַל רֹאשׁ רְשָׁעִים
כד יָחוּל: לֹא יָשׁוּב חֲרוֹן אַף־יְהוָה עַד־עֲשֹׂתוֹ וְעַד־הֲקִימוֹ
כה מְזִמּוֹת לִבּוֹ בְּאַחֲרִית הַיָּמִים תִּתְבּוֹנְנוּ בָהּ: בָּעֵת הַהִיא נְאֻם־
יְהוָה אֶהְיֶה לֵאלֹהִים לְכֹל מִשְׁפְּחוֹת יִשְׂרָאֵל וְהֵמָּה יִהְיוּ־לִי
לא א לְעָם: כֹּה אָמַר יְהוָה מָצָא חֵן בַּמִּדְבָּר עַם
ב שְׂרִידֵי חָרֶב הָלוֹךְ לְהַרְגִּיעוֹ יִשְׂרָאֵל: מֵרָחוֹק יְהוָה נִרְאָה לִי
ג וְאַהֲבַת עוֹלָם אֲהַבְתִּיךְ עַל־כֵּן מְשַׁכְתִּיךְ חָסֶד: עוֹד אֶבְנֵךְ
וְנִבְנֵית בְּתוּלַת יִשְׂרָאֵל עוֹד תַּעְדִּי תֻפַּיִךְ וְיָצָאת בִּמְחוֹל
ד מְשַׂחֲקִים: עוֹד תִּטְּעִי כְרָמִים בְּהָרֵי שֹׁמְרוֹן נָטְעוּ נֹטְעִים
ה וְחִלֵּלוּ: כִּי יֶשׁ־יוֹם קָרְאוּ נֹצְרִים בְּהַר אֶפְרָיִם קוּמוּ וְנַעֲלֶה צִיּוֹן
ו אֶל־יְהוָה אֱלֹהֵינוּ: כִּי־כֹה ׀ אָמַר יְהוָה רָנּוּ
לְיַעֲקֹב שִׂמְחָה וְצַהֲלוּ בְּרֹאשׁ הַגּוֹיִם הַשְׁמִיעוּ הַלְלוּ וְאִמְרוּ
ז הוֹשַׁע יְהוָה אֶת־עַמְּךָ אֵת שְׁאֵרִית יִשְׂרָאֵל: הִנְנִי מֵבִיא אוֹתָם
מֵאֶרֶץ צָפוֹן וְקִבַּצְתִּים מִיַּרְכְּתֵי־אָרֶץ בָּם עִוֵּר וּפִסֵּחַ הָרָה
ח וְיֹלֶדֶת יַחְדָּו קָהָל גָּדוֹל יָשׁוּבוּ הֵנָּה: בִּבְכִי יָבֹאוּ וּבְתַחֲנוּנִים
אוֹבִילֵם אוֹלִיכֵם אֶל־נַחֲלֵי מַיִם בְּדֶרֶךְ יָשָׁר לֹא יִכָּשְׁלוּ בָּהּ כִּי־
ט הָיִיתִי לְיִשְׂרָאֵל לְאָב וְאֶפְרַיִם בְּכֹרִי הוּא: שִׁמְעוּ
דְבַר־יְהוָה גּוֹיִם וְהַגִּידוּ בָאִיִּים מִמֶּרְחָק וְאִמְרוּ מְזָרֵה יִשְׂרָאֵל
י יְקַבְּצֶנּוּ וּשְׁמָרוֹ כְּרֹעֶה עֶדְרוֹ: כִּי־פָדָה יְהוָה אֶת־יַעֲקֹב וּגְאָלוֹ

מִיַּד חָזָק מִמֶּנּוּ: וּבָאוּ וְרִנְּנוּ בִמְרוֹם־צִיּוֹן וְנָהֲרוּ אֶל־טוּב יְהוָה יא
עַל־דָּגָן וְעַל־תִּירֹשׁ וְעַל־יִצְהָר וְעַל־בְּנֵי־צֹאן וּבָקָר וְהָיְתָה
נַפְשָׁם כְּגַן רָוֶה וְלֹא־יוֹסִיפוּ לְדַאֲבָה עוֹד: אָז תִּשְׂמַח בְּתוּלָה יב
בְּמָחוֹל וּבַחֻרִים וּזְקֵנִים יַחְדָּו וְהָפַכְתִּי אֶבְלָם לְשָׂשׂוֹן וְנִחַמְתִּים
וְשִׂמַּחְתִּים מִיגוֹנָם: וְרִוֵּיתִי נֶפֶשׁ הַכֹּהֲנִים דָּשֶׁן וְעַמִּי אֶת־טוּבִי יג
יִשְׂבָּעוּ נְאֻם־יְהוָה: כֹּה ׀ אָמַר יְהוָה קוֹל בְּרָמָה יד
נִשְׁמָע נְהִי בְּכִי תַמְרוּרִים רָחֵל מְבַכָּה עַל־בָּנֶיהָ מֵאֲנָה לְהִנָּחֵם
עַל־בָּנֶיהָ כִּי אֵינֶנּוּ: כֹּה ׀ אָמַר יְהוָה מִנְעִי קוֹלֵךְ טו
מִבֶּכִי וְעֵינַיִךְ מִדִּמְעָה כִּי יֵשׁ שָׂכָר לִפְעֻלָּתֵךְ נְאֻם־יְהוָה וְשָׁבוּ
מֵאֶרֶץ אוֹיֵב: וְיֵשׁ־תִּקְוָה לְאַחֲרִיתֵךְ נְאֻם־יְהוָה וְשָׁבוּ בָנִים טז
לִגְבוּלָם: שָׁמוֹעַ שָׁמַעְתִּי אֶפְרַיִם מִתְנוֹדֵד יִסַּרְתַּנִי וָאִוָּסֵר כְּעֵגֶל יז
לֹא לֻמָּד הֲשִׁבֵנִי וְאָשׁוּבָה כִּי אַתָּה יְהוָה אֱלֹהָי: כִּי־אַחֲרֵי שׁוּבִי יח
נִחַמְתִּי וְאַחֲרֵי הִוָּדְעִי סָפַקְתִּי עַל־יָרֵךְ בֹּשְׁתִּי וְגַם־נִכְלַמְתִּי כִּי
נָשָׂאתִי חֶרְפַּת נְעוּרָי: הֲבֵן יַקִּיר לִי אֶפְרַיִם אִם יֶלֶד שַׁעֲשֻׁעִים יט
כִּי־מִדֵּי דַבְּרִי בּוֹ זָכֹר אֶזְכְּרֶנּוּ עוֹד עַל־כֵּן הָמוּ מֵעַי לוֹ רַחֵם
אֲרַחֲמֶנּוּ נְאֻם־יְהוָה: הַצִּיבִי לָךְ צִיֻּנִים שִׂמִי לָךְ כ
תַּמְרוּרִים שִׁתִי לִבֵּךְ לַמְסִלָּה דֶּרֶךְ הלכתי שׁוּבִי בְּתוּלַת הָלָכְתְּ
יִשְׂרָאֵל שֻׁבִי אֶל־עָרַיִךְ אֵלֶּה: עַד־מָתַי תִּתְחַמָּקִין הַבַּת כא
הַשּׁוֹבֵבָה כִּי־בָרָא יְהוָה חֲדָשָׁה בָּאָרֶץ נְקֵבָה תְּסוֹבֵב
גָּבֶר: כֹּה־אָמַר יְהוָה צְבָאוֹת אֱלֹהֵי יִשְׂרָאֵל עוֹד כב
יֹאמְרוּ אֶת־הַדָּבָר הַזֶּה בְּאֶרֶץ יְהוּדָה וּבְעָרָיו בְּשׁוּבִי אֶת־
שְׁבוּתָם יְבָרֶכְךָ יְהוָה נְוֵה־צֶדֶק הַר הַקֹּדֶשׁ: וְיָשְׁבוּ בָהּ יְהוּדָה כג
וְכָל־עָרָיו יַחְדָּו אִכָּרִים וְנָסְעוּ בַּעֵדֶר: כִּי הִרְוֵיתִי נֶפֶשׁ עֲיֵפָה כד
וְכָל־נֶפֶשׁ דָּאֲבָה מִלֵּאתִי: עַל־זֹאת הֱקִיצֹתִי וָאֶרְאֶה וּשְׁנָתִי כה
עָרְבָה לִּי: הִנֵּה יָמִים בָּאִים נְאֻם־יְהוָה וְזָרַעְתִּי כו
אֶת־בֵּית יִשְׂרָאֵל וְאֶת־בֵּית יְהוּדָה זֶרַע אָדָם וְזֶרַע בְּהֵמָה:
וְהָיָה כַּאֲשֶׁר שָׁקַדְתִּי עֲלֵיהֶם לִנְתוֹשׁ וְלִנְתוֹץ וְלַהֲרֹס וּלְהַאֲבִיד כז

כח וּלְהָרֵעַ כֵּן אֶשְׁקֹד עֲלֵיהֶם לִבְנוֹת וְלִנְטוֹעַ נְאֻם־יְהוָה׃ בַּיָּמִים
הָהֵם לֹא־יֹאמְרוּ עוֹד אָבוֹת אָכְלוּ בֹסֶר וְשִׁנֵּי בָנִים תִּקְהֶינָה׃
כט כִּי אִם־אִישׁ בַּעֲוֺנוֹ יָמוּת כָּל־הָאָדָם הָאֹכֵל הַבֹּסֶר תִּקְהֶינָה
ל שִׁנָּיו׃ הִנֵּה יָמִים בָּאִים נְאֻם־יְהוָה וְכָרַתִּי אֶת־
לא בֵּית יִשְׂרָאֵל וְאֶת־בֵּית יְהוּדָה בְּרִית חֲדָשָׁה׃ לֹא כַבְּרִית אֲשֶׁר
כָּרַתִּי אֶת־אֲבוֹתָם בְּיוֹם הֶחֱזִיקִי בְיָדָם לְהוֹצִיאָם מֵאֶרֶץ
מִצְרָיִם אֲשֶׁר־הֵמָּה הֵפֵרוּ אֶת־בְּרִיתִי וְאָנֹכִי בָּעַלְתִּי בָם נְאֻם־
לב יְהוָה׃ כִּי זֹאת הַבְּרִית אֲשֶׁר אֶכְרֹת אֶת־בֵּית יִשְׂרָאֵל אַחֲרֵי יח
הַיָּמִים הָהֵם נְאֻם־יְהוָה נָתַתִּי אֶת־תּוֹרָתִי בְּקִרְבָּם וְעַל־לִבָּם
לג אֶכְתֲּבֶנָּה וְהָיִיתִי לָהֶם לֵאלֹהִים וְהֵמָּה יִהְיוּ־לִי לְעָם׃ וְלֹא
יְלַמְּדוּ עוֹד אִישׁ אֶת־רֵעֵהוּ וְאִישׁ אֶת־אָחִיו לֵאמֹר דְּעוּ אֶת־
יְהוָה כִּי כוּלָּם יֵדְעוּ אוֹתִי לְמִקְּטַנָּם וְעַד־גְּדוֹלָם נְאֻם־יְהוָה כִּי
לד אֶסְלַח לַעֲוֺנָם וּלְחַטָּאתָם לֹא אֶזְכָּר־עוֹד׃ כֹּה ׀
אָמַר יְהוָה נֹתֵן שֶׁמֶשׁ לְאוֹר יוֹמָם חֻקֹּת יָרֵחַ וְכוֹכָבִים לְאוֹר
לה לָיְלָה רֹגַע הַיָּם וַיֶּהֱמוּ גַלָּיו יְהוָה צְבָאוֹת שְׁמוֹ׃ אִם־יָמֻשׁוּ
הַחֻקִּים הָאֵלֶּה מִלְּפָנַי נְאֻם־יְהוָה גַּם זֶרַע יִשְׂרָאֵל יִשְׁבְּתוּ
לו מִהְיוֹת גּוֹי לְפָנַי כָּל־הַיָּמִים׃ כֹּה ׀ אָמַר יְהוָה
אִם־יִמַּדּוּ שָׁמַיִם מִלְמַעְלָה וְיֵחָקְרוּ מוֹסְדֵי־אֶרֶץ לְמָטָּה גַּם־
אֲנִי אֶמְאַס בְּכָל־זֶרַע יִשְׂרָאֵל עַל־כָּל־אֲשֶׁר עָשׂוּ נְאֻם־
לז יְהוָה׃ הִנֵּה יָמִים נְאֻם־יְהוָה וְנִבְנְתָה הָעִיר בָּאִים
לח לַיהוָה מִמִּגְדַּל חֲנַנְאֵל עַד־שַׁעַר הַפִּנָּה׃ וְיָצָא עוֹד קוה הַמִּדָּה קָו
לט נֶגְדּוֹ עַל גִּבְעַת גָּרֵב וְנָסַב גֹּעָתָה׃ וְכָל־הָעֵמֶק הַפְּגָרִים ׀
וְהַדֶּשֶׁן וְכָל־השרמות עַד־נַחַל קִדְרוֹן עַד־פִּנַּת שַׁעַר הַשְּׁדֵמוֹת
הַסּוּסִים מִזְרָחָה קֹדֶשׁ לַיהוָה לֹא־יִנָּתֵשׁ וְלֹא־יֵהָרֵס עוֹד
לב א לְעוֹלָם׃ הַדָּבָר אֲשֶׁר הָיָה אֶל־יִרְמְיָהוּ מֵאֵת
יְהוָה בשנת הָעֲשִׂרִית לְצִדְקִיָּהוּ מֶלֶךְ יְהוּדָה הִיא הַשָּׁנָה בַּשָּׁנָה
ב שְׁמֹנֶה־עֶשְׂרֵה שָׁנָה לִנְבוּכַדְרֶאצַּר׃ וְאָז חֵיל מֶלֶךְ בָּבֶל צָרִים

עַל־יְרוּשָׁלָ͏ִם וְיִרְמְיָהוּ הַנָּבִיא הָיָה כָלוּא בַּחֲצַר הַמַּטָּרָה אֲשֶׁר
בֵּית־מֶלֶךְ יְהוּדָה׃ אֲשֶׁר כְּלָאוֹ צִדְקִיָּהוּ מֶלֶךְ־יְהוּדָה לֵאמֹר ג
מַדּוּעַ אַתָּה נִבָּא לֵאמֹר כֹּה אָמַר יְהוָה הִנְנִי נֹתֵן אֶת־הָעִיר
הַזֹּאת בְּיַד מֶלֶךְ־בָּבֶל וּלְכָדָהּ׃ וְצִדְקִיָּהוּ מֶלֶךְ יְהוּדָה לֹא יִמָּלֵט ד
מִיַּד הַכַּשְׂדִּים כִּי־הִנָּתֹן יִנָּתֵן בְּיַד מֶלֶךְ־בָּבֶל וְדִבֶּר־פִּיו עִם־
פִּיו וְעֵינָיו אֶת־עֵינָו תִּרְאֶינָה׃ וּבָבֶל יוֹלִךְ אֶת־צִדְקִיָּהוּ וְשָׁם ה
יִהְיֶה עַד־פָּקְדִי אֹתוֹ נְאֻם־יְהוָה כִּי תִלָּחֲמוּ אֶת־הַכַּשְׂדִּים לֹא
תַצְלִיחוּ׃ וַיֹּאמֶר יִרְמְיָהוּ הָיָה דְּבַר־יְהוָה אֵלַי ו
לֵאמֹר׃ הִנֵּה חֲנַמְאֵל בֶּן־שַׁלֻּם דֹּדְךָ בָּא אֵלֶיךָ לֵאמֹר קְנֵה לְךָ ז
אֶת־שָׂדִי אֲשֶׁר בַּעֲנָתוֹת כִּי לְךָ מִשְׁפַּט הַגְּאֻלָּה לִקְנוֹת׃ וַיָּבֹא ח
אֵלַי חֲנַמְאֵל בֶּן־דֹּדִי כִּדְבַר יְהוָה אֶל־חֲצַר הַמַּטָּרָה וַיֹּאמֶר
אֵלַי קְנֵה נָא אֶת־שָׂדִי אֲשֶׁר־בַּעֲנָתוֹת אֲשֶׁר ׀ בְּאֶרֶץ בִּנְיָמִין כִּי
לְךָ מִשְׁפַּט הַיְרֻשָּׁה וּלְךָ הַגְּאֻלָּה קְנֵה־לָךְ וָאֵדַע כִּי דְבַר־יְהוָה
הוּא׃ וָאֶקְנֶה אֶת־הַשָּׂדֶה מֵאֵת חֲנַמְאֵל בֶּן־דֹּדִי אֲשֶׁר בַּעֲנָתוֹת ט
וָאֶשְׁקֲלָה־לּוֹ אֶת־הַכֶּסֶף שִׁבְעָה שְׁקָלִים וַעֲשָׂרָה הַכָּסֶף׃
וָאֶכְתֹּב בַּסֵּפֶר וָאֶחְתֹּם וָאָעֵד עֵדִים וָאֶשְׁקֹל הַכֶּסֶף בְּמֹאזְנָיִם׃ י
וָאֶקַּח אֶת־סֵפֶר הַמִּקְנָה אֶת־הֶחָתוּם הַמִּצְוָה וְהַחֻקִּים וְאֶת־ יא
הַגָּלוּי׃ וָאֶתֵּן אֶת־הַסֵּפֶר הַמִּקְנָה אֶל־בָּרוּךְ בֶּן־נֵרִיָּה בֶּן־ יב
מַחְסֵיָה לְעֵינֵי חֲנַמְאֵל דֹּדִי וּלְעֵינֵי הָעֵדִים הַכֹּתְבִים בְּסֵפֶר
הַמִּקְנָה לְעֵינֵי כָּל־הַיְּהוּדִים הַיֹּשְׁבִים בַּחֲצַר הַמַּטָּרָה׃ וָאֲצַוֶּה יג
אֶת־בָּרוּךְ לְעֵינֵיהֶם לֵאמֹר׃ כֹּה־אָמַר יְהוָה צְבָאוֹת אֱלֹהֵי יד
יִשְׂרָאֵל לָקוֹחַ אֶת־הַסְּפָרִים הָאֵלֶּה אֵת סֵפֶר הַמִּקְנָה הַזֶּה וְאֵת
הֶחָתוּם וְאֵת סֵפֶר הַגָּלוּי הַזֶּה וּנְתַתָּם בִּכְלִי־חָרֶשׂ לְמַעַן
יַעַמְדוּ יָמִים רַבִּים׃ כִּי כֹה אָמַר יְהוָה צְבָאוֹת טו
אֱלֹהֵי יִשְׂרָאֵל עוֹד יִקָּנוּ בָתִּים וְשָׂדוֹת וּכְרָמִים בָּאָרֶץ
הַזֹּאת׃ וָאֶתְפַּלֵּל אֶל־יְהוָה אַחֲרֵי תִתִּי אֶת־ טז
סֵפֶר הַמִּקְנָה אֶל־בָּרוּךְ בֶּן־נֵרִיָּה לֵאמֹר׃ אֲהָהּ אֲדֹנָי יֱהוִה יז

הִנֵּה אַתָּה עָשִׂיתָ אֶת־הַשָּׁמַיִם וְאֶת־הָאָרֶץ בְּכֹחֲךָ הַגָּדוֹל
יח וּבִזְרֹעֲךָ הַנְּטוּיָה לֹא־יִפָּלֵא מִמְּךָ כָּל־דָּבָר: עֹשֶׂה חֶסֶד
לַאֲלָפִים וּמְשַׁלֵּם עֲוֹן אָבוֹת אֶל־חֵיק בְּנֵיהֶם אַחֲרֵיהֶם הָאֵל
יט הַגָּדוֹל הַגִּבּוֹר יְהֹוָה צְבָאוֹת שְׁמוֹ: גְּדֹל הָעֵצָה וְרַב הָעֲלִילִיָּה
אֲשֶׁר־עֵינֶיךָ פְקֻחוֹת עַל־כָּל־דַּרְכֵי בְּנֵי אָדָם לָתֵת לְאִישׁ
כ כִּדְרָכָיו וְכִפְרִי מַעֲלָלָיו: אֲשֶׁר שַׂמְתָּ אֹתוֹת וּמֹפְתִים בְּאֶרֶץ
מִצְרַיִם עַד־הַיּוֹם הַזֶּה וּבְיִשְׂרָאֵל וּבָאָדָם וַתַּעֲשֶׂה־לְּךָ שֵׁם כַּיּוֹם
כא הַזֶּה: וַתֹּצֵא אֶת־עַמְּךָ אֶת־יִשְׂרָאֵל מֵאֶרֶץ מִצְרָיִם בְּאֹתוֹת
כב וּבְמוֹפְתִים וּבְיָד חֲזָקָה וּבְאֶזְרוֹעַ נְטוּיָה וּבְמוֹרָא גָּדוֹל: וַתִּתֵּן יט
לָהֶם אֶת־הָאָרֶץ הַזֹּאת אֲשֶׁר־נִשְׁבַּעְתָּ לַאֲבוֹתָם לָתֵת לָהֶם
כג אֶרֶץ זָבַת חָלָב וּדְבָשׁ: וַיָּבֹאוּ וַיִּרְשׁוּ אֹתָהּ וְלֹא־שָׁמְעוּ בְקוֹלֶךָ
ובתרותך לֹא־הָלָכוּ אֵת כָּל־אֲשֶׁר צִוִּיתָה לָהֶם לַעֲשׂוֹת לֹא וּבְתוֹרָתְךָ
כד עָשׂוּ וַתַּקְרֵא אֹתָם אֵת כָּל־הָרָעָה הַזֹּאת: הִנֵּה הַסֹּלְלוֹת בָּאוּ
הָעִיר לְלָכְדָהּ וְהָעִיר נִתְּנָה בְּיַד הַכַּשְׂדִּים הַנִּלְחָמִים עָלֶיהָ
מִפְּנֵי הַחֶרֶב וְהָרָעָב וְהַדָּבֶר וַאֲשֶׁר דִּבַּרְתָּ הָיָה וְהִנְּךָ רֹאֶה:
כה וְאַתָּה אָמַרְתָּ אֵלַי אֲדֹנָי יֱהֹוִה קְנֵה־לְךָ הַשָּׂדֶה בַּכֶּסֶף וְהָעֵד
כו עֵדִים וְהָעִיר נִתְּנָה בְּיַד הַכַּשְׂדִּים: וַיְהִי דְּבַר־
כז יְהֹוָה אֶל־יִרְמְיָהוּ לֵאמֹר: הִנֵּה אֲנִי יְהֹוָה אֱלֹהֵי כָּל־בָּשָׂר
כח הֲמִמֶּנִּי יִפָּלֵא כָּל־דָּבָר: לָכֵן כֹּה אָמַר יְהֹוָה הִנְנִי נֹתֵן אֶת־הָעִיר
הַזֹּאת בְּיַד הַכַּשְׂדִּים וּבְיַד נְבוּכַדְרֶאצַּר מֶלֶךְ־בָּבֶל וּלְכָדָהּ:
כט וּבָאוּ הַכַּשְׂדִּים הַנִּלְחָמִים עַל־הָעִיר הַזֹּאת וְהִצִּיתוּ אֶת־הָעִיר
הַזֹּאת בָּאֵשׁ וּשְׂרָפוּהָ וְאֵת הַבָּתִּים אֲשֶׁר קִטְּרוּ עַל־גַּגּוֹתֵיהֶם
ל לַבַּעַל וְהִסִּכוּ נְסָכִים לֵאלֹהִים אֲחֵרִים לְמַעַן הַכְעִסֵנִי: כִּי־הָיוּ
בְנֵי־יִשְׂרָאֵל וּבְנֵי יְהוּדָה אַךְ עֹשִׂים הָרַע בְּעֵינַי מִנְּעֻרֹתֵיהֶם כִּי
לא בְנֵי־יִשְׂרָאֵל אַךְ מַכְעִסִים אֹתִי בְּמַעֲשֵׂה יְדֵיהֶם נְאֻם־יְהֹוָה: כִּי
עַל־אַפִּי וְעַל־חֲמָתִי הָיְתָה לִּי הָעִיר הַזֹּאת לְמִן־הַיּוֹם אֲשֶׁר
לב בָּנוּ אוֹתָהּ וְעַד הַיּוֹם הַזֶּה לַהֲסִירָהּ מֵעַל פָּנָי: עַל כָּל־רָעַת

בְּנֵי־יִשְׂרָאֵל וּבְנֵי יְהוּדָה אֲשֶׁר עָשׂוּ לְהַכְעִסֵנִי הֵמָּה מַלְכֵיהֶם
שָׂרֵיהֶם כֹּהֲנֵיהֶם וּנְבִיאֵיהֶם וְאִישׁ יְהוּדָה וְיֹשְׁבֵי יְרוּשָׁלִָם׃ וַיִּפְנוּ לג
אֵלַי עֹרֶף וְלֹא פָנִים וְלַמֵּד אֹתָם הַשְׁכֵּם וְלַמֵּד וְאֵינָם שֹׁמְעִים
לָקַחַת מוּסָר׃ וַיָּשִׂימוּ שִׁקּוּצֵיהֶם בַּבַּיִת אֲשֶׁר־נִקְרָא־שְׁמִי עָלָיו לד
לְטַמְּאוֹ׃ וַיִּבְנוּ אֶת־בָּמוֹת הַבַּעַל אֲשֶׁר ׀ בְּגֵיא בֶן־הִנֹּם לְהַעֲבִיר לה
אֶת־בְּנֵיהֶם וְאֶת־בְּנוֹתֵיהֶם לַמֹּלֶךְ אֲשֶׁר לֹא־צִוִּיתִים וְלֹא
עָלְתָה עַל־לִבִּי לַעֲשׂוֹת הַתּוֹעֵבָה הַזֹּאת לְמַעַן הַחֲטִי אֶת־
יְהוּדָה׃ וְעַתָּה לָכֵן כֹּה־אָמַר יְהוָה אֱלֹהֵי לו
יִשְׂרָאֵל אֶל־הָעִיר הַזֹּאת אֲשֶׁר ׀ אַתֶּם אֹמְרִים נִתְּנָה בְּיַד
מֶלֶךְ־בָּבֶל בַּחֶרֶב וּבָרָעָב וּבַדָּבֶר׃ הִנְנִי מְקַבְּצָם מִכָּל־הָאֲרָצוֹת לז
אֲשֶׁר הִדַּחְתִּים שָׁם בְּאַפִּי וּבַחֲמָתִי וּבְקֶצֶף גָּדוֹל וַהֲשִׁבֹתִים אֶל־
הַמָּקוֹם הַזֶּה וְהֹשַׁבְתִּים לָבֶטַח׃ וְהָיוּ לִי לְעָם וַאֲנִי אֶהְיֶה לָהֶם לח
לֵאלֹהִים׃ וְנָתַתִּי לָהֶם לֵב אֶחָד וְדֶרֶךְ אֶחָד לְיִרְאָה אוֹתִי כָּל־ לט
הַיָּמִים לְטוֹב לָהֶם וְלִבְנֵיהֶם אַחֲרֵיהֶם׃ וְכָרַתִּי לָהֶם בְּרִית עוֹלָם מ
אֲשֶׁר לֹא־אָשׁוּב מֵאַחֲרֵיהֶם לְהֵיטִיבִי אוֹתָם וְאֶת־יִרְאָתִי
אֶתֵּן בִּלְבָבָם לְבִלְתִּי סוּר מֵעָלָי׃ וְשַׂשְׂתִּי עֲלֵיהֶם לְהֵטִיב מא
אוֹתָם וּנְטַעְתִּים בָּאָרֶץ הַזֹּאת בֶּאֱמֶת בְּכָל־לִבִּי וּבְכָל־
נַפְשִׁי׃ כִּי־כֹה אָמַר יְהוָה כַּאֲשֶׁר הֵבֵאתִי אֶל־ מב
הָעָם הַזֶּה אֵת כָּל־הָרָעָה הַגְּדוֹלָה הַזֹּאת כֵּן אָנֹכִי מֵבִיא
עֲלֵיהֶם אֶת־כָּל־הַטּוֹבָה אֲשֶׁר אָנֹכִי דֹּבֵר עֲלֵיהֶם׃ וְנִקְנָה מג
הַשָּׂדֶה בָּאָרֶץ הַזֹּאת אֲשֶׁר ׀ אַתֶּם אֹמְרִים שְׁמָמָה הִיא מֵאֵין
אָדָם וּבְהֵמָה נִתְּנָה בְּיַד הַכַּשְׂדִּים׃ שָׂדוֹת בַּכֶּסֶף יִקְנוּ וְכָתוֹב מד
בַּסֵּפֶר ׀ וְחָתוֹם וְהָעֵד עֵדִים בְּאֶרֶץ בִּנְיָמִן וּבִסְבִיבֵי יְרוּשָׁלִַם
וּבְעָרֵי יְהוּדָה וּבְעָרֵי הָהָר וּבְעָרֵי הַשְּׁפֵלָה וּבְעָרֵי הַנֶּגֶב כִּי־
אָשִׁיב אֶת־שְׁבוּתָם נְאֻם־יְהוָה׃ וַיְהִי דְבַר־ א לג
יְהוָה אֶל־יִרְמְיָהוּ שֵׁנִית וְהוּא עוֹדֶנּוּ עָצוּר בַּחֲצַר הַמַּטָּרָה
לֵאמֹר׃ כֹּה־אָמַר יְהוָה עֹשָׂהּ יְהוָה יוֹצֵר אוֹתָהּ לַהֲכִינָהּ יְהוָה ב

ג שְׁמוֹ: קְרָא אֵלַי וְאֶעֱנֶךָּ וְאַגִּידָה לְךָ גְּדֹלוֹת וּבְצֻרוֹת לֹא
ד יְדַעְתָּם: כִּי כֹה אָמַר יהוה אֱלֹהֵי יִשְׂרָאֵל עַל־
בָּתֵּי הָעִיר הַזֹּאת וְעַל־בָּתֵּי מַלְכֵי יְהוּדָה הַנְּתֻצִים אֶל־
ה הַסֹּלְלוֹת וְאֶל־הֶחָרֶב: בָּאִים לְהִלָּחֵם אֶת־הַכַּשְׂדִּים וּלְמַלְאָם
אֶת־פִּגְרֵי הָאָדָם אֲשֶׁר־הִכֵּיתִי בְאַפִּי וּבַחֲמָתִי וַאֲשֶׁר הִסְתַּרְתִּי
ו פָנַי מֵהָעִיר הַזֹּאת עַל כָּל־רָעָתָם: הִנְנִי מַעֲלֶה־לָּהּ אֲרֻכָה
ז וּמַרְפֵּא וּרְפָאתִים וְגִלֵּיתִי לָהֶם עֲתֶרֶת שָׁלוֹם וֶאֱמֶת: וַהֲשִׁבֹתִי
אֶת־שְׁבוּת יְהוּדָה וְאֵת שְׁבוּת יִשְׂרָאֵל וּבְנִתִים כְּבָרִאשֹׁנָה:
ח וְטִהַרְתִּים מִכָּל־עֲוֺנָם אֲשֶׁר חָטְאוּ־לִי וְסָלַחְתִּי לכול־ (לְכָל־)
ט עֲוֺנוֹתֵיהֶם אֲשֶׁר חָטְאוּ־לִי וַאֲשֶׁר פָּשְׁעוּ בִי: וְהָיְתָה לִּי לְשֵׁם
שָׂשׂוֹן לִתְהִלָּה וּלְתִפְאֶרֶת לְכֹל גּוֹיֵי הָאָרֶץ אֲשֶׁר יִשְׁמְעוּ אֶת־
כָּל־הַטּוֹבָה אֲשֶׁר אָנֹכִי עֹשֶׂה אוֹתָם וּפָחֲדוּ וְרָגְזוּ עַל כָּל־הַטּוֹבָה
י וְעַל כָּל־הַשָּׁלוֹם אֲשֶׁר אָנֹכִי עֹשֶׂה לָּהּ: כֹּה ׀
אָמַר יהוה עוֹד יִשָּׁמַע בַּמָּקוֹם־הַזֶּה אֲשֶׁר אַתֶּם אֹמְרִים חָרֵב
הוּא מֵאֵין אָדָם וּמֵאֵין בְּהֵמָה בְּעָרֵי יְהוּדָה וּבְחֻצוֹת יְרוּשָׁלִַם
יא הַנְשַׁמּוֹת מֵאֵין אָדָם וּמֵאֵין יוֹשֵׁב וּמֵאֵין בְּהֵמָה: קוֹל שָׂשׂוֹן
וְקוֹל שִׂמְחָה קוֹל חָתָן וְקוֹל כַּלָּה קוֹל אֹמְרִים הוֹדוּ אֶת־
יהוה צְבָאוֹת כִּי־טוֹב יהוה כִּי־לְעוֹלָם חַסְדּוֹ מְבִאִים תּוֹדָה
בֵּית יהוה כִּי־אָשִׁיב אֶת־שְׁבוּת־הָאָרֶץ כְּבָרִאשֹׁנָה אָמַר
יב יהוה: כֹּה אָמַר יהוה צְבָאוֹת עוֹד יִהְיֶה ׀ בַּמָּקוֹם
הַזֶּה הֶחָרֵב מֵאֵין־אָדָם וְעַד־בְּהֵמָה וּבְכָל־עָרָיו נְוֵה רֹעִים
יג מַרְבִּצִים צֹאן: בְּעָרֵי הָהָר בְּעָרֵי הַשְּׁפֵלָה וּבְעָרֵי הַנֶּגֶב וּבְאֶרֶץ
בִּנְיָמִן וּבִסְבִיבֵי יְרוּשָׁלִַם וּבְעָרֵי יְהוּדָה עֹד תַּעֲבֹרְנָה הַצֹּאן עַל־
יד יְדֵי מוֹנֶה אָמַר יהוה: הִנֵּה יָמִים בָּאִים נְאֻם־
יהוה וַהֲקִמֹתִי אֶת־הַדָּבָר הַטּוֹב אֲשֶׁר דִּבַּרְתִּי אֶל־בֵּית
טו יִשְׂרָאֵל וְעַל־בֵּית יְהוּדָה: בַּיָּמִים הָהֵם וּבָעֵת הַהִיא אַצְמִיחַ
טז לְדָוִד צֶמַח צְדָקָה וְעָשָׂה מִשְׁפָּט וּצְדָקָה בָּאָרֶץ: בַּיָּמִים הָהֵם (כ)

תִּוָּשַׁע יְהוּדָה וִירוּשָׁלַם תִּשְׁכּוֹן לָבֶטַח וְזֶה אֲשֶׁר־יִקְרָא־לָהּ
יְהוָה ׀ צִדְקֵנוּ: כִּי־כֹה אָמַר יְהוָה לֹא־יִכָּרֵת יז
לְדָוִד אִישׁ יֹשֵׁב עַל־כִּסֵּא בֵית־יִשְׂרָאֵל: וְלַכֹּהֲנִים הַלְוִיִּם לֹא־ יח
יִכָּרֵת אִישׁ מִלְּפָנָי מַעֲלֶה עוֹלָה וּמַקְטִיר מִנְחָה וְעֹשֶׂה זֶּבַח
כָּל־הַיָּמִים: וַיְהִי דְּבַר־יְהוָה אֶל־יִרְמְיָהוּ לֵאמוֹר: יט
כֹּה אָמַר יְהוָה אִם־תָּפֵרוּ אֶת־בְּרִיתִי הַיּוֹם וְאֶת־בְּרִיתִי כ
הַלָּיְלָה וּלְבִלְתִּי הֱיוֹת יוֹמָם־וָלַיְלָה בְּעִתָּם: גַּם־בְּרִיתִי תֻפַר כא
אֶת־דָּוִד עַבְדִּי מִהְיוֹת־לוֹ בֵן מֹלֵךְ עַל־כִּסְאוֹ וְאֶת־הַלְוִיִּם
הַכֹּהֲנִים מְשָׁרְתָי: אֲשֶׁר לֹא־יִסָּפֵר צְבָא הַשָּׁמַיִם וְלֹא יִמַּד כב
חוֹל הַיָּם כֵּן אַרְבֶּה אֶת־זֶרַע דָּוִד עַבְדִּי וְאֶת־הַלְוִיִּם מְשָׁרְתֵי
אֹתִי: וַיְהִי דְּבַר־יְהוָה אֶל־יִרְמְיָהוּ לֵאמֹר: כג
הֲלוֹא רָאִיתָ מָה־הָעָם הַזֶּה דִּבְּרוּ לֵאמֹר שְׁתֵּי הַמִּשְׁפָּחוֹת כד
אֲשֶׁר בָּחַר יְהוָה בָּהֶם וַיִּמְאָסֵם וְאֶת־עַמִּי יִנְאָצוּן מִהְיוֹת עוֹד
גּוֹי לִפְנֵיהֶם: כֹּה אָמַר יְהוָה אִם־לֹא בְרִיתִי יוֹמָם כה
וָלָיְלָה חֻקּוֹת שָׁמַיִם וָאָרֶץ לֹא־שָׂמְתִּי: גַּם־זֶרַע יַעֲקוֹב וְדָוִד כו
עַבְדִּי אֶמְאַס מִקַּחַת מִזַּרְעוֹ מֹשְׁלִים אֶל־זֶרַע אַבְרָהָם יִשְׂחָק
אָשִׁיב וְיַעֲקֹב כִּי־אָשׁוּב אֶת־שְׁבוּתָם וְרִחַמְתִּים: הַדָּבָר א לד
אֲשֶׁר־הָיָה אֶל־יִרְמְיָהוּ מֵאֵת יְהוָה וּנְבוּכַדְרֶאצַּר מֶלֶךְ־בָּבֶל ׀
וְכָל־חֵילוֹ וְכָל־מַמְלְכוֹת אֶרֶץ מֶמְשֶׁלֶת יָדוֹ וְכָל־הָעַמִּים
נִלְחָמִים עַל־יְרוּשָׁלַם וְעַל־כָּל־עָרֶיהָ לֵאמֹר: כֹּה־אָמַר יְהוָה ב
אֱלֹהֵי יִשְׂרָאֵל הָלֹךְ וְאָמַרְתָּ אֶל־צִדְקִיָּהוּ מֶלֶךְ יְהוּדָה וְאָמַרְתָּ
אֵלָיו כֹּה אָמַר יְהוָה הִנְנִי נֹתֵן אֶת־הָעִיר הַזֹּאת בְּיַד מֶלֶךְ־בָּבֶל
וּשְׂרָפָהּ בָּאֵשׁ: וְאַתָּה לֹא תִמָּלֵט מִיָּדוֹ כִּי תָּפֹשׂ תִּתָּפֵשׂ וּבְיָדוֹ ג
תִּנָּתֵן וְעֵינֶיךָ אֶת־עֵינֵי מֶלֶךְ־בָּבֶל תִּרְאֶינָה וּפִיהוּ אֶת־פִּיךָ
יְדַבֵּר וּבָבֶל תָּבוֹא: אַךְ שְׁמַע דְּבַר־יְהוָה צִדְקִיָּהוּ מֶלֶךְ יְהוּדָה ד
כֹּה־אָמַר יְהוָה עָלֶיךָ לֹא תָמוּת בֶּחָרֶב: בְּשָׁלוֹם תָּמוּת ה
וּבְמִשְׂרְפוֹת אֲבוֹתֶיךָ הַמְּלָכִים הָרִאשֹׁנִים אֲשֶׁר־הָיוּ לְפָנֶיךָ כֵּן

ישרפו־לך והוי אדון יספדו־לך כי־דבר אני־דברתי נאם־
ו יהוה: וידבר ירמיהו הנביא אל־צדקיהו מלך
ז יהודה את כל־הדברים האלה בירושלם: וחיל מלך־
בבל נלחמים על־ירושלם ועל כל־ערי יהודה הנותרות
אל־לכיש ואל־עזקה כי הנה נשארו בערי יהודה ערי
ח מבצר: הדבר אשר־היה אל־ירמיהו מאת
יהוה אחרי כרת המלך צדקיהו ברית את־כל־העם אשר
ט בירושלם לקרא להם דרור: לשלח איש את־עבדו ואיש
את־שפחתו העברי והעבריה חפשים לבלתי עבד־בם
י ביהודי אחיהו איש: וישמעו כל־השרים וכל־העם אשר־
באו בברית לשלח איש את־עבדו ואיש את־שפחתו חפשים
יא לבלתי עבד־בם עוד וישמעו וישלחו: וישובו אחרי־כן וישבו
את־העבדים ואת־השפחות אשר שלחו חפשים ויכבישום ויכבשום
יב לעבדים ולשפחות: ויהי דבר־יהוה אל־
יג ירמיהו מאת יהוה לאמר: כה־אמר יהוה אלהי ישראל אנכי
כרתי ברית את־אבותיכם ביום הוצאי אותם מארץ מצרים
יד מבית עבדים לאמר: מקץ שבע שנים תשלחו איש את־
אחיו העברי אשר־ימכר לך ועבדך שש שנים ושלחתו חפשי
טו מעמך ולא־שמעו אבותיכם אלי ולא הטו את־אזנם: ותשבו
אתם היום ותעשו את־הישר בעיני לקרא דרור איש לרעהו
טז ותכרתו ברית לפני בבית אשר־נקרא שמי עליו: ותשבו
ותחללו את־שמי ותשבו איש את־עבדו ואיש את־שפחתו
אשר־שלחתם חפשים לנפשם ותכבשו אתם להיות לכם
יז לעבדים ולשפחות: לכן כה־אמר יהוה אתם
לא־שמעתם אלי לקרא דרור איש לאחיו ואיש לרעהו הנני
קרא לכם דרור נאם־יהוה אל־החרב אל־הדבר ואל־הרעב
יח ונתתי אתכם לזועה לכל ממלכות הארץ: ונתתי את־ לזעוה

הָאֲנָשִׁים הָעֹבְרִים אֶת־בְּרִתִי אֲשֶׁר לֹא־הֵקִימוּ אֶת־דִּבְרֵי
הַבְּרִית אֲשֶׁר כָּרְתוּ לְפָנָי הָעֵגֶל אֲשֶׁר כָּרְתוּ לִשְׁנַיִם וַיַּעַבְרוּ
בֵּין בְּתָרָיו׃ שָׂרֵי יְהוּדָה וְשָׂרֵי יְרוּשָׁלִַם הַסָּרִסִים וְהַכֹּהֲנִים וְכֹל יט
עַם הָאָרֶץ הָעֹבְרִים בֵּין בִּתְרֵי הָעֵגֶל׃ וְנָתַתִּי אוֹתָם בְּיַד כ
אֹיְבֵיהֶם וּבְיַד מְבַקְשֵׁי נַפְשָׁם וְהָיְתָה נִבְלָתָם לְמַאֲכָל לְעוֹף
הַשָּׁמַיִם וּלְבֶהֱמַת הָאָרֶץ׃ וְאֶת־צִדְקִיָּהוּ מֶלֶךְ־יְהוּדָה וְאֶת־ כא
שָׂרָיו אֶתֵּן בְּיַד אֹיְבֵיהֶם וּבְיַד מְבַקְשֵׁי נַפְשָׁם וּבְיַד חֵיל מֶלֶךְ
בָּבֶל הָעֹלִים מֵעֲלֵיכֶם׃ הִנְנִי מְצַוֶּה נְאֻם־יְהוָה וַהֲשִׁבֹתִים אֶל־ כב
הָעִיר הַזֹּאת וְנִלְחֲמוּ עָלֶיהָ וּלְכָדוּהָ וּשְׂרָפֻהָ בָאֵשׁ וְאֶת־עָרֵי
יְהוּדָה אֶתֵּן שְׁמָמָה מֵאֵין יֹשֵׁב׃ הַדָּבָר אֲשֶׁר־ א לה
הָיָה אֶל־יִרְמְיָהוּ מֵאֵת יְהוָה בִּימֵי יְהוֹיָקִים בֶּן־יֹאשִׁיָּהוּ מֶלֶךְ
יְהוּדָה לֵאמֹר׃ הָלוֹךְ אֶל־בֵּית הָרֵכָבִים וְדִבַּרְתָּ אוֹתָם ב
וַהֲבִאוֹתָם בֵּית יְהוָה אֶל־אַחַת הַלְּשָׁכוֹת וְהִשְׁקִיתָ אוֹתָם יָיִן׃
וָאֶקַּח אֶת־יַאֲזַנְיָה בֶן־יִרְמְיָהוּ בֶּן־חֲבַצִּנְיָה וְאֶת־אֶחָיו וְאֶת־ ג
כָּל־בָּנָיו וְאֵת כָּל־בֵּית הָרֵכָבִים׃ וָאָבִא אֹתָם בֵּית יְהוָה אֶל־ ד
לִשְׁכַּת בְּנֵי חָנָן בֶּן־יִגְדַּלְיָהוּ אִישׁ הָאֱלֹהִים אֲשֶׁר־אֵצֶל לִשְׁכַּת
הַשָּׂרִים אֲשֶׁר מִמַּעַל לְלִשְׁכַּת מַעֲשֵׂיָהוּ בֶן־שַׁלֻּם שֹׁמֵר הַסַּף׃
וָאֶתֵּן לִפְנֵי ׀ בְּנֵי בֵית־הָרֵכָבִים גְּבִעִים מְלֵאִים יַיִן וְכֹסוֹת וָאֹמַר ה
אֲלֵיהֶם שְׁתוּ־יָיִן׃ וַיֹּאמְרוּ לֹא נִשְׁתֶּה־יָּיִן כִּי יוֹנָדָב בֶּן־רֵכָב ו
אָבִינוּ צִוָּה עָלֵינוּ לֵאמֹר לֹא תִשְׁתּוּ־יַיִן אַתֶּם וּבְנֵיכֶם עַד־עוֹלָם׃
וּבַיִת לֹא־תִבְנוּ וְזֶרַע לֹא־תִזְרָעוּ וְכֶרֶם לֹא־תִטָּעוּ וְלֹא יִהְיֶה ז
לָכֶם כִּי בָּאֳהָלִים תֵּשְׁבוּ כָּל־יְמֵיכֶם לְמַעַן תִּחְיוּ יָמִים רַבִּים
עַל־פְּנֵי הָאֲדָמָה אֲשֶׁר אַתֶּם גָּרִים שָׁם׃ וַנִּשְׁמַע בְּקוֹל יְהוֹנָדָב ח
בֶּן־רֵכָב אָבִינוּ לְכֹל אֲשֶׁר צִוָּנוּ לְבִלְתִּי שְׁתוֹת־יַיִן כָּל־יָמֵינוּ
אֲנַחְנוּ נָשֵׁינוּ בָּנֵינוּ וּבְנֹתֵינוּ׃ וּלְבִלְתִּי בְּנוֹת בָּתִּים לְשִׁבְתֵּנוּ ט
כא וְכֶרֶם וְשָׂדֶה וָזֶרַע לֹא יִהְיֶה־לָּנוּ׃ וַנֵּשֶׁב בָּאֳהָלִים וַנִּשְׁמַע וַנַּעַשׂ י
כְּכֹל אֲשֶׁר־צִוָּנוּ יוֹנָדָב אָבִינוּ׃ וַיְהִי בַּעֲלוֹת נְבוּכַדְרֶאצַּר מֶלֶךְ־ יא

בָּבֶל֮ אֶל־הָאָרֶץ֒ וַנֹּ֗אמֶר בֹּ֚אוּ וְנָב֣וֹא יְרוּשָׁלִַ֔ם מִפְּנֵי֙ חֵ֣יל הַכַּשְׂדִּ֔ים
יב וּמִפְּנֵ֖י חֵ֣יל אֲרָ֑ם וַנֵּ֖שֶׁב בִּירוּשָׁלִָֽם׃ וַיְהִ֖י דְבַר־
יג יְהוָ֔ה אֶֽל־יִרְמְיָ֖הוּ לֵאמֹֽר׃ כֹּֽה־אָמַ֞ר יְהוָ֤ה צְבָאוֹת֙ אֱלֹהֵ֣י
יִשְׂרָאֵ֔ל הָלֹךְ֙ וְאָמַרְתָּ֙ לְאִ֣ישׁ יְהוּדָ֔ה וּלְיוֹשְׁבֵ֖י יְרוּשָׁלִָ֑ם הֲל֨וֹא
יד תִקְח֥וּ מוּסָ֛ר לִשְׁמֹ֥עַ אֶל־דְּבָרַ֖י נְאֻם־יְהוָֽה׃ הוּקַ֡ם אֶת־דִּבְרֵ֣י
יְהוֹנָדָ֣ב בֶּן־רֵ֠כָב אֲשֶׁר־צִוָּ֨ה אֶת־בָּנָ֜יו לְבִלְתִּ֣י שְׁתוֹת־יַ֗יִן וְלֹ֤א
שָׁתוּ֙ עַד־הַיּ֣וֹם הַזֶּ֔ה כִּ֣י שָׁמְע֔וּ אֵ֖ת מִצְוַ֣ת אֲבִיהֶ֑ם וְאָנֹכִ֞י דִּבַּ֤רְתִּי
טו אֲלֵיכֶם֙ הַשְׁכֵּ֣ם וְדַבֵּ֔ר וְלֹ֥א שְׁמַעְתֶּ֖ם אֵלָֽי׃ וָאֶשְׁלַ֣ח אֲלֵיכֶ֣ם
אֶת־כָּל־עֲבָדַ֣י הַנְּבִאִ֣ים ׀ הַשְׁכֵּ֣ים וְשָׁלֹ֣חַ ׀ לֵאמֹ֡ר שֻֽׁבוּ־נָ֡א
אִ֣ישׁ מִדַּרְכּוֹ֩ הָרָעָ֨ה וְהֵיטִ֜יבוּ מַעַלְלֵיכֶ֗ם וְֽאַל־תֵּ֨לְכ֜וּ אַחֲרֵ֨י
אֱלֹהִ֤ים אֲחֵרִים֙ לְעָבְדָ֔ם וּשְׁבוּ֙ אֶל־הָ֣אֲדָמָ֔ה אֲשֶׁר־נָתַ֥תִּי לָכֶ֖ם
טז וְלַאֲבֹתֵיכֶ֑ם וְלֹ֤א הִטִּיתֶם֙ אֶת־אָזְנְכֶ֔ם וְלֹ֥א שְׁמַעְתֶּ֖ם אֵלָֽי׃ כִּ֣י
הֵקִ֗ימוּ בְּנֵי֙ יְהוֹנָדָ֣ב בֶּן־רֵכָ֔ב אֶת־מִצְוַ֥ת אֲבִיהֶ֖ם אֲשֶׁ֣ר צִוָּ֑ם
יז וְהָעָ֣ם הַזֶּ֔ה לֹ֥א שָׁמְע֖וּ אֵלָֽי׃ לָכֵ֡ן כֹּֽה־אָמַ֣ר יְהוָה֩
אֱלֹהֵ֨י צְבָא֜וֹת אֱלֹהֵ֣י יִשְׂרָאֵ֗ל הִנְנִ֨י מֵבִ֤יא אֶל־יְהוּדָה֙ וְאֶ֣ל כָּל־
יוֹשְׁבֵי֙ יְרוּשָׁלִַ֔ם אֵ֚ת כָּל־הָ֣רָעָ֔ה אֲשֶׁ֥ר דִּבַּ֖רְתִּי עֲלֵיהֶ֑ם יַ֣עַן דִּבַּ֤רְתִּי
יח אֲלֵיהֶם֙ וְלֹ֣א שָׁמֵ֔עוּ וָאֶקְרָ֥א לָהֶ֖ם וְלֹ֥א עָנֽוּ׃ וּלְבֵ֨ית הָרֵכָבִ֜ים
אָמַ֣ר יִרְמְיָ֗הוּ כֹּֽה־אָמַ֞ר יְהוָ֤ה צְבָאוֹת֙ אֱלֹהֵ֣י יִשְׂרָאֵ֔ל יַ֚עַן אֲשֶׁ֣ר
שְׁמַעְתֶּ֔ם עַל־מִצְוַ֖ת יְהוֹנָדָ֣ב אֲבִיכֶ֑ם וַֽתִּשְׁמְרוּ֙ אֶת־כָּל־מִצְוֺתָ֔יו
יט וַֽתַּעֲשׂ֔וּ כְּכֹ֥ל אֲשֶׁר־צִוָּ֖ה אֶתְכֶֽם׃ לָכֵ֗ן כֹּ֤ה אָמַר֙ יְהוָ֣ה צְבָא֔וֹת
אֱלֹהֵ֖י יִשְׂרָאֵ֑ל לֹֽא־יִכָּרֵ֨ת אִ֜ישׁ לְיוֹנָדָ֧ב בֶּן־רֵכָ֛ב עֹמֵ֥ד לְפָנַ֖י כָּל־
לו א הַיָּמִֽים׃ וַיְהִי֙ בַּשָּׁנָ֣ה הָרְבִיעִ֔ת לִיהוֹיָקִ֥ים בֶּן־
יֹאשִׁיָּ֖הוּ מֶ֣לֶךְ יְהוּדָ֑ה הָיָ֞ה הַדָּבָ֤ר הַזֶּה֙ אֶֽל־יִרְמְיָ֔הוּ מֵאֵ֥ת יְהוָ֖ה
ב לֵאמֹֽר׃ קַח־לְךָ֮ מְגִלַּת־סֵפֶר֒ וְכָתַבְתָּ֣ אֵלֶ֗יהָ אֵ֣ת כָּל־הַדְּבָרִ֞ים
אֲשֶׁר־דִּבַּ֧רְתִּי אֵלֶ֛יךָ עַל־יִשְׂרָאֵ֥ל וְעַל־יְהוּדָ֖ה וְעַל־כָּל־הַגּוֹיִ֑ם
ג מִיּ֞וֹם דִּבַּ֣רְתִּי אֵלֶ֗יךָ מִימֵ֙י יֹאשִׁיָּ֔הוּ וְעַ֖ד הַיּ֥וֹם הַזֶּֽה׃ אוּלַ֣י
יִשְׁמְעוּ֙ בֵּ֣ית יְהוּדָ֔ה אֵ֚ת כָּל־הָ֣רָעָ֔ה אֲשֶׁ֥ר אָנֹכִ֛י חֹשֵׁ֖ב לַעֲשׂ֣וֹת

לָהֶם לְמַעַן יָשׁוּבוּ אִישׁ מִדַּרְכּוֹ הָרָעָה וְסָלַחְתִּי לַעֲוֺנָם
וּלְחַטָּאתָם׃ וַיִּקְרָא יִרְמְיָהוּ אֶת־בָּרוּךְ בֶּן־נֵרִיָּה ד
וַיִּכְתֹּב בָּרוּךְ מִפִּי יִרְמְיָהוּ אֵת כָּל־דִּבְרֵי יְהוָה אֲשֶׁר־דִּבֶּר אֵלָיו
עַל־מְגִלַּת־סֵפֶר׃ וַיְצַוֶּה יִרְמְיָהוּ אֶת־בָּרוּךְ לֵאמֹר אֲנִי עָצוּר לֹא ה
אוּכַל לָבוֹא בֵּית יְהוָה׃ וּבָאתָ אַתָּה וְקָרָאתָ בַמְּגִלָּה אֲשֶׁר־ ו
כָּתַבְתָּ מִפִּי אֶת־דִּבְרֵי יְהוָה בְּאָזְנֵי הָעָם בֵּית יְהוָה בְּיוֹם צוֹם
וְגַם בְּאָזְנֵי כָל־יְהוּדָה הַבָּאִים מֵעָרֵיהֶם תִּקְרָאֵם׃ אוּלַי תִּפֹּל ז
תְּחִנָּתָם לִפְנֵי יְהוָה וְיָשֻׁבוּ אִישׁ מִדַּרְכּוֹ הָרָעָה כִּי־גָדוֹל הָאַף
וְהַחֵמָה אֲשֶׁר־דִּבֶּר יְהוָה אֶל־הָעָם הַזֶּה׃ וַיַּעַשׂ בָּרוּךְ בֶּן־נֵרִיָּה ח
כְּכֹל אֲשֶׁר־צִוָּהוּ יִרְמְיָהוּ הַנָּבִיא לִקְרֹא בַסֵּפֶר דִּבְרֵי יְהוָה בֵּית
יְהוָה׃ וַיְהִי בַשָּׁנָה הַחֲמִשִׁית לִיהוֹיָקִים בֶּן־ ט
יֹאשִׁיָּהוּ מֶלֶךְ־יְהוּדָה בַּחֹדֶשׁ הַתְּשִׁעִי קָרְאוּ צוֹם לִפְנֵי יְהוָה
כָּל־הָעָם בִּירוּשָׁלָםִ וְכָל־הָעָם הַבָּאִים מֵעָרֵי יְהוּדָה בִּירוּשָׁלָםִ׃
וַיִּקְרָא בָרוּךְ בַּסֵּפֶר אֶת־דִּבְרֵי יִרְמְיָהוּ בֵּית יְהוָה בְּלִשְׁכַּת י
גְּמַרְיָהוּ בֶן־שָׁפָן הַסֹּפֵר בֶּחָצֵר הָעֶלְיוֹן פֶּתַח שַׁעַר בֵּית־יְהוָה
הֶחָדָשׁ בְּאָזְנֵי כָּל־הָעָם׃ וַיִּשְׁמַע מִכָיְהוּ בֶן־גְּמַרְיָהוּ בֶן־שָׁפָן יא
אֶת־כָּל־דִּבְרֵי יְהוָה מֵעַל־הַסֵּפֶר׃ וַיֵּרֶד בֵּית־הַמֶּלֶךְ עַל־ יב
לִשְׁכַּת הַסֹּפֵר וְהִנֵּה־שָׁם כָּל־הַשָּׂרִים יוֹשְׁבִים אֱלִישָׁמָע הַסֹּפֵר
וּדְלָיָהוּ בֶן־שְׁמַעְיָהוּ וְאֶלְנָתָן בֶּן־עַכְבּוֹר וּגְמַרְיָהוּ בֶן־שָׁפָן
וְצִדְקִיָּהוּ בֶן־חֲנַנְיָהוּ וְכָל־הַשָּׂרִים׃ וַיַּגֵּד לָהֶם מִכָיְהוּ אֵת כָּל־ יג
הַדְּבָרִים אֲשֶׁר שָׁמֵעַ בִּקְרֹא בָרוּךְ בַּסֵּפֶר בְּאָזְנֵי הָעָם׃ וַיִּשְׁלְחוּ יד
כָל־הַשָּׂרִים אֶל־בָּרוּךְ אֶת־יְהוּדִי בֶּן־נְתַנְיָהוּ בֶּן־שֶׁלֶמְיָהוּ בֶן־
כּוּשִׁי לֵאמֹר הַמְּגִלָּה אֲשֶׁר קָרָאתָ בָּהּ בְּאָזְנֵי הָעָם קָחֶנָּה בְיָדְךָ
וָלֵךְ וַיִּקַּח בָּרוּךְ בֶּן־נֵרִיָּהוּ אֶת־הַמְּגִלָּה בְּיָדוֹ וַיָּבֹא אֲלֵיהֶם׃
וַיֹּאמְרוּ אֵלָיו שֵׁב נָא וּקְרָאֶנָּה בְּאָזְנֵינוּ וַיִּקְרָא בָרוּךְ בְּאָזְנֵיהֶם׃ טו
וַיְהִי כְּשָׁמְעָם אֶת־כָּל־הַדְּבָרִים פָּחֲדוּ אִישׁ אֶל־רֵעֵהוּ וַיֹּאמְרוּ טז
אֶל־בָּרוּךְ הַגֵּיד נַגִּיד לַמֶּלֶךְ אֵת כָּל־הַדְּבָרִים הָאֵלֶּה׃ וְאֶת־ יז

ברוך שאלו לאמר הגד־נא לנו איך כתבת את־כל־הדברים
יח האלה מפיו: ויאמר להם ברוך מפיו יקרא אלי את כל־
יט הדברים האלה ואני כתב על־הספר בדיו: ויאמרו
השרים אל־ברוך לך הסתר אתה וירמיהו ואיש אל־ידע
כ איפה אתם: ויבאו אל־המלך חצרה ואת־המגלה הפקדו
בלשכת אלישמע הספר ויגידו באזני המלך את כל־
כא הדברים: וישלח המלך את־יהודי לקחת את־המגלה
ויקחה מלשכת אלישמע הספר ויקראה יהודי באזני המלך
כב ובאזני כל־השרים העמדים מעל המלך: והמלך יושב בית
כג החרף בחדש התשיעי ואת־האח לפניו מבערת: ויהי ׀
כקרוא יהודי שלש דלתות וארבעה יקרעה בתער הספר
והשלך אל־האש אשר אל־האח עד־תם כל־המגלה על־
כד האש אשר על־האח: ולא פחדו ולא קרעו את־בגדיהם
כה המלך וכל־עבדיו השמעים את כל־הדברים האלה: וגם
אלנתן ודליהו וגמריהו הפגעו במלך לבלתי שרף את־
כו המגלה ולא שמע אליהם: ויצוה המלך את־ירחמאל בן־ כב
המלך ואת־שריהו בן־עזריאל ואת־שלמיהו בן־עבדאל
לקחת את־ברוך הספר ואת ירמיהו הנביא ויסתרם
כז יהוה: ויהי דבר־יהוה אל־ירמיהו אחרי ׀ שרף
המלך את־המגלה ואת־הדברים אשר כתב ברוך מפי
כח ירמיהו לאמר: שוב קח־לך מגלה אחרת וכתב עליה את
כל־הדברים הראשנים אשר היו על־המגלה הראשנה אשר
כט שרף יהויקים מלך־יהודה: ועל־יהויקים מלך־יהודה תאמר
כה אמר יהוה אתה שרפת את־המגלה הזאת לאמר מדוע
כתבת עליה לאמר בא־יבוא מלך־בבל והשחית את־
ל הארץ הזאת והשבית ממנה אדם ובהמה: לכן
כה־אמר יהוה על־יהויקים מלך יהודה לא־יהיה־לו יושב

עַל־כִּסֵּא דָוִד וְנִבְלָתוֹ תִּהְיֶה מֻשְׁלֶכֶת לַחֹרֶב בַּיּוֹם וְלַקֶּרַח
בַּלָּיְלָה׃ וּפָקַדְתִּי עָלָיו וְעַל־זַרְעוֹ וְעַל־עֲבָדָיו אֶת־עֲוֺנָם לא
וְהֵבֵאתִי עֲלֵיהֶם וְעַל־יֹשְׁבֵי יְרוּשָׁלִַם וְאֶל־אִישׁ יְהוּדָה אֵת כָּל־
הָרָעָה אֲשֶׁר־דִּבַּרְתִּי אֲלֵיהֶם וְלֹא שָׁמֵעוּ׃ וְיִרְמְיָהוּ לב
לָקַח ׀ מְגִלָּה אַחֶרֶת וַיִּתְּנָהּ אֶל־בָּרוּךְ בֶּן־נֵרִיָּהוּ הַסֹּפֵר
וַיִּכְתֹּב עָלֶיהָ מִפִּי יִרְמְיָהוּ אֵת כָּל־דִּבְרֵי הַסֵּפֶר אֲשֶׁר שָׂרַף
יְהוֹיָקִים מֶלֶךְ־יְהוּדָה בָּאֵשׁ וְעוֹד נוֹסַף עֲלֵיהֶם דְּבָרִים רַבִּים
כָּהֵמָּה׃ וַיִּמְלָךְ־מֶלֶךְ צִדְקִיָּהוּ בֶּן־יֹאשִׁיָּהוּ תַּחַת א לז
כָּנְיָהוּ בֶּן־יְהוֹיָקִים אֲשֶׁר הִמְלִיךְ נְבוּכַדְרֶאצַּר מֶלֶךְ־בָּבֶל
בְּאֶרֶץ יְהוּדָה׃ וְלֹא שָׁמַע הוּא וַעֲבָדָיו וְעַם הָאָרֶץ אֶל־דִּבְרֵי ב
יְהוָה אֲשֶׁר דִּבֶּר בְּיַד יִרְמְיָהוּ הַנָּבִיא׃ וַיִּשְׁלַח הַמֶּלֶךְ צִדְקִיָּהוּ ג
אֶת־יְהוּכַל בֶּן־שֶׁלֶמְיָה וְאֶת־צְפַנְיָהוּ בֶן־מַעֲשֵׂיָה הַכֹּהֵן אֶל־
יִרְמְיָהוּ הַנָּבִיא לֵאמֹר הִתְפַּלֶּל־נָא בַעֲדֵנוּ אֶל־יְהוָה אֱלֹהֵינוּ׃
הַכְּלוּא וְיִרְמְיָהוּ בָּא וְיֹצֵא בְּתוֹךְ הָעָם וְלֹא־נָתְנוּ אֹתוֹ בֵּית הכליא׃ ד
וְחֵיל פַּרְעֹה יָצָא מִמִּצְרָיִם וַיִּשְׁמְעוּ הַכַּשְׂדִּים הַצָּרִים עַל־ ה
יְרוּשָׁלִַם אֶת־שִׁמְעָם וַיֵּעָלוּ מֵעַל יְרוּשָׁלִָם׃ וַיְהִי ו
דְּבַר־יְהוָה אֶל־יִרְמְיָהוּ הַנָּבִיא לֵאמֹר׃ כֹּה־אָמַר יְהוָה אֱלֹהֵי ז
יִשְׂרָאֵל כֹּה תֹאמְרוּ אֶל־מֶלֶךְ יְהוּדָה הַשֹּׁלֵחַ אֶתְכֶם אֵלַי
לְדָרְשֵׁנִי הִנֵּה ׀ חֵיל פַּרְעֹה הַיֹּצֵא לָכֶם לְעֶזְרָה שָׁב לְאַרְצוֹ
מִצְרָיִם׃ וְשָׁבוּ הַכַּשְׂדִּים וְנִלְחֲמוּ עַל־הָעִיר הַזֹּאת וּלְכָדֻהָ ח
וּשְׂרָפֻהָ בָאֵשׁ׃ כֹּה ׀ אָמַר יְהוָה אַל־תַּשִּׁאוּ נַפְשֹׁתֵיכֶם ט
לֵאמֹר הָלֹךְ יֵלְכוּ מֵעָלֵינוּ הַכַּשְׂדִּים כִּי־לֹא יֵלֵכוּ׃ כִּי אִם־ י
הִכִּיתֶם כָּל־חֵיל כַּשְׂדִּים הַנִּלְחָמִים אִתְּכֶם וְנִשְׁאֲרוּ־בָם
אֲנָשִׁים מְדֻקָּרִים אִישׁ בְּאָהֳלוֹ יָקוּמוּ וְשָׂרְפוּ אֶת־הָעִיר הַזֹּאת
בָּאֵשׁ׃ וְהָיָה בְּהֵעָלוֹת חֵיל הַכַּשְׂדִּים מֵעַל יְרוּשָׁלִָם מִפְּנֵי חֵיל יא
פַּרְעֹה׃ וַיֵּצֵא יִרְמְיָהוּ מִירוּשָׁלִַם לָלֶכֶת אֶרֶץ בִּנְיָמִן יב
לַחֲלִק מִשָּׁם בְּתוֹךְ הָעָם׃ וַיְהִי־הוּא בְּשַׁעַר בִּנְיָמִן וְשָׁם בַּעַל יג

פְּקִדֻת וּשְׁמוֹ יִרְאִיָּיה בֶּן־שֶׁלֶמְיָה בֶּן־חֲנַנְיָה וַיִּתְפֹּשׂ אֶת־
יד יִרְמְיָהוּ הַנָּבִיא לֵאמֹר אֶל־הַכַּשְׂדִּים אַתָּה נֹפֵל׃ וַיֹּאמֶר
יִרְמְיָהוּ שֶׁקֶר אֵינֶנִּי נֹפֵל עַל־הַכַּשְׂדִּים וְלֹא שָׁמַע אֵלָיו וַיִּתְפֹּשׂ
טו יִרְאִיָּיה בְּיִרְמְיָהוּ וַיְבִאֵהוּ אֶל־הַשָּׂרִים׃ וַיִּקְצְפוּ הַשָּׂרִים עַל־
יִרְמְיָהוּ וְהִכּוּ אֹתוֹ וְנָתְנוּ אוֹתוֹ בֵּית הָאֵסוּר בֵּית יְהוֹנָתָן הַסֹּפֵר
טז כִּי־אֹתוֹ עָשׂוּ לְבֵית הַכֶּלֶא׃ כִּי בָא יִרְמְיָהוּ אֶל־בֵּית הַבּוֹר
יז וְאֶל־הַחֲנֻיוֹת וַיֵּשֶׁב־שָׁם יִרְמְיָהוּ יָמִים רַבִּים׃ וַיִּשְׁלַח הַמֶּלֶךְ
צִדְקִיָּהוּ וַיִּקָּחֵהוּ וַיִּשְׁאָלֵהוּ הַמֶּלֶךְ בְּבֵיתוֹ בַּסֵּתֶר וַיֹּאמֶר הֲיֵשׁ
דָּבָר מֵאֵת יְהוָה וַיֹּאמֶר יִרְמְיָהוּ יֵשׁ וַיֹּאמֶר בְּיַד מֶלֶךְ־בָּבֶל
יח תִּנָּתֵן׃ וַיֹּאמֶר יִרְמְיָהוּ אֶל־הַמֶּלֶךְ צִדְקִיָּהוּ מֶה חָטָאתִי לְךָ
יט וְלַעֲבָדֶיךָ וְלָעָם הַזֶּה כִּי־נְתַתֶּם אוֹתִי אֶל־בֵּית הַכֶּלֶא׃ ואיו וְאַיֵּה
נְבִיאֵיכֶם אֲשֶׁר־נִבְּאוּ לָכֶם לֵאמֹר לֹא־יָבֹא מֶלֶךְ־בָּבֶל עֲלֵיכֶם
כ וְעַל הָאָרֶץ הַזֹּאת׃ וְעַתָּה שְׁמַע־נָא אֲדֹנִי הַמֶּלֶךְ תִּפָּל־נָא
תְחִנָּתִי לְפָנֶיךָ וְאַל־תְּשִׁבֵנִי בֵּית יְהוֹנָתָן הַסֹּפֵר וְלֹא אָמוּת שָׁם׃
כא וַיְצַוֶּה הַמֶּלֶךְ צִדְקִיָּהוּ וַיַּפְקִדוּ אֶת־יִרְמְיָהוּ בַּחֲצַר הַמַּטָּרָה וְנָתֹן
לוֹ כִכַּר־לֶחֶם לַיּוֹם מִחוּץ הָאֹפִים עַד־תֹּם כָּל־הַלֶּחֶם מִן־הָעִיר
לח א וַיֵּשֶׁב יִרְמְיָהוּ בַּחֲצַר הַמַּטָּרָה׃ וַיִּשְׁמַע שְׁפַטְיָה בֶן־מַתָּן וּגְדַלְיָהוּ
בֶּן־פַּשְׁחוּר וְיוּכַל בֶּן־שֶׁלֶמְיָהוּ וּפַשְׁחוּר בֶּן־מַלְכִּיָּה אֶת־
ב הַדְּבָרִים אֲשֶׁר יִרְמְיָהוּ מְדַבֵּר אֶל־כָּל־הָעָם לֵאמֹר׃ כֹּה אָמַר
יְהוָה הַיֹּשֵׁב בָּעִיר הַזֹּאת יָמוּת בַּחֶרֶב בָּרָעָב וּבַדָּבֶר וְהַיֹּצֵא
ג אֶל־הַכַּשְׂדִּים יחיה וְהָיְתָה־לּוֹ נַפְשׁוֹ לְשָׁלָל וָחָי׃ כֹּה וְחָיָה
אָמַר יְהוָה הִנָּתֹן תִּנָּתֵן הָעִיר הַזֹּאת בְּיַד חֵיל מֶלֶךְ־בָּבֶל
ד וּלְכָדָהּ׃ וַיֹּאמְרוּ הַשָּׂרִים אֶל־הַמֶּלֶךְ יוּמַת נָא אֶת־הָאִישׁ הַזֶּה
כִּי עַל־כֵּן הוּא־מְרַפֵּא אֶת־יְדֵי אַנְשֵׁי הַמִּלְחָמָה הַנִּשְׁאָרִים ׀
בָּעִיר הַזֹּאת וְאֵת יְדֵי כָל־הָעָם לְדַבֵּר אֲלֵיהֶם כַּדְּבָרִים הָאֵלֶּה
כִּי ׀ הָאִישׁ הַזֶּה אֵינֶנּוּ דֹרֵשׁ לְשָׁלוֹם לָעָם הַזֶּה כִּי אִם־לְרָעָה׃
ה וַיֹּאמֶר הַמֶּלֶךְ צִדְקִיָּהוּ הִנֵּה־הוּא בְּיֶדְכֶם כִּי־אֵין הַמֶּלֶךְ יוּכַל

אֶתְכֶם דָּבָר׃ וַיִּקְחוּ אֶת־יִרְמְיָהוּ וַיַּשְׁלִכוּ אֹתוֹ אֶל־הַבּוֹר ׀ ו
מַלְכִּיָּהוּ בֶן־הַמֶּלֶךְ אֲשֶׁר בַּחֲצַר הַמַּטָּרָה וַיְשַׁלְּחוּ אֶת־יִרְמְיָהוּ
בַּחֲבָלִים וּבַבּוֹר אֵין־מַיִם כִּי אִם־טִיט וַיִּטְבַּע יִרְמְיָהוּ בַּטִּיט׃
וַיִּשְׁמַע עֶבֶד־מֶלֶךְ הַכּוּשִׁי אִישׁ סָרִיס וְהוּא בְּבֵית הַמֶּלֶךְ כִּי־ ז
כג נָתְנוּ אֶת־יִרְמְיָהוּ אֶל־הַבּוֹר וְהַמֶּלֶךְ יוֹשֵׁב בְּשַׁעַר בִּנְיָמִן׃ וַיֵּצֵא ח
עֶבֶד־מֶלֶךְ מִבֵּית הַמֶּלֶךְ וַיְדַבֵּר אֶל־הַמֶּלֶךְ לֵאמֹר׃ אֲדֹנִי הַמֶּלֶךְ ט
הֵרֵעוּ הָאֲנָשִׁים הָאֵלֶּה אֵת כָּל־אֲשֶׁר עָשׂוּ לְיִרְמְיָהוּ הַנָּבִיא אֵת
אֲשֶׁר־הִשְׁלִיכוּ אֶל־הַבּוֹר וַיָּמָת תַּחְתָּיו מִפְּנֵי הָרָעָב כִּי אֵין
הַלֶּחֶם עוֹד בָּעִיר׃ וַיְצַוֶּה הַמֶּלֶךְ אֵת עֶבֶד־מֶלֶךְ הַכּוּשִׁי לֵאמֹר י
קַח בְּיָדְךָ מִזֶּה שְׁלֹשִׁים אֲנָשִׁים וְהַעֲלִיתָ אֶת־יִרְמְיָהוּ הַנָּבִיא
מִן־הַבּוֹר בְּטֶרֶם יָמוּת׃ וַיִּקַּח ׀ עֶבֶד־מֶלֶךְ אֶת־הָאֲנָשִׁים בְּיָדוֹ יא
סְחָבוֹת וַיָּבֹא בֵית־הַמֶּלֶךְ אֶל־תַּחַת הָאוֹצָר וַיִּקַּח מִשָּׁם בְּלוֹיֵ הסחבות
וּבְלוֹיֵ מְלָחִים וַיְשַׁלְּחֵם אֶל־יִרְמְיָהוּ אֶל־הַבּוֹר בַּחֲבָלִים׃ וַיֹּאמֶר יב
עֶבֶד־מֶלֶךְ הַכּוּשִׁי אֶל־יִרְמְיָהוּ שִׂים נָא בְּלוֹאֵי הַסְּחָבוֹת
וְהַמְּלָחִים תַּחַת אַצִּלוֹת יָדֶיךָ מִתַּחַת לַחֲבָלִים וַיַּעַשׂ יִרְמְיָהוּ
כֵּן׃ וַיִּמְשְׁכוּ אֶת־יִרְמְיָהוּ בַּחֲבָלִים וַיַּעֲלוּ אֹתוֹ מִן־הַבּוֹר וַיֵּשֶׁב יג
יִרְמְיָהוּ בַּחֲצַר הַמַּטָּרָה׃ וַיִּשְׁלַח הַמֶּלֶךְ צִדְקִיָּהוּ יד
וַיִּקַּח אֶת־יִרְמְיָהוּ הַנָּבִיא אֵלָיו אֶל־מָבוֹא הַשְּׁלִישִׁי אֲשֶׁר
בְּבֵית יהוה וַיֹּאמֶר הַמֶּלֶךְ אֶל־יִרְמְיָהוּ שֹׁאֵל אֲנִי אֹתְךָ דָּבָר
אַל־תְּכַחֵד מִמֶּנִּי דָּבָר׃ וַיֹּאמֶר יִרְמְיָהוּ אֶל־צִדְקִיָּהוּ כִּי אַגִּיד לְךָ טו
הֲלוֹא הָמֵת תְּמִיתֵנִי וְכִי אִיעָצְךָ לֹא תִשְׁמַע אֵלָי׃ וַיִּשָּׁבַע הַמֶּלֶךְ טז
צִדְקִיָּהוּ אֶל־יִרְמְיָהוּ בַּסֵּתֶר לֵאמֹר חַי־יהוה אֵת אֲשֶׁר עָשָׂה־
לָנוּ אֶת־הַנֶּפֶשׁ הַזֹּאת אִם־אֲמִיתֶךָ וְאִם־אֶתֶּנְךָ בְּיַד הָאֲנָשִׁים
הָאֵלֶּה אֲשֶׁר מְבַקְשִׁים אֶת־נַפְשֶׁךָ׃ וַיֹּאמֶר יז
יִרְמְיָהוּ אֶל־צִדְקִיָּהוּ כֹּה־אָמַר יהוה אֱלֹהֵי צְבָאוֹת אֱלֹהֵי
יִשְׂרָאֵל אִם־יָצֹא תֵצֵא אֶל־שָׂרֵי מֶלֶךְ־בָּבֶל וְחָיְתָה נַפְשֶׁךָ
וְהָעִיר הַזֹּאת לֹא תִשָּׂרֵף בָּאֵשׁ וִחְיִתָה אַתָּה וּבֵיתֶךָ׃ וְאִם לֹא־ יח

תצא אל־שרי מלך בבל ונתנה העיר הזאת ביד הכשדים
יט ושרפוה באש ואתה לא־תמלט מידם׃ ויאמר המלך
צדקיהו אל־ירמיהו אני דאג את־היהודים אשר נפלו אל־
כ הכשדים פן־יתנו אתי בידם והתעללו־בי׃ ויאמר
ירמיהו לא יתנו שמע־נא ׀ בקול יהוה לאשר אני דבר אליך
כא וייטב לך ותחי נפשך׃ ואם־מאן אתה לצאת זה הדבר אשר
כב הראני יהוה׃ והנה כל־הנשים אשר נשארו בבית מלך־
יהודה מוצאות אל־שרי מלך בבל והנה אמרת הסיתוך
כג ויכלו לך אנשי שלמך הטבעו בבץ רגלך נסגו אחור׃ ואת־
כל־נשיך ואת־בניך מוצאים אל־הכשדים ואתה לא־תמלט
מידם כי ביד מלך־בבל תתפש ואת־העיר הזאת תשרף
כד באש׃ ויאמר צדקיהו אל־ירמיהו איש אל־ידע
כה בדברים־האלה ולא תמות׃ וכי־ישמעו השרים כי־דברתי
אתך ובאו אליך ואמרו אליך הגידה־נא לנו מה־דברת
אל־המלך אל־תכחד ממנו ולא נמיתך ומה־דבר אליך
כו המלך׃ ואמרת אליהם מפיל־אני תחנתי לפני המלך
כז לבלתי השיבני בית יהונתן למות שם׃ ויבאו כל־
השרים אל־ירמיהו וישאלו אתו ויגד להם ככל־הדברים
האלה אשר צוה המלך ויחרשו ממנו כי לא־נשמע
כח הדבר׃ וישב ירמיהו בחצר המטרה עד־יום אשר־
נלכדה ירושלם והיה כאשר נלכדה ירושלם׃
לט א בשנה התשעית לצדקיהו מלך־יהודה בחדש העשרי בא
נבוכדראצר מלך־בבל וכל־חילו אל־ירושלם ויצרו עליה׃
ב בעשתי־עשרה שנה לצדקיהו בחדש הרביעי בתשעה
ג לחדש הבקעה העיר׃ ויבאו כל שרי מלך־בבל וישבו בשער
התוך נרגל שראצר סמגר־נבו שרסכים רב־סריס נרגל
ד שראצר רב־מג וכל־שארית שרי מלך־בבל׃ ויהי כאשר

ראם צדקיהו מלך־יהודה וכל ׀ אנשי המלחמה ויברחו ויצאו
לילה מן־העיר דרך גן המלך בשער בין החמתים ויצא דרך
ה הערבה: וירדפו חיל־כשדים אחריהם וישגו את־צדקיהו
בערבות ירחו ויקחו אתו ויעלהו אל־נבוכדראצר מלך־בבל
ו רבלתה בארץ חמת וידבר אתו משפטים: וישחט מלך בבל
את־בני צדקיהו ברבלה לעיניו ואת כל־חרי יהודה שחט
ז מלך בבל: ואת־עיני צדקיהו עור ויאסרהו בנחשתים לביא
ח אתו בבלה: ואת־בית המלך ואת־בית העם שרפו הכשדים
ט באש ואת־חמות ירושלם נתצו: ואת יתר העם הנשארים
בעיר ואת־הנפלים אשר נפלו עליו ואת יתר העם הנשארים
י הגלה נבוזראדן רב־טבחים בבל: ומן־העם הדלים אשר אין־
להם מאומה השאיר נבוזראדן רב־טבחים בארץ יהודה ויתן
יא להם כרמים ויגבים ביום ההוא: ויצו נבוכדראצר מלך־בבל
יב על־ירמיהו ביד נבוזראדן רב־טבחים לאמר: קחנו ועיניך
שים עליו ואל־תעש לו מאומה רע כי אם כאשר ידבר
יג אליך כן עשה עמו: וישלח נבוזראדן רב־טבחים ונבושזבן
רב־סריס ונרגל שראצר רב־מג וכל רבי מלך־בבל:
יד וישלחו ויקחו את־ירמיהו מחצר המטרה ויתנו אתו אל־
גדליהו בן־אחיקם בן־שפן להוצאהו אל־הבית וישב בתוך
טו העם: ואל־ירמיהו היה דבר־יהוה בהיתו
טז עצור בחצר המטרה לאמר: הלוך ואמרת לעבד־מלך
הכושי לאמר כה־אמר יהוה צבאות אלהי ישראל הנני מבי
את־דברי אל־העיר הזאת לרעה ולא לטובה והיו לפניך
יז ביום ההוא: והצלתיך ביום־ההוא נאם־יהוה ולא תנתן ביד
יח האנשים אשר־אתה יגור מפניהם: כי מלט אמלטך ובחרב כד
לא תפל והיתה לך נפשך לשלל כי־בטחת בי נאם־
מ א יהוה: הדבר אשר היה אל־ירמיהו מאת יהוה

אַחַר ׀ שַׁלַּח אֹתוֹ נְבוּזַרְאֲדָן רַב־טַבָּחִים מִן־הָרָמָה בְּקַחְתּוֹ
אֹתוֹ וְהוּא־אָסוּר בָּאזִקִּים בְּתוֹךְ כָּל־גָּלוּת יְרוּשָׁלַםִ וִיהוּדָה
ב הַמֻּגְלִים בָּבֶלָה׃ וַיִּקַּח רַב־טַבָּחִים לְיִרְמְיָהוּ וַיֹּאמֶר אֵלָיו יְהוָה
ג אֱלֹהֶיךָ דִּבֶּר אֶת־הָרָעָה הַזֹּאת אֶל־הַמָּקוֹם הַזֶּה׃ וַיָּבֵא וַיַּעַשׂ
יְהוָה כַּאֲשֶׁר דִּבֵּר כִּי־חֲטָאתֶם לַיהוָה וְלֹא־שְׁמַעְתֶּם בְּקוֹלוֹ
ד וְהָיָה לָכֶם דבר הַזֶּה׃ וְעַתָּה הִנֵּה פִתַּחְתִּיךָ הַיּוֹם מִן־הָאזִקִּים הַדָּבָר
אֲשֶׁר עַל־יָדֶךָ אִם־טוֹב בְּעֵינֶיךָ לָבוֹא אִתִּי בָבֶל בֹּא וְאָשִׂים
אֶת־עֵינִי עָלֶיךָ וְאִם־רַע בְּעֵינֶיךָ לָבוֹא־אִתִּי בָבֶל חֲדָל רְאֵה
כָּל־הָאָרֶץ לְפָנֶיךָ אֶל־טוֹב וְאֶל־הַיָּשָׁר בְּעֵינֶיךָ לָלֶכֶת שָׁמָּה
ה לֵךְ׃ וְעוֹדֶנּוּ לֹא־יָשׁוּב וְשֻׁבָה אֶל־גְּדַלְיָה בֶן־אֲחִיקָם בֶּן־שָׁפָן
אֲשֶׁר הִפְקִיד מֶלֶךְ־בָּבֶל בְּעָרֵי יְהוּדָה וְשֵׁב אִתּוֹ בְּתוֹךְ
הָעָם אוֹ אֶל־כָּל־הַיָּשָׁר בְּעֵינֶיךָ לָלֶכֶת לֵךְ וַיִּתֶּן־לוֹ רַב־
ו טַבָּחִים אֲרֻחָה וּמַשְׂאֵת וַיְשַׁלְּחֵהוּ׃ וַיָּבֹא יִרְמְיָהוּ אֶל־גְּדַלְיָה
בֶן־אֲחִיקָם הַמִּצְפָּתָה וַיֵּשֶׁב אִתּוֹ בְּתוֹךְ הָעָם הַנִּשְׁאָרִים
ז בָּאָרֶץ׃ וַיִּשְׁמְעוּ כָל־שָׂרֵי הַחֲיָלִים אֲשֶׁר בַּשָּׂדֶה
הֵמָּה וְאַנְשֵׁיהֶם כִּי־הִפְקִיד מֶלֶךְ־בָּבֶל אֶת־גְּדַלְיָהוּ בֶן־
אֲחִיקָם בָּאָרֶץ וְכִי ׀ הִפְקִיד אִתּוֹ אֲנָשִׁים וְנָשִׁים וָטָף וּמִדַּלַּת
ח הָאָרֶץ מֵאֲשֶׁר לֹא־הָגְלוּ בָּבֶלָה׃ וַיָּבֹאוּ אֶל־גְּדַלְיָה הַמִּצְפָּתָה
וְיִשְׁמָעֵאל בֶּן־נְתַנְיָהוּ וְיוֹחָנָן וְיוֹנָתָן בְּנֵי־קָרֵחַ וּשְׂרָיָה בֶן־תַּנְחֻמֶת
וּבְנֵי ׀ עופי הַנְּטֹפָתִי וִיזַנְיָהוּ בֶּן־הַמַּעֲכָתִי הֵמָּה וְאַנְשֵׁיהֶם׃ עֵיפַי
ט וַיִּשָּׁבַע לָהֶם גְּדַלְיָהוּ בֶן־אֲחִיקָם בֶּן־שָׁפָן וּלְאַנְשֵׁיהֶם לֵאמֹר
אַל־תִּירְאוּ מֵעֲבוֹד הַכַּשְׂדִּים שְׁבוּ בָאָרֶץ וְעִבְדוּ אֶת־מֶלֶךְ
י בָּבֶל וְיִיטַב לָכֶם׃ וַאֲנִי הִנְנִי יֹשֵׁב בַּמִּצְפָּה לַעֲמֹד לִפְנֵי הַכַּשְׂדִּים
אֲשֶׁר יָבֹאוּ אֵלֵינוּ וְאַתֶּם אִסְפוּ יַיִן וְקַיִץ וְשֶׁמֶן וְשִׂמוּ בִּכְלֵיכֶם
יא וּשְׁבוּ בְּעָרֵיכֶם אֲשֶׁר־תְּפַשְׂתֶּם׃ וְגַם כָּל־הַיְּהוּדִים אֲשֶׁר־
בְּמוֹאָב ׀ וּבִבְנֵי־עַמּוֹן וּבֶאֱדוֹם וַאֲשֶׁר בְּכָל־הָאֲרָצוֹת שָׁמְעוּ
כִּי־נָתַן מֶלֶךְ־בָּבֶל שְׁאֵרִית לִיהוּדָה וְכִי הִפְקִיד עֲלֵיהֶם אֶת־

יב גְּדַלְיָהוּ בֶּן־אֲחִיקָם בֶּן־שָׁפָן׃ וַיָּשֻׁבוּ כָל־הַיְּהוּדִים מִכָּל־
הַמְּקֹמוֹת אֲשֶׁר נִדְּחוּ־שָׁם וַיָּבֹאוּ אֶרֶץ־יְהוּדָה אֶל־גְּדַלְיָהוּ
יג הַמִּצְפָּתָה וַיַּאַסְפוּ יַיִן וָקַיִץ הַרְבֵּה מְאֹד׃ וְיוֹחָנָן
בֶּן־קָרֵחַ וְכָל־שָׂרֵי הַחֲיָלִים אֲשֶׁר בַּשָּׂדֶה בָּאוּ אֶל־גְּדַלְיָהוּ
יד הַמִּצְפָּתָה׃ וַיֹּאמְרוּ אֵלָיו הֲיָדֹעַ תֵּדַע כִּי בַּעֲלִיס ׀ מֶלֶךְ בְּנֵי־עַמּוֹן
שָׁלַח אֶת־יִשְׁמָעֵאל בֶּן־נְתַנְיָה לְהַכֹּתְךָ נָפֶשׁ וְלֹא־הֶאֱמִין לָהֶם
טו גְּדַלְיָהוּ בֶּן־אֲחִיקָם׃ וְיוֹחָנָן בֶּן־קָרֵחַ אָמַר אֶל־גְּדַלְיָהוּ בַסֵּתֶר
בַּמִּצְפָּה לֵאמֹר אֵלְכָה נָּא וְאַכֶּה אֶת־יִשְׁמָעֵאל בֶּן־נְתַנְיָה
וְאִישׁ לֹא יֵדָע לָמָּה יַכֶּכָּה נֶּפֶשׁ וְנָפֹצוּ כָּל־יְהוּדָה הַנִּקְבָּצִים
טז אֵלֶיךָ וְאָבְדָה שְׁאֵרִית יְהוּדָה׃ וַיֹּאמֶר גְּדַלְיָהוּ בֶן־אֲחִיקָם אֶל־
יוֹחָנָן בֶּן־קָרֵחַ אַל־תַּעַשׂ אֶת־הַדָּבָר הַזֶּה כִּי־שֶׁקֶר אַתָּה
מא א דֹבֵר אֶל־יִשְׁמָעֵאל׃ — וַיְהִי ׀ בַּחֹדֶשׁ הַשְּׁבִיעִי בָּא
יִשְׁמָעֵאל בֶּן־נְתַנְיָה בֶן־אֱלִישָׁמָע מִזֶּרַע הַמְּלוּכָה וְרַבֵּי הַמֶּלֶךְ
וַעֲשָׂרָה אֲנָשִׁים אִתּוֹ אֶל־גְּדַלְיָהוּ בֶן־אֲחִיקָם הַמִּצְפָּתָה וַיֹּאכְלוּ
ב שָׁם לֶחֶם יַחְדָּו בַּמִּצְפָּה׃ וַיָּקָם יִשְׁמָעֵאל בֶּן־נְתַנְיָה וַעֲשֶׂרֶת
הָאֲנָשִׁים ׀ אֲשֶׁר־הָיוּ אִתּוֹ וַיַּכּוּ אֶת־גְּדַלְיָהוּ בֶן־אֲחִיקָם בֶּן־שָׁפָן
ג בַּחֶרֶב וַיָּמֶת אֹתוֹ אֲשֶׁר־הִפְקִיד מֶלֶךְ־בָּבֶל בָּאָרֶץ׃ וְאֵת כָּל־
הַיְּהוּדִים אֲשֶׁר־הָיוּ אִתּוֹ אֶת־גְּדַלְיָהוּ בַּמִּצְפָּה וְאֶת־הַכַּשְׂדִּים
ד אֲשֶׁר נִמְצְאוּ־שָׁם אֵת אַנְשֵׁי הַמִּלְחָמָה הִכָּה יִשְׁמָעֵאל׃ וַיְהִי
ה בַּיּוֹם הַשֵּׁנִי לְהָמִית אֶת־גְּדַלְיָהוּ וְאִישׁ לֹא יָדָע׃ וַיָּבֹאוּ אֲנָשִׁים
מִשְּׁכֶם מִשִּׁלוֹ וּמִשֹּׁמְרוֹן שְׁמֹנִים אִישׁ מְגֻלְּחֵי זָקָן וּקְרֻעֵי בְגָדִים
ו וּמִתְגֹּדְדִים וּמִנְחָה וּלְבוֹנָה בְּיָדָם לְהָבִיא בֵּית יְהוָה׃ וַיֵּצֵא
יִשְׁמָעֵאל בֶּן־נְתַנְיָה לִקְרָאתָם מִן־הַמִּצְפָּה הֹלֵךְ הָלֹךְ וּבֹכֶה
וַיְהִי כִּפְגֹשׁ אֹתָם וַיֹּאמֶר אֲלֵיהֶם בֹּאוּ אֶל־גְּדַלְיָהוּ בֶן־אֲחִיקָם׃
ז וַיְהִי כְּבוֹאָם אֶל־תּוֹךְ הָעִיר וַיִּשְׁחָטֵם יִשְׁמָעֵאל בֶּן־נְתַנְיָה אֶל־
ח תּוֹךְ הַבּוֹר הוּא וְהָאֲנָשִׁים אֲשֶׁר־אִתּוֹ׃ וַעֲשָׂרָה אֲנָשִׁים נִמְצְאוּ־
בָם וַיֹּאמְרוּ אֶל־יִשְׁמָעֵאל אַל־תְּמִתֵנוּ כִּי־יֶשׁ־לָנוּ מַטְמֹנִים

בַּשָּׂדֶה חִטִּים וּשְׂעֹרִים וְשֶׁמֶן וּדְבָשׁ וַיֶּחְדַּל וְלֹא הֱמִיתָם בְּתוֹךְ
ט אֲחֵיהֶם: וְהַבּוֹר אֲשֶׁר הִשְׁלִיךְ שָׁם יִשְׁמָעֵאל אֵת | כָּל־פִּגְרֵי
הָאֲנָשִׁים אֲשֶׁר הִכָּה בְּיַד־גְּדַלְיָהוּ הוּא אֲשֶׁר עָשָׂה הַמֶּלֶךְ
אָסָא מִפְּנֵי בַּעְשָׁא מֶלֶךְ־יִשְׂרָאֵל אֹתוֹ מִלֵּא יִשְׁמָעֵאל בֶּן־
י נְתַנְיָהוּ חֲלָלִים: וַיִּשְׁבְּ | יִשְׁמָעֵאל אֶת־כָּל־שְׁאֵרִית הָעָם
אֲשֶׁר בַּמִּצְפָּה אֶת־בְּנוֹת הַמֶּלֶךְ וְאֶת־כָּל־הָעָם הַנִּשְׁאָרִים
בַּמִּצְפָּה אֲשֶׁר הִפְקִיד נְבוּזַרְאֲדָן רַב־טַבָּחִים אֶת־גְּדַלְיָהוּ בֶּן־
אֲחִיקָם וַיִּשְׁבֵּם יִשְׁמָעֵאל בֶּן־נְתַנְיָה וַיֵּלֶךְ לַעֲבֹר אֶל־בְּנֵי
יא עַמּוֹן: וַיִּשְׁמַע יוֹחָנָן בֶּן־קָרֵחַ וְכָל־שָׂרֵי הַחֲיָלִים
אֲשֶׁר אִתּוֹ אֵת כָּל־הָרָעָה אֲשֶׁר עָשָׂה יִשְׁמָעֵאל בֶּן־נְתַנְיָה:
יב וַיִּקְחוּ אֶת־כָּל־הָאֲנָשִׁים וַיֵּלְכוּ לְהִלָּחֵם עִם־יִשְׁמָעֵאל בֶּן־
יג נְתַנְיָה וַיִּמְצְאוּ אֹתוֹ אֶל־מַיִם רַבִּים אֲשֶׁר בְּגִבְעוֹן: וַיְהִי כִּרְאוֹת
כָּל־הָעָם אֲשֶׁר אֶת־יִשְׁמָעֵאל אֶת־יוֹחָנָן בֶּן־קָרֵחַ וְאֵת כָּל־
יד שָׂרֵי הַחֲיָלִים אֲשֶׁר אִתּוֹ וַיִּשְׂמָחוּ: וַיָּסֹבּוּ כָּל־הָעָם אֲשֶׁר־שָׁבָה
יִשְׁמָעֵאל מִן־הַמִּצְפָּה וַיָּשֻׁבוּ וַיֵּלְכוּ אֶל־יוֹחָנָן בֶּן־קָרֵחַ:
טו וְיִשְׁמָעֵאל בֶּן־נְתַנְיָה נִמְלַט בִּשְׁמֹנָה אֲנָשִׁים מִפְּנֵי יוֹחָנָן וַיֵּלֶךְ
טז אֶל־בְּנֵי עַמּוֹן: וַיִּקַּח יוֹחָנָן בֶּן־קָרֵחַ וְכָל־שָׂרֵי
הַחֲיָלִים אֲשֶׁר־אִתּוֹ אֵת כָּל־שְׁאֵרִית הָעָם אֲשֶׁר הֵשִׁיב מֵאֵת
יִשְׁמָעֵאל בֶּן־נְתַנְיָה מִן־הַמִּצְפָּה אַחַר הִכָּה אֶת־גְּדַלְיָה בֶּן־
אֲחִיקָם גְּבָרִים אַנְשֵׁי הַמִּלְחָמָה וְנָשִׁים וְטַף וְסָרִסִים אֲשֶׁר
יז הֵשִׁיב מִגִּבְעוֹן: וַיֵּלְכוּ וַיֵּשְׁבוּ בְּגֵרוּת כמוהם אֲשֶׁר־אֵצֶל בֵּית כִּמְהָם
יח לָחֶם לָלֶכֶת לָבוֹא מִצְרָיִם: מִפְּנֵי הַכַּשְׂדִּים כִּי יָרְאוּ מִפְּנֵיהֶם
כִּי־הִכָּה יִשְׁמָעֵאל בֶּן־נְתַנְיָה אֶת־גְּדַלְיָהוּ בֶּן־אֲחִיקָם אֲשֶׁר־
מב א הִפְקִיד מֶלֶךְ־בָּבֶל בָּאָרֶץ: וַיִּגְּשׁוּ כָּל־שָׂרֵי
הַחֲיָלִים וְיוֹחָנָן בֶּן־קָרֵחַ וִיזַנְיָה בֶּן־הוֹשַׁעְיָה וְכָל־הָעָם מִקָּטֹן
ב וְעַד־גָּדוֹל: וַיֹּאמְרוּ אֶל־יִרְמְיָהוּ הַנָּבִיא תִּפָּל־נָא תְחִנָּתֵנוּ
לְפָנֶיךָ וְהִתְפַּלֵּל בַּעֲדֵנוּ אֶל־יְהוָה אֱלֹהֶיךָ בְּעַד כָּל־הַשְּׁאֵרִית

הַזֹּאת כִּי־נִשְׁאַרְנוּ מְעַט מֵהַרְבֵּה כַּאֲשֶׁר עֵינֶיךָ רֹאוֹת אֹתָנוּ׃
וְיַגֶּד־לָנוּ יְהוָה אֱלֹהֶיךָ אֶת־הַדֶּרֶךְ אֲשֶׁר נֵלֶךְ־בָּהּ וְאֶת־הַדָּבָר ג
אֲשֶׁר נַעֲשֶׂה׃ וַיֹּאמֶר אֲלֵיהֶם יִרְמְיָהוּ הַנָּבִיא שָׁמַעְתִּי הִנְנִי ד
מִתְפַּלֵּל אֶל־יְהוָה אֱלֹהֵיכֶם כְּדִבְרֵיכֶם וְהָיָה כָּל־הַדָּבָר אֲשֶׁר־
יַעֲנֶה יְהוָה אֶתְכֶם אַגִּיד לָכֶם לֹא־אֶמְנַע מִכֶּם דָּבָר׃ וְהֵמָּה ה
אָמְרוּ אֶל־יִרְמְיָהוּ יְהִי יְהוָה בָּנוּ לְעֵד אֱמֶת וְנֶאֱמָן אִם־לֹא
כְּכָל־הַדָּבָר אֲשֶׁר יִשְׁלָחֲךָ יְהוָה אֱלֹהֶיךָ אֵלֵינוּ כֵּן נַעֲשֶׂה׃ אִם־ ו
אֲנַחְנוּ טוֹב וְאִם־רָע בְּקוֹל ׀ יְהוָה אֱלֹהֵינוּ אֲשֶׁר אנו שֹׁלְחִים אֹתְךָ
אֵלָיו נִשְׁמָע לְמַעַן אֲשֶׁר יִיטַב־לָנוּ כִּי נִשְׁמַע בְּקוֹל יְהוָה
אֱלֹהֵינוּ׃ וַיְהִי מִקֵּץ עֲשֶׂרֶת יָמִים וַיְהִי דְבַר־ ז
יְהוָה אֶל־יִרְמְיָהוּ׃ וַיִּקְרָא אֶל־יוֹחָנָן בֶּן־קָרֵחַ וְאֶל כָּל־שָׂרֵי ח
הַחֲיָלִים אֲשֶׁר אִתּוֹ וּלְכָל־הָעָם לְמִקָּטֹן וְעַד־גָּדוֹל׃ וַיֹּאמֶר ט
אֲלֵיהֶם כֹּה־אָמַר יְהוָה אֱלֹהֵי יִשְׂרָאֵל אֲשֶׁר שְׁלַחְתֶּם אֹתִי
אֵלָיו לְהַפִּיל תְּחִנַּתְכֶם לְפָנָיו׃ אִם־שׁוֹב תֵּשְׁבוּ בָּאָרֶץ הַזֹּאת י
וּבָנִיתִי אֶתְכֶם וְלֹא אֶהֱרֹס וְנָטַעְתִּי אֶתְכֶם וְלֹא אֶתּוֹשׁ כִּי
נִחַמְתִּי אֶל־הָרָעָה אֲשֶׁר עָשִׂיתִי לָכֶם׃ אַל־תִּירְאוּ מִפְּנֵי יא
מֶלֶךְ בָּבֶל אֲשֶׁר־אַתֶּם יְרֵאִים מִפָּנָיו אַל־תִּירְאוּ מִמֶּנּוּ נְאֻם־
יְהוָה כִּי־אִתְּכֶם אָנִי לְהוֹשִׁיעַ אֶתְכֶם וּלְהַצִּיל אֶתְכֶם מִיָּדוֹ׃
כה וְאֶתֵּן לָכֶם רַחֲמִים וְרִחַם אֶתְכֶם וְהֵשִׁיב אֶתְכֶם אֶל־אַדְמַתְכֶם׃ יב
וְאִם־אֹמְרִים אַתֶּם לֹא נֵשֵׁב בָּאָרֶץ הַזֹּאת לְבִלְתִּי שְׁמֹעַ בְּקוֹל יג
יְהוָה אֱלֹהֵיכֶם׃ לֵאמֹר לֹא כִּי אֶרֶץ מִצְרַיִם נָבוֹא אֲשֶׁר לֹא־ יד
נִרְאֶה מִלְחָמָה וְקוֹל שׁוֹפָר לֹא נִשְׁמָע וְלַלֶּחֶם לֹא־נִרְעָב וְשָׁם
נֵשֵׁב׃ וְעַתָּה לָכֵן שִׁמְעוּ דְבַר־יְהוָה שְׁאֵרִית יְהוּדָה כֹּה־אָמַר טו
יְהוָה צְבָאוֹת אֱלֹהֵי יִשְׂרָאֵל אִם־אַתֶּם שׂוֹם תְּשִׂמוּן פְּנֵיכֶם
לָבֹא מִצְרַיִם וּבָאתֶם לָגוּר שָׁם׃ וְהָיְתָה הַחֶרֶב אֲשֶׁר אַתֶּם טז
יְרֵאִים מִמֶּנָּה שָׁם תַּשִּׂיג אֶתְכֶם בְּאֶרֶץ מִצְרָיִם וְהָרָעָב אֲשֶׁר־
אַתֶּם ׀ דֹּאֲגִים מִמֶּנּוּ שָׁם יִדְבַּק אַחֲרֵיכֶם מִצְרַיִם וְשָׁם תָּמֻתוּ׃

יז ויהיו כל־האנשים אשר־שמו את־פניהם לבוא מצרים לגור
שם ימותו בחרב ברעב ובדבר ולא־יהיה להם שריד ופליט
יח מפני הרעה אשר אני מביא עליהם: כי כה אמר יהוה צבאות
אלהי ישראל כאשר נתך אפי וחמתי על־ישבי ירושלם כן
תתך חמתי עליכם בבאכם מצרים והייתם לאלה ולשמה
יט ולקללה ולחרפה ולא־תראו עוד את־המקום הזה: דבר
יהוה עליכם שארית יהודה אל־תבאו מצרים ידע תדעו
כ כי־העידתי בכם היום: כי התעתים בנפשותיכם כי־אתם התעיתם
שלחתם אתי אל־יהוה אלהיכם לאמר התפלל בעדנו אל־
יהוה אלהינו וככל אשר יאמר יהוה אלהינו כן הגד־לנו
כא ועשינו: ואגד לכם היום ולא שמעתם בקול יהוה אלהיכם
כב ולכל אשר־שלחני אליכם: ועתה ידע תדעו כי בחרב
ברעב ובדבר תמותו במקום אשר חפצתם לבוא לגור
מג א שם: ויהי ככלות ירמיהו לדבר אל־כל־העם
את־כל־דברי יהוה אלהיהם אשר שלחו יהוה אלהיהם
ב אליהם את כל־הדברים האלה: ויאמר עזריה
בן־הושעיה ויוחנן בן־קרח וכל־האנשים הזדים אמרים
אל־ירמיהו שקר אתה מדבר לא שלחך יהוה אלהינו לאמר
ג לא־תבאו מצרים לגור שם: כי ברוך בן־נריה מסית אתך
בנו למען תת אתנו ביד־הכשדים להמית אתנו ולהגלות
ד אתנו בבל: ולא־שמע יוחנן בן־קרח וכל־שרי החילים וכל־
ה העם בקול יהוה לשבת בארץ יהודה: ויקח יוחנן בן־קרח
וכל־שרי החילים את כל־שארית יהודה אשר־שבו מכל־
ו הגוים אשר נדחו־שם לגור בארץ יהודה: את־הגברים ואת־
הנשים ואת־הטף ואת־בנות המלך ואת כל־הנפש אשר
הניח נבוזראדן רב־טבחים את־גדליהו בן־אחיקם בן־שפן
ז ואת ירמיהו הנביא ואת־ברוך בן־נריהו: ויבאו ארץ מצרים

כִּי לֹא שָׁמְעוּ בְּקוֹל יְהוָה וַיָּבֹאוּ עַד־תַּחְפַּנְחֵס׃ וַיְהִי ח
דְבַר־יְהוָה אֶל־יִרְמְיָהוּ בְּתַחְפַּנְחֵס לֵאמֹר׃ קַח בְּיָדְךָ אֲבָנִים ט
גְּדֹלוֹת וּטְמַנְתָּם בַּמֶּלֶט בַּמַּלְבֵּן אֲשֶׁר בְּפֶתַח בֵּית־פַּרְעֹה
בְּתַחְפַּנְחֵס לְעֵינֵי אֲנָשִׁים יְהוּדִים׃ וְאָמַרְתָּ אֲלֵיהֶם כֹּה־אָמַר י
יְהוָה צְבָאוֹת אֱלֹהֵי יִשְׂרָאֵל הִנְנִי שֹׁלֵחַ וְלָקַחְתִּי אֶת־
נְבוּכַדְרֶאצַּר מֶלֶךְ־בָּבֶל עַבְדִּי וְשַׂמְתִּי כִסְאוֹ מִמַּעַל לָאֲבָנִים
הָאֵלֶּה אֲשֶׁר טָמָנְתִּי וְנָטָה אֶת־שפרורו עֲלֵיהֶם׃ ובאה וְהִכָּה יא (שַׁפְרִירוֹ | וּבָא)
אֶת־אֶרֶץ מִצְרָיִם אֲשֶׁר לַמָּוֶת לַמָּוֶת וַאֲשֶׁר לַשֶּׁבִי לַשֶּׁבִי וַאֲשֶׁר
לַחֶרֶב לֶחָרֶב׃ וְהִצַּתִּי אֵשׁ בְּבָתֵּי אֱלֹהֵי מִצְרַיִם וּשְׂרָפָם וְשָׁבָם יב
וְעָטָה אֶת־אֶרֶץ מִצְרַיִם כַּאֲשֶׁר־יַעְטֶה הָרֹעֶה אֶת־בִּגְדוֹ וְיָצָא
מִשָּׁם בְּשָׁלוֹם׃ וְשִׁבַּר אֶת־מַצְּבוֹת בֵּית שֶׁמֶשׁ אֲשֶׁר בְּאֶרֶץ יג
מִצְרָיִם וְאֶת־בָּתֵּי אֱלֹהֵי־מִצְרַיִם יִשְׂרֹף בָּאֵשׁ׃ הַדָּבָר א מד
אֲשֶׁר הָיָה אֶל־יִרְמְיָהוּ אֶל כָּל־הַיְּהוּדִים הַיֹּשְׁבִים בְּאֶרֶץ
מִצְרָיִם הַיֹּשְׁבִים בְּמִגְדֹּל וּבְתַחְפַּנְחֵס וּבְנֹף וּבְאֶרֶץ פַּתְרוֹס
לֵאמֹר׃ כֹּה־אָמַר יְהוָה צְבָאוֹת אֱלֹהֵי יִשְׂרָאֵל אַתֶּם רְאִיתֶם ב
אֵת כָּל־הָרָעָה אֲשֶׁר הֵבֵאתִי עַל־יְרוּשָׁלִַם וְעַל כָּל־עָרֵי יְהוּדָה
וְהִנָּם חָרְבָּה הַיּוֹם הַזֶּה וְאֵין בָּהֶם יוֹשֵׁב׃ מִפְּנֵי רָעָתָם אֲשֶׁר עָשׂוּ ג
לְהַכְעִסֵנִי לָלֶכֶת לְקַטֵּר לַעֲבֹד לֵאלֹהִים אֲחֵרִים אֲשֶׁר לֹא
יְדָעוּם הֵמָּה אַתֶּם וַאֲבֹתֵיכֶם׃ וָאֶשְׁלַח אֲלֵיכֶם אֶת־כָּל־עֲבָדַי ד
הַנְּבִיאִים הַשְׁכֵּים וְשָׁלֹחַ לֵאמֹר אַל־נָא תַעֲשׂוּ אֵת דְּבַר־
הַתֹּעֵבָה הַזֹּאת אֲשֶׁר שָׂנֵאתִי׃ וְלֹא שָׁמְעוּ וְלֹא־הִטּוּ אֶת־אָזְנָם ה
לָשׁוּב מֵרָעָתָם לְבִלְתִּי קַטֵּר לֵאלֹהִים אֲחֵרִים׃ וַתִּתַּךְ חֲמָתִי ו
וְאַפִּי וַתִּבְעַר בְּעָרֵי יְהוּדָה וּבְחֻצוֹת יְרוּשָׁלִָם וַתִּהְיֶינָה לְחָרְבָּה
לִשְׁמָמָה כַּיּוֹם הַזֶּה׃ וְעַתָּה כֹּה־אָמַר יְהוָה אֱלֹהֵי ז
צְבָאוֹת אֱלֹהֵי יִשְׂרָאֵל לָמָה אַתֶּם עֹשִׂים רָעָה גְדוֹלָה אֶל־
נַפְשֹׁתֵכֶם לְהַכְרִית לָכֶם אִישׁ־וְאִשָּׁה עוֹלֵל וְיוֹנֵק מִתּוֹךְ יְהוּדָה
לְבִלְתִּי הוֹתִיר לָכֶם שְׁאֵרִית׃ לְהַכְעִסֵנִי בְּמַעֲשֵׂי יְדֵיכֶם לְקַטֵּר ח

לֵאלֹהִים אֲחֵרִים בְּאֶרֶץ מִצְרַיִם אֲשֶׁר־אַתֶּם בָּאִים לָגוּר שָׁם
לְמַעַן הַכְרִית לָכֶם וּלְמַעַן הֱיוֹתְכֶם לִקְלָלָה וּלְחֶרְפָּה בְּכֹל גּוֹיֵ
ט הָאָרֶץ: הַשְׁכַחְתֶּם אֶת־רָעוֹת אֲבוֹתֵיכֶם וְאֶת־רָעוֹת ׀ מַלְכֵי
יְהוּדָה וְאֵת רָעוֹת נָשָׁיו וְאֵת רָעֹתֵכֶם וְאֵת רָעֹת נְשֵׁיכֶם אֲשֶׁר
י עָשׂוּ בְּאֶרֶץ יְהוּדָה וּבְחֻצוֹת יְרוּשָׁלָםִ: לֹא דֻכְּאוּ עַד הַיּוֹם הַזֶּה
וְלֹא יָרְאוּ וְלֹא־הָלְכוּ בְתוֹרָתִי וּבְחֻקֹּתַי אֲשֶׁר־נָתַתִּי לִפְנֵיכֶם
יא וְלִפְנֵי אֲבוֹתֵיכֶם: לָכֵן כֹּה־אָמַר יְהוָה צְבָאוֹת
אֱלֹהֵי יִשְׂרָאֵל הִנְנִי שָׂם פָּנַי בָּכֶם לְרָעָה וּלְהַכְרִית אֶת־כָּל־
יב יְהוּדָה: וְלָקַחְתִּי אֶת־שְׁאֵרִית יְהוּדָה אֲשֶׁר־שָׂמוּ פְנֵיהֶם לָבוֹא
אֶרֶץ־מִצְרַיִם לָגוּר שָׁם וְתַמּוּ כֹל בְּאֶרֶץ מִצְרַיִם יִפֹּלוּ בַּחֶרֶב
בָּרָעָב יִתַּמּוּ מִקָּטֹן וְעַד־גָּדוֹל בַּחֶרֶב וּבָרָעָב יָמֻתוּ וְהָיוּ
יג לְאָלָה לְשַׁמָּה וְלִקְלָלָה וּלְחֶרְפָּה: וּפָקַדְתִּי עַל הַיּוֹשְׁבִים
בְּאֶרֶץ מִצְרַיִם כַּאֲשֶׁר פָּקַדְתִּי עַל־יְרוּשָׁלָםִ בַּחֶרֶב בָּרָעָב
יד וּבַדָּבֶר: וְלֹא יִהְיֶה פָּלִיט וְשָׂרִיד לִשְׁאֵרִית יְהוּדָה הַבָּאִים
לָגוּר־שָׁם בְּאֶרֶץ מִצְרָיִם וְלָשׁוּב ׀ אֶרֶץ יְהוּדָה אֲשֶׁר־הֵמָּה
מְנַשְּׂאִים אֶת־נַפְשָׁם לָשׁוּב לָשֶׁבֶת שָׁם כִּי לֹא־יָשׁוּבוּ כִּי
טו אִם־פְּלֵטִים: וַיַּעֲנוּ אֶת־יִרְמְיָהוּ כָּל־הָאֲנָשִׁים
הַיֹּדְעִים כִּי־מְקַטְּרוֹת נְשֵׁיהֶם לֵאלֹהִים אֲחֵרִים וְכָל־הַנָּשִׁים
הָעֹמְדוֹת קָהָל גָּדוֹל וְכָל־הָעָם הַיֹּשְׁבִים בְּאֶרֶץ־מִצְרַיִם
טז בְּפַתְרוֹס לֵאמֹר: הַדָּבָר אֲשֶׁר־דִּבַּרְתָּ אֵלֵינוּ בְּשֵׁם יְהוָה אֵינֶנּוּ
יז שֹׁמְעִים אֵלֶיךָ: כִּי עָשֹׂה נַעֲשֶׂה אֶת־כָּל־הַדָּבָר ׀ אֲשֶׁר־יָצָא
מִפִּינוּ לְקַטֵּר לִמְלֶכֶת הַשָּׁמַיִם וְהַסֵּיךְ־לָהּ נְסָכִים כַּאֲשֶׁר עָשִׂינוּ
אֲנַחְנוּ וַאֲבֹתֵינוּ מְלָכֵינוּ וְשָׂרֵינוּ בְּעָרֵי יְהוּדָה וּבְחֻצוֹת יְרוּשָׁלָםִ
יח וַנִּשְׂבַּע־לֶחֶם וַנִּהְיֶה טוֹבִים וְרָעָה לֹא רָאִינוּ: וּמִן־אָז חָדַלְנוּ
לְקַטֵּר לִמְלֶכֶת הַשָּׁמַיִם וְהַסֵּךְ־לָהּ נְסָכִים חָסַרְנוּ כֹל וּבַחֶרֶב
יט וּבָרָעָב תָּמְנוּ: וְכִי־אֲנַחְנוּ מְקַטְּרִים לִמְלֶכֶת הַשָּׁמַיִם וּלְהַסֵּךְ
לָהּ נְסָכִים הֲמִבַּלְעֲדֵי אֲנָשֵׁינוּ עָשִׂינוּ לָהּ כַּוָּנִים לְהַעֲצִבָה וְהַסֵּךְ

כ לָהּ נְסָכִים׃ וַיֹּאמֶר יִרְמְיָהוּ אֶל־כָּל־הָעָם עַל־
הַגְּבָרִים וְעַל־הַנָּשִׁים וְעַל־כָּל־הָעָם הָעֹנִים אֹתוֹ דָּבָר לֵאמֹר׃
כא הֲלוֹא אֶת־הַקִּטֵּר אֲשֶׁר קִטַּרְתֶּם בְּעָרֵי יְהוּדָה וּבְחֻצוֹת יְרוּשָׁלִַם
אַתֶּם וַאֲבוֹתֵיכֶם מַלְכֵיכֶם וְשָׂרֵיכֶם וְעַם הָאָרֶץ אֹתָם זָכַר יְהוָה
כב וַתַּעֲלֶה עַל־לִבּוֹ׃ וְלֹא־יוּכַל יְהוָה עוֹד לָשֵׂאת מִפְּנֵי רֹעַ
מַעַלְלֵיכֶם מִפְּנֵי הַתּוֹעֵבֹת אֲשֶׁר עֲשִׂיתֶם וַתְּהִי אַרְצְכֶם לְחָרְבָּה
כג וּלְשַׁמָּה וְלִקְלָלָה מֵאֵין יוֹשֵׁב כְּהַיּוֹם הַזֶּה׃ מִפְּנֵי אֲשֶׁר קִטַּרְתֶּם
וַאֲשֶׁר חֲטָאתֶם לַיהוָה וְלֹא שְׁמַעְתֶּם בְּקוֹל יְהוָה וּבְתֹרָתוֹ
וּבְחֻקֹּתָיו וּבְעֵדְוֹתָיו לֹא הֲלַכְתֶּם עַל־כֵּן קָרָאת אֶתְכֶם הָרָעָה
כד הַזֹּאת כַּיּוֹם הַזֶּה׃ וַיֹּאמֶר יִרְמְיָהוּ אֶל־כָּל־הָעָם
וְאֶל כָּל־הַנָּשִׁים שִׁמְעוּ דְּבַר־יְהוָה כָּל־יְהוּדָה אֲשֶׁר בְּאֶרֶץ
כה מִצְרָיִם׃ כֹּה־אָמַר יְהוָה־צְבָאוֹת אֱלֹהֵי יִשְׂרָאֵל לֵאמֹר אַתֶּם
וּנְשֵׁיכֶם וַתְּדַבֵּרְנָה בְּפִיכֶם וּבִידֵיכֶם מִלֵּאתֶם ׀ לֵאמֹר עָשֹׂה
נַעֲשֶׂה אֶת־נְדָרֵינוּ אֲשֶׁר נָדַרְנוּ לְקַטֵּר לִמְלֶכֶת הַשָּׁמַיִם וּלְהַסֵּךְ
לָהּ נְסָכִים הָקֵים תָּקִימְנָה אֶת־נִדְרֵיכֶם וְעָשֹׂה תַעֲשֶׂינָה אֶת־
כו נִדְרֵיכֶם׃ לָכֵן שִׁמְעוּ דְבַר־יְהוָה כָּל־יְהוּדָה הַיֹּשְׁבִים בְּאֶרֶץ
מִצְרָיִם הִנְנִי נִשְׁבַּעְתִּי בִּשְׁמִי הַגָּדוֹל אָמַר יְהוָה אִם־יִהְיֶה עוֹד
שְׁמִי נִקְרָא ׀ בְּפִי ׀ כָּל־אִישׁ יְהוּדָה אֹמֵר חַי־אֲדֹנָי יֱהוִה בְּכָל־
כז אֶרֶץ מִצְרָיִם׃ הִנְנִי שֹׁקֵד עֲלֵיהֶם לְרָעָה וְלֹא לְטוֹבָה וְתַמּוּ כָל־
אִישׁ יְהוּדָה אֲשֶׁר בְּאֶרֶץ־מִצְרַיִם בַּחֶרֶב וּבָרָעָב עַד־כְּלוֹתָם׃
כח וּפְלִיטֵי חֶרֶב יְשֻׁבוּן מִן־אֶרֶץ מִצְרַיִם אֶרֶץ יְהוּדָה מְתֵי מִסְפָּר
וְיָדְעוּ כָּל־שְׁאֵרִית יְהוּדָה הַבָּאִים לְאֶרֶץ־מִצְרַיִם לָגוּר שָׁם
כט דְּבַר־מִי יָקוּם מִמֶּנִּי וּמֵהֶם׃ וְזֹאת לָכֶם הָאוֹת נְאֻם־יְהוָה כִּי־
פֹקֵד אֲנִי עֲלֵיכֶם בַּמָּקוֹם הַזֶּה לְמַעַן תֵּדְעוּ כִּי קוֹם יָקוּמוּ דְבָרַי
ל עֲלֵיכֶם לְרָעָה׃ כֹּה ׀ אָמַר יְהוָה הִנְנִי נֹתֵן אֶת־
פַּרְעֹה חָפְרַע מֶלֶךְ־מִצְרַיִם בְּיַד אֹיְבָיו וּבְיַד מְבַקְשֵׁי נַפְשׁוֹ
כַּאֲשֶׁר נָתַתִּי אֶת־צִדְקִיָּהוּ מֶלֶךְ־יְהוּדָה בְּיַד נְבוּכַדְרֶאצַּר

מה
א מֶלֶךְ־בָּבֶל אֹיְבוֹ וּמְבַקֵּשׁ נַפְשׁוֹ׃ הַדָּבָר אֲשֶׁר
דִּבֶּר יִרְמְיָהוּ הַנָּבִיא אֶל־בָּרוּךְ בֶּן־נֵרִיָּה בְּכָתְבוֹ אֶת־הַדְּבָרִים
הָאֵלֶּה עַל־סֵפֶר מִפִּי יִרְמְיָהוּ בַּשָּׁנָה הָרְבִעִית לִיהוֹיָקִים בֶּן־
ב יֹאשִׁיָּהוּ מֶלֶךְ יְהוּדָה לֵאמֹר׃ כֹּה־אָמַר יְהוָה אֱלֹהֵי יִשְׂרָאֵל
ג עָלֶיךָ בָּרוּךְ׃ אָמַרְתָּ אוֹי־נָא לִי כִּי־יָסַף יְהוָה יָגוֹן עַל־מַכְאֹבִי
ד יָגַעְתִּי בְּאַנְחָתִי וּמְנוּחָה לֹא מָצָאתִי׃ כֹּה ׀ תֹּאמַר אֵלָיו כֹּה
אָמַר יְהוָה הִנֵּה אֲשֶׁר־בָּנִיתִי אֲנִי הֹרֵס וְאֵת אֲשֶׁר־נָטַעְתִּי
ה אֲנִי נֹתֵשׁ וְאֶת־כָּל־הָאָרֶץ הִיא׃ וְאַתָּה תְּבַקֶּשׁ־לְךָ גְדֹלוֹת
אַל־תְּבַקֵּשׁ כִּי הִנְנִי מֵבִיא רָעָה עַל־כָּל־בָּשָׂר נְאֻם־יְהוָה
וְנָתַתִּי לְךָ אֶת־נַפְשְׁךָ לְשָׁלָל עַל כָּל־הַמְּקֹמוֹת אֲשֶׁר תֵּלֶךְ־
מו א שָׁם׃ אֲשֶׁר הָיָה דְבַר־יְהוָה אֶל־יִרְמְיָהוּ הַנָּבִיא
ב עַל־הַגּוֹיִם׃ לְמִצְרַיִם עַל־חֵיל פַּרְעֹה נְכוֹ מֶלֶךְ מִצְרַיִם אֲשֶׁר־
הָיָה עַל־נְהַר־פְּרָת בְּכַרְכְּמִשׁ אֲשֶׁר הִכָּה נְבוּכַדְרֶאצַּר מֶלֶךְ
בָּבֶל בִּשְׁנַת הָרְבִיעִית לִיהוֹיָקִים בֶּן־יֹאשִׁיָּהוּ מֶלֶךְ יְהוּדָה׃
ג ד עִרְכוּ מָגֵן וְצִנָּה וּגְשׁוּ לַמִּלְחָמָה׃ אִסְרוּ הַסּוּסִים וַעֲלוּ הַפָּרָשִׁים
ה וְהִתְיַצְּבוּ בְּכוֹבָעִים מִרְקוּ הָרְמָחִים לִבְשׁוּ הַסִּרְיֹנֹת׃ מַדּוּעַ
רָאִיתִי הֵמָּה חַתִּים נְסֹגִים אָחוֹר וְגִבּוֹרֵיהֶם יֻכַּתּוּ וּמָנוֹס נָסוּ
ו וְלֹא הִפְנוּ מָגוֹר מִסָּבִיב נְאֻם־יְהוָה׃ אַל־יָנוּס הַקַּל וְאַל־יִמָּלֵט
ז הַגִּבּוֹר צָפוֹנָה עַל־יַד נְהַר־פְּרָת כָּשְׁלוּ וְנָפָלוּ׃ מִי־זֶה כַּיְאֹר
ח יַעֲלֶה כַּנְּהָרוֹת יִתְגָּעֲשׁוּ מֵימָיו׃ מִצְרַיִם כַּיְאֹר יַעֲלֶה וְכַנְּהָרוֹת
יִתְגֹּעֲשׁוּ מָיִם וַיֹּאמֶר אַעֲלֶה אֲכַסֶּה־אֶרֶץ אֹבִידָה עִיר וְיֹשְׁבֵי
ט בָהּ׃ עֲלוּ הַסּוּסִים וְהִתְהֹלְלוּ הָרֶכֶב וְיֵצְאוּ הַגִּבּוֹרִים כּוּשׁ וּפוּט
י תֹּפְשֵׂי מָגֵן וְלוּדִים תֹּפְשֵׂי דֹּרְכֵי קָשֶׁת׃ וְהַיּוֹם הַהוּא לַאדֹנָי יְהוִה
צְבָאוֹת יוֹם נְקָמָה לְהִנָּקֵם מִצָּרָיו וְאָכְלָה חֶרֶב וְשָׂבְעָה
וְרָוְתָה מִדָּמָם כִּי זֶבַח לַאדֹנָי יְהוִה צְבָאוֹת בְּאֶרֶץ צָפוֹן
יא אֶל־נְהַר־פְּרָת׃ עֲלִי גִלְעָד וּקְחִי צֳרִי בְּתוּלַת בַּת־מִצְרָיִם
יב לַשָּׁוְא הִרְבֵּיתִי רְפֻאוֹת תְּעָלָה אֵין לָךְ׃ שָׁמְעוּ גוֹיִם קְלוֹנֵךְ הרבית

וְצִוְחָתֵךְ מָלְאָה הָאָרֶץ כִּי־גִבּוֹר בְּגִבּוֹר כָּשָׁלוּ יַחְדָּיו נָפְלוּ
שְׁנֵיהֶם׃ הַדָּבָר אֲשֶׁר דִּבֶּר יְהוָה אֶל־יִרְמְיָהוּ יג
הַנָּבִיא לָבוֹא נְבוּכַדְרֶאצַּר מֶלֶךְ בָּבֶל לְהַכּוֹת אֶת־אֶרֶץ
מִצְרָיִם׃ הַגִּידוּ בְמִצְרַיִם וְהַשְׁמִיעוּ בְמִגְדּוֹל וְהַשְׁמִיעוּ בְנֹף יד
וּבְתַחְפַּנְחֵס אִמְרוּ הִתְיַצֵּב וְהָכֵן לָךְ כִּי־אָכְלָה חֶרֶב סְבִיבֶיךָ׃
מַדּוּעַ נִסְחַף אַבִּירֶיךָ לֹא עָמַד כִּי יְהוָה הֲדָפוֹ׃ הִרְבָּה כּוֹשֵׁל טו טז
גַּם־נָפַל אִישׁ אֶל־רֵעֵהוּ וַיֹּאמְרוּ קוּמָה ׀ וְנָשֻׁבָה אֶל־עַמֵּנוּ וְאֶל־
אֶרֶץ מוֹלַדְתֵּנוּ מִפְּנֵי חֶרֶב הַיּוֹנָה׃ קָרְאוּ שָׁם פַּרְעֹה מֶלֶךְ־ יז
מִצְרַיִם שָׁאוֹן הֶעֱבִיר הַמּוֹעֵד׃ חַי־אָנִי נְאֻם־הַמֶּלֶךְ יְהוָה יח
צְבָאוֹת שְׁמוֹ כִּי כְּתָבוֹר בֶּהָרִים וּכְכַרְמֶל בַּיָּם יָבוֹא׃ כְּלֵי גוֹלָה יט
עֲשִׂי לָךְ יוֹשֶׁבֶת בַּת־מִצְרָיִם כִּי־נֹף לְשַׁמָּה תִהְיֶה וְנִצְּתָה מֵאֵין
יוֹשֵׁב׃ עֶגְלָה יְפֵה־פִיָּה מִצְרָיִם קֶרֶץ מִצָּפוֹן בָּא כ
בָא׃ גַּם־שְׂכִרֶיהָ בְקִרְבָּהּ כְּעֶגְלֵי מַרְבֵּק כִּי־גַם־הֵמָּה הִפְנוּ נָסוּ כא
יַחְדָּיו לֹא עָמָדוּ כִּי יוֹם אֵידָם בָּא עֲלֵיהֶם עֵת פְּקֻדָּתָם׃ קוֹלָהּ כב
כַּנָּחָשׁ יֵלֵךְ כִּי־בְחַיִל יֵלֵכוּ וּבְקַרְדֻּמּוֹת בָּאוּ לָהּ כְּחֹטְבֵי עֵצִים׃
כָּרְתוּ יַעְרָהּ נְאֻם־יְהוָה כִּי לֹא יֵחָקֵר כִּי רַבּוּ מֵאַרְבֶּה וְאֵין כג
לָהֶם מִסְפָּר׃ הֹבִישָׁה בַּת־מִצְרָיִם נִתְּנָה בְּיַד עַם־צָפוֹן׃ אָמַר כד כה
יְהוָה צְבָאוֹת אֱלֹהֵי יִשְׂרָאֵל הִנְנִי פוֹקֵד אֶל־אָמוֹן מִנֹּא וְעַל־
פַּרְעֹה וְעַל־מִצְרַיִם וְעַל־אֱלֹהֶיהָ וְעַל־מְלָכֶיהָ וְעַל־פַּרְעֹה וְעַל
הַבֹּטְחִים בּוֹ׃ וּנְתַתִּים בְּיַד מְבַקְשֵׁי נַפְשָׁם וּבְיַד נְבוּכַדְרֶאצַּר כו
מֶלֶךְ־בָּבֶל וּבְיַד עֲבָדָיו וְאַחֲרֵי־כֵן תִּשְׁכֹּן כִּימֵי־קֶדֶם נְאֻם־
כז יְהוָה׃ וְאַתָּה אַל־תִּירָא עַבְדִּי יַעֲקֹב וְאַל־תֵּחַת כז
יִשְׂרָאֵל כִּי הִנְנִי מוֹשִׁעֲךָ מֵרָחוֹק וְאֶת־זַרְעֲךָ מֵאֶרֶץ שִׁבְיָם
וְשָׁב יַעֲקוֹב וְשָׁקַט וְשַׁאֲנַן וְאֵין מַחֲרִיד׃ אַתָּה אַל־תִּירָא עַבְדִּי כח
יַעֲקֹב נְאֻם־יְהוָה כִּי אִתְּךָ אָנִי כִּי אֶעֱשֶׂה כָלָה בְּכָל־הַגּוֹיִם ׀
אֲשֶׁר הִדַּחְתִּיךָ שָׁמָּה וְאֹתְךָ לֹא־אֶעֱשֶׂה כָלָה וְיִסַּרְתִּיךָ לַמִּשְׁפָּט
וְנַקֵּה לֹא אֲנַקֶּךָּ׃ אֲשֶׁר הָיָה דְבַר־יְהוָה אֶל־ א מז

יִרְמְיָהוּ הַנָּבִיא אֶל־פְּלִשְׁתִּים בְּטֶרֶם יַכֶּה פַרְעֹה אֶת־עַזָּה׃
ב כֹּה ׀ אָמַר יהוה הִנֵּה־מַיִם עֹלִים מִצָּפוֹן וְהָיוּ לְנַחַל שׁוֹטֵף
וְיִשְׁטְפוּ אֶרֶץ וּמְלוֹאָהּ עִיר וְיֹשְׁבֵי בָהּ וְזָעֲקוּ הָאָדָם וְהֵילִל כֹּל
ג יוֹשֵׁב הָאָרֶץ׃ מִקּוֹל שַׁעֲטַת פַּרְסוֹת אַבִּירָיו מֵרַעַשׁ לְרִכְבּוֹ
ד הֲמוֹן גַּלְגִּלָּיו לֹא־הִפְנוּ אָבוֹת אֶל־בָּנִים מֵרִפְיוֹן יָדָיִם׃ עַל־הַיּוֹם
הַבָּא לִשְׁדוֹד אֶת־כָּל־פְּלִשְׁתִּים לְהַכְרִית לְצֹר וּלְצִידוֹן כֹּל
שָׂרִיד עֹזֵר כִּי־שֹׁדֵד יהוה אֶת־פְּלִשְׁתִּים שְׁאֵרִית אִי כַפְתּוֹר׃
ה בָּאָה קָרְחָה אֶל־עַזָּה נִדְמְתָה אַשְׁקְלוֹן שְׁאֵרִית עִמְקָם עַד־
ו מָתַי תִּתְגּוֹדָדִי׃ הוֹי חֶרֶב לַיהוה עַד־אָנָה לֹא תִשְׁקֹטִי הֵאָסְפִי
ז אֶל־תַּעְרֵךְ הֵרָגְעִי וָדֹמִּי׃ אֵיךְ תִּשְׁקֹטִי וַיהוה צִוָּה־לָהּ אֶל־
מח א אַשְׁקְלוֹן וְאֶל־חוֹף הַיָּם שָׁם יְעָדָהּ׃ לְמוֹאָב כֹּה־
אָמַר יהוה צְבָאוֹת אֱלֹהֵי יִשְׂרָאֵל הוֹי אֶל־נְבוֹ כִּי שֻׁדָּדָה
ב הֹבִישָׁה נִלְכְּדָה קִרְיָתָיִם הֹבִישָׁה הַמִּשְׂגָּב וָחָתָּה׃ אֵין עוֹד
תְּהִלַּת מוֹאָב בְּחֶשְׁבּוֹן חָשְׁבוּ עָלֶיהָ רָעָה לְכוּ וְנַכְרִיתֶנָּה מִגּוֹי
ג גַּם־מַדְמֵן תִּדֹּמִּי אַחֲרַיִךְ תֵּלֶךְ חָרֶב׃ קוֹל צְעָקָה מֵחֹרוֹנָיִם שֹׁד
ד ה וָשֶׁבֶר גָּדוֹל׃ נִשְׁבְּרָה מוֹאָב הִשְׁמִיעוּ זְּעָקָה צעוריה׃ כִּי מַעֲלֵה צְעִירֶיהָ
הלחות בִּבְכִי יַעֲלֶה־בֶּכִי כִּי בְּמוֹרַד חֹרֹנַיִם צָרֵי צַעֲקַת־שֶׁבֶר הַלּוּחִית
ו ז שָׁמֵעוּ׃ נֻסוּ מַלְּטוּ נַפְשְׁכֶם וְתִהְיֶינָה כַּעֲרוֹעֵר בַּמִּדְבָּר׃ כִּי יַעַן
בִּטְחֵךְ בְּמַעֲשַׂיִךְ וּבְאוֹצְרוֹתַיִךְ גַּם־אַתְּ תִּלָּכֵדִי וְיָצָא כמיש כְּמוֹשׁ
ח בַּגּוֹלָה כֹּהֲנָיו וְשָׂרָיו יחד׃ וְיָבֹא שֹׁדֵד אֶל־כָּל־עִיר וְעִיר לֹא יַחְדָּו
ט תִמָּלֵט וְאָבַד הָעֵמֶק וְנִשְׁמַד הַמִּישֹׁר אֲשֶׁר אָמַר יהוה׃ תְּנוּ־
צִיץ לְמוֹאָב כִּי נָצֹא תֵּצֵא וְעָרֶיהָ לְשַׁמָּה תִהְיֶינָה מֵאֵין יוֹשֵׁב
י בָּהֵן׃ אָרוּר עֹשֶׂה מְלֶאכֶת יהוה רְמִיָּה וְאָרוּר מֹנֵעַ חַרְבּוֹ מִדָּם׃
יא שַׁאֲנַן מוֹאָב מִנְּעוּרָיו וְשֹׁקֵט הוּא אֶל־שְׁמָרָיו וְלֹא־הוּרַק מִכְּלִי
אֶל־כֶּלִי וּבַגּוֹלָה לֹא הָלָךְ עַל־כֵּן עָמַד טַעְמוֹ בּוֹ וְרֵיחוֹ
יב לֹא נָמָר׃ לָכֵן הִנֵּה־יָמִים בָּאִים נְאֻם־יהוה
יג וְשִׁלַּחְתִּי־לוֹ צֹעִים וְצֵעֻהוּ וְכֵלָיו יָרִיקוּ וְנִבְלֵיהֶם יְנַפֵּצוּ׃ וּבֹשׁ

מוֹאָב מִכְּמ֑וֹשׁ כַּֽאֲשֶׁר־בֹּ֙שׁוּ֙ בֵּ֣ית יִשְׂרָאֵ֔ל מִבֵּ֥ית אֵ֖ל מִבְטֶחָֽם׃
יד טו אֵ֚יךְ תֹּֽאמְר֔וּ גִּבּוֹרִ֖ים אֲנָ֑חְנוּ וְאַנְשֵׁי־חַ֖יִל לַמִּלְחָמָֽה׃ שֻׁדַּ֤ד מוֹאָב֙
וְעָרֶ֣יהָ עָלָ֔ה וּמִבְחַ֥ר בַּחוּרָ֖יו יָרְד֣וּ לַטָּ֑בַח נְאֻ֨ם־הַמֶּ֔לֶךְ יְהוָ֥ה
טז צְבָא֖וֹת שְׁמֽוֹ׃ קָר֥וֹב אֵיד־מוֹאָ֖ב לָב֑וֹא וְרָ֣עָת֔וֹ מִהֲרָ֖ה מְאֹֽד׃
יז נֻ֤דוּ לוֹ֙ כָּל־סְבִיבָ֔יו וְכֹ֖ל יֹדְעֵ֣י שְׁמ֑וֹ אִמְר֗וּ אֵיכָה֙ נִשְׁבַּר֙ מַטֵּה־עֹ֔ז
יח מַקֵּ֖ל תִּפְאָרָֽה׃ רְדִ֤י מִכָּבוֹד֙ ישבי בַצָּמָ֔א יֹשֶׁ֖בֶת בַּת־דִּיב֑וֹן כִּֽי־ וּשְׁבִ֣י
יט שֹׁדֵ֤ד מוֹאָב֙ עָ֣לָה בָ֔ךְ שִׁחֵ֖ת מִבְצָרָֽיִךְ׃ אֶל־דֶּ֛רֶךְ עִמְדִ֥י וְצַפִּ֖י
כ יוֹשֶׁ֣בֶת עֲרוֹעֵ֑ר שַֽׁאֲלִי־נָס֙ וְנִמְלָ֔טָה אִמְרִ֖י מַה־נִּֽהְיָֽתָה׃ הֹבִ֥ישׁ
מוֹאָ֛ב כִּי־חַ֖תָּה הילילי ׀ וזעקי הַגִּ֣ידוּ בְאַרְנ֔וֹן כִּ֥י שֻׁדַּ֖ד מוֹאָֽב׃ הֵילִ֣ילוּ ׀ וּֽזְעָ֔קוּ
כא וּמִשְׁפָּ֥ט בָּ֖א אֶל־אֶ֣רֶץ הַמִּישֹׁ֑ר אֶל־חֹל֥וֹן וְאֶל־יַ֖הְצָה וְעַל־
כב כג מופעת׃ וְעַל־דִּיב֥וֹן וְעַל־נְב֖וֹ וְעַל־בֵּ֥ית דִּבְלָתָֽיִם׃ וְעַ֥ל קִרְיָתַ֖יִם מֵיפָֽעַת
כד וְעַל־בֵּ֥ית גָּמ֖וּל וְעַל־בֵּ֥ית מְעֽוֹן׃ וְעַל־קְרִיּ֖וֹת וְעַל־בָּצְרָ֑ה וְעַ֗ל
כה כָּל־עָרֵ֛י אֶ֥רֶץ מוֹאָ֖ב הָרְחֹק֥וֹת וְהַקְּרֹבֽוֹת׃ נִגְדְּעָה֙ קֶ֣רֶן מוֹאָ֔ב
כו וּזְרֹע֖וֹ נִשְׁבָּ֑רָה נְאֻ֖ם יְהוָֽה׃ הַשְׁכִּירֻ֕הוּ כִּ֥י עַל־יְהוָ֖ה הִגְדִּ֑יל וְסָפַ֤ק
כז מוֹאָב֙ בְּקִיא֔וֹ וְהָיָ֥ה לִשְׂחֹ֖ק גַּם־הֽוּא׃ וְאִ֣ם ׀ ל֣וֹא הַשְּׂחֹ֗ק הָיָ֤ה
לְךָ֙ יִשְׂרָאֵ֔ל אִם־בְּגַנָּבִ֖ים נמצאה כִּֽי־מִדֵּ֧י דְבָרֶ֛יךָ בּ֖וֹ תִּתְנוֹדָֽד׃ נִמְצָ֑א
כח עִזְב֤וּ עָרִים֙ וְשִׁכְנ֣וּ בַסֶּ֔לַע יֹשְׁבֵ֖י מוֹאָ֑ב וִהְי֣וּ כְיוֹנָ֔ה תְּקַנֵּ֖ן בְּעֶבְרֵ֥י
כט פִי־פָֽחַת׃ שָׁמַ֥עְנוּ גְאוֹן־מוֹאָ֖ב גֵּאֶ֣ה מְאֹ֑ד גָּבְה֨וֹ וּגְאוֹנ֧וֹ וְגַאֲוָת֛וֹ
ל וְרֻ֥ם לִבּֽוֹ׃ אֲנִ֤י יָדַ֙עְתִּי֙ נְאֻם־יְהוָ֔ה עֶבְרָת֖וֹ וְלֹא־כֵ֑ן בַּדָּ֖יו לֹא־כֵ֥ן
לא עָשֽׂוּ׃ עַל־כֵּן֙ עַל־מוֹאָ֣ב אֲיֵלִ֔יל וּלְמוֹאָ֥ב כֻּלֹּ֖ה אֶזְעָ֑ק אֶל־אַנְשֵׁ֥י
לב קִֽיר־חֶ֖רֶשׂ יֶהְגֶּֽה׃ מִבְּכִ֨י יַעְזֵ֜ר אֶבְכֶּה־לָּ֗ךְ הַגֶּ֙פֶן֙ שִׂבְמָ֔ה
נְטִישֹׁתַ֙יִךְ֙ עָ֣בְרוּ יָ֔ם עַ֖ד יָ֣ם יַעְזֵ֣ר נָגָ֑עוּ עַל־קֵיצֵ֥ךְ וְעַל־בְּצִירֵ֖ךְ
לג שֹׁדֵ֥ד נָפָֽל׃ וְנֶאֶסְפָ֨ה שִׂמְחָ֥ה וָגִ֛יל מִכַּרְמֶ֖ל וּמֵאֶ֣רֶץ מוֹאָ֑ב וְיַ֙יִן֙
לד מִיקָבִ֣ים הִשְׁבַּ֔תִּי לֹֽא־יִדְרֹ֣ךְ הֵידָ֔ד הֵידָ֖ד לֹ֥א הֵידָֽד׃ מִזַּעֲקַ֨ת
חֶשְׁבּ֜וֹן עַד־אֶלְעָלֵ֗ה עַד־יַ֙הַץ֙ נָתְנ֣וּ קוֹלָ֔ם מִצֹּ֙עַר֙ עַד־חֹֽרֹנַ֔יִם
לה עֶגְלַ֖ת שְׁלִשִׁיָּ֑ה כִּ֚י גַּם־מֵ֣י נִמְרִ֔ים לִמְשַׁמּ֖וֹת יִהְיֽוּ׃ וְהִשְׁבַּתִּ֣י
לו לְמוֹאָ֔ב נְאֻם־יְהוָ֑ה מַעֲלֶ֣ה בָמָ֔ה וּמַקְטִ֖יר לֵאלֹהָֽיו׃ עַל־כֵּ֨ן לִבִּ֤י

לְמוֹאָב כַּחֲלִלִים יֶהֱמֶה וְלִבִּי אֶל־אַנְשֵׁי קִיר־חֶרֶשׂ כַּחֲלִילִים
לז יֶהֱמֶה עַל־כֵּן יִתְרַת עָשָׂה אָבָדוּ׃ כִּי כָל־רֹאשׁ קָרְחָה וְכָל־זָקָן
לח גְּרֻעָה עַל כָּל־יָדַיִם גְּדֻדֹת וְעַל־מָתְנַיִם שָׂק׃ עַל כָּל־גַּגּוֹת
מוֹאָב וּבִרְחֹבֹתֶיהָ כֻּלֹּה מִסְפֵּד כִּי־שָׁבַרְתִּי אֶת־מוֹאָב כִּכְלִי
לט אֵין־חֵפֶץ בּוֹ נְאֻם־יְהוָה׃ אֵיךְ חַתָּה הֵילִילוּ אֵיךְ הִפְנָה־
עֹרֶף מוֹאָב בּוֹשׁ וְהָיָה מוֹאָב לִשְׂחֹק וְלִמְחִתָּה לְכָל־
מ סְבִיבָיו׃ כִּי־כֹה אָמַר יְהוָה הִנֵּה כַנֶּשֶׁר יִדְאֶה
מא וּפָרַשׂ כְּנָפָיו אֶל־מוֹאָב׃ נִלְכְּדָה הַקְּרִיּוֹת וְהַמְּצָדוֹת נִתְפָּשָׂה
מב וְהָיָה לֵב גִּבּוֹרֵי מוֹאָב בַּיּוֹם הַהוּא כְּלֵב אִשָּׁה מְצֵרָה׃ וְנִשְׁמַד
מג מוֹאָב מֵעָם כִּי עַל־יְהוָה הִגְדִּיל׃ פַּחַד וָפַחַת וָפָח עָלֶיךָ יוֹשֵׁב
מד מוֹאָב נְאֻם־יְהוָה׃ הניס מִפְּנֵי הַפַּחַד יִפֹּל אֶל־הַפַּחַת וְהָעֹלֶה הַנָּס
מִן־הַפַּחַת יִלָּכֵד בַּפָּח כִּי־אָבִיא אֵלֶיהָ אֶל־מוֹאָב שְׁנַת
מה פְּקֻדָּתָם נְאֻם־יְהוָה׃ בְּצֵל חֶשְׁבּוֹן עָמְדוּ מִכֹּחַ נָסִים כִּי־אֵשׁ
יָצָא מֵחֶשְׁבּוֹן וְלֶהָבָה מִבֵּין סִיחוֹן וַתֹּאכַל פְּאַת מוֹאָב וְקָדְקֹד
מו בְּנֵי שָׁאוֹן׃ אוֹי־לְךָ מוֹאָב אָבַד עַם־כְּמוֹשׁ כִּי־לֻקְּחוּ בָנֶיךָ בַּשֶּׁבִי
מז וּבְנֹתֶיךָ בַּשִּׁבְיָה׃ וְשַׁבְתִּי שְׁבוּת־מוֹאָב בְּאַחֲרִית הַיָּמִים נְאֻם־
מט א יְהוָה עַד־הֵנָּה מִשְׁפַּט מוֹאָב׃ לִבְנֵי עַמּוֹן כֹּה
אָמַר יְהוָה הֲבָנִים אֵין לְיִשְׂרָאֵל אִם־יוֹרֵשׁ אֵין לוֹ מַדּוּעַ יָרַשׁ
ב מַלְכָּם אֶת־גָּד וְעַמּוֹ בְּעָרָיו יָשָׁב׃ לָכֵן הִנֵּה יָמִים בָּאִים נְאֻם־ כח
יְהוָה וְהִשְׁמַעְתִּי אֶל־רַבַּת בְּנֵי־עַמּוֹן תְּרוּעַת מִלְחָמָה וְהָיְתָה
לְתֵל שְׁמָמָה וּבְנֹתֶיהָ בָּאֵשׁ תִּצַּתְנָה וְיָרַשׁ יִשְׂרָאֵל אֶת־יֹרְשָׁיו
ג אָמַר יְהוָה׃ הֵילִילִי חֶשְׁבּוֹן כִּי שֻׁדְּדָה־עַי צְעַקְנָה בְּנוֹת רַבָּה
חֲגֹרְנָה שַׂקִּים סְפֹדְנָה וְהִתְשׁוֹטַטְנָה בַּגְּדֵרוֹת כִּי מַלְכָּם בַּגּוֹלָה
ד יֵלֵךְ כֹּהֲנָיו וְשָׂרָיו יַחְדָּיו׃ מַה־תִּתְהַלְלִי בָּעֲמָקִים זָב עִמְקֵךְ
ה הַבַּת הַשּׁוֹבֵבָה הַבֹּטְחָה בְּאֹצְרֹתֶיהָ מִי יָבוֹא אֵלָי׃ הִנְנִי מֵבִיא
עָלַיִךְ פַּחַד נְאֻם־אֲדֹנָי יְהוִה צְבָאוֹת מִכָּל־סְבִיבָיִךְ וְנִדַּחְתֶּם
ו אִישׁ לְפָנָיו וְאֵין מְקַבֵּץ לַנֹּדֵד׃ וְאַחֲרֵי־כֵן אָשִׁיב אֶת־שְׁבוּת

בְּנֵי־עַמּוֹן נְאֻם־יְהוָה׃ לֶאֱדוֹם כֹּה אָמַר יְהוָה ז
צְבָאוֹת הַאֵין עוֹד חָכְמָה בְּתֵימָן אָבְדָה עֵצָה מִבָּנִים נִסְרְחָה
חָכְמָתָם׃ נֻסוּ הָפְנוּ הֶעְמִיקוּ לָשֶׁבֶת יֹשְׁבֵי דְּדָן כִּי אֵיד עֵשָׂו ח
הֵבֵאתִי עָלָיו עֵת פְּקַדְתִּיו׃ אִם־בֹּצְרִים בָּאוּ לָךְ לֹא יַשְׁאִרוּ ט
עוֹלֵלוֹת אִם־גַּנָּבִים בַּלַּיְלָה הִשְׁחִיתוּ דַיָּם׃ כִּי־אֲנִי חָשַׂפְתִּי י
אֶת־עֵשָׂו גִּלֵּיתִי אֶת־מִסְתָּרָיו וְנֶחְבָּה לֹא יוּכָל שֻׁדַּד זַרְעוֹ
וְאֶחָיו וּשְׁכֵנָיו וְאֵינֶנּוּ׃ עָזְבָה יְתֹמֶיךָ אֲנִי אֲחַיֶּה וְאַלְמְנוֹתֶיךָ עָלַי יא
תִּבְטָחוּ׃ כִּי־כֹה ׀ אָמַר יְהוָה הִנֵּה אֲשֶׁר־אֵין יב
מִשְׁפָּטָם לִשְׁתּוֹת הַכּוֹס שָׁתוֹ יִשְׁתּוּ וְאַתָּה הוּא נָקֹה תִּנָּקֶה לֹא
תִנָּקֶה כִּי שָׁתֹה תִּשְׁתֶּה׃ כִּי בִי נִשְׁבַּעְתִּי נְאֻם־יְהוָה כִּי־לְשַׁמָּה יג
לְחֶרְפָּה לְחֹרֶב וְלִקְלָלָה תִּהְיֶה בָצְרָה וְכָל־עָרֶיהָ תִהְיֶינָה
לְחָרְבוֹת עוֹלָם׃ שְׁמוּעָה שָׁמַעְתִּי מֵאֵת יְהוָה וְצִיר בַּגּוֹיִם שָׁלוּחַ יד
הִתְקַבְּצוּ וּבֹאוּ עָלֶיהָ וְקוּמוּ לַמִּלְחָמָה׃ כִּי־הִנֵּה קָטֹן נְתַתִּיךָ טו
בַּגּוֹיִם בָּזוּי בָּאָדָם׃ תִּפְלַצְתְּךָ הִשִּׁיא אֹתָךְ זְדוֹן לִבֶּךָ שֹׁכְנִי בְּחַגְוֵי טז
הַסֶּלַע תֹּפְשִׂי מְרוֹם גִּבְעָה כִּי־תַגְבִּיהַּ כַּנֶּשֶׁר קִנֶּךָ מִשָּׁם אוֹרִידְךָ
נְאֻם־יְהוָה׃ וְהָיְתָה אֱדוֹם לְשַׁמָּה כֹּל עֹבֵר עָלֶיהָ יִשֹּׁם וְיִשְׁרֹק יז
עַל־כָּל־מַכּוֹתֶהָ׃ כְּמַהְפֵּכַת סְדֹם וַעֲמֹרָה וּשְׁכֵנֶיהָ אָמַר יְהוָה יח
לֹא־יֵשֵׁב שָׁם אִישׁ וְלֹא־יָגוּר בָּהּ בֶּן־אָדָם׃ הִנֵּה כְּאַרְיֵה יַעֲלֶה יט
מִגְּאוֹן הַיַּרְדֵּן אֶל־נְוֵה אֵיתָן כִּי־אַרְגִּיעָה אֲרִיצֶנּוּ מֵעָלֶיהָ וּמִי
בָחוּר אֵלֶיהָ אֶפְקֹד כִּי מִי כָמוֹנִי וּמִי יֹעִידֶנִּי וּמִי־זֶה רֹעֶה אֲשֶׁר
יַעֲמֹד לְפָנָי׃ לָכֵן שִׁמְעוּ עֲצַת־יְהוָה אֲשֶׁר יָעַץ אֶל־אֱדוֹם כ
וּמַחְשְׁבוֹתָיו אֲשֶׁר חָשַׁב אֶל־יֹשְׁבֵי תֵימָן אִם־לֹא יִסְחָבוּם
צְעִירֵי הַצֹּאן אִם־לֹא יַשִּׁים עֲלֵיהֶם נְוֵהֶם׃ מִקּוֹל נִפְלָם רָעֲשָׁה כא
הָאָרֶץ צְעָקָה בְּיַם־סוּף נִשְׁמַע קוֹלָהּ׃ הִנֵּה כַנֶּשֶׁר יַעֲלֶה וְיִדְאֶה כב
וְיִפְרֹשׂ כְּנָפָיו עַל־בָּצְרָה וְהָיָה לֵב גִּבּוֹרֵי אֱדוֹם בַּיּוֹם הַהוּא כְּלֵב
אִשָּׁה מְצֵרָה׃ לְדַמֶּשֶׂק בּוֹשָׁה חֲמָת וְאַרְפָּד כִּי־ כג
שְׁמֻעָה רָעָה שָׁמְעוּ נָמֹגוּ בַּיָּם דְּאָגָה הַשְׁקֵט לֹא יוּכָל׃ רָפְתָה כד

דַמֶּשֶׂק הִפְנְתָה לָנוּס וְרֶטֶט ׀ הֶחֱזִיקָה צָרָה וַחֲבָלִים אֲחָזַתָּה
כה כו כַּיּוֹלֵדָה׃ אֵיךְ לֹא־עֻזְּבָה עִיר תהלה קִרְיַת מְשׂוֹשִׂי׃ לָכֵן יִפְּלוּ תְּהִלַּת
בַחוּרֶיהָ בִּרְחֹבֹתֶיהָ וְכָל־אַנְשֵׁי הַמִּלְחָמָה יִדַּמּוּ בַּיּוֹם הַהוּא
כז נְאֻם יְהוָה צְבָאוֹת׃ וְהִצַּתִּי אֵשׁ בְּחוֹמַת דַּמָּשֶׂק וְאָכְלָה אַרְמְנוֹת
כח בֶּן־הֲדָד׃ לְקֵדָר ׀ וּלְמַמְלְכוֹת חָצוֹר אֲשֶׁר הִכָּה
נבוכדראצור מֶלֶךְ־בָּבֶל כֹּה אָמַר יְהוָה קוּמוּ עֲלוּ אֶל־קֵדָר נְבוּכַדְרֶאצַּר
כט וְשָׁדְדוּ אֶת־בְּנֵי־קֶדֶם׃ אָהֳלֵיהֶם וְצֹאנָם יִקָּחוּ יְרִיעוֹתֵיהֶם וְכָל־
ל כְּלֵיהֶם וּגְמַלֵּיהֶם יִשְׂאוּ לָהֶם וְקָרְאוּ עֲלֵיהֶם מָגוֹר מִסָּבִיב׃ נֻסוּ
נֻּדוּ מְאֹד הֶעְמִיקוּ לָשֶׁבֶת יֹשְׁבֵי חָצוֹר נְאֻם־יְהוָה כִּי־יָעַץ
עֲלֵיכֶם נְבוּכַדְרֶאצַּר מֶלֶךְ־בָּבֶל עֵצָה וְחָשַׁב עליהם מַחֲשָׁבָה׃ עֲלֵיכֶם
לא קוּמוּ עֲלוּ אֶל־גּוֹי שְׁלֵיו יוֹשֵׁב לָבֶטַח נְאֻם־יְהוָה לֹא־דְלָתַיִם
לב וְלֹא־בְרִיחַ לוֹ בָּדָד יִשְׁכֹּנוּ׃ וְהָיוּ גְמַלֵּיהֶם לָבַז וַהֲמוֹן
מִקְנֵיהֶם לְשָׁלָל וְזֵרִתִים לְכָל־רוּחַ קְצוּצֵי פֵאָה וּמִכָּל־עֲבָרָיו
לג אָבִיא אֶת־אֵידָם נְאֻם־יְהוָה׃ וְהָיְתָה חָצוֹר לִמְעוֹן תַּנִּים
שְׁמָמָה עַד־עוֹלָם לֹא־יֵשֵׁב שָׁם אִישׁ וְלֹא־יָגוּר בָּהּ בֶּן־
לד אָדָם׃ אֲשֶׁר הָיָה דְבַר־יְהוָה אֶל־יִרְמְיָהוּ הַנָּבִיא
לה אֶל־עֵילָם בְּרֵאשִׁית מַלְכוּת צִדְקִיָּה מֶלֶךְ־יְהוּדָה לֵאמֹר׃ כֹּה
אָמַר יְהוָה צְבָאוֹת הִנְנִי שֹׁבֵר אֶת־קֶשֶׁת עֵילָם רֵאשִׁית
לו גְּבוּרָתָם׃ וְהֵבֵאתִי אֶל־עֵילָם אַרְבַּע רוּחוֹת מֵאַרְבַּע קְצוֹת
הַשָּׁמַיִם וְזֵרִתִים לְכֹל הָרֻחוֹת הָאֵלֶּה וְלֹא־יִהְיֶה הַגּוֹי אֲשֶׁר לֹא־
לז יָבוֹא שָׁם נִדְּחֵי עולם׃ וְהַחְתַּתִּי אֶת־עֵילָם לִפְנֵי אֹיְבֵיהֶם וְלִפְנֵי ׀ עֵילָם
מְבַקְשֵׁי נַפְשָׁם וְהֵבֵאתִי עֲלֵיהֶם ׀ רָעָה אֶת־חֲרוֹן אַפִּי נְאֻם־
לח יְהוָה וְשִׁלַּחְתִּי אַחֲרֵיהֶם אֶת־הַחֶרֶב עַד כַּלּוֹתִי אוֹתָם׃ וְשַׂמְתִּי
כִסְאִי בְּעֵילָם וְהַאֲבַדְתִּי מִשָּׁם מֶלֶךְ וְשָׂרִים נְאֻם־יְהוָה׃
לט וְהָיָה ׀ בְּאַחֲרִית הַיָּמִים אשוב אֶת־שבית עֵילָם נְאֻם־ אָשִׁיב שְׁבוּת
נ א יְהוָה׃ הַדָּבָר אֲשֶׁר דִּבֶּר יְהוָה אֶל־בָּבֶל אֶל־
ב אֶרֶץ כַּשְׂדִּים בְּיַד יִרְמְיָהוּ הַנָּבִיא׃ הַגִּידוּ בַגּוֹיִם וְהַשְׁמִיעוּ

וּשְׂאוּ־נֵס הַשְׁמִיעוּ אַל־תְּכַחֵדוּ אִמְרוּ נִלְכְּדָה בָבֶל הֹבִישׁ בֵּל
חַת מְרֹדָךְ הֹבִישׁוּ עֲצַבֶּיהָ חַתּוּ גִּלּוּלֶיהָ׃ כִּי עָלָה עָלֶיהָ גּוֹי ג
מִצָּפוֹן הוּא־יָשִׁית אֶת־אַרְצָהּ לְשַׁמָּה וְלֹא־יִהְיֶה יוֹשֵׁב
בָּהּ מֵאָדָם וְעַד־בְּהֵמָה נָדוּ הָלָכוּ׃ בַּיָּמִים הָהֵמָּה וּבָעֵת ד
הַהִיא נְאֻם־יהוה יָבֹאוּ בְנֵי־יִשְׂרָאֵל הֵמָּה וּבְנֵי־יְהוּדָה יַחְדָּו
כט הָלוֹךְ וּבָכוֹ יֵלֵכוּ וְאֶת־יהוה אֱלֹהֵיהֶם יְבַקֵּשׁוּ׃ צִיּוֹן יִשְׁאָלוּ ה
דֶּרֶךְ הֵנָּה פְנֵיהֶם בֹּאוּ וְנִלְווּ אֶל־יהוה בְּרִית עוֹלָם לֹא
(הָיוּ) תִשָּׁכֵחַ׃ צֹאן אֹבְדוֹת היה עַמִּי רֹעֵיהֶם הִתְעוּם ו
(שׁוֹבְבוּם) הָרִים שובבים מֵהַר אֶל־גִּבְעָה הָלָכוּ שָׁכְחוּ רִבְצָם׃ כָּל־ ז
מוֹצְאֵיהֶם אֲכָלוּם וְצָרֵיהֶם אָמְרוּ לֹא נֶאְשָׁם תַּחַת אֲשֶׁר חָטְאוּ
לַיהוה נְוֵה־צֶדֶק וּמִקְוֵה אֲבוֹתֵיהֶם יהוה׃ נֻדוּ ח
(צְאוּ) מִתּוֹךְ בָּבֶל וּמֵאֶרֶץ כַּשְׂדִּים יצאו וִהְיוּ כְּעַתּוּדִים לִפְנֵי־צֹאן׃
כִּי הִנֵּה אָנֹכִי מֵעִיר וּמַעֲלֶה עַל־בָּבֶל קְהַל־גּוֹיִם גְּדֹלִים מֵאֶרֶץ ט
צָפוֹן וְעָרְכוּ לָהּ מִשָּׁם תִּלָּכֵד חִצָּיו כְּגִבּוֹר מַשְׁכִּיל לֹא יָשׁוּב
רֵיקָם׃ וְהָיְתָה כַשְׂדִּים לְשָׁלָל כָּל־שֹׁלְלֶיהָ יִשְׂבָּעוּ נְאֻם־יהוה׃ י
(תִשְׂמְחוּ | תַעַלְזוּ, תָפוּשׁוּ) כִּי תשמחי כִּי תעלזי שֹׁסֵי נַחֲלָתִי כִּי תפושי כְּעֶגְלָה דָשָׁה יא
(וְתִצְהֲלוּ) ותצהלי כָּאֲבִּרִים׃ בּוֹשָׁה אִמְּכֶם מְאֹד חָפְרָה יוֹלַדְתְּכֶם הִנֵּה יב
אַחֲרִית גּוֹיִם מִדְבָּר צִיָּה וַעֲרָבָה׃ מִקֶּצֶף יהוה לֹא תֵשֵׁב וְהָיְתָה יג
שְׁמָמָה כֻּלָּהּ כֹּל עֹבֵר עַל־בָּבֶל יִשֹּׁם וְיִשְׁרֹק עַל־כָּל־מַכּוֹתֶיהָ׃
עִרְכוּ עַל־בָּבֶל ׀ סָבִיב כָּל־דֹּרְכֵי קֶשֶׁת יְדוּ אֵלֶיהָ אַל־תַּחְמְלוּ יד
אֶל־חֵץ כִּי לַיהוה חָטָאָה׃ הָרִיעוּ עָלֶיהָ סָבִיב נָתְנָה יָדָהּ נָפְלוּ טו
(אָשְׁיוֹתֶיהָ) אשויתיה נֶהֶרְסוּ חוֹמוֹתֶיהָ כִּי נִקְמַת יהוה הִיא הִנָּקְמוּ בָהּ
כַּאֲשֶׁר עָשְׂתָה עֲשׂוּ־לָהּ׃ כִּרְתוּ זוֹרֵעַ מִבָּבֶל וְתֹפֵשׂ מַגָּל טז
בְּעֵת קָצִיר מִפְּנֵי חֶרֶב הַיּוֹנָה אִישׁ אֶל־עַמּוֹ יִפְנוּ וְאִישׁ
לְאַרְצוֹ יָנוּסוּ׃ שֶׂה פְזוּרָה יִשְׂרָאֵל אֲרָיוֹת הִדִּיחוּ יז
הָרִאשׁוֹן אֲכָלוֹ מֶלֶךְ אַשּׁוּר וְזֶה הָאַחֲרוֹן עִצְּמוֹ נְבוּכַדְרֶאצַּר
מֶלֶךְ בָּבֶל׃ לָכֵן כֹּה־אָמַר יהוה צְבָאוֹת אֱלֹהֵי יִשְׂרָאֵל הִנְנִי יח

פקד אל־מלך בבל ואל־ארצו כאשר פקדתי אל־מלך
יט אשור: ושבבתי את־ישראל אל־נוהו ורעה הכרמל והבשן
כ ובהר אפרים והגלעד תשבע נפשו: בימים ההם ובעת ההיא
נאם־יהוה יבקש את־עון ישראל ואיננו ואת־חטאת יהודה
כא ולא תמצאינה כי אסלח לאשר אשאיר: על־
הארץ מרתים עלה עליה ואל־יושבי פקוד חרב והחרם
כב אחריהם נאם־יהוה ועשה ככל אשר צויתיך: קול מלחמה
כג בארץ ושבר גדול: איך נגדע וישבר פטיש כל־הארץ איך
כד היתה לשמה בבל בגוים: יקשתי לך וגם־נלכדת בבל ואת
כה לא ידעת נמצאת וגם־נתפשת כי ביהוה התגרית: פתח יהוה
את־אוצרו ויוצא את־כלי זעמו כי־מלאכה היא לאדני יהוה
כו צבאות בארץ כשדים: באו־לה מקץ פתחו מאבסיה סלוה
כז כמו־ערמים והחרימוה אל־תהי־לה שארית: חרבו כל־
כח פריה ירדו לטבח הוי עליהם כי־בא יומם עת פקדתם: קול
נסים ופלטים מארץ בבל להגיד בציון את־נקמת יהוה
כט אלהינו נקמת היכלו: השמיעו אל־בבל ׀ רבים כל־דרכי
קשת חנו עליה סביב אל־יהי־ פליטה שלמו־לה כפעלה לה
ככל אשר עשתה עשו־לה כי אל־יהוה זדה אל־קדוש
ל ישראל: לכן יפלו בחוריה ברחבתיה וכל־אנשי מלחמתה
לא ידמו ביום ההוא נאם־יהוה: הנני אליך זדון
לב נאם־אדני יהוה צבאות כי בא יומך עת פקדתיך: וכשל
זדון ונפל ואין לו מקים והצתי אש בעריו ואכלה כל־
לג סביבתיו: כה אמר יהוה צבאות עשוקים בני־
ישראל ובני־יהודה יחדו וכל־שביהם החזיקו בם מאנו
לד שלחם: גאלם ׀ חזק יהוה צבאות שמו ריב יריב את־ריבם
לה למען הרגיע את־הארץ והרגיז לישבי בבל: חרב על־
כשדים נאם־יהוה ואל־ישבי בבל ואל־שריה ואל־חכמיה:

חֶרֶב אֶל־הַבַּדִּים וְנֹאָלוּ חֶרֶב אֶל־גִּבּוֹרֶיהָ וָחָתּוּ׃ חֶרֶב אֶל־ לו לז
סוּסָיו וְאֶל־רִכְבּוֹ וְאֶל־כָּל־הָעֶרֶב אֲשֶׁר בְּתוֹכָהּ וְהָיוּ לְנָשִׁים
חֶרֶב אֶל־אוֹצְרֹתֶיהָ וּבֻזָּזוּ׃ חֹרֶב אֶל־מֵימֶיהָ וְיָבֵשׁוּ כִּי אֶרֶץ לח
פְּסִלִים הִיא וּבָאֵימִים יִתְהֹלָלוּ׃ לָכֵן יֵשְׁבוּ צִיִּים אֶת־אִיִּים לט
וְיָשְׁבוּ בָהּ בְּנוֹת יַעֲנָה וְלֹא־תֵשֵׁב עוֹד לָנֶצַח וְלֹא תִשְׁכּוֹן עַד־
דּוֹר וָדֹר׃ כְּמַהְפֵּכַת אֱלֹהִים אֶת־סְדֹם וְאֶת־עֲמֹרָה וְאֶת־ מ
שְׁכֵנֶיהָ נְאֻם־יְהוָה לֹא־יֵשֵׁב שָׁם אִישׁ וְלֹא־יָגוּר בָּהּ בֶּן־אָדָם׃
הִנֵּה עַם בָּא מִצָּפוֹן וְגוֹי גָּדוֹל וּמְלָכִים רַבִּים יֵעֹרוּ מִיַּרְכְּתֵי־ מא
אָרֶץ׃ קֶשֶׁת וְכִידֹן יַחֲזִיקוּ אַכְזָרִי הֵמָּה וְלֹא יְרַחֵמוּ קוֹלָם כַּיָּם מב
יֶהֱמֶה וְעַל־סוּסִים יִרְכָּבוּ עָרוּךְ כְּאִישׁ לַמִּלְחָמָה עָלַיִךְ בַּת־
בָּבֶל׃ שָׁמַע מֶלֶךְ־בָּבֶל אֶת־שִׁמְעָם וְרָפוּ יָדָיו צָרָה הֶחֱזִיקַתְהוּ מג
חִיל כַּיּוֹלֵדָה׃ הִנֵּה כְּאַרְיֵה יַעֲלֶה מִגְּאוֹן הַיַּרְדֵּן אֶל־נְוֵה אֵיתָן מד
אֲרִיצֵם כִּי־אַרְגִּעָה ארוצם מֵעָלֶיהָ וּמִי בָחוּר אֵלֶיהָ אֶפְקֹד כִּי מִי כָמוֹנִי
וּמִי יוֹעִדֶנִּי וּמִי־זֶה רֹעֶה אֲשֶׁר יַעֲמֹד לְפָנָי׃ לָכֵן שִׁמְעוּ עֲצַת־ מה
יְהוָה אֲשֶׁר יָעַץ אֶל־בָּבֶל וּמַחְשְׁבוֹתָיו אֲשֶׁר חָשַׁב אֶל־אֶרֶץ
כַּשְׂדִּים אִם־לֹא יִסְחָבוּם צְעִירֵי הַצֹּאן אִם־לֹא יַשִּׁים עֲלֵיהֶם
נָוֶה׃ מִקּוֹל נִתְפְּשָׂה בָבֶל נִרְעֲשָׁה הָאָרֶץ וּזְעָקָה בַּגּוֹיִם מו
נִשְׁמָע׃ כֹּה אָמַר יְהוָה הִנְנִי מֵעִיר עַל־בָּבֶל א נא
וְאֶל־יֹשְׁבֵי לֵב קָמָי רוּחַ מַשְׁחִית׃ וְשִׁלַּחְתִּי לְבָבֶל ׀ זָרִים וְזֵרוּהָ ב
וִיבֹקְקוּ אֶת־אַרְצָהּ כִּי־הָיוּ עָלֶיהָ מִסָּבִיב בְּיוֹם רָעָה׃ אֶל־יִדְרֹךְ ג
ידרך הַדֹּרֵךְ קַשְׁתּוֹ וְאֶל־יִתְעַל בְּסִרְיֹנוֹ וְאַל־תַּחְמְלוּ אֶל־
בַּחֻרֶיהָ הַחֲרִימוּ כָּל־צְבָאָהּ׃ וְנָפְלוּ חֲלָלִים בְּאֶרֶץ כַּשְׂדִּים ד
וּמְדֻקָּרִים בְּחוּצוֹתֶיהָ׃ כִּי לֹא־אַלְמָן יִשְׂרָאֵל וִיהוּדָה מֵאֱלֹהָיו ה
מֵיְהוָה צְבָאוֹת כִּי אַרְצָם מָלְאָה אָשָׁם מִקְּדוֹשׁ יִשְׂרָאֵל׃ נֻסוּ ׀ ו
מִתּוֹךְ בָּבֶל וּמַלְּטוּ אִישׁ נַפְשׁוֹ אַל־תִּדַּמּוּ בַּעֲוֺנָהּ כִּי עֵת נְקָמָה
הִיא לַיהוָה גְּמוּל הוּא מְשַׁלֵּם לָהּ׃ כּוֹס־זָהָב בָּבֶל בְּיַד־יְהוָה ז
מְשַׁכֶּרֶת כָּל־הָאָרֶץ מִיֵּינָהּ שָׁתוּ גוֹיִם עַל־כֵּן יִתְהֹלְלוּ גוֹיִם׃

ח פתאם נפלה בבל ותשבר הילילו עליה קחו צרי למכאובה
ט אולי תרפא: רפאנו את־בבל ולא נרפתה עזבוה ונלך איש
לארצו כי־נגע אל־השמים משפטה ונשא עד־שחקים:
י הוציא יהוה את־צדקתינו באו ונספרה בציון את־מעשה ל
יא יהוה אלהינו: הברו החצים מלאו השלטים העיר יהוה את־
רוח מלכי מדי כי־על־בבל מזמתו להשחיתה כי־נקמת
יב יהוה היא נקמת היכלו: אל־חומת בבל שאו־נס החזיקו
המשמר הקימו שמרים הכינו הארבים כי גם־זמם יהוה
יג גם־עשה את אשר־דבר אל־ישבי בבל: שכנתי על־מים שׁכַנְתְּ
יד רבים רבת אוצרת בא קצך אמת בצעך: נשבע יהוה
צבאות בנפשו כי אם־מלאתיך אדם כילק וענו עליך
טו הידד: עשה ארץ בכחו מכין תבל בחכמתו
טז ובתבונתו נטה שמים: לקול תתו המון מים בשמים
ויעל נשאים מקצה־ארץ ברקים למטר עשה ויוצא רוח
יז מאצרתיו: נבער כל־אדם מדעת הביש כל־צורף מפסל כי
יח שקר נסכו ולא־רוח בם: הבל המה מעשה תעתעים בעת
יט פקדתם יאבדו: לא־כאלה חלק יעקוב כי־יוצר הכל הוא
כ ושבט נחלתו יהוה צבאות שמו: מפץ־אתה לי
כא כלי מלחמה ונפצתי בך גוים והשחתי בך ממלכות: ונפצתי
כב בך סוס ורכבו ונפצתי בך רכב ורכבו: ונפצתי בך איש ואשה
כג ונפצתי בך זקן ונער ונפצתי בך בחור ובתולה: ונפצתי בך
רעה ועדרו ונפצתי בך אכר וצמדו ונפצתי בך פחות וסגנים:
כד ושלמתי לבבל ולכל ׀ יושבי כשדים את כל־רעתם אשר־
כה עשו בציון לעיניכם נאם יהוה: הנני אליך הר
המשחית נאם־יהוה המשחית את־כל־הארץ ונטיתי את־
כו ידי עליך וגלגלתיך מן־הסלעים ונתתיך להר שרפה: ולא־
יקחו ממך אבן לפנה ואבן למוסדות כי־שממות עולם תהיה

כז נאם־יהוה׃ שאו־נס בארץ תקעו שופר בגוים קדשו עליה
גוים השמיעו עליה ממלכות אררט מני ואשכנז פקדו עליה
כח טפסר העלו־סוס כילק סמר׃ קדשו עליה גוים את־מלכי
מדי את־פחותיה ואת־כל־סגניה ואת כל־ארץ ממשלתו׃
כט ותרעש הארץ ותחל כי קמה על־בבל מחשבות יהוה
ל לשום את־ארץ בבל לשמה מאין יושב׃ חדלו גבורי בבל
להלחם ישבו במצדות נשתה גבורתם היו לנשים הציתו
לא משכנתיה נשברו בריחיה׃ רץ לקראת־רץ ירוץ ומגיד
לקראת מגיד להגיד למלך בבל כי־נלכדה עירו מקצה׃
לב והמעברות נתפשו ואת־האגמים שרפו באש ואנשי המלחמה
לג נבהלו׃ כי כה אמר יהוה צבאות אלהי ישראל
בת־בבל כגרן עת הדריכה עוד מעט ובאה עת־הקציר
לד לה׃ אכלנו הממנו נבוכדראצר מלך בבל הציגנו כלי ריק
לה בלענו כתנין מלא כרשו מעדני הדיחנו׃ חמסי ושארי
על־בבל תאמר ישבת ציון ודמי אל־ישבי כשדים תאמר
לו ירושלם׃ לכן כה אמר יהוה הנני־רב את־
ריבך ונקמתי את־נקמתך והחרבתי את־ימה והובשתי
לז את־מקורה׃ והיתה בבל ׀ לגלים ׀ מעון־תנים שמה ושרקה
לח לט מאין יושב׃ יחדו ככפרים ישאגו נערו כגורי אריות׃ בחמם
אשית את־משתיהם והשכרתים למען יעלזו וישנו שנת־
מ עולם ולא יקיצו נאם יהוה׃ אורידם ככרים לטבוח כאילים
מא עם־עתודים׃ איך נלכדה ששך ותתפש תהלת כל־הארץ
מב איך היתה לשמה בבל בגוים׃ עלה על־בבל הים בהמון
מג גליו נכסתה׃ היו עריה לשמה ארץ ציה וערבה ארץ לא־
מד ישב בהן כל־איש ולא־יעבר בהן בן־אדם׃ ופקדתי על־בל
בבבל והצאתי את־בלעו מפיו ולא־ינהרו אליו עוד גוים גם־
מה חומת בבל נפלה׃ צאו מתוכה עמי ומלטו איש את־נפשו

אֲכָלַנִי הֲמָמַנִי
הִצִּיגַנִי
בְּלָעַנִי | הֱדִיחָנִי

מו מחרון אף־יהוה: ופן־ירך לבבכם ותיראו בשמועה
הנשמעת בארץ ובא בשנה השמועה ואחריו בשנה
מז השמועה וחמס בארץ משל על־משל: לכן הנה ימים
באים ופקדתי על־פסילי בבל וכל־ארצה תבוש וכל־חלליה
מח יפלו בתוכה: ורננו על־בבל שמים וארץ וכל אשר בהם כי
מט מצפון יבוא־לה השודדים נאם־יהוה: גם־בבל לנפל חללי
נ ישראל גם־לבבל נפלו חללי כל־הארץ: פלטים מחרב הלכו
אל־תעמדו זכרו מרחוק את־יהוה וירושלם תעלה על־
נא לבבכם: בשנו כי־שמענו חרפה כסתה כלמה פנינו כי באו
נב זרים על־מקדשי בית יהוה: לכן הנה־ימים
באים נאם־יהוה ופקדתי על־פסיליה ובכל־ארצה יאנק
נג חלל: כי־תעלה בבל השמים וכי תבצר מרום עזה מאתי
נד יבאו שדדים לה נאם־יהוה: קול זעקה מבבל ושבר גדול
נה מארץ כשדים: כי־שדד יהוה את־בבל ואבד ממנה קול
נו גדול והמו גליהם כמים רבים נתן שאון קולם: כי בא
עליה על־בבל שודד ונלכדו גבוריה חתתה קשתותם כי
נז אל גמלות יהוה שלם ישלם: והשכרתי שריה וחכמיה
פחותיה וסגניה וגבוריה וישנו שנת־עולם ולא יקיצו נאם־
נח המלך יהוה צבאות שמו: כה־אמר יהוה
צבאות חמות בבל הרחבה ערער תתערער ושעריה
הגבהים באש יצתו ויגעו עמים בדי־ריק ולאמים בדי־אש
נט ויעפו: הדבר אשר־צוה ׀ ירמיהו הנביא את־ לא
שריה בן־נריה בן־מחסיה בלכתו את־צדקיהו מלך־יהודה
ס בבל בשנת הרבעית למלכו ושריה שר־מנוחה: ויכתב
ירמיהו את כל־הרעה אשר־תבוא אל־בבל אל־ספר אחד
סא את כל־הדברים האלה הכתבים אל־בבל: ויאמר ירמיהו
אל־שריה כבאך בבל וראית וקראת את כל־הדברים

סב הָאֵלֶּה: וְאָמַרְתָּ יְהוָה אַתָּה דִבַּרְתָּ אֶל־הַמָּקוֹם הַזֶּה לְהַכְרִיתוֹ
לְבִלְתִּי הֱיוֹת־בּוֹ יוֹשֵׁב לְמֵאָדָם וְעַד־בְּהֵמָה כִּי־שִׁמְמוֹת עוֹלָם
סג תִּהְיֶה: וְהָיָה כְּכַלֹּתְךָ לִקְרֹא אֶת־הַסֵּפֶר הַזֶּה תִּקְשֹׁר עָלָיו אֶבֶן
סד וְהִשְׁלַכְתּוֹ אֶל־תּוֹךְ פְּרָת: וְאָמַרְתָּ כָּכָה תִּשְׁקַע בָּבֶל וְלֹא־
תָקוּם מִפְּנֵי הָרָעָה אֲשֶׁר אָנֹכִי מֵבִיא עָלֶיהָ וְיָעֵפוּ עַד־הֵנָּה דִּבְרֵי
נב א יִרְמְיָהוּ: בֶּן־עֶשְׂרִים וְאַחַת שָׁנָה צִדְקִיָּהוּ
בְמָלְכוֹ וְאַחַת עֶשְׂרֵה שָׁנָה מָלַךְ בִּירוּשָׁלָ‍ִם וְשֵׁם אִמּוֹ
ב חֲמִיטַל בַּת־יִרְמְיָהוּ מִלִּבְנָה: וַיַּעַשׂ הָרַע בְּעֵינֵי יְהוָה כְּכֹל — חֲמוּטַל
ג אֲשֶׁר־עָשָׂה יְהוֹיָקִים: כִּי ׀ עַל־אַף יְהוָה הָיְתָה בִּירוּשָׁלַ‍ִם
וִיהוּדָה עַד־הִשְׁלִיכוֹ אוֹתָם מֵעַל פָּנָיו וַיִּמְרֹד צִדְקִיָּהוּ בְּמֶלֶךְ
ד בָּבֶל: וַיְהִי בַשָּׁנָה הַתְּשִׁעִית לְמָלְכוֹ בַּחֹדֶשׁ
הָעֲשִׂירִי בֶּעָשׂוֹר לַחֹדֶשׁ בָּא נְבוּכַדְרֶאצַּר מֶלֶךְ־בָּבֶל הוּא
וְכָל־חֵילוֹ עַל־יְרוּשָׁלַ‍ִם וַיַּחֲנוּ עָלֶיהָ וַיִּבְנוּ עָלֶיהָ דָּיֵק סָבִיב:
ה וַתָּבֹא הָעִיר בַּמָּצוֹר עַד עַשְׁתֵּי עֶשְׂרֵה שָׁנָה לַמֶּלֶךְ צִדְקִיָּהוּ:
ו בַּחֹדֶשׁ הָרְבִיעִי בְּתִשְׁעָה לַחֹדֶשׁ וַיֶּחֱזַק הָרָעָב בָּעִיר וְלֹא־הָיָה
ז לֶחֶם לְעַם הָאָרֶץ: וַתִּבָּקַע הָעִיר וְכָל־אַנְשֵׁי הַמִּלְחָמָה יִבְרְחוּ
וַיֵּצְאוּ מֵהָעִיר לַיְלָה דֶּרֶךְ שַׁעַר בֵּין־הַחֹמֹתַיִם אֲשֶׁר עַל־גַּן
ח הַמֶּלֶךְ וְכַשְׂדִּים עַל־הָעִיר סָבִיב וַיֵּלְכוּ דֶּרֶךְ הָעֲרָבָה: וַיִּרְדְּפוּ
חֵיל־כַּשְׂדִּים אַחֲרֵי הַמֶּלֶךְ וַיַּשִּׂיגוּ אֶת־צִדְקִיָּהוּ בְּעַרְבֹת יְרֵחוֹ
ט וְכָל־חֵילוֹ נָפֹצוּ מֵעָלָיו: וַיִּתְפְּשׂוּ אֶת־הַמֶּלֶךְ וַיַּעֲלוּ אֹתוֹ אֶל־
י מֶלֶךְ בָּבֶל רִבְלָתָה בְּאֶרֶץ חֲמָת וַיְדַבֵּר אִתּוֹ מִשְׁפָּטִים: וַיִּשְׁחַט
מֶלֶךְ־בָּבֶל אֶת־בְּנֵי צִדְקִיָּהוּ לְעֵינָיו וְגַם אֶת־כָּל־שָׂרֵי יְהוּדָה
יא שָׁחַט בְּרִבְלָתָה: וְאֶת־עֵינֵי צִדְקִיָּהוּ עִוֵּר וַיַּאַסְרֵהוּ בַנְחֻשְׁתַּיִם
וַיְבִאֵהוּ מֶלֶךְ־בָּבֶל בָּבֶלָה וַיִּתְּנֵהוּ בבית־הַפְּקֻדֹּת עַד־יוֹם — בֵית־
יב מוֹתוֹ: וּבַחֹדֶשׁ הַחֲמִישִׁי בֶּעָשׂוֹר לַחֹדֶשׁ הִיא
שְׁנַת תְּשַׁע־עֶשְׂרֵה שָׁנָה לַמֶּלֶךְ נְבוּכַדְרֶאצַּר מֶלֶךְ־בָּבֶל בָּא
יג נְבוּזַרְאֲדָן רַב־טַבָּחִים עָמַד לִפְנֵי מֶלֶךְ־בָּבֶל בִּירוּשָׁלָ‍ִם: וַיִּשְׂרֹף

אֶת־בֵּית־יְהוָה וְאֶת־בֵּית הַמֶּלֶךְ וְאֵת כָּל־בָּתֵּי יְרוּשָׁלִַם וְאֶת־
יד כָּל־בֵּית הַגָּדוֹל שָׂרַף בָּאֵשׁ: וְאֶת־כָּל־חֹמוֹת יְרוּשָׁלִַם סָבִיב
טו נָתְצוּ כָּל־חֵיל כַּשְׂדִּים אֲשֶׁר אֶת־רַב־טַבָּחִים: וּמִדַּלּוֹת הָעָם
וְאֶת־יֶתֶר הָעָם ׀ הַנִּשְׁאָרִים בָּעִיר וְאֶת־הַנֹּפְלִים אֲשֶׁר נָפְלוּ
אֶל־מֶלֶךְ בָּבֶל וְאֵת יֶתֶר הָאָמוֹן הֶגְלָה נְבוּזַרְאֲדָן רַב־טַבָּחִים:
טז וּמִדַּלּוֹת הָאָרֶץ הִשְׁאִיר נְבוּזַרְאֲדָן רַב־טַבָּחִים לְכֹרְמִים
יז וּלְיֹגְבִים: וְאֶת־עַמּוּדֵי הַנְּחֹשֶׁת אֲשֶׁר לְבֵית־יְהוָה וְאֶת־
הַמְּכֹנוֹת וְאֶת־יָם הַנְּחֹשֶׁת אֲשֶׁר בְּבֵית־יְהוָה שִׁבְּרוּ כַשְׂדִּים
יח וַיִּשְׂאוּ אֶת־כָּל־נְחֻשְׁתָּם בָּבֶלָה: וְאֶת־הַסִּרוֹת וְאֶת־הַיָּעִים וְאֶת־
הַמְזַמְּרוֹת וְאֶת־הַמִּזְרָקֹת וְאֶת־הַכַּפּוֹת וְאֵת כָּל־כְּלֵי הַנְּחֹשֶׁת
יט אֲשֶׁר־יְשָׁרְתוּ בָהֶם לָקָחוּ: וְאֶת־הַסִּפִּים וְאֶת־הַמַּחְתּוֹת וְאֶת־
הַמִּזְרָקוֹת וְאֶת־הַסִּירוֹת וְאֶת־הַמְּנֹרוֹת וְאֶת־הַכַּפּוֹת וְאֶת־
הַמְּנַקִּיּוֹת אֲשֶׁר זָהָב זָהָב וַאֲשֶׁר־כֶּסֶף כָּסֶף לָקַח רַב־טַבָּחִים:
כ הָעַמּוּדִים ׀ שְׁנַיִם הַיָּם אֶחָד וְהַבָּקָר שְׁנֵים־עָשָׂר נְחֹשֶׁת אֲשֶׁר־
תַּחַת הַמְּכֹנוֹת אֲשֶׁר עָשָׂה הַמֶּלֶךְ שְׁלֹמֹה לְבֵית יְהוָה לֹא־הָיָה
כא מִשְׁקָל לִנְחֻשְׁתָּם כָּל־הַכֵּלִים הָאֵלֶּה: וְהָעַמּוּדִים שְׁמֹנֶה עֶשְׂרֵה
אַמָּה קומה הָעַמֻּד הָאֶחָד וְחוּט שְׁתֵּים־עֶשְׂרֵה אַמָּה יְסֻבֶּנּוּ קוֹמַת
כב וְעָבְיוֹ אַרְבַּע אֶצְבָּעוֹת נָבוּב: וְכֹתֶרֶת עָלָיו נְחֹשֶׁת וְקוֹמַת
הַכֹּתֶרֶת הָאַחַת חָמֵשׁ אַמּוֹת וּשְׂבָכָה וְרִמּוֹנִים עַל־הַכּוֹתֶרֶת
כג סָבִיב הַכֹּל נְחֹשֶׁת וְכָאֵלֶּה לָעַמּוּד הַשֵּׁנִי וְרִמּוֹנִים: וַיִּהְיוּ הָרִמֹּנִים
תִּשְׁעִים וְשִׁשָּׁה רוּחָה כָּל־הָרִמּוֹנִים מֵאָה עַל־הַשְּׂבָכָה סָבִיב:
כד וַיִּקַּח רַב־טַבָּחִים אֶת־שְׂרָיָה כֹּהֵן הָרֹאשׁ וְאֶת־צְפַנְיָה כֹּהֵן
כה הַמִּשְׁנֶה וְאֶת־שְׁלֹשֶׁת שֹׁמְרֵי הַסַּף: וּמִן־הָעִיר לָקַח סָרִיס
אֶחָד אֲשֶׁר־הָיָה פָקִיד ׀ עַל־אַנְשֵׁי הַמִּלְחָמָה וְשִׁבְעָה אֲנָשִׁים
מֵרֹאֵי פְנֵי־הַמֶּלֶךְ אֲשֶׁר נִמְצְאוּ בָעִיר וְאֵת סֹפֵר שַׂר הַצָּבָא
הַמַּצְבִּא אֶת־עַם הָאָרֶץ וְשִׁשִּׁים אִישׁ מֵעַם הָאָרֶץ הַנִּמְצְאִים
כו בְּתוֹךְ הָעִיר: וַיִּקַּח אוֹתָם נְבוּזַרְאֲדָן רַב־טַבָּחִים וַיֵּלֶךְ אוֹתָם

כז אֶל־מֶ֥לֶךְ בָּבֶ֖ל רִבְלָֽתָה׃ וַיַּכֶּ֨ה אוֹתָ֜ם מֶ֧לֶךְ בָּבֶ֛ל וַיְמִתֵ֥ם בְּרִבְלָ֖ה
כח בְּאֶ֣רֶץ חֲמָ֑ת וַיִּ֥גֶל יְהוּדָ֖ה מֵעַ֥ל אַדְמָתֽוֹ׃ זֶ֣ה הָעָ֔ם אֲשֶׁ֥ר הֶגְלָ֖ה
נְבֽוּכַדְרֶאצַּ֑ר בִּשְׁנַת־שֶׁ֕בַע יְהוּדִ֔ים שְׁלֹ֣שֶׁת אֲלָפִ֔ים וְעֶשְׂרִ֖ים
כט וּשְׁלֹשָֽׁה׃ בִּשְׁנַ֛ת שְׁמוֹנֶ֥ה עֶשְׂרֵ֖ה לִנְבוּכַדְרֶאצַּ֑ר מִיר֣וּשָׁלַ֔ם
ל נֶ֕פֶשׁ שְׁמֹנֶ֥ה מֵא֖וֹת שְׁלֹשִׁ֥ים וּשְׁנָֽיִם׃ בִּשְׁנַ֨ת שָׁלֹ֤שׁ וְעֶשְׂרִים֙
לִנְבֽוּכַדְרֶאצַּ֔ר הֶגְלָ֗ה נְבֽוּזַרְאֲדָן֙ רַב־טַבָּחִ֔ים יְהוּדִ֕ים נֶ֕פֶשׁ שְׁבַ֥ע
מֵא֖וֹת אַרְבָּעִ֣ים וַחֲמִשָּׁ֑ה כָּל־נֶ֕פֶשׁ אַרְבַּ֥עַת אֲלָפִ֖ים וְשֵׁ֥שׁ
לא מֵאֽוֹת׃ וַיְהִי֩ בִשְׁלֹשִׁ֨ים וָשֶׁ֜בַע שָׁנָ֗ה לְגָלוּת֙ יְהֽוֹיָכִ֣ן
מֶלֶךְ־יְהוּדָ֔ה בִּשְׁנֵ֤ים עָשָׂר֙ חֹ֔דֶשׁ בְּעֶשְׂרִ֥ים וַחֲמִשָּׁ֖ה לַחֹ֑דֶשׁ נָשָׂ֠א
אֱוִ֨יל מְרֹדַ֜ךְ מֶ֣לֶךְ בָּבֶ֗ל בִּשְׁנַ֤ת מַלְכֻתוֹ֙ אֶת־רֹאשׁ֙ יְהוֹיָכִ֣ין מֶֽלֶךְ־
לב יְהוּדָ֔ה וַיֹּצֵ֥א אֹת֖וֹ מִבֵּ֥ית הכליא׃ וַיְדַבֵּ֥ר אִתּ֖וֹ טֹב֑וֹת וַיִּתֵּן֙ אֶת־ הַכְּל֑וּא
לג כִּסְא֗וֹ מִמַּ֗עַל לְכִסֵּ֣א מלכים אֲשֶׁ֥ר אִתּ֖וֹ בְּבָבֶֽל׃ וְשִׁנָּ֕א אֵ֖ת בִּגְדֵ֣י הַמְּלָכִ֖ים
לד כִלְא֑וֹ וְאָכַ֨ל לֶ֧חֶם לְפָנָ֛יו תָּמִ֖יד כָּל־יְמֵ֥י חַיָּֽו׃ וַאֲרֻחָת֗וֹ אֲרֻחַ֨ת
תָּמִ֜יד נִתְּנָה־לּ֨וֹ מֵאֵ֧ת מֶֽלֶךְ־בָּבֶ֛ל דְּבַר־י֥וֹם בְּיוֹמ֖וֹ עַד־י֣וֹם
מוֹת֑וֹ כֹּ֖ל יְמֵ֥י חַיָּֽיו׃

יחזקאל

א

א וַיְהִי ׀ בִּשְׁלֹשִׁים שָׁנָה בָּרְבִיעִי בַּחֲמִשָּׁה לַחֹדֶשׁ וַאֲנִי בְתוֹךְ־
הַגּוֹלָה עַל־נְהַר־כְּבָר נִפְתְּחוּ הַשָּׁמַיִם וָאֶרְאֶה מַרְאוֹת אֱלֹהִים׃
ב בַּחֲמִשָּׁה לַחֹדֶשׁ הִיא הַשָּׁנָה הַחֲמִישִׁית לְגָלוּת הַמֶּלֶךְ יוֹיָכִין׃
ג הָיֹה הָיָה דְבַר־יְהוָה אֶל־יְחֶזְקֵאל בֶּן־בּוּזִי הַכֹּהֵן בְּאֶרֶץ כַּשְׂדִּים
ד עַל־נְהַר־כְּבָר וַתְּהִי עָלָיו שָׁם יַד־יְהוָה׃ וָאֵרֶא וְהִנֵּה רוּחַ סְעָרָה
בָּאָה מִן־הַצָּפוֹן עָנָן גָּדוֹל וְאֵשׁ מִתְלַקַּחַת וְנֹגַהּ לוֹ סָבִיב
ה וּמִתּוֹכָהּ כְּעֵין הַחַשְׁמַל מִתּוֹךְ הָאֵשׁ׃ וּמִתּוֹכָהּ דְּמוּת אַרְבַּע
ו חַיּוֹת וְזֶה מַרְאֵיהֶן דְּמוּת אָדָם לָהֵנָּה׃ וְאַרְבָּעָה פָנִים לְאֶחָת
ז וְאַרְבַּע כְּנָפַיִם לְאַחַת לָהֶם׃ וְרַגְלֵיהֶם רֶגֶל יְשָׁרָה וְכַף רַגְלֵיהֶם
ח כְּכַף רֶגֶל עֵגֶל וְנֹצְצִים כְּעֵין נְחֹשֶׁת קָלָל׃ וידו אָדָם מִתַּחַת (וִידֵי)
כַּנְפֵיהֶם עַל אַרְבַּעַת רִבְעֵיהֶם וּפְנֵיהֶם וְכַנְפֵיהֶם לְאַרְבַּעְתָּם׃
ט חֹבְרֹת אִשָּׁה אֶל־אֲחוֹתָהּ כַּנְפֵיהֶם לֹא־יִסַּבּוּ בְלֶכְתָּן אִישׁ אֶל־
י עֵבֶר פָּנָיו יֵלֵכוּ׃ וּדְמוּת פְּנֵיהֶם פְּנֵי אָדָם וּפְנֵי אַרְיֵה אֶל־הַיָּמִין
לְאַרְבַּעְתָּם וּפְנֵי־שׁוֹר מֵהַשְּׂמֹאול לְאַרְבַּעְתָּן וּפְנֵי־נֶשֶׁר
יא לְאַרְבַּעְתָּן׃ וּפְנֵיהֶם וְכַנְפֵיהֶם פְּרֻדוֹת מִלְמָעְלָה לְאִישׁ שְׁתַּיִם
יב חֹבְרוֹת אִישׁ וּשְׁתַּיִם מְכַסּוֹת אֵת גְּוִיֹתֵיהֶנָה׃ וְאִישׁ אֶל־עֵבֶר
פָּנָיו יֵלֵכוּ אֶל אֲשֶׁר יִהְיֶה־שָּׁמָּה הָרוּחַ לָלֶכֶת יֵלֵכוּ לֹא יִסַּבּוּ
יג בְּלֶכְתָּן׃ וּדְמוּת הַחַיּוֹת מַרְאֵיהֶם כְּגַחֲלֵי־אֵשׁ בֹּעֲרוֹת כְּמַרְאֵה
הַלַּפִּדִים הִיא מִתְהַלֶּכֶת בֵּין הַחַיּוֹת וְנֹגַהּ לָאֵשׁ וּמִן־הָאֵשׁ
יד טו יוֹצֵא בָרָק׃ וְהַחַיּוֹת רָצוֹא וָשׁוֹב כְּמַרְאֵה הַבָּזָק׃ וָאֵרֶא הַחַיּוֹת
טז וְהִנֵּה אוֹפַן אֶחָד בָּאָרֶץ אֵצֶל הַחַיּוֹת לְאַרְבַּעַת פָּנָיו׃ מַרְאֵה
הָאוֹפַנִּים וּמַעֲשֵׂיהֶם כְּעֵין תַּרְשִׁישׁ וּדְמוּת אֶחָד לְאַרְבַּעְתָּן
יז וּמַרְאֵיהֶם וּמַעֲשֵׂיהֶם כַּאֲשֶׁר יִהְיֶה הָאוֹפַן בְּתוֹךְ הָאוֹפָן׃ עַל־
יח אַרְבַּעַת רִבְעֵיהֶן בְּלֶכְתָּם יֵלֵכוּ לֹא יִסַּבּוּ בְּלֶכְתָּן׃ וְגַבֵּיהֶן וְגֹבַהּ
לָהֶם וְיִרְאָה לָהֶם וְגַבֹּתָם מְלֵאֹת עֵינַיִם סָבִיב לְאַרְבַּעְתָּן׃
יט וּבְלֶכֶת הַחַיּוֹת יֵלְכוּ הָאוֹפַנִּים אֶצְלָם וּבְהִנָּשֵׂא הַחַיּוֹת מֵעַל
כ הָאָרֶץ יִנָּשְׂאוּ הָאוֹפַנִּים׃ עַל אֲשֶׁר יִהְיֶה־שָּׁם הָרוּחַ לָלֶכֶת

יֵלֵכוּ שָׁמָּה הָרוּחַ לָלֶכֶת וְהָאוֹפַנִּים יִנָּשְׂאוּ לְעֻמָּתָם כִּי רוּחַ הַחַיָּה
בָּאוֹפַנִּים׃ בְּלֶכְתָּם יֵלֵכוּ וּבְעָמְדָם יַעֲמֹדוּ וּבְהִנָּשְׂאָם מֵעַל הָאָרֶץ כא
יִנָּשְׂאוּ הָאוֹפַנִּים לְעֻמָּתָם כִּי רוּחַ הַחַיָּה בָּאוֹפַנִּים׃ וּדְמוּת עַל־ כב
רָאשֵׁי הַחַיָּה רָקִיעַ כְּעֵין הַקֶּרַח הַנּוֹרָא נָטוּי עַל־רָאשֵׁיהֶם
מִלְמָעְלָה׃ וְתַחַת הָרָקִיעַ כַּנְפֵיהֶם יְשָׁרוֹת אִשָּׁה אֶל־אֲחוֹתָהּ כג
לְאִישׁ שְׁתַּיִם מְכַסּוֹת לָהֵנָּה וּלְאִישׁ שְׁתַּיִם מְכַסּוֹת לָהֵנָּה אֵת
גְּוִיֹּתֵיהֶם׃ וָאֶשְׁמַע אֶת־קוֹל כַּנְפֵיהֶם כְּקוֹל מַיִם רַבִּים כְּקוֹל־ כד
שַׁדַּי בְּלֶכְתָּם קוֹל הֲמֻלָּה כְּקוֹל מַחֲנֶה בְּעָמְדָם תְּרַפֶּינָה
כַנְפֵיהֶן׃ וַיְהִי־קוֹל מֵעַל לָרָקִיעַ אֲשֶׁר עַל־רֹאשָׁם בְּעָמְדָם כה
תְּרַפֶּינָה כַנְפֵיהֶן׃ וּמִמַּעַל לָרָקִיעַ אֲשֶׁר עַל־רֹאשָׁם כְּמַרְאֵה כו
אֶבֶן־סַפִּיר דְּמוּת כִּסֵּא וְעַל דְּמוּת הַכִּסֵּא דְּמוּת כְּמַרְאֵה אָדָם
עָלָיו מִלְמָעְלָה׃ וָאֵרֶא ׀ כְּעֵין חַשְׁמַל כְּמַרְאֵה־אֵשׁ בֵּית־לָהּ כז
סָבִיב מִמַּרְאֵה מָתְנָיו וּלְמָעְלָה וּמִמַּרְאֵה מָתְנָיו וּלְמַטָּה
רָאִיתִי כְּמַרְאֵה־אֵשׁ וְנֹגַהּ לוֹ סָבִיב׃ כְּמַרְאֵה הַקֶּשֶׁת אֲשֶׁר כח
יִהְיֶה בֶעָנָן בְּיוֹם הַגֶּשֶׁם כֵּן מַרְאֵה הַנֹּגַהּ סָבִיב הוּא מַרְאֵה
דְּמוּת כְּבוֹד־יְהוָה וָאֶרְאֶה וָאֶפֹּל עַל־פָּנַי וָאֶשְׁמַע קוֹל
מְדַבֵּר׃ וַיֹּאמֶר אֵלָי בֶּן־אָדָם עֲמֹד עַל־רַגְלֶיךָ א ב
וַאֲדַבֵּר אֹתָךְ׃ וַתָּבֹא בִי רוּחַ כַּאֲשֶׁר דִּבֶּר אֵלַי וַתַּעֲמִדֵנִי ב
עַל־רַגְלָי וָאֶשְׁמַע אֵת מִדַּבֵּר אֵלָי׃ וַיֹּאמֶר ג
אֵלַי בֶּן־אָדָם שׁוֹלֵחַ אֲנִי אוֹתְךָ אֶל־בְּנֵי יִשְׂרָאֵל אֶל־גּוֹיִם
הַמּוֹרְדִים אֲשֶׁר מָרְדוּ־בִי הֵמָּה וַאֲבוֹתָם פָּשְׁעוּ בִי עַד־עֶצֶם
הַיּוֹם הַזֶּה׃ וְהַבָּנִים קְשֵׁי פָנִים וְחִזְקֵי־לֵב אֲנִי שׁוֹלֵחַ אוֹתְךָ ד
אֲלֵיהֶם וְאָמַרְתָּ אֲלֵיהֶם כֹּה אָמַר אֲדֹנָי יֱהוִה׃ וְהֵמָּה אִם־ ה
יִשְׁמְעוּ וְאִם־יֶחְדָּלוּ כִּי בֵּית מְרִי הֵמָּה וְיָדְעוּ כִּי נָבִיא הָיָה
בְתוֹכָם׃ וְאַתָּה בֶן־אָדָם אַל־תִּירָא מֵהֶם ו
וּמִדִּבְרֵיהֶם אַל־תִּירָא כִּי סָרָבִים וְסַלּוֹנִים אוֹתָךְ וְאֶל־עַקְרַבִּים
אַתָּה יוֹשֵׁב מִדִּבְרֵיהֶם אַל־תִּירָא וּמִפְּנֵיהֶם אַל־תֵּחָת כִּי בֵּית

ז מְרִי הֵמָּה׃ וְדִבַּרְתָּ אֶת־דְּבָרַי אֲלֵיהֶם אִם־יִשְׁמְעוּ וְאִם־יֶחְדָּלוּ
ח כִּי מְרִי הֵמָּה׃ וְאַתָּה בֶן־אָדָם שְׁמַע אֵת אֲשֶׁר־
אֲנִי מְדַבֵּר אֵלֶיךָ אַל־תְּהִי־מֶרִי כְּבֵית הַמֶּרִי פְּצֵה פִיךָ וֶאֱכֹל
ט אֵת אֲשֶׁר־אֲנִי נֹתֵן אֵלֶיךָ׃ וָאֶרְאֶה וְהִנֵּה־יָד שְׁלוּחָה אֵלָי וְהִנֵּה־
י בוֹ מְגִלַּת־סֵפֶר׃ וַיִּפְרֹשׂ אוֹתָהּ לְפָנַי וְהִיא כְתוּבָה פָּנִים וְאָחוֹר
ג א וְכָתוּב אֵלֶיהָ קִנִים וָהֶגֶה וָהִי׃ וַיֹּאמֶר אֵלַי בֶּן־
אָדָם אֵת אֲשֶׁר־תִּמְצָא אֱכוֹל אֱכוֹל אֶת־הַמְּגִלָּה הַזֹּאת וְלֵךְ
ב דַּבֵּר אֶל־בֵּית יִשְׂרָאֵל׃ וָאֶפְתַּח אֶת־פִּי וַיַּאֲכִלֵנִי אֵת הַמְּגִלָּה
ג הַזֹּאת׃ וַיֹּאמֶר אֵלַי בֶּן־אָדָם בִּטְנְךָ תַאֲכֵל וּמֵעֶיךָ תְמַלֵּא אֵת
הַמְּגִלָּה הַזֹּאת אֲשֶׁר אֲנִי נֹתֵן אֵלֶיךָ וָאֹכְלָה וַתְּהִי בְּפִי כִּדְבַשׁ
ד לְמָתוֹק׃ וַיֹּאמֶר אֵלַי בֶּן־אָדָם לֶךְ־בֹּא אֶל־בֵּית
ה יִשְׂרָאֵל וְדִבַּרְתָּ בִדְבָרַי אֲלֵיהֶם׃ כִּי לֹא אֶל־עַם עִמְקֵי שָׂפָה
ו וְכִבְדֵי לָשׁוֹן אַתָּה שָׁלוּחַ אֶל־בֵּית יִשְׂרָאֵל׃ לֹא ׀ אֶל־עַמִּים
רַבִּים עִמְקֵי שָׂפָה וְכִבְדֵי לָשׁוֹן אֲשֶׁר לֹא־תִשְׁמַע דִּבְרֵיהֶם אִם־
ז לֹא אֲלֵיהֶם שְׁלַחְתִּיךָ הֵמָּה יִשְׁמְעוּ אֵלֶיךָ׃ וּבֵית יִשְׂרָאֵל לֹא
יֹאבוּ לִשְׁמֹעַ אֵלֶיךָ כִּי־אֵינָם אֹבִים לִשְׁמֹעַ אֵלָי כִּי כָּל־בֵּית
ח יִשְׂרָאֵל חִזְקֵי־מֵצַח וּקְשֵׁי־לֵב הֵמָּה׃ הִנֵּה נָתַתִּי אֶת־פָּנֶיךָ
ט חֲזָקִים לְעֻמַּת פְּנֵיהֶם וְאֶת־מִצְחֲךָ חָזָק לְעֻמַּת מִצְחָם׃ כְּשָׁמִיר
חָזָק מִצֹּר נָתַתִּי מִצְחֶךָ לֹא־תִירָא אוֹתָם וְלֹא־תֵחַת מִפְּנֵיהֶם
י כִּי בֵּית מְרִי הֵמָּה׃ וַיֹּאמֶר אֵלַי בֶּן־אָדָם אֶת־
יא כָּל־דְּבָרַי אֲשֶׁר אֲדַבֵּר אֵלֶיךָ קַח בִּלְבָבְךָ וּבְאָזְנֶיךָ שְׁמָע׃ וְלֵךְ
בֹּא אֶל־הַגּוֹלָה אֶל־בְּנֵי עַמֶּךָ וְדִבַּרְתָּ אֲלֵיהֶם וְאָמַרְתָּ אֲלֵיהֶם
יב כֹּה אָמַר אֲדֹנָי יֱהוִה אִם־יִשְׁמְעוּ וְאִם־יֶחְדָּלוּ׃ וַתִּשָּׂאֵנִי רוּחַ ב
וָאֶשְׁמַע אַחֲרַי קוֹל רַעַשׁ גָּדוֹל בָּרוּךְ כְּבוֹד־יְהוָה מִמְּקוֹמוֹ׃
יג וְקוֹל ׀ כַּנְפֵי הַחַיּוֹת מַשִּׁיקוֹת אִשָּׁה אֶל־אֲחוֹתָהּ וְקוֹל הָאוֹפַנִּים
יד לְעֻמָּתָם וְקוֹל רַעַשׁ גָּדוֹל׃ וְרוּחַ נְשָׂאַתְנִי וַתִּקָּחֵנִי וָאֵלֵךְ מַר
טו בַּחֲמַת רוּחִי וְיַד־יְהוָה עָלַי חָזָקָה׃ וָאָבוֹא אֶל־הַגּוֹלָה תֵּל אָבִיב

הַיֹּשְׁבִים אֶל־נְהַר־כְּבָר וָאֵשֶׁר הֵמָּה יוֹשְׁבִים שָׁם וָאֵשֵׁב שָׁם וָאֵשֵׁב
שִׁבְעַת יָמִים מַשְׁמִים בְּתוֹכָם׃ וַיְהִי מִקְצֵה טז
שִׁבְעַת יָמִים וַיְהִי דְבַר־יְהוָה אֵלַי לֵאמֹר׃ בֶּן־ יז
אָדָם צֹפֶה נְתַתִּיךָ לְבֵית יִשְׂרָאֵל וְשָׁמַעְתָּ מִפִּי דָּבָר וְהִזְהַרְתָּ
אוֹתָם מִמֶּנִּי׃ בְּאָמְרִי לָרָשָׁע מוֹת תָּמוּת וְלֹא הִזְהַרְתּוֹ וְלֹא יח
דִבַּרְתָּ לְהַזְהִיר רָשָׁע מִדַּרְכּוֹ הָרְשָׁעָה לְחַיֹּתוֹ הוּא רָשָׁע בַּעֲוֺנוֹ
יָמוּת וְדָמוֹ מִיָּדְךָ אֲבַקֵּשׁ׃ וְאַתָּה כִּי־הִזְהַרְתָּ רָשָׁע וְלֹא־שָׁב יט
מֵרִשְׁעוֹ וּמִדַּרְכּוֹ הָרְשָׁעָה הוּא בַּעֲוֺנוֹ יָמוּת וְאַתָּה אֶת־נַפְשְׁךָ
הִצַּלְתָּ׃ וּבְשׁוּב צַדִּיק מִצִּדְקוֹ וְעָשָׂה עָוֶל וְנָתַתִּי כ
מִכְשׁוֹל לְפָנָיו הוּא יָמוּת כִּי לֹא הִזְהַרְתּוֹ בְּחַטָּאתוֹ יָמוּת וְלֹא
תִזָּכַרְןָ צִדְקֹתָו אֲשֶׁר עָשָׂה וְדָמוֹ מִיָּדְךָ אֲבַקֵּשׁ׃ וְאַתָּה כִּי כא
הִזְהַרְתּוֹ צַדִּיק לְבִלְתִּי חֲטֹא צַדִּיק וְהוּא לֹא־חָטָא חָיוֹ יִחְיֶה
כִּי נִזְהָר וְאַתָּה אֶת־נַפְשְׁךָ הִצַּלְתָּ׃ וַתְּהִי עָלַי כב
שָׁם יַד־יְהוָה וַיֹּאמֶר אֵלַי קוּם צֵא אֶל־הַבִּקְעָה וְשָׁם אֲדַבֵּר
אוֹתָךְ׃ וָאָקוּם וָאֵצֵא אֶל־הַבִּקְעָה וְהִנֵּה־שָׁם כְּבוֹד־יְהוָה עֹמֵד כג
כַּכָּבוֹד אֲשֶׁר רָאִיתִי עַל־נְהַר־כְּבָר וָאֶפֹּל עַל־פָּנָי׃ וַתָּבֹא־בִי כד
רוּחַ וַתַּעֲמִדֵנִי עַל־רַגְלָי וַיְדַבֵּר אֹתִי וַיֹּאמֶר אֵלַי בֹּא הִסָּגֵר
בְּתוֹךְ בֵּיתֶךָ׃ וְאַתָּה בֶן־אָדָם הִנֵּה נָתְנוּ עָלֶיךָ כה
עֲבוֹתִים וַאֲסָרוּךָ בָּהֶם וְלֹא תֵצֵא בְּתוֹכָם׃ וּלְשׁוֹנְךָ אַדְבִּיק אֶל־ כו
חִכֶּךָ וְנֶאֱלַמְתָּ וְלֹא־תִהְיֶה לָהֶם לְאִישׁ מוֹכִיחַ כִּי בֵּית מְרִי
הֵמָּה׃ וּבְדַבְּרִי אוֹתְךָ אֶפְתַּח אֶת־פִּיךָ וְאָמַרְתָּ אֲלֵיהֶם כֹּה כז
אָמַר אֲדֹנָי יְהוִה הַשֹּׁמֵעַ ׀ יִשְׁמָע וְהֶחָדֵל ׀ יֶחְדָּל כִּי בֵּית מְרִי
הֵמָּה׃ וְאַתָּה בֶן־אָדָם קַח־לְךָ לְבֵנָה וְנָתַתָּה ד א
אוֹתָהּ לְפָנֶיךָ וְחַקּוֹתָ עָלֶיהָ עִיר אֶת־יְרוּשָׁלָםִ׃ וְנָתַתָּה עָלֶיהָ ב
מָצוֹר וּבָנִיתָ עָלֶיהָ דָּיֵק וְשָׁפַכְתָּ עָלֶיהָ סֹלְלָה וְנָתַתָּה עָלֶיהָ
מַחֲנוֹת וְשִׂים־עָלֶיהָ כָרִים סָבִיב׃ וְאַתָּה קַח־לְךָ מַחֲבַת בַּרְזֶל ג
וְנָתַתָּה אוֹתָהּ קִיר בַּרְזֶל בֵּינְךָ וּבֵין הָעִיר וַהֲכִינֹתָה אֶת־

פָּנֶיךָ אֵלֶיהָ וְהָיְתָה בַמָּצוֹר וְצַרְתָּ עָלֶיהָ אוֹת הִיא לְבֵית
ד יִשְׂרָאֵל׃ וְאַתָּה שְׁכַב עַל־צִדְּךָ הַשְּׂמָאלִי וְשַׂמְתָּ
אֶת־עֲוֺן בֵּית־יִשְׂרָאֵל עָלָיו מִסְפַּר הַיָּמִים אֲשֶׁר תִּשְׁכַּב עָלָיו
ה תִּשָּׂא אֶת־עֲוֺנָם׃ וַאֲנִי נָתַתִּי לְךָ אֶת־שְׁנֵי עֲוֺנָם לְמִסְפַּר יָמִים
ו שְׁלֹשׁ־מֵאוֹת וְתִשְׁעִים יוֹם וְנָשָׂאתָ עֲוֺן בֵּית־יִשְׂרָאֵל׃ וְכִלִּיתָ
אֶת־אֵלֶּה וְשָׁכַבְתָּ עַל־צִדְּךָ הימיני שֵׁנִית וְנָשָׂאתָ אֶת־עֲוֺן הַיְמָנִי
בֵּית־יְהוּדָה אַרְבָּעִים יוֹם יוֹם לַשָּׁנָה יוֹם לַשָּׁנָה נְתַתִּיו לָךְ׃
ז וְאֶל־מְצוֹר יְרוּשָׁלִַם תָּכִין פָּנֶיךָ וּזְרֹעֲךָ חֲשׂוּפָה וְנִבֵּאתָ עָלֶיהָ׃
ח וְהִנֵּה נָתַתִּי עָלֶיךָ עֲבוֹתִים וְלֹא־תֵהָפֵךְ מִצִּדְּךָ אֶל־צִדֶּךָ
ט עַד־כַּלּוֹתְךָ יְמֵי מְצוּרֶךָ׃ וְאַתָּה קַח־לְךָ חִטִּין וּשְׂעֹרִים
וּפוֹל וַעֲדָשִׁים וְדֹחַן וְכֻסְּמִים וְנָתַתָּה אוֹתָם בִּכְלִי אֶחָד
וְעָשִׂיתָ אוֹתָם לְךָ לְלָחֶם מִסְפַּר הַיָּמִים אֲשֶׁר־אַתָּה ׀ שׁוֹכֵב
י עַל־צִדְּךָ שְׁלֹשׁ־מֵאוֹת וְתִשְׁעִים יוֹם תֹּאכְלֶנּוּ׃ וּמַאֲכָלְךָ
אֲשֶׁר תֹּאכְלֶנּוּ בְּמִשְׁקוֹל עֶשְׂרִים שֶׁקֶל לַיּוֹם מֵעֵת עַד־עֵת
יא תֹּאכְלֶנּוּ׃ וּמַיִם בִּמְשׂוּרָה תִשְׁתֶּה שִׁשִּׁית הַהִין מֵעֵת עַד־עֵת
יב תִּשְׁתֶּה׃ וְעֻגַת שְׂעֹרִים תֹּאכְלֶנָּה וְהִיא בְּגֶלְלֵי צֵאַת הָאָדָם
יג תְּעֻגֶנָה לְעֵינֵיהֶם׃ וַיֹּאמֶר יְהוָה כָּכָה יֹאכְלוּ
בְנֵי־יִשְׂרָאֵל אֶת־לַחְמָם טָמֵא בַּגּוֹיִם אֲשֶׁר אַדִּיחֵם שָׁם׃
יד וָאֹמַר אֲהָהּ אֲדֹנָי יְהוִה הִנֵּה נַפְשִׁי לֹא מְטֻמָּאָה וּנְבֵלָה
וּטְרֵפָה לֹא־אָכַלְתִּי מִנְּעוּרַי וְעַד־עַתָּה וְלֹא־בָא בְּפִי בְּשַׂר
טו פִּגּוּל׃ וַיֹּאמֶר אֵלַי רְאֵה נָתַתִּי לְךָ
אֶת־צפועי הַבָּקָר תַּחַת גֶּלְלֵי הָאָדָם וְעָשִׂיתָ אֶת־לַחְמְךָ צְפִיעֵי
טז עֲלֵיהֶם׃ וַיֹּאמֶר אֵלַי בֶּן־אָדָם הִנְנִי שֹׁבֵר מַטֵּה־
לֶחֶם בִּירוּשָׁלִַם וְאָכְלוּ־לֶחֶם בְּמִשְׁקָל וּבִדְאָגָה וּמַיִם בִּמְשׂוּרָה
יז וּבְשִׁמָּמוֹן יִשְׁתּוּ׃ לְמַעַן יַחְסְרוּ לֶחֶם וָמָיִם וְנָשַׁמּוּ אִישׁ וְאָחִיו
ה א וְנָמַקּוּ בַּעֲוֺנָם׃ וְאַתָּה בֶן־אָדָם קַח־לְךָ ׀ חֶרֶב
חַדָּה תַּעַר הַגַּלָּבִים תִּקָּחֶנָּה לָּךְ וְהַעֲבַרְתָּ עַל־רֹאשְׁךָ וְעַל־זְקָנֶךָ

ה

ב ולקחת לך מאזני משקל וחלקתם: שלשית באור תבעיר
בתוך העיר כמלאת ימי המצור ולקחת את־השלשית
תכה בחרב סביבותיה והשלשית תזרה לרוח וחרב אריק
ג אחריהם: ולקחת משם מעט במספר וצרת אותם בכנפיך:
ד ומהם עוד תקח והשלכת אותם אל־תוך האש ושרפת אתם
ה באש ממנו תצא־אש אל־כל־בית ישראל: כה
אמר אדני יהוה זאת ירושלם בתוך הגוים שמתיה וסביבותיה
ו ארצות: ותמר את־משפטי לרשעה מן־הגוים ואת־חקותי
מן־הארצות אשר סביבותיה כי במשפטי מאסו וחקותי לא־
ז הלכו בהם: לכן כה־אמר ׀ אדני יהוה יען
המנכם מן־הגוים אשר סביבותיכם בחקותי לא הלכתם
ואת־משפטי לא עשיתם וכמשפטי הגוים אשר סביבותיכם
ח לא עשיתם: לכן כה אמר אדני יהוה הנני עליך
ט גם־אני ועשיתי בתוכך משפטים לעיני הגוים: ועשיתי בך
את אשר לא־עשיתי ואת אשר־לא־אעשה כמהו עוד יען
י כל־תועבתיך: לכן אבות יאכלו בנים בתוכך
ובנים יאכלו אבותם ועשיתי בך שפטים וזריתי את־כל־
יא שאריתך לכל־רוח: לכן חי־אני נאם אדני יהוה אם־לא יען
את־מקדשי טמאת בכל־שקוציך ובכל־תועבתיך וגם־אני
יב אגרע ולא־תחוס עיני וגם־אני לא אחמול: שלשתיך בדבר
ימותו וברעב יכלו בתוכך והשלשית בחרב יפלו סביבותיך
יג והשלישית לכל־רוח אזרה וחרב אריק אחריהם: וכלה אפי
והנחותי חמתי בם והנחמתי וידעו כי־אני יהוה דברתי
יד בקנאתי בכלותי חמתי בם: ואתנך לחרבה ולחרפה בגוים
טו אשר סביבותיך לעיני כל־עובר: והיתה חרפה וגדופה מוסר
ומשמה לגוים אשר סביבותיך בעשותי בך שפטים באף
טז ובחמה ובתכחות חמה אני יהוה דברתי: בשלחי את־חצי

הָרָעָב הָרָעִים בָּהֶם אֲשֶׁר הָיוּ לְמַשְׁחִית אֲשֶׁר־אֲשַׁלַּח אוֹתָם
לְשַׁחֶתְכֶם וְרָעָב אֹסֵף עֲלֵיכֶם וְשָׁבַרְתִּי לָכֶם מַטֵּה־לָחֶם׃
יז וְשִׁלַּחְתִּי עֲלֵיכֶם רָעָב וְחַיָּה רָעָה וְשִׁכְּלֻךְ וְדֶבֶר וָדָם יַעֲבָר־בָּךְ
ו א וְחֶרֶב אָבִיא עָלַיִךְ אֲנִי יְהוָה דִּבַּרְתִּי׃ וַיְהִי דְבַר־ ג
ב יְהוָה אֵלַי לֵאמֹר׃ בֶּן־אָדָם שִׂים פָּנֶיךָ אֶל־הָרֵי יִשְׂרָאֵל וְהִנָּבֵא
ג אֲלֵיהֶם׃ וְאָמַרְתָּ הָרֵי יִשְׂרָאֵל שִׁמְעוּ דְּבַר־אֲדֹנָי יֱהוִה כֹּה־אָמַר
אֲדֹנָי יֱהוִה לֶהָרִים וְלַגְּבָעוֹת לָאֲפִיקִים ולגאות הִנְנִי אֲנִי מֵבִיא וְלַגֵּאָיוֹת
ד עֲלֵיכֶם חֶרֶב וְאִבַּדְתִּי בָּמוֹתֵיכֶם׃ וְנָשַׁמּוּ מִזְבְּחוֹתֵיכֶם וְנִשְׁבְּרוּ
ה חַמָּנֵיכֶם וְהִפַּלְתִּי חַלְלֵיכֶם לִפְנֵי גִּלּוּלֵיכֶם׃ וְנָתַתִּי אֶת־פִּגְרֵי
בְּנֵי יִשְׂרָאֵל לִפְנֵי גִּלּוּלֵיהֶם וְזֵרִיתִי אֶת־עַצְמוֹתֵיכֶם סְבִיבוֹת
ו מִזְבְּחוֹתֵיכֶם׃ בְּכֹל מוֹשְׁבוֹתֵיכֶם הֶעָרִים תֶּחֱרַבְנָה וְהַבָּמוֹת
תִּישָׁמְנָה לְמַעַן יֶחֶרְבוּ וְיֶאְשְׁמוּ מִזְבְּחוֹתֵיכֶם וְנִשְׁבְּרוּ וְנִשְׁבְּתוּ
ז גִּלּוּלֵיכֶם וְנִגְדְּעוּ חַמָּנֵיכֶם וְנִמְחוּ מַעֲשֵׂיכֶם׃ וְנָפַל חָלָל בְּתוֹכְכֶם
ח וִידַעְתֶּם כִּי־אֲנִי יְהוָה׃ וְהוֹתַרְתִּי בִּהְיוֹת לָכֶם פְּלִיטֵי חֶרֶב בַּגּוֹיִם
ט בְּהִזָּרוֹתֵיכֶם בָּאֲרָצוֹת׃ וְזָכְרוּ פְלִיטֵיכֶם אוֹתִי בַּגּוֹיִם אֲשֶׁר נִשְׁבּוּ־
שָׁם אֲשֶׁר נִשְׁבַּרְתִּי אֶת־לִבָּם הַזּוֹנֶה אֲשֶׁר־סָר מֵעָלַי וְאֵת
עֵינֵיהֶם הַזֹּנוֹת אַחֲרֵי גִּלּוּלֵיהֶם וְנָקֹטּוּ בִּפְנֵיהֶם אֶל־הָרָעוֹת אֲשֶׁר
י עָשׂוּ לְכֹל תּוֹעֲבֹתֵיהֶם׃ וְיָדְעוּ כִּי־אֲנִי יְהוָה לֹא אֶל־חִנָּם דִּבַּרְתִּי
יא לַעֲשׂוֹת לָהֶם הָרָעָה הַזֹּאת׃ כֹּה־אָמַר אֲדֹנָי יֱהוִה
הַכֵּה בְכַפְּךָ וּרְקַע בְּרַגְלְךָ וֶאֱמָר־אָח אֶל כָּל־תּוֹעֲבוֹת רָעוֹת
יב בֵּית יִשְׂרָאֵל אֲשֶׁר בַּחֶרֶב בָּרָעָב וּבַדֶּבֶר יִפֹּלוּ׃ הָרָחוֹק בַּדֶּבֶר
יָמוּת וְהַקָּרוֹב בַּחֶרֶב יִפּוֹל וְהַנִּשְׁאָר וְהַנָּצוּר בָּרָעָב יָמוּת וְכִלֵּיתִי
יג חֲמָתִי בָּם׃ וִידַעְתֶּם כִּי־אֲנִי יְהוָה בִּהְיוֹת חַלְלֵיהֶם בְּתוֹךְ
גִּלּוּלֵיהֶם סְבִיבוֹת מִזְבְּחוֹתֵיהֶם אֶל כָּל־גִּבְעָה רָמָה בְּכֹל ׀ רָאשֵׁי
הֶהָרִים וְתַחַת כָּל־עֵץ רַעֲנָן וְתַחַת כָּל־אֵלָה עֲבֻתָּה מְקוֹם
יד אֲשֶׁר נָתְנוּ־שָׁם רֵיחַ נִיחֹחַ לְכֹל גִּלּוּלֵיהֶם׃ וְנָטִיתִי אֶת־יָדִי
עֲלֵיהֶם וְנָתַתִּי אֶת־הָאָרֶץ שְׁמָמָה וּמְשַׁמָּה מִמִּדְבַּר דִּבְלָתָה

ז

א בכל מושבותיהם וידעו כי־אני יהוה׃ ויהי
ב דבר־יהוה אלי לאמר׃ ואתה בן־אדם כה־אמר אדני יהוה
לאדמת ישראל קץ בא הקץ על־ארבעת כנפות הארץ׃ ארבע
ג עתה הקץ עליך ושלחתי אפי בך ושפטתיך כדרכיך ונתתי
ד עליך את כל־תועבתיך׃ ולא־תחוס עיני עליך ולא אחמול
כי דרכיך עליך אתן ותועבותיך בתוכך תהיין וידעתם כי־
ה אני יהוה׃ כה אמר אדני יהוה רעה אחת רעה
ו ז הנה באה׃ קץ בא בא הקץ הקיץ אליך הנה באה׃ באה
הצפירה אליך יושב הארץ בא העת קרוב היום מהומה ולא־
ח הד הרים׃ עתה מקרוב אשפוך חמתי עליך וכליתי אפי בך
ט ושפטתיך כדרכיך ונתתי עליך את כל־תועבותיך׃ ולא־
תחוס עיני ולא אחמול כדרכיך עליך אתן ותועבותיך בתוכך
י תהיין וידעתם כי אני יהוה מכה׃ הנה היום הנה באה יצאה
יא הצפרה צץ המטה פרח הזדון׃ החמס קם למטה־רשע לא־
יב מהם ולא מהמונם ולא מהמהם ולא־נה בהם׃ בא העת הגיע
היום הקונה אל־ישמח והמוכר אל־יתאבל כי חרון אל־כל־
יג המונה׃ כי המוכר אל־הממכר לא ישוב ועוד בחיים חיתם
כי־חזון אל־כל־המונה לא ישוב ואיש בעונו חיתו לא־
יד יתחזקו׃ תקעו בתקוע והכין הכל ואין הלך למלחמה כי
טו חרוני אל־כל־המונה׃ החרב בחוץ והדבר והרעב מבית
אשר בשדה בחרב ימות ואשר בעיר רעב ודבר יאכלנו׃
טז ופלטו פליטיהם והיו אל־ההרים כיוני הגאיות כלם המות
יז איש בעונו׃ כל־הידים תרפינה וכל־ברכים תלכנה מים׃
יח וחגרו שקים וכסתה אותם פלצות ואל כל־פנים בושה ובכל־
יט ראשיהם קרחה׃ כספם בחוצות ישליכו וזהבם לנדה יהיה
כספם וזהבם לא־יוכל להצילם ביום עברת יהוה נפשם לא
כ ישבעו ומעיהם לא ימלאו כי־מכשול עונם היה׃ וצבי עדיו

לִגְאוֹן שָׂמָהוּ וְצַלְמֵי תוֹעֲבֹתָם שִׁקּוּצֵיהֶם עָשׂוּ בוֹ עַל־כֵּן נְתַתִּיו
כא לָהֶם לְנִדָּה׃ וּנְתַתִּיו בְּיַד־הַזָּרִים לָבַז וּלְרִשְׁעֵי הָאָרֶץ לְשָׁלָל
כב וְחִלְּלוּהָ׃ וַהֲסִבּוֹתִי פָנַי מֵהֶם וְחִלְּלוּ אֶת־צְפוּנִי וּבָאוּ־בָהּ פָּרִיצִים
כג וְחִלְּלוּהָ׃ עֲשֵׂה הָרַתּוֹק כִּי הָאָרֶץ מָלְאָה מִשְׁפַּט
כד דָּמִים וְהָעִיר מָלְאָה חָמָס׃ וְהֵבֵאתִי רָעֵי גוֹיִם וְיָרְשׁוּ אֶת־
כה בָּתֵּיהֶם וְהִשְׁבַּתִּי גְּאוֹן עַזִּים וְנִחֲלוּ מְקַדְשֵׁיהֶם׃ קְפָדָה־בָא
כו וּבִקְשׁוּ שָׁלוֹם וָאָיִן׃ הֹוָה עַל־הֹוָה תָּבוֹא וּשְׁמֻעָה אֶל־שְׁמוּעָה
תִּהְיֶה וּבִקְשׁוּ חָזוֹן מִנָּבִיא וְתוֹרָה תֹּאבַד מִכֹּהֵן וְעֵצָה מִזְּקֵנִים׃
כז הַמֶּלֶךְ יִתְאַבָּל וְנָשִׂיא יִלְבַּשׁ שְׁמָמָה וִידֵי עַם־הָאָרֶץ תִּבָּהַלְנָה
מִדַּרְכָּם אֶעֱשֶׂה אוֹתָם וּבְמִשְׁפְּטֵיהֶם אֶשְׁפְּטֵם וְיָדְעוּ כִּי־אֲנִי
ח א יְהוָה׃ וַיְהִי ׀ בַּשָּׁנָה הַשִּׁשִּׁית בַּשִּׁשִּׁי בַּחֲמִשָּׁה ד
לַחֹדֶשׁ אֲנִי יוֹשֵׁב בְּבֵיתִי וְזִקְנֵי יְהוּדָה יוֹשְׁבִים לְפָנָי וַתִּפֹּל
ב עָלַי שָׁם יַד אֲדֹנָי יְהוִה׃ וָאֶרְאֶה וְהִנֵּה דְמוּת כְּמַרְאֵה־אֵשׁ
מִמַּרְאֵה מָתְנָיו וּלְמַטָּה אֵשׁ וּמִמָּתְנָיו וּלְמַעְלָה כְּמַרְאֵה־זֹהַר
ג כְּעֵין הַחַשְׁמַלָה׃ וַיִּשְׁלַח תַּבְנִית יָד וַיִּקָּחֵנִי בְּצִיצִת רֹאשִׁי
וַתִּשָּׂא אֹתִי רוּחַ ׀ בֵּין־הָאָרֶץ וּבֵין הַשָּׁמַיִם וַתָּבֵא אֹתִי
יְרוּשָׁלַמָה בְּמַרְאוֹת אֱלֹהִים אֶל־פֶּתַח שַׁעַר הַפְּנִימִית הַפּוֹנָה
ד צָפוֹנָה אֲשֶׁר־שָׁם מוֹשַׁב סֵמֶל הַקִּנְאָה הַמַּקְנֶה׃ וְהִנֵּה־שָׁם
ה כְּבוֹד אֱלֹהֵי יִשְׂרָאֵל כַּמַּרְאֶה אֲשֶׁר רָאִיתִי בַּבִּקְעָה׃ וַיֹּאמֶר אֵלַי
בֶּן־אָדָם שָׂא־נָא עֵינֶיךָ דֶּרֶךְ צָפוֹנָה וָאֶשָּׂא עֵינַי דֶּרֶךְ צָפוֹנָה
ו וְהִנֵּה מִצָּפוֹן לְשַׁעַר הַמִּזְבֵּחַ סֵמֶל הַקִּנְאָה הַזֶּה בַּבִּאָה׃ וַיֹּאמֶר
אֵלַי בֶּן־אָדָם הֲרֹאֶה אַתָּה מהם עֹשִׂים תּוֹעֵבוֹת גְּדֹלוֹת אֲשֶׁר מָה הֵם
בֵּית־יִשְׂרָאֵל ׀ עֹשִׂים פֹּה לְרָחֳקָה מֵעַל מִקְדָּשִׁי וְעוֹד תָּשׁוּב
ז תִּרְאֶה תּוֹעֵבוֹת גְּדֹלוֹת׃ וַיָּבֵא אֹתִי אֶל־פֶּתַח הֶחָצֵר וָאֶרְאֶה
ח וְהִנֵּה חֹר־אֶחָד בַּקִּיר׃ וַיֹּאמֶר אֵלַי בֶּן־אָדָם חֲתָר־נָא בַקִּיר
ט וָאֶחְתֹּר בַּקִּיר וְהִנֵּה פֶּתַח אֶחָד׃ וַיֹּאמֶר אֵלַי בֹּא וּרְאֵה אֶת־
י הַתּוֹעֵבוֹת הָרָעוֹת אֲשֶׁר הֵם עֹשִׂים פֹּה׃ וָאָבוֹא וָאֶרְאֶה וְהִנֵּה

ח

כָּל־תַּבְנִית רֶמֶשׂ וּבְהֵמָה שֶׁקֶץ וְכָל־גִּלּוּלֵי בֵּית יִשְׂרָאֵל מְחֻקֶּה
עַל־הַקִּיר סָבִיב ׀ סָבִיב׃ וְשִׁבְעִים אִישׁ מִזִּקְנֵי בֵית־יִשְׂרָאֵל יא
וְיַאֲזַנְיָהוּ בֶן־שָׁפָן עֹמֵד בְּתוֹכָם עֹמְדִים לִפְנֵיהֶם וְאִישׁ מִקְטַרְתּוֹ
בְּיָדוֹ וַעֲתַר עֲנַן־הַקְּטֹרֶת עֹלֶה׃ וַיֹּאמֶר אֵלַי הֲרָאִיתָ בֶן־אָדָם יב
אֲשֶׁר זִקְנֵי בֵית־יִשְׂרָאֵל עֹשִׂים בַּחֹשֶׁךְ אִישׁ בְּחַדְרֵי מַשְׂכִּיתוֹ כִּי
אֹמְרִים אֵין יהוה רֹאֶה אֹתָנוּ עָזַב יהוה אֶת־הָאָרֶץ׃ וַיֹּאמֶר אֵלָי יג
עוֹד תָּשׁוּב תִּרְאֶה תּוֹעֵבוֹת גְּדֹלוֹת אֲשֶׁר־הֵמָּה עֹשִׂים׃ וַיָּבֵא יד
אֹתִי אֶל־פֶּתַח שַׁעַר בֵּית־יהוה אֲשֶׁר אֶל־הַצָּפוֹנָה וְהִנֵּה־שָׁם
הַנָּשִׁים יֹשְׁבוֹת מְבַכּוֹת אֶת־הַתַּמּוּז׃ וַיֹּאמֶר טו
אֵלַי הֲרָאִיתָ בֶן־אָדָם עוֹד תָּשׁוּב תִּרְאֶה תּוֹעֵבוֹת גְּדֹלוֹת
מֵאֵלֶּה׃ וַיָּבֵא אֹתִי אֶל־חֲצַר בֵּית־יהוה הַפְּנִימִית וְהִנֵּה־פֶתַח טז
הֵיכַל יהוה בֵּין הָאוּלָם וּבֵין הַמִּזְבֵּחַ כְּעֶשְׂרִים וַחֲמִשָּׁה אִישׁ
אֲחֹרֵיהֶם אֶל־הֵיכַל יהוה וּפְנֵיהֶם קֵדְמָה וְהֵמָּה מִשְׁתַּחֲוִיתֶם
קֵדְמָה לַשָּׁמֶשׁ׃ וַיֹּאמֶר אֵלַי הֲרָאִיתָ בֶן־אָדָם הֲנָקֵל לְבֵית יז
יְהוּדָה מֵעֲשׂוֹת אֶת־הַתּוֹעֵבוֹת אֲשֶׁר עָשׂוּ־פֹה כִּי־מָלְאוּ אֶת־
הָאָרֶץ חָמָס וַיָּשֻׁבוּ לְהַכְעִיסֵנִי וְהִנָּם שֹׁלְחִים אֶת־הַזְּמוֹרָה אֶל־
אַפָּם׃ וְגַם־אֲנִי אֶעֱשֶׂה בְחֵמָה לֹא־תָחוֹס עֵינִי וְלֹא אֶחְמֹל יח
וְקָרְאוּ בְאָזְנַי קוֹל גָּדוֹל וְלֹא אֶשְׁמַע אוֹתָם׃ וַיִּקְרָא בְאָזְנַי קוֹל א ט
גָּדוֹל לֵאמֹר קָרְבוּ פְּקֻדּוֹת הָעִיר וְאִישׁ כְּלִי מַשְׁחֵתוֹ בְּיָדוֹ׃ וְהִנֵּה ב
שִׁשָּׁה אֲנָשִׁים בָּאִים ׀ מִדֶּרֶךְ־שַׁעַר הָעֶלְיוֹן אֲשֶׁר ׀ מָפְנֶה צָפוֹנָה
וְאִישׁ כְּלִי מַפָּצוֹ בְּיָדוֹ וְאִישׁ־אֶחָד בְּתוֹכָם לָבֻשׁ בַּדִּים וְקֶסֶת
הַסֹּפֵר בְּמָתְנָיו וַיָּבֹאוּ וַיַּעַמְדוּ אֵצֶל מִזְבַּח הַנְּחֹשֶׁת׃ וּכְבוֹד ׀ ג
אֱלֹהֵי יִשְׂרָאֵל נַעֲלָה מֵעַל הַכְּרוּב אֲשֶׁר הָיָה עָלָיו אֶל מִפְתַּן
הַבָּיִת וַיִּקְרָא אֶל־הָאִישׁ הַלָּבֻשׁ הַבַּדִּים אֲשֶׁר קֶסֶת הַסֹּפֵר
בְּמָתְנָיו׃ וַיֹּאמֶר יהוה אֵלָו עֲבֹר בְּתוֹךְ הָעִיר ד
בְּתוֹךְ יְרוּשָׁלָם וְהִתְוִיתָ תָּו עַל־מִצְחוֹת הָאֲנָשִׁים הַנֶּאֱנָחִים
וְהַנֶּאֱנָקִים עַל כָּל־הַתּוֹעֵבוֹת הַנַּעֲשׂוֹת בְּתוֹכָהּ׃ וּלְאֵלֶּה אָמַר ה

בְּאָזְנַי עִבְרוּ בָעִיר אַחֲרָיו וְהַכּוּ עַל־תָּחֹס עֵינֵיכֶם וְאַל־תַּחְמֹלוּ׃ אַל־ | עֵינְכֶם
ו זָקֵן בָּחוּר וּבְתוּלָה וְטַף וְנָשִׁים תַּהַרְגוּ לְמַשְׁחִית וְעַל־כָּל־אִישׁ
אֲשֶׁר־עָלָיו הַתָּו אַל־תִּגַּשׁוּ וּמִמִּקְדָּשִׁי תָּחֵלּוּ וַיָּחֵלּוּ בָּאֲנָשִׁים
ז הַזְּקֵנִים אֲשֶׁר לִפְנֵי הַבָּיִת׃ וַיֹּאמֶר אֲלֵיהֶם טַמְּאוּ אֶת־הַבַּיִת
ח וּמַלְאוּ אֶת־הַחֲצֵרוֹת חֲלָלִים צֵאוּ וְיָצְאוּ וְהִכּוּ בָעִיר׃ וַיְהִי
כְּהַכּוֹתָם וְנֵאשֲׁאַר אָנִי וָאֶפְּלָה עַל־פָּנַי וָאֶזְעַק וָאֹמַר אֲהָהּ אֲדֹנָי
יֱהֹוִה הֲמַשְׁחִית אַתָּה אֵת כָּל־שְׁאֵרִית יִשְׂרָאֵל בְּשָׁפְכְּךָ אֶת־
ט חֲמָתְךָ עַל־יְרוּשָׁלָםִ׃ וַיֹּאמֶר אֵלַי עֲוֹן בֵּית־יִשְׂרָאֵל וִיהוּדָה
גָּדוֹל בִּמְאֹד מְאֹד וַתִּמָּלֵא הָאָרֶץ דָּמִים וְהָעִיר מָלְאָה מֻטֶּה
י כִּי אָמְרוּ עָזַב יְהֹוָה אֶת־הָאָרֶץ וְאֵין יְהֹוָה רֹאֶה׃ וְגַם־אֲנִי לֹא־
יא תָחוֹס עֵינִי וְלֹא אֶחְמֹל דַּרְכָּם בְּרֹאשָׁם נָתָתִּי׃ וְהִנֵּה הָאִישׁ |
לְבֻשׁ הַבַּדִּים אֲשֶׁר הַקֶּסֶת בְּמָתְנָיו מֵשִׁיב דָּבָר לֵאמֹר עָשִׂיתִי
י א כַּאֲשֶׁר צִוִּיתָנִי׃ וָאֶרְאֶה וְהִנֵּה אֶל־הָרָקִיעַ אֲשֶׁר ה כְּכֹל אֲשֶׁר
עַל־רֹאשׁ הַכְּרֻבִים כְּאֶבֶן סַפִּיר כְּמַרְאֵה דְּמוּת כִּסֵּא נִרְאָה
ב עֲלֵיהֶם׃ וַיֹּאמֶר אֶל־הָאִישׁ | לְבֻשׁ הַבַּדִּים וַיֹּאמֶר בֹּא אֶל־בֵּינוֹת
לַגַּלְגַּל אֶל־תַּחַת לַכְּרוּב וּמַלֵּא חָפְנֶיךָ גַחֲלֵי־אֵשׁ מִבֵּינוֹת
ג לַכְּרֻבִים וּזְרֹק עַל־הָעִיר וַיָּבֹא לְעֵינָי׃ וְהַכְּרֻבִים עֹמְדִים מִימִין
ד לַבַּיִת בְּבֹאוֹ הָאִישׁ וְהֶעָנָן מָלֵא אֶת־הֶחָצֵר הַפְּנִימִית׃ וַיָּרָם
כְּבוֹד־יְהֹוָה מֵעַל הַכְּרוּב עַל מִפְתַּן הַבָּיִת וַיִּמָּלֵא הַבַּיִת אֶת־
ה הֶעָנָן וְהֶחָצֵר מָלְאָה אֶת־נֹגַהּ כְּבוֹד יְהֹוָה׃ וְקוֹל כַּנְפֵי הַכְּרוּבִים
ו נִשְׁמַע עַד־הֶחָצֵר הַחִיצֹנָה כְּקוֹל אֵל־שַׁדַּי בְּדַבְּרוֹ׃ וַיְהִי בְּצַוֹּתוֹ
אֶת־הָאִישׁ לְבֻשׁ־הַבַּדִּים לֵאמֹר קַח אֵשׁ מִבֵּינוֹת לַגַּלְגַּל
ז מִבֵּינוֹת לַכְּרוּבִים וַיָּבֹא וַיַּעֲמֹד אֵצֶל הָאוֹפָן׃ וַיִּשְׁלַח הַכְּרוּב
אֶת־יָדוֹ מִבֵּינוֹת לַכְּרוּבִים אֶל־הָאֵשׁ אֲשֶׁר בֵּינוֹת הַכְּרֻבִים
ח וַיִּשָּׂא וַיִּתֵּן אֶל־חָפְנֵי לְבֻשׁ הַבַּדִּים וַיִּקַּח וַיֵּצֵא׃ וַיֵּרָא לַכְּרֻבִים
ט תַּבְנִית יַד־אָדָם תַּחַת כַּנְפֵיהֶם׃ וָאֶרְאֶה וְהִנֵּה אַרְבָּעָה אוֹפַנִּים
אֵצֶל הַכְּרוּבִים אוֹפַן אֶחָד אֵצֶל הַכְּרוּב אֶחָד וְאוֹפַן אֶחָד אֵצֶל

י הַכְּר֖וּב אֶחָ֑ד וּמַרְאֵה֙ הָאֽוֹפַנִּ֔ים כְּעֵ֖ין אֶ֥בֶן תַּרְשִֽׁישׁ׃ וּמַ֨רְאֵיהֶ֔ם
דְּמ֥וּת אֶחָ֖ד לְאַרְבַּעְתָּ֑ם כַּאֲשֶׁ֛ר יִהְיֶ֥ה הָאוֹפַ֖ן בְּת֥וֹךְ הָאוֹפָֽן׃
יא בְּלֶכְתָּ֗ם אֶל־אַרְבַּ֤עַת רִבְעֵיהֶם֙ יֵלֵ֔כוּ לֹ֥א יִסַּ֖בּוּ בְּלֶכְתָּ֑ם כִּ֣י
הַמָּק֞וֹם אֲשֶׁר־יִפְנֶ֤ה הָרֹאשׁ֙ אַחֲרָ֣יו יֵלֵ֔כוּ לֹ֥א יִסַּ֖בּוּ בְּלֶכְתָּֽם׃
יב וְכָל־בְּשָׂרָם֙ וְגַבֵּהֶ֔ם וִידֵיהֶ֖ם וְכַנְפֵיהֶ֑ם וְהָאוֹפַנִּ֗ים מְלֵאִ֤ים עֵינַ֙יִם֙
יג סָבִ֔יב לְאַרְבַּעְתָּ֖ם אוֹפַנֵּיהֶֽם׃ לָאוֹפַנִּ֑ים לָהֶ֥ם קוֹרָ֛א הַגַּלְגַּ֖ל בְּאָזְנָֽי׃
יד וְאַרְבָּעָ֥ה פָנִ֖ים לְאֶחָ֑ד פְּנֵ֨י הָאֶחָ֜ד פְּנֵ֣י הַכְּר֗וּב וּפְנֵ֨י הַשֵּׁנִ֜י פְּנֵ֤י אָדָם֙
טו וְהַשְּׁלִישִׁי֙ פְּנֵ֣י אַרְיֵ֔ה וְהָרְבִיעִ֖י פְּנֵי־נָֽשֶׁר׃ וַיֵּרֹ֖מּוּ הַכְּרוּבִ֑ים הִ֚יא
טז הַֽחַיָּ֔ה אֲשֶׁ֥ר רָאִ֖יתִי בִּנְהַר־כְּבָֽר׃ וּבְלֶ֙כֶת֙ הַכְּרוּבִ֔ים יֵלְכ֥וּ
הָאֽוֹפַנִּ֖ים אֶצְלָ֑ם וּבִשְׂאֵ֨ת הַכְּרוּבִ֜ים אֶת־כַּנְפֵיהֶ֗ם לָרוּם֙ מֵעַ֣ל
יז הָאָ֔רֶץ לֹא־יִסַּ֧בּוּ הָאֽוֹפַנִּ֛ים גַּם־הֵ֖ם מֵאֶצְלָֽם׃ בְּעָמְדָ֣ם יַעֲמֹ֔דוּ
יח וּבְרוֹמָ֖ם יֵר֣וֹמּוּ אוֹתָ֑ם כִּ֛י ר֥וּחַ הַחַיָּ֖ה בָּהֶֽם׃ וַיֵּצֵא֙ כְּב֣וֹד יְהוָ֔ה
יט מֵעַ֖ל מִפְתַּ֣ן הַבָּ֑יִת וַֽיַּעֲמֹ֖ד עַל־הַכְּרוּבִֽים׃ וַיִּשְׂא֣וּ הַכְּרוּבִ֣ים אֶת־
כַּ֠נְפֵיהֶם וַיֵּר֨וֹמּוּ מִן־הָאָ֤רֶץ לְעֵינַי֙ בְּצֵאתָ֔ם וְהָאוֹפַנִּ֖ים לְעֻמָּתָ֑ם
וַֽיַּעֲמֹ֗ד פֶּ֚תַח שַׁ֤עַר בֵּית־יְהוָה֙ הַקַּדְמוֹנִ֔י וּכְב֛וֹד אֱלֹהֵֽי־יִשְׂרָאֵ֥ל
כ עֲלֵיהֶ֖ם מִלְמָֽעְלָה׃ הִ֣יא הַחַיָּ֗ה אֲשֶׁ֥ר רָאִ֛יתִי תַּ֥חַת אֱלֹהֵֽי־
כא יִשְׂרָאֵ֖ל בִּנְהַר־כְּבָ֑ר וָאֵדַ֕ע כִּ֥י כְרוּבִ֖ים הֵֽמָּה׃ אַרְבָּעָ֨ה אַרְבָּעָ֤ה
פָנִים֙ לְאֶחָ֔ד וְאַרְבַּ֥ע כְּנָפַ֖יִם לְאֶחָ֑ד וּדְמוּת֙ יְדֵ֣י אָדָ֔ם תַּ֖חַת
כב כַּנְפֵיהֶֽם׃ וּדְמ֣וּת פְּנֵיהֶ֗ם הֵ֚מָּה הַפָּנִ֔ים אֲשֶׁ֤ר רָאִ֙יתִי֙ עַל־נְהַר־
יא א כְּבָ֔ר מַרְאֵיהֶ֖ם וְאוֹתָ֑ם אִ֛ישׁ אֶל־עֵ֥בֶר פָּנָ֖יו יֵלֵֽכוּ׃ וַתִּשָּׂ֨א אֹתִ֜י
ר֗וּחַ וַתָּבֵ֣א אֹ֠תִי אֶל־שַׁ֨עַר בֵּית־יְהוָ֤ה הַקַּדְמוֹנִי֙ הַפּוֹנֶ֣ה
קָדִ֔ימָה וְהִנֵּה֙ בְּפֶ֣תַח הַשַּׁ֔עַר עֶשְׂרִ֥ים וַחֲמִשָּׁ֖ה אִ֑ישׁ וָאֶרְאֶ֣ה
בְתוֹכָ֗ם אֶת־יַאֲזַנְיָ֣ה בֶן־עַזֻּ֔ר וְאֶת־פְּלַטְיָ֣הוּ בֶן־בְּנָיָ֔הוּ שָׂרֵ֥י
ב הָעָֽם׃ וַיֹּ֖אמֶר אֵלָ֑י בֶּן־אָדָ֕ם אֵ֤לֶּה הָאֲנָשִׁים֙ הַחֹשְׁבִ֣ים
ג אָ֔וֶן וְהַיֹּעֲצִ֥ים עֲצַת־רָ֖ע בָּעִ֥יר הַזֹּֽאת׃ הָאֹ֣מְרִ֔ים לֹ֥א בְקָר֖וֹב
ד בְּנ֣וֹת בָּתִּ֑ים הִ֣יא הַסִּ֔יר וַאֲנַ֖חְנוּ הַבָּשָֽׂר׃ לָכֵ֖ן הִנָּבֵ֣א
ה עֲלֵיהֶ֑ם הִנָּבֵ֖א בֶּן־אָדָֽם׃ וַתִּפֹּ֣ל עָלַי֮ ר֣וּחַ יהוה֒ וַיֹּ֣אמֶר אֵלַ֗י אֱמֹ֞ר

כֹּה־אָמַר יְהוָה כֵּן אֲמַרְתֶּם בֵּית יִשְׂרָאֵל וּמַעֲלוֹת רוּחֲכֶם אֲנִי
ו יְדַעְתִּיהָ׃ הִרְבֵּיתֶם חַלְלֵיכֶם בָּעִיר הַזֹּאת וּמִלֵּאתֶם חוּצֹתֶיהָ
ז חָלָל׃ לָכֵן כֹּה־אָמַר אֲדֹנָי יְהוִה חַלְלֵיכֶם אֲשֶׁר
שַׂמְתֶּם בְּתוֹכָהּ הֵמָּה הַבָּשָׂר וְהִיא הַסִּיר וְאֶתְכֶם הוֹצִיא
ח מִתּוֹכָהּ׃ חֶרֶב יְרֵאתֶם וְחֶרֶב אָבִיא עֲלֵיכֶם נְאֻם אֲדֹנָי יְהוִה׃
ט וְהוֹצֵאתִי אֶתְכֶם מִתּוֹכָהּ וְנָתַתִּי אֶתְכֶם בְּיַד־זָרִים וְעָשִׂיתִי
י בָכֶם שְׁפָטִים׃ בַּחֶרֶב תִּפֹּלוּ עַל־גְּבוּל יִשְׂרָאֵל אֶשְׁפּוֹט אֶתְכֶם
יא וִידַעְתֶּם כִּי־אֲנִי יְהוָה׃ הִיא לֹא־תִהְיֶה לָכֶם לְסִיר וְאַתֶּם
תִּהְיוּ בְתוֹכָהּ לְבָשָׂר אֶל־גְּבוּל יִשְׂרָאֵל אֶשְׁפֹּט אֶתְכֶם׃
יב וִידַעְתֶּם כִּי־אֲנִי יְהוָה אֲשֶׁר בְּחֻקַּי לֹא הֲלַכְתֶּם וּמִשְׁפָּטַי לֹא
יג עֲשִׂיתֶם וּכְמִשְׁפְּטֵי הַגּוֹיִם אֲשֶׁר סְבִיבוֹתֵיכֶם עֲשִׂיתֶם׃ וַיְהִי
כְּהִנָּבְאִי וּפְלַטְיָהוּ בֶן־בְּנָיָה מֵת וָאֶפֹּל עַל־פָּנַי וָאֶזְעַק ׀ קוֹל
גָּדוֹל וָאֹמַר אֲהָהּ אֲדֹנָי יְהוִה כָּלָה אַתָּה עֹשֶׂה אֵת שְׁאֵרִית
יד טו יִשְׂרָאֵל׃ וַיְהִי דְבַר־יְהוָה אֵלַי לֵאמֹר׃ בֶּן־אָדָם
אַחֶיךָ אַחֶיךָ אַנְשֵׁי גְאֻלָּתֶךָ וְכָל־בֵּית יִשְׂרָאֵל כֻּלֹּה אֲשֶׁר אָמְרוּ
לָהֶם יֹשְׁבֵי יְרוּשָׁלַם רַחֲקוּ מֵעַל יְהוָה לָנוּ הִיא נִתְּנָה הָאָרֶץ
טז לְמוֹרָשָׁה׃ לָכֵן אֱמֹר כֹּה אָמַר אֲדֹנָי יְהוִה כִּי
הִרְחַקְתִּים בַּגּוֹיִם וְכִי הֲפִיצוֹתִים בָּאֲרָצוֹת וָאֱהִי לָהֶם לְמִקְדָּשׁ
יז מְעַט בָּאֲרָצוֹת אֲשֶׁר־בָּאוּ שָׁם׃ לָכֵן אֱמֹר כֹּה־
אָמַר אֲדֹנָי יְהוִה וְקִבַּצְתִּי אֶתְכֶם מִן־הָעַמִּים וְאָסַפְתִּי אֶתְכֶם
מִן־הָאֲרָצוֹת אֲשֶׁר נְפֹצוֹתֶם בָּהֶם וְנָתַתִּי לָכֶם אֶת־אַדְמַת
יח יִשְׂרָאֵל׃ וּבָאוּ־שָׁמָּה וְהֵסִירוּ אֶת־כָּל־שִׁקּוּצֶיהָ וְאֶת־כָּל־
יט תּוֹעֲבוֹתֶיהָ מִמֶּנָּה׃ וְנָתַתִּי לָהֶם לֵב אֶחָד וְרוּחַ חֲדָשָׁה אֶתֵּן
בְּקִרְבְּכֶם וַהֲסִרֹתִי לֵב הָאֶבֶן מִבְּשָׂרָם וְנָתַתִּי לָהֶם לֵב בָּשָׂר׃
כ לְמַעַן בְּחֻקֹּתַי יֵלֵכוּ וְאֶת־מִשְׁפָּטַי יִשְׁמְרוּ וְעָשׂוּ אֹתָם וְהָיוּ־ ו
כא לִי לְעָם וַאֲנִי אֶהְיֶה לָהֶם לֵאלֹהִים׃ וְאֶל־לֵב שִׁקּוּצֵיהֶם
וְתוֹעֲבוֹתֵיהֶם לִבָּם הֹלֵךְ דַּרְכָּם בְּרֹאשָׁם נָתַתִּי נְאֻם אֲדֹנָי יְהוִה׃

וַיִּשְׂאוּ הַכְּרוּבִים אֶת־כַּנְפֵיהֶם וְהָאוֹפַנִּים לְעֻמָּתָם וּכְבוֹד כב
אֱלֹהֵי־יִשְׂרָאֵל עֲלֵיהֶם מִלְמָעְלָה׃ וַיַּעַל כְּבוֹד יְהוָה מֵעַל תּוֹךְ כג
הָעִיר וַיַּעֲמֹד עַל־הָהָר אֲשֶׁר מִקֶּדֶם לָעִיר׃ וְרוּחַ נְשָׂאַתְנִי כד
וַתְּבִיאֵנִי כַשְׂדִּימָה אֶל־הַגּוֹלָה בַּמַּרְאֶה בְּרוּחַ אֱלֹהִים וַיַּעַל
מֵעָלַי הַמַּרְאֶה אֲשֶׁר רָאִיתִי׃ וָאֲדַבֵּר אֶל־הַגּוֹלָה אֵת כָּל־דִּבְרֵי כה
יְהוָה אֲשֶׁר הֶרְאָנִי׃ וַיְהִי דְבַר־יְהוָה אֵלַי לֵאמֹר׃ א יב
בֶּן־אָדָם בְּתוֹךְ בֵּית־הַמֶּרִי אַתָּה יֹשֵׁב אֲשֶׁר עֵינַיִם לָהֶם ב
לִרְאוֹת וְלֹא רָאוּ אָזְנַיִם לָהֶם לִשְׁמֹעַ וְלֹא שָׁמֵעוּ כִּי בֵּית מְרִי
הֵם׃ וְאַתָּה בֶן־אָדָם עֲשֵׂה לְךָ כְּלֵי גוֹלָה וּגְלֵה ג
יוֹמָם לְעֵינֵיהֶם וְגָלִיתָ מִמְּקוֹמְךָ אֶל־מָקוֹם אַחֵר לְעֵינֵיהֶם אוּלַי
יִרְאוּ כִּי בֵּית מְרִי הֵמָּה׃ וְהוֹצֵאתָ כֵלֶיךָ כִּכְלֵי גוֹלָה יוֹמָם ד
לְעֵינֵיהֶם וְאַתָּה תֵּצֵא בָעֶרֶב לְעֵינֵיהֶם כְּמוֹצָאֵי גּוֹלָה׃ לְעֵינֵיהֶם ה
חֲתָר־לְךָ בַקִּיר וְהוֹצֵאתָ בּוֹ׃ לְעֵינֵיהֶם עַל־כָּתֵף תִּשָּׂא בָּעֲלָטָה ו
תוֹצִיא פָּנֶיךָ תְכַסֶּה וְלֹא תִרְאֶה אֶת־הָאָרֶץ כִּי־מוֹפֵת נְתַתִּיךָ
לְבֵית יִשְׂרָאֵל׃ וָאַעַשׂ כֵּן כַּאֲשֶׁר צֻוֵּיתִי כֵּלַי הוֹצֵאתִי כִּכְלֵי ז
גוֹלָה יוֹמָם וּבָעֶרֶב חָתַרְתִּי־לִי בַקִּיר בְּיָד בָּעֲלָטָה הוֹצֵאתִי
עַל־כָּתֵף נָשָׂאתִי לְעֵינֵיהֶם׃ וַיְהִי דְבַר־יְהוָה ח
אֵלַי בַּבֹּקֶר לֵאמֹר׃ בֶּן־אָדָם הֲלֹא אָמְרוּ אֵלֶיךָ בֵּית יִשְׂרָאֵל ט
בֵּית הַמֶּרִי מָה אַתָּה עֹשֶׂה׃ אֱמֹר אֲלֵיהֶם כֹּה אָמַר אֲדֹנָי יְהוִה י
הַנָּשִׂיא הַמַּשָּׂא הַזֶּה בִּירוּשָׁלַםִ וְכָל־בֵּית יִשְׂרָאֵל אֲשֶׁר־הֵמָּה
בְתוֹכָם׃ אֱמֹר אֲנִי מוֹפֶתְכֶם כַּאֲשֶׁר עָשִׂיתִי כֵּן יֵעָשֶׂה לָהֶם יא
בַּגּוֹלָה בַשְּׁבִי יֵלֵכוּ׃ וְהַנָּשִׂיא אֲשֶׁר־בְּתוֹכָם אֶל־כָּתֵף יִשָּׂא יב
בָּעֲלָטָה וְיֵצֵא בַּקִּיר יַחְתְּרוּ לְהוֹצִיא בוֹ פָּנָיו יְכַסֶּה יַעַן אֲשֶׁר
לֹא־יִרְאֶה לַעַיִן הוּא אֶת־הָאָרֶץ׃ וּפָרַשְׂתִּי אֶת־רִשְׁתִּי עָלָיו יג
וְנִתְפַּשׂ בִּמְצוּדָתִי וְהֵבֵאתִי אֹתוֹ בָבֶלָה אֶרֶץ כַּשְׂדִּים וְאוֹתָהּ
לֹא־יִרְאֶה וְשָׁם יָמוּת׃ וְכֹל אֲשֶׁר סְבִיבֹתָיו עֶזְרֹה וְכָל־אֲגַפָּיו יד
אֱזָרֶה לְכָל־רוּחַ וְחֶרֶב אָרִיק אַחֲרֵיהֶם׃ וְיָדְעוּ כִּי־אֲנִי יְהוָה טו

טז בַּהֲפִיצִי אוֹתָם בַּגּוֹיִם וְזֵרִיתִי אוֹתָם בָּאֲרָצוֹת: וְהוֹתַרְתִּי
מֵהֶם אַנְשֵׁי מִסְפָּר מֵחֶרֶב מֵרָעָב וּמִדָּבֶר לְמַעַן יְסַפְּרוּ
אֶת־כָּל־תּוֹעֲבוֹתֵיהֶם בַּגּוֹיִם אֲשֶׁר־בָּאוּ שָׁם וְיָדְעוּ כִּי־אֲנִי
יז יח יְהוָה: וַיְהִי דְבַר־יְהוָה אֵלַי לֵאמֹר: בֶּן־אָדָם
יט לַחְמְךָ בְּרַעַשׁ תֹּאכֵל וּמֵימֶיךָ בְּרָגְזָה וּבִדְאָגָה תִּשְׁתֶּה: וְאָמַרְתָּ
אֶל־עַם הָאָרֶץ כֹּה־אָמַר אֲדֹנָי יֱהֹוִה לְיוֹשְׁבֵי יְרוּשָׁלַםִ אֶל־
אַדְמַת יִשְׂרָאֵל לַחְמָם בִּדְאָגָה יֹאכֵלוּ וּמֵימֵיהֶם בְּשִׁמָּמוֹן יִשְׁתּוּ
כ לְמַעַן תֵּשַׁם אַרְצָהּ מִמְּלֹאָהּ מֵחֲמַס כָּל־הַיֹּשְׁבִים בָּהּ: וְהֶעָרִים
הַנּוֹשָׁבוֹת תֶּחֱרַבְנָה וְהָאָרֶץ שְׁמָמָה תִהְיֶה וִידַעְתֶּם כִּי־אֲנִי
כא כב יְהוָה: וַיְהִי דְבַר־יְהוָה אֵלַי לֵאמֹר: בֶּן־אָדָם
מָה־הַמָּשָׁל הַזֶּה לָכֶם עַל־אַדְמַת יִשְׂרָאֵל לֵאמֹר יַאַרְכוּ
כג הַיָּמִים וְאָבַד כָּל־חָזוֹן: לָכֵן אֱמֹר אֲלֵיהֶם כֹּה־אָמַר אֲדֹנָי יֱהֹוִה
הִשְׁבַּתִּי אֶת־הַמָּשָׁל הַזֶּה וְלֹא־יִמְשְׁלוּ אֹתוֹ עוֹד בְּיִשְׂרָאֵל כִּי
כד אִם־דַּבֵּר אֲלֵיהֶם קָרְבוּ הַיָּמִים וּדְבַר כָּל־חָזוֹן: כִּי לֹא יִהְיֶה
כה עוֹד כָּל־חֲזוֹן שָׁוְא וּמִקְסַם חָלָק בְּתוֹךְ בֵּית יִשְׂרָאֵל: כִּי ׀ אֲנִי
יְהוָה אֲדַבֵּר אֵת אֲשֶׁר אֲדַבֵּר דָּבָר וְיֵעָשֶׂה לֹא תִמָּשֵׁךְ עוֹד
כִּי בִימֵיכֶם בֵּית הַמֶּרִי אֲדַבֵּר דָּבָר וַעֲשִׂיתִיו נְאֻם אֲדֹנָי
כו כז יֱהֹוִה: וַיְהִי דְבַר־יְהוָה אֵלַי לֵאמֹר: בֶּן־אָדָם
הִנֵּה בֵית־יִשְׂרָאֵל אֹמְרִים הֶחָזוֹן אֲשֶׁר־הוּא חֹזֶה לְיָמִים רַבִּים
כח וּלְעִתִּים רְחוֹקוֹת הוּא נִבָּא: לָכֵן אֱמֹר אֲלֵיהֶם
כֹּה אָמַר אֲדֹנָי יֱהֹוִה לֹא־תִמָּשֵׁךְ עוֹד כָּל־דְּבָרָי אֲשֶׁר אֲדַבֵּר
יג א דָּבָר וְיֵעָשֶׂה נְאֻם אֲדֹנָי יֱהֹוִה: וַיְהִי דְבַר־יְהוָה
ב אֵלַי לֵאמֹר: בֶּן־אָדָם הִנָּבֵא אֶל־נְבִיאֵי יִשְׂרָאֵל הַנִּבָּאִים
ג וְאָמַרְתָּ לִנְבִיאֵי מִלִּבָּם שִׁמְעוּ דְּבַר־יְהוָה: כֹּה אָמַר אֲדֹנָי
יֱהֹוִה הוֹי עַל־הַנְּבִיאִים הַנְּבָלִים אֲשֶׁר הֹלְכִים אַחַר רוּחָם
ד ה וּלְבִלְתִּי רָאוּ: כְּשֻׁעָלִים בָּחֳרָבוֹת נְבִיאֶיךָ יִשְׂרָאֵל הָיוּ: לֹא
עֲלִיתֶם בַּפְּרָצוֹת וַתִּגְדְּרוּ גָדֵר עַל־בֵּית יִשְׂרָאֵל לַעֲמֹד

בַּמִּלְחָמָ֖ה בְּי֥וֹם יְהוָֽה׃ חָ֤זוּ שָׁוְא֙ וְקֶ֣סֶם כָּזָ֔ב הָאֹמְרִים֙ נְאֻם־ ו
יְהוָ֔ה וַיהוָ֖ה לֹ֣א שְׁלָחָ֑ם וְיִֽחֲל֖וּ לְקַיֵּ֥ם דָּבָֽר׃ הֲל֧וֹא מַֽחֲזֵה־שָׁוְא֙ ז
חֲזִיתֶ֔ם וּמִקְסַ֥ם כָּזָ֖ב אֲמַרְתֶּ֑ם וְאֹמְרִים֙ נְאֻם־יְהוָ֔ה וַאֲנִ֖י לֹ֥א
דִבַּֽרְתִּי׃ לָכֵ֗ן כֹּ֤ה אָמַר֙ אֲדֹנָ֣י יֱהֹוִ֔ה יַ֚עַן דַּבֶּרְכֶ֣ם ח
שָׁ֔וְא וַחֲזִיתֶ֖ם כָּזָ֑ב לָכֵן֙ הִנְנִ֣י אֲלֵיכֶ֔ם נְאֻ֖ם אֲדֹנָ֥י יֱהֹוִֽה׃ וְהָיְתָ֣ה ט
יָדִ֡י אֶל־הַנְּבִיאִים֩ הַחֹזִ֨ים שָׁ֜וְא וְהַקֹּסְמִ֣ים כָּזָ֗ב בְּס֨וֹד עַמִּ֜י לֹא־
יִהְי֗וּ וּבִכְתָ֤ב בֵּית־יִשְׂרָאֵל֙ לֹ֣א יִכָּתֵ֔בוּ וְאֶל־אַדְמַ֥ת יִשְׂרָאֵ֖ל
לֹ֣א יָבֹ֑אוּ וִֽידַעְתֶּ֔ם כִּ֥י אֲנִ֖י אֲדֹנָ֥י יֱהֹוִֽה׃ יַ֣עַן וּבְיַ֗עַן הִטְע֤וּ י
אֶת־עַמִּי֙ לֵאמֹ֣ר שָׁל֔וֹם וְאֵ֖ין שָׁל֑וֹם וְהוּא֙ בֹּ֣נֶה חַ֔יִץ וְהִנָּ֥ם
טָחִ֥ים אֹת֖וֹ תָּפֵֽל׃ אֱמֹ֛ר אֶל־טָחֵ֥י תָפֵ֖ל וְיִפֹּ֑ל הָיָ֣ה ׀ גֶּ֣שֶׁם יא
שׁוֹטֵ֗ף וְאַ֠תֵּנָה אַבְנֵ֤י אֶלְגָּבִישׁ֙ תִּפֹּ֔לְנָה וְר֥וּחַ סְעָר֖וֹת תְּבַקֵּֽעַ׃
וְהִנֵּ֖ה נָפַ֣ל הַקִּ֑יר הֲלוֹא֙ יֵאָמֵ֣ר אֲלֵיכֶ֔ם אַיֵּ֖ה הַטִּ֥יחַ אֲשֶׁ֥ר יב
טַחְתֶּֽם׃ לָכֵ֗ן כֹּ֤ה אָמַר֙ אֲדֹנָ֣י יֱהֹוִ֔ה וּבִקַּעְתִּ֥י רֽוּחַ־ יג
סְעָר֖וֹת בַּחֲמָתִ֑י וְגֶ֤שֶׁם שֹׁטֵף֙ בְּאַפִּ֣י יִהְיֶ֔ה וְאַבְנֵ֥י אֶלְגָּבִ֖ישׁ בְּחֵמָ֥ה
לְכָלָֽה׃ וְהָרַסְתִּ֞י אֶת־הַקִּ֣יר אֲשֶׁר־טַחְתֶּ֣ם תָּפֵ֗ל וְהִגַּעְתִּ֙יהוּ֙ יד
אֶל־הָאָ֔רֶץ וְנִגְלָ֖ה יְסֹד֑וֹ וְנָ֣פְלָ֗ה וּכְלִיתֶ֣ם בְּתוֹכָ֔הּ וִֽידַעְתֶּ֖ם כִּֽי־
אֲנִ֥י יְהוָֽה׃ וְכִלֵּיתִ֤י אֶת־חֲמָתִי֙ בַּקִּ֔יר וּבַטָּחִ֥ים אֹת֖וֹ תָּפֵ֑ל וְאֹמַ֤ר טו
לָכֶם֙ אֵ֣ין הַקִּ֔יר וְאֵ֖ין הַטָּחִ֥ים אֹתֽוֹ׃ נְבִיאֵ֣י יִשְׂרָאֵ֔ל הַנִּבְּאִים֙ טז
אֶל־יְר֣וּשָׁלִַ֔ם וְהַחֹזִ֥ים לָ֖הּ חֲז֣וֹן שָׁלֹ֑ם וְאֵ֣ין שָׁלֹ֔ם נְאֻ֖ם אֲדֹנָ֥י
יֱהֹוִֽה׃ וְאַתָּ֣ה בֶן־אָדָ֗ם שִׂ֤ים פָּנֶ֙יךָ֙ אֶל־בְּנ֣וֹת עַמְּךָ֔ יז
הַמִּֽתְנַבְּא֖וֹת מִלִּבְּהֶ֑ן וְהִנָּבֵ֖א עֲלֵיהֶֽן׃ וְאָמַרְתָּ֞ כֹּה־אָמַ֣ר ׀ אֲדֹנָ֣י יח
יֱהֹוִ֗ה ה֣וֹי לִֽמְתַפְּר֣וֹת כְּסָת֞וֹת עַ֣ל ׀ כָּל־אַצִּילֵ֣י יָדַ֗י וְעֹשׂ֧וֹת
הַמִּסְפָּח֛וֹת עַל־רֹ֥אשׁ כָּל־קוֹמָ֖ה לְצוֹדֵ֣ד נְפָשׁ֑וֹת הַנְּפָשׁ֗וֹת
תְּצוֹדֵ֣דְנָה לְעַמִּ֔י וּנְפָשׁ֖וֹת לָכֶ֥נָה תְחַיֶּֽינָה׃ וַתְּחַלֶּ֨לְנָה אֹתִ֜י אֶל־ יט
עַמִּ֗י בְּשַׁעֲלֵ֨י שְׂעֹרִ֜ים וּבִפְת֣וֹתֵי לֶ֗חֶם לְהָמִ֤ית נְפָשׁוֹת֙ אֲשֶׁ֣ר לֹא־
תְמוּתֶ֔נָה וּלְחַיּ֥וֹת נְפָשׁ֖וֹת אֲשֶׁ֣ר לֹא־תִֽחְיֶ֑ינָה בְּכַזֶּבְכֶ֣ם לְעַמִּ֔י
שֹׁמְעֵ֖י כָזָֽב׃ לָכֵ֞ן כֹּֽה־אָמַ֣ר ׀ אֲדֹנָ֣י יֱהֹוִ֗ה הִנְנִ֨י כ

אֶל־כִּסְּתוֹתֵיכֶנָה אֲשֶׁר אַתֵּנָה מְצֹדְדוֹת שָׁם אֶת־הַנְּפָשׁוֹת
לְפֹרְחוֹת וְקָרַעְתִּי אֹתָם מֵעַל זְרוֹעֹתֵיכֶם וְשִׁלַּחְתִּי אֶת־
כא הַנְּפָשׁוֹת אֲשֶׁר אַתֶּם מְצֹדְדוֹת אֶת־נְפָשִׁים לְפֹרְחֹת: וְקָרַעְתִּי
אֶת־מִסְפְּחֹתֵיכֶם וְהִצַּלְתִּי אֶת־עַמִּי מִיֶּדְכֶן וְלֹא־יִהְיוּ עוֹד
כב בְּיֶדְכֶן לִמְצוּדָה וִידַעְתֶּן כִּי־אֲנִי יְהוָה: יַעַן הַכְאוֹת לֵב־צַדִּיק
שֶׁקֶר וַאֲנִי לֹא הִכְאַבְתִּיו וּלְחַזֵּק יְדֵי רָשָׁע לְבִלְתִּי־שׁוּב מִדַּרְכּוֹ
כג הָרָע לְהַחֲיֹתוֹ: לָכֵן שָׁוְא לֹא תֶחֱזֶינָה וְקֶסֶם לֹא־תִקְסַמְנָה עוֹד
יד א וְהִצַּלְתִּי אֶת־עַמִּי מִיֶּדְכֶן וִידַעְתֶּן כִּי־אֲנִי יְהוָה: וַיָּבוֹא אֵלַי ז
ב אֲנָשִׁים מִזִּקְנֵי יִשְׂרָאֵל וַיֵּשְׁבוּ לְפָנָי: וַיְהִי דְבַר־יְהוָה אֵלַי
ג לֵאמֹר: בֶּן־אָדָם הָאֲנָשִׁים הָאֵלֶּה הֶעֱלוּ גִלּוּלֵיהֶם עַל־לִבָּם
ד וּמִכְשׁוֹל עֲוֺנָם נָתְנוּ נֹכַח פְּנֵיהֶם הַאִדָּרֹשׁ אִדָּרֵשׁ לָהֶם: לָכֵן דַּבֵּר־
אוֹתָם וְאָמַרְתָּ אֲלֵיהֶם כֹּה־אָמַר ׀ אֲדֹנָי יֱהֹוִה אִישׁ אִישׁ מִבֵּית
יִשְׂרָאֵל אֲשֶׁר יַעֲלֶה אֶת־גִּלּוּלָיו אֶל־לִבּוֹ וּמִכְשׁוֹל עֲוֺנוֹ יָשִׂים נֹכַח
ה פָּנָיו וּבָא אֶל־הַנָּבִיא אֲנִי יְהוָה נַעֲנֵיתִי לוֹ בה בְּרֹב גִּלּוּלָיו: לְמַעַן בָא
תְּפֹשׂ אֶת־בֵּית־יִשְׂרָאֵל בְּלִבָּם אֲשֶׁר נָזֹרוּ מֵעָלַי בְּגִלּוּלֵיהֶם
ו כֻּלָּם: לָכֵן אֱמֹר ׀ אֶל־בֵּית יִשְׂרָאֵל כֹּה אָמַר אֲדֹנָי
יֱהֹוִה שׁוּבוּ וְהָשִׁיבוּ מֵעַל גִּלּוּלֵיכֶם וּמֵעַל כָּל־תּוֹעֲבֹתֵיכֶם הָשִׁיבוּ
ז פְנֵיכֶם: כִּי אִישׁ אִישׁ מִבֵּית יִשְׂרָאֵל וּמֵהַגֵּר אֲשֶׁר־יָגוּר בְּיִשְׂרָאֵל
וְיִנָּזֵר מֵאַחֲרַי וְיַעַל גִּלּוּלָיו אֶל־לִבּוֹ וּמִכְשׁוֹל עֲוֺנוֹ יָשִׂים נֹכַח פָּנָיו
ח וּבָא אֶל־הַנָּבִיא לִדְרָשׁ־לוֹ בִי אֲנִי יְהוָה נַעֲנֶה־לּוֹ בִּי: וְנָתַתִּי
פָנַי בָּאִישׁ הַהוּא וַהֲשִׂמֹתִיהוּ לְאוֹת וְלִמְשָׁלִים וְהִכְרַתִּיו מִתּוֹךְ
ט עַמִּי וִידַעְתֶּם כִּי־אֲנִי יְהוָה: וְהַנָּבִיא כִי־יְפֻתֶּה וְדִבֶּר
דָבָר אֲנִי יְהוָה פִּתֵּיתִי אֵת הַנָּבִיא הַהוּא וְנָטִיתִי אֶת־יָדִי
י עָלָיו וְהִשְׁמַדְתִּיו מִתּוֹךְ עַמִּי יִשְׂרָאֵל: וְנָשְׂאוּ עֲוֺנָם כַּעֲוֺן הַדֹּרֵשׁ
יא כַּעֲוֺן הַנָּבִיא יִהְיֶה: לְמַעַן לֹא־יִתְעוּ עוֹד בֵּית־יִשְׂרָאֵל מֵאַחֲרַי
וְלֹא־יִטַּמְּאוּ עוֹד בְּכָל־פִּשְׁעֵיהֶם וְהָיוּ־לִי לְעָם וַאֲנִי אֶהְיֶה
יב לָהֶם לֵאלֹהִים נְאֻם אֲדֹנָי יֱהֹוִה: וַיְהִי דְבַר־יְהוָה אֵלַי

לֵאמֹר: בֶּן־אָדָם אֶרֶץ כִּי תֶחֱטָא־לִי לִמְעָל־מַעַל וְנָטִיתִי יָדִי יג
עָלֶיהָ וְשָׁבַרְתִּי לָהּ מַטֵּה־לָחֶם וְהִשְׁלַחְתִּי־בָהּ רָעָב וְהִכְרַתִּי
מִמֶּנָּה אָדָם וּבְהֵמָה: וְהָיוּ שְׁלֹשֶׁת הָאֲנָשִׁים הָאֵלֶּה בְּתוֹכָהּ נֹחַ יד
דָּנִיֵּאל דנאל וְאִיּוֹב הֵמָּה בְצִדְקָתָם יְנַצְּלוּ נַפְשָׁם נְאֻם אֲדֹנָי יֱהֹוִה: לוּ־ טו
חַיָּה רָעָה אַעֲבִיר בָּאָרֶץ וְשִׁכְּלָתָּה וְהָיְתָה שְׁמָמָה מִבְּלִי עוֹבֵר
מִפְּנֵי הַחַיָּה: שְׁלֹשֶׁת הָאֲנָשִׁים הָאֵלֶּה בְּתוֹכָהּ חַי־אָנִי נְאֻם אֲדֹנָי טז
יֱהֹוִה אִם־בָּנִים וְאִם־בָּנוֹת יַצִּילוּ הֵמָּה לְבַדָּם יִנָּצֵלוּ וְהָאָרֶץ
תִּהְיֶה שְׁמָמָה: אוֹ חֶרֶב אָבִיא עַל־הָאָרֶץ הַהִיא וְאָמַרְתִּי חֶרֶב יז
תַּעֲבֹר בָּאָרֶץ וְהִכְרַתִּי מִמֶּנָּה אָדָם וּבְהֵמָה: וּשְׁלֹשֶׁת הָאֲנָשִׁים יח
הָאֵלֶּה בְּתוֹכָהּ חַי־אָנִי נְאֻם אֲדֹנָי יֱהֹוִה לֹא יַצִּילוּ בָּנִים וּבָנוֹת כִּי
הֵם לְבַדָּם יִנָּצֵלוּ: אוֹ דֶּבֶר אֲשַׁלַּח אֶל־הָאָרֶץ הַהִיא וְשָׁפַכְתִּי יט
דָּנִיֵּאל חֲמָתִי עָלֶיהָ בְּדָם לְהַכְרִית מִמֶּנָּה אָדָם וּבְהֵמָה: וְנֹחַ דנאל כ
וְאִיּוֹב בְּתוֹכָהּ חַי־אָנִי נְאֻם אֲדֹנָי יֱהֹוִה אִם־בֵּן אִם־בַּת יַצִּילוּ
הֵמָּה בְצִדְקָתָם יַצִּילוּ נַפְשָׁם: כִּי כֹה אָמַר אֲדֹנָי כא
יֱהֹוִה אַף כִּי־אַרְבַּעַת שְׁפָטַי ׀ הָרָעִים חֶרֶב וְרָעָב וְחַיָּה רָעָה
וָדֶבֶר שִׁלַּחְתִּי אֶל־יְרוּשָׁלָ͏ִם לְהַכְרִית מִמֶּנָּה אָדָם וּבְהֵמָה:
וְהִנֵּה נוֹתְרָה־בָּהּ פְּלֵטָה הַמּוּצָאִים בָּנִים וּבָנוֹת הִנָּם יוֹצְאִים כב
אֲלֵיכֶם וּרְאִיתֶם אֶת־דַּרְכָּם וְאֶת־עֲלִילוֹתָם וְנִחַמְתֶּם עַל־
הָרָעָה אֲשֶׁר הֵבֵאתִי עַל־יְרוּשָׁלַ͏ִם אֵת כָּל־אֲשֶׁר הֵבֵאתִי עָלֶיהָ:
וְנִחֲמוּ אֶתְכֶם כִּי־תִרְאוּ אֶת־דַּרְכָּם וְאֶת־עֲלִילוֹתָם וִידַעְתֶּם כג
כִּי לֹא חִנָּם עָשִׂיתִי אֵת כָּל־אֲשֶׁר־עָשִׂיתִי בָהּ נְאֻם אֲדֹנָי
יֱהֹוִה: וַיְהִי דְבַר־יְהוָה אֵלַי לֵאמֹר: בֶּן־אָדָם א ב טו
מַה־יִּהְיֶה עֵץ־הַגֶּפֶן מִכָּל־עֵץ הַזְּמוֹרָה אֲשֶׁר הָיָה בַּעֲצֵי הַיָּעַר:
הֲיֻקַּח מִמֶּנּוּ עֵץ לַעֲשׂוֹת לִמְלָאכָה אִם־יִקְחוּ מִמֶּנּוּ יָתֵד לִתְלוֹת ג
עָלָיו כָּל־כֶּלִי: הִנֵּה לָאֵשׁ נִתַּן לְאָכְלָה אֵת שְׁנֵי קְצוֹתָיו אָכְלָה ד
הָאֵשׁ וְתוֹכוֹ נָחָר הֲיִצְלַח לִמְלָאכָה: הִנֵּה בִּהְיוֹתוֹ תָמִים לֹא ה
יֵעָשֶׂה לִמְלָאכָה אַף כִּי־אֵשׁ אֲכָלַתְהוּ וַיֵּחָר וְנַעֲשָׂה עוֹד

ו לִמְלָאכָה׃ לָכֵן כֹּה אָמַר אֲדֹנָי יֱהוִה כַּאֲשֶׁר
עֵץ־הַגֶּפֶן בְּעֵץ הַיַּעַר אֲשֶׁר־נְתַתִּיו לָאֵשׁ לְאָכְלָה כֵּן נָתַתִּי
ז אֶת־יֹשְׁבֵי יְרוּשָׁלָם׃ וְנָתַתִּי אֶת־פָּנַי בָּהֶם מֵהָאֵשׁ יָצָאוּ
וְהָאֵשׁ תֹּאכְלֵם וִידַעְתֶּם כִּי־אֲנִי יְהוָה בְּשׂוּמִי אֶת־פָּנַי
ח בָּהֶם׃ וְנָתַתִּי אֶת־הָאָרֶץ שְׁמָמָה יַעַן מָעֲלוּ מַעַל נְאֻם אֲדֹנָי
טז א ב יֱהוִה׃ וַיְהִי דְבַר־יְהוָה אֵלַי לֵאמֹר׃ בֶּן־אָדָם
ג הוֹדַע אֶת־יְרוּשָׁלִַם אֶת־תּוֹעֲבֹתֶיהָ׃ וְאָמַרְתָּ כֹּה־אָמַר אֲדֹנָי
יֱהוִה לִירוּשָׁלִַם מְכֹרֹתַיִךְ וּמֹלְדֹתַיִךְ מֵאֶרֶץ הַכְּנַעֲנִי אָבִיךְ
ד הָאֱמֹרִי וְאִמֵּךְ חִתִּית׃ וּמוֹלְדוֹתַיִךְ בְּיוֹם הוּלֶּדֶת אֹתָךְ לֹא־
כָרַּת שָׁרֵּךְ וּבְמַיִם לֹא־רֻחַצְתְּ לְמִשְׁעִי וְהָמְלֵחַ לֹא הֻמְלַחַתְּ
ה וְהָחְתֵּל לֹא חֻתָּלְתְּ׃ לֹא־חָסָה עָלַיִךְ עַיִן לַעֲשׂוֹת לָךְ אַחַת
מֵאֵלֶּה לְחֻמְלָה עָלָיִךְ וַתֻּשְׁלְכִי אֶל־פְּנֵי הַשָּׂדֶה בְּגֹעַל נַפְשֵׁךְ
ו בְּיוֹם הֻלֶּדֶת אֹתָךְ׃ וָאֶעֱבֹר עָלַיִךְ וָאֶרְאֵךְ מִתְבּוֹסֶסֶת בְּדָמָיִךְ
ז וָאֹמַר לָךְ בְּדָמַיִךְ חֲיִי וָאֹמַר לָךְ בְּדָמַיִךְ חֲיִי׃ רְבָבָה כְּצֶמַח
הַשָּׂדֶה נְתַתִּיךְ וַתִּרְבִּי וַתִּגְדְּלִי וַתָּבֹאִי בַּעֲדִי עֲדָיִים שָׁדַיִם נָכֹנוּ
ח וּשְׂעָרֵךְ צִמֵּחַ וְאַתְּ עֵרֹם וְעֶרְיָה׃ וָאֶעֱבֹר עָלַיִךְ וָאֶרְאֵךְ וְהִנֵּה
עִתֵּךְ עֵת דֹּדִים וָאֶפְרֹשׂ כְּנָפִי עָלַיִךְ וָאֲכַסֶּה עֶרְוָתֵךְ וָאֶשָּׁבַע לָךְ
ט וָאָבוֹא בִבְרִית אֹתָךְ נְאֻם אֲדֹנָי יֱהוִה וַתִּהְיִי־לִי׃ וָאֶרְחָצֵךְ בַּמַּיִם
י וָאֶשְׁטֹף דָּמַיִךְ מֵעָלָיִךְ וָאֲסֻכֵךְ בַּשָּׁמֶן׃ וָאַלְבִּישֵׁךְ רִקְמָה וָאֶנְעֲלֵךְ
יא תָּחַשׁ וָאֶחְבְּשֵׁךְ בַּשֵּׁשׁ וַאֲכַסֵּךְ מֶשִׁי׃ וָאֶעְדֵּךְ עֶדִי וָאֶתְּנָה
יב צְמִידִים עַל־יָדַיִךְ וְרָבִיד עַל־גְּרוֹנֵךְ׃ וָאֶתֵּן נֶזֶם עַל־אַפֵּךְ
יג וַעֲגִילִים עַל־אָזְנָיִךְ וַעֲטֶרֶת תִּפְאֶרֶת בְּרֹאשֵׁךְ׃ וַתַּעְדִּי זָהָב
וָכֶסֶף וּמַלְבּוּשֵׁךְ ששי וָמֶשִׁי וְרִקְמָה סֹלֶת וּדְבַשׁ וָשֶׁמֶן אכלתי שֵׁשׁ | אָכָלְתְּ
יד וַתִּיפִי בִּמְאֹד מְאֹד וַתִּצְלְחִי לִמְלוּכָה׃ וַיֵּצֵא לָךְ שֵׁם בַּגּוֹיִם ח
בְּיָפְיֵךְ כִּי ׀ כָּלִיל הוּא בַּהֲדָרִי אֲשֶׁר־שַׂמְתִּי עָלַיִךְ נְאֻם אֲדֹנָי
טו יֱהוִה׃ וַתִּבְטְחִי בְיָפְיֵךְ וַתִּזְנִי עַל־שְׁמֵךְ וַתִּשְׁפְּכִי אֶת־תַּזְנוּתַיִךְ
טז עַל־כָּל־עוֹבֵר לוֹ־יֶהִי׃ וַתִּקְחִי מִבְּגָדַיִךְ וַתַּעֲשִׂי־לָךְ בָּמוֹת

טְלֻאוֹת וַתִּזְנִי עֲלֵיהֶם לֹא בָאוֹת וְלֹא יִהְיֶה׃ וַתִּקְחִי כְּלֵי יז
תִפְאַרְתֵּךְ מִזְּהָבִי וּמִכַּסְפִּי אֲשֶׁר נָתַתִּי לָךְ וַתַּעֲשִׂי־לָךְ צַלְמֵי
זָכָר וַתִּזְנִי־בָם׃ וַתִּקְחִי אֶת־בִּגְדֵי רִקְמָתֵךְ וַתְּכַסִּים וְשַׁמְנִי יח
נָתַתְּ וּקְטָרְתִּי נתתי לִפְנֵיהֶם׃ וְלַחְמִי אֲשֶׁר־נָתַתִּי לָךְ סֹלֶת וָשֶׁמֶן יט
וּדְבַשׁ הֶאֱכַלְתִּיךְ וּנְתַתִּיהוּ לִפְנֵיהֶם לְרֵיחַ נִיחֹחַ וַיֶּהִי נְאֻם אֲדֹנָי
יֱהֹוִה׃ וַתִּקְחִי אֶת־בָּנַיִךְ וְאֶת־בְּנוֹתַיִךְ אֲשֶׁר יָלַדְתְּ לִי וַתִּזְבָּחִים כ
מִתַּזְנוּתָיִךְ לָהֶם לֶאֱכוֹל הַמְעַט מתזנותך׃ וַתִּשְׁחֲטִי אֶת־בָּנָי וַתִּתְּנִים כא
זָכַרְתְּ בְּהַעֲבִיר אוֹתָם לָהֶם׃ וְאֵת כָּל־תּוֹעֲבֹתַיִךְ וְתַזְנֻתַיִךְ לֹא זכרתי כב
אֶת־יְמֵי נְעוּרָיִךְ בִּהְיוֹתֵךְ עֵירֹם וְעֶרְיָה מִתְבּוֹסֶסֶת בְּדָמֵךְ
הָיִית׃ וַיְהִי אַחֲרֵי כָּל־רָעָתֵךְ אוֹי אוֹי לָךְ נְאֻם אֲדֹנָי יֱהֹוִה׃ כג
וַתִּבְנִי־לָךְ גֶּב וַתַּעֲשִׂי־לָךְ רָמָה בְּכָל־רְחוֹב׃ אֶל־כָּל־רֹאשׁ כד כה
דֶּרֶךְ בָּנִית רָמָתֵךְ וַתְּתַעֲבִי אֶת־יָפְיֵךְ וַתְּפַשְּׂקִי אֶת־רַגְלַיִךְ
תַּזְנוּתָיִךְ לְכָל־עוֹבֵר וַתַּרְבִּי אֶת־תזנותך׃ וַתִּזְנִי אֶל־בְּנֵי־מִצְרַיִם שְׁכֵנַיִךְ כו
גִּדְלֵי בָשָׂר וַתַּרְבִּי אֶת־תַּזְנֻתֵךְ לְהַכְעִיסֵנִי׃ וְהִנֵּה נָטִיתִי יָדִי כז
עָלַיִךְ וָאֶגְרַע חֻקֵּךְ וָאֶתְּנֵךְ בְּנֶפֶשׁ שֹׂנְאוֹתַיִךְ בְּנוֹת פְּלִשְׁתִּים
הַנִּכְלָמוֹת מִדַּרְכֵּךְ זִמָּה׃ וַתִּזְנִי אֶל־בְּנֵי אַשּׁוּר מִבִּלְתִּי שָׂבְעָתֵךְ כח
וַתִּזְנִים וְגַם לֹא שָׂבָעַתְּ׃ וַתַּרְבִּי אֶת־תַּזְנוּתֵךְ אֶל־אֶרֶץ כְּנַעַן כט
כַּשְׂדִּימָה וְגַם־בְּזֹאת לֹא שָׂבָעַתְּ׃ מָה אֲמֻלָה לִבָּתֵךְ נְאֻם אֲדֹנָי ל
יֱהֹוִה בַּעֲשׂוֹתֵךְ אֶת־כָּל־אֵלֶּה מַעֲשֵׂה אִשָּׁה זוֹנָה שַׁלָּטֶת׃
עֲשִׂית בִּבְנוֹתַיִךְ גַּבֵּךְ בְּרֹאשׁ כָּל־דֶּרֶךְ וְרָמָתֵךְ עשיתי בְּכָל־רְחוֹב לא
הָיִית וְלֹא־הייתי כַּזּוֹנָה לְקַלֵּס אֶתְנָן׃ הָאִשָּׁה הַמְּנָאָפֶת תַּחַת אִישָׁהּ לב
תִּקַּח אֶת־זָרִים׃ לְכָל־זֹנוֹת יִתְּנוּ־נֵדֶה וְאַתְּ נָתַתְּ אֶת־נְדָנַיִךְ לג
לְכָל־מְאַהֲבַיִךְ וַתִּשְׁחֳדִי אוֹתָם לָבוֹא אֵלַיִךְ מִסָּבִיב בְּתַזְנוּתָיִךְ׃
וַיְהִי־בָךְ הֵפֶךְ מִן־הַנָּשִׁים בְּתַזְנוּתַיִךְ וְאַחֲרַיִךְ לֹא זוּנָּה וּבְתִתֵּךְ לד
אֶתְנָן וְאֶתְנַן לֹא נִתַּן־לָךְ וַתְּהִי לְהֶפֶךְ׃ לָכֵן זוֹנָה שִׁמְעִי דְּבַר־ לה
יְהוָה׃ כֹּה־אָמַר אֲדֹנָי יֱהֹוִה יַעַן הִשָּׁפֵךְ נְחֻשְׁתֵּךְ לו
וַתִּגָּלֶה עֶרְוָתֵךְ בְּתַזְנוּתַיִךְ עַל־מְאַהֲבָיִךְ וְעַל כָּל־גִּלּוּלֵי

תּוֹעֲבוֹתַ֑יִךְ וְכִדְמֵי֙ בָנַ֔יִךְ אֲשֶׁ֥ר נָתַ֖תְּ לָהֶֽם׃ לָכֵ֡ן הִנְנִ֣י מְקַבֵּץ֩ אֶת־
לז כָּל־מְאַהֲבַ֜יִךְ אֲשֶׁ֧ר עָרַ֣בְתְּ עֲלֵיהֶ֗ם וְאֵת֙ כָּל־אֲשֶׁ֣ר אָהַ֔בְתְּ עַ֖ל
כָּל־אֲשֶׁ֣ר שָׂנֵ֑את וְקִבַּצְתִּי֩ אֹתָ֨ם עָלַ֜יִךְ מִסָּבִ֗יב וְגִלֵּיתִ֤י עֶרְוָתֵךְ֙
לח אֲלֵהֶ֔ם וְרָא֖וּ אֶת־כָּל־עֶרְוָתֵֽךְ׃ וּשְׁפַטְתִּיךְ֙ מִשְׁפְּטֵ֣י נֹאֲפ֔וֹת
לט וְשֹׁפְכֹ֖ת דָּ֑ם וּנְתַתִּ֕יךְ דַּ֥ם חֵמָ֖ה וְקִנְאָֽה׃ וְנָתַתִּ֨י אוֹתָ֜ךְ בְּיָדָ֗ם
וְהָרְס֤וּ גַבֵּךְ֙ וְנִתְּצ֣וּ רָמֹתַ֔יִךְ וְהִפְשִׁ֤יטוּ אוֹתָךְ֙ בְּגָדַ֔יִךְ וְלָקְח֖וּ כְּלֵ֣י
מ תִפְאַרְתֵּ֑ךְ וְהִנִּיח֖וּךְ עֵירֹ֥ם וְעֶרְיָֽה׃ וְהֶעֱל֤וּ עָלַ֙יִךְ֙ קָהָ֔ל וְרָגְמ֥וּ
מא אוֹתָ֖ךְ בָּאָ֑בֶן וּבִתְּק֖וּךְ בְּחַרְבוֹתָֽם׃ וְשָׂרְפ֤וּ בָתַּ֙יִךְ֙ בָּאֵ֔שׁ וְעָשׂוּ־בָ֣ךְ
שְׁפָטִ֔ים לְעֵינֵ֖י נָשִׁ֣ים רַבּ֑וֹת וְהִשְׁבַּתִּיךְ֙ מִזּוֹנָ֔ה וְגַם־אֶתְנַ֖ן לֹ֥א
מב תִתְּנִי־עֽוֹד׃ וַהֲנִחֹתִ֤י חֲמָתִי֙ בָּ֔ךְ וְסָ֥רָה קִנְאָתִ֖י מִמֵּ֑ךְ וְשָׁ֣קַטְתִּ֔י
מג וְלֹ֥א אֶכְעַ֖ס עֽוֹד׃ יַ֗עַן אֲשֶׁ֤ר לֹֽא־זכרתי֙ אֶת־יְמֵ֣י נְעוּרַ֔יִךְ זָכַ֙רְתְּ֙
וַתִּרְגְּזִי־לִ֖י בְּכָל־אֵ֑לֶּה וְגַם־אֲנִ֨י הֵ֜א דַּרְכֵּ֣ךְ ׀ בְּרֹ֣אשׁ נָתַ֗תִּי נְאֻם֙
מד אֲדֹנָ֣י יֱהֹוִ֔ה וְלֹ֤א עשיתי֙ אֶת־הַזִּמָּ֔ה עַ֖ל כָּל־תּוֹעֲבֹתָֽיִךְ׃ הִנֵּה֙ עָשִׂ֙ית
מה כָּל־הַמֹּשֵׁ֔ל עָלַ֖יִךְ יִמְשֹׁ֣ל לֵאמֹ֑ר כְּאִמָּ֖ה בִּתָּֽהּ׃ בַּת־אִמֵּ֣ךְ אַ֔תְּ
גֹּעֶ֥לֶת אִישָׁ֖הּ וּבָנֶ֑יהָ וַאֲח֨וֹת אֲחוֹתֵ֜ךְ אַ֗תְּ אֲשֶׁ֤ר גָּֽעֲלוּ֙ אַנְשֵׁיהֶ֣ן
מו וּבְנֵיהֶ֔ן אִמְּכֶ֣ן חִתִּ֔ית וַאֲבִיכֶ֖ן אֱמֹרִֽי׃ וַאֲחוֹתֵ֨ךְ הַגְּדוֹלָ֤ה שֹֽׁמְרוֹן֙
הִ֣יא וּבְנוֹתֶ֔יהָ הַיּוֹשֶׁ֖בֶת עַל־שְׂמֹאולֵ֑ךְ וַאֲחוֹתֵ֞ךְ הַקְּטַנָּ֣ה מִמֵּ֗ךְ
מז הַיּוֹשֶׁ֙בֶת֙ מִֽימִינֵ֔ךְ סְדֹ֖ם וּבְנוֹתֶֽיהָ׃ וְלֹ֤א בְדַרְכֵיהֶן֙ הָלַ֔כְתְּ
וּכְתוֹעֲבֽוֹתֵיהֶ֖ן עשיתי כִּמְעַ֣ט קָ֔ט וַתַּשְׁחִ֥תִי מֵהֵ֖ן בְּכָל־דְּרָכָֽיִךְ׃ עָשִׂ֑ית
מח חַי־אָ֗נִי נְאֻם֮ אֲדֹנָ֣י יֱהֹוִה֒ אִם־עָשְׂתָה֙ סְדֹ֣ם אֲחוֹתֵ֔ךְ הִ֖יא וּבְנוֹתֶ֑יהָ
מט כַּאֲשֶׁ֣ר עָשִׂ֔ית אַ֖תְּ וּבְנוֹתָֽיִךְ׃ הִנֵּה־זֶ֣ה הָיָ֔ה עֲוֺ֖ן סְדֹ֣ם אֲחוֹתֵ֑ךְ
גָּא֨וֹן שִׂבְעַת־לֶ֜חֶם וְשַׁלְוַ֣ת הַשְׁקֵ֗ט הָ֤יָה לָהּ֙ וְלִבְנוֹתֶ֔יהָ וְיַד־עָנִ֥י
נ וְאֶבְי֖וֹן לֹ֥א הֶחֱזִֽיקָה׃ וַתִּגְבְּהֶ֕ינָה וַתַּעֲשֶׂ֥ינָה תוֹעֵבָ֖ה לְפָנָ֑י וָאָסִ֥יר
נא אֶתְהֶ֖ן כַּאֲשֶׁ֥ר רָאִֽיתִי׃ וְשֹׁ֣מְר֔וֹן כַּחֲצִ֥י חַטֹּאתַ֖יִךְ
לֹ֣א חָטָ֑אָה וַתַּרְבִּ֤י אֶת־תּוֹעֲבוֹתַ֙יִךְ֙ מֵהֵ֔נָּה וַתְּצַדְּקִי֙ אֶת־אחותך אֲחוֹתַ֔יִךְ
נב בְּכָל־תּוֹעֲבֹתַ֖יִךְ אֲשֶׁ֥ר עשיתי׃ גַּם־אַ֣תְּ ׀ שְׂאִ֣י כְלִמָּתֵ֗ךְ אֲשֶׁ֤ר עָשִׂ֑ית
פִּלַּלְתְּ֙ לַֽאֲחוֹתֵ֔ךְ בְּחַטֹּאתַ֛יִךְ אֲשֶׁר־הִתְעַ֥בְתְּ מֵהֵ֖ן תִּצְדַּ֣קְנָה

מִמֵּךְ וְגַם־אַתְּ בּוֹשִׁי וּשְׂאִי כְלִמָּתֵךְ בְּצַדֶּקְתֵּךְ אַחְיוֹתֵךְ׃ וְשַׁבְתִּי נג
שְׁבוּת שְׁבוּת אֶת־שְׁבִיתְהֶן אֶת־שְׁבִית סְדֹם וּבְנוֹתֶיהָ וְאֶת־שְׁבִית שֹׁמְרוֹן
וּשְׁבוּת וּבְנוֹתֶיהָ וּשְׁבִית שְׁבִיתַיִךְ בְּתוֹכְהֶנָה׃ לְמַעַן תִּשְׂאִי כְלִמָּתֵךְ נד
וְנִכְלַמְתְּ מִכֹּל אֲשֶׁר עָשִׂית בְּנַחֲמֵךְ אֹתָן׃ וַאֲחוֹתַיִךְ סְדֹם נה
וּבְנוֹתֶיהָ תָּשֹׁבְןָ לְקַדְמָתָן וְשֹׁמְרוֹן וּבְנוֹתֶיהָ תָּשֹׁבְןָ לְקַדְמָתָן
וְאַתְּ וּבְנוֹתַיִךְ תְּשֻׁבֶינָה לְקַדְמַתְכֶן׃ וְלוֹא הָיְתָה סְדֹם אֲחוֹתֵךְ נו
לִשְׁמוּעָה בְּפִיךְ בְּיוֹם גְּאוֹנָיִךְ׃ בְּטֶרֶם תִּגָּלֶה רָעָתֵךְ כְּמוֹ עֵת נז
חֶרְפַּת בְּנוֹת־אֲרָם וְכָל־סְבִיבוֹתֶיהָ בְּנוֹת פְּלִשְׁתִּים הַשָּׁאטוֹת
אוֹתָךְ מִסָּבִיב׃ אֶת־זִמָּתֵךְ וְאֶת־תּוֹעֲבוֹתַיִךְ אַתְּ נְשָׂאתִים נח
נְאֻם יְהוָה׃ כִּי כֹה אָמַר אֲדֹנָי יֱהוִה וְעָשִׂית אוֹתָךְ נט
ט כַּאֲשֶׁר עָשִׂית אֲשֶׁר־בָּזִית אָלָה לְהָפֵר בְּרִית׃ וְזָכַרְתִּי אֲנִי אֶת־ ס
בְּרִיתִי אוֹתָךְ בִּימֵי נְעוּרָיִךְ וַהֲקִמוֹתִי לָךְ בְּרִית עוֹלָם׃ וְזָכַרְתְּ סא
אֶת־דְּרָכַיִךְ וְנִכְלַמְתְּ בְּקַחְתֵּךְ אֶת־אֲחוֹתַיִךְ הַגְּדֹלוֹת מִמֵּךְ
אֶל־הַקְּטַנּוֹת מִמֵּךְ וְנָתַתִּי אֶתְהֶן לָךְ לְבָנוֹת וְלֹא מִבְּרִיתֵךְ׃
וַהֲקִימוֹתִי אֲנִי אֶת־בְּרִיתִי אִתָּךְ וְיָדַעַתְּ כִּי־אֲנִי יְהוָה׃ לְמַעַן סב סג
תִּזְכְּרִי וָבֹשְׁתְּ וְלֹא יִהְיֶה־לָּךְ עוֹד פִּתְחוֹן פֶּה מִפְּנֵי כְּלִמָּתֵךְ
בְּכַפְּרִי־לָךְ לְכָל־אֲשֶׁר עָשִׂית נְאֻם אֲדֹנָי יֱהוִה׃ וַיְהִי א יז
דְבַר־יְהוָה אֵלַי לֵאמֹר׃ בֶּן־אָדָם חוּד חִידָה וּמְשֹׁל מָשָׁל אֶל־ ב
בֵּית יִשְׂרָאֵל׃ וְאָמַרְתָּ כֹּה־אָמַר ׀ אֲדֹנָי יֱהוִה הַנֶּשֶׁר הַגָּדוֹל גְּדוֹל ג
הַכְּנָפַיִם אֶרֶךְ הָאֵבֶר מָלֵא הַנּוֹצָה אֲשֶׁר־לוֹ הָרִקְמָה בָּא אֶל־
הַלְּבָנוֹן וַיִּקַּח אֶת־צַמֶּרֶת הָאָרֶז׃ אֵת רֹאשׁ יְנִיקוֹתָיו קָטָף ד
וַיְבִיאֵהוּ אֶל־אֶרֶץ כְּנַעַן בְּעִיר רֹכְלִים שָׂמוֹ׃ וַיִּקַּח מִזֶּרַע הָאָרֶץ ה
וַיִּתְּנֵהוּ בִּשְׂדֵה־זָרַע קָח עַל־מַיִם רַבִּים צַפְצָפָה שָׂמוֹ׃ וַיִּצְמַח ו
וַיְהִי לְגֶפֶן סֹרַחַת שִׁפְלַת קוֹמָה לִפְנוֹת דָּלִיּוֹתָיו אֵלָיו וְשָׁרָשָׁיו
תַּחְתָּיו יִהְיוּ וַתְּהִי לְגֶפֶן וַתַּעַשׂ בַּדִּים וַתְּשַׁלַּח פֹּארוֹת׃ וַיְהִי נֶשֶׁר־ ז
אֶחָד גָּדוֹל גְּדוֹל כְּנָפַיִם וְרַב נוֹצָה וְהִנֵּה הַגֶּפֶן הַזֹּאת כָּפְנָה
שָׁרָשֶׁיהָ עָלָיו וְדָלִיּוֹתָיו שִׁלְּחָה־לוֹ לְהַשְׁקוֹת אוֹתָהּ מֵעֲרֻגוֹת ח

ח מְטָעָהּ׃ אֶל־שָׂדֶה טּוֹב אֶל־מַיִם רַבִּים הִיא שְׁתוּלָה לַעֲשׂוֹת
ט עָנָף וְלָשֵׂאת פֶּרִי לִהְיוֹת לְגֶפֶן אַדָּרֶת׃ אֱמֹר כֹּה אָמַר
אֲדֹנָי יֱהֹוִה תִּצְלָח הֲלוֹא אֶת־שָׁרָשֶׁיהָ יְנַתֵּק וְאֶת־פִּרְיָהּ ׀
יְקוֹסֵס וְיָבֵשׁ כָּל־טַרְפֵּי צִמְחָהּ תִּיבָשׁ וְלֹא־בִזְרֹעַ גְּדוֹלָה
י וּבְעַם רָב לְמַשְׂאוֹת אוֹתָהּ מִשָּׁרָשֶׁיהָ׃ וְהִנֵּה שְׁתוּלָה הֲתִצְלָח
הֲלֹא כְּגַעַת בָּהּ רוּחַ הַקָּדִים תִּיבַשׁ יָבֹשׁ עַל־עֲרֻגֹת צִמְחָהּ
יא יב תִּיבָשׁ׃ וַיְהִי דְבַר־יְהוָה אֵלַי לֵאמֹר׃ אֱמָר־נָא
לְבֵית הַמֶּרִי הֲלֹא יְדַעְתֶּם מָה־אֵלֶּה אֱמֹר הִנֵּה־בָא מֶלֶךְ־בָּבֶל
יְרוּשָׁלַםִ וַיִּקַּח אֶת־מַלְכָּהּ וְאֶת־שָׂרֶיהָ וַיָּבֵא אוֹתָם אֵלָיו
יג בָּבֶלָה׃ וַיִּקַּח מִזֶּרַע הַמְּלוּכָה וַיִּכְרֹת אִתּוֹ בְּרִית וַיָּבֵא אֹתוֹ
יד בְּאָלָה וְאֶת־אֵילֵי הָאָרֶץ לָקָח׃ לִהְיוֹת מַמְלָכָה שְׁפָלָה לְבִלְתִּי
טו הִתְנַשֵּׂא לִשְׁמֹר אֶת־בְּרִיתוֹ לְעָמְדָהּ׃ וַיִּמְרָד־בּוֹ לִשְׁלֹחַ
מַלְאָכָיו מִצְרַיִם לָתֶת־לוֹ סוּסִים וְעַם־רָב הֲיִצְלָח הֲיִמָּלֵט
טז הָעֹשֵׂה אֵלֶּה וְהֵפֵר בְּרִית וְנִמְלָט׃ חַי־אָנִי נְאֻם אֲדֹנָי יֱהֹוִה אִם־
לֹא בִּמְקוֹם הַמֶּלֶךְ הַמַּמְלִיךְ אֹתוֹ אֲשֶׁר בָּזָה אֶת־אָלָתוֹ וַאֲשֶׁר
יז הֵפֵר אֶת־בְּרִיתוֹ אִתּוֹ בְתוֹךְ־בָּבֶל יָמוּת׃ וְלֹא בְחַיִל גָּדוֹל
וּבְקָהָל רָב יַעֲשֶׂה אוֹתוֹ פַרְעֹה בַמִּלְחָמָה בִּשְׁפֹּךְ סֹלְלָה וּבִבְנוֹת
יח דָּיֵק לְהַכְרִית נְפָשׁוֹת רַבּוֹת׃ וּבָזָה אָלָה לְהָפֵר בְּרִית וְהִנֵּה נָתַן
יט יָדוֹ וְכָל־אֵלֶּה עָשָׂה לֹא יִמָּלֵט׃ לָכֵן כֹּה־אָמַר
אֲדֹנָי יֱהֹוִה חַי־אָנִי אִם־לֹא אָלָתִי אֲשֶׁר בָּזָה וּבְרִיתִי אֲשֶׁר הֵפִיר
כ וּנְתַתִּיו בְּרֹאשׁוֹ׃ וּפָרַשְׂתִּי עָלָיו רִשְׁתִּי וְנִתְפַּשׂ בִּמְצוּדָתִי
וַהֲבִיאוֹתִיהוּ בָבֶלָה וְנִשְׁפַּטְתִּי אִתּוֹ שָׁם מַעֲלוֹ אֲשֶׁר מָעַל־בִּי׃
כא וְאֵת כָּל־מִבְרָחָו בְּכָל־אֲגַפָּיו בַּחֶרֶב יִפֹּלוּ וְהַנִּשְׁאָרִים לְכָל־
כב רוּחַ יִפָּרֵשׂוּ וִידַעְתֶּם כִּי אֲנִי יְהוָה דִּבַּרְתִּי׃ כֹּה
אָמַר אֲדֹנָי יֱהֹוִה וְלָקַחְתִּי אָנִי מִצַּמֶּרֶת הָאֶרֶז הָרָמָה וְנָתָתִּי
מֵרֹאשׁ יֹנְקוֹתָיו רַךְ אֶקְטֹף וְשָׁתַלְתִּי אָנִי עַל הַר־גָּבֹהַּ וְתָלוּל׃
כג בְּהַר מְרוֹם יִשְׂרָאֵל אֶשְׁתֳּלֶנּוּ וְנָשָׂא עָנָף וְעָשָׂה פֶרִי וְהָיָה לְאֶרֶז

אדיר ושכנו תחתיו כל צפור כל־כנף בצל דליותיו תשכנה:
וידעו כל־עצי השדה כי אני יהוה השפלתי | עץ גבה הגבהתי כד
עץ שפל הובשתי עץ לח והפרחתי עץ יבש אני יהוה דברתי
ועשיתי: ויהי דבר־יהוה אלי לאמר: מה־לכם יח א ב
אתם משלים את־המשל הזה על־אדמת ישראל לאמר
אבות יאכלו בסר ושני הבנים תקהינה: חי־אני נאם אדני ג
יהוה אם־יהיה לכם עוד משל המשל הזה בישראל: הן ד
כל־הנפשות לי הנה כנפש האב וכנפש הבן לי־הנה הנפש
החטאת היא תמות: ואיש כי־יהיה צדיק ה
ועשה משפט וצדקה: אל־ההרים לא אכל ועיניו לא נשא ו
אל־גלולי בית ישראל ואת־אשת רעהו לא טמא ואל־אשה
נדה לא יקרב: ואיש לא יונה חבלתו חוב ישיב גזלה לא יגזל ז
לחמו לרעב יתן ועירם יכסה־בגד: בנשך לא־יתן ותרבית ח
לא יקח מעול ישיב ידו משפט אמת יעשה בין איש לאיש:
י בחקותי יהלך ומשפטי שמר לעשות אמת צדיק הוא חיה ט
יחיה נאם אדני יהוה: והוליד בן־פריץ שפך דם ועשה אח י
מאחד מאלה: והוא את־כל־אלה לא עשה כי גם אל־ יא
ההרים אכל ואת־אשת רעהו טמא: עני ואביון הונה גזלות יב
גזל חבל לא ישיב ואל־הגלולים נשא עיניו תועבה עשה:
בנשך נתן ותרבית לקח וחי לא יחיה את כל־התועבות יג
האלה עשה מות יומת דמיו בו יהיה: והנה הוליד בן וירא יד
את־כל־חטאת אביו אשר עשה ויראה ולא יעשה כהן: על־ טו
ההרים לא אכל ועיניו לא נשא אל־גלולי בית ישראל את־
אשת רעהו לא טמא: ואיש לא הונה חבל לא חבל וגזלה טז
לא גזל לחמו לרעב נתן ועירום כסה־בגד: מעני השיב ידו יז
נשך ותרבית לא לקח משפטי עשה בחקותי הלך הוא לא
ימות בעון אביו חיה יחיה: אביו כי־עשק עשק גזל גזל יח

אָב וַאֲשֶׁר לֹא־טוֹב עָשָׂה בְּתוֹךְ עַמָּיו וְהִנֵּה־מֵת בַּעֲוֺנוֹ׃
יט וַאֲמַרְתֶּם מַדֻּעַ לֹא־נָשָׂא הַבֵּן בַּעֲוֺן הָאָב וְהַבֵּן מִשְׁפָּט וּצְדָקָה
כ עָשָׂה אֵת כָּל־חֻקּוֹתַי שָׁמַר וַיַּעֲשֶׂה אֹתָם חָיֹה יִחְיֶה׃ הַנֶּפֶשׁ
הַחֹטֵאת הִיא תָמוּת בֵּן לֹא־יִשָּׂא ׀ בַּעֲוֺן הָאָב וְאָב לֹא יִשָּׂא
בַּעֲוֺן הַבֵּן צִדְקַת הַצַּדִּיק עָלָיו תִּהְיֶה וְרִשְׁעַת רשע עָלָיו הָרָשָׁע
כא תִּהְיֶה׃ וְהָרָשָׁע כִּי יָשׁוּב מִכָּל־חַטֹּאתָו אֲשֶׁר
עָשָׂה וְשָׁמַר אֶת־כָּל־חֻקּוֹתַי וְעָשָׂה מִשְׁפָּט וּצְדָקָה חָיֹה יִחְיֶה
כב לֹא יָמוּת׃ כָּל־פְּשָׁעָיו אֲשֶׁר עָשָׂה לֹא יִזָּכְרוּ לוֹ בְּצִדְקָתוֹ אֲשֶׁר־
כג עָשָׂה יִחְיֶה׃ הֶחָפֹץ אֶחְפֹּץ מוֹת רָשָׁע נְאֻם אֲדֹנָי יֱהֹוִה הֲלוֹא
כד בְּשׁוּבוֹ מִדְּרָכָיו וְחָיָה׃ וּבְשׁוּב צַדִּיק מִצִּדְקָתוֹ
וְעָשָׂה עָוֶל כְּכֹל הַתּוֹעֵבוֹת אֲשֶׁר־עָשָׂה הָרָשָׁע יַעֲשֶׂה וָחָי
כָּל־צִדְקֹתָו אֲשֶׁר־עָשָׂה לֹא תִזָּכַרְנָה בְּמַעֲלוֹ אֲשֶׁר־מָעַל
כה וּבְחַטָּאתוֹ אֲשֶׁר־חָטָא בָּם יָמוּת׃ וַאֲמַרְתֶּם לֹא יִתָּכֵן
דֶּרֶךְ אֲדֹנָי שִׁמְעוּ־נָא בֵּית יִשְׂרָאֵל הֲדַרְכִּי לֹא יִתָּכֵן הֲלֹא
כו דַרְכֵיכֶם לֹא יִתָּכֵנוּ׃ בְּשׁוּב־צַדִּיק מִצִּדְקָתוֹ וְעָשָׂה עָוֶל וּמֵת
כז עֲלֵיהֶם בְּעַוְלוֹ אֲשֶׁר־עָשָׂה יָמוּת׃ וּבְשׁוּב רָשָׁע
מֵרִשְׁעָתוֹ אֲשֶׁר עָשָׂה וַיַּעַשׂ מִשְׁפָּט וּצְדָקָה הוּא אֶת־נַפְשׁוֹ
כח יְחַיֶּה׃ וַיִּרְאֶה וישוב מִכָּל־פְּשָׁעָיו אֲשֶׁר עָשָׂה חָיוֹ יִחְיֶה לֹא וַיָּשָׁב
כט יָמוּת׃ וְאָמְרוּ בֵּית יִשְׂרָאֵל לֹא יִתָּכֵן דֶּרֶךְ אֲדֹנָי הַדְּרָכַי לֹא
ל יִתָּכְנוּ בֵּית יִשְׂרָאֵל הֲלֹא דַרְכֵיכֶם לֹא יִתָּכֵן׃ לָכֵן אִישׁ כִּדְרָכָיו
אֶשְׁפֹּט אֶתְכֶם בֵּית יִשְׂרָאֵל נְאֻם אֲדֹנָי יֱהֹוִה שׁוּבוּ וְהָשִׁיבוּ
לא מִכָּל־פִּשְׁעֵיכֶם וְלֹא־יִהְיֶה לָכֶם לְמִכְשׁוֹל עָוֺן׃ הַשְׁלִיכוּ
מֵעֲלֵיכֶם אֶת־כָּל־פִּשְׁעֵיכֶם אֲשֶׁר פְּשַׁעְתֶּם בָּם וַעֲשׂוּ לָכֶם לֵב
לב חָדָשׁ וְרוּחַ חֲדָשָׁה וְלָמָּה תָמֻתוּ בֵּית יִשְׂרָאֵל׃ כִּי לֹא אֶחְפֹּץ
יט א בְּמוֹת הַמֵּת נְאֻם אֲדֹנָי יֱהֹוִה וְהָשִׁיבוּ וִחְיוּ׃ וְאַתָּה
ב שָׂא קִינָה אֶל־נְשִׂיאֵי יִשְׂרָאֵל׃ וְאָמַרְתָּ מָה אִמְּךָ לְבִיָּא בֵּין
ג אֲרָיוֹת רָבָצָה בְּתוֹךְ כְּפִרִים רִבְּתָה גוּרֶיהָ׃ וַתַּעַל אֶחָד מִגֻּרֶיהָ

כפיר היה וילמד לטרף־טרף אדם אכל: וישמעו אליו גוים ד
בשחתם נתפש ויבאהו בחחים אל־ארץ מצרים: ותרא כי ה
נוחלה אבדה תקותה ותקח אחד מגריה כפיר שמתהו:
ויתהלך בתוך־אריות כפיר היה וילמד לטרף־טרף אדם ו
אכל: וידע אלמנותיו ועריהם החריב ותשם ארץ ומלאה ז
מקול שאגתו: ויתנו עליו גוים סביב ממדינות ויפרשו עליו ח
רשתם בשחתם נתפש: ויתנהו בסוגר בחחים ויבאהו אל־ ט
מלך בבל יבאהו במצדות למען לא־ישמע קולו עוד אל־
הרי ישראל: אמך כגפן בדמך על־מים שתולה י
פריה וענפה היתה ממים רבים: ויהיו־לה מטות עז אל־ יא
שבטי משלים ותגבה קומתו על־בין עבתים וירא בגבהו
ברב דליתיו: ותתש בחמה לארץ השלכה ורוח הקדים יב
הוביש פריה התפרקו ויבשו מטה עזה אש אכלתהו:
ועתה שתולה במדבר בארץ ציה וצמא: ותצא אש ממטה יג יד
בדיה פריה אכלה ולא־היה בה מטה עז שבט למשול
קינה היא ותהי לקינה:

יא ויהי | בשנה השביעית בחמשי בעשור לחדש באו אנשים א כ
מזקני ישראל לדרש את־יהוה וישבו לפני: ויהי ב
דבר־יהוה אלי לאמר: בן־אדם דבר את־זקני ישראל ג
ואמרת אלהם כה אמר אדני יהוה הלדרש אתי אתם באים
חי־אני אם־אדרש לכם נאם אדני יהוה: התשפט אתם ד
התשפוט בן־אדם את־תועבת אבותם הודיעם: ואמרת ה
אליהם כה־אמר אדני יהוה ביום בחרי בישראל ואשא ידי
לזרע בית יעקב ואודע להם בארץ מצרים ואשא ידי להם
לאמר אני יהוה אלהיכם: ביום ההוא נשאתי ידי להם ו
להוציאם מארץ מצרים אל־ארץ אשר־תרתי להם זבת
חלב ודבש צבי היא לכל־הארצות: ואמר אלהם איש שקוצי ז

עיניו השליכו ובגלולי מצרים אל־תטמאו אני יהוה אלהיכם׃
ח וימרו־בי ולא אבו לשמע אלי איש את־שקוצי עיניהם לא
השליכו ואת־גלולי מצרים לא עזבו ואמר לשפך חמתי
ט עליהם לכלות אפי בהם בתוך ארץ מצרים׃ ואעש למען שמי
לבלתי החל לעיני הגוים אשר־המה בתוכם אשר נודעתי
י אליהם לעיניהם להוציאם מארץ מצרים׃ ואוציאם מארץ
יא מצרים ואבאם אל־המדבר׃ ואתן להם את־חקותי ואת־
משפטי הודעתי אותם אשר יעשה אותם האדם וחי בהם׃
יב וגם את־שבתותי נתתי להם להיות לאות ביני וביניהם לדעת
יג כי אני יהוה מקדשם׃ וימרו־בי בית־ישראל במדבר בחקותי
לא־הלכו ואת־משפטי מאסו אשר יעשה אתם האדם וחי
בהם ואת־שבתתי חללו מאד ואמר לשפך חמתי עליהם
יד במדבר לכלותם׃ ואעשה למען שמי לבלתי החל לעיני הגוים
טו אשר הוצאתים לעיניהם׃ וגם־אני נשאתי ידי להם במדבר
לבלתי הביא אותם אל־הארץ אשר־נתתי זבת חלב ודבש
טז צבי היא לכל־הארצות׃ יען במשפטי מאסו ואת־חקותי לא־
הלכו בהם ואת־שבתותי חללו כי אחרי גלוליהם לבם הלך׃
יז ותחס עיני עליהם משחתם ולא־עשיתי אותם כלה במדבר׃
יח ואמר אל־בניהם במדבר בחוקי אבותיכם אל־תלכו ואת־
יט משפטיהם אל־תשמרו ובגלוליהם אל־תטמאו׃ אני יהוה
כ אלהיכם בחקותי לכו ואת־משפטי שמרו ועשו אותם׃ ואת־
שבתותי קדשו והיו לאות ביני וביניכם לדעת כי אני יהוה
כא אלהיכם׃ וימרו־בי הבנים בחקותי לא־הלכו ואת־משפטי
לא־שמרו לעשות אותם אשר יעשה אותם האדם וחי בהם
את־שבתותי חללו ואמר לשפך חמתי עליהם לכלות אפי בם
כב במדבר׃ והשבתי את־ידי ואעש למען שמי לבלתי החל
כג לעיני הגוים אשר־הוצאתי אותם לעיניהם׃ גם־אני נשאתי

אֶת־יָדִי לָהֶם בַּמִּדְבָּר לְהָפִיץ אֹתָם בַּגּוֹיִם וּלְזָרוֹת אוֹתָם
בָּאֲרָצוֹת׃ יַעַן מִשְׁפָּטַי לֹא־עָשׂוּ וְחֻקּוֹתַי מָאָסוּ וְאֶת־שַׁבְּתוֹתַי כד
חִלֵּלוּ וְאַחֲרֵי גִּלּוּלֵי אֲבוֹתָם הָיוּ עֵינֵיהֶם׃ וְגַם־אֲנִי נָתַתִּי לָהֶם כה
חֻקִּים לֹא טוֹבִים וּמִשְׁפָּטִים לֹא יִחְיוּ בָּהֶם׃ וָאֲטַמֵּא אוֹתָם כו
בְּמַתְּנוֹתָם בְּהַעֲבִיר כָּל־פֶּטֶר רָחַם לְמַעַן אֲשִׁמֵּם לְמַעַן אֲשֶׁר
יֵדְעוּ אֲשֶׁר אֲנִי יְהוָה׃ לָכֵן דַּבֵּר אֶל־בֵּית יִשְׂרָאֵל כז
בֶּן־אָדָם וְאָמַרְתָּ אֲלֵיהֶם כֹּה אָמַר אֲדֹנָי יֱהֹוִה עוֹד זֹאת גִּדְּפוּ
אוֹתִי אֲבוֹתֵיכֶם בְּמַעֲלָם בִּי מָעַל׃ וָאֲבִיאֵם אֶל־הָאָרֶץ אֲשֶׁר כח
נָשָׂאתִי אֶת־יָדִי לָתֵת אוֹתָהּ לָהֶם וַיִּרְאוּ כָל־גִּבְעָה רָמָה וְכָל־
עֵץ עָבֹת וַיִּזְבְּחוּ־שָׁם אֶת־זִבְחֵיהֶם וַיִּתְּנוּ־שָׁם כַּעַס קָרְבָּנָם
וַיָּשִׂימוּ שָׁם רֵיחַ נִיחוֹחֵיהֶם וַיַּסִּיכוּ שָׁם אֶת־נִסְכֵּיהֶם׃ וָאֹמַר כט
אֲלֵהֶם מָה הַבָּמָה אֲשֶׁר־אַתֶּם הַבָּאִים שָׁם וַיִּקָּרֵא שְׁמָהּ בָּמָה
עַד הַיּוֹם הַזֶּה׃ לָכֵן אֱמֹר ׀ אֶל־בֵּית יִשְׂרָאֵל כֹּה ל
אָמַר אֲדֹנָי יֱהֹוִה הַבְּדֶרֶךְ אֲבוֹתֵיכֶם אַתֶּם נִטְמְאִים וְאַחֲרֵי
שִׁקּוּצֵיהֶם אַתֶּם זֹנִים׃ וּבִשְׂאֵת מַתְּנֹתֵיכֶם בְּהַעֲבִיר בְּנֵיכֶם בָּאֵשׁ לא
אַתֶּם נִטְמְאִים לְכָל־גִּלּוּלֵיכֶם עַד־הַיּוֹם וַאֲנִי אִדָּרֵשׁ לָכֶם בֵּית
יִשְׂרָאֵל חַי־אָנִי נְאֻם אֲדֹנָי יֱהֹוִה אִם־אִדָּרֵשׁ לָכֶם׃ וְהָעֹלָה עַל־ לב
רוּחֲכֶם הָיוֹ לֹא תִהְיֶה אֲשֶׁר ׀ אַתֶּם אֹמְרִים נִהְיֶה כַגּוֹיִם
כְּמִשְׁפְּחוֹת הָאֲרָצוֹת לְשָׁרֵת עֵץ וָאָבֶן׃ חַי־אָנִי נְאֻם אֲדֹנָי יֱהֹוִה לג
אִם־לֹא בְּיָד חֲזָקָה וּבִזְרוֹעַ נְטוּיָה וּבְחֵמָה שְׁפוּכָה אֶמְלוֹךְ
עֲלֵיכֶם׃ וְהוֹצֵאתִי אֶתְכֶם מִן־הָעַמִּים וְקִבַּצְתִּי אֶתְכֶם מִן־ לד
הָאֲרָצוֹת אֲשֶׁר נְפוֹצֹתֶם בָּם בְּיָד חֲזָקָה וּבִזְרוֹעַ נְטוּיָה וּבְחֵמָה
שְׁפוּכָה׃ וְהֵבֵאתִי אֶתְכֶם אֶל־מִדְבַּר הָעַמִּים וְנִשְׁפַּטְתִּי אִתְּכֶם לה
שָׁם פָּנִים אֶל־פָּנִים׃ כַּאֲשֶׁר נִשְׁפַּטְתִּי אֶת־אֲבוֹתֵיכֶם בְּמִדְבַּר לו
אֶרֶץ מִצְרָיִם כֵּן אִשָּׁפֵט אִתְּכֶם נְאֻם אֲדֹנָי יֱהֹוִה׃ וְהַעֲבַרְתִּי לז
אֶתְכֶם תַּחַת הַשָּׁבֶט וְהֵבֵאתִי אֶתְכֶם בְּמָסֹרֶת הַבְּרִית׃ וּבָרוֹתִי לח
מִכֶּם הַמֹּרְדִים וְהַפּוֹשְׁעִים בִּי מֵאֶרֶץ מְגוּרֵיהֶם אוֹצִיא אוֹתָם

לט וְאֶל־אַדְמַת יִשְׂרָאֵל לֹא יָבוֹא וִידַעְתֶּם כִּי־אֲנִי יְהוָה׃ וְאַתֶּם
בֵּית־יִשְׂרָאֵל כֹּה־אָמַר ׀ אֲדֹנָי יְהוִה אִישׁ גִּלּוּלָיו לְכוּ עֲבֹדוּ
וְאַחַר אִם־אֵינְכֶם שֹׁמְעִים אֵלָי וְאֶת־שֵׁם קָדְשִׁי לֹא תְחַלְּלוּ־
מ עוֹד בְּמַתְּנוֹתֵיכֶם וּבְגִלּוּלֵיכֶם׃ כִּי בְהַר־קָדְשִׁי בְּהַר ׀ מְרוֹם
יִשְׂרָאֵל נְאֻם אֲדֹנָי יְהוִה שָׁם יַעַבְדֻנִי כָּל־בֵּית יִשְׂרָאֵל כֻּלֹּה
בָּאָרֶץ שָׁם אֶרְצֵם וְשָׁם אֶדְרוֹשׁ אֶת־תְּרוּמֹתֵיכֶם וְאֶת־רֵאשִׁית
מא מַשְׂאוֹתֵיכֶם בְּכָל־קָדְשֵׁיכֶם׃ בְּרֵיחַ נִיחֹחַ אֶרְצֶה אֶתְכֶם יב
בְּהוֹצִיאִי אֶתְכֶם מִן־הָעַמִּים וְקִבַּצְתִּי אֶתְכֶם מִן־הָאֲרָצוֹת
מב אֲשֶׁר נְפֹצֹתֶם בָּם וְנִקְדַּשְׁתִּי בָכֶם לְעֵינֵי הַגּוֹיִם׃ וִידַעְתֶּם כִּי־אֲנִי
יְהוָה בַּהֲבִיאִי אֶתְכֶם אֶל־אַדְמַת יִשְׂרָאֵל אֶל־הָאָרֶץ אֲשֶׁר
מג נָשָׂאתִי אֶת־יָדִי לָתֵת אוֹתָהּ לַאֲבוֹתֵיכֶם׃ וּזְכַרְתֶּם־שָׁם אֶת־
דַּרְכֵיכֶם וְאֵת כָּל־עֲלִילוֹתֵיכֶם אֲשֶׁר נִטְמֵאתֶם בָּם וּנְקֹטֹתֶם
מד בִּפְנֵיכֶם בְּכָל־רָעוֹתֵיכֶם אֲשֶׁר עֲשִׂיתֶם׃ וִידַעְתֶּם כִּי־אֲנִי יְהוָה
בַּעֲשׂוֹתִי אִתְּכֶם לְמַעַן שְׁמִי לֹא כְדַרְכֵיכֶם הָרָעִים וְכַעֲלִילוֹתֵיכֶם
כא א הַנִּשְׁחָתוֹת בֵּית יִשְׂרָאֵל נְאֻם אֲדֹנָי יְהוִה׃ וַיְהִי
ב דְבַר־יְהוָה אֵלַי לֵאמֹר׃ בֶּן־אָדָם שִׂים פָּנֶיךָ דֶּרֶךְ תֵּימָנָה וְהַטֵּף
ג אֶל־דָּרוֹם וְהִנָּבֵא אֶל־יַעַר הַשָּׂדֶה נֶגֶב׃ וְאָמַרְתָּ לְיַעַר הַנֶּגֶב
שְׁמַע דְּבַר־יְהוָה כֹּה־אָמַר אֲדֹנָי יְהוִה הִנְנִי מַצִּית־בְּךָ ׀ אֵשׁ
וְאָכְלָה בְךָ כָל־עֵץ־לַח וְכָל־עֵץ יָבֵשׁ לֹא־תִכְבֶּה לַהֶבֶת
ד שַׁלְהֶבֶת וְנִצְרְבוּ־בָהּ כָּל־פָּנִים מִנֶּגֶב צָפוֹנָה׃ וְרָאוּ כָּל־בָּשָׂר
ה כִּי אֲנִי יְהוָה בִּעַרְתִּיהָ לֹא תִּכְבֶּה׃ וָאֹמַר אֲהָהּ אֲדֹנָי יְהוִה הֵמָּה
ו אֹמְרִים לִי הֲלֹא מְמַשֵּׁל מְשָׁלִים הוּא׃ וַיְהִי דְבַר־
ז יְהוָה אֵלַי לֵאמֹר׃ בֶּן־אָדָם שִׂים פָּנֶיךָ אֶל־יְרוּשָׁלִַם וְהַטֵּף אֶל־
ח מִקְדָּשִׁים וְהִנָּבֵא אֶל־אַדְמַת יִשְׂרָאֵל׃ וְאָמַרְתָּ לְאַדְמַת יִשְׂרָאֵל
כֹּה אָמַר יְהוָה הִנְנִי אֵלַיִךְ וְהוֹצֵאתִי חַרְבִּי מִתַּעְרָהּ וְהִכְרַתִּי
ט מִמֵּךְ צַדִּיק וְרָשָׁע׃ יַעַן אֲשֶׁר־הִכְרַתִּי מִמֵּךְ צַדִּיק וְרָשָׁע לָכֵן
י תֵּצֵא חַרְבִּי מִתַּעְרָהּ אֶל־כָּל־בָּשָׂר מִנֶּגֶב צָפוֹן׃ וְיָדְעוּ

כל־בשר כי אני יהוה הוצאתי חרבי מתערה לא תשוב
עוד: ואתה בן־אדם האנח בשברון מתנים יא
ובמרירות תאנח לעיניהם: והיה כי־יאמרו אליך על־מה יב
אתה נאנח ואמרת אל־שמועה כי־באה ונמס כל־לב ורפו
כל־ידים וכהתה כל־רוח וכל־ברכים תלכנה מים הנה באה
ונהיתה נאם אדני יהוה: ויהי דבר־יהוה אלי יג
לאמר: בן־אדם הנבא ואמרת כה אמר אדני אמר חרב חרב יד
הוחדה וגם־מרוטה: למען טבח טבח הוחדה למען־היה־לה טו
ברק מרטה או נשיש שבט בני מאסת כל־עץ: ויתן אתה טז
למרטה לתפש בכף היא־הוחדה חרב והיא מרטה לתת
אותה ביד־הורג: זעק והילל בן־אדם כי־היא היתה בעמי יז
היא בכל־נשיאי ישראל מגורי אל־חרב היו את־עמי לכן
ספק אל־ירך: כי בחן ומה אם־גם־שבט מאסת לא יהיה יח
נאם אדני יהוה: ואתה בן־אדם הנבא והך כף יט
אל־כף ותכפל חרב שלישתה חרב חללים היא חרב חלל
הגדול החדרת להם: למען ׀ למוג לב והרבה המכשלים כ
על כל־שעריהם נתתי אבחת־חרב אח עשויה לברק
מעטה לטבח: התאחדי הימיני השימי השמילי אנה פניך כא
מעדות: וגם־אני אכה כפי אל־כפי והנחתי חמתי אני יהוה כב
דברתי: ויהי דבר־יהוה אלי לאמר: ואתה בן־ כג כד
אדם שים־לך ׀ שנים דרכים לבוא חרב מלך־בבל מארץ
אחד יצאו שניהם ויד ברא בראש דרך־עיר ברא: דרך תשים כה
לבוא חרב את רבת בני־עמון ואת־יהודה בירושלם בצורה:
כי־עמד מלך־בבל אל־אם הדרך בראש שני הדרכים לקסם־ כו
קסם קלקל בחצים שאל בתרפים ראה בכבד: בימינו היה ׀ כז
הקסם ירושלם לשום כרים לפתח פה ברצח להרים קול
בתרועה לשום כרים על־שערים לשפך סללה לבנות דיק:

כִּקְסָם־

כח וְהָיָה לָהֶם כקסום־שָׁוְא בְּעֵינֵיהֶם שְׁבֻעֵי שְׁבֻעוֹת לָהֶם וְהוּא־
כט מַזְכִּיר עָוֺן לְהִתָּפֵשׂ׃ לָכֵן כֹּה־אָמַר אֲדֹנָי יֱהֹוִה יַעַן
הַזְכַּרְכֶם עֲוֺנְכֶם בְּהִגָּלוֹת פִּשְׁעֵיכֶם לְהֵרָאוֹת חַטֹּאותֵיכֶם בְּכֹל
ל עֲלִילוֹתֵיכֶם יַעַן הִזָּכֶרְכֶם בַּכַּף תִּתָּפֵשׂוּ׃ וְאַתָּה חָלָל
לא רָשָׁע נְשִׂיא יִשְׂרָאֵל אֲשֶׁר־בָּא יוֹמוֹ בְּעֵת עֲוֺן קֵץ׃ כֹּה
אָמַר אֲדֹנָי יֱהֹוִה הָסִיר הַמִּצְנֶפֶת וְהָרִים הָעֲטָרָה זֹאת לֹא־זֹאת
לב הַשָּׁפָלָה הַגְבֵּהַ וְהַגָּבֹהַ הַשְׁפִּיל׃ עַוָּה עַוָּה עַוָּה אֲשִׂימֶנָּה גַּם־זֹאת
לג לֹא הָיָה עַד־בֹּא אֲשֶׁר־לוֹ הַמִּשְׁפָּט וּנְתַתִּיו׃ וְאַתָּה
בֶן־אָדָם הִנָּבֵא וְאָמַרְתָּ כֹּה אָמַר אֲדֹנָי יֱהֹוִה אֶל־בְּנֵי עַמּוֹן
וְאֶל־חֶרְפָּתָם וְאָמַרְתָּ חֶרֶב חֶרֶב פְּתוּחָה לְטֶבַח מְרוּטָה לְהָכִיל
לד לְמַעַן בָּרָק׃ בַּחֲזוֹת לָךְ שָׁוְא בִּקְסָם־לָךְ כָּזָב לָתֵת אוֹתָךְ אֶל־
לה צַוְּארֵי חַלְלֵי רְשָׁעִים אֲשֶׁר־בָּא יוֹמָם בְּעֵת עֲוֺן קֵץ׃ הָשַׁב אֶל־
תַּעְרָהּ בִּמְקוֹם אֲשֶׁר־נִבְרֵאת בְּאֶרֶץ מְכֻרוֹתַיִךְ אֶשְׁפֹּט אֹתָךְ׃
לו וְשָׁפַכְתִּי עָלַיִךְ זַעְמִי בְּאֵשׁ עֶבְרָתִי אָפִיחַ עָלָיִךְ וּנְתַתִּיךְ בְּיַד
לז אֲנָשִׁים בֹּעֲרִים חָרָשֵׁי מַשְׁחִית׃ לָאֵשׁ תִּהְיֶה לְאָכְלָה דָּמֵךְ יִהְיֶה
כב א בְּתוֹךְ הָאָרֶץ לֹא תִזָּכֵרִי כִּי אֲנִי יְהוָה דִּבַּרְתִּי׃ וַיְהִי
ב דְבַר־יְהוָה אֵלַי לֵאמֹר׃ וְאַתָּה בֶן־אָדָם הֲתִשְׁפֹּט
ג אֶת־עִיר הַדָּמִים וְהוֹדַעְתָּהּ אֵת כָּל־תּוֹעֲבוֹתֶיהָ׃ וְאָמַרְתָּ כֹּה
אָמַר אֲדֹנָי יֱהֹוִה עִיר שֹׁפֶכֶת דָּם בְּתוֹכָהּ לָבוֹא עִתָּהּ וְעָשְׂתָה
ד גִלּוּלִים עָלֶיהָ לְטָמְאָה׃ בְּדָמֵךְ אֲשֶׁר־שָׁפַכְתְּ אָשַׁמְתְּ וּבְגִלּוּלַיִךְ
אֲשֶׁר־עָשִׂית טָמֵאת וַתַּקְרִיבִי יָמַיִךְ וַתָּבוֹא עַד־שְׁנוֹתָיִךְ עַל־
ה כֵּן נְתַתִּיךְ חֶרְפָּה לַגּוֹיִם וְקַלָּסָה לְכָל־הָאֲרָצוֹת׃ הַקְּרֹבוֹת
וְהָרְחֹקוֹת מִמֵּךְ יִתְקַלְּסוּ־בָךְ טְמֵאַת הַשֵּׁם רַבַּת הַמְּהוּמָה׃
ו הִנֵּה נְשִׂיאֵי יִשְׂרָאֵל אִישׁ לִזְרֹעוֹ הָיוּ בָךְ לְמַעַן שְׁפָךְ־דָּם׃ אָב
ז וָאֵם הֵקַלּוּ בָךְ לַגֵּר עָשׂוּ בַעֹשֶׁק בְּתוֹכֵךְ יָתוֹם וְאַלְמָנָה הוֹנוּ בָךְ׃
ח ט קָדָשַׁי בָּזִית וְאֶת־שַׁבְּתֹתַי חִלָּלְתְּ׃ אַנְשֵׁי רָכִיל הָיוּ בָךְ לְמַעַן
י שְׁפָךְ־דָּם וְאֶל־הֶהָרִים אָכְלוּ בָךְ זִמָּה עָשׂוּ בְתוֹכֵךְ׃ עֶרְוַת־אָב

גִּלָּה־בָךְ טְמֵאַת הַנִּדָּה עִנּוּ־בָךְ׃ וְאִישׁ ׀ אֶת־אֵשֶׁת רֵעֵהוּ עָשָׂה יא
תּוֹעֵבָה וְאִישׁ אֶת־כַּלָּתוֹ טִמֵּא בְזִמָּה וְאִישׁ אֶת־אֲחֹתוֹ בַת־
אָבִיו עִנָּה־בָךְ׃ שֹׁחַד לָקְחוּ־בָךְ לְמַעַן שְׁפָךְ־דָּם נֶשֶׁךְ וְתַרְבִּית יב
לָקַחַתְּ וַתְּבַצְּעִי רֵעַיִךְ בַּעֹשֶׁק וְאֹתִי שָׁכַחַתְּ נְאֻם אֲדֹנָי יֱהוִה׃
וְהִנֵּה הִכֵּיתִי כַפִּי אֶל־בִּצְעֵךְ אֲשֶׁר עָשִׂית וְעַל־דָּמֵךְ אֲשֶׁר הָיוּ יג
בְּתוֹכֵךְ׃ הֲיַעֲמֹד לִבֵּךְ אִם־תֶּחֱזַקְנָה יָדַיִךְ לַיָּמִים אֲשֶׁר אֲנִי עֹשֶׂה יד
אוֹתָךְ אֲנִי יְהוָה דִּבַּרְתִּי וְעָשִׂיתִי׃ וַהֲפִיצוֹתִי אוֹתָךְ בַּגּוֹיִם וְזֵרִיתִיךְ טו
יג בָּאֲרָצוֹת וַהֲתִמֹּתִי טֻמְאָתֵךְ מִמֵּךְ׃ וְנִחַלְתְּ בָּךְ לְעֵינֵי גוֹיִם וְיָדַעַתְּ טז
כִּי־אֲנִי יְהוָה׃ וַיְהִי דְבַר־יְהוָה אֵלַי לֵאמֹר׃ בֶּן־ יז יח
לסיג אָדָם הָיוּ־לִי בֵית־יִשְׂרָאֵל לְסוּג כֻּלָּם נְחֹשֶׁת וּבְדִיל וּבַרְזֶל
וְעוֹפֶרֶת בְּתוֹךְ כּוּר סִגִים כֶּסֶף הָיוּ׃ לָכֵן כֹּה יט
אָמַר אֲדֹנָי יֱהוִה יַעַן הֱיוֹת כֻּלְּכֶם לְסִגִים לָכֵן הִנְנִי קֹבֵץ אֶתְכֶם
אֶל־תּוֹךְ יְרוּשָׁלִָם׃ קְבֻצַת כֶּסֶף וּנְחֹשֶׁת וּבַרְזֶל וְעוֹפֶרֶת וּבְדִיל כ
אֶל־תּוֹךְ כּוּר לָפַחַת־עָלָיו אֵשׁ לְהַנְתִּיךְ כֵּן אֶקְבֹּץ בְּאַפִּי וּבַחֲמָתִי
וְהִנַּחְתִּי וְהִתַּכְתִּי אֶתְכֶם׃ וְכִנַּסְתִּי אֶתְכֶם וְנָפַחְתִּי עֲלֵיכֶם כא
בְּאֵשׁ עֶבְרָתִי וְנִתַּכְתֶּם בְּתוֹכָהּ׃ כְּהִתּוּךְ כֶּסֶף בְּתוֹךְ כּוּר כב
כֵּן תֻּתְּכוּ בְּתוֹכָהּ וִידַעְתֶּם כִּי־אֲנִי יְהוָה שָׁפַכְתִּי חֲמָתִי
עֲלֵיכֶם׃ וַיְהִי דְבַר־יְהוָה אֵלַי לֵאמֹר׃ בֶּן־אָדָם כג כד
אֱמָר־לָהּ אַתְּ אֶרֶץ לֹא מְטֹהָרָה הִיא לֹא גֻשְׁמָהּ בְּיוֹם זָעַם׃
קֶשֶׁר נְבִיאֶיהָ בְּתוֹכָהּ כַּאֲרִי שׁוֹאֵג טֹרֵף טָרֶף נֶפֶשׁ אָכָלוּ חֹסֶן כה
וִיקָר יִקָּחוּ אַלְמְנוֹתֶיהָ הִרְבּוּ בְתוֹכָהּ׃ כֹּהֲנֶיהָ חָמְסוּ תוֹרָתִי כו
וַיְחַלְּלוּ קָדָשַׁי בֵּין־קֹדֶשׁ לְחֹל לֹא הִבְדִּילוּ וּבֵין־הַטָּמֵא לְטָהוֹר
לֹא הוֹדִיעוּ וּמִשַּׁבְּתוֹתַי הֶעְלִימוּ עֵינֵיהֶם וָאֵחַל בְּתוֹכָם׃ שָׂרֶיהָ כז
בְקִרְבָּהּ כִּזְאֵבִים טֹרְפֵי טָרֶף לִשְׁפָּךְ־דָּם לְאַבֵּד נְפָשׁוֹת לְמַעַן
בְּצֹעַ בָּצַע׃ וּנְבִיאֶיהָ טָחוּ לָהֶם תָּפֵל חֹזִים שָׁוְא וְקֹסְמִים לָהֶם כח
כָּזָב אֹמְרִים כֹּה אָמַר אֲדֹנָי יֱהוִה וַיהוָה לֹא דִבֵּר׃ עַם הָאָרֶץ כט
עָשְׁקוּ עֹשֶׁק וְגָזְלוּ גָּזֵל וְעָנִי וְאֶבְיוֹן הוֹנוּ וְאֶת־הַגֵּר עָשְׁקוּ

ל בְּלֹא מִשְׁפָּט: וָאֲבַקֵּשׁ מֵהֶם אִישׁ גֹּדֵר־גָּדֵר וְעֹמֵד בַּפֶּרֶץ
לא לְפָנַי בְּעַד הָאָרֶץ לְבִלְתִּי שַׁחֲתָהּ וְלֹא מָצָאתִי: וָאֶשְׁפֹּךְ עֲלֵיהֶם
זַעְמִי בְּאֵשׁ עֶבְרָתִי כִּלִּיתִים דַּרְכָּם בְּרֹאשָׁם נָתַתִּי נְאֻם אֲדֹנָי
כג א ב יֱהֹוִה: וַיְהִי דְבַר־יְהֹוָה אֵלַי לֵאמֹר: בֶּן־אָדָם
ג שְׁתַּיִם נָשִׁים בְּנוֹת אֵם־אַחַת הָיוּ: וַתִּזְנֶינָה בְמִצְרַיִם בִּנְעוּרֵיהֶן
ד זָנוּ שָׁמָּה מֹעֲכוּ שְׁדֵיהֶן וְשָׁם עִשּׂוּ דַּדֵּי בְּתוּלֵיהֶן: וּשְׁמוֹתָן אָהֳלָה
הַגְּדוֹלָה וְאָהֳלִיבָה אֲחוֹתָהּ וַתִּהְיֶינָה לִי וַתֵּלַדְנָה בָּנִים וּבָנוֹת
ה וּשְׁמוֹתָן שֹׁמְרוֹן אָהֳלָה וִירוּשָׁלִַם אָהֳלִיבָה: וַתִּזֶן אָהֳלָה תַּחְתָּי
ו וַתַּעְגַּב עַל־מְאַהֲבֶיהָ אֶל־אַשּׁוּר קְרוֹבִים: לְבֻשֵׁי תְכֵלֶת פַּחוֹת
ז וּסְגָנִים בַּחוּרֵי חֶמֶד כֻּלָּם פָּרָשִׁים רֹכְבֵי סוּסִים: וַתִּתֵּן תַּזְנוּתֶיהָ
עֲלֵיהֶם מִבְחַר בְּנֵי־אַשּׁוּר כֻּלָּם וּבְכֹל אֲשֶׁר־עָגְבָה בְּכָל־גִּלּוּלֵיהֶם
ח נִטְמָאָה: וְאֶת־תַּזְנוּתֶיהָ מִמִּצְרַיִם לֹא עָזָבָה כִּי אוֹתָהּ שָׁכְבוּ
ט בִנְעוּרֶיהָ וְהֵמָּה עִשּׂוּ דַּדֵּי בְתוּלֶיהָ וַיִּשְׁפְּכוּ תַזְנוּתָם עָלֶיהָ: לָכֵן
י נְתַתִּיהָ בְּיַד־מְאַהֲבֶיהָ בְּיַד בְּנֵי אַשּׁוּר אֲשֶׁר עָגְבָה עֲלֵיהֶם: הֵמָּה
גִּלּוּ עֶרְוָתָהּ בָּנֶיהָ וּבְנוֹתֶיהָ לָקָחוּ וְאוֹתָהּ בַּחֶרֶב הָרָגוּ וַתְּהִי־
יא שֵׁם לַנָּשִׁים וּשְׁפוּטִים עָשׂוּ בָהּ: וַתֵּרֶא אֲחוֹתָהּ
אָהֳלִיבָה וַתַּשְׁחֵת עַגְבָתָהּ מִמֶּנָּה וְאֶת־תַּזְנוּתֶיהָ מִזְּנוּנֵי
יב אֲחוֹתָהּ: אֶל־בְּנֵי אַשּׁוּר עָגָבָה פַּחוֹת וּסְגָנִים קְרֹבִים לְבֻשֵׁי
יג מִכְלוֹל פָּרָשִׁים רֹכְבֵי סוּסִים בַּחוּרֵי חֶמֶד כֻּלָּם: וָאֵרֶא כִּי
יד נִטְמָאָה דֶּרֶךְ אֶחָד לִשְׁתֵּיהֶן: וַתּוֹסֶף אֶל־תַּזְנוּתֶיהָ וַתֵּרֶא אַנְשֵׁי
טו מְחֻקֶּה עַל־הַקִּיר צַלְמֵי כשדיים חֲקֻקִים בַּשָּׁשַׁר: חֲגוֹרֵי אֵזוֹר כַּשְׂדִּים
בְּמָתְנֵיהֶם סְרוּחֵי טְבוּלִים בְּרָאשֵׁיהֶם מַרְאֵה שָׁלִשִׁים כֻּלָּם
טז דְּמוּת בְּנֵי־בָבֶל כַּשְׂדִּים אֶרֶץ מוֹלַדְתָּם: וַתַּעְגַּב עֲלֵיהֶם לְמַרְאֵה
יז עֵינֶיהָ וַתִּשְׁלַח מַלְאָכִים אֲלֵיהֶם כַּשְׂדִּימָה: וַיָּבֹאוּ אֵלֶיהָ בְנֵי־
בָבֶל לְמִשְׁכַּב דֹּדִים וַיְטַמְּאוּ אוֹתָהּ בְּתַזְנוּתָם וַתִּטְמָא־בָם
יח וַתֵּקַע נַפְשָׁהּ מֵהֶם: וַתְּגַל תַּזְנוּתֶיהָ וַתְּגַל אֶת־עֶרְוָתָהּ וַתֵּקַע
יט נַפְשִׁי מֵעָלֶיהָ כַּאֲשֶׁר נָקְעָה נַפְשִׁי מֵעַל אֲחוֹתָהּ: וַתַּרְבֶּה אֶת־

תַּזְנוּתֶיהָ לִזְכֹּר אֶת־יְמֵי נְעוּרֶיהָ אֲשֶׁר זָנְתָה בְּאֶרֶץ מִצְרָיִם׃
וַתַּעְגְּבָה עַל פִּלַגְשֵׁיהֶם אֲשֶׁר בְּשַׂר־חֲמוֹרִים בְּשָׂרָם וְזִרְמַת כ
סוּסִים זִרְמָתָם׃ וַתִּפְקְדִי אֵת זִמַּת נְעוּרָיִךְ בַּעְשׂוֹת מִמִּצְרַיִם כא
דַּדַּיִךְ לְמַעַן שְׁדֵי נְעוּרָיִךְ׃ לָכֵן אָהֳלִיבָה כֹּה־ כב
אָמַר אֲדֹנָי יֱהֹוִה הִנְנִי מֵעִיר אֶת־מְאַהֲבַיִךְ עָלַיִךְ אֵת אֲשֶׁר־
נָקְעָה נַפְשֵׁךְ מֵהֶם וַהֲבֵאתִים עָלַיִךְ מִסָּבִיב׃ בְּנֵי בָבֶל וְכָל־ כג
כַּשְׂדִּים פְּקוֹד וְשׁוֹעַ וְקוֹעַ כָּל־בְּנֵי אַשּׁוּר אוֹתָם בַּחוּרֵי חֶמֶד
פַּחוֹת וּסְגָנִים כֻּלָּם שָׁלִשִׁים וּקְרוּאִים רֹכְבֵי סוּסִים כֻּלָּם׃ וּבָאוּ כד
עָלַיִךְ הֹצֶן רֶכֶב וְגַלְגַּל וּבִקְהַל עַמִּים צִנָּה וּמָגֵן וְקוֹבַע יָשִׂימוּ
עָלַיִךְ סָבִיב וְנָתַתִּי לִפְנֵיהֶם מִשְׁפָּט וּשְׁפָטוּךְ בְּמִשְׁפְּטֵיהֶם׃
וְנָתַתִּי קִנְאָתִי בָּךְ וְעָשׂוּ אוֹתָךְ בְּחֵמָה אַפֵּךְ וְאָזְנַיִךְ יָסִירוּ כה
וְאַחֲרִיתֵךְ בַּחֶרֶב תִּפּוֹל הֵמָּה בָּנַיִךְ וּבְנֹתַיִךְ יִקָּחוּ וְאַחֲרִיתֵךְ
תֵּאָכֵל בָּאֵשׁ׃ וְהִפְשִׁיטוּךְ אֶת־בְּגָדָיִךְ וְלָקְחוּ כְּלֵי תִפְאַרְתֵּךְ׃ כו
יד וְהִשְׁבַּתִּי זִמָּתֵךְ מִמֵּךְ וְאֶת־זְנוּתֵךְ מֵאֶרֶץ מִצְרָיִם וְלֹא־תִשְׂאִי כז
עֵינַיִךְ אֲלֵיהֶם וּמִצְרַיִם לֹא תִזְכְּרִי־עוֹד׃ כִּי כֹה כח
אָמַר אֲדֹנָי יֱהֹוִה הִנְנִי נֹתְנָךְ בְּיַד אֲשֶׁר שָׂנֵאת בְּיַד אֲשֶׁר־נָקְעָה
נַפְשֵׁךְ מֵהֶם׃ וְעָשׂוּ אוֹתָךְ בְּשִׂנְאָה וְלָקְחוּ כָּל־יְגִיעֵךְ וַעֲזָבוּךְ כט
עֵירֹם וְעֶרְיָה וְנִגְלָה עֶרְוַת זְנוּנַיִךְ וְזִמָּתֵךְ וְתַזְנוּתָיִךְ׃ עָשֹׂה אֵלֶּה ל
לָךְ בִּזְנוֹתֵךְ אַחֲרֵי גוֹיִם עַל אֲשֶׁר־נִטְמֵאת בְּגִלּוּלֵיהֶם׃ בְּדֶרֶךְ לא
אֲחוֹתֵךְ הָלָכְתְּ וְנָתַתִּי כוֹסָהּ בְּיָדֵךְ׃ כֹּה אָמַר לב
אֲדֹנָי יֱהֹוִה כּוֹס אֲחוֹתֵךְ תִּשְׁתִּי הָעֲמֻקָּה וְהָרְחָבָה תִּהְיֶה לִצְחֹק
וּלְלַעַג מִרְבָּה לְהָכִיל׃ שִׁכָּרוֹן וְיָגוֹן תִּמָּלֵאִי כּוֹס שַׁמָּה לג
וּשְׁמָמָה כּוֹס אֲחוֹתֵךְ שֹׁמְרוֹן׃ וְשָׁתִית אוֹתָהּ וּמָצִית וְאֶת־ לד
חֲרָשֶׂיהָ תְּגָרֵמִי וְשָׁדַיִךְ תְּנַתֵּקִי כִּי אֲנִי דִבַּרְתִּי נְאֻם אֲדֹנָי
יֱהֹוִה׃ לָכֵן כֹּה אָמַר אֲדֹנָי יֱהֹוִה יַעַן שָׁכַחַתְּ לה
אוֹתִי וַתַּשְׁלִיכִי אוֹתִי אַחֲרֵי גַוֵּךְ וְגַם־אַתְּ שְׂאִי זִמָּתֵךְ וְאֶת־
תַּזְנוּתָיִךְ׃ וַיֹּאמֶר יְהוָה אֵלַי בֶּן־אָדָם הֲתִשְׁפּוֹט לו

לז אֶת־אָהֳלָה וְאֶת־אָהֳלִיבָה וְהַגֵּד לָהֶן אֵת תּוֹעֲבוֹתֵיהֶן׃ כִּי נִאֵפוּ
וְדָם בִּידֵיהֶן וְאֶת־גִּלּוּלֵיהֶן נִאֵפוּ וְגַם אֶת־בְּנֵיהֶן אֲשֶׁר יָלְדוּ־לִי
לח הֶעֱבִירוּ לָהֶם לְאָכְלָה׃ עוֹד זֹאת עָשׂוּ לִי טִמְּאוּ אֶת־מִקְדָּשִׁי
לט בַּיּוֹם הַהוּא וְאֶת־שַׁבְּתוֹתַי חִלֵּלוּ׃ וּבְשַׁחֲטָם אֶת־בְּנֵיהֶם
לְגִלּוּלֵיהֶם וַיָּבֹאוּ אֶל־מִקְדָּשִׁי בַּיּוֹם הַהוּא לְחַלְּלוֹ וְהִנֵּה־כֹה
מ עָשׂוּ בְּתוֹךְ בֵּיתִי׃ וְאַף כִּי תִשְׁלַחְנָה לַאֲנָשִׁים בָּאִים מִמֶּרְחָק
אֲשֶׁר מַלְאָךְ שָׁלוּחַ אֲלֵיהֶם וְהִנֵּה־בָאוּ לַאֲשֶׁר רָחַצְתְּ כָּחַלְתְּ
מא עֵינַיִךְ וְעָדִית עֶדִי׃ וְיָשַׁבְתְּ עַל־מִטָּה כְבוּדָּה וְשֻׁלְחָן עָרוּךְ
מב לְפָנֶיהָ וּקְטָרְתִּי וְשַׁמְנִי שַׂמְתְּ עָלֶיהָ׃ וְקוֹל הָמוֹן שָׁלֵו בָהּ וְאֶל־
אֲנָשִׁים מֵרֹב אָדָם מוּבָאִים סובאים מִמִּדְבָּר וַיִּתְּנוּ צְמִידִים סָבָאִים
מג אֶל־יְדֵיהֶן וַעֲטֶרֶת תִּפְאֶרֶת עַל־רָאשֵׁיהֶן׃ וָאֹמַר לַבָּלָה נִאוּפִים
מד עַתָּ יזנה תַזְנוּתֶהָ וָהִיא׃ וַיָּבוֹא אֵלֶיהָ כְּבוֹא אֶל־אִשָּׁה זוֹנָה יִזְנוּ
מה כֵּן בָּאוּ אֶל־אָהֳלָה וְאֶל־אָהֳלִיבָה אִשֹּׁת הַזִּמָּה׃ וַאֲנָשִׁים
צַדִּיקִם הֵמָּה יִשְׁפְּטוּ אוֹתְהֶם מִשְׁפַּט נֹאֲפוֹת וּמִשְׁפַּט שֹׁפְכוֹת
מו דָּם כִּי נֹאֲפֹת הֵנָּה וְדָם בִּידֵיהֶן׃ כִּי כֹה אָמַר
מז אֲדֹנָי יֱהוִה הַעֲלֵה עֲלֵיהֶם קָהָל וְנָתֹן אֶתְהֶן לְזַעֲוָה וְלָבַז׃ וְרָגְמוּ
עֲלֵיהֶן אֶבֶן קָהָל וּבָרֵא אוֹתְהֶן בְּחַרְבוֹתָם בְּנֵיהֶם וּבְנוֹתֵיהֶם
מח יַהֲרֹגוּ וּבָתֵּיהֶן בָּאֵשׁ יִשְׂרֹפוּ׃ וְהִשְׁבַּתִּי זִמָּה מִן־הָאָרֶץ
מט וְנִוַּסְּרוּ כָּל־הַנָּשִׁים וְלֹא תַעֲשֶׂינָה כְּזִמַּתְכֶנָה׃ וְנָתְנוּ זִמַּתְכֶנָה
עֲלֵיכֶן וַחֲטָאֵי גִלּוּלֵיכֶן תִּשֶּׂאינָה וִידַעְתֶּם כִּי אֲנִי אֲדֹנָי
כד א יֱהוִה׃ וַיְהִי דְבַר־יְהוָה אֵלַי בַּשָּׁנָה הַתְּשִׁיעִית
ב בַּחֹדֶשׁ הָעֲשִׂירִי בֶּעָשׂוֹר לַחֹדֶשׁ לֵאמֹר׃ בֶּן־אָדָם כתוב־לְךָ אֶת־ כְּתָב־
שֵׁם הַיּוֹם אֶת־עֶצֶם הַיּוֹם הַזֶּה סָמַךְ מֶלֶךְ־בָּבֶל אֶל־יְרוּשָׁלַםִ
ג בְּעֶצֶם הַיּוֹם הַזֶּה׃ וּמְשֹׁל אֶל־בֵּית־הַמֶּרִי מָשָׁל וְאָמַרְתָּ אֲלֵיהֶם
ד כֹּה אָמַר אֲדֹנָי יֱהוִה שְׁפֹת הַסִּיר שְׁפֹת וְגַם־יְצֹק בּוֹ מָיִם׃ אֱסֹף
נְתָחֶיהָ אֵלֶיהָ כָּל־נֵתַח טוֹב יָרֵךְ וְכָתֵף מִבְחַר עֲצָמִים מַלֵּא׃
ה מִבְחַר הַצֹּאן לָקוֹחַ וְגַם דּוּר הָעֲצָמִים תַּחְתֶּיהָ רַתַּח רְתָחֶיהָ

גַּם־בָּשְׁל֥וּ עֲצָמֶ֖יהָ בְּתוֹכָֽהּ׃ לָכֵ֞ן כֹּֽה־אָמַ֣ר ׀ אֲדֹנָ֣י ו
יֱהוִ֗ה א֚וֹי עִ֣יר הַדָּמִ֔ים סִ֚יר אֲשֶׁ֣ר חֶלְאָתָ֣ה בָ֔הּ וְחֶ֨לְאָתָ֔הּ לֹ֥א
יָצְאָ֖ה מִמֶּ֑נָּה לִנְתָחֶ֤יהָ לִנְתָחֶ֙יהָ֙ הוֹצִיאָ֔הּ לֹא־נָפַ֥ל עָלֶ֖יהָ גּוֹרָֽל׃
כִּ֤י דָמָהּ֙ בְּתוֹכָ֣הּ הָיָ֔ה עַל־צְחִ֥יחַ סֶ֖לַע שָׂמָ֑תְהוּ לֹ֤א שְׁפָכַ֙תְהוּ֙ ז
עַל־הָאָ֔רֶץ לְכַסּ֥וֹת עָלָ֖יו עָפָֽר׃ לְהַעֲל֤וֹת חֵמָה֙ לִנְקֹ֣ם נָקָ֔ם נָתַ֥תִּי ח
אֶת־דָּמָ֖הּ עַל־צְחִ֣יחַ סָ֑לַע לְבִלְתִּ֖י הִכָּסֽוֹת׃ לָכֵ֗ן ט
כֹּ֤ה אָמַר֙ אֲדֹנָ֣י יֱהוִ֔ה א֖וֹי עִ֣יר הַדָּמִ֑ים גַּם־אֲנִ֖י אַגְדִּ֥יל הַמְּדוּרָֽה׃
הַרְבֵּ֤ה הָעֵצִים֙ הַדְלֵ֣ק הָאֵ֔שׁ הָתֵ֖ם הַבָּשָׂ֑ר וְהַרְקַח֙ הַמֶּרְקָחָ֔ה י
וְהָעֲצָמ֖וֹת יֵחָֽרוּ׃ וְהַעֲמִידֶ֥הָ עַל־גֶּחָלֶ֖יהָ רֵקָ֑ה לְמַ֨עַן תֵּחַ֜ם וְחָ֣רָה יא
נְחֻשְׁתָּ֗הּ וְנִתְּכָ֤ה בְתוֹכָהּ֙ טֻמְאָתָ֔הּ תִּתֹּ֖ם חֶלְאָתָֽהּ׃ תְּאֻנִ֖ים יב
הֶלְאָ֑ת וְלֹֽא־תֵצֵ֨א מִמֶּ֜נָּה רַבַּ֣ת חֶלְאָתָ֗הּ בְּאֵ֖שׁ חֶלְאָתָֽהּ׃
בְּטֻמְאָתֵ֖ךְ זִמָּ֑ה יַ֤עַן טִהַרְתִּיךְ֙ וְלֹ֣א טָהַ֔רְתְּ מִטֻּמְאָתֵךְ֙ לֹ֣א יג
תִטְהֲרִי־ע֔וֹד עַד־הֲנִיחִ֥י אֶת־חֲמָתִ֖י בָּֽךְ׃ אֲנִ֨י יְהוָ֤ה דִּבַּ֙רְתִּי֙ יד
בָּאָ֣ה וְעָשִׂ֔יתִי לֹֽא־אֶפְרַ֥ע וְלֹֽא־אָח֖וּס וְלֹ֣א אֶנָּחֵ֑ם כִּדְרָכַ֤יִךְ
וְכַעֲלִילוֹתַ֙יִךְ֙ שְׁפָט֔וּךְ נְאֻ֖ם אֲדֹנָ֥י יֱהוִֽה׃ וַיְהִ֥י טו
דְבַר־יְהוָ֖ה אֵלַ֥י לֵאמֹֽר׃ בֶּן־אָדָ֗ם הִנְנִ֨י לֹקֵ֧חַ מִמְּךָ֛ אֶת־מַחְמַ֥ד טז
עֵינֶ֖יךָ בְּמַגֵּפָ֑ה וְלֹ֤א תִסְפֹּד֙ וְלֹ֣א תִבְכֶּ֔ה וְל֥וֹא תָב֖וֹא דִּמְעָתֶֽךָ׃
הֵאָנֵ֣ק ׀ דֹּ֗ם מֵתִים֙ אֵ֣בֶל לֹֽא־תַעֲשֶׂ֔ה פְּאֵֽרְךָ֙ חֲב֣וֹשׁ עָלֶ֔יךָ וּנְעָלֶ֖יךָ יז
תָּשִׂ֣ים בְּרַגְלֶ֑יךָ וְלֹ֤א תַעְטֶה֙ עַל־שָׂפָ֔ם וְלֶ֥חֶם אֲנָשִׁ֖ים לֹ֥א תֹאכֵֽל׃
וָאֲדַבֵּ֤ר אֶל־הָעָם֙ בַּבֹּ֔קֶר וַתָּ֥מָת אִשְׁתִּ֖י בָּעָ֑רֶב וָאַ֥עַשׂ בַּבֹּ֖קֶר יח
כַּאֲשֶׁ֥ר צֻוֵּֽיתִי׃ וַיֹּאמְר֥וּ אֵלַ֖י הָעָ֑ם הֲלֹֽא־תַגִּ֥יד לָ֙נוּ֙ מָה־אֵ֣לֶּה לָּ֔נוּ יט
כִּ֥י אַתָּ֖ה עֹשֶֽׂה׃ וָאֹמַ֖ר אֲלֵיהֶ֑ם דְּבַר־יְהוָ֔ה הָיָ֥ה אֵלַ֖י לֵאמֹֽר׃ כ
אֱמֹ֣ר ׀ לְבֵ֣ית יִשְׂרָאֵ֗ל כֹּֽה־אָמַר֮ אֲדֹנָ֣י יֱהוִה֒ הִנְנִ֨י מְחַלֵּ֤ל אֶת־ כא
מִקְדָּשִׁי֙ גְּא֣וֹן עֻזְּכֶ֔ם מַחְמַ֥ד עֵינֵיכֶ֖ם וּמַחְמַ֣ל נַפְשְׁכֶ֑ם וּבְנֵיכֶ֧ם
וּבְנֽוֹתֵיכֶ֛ם אֲשֶׁ֥ר עֲזַבְתֶּ֖ם בַּחֶ֥רֶב יִפֹּֽלוּ׃ וַעֲשִׂיתֶ֖ם כַּאֲשֶׁ֣ר עָשִׂ֑יתִי כב
עַל־שָׂפָם֙ לֹ֣א תַעְט֔וּ וְלֶ֥חֶם אֲנָשִׁ֖ים לֹ֥א תֹאכֵֽלוּ׃ וּפְאֵרֵכֶ֣ם עַל־ כג
רָֽאשֵׁיכֶ֗ם וְנַֽעֲלֵיכֶם֙ בְּרַגְלֵיכֶ֔ם לֹ֥א תִסְפְּד֖וּ וְלֹ֣א תִבְכּ֑וּ וּנְמַקֹּתֶם֙

כד בַּעֲוֺנֹתֵיכֶם וּנְהַמְתֶּם אִישׁ אֶל־אָחִיו׃ וְהָיָה יְחֶזְקֵאל לָכֶם טו
לְמוֹפֵת כְּכֹל אֲשֶׁר־עָשָׂה תַּעֲשׂוּ בְּבֹאָהּ וִידַעְתֶּם כִּי אֲנִי אֲדֹנָי
כה יֱהֹוִה׃ וְאַתָּה בֶן־אָדָם הֲלוֹא בְּיוֹם קַחְתִּי מֵהֶם
אֶת־מָעוּזָּם מְשׂוֹשׂ תִּפְאַרְתָּם אֶת־מַחְמַד עֵינֵיהֶם וְאֶת־מַשָּׂא
כו נַפְשָׁם בְּנֵיהֶם וּבְנוֹתֵיהֶם׃ בַּיּוֹם הַהוּא יָבוֹא הַפָּלִיט אֵלֶיךָ
כז לְהַשְׁמָעוּת אָזְנָיִם׃ בַּיּוֹם הַהוּא יִפָּתַח פִּיךָ אֶת־הַפָּלִיט
וּתְדַבֵּר וְלֹא תֵאָלֵם עוֹד וְהָיִיתָ לָהֶם לְמוֹפֵת וְיָדְעוּ כִּי־אֲנִי
כה א ב יְהוָה׃ וַיְהִי דְבַר־יְהוָה אֵלַי לֵאמֹר׃ בֶּן־אָדָם שִׂים
ג פָּנֶיךָ אֶל־בְּנֵי עַמּוֹן וְהִנָּבֵא עֲלֵיהֶם׃ וְאָמַרְתָּ לִבְנֵי עַמּוֹן שִׁמְעוּ
דְּבַר־אֲדֹנָי יֱהֹוִה כֹּה־אָמַר אֲדֹנָי יֱהֹוִה יַעַן אָמְרֵךְ הֶאָח אֶל־
מִקְדָּשִׁי כִי־נִחָל וְאֶל־אַדְמַת יִשְׂרָאֵל כִּי נָשַׁמָּה וְאֶל־בֵּית
ד יְהוּדָה כִּי הָלְכוּ בַּגּוֹלָה׃ לָכֵן הִנְנִי נֹתְנָךְ לִבְנֵי־קֶדֶם לְמוֹרָשָׁה
וְיִשְּׁבוּ טִירוֹתֵיהֶם בָּךְ וְנָתְנוּ בָךְ מִשְׁכְּנֵיהֶם הֵמָּה יֹאכְלוּ פִרְיֵךְ
ה וְהֵמָּה יִשְׁתּוּ חֲלָבֵךְ׃ וְנָתַתִּי אֶת־רַבָּה לִנְוֵה גְמַלִּים וְאֶת־בְּנֵי
ו עַמּוֹן לְמִרְבַּץ־צֹאן וִידַעְתֶּם כִּי־אֲנִי יְהוָה׃ כִּי כֹה
אָמַר אֲדֹנָי יֱהֹוִה יַעַן מַחְאֲךָ יָד וְרַקַּעֲךָ בְּרָגֶל וַתִּשְׂמַח בְּכָל־
ז שָׁאטְךָ בְּנֶפֶשׁ אֶל־אַדְמַת יִשְׂרָאֵל׃ לָכֵן הִנְנִי נָטִיתִי אֶת־יָדִי
עָלֶיךָ וּנְתַתִּיךָ לבג לַגּוֹיִם וְהִכְרַתִּיךָ מִן־הָעַמִּים וְהַאֲבַדְתִּיךָ מִן־ לְבַז
ח הָאֲרָצוֹת אַשְׁמִידְךָ וְיָדַעְתָּ כִּי־אֲנִי יְהוָה׃ כֹּה
אָמַר אֲדֹנָי יֱהֹוִה יַעַן אֲמֹר מוֹאָב וְשֵׂעִיר הִנֵּה כְּכָל־הַגּוֹיִם בֵּית
ט יְהוּדָה׃ לָכֵן הִנְנִי פֹתֵחַ אֶת־כֶּתֶף מוֹאָב מֵהֶעָרִים מֵעָרָיו
י מִקָּצֵהוּ צְבִי אֶרֶץ בֵּית הַיְשִׁימוֹת בַּעַל מְעוֹן וקריתמה׃ לִבְנֵי־ וְקִרְיָתָיְמָה
קֶדֶם עַל־בְּנֵי עַמּוֹן וּנְתַתִּיהָ לְמוֹרָשָׁה לְמַעַן לֹא־תִזָּכֵר
יא בְּנֵי־עַמּוֹן בַּגּוֹיִם׃ וּבְמוֹאָב אֶעֱשֶׂה שְׁפָטִים וְיָדְעוּ כִּי־אֲנִי
יב יְהוָה׃ כֹּה אָמַר אֲדֹנָי יֱהֹוִה יַעַן עֲשׂוֹת אֱדוֹם
יג בִּנְקֹם נָקָם לְבֵית יְהוּדָה וַיֶּאְשְׁמוּ אָשׁוֹם וְנִקְּמוּ בָהֶם׃ לָכֵן כֹּה
אָמַר אֲדֹנָי יֱהֹוִה וְנָטִתִי יָדִי עַל־אֱדוֹם וְהִכְרַתִּי מִמֶּנָּה אָדָם

וּבְהֵמָה וּנְתַתִּיהָ חָרְבָּה מִתֵּימָן וּדְדָנֶה בַּחֶרֶב יִפֹּלוּ: וְנָתַתִּי אֶת־ יד
נִקְמָתִי בֶּאֱדוֹם בְּיַד עַמִּי יִשְׂרָאֵל וְעָשׂוּ בֶאֱדוֹם כְּאַפִּי וְכַחֲמָתִי
וְיָדְעוּ אֶת־נִקְמָתִי נְאֻם אֲדֹנָי יֱהֹוִה: כֹּה אָמַר טו
אֲדֹנָי יֱהֹוִה יַעַן עֲשׂוֹת פְּלִשְׁתִּים בִּנְקָמָה וַיִּנָּקְמוּ נָקָם בִּשְׁאָט
בְּנֶפֶשׁ לְמַשְׁחִית אֵיבַת עוֹלָם: לָכֵן כֹּה אָמַר אֲדֹנָי יֱהֹוִה הִנְנִי טז
נוֹטֶה יָדִי עַל־פְּלִשְׁתִּים וְהִכְרַתִּי אֶת־כְּרֵתִים וְהַאֲבַדְתִּי אֶת־
שְׁאֵרִית חוֹף הַיָּם: וְעָשִׂיתִי בָם נְקָמוֹת גְּדֹלוֹת בְּתוֹכְחוֹת חֵמָה יז
וְיָדְעוּ כִּי־אֲנִי יְהוָה בְּתִתִּי אֶת־נִקְמָתִי בָּם:
וַיְהִי בְּעַשְׁתֵּי־עֶשְׂרֵה שָׁנָה בְּאֶחָד לַחֹדֶשׁ הָיָה דְבַר־יְהוָה אֵלַי א כו
לֵאמֹר: בֶּן־אָדָם יַעַן אֲשֶׁר־אָמְרָה צֹּר עַל־יְרוּשָׁלִַם הֶאָח ב
נִשְׁבְּרָה דַּלְתוֹת הָעַמִּים נָסֵבָּה אֵלָי אִמָּלְאָה הָחֳרָבָה: לָכֵן כֹּה ג
אָמַר אֲדֹנָי יֱהֹוִה הִנְנִי עָלַיִךְ צֹר וְהַעֲלֵיתִי עָלַיִךְ גּוֹיִם רַבִּים
כְּהַעֲלוֹת הַיָּם לְגַלָּיו: וְשִׁחֲתוּ חֹמוֹת צֹר וְהָרְסוּ מִגְדָּלֶיהָ וְסִחֵיתִי ד
עֲפָרָהּ מִמֶּנָּה וְנָתַתִּי אוֹתָהּ לִצְחִיחַ סָלַע: מִשְׁטַח חֲרָמִים ה
תִּהְיֶה בְּתוֹךְ הַיָּם כִּי אֲנִי דִבַּרְתִּי נְאֻם אֲדֹנָי יֱהֹוִה וְהָיְתָה לְבַז
לַגּוֹיִם: וּבְנוֹתֶיהָ אֲשֶׁר בַּשָּׂדֶה בַּחֶרֶב תֵּהָרַגְנָה וְיָדְעוּ כִּי־אֲנִי ו
יְהוָה: כִּי כֹה אָמַר אֲדֹנָי יֱהֹוִה הִנְנִי מֵבִיא אֶל־ ז
צֹר נְבוּכַדְרֶאצַּר מֶלֶךְ־בָּבֶל מִצָּפוֹן מֶלֶךְ מְלָכִים בְּסוּס וּבְרֶכֶב
וּבְפָרָשִׁים וְקָהָל וְעַם־רָב: בְּנוֹתַיִךְ בַּשָּׂדֶה בַּחֶרֶב יַהֲרֹג וְנָתַן ח
עָלַיִךְ דָּיֵק וְשָׁפַךְ עָלַיִךְ סֹלְלָה וְהֵקִים עָלַיִךְ צִנָּה: וּמְחִי קָבָלּוֹ ט
יִתֵּן בְּחֹמוֹתָיִךְ וּמִגְדְּלֹתַיִךְ יִתֹּץ בְּחַרְבוֹתָיו: מִשִּׁפְעַת סוּסָיו י
יְכַסֵּךְ אֲבָקָם מִקּוֹל פָּרַשׁ וְגַלְגַּל וָרֶכֶב תִּרְעַשְׁנָה חוֹמוֹתַיִךְ
בְּבֹאוֹ בִּשְׁעָרַיִךְ כִּמְבוֹאֵי עִיר מְבֻקָּעָה: בְּפַרְסוֹת סוּסָיו יִרְמֹס יא
אֶת־כָּל־חוּצוֹתָיִךְ עַמֵּךְ בַּחֶרֶב יַהֲרֹג וּמַצְּבוֹת עֻזֵּךְ לָאָרֶץ תֵּרֵד:
וְשָׁלְלוּ חֵילֵךְ וּבָזְזוּ רְכֻלָּתֵךְ וְהָרְסוּ חוֹמוֹתַיִךְ וּבָתֵּי חֶמְדָּתֵךְ יִתֹּצוּ יב
וַאֲבָנַיִךְ וְעֵצַיִךְ וַעֲפָרֵךְ בְּתוֹךְ מַיִם יָשִׂימוּ: וְהִשְׁבַּתִּי הֲמוֹן שִׁירָיִךְ יג
וְקוֹל כִּנּוֹרַיִךְ לֹא יִשָּׁמַע עוֹד: וּנְתַתִּיךְ לִצְחִיחַ סֶלַע מִשְׁטַח יד

חרמים תהיה לא תבנה עוד כי אני יהוה דברתי נאם אדני
טו יהוה: כה אמר אדני יהוה לצור הלא | מקול
טז מפלתך באנק חלל בהרג הרג בתוכך ירעשו האיים: וירדו
מעל כסאותם כל נשיאי הים והסירו את־מעיליהם ואת־
בגדי רקמתם יפשטו חרדות | ילבשו על־הארץ ישבו
יז וחרדו לרגעים ושממו עליך: ונשאו עליך קינה ואמרו לך
איך אבדת נושבת מימים העיר ההללה אשר היתה
חזקה בים היא וישביה אשר־נתנו חתיתם לכל־יושביה:
יח עתה יחרדו האין יום מפלתך ונבהלו האיים אשר־בים
יט מצאתך: כי כה אמר אדני יהוה בתתי אתך
עיר נחרבת כערים אשר לא־נושבו בהעלות עליך את־תהום
כ וכסוך המים הרבים: והורדתיך את־יורדי בור אל־עם עולם טז
והושבתיך בארץ תחתיות כחרבות מעולם את־יורדי
כא בור למען לא תשבי ונתתי צבי בארץ חיים: בלהות
אתנך ואינך ותבקשי ולא־תמצאי עוד לעולם נאם אדני
כז א ב יהוה: ויהי דבר־יהוה אלי לאמר: ואתה בן־
ג אדם שא על־צר קינה: ואמרת לצור הישבתי על־מבואת ים הישבת
רכלת העמים אל־איים רבים כה אמר אדני יהוה צור את
ד אמרת אני כלילת יפי: בלב ימים גבוליך בניך כללו יפיך:
ה ברושים משניר בנו לך את כל־לחתים ארז מלבנון לקחו
ו לעשות תרן עליך: אלונים מבשן עשו משוטיך קרשך עשו־
ז שן בת־אשרים מאיי כתים: שש ברקמה ממצרים היה
מפרשך להיות לך לנס תכלת וארגמן מאיי אלישה היה
ח מכסך: ישבי צידון וארוד היו שטים לך חכמיך צור היו בך
ט המה חבליך: זקני גבל וחכמיה היו בך מחזיקי בדקך כל־
י אניות הים ומלחיהם היו בך לערב מערבך: פרס ולוד ופוט
היו בחילך אנשי מלחמתך מגן וכובע תלו־בך המה נתנו

יא הדרך: בני ארוד וחילך על־חומותיך סביב וגמדים
במגדלותיך היו שלטיהם תלו על־חומותיך סביב המה
יב כללו יפיך: תרשיש סחרתך מרב כל־הון בכסף ברזל בדיל
יג ועופרת נתנו עזבוניך: יון תבל ומשך המה רכליך בנפש
יד אדם וכלי נחשת נתנו מערבך: מבית תוגרמה סוסים ופרשים
טו ופרדים נתנו עזבוניך: בני דדן רכליך איים רבים סחרת ידך
טז קרנות שן והובנים השיבו אשכרך: ארם סחרתך מרב — והבנים
מעשיך בנפך ארגמן ורקמה ובוץ וראמת וכדכד נתנו
יז בעזבוניך: יהודה וארץ ישראל המה רכליך בחטי מנית ופנג
יח ודבש ושמן וצרי נתנו מערבך: דמשק סחרתך ברב מעשיך
יט מרב כל־הון ביין חלבון וצמר צחר: ודן ויון מאוזל בעזבוניך
כ נתנו ברזל עשות קדה וקנה במערבך היה: דדן רכלתך
כא בבגדי־חפש לרכבה: ערב וכל־נשיאי קדר המה סחרי ידך
כב בכרים ואילם ועתודים בם סחריך: רכלי שבא ורעמה המה
רכליך בראש כל־בשם ובכל־אבן יקרה וזהב נתנו עזבוניך:
כג כד חרן וכנה ועדן רכלי שבא אשור כלמד רכלתך: המה רכליך
במכללים בגלומי תכלת ורקמה ובגנזי ברמים בחבלים
כה חבשים וארזים במרכלתך: אניות תרשיש שרותיך מערבך
כו ותמלאי ותכבדי מאד בלב ימים: במים רבים הבאוך השטים
כז אותך רוח הקדים שברך בלב ימים: הונך ועזבוניך מערבך
מלחיך וחבליך מחזיקי בדקך וערבי מערבך וכל־אנשי
מלחמתך אשר־בך ובכל־קהלך אשר בתוכך יפלו בלב
כח ימים ביום מפלתך: לקול זעקת חבליך ירעשו מגרשות:
כט וירדו מאניותיהם כל תפשי משוט מלחים כל חבלי הים אל־
ל הארץ יעמדו: והשמיעו עליך בקולם ויזעקו מרה ויעלו עפר
לא על־ראשיהם באפר יתפלשו: והקריחו אליך קרחה וחגרו
לב שקים ובכו אליך במר־נפש מספד מר: ונשאו אליך בניהם

לג קִינָה וְקוֹנְנוּ עָלַיִךְ מִי כְצוֹר כְּדֻמָה בְּתוֹךְ הַיָּם׃ בְּצֵאת עִזְבוֹנַיִךְ
מִיַּמִּים הִשְׂבַּעַתְּ עַמִּים רַבִּים בְּרֹב הוֹנַיִךְ וּמַעֲרָבַיִךְ הֶעֱשַׁרְתְּ
לד מַלְכֵי־אָרֶץ׃ עֵת נִשְׁבֶּרֶת מִיַּמִּים בְּמַעֲמַקֵּי־מָיִם מַעֲרָבֵךְ וְכָל־
לה קְהָלֵךְ בְּתוֹכֵךְ נָפָלוּ׃ כֹּל יֹשְׁבֵי הָאִיִּים שָׁמְמוּ עָלָיִךְ וּמַלְכֵיהֶם
לו שָׂעֲרוּ שַׂעַר רָעֲמוּ פָּנִים׃ סֹחֲרִים בָּעַמִּים שָׁרְקוּ עָלָיִךְ בַּלָּהוֹת
כח א הָיִית וְאֵינֵךְ עַד־עוֹלָם׃ וַיְהִי דְבַר־יְהוָה אֵלַי לֵאמֹר׃
ב בֶּן־אָדָם אֱמֹר לִנְגִיד צֹר כֹּה־אָמַר ׀ אֲדֹנָי יֱהֹוִה יַעַן גָּבַהּ
לִבְּךָ וַתֹּאמֶר אֵל אָנִי מוֹשַׁב אֱלֹהִים יָשַׁבְתִּי בְּלֵב יַמִּים וְאַתָּה
ג אָדָם וְלֹא־אֵל וַתִּתֵּן לִבְּךָ כְּלֵב אֱלֹהִים׃ הִנֵּה חָכָם אַתָּה מִדנאל מִדָּנִיֵּאל
ד כָּל־סָתוּם לֹא עֲמָמוּךָ׃ בְּחָכְמָתְךָ וּבִתְבוּנָתְךָ עָשִׂיתָ לְּךָ חָיִל
ה וַתַּעַשׂ זָהָב וָכֶסֶף בְּאוֹצְרוֹתֶיךָ׃ בְּרֹב חָכְמָתְךָ בִּרְכֻלָּתְךָ הִרְבִּיתָ
ו חֵילֶךָ וַיִּגְבַּהּ לְבָבְךָ בְּחֵילֶךָ׃ לָכֵן כֹּה אָמַר אֲדֹנָי יֱהֹוִה
ז יַעַן תִּתְּךָ אֶת־לְבָבְךָ כְּלֵב אֱלֹהִים׃ לָכֵן הִנְנִי מֵבִיא עָלֶיךָ זָרִים
עָרִיצֵי גּוֹיִם וְהֵרִיקוּ חַרְבוֹתָם עַל־יְפִי חָכְמָתֶךָ וְחִלְּלוּ יִפְעָתֶךָ׃
ח ט לַשַּׁחַת יוֹרִדוּךָ וָמַתָּה מְמוֹתֵי חָלָל בְּלֵב יַמִּים׃ הֶאָמֹר תֹּאמַר
אֱלֹהִים אָנִי לִפְנֵי הֹרְגֶךָ וְאַתָּה אָדָם וְלֹא־אֵל בְּיַד מְחַלְלֶיךָ׃
י מוֹתֵי עֲרֵלִים תָּמוּת בְּיַד זָרִים כִּי אֲנִי דִבַּרְתִּי נְאֻם אֲדֹנָי
יא יב יֱהֹוִה׃ וַיְהִי דְבַר־יְהוָה אֵלַי לֵאמֹר׃ בֶּן־אָדָם שָׂא
קִינָה עַל־מֶלֶךְ צוֹר וְאָמַרְתָּ לּוֹ כֹּה אָמַר אֲדֹנָי יֱהֹוִה אַתָּה חוֹתֵם
יג תָּכְנִית מָלֵא חָכְמָה וּכְלִיל יֹפִי׃ בְּעֵדֶן גַּן־אֱלֹהִים הָיִיתָ כָּל־אֶבֶן יז
יְקָרָה מְסֻכָתֶךָ אֹדֶם פִּטְדָה וְיָהֲלֹם תַּרְשִׁישׁ שֹׁהַם וְיָשְׁפֵה סַפִּיר
נֹפֶךְ וּבָרְקַת וְזָהָב מְלֶאכֶת תֻּפֶּיךָ וּנְקָבֶיךָ בָּךְ בְּיוֹם הִבָּרַאֲךָ
יד כּוֹנָנוּ׃ אַתְּ־כְּרוּב מִמְשַׁח הַסּוֹכֵךְ וּנְתַתִּיךָ בְּהַר קֹדֶשׁ אֱלֹהִים
טו הָיִיתָ בְּתוֹךְ אַבְנֵי־אֵשׁ הִתְהַלָּכְתָּ׃ תָּמִים אַתָּה בִּדְרָכֶיךָ מִיּוֹם
טז הִבָּרְאָךְ עַד־נִמְצָא עַוְלָתָה בָּךְ׃ בְּרֹב רְכֻלָּתְךָ מָלוּ תוֹכְךָ חָמָס
וַתֶּחֱטָא וָאֲחַלֶּלְךָ מֵהַר אֱלֹהִים וָאַבֶּדְךָ כְּרוּב הַסֹּכֵךְ מִתּוֹךְ
יז אַבְנֵי־אֵשׁ׃ גָּבַהּ לִבְּךָ בְּיָפְיֶךָ שִׁחַתָּ חָכְמָתְךָ עַל־יִפְעָתֶךָ עַל־

אֶרֶץ הִשְׁלַכְתִּיךָ לִפְנֵי מְלָכִים נְתַתִּיךָ לְרַאֲוָה בָךְ׃ מֵרֹב יח
עֲוֺנֶיךָ בְּעֶוֶל רְכֻלָּתְךָ חִלַּלְתָּ מִקְדָּשֶׁיךָ וָאוֹצִא־אֵשׁ מִתּוֹכְךָ
הִיא אֲכָלַתְךָ וָאֶתֶּנְךָ לְאֵפֶר עַל־הָאָרֶץ לְעֵינֵי כָּל־רֹאֶיךָ׃
כָּל־יוֹדְעֶיךָ בָּעַמִּים שָׁמְמוּ עָלֶיךָ בַּלָּהוֹת הָיִיתָ וְאֵינְךָ עַד־ יט
עוֹלָם׃ וַיְהִי דְבַר־יְהוָה אֵלַי לֵאמֹר׃ בֶּן־אָדָם כ כא
שִׂים פָּנֶיךָ אֶל־צִידוֹן וְהִנָּבֵא עָלֶיהָ׃ וְאָמַרְתָּ כֹּה אָמַר אֲדֹנָי כב
יֱהוִה הִנְנִי עָלַיִךְ צִידוֹן וְנִכְבַּדְתִּי בְּתוֹכֵךְ וְיָדְעוּ כִּי־אֲנִי יְהוָה
בַּעֲשׂוֹתִי בָהּ שְׁפָטִים וְנִקְדַּשְׁתִּי בָהּ׃ וְשִׁלַּחְתִּי־בָהּ דֶּבֶר וָדָם כג
בְּחוּצוֹתֶיהָ וְנִפְלַל חָלָל בְּתוֹכָהּ בְּחֶרֶב עָלֶיהָ מִסָּבִיב וְיָדְעוּ
כִּי־אֲנִי יְהוָה׃ וְלֹא־יִהְיֶה עוֹד לְבֵית יִשְׂרָאֵל סִלּוֹן מַמְאִיר כד
וְקוֹץ מַכְאִב מִכֹּל סְבִיבֹתָם הַשָּׁאטִים אוֹתָם וְיָדְעוּ כִּי אֲנִי אֲדֹנָי
יֱהוִה׃ כֹּה־אָמַר אֲדֹנָי יֱהוִה בְּקַבְּצִי ׀ אֶת־בֵּית כה
יִשְׂרָאֵל מִן־הָעַמִּים אֲשֶׁר נָפֹצוּ בָם וְנִקְדַּשְׁתִּי בָם לְעֵינֵי הַגּוֹיִם
וְיָשְׁבוּ עַל־אַדְמָתָם אֲשֶׁר נָתַתִּי לְעַבְדִּי לְיַעֲקֹב׃ וְיָשְׁבוּ עָלֶיהָ כו
לָבֶטַח וּבָנוּ בָתִּים וְנָטְעוּ כְרָמִים וְיָשְׁבוּ לָבֶטַח בַּעֲשׂוֹתִי
שְׁפָטִים בְּכֹל הַשָּׁאטִים אֹתָם מִסְּבִיבוֹתָם וְיָדְעוּ כִּי אֲנִי יְהוָה
אֱלֹהֵיהֶם׃ בַּשָּׁנָה הָעֲשִׂרִית בָּעֲשִׂרִי בִּשְׁנֵים עָשָׂר א כט
לַחֹדֶשׁ הָיָה דְבַר־יְהוָה אֵלַי לֵאמֹר׃ בֶּן־אָדָם שִׂים פָּנֶיךָ עַל־ ב
פַּרְעֹה מֶלֶךְ מִצְרָיִם וְהִנָּבֵא עָלָיו וְעַל־מִצְרַיִם כֻּלָּהּ׃ דַּבֵּר ג
וְאָמַרְתָּ כֹּה־אָמַר ׀ אֲדֹנָי יֱהוִה הִנְנִי עָלֶיךָ פַּרְעֹה מֶלֶךְ־מִצְרַיִם
הַתַּנִּים הַגָּדוֹל הָרֹבֵץ בְּתוֹךְ יְאֹרָיו אֲשֶׁר אָמַר לִי יְאֹרִי וַאֲנִי
חַחִים עֲשִׂיתִנִי׃ וְנָתַתִּי חחיים בִּלְחָיֶיךָ וְהִדְבַּקְתִּי דְגַת־יְאֹרֶיךָ ד
בְּקַשְׂקְשֹׂתֶיךָ וְהַעֲלִיתִיךָ מִתּוֹךְ יְאֹרֶיךָ וְאֵת כָּל־דְּגַת יְאֹרֶיךָ
בְּקַשְׂקְשֹׂתֶיךָ תִּדְבָּק׃ וּנְטַשְׁתִּיךָ הַמִּדְבָּרָה אוֹתְךָ וְאֵת כָּל־דְּגַת ה
יְאֹרֶיךָ עַל־פְּנֵי הַשָּׂדֶה תִּפּוֹל לֹא תֵאָסֵף וְלֹא תִקָּבֵץ לְחַיַּת
הָאָרֶץ וּלְעוֹף הַשָּׁמַיִם נְתַתִּיךָ לְאָכְלָה׃ וְיָדְעוּ כָּל־יֹשְׁבֵי מִצְרַיִם ו
כִּי אֲנִי יְהוָה יַעַן הֱיוֹתָם מִשְׁעֶנֶת קָנֶה לְבֵית יִשְׂרָאֵל׃ בְּתָפְשָׂם ז

בְּךָ בכפך תֵּרוֹץ וּבָקַעְתָּ לָהֶם כָּל־כָּתֵף וּבְהִשָּׁעֲנָם עָלֶיךָ תִּשָּׁבֵר בַּכַּף
ח וְהַעֲמַדְתָּ לָהֶם כָּל־מָתְנָיִם׃ לָכֵן כֹּה אָמַר אֲדֹנָי
יֱהֹוִה הִנְנִי מֵבִיא עָלַיִךְ חָרֶב וְהִכְרַתִּי מִמֵּךְ אָדָם וּבְהֵמָה׃
ט וְהָיְתָה אֶרֶץ־מִצְרַיִם לִשְׁמָמָה וְחָרְבָּה וְיָדְעוּ כִּי־אֲנִי יְהוָה יַעַן
י אָמַר יְאֹר לִי וַאֲנִי עָשִׂיתִי׃ לָכֵן הִנְנִי אֵלֶיךָ וְאֶל־יְאֹרֶיךָ וְנָתַתִּי
אֶת־אֶרֶץ מִצְרַיִם לְחָרְבוֹת חֹרֶב שְׁמָמָה מִמִּגְדֹּל סְוֵנֵה וְעַד־
יא גְּבוּל כּוּשׁ׃ לֹא תַעֲבָר־בָּהּ רֶגֶל אָדָם וְרֶגֶל בְּהֵמָה לֹא תַעֲבָר־
יב בָּהּ וְלֹא תֵשֵׁב אַרְבָּעִים שָׁנָה׃ וְנָתַתִּי אֶת־אֶרֶץ מִצְרַיִם שְׁמָמָה
בְּתוֹךְ ׀ אֲרָצוֹת נְשַׁמּוֹת וְעָרֶיהָ בְּתוֹךְ עָרִים מָחֳרָבוֹת תִּהְיֶיןָ
שְׁמָמָה אַרְבָּעִים שָׁנָה וַהֲפִצֹתִי אֶת־מִצְרַיִם בַּגּוֹיִם וְזֵרִיתִים
יג בָּאֲרָצוֹת׃ כִּי כֹּה אָמַר אֲדֹנָי יֱהֹוִה מִקֵּץ אַרְבָּעִים
יד שָׁנָה אֲקַבֵּץ אֶת־מִצְרַיִם מִן־הָעַמִּים אֲשֶׁר־נָפֹצוּ שָׁמָּה׃ וְשַׁבְתִּי
אֶת־שְׁבוּת מִצְרַיִם וַהֲשִׁבֹתִי אֹתָם אֶרֶץ פַּתְרוֹס עַל־אֶרֶץ
טו מְכוּרָתָם וְהָיוּ שָׁם מַמְלָכָה שְׁפָלָה׃ מִן־הַמַּמְלָכוֹת תִּהְיֶה
שְׁפָלָה וְלֹא־תִתְנַשֵּׂא עוֹד עַל־הַגּוֹיִם וְהִמְעַטְתִּים לְבִלְתִּי רְדוֹת
טז בַּגּוֹיִם׃ וְלֹא יִהְיֶה־עוֹד לְבֵית יִשְׂרָאֵל לְמִבְטָח מַזְכִּיר עָוֺן
יז בִּפְנוֹתָם אַחֲרֵיהֶם וְיָדְעוּ כִּי אֲנִי אֲדֹנָי יֱהֹוִה׃ וַיְהִי
בְּעֶשְׂרִים וָשֶׁבַע שָׁנָה בָּרִאשׁוֹן בְּאֶחָד לַחֹדֶשׁ הָיָה דְבַר־יְהוָה
יח אֵלַי לֵאמֹר׃ בֶּן־אָדָם נְבוּכַדְרֶאצַּר מֶלֶךְ־בָּבֶל הֶעֱבִיד אֶת־
חֵילוֹ עֲבֹדָה גְדוֹלָה אֶל־צֹר כָּל־רֹאשׁ מֻקְרָח וְכָל־כָּתֵף מְרוּטָה
וְשָׂכָר לֹא־הָיָה לוֹ וּלְחֵילוֹ מִצֹּר עַל־הָעֲבֹדָה אֲשֶׁר־עָבַד
יט עָלֶיהָ׃ לָכֵן כֹּה אָמַר אֲדֹנָי יֱהֹוִה הִנְנִי נֹתֵן
לִנְבוּכַדְרֶאצַּר מֶלֶךְ־בָּבֶל אֶת־אֶרֶץ מִצְרָיִם וְנָשָׂא הֲמֹנָהּ וְשָׁלַל
כ שְׁלָלָהּ וּבָזַז בִּזָּהּ וְהָיְתָה שָׂכָר לְחֵילוֹ׃ פְּעֻלָּתוֹ אֲשֶׁר־עָבַד בָּהּ
כא נָתַתִּי לוֹ אֶת־אֶרֶץ מִצְרָיִם אֲשֶׁר עָשׂוּ לִי נְאֻם אֲדֹנָי יֱהֹוִה׃ בַּיּוֹם יח
הַהוּא אַצְמִיחַ קֶרֶן לְבֵית יִשְׂרָאֵל וּלְךָ אֶתֵּן פִּתְחוֹן־פֶּה בְּתוֹכָם
ל א וְיָדְעוּ כִּי־אֲנִי יְהוָה׃ וַיְהִי דְבַר־יְהוָה אֵלַי לֵאמֹר׃

ל

בן־אדם הנבא ואמרת כה אמר אדני יהוה הילילו הה ליום: ב
כי־קרוב יום וקרוב יום ליהוה יום ענן עת גוים יהיה: ובאה ג ד
חרב במצרים והיתה חלחלה בכוש בנפל חלל במצרים
ולקחו המונה ונהרסו יסודתיה: כוש ופוט ולוד וכל־הערב ה
וכוב ובני ארץ הברית אתם בחרב יפלו: כה ו
אמר יהוה ונפלו סמכי מצרים וירד גאון עזה ממגדל סונה
בחרב יפלו־בה נאם אדני יהוה: ונשמו בתוך ארצות נשמות ז
ועריו בתוך־ערים נחרבות תהיינה: וידעו כי־אני יהוה בתתי־ ח
אש במצרים ונשברו כל־עזריה: ביום ההוא יצאו מלאכים ט
מלפני בצים להחריד את־כוש בטח והיתה חלחלה בהם
ביום מצרים כי הנה באה: כה אמר אדני יהוה י
והשבתי את־המון מצרים ביד נבוכדראצר מלך־בבל: הוא יא
ועמו אתו עריצי גוים מובאים לשחת הארץ והריקו חרבותם
על־מצרים ומלאו את־הארץ חלל: ונתתי יארים חרבה יב
ומכרתי את־הארץ ביד־רעים והשמתי ארץ ומלאה ביד־
זרים אני יהוה דברתי: כה־אמר אדני יהוה יג
והאבדתי גלולים והשבתי אלילים מנף ונשיא מארץ־מצרים
לא יהיה־עוד ונתתי יראה בארץ מצרים: והשמתי את־ יד
פתרוס ונתתי אש בצען ועשיתי שפטים בנא: ושפכתי חמתי טו
על־סין מעוז מצרים והכרתי את־המון נא: ונתתי אש טז
תחול במצרים חול תחיל סין ונא תהיה להבקע ונף צרי יומם:
בחורי און ופי־בסת בחרב יפלו והנה בשבי תלכנה: יז
ובתחפנחס חשך היום בשברי־שם את־מטות מצרים יח
ונשבת־בה גאון עזה היא ענן יכסנה ובנותיה בשבי תלכנה:
ועשיתי שפטים במצרים וידעו כי־אני יהוה: ויהי יט כ
באחת עשרה שנה בראשון בשבעה לחדש היה דבר־
יהוה אלי לאמר: בן־אדם את־זרוע פרעה מלך־מצרים כא

שִׁבַרְתִּי וְהִנֵּה לֹא־חֻבְּשָׁה לָתֵת רְפֻאוֹת לָשׂוּם חִתּוּל לְחׇבְשָׁהּ
כב לְחׇזְקָהּ לִתְפֹּשׂ בֶּחָרֶב׃ לָכֵן כֹּה־אָמַר ׀ אֲדֹנָי יֱהֹוִה
הִנְנִי אֶל־פַּרְעֹה מֶלֶךְ־מִצְרַיִם וְשָׁבַרְתִּי אֶת־זְרֹעֹתָיו אֶת־
כג הַחֲזָקָה וְאֶת־הַנִּשְׁבָּרֶת וְהִפַּלְתִּי אֶת־הַחֶרֶב מִיָּדוֹ׃ וַהֲפִצוֹתִי
כד אֶת־מִצְרַיִם בַּגּוֹיִם וְזֵרִיתִם בָּאֲרָצוֹת׃ וְחִזַּקְתִּי אֶת־זְרֹעוֹת מֶלֶךְ
בָּבֶל וְנָתַתִּי אֶת־חַרְבִּי בְּיָדוֹ וְשָׁבַרְתִּי אֶת־זְרֹעוֹת פַּרְעֹה
כה וְנָאַק נַאֲקוֹת חָלָל לְפָנָיו׃ וְהַחֲזַקְתִּי אֶת־זְרֹעוֹת מֶלֶךְ בָּבֶל
וּזְרֹעוֹת פַּרְעֹה תִּפֹּלְנָה וְיָדְעוּ כִּי־אֲנִי יהוה בְּתִתִּי חַרְבִּי
כו בְּיַד מֶלֶךְ־בָּבֶל וְנָטָה אוֹתָהּ אֶל־אֶרֶץ מִצְרָיִם׃ וַהֲפִצוֹתִי
אֶת־מִצְרַיִם בַּגּוֹיִם וְזֵרִיתִי אוֹתָם בָּאֲרָצוֹת וְיָדְעוּ כִּי־אֲנִי
לא א יהוה׃ וַיְהִי בְּאַחַת עֶשְׂרֵה שָׁנָה בַּשְּׁלִישִׁי בְּאֶחָד
ב לַחֹדֶשׁ הָיָה דְבַר־יהוה אֵלַי לֵאמֹר׃ בֶּן־אָדָם אֱמֹר אֶל־פַּרְעֹה
ג מֶלֶךְ־מִצְרַיִם וְאֶל־הֲמוֹנוֹ אֶל־מִי דָּמִיתָ בְגׇדְלֶךָ׃ הִנֵּה אַשּׁוּר
אֶרֶז בַּלְּבָנוֹן יְפֵה עָנָף וְחֹרֶשׁ מֵצַל וּגְבַהּ קוֹמָה וּבֵין עֲבֹתִים
ד הָיְתָה צַמַּרְתּוֹ׃ מַיִם גִּדְּלוּהוּ תְּהוֹם רֹמְמָתְהוּ אֶת־נַהֲרֹתֶיהָ הֹלֵךְ
סְבִיבוֹת מַטָּעָהּ וְאֶת־תְּעָלֹתֶיהָ שִׁלְחָה אֶל כׇּל־עֲצֵי הַשָּׂדֶה׃
ה עַל־כֵּן גָּבְהָא קֹמָתוֹ מִכֹּל עֲצֵי הַשָּׂדֶה וַתִּרְבֶּינָה סַרְעַפֹּתָיו
ו וַתֶּאֱרַכְנָה פֹארֹתָו מִמַּיִם רַבִּים בְּשַׁלְּחוֹ׃ בִּסְעַפֹּתָיו קָנְנוּ כׇּל־
עוֹף הַשָּׁמַיִם וְתַחַת פֹּארֹתָיו יָלְדוּ כֹּל חַיַּת הַשָּׂדֶה וּבְצִלּוֹ יֵשְׁבוּ
ז כֹּל גּוֹיִם רַבִּים׃ וַיְּיף בְּגׇדְלוֹ בְּאֹרֶךְ דָּלִיּוֹתָיו כִּי־הָיָה שׇׁרְשׁוֹ אֶל־
ח מַיִם רַבִּים׃ אֲרָזִים לֹא־עֲמָמֻהוּ בְּגַן־אֱלֹהִים בְּרוֹשִׁים לֹא דָמוּ
אֶל־סְעַפֹּתָיו וְעַרְמֹנִים לֹא־הָיוּ כְּפֹארֹתָיו כׇּל־עֵץ בְּגַן־אֱלֹהִים
ט לֹא־דָמָה אֵלָיו בְּיׇפְיוֹ׃ יָפֶה עֲשִׂיתִיו בְּרֹב דָּלִיּוֹתָיו וַיְקַנְאֻהוּ כׇּל־
י עֲצֵי־עֵדֶן אֲשֶׁר בְּגַן הָאֱלֹהִים׃ לָכֵן כֹּה אָמַר
אֲדֹנָי יֱהֹוִה יַעַן אֲשֶׁר גָּבַהְתָּ בְּקוֹמָה וַיִּתֵּן צַמַּרְתּוֹ אֶל־בֵּין
יא עֲבוֹתִים וְרָם לְבָבוֹ בְּגׇבְהוֹ׃ וְאֶתְּנֵהוּ בְּיַד אֵיל גּוֹיִם עָשׂוֹ יַעֲשֶׂה
יב לוֹ כְּרִשְׁעוֹ גֵּרַשְׁתִּהוּ׃ וַיִּכְרְתֻהוּ זָרִים עָרִיצֵי גוֹיִם וַיִּטְּשֻׁהוּ אֶל־

הֶהָרִים וּבְכָל־גֵּאָיוֹת נָפְלוּ דָלִיּוֹתָיו וַתִּשָּׁבַרְנָה פֹארֹתָיו בְּכֹל־
אֲפִיקֵי הָאָרֶץ וַיֵּרְדוּ מִצִּלּוֹ כָּל־עַמֵּי הָאָרֶץ וַיִּטְּשֻׁהוּ׃ עַל־מַפַּלְתּוֹ יג
יִשְׁכְּנוּ כָּל־עוֹף הַשָּׁמָיִם וְאֶל־פֹּארֹתָיו הָיוּ כֹּל חַיַּת הַשָּׂדֶה׃
לְמַעַן אֲשֶׁר לֹא־יִגְבְּהוּ בְקוֹמָתָם כָּל־עֲצֵי־מַיִם וְלֹא־יִתְּנוּ אֶת־ יד
צַמַּרְתָּם אֶל־בֵּין עֲבֹתִים וְלֹא־יַעַמְדוּ אֵלֵיהֶם בְּגָבְהָם כָּל־שֹׁתֵי
מָיִם כִּי כֻלָּם נִתְּנוּ לַמָּוֶת אֶל־אֶרֶץ תַּחְתִּית בְּתוֹךְ בְּנֵי אָדָם אֶל־
יוֹרְדֵי בוֹר׃ כֹּה־אָמַר אֲדֹנָי יֱהֹוִה בְּיוֹם רִדְתּוֹ טו
שְׁאוֹלָה הֶאֱבַלְתִּי כִּסֵּתִי עָלָיו אֶת־תְּהוֹם וָאֶמְנַע נַהֲרוֹתֶיהָ
וַיִּכָּלְאוּ מַיִם רַבִּים וָאַקְדִּר עָלָיו לְבָנוֹן וְכָל־עֲצֵי הַשָּׂדֶה עָלָיו
עֻלְפֶּה׃ מִקּוֹל מַפַּלְתּוֹ הִרְעַשְׁתִּי גוֹיִם בְּהוֹרִדִי אֹתוֹ שְׁאוֹלָה אֶת־ טז
יוֹרְדֵי בוֹר וַיִּנָּחֲמוּ בְּאֶרֶץ תַּחְתִּית כָּל־עֲצֵי־עֵדֶן מִבְחַר וְטוֹב־
לְבָנוֹן כָּל־שֹׁתֵי מָיִם׃ גַּם־הֵם אִתּוֹ יָרְדוּ שְׁאוֹלָה אֶל־חַלְלֵי־חָרֶב יז
וּזְרֹעוֹ יָשְׁבוּ בְצִלּוֹ בְּתוֹךְ גּוֹיִם׃ אֶל־מִי דָמִיתָ כָּכָה בְּכָבוֹד וּבְגֹדֶל יח
בַּעֲצֵי־עֵדֶן וְהוּרַדְתָּ אֶת־עֲצֵי־עֵדֶן אֶל־אֶרֶץ תַּחְתִּית בְּתוֹךְ
עֲרֵלִים תִּשְׁכַּב אֶת־חַלְלֵי־חֶרֶב הוּא פַרְעֹה וְכָל־הֲמוֹנֹה נְאֻם
יט אֲדֹנָי יֱהֹוִה׃ וַיְהִי בִּשְׁתֵּי עֶשְׂרֵה שָׁנָה בִּשְׁנֵי־עָשָׂר א לב
חֹדֶשׁ בְּאֶחָד לַחֹדֶשׁ הָיָה דְבַר־יְהֹוָה אֵלַי לֵאמֹר׃ בֶּן־אָדָם שָׂא ב
קִינָה עַל־פַּרְעֹה מֶלֶךְ־מִצְרַיִם וְאָמַרְתָּ אֵלָיו כְּפִיר גּוֹיִם נִדְמֵיתָ
וְאַתָּה כַּתַּנִּים בַּיַּמִּים וַתָּגַח בְּנַהֲרוֹתֶיךָ וַתִּדְלַח־מַיִם בְּרַגְלֶיךָ
וַתִּרְפֹּס נַהֲרוֹתָם׃ כֹּה אָמַר אֲדֹנָי יֱהֹוִה וּפָרַשְׂתִּי ג
עָלֶיךָ אֶת־רִשְׁתִּי בִּקְהַל עַמִּים רַבִּים וְהֶעֱלוּךָ בְּחֶרְמִי׃
וּנְטַשְׁתִּיךָ בָאָרֶץ עַל־פְּנֵי הַשָּׂדֶה אֲטִילֶךָ וְהִשְׁכַּנְתִּי עָלֶיךָ כָּל־ ד
עוֹף הַשָּׁמַיִם וְהִשְׂבַּעְתִּי מִמְּךָ חַיַּת כָּל־הָאָרֶץ׃ וְנָתַתִּי אֶת־ ה
בְּשָׂרְךָ עַל־הֶהָרִים וּמִלֵּאתִי הַגֵּאָיוֹת רָמוּתֶךָ׃ וְהִשְׁקֵיתִי אֶרֶץ ו
צָפָתְךָ מִדָּמְךָ אֶל־הֶהָרִים וַאֲפִקִים יִמָּלְאוּן מִמֶּךָּ׃ וְכִבֵּיתִי ז
בְכַבּוֹתְךָ שָׁמַיִם וְהִקְדַּרְתִּי אֶת־כֹּכְבֵיהֶם שֶׁמֶשׁ בֶּעָנָן אֲכַסֶּנּוּ
וְיָרֵחַ לֹא־יָאִיר אוֹרוֹ׃ כָּל־מְאוֹרֵי אוֹר בַּשָּׁמַיִם אַקְדִּירֵם עָלֶיךָ ח

ט וְנָתַתִּי חֹשֶׁךְ עַל־אַרְצְךָ נְאֻם אֲדֹנָי יֱהוִה׃ וְהִכְעַסְתִּי לֵב עַמִּים
רַבִּים בַּהֲבִיאִי שִׁבְרְךָ בַּגּוֹיִם עַל־אֲרָצוֹת אֲשֶׁר לֹא־יְדַעְתָּם׃
י וַהֲשִׁמּוֹתִי עָלֶיךָ עַמִּים רַבִּים וּמַלְכֵיהֶם יִשְׂעֲרוּ עָלֶיךָ שַׂעַר
בְּעוֹפְפִי חַרְבִּי עַל־פְּנֵיהֶם וְחָרְדוּ לִרְגָעִים אִישׁ לְנַפְשׁוֹ בְּיוֹם
יא מַפַּלְתֶּךָ׃ כִּי כֹּה אָמַר אֲדֹנָי יֱהוִה חֶרֶב מֶלֶךְ־בָּבֶל
יב תְּבוֹאֶךָ׃ בְּחַרְבוֹת גִּבּוֹרִים אַפִּיל הֲמוֹנֶךָ עָרִיצֵי גוֹיִם כֻּלָּם
יג וְשָׁדְדוּ אֶת־גְּאוֹן מִצְרַיִם וְנִשְׁמַד כָּל־הֲמוֹנָהּ׃ וְהַאֲבַדְתִּי
אֶת־כָּל־בְּהֶמְתָּהּ מֵעַל מַיִם רַבִּים וְלֹא תִדְלָחֵם רֶגֶל־אָדָם
יד עוֹד וּפַרְסוֹת בְּהֵמָה לֹא תִדְלָחֵם׃ אָז אַשְׁקִיעַ מֵימֵיהֶם
טו וְנַהֲרוֹתָם כַּשֶּׁמֶן אוֹלִיךְ נְאֻם אֲדֹנָי יֱהוִה׃ בְּתִתִּי אֶת־אֶרֶץ
מִצְרַיִם שְׁמָמָה וּנְשַׁמָּה אֶרֶץ מִמְּלֹאָהּ בְּהַכּוֹתִי אֶת־כָּל־
טז יוֹשְׁבֵי בָהּ וְיָדְעוּ כִּי־אֲנִי יְהוָה׃ קִינָה הִיא וְקוֹנְנוּהָ בְּנוֹת
הַגּוֹיִם תְּקוֹנֵנָּה אוֹתָהּ עַל־מִצְרַיִם וְעַל־כָּל־הֲמוֹנָהּ תְּקוֹנֵנָּה
אוֹתָהּ נְאֻם אֲדֹנָי יֱהוִה׃

יז וַיְהִי בִּשְׁתֵּי עֶשְׂרֵה שָׁנָה בַּחֲמִשָּׁה עָשָׂר לַחֹדֶשׁ הָיָה דְבַר־יְהוָה
יח אֵלַי לֵאמֹר׃ בֶּן־אָדָם נְהֵה עַל־הֲמוֹן מִצְרַיִם וְהוֹרִדֵהוּ אוֹתָהּ
יט וּבְנוֹת גּוֹיִם אַדִּרִם אֶל־אֶרֶץ תַּחְתִּיּוֹת אֶת־יוֹרְדֵי בוֹר׃ מִמִּי
כ נָעָמְתְּ רְדָה וְהָשְׁכְּבָה אֶת־עֲרֵלִים׃ בְּתוֹךְ חַלְלֵי־חֶרֶב יִפֹּלוּ חֶרֶב
כא נִתָּנָה מָשְׁכוּ אוֹתָהּ וְכָל־הֲמוֹנֶיהָ׃ יְדַבְּרוּ־לוֹ אֵלֵי גִבּוֹרִים מִתּוֹךְ
כב שְׁאוֹל אֶת־עֹזְרָיו יָרְדוּ שָׁכְבוּ הָעֲרֵלִים חַלְלֵי חָרֶב׃ שָׁם אַשּׁוּר
וְכָל־קְהָלָהּ סְבִיבוֹתָיו קִבְרֹתָיו כֻּלָּם חֲלָלִים הַנֹּפְלִים בֶּחָרֶב׃
כג אֲשֶׁר נִתְּנוּ קִבְרֹתֶיהָ בְּיַרְכְּתֵי־בוֹר וַיְהִי קְהָלָהּ סְבִיבוֹת קְבֻרָתָהּ
כד כֻּלָּם חֲלָלִים נֹפְלִים בַּחֶרֶב אֲשֶׁר־נָתְנוּ חִתִּית בְּאֶרֶץ חַיִּים׃ שָׁם
עֵילָם וְכָל־הֲמוֹנָהּ סְבִיבוֹת קְבֻרָתָהּ כֻּלָּם חֲלָלִים הַנֹּפְלִים בַּחֶרֶב
אֲשֶׁר־יָרְדוּ עֲרֵלִים ׀ אֶל־אֶרֶץ תַּחְתִּיּוֹת אֲשֶׁר נָתְנוּ חִתִּיתָם
כה בְּאֶרֶץ חַיִּים וַיִּשְׂאוּ כְלִמָּתָם אֶת־יוֹרְדֵי בוֹר׃ בְּתוֹךְ חֲלָלִים נָתְנוּ
מִשְׁכָּב לָהּ בְּכָל־הֲמוֹנָהּ סְבִיבוֹתָיו קִבְרֹתֶהָ כֻּלָּם עֲרֵלִים חַלְלֵי־

חֶרֶב כִּי־נִתַּן חִתִּיתָם בְּאֶרֶץ חַיִּים וַיִּשְׂאוּ כְלִמָּתָם אֶת־יוֹרְדֵי
בוֹר בְּתוֹךְ חֲלָלִים נִתָּן׃ שָׁם מֶשֶׁךְ תֻּבַל וְכָל־הֲמוֹנָהּ סְבִיבוֹתָיו כו
קִבְרוֹתֶיהָ כֻּלָּם עֲרֵלִים מְחֻלְלֵי חֶרֶב כִּי־נָתְנוּ חִתִּיתָם בְּאֶרֶץ
חַיִּים׃ וְלֹא יִשְׁכְּבוּ אֶת־גִּבּוֹרִים נֹפְלִים מֵעֲרֵלִים אֲשֶׁר יָרְדוּ־ כז
שְׁאוֹל בִּכְלֵי־מִלְחַמְתָּם וַיִּתְּנוּ אֶת־חַרְבוֹתָם תַּחַת רָאשֵׁיהֶם
וַתְּהִי עֲוֺנֹתָם עַל־עַצְמוֹתָם כִּי־חִתִּית גִּבּוֹרִים בְּאֶרֶץ חַיִּים׃
וְאַתָּה בְּתוֹךְ עֲרֵלִים תִּשָּׁבַר וְתִשְׁכַּב אֶת־חַלְלֵי־חָרֶב׃ שָׁמָּה כח כט
אֱדוֹם מְלָכֶיהָ וְכָל־נְשִׂיאֶיהָ אֲשֶׁר־נִתְּנוּ בִגְבוּרָתָם אֶת־חַלְלֵי־
חָרֶב הֵמָּה אֶת־עֲרֵלִים יִשְׁכָּבוּ וְאֶת־יֹרְדֵי בוֹר׃ שָׁמָּה נְסִיכֵי צָפוֹן ל
כֻּלָּם וְכָל־צִדֹנִי אֲשֶׁר־יָרְדוּ אֶת־חֲלָלִים בְּחִתִּיתָם מִגְּבוּרָתָם
בּוֹשִׁים וַיִּשְׁכְּבוּ עֲרֵלִים אֶת־חַלְלֵי־חֶרֶב וַיִּשְׂאוּ כְלִמָּתָם אֶת־
יוֹרְדֵי בוֹר׃ אוֹתָם יִרְאֶה פַרְעֹה וְנִחַם עַל־כָּל־הֲמוֹנֹה חַלְלֵי־חֶרֶב לא
חִתִּיתִי פַּרְעֹה וְכָל־חֵילוֹ נְאֻם אֲדֹנָי יֱהוִה׃ כִּי־נָתַתִּי אֶת־חִתִּיתוֹ בְּאֶרֶץ לב
חַיִּים וְהֻשְׁכַּב בְּתוֹךְ עֲרֵלִים אֶת־חַלְלֵי־חֶרֶב פַּרְעֹה וְכָל־הֲמוֹנֹה
נְאֻם אֲדֹנָי יֱהוִה׃ וַיְהִי דְבַר־יְהוָה אֵלַי לֵאמֹר׃ לג א
בֶּן־אָדָם דַּבֵּר אֶל־בְּנֵי־עַמְּךָ וְאָמַרְתָּ אֲלֵיהֶם אֶרֶץ כִּי־אָבִיא ב
עָלֶיהָ חָרֶב וְלָקְחוּ עַם־הָאָרֶץ אִישׁ אֶחָד מִקְצֵיהֶם וְנָתְנוּ אֹתוֹ
לָהֶם לְצֹפֶה׃ וְרָאָה אֶת־הַחֶרֶב בָּאָה עַל־הָאָרֶץ וְתָקַע בַּשּׁוֹפָר ג
וְהִזְהִיר אֶת־הָעָם׃ וְשָׁמַע הַשֹּׁמֵעַ אֶת־קוֹל הַשּׁוֹפָר וְלֹא נִזְהָר ד
וַתָּבוֹא חֶרֶב וַתִּקָּחֵהוּ דָּמוֹ בְרֹאשׁוֹ יִהְיֶה׃ אֵת קוֹל הַשּׁוֹפָר שָׁמַע ה
וְלֹא נִזְהָר דָּמוֹ בּוֹ יִהְיֶה וְהוּא נִזְהָר נַפְשׁוֹ מִלֵּט׃ וְהַצֹּפֶה כִּי־ ו
יִרְאֶה אֶת־הַחֶרֶב בָּאָה וְלֹא־תָקַע בַּשּׁוֹפָר וְהָעָם לֹא־נִזְהָר
וַתָּבוֹא חֶרֶב וַתִּקַּח מֵהֶם נָפֶשׁ הוּא בַּעֲוֺנוֹ נִלְקָח וְדָמוֹ מִיַּד־
הַצֹּפֶה אֶדְרֹשׁ׃ וְאַתָּה בֶן־אָדָם צֹפֶה נְתַתִּיךָ לְבֵית ז
יִשְׂרָאֵל וְשָׁמַעְתָּ מִפִּי דָּבָר וְהִזְהַרְתָּ אֹתָם מִמֶּנִּי׃ בְּאָמְרִי ח
לָרָשָׁע רָשָׁע מוֹת תָּמוּת וְלֹא דִבַּרְתָּ לְהַזְהִיר רָשָׁע מִדַּרְכּוֹ
הוּא רָשָׁע בַּעֲוֺנוֹ יָמוּת וְדָמוֹ מִיָּדְךָ אֲבַקֵּשׁ׃ וְאַתָּה כִּי־הִזְהַרְתָּ ט

רָשָׁע מִדַּרְכּוֹ לָשׁוּב מִמֶּנָּה וְלֹא־שָׁב מִדַּרְכּוֹ הוּא בַּעֲוֺנוֹ יָמוּת
י וְאַתָּה נַפְשְׁךָ הִצַּלְתָּ׃ וְאַתָּה בֶן־אָדָם אֱמֹר אֶל־
בֵּית יִשְׂרָאֵל כֵּן אֲמַרְתֶּם לֵאמֹר כִּי־פְשָׁעֵינוּ וְחַטֹּאתֵינוּ עָלֵינוּ
יא וּבָם אֲנַחְנוּ נְמַקִּים וְאֵיךְ נִחְיֶה׃ אֱמֹר אֲלֵיהֶם חַי־אָנִי ׀ נְאֻם ׀
אֲדֹנָי יֱהֹוִה אִם־אֶחְפֹּץ בְּמוֹת הָרָשָׁע כִּי אִם־בְּשׁוּב רָשָׁע
מִדַּרְכּוֹ וְחָיָה שׁוּבוּ שׁוּבוּ מִדַּרְכֵיכֶם הָרָעִים וְלָמָּה תָמוּתוּ
יב בֵּית יִשְׂרָאֵל׃ וְאַתָּה בֶן־אָדָם אֱמֹר אֶל־בְּנֵי־עַמְּךָ
צִדְקַת הַצַּדִּיק לֹא תַצִּילֶנּוּ בְּיוֹם פִּשְׁעוֹ וְרִשְׁעַת הָרָשָׁע לֹא־
יִכָּשֶׁל בָּהּ בְּיוֹם שׁוּבוֹ מֵרִשְׁעוֹ וְצַדִּיק לֹא יוּכַל לִחְיוֹת בָּהּ בְּיוֹם
יג חֲטֹאתוֹ׃ בְּאָמְרִי לַצַּדִּיק חָיֹה יִחְיֶה וְהוּא־בָטַח עַל־צִדְקָתוֹ
וְעָשָׂה עָוֶל כָּל־צִדְקָתוֹ לֹא תִזָּכַרְנָה וּבְעַוְלוֹ אֲשֶׁר־עָשָׂה
יד בּוֹ יָמוּת׃ וּבְאָמְרִי לָרָשָׁע מוֹת תָּמוּת וְשָׁב מֵחַטָּאתוֹ וְעָשָׂה
טו מִשְׁפָּט וּצְדָקָה׃ חֲבֹל יָשִׁיב רָשָׁע גְּזֵלָה יְשַׁלֵּם בְּחֻקּוֹת הַחַיִּים
טז הָלַךְ לְבִלְתִּי עֲשׂוֹת עָוֶל חָיוֹ יִחְיֶה לֹא יָמוּת׃ כָּל־חַטֹּאתוֹ אֲשֶׁר כ
יז חָטָא לֹא תִזָּכַרְנָה לוֹ מִשְׁפָּט וּצְדָקָה עָשָׂה חָיוֹ יִחְיֶה׃ וְאָמְרוּ
בְּנֵי עַמְּךָ לֹא יִתָּכֵן דֶּרֶךְ אֲדֹנָי וְהֵמָּה דַּרְכָּם לֹא־יִתָּכֵן׃
יח יט בְּשׁוּב־צַדִּיק מִצִּדְקָתוֹ וְעָשָׂה עָוֶל וּמֵת בָּהֶם׃ וּבְשׁוּב רָשָׁע
כ מֵרִשְׁעָתוֹ וְעָשָׂה מִשְׁפָּט וּצְדָקָה עֲלֵיהֶם הוּא יִחְיֶה׃ וַאֲמַרְתֶּם
לֹא יִתָּכֵן דֶּרֶךְ אֲדֹנָי אִישׁ כִּדְרָכָיו אֶשְׁפּוֹט אֶתְכֶם בֵּית
כא יִשְׂרָאֵל׃ וַיְהִי בִּשְׁתֵּי עֶשְׂרֵה שָׁנָה בָּעֲשִׂרִי
בַּחֲמִשָּׁה לַחֹדֶשׁ לְגָלוּתֵנוּ בָּא־אֵלַי הַפָּלִיט מִירוּשָׁלַםִ לֵאמֹר
כב הֻכְּתָה הָעִיר׃ וְיַד־יְהוָה הָיְתָה אֵלַי בָּעֶרֶב לִפְנֵי בּוֹא הַפָּלִיט
וַיִּפְתַּח אֶת־פִּי עַד־בּוֹא אֵלַי בַּבֹּקֶר וַיִּפָּתַח פִּי וְלֹא נֶאֱלַמְתִּי
כג כד עוֹד׃ וַיְהִי דְבַר־יְהוָה אֵלַי לֵאמֹר׃ בֶּן־אָדָם
יֹשְׁבֵי הֶחֳרָבוֹת הָאֵלֶּה עַל־אַדְמַת יִשְׂרָאֵל אֹמְרִים לֵאמֹר אֶחָד
הָיָה אַבְרָהָם וַיִּירַשׁ אֶת־הָאָרֶץ וַאֲנַחְנוּ רַבִּים לָנוּ נִתְּנָה הָאָרֶץ
כה לְמוֹרָשָׁה׃ לָכֵן אֱמֹר אֲלֵיהֶם כֹּה־אָמַר ׀ אֲדֹנָי

יֱהוִה עַל־הַדָּם ׀ תֹּאכֵלוּ וְעֵינֵכֶם תִּשְׂאוּ אֶל־גִּלּוּלֵיכֶם וְדָם
תִּשְׁפֹּכוּ וְהָאָרֶץ תִּירָשׁוּ׃ עֲמַדְתֶּם עַל־חַרְבְּכֶם עֲשִׂיתֶן תּוֹעֵבָה כו
וְאִישׁ אֶת־אֵשֶׁת רֵעֵהוּ טִמֵּאתֶם וְהָאָרֶץ תִּירָשׁוּ׃ כֹּה־תֹאמַר כז
אֲלֵהֶם כֹּה־אָמַר אֲדֹנָי יֱהוִה חַי־אָנִי אִם־לֹא אֲשֶׁר בֶּחֳרָבוֹת
בַּחֶרֶב יִפֹּלוּ וַאֲשֶׁר עַל־פְּנֵי הַשָּׂדֶה לַחַיָּה נְתַתִּיו לְאָכְלוֹ וַאֲשֶׁר
בַּמְּצָדוֹת וּבַמְּעָרוֹת בַּדֶּבֶר יָמוּתוּ׃ וְנָתַתִּי אֶת־הָאָרֶץ שְׁמָמָה כח
וּמְשַׁמָּה וְנִשְׁבַּת גְּאוֹן עֻזָּהּ וְשָׁמְמוּ הָרֵי יִשְׂרָאֵל מֵאֵין עוֹבֵר׃
וְיָדְעוּ כִּי־אֲנִי יְהוָה בְּתִתִּי אֶת־הָאָרֶץ שְׁמָמָה וּמְשַׁמָּה עַל כָּל־ כט
תּוֹעֲבֹתָם אֲשֶׁר עָשׂוּ׃ וְאַתָּה בֶן־אָדָם בְּנֵי עַמְּךָ ל
הַנִּדְבָּרִים בְּךָ אֵצֶל הַקִּירוֹת וּבְפִתְחֵי הַבָּתִּים וְדִבֶּר־חַד אֶת־
אַחַד אִישׁ אֶת־אָחִיו לֵאמֹר בֹּאוּ־נָא וְשִׁמְעוּ מָה הַדָּבָר הַיּוֹצֵא
מֵאֵת יְהוָה׃ וְיָבוֹאוּ אֵלֶיךָ כִּמְבוֹא־עָם וְיֵשְׁבוּ לְפָנֶיךָ עַמִּי וְשָׁמְעוּ לא
אֶת־דְּבָרֶיךָ וְאוֹתָם לֹא יַעֲשׂוּ כִּי־עֲגָבִים בְּפִיהֶם הֵמָּה עֹשִׂים
אַחֲרֵי בִצְעָם לִבָּם הֹלֵךְ׃ וְהִנְּךָ לָהֶם כְּשִׁיר עֲגָבִים יְפֵה קוֹל לב
וּמֵטִב נַגֵּן וְשָׁמְעוּ אֶת־דְּבָרֶיךָ וְעֹשִׂים אֵינָם אוֹתָם׃ וּבְבֹאָהּ הִנֵּה לג
בָאָה וְיָדְעוּ כִּי נָבִיא הָיָה בְתוֹכָם׃ וַיְהִי דְבַר־ א לד
יְהוָה אֵלַי לֵאמֹר׃ בֶּן־אָדָם הִנָּבֵא עַל־רוֹעֵי יִשְׂרָאֵל הִנָּבֵא ב
וְאָמַרְתָּ אֲלֵיהֶם לָרֹעִים כֹּה־אָמַר ׀ אֲדֹנָי יֱהוִה הוֹי רֹעֵי יִשְׂרָאֵל
אֲשֶׁר הָיוּ רֹעִים אוֹתָם הֲלוֹא הַצֹּאן יִרְעוּ הָרֹעִים׃ אֶת־הַחֵלֶב ג
תֹּאכֵלוּ וְאֶת־הַצֶּמֶר תִּלְבָּשׁוּ הַבְּרִיאָה תִּזְבָּחוּ הַצֹּאן לֹא תִרְעוּ׃
אֶת־הַנַּחְלוֹת לֹא חִזַּקְתֶּם וְאֶת־הַחוֹלָה לֹא־רִפֵּאתֶם וְלַנִּשְׁבֶּרֶת ד
לֹא חֲבַשְׁתֶּם וְאֶת־הַנִּדַּחַת לֹא הֲשֵׁבֹתֶם וְאֶת־הָאֹבֶדֶת לֹא
בִקַּשְׁתֶּם וּבְחָזְקָה רְדִיתֶם אֹתָם וּבְפָרֶךְ׃ וַתְּפוּצֶינָה מִבְּלִי רֹעֶה ה
וַתִּהְיֶינָה לְאָכְלָה לְכָל־חַיַּת הַשָּׂדֶה וַתְּפוּצֶינָה׃ יִשְׁגּוּ צֹאנִי בְּכָל־ ו
הֶהָרִים וְעַל כָּל־גִּבְעָה רָמָה וְעַל כָּל־פְּנֵי הָאָרֶץ נָפֹצוּ צֹאנִי וְאֵין
דּוֹרֵשׁ וְאֵין מְבַקֵּשׁ׃ לָכֵן רֹעִים שִׁמְעוּ אֶת־דְּבַר יְהוָה׃ חַי־אָנִי ז ח
נְאֻם ׀ אֲדֹנָי יֱהוִה אִם־לֹא יַעַן הֱיוֹת־צֹאנִי ׀ לָבַז וַתִּהְיֶינָה צֹאנִי

לאכלה לכל־חית השדה מאין רעה ולא־דרשו רעי את־צאני
ט וירעו הרעים אותם ואת־צאני לא רעו: לכן הרעים שמעו
י דבר־יהוה: כה־אמר אדני יהוה הנני אל־
הרעים ודרשתי את־צאני מידם והשבתים מרעות צאן ולא־
ירעו עוד הרעים אותם והצלתי צאני מפיהם ולא־תהיין להם
יא לאכלה: כי כה אמר אדני יהוה הנני־אני
יב ודרשתי את־צאני ובקרתים: כבקרת רעה עדרו ביום־היותו
בתוך־צאנו נפרשות כן אבקר את־צאני והצלתי אתהם
יג מכל־המקומת אשר נפצו שם ביום ענן וערפל: והוצאתים
מן־העמים וקבצתים מן־הארצות והביאותים אל־אדמתם
ורעיתים אל־הרי ישראל באפיקים ובכל מושבי הארץ:
יד במרעה־טוב ארעה אתם ובהרי מרום־ישראל יהיה נוהם שם
טו תרבצנה בנוה טוב ומרעה שמן תרעינה אל־הרי ישראל: אני
טז ארעה צאני ואני ארביצם נאם אדני יהוה: את־האבדת
אבקש ואת־הנדחת אשיב ולנשברת אחבש ואת־החולה
אחזק ואת־השמנה ואת־החזקה אשמיד ארענה במשפט:
יז ואתנה צאני כה אמר אדני יהוה הנני שפט בין־שה לשה
יח לאילים ולעתודים: המעט מכם המרעה הטוב תרעו ויתר
מרעיכם תרמסו ברגליכם ומשקע־מים תשתו ואת הנותרים
יט ברגליכם תרפשון: וצאני מרמס רגליכם תרעינה ומרפש
כ רגליכם תשתינה: לכן כה אמר אדני יהוה
כא אליהם הנני־אני ושפטתי בין־שה בריה ובין שה רזה: יען
בצד ובכתף תהדפו ובקרניכם תנגחו כל־הנחלות עד אשר
כב הפיצותם אותנה אל־החוצה: והושעתי לצאני ולא־תהיינה
כג עוד לבז ושפטתי בין שה לשה: והקמתי עליהם רעה אחד
ורעה אתהן את עבדי דויד הוא ירעה אתם והוא יהיה להן
כד לרעה: ואני יהוה אהיה להם לאלהים ועבדי דוד נשיא

בְּתוֹכָם אֲנִי יְהוָה דִּבַּרְתִּי: וְכָרַתִּי לָהֶם בְּרִית שָׁלוֹם וְהִשְׁבַּתִּי כה
בַּיְּעָרִים חַיָּה־רָעָה מִן־הָאָרֶץ וְיָשְׁבוּ בַמִּדְבָּר לָבֶטַח וְיָשְׁנוּ ביעורים:
כא וְנָתַתִּי אוֹתָם וּסְבִיבוֹת גִּבְעָתִי בְּרָכָה וְהוֹרַדְתִּי הַגֶּשֶׁם בְּעִתּוֹ כו
גִּשְׁמֵי בְרָכָה יִהְיוּ: וְנָתַן עֵץ הַשָּׂדֶה אֶת־פִּרְיוֹ וְהָאָרֶץ תִּתֵּן כז
יְבוּלָהּ וְהָיוּ עַל־אַדְמָתָם לָבֶטַח וְיָדְעוּ כִּי־אֲנִי יְהוָה בְּשִׁבְרִי אֶת־
מֹטוֹת עֻלָּם וְהִצַּלְתִּים מִיַּד הָעֹבְדִים בָּהֶם: וְלֹא־יִהְיוּ עוֹד בַּז כח
לַגּוֹיִם וְחַיַּת הָאָרֶץ לֹא תֹאכְלֵם וְיָשְׁבוּ לָבֶטַח וְאֵין מַחֲרִיד:
וַהֲקִמֹתִי לָהֶם מַטָּע לְשֵׁם וְלֹא־יִהְיוּ עוֹד אֲסֻפֵי רָעָב בָּאָרֶץ כט
וְלֹא־יִשְׂאוּ עוֹד כְּלִמַּת הַגּוֹיִם: וְיָדְעוּ כִּי־אֲנִי יְהוָה אֱלֹהֵיהֶם ל
אִתָּם וְהֵמָּה עַמִּי בֵּית יִשְׂרָאֵל נְאֻם אֲדֹנָי יֱהוִה: וְאַתֵּן לא
צֹאנִי צֹאן מַרְעִיתִי אָדָם אַתֶּם אֲנִי אֱלֹהֵיכֶם נְאֻם אֲדֹנָי
יֱהוִה: וַיְהִי דְבַר־יְהוָה אֵלַי לֵאמֹר: בֶּן־אָדָם שִׂים א ב לה
פָּנֶיךָ עַל־הַר שֵׂעִיר וְהִנָּבֵא עָלָיו: וְאָמַרְתָּ לּוֹ כֹּה אָמַר אֲדֹנָי ג
יֱהוִה הִנְנִי אֵלֶיךָ הַר־שֵׂעִיר וְנָטִיתִי יָדִי עָלֶיךָ וּנְתַתִּיךָ שְׁמָמָה
וּמְשַׁמָּה: עָרֶיךָ חָרְבָּה אָשִׂים וְאַתָּה שְׁמָמָה תִהְיֶה וְיָדַעְתָּ כִּי־ ד
אֲנִי יְהוָה: יַעַן הֱיוֹת לְךָ אֵיבַת עוֹלָם וַתַּגֵּר אֶת־בְּנֵי־יִשְׂרָאֵל ה
עַל־יְדֵי־חָרֶב בְּעֵת אֵידָם בְּעֵת עֲוֺן קֵץ: לָכֵן חַי־אָנִי נְאֻם אֲדֹנָי ו
יֱהוִה כִּי־לְדָם אֶעֶשְׂךָ וְדָם יִרְדֲּפֶךָ אִם־לֹא דָם שָׂנֵאתָ וְדָם
יִרְדֲּפֶךָ: וְנָתַתִּי אֶת־הַר שֵׂעִיר לְשִׁמְמָה וּשְׁמָמָה וְהִכְרַתִּי מִמֶּנּוּ ז
עֹבֵר וָשָׁב: וּמִלֵּאתִי אֶת־הָרָיו חֲלָלָיו גִּבְעוֹתֶיךָ וּגְאוֹתֶיךָ וְכָל־ ח
אֲפִיקֶיךָ חַלְלֵי־חֶרֶב יִפְּלוּ בָהֶם: שִׁמְמוֹת עוֹלָם אֶתֶּנְךָ וְעָרֶיךָ ט
תָּשֹׁבְנָה לֹא תישבנה וִידַעְתֶּם כִּי־אֲנִי יְהוָה: יַעַן אֲמָרְךָ אֶת־שְׁנֵי הַגּוֹיִם י
וְאֶת־שְׁתֵּי הָאֲרָצוֹת לִי תִהְיֶינָה וִירַשְׁנוּהָ וַיהוָה שָׁם הָיָה: לָכֵן יא
חַי־אָנִי נְאֻם אֲדֹנָי יֱהוִה וְעָשִׂיתִי כְּאַפְּךָ וּכְקִנְאָתְךָ אֲשֶׁר עָשִׂיתָה
מִשִּׂנְאָתֶיךָ בָּם וְנוֹדַעְתִּי בָם כַּאֲשֶׁר אֶשְׁפְּטֶךָ: וְיָדַעְתָּ כִּי־אֲנִי יב
יְהוָה שָׁמַעְתִּי | אֶת־כָּל־נָאָצוֹתֶיךָ אֲשֶׁר אָמַרְתָּ עַל־הָרֵי יִשְׂרָאֵל
שָׁמֵמוּ לֵאמֹר | שממה לָנוּ נִתְּנוּ לְאָכְלָה: וַתַּגְדִּילוּ עָלַי בְּפִיכֶם יג

יד וְהַעְתַּרְתֶּם עָלַי דִּבְרֵיכֶם אֲנִי שָׁמָעְתִּי׃ כֹּה
אָמַר אֲדֹנָי יֱהֹוִה כִּשְׂמֹחַ כָּל־הָאָרֶץ שְׁמָמָה אֶעֱשֶׂה־לָּךְ׃
טו כְּשִׂמְחָתְךָ לְנַחֲלַת בֵּית־יִשְׂרָאֵל עַל אֲשֶׁר־שָׁמֵמָה כֵּן אֶעֱשֶׂה־
לָּךְ שְׁמָמָה תִהְיֶה הַר־שֵׂעִיר וְכָל־אֱדוֹם כֻּלָּהּ וְיָדְעוּ כִּי־אֲנִי
לו א יְהוָה׃ וְאַתָּה בֶן־אָדָם הִנָּבֵא אֶל־הָרֵי יִשְׂרָאֵל
ב וְאָמַרְתָּ הָרֵי יִשְׂרָאֵל שִׁמְעוּ דְּבַר־יְהוָה׃ כֹּה אָמַר אֲדֹנָי יֱהֹוִה
יַעַן אָמַר הָאוֹיֵב עֲלֵיכֶם הֶאָח וּבָמוֹת עוֹלָם לְמוֹרָשָׁה הָיְתָה
ג לָּנוּ׃ לָכֵן הִנָּבֵא וְאָמַרְתָּ כֹּה אָמַר אֲדֹנָי יֱהֹוִה יַעַן בְּיַעַן שַׁמּוֹת
וְשָׁאֹף אֶתְכֶם מִסָּבִיב לִהְיוֹתְכֶם מוֹרָשָׁה לִשְׁאֵרִית הַגּוֹיִם וַתַּעֲלוּ
ד עַל־שְׂפַת לָשׁוֹן וְדִבַּת־עָם׃ לָכֵן הָרֵי יִשְׂרָאֵל שִׁמְעוּ דְּבַר־אֲדֹנָי
יֱהֹוִה כֹּה־אָמַר אֲדֹנָי יֱהֹוִה לֶהָרִים וְלַגְּבָעוֹת לָאֲפִיקִים וְלַגֵּאָיוֹת
וְלֶחֳרָבוֹת הַשֹּׁמְמוֹת וְלֶעָרִים הַנֶּעֱזָבוֹת אֲשֶׁר הָיוּ לְבַז וּלְלַעַג
ה לִשְׁאֵרִית הַגּוֹיִם אֲשֶׁר מִסָּבִיב׃ לָכֵן כֹּה־אָמַר
אֲדֹנָי יֱהֹוִה אִם־לֹא בְּאֵשׁ קִנְאָתִי דִבַּרְתִּי עַל־שְׁאֵרִית הַגּוֹיִם
וְעַל־אֱדוֹם כֻּלָּא אֲשֶׁר נָתְנוּ־אֶת־אַרְצִי ׀ לָהֶם לְמוֹרָשָׁה בְּשִׂמְחַת
ו כָּל־לֵבָב בִּשְׁאָט נֶפֶשׁ לְמַעַן מִגְרָשָׁהּ לָבַז׃ לָכֵן הִנָּבֵא עַל־
אַדְמַת יִשְׂרָאֵל וְאָמַרְתָּ לֶהָרִים וְלַגְּבָעוֹת לָאֲפִיקִים וְלַגֵּאָיוֹת
כֹּה־אָמַר ׀ אֲדֹנָי יֱהֹוִה הִנְנִי בְקִנְאָתִי וּבַחֲמָתִי דִּבַּרְתִּי יַעַן כְּלִמַּת
ז גּוֹיִם נְשָׂאתֶם׃ לָכֵן כֹּה אָמַר אֲדֹנָי יֱהֹוִה אֲנִי נָשָׂאתִי אֶת־יָדִי
ח אִם־לֹא הַגּוֹיִם אֲשֶׁר לָכֶם מִסָּבִיב הֵמָּה כְּלִמָּתָם יִשָּׂאוּ׃ וְאַתֶּם
הָרֵי יִשְׂרָאֵל עַנְפְּכֶם תִּתֵּנוּ וּפֶרְיְכֶם תִּשְׂאוּ לְעַמִּי יִשְׂרָאֵל כִּי
ט קֵרְבוּ לָבוֹא׃ כִּי הִנְנִי אֲלֵיכֶם וּפָנִיתִי אֲלֵיכֶם וְנֶעֱבַדְתֶּם
י וְנִזְרַעְתֶּם׃ וְהִרְבֵּיתִי עֲלֵיכֶם אָדָם כָּל־בֵּית יִשְׂרָאֵל כֻּלֹּה
יא וְנֹשְׁבוּ הֶעָרִים וְהֶחֳרָבוֹת תִּבָּנֶינָה׃ וְהִרְבֵּיתִי עֲלֵיכֶם אָדָם
וּבְהֵמָה וְרָבוּ וּפָרוּ וְהוֹשַׁבְתִּי אֶתְכֶם כְּקַדְמוֹתֵיכֶם וְהֵטִבֹתִי
יב מֵרִאשֹׁתֵיכֶם וִידַעְתֶּם כִּי־אֲנִי יְהוָה׃ וְהוֹלַכְתִּי עֲלֵיכֶם אָדָם
אֶת־עַמִּי יִשְׂרָאֵל וִירֵשׁוּךָ וְהָיִיתָ לָהֶם לְנַחֲלָה וְלֹא־תוֹסִף עוֹד

לְשַׁכְּלָם׃ כֹּה אָמַר אֲדֹנָי יֱהֹוִה יַעַן אֹמְרִים לָכֶם יג
אֹכֶלֶת אָדָם אתי וּמְשַׁכֶּלֶת גויך הָיִית׃ לָכֵן אָדָם לֹא־תֹאכְלִי יד
עוֹד וגויך לֹא תכשלי־עוֹד נְאֻם אֲדֹנָי יֱהֹוִה׃ וְלֹא־אַשְׁמִיעַ אֵלַיִךְ טו
עוֹד כְּלִמַּת הַגּוֹיִם וְחֶרְפַּת עַמִּים לֹא תִשְׂאִי־עוֹד וגויך לֹא־
תַכְשִׁלִי עוֹד נְאֻם אֲדֹנָי יֱהֹוִה׃ וַיְהִי דְבַר־יְהֹוָה טז
אֵלַי לֵאמֹר׃ בֶּן־אָדָם בֵּית יִשְׂרָאֵל יֹשְׁבִים עַל־אַדְמָתָם וַיְטַמְּאוּ יז
אוֹתָהּ בְּדַרְכָּם וּבַעֲלִילוֹתָם כְּטֻמְאַת הַנִּדָּה הָיְתָה דַרְכָּם לְפָנָי׃
וָאֶשְׁפֹּךְ חֲמָתִי עֲלֵיהֶם עַל־הַדָּם אֲשֶׁר־שָׁפְכוּ עַל־הָאָרֶץ יח
וּבְגִלּוּלֵיהֶם טִמְּאוּהָ׃ וָאָפִיץ אֹתָם בַּגּוֹיִם וַיִּזָּרוּ בָּאֲרָצוֹת יט
כְּדַרְכָּם וְכַעֲלִילוֹתָם שְׁפַטְתִּים׃ וַיָּבוֹא אֶל־הַגּוֹיִם אֲשֶׁר־בָּאוּ כ
שָׁם וַיְחַלְּלוּ אֶת־שֵׁם קָדְשִׁי בֶּאֱמֹר לָהֶם עַם־יְהֹוָה אֵלֶּה וּמֵאַרְצוֹ
יָצָאוּ׃ וָאֶחְמֹל עַל־שֵׁם קָדְשִׁי אֲשֶׁר חִלְּלֻהוּ בֵּית יִשְׂרָאֵל בַּגּוֹיִם כא
אֲשֶׁר־בָּאוּ שָׁמָּה׃ לָכֵן אֱמֹר לְבֵית־יִשְׂרָאֵל כֹּה כב
אָמַר אֲדֹנָי יֱהֹוִה לֹא לְמַעַנְכֶם אֲנִי עֹשֶׂה בֵּית יִשְׂרָאֵל כִּי אִם־
לְשֵׁם־קָדְשִׁי אֲשֶׁר חִלַּלְתֶּם בַּגּוֹיִם אֲשֶׁר־בָּאתֶם שָׁם׃ וְקִדַּשְׁתִּי כג
אֶת־שְׁמִי הַגָּדוֹל הַמְחֻלָּל בַּגּוֹיִם אֲשֶׁר חִלַּלְתֶּם בְּתוֹכָם וְיָדְעוּ
הַגּוֹיִם כִּי־אֲנִי יְהֹוָה נְאֻם אֲדֹנָי יֱהֹוִה בְּהִקָּדְשִׁי בָכֶם לְעֵינֵיהֶם׃
וְלָקַחְתִּי אֶתְכֶם מִן־הַגּוֹיִם וְקִבַּצְתִּי אֶתְכֶם מִכָּל־הָאֲרָצוֹת כד
כב וְהֵבֵאתִי אֶתְכֶם אֶל־אַדְמַתְכֶם׃ וְזָרַקְתִּי עֲלֵיכֶם מַיִם טְהוֹרִים כה
וּטְהַרְתֶּם מִכֹּל טֻמְאוֹתֵיכֶם וּמִכָּל־גִּלּוּלֵיכֶם אֲטַהֵר אֶתְכֶם׃
וְנָתַתִּי לָכֶם לֵב חָדָשׁ וְרוּחַ חֲדָשָׁה אֶתֵּן בְּקִרְבְּכֶם וַהֲסִרֹתִי אֶת־ כו
לֵב הָאֶבֶן מִבְּשַׂרְכֶם וְנָתַתִּי לָכֶם לֵב בָּשָׂר׃ וְאֶת־רוּחִי אֶתֵּן כז
בְּקִרְבְּכֶם וְעָשִׂיתִי אֵת אֲשֶׁר־בְּחֻקַּי תֵּלֵכוּ וּמִשְׁפָּטַי תִּשְׁמְרוּ
וַעֲשִׂיתֶם׃ וִישַׁבְתֶּם בָּאָרֶץ אֲשֶׁר נָתַתִּי לַאֲבֹתֵיכֶם וִהְיִיתֶם לִי כח
לְעָם וְאָנֹכִי אֶהְיֶה לָכֶם לֵאלֹהִים׃ וְהוֹשַׁעְתִּי אֶתְכֶם מִכֹּל כט
טֻמְאוֹתֵיכֶם וְקָרָאתִי אֶל־הַדָּגָן וְהִרְבֵּיתִי אֹתוֹ וְלֹא־אֶתֵּן עֲלֵיכֶם
רָעָב׃ וְהִרְבֵּיתִי אֶת־פְּרִי הָעֵץ וּתְנוּבַת הַשָּׂדֶה לְמַעַן אֲשֶׁר לֹא ל

אַתְּ | גּוֹיַיִךְ
וְגוֹיַיִךְ תְּשַׁכְּלִי־
וְגוֹיַיִךְ

לא תִקְחוּ עוֹד חֶרְפַּת רָעָב בַּגּוֹיִם: וּזְכַרְתֶּם אֶת־דַּרְכֵיכֶם הָרָעִים
וּמַעַלְלֵיכֶם אֲשֶׁר לֹא־טוֹבִים וּנְקֹטֹתֶם בִּפְנֵיכֶם עַל עֲוֺנֹתֵיכֶם וְעַל
לב תּוֹעֲבוֹתֵיכֶם: לֹא לְמַעַנְכֶם אֲנִי־עֹשֶׂה נְאֻם אֲדֹנָי יֱהֹוִה יִוָּדַע
לָכֶם בּוֹשׁוּ וְהִכָּלְמוּ מִדַּרְכֵיכֶם בֵּית יִשְׂרָאֵל:
לג כֹּה אָמַר אֲדֹנָי יֱהֹוִה בְּיוֹם טַהֲרִי אֶתְכֶם מִכֹּל עֲוֺנוֹתֵיכֶם
לד וְהוֹשַׁבְתִּי אֶת־הֶעָרִים וְנִבְנוּ הֶחֳרָבוֹת: וְהָאָרֶץ הַנְּשַׁמָּה
לה תֵּעָבֵד תַּחַת אֲשֶׁר הָיְתָה שְׁמָמָה לְעֵינֵי כָּל־עוֹבֵר: וְאָמְרוּ
הָאָרֶץ הַלֵּזוּ הַנְּשַׁמָּה הָיְתָה כְּגַן־עֵדֶן וְהֶעָרִים הֶחֳרֵבוֹת
לו וְהַנְשַׁמּוֹת וְהַנֶּהֱרָסוֹת בְּצוּרוֹת יָשָׁבוּ: וְיָדְעוּ הַגּוֹיִם אֲשֶׁר
יִשָּׁאֲרוּ סְבִיבוֹתֵיכֶם כִּי ׀ אֲנִי יְהֹוָה בָּנִיתִי הַנֶּהֱרָסוֹת נָטַעְתִּי
לז הַנְּשַׁמָּה אֲנִי יְהֹוָה דִּבַּרְתִּי וְעָשִׂיתִי: כֹּה אָמַר
אֲדֹנָי יֱהֹוִה עוֹד זֹאת אִדָּרֵשׁ לְבֵית־יִשְׂרָאֵל לַעֲשׂוֹת לָהֶם
לח אַרְבֶּה אֹתָם כַּצֹּאן אָדָם: כְּצֹאן קָדָשִׁים כְּצֹאן יְרוּשָׁלַ͏ִם
בְּמוֹעֲדֶיהָ כֵּן תִּהְיֶינָה הֶעָרִים הֶחֳרֵבוֹת מְלֵאוֹת צֹאן אָדָם
וְיָדְעוּ כִּי־אֲנִי יְהֹוָה:
לז א הָיְתָה עָלַי יַד־יְהֹוָה וַיּוֹצִאֵנִי בְרוּחַ יְהֹוָה וַיְנִיחֵנִי בְּתוֹךְ הַבִּקְעָה
ב וְהִיא מְלֵאָה עֲצָמוֹת: וְהֶעֱבִירַנִי עֲלֵיהֶם סָבִיב ׀ סָבִיב וְהִנֵּה
ג רַבּוֹת מְאֹד עַל־פְּנֵי הַבִּקְעָה וְהִנֵּה יְבֵשׁוֹת מְאֹד: וַיֹּאמֶר אֵלַי
בֶּן־אָדָם הֲתִחְיֶינָה הָעֲצָמוֹת הָאֵלֶּה וָאֹמַר אֲדֹנָי יֱהֹוִה אַתָּה
ד יָדָעְתָּ: וַיֹּאמֶר אֵלַי הִנָּבֵא עַל־הָעֲצָמוֹת הָאֵלֶּה וְאָמַרְתָּ אֲלֵיהֶם
ה הָעֲצָמוֹת הַיְבֵשׁוֹת שִׁמְעוּ דְּבַר־יְהֹוָה: כֹּה אָמַר אֲדֹנָי יֱהֹוִה
ו לָעֲצָמוֹת הָאֵלֶּה הִנֵּה אֲנִי מֵבִיא בָכֶם רוּחַ וִחְיִיתֶם: וְנָתַתִּי
עֲלֵיכֶם גִּידִים וְהַעֲלֵתִי עֲלֵיכֶם בָּשָׂר וְקָרַמְתִּי עֲלֵיכֶם עוֹר וְנָתַתִּי
ז בָכֶם רוּחַ וִחְיִיתֶם וִידַעְתֶּם כִּי־אֲנִי יְהֹוָה: וְנִבֵּאתִי כַּאֲשֶׁר צֻוֵּיתִי
וַיְהִי־קוֹל כְּהִנָּבְאִי וְהִנֵּה־רַעַשׁ וַתִּקְרְבוּ עֲצָמוֹת עֶצֶם אֶל־
ח עַצְמוֹ: וְרָאִיתִי וְהִנֵּה־עֲלֵיהֶם גִּדִים וּבָשָׂר עָלָה וַיִּקְרַם עֲלֵיהֶם
ט עוֹר מִלְמָעְלָה וְרוּחַ אֵין בָּהֶם: וַיֹּאמֶר אֵלַי הִנָּבֵא אֶל־הָרוּחַ

הנבא בן־אדם ואמרת אל־הרוח כה־אמר ׀ אדני יהוה
מארבע רוחות באי הרוח ופחי בהרוגים האלה ויחיו׃
והנבאתי כאשר צוני ותבוא בהם הרוח ויחיו ויעמדו על־ י
רגליהם חיל גדול מאד מאד׃ ויאמר אלי בן־אדם העצמות יא
האלה כל־בית ישראל המה הנה אמרים יבשו עצמותינו
ואבדה תקותנו נגזרנו לנו׃ לכן הנבא ואמרת אליהם כה־ יב
אמר אדני יהוה הנה אני פתח את־קברותיכם והעליתי
אתכם מקברותיכם עמי והבאתי אתכם אל־אדמת ישראל׃
וידעתם כי־אני יהוה בפתחי את־קברותיכם ובהעלותי אתכם יג
מקברותיכם עמי׃ ונתתי רוחי בכם וחייתם והנחתי אתכם יד
על־אדמתכם וידעתם כי אני יהוה דברתי ועשיתי נאם־
יהוה׃ ויהי דבר־יהוה אלי לאמר׃ ואתה בן־ טו טז
אדם קח־לך עץ אחד וכתב עליו ליהודה ולבני ישראל חברו
ולקח עץ אחד וכתוב עליו ליוסף עץ אפרים וכל־בית ישראל
חברו׃ וקרב אתם אחד אל־אחד לך לעץ אחד והיו לאחדים יז
בידך׃ וכאשר יאמרו אליך בני עמך לאמר הלוא־תגיד לנו יח
מה־אלה לך׃ דבר אלהם כה־אמר אדני יהוה הנה אני לקח יט
את־עץ יוסף אשר ביד־אפרים ושבטי ישראל חברו ונתתי
אותם עליו את־עץ יהודה ועשיתם לעץ אחד והיו אחד
בידי׃ והיו העצים אשר־תכתב עליהם בידך לעיניהם׃ ודבר כ כא
אליהם כה־אמר אדני יהוה הנה אני לקח את־בני ישראל
מבין הגוים אשר הלכו־שם וקבצתי אתם מסביב והבאתי
אותם אל־אדמתם׃ ועשיתי אתם לגוי אחד בארץ בהרי כב
יהיו־ ישראל ומלך אחד יהיה לכלם למלך ולא יהיה־עוד לשני
גוים ולא יחצו עוד לשתי ממלכות עוד׃ ולא יטמאו עוד כג
בגלוליהם ובשקוציהם ובכל פשעיהם והושעתי אתם מכל
מושבתיהם אשר חטאו בהם וטהרתי אותם והיו־לי לעם ואני

כד אֶהְיֶה לָהֶם לֵאלֹהִים׃ וְעַבְדִּי דָוִד מֶלֶךְ עֲלֵיהֶם וְרוֹעֶה אֶחָד
כה יִהְיֶה לְכֻלָּם וּבְמִשְׁפָּטַי יֵלֵכוּ וְחֻקּוֹתַי יִשְׁמְרוּ וְעָשׂוּ אוֹתָם׃ וְיָשְׁבוּ
עַל־הָאָרֶץ אֲשֶׁר נָתַתִּי לְעַבְדִּי לְיַעֲקֹב אֲשֶׁר יָשְׁבוּ־בָהּ אֲבוֹתֵיכֶם
וְיָשְׁבוּ עָלֶיהָ הֵמָּה וּבְנֵיהֶם וּבְנֵי בְנֵיהֶם עַד־עוֹלָם וְדָוִד עַבְדִּי
כו נָשִׂיא לָהֶם לְעוֹלָם׃ וְכָרַתִּי לָהֶם בְּרִית שָׁלוֹם בְּרִית עוֹלָם יִהְיֶה
אוֹתָם וּנְתַתִּים וְהִרְבֵּיתִי אוֹתָם וְנָתַתִּי אֶת־מִקְדָּשִׁי בְּתוֹכָם
כז לְעוֹלָם׃ וְהָיָה מִשְׁכָּנִי עֲלֵיהֶם וְהָיִיתִי לָהֶם לֵאלֹהִים וְהֵמָּה יִהְיוּ־
כח לִי לְעָם׃ וְיָדְעוּ הַגּוֹיִם כִּי אֲנִי יְהוָה מְקַדֵּשׁ אֶת־יִשְׂרָאֵל בִּהְיוֹת כג
לח א מִקְדָּשִׁי בְּתוֹכָם לְעוֹלָם׃ וַיְהִי דְבַר־יְהוָה אֵלַי
ב לֵאמֹר׃ בֶּן־אָדָם שִׂים פָּנֶיךָ אֶל־גּוֹג אֶרֶץ הַמָּגוֹג נְשִׂיא רֹאשׁ
ג מֶשֶׁךְ וְתֻבָל וְהִנָּבֵא עָלָיו׃ וְאָמַרְתָּ כֹּה אָמַר אֲדֹנָי יְהוִה הִנְנִי
ד אֵלֶיךָ גּוֹג נְשִׂיא רֹאשׁ מֶשֶׁךְ וְתֻבָל׃ וְשׁוֹבַבְתִּיךָ וְנָתַתִּי חַחִים
בִּלְחָיֶיךָ וְהוֹצֵאתִי אוֹתְךָ וְאֶת־כָּל־חֵילֶךָ סוּסִים וּפָרָשִׁים לְבֻשֵׁי
ה מִכְלוֹל כֻּלָּם קָהָל רָב צִנָּה וּמָגֵן תֹּפְשֵׂי חֲרָבוֹת כֻּלָּם׃ פָּרַס כּוּשׁ
ו וּפוּט אִתָּם כֻּלָּם מָגֵן וְכוֹבָע׃ גֹּמֶר וְכָל־אֲגַפֶּיהָ בֵּית תּוֹגַרְמָה
ז יַרְכְּתֵי צָפוֹן וְאֶת־כָּל־אֲגַפָּיו עַמִּים רַבִּים אִתָּךְ׃ הִכֹּן וְהָכֵן לְךָ
אַתָּה וְכָל־קְהָלֶךָ הַנִּקְהָלִים עָלֶיךָ וְהָיִיתָ לָהֶם לְמִשְׁמָר׃
ח מִיָּמִים רַבִּים תִּפָּקֵד בְּאַחֲרִית הַשָּׁנִים תָּבוֹא ׀ אֶל־אֶרֶץ ׀
מְשׁוֹבֶבֶת מֵחֶרֶב מְקֻבֶּצֶת מֵעַמִּים רַבִּים עַל הָרֵי יִשְׂרָאֵל
אֲשֶׁר־הָיוּ לְחָרְבָּה תָּמִיד וְהִיא מֵעַמִּים הוּצָאָה וְיָשְׁבוּ לָבֶטַח
ט כֻּלָּם׃ וְעָלִיתָ כַּשֹּׁאָה תָבוֹא כֶּעָנָן לְכַסּוֹת הָאָרֶץ תִּהְיֶה אַתָּה
י וְכָל־אֲגַפֶּיךָ וְעַמִּים רַבִּים אוֹתָךְ׃ כֹּה אָמַר אֲדֹנָי
יְהוִה וְהָיָה ׀ בַּיּוֹם הַהוּא יַעֲלוּ דְבָרִים עַל־לְבָבֶךָ וְחָשַׁבְתָּ
יא מַחֲשֶׁבֶת רָעָה׃ וְאָמַרְתָּ אֶעֱלֶה עַל־אֶרֶץ פְּרָזוֹת אָבוֹא
הַשֹּׁקְטִים יֹשְׁבֵי לָבֶטַח כֻּלָּם יֹשְׁבִים בְּאֵין חוֹמָה וּבְרִיחַ וּדְלָתַיִם
יב אֵין לָהֶם׃ לִשְׁלֹל שָׁלָל וְלָבֹז בַּז לְהָשִׁיב יָדְךָ עַל־חֳרָבוֹת
נוֹשָׁבֹת וְאֶל־עַם מְאֻסָּף מִגּוֹיִם עֹשֶׂה מִקְנֶה וְקִנְיָן יֹשְׁבֵי

יג על־טבור הארץ: שבא ודדן וסחרי תרשיש וכל־כפריה
יאמרו לך הלשלל שלל אתה בא הלבז בז הקהלת
קהלך לשאת ׀ כסף וזהב לקחת מקנה וקנין לשלל שלל
יד גדול: לכן הנבא בן־אדם ואמרת לגוג כה אמר
אדני יהוה הלוא ׀ ביום ההוא בשבת עמי ישראל לבטח
טו תדע: ובאת ממקומך מירכתי צפון אתה ועמים רבים
טז אתך רכבי סוסים כלם קהל גדול וחיל רב: ועלית על־עמי
ישראל כענן לכסות הארץ באחרית הימים תהיה והבאותיך
על־ארצי למען דעת הגוים אתי בהקדשי בך לעיניהם
יז גוג: כה־אמר אדני יהוה האתה־הוא אשר־
דברתי בימים קדמונים ביד עבדי נביאי ישראל הנבאים
יח בימים ההם שנים להביא אתך עליהם: והיה ׀
ביום ההוא ביום בוא גוג על־אדמת ישראל נאם אדני יהוה
יט תעלה חמתי באפי: ובקנאתי באש־עברתי דברתי אם־לא ׀
כ ביום ההוא יהיה רעש גדול על אדמת ישראל: ורעשו מפני
דגי הים ועוף השמים וחית השדה וכל־הרמש הרמש על־
האדמה וכל האדם אשר על־פני האדמה ונהרסו ההרים
כא ונפלו המדרגות וכל־חומה לארץ תפול: וקראתי עליו לכל־
כב הרי חרב נאם אדני יהוה חרב איש באחיו תהיה: ונשפטתי
אתו בדבר ובדם וגשם שוטף ואבני אלגביש אש וגפרית
אמטיר עליו ועל־אגפיו ועל־עמים רבים אשר אתו:
כג והתגדלתי והתקדשתי ונודעתי לעיני גוים רבים וידעו כי־
לט א אני יהוה: ואתה בן־אדם הנבא על־גוג ואמרת
כה אמר אדני יהוה הנני אליך גוג נשיא ראש משך ותבל:
ב ושבבתיך וששאתיך והעליתיך מירכתי צפון והבאותיך על־
ג הרי ישראל: והכיתי קשתך מיד שמאולך וחציך מיד ימינך
ד אפיל: על־הרי ישראל תפול אתה וכל־אגפיך ועמים אשר

ה אֹתְךָ לְעֵיט צִפּוֹר כָּל־כָּנָף וְחַיַּת הַשָּׂדֶה נְתַתִּיךָ לְאָכְלָה׃ עַל־
ו פְּנֵי הַשָּׂדֶה תִּפּוֹל כִּי אֲנִי דִבַּרְתִּי נְאֻם אֲדֹנָי יֱהֹוִה׃ וְשִׁלַּחְתִּי־אֵשׁ
ז בְּמָגוֹג וּבְיֹשְׁבֵי הָאִיִּים לָבֶטַח וְיָדְעוּ כִּי־אֲנִי יְהֹוָה׃ וְאֶת־שֵׁם
קָדְשִׁי אוֹדִיעַ בְּתוֹךְ עַמִּי יִשְׂרָאֵל וְלֹא־אַחֵל אֶת־שֵׁם־קָדְשִׁי
ח עוֹד וְיָדְעוּ הַגּוֹיִם כִּי־אֲנִי יְהֹוָה קָדוֹשׁ בְּיִשְׂרָאֵל׃ הִנֵּה בָאָה
ט וְנִהְיָתָה נְאֻם אֲדֹנָי יֱהֹוִה הוּא הַיּוֹם אֲשֶׁר דִּבַּרְתִּי׃ וְיָצְאוּ יֹשְׁבֵי ׀
עָרֵי יִשְׂרָאֵל וּבִעֲרוּ וְהִשִּׂיקוּ בְּנֶשֶׁק וּמָגֵן וְצִנָּה בְּקֶשֶׁת וּבְחִצִּים
י וּבְמַקֵּל יָד וּבְרֹמַח וּבִעֲרוּ בָהֶם אֵשׁ שֶׁבַע שָׁנִים׃ וְלֹא־יִשְׂאוּ
עֵצִים מִן־הַשָּׂדֶה וְלֹא יַחְטְבוּ מִן־הַיְּעָרִים כִּי בַנֶּשֶׁק יְבַעֲרוּ־
אֵשׁ וְשָׁלְלוּ אֶת־שֹׁלְלֵיהֶם וּבָזְזוּ אֶת־בֹּזְזֵיהֶם נְאֻם אֲדֹנָי
יא יֱהֹוִה׃ וְהָיָה בַיּוֹם הַהוּא אֶתֵּן לְגוֹג ׀ מְקוֹם־שָׁם
קֶבֶר בְּיִשְׂרָאֵל גֵּי הָעֹבְרִים קִדְמַת הַיָּם וְחֹסֶמֶת הִיא אֶת־
הָעֹבְרִים וְקָבְרוּ שָׁם אֶת־גּוֹג וְאֶת־כָּל־הֲמוֹנֹה וְקָרְאוּ גֵּיא הֲמוֹן
יב גּוֹג׃ וּקְבָרוּם בֵּית יִשְׂרָאֵל לְמַעַן טַהֵר אֶת־הָאָרֶץ שִׁבְעָה
יג חֳדָשִׁים׃ וְקָבְרוּ כָּל־עַם הָאָרֶץ וְהָיָה לָהֶם לְשֵׁם יוֹם הִכָּבְדִי
יד נְאֻם אֲדֹנָי יֱהֹוִה׃ וְאַנְשֵׁי תָמִיד יַבְדִּילוּ עֹבְרִים בָּאָרֶץ מְקַבְּרִים
אֶת־הָעֹבְרִים אֶת־הַנּוֹתָרִים עַל־פְּנֵי הָאָרֶץ לְטַהֲרָהּ מִקְצֵה
טו שִׁבְעָה־חֳדָשִׁים יַחְקֹרוּ׃ וְעָבְרוּ הָעֹבְרִים בָּאָרֶץ וְרָאָה עֶצֶם אָדָם
וּבָנָה אֶצְלוֹ צִיּוּן עַד קָבְרוּ אֹתוֹ הַמְקַבְּרִים אֶל־גֵּיא הֲמוֹן גּוֹג׃
טז יז וְגַם שֶׁם־עִיר הֲמוֹנָה וְטִהֲרוּ הָאָרֶץ׃ וְאַתָּה בֶן־
אָדָם כֹּה־אָמַר ׀ אֲדֹנָי יֱהֹוִה אֱמֹר לְצִפּוֹר כָּל־כָּנָף וּלְכֹל ׀ חַיַּת
הַשָּׂדֶה הִקָּבְצוּ וָבֹאוּ הֵאָסְפוּ מִסָּבִיב עַל־זִבְחִי אֲשֶׁר אֲנִי זֹבֵחַ
לָכֶם זֶבַח גָּדוֹל עַל הָרֵי יִשְׂרָאֵל וַאֲכַלְתֶּם בָּשָׂר וּשְׁתִיתֶם דָּם׃
יח בְּשַׂר גִּבּוֹרִים תֹּאכֵלוּ וְדַם־נְשִׂיאֵי הָאָרֶץ תִּשְׁתּוּ אֵילִים כָּרִים
יט וְעַתּוּדִים פָּרִים מְרִיאֵי בָשָׁן כֻּלָּם׃ וַאֲכַלְתֶּם־חֵלֶב לְשָׂבְעָה
כ וּשְׁתִיתֶם דָּם לְשִׁכָּרוֹן מִזִּבְחִי אֲשֶׁר־זָבַחְתִּי לָכֶם׃ וּשְׂבַעְתֶּם עַל־
שֻׁלְחָנִי סוּס וָרֶכֶב גִּבּוֹר וְכָל־אִישׁ מִלְחָמָה נְאֻם אֲדֹנָי יֱהֹוִה׃

ונתתי את־כבודי בגוים וראו כל־הגוים את־משפטי אשר כא
כד עשיתי ואת־ידי אשר־שמתי בהם: וידעו בית ישראל כי אני כב
יהוה אלהיהם מן־היום ההוא והלאה: וידעו הגוים כי בעונם כג
גלו בית־ישראל על אשר מעלו־בי ואסתר פני מהם ואתנם
ביד צריהם ויפלו בחרב כלם: כטמאתם וכפשעיהם עשיתי כד
אתם ואסתר פני מהם: לכן כה אמר אדני יהוה כה
שבות עתה אשיב את־שבית יעקב ורחמתי כל־בית ישראל
וקנאתי לשם קדשי: ונשו את־כלמתם ואת־כל־מעלם אשר כו
מעלו־בי בשבתם על־אדמתם לבטח ואין מחריד: בשובבי כז
אותם מן־העמים וקבצתי אתם מארצות איביהם ונקדשתי
בם לעיני הגוים רבים: וידעו כי אני יהוה אלהיהם בהגלותי כח
אתם אל־הגוים וכנסתים על־אדמתם ולא־אותיר עוד מהם
שם: ולא־אסתיר עוד פני מהם אשר שפכתי את־רוחי על־ כט
בית ישראל נאם אדני יהוה: בעשרים וחמש א מ
שנה לגלותנו בראש השנה בעשור לחדש בארבע עשרה
שנה אחר אשר הכתה העיר בעצם | היום הזה היתה עלי יד־
יהוה ויבא אתי שמה: במראות אלהים הביאני אל־ארץ ב
ישראל ויניחני אל־הר גבה מאד ועליו כמבנה־עיר מנגב:
ויביא אותי שמה והנה־איש מראהו כמראה נחשת ופתיל־ ג
פשתים בידו וקנה המדה והוא עמד בשער: וידבר אלי האיש ד
בן־אדם ראה בעיניך ובאזניך שמע ושים לבך לכל אשר־אני
מראה אותך כי למען הראותכה הבאתה הנה הגד את־כל־
אשר־אתה ראה לבית ישראל: והנה חומה מחוץ לבית ה
סביב | סביב וביד האיש קנה המדה שש־אמות באמה וטפח
וימד את־רחב הבנין קנה אחד וקומה קנה אחד: ויבוא אל־ ו
שער אשר פניו דרך הקדימה ויעל במעלתו וימד | את־סף
השער קנה אחד רחב ואת סף אחד קנה אחד רחב: והתא ז

קָנֶה אֶחָד אֹרֶךְ וְקָנֶה אֶחָד רֹחַב וּבֵין הַתָּאִים חָמֵשׁ אַמּוֹת וְסַף
ח הַשַּׁעַר מֵאֵצֶל אֻלָם הַשַּׁעַר מֵהַבַּיִת קָנֶה אֶחָד׃ וַיָּמָד אֶת־אֻלָם
ט הַשַּׁעַר מֵהַבַּיִת קָנֶה אֶחָד׃ וַיָּמָד אֶת־אֻלָם הַשַּׁעַר שְׁמֹנֶה אַמּוֹת
י וְאֵילָו שְׁתַּיִם אַמּוֹת וְאֻלָם הַשַּׁעַר מֵהַבָּיִת׃ וְתָאֵי הַשַּׁעַר דֶּרֶךְ
הַקָּדִים שְׁלֹשָׁה מִפֹּה וּשְׁלֹשָׁה מִפֹּה מִדָּה אַחַת לִשְׁלָשְׁתָּם וּמִדָּה
יא אַחַת לָאֵילִם מִפֹּה וּמִפּוֹ׃ וַיָּמָד אֶת־רֹחַב פֶּתַח־הַשַּׁעַר עֶשֶׂר
יב אַמּוֹת אֹרֶךְ הַשַּׁעַר שְׁלוֹשׁ עֶשְׂרֵה אַמּוֹת׃ וּגְבוּל לִפְנֵי הַתָּאוֹת
אַמָּה אֶחָת וְאַמָּה־אַחַת גְּבוּל מִפֹּה וְהַתָּא שֵׁשׁ־אַמּוֹת מִפּוֹ וְשֵׁשׁ
יג אַמּוֹת מִפּוֹ׃ וַיָּמָד אֶת־הַשַּׁעַר מִגַּג הַתָּא לְגַגּוֹ רֹחַב עֶשְׂרִים
יד וְחָמֵשׁ אַמּוֹת פֶּתַח נֶגֶד פָּתַח׃ וַיַּעַשׂ אֶת־אֵילִים שִׁשִּׁים אַמָּה
טו וְאֶל־אֵיל הֶחָצֵר הַשַּׁעַר סָבִיב ׀ סָבִיב׃ וְעַל־פְּנֵי הַשַּׁעַר היאתון הָאִיתוֹן
טז עַל־לִפְנֵי אֻלָם הַשַּׁעַר הַפְּנִימִי חֲמִשִּׁים אַמָּה׃ וְחַלֹּנוֹת אֲטֻמוֹת
אֶל־הַתָּאִים וְאֶל אֵלֵיהֵמָה לִפְנִימָה לַשַּׁעַר סָבִיב ׀ סָבִיב וְכֵן
לָאֵלַמּוֹת וְחַלּוֹנוֹת סָבִיב ׀ סָבִיב לִפְנִימָה וְאֶל־אַיִל תִּמֹרִים׃
יז וַיְבִיאֵנִי אֶל־הֶחָצֵר הַחִיצוֹנָה וְהִנֵּה לְשָׁכוֹת וְרִצְפָה עָשׂוּי לֶחָצֵר
יח סָבִיב ׀ סָבִיב שְׁלֹשִׁים לְשָׁכוֹת אֶל־הָרִצְפָה׃ וְהָרִצְפָה אֶל־כֶּתֶף
יט הַשְּׁעָרִים לְעֻמַּת אֹרֶךְ הַשְּׁעָרִים הָרִצְפָה הַתַּחְתּוֹנָה׃ וַיָּמָד רֹחַב
מִלִּפְנֵי הַשַּׁעַר הַתַּחְתּוֹנָה לִפְנֵי הֶחָצֵר הַפְּנִימִי מִחוּץ מֵאָה אַמָּה
כ הַקָּדִים וְהַצָּפוֹן׃ וְהַשַּׁעַר אֲשֶׁר פָּנָיו דֶּרֶךְ הַצָּפוֹן לֶחָצֵר הַחִיצוֹנָה
כא מָדַד אָרְכּוֹ וְרָחְבּוֹ׃ וְתָאָו שְׁלוֹשָׁה מִפּוֹ וּשְׁלֹשָׁה מִפּוֹ וְאֵילָו
וְאֵלַמָּו הָיָה כְּמִדַּת הַשַּׁעַר הָרִאשׁוֹן חֲמִשִּׁים אַמָּה אָרְכּוֹ וְרֹחַב
כב חָמֵשׁ וְעֶשְׂרִים בָּאַמָּה׃ וְחַלּוֹנָו וְאֵילַמָּו וְתִמֹרָו כְּמִדַּת הַשַּׁעַר
אֲשֶׁר פָּנָיו דֶּרֶךְ הַקָּדִים וּבְמַעֲלוֹת שֶׁבַע יַעֲלוּ־בוֹ וְאֵילַמָּו
כג לִפְנֵיהֶם׃ וְשַׁעַר לֶחָצֵר הַפְּנִימִי נֶגֶד הַשַּׁעַר לַצָּפוֹן וְלַקָּדִים וַיָּמָד
כד מִשַּׁעַר אֶל־שַׁעַר מֵאָה אַמָּה׃ וַיּוֹלִכֵנִי דֶּרֶךְ הַדָּרוֹם וְהִנֵּה־שַׁעַר
כה דֶּרֶךְ הַדָּרוֹם וּמָדַד אֵילָו וְאֵילַמָּו כַּמִּדּוֹת הָאֵלֶּה׃ וְחַלּוֹנִים לוֹ
וּלְאֵילַמָּו סָבִיב ׀ סָבִיב כְּהַחַלֹּנוֹת הָאֵלֶּה חֲמִשִּׁים אַמָּה אֹרֶךְ

וְרֹחַב חָמֵשׁ וְעֶשְׂרִים אַמָּה׃ וּמַעֲלוֹת שִׁבְעָה עֹלוֹתָו וְאֵלַמָּו כו
לִפְנֵיהֶם וְתִמֹּרִים לוֹ אֶחָד מִפּוֹ וְאֶחָד מִפּוֹ אֶל־אֵילָו׃ וְשַׁעַר כז
לֶחָצֵר הַפְּנִימִי דֶּרֶךְ הַדָּרוֹם וַיָּמָד מִשַּׁעַר אֶל־הַשַּׁעַר דֶּרֶךְ
הַדָּרוֹם מֵאָה אַמּוֹת׃ וַיְבִיאֵנִי אֶל־חָצֵר הַפְּנִימִי בְּשַׁעַר הַדָּרוֹם כח
וַיָּמָד אֶת־הַשַּׁעַר הַדָּרוֹם כַּמִּדּוֹת הָאֵלֶּה׃ וְתָאָו וְאֵלָו וְאֵלַמָּו כט
כַּמִּדּוֹת הָאֵלֶּה וְחַלּוֹנוֹת לוֹ וּלְאֵלַמָּו סָבִיב ׀ סָבִיב חֲמִשִּׁים אַמָּה
אֹרֶךְ וְרֹחַב עֶשְׂרִים וְחָמֵשׁ אַמּוֹת׃ וְאֵלַמּוֹת סָבִיב ׀ סָבִיב אֹרֶךְ ל
חָמֵשׁ וְעֶשְׂרִים אַמָּה וְרֹחַב חָמֵשׁ אַמּוֹת׃ וְאֵילַמָּו אֶל־חָצֵר לא
הַחִצוֹנָה וְתִמֹרִים אֶל־אֵילָו וּמַעֲלוֹת שְׁמוֹנֶה מַעֲלָו׃ וַיְבִיאֵנִי אֶל־ לב
הֶחָצֵר הַפְּנִימִי דֶּרֶךְ הַקָּדִים וַיָּמָד אֶת־הַשַּׁעַר כַּמִּדּוֹת הָאֵלֶּה׃
וְתָאָו וְאֵלָו וְאֵלַמָּו כַּמִּדּוֹת הָאֵלֶּה וְחַלּוֹנוֹת לוֹ וּלְאֵלַמָּו סָבִיב ׀ לג
סָבִיב אֹרֶךְ חֲמִשִּׁים אַמָּה וְרֹחַב חָמֵשׁ וְעֶשְׂרִים אַמָּה׃ וְאֵלַמָּו לד
לֶחָצֵר הַחִיצוֹנָה וְתִמֹּרִים אֶל־אֵלָו מִפּוֹ וּמִפּוֹ וּשְׁמֹנֶה מַעֲלוֹת
מַעֲלָו׃ וַיְבִיאֵנִי אֶל־שַׁעַר הַצָּפוֹן וּמָדַד כַּמִּדּוֹת הָאֵלֶּה׃ תָּאָו לה לו
אֵלָו וְאֵלַמָּו וְחַלּוֹנוֹת לוֹ סָבִיב ׀ סָבִיב אֹרֶךְ חֲמִשִּׁים אַמָּה וְרֹחַב
חָמֵשׁ וְעֶשְׂרִים אַמָּה׃ וְאֵילָו לֶחָצֵר הַחִיצוֹנָה וְתִמֹּרִים אֶל־אֵילָו לז
מִפּוֹ וּמִפּוֹ וּשְׁמֹנֶה מַעֲלוֹת מַעֲלָו׃ וְלִשְׁכָּה וּפִתְחָהּ בְּאֵילִים לח
הַשְּׁעָרִים שָׁם יָדִיחוּ אֶת־הָעֹלָה׃ וּבְאֻלָם הַשַּׁעַר שְׁנַיִם שֻׁלְחָנוֹת לט
מִפּוֹ וּשְׁנַיִם שֻׁלְחָנוֹת מִפֹּה לִשְׁחוֹט אֲלֵיהֶם הָעוֹלָה וְהַחַטָּאת
וְהָאָשָׁם׃ וְאֶל־הַכָּתֵף מִחוּצָה לָעוֹלֶה לְפֶתַח הַשַּׁעַר הַצָּפוֹנָה מ
שְׁנַיִם שֻׁלְחָנוֹת וְאֶל־הַכָּתֵף הָאַחֶרֶת אֲשֶׁר לְאֻלָם הַשַּׁעַר שְׁנַיִם
שֻׁלְחָנוֹת׃ אַרְבָּעָה שֻׁלְחָנוֹת מִפֹּה וְאַרְבָּעָה שֻׁלְחָנוֹת מִפֹּה מא
לְכֶתֶף הַשָּׁעַר שְׁמוֹנָה שֻׁלְחָנוֹת אֲלֵיהֶם יִשְׁחָטוּ׃ וְאַרְבָּעָה מב
שֻׁלְחָנוֹת לָעוֹלָה אַבְנֵי גָזִית אֹרֶךְ אַמָּה אַחַת וָחֵצִי וְרֹחַב אַמָּה
אַחַת וָחֵצִי וְגֹבַהּ אַמָּה אֶחָת אֲלֵיהֶם וְיַנִּיחוּ אֶת־הַכֵּלִים אֲשֶׁר
יִשְׁחֲטוּ אֶת־הָעוֹלָה בָּם וְהַזָּבַח׃ וְהַשְׁפַתַּיִם טֹפַח אֶחָד מוּכָנִים מג
בַּבַּיִת סָבִיב ׀ סָבִיב וְאֶל־הַשֻּׁלְחָנוֹת בְּשַׂר הַקָּרְבָּן׃ וּמִחוּצָה מד

לְשַׁעַר הַפְּנִימִי לִשְׁכוֹת שָׁרִים בֶּחָצֵר הַפְּנִימִי אֲשֶׁר אֶל־כֶּתֶף
שַׁעַר הַצָּפוֹן וּפְנֵיהֶם דֶּרֶךְ הַדָּרוֹם אֶחָד אֶל־כֶּתֶף שַׁעַר הַקָּדִים
כה פְּנֵי דֶּרֶךְ הַצָּפֹן׃ וַיְדַבֵּר אֵלַי זֹה הַלִּשְׁכָּה אֲשֶׁר פָּנֶיהָ דֶּרֶךְ הַדָּרוֹם מה
לַכֹּהֲנִים שֹׁמְרֵי מִשְׁמֶרֶת הַבָּיִת׃ וְהַלִּשְׁכָּה אֲשֶׁר פָּנֶיהָ דֶּרֶךְ מו
הַצָּפוֹן לַכֹּהֲנִים שֹׁמְרֵי מִשְׁמֶרֶת הַמִּזְבֵּחַ הֵמָּה בְנֵי־צָדוֹק
הַקְּרֵבִים מִבְּנֵי־לֵוִי אֶל־יְהוָה לְשָׁרְתוֹ׃ וַיָּמָד אֶת־הֶחָצֵר אֹרֶךְ ׀ מז
מֵאָה אַמָּה וְרֹחַב מֵאָה אַמָּה מְרֻבָּעַת וְהַמִּזְבֵּחַ לִפְנֵי הַבָּיִת׃
וַיְבִאֵנִי אֶל־אֻלָם הַבַּיִת וַיָּמָד אֵל אֻלָם חָמֵשׁ אַמּוֹת מִפֹּה וְחָמֵשׁ מח
אַמּוֹת מִפֹּה וְרֹחַב הַשַּׁעַר שָׁלֹשׁ אַמּוֹת מִפּוֹ וְשָׁלֹשׁ אַמּוֹת מִפּוֹ׃
אֹרֶךְ הָאֻלָם עֶשְׂרִים אַמָּה וְרֹחַב עַשְׁתֵּי עֶשְׂרֵה אַמָּה וּבַמַּעֲלוֹת מט
אֲשֶׁר יַעֲלוּ אֵלָיו וְעַמֻּדִים אֶל־הָאֵילִים אֶחָד מִפֹּה וְאֶחָד מִפֹּה׃
וַיְבִיאֵנִי אֶל־הַהֵיכָל וַיָּמָד אֶת־הָאֵילִים שֵׁשׁ־אַמּוֹת רֹחַב־מִפּוֹ מא א
וְשֵׁשׁ־אַמּוֹת רֹחַב־מִפּוֹ רֹחַב הָאֹהֶל׃ וְרֹחַב הַפֶּתַח עֶשֶׂר אַמּוֹת ב
וְכִתְפוֹת הַפֶּתַח חָמֵשׁ אַמּוֹת מִפּוֹ וְחָמֵשׁ אַמּוֹת מִפּוֹ וַיָּמָד אָרְכּוֹ
אַרְבָּעִים אַמָּה וְרֹחַב עֶשְׂרִים אַמָּה׃ וּבָא לִפְנִימָה וַיָּמָד אֵיל־ ג
הַפֶּתַח שְׁתַּיִם אַמּוֹת וְהַפֶּתַח שֵׁשׁ אַמּוֹת וְרֹחַב הַפֶּתַח שֶׁבַע
אַמּוֹת׃ וַיָּמָד אֶת־אָרְכּוֹ עֶשְׂרִים אַמָּה וְרֹחַב עֶשְׂרִים אַמָּה אֶל־ ד
פְּנֵי הַהֵיכָל וַיֹּאמֶר אֵלַי זֶה קֹדֶשׁ הַקֳּדָשִׁים׃ וַיָּמָד קִיר־הַבַּיִת שֵׁשׁ ה
אַמּוֹת וְרֹחַב הַצֵּלָע אַרְבַּע אַמּוֹת סָבִיב ׀ סָבִיב לַבַּיִת סָבִיב׃
וְהַצְּלָעוֹת צֵלָע אֶל־צֵלָע שָׁלוֹשׁ וּשְׁלֹשִׁים פְּעָמִים וּבָאוֹת בַּקִּיר ו
אֲשֶׁר־לַבַּיִת לַצְּלָעוֹת סָבִיב ׀ סָבִיב לִהְיוֹת אֲחוּזִים וְלֹא־יִהְיוּ
אֲחוּזִים בְּקִיר הַבָּיִת׃ וְרָחֲבָה וְנָסְבָה לְמַעְלָה לְמַעְלָה לַצְּלָעוֹת ז
כִּי מוּסַב־הַבַּיִת לְמַעְלָה לְמַעְלָה סָבִיב ׀ סָבִיב לַבַּיִת עַל־כֵּן
רֹחַב־לַבַּיִת לְמָעְלָה וְכֵן הַתַּחְתּוֹנָה יַעֲלֶה עַל־הָעֶלְיוֹנָה
מוּסְדוֹת לַתִּיכוֹנָה׃ וְרָאִיתִי לַבַּיִת גֹּבַהּ סָבִיב ׀ סָבִיב מיסדות הַצְּלָעוֹת ח
מְלוֹ הַקָּנֶה שֵׁשׁ אַמּוֹת אַצִּילָה׃ רֹחַב הַקִּיר אֲשֶׁר־לַצֵּלָע אֶל־ ט
הַחוּץ חָמֵשׁ אַמּוֹת וַאֲשֶׁר מֻנָּח בֵּית צְלָעוֹת אֲשֶׁר לַבָּיִת׃ וּבֵין י

הַלִּשְׁכוֹת רֹחַב עֶשְׂרִים אַמָּה סָבִיב לַבַּיִת סָבִיב ׀ סָבִיב׃ וּפֶתַח יא
הַצֵּלָע לַמֻּנָּח פֶּתַח אֶחָד דֶּרֶךְ הַצָּפוֹן וּפֶתַח אֶחָד לַדָּרוֹם וְרֹחַב
מְקוֹם הַמֻּנָּח חָמֵשׁ אַמּוֹת סָבִיב ׀ סָבִיב׃ וְהַבִּנְיָן אֲשֶׁר אֶל־פְּנֵי יב
הַגִּזְרָה פְּאַת דֶּרֶךְ־הַיָּם רֹחַב שִׁבְעִים אַמָּה וְקִיר הַבִּנְיָן חָמֵשׁ־
אַמּוֹת רֹחַב סָבִיב ׀ סָבִיב וְאָרְכּוֹ תִּשְׁעִים אַמָּה׃ וּמָדַד אֶת־ יג
הַבַּיִת אֹרֶךְ מֵאָה אַמָּה וְהַגִּזְרָה וְהַבִּנְיָה וְקִירוֹתֶיהָ אֹרֶךְ מֵאָה
אַמָּה׃ וְרֹחַב פְּנֵי הַבַּיִת וְהַגִּזְרָה לַקָּדִים מֵאָה אַמָּה׃ וּמָדַד אֹרֶךְ־ יד טו
הַבִּנְיָן אֶל־פְּנֵי הַגִּזְרָה אֲשֶׁר עַל־אַחֲרֶיהָ ואתוקיהא מִפּוֹ וּמִפּוֹ
וְאַתּיקֶיהָ
מֵאָה אַמָּה וְהַהֵיכָל הַפְּנִימִי וְאֻלַמֵּי הֶחָצֵר׃ הַסִּפִּים וְהַחַלּוֹנִים טז
הָאֲטֻמוֹת וְהָאַתִּיקִים ׀ סָבִיב לִשְׁלָשְׁתָּם נֶגֶד הַסַּף שְׂחִיף עֵץ
סָבִיב ׀ סָבִיב וְהָאָרֶץ עַד־הַחַלֹּנוֹת וְהַחַלֹּנוֹת מְכֻסּוֹת׃ עַל־מֵעַל יז
הַפֶּתַח וְעַד־הַבַּיִת הַפְּנִימִי וְלַחוּץ וְאֶל־כָּל־הַקִּיר סָבִיב ׀ סָבִיב
בַּפְּנִימִי וּבַחִיצוֹן מִדּוֹת׃ וְעָשׂוּי כְּרוּבִים וְתִמֹרִים וְתִמֹרָה בֵּין־ יח
כְּרוּב לִכְרוּב וּשְׁנַיִם פָּנִים לַכְּרוּב׃ וּפְנֵי אָדָם אֶל־הַתִּמֹרָה מִפּוֹ יט
וּפְנֵי־כְפִיר אֶל־הַתִּמֹרָה מִפּוֹ עָשׂוּי אֶל־כָּל־הַבַּיִת סָבִיב ׀ סָבִיב׃
מֵהָאָרֶץ עַד־מֵעַל הַפֶּתַח הַכְּרוּבִים וְהַתִּמֹרִים עֲשׂוּיִם וְקִיר כ
הַהֵיכָל׃ הַהֵיכָל מְזוּזַת רְבֻעָה וּפְנֵי הַקֹּדֶשׁ הַמַּרְאֶה כַּמַּרְאֶה׃ כא
הַמִּזְבֵּחַ עֵץ שָׁלוֹשׁ אַמּוֹת גָּבֹהַּ וְאָרְכּוֹ שְׁתַּיִם־אַמּוֹת וּמִקְצֹעוֹתָיו כב
לוֹ וְאָרְכּוֹ וְקִירֹתָיו עֵץ וַיְדַבֵּר אֵלַי זֶה הַשֻּׁלְחָן אֲשֶׁר לִפְנֵי יְהוָה׃
וּשְׁתַּיִם דְּלָתוֹת לַהֵיכָל וְלַקֹּדֶשׁ׃ וּשְׁתַּיִם דְּלָתוֹת לַדְּלָתוֹת שְׁתַּיִם כג כד
מוּסַבּוֹת דְּלָתוֹת שְׁתַּיִם לְדֶלֶת אֶחָת וּשְׁתֵּי דְלָתוֹת לָאַחֶרֶת׃
וַעֲשׂוּיָה אֲלֵיהֶן אֶל־דַּלְתוֹת הַהֵיכָל כְּרוּבִים וְתִמֹרִים כַּאֲשֶׁר כה
עֲשׂוּיִם לַקִּירוֹת וְעָב עֵץ אֶל־פְּנֵי הָאוּלָם מֵהַחוּץ׃ וְחַלּוֹנִים כו
אֲטֻמוֹת וְתִמֹרִים מִפּוֹ וּמִפּוֹ אֶל־כִּתְפוֹת הָאוּלָם וְצַלְעוֹת הַבַּיִת
וְהָעֻבִּים׃ וַיּוֹצִאֵנִי אֶל־הֶחָצֵר הַחִיצוֹנָה הַדֶּרֶךְ דֶּרֶךְ הַצָּפוֹן וַיְבִאֵנִי א מב
אֶל־הַלִּשְׁכָּה אֲשֶׁר נֶגֶד הַגִּזְרָה וַאֲשֶׁר־נֶגֶד הַבִּנְיָן אֶל־הַצָּפוֹן׃
אֶל־פְּנֵי אֹרֶךְ אַמּוֹת הַמֵּאָה פֶּתַח הַצָּפוֹן וְהָרֹחַב חֲמִשִּׁים אַמּוֹת׃ ב

ג נֶגֶד הָעֶשְׂרִים אֲשֶׁר לֶחָצֵר הַפְּנִימִי וְנֶגֶד רִצְפָה אֲשֶׁר לֶחָצֵר
ד הַחִיצוֹנָה אַתִּיק אֶל־פְּנֵי־אַתִּיק בַּשְּׁלִשִׁים׃ וְלִפְנֵי הַלְּשָׁכוֹת
מַהֲלַךְ עֶשֶׂר אַמּוֹת רֹחַב אֶל־הַפְּנִימִית דֶּרֶךְ אַמָּה אֶחָת
ה וּפִתְחֵיהֶם לַצָּפוֹן׃ וְהַלְּשָׁכוֹת הָעֶלְיוֹנֹת קְצֻרוֹת כִּי־יוֹכְלוּ
ו אַתִּיקִים מֵהֵנָּה מֵהַתַּחְתֹּנוֹת וּמֵהַתִּיכֹנוֹת בִּנְיָן׃ כִּי מְשֻׁלָּשׁוֹת
הֵנָּה וְאֵין לָהֶן עַמּוּדִים כְּעַמּוּדֵי הַחֲצֵרוֹת עַל־כֵּן נֶאֱצַל
ז מֵהַתַּחְתּוֹנוֹת וּמֵהַתִּיכֹנוֹת מֵהָאָרֶץ׃ וְגָדֵר אֲשֶׁר־לַחוּץ לְעֻמַּת
הַלְּשָׁכוֹת דֶּרֶךְ הֶחָצֵר הַחִצוֹנָה אֶל־פְּנֵי הַלְּשָׁכוֹת אָרְכּוֹ חֲמִשִּׁים
ח אַמָּה׃ כִּי־אֹרֶךְ הַלְּשָׁכוֹת אֲשֶׁר לֶחָצֵר הַחִצוֹנָה חֲמִשִּׁים אַמָּה
ט וְהִנֵּה עַל־פְּנֵי הַהֵיכָל מֵאָה אַמָּה׃ ומתחתה לשכות הָאֵלֶּה וּמִתַּחַת הַלְּשָׁכוֹת
י המבוא מֵהַקָּדִים בְּבֹאוֹ לָהֵנָּה מֵהֶחָצֵר הַחִצֹנָה׃ בְּרֹחַב ׀ גֶּדֶר הַמֵּבִיא
יא הֶחָצֵר דֶּרֶךְ הַקָּדִים אֶל־פְּנֵי הַגִּזְרָה וְאֶל־פְּנֵי הַבִּנְיָן לְשָׁכוֹת׃ וְדֶרֶךְ
לִפְנֵיהֶם כְּמַרְאֵה הַלְּשָׁכוֹת אֲשֶׁר דֶּרֶךְ הַצָּפוֹן כְּאָרְכָּן כֵּן רָחְבָּן
יב וְכֹל מוֹצָאֵיהֶן וּכְמִשְׁפְּטֵיהֶן וּכְפִתְחֵיהֶן׃ וּכְפִתְחֵי הַלְּשָׁכוֹת אֲשֶׁר
דֶּרֶךְ הַדָּרוֹם פֶּתַח בְּרֹאשׁ דָּרֶךְ דֶּרֶךְ בִּפְנֵי הַגְּדֶרֶת הֲגִינָה דֶּרֶךְ
יג הַקָּדִים בְּבוֹאָן׃ וַיֹּאמֶר אֵלַי לִשְׁכוֹת הַצָּפוֹן לִשְׁכוֹת הַדָּרוֹם אֲשֶׁר כו
אֶל־פְּנֵי הַגִּזְרָה הֵנָּה ׀ לִשְׁכוֹת הַקֹּדֶשׁ אֲשֶׁר יֹאכְלוּ־שָׁם הַכֹּהֲנִים
אֲשֶׁר־קְרוֹבִים לַיהוָה קָדְשֵׁי הַקֳּדָשִׁים שָׁם יַנִּיחוּ ׀ קָדְשֵׁי
יד הַקֳּדָשִׁים וְהַמִּנְחָה וְהַחַטָּאת וְהָאָשָׁם כִּי הַמָּקוֹם קָדֹשׁ׃ בְּבֹאָם
הַכֹּהֲנִים וְלֹא־יֵצְאוּ מֵהַקֹּדֶשׁ אֶל־הֶחָצֵר הַחִיצוֹנָה וְשָׁם יַנִּיחוּ
בִגְדֵיהֶם אֲשֶׁר־יְשָׁרְתוּ בָהֶן כִּי־קֹדֶשׁ הֵנָּה ילבשו בְּגָדִים אֲחֵרִים וְלָבְשׁוּ
טו וְקָרְבוּ אֶל־אֲשֶׁר לָעָם׃ וְכִלָּה אֶת־מִדּוֹת הַבַּיִת הַפְּנִימִי וְהוֹצִיאַנִי
טז דֶּרֶךְ הַשַּׁעַר אֲשֶׁר פָּנָיו דֶּרֶךְ הַקָּדִים וּמְדָדוֹ סָבִיב ׀ סָבִיב׃ מָדַד רוּחַ
הַקָּדִים בִּקְנֵה הַמִּדָּה חֲמֵשׁ־אמות קָנִים בִּקְנֵה הַמִּדָּה סָבִיב׃ מֵאוֹת
יז יח מָדַד רוּחַ הַצָּפוֹן חֲמֵשׁ־מֵאוֹת קָנִים בִּקְנֵה הַמִּדָּה סָבִיב׃ אֵת
יט רוּחַ הַדָּרוֹם מָדָד חֲמֵשׁ־מֵאוֹת קָנִים בִּקְנֵה הַמִּדָּה׃ סָבַב אֶל־
כ רוּחַ הַיָּם מָדַד חֲמֵשׁ־מֵאוֹת קָנִים בִּקְנֵה הַמִּדָּה׃ לְאַרְבַּע רוּחוֹת

מב

מִדָּדוֹ חוֹמָה לוֹ סָבִיב ׀ סָבִיב אֹרֶךְ חֲמֵשׁ מֵאוֹת וְרֹחַב חֲמֵשׁ

מג א מֵאוֹת לְהַבְדִּיל בֵּין הַקֹּדֶשׁ לְחֹל׃ וַיּוֹלִכֵנִי אֶל־הַשָּׁעַר שַׁעַר אֲשֶׁר

ב פֹּנֶה דֶּרֶךְ הַקָּדִים׃ וְהִנֵּה כְּבוֹד אֱלֹהֵי יִשְׂרָאֵל בָּא מִדֶּרֶךְ הַקָּדִים

ג וְקוֹלוֹ כְּקוֹל מַיִם רַבִּים וְהָאָרֶץ הֵאִירָה מִכְּבֹדוֹ׃ וּכְמַרְאֵה

הַמַּרְאֶה אֲשֶׁר רָאִיתִי כַּמַּרְאֶה אֲשֶׁר־רָאִיתִי בְּבֹאִי לְשַׁחֵת אֶת־

הָעִיר וּמַרְאוֹת כַּמַּרְאֶה אֲשֶׁר רָאִיתִי אֶל־נְהַר כְּבָר וָאֶפֹּל אֶל־

ד פָּנָי׃ וּכְבוֹד יְהוָה בָּא אֶל־הַבָּיִת דֶּרֶךְ שַׁעַר אֲשֶׁר פָּנָיו דֶּרֶךְ

ה הַקָּדִים׃ וַתִּשָּׂאֵנִי רוּחַ וַתְּבִאֵנִי אֶל־הֶחָצֵר הַפְּנִימִי וְהִנֵּה מָלֵא

ו כְבוֹד־יְהוָה הַבָּיִת׃ וָאֶשְׁמַע מִדַּבֵּר אֵלַי מֵהַבָּיִת וְאִישׁ הָיָה

ז עֹמֵד אֶצְלִי׃ וַיֹּאמֶר אֵלַי בֶּן־אָדָם אֶת־מְקוֹם כִּסְאִי וְאֶת־מְקוֹם

כַּפּוֹת רַגְלַי אֲשֶׁר אֶשְׁכָּן־שָׁם בְּתוֹךְ בְּנֵי־יִשְׂרָאֵל לְעוֹלָם וְלֹא

יְטַמְּאוּ עוֹד בֵּית־יִשְׂרָאֵל שֵׁם קָדְשִׁי הֵמָּה וּמַלְכֵיהֶם בִּזְנוּתָם

ח וּבְפִגְרֵי מַלְכֵיהֶם בָּמוֹתָם׃ בְּתִתָּם סִפָּם אֶת־סִפִּי וּמְזוּזָתָם אֵצֶל

מְזוּזָתִי וְהַקִּיר בֵּינִי וּבֵינֵיהֶם וְטִמְּאוּ ׀ אֶת־שֵׁם קָדְשִׁי בְּתוֹעֲבוֹתָם

ט אֲשֶׁר עָשׂוּ וָאֲכַל אֹתָם בְּאַפִּי׃ עַתָּה יְרַחֲקוּ אֶת־זְנוּתָם וּפִגְרֵי

י מַלְכֵיהֶם מִמֶּנִּי וְשָׁכַנְתִּי בְתוֹכָם לְעוֹלָם׃ אַתָּה

בֶן־אָדָם הַגֵּד אֶת־בֵּית־יִשְׂרָאֵל אֶת־הַבַּיִת וְיִכָּלְמוּ מֵעֲוֺנוֹתֵיהֶם

יא וּמָדְדוּ אֶת־תָּכְנִית׃ וְאִם־נִכְלְמוּ מִכֹּל אֲשֶׁר־עָשׂוּ צוּרַת הַבַּיִת

וּתְכוּנָתוֹ וּמוֹצָאָיו וּמוֹבָאָיו וְכָל־צוּרֹתָו וְאֵת כָּל־חֻקֹּתָיו וְכָל־

צוּרֹתָו וְכָל־תּוֹרֹתָו הוֹדַע אוֹתָם וּכְתֹב לְעֵינֵיהֶם וְיִשְׁמְרוּ אֶת־

יב כָּל־צוּרָתוֹ וְאֶת־כָּל־חֻקֹּתָיו וְעָשׂוּ אוֹתָם׃ זֹאת תּוֹרַת הַבָּיִת עַל־

רֹאשׁ הָהָר כָּל־גְּבֻלוֹ סָבִיב ׀ סָבִיב קֹדֶשׁ קָדָשִׁים הִנֵּה־זֹאת

יג תּוֹרַת הַבָּיִת׃ וְאֵלֶּה מִדּוֹת הַמִּזְבֵּחַ בָּאַמּוֹת אַמָּה אַמָּה וָטֹפַח

וְחֵיק הָאַמָּה וְאַמָּה־רֹחַב וּגְבוּלָהּ אֶל־שְׂפָתָהּ סָבִיב זֶרֶת הָאֶחָד

יד וְזֶה גַּב הַמִּזְבֵּחַ׃ וּמֵחֵיק הָאָרֶץ עַד־הָעֲזָרָה הַתַּחְתּוֹנָה שְׁתַּיִם

אַמּוֹת וְרֹחַב אַמָּה אֶחָת וּמֵהָעֲזָרָה הַקְּטַנָּה עַד־הָעֲזָרָה הַגְּדוֹלָה

טו אַרְבַּע אַמּוֹת וְרֹחַב הָאַמָּה׃ וְהַהַרְאֵל אַרְבַּע אַמּוֹת וּמֵהָאֲרִאֵיל

טז וּלְמַעְלָה הַקְּרָנוֹת אַרְבַּע׃ וְהָאֲרִאֵיל שְׁתֵּים עֶשְׂרֵה אֹרֶךְ
יז בִּשְׁתֵּים עֶשְׂרֵה רֹחַב רָבוּעַ אֶל אַרְבַּעַת רְבָעָיו׃ וְהָעֲזָרָה אַרְבַּע
עֶשְׂרֵה אֹרֶךְ בְּאַרְבַּע עֶשְׂרֵה רֹחַב אֶל אַרְבַּעַת רְבָעֶיהָ וְהַגְּבוּל
סָבִיב אוֹתָהּ חֲצִי הָאַמָּה וְהַחֵיק־לָהּ אַמָּה סָבִיב וּמַעֲלֹתֵהוּ פְּנוֹת
יח קָדִים׃ וַיֹּאמֶר אֵלַי בֶּן־אָדָם כֹּה אָמַר אֲדֹנָי יֱהוִה אֵלֶּה חֻקּוֹת
הַמִּזְבֵּחַ בְּיוֹם הֵעָשׂוֹתוֹ לְהַעֲלוֹת עָלָיו עוֹלָה וְלִזְרֹק עָלָיו דָּם׃
יט וְנָתַתָּה אֶל־הַכֹּהֲנִים הַלְוִיִּם אֲשֶׁר הֵם מִזֶּרַע צָדוֹק הַקְּרֹבִים אֵלַי
כ נְאֻם אֲדֹנָי יֱהוִה לְשָׁרְתֵנִי פַּר בֶּן־בָּקָר לְחַטָּאת׃ וְלָקַחְתָּ מִדָּמוֹ
וְנָתַתָּה עַל־אַרְבַּע קַרְנֹתָיו וְאֶל־אַרְבַּע פִּנּוֹת הָעֲזָרָה וְאֶל־
כא הַגְּבוּל סָבִיב וְחִטֵּאתָ אוֹתוֹ וְכִפַּרְתָּהוּ׃ וְלָקַחְתָּ אֵת הַפָּר
כב הַחַטָּאת וּשְׂרָפוֹ בְּמִפְקַד הַבַּיִת מִחוּץ לַמִּקְדָּשׁ׃ וּבַיּוֹם הַשֵּׁנִי
תַּקְרִיב שְׂעִיר־עִזִּים תָּמִים לְחַטָּאת וְחִטְּאוּ אֶת־הַמִּזְבֵּחַ כַּאֲשֶׁר
כג חִטְּאוּ בַּפָּר׃ בְּכַלּוֹתְךָ מֵחַטֵּא תַּקְרִיב פַּר בֶּן־בָּקָר תָּמִים וְאַיִל
כד מִן־הַצֹּאן תָּמִים׃ וְהִקְרַבְתָּם לִפְנֵי יְהוָה וְהִשְׁלִיכוּ הַכֹּהֲנִים
כה עֲלֵיהֶם מֶלַח וְהֶעֱלוּ אוֹתָם עֹלָה לַיהוָה׃ שִׁבְעַת יָמִים תַּעֲשֶׂה
שְׂעִיר־חַטָּאת לַיּוֹם וּפַר בֶּן־בָּקָר וְאַיִל מִן־הַצֹּאן תְּמִימִים יַעֲשׂוּ׃
כו כז שִׁבְעַת יָמִים יְכַפְּרוּ אֶת־הַמִּזְבֵּחַ וְטִהֲרוּ אֹתוֹ וּמִלְאוּ יָדָו׃ וִיכַלּוּ כז
אֶת־הַיָּמִים וְהָיָה בַיּוֹם הַשְּׁמִינִי וָהָלְאָה יַעֲשׂוּ הַכֹּהֲנִים עַל־
הַמִּזְבֵּחַ אֶת־עוֹלוֹתֵיכֶם וְאֶת־שַׁלְמֵיכֶם וְרָצֵאתִי אֶתְכֶם נְאֻם
מד א אֲדֹנָי יֱהוִה׃ וַיָּשֶׁב אֹתִי דֶּרֶךְ שַׁעַר הַמִּקְדָּשׁ
ב הַחִיצוֹן הַפֹּנֶה קָדִים וְהוּא סָגוּר׃ וַיֹּאמֶר אֵלַי יְהוָה הַשַּׁעַר הַזֶּה
סָגוּר יִהְיֶה לֹא יִפָּתֵחַ וְאִישׁ לֹא־יָבֹא בוֹ כִּי יְהוָה אֱלֹהֵי־יִשְׂרָאֵל
ג בָּא בוֹ וְהָיָה סָגוּר׃ אֶת־הַנָּשִׂיא נָשִׂיא הוּא יֵשֶׁב־בּוֹ לאכול־ לֶאֱכָל־
ד לֶחֶם לִפְנֵי יְהוָה מִדֶּרֶךְ אוּלָם הַשַּׁעַר יָבוֹא וּמִדַּרְכּוֹ יֵצֵא׃ וַיְבִיאֵנִי
דֶּרֶךְ־שַׁעַר הַצָּפוֹן אֶל־פְּנֵי הַבַּיִת וָאֵרֶא וְהִנֵּה מָלֵא כְבוֹד־יְהוָה
ה אֶת־בֵּית יְהוָה וָאֶפֹּל אֶל־פָּנָי׃ וַיֹּאמֶר אֵלַי יְהוָה בֶּן־אָדָם שִׂים
לִבְּךָ וּרְאֵה בְעֵינֶיךָ וּבְאָזְנֶיךָ שְּׁמָע אֵת כָּל־אֲשֶׁר אֲנִי מְדַבֵּר אֹתָךְ

לְכָל־חֻקּוֹת בֵּית־יְהוָה וּלְכָל־תּוֹרֹתָו וְשַׂמְתָּ לִבְּךָ לִמְבוֹא הַבַּיִת
ו בְּכֹל מוֹצָאֵי הַמִּקְדָּשׁ: וְאָמַרְתָּ אֶל־מֶרִי אֶל־בֵּית יִשְׂרָאֵל כֹּה
אָמַר אֲדֹנָי יֱהוִה רַב־לָכֶם מִכָּל־תּוֹעֲבוֹתֵיכֶם בֵּית יִשְׂרָאֵל:
ז בַּהֲבִיאֲכֶם בְּנֵי־נֵכָר עַרְלֵי־לֵב וְעַרְלֵי בָשָׂר לִהְיוֹת בְּמִקְדָּשִׁי
לְחַלְּלוֹ אֶת־בֵּיתִי בְּהַקְרִיבְכֶם אֶת־לַחְמִי חֵלֶב וָדָם וַיָּפֵרוּ אֶת־
ח בְּרִיתִי אֶל כָּל־תּוֹעֲבוֹתֵיכֶם: וְלֹא שְׁמַרְתֶּם מִשְׁמֶרֶת קָדָשָׁי
ט וַתְּשִׂימוּן לְשֹׁמְרֵי מִשְׁמַרְתִּי בְּמִקְדָּשִׁי לָכֶם: כֹּה־
אָמַר אֲדֹנָי יֱהוִה כָּל־בֶּן־נֵכָר עֶרֶל לֵב וְעֶרֶל בָּשָׂר לֹא יָבוֹא אֶל־
י מִקְדָּשִׁי לְכָל־בֶּן־נֵכָר אֲשֶׁר בְּתוֹךְ בְּנֵי יִשְׂרָאֵל: כִּי אִם־הַלְוִיִּם
אֲשֶׁר רָחֲקוּ מֵעָלַי בִּתְעוֹת יִשְׂרָאֵל אֲשֶׁר תָּעוּ מֵעָלַי אַחֲרֵי
יא גִּלּוּלֵיהֶם וְנָשְׂאוּ עֲוֺנָם: וְהָיוּ בְמִקְדָּשִׁי מְשָׁרְתִים פְּקֻדּוֹת אֶל־
שַׁעֲרֵי הַבַּיִת וּמְשָׁרְתִים אֶת־הַבָּיִת הֵמָּה יִשְׁחֲטוּ אֶת־הָעֹלָה
יב וְאֶת־הַזֶּבַח לָעָם וְהֵמָּה יַעַמְדוּ לִפְנֵיהֶם לְשָׁרְתָם: יַעַן אֲשֶׁר
יְשָׁרְתוּ אוֹתָם לִפְנֵי גִלּוּלֵיהֶם וְהָיוּ לְבֵית־יִשְׂרָאֵל לְמִכְשׁוֹל
עָוֺן עַל־כֵּן נָשָׂאתִי יָדִי עֲלֵיהֶם נְאֻם אֲדֹנָי יֱהוִה וְנָשְׂאוּ עֲוֺנָם:
יג וְלֹא־יִגְּשׁוּ אֵלַי לְכַהֵן לִי וְלָגֶשֶׁת עַל־כָּל־קָדָשַׁי אֶל־קָדְשֵׁי
יד הַקְּדָשִׁים וְנָשְׂאוּ כְּלִמָּתָם וְתוֹעֲבוֹתָם אֲשֶׁר עָשׂוּ: וְנָתַתִּי
אוֹתָם שֹׁמְרֵי מִשְׁמֶרֶת הַבָּיִת לְכֹל עֲבֹדָתוֹ וּלְכֹל אֲשֶׁר יֵעָשֶׂה
טו בּוֹ: וְהַכֹּהֲנִים הַלְוִיִּם בְּנֵי צָדוֹק אֲשֶׁר שָׁמְרוּ אֶת־
מִשְׁמֶרֶת מִקְדָּשִׁי בִּתְעוֹת בְּנֵי־יִשְׂרָאֵל מֵעָלַי הֵמָּה יִקְרְבוּ אֵלַי
לְשָׁרְתֵנִי וְעָמְדוּ לְפָנַי לְהַקְרִיב לִי חֵלֶב וָדָם נְאֻם אֲדֹנָי יֱהוִה:
טז הֵמָּה יָבֹאוּ אֶל־מִקְדָּשִׁי וְהֵמָּה יִקְרְבוּ אֶל־שֻׁלְחָנִי לְשָׁרְתֵנִי
יז וְשָׁמְרוּ אֶת־מִשְׁמַרְתִּי: וְהָיָה בְּבוֹאָם אֶל־שַׁעֲרֵי הֶחָצֵר
הַפְּנִימִית בִּגְדֵי פִשְׁתִּים יִלְבָּשׁוּ וְלֹא־יַעֲלֶה עֲלֵיהֶם צֶמֶר
יח בְּשָׁרְתָם בְּשַׁעֲרֵי הֶחָצֵר הַפְּנִימִית וָבָיְתָה: פַּאֲרֵי פִשְׁתִּים יִהְיוּ
עַל־רֹאשָׁם וּמִכְנְסֵי פִשְׁתִּים יִהְיוּ עַל־מָתְנֵיהֶם לֹא יַחְגְּרוּ בַּיָּזַע:
יט וּבְצֵאתָם אֶל־הֶחָצֵר הַחִיצוֹנָה אֶל־הֶחָצֵר הַחִיצוֹנָה אֶל־הָעָם

יִפְשְׁטוּ אֶת־בִּגְדֵיהֶם אֲשֶׁר־הֵמָּה מְשָׁרְתִם בָּם וְהִנִּיחוּ אוֹתָם
בְּלִשְׁכֹת הַקֹּדֶשׁ וְלָבְשׁוּ בְּגָדִים אֲחֵרִים וְלֹא־יְקַדְּשׁוּ אֶת־הָעָם
כ בְּבִגְדֵיהֶם׃ וְרֹאשָׁם לֹא יְגַלֵּחוּ וּפֶרַע לֹא יְשַׁלֵּחוּ כָּסוֹם יִכְסְמוּ
כא אֶת־רָאשֵׁיהֶם׃ וְיַיִן לֹא־יִשְׁתּוּ כָּל־כֹּהֵן בְּבוֹאָם אֶל־הֶחָצֵר
כב הַפְּנִימִית׃ וְאַלְמָנָה וּגְרוּשָׁה לֹא־יִקְחוּ לָהֶם לְנָשִׁים כִּי אִם־
בְּתוּלֹת מִזֶּרַע בֵּית יִשְׂרָאֵל וְהָאַלְמָנָה אֲשֶׁר־תִּהְיֶה אַלְמָנָה
כג מִכֹּהֵן יִקָּחוּ׃ וְאֶת־עַמִּי יוֹרוּ בֵּין קֹדֶשׁ לְחֹל וּבֵין־טָמֵא לְטָהוֹר
כד יוֹדִעֻם׃ וְעַל־רִיב הֵמָּה יַעַמְדוּ לשפט בְּמִשְׁפָּטַי ושפטהו וְאֶת־ לְמִשְׁפָּט | יִשְׁפְּטֻהוּ
תּוֹרֹתַי וְאֶת־חֻקֹּתַי בְּכָל־מוֹעֲדַי יִשְׁמֹרוּ וְאֶת־שַׁבְּתוֹתַי יְקַדֵּשׁוּ׃
כה וְאֶל־מֵת אָדָם לֹא יָבוֹא לְטָמְאָה כִּי אִם־לְאָב וּלְאֵם וּלְבֵן
כו וּלְבַת לְאָח וּלְאָחוֹת אֲשֶׁר־לֹא־הָיְתָה לְאִישׁ יִטַּמָּאוּ׃ וְאַחֲרֵי
כז טָהֳרָתוֹ שִׁבְעַת יָמִים יִסְפְּרוּ־לוֹ׃ וּבְיוֹם בֹּאוֹ אֶל־הַקֹּדֶשׁ אֶל־
הֶחָצֵר הַפְּנִימִית לְשָׁרֵת בַּקֹּדֶשׁ יַקְרִיב חַטָּאתוֹ נְאֻם אֲדֹנָי
כח יֱהֹוִה׃ וְהָיְתָה לָהֶם לְנַחֲלָה אֲנִי נַחֲלָתָם וַאֲחֻזָּה לֹא־תִתְּנוּ
כט לָהֶם בְּיִשְׂרָאֵל אֲנִי אֲחֻזָּתָם׃ הַמִּנְחָה וְהַחַטָּאת וְהָאָשָׁם
ל הֵמָּה יֹאכְלוּם וְכָל־חֵרֶם בְּיִשְׂרָאֵל לָהֶם יִהְיֶה׃ וְרֵאשִׁית
כָּל־בִּכּוּרֵי כֹל וְכָל־תְּרוּמַת כֹּל מִכֹּל תְּרוּמוֹתֵיכֶם לַכֹּהֲנִים
יִהְיֶה וְרֵאשִׁית עֲרִיסוֹתֵיכֶם תִּתְּנוּ לַכֹּהֵן לְהָנִיחַ בְּרָכָה אֶל־
לא בֵּיתֶךָ׃ כָּל־נְבֵלָה וּטְרֵפָה מִן־הָעוֹף וּמִן־הַבְּהֵמָה לֹא יֹאכְלוּ
מה א הַכֹּהֲנִים׃ וּבְהַפִּילְכֶם אֶת־הָאָרֶץ בְּנַחֲלָה תָּרִימוּ
תְרוּמָה לַיהוָה ׀ קֹדֶשׁ מִן־הָאָרֶץ אֹרֶךְ חֲמִשָּׁה וְעֶשְׂרִים אֶלֶף
ב אֹרֶךְ וְרֹחַב עֲשָׂרָה אָלֶף קֹדֶשׁ־הוּא בְּכָל־גְּבוּלָהּ סָבִיב׃ יִהְיֶה
מִזֶּה אֶל־הַקֹּדֶשׁ חֲמֵשׁ מֵאוֹת בַּחֲמֵשׁ מֵאוֹת מְרֻבָּע סָבִיב
ג וַחֲמִשִּׁים אַמָּה מִגְרָשׁ לוֹ סָבִיב׃ וּמִן־הַמִּדָּה הַזֹּאת תָּמוֹד אֹרֶךְ
חֲמֵשׁ וְעֶשְׂרִים אֶלֶף וְרֹחַב עֲשֶׂרֶת אֲלָפִים וּבוֹ־יִהְיֶה הַמִּקְדָּשׁ
ד קֹדֶשׁ קָדָשִׁים׃ קֹדֶשׁ מִן־הָאָרֶץ הוּא לַכֹּהֲנִים מְשָׁרְתֵי הַמִּקְדָּשׁ
יִהְיֶה הַקְּרֵבִים לְשָׁרֵת אֶת־יְהוָה וְהָיָה לָהֶם מָקוֹם לְבָתִּים

ה וּמִקְדָּשׁ לַמִּקְדָּשׁ׃ וַחֲמִשָּׁה וְעֶשְׂרִים אֶלֶף אֹרֶךְ וַעֲשֶׂרֶת אֲלָפִים
רֹחַב יִהְיֶה לַלְוִיִּם מְשָׁרְתֵי הַבַּיִת לָהֶם לַאֲחֻזָּה עֶשְׂרִים לְשָׁכֹת׃ וְהָיָה
ו וַאֲחֻזַּת הָעִיר תִּתְּנוּ חֲמֵשֶׁת אֲלָפִים רֹחַב וְאֹרֶךְ חֲמִשָּׁה וְעֶשְׂרִים
ז אֶלֶף לְעֻמַּת תְּרוּמַת הַקֹּדֶשׁ לְכָל־בֵּית יִשְׂרָאֵל יִהְיֶה׃ וְלַנָּשִׂיא
מִזֶּה וּמִזֶּה לִתְרוּמַת הַקֹּדֶשׁ וְלַאֲחֻזַּת הָעִיר אֶל־פְּנֵי תְרוּמַת־
הַקֹּדֶשׁ וְאֶל־פְּנֵי אֲחֻזַּת הָעִיר מִפְּאַת יָם יָמָּה וּמִפְּאַת
קֵדְמָה קָדִימָה וְאֹרֶךְ לְעֻמּוֹת אַחַד הַחֲלָקִים מִגְּבוּל יָם
ח אֶל־גְּבוּל קָדִימָה׃ לָאָרֶץ יִהְיֶה־לּוֹ לַאֲחֻזָּה בְּיִשְׂרָאֵל וְלֹא־
יוֹנוּ עוֹד נְשִׂיאַי אֶת־עַמִּי וְהָאָרֶץ יִתְּנוּ לְבֵית־יִשְׂרָאֵל
ט לְשִׁבְטֵיהֶם׃ כֹּה־אָמַר אֲדֹנָי יֱהֹוִה רַב־לָכֶם
נְשִׂיאֵי יִשְׂרָאֵל חָמָס וָשֹׁד הָסִירוּ וּמִשְׁפָּט וּצְדָקָה עֲשׂוּ הָרִימוּ
י גְרֻשֹׁתֵיכֶם מֵעַל עַמִּי נְאֻם אֲדֹנָי יֱהֹוִה׃ מֹאזְנֵי־צֶדֶק וְאֵיפַת־צֶדֶק
יא וּבַת־צֶדֶק יְהִי לָכֶם׃ הָאֵיפָה וְהַבַּת תֹּכֶן אֶחָד יִהְיֶה לָשֵׂאת
מַעְשַׂר הַחֹמֶר הַבָּת וַעֲשִׂירִת הַחֹמֶר הָאֵיפָה אֶל־הַחֹמֶר יִהְיֶה
יב מַתְכֻּנְתּוֹ׃ וְהַשֶּׁקֶל עֶשְׂרִים גֵּרָה עֶשְׂרִים שְׁקָלִים חֲמִשָּׁה
יג וְעֶשְׂרִים שְׁקָלִים עֲשָׂרָה וַחֲמִשָּׁה שֶׁקֶל הַמָּנֶה יִהְיֶה לָכֶם׃ זֹאת
הַתְּרוּמָה אֲשֶׁר תָּרִימוּ שִׁשִּׁית הָאֵיפָה מֵחֹמֶר הַחִטִּים וְשִׁשִּׁיתֶם
יד הָאֵיפָה מֵחֹמֶר הַשְּׂעֹרִים׃ וְחֹק הַשֶּׁמֶן הַבַּת הַשֶּׁמֶן מַעְשַׂר הַבַּת
טו כח מִן־הַכֹּר עֲשֶׂרֶת הַבַּתִּים חֹמֶר כִּי־עֲשֶׂרֶת הַבַּתִּים חֹמֶר׃ וְשֶׂה־
אַחַת מִן־הַצֹּאן מִן־הַמָּאתַיִם מִמַּשְׁקֵה יִשְׂרָאֵל לְמִנְחָה וּלְעוֹלָה
טז וְלִשְׁלָמִים לְכַפֵּר עֲלֵיהֶם נְאֻם אֲדֹנָי יֱהֹוִה׃ כֹּל
יז הָעָם הָאָרֶץ יִהְיוּ אֶל־הַתְּרוּמָה הַזֹּאת לַנָּשִׂיא בְּיִשְׂרָאֵל׃ וְעַל־
הַנָּשִׂיא יִהְיֶה הָעוֹלוֹת וְהַמִּנְחָה וְהַנֶּסֶךְ בַּחַגִּים וּבֶחֳדָשִׁים
וּבַשַּׁבָּתוֹת בְּכָל־מוֹעֲדֵי בֵּית יִשְׂרָאֵל הוּא־יַעֲשֶׂה אֶת־הַחַטָּאת
וְאֶת־הַמִּנְחָה וְאֶת־הָעוֹלָה וְאֶת־הַשְּׁלָמִים לְכַפֵּר בְּעַד בֵּית־
יח יִשְׂרָאֵל׃ כֹּה־אָמַר אֲדֹנָי יֱהֹוִה בָּרִאשׁוֹן בְּאֶחָד
יט לַחֹדֶשׁ תִּקַּח פַּר־בֶּן־בָּקָר תָּמִים וְחִטֵּאתָ אֶת־הַמִּקְדָּשׁ׃ וְלָקַח

הַכֹּהֵן מִדַּם הַחַטָּאת וְנָתַן אֶל־מְזוּזַת הַבַּיִת וְאֶל־אַרְבַּע פִּנּוֹת
כ הָעֲזָרָה לַמִּזְבֵּחַ וְעַל־מְזוּזַת שַׁעַר הֶחָצֵר הַפְּנִימִית׃ וְכֵן תַּעֲשֶׂה
בְּשִׁבְעָה בַחֹדֶשׁ מֵאִישׁ שֹׁגֶה וּמִפֶּתִי וְכִפַּרְתֶּם אֶת־הַבָּיִת׃
כא בָּרִאשׁוֹן בְּאַרְבָּעָה עָשָׂר יוֹם לַחֹדֶשׁ יִהְיֶה לָכֶם הַפָּסַח חָג
כב שְׁבֻעוֹת יָמִים מַצּוֹת יֵאָכֵל׃ וְעָשָׂה הַנָּשִׂיא בַּיּוֹם הַהוּא בַּעֲדוֹ
כג וּבְעַד כָּל־עַם הָאָרֶץ פַּר חַטָּאת׃ וְשִׁבְעַת יְמֵי־הֶחָג יַעֲשֶׂה
עוֹלָה לַיהוָה שִׁבְעַת פָּרִים וְשִׁבְעַת אֵילִים תְּמִימִם לַיּוֹם שִׁבְעַת
כד הַיָּמִים וְחַטָּאת שְׂעִיר עִזִּים לַיּוֹם׃ וּמִנְחָה אֵיפָה לַפָּר וְאֵיפָה
כה לָאַיִל יַעֲשֶׂה וְשֶׁמֶן הִין לָאֵיפָה׃ בַּשְּׁבִיעִי בַּחֲמִשָּׁה עָשָׂר יוֹם
לַחֹדֶשׁ בֶּחָג יַעֲשֶׂה כָאֵלֶּה שִׁבְעַת הַיָּמִים כַּחַטָּאת כָּעֹלָה
מו א וְכַמִּנְחָה וְכַשָּׁמֶן׃ כֹּה־אָמַר אֲדֹנָי יֱהוִה שַׁעַר
הֶחָצֵר הַפְּנִימִית הַפֹּנֶה קָדִים יִהְיֶה סָגוּר שֵׁשֶׁת יְמֵי הַמַּעֲשֶׂה
ב וּבְיוֹם הַשַּׁבָּת יִפָּתֵחַ וּבְיוֹם הַחֹדֶשׁ יִפָּתֵחַ׃ וּבָא הַנָּשִׂיא דֶּרֶךְ
אוּלָם הַשַּׁעַר מִחוּץ וְעָמַד עַל־מְזוּזַת הַשַּׁעַר וְעָשׂוּ הַכֹּהֲנִים אֶת־
עוֹלָתוֹ וְאֶת־שְׁלָמָיו וְהִשְׁתַּחֲוָה עַל־מִפְתַּן הַשַּׁעַר וְיָצָא וְהַשַּׁעַר
ג לֹא־יִסָּגֵר עַד־הָעָרֶב׃ וְהִשְׁתַּחֲווּ עַם־הָאָרֶץ פֶּתַח הַשַּׁעַר הַהוּא
ד בַּשַּׁבָּתוֹת וּבֶחֳדָשִׁים לִפְנֵי יְהוָה׃ וְהָעֹלָה אֲשֶׁר־יַקְרִב הַנָּשִׂיא
ה לַיהוָה בְּיוֹם הַשַּׁבָּת שִׁשָּׁה כְבָשִׂים תְּמִימִם וְאַיִל תָּמִים׃ וּמִנְחָה
ו אֵיפָה לָאַיִל וְלַכְּבָשִׂים מִנְחָה מַתַּת יָדוֹ וְשֶׁמֶן הִין לָאֵיפָה׃ וּבְיוֹם
הַחֹדֶשׁ פַּר בֶּן־בָּקָר תְּמִימִם וְשֵׁשֶׁת כְּבָשִׂם וָאַיִל תְּמִימִם יִהְיוּ׃
ז וְאֵיפָה לַפָּר וְאֵיפָה לָאַיִל יַעֲשֶׂה מִנְחָה וְלַכְּבָשִׂים כַּאֲשֶׁר תַּשִּׂיג
ח יָדוֹ וְשֶׁמֶן הִין לָאֵיפָה׃ וּבְבוֹא הַנָּשִׂיא דֶּרֶךְ אוּלָם הַשַּׁעַר יָבוֹא
ט וּבְדַרְכּוֹ יֵצֵא׃ וּבְבוֹא עַם־הָאָרֶץ לִפְנֵי יְהוָה בַּמּוֹעֲדִים הַבָּא דֶּרֶךְ
שַׁעַר צָפוֹן לְהִשְׁתַּחֲוֺת יֵצֵא דֶּרֶךְ־שַׁעַר נֶגֶב וְהַבָּא דֶּרֶךְ־שַׁעַר
נֶגֶב יֵצֵא דֶּרֶךְ־שַׁעַר צָפוֹנָה לֹא יָשׁוּב דֶּרֶךְ הַשַּׁעַר אֲשֶׁר־בָּא בוֹ
י כִּי נִכְחוֹ יצאו׃ וְהַנָּשִׂיא בְּתוֹכָם בְּבוֹאָם יָבוֹא וּבְצֵאתָם יֵצֵאוּ׃ יֵצֵא
יא וּבַחַגִּים וּבַמּוֹעֲדִים תִּהְיֶה הַמִּנְחָה אֵיפָה לַפָּר וְאֵיפָה לָאַיִל

וְלַכְּבָשִׂים מַתַּת יָדוֹ וְשֶׁמֶן הִין לָאֵיפָה׃ וְכִי־ יב
יַעֲשֶׂה הַנָּשִׂיא נְדָבָה עוֹלָה אוֹ־שְׁלָמִים נְדָבָה לַיהוָה וּפָתַח לוֹ
אֶת־הַשַּׁעַר הַפֹּנֶה קָדִים וְעָשָׂה אֶת־עֹלָתוֹ וְאֶת־שְׁלָמָיו כַּאֲשֶׁר
יַעֲשֶׂה בְּיוֹם הַשַּׁבָּת וְיָצָא וְסָגַר אֶת־הַשַּׁעַר אַחֲרֵי צֵאתוֹ׃ וְכֶבֶשׂ יג
בֶּן־שְׁנָתוֹ תָּמִים תַּעֲשֶׂה עוֹלָה לַיּוֹם לַיהוָה בַּבֹּקֶר בַּבֹּקֶר תַּעֲשֶׂה
אֹתוֹ׃ וּמִנְחָה תַעֲשֶׂה עָלָיו בַּבֹּקֶר בַּבֹּקֶר שִׁשִּׁית הָאֵיפָה וְשֶׁמֶן יד
שְׁלִישִׁית הַהִין לָרֹס אֶת־הַסֹּלֶת מִנְחָה לַיהוָה חֻקּוֹת עוֹלָם
תָּמִיד׃ ועשׂו אֶת־הַכֶּבֶשׂ וְאֶת־הַמִּנְחָה וְאֶת־הַשֶּׁמֶן בַּבֹּקֶר טו
יַעֲשׂוּ
בַּבֹּקֶר עוֹלַת תָּמִיד׃ כֹּה־אָמַר אֲדֹנָי יְהוִה כִּי־ טז
יִתֵּן הַנָּשִׂיא מַתָּנָה לְאִישׁ מִבָּנָיו נַחֲלָתוֹ הִיא לְבָנָיו תִּהְיֶה
אֲחֻזָּתָם הִיא בְּנַחֲלָה׃ וְכִי־יִתֵּן מַתָּנָה מִנַּחֲלָתוֹ לְאַחַד מֵעֲבָדָיו יז
וְהָיְתָה לּוֹ עַד־שְׁנַת הַדְּרוֹר וְשָׁבַת לַנָּשִׂיא אַךְ נַחֲלָתוֹ בָּנָיו לָהֶם
תִּהְיֶה׃ וְלֹא־יִקַּח הַנָּשִׂיא מִנַּחֲלַת הָעָם לְהוֹנֹתָם מֵאֲחֻזָּתָם יח
מֵאֲחֻזָּתוֹ יַנְחִל אֶת־בָּנָיו לְמַעַן אֲשֶׁר לֹא־יָפֻצוּ עַמִּי אִישׁ
מֵאֲחֻזָּתוֹ׃ וַיְבִיאֵנִי בַמָּבוֹא אֲשֶׁר עַל־כֶּתֶף הַשַּׁעַר אֶל־הַלְּשָׁכוֹת יט
הַקֹּדֶשׁ אֶל־הַכֹּהֲנִים הַפֹּנוֹת צָפוֹנָה וְהִנֵּה־שָׁם מָקוֹם בירכתם
בַּיַּרְכָתָיִם
יָמָּה׃ וַיֹּאמֶר אֵלַי זֶה הַמָּקוֹם אֲשֶׁר יְבַשְּׁלוּ־שָׁם הַכֹּהֲנִים אֶת־ כ
הָאָשָׁם וְאֶת־הַחַטָּאת אֲשֶׁר יֹאפוּ אֶת־הַמִּנְחָה לְבִלְתִּי הוֹצִיא
אֶל־הֶחָצֵר הַחִיצוֹנָה לְקַדֵּשׁ אֶת־הָעָם׃ וַיּוֹצִיאֵנִי אֶל־הֶחָצֵר כא
הַחִיצֹנָה וַיַּעֲבִירֵנִי אֶל־אַרְבַּעַת מִקְצוֹעֵי הֶחָצֵר וְהִנֵּה חָצֵר
בְּמִקְצֹעַ הֶחָצֵר חָצֵר בְּמִקְצֹעַ הֶחָצֵר׃ בְּאַרְבַּעַת מִקְצֹעוֹת הֶחָצֵר כב
חֲצֵרוֹת קְטֻרוֹת אַרְבָּעִים אֹרֶךְ וּשְׁלֹשִׁים רֹחַב מִדָּה אַחַת
לְאַרְבַּעְתָּם מְהֻקְצָעוֹת׃ וְטוּר סָבִיב בָּהֶם סָבִיב לְאַרְבַּעְתָּם כג
וּמְבַשְּׁלוֹת עָשׂוּי מִתַּחַת הַטִּירוֹת סָבִיב׃ וַיֹּאמֶר אֵלָי אֵלֶּה בֵּית כד
הַמְבַשְּׁלִים אֲשֶׁר יְבַשְּׁלוּ־שָׁם מְשָׁרְתֵי הַבַּיִת אֶת־זֶבַח הָעָם׃
וַיְשִׁבֵנִי אֶל־פֶּתַח הַבַּיִת וְהִנֵּה־מַיִם יֹצְאִים מִתַּחַת מִפְתַּן הַבַּיִת א מז
קָדִימָה כִּי־פְנֵי הַבַּיִת קָדִים וְהַמַּיִם יֹרְדִים מִתַּחַת מִכֶּתֶף הַבַּיִת

ב הימנית מנגב למזבח: ויוצאני דרך־שער צפונה ויסבני דרך
חוץ אל־שער החוץ דרך הפונה קדים והנה־מים מפכים מן־
ג הכתף הימנית: בצאת־האיש קדים וקו בידו וימד אלף באמה
ד ויעברני במים מי אפסים: וימד אלף ויעברני במים מים
ה ברכים וימד אלף ויעברני מי מתנים: וימד אלף נחל אשר
לא־אוכל לעבר כי־גאו המים מי שחו נחל אשר לא־יעבר:
ו ז ויאמר אלי הראית בן־אדם ויולכני וישבני שפת הנחל: בשובני
ח והנה אל־שפת הנחל עץ רב מאד מזה ומזה: ויאמר אלי
המים האלה יוצאים אל־הגלילה הקדמונה וירדו על־הערבה
ט ובאו הימה אל־הימה המוצאים ונרפאו המים: והיה כל־נפש
חיה ׀ אשר־ישרץ אל כל־אשר יבוא שם נחלים יחיה והיה
הדגה רבה מאד כי באו שמה המים האלה וירפאו וחי כל
י אשר־יבוא שמה הנחל: והיה יעמדו עליו דוגים מעין גדי ועד־ עמדו
עין עגלים משטוח לחרמים יהיו למינה תהיה דגתם כדגת הים
יא יב הגדול רבה מאד: בצאתו וגבאיו ולא ירפאו למלח נתנו: ועל־ כט
הנחל יעלה על־שפתו מזה ׀ ומזה ׀ כל־עץ־מאכל לא־יבול
עלהו ולא־יתם פריו לחדשיו יבכר כי מימיו מן־המקדש המה
יג יוצאים והיו פריו למאכל ועלהו לתרופה: כה והיה
אמר אדני יהוה גה גבול אשר תתנחלו את־הארץ לשני עשר
יד שבטי ישראל יוסף חבלים: ונחלתם אותה איש כאחיו אשר
נשאתי את־ידי לתתה לאבתיכם ונפלה הארץ הזאת לכם
טו בנחלה: וזה גבול הארץ לפאת צפונה מן־הים הגדול הדרך
טז חתלן לבוא צדדה: חמת ׀ ברותה סברים אשר בין־גבול
יז דמשק ובין גבול חמת חצר התיכון אשר אל־גבול חורן: והיה
גבול מן־הים חצר עינון גבול דמשק וצפון ׀ צפונה וגבול חמת
יח ואת פאת צפון: ופאת קדים מבין חורן ומבין דמשק ומבין
הגלעד ומבין ארץ ישראל הירדן מגבול על־הים הקדמוני

תָּמֹדּוּ וְאֵת פְּאַת קָדִימָה: וּפְאַת נֶגֶב תֵּימָנָה מִתָּמָר עַד־מֵי יט
מְרִיבוֹת קָדֵשׁ נַחֲלָה אֶל־הַיָּם הַגָּדוֹל וְאֵת פְּאַת־תֵּימָנָה נֶגְבָּה:
וּפְאַת־יָם הַיָּם הַגָּדוֹל מִגְּבוּל עַד־נֹכַח לְבוֹא חֲמָת זֹאת פְּאַת־ כ
יָם: וְחִלַּקְתֶּם אֶת־הָאָרֶץ הַזֹּאת לָכֶם לְשִׁבְטֵי יִשְׂרָאֵל: וְהָיָה כא כב
תַּפִּלוּ אוֹתָהּ בְּנַחֲלָה לָכֶם וּלְהַגֵּרִים הַגָּרִים בְּתוֹכְכֶם אֲשֶׁר־
הוֹלִדוּ בָנִים בְּתוֹכְכֶם וְהָיוּ לָכֶם כְּאֶזְרָח בִּבְנֵי יִשְׂרָאֵל אִתְּכֶם
יִפְּלוּ בְנַחֲלָה בְּתוֹךְ שִׁבְטֵי יִשְׂרָאֵל: וְהָיָה בַשֵּׁבֶט אֲשֶׁר־גָּר הַגֵּר כג
אִתּוֹ שָׁם תִּתְּנוּ נַחֲלָתוֹ נְאֻם אֲדֹנָי יֱהֹוִה: וְאֵלֶּה א מח
שְׁמוֹת הַשְּׁבָטִים מִקְצֵה צָפוֹנָה אֶל־יַד דֶּרֶךְ־חֶתְלֹן ׀ לְבוֹא־חֲמָת
חֲצַר עֵינָן גְּבוּל דַּמֶּשֶׂק צָפוֹנָה אֶל־יַד חֲמָת וְהָיוּ־לוֹ פְאַת־קָדִים
הַיָּם דָּן אֶחָד: וְעַל ׀ גְּבוּל דָּן מִפְּאַת קָדִים עַד־פְּאַת־יָמָּה אָשֵׁר ב
אֶחָד: וְעַל ׀ גְּבוּל אָשֵׁר מִפְּאַת קָדִימָה וְעַד־פְּאַת־יָמָּה נַפְתָּלִי ג
אֶחָד: וְעַל ׀ גְּבוּל נַפְתָּלִי מִפְּאַת קָדְמָה עַד־פְּאַת־יָמָּה מְנַשֶּׁה ד
אֶחָד: וְעַל ׀ גְּבוּל מְנַשֶּׁה מִפְּאַת קָדְמָה עַד־פְּאַת יָמָּה אֶפְרָיִם ה
אֶחָד: וְעַל ׀ גְּבוּל אֶפְרַיִם מִפְּאַת קָדִים וְעַד־פְּאַת־יָמָּה רְאוּבֵן ו
אֶחָד: וְעַל ׀ גְּבוּל רְאוּבֵן מִפְּאַת קָדִים עַד־פְּאַת יָמָּה יְהוּדָה ז
אֶחָד: וְעַל גְּבוּל יְהוּדָה מִפְּאַת קָדִים עַד־פְּאַת יָמָּה תִּהְיֶה ח
הַתְּרוּמָה אֲשֶׁר־תָּרִימוּ חֲמִשָּׁה וְעֶשְׂרִים אֶלֶף רֹחַב וְאֹרֶךְ כְּאַחַד
הַחֲלָקִים מִפְּאַת קָדִימָה עַד־פְּאַת־יָמָּה וְהָיָה הַמִּקְדָּשׁ בְּתוֹכוֹ:
הַתְּרוּמָה אֲשֶׁר תָּרִימוּ לַיהֹוָה אֹרֶךְ חֲמִשָּׁה וְעֶשְׂרִים אֶלֶף וְרֹחַב ט
עֲשֶׂרֶת אֲלָפִים: וּלְאֵלֶּה תִּהְיֶה תְרוּמַת־הַקֹּדֶשׁ לַכֹּהֲנִים צָפוֹנָה י
חֲמִשָּׁה וְעֶשְׂרִים אֶלֶף וְיָמָּה רֹחַב עֲשֶׂרֶת אֲלָפִים וְקָדִימָה רֹחַב
עֲשֶׂרֶת אֲלָפִים וְנֶגְבָּה אֹרֶךְ חֲמִשָּׁה וְעֶשְׂרִים אָלֶף וְהָיָה מִקְדַּשׁ־
יְהֹוָה בְּתוֹכוֹ: לַכֹּהֲנִים הַמְקֻדָּשׁ מִבְּנֵי צָדוֹק אֲשֶׁר שָׁמְרוּ יא
מִשְׁמַרְתִּי אֲשֶׁר לֹא־תָעוּ בִּתְעוֹת בְּנֵי יִשְׂרָאֵל כַּאֲשֶׁר תָּעוּ
הַלְוִיִּם: וְהָיְתָה לָהֶם תְּרוּמִיָּה מִתְּרוּמַת הָאָרֶץ קֹדֶשׁ קָדָשִׁים יב
אֶל־גְּבוּל הַלְוִיִּם: וְהַלְוִיִּם לְעֻמַּת גְּבוּל הַכֹּהֲנִים חֲמִשָּׁה וְעֶשְׂרִים יג

אלף ארך ורחב עשרת אלפים כל־ארך חמשה ועשרים אלף
יד ורחב עשרת אלפים׃ ולא־ימכרו ממנו ולא ימר ולא יעבור יעביר
טו ראשית הארץ כי־קדש ליהוה׃ וחמשת אלפים הנותר ברחב
על־פני חמשה ועשרים אלף חל־הוא לעיר למושב ולמגרש
טז והיתה העיר בתוכה׃ ואלה מדותיה פאת צפון חמש מאות
וארבעת אלפים ופאת־נגב חמש חמש מאות וארבעת
אלפים ומפאת קדים חמש מאות וארבעת אלפים ופאת־ימה
יז חמש מאות וארבעת אלפים׃ והיה מגרש לעיר צפונה
חמשים ומאתים ונגבה חמשים ומאתים וקדימה חמשים
יח ומאתים וימה חמשים ומאתים׃ והנותר בארך לעמת ׀
תרומת הקדש עשרת אלפים קדימה ועשרת אלפים ימה
והיה לעמת תרומת הקדש והיתה תבואתה ללחם לעבדי
יט כ העיר׃ והעבד העיר יעבדוהו מכל שבטי ישראל׃ כל־
התרומה חמשה ועשרים אלף בחמשה ועשרים אלף רביעית
כא תרימו את־תרומת הקדש אל־אחזת העיר׃ והנותר לנשיא
מזה ׀ ומזה ׀ לתרומת־הקדש ולאחזת העיר אל־פני חמשה
ועשרים אלף ׀ תרומה עד־גבול קדימה וימה על־פני חמשה
ועשרים אלף על־גבול ימה לעמת חלקים לנשיא והיתה
כב תרומת הקדש ומקדש הבית בתוכה׃ ומאחזת הלוים
ומאחזת העיר בתוך אשר לנשיא יהיה בין ׀ גבול יהודה
כג ובין גבול בנימן לנשיא יהיה׃ ויתר השבטים מפאת קדימה
כד עד־פאת־ימה בנימן אחד׃ ועל ׀ גבול בנימן מפאת קדימה
כה עד־פאת־ימה שמעון אחד׃ ועל ׀ גבול שמעון מפאת קדימה
כו עד־פאת־ימה יששכר אחד׃ ועל ׀ גבול יששכר מפאת קדימה
כז עד־פאת־ימה זבולן אחד׃ ועל ׀ גבול זבולן מפאת קדמה
כח עד־פאת־ימה גד אחד׃ ועל גבול גד אל־פאת נגב תימנה
והיה גבול מתמר מי מריבת קדש נחלה על־הים הגדול׃

כט זֹאת הָאָרֶץ אֲשֶׁר־תַּפִּילוּ מִנַּחֲלָה לְשִׁבְטֵי יִשְׂרָאֵל וְאֵלֶּה
ל מַחְלְקֹתָם נְאֻם אֲדֹנָי יֱהֹוִה: וְאֵלֶּה תֹּוצְאֹת הָעִיר
לא מִפְּאַת צָפוֹן חֲמֵשׁ מֵאוֹת וְאַרְבַּעַת אֲלָפִים מִדָּה: וְשַׁעֲרֵי הָעִיר
עַל־שְׁמוֹת שִׁבְטֵי יִשְׂרָאֵל שְׁעָרִים שְׁלוֹשָׁה צָפוֹנָה שַׁעַר רְאוּבֵן
לב אֶחָד שַׁעַר יְהוּדָה אֶחָד שַׁעַר לֵוִי אֶחָד: וְאֶל־פְּאַת קָדִימָה חֲמֵשׁ
מֵאוֹת וְאַרְבַּעַת אֲלָפִים וּשְׁעָרִים שְׁלֹשָׁה וְשַׁעַר יוֹסֵף אֶחָד שַׁעַר
לג בִּנְיָמִן אֶחָד שַׁעַר דָּן אֶחָד: וּפְאַת־נֶגְבָּה חֲמֵשׁ מֵאוֹת וְאַרְבַּעַת
אֲלָפִים מִדָּה וּשְׁעָרִים שְׁלֹשָׁה שַׁעַר שִׁמְעוֹן אֶחָד שַׁעַר יִשָּׂשכָר
לד אֶחָד שַׁעַר זְבוּלֻן אֶחָד: פְּאַת־יָמָּה חֲמֵשׁ מֵאוֹת וְאַרְבַּעַת
אֲלָפִים שַׁעֲרֵיהֶם שְׁלֹשָׁה שַׁעַר גָּד אֶחָד שַׁעַר אָשֵׁר אֶחָד
לה שַׁעַר נַפְתָּלִי אֶחָד: סָבִיב שְׁמֹנָה עָשָׂר אָלֶף וְשֵׁם־הָעִיר
מִיּוֹם יְהוָה ׀ שָׁמָּה:

שנים עשר

הושע
יואל
עמוס
עובדיה
יונה
מיכה
נחום
חבקוק
צפניה
חגי
זכריה
מלאכי

א דבר־יהוה | אשר היה אל־הושע בן־בארי בימי עזיה א
יותם אחז יחזקיה מלכי יהודה ובימי ירבעם בן־יואש
ב מלך ישראל: תחלת דבר־יהוה בהושע ויאמר יהוה אל־
הושע לך קח־לך אשת זנונים וילדי זנונים כי־זנה תזנה
ג הארץ מאחרי יהוה: וילך ויקח את־גמר בת־דבלים
ד ותהר ותלד־לו בן: ויאמר יהוה אליו קרא שמו יזרעאל
כי־עוד מעט ופקדתי את־דמי יזרעאל על־בית יהוא
ה והשבתי ממלכות בית ישראל: והיה ביום ההוא ושברתי
ו את־קשת ישראל בעמק יזרעאל: ותהר עוד ותלד בת
ויאמר לו קרא שמה לא רחמה כי לא אוסיף עוד ארחם
ז את־בית ישראל כי־נשא אשא להם: ואת־בית יהודה
ארחם והושעתים ביהוה אלהיהם ולא אושיעם בקשת
ח ובחרב ובמלחמה בסוסים ובפרשים: ותגמל את־לא
ט רחמה ותהר ותלד בן: ויאמר קרא שמו לא עמי כי אתם
א לא עמי ואנכי לא־אהיה לכם: והיה מספר ב
בני־ישראל כחול הים אשר לא־ימד ולא יספר והיה
במקום אשר־יאמר להם לא־עמי אתם יאמר להם בני
ב אל־חי: ונקבצו בני־יהודה ובני־ישראל יחדו ושמו להם
ג ראש אחד ועלו מן־הארץ כי גדול יום יזרעאל: אמרו
ד לאחיכם עמי ולאחותיכם רחמה: ריבו באמכם ריבו
כי־היא לא אשתי ואנכי לא אישה ותסר זנוניה מפניה
ה ונאפופיה מבין שדיה: פן־אפשיטנה ערמה והצגתיה
כיום הולדה ושמתיה כמדבר ושתה כארץ ציה והמתיה
ו ז בצמא: ואת־בניה לא ארחם כי־בני זנונים המה: כי
זנתה אמם הבישה הורתם כי אמרה אלכה אחרי מאהבי
ח נתני לחמי ומימי צמרי ופשתי שמני ושקויי: לכן הנני־
שך את־דרכך בסירים וגדרתי את־גדרה ונתיבותיה לא

תִּמְצָא: וְרִדְּפָה אֶת־מְאַהֲבֶיהָ וְלֹא־תַשִּׂיג אֹתָם וּבִקְשָׁתַם ט
וְלֹא תִמְצָא וְאָמְרָה אֵלְכָה וְאָשׁוּבָה אֶל־אִישִׁי הָרִאשׁוֹן
כִּי טוֹב לִי אָז מֵעָתָּה: וְהִיא לֹא יָדְעָה כִּי אָנֹכִי נָתַתִּי י
לָהּ הַדָּגָן וְהַתִּירוֹשׁ וְהַיִּצְהָר וְכֶסֶף הִרְבֵּיתִי לָהּ וְזָהָב עָשׂוּ
לַבָּעַל: לָכֵן אָשׁוּב וְלָקַחְתִּי דְגָנִי בְּעִתּוֹ וְתִירוֹשִׁי בְּמוֹעֲדוֹ יא
וְהִצַּלְתִּי צַמְרִי וּפִשְׁתִּי לְכַסּוֹת אֶת־עֶרְוָתָהּ: וְעַתָּה אֲגַלֶּה יב
אֶת־נַבְלֻתָהּ לְעֵינֵי מְאַהֲבֶיהָ וְאִישׁ לֹא־יַצִּילֶנָּה מִיָּדִי:
וְהִשְׁבַּתִּי כָּל־מְשׂוֹשָׂהּ חַגָּהּ חָדְשָׁהּ וְשַׁבַּתָּהּ וְכֹל מוֹעֲדָהּ: יג
וַהֲשִׁמֹּתִי גַּפְנָהּ וּתְאֵנָתָהּ אֲשֶׁר אָמְרָה אֶתְנָה הֵמָּה לִי אֲשֶׁר יד
נָתְנוּ־לִי מְאַהֲבָי וְשַׂמְתִּים לְיַעַר וַאֲכָלָתַם חַיַּת הַשָּׂדֶה:
וּפָקַדְתִּי עָלֶיהָ אֶת־יְמֵי הַבְּעָלִים אֲשֶׁר תַּקְטִיר לָהֶם וַתַּעַד טו
נִזְמָהּ וְחֶלְיָתָהּ וַתֵּלֶךְ אַחֲרֵי מְאַהֲבֶיהָ וְאֹתִי שָׁכְחָה נְאֻם־
יְהוָה: לָכֵן הִנֵּה אָנֹכִי מְפַתֶּיהָ וְהֹלַכְתִּיהָ טז
הַמִּדְבָּר וְדִבַּרְתִּי עַל־לִבָּהּ: וְנָתַתִּי לָהּ אֶת־כְּרָמֶיהָ מִשָּׁם יז
וְאֶת־עֵמֶק עָכוֹר לְפֶתַח תִּקְוָה וְעָנְתָה שָּׁמָּה כִּימֵי נְעוּרֶיהָ
וּכְיוֹם עֲלוֹתָהּ מֵאֶרֶץ־מִצְרָיִם: וְהָיָה בַיּוֹם־ יח
הַהוּא נְאֻם־יְהוָה תִּקְרְאִי אִישִׁי וְלֹא־תִקְרְאִי־לִי עוֹד בַּעְלִי:
וַהֲסִרֹתִי אֶת־שְׁמוֹת הַבְּעָלִים מִפִּיהָ וְלֹא־יִזָּכְרוּ עוֹד בִּשְׁמָם: יט
וְכָרַתִּי לָהֶם בְּרִית בַּיּוֹם הַהוּא עִם־חַיַּת הַשָּׂדֶה וְעִם־עוֹף כ
הַשָּׁמַיִם וְרֶמֶשׂ הָאֲדָמָה וְקֶשֶׁת וְחֶרֶב וּמִלְחָמָה אֶשְׁבּוֹר מִן־
הָאָרֶץ וְהִשְׁכַּבְתִּים לָבֶטַח: וְאֵרַשְׂתִּיךְ לִי לְעוֹלָם וְאֵרַשְׂתִּיךְ כא
לִי בְּצֶדֶק וּבְמִשְׁפָּט וּבְחֶסֶד וּבְרַחֲמִים: וְאֵרַשְׂתִּיךְ לִי בֶּאֱמוּנָה כב
וְיָדַעַתְּ אֶת־יְהוָה: וְהָיָה ׀ בַּיּוֹם הַהוּא אֶעֱנֶה כג
נְאֻם־יְהוָה אֶעֱנֶה אֶת־הַשָּׁמָיִם וְהֵם יַעֲנוּ אֶת־הָאָרֶץ:
וְהָאָרֶץ תַּעֲנֶה אֶת־הַדָּגָן וְאֶת־הַתִּירוֹשׁ וְאֶת־הַיִּצְהָר כד
וְהֵם יַעֲנוּ אֶת־יִזְרְעֶאל: וּזְרַעְתִּיהָ לִּי בָּאָרֶץ וְרִחַמְתִּי אֶת־ כה
לֹא רֻחָמָה וְאָמַרְתִּי לְלֹא־עַמִּי עַמִּי־אַתָּה וְהוּא יֹאמַר

ג

א אֱלֹהָי: וַיֹּאמֶר יְהוָה אֵלַי עוֹד לֵךְ אֱהַב־אִשָּׁה
אֲהֻבַת רֵעַ וּמְנָאָפֶת כְּאַהֲבַת יְהוָה אֶת־בְּנֵי יִשְׂרָאֵל וְהֵם
ב פֹּנִים אֶל־אֱלֹהִים אֲחֵרִים וְאֹהֲבֵי אֲשִׁישֵׁי עֲנָבִים: וָאֶכְּרֶהָ
לִּי בַּחֲמִשָּׁה עָשָׂר כָּסֶף וְחֹמֶר שְׂעֹרִים וְלֶתֶךְ שְׂעֹרִים:
ג וָאֹמַר אֵלֶיהָ יָמִים רַבִּים תֵּשְׁבִי לִי לֹא תִזְנִי וְלֹא תִהְיִי
ד לְאִישׁ וְגַם־אֲנִי אֵלָיִךְ: כִּי ׀ יָמִים רַבִּים יֵשְׁבוּ בְּנֵי יִשְׂרָאֵל
אֵין מֶלֶךְ וְאֵין שָׂר וְאֵין זֶבַח וְאֵין מַצֵּבָה וְאֵין אֵפוֹד
ה וּתְרָפִים: אַחַר יָשֻׁבוּ בְּנֵי יִשְׂרָאֵל וּבִקְשׁוּ אֶת־יְהוָה אֱלֹהֵיהֶם
וְאֵת דָּוִד מַלְכָּם וּפָחֲדוּ אֶל־יְהוָה וְאֶל־טוּבוֹ בְּאַחֲרִית
ד א הַיָּמִים: שִׁמְעוּ דְבַר־יְהוָה בְּנֵי יִשְׂרָאֵל כִּי רִיב
לַיהוָה עִם־יוֹשְׁבֵי הָאָרֶץ כִּי אֵין־אֱמֶת וְאֵין־חֶסֶד וְאֵין־דַּעַת
ב אֱלֹהִים בָּאָרֶץ: אָלֹה וְכַחֵשׁ וְרָצֹחַ וְגָנֹב וְנָאֹף פָּרָצוּ וְדָמִים
ג בְּדָמִים נָגָעוּ: עַל־כֵּן ׀ תֶּאֱבַל הָאָרֶץ וְאֻמְלַל כָּל־יוֹשֵׁב בָּהּ
ד בְּחַיַּת הַשָּׂדֶה וּבְעוֹף הַשָּׁמָיִם וְגַם־דְּגֵי הַיָּם יֵאָסֵפוּ: אַךְ
ה אִישׁ אַל־יָרֵב וְאַל־יוֹכַח אִישׁ וְעַמְּךָ כִּמְרִיבֵי כֹהֵן: וְכָשַׁלְתָּ
ו הַיּוֹם וְכָשַׁל גַּם־נָבִיא עִמְּךָ לָיְלָה וְדָמִיתִי אִמֶּךָ: נִדְמוּ עַמִּי
מִבְּלִי הַדָּעַת כִּי אַתָּה הַדַּעַת מָאַסְתָּ ואמאסאך מִכַּהֵן לִי וְאֶמְאָסְךָ
ז וַתִּשְׁכַּח תּוֹרַת אֱלֹהֶיךָ אֶשְׁכַּח בָּנֶיךָ גַּם־אָנִי: כְּרֻבָּם כֵּן
ח חָטְאוּ־לִי כְּבוֹדָם בְּקָלוֹן אָמִיר: חַטַּאת עַמִּי יֹאכֵלוּ וְאֶל־
ט עֲוֹנָם יִשְׂאוּ נַפְשׁוֹ: וְהָיָה כָעָם כַּכֹּהֵן וּפָקַדְתִּי עָלָיו דְּרָכָיו
י וּמַעֲלָלָיו אָשִׁיב לוֹ: וְאָכְלוּ וְלֹא יִשְׂבָּעוּ הִזְנוּ וְלֹא יִפְרֹצוּ
יא כִּי־אֶת־יְהוָה עָזְבוּ לִשְׁמֹר: זְנוּת וְיַיִן וְתִירוֹשׁ יִקַּח־לֵב:
יב עַמִּי בְּעֵצוֹ יִשְׁאָל וּמַקְלוֹ יַגִּיד לוֹ כִּי רוּחַ זְנוּנִים הִתְעָה
יג וַיִּזְנוּ מִתַּחַת אֱלֹהֵיהֶם: עַל־רָאשֵׁי הֶהָרִים יְזַבֵּחוּ וְעַל־
הַגְּבָעוֹת יְקַטֵּרוּ תַּחַת אַלּוֹן וְלִבְנֶה וְאֵלָה כִּי טוֹב צִלָּהּ
יד עַל־כֵּן תִּזְנֶינָה בְּנוֹתֵיכֶם וְכַלּוֹתֵיכֶם תְּנָאַפְנָה: לֹא־אֶפְקוֹד
עַל־בְּנוֹתֵיכֶם כִּי תִזְנֶינָה וְעַל־כַּלּוֹתֵיכֶם כִּי תְנָאַפְנָה כִּי־הֵם

עִם־הַזֹּנוֹת יְפָרֵדוּ וְעִם־הַקְּדֵשׁוֹת יְזַבֵּחוּ וְעָם לֹא־יָבִין
יִלָּבֵט: אִם־זֹנֶה אַתָּה יִשְׂרָאֵל אַל־יֶאְשַׁם יְהוּדָה וְאַל־ טו
תָּבֹאוּ הַגִּלְגָּל וְאַל־תַּעֲלוּ בֵּית אָוֶן וְאַל־תִּשָּׁבְעוּ חַי־יְהוָה:
כִּי כְּפָרָה סֹרֵרָה סָרַר יִשְׂרָאֵל עַתָּה יִרְעֵם יְהוָה כְּכֶבֶשׂ טז
בַּמֶּרְחָב: חֲבוּר עֲצַבִּים אֶפְרָיִם הַנַּח־לוֹ: סָר סָבְאָם הַזְנֵה הִזְנוּ יז יח
אָהֲבוּ הֵבוּ קָלוֹן מָגִנֶּיהָ: צָרַר רוּחַ אוֹתָהּ בִּכְנָפֶיהָ וְיֵבֹשׁוּ יט
מִזִּבְחוֹתָם: שִׁמְעוּ־זֹאת הַכֹּהֲנִים וְהַקְשִׁיבוּ ׀ א ה
בֵּית יִשְׂרָאֵל וּבֵית הַמֶּלֶךְ הַאֲזִינוּ כִּי לָכֶם הַמִּשְׁפָּט כִּי־פַח
הֱיִיתֶם לְמִצְפָּה וְרֶשֶׁת פְּרוּשָׂה עַל־תָּבוֹר: וְשַׁחֲטָה שֵׂטִים ב
הֶעְמִיקוּ וַאֲנִי מוּסָר לְכֻלָּם: אֲנִי יָדַעְתִּי אֶפְרַיִם וְיִשְׂרָאֵל ג
לֹא־נִכְחַד מִמֶּנִּי כִּי עַתָּה הִזְנֵיתָ אֶפְרַיִם נִטְמָא יִשְׂרָאֵל:
לֹא יִתְּנוּ מַעַלְלֵיהֶם לָשׁוּב אֶל־אֱלֹהֵיהֶם כִּי רוּחַ זְנוּנִים ד
בְּקִרְבָּם וְאֶת־יְהוָה לֹא יָדָעוּ: וְעָנָה גְאוֹן־יִשְׂרָאֵל בְּפָנָיו ה
וְיִשְׂרָאֵל וְאֶפְרַיִם יִכָּשְׁלוּ בַּעֲוֺנָם כָּשַׁל גַּם־יְהוּדָה עִמָּם:
בְּצֹאנָם וּבִבְקָרָם יֵלְכוּ לְבַקֵּשׁ אֶת־יְהוָה וְלֹא יִמְצָאוּ חָלַץ ו
מֵהֶם: בַּיהוָה בָּגָדוּ כִּי־בָנִים זָרִים יָלָדוּ עַתָּה יֹאכְלֵם חֹדֶשׁ ז
אֶת־חֶלְקֵיהֶם: תִּקְעוּ שׁוֹפָר בַּגִּבְעָה חֲצֹצְרָה ח
בָּרָמָה הָרִיעוּ בֵּית אָוֶן אַחֲרֶיךָ בִּנְיָמִין: אֶפְרַיִם לְשַׁמָּה תִהְיֶה ט
בְּיוֹם תּוֹכֵחָה בְּשִׁבְטֵי יִשְׂרָאֵל הוֹדַעְתִּי נֶאֱמָנָה: הָיוּ שָׂרֵי י
יְהוּדָה כְּמַסִּיגֵי גְּבוּל עֲלֵיהֶם אֶשְׁפּוֹךְ כַּמַּיִם עֶבְרָתִי: עָשׁוּק יא
אֶפְרַיִם רְצוּץ מִשְׁפָּט כִּי הוֹאִיל הָלַךְ אַחֲרֵי־צָו: וַאֲנִי כָעָשׁ יב
לְאֶפְרָיִם וְכָרָקָב לְבֵית יְהוּדָה: וַיַּרְא אֶפְרַיִם אֶת־חָלְיוֹ וִיהוּדָה יג
אֶת־מְזֹרוֹ וַיֵּלֶךְ אֶפְרַיִם אֶל־אַשּׁוּר וַיִּשְׁלַח אֶל־מֶלֶךְ יָרֵב
וְהוּא לֹא יוּכַל לִרְפֹּא לָכֶם וְלֹא־יִגְהֶה מִכֶּם מָזוֹר: כִּי אָנֹכִי יד
כַשַּׁחַל לְאֶפְרַיִם וְכַכְּפִיר לְבֵית יְהוּדָה אֲנִי אֲנִי אֶטְרֹף וְאֵלֵךְ
אֶשָּׂא וְאֵין מַצִּיל: אֵלֵךְ אָשׁוּבָה אֶל־מְקוֹמִי עַד אֲשֶׁר־ טו
יֶאְשְׁמוּ וּבִקְשׁוּ פָנָי בַּצַּר לָהֶם יְשַׁחֲרֻנְנִי: לְכוּ וְנָשׁוּבָה אֶל־ א ו

ב יְהֹוָה כִּי הוּא טָרָף וְיִרְפָּאֵנוּ יַךְ וְיַחְבְּשֵׁנוּ׃ יְחַיֵּנוּ מִיֹּמָיִם בַּיּוֹם ב
ג הַשְּׁלִישִׁי יְקִמֵנוּ וְנִחְיֶה לְפָנָיו׃ וְנֵדְעָה נִרְדְּפָה לָדַעַת אֶת־יְהֹוָה
כְּשַׁחַר נָכוֹן מֹצָאוֹ וְיָבוֹא כַגֶּשֶׁם לָנוּ כְּמַלְקוֹשׁ יוֹרֶה אָרֶץ׃
ד מָה אֶעֱשֶׂה־לְּךָ אֶפְרַיִם מָה אֶעֱשֶׂה־לְּךָ יְהוּדָה וְחַסְדְּכֶם
ה כַּעֲנַן־בֹּקֶר וְכַטַּל מַשְׁכִּים הֹלֵךְ׃ עַל־כֵּן חָצַבְתִּי בַּנְּבִיאִים
ו הֲרַגְתִּים בְּאִמְרֵי־פִי וּמִשְׁפָּטֶיךָ אוֹר יֵצֵא׃ כִּי חֶסֶד חָפַצְתִּי
ז וְלֹא־זָבַח וְדַעַת אֱלֹהִים מֵעֹלוֹת׃ וְהֵמָּה כְּאָדָם עָבְרוּ בְרִית
ח ט שָׁם בָּגְדוּ בִי׃ גִּלְעָד קִרְיַת פֹּעֲלֵי אָוֶן עֲקֻבָּה מִדָּם׃ וּכְחַכֵּי אִישׁ
י גְּדוּדִים חֶבֶר כֹּהֲנִים דֶּרֶךְ יְרַצְּחוּ־שֶׁכְמָה כִּי זִמָּה עָשׂוּ׃ בְּבֵית
יִשְׂרָאֵל רָאִיתִי שעריריה שָׁם זְנוּת לְאֶפְרַיִם נִטְמָא יִשְׂרָאֵל׃ שַׁעֲרוּרִיָּה
ז א גַּם־יְהוּדָה שָׁת קָצִיר לָךְ בְּשׁוּבִי שְׁבוּת עַמִּי׃ כְּרָפְאִי
לְיִשְׂרָאֵל וְנִגְלָה עֲוֺן אֶפְרַיִם וְרָעוֹת שֹׁמְרוֹן כִּי פָעֲלוּ שָׁקֶר
ב וְגַנָּב יָבוֹא פָּשַׁט גְּדוּד בַּחוּץ׃ וּבַל־יֹאמְרוּ לִלְבָבָם כָּל־רָעָתָם
ג זָכָרְתִּי עַתָּה סְבָבוּם מַעַלְלֵיהֶם נֶגֶד פָּנַי הָיוּ׃ בְּרָעָתָם
ד יְשַׂמְּחוּ־מֶלֶךְ וּבְכַחֲשֵׁיהֶם שָׂרִים׃ כֻּלָּם מְנָאֲפִים כְּמוֹ תַנּוּר
ה בֹּעֵרָה מֵאֹפֶה יִשְׁבּוֹת מֵעִיר מִלּוּשׁ בָּצֵק עַד־חֻמְצָתוֹ׃ יוֹם
ו מַלְכֵּנוּ הֶחֱלוּ שָׂרִים חֲמַת מִיָּיִן מָשַׁךְ יָדוֹ אֶת־לֹצְצִים׃ כִּי־
קֵרְבוּ כַתַּנּוּר לִבָּם בְּאָרְבָּם כָּל־הַלַּיְלָה יָשֵׁן אֹפֵהֶם בֹּקֶר
ז הוּא בֹעֵר כְּאֵשׁ לֶהָבָה׃ כֻּלָּם יֵחַמּוּ כַּתַּנּוּר וְאָכְלוּ אֶת־
ח שֹׁפְטֵיהֶם כָּל־מַלְכֵיהֶם נָפָלוּ אֵין־קֹרֵא בָהֶם אֵלָי׃ אֶפְרַיִם
ט בָּעַמִּים הוּא יִתְבּוֹלָל אֶפְרַיִם הָיָה עֻגָה בְּלִי הֲפוּכָה׃ אָכְלוּ
זָרִים כֹּחוֹ וְהוּא לֹא יָדָע גַּם־שֵׂיבָה זָרְקָה בּוֹ וְהוּא לֹא יָדָע׃
י וְעָנָה גְאוֹן־יִשְׂרָאֵל בְּפָנָיו וְלֹא־שָׁבוּ אֶל־יְהֹוָה אֱלֹהֵיהֶם
יא וְלֹא בִקְשֻׁהוּ בְּכָל־זֹאת׃ וַיְהִי אֶפְרַיִם כְּיוֹנָה פוֹתָה אֵין
יב לֵב מִצְרַיִם קָרָאוּ אַשּׁוּר הָלָכוּ׃ כַּאֲשֶׁר יֵלֵכוּ אֶפְרוֹשׂ
עֲלֵיהֶם רִשְׁתִּי כְּעוֹף הַשָּׁמַיִם אוֹרִידֵם אַיְסִרֵם כְּשֵׁמַע
יג לַעֲדָתָם׃ אוֹי לָהֶם כִּי־נָדְדוּ מִמֶּנִּי שֹׁד לָהֶם כִּי־

פָּשְׁעוּ בִי וְאָנֹכִי אֶפְדֵּם וְהֵמָּה דִּבְּרוּ עָלַי כְּזָבִים׃ וְלֹא־זָעֲקוּ יד
אֵלַי בְּלִבָּם כִּי יְיֵלִילוּ עַל־מִשְׁכְּבוֹתָם עַל־דָּגָן וְתִירוֹשׁ
יִתְגּוֹרָרוּ יָסוּרוּ בִי׃ וַאֲנִי יִסַּרְתִּי חִזַּקְתִּי זְרוֹעֹתָם וְאֵלַי טו
יְחַשְּׁבוּ־רָע׃ יָשׁוּבוּ ׀ לֹא עָל הָיוּ כְּקֶשֶׁת רְמִיָּה יִפְּלוּ בַחֶרֶב טז
שָׂרֵיהֶם מִזַּעַם לְשׁוֹנָם זוֹ לַעְגָּם בְּאֶרֶץ מִצְרָיִם׃ אֶל־חִכְּךָ א ח
שֹׁפָר כַּנֶּשֶׁר עַל־בֵּית יְהוָה יַעַן עָבְרוּ בְרִיתִי וְעַל־תּוֹרָתִי
פָּשָׁעוּ׃ לִי יִזְעָקוּ אֱלֹהַי יְדַעֲנוּךָ יִשְׂרָאֵל׃ זָנַח יִשְׂרָאֵל טוֹב ב ג
אוֹיֵב יִרְדְּפוֹ׃ הֵם הִמְלִיכוּ וְלֹא מִמֶּנִּי הֵשִׂירוּ וְלֹא יָדָעְתִּי ד
כַּסְפָּם וּזְהָבָם עָשׂוּ לָהֶם עֲצַבִּים לְמַעַן יִכָּרֵת׃ זָנַח עֶגְלֵךְ ה
שֹׁמְרוֹן חָרָה אַפִּי בָּם עַד־מָתַי לֹא יוּכְלוּ נִקָּיֹן׃ כִּי מִיִּשְׂרָאֵל ו
וְהוּא חָרָשׁ עָשָׂהוּ וְלֹא אֱלֹהִים הוּא כִּי־שְׁבָבִים יִהְיֶה עֵגֶל
שֹׁמְרוֹן׃ כִּי רוּחַ יִזְרָעוּ וְסוּפָתָה יִקְצֹרוּ קָמָה אֵין־לוֹ צֶמַח ז
בְּלִי יַעֲשֶׂה־קֶּמַח אוּלַי יַעֲשֶׂה זָרִים יִבְלָעֻהוּ׃ נִבְלַע יִשְׂרָאֵל ח
עַתָּה הָיוּ בַגּוֹיִם כִּכְלִי אֵין־חֵפֶץ בּוֹ׃ כִּי־הֵמָּה עָלוּ אַשּׁוּר ט
פֶּרֶא בּוֹדֵד לוֹ אֶפְרַיִם הִתְנוּ אֲהָבִים׃ גַּם כִּי־יִתְנוּ בַגּוֹיִם י
עַתָּה אֲקַבְּצֵם וַיָּחֵלּוּ מְּעָט מִמַּשָּׂא מֶלֶךְ שָׂרִים׃ כִּי־הִרְבָּה יא
אֶפְרַיִם מִזְבְּחֹת לַחֲטֹא הָיוּ־לוֹ מִזְבְּחוֹת לַחֲטֹא׃ אכתוב־ יב
אֶכְתָּב־
לוֹ רבו תּוֹרָתִי כְּמוֹ־זָר נֶחְשָׁבוּ׃ זִבְחֵי הַבְהָבַי יִזְבְּחוּ בָשָׂר יג
רֻבֵּי
וַיֹּאכֵלוּ יְהוָה לֹא רָצָם עַתָּה יִזְכֹּר עֲוֹנָם וְיִפְקֹד חַטֹּאתָם
הֵמָּה מִצְרַיִם יָשׁוּבוּ׃ וַיִּשְׁכַּח יִשְׂרָאֵל אֶת־עֹשֵׂהוּ וַיִּבֶן הֵיכָלוֹת יד
וִיהוּדָה הִרְבָּה עָרִים בְּצֻרוֹת וְשִׁלַּחְתִּי־אֵשׁ בְּעָרָיו וְאָכְלָה
אַרְמְנֹתֶיהָ׃ אַל־תִּשְׂמַח יִשְׂרָאֵל ׀ אֶל־גִּיל א ט
כָּעַמִּים כִּי זָנִיתָ מֵעַל אֱלֹהֶיךָ אָהַבְתָּ אֶתְנָן עַל כָּל־גָּרְנוֹת
דָּגָן׃ גֹּרֶן וָיֶקֶב לֹא יִרְעֵם וְתִירוֹשׁ יְכַחֶשׁ בָּהּ׃ לֹא יֵשְׁבוּ ב ג
בְּאֶרֶץ יְהוָה וְשָׁב אֶפְרַיִם מִצְרַיִם וּבְאַשּׁוּר טָמֵא יֹאכֵלוּ׃
לֹא־יִסְּכוּ לַיהוָה ׀ יַיִן וְלֹא יֶעֶרְבוּ־לוֹ זִבְחֵיהֶם כְּלֶחֶם אוֹנִים ד
לָהֶם כָּל־אֹכְלָיו יִטַּמָּאוּ כִּי־לַחְמָם לְנַפְשָׁם לֹא יָבוֹא בֵּית

ה ו יְהוָה׃ מַה־תַּעֲשׂוּ לְיוֹם מוֹעֵד וּלְיוֹם חַג־יְהוָה׃ כִּי־הִנֵּה
הָלְכוּ מִשֹּׁד מִצְרַיִם תְּקַבְּצֵם מֹף תְּקַבְּרֵם מַחְמַד לְכַסְפָּם
ז קִמּוֹשׂ יִירָשֵׁם חוֹחַ בְּאָהֳלֵיהֶם׃ בָּאוּ ׀ יְמֵי הַפְּקֻדָּה בָּאוּ יְמֵי
הַשִּׁלֻּם יֵדְעוּ יִשְׂרָאֵל אֱוִיל הַנָּבִיא מְשֻׁגָּע אִישׁ הָרוּחַ עַל רֹב
ח עֲוֺנְךָ וְרַבָּה מַשְׂטֵמָה׃ צֹפֶה אֶפְרַיִם עִם־אֱלֹהָי נָבִיא פַּח יָקוֹשׁ
ט עַל־כָּל־דְּרָכָיו מַשְׂטֵמָה בְּבֵית אֱלֹהָיו׃ הֶעְמִיקוּ שִׁחֵתוּ כִּימֵי
י הַגִּבְעָה יִזְכּוֹר עֲוֺנָם יִפְקוֹד חַטֹּאתָם׃ כַּעֲנָבִים
בַּמִּדְבָּר מָצָאתִי יִשְׂרָאֵל כְּבִכּוּרָה בִתְאֵנָה בְּרֵאשִׁיתָהּ רָאִיתִי
אֲבוֹתֵיכֶם הֵמָּה בָּאוּ בַעַל־פְּעוֹר וַיִּנָּזְרוּ לַבֹּשֶׁת וַיִּהְיוּ שִׁקּוּצִים
יא כְּאָהֳבָם׃ אֶפְרַיִם כָּעוֹף יִתְעוֹפֵף כְּבוֹדָם מִלֵּדָה וּמִבֶּטֶן
יב וּמֵהֵרָיוֹן׃ כִּי אִם־יְגַדְּלוּ אֶת־בְּנֵיהֶם וְשִׁכַּלְתִּים מֵאָדָם כִּי־
יג גַם־אוֹי לָהֶם בְּשׂוּרִי מֵהֶם׃ אֶפְרַיִם כַּאֲשֶׁר־רָאִיתִי לְצוֹר
יד שְׁתוּלָה בְנָוֶה וְאֶפְרַיִם לְהוֹצִיא אֶל־הֹרֵג בָּנָיו׃ תֵּן־לָהֶם
טו יְהוָה מַה־תִּתֵּן תֵּן־לָהֶם רֶחֶם מַשְׁכִּיל וְשָׁדַיִם צֹמְקִים׃ כָּל־
רָעָתָם בַּגִּלְגָּל כִּי־שָׁם שְׂנֵאתִים עַל רֹעַ מַעַלְלֵיהֶם מִבֵּיתִי
טז אֲגָרְשֵׁם לֹא אוֹסֵף אַהֲבָתָם כָּל־שָׂרֵיהֶם סֹרְרִים׃ הֻכָּה
אֶפְרַיִם שָׁרְשָׁם יָבֵשׁ פְּרִי בלי־יַעֲשׂוּן גַּם כִּי יֵלֵדוּן וְהֵמַתִּי בַּל־
יז מַחֲמַדֵּי בִטְנָם׃ יִמְאָסֵם אֱלֹהַי כִּי לֹא שָׁמְעוּ לוֹ וְיִהְיוּ
י א נֹדְדִים בַּגּוֹיִם׃ גֶּפֶן בּוֹקֵק יִשְׂרָאֵל פְּרִי יְשַׁוֶּה־לּוֹ
כְּרֹב לְפִרְיוֹ הִרְבָּה לַמִּזְבְּחוֹת כְּטוֹב לְאַרְצוֹ הֵיטִיבוּ מַצֵּבוֹת׃
ב חָלַק לִבָּם עַתָּה יֶאְשָׁמוּ הוּא יַעֲרֹף מִזְבְּחוֹתָם יְשֹׁדֵד מַצֵּבוֹתָם׃
ג כִּי עַתָּה יֹאמְרוּ אֵין מֶלֶךְ לָנוּ כִּי לֹא יָרֵאנוּ אֶת־יְהוָה
ד וְהַמֶּלֶךְ מַה־יַּעֲשֶׂה־לָּנוּ׃ דִּבְּרוּ דְבָרִים אָלוֹת שָׁוְא כָּרֹת
ה בְּרִית וּפָרַח כָּרֹאשׁ מִשְׁפָּט עַל תַּלְמֵי שָׂדָי׃ לְעֶגְלוֹת בֵּית
אָוֶן יָגוּרוּ שְׁכַן שֹׁמְרוֹן כִּי־אָבַל עָלָיו עַמּוֹ וּכְמָרָיו עָלָיו יָגִילוּ
ו עַל־כְּבוֹדוֹ כִּי־גָלָה מִמֶּנּוּ׃ גַּם־אוֹתוֹ לְאַשּׁוּר יוּבָל מִנְחָה
ז לְמֶלֶךְ יָרֵב בָּשְׁנָה אֶפְרַיִם יִקָּח וְיֵבוֹשׁ יִשְׂרָאֵל מֵעֲצָתוֹ׃ נִדְמֶה

שֹׁמְרוֹן מַלְכָּהּ כְּקֶצֶף עַל־פְּנֵי־מָיִם׃ וְנִשְׁמְדוּ בָּמוֹת אָוֶן ח
חַטַּאת יִשְׂרָאֵל קוֹץ וְדַרְדַּר יַעֲלֶה עַל־מִזְבְּחוֹתָם וְאָמְרוּ
לֶהָרִים כַּסּוּנוּ וְלַגְּבָעוֹת נִפְלוּ עָלֵינוּ׃ מִימֵי ט
הַגִּבְעָה חָטָאתָ יִשְׂרָאֵל שָׁם עָמָדוּ לֹא־תַשִּׂיגֵם בַּגִּבְעָה
מִלְחָמָה עַל־בְּנֵי עַלְוָה׃ בְּאַוָּתִי וְאֶסֳּרֵם וְאֻסְּפוּ עֲלֵיהֶם עַמִּים י
עוֹנֹתָם בְּאָסְרָם לִשְׁתֵּי עינתם׃ וְאֶפְרַיִם עֶגְלָה מְלֻמָּדָה אֹהַבְתִּי יא
לָדוּשׁ וַאֲנִי עָבַרְתִּי עַל־טוּב צַוָּארָהּ אַרְכִּיב אֶפְרַיִם יַחֲרוֹשׁ
ג יְהוּדָה יְשַׂדֶּד־לוֹ יַעֲקֹב׃ זִרְעוּ לָכֶם לִצְדָקָה קִצְרוּ לְפִי־חֶסֶד יב
נִירוּ לָכֶם נִיר וְעֵת לִדְרוֹשׁ אֶת־יְהוָה עַד־יָבוֹא וְיֹרֶה צֶדֶק
לָכֶם׃ חֲרַשְׁתֶּם־רֶשַׁע עַוְלָתָה קְצַרְתֶּם אֲכַלְתֶּם פְּרִי־כָחַשׁ יג
כִּי־בָטַחְתָּ בְדַרְכְּךָ בְּרֹב גִּבּוֹרֶיךָ׃ וְקָאם שָׁאוֹן בְּעַמֶּךָ וְכָל־ יד
מִבְצָרֶיךָ יוּשַּׁד כְּשֹׁד שַׁלְמַן בֵּית אַרְבֵאל בְּיוֹם מִלְחָמָה אֵם
עַל־בָּנִים רֻטָּשָׁה׃ כָּכָה עָשָׂה לָכֶם בֵּית־אֵל מִפְּנֵי רָעַת טו
רָעַתְכֶם בַּשַּׁחַר נִדְמֹה נִדְמָה מֶלֶךְ יִשְׂרָאֵל׃ כִּי נַעַר יִשְׂרָאֵל א יא
וָאֹהֲבֵהוּ וּמִמִּצְרַיִם קָרָאתִי לִבְנִי׃ קָרְאוּ לָהֶם כֵּן הָלְכוּ ב
מִפְּנֵיהֶם לַבְּעָלִים יְזַבֵּחוּ וְלַפְּסִלִים יְקַטֵּרוּן׃ וְאָנֹכִי תִרְגַּלְתִּי ג
לְאֶפְרַיִם קָחָם עַל־זְרוֹעֹתָיו וְלֹא יָדְעוּ כִּי רְפָאתִים׃ בְּחַבְלֵי ד
אָדָם אֶמְשְׁכֵם בַּעֲבֹתוֹת אַהֲבָה וָאֶהְיֶה לָהֶם כִּמְרִימֵי עֹל
עַל לְחֵיהֶם וְאַט אֵלָיו אוֹכִיל׃ לֹא יָשׁוּב אֶל־אֶרֶץ מִצְרַיִם ה
וְאַשּׁוּר הוּא מַלְכּוֹ כִּי מֵאֲנוּ לָשׁוּב׃ וְחָלָה חֶרֶב בְּעָרָיו וְכִלְּתָה ו
בַדָּיו וְאָכָלָה מִמֹּעֲצוֹתֵיהֶם׃ וְעַמִּי תְלוּאִים לִמְשׁוּבָתִי וְאֶל־ ז
עַל יִקְרָאֻהוּ יַחַד לֹא יְרוֹמֵם׃ אֵיךְ אֶתֶּנְךָ אֶפְרַיִם אֲמַגֶּנְךָ ח
יִשְׂרָאֵל אֵיךְ אֶתֶּנְךָ כְאַדְמָה אֲשִׂימְךָ כִּצְבֹאיִם נֶהְפַּךְ עָלַי
לִבִּי יַחַד נִכְמְרוּ נִחוּמָי׃ לֹא אֶעֱשֶׂה חֲרוֹן אַפִּי לֹא אָשׁוּב ט
לְשַׁחֵת אֶפְרָיִם כִּי אֵל אָנֹכִי וְלֹא־אִישׁ בְּקִרְבְּךָ קָדוֹשׁ וְלֹא
אָבוֹא בְּעִיר׃ אַחֲרֵי יְהוָה יֵלְכוּ כְּאַרְיֵה יִשְׁאָג כִּי־הוּא יִשְׁאַג י
וְיֶחֶרְדוּ בָנִים מִיָּם׃ יֶחֶרְדוּ כְצִפּוֹר מִמִּצְרַיִם וּכְיוֹנָה מֵאֶרֶץ יא

א אשור והושבתים על־בתיהם נאם־יהוה׃ סבבני
בכחש אפרים ובמרמה בית ישראל ויהודה עד רד עם־אל
ב ועם־קדושים נאמן׃ אפרים רעה רוח ורדף קדים כל־היום
כזב ושד ירבה וברית עם־אשור יכרתו ושמן למצרים
ג יובל׃ וריב ליהוה עם־יהודה ולפקד על־יעקב כדרכיו
ד כמעלליו ישיב לו׃ בבטן עקב את־אחיו ובאונו שרה את־
ה אלהים׃ וישר אל־מלאך ויכל בכה ויתחנן־לו בית־אל
ו ימצאנו ושם ידבר עמנו׃ ויהוה אלהי הצבאות יהוה זכרו׃
ז ואתה באלהיך תשוב חסד ומשפט שמר וקוה אל־אלהיך
ח ט תמיד׃ כנען בידו מאזני מרמה לעשק אהב׃ ויאמר אפרים
אך עשרתי מצאתי און לי כל־יגיעי לא ימצאו־לי עון אשר־
י חטא׃ ואנכי יהוה אלהיך מארץ מצרים עד אושיבך באהלים
יא כימי מועד׃ ודברתי על־הנביאים ואנכי חזון הרביתי וביד
יב הנביאים אדמה׃ אם־גלעד און אך־שוא היו בגלגל שורים
יג זבחו גם מזבחותם כגלים על תלמי שדי׃ ויברח יעקב שדה
יד ארם ויעבד ישראל באשה ובאשה שמר׃ ובנביא העלה
טו יהוה את־ישראל ממצרים ובנביא נשמר׃ הכעיס אפרים
יג א תמרורים ודמיו עליו יטוש וחרפתו ישיב לו אדניו׃ כדבר
ב אפרים רתת נשא הוא בישראל ויאשם בבעל וימת׃ ועתה
יוספו לחטא ויעשו להם מסכה מכספם כתבונם עצבים
מעשה חרשים כלה להם הם אמרים זבחי אדם עגלים ישקון׃
ג לכן יהיו כענן־בקר וכטל משכים הלך כמץ יסער מגרן
ד וכעשן מארבה׃ ואנכי יהוה אלהיך מארץ מצרים ואלהים
ה זולתי לא תדע ומושיע אין בלתי׃ אני ידעתיך במדבר בארץ
ו תלאבות׃ כמרעיתם וישבעו שבעו וירם לבם על־כן שכחוני׃
ז ח ואהי להם כמו־שחל כנמר על־דרך אשור׃ אפגשם כדב
שכול ואקרע סגור לבם ואכלם שם כלביא חית השדה

תְּבַקְּעֵם: שִׁחֶתְךָ יִשְׂרָאֵל כִּי־בִי בְעֶזְרֶךָ: אֱהִי מַלְכְּךָ אֵפוֹא ט י
וְיוֹשִׁיעֲךָ בְּכָל־עָרֶיךָ וְשֹׁפְטֶיךָ אֲשֶׁר אָמַרְתָּ תְּנָה־לִּי מֶלֶךְ וְשָׂרִים:
אֶתֶּן־לְךָ מֶלֶךְ בְּאַפִּי וְאֶקַּח בְּעֶבְרָתִי: צָרוּר עֲוֺן יא יב
אֶפְרָיִם צְפוּנָה חַטָּאתוֹ: חֶבְלֵי יוֹלֵדָה יָבֹאוּ לוֹ הוּא־בֵן לֹא חָכָם יג
כִּי־עֵת לֹא־יַעֲמֹד בְּמִשְׁבַּר בָּנִים: מִיַּד שְׁאוֹל אֶפְדֵּם מִמָּוֶת יד
אֶגְאָלֵם אֱהִי דְבָרֶיךָ מָוֶת אֱהִי קָטָבְךָ שְׁאוֹל נֹחַם יִסָּתֵר מֵעֵינָי:
כִּי הוּא בֵּין אַחִים יַפְרִיא יָבוֹא קָדִים רוּחַ יְהוָה מִמִּדְבָּר עֹלֶה טו
וְיֵבוֹשׁ מְקוֹרוֹ וְיֶחֱרַב מַעְיָנוֹ הוּא יִשְׁסֶה אוֹצַר כָּל־כְּלִי חֶמְדָּה:
תֶּאְשַׁם שֹׁמְרוֹן כִּי מָרְתָה בֵּאלֹהֶיהָ בַּחֶרֶב יִפְּלוּ עֹלְלֵיהֶם א יד
יְרֻטָּשׁוּ וְהָרִיּוֹתָיו יְבֻקָּעוּ: שׁוּבָה יִשְׂרָאֵל עַד יְהוָה ב
אֱלֹהֶיךָ כִּי כָשַׁלְתָּ בַּעֲוֺנֶךָ: קְחוּ עִמָּכֶם דְּבָרִים וְשׁוּבוּ אֶל־יְהוָה ג
אִמְרוּ אֵלָיו כָּל־תִּשָּׂא עָוֺן וְקַח־טוֹב וּנְשַׁלְּמָה פָרִים שְׂפָתֵינוּ:
אַשּׁוּר ׀ לֹא יוֹשִׁיעֵנוּ עַל־סוּס לֹא נִרְכָּב וְלֹא־נֹאמַר עוֹד אֱלֹהֵינוּ ד
לְמַעֲשֵׂה יָדֵינוּ אֲשֶׁר־בְּךָ יְרֻחַם יָתוֹם: אֶרְפָּא מְשׁוּבָתָם אֹהֲבֵם ה
ד נְדָבָה כִּי שָׁב אַפִּי מִמֶּנּוּ: אֶהְיֶה כַטַּל לְיִשְׂרָאֵל יִפְרַח כַּשּׁוֹשַׁנָּה ו
וְיַךְ שָׁרָשָׁיו כַּלְּבָנוֹן: יֵלְכוּ יֹנְקוֹתָיו וִיהִי כַזַּיִת הוֹדוֹ וְרֵיחַ לוֹ ז
כַּלְּבָנוֹן: יָשֻׁבוּ יֹשְׁבֵי בְצִלּוֹ יְחַיּוּ דָגָן וְיִפְרְחוּ כַגָּפֶן זִכְרוֹ כְּיֵין ח
לְבָנוֹן: אֶפְרַיִם מַה־לִּי עוֹד לָעֲצַבִּים אֲנִי עָנִיתִי וַאֲשׁוּרֶנּוּ אֲנִי ט
כִּבְרוֹשׁ רַעֲנָן מִמֶּנִּי פֶּרְיְךָ נִמְצָא: מִי חָכָם וְיָבֵן אֵלֶּה נָבוֹן וְיֵדָעֵם י
כִּי־יְשָׁרִים דַּרְכֵי יְהוָה וְצַדִּקִים יֵלְכוּ בָם וּפֹשְׁעִים יִכָּשְׁלוּ בָם:

יואל

דְּבַר־יְהוָה אֲשֶׁר הָיָה אֶל־יוֹאֵל בֶּן־פְּתוּאֵל: שִׁמְעוּ־זֹאת הַזְּקֵנִים א ב א
וְהַאֲזִינוּ כֹּל יוֹשְׁבֵי הָאָרֶץ הֲהָיְתָה זֹּאת בִּימֵיכֶם וְאִם בִּימֵי
אֲבֹתֵיכֶם: עָלֶיהָ לִבְנֵיכֶם סַפֵּרוּ וּבְנֵיכֶם לִבְנֵיהֶם וּבְנֵיהֶם לְדוֹר ג
אַחֵר: יֶתֶר הַגָּזָם אָכַל הָאַרְבֶּה וְיֶתֶר הָאַרְבֶּה אָכַל הַיָּלֶק וְיֶתֶר ד

ה הֵילֶק אֹכֵל הֶחָסִיל: הָקִיצוּ שִׁכּוֹרִים וּבְכוּ וְהֵילִלוּ כָּל־שֹׁתֵי יָיִן
ו עַל־עָסִיס כִּי נִכְרַת מִפִּיכֶם: כִּי־גוֹי עָלָה עַל־אַרְצִי עָצוּם וְאֵין
ז מִסְפָּר שִׁנָּיו שִׁנֵּי אַרְיֵה וּמְתַלְּעוֹת לָבִיא לוֹ: שָׂם גַּפְנִי לְשַׁמָּה
ח וּתְאֵנָתִי לִקְצָפָה חָשֹׂף חֲשָׂפָהּ וְהִשְׁלִיךְ הִלְבִּינוּ שָׂרִיגֶיהָ: אֱלִי
ט כִּבְתוּלָה חֲגֻרַת־שַׂק עַל־בַּעַל נְעוּרֶיהָ: הָכְרַת מִנְחָה וָנֶסֶךְ
י מִבֵּית יְהוָה אָבְלוּ הַכֹּהֲנִים מְשָׁרְתֵי יְהוָה: שֻׁדַּד שָׂדֶה אָבְלָה
יא אֲדָמָה כִּי שֻׁדַּד דָּגָן הוֹבִישׁ תִּירוֹשׁ אֻמְלַל יִצְהָר: הֹבִישׁוּ
אִכָּרִים הֵילִילוּ כֹּרְמִים עַל־חִטָּה וְעַל־שְׂעֹרָה כִּי אָבַד
יב קְצִיר שָׂדֶה: הַגֶּפֶן הוֹבִישָׁה וְהַתְּאֵנָה אֻמְלָלָה רִמּוֹן גַּם־
תָּמָר וְתַפּוּחַ כָּל־עֲצֵי הַשָּׂדֶה יָבֵשׁוּ כִּי־הֹבִישׁ שָׂשׂוֹן מִן־בְּנֵי
יג אָדָם: חִגְרוּ וְסִפְדוּ הַכֹּהֲנִים הֵילִילוּ מְשָׁרְתֵי
מִזְבֵּחַ בֹּאוּ לִינוּ בַשַּׂקִּים מְשָׁרְתֵי אֱלֹהָי כִּי נִמְנַע מִבֵּית
יד אֱלֹהֵיכֶם מִנְחָה וָנָסֶךְ: קַדְּשׁוּ־צוֹם קִרְאוּ עֲצָרָה אִסְפוּ זְקֵנִים
טו כֹּל יֹשְׁבֵי הָאָרֶץ בֵּית יְהוָה אֱלֹהֵיכֶם וְזַעֲקוּ אֶל־יְהוָה: אֲהָהּ
טז לַיּוֹם כִּי קָרוֹב יוֹם יְהוָה וּכְשֹׁד מִשַּׁדַּי יָבוֹא: הֲלוֹא נֶגֶד עֵינֵינוּ
יז אֹכֶל נִכְרָת מִבֵּית אֱלֹהֵינוּ שִׂמְחָה וָגִיל: עָבְשׁוּ פְרֻדוֹת תַּחַת
יח מֶגְרְפֹתֵיהֶם נָשַׁמּוּ אֹצָרוֹת נֶהֶרְסוּ מַמְּגֻרוֹת כִּי הֹבִישׁ דָּגָן: מַה־
נֶּאֶנְחָה בְהֵמָה נָבֹכוּ עֶדְרֵי בָקָר כִּי אֵין מִרְעֶה לָהֶם גַּם־עֶדְרֵי
יט הַצֹּאן נֶאְשָׁמוּ: אֵלֶיךָ יְהוָה אֶקְרָא כִּי־אֵשׁ אָכְלָה נְאוֹת
כ מִדְבָּר וְלֶהָבָה לִהֲטָה כָּל־עֲצֵי הַשָּׂדֶה: גַּם־בַּהֲמוֹת שָׂדֶה
תַּעֲרוֹג אֵלֶיךָ כִּי יָבְשׁוּ אֲפִיקֵי מָיִם וְאֵשׁ אָכְלָה נְאוֹת
ב א הַמִּדְבָּר: תִּקְעוּ שׁוֹפָר בְּצִיּוֹן וְהָרִיעוּ בְּהַר קָדְשִׁי
ב יִרְגְּזוּ כֹּל יֹשְׁבֵי הָאָרֶץ כִּי־בָא יוֹם־יְהוָה כִּי קָרוֹב: יוֹם חֹשֶׁךְ
וַאֲפֵלָה יוֹם עָנָן וַעֲרָפֶל כְּשַׁחַר פָּרֻשׂ עַל־הֶהָרִים עַם רַב וְעָצוּם
כָּמֹהוּ לֹא נִהְיָה מִן־הָעוֹלָם וְאַחֲרָיו לֹא יוֹסֵף עַד־שְׁנֵי דּוֹר וָדוֹר:
ג לְפָנָיו אָכְלָה אֵשׁ וְאַחֲרָיו תְּלַהֵט לֶהָבָה כְּגַן־עֵדֶן הָאָרֶץ לְפָנָיו
ד וְאַחֲרָיו מִדְבַּר שְׁמָמָה וְגַם־פְּלֵיטָה לֹא־הָיְתָה לּוֹ: כְּמַרְאֵה

ה סוּסִים מַרְאֵהוּ וּכְפָרָשִׁים כֵּן יְרוּצוּן: כְּקוֹל מַרְכָּבוֹת עַל־רָאשֵׁי
הֶהָרִים יְרַקֵּדוּן כְּקוֹל לַהַב אֵשׁ אֹכְלָה קָשׁ כְּעַם עָצוּם עֱרוּךְ
ו ז מִלְחָמָה: מִפָּנָיו יָחִילוּ עַמִּים כָּל־פָּנִים קִבְּצוּ פָארוּר: כְּגִבּוֹרִים
יְרֻצוּן כְּאַנְשֵׁי מִלְחָמָה יַעֲלוּ חוֹמָה וְאִישׁ בִּדְרָכָיו יֵלֵכוּן וְלֹא
ח יְעַבְּטוּן אֹרְחוֹתָם: וְאִישׁ אָחִיו לֹא יִדְחָקוּן גֶּבֶר בִּמְסִלָּתוֹ יֵלֵכוּן
ט וּבְעַד הַשֶּׁלַח יִפֹּלוּ לֹא יִבְצָעוּ: בָּעִיר יָשֹׁקּוּ בַּחוֹמָה יְרֻצוּן בַּבָּתִּים
י יַעֲלוּ בְּעַד הַחַלּוֹנִים יָבֹאוּ כַּגַּנָּב: לְפָנָיו רָגְזָה אֶרֶץ רָעֲשׁוּ שָׁמָיִם
יא שֶׁמֶשׁ וְיָרֵחַ קָדָרוּ וְכוֹכָבִים אָסְפוּ נָגְהָם: וַיהוָה נָתַן קוֹלוֹ לִפְנֵי
חֵילוֹ כִּי רַב מְאֹד מַחֲנֵהוּ כִּי עָצוּם עֹשֵׂה דְבָרוֹ כִּי־גָדוֹל יוֹם־
יב יְהוָה וְנוֹרָא מְאֹד וּמִי יְכִילֶנּוּ: וְגַם־עַתָּה נְאֻם־יְהוָה שֻׁבוּ עָדַי
יג בְּכָל־לְבַבְכֶם וּבְצוֹם וּבִבְכִי וּבְמִסְפֵּד: וְקִרְעוּ לְבַבְכֶם וְאַל־
בִּגְדֵיכֶם וְשׁוּבוּ אֶל־יְהוָה אֱלֹהֵיכֶם כִּי־חַנּוּן וְרַחוּם הוּא אֶרֶךְ
יד אַפַּיִם וְרַב־חֶסֶד וְנִחָם עַל־הָרָעָה: מִי יוֹדֵעַ יָשׁוּב וְנִחָם וְהִשְׁאִיר
טו אַחֲרָיו בְּרָכָה מִנְחָה וָנֶסֶךְ לַיהוָה אֱלֹהֵיכֶם: תִּקְעוּ
טז שׁוֹפָר בְּצִיּוֹן קַדְּשׁוּ־צוֹם קִרְאוּ עֲצָרָה: אִסְפוּ־עָם קַדְּשׁוּ קָהָל
קִבְצוּ זְקֵנִים אִסְפוּ עוֹלָלִים וְיֹנְקֵי שָׁדָיִם יֵצֵא חָתָן מֵחֶדְרוֹ וְכַלָּה
יז מֵחֻפָּתָהּ: בֵּין הָאוּלָם וְלַמִּזְבֵּחַ יִבְכּוּ הַכֹּהֲנִים מְשָׁרְתֵי יְהוָה
וְיֹאמְרוּ חוּסָה יְהוָה עַל־עַמֶּךָ וְאַל־תִּתֵּן נַחֲלָתְךָ לְחֶרְפָּה לִמְשָׁל־
יח בָּם גּוֹיִם לָמָּה יֹאמְרוּ בָעַמִּים אַיֵּה אֱלֹהֵיהֶם: וַיְקַנֵּא יְהוָה
יט לְאַרְצוֹ וַיַּחְמֹל עַל־עַמּוֹ: וַיַּעַן יְהוָה וַיֹּאמֶר לְעַמּוֹ הִנְנִי שֹׁלֵחַ
לָכֶם אֶת־הַדָּגָן וְהַתִּירוֹשׁ וְהַיִּצְהָר וּשְׂבַעְתֶּם אֹתוֹ וְלֹא־אֶתֵּן
כ אֶתְכֶם עוֹד חֶרְפָּה בַּגּוֹיִם: וְאֶת־הַצְּפוֹנִי אַרְחִיק מֵעֲלֵיכֶם
וְהִדַּחְתִּיו אֶל־אֶרֶץ צִיָּה וּשְׁמָמָה אֶת־פָּנָיו אֶל־הַיָּם הַקַּדְמֹנִי
וְסֹפוֹ אֶל־הַיָּם הָאַחֲרוֹן וְעָלָה בָאְשׁוֹ וְתַעַל צַחֲנָתוֹ כִּי הִגְדִּיל
כא לַעֲשׂוֹת: אַל־תִּירְאִי אֲדָמָה גִּילִי וּשְׂמָחִי כִּי־הִגְדִּיל יְהוָה
כב לַעֲשׂוֹת: אַל־תִּירְאוּ בַּהֲמוֹת שָׂדַי כִּי דָשְׁאוּ נְאוֹת מִדְבָּר כִּי־
כג עֵץ נָשָׂא פִרְיוֹ תְּאֵנָה וָגֶפֶן נָתְנוּ חֵילָם: וּבְנֵי צִיּוֹן גִּילוּ וְשִׂמְחוּ

בַּיהוָה אֱלֹהֵיכֶם כִּי־נָתַן לָכֶם אֶת־הַמּוֹרֶה לִצְדָקָה וַיּוֹרֶד לָכֶם
כד גֶּשֶׁם מוֹרֶה וּמַלְקוֹשׁ בָּרִאשׁוֹן׃ וּמָלְאוּ הַגֳּרָנוֹת בָּר וְהֵשִׁיקוּ
כה הַיְקָבִים תִּירוֹשׁ וְיִצְהָר׃ וְשִׁלַּמְתִּי לָכֶם אֶת־הַשָּׁנִים אֲשֶׁר אָכַל
הָאַרְבֶּה הַיֶּלֶק וְהֶחָסִיל וְהַגָּזָם חֵילִי הַגָּדוֹל אֲשֶׁר שִׁלַּחְתִּי בָּכֶם׃
כו וַאֲכַלְתֶּם אָכוֹל וְשָׂבוֹעַ וְהִלַּלְתֶּם אֶת־שֵׁם יְהוָה אֱלֹהֵיכֶם אֲשֶׁר־
כז עָשָׂה עִמָּכֶם לְהַפְלִיא וְלֹא־יֵבֹשׁוּ עַמִּי לְעוֹלָם׃ וִידַעְתֶּם כִּי ה
בְקֶרֶב יִשְׂרָאֵל אָנִי וַאֲנִי יְהוָה אֱלֹהֵיכֶם וְאֵין עוֹד וְלֹא־יֵבֹשׁוּ עַמִּי
ג א לְעוֹלָם׃ וְהָיָה אַחֲרֵי־כֵן אֶשְׁפּוֹךְ אֶת־רוּחִי עַל־
כָּל־בָּשָׂר וְנִבְּאוּ בְּנֵיכֶם וּבְנוֹתֵיכֶם זִקְנֵיכֶם חֲלֹמוֹת יַחֲלֹמוּן
ב בַּחוּרֵיכֶם חֶזְיֹנוֹת יִרְאוּ׃ וְגַם עַל־הָעֲבָדִים וְעַל־הַשְּׁפָחוֹת בַּיָּמִים
ג הָהֵמָּה אֶשְׁפּוֹךְ אֶת־רוּחִי׃ וְנָתַתִּי מוֹפְתִים בַּשָּׁמַיִם וּבָאָרֶץ דָּם
ד וָאֵשׁ וְתִימֲרוֹת עָשָׁן׃ הַשֶּׁמֶשׁ יֵהָפֵךְ לְחֹשֶׁךְ וְהַיָּרֵחַ לְדָם לִפְנֵי בּוֹא
ה יוֹם יְהוָה הַגָּדוֹל וְהַנּוֹרָא׃ וְהָיָה כֹּל אֲשֶׁר־יִקְרָא בְּשֵׁם יְהוָה
יִמָּלֵט כִּי בְּהַר־צִיּוֹן וּבִירוּשָׁלִַם תִּהְיֶה פְלֵיטָה כַּאֲשֶׁר אָמַר יְהוָה
ד א וּבַשְּׂרִידִים אֲשֶׁר יְהוָה קֹרֵא׃ כִּי הִנֵּה בַּיָּמִים הָהֵמָּה וּבָעֵת הַהִיא
ב אֲשֶׁר אָשׁוּב אֶת־שְׁבוּת יְהוּדָה וִירוּשָׁלִָם׃ וְקִבַּצְתִּי אֶת־כָּל־ אָשִׁיב
הַגּוֹיִם וְהוֹרַדְתִּים אֶל־עֵמֶק יְהוֹשָׁפָט וְנִשְׁפַּטְתִּי עִמָּם שָׁם עַל־
ג עַמִּי וְנַחֲלָתִי יִשְׂרָאֵל אֲשֶׁר פִּזְּרוּ בַגּוֹיִם וְאֶת־אַרְצִי חִלֵּקוּ׃ וְאֶל־
ד עַמִּי יַדּוּ גוֹרָל וַיִּתְּנוּ הַיֶּלֶד בַּזּוֹנָה וְהַיַּלְדָּה מָכְרוּ בַיַּיִן וַיִּשְׁתּוּ׃ וְגַם
מָה־אַתֶּם לִי צֹר וְצִידוֹן וְכֹל גְּלִילוֹת פְּלָשֶׁת הַגְּמוּל אַתֶּם
מְשַׁלְּמִים עָלָי וְאִם־גֹּמְלִים אַתֶּם עָלַי קַל מְהֵרָה אָשִׁיב גְּמֻלְכֶם
ה בְּרֹאשְׁכֶם׃ אֲשֶׁר־כַּסְפִּי וּזְהָבִי לְקַחְתֶּם וּמַחֲמַדַּי הַטֹּבִים
ו הֲבֵאתֶם לְהֵיכְלֵיכֶם׃ וּבְנֵי יְהוּדָה וּבְנֵי יְרוּשָׁלִַם מְכַרְתֶּם לִבְנֵי
ז הַיְּוָנִים לְמַעַן הַרְחִיקָם מֵעַל גְּבוּלָם׃ הִנְנִי מְעִירָם מִן־הַמָּקוֹם
אֲשֶׁר־מְכַרְתֶּם אֹתָם שָׁמָּה וַהֲשִׁבֹתִי גְמֻלְכֶם בְּרֹאשְׁכֶם׃
ח וּמָכַרְתִּי אֶת־בְּנֵיכֶם וְאֶת־בְּנוֹתֵיכֶם בְּיַד בְּנֵי יְהוּדָה וּמְכָרוּם
ט לִשְׁבָאיִם אֶל־גּוֹי רָחוֹק כִּי יְהוָה דִּבֵּר׃ קִרְאוּ־

ד

זאת בגוים קדשו מלחמה העירו הגבורים יגשו יעלו כל אנשי
המלחמה: כתו אתיכם לחרבות ומזמרתיכם לרמחים החלש י
יאמר גבור אני: עושו ובאו כל־הגוים מסביב ונקבצו שמה יא
הנחת יהוה גבוריך: יעורו ויעלו הגוים אל־עמק יהושפט כי יב
שם אשב לשפט את־כל־הגוים מסביב: שלחו מגל כי בשל יג
קציר באו רדו כי־מלאה גת השיקו היקבים כי רבה רעתם:
המונים המונים בעמק החרוץ כי קרוב יום יהוה בעמק יד
החרוץ: שמש וירח קדרו וכוכבים אספו נגהם: ויהוה מציון טו טז
ישאג ומירושלם יתן קולו ורעשו שמים וארץ ויהוה מחסה
לעמו ומעוז לבני ישראל: וידעתם כי אני יהוה אלהיכם שכן יז
בציון הר־קדשי והיתה ירושלם קדש וזרים לא־יעברו־בה
עוד: והיה ביום ההוא יטפו ההרים עסיס יח
והגבעות תלכנה חלב וכל־אפיקי יהודה ילכו מים ומעין
מבית יהוה יצא והשקה את־נחל השטים: מצרים לשממה יט
תהיה ואדום למדבר שממה תהיה מחמס בני יהודה אשר־
שפכו דם־נקיא בארצם: ויהודה לעולם תשב וירושלם כ
לדור ודור: ונקיתי דמם לא־נקיתי ויהוה שכן בציון: כא

עמוס

דברי עמוס אשר־היה בנקדים מתקוע אשר חזה על־ א א
ישראל בימי ׀ עזיה מלך־יהודה ובימי ירבעם בן־יואש
מלך ישראל שנתים לפני הרעש: ויאמר ׀ יהוה מציון ב
ישאג ומירושלם יתן קולו ואבלו נאות הרעים ויבש ראש
הכרמל: כה אמר יהוה על־שלשה פשעי ג
דמשק ועל־ארבעה לא אשיבנו על־דושם בחרצות הברזל
את־הגלעד: ושלחתי אש בבית חזאל ואכלה ארמנות ד

ה בֶּן־הֲדָד׃ וְשָׁבַרְתִּי בְּרִיחַ דַּמֶּשֶׂק וְהִכְרַתִּי יוֹשֵׁב מִבִּקְעַת־
אָוֶן וְתוֹמֵךְ שֵׁבֶט מִבֵּית עֶדֶן וְגָלוּ עַם־אֲרָם קִירָה אָמַר
ו יְהוָה׃ כֹּה אָמַר יְהוָה עַל־שְׁלֹשָׁה פִּשְׁעֵי עַזָּה
וְעַל־אַרְבָּעָה לֹא אֲשִׁיבֶנּוּ עַל־הַגְלוֹתָם גָּלוּת שְׁלֵמָה לְהַסְגִּיר
ז ח לֶאֱדוֹם׃ וְשִׁלַּחְתִּי אֵשׁ בְּחוֹמַת עַזָּה וְאָכְלָה אַרְמְנֹתֶיהָ׃ וְהִכְרַתִּי
יוֹשֵׁב מֵאַשְׁדּוֹד וְתוֹמֵךְ שֵׁבֶט מֵאַשְׁקְלוֹן וַהֲשִׁיבוֹתִי יָדִי עַל־עֶקְרוֹן
ט וְאָבְדוּ שְׁאֵרִית פְּלִשְׁתִּים אָמַר אֲדֹנָי יֱהוִה׃ כֹּה
אָמַר יְהוָה עַל־שְׁלֹשָׁה פִּשְׁעֵי־צֹר וְעַל־אַרְבָּעָה לֹא אֲשִׁיבֶנּוּ
עַל־הַסְגִּירָם גָּלוּת שְׁלֵמָה לֶאֱדוֹם וְלֹא זָכְרוּ בְּרִית אַחִים׃
י יא וְשִׁלַּחְתִּי אֵשׁ בְּחוֹמַת צֹר וְאָכְלָה אַרְמְנוֹתֶיהָ׃ כֹּה
אָמַר יְהוָה עַל־שְׁלֹשָׁה פִּשְׁעֵי אֱדוֹם וְעַל־אַרְבָּעָה לֹא אֲשִׁיבֶנּוּ
עַל־רָדְפוֹ בַחֶרֶב אָחִיו וְשִׁחֵת רַחֲמָיו וַיִּטְרֹף לָעַד אַפּוֹ
יב וְעֶבְרָתוֹ שְׁמָרָה נֶצַח׃ וְשִׁלַּחְתִּי אֵשׁ בְּתֵימָן וְאָכְלָה אַרְמְנוֹת
יג בָּצְרָה׃ כֹּה אָמַר יְהוָה עַל־שְׁלֹשָׁה פִּשְׁעֵי בְנֵי־
עַמּוֹן וְעַל־אַרְבָּעָה לֹא אֲשִׁיבֶנּוּ עַל־בִּקְעָם הָרוֹת הַגִּלְעָד
יד לְמַעַן הַרְחִיב אֶת־גְּבוּלָם׃ וְהִצַּתִּי אֵשׁ בְּחוֹמַת רַבָּה וְאָכְלָה
טו אַרְמְנוֹתֶיהָ בִּתְרוּעָה בְּיוֹם מִלְחָמָה בְּסַעַר בְּיוֹם סוּפָה׃ וְהָלַךְ
ב א מַלְכָּם בַּגּוֹלָה הוּא וְשָׂרָיו יַחְדָּו אָמַר יְהוָה׃ כֹּה
אָמַר יְהוָה עַל־שְׁלֹשָׁה פִּשְׁעֵי מוֹאָב וְעַל־אַרְבָּעָה לֹא אֲשִׁיבֶנּוּ
ב עַל־שָׂרְפוֹ עַצְמוֹת מֶלֶךְ־אֱדוֹם לַשִּׂיד׃ וְשִׁלַּחְתִּי־אֵשׁ בְּמוֹאָב
וְאָכְלָה אַרְמְנוֹת הַקְּרִיּוֹת וּמֵת בְּשָׁאוֹן מוֹאָב בִּתְרוּעָה בְּקוֹל
ג שׁוֹפָר׃ וְהִכְרַתִּי שׁוֹפֵט מִקִּרְבָּהּ וְכָל־שָׂרֶיהָ אֶהֱרוֹג עִמּוֹ אָמַר
ד יְהוָה׃ כֹּה אָמַר יְהוָה עַל־שְׁלֹשָׁה פִּשְׁעֵי יְהוּדָה
וְעַל־אַרְבָּעָה לֹא אֲשִׁיבֶנּוּ עַל־מָאֳסָם אֶת־תּוֹרַת יְהוָה וְחֻקָּיו לֹא
ה שָׁמָרוּ וַיַּתְעוּם כִּזְבֵיהֶם אֲשֶׁר־הָלְכוּ אֲבוֹתָם אַחֲרֵיהֶם׃ וְשִׁלַּחְתִּי
ו אֵשׁ בִּיהוּדָה וְאָכְלָה אַרְמְנוֹת יְרוּשָׁלִָם׃ כֹּה
אָמַר יְהוָה עַל־שְׁלֹשָׁה פִּשְׁעֵי יִשְׂרָאֵל וְעַל־אַרְבָּעָה לֹא אֲשִׁיבֶנּוּ

ז עַל־מִכְרָם בַּכֶּסֶף צַדִּיק וְאֶבְיוֹן בַּעֲבוּר נַעֲלָיִם׃ הַשֹּׁאֲפִים
עַל־עֲפַר־אֶרֶץ בְּרֹאשׁ דַּלִּים וְדֶרֶךְ עֲנָוִים יַטּוּ וְאִישׁ וְאָבִיו
ח יֵלְכוּ אֶל־הַנַּעֲרָה לְמַעַן חַלֵּל אֶת־שֵׁם קָדְשִׁי׃ וְעַל־בְּגָדִים
חֲבֻלִים יַטּוּ אֵצֶל כָּל־מִזְבֵּחַ וְיֵין עֲנוּשִׁים יִשְׁתּוּ בֵּית אֱלֹהֵיהֶם׃
ט וְאָנֹכִי הִשְׁמַדְתִּי אֶת־הָאֱמֹרִי מִפְּנֵיהֶם אֲשֶׁר כְּגֹבַהּ אֲרָזִים
גָּבְהוֹ וְחָסֹן הוּא כָּאַלּוֹנִים וָאַשְׁמִיד פִּרְיוֹ מִמַּעַל וְשָׁרָשָׁיו
ו י מִתָּחַת׃ וְאָנֹכִי הֶעֱלֵיתִי אֶתְכֶם מֵאֶרֶץ מִצְרָיִם וָאוֹלֵךְ אֶתְכֶם
יא בַּמִּדְבָּר אַרְבָּעִים שָׁנָה לָרֶשֶׁת אֶת־אֶרֶץ הָאֱמֹרִי׃ וָאָקִים
מִבְּנֵיכֶם לִנְבִיאִים וּמִבַּחוּרֵיכֶם לִנְזִרִים הַאַף אֵין־זֹאת בְּנֵי
יב יִשְׂרָאֵל נְאֻם־יְהוָה׃ וַתַּשְׁקוּ אֶת־הַנְּזִרִים יָיִן וְעַל־הַנְּבִיאִים
יג צִוִּיתֶם לֵאמֹר לֹא תִּנָּבְאוּ׃ הִנֵּה אָנֹכִי מֵעִיק תַּחְתֵּיכֶם כַּאֲשֶׁר
יד תָּעִיק הָעֲגָלָה הַמְלֵאָה לָהּ עָמִיר׃ וְאָבַד מָנוֹס מִקָּל
טו וְחָזָק לֹא־יְאַמֵּץ כֹּחוֹ וְגִבּוֹר לֹא־יְמַלֵּט נַפְשׁוֹ׃ וְתֹפֵשׂ הַקֶּשֶׁת
לֹא יַעֲמֹד וְקַל בְּרַגְלָיו לֹא יְמַלֵּט וְרֹכֵב הַסּוּס לֹא יְמַלֵּט
טז נַפְשׁוֹ׃ וְאַמִּיץ לִבּוֹ בַּגִּבּוֹרִים עָרוֹם יָנוּס בַּיּוֹם־הַהוּא נְאֻם־
ג א יְהוָה׃ שִׁמְעוּ אֶת־הַדָּבָר הַזֶּה אֲשֶׁר דִּבֶּר יְהוָה
עֲלֵיכֶם בְּנֵי יִשְׂרָאֵל עַל כָּל־הַמִּשְׁפָּחָה אֲשֶׁר הֶעֱלֵיתִי מֵאֶרֶץ
ב מִצְרַיִם לֵאמֹר׃ רַק אֶתְכֶם יָדַעְתִּי מִכֹּל מִשְׁפְּחוֹת הָאֲדָמָה
ג עַל־כֵּן אֶפְקֹד עֲלֵיכֶם אֵת כָּל־עֲוֹנֹתֵיכֶם׃ הֲיֵלְכוּ שְׁנַיִם יַחְדָּו
ד בִּלְתִּי אִם־נוֹעָדוּ׃ הֲיִשְׁאַג אַרְיֵה בַּיַּעַר וְטֶרֶף אֵין לוֹ הֲיִתֵּן
ה כְּפִיר קוֹלוֹ מִמְּעֹנָתוֹ בִּלְתִּי אִם־לָכָד׃ הֲתִפֹּל צִפּוֹר עַל־פַּח
הָאָרֶץ וּמוֹקֵשׁ אֵין לָהּ הֲיַעֲלֶה־פַּח מִן־הָאֲדָמָה וְלָכוֹד לֹא
ו יִלְכּוֹד׃ אִם־יִתָּקַע שׁוֹפָר בְּעִיר וְעָם לֹא יֶחֱרָדוּ אִם־תִּהְיֶה
ז רָעָה בְּעִיר וַיהוָה לֹא עָשָׂה׃ כִּי לֹא יַעֲשֶׂה אֲדֹנָי יְהוִה דָּבָר
ח כִּי אִם־גָּלָה סוֹדוֹ אֶל־עֲבָדָיו הַנְּבִיאִים׃ אַרְיֵה שָׁאָג מִי לֹא
ט יִירָא אֲדֹנָי יְהוִה דִּבֶּר מִי לֹא יִנָּבֵא׃ הַשְׁמִיעוּ עַל־אַרְמְנוֹת
בְּאַשְׁדּוֹד וְעַל־אַרְמְנוֹת בְּאֶרֶץ מִצְרָיִם וְאִמְרוּ הֵאָסְפוּ עַל־

הָרֵי שֹׁמְרוֹן וּרְאוּ מְהוּמֹת רַבּוֹת בְּתוֹכָהּ וַעֲשׁוּקִים בְּקִרְבָּהּ׃
י וְלֹא־יָדְעוּ עֲשׂוֹת־נְכֹחָה נְאֻם־יְהוָה הָאוֹצְרִים חָמָס וָשֹׁד
יא בְּאַרְמְנוֹתֵיהֶם׃ לָכֵן כֹּה אָמַר אֲדֹנָי יְהוִה צַר
יב וּסְבִיב הָאָרֶץ וְהוֹרִד מִמֵּךְ עֻזֵּךְ וְנָבֹזּוּ אַרְמְנוֹתָיִךְ׃ כֹּה אָמַר
יְהוָה כַּאֲשֶׁר יַצִּיל הָרֹעֶה מִפִּי הָאֲרִי שְׁתֵּי כְרָעַיִם אוֹ בְדַל־
אֹזֶן כֵּן יִנָּצְלוּ בְּנֵי יִשְׂרָאֵל הַיֹּשְׁבִים בְּשֹׁמְרוֹן בִּפְאַת מִטָּה
יג וּבִדְמֶשֶׁק עָרֶשׂ׃ שִׁמְעוּ וְהָעִידוּ בְּבֵית יַעֲקֹב נְאֻם־אֲדֹנָי יְהוִה
יד אֱלֹהֵי הַצְּבָאוֹת׃ כִּי בְּיוֹם פָּקְדִי פִשְׁעֵי־יִשְׂרָאֵל עָלָיו וּפָקַדְתִּי
עַל־מִזְבְּחוֹת בֵּית־אֵל וְנִגְדְּעוּ קַרְנוֹת הַמִּזְבֵּחַ וְנָפְלוּ לָאָרֶץ׃
טו וְהִכֵּיתִי בֵית־הַחֹרֶף עַל־בֵּית הַקָּיִץ וְאָבְדוּ בָּתֵּי הַשֵּׁן וְסָפוּ
ד א בָּתִּים רַבִּים נְאֻם־יְהוָה׃ שִׁמְעוּ הַדָּבָר הַזֶּה
פָּרוֹת הַבָּשָׁן אֲשֶׁר בְּהַר שֹׁמְרוֹן הָעֹשְׁקוֹת דַּלִּים הָרֹצְצוֹת
ב אֶבְיוֹנִים הָאֹמְרֹת לַאֲדֹנֵיהֶם הָבִיאָה וְנִשְׁתֶּה׃ נִשְׁבַּע אֲדֹנָי
יְהוִה בְּקָדְשׁוֹ כִּי הִנֵּה יָמִים בָּאִים עֲלֵיכֶם וְנִשָּׂא אֶתְכֶם
ג בְּצִנּוֹת וְאַחֲרִיתְכֶן בְּסִירוֹת דּוּגָה׃ וּפְרָצִים תֵּצֶאנָה אִשָּׁה נֶגְדָּהּ
ד וְהִשְׁלַכְתֶּנָה הַהַרְמוֹנָה נְאֻם־יְהוָה׃ בֹּאוּ בֵית־אֵל וּפִשְׁעוּ
הַגִּלְגָּל הַרְבּוּ לִפְשֹׁעַ וְהָבִיאוּ לַבֹּקֶר זִבְחֵיכֶם לִשְׁלֹשֶׁת יָמִים
ה מַעְשְׂרֹתֵיכֶם׃ וְקַטֵּר מֵחָמֵץ תּוֹדָה וְקִרְאוּ נְדָבוֹת הַשְׁמִיעוּ כִּי
ו כֵן אֲהַבְתֶּם בְּנֵי יִשְׂרָאֵל נְאֻם אֲדֹנָי יְהוִה׃ וְגַם־אֲנִי נָתַתִּי לָכֶם
נִקְיוֹן שִׁנַּיִם בְּכָל־עָרֵיכֶם וְחֹסֶר לֶחֶם בְּכֹל מְקוֹמֹתֵיכֶם וְלֹא־
ז שַׁבְתֶּם עָדַי נְאֻם־יְהוָה׃ וְגַם אָנֹכִי מָנַעְתִּי מִכֶּם אֶת־הַגֶּשֶׁם
בְּעוֹד שְׁלֹשָׁה חֳדָשִׁים לַקָּצִיר וְהִמְטַרְתִּי עַל־עִיר אֶחָת וְעַל־
עִיר אַחַת לֹא אַמְטִיר חֶלְקָה אַחַת תִּמָּטֵר וְחֶלְקָה אֲשֶׁר־לֹא־
ח תַמְטִיר עָלֶיהָ תִּיבָשׁ׃ וְנָעוּ שְׁתַּיִם שָׁלֹשׁ עָרִים אֶל־עִיר אַחַת
ט לִשְׁתּוֹת מַיִם וְלֹא יִשְׂבָּעוּ וְלֹא־שַׁבְתֶּם עָדַי נְאֻם־יְהוָה׃ הִכֵּיתִי
אֶתְכֶם בַּשִּׁדָּפוֹן וּבַיֵּרָקוֹן הַרְבּוֹת גַּנּוֹתֵיכֶם וְכַרְמֵיכֶם וּתְאֵנֵיכֶם
י וְזֵיתֵיכֶם יֹאכַל הַגָּזָם וְלֹא־שַׁבְתֶּם עָדַי נְאֻם־יְהוָה׃ שִׁלַּחְתִּי

בָּכֶם דֶּבֶר בְּדֶרֶךְ מִצְרַיִם הָרַגְתִּי בַחֶרֶב בַּחוּרֵיכֶם עִם שְׁבִי
סוּסֵיכֶם וָאַעֲלֶה בְּאֹשׁ מַחֲנֵיכֶם וּבְאַפְּכֶם וְלֹא־שַׁבְתֶּם עָדַי
נְאֻם־יְהוָה׃ הָפַכְתִּי בָכֶם כְּמַהְפֵּכַת אֱלֹהִים אֶת־סְדֹם יא
וְאֶת־עֲמֹרָה וַתִּהְיוּ כְּאוּד מֻצָּל מִשְּׂרֵפָה וְלֹא־שַׁבְתֶּם עָדַי
נְאֻם־יְהוָה׃ לָכֵן כֹּה אֶעֱשֶׂה־לְּךָ יִשְׂרָאֵל עֵקֶב יב
כִּי־זֹאת אֶעֱשֶׂה־לָּךְ הִכּוֹן לִקְרַאת־אֱלֹהֶיךָ יִשְׂרָאֵל׃ כִּי יג
הִנֵּה יוֹצֵר הָרִים וּבֹרֵא רוּחַ וּמַגִּיד לְאָדָם מַה־שֵּׂחוֹ עֹשֵׂה
שַׁחַר עֵיפָה וְדֹרֵךְ עַל־בָּמֳתֵי אָרֶץ יְהוָה אֱלֹהֵי־צְבָאוֹת
שְׁמוֹ׃ שִׁמְעוּ אֶת־הַדָּבָר הַזֶּה אֲשֶׁר אָנֹכִי נֹשֵׂא א ה
עֲלֵיכֶם קִינָה בֵּית יִשְׂרָאֵל׃ נָפְלָה לֹא־תוֹסִיף קוּם בְּתוּלַת ב
יִשְׂרָאֵל נִטְּשָׁה עַל־אַדְמָתָהּ אֵין מְקִימָהּ׃ כִּי כֹה ג
אָמַר אֲדֹנָי יֱהוִה הָעִיר הַיֹּצֵאת אֶלֶף תַּשְׁאִיר מֵאָה וְהַיּוֹצֵאת
מֵאָה תַּשְׁאִיר עֲשָׂרָה לְבֵית יִשְׂרָאֵל׃ כִּי כֹה ד
אָמַר יְהוָה לְבֵית יִשְׂרָאֵל דִּרְשׁוּנִי וִחְיוּ׃ וְאַל־תִּדְרְשׁוּ בֵּית־אֵל ה
וְהַגִּלְגָּל לֹא תָבֹאוּ וּבְאֵר שֶׁבַע לֹא תַעֲבֹרוּ כִּי הַגִּלְגָּל גָּלֹה
יִגְלֶה וּבֵית אֵל יִהְיֶה לְאָוֶן׃ דִּרְשׁוּ אֶת־יְהוָה וִחְיוּ פֶּן־יִצְלַח ו
כָּאֵשׁ בֵּית יוֹסֵף וְאָכְלָה וְאֵין־מְכַבֶּה לְבֵית־אֵל׃ הַהֹפְכִים ז
לְלַעֲנָה מִשְׁפָּט וּצְדָקָה לָאָרֶץ הִנִּיחוּ׃ עֹשֵׂה כִימָה וּכְסִיל ח
וְהֹפֵךְ לַבֹּקֶר צַלְמָוֶת וְיוֹם לַיְלָה הֶחְשִׁיךְ הַקּוֹרֵא לְמֵי־הַיָּם
וַיִּשְׁפְּכֵם עַל־פְּנֵי הָאָרֶץ יְהוָה שְׁמוֹ׃ הַמַּבְלִיג שֹׁד עַל־עָז וְשֹׁד ט
עַל־מִבְצָר יָבוֹא׃ שָׂנְאוּ בַשַּׁעַר מוֹכִיחַ וְדֹבֵר תָּמִים יְתָעֵבוּ׃ י
לָכֵן יַעַן בּוֹשַׁסְכֶם עַל־דָּל וּמַשְׂאַת־בַּר תִּקְחוּ מִמֶּנּוּ בָּתֵּי יא
גָזִית בְּנִיתֶם וְלֹא־תֵשְׁבוּ בָם כַּרְמֵי־חֶמֶד נְטַעְתֶּם וְלֹא תִשְׁתּוּ
אֶת־יֵינָם׃ כִּי יָדַעְתִּי רַבִּים פִּשְׁעֵיכֶם וַעֲצֻמִים חַטֹּאתֵיכֶם יב
צֹרְרֵי צַדִּיק לֹקְחֵי כֹפֶר וְאֶבְיוֹנִים בַּשַּׁעַר הִטּוּ׃ לָכֵן הַמַּשְׂכִּיל יג
בָּעֵת הַהִיא יִדֹּם כִּי עֵת רָעָה הִיא׃ דִּרְשׁוּ־טוֹב וְאַל־רָע לְמַעַן יד ז
תִּחְיוּ וִיהִי־כֵן יְהוָה אֱלֹהֵי־צְבָאוֹת אִתְּכֶם כַּאֲשֶׁר אֲמַרְתֶּם׃

טו שִׂנְאוּ־רָע וְאֶהֱבוּ טוֹב וְהַצִּיגוּ בַשַּׁעַר מִשְׁפָּט אוּלַי יֶחֱנַן
טז יְהוָה אֱלֹהֵי־צְבָאוֹת שְׁאֵרִית יוֹסֵף׃ לָכֵן כֹּה־
אָמַר יְהוָה אֱלֹהֵי צְבָאוֹת אֲדֹנָי בְּכָל־רְחֹבוֹת מִסְפֵּד
וּבְכָל־חוּצוֹת יֹאמְרוּ הוֹ־הוֹ וְקָרְאוּ אִכָּר אֶל־אֵבֶל וּמִסְפֵּד
יז אֶל־יוֹדְעֵי נֶהִי׃ וּבְכָל־כְּרָמִים מִסְפֵּד כִּי־אֶעֱבֹר בְּקִרְבְּךָ אָמַר
יח יְהוָה׃ הוֹי הַמִּתְאַוִּים אֶת־יוֹם יְהוָה לָמָּה־זֶּה
יט לָכֶם יוֹם יְהוָה הוּא־חֹשֶׁךְ וְלֹא־אוֹר׃ כַּאֲשֶׁר יָנוּס אִישׁ מִפְּנֵי
הָאֲרִי וּפְגָעוֹ הַדֹּב וּבָא הַבַּיִת וְסָמַךְ יָדוֹ עַל־הַקִּיר וּנְשָׁכוֹ
כ הַנָּחָשׁ׃ הֲלֹא־חֹשֶׁךְ יוֹם יְהוָה וְלֹא־אוֹר וְאָפֵל וְלֹא־נֹגַהּ לוֹ׃
כא כב שָׂנֵאתִי מָאַסְתִּי חַגֵּיכֶם וְלֹא אָרִיחַ בְּעַצְּרֹתֵיכֶם׃ כִּי אִם־תַּעֲלוּ־
לִי עֹלוֹת וּמִנְחֹתֵיכֶם לֹא אֶרְצֶה וְשֶׁלֶם מְרִיאֵיכֶם לֹא אַבִּיט׃
כג כד הָסֵר מֵעָלַי הֲמוֹן שִׁרֶיךָ וְזִמְרַת נְבָלֶיךָ לֹא אֶשְׁמָע׃ וְיִגַּל כַּמַּיִם
כה מִשְׁפָּט וּצְדָקָה כְּנַחַל אֵיתָן׃ הַזְּבָחִים וּמִנְחָה הִגַּשְׁתֶּם־לִי
כו בַמִּדְבָּר אַרְבָּעִים שָׁנָה בֵּית יִשְׂרָאֵל׃ וּנְשָׂאתֶם אֵת סִכּוּת
מַלְכְּכֶם וְאֵת כִּיּוּן צַלְמֵיכֶם כּוֹכַב אֱלֹהֵיכֶם אֲשֶׁר עֲשִׂיתֶם
כז לָכֶם׃ וְהִגְלֵיתִי אֶתְכֶם מֵהָלְאָה לְדַמָּשֶׂק אָמַר יְהוָה אֱלֹהֵי־
ו א צְבָאוֹת שְׁמוֹ׃ הוֹי הַשַּׁאֲנַנִּים בְּצִיּוֹן וְהַבֹּטְחִים
בְּהַר שֹׁמְרוֹן נְקֻבֵי רֵאשִׁית הַגּוֹיִם וּבָאוּ לָהֶם בֵּית יִשְׂרָאֵל׃
ב עִבְרוּ כַלְנֵה וּרְאוּ וּלְכוּ מִשָּׁם חֲמַת רַבָּה וּרְדוּ גַת־פְּלִשְׁתִּים
הֲטוֹבִים מִן־הַמַּמְלָכוֹת הָאֵלֶּה אִם־רַב גְּבוּלָם מִגְּבֻלְכֶם׃
ג ד הַמְנַדִּים לְיוֹם רָע וַתַּגִּישׁוּן שֶׁבֶת חָמָס׃ הַשֹּׁכְבִים עַל־מִטּוֹת
שֵׁן וּסְרֻחִים עַל־עַרְשׂוֹתָם וְאֹכְלִים כָּרִים מִצֹּאן וַעֲגָלִים מִתּוֹךְ
ה מַרְבֵּק׃ הַפֹּרְטִים עַל־פִּי הַנָּבֶל כְּדָוִיד חָשְׁבוּ לָהֶם כְּלֵי־שִׁיר׃
ו הַשֹּׁתִים בְּמִזְרְקֵי יַיִן וְרֵאשִׁית שְׁמָנִים יִמְשָׁחוּ וְלֹא נֶחְלוּ עַל־
ז שֵׁבֶר יוֹסֵף׃ לָכֵן עַתָּה יִגְלוּ בְּרֹאשׁ גֹּלִים וְסָר מִרְזַח סְרוּחִים׃
ח נִשְׁבַּע אֲדֹנָי יֱהוִה בְּנַפְשׁוֹ נְאֻם־יְהוָה אֱלֹהֵי צְבָאוֹת מְתָאֵב
אָנֹכִי אֶת־גְּאוֹן יַעֲקֹב וְאַרְמְנֹתָיו שָׂנֵאתִי וְהִסְגַּרְתִּי עִיר

ט וּמְלֹאָהּ׃ וְהָיָה אִם־יִוָּתְרוּ עֲשָׂרָה אֲנָשִׁים בְּבַיִת אֶחָד וָמֵתוּ׃
י וּנְשָׂאוֹ דּוֹדוֹ וּמְסָרְפוֹ לְהוֹצִיא עֲצָמִים מִן־הַבַּיִת וְאָמַר לַאֲשֶׁר
בְּיַרְכְּתֵי הַבַּיִת הַעוֹד עִמָּךְ וְאָמַר אָפֶס וְאָמַר הָס כִּי לֹא לְהַזְכִּיר
יא בְּשֵׁם יְהוָה׃ כִּי־הִנֵּה יְהוָה מְצַוֶּה וְהִכָּה הַבַּיִת
יב הַגָּדוֹל רְסִיסִים וְהַבַּיִת הַקָּטֹן בְּקִעִים׃ הַיְרֻצוּן בַּסֶּלַע סוּסִים
אִם־יַחֲרוֹשׁ בַּבְּקָרִים כִּי־הֲפַכְתֶּם לְרֹאשׁ מִשְׁפָּט וּפְרִי צְדָקָה
יג לְלַעֲנָה׃ הַשְּׂמֵחִים לְלֹא דָבָר הָאֹמְרִים הֲלוֹא בְחָזְקֵנוּ לָקַחְנוּ
יד לָנוּ קַרְנָיִם׃ כִּי הִנְנִי מֵקִים עֲלֵיכֶם בֵּית יִשְׂרָאֵל נְאֻם־יְהוָה
אֱלֹהֵי הַצְּבָאוֹת גּוֹי וְלָחֲצוּ אֶתְכֶם מִלְּבוֹא חֲמָת עַד־נַחַל
ז א הָעֲרָבָה׃ כֹּה הִרְאַנִי אֲדֹנָי יֱהוִה וְהִנֵּה יוֹצֵר גֹּבַי
ב בִּתְחִלַּת עֲלוֹת הַלָּקֶשׁ וְהִנֵּה־לֶקֶשׁ אַחַר גִּזֵּי הַמֶּלֶךְ׃ וְהָיָה אִם־
כִּלָּה לֶאֱכוֹל אֶת־עֵשֶׂב הָאָרֶץ וָאֹמַר אֲדֹנָי יֱהוִה סְלַח־נָא
ג מִי יָקוּם יַעֲקֹב כִּי קָטֹן הוּא׃ נִחַם יְהוָה עַל־זֹאת לֹא תִהְיֶה
ד אָמַר יְהוָה׃ כֹּה הִרְאַנִי אֲדֹנָי יֱהוִה וְהִנֵּה קֹרֵא
לָרִב בָּאֵשׁ אֲדֹנָי יֱהוִה וַתֹּאכַל אֶת־תְּהוֹם רַבָּה וְאָכְלָה אֶת־
ה הַחֵלֶק׃ וָאֹמַר אֲדֹנָי יֱהוִה חֲדַל־נָא מִי יָקוּם יַעֲקֹב כִּי קָטֹן
ו הוּא׃ נִחַם יְהוָה עַל־זֹאת גַּם־הִיא לֹא תִהְיֶה אָמַר אֲדֹנָי
ז יֱהוִה׃ כֹּה הִרְאַנִי וְהִנֵּה אֲדֹנָי נִצָּב עַל־חוֹמַת אֲנָךְ
ח וּבְיָדוֹ אֲנָךְ׃ וַיֹּאמֶר יְהוָה אֵלַי מָה־אַתָּה רֹאֶה עָמוֹס וָאֹמַר
אֲנָךְ וַיֹּאמֶר אֲדֹנָי הִנְנִי שָׂם אֲנָךְ בְּקֶרֶב עַמִּי יִשְׂרָאֵל לֹא־אוֹסִיף
ט עוֹד עֲבוֹר לוֹ׃ וְנָשַׁמּוּ בָּמוֹת יִשְׂחָק וּמִקְדְּשֵׁי יִשְׂרָאֵל יֶחֱרָבוּ
י וְקַמְתִּי עַל־בֵּית יָרָבְעָם בֶּחָרֶב׃ וַיִּשְׁלַח אֲמַצְיָה
כֹּהֵן בֵּית־אֵל אֶל־יָרָבְעָם מֶלֶךְ־יִשְׂרָאֵל לֵאמֹר קָשַׁר עָלֶיךָ
עָמוֹס בְּקֶרֶב בֵּית יִשְׂרָאֵל לֹא־תוּכַל הָאָרֶץ לְהָכִיל אֶת־
יא כָּל־דְּבָרָיו׃ כִּי־כֹה אָמַר עָמוֹס בַּחֶרֶב יָמוּת יָרָבְעָם וְיִשְׂרָאֵל
יב גָּלֹה יִגְלֶה מֵעַל אַדְמָתוֹ׃ וַיֹּאמֶר אֲמַצְיָה אֶל־
עָמוֹס חֹזֶה לֵךְ בְּרַח־לְךָ אֶל־אֶרֶץ יְהוּדָה וֶאֱכָל־שָׁם לֶחֶם וְשָׁם

יג תִּנָּבֵא: וּבֵית־אֵל לֹא־תוֹסִיף עוֹד לְהִנָּבֵא כִּי מִקְדַּשׁ־מֶלֶךְ הוּא
יד וּבֵית מַמְלָכָה הוּא: וַיַּעַן עָמוֹס וַיֹּאמֶר אֶל־אֲמַצְיָה לֹא־נָבִיא
אָנֹכִי וְלֹא בֶן־נָבִיא אָנֹכִי כִּי־בוֹקֵר אָנֹכִי וּבוֹלֵס שִׁקְמִים:
טו וַיִּקָּחֵנִי יהוה מֵאַחֲרֵי הַצֹּאן וַיֹּאמֶר אֵלַי יהוה לֵךְ הִנָּבֵא אֶל־עַמִּי ח
טז יִשְׂרָאֵל: וְעַתָּה שְׁמַע דְּבַר־יהוה אַתָּה אֹמֵר לֹא תִנָּבֵא עַל־
יז יִשְׂרָאֵל וְלֹא תַטִּיף עַל־בֵּית יִשְׂחָק: לָכֵן כֹּה־אָמַר יהוה
אִשְׁתְּךָ בָּעִיר תִּזְנֶה וּבָנֶיךָ וּבְנֹתֶיךָ בַּחֶרֶב יִפֹּלוּ וְאַדְמָתְךָ בַּחֶבֶל
תְּחֻלָּק וְאַתָּה עַל־אֲדָמָה טְמֵאָה תָּמוּת וְיִשְׂרָאֵל גָּלֹה יִגְלֶה
ח א מֵעַל אַדְמָתוֹ: כֹּה הִרְאַנִי אֲדֹנָי יֱהֹוִה וְהִנֵּה כְּלוּב
ב קָיִץ: וַיֹּאמֶר מָה־אַתָּה רֹאֶה עָמוֹס וָאֹמַר כְּלוּב קָיִץ וַיֹּאמֶר
יהוה אֵלַי בָּא הַקֵּץ אֶל־עַמִּי יִשְׂרָאֵל לֹא־אוֹסִיף עוֹד עֲבוֹר לוֹ:
ג וְהֵילִילוּ שִׁירוֹת הֵיכָל בַּיּוֹם הַהוּא נְאֻם אֲדֹנָי יֱהֹוִה רַב הַפֶּגֶר
ד בְּכָל־מָקוֹם הִשְׁלִיךְ הָס: שִׁמְעוּ־זֹאת הַשֹּׁאֲפִים
ה אֶבְיוֹן וְלַשְׁבִּית ענוי־אָרֶץ: לֵאמֹר מָתַי יַעֲבֹר הַחֹדֶשׁ וְנַשְׁבִּירָה עֲנִיֵּי־
שֶׁבֶר וְהַשַּׁבָּת וְנִפְתְּחָה־בָּר לְהַקְטִין אֵיפָה וּלְהַגְדִּיל שֶׁקֶל
ו וּלְעַוֵּת מֹאזְנֵי מִרְמָה: לִקְנוֹת בַּכֶּסֶף דַּלִּים וְאֶבְיוֹן בַּעֲבוּר
ז נַעֲלָיִם וּמַפַּל בַּר נַשְׁבִּיר: נִשְׁבַּע יהוה בִּגְאוֹן יַעֲקֹב אִם־אֶשְׁכַּח
ח לָנֶצַח כָּל־מַעֲשֵׂיהֶם: הַעַל זֹאת לֹא־תִרְגַּז הָאָרֶץ וְאָבַל
כָּל־יוֹשֵׁב בָּהּ וְעָלְתָה כָאֹר כֻּלָּהּ וְנִגְרְשָׁה ונשקה כִּיאוֹר וְנִשְׁקְעָה
ט מִצְרָיִם: וְהָיָה | בַּיּוֹם הַהוּא נְאֻם אֲדֹנָי יֱהֹוִה
וְהֵבֵאתִי הַשֶּׁמֶשׁ בַּצָּהֳרָיִם וְהַחֲשַׁכְתִּי לָאָרֶץ בְּיוֹם אוֹר:
י וְהָפַכְתִּי חַגֵּיכֶם לְאֵבֶל וְכָל־שִׁירֵיכֶם לְקִינָה וְהַעֲלֵיתִי עַל־
כָּל־מָתְנַיִם שָׂק וְעַל־כָּל־רֹאשׁ קָרְחָה וְשַׂמְתִּיהָ כְּאֵבֶל יָחִיד
יא וְאַחֲרִיתָהּ כְּיוֹם מָר: הִנֵּה | יָמִים בָּאִים נְאֻם
אֲדֹנָי יֱהֹוִה וְהִשְׁלַחְתִּי רָעָב בָּאָרֶץ לֹא־רָעָב לַלֶּחֶם וְלֹא־
יב צָמָא לַמַּיִם כִּי אִם־לִשְׁמֹעַ אֵת דִּבְרֵי יהוה: וְנָעוּ מִיָּם
עַד־יָם וּמִצָּפוֹן וְעַד־מִזְרָח יְשׁוֹטְטוּ לְבַקֵּשׁ אֶת־דְּבַר־

יְהוָה וְלֹא יִמְצָאוּ׃ בַּיּוֹם הַהוּא תִּתְעַלַּפְנָה הַבְּתוּלֹת הַיָּפוֹת יג
וְהַבַּחוּרִים בַּצָּמָא׃ הַנִּשְׁבָּעִים בְּאַשְׁמַת שֹׁמְרוֹן וְאָמְרוּ יד
חֵי אֱלֹהֶיךָ דָּן וְחֵי דֶּרֶךְ בְּאֵר־שָׁבַע וְנָפְלוּ וְלֹא־יָקוּמוּ
עוֹד׃ רָאִיתִי אֶת־אֲדֹנָי נִצָּב עַל־הַמִּזְבֵּחַ וַיֹּאמֶר א ט
הַךְ הַכַּפְתּוֹר וְיִרְעֲשׁוּ הַסִּפִּים וּבְצַעַם בְּרֹאשׁ כֻּלָּם וְאַחֲרִיתָם
בַּחֶרֶב אֶהֱרֹג לֹא־יָנוּס לָהֶם נָס וְלֹא־יִמָּלֵט לָהֶם פָּלִיט׃ אִם־ ב
יַחְתְּרוּ בִשְׁאוֹל מִשָּׁם יָדִי תִקָּחֵם וְאִם־יַעֲלוּ הַשָּׁמַיִם מִשָּׁם
אוֹרִידֵם׃ וְאִם־יֵחָבְאוּ בְּרֹאשׁ הַכַּרְמֶל מִשָּׁם אֲחַפֵּשׂ וּלְקַחְתִּים ג
וְאִם־יִסָּתְרוּ מִנֶּגֶד עֵינַי בְּקַרְקַע הַיָּם מִשָּׁם אֲצַוֶּה אֶת־הַנָּחָשׁ
וּנְשָׁכָם׃ וְאִם־יֵלְכוּ בַשְּׁבִי לִפְנֵי אֹיְבֵיהֶם מִשָּׁם אֲצַוֶּה אֶת־ ד
הַחֶרֶב וַהֲרָגָתַם וְשַׂמְתִּי עֵינִי עֲלֵיהֶם לְרָעָה וְלֹא לְטוֹבָה׃ וַאדֹנָי ה
יֱהוִה הַצְּבָאוֹת הַנּוֹגֵעַ בָּאָרֶץ וַתָּמוֹג וְאָבְלוּ כָּל־יוֹשְׁבֵי בָהּ
וְעָלְתָה כַיְאֹר כֻּלָּהּ וְשָׁקְעָה כִּיאֹר מִצְרָיִם׃ הַבּוֹנֶה בַשָּׁמַיִם ו
מַעֲלוֹתָו וַאֲגֻדָּתוֹ עַל־אֶרֶץ יְסָדָהּ הַקֹּרֵא לְמֵי־הַיָּם וַיִּשְׁפְּכֵם
עַל־פְּנֵי הָאָרֶץ יְהוָה שְׁמוֹ׃ הֲלוֹא כִבְנֵי כֻשִׁיִּים ז
אַתֶּם לִי בְּנֵי יִשְׂרָאֵל נְאֻם־יְהוָה הֲלוֹא אֶת־יִשְׂרָאֵל הֶעֱלֵיתִי
מֵאֶרֶץ מִצְרַיִם וּפְלִשְׁתִּיִּים מִכַּפְתּוֹר וַאֲרָם מִקִּיר׃ הִנֵּה עֵינֵי ח
אֲדֹנָי יֱהוִה בַּמַּמְלָכָה הַחַטָּאָה וְהִשְׁמַדְתִּי אֹתָהּ מֵעַל פְּנֵי
הָאֲדָמָה אֶפֶס כִּי לֹא הַשְׁמֵיד אַשְׁמִיד אֶת־בֵּית יַעֲקֹב נְאֻם־
יְהוָה׃ כִּי־הִנֵּה אָנֹכִי מְצַוֶּה וַהֲנִעוֹתִי בְכָל־הַגּוֹיִם אֶת־בֵּית ט
יִשְׂרָאֵל כַּאֲשֶׁר יִנּוֹעַ בַּכְּבָרָה וְלֹא־יִפּוֹל צְרוֹר אָרֶץ׃ בַּחֶרֶב י
יָמוּתוּ כֹּל חַטָּאֵי עַמִּי הָאֹמְרִים לֹא־תַגִּישׁ וְתַקְדִּים בַּעֲדֵינוּ
הָרָעָה׃ בַּיּוֹם הַהוּא אָקִים אֶת־סֻכַּת דָּוִיד הַנֹּפֶלֶת וְגָדַרְתִּי אֶת־ יא
פִּרְצֵיהֶן וַהֲרִסֹתָיו אָקִים וּבְנִיתִיהָ כִּימֵי עוֹלָם׃ לְמַעַן יִירְשׁוּ אֶת־ יב
שְׁאֵרִית אֱדוֹם וְכָל־הַגּוֹיִם אֲשֶׁר־נִקְרָא שְׁמִי עֲלֵיהֶם נְאֻם־יְהוָה
עֹשֶׂה זֹּאת׃ הִנֵּה יָמִים בָּאִים נְאֻם־יְהוָה וְנִגַּשׁ יג
חוֹרֵשׁ בַּקֹּצֵר וְדֹרֵךְ עֲנָבִים בְּמֹשֵׁךְ הַזָּרַע וְהִטִּיפוּ הֶהָרִים עָסִיס

יד וְכָל־הַגְּבָע֖וֹת תִּתְמוֹגַֽגְנָה׃ וְשַׁבְתִּי֮ אֶת־שְׁב֣וּת עַמִּ֣י יִשְׂרָאֵל֒
וּבָנ֞וּ עָרִ֤ים נְשַׁמּוֹת֙ וְיָשָׁ֔בוּ וְנָטְע֣וּ כְרָמִ֔ים וְשָׁת֖וּ אֶת־יֵינָ֑ם וְעָשׂ֣וּ
טו גַנּ֔וֹת וְאָכְל֖וּ אֶת־פְּרִיהֶֽם׃ וּנְטַעְתִּ֖ים עַל־אַדְמָתָ֑ם וְלֹ֨א יִנָּתְשׁ֜וּ
ע֗וֹד מֵעַ֤ל אַדְמָתָם֙ אֲשֶׁ֣ר נָתַ֣תִּי לָהֶ֔ם אָמַ֖ר יְהוָ֥ה אֱלֹהֶֽיךָ׃

עובדיה

א א חֲז֖וֹן עֹֽבַדְיָ֑ה כֹּֽה־אָמַר֩ אֲדֹנָ֨י יֱהֹוִ֜ה לֶאֱד֗וֹם שְׁמוּעָ֨ה שָׁמַ֜עְנוּ מֵאֵ֤ת
ב יְהוָה֙ וְצִיר֙ בַּגּוֹיִ֣ם שֻׁלָּ֔ח ק֛וּמוּ וְנָק֥וּמָה עָלֶ֖יהָ לַמִּלְחָמָֽה׃ הִנֵּ֥ה
ג קָטֹ֛ן נְתַתִּ֖יךָ בַּגּוֹיִ֑ם בָּז֥וּי אַתָּ֖ה מְאֹֽד׃ זְד֤וֹן לִבְּךָ֙ הִשִּׁיאֶ֔ךָ שֹׁכְנִ֥י
ד בְחַגְוֵי־סֶ֖לַע מְר֣וֹם שִׁבְתּ֑וֹ אֹמֵ֣ר בְּלִבּ֔וֹ מִ֥י יוֹרִדֵ֖נִי אָֽרֶץ׃ אִם־
תַּגְבִּ֣יהַּ כַּנֶּ֔שֶׁר וְאִם־בֵּ֥ין כּֽוֹכָבִ֖ים שִׂ֣ים קִנֶּ֑ךָ מִשָּׁ֥ם אוֹרִֽידְךָ֖ נְאֻם־
ה יְהוָֽה׃ אִם־גַּנָּבִ֤ים בָּֽאוּ־לְךָ֙ אִם־שׁ֣וֹדְדֵי לַ֔יְלָה אֵ֣יךְ נִדְמֵ֔יתָה
הֲל֖וֹא יִגְנְב֣וּ דַיָּ֑ם אִם־בֹּֽצְרִים֙ בָּ֣אוּ לָ֔ךְ הֲל֖וֹא יַשְׁאִ֥ירוּ עֹלֵלֽוֹת׃
ו ז אֵ֚יךְ נֶחְפְּשׂ֣וּ עֵשָׂ֔ו נִבְע֖וּ מַצְפֻּנָֽיו׃ עַֽד־הַגְּב֣וּל שִׁלְּח֗וּךָ כֹּ֚ל אַנְשֵׁ֣י
בְרִיתֶ֔ךָ הִשִּׁיא֛וּךָ יָכְל֥וּ לְךָ֖ אַנְשֵׁ֣י שְׁלֹמֶ֑ךָ לַחְמְךָ֗ יָשִׂ֤ימוּ מָזוֹר֙
ח תַּחְתֶּ֔יךָ אֵ֥ין תְּבוּנָ֖ה בּֽוֹ׃ הֲל֛וֹא בַּיּ֥וֹם הַה֖וּא נְאֻם־יְהוָ֑ה וְהַאֲבַדְתִּ֤י
ט חֲכָמִים֙ מֵֽאֱד֔וֹם וּתְבוּנָ֖ה מֵהַ֥ר עֵשָֽׂו׃ וְחַתּ֥וּ גִבּוֹרֶ֖יךָ תֵּימָ֑ן לְמַ֧עַן
י יִכָּֽרֶת־אִ֛ישׁ מֵהַ֥ר עֵשָׂ֖ו מִקָּֽטֶל׃ מֵחֲמַ֛ס אָחִ֥יךָ יַעֲקֹ֖ב תְּכַסְּךָ֣
יא בוּשָׁ֑ה וְנִכְרַ֖תָּ לְעוֹלָֽם׃ בְּיוֹם֙ עֲמָֽדְךָ֣ מִנֶּ֔גֶד בְּי֛וֹם שְׁב֥וֹת זָרִ֖ים
חֵיל֑וֹ וְנָכְרִ֞ים בָּ֣אוּ שְׁעָרָ֗ו וְעַל־יְרֽוּשָׁלִַ֙ם֙ יַדּ֣וּ גוֹרָ֔ל גַּם־אַתָּ֖ה כְּאַחַ֥ד
יב מֵהֶֽם׃ וְאַל־תֵּ֤רֶא בְיוֹם־אָחִ֙יךָ֙ בְּי֣וֹם נָכְר֔וֹ וְאַל־תִּשְׂמַ֥ח לִבְנֵֽי־
יג יְהוּדָ֖ה בְּי֣וֹם אָבְדָ֑ם וְאַל־תַּגְדֵּ֥ל פִּ֖יךָ בְּי֥וֹם צָרָֽה׃ אַל־תָּב֣וֹא
בְשַֽׁעַר־עַמִּי֙ בְּי֣וֹם אֵידָ֔ם אַל־תֵּ֧רֶא גַם־אַתָּ֛ה בְּרָעָת֖וֹ בְּי֣וֹם אֵיד֑וֹ
יד וְאַל־תִּשְׁלַ֥חְנָה בְחֵיל֖וֹ בְּי֥וֹם אֵידֽוֹ׃ וְאַל־תַּעֲמֹד֙ עַל־הַפֶּ֔רֶק
טו לְהַכְרִ֖ית אֶת־פְּלִיטָ֑יו וְאַל־תַּסְגֵּ֥ר שְׂרִידָ֖יו בְּי֥וֹם צָרָֽה׃ כִּֽי־קָר֥וֹב
יוֹם־יְהוָ֖ה עַל־כָּל־הַגּוֹיִ֑ם כַּאֲשֶׁ֤ר עָשִׂ֙יתָ֙ יֵעָ֣שֶׂה לָּ֔ךְ גְּמֻלְךָ֖

א

יָשׁוּב בְּרֹאשֶׁךָ׃ כִּי כַּאֲשֶׁר שְׁתִיתֶם עַל־הַר קָדְשִׁי יִשְׁתּוּ כָל־ טז
הַגּוֹיִם תָּמִיד וְשָׁתוּ וְלָעוּ וְהָיוּ כְּלוֹא הָיוּ׃ וּבְהַר צִיּוֹן תִּהְיֶה יז
פְלֵיטָה וְהָיָה קֹדֶשׁ וְיָרְשׁוּ בֵּית יַעֲקֹב אֵת מוֹרָשֵׁיהֶם׃ וְהָיָה יח
בֵית־יַעֲקֹב אֵשׁ וּבֵית יוֹסֵף לֶהָבָה וּבֵית עֵשָׂו לְקַשׁ וְדָלְקוּ
בָהֶם וַאֲכָלוּם וְלֹא־יִהְיֶה שָׂרִיד לְבֵית עֵשָׂו כִּי יְהוָה דִּבֵּר׃
וְיָרְשׁוּ הַנֶּגֶב אֶת־הַר עֵשָׂו וְהַשְּׁפֵלָה אֶת־פְּלִשְׁתִּים וְיָרְשׁוּ אֶת־ יט
שְׂדֵה אֶפְרַיִם וְאֵת שְׂדֵה שֹׁמְרוֹן וּבִנְיָמִן אֶת־הַגִּלְעָד׃ וְגָלֻת כ
הַחֵל־הַזֶּה לִבְנֵי יִשְׂרָאֵל אֲשֶׁר־כְּנַעֲנִים עַד־צָרְפַת וְגָלֻת
ט יְרוּשָׁלִַם אֲשֶׁר בִּסְפָרַד יִרְשׁוּ אֵת עָרֵי הַנֶּגֶב׃ וְעָלוּ מוֹשִׁעִים כא
בְּהַר צִיּוֹן לִשְׁפֹּט אֶת־הַר עֵשָׂו וְהָיְתָה לַיהוָה הַמְּלוּכָה׃

יונה

וַיְהִי דְּבַר־יְהוָה אֶל־יוֹנָה בֶן־אֲמִתַּי לֵאמֹר׃ קוּם לֵךְ אֶל־נִינְוֵה א ב א
הָעִיר הַגְּדוֹלָה וּקְרָא עָלֶיהָ כִּי־עָלְתָה רָעָתָם לְפָנָי׃ וַיָּקָם יוֹנָה ג
לִבְרֹחַ תַּרְשִׁישָׁה מִלִּפְנֵי יְהוָה וַיֵּרֶד יָפוֹ וַיִּמְצָא אָנִיָּה ׀ בָּאָה
תַרְשִׁישׁ וַיִּתֵּן שְׂכָרָהּ וַיֵּרֶד בָּהּ לָבוֹא עִמָּהֶם תַּרְשִׁישָׁה מִלִּפְנֵי
יְהוָה׃ וַיהוָה הֵטִיל רוּחַ־גְּדוֹלָה אֶל־הַיָּם וַיְהִי סַעַר־גָּדוֹל בַּיָּם ד
וְהָאֳנִיָּה חִשְּׁבָה לְהִשָּׁבֵר׃ וַיִּירְאוּ הַמַּלָּחִים וַיִּזְעֲקוּ אִישׁ אֶל־ ה
אֱלֹהָיו וַיָּטִלוּ אֶת־הַכֵּלִים אֲשֶׁר בָּאֳנִיָּה אֶל־הַיָּם לְהָקֵל
מֵעֲלֵיהֶם וְיוֹנָה יָרַד אֶל־יַרְכְּתֵי הַסְּפִינָה וַיִּשְׁכַּב וַיֵּרָדַם׃ וַיִּקְרַב ו
אֵלָיו רַב הַחֹבֵל וַיֹּאמֶר לוֹ מַה־לְּךָ נִרְדָּם קוּם קְרָא אֶל־אֱלֹהֶיךָ
אוּלַי יִתְעַשֵּׁת הָאֱלֹהִים לָנוּ וְלֹא נֹאבֵד׃ וַיֹּאמְרוּ אִישׁ אֶל־רֵעֵהוּ ז
לְכוּ וְנַפִּילָה גוֹרָלוֹת וְנֵדְעָה בְּשֶׁלְּמִי הָרָעָה הַזֹּאת לָנוּ וַיַּפִּלוּ
גּוֹרָלוֹת וַיִּפֹּל הַגּוֹרָל עַל־יוֹנָה׃ וַיֹּאמְרוּ אֵלָיו הַגִּידָה־נָּא לָנוּ ח
בַּאֲשֶׁר לְמִי־הָרָעָה הַזֹּאת לָנוּ מַה־מְּלַאכְתְּךָ וּמֵאַיִן תָּבוֹא מָה
אַרְצֶךָ וְאֵי־מִזֶּה עַם אָתָּה׃ וַיֹּאמֶר אֲלֵיהֶם עִבְרִי אָנֹכִי וְאֶת־ ט

יְהוָה אֱלֹהֵי הַשָּׁמַיִם אֲנִי יָרֵא אֲשֶׁר־עָשָׂה אֶת־הַיָּם וְאֶת־
י הַיַּבָּשָׁה׃ וַיִּירְאוּ הָאֲנָשִׁים יִרְאָה גְדוֹלָה וַיֹּאמְרוּ אֵלָיו מַה־זֹּאת
עָשִׂיתָ כִּי־יָדְעוּ הָאֲנָשִׁים כִּי־מִלִּפְנֵי יְהוָה הוּא בֹרֵחַ כִּי הִגִּיד
יא לָהֶם׃ וַיֹּאמְרוּ אֵלָיו מַה־נַּעֲשֶׂה לָּךְ וְיִשְׁתֹּק הַיָּם מֵעָלֵינוּ כִּי הַיָּם
יב הוֹלֵךְ וְסֹעֵר׃ וַיֹּאמֶר אֲלֵיהֶם שָׂאוּנִי וַהֲטִילֻנִי אֶל־הַיָּם וְיִשְׁתֹּק
הַיָּם מֵעֲלֵיכֶם כִּי יוֹדֵעַ אָנִי כִּי בְשֶׁלִּי הַסַּעַר הַגָּדוֹל הַזֶּה עֲלֵיכֶם׃
יג וַיַּחְתְּרוּ הָאֲנָשִׁים לְהָשִׁיב אֶל־הַיַּבָּשָׁה וְלֹא יָכֹלוּ כִּי הַיָּם הוֹלֵךְ
יד וְסֹעֵר עֲלֵיהֶם׃ וַיִּקְרְאוּ אֶל־יְהוָה וַיֹּאמְרוּ אָנָּה יְהוָה אַל־נָא
נֹאבְדָה בְּנֶפֶשׁ הָאִישׁ הַזֶּה וְאַל־תִּתֵּן עָלֵינוּ דָּם נָקִיא כִּי־אַתָּה
טו יְהוָה כַּאֲשֶׁר חָפַצְתָּ עָשִׂיתָ׃ וַיִּשְׂאוּ אֶת־יוֹנָה וַיְטִלֻהוּ אֶל־הַיָּם
טז וַיַּעֲמֹד הַיָּם מִזַּעְפּוֹ׃ וַיִּירְאוּ הָאֲנָשִׁים יִרְאָה גְדוֹלָה אֶת־יְהוָה
ב א וַיִּזְבְּחוּ־זֶבַח לַיהוָה וַיִּדְּרוּ נְדָרִים׃ וַיְמַן יְהוָה דָּג גָּדוֹל לִבְלֹעַ אֶת־
ב יוֹנָה וַיְהִי יוֹנָה בִּמְעֵי הַדָּג שְׁלֹשָׁה יָמִים וּשְׁלֹשָׁה לֵילוֹת׃ וַיִּתְפַּלֵּל
ג יוֹנָה אֶל־יְהוָה אֱלֹהָיו מִמְּעֵי הַדָּגָה׃ וַיֹּאמֶר קָרָאתִי מִצָּרָה לִי
ד אֶל־יְהוָה וַיַּעֲנֵנִי מִבֶּטֶן שְׁאוֹל שִׁוַּעְתִּי שָׁמַעְתָּ קוֹלִי׃ וַתַּשְׁלִיכֵנִי
מְצוּלָה בִּלְבַב יַמִּים וְנָהָר יְסֹבְבֵנִי כָּל־מִשְׁבָּרֶיךָ וְגַלֶּיךָ עָלַי
ה עָבָרוּ׃ וַאֲנִי אָמַרְתִּי נִגְרַשְׁתִּי מִנֶּגֶד עֵינֶיךָ אַךְ אוֹסִיף לְהַבִּיט אֶל־
ו הֵיכַל קָדְשֶׁךָ׃ אֲפָפוּנִי מַיִם עַד־נֶפֶשׁ תְּהוֹם יְסֹבְבֵנִי סוּף חָבוּשׁ
ז לְרֹאשִׁי׃ לְקִצְבֵי הָרִים יָרַדְתִּי הָאָרֶץ בְּרִחֶיהָ בַעֲדִי לְעוֹלָם
ח וַתַּעַל מִשַּׁחַת חַיַּי יְהוָה אֱלֹהָי׃ בְּהִתְעַטֵּף עָלַי נַפְשִׁי אֶת־יְהוָה
ט זָכָרְתִּי וַתָּבוֹא אֵלֶיךָ תְּפִלָּתִי אֶל־הֵיכַל קָדְשֶׁךָ׃ מְשַׁמְּרִים הַבְלֵי־
י שָׁוְא חַסְדָּם יַעֲזֹבוּ׃ וַאֲנִי בְּקוֹל תּוֹדָה אֶזְבְּחָה־לָּךְ אֲשֶׁר נָדַרְתִּי
יא אֲשַׁלֵּמָה יְשׁוּעָתָה לַיהוָה׃ וַיֹּאמֶר יְהוָה לַדָּג וַיָּקֵא
ג א אֶת־יוֹנָה אֶל־הַיַּבָּשָׁה׃ וַיְהִי דְבַר־יְהוָה אֶל־יוֹנָה
ב שֵׁנִית לֵאמֹר׃ קוּם לֵךְ אֶל־נִינְוֵה הָעִיר הַגְּדוֹלָה וּקְרָא אֵלֶיהָ
ג אֶת־הַקְּרִיאָה אֲשֶׁר אָנֹכִי דֹּבֵר אֵלֶיךָ׃ וַיָּקָם יוֹנָה וַיֵּלֶךְ אֶל־נִינְוֵה
כִּדְבַר יְהוָה וְנִינְוֵה הָיְתָה עִיר־גְּדוֹלָה לֵאלֹהִים מַהֲלַךְ שְׁלֹשֶׁת

יָמִים׃ וַיָּחֶל יוֹנָה לָבוֹא בָעִיר מַהֲלַךְ יוֹם אֶחָד וַיִּקְרָא וַיֹּאמַר ד
ה עוֹד אַרְבָּעִים יוֹם וְנִינְוֵה נֶהְפָּכֶת׃ וַיַּאֲמִינוּ אַנְשֵׁי נִינְוֵה בֵּאלֹהִים
ו וַיִּקְרְאוּ־צוֹם וַיִּלְבְּשׁוּ שַׂקִּים מִגְּדוֹלָם וְעַד־קְטַנָּם׃ וַיִּגַּע הַדָּבָר
אֶל־מֶלֶךְ נִינְוֵה וַיָּקָם מִכִּסְאוֹ וַיַּעֲבֵר אַדַּרְתּוֹ מֵעָלָיו וַיְכַס שַׂק
ז וַיֵּשֶׁב עַל־הָאֵפֶר׃ וַיַּזְעֵק וַיֹּאמֶר בְּנִינְוֵה מִטַּעַם הַמֶּלֶךְ וּגְדֹלָיו
לֵאמֹר הָאָדָם וְהַבְּהֵמָה הַבָּקָר וְהַצֹּאן אַל־יִטְעֲמוּ מְאוּמָה אַל־
ח יִרְעוּ וּמַיִם אַל־יִשְׁתּוּ׃ וְיִתְכַּסּוּ שַׂקִּים הָאָדָם וְהַבְּהֵמָה וְיִקְרְאוּ
אֶל־אֱלֹהִים בְּחָזְקָה וְיָשֻׁבוּ אִישׁ מִדַּרְכּוֹ הָרָעָה וּמִן־הֶחָמָס
ט אֲשֶׁר בְּכַפֵּיהֶם׃ מִי־יוֹדֵעַ יָשׁוּב וְנִחַם הָאֱלֹהִים וְשָׁב מֵחֲרוֹן
י אַפּוֹ וְלֹא נֹאבֵד׃ וַיַּרְא הָאֱלֹהִים אֶת־מַעֲשֵׂיהֶם כִּי־שָׁבוּ מִדַּרְכָּם
הָרָעָה וַיִּנָּחֶם הָאֱלֹהִים עַל־הָרָעָה אֲשֶׁר־דִּבֶּר לַעֲשׂוֹת־לָהֶם וְלֹא
ד א ב עָשָׂה׃ וַיֵּרַע אֶל־יוֹנָה רָעָה גְדוֹלָה וַיִּחַר לוֹ׃ וַיִּתְפַּלֵּל אֶל־יְהוָה
וַיֹּאמַר אָנָּה יְהוָה הֲלוֹא־זֶה דְבָרִי עַד־הֱיוֹתִי עַל־אַדְמָתִי עַל־כֵּן
קִדַּמְתִּי לִבְרֹחַ תַּרְשִׁישָׁה כִּי יָדַעְתִּי כִּי אַתָּה אֵל־חַנּוּן וְרַחוּם
ג אֶרֶךְ אַפַּיִם וְרַב־חֶסֶד וְנִחָם עַל־הָרָעָה׃ וְעַתָּה יְהוָה קַח־נָא
ד אֶת־נַפְשִׁי מִמֶּנִּי כִּי טוֹב מוֹתִי מֵחַיָּי׃ וַיֹּאמֶר יְהוָה הַהֵיטֵב חָרָה
ה לָךְ׃ וַיֵּצֵא יוֹנָה מִן־הָעִיר וַיֵּשֶׁב מִקֶּדֶם לָעִיר וַיַּעַשׂ לוֹ שָׁם סֻכָּה
ו וַיֵּשֶׁב תַּחְתֶּיהָ בַּצֵּל עַד אֲשֶׁר יִרְאֶה מַה־יִּהְיֶה בָּעִיר׃ וַיְמַן יְהוָה־
אֱלֹהִים קִיקָיוֹן וַיַּעַל ׀ מֵעַל לְיוֹנָה לִהְיוֹת צֵל עַל־רֹאשׁוֹ לְהַצִּיל
ז לוֹ מֵרָעָתוֹ וַיִּשְׂמַח יוֹנָה עַל־הַקִּיקָיוֹן שִׂמְחָה גְדוֹלָה׃ וַיְמַן
הָאֱלֹהִים תּוֹלַעַת בַּעֲלוֹת הַשַּׁחַר לַמָּחֳרָת וַתַּךְ אֶת־הַקִּיקָיוֹן
ח וַיִּיבָשׁ׃ וַיְהִי ׀ כִּזְרֹחַ הַשֶּׁמֶשׁ וַיְמַן אֱלֹהִים רוּחַ קָדִים חֲרִישִׁית
וַתַּךְ הַשֶּׁמֶשׁ עַל־רֹאשׁ יוֹנָה וַיִּתְעַלָּף וַיִּשְׁאַל אֶת־נַפְשׁוֹ לָמוּת
ט וַיֹּאמֶר טוֹב מוֹתִי מֵחַיָּי׃ וַיֹּאמֶר אֱלֹהִים אֶל־יוֹנָה הַהֵיטֵב
י חָרָה־לְךָ עַל־הַקִּיקָיוֹן וַיֹּאמֶר הֵיטֵב חָרָה־לִי עַד־מָוֶת׃ וַיֹּאמֶר
יְהוָה אַתָּה חַסְתָּ עַל־הַקִּיקָיוֹן אֲשֶׁר לֹא־עָמַלְתָּ בּוֹ וְלֹא גִדַּלְתּוֹ
יא שֶׁבִּן־לַיְלָה הָיָה וּבִן־לַיְלָה אָבָד׃ וַאֲנִי לֹא אָחוּס עַל־נִינְוֵה

הָעִיר הַגְּדוֹלָה אֲשֶׁר יֶשׁ־בָּהּ הַרְבֵּה מִשְׁתֵּים־עֶשְׂרֵה רִבּוֹ
אָדָם אֲשֶׁר לֹא־יָדַע בֵּין־יְמִינוֹ לִשְׂמֹאלוֹ וּבְהֵמָה רַבָּה׃

מיכה

א א דְּבַר־יְהוָה ׀ אֲשֶׁר הָיָה אֶל־מִיכָה הַמֹּרַשְׁתִּי בִּימֵי יוֹתָם אָחָז י
ב יְחִזְקִיָּה מַלְכֵי יְהוּדָה אֲשֶׁר־חָזָה עַל־שֹׁמְרוֹן וִירוּשָׁלִָם׃ שִׁמְעוּ
עַמִּים כֻּלָּם הַקְשִׁיבִי אֶרֶץ וּמְלֹאָהּ וִיהִי אֲדֹנָי יְהוִה בָּכֶם לְעֵד
ג אֲדֹנָי מֵהֵיכַל קָדְשׁוֹ׃ כִּי־הִנֵּה יְהוָה יֹצֵא מִמְּקוֹמוֹ וְיָרַד וְדָרַךְ
ד עַל־במותי־אָרֶץ׃ וְנָמַסּוּ הֶהָרִים תַּחְתָּיו וְהָעֲמָקִים יִתְבַּקָּעוּ בָּמֳתֵי־
ה כַּדּוֹנַג מִפְּנֵי הָאֵשׁ כְּמַיִם מֻגָּרִים בְּמוֹרָד׃ בְּפֶשַׁע יַעֲקֹב כָּל־זֹאת
וּבְחַטֹּאות בֵּית יִשְׂרָאֵל מִי־פֶשַׁע יַעֲקֹב הֲלוֹא שֹׁמְרוֹן וּמִי בָּמוֹת
ו יְהוּדָה הֲלוֹא יְרוּשָׁלִָם׃ וְשַׂמְתִּי שֹׁמְרוֹן לְעִי הַשָּׂדֶה לְמַטָּעֵי כָרֶם
ז וְהִגַּרְתִּי לַגַּי אֲבָנֶיהָ וִיסֹדֶיהָ אֲגַלֶּה׃ וְכָל־פְּסִילֶיהָ יֻכַּתּוּ וְכָל־
אֶתְנַנֶּיהָ יִשָּׂרְפוּ בָאֵשׁ וְכָל־עֲצַבֶּיהָ אָשִׂים שְׁמָמָה כִּי מֵאֶתְנַן
ח זוֹנָה קִבָּצָה וְעַד־אֶתְנַן זוֹנָה יָשׁוּבוּ׃ עַל־זֹאת אֶסְפְּדָה וְאֵילִילָה
אֵילְכָה שילל וְעָרוֹם אֶעֱשֶׂה מִסְפֵּד כַּתַּנִּים וְאֵבֶל כִּבְנוֹת יַעֲנָה׃ שׁוֹלָל
ט כִּי אֲנוּשָׁה מַכּוֹתֶיהָ כִּי־בָאָה עַד־יְהוּדָה נָגַע עַד־שַׁעַר עַמִּי
י עַד־יְרוּשָׁלִָם׃ בְּגַת אַל־תַּגִּידוּ בָּכוֹ אַל־תִּבְכּוּ בְּבֵית לְעַפְרָה
יא עָפָר התפלשתי׃ עִבְרִי לָכֶם יוֹשֶׁבֶת שָׁפִיר עֶרְיָה־בֹשֶׁת לֹא הִתְפַּלָּשִׁי
יב יָצְאָה יוֹשֶׁבֶת צַאֲנָן מִסְפַּד בֵּית הָאֵצֶל יִקַּח מִכֶּם עֶמְדָּתוֹ׃ כִּי־
חָלָה לְטוֹב יוֹשֶׁבֶת מָרוֹת כִּי־יָרַד רָע מֵאֵת יְהוָה לְשַׁעַר
יג יְרוּשָׁלִָם׃ רְתֹם הַמֶּרְכָּבָה לָרֶכֶשׁ יוֹשֶׁבֶת לָכִישׁ רֵאשִׁית חַטָּאת
יד הִיא לְבַת־צִיּוֹן כִּי־בָךְ נִמְצְאוּ פִּשְׁעֵי יִשְׂרָאֵל׃ לָכֵן תִּתְּנִי
שִׁלּוּחִים עַל מוֹרֶשֶׁת גַּת בָּתֵּי אַכְזִיב לְאַכְזָב לְמַלְכֵי יִשְׂרָאֵל׃
טו עֹד הַיֹּרֵשׁ אבי לָךְ יוֹשֶׁבֶת מָרֵשָׁה עַד־עֲדֻלָּם יָבוֹא כְּבוֹד אָבִיא
טז יִשְׂרָאֵל׃ קָרְחִי וָגֹזִּי עַל־בְּנֵי תַּעֲנוּגָיִךְ הַרְחִבִי קָרְחָתֵךְ

כַּנֶּשֶׁר כִּי־גָלוּ מִמֵּךְ׃ הוֹי חֹשְׁבֵי־אָוֶן וּפֹעֲלֵי רָע א
עַל־מִשְׁכְּבוֹתָם בְּאוֹר הַבֹּקֶר יַעֲשׂוּהָ כִּי יֶשׁ־לְאֵל יָדָם׃
וְחָמְדוּ שָׂדוֹת וְגָזָלוּ וּבָתִּים וְנָשָׂאוּ וְעָשְׁקוּ גֶּבֶר וּבֵיתוֹ וְאִישׁ ב
וְנַחֲלָתוֹ׃ לָכֵן כֹּה אָמַר יְהוָה הִנְנִי חֹשֵׁב עַל־ ג
הַמִּשְׁפָּחָה הַזֹּאת רָעָה אֲשֶׁר לֹא־תָמִישׁוּ מִשָּׁם צַוְּארֹתֵיכֶם וְלֹא
תֵלְכוּ רוֹמָה כִּי עֵת רָעָה הִיא׃ בַּיּוֹם הַהוּא יִשָּׂא עֲלֵיכֶם מָשָׁל ד
וְנָהָה נְהִי נִהְיָה אָמַר שָׁדוֹד נְשַׁדֻּנוּ חֵלֶק עַמִּי יָמִיר אֵיךְ יָמִישׁ
לִי לְשׁוֹבֵב שָׂדֵינוּ יְחַלֵּק׃ לָכֵן לֹא־יִהְיֶה לְךָ מַשְׁלִיךְ חֶבֶל בְּגוֹרָל ה
בִּקְהַל יְהוָה׃ אַל־תַּטִּפוּ יַטִּיפוּן לֹא־יַטִּפוּ לָאֵלֶּה לֹא יִסַּג ו
כְּלִמּוֹת׃ הֶאָמוּר בֵּית־יַעֲקֹב הֲקָצַר רוּחַ יְהוָה אִם־אֵלֶּה מַעֲלָלָיו ז
הֲלוֹא דְבָרַי יֵיטִיבוּ עִם הַיָּשָׁר הוֹלֵךְ׃ וְאֶתְמוּל עַמִּי לְאוֹיֵב ח
יְקוֹמֵם מִמּוּל שַׂלְמָה אֶדֶר תַּפְשִׁטוּן מֵעֹבְרִים בֶּטַח שׁוּבֵי
מִלְחָמָה׃ נְשֵׁי עַמִּי תְּגָרְשׁוּן מִבֵּית תַּעֲנֻגֶיהָ מֵעַל עֹלָלֶיהָ תִּקְחוּ ט
הֲדָרִי לְעוֹלָם׃ קוּמוּ וּלְכוּ כִּי לֹא־זֹאת הַמְּנוּחָה בַּעֲבוּר טָמְאָה י
תְּחַבֵּל וְחֶבֶל נִמְרָץ׃ לוּ־אִישׁ הֹלֵךְ רוּחַ וָשֶׁקֶר כִּזֵּב אַטִּף לְךָ יא
לַיַּיִן וְלַשֵּׁכָר וְהָיָה מַטִּיף הָעָם הַזֶּה׃ אָסֹף אֶאֱסֹף יַעֲקֹב כֻּלָּךְ יב
קַבֵּץ אֲקַבֵּץ שְׁאֵרִית יִשְׂרָאֵל יַחַד אֲשִׂימֶנּוּ כְּצֹאן בָּצְרָה
כְּעֵדֶר בְּתוֹךְ הַדָּבְרוֹ תְּהִימֶנָה מֵאָדָם׃ עָלָה הַפֹּרֵץ לִפְנֵיהֶם יג
פָּרְצוּ וַיַּעֲבֹרוּ שַׁעַר וַיֵּצְאוּ בוֹ וַיַּעֲבֹר מַלְכָּם לִפְנֵיהֶם וַיהוָה
בְּרֹאשָׁם׃ וָאֹמַר שִׁמְעוּ־נָא רָאשֵׁי יַעֲקֹב וּקְצִינֵי א ג
בֵּית יִשְׂרָאֵל הֲלוֹא לָכֶם לָדַעַת אֶת־הַמִּשְׁפָּט׃ שֹׂנְאֵי טוֹב ב
רָ֣ע וְאֹהֲבֵי רעה גֹּזְלֵי עוֹרָם מֵעֲלֵיהֶם וּשְׁאֵרָם מֵעַל עַצְמוֹתָם׃ וַאֲשֶׁר ג
אָכְלוּ שְׁאֵר עַמִּי וְעוֹרָם מֵעֲלֵיהֶם הִפְשִׁיטוּ וְאֶת־עַצְמֹתֵיהֶם
פִּצֵּחוּ וּפָרְשׂוּ כַּאֲשֶׁר בַּסִּיר וּכְבָשָׂר בְּתוֹךְ קַלָּחַת׃ אָז יִזְעֲקוּ אֶל־ ד
יְהוָה וְלֹא יַעֲנֶה אוֹתָם וְיַסְתֵּר פָּנָיו מֵהֶם בָּעֵת הַהִיא כַּאֲשֶׁר
הֵרֵעוּ מַעַלְלֵיהֶם׃ כֹּה אָמַר יְהוָה עַל־הַנְּבִיאִים ה
הַמַּתְעִים אֶת־עַמִּי הַנֹּשְׁכִים בְּשִׁנֵּיהֶם וְקָרְאוּ שָׁלוֹם וַאֲשֶׁר לֹא־

ו יִתֵּן עַל־פִּיהֶם וְקִדְּשׁוּ עָלָיו מִלְחָמָה׃ לָכֵן לַיְלָה לָכֶם מֵחָזוֹן
וְחָשְׁכָה לָכֶם מִקְּסֹם וּבָאָה הַשֶּׁמֶשׁ עַל־הַנְּבִיאִים וְקָדַר
ז עֲלֵיהֶם הַיּוֹם׃ וּבֹשׁוּ הַחֹזִים וְחָפְרוּ הַקֹּסְמִים וְעָטוּ עַל־שָׂפָם
ח כֻּלָּם כִּי אֵין מַעֲנֵה אֱלֹהִים׃ וְאוּלָם אָנֹכִי מָלֵאתִי כֹחַ אֶת־
רוּחַ יְהוָה וּמִשְׁפָּט וּגְבוּרָה לְהַגִּיד לְיַעֲקֹב פִּשְׁעוֹ וּלְיִשְׂרָאֵל
ט חַטָּאתוֹ׃ שִׁמְעוּ־נָא זֹאת רָאשֵׁי בֵּית יַעֲקֹב
וּקְצִינֵי בֵּית יִשְׂרָאֵל הַמְתַעֲבִים מִשְׁפָּט וְאֵת כָּל־הַיְשָׁרָה
י יא יְעַקֵּשׁוּ׃ בֹּנֶה צִיּוֹן בְּדָמִים וִירוּשָׁלַםִ בְּעַוְלָה׃ רָאשֶׁיהָ ׀ בְּשֹׁחַד
יִשְׁפֹּטוּ וְכֹהֲנֶיהָ בִּמְחִיר יוֹרוּ וּנְבִיאֶיהָ בְּכֶסֶף יִקְסֹמוּ וְעַל־יְהוָה
יב יִשָּׁעֵנוּ לֵאמֹר הֲלוֹא יְהוָה בְּקִרְבֵּנוּ לֹא־תָבוֹא עָלֵינוּ רָעָה׃ לָכֵן
בִּגְלַלְכֶם צִיּוֹן שָׂדֶה תֵחָרֵשׁ וִירוּשָׁלַםִ עִיִּין תִּהְיֶה וְהַר הַבַּיִת
ד א לְבָמוֹת יָעַר׃ וְהָיָה ׀ בְּאַחֲרִית הַיָּמִים יִהְיֶה הַר
בֵּית־יְהוָה נָכוֹן בְּרֹאשׁ הֶהָרִים וְנִשָּׂא הוּא מִגְּבָעוֹת וְנָהֲרוּ עָלָיו
ב עַמִּים׃ וְהָלְכוּ גּוֹיִם רַבִּים וְאָמְרוּ לְכוּ ׀ וְנַעֲלֶה אֶל־הַר־יְהוָה
וְאֶל־בֵּית אֱלֹהֵי יַעֲקֹב וְיוֹרֵנוּ מִדְּרָכָיו וְנֵלְכָה בְּאֹרְחֹתָיו כִּי מִצִּיּוֹן
ג תֵּצֵא תוֹרָה וּדְבַר־יְהוָה מִירוּשָׁלָםִ׃ וְשָׁפַט בֵּין עַמִּים רַבִּים
וְהוֹכִיחַ לְגוֹיִם עֲצֻמִים עַד־רָחוֹק וְכִתְּתוּ חַרְבֹתֵיהֶם לְאִתִּים
וַחֲנִיתֹתֵיהֶם לְמַזְמֵרוֹת לֹא־יִשְׂאוּ גּוֹי אֶל־גּוֹי חֶרֶב וְלֹא־יִלְמְדוּן
ד עוֹד מִלְחָמָה׃ וְיָשְׁבוּ אִישׁ תַּחַת גַּפְנוֹ וְתַחַת תְּאֵנָתוֹ וְאֵין
ה מַחֲרִיד כִּי־פִי יְהוָה צְבָאוֹת דִּבֵּר׃ כִּי כָּל־הָעַמִּים יֵלְכוּ יא
אִישׁ בְּשֵׁם אֱלֹהָיו וַאֲנַחְנוּ נֵלֵךְ בְּשֵׁם־יְהוָה אֱלֹהֵינוּ לְעוֹלָם
ו וָעֶד׃ בַּיּוֹם הַהוּא נְאֻם־יְהוָה אֹסְפָה הַצֹּלֵעָה
ז וְהַנִּדָּחָה אֲקַבֵּצָה וַאֲשֶׁר הֲרֵעֹתִי׃ וְשַׂמְתִּי אֶת־הַצֹּלֵעָה לִשְׁאֵרִית
וְהַנַּהֲלָאָה לְגוֹי עָצוּם וּמָלַךְ יְהוָה עֲלֵיהֶם בְּהַר צִיּוֹן מֵעַתָּה וְעַד־
ח עוֹלָם׃ וְאַתָּה מִגְדַּל־עֵדֶר עֹפֶל בַּת־צִיּוֹן עָדֶיךָ
תֵּאתֶה וּבָאָה הַמֶּמְשָׁלָה הָרִאשֹׁנָה מַמְלֶכֶת לְבַת־יְרוּשָׁלָםִ׃
ט עַתָּה לָמָּה תָרִיעִי רֵעַ הַמֶּלֶךְ אֵין־בָּךְ אִם־יוֹעֲצֵךְ אָבָד כִּי־

הֶחֱזִיקֵךְ חִיל כַּיּוֹלֵדָה: חוּלִי וָגֹחִי בַּת־צִיּוֹן כַּיּוֹלֵדָה כִּי עַתָּה י
תֵצְאִי מִקִּרְיָה וְשָׁכַנְתְּ בַּשָּׂדֶה וּבָאת עַד־בָּבֶל שָׁם תִּנָּצֵלִי שָׁם
יִגְאָלֵךְ יְהוָה מִכַּף אֹיְבָיִךְ: וְעַתָּה נֶאֶסְפוּ עָלַיִךְ גּוֹיִם רַבִּים יא
הָאֹמְרִים תֶּחֱנָף וְתַחַז בְּצִיּוֹן עֵינֵינוּ: וְהֵמָּה לֹא יָדְעוּ מַחְשְׁבוֹת יב
יְהוָה וְלֹא הֵבִינוּ עֲצָתוֹ כִּי קִבְּצָם כֶּעָמִיר גֹּרְנָה: קוּמִי וָדוֹשִׁי יג
בַת־צִיּוֹן כִּי קַרְנֵךְ אָשִׂים בַּרְזֶל וּפַרְסֹתַיִךְ אָשִׂים נְחוּשָׁה
וַהֲדִקּוֹת עַמִּים רַבִּים וְהַחֲרַמְתִּי לַיהוָה בִּצְעָם וְחֵילָם לַאֲדוֹן
כָּל־הָאָרֶץ: עַתָּה תִּתְגֹּדְדִי בַת־גְּדוּד מָצוֹר שָׂם עָלֵינוּ בַּשֵּׁבֶט יד
יַכּוּ עַל־הַלְּחִי אֵת שֹׁפֵט יִשְׂרָאֵל: וְאַתָּה בֵּית־ א ה
לֶחֶם אֶפְרָתָה צָעִיר לִהְיוֹת בְּאַלְפֵי יְהוּדָה מִמְּךָ לִי יֵצֵא לִהְיוֹת
מוֹשֵׁל בְּיִשְׂרָאֵל וּמוֹצָאֹתָיו מִקֶּדֶם מִימֵי עוֹלָם: לָכֵן יִתְּנֵם עַד־ ב
עֵת יוֹלֵדָה יָלָדָה וְיֶתֶר אֶחָיו יְשׁוּבוּן עַל־בְּנֵי יִשְׂרָאֵל: וְעָמַד ג
וְרָעָה בְּעֹז יְהוָה בִּגְאוֹן שֵׁם יְהוָה אֱלֹהָיו וְיָשָׁבוּ כִּי־עַתָּה
יִגְדַּל עַד־אַפְסֵי־אָרֶץ: וְהָיָה זֶה שָׁלוֹם אַשּׁוּר | כִּי־יָבוֹא ד
בְאַרְצֵנוּ וְכִי יִדְרֹךְ בְּאַרְמְנֹתֵינוּ וַהֲקֵמֹנוּ עָלָיו שִׁבְעָה רֹעִים
וּשְׁמֹנָה נְסִיכֵי אָדָם: וְרָעוּ אֶת־אֶרֶץ אַשּׁוּר בַּחֶרֶב וְאֶת־אֶרֶץ ה
נִמְרֹד בִּפְתָחֶיהָ וְהִצִּיל מֵאַשּׁוּר כִּי־יָבוֹא בְאַרְצֵנוּ וְכִי יִדְרֹךְ
בִּגְבוּלֵנוּ: וְהָיָה | שְׁאֵרִית יַעֲקֹב בְּקֶרֶב עַמִּים ו
רַבִּים כְּטַל מֵאֵת יְהוָה כִּרְבִיבִים עֲלֵי־עֵשֶׂב אֲשֶׁר לֹא־יְקַוֶּה
לְאִישׁ וְלֹא יְיַחֵל לִבְנֵי אָדָם: וְהָיָה שְׁאֵרִית יַעֲקֹב בַּגּוֹיִם בְּקֶרֶב ז
עַמִּים רַבִּים כְּאַרְיֵה בְּבַהֲמוֹת יַעַר כִּכְפִיר בְּעֶדְרֵי־צֹאן אֲשֶׁר
אִם עָבַר וְרָמַס וְטָרַף וְאֵין מַצִּיל: תָּרֹם יָדְךָ עַל־צָרֶיךָ ח
וְכָל־אֹיְבֶיךָ יִכָּרֵתוּ: וְהָיָה בַיּוֹם־הַהוּא נְאֻם־ ט
יְהוָה וְהִכְרַתִּי סוּסֶיךָ מִקִּרְבֶּךָ וְהַאֲבַדְתִּי מַרְכְּבֹתֶיךָ: וְהִכְרַתִּי י
עָרֵי אַרְצֶךָ וְהָרַסְתִּי כָּל־מִבְצָרֶיךָ: וְהִכְרַתִּי כְשָׁפִים מִיָּדֶךָ יא
וּמְעוֹנְנִים לֹא יִהְיוּ־לָךְ: וְהִכְרַתִּי פְסִילֶיךָ וּמַצֵּבוֹתֶיךָ מִקִּרְבֶּךָ יב
וְלֹא־תִשְׁתַּחֲוֶה עוֹד לְמַעֲשֵׂה יָדֶיךָ: וְנָתַשְׁתִּי אֲשֵׁירֶיךָ מִקִּרְבֶּךָ יג

יד וְהִשְׁמַדְתִּי עָרֶיךָ: וְעָשִׂיתִי בְּאַף וּבְחֵמָה נָקָם אֶת־הַגּוֹיִם אֲשֶׁר
ו א לֹא שָׁמֵעוּ: שִׁמְעוּ־נָא אֵת אֲשֶׁר־יְהוָה אֹמֵר קוּם
ב רִיב אֶת־הֶהָרִים וְתִשְׁמַעְנָה הַגְּבָעוֹת קוֹלֶךָ: שִׁמְעוּ הָרִים אֶת־
רִיב יְהוָה וְהָאֵתָנִים מֹסְדֵי אָרֶץ כִּי רִיב לַיהוָה עִם־עַמּוֹ וְעִם־
ג יִשְׂרָאֵל יִתְוַכָּח: עַמִּי מֶה־עָשִׂיתִי לְךָ וּמָה הֶלְאֵתִיךָ עֲנֵה בִי:
ד כִּי הֶעֱלִתִיךָ מֵאֶרֶץ מִצְרַיִם וּמִבֵּית עֲבָדִים פְּדִיתִיךָ וָאֶשְׁלַח
ה לְפָנֶיךָ אֶת־מֹשֶׁה אַהֲרֹן וּמִרְיָם: עַמִּי זְכָר־נָא מַה־יָּעַץ בָּלָק
מֶלֶךְ מוֹאָב וּמֶה־עָנָה אֹתוֹ בִּלְעָם בֶּן־בְּעוֹר מִן־הַשִּׁטִּים עַד־
ו הַגִּלְגָּל לְמַעַן דַּעַת צִדְקוֹת יְהוָה: בַּמָּה אֲקַדֵּם יְהוָה אִכַּף
ז לֵאלֹהֵי מָרוֹם הַאֲקַדְּמֶנּוּ בְעוֹלוֹת בַּעֲגָלִים בְּנֵי שָׁנָה: הֲיִרְצֶה
יְהוָה בְּאַלְפֵי אֵילִים בְּרִבְבוֹת נַחֲלֵי־שָׁמֶן הַאֶתֵּן בְּכוֹרִי פִּשְׁעִי
ח פְּרִי בִטְנִי חַטַּאת נַפְשִׁי: הִגִּיד לְךָ אָדָם מַה־טּוֹב וּמָה־יְהוָה
דּוֹרֵשׁ מִמְּךָ כִּי אִם־עֲשׂוֹת מִשְׁפָּט וְאַהֲבַת חֶסֶד וְהַצְנֵעַ לֶכֶת
ט עִם־אֱלֹהֶיךָ: קוֹל יְהוָה לָעִיר יִקְרָא וְתוּשִׁיָּה יִרְאֶה
י שְׁמֶךָ שִׁמְעוּ מַטֶּה וּמִי יְעָדָהּ: עוֹד הַאִשׁ בֵּית רָשָׁע אֹצְרוֹת
יא רֶשַׁע וְאֵיפַת רָזוֹן זְעוּמָה: הַאֶזְכֶּה בְּמֹאזְנֵי רֶשַׁע וּבְכִיס אַבְנֵי
יב מִרְמָה: אֲשֶׁר עֲשִׁירֶיהָ מָלְאוּ חָמָס וְיֹשְׁבֶיהָ דִּבְּרוּ־שָׁקֶר וּלְשׁוֹנָם
יג רְמִיָּה בְּפִיהֶם: וְגַם־אֲנִי הֶחֱלֵיתִי הַכּוֹתֶךָ הַשְׁמֵם עַל־חַטֹּאתֶךָ:
יד אַתָּה תֹאכַל וְלֹא תִשְׂבָּע וְיֶשְׁחֲךָ בְּקִרְבֶּךָ וְתַסֵּג וְלֹא תַפְלִיט
טו וַאֲשֶׁר תְּפַלֵּט לַחֶרֶב אֶתֵּן: אַתָּה תִזְרַע וְלֹא תִקְצוֹר אַתָּה
טז תִדְרֹךְ־זַיִת וְלֹא־תָסוּךְ שֶׁמֶן וְתִירוֹשׁ וְלֹא תִשְׁתֶּה־יָּיִן: וְיִשְׁתַּמֵּר
חֻקּוֹת עָמְרִי וְכֹל מַעֲשֵׂה בֵית־אַחְאָב וַתֵּלְכוּ בְּמֹעֲצוֹתָם
לְמַעַן תִּתִּי אֹתְךָ לְשַׁמָּה וְיֹשְׁבֶיהָ לִשְׁרֵקָה וְחֶרְפַּת עַמִּי
ז א תִּשָּׂאוּ: אַלְלַי לִי כִּי הָיִיתִי כְּאָסְפֵּי־קַיִץ כְּעֹלְלֹת
ב בָּצִיר אֵין־אֶשְׁכּוֹל לֶאֱכוֹל בִּכּוּרָה אִוְּתָה נַפְשִׁי: אָבַד חָסִיד מִן־
הָאָרֶץ וְיָשָׁר בָּאָדָם אָיִן כֻּלָּם לְדָמִים יֶאֱרֹבוּ אִישׁ אֶת־אָחִיהוּ
ג יָצוּדוּ חֵרֶם: עַל־הָרַע כַּפַּיִם לְהֵיטִיב הַשַּׂר שֹׁאֵל וְהַשֹּׁפֵט

ד בַּשָּׁלוֹם וְהַגָּדוֹל דֹּבֵר הַוַּת נַפְשׁוֹ הוּא וַיְעַבְּתוּהָ: טוֹבָם כְּחֵדֶק
יָשָׁר מִמְּסוּכָה יוֹם מְצַפֶּיךָ פְּקֻדָּתְךָ בָאָה עַתָּה תִהְיֶה מְבוּכָתָם:
ה אַל־תַּאֲמִינוּ בְרֵעַ אַל־תִּבְטְחוּ בְּאַלּוּף מִשֹּׁכֶבֶת חֵיקֶךָ שְׁמֹר
ו פִּתְחֵי־פִיךָ: כִּי־בֵן מְנַבֵּל אָב בַּת קָמָה בְאִמָּהּ כַּלָּה בַּחֲמֹתָהּ
ז אֹיְבֵי אִישׁ אַנְשֵׁי בֵיתוֹ: וַאֲנִי בַּיהוה אֲצַפֶּה אוֹחִילָה לֵאלֹהֵי
ח יִשְׁעִי יִשְׁמָעֵנִי אֱלֹהָי: אַל־תִּשְׂמְחִי אֹיַבְתִּי לִי כִּי נָפַלְתִּי קָמְתִּי
ט כִּי־אֵשֵׁב בַּחֹשֶׁךְ יהוה אוֹר לִי: זַעַף יהוה אֶשָּׂא
כִּי חָטָאתִי לוֹ עַד אֲשֶׁר יָרִיב רִיבִי וְעָשָׂה מִשְׁפָּטִי יוֹצִיאֵנִי לָאוֹר
י אֶרְאֶה בְּצִדְקָתוֹ: וְתֵרֶא אֹיַבְתִּי וּתְכַסֶּהָ בוּשָׁה הָאֹמְרָה אֵלַי
אַיּוֹ יהוה אֱלֹהָיִךְ עֵינַי תִּרְאֶינָּה בָּהּ עַתָּה תִּהְיֶה לְמִרְמָס כְּטִיט
יא יב חוּצוֹת: יוֹם לִבְנוֹת גְּדֵרָיִךְ יוֹם הַהוּא יִרְחַק־חֹק: יוֹם הוּא וְעָדֶיךָ
יָבוֹא לְמִנִּי אַשּׁוּר וְעָרֵי מָצוֹר וּלְמִנִּי מָצוֹר וְעַד־נָהָר וְיָם
יג מִיָּם וְהַר הָהָר: וְהָיְתָה הָאָרֶץ לִשְׁמָמָה עַל־יֹשְׁבֶיהָ מִפְּרִי
יד מַעַלְלֵיהֶם: רְעֵה עַמְּךָ בְשִׁבְטֶךָ צֹאן נַחֲלָתֶךָ
שֹׁכְנִי לְבָדָד יַעַר בְּתוֹךְ כַּרְמֶל יִרְעוּ בָשָׁן וְגִלְעָד כִּימֵי עוֹלָם:
טו טז כִּימֵי צֵאתְךָ מֵאֶרֶץ מִצְרָיִם אַרְאֶנּוּ נִפְלָאוֹת: יִרְאוּ גוֹיִם
וְיֵבֹשׁוּ מִכֹּל גְּבוּרָתָם יָשִׂימוּ יָד עַל־פֶּה אָזְנֵיהֶם תֶּחֱרַשְׁנָה:
יז יְלַחֲכוּ עָפָר כַּנָּחָשׁ כְּזֹחֲלֵי אֶרֶץ יִרְגְּזוּ מִמִּסְגְּרֹתֵיהֶם אֶל־יהוה
יח אֱלֹהֵינוּ יִפְחָדוּ וְיִרְאוּ מִמֶּךָּ: מִי־אֵל כָּמוֹךָ נֹשֵׂא עָוֹן וְעֹבֵר עַל־
פֶּשַׁע לִשְׁאֵרִית נַחֲלָתוֹ לֹא־הֶחֱזִיק לָעַד אַפּוֹ כִּי־חָפֵץ חֶסֶד
יט הוּא: יָשׁוּב יְרַחֲמֵנוּ יִכְבֹּשׁ עֲוֺנֹתֵינוּ וְתַשְׁלִיךְ בִּמְצֻלוֹת יָם כָּל־
כ חַטֹּאותָם: תִּתֵּן אֱמֶת לְיַעֲקֹב חֶסֶד לְאַבְרָהָם אֲשֶׁר־נִשְׁבַּעְתָּ יב
לַאֲבֹתֵינוּ מִימֵי קֶדֶם:

א

א ב מַשָּׂ֖א נִֽינְוֵ֑ה סֵ֧פֶר חֲז֛וֹן נַח֖וּם הָֽאֶלְקֹשִֽׁי׃ אֵ֣ל קַנּ֤וֹא וְנֹקֵם֙ יְהוָ֔ה
נֹקֵ֥ם יְהוָ֖ה וּבַ֣עַל חֵמָ֑ה נֹקֵ֤ם יְהוָה֙ לְצָרָ֔יו וְנוֹטֵ֥ר ה֖וּא לְאֹיְבָֽיו׃
ג יְהוָ֗ה אֶ֤רֶךְ אַפַּ֙יִם֙ וגדול־כֹּ֔חַ וְנַקֵּ֖ה לֹ֣א יְנַקֶּ֑ה יְהוָ֗ה בְּסוּפָ֤ה וּגְדָל־
ד וּבִשְׂעָרָה֙ דַּרְכּ֔וֹ וְעָנָ֖ן אֲבַ֥ק רַגְלָֽיו׃ גּוֹעֵ֤ר בַּיָּם֙ וַֽיַּבְּשֵׁ֔הוּ וְכָל־
ה הַנְּהָר֖וֹת הֶחֱרִ֑יב אֻמְלַ֤ל בָּשָׁן֙ וְכַרְמֶ֔ל וּפֶ֥רַח לְבָנ֖וֹן אֻמְלָֽל׃ הָרִ֞ים
רָעֲשׁ֣וּ מִמֶּ֔נּוּ וְהַגְּבָע֖וֹת הִתְמֹגָ֑גוּ וַתִּשָּׂ֤א הָאָ֙רֶץ֙ מִפָּנָ֔יו וְתֵבֵ֖ל וְכָל־
ו י֥וֹשְׁבֵי בָֽהּ׃ לִפְנֵ֤י זַעְמוֹ֙ מִ֣י יַֽעֲמ֔וֹד וּמִ֥י יָק֖וּם בַּחֲר֣וֹן אַפּ֑וֹ חֲמָתוֹ֙
ז נִתְּכָ֣ה כָאֵ֔שׁ וְהַצֻּרִ֖ים נִתְּצ֥וּ מִמֶּֽנּוּ׃ ט֣וֹב יְהוָ֔ה לְמָע֖וֹז בְּי֣וֹם צָרָ֑ה
ח וְיֹדֵ֖עַ חֹ֥סֵי בֽוֹ׃ וּבְשֶׁ֣טֶף עֹבֵ֔ר כָּלָ֖ה יַעֲשֶׂ֣ה מְקוֹמָ֑הּ וְאֹיְבָ֖יו יְרַדֶּף־
ט חֹֽשֶׁךְ׃ מַה־תְּחַשְּׁבוּן֙ אֶל־יְהוָ֔ה כָּלָ֖ה ה֣וּא עֹשֶׂ֑ה לֹא־תָק֥וּם
י פַּעֲמַ֖יִם צָרָֽה׃ כִּ֚י עַד־סִירִ֣ים סְבֻכִ֔ים וּכְסָבְאָ֖ם סְבוּאִ֑ים אֻ֨כְּל֔וּ
יא כְּקַ֥שׁ יָבֵ֖שׁ מָלֵֽא׃ מִמֵּ֣ךְ יָצָ֔א חֹשֵׁ֥ב עַל־יְהוָ֖ה רָעָ֑ה יֹעֵ֖ץ
יב בְּלִיָּֽעַל׃ כֹּ֣ה ׀ אָמַ֣ר יְהוָ֗ה אִם־שְׁלֵמִים֙ וְכֵ֣ן רַבִּ֔ים
יג וְכֵ֥ן נָגֹ֖זּוּ וְעָבָ֑ר וְעִנִּתִ֕ךְ לֹ֥א אֲעַנֵּ֖ךְ עֽוֹד׃ וְעַתָּ֕ה אֶשְׁבֹּ֥ר מֹטֵ֖הוּ
יד מֵעָלָ֑יִךְ וּמוֹסְרֹתַ֖יִךְ אֲנַתֵּֽק׃ וְצִוָּ֤ה עָלֶ֙יךָ֙ יְהוָ֔ה לֹא־יִזָּרַ֥ע מִשִּׁמְךָ֖
ע֑וֹד מִבֵּ֨ית אֱלֹהֶ֜יךָ אַכְרִ֨ית פֶּ֧סֶל וּמַסֵּכָ֛ה אָשִׂ֥ים קִבְרֶ֖ךָ כִּ֥י
ב א קַלּֽוֹתָ׃ הִנֵּ֨ה עַל־הֶהָרִ֜ים רַגְלֵ֣י מְבַשֵּׂ֗ר מַשְׁמִ֙יעַ֙
שָׁל֔וֹם חָגִּ֧י יְהוּדָ֛ה חַגַּ֖יִךְ שַׁלְּמִ֣י נְדָרָ֑יִךְ כִּ֠י לֹ֣א יוֹסִ֥יף ע֛וֹד לעבור־ לַעֲבָר־
ב בָּ֥ךְ בְּלִיַּ֖עַל כֻּלֹּ֥ה נִכְרָֽת׃ עָלָ֥ה מֵפִ֖יץ עַל־פָּנַ֑יִךְ נָצ֣וֹר מְצֻרָ֔ה
ג צַפֵּה־דֶ֙רֶךְ֙ חַזֵּ֣ק מָתְנַ֔יִם אַמֵּ֥ץ כֹּ֖חַ מְאֹֽד׃ כִּ֣י שָׁ֤ב יְהוָה֙ אֶת־גְּא֣וֹן
ד יַעֲקֹ֔ב כִּגְא֖וֹן יִשְׂרָאֵ֑ל כִּ֤י בְקָקוּם֙ בֹּֽקְקִ֔ים וּזְמֹרֵיהֶ֖ם שִׁחֵֽתוּ׃ מָגֵ֨ן
גִּבֹּרֵ֜יהוּ מְאָדָּ֗ם אַנְשֵׁי־חַ֙יִל֙ מְתֻלָּעִ֔ים בְּאֵשׁ־פְּלָד֥וֹת הָרֶ֖כֶב בְּי֣וֹם
ה הֲכִינ֑וֹ וְהַבְּרֹשִׁ֖ים הָרְעָֽלוּ׃ בַּחוּצוֹת֙ יִתְהוֹלְל֣וּ הָרֶ֔כֶב יִֽשְׁתַּקְשְׁק֖וּן
ו בָּרְחֹב֑וֹת מַרְאֵיהֶן֙ כַּלַּפִּידִ֔ם כַּבְּרָקִ֖ים יְרוֹצֵֽצוּ׃ יִזְכֹּר֙ אַדִּירָ֔יו
ז יִכָּשְׁל֖וּ בהלוכתם יְמַהֲרוּ֙ חֽוֹמָתָ֔הּ וְהֻכַ֖ן הַסֹּכֵֽךְ׃ שַׁעֲרֵ֥י הַנְּהָר֖וֹת בַּהֲלִיכָתָ֑ם
ח נִפְתָּ֑חוּ וְהַֽהֵיכָ֖ל נָמֽוֹג׃ וְהֻצַּ֖ב גֻּלְּתָ֣ה הֹעֲלָ֑תָה וְאַמְהֹתֶ֗יהָ מְנַהֲגוֹת֙
ט כְּק֣וֹל יוֹנִ֔ים מְתֹפְפֹ֖ת עַל־לִבְבֵהֶֽן׃ וְנִינְוֵ֥ה כִבְרֵכַת־מַ֖יִם מִימֵ֣י

י הִיא וְהֵמָּה נָסִים עִמְדוּ עֲמֹדוּ וְאֵין מַפְנֶה׃ בֹּזּוּ כֶסֶף בֹּזּוּ זָהָב
יא וְאֵין קֵצֶה לַתְּכוּנָה כָּבֹד מִכֹּל כְּלִי חֶמְדָּה׃ בּוּקָה וּמְבוּקָה
וּמְבֻלָּקָה וְלֵב נָמֵס וּפִק בִּרְכַּיִם וְחַלְחָלָה בְּכָל־מָתְנַיִם וּפְנֵי
יב כֻלָּם קִבְּצוּ פָארוּר׃ אַיֵּה מְעוֹן אֲרָיוֹת וּמִרְעֶה הוּא לַכְּפִרִים
יג אֲשֶׁר הָלַךְ אַרְיֵה לָבִיא שָׁם גּוּר אַרְיֵה וְאֵין מַחֲרִיד׃ אַרְיֵה
טֹרֵף בְּדֵי גֹרוֹתָיו וּמְחַנֵּק לְלִבְאֹתָיו וַיְמַלֵּא־טֶרֶף חֹרָיו וּמְעֹנֹתָיו
יד טְרֵפָה׃ הִנְנִי אֵלַיִךְ נְאֻם יְהוָה צְבָאוֹת וְהִבְעַרְתִּי בֶעָשָׁן רִכְבָּהּ
וּכְפִירַיִךְ תֹּאכַל חָרֶב וְהִכְרַתִּי מֵאֶרֶץ טַרְפֵּךְ וְלֹא־יִשָּׁמַע עוֹד
ג א קוֹל מַלְאָכֵכֵה׃ הוֹי עִיר דָּמִים כֻּלָּהּ כַּחַשׁ פֶּרֶק
ב מְלֵאָה לֹא יָמִישׁ טָרֶף׃ קוֹל שׁוֹט וְקוֹל רַעַשׁ אוֹפָן וְסוּס דֹּהֵר
ג וּמֶרְכָּבָה מְרַקֵּדָה׃ פָּרָשׁ מַעֲלֶה וְלַהַב חֶרֶב וּבְרַק חֲנִית וְרֹב
ד חָלָל וְכֹבֶד פָּגֶר וְאֵין קֵצֶה לַגְּוִיָּה יכשלו בִּגְוִיָּתָם׃ מֵרֹב זְנוּנֵי וְכָשְׁלוּ
זוֹנָה טוֹבַת חֵן בַּעֲלַת כְּשָׁפִים הַמֹּכֶרֶת גּוֹיִם בִּזְנוּנֶיהָ וּמִשְׁפָּחוֹת
ה בִּכְשָׁפֶיהָ׃ הִנְנִי אֵלַיִךְ נְאֻם יְהוָה צְבָאוֹת וְגִלֵּיתִי שׁוּלַיִךְ עַל־
ו פָּנָיִךְ וְהַרְאֵיתִי גוֹיִם מַעְרֵךְ וּמַמְלָכוֹת קְלוֹנֵךְ׃ וְהִשְׁלַכְתִּי עָלַיִךְ
ז שִׁקֻּצִים וְנִבַּלְתִּיךְ וְשַׂמְתִּיךְ כְּרֹאִי׃ וְהָיָה כָל־רֹאַיִךְ יִדּוֹד מִמֵּךְ
וְאָמַר שָׁדְּדָה נִינְוֵה מִי יָנוּד לָהּ מֵאַיִן אֲבַקֵּשׁ מְנַחֲמִים לָךְ׃
ח הֲתֵיטְבִי מִנֹּא אָמוֹן הַיֹּשְׁבָה בַּיְאֹרִים מַיִם סָבִיב לָהּ אֲשֶׁר־חֵיל
ט יָם מִיָּם חוֹמָתָהּ׃ כּוּשׁ עָצְמָה וּמִצְרַיִם וְאֵין קֵצֶה פּוּט וְלוּבִים
י הָיוּ בְּעֶזְרָתֵךְ׃ גַּם־הִיא לַגֹּלָה הָלְכָה בַשֶּׁבִי גַּם עֹלָלֶיהָ יְרֻטְּשׁוּ
בְּרֹאשׁ כָּל־חוּצוֹת וְעַל־נִכְבַּדֶּיהָ יַדּוּ גוֹרָל וְכָל־גְּדוֹלֶיהָ רֻתְּקוּ
יא בַזִּקִּים׃ גַּם־אַתְּ תִּשְׁכְּרִי תְּהִי נַעֲלָמָה גַּם־אַתְּ תְּבַקְשִׁי מָעוֹז
יב מֵאוֹיֵב׃ כָּל־מִבְצָרַיִךְ תְּאֵנִים עִם־בִּכּוּרִים אִם־יִנּוֹעוּ וְנָפְלוּ
יג עַל־פִּי אוֹכֵל׃ הִנֵּה עַמֵּךְ נָשִׁים בְּקִרְבֵּךְ לְאֹיְבַיִךְ פָּתוֹחַ נִפְתְּחוּ
יד שַׁעֲרֵי אַרְצֵךְ אָכְלָה אֵשׁ בְּרִיחָיִךְ׃ מֵי מָצוֹר שַׁאֲבִי־לָךְ חַזְּקִי
טו מִבְצָרָיִךְ בֹּאִי בַטִּיט וְרִמְסִי בַחֹמֶר הַחֲזִיקִי מַלְבֵּן׃ שָׁם תֹּאכְלֵךְ
אֵשׁ תַּכְרִיתֵךְ חֶרֶב תֹּאכְלֵךְ כַּיָּלֶק הִתְכַּבֵּד כַּיֶּלֶק הִתְכַּבְּדִי

טז יז כָּאַרְבֶּה: הִרְבֵּית רֹכְלַיִךְ מִכּוֹכְבֵי הַשָּׁמָיִם יֶלֶק פָּשַׁט וַיָּעֹף: מִנְּזָרַיִךְ
כָּאַרְבֶּה וְטַפְסְרַיִךְ כְּגוֹב גּוֹבָי הַחוֹנִים בַּגְּדֵרוֹת בְּיוֹם קָרָה
יח שֶׁמֶשׁ זָרְחָה וְנוֹדַד וְלֹא־נוֹדַע מְקוֹמוֹ אַיָּם: נָמוּ רֹעֶיךָ
מֶלֶךְ אַשּׁוּר יִשְׁכְּנוּ אַדִּירֶיךָ נָפֹשׁוּ עַמְּךָ עַל־הֶהָרִים וְאֵין
יט מְקַבֵּץ: אֵין־כֵּהָה לְשִׁבְרֶךָ נַחְלָה מַכָּתֶךָ כֹּל ׀ שֹׁמְעֵי שִׁמְעֲךָ
תָּקְעוּ כַף עָלֶיךָ כִּי עַל־מִי לֹא־עָבְרָה רָעָתְךָ תָּמִיד:

חבקוק

יג

א א ב הַמַּשָּׂא אֲשֶׁר חָזָה חֲבַקּוּק הַנָּבִיא: עַד־אָנָה יְהוָה שִׁוַּעְתִּי וְלֹא
ג תִשְׁמָע אֶזְעַק אֵלֶיךָ חָמָס וְלֹא תוֹשִׁיעַ: לָמָּה תַרְאֵנִי אָוֶן וְעָמָל
ד תַּבִּיט וְשֹׁד וְחָמָס לְנֶגְדִּי וַיְהִי רִיב וּמָדוֹן יִשָּׂא: עַל־כֵּן תָּפוּג
תּוֹרָה וְלֹא־יֵצֵא לָנֶצַח מִשְׁפָּט כִּי רָשָׁע מַכְתִּיר אֶת־הַצַּדִּיק
ה עַל־כֵּן יֵצֵא מִשְׁפָּט מְעֻקָּל: רְאוּ בַגּוֹיִם וְהַבִּיטוּ וְהִתַּמְּהוּ תְּמָהוּ
ו כִּי־פֹעַל פֹּעֵל בִּימֵיכֶם לֹא תַאֲמִינוּ כִּי יְסֻפָּר: כִּי־הִנְנִי מֵקִים
אֶת־הַכַּשְׂדִּים הַגּוֹי הַמַּר וְהַנִּמְהָר הַהוֹלֵךְ לְמֶרְחֲבֵי־אֶרֶץ לָרֶשֶׁת
ז מִשְׁכָּנוֹת לֹּא־לוֹ: אָיֹם וְנוֹרָא הוּא מִמֶּנּוּ מִשְׁפָּטוֹ וּשְׂאֵתוֹ יֵצֵא:
ח וְקַלּוּ מִנְּמֵרִים סוּסָיו וְחַדּוּ מִזְּאֵבֵי עֶרֶב וּפָשׁוּ פָּרָשָׁיו וּפָרָשָׁיו
ט מֵרָחוֹק יָבֹאוּ יָעֻפוּ כְּנֶשֶׁר חָשׁ לֶאֱכוֹל: כֻּלֹּה לְחָמָס יָבוֹא מְגַמַּת
י פְּנֵיהֶם קָדִימָה וַיֶּאֱסֹף כַּחוֹל שֶׁבִי: וְהוּא בַּמְּלָכִים יִתְקַלָּס וְרֹזְנִים
יא מִשְׂחָק לוֹ הוּא לְכָל־מִבְצָר יִשְׂחָק וַיִּצְבֹּר עָפָר וַיִּלְכְּדָהּ: אָז
יב חָלַף רוּחַ וַיַּעֲבֹר וְאָשֵׁם זוּ כֹחוֹ לֵאלֹהוֹ: הֲלוֹא אַתָּה מִקֶּדֶם
יְהוָה אֱלֹהַי קְדֹשִׁי לֹא נָמוּת יְהוָה לְמִשְׁפָּט שַׂמְתּוֹ וְצוּר לְהוֹכִיחַ
יג יְסַדְתּוֹ: טְהוֹר עֵינַיִם מֵרְאוֹת רָע וְהַבִּיט אֶל־עָמָל לֹא תוּכָל
יד לָמָּה תַבִּיט בּוֹגְדִים תַּחֲרִישׁ בְּבַלַּע רָשָׁע צַדִּיק מִמֶּנּוּ: וַתַּעֲשֶׂה
טו אָדָם כִּדְגֵי הַיָּם כְּרֶמֶשׂ לֹא־מֹשֵׁל בּוֹ: כֻּלֹּה בְּחַכָּה הֵעֲלָה
טז יְגֹרֵהוּ בְחֶרְמוֹ וְיַאַסְפֵהוּ בְּמִכְמַרְתּוֹ עַל־כֵּן יִשְׂמַח וְיָגִיל: עַל־

כֵּן יְזַבֵּחַ לְחֶרְמוֹ וִיקַטֵּר לְמִכְמַרְתּוֹ כִּי בָהֵמָּה שָׁמֵן חֶלְקוֹ
יז וּמַאֲכָלוֹ בְּרִאָה׃ הַעַל כֵּן יָרִיק חֶרְמוֹ וְתָמִיד לַהֲרֹג גּוֹיִם לֹא
ב א יַחְמוֹל׃ עַל־מִשְׁמַרְתִּי אֶעֱמֹדָה וְאֶתְיַצְּבָה עַל־
מָצוֹר וַאֲצַפֶּה לִרְאוֹת מַה־יְדַבֶּר־בִּי וּמָה אָשִׁיב עַל־תּוֹכַחְתִּי׃
ב וַיַּעֲנֵנִי יהוה וַיֹּאמֶר כְּתֹב חָזוֹן וּבָאֵר עַל־הַלֻּחוֹת לְמַעַן יָרוּץ
ג קוֹרֵא בוֹ׃ כִּי עוֹד חָזוֹן לַמּוֹעֵד וְיָפֵחַ לַקֵּץ וְלֹא יְכַזֵּב אִם־
ד יִתְמַהְמַהּ חַכֵּה־לוֹ כִּי־בֹא יָבֹא לֹא יְאַחֵר׃ הִנֵּה עֻפְּלָה לֹא־
ה יָשְׁרָה נַפְשׁוֹ בּוֹ וְצַדִּיק בֶּאֱמוּנָתוֹ יִחְיֶה׃ וְאַף כִּי־הַיַּיִן בּוֹגֵד גֶּבֶר
יָהִיר וְלֹא יִנְוֶה אֲשֶׁר הִרְחִיב כִּשְׁאוֹל נַפְשׁוֹ וְהוּא כַמָּוֶת וְלֹא
ו יִשְׂבָּע וַיֶּאֱסֹף אֵלָיו כָּל־הַגּוֹיִם וַיִּקְבֹּץ אֵלָיו כָּל־הָעַמִּים׃ הֲלוֹא־
אֵלֶּה כֻלָּם עָלָיו מָשָׁל יִשָּׂאוּ וּמְלִיצָה חִידוֹת לוֹ וְיֹאמַר הוֹי
ז הַמַּרְבֶּה לֹּא־לוֹ עַד־מָתַי וּמַכְבִּיד עָלָיו עַבְטִיט׃ הֲלוֹא פֶתַע
ח יָקוּמוּ נֹשְׁכֶיךָ וְיִקְצוּ מְזַעְזְעֶיךָ וְהָיִיתָ לִמְשִׁסּוֹת לָמוֹ׃ כִּי־אַתָּה
שַׁלּוֹתָ גּוֹיִם רַבִּים יְשָׁלּוּךָ כָּל־יֶתֶר עַמִּים מִדְּמֵי אָדָם וַחֲמַס־
ט אֶרֶץ קִרְיָה וְכָל־יֹשְׁבֵי בָהּ׃ הוֹי בֹּצֵעַ בֶּצַע רָע
י לְבֵיתוֹ לָשׂוּם בַּמָּרוֹם קִנּוֹ לְהִנָּצֵל מִכַּף־רָע׃ יָעַצְתָּ בֹּשֶׁת לְבֵיתֶךָ
יא קְצוֹת־עַמִּים רַבִּים וְחוֹטֵא נַפְשֶׁךָ׃ כִּי־אֶבֶן מִקִּיר תִּזְעָק וְכָפִיס
יב מֵעֵץ יַעֲנֶנָּה׃ הוֹי בֹּנֶה עִיר בְּדָמִים וְכוֹנֵן קִרְיָה
יג בְּעַוְלָה׃ הֲלוֹא הִנֵּה מֵאֵת יהוה צְבָאוֹת וְיִיגְעוּ עַמִּים בְּדֵי־
יד אֵשׁ וּלְאֻמִּים בְּדֵי־רִיק יִעָפוּ׃ כִּי תִּמָּלֵא הָאָרֶץ לָדַעַת אֶת־כְּבוֹד
טו יהוה כַּמַּיִם יְכַסּוּ עַל־יָם׃ הוֹי מַשְׁקֵה רֵעֵהוּ מְסַפֵּחַ
טז חֲמָתְךָ וְאַף שַׁכֵּר לְמַעַן הַבִּיט עַל־מְעוֹרֵיהֶם׃ שָׂבַעְתָּ קָלוֹן
מִכָּבוֹד שְׁתֵה גַם־אַתָּה וְהֵעָרֵל תִּסּוֹב עָלֶיךָ כּוֹס יְמִין יהוה
יז וְקִיקָלוֹן עַל־כְּבוֹדֶךָ׃ כִּי־חֲמַס לְבָנוֹן יְכַסֶּךָּ וְשֹׁד בְּהֵמוֹת יְחִיתַן
יח מִדְּמֵי אָדָם וַחֲמַס־אֶרֶץ קִרְיָה וְכָל־יֹשְׁבֵי בָהּ׃ מָה־
הוֹעִיל פֶּסֶל כִּי פְסָלוֹ יֹצְרוֹ מַסֵּכָה וּמוֹרֶה שָּׁקֶר כִּי בָטַח יֹצֵר
יט יִצְרוֹ עָלָיו לַעֲשׂוֹת אֱלִילִים אִלְּמִים׃ הוֹי אֹמֵר לָעֵץ

הָקִיצָה עוּרִי לְאֶבֶן דּוּמָם הוּא יוֹרֶה הִנֵּה־הוּא תָּפוּשׂ זָהָב וָכֶסֶף
וְכָל־רוּחַ אֵין בְּקִרְבּוֹ׃ וַיהוָה בְּהֵיכַל קָדְשׁוֹ הַס מִפָּנָיו כָּל־ כ
הָאָרֶץ׃ תְּפִלָּה לַחֲבַקּוּק הַנָּבִיא עַל שִׁגְיֹנוֹת׃ ג א
יְהוָה שָׁמַעְתִּי שִׁמְעֲךָ יָרֵאתִי יְהוָה פָּעָלְךָ בְּקֶרֶב שָׁנִים חַיֵּיהוּ ב
בְּקֶרֶב שָׁנִים תּוֹדִיעַ בְּרֹגֶז רַחֵם תִּזְכּוֹר׃ אֱלוֹהַּ מִתֵּימָן יָבוֹא ג
וְקָדוֹשׁ מֵהַר־פָּארָן סֶלָה כִּסָּה שָׁמַיִם הוֹדוֹ וּתְהִלָּתוֹ מָלְאָה
הָאָרֶץ׃ וְנֹגַהּ כָּאוֹר תִּהְיֶה קַרְנַיִם מִיָּדוֹ לוֹ וְשָׁם חֶבְיוֹן עֻזֹּה׃ ד
לְפָנָיו יֵלֶךְ דָּבֶר וְיֵצֵא רֶשֶׁף לְרַגְלָיו׃ עָמַד ׀ וַיְמֹדֶד אֶרֶץ רָאָה ה ו
וַיַּתֵּר גּוֹיִם וַיִּתְפֹּצְצוּ הַרְרֵי־עַד שַׁחוּ גִּבְעוֹת עוֹלָם הֲלִיכוֹת
עוֹלָם לוֹ׃ תַּחַת אָוֶן רָאִיתִי אָהֳלֵי כוּשָׁן יִרְגְּזוּן יְרִיעוֹת אֶרֶץ ז
מִדְיָן׃ הֲבִנְהָרִים חָרָה יְהוָה אִם בַּנְּהָרִים אַפֶּךָ ח
אִם־בַּיָּם עֶבְרָתֶךָ כִּי תִרְכַּב עַל־סוּסֶיךָ מַרְכְּבֹתֶיךָ יְשׁוּעָה׃
עֶרְיָה תֵעוֹר קַשְׁתֶּךָ שְׁבֻעוֹת מַטּוֹת אֹמֶר סֶלָה נְהָרוֹת תְּבַקַּע־ ט
אָרֶץ׃ רָאוּךָ יָחִילוּ הָרִים זֶרֶם מַיִם עָבָר נָתַן תְּהוֹם קוֹלוֹ רוֹם י
יָדֵיהוּ נָשָׂא׃ שֶׁמֶשׁ יָרֵחַ עָמַד זְבֻלָה לְאוֹר חִצֶּיךָ יְהַלֵּכוּ לְנֹגַהּ יא
בְּרַק חֲנִיתֶךָ׃ בְּזַעַם תִּצְעַד־אָרֶץ בְּאַף תָּדוּשׁ גּוֹיִם׃ יָצָאתָ לְיֵשַׁע יב יג
עַמֶּךָ לְיֵשַׁע אֶת־מְשִׁיחֶךָ מָחַצְתָּ רֹּאשׁ מִבֵּית רָשָׁע עָרוֹת יְסוֹד
עַד־צַוָּאר סֶלָה׃ נָקַבְתָּ בְמַטָּיו רֹאשׁ פְּרָזָו יִסְעֲרוּ יד
לַהֲפִיצֵנִי עֲלִיצֻתָם כְּמוֹ־לֶאֱכֹל עָנִי בַּמִּסְתָּר׃ דָּרַכְתָּ בַיָּם סוּסֶיךָ טו
חֹמֶר מַיִם רַבִּים׃ שָׁמַעְתִּי ׀ וַתִּרְגַּז בִּטְנִי לְקוֹל צָלְלוּ שְׂפָתַי יָבוֹא טז
רָקָב בַּעֲצָמַי וְתַחְתַּי אֶרְגָּז אֲשֶׁר אָנוּחַ לְיוֹם צָרָה לַעֲלוֹת לְעַם
יְגוּדֶנּוּ׃ כִּי־תְאֵנָה לֹא־תִפְרָח וְאֵין יְבוּל בַּגְּפָנִים כִּחֵשׁ מַעֲשֵׂה־ יז
זַיִת וּשְׁדֵמוֹת לֹא־עָשָׂה אֹכֶל גָּזַר מִמִּכְלָה צֹאן וְאֵין בָּקָר
בָּרְפָתִים׃ וַאֲנִי בַּיהוָה אֶעְלוֹזָה אָגִילָה בֵּאלֹהֵי יִשְׁעִי׃ יְהוִה אֲדֹנָי יח יט
חֵילִי וַיָּשֶׂם רַגְלַי כָּאַיָּלוֹת וְעַל־בָּמוֹתַי יַדְרִכֵנִי לַמְנַצֵּחַ בִּנְגִינוֹתָי׃

יד דְּבַר־יְהוָה ׀ אֲשֶׁר הָיָה אֶל־צְפַנְיָה בֶּן־כּוּשִׁי בֶן־גְּדַלְיָה בֶּן־ א
אֲמַרְיָה בֶּן־חִזְקִיָּה בִּימֵי יֹאשִׁיָּהוּ בֶן־אָמוֹן מֶלֶךְ יְהוּדָה׃ אָסֹף ב
אָסֵף כֹּל מֵעַל פְּנֵי הָאֲדָמָה נְאֻם־יְהוָה׃ אָסֵף אָדָם וּבְהֵמָה ג
אָסֵף עוֹף־הַשָּׁמַיִם וּדְגֵי הַיָּם וְהַמַּכְשֵׁלוֹת אֶת־הָרְשָׁעִים וְהִכְרַתִּי
אֶת־הָאָדָם מֵעַל פְּנֵי הָאֲדָמָה נְאֻם־יְהוָה׃ וְנָטִיתִי יָדִי עַל־ ד
יְהוּדָה וְעַל כָּל־יוֹשְׁבֵי יְרוּשָׁלָםִ וְהִכְרַתִּי מִן־הַמָּקוֹם הַזֶּה
אֶת־שְׁאָר הַבַּעַל אֶת־שֵׁם הַכְּמָרִים עִם־הַכֹּהֲנִים׃ וְאֶת־ ה
הַמִּשְׁתַּחֲוִים עַל־הַגַּגּוֹת לִצְבָא הַשָּׁמָיִם וְאֶת־הַמִּשְׁתַּחֲוִים
הַנִּשְׁבָּעִים לַיהוָה וְהַנִּשְׁבָּעִים בְּמַלְכָּם׃ וְאֶת־הַנְּסוֹגִים מֵאַחֲרֵי ו
יְהוָה וַאֲשֶׁר לֹא־בִקְשׁוּ אֶת־יְהוָה וְלֹא דְרָשֻׁהוּ׃ הַס מִפְּנֵי ז
אֲדֹנָי יְהוִה כִּי קָרוֹב יוֹם יְהוָה כִּי־הֵכִין יְהוָה זֶבַח הִקְדִּישׁ
קְרֻאָיו׃ וְהָיָה בְּיוֹם זֶבַח יְהוָה וּפָקַדְתִּי עַל־ ח
הַשָּׂרִים וְעַל־בְּנֵי הַמֶּלֶךְ וְעַל כָּל־הַלֹּבְשִׁים מַלְבּוּשׁ נָכְרִי׃
וּפָקַדְתִּי עַל כָּל־הַדּוֹלֵג עַל־הַמִּפְתָּן בַּיּוֹם הַהוּא הַמְמַלְאִים ט
בֵּית אֲדֹנֵיהֶם חָמָס וּמִרְמָה׃ וְהָיָה בַיּוֹם הַהוּא י
נְאֻם־יְהוָה קוֹל צְעָקָה מִשַּׁעַר הַדָּגִים וִילָלָה מִן־הַמִּשְׁנֶה וְשֶׁבֶר
גָּדוֹל מֵהַגְּבָעוֹת׃ הֵילִילוּ יֹשְׁבֵי הַמַּכְתֵּשׁ כִּי נִדְמָה כָּל־עַם כְּנַעַן יא
נִכְרְתוּ כָּל־נְטִילֵי כָסֶף׃ וְהָיָה בָּעֵת הַהִיא אֲחַפֵּשׂ יב
אֶת־יְרוּשָׁלַםִ בַּנֵּרוֹת וּפָקַדְתִּי עַל־הָאֲנָשִׁים הַקֹּפְאִים עַל־
שִׁמְרֵיהֶם הָאֹמְרִים בִּלְבָבָם לֹא־יֵיטִיב יְהוָה וְלֹא יָרֵעַ׃ וְהָיָה יג
חֵילָם לִמְשִׁסָּה וּבָתֵּיהֶם לִשְׁמָמָה וּבָנוּ בָתִּים וְלֹא יֵשֵׁבוּ וְנָטְעוּ
כְרָמִים וְלֹא יִשְׁתּוּ אֶת־יֵינָם׃ קָרוֹב יוֹם־יְהוָה הַגָּדוֹל קָרוֹב יד
וּמַהֵר מְאֹד קוֹל יוֹם יְהוָה מַר צֹרֵחַ שָׁם גִּבּוֹר׃ יוֹם עֶבְרָה הַיּוֹם טו
הַהוּא יוֹם צָרָה וּמְצוּקָה יוֹם שֹׁאָה וּמְשׁוֹאָה יוֹם חֹשֶׁךְ וַאֲפֵלָה
יוֹם עָנָן וַעֲרָפֶל׃ יוֹם שׁוֹפָר וּתְרוּעָה עַל הֶעָרִים הַבְּצֻרוֹת וְעַל טז
הַפִּנּוֹת הַגְּבֹהוֹת׃ וַהֲצֵרֹתִי לָאָדָם וְהָלְכוּ כַּעִוְרִים כִּי לַיהוָה יז
חָטָאוּ וְשֻׁפַּךְ דָּמָם כֶּעָפָר וּלְחֻמָם כַּגְּלָלִים׃ גַּם־כַּסְפָּם גַּם־ יח

זְהָבָם לֹא־יוּכַל לְהַצִּילָם בְּיוֹם עֶבְרַת יְהוָה וּבְאֵשׁ קִנְאָתוֹ
תֵּאָכֵל כָּל־הָאָרֶץ כִּי־כָלָה אַךְ־נִבְהָלָה יַעֲשֶׂה אֵת כָּל־יֹשְׁבֵי
ב א הָאָרֶץ׃ הִתְקוֹשְׁשׁוּ וָקוֹשּׁוּ הַגּוֹי לֹא נִכְסָף׃
ב בְּטֶרֶם לֶדֶת חֹק כְּמֹץ עָבַר יוֹם בְּטֶרֶם ׀ לֹא־יָבוֹא עֲלֵיכֶם
ג חֲרוֹן אַף־יְהוָה בְּטֶרֶם לֹא־יָבוֹא עֲלֵיכֶם יוֹם אַף־יְהוָה׃ בַּקְּשׁוּ
אֶת־יְהוָה כָּל־עַנְוֵי הָאָרֶץ אֲשֶׁר מִשְׁפָּטוֹ פָּעָלוּ בַּקְּשׁוּ־צֶדֶק
ד בַּקְּשׁוּ עֲנָוָה אוּלַי תִּסָּתְרוּ בְּיוֹם אַף־יְהוָה׃ כִּי עַזָּה עֲזוּבָה
תִהְיֶה וְאַשְׁקְלוֹן לִשְׁמָמָה אַשְׁדּוֹד בַּצָּהֳרַיִם יְגָרְשׁוּהָ וְעֶקְרוֹן
ה תֵּעָקֵר׃ הוֹי יֹשְׁבֵי חֶבֶל הַיָּם גּוֹי כְּרֵתִים דְּבַר־
יְהוָה עֲלֵיכֶם כְּנַעַן אֶרֶץ פְּלִשְׁתִּים וְהַאֲבַדְתִּיךְ מֵאֵין יוֹשֵׁב׃
ו ז וְהָיְתָה חֶבֶל הַיָּם נְוֹת כְּרֹת רֹעִים וְגִדְרוֹת צֹאן׃ וְהָיָה חֶבֶל
לִשְׁאֵרִית בֵּית יְהוּדָה עֲלֵיהֶם יִרְעוּן בְּבָתֵּי אַשְׁקְלוֹן בָּעֶרֶב
ח יִרְבָּצוּן כִּי יִפְקְדֵם יְהוָה אֱלֹהֵיהֶם וְשָׁב שבותם׃ שָׁמַעְתִּי חֶרְפַּת שְׁבִיתָם
מוֹאָב וְגִדּוּפֵי בְּנֵי עַמּוֹן אֲשֶׁר חֵרְפוּ אֶת־עַמִּי וַיַּגְדִּילוּ עַל־גְּבוּלָם׃
ט לָכֵן חַי־אָנִי נְאֻם יְהוָה צְבָאוֹת אֱלֹהֵי יִשְׂרָאֵל כִּי מוֹאָב כִּסְדֹם
תִּהְיֶה וּבְנֵי עַמּוֹן כַּעֲמֹרָה מִמְשַׁק חָרוּל וּמִכְרֵה־מֶלַח וּשְׁמָמָה
י עַד־עוֹלָם שְׁאֵרִית עַמִּי יְבָזּוּם וְיֶתֶר גּוֹי יִנְחָלוּם׃ זֹאת לָהֶם
יא תַּחַת גְּאוֹנָם כִּי חֵרְפוּ וַיַּגְדִּלוּ עַל־עַם יְהוָה צְבָאוֹת׃ נוֹרָא יְהוָה
עֲלֵיהֶם כִּי רָזָה אֵת כָּל־אֱלֹהֵי הָאָרֶץ וְיִשְׁתַּחֲווּ־לוֹ אִישׁ מִמְּקוֹמוֹ
יב יג כֹּל אִיֵּי הַגּוֹיִם׃ גַּם־אַתֶּם כּוּשִׁים חַלְלֵי חַרְבִּי הֵמָּה׃ וְיֵט יָדוֹ
עַל־צָפוֹן וִיאַבֵּד אֶת־אַשּׁוּר וְיָשֵׂם אֶת־נִינְוֵה לִשְׁמָמָה צִיָּה
יד כַּמִּדְבָּר׃ וְרָבְצוּ בְתוֹכָהּ עֲדָרִים כָּל־חַיְתוֹ־גוֹי גַּם־קָאַת גַּם־
קִפֹּד בְּכַפְתֹּרֶיהָ יָלִינוּ קוֹל יְשׁוֹרֵר בַּחַלּוֹן חֹרֶב בַּסַּף כִּי אַרְזָה
טו עֵרָה׃ זֹאת הָעִיר הָעַלִּיזָה הַיּוֹשֶׁבֶת לָבֶטַח הָאֹמְרָה בִּלְבָבָהּ
אֲנִי וְאַפְסִי עוֹד אֵיךְ ׀ הָיְתָה לְשַׁמָּה מַרְבֵּץ לַחַיָּה כֹּל עוֹבֵר
ג א עָלֶיהָ יִשְׁרֹק יָנִיעַ יָדוֹ׃ הוֹי מֹרְאָה וְנִגְאָלָה הָעִיר
ב הַיּוֹנָה׃ לֹא שָׁמְעָה בְּקוֹל לֹא לָקְחָה מוּסָר בַּיהוָה לֹא בָטָחָה

ג אֶל־אֱלֹהֶיהָ לֹא קָרֵבָה: שָׂרֶיהָ בְקִרְבָּהּ אֲרָיוֹת שֹׁאֲגִים שֹׁפְטֶיהָ
ד זְאֵבֵי עֶרֶב לֹא גָרְמוּ לַבֹּקֶר: נְבִיאֶיהָ פֹּחֲזִים אַנְשֵׁי בֹּגְדוֹת
ה כֹּהֲנֶיהָ חִלְּלוּ־קֹדֶשׁ חָמְסוּ תּוֹרָה: יהוה צַדִּיק בְּקִרְבָּהּ לֹא יַעֲשֶׂה
עַוְלָה בַּבֹּקֶר בַּבֹּקֶר מִשְׁפָּטוֹ יִתֵּן לָאוֹר לֹא נֶעְדָּר וְלֹא־יוֹדֵעַ עַוָּל
ו בֹּשֶׁת: הִכְרַתִּי גוֹיִם נָשַׁמּוּ פִּנּוֹתָם הֶחֱרַבְתִּי חוּצוֹתָם מִבְּלִי
ז עוֹבֵר נִצְדּוּ עָרֵיהֶם מִבְּלִי־אִישׁ מֵאֵין יוֹשֵׁב: אָמַרְתִּי אַךְ־תִּירְאִי
אוֹתִי תִּקְחִי מוּסָר וְלֹא־יִכָּרֵת מְעוֹנָהּ כֹּל אֲשֶׁר־פָּקַדְתִּי עָלֶיהָ
ח אָכֵן הִשְׁכִּימוּ הִשְׁחִיתוּ כֹּל עֲלִילוֹתָם: לָכֵן חַכּוּ־לִי נְאֻם־יהוה
לְיוֹם קוּמִי לְעַד כִּי מִשְׁפָּטִי לֶאֱסֹף גּוֹיִם לְקָבְצִי מַמְלָכוֹת לִשְׁפֹּךְ
עֲלֵיהֶם זַעְמִי כֹּל חֲרוֹן אַפִּי כִּי בְּאֵשׁ קִנְאָתִי תֵּאָכֵל כָּל־הָאָרֶץ:
ט כִּי־אָז אֶהְפֹּךְ אֶל־עַמִּים שָׂפָה בְרוּרָה לִקְרֹא כֻלָּם בְּשֵׁם יהוה
י לְעָבְדוֹ שְׁכֶם אֶחָד: מֵעֵבֶר לְנַהֲרֵי־כוּשׁ עֲתָרַי בַּת־פּוּצַי יוֹבִלוּן
יא מִנְחָתִי: בַּיּוֹם הַהוּא לֹא תֵבוֹשִׁי מִכֹּל עֲלִילֹתַיִךְ אֲשֶׁר פָּשַׁעַתְּ
בִּי כִּי־אָז ׀ אָסִיר מִקִּרְבֵּךְ עַלִּיזֵי גַּאֲוָתֵךְ וְלֹא־תוֹסִפִי לְגָבְהָה עוֹד
יב בְּהַר קָדְשִׁי: וְהִשְׁאַרְתִּי בְקִרְבֵּךְ עַם עָנִי וָדָל וְחָסוּ בְּשֵׁם
יג יהוה: שְׁאֵרִית יִשְׂרָאֵל לֹא־יַעֲשׂוּ עַוְלָה וְלֹא־יְדַבְּרוּ כָזָב
וְלֹא־יִמָּצֵא בְּפִיהֶם לְשׁוֹן תַּרְמִית כִּי־הֵמָּה יִרְעוּ וְרָבְצוּ וְאֵין
יד מַחֲרִיד: רָנִּי בַּת־צִיּוֹן הָרִיעוּ יִשְׂרָאֵל שִׂמְחִי וְעָלְזִי
טו בְּכָל־לֵב בַּת יְרוּשָׁלִָם: הֵסִיר יהוה מִשְׁפָּטַיִךְ פִּנָּה אֹיְבֵךְ מֶלֶךְ
טז יִשְׂרָאֵל ׀ יהוה בְּקִרְבֵּךְ לֹא־תִירְאִי רָע עוֹד: בַּיּוֹם
יז הַהוּא יֵאָמֵר לִירוּשָׁלִַם אַל־תִּירָאִי צִיּוֹן אַל־יִרְפּוּ יָדָיִךְ: יהוה
אֱלֹהַיִךְ בְּקִרְבֵּךְ גִּבּוֹר יוֹשִׁיעַ יָשִׂישׂ עָלַיִךְ בְּשִׂמְחָה יַחֲרִישׁ
יח בְּאַהֲבָתוֹ יָגִיל עָלַיִךְ בְּרִנָּה: נוּגֵי מִמּוֹעֵד אָסַפְתִּי מִמֵּךְ הָיוּ
יט מַשְׂאֵת עָלֶיהָ חֶרְפָּה: הִנְנִי עֹשֶׂה אֶת־כָּל־מְעַנַּיִךְ בָּעֵת הַהִיא
וְהוֹשַׁעְתִּי אֶת־הַצֹּלֵעָה וְהַנִּדָּחָה אֲקַבֵּץ וְשַׂמְתִּים לִתְהִלָּה
כ וּלְשֵׁם בְּכָל־הָאָרֶץ בָּשְׁתָּם: בָּעֵת הַהִיא אָבִיא אֶתְכֶם טו
וּבָעֵת קַבְּצִי אֶתְכֶם כִּי־אֶתֵּן אֶתְכֶם לְשֵׁם וְלִתְהִלָּה בְּכֹל

עַמֵּי הָאָרֶץ בְּשׁוּבִי אֶת־שְׁבוּתֵיכֶם לְעֵינֵיכֶם אָמַר יְהוָה׃

חגי

א א בִּשְׁנַת שְׁתַּיִם לְדָרְיָוֶשׁ הַמֶּלֶךְ בַּחֹדֶשׁ הַשִּׁשִּׁי בְּיוֹם אֶחָד לַחֹדֶשׁ
הָיָה דְבַר־יְהוָה בְּיַד־חַגַּי הַנָּבִיא אֶל־זְרֻבָּבֶל בֶּן־שְׁאַלְתִּיאֵל פַּחַת
ב יְהוּדָה וְאֶל־יְהוֹשֻׁעַ בֶּן־יְהוֹצָדָק הַכֹּהֵן הַגָּדוֹל לֵאמֹר׃ כֹּה אָמַר
יְהוָה צְבָאוֹת לֵאמֹר הָעָם הַזֶּה אָמְרוּ לֹא עֶת־בֹּא עֶת־בֵּית
ג יְהוָה לְהִבָּנוֹת׃ וַיְהִי דְּבַר־יְהוָה בְּיַד־חַגַּי הַנָּבִיא
ד לֵאמֹר׃ הַעֵת לָכֶם אַתֶּם לָשֶׁבֶת בְּבָתֵּיכֶם סְפוּנִים וְהַבַּיִת הַזֶּה
ה חָרֵב׃ וְעַתָּה כֹּה אָמַר יְהוָה צְבָאוֹת שִׂימוּ לְבַבְכֶם עַל־דַּרְכֵיכֶם׃
ו זְרַעְתֶּם הַרְבֵּה וְהָבֵא מְעָט אָכוֹל וְאֵין־לְשָׂבְעָה שָׁתוֹ וְאֵין־
לְשָׁכְרָה לָבוֹשׁ וְאֵין־לְחֹם לוֹ וְהַמִּשְׂתַּכֵּר מִשְׂתַּכֵּר אֶל־צְרוֹר
ז נָקוּב׃ כֹּה אָמַר יְהוָה צְבָאוֹת שִׂימוּ לְבַבְכֶם עַל־
ח דַּרְכֵיכֶם׃ עֲלוּ הָהָר וַהֲבֵאתֶם עֵץ וּבְנוּ הַבָּיִת וְאֶרְצֶה־בּוֹ וְאֶכָּבְדָ
ט אָמַר יְהוָה׃ פָּנֹה אֶל־הַרְבֵּה וְהִנֵּה לִמְעָט וַהֲבֵאתֶם הַבַּיִת
וְנָפַחְתִּי בוֹ יַעַן מֶה נְאֻם יְהוָה צְבָאוֹת יַעַן בֵּיתִי אֲשֶׁר־הוּא
י חָרֵב וְאַתֶּם רָצִים אִישׁ לְבֵיתוֹ׃ עַל־כֵּן עֲלֵיכֶם כָּלְאוּ שָׁמַיִם
יא מִטָּל וְהָאָרֶץ כָּלְאָה יְבוּלָהּ׃ וָאֶקְרָא חֹרֶב עַל־הָאָרֶץ וְעַל־
הֶהָרִים וְעַל־הַדָּגָן וְעַל־הַתִּירוֹשׁ וְעַל־הַיִּצְהָר וְעַל אֲשֶׁר
תּוֹצִיא הָאֲדָמָה וְעַל־הָאָדָם וְעַל־הַבְּהֵמָה וְעַל כָּל־יְגִיעַ
יב כַּפָּיִם׃ וַיִּשְׁמַע זְרֻבָּבֶל ׀ בֶּן־שַׁלְתִּיאֵל וִיהוֹשֻׁעַ
בֶּן־יְהוֹצָדָק הַכֹּהֵן הַגָּדוֹל וְכֹל ׀ שְׁאֵרִית הָעָם בְּקוֹל יְהוָה
אֱלֹהֵיהֶם וְעַל־דִּבְרֵי חַגַּי הַנָּבִיא כַּאֲשֶׁר שְׁלָחוֹ יְהוָה אֱלֹהֵיהֶם
יג וַיִּירְאוּ הָעָם מִפְּנֵי יְהוָה׃ וַיֹּאמֶר חַגַּי מַלְאַךְ
יְהוָה בְּמַלְאֲכוּת יְהוָה לָעָם לֵאמֹר אֲנִי אִתְּכֶם נְאֻם־יְהוָה׃
יד וַיָּעַר יְהוָה אֶת־רוּחַ זְרֻבָּבֶל בֶּן־שַׁלְתִּיאֵל פַּחַת יְהוּדָה

וְאֶת־רוּחַ יְהוֹשֻׁעַ בֶּן־יְהוֹצָדָק הַכֹּהֵן הַגָּדוֹל וְאֶת־רוּחַ כֹּל
שְׁאֵרִית הָעָם וַיָּבֹאוּ וַיַּעֲשׂוּ מְלָאכָה בְּבֵית־יְהוָה צְבָאוֹת
אֱלֹהֵיהֶם׃ בְּיוֹם עֶשְׂרִים וְאַרְבָּעָה לַחֹדֶשׁ בַּשִּׁשִּׁי טו
בִּשְׁנַת שְׁתַּיִם לְדָרְיָוֶשׁ הַמֶּלֶךְ׃ בַּשְּׁבִיעִי בְּעֶשְׂרִים וְאֶחָד לַחֹדֶשׁ א ב
הָיָה דְּבַר־יְהוָה בְּיַד־חַגַּי הַנָּבִיא לֵאמֹר׃ אֱמָר־נָא אֶל־זְרֻבָּבֶל ב
בֶּן־שַׁלְתִּיאֵל פַּחַת יְהוּדָה וְאֶל־יְהוֹשֻׁעַ בֶּן־יְהוֹצָדָק הַכֹּהֵן הַגָּדוֹל
וְאֶל־שְׁאֵרִית הָעָם לֵאמֹר׃ מִי בָכֶם הַנִּשְׁאָר אֲשֶׁר רָאָה אֶת־ ג
הַבַּיִת הַזֶּה בִּכְבוֹדוֹ הָרִאשׁוֹן וּמָה אַתֶּם רֹאִים אֹתוֹ עַתָּה הֲלוֹא
כָמֹהוּ כְּאַיִן בְּעֵינֵיכֶם׃ וְעַתָּה חֲזַק זְרֻבָּבֶל ׀ נְאֻם־יְהוָה וַחֲזַק ד
יְהוֹשֻׁעַ בֶּן־יְהוֹצָדָק הַכֹּהֵן הַגָּדוֹל וַחֲזַק כָּל־עַם הָאָרֶץ נְאֻם־
יְהוָה וַעֲשׂוּ כִּי־אֲנִי אִתְּכֶם נְאֻם יְהוָה צְבָאוֹת׃ אֶת־הַדָּבָר אֲשֶׁר ה
כָּרַתִּי אִתְּכֶם בְּצֵאתְכֶם מִמִּצְרַיִם וְרוּחִי עֹמֶדֶת בְּתוֹכְכֶם אַל־
תִּירָאוּ׃ כִּי כֹה אָמַר יְהוָה צְבָאוֹת עוֹד אַחַת ו
מְעַט הִיא וַאֲנִי מַרְעִישׁ אֶת־הַשָּׁמַיִם וְאֶת־הָאָרֶץ וְאֶת־הַיָּם
וְאֶת־הֶחָרָבָה׃ וְהִרְעַשְׁתִּי אֶת־כָּל־הַגּוֹיִם וּבָאוּ חֶמְדַּת כָּל־ ז
הַגּוֹיִם וּמִלֵּאתִי אֶת־הַבַּיִת הַזֶּה כָּבוֹד אָמַר יְהוָה צְבָאוֹת׃
לִי הַכֶּסֶף וְלִי הַזָּהָב נְאֻם יְהוָה צְבָאוֹת׃ גָּדוֹל יִהְיֶה כְּבוֹד ח ט
הַבַּיִת הַזֶּה הָאַחֲרוֹן מִן־הָרִאשׁוֹן אָמַר יְהוָה צְבָאוֹת וּבַמָּקוֹם
הַזֶּה אֶתֵּן שָׁלוֹם נְאֻם יְהוָה צְבָאוֹת׃ בְּעֶשְׂרִים י
וְאַרְבָּעָה לַתְּשִׁיעִי בִּשְׁנַת שְׁתַּיִם לְדָרְיָוֶשׁ הָיָה דְּבַר־יְהוָה
בְּיַד־חַגַּי הַנָּבִיא לֵאמֹר׃ כֹּה אָמַר יְהוָה צְבָאוֹת שְׁאַל־נָא יא
אֶת־הַכֹּהֲנִים תּוֹרָה לֵאמֹר׃ הֵן ׀ יִשָּׂא־אִישׁ בְּשַׂר־קֹדֶשׁ בִּכְנַף יב
בִּגְדוֹ וְנָגַע בִּכְנָפוֹ אֶל־הַלֶּחֶם וְאֶל־הַנָּזִיד וְאֶל־הַיַּיִן וְאֶל־שֶׁמֶן
וְאֶל־כָּל־מַאֲכָל הֲיִקְדָּשׁ וַיַּעֲנוּ הַכֹּהֲנִים וַיֹּאמְרוּ לֹא׃ וַיֹּאמֶר חַגַּי יג
אִם־יִגַּע טְמֵא־נֶפֶשׁ בְּכָל־אֵלֶּה הֲיִטְמָא וַיַּעֲנוּ הַכֹּהֲנִים וַיֹּאמְרוּ
יִטְמָא׃ וַיַּעַן חַגַּי וַיֹּאמֶר כֵּן הָעָם־הַזֶּה וְכֵן־הַגּוֹי הַזֶּה לְפָנַי נְאֻם־ יד
יְהוָה וְכֵן כָּל־מַעֲשֵׂה יְדֵיהֶם וַאֲשֶׁר יַקְרִיבוּ שָׁם טָמֵא הוּא׃

טו וְעַתָּה שִׂימוּ־נָא לְבַבְכֶם מִן־הַיּוֹם הַזֶּה וָמָעְלָה מִטֶּרֶם שׂוּם־
טז אֶבֶן אֶל־אֶבֶן בְּהֵיכַל יְהוָה׃ מִהְיוֹתָם בָּא אֶל־עֲרֵמַת עֶשְׂרִים
וְהָיְתָה עֲשָׂרָה בָּא אֶל־הַיֶּקֶב לַחְשֹׂף חֲמִשִּׁים פּוּרָה וְהָיְתָה
יז עֶשְׂרִים׃ הִכֵּיתִי אֶתְכֶם בַּשִּׁדָּפוֹן וּבַיֵּרָקוֹן וּבַבָּרָד אֵת כָּל־
יח מַעֲשֵׂה יְדֵיכֶם וְאֵין־אֶתְכֶם אֵלַי נְאֻם־יְהוָה׃ שִׂימוּ־נָא לְבַבְכֶם
מִן־הַיּוֹם הַזֶּה וָמָעְלָה מִיּוֹם עֶשְׂרִים וְאַרְבָּעָה לַתְּשִׁיעִי לְמִן־
יט הַיּוֹם אֲשֶׁר־יֻסַּד הֵיכַל־יְהוָה שִׂימוּ לְבַבְכֶם׃ הַעוֹד הַזֶּרַע
בַּמְּגוּרָה וְעַד־הַגֶּפֶן וְהַתְּאֵנָה וְהָרִמּוֹן וְעֵץ הַזַּיִת לֹא נָשָׂא מִן־
כ הַיּוֹם הַזֶּה אֲבָרֵךְ׃ וַיְהִי דְבַר־יְהוָה ׀ שֵׁנִית אֶל־
כא חַגַּי בְּעֶשְׂרִים וְאַרְבָּעָה לַחֹדֶשׁ לֵאמֹר׃ אֱמֹר אֶל־זְרֻבָּבֶל פַּחַת־
כב יְהוּדָה לֵאמֹר אֲנִי מַרְעִישׁ אֶת־הַשָּׁמַיִם וְאֶת־הָאָרֶץ׃ וְהָפַכְתִּי
כִּסֵּא מַמְלָכוֹת וְהִשְׁמַדְתִּי חֹזֶק מַמְלְכוֹת הַגּוֹיִם וְהָפַכְתִּי
כג מֶרְכָּבָה וְרֹכְבֶיהָ וְיָרְדוּ סוּסִים וְרֹכְבֵיהֶם אִישׁ בְּחֶרֶב אָחִיו׃ בַּיּוֹם טז
הַהוּא נְאֻם־יְהוָה צְבָאוֹת אֶקָּחֲךָ זְרֻבָּבֶל בֶּן־שְׁאַלְתִּיאֵל עַבְדִּי
נְאֻם־יְהוָה וְשַׂמְתִּיךָ כַּחוֹתָם כִּי־בְךָ בָחַרְתִּי נְאֻם יְהוָה צְבָאוֹת׃

זכריה

א א בַּחֹדֶשׁ הַשְּׁמִינִי בִּשְׁנַת שְׁתַּיִם לְדָרְיָוֶשׁ הָיָה דְבַר־יְהוָה אֶל־
ב זְכַרְיָה בֶּן־בֶּרֶכְיָה בֶּן־עִדּוֹ הַנָּבִיא לֵאמֹר׃ קָצַף יְהוָה עַל־
ג אֲבוֹתֵיכֶם קָצֶף׃ וְאָמַרְתָּ אֲלֵהֶם כֹּה אָמַר יְהוָה צְבָאוֹת שׁוּבוּ
ד אֵלַי נְאֻם יְהוָה צְבָאוֹת וְאָשׁוּב אֲלֵיכֶם אָמַר יְהוָה צְבָאוֹת׃ אַל־
תִּהְיוּ כַאֲבֹתֵיכֶם אֲשֶׁר קָרְאוּ־אֲלֵיהֶם הַנְּבִאִים הָרִאשֹׁנִים
לֵאמֹר כֹּה אָמַר יְהוָה צְבָאוֹת שׁוּבוּ נָא מִדַּרְכֵיכֶם הָרָעִים
ומעליליכם הָרָעִים וְלֹא שָׁמְעוּ וְלֹא־הִקְשִׁיבוּ אֵלַי נְאֻם־יְהוָה׃ וּמַעַלְלֵיכֶם
ה אֲבוֹתֵיכֶם אַיֵּה־הֵם וְהַנְּבִאִים הַלְעוֹלָם יִחְיוּ׃ אַךְ ׀ דְּבָרַי וְחֻקַּי
ו אֲשֶׁר צִוִּיתִי אֶת־עֲבָדַי הַנְּבִיאִים הֲלוֹא הִשִּׂיגוּ אֲבֹתֵיכֶם וַיָּשׁוּבוּ

וַיֹּאמְרוּ כַּאֲשֶׁר זָמַם יְהוָה צְבָאוֹת לַעֲשׂוֹת לָנוּ כִּדְרָכֵינוּ
וּכְמַעֲלָלֵינוּ כֵּן עָשָׂה אִתָּנוּ׃ בְּיוֹם עֶשְׂרִים ז
וְאַרְבָּעָה לְעַשְׁתֵּי־עָשָׂר חֹדֶשׁ הוּא־חֹדֶשׁ שְׁבָט בִּשְׁנַת שְׁתַּיִם
לְדָרְיָוֶשׁ הָיָה דְבַר־יְהוָה אֶל־זְכַרְיָה בֶּן־בֶּרֶכְיָהוּ בֶּן־עִדּוֹא
הַנָּבִיא לֵאמֹר׃ רָאִיתִי ׀ הַלַּיְלָה וְהִנֵּה־אִישׁ רֹכֵב עַל־סוּס אָדֹם ח
וְהוּא עֹמֵד בֵּין הַהֲדַסִּים אֲשֶׁר בַּמְּצֻלָה וְאַחֲרָיו סוּסִים אֲדֻמִּים
שְׂרֻקִּים וּלְבָנִים׃ וָאֹמַר מָה־אֵלֶּה אֲדֹנִי וַיֹּאמֶר אֵלַי הַמַּלְאָךְ ט
הַדֹּבֵר בִּי אֲנִי אַרְאֶךָּ מָה־הֵמָּה אֵלֶּה׃ וַיַּעַן הָאִישׁ הָעֹמֵד בֵּין־ י
הַהֲדַסִּים וַיֹּאמַר אֵלֶּה אֲשֶׁר שָׁלַח יְהוָה לְהִתְהַלֵּךְ בָּאָרֶץ׃ וַיַּעֲנוּ יא
אֶת־מַלְאַךְ יְהוָה הָעֹמֵד בֵּין הַהֲדַסִּים וַיֹּאמְרוּ הִתְהַלַּכְנוּ בָאָרֶץ
וְהִנֵּה כָל־הָאָרֶץ יֹשֶׁבֶת וְשֹׁקָטֶת׃ וַיַּעַן מַלְאַךְ־יְהוָה וַיֹּאמַר יְהוָה יב
צְבָאוֹת עַד־מָתַי אַתָּה לֹא־תְרַחֵם אֶת־יְרוּשָׁלִַם וְאֵת עָרֵי יְהוּדָה
אֲשֶׁר זָעַמְתָּה זֶה שִׁבְעִים שָׁנָה׃ וַיַּעַן יְהוָה אֶת־הַמַּלְאָךְ הַדֹּבֵר יג
בִּי דְּבָרִים טוֹבִים דְּבָרִים נִחֻמִים׃ וַיֹּאמֶר אֵלַי הַמַּלְאָךְ הַדֹּבֵר יד
בִּי קְרָא לֵאמֹר כֹּה אָמַר יְהוָה צְבָאוֹת קִנֵּאתִי לִירוּשָׁלִַם וּלְצִיּוֹן
קִנְאָה גְדוֹלָה׃ וְקֶצֶף גָּדוֹל אֲנִי קֹצֵף עַל־הַגּוֹיִם הַשַּׁאֲנַנִּים אֲשֶׁר טו
אֲנִי קָצַפְתִּי מְּעָט וְהֵמָּה עָזְרוּ לְרָעָה׃
לָכֵן כֹּה־אָמַר יְהוָה שַׁבְתִּי לִירוּשָׁלִַם בְּרַחֲמִים בֵּיתִי יִבָּנֶה בָּהּ טז
וְקָו נְאֻם יְהוָה צְבָאוֹת וקוה יִנָּטֶה עַל־יְרוּשָׁלִָם׃ עוֹד ׀ קְרָא לֵאמֹר יז
כֹּה אָמַר יְהוָה צְבָאוֹת עוֹד תְּפוּצֶינָה עָרַי מִטּוֹב וְנִחַם יְהוָה עוֹד
אֶת־צִיּוֹן וּבָחַר עוֹד בִּירוּשָׁלִָם׃ וָאֶשָּׂא אֶת־עֵינַי א ב
וָאֵרֶא וְהִנֵּה אַרְבַּע קְרָנוֹת׃ וָאֹמַר אֶל־הַמַּלְאָךְ הַדֹּבֵר בִּי ב
מָה־אֵלֶּה וַיֹּאמֶר אֵלַי אֵלֶּה הַקְּרָנוֹת אֲשֶׁר זֵרוּ אֶת־יְהוּדָה
אֶת־יִשְׂרָאֵל וִירוּשָׁלִָם׃ וַיַּרְאֵנִי יְהוָה אַרְבָּעָה ג
חָרָשִׁים׃ וָאֹמַר מָה אֵלֶּה בָאִים לַעֲשׂוֹת וַיֹּאמֶר לֵאמֹר אֵלֶּה ד
הַקְּרָנוֹת אֲשֶׁר־זֵרוּ אֶת־יְהוּדָה כְּפִי־אִישׁ לֹא־נָשָׂא רֹאשׁוֹ וַיָּבֹאוּ
אֵלֶּה לְהַחֲרִיד אֹתָם לְיַדּוֹת אֶת־קַרְנוֹת הַגּוֹיִם הַנֹּשְׂאִים קֶרֶן

ה אֶל־אֶרֶץ יְהוּדָה לְזָרוֹתָהּ׃ וָאֶשָּׂא עֵינַי וָאֵרֶא
ו וְהִנֵּה־אִישׁ וּבְיָדוֹ חֶבֶל מִדָּה׃ וָאֹמַר אָנָה אַתָּה הֹלֵךְ וַיֹּאמֶר אֵלַי
ז לָמֹד אֶת־יְרוּשָׁלַ͏ִם לִרְאוֹת כַּמָּה־רָחְבָּהּ וְכַמָּה אָרְכָּהּ׃ וְהִנֵּה
ח הַמַּלְאָךְ הַדֹּבֵר בִּי יֹצֵא וּמַלְאָךְ אַחֵר יֹצֵא לִקְרָאתוֹ׃ וַיֹּאמֶר אֵלָו
רֻץ דַּבֵּר אֶל־הַנַּעַר הַלָּז לֵאמֹר פְּרָזוֹת תֵּשֵׁב יְרוּשָׁלַ͏ִם מֵרֹב אָדָם
ט וּבְהֵמָה בְּתוֹכָהּ׃ וַאֲנִי אֶהְיֶה־לָּהּ נְאֻם־יְהוָה חוֹמַת אֵשׁ סָבִיב
י וּלְכָבוֹד אֶהְיֶה בְתוֹכָהּ׃ הוֹי הוֹי וְנֻסוּ מֵאֶרֶץ צָפוֹן
נְאֻם־יְהוָה כִּי כְּאַרְבַּע רוּחוֹת הַשָּׁמַיִם פֵּרַשְׂתִּי אֶתְכֶם נְאֻם־יְהוָה׃
יא יב הוֹי צִיּוֹן הִמָּלְטִי יוֹשֶׁבֶת בַּת־בָּבֶל׃ כִּי כֹה
אָמַר יְהוָה צְבָאוֹת אַחַר כָּבוֹד שְׁלָחַנִי אֶל־הַגּוֹיִם הַשֹּׁלְלִים
יג אֶתְכֶם כִּי הַנֹּגֵעַ בָּכֶם נֹגֵעַ בְּבָבַת עֵינוֹ׃ כִּי הִנְנִי מֵנִיף אֶת־
יָדִי עֲלֵיהֶם וְהָיוּ שָׁלָל לְעַבְדֵיהֶם וִידַעְתֶּם כִּי־יְהוָה צְבָאוֹת
יד שְׁלָחָנִי׃ רָנִּי וְשִׂמְחִי בַּת־צִיּוֹן כִּי הִנְנִי־בָא
טו וְשָׁכַנְתִּי בְתוֹכֵךְ נְאֻם־יְהוָה׃ וְנִלְווּ גוֹיִם רַבִּים אֶל־יְהוָה בַּיּוֹם
הַהוּא וְהָיוּ לִי לְעָם וְשָׁכַנְתִּי בְתוֹכֵךְ וְיָדַעַתְּ כִּי־יְהוָה צְבָאוֹת
טז שְׁלָחַנִי אֵלָיִךְ׃ וְנָחַל יְהוָה אֶת־יְהוּדָה חֶלְקוֹ עַל אַדְמַת הַקֹּדֶשׁ
יז וּבָחַר עוֹד בִּירוּשָׁלָ͏ִם׃ הַס כָּל־בָּשָׂר מִפְּנֵי יְהוָה כִּי נֵעוֹר מִמְּעוֹן
ג א קָדְשׁוֹ׃ וַיַּרְאֵנִי אֶת־יְהוֹשֻׁעַ הַכֹּהֵן הַגָּדוֹל עֹמֵד
ב לִפְנֵי מַלְאַךְ יְהוָה וְהַשָּׂטָן עֹמֵד עַל־יְמִינוֹ לְשִׂטְנוֹ׃ וַיֹּאמֶר יְהוָה
אֶל־הַשָּׂטָן יִגְעַר יְהוָה בְּךָ הַשָּׂטָן וְיִגְעַר יְהוָה בְּךָ הַבֹּחֵר
ג בִּירוּשָׁלָ͏ִם הֲלוֹא זֶה אוּד מֻצָּל מֵאֵשׁ׃ וִיהוֹשֻׁעַ הָיָה לָבֻשׁ
ד בְּגָדִים צוֹאִים וְעֹמֵד לִפְנֵי הַמַּלְאָךְ׃ וַיַּעַן וַיֹּאמֶר אֶל־הָעֹמְדִים
לְפָנָיו לֵאמֹר הָסִירוּ הַבְּגָדִים הַצֹּאִים מֵעָלָיו וַיֹּאמֶר אֵלָיו
ה רְאֵה הֶעֱבַרְתִּי מֵעָלֶיךָ עֲוֺנֶךָ וְהַלְבֵּשׁ אֹתְךָ מַחֲלָצוֹת׃ וָאֹמַר
יָשִׂימוּ צָנִיף טָהוֹר עַל־רֹאשׁוֹ וַיָּשִׂימוּ הַצָּנִיף הַטָּהוֹר עַל־רֹאשׁוֹ
ו וַיַּלְבִּשֻׁהוּ בְּגָדִים וּמַלְאַךְ יְהוָה עֹמֵד׃ וַיָּעַד מַלְאַךְ יְהוָה בִּיהוֹשֻׁעַ
ז לֵאמֹר׃ כֹּה־אָמַר יְהוָה צְבָאוֹת אִם־בִּדְרָכַי תֵּלֵךְ וְאִם אֶת־

מִשְׁמַרְתִּי תִשְׁמֹר וְגַם־אַתָּה תָּדִין אֶת־בֵּיתִי וְגַם תִּשְׁמֹר אֶת־
ח חֲצֵרָי וְנָתַתִּי לְךָ מַהְלְכִים בֵּין הָעֹמְדִים הָאֵלֶּה: שְׁמַע־נָא
יְהוֹשֻׁעַ ׀ הַכֹּהֵן הַגָּדוֹל אַתָּה וְרֵעֶיךָ הַיֹּשְׁבִים לְפָנֶיךָ כִּי־אַנְשֵׁי
ט מוֹפֵת הֵמָּה כִּי־הִנְנִי מֵבִיא אֶת־עַבְדִּי צֶמַח: כִּי ׀ הִנֵּה הָאֶבֶן
אֲשֶׁר נָתַתִּי לִפְנֵי יְהוֹשֻׁעַ עַל־אֶבֶן אַחַת שִׁבְעָה עֵינָיִם הִנְנִי
מְפַתֵּחַ פִּתֻּחָהּ נְאֻם יְהוָה צְבָאוֹת וּמַשְׁתִּי אֶת־עֲוֺן הָאָרֶץ־הַהִיא
י בְּיוֹם אֶחָד: בַּיּוֹם הַהוּא נְאֻם יְהוָה צְבָאוֹת תִּקְרְאוּ אִישׁ לְרֵעֵהוּ
א ד אֶל־תַּחַת גֶּפֶן וְאֶל־תַּחַת תְּאֵנָה: וַיָּשָׁב הַמַּלְאָךְ
ב הַדֹּבֵר בִּי וַיְעִירֵנִי כְּאִישׁ אֲשֶׁר־יֵעוֹר מִשְּׁנָתוֹ: וַיֹּאמֶר אֵלַי מָה יז
אַתָּה רֹאֶה ויאמר רָאִיתִי וְהִנֵּה מְנוֹרַת זָהָב כֻּלָּהּ וְגֻלָּהּ עַל־ וָאֹמַר
רֹאשָׁהּ וְשִׁבְעָה נֵרֹתֶיהָ עָלֶיהָ שִׁבְעָה וְשִׁבְעָה מוּצָקוֹת לַנֵּרוֹת
ג אֲשֶׁר עַל־רֹאשָׁהּ: וּשְׁנַיִם זֵיתִים עָלֶיהָ אֶחָד מִימִין הַגֻּלָּה וְאֶחָד
ד עַל־שְׂמֹאלָהּ: וָאַעַן וָאֹמַר אֶל־הַמַּלְאָךְ הַדֹּבֵר בִּי לֵאמֹר מָה־
ה אֵלֶּה אֲדֹנִי: וַיַּעַן הַמַּלְאָךְ הַדֹּבֵר בִּי וַיֹּאמֶר אֵלַי הֲלוֹא יָדַעְתָּ
ו מָה־הֵמָּה אֵלֶּה וָאֹמַר לֹא אֲדֹנִי: וַיַּעַן וַיֹּאמֶר אֵלַי לֵאמֹר
זֶה דְּבַר־יְהוָה אֶל־זְרֻבָּבֶל לֵאמֹר לֹא בְחַיִל וְלֹא בְכֹחַ כִּי
ז אִם־בְּרוּחִי אָמַר יְהוָה צְבָאוֹת: מִי־אַתָּה הַר־הַגָּדוֹל לִפְנֵי
זְרֻבָּבֶל לְמִישֹׁר וְהוֹצִיא אֶת־הָאֶבֶן הָרֹאשָׁה תְּשֻׁאוֹת חֵן ׀ חֵן
ח ט לָהּ: וַיְהִי דְבַר־יְהוָה אֵלַי לֵאמֹר: יְדֵי זְרֻבָּבֶל
יִסְּדוּ הַבַּיִת הַזֶּה וְיָדָיו תְּבַצַּעְנָה וְיָדַעְתָּ כִּי־יְהוָה צְבָאוֹת שְׁלָחַנִי
י אֲלֵיכֶם: כִּי מִי בַז לְיוֹם קְטַנּוֹת וְשָׂמְחוּ וְרָאוּ אֶת־הָאֶבֶן הַבְּדִיל
בְּיַד זְרֻבָּבֶל שִׁבְעָה־אֵלֶּה עֵינֵי יְהוָה הֵמָּה מְשׁוֹטְטִים בְּכָל־
יא הָאָרֶץ: וָאַעַן וָאֹמַר אֵלָיו מַה־שְּׁנֵי הַזֵּיתִים הָאֵלֶּה עַל־יְמִין
יב הַמְּנוֹרָה וְעַל־שְׂמֹאולָהּ: וָאַעַן שֵׁנִית וָאֹמַר אֵלָיו מַה־שְׁתֵּי
שִׁבֲּלֵי הַזֵּיתִים אֲשֶׁר בְּיַד שְׁנֵי צַנְתְּרוֹת הַזָּהָב הַמְרִיקִים
יג מֵעֲלֵיהֶם הַזָּהָב: וַיֹּאמֶר אֵלַי לֵאמֹר הֲלוֹא יָדַעְתָּ מָה־אֵלֶּה
יד וָאֹמַר לֹא אֲדֹנִי: וַיֹּאמֶר אֵלֶּה שְׁנֵי בְנֵי־הַיִּצְהָר הָעֹמְדִים עַל־

א אֲדוֹן כׇּל־הָאָרֶץ׃ וָאָשׁוּב וָאֶשָּׂא עֵינַי וָאֶרְאֶה וְהִנֵּה
ב מְגִלָּה עָפָה׃ וַיֹּאמֶר אֵלַי מָה אַתָּה רֹאֶה וָאֹמַר אֲנִי רֹאֶה מְגִלָּה
ג עָפָה אׇרְכָּהּ עֶשְׂרִים בָּאַמָּה וְרׇחְבָּהּ עֶשֶׂר בָּאַמָּה׃ וַיֹּאמֶר אֵלַי
זֹאת הָאָלָה הַיּוֹצֵאת עַל־פְּנֵי כׇל־הָאָרֶץ כִּי כׇל־הַגֹּנֵב מִזֶּה
ד כָּמוֹהָ נִקָּה וְכׇל־הַנִּשְׁבָּע מִזֶּה כָּמוֹהָ נִקָּה׃ הוֹצֵאתִיהָ נְאֻם יְהֹוָה
צְבָאוֹת וּבָאָה אֶל־בֵּית הַגַּנָּב וְאֶל־בֵּית הַנִּשְׁבָּע בִּשְׁמִי לַשָּׁקֶר
ה וְלָנֶה בְּתוֹךְ בֵּיתוֹ וְכִלַּתּוּ וְאֶת־עֵצָיו וְאֶת־אֲבָנָיו׃ וַיֵּצֵא הַמַּלְאָךְ
הַדֹּבֵר בִּי וַיֹּאמֶר אֵלַי שָׂא נָא עֵינֶיךָ וּרְאֵה מָה הַיּוֹצֵאת הַזֹּאת׃
ו וָאֹמַר מַה־הִיא וַיֹּאמֶר זֹאת הָאֵיפָה הַיּוֹצֵאת וַיֹּאמֶר זֹאת עֵינָם
ז בְּכׇל־הָאָרֶץ׃ וְהִנֵּה כִּכַּר עֹפֶרֶת נִשֵּׂאת וְזֹאת אִשָּׁה אַחַת יוֹשֶׁבֶת
ח בְּתוֹךְ הָאֵיפָה׃ וַיֹּאמֶר זֹאת הָרִשְׁעָה וַיַּשְׁלֵךְ אֹתָהּ אֶל־תּוֹךְ
ט הָאֵיפָה וַיַּשְׁלֵךְ אֶת־אֶבֶן הָעֹפֶרֶת אֶל־פִּיהָ׃ וָאֶשָּׂא
עֵינַי וָאֵרֶא וְהִנֵּה שְׁתַּיִם נָשִׁים יוֹצְאוֹת וְרוּחַ בְּכַנְפֵיהֶם וְלָהֵנָּה
כְנָפַיִם כְּכַנְפֵי הַחֲסִידָה וַתִּשֶּׂנָה אֶת־הָאֵיפָה בֵּין הָאָרֶץ וּבֵין
י הַשָּׁמָיִם׃ וָאֹמַר אֶל־הַמַּלְאָךְ הַדֹּבֵר בִּי אָנָה הֵמָּה מוֹלִכוֹת אֶת־
יא הָאֵיפָה׃ וַיֹּאמֶר אֵלַי לִבְנוֹת־לָה בַיִת בְּאֶרֶץ שִׁנְעָר וְהוּכַן
ו א וְהֻנִּיחָה שָּׁם עַל־מְכֻנָתָהּ׃ וָאָשֻׁב וָאֶשָּׂא עֵינַי
וָאֶרְאֶה וְהִנֵּה אַרְבַּע מַרְכָּבוֹת יֹצְאוֹת מִבֵּין שְׁנֵי הֶהָרִים
ב וְהֶהָרִים הָרֵי נְחֹשֶׁת׃ בַּמֶּרְכָּבָה הָרִאשֹׁנָה סוּסִים אֲדֻמִּים
ג וּבַמֶּרְכָּבָה הַשֵּׁנִית סוּסִים שְׁחֹרִים׃ וּבַמֶּרְכָּבָה הַשְּׁלִשִׁית סוּסִים
ד לְבָנִים וּבַמֶּרְכָּבָה הָרְבִעִית סוּסִים בְּרֻדִּים אֲמֻצִּים׃ וָאַעַן וָאֹמַר
ה אֶל־הַמַּלְאָךְ הַדֹּבֵר בִּי מָה־אֵלֶּה אֲדֹנִי׃ וַיַּעַן הַמַּלְאָךְ וַיֹּאמֶר
אֵלָי אֵלֶּה אַרְבַּע רֻחוֹת הַשָּׁמַיִם יוֹצְאוֹת מֵהִתְיַצֵּב עַל־אֲדוֹן
ו כׇּל־הָאָרֶץ׃ אֲשֶׁר־בָּהּ הַסּוּסִים הַשְּׁחֹרִים יֹצְאִים אֶל־אֶרֶץ
צָפוֹן וְהַלְּבָנִים יָצְאוּ אֶל־אַחֲרֵיהֶם וְהַבְּרֻדִּים יָצְאוּ אֶל־אֶרֶץ
ז הַתֵּימָן׃ וְהָאֲמֻצִּים יָצְאוּ וַיְבַקְשׁוּ לָלֶכֶת לְהִתְהַלֵּךְ בָּאָרֶץ
ח וַיֹּאמֶר לְכוּ הִתְהַלְּכוּ בָאָרֶץ וַתִּתְהַלַּכְנָה בָּאָרֶץ׃ וַיַּזְעֵק אֹתִי

וַיְדַבֵּר אֵלַי לֵאמֹר רְאֵה הַיּוֹצְאִים אֶל־אֶרֶץ צָפוֹן הֵנִיחוּ אֶת־
רוּחִי בְּאֶרֶץ צָפוֹן׃ וַיְהִי דְבַר־יְהוָה אֵלַי לֵאמֹר׃ ט
לָקוֹחַ מֵאֵת הַגּוֹלָה מֵחֶלְדַּי וּמֵאֵת טוֹבִיָּה וּמֵאֵת יְדַעְיָה וּבָאתָ י
אַתָּה בַּיּוֹם הַהוּא וּבָאתָ בֵּית יֹאשִׁיָּה בֶן־צְפַנְיָה אֲשֶׁר־בָּאוּ
מִבָּבֶל׃ וְלָקַחְתָּ כֶסֶף־וְזָהָב וְעָשִׂיתָ עֲטָרוֹת וְשַׂמְתָּ בְּרֹאשׁ יא
יְהוֹשֻׁעַ בֶּן־יְהוֹצָדָק הַכֹּהֵן הַגָּדוֹל׃ וְאָמַרְתָּ אֵלָיו לֵאמֹר כֹּה יב
אָמַר יְהוָה צְבָאוֹת לֵאמֹר הִנֵּה־אִישׁ צֶמַח שְׁמוֹ וּמִתַּחְתָּיו
יִצְמָח וּבָנָה אֶת־הֵיכַל יְהוָה׃ וְהוּא יִבְנֶה אֶת־הֵיכַל יְהוָה וְהוּא־ יג
יִשָּׂא הוֹד וְיָשַׁב וּמָשַׁל עַל־כִּסְאוֹ וְהָיָה כֹהֵן עַל־כִּסְאוֹ וַעֲצַת
יח שְׁלוֹם תִּהְיֶה בֵּין שְׁנֵיהֶם׃ וְהָעֲטָרֹת תִּהְיֶה לְחֵלֶם וּלְטוֹבִיָּה יד
וְלִידַעְיָה וּלְחֵן בֶּן־צְפַנְיָה לְזִכָּרוֹן בְּהֵיכַל יְהוָה׃ וּרְחוֹקִים ׀ יָבֹאוּ טו
וּבָנוּ בְּהֵיכַל יְהוָה וִידַעְתֶּם כִּי־יְהוָה צְבָאוֹת שְׁלָחַנִי אֲלֵיכֶם וְהָיָה
אִם־שָׁמוֹעַ תִּשְׁמְעוּן בְּקוֹל יְהוָה אֱלֹהֵיכֶם׃ וַיְהִי א ז
בִּשְׁנַת אַרְבַּע לְדָרְיָוֶשׁ הַמֶּלֶךְ הָיָה דְבַר־יְהוָה אֶל־זְכַרְיָה
בְּאַרְבָּעָה לַחֹדֶשׁ הַתְּשִׁעִי בְּכִסְלֵו׃ וַיִּשְׁלַח בֵּית־אֵל שַׂרְאֶצֶר ב
וְרֶגֶם מֶלֶךְ וַאֲנָשָׁיו לְחַלּוֹת אֶת־פְּנֵי יְהוָה׃ לֵאמֹר אֶל־ ג
הַכֹּהֲנִים אֲשֶׁר לְבֵית־יְהוָה צְבָאוֹת וְאֶל־הַנְּבִיאִים לֵאמֹר
הַאֶבְכֶּה בַּחֹדֶשׁ הַחֲמִשִׁי הִנָּזֵר כַּאֲשֶׁר עָשִׂיתִי זֶה כַּמֶּה
שָׁנִים׃ וַיְהִי דְּבַר־יְהוָה צְבָאוֹת אֵלַי לֵאמֹר׃ ד
אֱמֹר אֶל־כָּל־עַם הָאָרֶץ וְאֶל־הַכֹּהֲנִים לֵאמֹר כִּי־צַמְתֶּם וְסָפוֹד ה
בַּחֲמִישִׁי וּבַשְּׁבִיעִי וְזֶה שִׁבְעִים שָׁנָה הֲצוֹם צַמְתֻּנִי אָנִי׃ וְכִי ו
תֹאכְלוּ וְכִי תִשְׁתּוּ הֲלוֹא אַתֶּם הָאֹכְלִים וְאַתֶּם הַשֹּׁתִים׃ הֲלוֹא ז
אֶת־הַדְּבָרִים אֲשֶׁר קָרָא יְהוָה בְּיַד הַנְּבִיאִים הָרִאשֹׁנִים בִּהְיוֹת
יְרוּשָׁלַםִ יֹשֶׁבֶת וּשְׁלֵוָה וְעָרֶיהָ סְבִיבֹתֶיהָ וְהַנֶּגֶב וְהַשְּׁפֵלָה
יֹשֵׁב׃ וַיְהִי דְּבַר־יְהוָה אֶל־זְכַרְיָה לֵאמֹר׃ כֹּה ח ט
אָמַר יְהוָה צְבָאוֹת לֵאמֹר מִשְׁפַּט אֱמֶת שְׁפֹטוּ וְחֶסֶד וְרַחֲמִים
עֲשׂוּ אִישׁ אֶת־אָחִיו׃ וְאַלְמָנָה וְיָתוֹם גֵּר וְעָנִי אַל־תַּעֲשֹׁקוּ י

יא וְרָעַת אִישׁ אָחִיו אַל־תַּחְשְׁבוּ בִּלְבַבְכֶם: וַיְמָאֲנוּ לְהַקְשִׁיב
יב וַיִּתְּנוּ כָתֵף סֹרָרֶת וְאָזְנֵיהֶם הִכְבִּידוּ מִשְּׁמוֹעַ: וְלִבָּם שָׂמוּ שָׁמִיר
מִשְּׁמוֹעַ אֶת־הַתּוֹרָה וְאֶת־הַדְּבָרִים אֲשֶׁר שָׁלַח יְהוָה צְבָאוֹת
בְּרוּחוֹ בְּיַד הַנְּבִיאִים הָרִאשֹׁנִים וַיְהִי קֶצֶף גָּדוֹל מֵאֵת יְהוָה
יג צְבָאוֹת: וַיְהִי כַאֲשֶׁר־קָרָא וְלֹא שָׁמֵעוּ כֵּן יִקְרְאוּ וְלֹא אֶשְׁמָע
יד אָמַר יְהוָה צְבָאוֹת: וְאֵסָעֲרֵם עַל כָּל־הַגּוֹיִם אֲשֶׁר לֹא־יְדָעוּם
וְהָאָרֶץ נָשַׁמָּה אַחֲרֵיהֶם מֵעֹבֵר וּמִשָּׁב וַיָּשִׂימוּ אֶרֶץ־חֶמְדָּה
ח א ב לְשַׁמָּה: וַיְהִי דְּבַר־יְהוָה צְבָאוֹת לֵאמֹר: כֹּה
אָמַר יְהוָה צְבָאוֹת קִנֵּאתִי לְצִיּוֹן קִנְאָה גְדוֹלָה וְחֵמָה גְדוֹלָה
ג קִנֵּאתִי לָהּ: כֹּה אָמַר יְהוָה שַׁבְתִּי אֶל־צִיּוֹן וְשָׁכַנְתִּי
בְּתוֹךְ יְרוּשָׁלִָם וְנִקְרְאָה יְרוּשָׁלִַם עִיר הָאֱמֶת וְהַר־יְהוָה
ד צְבָאוֹת הַר הַקֹּדֶשׁ: כֹּה אָמַר יְהוָה צְבָאוֹת עֹד
יֵשְׁבוּ זְקֵנִים וּזְקֵנוֹת בִּרְחֹבוֹת יְרוּשָׁלִָם וְאִישׁ מִשְׁעַנְתּוֹ בְּיָדוֹ
ה מֵרֹב יָמִים: וּרְחֹבוֹת הָעִיר יִמָּלְאוּ יְלָדִים וִילָדוֹת מְשַׂחֲקִים
ו בִּרְחֹבֹתֶיהָ: כֹּה אָמַר יְהוָה צְבָאוֹת כִּי יִפָּלֵא
בְּעֵינֵי שְׁאֵרִית הָעָם הַזֶּה בַּיָּמִים הָהֵם גַּם־בְּעֵינַי יִפָּלֵא נְאֻם
ז יְהוָה צְבָאוֹת: כֹּה אָמַר יְהוָה צְבָאוֹת הִנְנִי
ח מוֹשִׁיעַ אֶת־עַמִּי מֵאֶרֶץ מִזְרָח וּמֵאֶרֶץ מְבוֹא הַשָּׁמֶשׁ: וְהֵבֵאתִי
אֹתָם וְשָׁכְנוּ בְּתוֹךְ יְרוּשָׁלִָם וְהָיוּ־לִי לְעָם וַאֲנִי אֶהְיֶה לָהֶם
ט לֵאלֹהִים בֶּאֱמֶת וּבִצְדָקָה: כֹּה־אָמַר יְהוָה
צְבָאוֹת תֶּחֱזַקְנָה יְדֵיכֶם הַשֹּׁמְעִים בַּיָּמִים הָאֵלֶּה אֵת הַדְּבָרִים
הָאֵלֶּה מִפִּי הַנְּבִיאִים אֲשֶׁר בְּיוֹם יֻסַּד בֵּית־יְהוָה צְבָאוֹת
י הַהֵיכָל לְהִבָּנוֹת: כִּי לִפְנֵי הַיָּמִים הָהֵם שְׂכַר הָאָדָם לֹא נִהְיָה
וּשְׂכַר הַבְּהֵמָה אֵינֶנָּה וְלַיּוֹצֵא וְלַבָּא אֵין־שָׁלוֹם מִן־הַצָּר וַאֲשַׁלַּח
יא אֶת־כָּל־הָאָדָם אִישׁ בְּרֵעֵהוּ: וְעַתָּה לֹא כַיָּמִים הָרִאשֹׁנִים אֲנִי
יב לִשְׁאֵרִית הָעָם הַזֶּה נְאֻם יְהוָה צְבָאוֹת: כִּי־זֶרַע הַשָּׁלוֹם
הַגֶּפֶן תִּתֵּן פִּרְיָהּ וְהָאָרֶץ תִּתֵּן אֶת־יְבוּלָהּ וְהַשָּׁמַיִם יִתְּנוּ

טַלָּם וְהִנְחַלְתִּי אֶת־שְׁאֵרִית הָעָם הַזֶּה אֶת־כָּל־אֵלֶּה׃ וְהָיָה יג
כַּאֲשֶׁר הֱיִיתֶם קְלָלָה בַּגּוֹיִם בֵּית יְהוּדָה וּבֵית יִשְׂרָאֵל
כֵּן אוֹשִׁיעַ אֶתְכֶם וִהְיִיתֶם בְּרָכָה אַל־תִּירָאוּ תֶּחֱזַקְנָה
יְדֵיכֶם׃ כִּי כֹה אָמַר יְהוָה צְבָאוֹת כַּאֲשֶׁר יד
זָמַמְתִּי לְהָרַע לָכֶם בְּהַקְצִיף אֲבֹתֵיכֶם אֹתִי אָמַר יְהוָה צְבָאוֹת
וְלֹא נִחָמְתִּי׃ כֵּן שַׁבְתִּי זָמַמְתִּי בַּיָּמִים הָאֵלֶּה לְהֵיטִיב אֶת־ טו
יְרוּשָׁלִַם וְאֶת־בֵּית יְהוּדָה אַל־תִּירָאוּ׃ אֵלֶּה הַדְּבָרִים אֲשֶׁר טז
תַּעֲשׂוּ דַּבְּרוּ אֱמֶת אִישׁ אֶת־רֵעֵהוּ אֱמֶת וּמִשְׁפַּט שָׁלוֹם שִׁפְטוּ
בְּשַׁעֲרֵיכֶם׃ וְאִישׁ ׀ אֶת־רָעַת רֵעֵהוּ אַל־תַּחְשְׁבוּ בִּלְבַבְכֶם יז
וּשְׁבֻעַת שֶׁקֶר אַל־תֶּאֱהָבוּ כִּי אֶת־כָּל־אֵלֶּה אֲשֶׁר שָׂנֵאתִי נְאֻם־
יְהוָה׃ וַיְהִי דְּבַר־יְהוָה צְבָאוֹת אֵלַי לֵאמֹר׃ כֹּה־ יח יט
אָמַר יְהוָה צְבָאוֹת צוֹם הָרְבִיעִי וְצוֹם הַחֲמִישִׁי וְצוֹם הַשְּׁבִיעִי
וְצוֹם הָעֲשִׂירִי יִהְיֶה לְבֵית־יְהוּדָה לְשָׂשׂוֹן וּלְשִׂמְחָה וּלְמֹעֲדִים
טוֹבִים וְהָאֱמֶת וְהַשָּׁלוֹם אֱהָבוּ׃ כֹּה אָמַר יְהוָה כ
צְבָאוֹת עֹד אֲשֶׁר יָבֹאוּ עַמִּים וְיֹשְׁבֵי עָרִים רַבּוֹת׃ וְהָלְכוּ יוֹשְׁבֵי כא
אַחַת אֶל־אַחַת לֵאמֹר נֵלְכָה הָלוֹךְ לְחַלּוֹת אֶת־פְּנֵי יְהוָה
וּלְבַקֵּשׁ אֶת־יְהוָה צְבָאוֹת אֵלְכָה גַּם־אָנִי׃ וּבָאוּ עַמִּים רַבִּים כב
וְגוֹיִם עֲצוּמִים לְבַקֵּשׁ אֶת־יְהוָה צְבָאוֹת בִּירוּשָׁלִָם וּלְחַלּוֹת
אֶת־פְּנֵי יְהוָה׃ כֹּה־אָמַר יְהוָה צְבָאוֹת בַּיָּמִים כג יט
הָהֵמָּה אֲשֶׁר יַחֲזִיקוּ עֲשָׂרָה אֲנָשִׁים מִכֹּל לְשֹׁנוֹת הַגּוֹיִם וְהֶחֱזִיקוּ
בִּכְנַף אִישׁ יְהוּדִי לֵאמֹר נֵלְכָה עִמָּכֶם כִּי שָׁמַעְנוּ אֱלֹהִים
עִמָּכֶם׃ מַשָּׂא דְבַר־יְהוָה בְּאֶרֶץ חַדְרָךְ וְדַמֶּשֶׂק א ט
מְנֻחָתוֹ כִּי לַיהוָה עֵין אָדָם וְכֹל שִׁבְטֵי יִשְׂרָאֵל׃ וְגַם־חֲמָת ב
תִּגְבָּל־בָּהּ צֹר וְצִידוֹן כִּי חָכְמָה מְאֹד׃ וַתִּבֶן צֹר מָצוֹר לָהּ ג
וַתִּצְבָּר־כֶּסֶף כֶּעָפָר וְחָרוּץ כְּטִיט חוּצוֹת׃ הִנֵּה אֲדֹנָי יוֹרִשֶׁנָּה ד
וְהִכָּה בַיָּם חֵילָהּ וְהִיא בָּאֵשׁ תֵּאָכֵל׃ תֵּרֶא אַשְׁקְלוֹן וְתִירָא ה
וְעַזָּה וְתָחִיל מְאֹד וְעֶקְרוֹן כִּי־הֹבִישׁ מֶבָּטָהּ וְאָבַד מֶלֶךְ מֵעַזָּה

ו וְאַשְׁקְלוֹן לֹא תֵשֵׁב: וְיָשַׁב מַמְזֵר בְּאַשְׁדּוֹד וְהִכְרַתִּי גְּאוֹן
ז פְּלִשְׁתִּים: וַהֲסִרֹתִי דָמָיו מִפִּיו וְשִׁקֻּצָיו מִבֵּין שִׁנָּיו וְנִשְׁאַר גַּם־
ח הוּא לֵאלֹהֵינוּ וְהָיָה כְּאַלֻּף בִּיהוּדָה וְעֶקְרוֹן כִּיבוּסִי: וְחָנִיתִי
לְבֵיתִי מִצָּבָה מֵעֹבֵר וּמִשָּׁב וְלֹא־יַעֲבֹר עֲלֵיהֶם עוֹד נֹגֵשׂ כִּי
ט עַתָּה רָאִיתִי בְעֵינָי: גִּילִי מְאֹד בַּת־צִיּוֹן הָרִיעִי
בַּת יְרוּשָׁלִַם הִנֵּה מַלְכֵּךְ יָבוֹא לָךְ צַדִּיק וְנוֹשָׁע הוּא עָנִי וְרֹכֵב
י עַל־חֲמוֹר וְעַל־עַיִר בֶּן־אֲתֹנוֹת: וְהִכְרַתִּי־רֶכֶב מֵאֶפְרַיִם וְסוּס
מִירוּשָׁלִַם וְנִכְרְתָה קֶשֶׁת מִלְחָמָה וְדִבֶּר שָׁלוֹם לַגּוֹיִם וּמָשְׁלוֹ
יא מִיָּם עַד־יָם וּמִנָּהָר עַד־אַפְסֵי־אָרֶץ: גַּם־אַתְּ בְּדַם־בְּרִיתֵךְ
יב שִׁלַּחְתִּי אֲסִירַיִךְ מִבּוֹר אֵין מַיִם בּוֹ: שׁוּבוּ לְבִצָּרוֹן אֲסִירֵי
יג הַתִּקְוָה גַּם־הַיּוֹם מַגִּיד מִשְׁנֶה אָשִׁיב לָךְ: כִּי־דָרַכְתִּי לִי יְהוּדָה
קֶשֶׁת מִלֵּאתִי אֶפְרַיִם וְעוֹרַרְתִּי בָנַיִךְ צִיּוֹן עַל־בָּנַיִךְ יָוָן וְשַׂמְתִּיךְ
יד כְּחֶרֶב גִּבּוֹר: וַיהוָה עֲלֵיהֶם יֵרָאֶה וְיָצָא כַבָּרָק חִצּוֹ וַאדֹנָי יֱהוִה
טו בַּשּׁוֹפָר יִתְקָע וְהָלַךְ בְּסַעֲרוֹת תֵּימָן: יְהוָה צְבָאוֹת יָגֵן עֲלֵיהֶם
וְאָכְלוּ וְכָבְשׁוּ אַבְנֵי־קֶלַע וְשָׁתוּ הָמוּ כְּמוֹ־יָיִן וּמָלְאוּ כַּמִּזְרָק
טז כְּזָוִיּוֹת מִזְבֵּחַ: וְהוֹשִׁיעָם יְהוָה אֱלֹהֵיהֶם בַּיּוֹם הַהוּא כְּצֹאן עַמּוֹ
יז כִּי אַבְנֵי־נֵזֶר מִתְנוֹסְסוֹת עַל־אַדְמָתוֹ: כִּי מַה־טּוּבוֹ וּמַה־יָּפְיוֹ
י א דָּגָן בַּחוּרִים וְתִירוֹשׁ יְנוֹבֵב בְּתֻלוֹת: שַׁאֲלוּ מֵיְהוָה מָטָר בְּעֵת
מַלְקוֹשׁ יְהוָה עֹשֶׂה חֲזִיזִים וּמְטַר־גֶּשֶׁם יִתֵּן לָהֶם לְאִישׁ עֵשֶׂב
ב בַּשָּׂדֶה: כִּי הַתְּרָפִים דִּבְּרוּ־אָוֶן וְהַקּוֹסְמִים חָזוּ שֶׁקֶר וַחֲלֹמוֹת
הַשָּׁוְא יְדַבֵּרוּ הֶבֶל יְנַחֵמוּן עַל־כֵּן נָסְעוּ כְמוֹ־צֹאן יַעֲנוּ כִּי־אֵין
ג רֹעֶה: עַל־הָרֹעִים חָרָה אַפִּי וְעַל־הָעַתּוּדִים
אֶפְקוֹד כִּי־פָקַד יְהוָה צְבָאוֹת אֶת־עֶדְרוֹ אֶת־בֵּית יְהוּדָה וְשָׂם
ד אוֹתָם כְּסוּס הוֹדוֹ בַּמִּלְחָמָה: מִמֶּנּוּ פִנָּה מִמֶּנּוּ יָתֵד מִמֶּנּוּ קֶשֶׁת
ה מִלְחָמָה מִמֶּנּוּ יֵצֵא כָל־נוֹגֵשׂ יַחְדָּו: וְהָיוּ כְגִבֹּרִים בּוֹסִים בְּטִיט
חוּצוֹת בַּמִּלְחָמָה וְנִלְחֲמוּ כִּי יְהוָה עִמָּם וְהֹבִישׁוּ רֹכְבֵי סוּסִים:
ו וְגִבַּרְתִּי | אֶת־בֵּית יְהוּדָה וְאֶת־בֵּית יוֹסֵף אוֹשִׁיעַ וְהוֹשְׁבוֹתִים

כִּי רִחַמְתִּים וְהָיוּ כַּאֲשֶׁר לֹא־זְנַחְתִּים כִּי אֲנִי יְהוָה אֱלֹהֵיהֶם
וְאֶעֱנֵם׃ וְהָיוּ כְגִבּוֹר אֶפְרַיִם וְשָׂמַח לִבָּם כְּמוֹ־יָיִן וּבְנֵיהֶם יִרְאוּ ז
וְשָׂמֵחוּ יָגֵל לִבָּם בַּיהוָה׃ אֶשְׁרְקָה לָהֶם וַאֲקַבְּצֵם כִּי פְדִיתִים ח
וְרָבוּ כְּמוֹ רָבוּ׃ וְאֶזְרָעֵם בָּעַמִּים וּבַמֶּרְחַקִּים יִזְכְּרוּנִי וְחָיוּ אֶת־ ט
בְּנֵיהֶם וָשָׁבוּ׃ וַהֲשֵׁבוֹתִים מֵאֶרֶץ מִצְרַיִם וּמֵאַשּׁוּר אֲקַבְּצֵם וְאֶל־ י
אֶרֶץ גִּלְעָד וּלְבָנוֹן אֲבִיאֵם וְלֹא יִמָּצֵא לָהֶם׃ וְעָבַר בַּיָּם צָרָה יא
וְהִכָּה בַיָּם גַּלִּים וְהֹבִישׁוּ כֹּל מְצוּלוֹת יְאֹר וְהוּרַד גְּאוֹן אַשּׁוּר
וְשֵׁבֶט מִצְרַיִם יָסוּר׃ וְגִבַּרְתִּים בַּיהוָה וּבִשְׁמוֹ יִתְהַלָּכוּ נְאֻם יב
יְהוָה׃ פְּתַח לְבָנוֹן דְּלָתֶיךָ וְתֹאכַל אֵשׁ בַּאֲרָזֶיךָ׃ א יא
הֵילֵל בְּרוֹשׁ כִּי־נָפַל אֶרֶז אֲשֶׁר אַדִּרִים שֻׁדָּדוּ הֵילִילוּ אַלּוֹנֵי בָשָׁן ב
הַבָּצִיר כִּי יָרַד יַעַר הבצור׃ קוֹל יִלְלַת הָרֹעִים כִּי שֻׁדְּדָה אַדַּרְתָּם קוֹל ג
שַׁאֲגַת כְּפִירִים כִּי שֻׁדַּד גְּאוֹן הַיַּרְדֵּן׃ כֹּה אָמַר ד
יְהוָה אֱלֹהָי רְעֵה אֶת־צֹאן הַהֲרֵגָה׃ אֲשֶׁר קֹנֵיהֶן יַהַרְגֻן וְלֹא ה
יֶאְשָׁמוּ וּמֹכְרֵיהֶן יֹאמַר בָּרוּךְ יְהוָה וַאעְשִׁר וְרֹעֵיהֶם לֹא יַחְמוֹל
עֲלֵיהֶן׃ כִּי לֹא אֶחְמוֹל עוֹד עַל־יֹשְׁבֵי הָאָרֶץ נְאֻם־יְהוָה וְהִנֵּה ו
אָנֹכִי מַמְצִיא אֶת־הָאָדָם אִישׁ בְּיַד־רֵעֵהוּ וּבְיַד מַלְכּוֹ וְכִתְּתוּ
אֶת־הָאָרֶץ וְלֹא אַצִּיל מִיָּדָם׃ וָאֶרְעֶה אֶת־צֹאן הַהֲרֵגָה לָכֵן ז
עֲנִיֵּי הַצֹּאן וָאֶקַּח־לִי שְׁנֵי מַקְלוֹת לְאַחַד קָרָאתִי נֹעַם וּלְאַחַד
קָרָאתִי חֹבְלִים וָאֶרְעֶה אֶת־הַצֹּאן׃ וָאַכְחִד אֶת־שְׁלֹשֶׁת הָרֹעִים ח
בְּיֶרַח אֶחָד וַתִּקְצַר נַפְשִׁי בָּהֶם וְגַם־נַפְשָׁם בָּחֲלָה בִי׃ וָאֹמַר לֹא ט
אֶרְעֶה אֶתְכֶם הַמֵּתָה תָמוּת וְהַנִּכְחֶדֶת תִּכָּחֵד וְהַנִּשְׁאָרוֹת
תֹּאכַלְנָה אִשָּׁה אֶת־בְּשַׂר רְעוּתָהּ׃ וָאֶקַּח אֶת־מַקְלִי אֶת־נֹעַם י
וָאֶגְדַּע אֹתוֹ לְהָפֵיר אֶת־בְּרִיתִי אֲשֶׁר כָּרַתִּי אֶת־כָּל־הָעַמִּים׃
וַתֻּפַר בַּיּוֹם הַהוּא וַיֵּדְעוּ כֵן עֲנִיֵּי הַצֹּאן הַשֹּׁמְרִים אֹתִי כִּי דְבַר־ יא
יְהוָה הוּא׃ וָאֹמַר אֲלֵיהֶם אִם־טוֹב בְּעֵינֵיכֶם הָבוּ שְׂכָרִי וְאִם־ יב
לֹא ׀ חֲדָלוּ וַיִּשְׁקְלוּ אֶת־שְׂכָרִי שְׁלֹשִׁים כָּסֶף׃ וַיֹּאמֶר יְהוָה אֵלַי יג
הַשְׁלִיכֵהוּ אֶל־הַיּוֹצֵר אֶדֶר הַיְקָר אֲשֶׁר יָקַרְתִּי מֵעֲלֵיהֶם וָאֶקְחָה

יד שְׁלֹשִׁים הַכֶּסֶף וָאַשְׁלִיךְ אֹתוֹ בֵּית יְהֹוָה אֶל־הַיּוֹצֵר: וָאֶגְדַּע
אֶת־מַקְלִי הַשֵּׁנִי אֵת הַחֹבְלִים לְהָפֵר אֶת־הָאַחֲוָה בֵּין יְהוּדָה
טו וּבֵין יִשְׂרָאֵל: וַיֹּאמֶר יְהֹוָה אֵלָי עוֹד קַח־לְךָ כְּלִי
טז רֹעֶה אֱוִלִי: כִּי הִנֵּה־אָנֹכִי מֵקִים רֹעֶה בָּאָרֶץ הַנִּכְחָדוֹת לֹא־
יִפְקֹד הַנַּעַר לֹא־יְבַקֵּשׁ וְהַנִּשְׁבֶּרֶת לֹא יְרַפֵּא הַנִּצָּבָה לֹא יְכַלְכֵּל
יז וּבְשַׂר הַבְּרִיאָה יֹאכַל וּפַרְסֵיהֶן יְפָרֵק: הוֹי רֹעִי הָאֱלִיל עֹזְבִי
הַצֹּאן חֶרֶב עַל־זְרוֹעוֹ וְעַל־עֵין יְמִינוֹ זְרֹעוֹ יָבוֹשׁ תִּיבָשׁ וְעֵין
יב א יְמִינוֹ כָּהֹה תִכְהֶה: מַשָּׂא דְבַר־יְהֹוָה עַל־ כ
יִשְׂרָאֵל נְאֻם־יְהֹוָה נֹטֶה שָׁמַיִם וְיֹסֵד אָרֶץ וְיֹצֵר רוּחַ־אָדָם
ב בְּקִרְבּוֹ: הִנֵּה אָנֹכִי שָׂם אֶת־יְרוּשָׁלַםִ סַף־רַעַל לְכָל־הָעַמִּים
ג סָבִיב וְגַם עַל־יְהוּדָה יִהְיֶה בַמָּצוֹר עַל־יְרוּשָׁלָםִ: וְהָיָה בַיּוֹם־
הַהוּא אָשִׂים אֶת־יְרוּשָׁלַםִ אֶבֶן מַעֲמָסָה לְכָל־הָעַמִּים כָּל־
ד עֹמְסֶיהָ שָׂרוֹט יִשָּׂרֵטוּ וְנֶאֶסְפוּ עָלֶיהָ כֹּל גּוֹיֵי הָאָרֶץ: בַּיּוֹם הַהוּא
נְאֻם־יְהֹוָה אַכֶּה כָל־סוּס בַּתִּמָּהוֹן וְרֹכְבוֹ בַּשִּׁגָּעוֹן וְעַל־בֵּית
ה יְהוּדָה אֶפְקַח אֶת־עֵינַי וְכֹל סוּס הָעַמִּים אַכֶּה בַּעִוָּרוֹן: וְאָמְרוּ
אַלֻּפֵי יְהוּדָה בְּלִבָּם אַמְצָה לִי יֹשְׁבֵי יְרוּשָׁלַםִ בַּיהֹוָה צְבָאוֹת
ו אֱלֹהֵיהֶם: בַּיּוֹם הַהוּא אָשִׂים אֶת־אַלֻּפֵי יְהוּדָה כְּכִיּוֹר אֵשׁ
בְּעֵצִים וּכְלַפִּיד אֵשׁ בְּעָמִיר וְאָכְלוּ עַל־יָמִין וְעַל־שְׂמֹאול אֶת־
כָּל־הָעַמִּים סָבִיב וְיָשְׁבָה יְרוּשָׁלַםִ עוֹד תַּחְתֶּיהָ בִּירוּשָׁלָםִ:
ז וְהוֹשִׁיעַ יְהֹוָה אֶת־אָהֳלֵי יְהוּדָה בָּרִאשֹׁנָה לְמַעַן לֹא־תִגְדַּל
ח תִּפְאֶרֶת בֵּית־דָּוִיד וְתִפְאֶרֶת יֹשֵׁב יְרוּשָׁלָםִ עַל־יְהוּדָה: בַּיּוֹם
הַהוּא יָגֵן יְהֹוָה בְּעַד יוֹשֵׁב יְרוּשָׁלַםִ וְהָיָה הַנִּכְשָׁל בָּהֶם בַּיּוֹם
ט הַהוּא כְּדָוִיד וּבֵית דָּוִיד כֵּאלֹהִים כְּמַלְאַךְ יְהֹוָה לִפְנֵיהֶם: וְהָיָה
בַּיּוֹם הַהוּא אֲבַקֵּשׁ לְהַשְׁמִיד אֶת־כָּל־הַגּוֹיִם הַבָּאִים עַל־
י יְרוּשָׁלָםִ: וְשָׁפַכְתִּי עַל־בֵּית דָּוִיד וְעַל ׀ יוֹשֵׁב יְרוּשָׁלַםִ רוּחַ חֵן
וְתַחֲנוּנִים וְהִבִּיטוּ אֵלַי אֵת אֲשֶׁר־דָּקָרוּ וְסָפְדוּ עָלָיו כְּמִסְפֵּד עַל־
יא הַיָּחִיד וְהָמֵר עָלָיו כְּהָמֵר עַל־הַבְּכוֹר: בַּיּוֹם הַהוּא יִגְדַּל הַמִּסְפֵּד

בִּירוּשָׁלִָם כְּמִסְפַּד הֲדַדְרִמּוֹן בְּבִקְעַת מְגִדּוֹן׃ וְסָפְדָה הָאָרֶץ יב
מִשְׁפָּחוֹת מִשְׁפָּחוֹת לְבָד מִשְׁפַּחַת בֵּית־דָּוִיד לְבָד וּנְשֵׁיהֶם לְבָד
מִשְׁפַּחַת בֵּית־נָתָן לְבָד וּנְשֵׁיהֶם לְבָד׃ מִשְׁפַּחַת בֵּית־לֵוִי יג
לְבָד וּנְשֵׁיהֶם לְבָד מִשְׁפַּחַת הַשִּׁמְעִי לְבָד וּנְשֵׁיהֶם לְבָד׃ כֹּל יד
הַמִּשְׁפָּחוֹת הַנִּשְׁאָרוֹת מִשְׁפָּחֹת מִשְׁפָּחֹת לְבָד וּנְשֵׁיהֶם לְבָד׃
בַּיּוֹם הַהוּא יִהְיֶה מָקוֹר נִפְתָּח לְבֵית דָּוִיד וּלְיֹשְׁבֵי יְרוּשָׁלִָם יג א
לְחַטַּאת וּלְנִדָּה׃ וְהָיָה בַיּוֹם הַהוּא נְאֻם ׀ יְהוָה צְבָאוֹת אַכְרִית ב
אֶת־שְׁמוֹת הָעֲצַבִּים מִן־הָאָרֶץ וְלֹא יִזָּכְרוּ עוֹד וְגַם אֶת־
הַנְּבִיאִים וְאֶת־רוּחַ הַטֻּמְאָה אַעֲבִיר מִן־הָאָרֶץ׃ וְהָיָה כִּי־יִנָּבֵא ג
אִישׁ עוֹד וְאָמְרוּ אֵלָיו אָבִיו וְאִמּוֹ יֹלְדָיו לֹא תִחְיֶה כִּי שֶׁקֶר
דִּבַּרְתָּ בְּשֵׁם יְהוָה וּדְקָרֻהוּ אָבִיהוּ וְאִמּוֹ יֹלְדָיו בְּהִנָּבְאוֹ׃ וְהָיָה ׀ ד
בַּיּוֹם הַהוּא יֵבֹשׁוּ הַנְּבִיאִים אִישׁ מֵחֶזְיֹנוֹ בְּהִנָּבְאֹתוֹ וְלֹא
יִלְבְּשׁוּ אַדֶּרֶת שֵׂעָר לְמַעַן כַּחֵשׁ׃ וְאָמַר לֹא נָבִיא אָנֹכִי ה
אִישׁ־עֹבֵד אֲדָמָה אָנֹכִי כִּי־אָדָם הִקְנַנִי מִנְּעוּרָי׃ וְאָמַר ו
אֵלָיו מָה הַמַּכּוֹת הָאֵלֶּה בֵּין יָדֶיךָ וְאָמַר אֲשֶׁר הֻכֵּיתִי בֵּית
מְאַהֲבָי׃ חֶרֶב עוּרִי עַל־רֹעִי וְעַל־גֶּבֶר עֲמִיתִי ז
נְאֻם יְהוָה צְבָאוֹת הַךְ אֶת־הָרֹעֶה וּתְפוּצֶיןָ הַצֹּאן וַהֲשִׁבֹתִי יָדִי
עַל־הַצֹּעֲרִים׃ וְהָיָה בְכָל־הָאָרֶץ נְאֻם־יְהוָה פִּי־שְׁנַיִם בָּהּ יִכָּרְתוּ ח
יִגְוָעוּ וְהַשְּׁלִשִׁית יִוָּתֶר בָּהּ׃ וְהֵבֵאתִי אֶת־הַשְּׁלִשִׁית בָּאֵשׁ ט
וּצְרַפְתִּים כִּצְרֹף אֶת־הַכֶּסֶף וּבְחַנְתִּים כִּבְחֹן אֶת־הַזָּהָב הוּא ׀
יִקְרָא בִשְׁמִי וַאֲנִי אֶעֱנֶה אֹתוֹ אָמַרְתִּי עַמִּי הוּא וְהוּא יֹאמַר
יְהוָה אֱלֹהָי׃ הִנֵּה יוֹם־בָּא לַיהוָה וְחֻלַּק שְׁלָלֵךְ יד א
בְּקִרְבֵּךְ׃ וְאָסַפְתִּי אֶת־כָּל־הַגּוֹיִם ׀ אֶל־יְרוּשָׁלִַם לַמִּלְחָמָה ב
וְנִלְכְּדָה הָעִיר וְנָשַׁסּוּ הַבָּתִּים וְהַנָּשִׁים תשגלנה וְיָצָא חֲצִי — תִּשָּׁכַבְנָה
הָעִיר בַּגּוֹלָה וְיֶתֶר הָעָם לֹא יִכָּרֵת מִן־הָעִיר׃ וְיָצָא יְהוָה וְנִלְחַם ג
בַּגּוֹיִם הָהֵם כְּיוֹם הִלָּחֲמוֹ בְּיוֹם קְרָב׃ וְעָמְדוּ רַגְלָיו בַּיּוֹם־הַהוּא ד
עַל־הַר הַזֵּיתִים אֲשֶׁר עַל־פְּנֵי יְרוּשָׁלִַם מִקֶּדֶם וְנִבְקַע הַר הַזֵּיתִים

מֶחֶצְיוֹ מִזְרָחָה וָיָמָּה גֵּיא גְּדוֹלָה מְאֹד וּמָשׁ חֲצִי הָהָר צָפוֹנָה
ה וְחֶצְיוֹ נֶגְבָּה׃ וְנַסְתֶּם גֵּיא־הָרַי כִּי־יַגִּיעַ גֵּי־הָרִים אֶל־אָצַל וְנַסְתֶּם
כַּאֲשֶׁר נַסְתֶּם מִפְּנֵי הָרַעַשׁ בִּימֵי עֻזִּיָּה מֶלֶךְ־יְהוּדָה וּבָא יְהוָה
ו אֱלֹהַי כָּל־קְדֹשִׁים עִמָּךְ׃ וְהָיָה בַּיּוֹם הַהוּא לֹא־יִהְיֶה אוֹר יְקָרוֹת
ז יקפאון׃ וְהָיָה יוֹם־אֶחָד הוּא יִוָּדַע לַיהוָה לֹא־יוֹם וְלֹא־לָיְלָה וְקִפָּאוֹן
ח וְהָיָה לְעֵת־עֶרֶב יִהְיֶה־אוֹר׃ וְהָיָה ׀ בַּיּוֹם הַהוּא יֵצְאוּ מַיִם־חַיִּים
מִירוּשָׁלַ‍ִם חֶצְיָם אֶל־הַיָּם הַקַּדְמוֹנִי וְחֶצְיָם אֶל־הַיָּם הָאַחֲרוֹן
ט בַּקַּיִץ וּבַחֹרֶף יִהְיֶה׃ וְהָיָה יְהוָה לְמֶלֶךְ עַל־כָּל־הָאָרֶץ בַּיּוֹם
י הַהוּא יִהְיֶה יְהוָה אֶחָד וּשְׁמוֹ אֶחָד׃ יִסּוֹב כָּל־הָאָרֶץ כָּעֲרָבָה
מִגֶּבַע לְרִמּוֹן נֶגֶב יְרוּשָׁלָ‍ִם וְרָאֲמָה וְיָשְׁבָה תַחְתֶּיהָ לְמִשַּׁעַר
בִּנְיָמִן עַד־מְקוֹם שַׁעַר הָרִאשׁוֹן עַד־שַׁעַר הַפִּנִּים וּמִגְדַּל חֲנַנְאֵל
יא עַד יִקְבֵי הַמֶּלֶךְ׃ וְיָשְׁבוּ בָהּ וְחֵרֶם לֹא יִהְיֶה־עוֹד וְיָשְׁבָה יְרוּשָׁלַ‍ִם
יב לָבֶטַח׃ וְזֹאת ׀ תִּהְיֶה הַמַּגֵּפָה אֲשֶׁר יִגֹּף יְהוָה
אֶת־כָּל־הָעַמִּים אֲשֶׁר צָבְאוּ עַל־יְרוּשָׁלָ‍ִם הָמֵק ׀ בְּשָׂרוֹ וְהוּא
עֹמֵד עַל־רַגְלָיו וְעֵינָיו תִּמַּקְנָה בְחֹרֵיהֶן וּלְשׁוֹנוֹ תִּמַּק בְּפִיהֶם׃
יג וְהָיָה בַּיּוֹם הַהוּא תִּהְיֶה מְהוּמַת־יְהוָה רַבָּה בָּהֶם וְהֶחֱזִיקוּ אִישׁ
יד יַד רֵעֵהוּ וְעָלְתָה יָדוֹ עַל־יַד רֵעֵהוּ׃ וְגַם־יְהוּדָה תִּלָּחֵם בִּירוּשָׁלָ‍ִם
טו וְאֻסַּף חֵיל כָּל־הַגּוֹיִם סָבִיב זָהָב וָכֶסֶף וּבְגָדִים לָרֹב מְאֹד׃ וְכֵן
תִּהְיֶה מַגֵּפַת הַסּוּס הַפֶּרֶד הַגָּמָל וְהַחֲמוֹר וְכָל־הַבְּהֵמָה אֲשֶׁר
טז יִהְיֶה בַּמַּחֲנוֹת הָהֵמָּה כַּמַּגֵּפָה הַזֹּאת׃ וְהָיָה כָּל־הַנּוֹתָר מִכָּל־
הַגּוֹיִם הַבָּאִים עַל־יְרוּשָׁלָ‍ִם וְעָלוּ מִדֵּי שָׁנָה בְשָׁנָה לְהִשְׁתַּחֲוֺת
יז לְמֶלֶךְ יְהוָה צְבָאוֹת וְלָחֹג אֶת־חַג הַסֻּכּוֹת׃ וְהָיָה אֲשֶׁר לֹא־
יַעֲלֶה מֵאֵת מִשְׁפְּחוֹת הָאָרֶץ אֶל־יְרוּשָׁלַ‍ִם לְהִשְׁתַּחֲוֺת לְמֶלֶךְ
יח יְהוָה צְבָאוֹת וְלֹא עֲלֵיהֶם יִהְיֶה הַגָּשֶׁם׃ וְאִם־מִשְׁפַּחַת מִצְרַיִם
לֹא־תַעֲלֶה וְלֹא בָאָה וְלֹא עֲלֵיהֶם תִּהְיֶה הַמַּגֵּפָה אֲשֶׁר יִגֹּף
יְהוָה אֶת־הַגּוֹיִם אֲשֶׁר לֹא יַעֲלוּ לָחֹג אֶת־חַג הַסֻּכּוֹת׃
יט זֹאת תִּהְיֶה חַטַּאת מִצְרָיִם וְחַטַּאת כָּל־הַגּוֹיִם אֲשֶׁר לֹא

יד

יַעֲלוּ לָחֹג אֶת־חַג הַסֻּכּוֹת׃ בַּיּוֹם הַהוּא יִהְיֶה עַל־מְצִלּוֹת כ
הַסּוּס קֹדֶשׁ לַיהוָה וְהָיָה הַסִּירוֹת בְּבֵית יְהוָה כַּמִּזְרָקִים
כא לִפְנֵי הַמִּזְבֵּחַ׃ וְהָיָה כָּל־סִיר בִּירוּשָׁלַםִ וּבִיהוּדָה קֹדֶשׁ כא
לַיהוָה צְבָאוֹת וּבָאוּ כָּל־הַזֹּבְחִים וְלָקְחוּ מֵהֶם וּבִשְּׁלוּ בָהֶם
וְלֹא־יִהְיֶה כְנַעֲנִי עוֹד בְּבֵית־יְהוָה צְבָאוֹת בַּיּוֹם הַהוּא׃

מלאכי

מַשָּׂא דְבַר־יְהוָה אֶל־יִשְׂרָאֵל בְּיַד מַלְאָכִי׃ אָהַבְתִּי אֶתְכֶם א ב א
אָמַר יְהוָה וַאֲמַרְתֶּם בַּמָּה אֲהַבְתָּנוּ הֲלוֹא־אָח עֵשָׂו לְיַעֲקֹב
נְאֻם־יְהוָה וָאֹהַב אֶת־יַעֲקֹב׃ וְאֶת־עֵשָׂו שָׂנֵאתִי וָאָשִׂים אֶת־ ג
הָרָיו שְׁמָמָה וְאֶת־נַחֲלָתוֹ לְתַנּוֹת מִדְבָּר׃ כִּי־תֹאמַר אֱדוֹם ד
רֻשַּׁשְׁנוּ וְנָשׁוּב וְנִבְנֶה חֳרָבוֹת כֹּה אָמַר יְהוָה צְבָאוֹת הֵמָּה יִבְנוּ
וַאֲנִי אֶהֱרוֹס וְקָרְאוּ לָהֶם גְּבוּל רִשְׁעָה וְהָעָם אֲשֶׁר־זָעַם יְהוָה
עַד־עוֹלָם׃ וְעֵינֵיכֶם תִּרְאֶינָה וְאַתֶּם תֹּאמְרוּ יִגְדַּל יְהוָה מֵעַל ה
לִגְבוּל יִשְׂרָאֵל׃ בֵּן יְכַבֵּד אָב וְעֶבֶד אֲדֹנָיו וְאִם־אָב אָנִי אַיֵּה ו
כְבוֹדִי וְאִם־אֲדוֹנִים אָנִי אַיֵּה מוֹרָאִי אָמַר ׀ יְהוָה צְבָאוֹת לָכֶם
הַכֹּהֲנִים בּוֹזֵי שְׁמִי וַאֲמַרְתֶּם בַּמֶּה בָזִינוּ אֶת־שְׁמֶךָ׃ מַגִּישִׁים ז
עַל־מִזְבְּחִי לֶחֶם מְגֹאָל וַאֲמַרְתֶּם בַּמֶּה גֵאַלְנוּךָ בֶּאֱמָרְכֶם שֻׁלְחַן
יְהוָה נִבְזֶה הוּא׃ וְכִי־תַגִּשׁוּן עִוֵּר לִזְבֹּחַ אֵין רָע וְכִי תַגִּישׁוּ ח
פִּסֵּחַ וְחֹלֶה אֵין רָע הַקְרִיבֵהוּ נָא לְפֶחָתֶךָ הֲיִרְצְךָ אוֹ הֲיִשָּׂא
פָנֶיךָ אָמַר יְהוָה צְבָאוֹת׃ וְעַתָּה חַלּוּ־נָא פְנֵי־אֵל וִיחָנֵנוּ מִיֶּדְכֶם ט
הָיְתָה זֹּאת הֲיִשָּׂא מִכֶּם פָּנִים אָמַר יְהוָה צְבָאוֹת׃ מִי גַם־בָּכֶם י
וְיִסְגֹּר דְּלָתַיִם וְלֹא־תָאִירוּ מִזְבְּחִי חִנָּם אֵין־לִי חֵפֶץ בָּכֶם אָמַר
יְהוָה צְבָאוֹת וּמִנְחָה לֹא־אֶרְצֶה מִיֶּדְכֶם׃ כִּי מִמִּזְרַח־שֶׁמֶשׁ יא
וְעַד־מְבוֹאוֹ גָּדוֹל שְׁמִי בַּגּוֹיִם וּבְכָל־מָקוֹם מֻקְטָר מֻגָּשׁ לִשְׁמִי
וּמִנְחָה טְהוֹרָה כִּי־גָדוֹל שְׁמִי בַּגּוֹיִם אָמַר יְהוָה צְבָאוֹת׃ וְאַתֶּם יב

מְחַלְּלִים אוֹתוֹ בֶּאֱמָרְכֶם שֻׁלְחַן אֲדֹנָי מְגֹאָל הוּא וְנִיבוֹ נִבְזֶה
אָכְלוֹ׃ וַאֲמַרְתֶּם הִנֵּה מַתְּלָאָה וְהִפַּחְתֶּם אוֹתוֹ אָמַר יְהוָה יג
צְבָאוֹת וַהֲבֵאתֶם גָּזוּל וְאֶת־הַפִּסֵּחַ וְאֶת־הַחוֹלֶה וַהֲבֵאתֶם אֶת־
הַמִּנְחָה הַאֶרְצֶה אוֹתָהּ מִיֶּדְכֶם אָמַר יְהוָה׃ וְאָרוּר נוֹכֵל וְיֵשׁ יד
בְּעֶדְרוֹ זָכָר וְנֹדֵר וְזֹבֵחַ מָשְׁחָת לַאדֹנָי כִּי מֶלֶךְ גָּדוֹל אָנִי אָמַר
יְהוָה צְבָאוֹת וּשְׁמִי נוֹרָא בַגּוֹיִם׃ וְעַתָּה אֲלֵיכֶם הַמִּצְוָה הַזֹּאת ב א
הַכֹּהֲנִים׃ אִם־לֹא תִשְׁמְעוּ וְאִם־לֹא תָשִׂימוּ עַל־לֵב לָתֵת כָּבוֹד ב
לִשְׁמִי אָמַר יְהוָה צְבָאוֹת וְשִׁלַּחְתִּי בָכֶם אֶת־הַמְּאֵרָה וְאָרוֹתִי
אֶת־בִּרְכוֹתֵיכֶם וְגַם אָרוֹתִיהָ כִּי אֵינְכֶם שָׂמִים עַל־לֵב׃ הִנְנִי ג
גֹעֵר לָכֶם אֶת־הַזֶּרַע וְזֵרִיתִי פֶרֶשׁ עַל־פְּנֵיכֶם פֶּרֶשׁ חַגֵּיכֶם וְנָשָׂא
אֶתְכֶם אֵלָיו׃ וִידַעְתֶּם כִּי שִׁלַּחְתִּי אֲלֵיכֶם אֵת הַמִּצְוָה הַזֹּאת ד
לִהְיוֹת בְּרִיתִי אֶת־לֵוִי אָמַר יְהוָה צְבָאוֹת׃ בְּרִיתִי ׀ הָיְתָה אִתּוֹ ה
הַחַיִּים וְהַשָּׁלוֹם וָאֶתְּנֵם־לוֹ מוֹרָא וַיִּירָאֵנִי וּמִפְּנֵי שְׁמִי נִחַת הוּא׃
תּוֹרַת אֱמֶת הָיְתָה בְּפִיהוּ וְעַוְלָה לֹא־נִמְצָא בִשְׂפָתָיו בְּשָׁלוֹם ו
וּבְמִישׁוֹר הָלַךְ אִתִּי וְרַבִּים הֵשִׁיב מֵעָוֹן׃ כִּי־שִׂפְתֵי כֹהֵן יִשְׁמְרוּ־ ז
דַעַת וְתוֹרָה יְבַקְשׁוּ מִפִּיהוּ כִּי מַלְאַךְ יְהוָה־צְבָאוֹת הוּא׃ וְאַתֶּם ח
סַרְתֶּם מִן־הַדֶּרֶךְ הִכְשַׁלְתֶּם רַבִּים בַּתּוֹרָה שִׁחַתֶּם בְּרִית הַלֵּוִי
אָמַר יְהוָה צְבָאוֹת׃ וְגַם־אֲנִי נָתַתִּי אֶתְכֶם נִבְזִים וּשְׁפָלִים לְכָל־ ט
הָעָם כְּפִי אֲשֶׁר אֵינְכֶם שֹׁמְרִים אֶת־דְּרָכַי וְנֹשְׂאִים פָּנִים
בַּתּוֹרָה׃ הֲלוֹא אָב אֶחָד לְכֻלָּנוּ הֲלוֹא אֵל אֶחָד בְּרָאָנוּ מַדּוּעַ י
נִבְגַּד אִישׁ בְּאָחִיו לְחַלֵּל בְּרִית אֲבֹתֵינוּ׃ בָּגְדָה יְהוּדָה יא
וְתוֹעֵבָה נֶעֶשְׂתָה בְיִשְׂרָאֵל וּבִירוּשָׁלָ͏ִם כִּי ׀ חִלֵּל יְהוּדָה קֹדֶשׁ
יְהוָה אֲשֶׁר אָהֵב וּבָעַל בַּת־אֵל נֵכָר׃ יַכְרֵת יְהוָה לָאִישׁ יב
אֲשֶׁר יַעֲשֶׂנָּה עֵר וְעֹנֶה מֵאָהֳלֵי יַעֲקֹב וּמַגִּישׁ מִנְחָה לַיהוָה
צְבָאוֹת׃ וְזֹאת שֵׁנִית תַּעֲשׂוּ כַּסּוֹת דִּמְעָה אֶת־ יג
מִזְבַּח יְהוָה בְּכִי וַאֲנָקָה מֵאֵין עוֹד פְּנוֹת אֶל־הַמִּנְחָה וְלָקַחַת
רָצוֹן מִיֶּדְכֶם׃ וַאֲמַרְתֶּם עַל־מָה עַל כִּי־יְהוָה הֵעִיד בֵּינְךָ יד

וּבֵין ׀ אֵשֶׁת נְעוּרֶיךָ אֲשֶׁר אַתָּה בָּגַדְתָּה בָּהּ וְהִיא חֲבֶרְתְּךָ
וְאֵשֶׁת בְּרִיתֶךָ׃ וְלֹא־אֶחָד עָשָׂה וּשְׁאָר רוּחַ לוֹ וּמָה הָאֶחָד טו
מְבַקֵּשׁ זֶרַע אֱלֹהִים וְנִשְׁמַרְתֶּם בְּרוּחֲכֶם וּבְאֵשֶׁת נְעוּרֶיךָ
אַל־יִבְגֹּד׃ כִּי־שָׂנֵא שַׁלַּח אָמַר יְהוָה אֱלֹהֵי יִשְׂרָאֵל וְכִסָּה טז
חָמָס עַל־לְבוּשׁוֹ אָמַר יְהוָה צְבָאוֹת וְנִשְׁמַרְתֶּם בְּרוּחֲכֶם וְלֹא
תִבְגֹּדוּ׃ הוֹגַעְתֶּם יְהוָה בְּדִבְרֵיכֶם וַאֲמַרְתֶּם בַּמָּה יז
הוֹגָעְנוּ בֶּאֱמָרְכֶם כָּל־עֹשֵׂה רָע טוֹב ׀ בְּעֵינֵי יְהוָה וּבָהֶם הוּא
חָפֵץ אוֹ אַיֵּה אֱלֹהֵי הַמִּשְׁפָּט׃ הִנְנִי שֹׁלֵחַ מַלְאָכִי וּפִנָּה־דֶרֶךְ א ג
לְפָנָי וּפִתְאֹם יָבוֹא אֶל־הֵיכָלוֹ הָאָדוֹן ׀ אֲשֶׁר־אַתֶּם מְבַקְשִׁים
וּמַלְאַךְ הַבְּרִית אֲשֶׁר אַתֶּם חֲפֵצִים הִנֵּה־בָא אָמַר יְהוָה צְבָאוֹת׃
וּמִי מְכַלְכֵּל אֶת־יוֹם בּוֹאוֹ וּמִי הָעֹמֵד בְּהֵרָאוֹתוֹ כִּי־הוּא כְּאֵשׁ ב
מְצָרֵף וּכְבֹרִית מְכַבְּסִים׃ וְיָשַׁב מְצָרֵף וּמְטַהֵר כֶּסֶף וְטִהַר אֶת־ ג
בְּנֵי־לֵוִי וְזִקַּק אֹתָם כַּזָּהָב וְכַכָּסֶף וְהָיוּ לַיהוָה מַגִּישֵׁי מִנְחָה
בִּצְדָקָה׃ וְעָרְבָה לַיהוָה מִנְחַת יְהוּדָה וִירוּשָׁלִָם כִּימֵי עוֹלָם ד
וּכְשָׁנִים קַדְמֹנִיּוֹת׃ וְקָרַבְתִּי אֲלֵיכֶם לַמִּשְׁפָּט וְהָיִיתִי ׀ עֵד מְמַהֵר ה
בַּמְכַשְּׁפִים וּבַמְנָאֲפִים וּבַנִּשְׁבָּעִים לַשָּׁקֶר וּבְעֹשְׁקֵי שְׂכַר־שָׂכִיר
אַלְמָנָה וְיָתוֹם וּמַטֵּי־גֵר וְלֹא יְרֵאוּנִי אָמַר יְהוָה צְבָאוֹת׃ כִּי ו
אֲנִי יְהוָה לֹא שָׁנִיתִי וְאַתֶּם בְּנֵי־יַעֲקֹב לֹא כְלִיתֶם׃ לְמִימֵי ז
אֲבֹתֵיכֶם סַרְתֶּם מֵחֻקַּי וְלֹא שְׁמַרְתֶּם שׁוּבוּ אֵלַי וְאָשׁוּבָה
אֲלֵיכֶם אָמַר יְהוָה צְבָאוֹת וַאֲמַרְתֶּם בַּמֶּה נָשׁוּב׃ הֲיִקְבַּע ח
אָדָם אֱלֹהִים כִּי אַתֶּם קֹבְעִים אֹתִי וַאֲמַרְתֶּם בַּמֶּה קְבַעֲנוּךָ
הַמַּעֲשֵׂר וְהַתְּרוּמָה׃ בַּמְּאֵרָה אַתֶּם נֵאָרִים וְאֹתִי אַתֶּם ט
קֹבְעִים הַגּוֹי כֻּלּוֹ׃ הָבִיאוּ אֶת־כָּל־הַמַּעֲשֵׂר אֶל־בֵּית הָאוֹצָר י
וִיהִי טֶרֶף בְּבֵיתִי וּבְחָנוּנִי נָא בָּזֹאת אָמַר יְהוָה צְבָאוֹת
אִם־לֹא אֶפְתַּח לָכֶם אֵת אֲרֻבּוֹת הַשָּׁמַיִם וַהֲרִיקֹתִי לָכֶם
בְּרָכָה עַד־בְּלִי־דָי׃ וְגָעַרְתִּי לָכֶם בָּאֹכֵל וְלֹא־יַשְׁחִת לָכֶם יא
אֶת־פְּרִי הָאֲדָמָה וְלֹא־תְשַׁכֵּל לָכֶם הַגֶּפֶן בַּשָּׂדֶה אָמַר

יב יְהוָה צְבָאוֹת׃ וְאִשְּׁרוּ אֶתְכֶם כָּל־הַגּוֹיִם כִּי־תִהְיוּ אַתֶּם
יג אֶרֶץ חֵפֶץ אָמַר יְהוָה צְבָאוֹת׃ חָזְקוּ עָלַי
יד דִּבְרֵיכֶם אָמַר יְהוָה וַאֲמַרְתֶּם מַה־נִּדְבַּרְנוּ עָלֶיךָ׃ אֲמַרְתֶּם
שָׁוְא עֲבֹד אֱלֹהִים וּמַה־בֶּצַע כִּי שָׁמַרְנוּ מִשְׁמַרְתּוֹ וְכִי
טו הָלַכְנוּ קְדֹרַנִּית מִפְּנֵי יְהוָה צְבָאוֹת׃ וְעַתָּה אֲנַחְנוּ מְאַשְּׁרִים
טז זֵדִים גַּם־נִבְנוּ עֹשֵׂי רִשְׁעָה גַּם בָּחֲנוּ אֱלֹהִים וַיִּמָּלֵטוּ׃ אָז נִדְבְּרוּ
יִרְאֵי יְהוָה אִישׁ אֶל־רֵעֵהוּ וַיַּקְשֵׁב יְהוָה וַיִּשְׁמָע וַיִּכָּתֵב סֵפֶר
יז זִכָּרוֹן לְפָנָיו לְיִרְאֵי יְהוָה וּלְחֹשְׁבֵי שְׁמוֹ׃ וְהָיוּ לִי אָמַר יְהוָה
צְבָאוֹת לַיּוֹם אֲשֶׁר אֲנִי עֹשֶׂה סְגֻלָּה וְחָמַלְתִּי עֲלֵיהֶם כַּאֲשֶׁר
יח יַחְמֹל אִישׁ עַל־בְּנוֹ הָעֹבֵד אֹתוֹ׃ וְשַׁבְתֶּם וּרְאִיתֶם בֵּין צַדִּיק
יט לְרָשָׁע בֵּין עֹבֵד אֱלֹהִים לַאֲשֶׁר לֹא עֲבָדוֹ׃ כִּי־
הִנֵּה הַיּוֹם בָּא בֹּעֵר כַּתַּנּוּר וְהָיוּ כָל־זֵדִים וְכָל־עֹשֵׂה רִשְׁעָה קַשׁ
וְלִהַט אֹתָם הַיּוֹם הַבָּא אָמַר יְהוָה צְבָאוֹת אֲשֶׁר לֹא־יַעֲזֹב לָהֶם
כ שֹׁרֶשׁ וְעָנָף׃ וְזָרְחָה לָכֶם יִרְאֵי שְׁמִי שֶׁמֶשׁ צְדָקָה וּמַרְפֵּא
כא בִּכְנָפֶיהָ וִיצָאתֶם וּפִשְׁתֶּם כְּעֶגְלֵי מַרְבֵּק׃ וְעַסּוֹתֶם רְשָׁעִים כִּי־
יִהְיוּ אֵפֶר תַּחַת כַּפּוֹת רַגְלֵיכֶם בַּיּוֹם אֲשֶׁר אֲנִי עֹשֶׂה אָמַר יְהוָה
כב צְבָאוֹת׃ זִכְרוּ תּוֹרַת מֹשֶׁה עַבְדִּי אֲשֶׁר צִוִּיתִי
כג אוֹתוֹ בְחֹרֵב עַל־כָּל־יִשְׂרָאֵל חֻקִּים וּמִשְׁפָּטִים׃ הִנֵּה אָנֹכִי שֹׁלֵחַ
לָכֶם אֵת אֵלִיָּה הַנָּבִיא לִפְנֵי בּוֹא יוֹם יְהוָה הַגָּדוֹל וְהַנּוֹרָא׃
כד וְהֵשִׁיב לֵב־אָבוֹת עַל־בָּנִים וְלֵב בָּנִים עַל־אֲבוֹתָם פֶּן־אָבוֹא
וְהִכֵּיתִי אֶת־הָאָרֶץ חֵרֶם׃

הנה אנכי שלח לכם את אליה הנביא
לפני בוא יום יהוה הגדול והנורא

כתובים

תהלים
משלי
איוב
שיר השירים
רות
איכה
קהלת
אסתר
דניאל
עזרא · נחמיה
דברי הימים

תהלים

א אַשְׁרֵי־הָאִישׁ אֲשֶׁר ׀ לֹא הָלַךְ בַּעֲצַת רְשָׁעִים וּבְדֶרֶךְ חַטָּאִים א ספר ראשון
ב לֹא עָמָד וּבְמוֹשַׁב לֵצִים לֹא יָשָׁב׃ כִּי אִם בְּתוֹרַת יהוה חֶפְצוֹ
ג וּבְתוֹרָתוֹ יֶהְגֶּה יוֹמָם וָלָיְלָה׃ וְהָיָה כְּעֵץ שָׁתוּל עַל־פַּלְגֵי מָיִם
אֲשֶׁר פִּרְיוֹ ׀ יִתֵּן בְּעִתּוֹ וְעָלֵהוּ לֹא־יִבּוֹל וְכֹל אֲשֶׁר־יַעֲשֶׂה
ד ה יַצְלִיחַ׃ לֹא־כֵן הָרְשָׁעִים כִּי אִם־כַּמֹּץ אֲשֶׁר־תִּדְּפֶנּוּ רוּחַ׃ עַל־
כֵּן ׀ לֹא־יָקֻמוּ רְשָׁעִים בַּמִּשְׁפָּט וְחַטָּאִים בַּעֲדַת צַדִּיקִים׃
ו כִּי־יוֹדֵעַ יהוה דֶּרֶךְ צַדִּיקִים וְדֶרֶךְ רְשָׁעִים תֹּאבֵד׃

א ב לָמָּה רָגְשׁוּ גוֹיִם וּלְאֻמִּים יֶהְגּוּ־רִיק׃ יִתְיַצְּבוּ ׀ מַלְכֵי־אֶרֶץ ב
ג וְרוֹזְנִים נוֹסְדוּ־יָחַד עַל־יהוה וְעַל־מְשִׁיחוֹ׃ נְנַתְּקָה אֶת־
ד מוֹסְרוֹתֵימוֹ וְנַשְׁלִיכָה מִמֶּנּוּ עֲבֹתֵימוֹ׃ יוֹשֵׁב בַּשָּׁמַיִם יִשְׂחָק
ה ו אֲדֹנָי יִלְעַג־לָמוֹ׃ אָז יְדַבֵּר אֵלֵימוֹ בְאַפּוֹ וּבַחֲרוֹנוֹ יְבַהֲלֵמוֹ׃ וַאֲנִי
ז נָסַכְתִּי מַלְכִּי עַל־צִיּוֹן הַר־קָדְשִׁי׃ אֲסַפְּרָה אֶל חֹק יהוה אָמַר
ח אֵלַי בְּנִי־אַתָּה אֲנִי הַיּוֹם יְלִדְתִּיךָ׃ שְׁאַל מִמֶּנִּי וְאֶתְּנָה גוֹיִם
ט נַחֲלָתֶךָ וַאֲחֻזָּתְךָ אַפְסֵי־אָרֶץ׃ תְּרֹעֵם בְּשֵׁבֶט בַּרְזֶל כִּכְלִי יוֹצֵר
י יא תְּנַפְּצֵם׃ וְעַתָּה מְלָכִים הַשְׂכִּילוּ הִוָּסְרוּ שֹׁפְטֵי אָרֶץ׃ עִבְדוּ אֶת־
יב יהוה בְּיִרְאָה וְגִילוּ בִּרְעָדָה׃ נַשְּׁקוּ־בַר פֶּן־יֶאֱנַף ׀ וְתֹאבְדוּ דֶרֶךְ
כִּי־יִבְעַר כִּמְעַט אַפּוֹ אַשְׁרֵי כָּל־חוֹסֵי בוֹ׃

א ב מִזְמוֹר לְדָוִד בְּבָרְחוֹ מִפְּנֵי ׀ אַבְשָׁלוֹם בְּנוֹ׃ יהוה מָה־רַבּוּ צָרָי ג
ג רַבִּים קָמִים עָלָי׃ רַבִּים אֹמְרִים לְנַפְשִׁי אֵין יְשׁוּעָתָה לּוֹ
ד בֵאלֹהִים סֶלָה׃ וְאַתָּה יהוה מָגֵן בַּעֲדִי כְּבוֹדִי וּמֵרִים רֹאשִׁי׃
ה ו קוֹלִי אֶל־יהוה אֶקְרָא וַיַּעֲנֵנִי מֵהַר קָדְשׁוֹ סֶלָה׃ אֲנִי שָׁכַבְתִּי
ז וָאִישָׁנָה הֱקִיצוֹתִי כִּי יהוה יִסְמְכֵנִי׃ לֹא־אִירָא מֵרִבְבוֹת עָם
ח אֲשֶׁר סָבִיב שָׁתוּ עָלָי׃ קוּמָה יהוה ׀ הוֹשִׁיעֵנִי אֱלֹהַי כִּי־הִכִּיתָ
ט אֶת־כָּל־אֹיְבַי לֶחִי שִׁנֵּי רְשָׁעִים שִׁבַּרְתָּ׃ לַיהוה הַיְשׁוּעָה
עַל־עַמְּךָ בִרְכָתֶךָ סֶּלָה׃

א ב לַמְנַצֵּחַ בִּנְגִינוֹת מִזְמוֹר לְדָוִד׃ בְּקָרְאִי עֲנֵנִי ׀ אֱלֹהֵי צִדְקִי בַּצָּר ד
ג הִרְחַבְתָּ לִּי חָנֵּנִי וּשְׁמַע תְּפִלָּתִי׃ בְּנֵי־אִישׁ עַד־מֶה כְבוֹדִי

לכלמה תאהבון ריק תבקשו כזב סלה: ודעו כי־הפלה ד
יהוה חסיד לו יהוה ישמע בקראי אליו: רגזו ואל־תחטאו ה
אמרו בלבבכם על־משכבכם ודמו סלה: זבחו זבחי־ ו
צדק ובטחו אל־יהוה: רבים אמרים מי־יראנו טוב נסה־ ז
עלינו אור פניך יהוה: נתתה שמחה בלבי מעת דגנם ח
ותירושם רבו: בשלום יחדו אשכבה ואישן כי־אתה יהוה ט
לבדד לבטח תושיבני:
למנצח אל־הנחילות מזמור לדוד: אמרי האזינה | יהוה בינה ה א ב
הגיגי: הקשיבה | לקול שועי מלכי ואלהי כי־אליך אתפלל: ג
יהוה בקר תשמע קולי בקר אערך־לך ואצפה: כי | לא אל־ ד ה
חפץ רשע | אתה לא יגרך רע: לא־יתיצבו הוללים לנגד ו
עיניך שנאת כל־פעלי און: תאבד דברי כזב איש־דמים ז
ומרמה יתעב | יהוה: ואני ברב חסדך אבוא ביתך אשתחוה ח
אל־היכל־קדשך ביראתך: יהוה | נחני בצדקתך למען שוררי ט
הישר הושר לפני דרכך: כי אין בפיהו נכונה קרבם הוות קבר־ י
פתוח גרנם לשונם יחליקון: האשימם | אלהים יפלו יא
ממעצותיהם ברב פשעיהם הדיחמו כי מרו בך: וישמחו יב
כל־חוסי בך לעולם ירננו ותסך עלימו ויעלצו בך אהבי שמך:
כי־אתה תברך צדיק יהוה כצנה רצון תעטרנו: יג
למנצח בנגינות על־השמינית מזמור לדוד: יהוה אל־באפך ו א ב
תוכיחני ואל־בחמתך תיסרני: חנני יהוה כי אמלל אני רפאני ג
יהוה כי נבהלו עצמי: ונפשי נבהלה מאד ואת יהוה עד־מתי: ד
שובה יהוה חלצה נפשי הושיעני למען חסדך: כי אין במות ה ו
זכרך בשאול מי יודה־לך: יגעתי | באנחתי אשחה בכל־לילה ז
מטתי בדמעתי ערשי אמסה: עששה מכעס עיני עתקה בכל־ ח
צוררי: סורו ממני כל־פעלי און כי־שמע יהוה קול בכיי: ט
שמע יהוה תחנתי יהוה תפלתי יקח: יבשו | ויבהלו מאד כל־ י יא

אֹיְבָי יָשֻׁבוּ יֵבֹשׁוּ רָגַע׃
ז א ב שִׁגָּיוֹן לְדָוִד אֲשֶׁר־שָׁר לַיהוָה עַל־דִּבְרֵי־כוּשׁ בֶּן־יְמִינִי׃ יְהוָה
ג אֱלֹהַי בְּךָ חָסִיתִי הוֹשִׁיעֵנִי מִכָּל־רֹדְפַי וְהַצִּילֵנִי׃ פֶּן־יִטְרֹף
ד כְּאַרְיֵה נַפְשִׁי פֹּרֵק וְאֵין מַצִּיל׃ יְהוָה אֱלֹהַי אִם־עָשִׂיתִי זֹאת
ה אִם־יֶשׁ־עָוֶל בְּכַפָּי׃ אִם־גָּמַלְתִּי שׁוֹלְמִי רָע וָאֲחַלְּצָה צוֹרְרִי
ו רֵיקָם׃ יִרַדֹּף אוֹיֵב ׀ נַפְשִׁי וְיַשֵּׂג וְיִרְמֹס לָאָרֶץ חַיָּי וּכְבוֹדִי ׀
ז לֶעָפָר יַשְׁכֵּן סֶלָה׃ קוּמָה יְהוָה ׀ בְּאַפֶּךָ הִנָּשֵׂא בְּעַבְרוֹת צוֹרְרָי
ח וְעוּרָה אֵלַי מִשְׁפָּט צִוִּיתָ׃ וַעֲדַת לְאֻמִּים תְּסוֹבְבֶךָּ וְעָלֶיהָ
ט לַמָּרוֹם שׁוּבָה׃ יְהוָה יָדִין עַמִּים שָׁפְטֵנִי יְהוָה כְּצִדְקִי וּכְתֻמִּי
י עָלָי׃ יִגְמָר־נָא רַע ׀ רְשָׁעִים וּתְכוֹנֵן צַדִּיק וּבֹחֵן לִבּוֹת וּכְלָיוֹת
יא יב אֱלֹהִים צַדִּיק׃ מָגִנִּי עַל־אֱלֹהִים מוֹשִׁיעַ יִשְׁרֵי־לֵב׃ אֱלֹהִים
יג שׁוֹפֵט צַדִּיק וְאֵל זֹעֵם בְּכָל־יוֹם׃ אִם־לֹא יָשׁוּב חַרְבּוֹ יִלְטוֹשׁ
יד קַשְׁתּוֹ דָרַךְ וַיְכוֹנְנֶהָ׃ וְלוֹ הֵכִין כְּלֵי־מָוֶת חִצָּיו לְדֹלְקִים יִפְעָל׃
טו טז הִנֵּה יְחַבֶּל־אָוֶן וְהָרָה עָמָל וְיָלַד שָׁקֶר׃ בּוֹר כָּרָה וַיַּחְפְּרֵהוּ וַיִּפֹּל
יז בְּשַׁחַת יִפְעָל׃ יָשׁוּב עֲמָלוֹ בְרֹאשׁוֹ וְעַל קָדְקֳדוֹ חֲמָסוֹ יֵרֵד׃
יח אוֹדֶה יְהוָה כְּצִדְקוֹ וַאֲזַמְּרָה שֵׁם־יְהוָה עֶלְיוֹן׃
ח א ב לַמְנַצֵּחַ עַל־הַגִּתִּית מִזְמוֹר לְדָוִד׃ יְהוָה אֲדֹנֵינוּ מָה־אַדִּיר שִׁמְךָ
ג בְּכָל־הָאָרֶץ אֲשֶׁר־תְּנָה הוֹדְךָ עַל־הַשָּׁמָיִם׃ מִפִּי עוֹלְלִים ׀
ד וְיֹנְקִים יִסַּדְתָּ עֹז לְמַעַן צוֹרְרֶיךָ לְהַשְׁבִּית אוֹיֵב וּמִתְנַקֵּם׃ כִּי־
אֶרְאֶה שָׁמֶיךָ מַעֲשֵׂה אֶצְבְּעֹתֶיךָ יָרֵחַ וְכוֹכָבִים אֲשֶׁר כּוֹנָנְתָּה׃
ה ו מָה־אֱנוֹשׁ כִּי־תִזְכְּרֶנּוּ וּבֶן־אָדָם כִּי תִפְקְדֶנּוּ׃ וַתְּחַסְּרֵהוּ מְּעַט
ז מֵאֱלֹהִים וְכָבוֹד וְהָדָר תְּעַטְּרֵהוּ׃ תַּמְשִׁילֵהוּ בְּמַעֲשֵׂי יָדֶיךָ כֹּל
ח שַׁתָּה תַחַת־רַגְלָיו׃ צֹנֶה וַאֲלָפִים כֻּלָּם וְגַם בַּהֲמוֹת שָׂדָי׃
ט י צִפּוֹר שָׁמַיִם וּדְגֵי הַיָּם עֹבֵר אָרְחוֹת יַמִּים׃ יְהוָה אֲדֹנֵינוּ מָה־
אַדִּיר שִׁמְךָ בְּכָל־הָאָרֶץ׃
ט א ב לַמְנַצֵּחַ עַל־מוּת לַבֵּן מִזְמוֹר לְדָוִד׃ אוֹדֶה יְהוָה בְּכָל־לִבִּי
ג אֲסַפְּרָה כָּל־נִפְלְאוֹתֶיךָ׃ אֶשְׂמְחָה וְאֶעֶלְצָה בָךְ אֲזַמְּרָה שִׁמְךָ

עֶלְיוֹן: בְּשׁוּב־אוֹיְבַי אָחוֹר יִכָּשְׁלוּ וְיֹאבְדוּ מִפָּנֶיךָ: כִּי־עָשִׂיתָ ד ה
מִשְׁפָּטִי וְדִינִי יָשַׁבְתָּ לְכִסֵּא שׁוֹפֵט צֶדֶק: גָּעַרְתָּ גוֹיִם אִבַּדְתָּ ו
רָשָׁע שְׁמָם מָחִיתָ לְעוֹלָם וָעֶד: הָאוֹיֵב ׀ תַּמּוּ חֳרָבוֹת לָנֶצַח ז
וְעָרִים נָתַשְׁתָּ אָבַד זִכְרָם הֵמָּה: וַיהוה לְעוֹלָם יֵשֵׁב כּוֹנֵן ח
לַמִּשְׁפָּט כִּסְאוֹ: וְהוּא יִשְׁפֹּט־תֵּבֵל בְּצֶדֶק יָדִין לְאֻמִּים ט
בְּמֵישָׁרִים: וִיהִי יהוה מִשְׂגָּב לַדָּךְ מִשְׂגָּב לְעִתּוֹת בַּצָּרָה: י
וְיִבְטְחוּ בְךָ יוֹדְעֵי שְׁמֶךָ כִּי לֹא־עָזַבְתָּ דֹרְשֶׁיךָ יהוה: זַמְּרוּ יא יב
לַיהוה יֹשֵׁב צִיּוֹן הַגִּידוּ בָעַמִּים עֲלִילוֹתָיו: כִּי־דֹרֵשׁ דָּמִים אוֹתָם יג
עֲנָוִים — זָכָר לֹא־שָׁכַח צַעֲקַת עניים: חָנְנֵנִי יהוה רְאֵה עָנְיִי מִשֹּׂנְאָי יד
מְרוֹמְמִי מִשַּׁעֲרֵי־מָוֶת: לְמַעַן אֲסַפְּרָה כָּל־תְּהִלָּתֶיךָ בְּשַׁעֲרֵי טו
בַת־צִיּוֹן אָגִילָה בִּישׁוּעָתֶךָ: טָבְעוּ גוֹיִם בְּשַׁחַת עָשׂוּ בְּרֶשֶׁת־זוּ טז
טָמָנוּ נִלְכְּדָה רַגְלָם: נוֹדַע ׀ יהוה מִשְׁפָּט עָשָׂה בְּפֹעַל כַּפָּיו נוֹקֵשׁ יז
רָשָׁע הִגָּיוֹן סֶלָה: יָשׁוּבוּ רְשָׁעִים לִשְׁאוֹלָה כָּל־גּוֹיִם שְׁכֵחֵי יח
עֲנִיִּים — אֱלֹהִים: כִּי לֹא לָנֶצַח יִשָּׁכַח אֶבְיוֹן תִּקְוַת ענוים תֹּאבַד לָעַד: יט
קוּמָה יהוה אַל־יָעֹז אֱנוֹשׁ יִשָּׁפְטוּ גוֹיִם עַל־פָּנֶיךָ: שִׁיתָה יהוה ׀ כ כא
מוֹרָה לָהֶם יֵדְעוּ גוֹיִם אֱנוֹשׁ הֵמָּה סֶּלָה:

לָמָה יהוה תַּעֲמֹד בְּרָחוֹק תַּעְלִים לְעִתּוֹת בַּצָּרָה: בְּגַאֲוַת י א ב
רָשָׁע יִדְלַק עָנִי יִתָּפְשׂוּ ׀ בִּמְזִמּוֹת זוּ חָשָׁבוּ: כִּי־הִלֵּל רָשָׁע עַל־ ג
תַּאֲוַת נַפְשׁוֹ וּבֹצֵעַ בֵּרֵךְ נִאֵץ ׀ יהוה: רָשָׁע כְּגֹבַהּ אַפּוֹ בַּל־ ד
יִדְרֹשׁ אֵין אֱלֹהִים כָּל־מְזִמּוֹתָיו: יָחִילוּ דְרָכָו ׀ בְּכָל־עֵת מָרוֹם ה
מִשְׁפָּטֶיךָ מִנֶּגְדּוֹ כָּל־צוֹרְרָיו יָפִיחַ בָּהֶם: אָמַר בְּלִבּוֹ בַּל־אֶמּוֹט ו
לְדֹר וָדֹר אֲשֶׁר לֹא־בְרָע: אָלָה ׀ פִּיהוּ מָלֵא וּמִרְמוֹת וָתֹךְ תַּחַת ז
לְשׁוֹנוֹ עָמָל וָאָוֶן: יֵשֵׁב ׀ בְּמַאְרַב חֲצֵרִים בַּמִּסְתָּרִים יַהֲרֹג נָקִי ח
עֵינָיו לְחֵלְכָה יִצְפֹּנוּ: יֶאֱרֹב בַּמִּסְתָּר ׀ כְּאַרְיֵה בְסֻכֹּה יֶאֱרֹב ט
יִדְכֶּה — לַחֲטוֹף עָנִי יַחְטֹף עָנִי בְּמָשְׁכוֹ בְרִשְׁתּוֹ: ודכה יָשֹׁחַ וְנָפַל י
חֵל כָּאִים — בַּעֲצוּמָיו חלכאים: אָמַר בְּלִבּוֹ שָׁכַח אֵל הִסְתִּיר פָּנָיו בַּל־ יא
עֲנָוִים — רָאָה לָנֶצַח: קוּמָה יהוה אֵל נְשָׂא יָדֶךָ אַל־תִּשְׁכַּח עניים: יב

יג יד עַל־מֶה ׀ נִאֵץ רָשָׁע ׀ אֱלֹהִים אָמַר בְּלִבּוֹ לֹא תִדְרֹשׁ׃ רָאִתָה
כִּי־אַתָּה ׀ עָמָל וָכַעַס ׀ תַּבִּיט לָתֵת בְּיָדֶךָ עָלֶיךָ יַעֲזֹב חֵלֵכָה
טו יָתוֹם אַתָּה ׀ הָיִיתָ עוֹזֵר׃ שְׁבֹר זְרוֹעַ רָשָׁע וָרָע תִּדְרוֹשׁ־רִשְׁעוֹ
טז יז בַל־תִּמְצָא׃ יְהוָה מֶלֶךְ עוֹלָם וָעֶד אָבְדוּ גוֹיִם מֵאַרְצוֹ׃ תַּאֲוַת
יח עֲנָוִים שָׁמַעְתָּ יְהוָה תָּכִין לִבָּם תַּקְשִׁיב אָזְנֶךָ׃ לִשְׁפֹּט יָתוֹם
וָדָךְ בַּל־יוֹסִיף עוֹד לַעֲרֹץ אֱנוֹשׁ מִן־הָאָרֶץ׃

יא א לַמְנַצֵּחַ לְדָוִד בַּיהוָה ׀ חָסִיתִי אֵיךְ תֹּאמְרוּ לְנַפְשִׁי נודו הַרְכֶם נוּדִי
ב צִפּוֹר׃ כִּי הִנֵּה הָרְשָׁעִים יִדְרְכוּן קֶשֶׁת כּוֹנְנוּ חִצָּם עַל־יֶתֶר
ג לִירוֹת בְּמוֹ־אֹפֶל לְיִשְׁרֵי־לֵב׃ כִּי הַשָּׁתוֹת יֵהָרֵסוּן צַדִּיק
ד מַה־פָּעָל׃ יְהוָה ׀ בְּהֵיכַל קָדְשׁוֹ יְהוָה בַּשָּׁמַיִם כִּסְאוֹ עֵינָיו
ה יֶחֱזוּ עַפְעַפָּיו יִבְחֲנוּ בְּנֵי אָדָם׃ יְהוָה צַדִּיק יִבְחָן וְרָשָׁע
ו וְאֹהֵב חָמָס שָׂנְאָה נַפְשׁוֹ׃ יַמְטֵר עַל־רְשָׁעִים פַּחִים אֵשׁ
ז וְגָפְרִית וְרוּחַ זִלְעָפוֹת מְנָת כּוֹסָם׃ כִּי־צַדִּיק יְהוָה צְדָקוֹת ב
אָהֵב יָשָׁר יֶחֱזוּ פָנֵימוֹ׃

יב א ב לַמְנַצֵּחַ עַל־הַשְּׁמִינִית מִזְמוֹר לְדָוִד׃ הוֹשִׁיעָה יְהוָה כִּי־גָמַר
ג חָסִיד כִּי־פַסּוּ אֱמוּנִים מִבְּנֵי אָדָם׃ שָׁוְא ׀ יְדַבְּרוּ אִישׁ אֶת־רֵעֵהוּ
ד שְׂפַת חֲלָקוֹת בְּלֵב וָלֵב יְדַבֵּרוּ׃ יַכְרֵת יְהוָה כָּל־שִׂפְתֵי חֲלָקוֹת
ה לָשׁוֹן מְדַבֶּרֶת גְּדֹלוֹת׃ אֲשֶׁר אָמְרוּ ׀ לִלְשֹׁנֵנוּ נַגְבִּיר שְׂפָתֵינוּ
ו אִתָּנוּ מִי אָדוֹן לָנוּ׃ מִשֹּׁד עֲנִיִּים מֵאַנְקַת אֶבְיוֹנִים עַתָּה אָקוּם
ז יֹאמַר יְהוָה אָשִׁית בְּיֵשַׁע יָפִיחַ לוֹ׃ אִמֲרוֹת יְהוָה אֲמָרוֹת
ח טְהֹרוֹת כֶּסֶף צָרוּף בַּעֲלִיל לָאָרֶץ מְזֻקָּק שִׁבְעָתָיִם׃ אַתָּה־יְהוָה
ט תִּשְׁמְרֵם תִּצְּרֶנּוּ ׀ מִן־הַדּוֹר זוּ לְעוֹלָם׃ סָבִיב רְשָׁעִים יִתְהַלָּכוּן
כְּרֻם זֻלּוּת לִבְנֵי אָדָם׃

יג א ב לַמְנַצֵּחַ מִזְמוֹר לְדָוִד׃ עַד־אָנָה יְהוָה תִּשְׁכָּחֵנִי נֶצַח עַד־אָנָה ׀
ג תַּסְתִּיר אֶת־פָּנֶיךָ מִמֶּנִּי׃ עַד־אָנָה אָשִׁית עֵצוֹת בְּנַפְשִׁי יָגוֹן
ד בִּלְבָבִי יוֹמָם עַד־אָנָה ׀ יָרוּם אֹיְבִי עָלָי׃ הַבִּיטָה עֲנֵנִי יְהוָה
ה אֱלֹהָי הָאִירָה עֵינַי פֶּן־אִישַׁן הַמָּוֶת׃ פֶּן־יֹאמַר אֹיְבִי יְכָלְתִּיו

צָרַי יָגִילוּ כִּי אֶמּוֹט׃ וַאֲנִי ׀ בְּחַסְדְּךָ בָטַחְתִּי יָגֵל לִבִּי בִּישׁוּעָתֶךָ ו
אָשִׁירָה לַיהוָה כִּי גָמַל עָלָי׃

לַמְנַצֵּחַ לְדָוִד אָמַר נָבָל בְּלִבּוֹ אֵין אֱלֹהִים הִשְׁחִיתוּ הִתְעִיבוּ א יד
עֲלִילָה אֵין עֹשֵׂה־טוֹב׃ יְהוָה מִשָּׁמַיִם הִשְׁקִיף עַל־בְּנֵי־אָדָם ב
לִרְאוֹת הֲיֵשׁ מַשְׂכִּיל דֹּרֵשׁ אֶת־אֱלֹהִים׃ הַכֹּל סָר יַחְדָּו נֶאֱלָחוּ ג
אֵין עֹשֵׂה־טוֹב אֵין גַּם־אֶחָד׃ הֲלֹא יָדְעוּ כָּל־פֹּעֲלֵי אָוֶן אֹכְלֵי ד
עַמִּי אָכְלוּ לֶחֶם יְהוָה לֹא קָרָאוּ׃ שָׁם ׀ פָּחֲדוּ פָחַד כִּי־אֱלֹהִים ה
בְּדוֹר צַדִּיק׃ עֲצַת־עָנִי תָבִישׁוּ כִּי יְהוָה מַחְסֵהוּ׃ מִי יִתֵּן ו ז
מִצִּיּוֹן יְשׁוּעַת יִשְׂרָאֵל בְּשׁוּב יְהוָה שְׁבוּת עַמּוֹ יָגֵל יַעֲקֹב
יִשְׂמַח יִשְׂרָאֵל׃

מִזְמוֹר לְדָוִד יְהוָה מִי־יָגוּר בְּאָהֳלֶךָ מִי־יִשְׁכֹּן בְּהַר קָדְשֶׁךָ׃ א טו
הוֹלֵךְ תָּמִים וּפֹעֵל צֶדֶק וְדֹבֵר אֱמֶת בִּלְבָבוֹ׃ לֹא־רָגַל ׀ עַל־ ב ג
לְשֹׁנוֹ לֹא־עָשָׂה לְרֵעֵהוּ רָעָה וְחֶרְפָּה לֹא־נָשָׂא עַל־קְרֹבוֹ׃
נִבְזֶה ׀ בְּעֵינָיו נִמְאָס וְאֶת־יִרְאֵי יְהוָה יְכַבֵּד נִשְׁבַּע לְהָרַע ד
וְלֹא יָמִר׃ כַּסְפּוֹ ׀ לֹא־נָתַן בְּנֶשֶׁךְ וְשֹׁחַד עַל־נָקִי לֹא־לָקָח ה
עֹשֵׂה אֵלֶּה לֹא יִמּוֹט לְעוֹלָם׃

מִכְתָּם לְדָוִד שָׁמְרֵנִי אֵל כִּי־חָסִיתִי בָךְ׃ אָמַרְתְּ לַיהוָה אֲדֹנָי א ב טז
אָתָּה טוֹבָתִי בַּל־עָלֶיךָ׃ לִקְדוֹשִׁים אֲשֶׁר־בָּאָרֶץ הֵמָּה וְאַדִּירֵי ג
כָּל־חֶפְצִי־בָם׃ יִרְבּוּ עַצְּבוֹתָם אַחֵר מָהָרוּ בַּל־אַסִּיךְ נִסְכֵּיהֶם ד
מִדָּם וּבַל־אֶשָּׂא אֶת־שְׁמוֹתָם עַל־שְׂפָתָי׃ יְהוָה מְנָת־חֶלְקִי ה
וְכוֹסִי אַתָּה תּוֹמִיךְ גּוֹרָלִי׃ חֲבָלִים נָפְלוּ־לִי בַּנְּעִמִים אַף־נַחֲלָת ו
שָׁפְרָה עָלָי׃ אֲבָרֵךְ אֶת־יְהוָה אֲשֶׁר יְעָצָנִי אַף־לֵילוֹת יִסְּרוּנִי ז
כִלְיוֹתָי׃ שִׁוִּיתִי יְהוָה לְנֶגְדִּי תָמִיד כִּי מִימִינִי בַּל־אֶמּוֹט׃ לָכֵן ׀ ח ט
שָׂמַח לִבִּי וַיָּגֶל כְּבוֹדִי אַף־בְּשָׂרִי יִשְׁכֹּן לָבֶטַח׃ כִּי ׀ לֹא־תַעֲזֹב י
חֲסִידְךָ נַפְשִׁי לִשְׁאוֹל לֹא־תִתֵּן חסידיך לִרְאוֹת שָׁחַת׃ תּוֹדִיעֵנִי אֹרַח יא
חַיִּים שֹׂבַע שְׂמָחוֹת אֶת־פָּנֶיךָ נְעִמוֹת בִּימִינְךָ נֶצַח׃

תְּפִלָּה לְדָוִד שִׁמְעָה יְהוָה ׀ צֶדֶק הַקְשִׁיבָה רִנָּתִי הַאֲזִינָה תְּפִלָּתִי א יז

ב בְּלֹא שִׂפְתֵי מִרְמָה: מִלְּפָנֶיךָ מִשְׁפָּטִי יֵצֵא עֵינֶיךָ תֶּחֱזֶינָה
ג מֵישָׁרִים: בָּחַנְתָּ לִבִּי ׀ פָּקַדְתָּ לַּיְלָה צְרַפְתַּנִי בַל־תִּמְצָא זַמֹּתִי
ד בַּל־יַעֲבָר־פִּי: לִפְעֻלּוֹת אָדָם בִּדְבַר שְׂפָתֶיךָ אֲנִי שָׁמַרְתִּי
ה אָרְחוֹת פָּרִיץ: תָּמֹךְ אֲשֻׁרַי בְּמַעְגְּלוֹתֶיךָ בַּל־נָמוֹטּוּ פְעָמָי:
ו ז אֲנִי־קְרָאתִיךָ כִי־תַעֲנֵנִי אֵל הַט־אָזְנְךָ לִי שְׁמַע אִמְרָתִי: הַפְלֵה
ח חֲסָדֶיךָ מוֹשִׁיעַ חוֹסִים מִמִּתְקוֹמְמִים בִּימִינֶךָ: שָׁמְרֵנִי כְּאִישׁוֹן
ט בַּת־עָיִן בְּצֵל כְּנָפֶיךָ תַּסְתִּירֵנִי: מִפְּנֵי רְשָׁעִים זוּ שַׁדּוּנִי אֹיְבַי
י יא בְּנֶפֶשׁ יַקִּיפוּ עָלָי: חֶלְבָּמוֹ סָּגְרוּ פִּימוֹ דִּבְּרוּ בְגֵאוּת: אַשֻּׁרֵנוּ
יב עַתָּה סבבוני עֵינֵיהֶם יָשִׁיתוּ לִנְטוֹת בָּאָרֶץ: דִּמְיֹנוֹ כְּאַרְיֵה סְבָבוּנוּ
יג יִכְסוֹף לִטְרֹף וְכִכְפִיר יֹשֵׁב בְּמִסְתָּרִים: קוּמָה יהוה קַדְּמָה
יד פָנָיו הַכְרִיעֵהוּ פַּלְּטָה נַפְשִׁי מֵרָשָׁע חַרְבֶּךָ: מִמְתִים יָדְךָ ׀
יהוה מִמְתִים מֵחֶלֶד חֶלְקָם בַּחַיִּים וצפינך תְּמַלֵּא בִטְנָם וּצְפוּנְךָ
טו יִשְׂבְּעוּ בָנִים וְהִנִּיחוּ יִתְרָם לְעוֹלְלֵיהֶם: אֲנִי בְּצֶדֶק אֶחֱזֶה פָנֶיךָ
אֶשְׂבְּעָה בְהָקִיץ תְּמוּנָתֶךָ:

יח א לַמְנַצֵּחַ לְעֶבֶד יהוה לְדָוִד אֲשֶׁר דִּבֶּר ׀ לַיהוה אֶת־דִּבְרֵי הַשִּׁירָה
הַזֹּאת בְּיוֹם ׀ הִצִּיל־יהוה אוֹתוֹ מִכַּף כָּל־אֹיְבָיו וּמִיַּד שָׁאוּל:
ב ג וַיֹּאמַר אֶרְחָמְךָ יהוה חִזְקִי: יהוה ׀ סַלְעִי וּמְצוּדָתִי וּמְפַלְטִי אֵלִי
ד צוּרִי אֶחֱסֶה־בּוֹ מָגִנִּי וְקֶרֶן־יִשְׁעִי מִשְׂגַּבִּי: מְהֻלָּל אֶקְרָא יהוה
ה וּמִן־אֹיְבַי אִוָּשֵׁעַ: אֲפָפוּנִי חֶבְלֵי־מָוֶת וְנַחֲלֵי בְלִיַּעַל יְבַעֲתוּנִי:
ו ז חֶבְלֵי שְׁאוֹל סְבָבוּנִי קִדְּמוּנִי מוֹקְשֵׁי מָוֶת: בַּצַּר־לִי ׀ אֶקְרָא
יהוה וְאֶל־אֱלֹהַי אֲשַׁוֵּעַ יִשְׁמַע מֵהֵיכָלוֹ קוֹלִי וְשַׁוְעָתִי לְפָנָיו ׀
ח תָּבוֹא בְאָזְנָיו: וַתִּגְעַשׁ וַתִּרְעַשׁ ׀ הָאָרֶץ וּמוֹסְדֵי הָרִים יִרְגָּזוּ
ט וַיִּתְגָּעֲשׁוּ כִּי־חָרָה לוֹ: עָלָה עָשָׁן ׀ בְּאַפּוֹ וְאֵשׁ־מִפִּיו תֹּאכֵל
י גֶּחָלִים בָּעֲרוּ מִמֶּנּוּ: וַיֵּט שָׁמַיִם וַיֵּרַד וַעֲרָפֶל תַּחַת רַגְלָיו:
יא יב וַיִּרְכַּב עַל־כְּרוּב וַיָּעֹף וַיֵּדֶא עַל־כַּנְפֵי־רוּחַ: יָשֶׁת חֹשֶׁךְ ׀ סִתְרוֹ
יג סְבִיבוֹתָיו סֻכָּתוֹ חֶשְׁכַת־מַיִם עָבֵי שְׁחָקִים: מִנֹּגַהּ נֶגְדּוֹ עָבָיו
יד עָבְרוּ בָּרָד וְגַחֲלֵי־אֵשׁ: וַיַּרְעֵם בַּשָּׁמַיִם ׀ יהוה וְעֶלְיוֹן יִתֵּן קֹלוֹ

טו בָּרָד וְגַחֲלֵי־אֵשׁ׃ וַיִּשְׁלַח חִצָּיו וַיְפִיצֵם וּבְרָקִים רָב וַיְהֻמֵּם׃
טז וַיֵּרָאוּ ׀ אֲפִיקֵי מַיִם וַיִּגָּלוּ מוֹסְדוֹת תֵּבֵל מִגַּעֲרָתְךָ יְהוָה מִנִּשְׁמַת
יז יח רוּחַ אַפֶּךָ׃ יִשְׁלַח מִמָּרוֹם יִקָּחֵנִי יַמְשֵׁנִי מִמַּיִם רַבִּים׃ יַצִּילֵנִי
יט מֵאֹיְבִי עָז וּמִשֹּׂנְאַי כִּי־אָמְצוּ מִמֶּנִּי׃ יְקַדְּמוּנִי בְיוֹם־אֵידִי וַיְהִי־
כ כא יְהוָה לְמִשְׁעָן לִי׃ וַיּוֹצִיאֵנִי לַמֶּרְחָב יְחַלְּצֵנִי כִּי חָפֵץ בִּי׃ יִגְמְלֵנִי
כב יְהוָה כְּצִדְקִי כְּבֹר יָדַי יָשִׁיב לִי׃ כִּי־שָׁמַרְתִּי דַּרְכֵי יְהוָה וְלֹא־
כג רָשַׁעְתִּי מֵאֱלֹהָי׃ כִּי כָל־מִשְׁפָּטָיו לְנֶגְדִּי וְחֻקֹּתָיו לֹא־אָסִיר מֶנִּי׃
כד כה וָאֱהִי תָמִים עִמּוֹ וָאֶשְׁתַּמֵּר מֵעֲוֺנִי׃ וַיָּשֶׁב־יְהוָה לִי כְצִדְקִי כְּבֹר
כו יָדַי לְנֶגֶד עֵינָיו׃ עִם־חָסִיד תִּתְחַסָּד עִם־גְּבַר תָּמִים תִּתַּמָּם׃
כז כח עִם־נָבָר תִּתְבָּרָר וְעִם־עִקֵּשׁ תִּתְפַּתָּל׃ כִּי־אַתָּה עַם־עָנִי תוֹשִׁיעַ
כט וְעֵינַיִם רָמוֹת תַּשְׁפִּיל׃ כִּי־אַתָּה תָּאִיר נֵרִי יְהוָה אֱלֹהַי יַגִּיהַּ
ל לא חָשְׁכִּי׃ כִּי־בְךָ אָרֻץ גְּדוּד וּבֵאלֹהַי אֲדַלֶּג־שׁוּר׃ הָאֵל תָּמִים
לב דַּרְכּוֹ אִמְרַת־יְהוָה צְרוּפָה מָגֵן הוּא לְכֹל ׀ הַחֹסִים בּוֹ׃ כִּי מִי
לג אֱלוֹהַּ מִבַּלְעֲדֵי יְהוָה וּמִי צוּר זוּלָתִי אֱלֹהֵינוּ׃ הָאֵל הַמְאַזְּרֵנִי
לד חָיִל וַיִּתֵּן תָּמִים דַּרְכִּי׃ מְשַׁוֶּה רַגְלַי כָּאַיָּלוֹת וְעַל בָּמֹתַי יַעֲמִידֵנִי׃
לה לו מְלַמֵּד יָדַי לַמִּלְחָמָה וְנִחֲתָה קֶשֶׁת־נְחוּשָׁה זְרוֹעֹתָי׃ וַתִּתֶּן־לִי
לז מָגֵן יִשְׁעֶךָ וִימִינְךָ תִסְעָדֵנִי וְעַנְוַתְךָ תַרְבֵּנִי׃ תַּרְחִיב צַעֲדִי תַחְתָּי
לח וְלֹא מָעֲדוּ קַרְסֻלָּי׃ אֶרְדּוֹף אוֹיְבַי וְאַשִּׂיגֵם וְלֹא־אָשׁוּב עַד־
לט מ כַּלּוֹתָם׃ אֶמְחָצֵם וְלֹא־יֻכְלוּ קוּם יִפְּלוּ תַּחַת רַגְלָי׃ וַתְּאַזְּרֵנִי חַיִל
מא לַמִּלְחָמָה תַּכְרִיעַ קָמַי תַּחְתָּי׃ וְאֹיְבַי נָתַתָּה לִּי עֹרֶף וּמְשַׂנְאַי
מב מג אַצְמִיתֵם׃ יְשַׁוְּעוּ וְאֵין־מוֹשִׁיעַ עַל־יְהוָה וְלֹא עָנָם׃ וְאֶשְׁחָקֵם
מד כְּעָפָר עַל־פְּנֵי־רוּחַ כְּטִיט חוּצוֹת אֲרִיקֵם׃ תְּפַלְּטֵנִי מֵרִיבֵי
מה עָם תְּשִׂימֵנִי לְרֹאשׁ גּוֹיִם עַם לֹא־יָדַעְתִּי יַעַבְדוּנִי׃ לְשֵׁמַע
מו אֹזֶן יִשָּׁמְעוּ לִי בְּנֵי־נֵכָר יְכַחֲשׁוּ־לִי׃ בְּנֵי־נֵכָר יִבֹּלוּ וְיַחְרְגוּ
מז מח מִמִּסְגְּרוֹתֵיהֶם׃ חַי־יְהוָה וּבָרוּךְ צוּרִי וְיָרוּם אֱלוֹהֵי יִשְׁעִי׃ הָאֵל
מט הַנּוֹתֵן נְקָמוֹת לִי וַיַּדְבֵּר עַמִּים תַּחְתָּי׃ מְפַלְּטִי מֵאֹיְבָי אַף מִן־
נ קָמַי תְּרוֹמְמֵנִי מֵאִישׁ חָמָס תַּצִּילֵנִי׃ עַל־כֵּן ׀ אוֹדְךָ בַגּוֹיִם ׀ יְהוָה

נא וּלְשִׁמְךָ אֲזַמֵּרָה: מַגְדִּל יְשׁוּעוֹת מַלְכּוֹ וְעֹשֶׂה חֶסֶד ׀ לִמְשִׁיחוֹ
לְדָוִד וּלְזַרְעוֹ עַד־עוֹלָם:
יט א ב לַמְנַצֵּחַ מִזְמוֹר לְדָוִד: הַשָּׁמַיִם מְסַפְּרִים כְּבוֹד־אֵל וּמַעֲשֵׂה יָדָיו
ג מַגִּיד הָרָקִיעַ: יוֹם לְיוֹם יַבִּיעַ אֹמֶר וְלַיְלָה לְּלַיְלָה יְחַוֶּה־דָּעַת:
ד ה אֵין־אֹמֶר וְאֵין דְּבָרִים בְּלִי נִשְׁמָע קוֹלָם: בְּכָל־הָאָרֶץ ׀ יָצָא
ו קַוָּם וּבִקְצֵה תֵבֵל מִלֵּיהֶם לַשֶּׁמֶשׁ שָׂם־אֹהֶל בָּהֶם: וְהוּא כְּחָתָן
ז יֹצֵא מֵחֻפָּתוֹ יָשִׂישׂ כְּגִבּוֹר לָרוּץ אֹרַח: מִקְצֵה הַשָּׁמַיִם ׀ מוֹצָאוֹ
ח וּתְקוּפָתוֹ עַל־קְצוֹתָם וְאֵין נִסְתָּר מֵחַמָּתוֹ: תּוֹרַת יהוה תְּמִימָה
ט מְשִׁיבַת נָפֶשׁ עֵדוּת יהוה נֶאֱמָנָה מַחְכִּימַת פֶּתִי: פִּקּוּדֵי יהוה
י יְשָׁרִים מְשַׂמְּחֵי־לֵב מִצְוַת יהוה בָּרָה מְאִירַת עֵינָיִם: יִרְאַת
יהוה ׀ טְהוֹרָה עוֹמֶדֶת לָעַד מִשְׁפְּטֵי־יהוה אֱמֶת צָדְקוּ יַחְדָּו:
יא הַנֶּחֱמָדִים מִזָּהָב וּמִפַּז רָב וּמְתוּקִים מִדְּבַשׁ וְנֹפֶת צוּפִים:
יב יג גַּם־עַבְדְּךָ נִזְהָר בָּהֶם בְּשָׁמְרָם עֵקֶב רָב: שְׁגִיאוֹת מִי־יָבִין
יד מִנִּסְתָּרוֹת נַקֵּנִי: גַּם מִזֵּדִים ׀ חֲשֹׂךְ עַבְדֶּךָ אַל־יִמְשְׁלוּ־בִי אָז
טו אֵיתָם וְנִקֵּיתִי מִפֶּשַׁע רָב: יִהְיוּ לְרָצוֹן ׀ אִמְרֵי־פִי וְהֶגְיוֹן לִבִּי
לְפָנֶיךָ יהוה צוּרִי וְגֹאֲלִי:
כ א ב לַמְנַצֵּחַ מִזְמוֹר לְדָוִד: יַעַנְךָ יהוה בְּיוֹם צָרָה יְשַׂגֶּבְךָ שֵׁם ׀ אֱלֹהֵי
ג ד יַעֲקֹב: יִשְׁלַח־עֶזְרְךָ מִקֹּדֶשׁ וּמִצִּיּוֹן יִסְעָדֶךָּ: יִזְכֹּר כָּל־מִנְחֹתֶךָ
ה וְעוֹלָתְךָ יְדַשְּׁנֶה סֶלָה: יִתֶּן־לְךָ כִלְבָבֶךָ וְכָל־עֲצָתְךָ יְמַלֵּא:
ו נְרַנְּנָה ׀ בִּישׁוּעָתֶךָ וּבְשֵׁם־אֱלֹהֵינוּ נִדְגֹּל יְמַלֵּא יהוה כָּל־
ז מִשְׁאֲלוֹתֶיךָ: עַתָּה יָדַעְתִּי כִּי הוֹשִׁיעַ ׀ יהוה מְשִׁיחוֹ יַעֲנֵהוּ מִשְּׁמֵי
ח קָדְשׁוֹ בִּגְבֻרוֹת יֵשַׁע יְמִינוֹ: אֵלֶּה בָרֶכֶב וְאֵלֶּה בַסּוּסִים וַאֲנַחְנוּ ׀
ט בְּשֵׁם־יהוה אֱלֹהֵינוּ נַזְכִּיר: הֵמָּה כָּרְעוּ וְנָפָלוּ וַאֲנַחְנוּ קַּמְנוּ
י וַנִּתְעוֹדָד: יהוה הוֹשִׁיעָה הַמֶּלֶךְ יַעֲנֵנוּ בְיוֹם־קָרְאֵנוּ: ג
כא א ב לַמְנַצֵּחַ מִזְמוֹר לְדָוִד: יהוה בְּעָזְּךָ יִשְׂמַח־מֶלֶךְ וּבִישׁוּעָתְךָ מַה־
ג יָגִיל מְאֹד: תַּאֲוַת לִבּוֹ נָתַתָּה לּוֹ וַאֲרֶשֶׁת שְׂפָתָיו בַּל־מָנַעְתָּ יָּגֶל
ד ה סֶּלָה: כִּי־תְקַדְּמֶנּוּ בִּרְכוֹת טוֹב תָּשִׁית לְרֹאשׁוֹ עֲטֶרֶת פָּז: חַיִּים ׀

שָׁאַל מִמְּךָ נָתַתָּה לּוֹ אֹרֶךְ יָמִים עוֹלָם וָעֶד: גָּדוֹל כְּבוֹדוֹ ו
בִּישׁוּעָתֶךָ הוֹד וְהָדָר תְּשַׁוֶּה עָלָיו: כִּי־תְשִׁיתֵהוּ בְרָכוֹת לָעַד ז
תְּחַדֵּהוּ בְשִׂמְחָה אֶת־פָּנֶיךָ: כִּי־הַמֶּלֶךְ בֹּטֵחַ בַּיהוָה וּבְחֶסֶד ח
עֶלְיוֹן בַּל־יִמּוֹט: תִּמְצָא יָדְךָ לְכָל־אֹיְבֶיךָ יְמִינְךָ תִּמְצָא שֹׂנְאֶיךָ: ט
תְּשִׁיתֵמוֹ ׀ כְּתַנּוּר אֵשׁ לְעֵת פָּנֶיךָ יְהוָה בְּאַפּוֹ יְבַלְּעֵם וְתֹאכְלֵם י
אֵשׁ: פִּרְיָמוֹ מֵאֶרֶץ תְּאַבֵּד וְזַרְעָם מִבְּנֵי אָדָם: כִּי־נָטוּ יא יב
עָלֶיךָ רָעָה חָשְׁבוּ מְזִמָּה בַּל־יוּכָלוּ: כִּי תְּשִׁיתֵמוֹ שֶׁכֶם יג
בְּמֵיתָרֶיךָ תְּכוֹנֵן עַל־פְּנֵיהֶם: רוּמָה יְהוָה בְעֻזֶּךָ נָשִׁירָה יד
וּנְזַמְּרָה גְּבוּרָתֶךָ:
לַמְנַצֵּחַ עַל־אַיֶּלֶת הַשַּׁחַר מִזְמוֹר לְדָוִד: אֵלִי אֵלִי לָמָה עֲזַבְתָּנִי א ב כב
רָחוֹק מִישׁוּעָתִי דִּבְרֵי שַׁאֲגָתִי: אֱלֹהַי אֶקְרָא יוֹמָם וְלֹא תַעֲנֶה ג
וְלַיְלָה וְלֹא־דֻמִיָּה לִי: וְאַתָּה קָדוֹשׁ יוֹשֵׁב תְּהִלּוֹת יִשְׂרָאֵל: בְּךָ ד ה
בָּטְחוּ אֲבֹתֵינוּ בָּטְחוּ וַתְּפַלְּטֵמוֹ: אֵלֶיךָ זָעֲקוּ וְנִמְלָטוּ בְּךָ בָטְחוּ ו
וְלֹא־בוֹשׁוּ: וְאָנֹכִי תוֹלַעַת וְלֹא־אִישׁ חֶרְפַּת אָדָם וּבְזוּי עָם: ז
כָּל־רֹאַי יַלְעִגוּ לִי יַפְטִירוּ בְשָׂפָה יָנִיעוּ רֹאשׁ: גֹּל אֶל־יְהוָה ח ט
יְפַלְּטֵהוּ יַצִּילֵהוּ כִּי חָפֵץ בּוֹ: כִּי־אַתָּה גֹחִי מִבָּטֶן מַבְטִיחִי עַל־ י
שְׁדֵי אִמִּי: עָלֶיךָ הָשְׁלַכְתִּי מֵרָחֶם מִבֶּטֶן אִמִּי אֵלִי אָתָּה: אַל־ יא יב
תִּרְחַק מִמֶּנִּי כִּי־צָרָה קְרוֹבָה כִּי־אֵין עוֹזֵר: סְבָבוּנִי פָּרִים רַבִּים יג
אַבִּירֵי בָשָׁן כִּתְּרוּנִי: פָּצוּ עָלַי פִּיהֶם אַרְיֵה טֹרֵף וְשֹׁאֵג: כַּמַּיִם יד טו
נִשְׁפַּכְתִּי וְהִתְפָּרְדוּ כָּל־עַצְמוֹתָי הָיָה לִבִּי כַּדּוֹנָג נָמֵס בְּתוֹךְ
מֵעָי: יָבֵשׁ כַּחֶרֶשׂ ׀ כֹּחִי וּלְשׁוֹנִי מֻדְבָּק מַלְקוֹחָי וְלַעֲפַר־מָוֶת טז
תִּשְׁפְּתֵנִי: כִּי סְבָבוּנִי כְּלָבִים עֲדַת מְרֵעִים הִקִּיפוּנִי כָּאֲרִי יָדַי יז
וְרַגְלָי: אֲסַפֵּר כָּל־עַצְמוֹתָי הֵמָּה יַבִּיטוּ יִרְאוּ־בִי: יְחַלְּקוּ בְגָדַי יח יט
לָהֶם וְעַל־לְבוּשִׁי יַפִּילוּ גוֹרָל: וְאַתָּה יְהוָה אַל־תִּרְחָק אֱיָלוּתִי כ
לְעֶזְרָתִי חוּשָׁה: הַצִּילָה מֵחֶרֶב נַפְשִׁי מִיַּד־כֶּלֶב יְחִידָתִי: כא
הוֹשִׁיעֵנִי מִפִּי אַרְיֵה וּמִקַּרְנֵי רֵמִים עֲנִיתָנִי: אֲסַפְּרָה שִׁמְךָ כב כג
לְאֶחָי בְּתוֹךְ קָהָל אֲהַלְלֶךָּ: יִרְאֵי יְהוָה ׀ הַלְלוּהוּ כָּל־זֶרַע יַעֲקֹב כד

כה כַּבְּד֗וּהוּ וְ֭גוּרוּ מִמֶּ֗נּוּ כָּל־זֶ֥רַע יִשְׂרָאֵֽל׃ כִּ֤י לֹֽא־בָזָ֨ה וְלֹ֪א שִׁקַּ֡ץ
כו עֱנ֬וּת עָנִ֗י וְלֹא־הִסְתִּ֣יר פָּנָ֣יו מִמֶּ֑נּוּ וּֽבְשַׁוְּע֖וֹ אֵלָ֣יו שָׁמֵֽעַ׃ מֵאִתְּךָ֮
כז תְּֽהִלָּ֫תִ֥י בְּקָהָ֣ל רָ֑ב נְדָרַ֥י אֲ֝שַׁלֵּ֗ם נֶ֣גֶד יְרֵאָֽיו׃ יֹאכְל֬וּ עֲנָוִ֨ים ׀
כח וְיִשְׂבָּ֗עוּ יְהַֽלְל֣וּ יְ֭הוה דֹּֽרְשָׁ֑יו יְחִ֖י לְבַבְכֶ֣ם לָעַֽד׃ יִזְכְּר֤וּ ׀ וְיָשֻׁ֣בוּ
אֶל־יְ֭הוה כָּל־אַפְסֵי־אָ֑רֶץ וְיִשְׁתַּחֲו֥וּ לְ֝פָנֶ֗יךָ כָּֽל־מִשְׁפְּח֥וֹת גּוֹיִֽם׃
כט ל כִּ֣י לַ֭יהוה הַמְּלוּכָ֑ה וּ֝מֹשֵׁ֗ל בַּגּוֹיִֽם׃ אָֽכְל֬וּ וַיִּֽשְׁתַּחֲוּ֨וּ ׀ כָּל־דִּשְׁנֵי־
לא אֶ֗רֶץ לְפָנָ֣יו יִ֭כְרְעוּ כָּל־יוֹרְדֵ֣י עָפָ֑ר וְ֝נַפְשׁ֗וֹ לֹ֣א חִיָּֽה׃ זֶ֥רַע
לב יַֽעַבְדֶ֑נּוּ יְסֻפַּ֖ר לַֽאדֹנָ֣י לַדּֽוֹר׃ יָ֭בֹאוּ וְיַגִּ֣ידוּ צִדְקָת֑וֹ לְעַ֥ם נ֝וֹלָ֗ד
כִּ֣י עָשָֽׂה׃

כג א ב מִזְמ֥וֹר לְדָוִ֑ד יְהוה רֹ֝עִ֗י לֹ֣א אֶחְסָֽר׃ בִּנְא֣וֹת דֶּ֭שֶׁא יַרְבִּיצֵ֑נִי עַל־
ג מֵ֖י מְנֻח֣וֹת יְנַהֲלֵֽנִי׃ נַפְשִׁ֥י יְשׁוֹבֵ֑ב יַֽנְחֵ֥נִי בְמַעְגְּלֵי־צֶ֝֗דֶק לְמַ֣עַן
ד שְׁמֽוֹ׃ גַּ֤ם כִּֽי־אֵלֵ֨ךְ בְּגֵ֪יא צַלְמָ֡וֶת לֹא־אִ֘ירָ֤א רָ֗ע כִּי־אַתָּ֥ה עִמָּדִ֑י
ה שִׁבְטְךָ֥ וּ֝מִשְׁעַנְתֶּ֗ךָ הֵ֣מָּה יְנַֽחֲמֻֽנִי׃ תַּעֲרֹ֬ךְ לְפָנַ֨י ׀ שֻׁלְחָ֗ן נֶ֥גֶד צֹרְרָ֑י
ו דִּשַּׁ֖נְתָּ בַשֶּׁ֥מֶן רֹ֝אשִׁ֗י כּוֹסִ֥י רְוָיָֽה׃ אַ֤ךְ ׀ ט֤וֹב וָחֶ֣סֶד יִ֭רְדְּפוּנִי כָּל־יְמֵ֣י
חַיָּ֑י וְשַׁבְתִּ֥י בְּבֵית־יְ֝הוה לְאֹ֣רֶךְ יָמִֽים׃

כד א ב לְדָוִ֗ד מִ֫זְמ֥וֹר לַ֭יהוה הָאָ֣רֶץ וּמְלוֹאָ֑הּ תֵּ֝בֵ֗ל וְיֹ֣שְׁבֵי בָֽהּ׃ כִּי־ה֭וּא
ג עַל־יַמִּ֣ים יְסָדָ֑הּ וְעַל־נְ֝הָר֗וֹת יְכוֹנְנֶֽהָ׃ מִֽי־יַעֲלֶ֥ה בְהַר־יְהוה וּמִי־
ד יָ֝ק֗וּם בִּמְק֥וֹם קָדְשֽׁוֹ׃ נְקִ֥י כַפַּ֗יִם וּֽבַר־לֵ֫בָ֥ב אֲשֶׁ֤ר לֹא־נָשָׂ֣א לַשָּׁ֣וְא
ה נפשו וְלֹ֖א נִשְׁבַּ֣ע לְמִרְמָֽה׃ יִשָּׂ֣א בְ֭רָכָה מֵאֵ֣ת יְהוה וּ֝צְדָקָ֗ה נַפְשִׁי
ו מֵאֱלֹהֵ֥י יִשְׁעֽוֹ׃ זֶ֭ה דּ֣וֹר דרשו מְבַקְשֵׁ֨י פָנֶ֖יךָ יַעֲקֹ֣ב סֶֽלָה׃
ז שְׂא֤וּ שְׁעָרִ֨ים ׀ רָֽאשֵׁיכֶ֗ם וְֽ֭הִנָּשְׂאוּ פִּתְחֵ֣י עוֹלָ֑ם וְ֝יָב֗וֹא מֶ֣לֶךְ
ח הַכָּבֽוֹד׃ מִ֥י זֶה֮ מֶ֤לֶךְ הַכָּ֫ב֥וֹד יְ֭הוה עִזּ֣וּז וְגִבּ֑וֹר יְ֝הוה גִּבּ֥וֹר
ט מִלְחָמָֽה׃ שְׂא֤וּ שְׁעָרִ֨ים ׀ רָֽאשֵׁיכֶ֗ם וּ֭שְׂאוּ פִּתְחֵ֣י עוֹלָ֑ם וְ֝יָבֹ֗א
י מֶ֣לֶךְ הַכָּבֽוֹד׃ מִ֤י ה֣וּא זֶה֮ מֶ֤לֶךְ הַכָּ֫ב֥וֹד יְהוה צְבָא֑וֹת ה֤וּא
מֶ֖לֶךְ הַכָּב֣וֹד סֶֽלָה׃

כה א ב לְדָוִ֡ד אֵלֶ֥יךָ יְ֝הוה נַפְשִׁ֥י אֶשָּֽׂא׃ אֱֽלֹהַ֗י בְּךָ֣ בָ֭טַחְתִּי אַל־אֵב֑וֹשָׁה
ג אַל־יַעַלְצ֖וּ אֹיְבַ֣י לִֽי׃ גַּ֣ם כָּל־קֹ֭וֶיךָ לֹ֣א יֵבֹ֑שׁוּ יֵ֝בֹ֗שׁוּ הַבּוֹגְדִ֥ים

רֵ֝יקָֽם׃ דְּרָכֶ֣יךָ יְ֭הוָה הוֹדִיעֵ֑נִי אֹ֖רְחוֹתֶ֣יךָ לַמְּדֵֽנִי׃ הַדְרִ֘יכֵ֤נִי ד ה
בַאֲמִתֶּ֨ךָ ׀ וְֽלַמְּדֵ֗נִי כִּֽי־אַ֭תָּה אֱלֹהֵ֣י יִשְׁעִ֑י אוֹתְךָ֥ קִ֝וִּ֗יתִי כׇּל־הַיּֽוֹם׃
זְכֹר־רַחֲמֶ֣יךָ יְ֭הוָה וַחֲסָדֶ֑יךָ כִּ֖י מֵעוֹלָ֣ם הֵֽמָּה׃ חַטֹּ֤אות נְעוּרַ֨י ׀ ו ז
וּפְשָׁעַ֗י אַל־תִּ֫זְכֹּ֥ר כְּחַסְדְּךָ֥ זְכׇר־לִי־אַתָּ֑ה לְמַ֖עַן טוּבְךָ֣ יְהוָֽה׃ ט֣וֹב־ ח
וְיָשָׁ֣ר יְהוָ֑ה עַל־כֵּ֤ן יוֹרֶ֖ה חַטָּאִ֣ים בַּדָּֽרֶךְ׃ יַדְרֵ֣ךְ עֲ֭נָוִים בַּמִּשְׁפָּ֑ט ט
וִֽילַמֵּ֖ד עֲנָוִ֣ים דַּרְכּֽוֹ׃ כׇּל־אׇרְח֣וֹת יְ֭הוָה חֶ֣סֶד וֶאֱמֶ֑ת לְנֹצְרֵ֥י בְ֝רִית֗וֹ י
וְעֵדֹתָֽיו׃ לְמַֽעַן־שִׁמְךָ֥ יְהוָ֑ה וְֽסָלַחְתָּ֥ לַ֝עֲוֺנִ֗י כִּ֣י רַב־הֽוּא׃ מִי־זֶ֣ה יא יב
הָ֭אִישׁ יְרֵ֣א יְהוָ֑ה י֝וֹרֶ֗נּוּ בְּדֶ֣רֶךְ יִבְחָֽר׃ נַ֭פְשׁוֹ בְּט֣וֹב תָּלִ֑ין וְ֝זַרְע֗וֹ יג
יִ֣ירַשׁ אָֽרֶץ׃ ס֣וֹד יְ֭הוָה לִירֵאָ֑יו וּ֝בְרִית֗וֹ לְהוֹדִיעָֽם׃ עֵינַ֣י תָּ֭מִיד יד טו
אֶל־יְהוָ֑ה כִּ֤י הֽוּא־יוֹצִ֖יא מֵרֶ֣שֶׁת רַגְלָֽי׃ פְּנֵה־אֵלַ֥י וְחׇנֵּ֑נִי כִּֽי־יָחִ֖יד טז
וְעָנִ֣י אָֽנִי׃ צָר֣וֹת לְבָבִ֣י הִרְחִ֑יבוּ מִ֝מְּצֽוּקוֹתַ֗י הוֹצִיאֵֽנִי׃ רְאֵ֣ה עׇ֭נְיִי יז יח
וַעֲמָלִ֑י וְ֝שָׂ֗א לְכׇל־חַטֹּאותָֽי׃ רְאֵֽה־אוֹיְבַ֥י כִּי־רָ֑בּוּ וְשִׂנְאַ֖ת חָמָ֣ס יט
שְׂנֵאֽוּנִי׃ שׇׁמְרָ֣ה נַ֭פְשִׁי וְהַצִּילֵ֑נִי אַל־אֵ֝ב֗וֹשׁ כִּֽי־חָסִ֥יתִי בָֽךְ׃ כ
תֹּם־וָיֹ֥שֶׁר יִצְּר֑וּנִי כִּ֝֗י קִוִּיתִֽיךָ׃ פְּדֵ֣ה אֱ֭לֹהִים אֶת־יִשְׂרָאֵ֑ל מִ֝כֹּ֗ל כא כב
צָרוֹתָֽיו׃
לְדָוִ֨ד ׀ שׇׁפְטֵ֤נִי יְהוָ֗ה כִּֽי־אֲ֭נִי בְּתֻמִּ֣י הָלַ֑כְתִּי וּבַיהוָ֥ה בָּ֝טַ֗חְתִּי לֹ֣א א כו
צׇרְפָ֣ה אֶמְעָֽד׃ בְּחָנֵ֣נִי יְהוָ֣ה וְנַסֵּ֑נִי צרופה כִלְיוֹתַ֥י וְלִבִּֽי׃ כִּֽי־חַ֭סְדְּךָ לְנֶ֣גֶד ב ג
עֵינָ֑י וְ֝הִתְהַלַּ֗כְתִּי בַּאֲמִתֶּֽךָ׃ לֹא־יָ֭שַׁבְתִּי עִם־מְתֵי־שָׁ֑וְא וְעִ֥ם ד
נַ֝עֲלָמִ֗ים לֹ֣א אָבֽוֹא׃ שָׂ֭נֵאתִי קְהַ֣ל מְרֵעִ֑ים וְעִם־רְ֝שָׁעִ֗ים לֹ֣א ה
אֵשֵֽׁב׃ אֶרְחַ֣ץ בְּנִקָּי֣וֹן כַּפָּ֑י וַאֲסֹבְבָ֖ה אֶת־מִזְבַּחֲךָ֣ יְהוָֽה׃ לַ֭שְׁמִעַ ו ז
בְּק֣וֹל תּוֹדָ֑ה וּ֝לְסַפֵּ֗ר כׇּל־נִפְלְאוֹתֶֽיךָ׃ יְֽהוָ֗ה אָ֭הַבְתִּי מְע֣וֹן בֵּיתֶ֑ךָ ח
וּ֝מְק֗וֹם מִשְׁכַּ֥ן כְּבוֹדֶֽךָ׃ אַל־תֶּאֱסֹ֣ף עִם־חַטָּאִ֣ים נַפְשִׁ֑י וְעִם־ ט
אַנְשֵׁ֖י דָמִ֣ים חַיָּֽי׃ אֲֽשֶׁר־בִּידֵיהֶ֥ם זִמָּ֑ה וִֽ֝ימִינָ֗ם מָ֣לְאָה שֹּֽׁחַד׃ י
וַ֭אֲנִי בְּתֻמִּ֥י אֵלֵ֗ךְ פְּדֵ֥נִי וְחׇנֵּֽנִי׃ רַ֭גְלִי עָמְדָ֣ה בְמִישׁ֑וֹר בְּ֝מַקְהֵלִ֗ים יא יב
אֲבָרֵ֥ךְ יְהוָֽה׃
לְדָוִ֨ד ׀ יְהוָ֤ה ׀ אוֹרִ֣י וְ֭יִשְׁעִי מִמִּ֣י אִירָ֑א יְהוָ֥ה מָֽעוֹז־חַ֝יַּ֗י מִמִּ֥י א כז
אֶפְחָֽד׃ בִּקְרֹ֤ב עָלַ֨י ׀ מְרֵעִים֮ לֶאֱכֹ֪ל אֶת־בְּשָׂ֫רִ֥י צָרַ֣י וְאֹיְבַ֣י לִ֑י ב

ג הֵמָּה כָשְׁלוּ וְנָפָלוּ׃ אִם־תַּחֲנֶה עָלַי ׀ מַחֲנֶה לֹא־יִירָא לִבִּי אִם־
ד תָּקוּם עָלַי מִלְחָמָה בְּזֹאת אֲנִי בוֹטֵחַ׃ אַחַת ׀ שָׁאַלְתִּי מֵאֵת־
יהוה אוֹתָהּ אֲבַקֵּשׁ שִׁבְתִּי בְּבֵית־יהוה כָּל־יְמֵי חַיַּי לַחֲזוֹת
ה בְּנֹעַם־יהוה וּלְבַקֵּר בְּהֵיכָלוֹ׃ כִּי יִצְפְּנֵנִי ׀ בְּסֻכֹּה בְּיוֹם רָעָה
ו יַסְתִּרֵנִי בְּסֵתֶר אָהֳלוֹ בְּצוּר יְרוֹמְמֵנִי׃ וְעַתָּה יָרוּם רֹאשִׁי עַל
אֹיְבַי סְבִיבוֹתַי וְאֶזְבְּחָה בְאָהֳלוֹ זִבְחֵי תְרוּעָה אָשִׁירָה וַאֲזַמְּרָה
ז ח לַיהוה׃ שְׁמַע־יהוה קוֹלִי אֶקְרָא וְחָנֵּנִי וַעֲנֵנִי׃ לְךָ ׀ אָמַר לִבִּי
ט בַּקְּשׁוּ פָנָי אֶת־פָּנֶיךָ יהוה אֲבַקֵּשׁ׃ אַל־תַּסְתֵּר פָּנֶיךָ ׀ מִמֶּנִּי אַל
תַּט־בְּאַף עַבְדֶּךָ עֶזְרָתִי הָיִיתָ אַל־תִּטְּשֵׁנִי וְאַל־תַּעַזְבֵנִי אֱלֹהֵי
י יא יִשְׁעִי׃ כִּי־אָבִי וְאִמִּי עֲזָבוּנִי וַיהוה יַאַסְפֵנִי׃ הוֹרֵנִי יהוה דַּרְכֶּךָ
יב וּנְחֵנִי בְּאֹרַח מִישׁוֹר לְמַעַן שׁוֹרְרָי׃ אַל־תִּתְּנֵנִי בְּנֶפֶשׁ צָרָי כִּי
יג קָמוּ־בִי עֵדֵי־שֶׁקֶר וִיפֵחַ חָמָס׃ לוּלֵא הֶאֱמַנְתִּי לִרְאוֹת
יד בְּטוּב־יהוה בְּאֶרֶץ חַיִּים׃ קַוֵּה אֶל־יהוה חֲזַק וְיַאֲמֵץ לִבֶּךָ
וְקַוֵּה אֶל־יהוה׃

כח א לְדָוִד אֵלֶיךָ יהוה ׀ אֶקְרָא צוּרִי אַל־תֶּחֱרַשׁ מִמֶּנִּי פֶּן־תֶּחֱשֶׁה
ב מִמֶּנִּי וְנִמְשַׁלְתִּי עִם־יוֹרְדֵי בוֹר׃ שְׁמַע קוֹל תַּחֲנוּנַי בְּשַׁוְּעִי אֵלֶיךָ
ג בְּנָשְׂאִי יָדַי אֶל־דְּבִיר קָדְשֶׁךָ׃ אַל־תִּמְשְׁכֵנִי עִם־רְשָׁעִים וְעִם־
ד פֹּעֲלֵי אָוֶן דֹּבְרֵי שָׁלוֹם עִם־רֵעֵיהֶם וְרָעָה בִּלְבָבָם׃ תֶּן־לָהֶם
כְפָעֳלָם וּכְרֹעַ מַעַלְלֵיהֶם כְּמַעֲשֵׂה יְדֵיהֶם תֵּן לָהֶם הָשֵׁב גְּמוּלָם
ה לָהֶם׃ כִּי לֹא יָבִינוּ אֶל־פְּעֻלֹּת יהוה וְאֶל־מַעֲשֵׂה יָדָיו יֶהֶרְסֵם
ו ז וְלֹא יִבְנֵם׃ בָּרוּךְ יהוה כִּי־שָׁמַע קוֹל תַּחֲנוּנָי׃ יהוה ׀ עֻזִּי וּמָגִנִּי
ח בּוֹ בָטַח לִבִּי וְנֶעֱזָרְתִּי וַיַּעֲלֹז לִבִּי וּמִשִּׁירִי אֲהוֹדֶנּוּ׃ יהוה עֹז־לָמוֹ
ט וּמָעוֹז יְשׁוּעוֹת מְשִׁיחוֹ הוּא׃ הוֹשִׁיעָה ׀ אֶת־עַמֶּךָ וּבָרֵךְ אֶת־
נַחֲלָתֶךָ וּרְעֵם וְנַשְּׂאֵם עַד־הָעוֹלָם׃

כט א ב מִזְמוֹר לְדָוִד הָבוּ לַיהוה בְּנֵי אֵלִים הָבוּ לַיהוה כָּבוֹד וָעֹז׃ הָבוּ
ג לַיהוה כְּבוֹד שְׁמוֹ הִשְׁתַּחֲווּ לַיהוה בְּהַדְרַת־קֹדֶשׁ׃ קוֹל יהוה
ד עַל־הַמָּיִם אֵל־הַכָּבוֹד הִרְעִים יהוה עַל־מַיִם רַבִּים׃ קוֹל־יהוה

בְּכֹּחַ קוֹל יהוה בֶּהָדָר׃ קוֹל יהוה שֹׁבֵר אֲרָזִים וַיְשַׁבֵּר יהוה ה
אֶת־אַרְזֵי הַלְּבָנוֹן׃ וַיַּרְקִידֵם כְּמוֹ־עֵגֶל לְבָנוֹן וְשִׂרְיֹן כְּמוֹ בֶן־ ו
רְאֵמִים׃ קוֹל־יהוה חֹצֵב לַהֲבוֹת אֵשׁ׃ קוֹל יהוה יָחִיל מִדְבָּר ז ח
יָחִיל יהוה מִדְבַּר קָדֵשׁ׃ קוֹל יהוה ׀ יְחוֹלֵל אַיָּלוֹת וַיֶּחֱשֹׂף ט
יְעָרוֹת וּבְהֵיכָלוֹ כֻּלּוֹ אֹמֵר כָּבוֹד׃ יהוה לַמַּבּוּל יָשָׁב וַיֵּשֶׁב י
ד יהוה מֶלֶךְ לְעוֹלָם׃ יהוה עֹז לְעַמּוֹ יִתֵּן יהוה ׀ יְבָרֵךְ אֶת־ יא
עַמּוֹ בַשָּׁלוֹם׃

מִזְמוֹר שִׁיר־חֲנֻכַּת הַבַּיִת לְדָוִד׃ אֲרוֹמִמְךָ יהוה כִּי דִלִּיתָנִי א ב ל
וְלֹא־שִׂמַּחְתָּ אֹיְבַי לִי׃ יהוה אֱלֹהָי שִׁוַּעְתִּי אֵלֶיךָ וַתִּרְפָּאֵנִי׃ יהוה ג ד
מִיָּרְדִי־ הֶעֱלִיתָ מִן־שְׁאוֹל נַפְשִׁי חִיִּיתַנִי מיורדי־בוֹר׃ זַמְּרוּ לַיהוה ה
חֲסִידָיו וְהוֹדוּ לְזֵכֶר קָדְשׁוֹ׃ כִּי רֶגַע ׀ בְּאַפּוֹ חַיִּים בִּרְצוֹנוֹ בָּעֶרֶב ו
יָלִין בֶּכִי וְלַבֹּקֶר רִנָּה׃ וַאֲנִי אָמַרְתִּי בְשַׁלְוִי בַּל־אֶמּוֹט לְעוֹלָם׃ ז
יהוה בִּרְצוֹנְךָ הֶעֱמַדְתָּה לְהַרְרִי עֹז הִסְתַּרְתָּ פָנֶיךָ הָיִיתִי נִבְהָל׃ ח
אֵלֶיךָ יהוה אֶקְרָא וְאֶל־אֲדֹנָי אֶתְחַנָּן׃ מַה־בֶּצַע בְּדָמִי בְּרִדְתִּי ט י
אֶל שָׁחַת הֲיוֹדְךָ עָפָר הֲיַגִּיד אֲמִתֶּךָ׃ שְׁמַע־יהוה וְחָנֵּנִי יהוה יא
הֱיֵה־עֹזֵר לִי׃ הָפַכְתָּ מִסְפְּדִי לְמָחוֹל לִי פִּתַּחְתָּ שַׂקִּי וַתְּאַזְּרֵנִי יב
שִׂמְחָה׃ לְמַעַן ׀ יְזַמֶּרְךָ כָבוֹד וְלֹא יִדֹּם יהוה אֱלֹהַי לְעוֹלָם יג
אוֹדֶךָּ׃

לַמְנַצֵּחַ מִזְמוֹר לְדָוִד׃ בְּךָ־יהוה חָסִיתִי אַל־אֵבוֹשָׁה לְעוֹלָם א ב לא
בְּצִדְקָתְךָ פַלְּטֵנִי׃ הַטֵּה אֵלַי ׀ אָזְנְךָ מְהֵרָה הַצִּילֵנִי הֱיֵה לִי ׀ ג
לְצוּר־מָעוֹז לְבֵית מְצוּדוֹת לְהוֹשִׁיעֵנִי׃ כִּי־סַלְעִי וּמְצוּדָתִי אָתָּה ד
וּלְמַעַן שִׁמְךָ תַּנְחֵנִי וּתְנַהֲלֵנִי׃ תּוֹצִיאֵנִי מֵרֶשֶׁת זוּ טָמְנוּ לִי כִּי־ ה
אַתָּה מָעוּזִּי׃ בְּיָדְךָ אַפְקִיד רוּחִי פָּדִיתָה אוֹתִי יהוה אֵל אֱמֶת׃ ו
שָׂנֵאתִי הַשֹּׁמְרִים הַבְלֵי־שָׁוְא וַאֲנִי אֶל־יהוה בָּטָחְתִּי׃ אָגִילָה ז ח
וְאֶשְׂמְחָה בְּחַסְדֶּךָ אֲשֶׁר רָאִיתָ אֶת־עָנְיִי יָדַעְתָּ בְּצָרוֹת נַפְשִׁי׃
וְלֹא הִסְגַּרְתַּנִי בְּיַד־אוֹיֵב הֶעֱמַדְתָּ בַמֶּרְחָב רַגְלָי׃ חָנֵּנִי יהוה ט י
כִּי צַר־לִי עָשְׁשָׁה בְכַעַס עֵינִי נַפְשִׁי וּבִטְנִי׃ כִּי כָלוּ בְיָגוֹן חַיַּי יא

יב וּשְׁנוֹתַי בַּאֲנָחָה כָּשַׁל בַּעֲוֺנִי כֹחִי וַעֲצָמַי עָשֵׁשׁוּ׃ מִכׇּל־צֹרְרַי
הָיִיתִי חֶרְפָּה וְלִשְׁכֵנַי ׀ מְאֹד וּפַחַד לִמְיֻדָּעָי רֹאַי בַּחוּץ נָדְדוּ
יג יד מִמֶּנִּי׃ נִשְׁכַּחְתִּי כְּמֵת מִלֵּב הָיִיתִי כִּכְלִי אֹבֵד׃ כִּי שָׁמַעְתִּי ׀ דִּבַּת
טו רַבִּים מָגוֹר מִסָּבִיב בְּהִוָּסְדָם יַחַד עָלַי לָקַחַת נַפְשִׁי זָמָמוּ׃ וַאֲנִי ׀
טז עָלֶיךָ בָטַחְתִּי יְהוָה אָמַרְתִּי אֱלֹהַי אָתָּה׃ בְּיָדְךָ עִתֹּתָי הַצִּילֵנִי
יז מִיַּד־אוֹיְבַי וּמֵרֹדְפָי׃ הָאִירָה פָנֶיךָ עַל־עַבְדֶּךָ הוֹשִׁיעֵנִי בְחַסְדֶּךָ׃
יח יְהוָה אַל־אֵבוֹשָׁה כִּי קְרָאתִיךָ יֵבֹשׁוּ רְשָׁעִים יִדְּמוּ לִשְׁאוֹל׃
יט תֵּאָלַמְנָה שִׂפְתֵי שָׁקֶר הַדֹּבְרוֹת עַל־צַדִּיק עָתָק בְּגַאֲוָה וָבוּז׃
כ מָה רַב טוּבְךָ אֲשֶׁר־צָפַנְתָּ לִּירֵאֶיךָ פָּעַלְתָּ לַחֹסִים בָּךְ נֶגֶד
כא בְּנֵי אָדָם׃ תַּסְתִּירֵם ׀ בְּסֵתֶר פָּנֶיךָ מֵרֻכְסֵי אִישׁ תִּצְפְּנֵם בְּסֻכָּה
כב מֵרִיב לְשֹׁנוֹת׃ בָּרוּךְ יְהוָה כִּי הִפְלִיא חַסְדּוֹ לִי בְּעִיר מָצוֹר׃
כג וַאֲנִי ׀ אָמַרְתִּי בְחׇפְזִי נִגְרַזְתִּי מִנֶּגֶד עֵינֶיךָ אָכֵן שָׁמַעְתָּ קוֹל
כד תַּחֲנוּנַי בְּשַׁוְּעִי אֵלֶיךָ׃ אֶהֱבוּ אֶת־יְהוָה כׇּל־חֲסִידָיו אֱמוּנִים
כה נֹצֵר יְהוָה וּמְשַׁלֵּם עַל־יֶתֶר עֹשֵׂה גַאֲוָה׃ חִזְקוּ וְיַאֲמֵץ
לְבַבְכֶם כׇּל־הַמְיַחֲלִים לַיהוָה׃

לב א ב לְדָוִד מַשְׂכִּיל אַשְׁרֵי נְשׂוּי־פֶּשַׁע כְּסוּי חֲטָאָה׃ אַשְׁרֵי־אָדָם לֹא
ג יַחְשֹׁב יְהוָה לוֹ עָוֺן וְאֵין בְּרוּחוֹ רְמִיָּה׃ כִּי־הֶחֱרַשְׁתִּי בָּלוּ עֲצָמָי
ד בְּשַׁאֲגָתִי כׇּל־הַיּוֹם׃ כִּי ׀ יוֹמָם וָלַיְלָה תִּכְבַּד עָלַי יָדֶךָ נֶהְפַּךְ
ה לְשַׁדִּי בְּחַרְבֹנֵי קַיִץ סֶלָה׃ חַטָּאתִי אוֹדִיעֲךָ וַעֲוֺנִי לֹא־כִסִּיתִי
אָמַרְתִּי אוֹדֶה עֲלֵי פְשָׁעַי לַיהוָה וְאַתָּה נָשָׂאתָ עֲוֺן חַטָּאתִי
ו סֶלָה׃ עַל־זֹאת יִתְפַּלֵּל כׇּל־חָסִיד ׀ אֵלֶיךָ לְעֵת מְצֹא רַק לְשֵׁטֶף
ז מַיִם רַבִּים אֵלָיו לֹא יַגִּיעוּ׃ אַתָּה ׀ סֵתֶר לִי מִצַּר תִּצְּרֵנִי רׇנֵּי פַלֵּט
ח תְּסוֹבְבֵנִי סֶלָה׃ אַשְׂכִּילְךָ ׀ וְאוֹרְךָ בְּדֶרֶךְ־זוּ תֵלֵךְ אִיעֲצָה עָלֶיךָ
ט עֵינִי׃ אַל־תִּהְיוּ ׀ כְּסוּס כְּפֶרֶד אֵין הָבִין בְּמֶתֶג־וָרֶסֶן עֶדְיוֹ
י לִבְלוֹם בַּל קְרֹב אֵלֶיךָ׃ רַבִּים מַכְאוֹבִים לָרָשָׁע וְהַבּוֹטֵחַ
יא בַּיהוָה חֶסֶד יְסוֹבְבֶנּוּ׃ שִׂמְחוּ בַיהוָה וְגִילוּ צַדִּיקִים וְהַרְנִינוּ
כׇּל־יִשְׁרֵי־לֵב׃

רַנְּנוּ צַדִּיקִים בַּיהוָה לַיְשָׁרִים נָאוָה תְהִלָּה׃ הוֹדוּ לַיהוָה בְּכִנּוֹר א ב
בְּנֵבֶל עָשׂוֹר זַמְּרוּ־לוֹ׃ שִׁירוּ־לוֹ שִׁיר חָדָשׁ הֵיטִיבוּ נַגֵּן בִּתְרוּעָה׃ ג
כִּי־יָשָׁר דְּבַר־יְהוָה וְכָל־מַעֲשֵׂהוּ בֶּאֱמוּנָה׃ אֹהֵב צְדָקָה וּמִשְׁפָּט ד ה
חֶסֶד יְהוָה מָלְאָה הָאָרֶץ׃ בִּדְבַר יְהוָה שָׁמַיִם נַעֲשׂוּ וּבְרוּחַ פִּיו ו
כָּל־צְבָאָם׃ כֹּנֵס כַּנֵּד מֵי הַיָּם נֹתֵן בְּאֹצָרוֹת תְּהוֹמוֹת׃ יִירְאוּ ז ח
מֵיְהוָה כָּל־הָאָרֶץ מִמֶּנּוּ יָגוּרוּ כָּל־יֹשְׁבֵי תֵבֵל׃ כִּי הוּא אָמַר ט
וַיֶּהִי הוּא־צִוָּה וַיַּעֲמֹד׃ יְהוָה הֵפִיר עֲצַת־גּוֹיִם הֵנִיא מַחְשְׁבוֹת י
עַמִּים׃ עֲצַת יְהוָה לְעוֹלָם תַּעֲמֹד מַחְשְׁבוֹת לִבּוֹ לְדֹר וָדֹר׃ יא
אַשְׁרֵי הַגּוֹי אֲשֶׁר־יְהוָה אֱלֹהָיו הָעָם ׀ בָּחַר לְנַחֲלָה לוֹ׃ מִשָּׁמַיִם יב יג
הִבִּיט יְהוָה רָאָה אֶת־כָּל־בְּנֵי הָאָדָם׃ מִמְּכוֹן־שִׁבְתּוֹ הִשְׁגִּיחַ יד
אֶל כָּל־יֹשְׁבֵי הָאָרֶץ׃ הַיֹּצֵר יַחַד לִבָּם הַמֵּבִין אֶל־כָּל־מַעֲשֵׂיהֶם׃ טו
אֵין־הַמֶּלֶךְ נוֹשָׁע בְּרָב־חָיִל גִּבּוֹר לֹא־יִנָּצֵל בְּרָב־כֹּחַ׃ שֶׁקֶר טז יז
הַסּוּס לִתְשׁוּעָה וּבְרֹב חֵילוֹ לֹא יְמַלֵּט׃ הִנֵּה עֵין יְהוָה אֶל־ יח
יְרֵאָיו לַמְיַחֲלִים לְחַסְדּוֹ׃ לְהַצִּיל מִמָּוֶת נַפְשָׁם וּלְחַיּוֹתָם בָּרָעָב׃ יט
נַפְשֵׁנוּ חִכְּתָה לַיהוָה עֶזְרֵנוּ וּמָגִנֵּנוּ הוּא׃ כִּי־בוֹ יִשְׂמַח לִבֵּנוּ כ כא
כִּי בְשֵׁם קָדְשׁוֹ בָטָחְנוּ׃ יְהִי־חַסְדְּךָ יְהוָה עָלֵינוּ כַּאֲשֶׁר כב
יִחַלְנוּ לָךְ׃

לְדָוִד בְּשַׁנּוֹתוֹ אֶת־טַעְמוֹ לִפְנֵי אֲבִימֶלֶךְ וַיְגָרְשֵׁהוּ וַיֵּלַךְ׃ א לד
אֲבָרְכָה אֶת־יְהוָה בְּכָל־עֵת תָּמִיד תְּהִלָּתוֹ בְּפִי׃ בַּיהוָה ב ג
תִּתְהַלֵּל נַפְשִׁי יִשְׁמְעוּ עֲנָוִים וְיִשְׂמָחוּ׃ גַּדְּלוּ לַיהוָה אִתִּי ד
וּנְרוֹמְמָה שְׁמוֹ יַחְדָּו׃ דָּרַשְׁתִּי אֶת־יְהוָה וְעָנָנִי וּמִכָּל־מְגוּרוֹתַי ה
הִצִּילָנִי׃ הִבִּיטוּ אֵלָיו וְנָהָרוּ וּפְנֵיהֶם אַל־יֶחְפָּרוּ׃ זֶה עָנִי קָרָא ו ז
וַיהוָה שָׁמֵעַ וּמִכָּל־צָרוֹתָיו הוֹשִׁיעוֹ׃ חֹנֶה מַלְאַךְ־יְהוָה סָבִיב ח
לִירֵאָיו וַיְחַלְּצֵם׃ טַעֲמוּ וּרְאוּ כִּי־טוֹב יְהוָה אַשְׁרֵי הַגֶּבֶר יֶחֱסֶה־ ט
בּוֹ׃ יְראוּ אֶת־יְהוָה קְדֹשָׁיו כִּי־אֵין מַחְסוֹר לִירֵאָיו׃ כְּפִירִים י יא
רָשׁוּ וְרָעֵבוּ וְדֹרְשֵׁי יְהוָה לֹא־יַחְסְרוּ כָל־טוֹב׃ לְכוּ־בָנִים שִׁמְעוּ־ יב
לִי יִרְאַת יְהוָה אֲלַמֶּדְכֶם׃ מִי־הָאִישׁ הֶחָפֵץ חַיִּים אֹהֵב יָמִים יג

לִרְאוֹת טוֹב׃ נְצֹר לְשׁוֹנְךָ מֵרָע וּשְׂפָתֶיךָ מִדַּבֵּר מִרְמָה׃ סוּר יד טו
מֵרָע וַעֲשֵׂה־טוֹב בַּקֵּשׁ שָׁלוֹם וְרָדְפֵהוּ׃ עֵינֵי יְהוָה אֶל־צַדִּיקִים טז
וְאָזְנָיו אֶל־שַׁוְעָתָם׃ פְּנֵי יְהוָה בְּעֹשֵׂי רָע לְהַכְרִית מֵאֶרֶץ זִכְרָם׃ יז
צָעֲקוּ וַיהוָה שָׁמֵעַ וּמִכָּל־צָרוֹתָם הִצִּילָם׃ קָרוֹב יְהוָה לְנִשְׁבְּרֵי־ יח יט
לֵב וְאֶת־דַּכְּאֵי־רוּחַ יוֹשִׁיעַ׃ רַבּוֹת רָעוֹת צַדִּיק וּמִכֻּלָּם יַצִּילֶנּוּ כ
יְהוָה׃ שֹׁמֵר כָּל־עַצְמוֹתָיו אַחַת מֵהֵנָּה לֹא נִשְׁבָּרָה׃ תְּמוֹתֵת כא כב
רָשָׁע רָעָה וְשֹׂנְאֵי צַדִּיק יֶאְשָׁמוּ׃ פּוֹדֶה יְהוָה נֶפֶשׁ עֲבָדָיו וְלֹא כג
יֶאְשְׁמוּ כָּל־הַחֹסִים בּוֹ׃

לְדָוִד ׀ רִיבָה יְהוָה אֶת־יְרִיבַי לְחַם אֶת־לֹחֲמָי׃ הַחֲזֵק מָגֵן וְצִנָּה לה א ב
וְקוּמָה בְּעֶזְרָתִי׃ וְהָרֵק חֲנִית וּסְגֹר לִקְרַאת רֹדְפָי אֱמֹר לְנַפְשִׁי ג
יְשֻׁעָתֵךְ אָנִי׃ יֵבֹשׁוּ וְיִכָּלְמוּ מְבַקְשֵׁי נַפְשִׁי יִסֹּגוּ אָחוֹר וְיַחְפְּרוּ ד
חֹשְׁבֵי רָעָתִי׃ יִהְיוּ כְּמֹץ לִפְנֵי־רוּחַ וּמַלְאַךְ יְהוָה דּוֹחֶה׃ יְהִי־ ה ו
דַרְכָּם חֹשֶׁךְ וַחֲלַקְלַקּוֹת וּמַלְאַךְ יְהוָה רֹדְפָם׃ כִּי־חִנָּם טָמְנוּ־לִי ז
שַׁחַת רִשְׁתָּם חִנָּם חָפְרוּ לְנַפְשִׁי׃ תְּבוֹאֵהוּ שׁוֹאָה לֹא־יֵדָע ח
וְרִשְׁתּוֹ אֲשֶׁר־טָמַן תִּלְכְּדוֹ בְּשׁוֹאָה יִפָּל־בָּהּ׃ וְנַפְשִׁי תָּגִיל בַּיהוָה ט
תָּשִׂישׂ בִּישׁוּעָתוֹ׃ כָּל עַצְמוֹתַי ׀ תֹּאמַרְנָה יְהוָה מִי כָמוֹךָ מַצִּיל י
עָנִי מֵחָזָק מִמֶּנּוּ וְעָנִי וְאֶבְיוֹן מִגֹּזְלוֹ׃ יְקוּמוּן עֵדֵי חָמָס אֲשֶׁר לֹא־ יא
יָדַעְתִּי יִשְׁאָלוּנִי׃ יְשַׁלְּמוּנִי רָעָה תַּחַת טוֹבָה שְׁכוֹל לְנַפְשִׁי׃ יב
וַאֲנִי ׀ בַּחֲלוֹתָם לְבוּשִׁי שָׂק עִנֵּיתִי בַצּוֹם נַפְשִׁי וּתְפִלָּתִי עַל־חֵיקִי יג
תָשׁוּב׃ כְּרֵעַ־כְּאָח לִי הִתְהַלָּכְתִּי כַּאֲבֶל־אֵם קֹדֵר שַׁחוֹתִי׃ יד
וּבְצַלְעִי שָׂמְחוּ וְנֶאֱסָפוּ נֶאֶסְפוּ עָלַי נֵכִים וְלֹא יָדַעְתִּי קָרְעוּ טו
וְלֹא־דָמּוּ׃ בְּחַנְפֵי לַעֲגֵי מָעוֹג חָרֹק עָלַי שִׁנֵּימוֹ׃ אֲדֹנָי כַּמָּה טז יז
תִּרְאֶה הָשִׁיבָה נַפְשִׁי מִשֹּׁאֵיהֶם מִכְּפִירִים יְחִידָתִי׃ אוֹדְךָ בְּקָהָל יח
רָב בְּעַם עָצוּם אֲהַלְלֶךָּ׃ אַל־יִשְׂמְחוּ־לִי אֹיְבַי שֶׁקֶר שֹׂנְאַי חִנָּם יט
יִקְרְצוּ־עָיִן׃ כִּי לֹא שָׁלוֹם יְדַבֵּרוּ וְעַל רִגְעֵי־אֶרֶץ דִּבְרֵי מִרְמוֹת כ
יַחֲשֹׁבוּן׃ וַיַּרְחִיבוּ עָלַי פִּיהֶם אָמְרוּ הֶאָח ׀ הֶאָח רָאֲתָה עֵינֵינוּ׃ כא
רָאִיתָה יְהוָה אַל־תֶּחֱרַשׁ אֲדֹנָי אַל־תִּרְחַק מִמֶּנִּי׃ הָעִירָה כב כג

וְהָקִיצָה לְמִשְׁפָּטִי אֱלֹהַי וַאדֹנָי לְרִיבִי׃ שָׁפְטֵנִי כְצִדְקְךָ יְהוָה כד
אֱלֹהָי וְאַל־יִשְׂמְחוּ־לִי׃ אַל־יֹאמְרוּ בְלִבָּם הֶאָח נַפְשֵׁנוּ אַל־ כה
יֹאמְרוּ בִּלַּעֲנוּהוּ׃ יֵבֹשׁוּ וְיַחְפְּרוּ ׀ יַחְדָּו שְׂמֵחֵי רָעָתִי יִלְבְּשׁוּ־ כו
בֹשֶׁת וּכְלִמָּה הַמַּגְדִּילִים עָלָי׃ יָרֹנּוּ וְיִשְׂמְחוּ חֲפֵצֵי צִדְקִי כז
ה וַיֹּאמְרוּ תָמִיד יִגְדַּל יְהוָה הֶחָפֵץ שְׁלוֹם עַבְדּוֹ׃ וּלְשׁוֹנִי תֶּהְגֶּה כח
צִדְקֶךָ כָּל־הַיּוֹם תְּהִלָּתֶךָ׃
לַמְנַצֵּחַ ׀ לְעֶבֶד־יְהוָה לְדָוִד׃ נְאֻם־פֶּשַׁע לָרָשָׁע בְּקֶרֶב לִבִּי אֵין־ א ב לו
פַּחַד אֱלֹהִים לְנֶגֶד עֵינָיו׃ כִּי־הֶחֱלִיק אֵלָיו בְּעֵינָיו לִמְצֹא עֲוֺנוֹ ג
לִשְׂנֹא׃ דִּבְרֵי־פִיו אָוֶן וּמִרְמָה חָדַל לְהַשְׂכִּיל לְהֵיטִיב׃ אָוֶן ׀ ד ה
יַחְשֹׁב עַל־מִשְׁכָּבוֹ יִתְיַצֵּב עַל־דֶּרֶךְ לֹא־טוֹב רָע לֹא יִמְאָס׃
יְהוָה בְּהַשָּׁמַיִם חַסְדֶּךָ אֱמוּנָתְךָ עַד־שְׁחָקִים׃ צִדְקָתְךָ ׀ כְּהַרְרֵי־ ו ז
אֵל מִשְׁפָּטֶךָ תְּהוֹם רַבָּה אָדָם וּבְהֵמָה תוֹשִׁיעַ ׀ יְהוָה׃ מַה־יָּקָר ח
חַסְדְּךָ אֱלֹהִים וּבְנֵי אָדָם בְּצֵל כְּנָפֶיךָ יֶחֱסָיוּן׃ יִרְוְיֻן מִדֶּשֶׁן בֵּיתֶךָ ט
וְנַחַל עֲדָנֶיךָ תַשְׁקֵם׃ כִּי־עִמְּךָ מְקוֹר חַיִּים בְּאוֹרְךָ נִרְאֶה־ י
אוֹר׃ מְשֹׁךְ חַסְדְּךָ לְיֹדְעֶיךָ וְצִדְקָתְךָ לְיִשְׁרֵי־לֵב׃ אַל־תְּבוֹאֵנִי יא יב
רֶגֶל גַּאֲוָה וְיַד־רְשָׁעִים אַל־תְּנִדֵנִי׃ שָׁם נָפְלוּ פֹּעֲלֵי אָוֶן יג
דֹּחוּ וְלֹא־יָכְלוּ קוּם׃
לְדָוִד ׀ אַל־תִּתְחַר בַּמְּרֵעִים אַל־תְּקַנֵּא בְּעֹשֵׂי עַוְלָה׃ כִּי כֶחָצִיר א ב לז
מְהֵרָה יִמָּלוּ וּכְיֶרֶק דֶּשֶׁא יִבּוֹלוּן׃ בְּטַח בַּיהוָה וַעֲשֵׂה־טוֹב שְׁכָן־ ג
אֶרֶץ וּרְעֵה אֱמוּנָה׃ וְהִתְעַנַּג עַל־יְהוָה וְיִתֶּן־לְךָ מִשְׁאֲלֹת לִבֶּךָ׃ ד
גּוֹל עַל־יְהוָה דַּרְכֶּךָ וּבְטַח עָלָיו וְהוּא יַעֲשֶׂה׃ וְהוֹצִיא כָאוֹר ה ו
צִדְקֶךָ וּמִשְׁפָּטֶךָ כַּצָּהֳרָיִם׃ דּוֹם ׀ לַיהוָה וְהִתְחוֹלֵל לוֹ אַל־תִּתְחַר ז
בְּמַצְלִיחַ דַּרְכּוֹ בְּאִישׁ עֹשֶׂה מְזִמּוֹת׃ הֶרֶף מֵאַף וַעֲזֹב חֵמָה אַל־ ח
תִּתְחַר אַךְ־לְהָרֵעַ׃ כִּי־מְרֵעִים יִכָּרֵתוּן וְקֹוֵי יְהוָה הֵמָּה יִירְשׁוּ־ ט
אָרֶץ׃ וְעוֹד מְעַט וְאֵין רָשָׁע וְהִתְבּוֹנַנְתָּ עַל־מְקוֹמוֹ וְאֵינֶנּוּ׃ י
וַעֲנָוִים יִירְשׁוּ־אָרֶץ וְהִתְעַנְּגוּ עַל־רֹב שָׁלוֹם׃ זֹמֵם רָשָׁע לַצַּדִּיק יא יב
וְחֹרֵק עָלָיו שִׁנָּיו׃ אֲדֹנָי יִשְׂחַק־לוֹ כִּי־רָאָה כִּי־יָבֹא יוֹמוֹ׃ חֶרֶב ׀ יג יד

פתחו רשעים ודרכו קשתם להפיל עני ואביון לטבוח
טו טז ישרי־דרך: חרבם תבוא בלבם וקשתותם תשברנה: טוב־
יז מעט לצדיק מהמון רשעים רבים: כי זרועות רשעים
יח תשברנה וסומך צדיקים יהוה: יודע יהוה ימי תמימם
יט ונחלתם לעולם תהיה: לא־יבשו בעת רעה ובימי רעבון
כ ישבעו: כי רשעים | יאבדו ואיבי יהוה כיקר כרים כלו בעשן
כא כב כלו: לוה רשע ולא ישלם וצדיק חונן ונותן: כי מברכיו יירשו
כג ארץ ומקלליו יכרתו: מיהוה מצעדי־גבר כוננו ודרכו יחפץ:
כד כה כי־יפל לא־יוטל כי־יהוה סומך ידו: נער | הייתי גם־זקנתי
כו ולא־ראיתי צדיק נעזב וזרעו מבקש־לחם: כל־היום חונן
כז כח ומלוה וזרעו לברכה: סור מרע ועשה־טוב ושכן לעולם: כי
יהוה | אהב משפט ולא־יעזב את־חסידיו לעולם נשמרו וזרע
כט ל רשעים נכרת: צדיקים יירשו־ארץ וישכנו לעד עליה: פי־
לא צדיק יהגה חכמה ולשונו תדבר משפט: תורת אלהיו בלבו
לב לג לא תמעד אשריו: צופה רשע לצדיק ומבקש להמיתו: יהוה
לד לא־יעזבנו בידו ולא ירשיענו בהשפטו: קוה אל־יהוה | ושמר
לה דרכו וירוממך לרשת ארץ בהכרת רשעים תראה: ראיתי
לו רשע עריץ ומתערה כאזרח רענן: ויעבר והנה איננו
לז ואבקשהו ולא נמצא: שמר־תם וראה ישר כי־אחרית
לח לאיש שלום: ופשעים נשמדו יחדו אחרית רשעים נכרתה:
לט מ ותשועת צדיקים מיהוה מעוזם בעת צרה: ויעזרם יהוה
ויפלטם יפלטם מרשעים ויושיעם כי־חסו בו:

לח א ב מזמור לדוד להזכיר: יהוה אל־בקצפך תוכיחני ובחמתך
ג ד תיסרני: כי־חציך נחתו בי ותנחת עלי ידך: אין־מתם
ה בבשרי מפני זעמך אין־שלום בעצמי מפני חטאתי: כי עונתי
ו עברו ראשי כמשא כבד יכבדו ממני: הבאישו נמקו חבורתי
ז מפני אולתי: נעויתי שחתי עד־מאד כל־היום קדר הלכתי:

כִּי־כְסָלַי מָלְאוּ נִקְלֶה וְאֵין מְתֹם בִּבְשָׂרִי׃ נְפוּגוֹתִי וְנִדְכֵּיתִי עַד־ ח ט
מְאֹד שָׁאַגְתִּי מִנַּהֲמַת לִבִּי׃ אֲדֹנָי נֶגְדְּךָ כָל־תַּאֲוָתִי וְאַנְחָתִי י
מִמְּךָ לֹא־נִסְתָּרָה׃ לִבִּי סְחַרְחַר עֲזָבַנִי כֹחִי וְאוֹר־עֵינַי גַּם־הֵם יא
אֵין אִתִּי׃ אֹהֲבַי ׀ וְרֵעַי מִנֶּגֶד נִגְעִי יַעֲמֹדוּ וּקְרוֹבַי מֵרָחֹק עָמָדוּ׃ יב
וַיְנַקְשׁוּ ׀ מְבַקְשֵׁי נַפְשִׁי וְדֹרְשֵׁי רָעָתִי דִּבְּרוּ הַוּוֹת וּמִרְמוֹת כָּל־ יג
הַיּוֹם יֶהְגּוּ׃ וַאֲנִי כְחֵרֵשׁ לֹא אֶשְׁמָע וּכְאִלֵּם לֹא יִפְתַּח־פִּיו׃ וָאֱהִי יד טו
כְּאִישׁ אֲשֶׁר לֹא־שֹׁמֵעַ וְאֵין בְּפִיו תּוֹכָחוֹת׃ כִּי־לְךָ יְהוָה הוֹחָלְתִּי טז
אַתָּה תַעֲנֶה אֲדֹנָי אֱלֹהָי׃ כִּי־אָמַרְתִּי פֶּן־יִשְׂמְחוּ־לִי בְּמוֹט רַגְלִי יז
עָלַי הִגְדִּילוּ׃ כִּי־אֲנִי לְצֶלַע נָכוֹן וּמַכְאוֹבִי נֶגְדִּי תָמִיד׃ כִּי־ יח יט
עֲוֺנִי אַגִּיד אֶדְאַג מֵחַטָּאתִי׃ וְאֹיְבַי חַיִּים עָצֵמוּ וְרַבּוּ שֹׂנְאַי כ
רָדְפִי־ שָׁקֶר׃ וּמְשַׁלְּמֵי רָעָה תַּחַת טוֹבָה יִשְׂטְנוּנִי תַּחַת רדופי־ כא
טוֹב׃ אַל־תַּעַזְבֵנִי יְהוָה אֱלֹהַי אַל־תִּרְחַק מִמֶּנִּי׃ חוּשָׁה כב כג
לְעֶזְרָתִי אֲדֹנָי תְּשׁוּעָתִי׃

לִידוּתוּן לַמְנַצֵּחַ לידיתון מִזְמוֹר לְדָוִד׃ אָמַרְתִּי אֶשְׁמְרָה דְרָכַי מֵחֲטוֹא א ב לט
בִלְשׁוֹנִי אֶשְׁמְרָה־לְפִי מַחְסוֹם בְּעֹד רָשָׁע לְנֶגְדִּי׃ נֶאֱלַמְתִּי ג
דוּמִיָּה הֶחֱשֵׁיתִי מִטּוֹב וּכְאֵבִי נֶעְכָּר׃ חַם־לִבִּי ׀ בְּקִרְבִּי בַּהֲגִיגִי ד
תִבְעַר־אֵשׁ דִּבַּרְתִּי בִּלְשׁוֹנִי׃ הוֹדִיעֵנִי יְהוָה ׀ קִצִּי וּמִדַּת יָמַי ה
מַה־הִיא אֵדְעָה מֶה־חָדֵל אָנִי׃ הִנֵּה טְפָחוֹת ׀ נָתַתָּה יָמַי וְחֶלְדִּי ו
כְאַיִן נֶגְדֶּךָ אַךְ־כָּל־הֶבֶל כָּל־אָדָם נִצָּב סֶלָה׃ אַךְ־בְּצֶלֶם ׀ ז
יִתְהַלֶּךְ־אִישׁ אַךְ־הֶבֶל יֶהֱמָיוּן יִצְבֹּר וְלֹא־יֵדַע מִי־אֹסְפָם׃ וְעַתָּה ח
מַה־קִּוִּיתִי אֲדֹנָי תּוֹחַלְתִּי לְךָ הִיא׃ מִכָּל־פְּשָׁעַי הַצִּילֵנִי חֶרְפַּת ט
נָבָל אַל־תְּשִׂימֵנִי׃ נֶאֱלַמְתִּי לֹא אֶפְתַּח־פִּי כִּי אַתָּה עָשִׂיתָ׃ י
הָסֵר מֵעָלַי נִגְעֶךָ מִתִּגְרַת יָדְךָ אֲנִי כָלִיתִי׃ בְּתוֹכָחוֹת עַל־ יא יב
עָוֺן ׀ יִסַּרְתָּ אִישׁ וַתֶּמֶס כָּעָשׁ חֲמוּדוֹ אַךְ הֶבֶל כָּל־אָדָם סֶלָה׃
שִׁמְעָה תְפִלָּתִי ׀ יְהוָה וְשַׁוְעָתִי ׀ הַאֲזִינָה אֶל־דִּמְעָתִי אַל־ יג
תֶּחֱרַשׁ כִּי גֵר אָנֹכִי עִמָּךְ תּוֹשָׁב כְּכָל־אֲבוֹתָי׃ הָשַׁע מִמֶּנִּי יד
וְאַבְלִיגָה בְּטֶרֶם אֵלֵךְ וְאֵינֶנִּי׃

א ב לַמְנַצֵּחַ לְדָוִד מִזְמוֹר׃ קַוֹּה קִוִּיתִי יְהוָה וַיֵּט אֵלַי וַיִּשְׁמַע שַׁוְעָתִי׃
ג וַיַּעֲלֵנִי ׀ מִבּוֹר שָׁאוֹן מִטִּיט הַיָּוֵן וַיָּקֶם עַל־סֶלַע רַגְלַי כּוֹנֵן אֲשֻׁרָי׃
ד וַיִּתֵּן בְּפִי ׀ שִׁיר חָדָשׁ תְּהִלָּה לֵאלֹהֵינוּ יִרְאוּ רַבִּים וְיִירָאוּ
ה וְיִבְטְחוּ בַּיהוָה׃ אַשְׁרֵי־הַגֶּבֶר אֲשֶׁר־שָׂם יְהוָה מִבְטַחוֹ וְלֹא־
ו פָנָה אֶל־רְהָבִים וְשָׂטֵי כָזָב׃ רַבּוֹת עָשִׂיתָ ׀ אַתָּה ׀ יְהוָה אֱלֹהַי
נִפְלְאֹתֶיךָ וּמַחְשְׁבֹתֶיךָ אֵלֵינוּ אֵין ׀ עֲרֹךְ אֵלֶיךָ אַגִּידָה וַאֲדַבֵּרָה
ז עָצְמוּ מִסַּפֵּר׃ זֶבַח וּמִנְחָה ׀ לֹא־חָפַצְתָּ אָזְנַיִם כָּרִיתָ לִּי עוֹלָה
ח וַחֲטָאָה לֹא שָׁאָלְתָּ׃ אָז אָמַרְתִּי הִנֵּה־בָאתִי בִּמְגִלַּת־סֵפֶר
ט כָּתוּב עָלָי׃ לַעֲשׂוֹת־רְצוֹנְךָ אֱלֹהַי חָפָצְתִּי וְתוֹרָתְךָ בְּתוֹךְ מֵעָי׃
י בִּשַּׂרְתִּי צֶדֶק ׀ בְּקָהָל רָב הִנֵּה שְׂפָתַי לֹא אֶכְלָא יְהוָה אַתָּה
יא יָדָעְתָּ׃ צִדְקָתְךָ לֹא־כִסִּיתִי ׀ בְּתוֹךְ לִבִּי אֱמוּנָתְךָ וּתְשׁוּעָתְךָ
יב אָמָרְתִּי לֹא־כִחַדְתִּי חַסְדְּךָ וַאֲמִתְּךָ לְקָהָל רָב׃ אַתָּה יְהוָה לֹא־
יג תִכְלָא רַחֲמֶיךָ מִמֶּנִּי חַסְדְּךָ וַאֲמִתְּךָ תָּמִיד יִצְּרוּנִי׃ כִּי אָפְפוּ־עָלַי ׀
רָעוֹת עַד־אֵין מִסְפָּר הִשִּׂיגוּנִי עֲוֺנֹתַי וְלֹא־יָכֹלְתִּי לִרְאוֹת עָצְמוּ
יד מִשַּׂעֲרוֹת רֹאשִׁי וְלִבִּי עֲזָבָנִי׃ רְצֵה יְהוָה לְהַצִּילֵנִי יְהוָה לְעֶזְרָתִי
טו חוּשָׁה׃ יֵבֹשׁוּ וְיַחְפְּרוּ ׀ יַחַד מְבַקְשֵׁי נַפְשִׁי לִסְפּוֹתָהּ יִסֹּגוּ אָחוֹר
טז וְיִכָּלְמוּ חֲפֵצֵי רָעָתִי׃ יָשֹׁמּוּ עַל־עֵקֶב בָּשְׁתָּם הָאֹמְרִים לִי הֶאָח ׀
יז הֶאָח׃ יָשִׂישׂוּ וְיִשְׂמְחוּ ׀ בְּךָ כָּל־מְבַקְשֶׁיךָ יֹאמְרוּ תָמִיד יִגְדַּל
יח יְהוָה אֹהֲבֵי תְּשׁוּעָתֶךָ׃ וַאֲנִי ׀ עָנִי וְאֶבְיוֹן אֲדֹנָי יַחֲשָׁב לִי עֶזְרָתִי
וּמְפַלְטִי אַתָּה אֱלֹהַי אַל־תְּאַחַר׃

מא א ב לַמְנַצֵּחַ מִזְמוֹר לְדָוִד׃ אַשְׁרֵי מַשְׂכִּיל אֶל־דָּל בְּיוֹם רָעָה יְמַלְּטֵהוּ
ג יְהוָה׃ יְהוָה ׀ יִשְׁמְרֵהוּ וִיחַיֵּהוּ יאשר בָּאָרֶץ וְאַל־תִּתְּנֵהוּ בְּנֶפֶשׁ וְאֻשַּׁר
ד אֹיְבָיו׃ יְהוָה יִסְעָדֶנּוּ עַל־עֶרֶשׂ דְּוָי כָּל־מִשְׁכָּבוֹ הָפַכְתָּ בְחָלְיוֹ׃
ה ו אֲנִי־אָמַרְתִּי יְהוָה חָנֵּנִי רְפָאָה נַפְשִׁי כִּי־חָטָאתִי לָךְ׃ אוֹיְבַי
ז יֹאמְרוּ רַע לִי מָתַי יָמוּת וְאָבַד שְׁמוֹ׃ וְאִם־בָּא לִרְאוֹת ׀ שָׁוְא
ח יְדַבֵּר לִבּוֹ יִקְבָּץ־אָוֶן לוֹ יֵצֵא לַחוּץ יְדַבֵּר׃ יַחַד עָלַי יִתְלַחֲשׁוּ
ט כָּל־שֹׂנְאָי עָלַי ׀ יַחְשְׁבוּ רָעָה לִי׃ דְּבַר־בְּלִיַּעַל יָצוּק בּוֹ וַאֲשֶׁר

י שָׁכַב לֹא־יוֹסִיף לָקוּם׃ גַּם־אִישׁ שְׁלוֹמִי ׀ אֲשֶׁר־בָּטַחְתִּי בוֹ אוֹכֵל
יא לַחְמִי הִגְדִּיל עָלַי עָקֵב׃ וְאַתָּה יְהוָה חָנֵּנִי וַהֲקִימֵנִי וַאֲשַׁלְּמָה
יב יג לָהֶם׃ בְּזֹאת יָדַעְתִּי כִּי־חָפַצְתָּ בִּי כִּי לֹא־יָרִיעַ אֹיְבִי עָלָי׃ וַאֲנִי
יד בְּתֻמִּי תָּמַכְתָּ בִּי וַתַּצִּיבֵנִי לְפָנֶיךָ לְעוֹלָם׃ בָּרוּךְ יְהוָה ׀ אֱלֹהֵי ו
יִשְׂרָאֵל מֵהָעוֹלָם וְעַד־הָעוֹלָם אָמֵן ׀ וְאָמֵן׃

ספר שני

מב א ב לַמְנַצֵּחַ מַשְׂכִּיל לִבְנֵי־קֹרַח׃ כְּאַיָּל תַּעֲרֹג עַל־אֲפִיקֵי־מָיִם כֵּן
ג נַפְשִׁי תַעֲרֹג אֵלֶיךָ אֱלֹהִים׃ צָמְאָה נַפְשִׁי ׀ לֵאלֹהִים לְאֵל חָי
ד מָתַי אָבוֹא וְאֵרָאֶה פְּנֵי אֱלֹהִים׃ הָיְתָה־לִּי דִמְעָתִי לֶחֶם יוֹמָם
ה וָלָיְלָה בֶּאֱמֹר אֵלַי כָּל־הַיּוֹם אַיֵּה אֱלֹהֶיךָ׃ אֵלֶּה אֶזְכְּרָה ׀
וְאֶשְׁפְּכָה עָלַי ׀ נַפְשִׁי כִּי אֶעֱבֹר ׀ בַּסָּךְ אֶדַּדֵּם עַד־בֵּית אֱלֹהִים
ו בְּקוֹל־רִנָּה וְתוֹדָה הָמוֹן חוֹגֵג׃ מַה־תִּשְׁתּוֹחֲחִי ׀ נַפְשִׁי וַתֶּהֱמִי
ז עָלָי הוֹחִלִי לֵאלֹהִים כִּי־עוֹד אוֹדֶנּוּ יְשׁוּעוֹת פָּנָיו׃ אֱלֹהַי עָלַי
נַפְשִׁי תִשְׁתּוֹחָח עַל־כֵּן אֶזְכָּרְךָ מֵאֶרֶץ יַרְדֵּן וְחֶרְמוֹנִים מֵהַר
ח מִצְעָר׃ תְּהוֹם־אֶל־תְּהוֹם קוֹרֵא לְקוֹל צִנּוֹרֶיךָ כָּל־מִשְׁבָּרֶיךָ
ט וְגַלֶּיךָ עָלַי עָבָרוּ׃ יוֹמָם ׀ יְצַוֶּה יְהוָה ׀ חַסְדּוֹ וּבַלַּיְלָה שִׁירֹה עִמִּי
י תְּפִלָּה לְאֵל חַיָּי׃ אוֹמְרָה ׀ לְאֵל סַלְעִי לָמָה שְׁכַחְתָּנִי לָמָּה־קֹדֵר
יא אֵלֵךְ בְּלַחַץ אוֹיֵב׃ בְּרֶצַח ׀ בְּעַצְמוֹתַי חֵרְפוּנִי צוֹרְרָי בְּאָמְרָם אֵלַי
יב כָּל־הַיּוֹם אַיֵּה אֱלֹהֶיךָ׃ מַה־תִּשְׁתּוֹחֲחִי ׀ נַפְשִׁי וּמַה־תֶּהֱמִי עָלָי
הוֹחִילִי לֵאלֹהִים כִּי־עוֹד אוֹדֶנּוּ יְשׁוּעֹת פָּנַי וֵאלֹהָי׃

מג א שָׁפְטֵנִי אֱלֹהִים ׀ וְרִיבָה רִיבִי מִגּוֹי לֹא־חָסִיד מֵאִישׁ־מִרְמָה
ב וְעַוְלָה תְפַלְּטֵנִי׃ כִּי־אַתָּה ׀ אֱלֹהֵי מָעוּזִּי לָמָה זְנַחְתָּנִי לָמָּה־קֹדֵר
ג אֶתְהַלֵּךְ בְּלַחַץ אוֹיֵב׃ שְׁלַח־אוֹרְךָ וַאֲמִתְּךָ הֵמָּה יַנְחוּנִי יְבִיאוּנִי
ד אֶל־הַר־קָדְשְׁךָ וְאֶל־מִשְׁכְּנוֹתֶיךָ׃ וְאָבוֹאָה ׀ אֶל־מִזְבַּח אֱלֹהִים
ה אֶל־אֵל שִׂמְחַת גִּילִי וְאוֹדְךָ בְכִנּוֹר אֱלֹהִים אֱלֹהָי׃ מַה־
תִּשְׁתּוֹחֲחִי ׀ נַפְשִׁי וּמַה־תֶּהֱמִי עָלָי הוֹחִילִי לֵאלֹהִים כִּי־עוֹד
אוֹדֶנּוּ יְשׁוּעֹת פָּנַי וֵאלֹהָי׃

א ב לַמְנַצֵּ֬חַ לִבְנֵי־קֹ֬רַח מַשְׂכִּֽיל׃ אֱלֹהִ֤ים ׀ בְּאָזְנֵ֬ינוּ שָׁמַ֗עְנוּ אֲבוֹתֵ֥ינוּ
ג סִפְּרוּ־לָ֑נוּ פֹּ֥עַל פָּעַ֥לְתָּ בִֽ֝ימֵיהֶ֗ם בִּ֣ימֵי קֶֽדֶם׃ אַתָּ֤ה ׀ יָדְךָ֡ גּוֹיִ֣ם
ד ה֭וֹרַשְׁתָּ וַתִּטָּעֵ֑ם תָּ֥רַע לְ֝אֻמִּ֗ים וַֽתְּשַׁלְּחֵֽם׃ כִּ֤י לֹ֪א בְחַרְבָּ֡ם יָ֥רְשׁוּ
אָ֗רֶץ וּזְרוֹעָם֮ לֹא־הוֹשִׁ֪יעָ֫ה לָּ֥מוֹ כִּֽי־יְמִֽינְךָ֣ וּ֭זְרוֹעֲךָ וְא֥וֹר פָּנֶ֗יךָ כִּ֣י
ה ו רְצִיתָֽם׃ אַתָּה־ה֣וּא מַלְכִּ֣י אֱלֹהִ֑ים צַ֝וֵּ֗ה יְשׁוּע֥וֹת יַעֲקֹֽב׃ בְּ֭ךָ
ז צָרֵ֣ינוּ נְנַגֵּ֑חַ בְּ֝שִׁמְךָ֗ נָב֣וּס קָמֵֽינוּ׃ כִּ֤י לֹ֣א בְקַשְׁתִּ֣י אֶבְטָ֑ח וְ֝חַרְבִּ֗י
ח לֹ֣א תוֹשִׁיעֵֽנִי׃ כִּ֣י הֽ֭וֹשַׁעְתָּנוּ מִצָּרֵ֑ינוּ וּמְשַׂנְאֵ֥ינוּ הֱבִישֽׁוֹתָ׃
ט י בֵּ֭אלֹהִים הִלַּ֣לְנוּ כָל־הַיּ֑וֹם וְשִׁמְךָ֓ ׀ לְעוֹלָ֖ם נוֹדֶ֣ה סֶֽלָה׃ אַף־זָ֭נַחְתָּ
יא וַתַּכְלִימֵ֑נוּ וְלֹא־תֵ֝צֵ֗א בְּצִבְאוֹתֵֽינוּ׃ תְּשִׁיבֵ֣נוּ אָ֭חוֹר מִנִּי־צָ֑ר
יב וּ֝מְשַׂנְאֵ֗ינוּ שָׁ֣סוּ לָֽמוֹ׃ תִּ֭תְּנֵנוּ כְּצֹ֣אן מַאֲכָ֑ל וּ֝בַגּוֹיִ֗ם זֵרִיתָֽנוּ׃
יג יד תִּמְכֹּר־עַמְּךָ֥ בְלֹא־ה֑וֹן וְלֹֽא־רִ֝בִּ֗יתָ בִּמְחִירֵיהֶֽם׃ תְּשִׂימֵ֣נוּ חֶ֭רְפָּה
טו לִשְׁכֵנֵ֑ינוּ לַ֥עַג וָ֝קֶ֗לֶס לִסְבִיבוֹתֵֽינוּ׃ תְּשִׂימֵ֣נוּ מָ֭שָׁל בַּגּוֹיִ֑ם מְנֽוֹד־
טז רֹ֝֗אשׁ בַּל־אֻמִּֽים׃ כָּל־הַ֭יּוֹם כְּלִמָּתִ֣י נֶגְדִּ֑י וּבֹ֖שֶׁת פָּנַ֣י כִּסָּֽתְנִי׃
יז יח מִ֭קּוֹל מְחָרֵ֣ף וּמְגַדֵּ֑ף מִפְּנֵ֥י א֝וֹיֵ֗ב וּמִתְנַקֵּֽם׃ כָּל־זֹ֣את בָּ֭אַתְנוּ וְלֹ֣א
יט שְׁכַחֲנ֑וּךָ וְלֹֽא־שִׁ֝קַּ֗רְנוּ בִּבְרִיתֶֽךָ׃ לֹא־נָס֣וֹג אָח֣וֹר לִבֵּ֑נוּ וַתֵּ֥ט
כ אֲ֝שֻׁרֵ֗ינוּ מִנִּ֥י אָרְחֶֽךָ׃ כִּ֣י דִ֭כִּיתָנוּ בִּמְק֣וֹם תַּנִּ֑ים וַתְּכַ֖ס עָלֵ֣ינוּ
כא כב בְצַלְמָֽוֶת׃ אִם־שָׁ֭כַחְנוּ שֵׁ֣ם אֱלֹהֵ֑ינוּ וַנִּפְרֹ֥שׂ כַּ֝פֵּ֗ינוּ לְאֵ֣ל זָֽר׃ הֲלֹ֣א
כג אֱ֭לֹהִים יַחֲקָר־זֹ֑את כִּי־ה֥וּא יֹ֝דֵ֗עַ תַּעֲלֻמ֥וֹת לֵֽב׃ כִּֽי־עָ֭לֶיךָ הֹרַ֣גְנוּ
כד כָל־הַיּ֑וֹם נֶ֝חְשַׁ֗בְנוּ כְּצֹ֣אן טִבְחָֽה׃ ע֤וּרָה ׀ לָ֖מָּה תִישַׁ֥ן ׀ אֲדֹנָ֑י
כה הָ֝קִ֗יצָה אַל־תִּזְנַ֥ח לָנֶֽצַח׃ לָֽמָּה־פָנֶ֥יךָ תַסְתִּ֑יר תִּשְׁכַּ֖ח עָנְיֵ֣נוּ
כו כז וְֽלַחֲצֵֽנוּ׃ כִּ֤י שָׁ֣חָה לֶעָפָ֣ר נַפְשֵׁ֑נוּ דָּבְקָ֖ה לָאָ֣רֶץ בִּטְנֵֽנוּ׃ ק֭וּמָֽה
עֶזְרָ֣תָה לָּ֑נוּ וּ֝פְדֵ֗נוּ לְמַ֣עַן חַסְדֶּֽךָ׃

מה א ב לַמְנַצֵּ֣חַ עַל־שֹׁ֭שַׁנִּים לִבְנֵי־קֹ֑רַח מַ֝שְׂכִּ֗יל שִׁ֣יר יְדִידֹֽת׃ רָ֘חַ֤שׁ לִבִּ֨י ׀
דָּ֘בָ֤ר ט֗וֹב אֹמֵ֣ר אָ֭נִי מַעֲשַׂ֣י לְמֶ֑לֶךְ לְ֝שׁוֹנִ֗י עֵ֤ט ׀ סוֹפֵ֬ר מָהִֽיר׃
ג יָפְיָפִ֡יתָ מִבְּנֵ֬י אָדָ֗ם ה֣וּצַק חֵ֭ן בְּשְׂפְתוֹתֶ֑יךָ עַל־כֵּ֤ן בֵּֽרַכְךָ֖ אֱלֹהִ֣ים
ד ה לְעוֹלָֽם׃ חֲגֽוֹר־חַרְבְּךָ֣ עַל־יָ֣רֵ֣ךְ גִּבּ֑וֹר ה֝וֹדְךָ֗ וַהֲדָרֶֽךָ׃ וַהֲדָ֬רְךָ֨ ׀ צְלַ֬ח
ו רְכַ֗ב עַֽל־דְּבַר־אֱ֭מֶת וְעַנְוָה־צֶ֑דֶק וְתוֹרְךָ֖ נוֹרָא֣וֹת יְמִינֶֽךָ׃ חִצֶּ֗יךָ

ז שִׁנּוּנִים עַמִּים תַּחְתֶּיךָ יִפְּלוּ בְּלֵב אוֹיְבֵי הַמֶּלֶךְ: כִּסְאֲךָ אֱלֹהִים
ח עוֹלָם וָעֶד שֵׁבֶט מִישֹׁר שֵׁבֶט מַלְכוּתֶךָ: אָהַבְתָּ צֶּדֶק וַתִּשְׂנָא
ט רֶשַׁע עַל־כֵּן ׀ מְשָׁחֲךָ אֱלֹהִים אֱלֹהֶיךָ שֶׁמֶן שָׂשׂוֹן מֵחֲבֵרֶךָ: מֹר־
י וַאֲהָלוֹת קְצִיעוֹת כָּל־בִּגְדֹתֶיךָ מִן־הֵיכְלֵי שֵׁן מִנִּי שִׂמְּחוּךָ: בְּנוֹת
יא מְלָכִים בְּיִקְּרוֹתֶיךָ נִצְּבָה שֵׁגַל לִימִינְךָ בְּכֶתֶם אוֹפִיר: שִׁמְעִי־
יב בַת וּרְאִי וְהַטִּי אָזְנֵךְ וְשִׁכְחִי עַמֵּךְ וּבֵית אָבִיךְ: וְיִתְאָו הַמֶּלֶךְ
יג יָפְיֵךְ כִּי־הוּא אֲדֹנַיִךְ וְהִשְׁתַּחֲוִי־לוֹ: וּבַת־צֹר ׀ בְּמִנְחָה פָּנַיִךְ יְחַלּוּ
יד עֲשִׁירֵי עָם: כָּל־כְּבוּדָּה בַת־מֶלֶךְ פְּנִימָה מִמִּשְׁבְּצוֹת זָהָב
טו לְבוּשָׁהּ: לִרְקָמוֹת תּוּבַל לַמֶּלֶךְ בְּתוּלוֹת אַחֲרֶיהָ רֵעוֹתֶיהָ
טז מוּבָאוֹת לָךְ: תּוּבַלְנָה בִּשְׂמָחֹת וָגִיל תְּבֹאֶינָה בְּהֵיכַל מֶלֶךְ:
יז יח תַּחַת אֲבֹתֶיךָ יִהְיוּ בָנֶיךָ תְּשִׁיתֵמוֹ לְשָׂרִים בְּכָל־הָאָרֶץ: אַזְכִּירָה
שִׁמְךָ בְּכָל־דֹּר וָדֹר עַל־כֵּן עַמִּים יְהוֹדֻךָ לְעֹלָם וָעֶד:

מו א ב לַמְנַצֵּחַ לִבְנֵי־קֹרַח עַל־עֲלָמוֹת שִׁיר: אֱלֹהִים לָנוּ מַחֲסֶה וָעֹז
ג עֶזְרָה בְצָרוֹת נִמְצָא מְאֹד: עַל־כֵּן לֹא־נִירָא בְּהָמִיר אָרֶץ
ד וּבְמוֹט הָרִים בְּלֵב יַמִּים: יֶהֱמוּ יֶחְמְרוּ מֵימָיו יִרְעֲשׁוּ־הָרִים
ה בְּגַאֲוָתוֹ סֶלָה: נָהָר פְּלָגָיו יְשַׂמְּחוּ עִיר־אֱלֹהִים קְדֹשׁ מִשְׁכְּנֵי
ו עֶלְיוֹן: אֱלֹהִים בְּקִרְבָּהּ בַּל־תִּמּוֹט יַעְזְרֶהָ אֱלֹהִים לִפְנוֹת בֹּקֶר:
ז ח הָמוּ גוֹיִם מָטוּ מַמְלָכוֹת נָתַן בְּקוֹלוֹ תָּמוּג אָרֶץ: יְהוָה צְבָאוֹת
ט עִמָּנוּ מִשְׂגָּב לָנוּ אֱלֹהֵי יַעֲקֹב סֶלָה: לְכוּ־חֲזוּ מִפְעֲלוֹת יְהוָה
י אֲשֶׁר־שָׂם שַׁמּוֹת בָּאָרֶץ: מַשְׁבִּית מִלְחָמוֹת עַד־קְצֵה הָאָרֶץ
יא קֶשֶׁת יְשַׁבֵּר וְקִצֵּץ חֲנִית עֲגָלוֹת יִשְׂרֹף בָּאֵשׁ: הַרְפּוּ וּדְעוּ כִּי־
יב אָנֹכִי אֱלֹהִים אָרוּם בַּגּוֹיִם אָרוּם בָּאָרֶץ: יְהוָה צְבָאוֹת עִמָּנוּ
מִשְׂגָּב לָנוּ אֱלֹהֵי יַעֲקֹב סֶלָה:

מז א ב לַמְנַצֵּחַ לִבְנֵי־קֹרַח מִזְמוֹר: כָּל־הָעַמִּים תִּקְעוּ־כָף הָרִיעוּ
ג לֵאלֹהִים בְּקוֹל רִנָּה: כִּי־יְהוָה עֶלְיוֹן נוֹרָא מֶלֶךְ גָּדוֹל עַל־
ד ה כָּל־הָאָרֶץ: יַדְבֵּר עַמִּים תַּחְתֵּינוּ וּלְאֻמִּים תַּחַת רַגְלֵינוּ: יִבְחַר־
ו לָנוּ אֶת־נַחֲלָתֵנוּ אֶת גְּאוֹן יַעֲקֹב אֲשֶׁר־אָהֵב סֶלָה: עָלָה אֱלֹהִים

ז בִּתְרוּעָה יְהוָה בְּקוֹל שׁוֹפָר: זַמְּרוּ אֱלֹהִים זַמֵּרוּ זַמְּרוּ לְמַלְכֵּנוּ
ח ט זַמֵּרוּ: כִּי מֶלֶךְ כָּל־הָאָרֶץ אֱלֹהִים זַמְּרוּ מַשְׂכִּיל: מָלַךְ
י אֱלֹהִים עַל־גּוֹיִם אֱלֹהִים יָשַׁב ׀ עַל־כִּסֵּא קָדְשׁוֹ: נְדִיבֵי
עַמִּים ׀ נֶאֱסָפוּ עַם אֱלֹהֵי אַבְרָהָם כִּי לֵאלֹהִים מָגִנֵּי־אֶרֶץ
מְאֹד נַעֲלָה:
מח א ב שִׁיר מִזְמוֹר לִבְנֵי־קֹרַח: גָּדוֹל יְהוָה וּמְהֻלָּל מְאֹד בְּעִיר אֱלֹהֵינוּ
ג הַר־קָדְשׁוֹ: יְפֵה נוֹף מְשׂוֹשׂ כָּל־הָאָרֶץ הַר־צִיּוֹן יַרְכְּתֵי צָפוֹן
ד ה קִרְיַת מֶלֶךְ רָב: אֱלֹהִים בְּאַרְמְנוֹתֶיהָ נוֹדַע לְמִשְׂגָּב: כִּי־הִנֵּה
ו הַמְּלָכִים נוֹעֲדוּ עָבְרוּ יַחְדָּו: הֵמָּה רָאוּ כֵּן תָּמָהוּ נִבְהֲלוּ נֶחְפָּזוּ:
ז ח רְעָדָה אֲחָזָתַם שָׁם חִיל כַּיּוֹלֵדָה: בְּרוּחַ קָדִים תְּשַׁבֵּר אֳנִיּוֹת
ט תַּרְשִׁישׁ: כַּאֲשֶׁר שָׁמַעְנוּ ׀ כֵּן רָאִינוּ בְּעִיר־יְהוָה צְבָאוֹת בְּעִיר
י אֱלֹהֵינוּ אֱלֹהִים יְכוֹנְנֶהָ עַד־עוֹלָם סֶלָה: דִּמִּינוּ אֱלֹהִים חַסְדֶּךָ
יא בְּקֶרֶב הֵיכָלֶךָ: כְּשִׁמְךָ ׀ אֱלֹהִים כֵּן תְּהִלָּתְךָ עַל־קַצְוֵי־אֶרֶץ צֶדֶק
יב מָלְאָה יְמִינֶךָ: יִשְׂמַח ׀ הַר־צִיּוֹן תָּגֵלְנָה בְּנוֹת יְהוּדָה לְמַעַן
יג יד מִשְׁפָּטֶיךָ: סֹבּוּ צִיּוֹן וְהַקִּיפוּהָ סִפְרוּ מִגְדָּלֶיהָ: שִׁיתוּ לִבְּכֶם ׀
טו לְחֵילָה פַּסְּגוּ אַרְמְנוֹתֶיהָ לְמַעַן תְּסַפְּרוּ לְדוֹר אַחֲרוֹן: כִּי זֶה ׀
אֱלֹהִים אֱלֹהֵינוּ עוֹלָם וָעֶד הוּא יְנַהֲגֵנוּ עַל־מוּת:
מט א ב לַמְנַצֵּחַ לִבְנֵי־קֹרַח מִזְמוֹר: שִׁמְעוּ־זֹאת כָּל־הָעַמִּים הַאֲזִינוּ כָּל־
ג ד יֹשְׁבֵי חָלֶד: גַּם־בְּנֵי אָדָם גַּם־בְּנֵי־אִישׁ יַחַד עָשִׁיר וְאֶבְיוֹן: פִּי
ה יְדַבֵּר חָכְמוֹת וְהָגוּת לִבִּי תְבוּנוֹת: אַטֶּה לְמָשָׁל אָזְנִי אֶפְתַּח
ו ז בְּכִנּוֹר חִידָתִי: לָמָּה אִירָא בִּימֵי רָע עֲוֺן עֲקֵבַי יְסוּבֵּנִי: הַבֹּטְחִים
ח עַל־חֵילָם וּבְרֹב עָשְׁרָם יִתְהַלָּלוּ: אָח לֹא־פָדֹה יִפְדֶּה אִישׁ לֹא־
ט י יִתֵּן לֵאלֹהִים כָּפְרוֹ: וְיֵקַר פִּדְיוֹן נַפְשָׁם וְחָדַל לְעוֹלָם: וִיחִי־עוֹד
יא לָנֶצַח לֹא יִרְאֶה הַשָּׁחַת: כִּי יִרְאֶה ׀ חֲכָמִים יָמוּתוּ יַחַד כְּסִיל
יב וָבַעַר יֹאבֵדוּ וְעָזְבוּ לַאֲחֵרִים חֵילָם: קִרְבָּם בָּתֵּימוֹ ׀ לְעוֹלָם
יג מִשְׁכְּנֹתָם לְדֹר וָדֹר קָרְאוּ בִשְׁמוֹתָם עֲלֵי אֲדָמוֹת: וְאָדָם בִּיקָר
יד בַּל־יָלִין נִמְשַׁל כַּבְּהֵמוֹת נִדְמוּ: זֶה דַרְכָּם כֶּסֶל לָמוֹ וְאַחֲרֵיהֶם ׀

בְּפִיהֶם יִרְצוּ סֶלָה׃ כַּצֹּאן ׀ לִשְׁאוֹל שַׁתּוּ מָוֶת יִרְעֵם וַיִּרְדּוּ בָם טו
וְצוּרָם יְשָׁרִים ׀ לַבֹּקֶר וצירם לְבַלּוֹת שְׁאוֹל מִזְּבֻל לוֹ׃ אַךְ־אֱלֹהִים טז
יִפְדֶּה נַפְשִׁי מִיַּד־שְׁאוֹל כִּי יִקָּחֵנִי סֶלָה׃ אַל־תִּירָא כִּי־יַעֲשִׁר יז
אִישׁ כִּי־יִרְבֶּה כְּבוֹד בֵּיתוֹ׃ כִּי לֹא בְמוֹתוֹ יִקַּח הַכֹּל לֹא־יֵרֵד יח
ז אַחֲרָיו כְּבוֹדוֹ׃ כִּי־נַפְשׁוֹ בְּחַיָּיו יְבָרֵךְ וְיוֹדֻךָ כִּי־תֵיטִיב לָךְ׃ תָּבוֹא יט כ
עַד־דּוֹר אֲבוֹתָיו עַד־נֵצַח לֹא יִרְאוּ־אוֹר׃ אָדָם בִּיקָר וְלֹא יָבִין כא
נִמְשַׁל כַּבְּהֵמוֹת נִדְמוּ׃
מִזְמוֹר לְאָסָף אֵל ׀ אֱלֹהִים יְהוָה דִּבֶּר וַיִּקְרָא־אָרֶץ מִמִּזְרַח־ א נ
שֶׁמֶשׁ עַד־מְבֹאוֹ׃ מִצִּיּוֹן מִכְלַל־יֹפִי אֱלֹהִים הוֹפִיעַ׃ יָבֹא אֱלֹהֵינוּ ב ג
וְאַל־יֶחֱרַשׁ אֵשׁ־לְפָנָיו תֹּאכֵל וּסְבִיבָיו נִשְׂעֲרָה מְאֹד׃ יִקְרָא אֶל־ ד
הַשָּׁמַיִם מֵעָל וְאֶל־הָאָרֶץ לָדִין עַמּוֹ׃ אִסְפוּ־לִי חֲסִידָי כֹּרְתֵי ה
בְרִיתִי עֲלֵי־זָבַח׃ וַיַּגִּידוּ שָׁמַיִם צִדְקוֹ כִּי־אֱלֹהִים ׀ שֹׁפֵט הוּא ו
סֶלָה׃ שִׁמְעָה עַמִּי ׀ וַאֲדַבֵּרָה יִשְׂרָאֵל וְאָעִידָה בָּךְ אֱלֹהִים ז
אֱלֹהֶיךָ אָנֹכִי׃ לֹא עַל־זְבָחֶיךָ אוֹכִיחֶךָ וְעוֹלֹתֶיךָ לְנֶגְדִּי תָמִיד׃ ח
לֹא־אֶקַּח מִבֵּיתְךָ פָר מִמִּכְלְאֹתֶיךָ עַתּוּדִים׃ כִּי־לִי כָל־חַיְתוֹ־ ט י
יָעַר בְּהֵמוֹת בְּהַרְרֵי־אָלֶף׃ יָדַעְתִּי כָּל־עוֹף הָרִים וְזִיז שָׂדַי יא
עִמָּדִי׃ אִם־אֶרְעַב לֹא־אֹמַר לָךְ כִּי־לִי תֵבֵל וּמְלֹאָהּ׃ הַאוֹכַל יב יג
בְּשַׂר אַבִּירִים וְדַם עַתּוּדִים אֶשְׁתֶּה׃ זְבַח לֵאלֹהִים תּוֹדָה וְשַׁלֵּם יד
לְעֶלְיוֹן נְדָרֶיךָ׃ וּקְרָאֵנִי בְּיוֹם צָרָה אֲחַלֶּצְךָ וּתְכַבְּדֵנִי׃ וְלָרָשָׁע ׀ טו טז
אָמַר אֱלֹהִים מַה־לְּךָ לְסַפֵּר חֻקָּי וַתִּשָּׂא בְרִיתִי עֲלֵי־פִיךָ׃ וְאַתָּה יז
שָׂנֵאתָ מוּסָר וַתַּשְׁלֵךְ דְּבָרַי אַחֲרֶיךָ׃ אִם־רָאִיתָ גַנָּב וַתִּרֶץ עִמּוֹ יח
וְעִם מְנָאֲפִים חֶלְקֶךָ׃ פִּיךָ שָׁלַחְתָּ בְרָעָה וּלְשׁוֹנְךָ תַּצְמִיד יט
מִרְמָה׃ תֵּשֵׁב בְּאָחִיךָ תְדַבֵּר בְּבֶן־אִמְּךָ תִּתֶּן־דֹּפִי׃ אֵלֶּה עָשִׂיתָ ׀ כ כא
וְהֶחֱרַשְׁתִּי דִּמִּיתָ הֱיוֹת־אֶהְיֶה כָמוֹךָ אוֹכִיחֲךָ וְאֶעֶרְכָה לְעֵינֶיךָ׃
בִּינוּ־נָא זֹאת שֹׁכְחֵי אֱלוֹהַּ פֶּן־אֶטְרֹף וְאֵין מַצִּיל׃ זֹבֵחַ תּוֹדָה כב כג
יְכַבְּדָנְנִי וְשָׂם דֶּרֶךְ אַרְאֶנּוּ בְּיֵשַׁע אֱלֹהִים׃
לַמְנַצֵּחַ מִזְמוֹר לְדָוִד׃ בְּבוֹא־אֵלָיו נָתָן הַנָּבִיא כַּאֲשֶׁר־בָּא אֶל־ א ב נא

ג בַּת־שָׁבַע׃ חָנֵּנִי אֱלֹהִים כְּחַסְדֶּךָ כְּרֹב רַחֲמֶיךָ מְחֵה פְשָׁעָי׃
ד ה הרבה כַּבְּסֵנִי מֵעֲוֺנִי וּמֵחַטָּאתִי טַהֲרֵנִי׃ כִּי־פְשָׁעַי אֲנִי אֵדָע הֶרֶב
ו וְחַטָּאתִי נֶגְדִּי תָמִיד׃ לְךָ לְבַדְּךָ ׀ חָטָאתִי וְהָרַע בְּעֵינֶיךָ עָשִׂיתִי
ז לְמַעַן תִּצְדַּק בְּדָבְרֶךָ תִּזְכֶּה בְשָׁפְטֶךָ׃ הֵן־בְּעָווֹן חוֹלָלְתִּי
ח וּבְחֵטְא יֶחֱמַתְנִי אִמִּי׃ הֵן־אֱמֶת חָפַצְתָּ בַטֻּחוֹת וּבְסָתֻם חָכְמָה
ט תוֹדִיעֵנִי׃ תְּחַטְּאֵנִי בְאֵזוֹב וְאֶטְהָר תְּכַבְּסֵנִי וּמִשֶּׁלֶג אַלְבִּין׃
י יא תַּשְׁמִיעֵנִי שָׂשׂוֹן וְשִׂמְחָה תָּגֵלְנָה עֲצָמוֹת דִּכִּיתָ׃ הַסְתֵּר פָּנֶיךָ
יב מֵחֲטָאָי וְכָל־עֲוֺנֹתַי מְחֵה׃ לֵב טָהוֹר בְּרָא־לִי אֱלֹהִים וְרוּחַ נָכוֹן
יג חַדֵּשׁ בְּקִרְבִּי׃ אַל־תַּשְׁלִיכֵנִי מִלְּפָנֶיךָ וְרוּחַ קָדְשְׁךָ אַל־תִּקַּח
יד טו מִמֶּנִּי׃ הָשִׁיבָה לִּי שְׂשׂוֹן יִשְׁעֶךָ וְרוּחַ נְדִיבָה תִסְמְכֵנִי׃ אֲלַמְּדָה
טז פֹשְׁעִים דְּרָכֶיךָ וְחַטָּאִים אֵלֶיךָ יָשׁוּבוּ׃ הַצִּילֵנִי מִדָּמִים ׀ אֱלֹהִים
יז אֱלֹהֵי תְּשׁוּעָתִי תְּרַנֵּן לְשׁוֹנִי צִדְקָתֶךָ׃ אֲדֹנָי שְׂפָתַי תִּפְתָּח וּפִי
יח יַגִּיד תְּהִלָּתֶךָ׃ כִּי ׀ לֹא־תַחְפֹּץ זֶבַח וְאֶתֵּנָה עוֹלָה לֹא תִרְצֶה׃
יט זִבְחֵי אֱלֹהִים רוּחַ נִשְׁבָּרָה לֵב־נִשְׁבָּר וְנִדְכֶּה אֱלֹהִים לֹא תִבְזֶה׃
כ כא הֵיטִיבָה בִרְצוֹנְךָ אֶת־צִיּוֹן תִּבְנֶה חוֹמוֹת יְרוּשָׁלִָם׃ אָז תַּחְפֹּץ
זִבְחֵי־צֶדֶק עוֹלָה וְכָלִיל אָז יַעֲלוּ עַל־מִזְבַּחֲךָ פָרִים׃

נב א ב לַמְנַצֵּחַ מַשְׂכִּיל לְדָוִד׃ בְּבוֹא ׀ דּוֹאֵג הָאֲדֹמִי וַיַּגֵּד לְשָׁאוּל וַיֹּאמֶר
ג לוֹ בָּא דָוִד אֶל־בֵּית אֲחִימֶלֶךְ׃ מַה־תִּתְהַלֵּל בְּרָעָה הַגִּבּוֹר חֶסֶד
ד אֵל כָּל־הַיּוֹם׃ הַוּוֹת תַּחְשֹׁב לְשׁוֹנֶךָ כְּתַעַר מְלֻטָּשׁ עֹשֵׂה רְמִיָּה׃
ה ו אָהַבְתָּ רָּע מִטּוֹב שֶׁקֶר ׀ מִדַּבֵּר צֶדֶק סֶלָה׃ אָהַבְתָּ כָל־דִּבְרֵי־
ז בָלַע לְשׁוֹן מִרְמָה׃ גַּם־אֵל יִתָּצְךָ לָנֶצַח יַחְתְּךָ וְיִסָּחֲךָ מֵאֹהֶל
ח וְשֵׁרֶשְׁךָ מֵאֶרֶץ חַיִּים סֶלָה׃ וְיִרְאוּ צַדִּיקִים וְיִירָאוּ וְעָלָיו
ט יִשְׂחָקוּ׃ הִנֵּה הַגֶּבֶר לֹא יָשִׂים אֱלֹהִים מָעוּזּוֹ וַיִּבְטַח בְּרֹב
י עָשְׁרוֹ יָעֹז בְּהַוָּתוֹ׃ וַאֲנִי ׀ כְּזַיִת רַעֲנָן בְּבֵית אֱלֹהִים בָּטַחְתִּי
יא בְחֶסֶד־אֱלֹהִים עוֹלָם וָעֶד׃ אוֹדְךָ לְעוֹלָם כִּי עָשִׂיתָ וַאֲקַוֶּה
שִׁמְךָ כִי־טוֹב נֶגֶד חֲסִידֶיךָ׃

נג א ב לַמְנַצֵּחַ עַל־מָחֲלַת מַשְׂכִּיל לְדָוִד׃ אָמַר נָבָל בְּלִבּוֹ אֵין אֱלֹהִים

הִשְׁחִיתוּ וְהִתְעִיבוּ עָוֶל אֵין עֹשֵׂה־טוֹב׃ אֱלֹהִים מִשָּׁמַיִם ג
הִשְׁקִיף עַל־בְּנֵי־אָדָם לִרְאוֹת הֲיֵשׁ מַשְׂכִּיל דֹּרֵשׁ אֶת־אֱלֹהִים׃
כֻּלּוֹ סָג יַחְדָּו נֶאֱלָחוּ אֵין עֹשֵׂה־טוֹב אֵין גַּם־אֶחָד׃ הֲלֹא יָדְעוּ ד ה
פֹּעֲלֵי אָוֶן אֹכְלֵי עַמִּי אָכְלוּ לֶחֶם אֱלֹהִים לֹא קָרָאוּ׃ שָׁם ׀ פָּחֲדוּ־ ו
פַחַד לֹא־הָיָה פָחַד כִּי־אֱלֹהִים פִּזַּר עַצְמוֹת חֹנָךְ הֱבִשֹׁתָה כִּי־
אֱלֹהִים מְאָסָם׃ מִי יִתֵּן מִצִּיּוֹן יְשֻׁעוֹת יִשְׂרָאֵל בְּשׁוּב אֱלֹהִים ז
שְׁבוּת עַמּוֹ יָגֵל יַעֲקֹב יִשְׂמַח יִשְׂרָאֵל׃
לַמְנַצֵּחַ בִּנְגִינֹת מַשְׂכִּיל לְדָוִד׃ בְּבוֹא הַזִּיפִים וַיֹּאמְרוּ לְשָׁאוּל א ב נד
הֲלֹא דָוִד מִסְתַּתֵּר עִמָּנוּ׃ אֱלֹהִים בְּשִׁמְךָ הוֹשִׁיעֵנִי וּבִגְבוּרָתְךָ ג
תְדִינֵנִי׃ אֱלֹהִים שְׁמַע תְּפִלָּתִי הַאֲזִינָה לְאִמְרֵי־פִי׃ כִּי זָרִים ׀ ד ה
קָמוּ עָלַי וְעָרִיצִים בִּקְשׁוּ נַפְשִׁי לֹא שָׂמוּ אֱלֹהִים לְנֶגְדָּם סֶלָה׃
יָשִׁיב הִנֵּה אֱלֹהִים עֹזֵר לִי אֲדֹנָי בְּסֹמְכֵי נַפְשִׁי׃ יָשׁוּב הָרַע לְשֹׁרְרָי ו ז
בַּאֲמִתְּךָ הַצְמִיתֵם׃ בִּנְדָבָה אֶזְבְּחָה־לָּךְ אוֹדֶה שִּׁמְךָ יְהוָה כִּי־ ח
טוֹב׃ כִּי מִכָּל־צָרָה הִצִּילָנִי וּבְאֹיְבַי רָאֲתָה עֵינִי׃ ט
לַמְנַצֵּחַ בִּנְגִינֹת מַשְׂכִּיל לְדָוִד׃ הַאֲזִינָה אֱלֹהִים תְּפִלָּתִי וְאַל־ א ב נה
תִּתְעַלַּם מִתְּחִנָּתִי׃ הַקְשִׁיבָה לִּי וַעֲנֵנִי אָרִיד בְּשִׂיחִי וְאָהִימָה׃ ג
מִקּוֹל אוֹיֵב מִפְּנֵי עָקַת רָשָׁע כִּי־יָמִיטוּ עָלַי אָוֶן וּבְאַף יִשְׂטְמוּנִי׃ ד
לִבִּי יָחִיל בְּקִרְבִּי וְאֵימוֹת מָוֶת נָפְלוּ עָלָי׃ יִרְאָה וָרַעַד יָבֹא בִי ה ו
וַתְּכַסֵּנִי פַּלָּצוּת׃ וָאֹמַר מִי־יִתֶּן־לִּי אֵבֶר כַּיּוֹנָה אָעוּפָה וְאֶשְׁכֹּנָה׃ ז
הִנֵּה אַרְחִיק נְדֹד אָלִין בַּמִּדְבָּר סֶלָה׃ אָחִישָׁה מִפְלָט לִי מֵרוּחַ ח ט
סֹעָה מִסָּעַר׃ בַּלַּע אֲדֹנָי פַּלַּג לְשׁוֹנָם כִּי־רָאִיתִי חָמָס וְרִיב י
בָּעִיר׃ יוֹמָם וָלַיְלָה יְסוֹבְבֻהָ עַל־חוֹמֹתֶיהָ וְאָוֶן וְעָמָל בְּקִרְבָּהּ׃ יא
הַוּוֹת בְּקִרְבָּהּ וְלֹא־יָמִישׁ מֵרְחֹבָהּ תֹּךְ וּמִרְמָה׃ כִּי לֹא־אוֹיֵב יב יג
יְחָרְפֵנִי וְאֶשָּׂא לֹא־מְשַׂנְאִי עָלַי הִגְדִּיל וְאֶסָּתֵר מִמֶּנּוּ׃ וְאַתָּה יד
אֱנוֹשׁ כְּעֶרְכִּי אַלּוּפִי וּמְיֻדָּעִי׃ אֲשֶׁר יַחְדָּו נַמְתִּיק סוֹד בְּבֵית טו
יַשִּׁיא מָוֶת ׀ אֱלֹהִים נְהַלֵּךְ בְּרָגֶשׁ׃ יְשִׁימוֹת ׀ עָלֵימוֹ יֵרְדוּ שְׁאוֹל חַיִּים כִּי־ טז
רָעוֹת בִּמְגוּרָם בְּקִרְבָּם׃ אֲנִי אֶל־אֱלֹהִים אֶקְרָא וַיהוָה יוֹשִׁיעֵנִי׃ יז

יח יט עֶרֶב וָבֹקֶר וְצָהֳרַיִם אָשִׂיחָה וְאֶהֱמֶה וַיִּשְׁמַע קוֹלִי׃ פָּדָה בְשָׁלוֹם
כ נַפְשִׁי מִקֲּרָב־לִי כִּי־בְרַבִּים הָיוּ עִמָּדִי׃ יִשְׁמַע ׀ אֵל ׀ וְיַעֲנֵם
וְיֹשֵׁב קֶדֶם סֶלָה אֲשֶׁר אֵין חֲלִיפוֹת לָמוֹ וְלֹא יָרְאוּ אֱלֹהִים׃
כא כב שָׁלַח יָדָיו בִּשְׁלֹמָיו חִלֵּל בְּרִיתוֹ׃ חָלְקוּ ׀ מַחְמָאֹת פִּיו וּקְרָב־
כג לִבּוֹ רַכּוּ דְבָרָיו מִשֶּׁמֶן וְהֵמָּה פְתִחוֹת׃ הַשְׁלֵךְ עַל־יְהֹוָה ׀ יְהָבְךָ
כד וְהוּא יְכַלְכְּלֶךָ לֹא־יִתֵּן לְעוֹלָם מוֹט לַצַּדִּיק׃ וְאַתָּה אֱלֹהִים ׀
תּוֹרִדֵם לִבְאֵר שַׁחַת אַנְשֵׁי דָמִים וּמִרְמָה לֹא־יֶחֱצוּ יְמֵיהֶם
וַאֲנִי אֶבְטַח־בָּךְ׃

נו א לַמְנַצֵּחַ ׀ עַל־יוֹנַת אֵלֶם רְחֹקִים לְדָוִד מִכְתָּם בֶּאֱחֹז אֹתוֹ
ב פְלִשְׁתִּים בְּגַת׃ חָנֵּנִי אֱלֹהִים כִּי־שְׁאָפַנִי אֱנוֹשׁ כָּל־הַיּוֹם לֹחֵם
ג יִלְחָצֵנִי׃ שָׁאֲפוּ שׁוֹרְרַי כָּל־הַיּוֹם כִּי־רַבִּים לֹחֲמִים לִי מָרוֹם׃
ד ה יוֹם אִירָא אֲנִי אֵלֶיךָ אֶבְטָח׃ בֵּאלֹהִים אֲהַלֵּל דְּבָרוֹ בֵּאלֹהִים
ו בָּטַחְתִּי לֹא אִירָא מַה־יַּעֲשֶׂה בָשָׂר לִי׃ כָּל־הַיּוֹם דְּבָרַי יְעַצֵּבוּ
ז עָלַי כָּל־מַחְשְׁבֹתָם לָרָע׃ יָגוּרוּ ׀ יצפינו הֵמָּה עֲקֵבַי יִשְׁמֹרוּ יִצְפֹּנוּ
ח כַּאֲשֶׁר קִוּוּ נַפְשִׁי׃ עַל־אָוֶן פַּלֶּט־לָמוֹ בְּאַף עַמִּים ׀ הוֹרֵד אֱלֹהִים׃
ט נֹדִי סָפַרְתָּה אָתָּה שִׂימָה דִמְעָתִי בְנֹאדֶךָ הֲלֹא בְּסִפְרָתֶךָ׃ אָז ׀
י יָשׁוּבוּ אוֹיְבַי אָחוֹר בְּיוֹם אֶקְרָא זֶה־יָדַעְתִּי כִּי־אֱלֹהִים לִי׃
יא יב בֵּאלֹהִים אֲהַלֵּל דָּבָר בַּיהֹוָה אֲהַלֵּל דָּבָר׃ בֵּאלֹהִים בָּטַחְתִּי לֹא
יג אִירָא מַה־יַּעֲשֶׂה אָדָם לִי׃ עָלַי אֱלֹהִים נְדָרֶיךָ אֲשַׁלֵּם תּוֹדֹת
יד לָךְ׃ כִּי הִצַּלְתָּ נַפְשִׁי מִמָּוֶת הֲלֹא רַגְלַי מִדֶּחִי לְהִתְהַלֵּךְ לִפְנֵי
אֱלֹהִים בְּאוֹר הַחַיִּים׃

נז א לַמְנַצֵּחַ אַל־תַּשְׁחֵת לְדָוִד מִכְתָּם בְּבָרְחוֹ מִפְּנֵי־שָׁאוּל בַּמְּעָרָה׃
ב חָנֵּנִי אֱלֹהִים ׀ חָנֵּנִי כִּי בְךָ חָסָיָה נַפְשִׁי וּבְצֵל־כְּנָפֶיךָ אֶחְסֶה עַד
ג ד יַעֲבֹר הַוּוֹת׃ אֶקְרָא לֵאלֹהִים עֶלְיוֹן לָאֵל גֹּמֵר עָלָי׃ יִשְׁלַח
מִשָּׁמַיִם ׀ וְיוֹשִׁיעֵנִי חֵרֵף שֹׁאֲפִי סֶלָה יִשְׁלַח אֱלֹהִים חַסְדּוֹ וַאֲמִתּוֹ׃
ה נַפְשִׁי ׀ בְּתוֹךְ לְבָאִם אֶשְׁכְּבָה לֹהֲטִים בְּנֵי־אָדָם שִׁנֵּיהֶם חֲנִית
ו וְחִצִּים וּלְשׁוֹנָם חֶרֶב חַדָּה׃ רוּמָה עַל־הַשָּׁמַיִם אֱלֹהִים עַל כָּל־

ז הָאָרֶץ כְּבוֹדֶךָ׃ רֶשֶׁת ׀ הֵכִינוּ לִפְעָמַי כָּפַף נַפְשִׁי כָּרוּ לְפָנַי
ח שִׁיחָה נָפְלוּ בְתוֹכָהּ סֶלָה׃ נָכוֹן לִבִּי אֱלֹהִים נָכוֹן לִבִּי אָשִׁירָה
ט וַאֲזַמֵּרָה׃ עוּרָה כְבוֹדִי עוּרָה הַנֵּבֶל וְכִנּוֹר אָעִירָה שָּׁחַר׃
י יא אוֹדְךָ בָעַמִּים ׀ אֲדֹנָי אֲזַמֶּרְךָ בַּלְאֻמִּים׃ כִּי־גָדֹל עַד־שָׁמַיִם
יב חַסְדֶּךָ וְעַד־שְׁחָקִים אֲמִתֶּךָ׃ רוּמָה עַל־שָׁמַיִם אֱלֹהִים עַל ח
כָּל־הָאָרֶץ כְּבוֹדֶךָ׃

נח א ב לַמְנַצֵּחַ אַל־תַּשְׁחֵת לְדָוִד מִכְתָּם׃ הַאֻמְנָם אֵלֶם צֶדֶק תְּדַבֵּרוּן
ג מֵישָׁרִים תִּשְׁפְּטוּ בְּנֵי אָדָם׃ אַף־בְּלֵב עוֹלֹת תִּפְעָלוּן בָּאָרֶץ
ד חֲמַס יְדֵיכֶם תְּפַלֵּסוּן׃ זֹרוּ רְשָׁעִים מֵרָחֶם תָּעוּ מִבֶּטֶן דֹּבְרֵי כָזָב׃
ה חֲמַת־לָמוֹ כִּדְמוּת חֲמַת־נָחָשׁ כְּמוֹ־פֶתֶן חֵרֵשׁ יַאְטֵם אָזְנוֹ׃
ו ז אֲשֶׁר לֹא־יִשְׁמַע לְקוֹל מְלַחֲשִׁים חוֹבֵר חֲבָרִים מְחֻכָּם׃ אֱלֹהִים
ח הֲרָס־שִׁנֵּימוֹ בְּפִימוֹ מַלְתְּעוֹת כְּפִירִים נְתֹץ ׀ יהוה׃ יִמָּאֲסוּ כְמוֹ־
ט מַיִם יִתְהַלְּכוּ־לָמוֹ יִדְרֹךְ חִצָּו כְּמוֹ יִתְמֹלָלוּ׃ כְּמוֹ שַׁבְּלוּל תֶּמֶס
י יַהֲלֹךְ נֵפֶל אֵשֶׁת בַּל־חָזוּ שָׁמֶשׁ׃ בְּטֶרֶם יָבִינוּ סִּירֹתֵיכֶם אָטָד
יא כְּמוֹ־חַי כְּמוֹ־חָרוֹן יִשְׂעָרֶנּוּ׃ יִשְׂמַח צַדִּיק כִּי־חָזָה נָקָם פְּעָמָיו
יב יִרְחַץ בְּדַם הָרָשָׁע׃ וְיֹאמַר אָדָם אַךְ־פְּרִי לַצַּדִּיק אַךְ יֵשׁ־
אֱלֹהִים שֹׁפְטִים בָּאָרֶץ׃

נט א לַמְנַצֵּחַ אַל־תַּשְׁחֵת לְדָוִד מִכְתָּם בִּשְׁלֹחַ שָׁאוּל וַיִּשְׁמְרוּ אֶת־
ב הַבַּיִת לַהֲמִיתוֹ׃ הַצִּילֵנִי מֵאֹיְבַי ׀ אֱלֹהָי מִמִּתְקוֹמְמַי תְּשַׂגְּבֵנִי׃
ג ד הַצִּילֵנִי מִפֹּעֲלֵי אָוֶן וּמֵאַנְשֵׁי דָמִים הוֹשִׁיעֵנִי׃ כִּי הִנֵּה אָרְבוּ
ה לְנַפְשִׁי יָגוּרוּ עָלַי עַזִּים לֹא־פִשְׁעִי וְלֹא־חַטָּאתִי יהוה׃ בְּלִי־עָוֺן
ו יְרֻצוּן וְיִכּוֹנָנוּ עוּרָה לִקְרָאתִי וּרְאֵה׃ וְאַתָּה יהוה־אֱלֹהִים ׀
צְבָאוֹת אֱלֹהֵי יִשְׂרָאֵל הָקִיצָה לִפְקֹד כָּל־הַגּוֹיִם אַל־תָּחֹן כָּל־
ז ח בֹּגְדֵי אָוֶן סֶלָה׃ יָשׁוּבוּ לָעֶרֶב יֶהֱמוּ כַכָּלֶב וִיסוֹבְבוּ עִיר׃ הִנֵּה ׀
ט יַבִּיעוּן בְּפִיהֶם חֲרָבוֹת בְּשִׂפְתוֹתֵיהֶם כִּי־מִי שֹׁמֵעַ׃ וְאַתָּה יהוה
י תִּשְׂחַק־לָמוֹ תִּלְעַג לְכָל־גּוֹיִם׃ עֻזּוֹ אֵלֶיךָ אֶשְׁמֹרָה כִּי־אֱלֹהִים
יא יב מִשְׂגַּבִּי׃ אֱלֹהֵי חסדו יְקַדְּמֵנִי אֱלֹהִים יַרְאֵנִי בְשֹׁרְרָי׃ אַל־ חַסְדִּי

תַּהַרְגֵם ׀ פֶּן־יִשְׁכְּחוּ עַמִּי הֲנִיעֵמוֹ בְחֵילְךָ וְהוֹרִידֵמוֹ מָגִנֵּנוּ אֲדֹנָי׃
יג חַטַּאת־פִּימוֹ דְּבַר־שְׂפָתֵימוֹ וְיִלָּכְדוּ בִגְאוֹנָם וּמֵאָלָה וּמִכַּחַשׁ
יד יְסַפֵּרוּ׃ כַּלֵּה בְחֵמָה כַּלֵּה וְאֵינֵמוֹ וְיֵדְעוּ כִּי־אֱלֹהִים מֹשֵׁל בְּיַעֲקֹב
טו לְאַפְסֵי הָאָרֶץ סֶלָה׃ וְיָשֻׁבוּ לָעֶרֶב יֶהֱמוּ כַכָּלֶב וִיסוֹבְבוּ עִיר׃
טז יז הֵמָּה ינועון לֶאֱכֹל אִם־לֹא יִשְׂבְּעוּ וַיָּלִינוּ׃ וַאֲנִי ׀ אָשִׁיר עֻזֶּךָ יְנִיעוּן
יח וַאֲרַנֵּן לַבֹּקֶר חַסְדֶּךָ כִּי־הָיִיתָ מִשְׂגָּב לִי וּמָנוֹס בְּיוֹם צַר־לִי׃ עֻזִּי
אֵלֶיךָ אֲזַמֵּרָה כִּי־אֱלֹהִים מִשְׂגַּבִּי אֱלֹהֵי חַסְדִּי׃

ס א ב לַמְנַצֵּחַ עַל־שׁוּשַׁן עֵדוּת מִכְתָּם לְדָוִד לְלַמֵּד׃ בְּהַצּוֹתוֹ ׀ אֶת
אֲרַם נַהֲרַיִם וְאֶת־אֲרַם צוֹבָה וַיָּשָׁב יוֹאָב וַיַּךְ אֶת־אֱדוֹם בְּגֵיא־
ג מֶלַח שְׁנֵים עָשָׂר אָלֶף׃ אֱלֹהִים זְנַחְתָּנוּ פְרַצְתָּנוּ אָנַפְתָּ תְּשׁוֹבֵב
ד ה לָנוּ׃ הִרְעַשְׁתָּה אֶרֶץ פְּצַמְתָּהּ רְפָה שְׁבָרֶיהָ כִי־מָטָה׃ הִרְאִיתָ
ו עַמְּךָ קָשָׁה הִשְׁקִיתָנוּ יַיִן תַּרְעֵלָה׃ נָּתַתָּה לִּירֵאֶיךָ נֵּס לְהִתְנוֹסֵס
ז מִפְּנֵי קֹשֶׁט סֶלָה׃ לְמַעַן יֵחָלְצוּן יְדִידֶיךָ הוֹשִׁיעָה יְמִינְךָ ועננו׃ וַעֲנֵנִי
ח אֱלֹהִים ׀ דִּבֶּר בְּקָדְשׁוֹ אֶעְלֹזָה אֲחַלְּקָה שְׁכֶם וְעֵמֶק סֻכּוֹת
ט אֲמַדֵּד׃ לִי גִלְעָד ׀ וְלִי מְנַשֶּׁה וְאֶפְרַיִם מָעוֹז רֹאשִׁי יְהוּדָה
י מְחֹקְקִי׃ מוֹאָב ׀ סִיר רַחְצִי עַל־אֱדוֹם אַשְׁלִיךְ נַעֲלִי עָלַי פְּלֶשֶׁת
יא יב הִתְרוֹעָעִי׃ מִי יֹבִלֵנִי עִיר מָצוֹר מִי נָחַנִי עַד־אֱדוֹם׃ הֲלֹא־אַתָּה
יג אֱלֹהִים זְנַחְתָּנוּ וְלֹא־תֵצֵא אֱלֹהִים בְּצִבְאוֹתֵינוּ׃ הָבָה־לָּנוּ
יד עֶזְרָת מִצָּר וְשָׁוְא תְּשׁוּעַת אָדָם׃ בֵּאלֹהִים נַעֲשֶׂה־חָיִל
וְהוּא יָבוּס צָרֵינוּ׃

סא א ב לַמְנַצֵּחַ ׀ עַל־נְגִינַת לְדָוִד׃ שִׁמְעָה אֱלֹהִים רִנָּתִי הַקְשִׁיבָה
ג תְּפִלָּתִי׃ מִקְצֵה הָאָרֶץ ׀ אֵלֶיךָ אֶקְרָא בַּעֲטֹף לִבִּי בְּצוּר־יָרוּם
ד ה מִמֶּנִּי תַנְחֵנִי׃ כִּי־הָיִיתָ מַחְסֶה לִי מִגְדַּל־עֹז מִפְּנֵי אוֹיֵב׃ אָגוּרָה
ו בְאָהָלְךָ עוֹלָמִים אֶחֱסֶה בְסֵתֶר כְּנָפֶיךָ סֶּלָה׃ כִּי־אַתָּה אֱלֹהִים
ז שָׁמַעְתָּ לִנְדָרָי נָתַתָּ יְרֻשַּׁת יִרְאֵי שְׁמֶךָ׃ יָמִים עַל־יְמֵי־מֶלֶךְ
ח תּוֹסִיף שְׁנוֹתָיו כְּמוֹ־דֹר וָדֹר׃ יֵשֵׁב עוֹלָם לִפְנֵי אֱלֹהִים
ט חֶסֶד וֶאֱמֶת מַן יִנְצְרֻהוּ׃ כֵּן אֲזַמְּרָה שִׁמְךָ לָעַד לְשַׁלְּמִי

נִדָרַי יוֹם ׀ יוֹם׃
לַמְנַצֵּחַ עַל־יְדוּתוּן מִזְמוֹר לְדָוִד׃ אַךְ אֶל־אֱלֹהִים דּוּמִיָּה נַפְשִׁי א ב
מִמֶּנּוּ יְשׁוּעָתִי׃ אַךְ־הוּא צוּרִי וִישׁוּעָתִי מִשְׂגַּבִּי לֹא־אֶמּוֹט רַבָּה׃ ג
עַד־אָנָה ׀ תְּהוֹתְתוּ עַל־אִישׁ תְּרָצְּחוּ כֻלְּכֶם כְּקִיר נָטוּי גָּדֵר ד
הַדְּחוּיָה׃ אַךְ מִשְּׂאֵתוֹ ׀ יָעֲצוּ לְהַדִּיחַ יִרְצוּ כָזָב בְּפִיו יְבָרֵכוּ ה
וּבְקִרְבָּם יְקַלְלוּ־סֶלָה׃ אַךְ לֵאלֹהִים דּוֹמִּי נַפְשִׁי כִּי־מִמֶּנּוּ ו
תִּקְוָתִי׃ אַךְ־הוּא צוּרִי וִישׁוּעָתִי מִשְׂגַּבִּי לֹא אֶמּוֹט׃ עַל־אֱלֹהִים ז ח
יִשְׁעִי וּכְבוֹדִי צוּר־עֻזִּי מַחְסִי בֵּאלֹהִים׃ בִּטְחוּ בוֹ בְכָל־עֵת ׀ עָם ט
שִׁפְכוּ־לְפָנָיו לְבַבְכֶם אֱלֹהִים מַחֲסֶה־לָּנוּ סֶלָה׃ אַךְ ׀ הֶבֶל בְּנֵי־ י
אָדָם כָּזָב בְּנֵי אִישׁ בְּמֹאזְנַיִם לַעֲלוֹת הֵמָּה מֵהֶבֶל יָחַד׃ אַל־ יא
תִּבְטְחוּ בְעֹשֶׁק וּבְגָזֵל אַל־תֶּהְבָּלוּ חַיִל ׀ כִּי־יָנוּב אַל־תָּשִׁיתוּ
לֵב׃ אַחַת ׀ דִּבֶּר אֱלֹהִים שְׁתַּיִם־זוּ שָׁמָעְתִּי כִּי עֹז לֵאלֹהִים׃ יב
וּלְךָ־אֲדֹנָי חָסֶד כִּי־אַתָּה תְשַׁלֵּם לְאִישׁ כְּמַעֲשֵׂהוּ׃ יג
מִזְמוֹר לְדָוִד בִּהְיוֹתוֹ בְּמִדְבַּר יְהוּדָה׃ אֱלֹהִים ׀ אֵלִי אַתָּה א ב סג
אֲשַׁחֲרֶךָּ צָמְאָה לְךָ ׀ נַפְשִׁי כָּמַהּ לְךָ בְשָׂרִי בְּאֶרֶץ־צִיָּה וְעָיֵף
בְּלִי־מָיִם׃ כֵּן בַּקֹּדֶשׁ חֲזִיתִךָ לִרְאוֹת עֻזְּךָ וּכְבוֹדֶךָ׃ כִּי־טוֹב ג ד
חַסְדְּךָ מֵחַיִּים שְׂפָתַי יְשַׁבְּחוּנְךָ׃ כֵּן אֲבָרֶכְךָ בְחַיָּי בְּשִׁמְךָ אֶשָּׂא ה
כַפָּי׃ כְּמוֹ חֵלֶב וָדֶשֶׁן תִּשְׂבַּע נַפְשִׁי וְשִׂפְתֵי רְנָנוֹת יְהַלֶּל־פִּי׃ ו
אִם־זְכַרְתִּיךָ עַל־יְצוּעָי בְּאַשְׁמֻרוֹת אֶהְגֶּה־בָּךְ׃ כִּי־הָיִיתָ עֶזְרָתָה ז ח
לִּי וּבְצֵל כְּנָפֶיךָ אֲרַנֵּן׃ דָּבְקָה נַפְשִׁי אַחֲרֶיךָ בִּי תָּמְכָה יְמִינֶךָ׃ ט
וְהֵמָּה לְשׁוֹאָה יְבַקְשׁוּ נַפְשִׁי יָבֹאוּ בְּתַחְתִּיּוֹת הָאָרֶץ׃ יַגִּירֻהוּ י יא
עַל־יְדֵי־חָרֶב מְנָת שֻׁעָלִים יִהְיוּ׃ וְהַמֶּלֶךְ יִשְׂמַח בֵּאלֹהִים יב
יִתְהַלֵּל כָּל־הַנִּשְׁבָּע בּוֹ כִּי יִסָּכֵר פִּי דוֹבְרֵי־שָׁקֶר׃
לַמְנַצֵּחַ מִזְמוֹר לְדָוִד׃ שְׁמַע־אֱלֹהִים קוֹלִי בְשִׂיחִי מִפַּחַד אוֹיֵב א ב סד
תִּצֹּר חַיָּי׃ תַּסְתִּירֵנִי מִסּוֹד מְרֵעִים מֵרִגְשַׁת פֹּעֲלֵי אָוֶן׃ אֲשֶׁר ג ד
שָׁנְנוּ כַחֶרֶב לְשׁוֹנָם דָּרְכוּ חִצָּם דָּבָר מָר׃ לִירוֹת בַּמִּסְתָּרִים תָּם ה
פִּתְאֹם יֹרֻהוּ וְלֹא יִירָאוּ׃ יְחַזְּקוּ־לָמוֹ ׀ דָּבָר רָע יְסַפְּרוּ לִטְמוֹן ו

ז מוֹקְשִׁים אָמְרוּ מִי יִרְאֶה־לָּמוֹ: יַחְפְּשׂוּ־עוֹלֹת תַּמְנוּ חֵפֶשׂ
ח מְחֻפָּשׂ וְקֶרֶב אִישׁ וְלֵב עָמֹק: וַיֹּרֵם אֱלֹהִים חֵץ פִּתְאוֹם הָיוּ
ט י מַכּוֹתָם: וַיַּכְשִׁילֻהוּ עָלֵימוֹ לְשׁוֹנָם יִתְנֹדְדוּ כׇּל־רֹאֵה בָם: וַיִּירְאוּ
יא כׇּל־אָדָם וַיַּגִּידוּ פֹּעַל אֱלֹהִים וּמַעֲשֵׂהוּ הִשְׂכִּילוּ: יִשְׂמַח צַדִּיק
בַּיהוָה וְחָסָה בוֹ וְיִתְהַלְלוּ כׇּל־יִשְׁרֵי־לֵב:

סה א ב לַמְנַצֵּחַ מִזְמוֹר לְדָוִד שִׁיר: לְךָ דֻמִיָּה תְהִלָּה אֱלֹהִים בְּצִיּוֹן וּלְךָ
ג ד יְשֻׁלַּם־נֶדֶר: שֹׁמֵעַ תְּפִלָּה עָדֶיךָ כׇּל־בָּשָׂר יָבֹאוּ: דִּבְרֵי עֲוֺנֹת
ה גָּבְרוּ מֶנִּי פְּשָׁעֵינוּ אַתָּה תְכַפְּרֵם: אַשְׁרֵי ׀ תִּבְחַר וּתְקָרֵב יִשְׁכֹּן
ו חֲצֵרֶיךָ נִשְׂבְּעָה בְּטוּב בֵּיתֶךָ קְדֹשׁ הֵיכָלֶךָ: נוֹרָאוֹת ׀ בְּצֶדֶק
ז תַּעֲנֵנוּ אֱלֹהֵי יִשְׁעֵנוּ מִבְטָח כׇּל־קַצְוֵי־אֶרֶץ וְיָם רְחֹקִים: מֵכִין
ח הָרִים בְּכֹחוֹ נֶאְזָר בִּגְבוּרָה: מַשְׁבִּיחַ ׀ שְׁאוֹן יַמִּים שְׁאוֹן גַּלֵּיהֶם
ט וַהֲמוֹן לְאֻמִּים: וַיִּירְאוּ ׀ יֹשְׁבֵי קְצָוֺת מֵאוֹתֹתֶיךָ מוֹצָאֵי־בֹקֶר
י וָעֶרֶב תַּרְנִין: פָּקַדְתָּ הָאָרֶץ ׀ וַתְּשֹׁקְקֶהָ רַבַּת תַּעְשְׁרֶנָּה פֶּלֶג
יא אֱלֹהִים מָלֵא מָיִם תָּכִין דְּגָנָם כִּי־כֵן תְּכִינֶהָ: תְּלָמֶיהָ רַוֵּה נַחֵת
יב גְּדוּדֶהָ בִּרְבִיבִים תְּמֹגְגֶנָּה צִמְחָהּ תְּבָרֵךְ: עִטַּרְתָּ שְׁנַת טוֹבָתֶךָ
יג וּמַעְגָּלֶיךָ יִרְעֲפוּן דָּשֶׁן: יִרְעֲפוּ נְאוֹת מִדְבָּר וְגִיל גְּבָעוֹת
יד תַּחְגֹּרְנָה: לָבְשׁוּ כָרִים ׀ הַצֹּאן וַעֲמָקִים יַעַטְפוּ־בָר יִתְרוֹעֲעוּ
אַף־יָשִׁירוּ:

סו א ב לַמְנַצֵּחַ שִׁיר מִזְמוֹר הָרִיעוּ לֵאלֹהִים כׇּל־הָאָרֶץ: זַמְּרוּ כְבוֹד־
ג שְׁמוֹ שִׂימוּ כָבוֹד תְּהִלָּתוֹ: אִמְרוּ לֵאלֹהִים מַה־נּוֹרָא מַעֲשֶׂיךָ
ד בְּרֹב עֻזְּךָ יְכַחֲשׁוּ לְךָ אֹיְבֶיךָ: כׇּל־הָאָרֶץ ׀ יִשְׁתַּחֲווּ לְךָ וִיזַמְּרוּ־
ה לָךְ יְזַמְּרוּ שִׁמְךָ סֶלָה: לְכוּ וּרְאוּ מִפְעֲלוֹת אֱלֹהִים נוֹרָא עֲלִילָה
ו עַל־בְּנֵי אָדָם: הָפַךְ יָם ׀ לְיַבָּשָׁה בַּנָּהָר יַעַבְרוּ בְרָגֶל שָׁם נִשְׂמְחָה־
ז בּוֹ: מֹשֵׁל בִּגְבוּרָתוֹ ׀ עוֹלָם עֵינָיו בַּגּוֹיִם תִּצְפֶּינָה הַסּוֹרְרִים ׀ אַל־
ח ירימו לָמוֹ סֶלָה: בָּרְכוּ עַמִּים ׀ אֱלֹהֵינוּ וְהַשְׁמִיעוּ קוֹל תְּהִלָּתוֹ: (יָרוּמוּ)
ט י הַשָּׂם נַפְשֵׁנוּ בַּחַיִּים וְלֹא־נָתַן לַמּוֹט רַגְלֵנוּ: כִּי־בְחַנְתָּנוּ אֱלֹהִים
יא צְרַפְתָּנוּ כִּצְרׇף־כָּסֶף: הֲבֵאתָנוּ בַמְּצוּדָה שַׂמְתָּ מוּעָקָה

בְּמׇתְנֵינוּ׃ הִרְכַּבְתָּ אֱנוֹשׁ לְרֹאשֵׁנוּ בָּאנוּ־בָאֵשׁ וּבַמַּיִם וַתּוֹצִיאֵנוּ יב
לָרְוָיָה׃ אָבוֹא בֵיתְךָ בְעוֹלוֹת אֲשַׁלֵּם לְךָ נְדָרָי׃ אֲשֶׁר־פָּצוּ שְׂפָתָי יג יד
וְדִבֶּר־פִּי בַּצַּר־לִי׃ עֹלוֹת מֵחִים אַעֲלֶה־לָּךְ עִם־קְטֹרֶת אֵילִים טו
אֶעֱשֶׂה בָקָר עִם־עַתּוּדִים סֶלָה׃ לְכוּ־שִׁמְעוּ וַאֲסַפְּרָה כׇּל־יִרְאֵי טז
אֱלֹהִים אֲשֶׁר עָשָׂה לְנַפְשִׁי׃ אֵלָיו פִּי־קָרָאתִי וְרוֹמַם תַּחַת יז
לְשׁוֹנִי׃ אָוֶן אִם־רָאִיתִי בְלִבִּי לֹא יִשְׁמַע ׀ אֲדֹנָי׃ אָכֵן שָׁמַע יח יט
אֱלֹהִים הִקְשִׁיב בְּקוֹל תְּפִלָּתִי׃ בָּרוּךְ אֱלֹהִים אֲשֶׁר לֹא־הֵסִיר כ
תְּפִלָּתִי וְחַסְדּוֹ מֵאִתִּי׃

לַמְנַצֵּחַ בִּנְגִינֹת מִזְמוֹר שִׁיר׃ אֱלֹהִים יְחׇנֵּנוּ וִיבָרְכֵנוּ יָאֵר פָּנָיו א ב סז
אִתָּנוּ סֶלָה׃ לָדַעַת בָּאָרֶץ דַּרְכֶּךָ בְּכׇל־גּוֹיִם יְשׁוּעָתֶךָ׃ יוֹדוּךָ ג ד
עַמִּים ׀ אֱלֹהִים יוֹדוּךָ עַמִּים כֻּלָּם׃ יִשְׂמְחוּ וִירַנְּנוּ לְאֻמִּים כִּי־ ה
תִשְׁפֹּט עַמִּים מִישֹׁר וּלְאֻמִּים ׀ בָּאָרֶץ תַּנְחֵם סֶלָה׃ יוֹדוּךָ ו
עַמִּים ׀ אֱלֹהִים יוֹדוּךָ עַמִּים כֻּלָּם׃ אֶרֶץ נָתְנָה יְבוּלָהּ ז
ט יְבָרְכֵנוּ אֱלֹהִים אֱלֹהֵינוּ׃ יְבָרְכֵנוּ אֱלֹהִים וְיִירְאוּ אוֹתוֹ כׇּל־ ח
אַפְסֵי־אָרֶץ׃

לַמְנַצֵּחַ לְדָוִד מִזְמוֹר שִׁיר׃ יָקוּם אֱלֹהִים יָפוּצוּ אוֹיְבָיו וְיָנוּסוּ א ב סח
מְשַׂנְאָיו מִפָּנָיו׃ כְּהִנְדֹּף עָשָׁן תִּנְדֹּף כְּהִמֵּס דּוֹנַג מִפְּנֵי־אֵשׁ ג
יֹאבְדוּ רְשָׁעִים מִפְּנֵי אֱלֹהִים׃ וְצַדִּיקִים יִשְׂמְחוּ יַעַלְצוּ לִפְנֵי ד
אֱלֹהִים וְיָשִׂישׂוּ בְשִׂמְחָה׃ שִׁירוּ ׀ לֵאלֹהִים זַמְּרוּ שְׁמוֹ סֹלּוּ לָרֹכֵב ה
בָּעֲרָבוֹת בְּיָהּ שְׁמוֹ וְעִלְזוּ לְפָנָיו׃ אֲבִי יְתוֹמִים וְדַיַּן אַלְמָנוֹת ו
אֱלֹהִים בִּמְעוֹן קׇדְשׁוֹ׃ אֱלֹהִים ׀ מוֹשִׁיב יְחִידִים ׀ בַּיְתָה מוֹצִיא ז
אֲסִירִים בַּכּוֹשָׁרוֹת אַךְ סוֹרְרִים שָׁכְנוּ צְחִיחָה׃ אֱלֹהִים בְּצֵאתְךָ ח
לִפְנֵי עַמֶּךָ בְּצַעְדְּךָ בִישִׁימוֹן סֶלָה׃ אֶרֶץ רָעָשָׁה ׀ אַף־שָׁמַיִם ט
נָטְפוּ מִפְּנֵי אֱלֹהִים זֶה סִינַי מִפְּנֵי אֱלֹהִים אֱלֹהֵי יִשְׂרָאֵל׃ גֶּשֶׁם י
נְדָבוֹת תָּנִיף אֱלֹהִים נַחֲלָתְךָ וְנִלְאָה אַתָּה כוֹנַנְתָּהּ׃ חַיָּתְךָ יא
יָשְׁבוּ־בָהּ תָּכִין בְּטוֹבָתְךָ לֶעָנִי אֱלֹהִים׃ אֲדֹנָי יִתֶּן־אֹמֶר יב
הַמְבַשְּׂרוֹת צָבָא רָב׃ מַלְכֵי צְבָאוֹת יִדֹּדוּן יִדֹּדוּן וּנְוַת־בַּיִת יג

יד תְּחַלֵּק שָׁלָל׃ אִם־תִּשְׁכְּבוּן בֵּין שְׁפַתָּיִם כַּנְפֵי יוֹנָה נֶחְפָּה בַכֶּסֶף
טו וְאֶבְרוֹתֶיהָ בִּירַקְרַק חָרוּץ׃ בְּפָרֵשׂ שַׁדַּי מְלָכִים בָּהּ תַּשְׁלֵג
טז יז בְּצַלְמוֹן׃ הַר־אֱלֹהִים הַר־בָּשָׁן הַר גַּבְנֻנִּים הַר־בָּשָׁן׃ לָמָּה ׀
תְּרַצְּדוּן הָרִים גַּבְנֻנִּים הָהָר חָמַד אֱלֹהִים לְשִׁבְתּוֹ אַף־יְהוָה
יח יִשְׁכֹּן לָנֶצַח׃ רֶכֶב אֱלֹהִים רִבֹּתַיִם אַלְפֵי שִׁנְאָן אֲדֹנָי בָם סִינַי
יט בַּקֹּדֶשׁ׃ עָלִיתָ לַמָּרוֹם ׀ שָׁבִיתָ שֶּׁבִי לָקַחְתָּ מַתָּנוֹת בָּאָדָם וְאַף
כ סוֹרְרִים לִשְׁכֹּן ׀ יָהּ אֱלֹהִים׃ בָּרוּךְ אֲדֹנָי יוֹם ׀ יוֹם יַעֲמָס־לָנוּ
כא הָאֵל יְשׁוּעָתֵנוּ סֶלָה׃ הָאֵל ׀ לָנוּ אֵל לְמוֹשָׁעוֹת וְלֵיהוִה אֲדֹנָי
כב לַמָּוֶת תּוֹצָאוֹת׃ אַךְ־אֱלֹהִים יִמְחַץ רֹאשׁ אֹיְבָיו קָדְקֹד שֵׂעָר
כג מִתְהַלֵּךְ בַּאֲשָׁמָיו׃ אָמַר אֲדֹנָי מִבָּשָׁן אָשִׁיב אָשִׁיב מִמְּצֻלוֹת יָם׃
כד כה לְמַעַן ׀ תִּמְחַץ רַגְלְךָ בְּדָם לְשׁוֹן כְּלָבֶיךָ מֵאֹיְבִים מִנֵּהוּ׃ רָאוּ
כו הֲלִיכוֹתֶיךָ אֱלֹהִים הֲלִיכוֹת אֵלִי מַלְכִּי בַקֹּדֶשׁ׃ קִדְּמוּ שָׁרִים
כז אַחַר נֹגְנִים בְּתוֹךְ עֲלָמוֹת תּוֹפֵפוֹת׃ בְּמַקְהֵלוֹת בָּרְכוּ אֱלֹהִים
כח אֲדֹנָי מִמְּקוֹר יִשְׂרָאֵל׃ שָׁם בִּנְיָמִן ׀ צָעִיר רֹדֵם שָׂרֵי יְהוּדָה
כט רִגְמָתָם שָׂרֵי זְבֻלוּן שָׂרֵי נַפְתָּלִי׃ צִוָּה אֱלֹהֶיךָ עֻזֶּךָ עוּזָּה אֱלֹהִים
ל לא זוּ פָּעַלְתָּ לָּנוּ׃ מֵהֵיכָלֶךָ עַל־יְרוּשָׁלָם לְךָ יוֹבִילוּ מְלָכִים שָׁי׃ גְּעַר
חַיַּת קָנֶה עֲדַת אַבִּירִים ׀ בְּעֶגְלֵי עַמִּים מִתְרַפֵּס בְּרַצֵּי־כָסֶף בִּזַּר
לב עַמִּים קְרָבוֹת יֶחְפָּצוּ׃ יֶאֱתָיוּ חַשְׁמַנִּים מִנִּי מִצְרָיִם כּוּשׁ תָּרִיץ
לג יָדָיו לֵאלֹהִים׃ מַמְלְכוֹת הָאָרֶץ שִׁירוּ לֵאלֹהִים זַמְּרוּ אֲדֹנָי
לד לה סֶלָה׃ לָרֹכֵב בִּשְׁמֵי שְׁמֵי־קֶדֶם הֵן יִתֵּן בְּקוֹלוֹ קוֹל עֹז׃ תְּנוּ עֹז
לו לֵאלֹהִים עַל־יִשְׂרָאֵל גַּאֲוָתוֹ וְעֻזּוֹ בַּשְּׁחָקִים׃ נוֹרָא אֱלֹהִים ׀
מִמִּקְדָּשֶׁיךָ אֵל יִשְׂרָאֵל הוּא נֹתֵן ׀ עֹז וְתַעֲצֻמוֹת לָעָם בָּרוּךְ
אֱלֹהִים׃

סט א ב לַמְנַצֵּחַ עַל־שׁוֹשַׁנִּים לְדָוִד׃ הוֹשִׁיעֵנִי אֱלֹהִים כִּי בָאוּ מַיִם עַד־
ג נָפֶשׁ׃ טָבַעְתִּי ׀ בִּיוֵן מְצוּלָה וְאֵין מָעֳמָד בָּאתִי בְמַעֲמַקֵּי־מַיִם
ד וְשִׁבֹּלֶת שְׁטָפָתְנִי׃ יָגַעְתִּי בְקָרְאִי נִחַר גְּרוֹנִי כָּלוּ עֵינַי מְיַחֵל
ה לֵאלֹהָי׃ רַבּוּ ׀ מִשַּׂעֲרוֹת רֹאשִׁי שֹׂנְאַי חִנָּם עָצְמוּ מַצְמִיתַי אֹיְבַי

ו שֶׁקֶר אֲשֶׁר לֹא־גָזַלְתִּי אָז אָשִׁיב׃ אֱלֹהִים אַתָּה יָדַעְתָּ לְאִוַּלְתִּי
ז וְאַשְׁמוֹתַי מִמְּךָ לֹא־נִכְחָדוּ׃ אַל־יֵבֹשׁוּ בִי ׀ קֹוֶיךָ אֲדֹנָי יֱהֹוִה
ח צְבָאוֹת אַל־יִכָּלְמוּ בִי מְבַקְשֶׁיךָ אֱלֹהֵי יִשְׂרָאֵל׃ כִּי־עָלֶיךָ
ט נָשָׂאתִי חֶרְפָּה כִּסְּתָה כְלִמָּה פָנָי׃ מוּזָר הָיִיתִי לְאֶחָי וְנָכְרִי
י לִבְנֵי אִמִּי׃ כִּי־קִנְאַת בֵּיתְךָ אֲכָלָתְנִי וְחֶרְפּוֹת חוֹרְפֶיךָ נָפְלוּ
יא יב עָלָי׃ וָאֶבְכֶּה בַצּוֹם נַפְשִׁי וַתְּהִי לַחֲרָפוֹת לִי׃ וָאֶתְּנָה לְבוּשִׁי שָׂק
יג וָאֱהִי לָהֶם לְמָשָׁל׃ יָשִׂיחוּ בִי יֹשְׁבֵי שָׁעַר וּנְגִינוֹת שׁוֹתֵי שֵׁכָר׃
יד וַאֲנִי תְפִלָּתִי־לְךָ ׀ יְהוָה עֵת רָצוֹן אֱלֹהִים בְּרָב־חַסְדֶּךָ עֲנֵנִי
טו בֶּאֱמֶת יִשְׁעֶךָ׃ הַצִּילֵנִי מִטִּיט וְאַל־אֶטְבָּעָה אִנָּצְלָה מִשֹּׂנְאַי
טז וּמִמַּעֲמַקֵּי־מָיִם׃ אַל־תִּשְׁטְפֵנִי ׀ שִׁבֹּלֶת מַיִם וְאַל־תִּבְלָעֵנִי
יז מְצוּלָה וְאַל־תֶּאְטַר־עָלַי בְּאֵר פִּיהָ׃ עֲנֵנִי יְהוָה כִּי־טוֹב חַסְדֶּךָ
יח כְּרֹב רַחֲמֶיךָ פְּנֵה אֵלָי׃ וְאַל־תַּסְתֵּר פָּנֶיךָ מֵעַבְדֶּךָ כִּי־צַר־לִי
יט כ מַהֵר עֲנֵנִי׃ קָרְבָה אֶל־נַפְשִׁי גְאָלָהּ לְמַעַן אֹיְבַי פְּדֵנִי׃ אַתָּה
כא יָדַעְתָּ חֶרְפָּתִי וּבָשְׁתִּי וּכְלִמָּתִי נֶגְדְּךָ כָּל־צוֹרְרָי׃ חֶרְפָּה ׀ שָׁבְרָה
כב לִבִּי וָאָנוּשָׁה וָאֲקַוֶּה לָנוּד וָאַיִן וְלַמְנַחֲמִים וְלֹא מָצָאתִי׃ וַיִּתְּנוּ
כג בְּבָרוּתִי רֹאשׁ וְלִצְמָאִי יַשְׁקוּנִי חֹמֶץ׃ יְהִי־שֻׁלְחָנָם לִפְנֵיהֶם לְפָח
כד וְלִשְׁלוֹמִים לְמוֹקֵשׁ׃ תֶּחְשַׁכְנָה עֵינֵיהֶם מֵרְאוֹת וּמָתְנֵיהֶם תָּמִיד
כה כו הַמְעַד׃ שְׁפָךְ־עֲלֵיהֶם זַעְמֶךָ וַחֲרוֹן אַפְּךָ יַשִּׂיגֵם׃ תְּהִי־טִירָתָם
כז נְשַׁמָּה בְּאָהֳלֵיהֶם אַל־יְהִי יֹשֵׁב׃ כִּי־אַתָּה אֲשֶׁר־הִכִּיתָ רָדָפוּ
כח וְאֶל־מַכְאוֹב חֲלָלֶיךָ יְסַפֵּרוּ׃ תְּנָה־עָוֺן עַל־עֲוֺנָם וְאַל־יָבֹאוּ
כט ל בְּצִדְקָתֶךָ׃ יִמָּחוּ מִסֵּפֶר חַיִּים וְעִם צַדִּיקִים אַל־יִכָּתֵבוּ׃ וַאֲנִי עָנִי
לא וְכוֹאֵב יְשׁוּעָתְךָ אֱלֹהִים תְּשַׂגְּבֵנִי׃ אֲהַלְלָה שֵׁם־אֱלֹהִים בְּשִׁיר
לב לג וַאֲגַדְּלֶנּוּ בְתוֹדָה׃ וְתִיטַב לַיהוָה מִשּׁוֹר פָּר מַקְרִן מַפְרִיס׃ רָאוּ
לד עֲנָוִים יִשְׂמָחוּ דֹּרְשֵׁי אֱלֹהִים וִיחִי לְבַבְכֶם׃ כִּי־שֹׁמֵעַ אֶל־
לה אֶבְיוֹנִים יְהוָה וְאֶת־אֲסִירָיו לֹא בָזָה׃ יְהַלְלוּהוּ שָׁמַיִם וָאָרֶץ
לו יַמִּים וְכָל־רֹמֵשׂ בָּם׃ כִּי אֱלֹהִים ׀ יוֹשִׁיעַ צִיּוֹן וְיִבְנֶה עָרֵי
לז יְהוּדָה וְיָשְׁבוּ שָׁם וִירֵשׁוּהָ׃ וְזֶרַע עֲבָדָיו יִנְחָלוּהָ וְאֹהֲבֵי

שְׁמוֹ יִשְׁכְּנוּ־בָהּ׃
א ב לַמְנַצֵּחַ לְדָוִד לְהַזְכִּיר׃ אֱלֹהִים לְהַצִּילֵנִי יְהוָה לְעֶזְרָתִי חוּשָׁה׃
ג יֵבֹשׁוּ וְיַחְפְּרוּ מְבַקְשֵׁי נַפְשִׁי יִסֹּגוּ אָחוֹר וְיִכָּלְמוּ חֲפֵצֵי רָעָתִי׃
ד ה יָשׁוּבוּ עַל־עֵקֶב בָּשְׁתָּם הָאֹמְרִים הֶאָח ׀ הֶאָח׃ יָשִׂישׂוּ וְיִשְׂמְחוּ ׀
בְּךָ כָּל־מְבַקְשֶׁיךָ וְיֹאמְרוּ תָמִיד יִגְדַּל אֱלֹהִים אֹהֲבֵי יְשׁוּעָתֶךָ׃
ו וַאֲנִי ׀ עָנִי וְאֶבְיוֹן אֱלֹהִים חוּשָׁה לִּי עֶזְרִי וּמְפַלְטִי אַתָּה יְהוָה
אַל־תְּאַחַר׃

עא א ב בְּךָ־יְהוָה חָסִיתִי אַל־אֵבוֹשָׁה לְעוֹלָם׃ בְּצִדְקָתְךָ תַּצִּילֵנִי
ג וּתְפַלְּטֵנִי הַטֵּה־אֵלַי אָזְנְךָ וְהוֹשִׁיעֵנִי׃ הֱיֵה לִי ׀ לְצוּר מָעוֹן
ד לָבוֹא תָּמִיד צִוִּיתָ לְהוֹשִׁיעֵנִי כִּי־סַלְעִי וּמְצוּדָתִי אָתָּה׃ אֱלֹהַי
ה פַּלְּטֵנִי מִיַּד רָשָׁע מִכַּף מְעַוֵּל וְחוֹמֵץ׃ כִּי־אַתָּה תִקְוָתִי אֲדֹנָי
ו יֱהֹוִה מִבְטַחִי מִנְּעוּרָי׃ עָלֶיךָ ׀ נִסְמַכְתִּי מִבֶּטֶן מִמְּעֵי אִמִּי אַתָּה
ז גוֹזִי בְּךָ תְהִלָּתִי תָמִיד׃ כְּמוֹפֵת הָיִיתִי לְרַבִּים וְאַתָּה מַחֲסִי־עֹז׃
ח ט יִמָּלֵא פִי תְּהִלָּתֶךָ כָּל־הַיּוֹם תִּפְאַרְתֶּךָ׃ אַל־תַּשְׁלִיכֵנִי לְעֵת
י זִקְנָה כִּכְלוֹת כֹּחִי אַל־תַּעַזְבֵנִי׃ כִּי־אָמְרוּ אוֹיְבַי לִי וְשֹׁמְרֵי נַפְשִׁי
יא נוֹעֲצוּ יַחְדָּו׃ לֵאמֹר אֱלֹהִים עֲזָבוֹ רִדְפוּ וְתִפְשׂוּהוּ כִּי־אֵין מַצִּיל׃
יב יג אֱלֹהִים אַל־תִּרְחַק מִמֶּנִּי אֱלֹהַי לְעֶזְרָתִי חישה׃ יֵבֹשׁוּ יִכְלוּ שֹׂטְנֵי חֽוּשָׁה
יד נַפְשִׁי יַעֲטוּ חֶרְפָּה וּכְלִמָּה מְבַקְשֵׁי רָעָתִי׃ וַאֲנִי תָּמִיד אֲיַחֵל
טו וְהוֹסַפְתִּי עַל־כָּל־תְּהִלָּתֶךָ׃ פִּי ׀ יְסַפֵּר צִדְקָתֶךָ כָּל־הַיּוֹם
טז תְּשׁוּעָתֶךָ כִּי לֹא יָדַעְתִּי סְפֹרוֹת׃ אָבוֹא בִּגְבֻרוֹת אֲדֹנָי יֱהֹוִה
יז אַזְכִּיר צִדְקָתְךָ לְבַדֶּךָ׃ אֱלֹהִים לִמַּדְתַּנִי מִנְּעוּרָי וְעַד־הֵנָּה אַגִּיד
יח נִפְלְאוֹתֶיךָ׃ וְגַם עַד־זִקְנָה ׀ וְשֵׂיבָה אֱלֹהִים אַל־תַּעַזְבֵנִי עַד־אַגִּיד
יט זְרוֹעֲךָ לְדוֹר לְכָל־יָבוֹא גְּבוּרָתֶךָ׃ וְצִדְקָתְךָ אֱלֹהִים עַד־מָרוֹם
כ אֲשֶׁר־עָשִׂיתָ גְדֹלוֹת אֱלֹהִים מִי כָמוֹךָ׃ אֲשֶׁר הראיתנו ׀ צָרוֹת הִרְאִיתַנִי
רַבּוֹת וְרָעוֹת תָּשׁוּב תחיינו וּמִתְּהֹמוֹת הָאָרֶץ תָּשׁוּב תעלנו׃ תְּחַיֵּנִי | תַּעֲלֵנִי
כא כב תֶּרֶב ׀ גְּדֻלָּתִי וְתִסֹּב תְּנַחֲמֵנִי׃ גַּם־אֲנִי ׀ אוֹדְךָ בִכְלִי־נֶבֶל אֲמִתְּךָ
כג אֱלֹהָי אֲזַמְּרָה לְךָ בְכִנּוֹר קְדוֹשׁ יִשְׂרָאֵל׃ תְּרַנֵּנָּה שְׂפָתַי כִּי

עא

אֲזַמְּרָה־לָּךְ וְנַפְשִׁי אֲשֶׁר פָּדִיתָ׃ גַּם־לְשׁוֹנִי כָּל־הַיּוֹם תֶּהְגֶּה כד
צִדְקָתֶךָ כִּי־בֹשׁוּ כִּי־חָפְרוּ מְבַקְשֵׁי רָעָתִי׃

עב

לִשְׁלֹמֹה ׀ אֱלֹהִים מִשְׁפָּטֶיךָ לְמֶלֶךְ תֵּן וְצִדְקָתְךָ לְבֶן־מֶלֶךְ׃ יָדִין א ב
עַמְּךָ בְצֶדֶק וַעֲנִיֶּיךָ בְמִשְׁפָּט׃ יִשְׂאוּ הָרִים שָׁלוֹם לָעָם וּגְבָעוֹת ג
בִּצְדָקָה׃ יִשְׁפֹּט ׀ עֲנִיֵּי־עָם יוֹשִׁיעַ לִבְנֵי אֶבְיוֹן וִידַכֵּא עוֹשֵׁק׃ ד
יִירָאוּךָ עִם־שָׁמֶשׁ וְלִפְנֵי יָרֵחַ דּוֹר דּוֹרִים׃ יֵרֵד כְּמָטָר עַל־גֵּז ה ו
כִּרְבִיבִים זַרְזִיף אָרֶץ׃ יִפְרַח־בְּיָמָיו צַדִּיק וְרֹב שָׁלוֹם עַד־בְּלִי ז
יָרֵחַ׃ וְיֵרְדְּ מִיָּם עַד־יָם וּמִנָּהָר עַד־אַפְסֵי־אָרֶץ׃ לְפָנָיו יִכְרְעוּ ח ט
צִיִּים וְאֹיְבָיו עָפָר יְלַחֵכוּ׃ מַלְכֵי תַרְשִׁישׁ וְאִיִּים מִנְחָה יָשִׁיבוּ י
מַלְכֵי שְׁבָא וּסְבָא אֶשְׁכָּר יַקְרִיבוּ׃ וְיִשְׁתַּחֲווּ־לוֹ כָל־מְלָכִים כָּל־ יא
גּוֹיִם יַעַבְדוּהוּ׃ כִּי־יַצִּיל אֶבְיוֹן מְשַׁוֵּעַ וְעָנִי וְאֵין־עֹזֵר לוֹ׃ יָחֹס יב יג
עַל־דַּל וְאֶבְיוֹן וְנַפְשׁוֹת אֶבְיוֹנִים יוֹשִׁיעַ׃ מִתּוֹךְ וּמֵחָמָס יִגְאַל יד
נַפְשָׁם וְיֵיקַר דָּמָם בְּעֵינָיו׃ וִיחִי וְיִתֶּן־לוֹ מִזְּהַב שְׁבָא וְיִתְפַּלֵּל טו
בַּעֲדוֹ תָמִיד כָּל־הַיּוֹם יְבָרְכֶנְהוּ׃ יְהִי פִסַּת־בַּר ׀ בָּאָרֶץ בְּרֹאשׁ טז
הָרִים יִרְעַשׁ כַּלְּבָנוֹן פִּרְיוֹ וְיָצִיצוּ מֵעִיר כְּעֵשֶׂב הָאָרֶץ׃ יְהִי שְׁמוֹ ׀ יז
יִנּוֹן לְעוֹלָם לִפְנֵי־שֶׁמֶשׁ ינין שְׁמוֹ וְיִתְבָּרְכוּ בוֹ כָּל־גּוֹיִם יְאַשְּׁרוּהוּ׃
בָּרוּךְ ׀ יְהוָה אֱלֹהִים אֱלֹהֵי יִשְׂרָאֵל עֹשֵׂה נִפְלָאוֹת לְבַדּוֹ׃ וּבָרוּךְ ׀ יח יט
שֵׁם כְּבוֹדוֹ לְעוֹלָם וְיִמָּלֵא כְבוֹדוֹ אֶת־כֹּל הָאָרֶץ אָמֵן ׀ וְאָמֵן׃
י כָּלּוּ תְפִלּוֹת דָּוִד בֶּן־יִשָׁי׃ כ

ספר שלישי

עג

מִזְמוֹר לְאָסָף אַךְ טוֹב לְיִשְׂרָאֵל אֱלֹהִים לְבָרֵי לֵבָב׃ וַאֲנִי כִּמְעַט א ב
נָטָיוּ | שֻׁפְּכוּ נטוי רַגְלָי כְּאַיִן שפכה אֲשֻׁרָי׃ כִּי־קִנֵּאתִי בַּהוֹלְלִים שְׁלוֹם ג
רְשָׁעִים אֶרְאֶה׃ כִּי אֵין חַרְצֻבּוֹת לְמוֹתָם וּבָרִיא אוּלָם׃ בַּעֲמַל ד ה
אֱנוֹשׁ אֵינֵמוֹ וְעִם־אָדָם לֹא יְנֻגָּעוּ׃ לָכֵן עֲנָקַתְמוֹ גַאֲוָה יַעֲטָף־ ו
שִׁית חָמָס לָמוֹ׃ יָצָא מֵחֵלֶב עֵינֵמוֹ עָבְרוּ מַשְׂכִּיּוֹת לֵבָב׃ יָמִיקוּ ׀ ז ח
וִידַבְּרוּ בְרָע עֹשֶׁק מִמָּרוֹם יְדַבֵּרוּ׃ שַׁתּוּ בַשָּׁמַיִם פִּיהֶם וּלְשׁוֹנָם ט
יָשׁוּב תִּהֲלַךְ בָּאָרֶץ׃ לָכֵן ׀ ישיב עַמּוֹ הֲלֹם וּמֵי מָלֵא יִמָּצוּ לָמוֹ׃ י

יא יב וְאָמְרוּ אֵיכָה יָדַע־אֵל וְיֵשׁ דֵּעָה בְעֶלְיוֹן: הִנֵּה־אֵלֶּה רְשָׁעִים
יג וְשַׁלְוֵי עוֹלָם הִשְׂגּוּ־חָיִל: אַךְ־רִיק זִכִּיתִי לְבָבִי וָאֶרְחַץ בְּנִקָּיוֹן
יד טו כַּפָּי: וָאֱהִי נָגוּעַ כָּל־הַיּוֹם וְתוֹכַחְתִּי לַבְּקָרִים: אִם־אָמַרְתִּי
טז אֲסַפְּרָה כְמוֹ הִנֵּה דוֹר בָּנֶיךָ בָגָדְתִּי: וָאֲחַשְּׁבָה לָדַעַת זֹאת עָמָל
יז יח הִיא בְעֵינָי: עַד־אָבוֹא אֶל־מִקְדְּשֵׁי־אֵל אָבִינָה לְאַחֲרִיתָם: אַךְ הוּא
יט בַּחֲלָקוֹת תָּשִׁית לָמוֹ הִפַּלְתָּם לְמַשּׁוּאוֹת: אֵיךְ הָיוּ לְשַׁמָּה
כ כְרָגַע סָפוּ תַמּוּ מִן־בַּלָּהוֹת: כַּחֲלוֹם מֵהָקִיץ אֲדֹנָי בָּעִיר ׀ צַלְמָם
כא כב תִּבְזֶה: כִּי יִתְחַמֵּץ לְבָבִי וְכִלְיוֹתַי אֶשְׁתּוֹנָן: וַאֲנִי־בַעַר וְלֹא
כג אֵדָע בְּהֵמוֹת הָיִיתִי עִמָּךְ: וַאֲנִי תָמִיד עִמָּךְ אָחַזְתָּ בְּיַד־יְמִינִי:
כד כה בַּעֲצָתְךָ תַנְחֵנִי וְאַחַר כָּבוֹד תִּקָּחֵנִי: מִי־לִי בַשָּׁמָיִם וְעִמְּךָ לֹא־
כו חָפַצְתִּי בָאָרֶץ: כָּלָה שְׁאֵרִי וּלְבָבִי צוּר־לְבָבִי וְחֶלְקִי אֱלֹהִים
כז כח לְעוֹלָם: כִּי־הִנֵּה רְחֵקֶיךָ יֹאבֵדוּ הִצְמַתָּה כָּל־זוֹנֶה מִמֶּךָּ: וַאֲנִי ׀
קִרֲבַת אֱלֹהִים לִי טוֹב שַׁתִּי ׀ בַּאדֹנָי יֱהֹוִה מַחְסִי לְסַפֵּר
כָּל־מַלְאֲכוֹתֶיךָ:

עד א מַשְׂכִּיל לְאָסָף לָמָה אֱלֹהִים זָנַחְתָּ לָנֶצַח יֶעְשַׁן אַפְּךָ בְּצֹאן
ב מַרְעִיתֶךָ: זְכֹר עֲדָתְךָ ׀ קָּנִיתָ קֶּדֶם גָּאַלְתָּ שֵׁבֶט נַחֲלָתֶךָ הַר־צִיּוֹן
ג זֶה ׀ שָׁכַנְתָּ בּוֹ: הָרִימָה פְעָמֶיךָ לְמַשֻּׁאוֹת נֶצַח כָּל־הֵרַע אוֹיֵב
ד בַּקֹּדֶשׁ: שָׁאֲגוּ צֹרְרֶיךָ בְּקֶרֶב מוֹעֲדֶךָ שָׂמוּ אוֹתֹתָם אֹתוֹת:
ה ו יִוָּדַע כְּמֵבִיא לְמָעְלָה בִּסֲבָךְ־עֵץ קַרְדֻּמּוֹת: וְעַתָּה פִּתּוּחֶיהָ יָּחַד
ז בְּכַשִּׁיל וְכֵילַפּוֹת יַהֲלֹמוּן: שִׁלְחוּ בָאֵשׁ מִקְדָּשֶׁךָ לָאָרֶץ חִלְּלוּ
ח מִשְׁכַּן־שְׁמֶךָ: אָמְרוּ בְלִבָּם נִינָם יָחַד שָׂרְפוּ כָל־מוֹעֲדֵי־אֵל
ט בָּאָרֶץ: אוֹתֹתֵינוּ לֹא־רָאִינוּ אֵין־עוֹד נָבִיא וְלֹא־אִתָּנוּ יֹדֵעַ עַד־
י יא מָה: עַד־מָתַי אֱלֹהִים יְחָרֶף צָר יְנָאֵץ אוֹיֵב שִׁמְךָ לָנֶצַח: לָמָּה
יב תָשִׁיב יָדְךָ וִימִינֶךָ מִקֶּרֶב חוקך כַלֵּה: וֵאלֹהִים מַלְכִּי מִקֶּדֶם חֵיקְךָ
יג פֹּעֵל יְשׁוּעוֹת בְּקֶרֶב הָאָרֶץ: אַתָּה פוֹרַרְתָּ בְעָזְּךָ יָם שִׁבַּרְתָּ
יד רָאשֵׁי תַנִּינִים עַל־הַמָּיִם: אַתָּה רִצַּצְתָּ רָאשֵׁי לִוְיָתָן תִּתְּנֶנּוּ
טו מַאֲכָל לְעָם לְצִיִּים: אַתָּה בָקַעְתָּ מַעְיָן וָנָחַל אַתָּה הוֹבַשְׁתָּ

טז נְהָרוֹת אֵיתָן׃ לְךָ יוֹם אַף־לְךָ לָיְלָה אַתָּה הֲכִינוֹתָ מָאוֹר וָשָׁמֶשׁ׃
יז יח אַתָּה הִצַּבְתָּ כׇּל־גְּבוּלוֹת אָרֶץ קַיִץ וָחֹרֶף אַתָּה יְצַרְתָּם׃ זְכׇר־
יט זֹאת אוֹיֵב חֵרֵף ׀ יְהֹוָה וְעַם־נָבָל נִאֲצוּ שְׁמֶךָ׃ אַל־תִּתֵּן לְחַיַּת
כ נֶפֶשׁ תּוֹרֶךָ חַיַּת עֲנִיֶּיךָ אַל־תִּשְׁכַּח לָנֶצַח׃ הַבֵּט לַבְּרִית כִּי־
כא מָלְאוּ מַחֲשַׁכֵּי־אֶרֶץ נְאוֹת חָמָס׃ אַל־יָשֹׁב דַּךְ נִכְלָם עָנִי
כב וְאֶבְיוֹן יְהַלְלוּ שְׁמֶךָ׃ קוּמָה אֱלֹהִים רִיבָה רִיבֶךָ זְכֹר חֶרְפָּתְךָ
כג מִנִּי־נָבָל כׇּל־הַיּוֹם׃ אַל־תִּשְׁכַּח קוֹל צֹרְרֶיךָ שְׁאוֹן קָמֶיךָ
עֹלֶה תָמִיד׃

עה א ב לַמְנַצֵּחַ אַל־תַּשְׁחֵת מִזְמוֹר לְאָסָף שִׁיר׃ הוֹדִינוּ לְּךָ ׀ אֱלֹהִים
ג הוֹדִינוּ וְקָרוֹב שְׁמֶךָ סִפְּרוּ נִפְלְאוֹתֶיךָ׃ כִּי אֶקַּח מוֹעֵד אֲנִי
ד מֵישָׁרִים אֶשְׁפֹּט׃ נְמֹגִים אֶרֶץ וְכׇל־יֹשְׁבֶיהָ אָנֹכִי תִכַּנְתִּי
ה עַמּוּדֶיהָ סֶּלָה׃ אָמַרְתִּי לַהוֹלְלִים אַל־תָּהֹלּוּ וְלָרְשָׁעִים אַל־
ו תָּרִימוּ קָרֶן׃ אַל־תָּרִימוּ לַמָּרוֹם קַרְנְכֶם תְּדַבְּרוּ בְצַוָּאר עָתָק׃
ז ח כִּי לֹא מִמּוֹצָא וּמִמַּעֲרָב וְלֹא מִמִּדְבַּר הָרִים׃ כִּי־אֱלֹהִים שֹׁפֵט
ט זֶה יַשְׁפִּיל וְזֶה יָרִים׃ כִּי כוֹס בְּיַד־יְהֹוָה וְיַיִן חָמַר ׀ מָלֵא מֶסֶךְ
י וַיַּגֵּר מִזֶּה אַךְ־שְׁמָרֶיהָ יִמְצוּ יִשְׁתּוּ כֹּל רִשְׁעֵי־אָרֶץ׃ וַאֲנִי
יא אַגִּיד לְעֹלָם אֲזַמְּרָה לֵאלֹהֵי יַעֲקֹב׃ וְכׇל־קַרְנֵי רְשָׁעִים אֲגַדֵּעַ
תְּרוֹמַמְנָה קַרְנוֹת צַדִּיק׃

עו א ב לַמְנַצֵּחַ בִּנְגִינֹת מִזְמוֹר לְאָסָף שִׁיר׃ נוֹדָע בִּיהוּדָה אֱלֹהִים
ג ד בְּיִשְׂרָאֵל גָּדוֹל שְׁמוֹ׃ וַיְהִי בְשָׁלֵם סֻכּוֹ וּמְעוֹנָתוֹ בְצִיּוֹן׃ שָׁמָּה
ה שִׁבַּר רִשְׁפֵי־קָשֶׁת מָגֵן וְחֶרֶב וּמִלְחָמָה סֶלָה׃ נָאוֹר אַתָּה אַדִּיר
ו מֵהַרְרֵי־טָרֶף׃ אֶשְׁתּוֹלְלוּ ׀ אַבִּירֵי לֵב נָמוּ שְׁנָתָם וְלֹא־מָצְאוּ כׇל־
ז אַנְשֵׁי־חַיִל יְדֵיהֶם׃ מִגַּעֲרָתְךָ אֱלֹהֵי יַעֲקֹב נִרְדָּם וְרֶכֶב וָסוּס׃
ח ט אַתָּה ׀ נוֹרָא אַתָּה וּמִי־יַעֲמֹד לְפָנֶיךָ מֵאָז אַפֶּךָ׃ מִשָּׁמַיִם
י הִשְׁמַעְתָּ דִּין אֶרֶץ יָרְאָה וְשָׁקָטָה׃ בְּקוּם־לַמִּשְׁפָּט אֱלֹהִים
יא לְהוֹשִׁיעַ כׇּל־עַנְוֵי־אֶרֶץ סֶלָה׃ כִּי־חֲמַת אָדָם תּוֹדֶךָּ שְׁאֵרִית
יב חֵמֹת תַּחְגֹּר׃ נִדְרוּ וְשַׁלְּמוּ לַיהֹוָה אֱלֹהֵיכֶם כׇּל־סְבִיבָיו יוֹבִילוּ

יג שַׁי לַמּוֹרָא׃ יִבְצֹר רוּחַ נְגִידִים נוֹרָא לְמַלְכֵי־אָרֶץ׃
עז א ב לַמְנַצֵּחַ עַל־ידיתון לְאָסָף מִזְמוֹר׃ קוֹלִי אֶל־אֱלֹהִים וְאֶצְעָקָה ידותון
ג קוֹלִי אֶל־אֱלֹהִים וְהַאֲזִין אֵלָי׃ בְּיוֹם צָרָתִי אֲדֹנָי דָּרָשְׁתִּי יָדִי ׀
ד לַיְלָה נִגְּרָה וְלֹא תָפוּג מֵאֲנָה הִנָּחֵם נַפְשִׁי׃ אֶזְכְּרָה אֱלֹהִים
ה וְאֶהֱמָיָה אָשִׂיחָה ׀ וְתִתְעַטֵּף רוּחִי סֶלָה׃ אָחַזְתָּ שְׁמֻרוֹת עֵינָי
ו נִפְעַמְתִּי וְלֹא אֲדַבֵּר׃ חִשַּׁבְתִּי יָמִים מִקֶּדֶם שְׁנוֹת עוֹלָמִים׃
ז אֶזְכְּרָה נְגִינָתִי בַּלָּיְלָה עִם־לְבָבִי אָשִׂיחָה וַיְחַפֵּשׂ רוּחִי׃
ח ט הַלְעוֹלָמִים יִזְנַח ׀ אֲדֹנָי וְלֹא־יֹסִיף לִרְצוֹת עוֹד׃ הֶאָפֵס לָנֶצַח
י חַסְדּוֹ גָּמַר אֹמֶר לְדֹר וָדֹר׃ הֲשָׁכַח חַנּוֹת אֵל אִם־קָפַץ בְּאַף
יא יב רַחֲמָיו סֶלָה׃ וָאֹמַר חַלּוֹתִי הִיא שְׁנוֹת יְמִין עֶלְיוֹן׃ אזכיר אֶזְכּוֹר
יג מַעַלְלֵי־יָהּ כִּי־אֶזְכְּרָה מִקֶּדֶם פִּלְאֶךָ׃ וְהָגִיתִי בְכָל־פָּעֳלֶךָ
יד וּבַעֲלִילוֹתֶיךָ אָשִׂיחָה׃ אֱלֹהִים בַּקֹּדֶשׁ דַּרְכֶּךָ מִי־אֵל גָּדוֹל
טו טז כֵּאלֹהִים׃ אַתָּה הָאֵל עֹשֵׂה פֶלֶא הוֹדַעְתָּ בָעַמִּים עֻזֶּךָ׃ גָּאַלְתָּ
יז בִּזְרוֹעַ עַמֶּךָ בְּנֵי־יַעֲקֹב וְיוֹסֵף סֶלָה׃ רָאוּךָ מַּיִם ׀ אֱלֹהִים רָאוּךָ
יח מַּיִם יָחִילוּ אַף יִרְגְּזוּ תְהֹמוֹת׃ זֹרְמוּ מַּיִם ׀ עָבוֹת קוֹל נָתְנוּ
יט שְׁחָקִים אַף־חֲצָצֶיךָ יִתְהַלָּכוּ׃ קוֹל רַעַמְךָ ׀ בַּגַּלְגַּל הֵאִירוּ
כ בְרָקִים תֵּבֵל רָגְזָה וַתִּרְעַשׁ הָאָרֶץ׃ בַּיָּם דַּרְכֶּךָ ושביליך וּשְׁבִילְךָ
כא בְּמַיִם רַבִּים וְעִקְּבוֹתֶיךָ לֹא נֹדָעוּ׃ נָחִיתָ כַצֹּאן עַמֶּךָ בְּיַד־
מֹשֶׁה וְאַהֲרֹן׃
עח א מַשְׂכִּיל לְאָסָף הַאֲזִינָה עַמִּי תּוֹרָתִי הַטּוּ אָזְנְכֶם לְאִמְרֵי־פִי׃
ב ג אֶפְתְּחָה בְמָשָׁל פִּי אַבִּיעָה חִידוֹת מִנִּי־קֶדֶם׃ אֲשֶׁר שָׁמַעְנוּ
ד וַנֵּדָעֵם וַאֲבוֹתֵינוּ סִפְּרוּ־לָנוּ׃ לֹא נְכַחֵד ׀ מִבְּנֵיהֶם לְדוֹר אַחֲרוֹן
ה מְסַפְּרִים תְּהִלּוֹת יהוה וֶעֱזוּזוֹ וְנִפְלְאוֹתָיו אֲשֶׁר עָשָׂה׃ וַיָּקֶם
עֵדוּת ׀ בְּיַעֲקֹב וְתוֹרָה שָׂם בְּיִשְׂרָאֵל אֲשֶׁר צִוָּה אֶת־אֲבוֹתֵינוּ
ו לְהוֹדִיעָם לִבְנֵיהֶם׃ לְמַעַן יֵדְעוּ ׀ דּוֹר אַחֲרוֹן בָּנִים יִוָּלֵדוּ יָקֻמוּ
ז וִיסַפְּרוּ לִבְנֵיהֶם׃ וְיָשִׂימוּ בֵאלֹהִים כִּסְלָם וְלֹא יִשְׁכְּחוּ מַעַלְלֵי־
ח אֵל וּמִצְוֹתָיו יִנְצֹרוּ׃ וְלֹא יִהְיוּ ׀ כַּאֲבוֹתָם דּוֹר סוֹרֵר וּמֹרֶה דּוֹר

ט לֹא־הֵכִין לִבּוֹ וְלֹא־נֶאֶמְנָה אֶת־אֵל רוּחוֹ׃ בְּנֵי־אֶפְרַיִם נוֹשְׁקֵי
י רוֹמֵי־קָשֶׁת הָפְכוּ בְּיוֹם קְרָב׃ לֹא שָׁמְרוּ בְּרִית אֱלֹהִים וּבְתוֹרָתוֹ
יא יב מֵאֲנוּ לָלֶכֶת׃ וַיִּשְׁכְּחוּ עֲלִילוֹתָיו וְנִפְלְאוֹתָיו אֲשֶׁר הֶרְאָם׃ נֶגֶד
יג אֲבוֹתָם עָשָׂה פֶלֶא בְּאֶרֶץ מִצְרַיִם שְׂדֵה־צֹעַן׃ בָּקַע יָם וַיַּעֲבִירֵם
יד וַיַּצֶּב־מַיִם כְּמוֹ־נֵד׃ וַיַּנְחֵם בֶּעָנָן יוֹמָם וְכָל־הַלַּיְלָה בְּאוֹר אֵשׁ׃
טו טז יְבַקַּע צֻרִים בַּמִּדְבָּר וַיַּשְׁקְ כִּתְהֹמוֹת רַבָּה׃ וַיּוֹצִא נוֹזְלִים מִסָּלַע
יז וַיּוֹרֶד כַּנְּהָרוֹת מָיִם׃ וַיּוֹסִיפוּ עוֹד לַחֲטֹא־לוֹ לַמְרוֹת עֶלְיוֹן
יח יט בַּצִּיָּה׃ וַיְנַסּוּ־אֵל בִּלְבָבָם לִשְׁאָל־אֹכֶל לְנַפְשָׁם׃ וַיְדַבְּרוּ
כ בֵּאלֹהִים אָמְרוּ הֲיוּכַל אֵל לַעֲרֹךְ שֻׁלְחָן בַּמִּדְבָּר׃ הֵן הִכָּה־
צוּר ׀ וַיָּזוּבוּ מַיִם וּנְחָלִים יִשְׁטֹפוּ הֲגַם־לֶחֶם יוּכַל תֵּת אִם־יָכִין
כא שְׁאֵר לְעַמּוֹ׃ לָכֵן ׀ שָׁמַע יהוה וַיִּתְעַבָּר וְאֵשׁ נִשְּׂקָה בְיַעֲקֹב
כב וְגַם־אַף עָלָה בְיִשְׂרָאֵל׃ כִּי לֹא הֶאֱמִינוּ בֵּאלֹהִים וְלֹא בָטְחוּ
כג כד בִּישׁוּעָתוֹ׃ וַיְצַו שְׁחָקִים מִמָּעַל וְדַלְתֵי שָׁמַיִם פָּתָח׃ וַיַּמְטֵר
כה עֲלֵיהֶם מָן לֶאֱכֹל וּדְגַן־שָׁמַיִם נָתַן לָמוֹ׃ לֶחֶם אַבִּירִים אָכַל
כו אִישׁ צֵידָה שָׁלַח לָהֶם לָשֹׂבַע׃ יַסַּע קָדִים בַּשָּׁמָיִם וַיְנַהֵג בְּעֻזּוֹ
כז כח תֵימָן׃ וַיַּמְטֵר עֲלֵיהֶם כֶּעָפָר שְׁאֵר וּכְחוֹל יַמִּים עוֹף כָּנָף׃ וַיַּפֵּל
כט בְּקֶרֶב מַחֲנֵהוּ סָבִיב לְמִשְׁכְּנֹתָיו׃ וַיֹּאכְלוּ וַיִּשְׂבְּעוּ מְאֹד
ל וְתַאֲוָתָם יָבִא לָהֶם׃ לֹא־זָרוּ מִתַּאֲוָתָם עוֹד אָכְלָם בְּפִיהֶם׃
לא וְאַף אֱלֹהִים ׀ עָלָה בָהֶם וַיַּהֲרֹג בְּמִשְׁמַנֵּיהֶם וּבַחוּרֵי יִשְׂרָאֵל
לב לג הִכְרִיעַ׃ בְּכָל־זֹאת חָטְאוּ־עוֹד וְלֹא הֶאֱמִינוּ בְּנִפְלְאוֹתָיו׃ וַיְכַל־
לד בַּהֶבֶל יְמֵיהֶם וּשְׁנוֹתָם בַּבֶּהָלָה׃ אִם־הֲרָגָם וּדְרָשׁוּהוּ וְשָׁבוּ
לה לו וְשִׁחֲרוּ־אֵל׃ וַיִּזְכְּרוּ כִּי־אֱלֹהִים צוּרָם וְאֵל עֶלְיוֹן גֹּאֲלָם׃ וַיְפַתּוּהוּ
לז בְּפִיהֶם וּבִלְשׁוֹנָם יְכַזְּבוּ־לוֹ׃ וְלִבָּם לֹא־נָכוֹן עִמּוֹ וְלֹא נֶאֶמְנוּ
לח בִּבְרִיתוֹ׃ וְהוּא רַחוּם ׀ יְכַפֵּר עָוֺן וְלֹא־יַשְׁחִית וְהִרְבָּה לְהָשִׁיב יא
לט אַפּוֹ וְלֹא־יָעִיר כָּל־חֲמָתוֹ׃ וַיִּזְכֹּר כִּי־בָשָׂר הֵמָּה רוּחַ הוֹלֵךְ וְלֹא
מ מא יָשׁוּב׃ כַּמָּה יַמְרוּהוּ בַמִּדְבָּר יַעֲצִיבוּהוּ בִּישִׁימוֹן׃ וַיָּשׁוּבוּ וַיְנַסּוּ
מב אֵל וּקְדוֹשׁ יִשְׂרָאֵל הִתְווּ׃ לֹא־זָכְרוּ אֶת־יָדוֹ יוֹם אֲשֶׁר־פָּדָם

מג מִנִּי־צָר׃ אֲשֶׁר־שָׂם בְּמִצְרַיִם אֹתוֹתָיו וּמוֹפְתָיו בִּשְׂדֵה־צֹעַן׃
מד מה וַיַּהֲפֹךְ לְדָם יְאֹרֵיהֶם וְנֹזְלֵיהֶם בַּל־יִשְׁתָּיוּן׃ יְשַׁלַּח בָּהֶם עָרֹב
מו וַיֹּאכְלֵם וּצְפַרְדֵּעַ וַתַּשְׁחִיתֵם׃ וַיִּתֵּן לֶחָסִיל יְבוּלָם וִיגִיעָם
מז מח לָאַרְבֶּה׃ יַהֲרֹג בַּבָּרָד גַּפְנָם וְשִׁקְמוֹתָם בַּחֲנָמַל׃ וַיַּסְגֵּר לַבָּרָד
מט בְּעִירָם וּמִקְנֵיהֶם לָרְשָׁפִים׃ יְשַׁלַּח־בָּם ׀ חֲרוֹן אַפּוֹ עֶבְרָה וָזַעַם
נ וְצָרָה מִשְׁלַחַת מַלְאֲכֵי רָעִים׃ יְפַלֵּס נָתִיב לְאַפּוֹ לֹא־חָשַׂךְ
נא מִמָּוֶת נַפְשָׁם וְחַיָּתָם לַדֶּבֶר הִסְגִּיר׃ וַיַּךְ כָּל־בְּכוֹר בְּמִצְרָיִם
נב רֵאשִׁית אוֹנִים בְּאָהֳלֵי־חָם׃ וַיַּסַּע כַּצֹּאן עַמּוֹ וַיְנַהֲגֵם כַּעֵדֶר
נג בַּמִּדְבָּר׃ וַיַּנְחֵם לָבֶטַח וְלֹא פָחָדוּ וְאֶת־אוֹיְבֵיהֶם כִּסָּה הַיָּם׃
נד נה וַיְבִיאֵם אֶל־גְּבוּל קָדְשׁוֹ הַר־זֶה קָנְתָה יְמִינוֹ׃ וַיְגָרֶשׁ מִפְּנֵיהֶם ׀
גּוֹיִם וַיַּפִּילֵם בְּחֶבֶל נַחֲלָה וַיַּשְׁכֵּן בְּאָהֳלֵיהֶם שִׁבְטֵי יִשְׂרָאֵל׃
נו נז וַיְנַסּוּ וַיַּמְרוּ אֶת־אֱלֹהִים עֶלְיוֹן וְעֵדוֹתָיו לֹא שָׁמָרוּ׃ וַיִּסֹּגוּ
נח וַיִּבְגְּדוּ כַּאֲבוֹתָם נֶהְפְּכוּ כְּקֶשֶׁת רְמִיָּה׃ וַיַּכְעִיסוּהוּ בְּבָמוֹתָם
נט וּבִפְסִילֵיהֶם יַקְנִיאוּהוּ׃ שָׁמַע אֱלֹהִים וַיִּתְעַבָּר וַיִּמְאַס מְאֹד
ס סא בְּיִשְׂרָאֵל׃ וַיִּטֹּשׁ מִשְׁכַּן שִׁלוֹ אֹהֶל שִׁכֵּן בָּאָדָם׃ וַיִּתֵּן לַשְּׁבִי עֻזּוֹ
סב וְתִפְאַרְתּוֹ בְיַד־צָר׃ וַיַּסְגֵּר לַחֶרֶב עַמּוֹ וּבְנַחֲלָתוֹ הִתְעַבָּר׃
סג סד בַּחוּרָיו אָכְלָה־אֵשׁ וּבְתוּלֹתָיו לֹא הוּלָּלוּ׃ כֹּהֲנָיו בַּחֶרֶב נָפָלוּ
סה וְאַלְמְנֹתָיו לֹא תִבְכֶּינָה׃ וַיִּקַץ כְּיָשֵׁן ׀ אֲדֹנָי כְּגִבּוֹר מִתְרוֹנֵן מִיָּיִן׃
סו סז וַיַּךְ־צָרָיו אָחוֹר חֶרְפַּת עוֹלָם נָתַן לָמוֹ׃ וַיִּמְאַס בְּאֹהֶל יוֹסֵף
סח וּבְשֵׁבֶט אֶפְרַיִם לֹא בָחָר׃ וַיִּבְחַר אֶת־שֵׁבֶט יְהוּדָה אֶת־הַר צִיּוֹן
סט אֲשֶׁר אָהֵב׃ וַיִּבֶן כְּמוֹ־רָמִים מִקְדָּשׁוֹ כְּאֶרֶץ יְסָדָהּ לְעוֹלָם׃
ע עא וַיִּבְחַר בְּדָוִד עַבְדּוֹ וַיִּקָּחֵהוּ מִמִּכְלְאֹת צֹאן׃ מֵאַחַר עָלוֹת הֱבִיאוֹ
עב לִרְעוֹת בְּיַעֲקֹב עַמּוֹ וּבְיִשְׂרָאֵל נַחֲלָתוֹ׃ וַיִּרְעֵם כְּתֹם לְבָבוֹ
וּבִתְבוּנוֹת כַּפָּיו יַנְחֵם׃

עט א מִזְמוֹר לְאָסָף אֱלֹהִים בָּאוּ גוֹיִם ׀ בְּנַחֲלָתֶךָ טִמְּאוּ אֶת־הֵיכַל
ב קָדְשֶׁךָ שָׂמוּ אֶת־יְרוּשָׁלַםִ לְעִיִּים׃ נָתְנוּ אֶת־נִבְלַת עֲבָדֶיךָ
ג מַאֲכָל לְעוֹף הַשָּׁמָיִם בְּשַׂר חֲסִידֶיךָ לְחַיְתוֹ־אָרֶץ׃ שָׁפְכוּ דָמָם ׀

כַּמַּיִם סְבִיבוֹת יְרוּשָׁלִָם וְאֵין קוֹבֵר׃ הָיִינוּ חֶרְפָּה לִשְׁכֵנֵינוּ לַעַג ד
וָקֶלֶס לִסְבִיבוֹתֵינוּ׃ עַד־מָה יְהוָה תֶּאֱנַף לָנֶצַח תִּבְעַר כְּמוֹ־ ה
אֵשׁ קִנְאָתֶךָ׃ שְׁפֹךְ חֲמָתְךָ ׀ אֶל־הַגּוֹיִם אֲשֶׁר לֹא־יְדָעוּךָ וְעַל ו
מַמְלָכוֹת אֲשֶׁר בְּשִׁמְךָ לֹא קָרָאוּ׃ כִּי אָכַל אֶת־יַעֲקֹב וְאֶת־ ז
נָוֵהוּ הֵשַׁמּוּ׃ אַל־תִּזְכָּר־לָנוּ עֲוֺנֹת רִאשֹׁנִים מַהֵר יְקַדְּמוּנוּ ח
רַחֲמֶיךָ כִּי דַלּוֹנוּ מְאֹד׃ עָזְרֵנוּ ׀ אֱלֹהֵי יִשְׁעֵנוּ עַל־דְּבַר כְּבוֹד־ ט
שְׁמֶךָ וְהַצִּילֵנוּ וְכַפֵּר עַל־חַטֹּאתֵינוּ לְמַעַן שְׁמֶךָ׃ לָמָּה ׀ יֹאמְרוּ י
בַּגּוֹיִם הַגּוֹיִם אַיֵּה אֱלֹהֵיהֶם יִוָּדַע בַּגִּיִּים לְעֵינֵינוּ נִקְמַת דַּם־עֲבָדֶיךָ
הַשָּׁפוּךְ׃ תָּבוֹא לְפָנֶיךָ אֶנְקַת אָסִיר כְּגֹדֶל זְרוֹעֲךָ הוֹתֵר בְּנֵי יא
תְמוּתָה׃ וְהָשֵׁב לִשְׁכֵנֵינוּ שִׁבְעָתַיִם אֶל־חֵיקָם חֶרְפָּתָם אֲשֶׁר יב
חֵרְפוּךָ אֲדֹנָי׃ וַאֲנַחְנוּ עַמְּךָ ׀ וְצֹאן מַרְעִיתֶךָ נוֹדֶה לְּךָ לְעוֹלָם יג
לְדֹר וָדֹר נְסַפֵּר תְּהִלָּתֶךָ׃

לַמְנַצֵּחַ אֶל־שֹׁשַׁנִּים עֵדוּת לְאָסָף מִזְמוֹר׃ רֹעֵה יִשְׂרָאֵל ׀ הַאֲזִינָה א ב פ
נֹהֵג כַּצֹּאן יוֹסֵף יֹשֵׁב הַכְּרוּבִים הוֹפִיעָה׃ לִפְנֵי אֶפְרַיִם ׀ וּבִנְיָמִן ג
וּמְנַשֶּׁה עוֹרְרָה אֶת־גְּבוּרָתֶךָ וּלְכָה לִישֻׁעָתָה לָּנוּ׃ אֱלֹהִים ד
הֲשִׁיבֵנוּ וְהָאֵר פָּנֶיךָ וְנִוָּשֵׁעָה׃ יְהוָה אֱלֹהִים צְבָאוֹת עַד־מָתַי ה
עָשַׁנְתָּ בִּתְפִלַּת עַמֶּךָ׃ הֶאֱכַלְתָּם לֶחֶם דִּמְעָה וַתַּשְׁקֵמוֹ ו
בִּדְמָעוֹת שָׁלִישׁ׃ תְּשִׂימֵנוּ מָדוֹן לִשְׁכֵנֵינוּ וְאֹיְבֵינוּ יִלְעֲגוּ־לָמוֹ׃ ז
אֱלֹהִים צְבָאוֹת הֲשִׁיבֵנוּ וְהָאֵר פָּנֶיךָ וְנִוָּשֵׁעָה׃ גֶּפֶן מִמִּצְרַיִם ח ט
תַּסִּיעַ תְּגָרֵשׁ גּוֹיִם וַתִּטָּעֶהָ׃ פִּנִּיתָ לְפָנֶיהָ וַתַּשְׁרֵשׁ שָׁרָשֶׁיהָ י
וַתְּמַלֵּא־אָרֶץ׃ כָּסּוּ הָרִים צִלָּהּ וַעֲנָפֶיהָ אַרְזֵי־אֵל׃ תְּשַׁלַּח יא יב
קְצִירֶהָ עַד־יָם וְאֶל־נָהָר יוֹנְקוֹתֶיהָ׃ לָמָּה פָּרַצְתָּ גְדֵרֶיהָ וְאָרוּהָ יג
כָּל־עֹבְרֵי דָרֶךְ׃ יְכַרְסְמֶנָּה חֲזִיר מִיָּעַר וְזִיז שָׂדַי יִרְעֶנָּה׃ אֱלֹהִים יד טו
צְבָאוֹת שׁוּב נָא הַבֵּט מִשָּׁמַיִם וּרְאֵה וּפְקֹד גֶּפֶן זֹאת׃ וְכַנָּה טז
אֲשֶׁר־נָטְעָה יְמִינֶךָ וְעַל־בֵּן אִמַּצְתָּה לָּךְ׃ שְׂרֻפָה בָאֵשׁ כְּסוּחָה יז
מִגַּעֲרַת פָּנֶיךָ יֹאבֵדוּ׃ תְּהִי־יָדְךָ עַל־אִישׁ יְמִינֶךָ עַל־בֶּן־אָדָם יח
אִמַּצְתָּ לָּךְ׃ וְלֹא־נָסוֹג מִמֶּךָּ תְּחַיֵּנוּ וּבְשִׁמְךָ נִקְרָא׃ יְהוָה יט כ

אֱלֹהִים צְבָאוֹת הֲשִׁיבֵנוּ הָאֵר פָּנֶיךָ וְנִוָּשֵׁעָה׃

א ב לַמְנַצֵּחַ ׀ עַל־הַגִּתִּית לְאָסָף׃ הַרְנִינוּ לֵאלֹהִים עוּזֵּנוּ הָרִיעוּ
ג לֵאלֹהֵי יַעֲקֹב׃ שְׂאוּ־זִמְרָה וּתְנוּ־תֹף כִּנּוֹר נָעִים עִם־נָבֶל׃
ד ה תִּקְעוּ בַחֹדֶשׁ שׁוֹפָר בַּכֵּסֶה לְיוֹם חַגֵּנוּ׃ כִּי חֹק לְיִשְׂרָאֵל הוּא
ו מִשְׁפָּט לֵאלֹהֵי יַעֲקֹב׃ עֵדוּת ׀ בִּיהוֹסֵף שָׂמוֹ בְּצֵאתוֹ עַל־אֶרֶץ
ז מִצְרָיִם שְׂפַת לֹא־יָדַעְתִּי אֶשְׁמָע׃ הֲסִירוֹתִי מִסֵּבֶל שִׁכְמוֹ כַּפָּיו
ח מִדּוּד תַּעֲבֹרְנָה׃ בַּצָּרָה קָרָאתָ וָאֲחַלְּצֶךָּ אֶעֶנְךָ בְּסֵתֶר רַעַם
ט אֶבְחׇנְךָ עַל־מֵי מְרִיבָה סֶלָה׃ שְׁמַע עַמִּי וְאָעִידָה בָּךְ יִשְׂרָאֵל
י אִם־תִּשְׁמַע־לִי׃ לֹא־יִהְיֶה בְךָ אֵל זָר וְלֹא תִשְׁתַּחֲוֶה לְאֵל נֵכָר׃
יא אָנֹכִי ׀ יְהֹוָה אֱלֹהֶיךָ הַמַּעַלְךָ מֵאֶרֶץ מִצְרָיִם הַרְחֶב־פִּיךָ
יב וַאֲמַלְאֵהוּ׃ וְלֹא־שָׁמַע עַמִּי לְקוֹלִי וְיִשְׂרָאֵל לֹא־אָבָה לִי׃
יג יד וָאֲשַׁלְּחֵהוּ בִּשְׁרִירוּת לִבָּם יֵלְכוּ בְּמוֹעֲצוֹתֵיהֶם׃ לוּ עַמִּי שֹׁמֵעַ
טו לִי יִשְׂרָאֵל בִּדְרָכַי יְהַלֵּכוּ׃ כִּמְעַט אוֹיְבֵיהֶם אַכְנִיעַ וְעַל־צָרֵיהֶם
טז אָשִׁיב יָדִי׃ מְשַׂנְאֵי יְהֹוָה יְכַחֲשׁוּ־לוֹ וִיהִי עִתָּם לְעוֹלָם׃
יז וַיַּאֲכִילֵהוּ מֵחֵלֶב חִטָּה וּמִצּוּר דְּבַשׁ אַשְׂבִּיעֶךָ׃

פב א מִזְמוֹר לְאָסָף אֱלֹהִים נִצָּב בַּעֲדַת־אֵל בְּקֶרֶב אֱלֹהִים יִשְׁפֹּט׃
ב ג עַד־מָתַי תִּשְׁפְּטוּ־עָוֶל וּפְנֵי רְשָׁעִים תִּשְׂאוּ־סֶלָה׃ שִׁפְטוּ־דַל
ד וְיָתוֹם עָנִי וָרָשׁ הַצְדִּיקוּ׃ פַּלְּטוּ־דַל וְאֶבְיוֹן מִיַּד רְשָׁעִים הַצִּילוּ׃
ה לֹא יָדְעוּ ׀ וְלֹא יָבִינוּ בַּחֲשֵׁכָה יִתְהַלָּכוּ יִמּוֹטוּ כׇּל־מוֹסְדֵי אָרֶץ׃
ו ז אֲנִי־אָמַרְתִּי אֱלֹהִים אַתֶּם וּבְנֵי עֶלְיוֹן כֻּלְּכֶם׃ אָכֵן כְּאָדָם
ח תְּמוּתוּן וּכְאַחַד הַשָּׂרִים תִּפֹּלוּ׃ קוּמָה אֱלֹהִים שׇׁפְטָה הָאָרֶץ
כִּי־אַתָּה תִנְחַל בְּכׇל־הַגּוֹיִם׃

פג א ב שִׁיר מִזְמוֹר לְאָסָף׃ אֱלֹהִים אַל־דֳּמִי־לָךְ אַל־תֶּחֱרַשׁ וְאַל־
ג תִּשְׁקֹט אֵל׃ כִּי־הִנֵּה אוֹיְבֶיךָ יֶהֱמָיוּן וּמְשַׂנְאֶיךָ נָשְׂאוּ רֹאשׁ׃
ד ה עַל־עַמְּךָ יַעֲרִימוּ סוֹד וְיִתְיָעֲצוּ עַל־צְפוּנֶיךָ׃ אָמְרוּ לְכוּ וְנַכְחִידֵם
ו מִגּוֹי וְלֹא־יִזָּכֵר שֵׁם־יִשְׂרָאֵל עוֹד׃ כִּי נוֹעֲצוּ לֵב יַחְדָּו עָלֶיךָ
ז ח בְּרִית יִכְרֹתוּ׃ אׇהֳלֵי אֱדוֹם וְיִשְׁמְעֵאלִים מוֹאָב וְהַגְרִים׃ גְּבָל

וְעַמּוֹן וַעֲמָלֵק פְּלֶשֶׁת עִם־יֹשְׁבֵי צוֹר׃ גַּם־אַשּׁוּר נִלְוָה עִמָּם הָיוּ ט
זְרוֹעַ לִבְנֵי־לוֹט סֶלָה׃ עֲשֵׂה־לָהֶם כְּמִדְיָן כְּסִיסְרָא כְיָבִין בְּנַחַל י
קִישׁוֹן׃ נִשְׁמְדוּ בְעֵין־דֹּאר הָיוּ דֹּמֶן לָאֲדָמָה׃ שִׁיתֵמוֹ נְדִיבֵמוֹ יא יב
כְּעֹרֵב וְכִזְאֵב וּכְזֶבַח וּכְצַלְמֻנָּע כָּל־נְסִיכֵמוֹ׃ אֲשֶׁר אָמְרוּ יג
נִירֲשָׁה לָּנוּ אֵת נְאוֹת אֱלֹהִים׃ אֱלֹהַי שִׁיתֵמוֹ כַגַּלְגַּל כְּקַשׁ יד
לִפְנֵי־רוּחַ׃ כְּאֵשׁ תִּבְעַר־יָעַר וּכְלֶהָבָה תְּלַהֵט הָרִים׃ כֵּן טו טז
תִּרְדְּפֵם בְּסַעֲרֶךָ וּבְסוּפָתְךָ תְבַהֲלֵם׃ מַלֵּא פְנֵיהֶם קָלוֹן וִיבַקְשׁוּ יז
שִׁמְךָ יְהוָה׃ יֵבֹשׁוּ וְיִבָּהֲלוּ עֲדֵי־עַד וְיַחְפְּרוּ וְיֹאבֵדוּ׃ וְיֵדְעוּ כִּי־ יח יט
אַתָּה שִׁמְךָ יְהוָה לְבַדֶּךָ עֶלְיוֹן עַל־כָּל־הָאָרֶץ׃

לַמְנַצֵּחַ עַל־הַגִּתִּית לִבְנֵי־קֹרַח מִזְמוֹר׃ מַה־יְּדִידוֹת מִשְׁכְּנוֹתֶיךָ א ב פד
יְהוָה צְבָאוֹת׃ נִכְסְפָה וְגַם־כָּלְתָה ׀ נַפְשִׁי לְחַצְרוֹת יְהוָה לִבִּי ג
וּבְשָׂרִי יְרַנְּנוּ אֶל אֵל־חָי׃ גַּם־צִפּוֹר ׀ מָצְאָה בַיִת וּדְרוֹר ׀ קֵן ד
לָהּ אֲשֶׁר־שָׁתָה אֶפְרֹחֶיהָ אֶת־מִזְבְּחוֹתֶיךָ יְהוָה צְבָאוֹת מַלְכִּי
וֵאלֹהָי׃ אַשְׁרֵי יוֹשְׁבֵי בֵיתֶךָ עוֹד יְהַלְלוּךָ סֶּלָה׃ אַשְׁרֵי אָדָם ה ו
עוֹז־לוֹ בָךְ מְסִלּוֹת בִּלְבָבָם׃ עֹבְרֵי ׀ בְּעֵמֶק הַבָּכָא מַעְיָן יְשִׁיתוּהוּ ז
גַּם־בְּרָכוֹת יַעְטֶה מוֹרֶה׃ יֵלְכוּ מֵחַיִל אֶל־חָיִל יֵרָאֶה אֶל־אֱלֹהִים ח
בְּצִיּוֹן׃ יְהוָה אֱלֹהִים צְבָאוֹת שִׁמְעָה תְפִלָּתִי הַאֲזִינָה אֱלֹהֵי ט
יַעֲקֹב סֶלָה׃ מָגִנֵּנוּ רְאֵה אֱלֹהִים וְהַבֵּט פְּנֵי מְשִׁיחֶךָ׃ כִּי טוֹב־ י יא
יוֹם בַּחֲצֵרֶיךָ מֵאָלֶף בָּחַרְתִּי הִסְתּוֹפֵף בְּבֵית אֱלֹהַי מִדּוּר
בְּאָהֳלֵי־רֶשַׁע׃ כִּי שֶׁמֶשׁ ׀ וּמָגֵן יְהוָה אֱלֹהִים חֵן וְכָבוֹד יִתֵּן יב
יב יְהוָה לֹא יִמְנַע־טוֹב לַהֹלְכִים בְּתָמִים׃ יְהוָה צְבָאוֹת אַשְׁרֵי יג
אָדָם בֹּטֵחַ בָּךְ׃

שְׁבִית לַמְנַצֵּחַ לִבְנֵי־קֹרַח מִזְמוֹר׃ רָצִיתָ יְהוָה אַרְצֶךָ שַׁבְתָּ שבות א ב פה
יַעֲקֹב׃ נָשָׂאתָ עֲוֺן עַמֶּךָ כִּסִּיתָ כָל־חַטָּאתָם סֶלָה׃ אָסַפְתָּ כָל־ ג ד
עֶבְרָתֶךָ הֱשִׁיבוֹתָ מֵחֲרוֹן אַפֶּךָ׃ שׁוּבֵנוּ אֱלֹהֵי יִשְׁעֵנוּ וְהָפֵר ה
כַּעַסְךָ עִמָּנוּ׃ הַלְעוֹלָם תֶּאֱנַף־בָּנוּ תִּמְשֹׁךְ אַפְּךָ לְדֹר וָדֹר׃ הֲלֹא־ ו ז
אַתָּה תָּשׁוּב תְּחַיֵּנוּ וְעַמְּךָ יִשְׂמְחוּ־בָךְ׃ הַרְאֵנוּ יְהוָה חַסְדֶּךָ ח

ט וישעך תתן־לנו: אשמעה מה־ידבר האל | יהוה כי | ידבר
י שלום אל־עמו ואל־חסידיו ואל־ישובו לכסלה: אך קרוב
יא ליראיו ישעו לשכן כבוד בארצנו: חסד־ואמת נפגשו צדק
יב יג ושלום נשקו: אמת מארץ תצמח וצדק משמים נשקף: גם־
יד יהוה יתן הטוב וארצנו תתן יבולה: צדק לפניו יהלך וישם
לדרך פעמיו:

פו א ב תפלה לדוד הטה־יהוה אזנך ענני כי־עני ואביון אני: שמרה
נפשי כי־חסיד אני הושע עבדך אתה אלהי הבוטח אליך:
ג ד חנני אדני כי־אליך אקרא כל־היום: שמח נפש עבדך כי־
ה אליך אדני נפשי אשא: כי־אתה אדני טוב וסלח ורב־חסד
ו לכל־קראיך: האזינה יהוה תפלתי והקשיבה בקול תחנונותי:
ז ח ביום צרתי אקראך כי תענני: אין־כמוך באלהים | אדני ואין
ט כמעשיך: כל־גוים | אשר עשית יבואו | וישתחוו לפניך אדני
י ויכבדו לשמך: כי־גדול אתה ועשה נפלאות אתה אלהים
יא לבדך: הורני יהוה | דרכך אהלך באמתך יחד לבבי ליראה
יב שמך: אודך | אדני אלהי בכל־לבבי ואכבדה שמך לעולם:
יג יד כי־חסדך גדול עלי והצלת נפשי משאול תחתיה: אלהים |
זדים קמו־עלי ועדת עריצים בקשו נפשי ולא שמוך לנגדם:
טו ואתה אדני אל־רחום וחנון ארך אפים ורב־חסד ואמת:
טז פנה אלי וחנני תנה־עזך לעבדך והושיעה לבן־אמתך:
יז עשה־עמי אות לטובה ויראו שנאי ויבשו כי־אתה יהוה
עזרתני ונחמתני:

פז א ב לבני־קרח מזמור שיר יסודתו בהררי־קדש: אהב יהוה שערי
ג ציון מכל משכנות יעקב: נכבדות מדבר בך עיר האלהים
ד סלה: אזכיר | רהב ובבל לידעי הנה פלשת וצור עם־כוש זה
ה ילד־שם: ולציון | יאמר איש ואיש ילד־בה והוא יכוננה עליון:
ו ז יהוה יספר בכתוב עמים זה ילד־שם סלה: ושרים כחללים

כל־מעיני בך׃

א שיר מזמור לבני קרח למנצח על־מחלת לענות משכיל

ב להימן האזרחי׃ יהוה אלהי ישועתי יום־צעקתי בלילה נגדך׃

ג ד תבוא לפניך תפלתי הטה אזנך לרנתי׃ כי־שבעה ברעות

ה נפשי וחיי לשאול הגיעו׃ נחשבתי עם־יורדי בור הייתי כגבר

ו אין־איל׃ במתים חפשי כמו חללים ׀ שכבי קבר אשר לא

ז זכרתם עוד והמה מידך נגזרו׃ שתני בבור תחתיות

ח במחשכים במצלות׃ עלי סמכה חמתך וכל־משבריך ענית

ט סלה׃ הרחקת מידעי ממני שתני תועבות למו כלא ולא אצא׃

י עיני דאבה מני עני קראתיך יהוה בכל־יום שטחתי אליך

יא כפי׃ הלמתים תעשה־פלא אם־רפאים יקומו ׀ יודוך סלה׃

יב יג היספר בקבר חסדך אמונתך באבדון׃ היודע בחשך פלאך

יד וצדקתך בארץ נשיה׃ ואני ׀ אליך יהוה שועתי ובבקר תפלתי

טו טז תקדמך׃ למה יהוה תזנח נפשי תסתיר פניך ממני׃ עני אני

יז וגוע מנער נשאתי אמיך אפונה׃ עלי עברו חרוניך בעותיך

יח יט צמתתוני׃ סבוני כמים כל־היום הקיפו עלי יחד׃ הרחקת

ממני אהב ורע מידעי מחשך׃

פט א ב משכיל לאיתן האזרחי׃ חסדי יהוה עולם אשירה לדר ודר ׀

ג אודיע אמונתך בפי׃ כי־אמרתי עולם חסד יבנה שמים ׀ תכן

ד ה אמונתך בהם׃ כרתי ברית לבחירי נשבעתי לדוד עבדי׃ עד־

ו עולם אכין זרעך ובניתי לדר־ודור כסאך סלה׃ ויודו שמים

ז פלאך יהוה אף־אמונתך בקהל קדשים׃ כי מי בשחק יערך

ח ליהוה ידמה ליהוה בבני אלים׃ אל נערץ בסוד־קדשים רבה

ט ונורא על־כל־סביביו׃ יהוה ׀ אלהי צבאות מי־כמוך חסין ׀

י יה ואמונתך סביבותיך׃ אתה מושל בגאות הים בשוא גליו

יא אתה תשבחם׃ אתה דכאת כחלל רהב בזרוע עזך פזרת

יב אויביך׃ לך שמים אף־לך ארץ תבל ומלאה אתה יסדתם׃

יג יד צפון וימין אתה בראתם תבור וחרמון בשמך ירננו: לך זרוע
טו עם־גבורה תעז ידך תרום ימינך: צדק ומשפט מכון כסאך
טז חסד ואמת יקדמו פניך: אשרי העם יודעי תרועה יהוה באור־
יז יח פניך יהלכון: בשמך יגילון כל־היום ובצדקתך ירומו: כי־
יט תפארת עזמו אתה וברצונך תרים קרננו: כי ליהוה מגננו תָּרוּם
כ ולקדוש ישראל מלכנו: אז דברת בחזון לחסידיך ותאמר
כא שויתי עזר על־גבור הרימותי בחור מעם: מצאתי דוד עבדי
כב בשמן קדשי משחתיו: אשר ידי תכון עמו אף־זרועי תאמצנו:
כג כד לא־ישא אויב בו ובן־עולה לא יעננו: וכתותי מפניו צריו
כה ומשנאיו אגוף: ואמונתי וחסדי עמו ובשמי תרום קרנו:
כו כז ושמתי בים ידו ובנהרות ימינו: הוא יקראני אבי אתה אלי
כח כט וצור ישועתי: אף־אני בכור אתנהו עליון למלכי־ארץ: לעולם
ל אשמור־לו חסדי ובריתי נאמנת לו: ושמתי לעד זרעו וכסאו אֶשְׁמָר־
לא לב כימי שמים: אם־יעזבו בניו תורתי ובמשפטי לא ילכון: אם־
לג חקתי יחללו ומצותי לא ישמרו: ופקדתי בשבט פשעם
לד ובנגעים עונם: וחסדי לא־אפיר מעמו ולא אשקר באמונתי:
לה לו לא־אחלל בריתי ומוצא שפתי לא אשנה: אחת נשבעתי
לז בקדשי אם־לדוד אכזב: זרעו לעולם יהיה וכסאו כשמש
לח לט נגדי: כירח יכון עולם ועד בשחק נאמן סלה: ואתה זנחת
מ ותמאס התעברת עם־משיחך: נארתה ברית עבדך חללת
מא מב לארץ נזרו: פרצת כל־גדרתיו שמת מבצריו מחתה: שסהו
מג כל־עברי דרך היה חרפה לשכניו: הרימות ימין צריו השמחת
מד כל־אויביו: אף־תשיב צור חרבו ולא הקמתו במלחמה:
מה מו השבת מטהרו וכסאו לארץ מגרתה: הקצרת ימי עלומיו
מז העטית עליו בושה סלה: עד־מה יהוה תסתר לנצח תבער
מח כמו־אש חמתך: זכר־אני מה־חלד על־מה־שוא בראת כל־
מט בני־אדם: מי גבר יחיה ולא יראה־מות ימלט נפשו מיד־

נ שְׁאוֹל סֶלָה: אַיֵּה ׀ חֲסָדֶיךָ הָרִאשֹׁנִים ׀ אֲדֹנָי נִשְׁבַּעְתָּ לְדָוִד
נא בֶּאֱמוּנָתֶךָ: זְכֹר אֲדֹנָי חֶרְפַּת עֲבָדֶיךָ שְׂאֵתִי בְחֵיקִי כָּל־רַבִּים
נב עַמִּים: אֲשֶׁר חֵרְפוּ אוֹיְבֶיךָ ׀ יְהוָה אֲשֶׁר חֵרְפוּ עִקְּבוֹת מְשִׁיחֶךָ:
נג בָּרוּךְ יְהוָה לְעוֹלָם אָמֵן ׀ וְאָמֵן:

ספר רביעי

צ א תְּפִלָּה לְמֹשֶׁה אִישׁ־הָאֱלֹהִים אֲדֹנָי מָעוֹן אַתָּה הָיִיתָ לָּנוּ בְּדֹר
ב וָדֹר: בְּטֶרֶם ׀ הָרִים יֻלָּדוּ וַתְּחוֹלֵל אֶרֶץ וְתֵבֵל וּמֵעוֹלָם עַד־עוֹלָם
ג ד אַתָּה אֵל: תָּשֵׁב אֱנוֹשׁ עַד־דַּכָּא וַתֹּאמֶר שׁוּבוּ בְנֵי־אָדָם: כִּי
אֶלֶף שָׁנִים בְּעֵינֶיךָ כְּיוֹם אֶתְמוֹל כִּי יַעֲבֹר וְאַשְׁמוּרָה בַלָּיְלָה:
ה ו זְרַמְתָּם שֵׁנָה יִהְיוּ בַּבֹּקֶר כֶּחָצִיר יַחֲלֹף: בַּבֹּקֶר יָצִיץ וְחָלָף
ז ח לָעֶרֶב יְמוֹלֵל וְיָבֵשׁ: כִּי־כָלִינוּ בְאַפֶּךָ וּבַחֲמָתְךָ נִבְהָלְנוּ: שַׁתָּ
ט עֲוֺנֹתֵינוּ לְנֶגְדֶּךָ עֲלֻמֵנוּ לִמְאוֹר פָּנֶיךָ: כִּי כָל־יָמֵינוּ פָּנוּ בְעֶבְרָתֶךָ
י כִּלִּינוּ שָׁנֵינוּ כְמוֹ־הֶגֶה: יְמֵי־שְׁנוֹתֵינוּ בָהֶם שִׁבְעִים שָׁנָה וְאִם
בִּגְבוּרֹת ׀ שְׁמוֹנִים שָׁנָה וְרָהְבָּם עָמָל וָאָוֶן כִּי־גָז חִישׁ וַנָּעֻפָה:
יא יב מִי־יוֹדֵעַ עֹז אַפֶּךָ וּכְיִרְאָתְךָ עֶבְרָתֶךָ: לִמְנוֹת יָמֵינוּ כֵּן הוֹדַע
יג וְנָבִא לְבַב חָכְמָה: שׁוּבָה יְהוָה עַד־מָתָי וְהִנָּחֵם עַל־עֲבָדֶיךָ:
יד טו שַׂבְּעֵנוּ בַבֹּקֶר חַסְדֶּךָ וּנְרַנְּנָה וְנִשְׂמְחָה בְּכָל־יָמֵינוּ: שַׂמְּחֵנוּ
טז כִּימוֹת עִנִּיתָנוּ שְׁנוֹת רָאִינוּ רָעָה: יֵרָאֶה אֶל־עֲבָדֶיךָ פָעֳלֶךָ
יז וַהֲדָרְךָ עַל־בְּנֵיהֶם: וִיהִי ׀ נֹעַם אֲדֹנָי אֱלֹהֵינוּ עָלֵינוּ וּמַעֲשֵׂה יג
יָדֵינוּ כּוֹנְנָה עָלֵינוּ וּמַעֲשֵׂה יָדֵינוּ כּוֹנְנֵהוּ:
צא א ב יֹשֵׁב בְּסֵתֶר עֶלְיוֹן בְּצֵל שַׁדַּי יִתְלוֹנָן: אֹמַר לַיהוָה מַחְסִי
ג וּמְצוּדָתִי אֱלֹהַי אֶבְטַח־בּוֹ: כִּי הוּא יַצִּילְךָ מִפַּח יָקוּשׁ מִדֶּבֶר
ד הַוּוֹת: בְּאֶבְרָתוֹ ׀ יָסֶךְ לָךְ וְתַחַת־כְּנָפָיו תֶּחְסֶה צִנָּה וְסֹחֵרָה
ה ו אֲמִתּוֹ: לֹא־תִירָא מִפַּחַד לָיְלָה מֵחֵץ יָעוּף יוֹמָם: מִדֶּבֶר בָּאֹפֶל
ז יַהֲלֹךְ מִקֶּטֶב יָשׁוּד צָהֳרָיִם: יִפֹּל מִצִּדְּךָ ׀ אֶלֶף וּרְבָבָה מִימִינֶךָ
ח ט אֵלֶיךָ לֹא יִגָּשׁ: רַק בְּעֵינֶיךָ תַבִּיט וְשִׁלֻּמַת רְשָׁעִים תִּרְאֶה: כִּי־
י אַתָּה יְהוָה מַחְסִי עֶלְיוֹן שַׂמְתָּ מְעוֹנֶךָ: לֹא־תְאֻנֶּה אֵלֶיךָ רָעָה

יא וְנֶגַע לֹא־יִקְרַב בְּאָהֳלֶךָ׃ כִּי מַלְאָכָיו יְצַוֶּה־לָּךְ לִשְׁמָרְךָ בְּכָל־
יב יג דְּרָכֶיךָ׃ עַל־כַּפַּיִם יִשָּׂאוּנְךָ פֶּן־תִּגֹּף בָּאֶבֶן רַגְלֶךָ׃ עַל־שַׁחַל וָפֶתֶן
יד תִּדְרֹךְ תִּרְמֹס כְּפִיר וְתַנִּין׃ כִּי בִי חָשַׁק וַאֲפַלְּטֵהוּ אֲשַׂגְּבֵהוּ
טו כִּי־יָדַע שְׁמִי׃ יִקְרָאֵנִי ׀ וְאֶעֱנֵהוּ עִמּוֹ־אָנֹכִי בְצָרָה אֲחַלְּצֵהוּ
טז וַאֲכַבְּדֵהוּ׃ אֹרֶךְ יָמִים אַשְׂבִּיעֵהוּ וְאַרְאֵהוּ בִּישׁוּעָתִי׃

צב א ב מִזְמוֹר שִׁיר לְיוֹם הַשַּׁבָּת׃ טוֹב לְהֹדוֹת לַיהוָה וּלְזַמֵּר לְשִׁמְךָ
ג ד עֶלְיוֹן׃ לְהַגִּיד בַּבֹּקֶר חַסְדֶּךָ וֶאֱמוּנָתְךָ בַּלֵּילוֹת׃ עֲלֵי־עָשׂוֹר
ה וַעֲלֵי־נָבֶל עֲלֵי הִגָּיוֹן בְּכִנּוֹר׃ כִּי שִׂמַּחְתַּנִי יהוה בְּפָעֳלֶךָ בְּמַעֲשֵׂי
ו יָדֶיךָ אֲרַנֵּן׃ מַה־גָּדְלוּ מַעֲשֶׂיךָ יהוה מְאֹד עָמְקוּ מַחְשְׁבֹתֶיךָ׃
ז ח אִישׁ־בַּעַר לֹא יֵדָע וּכְסִיל לֹא־יָבִין אֶת־זֹאת׃ בִּפְרֹחַ רְשָׁעִים ׀
ט כְּמוֹ עֵשֶׂב וַיָּצִיצוּ כָּל־פֹּעֲלֵי אָוֶן לְהִשָּׁמְדָם עֲדֵי־עַד׃ וְאַתָּה
י מָרוֹם לְעֹלָם יהוה׃ כִּי הִנֵּה אֹיְבֶיךָ יהוה כִּי־הִנֵּה אֹיְבֶיךָ יֹאבֵדוּ
יא יִתְפָּרְדוּ כָּל־פֹּעֲלֵי אָוֶן׃ וַתָּרֶם כִּרְאֵים קַרְנִי בַּלֹּתִי בְּשֶׁמֶן רַעֲנָן׃
יב יג וַתַּבֵּט עֵינִי בְּשׁוּרָי בַּקָּמִים עָלַי מְרֵעִים תִּשְׁמַעְנָה אָזְנָי׃ צַדִּיק
יד כַּתָּמָר יִפְרָח כְּאֶרֶז בַּלְּבָנוֹן יִשְׂגֶּה׃ שְׁתוּלִים בְּבֵית יהוה
טו בְּחַצְרוֹת אֱלֹהֵינוּ יַפְרִיחוּ׃ עוֹד יְנוּבוּן בְּשֵׂיבָה דְּשֵׁנִים וְרַעֲנַנִּים
טז יִהְיוּ׃ לְהַגִּיד כִּי־יָשָׁר יהוה צוּרִי וְלֹא־עלתה בּוֹ׃ עוֹלָתָה

צג א יהוה מָלָךְ גֵּאוּת לָבֵשׁ לָבֵשׁ יהוה עֹז הִתְאַזָּר אַף־תִּכּוֹן תֵּבֵל
ב ג בַּל־תִּמּוֹט׃ נָכוֹן כִּסְאֲךָ מֵאָז מֵעוֹלָם אָתָּה׃ נָשְׂאוּ נְהָרוֹת ׀ יהוה
ד נָשְׂאוּ נְהָרוֹת קוֹלָם יִשְׂאוּ נְהָרוֹת דָּכְיָם׃ מִקֹּלוֹת ׀ מַיִם רַבִּים
ה אַדִּירִים מִשְׁבְּרֵי־יָם אַדִּיר בַּמָּרוֹם יהוה׃ עֵדֹתֶיךָ ׀ נֶאֶמְנוּ מְאֹד
לְבֵיתְךָ נַאֲוָה־קֹדֶשׁ יהוה לְאֹרֶךְ יָמִים׃

צד א ב אֵל־נְקָמוֹת יהוה אֵל נְקָמוֹת הוֹפִיַע׃ הִנָּשֵׂא שֹׁפֵט הָאָרֶץ הָשֵׁב
ג גְּמוּל עַל־גֵּאִים׃ עַד־מָתַי רְשָׁעִים ׀ יהוה עַד־מָתַי רְשָׁעִים יַעֲלֹזוּ׃
ד ה יַבִּיעוּ יְדַבְּרוּ עָתָק יִתְאַמְּרוּ כָּל־פֹּעֲלֵי אָוֶן׃ עַמְּךָ יהוה יְדַכְּאוּ
ו ז וְנַחֲלָתְךָ יְעַנּוּ׃ אַלְמָנָה וְגֵר יַהֲרֹגוּ וִיתוֹמִים יְרַצֵּחוּ׃ וַיֹּאמְרוּ לֹא
ח יִרְאֶה־יָּהּ וְלֹא־יָבִין אֱלֹהֵי יַעֲקֹב׃ בִּינוּ בֹּעֲרִים בָּעָם וּכְסִילִים

מָתַי תַּשְׂכִּילוּ׃ הֲנֹטַע אֹזֶן הֲלֹא יִשְׁמָע אִם־יֹצֵר עַיִן הֲלֹא יַבִּיט׃ ט
הֲיֹסֵר גּוֹיִם הֲלֹא יוֹכִיחַ הַמְלַמֵּד אָדָם דָּעַת׃ יְהוָה יֹדֵעַ מַחְשְׁבוֹת י יא
אָדָם כִּי־הֵמָּה הָבֶל׃ אַשְׁרֵי הַגֶּבֶר אֲשֶׁר־תְּיַסְּרֶנּוּ יָּהּ וּמִתּוֹרָתְךָ יב
תְלַמְּדֶנּוּ׃ לְהַשְׁקִיט לוֹ מִימֵי רָע עַד יִכָּרֶה לָרָשָׁע שָׁחַת׃ כִּי ׀ יג יד
לֹא־יִטֹּשׁ יְהוָה עַמּוֹ וְנַחֲלָתוֹ לֹא יַעֲזֹב׃ כִּי־עַד־צֶדֶק יָשׁוּב מִשְׁפָּט טו
וְאַחֲרָיו כָּל־יִשְׁרֵי־לֵב׃ מִי־יָקוּם לִי עִם־מְרֵעִים מִי־יִתְיַצֵּב לִי טז
עִם־פֹּעֲלֵי אָוֶן׃ לוּלֵי יְהוָה עֶזְרָתָה לִּי כִּמְעַט ׀ שָׁכְנָה דוּמָה יז
נַפְשִׁי׃ אִם־אָמַרְתִּי מָטָה רַגְלִי חַסְדְּךָ יְהוָה יִסְעָדֵנִי׃ בְּרֹב יח יט
שַׂרְעַפַּי בְּקִרְבִּי תַּנְחוּמֶיךָ יְשַׁעַשְׁעוּ נַפְשִׁי׃ הַיְחָבְרְךָ כִּסֵּא הַוּוֹת כ
יֹצֵר עָמָל עֲלֵי־חֹק׃ יָגוֹדּוּ עַל־נֶפֶשׁ צַדִּיק וְדָם נָקִי יַרְשִׁיעוּ׃ וַיְהִי כא כב
יְהוָה לִי לְמִשְׂגָּב וֵאלֹהַי לְצוּר מַחְסִי׃ וַיָּשֶׁב עֲלֵיהֶם ׀ אֶת־אוֹנָם כג
וּבְרָעָתָם יַצְמִיתֵם יַצְמִיתֵם יְהוָה אֱלֹהֵינוּ׃

לְכוּ נְרַנְּנָה לַיהוָה נָרִיעָה לְצוּר יִשְׁעֵנוּ׃ נְקַדְּמָה פָנָיו בְּתוֹדָה א ב צה
בִּזְמִרוֹת נָרִיעַ לוֹ׃ כִּי אֵל גָּדוֹל יְהוָה וּמֶלֶךְ גָּדוֹל עַל־כָּל־אֱלֹהִים׃ ג
אֲשֶׁר בְּיָדוֹ מֶחְקְרֵי־אָרֶץ וְתוֹעֲפוֹת הָרִים לוֹ׃ אֲשֶׁר־לוֹ הַיָּם וְהוּא ד ה
עָשָׂהוּ וְיַבֶּשֶׁת יָדָיו יָצָרוּ׃ בֹּאוּ נִשְׁתַּחֲוֶה וְנִכְרָעָה נִבְרְכָה לִפְנֵי־ ו
יְהוָה עֹשֵׂנוּ׃ כִּי הוּא אֱלֹהֵינוּ וַאֲנַחְנוּ ׀ עַם מַרְעִיתוֹ וְצֹאן יָדוֹ ז
הַיּוֹם אִם־בְּקֹלוֹ תִשְׁמָעוּ׃ אַל־תַּקְשׁוּ לְבַבְכֶם כִּמְרִיבָה ח
כְּיוֹם מַסָּה בַּמִּדְבָּר׃ אֲשֶׁר נִסּוּנִי אֲבוֹתֵיכֶם בְּחָנוּנִי גַּם־ ט
רָאוּ פָעֳלִי׃ אַרְבָּעִים שָׁנָה ׀ אָקוּט בְּדוֹר וָאֹמַר עַם תֹּעֵי י
לֵבָב הֵם וְהֵם לֹא־יָדְעוּ דְרָכָי׃ אֲשֶׁר־נִשְׁבַּעְתִּי בְאַפִּי אִם־ יא
יְבֹאוּן אֶל־מְנוּחָתִי׃

שִׁירוּ לַיהוָה שִׁיר חָדָשׁ שִׁירוּ לַיהוָה כָּל־הָאָרֶץ׃ שִׁירוּ לַיהוָה א ב צו
בָּרְכוּ שְׁמוֹ בַּשְּׂרוּ מִיּוֹם־לְיוֹם יְשׁוּעָתוֹ׃ סַפְּרוּ בַגּוֹיִם כְּבוֹדוֹ בְּכָל־ ג
הָעַמִּים נִפְלְאוֹתָיו׃ כִּי גָדוֹל יְהוָה וּמְהֻלָּל מְאֹד נוֹרָא הוּא עַל־ ד
כָּל־אֱלֹהִים׃ כִּי ׀ כָּל־אֱלֹהֵי הָעַמִּים אֱלִילִים וַיהוָה שָׁמַיִם עָשָׂה׃ ה
הוֹד־וְהָדָר לְפָנָיו עֹז וְתִפְאֶרֶת בְּמִקְדָּשׁוֹ׃ הָבוּ לַיהוָה מִשְׁפְּחוֹת ו ז

עמים הבו ליהוה כבוד ועז: הבו ליהוה כבוד שמו שאו־מנחה ח
ובאו לחצרותיו: השתחוו ליהוה בהדרת־קדש חילו מפניו ט
כל־הארץ: אמרו בגוים | יהוה מלך אף־תכון תבל בל־תמוט י
ידין עמים במישרים: ישמחו השמים ותגל הארץ ירעם הים יא
ומלאו: יעלז שדי וכל־אשר־בו אז ירננו כל־עצי־יער: יב
לפני יהוה | כי בא כי בא לשפט הארץ ישפט־תבל בצדק יג
ועמים באמונתו:

יהוה מלך תגל הארץ ישמחו איים רבים: ענן וערפל סביביו א ב צז
צדק ומשפט מכון כסאו: אש לפניו תלך ותלהט סביב צריו: ג
האירו ברקיו תבל ראתה ותחל הארץ: הרים כדונג נמסו ד ה
מלפני יהוה מלפני אדון כל־הארץ: הגידו השמים צדקו ו
וראו כל־העמים כבודו: יבשו | כל־עבדי פסל המתהללים ז
באלילים השתחוו־לו כל־אלהים: שמעה ותשמח | ציון ח
ותגלנה בנות יהודה למען משפטיך יהוה: כי־אתה יהוה ט
עליון על־כל־הארץ מאד נעלית על־כל־אלהים: אהבי י
יהוה שנאו רע שמר נפשות חסידיו מיד רשעים יצילם:
אור זרע לצדיק ולישרי־לב שמחה: שמחו צדיקים ביהוה יא יב
והודו לזכר קדשו:

מזמור שירו ליהוה | שיר חדש כי־נפלאות עשה הושיעה־לו א צח
ימינו וזרוע קדשו: הודיע יהוה ישועתו לעיני הגוים גלה ב
צדקתו: זכר חסדו | ואמונתו לבית ישראל ראו כל־אפסי־ ג
ארץ את ישועת אלהינו: הריעו ליהוה כל־הארץ פצחו ורננו ד
וזמרו: זמרו ליהוה בכנור בכנור וקול זמרה: בחצצרות וקול ה ו
שופר הריעו לפני | המלך יהוה: ירעם הים ומלאו תבל וישבי ז
בה: נהרות ימחאו־כף יחד הרים ירננו: לפני־יהוה כי בא ח ט
לשפט הארץ ישפט־תבל בצדק ועמים במישרים:

יהוה מלך ירגזו עמים ישב כרובים תנוט הארץ: יהוה בציון א ב צט

ג גָּדוֹל וְרָם הוּא עַל־כָּל־הָעַמִּים׃ יוֹדוּ שִׁמְךָ גָּדוֹל וְנוֹרָא קָדוֹשׁ
ד הוּא׃ וְעֹז מֶלֶךְ מִשְׁפָּט אָהֵב אַתָּה כּוֹנַנְתָּ מֵישָׁרִים מִשְׁפָּט
ה וּצְדָקָה בְּיַעֲקֹב ׀ אַתָּה עָשִׂיתָ׃ רוֹמְמוּ יְהוָה אֱלֹהֵינוּ וְהִשְׁתַּחֲווּ
ו לַהֲדֹם רַגְלָיו קָדוֹשׁ הוּא׃ מֹשֶׁה וְאַהֲרֹן ׀ בְּכֹהֲנָיו וּשְׁמוּאֵל
ז בְּקֹרְאֵי שְׁמוֹ קֹרְאִים אֶל־יְהוָה וְהוּא יַעֲנֵם׃ בְּעַמּוּד עָנָן יְדַבֵּר
ח אֲלֵיהֶם שָׁמְרוּ עֵדֹתָיו וְחֹק נָתַן־לָמוֹ׃ יְהוָה אֱלֹהֵינוּ אַתָּה עֲנִיתָם
ט אֵל נֹשֵׂא הָיִיתָ לָהֶם וְנֹקֵם עַל־עֲלִילוֹתָם׃ רוֹמְמוּ יְהוָה אֱלֹהֵינוּ
וְהִשְׁתַּחֲווּ לְהַר קָדְשׁוֹ כִּי־קָדוֹשׁ יְהוָה אֱלֹהֵינוּ׃

ק א ב מִזְמוֹר לְתוֹדָה הָרִיעוּ לַיהוָה כָּל־הָאָרֶץ׃ עִבְדוּ אֶת־יְהוָה
ג בְּשִׂמְחָה בֹּאוּ לְפָנָיו בִּרְנָנָה׃ דְּעוּ כִּי־יְהוָה הוּא אֱלֹהִים הוּא
ד עָשָׂנוּ ולא אֲנַחְנוּ עַמּוֹ וְצֹאן מַרְעִיתוֹ׃ בֹּאוּ שְׁעָרָיו ׀ בְּתוֹדָה וְלוֹ
ה חֲצֵרֹתָיו בִּתְהִלָּה הוֹדוּ לוֹ בָּרְכוּ שְׁמוֹ׃ כִּי־טוֹב יְהוָה לְעוֹלָם
חַסְדּוֹ וְעַד־דֹּר וָדֹר אֱמוּנָתוֹ׃

קא א לְדָוִד מִזְמוֹר חֶסֶד־וּמִשְׁפָּט אָשִׁירָה לְךָ יְהוָה אֲזַמֵּרָה׃ יד
ב אַשְׂכִּילָה ׀ בְּדֶרֶךְ תָּמִים מָתַי תָּבוֹא אֵלָי אֶתְהַלֵּךְ בְּתָם־לְבָבִי
ג בְּקֶרֶב בֵּיתִי׃ לֹא־אָשִׁית ׀ לְנֶגֶד עֵינַי דְּבַר־בְּלִיָּעַל עֲשֹׂה־סֵטִים
ד שָׂנֵאתִי לֹא יִדְבַּק בִּי׃ לֵבָב עִקֵּשׁ יָסוּר מִמֶּנִּי רָע לֹא אֵדָע׃
ה מלושני בַסֵּתֶר ׀ רֵעֵהוּ אוֹתוֹ אַצְמִית גְּבַהּ־עֵינַיִם וּרְחַב לֵבָב מְלָשְׁנִי
ו אֹתוֹ לֹא אוּכָל׃ עֵינַי ׀ בְּנֶאֶמְנֵי־אֶרֶץ לָשֶׁבֶת עִמָּדִי הֹלֵךְ בְּדֶרֶךְ
ז תָּמִים הוּא יְשָׁרְתֵנִי׃ לֹא־יֵשֵׁב ׀ בְּקֶרֶב בֵּיתִי עֹשֵׂה רְמִיָּה דֹּבֵר
ח שְׁקָרִים לֹא־יִכּוֹן לְנֶגֶד עֵינָי׃ לַבְּקָרִים אַצְמִית כָּל־רִשְׁעֵי־אָרֶץ
לְהַכְרִית מֵעִיר־יְהוָה כָּל־פֹּעֲלֵי אָוֶן׃

קב א ב תְּפִלָּה לְעָנִי כִי־יַעֲטֹף וְלִפְנֵי יְהוָה יִשְׁפֹּךְ שִׂיחוֹ׃ יְהוָה שִׁמְעָה
ג תְפִלָּתִי וְשַׁוְעָתִי אֵלֶיךָ תָבוֹא׃ אַל־תַּסְתֵּר פָּנֶיךָ ׀ מִמֶּנִּי בְּיוֹם
ד צַר לִי הַטֵּה־אֵלַי אָזְנֶךָ בְּיוֹם אֶקְרָא מַהֵר עֲנֵנִי׃ כִּי־כָלוּ בְעָשָׁן
ה יָמָי וְעַצְמוֹתַי כְּמוֹקֵד נִחָרוּ׃ הוּכָּה כָעֵשֶׂב וַיִּבַשׁ לִבִּי כִּי־שָׁכַחְתִּי
ו ז מֵאֲכֹל לַחְמִי׃ מִקּוֹל אַנְחָתִי דָּבְקָה עַצְמִי לִבְשָׂרִי׃ דָּמִיתִי

ח לְקָאַת מִדְבָּר הָיִיתִי כְּכוֹס חֳרָבוֹת: שָׁקַדְתִּי וָאֶהְיֶה כְּצִפּוֹר
ט י בּוֹדֵד עַל־גָּג: כָּל־הַיּוֹם חֵרְפוּנִי אוֹיְבָי מְהוֹלָלַי בִּי נִשְׁבָּעוּ: כִּי־
יא אֵפֶר כַּלֶּחֶם אָכָלְתִּי וְשִׁקֻּוַי בִּבְכִי מָסָכְתִּי: מִפְּנֵי־זַעַמְךָ וְקִצְפֶּךָ
יב יג כִּי נְשָׂאתַנִי וַתַּשְׁלִיכֵנִי: יָמַי כְּצֵל נָטוּי וַאֲנִי כָּעֵשֶׂב אִיבָשׁ: וְאַתָּה
יד יהוה לְעוֹלָם תֵּשֵׁב וְזִכְרְךָ לְדֹר וָדֹר: אַתָּה תָקוּם תְּרַחֵם צִיּוֹן
טו כִּי־עֵת לְחֶנְנָהּ כִּי־בָא מוֹעֵד: כִּי־רָצוּ עֲבָדֶיךָ אֶת־אֲבָנֶיהָ וְאֶת־
טז עֲפָרָהּ יְחֹנֵנוּ: וְיִירְאוּ גוֹיִם אֶת־שֵׁם יהוה וְכָל־מַלְכֵי הָאָרֶץ אֶת־
יז יח כְּבוֹדֶךָ: כִּי־בָנָה יהוה צִיּוֹן נִרְאָה בִּכְבוֹדוֹ: פָּנָה אֶל־תְּפִלַּת
יט הָעַרְעָר וְלֹא־בָזָה אֶת־תְּפִלָּתָם: תִּכָּתֶב זֹאת לְדוֹר אַחֲרוֹן וְעַם
כ נִבְרָא יְהַלֶּל־יָהּ: כִּי־הִשְׁקִיף מִמְּרוֹם קָדְשׁוֹ יהוה מִשָּׁמַיִם | אֶל־
כא כב אֶרֶץ הִבִּיט: לִשְׁמֹעַ אֶנְקַת אָסִיר לְפַתֵּחַ בְּנֵי תְמוּתָה: לְסַפֵּר
כג בְּצִיּוֹן שֵׁם יהוה וּתְהִלָּתוֹ בִּירוּשָׁלָ‍ִם: בְּהִקָּבֵץ עַמִּים יַחְדָּו
כד כה וּמַמְלָכוֹת לַעֲבֹד אֶת־יהוה: עִנָּה בַדֶּרֶךְ כחו קִצַּר יָמָי: אֹמַר כֹּחִי
כו אֵלִי אַל־תַּעֲלֵנִי בַּחֲצִי יָמָי בְּדוֹר דּוֹרִים שְׁנוֹתֶיךָ: לְפָנִים הָאָרֶץ
כז יָסַדְתָּ וּמַעֲשֵׂה יָדֶיךָ שָׁמָיִם: הֵמָּה | יֹאבֵדוּ וְאַתָּה תַעֲמֹד וְכֻלָּם
כח כַּבֶּגֶד יִבְלוּ כַּלְּבוּשׁ תַּחֲלִיפֵם וְיַחֲלֹפוּ: וְאַתָּה־הוּא וּשְׁנוֹתֶיךָ לֹא
כט יִתָּמּוּ: בְּנֵי־עֲבָדֶיךָ יִשְׁכּוֹנוּ וְזַרְעָם לְפָנֶיךָ יִכּוֹן:
קג א ב לְדָוִד | בָּרְכִי נַפְשִׁי אֶת־יהוה וְכָל־קְרָבַי אֶת־שֵׁם קָדְשׁוֹ: בָּרְכִי
ג נַפְשִׁי אֶת־יהוה וְאַל־תִּשְׁכְּחִי כָּל־גְּמוּלָיו: הַסֹּלֵחַ לְכָל־עֲוֺנֵכִי
ד הָרֹפֵא לְכָל־תַּחֲלֻאָיְכִי: הַגּוֹאֵל מִשַּׁחַת חַיָּיְכִי הַמְעַטְּרֵכִי חֶסֶד
ה ו וְרַחֲמִים: הַמַּשְׂבִּיעַ בַּטּוֹב עֶדְיֵךְ תִּתְחַדֵּשׁ כַּנֶּשֶׁר נְעוּרָיְכִי: עֹשֵׂה
ז צְדָקוֹת יהוה וּמִשְׁפָּטִים לְכָל־עֲשׁוּקִים: יוֹדִיעַ דְּרָכָיו לְמֹשֶׁה
ח לִבְנֵי יִשְׂרָאֵל עֲלִילוֹתָיו: רַחוּם וְחַנּוּן יהוה אֶרֶךְ אַפַּיִם וְרַב־
ט י חָסֶד: לֹא־לָנֶצַח יָרִיב וְלֹא לְעוֹלָם יִטּוֹר: לֹא כַחֲטָאֵינוּ עָשָׂה
יא לָנוּ וְלֹא כַעֲוֺנֹתֵינוּ גָּמַל עָלֵינוּ: כִּי כִגְבֹהַּ שָׁמַיִם עַל־הָאָרֶץ גָּבַר
יב חַסְדּוֹ עַל־יְרֵאָיו: כִּרְחֹק מִזְרָח מִמַּעֲרָב הִרְחִיק מִמֶּנּוּ אֶת־
יג יד פְּשָׁעֵינוּ: כְּרַחֵם אָב עַל־בָּנִים רִחַם יהוה עַל־יְרֵאָיו: כִּי־הוּא

טו יָדַע יִצְרֵנוּ זָכוּר כִּי־עָפָר אֲנָחְנוּ׃ אֱנוֹשׁ כֶּחָצִיר יָמָיו כְּצִיץ
טז הַשָּׂדֶה כֵּן יָצִיץ׃ כִּי רוּחַ עָבְרָה־בּוֹ וְאֵינֶנּוּ וְלֹא־יַכִּירֶנּוּ עוֹד
יז מְקוֹמוֹ׃ וְחֶסֶד יְהוָה ׀ מֵעוֹלָם וְעַד־עוֹלָם עַל־יְרֵאָיו וְצִדְקָתוֹ
יח יט לִבְנֵי בָנִים׃ לְשֹׁמְרֵי בְרִיתוֹ וּלְזֹכְרֵי פִקֻּדָיו לַעֲשׂוֹתָם׃ יְהוָה
כ בַּשָּׁמַיִם הֵכִין כִּסְאוֹ וּמַלְכוּתוֹ בַּכֹּל מָשָׁלָה׃ בָּרְכוּ יְהוָה
כא מַלְאָכָיו גִּבֹּרֵי כֹחַ עֹשֵׂי דְבָרוֹ לִשְׁמֹעַ בְּקוֹל דְּבָרוֹ׃ בָּרְכוּ יְהוָה
כב כָּל־צְבָאָיו מְשָׁרְתָיו עֹשֵׂי רְצוֹנוֹ׃ בָּרְכוּ יְהוָה ׀ כָּל־מַעֲשָׂיו בְּכָל־
מְקֹמוֹת מֶמְשַׁלְתּוֹ בָּרְכִי נַפְשִׁי אֶת־יְהוָה׃

קד א בָּרְכִי נַפְשִׁי אֶת־יְהוָה יְהוָה אֱלֹהַי גָּדַלְתָּ מְּאֹד הוֹד וְהָדָר
ב ג לָבָשְׁתָּ׃ עֹטֶה־אוֹר כַּשַּׂלְמָה נוֹטֶה שָׁמַיִם כַּיְרִיעָה׃ הַמְקָרֶה
ד בַמַּיִם עֲלִיּוֹתָיו הַשָּׂם־עָבִים רְכוּבוֹ הַמְהַלֵּךְ עַל־כַּנְפֵי־רוּחַ׃ עֹשֶׂה
ה מַלְאָכָיו רוּחוֹת מְשָׁרְתָיו אֵשׁ לֹהֵט׃ יָסַד־אֶרֶץ עַל־מְכוֹנֶיהָ בַּל־
ו תִּמּוֹט עוֹלָם וָעֶד׃ תְּהוֹם כַּלְּבוּשׁ כִּסִּיתוֹ עַל־הָרִים יַעַמְדוּ־מָיִם׃
ז ח מִן־גַּעֲרָתְךָ יְנוּסוּן מִן־קוֹל רַעַמְךָ יֵחָפֵזוּן׃ יַעֲלוּ הָרִים יֵרְדוּ
ט בְקָעוֹת אֶל־מְקוֹם זֶה ׀ יָסַדְתָּ לָהֶם׃ גְּבוּל־שַׂמְתָּ בַּל־יַעֲבֹרוּן
י בַּל־יְשׁוּבוּן לְכַסּוֹת הָאָרֶץ׃ הַמְשַׁלֵּחַ מַעְיָנִים בַּנְּחָלִים בֵּין הָרִים
יא יב יְהַלֵּכוּן׃ יַשְׁקוּ כָּל־חַיְתוֹ שָׂדָי יִשְׁבְּרוּ פְרָאִים צְמָאָם׃ עֲלֵיהֶם
יג עוֹף־הַשָּׁמַיִם יִשְׁכּוֹן מִבֵּין עֳפָאיִם יִתְּנוּ־קוֹל׃ מַשְׁקֶה הָרִים
יד מֵעֲלִיּוֹתָיו מִפְּרִי מַעֲשֶׂיךָ תִּשְׂבַּע הָאָרֶץ׃ מַצְמִיחַ חָצִיר ׀ לַבְּהֵמָה
טו וְעֵשֶׂב לַעֲבֹדַת הָאָדָם לְהוֹצִיא לֶחֶם מִן־הָאָרֶץ׃ וְיַיִן ׀ יְשַׂמַּח
לְבַב־אֱנוֹשׁ לְהַצְהִיל פָּנִים מִשָּׁמֶן וְלֶחֶם לְבַב־אֱנוֹשׁ יִסְעָד׃
טז יז יִשְׂבְּעוּ עֲצֵי יְהוָה אַרְזֵי לְבָנוֹן אֲשֶׁר נָטָע׃ אֲשֶׁר־שָׁם צִפֳּרִים
יח יְקַנֵּנוּ חֲסִידָה בְּרוֹשִׁים בֵּיתָהּ׃ הָרִים הַגְּבֹהִים לַיְּעֵלִים סְלָעִים
יט כ מַחְסֶה לַשְׁפַנִּים׃ עָשָׂה יָרֵחַ לְמוֹעֲדִים שֶׁמֶשׁ יָדַע מְבוֹאוֹ׃ תָּשֶׁת־
כא חֹשֶׁךְ וִיהִי לָיְלָה בּוֹ־תִרְמֹשׂ כָּל־חַיְתוֹ־יָעַר׃ הַכְּפִירִים שֹׁאֲגִים
כב לַטָּרֶף וּלְבַקֵּשׁ מֵאֵל אָכְלָם׃ תִּזְרַח הַשֶּׁמֶשׁ יֵאָסֵפוּן וְאֶל־
כג כד מְעוֹנֹתָם יִרְבָּצוּן׃ יֵצֵא אָדָם לְפָעֳלוֹ וְלַעֲבֹדָתוֹ עֲדֵי־עָרֶב׃ מָה־

רַבּוּ מַעֲשֶׂיךָ יְהוָה כֻּלָּם בְּחָכְמָה עָשִׂיתָ מָלְאָה הָאָרֶץ קִנְיָנֶךָ׃
כה זֶה הַיָּם גָּדוֹל וּרְחַב יָדָיִם שָׁם־רֶמֶשׂ וְאֵין מִסְפָּר חַיּוֹת קְטַנּוֹת
כו עִם־גְּדֹלוֹת׃ שָׁם אֳנִיּוֹת יְהַלֵּכוּן לִוְיָתָן זֶה־יָצַרְתָּ לְשַׂחֶק־בּוֹ׃
כז כח כֻּלָּם אֵלֶיךָ יְשַׂבֵּרוּן לָתֵת אָכְלָם בְּעִתּוֹ׃ תִּתֵּן לָהֶם יִלְקֹטוּן
כט תִּפְתַּח יָדְךָ יִשְׂבְּעוּן טוֹב׃ תַּסְתִּיר פָּנֶיךָ יִבָּהֵלוּן תֹּסֵף רוּחָם
ל יִגְוָעוּן וְאֶל־עֲפָרָם יְשׁוּבוּן׃ תְּשַׁלַּח רוּחֲךָ יִבָּרֵאוּן וּתְחַדֵּשׁ פְּנֵי
לא לב אֲדָמָה׃ יְהִי כְבוֹד יְהוָה לְעוֹלָם יִשְׂמַח יְהוָה בְּמַעֲשָׂיו׃ הַמַּבִּיט
לג לָאָרֶץ וַתִּרְעָד יִגַּע בֶּהָרִים וְיֶעֱשָׁנוּ׃ אָשִׁירָה לַיהוָה בְּחַיָּי
לד אֲזַמְּרָה לֵאלֹהַי בְּעוֹדִי׃ יֶעֱרַב עָלָיו שִׂיחִי אָנֹכִי אֶשְׂמַח בַּיהוָה׃
לה יִתַּמּוּ חַטָּאִים מִן־הָאָרֶץ וּרְשָׁעִים עוֹד אֵינָם בָּרְכִי נַפְשִׁי
אֶת־יְהוָה הַלְלוּיָהּ׃
קה א ב הוֹדוּ לַיהוָה קִרְאוּ בִּשְׁמוֹ הוֹדִיעוּ בָעַמִּים עֲלִילוֹתָיו׃ שִׁירוּ־לוֹ
ג זַמְּרוּ־לוֹ שִׂיחוּ בְּכָל־נִפְלְאוֹתָיו׃ הִתְהַלְלוּ בְּשֵׁם קָדְשׁוֹ יִשְׂמַח
ד ה לֵב מְבַקְשֵׁי יְהוָה׃ דִּרְשׁוּ יְהוָה וְעֻזּוֹ בַּקְּשׁוּ פָנָיו תָּמִיד׃ זִכְרוּ
ו נִפְלְאוֹתָיו אֲשֶׁר־עָשָׂה מֹפְתָיו וּמִשְׁפְּטֵי־פִיו׃ זֶרַע אַבְרָהָם עַבְדּוֹ
ז בְּנֵי יַעֲקֹב בְּחִירָיו׃ הוּא יְהוָה אֱלֹהֵינוּ בְּכָל־הָאָרֶץ מִשְׁפָּטָיו׃
ח ט זָכַר לְעוֹלָם בְּרִיתוֹ דָּבָר צִוָּה לְאֶלֶף דּוֹר׃ אֲשֶׁר כָּרַת אֶת־
י אַבְרָהָם וּשְׁבוּעָתוֹ לְיִשְׂחָק׃ וַיַּעֲמִידֶהָ לְיַעֲקֹב לְחֹק לְיִשְׂרָאֵל
יא בְּרִית עוֹלָם׃ לֵאמֹר לְךָ אֶתֵּן אֶת־אֶרֶץ־כְּנָעַן חֶבֶל נַחֲלַתְכֶם׃
יב יג בִּהְיוֹתָם מְתֵי מִסְפָּר כִּמְעַט וְגָרִים בָּהּ׃ וַיִּתְהַלְּכוּ מִגּוֹי אֶל־גּוֹי
יד מִמַּמְלָכָה אֶל־עַם אַחֵר׃ לֹא־הִנִּיחַ אָדָם לְעָשְׁקָם וַיּוֹכַח עֲלֵיהֶם
טו טז מְלָכִים׃ אַל־תִּגְּעוּ בִמְשִׁיחָי וְלִנְבִיאַי אַל־תָּרֵעוּ׃ וַיִּקְרָא רָעָב
יז עַל־הָאָרֶץ כָּל־מַטֵּה־לֶחֶם שָׁבָר׃ שָׁלַח לִפְנֵיהֶם אִישׁ לְעֶבֶד
יח יט נִמְכַּר יוֹסֵף׃ עִנּוּ בַכֶּבֶל רגליו בַּרְזֶל בָּאָה נַפְשׁוֹ׃ עַד־עֵת בֹּא־ רַגְלוֹ
כ דְבָרוֹ אִמְרַת יְהוָה צְרָפָתְהוּ׃ שָׁלַח מֶלֶךְ וַיַּתִּירֵהוּ מֹשֵׁל עַמִּים
כא כב וַיְפַתְּחֵהוּ׃ שָׂמוֹ אָדוֹן לְבֵיתוֹ וּמֹשֵׁל בְּכָל־קִנְיָנוֹ׃ לֶאְסֹר שָׂרָיו
כג בְּנַפְשׁוֹ וּזְקֵנָיו יְחַכֵּם׃ וַיָּבֹא יִשְׂרָאֵל מִצְרָיִם וְיַעֲקֹב גָּר בְּאֶרֶץ־

חָם׃ וַיֶּפֶר אֶת־עַמּוֹ מְאֹד וַיַּעֲצִמֵהוּ מִצָּרָיו׃ הָפַךְ לִבָּם לִשְׂנֹא כד כה
עַמּוֹ לְהִתְנַכֵּל בַּעֲבָדָיו׃ שָׁלַח מֹשֶׁה עַבְדּוֹ אַהֲרֹן אֲשֶׁר בָּחַר־בּוֹ׃ כו
שָׂמוּ־בָם דִּבְרֵי אֹתוֹתָיו וּמֹפְתִים בְּאֶרֶץ חָם׃ שָׁלַח חֹשֶׁךְ וַיַּחְשִׁךְ כז כח
דְּבָרוֹ וְלֹא־מָרוּ אֶת־דבריו׃ הָפַךְ אֶת־מֵימֵיהֶם לְדָם וַיָּמֶת אֶת־דְּגָתָם׃ כט
שָׁרַץ אַרְצָם צְפַרְדְּעִים בְּחַדְרֵי מַלְכֵיהֶם׃ אָמַר וַיָּבֹא עָרֹב כִּנִּים ל לא
בְּכָל־גְּבוּלָם׃ נָתַן גִּשְׁמֵיהֶם בָּרָד אֵשׁ לֶהָבוֹת בְּאַרְצָם׃ וַיַּךְ גַּפְנָם לב לג
וּתְאֵנָתָם וַיְשַׁבֵּר עֵץ גְּבוּלָם׃ אָמַר וַיָּבֹא אַרְבֶּה וְיֶלֶק וְאֵין לד
מִסְפָּר׃ וַיֹּאכַל כָּל־עֵשֶׂב בְּאַרְצָם וַיֹּאכַל פְּרִי אַדְמָתָם׃ וַיַּךְ כָּל־ לה לו
בְּכוֹר בְּאַרְצָם רֵאשִׁית לְכָל־אוֹנָם׃ וַיּוֹצִיאֵם בְּכֶסֶף וְזָהָב וְאֵין לז
בִּשְׁבָטָיו כּוֹשֵׁל׃ שָׂמַח מִצְרַיִם בְּצֵאתָם כִּי־נָפַל פַּחְדָּם עֲלֵיהֶם׃ לח
פָּרַשׂ עָנָן לְמָסָךְ וְאֵשׁ לְהָאִיר לָיְלָה׃ שָׁאַל וַיָּבֵא שְׂלָו וְלֶחֶם לט מ
שָׁמַיִם יַשְׂבִּיעֵם׃ פָּתַח צוּר וַיָּזוּבוּ מָיִם הָלְכוּ בַּצִּיּוֹת נָהָר׃ כִּי־זָכַר מא מב
אֶת־דְּבַר קָדְשׁוֹ אֶת־אַבְרָהָם עַבְדּוֹ׃ וַיּוֹצִא עַמּוֹ בְשָׂשׂוֹן בְּרִנָּה מג
אֶת־בְּחִירָיו׃ וַיִּתֵּן לָהֶם אַרְצוֹת גּוֹיִם וַעֲמַל לְאֻמִּים יִירָשׁוּ׃ מד
טו בַּעֲבוּר ׀ יִשְׁמְרוּ חֻקָּיו וְתוֹרֹתָיו יִנְצֹרוּ הַלְלוּיָהּ׃ מה

קו
הַלְלוּיָהּ ׀ הוֹדוּ לַיהוָה כִּי־טוֹב כִּי לְעוֹלָם חַסְדּוֹ׃ מִי יְמַלֵּל א ב
גְּבוּרוֹת יְהוָה יַשְׁמִיעַ כָּל־תְּהִלָּתוֹ׃ אַשְׁרֵי שֹׁמְרֵי מִשְׁפָּט עֹשֵׂה ג
צְדָקָה בְכָל־עֵת׃ זָכְרֵנִי יְהוָה בִּרְצוֹן עַמֶּךָ פָּקְדֵנִי בִּישׁוּעָתֶךָ׃ ד
לִרְאוֹת ׀ בְּטוֹבַת בְּחִירֶיךָ לִשְׂמֹחַ בְּשִׂמְחַת גּוֹיֶךָ לְהִתְהַלֵּל ה
עִם־נַחֲלָתֶךָ׃ חָטָאנוּ עִם־אֲבֹתֵינוּ הֶעֱוִינוּ הִרְשָׁעְנוּ׃ אֲבוֹתֵינוּ ו ז
בְמִצְרַיִם ׀ לֹא־הִשְׂכִּילוּ נִפְלְאוֹתֶיךָ לֹא זָכְרוּ אֶת־רֹב חֲסָדֶיךָ
וַיַּמְרוּ עַל־יָם בְּיַם־סוּף׃ וַיּוֹשִׁיעֵם לְמַעַן שְׁמוֹ לְהוֹדִיעַ אֶת־ ח
גְּבוּרָתוֹ׃ וַיִּגְעַר בְּיַם־סוּף וַיֶּחֱרָב וַיּוֹלִיכֵם בַּתְּהֹמוֹת כַּמִּדְבָּר׃ ט
וַיּוֹשִׁיעֵם מִיַּד שׂוֹנֵא וַיִּגְאָלֵם מִיַּד אוֹיֵב׃ וַיְכַסּוּ־מַיִם צָרֵיהֶם אֶחָד י יא
מֵהֶם לֹא נוֹתָר׃ וַיַּאֲמִינוּ בִדְבָרָיו יָשִׁירוּ תְּהִלָּתוֹ׃ מִהֲרוּ שָׁכְחוּ יב יג
מַעֲשָׂיו לֹא־חִכּוּ לַעֲצָתוֹ׃ וַיִּתְאַוּוּ תַאֲוָה בַּמִּדְבָּר וַיְנַסּוּ־אֵל יד
בִּישִׁימוֹן׃ וַיִּתֵּן לָהֶם שֶׁאֱלָתָם וַיְשַׁלַּח רָזוֹן בְּנַפְשָׁם׃ וַיְקַנְאוּ טו טז

יז למשה במחנה לאהרן קדוש יהוה: תפתח־ארץ ותבלע דתן
יח ותכס על־עדת אבירם: ותבער־אש בעדתם להבה תלהט
יט כ רשעים: יעשו־עגל בחרב וישתחוו למסכה: וימירו את־
כא כבודם בתבנית שור אכל עשב: שכחו אל מושיעם עשה
כב גדלות במצרים: נפלאות בארץ חם נוראות על־ים־סוף:
כג ויאמר להשמידם לולי משה בחירו עמד בפרץ לפניו להשיב
כד חמתו מהשחית: וימאסו בארץ חמדה לא־האמינו לדברו:
כה כו וירגנו באהליהם לא שמעו בקול יהוה: וישא ידו להם להפיל
כז אותם במדבר: ולהפיל זרעם בגוים ולזרותם בארצות:
כח כט ויצמדו לבעל פעור ויאכלו זבחי מתים: ויכעיסו במעלליהם
ל ותפרץ־בם מגפה: ויעמד פינחס ויפלל ותעצר המגפה:
לא לב ותחשב לו לצדקה לדר ודר עד־עולם: ויקציפו על־מי מריבה
לג וירע למשה בעבורם: כי־המרו את־רוחו ויבטא בשפתיו:
לד לה לא־השמידו את־העמים אשר אמר יהוה להם: ויתערבו
לו בגוים וילמדו מעשיהם: ויעבדו את־עצביהם ויהיו להם
לז לח למוקש: ויזבחו את־בניהם ואת־בנותיהם לשדים: וישפכו
דם נקי דם־בניהם ובנותיהם אשר זבחו לעצבי כנען ותחנף
לט מ הארץ בדמים: ויטמאו במעשיהם ויזנו במעלליהם: ויחר־
מא אף יהוה בעמו ויתעב את־נחלתו: ויתנם ביד־גוים וימשלו
מב מג בהם שנאיהם: וילחצום אויביהם ויכנעו תחת ידם: פעמים
מד רבות יצילם והמה ימרו בעצתם וימכו בעונם: וירא בצר להם
מה מו בשמעו את־רנתם: ויזכר להם בריתו וינחם כרב חסדו: ויתן
מז אותם לרחמים לפני כל־שוביהם: הושיענו ׀ יהוה אלהינו
וקבצנו מן־הגוים להודות לשם קדשך להשתבח בתהלתך:
מח ברוך יהוה ׀ אלהי ישראל מן־העולם ׀ ועד העולם ואמר
כל־העם אמן הללויה:

א ב הֹדוּ לַיהוָה כִּי־טוֹב כִּי לְעוֹלָם חַסְדּוֹ: יֹאמְרוּ גְּאוּלֵי יְהוָה אֲשֶׁר
ג גְּאָלָם מִיַּד־צָר: וּמֵאֲרָצוֹת קִבְּצָם מִמִּזְרָח וּמִמַּעֲרָב מִצָּפוֹן
ד וּמִיָּם: תָּעוּ בַמִּדְבָּר בִּישִׁימוֹן דָּרֶךְ עִיר מוֹשָׁב לֹא מָצָאוּ:
ה ו רְעֵבִים גַּם־צְמֵאִים נַפְשָׁם בָּהֶם תִּתְעַטָּף: וַיִּצְעֲקוּ אֶל־יְהוָה
ז בַּצַּר לָהֶם מִמְּצוּקוֹתֵיהֶם יַצִּילֵם: וַיַּדְרִיכֵם בְּדֶרֶךְ יְשָׁרָה לָלֶכֶת
ח ט אֶל־עִיר מוֹשָׁב: יוֹדוּ לַיהוָה חַסְדּוֹ וְנִפְלְאוֹתָיו לִבְנֵי אָדָם: כִּי־
י הִשְׂבִּיעַ נֶפֶשׁ שֹׁקֵקָה וְנֶפֶשׁ רְעֵבָה מִלֵּא־טוֹב: יֹשְׁבֵי חֹשֶׁךְ
יא וְצַלְמָוֶת אֲסִירֵי עֳנִי וּבַרְזֶל: כִּי־הִמְרוּ אִמְרֵי־אֵל וַעֲצַת עֶלְיוֹן
יב יג נָאָצוּ: וַיַּכְנַע בֶּעָמָל לִבָּם כָּשְׁלוּ וְאֵין עֹזֵר: וַיִּזְעֲקוּ אֶל־יְהוָה
יד בַּצַּר לָהֶם מִמְּצֻקוֹתֵיהֶם יוֹשִׁיעֵם: יוֹצִיאֵם מֵחֹשֶׁךְ וְצַלְמָוֶת
טו וּמוֹסְרוֹתֵיהֶם יְנַתֵּק: יוֹדוּ לַיהוָה חַסְדּוֹ וְנִפְלְאוֹתָיו לִבְנֵי אָדָם:
טז יז כִּי־שִׁבַּר דַּלְתוֹת נְחֹשֶׁת וּבְרִיחֵי בַרְזֶל גִּדֵּעַ: אֱוִלִים מִדֶּרֶךְ
יח פִּשְׁעָם וּמֵעֲוֺנֹתֵיהֶם יִתְעַנּוּ: כָּל־אֹכֶל תְּתַעֵב נַפְשָׁם וַיַּגִּיעוּ
יט עַד־שַׁעֲרֵי מָוֶת: וַיִּזְעֲקוּ אֶל־יְהוָה בַּצַּר לָהֶם מִמְּצֻקוֹתֵיהֶם
כ כא יוֹשִׁיעֵם: יִשְׁלַח דְּבָרוֹ וְיִרְפָּאֵם וִימַלֵּט מִשְּׁחִיתוֹתָם: יוֹדוּ לַיהוָה
כב חַסְדּוֹ וְנִפְלְאוֹתָיו לִבְנֵי אָדָם: וְיִזְבְּחוּ זִבְחֵי תוֹדָה וִיסַפְּרוּ
כג מַעֲשָׂיו בְּרִנָּה: ׆ יוֹרְדֵי הַיָּם בָּאֳנִיּוֹת עֹשֵׂי מְלָאכָה
כד בְּמַיִם רַבִּים: ׆ הֵמָּה רָאוּ מַעֲשֵׂי יְהוָה וְנִפְלְאוֹתָיו
כה בִּמְצוּלָה: ׆ וַיֹּאמֶר וַיַּעֲמֵד רוּחַ סְעָרָה וַתְּרוֹמֵם גַּלָּיו: ׆
כו כז יַעֲלוּ שָׁמַיִם יֵרְדוּ תְהוֹמוֹת נַפְשָׁם בְּרָעָה תִתְמוֹגָג: ׆ יָחוֹגּוּ
כח וְיָנוּעוּ כַּשִּׁכּוֹר וְכָל־חָכְמָתָם תִּתְבַּלָּע: ׆ וַיִּצְעֲקוּ אֶל־
כט יְהוָה בַּצַּר לָהֶם וּמִמְּצוּקֹתֵיהֶם יוֹצִיאֵם: יָקֵם סְעָרָה לִדְמָמָה
ל וַיֶּחֱשׁוּ גַּלֵּיהֶם: וַיִּשְׂמְחוּ כִי־יִשְׁתֹּקוּ וַיַּנְחֵם אֶל־מְחוֹז חֶפְצָם:
לא לב יוֹדוּ לַיהוָה חַסְדּוֹ וְנִפְלְאוֹתָיו לִבְנֵי אָדָם: וִירוֹמְמוּהוּ בִּקְהַל־עָם
לג וּבְמוֹשַׁב זְקֵנִים יְהַלְלוּהוּ: יָשֵׂם נְהָרוֹת לְמִדְבָּר וּמֹצָאֵי מַיִם
לד לה לְצִמָּאוֹן: אֶרֶץ פְּרִי לִמְלֵחָה מֵרָעַת יוֹשְׁבֵי בָהּ: יָשֵׂם מִדְבָּר

לַאֲגַם־מַיִם וְאֶרֶץ צִיָּה לְמֹצָאֵי מָיִם׃ וַיּוֹשֶׁב שָׁם רְעֵבִים וַיְכוֹנְנוּ לו
עִיר מוֹשָׁב׃ וַיִּזְרְעוּ שָׂדוֹת וַיִּטְּעוּ כְרָמִים וַיַּעֲשׂוּ פְּרִי תְבוּאָה׃ לז
וַיְבָרְכֵם וַיִּרְבּוּ מְאֹד וּבְהֶמְתָּם לֹא יַמְעִיט׃ וַיִּמְעֲטוּ וַיָּשֹׁחוּ לח לט
מֵעֹצֶר רָעָה וְיָגוֹן׃ ׆ שֹׁפֵךְ בּוּז עַל־נְדִיבִים וַיַּתְעֵם בְּתֹהוּ מ
לֹא־דָרֶךְ׃ וַיְשַׂגֵּב אֶבְיוֹן מֵעוֹנִי וַיָּשֶׂם כַּצֹּאן מִשְׁפָּחוֹת׃ יִרְאוּ מא מב
יְשָׁרִים וְיִשְׂמָחוּ וְכָל־עַוְלָה קָפְצָה פִּיהָ׃ מִי־חָכָם וְיִשְׁמָר־אֵלֶּה מג
וְיִתְבּוֹנְנוּ חַסְדֵי יְהוָה׃

שִׁיר מִזְמוֹר לְדָוִד׃ נָכוֹן לִבִּי אֱלֹהִים אָשִׁירָה וַאֲזַמְּרָה אַף־ א ב קח
כְּבוֹדִי׃ עוּרָה הַנֵּבֶל וְכִנּוֹר אָעִירָה שָּׁחַר׃ אוֹדְךָ בָעַמִּים ׀ יְהוָה ג ד
וַאֲזַמֶּרְךָ בַּלְאֻמִּים׃ כִּי־גָדוֹל מֵעַל־שָׁמַיִם חַסְדֶּךָ וְעַד־שְׁחָקִים ה
אֲמִתֶּךָ׃ רוּמָה עַל־שָׁמַיִם אֱלֹהִים וְעַל כָּל־הָאָרֶץ כְּבוֹדֶךָ׃ ו
וַעֲנֵנִי לְמַעַן יֵחָלְצוּן יְדִידֶיךָ הוֹשִׁיעָה יְמִינְךָ ועננו׃ אֱלֹהִים ׀ דִּבֶּר ז ח
בְּקָדְשׁוֹ אֶעְלֹזָה אֲחַלְּקָה שְׁכֶם וְעֵמֶק סֻכּוֹת אֲמַדֵּד׃ לִי גִלְעָד ׀ ט
לִי מְנַשֶּׁה וְאֶפְרַיִם מָעוֹז רֹאשִׁי יְהוּדָה מְחֹקְקִי׃ מוֹאָב ׀ סִיר י
רַחְצִי עַל־אֱדוֹם אַשְׁלִיךְ נַעֲלִי עֲלֵי־פְלֶשֶׁת אֶתְרוֹעָע׃ מִי יֹבִלֵנִי יא
עִיר מִבְצָר מִי נָחַנִי עַד־אֱדוֹם׃ הֲלֹא־אֱלֹהִים זְנַחְתָּנוּ וְלֹא־תֵצֵא יב
אֱלֹהִים בְּצִבְאֹתֵינוּ׃ הָבָה־לָּנוּ עֶזְרָת מִצָּר וְשָׁוְא תְּשׁוּעַת אָדָם׃ יג
בֵּאלֹהִים נַעֲשֶׂה־חָיִל וְהוּא יָבוּס צָרֵינוּ׃ יד

לַמְנַצֵּחַ לְדָוִד מִזְמוֹר אֱלֹהֵי תְהִלָּתִי אַל־תֶּחֱרַשׁ׃ כִּי פִי רָשָׁע א ב קט
וּפִי־מִרְמָה עָלַי פָּתָחוּ דִּבְּרוּ אִתִּי לְשׁוֹן שָׁקֶר׃ וְדִבְרֵי שִׂנְאָה ג
סְבָבוּנִי וַיִּלָּחֲמוּנִי חִנָּם׃ תַּחַת־אַהֲבָתִי יִשְׂטְנוּנִי וַאֲנִי תְפִלָּה׃ ד
וַיָּשִׂימוּ עָלַי רָעָה תַּחַת טוֹבָה וְשִׂנְאָה תַּחַת אַהֲבָתִי׃ הַפְקֵד ה ו
עָלָיו רָשָׁע וְשָׂטָן יַעֲמֹד עַל־יְמִינוֹ׃ בְּהִשָּׁפְטוֹ יֵצֵא רָשָׁע וּתְפִלָּתוֹ ז
תִּהְיֶה לַחֲטָאָה׃ יִהְיוּ־יָמָיו מְעַטִּים פְּקֻדָּתוֹ יִקַּח אַחֵר׃ יִהְיוּ־ ח ט
בָנָיו יְתוֹמִים וְאִשְׁתּוֹ אַלְמָנָה׃ וְנוֹעַ יָנוּעוּ בָנָיו וְשִׁאֵלוּ וְדָרְשׁוּ י
מֵחָרְבוֹתֵיהֶם׃ יְנַקֵּשׁ נוֹשֶׁה לְכָל־אֲשֶׁר־לוֹ וְיָבֹזּוּ זָרִים יְגִיעוֹ׃ יא
אַל־יְהִי־לוֹ מֹשֵׁךְ חָסֶד וְאַל־יְהִי חוֹנֵן לִיתוֹמָיו׃ יְהִי־אַחֲרִיתוֹ יב יג

להכרית בדור אחר ימח שמם: יזכר | עון אבתיו אל־יהוה יד
וחטאת אמו אל־תמח: יהיו נגד־יהוה תמיד ויכרת מארץ טו
זכרם: יען אשר | לא זכר עשות חסד וירדף איש־עני ואביון טז
ונכאה לבב למותת: ויאהב קללה ותבואהו ולא־חפץ יז
בברכה ותרחק ממנו: וילבש קללה כמדו ותבא כמים יח
בקרבו וכשמן בעצמותיו: תהי־לו כבגד יעטה ולמזח תמיד יט
יחגרה: זאת | פעלת שטני מאת יהוה והדברים רע על־נפשי: כ
ואתה | יהוה אדני עשה־אתי למען שמך כי־טוב חסדך כא
הצילני: כי־עני ואביון אנכי ולבי חלל בקרבי: כצל כנטותו כב כג
נהלכתי ננערתי כארבה: ברכי כשלו מצום ובשרי כחש כד
משמן: ואני | הייתי חרפה להם יראוני יניעון ראשם: עזרני כה כו
יהוה אלהי הושיעני כחסדך: וידעו כי־ידך זאת אתה יהוה כז
עשיתה: יקללו־המה ואתה תברך קמו | ויבשו ועבדך ישמח: כח
ילבשו שוטני כלמה ויעטו כמעיל בשתם: אודה יהוה מאד כט ל
בפי ובתוך רבים אהללנו: כי־יעמד לימין אביון להושיע לא
משפטי נפשו:

לדוד מזמור נאם יהוה | לאדני שב לימיני עד־אשית איביך א קי
הדם לרגליך: מטה עזך ישלח יהוה מציון רדה בקרב איביך: ב
עמך נדבת ביום חילך בהדרי־קדש מרחם משחר לך טל ג
ילדתך: נשבע יהוה | ולא ינחם אתה־כהן לעולם על־דברתי ד
מלכי־צדק: אדני על־ימינך מחץ ביום־אפו מלכים: ידין ה ו
בגוים מלא גויות מחץ ראש על־ארץ רבה: מנחל בדרך ז
ישתה על־כן ירים ראש:

הללויה | אודה יהוה בכל־לבב בסוד ישרים ועדה: גדלים א ב קיא
מעשי יהוה דרושים לכל־חפציהם: הוד־והדר פעלו וצדקתו ג
עמדת לעד: זכר עשה לנפלאתיו חנון ורחום יהוה: טרף ד ה
נתן ליראיו יזכר לעולם בריתו: כח מעשיו הגיד לעמו ו

ז לתת להם נחלת גוים: מעשי ידיו אמת ומשפט נאמנים
ח כל־פקודיו: סמוכים לעד לעולם עשוים באמת וישר:
ט פדות ׀ שלח לעמו צוה־לעולם בריתו קדוש ונורא שמו:
י ראשית חכמה ׀ יראת יהוה שכל טוב לכל־עשיהם תהלתו טז
עמדת לעד:

קיב א הללויה ׀ אשרי־איש ירא את־יהוה במצותיו חפץ מאד:
ב ג גבור בארץ יהיה זרעו דור ישרים יברך: הון־ועשר בביתו
ד וצדקתו עמדת לעד: זרח בחשך אור לישרים חנון ורחום
ה ו וצדיק: טוב־איש חונן ומלוה יכלכל דבריו במשפט: כי־
ז לעולם לא־ימוט לזכר עולם יהיה צדיק: משמועה רעה לא
ח יירא נכון לבו בטח ביהוה: סמוך לבו לא יירא עד אשר־
ט יראה בצריו: פזר ׀ נתן לאביונים צדקתו עמדת לעד קרנו
י תרום בכבוד: רשע יראה ׀ וכעס שניו יחרק ונמס תאות
רשעים תאבד:

קיג א ב הללויה ׀ הללו עבדי יהוה הללו את־שם יהוה: יהי שם יהוה
ג מברך מעתה ועד־עולם: ממזרח־שמש עד־מבואו מהלל
ד ה שם יהוה: רם על־כל־גוים ׀ יהוה על השמים כבודו: מי
ו כיהוה אלהינו המגביהי לשבת: המשפילי לראות בשמים
ז ח ובארץ: מקימי מעפר דל מאשפת ירים אביון: להושיבי
ט עם־נדיבים עם נדיבי עמו: מושיבי ׀ עקרת הבית אם־
הבנים שמחה הללויה:

קיד א ב בצאת ישראל ממצרים בית יעקב מעם לעז: היתה יהודה
ג לקדשו ישראל ממשלותיו: הים ראה וינס הירדן יסב
ד ה לאחור: ההרים רקדו כאילים גבעות כבני־צאן: מה־לך הים
ו כי תנוס הירדן תסב לאחור: ההרים תרקדו כאילים גבעות
ז ח כבני־צאן: מלפני אדון חולי ארץ מלפני אלוה יעקב: ההפכי
הצור אגם־מים חלמיש למעינו־מים:

לֹא לָנוּ יְהוָה לֹא לָנוּ כִּי־לְשִׁמְךָ תֵּן כָּבוֹד עַל־חַסְדְּךָ עַל־ א
אֲמִתֶּךָ׃ לָמָּה יֹאמְרוּ הַגּוֹיִם אַיֵּה־נָא אֱלֹהֵיהֶם׃ וֵאלֹהֵינוּ ב ג
בַשָּׁמָיִם כֹּל אֲשֶׁר־חָפֵץ עָשָׂה׃ עֲצַבֵּיהֶם כֶּסֶף וְזָהָב מַעֲשֵׂה יְדֵי ד
אָדָם׃ פֶּה־לָהֶם וְלֹא יְדַבֵּרוּ עֵינַיִם לָהֶם וְלֹא יִרְאוּ׃ אָזְנַיִם לָהֶם ה ו
וְלֹא יִשְׁמָעוּ אַף לָהֶם וְלֹא יְרִיחוּן׃ יְדֵיהֶם ׀ וְלֹא יְמִישׁוּן רַגְלֵיהֶם ז
וְלֹא יְהַלֵּכוּ לֹא־יֶהְגּוּ בִּגְרוֹנָם׃ כְּמוֹהֶם יִהְיוּ עֹשֵׂיהֶם כֹּל אֲשֶׁר־ ח
בֹּטֵחַ בָּהֶם׃ יִשְׂרָאֵל בְּטַח בַּיהוָה עֶזְרָם וּמָגִנָּם הוּא׃ בֵּית אַהֲרֹן ט י
בִּטְחוּ בַיהוָה עֶזְרָם וּמָגִנָּם הוּא׃ יִרְאֵי יְהוָה בִּטְחוּ בַיהוָה עֶזְרָם יא
וּמָגִנָּם הוּא׃ יְהוָה זְכָרָנוּ יְבָרֵךְ יְבָרֵךְ אֶת־בֵּית יִשְׂרָאֵל יְבָרֵךְ יב
אֶת־בֵּית אַהֲרֹן׃ יְבָרֵךְ יִרְאֵי יְהוָה הַקְּטַנִּים עִם־הַגְּדֹלִים׃ יֹסֵף יג יד
יְהוָה עֲלֵיכֶם עֲלֵיכֶם וְעַל־בְּנֵיכֶם׃ בְּרוּכִים אַתֶּם לַיהוָה עֹשֵׂה טו
שָׁמַיִם וָאָרֶץ׃ הַשָּׁמַיִם שָׁמַיִם לַיהוָה וְהָאָרֶץ נָתַן לִבְנֵי־אָדָם׃ טז
לֹא הַמֵּתִים יְהַלְלוּ־יָהּ וְלֹא כָּל־יֹרְדֵי דוּמָה׃ וַאֲנַחְנוּ ׀ נְבָרֵךְ יז יח
יָהּ מֵעַתָּה וְעַד־עוֹלָם הַלְלוּיָהּ׃
אָהַבְתִּי כִּי־יִשְׁמַע ׀ יְהוָה אֶת־קוֹלִי תַּחֲנוּנָי׃ כִּי־הִטָּה אָזְנוֹ לִי א ב קטז
וּבְיָמַי אֶקְרָא׃ אֲפָפוּנִי ׀ חֶבְלֵי־מָוֶת וּמְצָרֵי שְׁאוֹל מְצָאוּנִי צָרָה ג
וְיָגוֹן אֶמְצָא׃ וּבְשֵׁם־יְהוָה אֶקְרָא אָנָּה יְהוָה מַלְּטָה נַפְשִׁי׃ חַנּוּן ד ה
יְהוָה וְצַדִּיק וֵאלֹהֵינוּ מְרַחֵם׃ שֹׁמֵר פְּתָאיִם יְהוָה דַּלּוֹתִי וְלִי ו
יְהוֹשִׁיעַ׃ שׁוּבִי נַפְשִׁי לִמְנוּחָיְכִי כִּי־יְהוָה גָּמַל עָלָיְכִי׃ כִּי חִלַּצְתָּ ז ח
נַפְשִׁי מִמָּוֶת אֶת־עֵינִי מִן־דִּמְעָה אֶת־רַגְלִי מִדֶּחִי׃ אֶתְהַלֵּךְ ט
לִפְנֵי יְהוָה בְּאַרְצוֹת הַחַיִּים׃ הֶאֱמַנְתִּי כִּי אֲדַבֵּר אֲנִי עָנִיתִי מְאֹד׃ י
אֲנִי אָמַרְתִּי בְחָפְזִי כָּל־הָאָדָם כֹּזֵב׃ מָה־אָשִׁיב לַיהוָה כָּל־ יא יב
תַּגְמוּלוֹהִי עָלָי׃ כּוֹס־יְשׁוּעוֹת אֶשָּׂא וּבְשֵׁם יְהוָה אֶקְרָא׃ נְדָרַי יג יד
לַיהוָה אֲשַׁלֵּם נֶגְדָה־נָּא לְכָל־עַמּוֹ׃ יָקָר בְּעֵינֵי יְהוָה הַמָּוְתָה טו
לַחֲסִידָיו׃ אָנָּה יְהוָה כִּי־אֲנִי עַבְדֶּךָ אֲנִי־עַבְדְּךָ בֶּן־אֲמָתֶךָ טז
פִּתַּחְתָּ לְמוֹסֵרָי׃ לְךָ־אֶזְבַּח זֶבַח תּוֹדָה וּבְשֵׁם יְהוָה אֶקְרָא׃ יז
נְדָרַי לַיהוָה אֲשַׁלֵּם נֶגְדָה־נָּא לְכָל־עַמּוֹ׃ בְּחַצְרוֹת ׀ בֵּית יְהוָה יח יט

בְּתוֹכֵכִי יְרוּשָׁלָםִ הַלְלוּיָהּ׃
א ב הַלְלוּ אֶת־יְהוָה כָּל־גּוֹיִם שַׁבְּחוּהוּ כָּל־הָאֻמִּים׃ כִּי גָבַר עָלֵינוּ ׀
חַסְדּוֹ וֶאֱמֶת־יְהוָה לְעוֹלָם הַלְלוּיָהּ׃

קיח א ב הוֹדוּ לַיהוָה כִּי־טוֹב כִּי לְעוֹלָם חַסְדּוֹ׃ יֹאמַר־נָא יִשְׂרָאֵל כִּי
ג ד לְעוֹלָם חַסְדּוֹ׃ יֹאמְרוּ־נָא בֵית־אַהֲרֹן כִּי לְעוֹלָם חַסְדּוֹ׃ יֹאמְרוּ־
ה נָא יִרְאֵי יְהוָה כִּי לְעוֹלָם חַסְדּוֹ׃ מִן־הַמֵּצַר קָרָאתִי יָּהּ עָנָנִי
ו ז בַמֶּרְחָב יָהּ׃ יְהוָה לִי לֹא אִירָא מַה־יַּעֲשֶׂה לִי אָדָם׃ יְהוָה לִי
ח בְּעֹזְרָי וַאֲנִי אֶרְאֶה בְשֹׂנְאָי׃ טוֹב לַחֲסוֹת בַּיהוָה מִבְּטֹחַ בָּאָדָם׃
ט טוֹב לַחֲסוֹת בַּיהוָה מִבְּטֹחַ בִּנְדִיבִים׃ כָּל־גּוֹיִם סְבָבוּנִי בְּשֵׁם
יא יְהוָה כִּי אֲמִילַם׃ סַבּוּנִי גַם־סְבָבוּנִי בְּשֵׁם יְהוָה כִּי אֲמִילַם׃
יב יג סַבּוּנִי כִדְבֹרִים דֹּעֲכוּ כְּאֵשׁ קוֹצִים בְּשֵׁם יְהוָה כִּי אֲמִילַם׃ דָּחֹה
יד דְחִיתַנִי לִנְפֹּל וַיהוָה עֲזָרָנִי׃ עָזִּי וְזִמְרָת יָהּ וַיְהִי־לִי לִישׁוּעָה׃
טו טז קוֹל ׀ רִנָּה וִישׁוּעָה בְּאָהֳלֵי צַדִּיקִים יְמִין יְהוָה עֹשָׂה חָיִל׃ יְמִין
יז יְהוָה רוֹמֵמָה יְמִין יְהוָה עֹשָׂה חָיִל׃ לֹא אָמוּת כִּי־אֶחְיֶה וַאֲסַפֵּר
יח יט מַעֲשֵׂי יָהּ׃ יַסֹּר יִסְּרַנִּי יָּהּ וְלַמָּוֶת לֹא נְתָנָנִי׃ פִּתְחוּ־לִי שַׁעֲרֵי־
כ צֶדֶק אָבֹא־בָם אוֹדֶה יָהּ׃ זֶה־הַשַּׁעַר לַיהוָה צַדִּיקִים יָבֹאוּ בוֹ׃
כא כב אוֹדְךָ כִּי עֲנִיתָנִי וַתְּהִי־לִי לִישׁוּעָה׃ אֶבֶן מָאֲסוּ הַבּוֹנִים הָיְתָה
כג כד לְרֹאשׁ פִּנָּה׃ מֵאֵת יְהוָה הָיְתָה זֹּאת הִיא נִפְלָאת בְּעֵינֵינוּ׃ זֶה־
כה הַיּוֹם עָשָׂה יְהוָה נָגִילָה וְנִשְׂמְחָה בוֹ׃ אָנָּא יְהוָה הוֹשִׁיעָה נָּא
כו אָנָּא יְהוָה הַצְלִיחָה נָּא׃ בָּרוּךְ הַבָּא בְּשֵׁם יְהוָה בֵּרַכְנוּכֶם מִבֵּית
כז יְהוָה׃ אֵל ׀ יְהוָה וַיָּאֶר לָנוּ אִסְרוּ־חַג בַּעֲבֹתִים עַד־קַרְנוֹת
כח כט הַמִּזְבֵּחַ׃ אֵלִי אַתָּה וְאוֹדֶךָּ אֱלֹהַי אֲרוֹמְמֶךָּ׃ הוֹדוּ לַיהוָה כִּי־
טוֹב כִּי לְעוֹלָם חַסְדּוֹ׃

קיט א ב אַשְׁרֵי תְמִימֵי־דָרֶךְ הַהֹלְכִים בְּתוֹרַת יְהוָה׃ אַשְׁרֵי נֹצְרֵי
ג עֵדֹתָיו בְּכָל־לֵב יִדְרְשׁוּהוּ׃ אַף לֹא־פָעֲלוּ עַוְלָה בִּדְרָכָיו הָלָכוּ׃
ד ה אַתָּה צִוִּיתָה פִקֻּדֶיךָ לִשְׁמֹר מְאֹד׃ אַחֲלַי יִכֹּנוּ דְרָכָי לִשְׁמֹר
ו חֻקֶּיךָ׃ אָז לֹא־אֵבוֹשׁ בְּהַבִּיטִי אֶל־כָּל־מִצְוֺתֶיךָ׃ אוֹדְךָ

בְּיֹשֶׁר לֵבָב בְּלָמְדִי מִשְׁפְּטֵי צִדְקֶךָ׃ אֶת־חֻקֶּיךָ אֶשְׁמֹר אַל־ ח
תַּעַזְבֵנִי עַד־מְאֹד׃
בַּמֶּה יְזַכֶּה־נַּעַר אֶת־אָרְחוֹ לִשְׁמֹר כִּדְבָרֶךָ׃ בְּכָל־לִבִּי ט
דְרַשְׁתִּיךָ אַל־תַּשְׁגֵּנִי מִמִּצְוֺתֶיךָ׃ בְּלִבִּי צָפַנְתִּי אִמְרָתֶךָ יא
לְמַעַן לֹא אֶחֱטָא־לָךְ׃ בָּרוּךְ אַתָּה יְהוָה לַמְּדֵנִי חֻקֶּיךָ׃ בִּשְׂפָתַי יב יג
סִפַּרְתִּי כֹּל מִשְׁפְּטֵי־פִיךָ׃ בְּדֶרֶךְ עֵדְוֺתֶיךָ שַׂשְׂתִּי כְּעַל כָּל־הוֹן׃ יד
בְּפִקֻּדֶיךָ אָשִׂיחָה וְאַבִּיטָה אֹרְחֹתֶיךָ׃ בְּחֻקֹּתֶיךָ אֶשְׁתַּעֲשָׁע טו טז
לֹא אֶשְׁכַּח דְּבָרֶךָ׃
גְּמֹל עַל־עַבְדְּךָ אֶחְיֶה וְאֶשְׁמְרָה דְבָרֶךָ׃ גַּל־עֵינַי וְאַבִּיטָה יז יח
נִפְלָאוֹת מִתּוֹרָתֶךָ׃ גֵּר אָנֹכִי בָאָרֶץ אַל־תַּסְתֵּר מִמֶּנִּי מִצְוֺתֶיךָ׃ יט
גָּרְסָה נַפְשִׁי לְתַאֲבָה אֶל־מִשְׁפָּטֶיךָ בְכָל־עֵת׃ גָּעַרְתָּ זֵדִים כ כא
אֲרוּרִים הַשֹּׁגִים מִמִּצְוֺתֶיךָ׃ גַּל מֵעָלַי חֶרְפָּה וָבוּז כִּי עֵדֹתֶיךָ כב
נָצָרְתִּי׃ גַּם יָשְׁבוּ שָׂרִים בִּי נִדְבָּרוּ עַבְדְּךָ יָשִׂיחַ בְּחֻקֶּיךָ׃ גַּם־ כג כד
עֵדֹתֶיךָ שַׁעֲשֻׁעָי אַנְשֵׁי עֲצָתִי׃
דָּבְקָה לֶעָפָר נַפְשִׁי חַיֵּנִי כִּדְבָרֶךָ׃ דְּרָכַי סִפַּרְתִּי וַתַּעֲנֵנִי לַמְּדֵנִי כה כו
חֻקֶּיךָ׃ דֶּרֶךְ־פִּקּוּדֶיךָ הֲבִינֵנִי וְאָשִׂיחָה בְּנִפְלְאוֹתֶיךָ׃ דָּלְפָה נַפְשִׁי כז כח
מִתּוּגָה קַיְּמֵנִי כִּדְבָרֶךָ׃ דֶּרֶךְ־שֶׁקֶר הָסֵר מִמֶּנִּי וְתוֹרָתְךָ חָנֵּנִי׃ כט
דֶּרֶךְ־אֱמוּנָה בָחָרְתִּי מִשְׁפָּטֶיךָ שִׁוִּיתִי׃ דָּבַקְתִּי בְעֵדְוֺתֶיךָ יְהוָה ל לא
אַל־תְּבִישֵׁנִי׃ דֶּרֶךְ־מִצְוֺתֶיךָ אָרוּץ כִּי תַרְחִיב לִבִּי׃ לב
הוֹרֵנִי יְהוָה דֶּרֶךְ חֻקֶּיךָ וְאֶצְּרֶנָּה עֵקֶב׃ הֲבִינֵנִי וְאֶצְּרָה תוֹרָתֶךָ לג לד
וְאֶשְׁמְרֶנָּה בְכָל־לֵב׃ הַדְרִיכֵנִי בִּנְתִיב מִצְוֺתֶיךָ כִּי־בוֹ חָפָצְתִּי׃ לה
הַט־לִבִּי אֶל־עֵדְוֺתֶיךָ וְאַל אֶל־בָּצַע׃ הַעֲבֵר עֵינַי מֵרְאוֹת שָׁוְא לו לז
בִּדְרָכֶךָ חַיֵּנִי׃ הָקֵם לְעַבְדְּךָ אִמְרָתֶךָ אֲשֶׁר לְיִרְאָתֶךָ׃ הַעֲבֵר לח לט
חֶרְפָּתִי אֲשֶׁר יָגֹרְתִּי כִּי מִשְׁפָּטֶיךָ טוֹבִים׃ הִנֵּה תָּאַבְתִּי מ
לְפִקֻּדֶיךָ בְּצִדְקָתְךָ חַיֵּנִי׃
וִיבֹאֻנִי חֲסָדֶךָ יְהוָה תְּשׁוּעָתְךָ כְּאִמְרָתֶךָ׃ וְאֶעֱנֶה חֹרְפִי מא מב
דָבָר כִּי־בָטַחְתִּי בִּדְבָרֶךָ׃ וְאַל־תַּצֵּל מִפִּי דְבַר־אֱמֶת עַד־ מג

מד מְאֹד כִּי לְמִשְׁפָּטֶךָ יִחָלְתִּי׃ וְאֶשְׁמְרָה תוֹרָתְךָ תָמִיד לְעוֹלָם
מה מו וָעֶד׃ וְאֶתְהַלְּכָה בָרְחָבָה כִּי פִקֻּדֶיךָ דָרָשְׁתִּי׃ וַאֲדַבְּרָה
מז בְעֵדֹתֶיךָ נֶגֶד מְלָכִים וְלֹא אֵבוֹשׁ׃ וְאֶשְׁתַּעֲשַׁע בְּמִצְוֺתֶיךָ
מח אֲשֶׁר אָהָבְתִּי׃ וְאֶשָּׂא־כַפַּי אֶל־מִצְוֺתֶיךָ אֲשֶׁר אָהָבְתִּי
וְאָשִׂיחָה בְחֻקֶּיךָ׃

מט נ זְכֹר־דָּבָר לְעַבְדֶּךָ עַל אֲשֶׁר יִחַלְתָּנִי׃ זֹאת נֶחָמָתִי בְעָנְיִי כִּי
נא אִמְרָתְךָ חִיָּתְנִי׃ זֵדִים הֱלִיצֻנִי עַד־מְאֹד מִתּוֹרָתְךָ לֹא נָטִיתִי׃
נב נג זָכַרְתִּי מִשְׁפָּטֶיךָ מֵעוֹלָם ׀ יְהוָה וָאֶתְנֶחָם׃ זַלְעָפָה אֲחָזַתְנִי
נד מֵרְשָׁעִים עֹזְבֵי תּוֹרָתֶךָ׃ זְמִרוֹת הָיוּ־לִי חֻקֶּיךָ בְּבֵית מְגוּרָי׃
נה נו זָכַרְתִּי בַלַּיְלָה שִׁמְךָ יְהוָה וָאֶשְׁמְרָה תּוֹרָתֶךָ׃ זֹאת הָיְתָה־לִּי
כִּי פִקֻּדֶיךָ נָצָרְתִּי׃

נז נח חֶלְקִי יְהוָה אָמַרְתִּי לִשְׁמֹר דְּבָרֶיךָ׃ חִלִּיתִי פָנֶיךָ בְכָל־לֵב חָנֵּנִי
נט ס כְּאִמְרָתֶךָ׃ חִשַּׁבְתִּי דְרָכָי וָאָשִׁיבָה רַגְלַי אֶל־עֵדֹתֶיךָ׃ חַשְׁתִּי
סא וְלֹא הִתְמַהְמָהְתִּי לִשְׁמֹר מִצְוֺתֶיךָ׃ חֶבְלֵי רְשָׁעִים עִוְּדֻנִי תּוֹרָתְךָ
סב לֹא שָׁכָחְתִּי׃ חֲצוֹת־לַיְלָה אָקוּם לְהוֹדוֹת לָךְ עַל מִשְׁפְּטֵי
סג סד צִדְקֶךָ׃ חָבֵר אָנִי לְכָל־אֲשֶׁר יְרֵאוּךָ וּלְשֹׁמְרֵי פִּקּוּדֶיךָ׃ חַסְדְּךָ
יְהוָה מָלְאָה הָאָרֶץ חֻקֶּיךָ לַמְּדֵנִי׃

סה סו טוֹב עָשִׂיתָ עִם־עַבְדְּךָ יְהוָה כִּדְבָרֶךָ׃ טוּב טַעַם וָדַעַת לַמְּדֵנִי
סז כִּי בְמִצְוֺתֶיךָ הֶאֱמָנְתִּי׃ טֶרֶם אֶעֱנֶה אֲנִי שֹׁגֵג וְעַתָּה אִמְרָתְךָ
סח סט שָׁמָרְתִּי׃ טוֹב־אַתָּה וּמֵטִיב לַמְּדֵנִי חֻקֶּיךָ׃ טָפְלוּ עָלַי שֶׁקֶר זֵדִים
ע אֲנִי בְּכָל־לֵב ׀ אֶצֹּר פִּקּוּדֶיךָ׃ טָפַשׁ כַּחֵלֶב לִבָּם אֲנִי תּוֹרָתְךָ
עא עב שִׁעֲשָׁעְתִּי׃ טוֹב־לִי כִי־עֻנֵּיתִי לְמַעַן אֶלְמַד חֻקֶּיךָ׃ טוֹב־לִי יז
תוֹרַת־פִּיךָ מֵאַלְפֵי זָהָב וָכָסֶף׃

עג עד יָדֶיךָ עָשׂוּנִי וַיְכוֹנְנוּנִי הֲבִינֵנִי וְאֶלְמְדָה מִצְוֺתֶיךָ׃ יְרֵאֶיךָ יִרְאוּנִי
עה וְיִשְׂמָחוּ כִּי לִדְבָרְךָ יִחָלְתִּי׃ יָדַעְתִּי יְהוָה כִּי־צֶדֶק מִשְׁפָּטֶיךָ
עו וֶאֱמוּנָה עִנִּיתָנִי׃ יְהִי־נָא חַסְדְּךָ לְנַחֲמֵנִי כְּאִמְרָתְךָ לְעַבְדֶּךָ׃
עז עח יְבֹאוּנִי רַחֲמֶיךָ וְאֶחְיֶה כִּי־תוֹרָתְךָ שַׁעֲשֻׁעָי׃ יֵבֹשׁוּ זֵדִים כִּי־

שֶׁקֶר עִוְּתוּנִי אֲנִי אָשִׂיחַ בְּפִקּוּדֶיךָ׃ יָשׁוּבוּ לִי יְרֵאֶיךָ וידעו עט וְיֹדְעֵי
עֵדֹתֶיךָ׃ יְהִי־לִבִּי תָמִים בְּחֻקֶּיךָ לְמַעַן לֹא אֵבוֹשׁ׃ פ
כָּלְתָה לִתְשׁוּעָתְךָ נַפְשִׁי לִדְבָרְךָ יִחָלְתִּי׃ כָּלוּ עֵינַי לְאִמְרָתֶךָ פא פב
לֵאמֹר מָתַי תְּנַחֲמֵנִי׃ כִּי־הָיִיתִי כְּנֹאד בְּקִיטוֹר חֻקֶּיךָ לֹא פג
שָׁכָחְתִּי׃ כַּמָּה יְמֵי־עַבְדֶּךָ מָתַי תַּעֲשֶׂה בְרֹדְפַי מִשְׁפָּט׃ כָּרוּ־לִי פד פה
זֵדִים שִׁיחוֹת אֲשֶׁר לֹא כְתוֹרָתֶךָ׃ כָּל־מִצְוֺתֶיךָ אֱמוּנָה שֶׁקֶר פו
רְדָפוּנִי עָזְרֵנִי׃ כִּמְעַט כִּלּוּנִי בָאָרֶץ וַאֲנִי לֹא־עָזַבְתִּי פִקֻּדֶיךָ׃ פז
כְּחַסְדְּךָ חַיֵּנִי וְאֶשְׁמְרָה עֵדוּת פִּיךָ׃ פח
לְעוֹלָם יְהוָה דְּבָרְךָ נִצָּב בַּשָּׁמָיִם׃ לְדֹר וָדֹר אֱמוּנָתֶךָ כּוֹנַנְתָּ פט צ
אֶרֶץ וַתַּעֲמֹד׃ לְמִשְׁפָּטֶיךָ עָמְדוּ הַיּוֹם כִּי הַכֹּל עֲבָדֶיךָ׃ לוּלֵי צא צב
תוֹרָתְךָ שַׁעֲשֻׁעָי אָז אָבַדְתִּי בְעָנְיִי׃ לְעוֹלָם לֹא־אֶשְׁכַּח פִּקּוּדֶיךָ צג
כִּי־בָם חִיִּיתָנִי׃ לְךָ־אֲנִי הוֹשִׁיעֵנִי כִּי פִקּוּדֶיךָ דָרָשְׁתִּי׃ לִי קִוּוּ צד צה
רְשָׁעִים לְאַבְּדֵנִי עֵדֹתֶיךָ אֶתְבּוֹנָן׃ לְכָל־תִּכְלָה רָאִיתִי קֵץ צו
רְחָבָה מִצְוָתְךָ מְאֹד׃
מָה־אָהַבְתִּי תוֹרָתֶךָ כָּל־הַיּוֹם הִיא שִׂיחָתִי׃ מֵאֹיְבַי תְּחַכְּמֵנִי צז צח
מִצְוֺתֶךָ כִּי לְעוֹלָם הִיא־לִי׃ מִכָּל־מְלַמְּדַי הִשְׂכַּלְתִּי כִּי עֵדְוֺתֶיךָ צט
שִׂיחָה לִי׃ מִזְּקֵנִים אֶתְבּוֹנָן כִּי פִקּוּדֶיךָ נָצָרְתִּי׃ מִכָּל־אֹרַח רָע ק קא
כָּלִאתִי רַגְלָי לְמַעַן אֶשְׁמֹר דְּבָרֶךָ׃ מִמִּשְׁפָּטֶיךָ לֹא־סָרְתִּי קב
כִּי־אַתָּה הוֹרֵתָנִי׃ מַה־נִּמְלְצוּ לְחִכִּי אִמְרָתֶךָ מִדְּבַשׁ לְפִי׃ קג
מִפִּקּוּדֶיךָ אֶתְבּוֹנָן עַל־כֵּן שָׂנֵאתִי ׀ כָּל־אֹרַח שָׁקֶר׃ קד
נֵר־לְרַגְלִי דְבָרֶךָ וְאוֹר לִנְתִיבָתִי׃ נִשְׁבַּעְתִּי וָאֲקַיֵּמָה לִשְׁמֹר קה קו
מִשְׁפְּטֵי צִדְקֶךָ׃ נַעֲנֵיתִי עַד־מְאֹד יְהוָה חַיֵּנִי כִדְבָרֶךָ׃ נִדְבוֹת קז קח
פִּי רְצֵה־נָא יְהוָה וּמִשְׁפָּטֶיךָ לַמְּדֵנִי׃ נַפְשִׁי בְכַפִּי תָמִיד וְתוֹרָתְךָ קט
לֹא שָׁכָחְתִּי׃ נָתְנוּ רְשָׁעִים פַּח לִי וּמִפִּקּוּדֶיךָ לֹא תָעִיתִי׃ נָחַלְתִּי קי קיא
עֵדְוֺתֶיךָ לְעוֹלָם כִּי־שְׂשׂוֹן לִבִּי הֵמָּה׃ נָטִיתִי לִבִּי לַעֲשׂוֹת חֻקֶּיךָ קיב
לְעוֹלָם עֵקֶב׃
סֵעֲפִים שָׂנֵאתִי וְתוֹרָתְךָ אָהָבְתִּי׃ סִתְרִי וּמָגִנִּי אָתָּה לִדְבָרְךָ קיג קיד

קטו קטז יִחָֽלְתִּי׃ ס֣וּרוּ מִמֶּ֣נִּי מְרֵעִ֑ים וְ֝אֶצְּרָ֗ה מִצְוֺ֥ת אֱלֹהָֽי׃ סָמְכֵ֣נִי
קיז כְאִמְרָתְךָ֣ וְאֶחְיֶ֑ה וְאַל־תְּ֝בִישֵׁ֗נִי מִשִּׂבְרִֽי׃ סְעָדֵ֥נִי וְאִוָּשֵׁ֑עָה
קיח וְאֶשְׁעָ֖ה בְחֻקֶּ֣יךָ תָמִֽיד׃ סָ֭לִיתָ כָּל־שׁוֹגִ֣ים מֵחֻקֶּ֑יךָ כִּי־שֶׁ֝֗קֶר
קיט תַּרְמִיתָֽם׃ סִגִ֣ים הִ֭שְׁבַּתָּ כָל־רִשְׁעֵי־אָ֑רֶץ לָ֝כֵ֗ן אָהַ֥בְתִּי עֵדֹתֶֽיךָ׃
קכ סָמַ֣ר מִפַּחְדְּךָ֣ בְשָׂרִ֑י וּֽמִמִּשְׁפָּטֶ֥יךָ יָרֵֽאתִי׃
קכא קכב עָ֭שִׂיתִי מִשְׁפָּ֣ט וָצֶ֑דֶק בַּל־תַּ֝נִּיחֵ֗נִי לְעֹשְׁקָֽי׃ עֲרֹ֣ב עַבְדְּךָ֣ לְט֑וֹב
קכג קכד אַֽל־יַעַשְׁקֻ֥נִי זֵדִֽים׃ עֵ֭ינַי כָּל֣וּ לִישׁוּעָתֶ֑ךָ וּלְאִמְרַ֥ת צִדְקֶֽךָ׃ עֲשֵׂ֣ה
קכה עִם־עַ֭בְדְּךָ כְחַסְדֶּ֑ךָ וְחֻקֶּ֥יךָ לַמְּדֵֽנִי׃ עַבְדְּךָ־אָ֥נִי הֲבִינֵ֑נִי וְ֝אֵדְעָ֗ה
קכו קכז עֵדֹתֶֽיךָ׃ עֵ֭ת לַעֲשׂ֣וֹת לַיהוָ֑ה הֵ֝פֵ֗רוּ תּוֹרָתֶֽךָ׃ עַל־כֵּ֭ן אָהַ֣בְתִּי
קכח מִצְוֺתֶ֑יךָ מִזָּהָ֥ב וּמִפָּֽז׃ עַל־כֵּ֤ן ׀ כָּל־פִּקּ֣וּדֵי כֹ֣ל יִשָּׁ֑רְתִּי כָּל־
אֹ֖רַח שֶׁ֣קֶר שָׂנֵֽאתִי׃
קכט קל פְּלָא֥וֹת עֵדְוֺתֶ֑יךָ עַל־כֵּ֝֗ן נְצָרָ֥תַם נַפְשִֽׁי׃ פֵּ֣תַח דְּבָרֶ֣יךָ יָאִ֑יר מֵבִ֥ין
קלא קלב פְּתָיִֽים׃ פִּֽי־פָ֭עַרְתִּי וָאֶשְׁאָ֑פָה כִּ֖י לְמִצְוֺתֶ֣יךָ יָאָֽבְתִּי׃ פְּנֵה־אֵלַ֥י
קלג וְחָנֵּ֑נִי כְּ֝מִשְׁפָּ֗ט לְאֹהֲבֵ֥י שְׁמֶֽךָ׃ פְּ֭עָמַי הָכֵ֣ן בְּאִמְרָתֶ֑ךָ וְאַל־
קלד תַּשְׁלֶט־בִּ֥י כָל־אָֽוֶן׃ פְּ֭דֵנִי מֵעֹ֣שֶׁק אָדָ֑ם וְ֝אֶשְׁמְרָ֗ה פִּקּוּדֶֽיךָ׃
קלה קלו פָּ֭נֶיךָ הָאֵ֣ר בְּעַבְדֶּ֑ךָ וְ֝לַמְּדֵ֗נִי אֶת־חֻקֶּֽיךָ׃ פַּלְגֵי־מַ֭יִם יָרְד֣וּ עֵינָ֑י עַ֝֗ל
לֹא־שָׁמְר֥וּ תוֹרָתֶֽךָ׃
קלז קלח צַדִּ֣יק אַתָּ֣ה יְהוָ֑ה וְ֝יָשָׁ֗ר מִשְׁפָּטֶֽיךָ׃ צִ֭וִּיתָ צֶ֣דֶק עֵדֹתֶ֑יךָ וֶֽאֱמוּנָ֥ה
קלט קמ מְאֹֽד׃ צִמְּתַ֥תְנִי קִנְאָתִ֑י כִּֽי־שָׁכְח֖וּ דְבָרֶ֣יךָ צָרָֽי׃ צְרוּפָ֖ה
קמא אִמְרָתְךָ֥ מְאֹ֗ד וְעַבְדְּךָ֥ אֲהֵבָֽהּ׃ צָעִ֣יר אָנֹכִ֣י וְנִבְזֶ֑ה פִּ֝קֻּדֶ֗יךָ
קמב קמג לֹ֣א שָׁכָֽחְתִּי׃ צִדְקָתְךָ֣ צֶ֣דֶק לְעוֹלָ֑ם וְֽתוֹרָתְךָ֥ אֱמֶֽת׃ צַר־
קמד וּמָצ֥וֹק מְצָא֑וּנִי מִ֝צְוֺתֶ֗יךָ שַׁעֲשֻׁעָֽי׃ צֶ֖דֶק עֵדְוֺתֶ֣יךָ לְעוֹלָ֑ם
הֲבִינֵ֣נִי וְאֶחְיֶֽה׃
קמה קמו קָרָ֣אתִי בְכָל־לֵ֭ב עֲנֵ֣נִי יְהוָ֑ה חֻקֶּ֖יךָ אֶצֹּֽרָה׃ קְרָאתִ֥יךָ הוֹשִׁיעֵ֑נִי
קמז וְ֝אֶשְׁמְרָ֗ה עֵדֹתֶֽיךָ׃ קִדַּ֣מְתִּי בַ֭נֶּשֶׁף וָאֲשַׁוֵּ֑עָה לדבריך יִחָֽלְתִּי׃ לִדְבָרְךָ
קמח קמט קִדְּמ֣וּ עֵ֭ינַי אַשְׁמֻר֑וֹת לָ֝שִׂ֗יחַ בְּאִמְרָתֶֽךָ׃ ק֣וֹלִי שִׁ֭מְעָה כְחַסְדֶּ֑ךָ
קנ יְ֝הוָ֗ה כְּמִשְׁפָּטֶ֥ךָ חַיֵּֽנִי׃ קָ֭רְבוּ רֹדְפֵ֣י זִמָּ֑ה מִתּוֹרָתְךָ֥ רָחָֽקוּ׃

קָרוֹב אַתָּה יְהֹוָה וְכׇל־מִצְוֺתֶיךָ אֱמֶת׃ קֶדֶם יָדַעְתִּי מֵעֵדֹתֶיךָ קנא קנב
כִּי לְעוֹלָם יְסַדְתָּם׃
רְאֵה־עׇנְיִי וְחַלְּצֵנִי כִּי־תוֹרָתְךָ לֹא שָׁכָחְתִּי׃ רִיבָה רִיבִי וּגְאָלֵנִי קנג קנד
לְאִמְרָתְךָ חַיֵּנִי׃ רָחוֹק מֵרְשָׁעִים יְשׁוּעָה כִּי־חֻקֶּיךָ לֹא דָרָשׁוּ׃ קנה
רַחֲמֶיךָ רַבִּים ׀ יְהֹוָה כְּמִשְׁפָּטֶיךָ חַיֵּנִי׃ רַבִּים רֹדְפַי וְצָרָי קנו קנז
מֵעֵדְוֺתֶיךָ לֹא נָטִיתִי׃ רָאִיתִי בֹגְדִים וָאֶתְקוֹטָטָה אֲשֶׁר אִמְרָתְךָ קנח
לֹא שָׁמָרוּ׃ רְאֵה כִּי־פִקּוּדֶיךָ אָהָבְתִּי יְהֹוָה כְּחַסְדְּךָ חַיֵּנִי׃ רֹאשׁ־ קנט קס
דְּבָרְךָ אֱמֶת וּלְעוֹלָם כׇּל־מִשְׁפַּט צִדְקֶךָ׃
וּמִדְּבָרְךָ שָׂרִים רְדָפוּנִי חִנָּם ומדבריך פָּחַד לִבִּי׃ שָׂשׂ אָנֹכִי עַל־אִמְרָתֶךָ קסא קסב
כְּמוֹצֵא שָׁלָל רָב׃ שֶׁקֶר שָׂנֵאתִי וָאֲתַעֵבָה תּוֹרָתְךָ אָהָבְתִּי׃ קסג
שֶׁבַע בַּיּוֹם הִלַּלְתִּיךָ עַל מִשְׁפְּטֵי צִדְקֶךָ׃ שָׁלוֹם רָב לְאֹהֲבֵי קסד קסה
תוֹרָתֶךָ וְאֵין־לָמוֹ מִכְשׁוֹל׃ שִׂבַּרְתִּי לִישׁוּעָתְךָ יְהֹוָה וּמִצְוֺתֶיךָ קסו
עָשִׂיתִי׃ שָׁמְרָה נַפְשִׁי עֵדֹתֶיךָ וָאֹהֲבֵם מְאֹד׃ שָׁמַרְתִּי פִקּוּדֶיךָ קסז קסח
וְעֵדֹתֶיךָ כִּי כׇל־דְּרָכַי נֶגְדֶּךָ׃
תִּקְרַב רִנָּתִי לְפָנֶיךָ יְהֹוָה כִּדְבָרְךָ הֲבִינֵנִי׃ תָּבוֹא תְּחִנָּתִי לְפָנֶיךָ קסט קע
כְּאִמְרָתְךָ הַצִּילֵנִי׃ תַּבַּעְנָה שְׂפָתַי תְּהִלָּה כִּי תְלַמְּדֵנִי חֻקֶּיךָ׃ קעא
תַּעַן לְשׁוֹנִי אִמְרָתֶךָ כִּי כׇל־מִצְוֺתֶיךָ צֶּדֶק׃ תְּהִי־יָדְךָ לְעׇזְרֵנִי קעב קעג
כִּי פִקּוּדֶיךָ בָחָרְתִּי׃ תָּאַבְתִּי לִישׁוּעָתְךָ יְהֹוָה וְתוֹרָתְךָ שַׁעֲשֻׁעָי׃ קעד
תְּחִי־נַפְשִׁי וּתְהַלְלֶךָּ וּמִשְׁפָּטֶךָ יַעְזְרֻנִי׃ תָּעִיתִי כְּשֶׂה אֹבֵד בַּקֵּשׁ קעה קעו
עַבְדֶּךָ כִּי מִצְוֺתֶיךָ לֹא שָׁכָחְתִּי׃

שִׁיר הַמַּעֲלוֹת אֶל־יְהֹוָה בַּצָּרָתָה לִּי קָרָאתִי וַיַּעֲנֵנִי׃ יְהֹוָה א ב קכ
הַצִּילָה נַפְשִׁי מִשְּׂפַת־שֶׁקֶר מִלָּשׁוֹן רְמִיָּה׃ מַה־יִּתֵּן לְךָ וּמַה־ ג
יֹּסִיף לָךְ לָשׁוֹן רְמִיָּה׃ חִצֵּי גִבּוֹר שְׁנוּנִים עִם גַּחֲלֵי רְתָמִים׃ ד
אוֹיָה־לִי כִּי־גַרְתִּי מֶשֶׁךְ שָׁכַנְתִּי עִם־אׇהֳלֵי קֵדָר׃ רַבַּת ה ו
שָׁכְנָה־לָּהּ נַפְשִׁי עִם שׂוֹנֵא שָׁלוֹם׃ אֲנִי־שָׁלוֹם וְכִי אֲדַבֵּר הֵמָּה ז
לַמִּלְחָמָה׃

שִׁיר לַמַּעֲלוֹת אֶשָּׂא עֵינַי אֶל־הֶהָרִים מֵאַיִן יָבֹא עֶזְרִי׃ עֶזְרִי א ב קכא

ג מֵעִם יְהוָה עֹשֵׂה שָׁמַיִם וָאָרֶץ: אַל־יִתֵּן לַמּוֹט רַגְלֶךָ אַל־יָנוּם
ד ה שֹׁמְרֶךָ: הִנֵּה לֹא־יָנוּם וְלֹא יִישָׁן שׁוֹמֵר יִשְׂרָאֵל: יְהוָה שֹׁמְרֶךָ
ו יְהוָה צִלְּךָ עַל־יַד יְמִינֶךָ: יוֹמָם הַשֶּׁמֶשׁ לֹא־יַכֶּכָּה וְיָרֵחַ בַּלָּיְלָה:
ז ח יְהוָה יִשְׁמָרְךָ מִכָּל־רָע יִשְׁמֹר אֶת־נַפְשֶׁךָ: יְהוָה יִשְׁמָר־צֵאתְךָ
וּבוֹאֶךָ מֵעַתָּה וְעַד־עוֹלָם:

קכב א שִׁיר הַמַּעֲלוֹת לְדָוִד שָׂמַחְתִּי בְּאֹמְרִים לִי בֵּית יְהוָה נֵלֵךְ:
ב ג עֹמְדוֹת הָיוּ רַגְלֵינוּ בִּשְׁעָרַיִךְ יְרוּשָׁלִָם: יְרוּשָׁלִַם הַבְּנוּיָה כְּעִיר
ד שֶׁחֻבְּרָה־לָּהּ יַחְדָּו: שֶׁשָּׁם עָלוּ שְׁבָטִים שִׁבְטֵי־יָהּ עֵדוּת
ה לְיִשְׂרָאֵל לְהֹדוֹת לְשֵׁם יְהוָה: כִּי שָׁמָּה ׀ יָשְׁבוּ כִסְאוֹת
ו לְמִשְׁפָּט כִּסְאוֹת לְבֵית דָּוִד: שַׁאֲלוּ שְׁלוֹם יְרוּשָׁלִָם יִשְׁלָיוּ
ז ח אֹהֲבָיִךְ: יְהִי־שָׁלוֹם בְּחֵילֵךְ שַׁלְוָה בְּאַרְמְנוֹתָיִךְ: לְמַעַן אַחַי
ט וְרֵעָי אֲדַבְּרָה־נָּא שָׁלוֹם בָּךְ: לְמַעַן בֵּית־יְהוָה אֱלֹהֵינוּ
אֲבַקְשָׁה טוֹב לָךְ:

קכג א ב שִׁיר הַמַּעֲלוֹת אֵלֶיךָ נָשָׂאתִי אֶת־עֵינַי הַיֹּשְׁבִי בַּשָּׁמָיִם: הִנֵּה
כְעֵינֵי עֲבָדִים אֶל־יַד אֲדוֹנֵיהֶם כְּעֵינֵי שִׁפְחָה אֶל־יַד גְּבִרְתָּהּ
ג כֵּן עֵינֵינוּ אֶל־יְהוָה אֱלֹהֵינוּ עַד שֶׁיְּחָנֵּנוּ: חָנֵּנוּ יְהוָה חָנֵּנוּ
ד כִּי־רַב שָׂבַעְנוּ בוּז: רַבַּת שָׂבְעָה־לָּהּ נַפְשֵׁנוּ הַלַּעַג הַשַּׁאֲנַנִּים
הַבּוּז לגאיונים: לִגְאֵי יוֹנִים

קכד א שִׁיר הַמַּעֲלוֹת לְדָוִד לוּלֵי יְהוָה שֶׁהָיָה לָנוּ יֹאמַר־נָא יִשְׂרָאֵל:
ב ג לוּלֵי יְהוָה שֶׁהָיָה לָנוּ בְּקוּם עָלֵינוּ אָדָם: אֲזַי חַיִּים בְּלָעוּנוּ
ד בַּחֲרוֹת אַפָּם בָּנוּ: אֲזַי הַמַּיִם שְׁטָפוּנוּ נַחְלָה עָבַר עַל־
ה ו נַפְשֵׁנוּ: אֲזַי עָבַר עַל־נַפְשֵׁנוּ הַמַּיִם הַזֵּידוֹנִים: בָּרוּךְ יְהוָה
ז שֶׁלֹּא נְתָנָנוּ טֶרֶף לְשִׁנֵּיהֶם: נַפְשֵׁנוּ כְּצִפּוֹר נִמְלְטָה מִפַּח
ח יוֹקְשִׁים הַפַּח נִשְׁבָּר וַאֲנַחְנוּ נִמְלָטְנוּ: עֶזְרֵנוּ בְּשֵׁם יְהוָה
עֹשֵׂה שָׁמַיִם וָאָרֶץ:

קכה א שִׁיר הַמַּעֲלוֹת הַבֹּטְחִים בַּיהוָה כְּהַר־צִיּוֹן לֹא־יִמּוֹט לְעוֹלָם
ב יֵשֵׁב: יְרוּשָׁלִַם הָרִים סָבִיב לָהּ וַיהוָה סָבִיב לְעַמּוֹ מֵעַתָּה וְעַד־

ג עוֹלָם׃ כִּי לֹא יָנוּחַ שֵׁבֶט הָרֶשַׁע עַל גּוֹרַל הַצַּדִּיקִים לְמַעַן לֹא־
ד יִשְׁלְחוּ הַצַּדִּיקִים ׀ בְּעַוְלָתָה יְדֵיהֶם׃ הֵיטִיבָה יְהוָה לַטּוֹבִים
ה וְלִישָׁרִים בְּלִבּוֹתָם׃ וְהַמַּטִּים עֲקַלְקַלּוֹתָם יוֹלִיכֵם יְהוָה אֶת־
פֹּעֲלֵי הָאָוֶן שָׁלוֹם עַל־יִשְׂרָאֵל׃

קכ א ב שִׁיר הַמַּעֲלוֹת בְּשׁוּב יְהוָה אֶת־שִׁיבַת צִיּוֹן הָיִינוּ כְּחֹלְמִים׃ אָז
יִמָּלֵא שְׂחוֹק פִּינוּ וּלְשׁוֹנֵנוּ רִנָּה אָז יֹאמְרוּ בַגּוֹיִם הִגְדִּיל יְהוָה
ג לַעֲשׂוֹת עִם־אֵלֶּה׃ הִגְדִּיל יְהוָה לַעֲשׂוֹת עִמָּנוּ הָיִינוּ שְׂמֵחִים׃
ד ה שׁוּבָה יְהוָה אֶת־שבותנו כַּאֲפִיקִים בַּנֶּגֶב׃ הַזֹּרְעִים בְּדִמְעָה שְׁבִיתֵנוּ
ו בְּרִנָּה יִקְצֹרוּ׃ הָלוֹךְ יֵלֵךְ ׀ וּבָכֹה נֹשֵׂא מֶשֶׁךְ־הַזָּרַע בֹּא־יָבֹא
בְרִנָּה נֹשֵׂא אֲלֻמֹּתָיו׃

קכ א שִׁיר הַמַּעֲלוֹת לִשְׁלֹמֹה אִם־יְהוָה ׀ לֹא־יִבְנֶה בַיִת שָׁוְא עָמְלוּ
ב בוֹנָיו בּוֹ אִם־יְהוָה לֹא־יִשְׁמָר־עִיר שָׁוְא ׀ שָׁקַד שׁוֹמֵר׃ שָׁוְא לָכֶם ׀
מַשְׁכִּימֵי קוּם מְאַחֲרֵי־שֶׁבֶת אֹכְלֵי לֶחֶם הָעֲצָבִים כֵּן יִתֵּן לִידִידוֹ
ג ד שֵׁנָא׃ הִנֵּה נַחֲלַת יְהוָה בָּנִים שָׂכָר פְּרִי הַבָּטֶן׃ כְּחִצִּים בְּיַד־
ה גִּבּוֹר כֵּן בְּנֵי הַנְּעוּרִים׃ אַשְׁרֵי הַגֶּבֶר אֲשֶׁר מִלֵּא אֶת־אַשְׁפָּתוֹ
מֵהֶם לֹא־יֵבֹשׁוּ כִּי־יְדַבְּרוּ אֶת־אוֹיְבִים בַּשָּׁעַר׃

קכ א ב שִׁיר הַמַּעֲלוֹת אַשְׁרֵי כָּל־יְרֵא יְהוָה הַהֹלֵךְ בִּדְרָכָיו׃ יְגִיעַ כַּפֶּיךָ
ג כִּי תֹאכֵל אַשְׁרֶיךָ וְטוֹב לָךְ׃ אֶשְׁתְּךָ ׀ כְּגֶפֶן פֹּרִיָּה בְּיַרְכְּתֵי בֵיתֶךָ
ד בָּנֶיךָ כִּשְׁתִלֵי זֵיתִים סָבִיב לְשֻׁלְחָנֶךָ׃ הִנֵּה כִי־כֵן יְבֹרַךְ גָּבֶר יְרֵא
ה יְהוָה׃ יְבָרֶכְךָ יְהוָה מִצִּיּוֹן וּרְאֵה בְּטוּב יְרוּשָׁלָםִ כֹּל יְמֵי חַיֶּיךָ׃
ו וּרְאֵה־בָנִים לְבָנֶיךָ שָׁלוֹם עַל־יִשְׂרָאֵל׃ יח

קכ א ב שִׁיר הַמַּעֲלוֹת רַבַּת צְרָרוּנִי מִנְּעוּרַי יֹאמַר־נָא יִשְׂרָאֵל׃ רַבַּת
ג צְרָרוּנִי מִנְּעוּרָי גַּם לֹא־יָכְלוּ לִי׃ עַל־גַּבִּי חָרְשׁוּ חֹרְשִׁים הֶאֱרִיכוּ
ד ה למענותם׃ יְהוָה צַדִּיק קִצֵּץ עֲבוֹת רְשָׁעִים׃ יֵבֹשׁוּ וְיִסֹּגוּ אָחוֹר לְמַעֲנִיתָם
ו ז כֹּל שֹׂנְאֵי צִיּוֹן׃ יִהְיוּ כַּחֲצִיר גַּגּוֹת שֶׁקַּדְמַת שָׁלַף יָבֵשׁ׃ שֶׁלֹּא
ח מִלֵּא כַפּוֹ קוֹצֵר וְחִצְנוֹ מְעַמֵּר׃ וְלֹא אָמְרוּ ׀ הָעֹבְרִים בִּרְכַּת־
יְהוָה אֲלֵיכֶם בֵּרַכְנוּ אֶתְכֶם בְּשֵׁם יְהוָה׃

א ב שיר המעלות ממעמקים קראתיך יהוה: אדני שמעה
ג בקולי תהיינה אזניך קשבות לקול תחנוני: אם־עונות
ד תשמר־יה אדני מי יעמד: כי־עמך הסליחה למען תורא:
ה ו קויתי יהוה קותה נפשי ולדברו הוחלתי: נפשי לאדני
ז משמרים לבקר שמרים לבקר: יחל ישראל אל־יהוה
ח כי־עם־יהוה החסד והרבה עמו פדות: והוא יפדה את־
ישראל מכל עונותיו:

לא א שיר המעלות לדוד יהוה | לא־גבה לבי ולא־רמו עיני ולא־
ב הלכתי | בגדלות ובנפלאות ממני: אם־לא שויתי | ודוממתי
ג נפשי כגמל עלי אמו כגמל עלי נפשי: יחל ישראל אל־
יהוה מעתה ועד־עולם:

לב א ב שיר המעלות זכור־יהוה לדוד את כל־ענותו: אשר נשבע
ג ליהוה נדר לאביר יעקב: אם־אבא באהל ביתי אם־אעלה
ד ה על־ערש יצועי: אם־אתן שנת לעיני לעפעפי תנומה: עד־
ו אמצא מקום ליהוה משכנות לאביר יעקב: הנה־שמענוה
ז באפרתה מצאנוה בשדי־יער: נבואה למשכנותיו נשתחוה
ח ט להדם רגליו: קומה יהוה למנוחתך אתה וארון עזך: כהניך
י ילבשו־צדק וחסידיך ירננו: בעבור דוד עבדך אל־תשב פני
יא משיחך: נשבע־יהוה | לדוד אמת לא־ישוב ממנה מפרי בטנך
יב אשית לכסא־לך: אם־ישמרו בניך | בריתי ועדתי זו אלמדם
יג גם־בניהם עדי־עד ישבו לכסא־לך: כי־בחר יהוה בציון אוה
יד טו למושב לו: זאת־מנוחתי עדי־עד פה אשב כי אותיה: צידה
טז ברך אברך אביוניה אשביע לחם: וכהניה אלביש ישע
יז וחסידיה רנן ירננו: שם אצמיח קרן לדוד ערכתי נר למשיחי:
יח אויביו אלביש בשת ועליו יציץ נזרו:

קלג א שיר המעלות לדוד הנה מה־טוב ומה־נעים שבת אחים גם־
ב יחד: כשמן הטוב | על־הראש ירד על־הזקן זקן־אהרן שירד

עַל־פִּי מִדּוֹתָיו׃ כְּטַל־חֶרְמוֹן שֶׁיֹּרֵד עַל־הַרְרֵי צִיּוֹן כִּי שָׁם ׀ צִוָּה ג
יְהוָה אֶת־הַבְּרָכָה חַיִּים עַד־הָעוֹלָם׃
שִׁיר הַמַּעֲלוֹת הִנֵּה ׀ בָּרְכוּ אֶת־יְהוָה כָּל־עַבְדֵי יְהוָה הָעֹמְדִים א קל
בְּבֵית־יְהוָה בַּלֵּילוֹת׃ שְׂאוּ־יְדֵכֶם קֹדֶשׁ וּבָרְכוּ אֶת־יְהוָה׃ ב
יְבָרֶכְךָ יְהוָה מִצִּיּוֹן עֹשֵׂה שָׁמַיִם וָאָרֶץ׃ ג
הַלְלוּיָהּ ׀ הַלְלוּ אֶת־שֵׁם יְהוָה הַלְלוּ עַבְדֵי יְהוָה׃ שֶׁעֹמְדִים א ב קל
בְּבֵית יְהוָה בְּחַצְרוֹת בֵּית אֱלֹהֵינוּ׃ הַלְלוּיָהּ כִּי־טוֹב יְהוָה זַמְּרוּ ג
לִשְׁמוֹ כִּי נָעִים׃ כִּי־יַעֲקֹב בָּחַר לוֹ יָהּ יִשְׂרָאֵל לִסְגֻלָּתוֹ׃ כִּי אֲנִי ד ה
יָדַעְתִּי כִּי־גָדוֹל יְהוָה וַאֲדֹנֵינוּ מִכָּל־אֱלֹהִים׃ כֹּל אֲשֶׁר־חָפֵץ ו
יְהוָה עָשָׂה בַּשָּׁמַיִם וּבָאָרֶץ בַּיַּמִּים וְכָל־תְּהֹמוֹת׃ מַעֲלֶה נְשִׂאִים ז
מִקְצֵה הָאָרֶץ בְּרָקִים לַמָּטָר עָשָׂה מוֹצֵא־רוּחַ מֵאוֹצְרוֹתָיו׃
שֶׁהִכָּה בְּכוֹרֵי מִצְרָיִם מֵאָדָם עַד־בְּהֵמָה׃ שָׁלַח ׀ אוֹתֹת וּמֹפְתִים ח ט
בְּתוֹכֵכִי מִצְרָיִם בְּפַרְעֹה וּבְכָל־עֲבָדָיו׃ שֶׁהִכָּה גּוֹיִם רַבִּים וְהָרַג י
מְלָכִים עֲצוּמִים׃ לְסִיחוֹן ׀ מֶלֶךְ הָאֱמֹרִי וּלְעוֹג מֶלֶךְ הַבָּשָׁן וּלְכֹל יא
מַמְלְכוֹת כְּנָעַן׃ וְנָתַן אַרְצָם נַחֲלָה נַחֲלָה לְיִשְׂרָאֵל עַמּוֹ׃ יְהוָה יב יג
שִׁמְךָ לְעוֹלָם יְהוָה זִכְרְךָ לְדֹר־וָדֹר׃ כִּי־יָדִין יְהוָה עַמּוֹ וְעַל־ יד
עֲבָדָיו יִתְנֶחָם׃ עֲצַבֵּי הַגּוֹיִם כֶּסֶף וְזָהָב מַעֲשֵׂה יְדֵי אָדָם׃ פֶּה־ טו טז
לָהֶם וְלֹא יְדַבֵּרוּ עֵינַיִם לָהֶם וְלֹא יִרְאוּ׃ אָזְנַיִם לָהֶם וְלֹא יַאֲזִינוּ יז
אַף אֵין־יֶשׁ־רוּחַ בְּפִיהֶם׃ כְּמוֹהֶם יִהְיוּ עֹשֵׂיהֶם כֹּל אֲשֶׁר־בֹּטֵחַ יח
בָּהֶם׃ בֵּית יִשְׂרָאֵל בָּרְכוּ אֶת־יְהוָה בֵּית אַהֲרֹן בָּרְכוּ אֶת־יְהוָה׃ יט
בֵּית הַלֵּוִי בָּרְכוּ אֶת־יְהוָה יִרְאֵי יְהוָה בָּרְכוּ אֶת־יְהוָה׃ בָּרוּךְ כ כא
יְהוָה ׀ מִצִּיּוֹן שֹׁכֵן יְרוּשָׁלָםִ הַלְלוּיָהּ׃
הוֹדוּ לַיהוָה כִּי־טוֹב כִּי לְעוֹלָם חַסְדּוֹ׃ הוֹדוּ לֵאלֹהֵי הָאֱלֹהִים א ב קלו
כִּי לְעוֹלָם חַסְדּוֹ׃ הוֹדוּ לַאֲדֹנֵי הָאֲדֹנִים כִּי לְעוֹלָם חַסְדּוֹ׃ לְעֹשֵׂה ג ד
נִפְלָאוֹת גְּדֹלוֹת לְבַדּוֹ כִּי לְעוֹלָם חַסְדּוֹ׃ לְעֹשֵׂה הַשָּׁמַיִם ה
בִּתְבוּנָה כִּי לְעוֹלָם חַסְדּוֹ׃ לְרֹקַע הָאָרֶץ עַל־הַמָּיִם כִּי לְעוֹלָם ו
חַסְדּוֹ׃ לְעֹשֵׂה אוֹרִים גְּדֹלִים כִּי לְעוֹלָם חַסְדּוֹ׃ אֶת־הַשֶּׁמֶשׁ ז ח

ט לְמֶמְשֶׁלֶת בַּיּוֹם כִּי לְעוֹלָם חַסְדּוֹ: אֶת־הַיָּרֵחַ וְכוֹכָבִים
י לְמֶמְשְׁלוֹת בַּלָּיְלָה כִּי לְעוֹלָם חַסְדּוֹ: לְמַכֵּה מִצְרַיִם בִּבְכוֹרֵיהֶם
יא יב כִּי לְעוֹלָם חַסְדּוֹ: וַיּוֹצֵא יִשְׂרָאֵל מִתּוֹכָם כִּי לְעוֹלָם חַסְדּוֹ: בְּיָד
יג חֲזָקָה וּבִזְרוֹעַ נְטוּיָה כִּי לְעוֹלָם חַסְדּוֹ: לְגֹזֵר יַם־סוּף לִגְזָרִים כִּי
יד טו לְעוֹלָם חַסְדּוֹ: וְהֶעֱבִיר יִשְׂרָאֵל בְּתוֹכוֹ כִּי לְעוֹלָם חַסְדּוֹ: וְנִעֵר
טז פַּרְעֹה וְחֵילוֹ בְיַם־סוּף כִּי לְעוֹלָם חַסְדּוֹ: לְמוֹלִיךְ עַמּוֹ בַּמִּדְבָּר
יז יח כִּי לְעוֹלָם חַסְדּוֹ: לְמַכֵּה מְלָכִים גְּדֹלִים כִּי לְעוֹלָם חַסְדּוֹ: וַיַּהֲרֹג
יט מְלָכִים אַדִּירִים כִּי לְעוֹלָם חַסְדּוֹ: לְסִיחוֹן מֶלֶךְ הָאֱמֹרִי כִּי
כ כא לְעוֹלָם חַסְדּוֹ: וּלְעוֹג מֶלֶךְ הַבָּשָׁן כִּי לְעוֹלָם חַסְדּוֹ: וְנָתַן אַרְצָם
כב לְנַחֲלָה כִּי לְעוֹלָם חַסְדּוֹ: נַחֲלָה לְיִשְׂרָאֵל עַבְדּוֹ כִּי לְעוֹלָם
כג כד חַסְדּוֹ: שֶׁבְּשִׁפְלֵנוּ זָכַר לָנוּ כִּי לְעוֹלָם חַסְדּוֹ: וַיִּפְרְקֵנוּ מִצָּרֵינוּ
כה כו כִּי לְעוֹלָם חַסְדּוֹ: נֹתֵן לֶחֶם לְכָל־בָּשָׂר כִּי לְעוֹלָם חַסְדּוֹ: הוֹדוּ
לְאֵל הַשָּׁמָיִם כִּי לְעוֹלָם חַסְדּוֹ:

קלז א ב עַל־נַהֲרוֹת ׀ בָּבֶל שָׁם יָשַׁבְנוּ גַּם־בָּכִינוּ בְּזָכְרֵנוּ אֶת־צִיּוֹן: עַל־
ג עֲרָבִים בְּתוֹכָהּ תָּלִינוּ כִּנֹּרוֹתֵינוּ: כִּי שָׁם ׀ שְׁאֵלוּנוּ שׁוֹבֵינוּ
ד דִּבְרֵי־שִׁיר וְתוֹלָלֵינוּ שִׂמְחָה שִׁירוּ לָנוּ מִשִּׁיר צִיּוֹן: אֵיךְ נָשִׁיר
ה אֶת־שִׁיר־יְהוָה עַל אַדְמַת נֵכָר: אִם־אֶשְׁכָּחֵךְ יְרוּשָׁלִָם תִּשְׁכַּח
ו יְמִינִי: תִּדְבַּק לְשׁוֹנִי ׀ לְחִכִּי אִם־לֹא אֶזְכְּרֵכִי אִם־לֹא אַעֲלֶה
ז אֶת־יְרוּשָׁלִַם עַל רֹאשׁ שִׂמְחָתִי: זְכֹר יְהוָה ׀ לִבְנֵי אֱדוֹם אֵת יוֹם
ח יְרוּשָׁלִָם הָאֹמְרִים עָרוּ ׀ עָרוּ עַד הַיְסוֹד בָּהּ: בַּת־בָּבֶל הַשְּׁדוּדָה
ט אַשְׁרֵי שֶׁיְשַׁלֶּם־לָךְ אֶת־גְּמוּלֵךְ שֶׁגָּמַלְתְּ לָנוּ: אַשְׁרֵי ׀ שֶׁיֹּאחֵז
וְנִפֵּץ אֶת־עֹלָלַיִךְ אֶל־הַסָּלַע:

קלח א ב לְדָוִד ׀ אוֹדְךָ בְכָל־לִבִּי נֶגֶד אֱלֹהִים אֲזַמְּרֶךָּ: אֶשְׁתַּחֲוֶה אֶל־
הֵיכַל קָדְשְׁךָ וְאוֹדֶה אֶת־שְׁמֶךָ עַל־חַסְדְּךָ וְעַל־אֲמִתֶּךָ כִּי־
ג הִגְדַּלְתָּ עַל־כָּל־שִׁמְךָ אִמְרָתֶךָ: בְּיוֹם קָרָאתִי וַתַּעֲנֵנִי תַּרְהִבֵנִי
ד בְנַפְשִׁי עֹז: יוֹדוּךָ יְהוָה כָּל־מַלְכֵי־אָרֶץ כִּי שָׁמְעוּ אִמְרֵי־פִיךָ:
ה ו וְיָשִׁירוּ בְּדַרְכֵי יְהוָה כִּי־גָדוֹל כְּבוֹד יְהוָה: כִּי־רָם יְהוָה וְשָׁפָל

יראה וגבה ממרחק יידע: אם־אלך | בקרב צרה תחיני על ז
אף איבי תשלח ידך ותושיעני ימינך: יהוה יגמר בעדי יהוה ח
חסדך לעולם מעשי ידיך אל־תרף:
למנצח לדוד מזמור יהוה חקרתני ותדע: אתה ידעת שבתי א ב קלט
וקומי בנתה לרעי מרחוק: ארחי ורבעי זרית וכל־דרכי ג
הסכנתה: כי אין מלה בלשוני הן יהוה ידעת כלה: אחור ד ה
פליאה וקדם צרתני ותשת עלי כפכה: פלאיה דעת ממני נשגבה ו
לא־אוכל לה: אנה אלך מרוחך ואנה מפניך אברח: אם־ ז ח
אסק שמים שם אתה ואציעה שאול הנך: אשא כנפי־שחר ט
אשכנה באחרית ים: גם־שם ידך תנחני ותאחזני ימינך: ואמר י יא
אך־חשך ישופני ולילה אור בעדני: גם־חשך לא־יחשיך ממך יב
ולילה כיום יאיר כחשיכה כאורה: כי־אתה קנית כליתי יג
תסכני בבטן אמי: אודך על כי נוראות נפליתי נפלאים יד
מעשיך ונפשי ידעת מאד: לא־נכחד עצמי ממך אשר־עשיתי טו
בסתר רקמתי בתחתיות ארץ: גלמי | ראו עיניך ועל־ספרך טז
ולו כלם יכתבו ימים יצרו ולא אחד בהם: ולי מה־יקרו רעיך אל יז
מה עצמו ראשיהם: אספרם מחול ירבון הקיצתי ועודי עמך: יח
אם־תקטל אלוה | רשע ואנשי דמים סורו מני: אשר ימרוך יט כ
למזמה נשוא לשוא עריך: הלוא־משנאיך יהוה | אשנא כא
ובתקוממיך אתקוטט: תכלית שנאה שנאתים לאויבים היו כב
לי: חקרני אל ודע לבבי בחנני ודע שרעפי: וראה אם־ כג כד
דרך־עצב בי ונחני בדרך עולם:
למנצח מזמור לדוד: חלצני יהוה מאדם רע מאיש חמסים א ב קמ
תנצרני: אשר חשבו רעות בלב כל־יום יגורו מלחמות: שננו ג ד
לשונם כמו־נחש חמת עכשוב תחת שפתימו סלה: שמרני ה
יהוה | מידי רשע מאיש חמסים תנצרני אשר חשבו לדחות
פעמי: טמנו־גאים | פח לי וחבלים פרשו רשת ליד־מעגל ו

ז מֹקְשִׁים שָׁתוּ־לִי סֶלָה: אָמַרְתִּי לַיהוה אֵלִי אָתָּה הַאֲזִינָה
ח יהוה קוֹל תַּחֲנוּנָי: יֱהֹוִה אֲדֹנָי עֹז יְשׁוּעָתִי סַכֹּתָה לְרֹאשִׁי
ט בְּיוֹם נָשֶׁק: אַל־תִּתֵּן יהוה מַאֲוַיֵּי רָשָׁע זְמָמוֹ אַל־תָּפֵק יָרוּמוּ
י יא סֶלָה: רֹאשׁ מְסִבָּי עֲמַל שְׂפָתֵימוֹ יכסומו: ימיטו עֲלֵיהֶם יְכַסֵּמוֹ | יִמּוֹטוּ
יב גֶּחָלִים בָּאֵשׁ יַפִּלֵם בְּמַהֲמֹרוֹת בַּל־יָקוּמוּ: אִישׁ לָשׁוֹן בַּל־
יג יִכּוֹן בָּאָרֶץ אִישׁ־חָמָס רָע יְצוּדֶנּוּ לְמַדְחֵפֹת: יָדַעְתָּ כִּי־יַעֲשֶׂה
יד יהוה דִּין עָנִי מִשְׁפַּט אֶבְיֹנִים: אַךְ צַדִּיקִים יוֹדוּ לִשְׁמֶךָ יֵשְׁבוּ יט
יְשָׁרִים אֶת־פָּנֶיךָ:

קמא א מִזְמוֹר לְדָוִד יהוה קְרָאתִיךָ חוּשָׁה לִּי הַאֲזִינָה קוֹלִי בְּקָרְאִי־
ב לָךְ: תִּכּוֹן תְּפִלָּתִי קְטֹרֶת לְפָנֶיךָ מַשְׂאַת כַּפַּי מִנְחַת־עָרֶב:
ג ד שִׁיתָה יהוה שָׁמְרָה לְפִי נִצְּרָה עַל־דַּל שְׂפָתָי: אַל־תַּט־לִבִּי ׀
לְדָבָר ׀ רָע לְהִתְעוֹלֵל עֲלִלוֹת ׀ בְּרֶשַׁע אֶת־אִישִׁים פֹּעֲלֵי־אָוֶן
ה וּבַל־אֶלְחַם בְּמַנְעַמֵּיהֶם: יֶהֶלְמֵנִי צַדִּיק ׀ חֶסֶד וְיוֹכִיחֵנִי שֶׁמֶן
ו רֹאשׁ אַל־יָנִי רֹאשִׁי כִּי־עוֹד וּתְפִלָּתִי בְּרָעוֹתֵיהֶם: נִשְׁמְטוּ בִידֵי־
ז סֶלַע שֹׁפְטֵיהֶם וְשָׁמְעוּ אֲמָרַי כִּי נָעֵמוּ: כְּמוֹ פֹלֵחַ וּבֹקֵעַ בָּאָרֶץ
ח נִפְזְרוּ עֲצָמֵינוּ לְפִי שְׁאוֹל: כִּי אֵלֶיךָ ׀ יֱהֹוִה אֲדֹנָי עֵינָי בְּכָה חָסִיתִי
ט אַל־תְּעַר נַפְשִׁי: שָׁמְרֵנִי מִידֵי פַח יָקְשׁוּ לִי וּמֹקְשׁוֹת פֹּעֲלֵי אָוֶן:
י יִפְּלוּ בְמַכְמֹרָיו רְשָׁעִים יַחַד אָנֹכִי עַד־אֶעֱבוֹר:

קמב א ב מַשְׂכִּיל לְדָוִד בִּהְיוֹתוֹ בַמְּעָרָה תְפִלָּה: קוֹלִי אֶל־יהוה אֶזְעָק
ג קוֹלִי אֶל־יהוה אֶתְחַנָּן: אֶשְׁפֹּךְ לְפָנָיו שִׂיחִי צָרָתִי לְפָנָיו אַגִּיד:
ד בְּהִתְעַטֵּף עָלַי ׀ רוּחִי וְאַתָּה יָדַעְתָּ נְתִיבָתִי בְּאֹרַח־זוּ אֲהַלֵּךְ
ה טָמְנוּ פַח לִי: הַבֵּיט יָמִין ׀ וּרְאֵה וְאֵין־לִי מַכִּיר אָבַד מָנוֹס מִמֶּנִּי
ו אֵין דּוֹרֵשׁ לְנַפְשִׁי: זָעַקְתִּי אֵלֶיךָ יהוה אָמַרְתִּי אַתָּה מַחְסִי חֶלְקִי
ז בְּאֶרֶץ הַחַיִּים: הַקְשִׁיבָה ׀ אֶל־רִנָּתִי כִּי־דַלּוֹתִי מְאֹד הַצִּילֵנִי
ח מֵרֹדְפַי כִּי אָמְצוּ מִמֶּנִּי: הוֹצִיאָה מִמַּסְגֵּר ׀ נַפְשִׁי לְהוֹדוֹת אֶת־
שְׁמֶךָ בִּי יַכְתִּרוּ צַדִּיקִים כִּי תִגְמֹל עָלָי:

קמג א מִזְמוֹר לְדָוִד יהוה ׀ שְׁמַע תְּפִלָּתִי הַאֲזִינָה אֶל־תַּחֲנוּנַי בֶּאֱמֻנָתְךָ

עֲנֵנִי בְּצִדְקָתֶךָ׃ וְאַל־תָּבוֹא בְמִשְׁפָּט אֶת־עַבְדֶּךָ כִּי לֹא־יִצְדַּק ב
לְפָנֶיךָ כׇל־חָי׃ כִּי רָדַף אוֹיֵב ׀ נַפְשִׁי דִּכָּא לָאָרֶץ חַיָּתִי הוֹשִׁיבַנִי ג
בְמַחֲשַׁכִּים כְּמֵתֵי עוֹלָם׃ וַתִּתְעַטֵּף עָלַי רוּחִי בְּתוֹכִי יִשְׁתּוֹמֵם ד
לִבִּי׃ זָכַרְתִּי יָמִים ׀ מִקֶּדֶם הָגִיתִי בְכׇל־פׇּעֳלֶךָ בְּמַעֲשֵׂה יָדֶיךָ ה
אֲשׂוֹחֵחַ׃ פֵּרַשְׂתִּי יָדַי אֵלֶיךָ נַפְשִׁי ׀ כְּאֶרֶץ־עֲיֵפָה לְךָ סֶלָה׃ מַהֵר ו ז
עֲנֵנִי ׀ יְהוָה כָּלְתָה רוּחִי אַל־תַּסְתֵּר פָּנֶיךָ מִמֶּנִּי וְנִמְשַׁלְתִּי עִם־
יֹרְדֵי בוֹר׃ הַשְׁמִיעֵנִי בַבֹּקֶר ׀ חַסְדֶּךָ כִּי־בְךָ בָטָחְתִּי הוֹדִיעֵנִי ח
דֶּרֶךְ־זוּ אֵלֵךְ כִּי־אֵלֶיךָ נָשָׂאתִי נַפְשִׁי׃ הַצִּילֵנִי מֵאֹיְבַי ׀ יְהוָה אֵלֶיךָ ט
כִסִּתִי׃ לַמְּדֵנִי ׀ לַעֲשׂוֹת רְצוֹנֶךָ כִּי־אַתָּה אֱלוֹהָי רוּחֲךָ טוֹבָה י
תַּנְחֵנִי בְּאֶרֶץ מִישׁוֹר׃ לְמַעַן־שִׁמְךָ יְהוָה תְּחַיֵּנִי בְּצִדְקָתְךָ ׀ יא
תוֹצִיא מִצָּרָה נַפְשִׁי׃ וּבְחַסְדְּךָ תַּצְמִית אֹיְבָי וְהַאֲבַדְתָּ כׇּל־ יב
צֹרְרֵי נַפְשִׁי כִּי אֲנִי עַבְדֶּךָ׃
לְדָוִד ׀ בָּרוּךְ יְהוָה ׀ צוּרִי הַמְלַמֵּד יָדַי לַקְרָב אֶצְבְּעוֹתַי לַמִּלְחָמָה׃ א קמד
חַסְדִּי וּמְצוּדָתִי מִשְׂגַּבִּי וּמְפַלְטִי לִי מָגִנִּי וּבוֹ חָסִיתִי הָרוֹדֵד עַמִּי ב
תַחְתָּי׃ יְהוָה מָה־אָדָם וַתֵּדָעֵהוּ בֶּן־אֱנוֹשׁ וַתְּחַשְּׁבֵהוּ׃ אָדָם ג ד
לַהֶבֶל דָּמָה יָמָיו כְּצֵל עוֹבֵר׃ יְהוָה הַט־שָׁמֶיךָ וְתֵרֵד גַּע בֶּהָרִים ה
וְיֶעֱשָׁנוּ׃ בְּרוֹק בָּרָק וּתְפִיצֵם שְׁלַח חִצֶּיךָ וּתְהֻמֵּם׃ שְׁלַח יָדֶיךָ ו ז
מִמָּרוֹם פְּצֵנִי וְהַצִּילֵנִי מִמַּיִם רַבִּים מִיַּד בְּנֵי נֵכָר׃ אֲשֶׁר פִּיהֶם ח
דִּבֶּר־שָׁוְא וִימִינָם יְמִין שָׁקֶר׃ אֱלֹהִים שִׁיר חָדָשׁ אָשִׁירָה לָּךְ ט
בְּנֵבֶל עָשׂוֹר אֲזַמְּרָה־לָּךְ׃ הַנּוֹתֵן תְּשׁוּעָה לַמְּלָכִים הַפּוֹצֶה י
אֶת־דָּוִד עַבְדּוֹ מֵחֶרֶב רָעָה׃ פְּצֵנִי וְהַצִּילֵנִי מִיַּד בְּנֵי־נֵכָר יא
אֲשֶׁר פִּיהֶם דִּבֶּר־שָׁוְא וִימִינָם יְמִין שָׁקֶר׃ אֲשֶׁר בָּנֵינוּ ׀ יב
כִּנְטִעִים מְגֻדָּלִים בִּנְעוּרֵיהֶם בְּנוֹתֵינוּ כְזָוִיֹּת מְחֻטָּבוֹת תַּבְנִית
הֵיכָל׃ מְזָוֵינוּ מְלֵאִים מְפִיקִים מִזַּן אֶל זַן צֹאונֵנוּ מַאֲלִיפוֹת יג
מְרֻבָּבוֹת בְּחוּצוֹתֵינוּ׃ אַלּוּפֵינוּ מְסֻבָּלִים אֵין פֶּרֶץ וְאֵין יוֹצֵאת יד
וְאֵין צְוָחָה בִּרְחֹבֹתֵינוּ׃ אַשְׁרֵי הָעָם שֶׁכָּכָה לּוֹ אַשְׁרֵי טו
הָעָם שֶׁיְהוָה אֱלֹהָיו׃

קמה

א תְּהִלָּה לְדָוִד אֲרוֹמִמְךָ אֱלוֹהַי הַמֶּלֶךְ וַאֲבָרְכָה שִׁמְךָ לְעוֹלָם
ב ג וָעֶד׃ בְּכָל־יוֹם אֲבָרְכֶךָּ וַאֲהַלְלָה שִׁמְךָ לְעוֹלָם וָעֶד׃ גָּדוֹל יְהוָה
ד וּמְהֻלָּל מְאֹד וְלִגְדֻלָּתוֹ אֵין חֵקֶר׃ דּוֹר לְדוֹר יְשַׁבַּח מַעֲשֶׂיךָ
ה וּגְבוּרֹתֶיךָ יַגִּידוּ׃ הֲדַר כְּבוֹד הוֹדֶךָ וְדִבְרֵי נִפְלְאוֹתֶיךָ אָשִׂיחָה׃
ו ז וֶעֱזוּז נוֹרְאֹתֶיךָ יֹאמֵרוּ וגדלותיך אֲסַפְּרֶנָּה׃ זֵכֶר רַב־טוּבְךָ וּגְדוּלָּתְךָ
ח יַבִּיעוּ וְצִדְקָתְךָ יְרַנֵּנוּ׃ חַנּוּן וְרַחוּם יְהוָה אֶרֶךְ אַפַּיִם וּגְדָל־
ט י חָסֶד׃ טוֹב־יְהוָה לַכֹּל וְרַחֲמָיו עַל־כָּל־מַעֲשָׂיו׃ יוֹדוּךָ יְהוָה כָּל־
יא מַעֲשֶׂיךָ וַחֲסִידֶיךָ יְבָרְכוּכָה׃ כְּבוֹד מַלְכוּתְךָ יֹאמֵרוּ וּגְבוּרָתְךָ
יב יְדַבֵּרוּ׃ לְהוֹדִיעַ ׀ לִבְנֵי הָאָדָם גְּבוּרֹתָיו וּכְבוֹד הֲדַר מַלְכוּתוֹ׃
יג יד מַלְכוּתְךָ מַלְכוּת כָּל־עֹלָמִים וּמֶמְשַׁלְתְּךָ בְּכָל־דּוֹר וָדֹר׃ סוֹמֵךְ
טו יְהוָה לְכָל־הַנֹּפְלִים וְזוֹקֵף לְכָל־הַכְּפוּפִים׃ עֵינֵי־כֹל אֵלֶיךָ יְשַׂבֵּרוּ
טז וְאַתָּה נוֹתֵן־לָהֶם אֶת־אָכְלָם בְּעִתּוֹ׃ פּוֹתֵחַ אֶת־יָדֶךָ וּמַשְׂבִּיעַ
יז לְכָל־חַי רָצוֹן׃ צַדִּיק יְהוָה בְּכָל־דְּרָכָיו וְחָסִיד בְּכָל־מַעֲשָׂיו׃
יח יט קָרוֹב יְהוָה לְכָל־קֹרְאָיו לְכֹל אֲשֶׁר יִקְרָאֻהוּ בֶאֱמֶת׃ רְצוֹן־
כ יְרֵאָיו יַעֲשֶׂה וְאֶת־שַׁוְעָתָם יִשְׁמַע וְיוֹשִׁיעֵם׃ שׁוֹמֵר יְהוָה אֶת־
כא כָּל־אֹהֲבָיו וְאֵת כָּל־הָרְשָׁעִים יַשְׁמִיד׃ תְּהִלַּת יְהוָה יְדַבֶּר פִּי
וִיבָרֵךְ כָּל־בָּשָׂר שֵׁם קָדְשׁוֹ לְעוֹלָם וָעֶד׃

קמו א ב הַלְלוּיָהּ הַלְלִי נַפְשִׁי אֶת־יְהוָה׃ אֲהַלְלָה יְהוָה בְּחַיָּי אֲזַמְּרָה
ג לֵאלֹהַי בְּעוֹדִי׃ אַל־תִּבְטְחוּ בִנְדִיבִים בְּבֶן־אָדָם ׀ שֶׁאֵין לוֹ
ד תְשׁוּעָה׃ תֵּצֵא רוּחוֹ יָשֻׁב לְאַדְמָתוֹ בַּיּוֹם הַהוּא אָבְדוּ
ה עֶשְׁתֹּנֹתָיו׃ אַשְׁרֵי שֶׁאֵל יַעֲקֹב בְּעֶזְרוֹ שִׂבְרוֹ עַל־יְהוָה אֱלֹהָיו׃
ו עֹשֶׂה ׀ שָׁמַיִם וָאָרֶץ אֶת־הַיָּם וְאֶת־כָּל־אֲשֶׁר־בָּם הַשֹּׁמֵר
ז אֱמֶת לְעוֹלָם׃ עֹשֶׂה מִשְׁפָּט ׀ לָעֲשׁוּקִים נֹתֵן לֶחֶם לָרְעֵבִים
ח יְהוָה מַתִּיר אֲסוּרִים׃ יְהוָה ׀ פֹּקֵחַ עִוְרִים יְהוָה זֹקֵף כְּפוּפִים
ט יְהוָה אֹהֵב צַדִּיקִים׃ יְהוָה ׀ שֹׁמֵר אֶת־גֵּרִים יָתוֹם וְאַלְמָנָה
י יְעוֹדֵד וְדֶרֶךְ רְשָׁעִים יְעַוֵּת׃ יִמְלֹךְ יְהוָה ׀ לְעוֹלָם אֱלֹהַיִךְ צִיּוֹן
לְדֹר וָדֹר הַלְלוּיָהּ׃

הַלְלוּיָהּ ׀ כִּי־טוֹב זַמְּרָה אֱלֹהֵינוּ כִּי־נָעִים נָאוָה תְהִלָּה׃ בּוֹנֵה א ב
יְרוּשָׁלַםִ יְהוָה נִדְחֵי יִשְׂרָאֵל יְכַנֵּס׃ הָרֹפֵא לִשְׁבוּרֵי לֵב וּמְחַבֵּשׁ ג
לְעַצְּבוֹתָם׃ מוֹנֶה מִסְפָּר לַכּוֹכָבִים לְכֻלָּם שֵׁמוֹת יִקְרָא׃ גָּדוֹל ד ה
אֲדוֹנֵינוּ וְרַב־כֹּחַ לִתְבוּנָתוֹ אֵין מִסְפָּר׃ מְעוֹדֵד עֲנָוִים יְהוָה ו
מַשְׁפִּיל רְשָׁעִים עֲדֵי־אָרֶץ׃ עֱנוּ לַיהוָה בְּתוֹדָה זַמְּרוּ לֵאלֹהֵינוּ ז
בְכִנּוֹר׃ הַמְכַסֶּה שָׁמַיִם ׀ בְּעָבִים הַמֵּכִין לָאָרֶץ מָטָר הַמַּצְמִיחַ ח
הָרִים חָצִיר׃ נוֹתֵן לִבְהֵמָה לַחְמָהּ לִבְנֵי עֹרֵב אֲשֶׁר יִקְרָאוּ׃ לֹא ט י
בִגְבוּרַת הַסּוּס יֶחְפָּץ לֹא־בְשׁוֹקֵי הָאִישׁ יִרְצֶה׃ רוֹצֶה יְהוָה אֶת־ יא
יְרֵאָיו אֶת־הַמְיַחֲלִים לְחַסְדּוֹ׃ שַׁבְּחִי יְרוּשָׁלַםִ אֶת־יְהוָה הַלְלִי יב
אֱלֹהַיִךְ צִיּוֹן׃ כִּי־חִזַּק בְּרִיחֵי שְׁעָרָיִךְ בֵּרַךְ בָּנַיִךְ בְּקִרְבֵּךְ׃ הַשָּׂם־ יג יד
גְּבוּלֵךְ שָׁלוֹם חֵלֶב חִטִּים יַשְׂבִּיעֵךְ׃ הַשֹּׁלֵחַ אִמְרָתוֹ אָרֶץ עַד־ טו
מְהֵרָה יָרוּץ דְּבָרוֹ׃ הַנֹּתֵן שֶׁלֶג כַּצָּמֶר כְּפוֹר כָּאֵפֶר יְפַזֵּר׃ מַשְׁלִיךְ טז יז
קַרְחוֹ כְפִתִּים לִפְנֵי קָרָתוֹ מִי יַעֲמֹד׃ יִשְׁלַח דְּבָרוֹ וְיַמְסֵם יַשֵּׁב יח
רוּחוֹ יִזְּלוּ־מָיִם׃ מַגִּיד דְּבָרָו לְיַעֲקֹב חֻקָּיו וּמִשְׁפָּטָיו לְיִשְׂרָאֵל׃ יט
לֹא עָשָׂה כֵן ׀ לְכָל־גּוֹי וּמִשְׁפָּטִים בַּל־יְדָעוּם הַלְלוּיָהּ׃ כ

הַלְלוּיָהּ ׀ הַלְלוּ אֶת־יְהוָה מִן־הַשָּׁמַיִם הַלְלוּהוּ בַּמְּרוֹמִים׃ א קמח
הַלְלוּהוּ כָל־מַלְאָכָיו הַלְלוּהוּ כָּל־צְבָאָו׃ הַלְלוּהוּ שֶׁמֶשׁ וְיָרֵחַ ב ג
הַלְלוּהוּ כָּל־כּוֹכְבֵי אוֹר׃ הַלְלוּהוּ שְׁמֵי הַשָּׁמָיִם וְהַמַּיִם אֲשֶׁר ׀ ד
מֵעַל הַשָּׁמָיִם׃ יְהַלְלוּ אֶת־שֵׁם יְהוָה כִּי הוּא צִוָּה וְנִבְרָאוּ׃ ה
וַיַּעֲמִידֵם לָעַד לְעוֹלָם חָק־נָתַן וְלֹא יַעֲבוֹר׃ הַלְלוּ אֶת־יְהוָה ו ז
מִן־הָאָרֶץ תַּנִּינִים וְכָל־תְּהֹמוֹת׃ אֵשׁ וּבָרָד שֶׁלֶג וְקִיטוֹר רוּחַ ח
סְעָרָה עֹשָׂה דְבָרוֹ׃ הֶהָרִים וְכָל־גְּבָעוֹת עֵץ פְּרִי וְכָל־אֲרָזִים׃ ט
הַחַיָּה וְכָל־בְּהֵמָה רֶמֶשׂ וְצִפּוֹר כָּנָף׃ מַלְכֵי־אֶרֶץ וְכָל־לְאֻמִּים י יא
שָׂרִים וְכָל־שֹׁפְטֵי אָרֶץ׃ בַּחוּרִים וְגַם־בְּתוּלוֹת זְקֵנִים עִם־ יב
נְעָרִים׃ יְהַלְלוּ ׀ אֶת־שֵׁם יְהוָה כִּי־נִשְׂגָּב שְׁמוֹ לְבַדּוֹ הוֹדוֹ יג
עַל־אֶרֶץ וְשָׁמָיִם׃ וַיָּרֶם קֶרֶן ׀ לְעַמּוֹ תְּהִלָּה לְכָל־חֲסִידָיו לִבְנֵי יד
יִשְׂרָאֵל עַם קְרֹבוֹ הַלְלוּיָהּ׃

א ב הַלְלוּיָהּ ׀ שִׁירוּ לַיהוָה שִׁיר חָדָשׁ תְּהִלָּתוֹ בִּקְהַל חֲסִידִים׃ יִשְׂמַח
ג יִשְׂרָאֵל בְּעֹשָׂיו בְּנֵי־צִיּוֹן יָגִילוּ בְמַלְכָּם׃ יְהַלְלוּ שְׁמוֹ בְמָחוֹל
ד בְּתֹף וְכִנּוֹר יְזַמְּרוּ־לוֹ׃ כִּי־רוֹצֶה יְהוָה בְּעַמּוֹ יְפָאֵר עֲנָוִים
ה בִּישׁוּעָה׃ יַעְלְזוּ חֲסִידִים בְּכָבוֹד יְרַנְּנוּ עַל־מִשְׁכְּבוֹתָם׃
ו ז רוֹמְמוֹת אֵל בִּגְרוֹנָם וְחֶרֶב פִּיפִיּוֹת בְּיָדָם׃ לַעֲשׂוֹת נְקָמָה
ח בַּגּוֹיִם תּוֹכֵחוֹת בַּלְאֻמִּים׃ לֶאְסֹר מַלְכֵיהֶם בְּזִקִּים וְנִכְבְּדֵיהֶם
ט בְּכַבְלֵי בַרְזֶל׃ לַעֲשׂוֹת בָּהֶם ׀ מִשְׁפָּט כָּתוּב הָדָר הוּא לְכָל־
חֲסִידָיו הַלְלוּיָהּ׃

קנ א ב הַלְלוּיָהּ ׀ הַלְלוּ־אֵל בְּקָדְשׁוֹ הַלְלוּהוּ בִּרְקִיעַ עֻזּוֹ׃ הַלְלוּהוּ
ג בִגְבוּרֹתָיו הַלְלוּהוּ כְּרֹב גֻּדְלוֹ׃ הַלְלוּהוּ בְּתֵקַע שׁוֹפָר הַלְלוּהוּ
ד בְּנֵבֶל וְכִנּוֹר׃ הַלְלוּהוּ בְתֹף וּמָחוֹל הַלְלוּהוּ בְּמִנִּים וְעֻגָב׃
ה ו הַלְלוּהוּ בְצִלְצְלֵי־שָׁמַע הַלְלוּהוּ בְּצִלְצְלֵי תְרוּעָה׃ כֹּל הַנְּשָׁמָה
תְּהַלֵּל יָהּ הַלְלוּיָהּ׃

משלי

א

א ב מִשְׁלֵי שְׁלֹמֹה בֶן־דָּוִד מֶלֶךְ יִשְׂרָאֵל׃ לָדַעַת חָכְמָה וּמוּסָר
ג לְהָבִין אִמְרֵי בִינָה׃ לָקַחַת מוּסַר הַשְׂכֵּל צֶדֶק וּמִשְׁפָּט
ד ה וּמֵשָׁרִים׃ לָתֵת לִפְתָאיִם עָרְמָה לְנַעַר דַּעַת וּמְזִמָּה׃ יִשְׁמַע
ו חָכָם וְיוֹסֶף לֶקַח וְנָבוֹן תַּחְבֻּלוֹת יִקְנֶה׃ לְהָבִין מָשָׁל וּמְלִיצָה
ז דִּבְרֵי חֲכָמִים וְחִידֹתָם׃ יִרְאַת יְהוָה רֵאשִׁית דָּעַת חָכְמָה
וּמוּסָר אֱוִילִים בָּזוּ׃

ח ט שְׁמַע בְּנִי מוּסַר אָבִיךָ וְאַל־תִּטֹּשׁ תּוֹרַת אִמֶּךָ׃ כִּי ׀ לִוְיַת חֵן
י הֵם לְרֹאשֶׁךָ וַעֲנָקִים לְגַרְגְּרֹתֶךָ׃ בְּנִי אִם־יְפַתּוּךָ חַטָּאִים אַל־
יא תֹּבֵא׃ אִם־יֹאמְרוּ לְכָה אִתָּנוּ נֶאֶרְבָה לְדָם נִצְפְּנָה לְנָקִי חִנָּם׃
יב יג נִבְלָעֵם כִּשְׁאוֹל חַיִּים וּתְמִימִים כְּיוֹרְדֵי בוֹר׃ כָּל־הוֹן יָקָר נִמְצָא
יד נְמַלֵּא בָתֵּינוּ שָׁלָל׃ גּוֹרָלְךָ תַּפִּיל בְּתוֹכֵנוּ כִּיס אֶחָד יִהְיֶה לְכֻלָּנוּ׃
טו טז בְּנִי אַל־תֵּלֵךְ בְּדֶרֶךְ אִתָּם מְנַע רַגְלְךָ מִנְּתִיבָתָם׃ כִּי רַגְלֵיהֶם
יז לָרַע יָרוּצוּ וִימַהֲרוּ לִשְׁפָּךְ־דָּם׃ כִּי־חִנָּם מְזֹרָה הָרָשֶׁת בְּעֵינֵי כָּל־
יח יט בַּעַל כָּנָף׃ וְהֵם לְדָמָם יֶאֱרֹבוּ יִצְפְּנוּ לְנַפְשֹׁתָם׃ כֵּן אָרְחוֹת כָּל־
בֹּצֵעַ בָּצַע אֶת־נֶפֶשׁ בְּעָלָיו יִקָּח׃

כ כא חָכְמוֹת בַּחוּץ תָּרֹנָּה בָּרְחֹבוֹת תִּתֵּן קוֹלָהּ׃ בְּרֹאשׁ הֹמִיּוֹת
כב תִּקְרָא בְּפִתְחֵי שְׁעָרִים בָּעִיר אֲמָרֶיהָ תֹאמֵר׃ עַד־מָתַי ׀ פְּתָיִם
תְּאֵהֲבוּ פֶתִי וְלֵצִים לָצוֹן חָמְדוּ לָהֶם וּכְסִילִים יִשְׂנְאוּ־דָעַת׃
כג תָּשׁוּבוּ לְתוֹכַחְתִּי הִנֵּה אַבִּיעָה לָכֶם רוּחִי אוֹדִיעָה דְבָרַי
כד כה אֶתְכֶם׃ יַעַן קָרָאתִי וַתְּמָאֵנוּ נָטִיתִי יָדִי וְאֵין מַקְשִׁיב׃ וַתִּפְרְעוּ
כו כָל־עֲצָתִי וְתוֹכַחְתִּי לֹא אֲבִיתֶם׃ גַּם־אֲנִי בְּאֵידְכֶם אֶשְׂחָק אֶלְעַג
כז בְּבֹא פַחְדְּכֶם׃ בְּבֹא כשאוה ׀ פַּחְדְּכֶם וְאֵידְכֶם כְּסוּפָה יֶאֱתֶה כְּשׁוֹאָה
כח בְּבֹא עֲלֵיכֶם צָרָה וְצוּקָה׃ אָז יִקְרָאֻנְנִי וְלֹא אֶעֱנֶה יְשַׁחֲרֻנְנִי וְלֹא
כט ל יִמְצָאֻנְנִי׃ תַּחַת כִּי־שָׂנְאוּ דָעַת וְיִרְאַת יְהוָה לֹא בָחָרוּ׃ לֹא־אָבוּ
לא לַעֲצָתִי נָאֲצוּ כָּל־תּוֹכַחְתִּי׃ וְיֹאכְלוּ מִפְּרִי דַרְכָּם וּמִמֹּעֲצֹתֵיהֶם
לב יִשְׂבָּעוּ׃ כִּי מְשׁוּבַת פְּתָיִם תַּהַרְגֵם וְשַׁלְוַת כְּסִילִים תְּאַבְּדֵם׃
לג וְשֹׁמֵעַ לִי יִשְׁכָּן־בֶּטַח וְשַׁאֲנַן מִפַּחַד רָעָה׃

ב

א ב בְּנִי אִם־תִּקַּח אֲמָרָי וּמִצְוֹתַי תִּצְפֹּן אִתָּךְ׃ לְהַקְשִׁיב לַחָכְמָה
ג אָזְנֶךָ תַּטֶּה לִבְּךָ לַתְּבוּנָה׃ כִּי אִם לַבִּינָה תִקְרָא לַתְּבוּנָה תִּתֵּן
ד ה קוֹלֶךָ׃ אִם־תְּבַקְשֶׁנָּה כַכָּסֶף וְכַמַּטְמוֹנִים תַּחְפְּשֶׂנָּה׃ אָז תָּבִין
ו יִרְאַת יְהוָה וְדַעַת אֱלֹהִים תִּמְצָא׃ כִּי־יְהוָה יִתֵּן חָכְמָה מִפִּיו
ז ח דַּעַת וּתְבוּנָה׃ וצפן לַיְשָׁרִים תּוּשִׁיָּה מָגֵן לְהֹלְכֵי תֹם׃ לִנְצֹר יִצְפֹּן
ט אָרְחוֹת מִשְׁפָּט וְדֶרֶךְ חסידו יִשְׁמֹר׃ אָז תָּבִין צֶדֶק וּמִשְׁפָּט
י וּמֵישָׁרִים כָּל־מַעְגַּל־טוֹב׃ כִּי־תָבוֹא חָכְמָה בְלִבֶּךָ וְדַעַת
יא יב לְנַפְשְׁךָ יִנְעָם׃ מְזִמָּה תִּשְׁמֹר עָלֶיךָ תְּבוּנָה תִנְצְרֶכָּה׃ לְהַצִּילְךָ
יג מִדֶּרֶךְ רָע מֵאִישׁ מְדַבֵּר תַּהְפֻּכוֹת׃ הַעֹזְבִים אָרְחוֹת יֹשֶׁר לָלֶכֶת
יד טו בְּדַרְכֵי־חֹשֶׁךְ׃ הַשְּׂמֵחִים לַעֲשׂוֹת רָע יָגִילוּ בְּתַהְפֻּכוֹת רָע׃ אֲשֶׁר
טז אָרְחֹתֵיהֶם עִקְּשִׁים וּנְלוֹזִים בְּמַעְגְּלוֹתָם׃ לְהַצִּילְךָ מֵאִשָּׁה זָרָה
יז מִנָּכְרִיָּה אֲמָרֶיהָ הֶחֱלִיקָה׃ הַעֹזֶבֶת אַלּוּף נְעוּרֶיהָ וְאֶת־בְּרִית
יח אֱלֹהֶיהָ שָׁכֵחָה׃ כִּי שָׁחָה אֶל־מָוֶת בֵּיתָהּ וְאֶל־רְפָאִים
יט מַעְגְּלֹתֶיהָ׃ כָּל־בָּאֶיהָ לֹא יְשׁוּבוּן וְלֹא־יַשִּׂיגוּ אָרְחוֹת חַיִּים׃
כ כא לְמַעַן תֵּלֵךְ בְּדֶרֶךְ טוֹבִים וְאָרְחוֹת צַדִּיקִים תִּשְׁמֹר׃ כִּי־יְשָׁרִים
כב יִשְׁכְּנוּ־אָרֶץ וּתְמִימִים יִוָּתְרוּ בָהּ׃ וּרְשָׁעִים מֵאֶרֶץ יִכָּרֵתוּ
וּבוֹגְדִים יִסְּחוּ מִמֶּנָּה׃

ג

א ב בְּנִי תּוֹרָתִי אַל־תִּשְׁכָּח וּמִצְוֹתַי יִצֹּר לִבֶּךָ׃ כִּי אֹרֶךְ יָמִים
ג וּשְׁנוֹת חַיִּים וְשָׁלוֹם יוֹסִיפוּ לָךְ׃ חֶסֶד וֶאֱמֶת אַל־יַעַזְבֻךָ קָשְׁרֵם
ד עַל־גַּרְגְּרוֹתֶיךָ כָּתְבֵם עַל־לוּחַ לִבֶּךָ׃ וּמְצָא־חֵן וְשֵׂכֶל־טוֹב
בְּעֵינֵי אֱלֹהִים וְאָדָם׃ ס
ה ו בְּטַח אֶל־יְהוָה בְּכָל־לִבֶּךָ וְאֶל־בִּינָתְךָ אַל־תִּשָּׁעֵן׃ בְּכָל־דְּרָכֶיךָ
ז דָעֵהוּ וְהוּא יְיַשֵּׁר אֹרְחֹתֶיךָ׃ אַל־תְּהִי חָכָם בְּעֵינֶיךָ יְרָא אֶת־
ח ט יְהוָה וְסוּר מֵרָע׃ רִפְאוּת תְּהִי לְשָׁרֶּךָ וְשִׁקּוּי לְעַצְמוֹתֶיךָ׃ כַּבֵּד
י אֶת־יְהוָה מֵהוֹנֶךָ וּמֵרֵאשִׁית כָּל־תְּבוּאָתֶךָ׃ וְיִמָּלְאוּ אֲסָמֶיךָ
שָׂבָע וְתִירוֹשׁ יְקָבֶיךָ יִפְרֹצוּ׃
יא יב מוּסַר יְהוָה בְּנִי אַל־תִּמְאָס וְאַל־תָּקֹץ בְּתוֹכַחְתּוֹ׃ כִּי אֶת

יג אשר יאהב יהוה יוכיח וכאב את־בן ירצה: אשרי אדם
יד מצא חכמה ואדם יפיק תבונה: כי טוב סחרה מסחר־כסף
טו ומחרוץ תבואתה: יקרה היא מפניים וכל־חפציך לא ישוו־ מפנינים
טז יז בה: ארך ימים בימינה בשמאולה עשר וכבוד: דרכיה
יח דרכי־נעם וכל־נתיבתיה שלום: עץ־חיים היא למחזיקים
בה ותמכיה מאשר:
יט כ יהוה בחכמה יסד־ארץ כונן שמים בתבונה: בדעתו תהומות
כא נבקעו ושחקים ירעפו־טל: בני אל־ילזו מעיניך נצר תשיה
כב כג ומזמה: ויהיו חיים לנפשך וחן לגרגרתיך: אז תלך לבטח
כד דרכך ורגלך לא תגוף: אם־תשכב לא־תפחד ושכבת וערבה
כה שנתך: אל־תירא מפחד פתאם ומשאת רשעים כי תבא:
כו כז כי־יהוה יהיה בכסלך ושמר רגלך מלכד: אל־תמנע־טוב
כח מבעליו בהיות לאל ידיך לעשות: אל־תאמר לרעיך ׀ לך ידך | לרעך ׀
כט ושוב ומחר אתן ויש אתך: אל־תחרש על־רעך רעה והוא־
ל יושב לבטח אתך: אל־תרוב עם־אדם חנם אם־לא גמלך תריב
לא לב רעה: אל־תקנא באיש חמס ואל־תבחר בכל־דרכיו: כי
לג תועבת יהוה נלוז ואת־ישרים סודו: מארת יהוה בבית רשע
לד ונוה צדיקים יברך: אם־ללצים הוא־יליץ ולעניים יתן־חן: ולענוים
לה כבוד חכמים ינחלו וכסילים מרים קלון:
ד א ב שמעו בנים מוסר אב והקשיבו לדעת בינה: כי לקח טוב
ג נתתי לכם תורתי אל־תעזבו: כי־בן הייתי לאבי רך ויחיד לפני
ד ה אמי: וירני ויאמר לי יתמך־דברי לבך שמר מצותי וחיה: קנה
ו חכמה קנה בינה אל־תשכח ואל־תט מאמרי־פי: אל־תעזבה
ז ותשמרך אהבה ותצרך: ראשית חכמה קנה חכמה ובכל־
ח קנינך קנה בינה: סלסלה ותרוממך תכבדך כי תחבקנה:
ט תתן לראשך לוית־חן עטרת תפארת תמגנך: שמע בני
יא וקח אמרי וירבו לך שנות חיים: בדרך חכמה הריתיך

הֲדְרַכְתִּיךָ בְּמַעְגְּלֵי־יֹשֶׁר׃ בְּלֶכְתְּךָ לֹא־יֵצַר צַעֲדֶךָ וְאִם־תָּרוּץ יב
לֹא תִכָּשֵׁל׃ הַחֲזֵק בַּמּוּסָר אַל־תֶּרֶף נִצְּרֶהָ כִּי־הִיא חַיֶּיךָ׃ בְּאֹרַח יג יד
רְשָׁעִים אַל־תָּבֹא וְאַל־תְּאַשֵּׁר בְּדֶרֶךְ רָעִים׃ פְּרָעֵהוּ אַל־ טו
תַּעֲבָר־בּוֹ שְׂטֵה מֵעָלָיו וַעֲבוֹר׃ כִּי לֹא יִשְׁנוּ אִם־לֹא יָרֵעוּ וְנִגְזְלָה טז
יִכְשִׁילוּ שְׁנָתָם אִם־לֹא יכשולו׃ כִּי לָחֲמוּ לֶחֶם רֶשַׁע וְיֵין חֲמָסִים יִשְׁתּוּ׃ יז
וְאֹרַח צַדִּיקִים כְּאוֹר נֹגַהּ הוֹלֵךְ וָאוֹר עַד־נְכוֹן הַיּוֹם׃ דֶּרֶךְ יח יט
רְשָׁעִים כָּאֲפֵלָה לֹא יָדְעוּ בַּמֶּה יִכָּשֵׁלוּ׃ בְּנִי כ
לִדְבָרַי הַקְשִׁיבָה לַאֲמָרַי הַט־אָזְנֶךָ׃ אַל־יַלִּיזוּ מֵעֵינֶיךָ שָׁמְרֵם כא
בְּתוֹךְ לְבָבֶךָ׃ כִּי־חַיִּים הֵם לְמֹצְאֵיהֶם וּלְכָל־בְּשָׂרוֹ מַרְפֵּא׃ כב
מִכָּל־מִשְׁמָר נְצֹר לִבֶּךָ כִּי־מִמֶּנּוּ תּוֹצְאוֹת חַיִּים׃ הָסֵר מִמְּךָ כג כד
עִקְּשׁוּת פֶּה וּלְזוּת שְׂפָתַיִם הַרְחֵק מִמֶּךָּ׃ עֵינֶיךָ לְנֹכַח יַבִּיטוּ כה
וְעַפְעַפֶּיךָ יַיְשִׁרוּ נֶגְדֶּךָ׃ פַּלֵּס מַעְגַּל רַגְלֶךָ וְכָל־דְּרָכֶיךָ יִכֹּנוּ׃ כו
אַל־תֵּט־יָמִין וּשְׂמֹאול הָסֵר רַגְלְךָ מֵרָע׃ כז

בְּנִי לְחָכְמָתִי הַקְשִׁיבָה לִתְבוּנָתִי הַט־אָזְנֶךָ׃ לִשְׁמֹר מְזִמּוֹת א ב ה
וְדַעַת שְׂפָתֶיךָ יִנְצֹרוּ׃ כִּי נֹפֶת תִּטֹּפְנָה שִׂפְתֵי זָרָה וְחָלָק מִשֶּׁמֶן ג
חִכָּהּ׃ וְאַחֲרִיתָהּ מָרָה כַלַּעֲנָה חַדָּה כְּחֶרֶב פִּיּוֹת׃ רַגְלֶיהָ יֹרְדוֹת ד ה
מָוֶת שְׁאוֹל צְעָדֶיהָ יִתְמֹכוּ׃ אֹרַח חַיִּים פֶּן־תְּפַלֵּס נָעוּ מַעְגְּלֹתֶיהָ ו
לֹא תֵדָע׃

וְעַתָּה בָנִים שִׁמְעוּ־לִי וְאַל־תָּסוּרוּ מֵאִמְרֵי־פִי׃ הַרְחֵק מֵעָלֶיהָ ז ח
דַרְכֶּךָ וְאַל־תִּקְרַב אֶל־פֶּתַח בֵּיתָהּ׃ פֶּן־תִּתֵּן לַאֲחֵרִים הוֹדֶךָ ט
וּשְׁנֹתֶיךָ לְאַכְזָרִי׃ פֶּן־יִשְׂבְּעוּ זָרִים כֹּחֶךָ וַעֲצָבֶיךָ בְּבֵית נָכְרִי׃ י
וְנָהַמְתָּ בְאַחֲרִיתֶךָ בִּכְלוֹת בְּשָׂרְךָ וּשְׁאֵרֶךָ׃ וְאָמַרְתָּ אֵיךְ שָׂנֵאתִי יא יב
מוּסָר וְתוֹכַחַת נָאַץ לִבִּי׃ וְלֹא־שָׁמַעְתִּי בְּקוֹל מוֹרָי וְלִמְלַמְּדַי יג
לֹא־הִטִּיתִי אָזְנִי׃ כִּמְעַט הָיִיתִי בְכָל־רָע בְּתוֹךְ קָהָל וְעֵדָה׃ יד
שְׁתֵה־מַיִם מִבּוֹרֶךָ וְנֹזְלִים מִתּוֹךְ בְּאֵרֶךָ׃ יָפוּצוּ מַעְיְנֹתֶיךָ חוּצָה טו טז
ב בָּרְחֹבוֹת פַּלְגֵי־מָיִם׃ יִהְיוּ־לְךָ לְבַדֶּךָ וְאֵין לְזָרִים אִתָּךְ׃ יְהִי־ יז יח
מְקוֹרְךָ בָרוּךְ וּשְׂמַח מֵאֵשֶׁת נְעוּרֶךָ׃ אַיֶּלֶת אֲהָבִים וְיַעֲלַת חֵן יט

כ דַּדֶּיהָ יְרַוֻּךָ בְכָל־עֵת בְּאַהֲבָתָהּ תִּשְׁגֶּה תָמִיד׃ וְלָמָּה תִשְׁגֶּה בְנִי
כא בְזָרָה וּתְחַבֵּק חֵק נָכְרִיָּה׃ כִּי נֹכַח ׀ עֵינֵי יְהוָה דַּרְכֵי־אִישׁ וְכָל־
כב מַעְגְּלֹתָיו מְפַלֵּס׃ עַוֺנוֹתָיו יִלְכְּדֻנוֹ אֶת־הָרָשָׁע וּבְחַבְלֵי חַטָּאתוֹ
ו כג א יִתָּמֵךְ׃ הוּא יָמוּת בְּאֵין מוּסָר וּבְרֹב אִוַּלְתּוֹ יִשְׁגֶּה׃ בְּנִי אִם־
ב עָרַבְתָּ לְרֵעֶךָ תָּקַעְתָּ לַזָּר כַּפֶּיךָ׃ נוֹקַשְׁתָּ בְאִמְרֵי־פִיךָ נִלְכַּדְתָּ
ג בְּאִמְרֵי־פִיךָ׃ עֲשֵׂה זֹאת אֵפוֹא ׀ בְּנִי וְהִנָּצֵל כִּי בָאתָ בְכַף־
ד רֵעֶךָ לֵךְ הִתְרַפֵּס וּרְהַב רֵעֶיךָ׃ אַל־תִּתֵּן שֵׁנָה לְעֵינֶיךָ וּתְנוּמָה
ה לְעַפְעַפֶּיךָ׃ הִנָּצֵל כִּצְבִי מִיָּד וּכְצִפּוֹר מִיַּד יָקוּשׁ׃
ו ז לֵךְ־אֶל־נְמָלָה עָצֵל רְאֵה דְרָכֶיהָ וַחֲכָם׃ אֲשֶׁר אֵין־לָהּ קָצִין
ח ט שֹׁטֵר וּמֹשֵׁל׃ תָּכִין בַּקַּיִץ לַחְמָהּ אָגְרָה בַקָּצִיר מַאֲכָלָהּ׃ עַד־
י מָתַי עָצֵל ׀ תִּשְׁכָּב מָתַי תָּקוּם מִשְּׁנָתֶךָ׃ מְעַט שֵׁנוֹת מְעַט
יא תְּנוּמוֹת מְעַט ׀ חִבֻּק יָדַיִם לִשְׁכָּב׃ וּבָא־כִמְהַלֵּךְ רֵאשֶׁךָ
וּמַחְסֹרְךָ כְּאִישׁ מָגֵן׃

יב יג אָדָם בְּלִיַּעַל אִישׁ אָוֶן הוֹלֵךְ עִקְּשׁוּת פֶּה׃ קֹרֵץ בְּעֵינָו
יד מֹלֵל בְּרַגְלָו מֹרֶה בְּאֶצְבְּעֹתָיו׃ תַּהְפֻּכוֹת ׀ בְּלִבּוֹ חֹרֵשׁ רָע
טו בְּכָל־עֵת מדנים יְשַׁלֵּחַ׃ עַל־כֵּן פִּתְאֹם יָבוֹא אֵידוֹ פֶּתַע מִדְיָנִים
יִשָּׁבֵר וְאֵין מַרְפֵּא׃

טז יז שֶׁשׁ־הֵנָּה שָׂנֵא יְהוָה וְשֶׁבַע תועבות נַפְשׁוֹ׃ עֵינַיִם רָמוֹת תּוֹעֲבַת
יח לְשׁוֹן שָׁקֶר וְיָדַיִם שֹׁפְכוֹת דָּם־נָקִי׃ לֵב חֹרֵשׁ מַחְשְׁבוֹת
יט אָוֶן רַגְלַיִם מְמַהֲרוֹת לָרוּץ לָרָעָה׃ יָפִיחַ כְּזָבִים עֵד שָׁקֶר
כ וּמְשַׁלֵּחַ מְדָנִים בֵּין אַחִים׃ נְצֹר בְּנִי מִצְוַת
כא אָבִיךָ וְאַל־תִּטֹּשׁ תּוֹרַת אִמֶּךָ׃ קָשְׁרֵם עַל־לִבְּךָ תָמִיד עָנְדֵם
כב עַל־גַּרְגְּרֹתֶךָ׃ בְּהִתְהַלֶּכְךָ ׀ תַּנְחֶה אֹתָךְ בְּשָׁכְבְּךָ תִּשְׁמֹר
כג עָלֶיךָ וַהֲקִיצוֹתָ הִיא תְשִׂיחֶךָ׃ כִּי נֵר מִצְוָה וְתוֹרָה אוֹר וְדֶרֶךְ
כד חַיִּים תּוֹכְחוֹת מוּסָר׃ לִשְׁמָרְךָ מֵאֵשֶׁת רָע מֵחֶלְקַת לָשׁוֹן
כה כו נָכְרִיָּה׃ אַל־תַּחְמֹד יָפְיָהּ בִּלְבָבֶךָ וְאַל־תִּקָּחֲךָ בְּעַפְעַפֶּיהָ׃ כִּי
בְעַד־אִשָּׁה זוֹנָה עַד־כִּכַּר לָחֶם וְאֵשֶׁת אִישׁ נֶפֶשׁ יְקָרָה תָצוּד׃

היחתה איש אש בחיקו ובגדיו לא תשרפנה: אם־יהלך כז כח
איש על־הגחלים ורגליו לא תכוינה: כן הבא אל־אשת כט
רעהו לא ינקה כל־הנגע בה: לא־יבוזו לגנב כי יגנוב ל
למלא נפשו כי ירעב: ונמצא ישלם שבעתים את־כל־הון לא
ביתו יתן: נאף אשה חסר־לב משחית נפשו הוא יעשנה: לב
נגע־וקלון ימצא וחרפתו לא תמחה: כי־קנאה חמת־גבר לג לד
ולא־יחמול ביום נקם: לא־ישא פני כל־כפר ולא־יאבה לה
כי תרבה־שחד: בני שמר אמרי ומצותי ז א
תצפן אתך: שמר מצותי וחיה ותורתי כאישון עיניך: ב
קשרם על־אצבעתיך כתבם על־לוח לבך: אמר לחכמה ג ד
אחתי את ומדע לבינה תקרא: לשמרך מאשה זרה ה
מנכריה אמריה החליקה: כי בחלון ביתי בעד אשנבי ו
נשקפתי: וארא בפתאים אבינה בבנים נער חסר־לב: עבר ז ח
בשוק אצל פנה ודרך ביתה יצעד: בנשף־בערב יום באישון ט
לילה ואפלה: והנה אשה לקראתו שית זונה ונצרת לב: י
המיה היא וסררת בביתה לא־ישכנו רגליה: פעם ׀ בחוץ יא יב
פעם ברחבות ואצל כל־פנה תארב: והחזיקה בו ונשקה יג
לו העזה פניה ותאמר לו: זבחי שלמים עלי היום שלמתי יד
נדרי: על־כן יצאתי לקראתך לשחר פניך ואמצאך: מרבדים טו טז
רבדתי ערשי חטבות אטון מצרים: נפתי משכבי מר אהלים יז
וקנמון: לכה נרוה דדים עד־הבקר נתעלסה באהבים: כי יח יט
אין האיש בביתו הלך בדרך מרחוק: צרור־הכסף לקח בידו כ
ליום הכסא יבא ביתו: הטתו ברב לקחה בחלק שפתיה כא
תדיחנו: הולך אחריה פתאם כשור אל־טבח יבא וכעכס כב
אל־מוסר אויל: עד יפלח חץ כבדו כמהר צפור אל־פח כג
ולא־ידע כי־בנפשו הוא:
ועתה בנים שמעו־לי והקשיבו לאמרי־פי: אל־ישט אל־ כד כה

כו דְּרָכֶיהָ לִבֶּךָ אַל־תֵּתַע בִּנְתִיבוֹתֶיהָ: כִּי־רַבִּים חֲלָלִים הִפִּילָה
כז וַעֲצֻמִים כָּל־הֲרֻגֶיהָ: דַּרְכֵי שְׁאוֹל בֵּיתָהּ יֹרְדוֹת אֶל־חַדְרֵי־
ח א ב מָוֶת: הֲלֹא־חָכְמָה תִקְרָא וּתְבוּנָה תִּתֵּן קוֹלָהּ: בְּרֹאשׁ־מְרֹמִים
ג עֲלֵי־דָרֶךְ בֵּית נְתִיבוֹת נִצָּבָה: לְיַד־שְׁעָרִים לְפִי־קָרֶת מְבוֹא
ד פְתָחִים תָּרֹנָּה: אֲלֵיכֶם אִישִׁים אֶקְרָא וְקוֹלִי אֶל־בְּנֵי אָדָם:
ה ו הָבִינוּ פְתָאיִם עָרְמָה וּכְסִילִים הָבִינוּ לֵב: שִׁמְעוּ כִּי־נְגִידִים
ז אֲדַבֵּר וּמִפְתַּח שְׂפָתַי מֵישָׁרִים: כִּי־אֱמֶת יֶהְגֶּה חִכִּי וְתוֹעֲבַת
ח ט שְׂפָתַי רֶשַׁע: בְּצֶדֶק כָּל־אִמְרֵי־פִי אֵין בָּהֶם נִפְתָּל וְעִקֵּשׁ: כֻּלָּם
י נְכֹחִים לַמֵּבִין וִישָׁרִים לְמֹצְאֵי דָעַת: קְחוּ־מוּסָרִי וְאַל־כָּסֶף
יא וְדַעַת מֵחָרוּץ נִבְחָר: כִּי־טוֹבָה חָכְמָה מִפְּנִינִים וְכָל־חֲפָצִים לֹא
יב יִשְׁווּ־בָהּ: אֲנִי־חָכְמָה שָׁכַנְתִּי עָרְמָה וְדַעַת מְזִמּוֹת אֶמְצָא:
יג יִרְאַת יְהוָה שְׂנֹאת רָע גֵּאָה וְגָאוֹן ׀ וְדֶרֶךְ רָע וּפִי תַהְפֻּכוֹת
יד טו שָׂנֵאתִי: לִי־עֵצָה וְתוּשִׁיָּה אֲנִי בִינָה לִי גְבוּרָה: בִּי מְלָכִים
טז יִמְלֹכוּ וְרוֹזְנִים יְחֹקְקוּ צֶדֶק: בִּי שָׂרִים יָשֹׂרוּ וּנְדִיבִים כָּל־שֹׁפְטֵי
יז יח צֶדֶק: אֲנִי אהביה אֵהָב וּמְשַׁחֲרַי יִמְצָאֻנְנִי: עֹשֶׁר־וְכָבוֹד אִתִּי אֹהֲבַי
יט הוֹן עָתֵק וּצְדָקָה: טוֹב פִּרְיִי מֵחָרוּץ וּמִפָּז וּתְבוּאָתִי מִכֶּסֶף
כ כא נִבְחָר: בְּאֹרַח־צְדָקָה אֲהַלֵּךְ בְּתוֹךְ נְתִיבוֹת מִשְׁפָּט: לְהַנְחִיל
אֹהֲבַי ׀ יֵשׁ וְאֹצְרֹתֵיהֶם אֲמַלֵּא:

כב כג יְהוָה קָנָנִי רֵאשִׁית דַּרְכּוֹ קֶדֶם מִפְעָלָיו מֵאָז: מֵעוֹלָם נִסַּכְתִּי
כד מֵרֹאשׁ מִקַּדְמֵי־אָרֶץ: בְּאֵין־תְּהֹמוֹת חוֹלָלְתִּי בְּאֵין מַעְיָנוֹת
כה כו נִכְבַּדֵּי־מָיִם: בְּטֶרֶם הָרִים הָטְבָּעוּ לִפְנֵי גְבָעוֹת חוֹלָלְתִּי: עַד־
כז לֹא עָשָׂה אֶרֶץ וְחוּצוֹת וְרֹאשׁ עַפְרוֹת תֵּבֵל: בַּהֲכִינוֹ שָׁמַיִם
כח שָׁם אָנִי בְּחֻקוֹ חוּג עַל־פְּנֵי תְהוֹם: בְּאַמְּצוֹ שְׁחָקִים מִמָּעַל
כט בַּעֲזוֹז עִינוֹת תְּהוֹם: בְּשׂוּמוֹ לַיָּם ׀ חֻקּוֹ וּמַיִם לֹא יַעַבְרוּ־פִיו
ל בְּחוּקוֹ מוֹסְדֵי אָרֶץ: וָאֶהְיֶה אֶצְלוֹ אָמוֹן וָאֶהְיֶה שַׁעֲשֻׁעִים
לא יוֹם ׀ יוֹם מְשַׂחֶקֶת לְפָנָיו בְּכָל־עֵת: מְשַׂחֶקֶת בְּתֵבֵל אַרְצוֹ
וְשַׁעֲשֻׁעַי אֶת־בְּנֵי אָדָם:

ח

וְעַתָּה בָנִים שִׁמְעוּ־לִי וְאַשְׁרֵי דְּרָכַי יִשְׁמֹרוּ׃ שִׁמְעוּ מוּסָר וַחֲכָמוּ לב לג
וְאַל־תִּפְרָעוּ׃ אַשְׁרֵי אָדָם שֹׁמֵעַ לִי לִשְׁקֹד עַל־דַּלְתֹתַי יוֹם ׀ יוֹם לד
מָצָא לִשְׁמֹר מְזוּזֹת פְּתָחָי׃ כִּי מֹצְאִי מצאי חַיִּים וַיָּפֶק רָצוֹן מֵיְהוָה׃ לה
וְחֹטְאִי חֹמֵס נַפְשׁוֹ כָּל־מְשַׂנְאַי אָהֲבוּ מָוֶת׃ לו

ט

חָכְמוֹת בָּנְתָה בֵיתָהּ חָצְבָה עַמּוּדֶיהָ שִׁבְעָה׃ טָבְחָה טִבְחָהּ א ב
מָסְכָה יֵינָהּ אַף עָרְכָה שֻׁלְחָנָהּ׃ שָׁלְחָה נַעֲרֹתֶיהָ תִקְרָא עַל־גַּפֵּי ג
מְרֹמֵי קָרֶת׃ מִי־פֶתִי יָסֻר הֵנָּה חֲסַר־לֵב אָמְרָה לּוֹ׃ לְכוּ לַחֲמוּ ד ה
בְלַחֲמִי וּשְׁתוּ בְּיַיִן מָסָכְתִּי׃ עִזְבוּ פְתָאיִם וִחְיוּ וְאִשְׁרוּ בְּדֶרֶךְ ו
בִּינָה׃ יֹסֵר ׀ לֵץ לֹקֵחַ לוֹ קָלוֹן וּמוֹכִיחַ לְרָשָׁע מוּמוֹ׃ אַל־תּוֹכַח ז ח
לֵץ פֶּן־יִשְׂנָאֶךָּ הוֹכַח לְחָכָם וְיֶאֱהָבֶךָּ׃ תֵּן לְחָכָם וְיֶחְכַּם־עוֹד ט
הוֹדַע לְצַדִּיק וְיוֹסֶף לֶקַח׃ תְּחִלַּת חָכְמָה יִרְאַת יְהוָה וְדַעַת י
ג קְדֹשִׁים בִּינָה׃ כִּי־בִי יִרְבּוּ יָמֶיךָ וְיוֹסִיפוּ לְּךָ שְׁנוֹת חַיִּים׃ אִם־ יא יב
חָכַמְתָּ חָכַמְתָּ לָּךְ וְלַצְתָּ לְבַדְּךָ תִשָּׂא׃ אֵשֶׁת כְּסִילוּת הֹמִיָּה יג
פְּתַיּוּת וּבַל־יָדְעָה מָּה׃ וְיָשְׁבָה לְפֶתַח בֵּיתָהּ עַל־כִּסֵּא יד
מְרֹמֵי קָרֶת׃ לִקְרֹא לְעֹבְרֵי־דָרֶךְ הַמְיַשְּׁרִים אֹרְחוֹתָם׃ מִי־ טו טז
פֶתִי יָסֻר הֵנָּה וַחֲסַר־לֵב וְאָמְרָה לּוֹ׃ מַיִם־גְּנוּבִים יִמְתָּקוּ יז
וְלֶחֶם סְתָרִים יִנְעָם׃ וְלֹא־יָדַע כִּי־רְפָאִים שָׁם בְּעִמְקֵי יח
שְׁאוֹל קְרֻאֶיהָ׃

י

מִשְׁלֵי שְׁלֹמֹה בֵּן חָכָם יְשַׂמַּח־אָב וּבֵן כְּסִיל תּוּגַת אִמּוֹ׃ לֹא־ א ב
יוֹעִילוּ אוֹצְרוֹת רֶשַׁע וּצְדָקָה תַּצִּיל מִמָּוֶת׃ לֹא־יַרְעִיב יְהוָה ג
נֶפֶשׁ צַדִּיק וְהַוַּת רְשָׁעִים יֶהְדֹּף׃ רָאשׁ עֹשֶׂה כַף־רְמִיָּה וְיַד ד
חָרוּצִים תַּעֲשִׁיר׃ אֹגֵר בַּקַּיִץ בֵּן מַשְׂכִּיל נִרְדָּם בַּקָּצִיר בֵּן ה
מֵבִישׁ׃ בְּרָכוֹת לְרֹאשׁ צַדִּיק וּפִי רְשָׁעִים יְכַסֶּה חָמָס׃ זֵכֶר ו ז
צַדִּיק לִבְרָכָה וְשֵׁם רְשָׁעִים יִרְקָב׃ חֲכַם־לֵב יִקַּח מִצְוֹת וֶאֱוִיל ח
שְׂפָתַיִם יִלָּבֵט׃ הוֹלֵךְ בַּתֹּם יֵלֶךְ בֶּטַח וּמְעַקֵּשׁ דְּרָכָיו יִוָּדֵעַ׃ ט
קֹרֵץ עַיִן יִתֵּן עַצָּבֶת וֶאֱוִיל שְׂפָתַיִם יִלָּבֵט׃ מְקוֹר חַיִּים פִּי צַדִּיק י יא
וּפִי רְשָׁעִים יְכַסֶּה חָמָס׃ שִׂנְאָה תְּעֹרֵר מְדָנִים וְעַל כָּל־פְּשָׁעִים יב

יג תְּכַסֶּה אַהֲבָה: בְּשִׂפְתֵי נָבוֹן תִּמָּצֵא חָכְמָה וְשֵׁבֶט לְגֵו חֲסַר־
יד טו לֵב: חֲכָמִים יִצְפְּנוּ־דָעַת וּפִי־אֱוִיל מְחִתָּה קְרֹבָה: הוֹן עָשִׁיר
טז קִרְיַת עֻזּוֹ מְחִתַּת דַּלִּים רֵישָׁם: פְּעֻלַּת צַדִּיק לְחַיִּים תְּבוּאַת
יז רָשָׁע לְחַטָּאת: אֹרַח לְחַיִּים שׁוֹמֵר מוּסָר וְעוֹזֵב תּוֹכַחַת מַתְעֶה:
יח יט מְכַסֶּה שִׂנְאָה שִׂפְתֵי־שָׁקֶר וּמוֹצִא דִבָּה הוּא כְסִיל: בְּרֹב דְּבָרִים
כ לֹא יֶחְדַּל־פָּשַׁע וְחוֹשֵׂךְ שְׂפָתָיו מַשְׂכִּיל: כֶּסֶף נִבְחָר לְשׁוֹן צַדִּיק
כא לֵב רְשָׁעִים כִּמְעָט: שִׂפְתֵי צַדִּיק יִרְעוּ רַבִּים וֶאֱוִילִים בַּחֲסַר־לֵב
כב כג יָמוּתוּ: בִּרְכַּת יהוה הִיא תַעֲשִׁיר וְלֹא־יוֹסִף עֶצֶב עִמָּהּ: כִּשְׂחוֹק
כד לִכְסִיל עֲשׂוֹת זִמָּה וְחָכְמָה לְאִישׁ תְּבוּנָה: מְגוֹרַת רָשָׁע הִיא
כה תְבוֹאֶנּוּ וְתַאֲוַת צַדִּיקִים יִתֵּן: כַּעֲבוֹר סוּפָה וְאֵין רָשָׁע וְצַדִּיק
כו יְסוֹד עוֹלָם: כַּחֹמֶץ ׀ לַשִּׁנַּיִם וְכֶעָשָׁן לָעֵינָיִם כֵּן הֶעָצֵל לְשֹׁלְחָיו:
כז כח יִרְאַת יהוה תּוֹסִיף יָמִים וּשְׁנוֹת רְשָׁעִים תִּקְצֹרְנָה: תּוֹחֶלֶת
כט צַדִּיקִים שִׂמְחָה וְתִקְוַת רְשָׁעִים תֹּאבֵד: מָעוֹז לַתֹּם דֶּרֶךְ יהוה
ל וּמְחִתָּה לְפֹעֲלֵי אָוֶן: צַדִּיק לְעוֹלָם בַּל־יִמּוֹט וּרְשָׁעִים לֹא
לא יִשְׁכְּנוּ־אָרֶץ: פִּי־צַדִּיק יָנוּב חָכְמָה וּלְשׁוֹן תַּהְפֻּכוֹת תִּכָּרֵת:
יא לב א שִׂפְתֵי צַדִּיק יֵדְעוּן רָצוֹן וּפִי רְשָׁעִים תַּהְפֻּכוֹת: מֹאזְנֵי מִרְמָה
ב תּוֹעֲבַת יהוה וְאֶבֶן שְׁלֵמָה רְצוֹנוֹ: בָּא־זָדוֹן וַיָּבֹא קָלוֹן וְאֶת־
ג צְנוּעִים חָכְמָה: תֻּמַּת יְשָׁרִים תַּנְחֵם וְסֶלֶף בֹּגְדִים ושדם: יְשָׁדֵּם
ד ה לֹא־יוֹעִיל הוֹן בְּיוֹם עֶבְרָה וּצְדָקָה תַּצִּיל מִמָּוֶת: צִדְקַת תָּמִים
ו תְּיַשֵּׁר דַּרְכּוֹ וּבְרִשְׁעָתוֹ יִפֹּל רָשָׁע: צִדְקַת יְשָׁרִים תַּצִּילֵם וּבְהַוַּת
ז בֹּגְדִים יִלָּכֵדוּ: בְּמוֹת אָדָם רָשָׁע תֹּאבַד תִּקְוָה וְתוֹחֶלֶת אוֹנִים
ח ט אָבָדָה: צַדִּיק מִצָּרָה נֶחֱלָץ וַיָּבֹא רָשָׁע תַּחְתָּיו: בְּפֶה חָנֵף
י יַשְׁחִת רֵעֵהוּ וּבְדַעַת צַדִּיקִים יֵחָלֵצוּ: בְּטוּב צַדִּיקִים תַּעֲלֹץ
יא קִרְיָה וּבַאֲבֹד רְשָׁעִים רִנָּה: בְּבִרְכַּת יְשָׁרִים תָּרוּם קָרֶת וּבְפִי
יב רְשָׁעִים תֵּהָרֵס: בָּז־לְרֵעֵהוּ חֲסַר־לֵב וְאִישׁ תְּבוּנוֹת יַחֲרִישׁ:
יג יד הוֹלֵךְ רָכִיל מְגַלֶּה־סּוֹד וְנֶאֱמַן־רוּחַ מְכַסֶּה דָבָר: בְּאֵין תַּחְבֻּלוֹת
טו יִפָּל־עָם וּתְשׁוּעָה בְּרֹב יוֹעֵץ: רַע־יֵרוֹעַ כִּי־עָרַב זָר וְשֹׂנֵא

תוקעים בוטח: אשת־חן תתמך כבוד ועריצים יתמכו־עשר: טז
גמל נפשו איש חסד ועכר שארו אכזרי: רשע עשה פעלת־ יז יח
שקר וזרע צדקה שכר אמת: כן־צדקה לחיים ומרדף רעה יט
למותו: תועבת יהוה עקשי־לב ורצונו תמימי דרך: יד ליד כ כא
לא־ינקה רע וזרע צדיקים נמלט: נזם זהב באף חזיר אשה כב
יפה וסרת טעם: תאות צדיקים אך־טוב תקות רשעים כג
עברה: יש מפזר ונוסף עוד וחשך מישר אך־למחסור: נפש־ כד כה
ברכה תדשן ומרוה גם־הוא יורא: מנע בר יקבהו לאום כו
וברכה לראש משביר: שחר טוב יבקש רצון ודרש רעה כז
תבואנו: בוטח בעשרו הוא יפל וכעלה צדיקים יפרחו: עכר כח כט
ביתו ינחל־רוח ועבד אויל לחכם־לב: פרי־צדיק עץ חיים ל
ולקח נפשות חכם: הן צדיק בארץ ישלם אף כי־רשע וחוטא: לא
אהב מוסר אהב דעת ושנא תוכחת בער: טוב יפיק רצון א ב יב
מיהוה ואיש מזמות ירשיע: לא־יכון אדם ברשע ושרש ג
צדיקים בל־ימוט: אשת־חיל עטרת בעלה וכרקב בעצמותיו ד
מבישה: מחשבות צדיקים משפט תחבלות רשעים מרמה: ה
דברי רשעים ארב־דם ופי ישרים יצילם: הפוך רשעים ואינם ו ז
ובית צדיקים יעמד: לפי־שכלו יהלל־איש ונעוה־לב יהיה ח
לבוז: טוב נקלה ועבד לו ממתכבד וחסר־לחם: יודע צדיק ט י
נפש בהמתו ורחמי רשעים אכזרי: עבד אדמתו ישבע־לחם יא
ומרדף ריקים חסר־לב: חמד רשע מצוד רעים ושרש יב
צדיקים יתן: בפשע שפתים מוקש רע ויצא מצרה צדיק: יג
ישיב מפרי פי־איש ישבע־טוב וגמול ידי־אדם ישוב לו: דרך אויל יד טו
ישר בעיניו ושמע לעצה חכם: אויל ביום יודע כעסו וכסה טז
קלון ערום: יפיח אמונה יגיד צדק ועד שקרים מרמה: יש יז יח
בוטה כמדקרות חרב ולשון חכמים מרפא: שפת־אמת תכון יט
לעד ועד־ארגיעה לשון שקר: מרמה בלב־חרשי רע וליעצי כ

כא שָׁל֣וֹם שִׂמְחָֽה׃ לֹא־יְאֻנֶּ֣ה לַצַּדִּ֣יק כׇּל־אָ֑וֶן וּ֝רְשָׁעִ֗ים מָ֣לְאוּ רָֽע׃
כב כג תּוֹעֲבַ֣ת יְ֭הֹוָה שִׂפְתֵי־שָׁ֑קֶר וְעֹשֵׂ֖י אֱמוּנָ֣ה רְצוֹנֽוֹ׃ אָדָ֣ם עָ֭רוּם
כד כֹּ֣סֶה דָּ֑עַת וְלֵ֥ב כְּ֝סִילִ֗ים יִקְרָ֥א אִוֶּֽלֶת׃ יַד־חָרוּצִ֥ים תִּמְשׁ֑וֹל
כה וּ֝רְמִיָּ֗ה תִּהְיֶ֥ה לָמַֽס׃ דְּאָגָ֣ה בְלֶב־אִ֣ישׁ יַשְׁחֶ֑נָּה וְדָבָ֖ר ט֣וֹב
כו כז יְשַׂמְּחֶֽנָּה׃ יָתֵ֣ר מֵרֵעֵ֣הוּ צַדִּ֑יק וְדֶ֖רֶךְ רְשָׁעִ֣ים תַּתְעֵֽם׃ לֹא־יַחֲרֹ֣ךְ
כח רְמִיָּ֣ה צֵיד֑וֹ וְהוֹן־אָדָ֖ם יָקָ֣ר חָרֽוּץ׃ בְּאֹֽרַח־צְדָקָ֥ה חַיִּ֑ים וְדֶ֖רֶךְ
נְתִיבָ֣ה אַל־מָֽוֶת׃

יג א ב בֵּ֣ן חָ֭כָם מ֣וּסַר אָ֑ב וְ֝לֵ֗ץ לֹא־שָׁמַ֥ע גְּעָרָֽה׃ מִפְּרִ֣י פִי־אִ֭ישׁ יֹ֣אכַל
ג ט֑וֹב וְנֶ֖פֶשׁ בֹּגְדִ֣ים חָמָֽס׃ נֹצֵ֣ר פִּ֭יו שֹׁמֵ֣ר נַפְשׁ֑וֹ פֹּשֵׂ֥ק שְׂ֝פָתָ֗יו
ד מְחִתָּה־לֽוֹ׃ מִתְאַוָּ֣ה וָ֭אַיִן נַפְשׁ֣וֹ עָצֵ֑ל וְנֶ֖פֶשׁ חָרֻצִ֣ים תְּדֻשָּֽׁן׃
ה ו דְּבַר־שֶׁ֭קֶר יִשְׂנָ֣א צַדִּ֑יק וְ֝רָשָׁ֗ע יַבְאִ֥ישׁ וְיַחְפִּֽיר׃ צְ֭דָקָה תִּצֹּ֣ר תָּם־
ז דָּ֑רֶךְ וְ֝רִשְׁעָ֗ה תְּסַלֵּ֥ף חַטָּֽאת׃ יֵ֣שׁ מִ֭תְעַשֵּׁר וְאֵ֣ין כֹּ֑ל מִ֝תְרוֹשֵׁ֗שׁ
ח ט וְה֣וֹן רָֽב׃ כֹּ֣פֶר נֶֽפֶשׁ־אִ֣ישׁ עׇשְׁר֑וֹ וְ֝רָ֗שׁ לֹא־שָׁמַ֥ע גְּעָרָֽה׃ אוֹר־
י צַדִּיקִ֥ים יִשְׂמָ֑ח וְנֵ֖ר רְשָׁעִ֣ים יִדְעָֽךְ׃ רַק־בְּ֭זָדוֹן יִתֵּ֣ן מַצָּ֑ה וְאֶת־
יא יב נ֖וֹעָצִ֣ים חׇכְמָֽה׃ ה֭וֹן מֵהֶ֣בֶל יִמְעָ֑ט וְקֹבֵ֖ץ עַל־יָ֣ד יַרְבֶּֽה׃ תּוֹחֶ֣לֶת
יג מְ֭מֻשָּׁכָה מַחֲלָה־לֵ֑ב וְעֵ֥ץ חַ֝יִּ֗ים תַּאֲוָ֥ה בָאָֽה׃ בָּ֣ז לְ֭דָבָר יֵחָ֣בֶל ל֑וֹ
יד וִירֵ֥א מִ֝צְוָ֗ה ה֣וּא יְשֻׁלָּֽם׃ תּוֹרַ֣ת חָ֭כָם מְק֣וֹר חַיִּ֑ים לָ֝ס֗וּר מִמֹּ֥קְשֵׁי
טו טז מָֽוֶת׃ שֵֽׂכֶל־ט֭וֹב יִתֶּן־חֵ֑ן וְדֶ֖רֶךְ בֹּגְדִ֣ים אֵיתָֽן׃ כׇּל־עָ֭רוּם יַעֲשֶׂ֣ה
יז בְדָ֑עַת וּ֝כְסִ֗יל יִפְרֹ֥שׂ אִוֶּֽלֶת׃ מַלְאָ֣ךְ רָ֭שָׁע יִפֹּ֣ל בְּרָ֑ע וְצִ֖יר אֱמוּנִ֣ים
יח יט מַרְפֵּֽא׃ רֵ֣ישׁ וְ֭קָלוֹן פּוֹרֵ֣עַ מוּסָ֑ר וְשׁוֹמֵ֖ר תּוֹכַ֣חַת יְכֻבָּֽד׃ תַּאֲוָ֣ה
כ נִ֭הְיָה תֶּעֱרַ֣ב לְנָ֑פֶשׁ וְתוֹעֲבַ֥ת כְּ֝סִילִ֗ים ס֣וּר מֵרָֽע׃ הלוך אֶת־ הוֹלֵ֥ךְ
כא חֲ֭כָמִים וחכם וְרֹעֶ֖ה כְסִילִ֣ים יֵרֽוֹעַ׃ חַ֭טָּאִים תְּרַדֵּ֣ף רָעָ֑ה וְאֶת־ יֶחְכָּ֑ם
כב צַ֝דִּיקִ֗ים יְשַׁלֶּם־טֽוֹב׃ ט֗וֹב יַנְחִ֥יל בְּנֵי־בָנִ֑ים וְצָפ֥וּן לַ֝צַּדִּ֗יק חֵ֣יל
כג כד חוֹטֶֽא׃ רׇב־אֹ֭כֶל נִ֣יר רָאשִׁ֑ים וְיֵ֥שׁ נִ֝סְפֶּ֗ה בְּלֹ֣א מִשְׁפָּֽט׃ חוֹשֵׂ֣ךְ
כה שִׁ֭בְטוֹ שׂוֹנֵ֣א בְנ֑וֹ וְ֝אֹהֲב֗וֹ שִֽׁחֲר֥וֹ מוּסָֽר׃ צַדִּ֗יק אֹ֭כֵל לְשֹׂ֣בַע נַפְשׁ֑וֹ
יד א וּבֶ֖טֶן רְשָׁעִ֣ים תֶּחְסָֽר׃ חַכְמ֣וֹת נָ֭שִׁים בָּנְתָ֣ה בֵיתָ֑הּ וְ֝אִוֶּ֗לֶת בְּיָדֶ֥יהָ
ב ג תֶֽהֶרְסֶֽנּוּ׃ הוֹלֵ֣ךְ בְּ֭יׇשְׁרוֹ יְרֵ֣א יְהֹוָ֑ה וּנְל֖וֹז דְּרָכָ֣יו בּוֹזֵֽהוּ׃ בְּֽפִי־אֱ֭וִיל

ד חֹטֶר גַּאֲוָה וְשִׂפְתֵי חֲכָמִים תִּשְׁמוּרֵם: בְּאֵין אֲלָפִים אֵבוּס בָּר ד
ה וְרָב־תְּבוּאוֹת בְּכֹחַ שׁוֹר: עֵד אֱמוּנִים לֹא יְכַזֵּב וְיָפִיחַ כְּזָבִים
ו ז עֵד שָׁקֶר: בִּקֶּשׁ־לֵץ חָכְמָה וָאָיִן וְדַעַת לְנָבוֹן נָקָל: לֵךְ מִנֶּגֶד
ח לְאִישׁ כְּסִיל וּבַל־יָדַעְתָּ שִׂפְתֵי־דָעַת: חָכְמַת עָרוּם הָבִין דַּרְכּוֹ
ט י וְאִוֶּלֶת כְּסִילִים מִרְמָה: אֱוִלִים יָלִיץ אָשָׁם וּבֵין יְשָׁרִים רָצוֹן: לֵב
יא יוֹדֵעַ מָרַּת נַפְשׁוֹ וּבְשִׂמְחָתוֹ לֹא־יִתְעָרַב זָר: בֵּית רְשָׁעִים יִשָּׁמֵד
יב וְאֹהֶל יְשָׁרִים יַפְרִיחַ: יֵשׁ דֶּרֶךְ יָשָׁר לִפְנֵי־אִישׁ וְאַחֲרִיתָהּ דַּרְכֵי־
יג יד מָוֶת: גַּם־בִּשְׂחֹק יִכְאַב־לֵב וְאַחֲרִיתָהּ שִׂמְחָה תוּגָה: מִדְּרָכָיו
טו יִשְׂבַּע סוּג לֵב וּמֵעָלָיו אִישׁ טוֹב: פֶּתִי יַאֲמִין לְכָל־דָּבָר וְעָרוּם
טז יז יָבִין לַאֲשֻׁרוֹ: חָכָם יָרֵא וְסָר מֵרָע וּכְסִיל מִתְעַבֵּר וּבוֹטֵחַ: קְצַר־
יח אַפַּיִם יַעֲשֶׂה אִוֶּלֶת וְאִישׁ מְזִמּוֹת יִשָּׂנֵא: נָחֲלוּ פְתָאיִם אִוֶּלֶת
יט וַעֲרוּמִים יַכְתִּרוּ דָעַת: שַׁחוּ רָעִים לִפְנֵי טוֹבִים וּרְשָׁעִים עַל־
כ כא שַׁעֲרֵי צַדִּיק: גַּם־לְרֵעֵהוּ יִשָּׂנֵא רָשׁ וְאֹהֲבֵי עָשִׁיר רַבִּים: בָּז־
כב לְרֵעֵהוּ חוֹטֵא וּמְחוֹנֵן עניים אַשְׁרָיו: הֲלוֹא־יִתְעוּ חֹרְשֵׁי רָע עֲנָוִים
כג וְחֶסֶד וֶאֱמֶת חֹרְשֵׁי טוֹב: בְּכָל־עֶצֶב יִהְיֶה מוֹתָר וּדְבַר־שְׂפָתַיִם
כד אַךְ־לְמַחְסוֹר: עֲטֶרֶת חֲכָמִים עָשְׁרָם אִוֶּלֶת כְּסִילִים אִוֶּלֶת:
כה כו מַצִּיל נְפָשׁוֹת עֵד אֱמֶת וְיָפִחַ כְּזָבִים מִרְמָה: בְּיִרְאַת יהוה
כז מִבְטַח־עֹז וּלְבָנָיו יִהְיֶה מַחְסֶה: יִרְאַת יהוה מְקוֹר חַיִּים לָסוּר
כח מִמֹּקְשֵׁי מָוֶת: בְּרָב־עָם הַדְרַת־מֶלֶךְ וּבְאֶפֶס לְאֹם מְחִתַּת
כט ל רָזוֹן: אֶרֶךְ אַפַּיִם רַב־תְּבוּנָה וּקְצַר־רוּחַ מֵרִים אִוֶּלֶת: חַיֵּי
לא בְשָׂרִים לֵב מַרְפֵּא וּרְקַב עֲצָמוֹת קִנְאָה: עֹשֵׁק דָּל חֵרֵף עֹשֵׂהוּ
לב וּמְכַבְּדוֹ חֹנֵן אֶבְיוֹן: בְּרָעָתוֹ יִדָּחֶה רָשָׁע וְחֹסֶה בְמוֹתוֹ צַדִּיק:
לג לד בְּלֵב נָבוֹן תָּנוּחַ חָכְמָה וּבְקֶרֶב כְּסִילִים תִּוָּדֵעַ: צְדָקָה תְרוֹמֵם־
לה גּוֹי וְחֶסֶד לְאֻמִּים חַטָּאת: רְצוֹן־מֶלֶךְ לְעֶבֶד מַשְׂכִּיל וְעֶבְרָתוֹ
טו א תִּהְיֶה מֵבִישׁ: מַעֲנֶה־רַּךְ יָשִׁיב חֵמָה וּדְבַר־עֶצֶב יַעֲלֶה־אָף:
ב ג לְשׁוֹן חֲכָמִים תֵּיטִיב דָּעַת וּפִי כְסִילִים יַבִּיעַ אִוֶּלֶת: בְּכָל־מָקוֹם
ד עֵינֵי יהוה צֹפוֹת רָעִים וְטוֹבִים: מַרְפֵּא לָשׁוֹן עֵץ חַיִּים וְסֶלֶף

ה בה שבר ברוח: אויל ינאץ מוסר אביו ושמר תוכחת יערם:
ו ז בית צדיק חסן רב ובתבואת רשע נעכרת: שפתי חכמים
ח יזרו דעת ולב כסילים לא־כן: זבח רשעים תועבת יהוה
ט ותפלת ישרים רצונו: תועבת יהוה דרך רשע ומרדף צדקה
י יא יאהב: מוסר רע לעזב ארח שונא תוכחת ימות: שאול
יב ואבדון נגד יהוה אף כי־לבות בני־אדם: לא־יאהב לץ הוכח
יג לו אל־חכמים לא ילך: לב שמח ייטב פנים ובעצבת־לב רוח
יד טו נכאה: לב נבון יבקש־דעת ופני כסילים ירעה אולת: כל־ימי ופי
טז עני רעים וטוב־לב משתה תמיד: טוב־מעט ביראת יהוה
יז מאוצר רב ומהומה בו: טוב ארחת ירק ואהבה־שם משור
יח אבוס ושנאה־בו: איש חמה יגרה מדון וארך אפים ישקיט
יט ריב: דרך עצל כמשכת חדק וארח ישרים סללה:
כ כא בן חכם ישמח־אב וכסיל אדם בוזה אמו: אולת שמחה
כב לחסר־לב ואיש תבונה יישר־לכת: הפר מחשבות באין סוד
כג וברב יועצים תקום: שמחה לאיש במענה־פיו ודבר בעתו
כד מה־טוב: ארח חיים למעלה למשכיל למען סור משאול
כה כו מטה: בית גאים יסח ׀ יהוה ויצב גבול אלמנה: תועבת יהוה
כז מחשבות רע וטהרים אמרי־נעם: עכר ביתו בוצע בצע
כח ושונא מתנת יחיה: לב צדיק יהגה לענות ופי רשעים יביע
כט ל רעות: רחוק יהוה מרשעים ותפלת צדיקים ישמע: מאור־
לא עינים ישמח־לב שמועה טובה תדשן־עצם: אזן שמעת
לב תוכחת חיים בקרב חכמים תלין: פורע מוסר מואס נפשו
לג ושומע תוכחת קונה לב: יראת יהוה מוסר חכמה ולפני
טז א ב כבוד ענוה: לאדם מערכי־לב ומיהוה מענה לשון: כל־
ג דרכי־איש זך בעיניו ותכן רוחות יהוה: גל אל־יהוה מעשיך
ד ויכנו מחשבתיך: כל פעל יהוה למענהו וגם־רשע ליום רעה:
ה ו תועבת יהוה כל־גבה־לב יד ליד לא ינקה: בחסד ואמת

יְכֻפַּר עָוֺן וּבְיִרְאַת יְהוָה סוּר מֵרָע׃ בִּרְצוֹת יְהוָה דַּרְכֵי־אִישׁ ז
גַּם־אוֹיְבָיו יַשְׁלִם אִתּוֹ׃ טוֹב מְעַט בִּצְדָקָה מֵרֹב תְּבוּאוֹת בְּלֹא ח
מִשְׁפָּט׃ לֵב אָדָם יְחַשֵּׁב דַּרְכּוֹ וַיהוָה יָכִין צַעֲדוֹ׃ קֶסֶם ׀ עַל־ ט י
שִׂפְתֵי־מֶלֶךְ בְּמִשְׁפָּט לֹא יִמְעַל־פִּיו׃ פֶּלֶס ׀ וּמֹאזְנֵי מִשְׁפָּט לַיהוָה יא
מַעֲשֵׂהוּ כָּל־אַבְנֵי־כִיס׃ תּוֹעֲבַת מְלָכִים עֲשׂוֹת רֶשַׁע כִּי בִצְדָקָה יב
יִכּוֹן כִּסֵּא׃ רְצוֹן מְלָכִים שִׂפְתֵי־צֶדֶק וְדֹבֵר יְשָׁרִים יֶאֱהָב׃ חֲמַת־ יג יד
מֶלֶךְ מַלְאֲכֵי־מָוֶת וְאִישׁ חָכָם יְכַפְּרֶנָּה׃ בְּאוֹר־פְּנֵי־מֶלֶךְ חַיִּים טו
וּרְצוֹנוֹ כְּעָב מַלְקוֹשׁ׃ קְנֹה־חָכְמָה מַה־טּוֹב מֵחָרוּץ וּקְנוֹת בִּינָה טז
נִבְחָר מִכָּסֶף׃ מְסִלַּת יְשָׁרִים סוּר מֵרָע שֹׁמֵר נַפְשׁוֹ נֹצֵר דַּרְכּוֹ׃ יז
לִפְנֵי־שֶׁבֶר גָּאוֹן וְלִפְנֵי כִשָּׁלוֹן גֹּבַהּ רוּחַ׃ טוֹב שְׁפַל־רוּחַ אֶת־ יח יט
עֲנָוִים עֲנִיִּים מֵחַלֵּק שָׁלָל אֶת־גֵּאִים׃ מַשְׂכִּיל עַל־דָּבָר יִמְצָא־טוֹב כ
וּבוֹטֵחַ בַּיהוָה אַשְׁרָיו׃ לַחֲכַם־לֵב יִקָּרֵא נָבוֹן וּמֶתֶק שְׂפָתַיִם כא
יֹסִיף לֶקַח׃ מְקוֹר חַיִּים שֵׂכֶל בְּעָלָיו וּמוּסַר אֱוִלִים אִוֶּלֶת׃ לֵב כב כג
חָכָם יַשְׂכִּיל פִּיהוּ וְעַל־שְׂפָתָיו יֹסִיף לֶקַח׃ צוּף־דְּבַשׁ אִמְרֵי־ כד
נֹעַם מָתוֹק לַנֶּפֶשׁ וּמַרְפֵּא לָעָצֶם׃ יֵשׁ דֶּרֶךְ יָשָׁר לִפְנֵי־אִישׁ כה
וְאַחֲרִיתָהּ דַּרְכֵי־מָוֶת׃ נֶפֶשׁ עָמֵל עָמְלָה לּוֹ כִּי־אָכַף עָלָיו פִּיהוּ׃ כו
שְׂפָתוֹ אִישׁ בְּלִיַּעַל כֹּרֶה רָעָה וְעַל־שְׂפָתָיו כְּאֵשׁ צָרָבֶת׃ אִישׁ תַּהְפֻּכוֹת כז כח
יְשַׁלַּח מָדוֹן וְנִרְגָּן מַפְרִיד אַלּוּף׃ אִישׁ חָמָס יְפַתֶּה רֵעֵהוּ וְהוֹלִיכוֹ כט
בְּדֶרֶךְ לֹא־טוֹב׃ עֹצֶה עֵינָיו לַחְשֹׁב תַּהְפֻּכוֹת קֹרֵץ שְׂפָתָיו כִּלָּה ל
רָעָה׃ עֲטֶרֶת תִּפְאֶרֶת שֵׂיבָה בְּדֶרֶךְ צְדָקָה תִּמָּצֵא׃ טוֹב אֶרֶךְ לא לב
אַפַּיִם מִגִּבּוֹר וּמֹשֵׁל בְּרוּחוֹ מִלֹּכֵד עִיר׃ בַּחֵיק יוּטַל אֶת־הַגּוֹרָל לג
וּמֵיְהוָה כָּל־מִשְׁפָּטוֹ׃ טוֹב פַּת חֲרֵבָה וְשַׁלְוָה־בָהּ מִבַּיִת מָלֵא א יז
זִבְחֵי־רִיב׃ עֶבֶד־מַשְׂכִּיל יִמְשֹׁל בְּבֵן מֵבִישׁ וּבְתוֹךְ אַחִים יַחֲלֹק ב
נַחֲלָה׃ מַצְרֵף לַכֶּסֶף וְכוּר לַזָּהָב וּבֹחֵן לִבּוֹת יְהוָה׃ מֵרַע מַקְשִׁיב ג ד
עַל־שְׂפַת־אָוֶן שֶׁקֶר מֵזִין עַל־לְשׁוֹן הַוֹּת׃ לֹעֵג לָרָשׁ חֵרֵף עֹשֵׂהוּ ה
שָׂמֵחַ לְאֵיד לֹא יִנָּקֶה׃ עֲטֶרֶת זְקֵנִים בְּנֵי בָנִים וְתִפְאֶרֶת בָּנִים ו
אֲבוֹתָם׃ לֹא־נָאוָה לְנָבָל שְׂפַת־יֶתֶר אַף כִּי־לְנָדִיב שְׂפַת־שָׁקֶר׃ ז

ח אֶבֶן־חֵן הַשֹּׁחַד בְּעֵינֵי בְעָלָיו אֶל־כָּל־אֲשֶׁר יִפְנֶה יַשְׂכִּיל׃
ט י מְכַסֶּה־פֶּשַׁע מְבַקֵּשׁ אַהֲבָה וְשֹׁנֶה בְדָבָר מַפְרִיד אַלּוּף׃ תֵּחַת
יא גְּעָרָה בְמֵבִין מֵהַכּוֹת כְּסִיל מֵאָה׃ אַךְ־מְרִי יְבַקֶּשׁ־רָע וּמַלְאָךְ
יב אַכְזָרִי יְשֻׁלַּח־בּוֹ׃ פָּגוֹשׁ דֹּב שַׁכּוּל בְּאִישׁ וְאַל־כְּסִיל בְּאִוַּלְתּוֹ׃
יג יד מֵשִׁיב רָעָה תַּחַת טוֹבָה לֹא־תָמִישׁ רָעָה מִבֵּיתוֹ׃ פּוֹטֵר מַיִם תָמוּשׁ
טו רֵאשִׁית מָדוֹן וְלִפְנֵי הִתְגַּלַּע הָרִיב נְטוֹשׁ׃ מַצְדִּיק רָשָׁע וּמַרְשִׁיעַ
טז צַדִּיק תּוֹעֲבַת יהוה גַּם־שְׁנֵיהֶם׃ לָמָּה־זֶּה מְחִיר בְּיַד־כְּסִיל
יז לִקְנוֹת חָכְמָה וְלֶב־אָיִן׃ בְּכָל־עֵת אֹהֵב הָרֵעַ וְאָח לְצָרָה יִוָּלֵד׃
יח יט אָדָם חֲסַר־לֵב תֹּקֵעַ כָּף עֹרֵב עֲרֻבָּה לִפְנֵי רֵעֵהוּ׃ אֹהֵב פֶּשַׁע
כ אֹהֵב מַצָּה מַגְבִּיהַּ פִּתְחוֹ מְבַקֶּשׁ־שָׁבֶר׃ עִקֶּשׁ־לֵב לֹא יִמְצָא־
כא טוֹב וְנֶהְפָּךְ בִּלְשׁוֹנוֹ יִפּוֹל בְּרָעָה׃ יֹלֵד כְּסִיל לְתוּגָה לוֹ וְלֹא־
כב יִשְׂמַח אֲבִי נָבָל׃ לֵב שָׂמֵחַ יֵיטִב גֵּהָה וְרוּחַ נְכֵאָה תְּיַבֶּשׁ־גָּרֶם׃
כג שֹׁחַד מֵחֵק רָשָׁע יִקָּח לְהַטּוֹת אָרְחוֹת מִשְׁפָּט׃
כד כה אֶת־פְּנֵי מֵבִין חָכְמָה וְעֵינֵי כְסִיל בִּקְצֵה־אָרֶץ׃ כַּעַס לְאָבִיו בֵּן
כו כְּסִיל וּמֶמֶר לְיוֹלַדְתּוֹ׃ גַּם עֲנוֹשׁ לַצַּדִּיק לֹא־טוֹב לְהַכּוֹת נְדִיבִים
כז כח עַל־יֹשֶׁר׃ חוֹשֵׂךְ אֲמָרָיו יוֹדֵעַ דָּעַת וְקַר־רוּחַ אִישׁ תְּבוּנָה׃ גַּם יְקַר־
יח א אֱוִיל מַחֲרִישׁ חָכָם יֵחָשֵׁב אֹטֵם שְׂפָתָיו נָבוֹן׃ לְתַאֲוָה יְבַקֵּשׁ
ב נִפְרָד בְּכָל־תּוּשִׁיָּה יִתְגַּלָּע׃ לֹא־יַחְפֹּץ כְּסִיל בִּתְבוּנָה כִּי אִם־
ג ד בְּהִתְגַּלּוֹת לִבּוֹ׃ בְּבוֹא־רָשָׁע בָּא גַם־בּוּז וְעִם־קָלוֹן חֶרְפָּה׃ מַיִם
ה עֲמֻקִּים דִּבְרֵי פִי־אִישׁ נַחַל נֹבֵעַ מְקוֹר חָכְמָה׃ שְׂאֵת פְּנֵי־רָשָׁע
ו לֹא־טוֹב לְהַטּוֹת צַדִּיק בַּמִּשְׁפָּט׃ שִׂפְתֵי כְסִיל יָבֹאוּ בְרִיב וּפִיו
ז לְמַהֲלֻמוֹת יִקְרָא׃ פִּי־כְסִיל מְחִתָּה־לוֹ וּשְׂפָתָיו מוֹקֵשׁ נַפְשׁוֹ׃
ח ט דִּבְרֵי נִרְגָּן כְּמִתְלַהֲמִים וְהֵם יָרְדוּ חַדְרֵי־בָטֶן׃ גַּם מִתְרַפֶּה
י בִמְלַאכְתּוֹ אָח הוּא לְבַעַל מַשְׁחִית׃ מִגְדַּל־עֹז שֵׁם יהוה בּוֹ־ ה
יא יָרוּץ צַדִּיק וְנִשְׂגָּב׃ הוֹן עָשִׁיר קִרְיַת עֻזּוֹ וּכְחוֹמָה נִשְׂגָּבָה
יב יג בְּמַשְׂכִּתוֹ׃ לִפְנֵי־שֶׁבֶר יִגְבַּהּ לֶב־אִישׁ וְלִפְנֵי כָבוֹד עֲנָוָה׃ מֵשִׁיב
יד דָּבָר בְּטֶרֶם יִשְׁמָע אִוֶּלֶת הִיא־לוֹ וּכְלִמָּה׃ רוּחַ־אִישׁ יְכַלְכֵּל

מַחֲלֵהוּ וְרוּחַ נְכֵאָה מִי יִשָּׂאֶנָּה׃ לֵב נָבוֹן יִקְנֶה־דָּעַת וְאֹזֶן טו
חֲכָמִים תְּבַקֶּשׁ־דָּעַת׃ מַתָּן אָדָם יַרְחִיב לוֹ וְלִפְנֵי גְדֹלִים יַנְחֶנּוּ׃ טז
וּבָא־ צַדִּיק הָרִאשׁוֹן בְּרִיבוֹ יבא־רֵעֵהוּ וַחֲקָרוֹ׃ מִדְיָנִים יַשְׁבִּית הַגּוֹרָל יז יח
וּמִדְיָנִים וּבֵין עֲצוּמִים יַפְרִיד׃ אָח נִפְשָׁע מִקִּרְיַת־עֹז ומדונים כִּבְרִיחַ יט
אַרְמוֹן׃ מִפְּרִי פִי־אִישׁ תִּשְׂבַּע בִּטְנוֹ תְּבוּאַת שְׂפָתָיו יִשְׂבָּע׃ כ
מָוֶת וְחַיִּים בְּיַד־לָשׁוֹן וְאֹהֲבֶיהָ יֹאכַל פִּרְיָהּ׃ מָצָא אִשָּׁה מָצָא כא כב
טוֹב וַיָּפֶק רָצוֹן מֵיְהוָה׃ תַּחֲנוּנִים יְדַבֶּר־רָשׁ וְעָשִׁיר יַעֲנֶה עַזּוֹת׃ כג
אִישׁ רֵעִים לְהִתְרוֹעֵעַ וְיֵשׁ אֹהֵב דָּבֵק מֵאָח׃ טוֹב רָשׁ הוֹלֵךְ כד א יט
בְּתֻמּוֹ מֵעִקֵּשׁ שְׂפָתָיו וְהוּא כְסִיל׃ גַּם בְּלֹא־דַעַת נֶפֶשׁ לֹא־ ב
טוֹב וְאָץ בְּרַגְלַיִם חוֹטֵא׃ אִוֶּלֶת אָדָם תְּסַלֵּף דַּרְכּוֹ וְעַל־יְהוָה ג
יִזְעַף לִבּוֹ׃ הוֹן יֹסִיף רֵעִים רַבִּים וְדָל מֵרֵעֵהוּ יִפָּרֵד׃ עֵד שְׁקָרִים ד ה
לֹא יִנָּקֶה וְיָפִיחַ כְּזָבִים לֹא יִמָּלֵט׃ רַבִּים יְחַלּוּ פְנֵי־נָדִיב וְכָל־ ו
הָרֵעַ לְאִישׁ מַתָּן׃ כָּל אֲחֵי־רָשׁ ׀ שְׂנֵאֻהוּ אַף כִּי מְרֵעֵהוּ ז
לוֹ־ רָחֲקוּ מִמֶּנּוּ מְרַדֵּף אֲמָרִים לא־הֵמָּה׃ קֹנֶה־לֵּב אֹהֵב נַפְשׁוֹ ח
שֹׁמֵר תְּבוּנָה לִמְצֹא־טוֹב׃ עֵד שְׁקָרִים לֹא יִנָּקֶה וְיָפִיחַ ט
כְּזָבִים יֹאבֵד׃
לֹא־נָאוֶה לִכְסִיל תַּעֲנוּג אַף כִּי־לְעֶבֶד ׀ מְשֹׁל בְּשָׂרִים׃ שֵׂכֶל י יא
אָדָם הֶאֱרִיךְ אַפּוֹ וְתִפְאַרְתּוֹ עֲבֹר עַל־פָּשַׁע׃ נַהַם כַּכְּפִיר זַעַף יב
מֶלֶךְ וּכְטַל עַל־עֵשֶׂב רְצוֹנוֹ׃ הַוֹּת לְאָבִיו בֵּן כְּסִיל וְדֶלֶף טֹרֵד יג
מִדְיְנֵי אִשָּׁה׃ בַּיִת וָהוֹן נַחֲלַת אָבוֹת וּמֵיְהוָה אִשָּׁה מַשְׂכָּלֶת׃ יד
עַצְלָה תַּפִּיל תַּרְדֵּמָה וְנֶפֶשׁ רְמִיָּה תִרְעָב׃ שֹׁמֵר מִצְוָה שֹׁמֵר טו טז
יָמוּת נַפְשׁוֹ בּוֹזֵה דְרָכָיו יומת׃ מַלְוֵה יְהוָה חוֹנֵן דָּל וּגְמֻלוֹ יְשַׁלֶּם־לוֹ׃ יז
גְּדָל־ יַסֵּר בִּנְךָ כִּי־יֵשׁ תִּקְוָה וְאֶל־הֲמִיתוֹ אַל־תִּשָּׂא נַפְשֶׁךָ׃ גרל־חֵמָה יח יט
נֹשֵׂא עֹנֶשׁ כִּי אִם־תַּצִּיל וְעוֹד תּוֹסִף׃ שְׁמַע עֵצָה וְקַבֵּל מוּסָר כ
לְמַעַן תֶּחְכַּם בְּאַחֲרִיתֶךָ׃ רַבּוֹת מַחֲשָׁבוֹת בְּלֶב־אִישׁ וַעֲצַת כא
יְהוָה הִיא תָקוּם׃ תַּאֲוַת אָדָם חַסְדּוֹ וְטוֹב־רָשׁ מֵאִישׁ כָּזָב׃ כב
יִרְאַת יְהוָה לְחַיִּים וְשָׂבֵעַ יָלִין בַּל־יִפָּקֶד רָע׃ טָמַן עָצֵל יָדוֹ כג כד

כה בצלחת גם־אל־פיהו לא ישיבנה: לץ תכה ופתי יערם והוכיח
כו לנבון יבין דעת: משדד־אב יבריח אם בן מביש ומחפיר:
כז כח חדל־בני לשמע מוסר לשגות מאמרי־דעת: עד בליעל יליץ
כט משפט ופי רשעים יבלע־און: נכונו ללצים שפטים ומהלמות
כ א ב לגו כסילים: לץ היין המה שכר וכל־שגה בו לא יחכם: נהם
ג ככפיר אימת מלך מתעברו חוטא נפשו: כבוד לאיש שבת
ד מריב וכל־אויל יתגלע: מחרף עצל לא־יחרש ישאל בקציר ושאל
ה ו ואין: מים עמקים עצה בלב־איש ואיש תבונה ידלנה: רב־
ז אדם יקרא איש חסדו ואיש אמונים מי ימצא: מתהלך בתמו
ח צדיק אשרי בניו אחריו: מלך יושב על־כסא־דין מזרה בעיניו
ט י כל־רע: מי־יאמר זכיתי לבי טהרתי מחטאתי: אבן ואבן
יא איפה ואיפה תועבת יהוה גם־שניהם: גם במעלליו יתנכר־
יב נער אם־זך ואם־ישר פעלו: אזן שמעת ועין ראה יהוה עשה
יג גם־שניהם: אל־תאהב שנה פן־תורש פקח עיניך שבע־לחם:
יד טו רע רע יאמר הקונה ואזל לו אז יתהלל: יש זהב ורב־פנינים
טז וכלי יקר שפתי־דעת: לקח־בגדו כי־ערב זר ובעד נכרים נכריה
יז חבלהו: ערב לאיש לחם שקר ואחר ימלא־פיהו חצץ:
יח יט מחשבות בעצה תכון ובתחבלות עשה מלחמה: גולה־סוד
כ הולך רכיל ולפתה שפתיו לא תתערב: מקלל אביו ואמו
כא ידעך נרו באישון חשך: נחלה מבחלת בראשונה ואחריתה באשון | מבהלת
כב לא תברך: אל־תאמר אשלמה־רע קוה ליהוה וישע לך:
כג כד תועבת יהוה אבן ואבן ומאזני מרמה לא־טוב: מיהוה
כה מצעדי־גבר ואדם מה־יבין דרכו: מוקש אדם ילע קדש
כו ואחר נדרים לבקר: מזרה רשעים מלך חכם וישב עליהם
כז כח אופן: נר יהוה נשמת אדם חפש כל־חדרי־בטן: חסד ואמת
כט יצרו־מלך וסעד בחסד כסאו: תפארת בחורים כחם והדר
ל זקנים שיבה: חברות פצע תמריק ברע ומכות חדרי־בטן: תמרוק

פַּלְגֵי־מַיִם לֶב־מֶלֶךְ בְּיַד־יְהוָה עַל־כָּל־אֲשֶׁר יַחְפֹּץ יַטֶּנּוּ׃ כָּל־ א ב
דֶּרֶךְ־אִישׁ יָשָׁר בְּעֵינָיו וְתֹכֵן לִבּוֹת יְהוָה׃ עֲשֹׂה צְדָקָה וּמִשְׁפָּט ג
נִבְחָר לַיהוָה מִזָּבַח׃ רוּם־עֵינַיִם וּרְחַב־לֵב נִר רְשָׁעִים חַטָּאת׃ ד
מַחְשְׁבוֹת חָרוּץ אַךְ־לְמוֹתָר וְכָל־אָץ אַךְ־לְמַחְסוֹר׃ פֹּעַל ה ו
אֹצָרוֹת בִּלְשׁוֹן שָׁקֶר הֶבֶל נִדָּף מְבַקְשֵׁי־מָוֶת׃ שֹׁד־רְשָׁעִים ז
יְגוֹרֵם כִּי מֵאֲנוּ לַעֲשׂוֹת מִשְׁפָּט׃ הֲפַכְפַּךְ דֶּרֶךְ אִישׁ וָזָר וְזַךְ יָשָׁר ח
מִדְיָנִים פָּעֳלוֹ׃ טוֹב לָשֶׁבֶת עַל־פִּנַּת־גָּג מֵאֵשֶׁת מדונים וּבֵית חָבֶר׃ ט
נֶפֶשׁ רָשָׁע אִוְּתָה־רָע לֹא־יֻחַן בְּעֵינָיו רֵעֵהוּ׃ בַּעְנָשׁ־לֵץ יֶחְכַּם־ י יא
פֶּתִי וּבְהַשְׂכִּיל לְחָכָם יִקַּח־דָּעַת׃ מַשְׂכִּיל צַדִּיק לְבֵית רָשָׁע יב
מְסַלֵּף רְשָׁעִים לָרָע׃ אֹטֵם אָזְנוֹ מִזַּעֲקַת־דָּל גַּם־הוּא יִקְרָא יג
וְלֹא יֵעָנֶה׃ מַתָּן בַּסֵּתֶר יִכְפֶּה־אָף וְשֹׁחַד בַּחֵק חֵמָה עַזָּה׃ יד
שִׂמְחָה לַצַּדִּיק עֲשׂוֹת מִשְׁפָּט וּמְחִתָּה לְפֹעֲלֵי אָוֶן׃ אָדָם תּוֹעֶה טו טז
מִדֶּרֶךְ הַשְׂכֵּל בִּקְהַל רְפָאִים יָנוּחַ׃ אִישׁ מַחְסוֹר אֹהֵב שִׂמְחָה יז
אֹהֵב יַיִן־וָשֶׁמֶן לֹא יַעֲשִׁיר׃ כֹּפֶר לַצַּדִּיק רָשָׁע וְתַחַת יְשָׁרִים יח
מִדְיָנִים בּוֹגֵד׃ טוֹב שֶׁבֶת בְּאֶרֶץ־מִדְבָּר מֵאֵשֶׁת מדונים וָכָעַס׃ אוֹצָר ׀ יט כ
נֶחְמָד וָשֶׁמֶן בִּנְוֵה חָכָם וּכְסִיל אָדָם יְבַלְּעֶנּוּ׃ רֹדֵף צְדָקָה וָחָסֶד כא
יִמְצָא חַיִּים צְדָקָה וְכָבוֹד׃ עִיר גִּבֹּרִים עָלָה חָכָם וַיֹּרֶד עֹז כב
מִבְטֶחָה׃ שֹׁמֵר פִּיו וּלְשׁוֹנוֹ שֹׁמֵר מִצָּרוֹת נַפְשׁוֹ׃ זֵד יָהִיר לֵץ כג כד
שְׁמוֹ עוֹשֶׂה בְּעֶבְרַת זָדוֹן׃ תַּאֲוַת עָצֵל תְּמִיתֶנּוּ כִּי־מֵאֲנוּ יָדָיו כה
לַעֲשׂוֹת׃ כָּל־הַיּוֹם הִתְאַוָּה תַאֲוָה וְצַדִּיק יִתֵּן וְלֹא יַחְשֹׂךְ׃ זֶבַח כו כז
רְשָׁעִים תּוֹעֵבָה אַף כִּי־בְזִמָּה יְבִיאֶנּוּ׃ עֵד־כְּזָבִים יֹאבֵד וְאִישׁ כח
יָבִין שׁוֹמֵעַ לָנֶצַח יְדַבֵּר׃ הֵעֵז אִישׁ רָשָׁע בְּפָנָיו וְיָשָׁר הוּא ׀ יכין כט
דַּרְכּוֹ דרכיו׃ אֵין חָכְמָה וְאֵין תְּבוּנָה וְאֵין עֵצָה לְנֶגֶד יְהוָה׃ סוּס מוּכָן ל לא
לְיוֹם מִלְחָמָה וְלַיהוָה הַתְּשׁוּעָה׃ נִבְחָר שֵׁם מֵעֹשֶׁר רָב מִכֶּסֶף א כב
וּמִזָּהָב חֵן טוֹב׃ עָשִׁיר וָרָשׁ נִפְגָּשׁוּ עֹשֵׂה כֻלָּם יְהוָה׃ עָרוּם ׀ ב ג
וְנִסְתָּר רָאָה רָעָה ויסתר וּפְתָיִים עָבְרוּ וְנֶעֱנָשׁוּ׃ עֵקֶב עֲנָוָה יִרְאַת ד
יְהוָה עֹשֶׁר וְכָבוֹד וְחַיִּים׃ צִנִּים פַּחִים בְּדֶרֶךְ עִקֵּשׁ שׁוֹמֵר נַפְשׁוֹ ה

ו יִרְחַק מֵהֶם׃ חֲנֹךְ לַנַּעַר עַל־פִּי דַרְכּוֹ גַּם כִּי־יַזְקִין לֹא־יָסוּר
ז ח מִמֶּנָּה׃ עָשִׁיר בְּרָשִׁים יִמְשׁוֹל וְעֶבֶד לֹוֶה לְאִישׁ מַלְוֶה׃ זוֹרֵעַ
ט עַוְלָה יקצור־אָוֶן וְשֵׁבֶט עֶבְרָתוֹ יִכְלֶה׃ טוֹב־עַיִן הוּא יְבֹרָךְ יִקְצָר־
י כִּי־נָתַן מִלַּחְמוֹ לַדָּל׃ גָּרֵשׁ לֵץ וְיֵצֵא מָדוֹן וְיִשְׁבֹּת דִּין וְקָלוֹן׃
יא יב אֹהֵב טהור־לֵב חֵן שְׂפָתָיו רֵעֵהוּ מֶלֶךְ׃ עֵינֵי יְהוָה נָצְרוּ דָעַת טְהָר־
יג וַיְסַלֵּף דִּבְרֵי בֹגֵד׃ אָמַר עָצֵל אֲרִי בַחוּץ בְּתוֹךְ רְחֹבוֹת אֵרָצֵחַ׃
יד טו שׁוּחָה עֲמֻקָּה פִּי זָרוֹת זְעוּם יְהוָה יפול־שָׁם׃ אִוֶּלֶת קְשׁוּרָה יִפָּל־
טז בְלֶב־נָעַר שֵׁבֶט מוּסָר יַרְחִיקֶנָּה מִמֶּנּוּ׃ עֹשֵׁק דָּל לְהַרְבּוֹת לוֹ
יז נֹתֵן לְעָשִׁיר אַךְ־לְמַחְסוֹר׃ הַט אָזְנְךָ וּשְׁמַע דִּבְרֵי חֲכָמִים וְלִבְּךָ
יח תָּשִׁית לְדַעְתִּי׃ כִּי־נָעִים כִּי־תִשְׁמְרֵם בְּבִטְנֶךָ יִכֹּנוּ יַחְדָּו עַל־
יט שְׂפָתֶיךָ׃ לִהְיוֹת בַּיהוָה מִבְטַחֶךָ הוֹדַעְתִּיךָ הַיּוֹם אַף־אָתָּה׃
כ כא הֲלֹא כָתַבְתִּי לְךָ שלשום בְּמֹעֵצֹת וָדָעַת׃ לְהוֹדִיעֲךָ קֹשְׁטְ ו שָׁלִישִׁים
כב אִמְרֵי אֱמֶת לְהָשִׁיב אֲמָרִים אֱמֶת לְשֹׁלְחֶיךָ׃ אַל־
כג תִּגְזָל־דָּל כִּי דַל־הוּא וְאַל־תְּדַכֵּא עָנִי בַשָּׁעַר׃ כִּי־יְהוָה יָרִיב
כד רִיבָם וְקָבַע אֶת־קֹבְעֵיהֶם נָפֶשׁ׃ אַל־תִּתְרַע אֶת־בַּעַל אָף
כה וְאֶת־אִישׁ חֵמוֹת לֹא תָבוֹא׃ פֶּן־תֶּאֱלַף אֹרְחֹתָו וְלָקַחְתָּ מוֹקֵשׁ
כו כז לְנַפְשֶׁךָ׃ אַל־תְּהִי בְתֹקְעֵי־כָף בַּעֹרְבִים מַשָּׁאוֹת׃ אִם־אֵין־לְךָ
כח לְשַׁלֵּם לָמָּה יִקַּח מִשְׁכָּבְךָ מִתַּחְתֶּיךָ׃ אַל־תַּסֵּג גְּבוּל עוֹלָם
כט אֲשֶׁר עָשׂוּ אֲבוֹתֶיךָ׃ חָזִיתָ אִישׁ ׀ מָהִיר בִּמְלַאכְתּוֹ לִפְנֵי־מְלָכִים
כג א יִתְיַצָּב בַּל־יִתְיַצֵּב לִפְנֵי חֲשֻׁכִּים׃ כִּי־תֵשֵׁב לִלְחוֹם אֶת־מוֹשֵׁל
ב בִּין תָּבִין אֶת־אֲשֶׁר לְפָנֶיךָ׃ וְשַׂמְתָּ שַׂכִּין בְּלֹעֶךָ אִם־בַּעַל נֶפֶשׁ
ג ד אָתָּה׃ אַל־תִּתְאָו לְמַטְעַמּוֹתָיו וְהוּא לֶחֶם כְּזָבִים׃ אַל־תִּיגַע
ה לְהַעֲשִׁיר מִבִּינָתְךָ חֲדָל׃ התעוף עֵינֶיךָ בּוֹ וְאֵינֶנּוּ כִּי עָשֹׂה הֲתָעִיף
ו יַעֲשֶׂה־לּוֹ כְנָפַיִם כְּנֶשֶׁר ועיף הַשָּׁמָיִם׃ אַל־תִּלְחַם אֶת־לֶחֶם יָעוּף
ז רַע עָיִן וְאַל־תִּתְאָו לְמַטְעַמֹּתָיו׃ כִּי ׀ כְּמוֹ־שָׁעַר בְּנַפְשׁוֹ כֶּן־הוּא
ח אֱכוֹל וּשְׁתֵה יֹאמַר לָךְ וְלִבּוֹ בַּל־עִמָּךְ׃ פִּתְּךָ־אָכַלְתָּ תְקִיאֶנָּה
ט וְשִׁחַתָּ דְּבָרֶיךָ הַנְּעִימִים׃ בְּאָזְנֵי כְסִיל אַל־תְּדַבֵּר כִּי־יָבוּז לְשֵׂכֶל

מליך: אל־תסג גבול עולם ובשדי יתומים אל־תבא: כי־ י יא
גאלם חזק הוא־יריב את־ריבם אתך: הביאה למוסר לבך יב
ואזנך לאמרי־דעת: אל־תמנע מנער מוסר כי־תכנו בשבט יג
לא ימות: אתה בשבט תכנו ונפשו משאול תציל: בני אם־ יד טו
חכם לבך ישמח לבי גם־אני: ותעלזנה כליותי בדבר שפתיך טז
מישרים: אל־יקנא לבך בחטאים כי אם־ביראת־יהוה כל־ יז
היום: כי אם־יש אחרית ותקותך לא תכרת: שמע־אתה בני יח יט
וחכם ואשר בדרך לבך: אל־תהי בסבאי־יין בזללי בשר למו: כ
כי־סבא וזולל יורש וקרעים תלביש נומה: שמע לאביך זה כא כב
ילדך ואל־תבוז כי־זקנה אמך: אמת קנה ואל־תמכר חכמה כג
ומוסר ובינה: גול יגול אבי צדיק יולד חכם וישמח בו: ישמח־ כד כה [גִּיל יָגִיל / וְיוֹלֵד | יִשְׂמַח]
אביך ואמך ותגל יולדתך: תנה־בני לבך לי ועיניך דרכי כו
תרצנה: כי־שוחה עמקה זונה ובאר צרה נכריה: אף־היא כז כח [תִּצֹּרְנָה]
כחתף תארב ובוגדים באדם תוסף: למי אוי למי אבוי למי כט
מדונים | למי שיח למי פצעים חנם למי חכללות עינים: [מִדְיָנִים |]
למאחרים על־היין לבאים לחקר ממסך: אל־תרא יין כי ל לא
יתאדם כי־יתן בכיס עינו יתהלך במישרים: אחריתו כנחש לב [בַּכּוֹס]
ישך וכצפעני יפרש: עיניך יראו זרות ולבך ידבר תהפכות: לג
והיית כשכב בלב־ים וכשכב בראש חבל: הכוני בל־חליתי לד לה
הלמוני בל־ידעתי מתי אקיץ אוסיף אבקשנו עוד: אל־תקנא א כד
באנשי רעה ואל־תתאו להיות אתם: כי־שד יהגה לבם ועמל ב
שפתיהם תדברנה: בחכמה יבנה בית ובתבונה יתכונן: ג
ובדעת חדרים ימלאו כל־הון יקר ונעים: גבר־חכם בעוז ד ה
ואיש־דעת מאמץ־כח: כי בתחבלות תעשה־לך מלחמה ו
ותשועה ברב יועץ: ראמות לאויל חכמות בשער לא יפתח־ ז
פיהו: מחשב להרע לו בעל־מזמות יקראו: זמת אולת חטאת ח ט
ותועבת לאדם לץ: התרפית ביום צרה צר כחכה: הצל י יא

יב לְקֻחִים לַמָּוֶת וּמָטִים לַהֶרֶג אִם־תַּחְשׂוֹךְ׃ כִּֽי־תֹאמַר הֵן לֹא־
יָדַעְנוּ זֶה הֲלֹא־תֹכֵן לִבּוֹת ׀ הוּא־יָבִין וְנֹצֵר נַפְשְׁךָ הוּא יֵדָע
יג וְהֵשִׁיב לְאָדָם כְּפָעֳלוֹ׃ אֱכָל־בְּנִי דְבַשׁ כִּי־טוֹב וְנֹפֶת מָתוֹק עַל־
יד חִכֶּךָ׃ כֵּן ׀ דְּעֶה חָכְמָה לְנַפְשֶׁךָ אִם־מָצָאתָ וְיֵשׁ אַחֲרִית וְתִקְוָתְךָ
טו לֹא תִכָּרֵת׃ אַל־תֶּאֱרֹב רָשָׁע לִנְוֵה צַדִּיק אַל־תְּשַׁדֵּד רִבְצוֹ׃
טז יז כִּי שֶׁבַע ׀ יִפּוֹל צַדִּיק וָקָם וּרְשָׁעִים יִכָּשְׁלוּ בְרָעָה׃ בִּנְפֹל אויביך אֹיִבְךָ
יח אַל־תִּשְׂמָח וּבִכָּשְׁלוֹ אַל־יָגֵל לִבֶּךָ׃ פֶּן־יִרְאֶה יְהוָה וְרַע בְּעֵינָיו
וְהֵשִׁיב מֵעָלָיו אַפּוֹ׃
יט כ אַל־תִּתְחַר בַּמְּרֵעִים אַל־תְּקַנֵּא בָּרְשָׁעִים׃ כִּי ׀ לֹא־תִהְיֶה
כא אַחֲרִית לָרָע נֵר רְשָׁעִים יִדְעָךְ׃ יְרָא־אֶת־יְהוָה בְּנִי וָמֶלֶךְ
כב עִם־שׁוֹנִים אַל־תִּתְעָרָב׃ כִּי־פִתְאֹם יָקוּם אֵידָם וּפִיד שְׁנֵיהֶם
מִי יוֹדֵעַ׃
כג כד גַּם־אֵלֶּה לַחֲכָמִים הַכֵּר־פָּנִים בְּמִשְׁפָּט בַּל־טוֹב׃ אֹמֵר ׀
כה לְרָשָׁע צַדִּיק אָתָּה יִקְּבֻהוּ עַמִּים יִזְעָמוּהוּ לְאֻמִּים׃ וְלַמּוֹכִיחִים
כו יִנְעָם וַעֲלֵיהֶם תָּבוֹא בִרְכַּת־טוֹב׃ שְׂפָתַיִם יִשָּׁק מֵשִׁיב
כז דְּבָרִים נְכֹחִים׃ הָכֵן בַּחוּץ ׀ מְלַאכְתֶּךָ וְעַתְּדָהּ בַּשָּׂדֶה לָךְ
אַחַר וּבָנִיתָ בֵיתֶךָ׃
כח כט אַל־תְּהִי עֵד־חִנָּם בְּרֵעֶךָ וַהֲפִתִּיתָ בִּשְׂפָתֶיךָ׃ אַל־תֹּאמַר כַּאֲשֶׁר
עָשָׂה־לִי כֵּן אֶעֱשֶׂה־לּוֹ אָשִׁיב לָאִישׁ כְּפָעֳלוֹ׃
ל לא עַל־שְׂדֵה אִישׁ־עָצֵל עָבַרְתִּי וְעַל־כֶּרֶם אָדָם חֲסַר־לֵב׃ וְהִנֵּה
עָלָה כֻלּוֹ ׀ קִמְּשֹׂנִים כָּסּוּ פָנָיו חֲרֻלִּים וְגֶדֶר אֲבָנָיו נֶהֱרָסָה׃
לב לג וָאֶחֱזֶה אָנֹכִי אָשִׁית לִבִּי רָאִיתִי לָקַחְתִּי מוּסָר׃ מְעַט שֵׁנוֹת
לד מְעַט תְּנוּמוֹת מְעַט ׀ חִבֻּק יָדַיִם לִשְׁכָּב׃ וּבָא־מִתְהַלֵּךְ רֵישֶׁךָ
וּמַחְסֹרֶיךָ כְּאִישׁ מָגֵן׃
כה א גַּם־אֵלֶּה מִשְׁלֵי שְׁלֹמֹה אֲשֶׁר הֶעְתִּיקוּ אַנְשֵׁי ׀ חִזְקִיָּה מֶלֶךְ־
ב יְהוּדָה׃ כְּבֹד אֱלֹהִים הַסְתֵּר דָּבָר וּכְבֹד מְלָכִים חֲקֹר דָּבָר׃
ג ד שָׁמַיִם לָרוּם וָאָרֶץ לָעֹמֶק וְלֵב מְלָכִים אֵין חֵקֶר׃ הָגוֹ סִיגִים

מִכָּסֶף וַיֵּצֵא לַצֹּרֵף כֶּלִי׃ הָגוֹ רָשָׁע לִפְנֵי־מֶלֶךְ וְיִכּוֹן בַּצֶּדֶק כִּסְאוֹ׃ ה
אַל־תִּתְהַדַּר לִפְנֵי־מֶלֶךְ וּבִמְקוֹם גְּדֹלִים אַל־תַּעֲמֹד׃ כִּי טוֹב ו ז
אֲמָר־לְךָ עֲלֵה הֵנָּה מֵהַשְׁפִּילְךָ לִפְנֵי נָדִיב אֲשֶׁר רָאוּ עֵינֶיךָ׃
אַל־תֵּצֵא לָרִב מַהֵר פֶּן מַה־תַּעֲשֶׂה בְּאַחֲרִיתָהּ בְּהַכְלִים אֹתְךָ ח
רֵעֶךָ׃ רִיבְךָ רִיב אֶת־רֵעֶךָ וְסוֹד אַחֵר אַל־תְּגָל׃ פֶּן־יְחַסֶּדְךָ ט י
שֹׁמֵעַ וְדִבָּתְךָ לֹא תָשׁוּב׃ תַּפּוּחֵי זָהָב בְּמַשְׂכִּיּוֹת כָּסֶף יא
דָּבָר דָּבֻר עַל־אָפְנָיו׃ נֶזֶם זָהָב וַחֲלִי־כָתֶם מוֹכִיחַ חָכָם יב
עַל־אֹזֶן שֹׁמָעַת׃
ז כְּצִנַּת־שֶׁלֶג ׀ בְּיוֹם קָצִיר צִיר נֶאֱמָן לְשֹׁלְחָיו וְנֶפֶשׁ אֲדֹנָיו
יָשִׁיב׃
נְשִׂיאִים וְרוּחַ וְגֶשֶׁם אָיִן אִישׁ מִתְהַלֵּל בְּמַתַּת־שָׁקֶר׃ בְּאֹרֶךְ יד טו
אַפַּיִם יְפֻתֶּה קָצִין וְלָשׁוֹן רַכָּה תִּשְׁבָּר־גָּרֶם׃ דְּבַשׁ מָצָאתָ אֱכֹל טז
דַּיֶּךָּ פֶּן־תִּשְׂבָּעֶנּוּ וַהֲקֵאתוֹ׃ הֹקַר רַגְלְךָ מִבֵּית רֵעֶךָ פֶּן־יִשְׂבָּעֲךָ יז
וּשְׂנֵאֶךָ׃ מֵפִיץ וְחֶרֶב וְחֵץ שָׁנוּן אִישׁ־עֹנֶה בְרֵעֵהוּ עֵד שָׁקֶר׃ יח
שֵׁן רֹעָה וְרֶגֶל מוּעָדֶת מִבְטָח בּוֹגֵד בְּיוֹם צָרָה׃ מַעֲדֶה־בֶּגֶד ׀ יט כ
בְּיוֹם קָרָה חֹמֶץ עַל־נָתֶר וְשָׁר בַּשִּׁרִים עַל לֶב־רָע׃ אִם־רָעֵב כא
שֹׂנַאֲךָ הַאֲכִלֵהוּ לָחֶם וְאִם־צָמֵא הַשְׁקֵהוּ מָיִם׃ כִּי גֶחָלִים כב
אַתָּה חֹתֶה עַל־רֹאשׁוֹ וַיהוָה יְשַׁלֶּם־לָךְ׃ רוּחַ צָפוֹן תְּחוֹלֵל כג
גֶּשֶׁם וּפָנִים נִזְעָמִים לְשׁוֹן סָתֶר׃ טוֹב שֶׁבֶת עַל־פִּנַּת־גָּג מֵאֵשֶׁת כד
מִדְיָנִים מדונים וּבֵית חָבֶר׃
מַיִם קָרִים עַל־נֶפֶשׁ עֲיֵפָה וּשְׁמוּעָה טוֹבָה מֵאֶרֶץ מֶרְחָק׃ מַעְיָן כה כו
נִרְפָּשׂ וּמָקוֹר מָשְׁחָת צַדִּיק מָט לִפְנֵי־רָשָׁע׃ אָכֹל דְּבַשׁ הַרְבּוֹת כז
לֹא־טוֹב וְחֵקֶר כְּבֹדָם כָּבוֹד׃ עִיר פְּרוּצָה אֵין חוֹמָה אִישׁ אֲשֶׁר כח
אֵין מַעְצָר לְרוּחוֹ׃ כַּשֶּׁלֶג ׀ בַּקַּיִץ וְכַמָּטָר בַּקָּצִיר כֵּן לֹא־נָאוֶה א כו
לוֹ לִכְסִיל כָּבוֹד׃ כַּצִּפּוֹר לָנוּד כַּדְּרוֹר לָעוּף כֵּן קִלְלַת חִנָּם לֹא ב
תָבֹא׃ שׁוֹט לַסּוּס מֶתֶג לַחֲמוֹר וְשֵׁבֶט לְגֵו כְּסִילִים׃ אַל־תַּעַן ג ד
כְּסִיל כְּאִוַּלְתּוֹ פֶּן־תִּשְׁוֶה־לּוֹ גַם־אָתָּה׃ עֲנֵה כְסִיל כְּאִוַּלְתּוֹ ה

ו פֶּן־יִהְיֶה חָכָם בְּעֵינָיו: מְקַצֶּה רַגְלַיִם חָמָס שֹׁתֶה שֹׁלֵחַ דְּבָרִים
ז ח בְּיַד־כְּסִיל: דַּלְיוּ שֹׁקַיִם מִפִּסֵּחַ וּמָשָׁל בְּפִי כְסִילִים: כִּצְרוֹר
ט אֶבֶן בְּמַרְגֵּמָה כֵּן־נוֹתֵן לִכְסִיל כָּבוֹד: חוֹחַ עָלָה בְיַד־שִׁכּוֹר
י וּמָשָׁל בְּפִי כְסִילִים: רַב מְחוֹלֵל־כֹּל
יא וְשֹׂכֵר כְּסִיל וְשֹׂכֵר עֹבְרִים: כְּכֶלֶב שָׁב עַל־קֵאוֹ כְּסִיל שׁוֹנֶה
יב יג בְאִוַּלְתּוֹ: רָאִיתָ אִישׁ חָכָם בְּעֵינָיו תִּקְוָה לִכְסִיל מִמֶּנּוּ: אָמַר
יד עָצֵל שַׁחַל בַּדָּרֶךְ אֲרִי בֵּין הָרְחֹבוֹת: הַדֶּלֶת תִּסּוֹב עַל־צִירָהּ
טו וְעָצֵל עַל־מִטָּתוֹ: טָמַן עָצֵל יָדוֹ בַּצַּלָּחַת נִלְאָה לַהֲשִׁיבָהּ אֶל־
טז יז פִּיו: חָכָם עָצֵל בְּעֵינָיו מִשִּׁבְעָה מְשִׁיבֵי טָעַם: מַחֲזִיק בְּאָזְנֵי־
יח כָלֶב עֹבֵר מִתְעַבֵּר עַל־רִיב לֹּא־לוֹ: כְּמִתְלַהְלֵהַּ הַיֹּרֶה זִקִּים
יט חִצִּים וָמָוֶת: כֵּן־אִישׁ רִמָּה אֶת־רֵעֵהוּ וְאָמַר הֲלֹא־מְשַׂחֵק אָנִי:
כ כא בְּאֶפֶס עֵצִים תִּכְבֶּה־אֵשׁ וּבְאֵין נִרְגָּן יִשְׁתֹּק מָדוֹן: פֶּחָם לְגֶחָלִים
וְעֵצִים לְאֵשׁ וְאִישׁ מדונים לְחַרְחַר־רִיב: מִדְיָנִים
כב כג דִּבְרֵי נִרְגָּן כְּמִתְלַהֲמִים וְהֵם יָרְדוּ חַדְרֵי־בָטֶן: כֶּסֶף סִיגִים
כד מְצֻפֶּה עַל־חָרֶשׂ שְׂפָתַיִם דֹּלְקִים וְלֶב־רָע: בִּשְׂפָתָו יִנָּכֵר שׂוֹנֵא
כה וּבְקִרְבּוֹ יָשִׁית מִרְמָה: כִּי־יְחַנֵּן קוֹלוֹ אַל־תַּאֲמֶן־בּוֹ כִּי שֶׁבַע
כו תּוֹעֵבוֹת בְּלִבּוֹ: תִּכַּסֶּה שִׂנְאָה בְּמַשָּׁאוֹן תִּגָּלֶה רָעָתוֹ בְקָהָל:
כז כח כֹּרֶה־שַּׁחַת בָּהּ יִפֹּל וְגֹלֵל אֶבֶן אֵלָיו תָּשׁוּב: לְשׁוֹן־שֶׁקֶר יִשְׂנָא
כז א דַכָּיו וּפֶה חָלָק יַעֲשֶׂה מִדְחֶה: אַל־תִּתְהַלֵּל בְּיוֹם מָחָר כִּי לֹא־
ב תֵדַע מַה־יֵּלֶד יוֹם: יְהַלֶּלְךָ זָר וְלֹא־פִיךָ נָכְרִי וְאַל־שְׂפָתֶיךָ:
ג ד כֹּבֶד־אֶבֶן וְנֵטֶל הַחוֹל וְכַעַס אֱוִיל כָּבֵד מִשְּׁנֵיהֶם: אַכְזְרִיּוּת
ה חֵמָה וְשֶׁטֶף אָף וּמִי יַעֲמֹד לִפְנֵי קִנְאָה: טוֹבָה תּוֹכַחַת מְגֻלָּה
ו מֵאַהֲבָה מְסֻתָּרֶת: נֶאֱמָנִים פִּצְעֵי אוֹהֵב וְנַעְתָּרוֹת נְשִׁיקוֹת
ז שׂוֹנֵא: נֶפֶשׁ שְׂבֵעָה תָּבוּס נֹפֶת וְנֶפֶשׁ רְעֵבָה כָּל־מַר מָתוֹק:
ח ט כְּצִפּוֹר נוֹדֶדֶת מִן־קִנָּהּ כֵּן־אִישׁ נוֹדֵד מִמְּקוֹמוֹ: שֶׁמֶן וּקְטֹרֶת
י יְשַׂמַּח־לֵב וּמֶתֶק רֵעֵהוּ מֵעֲצַת־נָפֶשׁ: רֵעֲךָ ורעה אָבִיךָ אַל־ וְרֵעַ
תַּעֲזֹב וּבֵית אָחִיךָ אַל־תָּבוֹא בְּיוֹם אֵידֶךָ טוֹב שָׁכֵן קָרוֹב

מֵאָח רָחוֹק׃ חֲכַם בְּנִי וְשַׂמַּח לִבִּי וְאָשִׁיבָה חֹרְפִי דָבָר׃ עָרוּם יא יב
רָאָה רָעָה נִסְתָּר פְּתָאיִם עָבְרוּ נֶעֱנָשׁוּ׃ קַח־בִּגְדוֹ כִּי־עָרַב זָר יג
וּבְעַד נָכְרִיָּה חַבְלֵהוּ׃ מְבָרֵךְ רֵעֵהוּ ׀ בְּקוֹל גָּדוֹל בַּבֹּקֶר הַשְׁכֵּים יד
מִדְיָנִים קְלָלָה תֵּחָשֶׁב לוֹ׃ דֶּלֶף טוֹרֵד בְּיוֹם סַגְרִיר וְאֵשֶׁת מדונים טו
נִשְׁתָּוָה׃ צֹפְנֶיהָ צָפַן־רוּחַ וְשֶׁמֶן יְמִינוֹ יִקְרָא׃ בַּרְזֶל בְּבַרְזֶל יָחַד טז יז
וְאִישׁ יַחַד פְּנֵי־רֵעֵהוּ׃ נֹצֵר תְּאֵנָה יֹאכַל פִּרְיָהּ וְשֹׁמֵר אֲדֹנָיו יח
יְכֻבָּד׃ כַּמַּיִם הַפָּנִים לַפָּנִים כֵּן לֵב הָאָדָם לָאָדָם׃ שְׁאוֹל וַאֲבַדֹּה יט כ
לֹא תִשְׂבַּעְנָה וְעֵינֵי הָאָדָם לֹא תִשְׂבַּעְנָה׃
מַצְרֵף לַכֶּסֶף וְכוּר לַזָּהָב וְאִישׁ לְפִי מַהֲלָלוֹ׃ אִם־תִּכְתּוֹשׁ כא כב
אֶת־הָאֱוִיל ׀ בַּמַּכְתֵּשׁ בְּתוֹךְ הָרִיפוֹת בַּעֱלִי לֹא־תָסוּר
מֵעָלָיו אִוַּלְתּוֹ׃
יָדֹעַ תֵּדַע פְּנֵי צֹאנֶךָ שִׁית לִבְּךָ לַעֲדָרִים׃ כִּי לֹא לְעוֹלָם חֹסֶן כג כד
וְדוֹר וְאִם־נֵזֶר לְדוֹר דור׃ גָּלָה חָצִיר וְנִרְאָה־דֶשֶׁא וְנֶאֶסְפוּ עִשְּׂבוֹת כה
הָרִים׃ כְּבָשִׂים לִלְבוּשֶׁךָ וּמְחִיר שָׂדֶה עַתּוּדִים׃ וְדֵי ׀ חֲלֵב עִזִּים כו כז
לְלַחְמְךָ לְלֶחֶם בֵּיתֶךָ וְחַיִּים לְנַעֲרוֹתֶיךָ׃ נָסוּ וְאֵין־רֹדֵף רָשָׁע א כח
וְצַדִּיקִים כִּכְפִיר יִבְטָח׃ בְּפֶשַׁע אֶרֶץ רַבִּים שָׂרֶיהָ וּבְאָדָם מֵבִין ב
יֹדֵעַ כֵּן יַאֲרִיךְ׃ גֶּבֶר רָשׁ וְעֹשֵׁק דַּלִּים מָטָר סֹחֵף וְאֵין לָחֶם׃ ג
עֹזְבֵי תוֹרָה יְהַלְלוּ רָשָׁע וְשֹׁמְרֵי תוֹרָה יִתְגָּרוּ בָם׃ אַנְשֵׁי־רָע ד ה
לֹא־יָבִינוּ מִשְׁפָּט וּמְבַקְשֵׁי יְהוָה יָבִינוּ כֹל׃
טוֹב־רָשׁ הוֹלֵךְ בְּתֻמּוֹ מֵעִקֵּשׁ דְּרָכַיִם וְהוּא עָשִׁיר׃ נוֹצֵר תּוֹרָה ו ז
בֵּן מֵבִין וְרֹעֶה זוֹלְלִים יַכְלִים אָבִיו׃ מַרְבֶּה הוֹנוֹ בְּנֶשֶׁךְ ח
וְתַרְבִּית ובתרבית לְחוֹנֵן דַּלִּים יִקְבְּצֶנּוּ׃ מֵסִיר אָזְנוֹ מִשְּׁמֹעַ תּוֹרָה גַּם־ ט
תְּפִלָּתוֹ תּוֹעֵבָה׃ מַשְׁגֶּה יְשָׁרִים ׀ בְּדֶרֶךְ רָע בִּשְׁחוּתוֹ הוּא־יִפּוֹל י
וּתְמִימִים יִנְחֲלוּ־טוֹב׃ חָכָם בְּעֵינָיו אִישׁ עָשִׁיר וְדַל מֵבִין יא
יַחְקְרֶנּוּ׃ בַּעֲלֹץ צַדִּיקִים רַבָּה תִפְאָרֶת וּבְקוּם רְשָׁעִים יְחֻפַּשׂ יב
אָדָם׃ מְכַסֶּה פְשָׁעָיו לֹא יַצְלִיחַ וּמוֹדֶה וְעֹזֵב יְרֻחָם׃ אַשְׁרֵי יג יד
אָדָם מְפַחֵד תָּמִיד וּמַקְשֶׁה לִבּוֹ יִפּוֹל בְּרָעָה׃ אֲרִי־נֹהֵם וְדֹב טו

שׁוֹקֵק מוֹשֵׁל רָשָׁע עַל עַם־דָּל׃
טז נָגִיד חֲסַר תְּבוּנוֹת וְרַב מַעֲשַׁקּוֹת שֹׂנְאֵי בֶצַע יַאֲרִיךְ ח שֹׂנֵא
יָמִים׃
יז יח אָדָם עָשֻׁק בְּדַם־נָפֶשׁ עַד־בּוֹר יָנוּס אַל־יִתְמְכוּ־בוֹ׃ הוֹלֵךְ
יט תָּמִים יִוָּשֵׁעַ וְנֶעְקַשׁ דְּרָכַיִם יִפּוֹל בְּאֶחָת׃ עֹבֵד אַדְמָתוֹ יִשְׂבַּע־
כ לָחֶם וּמְרַדֵּף רֵיקִים יִשְׂבַּע־רִישׁ׃ אִישׁ אֱמוּנוֹת רַב־בְּרָכוֹת וְאָץ
כא לְהַעֲשִׁיר לֹא יִנָּקֶה׃ הַכֵּר־פָּנִים לֹא־טוֹב וְעַל־פַּת־לֶחֶם יִפְשַׁע־
כב כג גָּבֶר׃ נִבֳהָל לַהוֹן אִישׁ רַע עָיִן וְלֹא־יֵדַע כִּי־חֶסֶר יְבֹאֶנּוּ׃ מוֹכִיחַ
כד אָדָם אַחֲרַי חֵן יִמְצָא מִמַּחֲלִיק לָשׁוֹן׃ גּוֹזֵל ׀ אָבִיו וְאִמּוֹ וְאֹמֵר
כה אֵין־פָּשַׁע חָבֵר הוּא לְאִישׁ מַשְׁחִית׃ רְחַב־נֶפֶשׁ יְגָרֶה מָדוֹן
כו וּבֹטֵחַ עַל־יְהוָה יְדֻשָּׁן׃ בּוֹטֵחַ בְּלִבּוֹ הוּא כְסִיל וְהוֹלֵךְ בְּחָכְמָה
כז הוּא יִמָּלֵט׃ נוֹתֵן לָרָשׁ אֵין מַחְסוֹר וּמַעְלִים עֵינָיו רַב־מְאֵרוֹת׃
כח כט א בְּקוּם רְשָׁעִים יִסָּתֵר אָדָם וּבְאָבְדָם יִרְבּוּ צַדִּיקִים׃ אִישׁ תּוֹכָחוֹת
ב מַקְשֶׁה־עֹרֶף פֶּתַע יִשָּׁבֵר וְאֵין מַרְפֵּא׃ בִּרְבוֹת צַדִּיקִים יִשְׂמַח
ג הָעָם וּבִמְשֹׁל רָשָׁע יֵאָנַח עָם׃ אִישׁ־אֹהֵב חָכְמָה יְשַׂמַּח אָבִיו
ד וְרֹעֶה זוֹנוֹת יְאַבֶּד־הוֹן׃ מֶלֶךְ בְּמִשְׁפָּט יַעֲמִיד אָרֶץ וְאִישׁ
ה תְּרוּמוֹת יֶהֶרְסֶנָּה׃ גֶּבֶר מַחֲלִיק עַל־רֵעֵהוּ רֶשֶׁת פּוֹרֵשׂ עַל־
ו ז פְּעָמָיו׃ בְּפֶשַׁע אִישׁ רָע מוֹקֵשׁ וְצַדִּיק יָרוּן וְשָׂמֵחַ׃ יֹדֵעַ צַדִּיק
ח דִּין דַּלִּים רָשָׁע לֹא־יָבִין דָּעַת׃ אַנְשֵׁי לָצוֹן יָפִיחוּ קִרְיָה וַחֲכָמִים
ט יָשִׁיבוּ אָף׃ אִישׁ־חָכָם נִשְׁפָּט אֶת־אִישׁ אֱוִיל וְרָגַז וְשָׂחַק וְאֵין
י יא נָחַת׃ אַנְשֵׁי דָמִים יִשְׂנְאוּ־תָם וִישָׁרִים יְבַקְשׁוּ נַפְשׁוֹ׃ כָּל־רוּחוֹ
יב יוֹצִיא כְסִיל וְחָכָם בְּאָחוֹר יְשַׁבְּחֶנָּה׃ מֹשֵׁל מַקְשִׁיב עַל־דְּבַר־
יג שָׁקֶר כָּל־מְשָׁרְתָיו רְשָׁעִים׃ רָשׁ וְאִישׁ תְּכָכִים נִפְגָּשׁוּ מֵאִיר־
יד עֵינֵי שְׁנֵיהֶם יְהוָה׃ מֶלֶךְ שׁוֹפֵט בֶּאֱמֶת דַּלִּים כִּסְאוֹ לָעַד יִכּוֹן׃
טו טז שֵׁבֶט וְתוֹכַחַת יִתֵּן חָכְמָה וְנַעַר מְשֻׁלָּח מֵבִישׁ אִמּוֹ׃ בִּרְבוֹת
יז רְשָׁעִים יִרְבֶּה־פָּשַׁע וְצַדִּיקִים בְּמַפַּלְתָּם יִרְאוּ׃ יַסֵּר בִּנְךָ וִינִיחֶךָ
וְיִתֵּן מַעֲדַנִּים לְנַפְשֶׁךָ׃

יח יט בְּאֵין חָזוֹן יִפָּרַע עָם וְשֹׁמֵר תּוֹרָה אַשְׁרֵהוּ: בִּדְבָרִים לֹא־יִוָּסֶר
כ עָבֶד כִּי־יָבִין וְאֵין מַעֲנֶה: חָזִיתָ אִישׁ אָץ בִּדְבָרָיו תִּקְוָה לִכְסִיל
כא כב מִמֶּנּוּ: מְפַנֵּק מִנֹּעַר עַבְדּוֹ וְאַחֲרִיתוֹ יִהְיֶה מָנוֹן: אִישׁ־אַף יְגָרֶה
כג מָדוֹן וּבַעַל חֵמָה רַב־פָּשַׁע: גַּאֲוַת אָדָם תַּשְׁפִּילֶנּוּ וּשְׁפַל־רוּחַ
כד יִתְמֹךְ כָּבוֹד: חוֹלֵק עִם־גַּנָּב שׂוֹנֵא נַפְשׁוֹ אָלָה יִשְׁמַע וְלֹא יַגִּיד:
כה כו חֶרְדַּת אָדָם יִתֵּן מוֹקֵשׁ וּבוֹטֵחַ בַּיהוָה יְשֻׂגָּב: רַבִּים מְבַקְשִׁים
כז פְּנֵי־מוֹשֵׁל וּמֵיְהוָה מִשְׁפַּט־אִישׁ: תּוֹעֲבַת צַדִּיקִים אִישׁ עָוֶל
וְתוֹעֲבַת רָשָׁע יְשַׁר־דָּרֶךְ:

ל א דִּבְרֵי ׀ אָגוּר בִּן־יָקֶה הַמַּשָּׂא נְאֻם הַגֶּבֶר לְאִיתִיאֵל לְאִיתִיאֵל
ב ג וְאֻכָל: כִּי בַעַר אָנֹכִי מֵאִישׁ וְלֹא־בִינַת אָדָם לִי: וְלֹא־לָמַדְתִּי
ד חָכְמָה וְדַעַת קְדֹשִׁים אֵדָע: מִי עָלָה־שָׁמַיִם ׀ וַיֵּרַד מִי אָסַף־
רוּחַ ׀ בְּחָפְנָיו מִי צָרַר־מַיִם ׀ בַּשִּׂמְלָה מִי הֵקִים כָּל־אַפְסֵי־אָרֶץ
ה מַה־שְּׁמוֹ וּמַה־שֶּׁם־בְּנוֹ כִּי תֵדָע: כָּל־אִמְרַת אֱלוֹהַּ צְרוּפָה
ו מָגֵן הוּא לַחֹסִים בּוֹ: אַל־תּוֹסְףְּ עַל־דְּבָרָיו פֶּן־יוֹכִיחַ בְּךָ
ז וְנִכְזָבְתָּ: שְׁתַּיִם שָׁאַלְתִּי מֵאִתָּךְ אַל־תִּמְנַע מִמֶּנִּי
ח בְּטֶרֶם אָמוּת: שָׁוְא ׀ וּדְבַר־כָּזָב הַרְחֵק מִמֶּנִּי רֵאשׁ וָעֹשֶׁר אַל־
ט תִּתֶּן־לִי הַטְרִיפֵנִי לֶחֶם חֻקִּי: פֶּן־אֶשְׂבַּע ׀ וְכִחַשְׁתִּי וְאָמַרְתִּי מִי
י יְהוָה וּפֶן־אִוָּרֵשׁ וְגָנַבְתִּי וְתָפַשְׂתִּי שֵׁם אֱלֹהָי: אַל־
יא תַּלְשֵׁן עֶבֶד אֶל־אֲדֹנוֹ פֶּן־יְקַלֶּלְךָ וְאָשָׁמְתָּ: דּוֹר אָבִיו יְקַלֵּל
יב יג וְאֶת־אִמּוֹ לֹא יְבָרֵךְ: דּוֹר טָהוֹר בְּעֵינָיו וּמִצֹּאָתוֹ לֹא רֻחָץ: דּוֹר
יד מָה־רָמוּ עֵינָיו וְעַפְעַפָּיו יִנָּשֵׂאוּ: דּוֹר ׀ חֲרָבוֹת שִׁנָּיו וּמַאֲכָלוֹת
מְתַלְּעֹתָיו לֶאֱכֹל עֲנִיִּים מֵאֶרֶץ וְאֶבְיוֹנִים מֵאָדָם:
טו לַעֲלוּקָה ׀ שְׁתֵּי בָנוֹת הַב ׀ הַב שָׁלוֹשׁ הֵנָּה לֹא תִשְׂבַּעְנָה אַרְבַּע
טז לֹא־אָמְרוּ הוֹן: שְׁאוֹל וְעֹצֶר רָחַם אֶרֶץ לֹא־שָׂבְעָה מַּיִם וְאֵשׁ
יז לֹא־אָמְרָה הוֹן: עַיִן ׀ תִּלְעַג לְאָב וְתָבוּז לִיקֲּהַת אֵם יִקְּרוּהָ
יח עֹרְבֵי־נַחַל וְיֹאכְלוּהָ בְנֵי־נָשֶׁר: שְׁלֹשָׁה הֵמָּה
יט נִפְלְאוּ מִמֶּנִּי וְאַרְבָּעָ לֹא יְדַעְתִּים: דֶּרֶךְ הַנֶּשֶׁר ׀ בַּשָּׁמַיִם

דֶּרֶךְ נָחָשׁ עֲלֵי צוּר דֶּרֶךְ־אֳנִיָּה בְלֶב־יָם וְדֶרֶךְ גֶּבֶר בְּעַלְמָה׃
כ כֵּן ׀ דֶּרֶךְ אִשָּׁה מְנָאָפֶת אָכְלָה וּמָחֲתָה פִיהָ וְאָמְרָה לֹא־
פָעַלְתִּי אָוֶן׃
כא כב תַּחַת שָׁלוֹשׁ רָגְזָה אֶרֶץ וְתַחַת אַרְבַּע לֹא־תוּכַל שְׂאֵת׃ תַּחַת
כג עֶבֶד כִּי יִמְלוֹךְ וְנָבָל כִּי יִשְׂבַּע־לָחֶם׃ תַּחַת שְׂנוּאָה כִּי תִבָּעֵל
וְשִׁפְחָה כִּי־תִירַשׁ גְּבִרְתָּהּ׃
כד כה אַרְבָּעָה הֵם קְטַנֵּי־אָרֶץ וְהֵמָּה חֲכָמִים מְחֻכָּמִים׃ הַנְּמָלִים עַם
כו לֹא־עָז וַיָּכִינוּ בַקַּיִץ לַחְמָם׃ שְׁפַנִּים עַם לֹא־עָצוּם וַיָּשִׂימוּ
כז כח בַסֶּלַע בֵּיתָם׃ מֶלֶךְ אֵין לָאַרְבֶּה וַיֵּצֵא חֹצֵץ כֻּלּוֹ׃ שְׂמָמִית
בְּיָדַיִם תְּתַפֵּשׂ וְהִיא בְּהֵיכְלֵי מֶלֶךְ׃
כט ל שְׁלֹשָׁה הֵמָּה מֵיטִיבֵי צָעַד וְאַרְבָּעָה מֵיטִבֵי לָכֶת׃ לַיִשׁ גִּבּוֹר
לא בַּבְּהֵמָה וְלֹא־יָשׁוּב מִפְּנֵי־כֹל׃ זַרְזִיר מָתְנַיִם אוֹ־תָיִשׁ וּמֶלֶךְ
לב לג אַלְקוּם עִמּוֹ׃ אִם־נָבַלְתָּ בְהִתְנַשֵּׂא וְאִם־זַמּוֹתָ יָד לְפֶה׃ כִּי
מִיץ חָלָב יוֹצִיא חֶמְאָה וּמִיץ־אַף יוֹצִיא דָם וּמִיץ אַפַּיִם יוֹצִיא
לא א רִיב׃ דִּבְרֵי לְמוּאֵל מֶלֶךְ מַשָּׂא אֲשֶׁר־יִסְּרַתּוּ
ב ג אִמּוֹ׃ מַה־בְּרִי וּמֶה־בַּר־בִּטְנִי וּמֶה בַּר־נְדָרָי׃ אַל־תִּתֵּן לַנָּשִׁים
ד חֵילֶךָ וּדְרָכֶיךָ לַמְחוֹת מְלָכִין׃ אַל לַמְלָכִים ׀ לְמוֹאֵל אַל
ה לַמְלָכִים שְׁתוֹ־יָיִן וּלְרוֹזְנִים או שֵׁכָר׃ פֶּן־יִשְׁתֶּה וְיִשְׁכַּח אֵי
ו מְחֻקָּק וִישַׁנֶּה דִּין כָּל־בְּנֵי־עֹנִי׃ תְּנוּ־שֵׁכָר לְאוֹבֵד וְיַיִן לְמָרֵי
ז ח נָפֶשׁ׃ יִשְׁתֶּה וְיִשְׁכַּח רִישׁוֹ וַעֲמָלוֹ לֹא יִזְכָּר־עוֹד׃ פְּתַח־
ט פִּיךָ לְאִלֵּם אֶל־דִּין כָּל־בְּנֵי חֲלוֹף׃ פְּתַח־פִּיךָ שְׁפָט־צֶדֶק
וְדִין עָנִי וְאֶבְיוֹן׃
י יא אֵשֶׁת־חַיִל מִי יִמְצָא וְרָחֹק מִפְּנִינִים מִכְרָהּ׃ בָּטַח בָּהּ לֵב בַּעְלָהּ
יב יג וְשָׁלָל לֹא יֶחְסָר׃ גְּמָלַתְהוּ טוֹב וְלֹא־רָע כֹּל יְמֵי חַיֶּיהָ׃ דָּרְשָׁה
יד צֶמֶר וּפִשְׁתִּים וַתַּעַשׂ בְּחֵפֶץ כַּפֶּיהָ׃ הָיְתָה כָּאֳנִיּוֹת סוֹחֵר
טו מִמֶּרְחָק תָּבִיא לַחְמָהּ׃ וַתָּקָם ׀ בְּעוֹד לַיְלָה וַתִּתֵּן טֶרֶף לְבֵיתָהּ
טז וְחֹק לְנַעֲרֹתֶיהָ׃ זָמְמָה שָׂדֶה וַתִּקָּחֵהוּ מִפְּרִי כַפֶּיהָ נָטְעָ כָּרֶם׃

חָגְרָה בְעוֹז מָתְנֶיהָ וַתְּאַמֵּץ זְרוֹעֹתֶיהָ׃ טָעֲמָה כִּי־טוֹב סַחְרָהּ יז יח
לֹא־יִכְבֶּה בַלַּיְל נֵרָהּ׃ יָדֶיהָ שִׁלְּחָה בַכִּישׁוֹר וְכַפֶּיהָ תָּמְכוּ פָלֶךְ׃ יט
כַּפָּהּ פָּרְשָׂה לֶעָנִי וְיָדֶיהָ שִׁלְּחָה לָאֶבְיוֹן׃ לֹא־תִירָא לְבֵיתָהּ כ כא
מִשָּׁלֶג כִּי כָל־בֵּיתָהּ לָבֻשׁ שָׁנִים׃ מַרְבַדִּים עָשְׂתָה־לָּהּ שֵׁשׁ כב
וְאַרְגָּמָן לְבוּשָׁהּ׃ נוֹדָע בַּשְּׁעָרִים בַּעְלָהּ בְּשִׁבְתּוֹ עִם־זִקְנֵי־אָרֶץ׃ כג
סָדִין עָשְׂתָה וַתִּמְכֹּר וַחֲגוֹר נָתְנָה לַכְּנַעֲנִי׃ עֹז־וְהָדָר לְבוּשָׁהּ כד כה
וַתִּשְׂחַק לְיוֹם אַחֲרוֹן׃ פִּיהָ פָּתְחָה בְחָכְמָה וְתוֹרַת־חֶסֶד עַל־ כו
לְשׁוֹנָהּ׃ צוֹפִיָּה הילכות בֵּיתָהּ וְלֶחֶם עַצְלוּת לֹא תֹאכֵל׃ קָמוּ כז כח הֲלִיכוֹת
בָנֶיהָ וַיְאַשְּׁרוּהָ בַּעְלָהּ וַיְהַלְלָהּ׃ רַבּוֹת בָּנוֹת עָשׂוּ חָיִל וְאַתְּ כט
עָלִית עַל־כֻּלָּנָה׃ שֶׁקֶר הַחֵן וְהֶבֶל הַיֹּפִי אִשָּׁה יִרְאַת־יְהוָה הִיא ל
תִתְהַלָּל׃ תְּנוּ־לָהּ מִפְּרִי יָדֶיהָ וִיהַלְלוּהָ בַשְּׁעָרִים מַעֲשֶׂיהָ׃ לא

איוב

א

א אִישׁ הָיָה בְאֶרֶץ־עוּץ אִיּוֹב שְׁמוֹ וְהָיָה ׀ הָאִישׁ הַהוּא תָּם וְיָשָׁר
ב וִירֵא אֱלֹהִים וְסָר מֵרָע׃ וַיִּוָּלְדוּ לוֹ שִׁבְעָה בָנִים וְשָׁלוֹשׁ בָּנוֹת׃
ג וַיְהִי מִקְנֵהוּ שִׁבְעַת אַלְפֵי־צֹאן וּשְׁלֹשֶׁת אַלְפֵי גְמַלִּים וַחֲמֵשׁ
מֵאוֹת צֶמֶד־בָּקָר וַחֲמֵשׁ מֵאוֹת אֲתוֹנוֹת וַעֲבֻדָּה רַבָּה מְאֹד וַיְהִי
ד הָאִישׁ הַהוּא גָּדוֹל מִכָּל־בְּנֵי־קֶדֶם׃ וְהָלְכוּ בָנָיו וְעָשׂוּ מִשְׁתֶּה
בֵּית אִישׁ יוֹמוֹ וְשָׁלְחוּ וְקָרְאוּ לִשְׁלֹשֶׁת אַחְיֹתֵיהֶם לֶאֱכֹל
ה וְלִשְׁתּוֹת עִמָּהֶם׃ וַיְהִי כִּי הִקִּיפוּ יְמֵי הַמִּשְׁתֶּה וַיִּשְׁלַח אִיּוֹב
וַיְקַדְּשֵׁם וְהִשְׁכִּים בַּבֹּקֶר וְהֶעֱלָה עֹלוֹת מִסְפַּר כֻּלָּם כִּי אָמַר
אִיּוֹב אוּלַי חָטְאוּ בָנַי וּבֵרְכוּ אֱלֹהִים בִּלְבָבָם כָּכָה יַעֲשֶׂה אִיּוֹב
ו כָּל־הַיָּמִים׃ וַיְהִי הַיּוֹם וַיָּבֹאוּ בְּנֵי הָאֱלֹהִים
ז לְהִתְיַצֵּב עַל־יהוה וַיָּבוֹא גַם־הַשָּׂטָן בְּתוֹכָם׃ וַיֹּאמֶר יהוה
אֶל־הַשָּׂטָן מֵאַיִן תָּבֹא וַיַּעַן הַשָּׂטָן אֶת־יהוה וַיֹּאמַר מִשּׁוּט
ח בָּאָרֶץ וּמֵהִתְהַלֵּךְ בָּהּ׃ וַיֹּאמֶר יהוה אֶל־הַשָּׂטָן הֲשַׂמְתָּ לִבְּךָ
עַל־עַבְדִּי אִיּוֹב כִּי אֵין כָּמֹהוּ בָּאָרֶץ אִישׁ תָּם וְיָשָׁר יְרֵא אֱלֹהִים
ט וְסָר מֵרָע׃ וַיַּעַן הַשָּׂטָן אֶת־יהוה וַיֹּאמַר הַחִנָּם יָרֵא אִיּוֹב
י אֱלֹהִים׃ הֲלֹא־אַתָּ שַׂכְתָּ בַעֲדוֹ וּבְעַד־בֵּיתוֹ וּבְעַד כָּל־אֲשֶׁר־לוֹ
יא מִסָּבִיב מַעֲשֵׂה יָדָיו בֵּרַכְתָּ וּמִקְנֵהוּ פָּרַץ בָּאָרֶץ׃ וְאוּלָם שְׁלַח־
יב נָא יָדְךָ וְגַע בְּכָל־אֲשֶׁר־לוֹ אִם־לֹא עַל־פָּנֶיךָ יְבָרְכֶךָּ׃ וַיֹּאמֶר
יהוה אֶל־הַשָּׂטָן הִנֵּה כָל־אֲשֶׁר־לוֹ בְּיָדֶךָ רַק אֵלָיו אַל־תִּשְׁלַח
יג יָדֶךָ וַיֵּצֵא הַשָּׂטָן מֵעִם פְּנֵי יהוה׃ וַיְהִי הַיּוֹם וּבָנָיו וּבְנֹתָיו אֹכְלִים
יד וְשֹׁתִים יַיִן בְּבֵית אֲחִיהֶם הַבְּכוֹר׃ וּמַלְאָךְ בָּא אֶל־אִיּוֹב וַיֹּאמַר
טו הַבָּקָר הָיוּ חֹרְשׁוֹת וְהָאֲתֹנוֹת רֹעוֹת עַל־יְדֵיהֶם׃ וַתִּפֹּל שְׁבָא
וַתִּקָּחֵם וְאֶת־הַנְּעָרִים הִכּוּ לְפִי־חָרֶב וָאִמָּלְטָה רַק־אֲנִי לְבַדִּי
טז לְהַגִּיד לָךְ׃ עוֹד ׀ זֶה מְדַבֵּר וְזֶה בָּא וַיֹּאמַר אֵשׁ אֱלֹהִים נָפְלָה
מִן־הַשָּׁמַיִם וַתִּבְעַר בַּצֹּאן וּבַנְּעָרִים וַתֹּאכְלֵם וָאִמָּלְטָה רַק־אֲנִי
יז לְבַדִּי לְהַגִּיד לָךְ׃ עוֹד ׀ זֶה מְדַבֵּר וְזֶה בָּא וַיֹּאמַר כַּשְׂדִּים שָׂמוּ ׀
שְׁלֹשָׁה רָאשִׁים וַיִּפְשְׁטוּ עַל־הַגְּמַלִּים וַיִּקָּחוּם וְאֶת־הַנְּעָרִים

יח הִכּוּ לְפִי־חָרֶב וָאִמָּלְטָה רַק־אֲנִי לְבַדִּי לְהַגִּיד לָךְ׃ עַד זֶה מְדַבֵּר
וְזֶה בָּא וַיֹּאמַר בָּנֶיךָ וּבְנוֹתֶיךָ אֹכְלִים וְשֹׁתִים יַיִן בְּבֵית אֲחִיהֶם
יט הַבְּכוֹר׃ וְהִנֵּה רוּחַ גְּדוֹלָה בָּאָה ׀ מֵעֵבֶר הַמִּדְבָּר וַיִּגַּע בְּאַרְבַּע
פִּנּוֹת הַבַּיִת וַיִּפֹּל עַל־הַנְּעָרִים וַיָּמוּתוּ וָאִמָּלְטָה רַק־אֲנִי לְבַדִּי
כ לְהַגִּיד לָךְ׃ וַיָּקָם אִיּוֹב וַיִּקְרַע אֶת־מְעִלוֹ וַיָּגָז אֶת־רֹאשׁוֹ וַיִּפֹּל
כא אַרְצָה וַיִּשְׁתָּחוּ׃ וַיֹּאמֶר עָרֹם יָצָתִי מִבֶּטֶן אִמִּי וְעָרֹם אָשׁוּב
כב שָׁמָּה יְהוָה נָתַן וַיהוָה לָקָח יְהִי שֵׁם יְהוָה מְבֹרָךְ׃ בְּכָל־זֹאת
ב א לֹא־חָטָא אִיּוֹב וְלֹא־נָתַן תִּפְלָה לֵאלֹהִים׃ וַיְהִי הַיּוֹם וַיָּבֹאוּ בְּנֵי
הָאֱלֹהִים לְהִתְיַצֵּב עַל־יְהוָה וַיָּבוֹא גַם־הַשָּׂטָן בְּתֹכָם לְהִתְיַצֵּב
ב עַל־יְהוָה׃ וַיֹּאמֶר יְהוָה אֶל־הַשָּׂטָן אֵי מִזֶּה תָּבֹא וַיַּעַן הַשָּׂטָן
ג אֶת־יְהוָה וַיֹּאמַר מִשֻּׁט בָּאָרֶץ וּמֵהִתְהַלֵּךְ בָּהּ׃ וַיֹּאמֶר יְהוָה
אֶל־הַשָּׂטָן הֲשַׂמְתָּ לִבְּךָ אֶל־עַבְדִּי אִיּוֹב כִּי אֵין כָּמֹהוּ בָּאָרֶץ
אִישׁ תָּם וְיָשָׁר יְרֵא אֱלֹהִים וְסָר מֵרָע וְעֹדֶנּוּ מַחֲזִיק בְּתֻמָּתוֹ
ד וַתְּסִיתֵנִי בוֹ לְבַלְּעוֹ חִנָּם׃ וַיַּעַן הַשָּׂטָן אֶת־יְהוָה וַיֹּאמַר עוֹר
ה בְּעַד־עוֹר וְכֹל אֲשֶׁר לָאִישׁ יִתֵּן בְּעַד נַפְשׁוֹ׃ אוּלָם שְׁלַח־נָא
ו יָדְךָ וְגַע אֶל־עַצְמוֹ וְאֶל־בְּשָׂרוֹ אִם־לֹא אֶל־פָּנֶיךָ יְבָרְכֶךָּ׃ וַיֹּאמֶר
ז יְהוָה אֶל־הַשָּׂטָן הִנּוֹ בְיָדֶךָ אַךְ אֶת־נַפְשׁוֹ שְׁמֹר׃ וַיֵּצֵא הַשָּׂטָן
מֵאֵת פְּנֵי יְהוָה וַיַּךְ אֶת־אִיּוֹב בִּשְׁחִין רָע מִכַּף רַגְלוֹ עד וְעַד
ח קָדְקֳדוֹ׃ וַיִּקַּח־לוֹ חֶרֶשׂ לְהִתְגָּרֵד בּוֹ וְהוּא יֹשֵׁב בְּתוֹךְ־הָאֵפֶר׃
ט וַתֹּאמֶר לוֹ אִשְׁתּוֹ עֹדְךָ מַחֲזִיק בְּתֻמָּתֶךָ בָּרֵךְ אֱלֹהִים וָמֻת׃
י וַיֹּאמֶר אֵלֶיהָ כְּדַבֵּר אַחַת הַנְּבָלוֹת תְּדַבֵּרִי גַּם אֶת־הַטּוֹב
נְקַבֵּל מֵאֵת הָאֱלֹהִים וְאֶת־הָרָע לֹא נְקַבֵּל בְּכָל־זֹאת לֹא־
חָטָא אִיּוֹב בִּשְׂפָתָיו׃
יא וַיִּשְׁמְעוּ שְׁלֹשֶׁת ׀ רֵעֵי אִיּוֹב אֵת כָּל־הָרָעָה הַזֹּאת הַבָּאָה עָלָיו
וַיָּבֹאוּ אִישׁ מִמְּקֹמוֹ אֱלִיפַז הַתֵּימָנִי וּבִלְדַּד הַשּׁוּחִי וְצוֹפַר
יב הַנַּעֲמָתִי וַיִּוָּעֲדוּ יַחְדָּו לָבוֹא לָנוּד־לוֹ וּלְנַחֲמוֹ׃ וַיִּשְׂאוּ אֶת־
עֵינֵיהֶם מֵרָחוֹק וְלֹא הִכִּירֻהוּ וַיִּשְׂאוּ קוֹלָם וַיִּבְכּוּ וַיִּקְרְעוּ אִישׁ

יג מֵעָלוֹ וַיִּזְרְקוּ עָפָר עַל־רָאשֵׁיהֶם הַשָּׁמָיְמָה׃ וַיֵּשְׁבוּ אִתּוֹ
לָאָרֶץ שִׁבְעַת יָמִים וְשִׁבְעַת לֵילוֹת וְאֵין־דֹּבֵר אֵלָיו דָּבָר
ג א כִּי רָאוּ כִּי־גָדַל הַכְּאֵב מְאֹד׃ אַחֲרֵי־כֵן פָּתַח אִיּוֹב אֶת־פִּיהוּ
וַיְקַלֵּל אֶת־יוֹמוֹ׃
ב ג וַיַּעַן אִיּוֹב וַיֹּאמַר׃ יֹאבַד יוֹם אִוָּלֶד בּוֹ וְהַלַּיְלָה אָמַר הֹרָה גָבֶר׃
ד הַיּוֹם הַהוּא יְהִי חֹשֶׁךְ אַל־יִדְרְשֵׁהוּ אֱלוֹהַּ מִמָּעַל וְאַל־תּוֹפַע
ה עָלָיו נְהָרָה׃ יִגְאָלֻהוּ חֹשֶׁךְ וְצַלְמָוֶת תִּשְׁכָּן־עָלָיו עֲנָנָה יְבַעֲתֻהוּ
ו כִּמְרִירֵי יוֹם׃ הַלַּיְלָה הַהוּא יִקָּחֵהוּ אֹפֶל אַל־יִחַדְּ בִּימֵי שָׁנָה
ז בְּמִסְפַּר יְרָחִים אַל־יָבֹא׃ הִנֵּה הַלַּיְלָה הַהוּא יְהִי גַלְמוּד אַל־
ח ט תָּבֹא רְנָנָה בוֹ׃ יִקְּבֻהוּ אֹרְרֵי־יוֹם הָעֲתִידִים עֹרֵר לִוְיָתָן׃ יֶחְשְׁכוּ
י כּוֹכְבֵי נִשְׁפּוֹ יְקַו־לְאוֹר וָאַיִן וְאַל־יִרְאֶה בְּעַפְעַפֵּי־שָׁחַר׃ כִּי לֹא
יא סָגַר דַּלְתֵי בִטְנִי וַיַּסְתֵּר עָמָל מֵעֵינָי׃ לָמָּה לֹּא מֵרֶחֶם אָמוּת
יב מִבֶּטֶן יָצָאתִי וְאֶגְוָע׃ מַדּוּעַ קִדְּמוּנִי בִרְכָּיִם וּמַה־שָּׁדַיִם כִּי
יג יד אִינָק׃ כִּי־עַתָּה שָׁכַבְתִּי וְאֶשְׁקוֹט יָשַׁנְתִּי אָז ׀ יָנוּחַ לִי׃ עִם־
טו מְלָכִים וְיֹעֲצֵי אָרֶץ הַבֹּנִים חֳרָבוֹת לָמוֹ׃ אוֹ עִם־שָׂרִים זָהָב לָהֶם
טז הַמְמַלְאִים בָּתֵּיהֶם כָּסֶף׃ אוֹ כְנֵפֶל טָמוּן לֹא אֶהְיֶה כְּעֹלְלִים
יז לֹא־רָאוּ אוֹר׃ שָׁם רְשָׁעִים חָדְלוּ רֹגֶז וְשָׁם יָנוּחוּ יְגִיעֵי כֹחַ׃
יח יט יַחַד אֲסִירִים שַׁאֲנָנוּ לֹא שָׁמְעוּ קוֹל נֹגֵשׂ׃ קָטֹן וְגָדוֹל שָׁם הוּא
כ וְעֶבֶד חָפְשִׁי מֵאֲדֹנָיו׃ לָמָּה יִתֵּן לְעָמֵל אוֹר וְחַיִּים לְמָרֵי נָפֶשׁ׃
כא כב הַמְחַכִּים לַמָּוֶת וְאֵינֶנּוּ וַיַּחְפְּרֻהוּ מִמַּטְמוֹנִים׃ הַשְּׂמֵחִים אֱלֵי־
כג גִיל יָשִׂישׂוּ כִּי יִמְצְאוּ־קָבֶר׃ לְגֶבֶר אֲשֶׁר־דַּרְכּוֹ נִסְתָּרָה וַיָּסֶךְ
כד אֱלוֹהַּ בַּעֲדוֹ׃ כִּי־לִפְנֵי לַחְמִי אַנְחָתִי תָבֹא וַיִּתְּכוּ כַמַּיִם שַׁאֲגֹתָי׃
כה כו כִּי פַחַד פָּחַדְתִּי וַיֶּאֱתָיֵנִי וַאֲשֶׁר יָגֹרְתִּי יָבֹא לִי׃ לֹא שָׁלַוְתִּי ׀
וְלֹא שָׁקַטְתִּי וְלֹא־נָחְתִּי וַיָּבֹא רֹגֶז׃
ד א ב וַיַּעַן אֱלִיפַז הַתֵּימָנִי וַיֹּאמַר׃ הֲנִסָּה דָבָר אֵלֶיךָ תִּלְאֶה וַעְצֹר
ג ד בְּמִלִּין מִי יוּכָל׃ הִנֵּה יִסַּרְתָּ רַבִּים וְיָדַיִם רָפוֹת תְּחַזֵּק׃ כּוֹשֵׁל
ה יְקִימוּן מִלֶּיךָ וּבִרְכַּיִם כֹּרְעוֹת תְּאַמֵּץ׃ כִּי עַתָּה ׀ תָּבוֹא אֵלֶיךָ

ו ותלא תגע עדיך ותבהל: הלא יראתך כסלתך תקותך ותם
ז ח דרכיך: זכר־נא מי הוא נקי אבד ואיפה ישרים נכחדו: כאשר
ט ראיתי חרשי און וזרעי עמל יקצרהו: מנשמת אלוה יאבדו
י ומרוח אפו יכלו: שאגת אריה וקול שחל ושני כפירים נתעו:
יא יב ליש אבד מבלי־טרף ובני לביא יתפרדו: ואלי דבר יגנב ותקח
יג אזני שמץ מנהו: בשעפים מחזיונות לילה בנפל תרדמה על־
יד טו אנשים: פחד קראני ורעדה ורב עצמותי הפחיד: ורוח על־
טז פני יחלף תסמר שערת בשרי: יעמד | ולא־אכיר מראהו
יז תמונה לנגד עיני דממה וקול אשמע: האנוש מאלוה יצדק
יח אם־מעשהו יטהר־גבר: הן בעבדיו לא יאמין ובמלאכיו ישים
יט תהלה: אף | שכני בתי־חמר אשר־בעפר יסודם ידכאום לפני־
כ כא עש: מבקר לערב יכתו מבלי משים לנצח יאבדו: הלא־נסע
א ה יתרם בם ימותו ולא בחכמה: קרא־נא היש עונך ואל־מי
ב מקדשים תפנה: כי־לאויל יהרג־כעש ופתה תמית קנאה:
ג ד אני־ראיתי אויל משריש ואקוב נוהו פתאם: ירחקו בניו מישע
ה וידכאו בשער ואין מציל: אשר קצירו | רעב יאכל ואל־מצנים
ו יקחהו ושאף צמים חילם: כי | לא־יצא מעפר און ומאדמה
ז לא־יצמח עמל: כי־אדם לעמל יולד ובני־רשף יגביהו עוף:
ח ט אולם אני אדרש אל־אל ואל־אלהים אשים דברתי: עשה
י גדלות ואין חקר נפלאות עד־אין מספר: הנתן מטר על־פני־
יא ארץ ושלח מים על־פני חוצות: לשום שפלים למרום וקדרים
יב שגבו ישע: מפר מחשבות ערומים ולא־תעשינה ידיהם
יג יד תושיה: לכד חכמים בערמם ועצת נפתלים נמהרה: יומם
טו יפגשו־חשך וכלילה ימששו בצהרים: וישע מחרב מפיהם
טז יז ומיד חזק אביון: ותהי לדל תקוה ועלתה קפצה פיה: הנה
יח אשרי אנוש יוכחנו אלוה ומוסר שדי אל־תמאס: כי הוא
יט יכאיב ויחבש ימחץ וידו תרפינה: בשש צרות יצילך ובשבע |

כ לֹא־יִגַּע בְּךָ רָע׃ בְּרָעָב פָּדְךָ מִמָּוֶת וּבְמִלְחָמָה מִידֵי חָרֶב׃
כא כב בְּשׁוֹט לָשׁוֹן תֵּחָבֵא וְלֹא־תִירָא מִשֹּׁד כִּי יָבוֹא׃ לְשֹׁד וּלְכָפָן
כג תִּשְׂחָק וּמֵחַיַּת הָאָרֶץ אַל־תִּירָא׃ כִּי עִם־אַבְנֵי הַשָּׂדֶה בְרִיתֶךָ
כד וְחַיַּת הַשָּׂדֶה הָשְׁלְמָה־לָךְ׃ וְיָדַעְתָּ כִּי־שָׁלוֹם אָהֳלֶךָ וּפָקַדְתָּ
כה נָוְךָ וְלֹא תֶחֱטָא׃ וְיָדַעְתָּ כִּי־רַב זַרְעֶךָ וְצֶאֱצָאֶיךָ כְּעֵשֶׂב הָאָרֶץ׃
כו כז תָּבוֹא בְכֶלַח אֱלֵי־קָבֶר כַּעֲלוֹת גָּדִישׁ בְּעִתּוֹ׃ הִנֵּה־זֹאת חֲקַרְנוּהָ ב
ו א כֶּן־הִיא שְׁמָעֶנָּה וְאַתָּה דַע־לָךְ׃ וַיַּעַן אִיּוֹב
ב וַיֹּאמַר׃ לוּ שָׁקוֹל יִשָּׁקֵל כַּעְשִׂי וְהַיָּתִי בְּמֹאזְנַיִם יִשְׂאוּ־יָחַד׃ וְהַוָּתִי
ג ד כִּי־עַתָּה מֵחוֹל יַמִּים יִכְבָּד עַל־כֵּן דְּבָרַי לָעוּ׃ כִּי חִצֵּי שַׁדַּי
ה עִמָּדִי אֲשֶׁר חֲמָתָם שֹׁתָה רוּחִי בִּעוּתֵי אֱלוֹהַּ יַעַרְכוּנִי׃ הֲיִנְהַק־
ו פֶּרֶא עֲלֵי־דֶשֶׁא אִם יִגְעֶה־שּׁוֹר עַל־בְּלִילוֹ׃ הֲיֵאָכֵל תָּפֵל מִבְּלִי־
ז מֶלַח אִם־יֶשׁ־טַעַם בְּרִיר חַלָּמוּת׃ מֵאֲנָה לִנְגּוֹעַ נַפְשִׁי הֵמָּה
ח ט כִּדְוֵי לַחְמִי׃ מִי־יִתֵּן תָּבוֹא שֶׁאֱלָתִי וְתִקְוָתִי יִתֵּן אֱלוֹהַּ׃ וְיֹאֵל
י אֱלוֹהַּ וִידַכְּאֵנִי יַתֵּר יָדוֹ וִיבַצְּעֵנִי׃ וּתְהִי־עוֹד ׀ נֶחָמָתִי וַאֲסַלְּדָה
יא בְחִילָה לֹא יַחְמוֹל כִּי־לֹא כִחַדְתִּי אִמְרֵי קָדוֹשׁ׃ מַה־כֹּחִי כִי־
יב אֲיַחֵל וּמַה־קִּצִּי כִּי־אַאֲרִיךְ נַפְשִׁי׃ אִם־כֹּחַ אֲבָנִים כֹּחִי אִם־
יג יד בְּשָׂרִי נָחוּשׁ׃ הַאִם אֵין עֶזְרָתִי בִי וְתֻשִׁיָּה נִדְּחָה מִמֶּנִּי׃ לַמָּס
טו מֵרֵעֵהוּ חָסֶד וְיִרְאַת שַׁדַּי יַעֲזוֹב׃ אַחַי בָּגְדוּ כְמוֹ־נָחַל כַּאֲפִיק
טז יז נְחָלִים יַעֲבֹרוּ׃ הַקֹּדְרִים מִנִּי־קָרַח עָלֵימוֹ יִתְעַלֶּם־שָׁלֶג׃ בְּעֵת
יח יְזֹרְבוּ נִצְמָתוּ בְּחֻמּוֹ נִדְעֲכוּ מִמְּקוֹמָם׃ יִלָּפְתוּ אָרְחוֹת דַּרְכָּם
יט יַעֲלוּ בַתֹּהוּ וְיֹאבֵדוּ׃ הִבִּיטוּ אָרְחוֹת תֵּמָא הֲלִיכֹת שְׁבָא קִוּוּ־
כ כא לָמוֹ׃ בֹּשׁוּ כִּי־בָטָח בָּאוּ עָדֶיהָ וַיֶּחְפָּרוּ׃ כִּי־עַתָּה הֱיִיתֶם לוֹ
כב תִּרְאוּ חֲתַת וַתִּירָאוּ׃ הֲכִי־אָמַרְתִּי הָבוּ לִי וּמִכֹּחֲכֶם שִׁחֲדוּ
כג כד בַעֲדִי׃ וּמַלְּטוּנִי מִיַּד־צָר וּמִיַּד עָרִיצִים תִּפְדּוּנִי׃ הוֹרוּנִי וַאֲנִי
כה אַחֲרִישׁ וּמַה־שָּׁגִיתִי הָבִינוּ לִי׃ מַה־נִּמְרְצוּ אִמְרֵי־יֹשֶׁר וּמַה־
כו יּוֹכִיחַ הוֹכֵחַ מִכֶּם׃ הַלְהוֹכַח מִלִּים תַּחְשֹׁבוּ וּלְרוּחַ אִמְרֵי נֹאָשׁ׃
כז כח אַף־עַל־יָתוֹם תַּפִּילוּ וְתִכְרוּ עַל־רֵיעֲכֶם׃ וְעַתָּה הוֹאִילוּ פְנוּ־

כט בִּי וְעַל־פְּנֵיכֶם אִם־אֲכַזֵּב׃ שְׁבוּ־נָא אַל־תְּהִי עַוְלָה וְשַׁבִי עוֹד וְשׁוּבוּ
ל ז א צִדְקִי־בָהּ׃ הֲיֵשׁ־בִּלְשׁוֹנִי עַוְלָה אִם־חִכִּי לֹא־יָבִין הַוּוֹת׃ הֲלֹא־
ב צָבָא לֶאֱנוֹשׁ עֲלֵי־אָרֶץ וְכִימֵי שָׂכִיר יָמָיו׃ כְּעֶבֶד יִשְׁאַף־צֵל
ג וּכְשָׂכִיר יְקַוֶּה פָעֳלוֹ׃ כֵּן הׇנְחַלְתִּי לִי יַרְחֵי־שָׁוְא וְלֵילוֹת עָמָל
ד מִנּוּ־לִי׃ אִם־שָׁכַבְתִּי וְאָמַרְתִּי מָתַי אָקוּם וּמִדַּד־עָרֶב וְשָׂבַעְתִּי
ה נְדֻדִים עֲדֵי־נָשֶׁף׃ לָבַשׁ בְּשָׂרִי רִמָּה וגיש עָפָר עוֹרִי רָגַע וַיִּמָּאֵס׃ וְגוּשׁ
ו ז יָמַי קַלּוּ מִנִּי־אָרֶג וַיִּכְלוּ בְּאֶפֶס תִּקְוָה׃ זְכֹר כִּי־רוּחַ חַיָּי לֹא־
ח תָשׁוּב עֵינִי לִרְאוֹת טוֹב׃ לֹא־תְשׁוּרֵנִי עֵין רֹאִי עֵינֶיךָ בִּי וְאֵינֶנִּי׃
ט י כָּלָה עָנָן וַיֵּלַךְ כֵּן יוֹרֵד שְׁאוֹל לֹא יַעֲלֶה׃ לֹא־יָשׁוּב עוֹד לְבֵיתוֹ
יא וְלֹא־יַכִּירֶנּוּ עוֹד מְקֹמוֹ׃ גַּם־אֲנִי לֹא אֶחֱשָׂךְ פִּי אֲדַבְּרָה בְּצַר
יב רוּחִי אָשִׂיחָה בְּמַר נַפְשִׁי׃ הֲיָם־אָנִי אִם־תַּנִּין כִּי־תָשִׂים עָלַי
יג מִשְׁמָר׃ כִּי־אָמַרְתִּי תְּנַחֲמֵנִי עַרְשִׂי יִשָּׂא בְשִׂיחִי מִשְׁכָּבִי׃
יד טו וְחִתַּתַּנִי בַחֲלֹמוֹת וּמֵחֶזְיֹנוֹת תְּבַעֲתַנִּי׃ וַתִּבְחַר מַחֲנַק נַפְשִׁי מָוֶת
טז מֵעַצְמוֹתָי׃ מָאַסְתִּי לֹא־לְעֹלָם אֶחְיֶה חֲדַל מִמֶּנִּי כִּי־הֶבֶל יָמָי׃
יז יח מָה־אֱנוֹשׁ כִּי תְגַדְּלֶנּוּ וְכִי־תָשִׁית אֵלָיו לִבֶּךָ׃ וַתִּפְקְדֶנּוּ לִבְקָרִים
יט לִרְגָעִים תִּבְחָנֶנּוּ׃ כַּמָּה לֹא־תִשְׁעֶה מִמֶּנִּי לֹא־תַרְפֵּנִי עַד־בִּלְעִי
כ רֻקִּי׃ חָטָאתִי מָה אֶפְעַל ׀ לָךְ נֹצֵר הָאָדָם לָמָה שַׂמְתַּנִי לְמִפְגָּע
כא לָךְ וָאֶהְיֶה עָלַי לְמַשָּׂא׃ וּמֶה ׀ לֹא־תִשָּׂא פִשְׁעִי וְתַעֲבִיר אֶת־עֲוֺנִי
ח א כִּי־עַתָּה לֶעָפָר אֶשְׁכָּב וְשִׁחֲרְתַּנִי וְאֵינֶנִּי׃ וַיַּעַן
ב בִּלְדַּד הַשּׁוּחִי וַיֹּאמַר׃ עַד־אָן תְּמַלֶּל־אֵלֶּה וְרוּחַ כַּבִּיר אִמְרֵי־
ג ד פִיךָ׃ הַאֵל יְעַוֵּת מִשְׁפָּט וְאִם־שַׁדַּי יְעַוֵּת־צֶדֶק׃ אִם־בָּנֶיךָ חָטְאוּ־
ה לוֹ וַיְשַׁלְּחֵם בְּיַד־פִּשְׁעָם׃ אִם־אַתָּה תְּשַׁחֵר אֶל־אֵל וְאֶל־שַׁדַּי
ו תִּתְחַנָּן׃ אִם־זַךְ וְיָשָׁר אָתָּה כִּי־עַתָּה יָעִיר עָלֶיךָ וְשִׁלַּם נְוַת
ז ח צִדְקֶךָ׃ וְהָיָה רֵאשִׁיתְךָ מִצְעָר וְאַחֲרִיתְךָ יִשְׂגֶּה מְאֹד׃ כִּי־שְׁאַל־
ט נָא לְדֹר רִישׁוֹן וְכוֹנֵן לְחֵקֶר אֲבוֹתָם׃ כִּי־תְמוֹל אֲנַחְנוּ וְלֹא נֵדָע
י כִּי צֵל יָמֵינוּ עֲלֵי־אָרֶץ׃ הֲלֹא־הֵם יוֹרוּךָ יֹאמְרוּ לָךְ וּמִלִּבָּם יֹצִאוּ
יא יב מִלִּים׃ הֲיִגְאֶה־גֹּמֶא בְּלֹא בִצָּה יִשְׂגֶּה־אָחוּ בְלִי־מָיִם׃ עֹדֶנּוּ

יג בְּאִבּוֹ לֹא יִקָּטֵף וְלִפְנֵי כָל־חָצִיר יִיבָשׁ׃ כֵּן אָרְחוֹת כָּל־שֹׁכְחֵי
יד אֵל וְתִקְוַת חָנֵף תֹּאבֵד׃ אֲשֶׁר־יָקוֹט כִּסְלוֹ וּבֵית עַכָּבִישׁ מִבְטַחוֹ׃
טו טז יִשָּׁעֵן עַל־בֵּיתוֹ וְלֹא יַעֲמֹד יַחֲזִיק בּוֹ וְלֹא יָקוּם׃ רָטֹב הוּא לִפְנֵי־
יז שָׁמֶשׁ וְעַל־גַּנָּתוֹ יֹנַקְתּוֹ תֵצֵא׃ עַל־גַּל שָׁרָשָׁיו יְסֻבָּכוּ בֵּית אֲבָנִים
יח יט יֶחֱזֶה׃ אִם־יְבַלְּעֶנּוּ מִמְּקוֹמוֹ וְכִחֶשׁ בּוֹ לֹא רְאִיתִיךָ׃ הֶן־הוּא
כ מְשׂוֹשׂ דַּרְכּוֹ וּמֵעָפָר אַחֵר יִצְמָחוּ׃ הֶן־אֵל לֹא יִמְאַס־תָּם וְלֹא־
כא יַחֲזִיק בְּיַד־מְרֵעִים׃ עַד־יְמַלֵּה שְׂחוֹק פִּיךָ וּשְׂפָתֶיךָ תְרוּעָה׃
ט כב א שֹׂנְאֶיךָ יִלְבְּשׁוּ־בֹשֶׁת וְאֹהֶל רְשָׁעִים אֵינֶנּוּ׃ וַיַּעַן
ב אִיּוֹב וַיֹּאמַר׃ אָמְנָם יָדַעְתִּי כִי־כֵן וּמַה־יִּצְדַּק אֱנוֹשׁ עִם־אֵל׃
ג ד אִם־יַחְפֹּץ לָרִיב עִמּוֹ לֹא־יַעֲנֶנּוּ אַחַת מִנִּי־אָלֶף׃ חֲכַם לֵבָב וְאַמִּיץ
ה כֹּחַ מִי־הִקְשָׁה אֵלָיו וַיִּשְׁלָם׃ הַמַּעְתִּיק הָרִים וְלֹא יָדָעוּ אֲשֶׁר
ו ז הֲפָכָם בְּאַפּוֹ׃ הַמַּרְגִּיז אֶרֶץ מִמְּקוֹמָהּ וְעַמּוּדֶיהָ יִתְפַּלָּצוּן׃ הָאֹמֵר
ח לַחֶרֶס וְלֹא יִזְרָח וּבְעַד כּוֹכָבִים יַחְתֹּם׃ נֹטֶה שָׁמַיִם לְבַדּוֹ וְדוֹרֵךְ
ט י עַל־בָּמֳתֵי יָם׃ עֹשֶׂה־עָשׁ כְּסִיל וְכִימָה וְחַדְרֵי תֵמָן׃ עֹשֶׂה גְדֹלוֹת
יא עַד־אֵין חֵקֶר וְנִפְלָאוֹת עַד־אֵין מִסְפָּר׃ הֵן יַעֲבֹר עָלַי וְלֹא
יב אֶרְאֶה וְיַחֲלֹף וְלֹא־אָבִין לוֹ׃ הֵן יַחְתֹּף מִי יְשִׁיבֶנּוּ מִי־יֹאמַר
יג אֵלָיו מַה־תַּעֲשֶׂה׃ אֱלוֹהַּ לֹא־יָשִׁיב אַפּוֹ תַּחְתָּו שָׁחֲחוּ עֹזְרֵי רָהַב׃
יד טו אַף כִּי־אָנֹכִי אֶעֱנֶנּוּ אֶבְחֲרָה דְבָרַי עִמּוֹ׃ אֲשֶׁר אִם־צָדַקְתִּי לֹא
טז אֶעֱנֶה לִמְשֹׁפְטִי אֶתְחַנָּן׃ אִם־קָרָאתִי וַיַּעֲנֵנִי לֹא־אַאֲמִין כִּי־
יז יח יַאֲזִין קוֹלִי׃ אֲשֶׁר־בִּשְׂעָרָה יְשׁוּפֵנִי וְהִרְבָּה פְצָעַי חִנָּם׃ לֹא־יִתְּנֵנִי
יט הָשֵׁב רוּחִי כִּי יַשְׂבִּעַנִי מַמְּרֹרִים׃ אִם־לְכֹחַ אַמִּיץ הִנֵּה וְאִם־
כ כא לְמִשְׁפָּט מִי יוֹעִידֵנִי׃ אִם־אֶצְדָּק פִּי יַרְשִׁיעֵנִי תָּם־אָנִי וַיַּעְקְשֵׁנִי׃ תָּם־
כב אָנִי לֹא־אֵדַע נַפְשִׁי אֶמְאַס חַיָּי׃ אַחַת הִיא עַל־כֵּן אָמַרְתִּי תָּם
כג כד וְרָשָׁע הוּא מְכַלֶּה׃ אִם־שׁוֹט יָמִית פִּתְאֹם לְמַסַּת נְקִיִּם יִלְעָג׃ אֶרֶץ ׀
כה נִתְּנָה בְיַד־רָשָׁע פְּנֵי־שֹׁפְטֶיהָ יְכַסֶּה אִם־לֹא אֵפוֹא מִי־הוּא׃ וְיָמַי
כו קַלּוּ מִנִּי־רָץ בָּרְחוּ לֹא־רָאוּ טוֹבָה׃ חָלְפוּ עִם־אֳנִיּוֹת אֵבֶה כְּנֶשֶׁר
כז יָטוּשׂ עֲלֵי־אֹכֶל׃ אִם־אָמְרִי אֶשְׁכְּחָה שִׂיחִי אֶעֶזְבָה פָנַי וְאַבְלִיגָה׃

יָגֹרְתִּי כָל־עַצְּבֹתָי יָדַעְתִּי כִּי־לֹא תְנַקֵּנִי׃ אָנֹכִי אֶרְשָׁע לָמָּה־ כח כט
זֶּה הֶבֶל אִיגָע׃ אִם־הִתְרָחַצְתִּי בְמוֹ־שָׁלֶג וַהֲזִכּוֹתִי בְּבֹר כַּפָּי׃ ל
במי־
אָז בַּשַּׁחַת תִּטְבְּלֵנִי וְתִעֲבוּנִי שַׂלְמוֹתָי׃ כִּי־לֹא־אִישׁ כָּמֹנִי אֶעֱנֶנּוּ לא לב
נָבוֹא יַחְדָּו בַּמִּשְׁפָּט׃ לֹא יֵשׁ־בֵּינֵינוּ מוֹכִיחַ יָשֵׁת יָדוֹ עַל־שְׁנֵינוּ׃ לג
יָסֵר מֵעָלַי שִׁבְטוֹ וְאֵמָתוֹ אַל־תְּבַעֲתַנִּי׃ אֲדַבְּרָה וְלֹא אִירָאֶנּוּ לד לה
כִּי לֹא־כֵן אָנֹכִי עִמָּדִי׃ נָקְטָה נַפְשִׁי בְּחַיָּי אֶעֶזְבָה עָלַי שִׂיחִי י א
אֲדַבְּרָה בְּמַר נַפְשִׁי׃ אֹמַר אֶל־אֱלוֹהַּ אַל־תַּרְשִׁיעֵנִי הוֹדִיעֵנִי ב
עַל מַה־תְּרִיבֵנִי׃ הֲטוֹב לְךָ כִּי־תַעֲשֹׁק כִּי־תִמְאַס יְגִיעַ כַּפֶּיךָ ג
וְעַל־עֲצַת רְשָׁעִים הוֹפָעְתָּ׃ הַעֵינֵי בָשָׂר לָךְ אִם־כִּרְאוֹת אֱנוֹשׁ ד
תִּרְאֶה׃ הֲכִימֵי אֱנוֹשׁ יָמֶיךָ אִם־שְׁנוֹתֶיךָ כִּימֵי גָבֶר׃ כִּי־תְבַקֵּשׁ ה ו
לַעֲוֹנִי וּלְחַטָּאתִי תִדְרוֹשׁ׃ עַל־דַּעְתְּךָ כִּי־לֹא אֶרְשָׁע וְאֵין מִיָּדְךָ ז
מַצִּיל׃ יָדֶיךָ עִצְּבוּנִי וַיַּעֲשׂוּנִי יַחַד סָבִיב וַתְּבַלְּעֵנִי׃ זְכָר־נָא כִּי־ ח ט
כַחֹמֶר עֲשִׂיתָנִי וְאֶל־עָפָר תְּשִׁיבֵנִי׃ הֲלֹא כֶחָלָב תַּתִּיכֵנִי וְכַגְּבִנָּה י
תַּקְפִּיאֵנִי׃ עוֹר וּבָשָׂר תַּלְבִּישֵׁנִי וּבַעֲצָמוֹת וְגִידִים תְּשֹׂכְכֵנִי׃ חַיִּים יא יב
וָחֶסֶד עָשִׂיתָ עִמָּדִי וּפְקֻדָּתְךָ שָׁמְרָה רוּחִי׃ וְאֵלֶּה צָפַנְתָּ בִלְבָבֶךָ יג
יָדַעְתִּי כִּי־זֹאת עִמָּךְ׃ אִם־חָטָאתִי וּשְׁמַרְתָּנִי וּמֵעֲוֹנִי לֹא תְנַקֵּנִי׃ יד
אִם־רָשַׁעְתִּי אַלְלַי לִי וְצָדַקְתִּי לֹא־אֶשָּׂא רֹאשִׁי שְׂבַע קָלוֹן טו
וּרְאֵה עָנְיִי׃ וְיִגְאֶה כַּשַּׁחַל תְּצוּדֵנִי וְתָשֹׁב תִּתְפַּלָּא־בִי׃ תְּחַדֵּשׁ טז יז
עֵדֶיךָ נֶגְדִּי וְתֶרֶב כַּעַשְׂךָ עִמָּדִי חֲלִיפוֹת וְצָבָא עִמִּי׃ וְלָמָּה יח
מֵרֶחֶם הֹצֵאתָנִי אֶגְוַע וְעַיִן לֹא־תִרְאֵנִי׃ כַּאֲשֶׁר לֹא־הָיִיתִי אֶהְיֶה יט
מִבֶּטֶן לַקֶּבֶר אוּבָל׃ הֲלֹא־מְעַט יָמַי יחדל ישית מִמֶּנִּי וְאַבְלִיגָה כ
וַחֲדָל וְשִׁית
מְּעָט׃ בְּטֶרֶם אֵלֵךְ וְלֹא אָשׁוּב אֶל־אֶרֶץ חֹשֶׁךְ וְצַלְמָוֶת׃ כא
אֶרֶץ עֵיפָתָה כְּמוֹ אֹפֶל צַלְמָוֶת וְלֹא סְדָרִים וַתֹּפַע כְּמוֹ־ כב
אֹפֶל׃ וַיַּעַן צֹפַר הַנַּעֲמָתִי וַיֹּאמַר׃ הֲרֹב דְּבָרִים לֹא יֵעָנֶה יא א ב
וְאִם־אִישׁ שְׂפָתַיִם יִצְדָּק׃ בַּדֶּיךָ מְתִים יַחֲרִישׁוּ וַתִּלְעַג וְאֵין ג
מַכְלִם׃ וַתֹּאמֶר זַךְ לִקְחִי וּבַר הָיִיתִי בְעֵינֶיךָ׃ וְאוּלָם מִי־יִתֵּן ד ה
אֱלוֹהַּ דַּבֵּר וְיִפְתַּח שְׂפָתָיו עִמָּךְ׃ וְיַגֶּד־לְךָ תַּעֲלֻמוֹת חָכְמָה כִּי־ ו

ו כפלים לתושיה ודע כי־ישה לך אלוה מעונך: החקר אלוה
ח תמצא אם עד־תכלית שדי תמצא: גבהי שמים מה־תפעל
ט עמקה משאול מה־תדע: ארכה מארץ מדה ורחבה מני־ים:
י יא אם־יחלף ויסגיר ויקהיל ומי ישיבנו: כי־הוא ידע מתי־שוא
יב וירא־און ולא יתבונן: ואיש נבוב ילבב ועיר פרא אדם יולד:
יג יד אם־אתה הכינות לבך ופרשת אליו כפיך: אם־און בידך
טו הרחיקהו ואל־תשכן באהליך עולה: כי־אז תשא פניך ממום
טז והיית מצק ולא תירא: כי־אתה עמל תשכח כמים עברו תזכר:
יז יח ומצהרים יקום חלד תעפה כבקר תהיה: ובטחת כי־יש תקוה
יט וחפרת לבטח תשכב: ורבצת ואין מחריד וחלו פניך רבים: ג
כ ועיני רשעים תכלינה ומנוס אבד מנהם ותקותם מפח־
יב א ב נפש: ויען איוב ויאמר: אמנם כי אתם־עם
ג ועמכם תמות חכמה: גם־לי לבב כמוכם לא־נפל אנכי
ד מכם ואת־מי־אין כמו־אלה: שחק לרעהו אהיה קרא
ה לאלוה ויענהו שחוק צדיק תמים: לפיד בוז לעשתות שאנן
ו נכון למועדי רגל: ישליו אהלים לשדדים ובטחות למרגיזי
ז אל לאשר הביא אלוה בידו: ואולם שאל־נא בהמות ותרך
ח ועוף השמים ויגד־לך: או שיח לארץ ותרך ויספרו לך דגי
ט י הים: מי לא־ידע בכל־אלה כי יד־יהוה עשתה זאת: אשר בידו
יא נפש כל־חי ורוח כל־בשר־איש: הלא־אזן מלין תבחן וחך אכל
יב יג יטעם־לו: בישישים חכמה וארך ימים תבונה: עמו חכמה
יד וגבורה לו עצה ותבונה: הן יהרוס ולא יבנה יסגר על־איש ולא
טו טז יפתח: הן יעצר במים ויבשו וישלחם ויהפכו־ארץ: עמו עז
יז ותושיה לו שגג ומשגה: מוליך יועצים שולל ושפטים יהולל:
יח יט מוסר מלכים פתח ויאסר אזור במתניהם: מוליך כהנים שולל
כ כא ואיתנים יסלף: מסיר שפה לנאמנים וטעם זקנים יקח: שופך
כב בוז על־נדיבים ומזיח אפיקים רפה: מגלה עמקות מני־חשך

ויצא לאור צלמות: משגיא לגוים ויאבדם שטח לגוים וינחם: כג
מסיר לב ראשי עם־הארץ ויתעם בתהו לא־דרך: ימששו־ כד כה
חשך ולא־אור ויתעם כשכור: הן־כל ראתה עיני שמעה אזני א יג
ותבן לה: כדעתכם ידעתי גם־אני לא־נפל אנכי מכם: אולם ב ג
אני אל־שדי אדבר והוכח אל־אל אחפץ: ואולם אתם טפלי־ ד
שקר רפאי אלל כלכם: מי־יתן החרש תחרישון ותהי לכם ה
לחכמה: שמעו־נא תוכחתי ורבות שפתי הקשיבו: הלאל ו ז
תדברו עולה ולו תדברו רמיה: הפניו תשאון אם־לאל תריבון: ח
הטוב כי־יחקר אתכם אם־כהתל באנוש תהתלו בו: הוכח ט י
יוכיח אתכם אם־בסתר פנים תשאון: הלא שאתו תבעת יא
אתכם ופחדו יפל עליכם: זכרניכם משלי־אפר לגבי־חמר יב
גביכם: החרישו ממני ואדברה־אני ויעבר עלי מה: על־מה | יג יד
לו אשא בשרי בשני ונפשי אשים בכפי: הן יקטלני לא איחל אך־ טו
דרכי אל־פניו אוכיח: גם־הוא־לי לישועה כי־לא לפניו חנף טז
יבוא: שמעו שמוע מלתי ואחותי באזניכם: הנה־נא ערכתי יז יח
משפט ידעתי כי־אני אצדק: מי־הוא יריב עמדי כי־עתה יט
אחריש ואגוע: אך־שתים אל־תעש עמדי אז מפניך לא אסתר: כ
כפך מעלי הרחק ואמתך אל־תבעתני: וקרא ואנכי אענה או־ כא כב
אדבר והשיבני: כמה לי עונות וחטאות פשעי וחטאתי הדיעני: כג
למה־פניך תסתיר ותחשבני לאויב לך: העלה נדף תערוץ ואת־ כד כה
קש יבש תרדף: כי־תכתב עלי מררות ותורישני עונות נעורי: כו
ותשם בסד | רגלי ותשמור כל־ארחתי על־שרשי רגלי כז
תתחקה: והוא כרקב יבלה כבגד אכלו עש: אדם ילוד אשה כח א יד
קצר ימים ושבע־רגז: כציץ יצא וימל ויברח כצל ולא יעמוד: ב
אף־על־זה פקחת עינך ואתי תביא במשפט עמך: מי־יתן ג ד
טהור מטמא לא אחד: אם־חרוצים | ימיו מספר־חדשיו אתך ה
חקו עשית ולא יעבר: שעה מעליו ויחדל עד־ירצה כשכיר ו

ז יוֹמוֹ׃ כִּי יֵשׁ לָעֵץ תִּקְוָה אִם־יִכָּרֵת וְעוֹד יַחֲלִיף וְיֹנַקְתּוֹ לֹא
ח ט תֶחְדָּל׃ אִם־יַזְקִין בָּאָרֶץ שָׁרְשׁוֹ וּבֶעָפָר יָמוּת גִּזְעוֹ׃ מֵרֵיחַ מַיִם
י יַפְרִחַ וְעָשָׂה קָצִיר כְּמוֹ־נָטַע׃ וְגֶבֶר יָמוּת וַיֶּחֱלָשׁ וַיִּגְוַע אָדָם
יא יב וְאַיּוֹ׃ אָזְלוּ־מַיִם מִנִּי־יָם וְנָהָר יֶחֱרַב וְיָבֵשׁ׃ וְאִישׁ שָׁכַב וְלֹא־
יג יָקוּם עַד־בִּלְתִּי שָׁמַיִם לֹא יָקִיצוּ וְלֹא־יֵעֹרוּ מִשְּׁנָתָם׃ מִי יִתֵּן ׀
בִּשְׁאוֹל תַּצְפִּנֵנִי תַּסְתִּירֵנִי עַד־שׁוּב אַפֶּךָ תָּשִׁית לִי חֹק וְתִזְכְּרֵנִי׃
יד אִם־יָמוּת גֶּבֶר הֲיִחְיֶה כָּל־יְמֵי צְבָאִי אֲיַחֵל עַד־בּוֹא חֲלִיפָתִי׃
טו טז תִּקְרָא וְאָנֹכִי אֶעֱנֶךָּ לְמַעֲשֵׂה יָדֶיךָ תִכְסֹף׃ כִּי־עַתָּה צְעָדַי
יז תִּסְפּוֹר לֹא־תִשְׁמוֹר עַל־חַטָּאתִי׃ חָתֻם בִּצְרוֹר פִּשְׁעִי וַתִּטְפֹּל
יח יט עַל־עֲוֺנִי׃ וְאוּלָם הַר־נוֹפֵל יִבּוֹל וְצוּר יֶעְתַּק מִמְּקֹמוֹ׃ אֲבָנִים ׀
שָׁחֲקוּ מַיִם תִּשְׁטֹף־סְפִיחֶיהָ עֲפַר־אָרֶץ וְתִקְוַת אֱנוֹשׁ הֶאֱבַדְתָּ׃
כ כא תִּתְקְפֵהוּ לָנֶצַח וַיַּהֲלֹךְ מְשַׁנֶּה פָנָיו וַתְּשַׁלְּחֵהוּ׃ יִכְבְּדוּ בָנָיו וְלֹא
כב יֵדָע וְיִצְעֲרוּ וְלֹא־יָבִין לָמוֹ׃ אַךְ־בְּשָׂרוֹ עָלָיו יִכְאָב וְנַפְשׁוֹ עָלָיו
טו א ב תֶּאֱבָל׃ וַיַּעַן אֱלִיפַז הַתֵּימָנִי וַיֹּאמַר׃ הֶחָכָם יַעֲנֶה
ג דַעַת־רוּחַ וִימַלֵּא קָדִים בִּטְנוֹ׃ הוֹכֵחַ בְּדָבָר לֹא יִסְכּוֹן וּמִלִּים
ד לֹא־יוֹעִיל בָּם׃ אַף־אַתָּה תָּפֵר יִרְאָה וְתִגְרַע שִׂיחָה לִפְנֵי־אֵל׃
ה ו כִּי יְאַלֵּף עֲוֺנְךָ פִיךָ וְתִבְחַר לְשׁוֹן עֲרוּמִים׃ יַרְשִׁיעֲךָ פִיךָ וְלֹא־
ז אָנִי וּשְׂפָתֶיךָ יַעֲנוּ־בָךְ׃ הֲרִאישׁוֹן אָדָם תִּוָּלֵד וְלִפְנֵי גְבָעוֹת
ח ט חוֹלָלְתָּ׃ הַבְסוֹד אֱלוֹהַּ תִּשְׁמָע וְתִגְרַע אֵלֶיךָ חָכְמָה׃ מַה־
י יָּדַעְתָּ וְלֹא נֵדָע תָּבִין וְלֹא־עִמָּנוּ הוּא׃ גַּם־שָׂב גַּם־יָשִׁישׁ בָּנוּ
יא כַּבִּיר מֵאָבִיךָ יָמִים׃ הַמְעַט מִמְּךָ תַּנְחֻמוֹת אֵל וְדָבָר לָאַט
יב יג עִמָּךְ׃ מַה־יִּקָּחֲךָ לִבֶּךָ וּמַה־יִּרְזְמוּן עֵינֶיךָ׃ כִּי־תָשִׁיב אֶל־אֵל
יד רוּחֶךָ וְהֹצֵאתָ מִפִּיךָ מִלִּין׃ מָה־אֱנוֹשׁ כִּי־יִזְכֶּה וְכִי־יִצְדַּק יְלוּד
טו טז אִשָּׁה׃ הֵן בִּקְדֹשָׁו לֹא יַאֲמִין וְשָׁמַיִם לֹא־זַכּוּ בְעֵינָיו׃ אַף כִּי־
יז נִתְעָב וְנֶאֱלָח אִישׁ־שֹׁתֶה כַמַּיִם עַוְלָה׃ אֲחַוְּךָ שְׁמַע־לִי וְזֶה־
יח יט חָזִיתִי וַאֲסַפֵּרָה׃ אֲשֶׁר־חֲכָמִים יַגִּידוּ וְלֹא כִחֲדוּ מֵאֲבוֹתָם׃ לָהֶם
כ לְבַדָּם נִתְּנָה הָאָרֶץ וְלֹא־עָבַר זָר בְּתוֹכָם׃ כָּל־יְמֵי רָשָׁע הוּא

כא מִתְחוֹלֵל וּמִסְפַּר שָׁנִים נִצְפְּנוּ לֶעָרִיץ׃ קוֹל־פְּחָדִים בְּאָזְנָיו בַּשָּׁלוֹם
כב שׁוֹדֵד יְבוֹאֶנּוּ׃ לֹא־יַאֲמִין שׁוּב מִנִּי־חֹשֶׁךְ וצפו הוּא אֱלֵי־חָרֶב׃ וְצָפוּי
כג כד נֹדֵד הוּא לַלֶּחֶם אַיֵּה יָדַע ׀ כִּי־נָכוֹן בְּיָדוֹ יוֹם־חֹשֶׁךְ׃ יְבַעֲתֻהוּ
כה צַר וּמְצוּקָה תִּתְקְפֵהוּ כְּמֶלֶךְ ׀ עָתִיד לַכִּידוֹר׃ כִּי־נָטָה אֶל־אֵל
כו יָדוֹ וְאֶל־שַׁדַּי יִתְגַּבָּר׃ יָרוּץ אֵלָיו בְּצַוָּאר בַּעֲבִי גַּבֵּי מָגִנָּיו׃
כז כח כִּי־כִסָּה פָנָיו בְּחֶלְבּוֹ וַיַּעַשׂ פִּימָה עֲלֵי־כָסֶל׃ וַיִּשְׁכּוֹן ׀ עָרִים
כט נִכְחָדוֹת בָּתִּים לֹא־יֵשְׁבוּ לָמוֹ אֲשֶׁר הִתְעַתְּדוּ לְגַלִּים׃ לֹא־
ל יֶעְשַׁר וְלֹא־יָקוּם חֵילוֹ וְלֹא־יִטֶּה לָאָרֶץ מִנְלָם׃ לֹא־יָסוּר ׀ מִנִּי־
לא חֹשֶׁךְ יֹנַקְתּוֹ תְּיַבֵּשׁ שַׁלְהָבֶת וְיָסוּר בְּרוּחַ פִּיו׃ אַל־יַאֲמֵן בַּשָּׁו
לב נִתְעָה כִּי־שָׁוְא תִּהְיֶה תְמוּרָתוֹ׃ בְּלֹא־יוֹמוֹ תִּמָּלֵא וְכִפָּתוֹ לֹא
לג לד רַעֲנָנָה׃ יַחְמֹס כַּגֶּפֶן בִּסְרוֹ וְיַשְׁלֵךְ כַּזַּיִת נִצָּתוֹ׃ כִּי־עֲדַת חָנֵף
לה גַּלְמוּד וְאֵשׁ אָכְלָה אָהֳלֵי־שֹׁחַד׃ הָרֹה עָמָל וְיָלֹד אָוֶן וּבִטְנָם
טז א ב תָּכִין מִרְמָה׃ וַיַּעַן אִיּוֹב וַיֹּאמַר׃ שָׁמַעְתִּי כְאֵלֶּה
ג רַבּוֹת מְנַחֲמֵי עָמָל כֻּלְּכֶם׃ הֲקֵץ לְדִבְרֵי־רוּחַ אוֹ מַה־יַּמְרִיצְךָ
ד כִּי תַעֲנֶה׃ גַּם ׀ אָנֹכִי כָּכֶם אֲדַבֵּרָה לוּ־יֵשׁ נַפְשְׁכֶם תַּחַת
נַפְשִׁי אַחְבִּירָה עֲלֵיכֶם בְּמִלִּים וְאָנִיעָה עֲלֵיכֶם בְּמוֹ רֹאשִׁי׃
ה ו אֲאַמִּצְכֶם בְּמוֹ־פִי וְנִיד שְׂפָתַי יַחְשֹׂךְ׃ אִם־אֲדַבְּרָה לֹא־יֵחָשֵׂךְ
ז כְּאֵבִי וְאַחְדְּלָה מַה־מִנִּי יַהֲלֹךְ׃ אַךְ־עַתָּה הֶלְאָנִי הֲשִׁמּוֹתָ כָּל־
ח ט עֲדָתִי׃ וַתִּקְמְטֵנִי לְעֵד הָיָה וַיָּקָם בִּי כַחֲשִׁי בְּפָנַי יַעֲנֶה׃ אַפּוֹ
י טָרַף ׀ וַיִּשְׂטְמֵנִי חָרַק עָלַי בְּשִׁנָּיו צָרִי ׀ יִלְטוֹשׁ עֵינָיו לִי׃ פָּעֲרוּ
יא עָלַי ׀ בְּפִיהֶם בְּחֶרְפָּה הִכּוּ לְחָיָי יַחַד עָלַי יִתְמַלָּאוּן׃ יַסְגִּירֵנִי
יב אֵל אֶל עֲוִיל וְעַל־יְדֵי רְשָׁעִים יִרְטֵנִי׃ שָׁלֵו הָיִיתִי ׀ וַיְפַרְפְּרֵנִי
יג וְאָחַז בְּעָרְפִּי וַיְפַצְפְּצֵנִי וַיְקִימֵנִי לוֹ לְמַטָּרָה׃ יָסֹבּוּ עָלַי ׀ רַבָּיו
יד יְפַלַּח כִּלְיוֹתַי וְלֹא יַחְמֹל יִשְׁפֹּךְ לָאָרֶץ מְרֵרָתִי׃ יִפְרְצֵנִי פֶרֶץ
טו עַל־פְּנֵי־פָרֶץ יָרֻץ עָלַי כְּגִבּוֹר׃ שַׂק תָּפַרְתִּי עֲלֵי גִלְדִּי וְעֹלַלְתִּי
טז יז בֶעָפָר קַרְנִי׃ פָּנַי חמרמרה מִנִּי־בֶכִי וְעַל עַפְעַפַּי צַלְמָוֶת׃ עַל חֳמַרְמְרוּ
יח לֹא־חָמָס בְּכַפָּי וּתְפִלָּתִי זַכָּה׃ אֶרֶץ אַל־תְּכַסִּי דָמִי וְאַל־יְהִי

יט מָקוֹם לְזַעֲקָתִי׃ גַּם־עַתָּה הִנֵּה־בַשָּׁמַיִם עֵדִי וְשָׂהֲדִי בַּמְּרוֹמִים׃
כ כא מְלִיצַי רֵעָי אֶל־אֱלוֹהַּ דָּלְפָה עֵינִי׃ וְיוֹכַח לְגֶבֶר עִם־אֱלוֹהַּ
כב וּבֶן־אָדָם לְרֵעֵהוּ׃ כִּי־שְׁנוֹת מִסְפָּר יֶאֱתָיוּ וְאֹרַח לֹא־אָשׁוּב
יז א ב אֶהֱלֹךְ׃ רוּחִי חֻבָּלָה יָמַי נִזְעָכוּ קְבָרִים לִי׃ אִם־לֹא הֲתֻלִים
ג עִמָּדִי וּבְהַמְּרוֹתָם תָּלַן עֵינִי׃ שִׂימָה־נָּא עָרְבֵנִי עִמָּךְ מִי הוּא
ד ה לְיָדִי יִתָּקֵעַ׃ כִּי־לִבָּם צָפַנְתָּ מִּשָּׂכֶל עַל־כֵּן לֹא תְרֹמֵם׃ לְחֵלֶק
ו יַגִּיד רֵעִים וְעֵינֵי בָנָיו תִּכְלֶנָה׃ וְהִצִּגַנִי לִמְשֹׁל עַמִּים וְתֹפֶת
ז ח לְפָנִים אֶהְיֶה׃ וַתֵּכַהּ מִכַּעַשׂ עֵינִי וִיצֻרַי כַּצֵּל כֻּלָּם׃ יָשֹׁמּוּ
ט יְשָׁרִים עַל־זֹאת וְנָקִי עַל־חָנֵף יִתְעֹרָר׃ וְיֹאחֵז צַדִּיק דַּרְכּוֹ ד
י וּטֳהָר־יָדַיִם יֹסִיף אֹמֶץ׃ וְאוּלָם כֻּלָּם תָּשֻׁבוּ וּבֹאוּ נָא וְלֹא־
יא אֶמְצָא בָכֶם חָכָם׃ יָמַי עָבְרוּ זִמֹּתַי נִתְּקוּ מוֹרָשֵׁי לְבָבִי׃
יב יג לַיְלָה לְיוֹם יָשִׂימוּ אוֹר קָרוֹב מִפְּנֵי־חֹשֶׁךְ׃ אִם־אֲקַוֶּה שְׁאוֹל
יד בֵּיתִי בַּחֹשֶׁךְ רִפַּדְתִּי יְצוּעָי׃ לַשַּׁחַת קָרָאתִי אָבִי אָתָּה אִמִּי
טו טז וַאֲחֹתִי לָרִמָּה׃ וְאַיֵּה אֵפוֹ תִקְוָתִי וְתִקְוָתִי מִי יְשׁוּרֶנָּה׃ בַּדֵּי שְׁאֹל
יח א תֵּרַדְנָה אִם־יַחַד עַל־עָפָר נָחַת׃ וַיַּעַן בִּלְדַּד
ב הַשֻּׁחִי וַיֹּאמַר׃ עַד־אָנָה ׀ תְּשִׂימוּן קִנְצֵי לְמִלִּין תָּבִינוּ וְאַחַר
ג ד נְדַבֵּר׃ מַדּוּעַ נֶחְשַׁבְנוּ כַבְּהֵמָה נִטְמִינוּ בְּעֵינֵיכֶם׃ טֹרֵף נַפְשׁוֹ
ה בְּאַפּוֹ הַלְמַעַנְךָ תֵּעָזַב אָרֶץ וְיֶעְתַּק־צוּר מִמְּקֹמוֹ׃ גַּם אוֹר רְשָׁעִים
ו יִדְעָךְ וְלֹא־יִגַּהּ שְׁבִיב אִשּׁוֹ׃ אוֹר חָשַׁךְ בְּאָהֳלוֹ וְנֵרוֹ עָלָיו יִדְעָךְ׃
ז ח יֵצְרוּ צַעֲדֵי אוֹנוֹ וְתַשְׁלִיכֵהוּ עֲצָתוֹ׃ כִּי־שֻׁלַּח בְּרֶשֶׁת בְּרַגְלָיו
ט י וְעַל־שְׂבָכָה יִתְהַלָּךְ׃ יֹאחֵז בְּעָקֵב פָּח יַחֲזֵק עָלָיו צַמִּים׃ טָמוּן
יא בָּאָרֶץ חַבְלוֹ וּמַלְכֻּדְתּוֹ עֲלֵי נָתִיב׃ סָבִיב בִּעֲתֻהוּ בַלָּהוֹת
יב יג וֶהֱפִיצֻהוּ לְרַגְלָיו׃ יְהִי־רָעֵב אֹנוֹ וְאֵיד נָכוֹן לְצַלְעוֹ׃ יֹאכַל בַּדֵּי
יד עוֹרוֹ יֹאכַל בַּדָּיו בְּכוֹר מָוֶת׃ יִנָּתֵק מֵאָהֳלוֹ מִבְטַחוֹ וְתַצְעִדֵהוּ
טו לְמֶלֶךְ בַּלָּהוֹת׃ תִּשְׁכּוֹן בְּאָהֳלוֹ מִבְּלִי־לוֹ יְזֹרֶה עַל־נָוֵהוּ גָפְרִית׃
טז יז מִתַּחַת שָׁרָשָׁיו יִבָשׁוּ וּמִמַּעַל יִמַּל קְצִירוֹ׃ זִכְרוֹ־אָבַד מִנִּי־אָרֶץ
יח וְלֹא־שֵׁם לוֹ עַל־פְּנֵי־חוּץ׃ יֶהְדְּפֻהוּ מֵאוֹר אֶל־חֹשֶׁךְ וּמִתֵּבֵל

ינדהו: לא נין לו ולא־נכד בעמו ואין שריד במגוריו: על־ יט כ
יומו נשמו אחרנים וקדמנים אחזו שער: אך־אלה משכנות כא
עול וזה מקום לא־ידע־אל: ויען איוב ויאמר: א יט
עד־אנה תוגיון נפשי ותדכאונני במלים: זה עשר פעמים ב ג
תכלימוני לא־תבשו תהכרו־לי: ואף־אמנם שגיתי אתי ד
תלין משוגתי: אם־אמנם עלי תגדילו ותוכיחו עלי חרפתי: ה
דעו־אפו כי־אלוה עותני ומצודו עלי הקיף: הן אצעק חמס ו ז
ולא אענה אשוע ואין משפט: ארחי גדר ולא אעבור ועל־ ח
נתיבותי חשך ישים: כבודי מעלי הפשיט ויסר עטרת ראשי: ט
יתצני סביב ואלך ויסע כעץ תקותי: ויחר עלי אפו ויחשבני י יא
לו כצריו: יחד ׀ יבאו גדודיו ויסלו עלי דרכם ויחנו סביב יב
לאהלי: אחי מעלי הרחיק וידעי אך־זרו ממני: חדלו קרובי יג יד
ומידעי שכחוני: גרי ביתי ואמהתי לזר תחשבני נכרי הייתי טו
בעיניהם: לעבדי קראתי ולא יענה במו־פי אתחנן־לו: רוחי טז יז
זרה לאשתי וחנתי לבני בטני: גם־עוילים מאסו בי אקומה יח
וידברו־בי: תעבוני כל־מתי סודי וזה־אהבתי נהפכו־בי: יט
בעורי ובבשרי דבקה עצמי ואתמלטה בעור שני: חנני חנני כ כא
אתם רעי כי יד־אלוה נגעה בי: למה תרדפני כמו־אל כב
ומבשרי לא תשבעו: מי־יתן אפו ויכתבון מלי מי־יתן בספר כג
ויחקו: בעט־ברזל ועפרת לעד בצור יחצבון: ואני ידעתי כד כה
גאלי חי ואחרון על־עפר יקום: ואחר עורי נקפו־זאת ומבשרי כו
אחזה אלוה: אשר אני ׀ אחזה־לי ועיני ראו ולא־זר כלו כז
כליתי בחקי: כי תאמרו מה־נרדף־לו ושרש דבר נמצא־בי: כח
גורו לכם ׀ מפני־חרב כי־חמה עונות חרב למען תדעון כט
שדון   שדין: ויען צופר הנעמתי ויאמר: לכן שעפי א ב כ
ישיבוני ובעבור חושי בי: מוסר כלמתי אשמע ורוח מבינתי ג
יענני: הזאת ידעת מני־עד מני שים אדם עלי־ארץ: כי ד ה

ו רננת רשעים מקרוב ושמחת חנף עדי־רגע: אם־יעלה
ז לשמים שיאו וראשו לעב יגיע: כגללו לנצח יאבד ראיו
ח יאמרו איו: כחלום יעוף ולא ימצאהו וידד כחזיון לילה:
ט י עין שזפתו ולא תוסיף ולא־עוד תשורנו מקומו: בניו ירצו
יא דלים וידיו תשבנה אונו: עצמותיו מלאו עלומו ועמו על־
יב עפר תשכב: אם־תמתיק בפיו רעה יכחידנה תחת לשונו:
יג יד יחמל עליה ולא יעזבנה וימנענה בתוך חכו: לחמו במעיו
טו נהפך מרורת פתנים בקרבו: חיל בלע ויקאנו מבטנו ירשנו
טז יז אל: ראש־פתנים יינק תהרגהו לשון אפעה: אל־ירא
יח בפלגות נהרי נחלי דבש וחמאה: משיב יגע ולא יבלע כחיל
יט תמורתו ולא יעלס: כי־רצץ עזב דלים בית גזל ולא יבנהו:
כ כא כי ׀ לא־ידע שלו בבטנו בחמודו לא ימלט: אין־שריד לאכלו
כב על־כן לא־יחיל טובו: במלאות שפקו יצר לו כל־יד עמל
כג תבואנו: יהי ׀ למלא בטנו ישלח־בו חרון אפו וימטר עלימו
כד כה בלחומו: יברח מנשק ברזל תחלפהו קשת נחושה: שלף
כו ויצא מגוה וברק ממררתו יהלך עליו אמים: כל־חשך טמון
כז לצפוניו תאכלהו אש לא־נפח ירע שריד באהלו: יגלו שמים
כח עונו וארץ מתקוממה לו: יגל יבול ביתו נגרות ביום אפו:
כא כט א זה ׀ חלק־אדם רשע מאלהים ונחלת אמרו מאל: ויען
ב איוב ויאמר: שמעו שמוע מלתי ותהי־זאת תנחומתיכם:
ג ד שאוני ואנכי אדבר ואחר דברי תלעיג: האנכי לאדם שיחי
ה ואם־מדוע לא־תקצר רוחי: פנו־אלי והשמו ושימו יד על־פה:
ו ז ואם־זכרתי ונבהלתי ואחז בשרי פלצות: מדוע רשעים יחיו
ח עתקו גם־גברו חיל: זרעם נכון לפניהם עמם וצאצאיהם
ט י לעיניהם: בתיהם שלום מפחד ולא שבט אלוה עליהם: שורו
יא עבר ולא יגעל תפלט פרתו ולא תשכל: ישלחו כצאן
יב עויליהם וילדיהם ירקדון: ישאו כתף וכנור וישמחו לקול

יְכַלּוּ

עוּגָב׃ יְבַלּוּ בַטּוֹב יְמֵיהֶם וּבְרֶגַע שְׁאוֹל יֵחָתּוּ׃ וַיֹּאמְרוּ לָאֵל יג יד
סוּר מִמֶּנּוּ וְדַעַת דְּרָכֶיךָ לֹא חָפָצְנוּ׃ מַה־שַׁדַּי כִּי־נַעַבְדֶנּוּ טו
וּמַה־נּוֹעִיל כִּי נִפְגַּע־בּוֹ׃ הֵן לֹא בְיָדָם טוּבָם עֲצַת רְשָׁעִים טז
רָחֲקָה מֶנִּי׃ כַּמָּה ׀ נֵר־רְשָׁעִים יִדְעָךְ וְיָבֹא עָלֵימוֹ אֵידָם חֲבָלִים יז
יְחַלֵּק בְּאַפּוֹ׃ יִהְיוּ כְּתֶבֶן לִפְנֵי־רוּחַ וּכְמֹץ גְּנָבַתּוּ סוּפָה׃ אֱלוֹהַּ יח יט
יִצְפֹּן־לְבָנָיו אוֹנוֹ יְשַׁלֵּם אֵלָיו וְיֵדָע׃ יִרְאוּ עֵינָו כִּידוֹ וּמֵחֲמַת כ
שַׁדַּי יִשְׁתֶּה׃ כִּי מַה־חֶפְצוֹ בְּבֵיתוֹ אַחֲרָיו וּמִסְפַּר חֳדָשָׁיו חֻצָּצוּ׃ כא
הַלְאֵל יְלַמֶּד־דָּעַת וְהוּא רָמִים יִשְׁפּוֹט׃ זֶה יָמוּת בְּעֶצֶם תֻּמּוֹ כב כג
כֻּלּוֹ שַׁלְאֲנַן וְשָׁלֵיו׃ עֲטִינָיו מָלְאוּ חָלָב וּמֹחַ עַצְמוֹתָיו יְשֻׁקֶּה׃ כד
וְזֶה יָמוּת בְּנֶפֶשׁ מָרָה וְלֹא־אָכַל בַּטּוֹבָה׃ יַחַד עַל־עָפָר יִשְׁכָּבוּ כה כו
וְרִמָּה תְּכַסֶּה עֲלֵיהֶם׃ הֵן יָדַעְתִּי מַחְשְׁבוֹתֵיכֶם וּמְזִמּוֹת עָלַי כז
תַּחְמֹסוּ׃ כִּי תֹאמְרוּ אַיֵּה בֵית־נָדִיב וְאַיֵּה אֹהֶל ׀ מִשְׁכְּנוֹת כח
רְשָׁעִים׃ הֲלֹא שְׁאֶלְתֶּם עוֹבְרֵי דָרֶךְ וְאֹתֹתָם לֹא תְנַכֵּרוּ׃ כִּי כט ל
לְיוֹם אֵיד יֵחָשֶׂךְ רָע לְיוֹם עֲבָרוֹת יוּבָלוּ׃ מִי־יַגִּיד עַל־פָּנָיו לא
דַּרְכּוֹ וְהוּא־עָשָׂה מִי יְשַׁלֶּם־לוֹ׃ וְהוּא לִקְבָרוֹת יוּבָל וְעַל־ לב
גָּדִישׁ יִשְׁקוֹד׃ מָתְקוּ־לוֹ רִגְבֵי נָחַל וְאַחֲרָיו כָּל־אָדָם יִמְשׁוֹךְ לג
וּלְפָנָיו אֵין מִסְפָּר׃ וְאֵיךְ תְּנַחֲמוּנִי הָבֶל וּתְשׁוּבֹתֵיכֶם נִשְׁאַר־ לד
מָעַל׃ וַיַּעַן אֱלִיפַז הַתֵּימָנִי וַיֹּאמַר׃ הַלְאֵל יִסְכָּן־ א ב כב
גָּבֶר כִּי־יִסְכֹּן עָלֵימוֹ מַשְׂכִּיל׃ הַחֵפֶץ לְשַׁדַּי כִּי תִצְדָּק וְאִם־ ג
בֶּצַע כִּי־תַתֵּם דְּרָכֶיךָ׃ הֲמִיִּרְאָתְךָ יֹכִיחֶךָ יָבוֹא עִמְּךָ בַּמִּשְׁפָּט׃ ד
הֲלֹא רָעָתְךָ רַבָּה וְאֵין־קֵץ לַעֲוֺנֹתֶיךָ׃ כִּי־תַחְבֹּל אַחֶיךָ חִנָּם ה ו
וּבִגְדֵי עֲרוּמִּים תַּפְשִׁיט׃ לֹא־מַיִם עָיֵף תַּשְׁקֶה וּמֵרָעֵב תִּמְנַע־ ז
לָחֶם׃ וְאִישׁ זְרוֹעַ לוֹ הָאָרֶץ וּנְשׂוּא פָנִים יֵשֶׁב בָּהּ׃ אַלְמָנוֹת ח ט
שִׁלַּחְתָּ רֵיקָם וּזְרֹעוֹת יְתֹמִים יְדֻכָּא׃ עַל־כֵּן סְבִיבוֹתֶיךָ פַחִים י
וִיבַהֶלְךָ פַּחַד פִּתְאֹם׃ אוֹ־חֹשֶׁךְ לֹא־תִרְאֶה וְשִׁפְעַת־מַיִם יא
תְּכַסֶּךָּ׃ הֲלֹא־אֱלוֹהַּ גֹּבַהּ שָׁמָיִם וּרְאֵה רֹאשׁ כּוֹכָבִים כִּי־ יב
רָמּוּ׃ וְאָמַרְתָּ מַה־יָּדַע אֵל הַבְעַד עֲרָפֶל יִשְׁפּוֹט׃ עָבִים סֵתֶר־ יג יד

טו לוֹ וְלֹא יִרְאֶה וְחוּג שָׁמַיִם יִתְהַלָּךְ׃ הַאֹרַח עוֹלָם תִּשְׁמֹר
טז אֲשֶׁר דָּרְכוּ מְתֵי־אָוֶן׃ אֲשֶׁר־קֻמְּטוּ וְלֹא־עֵת נָהָר יוּצַק יְסוֹדָם׃
יז יח הָאֹמְרִים לָאֵל סוּר מִמֶּנּוּ וּמַה־יִּפְעַל שַׁדַּי לָמוֹ׃ וְהוּא מִלֵּא
יט בָתֵּיהֶם טוֹב וַעֲצַת רְשָׁעִים רָחֲקָה מֶנִּי׃ יִרְאוּ צַדִּיקִים וְיִשְׂמָחוּ
כ וְנָקִי יִלְעַג־לָמוֹ׃ אִם־לֹא נִכְחַד קִימָנוּ וְיִתְרָם אָכְלָה אֵשׁ׃
כא כב הַסְכֶּן־נָא עִמּוֹ וּשְׁלָם בָּהֶם תְּבוֹאַתְךָ טוֹבָה׃ קַח־נָא מִפִּיו
כג תּוֹרָה וְשִׂים אֲמָרָיו בִּלְבָבֶךָ׃ אִם־תָּשׁוּב עַד־שַׁדַּי תִּבָּנֶה
כד תַּרְחִיק עַוְלָה מֵאָהֳלֶךָ׃ וְשִׁית־עַל־עָפָר בָּצֶר וּבְצוּר נְחָלִים
כה כו אוֹפִיר׃ וְהָיָה שַׁדַּי בְּצָרֶיךָ וְכֶסֶף תּוֹעָפוֹת לָךְ׃ כִּי־אָז עַל־
כז שַׁדַּי תִּתְעַנָּג וְתִשָּׂא אֶל־אֱלוֹהַּ פָּנֶיךָ׃ תַּעְתִּיר אֵלָיו וְיִשְׁמָעֶךָּ
כח וּנְדָרֶיךָ תְשַׁלֵּם׃ וְתִגְזַר־אֹמֶר וְיָקָם לָךְ וְעַל־דְּרָכֶיךָ נָגַהּ אוֹר׃
כט ל כִּי־הִשְׁפִּילוּ וַתֹּאמֶר גֵּוָה וְשַׁח עֵינַיִם יוֹשִׁעַ׃ יְמַלֵּט אִי־נָקִי ה
כג א ב וְנִמְלַט בְּבֹר כַּפֶּיךָ׃ וַיַּעַן אִיּוֹב וַיֹּאמַר׃ גַּם־
ג הַיּוֹם מְרִי שִׂחִי יָדִי כָּבְדָה עַל־אַנְחָתִי׃ מִי־יִתֵּן יָדַעְתִּי וְאֶמְצָאֵהוּ
ד אָבוֹא עַד־תְּכוּנָתוֹ׃ אֶעֶרְכָה לְפָנָיו מִשְׁפָּט וּפִי אֲמַלֵּא תוֹכָחוֹת׃
ה ו אֵדְעָה מִלִּים יַעֲנֵנִי וְאָבִינָה מַה־יֹּאמַר לִי׃ הַבְּרָב־כֹּחַ יָרִיב
ז עִמָּדִי לֹא אַךְ־הוּא יָשִׂם בִּי׃ שָׁם יָשָׁר נוֹכָח עִמּוֹ וַאֲפַלְּטָה
ח לָנֶצַח מִשֹּׁפְטִי׃ הֵן קֶדֶם אֶהֱלֹךְ וְאֵינֶנּוּ וְאָחוֹר וְלֹא־אָבִין לוֹ׃
ט י שְׂמֹאול בַּעֲשֹׂתוֹ וְלֹא־אָחַז יַעְטֹף יָמִין וְלֹא אֶרְאֶה׃ כִּי־יָדַע
יא דֶּרֶךְ עִמָּדִי בְּחָנַנִי כַּזָּהָב אֵצֵא׃ בַּאֲשֻׁרוֹ אָחֲזָה רַגְלִי דַּרְכּוֹ
יב שָׁמַרְתִּי וְלֹא־אָט׃ מִצְוַת שְׂפָתָיו וְלֹא אָמִישׁ מֵחֻקִּי צָפַנְתִּי
יג יד אִמְרֵי־פִיו׃ וְהוּא בְאֶחָד וּמִי יְשִׁיבֶנּוּ וְנַפְשׁוֹ אִוְּתָה וַיָּעַשׂ׃ כִּי
טו יַשְׁלִים חֻקִּי וְכָהֵנָּה רַבּוֹת עִמּוֹ׃ עַל־כֵּן מִפָּנָיו אֶבָּהֵל אֶתְבּוֹנֵן
טז יז וְאֶפְחַד מִמֶּנּוּ׃ וְאֵל הֵרַךְ לִבִּי וְשַׁדַּי הִבְהִילָנִי׃ כִּי־לֹא נִצְמַתִּי
כד א מִפְּנֵי־חֹשֶׁךְ וּמִפָּנַי כִּסָּה־אֹפֶל׃ מַדּוּעַ מִשַּׁדַּי לֹא־
ב נִצְפְּנוּ עִתִּים וְיֹדְעוֹ לֹא־חָזוּ יָמָיו׃ גְּבֻלוֹת יַשִּׂיגוּ עֵדֶר גָּזְלוּ
ג ד וַיִּרְעוּ׃ חֲמוֹר יְתוֹמִים יִנְהָגוּ יַחְבְּלוּ שׁוֹר אַלְמָנָה׃ יַטּוּ אֶבְיֹנִים

מדרך יחד חבאו ענוי־ארץ: הן פראים ׀ במדבר יצאו בפעלם ה — עניי־
משחרי לטרף ערבה לו לחם לנערים: בשדה בלילו יקצירו ו — יקצורו
וכרם רשע ילקשו: ערום ילינו מבלי לבוש ואין כסות ז
בקרה: מזרם הרים ירטבו ומבלי מחסה חבקו־צור: יגזלו ח ט
משד יתום ועל־עני יחבלו: ערום הלכו בלי לבוש ורעבים י
נשאו עמר: בין־שורתם יצהירו יקבים דרכו ויצמאו: יא
מעיר מתים ׀ ינאקו ונפש־חללים תשוע ואלוה לא־ישים יב
תפלה: המה ׀ היו במרדי אור לא־הכירו דרכיו ולא ישבו יג
בנתיבתיו: לאור יקום רוצח יקטל־עני ואביון ובלילה יהי יד
כגנב: ועין נאף ׀ שמרה נשף לאמר לא־תשורני עין וסתר טו
פנים ישים: חתר בחשך בתים יומם חתמו־למו לא־ידעו טז
אור: כי יחדו ׀ בקר למו צלמות כי־יכיר בלהות צלמות: יז
קל־הוא ׀ על־פני־מים תקלל חלקתם בארץ לא־יפנה דרך יח
כרמים: ציה גם־חם יגזלו מימי־שלג שאול חטאו: ישכחהו יט כ
רחם ׀ מתקו רמה עוד לא־יזכר ותשבר כעץ עולה: רעה כא
עקרה לא תלד ואלמנה לא ייטיב: ומשך אבירים בכחו כב
יקום ולא־יאמין בחיין: יתן־לו לבטח וישען ועיניהו כג
על־דרכיהם: רומו מעט ׀ ואיננו והמכו ככל יקפצון כד
וכראש שבלת ימלו: ואם־לא אפו מי יכזיבני וישם לאל כה
מלתי: ויען בלדד השחי ויאמר: המשל ופחד א ב כה
עמו עשה שלום במרומיו: היש מספר לגדודיו ועל־מי לא־ ג
יקום אורהו: ומה־יצדק אנוש עם־אל ומה־יזכה ילוד אשה: ד
הן עד־ירח ולא יאהיל וכוכבים לא־זכו בעיניו: אף כי־ ה ו
אנוש רמה ובן־אדם תולעה: ויען איוב ויאמר: א כו
מה־עזרת ללא־כח הושעת זרוע לא־עז: מה־יעצת ללא ב ג
חכמה ותושיה לרב הודעת: את־מי הגדת מלין ונשמת־ ד
מי יצאה ממך: הרפאים יחוללו מתחת מים ושכניהם: ה

ז ערום שאול נגדו ואין כסות לאבדון: נטה צפון על־תהו
ח תלה ארץ על־בלימה: צרר מים בעביו ולא־נבקע ענן
ט י תחתם: מאחז פני־כסה פרשז עליו עננו: חק־חג על־פני־
יא מים עד־תכלית אור עם־חשך: עמודי שמים ירופפו ויתמהו
יב יג מגערתו: בכחו רגע הים ובתובנתו מחץ רהב: ברוחו שמים ובתבונתו
יד שפרה חללה ידו נחש ברח: הן־אלה ׀ קצות דרכו ומה־שמץ
כז א דבר נשמע־בו ורעם גבורתו מי יתבונן: ויסף
ב איוב שאת משלו ויאמר: חי־אל הסיר משפטי ושדי המר
ג ד נפשי: כי־כל־עוד נשמתי בי ורוח אלוה באפי: אם־תדברנה
ה שפתי עולה ולשוני אם־יהגה רמיה: חלילה לי אם־אצדיק
ו אתכם עד־אגוע לא־אסיר תמתי ממני: בצדקתי החזקתי
ז ולא ארפה לא־יחרף לבבי מימי: יהי כרשע איבי ומתקוממי
ח כעול: כי מה־תקות חנף כי יבצע כי ישל אלוה נפשו:
ט י הצעקתו ישמע ׀ אל כי־תבוא עליו צרה: אם־על־שדי
יא יתענג יקרא אלוה בכל־עת: אורה אתכם ביד־אל אשר
יב עם־שדי לא אכחד: הן אתם כלכם חזיתם ולמה־זה הבל
יג תהבלו: זה ׀ חלק־אדם רשע ׀ עם־אל ונחלת עריצים משדי
יד יקחו: אם־ירבו בניו למו־חרב וצאצאיו לא ישבעו־לחם:
טו טז שרידיו במות יקברו ואלמנתיו לא תבכינה: אם־יצבר כעפר
יז כסף וכחמר יכין מלבוש: יכין וצדיק ילבש וכסף נקי
יח יט יחלק: בנה כעש ביתו וכסכה עשה נצר: עשיר ישכב ולא
כ יאסף עיניו פקח ואיננו: תשיגהו כמים בלהות לילה גנבתו
כא כב סופה: ישאהו קדים וילך וישערהו ממקמו: וישלך עליו
כג ולא יחמל מידו ברוח יברח: ישפק עלימו כפימו וישרק
כח א ב עליו ממקמו: כי יש לכסף מוצא ומקום לזהב יזקו: ברזל
ג מעפר יקח ואבן יצוק נחושה: קץ ׀ שם לחשך ולכל־תכלית
ד הוא חוקר אבן אפל וצלמות: פרץ נחל ׀ מעם־גר הנשכחים

מני־רגל דלו מאנוש נעו׃ ארץ ממנה יצא־לחם ותחתיה ה
נהפך כמו־אש׃ מקום־ספיר אבניה ועפרת זהב לו׃ נתיב ו ז
לא־ידעו עיט ולא שזפתו עין איה׃ לא־הדריכוהו בני־שחץ ח
לא־עדה עליו שחל׃ בחלמיש שלח ידו הפך משרש הרים׃ ט
בצורות יארים בקע וכל־יקר ראתה עינו׃ מבכי נהרות י יא
חבש ותעלמה יצא אור׃ והחכמה מאין תמצא יב
ואי זה מקום בינה׃ לא־ידע אנוש ערכה ולא תמצא יג
בארץ החיים׃ תהום אמר לא בי־היא וים אמר אין יד
עמדי׃ לא־יתן סגור תחתיה ולא ישקל כסף מחירה׃ לא־ טו טז
תסלה בכתם אופיר בשהם יקר וספיר׃ לא־יערכנה זהב יז
וזכוכית ותמורתה כלי־פז׃ ראמות וגביש לא יזכר ומשך יח
חכמה מפנינים׃ לא־יערכנה פטדת־כוש בכתם טהור לא יט
תסלה׃ והחכמה מאין תבוא ואי זה מקום כ
בינה׃ ונעלמה מעיני כל־חי ומעוף השמים נסתרה׃ אבדון כא כב
ומות אמרו באזנינו שמענו שמעה׃ אלהים הבין דרכה כג
והוא ידע את־מקומה׃ כי־הוא לקצות־הארץ יביט תחת כד
כל־השמים יראה׃ לעשות לרוח משקל ומים תכן במדה׃ כה
בעשתו למטר חק ודרך לחזיז קלות׃ אז ראה ויספרה כו כז
הכינה וגם־חקרה׃ ויאמר ׀ לאדם הן יראת אדני היא חכמה כח
וסור מרע בינה׃ ויסף איוב שאת משלו ויאמר׃ א כט
מי־יתנני כירחי־קדם כימי אלוה ישמרני׃ בהלו נרו עלי ב ג
ראשי לאורו אלך חשך׃ כאשר הייתי בימי חרפי בסוד ד
אלוה עלי אהלי׃ בעוד שדי עמדי סביבותי נערי׃ ברחץ ה ו
הליכי בחמה וצור יצוק עמדי פלגי־שמן׃ בצאתי שער עלי־ ז
קרת ברחוב אכין מושבי׃ ראוני נערים ונחבאו וישישים ח
קמו עמדו׃ שרים עצרו במלים וכף ישימו לפיהם׃ קול־ ט י
נגידים נחבאו ולשונם לחכם דבקה׃ כי אזן שמעה ותאשרני יא

יב ועין ראתה ותעידני: כי־אמלט עני משוע ויתום ולא־עזר
יג יד לו: ברכת אבד עלי תבא ולב אלמנה ארנן: צדק לבשתי ו
טו וילבשני כמעיל וצניף משפטי: עינים הייתי לעור ורגלים
טז לפסח אני: אב אנכי לאביונים ורב לא־ידעתי אחקרהו:
יז יח ואשברה מתלעות עול ומשניו אשליך טרף: ואמר עם־קני
יט אגוע וכחול ארבה ימים: שרשי פתוח אלי־מים וטל ילין
כ כא בקצירי: כבודי חדש עמדי וקשתי בידי תחליף: לי־שמעו
כב ויחלו וידמו למו עצתי: אחרי דברי לא ישנו ועלימו תטף
כג כד מלתי: ויחלו כמטר לי ופיהם פערו למלקוש: אשחק
כה אלהם לא יאמינו ואור פני לא יפילון: אבחר דרכם ואשב
ל א ראש ואשכון כמלך בגדוד כאשר אבלים ינחם: ועתה ו
שחקו עלי צעירים ממני לימים אשר־מאסתי אבותם לשית
ב עם־כלבי צאני: גם־כח ידיהם למה לי עלימו אבד כלח:
ג בחסר ובכפן גלמוד הערקים ציה אמש שואה ומשאה:
ד ה הקטפים מלוח עלי־שיח ושרש רתמים לחמם: מן־גו יגרשו
ו יריעו עלימו כגנב: בערוץ נחלים לשכן חרי עפר וכפים:
ז ח בין־שיחים ינהקו תחת חרול יספחו: בני־נבל גם־בני בלי־
ט שם נכאו מן־הארץ: ועתה נגינתם הייתי ואהי להם למלה:
י יא תעבוני רחקו מני ומפני לא־חשכו רק: כי־יתרו פתח ויענני יתרי
יב ורסן מפני שלחו: על־ימין פרחח יקומו רגלי שלחו ויסלו עלי
יג ארחות אידם: נתסו נתיבתי להיתי יעילו לא עזר למו: להותי
יד טו כפרץ רחב יאתיו תחת שאה התגלגלו: ההפך עלי בלהות
טז תרדף כרוח נדבתי וכעב עברה ישעתי: ועתה עלי תשתפך
יז נפשי יאחזוני ימי־עני: לילה עצמי נקר מעלי וערקי לא
יח יט ישכבון: ברב־כח יתחפש לבושי כפי כתנתי יאזרני: הרני
כ לחמר ואתמשל כעפר ואפר: אשוע אליך ולא תענני
כא עמדתי ותתבנן בי: תהפך לאכזר לי בעצם ידך תשטמני:

תִּשָּׂאֵנִי אֶל־רוּחַ תַּרְכִּיבֵנִי וּתְמֹגְגֵנִי תשוה: כִּי־יָדַעְתִּי מָוֶת כב כג
תְּשִׁיבֵנִי וּבֵית מוֹעֵד לְכָל־חָי: אַךְ לֹא־בְעִי יִשְׁלַח־יָד אִם־ כד
בְּפִידוֹ לָהֶן שׁוּעַ: אִם־לֹא בָכִיתִי לִקְשֵׁה־יוֹם עָגְמָה נַפְשִׁי כה
לָאֶבְיוֹן: כִּי טוֹב קִוִּיתִי וַיָּבֹא רָע וַאֲיַחֲלָה לְאוֹר וַיָּבֹא אֹפֶל: כו
מֵעַי רֻתְּחוּ וְלֹא־דָמּוּ קִדְּמֻנִי יְמֵי־עֹנִי: קֹדֵר הִלַּכְתִּי בְּלֹא כז כח
חַמָּה קַמְתִּי בַקָּהָל אֲשַׁוֵּעַ: אָח הָיִיתִי לְתַנִּים וְרֵעַ לִבְנוֹת כט
יַעֲנָה: עוֹרִי שָׁחַר מֵעָלָי וְעַצְמִי־חָרָה מִנִּי־חֹרֶב: וַיְהִי לְאֵבֶל ל לא
כִּנֹּרִי וְעֻגָבִי לְקוֹל בֹּכִים: בְּרִית כָּרַתִּי לְעֵינָי וּמָה אֶתְבּוֹנֵן לא א
עַל־בְּתוּלָה: וּמֶה ׀ חֵלֶק אֱלוֹהַּ מִמָּעַל וְנַחֲלַת שַׁדַּי מִמְּרֹמִים: ב
הֲלֹא־אֵיד לְעַוָּל וְנֵכֶר לְפֹעֲלֵי אָוֶן: הֲלֹא־הוּא יִרְאֶה דְרָכָי ג ד
וְכָל־צְעָדַי יִסְפּוֹר: אִם־הָלַכְתִּי עִם־שָׁוְא וַתַּחַשׁ עַל־מִרְמָה ה
רַגְלִי: יִשְׁקְלֵנִי בְמֹאזְנֵי־צֶדֶק וְיֵדַע אֱלוֹהַּ תֻּמָּתִי: אִם־תִּטֶּה ו ז
אַשֻּׁרִי מִנִּי הַדָּרֶךְ וְאַחַר עֵינַי הָלַךְ לִבִּי וּבְכַפַּי דָּבַק מְאוּם:
אֶזְרְעָה וְאַחֵר יֹאכֵל וְצֶאֱצָאַי יְשֹׁרָשׁוּ: אִם־נִפְתָּה לִבִּי עַל־ ח ט
אִשָּׁה וְעַל־פֶּתַח רֵעִי אָרָבְתִּי: תִּטְחַן לְאַחֵר אִשְׁתִּי וְעָלֶיהָ י
יִכְרְעוּן אֲחֵרִין: כִּי־הוא זִמָּה והיא עָוֺן פְּלִילִים: כִּי אֵשׁ הִיא יא יב
עַד־אֲבַדּוֹן תֹּאכֵל וּבְכָל־תְּבוּאָתִי תְשָׁרֵשׁ: אִם־אֶמְאַס מִשְׁפַּט יג
עַבְדִּי וַאֲמָתִי בְּרִבָם עִמָּדִי: וּמָה אֶעֱשֶׂה כִּי־יָקוּם אֵל וְכִי־ יד
יִפְקֹד מָה אֲשִׁיבֶנּוּ: הֲלֹא־בַבֶּטֶן עֹשֵׂנִי עָשָׂהוּ וַיְכֻנֶנּוּ בָּרֶחֶם טו
אֶחָד: אִם־אֶמְנַע מֵחֵפֶץ דַּלִּים וְעֵינֵי אַלְמָנָה אֲכַלֶּה: וְאֹכַל טז יז
פִּתִּי לְבַדִּי וְלֹא־אָכַל יָתוֹם מִמֶּנָּה: כִּי מִנְּעוּרַי גְּדֵלַנִי כְאָב יח
וּמִבֶּטֶן אִמִּי אַנְחֶנָּה: אִם־אֶרְאֶה אוֹבֵד מִבְּלִי לְבוּשׁ וְאֵין כְּסוּת יט
לָאֶבְיוֹן: אִם־לֹא בֵרְכוּנִי חֲלָצָו וּמִגֵּז כְּבָשַׂי יִתְחַמָּם: אִם־ כ כא
הֲנִיפוֹתִי עַל־יָתוֹם יָדִי כִּי־אֶרְאֶה בַשַּׁעַר עֶזְרָתִי: כְּתֵפִי מִשִּׁכְמָה כב
תִפּוֹל וְאֶזְרֹעִי מִקָּנָה תִשָּׁבֵר: כִּי־פַחַד אֵלַי אֵיד אֵל וּמִשְּׂאֵתוֹ כג
לֹא אוּכָל: אִם־שַׂמְתִּי זָהָב כִּסְלִי וְלַכֶּתֶם אָמַרְתִּי מִבְטַחִי: כד
אִם־אֶשְׂמַח כִּי־רַב חֵילִי וְכִי־כַבִּיר מָצְאָה יָדִי: אִם־אֶרְאֶה כה כו

(margin: תֻּשִׁיָּה ; הִיא | וְהוּא)

כז אוֹר כִּי יָהֵל וְיָרֵחַ יָקָר הֹלֵךְ: וַיִּפְתְּ בַּסֵּתֶר לִבִּי וַתִּשַּׁק יָדִי
כח כט לְפִי: גַּם־הוּא עָוֺן פְּלִילִי כִּי־כִחַשְׁתִּי לָאֵל מִמָּעַל: אִם־אֶשְׂמַח
ל בְּפִיד מְשַׂנְאִי וְהִתְעֹרַרְתִּי כִּי־מְצָאוֹ רָע: וְלֹא־נָתַתִּי לַחֲטֹא
לא חִכִּי לִשְׁאֹל בְּאָלָה נַפְשׁוֹ: אִם־לֹא אָמְרוּ מְתֵי אָהֳלִי מִי־יִתֵּן
לב מִבְּשָׂרוֹ לֹא נִשְׂבָּע: בַּחוּץ לֹא־יָלִין גֵּר דְּלָתַי לָאֹרַח אֶפְתָּח:
לג לד אִם־כִּסִּיתִי כְאָדָם פְּשָׁעָי לִטְמוֹן בְּחֻבִּי עֲוֺנִי: כִּי אֶעֱרוֹץ ׀ הָמוֹן
לה רַבָּה וּבוּז־מִשְׁפָּחוֹת יְחִתֵּנִי וָאֶדֹּם לֹא־אֵצֵא פָתַח: מִי יִתֶּן־
לו לִי ׀ שֹׁמֵעַ לִי הֶן־תָּוִי שַׁדַּי יַעֲנֵנִי וְסֵפֶר כָּתַב אִישׁ רִיבִי: אִם־
לז לֹא עַל־שִׁכְמִי אֶשָּׂאֶנּוּ אֶעֶנְדֶנּוּ עֲטָרוֹת לִי: מִסְפַּר צְעָדַי
לח אַגִּידֶנּוּ כְּמוֹ־נָגִיד אֲקָרְבֶנּוּ: אִם־עָלַי אַדְמָתִי תִזְעָק וְיַחַד
לט תְּלָמֶיהָ יִבְכָּיוּן: אִם־כֹּחָהּ אָכַלְתִּי בְלִי־כָסֶף וְנֶפֶשׁ בְּעָלֶיהָ
מ הִפָּחְתִּי: תַּחַת חִטָּה ׀ יֵצֵא חוֹחַ וְתַחַת־שְׂעֹרָה בָאְשָׁה תַּמּוּ
דִּבְרֵי אִיּוֹב:

לב א וַיִּשְׁבְּתוּ שְׁלֹשֶׁת הָאֲנָשִׁים הָאֵלֶּה מֵעֲנוֹת אֶת־אִיּוֹב כִּי הוּא
ב צַדִּיק בְּעֵינָיו: וַיִּחַר אַף ׀ אֱלִיהוּא בֶן־בַּרַכְאֵל
הַבּוּזִי מִמִּשְׁפַּחַת רָם בְּאִיּוֹב חָרָה אַפּוֹ עַל־צַדְּקוֹ נַפְשׁוֹ
ג מֵאֱלֹהִים: וּבִשְׁלֹשֶׁת רֵעָיו חָרָה אַפּוֹ עַל אֲשֶׁר לֹא־מָצְאוּ
ד מַעֲנֶה וַיַּרְשִׁיעוּ אֶת־אִיּוֹב: וֶאֱלִיהוּ חִכָּה אֶת־אִיּוֹב בִּדְבָרִים
ה כִּי זְקֵנִים־הֵמָּה מִמֶּנּוּ לְיָמִים: וַיַּרְא אֱלִיהוּא כִּי אֵין מַעֲנֶה
ו בְּפִי שְׁלֹשֶׁת הָאֲנָשִׁים וַיִּחַר אַפּוֹ: וַיַּעַן ׀ אֱלִיהוּא
בֶּן־בַּרַכְאֵל הַבּוּזִי וַיֹּאמַר צָעִיר אֲנִי לְיָמִים וְאַתֶּם יְשִׁישִׁים
ז עַל־כֵּן זָחַלְתִּי וָאִירָא ׀ מֵחַוֹּת דֵּעִי אֶתְכֶם: אָמַרְתִּי יָמִים
ח יְדַבֵּרוּ וְרֹב שָׁנִים יֹדִיעוּ חָכְמָה: אָכֵן רוּחַ־הִיא בֶאֱנוֹשׁ וְנִשְׁמַת
ט י שַׁדַּי תְּבִינֵם: לֹא־רַבִּים יֶחְכָּמוּ וּזְקֵנִים יָבִינוּ מִשְׁפָּט: לָכֵן
יא אָמַרְתִּי שִׁמְעָה־לִּי אֲחַוֶּה דֵעִי אַף־אָנִי: הֵן הוֹחַלְתִּי ׀ לְדִבְרֵיכֶם
יב אָזִין עַד־תְּבוּנֹתֵיכֶם עַד־תַּחְקְרוּן מִלִּין: וְעָדֵיכֶם אֶתְבּוֹנָן
יג וְהִנֵּה אֵין לְאִיּוֹב מוֹכִיחַ עוֹנֶה אֲמָרָיו מִכֶּם: פֶּן־תֹּאמְרוּ

מָצָאנוּ חָכְמָה אֵל יִדְּפֶנּוּ לֹא־אִישׁ׃ וְלֹא־עָרַךְ אֵלַי מִלִּין יד
וּבְאִמְרֵיכֶם לֹא אֲשִׁיבֶנּוּ׃ חַתּוּ לֹא־עָנוּ עוֹד הֶעְתִּיקוּ מֵהֶם טו
מִלִּים׃ וְהוֹחַלְתִּי כִּי־לֹא יְדַבֵּרוּ כִּי עָמְדוּ לֹא־עָנוּ עוֹד׃ אַעֲנֶה טז יז
אַף־אֲנִי חֶלְקִי אֲחַוֶּה דֵעִי אַף־אָנִי׃ כִּי מָלֵתִי מִלִּים הֱצִיקַתְנִי יח
רוּחַ בִּטְנִי׃ הִנֵּה בִטְנִי כְּיַיִן לֹא־יִפָּתֵחַ כְּאֹבוֹת חֲדָשִׁים יִבָּקֵעַ׃ יט
אֲדַבְּרָה וְיִרְוַח־לִי אֶפְתַּח שְׂפָתַי וְאֶעֱנֶה׃ אַל־נָא אֶשָּׂא פְנֵי־ כ כא
אִישׁ וְאֶל־אָדָם לֹא אֲכַנֶּה׃ כִּי לֹא יָדַעְתִּי אֲכַנֶּה כִּמְעַט יִשָּׂאֵנִי כב
עֹשֵׂנִי׃ וְאוּלָם שְׁמַע־נָא אִיּוֹב מִלָּי וְכָל־דְּבָרַי הַאֲזִינָה׃ הִנֵּה־ א ב לג
נָא פָּתַחְתִּי פִי דִּבְּרָה לְשׁוֹנִי בְחִכִּי׃ יֹשֶׁר־לִבִּי אֲמָרָי וְדַעַת ג
שְׂפָתַי בָּרוּר מִלֵּלוּ׃ רוּחַ־אֵל עָשָׂתְנִי וְנִשְׁמַת שַׁדַּי תְּחַיֵּנִי׃ ד
אִם־תּוּכַל הֲשִׁיבֵנִי עֶרְכָה לְפָנַי הִתְיַצָּבָה׃ הֵן־אֲנִי כְפִיךָ לָאֵל ה ו
מֵחֹמֶר קֹרַצְתִּי גַם־אָנִי׃ הִנֵּה אֵימָתִי לֹא תְבַעֲתֶךָּ וְאַכְפִּי ז
עָלֶיךָ לֹא־יִכְבָּד׃ אַךְ אָמַרְתָּ בְאָזְנָי וְקוֹל מִלִּין אֶשְׁמָע׃ זַךְ ח ט
אֲנִי בְּלִי פָשַׁע חַף אָנֹכִי וְלֹא עָוֺן לִי׃ הֵן תְּנוּאוֹת עָלַי יִמְצָא י
יַחְשְׁבֵנִי לְאוֹיֵב לוֹ׃ יָשֵׂם בַּסַּד רַגְלָי יִשְׁמֹר כָּל־אָרְחֹתָי׃ הֶן־ יא יב
זֹאת לֹא־צָדַקְתָּ אֶעֱנֶךָּ כִּי־יִרְבֶּה אֱלוֹהַּ מֵאֱנוֹשׁ׃ מַדּוּעַ אֵלָיו יג
רִיבוֹתָ כִּי כָל־דְּבָרָיו לֹא־יַעֲנֶה׃ כִּי־בְאַחַת יְדַבֶּר־אֵל וּבִשְׁתַּיִם יד
לֹא יְשׁוּרֶנָּה׃ בַּחֲלוֹם ׀ חֶזְיוֹן לַיְלָה בִּנְפֹל תַּרְדֵּמָה עַל־אֲנָשִׁים טו
בִּתְנוּמוֹת עֲלֵי מִשְׁכָּב׃ אָז יִגְלֶה אֹזֶן אֲנָשִׁים וּבְמֹסָרָם יַחְתֹּם׃ טז
לְהָסִיר אָדָם מַעֲשֶׂה וְגֵוָה מִגֶּבֶר יְכַסֶּה׃ יַחְשֹׂךְ נַפְשׁוֹ מִנִּי־שָׁחַת יז יח
וְר֥וֹב וְחַיָּתוֹ מֵעֲבֹר בַּשָּׁלַח׃ וְהוּכַח בְּמַכְאוֹב עַל־מִשְׁכָּבוֹ וְרִיב יט
עֲצָמָיו אֵתָן׃ וְזִהֲמַתּוּ חַיָּתוֹ לָחֶם וְנַפְשׁוֹ מַאֲכַל תַּאֲוָה׃ יִכֶל כ כא
וְשֻׁפּוּ בְּשָׂרוֹ מֵרֹאִי וְשֻׁפִּי עַצְמוֹתָיו לֹא רֻאּוּ׃ וַתִּקְרַב לַשַּׁחַת נַפְשׁוֹ כב
וְחַיָּתוֹ לַמְמִתִים׃ אִם־יֵשׁ עָלָיו ׀ מַלְאָךְ מֵלִיץ אֶחָד מִנִּי־אָלֶף כג
לְהַגִּיד לְאָדָם יָשְׁרוֹ׃ וַיְחֻנֶּנּוּ וַיֹּאמֶר פְּדָעֵהוּ מֵרֶדֶת שָׁחַת כד
מָצָאתִי כֹפֶר׃ רֻטֲפַשׁ בְּשָׂרוֹ מִנֹּעַר יָשׁוּב לִימֵי עֲלוּמָיו׃ יֶעְתַּר כה כו
אֶל־אֱלוֹהַּ ׀ וַיִּרְצֵהוּ וַיַּרְא פָּנָיו בִּתְרוּעָה וַיָּשֶׁב לֶאֱנוֹשׁ צִדְקָתוֹ׃

כז יָשֹׁר ׀ עַל־אֲנָשִׁים וַיֹּאמֶר חָטָאתִי וְיָשָׁר הֶעֱוֵיתִי וְלֹא־שָׁוָה לִי׃
כח כט פָּדָה נַפְשִׁי מֵעֲבֹר בַּשָּׁחַת וְחַיָּתִי בָּאוֹר תִּרְאֶה׃ הֶן־כָּל־אֵלֶּה נַפְשׁוֹ | וְחַיָּתוֹ
ל יִפְעַל־אֵל פַּעֲמַיִם שָׁלוֹשׁ עִם־גָּבֶר׃ לְהָשִׁיב נַפְשׁוֹ מִנִּי־שָׁחַת
לא לֵאוֹר בְּאוֹר הַחַיִּים׃ הַקְשֵׁב אִיּוֹב שְׁמַע־לִי הַחֲרֵשׁ וְאָנֹכִי
לב לג אֲדַבֵּר׃ אִם־יֵשׁ־מִלִּין הֲשִׁיבֵנִי דַּבֵּר כִּי־חָפַצְתִּי צַדְּקֶךָּ׃ אִם־אַיִן ז
לד א אַתָּה שְׁמַע־לִי הַחֲרֵשׁ וַאֲאַלֶּפְךָ חָכְמָה׃ וַיַּעַן אֱלִיהוּא
ב ג וַיֹּאמַר׃ שִׁמְעוּ חֲכָמִים מִלָּי וְיֹדְעִים הַאֲזִינוּ לִי׃ כִּי־אֹזֶן מִלִּין
ד תִּבְחָן וְחֵךְ יִטְעַם לֶאֱכֹל׃ מִשְׁפָּט נִבְחֲרָה־לָּנוּ נֵדְעָה בֵינֵינוּ מַה־
ה ו טּוֹב׃ כִּי־אָמַר אִיּוֹב צָדַקְתִּי וְאֵל הֵסִיר מִשְׁפָּטִי׃ עַל־מִשְׁפָּטִי
ז אֲכַזֵּב אָנוּשׁ חִצִּי בְלִי־פָשַׁע׃ מִי־גֶבֶר כְּאִיּוֹב יִשְׁתֶּה־לַּעַג כַּמָּיִם׃
ח ט וְאָרַח לְחֶבְרָה עִם־פֹּעֲלֵי אָוֶן וְלָלֶכֶת עִם־אַנְשֵׁי־רֶשַׁע׃ כִּי־
י אָמַר לֹא יִסְכָּן־גָּבֶר בִּרְצֹתוֹ עִם־אֱלֹהִים׃ לָכֵן ׀ אַנְשֵׁי לֵבָב
יא שִׁמְעוּ לִי חָלִלָה לָאֵל מֵרֶשַׁע וְשַׁדַּי מֵעָוֶל׃ כִּי פֹעַל אָדָם
יב יְשַׁלֶּם־לוֹ וּכְאֹרַח אִישׁ יַמְצִאֶנּוּ׃ אַף־אָמְנָם אֵל לֹא־יַרְשִׁיעַ
יג וְשַׁדַּי לֹא־יְעַוֵּת מִשְׁפָּט׃ מִי־פָקַד עָלָיו אָרְצָה וּמִי שָׂם תֵּבֵל
יד טו כֻּלָּהּ׃ אִם־יָשִׂים אֵלָיו לִבּוֹ רוּחוֹ וְנִשְׁמָתוֹ אֵלָיו יֶאֱסֹף׃ יִגְוַע
טז כָּל־בָּשָׂר יָחַד וְאָדָם עַל־עָפָר יָשׁוּב׃ וְאִם־בִּינָה שִׁמְעָה־זֹּאת
יז הַאֲזִינָה לְקוֹל מִלָּי׃ הַאַף שׂוֹנֵא מִשְׁפָּט יַחֲבוֹשׁ וְאִם־צַדִּיק
יח יט כַּבִּיר תַּרְשִׁיעַ׃ הַאֲמֹר לְמֶלֶךְ בְּלִיָּעַל רָשָׁע אֶל־נְדִיבִים׃ אֲשֶׁר
לֹא־נָשָׂא ׀ פְּנֵי שָׂרִים וְלֹא נִכַּר־שׁוֹעַ לִפְנֵי־דָל כִּי־מַעֲשֵׂה יָדָיו
כ כֻּלָּם׃ רֶגַע ׀ יָמֻתוּ וַחֲצוֹת לָיְלָה יְגֹעֲשׁוּ עָם וְיַעֲבֹרוּ וְיָסִירוּ אַבִּיר
כא כב לֹא בְיָד׃ כִּי־עֵינָיו עַל־דַּרְכֵי־אִישׁ וְכָל־צְעָדָיו יִרְאֶה׃ אֵין־
כג חֹשֶׁךְ וְאֵין צַלְמָוֶת לְהִסָּתֶר שָׁם פֹּעֲלֵי אָוֶן׃ כִּי לֹא עַל־אִישׁ
כד יָשִׂים עוֹד לַהֲלֹךְ אֶל־אֵל בַּמִּשְׁפָּט׃ יָרֹעַ כַּבִּירִים לֹא־חֵקֶר
כה וַיַּעֲמֵד אֲחֵרִים תַּחְתָּם׃ לָכֵן יַכִּיר מַעְבָּדֵיהֶם וְהָפַךְ לַיְלָה
כו כז וְיִדַּכָּאוּ׃ תַּחַת־רְשָׁעִים סְפָקָם בִּמְקוֹם רֹאִים׃ אֲשֶׁר עַל־כֵּן
כח סָרוּ מֵאַחֲרָיו וְכָל־דְּרָכָיו לֹא הִשְׂכִּילוּ׃ לְהָבִיא עָלָיו צַעֲקַת־

כט דַּל וְצַעֲקַת עֲנִיִּים יִשְׁמָע׃ וְהוּא יַשְׁקִט ׀ וּמִי יַרְשִׁעַ וְיַסְתֵּר פָּנִים
ל וּמִי יְשׁוּרֶנּוּ וְעַל־גּוֹי וְעַל־אָדָם יָחַד׃ מִמְּלֹךְ אָדָם חָנֵף מִמֹּקְשֵׁי
לא לב עָם׃ כִּי אֶל־אֵל הֶאָמַר נָשָׂאתִי לֹא אֶחְבֹּל׃ בִּלְעֲדֵי אֶחֱזֶה
לג אַתָּה הֹרֵנִי אִם־עָוֶל פָּעַלְתִּי לֹא אֹסִיף׃ הֲמֵעִמְּךָ יְשַׁלְּמֶנָּה ׀
לד כִּי־מָאַסְתָּ כִּי־אַתָּה תִבְחַר וְלֹא־אָנִי וּמַה־יָּדַעְתָּ דַבֵּר׃ אַנְשֵׁי
לה לֵבָב יֹאמְרוּ לִי וְגֶבֶר חָכָם שֹׁמֵעַ לִי׃ אִיּוֹב לֹא־בְדַעַת יְדַבֵּר
לו וּדְבָרָיו לֹא בְהַשְׂכֵּיל׃ אָבִי יִבָּחֵן אִיּוֹב עַד־נֶצַח עַל־תְּשֻׁבֹת
לז בְּאַנְשֵׁי־אָוֶן׃ כִּי יֹסִיף עַל־חַטָּאתוֹ פֶשַׁע בֵּינֵינוּ יִסְפּוֹק וְיֶרֶב
לה א ב אֲמָרָיו לָאֵל׃ וַיַּעַן אֱלִיהוּ וַיֹּאמַר׃ הֲזֹאת חָשַׁבְתָּ
ג לְמִשְׁפָּט אָמַרְתָּ צִדְקִי מֵאֵל׃ כִּי־תֹאמַר מַה־יִּסְכָּן־לָךְ מָה־
ד ה אֹעִיל מֵחַטָּאתִי׃ אֲנִי אֲשִׁיבְךָ מִלִּין וְאֶת־רֵעֶיךָ עִמָּךְ׃ הַבֵּט
ו שָׁמַיִם וּרְאֵה וְשׁוּר שְׁחָקִים גָּבְהוּ מִמֶּךָּ׃ אִם־חָטָאתָ מַה־
ז תִּפְעָל־בּוֹ וְרַבּוּ פְשָׁעֶיךָ מַה־תַּעֲשֶׂה־לּוֹ׃ אִם־צָדַקְתָּ מַה־
ח תִּתֶּן־לוֹ אוֹ מַה־מִיָּדְךָ יִקָּח׃ לְאִישׁ־כָּמוֹךָ רִשְׁעֶךָ וּלְבֶן־אָדָם
ט צִדְקָתֶךָ׃ מֵרֹב עֲשׁוּקִים יַזְעִיקוּ יְשַׁוְּעוּ מִזְּרוֹעַ רַבִּים׃
י יא וְלֹא־אָמַר אַיֵּה אֱלוֹהַּ עֹשָׂי נֹתֵן זְמִרוֹת בַּלָּיְלָה׃ מַלְּפֵנוּ
יב מִבַּהֲמוֹת אָרֶץ וּמֵעוֹף הַשָּׁמַיִם יְחַכְּמֵנוּ׃ שָׁם יִצְעֲקוּ וְלֹא
יג יַעֲנֶה מִפְּנֵי גְּאוֹן רָעִים׃ אַךְ־שָׁוְא לֹא־יִשְׁמַע ׀ אֵל וְשַׁדַּי
יד לֹא יְשׁוּרֶנָּה׃ אַף כִּי־תֹאמַר לֹא תְשׁוּרֶנּוּ דִּין לְפָנָיו וּתְחוֹלֵל
טו טז לוֹ׃ וְעַתָּה כִּי־אַיִן פָּקַד אַפּוֹ וְלֹא־יָדַע בַּפַּשׁ מְאֹד׃ וְאִיּוֹב הֶבֶל
לו א יִפְצֶה־פִּיהוּ בִּבְלִי־דַעַת מִלִּין יַכְבִּר׃ וַיֹּסֶף
ב אֱלִיהוּא וַיֹּאמַר׃ כַּתַּר־לִי זְעֵיר וַאֲחַוֶּךָּ כִּי־עוֹד לֶאֱלוֹהַּ מִלִּים׃
ג ד אֶשָּׂא דֵעִי לְמֵרָחוֹק וּלְפֹעֲלִי אֶתֵּן־צֶדֶק׃ כִּי־אָמְנָם לֹא־שֶׁקֶר
ה מִלָּי תְּמִים דֵּעוֹת עִמָּךְ׃ הֶן־אֵל כַּבִּיר וְלֹא יִמְאָס כַּבִּיר כֹּחַ
ו ז לֵב׃ לֹא־יְחַיֶּה רָשָׁע וּמִשְׁפַּט עֲנִיִּים יִתֵּן׃ לֹא־יִגְרַע מִצַּדִּיק
ח עֵינָיו וְאֶת־מְלָכִים לַכִּסֵּא וַיֹּשִׁיבֵם לָנֶצַח וַיִּגְבָּהוּ׃ וְאִם־אֲסוּרִים
ט בַּזִּקִּים יִלָּכְדוּן בְּחַבְלֵי־עֹנִי׃ וַיַּגֵּד לָהֶם פָּעֳלָם וּפִשְׁעֵיהֶם כִּי

יא יִתְגַּבָּרוּ׃ וַיִּגֶל אָזְנָם לַמּוּסָר וַיֹּאמֶר כִּי־יְשֻׁבוּן מֵאָוֶן׃ אִם־
יב יִשְׁמְעוּ וְיַעֲבֹדוּ יְכַלּוּ יְמֵיהֶם בַּטּוֹב וּשְׁנֵיהֶם בַּנְּעִימִים׃ וְאִם־
יג לֹא יִשְׁמְעוּ בְּשֶׁלַח יַעֲבֹרוּ וְיִגְועוּ כִּבְלִי־דָעַת׃ וְחַנְפֵי־לֵב יָשִׂימוּ
יד אָף לֹא יְשַׁוְּעוּ כִּי אֲסָרָם׃ תָּמֹת בַּנֹּעַר נַפְשָׁם וְחַיָּתָם בַּקְּדֵשִׁים׃
טו טז יְחַלֵּץ עָנִי בְעָנְיוֹ וְיִגֶל בַּלַּחַץ אָזְנָם׃ וְאַף הֲסִיתְךָ ׀ מִפִּי־צָר
יז רַחַב לֹא־מוּצָק תַּחְתֶּיהָ וְנַחַת שֻׁלְחָנְךָ מָלֵא דָשֶׁן׃ וְדִין־רָשָׁע
יח מָלֵאתָ דִּין וּמִשְׁפָּט יִתְמֹכוּ׃ כִּי־חֵמָה פֶּן־יְסִיתְךָ בְסָפֶק וְרָב־
יט כֹּפֶר אַל־יַטֶּךָּ׃ הֲיַעֲרֹךְ שׁוּעֲךָ לֹא בְצָר וְכֹל מַאֲמַצֵּי־כֹחַ׃
כ כא אַל־תִּשְׁאַף הַלָּיְלָה לַעֲלוֹת עַמִּים תַּחְתָּם׃ הִשָּׁמֶר אַל־תֵּפֶן
כב אֶל־אָוֶן כִּי עַל־זֶה בָּחַרְתָּ מֵעֹנִי׃ הֶן־אֵל יַשְׂגִּיב בְּכֹחוֹ מִי
כג כָמֹהוּ מוֹרֶה׃ מִי־פָקַד עָלָיו דַּרְכּוֹ וּמִי־אָמַר פָּעַלְתָּ עַוְלָה׃
כד כה זְכֹר כִּי־תַשְׂגִּיא פָעֳלוֹ אֲשֶׁר שֹׁרְרוּ אֲנָשִׁים׃ כָּל־אָדָם חָזוּ־בוֹ
כו אֱנוֹשׁ יַבִּיט מֵרָחוֹק׃ הֶן־אֵל שַׂגִּיא וְלֹא נֵדָע מִסְפַּר שָׁנָיו וְלֹא־
כז כח חֵקֶר׃ כִּי יְגָרַע נִטְפֵי־מָיִם יָזֹקּוּ מָטָר לְאֵדוֹ׃ אֲשֶׁר־יִזְּלוּ
כט שְׁחָקִים יִרְעֲפוּ עֲלֵי ׀ אָדָם רָב׃ אַף אִם־יָבִין מִפְרְשֵׂי־עָב תְּשֻׁאוֹת
ל לא סֻכָּתוֹ׃ הֵן־פָּרַשׂ עָלָיו אוֹרוֹ וְשָׁרְשֵׁי הַיָּם כִּסָּה׃ כִּי־בָם יָדִין
לב עַמִּים יִתֶּן־אֹכֶל לְמַכְבִּיר׃ עַל־כַּפַּיִם כִּסָּה־אוֹר וַיְצַו עָלֶיהָ
לג לז א בְמַפְגִּיעַ׃ יַגִּיד עָלָיו רֵעוֹ מִקְנֶה אַף עַל־עוֹלֶה׃ אַף־לְזֹאת
ב יֶחֱרַד לִבִּי וְיִתַּר מִמְּקוֹמוֹ׃ שִׁמְעוּ שָׁמוֹעַ בְּרֹגֶז קֹלוֹ וְהֶגֶה מִפִּיו
ג יֵצֵא׃ תַּחַת־כָּל־הַשָּׁמַיִם יִשְׁרֵהוּ וְאוֹרוֹ עַל־כַּנְפוֹת הָאָרֶץ׃
ד אַחֲרָיו ׀ יִשְׁאַג־קוֹל יַרְעֵם בְּקוֹל גְּאוֹנוֹ וְלֹא יְעַקְּבֵם כִּי־יִשָּׁמַע
ה קוֹלוֹ׃ יַרְעֵם אֵל בְּקוֹלוֹ נִפְלָאוֹת עֹשֶׂה גְדֹלוֹת וְלֹא נֵדָע׃
ו כִּי לַשֶּׁלֶג ׀ יֹאמַר הֱוֵא אָרֶץ וְגֶשֶׁם מָטָר וְגֶשֶׁם מִטְרוֹת עֻזּוֹ׃
ז ח בְּיַד־כָּל־אָדָם יַחְתּוֹם לָדַעַת כָּל־אַנְשֵׁי מַעֲשֵׂהוּ׃ וַתָּבוֹא חַיָּה
ט בְמוֹ־אָרֶב וּבִמְעוֹנֹתֶיהָ תִשְׁכֹּן׃ מִן־הַחֶדֶר תָּבוֹא סוּפָה וּמִמְּזָרִים
י יא קָרָה׃ מִנִּשְׁמַת־אֵל יִתֶּן־קָרַח וְרֹחַב מַיִם בְּמוּצָק׃ אַף־בְּרִי
יב יַטְרִיחַ עָב יָפִיץ עֲנַן אוֹרוֹ׃ וְהוּא מְסִבּוֹת ׀ מִתְהַפֵּךְ בְּתַחְבּוּלֹתָו

לפעלם כל אשר יצום | על-פני תבל ארצה: אם-לשבט אם- יג
לארצו אם-לחסד ימצאהו: האזינה זאת איוב עמד והתבונן | יד
נפלאות אל: התדע בשום-אלוה עליהם והופיע אור עננו: טו
התדע על-מפלשי-עב מפלאות תמים דעים: אשר-בגדיך טז יז
חמים בהשקט ארץ מדרום: תרקיע עמו לשחקים חזקים יח
כראי מוצק: הודיענו מה-נאמר לו לא-נערך מפני-חשך: יט
היספר-לו כי אדבר אם-אמר איש כי יבלע: ועתה | לא כ כא
ראו אור בהיר הוא בשחקים ורוח עברה ותטהרם: מצפון כב
זהב יאתה על-אלוה נורא הוד: שדי לא-מצאנהו שגיא- כג
כח ומשפט ורב-צדקה לא יענה: לכן יראוהו אנשים לא- כד
יראה כל-חכמי-לב: ויען-יהוה את-איוב א לח
מן | הסערה מנהסערה ויאמר: מי זה | מחשיך עצה במלין בלי-דעת: אזר- ב ג
נא כגבר חלציך ואשאלך והודיעני: איפה היית ביסדי- ד
ארץ הגד אם-ידעת בינה: מי-שם ממדיה כי תדע או מי- ה
נטה עליה קו: על-מה אדניה הטבעו או מי-ירה אבן ו
פנתה: ברן-יחד כוכבי בקר ויריעו כל-בני אלהים: ויסך ז ח
בדלתים ים בגיחו מרחם יצא: בשומי ענן לבשו וערפל ט
חתלתו: ואשבר עליו חקי ואשים בריח ודלתים: ואמר י יא
עד-פה תבוא ולא תסיף ופא-ישית בגאון גליך: המימיך יב
השחר צוית בקר ידעתה שחר מקמו: לאחז בכנפות הארץ יג
וינערו רשעים ממנה: תתהפך כחמר חותם ויתיצבו כמו יד
לבוש: וימנע מרשעים אורם וזרוע רמה תשבר: הבאת טו טז
עד-נבכי-ים ובחקר תהום התהלכת: הנגלו לך שערי- יז
מות ושערי צלמות תראה: התבננת עד-רחבי-ארץ הגד יח
אם-ידעת כלה: אי-זה הדרך ישכן-אור וחשך אי-זה יט
מקמו: כי תקחנו אל-גבולו וכי תבין נתיבות ביתו: ידעת כ כא
כי-אז תולד ומספר ימיך רבים: הבאת אל-אצרות שלג כב

כג ואוצרות ברד תראה: אשר־חשכתי לעת־צר ליום קרב
כד ומלחמה: אי־זה הדרך יחלק אור יפץ קדים עלי־ארץ:
כה כו מי־פלג לשטף תעלה ודרך לחזיז קלות: להמטיר על־ארץ
כז לא־איש מדבר לא־אדם בו: להשביע שאה ומשאה
כח ולהצמיח מצא דשא: היש־למטר אב או מי־הוליד אגלי־
כט ל טל: מבטן מי יצא הקרח וכפר שמים מי ילדו: כאבן מים
לא יתחבאו ופני תהום יתלכדו: התקשר מעדנות כימה או־
לב משכות כסיל תפתח: התציא מזרות בעתו ועיש על־בניה
לג תנחם: הידעת חקות שמים אם־תשים משטרו בארץ:
לד לה התרים לעב קולך ושפעת־מים תכסך: התשלח ברקים ח
לו וילכו ויאמרו לך הננו: מי־שת בטחות חכמה או מי־נתן
לז לשכוי בינה: מי־יספר שחקים בחכמה ונבלי שמים מי
לח לט ישכיב: בצקת עפר למוצק ורגבים ידבקו: התצוד ללביא
מ טרף וחית כפירים תמלא: כי־ישחו במעונות ישבו בסכה
מא למו־ארב: מי יכין לערב צידו כי־ילדו אל־אל ישועו יתעו
לט א לבלי־אכל: הידעת עת לדת יעלי־סלע חלל אילות תשמר:
ב ג תספר ירחים תמלאנה וידעת עת לדתנה: תכרענה
ד ילדיהן תפלחנה חבליהם תשלחנה: יחלמו בניהם ירבו
ה בבר יצאו ולא־שבו למו: מי־שלח פרא חפשי ומסרות ערוד
ו ז מי פתח: אשר־שמתי ערבה ביתו ומשכנותיו מלחה: ישחק
ח להמון קריה תשאות נוגש לא ישמע: יתור הרים מרעהו
ט ואחר כל־ירוק ידרוש: היאבה רים עבדך אם־ילין על־
י אבוסך: התקשר־רים בתלם עבתו אם־ישדד עמקים
יא יב אחריך: התבטח־בו כי־רב כחו ותעזב אליו יגיעך: התאמין
יג בו כי־ישוב זרעך וגרנך יאסף: כנף־רננים נעלסה אם־ ישיב
יד אברה חסידה ונצה: כי־תעזב לארץ בציה ועל־עפר תחמם:
טו טז ותשכח כי־רגל תזורה וחית השדה תדושה: הקשיח בניה

לְלֹא־לָהּ לְרִיק יְגִיעָהּ בְּלִי־פָחַד׃ כִּי־הִשָּׁהּ אֱלוֹהַּ חָכְמָה וְלֹא־ יז
חָלַק לָהּ בַּבִּינָה׃ כָּעֵת בַּמָּרוֹם תַּמְרִיא תִּשְׂחַק לַסּוּס יח
וּלְרֹכְבוֹ׃ הֲתִתֵּן לַסּוּס גְּבוּרָה הֲתַלְבִּישׁ צַוָּארוֹ רַעְמָה׃ יט
הְתַרְעִישֶׁנּוּ כָּאַרְבֶּה הוֹד נַחְרוֹ אֵימָה׃ יַחְפְּרוּ בָעֵמֶק וְיָשִׂישׂ כ כא
בְּכֹחַ יֵצֵא לִקְרַאת־נָשֶׁק׃ יִשְׂחַק לְפַחַד וְלֹא יֵחָת וְלֹא־יָשׁוּב כב
מִפְּנֵי־חָרֶב׃ עָלָיו תִּרְנֶה אַשְׁפָּה לַהַב חֲנִית וְכִידוֹן׃ בְּרַעַשׁ כג כד
וְרֹגֶז יְגַמֶּא־אָרֶץ וְלֹא־יַאֲמִין כִּי־קוֹל שׁוֹפָר׃ בְּדֵי שֹׁפָר ׀ יֹאמַר כה
הֶאָח וּמֵרָחוֹק יָרִיחַ מִלְחָמָה רַעַם שָׂרִים וּתְרוּעָה׃ הֲמִבִּינָתְךָ כו
יַאֲבֶר־נֵץ יִפְרֹשׂ כְּנָפָו לְתֵימָן׃ אִם־עַל־פִּיךָ יַגְבִּיהַּ נָשֶׁר וְכִי כז
יָרִים קִנּוֹ׃ סֶלַע יִשְׁכֹּן וְיִתְלֹנָן עַל־שֶׁן־סֶלַע וּמְצוּדָה׃ מִשָּׁם כח כט
חָפַר־אֹכֶל לְמֵרָחוֹק עֵינָיו יַבִּיטוּ׃ וְאֶפְרֹחָו יְעַלְעוּ־דָם וּבַאֲשֶׁר ל
חֲלָלִים שָׁם הוּא׃ וַיַּעַן יְהוָה אֶת־אִיּוֹב וַיֹּאמַר׃ הֲרֹב מ א ב
עִם־שַׁדַּי יִסּוֹר מוֹכִיחַ אֱלוֹהַּ יַעֲנֶנָּה׃ וַיַּעַן אִיּוֹב אֶת־ ג
יְהוָה וַיֹּאמַר׃ הֵן קַלֹּתִי מָה אֲשִׁיבֶךָּ יָדִי שַׂמְתִּי לְמוֹ־פִי׃ אַחַת ד ה
דִּבַּרְתִּי וְלֹא אֶעֱנֶה וּשְׁתַּיִם וְלֹא אוֹסִיף׃ וַיַּעַן־יְהוָה ו
מִן ׀ סְעָרָה אֶת־אִיּוֹב מִנְסְעָרָה וַיֹּאמַר׃ אֱזָר־נָא כְגֶבֶר חֲלָצֶיךָ אֶשְׁאָלְךָ ז
וְהוֹדִיעֵנִי׃ הַאַף תָּפֵר מִשְׁפָּטִי תַּרְשִׁיעֵנִי לְמַעַן תִּצְדָּק׃ וְאִם־ ח ט
זְרוֹעַ כָּאֵל ׀ לָךְ וּבְקוֹל כָּמֹהוּ תַרְעֵם׃ עֲדֵה־נָא גָאוֹן וָגֹבַהּ י
וְהוֹד וְהָדָר תִּלְבָּשׁ׃ הָפֵץ עֶבְרוֹת אַפֶּךָ וּרְאֵה כָל־גֵּאֶה יא
וְהַשְׁפִּילֵהוּ׃ רְאֵה כָל־גֵּאֶה הַכְנִיעֵהוּ וַהֲדֹךְ רְשָׁעִים תַּחְתָּם׃ יב
טָמְנֵם בֶּעָפָר יָחַד פְּנֵיהֶם חֲבֹשׁ בַּטָּמוּן׃ וְגַם־אֲנִי אוֹדֶךָּ כִּי־ יג יד
תוֹשִׁעַ לְךָ יְמִינֶךָ׃ הִנֵּה־נָא בְהֵמוֹת אֲשֶׁר־עָשִׂיתִי עִמָּךְ חָצִיר טו
כַּבָּקָר יֹאכֵל׃ הִנֵּה־נָא כֹחוֹ בְמָתְנָיו וְאֹנוֹ בִּשְׁרִירֵי בִטְנוֹ׃ טז
יַחְפֹּץ זְנָבוֹ כְמוֹ־אָרֶז גִּידֵי פַחֲדָו יְשֹׂרָגוּ׃ עֲצָמָיו אֲפִיקֵי נְחוּשָׁה יז יח
גְּרָמָיו כִּמְטִיל בַּרְזֶל׃ הוּא רֵאשִׁית דַּרְכֵי־אֵל הָעֹשׂוֹ יַגֵּשׁ יט
חַרְבּוֹ׃ כִּי־בוּל הָרִים יִשְׂאוּ־לוֹ וְכָל־חַיַּת הַשָּׂדֶה יְשַׂחֲקוּ־שָׁם׃ כ
תַּחַת־צֶאֱלִים יִשְׁכָּב בְּסֵתֶר קָנֶה וּבִצָּה׃ יְסֻכֻּהוּ צֶאֱלִים צִלְלוֹ כא כב

כג יְסֻבֻּהוּ עַרְבֵי־נָחַל׃ הֵן יַעֲשֹׁק נָהָר וְלֹא יַחְפּוֹז יִבְטַח ׀ כִּי־יָגִיחַ
כד כה יַרְדֵּן אֶל־פִּיהוּ׃ בְּעֵינָיו יִקָּחֶנּוּ בְּמוֹקְשִׁים יִנְקָב־אָף׃ תִּמְשֹׁךְ
כו לִוְיָתָן בְּחַכָּה וּבְחֶבֶל תַּשְׁקִיעַ לְשֹׁנוֹ׃ הֲתָשִׂים אַגְמֹן בְּאַפּוֹ
כז וּבְחוֹחַ תִּקֹּב לֶחֱיוֹ׃ הֲיַרְבֶּה אֵלֶיךָ תַּחֲנוּנִים אִם־יְדַבֵּר אֵלֶיךָ
כח כט רַכּוֹת׃ הֲיִכְרֹת בְּרִית עִמָּךְ תִּקָּחֶנּוּ לְעֶבֶד עוֹלָם׃ הַתְשַׂחֶק־בּוֹ
ל כַּצִּפּוֹר וְתִקְשְׁרֶנּוּ לְנַעֲרוֹתֶיךָ׃ יִכְרוּ עָלָיו חַבָּרִים יֶחֱצוּהוּ בֵּין
לא לב כְּנַעֲנִים׃ הַתְמַלֵּא בְשֻׂכּוֹת עוֹרוֹ וּבְצִלְצַל דָּגִים רֹאשׁוֹ׃ שִׂים־
מא א עָלָיו כַּפֶּךָ זְכֹר מִלְחָמָה אַל־תּוֹסַף׃ הֵן־תֹּחַלְתּוֹ נִכְזָבָה הֲגַם
ב אֶל־מַרְאָיו יֻטָל׃ לֹא־אַכְזָר כִּי יְעוּרֶנּוּ וּמִי הוּא לְפָנַי יִתְיַצָּב׃
ג ד מִי הִקְדִּימַנִי וַאֲשַׁלֵּם תַּחַת כָּל־הַשָּׁמַיִם לִי־הוּא׃ לֹא־אַחֲרִישׁ לו־
ה בַּדָּיו וּדְבַר־גְּבוּרוֹת וְחִין עֶרְכּוֹ׃ מִי־גִלָּה פְּנֵי לְבוּשׁוֹ בְּכֶפֶל רִסְנוֹ
ו ז מִי יָבוֹא׃ דַּלְתֵי פָנָיו מִי פִתֵּחַ סְבִיבוֹת שִׁנָּיו אֵימָה׃ גַּאֲוָה
ח אֲפִיקֵי מָגִנִּים סָגוּר חוֹתָם צָר׃ אֶחָד בְּאֶחָד יִגַּשׁוּ וְרוּחַ לֹא־יָבֹא
ט י בֵינֵיהֶם׃ אִישׁ־בְּאָחִיהוּ יְדֻבָּקוּ יִתְלַכְּדוּ וְלֹא יִתְפָּרָדוּ׃ עֲטִישֹׁתָיו
יא תָּהֶל אוֹר וְעֵינָיו כְּעַפְעַפֵּי־שָׁחַר׃ מִפִּיו לַפִּידִים יַהֲלֹכוּ כִּידוֹדֵי
יב יג אֵשׁ יִתְמַלָּטוּ׃ מִנְּחִירָיו יֵצֵא עָשָׁן כְּדוּד נָפוּחַ וְאַגְמֹן׃ נַפְשׁוֹ
יד גֶּחָלִים תְּלַהֵט וְלַהַב מִפִּיו יֵצֵא׃ בְּצַוָּארוֹ יָלִין עֹז וּלְפָנָיו תָּדוּץ
טו טז דְּאָבָה׃ מַפְּלֵי בְשָׂרוֹ דָבֵקוּ יָצוּק עָלָיו בַּל־יִמּוֹט׃ לִבּוֹ יָצוּק
יז כְּמוֹ־אָבֶן וְיָצוּק כְּפֶלַח תַּחְתִּית׃ מִשֵּׂתוֹ יָגוּרוּ אֵלִים מִשְּׁבָרִים
יח יִתְחַטָּאוּ׃ מַשִּׂיגֵהוּ חֶרֶב בְּלִי תָקוּם חֲנִית מַסָּע וְשִׁרְיָה׃
יט כ יַחְשֹׁב לְתֶבֶן בַּרְזֶל לְעֵץ רִקָּבוֹן נְחוּשָׁה׃ לֹא־יַבְרִיחֶנּוּ בֶן־
כא קָשֶׁת לְקַשׁ נֶהְפְּכוּ־לוֹ אַבְנֵי־קָלַע׃ כְּקַשׁ נֶחְשְׁבוּ תוֹתָח
כב וְיִשְׂחַק לְרַעַשׁ כִּידוֹן׃ תַּחְתָּיו חַדּוּדֵי חָרֶשׂ יִרְפַּד חָרוּץ עֲלֵי־
כג כד טִיט׃ יַרְתִּיחַ כַּסִּיר מְצוּלָה יָם יָשִׂים כַּמֶּרְקָחָה׃ אַחֲרָיו יָאִיר
כה נָתִיב יַחְשֹׁב תְּהוֹם לְשֵׂיבָה׃ אֵין־עַל־עָפָר מָשְׁלוֹ הֶעָשׂוּ
כו לִבְלִי־חָת׃ אֵת כָּל־גָּבֹהַּ יִרְאֶה הוּא מֶלֶךְ עַל־כָּל־בְּנֵי־
מב א ב שָׁחַץ׃ וַיַּעַן אִיּוֹב אֶת־יְהוָה וַיֹּאמַר׃ יָדַעְתָּ כִּי־

כֹּל תּוּכָל וְלֹא־יִבָּצֵר מִמְּךָ מְזִמָּה׃ מִי זֶה ׀ מַעְלִים עֵצָה בְּלִי ג
דָעַת לָכֵן הִגַּדְתִּי וְלֹא אָבִין נִפְלָאוֹת מִמֶּנִּי וְלֹא אֵדָע׃ שְׁמַע־ ד
נָא וְאָנֹכִי אֲדַבֵּר אֶשְׁאָלְךָ וְהוֹדִיעֵנִי׃ לְשֵׁמַע־אֹזֶן שְׁמַעְתִּיךָ ה
וְעַתָּה עֵינִי רָאָתְךָ׃ עַל־כֵּן אֶמְאַס וְנִחַמְתִּי עַל־עָפָר וָאֵפֶר׃ ו
וַיְהִי אַחַר דִּבֶּר יְהוָה אֶת־הַדְּבָרִים הָאֵלֶּה אֶל־אִיּוֹב וַיֹּאמֶר ז
יְהוָה אֶל־אֱלִיפַז הַתֵּימָנִי חָרָה אַפִּי בְךָ וּבִשְׁנֵי רֵעֶיךָ כִּי לֹא
דִבַּרְתֶּם אֵלַי נְכוֹנָה כְּעַבְדִּי אִיּוֹב׃ וְעַתָּה קְחוּ־לָכֶם שִׁבְעָה־ ח
פָרִים וְשִׁבְעָה אֵילִים וּלְכוּ ׀ אֶל־עַבְדִּי אִיּוֹב וְהַעֲלִיתֶם עוֹלָה
בְּעַדְכֶם וְאִיּוֹב עַבְדִּי יִתְפַּלֵּל עֲלֵיכֶם כִּי אִם־פָּנָיו אֶשָּׂא
לְבִלְתִּי עֲשׂוֹת עִמָּכֶם נְבָלָה כִּי לֹא דִבַּרְתֶּם אֵלַי נְכוֹנָה
כְּעַבְדִּי אִיּוֹב׃ וַיֵּלְכוּ אֱלִיפַז הַתֵּימָנִי וּבִלְדַּד הַשּׁוּחִי צֹפַר ט
הַנַּעֲמָתִי וַיַּעֲשׂוּ כַּאֲשֶׁר דִּבֶּר אֲלֵיהֶם יְהוָה וַיִּשָּׂא יְהוָה אֶת־
שְׁבוּת פְּנֵי אִיּוֹב׃ וַיהוָה שָׁב אֶת־שְׁבִית אִיּוֹב בְּהִתְפַּלְלוֹ בְּעַד רֵעֵהוּ י
וַיֹּסֶף יְהוָה אֶת־כָּל־אֲשֶׁר לְאִיּוֹב לְמִשְׁנֶה׃ וַיָּבֹאוּ אֵלָיו כָּל־ יא
אֶחָיו וְכָל־אַחְיֹתָיו וְכָל־יֹדְעָיו לְפָנִים וַיֹּאכְלוּ עִמּוֹ לֶחֶם
בְּבֵיתוֹ וַיָּנֻדוּ לוֹ וַיְנַחֲמוּ אֹתוֹ עַל כָּל־הָרָעָה אֲשֶׁר־הֵבִיא
יְהוָה עָלָיו וַיִּתְּנוּ־לוֹ אִישׁ קְשִׂיטָה אֶחָת וְאִישׁ נֶזֶם זָהָב אֶחָד׃
וַיהוָה בֵּרַךְ אֶת־אַחֲרִית אִיּוֹב מֵרֵאשִׁתוֹ וַיְהִי־לוֹ אַרְבָּעָה יב
עָשָׂר אֶלֶף צֹאן וְשֵׁשֶׁת אֲלָפִים גְּמַלִּים וְאֶלֶף־צֶמֶד בָּקָר וְאֶלֶף
אֲתוֹנוֹת׃ וַיְהִי־לוֹ שִׁבְעָנָה בָנִים וְשָׁלוֹשׁ בָּנוֹת׃ וַיִּקְרָא שֵׁם־ יג יד
הָאַחַת יְמִימָה וְשֵׁם הַשֵּׁנִית קְצִיעָה וְשֵׁם הַשְּׁלִישִׁית קֶרֶן
הַפּוּךְ׃ וְלֹא נִמְצָא נָשִׁים יָפוֹת כִּבְנוֹת אִיּוֹב בְּכָל־הָאָרֶץ וַיִּתֵּן טו
לָהֶם אֲבִיהֶם נַחֲלָה בְּתוֹךְ אֲחֵיהֶם׃ וַיְחִי אִיּוֹב אַחֲרֵי־זֹאת טז
מֵאָה וְאַרְבָּעִים שָׁנָה וַיַּרְא אֶת־בָּנָיו וְאֶת־בְּנֵי בָנָיו אַרְבָּעָה
דֹּרוֹת׃ וַיָּמָת אִיּוֹב זָקֵן וּשְׂבַע יָמִים׃ יז

שיר השירים

א

א ב שִׁיר הַשִּׁירִים אֲשֶׁר לִשְׁלֹמֹה: יִשָּׁקֵנִי מִנְּשִׁיקוֹת פִּיהוּ כִּי־
ג טוֹבִים דֹּדֶיךָ מִיָּיִן: לְרֵיחַ שְׁמָנֶיךָ טוֹבִים שֶׁמֶן תּוּרַק שְׁמֶךָ עַל־
ד כֵּן עֲלָמוֹת אֲהֵבוּךָ: מָשְׁכֵנִי אַחֲרֶיךָ נָּרוּצָה הֱבִיאַנִי הַמֶּלֶךְ
חֲדָרָיו נָגִילָה וְנִשְׂמְחָה בָּךְ נַזְכִּירָה דֹדֶיךָ מִיַּיִן מֵישָׁרִים
ה אֲהֵבוּךָ: שְׁחוֹרָה אֲנִי וְנָאוָה בְּנוֹת יְרוּשָׁלָםִ כְּאָהֳלֵי
ו קֵדָר כִּירִיעוֹת שְׁלֹמֹה: אַל־תִּרְאוּנִי שֶׁאֲנִי שְׁחַרְחֹרֶת שֶׁשֱּׁזָפַתְנִי
הַשָּׁמֶשׁ בְּנֵי אִמִּי נִחֲרוּ־בִי שָׂמֻנִי נֹטֵרָה אֶת־הַכְּרָמִים כַּרְמִי
ז שֶׁלִּי לֹא נָטָרְתִּי: הַגִּידָה לִּי שֶׁאָהֲבָה נַפְשִׁי אֵיכָה תִרְעֶה אֵיכָה
תַּרְבִּיץ בַּצָּהֳרָיִם שַׁלָּמָה אֶהְיֶה כְּעֹטְיָה עַל עֶדְרֵי חֲבֵרֶיךָ:
ח אִם־לֹא תֵדְעִי לָךְ הַיָּפָה בַּנָּשִׁים צְאִי־לָךְ בְּעִקְבֵי הַצֹּאן
ט וּרְעִי אֶת־גְּדִיֹּתַיִךְ עַל מִשְׁכְּנוֹת הָרֹעִים: לְסֻסָתִי
י בְּרִכְבֵי פַרְעֹה דִּמִּיתִיךְ רַעְיָתִי: נָאווּ לְחָיַיִךְ בַּתֹּרִים צַוָּארֵךְ
יא יב בַּחֲרוּזִים: תּוֹרֵי זָהָב נַעֲשֶׂה־לָּךְ עִם נְקֻדּוֹת הַכָּסֶף: עַד־
יג שֶׁהַמֶּלֶךְ בִּמְסִבּוֹ נִרְדִּי נָתַן רֵיחוֹ: צְרוֹר הַמֹּר ׀ דּוֹדִי לִי בֵּין שָׁדַי
יד טו יָלִין: אֶשְׁכֹּל הַכֹּפֶר ׀ דּוֹדִי לִי בְּכַרְמֵי עֵין גֶּדִי: הִנָּךְ
טז יָפָה רַעְיָתִי הִנָּךְ יָפָה עֵינַיִךְ יוֹנִים: הִנְּךָ יָפֶה דוֹדִי אַף נָעִים
יז אַף־עַרְשֵׂנוּ רַעֲנָנָה: קֹרוֹת בָּתֵּינוּ אֲרָזִים רחיטנו בְּרוֹתִים: רַהִיטֵנוּ

ב

א ב אֲנִי חֲבַצֶּלֶת הַשָּׁרוֹן שׁוֹשַׁנַּת הָעֲמָקִים: כְּשׁוֹשַׁנָּה בֵּין הַחוֹחִים
ג כֵּן רַעְיָתִי בֵּין הַבָּנוֹת: כְּתַפּוּחַ בַּעֲצֵי הַיַּעַר כֵּן דּוֹדִי בֵּין
ד הַבָּנִים בְּצִלּוֹ חִמַּדְתִּי וְיָשַׁבְתִּי וּפִרְיוֹ מָתוֹק לְחִכִּי: הֱבִיאַנִי
ה אֶל־בֵּית הַיָּיִן וְדִגְלוֹ עָלַי אַהֲבָה: סַמְּכוּנִי בָּאֲשִׁישׁוֹת רַפְּדוּנִי
ו בַּתַּפּוּחִים כִּי־חוֹלַת אַהֲבָה אָנִי: שְׂמֹאלוֹ תַּחַת לְרֹאשִׁי וִימִינוֹ
ז תְּחַבְּקֵנִי: הִשְׁבַּעְתִּי אֶתְכֶם בְּנוֹת יְרוּשָׁלַםִ בִּצְבָאוֹת אוֹ
בְּאַיְלוֹת הַשָּׂדֶה אִם־תָּעִירוּ ׀ וְאִם־תְּעוֹרְרוּ אֶת־הָאַהֲבָה עַד
ח שֶׁתֶּחְפָּץ: קוֹל דּוֹדִי הִנֵּה־זֶה בָּא מְדַלֵּג עַל־הֶהָרִים
ט מְקַפֵּץ עַל־הַגְּבָעוֹת: דּוֹמֶה דוֹדִי לִצְבִי אוֹ לְעֹפֶר הָאַיָּלִים
הִנֵּה־זֶה עוֹמֵד אַחַר כָּתְלֵנוּ מַשְׁגִּיחַ מִן־הַחַלֹּנוֹת מֵצִיץ מִן־

הַחֲרַכִּים׃ עָנָה דוֹדִי וְאָמַר לִי קוּמִי לָךְ רַעְיָתִי יָפָתִי וּלְכִי־ י
לָךְ׃ כִּי־הִנֵּה הַסְּתָו עָבָר הַגֶּשֶׁם חָלַף הָלַךְ לוֹ׃ הַנִּצָּנִים נִרְאוּ יא יב
בָאָרֶץ עֵת הַזָּמִיר הִגִּיעַ וְקוֹל הַתּוֹר נִשְׁמַע בְּאַרְצֵנוּ׃ הַתְּאֵנָה יג
חָנְטָה פַגֶּיהָ וְהַגְּפָנִים ׀ סְמָדַר נָתְנוּ רֵיחַ קוּמִי לכי רַעְיָתִי יָפָתִי — לָךְ
וּלְכִי־לָךְ׃ יוֹנָתִי בְּחַגְוֵי הַסֶּלַע בְּסֵתֶר הַמַּדְרֵגָה יד
הַרְאִינִי אֶת־מַרְאַיִךְ הַשְׁמִיעִנִי אֶת־קוֹלֵךְ כִּי־קוֹלֵךְ עָרֵב
וּמַרְאֵיךְ נָאוֶה׃ אֶחֱזוּ־לָנוּ שׁוּעָלִים שֻׁעָלִים קְטַנִּים טו
מְחַבְּלִים כְּרָמִים וּכְרָמֵינוּ סְמָדַר׃ דּוֹדִי לִי וַאֲנִי לוֹ הָרֹעֶה טז
בַּשּׁוֹשַׁנִּים׃ עַד שֶׁיָּפוּחַ הַיּוֹם וְנָסוּ הַצְּלָלִים סֹב דְּמֵה־לְךָ דוֹדִי יז
לִצְבִי אוֹ לְעֹפֶר הָאַיָּלִים עַל־הָרֵי בָתֶר׃ עַל־ א ג
מִשְׁכָּבִי בַּלֵּילוֹת בִּקַּשְׁתִּי אֵת שֶׁאָהֲבָה נַפְשִׁי בִּקַּשְׁתִּיו וְלֹא
מְצָאתִיו׃ אָקוּמָה נָּא וַאֲסוֹבְבָה בָעִיר בַּשְּׁוָקִים וּבָרְחֹבוֹת ב
אֲבַקְשָׁה אֵת שֶׁאָהֲבָה נַפְשִׁי בִּקַּשְׁתִּיו וְלֹא מְצָאתִיו׃ מְצָאוּנִי ג
הַשֹּׁמְרִים הַסֹּבְבִים בָּעִיר אֵת שֶׁאָהֲבָה נַפְשִׁי רְאִיתֶם׃ כִּמְעַט ד
שֶׁעָבַרְתִּי מֵהֶם עַד שֶׁמָּצָאתִי אֵת שֶׁאָהֲבָה נַפְשִׁי אֲחַזְתִּיו
וְלֹא אַרְפֶּנּוּ עַד־שֶׁהֲבֵיאתִיו אֶל־בֵּית אִמִּי וְאֶל־חֶדֶר
הוֹרָתִי׃ הִשְׁבַּעְתִּי אֶתְכֶם בְּנוֹת יְרוּשָׁלִַם בִּצְבָאוֹת אוֹ ה
בְּאַיְלוֹת הַשָּׂדֶה אִם־תָּעִירוּ ׀ וְאִם־תְּעוֹרְרוּ אֶת־הָאַהֲבָה
עַד שֶׁתֶּחְפָּץ׃ מִי זֹאת עֹלָה מִן־הַמִּדְבָּר ו
כְּתִימֲרוֹת עָשָׁן מְקֻטֶּרֶת מוֹר וּלְבוֹנָה מִכֹּל אַבְקַת רוֹכֵל׃
הִנֵּה מִטָּתוֹ שֶׁלִּשְׁלֹמֹה שִׁשִּׁים גִּבֹּרִים סָבִיב לָהּ מִגִּבֹּרֵי ז
יִשְׂרָאֵל׃ כֻּלָּם אֲחֻזֵי חֶרֶב מְלֻמְּדֵי מִלְחָמָה אִישׁ חַרְבּוֹ עַל־ ח
יְרֵכוֹ מִפַּחַד בַּלֵּילוֹת׃ אַפִּרְיוֹן עָשָׂה לוֹ הַמֶּלֶךְ ט
שְׁלֹמֹה מֵעֲצֵי הַלְּבָנוֹן׃ עַמּוּדָיו עָשָׂה כֶסֶף רְפִידָתוֹ זָהָב י
מֶרְכָּבוֹ אַרְגָּמָן תּוֹכוֹ רָצוּף אַהֲבָה מִבְּנוֹת יְרוּשָׁלִָם׃ צְאֶינָה ׀ יא
וּרְאֶינָה בְּנוֹת צִיּוֹן בַּמֶּלֶךְ שְׁלֹמֹה בָּעֲטָרָה שֶׁעִטְּרָה־לּוֹ אִמּוֹ
בְּיוֹם חֲתֻנָּתוֹ וּבְיוֹם שִׂמְחַת לִבּוֹ׃ הִנָּךְ יָפָה א ד

רַעְיָתִי הִנָּךְ יָפָה עֵינַיִךְ יוֹנִים מִבַּעַד לְצַמָּתֵךְ שַׂעְרֵךְ כְּעֵדֶר
ב הָעִזִּים שֶׁגָּלְשׁוּ מֵהַר גִּלְעָד׃ שִׁנַּיִךְ כְּעֵדֶר הַקְּצוּבוֹת שֶׁעָלוּ מִן־
ג הָרַחְצָה שֶׁכֻּלָּם מַתְאִימוֹת וְשַׁכֻּלָה אֵין בָּהֶם׃ כְּחוּט הַשָּׁנִי
שִׂפְתוֹתַיִךְ וּמִדְבָּרֵיךְ נָאוֶה כְּפֶלַח הָרִמּוֹן רַקָּתֵךְ מִבַּעַד לְצַמָּתֵךְ׃
ד כְּמִגְדַּל דָּוִיד צַוָּארֵךְ בָּנוּי לְתַלְפִּיּוֹת אֶלֶף הַמָּגֵן תָּלוּי עָלָיו כֹּל
ה שִׁלְטֵי הַגִּבֹּרִים׃ שְׁנֵי שָׁדַיִךְ כִּשְׁנֵי עֳפָרִים תְּאוֹמֵי צְבִיָּה הָרוֹעִים
ו בַּשּׁוֹשַׁנִּים׃ עַד שֶׁיָּפוּחַ הַיּוֹם וְנָסוּ הַצְּלָלִים אֵלֶךְ לִי אֶל־הַר
ז הַמּוֹר וְאֶל־גִּבְעַת הַלְּבוֹנָה׃ כֻּלָּךְ יָפָה רַעְיָתִי וּמוּם אֵין
ח בָּךְ׃ אִתִּי מִלְּבָנוֹן כַּלָּה אִתִּי מִלְּבָנוֹן תָּבוֹאִי
תָּשׁוּרִי ׀ מֵרֹאשׁ אֲמָנָה מֵרֹאשׁ שְׂנִיר וְחֶרְמוֹן מִמְּעֹנוֹת אֲרָיוֹת
ט מֵהַרְרֵי נְמֵרִים׃ לִבַּבְתִּנִי אֲחֹתִי כַלָּה לִבַּבְתִּינִי בְּאַחַד מֵעֵינַיִךְ בְּאַחַת
י בְּאַחַד עֲנָק מִצַּוְּרֹנָיִךְ׃ מַה־יָּפוּ דֹדַיִךְ אֲחֹתִי כַלָּה מַה־טֹּבוּ
יא דֹדַיִךְ מִיַּיִן וְרֵיחַ שְׁמָנַיִךְ מִכָּל־בְּשָׂמִים׃ נֹפֶת תִּטֹּפְנָה שִׂפְתוֹתַיִךְ
כַּלָּה דְּבַשׁ וְחָלָב תַּחַת לְשׁוֹנֵךְ וְרֵיחַ שַׂלְמֹתַיִךְ כְּרֵיחַ
יב לְבָנוֹן׃ גַּן ׀ נָעוּל אֲחֹתִי כַלָּה גַּל נָעוּל מַעְיָן
יג חָתוּם׃ שְׁלָחַיִךְ פַּרְדֵּס רִמּוֹנִים עִם פְּרִי מְגָדִים כְּפָרִים עִם־
יד נְרָדִים׃ נֵרְדְּ ׀ וְכַרְכֹּם קָנֶה וְקִנָּמוֹן עִם כָּל־עֲצֵי לְבוֹנָה מֹר
טו וַאֲהָלוֹת עִם כָּל־רָאשֵׁי בְשָׂמִים׃ מַעְיַן גַּנִּים בְּאֵר מַיִם חַיִּים
טז וְנֹזְלִים מִן־לְבָנוֹן׃ עוּרִי צָפוֹן וּבוֹאִי תֵימָן הָפִיחִי גַנִּי יִזְּלוּ
ה א בְשָׂמָיו יָבֹא דוֹדִי לְגַנּוֹ וְיֹאכַל פְּרִי מְגָדָיו׃ בָּאתִי לְגַנִּי אֲחֹתִי
כַלָּה אָרִיתִי מוֹרִי עִם־בְּשָׂמִי אָכַלְתִּי יַעְרִי עִם־דִּבְשִׁי שָׁתִיתִי
ב יֵינִי עִם־חֲלָבִי אִכְלוּ רֵעִים שְׁתוּ וְשִׁכְרוּ דּוֹדִים׃ אֲנִי
יְשֵׁנָה וְלִבִּי עֵר קוֹל ׀ דּוֹדִי דוֹפֵק פִּתְחִי־לִי אֲחֹתִי רַעְיָתִי יוֹנָתִי
ג תַמָּתִי שֶׁרֹּאשִׁי נִמְלָא־טָל קְוֻצּוֹתַי רְסִיסֵי לָיְלָה׃ פָּשַׁטְתִּי אֶת־
כֻּתָּנְתִּי אֵיכָכָה אֶלְבָּשֶׁנָּה רָחַצְתִּי אֶת־רַגְלַי אֵיכָכָה אֲטַנְּפֵם׃
ד ה דּוֹדִי שָׁלַח יָדוֹ מִן־הַחֹר וּמֵעַי הָמוּ עָלָיו׃ קַמְתִּי אֲנִי לִפְתֹּחַ
לְדוֹדִי וְיָדַי נָטְפוּ־מוֹר וְאֶצְבְּעֹתַי מוֹר עֹבֵר עַל כַּפּוֹת הַמַּנְעוּל׃

פָּתַחְתִּי אֲנִי לְדוֹדִי וְדוֹדִי חָמַק עָבָר נַפְשִׁי יָצְאָה בְדַבְּרוֹ ו
בִּקַּשְׁתִּיהוּ וְלֹא מְצָאתִיהוּ קְרָאתִיו וְלֹא עָנָנִי: מְצָאֻנִי ז
הַשֹּׁמְרִים הַסֹּבְבִים בָּעִיר הִכּוּנִי פְצָעוּנִי נָשְׂאוּ אֶת־רְדִידִי מֵעָלַי
שֹׁמְרֵי הַחֹמוֹת: הִשְׁבַּעְתִּי אֶתְכֶם בְּנוֹת יְרוּשָׁלִָם אִם־תִּמְצְאוּ ח
אֶת־דּוֹדִי מַה־תַּגִּידוּ לוֹ שֶׁחוֹלַת אַהֲבָה אָנִי: מַה־דּוֹדֵךְ ט
מִדּוֹד הַיָּפָה בַּנָּשִׁים מַה־דּוֹדֵךְ מִדּוֹד שֶׁכָּכָה הִשְׁבַּעְתָּנוּ: דּוֹדִי י
צַח וְאָדוֹם דָּגוּל מֵרְבָבָה: רֹאשׁוֹ כֶּתֶם פָּז קְוֻצּוֹתָיו תַּלְתַּלִּים יא
שְׁחֹרוֹת כָּעוֹרֵב: עֵינָיו כְּיוֹנִים עַל־אֲפִיקֵי מָיִם רֹחֲצוֹת בֶּחָלָב יב
יֹשְׁבוֹת עַל־מִלֵּאת: לְחָיָו כַּעֲרוּגַת הַבֹּשֶׂם מִגְדְּלוֹת מֶרְקָחִים יג
שִׂפְתוֹתָיו שׁוֹשַׁנִּים נֹטְפוֹת מוֹר עֹבֵר: יָדָיו גְּלִילֵי זָהָב מְמֻלָּאִים יד
בַּתַּרְשִׁישׁ מֵעָיו עֶשֶׁת שֵׁן מְעֻלֶּפֶת סַפִּירִים: שׁוֹקָיו עַמּוּדֵי טו
שֵׁשׁ מְיֻסָּדִים עַל־אַדְנֵי־פָז מַרְאֵהוּ כַּלְּבָנוֹן בָּחוּר כָּאֲרָזִים:
חִכּוֹ מַמְתַקִּים וְכֻלּוֹ מַחֲמַדִּים זֶה דוֹדִי וְזֶה רֵעִי בְּנוֹת יְרוּשָׁלִָם: טז
אָנָה הָלַךְ דּוֹדֵךְ הַיָּפָה בַּנָּשִׁים אָנָה פָּנָה דוֹדֵךְ וּנְבַקְשֶׁנּוּ א ו
עִמָּךְ: דּוֹדִי יָרַד לְגַנּוֹ לַעֲרוּגוֹת הַבֹּשֶׂם לִרְעוֹת בַּגַּנִּים וְלִלְקֹט ב
שׁוֹשַׁנִּים: אֲנִי לְדוֹדִי וְדוֹדִי לִי הָרֹעֶה בַּשּׁוֹשַׁנִּים: ג
יָפָה אַתְּ רַעְיָתִי כְּתִרְצָה נָאוָה כִּירוּשָׁלִָם אֲיֻמָּה כַּנִּדְגָּלוֹת: הָסֵבִּי ד ה
עֵינַיִךְ מִנֶּגְדִּי שֶׁהֵם הִרְהִיבֻנִי שַׂעְרֵךְ כְּעֵדֶר הָעִזִּים שֶׁגָּלְשׁוּ
מִן־הַגִּלְעָד: שִׁנַּיִךְ כְּעֵדֶר הָרְחֵלִים שֶׁעָלוּ מִן־הָרַחְצָה שֶׁכֻּלָּם ו
מַתְאִימוֹת וְשַׁכֻּלָה אֵין בָּהֶם: כְּפֶלַח הָרִמּוֹן רַקָּתֵךְ מִבַּעַד ז
לְצַמָּתֵךְ: שִׁשִּׁים הֵמָּה מְלָכוֹת וּשְׁמֹנִים פִּילַגְשִׁים וַעֲלָמוֹת ח
אֵין מִסְפָּר: אַחַת הִיא יוֹנָתִי תַמָּתִי אַחַת הִיא לְאִמָּהּ בָּרָה ט
הִיא לְיוֹלַדְתָּהּ רָאוּהָ בָנוֹת וַיְאַשְּׁרוּהָ מְלָכוֹת וּפִילַגְשִׁים
וַיְהַלְלוּהָ: מִי־זֹאת הַנִּשְׁקָפָה כְּמוֹ־שָׁחַר יָפָה כַלְּבָנָה י
בָּרָה כַּחַמָּה אֲיֻמָּה כַּנִּדְגָּלוֹת: אֶל־גִּנַּת אֱגוֹז יָרַדְתִּי לִרְאוֹת יא
בְּאִבֵּי הַנָּחַל לִרְאוֹת הֲפָרְחָה הַגֶּפֶן הֵנֵצוּ הָרִמֹּנִים: לֹא יָדַעְתִּי יב
נַפְשִׁי שָׂמַתְנִי מַרְכְּבוֹת עַמִּי־נָדִיב: שׁוּבִי שׁוּבִי הַשּׁוּלַמִּית א ז

ז שׁוּבִי שׁוּבִי וְנֶחֱזֶה־בָּךְ מַה־תֶּחֱזוּ בַּשּׁוּלַמִּית כִּמְחֹלַת הַמַּחֲנָיִם:
ב מַה־יָּפוּ פְעָמַיִךְ בַּנְּעָלִים בַּת־נָדִיב חַמּוּקֵי יְרֵכַיִךְ כְּמוֹ חֲלָאִים
ג מַעֲשֵׂה יְדֵי אָמָּן: שָׁרְרֵךְ אַגַּן הַסַּהַר אַל־יֶחְסַר הַמָּזֶג בִּטְנֵךְ
ד עֲרֵמַת חִטִּים סוּגָה בַּשּׁוֹשַׁנִּים: שְׁנֵי שָׁדַיִךְ כִּשְׁנֵי עֳפָרִים תָּאֳמֵי
ה צְבִיָּה: צַוָּארֵךְ כְּמִגְדַּל הַשֵּׁן עֵינַיִךְ בְּרֵכוֹת בְּחֶשְׁבּוֹן עַל־שַׁעַר
ו בַּת־רַבִּים אַפֵּךְ כְּמִגְדַּל הַלְּבָנוֹן צוֹפֶה פְּנֵי דַמָּשֶׂק: רֹאשֵׁךְ עָלַיִךְ
ז כַּכַּרְמֶל וְדַלַּת רֹאשֵׁךְ כָּאַרְגָּמָן מֶלֶךְ אָסוּר בָּרְהָטִים: מַה־
ח יָּפִית וּמַה־נָּעַמְתְּ אַהֲבָה בַּתַּעֲנוּגִים: זֹאת קוֹמָתֵךְ דָּמְתָה לְתָמָר
ט וְשָׁדַיִךְ לְאַשְׁכֹּלוֹת: אָמַרְתִּי אֶעֱלֶה בְתָמָר אֹחֲזָה בְּסַנְסִנָּיו
י וְיִהְיוּ־נָא שָׁדַיִךְ כְּאֶשְׁכְּלוֹת הַגֶּפֶן וְרֵיחַ אַפֵּךְ כַּתַּפּוּחִים: וְחִכֵּךְ
כְּיֵין הַטּוֹב הוֹלֵךְ לְדוֹדִי לְמֵישָׁרִים דּוֹבֵב שִׂפְתֵי יְשֵׁנִים:
יא יב אֲנִי לְדוֹדִי וְעָלַי תְּשׁוּקָתוֹ: לְכָה דוֹדִי נֵצֵא הַשָּׂדֶה נָלִינָה
יג בַּכְּפָרִים: נַשְׁכִּימָה לַכְּרָמִים נִרְאֶה אִם־פָּרְחָה הַגֶּפֶן פִּתַּח
יד הַסְּמָדַר הֵנֵצוּ הָרִמּוֹנִים שָׁם אֶתֵּן אֶת־דֹּדַי לָךְ: הַדּוּדָאִים
נָתְנוּ־רֵיחַ וְעַל־פְּתָחֵינוּ כָּל־מְגָדִים חֲדָשִׁים גַּם־יְשָׁנִים דּוֹדִי
ח א צָפַנְתִּי לָךְ: מִי יִתֶּנְךָ כְּאָח לִי יוֹנֵק שְׁדֵי אִמִּי אֶמְצָאֲךָ בַחוּץ
ב אֶשָּׁקְךָ גַּם לֹא־יָבֻזוּ לִי: אֶנְהָגֲךָ אֲבִיאֲךָ אֶל־בֵּית אִמִּי תְּלַמְּדֵנִי
ג אַשְׁקְךָ מִיַּיִן הָרֶקַח מֵעֲסִיס רִמֹּנִי: שְׂמֹאלוֹ תַּחַת רֹאשִׁי וִימִינוֹ
ד תְּחַבְּקֵנִי: הִשְׁבַּעְתִּי אֶתְכֶם בְּנוֹת יְרוּשָׁלָםִ מַה־תָּעִירוּ ׀ וּמַה־
ה תְּעֹרְרוּ אֶת־הָאַהֲבָה עַד שֶׁתֶּחְפָּץ: מִי זֹאת
עֹלָה מִן־הַמִּדְבָּר מִתְרַפֶּקֶת עַל־דּוֹדָהּ תַּחַת הַתַּפּוּחַ עוֹרַרְתִּיךָ
ו שָׁמָּה חִבְּלַתְךָ אִמֶּךָ שָׁמָּה חִבְּלָה יְלָדַתְךָ: שִׂימֵנִי כַחוֹתָם
עַל־לִבֶּךָ כַּחוֹתָם עַל־זְרוֹעֶךָ כִּי־עַזָּה כַמָּוֶת אַהֲבָה קָשָׁה
ז כִשְׁאוֹל קִנְאָה רְשָׁפֶיהָ רִשְׁפֵּי אֵשׁ שַׁלְהֶבֶתְיָה: מַיִם רַבִּים לֹא
יוּכְלוּ לְכַבּוֹת אֶת־הָאַהֲבָה וּנְהָרוֹת לֹא יִשְׁטְפוּהָ אִם־יִתֵּן אִישׁ
ח אֶת־כָּל־הוֹן בֵּיתוֹ בָּאַהֲבָה בּוֹז יָבוּזוּ לוֹ: אָחוֹת
לָנוּ קְטַנָּה וְשָׁדַיִם אֵין לָהּ מַה־נַּעֲשֶׂה לַאֲחֹתֵנוּ בַּיּוֹם שֶׁיְּדֻבַּר־

בָּהּ׃ אִם־חוֹמָה הִיא נִבְנֶה עָלֶיהָ טִירַת כָּסֶף וְאִם־דֶּלֶת הִיא ט
נָצוּר עָלֶיהָ לוּחַ אָרֶז׃ אֲנִי חוֹמָה וְשָׁדַי כַּמִּגְדָּלוֹת אָז הָיִיתִי י
בְעֵינָיו כְּמוֹצְאֵת שָׁלוֹם׃ כֶּרֶם הָיָה לִשְׁלֹמֹה בְּבַעַל הָמוֹן נָתַן יא
אֶת־הַכֶּרֶם לַנֹּטְרִים אִישׁ יָבִא בְּפִרְיוֹ אֶלֶף כָּסֶף׃ כַּרְמִי שֶׁלִּי יב
לְפָנָי הָאֶלֶף לְךָ שְׁלֹמֹה וּמָאתַיִם לְנֹטְרִים אֶת־פִּרְיוֹ׃ הַיּוֹשֶׁבֶת יג
בַּגַּנִּים חֲבֵרִים מַקְשִׁיבִים לְקוֹלֵךְ הַשְׁמִיעִנִי׃ בְּרַח ׀ דּוֹדִי וּדְמֵה־ יד
לְךָ לִצְבִי אוֹ לְעֹפֶר הָאַיָּלִים עַל הָרֵי בְשָׂמִים׃

רות

א וַיְהִי בִּימֵי שְׁפֹט הַשֹּׁפְטִים וַיְהִי רָעָב בָּאָרֶץ וַיֵּלֶךְ אִישׁ מִבֵּית
ב לֶחֶם יְהוּדָה לָגוּר בִּשְׂדֵי מוֹאָב הוּא וְאִשְׁתּוֹ וּשְׁנֵי בָנָיו: וְשֵׁם
הָאִישׁ אֱלִימֶלֶךְ וְשֵׁם אִשְׁתּוֹ נָעֳמִי וְשֵׁם שְׁנֵי־בָנָיו ׀ מַחְלוֹן
וְכִלְיוֹן אֶפְרָתִים מִבֵּית לֶחֶם יְהוּדָה וַיָּבֹאוּ שְׂדֵי־מוֹאָב וַיִּהְיוּ־
ג שָׁם: וַיָּמָת אֱלִימֶלֶךְ אִישׁ נָעֳמִי וַתִּשָּׁאֵר הִיא וּשְׁנֵי בָנֶיהָ:
ד וַיִּשְׂאוּ לָהֶם נָשִׁים מֹאֲבִיּוֹת שֵׁם הָאַחַת עָרְפָּה וְשֵׁם הַשֵּׁנִית
ה רוּת וַיֵּשְׁבוּ שָׁם כְּעֶשֶׂר שָׁנִים: וַיָּמֻתוּ גַם־שְׁנֵיהֶם מַחְלוֹן וְכִלְיוֹן
ו וַתִּשָּׁאֵר הָאִשָּׁה מִשְּׁנֵי יְלָדֶיהָ וּמֵאִישָׁהּ: וַתָּקָם הִיא וְכַלֹּתֶיהָ
וַתָּשָׁב מִשְּׂדֵי מוֹאָב כִּי שָׁמְעָה בִּשְׂדֵה מוֹאָב כִּי־פָקַד יְהוָה
ז אֶת־עַמּוֹ לָתֵת לָהֶם לָחֶם: וַתֵּצֵא מִן־הַמָּקוֹם אֲשֶׁר הָיְתָה־
שָׁמָּה וּשְׁתֵּי כַלֹּתֶיהָ עִמָּהּ וַתֵּלַכְנָה בַדֶּרֶךְ לָשׁוּב אֶל־אֶרֶץ
ח יְהוּדָה: וַתֹּאמֶר נָעֳמִי לִשְׁתֵּי כַלֹּתֶיהָ לֵכְנָה שֹּׁבְנָה אִשָּׁה לְבֵית
אִמָּהּ יעשה יְהוָה עִמָּכֶם חֶסֶד כַּאֲשֶׁר עֲשִׂיתֶם עִם־הַמֵּתִים (יַעַשׂ)
ט וְעִמָּדִי: יִתֵּן יְהוָה לָכֶם וּמְצֶאןָ מְנוּחָה אִשָּׁה בֵּית אִישָׁהּ וַתִּשַּׁק
י לָהֶן וַתִּשֶּׂאנָה קוֹלָן וַתִּבְכֶּינָה: וַתֹּאמַרְנָה־לָּהּ כִּי־אִתָּךְ נָשׁוּב
יא לְעַמֵּךְ: וַתֹּאמֶר נָעֳמִי שֹׁבְנָה בְנֹתַי לָמָּה תֵלַכְנָה עִמִּי הַעוֹד־
יב לִי בָנִים בְּמֵעַי וְהָיוּ לָכֶם לַאֲנָשִׁים: שֹׁבְנָה בְנֹתַי לֵכְןָ כִּי זָקַנְתִּי
מִהְיוֹת לְאִישׁ כִּי אָמַרְתִּי יֶשׁ־לִי תִקְוָה גַּם הָיִיתִי הַלַּיְלָה
יג לְאִישׁ וְגַם יָלַדְתִּי בָנִים: הֲלָהֵן ׀ תְּשַׂבֵּרְנָה עַד אֲשֶׁר יִגְדָּלוּ
הֲלָהֵן תֵּעָגֵנָה לְבִלְתִּי הֱיוֹת לְאִישׁ אַל בְּנֹתַי כִּי־מַר־לִי מְאֹד
יד מִכֶּם כִּי־יָצְאָה בִי יַד־יְהוָה: וַתִּשֶּׂנָה קוֹלָן וַתִּבְכֶּינָה עוֹד
טו וַתִּשַּׁק עָרְפָּה לַחֲמוֹתָהּ וְרוּת דָּבְקָה בָּהּ: וַתֹּאמֶר הִנֵּה שָׁבָה
טז יְבִמְתֵּךְ אֶל־עַמָּהּ וְאֶל־אֱלֹהֶיהָ שׁוּבִי אַחֲרֵי יְבִמְתֵּךְ: וַתֹּאמֶר
רוּת אַל־תִּפְגְּעִי־בִי לְעָזְבֵךְ לָשׁוּב מֵאַחֲרָיִךְ כִּי אֶל־אֲשֶׁר
תֵּלְכִי אֵלֵךְ וּבַאֲשֶׁר תָּלִינִי אָלִין עַמֵּךְ עַמִּי וֵאלֹהַיִךְ אֱלֹהָי:
יז בַּאֲשֶׁר תָּמוּתִי אָמוּת וְשָׁם אֶקָּבֵר כֹּה יַעֲשֶׂה יְהוָה לִי וְכֹה
יח יֹסִיף כִּי הַמָּוֶת יַפְרִיד בֵּינִי וּבֵינֵךְ: וַתֵּרֶא כִּי־מִתְאַמֶּצֶת הִיא

לָלֶכֶת אִתָּהּ וַתֶּחְדַּל לְדַבֵּר אֵלֶיהָ׃ וַתֵּלַכְנָה שְׁתֵּיהֶם עַד־בּוֹאָנָה יט
בֵּית לָחֶם וַיְהִי כְּבוֹאָנָה בֵּית לֶחֶם וַתֵּהֹם כָּל־הָעִיר עֲלֵיהֶן
וַתֹּאמַרְנָה הֲזֹאת נָעֳמִי׃ וַתֹּאמֶר אֲלֵיהֶן אַל־תִּקְרֶאנָה לִי כ
נָעֳמִי קְרֶאןָ לִי מָרָא כִּי־הֵמַר שַׁדַּי לִי מְאֹד׃ אֲנִי מְלֵאָה הָלַכְתִּי כא
וְרֵיקָם הֱשִׁיבַנִי יהוה לָמָּה תִקְרֶאנָה לִי נָעֳמִי וַיהוה עָנָה בִי
וְשַׁדַּי הֵרַע לִי׃ וַתָּשָׁב נָעֳמִי וְרוּת הַמּוֹאֲבִיָּה כַלָּתָהּ עִמָּהּ כב
הַשָּׁבָה מִשְּׂדֵי מוֹאָב וְהֵמָּה בָּאוּ בֵּית לֶחֶם בִּתְחִלַּת קְצִיר
שְׂעֹרִים׃ וּלְנָעֳמִי מידע לְאִישָׁהּ אִישׁ גִּבּוֹר חַיִל מִמִּשְׁפַּחַת א ב (מוֹדַע)
אֱלִימֶלֶךְ וּשְׁמוֹ בֹּעַז׃ וַתֹּאמֶר רוּת הַמּוֹאֲבִיָּה אֶל־נָעֳמִי אֵלְכָה־ ב
נָּא הַשָּׂדֶה וַאֲלַקֳטָה בַשִּׁבֳּלִים אַחַר אֲשֶׁר אֶמְצָא־חֵן בְּעֵינָיו
וַתֹּאמֶר לָהּ לְכִי בִתִּי׃ וַתֵּלֶךְ וַתָּבוֹא וַתְּלַקֵּט בַּשָּׂדֶה אַחֲרֵי ג
הַקֹּצְרִים וַיִּקֶר מִקְרֶהָ חֶלְקַת הַשָּׂדֶה לְבֹעַז אֲשֶׁר מִמִּשְׁפַּחַת
אֱלִימֶלֶךְ׃ וְהִנֵּה־בֹעַז בָּא מִבֵּית לֶחֶם וַיֹּאמֶר לַקּוֹצְרִים יהוה ד
עִמָּכֶם וַיֹּאמְרוּ לוֹ יְבָרֶכְךָ יהוה׃ וַיֹּאמֶר בֹּעַז לְנַעֲרוֹ הַנִּצָּב ה
עַל־הַקּוֹצְרִים לְמִי הַנַּעֲרָה הַזֹּאת׃ וַיַּעַן הַנַּעַר הַנִּצָּב עַל־ ו
הַקּוֹצְרִים וַיֹּאמַר נַעֲרָה מוֹאֲבִיָּה הִיא הַשָּׁבָה עִם־נָעֳמִי מִשְּׂדֵי
מוֹאָב׃ וַתֹּאמֶר אֲלַקֳטָה־נָּא וְאָסַפְתִּי בָעֳמָרִים אַחֲרֵי הַקּוֹצְרִים ז
וַתָּבוֹא וַתַּעֲמוֹד מֵאָז הַבֹּקֶר וְעַד־עַתָּה זֶה שִׁבְתָּהּ הַבַּיִת
מְעָט׃ וַיֹּאמֶר בֹּעַז אֶל־רוּת הֲלוֹא שָׁמַעַתְּ בִּתִּי אַל־תֵּלְכִי ח
לִלְקֹט בְּשָׂדֶה אַחֵר וְגַם לֹא תַעֲבוּרִי מִזֶּה וְכֹה תִדְבָּקִין עִם־
נַעֲרֹתָי׃ עֵינַיִךְ בַּשָּׂדֶה אֲשֶׁר־יִקְצֹרוּן וְהָלַכְתְּ אַחֲרֵיהֶן הֲלוֹא ט
צִוִּיתִי אֶת־הַנְּעָרִים לְבִלְתִּי נָגְעֵךְ וְצָמִת וְהָלַכְתְּ אֶל־הַכֵּלִים
וְשָׁתִית מֵאֲשֶׁר יִשְׁאֲבוּן הַנְּעָרִים׃ וַתִּפֹּל עַל־פָּנֶיהָ וַתִּשְׁתַּחוּ י
אָרְצָה וַתֹּאמֶר אֵלָיו מַדּוּעַ מָצָאתִי חֵן בְּעֵינֶיךָ לְהַכִּירֵנִי וְאָנֹכִי
נָכְרִיָּה׃ וַיַּעַן בֹּעַז וַיֹּאמֶר לָהּ הֻגֵּד הֻגַּד לִי כֹּל אֲשֶׁר־עָשִׂית יא
אֶת־חֲמוֹתֵךְ אַחֲרֵי מוֹת אִישֵׁךְ וַתַּעַזְבִי אָבִיךְ וְאִמֵּךְ וְאֶרֶץ
מוֹלַדְתֵּךְ וַתֵּלְכִי אֶל־עַם אֲשֶׁר לֹא־יָדַעַתְּ תְּמוֹל שִׁלְשׁוֹם׃ יְשַׁלֵּם יב

יְהוָה פָּעֳלֵךְ וּתְהִי מַשְׂכֻּרְתֵּךְ שְׁלֵמָה מֵעִם יְהוָה אֱלֹהֵי יִשְׂרָאֵל
יג אֲשֶׁר־בָּאת לַחֲסוֹת תַּחַת־כְּנָפָיו׃ וַתֹּאמֶר אֶמְצָא־חֵן בְּעֵינֶיךָ
אֲדֹנִי כִּי נִחַמְתָּנִי וְכִי דִבַּרְתָּ עַל־לֵב שִׁפְחָתֶךָ וְאָנֹכִי לֹא אֶהְיֶה
יד כְּאַחַת שִׁפְחֹתֶיךָ׃ וַיֹּאמֶר לָה בֹעַז לְעֵת הָאֹכֶל גֹּשִׁי הֲלֹם וְאָכַלְתְּ
מִן־הַלֶּחֶם וְטָבַלְתְּ פִּתֵּךְ בַּחֹמֶץ וַתֵּשֶׁב מִצַּד הַקֹּצְרִים וַיִּצְבָּט־
טו לָהּ קָלִי וַתֹּאכַל וַתִּשְׂבַּע וַתֹּתַר׃ וַתָּקָם לְלַקֵּט וַיְצַו בֹּעַז אֶת־
טז נְעָרָיו לֵאמֹר גַּם בֵּין הָעֳמָרִים תְּלַקֵּט וְלֹא תַכְלִימוּהָ׃ וְגַם שֹׁל־
תָּשֹׁלּוּ לָהּ מִן־הַצְּבָתִים וַעֲזַבְתֶּם וְלִקְּטָה וְלֹא תִגְעֲרוּ־בָהּ׃
יז וַתְּלַקֵּט בַּשָּׂדֶה עַד־הָעָרֶב וַתַּחְבֹּט אֵת אֲשֶׁר־לִקֵּטָה וַיְהִי
יח כְּאֵיפָה שְׂעֹרִים׃ וַתִּשָּׂא וַתָּבוֹא הָעִיר וַתֵּרֶא חֲמוֹתָהּ אֵת
אֲשֶׁר־לִקֵּטָה וַתּוֹצֵא וַתִּתֶּן־לָהּ אֵת אֲשֶׁר־הוֹתִרָה מִשָּׂבְעָהּ׃
יט וַתֹּאמֶר לָהּ חֲמוֹתָהּ אֵיפֹה לִקַּטְתְּ הַיּוֹם וְאָנָה עָשִׂית יְהִי מַכִּירֵךְ
בָּרוּךְ וַתַּגֵּד לַחֲמוֹתָהּ אֵת אֲשֶׁר־עָשְׂתָה עִמּוֹ וַתֹּאמֶר שֵׁם
כ הָאִישׁ אֲשֶׁר עָשִׂיתִי עִמּוֹ הַיּוֹם בֹּעַז׃ וַתֹּאמֶר נָעֳמִי לְכַלָּתָהּ
בָּרוּךְ הוּא לַיהוָה אֲשֶׁר לֹא־עָזַב חַסְדּוֹ אֶת־הַחַיִּים וְאֶת־הַמֵּתִים
כא וַתֹּאמֶר לָהּ נָעֳמִי קָרוֹב לָנוּ הָאִישׁ מִגֹּאֲלֵנוּ הוּא׃ וַתֹּאמֶר
רוּת הַמּוֹאֲבִיָּה גַּם ׀ כִּי־אָמַר אֵלַי עִם־הַנְּעָרִים אֲשֶׁר־לִי תִּדְבָּקִין
כב עַד אִם־כִּלּוּ אֵת כָּל־הַקָּצִיר אֲשֶׁר־לִי׃ וַתֹּאמֶר נָעֳמִי אֶל־רוּת
כַּלָּתָהּ טוֹב בִּתִּי כִּי תֵצְאִי עִם־נַעֲרוֹתָיו וְלֹא יִפְגְּעוּ־בָךְ בְּשָׂדֶה
כג אַחֵר׃ וַתִּדְבַּק בְּנַעֲרוֹת בֹּעַז לְלַקֵּט עַד־כְּלוֹת קְצִיר־הַשְּׂעֹרִים
ג א וּקְצִיר הַחִטִּים וַתֵּשֶׁב אֶת־חֲמוֹתָהּ׃ וַתֹּאמֶר לָהּ נָעֳמִי חֲמוֹתָהּ
ב בִּתִּי הֲלֹא אֲבַקֶּשׁ־לָךְ מָנוֹחַ אֲשֶׁר יִיטַב־לָךְ׃ וְעַתָּה הֲלֹא בֹעַז
מֹדַעְתָּנוּ אֲשֶׁר הָיִית אֶת־נַעֲרוֹתָיו הִנֵּה־הוּא זֹרֶה אֶת־גֹּרֶן
ג הַשְּׂעֹרִים הַלָּיְלָה׃ וְרָחַצְתְּ ׀ וָסַכְתְּ וְשַׂמְתְּ שמלתך עָלַיִךְ שִׂמְלֹתַיִךְ
וירדתי הַגֹּרֶן אַל־תִּוָּדְעִי לָאִישׁ עַד כַּלֹּתוֹ לֶאֱכֹל וְלִשְׁתּוֹת׃ וְיָרַדְתְּ
ד וִיהִי בְשָׁכְבוֹ וְיָדַעַתְּ אֶת־הַמָּקוֹם אֲשֶׁר יִשְׁכַּב־שָׁם וּבָאת
וְגִלִּית מַרְגְּלֹתָיו ושכבתי וְהוּא יַגִּיד לָךְ אֵת אֲשֶׁר תַּעֲשִׂין׃ וְשָׁכָבְתְּ

אֵלַ֖י וַתֹּ֣אמֶר אֵלֶ֑יהָ כֹּ֛ל אֲשֶׁר־תֹּאמְרִ֥י אֶֽעֱשֶֽׂה׃ וַתֵּ֖רֶד הַגֹּ֑רֶן וַתַּ֕עַשׂ ה ו
כְּכֹ֥ל אֲשֶׁר־צִוַּ֖תָּה חֲמוֹתָֽהּ׃ וַיֹּ֨אכַל בֹּ֤עַז וַיֵּ֙שְׁתְּ֙ וַיִּיטַ֣ב לִבּ֔וֹ וַיָּבֹ֕א ז
לִשְׁכַּ֖ב בִּקְצֵ֣ה הָעֲרֵמָ֑ה וַתָּבֹ֣א בַלָּ֔ט וַתְּגַ֥ל מַרְגְּלֹתָ֖יו וַתִּשְׁכָּֽב׃
וַיְהִי֙ בַּחֲצִ֣י הַלַּ֔יְלָה וַיֶּחֱרַ֥ד הָאִ֖ישׁ וַיִּלָּפֵ֑ת וְהִנֵּ֣ה אִשָּׁ֔ה שֹׁכֶ֖בֶת ח
מַרְגְּלֹתָֽיו׃ וַיֹּ֖אמֶר מִי־אָ֑תְּ וַתֹּ֗אמֶר אָנֹכִי֙ ר֣וּת אֲמָתֶ֔ךָ וּפָרַשְׂתָּ֤ ט
כְנָפֶ֙ךָ֙ עַל־אֲמָ֣תְךָ֔ כִּ֥י גֹאֵ֖ל אָֽתָּה׃ וַיֹּ֗אמֶר בְּרוּכָ֨ה אַ֤תְּ לַֽיהוָה֙ י
בִּתִּ֔י הֵיטַ֛בְתְּ חַסְדֵּ֥ךְ הָאַחֲר֖וֹן מִן־הָרִאשׁ֑וֹן לְבִלְתִּי־לֶ֗כֶת אַֽחֲרֵי֙
הַבַּ֣חוּרִ֔ים אִם־דַּ֖ל וְאִם־עָשִֽׁיר׃ וְעַתָּ֗ה בִּתִּי֙ אַל־תִּ֣ירְאִ֔י כֹּ֥ל יא
אֲשֶׁר־תֹּאמְרִ֖י אֶֽעֱשֶׂה־לָּ֑ךְ כִּ֤י יוֹדֵ֙עַ֙ כָּל־שַׁ֣עַר עַמִּ֔י כִּ֛י אֵ֥שֶׁת
חַ֖יִל אָֽתְּ׃ וְעַתָּה֙ כִּ֣י אָמְנָ֔ם כִּ֥י אם גֹאֵ֖ל אָנֹ֑כִי וְגַ֛ם יֵ֥שׁ גֹּאֵ֖ל יב
קָר֥וֹב מִמֶּֽנִּי׃ לִ֣ינִי ׀ הַלַּ֗יְלָה וְהָיָ֤ה בַבֹּ֙קֶר֙ אִם־יִגְאָלֵ֥ךְ טוֹב֙ יִגְאָ֔ל יג
וְאִם־לֹ֨א יַחְפֹּ֧ץ לְגָֽאֳלֵ֛ךְ וּגְאַלְתִּ֥יךְ אָנֹ֖כִי חַי־יְהוָ֑ה שִׁכְבִ֖י עַד־
בְּטֶ֛רֶם הַבֹּֽקֶר׃ וַתִּשְׁכַּ֤ב מַרְגְּלוֹתָו֙ עַד־הַבֹּ֔קֶר וַתָּ֕קָם בטרום יַכִּ֥יר אִ֖ישׁ יד
אֶת־רֵעֵ֑הוּ וַיֹּ֗אמֶר אַל־יִוָּדַ֔ע כִּי־בָ֥אָה הָאִשָּׁ֖ה הַגֹּֽרֶן׃ וַיֹּ֗אמֶר טו
הָ֠בִי הַמִּטְפַּ֨חַת אֲשֶׁר־עָלַ֧יִךְ וְאֶחֳזִי־בָ֛הּ וַתֹּ֣אחֶז בָּ֑הּ וַיָּ֤מָד שֵׁשׁ־
שְׂעֹרִים֙ וַיָּ֣שֶׁת עָלֶ֔יהָ וַיָּבֹ֖א הָעִֽיר׃ וַתָּבוֹא֙ אֶל־חֲמוֹתָ֔הּ וַתֹּ֖אמֶר טז
מִי־אַ֣תְּ בִּתִּ֑י וַתַּ֨גֶּד־לָ֔הּ אֵ֛ת כָּל־אֲשֶׁ֥ר עָֽשָׂה־לָ֖הּ הָאִֽישׁ׃ וַתֹּ֕אמֶר יז
אֵלַ֔י שֵׁשׁ־הַשְּׂעֹרִ֥ים הָאֵ֖לֶּה נָ֣תַן לִ֑י כִּ֚י אָמַ֣ר אַל־תָּב֥וֹאִי רֵיקָ֖ם
אֶל־חֲמוֹתֵֽךְ׃ וַתֹּ֙אמֶר֙ שְׁבִ֣י בִתִּ֔י עַ֚ד אֲשֶׁ֣ר תֵּֽדְעִ֔ין אֵ֖יךְ יִפֹּ֣ל יח
דָּבָ֑ר כִּ֣י לֹ֤א יִשְׁקֹט֙ הָאִ֔ישׁ כִּֽי־אִם־כִּלָּ֥ה הַדָּבָ֖ר הַיּֽוֹם׃ וּבֹ֨עַז ד א
עָלָ֣ה הַשַּׁעַר֮ וַיֵּ֣שֶׁב שָׁם֒ וְהִנֵּ֨ה הַגֹּאֵ֤ל עֹבֵר֙ אֲשֶׁ֣ר דִּבֶּר־בֹּ֔עַז
וַיֹּ֛אמֶר ס֥וּרָה שְׁבָה־פֹּ֖ה פְּלֹנִ֣י אַלְמֹנִ֑י וַיָּ֖סַר וַיֵּשֵֽׁב׃ וַיִּקַּ֞ח עֲשָׂרָ֧ה ב
אֲנָשִׁ֛ים מִזִּקְנֵ֥י הָעִ֖יר וַיֹּ֣אמֶר שְׁבוּ־פֹ֑ה וַיֵּשֵֽׁבוּ׃ וַיֹּ֙אמֶר֙ לַגֹּאֵ֔ל ג
חֶלְקַת֙ הַשָּׂדֶ֔ה אֲשֶׁ֥ר לְאָחִ֖ינוּ לֶאֱלִימֶ֑לֶךְ מָֽכְרָ֣ה נָעֳמִ֔י הַשָּׁ֖בָה
מִשְּׂדֵ֥ה מוֹאָֽב׃ וַאֲנִ֨י אָמַ֜רְתִּי אֶגְלֶ֣ה אָזְנְךָ֣ לֵאמֹ֗ר קְ֠נֵה נֶ֣גֶד ד
הַיֹּשְׁבִ֜ים וְנֶ֣גֶד זִקְנֵ֣י עַמִּ֗י אִם־תִּגְאַל֙ גְּאָ֔ל וְאִם־לֹ֨א יִגְאַ֜ל הַגִּ֣ידָה
לִּ֗י וְאֵדְעָ֙ כִּ֠י אֵ֤ין זוּלָֽתְךָ֙ לִגְא֔וֹל וְאָנֹכִ֖י אַחֲרֶ֑יךָ וַיֹּ֖אמֶר אָנֹכִ֥י

ה אֶגְאָל: וַיֹּאמֶר בֹּעַז בְּיוֹם־קְנוֹתְךָ הַשָּׂדֶה מִיַּד נָעֳמִי וּמֵאֵת
רוּת הַמּוֹאֲבִיָּה אֵשֶׁת־הַמֵּת קניתי לְהָקִים שֵׁם־הַמֵּת עַל־ קָנִיתָ
ו נַחֲלָתוֹ: וַיֹּאמֶר הַגֹּאֵל לֹא אוּכַל לגאול־לִי פֶּן־אַשְׁחִית אֶת־ לִגְאָל־
ז נַחֲלָתִי גְּאַל־לְךָ אַתָּה אֶת־גְּאֻלָּתִי כִּי לֹא־אוּכַל לִגְאֹל: וְזֹאת
לְפָנִים בְּיִשְׂרָאֵל עַל־הַגְּאוּלָּה וְעַל־הַתְּמוּרָה לְקַיֵּם כָּל־דָּבָר
ח שָׁלַף אִישׁ נַעֲלוֹ וְנָתַן לְרֵעֵהוּ וְזֹאת הַתְּעוּדָה בְּיִשְׂרָאֵל: וַיֹּאמֶר
ט הַגֹּאֵל לְבֹעַז קְנֵה־לָךְ וַיִּשְׁלֹף נַעֲלוֹ: וַיֹּאמֶר בֹּעַז לַזְּקֵנִים וְכָל־
הָעָם עֵדִים אַתֶּם הַיּוֹם כִּי קָנִיתִי אֶת־כָּל־אֲשֶׁר לֶאֱלִימֶלֶךְ
י וְאֵת כָּל־אֲשֶׁר לְכִלְיוֹן וּמַחְלוֹן מִיַּד נָעֳמִי: וְגַם אֶת־רוּת
הַמֹּאֲבִיָּה אֵשֶׁת מַחְלוֹן קָנִיתִי לִי לְאִשָּׁה לְהָקִים שֵׁם־הַמֵּת עַל־
נַחֲלָתוֹ וְלֹא־יִכָּרֵת שֵׁם־הַמֵּת מֵעִם אֶחָיו וּמִשַּׁעַר מְקוֹמוֹ עֵדִים
יא אַתֶּם הַיּוֹם: וַיֹּאמְרוּ כָּל־הָעָם אֲשֶׁר־בַּשַּׁעַר וְהַזְּקֵנִים עֵדִים יִתֵּן
יהוה אֶת־הָאִשָּׁה הַבָּאָה אֶל־בֵּיתֶךָ כְּרָחֵל ׀ וּכְלֵאָה אֲשֶׁר בָּנוּ
שְׁתֵּיהֶם אֶת־בֵּית יִשְׂרָאֵל וַעֲשֵׂה־חַיִל בְּאֶפְרָתָה וּקְרָא־שֵׁם בְּבֵית
יב לָחֶם: וִיהִי בֵיתְךָ כְּבֵית פֶּרֶץ אֲשֶׁר־יָלְדָה תָמָר לִיהוּדָה מִן־
יג הַזֶּרַע אֲשֶׁר יִתֵּן יהוה לְךָ מִן־הַנַּעֲרָה הַזֹּאת: וַיִּקַּח בֹּעַז אֶת־רוּת
וַתְּהִי־לוֹ לְאִשָּׁה וַיָּבֹא אֵלֶיהָ וַיִּתֵּן יהוה לָהּ הֵרָיוֹן וַתֵּלֶד בֵּן:
יד וַתֹּאמַרְנָה הַנָּשִׁים אֶל־נָעֳמִי בָּרוּךְ יהוה אֲשֶׁר לֹא הִשְׁבִּית לָךְ
טו גֹּאֵל הַיּוֹם וְיִקָּרֵא שְׁמוֹ בְּיִשְׂרָאֵל: וְהָיָה לָךְ לְמֵשִׁיב נֶפֶשׁ
וּלְכַלְכֵּל אֶת־שֵׂיבָתֵךְ כִּי כַלָּתֵךְ אֲשֶׁר־אֲהֵבַתֶךְ יְלָדַתּוּ אֲשֶׁר־הִיא
טז טוֹבָה לָךְ מִשִּׁבְעָה בָּנִים: וַתִּקַּח נָעֳמִי אֶת־הַיֶּלֶד וַתְּשִׁתֵהוּ
יז בְחֵיקָהּ וַתְּהִי־לוֹ לְאֹמֶנֶת: וַתִּקְרֶאנָה לוֹ הַשְּׁכֵנוֹת שֵׁם לֵאמֹר
יֻלַּד־בֵּן לְנָעֳמִי וַתִּקְרֶאנָה שְׁמוֹ עוֹבֵד הוּא אֲבִי־יִשַׁי אֲבִי דָוִד:
יח יט וְאֵלֶּה תּוֹלְדוֹת פָּרֶץ פֶּרֶץ הוֹלִיד אֶת־חֶצְרוֹן: וְחֶצְרוֹן הוֹלִיד
כ אֶת־רָם וְרָם הוֹלִיד אֶת־עַמִּינָדָב: וְעַמִּינָדָב הוֹלִיד אֶת־נַחְשׁוֹן
כא וְנַחְשׁוֹן הוֹלִיד אֶת־שַׂלְמָה: וְשַׂלְמוֹן הוֹלִיד אֶת־בֹּעַז וּבֹעַז
כב הוֹלִיד אֶת־עוֹבֵד: וְעֹבֵד הוֹלִיד אֶת־יִשָׁי וְיִשַׁי הוֹלִיד אֶת־דָּוִד:

איכה

א אֵיכָה | יָשְׁבָה בָדָד הָעִיר רַבָּתִי עָם הָיְתָה כְּאַלְמָנָה רַבָּתִי
ב בַגּוֹיִם שָׂרָתִי בַּמְּדִינוֹת הָיְתָה לָמַס: בָּכוֹ תִבְכֶּה בַּלַּיְלָה
וְדִמְעָתָהּ עַל לֶחֱיָהּ אֵין־לָהּ מְנַחֵם מִכָּל־אֹהֲבֶיהָ כָּל־רֵעֶיהָ
ג בָּגְדוּ בָהּ הָיוּ לָהּ לְאֹיְבִים: גָּלְתָה יְהוּדָה מֵעֹנִי וּמֵרֹב עֲבֹדָה
הִיא יָשְׁבָה בַגּוֹיִם לֹא מָצְאָה מָנוֹחַ כָּל־רֹדְפֶיהָ הִשִּׂיגוּהָ בֵּין
ד הַמְּצָרִים: דַּרְכֵי צִיּוֹן אֲבֵלוֹת מִבְּלִי בָּאֵי מוֹעֵד כָּל־שְׁעָרֶיהָ
ה שׁוֹמֵמִין כֹּהֲנֶיהָ נֶאֱנָחִים בְּתוּלֹתֶיהָ נּוּגוֹת וְהִיא מַר־לָהּ: הָיוּ צָרֶיהָ
לְרֹאשׁ אֹיְבֶיהָ שָׁלוּ כִּי־יהוה הוֹגָהּ עַל־רֹב פְּשָׁעֶיהָ עוֹלָלֶיהָ
ו הָלְכוּ שְׁבִי לִפְנֵי־צָר: וַיֵּצֵא מִן בַּת־צִיּוֹן כָּל־הֲדָרָהּ הָיוּ שָׂרֶיהָ מִבַּת־
ז כְּאַיָּלִים לֹא־מָצְאוּ מִרְעֶה וַיֵּלְכוּ בְלֹא־כֹחַ לִפְנֵי רוֹדֵף: זָכְרָה
יְרוּשָׁלַםִ יְמֵי עָנְיָהּ וּמְרוּדֶיהָ כֹּל מַחֲמֻדֶיהָ אֲשֶׁר הָיוּ מִימֵי קֶדֶם
בִּנְפֹל עַמָּהּ בְּיַד־צָר וְאֵין עוֹזֵר לָהּ רָאוּהָ צָרִים שָׂחֲקוּ עַל־
ח מִשְׁבַּתֶּהָ: חֵטְא חָטְאָה יְרוּשָׁלַםִ עַל־כֵּן לְנִידָה הָיָתָה כָּל־
מְכַבְּדֶיהָ הִזִּילוּהָ כִּי־רָאוּ עֶרְוָתָהּ גַּם־הִיא נֶאֶנְחָה וַתָּשָׁב אָחוֹר:
ט טֻמְאָתָהּ בְּשׁוּלֶיהָ לֹא זָכְרָה אַחֲרִיתָהּ וַתֵּרֶד פְּלָאִים אֵין מְנַחֵם
י לָהּ רְאֵה יהוה אֶת־עָנְיִי כִּי הִגְדִּיל אוֹיֵב: יָדוֹ פָּרַשׂ צָר עַל כָּל־
מַחֲמַדֶּיהָ כִּי־רָאֲתָה גוֹיִם בָּאוּ מִקְדָּשָׁהּ אֲשֶׁר צִוִּיתָה לֹא־יָבֹאוּ
יא בַקָּהָל לָךְ: כָּל־עַמָּהּ נֶאֱנָחִים מְבַקְּשִׁים לֶחֶם נָתְנוּ מחמודיהם מַחֲמַדֵּיהֶם
יב בְּאֹכֶל לְהָשִׁיב נָפֶשׁ רְאֵה יהוה וְהַבִּיטָה כִּי הָיִיתִי זוֹלֵלָה: לוֹא
אֲלֵיכֶם כָּל־עֹבְרֵי דֶרֶךְ הַבִּיטוּ וּרְאוּ אִם־יֵשׁ מַכְאוֹב כְּמַכְאֹבִי
יג אֲשֶׁר עוֹלַל לִי אֲשֶׁר הוֹגָה יהוה בְּיוֹם חֲרוֹן אַפּוֹ: מִמָּרוֹם
שָׁלַח־אֵשׁ בְּעַצְמֹתַי וַיִּרְדֶּנָּה פָּרַשׂ רֶשֶׁת לְרַגְלַי הֱשִׁיבַנִי אָחוֹר
יד נְתָנַנִי שֹׁמֵמָה כָּל־הַיּוֹם דָּוָה: נִשְׂקַד עֹל פְּשָׁעַי בְּיָדוֹ יִשְׂתָּרְגוּ
עָלוּ עַל־צַוָּארִי הִכְשִׁיל כֹּחִי נְתָנַנִי אֲדֹנָי בִּידֵי לֹא־אוּכַל קוּם:
טו סִלָּה כָל־אַבִּירַי | אֲדֹנָי בְּקִרְבִּי קָרָא עָלַי מוֹעֵד לִשְׁבֹּר בַּחוּרָי
טז גַּת דָּרַךְ אֲדֹנָי לִבְתוּלַת בַּת־יְהוּדָה: עַל־אֵלֶּה | אֲנִי בוֹכִיָּה
עֵינִי | עֵינִי יֹרְדָה מַּיִם כִּי־רָחַק מִמֶּנִּי מְנַחֵם מֵשִׁיב נַפְשִׁי הָיוּ

יז בָּנַי שׁוֹמֵמִים כִּי גָבַר אוֹיֵב׃ פֵּרְשָׂה צִיּוֹן בְּיָדֶיהָ אֵין מְנַחֵם לָהּ
צִוָּה יְהוָה לְיַעֲקֹב סְבִיבָיו צָרָיו הָיְתָה יְרוּשָׁלִַם לְנִדָּה בֵּינֵיהֶם׃
יח צַדִּיק הוּא יְהוָה כִּי פִיהוּ מָרִיתִי שִׁמְעוּ־נָא כָל־עַמִּים וּרְאוּ   הָעַמִּים
יט מַכְאֹבִי בְּתוּלֹתַי וּבַחוּרַי הָלְכוּ בַשֶּׁבִי׃ קָרָאתִי לַמְאַהֲבַי הֵמָּה
רִמּוּנִי כֹּהֲנַי וּזְקֵנַי בָּעִיר גָּוָעוּ כִּי־בִקְשׁוּ אֹכֶל לָמוֹ וְיָשִׁיבוּ אֶת־
כ נַפְשָׁם׃ רְאֵה יְהוָה כִּי־צַר־לִי מֵעַי חֳמַרְמָרוּ נֶהְפַּךְ לִבִּי בְּקִרְבִּי
כא כִּי מָרוֹ מָרִיתִי מִחוּץ שִׁכְּלָה־חֶרֶב בַּבַּיִת כַּמָּוֶת׃ שָׁמְעוּ כִּי
נֶאֱנָחָה אָנִי אֵין מְנַחֵם לִי כָּל־אֹיְבַי שָׁמְעוּ רָעָתִי שָׂשׂוּ כִּי
כב אַתָּה עָשִׂיתָ הֵבֵאתָ יוֹם־קָרָאתָ וְיִהְיוּ כָמוֹנִי׃ תָּבֹא כָל־
רָעָתָם לְפָנֶיךָ וְעוֹלֵל לָמוֹ כַּאֲשֶׁר עוֹלַלְתָּ לִי עַל כָּל־פְּשָׁעָי כִּי־
רַבּוֹת אַנְחֹתַי וְלִבִּי דַוָּי׃

ב א אֵיכָה יָעִיב בְּאַפּוֹ ׀ אֲדֹנָי אֶת־בַּת־צִיּוֹן הִשְׁלִיךְ מִשָּׁמַיִם אֶרֶץ
ב תִּפְאֶרֶת יִשְׂרָאֵל וְלֹא־זָכַר הֲדֹם־רַגְלָיו בְּיוֹם אַפּוֹ׃ בִּלַּע אֲדֹנָי
לֹא חָמַל אֵת כָּל־נְאוֹת יַעֲקֹב הָרַס בְּעֶבְרָתוֹ מִבְצְרֵי בַת־   וְלֹא
ג יְהוּדָה הִגִּיעַ לָאָרֶץ חִלֵּל מַמְלָכָה וְשָׂרֶיהָ׃ גָּדַע בָּחֳרִי־אַף
כֹּל קֶרֶן יִשְׂרָאֵל הֵשִׁיב אָחוֹר יְמִינוֹ מִפְּנֵי אוֹיֵב וַיִּבְעַר בְּיַעֲקֹב
ד כְּאֵשׁ לֶהָבָה אָכְלָה סָבִיב׃ דָּרַךְ קַשְׁתּוֹ כְּאוֹיֵב נִצָּב יְמִינוֹ
כְּצָר וַיַּהֲרֹג כֹּל מַחֲמַדֵּי־עָיִן בְּאֹהֶל בַּת־צִיּוֹן שָׁפַךְ כָּאֵשׁ
ה חֲמָתוֹ׃ הָיָה אֲדֹנָי ׀ כְּאוֹיֵב בִּלַּע יִשְׂרָאֵל בִּלַּע כָּל־אַרְמְנוֹתֶיהָ
ו שִׁחֵת מִבְצָרָיו וַיֶּרֶב בְּבַת־יְהוּדָה תַּאֲנִיָּה וַאֲנִיָּה׃ וַיַּחְמֹס כַּגַּן
שֻׂכּוֹ שִׁחֵת מֹעֲדוֹ שִׁכַּח יְהוָה ׀ בְּצִיּוֹן מוֹעֵד וְשַׁבָּת וַיִּנְאַץ
ז בְּזַעַם־אַפּוֹ מֶלֶךְ וְכֹהֵן׃ זָנַח אֲדֹנָי ׀ מִזְבְּחוֹ נִאֵר מִקְדָּשׁוֹ הִסְגִּיר
בְּיַד־אוֹיֵב חוֹמֹת אַרְמְנוֹתֶיהָ קוֹל נָתְנוּ בְּבֵית־יְהוָה כְּיוֹם
ח מוֹעֵד׃ חָשַׁב יְהוָה ׀ לְהַשְׁחִית חוֹמַת בַּת־צִיּוֹן נָטָה קָו לֹא־
ט הֵשִׁיב יָדוֹ מִבַּלֵּעַ וַיַּאֲבֶל־חֵל וְחוֹמָה יַחְדָּו אֻמְלָלוּ׃ טָבְעוּ
בָאָרֶץ שְׁעָרֶיהָ אִבַּד וְשִׁבַּר בְּרִיחֶיהָ מַלְכָּהּ וְשָׂרֶיהָ בַגּוֹיִם אֵין
י תּוֹרָה גַּם־נְבִיאֶיהָ לֹא־מָצְאוּ חָזוֹן מֵיְהוָה׃ יֵשְׁבוּ לָאָרֶץ יִדְּמוּ

זִקְנֵי בַת־צִיּוֹן הֶעֱלוּ עָפָר עַל־רֹאשָׁם חָגְרוּ שַׂקִּים הוֹרִידוּ
לָאָרֶץ רֹאשָׁן בְּתוּלֹת יְרוּשָׁלִָם: כָּלוּ בַדְּמָעוֹת עֵינַי חֳמַרְמְרוּ יא
מֵעַי נִשְׁפַּךְ לָאָרֶץ כְּבֵדִי עַל־שֶׁבֶר בַּת־עַמִּי בֵּעָטֵף עוֹלֵל וְיוֹנֵק
בִּרְחֹבוֹת קִרְיָה: לְאִמֹּתָם יֹאמְרוּ אַיֵּה דָּגָן וָיָיִן בְּהִתְעַטְּפָם יב
כֶּחָלָל בִּרְחֹבוֹת עִיר בְּהִשְׁתַּפֵּךְ נַפְשָׁם אֶל־חֵיק אִמֹּתָם: מָה־ יג
אֲעִידֵךְ אעודך מָה אֲדַמֶּה־לָּךְ הַבַּת יְרוּשָׁלִַם מָה אַשְׁוֶה־לָּךְ וַאֲנַחֲמֵךְ
בְּתוּלַת בַּת־צִיּוֹן כִּי־גָדוֹל כַּיָּם שִׁבְרֵךְ מִי יִרְפָּא־לָךְ: נְבִיאַיִךְ יד
שְׁבוּתֵךְ חָזוּ לָךְ שָׁוְא וְתָפֵל וְלֹא־גִלּוּ עַל־עֲוֺנֵךְ לְהָשִׁיב שביתך וַיֶּחֱזוּ
לָךְ מַשְׂאוֹת שָׁוְא וּמַדּוּחִים: סָפְקוּ עָלַיִךְ כַּפַּיִם כָּל־עֹבְרֵי דֶרֶךְ טו
שָׁרְקוּ וַיָּנִעוּ רֹאשָׁם עַל־בַּת יְרוּשָׁלִָם הֲזֹאת הָעִיר שֶׁיֹּאמְרוּ
כְּלִילַת יֹפִי מָשׂוֹשׂ לְכָל־הָאָרֶץ: פָּצוּ עָלַיִךְ פִּיהֶם כָּל־אֹיְבַיִךְ טז
שָׁרְקוּ וַיַּחַרְקוּ־שֵׁן אָמְרוּ בִּלָּעְנוּ אַךְ זֶה הַיּוֹם שֶׁקִּוִּינֻהוּ מָצָאנוּ
רָאִינוּ: עָשָׂה יְהוָה אֲשֶׁר זָמָם בִּצַּע אֶמְרָתוֹ אֲשֶׁר צִוָּה מִימֵי־ יז
קֶדֶם הָרַס וְלֹא חָמָל וַיְשַׂמַּח עָלַיִךְ אוֹיֵב הֵרִים קֶרֶן צָרָיִךְ:
צָעַק לִבָּם אֶל־אֲדֹנָי חוֹמַת בַּת־צִיּוֹן הוֹרִידִי כַנַּחַל דִּמְעָה יוֹמָם יח
וָלַיְלָה אַל־תִּתְּנִי פוּגַת לָךְ אַל־תִּדֹּם בַּת־עֵינֵךְ: קוּמִי ׀ רֹנִּי יט
בַלַּיְלָה לְרֹאשׁ אַשְׁמֻרוֹת שִׁפְכִי כַמַּיִם לִבֵּךְ נֹכַח פְּנֵי אֲדֹנָי שְׂאִי
אֵלָיו כַּפַּיִךְ עַל־נֶפֶשׁ עוֹלָלַיִךְ הָעֲטוּפִים בְּרָעָב בְּרֹאשׁ כָּל־
חוּצוֹת: רְאֵה יְהוָה וְהַבִּיטָה לְמִי עוֹלַלְתָּ כֹּה אִם־תֹּאכַלְנָה כ
נָשִׁים פִּרְיָם עֹלֲלֵי טִפֻּחִים אִם־יֵהָרֵג בְּמִקְדַּשׁ אֲדֹנָי כֹּהֵן
וְנָבִיא: שָׁכְבוּ לָאָרֶץ חוּצוֹת נַעַר וְזָקֵן בְּתוּלֹתַי וּבַחוּרַי נָפְלוּ כא
בֶחָרֶב הָרַגְתָּ בְּיוֹם אַפֶּךָ טָבַחְתָּ לֹא חָמָלְתָּ: תִּקְרָא כְיוֹם כב
מוֹעֵד מְגוּרַי מִסָּבִיב וְלֹא הָיָה בְּיוֹם אַף־יְהוָה פָּלִיט וְשָׂרִיד
אֲשֶׁר־טִפַּחְתִּי וְרִבִּיתִי אֹיְבִי כִלָּם:

אֲנִי הַגֶּבֶר רָאָה עֳנִי בְּשֵׁבֶט עֶבְרָתוֹ: אוֹתִי נָהַג וַיֹּלַךְ חֹשֶׁךְ וְלֹא־ ב א ג
אוֹר: אַךְ בִּי יָשֻׁב יַהֲפֹךְ יָדוֹ כָּל־הַיּוֹם: בִּלָּה בְשָׂרִי וְעוֹרִי שִׁבַּר ד ג
עַצְמוֹתָי: בָּנָה עָלַי וַיַּקַּף רֹאשׁ וּתְלָאָה: בְּמַחֲשַׁכִּים הוֹשִׁיבַנִי ו ה

כְּמֵתֵי עוֹלָם׃ גָּדַר בַּעֲדִי וְלֹא אֵצֵא הִכְבִּיד נְחָשְׁתִּי׃ גַּם כִּי ז ח
אֶזְעַק וַאֲשַׁוֵּעַ שָׂתַם תְּפִלָּתִי׃ גָּדַר דְּרָכַי בְּגָזִית נְתִיבֹתַי עִוָּה׃ ט
אֲרִי דֹּב אֹרֵב הוּא לִי אריה בְּמִסְתָּרִים׃ דְּרָכַי סוֹרֵר וַיְפַשְּׁחֵנִי שָׂמַנִי י יא
שֹׁמֵם׃ דָּרַךְ קַשְׁתּוֹ וַיַּצִּיבֵנִי כַּמַּטָּרָא לַחֵץ׃ הֵבִיא בְּכִלְיוֹתָי בְּנֵי יב יג
אַשְׁפָּתוֹ׃ הָיִיתִי שְּׂחֹק לְכָל־עַמִּי נְגִינָתָם כָּל־הַיּוֹם׃ הִשְׂבִּיעַנִי יד טו
בַמְּרוֹרִים הִרְוַנִי לַעֲנָה׃ וַיַּגְרֵס בֶּחָצָץ שִׁנָּי הִכְפִּישַׁנִי בָּאֵפֶר׃ טז
וַתִּזְנַח מִשָּׁלוֹם נַפְשִׁי נָשִׁיתִי טוֹבָה׃ וָאֹמַר אָבַד נִצְחִי וְתוֹחַלְתִּי יז יח
וְתָשׁוֹחַ מֵיְהוָה׃ זְכָר־עָנְיִי וּמְרוּדִי לַעֲנָה וָרֹאשׁ׃ זָכוֹר תִּזְכּוֹר ותשיח יט כ
עָלַי נַפְשִׁי׃ זֹאת אָשִׁיב אֶל־לִבִּי עַל־כֵּן אוֹחִיל׃ חַסְדֵי יְהוָה כא כב
כִּי לֹא־תָמְנוּ כִּי לֹא־כָלוּ רַחֲמָיו׃ חֲדָשִׁים לַבְּקָרִים רַבָּה כג
אֱמוּנָתֶךָ׃ חֶלְקִי יְהוָה אָמְרָה נַפְשִׁי עַל־כֵּן אוֹחִיל לוֹ׃ טוֹב כד כה
יְהוָה לְקֹוָו לְנֶפֶשׁ תִּדְרְשֶׁנּוּ׃ טוֹב וְיָחִיל וְדוּמָם לִתְשׁוּעַת כו
יְהוָה׃ טוֹב לַגֶּבֶר כִּי־יִשָּׂא עֹל בִּנְעוּרָיו׃ יֵשֵׁב בָּדָד וְיִדֹּם כִּי כז כח
נָטַל עָלָיו׃ יִתֵּן בֶּעָפָר פִּיהוּ אוּלַי יֵשׁ תִּקְוָה׃ יִתֵּן לְמַכֵּהוּ כט ל
לֶחִי יִשְׂבַּע בְּחֶרְפָּה׃ כִּי לֹא יִזְנַח לְעוֹלָם אֲדֹנָי׃ כִּי אִם־הוֹגָה לא לב
וְרִחַם כְּרֹב חֲסָדָו׃ כִּי לֹא עִנָּה מִלִּבּוֹ וַיַּגֶּה בְּנֵי־אִישׁ׃ לְדַכֵּא לג לד
תַּחַת רַגְלָיו כֹּל אֲסִירֵי אָרֶץ׃ לְהַטּוֹת מִשְׁפַּט־גָּבֶר נֶגֶד פְּנֵי לה
עֶלְיוֹן׃ לְעַוֵּת אָדָם בְּרִיבוֹ אֲדֹנָי לֹא רָאָה׃ מִי זֶה אָמַר וַתֶּהִי לו לז
אֲדֹנָי לֹא צִוָּה׃ מִפִּי עֶלְיוֹן לֹא תֵצֵא הָרָעוֹת וְהַטּוֹב׃ מַה־ לח לט
יִּתְאוֹנֵן אָדָם חָי גֶּבֶר עַל־חֲטָאָו׃ נַחְפְּשָׂה דְרָכֵינוּ וְנַחְקֹרָה מ
וְנָשׁוּבָה עַד־יְהוָה׃ נִשָּׂא לְבָבֵנוּ אֶל־כַּפָּיִם אֶל־אֵל בַּשָּׁמָיִם׃ מא
נַחְנוּ פָשַׁעְנוּ וּמָרִינוּ אַתָּה לֹא סָלָחְתָּ׃ סַכֹּתָה בָאַף וַתִּרְדְּפֵנוּ מב מג
הָרַגְתָּ לֹא חָמָלְתָּ׃ סַכּוֹתָה בֶעָנָן לָךְ מֵעֲבוֹר תְּפִלָּה׃ סְחִי מד מה
וּמָאוֹס תְּשִׂימֵנוּ בְּקֶרֶב הָעַמִּים׃ פָּצוּ עָלֵינוּ פִּיהֶם כָּל־אֹיְבֵינוּ׃ מו
פַּחַד וָפַחַת הָיָה לָנוּ הַשֵּׁאת וְהַשָּׁבֶר׃ פַּלְגֵי־מַיִם תֵּרַד עֵינִי מז מח
עַל־שֶׁבֶר בַּת־עַמִּי׃ עֵינִי נִגְּרָה וְלֹא תִדְמֶה מֵאֵין הֲפֻגוֹת׃ עַד־ מט נ
יַשְׁקִיף וְיֵרֶא יְהוָה מִשָּׁמָיִם׃ עֵינִי עוֹלְלָה לְנַפְשִׁי מִכֹּל בְּנוֹת נא

עִירִי׃ צוֹד צָדוּנִי כַּצִּפּוֹר אֹיְבַי חִנָּם׃ צָמְתוּ בַבּוֹר חַיָּי וַיַּדּוּ־ נב נג
אֶבֶן בִּי׃ צָפוּ־מַיִם עַל־רֹאשִׁי אָמַרְתִּי נִגְזָרְתִּי׃ קָרָאתִי שִׁמְךָ נד נה
יְהוָה מִבּוֹר תַּחְתִּיּוֹת׃ קוֹלִי שָׁמָעְתָּ אַל־תַּעְלֵם אָזְנְךָ לְרַוְחָתִי נו
לְשַׁוְעָתִי׃ קָרַבְתָּ בְּיוֹם אֶקְרָאֶךָּ אָמַרְתָּ אַל־תִּירָא׃ רַבְתָּ אֲדֹנָי נז נח
רִיבֵי נַפְשִׁי גָּאַלְתָּ חַיָּי׃ רָאִיתָה יְהוָה עַוָּתָתִי שָׁפְטָה מִשְׁפָּטִי׃ נט
רָאִיתָה כָּל־נִקְמָתָם כָּל־מַחְשְׁבֹתָם לִי׃ שָׁמַעְתָּ חֶרְפָּתָם ס סא
יְהוָה כָּל־מַחְשְׁבֹתָם עָלָי׃ שִׂפְתֵי קָמַי וְהֶגְיוֹנָם עָלַי כָּל־הַיּוֹם׃ סב
שִׁבְתָּם וְקִימָתָם הַבִּיטָה אֲנִי מַנְגִּינָתָם׃ תָּשִׁיב לָהֶם גְּמוּל סג סד
יְהוָה כְּמַעֲשֵׂה יְדֵיהֶם׃ תִּתֵּן לָהֶם מְגִנַּת־לֵב תַּאֲלָתְךָ לָהֶם׃ סה
תִּרְדֹּף בְּאַף וְתַשְׁמִידֵם מִתַּחַת שְׁמֵי יְהוָה׃ סו

אֵיכָה יוּעַם זָהָב יִשְׁנֶא הַכֶּתֶם הַטּוֹב תִּשְׁתַּפֵּכְנָה אַבְנֵי־קֹדֶשׁ ד א
בְּרֹאשׁ כָּל־חוּצוֹת׃ בְּנֵי צִיּוֹן הַיְקָרִים הַמְסֻלָּאִים בַּפָּז אֵיכָה ב
נֶחְשְׁבוּ לְנִבְלֵי־חֶרֶשׂ מַעֲשֵׂה יְדֵי יוֹצֵר׃ גַּם־תנין חָלְצוּ שַׁד ג תַּנִּים
הֵינִיקוּ גּוּרֵיהֶן בַּת־עַמִּי לְאַכְזָר כי ענים בַּמִּדְבָּר׃ דָּבַק לְשׁוֹן ד כַּיְעֵנִים
יוֹנֵק אֶל־חִכּוֹ בַּצָּמָא עוֹלָלִים שָׁאֲלוּ לֶחֶם פֹּרֵשׂ אֵין לָהֶם׃
הָאֹכְלִים לְמַעֲדַנִּים נָשַׁמּוּ בַּחוּצוֹת הָאֱמֻנִים עֲלֵי תוֹלָע חִבְּקוּ ה
אַשְׁפַּתּוֹת׃ וַיִּגְדַּל עֲוֺן בַּת־עַמִּי מֵחַטַּאת סְדֹם הַהֲפוּכָה כְמוֹ־ ו
רָגַע וְלֹא־חָלוּ בָהּ יָדָיִם׃ זַכּוּ נְזִירֶיהָ מִשֶּׁלֶג צַחוּ מֵחָלָב אָדְמוּ ז
עֶצֶם מִפְּנִינִים סַפִּיר גִּזְרָתָם׃ חָשַׁךְ מִשְּׁחוֹר תָּאֳרָם לֹא נִכְּרוּ ח
בַּחוּצוֹת צָפַד עוֹרָם עַל־עַצְמָם יָבֵשׁ הָיָה כָעֵץ׃ טוֹבִים הָיוּ ט
חַלְלֵי־חֶרֶב מֵחַלְלֵי רָעָב שֶׁהֵם יָזוּבוּ מְדֻקָּרִים מִתְּנוּבֹת שָׂדָי׃
יְדֵי נָשִׁים רַחֲמָנִיּוֹת בִּשְּׁלוּ יַלְדֵיהֶן הָיוּ לְבָרוֹת לָמוֹ בְּשֶׁבֶר י
בַּת־עַמִּי׃ כִּלָּה יְהוָה אֶת־חֲמָתוֹ שָׁפַךְ חֲרוֹן אַפּוֹ וַיַּצֶּת־אֵשׁ יא
בְּצִיּוֹן וַתֹּאכַל יְסוֹדֹתֶיהָ׃ לֹא הֶאֱמִינוּ מַלְכֵי־אֶרֶץ וכל יֹשְׁבֵי יב כֹּל
תֵבֵל כִּי יָבֹא צַר וְאוֹיֵב בְּשַׁעֲרֵי יְרוּשָׁלָםִ׃ מֵחַטֹּאת נְבִיאֶיהָ יג
עֲוֺנוֹת כֹּהֲנֶיהָ הַשֹּׁפְכִים בְּקִרְבָּהּ דַּם צַדִּיקִים׃ נָעוּ עִוְרִים יד
בַּחוּצוֹת נְגֹאֲלוּ בַּדָּם בְּלֹא יוּכְלוּ יִגְּעוּ בִּלְבֻשֵׁיהֶם׃ סוּרוּ טָמֵא טו

קָרְאוּ לָמוֹ סוּרוּ סוּרוּ אַל־תִּגָּעוּ כִּי נָצוּ גַּם־נָעוּ אָמְרוּ בַּגּוֹיִם לֹא
טז יוֹסִפוּ לָגוּר׃ פְּנֵי יְהוָה חִלְּקָם לֹא יוֹסִיף לְהַבִּיטָם פְּנֵי כֹהֲנִים לֹא
יז נָשָׂאוּ זקנים לֹא חָנָנוּ׃ עודינה תִּכְלֶינָה עֵינֵינוּ אֶל־עֶזְרָתֵנוּ הָבֶל (וּזְקֵנִים | עוֹדֵינוּ)
יח בְּצִפִּיָּתֵנוּ צִפִּינוּ אֶל־גּוֹי לֹא יוֹשִׁעַ׃ צָדוּ צְעָדֵינוּ מִלֶּכֶת בִּרְחֹבֹתֵינוּ
יט קָרַב קִצֵּנוּ מָלְאוּ יָמֵינוּ כִּי־בָא קִצֵּנוּ׃ קַלִּים הָיוּ רֹדְפֵינוּ מִנִּשְׁרֵי
כ שָׁמָיִם עַל־הֶהָרִים דְּלָקֻנוּ בַּמִּדְבָּר אָרְבוּ לָנוּ׃ רוּחַ אַפֵּינוּ מְשִׁיחַ
יְהוָה נִלְכַּד בִּשְׁחִיתוֹתָם אֲשֶׁר אָמַרְנוּ בְּצִלּוֹ נִחְיֶה בַגּוֹיִם׃
כא שִׂישִׂי וְשִׂמְחִי בַּת־אֱדוֹם יושבתי בְּאֶרֶץ עוּץ גַּם־עָלַיִךְ תַּעֲבָר־ (יוֹשֶׁבֶת)
כב כּוֹס תִּשְׁכְּרִי וְתִתְעָרִי׃ תַּם־עֲוֹנֵךְ בַּת־צִיּוֹן לֹא יוֹסִיף לְהַגְלוֹתֵךְ
פָּקַד עֲוֹנֵךְ בַּת־אֱדוֹם גִּלָּה עַל־חַטֹּאתָיִךְ׃

ה א ב זְכֹר יְהוָה מֶה־הָיָה לָנוּ הַבִּיטָ וּרְאֵה אֶת־חֶרְפָּתֵנוּ׃ נַחֲלָתֵנוּ
ג נֶהֶפְכָה לְזָרִים בָּתֵּינוּ לְנָכְרִים׃ יְתוֹמִים הָיִינוּ אין אָב אִמֹּתֵינוּ (וְאֵין)
ד ה כְּאַלְמָנוֹת׃ מֵימֵינוּ בְּכֶסֶף שָׁתִינוּ עֵצֵינוּ בִּמְחִיר יָבֹאוּ׃ עַל
ו צַוָּארֵנוּ נִרְדָּפְנוּ יָגַעְנוּ לא הוּנַח־לָנוּ׃ מִצְרַיִם נָתַנּוּ יָד אַשּׁוּר (וְלֹא)
ז לִשְׂבֹּעַ לָחֶם׃ אֲבֹתֵינוּ חָטְאוּ אינם אנחנו עֲוֹנֹתֵיהֶם סָבָלְנוּ׃ (וְאֵינָם | וַאֲנַחְנוּ)
ח ט עֲבָדִים מָשְׁלוּ בָנוּ פֹּרֵק אֵין מִיָּדָם׃ בְּנַפְשֵׁנוּ נָבִיא לַחְמֵנוּ
י מִפְּנֵי חֶרֶב הַמִּדְבָּר׃ עוֹרֵנוּ כְּתַנּוּר נִכְמָרוּ מִפְּנֵי זַלְעֲפוֹת
יא יב רָעָב׃ נָשִׁים בְּצִיּוֹן עִנּוּ בְּתֻלֹת בְּעָרֵי יְהוּדָה׃ שָׂרִים בְּיָדָם
יג נִתְלוּ פְּנֵי זְקֵנִים לֹא נֶהְדָּרוּ׃ בַּחוּרִים טְחוֹן נָשָׂאוּ וּנְעָרִים
יד טו בָּעֵץ כָּשָׁלוּ׃ זְקֵנִים מִשַּׁעַר שָׁבָתוּ בַּחוּרִים מִנְּגִינָתָם׃ שָׁבַת
טז מְשׂוֹשׂ לִבֵּנוּ נֶהְפַּךְ לְאֵבֶל מְחֹלֵנוּ׃ נָפְלָה עֲטֶרֶת רֹאשֵׁנוּ
יז אוֹי־נָא לָנוּ כִּי חָטָאנוּ׃ עַל־זֶה הָיָה דָוֶה לִבֵּנוּ עַל־אֵלֶּה
יח יט חָשְׁכוּ עֵינֵינוּ׃ עַל הַר־צִיּוֹן שֶׁשָּׁמֵם שׁוּעָלִים הִלְּכוּ־בוֹ׃ אַתָּה
כ יְהוָה לְעוֹלָם תֵּשֵׁב כִּסְאֲךָ לְדֹר וָדוֹר׃ לָמָּה לָנֶצַח תִּשְׁכָּחֵנוּ
כא תַּעַזְבֵנוּ לְאֹרֶךְ יָמִים׃ הֲשִׁיבֵנוּ יְהוָה ׀ אֵלֶיךָ וְנָשׁוּבָ חַדֵּשׁ
כב יָמֵינוּ כְּקֶדֶם׃ כִּי אִם־מָאֹס מְאַסְתָּנוּ קָצַפְתָּ עָלֵינוּ עַד־מְאֹד׃

השיבנו יהוה אליך ונשובה חדש ימינו כקדם

קהלת

א

דברי קהלת בן־דוד מלך בירושלם: הבל הבלים אמר א ב
קהלת הבל הבלים הכל הבל: מה־יתרון לאדם בכל־עמלו ג
שיעמל תחת השמש: דור הלך ודור בא והארץ לעולם ד
עמדת: וזרח השמש ובא השמש ואל־מקומו שואף זורח ה
הוא שם: הולך אל־דרום וסובב אל־צפון סובב | סבב הולך ו
הרוח ועל־סביבתיו שב הרוח: כל־הנחלים הלכים אל־ ז
הים והים איננו מלא אל־מקום שהנחלים הלכים שם הם
שבים ללכת: כל־הדברים יגעים לא־יוכל איש לדבר לא־ ח
תשבע עין לראות ולא־תמלא אזן משמע: מה־שהיה הוא ט
שיהיה ומה־שנעשה הוא שיעשה ואין כל־חדש תחת
השמש: יש דבר שיאמר ראה־זה חדש הוא כבר היה לעלמים י
אשר היה מלפננו: אין זכרון לראשנים וגם לאחרנים שיהיו יא
לא־יהיה להם זכרון עם שיהיו לאחרנה:
אני קהלת הייתי מלך על־ישראל בירושלם: ונתתי את־ יב יג
לבי לדרוש ולתור בחכמה על כל־אשר נעשה תחת
השמים הוא | ענין רע נתן אלהים לבני האדם לענות בו:
ראיתי את־כל־המעשים שנעשו תחת השמש והנה הכל יד
הבל ורעות רוח: מעות לא־יוכל לתקן וחסרון לא־יוכל טו
להמנות: דברתי אני עם־לבי לאמר אני הנה הגדלתי טז
והוספתי חכמה על כל־אשר־היה לפני על־ירושלם ולבי
ראה הרבה חכמה ודעת: ואתנה לבי לדעת חכמה ודעת יז
הללות ושכלות ידעתי שגם־זה הוא רעיון רוח: כי ברב יח
חכמה רב־כעס ויוסיף דעת יוסיף מכאוב: אמרתי אני בלבי ב א
לכה־נא אנסכה בשמחה וראה בטוב והנה גם־הוא הבל:
לשחוק אמרתי מהולל ולשמחה מה־זה עשה: תרתי בלבי ב ג
למשוך ביין את־בשרי ולבי נהג בחכמה ולאחז בסכלות
עד־אשר־אראה אי־זה טוב לבני האדם אשר יעשו תחת

הַשָּׁמַיִם מִסְפַּר יְמֵי חַיֵּיהֶם׃ הִגְדַּלְתִּי מַעֲשָׂי בָּנִיתִי לִי בָּתִּים ד
נָטַעְתִּי לִי כְּרָמִים׃ עָשִׂיתִי לִי גַּנּוֹת וּפַרְדֵּסִים וְנָטַעְתִּי בָהֶם עֵץ ה
כָּל־פֶּרִי׃ עָשִׂיתִי לִי בְּרֵכוֹת מָיִם לְהַשְׁקוֹת מֵהֶם יַעַר צוֹמֵחַ ו
עֵצִים׃ קָנִיתִי עֲבָדִים וּשְׁפָחוֹת וּבְנֵי־בַיִת הָיָה לִי גַּם מִקְנֶה בָקָר ז
וָצֹאן הַרְבֵּה הָיָה לִי מִכֹּל שֶׁהָיוּ לְפָנַי בִּירוּשָׁלָם׃ כָּנַסְתִּי לִי ח
גַּם־כֶּסֶף וְזָהָב וּסְגֻלַּת מְלָכִים וְהַמְּדִינוֹת עָשִׂיתִי לִי שָׁרִים
וְשָׁרוֹת וְתַעֲנוּגֹת בְּנֵי הָאָדָם שִׁדָּה וְשִׁדּוֹת׃ וְגָדַלְתִּי וְהוֹסַפְתִּי ט
מִכֹּל שֶׁהָיָה לְפָנַי בִּירוּשָׁלָם אַף חָכְמָתִי עָמְדָה לִּי׃ וְכֹל אֲשֶׁר י
שָׁאֲלוּ עֵינַי לֹא אָצַלְתִּי מֵהֶם לֹא־מָנַעְתִּי אֶת־לִבִּי מִכָּל־שִׂמְחָה
כִּי־לִבִּי שָׂמֵחַ מִכָּל־עֲמָלִי וְזֶה־הָיָה חֶלְקִי מִכָּל־עֲמָלִי׃ וּפָנִיתִי יא
אֲנִי בְּכָל־מַעֲשַׂי שֶׁעָשׂוּ יָדַי וּבֶעָמָל שֶׁעָמַלְתִּי לַעֲשׂוֹת וְהִנֵּה
הַכֹּל הֶבֶל וּרְעוּת רוּחַ וְאֵין יִתְרוֹן תַּחַת הַשָּׁמֶשׁ׃ וּפָנִיתִי אֲנִי יב
לִרְאוֹת חָכְמָה וְהוֹלֵלוֹת וְסִכְלוּת כִּי ׀ מֶה הָאָדָם שֶׁיָּבוֹא אַחֲרֵי
הַמֶּלֶךְ אֵת אֲשֶׁר־כְּבָר עָשׂוּהוּ׃ וְרָאִיתִי אָנִי שֶׁיֵּשׁ יִתְרוֹן לַחָכְמָה יג
מִן־הַסִּכְלוּת כִּיתְרוֹן הָאוֹר מִן־הַחֹשֶׁךְ׃ הֶחָכָם עֵינָיו בְּרֹאשׁוֹ יד
וְהַכְּסִיל בַּחֹשֶׁךְ הוֹלֵךְ וְיָדַעְתִּי גַם־אָנִי שֶׁמִּקְרֶה אֶחָד יִקְרֶה אֶת־
כֻּלָּם׃ וְאָמַרְתִּי אֲנִי בְּלִבִּי כְּמִקְרֵה הַכְּסִיל גַּם־אֲנִי יִקְרֵנִי וְלָמָּה טו
חָכַמְתִּי אֲנִי אָז יוֹתֵר וְדִבַּרְתִּי בְלִבִּי שֶׁגַּם־זֶה הָבֶל׃ כִּי אֵין זִכְרוֹן טז
לֶחָכָם עִם־הַכְּסִיל לְעוֹלָם בְּשֶׁכְּבָר הַיָּמִים הַבָּאִים הַכֹּל נִשְׁכָּח
וְאֵיךְ יָמוּת הֶחָכָם עִם־הַכְּסִיל׃ וְשָׂנֵאתִי אֶת־הַחַיִּים כִּי רַע עָלַי יז
הַמַּעֲשֶׂה שֶׁנַּעֲשָׂה תַּחַת הַשָּׁמֶשׁ כִּי־הַכֹּל הֶבֶל וּרְעוּת רוּחַ׃
וְשָׂנֵאתִי אֲנִי אֶת־כָּל־עֲמָלִי שֶׁאֲנִי עָמֵל תַּחַת הַשָּׁמֶשׁ שֶׁאַנִּיחֶנּוּ יח
לָאָדָם שֶׁיִּהְיֶה אַחֲרָי׃ וּמִי יוֹדֵעַ הֶחָכָם יִהְיֶה אוֹ סָכָל וְיִשְׁלַט יט
בְּכָל־עֲמָלִי שֶׁעָמַלְתִּי וְשֶׁחָכַמְתִּי תַּחַת הַשָּׁמֶשׁ גַּם־זֶה הָבֶל׃
וְסַבּוֹתִי אֲנִי לְיַאֵשׁ אֶת־לִבִּי עַל כָּל־הֶעָמָל שֶׁעָמַלְתִּי תַּחַת כ
הַשָּׁמֶשׁ׃ כִּי־יֵשׁ אָדָם שֶׁעֲמָלוֹ בְּחָכְמָה וּבְדַעַת וּבְכִשְׁרוֹן כא
וּלְאָדָם שֶׁלֹּא עָמַל־בּוֹ יִתְּנֶנּוּ חֶלְקוֹ גַּם־זֶה הֶבֶל וְרָעָה רַבָּה׃

כב כִּי מֶה־הֹוֶה לָאָדָם בְּכָל־עֲמָלוֹ וּבְרַעְיוֹן לִבּוֹ שֶׁהוּא עָמֵל
כג תַּחַת הַשָּׁמֶשׁ: כִּי כָל־יָמָיו מַכְאֹבִים וָכַעַס עִנְיָנוֹ גַּם־בַּלַּיְלָה
כד לֹא־שָׁכַב לִבּוֹ גַּם־זֶה הֶבֶל הוּא: אֵין־טוֹב בָּאָדָם שֶׁיֹּאכַל
וְשָׁתָה וְהֶרְאָה אֶת־נַפְשׁוֹ טוֹב בַּעֲמָלוֹ גַּם־זֹה רָאִיתִי אָנִי
כה כִּי מִיַּד הָאֱלֹהִים הִיא: כִּי מִי יֹאכַל וּמִי יָחוּשׁ חוּץ מִמֶּנִּי:
כו כִּי לְאָדָם שֶׁטּוֹב לְפָנָיו נָתַן חָכְמָה וְדַעַת וְשִׂמְחָה וְלַחוֹטֶא
נָתַן עִנְיָן לֶאֱסֹף וְלִכְנוֹס לָתֵת לְטוֹב לִפְנֵי הָאֱלֹהִים גַּם־זֶה
ג א הֶבֶל וּרְעוּת רוּחַ: לַכֹּל זְמָן וְעֵת לְכָל־חֵפֶץ תַּחַת הַשָּׁמָיִם:
ב עֵת לָלֶדֶת וְעֵת לָמוּת
עֵת לָטַעַת וְעֵת לַעֲקוֹר נָטוּעַ:
ג עֵת לַהֲרוֹג וְעֵת לִרְפּוֹא
עֵת לִפְרוֹץ וְעֵת לִבְנוֹת:
ד עֵת לִבְכּוֹת וְעֵת לִשְׂחוֹק
עֵת סְפוֹד וְעֵת רְקוֹד:
ה עֵת לְהַשְׁלִיךְ אֲבָנִים וְעֵת כְּנוֹס אֲבָנִים
עֵת לַחֲבוֹק וְעֵת לִרְחֹק מֵחַבֵּק:
ו עֵת לְבַקֵּשׁ וְעֵת לְאַבֵּד
עֵת לִשְׁמוֹר וְעֵת לְהַשְׁלִיךְ:
ז עֵת לִקְרוֹעַ וְעֵת לִתְפּוֹר
עֵת לַחֲשׁוֹת וְעֵת לְדַבֵּר:
ח עֵת לֶאֱהֹב וְעֵת לִשְׂנֹא
עֵת מִלְחָמָה וְעֵת שָׁלוֹם:
ט י מַה־יִּתְרוֹן הָעוֹשֶׂה בַּאֲשֶׁר הוּא עָמֵל: רָאִיתִי אֶת־הָעִנְיָן אֲשֶׁר
יא נָתַן אֱלֹהִים לִבְנֵי הָאָדָם לַעֲנוֹת בּוֹ: אֶת־הַכֹּל עָשָׂה יָפֶה
בְעִתּוֹ גַּם אֶת־הָעֹלָם נָתַן בְּלִבָּם מִבְּלִי אֲשֶׁר לֹא־יִמְצָא
הָאָדָם אֶת־הַמַּעֲשֶׂה אֲשֶׁר־עָשָׂה הָאֱלֹהִים מֵרֹאשׁ וְעַד־סוֹף:
יב יָדַעְתִּי כִּי אֵין טוֹב בָּם כִּי אִם־לִשְׂמוֹחַ וְלַעֲשׂוֹת טוֹב בְּחַיָּיו:

וְגַם כָּל־הָאָדָם שֶׁיֹּאכַל וְשָׁתָה וְרָאָה טוֹב בְּכָל־עֲמָלוֹ מַתַּת יג
אֱלֹהִים הִיא׃ יָדַעְתִּי כִּי כָּל־אֲשֶׁר יַעֲשֶׂה הָאֱלֹהִים הוּא יִהְיֶה יד
לְעוֹלָם עָלָיו אֵין לְהוֹסִיף וּמִמֶּנּוּ אֵין לִגְרוֹעַ וְהָאֱלֹהִים עָשָׂה
שֶׁיִּרְאוּ מִלְּפָנָיו׃ מַה־שֶּׁהָיָה כְּבָר הוּא וַאֲשֶׁר לִהְיוֹת כְּבָר הָיָה טו
וְהָאֱלֹהִים יְבַקֵּשׁ אֶת־נִרְדָּף׃ וְעוֹד רָאִיתִי תַּחַת הַשָּׁמֶשׁ מְקוֹם טז
הַמִּשְׁפָּט שָׁמָּה הָרֶשַׁע וּמְקוֹם הַצֶּדֶק שָׁמָּה הָרָשַׁע׃ אָמַרְתִּי אֲנִי יז
בְּלִבִּי אֶת־הַצַּדִּיק וְאֶת־הָרָשָׁע יִשְׁפֹּט הָאֱלֹהִים כִּי־עֵת לְכָל־
חֵפֶץ וְעַל כָּל־הַמַּעֲשֶׂה שָׁם׃ אָמַרְתִּי אֲנִי בְּלִבִּי עַל־דִּבְרַת יח
בְּנֵי הָאָדָם לְבָרָם הָאֱלֹהִים וְלִרְאוֹת שְׁהֶם־בְּהֵמָה הֵמָּה לָהֶם׃
כִּי מִקְרֶה בְנֵי־הָאָדָם וּמִקְרֶה הַבְּהֵמָה וּמִקְרֶה אֶחָד לָהֶם כְּמוֹת יט
זֶה כֵּן מוֹת זֶה וְרוּחַ אֶחָד לַכֹּל וּמוֹתַר הָאָדָם מִן־הַבְּהֵמָה אָיִן
כִּי הַכֹּל הָבֶל׃ הַכֹּל הוֹלֵךְ אֶל־מָקוֹם אֶחָד הַכֹּל הָיָה מִן־הֶעָפָר כ
וְהַכֹּל שָׁב אֶל־הֶעָפָר׃ מִי יוֹדֵעַ רוּחַ בְּנֵי הָאָדָם הָעֹלָה הִיא כא
לְמָעְלָה וְרוּחַ הַבְּהֵמָה הַיֹּרֶדֶת הִיא לְמַטָּה לָאָרֶץ׃ וְרָאִיתִי כִּי כב
אֵין טוֹב מֵאֲשֶׁר יִשְׂמַח הָאָדָם בְּמַעֲשָׂיו כִּי־הוּא חֶלְקוֹ כִּי מִי
יְבִיאֶנּוּ לִרְאוֹת בְּמֶה שֶׁיִּהְיֶה אַחֲרָיו׃ וְשַׁבְתִּי אֲנִי וָאֶרְאֶה אֶת־ א ד
כָּל־הָעֲשׁוּקִים אֲשֶׁר נַעֲשִׂים תַּחַת הַשָּׁמֶשׁ וְהִנֵּה ׀ דִּמְעַת
הָעֲשׁוּקִים וְאֵין לָהֶם מְנַחֵם וּמִיַּד עֹשְׁקֵיהֶם כֹּחַ וְאֵין לָהֶם
מְנַחֵם׃ וְשַׁבֵּחַ אֲנִי אֶת־הַמֵּתִים שֶׁכְּבָר מֵתוּ מִן־הַחַיִּים אֲשֶׁר ב
הֵמָּה חַיִּים עֲדֶנָה׃ וְטוֹב מִשְּׁנֵיהֶם אֵת אֲשֶׁר־עֲדֶן לֹא הָיָה ג
אֲשֶׁר לֹא־רָאָה אֶת־הַמַּעֲשֶׂה הָרָע אֲשֶׁר נַעֲשָׂה תַּחַת הַשָּׁמֶשׁ׃
וְרָאִיתִי אֲנִי אֶת־כָּל־עָמָל וְאֵת כָּל־כִּשְׁרוֹן הַמַּעֲשֶׂה כִּי הִיא ד
קִנְאַת־אִישׁ מֵרֵעֵהוּ גַּם־זֶה הֶבֶל וּרְעוּת רוּחַ׃ הַכְּסִיל חֹבֵק ה
אֶת־יָדָיו וְאֹכֵל אֶת־בְּשָׂרוֹ׃ טוֹב מְלֹא כַף נָחַת מִמְּלֹא חָפְנַיִם ו
עָמָל וּרְעוּת רוּחַ׃ וְשַׁבְתִּי אֲנִי וָאֶרְאֶה הֶבֶל תַּחַת הַשָּׁמֶשׁ׃ ז
יֵשׁ אֶחָד וְאֵין שֵׁנִי גַּם בֵּן וָאָח אֵין־לוֹ וְאֵין קֵץ לְכָל־עֲמָלוֹ ח
עֵינוֹ גַּם־עֵינָיו לֹא־תִשְׂבַּע עֹשֶׁר וּלְמִי ׀ אֲנִי עָמֵל וּמְחַסֵּר אֶת־נַפְשִׁי

ט מִטּוֹבָה גַּם־זֶה הֶבֶל וְעִנְיַן רָע הוּא׃ טוֹבִים הַשְּׁנַיִם מִן־הָאֶחָד
י אֲשֶׁר יֵשׁ־לָהֶם שָׂכָר טוֹב בַּעֲמָלָם׃ כִּי אִם־יִפֹּלוּ הָאֶחָד יָקִים
יא אֶת־חֲבֵרוֹ וְאִילוֹ הָאֶחָד שֶׁיִּפּוֹל וְאֵין שֵׁנִי לַהֲקִימוֹ׃ גַּם אִם־
יב יִשְׁכְּבוּ שְׁנַיִם וְחַם לָהֶם וּלְאֶחָד אֵיךְ יֵחָם׃ וְאִם־יִתְקְפוֹ הָאֶחָד
יג הַשְּׁנַיִם יַעַמְדוּ נֶגְדּוֹ וְהַחוּט הַמְשֻׁלָּשׁ לֹא בִמְהֵרָה יִנָּתֵק׃ טוֹב
יֶלֶד מִסְכֵּן וְחָכָם מִמֶּלֶךְ זָקֵן וּכְסִיל אֲשֶׁר לֹא־יָדַע לְהִזָּהֵר
יד עוֹד׃ כִּי־מִבֵּית הָסוּרִים יָצָא לִמְלֹךְ כִּי גַּם בְּמַלְכוּתוֹ נוֹלַד
טו רָשׁ׃ רָאִיתִי אֶת־כָּל־הַחַיִּים הַמְהַלְּכִים תַּחַת הַשָּׁמֶשׁ עִם
טז הַיֶּלֶד הַשֵּׁנִי אֲשֶׁר יַעֲמֹד תַּחְתָּיו׃ אֵין־קֵץ לְכָל־הָעָם לְכֹל
אֲשֶׁר־הָיָה לִפְנֵיהֶם גַּם הָאַחֲרוֹנִים לֹא יִשְׂמְחוּ־בוֹ כִּי־גַם־זֶה
יז הֶבֶל וְרַעְיוֹן רוּחַ׃ שְׁמוֹר רגליך כַּאֲשֶׁר תֵּלֵךְ אֶל־בֵּית הָאֱלֹהִים רַגְלְךָ
וְקָרוֹב לִשְׁמֹעַ מִתֵּת הַכְּסִילִים זָבַח כִּי־אֵינָם יוֹדְעִים לַעֲשׂוֹת
ה א רָע׃ אַל־תְּבַהֵל עַל־פִּיךָ וְלִבְּךָ אַל־יְמַהֵר לְהוֹצִיא דָבָר לִפְנֵי
הָאֱלֹהִים כִּי הָאֱלֹהִים בַּשָּׁמַיִם וְאַתָּה עַל־הָאָרֶץ עַל־כֵּן יִהְיוּ
ב דְבָרֶיךָ מְעַטִּים׃ כִּי בָּא הַחֲלוֹם בְּרֹב עִנְיָן וְקוֹל כְּסִיל בְּרֹב
ג דְּבָרִים׃ כַּאֲשֶׁר תִּדֹּר נֶדֶר לֵאלֹהִים אַל־תְּאַחֵר לְשַׁלְּמוֹ כִּי
ד אֵין חֵפֶץ בַּכְּסִילִים אֵת אֲשֶׁר־תִּדֹּר שַׁלֵּם׃ טוֹב אֲשֶׁר לֹא־
ה תִדֹּר מִשֶּׁתִּדּוֹר וְלֹא תְשַׁלֵּם׃ אַל־תִּתֵּן אֶת־פִּיךָ לַחֲטִיא אֶת־
בְּשָׂרֶךָ וְאַל־תֹּאמַר לִפְנֵי הַמַּלְאָךְ כִּי שְׁגָגָה הִיא לָמָּה יִקְצֹף
ו הָאֱלֹהִים עַל־קוֹלֶךָ וְחִבֵּל אֶת־מַעֲשֵׂה יָדֶיךָ׃ כִּי בְרֹב חֲלֹמוֹת
ז וַהֲבָלִים וּדְבָרִים הַרְבֵּה כִּי אֶת־הָאֱלֹהִים יְרָא׃ אִם־עֹשֶׁק
רָשׁ וְגֵזֶל מִשְׁפָּט וָצֶדֶק תִּרְאֶה בַמְּדִינָה אַל־תִּתְמַהּ עַל־הַחֵפֶץ
ח כִּי גָבֹהַּ מֵעַל גָּבֹהַּ שֹׁמֵר וּגְבֹהִים עֲלֵיהֶם׃ וְיִתְרוֹן אֶרֶץ בַּכֹּל
ט היא מֶלֶךְ לְשָׂדֶה נֶעֱבָד׃ אֹהֵב כֶּסֶף לֹא־יִשְׂבַּע כֶּסֶף וּמִי־אֹהֵב הוּא
י בֶּהָמוֹן לֹא תְבוּאָה גַּם־זֶה הָבֶל׃ בִּרְבוֹת הַטּוֹבָה רַבּוּ אוֹכְלֶיהָ
יא וּמַה־כִּשְׁרוֹן לִבְעָלֶיהָ כִּי אִם־ראית עֵינָיו׃ מְתוּקָה שְׁנַת הָעֹבֵד רְאוּת
אִם־מְעַט וְאִם־הַרְבֵּה יֹאכֵל וְהַשָּׂבָע לֶעָשִׁיר אֵינֶנּוּ מַנִּיחַ לוֹ

יב לישון: יש רעה חולה ראיתי תחת השמש עשר שמור
יג לבעליו לרעתו: ואבד העשר ההוא בענין רע והוליד בן
יד ואין בידו מאומה: כאשר יצא מבטן אמו ערום ישוב
טו ללכת כשבא ומאומה לא־ישא בעמלו שילך בידו: וגם־
זה רעה חולה כל־עמת שבא כן ילך ומה־יתרון לו שיעמל
טז לרוח: גם כל־ימיו בחשך יאכל וכעס הרבה וחליו וקצף:
יז הנה אשר־ראיתי אני טוב אשר־יפה לאכול־ולשתות ולראות
טובה בכל־עמלו | שיעמל תחת־השמש מספר ימי־חיו
יח אשר־נתן־לו האלהים כי־הוא חלקו: גם כל־האדם אשר
נתן־לו האלהים עשר ונכסים והשליטו לאכל ממנו ולשאת
יט את־חלקו ולשמח בעמלו זה מתת אלהים היא: כי לא
הרבה יזכר את־ימי חייו כי האלהים מענה בשמחת לבו:
ו א יש רעה אשר ראיתי תחת השמש ורבה היא על־האדם:
ב איש אשר יתן־לו האלהים עשר ונכסים וכבוד ואיננו חסר
לנפשו | מכל אשר־יתאוה ולא־ישליטנו האלהים לאכל
ג ממנו כי איש נכרי יאכלנו זה הבל וחלי רע הוא: אם־יוליד
איש מאה ושנים רבות יחיה ורב | שיהיו ימי־שניו ונפשו
לא־תשבע מן־הטובה וגם־קבורה לא־היתה לו אמרתי
ד טוב ממנו הנפל: כי־בהבל בא ובחשך ילך ובחשך שמו
ה ו יכסה: גם־שמש לא־ראה ולא ידע נחת לזה מזה: ואלו
חיה אלף שנים פעמים וטובה לא ראה הלא אל־מקום
ז אחד הכל הולך: כל־עמל האדם לפיהו וגם־הנפש לא
ח תמלא: כי מה־יותר לחכם מן־הכסיל מה־לעני יודע להלך
ט נגד החיים: טוב מראה עינים מהלך־נפש גם־זה הבל
י ורעות רוח: מה־שהיה כבר נקרא שמו ונודע אשר־הוא
יא אדם ולא־יוכל לדין עם שהתקיף ממנו: כי יש־דברים שֶׁתַּקִּיף
יב הרבה מרבים הבל מה־יתר לאדם: כי מי־יודע מה־טוב

יב לָאָדָם בַּחַיִּים מִסְפַּר יְמֵי־חַיֵּי הֶבְלוֹ וְיַעֲשֵׂם כַּצֵּל אֲשֶׁר מִי־
ז א יַגִּיד לָאָדָם מַה־יִּהְיֶה אַחֲרָיו תַּחַת הַשָּׁמֶשׁ׃ טוֹב ג
ב שֵׁם מִשֶּׁמֶן טוֹב וְיוֹם הַמָּוֶת מִיּוֹם הִוָּלְדוֹ׃ טוֹב לָלֶכֶת אֶל־
בֵּית־אֵבֶל מִלֶּכֶת אֶל־בֵּית מִשְׁתֶּה בַּאֲשֶׁר הוּא סוֹף כָּל־
ג הָאָדָם וְהַחַי יִתֵּן אֶל־לִבּוֹ׃ טוֹב כַּעַס מִשְּׂחֹק כִּי־בְרֹעַ פָּנִים
ד יִיטַב לֵב׃ לֵב חֲכָמִים בְּבֵית אֵבֶל וְלֵב כְּסִילִים בְּבֵית שִׂמְחָה׃
ה ו טוֹב לִשְׁמֹעַ גַּעֲרַת חָכָם מֵאִישׁ שֹׁמֵעַ שִׁיר כְּסִילִים׃ כִּי כְקוֹל
ז הַסִּירִים תַּחַת הַסִּיר כֵּן שְׂחֹק הַכְּסִיל וְגַם־זֶה הָבֶל׃ כִּי הָעֹשֶׁק
ח יְהוֹלֵל חָכָם וִיאַבֵּד אֶת־לֵב מַתָּנָה׃ טוֹב אַחֲרִית דָּבָר
ט מֵרֵאשִׁיתוֹ טוֹב אֶרֶךְ־רוּחַ מִגְּבַהּ רוּחַ׃ אַל־תְּבַהֵל בְּרוּחֲךָ
י לִכְעוֹס כִּי כַעַס בְּחֵיק כְּסִילִים יָנוּחַ׃ אַל־תֹּאמַר מֶה הָיָה
שֶׁהַיָּמִים הָרִאשֹׁנִים הָיוּ טוֹבִים מֵאֵלֶּה כִּי לֹא מֵחָכְמָה
יא שָׁאַלְתָּ עַל־זֶה׃ טוֹבָה חָכְמָה עִם־נַחֲלָה וְיֹתֵר לְרֹאֵי הַשָּׁמֶשׁ׃
יב כִּי בְּצֵל הַחָכְמָה בְּצֵל הַכָּסֶף וְיִתְרוֹן דַּעַת הַחָכְמָה תְּחַיֶּה
יג בְעָלֶיהָ׃ רְאֵה אֶת־מַעֲשֵׂה הָאֱלֹהִים כִּי מִי יוּכַל לְתַקֵּן אֵת
יד אֲשֶׁר עִוְּתוֹ׃ בְּיוֹם טוֹבָה הֱיֵה בְטוֹב וּבְיוֹם רָעָה רְאֵה גַּם אֶת־
זֶה לְעֻמַּת־זֶה עָשָׂה הָאֱלֹהִים עַל־דִּבְרַת שֶׁלֹּא יִמְצָא הָאָדָם
טו אַחֲרָיו מְאוּמָה׃ אֶת־הַכֹּל רָאִיתִי בִּימֵי הֶבְלִי יֵשׁ צַדִּיק אֹבֵד
טז בְּצִדְקוֹ וְיֵשׁ רָשָׁע מַאֲרִיךְ בְּרָעָתוֹ׃ אַל־תְּהִי צַדִּיק הַרְבֵּה
יז וְאַל־תִּתְחַכַּם יוֹתֵר לָמָּה תִּשּׁוֹמֵם׃ אַל־תִּרְשַׁע הַרְבֵּה וְאַל־
יח תְּהִי סָכָל לָמָּה תָמוּת בְּלֹא עִתֶּךָ׃ טוֹב אֲשֶׁר תֶּאֱחֹז בָּזֶה
וְגַם־מִזֶּה אַל־תַּנַּח אֶת־יָדֶךָ כִּי־יְרֵא אֱלֹהִים יֵצֵא אֶת־כֻּלָּם׃
יט כ הַחָכְמָה תָּעֹז לֶחָכָם מֵעֲשָׂרָה שַׁלִּיטִים אֲשֶׁר הָיוּ בָּעִיר׃ כִּי
כא אָדָם אֵין צַדִּיק בָּאָרֶץ אֲשֶׁר יַעֲשֶׂה־טּוֹב וְלֹא יֶחֱטָא׃ גַּם
לְכָל־הַדְּבָרִים אֲשֶׁר יְדַבֵּרוּ אַל־תִּתֵּן לִבֶּךָ אֲשֶׁר לֹא־תִשְׁמַע
כב אֶת־עַבְדְּךָ מְקַלְלֶךָ׃ כִּי גַּם־פְּעָמִים רַבּוֹת יָדַע לִבֶּךָ אֲשֶׁר
כג גַּם־אַתָּ קִלַּלְתָּ אֲחֵרִים׃ כָּל־זֹה נִסִּיתִי בַחָכְמָה אָמַרְתִּי

אֶחְכָּמָה וְהִיא רְחוֹקָה מִמֶּנִּי׃ רָחוֹק מַה־שֶּׁהָיָה וְעָמֹק ׀ עָמֹק כד
מִי יִמְצָאֶנּוּ׃ סַבּוֹתִי אֲנִי וְלִבִּי לָדַעַת וְלָתוּר וּבַקֵּשׁ חָכְמָה כה
וְחֶשְׁבּוֹן וְלָדַעַת רֶשַׁע כֶּסֶל וְהַסִּכְלוּת הוֹלֵלוֹת׃ וּמוֹצֶא אֲנִי כו
מַר מִמָּוֶת אֶת־הָאִשָּׁה אֲשֶׁר־הִיא מְצוֹדִים וַחֲרָמִים לִבָּהּ
אֲסוּרִים יָדֶיהָ טוֹב לִפְנֵי הָאֱלֹהִים יִמָּלֵט מִמֶּנָּה וְחוֹטֵא יִלָּכֶד
בָּהּ׃ רְאֵה זֶה מָצָאתִי אָמְרָה קֹהֶלֶת אַחַת לְאַחַת לִמְצֹא כז
חֶשְׁבּוֹן׃ אֲשֶׁר עוֹד־בִּקְשָׁה נַפְשִׁי וְלֹא מָצָאתִי אָדָם אֶחָד כח
מֵאֶלֶף מָצָאתִי וְאִשָּׁה בְכָל־אֵלֶּה לֹא מָצָאתִי׃ לְבַד רְאֵה־זֶה כט
מָצָאתִי אֲשֶׁר עָשָׂה הָאֱלֹהִים אֶת־הָאָדָם יָשָׁר וְהֵמָּה בִקְשׁוּ
חִשְּׁבֹנוֹת רַבִּים׃ מִי כְּהֶחָכָם וּמִי יוֹדֵעַ פֵּשֶׁר דָּבָר חָכְמַת אָדָם א ח
תָּאִיר פָּנָיו וְעֹז פָּנָיו יְשֻׁנֶּא׃ אֲנִי פִּי־מֶלֶךְ שְׁמוֹר וְעַל דִּבְרַת ב
שְׁבוּעַת אֱלֹהִים׃ אַל־תִּבָּהֵל מִפָּנָיו תֵּלֵךְ אַל־תַּעֲמֹד בְּדָבָר ג
רָע כִּי כָּל־אֲשֶׁר יַחְפֹּץ יַעֲשֶׂה׃ בַּאֲשֶׁר דְּבַר־מֶלֶךְ שִׁלְטוֹן וּמִי ד
יֹאמַר־לוֹ מַה־תַּעֲשֶׂה׃ שׁוֹמֵר מִצְוָה לֹא יֵדַע דָּבָר רָע וְעֵת ה
וּמִשְׁפָּט יֵדַע לֵב חָכָם׃ כִּי לְכָל־חֵפֶץ יֵשׁ עֵת וּמִשְׁפָּט כִּי־רָעַת ו
הָאָדָם רַבָּה עָלָיו׃ כִּי־אֵינֶנּוּ יֹדֵעַ מַה־שֶּׁיִּהְיֶה כִּי כַּאֲשֶׁר יִהְיֶה ז
מִי יַגִּיד לוֹ׃ אֵין אָדָם שַׁלִּיט בָּרוּחַ לִכְלוֹא אֶת־הָרוּחַ וְאֵין ח
שִׁלְטוֹן בְּיוֹם הַמָּוֶת וְאֵין מִשְׁלַחַת בַּמִּלְחָמָה וְלֹא־יְמַלֵּט רֶשַׁע
אֶת־בְּעָלָיו׃ אֶת־כָּל־זֶה רָאִיתִי וְנָתוֹן אֶת־לִבִּי לְכָל־מַעֲשֶׂה ט
אֲשֶׁר נַעֲשָׂה תַּחַת הַשָּׁמֶשׁ עֵת אֲשֶׁר שָׁלַט הָאָדָם בְּאָדָם
לְרַע לוֹ׃ וּבְכֵן רָאִיתִי רְשָׁעִים קְבֻרִים וָבָאוּ וּמִמְּקוֹם קָדוֹשׁ י
יְהַלֵּכוּ וְיִשְׁתַּכְּחוּ בָעִיר אֲשֶׁר כֵּן־עָשׂוּ גַּם־זֶה הָבֶל׃ אֲשֶׁר אֵין־ יא
נַעֲשָׂה פִתְגָם מַעֲשֵׂה הָרָעָה מְהֵרָה עַל־כֵּן מָלֵא לֵב בְּנֵי־הָאָדָם
בָּהֶם לַעֲשׂוֹת רָע׃ אֲשֶׁר חֹטֶא עֹשֶׂה רָע מְאַת וּמַאֲרִיךְ לוֹ יב
כִּי גַּם־יוֹדֵעַ אָנִי אֲשֶׁר יִהְיֶה־טּוֹב לְיִרְאֵי הָאֱלֹהִים אֲשֶׁר יִירְאוּ
מִלְּפָנָיו׃ וְטוֹב לֹא־יִהְיֶה לָרָשָׁע וְלֹא־יַאֲרִיךְ יָמִים כַּצֵּל אֲשֶׁר יג
אֵינֶנּוּ יָרֵא מִלִּפְנֵי אֱלֹהִים׃ יֶשׁ־הֶבֶל אֲשֶׁר נַעֲשָׂה עַל־הָאָרֶץ יד

אֲשֶׁר יֵשׁ צַדִּיקִים אֲשֶׁר מַגִּיעַ אֲלֵהֶם כְּמַעֲשֵׂה הָרְשָׁעִים
וְיֵשׁ רְשָׁעִים שֶׁמַּגִּיעַ אֲלֵהֶם כְּמַעֲשֵׂה הַצַּדִּיקִים אָמַרְתִּי שֶׁגַּם־
טו זֶה הָבֶל׃ וְשִׁבַּחְתִּי אֲנִי אֶת־הַשִּׂמְחָה אֲשֶׁר אֵין־טוֹב לָאָדָם
תַּחַת הַשֶּׁמֶשׁ כִּי אִם־לֶאֱכֹל וְלִשְׁתּוֹת וְלִשְׂמוֹחַ וְהוּא יִלְוֶנּוּ
טז בַעֲמָלוֹ יְמֵי חַיָּיו אֲשֶׁר־נָתַן־לוֹ הָאֱלֹהִים תַּחַת הַשָּׁמֶשׁ׃ כַּאֲשֶׁר
נָתַתִּי אֶת־לִבִּי לָדַעַת חָכְמָה וְלִרְאוֹת אֶת־הָעִנְיָן אֲשֶׁר
נַעֲשָׂה עַל־הָאָרֶץ כִּי גַם בַּיּוֹם וּבַלַּיְלָה שֵׁנָה בְּעֵינָיו אֵינֶנּוּ
יז רֹאֶה׃ וְרָאִיתִי אֶת־כָּל־מַעֲשֵׂה הָאֱלֹהִים כִּי לֹא יוּכַל הָאָדָם
לִמְצוֹא אֶת־הַמַּעֲשֶׂה אֲשֶׁר נַעֲשָׂה תַחַת־הַשֶּׁמֶשׁ בְּשֶׁל אֲשֶׁר
יַעֲמֹל הָאָדָם לְבַקֵּשׁ וְלֹא יִמְצָא וְגַם אִם־יֹאמַר הֶחָכָם לָדַעַת
ט א לֹא יוּכַל לִמְצֹא׃ כִּי אֶת־כָּל־זֶה נָתַתִּי אֶל־לִבִּי וְלָבוּר אֶת־
כָּל־זֶה אֲשֶׁר הַצַּדִּיקִים וְהַחֲכָמִים וַעֲבָדֵיהֶם בְּיַד הָאֱלֹהִים
ב גַּם־אַהֲבָה גַם־שִׂנְאָה אֵין יוֹדֵעַ הָאָדָם הַכֹּל לִפְנֵיהֶם׃ הַכֹּל
כַּאֲשֶׁר לַכֹּל מִקְרֶה אֶחָד לַצַּדִּיק וְלָרָשָׁע לַטּוֹב וְלַטָּהוֹר וְלַטָּמֵא
וְלַזֹּבֵחַ וְלַאֲשֶׁר אֵינֶנּוּ זֹבֵחַ כַּטּוֹב כַּחֹטֶא הַנִּשְׁבָּע כַּאֲשֶׁר
ג שְׁבוּעָה יָרֵא׃ זֶה רָע בְּכֹל אֲשֶׁר־נַעֲשָׂה תַּחַת הַשֶּׁמֶשׁ כִּי־
מִקְרֶה אֶחָד לַכֹּל וְגַם לֵב בְּנֵי־הָאָדָם מָלֵא־רָע וְהוֹלֵלוֹת
ד בִּלְבָבָם בְּחַיֵּיהֶם וְאַחֲרָיו אֶל־הַמֵּתִים׃ כִּי־מִי אֲשֶׁר יבחר אֶל יְחֻבַּר
כָּל־הַחַיִּים יֵשׁ בִּטָּחוֹן כִּי־לְכֶלֶב חַי הוּא טוֹב מִן־הָאַרְיֵה הַמֵּת׃
ה כִּי הַחַיִּים יוֹדְעִים שֶׁיָּמֻתוּ וְהַמֵּתִים אֵינָם יוֹדְעִים מְאוּמָה
ו וְאֵין־עוֹד לָהֶם שָׂכָר כִּי נִשְׁכַּח זִכְרָם׃ גַּם אַהֲבָתָם גַּם־שִׂנְאָתָם
גַּם־קִנְאָתָם כְּבָר אָבָדָה וְחֵלֶק אֵין־לָהֶם עוֹד לְעוֹלָם בְּכֹל אֲשֶׁר־
ז נַעֲשָׂה תַּחַת הַשָּׁמֶשׁ׃ לֵךְ אֱכֹל בְּשִׂמְחָה לַחְמֶךָ וּשְׁתֵה בְלֶב־טוֹב ד
ח יֵינֶךָ כִּי כְבָר רָצָה הָאֱלֹהִים אֶת־מַעֲשֶׂיךָ׃ בְּכָל־עֵת יִהְיוּ
ט בְגָדֶיךָ לְבָנִים וְשֶׁמֶן עַל־רֹאשְׁךָ אַל־יֶחְסָר׃ רְאֵה חַיִּים עִם־
אִשָּׁה אֲשֶׁר־אָהַבְתָּ כָּל־יְמֵי חַיֵּי הֶבְלֶךָ אֲשֶׁר נָתַן־לְךָ תַּחַת
הַשֶּׁמֶשׁ כֹּל יְמֵי הֶבְלֶךָ כִּי הוּא חֶלְקְךָ בַּחַיִּים וּבַעֲמָלְךָ אֲשֶׁר־

אַתָּה עָמֵל תַּחַת הַשָּׁמֶשׁ׃ כֹּל אֲשֶׁר תִּמְצָא יָדְךָ לַעֲשׂוֹת י
בְּכֹחֲךָ עֲשֵׂה כִּי אֵין מַעֲשֶׂה וְחֶשְׁבּוֹן וְדַעַת וְחָכְמָה בִּשְׁאוֹל
אֲשֶׁר אַתָּה הֹלֵךְ שָׁמָּה׃ שַׁבְתִּי וְרָאֹה תַחַת־הַשֶּׁמֶשׁ כִּי לֹא יא
לַקַּלִּים הַמֵּרוֹץ וְלֹא לַגִּבּוֹרִים הַמִּלְחָמָה וְגַם לֹא לַחֲכָמִים
לֶחֶם וְגַם לֹא לַנְּבֹנִים עֹשֶׁר וְגַם לֹא לַיֹּדְעִים חֵן כִּי־עֵת וָפֶגַע
יִקְרֶה אֶת־כֻּלָּם׃ כִּי גַּם לֹא־יֵדַע הָאָדָם אֶת־עִתּוֹ כַּדָּגִים יב
שֶׁנֶּאֱחָזִים בִּמְצוֹדָה רָעָה וְכַצִּפֳּרִים הָאֲחֻזוֹת בַּפָּח כָּהֵם יוּקָשִׁים
בְּנֵי הָאָדָם לְעֵת רָעָה כְּשֶׁתִּפּוֹל עֲלֵיהֶם פִּתְאֹם׃ גַּם־זֹה רָאִיתִי יג
חָכְמָה תַּחַת הַשָּׁמֶשׁ וּגְדוֹלָה הִיא אֵלָי׃ עִיר קְטַנָּה וַאֲנָשִׁים יד
בָּהּ מְעָט וּבָא־אֵלֶיהָ מֶלֶךְ גָּדוֹל וְסָבַב אֹתָהּ וּבָנָה עָלֶיהָ
מְצוֹדִים גְּדֹלִים׃ וּמָצָא בָהּ אִישׁ מִסְכֵּן חָכָם וּמִלַּט־הוּא טו
אֶת־הָעִיר בְּחָכְמָתוֹ וְאָדָם לֹא זָכַר אֶת־הָאִישׁ הַמִּסְכֵּן הַהוּא׃
וְאָמַרְתִּי אָנִי טוֹבָה חָכְמָה מִגְּבוּרָה וְחָכְמַת הַמִּסְכֵּן בְּזוּיָה טז
וּדְבָרָיו אֵינָם נִשְׁמָעִים׃ דִּבְרֵי חֲכָמִים בְּנַחַת נִשְׁמָעִים מִזַּעֲקַת יז
מוֹשֵׁל בַּכְּסִילִים׃ טוֹבָה חָכְמָה מִכְּלֵי קְרָב וְחוֹטֶא אֶחָד יְאַבֵּד יח
טוֹבָה הַרְבֵּה׃ זְבוּבֵי מָוֶת יַבְאִישׁ יַבִּיעַ שֶׁמֶן רוֹקֵחַ יָקָר מֵחָכְמָה י א
מִכָּבוֹד סִכְלוּת מְעָט׃ לֵב חָכָם לִימִינוֹ וְלֵב כְּסִיל לִשְׂמֹאלוֹ׃ ב
כְּשֶׁסָּכָל וְגַם־בַּדֶּרֶךְ כשהסכל הֹלֵךְ לִבּוֹ חָסֵר וְאָמַר לַכֹּל סָכָל הוּא׃ ג
אִם־רוּחַ הַמּוֹשֵׁל תַּעֲלֶה עָלֶיךָ מְקוֹמְךָ אַל־תַּנַּח כִּי מַרְפֵּא יַנִּיחַ ד
חֲטָאִים גְּדוֹלִים׃ יֵשׁ רָעָה רָאִיתִי תַּחַת הַשָּׁמֶשׁ כִּשְׁגָגָה שֶׁיֹּצָא ה
מִלִּפְנֵי הַשַּׁלִּיט׃ נִתַּן הַסֶּכֶל בַּמְּרוֹמִים רַבִּים וַעֲשִׁירִים בַּשֵּׁפֶל ו
יֵשֵׁבוּ׃ רָאִיתִי עֲבָדִים עַל־סוּסִים וְשָׂרִים הֹלְכִים כַּעֲבָדִים עַל־ ז
הָאָרֶץ׃ חֹפֵר גּוּמָּץ בּוֹ יִפּוֹל וּפֹרֵץ גָּדֵר יִשְּׁכֶנּוּ נָחָשׁ׃ מַסִּיעַ ח ט
אֲבָנִים יֵעָצֵב בָּהֶם בּוֹקֵעַ עֵצִים יִסָּכֶן בָּם׃ אִם־קֵהָה הַבַּרְזֶל י
וְהוּא לֹא־פָנִים קִלְקַל וַחֲיָלִים יְגַבֵּר וְיִתְרוֹן הַכְשֵׁיר חָכְמָה׃ אִם־ יא
יִשֹּׁךְ הַנָּחָשׁ בְּלוֹא־לָחַשׁ וְאֵין יִתְרוֹן לְבַעַל הַלָּשׁוֹן׃ דִּבְרֵי פִי־ יב
חָכָם חֵן וְשִׂפְתוֹת כְּסִיל תְּבַלְּעֶנּוּ׃ תְּחִלַּת דִּבְרֵי־פִיהוּ סִכְלוּת יג

יד וְאַחֲרִית פִּיהוּ הוֹלֵלוּת רָעָה: וְהַסָּכָל יַרְבֶּה דְבָרִים לֹא־יֵדַע
טו הָאָדָם מַה־שֶּׁיִּהְיֶה וַאֲשֶׁר יִהְיֶה מֵאַחֲרָיו מִי יַגִּיד לוֹ: עֲמַל
טז הַכְּסִילִים תְּיַגְּעֶנּוּ אֲשֶׁר לֹא־יָדַע לָלֶכֶת אֶל־עִיר: אִי־לָךְ אֶרֶץ
יז שֶׁמַּלְכֵּךְ נָעַר וְשָׂרַיִךְ בַּבֹּקֶר יֹאכֵלוּ: אַשְׁרֵיךְ אֶרֶץ שֶׁמַּלְכֵּךְ בֶּן־
יח חוֹרִים וְשָׂרַיִךְ בָּעֵת יֹאכֵלוּ בִּגְבוּרָה וְלֹא בַשְּׁתִי: בַּעֲצַלְתַּיִם
יט יִמַּךְ הַמְּקָרֶה וּבְשִׁפְלוּת יָדַיִם יִדְלֹף הַבָּיִת: לִשְׂחוֹק עֹשִׂים
כ לֶחֶם וְיַיִן יְשַׂמַּח חַיִּים וְהַכֶּסֶף יַעֲנֶה אֶת־הַכֹּל: גַּם בְּמַדָּעֲךָ מֶלֶךְ
אַל־תְּקַלֵּל וּבְחַדְרֵי מִשְׁכָּבְךָ אַל־תְּקַלֵּל עָשִׁיר כִּי עוֹף הַשָּׁמַיִם
יא א יוֹלִיךְ אֶת־הַקּוֹל וּבַעַל הכנפים יַגֵּיד דָּבָר: שַׁלַּח לַחְמְךָ עַל־ כְּנָפַיִם
ב פְּנֵי הַמָּיִם כִּי־בְרֹב הַיָּמִים תִּמְצָאֶנּוּ: תֶּן־חֵלֶק לְשִׁבְעָה וְגַם
ג לִשְׁמוֹנָה כִּי לֹא תֵדַע מַה־יִּהְיֶה רָעָה עַל־הָאָרֶץ: אִם־יִמָּלְאוּ
הֶעָבִים גֶּשֶׁם עַל־הָאָרֶץ יָרִיקוּ וְאִם־יִפּוֹל עֵץ בַּדָּרוֹם וְאִם
ד בַּצָּפוֹן מְקוֹם שֶׁיִּפּוֹל הָעֵץ שָׁם יְהוּא: שֹׁמֵר רוּחַ לֹא יִזְרָע
ה וְרֹאֶה בֶעָבִים לֹא יִקְצוֹר: כַּאֲשֶׁר אֵינְךָ יוֹדֵעַ מַה־דֶּרֶךְ הָרוּחַ
כַּעֲצָמִים בְּבֶטֶן הַמְּלֵאָה כָּכָה לֹא תֵדַע אֶת־מַעֲשֵׂה הָאֱלֹהִים
ו אֲשֶׁר יַעֲשֶׂה אֶת־הַכֹּל: בַּבֹּקֶר זְרַע אֶת־זַרְעֶךָ וְלָעֶרֶב אַל־
תַּנַּח יָדֶךָ כִּי אֵינְךָ יוֹדֵעַ אֵי זֶה יִכְשַׁר הֲזֶה אוֹ־זֶה וְאִם־שְׁנֵיהֶם
ז כְּאֶחָד טוֹבִים: וּמָתוֹק הָאוֹר וְטוֹב לַעֵינַיִם לִרְאוֹת אֶת־
ח הַשָּׁמֶשׁ: כִּי אִם־שָׁנִים הַרְבֵּה יִחְיֶה הָאָדָם בְּכֻלָּם יִשְׂמָח וְיִזְכֹּר
ט אֶת־יְמֵי הַחֹשֶׁךְ כִּי־הַרְבֵּה יִהְיוּ כָּל־שֶׁבָּא הָבֶל: שְׂמַח בָּחוּר
בְּיַלְדוּתֶךָ וִיטִיבְךָ לִבְּךָ בִּימֵי בְחוּרוֹתֶךָ וְהַלֵּךְ בְּדַרְכֵי לִבְּךָ
ובמראי עֵינֶיךָ וְדָע כִּי עַל־כָּל־אֵלֶּה יְבִיאֲךָ הָאֱלֹהִים בַּמִּשְׁפָּט: וּבְמַרְאֵה
י וְהָסֵר כַּעַס מִלִּבֶּךָ וְהַעֲבֵר רָעָה מִבְּשָׂרֶךָ כִּי־הַיַּלְדוּת וְהַשַּׁחֲרוּת
יב א הָבֶל: וּזְכֹר אֶת־בּוֹרְאֶיךָ בִּימֵי בְּחוּרֹתֶיךָ עַד אֲשֶׁר לֹא־יָבֹאוּ
ב יְמֵי הָרָעָה וְהִגִּיעוּ שָׁנִים אֲשֶׁר תֹּאמַר אֵין־לִי בָהֶם חֵפֶץ: עַד
אֲשֶׁר לֹא־תֶחְשַׁךְ הַשֶּׁמֶשׁ וְהָאוֹר וְהַיָּרֵחַ וְהַכּוֹכָבִים וְשָׁבוּ
ג הֶעָבִים אַחַר הַגָּשֶׁם: בַּיּוֹם שֶׁיָּזֻעוּ שֹׁמְרֵי הַבַּיִת וְהִתְעַוְּתוּ

אַנְשֵׁי הֶחָיִל וּבָטְלוּ הַטֹּחֲנוֹת כִּי מִעֵטוּ וְחָשְׁכוּ הָרֹאוֹת בָּאֲרֻבּוֹת׃
ד וְסֻגְּרוּ דְלָתַיִם בַּשּׁוּק בִּשְׁפַל קוֹל הַטַּחֲנָה וְיָקוּם לְקוֹל הַצִּפּוֹר
ה וְיִשַּׁחוּ כָּל־בְּנוֹת הַשִּׁיר׃ גַּם מִגָּבֹהַּ יִרָאוּ וְחַתְחַתִּים בַּדֶּרֶךְ
וְיָנֵאץ הַשָּׁקֵד וְיִסְתַּבֵּל הֶחָגָב וְתָפֵר הָאֲבִיּוֹנָה כִּי־הֹלֵךְ הָאָדָם
ו אֶל־בֵּית עוֹלָמוֹ וְסָבְבוּ בַשּׁוּק הַסֹּפְדִים׃ עַד אֲשֶׁר לֹא־ירחק (יֵרָתֵק)
חֶבֶל הַכֶּסֶף וְתָרֻץ גֻּלַּת הַזָּהָב וְתִשָּׁבֶר כַּד עַל־הַמַּבּוּעַ וְנָרֹץ
ז הַגַּלְגַּל אֶל־הַבּוֹר׃ וְיָשֹׁב הֶעָפָר עַל־הָאָרֶץ כְּשֶׁהָיָה וְהָרוּחַ
ח תָּשׁוּב אֶל־הָאֱלֹהִים אֲשֶׁר נְתָנָהּ׃ הֲבֵל הֲבָלִים אָמַר הַקּוֹהֶלֶת
ט הַכֹּל הָבֶל׃ וְיֹתֵר שֶׁהָיָה קֹהֶלֶת חָכָם עוֹד לִמַּד־דַּעַת אֶת־
י הָעָם וְאִזֵּן וְחִקֵּר תִּקֵּן מְשָׁלִים הַרְבֵּה׃ בִּקֵּשׁ קֹהֶלֶת לִמְצֹא
יא דִּבְרֵי־חֵפֶץ וְכָתוּב יֹשֶׁר דִּבְרֵי אֱמֶת׃ דִּבְרֵי חֲכָמִים כַּדָּרְבֹנוֹת
יב וּכְמַשְׂמְרוֹת נְטוּעִים בַּעֲלֵי אֲסֻפּוֹת נִתְּנוּ מֵרֹעֶה אֶחָד׃ וְיֹתֵר
מֵהֵמָּה בְּנִי הִזָּהֵר עֲשׂוֹת סְפָרִים הַרְבֵּה אֵין קֵץ וְלַהַג הַרְבֵּה
יג יְגִעַת בָּשָׂר׃ סוֹף דָּבָר הַכֹּל נִשְׁמָע אֶת־הָאֱלֹהִים יְרָא וְאֶת־
יד מִצְוֺתָיו שְׁמוֹר כִּי־זֶה כָּל־הָאָדָם׃ כִּי אֶת־כָּל־מַעֲשֶׂה הָאֱלֹהִים
יָבִא בְמִשְׁפָּט עַל כָּל־נֶעְלָם אִם־טוֹב וְאִם־רָע׃

סוף דבר הכל נשמע
את האלהים ירא
ואת מצותיו
שמור
כי זה
כל האדם

אסתר

א
א וַיְהִ֖י בִּימֵ֣י אֲחַשְׁוֵר֑וֹשׁ ה֣וּא אֲחַשְׁוֵר֗וֹשׁ הַמֹּלֵךְ֙ מֵהֹ֣דּוּ וְעַד־כּ֔וּשׁ
ב שֶׁ֛בַע וְעֶשְׂרִ֥ים וּמֵאָ֖ה מְדִינָֽה׃ בַּיָּמִ֖ים הָהֵ֑ם כְּשֶׁ֣בֶת ׀ הַמֶּ֣לֶךְ
ג אֲחַשְׁוֵר֗וֹשׁ עַ֚ל כִּסֵּ֣א מַלְכוּת֔וֹ אֲשֶׁ֖ר בְּשׁוּשַׁ֥ן הַבִּירָֽה׃ בִּשְׁנַ֤ת
שָׁלוֹשׁ֙ לְמָלְכ֔וֹ עָשָׂ֣ה מִשְׁתֶּ֔ה לְכָל־שָׂרָ֖יו וַעֲבָדָ֑יו חֵ֣יל ׀ פָּרַ֣ס
ד וּמָדַ֗י הַֽפַּרְתְּמִ֛ים וְשָׂרֵ֥י הַמְּדִינ֖וֹת לְפָנָֽיו׃ בְּהַרְאֹת֗וֹ אֶת־עֹ֙שֶׁר֙
כְּב֣וֹד מַלְכוּת֔וֹ וְאֶ֨ת־יְקָ֔ר תִּפְאֶ֖רֶת גְּדוּלָּת֑וֹ יָמִ֣ים רַבִּ֔ים שְׁמוֹנִ֥ים
ה וּמְאַ֖ת יֽוֹם׃ וּבִמְל֣וֹאת ׀ הַיָּמִ֣ים הָאֵ֗לֶּה עָשָׂ֣ה הַמֶּ֡לֶךְ לְכָל־הָעָ֣ם
הַנִּמְצְאִים֩ בְּשׁוּשַׁ֨ן הַבִּירָ֜ה לְמִגָּ֧דוֹל וְעַד־קָטָ֛ן מִשְׁתֶּ֖ה שִׁבְעַ֣ת
ו יָמִ֑ים בַּחֲצַ֕ר גִּנַּ֥ת בִּיתַ֖ן הַמֶּֽלֶךְ׃ ח֣וּר ׀ כַּרְפַּ֣ס וּתְכֵ֗לֶת אָחוּז֙
בְּחַבְלֵי־ב֣וּץ וְאַרְגָּמָ֔ן עַל־גְּלִ֥ילֵי כֶ֖סֶף וְעַמּ֣וּדֵי שֵׁ֑שׁ מִטּ֣וֹת ׀ זָהָ֣ב
ז וָכֶ֗סֶף עַ֛ל רִֽצְפַ֥ת בַּהַט־וָשֵׁ֖שׁ וְדַ֥ר וְסֹחָֽרֶת׃ וְהַשְׁקוֹת֙ בִּכְלֵ֣י זָהָ֔ב
ח וְכֵלִ֖ים מִכֵּלִ֣ים שׁוֹנִ֑ים וְיֵ֥ין מַלְכ֛וּת רָ֖ב כְּיַ֥ד הַמֶּֽלֶךְ׃ וְהַשְּׁתִיָּ֥ה
כַדָּ֖ת אֵ֣ין אֹנֵ֑ס כִּי־כֵ֣ן ׀ יִסַּ֣ד הַמֶּ֗לֶךְ עַ֚ל כָּל־רַ֣ב בֵּית֔וֹ לַעֲשׂ֖וֹת
ט כִּרְצ֥וֹן אִישׁ־וָאִֽישׁ׃ גַּ֚ם וַשְׁתִּ֣י הַמַּלְכָּ֔ה עָשְׂתָ֖ה
י מִשְׁתֵּ֣ה נָשִׁ֑ים בֵּ֚ית הַמַּלְכ֔וּת אֲשֶׁ֖ר לַמֶּ֥לֶךְ אֲחַשְׁוֵרֽוֹשׁ׃ בַּיּוֹם֙
הַשְּׁבִיעִ֔י כְּט֥וֹב לֵב־הַמֶּ֖לֶךְ בַּיָּ֑יִן אָמַ֡ר לִ֠מְהוּמָן בִּזְּתָ֨א חַ֥רְבוֹנָ֛א
בִּגְתָ֤א וַאֲבַגְתָא֙ זֵתַ֣ר וְכַרְכַּ֔ס שִׁבְעַת֙ הַסָּ֣רִיסִ֔ים הַמְשָׁ֣רְתִ֔ים
יא אֶת־פְּנֵ֖י הַמֶּ֥לֶךְ אֲחַשְׁוֵרֽוֹשׁ׃ לְ֠הָבִיא אֶת־וַשְׁתִּ֧י הַמַּלְכָּ֛ה לִפְנֵ֥י
הַמֶּ֖לֶךְ בְּכֶ֣תֶר מַלְכ֑וּת לְהַרְא֨וֹת הָֽעַמִּ֤ים וְהַשָּׂרִים֙ אֶת־יָפְיָ֔הּ
יב כִּֽי־טוֹבַ֥ת מַרְאֶ֖ה הִֽיא׃ וַתְּמָאֵ֞ן הַמַּלְכָּ֣ה וַשְׁתִּ֗י לָבוֹא֙ בִּדְבַ֣ר
הַמֶּ֔לֶךְ אֲשֶׁ֖ר בְּיַ֣ד הַסָּרִיסִ֑ים וַיִּקְצֹ֤ף הַמֶּ֙לֶךְ֙ מְאֹ֔ד וַחֲמָת֖וֹ בָּעֲרָ֥ה
יג בֽוֹ׃ וַיֹּ֣אמֶר הַמֶּ֔לֶךְ לַחֲכָמִ֖ים יֹדְעֵ֣י הָעִתִּ֑ים כִּי־
יד כֵן֙ דְּבַ֣ר הַמֶּ֔לֶךְ לִפְנֵ֕י כָּל־יֹדְעֵ֖י דָּ֥ת וָדִֽין׃ וְהַקָּרֹ֣ב אֵלָ֗יו כַּרְשְׁנָ֤א
שֵׁתָר֙ אַדְמָ֣תָא תַרְשִׁ֔ישׁ מֶ֥רֶס מַרְסְנָ֖א מְמוּכָ֑ן שִׁבְעַ֞ת שָׂרֵ֣י ׀
טו פָּרַ֣ס וּמָדַ֗י רֹאֵי֙ פְּנֵ֣י הַמֶּ֔לֶךְ הַיֹּשְׁבִ֥ים רִאשֹׁנָ֖ה בַּמַּלְכֽוּת׃ כְּדָת֙
מַה־לַּעֲשׂ֔וֹת בַּמַּלְכָּ֖ה וַשְׁתִּ֑י עַ֣ל ׀ אֲשֶׁ֣ר לֹֽא־עָשְׂתָ֗ה אֶֽת־
טז מַאֲמַר֙ הַמֶּ֣לֶךְ אֲחַשְׁוֵר֔וֹשׁ בְּיַ֖ד הַסָּרִיסִֽים׃ וַיֹּ֣אמֶר

מְמוּכָן מומכן לִפְנֵי הַמֶּלֶךְ וְהַשָּׂרִים לֹא עַל־הַמֶּלֶךְ לְבַדּוֹ עָוְתָה
וַשְׁתִּי הַמַּלְכָּה כִּי עַל־כָּל־הַשָּׂרִים וְעַל־כָּל־הָעַמִּים אֲשֶׁר בְּכָל־
מְדִינוֹת הַמֶּלֶךְ אֲחַשְׁוֵרוֹשׁ׃ כִּי־יֵצֵא דְבַר־הַמַּלְכָּה עַל־כָּל־ יז
הַנָּשִׁים לְהַבְזוֹת בַּעְלֵיהֶן בְּעֵינֵיהֶן בְּאָמְרָם הַמֶּלֶךְ אֲחַשְׁוֵרוֹשׁ
אָמַר לְהָבִיא אֶת־וַשְׁתִּי הַמַּלְכָּה לְפָנָיו וְלֹא־בָאָה׃ וְהַיּוֹם יח
הַזֶּה תֹּאמַרְנָה ׀ שָׂרוֹת פָּרַס־וּמָדַי אֲשֶׁר שָׁמְעוּ אֶת־דְּבַר
הַמַּלְכָּה לְכֹל שָׂרֵי הַמֶּלֶךְ וּכְדַי בִּזָּיוֹן וָקָצֶף׃ אִם־עַל־הַמֶּלֶךְ יט
טוֹב יֵצֵא דְבַר־מַלְכוּת מִלְּפָנָיו וְיִכָּתֵב בְּדָתֵי פָרַס־וּמָדַי וְלֹא
יַעֲבוֹר אֲשֶׁר לֹא־תָבוֹא וַשְׁתִּי לִפְנֵי הַמֶּלֶךְ אֲחַשְׁוֵרוֹשׁ וּמַלְכוּתָהּ
יִתֵּן הַמֶּלֶךְ לִרְעוּתָהּ הַטּוֹבָה מִמֶּנָּה׃ וְנִשְׁמַע פִּתְגָם הַמֶּלֶךְ כ
אֲשֶׁר־יַעֲשֶׂה בְּכָל־מַלְכוּתוֹ כִּי רַבָּה הִיא וְכָל־הַנָּשִׁים יִתְּנוּ
יְקָר לְבַעְלֵיהֶן לְמִגָּדוֹל וְעַד־קָטָן׃ וַיִּיטַב הַדָּבָר בְּעֵינֵי הַמֶּלֶךְ כא
וְהַשָּׂרִים וַיַּעַשׂ הַמֶּלֶךְ כִּדְבַר מְמוּכָן׃ וַיִּשְׁלַח סְפָרִים אֶל־ כב
כָּל־מְדִינוֹת הַמֶּלֶךְ אֶל־מְדִינָה וּמְדִינָה כִּכְתָבָהּ וְאֶל־עַם
וָעָם כִּלְשׁוֹנוֹ לִהְיוֹת כָּל־אִישׁ שֹׂרֵר בְּבֵיתוֹ וּמְדַבֵּר כִּלְשׁוֹן
עַמּוֹ׃ אַחַר הַדְּבָרִים הָאֵלֶּה כְּשֹׁךְ חֲמַת הַמֶּלֶךְ א ב
אֲחַשְׁוֵרוֹשׁ זָכַר אֶת־וַשְׁתִּי וְאֵת אֲשֶׁר־עָשָׂתָה וְאֵת אֲשֶׁר־נִגְזַר
עָלֶיהָ׃ וַיֹּאמְרוּ נַעֲרֵי־הַמֶּלֶךְ מְשָׁרְתָיו יְבַקְשׁוּ לַמֶּלֶךְ נְעָרוֹת ב
בְּתוּלוֹת טוֹבוֹת מַרְאֶה׃ וְיַפְקֵד הַמֶּלֶךְ פְּקִידִים בְּכָל־מְדִינוֹת ג
מַלְכוּתוֹ וְיִקְבְּצוּ אֶת־כָּל־נַעֲרָה־בְתוּלָה טוֹבַת מַרְאֶה אֶל־
שׁוּשַׁן הַבִּירָה אֶל־בֵּית הַנָּשִׁים אֶל־יַד הֵגֶא סְרִיס הַמֶּלֶךְ
שֹׁמֵר הַנָּשִׁים וְנָתוֹן תַּמְרוּקֵיהֶן׃ וְהַנַּעֲרָה אֲשֶׁר תִּיטַב בְּעֵינֵי ד
הַמֶּלֶךְ תִּמְלֹךְ תַּחַת וַשְׁתִּי וַיִּיטַב הַדָּבָר בְּעֵינֵי הַמֶּלֶךְ וַיַּעַשׂ
ב כֵּן׃ אִישׁ יְהוּדִי הָיָה בְּשׁוּשַׁן הַבִּירָה וּשְׁמוֹ ה
מָרְדֳּכַי בֶּן יָאִיר בֶּן־שִׁמְעִי בֶּן־קִישׁ אִישׁ יְמִינִי׃ אֲשֶׁר הָגְלָה ו
מִירוּשָׁלַיִם עִם־הַגֹּלָה אֲשֶׁר הָגְלְתָה עִם יְכָנְיָה מֶלֶךְ־יְהוּדָה
אֲשֶׁר הֶגְלָה נְבוּכַדְנֶצַּר מֶלֶךְ בָּבֶל׃ וַיְהִי אֹמֵן אֶת־הֲדַסָּה ז

הִיא אֶסְתֵּר בַּת־דֹּדוֹ כִּי אֵין לָהּ אָב וָאֵם וְהַנַּעֲרָה יְפַת־
תֹּאַר וְטוֹבַת מַרְאֶה וּבְמוֹת אָבִיהָ וְאִמָּהּ לְקָחָהּ מָרְדֳּכַי לוֹ
ח לְבַת׃ וַיְהִי בְּהִשָּׁמַע דְּבַר־הַמֶּלֶךְ וְדָתוֹ וּבְהִקָּבֵץ נְעָרוֹת רַבּוֹת
אֶל־שׁוּשַׁן הַבִּירָה אֶל־יַד הֵגָי וַתִּלָּקַח אֶסְתֵּר אֶל־בֵּית הַמֶּלֶךְ
ט אֶל־יַד הֵגַי שֹׁמֵר הַנָּשִׁים׃ וַתִּיטַב הַנַּעֲרָה בְעֵינָיו וַתִּשָּׂא חֶסֶד
לְפָנָיו וַיְבַהֵל אֶת־תַּמְרוּקֶיהָ וְאֶת־מָנוֹתֶהָ לָתֵת לָהּ וְאֵת
שֶׁבַע הַנְּעָרוֹת הָרְאֻיוֹת לָתֶת־לָהּ מִבֵּית הַמֶּלֶךְ וַיְשַׁנֶּהָ וְאֶת־
י נַעֲרוֹתֶיהָ לְטוֹב בֵּית הַנָּשִׁים׃ לֹא־הִגִּידָה אֶסְתֵּר אֶת־עַמָּהּ
יא וְאֶת־מוֹלַדְתָּהּ כִּי מָרְדֳּכַי צִוָּה עָלֶיהָ אֲשֶׁר לֹא־תַגִּיד׃ וּבְכָל־
יוֹם וָיוֹם מָרְדֳּכַי מִתְהַלֵּךְ לִפְנֵי חֲצַר בֵּית־הַנָּשִׁים לָדַעַת אֶת־
יב שְׁלוֹם אֶסְתֵּר וּמַה־יֵּעָשֶׂה בָּהּ׃ וּבְהַגִּיעַ תֹּר נַעֲרָה וְנַעֲרָה
לָבוֹא ׀ אֶל־הַמֶּלֶךְ אֲחַשְׁוֵרוֹשׁ מִקֵּץ הֱיוֹת לָהּ כְּדָת הַנָּשִׁים
שְׁנֵים עָשָׂר חֹדֶשׁ כִּי כֵּן יִמְלְאוּ יְמֵי מְרוּקֵיהֶן שִׁשָּׁה חֳדָשִׁים
בְּשֶׁמֶן הַמֹּר וְשִׁשָּׁה חֳדָשִׁים בַּבְּשָׂמִים וּבְתַמְרוּקֵי הַנָּשִׁים׃
יג וּבָזֶה הַנַּעֲרָה בָּאָה אֶל־הַמֶּלֶךְ אֵת כָּל־אֲשֶׁר תֹּאמַר יִנָּתֵן לָהּ
יד לָבוֹא עִמָּהּ מִבֵּית הַנָּשִׁים עַד־בֵּית הַמֶּלֶךְ׃ בָּעֶרֶב ׀ הִיא בָאָה
וּבַבֹּקֶר הִיא שָׁבָה אֶל־בֵּית הַנָּשִׁים שֵׁנִי אֶל־יַד שַׁעַשְׁגַז סְרִיס
הַמֶּלֶךְ שֹׁמֵר הַפִּילַגְשִׁים לֹא־תָבוֹא עוֹד אֶל־הַמֶּלֶךְ כִּי אִם־
טו חָפֵץ בָּהּ הַמֶּלֶךְ וְנִקְרְאָה בְשֵׁם׃ וּבְהַגִּיעַ תֹּר־אֶסְתֵּר בַּת־
אֲבִיחַיִל ׀ דֹּד מָרְדֳּכַי אֲשֶׁר לָקַח־לוֹ לְבַת לָבוֹא אֶל־הַמֶּלֶךְ
לֹא בִקְשָׁה דָּבָר כִּי אִם אֶת־אֲשֶׁר יֹאמַר הֵגַי סְרִיס־הַמֶּלֶךְ
טז שֹׁמֵר הַנָּשִׁים וַתְּהִי אֶסְתֵּר נֹשֵׂאת חֵן בְּעֵינֵי כָּל־רֹאֶיהָ׃ וַתִּלָּקַח
אֶסְתֵּר אֶל־הַמֶּלֶךְ אֲחַשְׁוֵרוֹשׁ אֶל־בֵּית מַלְכוּתוֹ בַּחֹדֶשׁ
יז הָעֲשִׂירִי הוּא־חֹדֶשׁ טֵבֵת בִּשְׁנַת־שֶׁבַע לְמַלְכוּתוֹ׃ וַיֶּאֱהַב
הַמֶּלֶךְ אֶת־אֶסְתֵּר מִכָּל־הַנָּשִׁים וַתִּשָּׂא־חֵן וָחֶסֶד לְפָנָיו מִכָּל־
הַבְּתוּלוֹת וַיָּשֶׂם כֶּתֶר־מַלְכוּת בְּרֹאשָׁהּ וַיַּמְלִיכֶהָ תַּחַת וַשְׁתִּי׃
יח וַיַּעַשׂ הַמֶּלֶךְ מִשְׁתֶּה גָדוֹל לְכָל־שָׂרָיו וַעֲבָדָיו אֵת מִשְׁתֵּה

אֶסְתֵּר וַהֲנָחָה לַמְּדִינוֹת עָשָׂה וַיִּתֵּן מַשְׂאֵת כְּיַד הַמֶּלֶךְ׃
וּבְהִקָּבֵץ בְּתוּלוֹת שֵׁנִית וּמָרְדֳּכַי יֹשֵׁב בְּשַׁעַר־הַמֶּלֶךְ׃ אֵין יט כ
אֶסְתֵּר מַגֶּדֶת מוֹלַדְתָּהּ וְאֶת־עַמָּהּ כַּאֲשֶׁר צִוָּה עָלֶיהָ מָרְדֳּכָי
וְאֶת־מַאֲמַר מָרְדֳּכַי אֶסְתֵּר עֹשָׂה כַּאֲשֶׁר הָיְתָה בְאָמְנָה
אִתּוֹ׃ בַּיָּמִים הָהֵם וּמָרְדֳּכַי יֹשֵׁב בְּשַׁעַר־הַמֶּלֶךְ כא
קָצַף בִּגְתָן וָתֶרֶשׁ שְׁנֵי־סָרִיסֵי הַמֶּלֶךְ מִשֹּׁמְרֵי הַסַּף וַיְבַקְשׁוּ
לִשְׁלֹחַ יָד בַּמֶּלֶךְ אֲחַשְׁוֵרֹשׁ׃ וַיִּוָּדַע הַדָּבָר לְמָרְדֳּכַי וַיַּגֵּד כב
לְאֶסְתֵּר הַמַּלְכָּה וַתֹּאמֶר אֶסְתֵּר לַמֶּלֶךְ בְּשֵׁם מָרְדֳּכָי׃ וַיְבֻקַּשׁ כג
הַדָּבָר וַיִּמָּצֵא וַיִּתָּלוּ שְׁנֵיהֶם עַל־עֵץ וַיִּכָּתֵב בְּסֵפֶר דִּבְרֵי הַיָּמִים
לִפְנֵי הַמֶּלֶךְ׃ אַחַר ׀ הַדְּבָרִים הָאֵלֶּה גִּדַּל הַמֶּלֶךְ א ג
אֲחַשְׁוֵרוֹשׁ אֶת־הָמָן בֶּן־הַמְּדָתָא הָאֲגָגִי וַיְנַשְּׂאֵהוּ וַיָּשֶׂם אֶת־
כִּסְאוֹ מֵעַל כָּל־הַשָּׂרִים אֲשֶׁר אִתּוֹ׃ וְכָל־עַבְדֵי הַמֶּלֶךְ אֲשֶׁר־ ב
בְּשַׁעַר הַמֶּלֶךְ כֹּרְעִים וּמִשְׁתַּחֲוִים לְהָמָן כִּי־כֵן צִוָּה־לוֹ הַמֶּלֶךְ
וּמָרְדֳּכַי לֹא יִכְרַע וְלֹא יִשְׁתַּחֲוֶה׃ וַיֹּאמְרוּ עַבְדֵי הַמֶּלֶךְ אֲשֶׁר־ ג
בְּשַׁעַר הַמֶּלֶךְ לְמָרְדֳּכָי מַדּוּעַ אַתָּה עוֹבֵר אֵת מִצְוַת הַמֶּלֶךְ׃ וַיְהִי ד
כְּאָמְרָם באמרם אֵלָיו יוֹם וָיוֹם וְלֹא שָׁמַע אֲלֵיהֶם וַיַּגִּידוּ לְהָמָן לִרְאוֹת
הֲיַעַמְדוּ דִּבְרֵי מָרְדֳּכַי כִּי־הִגִּיד לָהֶם אֲשֶׁר־הוּא יְהוּדִי׃ וַיַּרְא הָמָן ה
כִּי־אֵין מָרְדֳּכַי כֹּרֵעַ וּמִשְׁתַּחֲוֶה לוֹ וַיִּמָּלֵא הָמָן חֵמָה׃ וַיִּבֶז בְּעֵינָיו ו
לִשְׁלֹחַ יָד בְּמָרְדֳּכַי לְבַדּוֹ כִּי־הִגִּידוּ לוֹ אֶת־עַם מָרְדֳּכָי וַיְבַקֵּשׁ
הָמָן לְהַשְׁמִיד אֶת־כָּל־הַיְּהוּדִים אֲשֶׁר בְּכָל־מַלְכוּת אֲחַשְׁוֵרוֹשׁ
עַם מָרְדֳּכָי׃ בַּחֹדֶשׁ הָרִאשׁוֹן הוּא־חֹדֶשׁ נִיסָן בִּשְׁנַת שְׁתֵּים ז
עֶשְׂרֵה לַמֶּלֶךְ אֲחַשְׁוֵרוֹשׁ הִפִּיל פּוּר הוּא הַגּוֹרָל לִפְנֵי
הָמָן מִיּוֹם ׀ לְיוֹם וּמֵחֹדֶשׁ לְחֹדֶשׁ שְׁנֵים־עָשָׂר הוּא־חֹדֶשׁ
ג אֲדָר׃ וַיֹּאמֶר הָמָן לַמֶּלֶךְ אֲחַשְׁוֵרוֹשׁ יֶשְׁנוֹ עַם־ ח
אֶחָד מְפֻזָּר וּמְפֹרָד בֵּין הָעַמִּים בְּכֹל מְדִינוֹת מַלְכוּתֶךָ וְדָתֵיהֶם
שֹׁנוֹת מִכָּל־עָם וְאֶת־דָּתֵי הַמֶּלֶךְ אֵינָם עֹשִׂים וְלַמֶּלֶךְ אֵין־שֹׁוֶה
לְהַנִּיחָם׃ אִם־עַל־הַמֶּלֶךְ טוֹב יִכָּתֵב לְאַבְּדָם וַעֲשֶׂרֶת אֲלָפִים ט

ככר־כסף אשקול על־ידי עשי המלאכה להביא אל־גנזי
י המלך: ויסר המלך את־טבעתו מעל ידו ויתנה להמן בן־
יא המדתא האגגי צרר היהודים: ויאמר המלך להמן הכסף
יב נתון לך והעם לעשות בו כטוב בעיניך: ויקראו ספרי המלך
בחדש הראשון בשלושה עשר יום בו ויכתב ככל־אשר־צוה
המן אל אחשדרפני־המלך ואל־הפחות אשר ׀ על־מדינה
ומדינה ואל־שרי עם ועם מדינה ומדינה ככתבה ועם ועם
כלשונו בשם המלך אחשורש נכתב ונחתם בטבעת המלך:
יג ונשלוח ספרים ביד הרצים אל־כל־מדינות המלך להשמיד
להרג ולאבד את־כל־היהודים מנער ועד־זקן טף ונשים
ביום אחד בשלושה עשר לחדש שנים־עשר הוא־חדש אדר
יד ושללם לבוז: פתשגן הכתב להנתן דת בכל־מדינה ומדינה
טו גלוי לכל־העמים להיות עתדים ליום הזה: הרצים יצאו
דחופים בדבר המלך והדת נתנה בשושן הבירה והמלך
ד א והמן ישבו לשתות והעיר שושן נבוכה: ומרדכי
ידע את־כל־אשר נעשה ויקרע מרדכי את־בגדיו וילבש
ב שק ואפר ויצא בתוך העיר ויזעק זעקה גדולה ומרה: ויבוא
עד לפני שער־המלך כי אין לבוא אל־שער המלך בלבוש
ג שק: ובכל־מדינה ומדינה מקום אשר דבר־המלך ודתו
מגיע אבל גדול ליהודים וצום ובכי ומספד שק ואפר יצע
ד לרבים: ותבואינה נערות אסתר וסריסיה ויגידו לה ותבואנה
ותתחלחל המלכה מאד ותשלח בגדים להלביש את־
ה מרדכי ולהסיר שקו מעליו ולא קבל: ותקרא אסתר להתך
מסריסי המלך אשר העמיד לפניה ותצוהו על־מרדכי לדעת
ו מה־זה ועל־מה־זה: ויצא התך אל־מרדכי אל־רחוב העיר
ז אשר לפני שער־המלך: ויגד־לו מרדכי את כל־אשר קרהו
ואת ׀ פרשת הכסף אשר אמר המן לשקול על־גנזי המלך

בַּיְּהוּדִים לְאַבְּדָם׃ וְאֶת־פַּתְשֶׁגֶן כְּתָב־הַדָּת אֲשֶׁר־נִתַּן בְּשׁוּשָׁן ח
לְהַשְׁמִידָם נָתַן לוֹ לְהַרְאוֹת אֶת־אֶסְתֵּר וּלְהַגִּיד לָהּ וּלְצַוּוֹת
עָלֶיהָ לָבוֹא אֶל־הַמֶּלֶךְ לְהִתְחַנֶּן־לוֹ וּלְבַקֵּשׁ מִלְּפָנָיו עַל־
עַמָּהּ׃ וַיָּבוֹא הֲתָךְ וַיַּגֵּד לְאֶסְתֵּר אֵת דִּבְרֵי מָרְדֳּכָי׃ וַתֹּאמֶר ט
אֶסְתֵּר לַהֲתָךְ וַתְּצַוֵּהוּ אֶל־מָרְדֳּכָי׃ כָּל־עַבְדֵי הַמֶּלֶךְ וְעַם יא
מְדִינוֹת הַמֶּלֶךְ יֹדְעִים אֲשֶׁר כָּל־אִישׁ וְאִשָּׁה אֲשֶׁר־יָבוֹא
אֶל־הַמֶּלֶךְ אֶל־הֶחָצֵר הַפְּנִימִית אֲשֶׁר לֹא־יִקָּרֵא אַחַת דָּתוֹ
לְהָמִית לְבַד מֵאֲשֶׁר יוֹשִׁיט־לוֹ הַמֶּלֶךְ אֶת־שַׁרְבִיט הַזָּהָב
וְחָיָה וַאֲנִי לֹא נִקְרֵאתִי לָבוֹא אֶל־הַמֶּלֶךְ זֶה שְׁלוֹשִׁים יוֹם׃
וַיַּגִּידוּ לְמָרְדֳּכָי אֵת דִּבְרֵי אֶסְתֵּר׃ וַיֹּאמֶר מָרְדֳּכַי לְהָשִׁיב יב יג
אֶל־אֶסְתֵּר אַל־תְּדַמִּי בְנַפְשֵׁךְ לְהִמָּלֵט בֵּית־הַמֶּלֶךְ מִכָּל־
הַיְּהוּדִים׃ כִּי אִם־הַחֲרֵשׁ תַּחֲרִישִׁי בָּעֵת הַזֹּאת רֶוַח וְהַצָּלָה יד
יַעֲמוֹד לַיְּהוּדִים מִמָּקוֹם אַחֵר וְאַתְּ וּבֵית־אָבִיךְ תֹּאבֵדוּ וּמִי
יוֹדֵעַ אִם־לְעֵת כָּזֹאת הִגַּעַתְּ לַמַּלְכוּת׃ וַתֹּאמֶר אֶסְתֵּר טו
לְהָשִׁיב אֶל־מָרְדֳּכָי׃ לֵךְ כְּנוֹס אֶת־כָּל־הַיְּהוּדִים הַנִּמְצְאִים טז
בְּשׁוּשָׁן וְצוּמוּ עָלַי וְאַל־תֹּאכְלוּ וְאַל־תִּשְׁתּוּ שְׁלֹשֶׁת יָמִים
לַיְלָה וָיוֹם גַּם־אֲנִי וְנַעֲרֹתַי אָצוּם כֵּן וּבְכֵן אָבוֹא אֶל־הַמֶּלֶךְ
אֲשֶׁר לֹא־כַדָּת וְכַאֲשֶׁר אָבַדְתִּי אָבָדְתִּי׃ וַיַּעֲבֹר מָרְדֳּכָי וַיַּעַשׂ יז
כְּכֹל אֲשֶׁר־צִוְּתָה עָלָיו אֶסְתֵּר׃ וַיְהִי ׀ בַּיּוֹם הַשְּׁלִישִׁי וַתִּלְבַּשׁ א ה
אֶסְתֵּר מַלְכוּת וַתַּעֲמֹד בַּחֲצַר בֵּית־הַמֶּלֶךְ הַפְּנִימִית נֹכַח
בֵּית הַמֶּלֶךְ וְהַמֶּלֶךְ יוֹשֵׁב עַל־כִּסֵּא מַלְכוּתוֹ בְּבֵית הַמַּלְכוּת
נֹכַח פֶּתַח הַבָּיִת׃ וַיְהִי כִרְאוֹת הַמֶּלֶךְ אֶת־אֶסְתֵּר הַמַּלְכָּה ב
עֹמֶדֶת בֶּחָצֵר נָשְׂאָה חֵן בְּעֵינָיו וַיּוֹשֶׁט הַמֶּלֶךְ לְאֶסְתֵּר אֶת־
שַׁרְבִיט הַזָּהָב אֲשֶׁר בְּיָדוֹ וַתִּקְרַב אֶסְתֵּר וַתִּגַּע בְּרֹאשׁ
הַשַּׁרְבִיט׃ וַיֹּאמֶר לָהּ הַמֶּלֶךְ מַה־לָּךְ אֶסְתֵּר הַמַּלְכָּה וּמַה־ ג
בַּקָּשָׁתֵךְ עַד־חֲצִי הַמַּלְכוּת וְיִנָּתֵן לָךְ׃ וַתֹּאמֶר אֶסְתֵּר אִם־ ד
עַל־הַמֶּלֶךְ טוֹב יָבוֹא הַמֶּלֶךְ וְהָמָן הַיּוֹם אֶל־הַמִּשְׁתֶּה אֲשֶׁר־

ה עֲשִׂיתִי לוֹ: וַיֹּאמֶר הַמֶּלֶךְ מַהֲרוּ אֶת־הָמָן לַעֲשׂוֹת אֶת־דְּבַר
אֶסְתֵּר וַיָּבֹא הַמֶּלֶךְ וְהָמָן אֶל־הַמִּשְׁתֶּה אֲשֶׁר־עָשְׂתָה אֶסְתֵּר:
ו וַיֹּאמֶר הַמֶּלֶךְ לְאֶסְתֵּר בְּמִשְׁתֵּה הַיַּיִן מַה־שְּׁאֵלָתֵךְ וְיִנָּתֵן לָךְ
ז וּמַה־בַּקָּשָׁתֵךְ עַד־חֲצִי הַמַּלְכוּת וְתֵעָשׂ: וַתַּעַן אֶסְתֵּר וַתֹּאמַר
ח שְׁאֵלָתִי וּבַקָּשָׁתִי: אִם־מָצָאתִי חֵן בְּעֵינֵי הַמֶּלֶךְ וְאִם־עַל־
הַמֶּלֶךְ טוֹב לָתֵת אֶת־שְׁאֵלָתִי וְלַעֲשׂוֹת אֶת־בַּקָּשָׁתִי יָבוֹא
הַמֶּלֶךְ וְהָמָן אֶל־הַמִּשְׁתֶּה אֲשֶׁר אֶעֱשֶׂה לָהֶם וּמָחָר אֶעֱשֶׂה
ט כִּדְבַר הַמֶּלֶךְ: וַיֵּצֵא הָמָן בַּיּוֹם הַהוּא שָׂמֵחַ וְטוֹב לֵב וְכִרְאוֹת
הָמָן אֶת־מָרְדֳּכַי בְּשַׁעַר הַמֶּלֶךְ וְלֹא־קָם וְלֹא־זָע מִמֶּנּוּ וַיִּמָּלֵא
י הָמָן עַל־מָרְדֳּכַי חֵמָה: וַיִּתְאַפַּק הָמָן וַיָּבוֹא אֶל־בֵּיתוֹ וַיִּשְׁלַח
יא וַיָּבֵא אֶת־אֹהֲבָיו וְאֶת־זֶרֶשׁ אִשְׁתּוֹ: וַיְסַפֵּר לָהֶם הָמָן אֶת־
כְּבוֹד עָשְׁרוֹ וְרֹב בָּנָיו וְאֵת כָּל־אֲשֶׁר גִּדְּלוֹ הַמֶּלֶךְ וְאֵת אֲשֶׁר
יב נִשְּׂאוֹ עַל־הַשָּׂרִים וְעַבְדֵי הַמֶּלֶךְ: וַיֹּאמֶר הָמָן אַף לֹא־הֵבִיאָה
אֶסְתֵּר הַמַּלְכָּה עִם־הַמֶּלֶךְ אֶל־הַמִּשְׁתֶּה אֲשֶׁר־עָשָׂתָה כִּי
יג אִם־אוֹתִי וְגַם־לְמָחָר אֲנִי קָרוּא־לָהּ עִם־הַמֶּלֶךְ: וְכָל־זֶה אֵינֶנּוּ
שֹׁוֶה לִי בְּכָל־עֵת אֲשֶׁר אֲנִי רֹאֶה אֶת־מָרְדֳּכַי הַיְּהוּדִי יוֹשֵׁב
יד בְּשַׁעַר הַמֶּלֶךְ: וַתֹּאמֶר לוֹ זֶרֶשׁ אִשְׁתּוֹ וְכָל־אֹהֲבָיו יַעֲשׂוּ־עֵץ
גָּבֹהַּ חֲמִשִּׁים אַמָּה וּבַבֹּקֶר ׀ אֱמֹר לַמֶּלֶךְ וְיִתְלוּ אֶת־מָרְדֳּכַי
עָלָיו וּבֹא עִם־הַמֶּלֶךְ אֶל־הַמִּשְׁתֶּה שָׂמֵחַ וַיִּיטַב הַדָּבָר לִפְנֵי
ו א הָמָן וַיַּעַשׂ הָעֵץ: בַּלַּיְלָה הַהוּא נָדְדָה שְׁנַת
הַמֶּלֶךְ וַיֹּאמֶר לְהָבִיא אֶת־סֵפֶר הַזִּכְרֹנוֹת דִּבְרֵי הַיָּמִים וַיִּהְיוּ
ב נִקְרָאִים לִפְנֵי הַמֶּלֶךְ: וַיִּמָּצֵא כָתוּב אֲשֶׁר הִגִּיד מָרְדֳּכַי עַל־
בִּגְתָנָא וָתֶרֶשׁ שְׁנֵי סָרִיסֵי הַמֶּלֶךְ מִשֹּׁמְרֵי הַסַּף אֲשֶׁר בִּקְשׁוּ
ג לִשְׁלֹחַ יָד בַּמֶּלֶךְ אֲחַשְׁוֵרוֹשׁ: וַיֹּאמֶר הַמֶּלֶךְ מַה־נַּעֲשָׂה יְקָר
וּגְדוּלָּה לְמָרְדֳּכַי עַל־זֶה וַיֹּאמְרוּ נַעֲרֵי הַמֶּלֶךְ מְשָׁרְתָיו לֹא־
ד נַעֲשָׂה עִמּוֹ דָּבָר: וַיֹּאמֶר הַמֶּלֶךְ מִי בֶחָצֵר וְהָמָן בָּא לַחֲצַר
בֵּית־הַמֶּלֶךְ הַחִיצוֹנָה לֵאמֹר לַמֶּלֶךְ לִתְלוֹת אֶת־מָרְדֳּכַי עַל־

הָעֵץ אֲשֶׁר־הֵכִין לוֹ׃ וַיֹּאמְרוּ נַעֲרֵי הַמֶּלֶךְ אֵלָיו הִנֵּה הָמָן ה
עֹמֵד בֶּחָצֵר וַיֹּאמֶר הַמֶּלֶךְ יָבוֹא׃ וַיָּבוֹא הָמָן וַיֹּאמֶר לוֹ ו
הַמֶּלֶךְ מַה־לַּעֲשׂוֹת בָּאִישׁ אֲשֶׁר הַמֶּלֶךְ חָפֵץ בִּיקָרוֹ וַיֹּאמֶר
הָמָן בְּלִבּוֹ לְמִי יַחְפֹּץ הַמֶּלֶךְ לַעֲשׂוֹת יְקָר יוֹתֵר מִמֶּנִּי׃ וַיֹּאמֶר ז
הָמָן אֶל־הַמֶּלֶךְ אִישׁ אֲשֶׁר הַמֶּלֶךְ חָפֵץ בִּיקָרוֹ׃ יָבִיאוּ לְבוּשׁ ח
מַלְכוּת אֲשֶׁר לָבַשׁ־בּוֹ הַמֶּלֶךְ וְסוּס אֲשֶׁר רָכַב עָלָיו הַמֶּלֶךְ
וַאֲשֶׁר נִתַּן כֶּתֶר מַלְכוּת בְּרֹאשׁוֹ׃ וְנָתוֹן הַלְּבוּשׁ וְהַסּוּס עַל־ ט
יַד־אִישׁ מִשָּׂרֵי הַמֶּלֶךְ הַפַּרְתְּמִים וְהִלְבִּישׁוּ אֶת־הָאִישׁ אֲשֶׁר
הַמֶּלֶךְ חָפֵץ בִּיקָרוֹ וְהִרְכִּיבֻהוּ עַל־הַסּוּס בִּרְחוֹב הָעִיר וְקָרְאוּ
לְפָנָיו כָּכָה יֵעָשֶׂה לָאִישׁ אֲשֶׁר הַמֶּלֶךְ חָפֵץ בִּיקָרוֹ׃ וַיֹּאמֶר י
הַמֶּלֶךְ לְהָמָן מַהֵר קַח אֶת־הַלְּבוּשׁ וְאֶת־הַסּוּס כַּאֲשֶׁר דִּבַּרְתָּ
וַעֲשֵׂה־כֵן לְמָרְדֳּכַי הַיְּהוּדִי הַיּוֹשֵׁב בְּשַׁעַר הַמֶּלֶךְ אַל־תַּפֵּל
ד דָּבָר מִכֹּל אֲשֶׁר דִּבַּרְתָּ׃ וַיִּקַּח הָמָן אֶת־הַלְּבוּשׁ וְאֶת־הַסּוּס יא
וַיַּלְבֵּשׁ אֶת־מָרְדֳּכָי וַיַּרְכִּיבֵהוּ בִּרְחוֹב הָעִיר וַיִּקְרָא לְפָנָיו כָּכָה
יֵעָשֶׂה לָאִישׁ אֲשֶׁר הַמֶּלֶךְ חָפֵץ בִּיקָרוֹ׃ וַיָּשָׁב מָרְדֳּכַי אֶל־ יב
שַׁעַר הַמֶּלֶךְ וְהָמָן נִדְחַף אֶל־בֵּיתוֹ אָבֵל וַחֲפוּי רֹאשׁ׃ וַיְסַפֵּר יג
הָמָן לְזֶרֶשׁ אִשְׁתּוֹ וּלְכָל־אֹהֲבָיו אֵת כָּל־אֲשֶׁר קָרָהוּ וַיֹּאמְרוּ
לוֹ חֲכָמָיו וְזֶרֶשׁ אִשְׁתּוֹ אִם מִזֶּרַע הַיְּהוּדִים מָרְדֳּכַי אֲשֶׁר
הַחִלּוֹתָ לִנְפֹּל לְפָנָיו לֹא־תוּכַל לוֹ כִּי־נָפוֹל תִּפּוֹל לְפָנָיו׃ עוֹדָם יד
מְדַבְּרִים עִמּוֹ וְסָרִיסֵי הַמֶּלֶךְ הִגִּיעוּ וַיַּבְהִלוּ לְהָבִיא אֶת־הָמָן
אֶל־הַמִּשְׁתֶּה אֲשֶׁר־עָשְׂתָה אֶסְתֵּר׃ וַיָּבֹא הַמֶּלֶךְ וְהָמָן לִשְׁתּוֹת ז א
עִם־אֶסְתֵּר הַמַּלְכָּה׃ וַיֹּאמֶר הַמֶּלֶךְ לְאֶסְתֵּר גַּם בַּיּוֹם הַשֵּׁנִי ב
בְּמִשְׁתֵּה הַיַּיִן מַה־שְּׁאֵלָתֵךְ אֶסְתֵּר הַמַּלְכָּה וְתִנָּתֵן לָךְ וּמַה־
בַּקָּשָׁתֵךְ עַד־חֲצִי הַמַּלְכוּת וְתֵעָשׂ׃ וַתַּעַן אֶסְתֵּר הַמַּלְכָּה ג
וַתֹּאמַר אִם־מָצָאתִי חֵן בְּעֵינֶיךָ הַמֶּלֶךְ וְאִם־עַל־הַמֶּלֶךְ טוֹב
תִּנָּתֶן־לִי נַפְשִׁי בִּשְׁאֵלָתִי וְעַמִּי בְּבַקָּשָׁתִי׃ כִּי נִמְכַּרְנוּ אֲנִי ד
וְעַמִּי לְהַשְׁמִיד לַהֲרוֹג וּלְאַבֵּד וְאִלּוּ לַעֲבָדִים וְלִשְׁפָחוֹת נִמְכַּרְנוּ

ה הֶחֱרַשְׁתִּי כִּי אֵין הַצָּר שֹׁוֶה בְּנֵזֶק הַמֶּלֶךְ׃ וַיֹּאמֶר
הַמֶּלֶךְ אֲחַשְׁוֵרוֹשׁ וַיֹּאמֶר לְאֶסְתֵּר הַמַּלְכָּה מִי הוּא זֶה וְאֵי־זֶה
ו הוּא אֲשֶׁר־מְלָאוֹ לִבּוֹ לַעֲשׂוֹת כֵּן׃ וַתֹּאמֶר אֶסְתֵּר אִישׁ צַר וְאוֹיֵב
ז הָמָן הָרָע הַזֶּה וְהָמָן נִבְעָת מִלִּפְנֵי הַמֶּלֶךְ וְהַמַּלְכָּה׃ וְהַמֶּלֶךְ
קָם בַּחֲמָתוֹ מִמִּשְׁתֵּה הַיַּיִן אֶל־גִּנַּת הַבִּיתָן וְהָמָן עָמַד לְבַקֵּשׁ
עַל־נַפְשׁוֹ מֵאֶסְתֵּר הַמַּלְכָּה כִּי רָאָה כִּי־כָלְתָה אֵלָיו הָרָעָה
ח מֵאֵת הַמֶּלֶךְ׃ וְהַמֶּלֶךְ שָׁב מִגִּנַּת הַבִּיתָן אֶל־בֵּית ׀ מִשְׁתֵּה
הַיַּיִן וְהָמָן נֹפֵל עַל־הַמִּטָּה אֲשֶׁר אֶסְתֵּר עָלֶיהָ וַיֹּאמֶר הַמֶּלֶךְ
הֲגַם לִכְבּוֹשׁ אֶת־הַמַּלְכָּה עִמִּי בַּבָּיִת הַדָּבָר יָצָא מִפִּי הַמֶּלֶךְ
ט וּפְנֵי הָמָן חָפוּ׃ וַיֹּאמֶר חַרְבוֹנָה אֶחָד מִן־הַסָּרִיסִים לִפְנֵי
הַמֶּלֶךְ גַּם הִנֵּה־הָעֵץ אֲשֶׁר־עָשָׂה הָמָן לְמָרְדֳּכַי אֲשֶׁר דִּבֶּר־טוֹב
עַל־הַמֶּלֶךְ עֹמֵד בְּבֵית הָמָן גָּבֹהַּ חֲמִשִּׁים אַמָּה וַיֹּאמֶר הַמֶּלֶךְ
י תְּלֻהוּ עָלָיו׃ וַיִּתְלוּ אֶת־הָמָן עַל־הָעֵץ אֲשֶׁר־הֵכִין לְמָרְדֳּכָי
ח א וַחֲמַת הַמֶּלֶךְ שָׁכָכָה׃ בַּיּוֹם הַהוּא נָתַן הַמֶּלֶךְ
אֲחַשְׁוֵרוֹשׁ לְאֶסְתֵּר הַמַּלְכָּה אֶת־בֵּית הָמָן צֹרֵר היהודיים הַיְּהוּדִים
ב וּמָרְדֳּכַי בָּא לִפְנֵי הַמֶּלֶךְ כִּי־הִגִּידָה אֶסְתֵּר מַה הוּא־לָהּ׃ וַיָּסַר
הַמֶּלֶךְ אֶת־טַבַּעְתּוֹ אֲשֶׁר הֶעֱבִיר מֵהָמָן וַיִּתְּנָהּ לְמָרְדֳּכָי וַתָּשֶׂם
ג אֶסְתֵּר אֶת־מָרְדֳּכַי עַל־בֵּית הָמָן׃ וַתּוֹסֶף אֶסְתֵּר
וַתְּדַבֵּר לִפְנֵי הַמֶּלֶךְ וַתִּפֹּל לִפְנֵי רַגְלָיו וַתֵּבְךְּ וַתִּתְחַנֶּן־לוֹ
לְהַעֲבִיר אֶת־רָעַת הָמָן הָאֲגָגִי וְאֵת מַחֲשַׁבְתּוֹ אֲשֶׁר חָשַׁב
ד עַל־הַיְּהוּדִים׃ וַיּוֹשֶׁט הַמֶּלֶךְ לְאֶסְתֵּר אֵת שַׁרְבִט הַזָּהָב וַתָּקָם
ה אֶסְתֵּר וַתַּעֲמֹד לִפְנֵי הַמֶּלֶךְ׃ וַתֹּאמֶר אִם־עַל־הַמֶּלֶךְ טוֹב
וְאִם־מָצָאתִי חֵן לְפָנָיו וְכָשֵׁר הַדָּבָר לִפְנֵי הַמֶּלֶךְ וְטוֹבָה אֲנִי
בְּעֵינָיו יִכָּתֵב לְהָשִׁיב אֶת־הַסְּפָרִים מַחֲשֶׁבֶת הָמָן בֶּן־הַמְּדָתָא
הָאֲגָגִי אֲשֶׁר כָּתַב לְאַבֵּד אֶת־הַיְּהוּדִים אֲשֶׁר בְּכָל־מְדִינוֹת
ו הַמֶּלֶךְ׃ כִּי אֵיכָכָה אוּכַל וְרָאִיתִי בָּרָעָה אֲשֶׁר־יִמְצָא אֶת־עַמִּי
ז וְאֵיכָכָה אוּכַל וְרָאִיתִי בְּאָבְדַן מוֹלַדְתִּי׃ וַיֹּאמֶר

המלך אחשורש לאסתר המלכה ולמרדכי היהודי הנה בית־
המן נתתי לאסתר ואתו תלו על־העץ על אשר־שלח ידו
ביהודים ביהודיים: ואתם כתבו על־היהודים כטוב בעיניכם בשם ח
המלך וחתמו בטבעת המלך כי־כתב אשר־נכתב בשם־
המלך ונחתום בטבעת המלך אין להשיב: ויקראו ספרי־ ט
המלך בעת־ההיא בחדש השלישי הוא־חדש סיון בשלושה
ועשרים בו ויכתב ככל־אשר־צוה מרדכי אל־היהודים ואל
האחשדרפנים והפחות ושרי המדינות אשר ׀ מהדו ועד־
כוש שבע ועשרים ומאה מדינה מדינה ומדינה ככתבה
ועם ועם כלשנו ואל־היהודים ככתבם וכלשונם: ויכתב י
בשם המלך אחשורש ויחתם בטבעת המלך וישלח ספרים
ביד הרצים בסוסים רכבי הרכש האחשתרנים בני הרמכים:
אשר נתן המלך ליהודים ׀ אשר ׀ בכל־עיר ועיר להקהל יא
ולעמד על־נפשם להשמיד ולהרג ולאבד את־כל־חיל עם
ומדינה הצרים אתם טף ונשים ושללם לבוז: ביום אחד יב
בכל־מדינות המלך אחשורוש בשלושה עשר לחדש שנים־
עשר הוא־חדש אדר: פתשגן הכתב להנתן דת בכל־מדינה יג
היהודים עתידים ומדינה גלוי לכל־העמים ולהיות היהודיים עתודים ליום
הזה להנקם מאיביהם: הרצים רכבי הרכש האחשתרנים יד
יצאו מבהלים ודחופים בדבר המלך והדת נתנה בשושן
הבירה: ומרדכי יצא ׀ מלפני המלך בלבוש טו
מלכות תכלת וחור ועטרת זהב גדולה ותכריך בוץ וארגמן
ה והעיר שושן צהלה ושמחה: ליהודים היתה אורה ושמחה טז
וששן ויקר: ובכל־מדינה ומדינה ובכל־עיר ועיר מקום יז
אשר דבר־המלך ודתו מגיע שמחה וששון ליהודים משתה
ויום טוב ורבים מעמי הארץ מתיהדים כי־נפל פחד־
היהודים עליהם: ובשנים עשר חדש הוא־חדש אדר בשלושה א ט

עָשָׂר יוֹם בּוֹ אֲשֶׁר הִגִּיעַ דְּבַר־הַמֶּלֶךְ וְדָתוֹ לְהֵעָשׂוֹת בַּיּוֹם
אֲשֶׁר שִׂבְּרוּ אֹיְבֵי הַיְּהוּדִים לִשְׁלוֹט בָּהֶם וְנַהֲפוֹךְ הוּא אֲשֶׁר
ב יִשְׁלְטוּ הַיְּהוּדִים הֵמָּה בְּשֹׂנְאֵיהֶם׃ נִקְהֲלוּ הַיְּהוּדִים בְּעָרֵיהֶם
בְּכָל־מְדִינוֹת הַמֶּלֶךְ אֲחַשְׁוֵרוֹשׁ לִשְׁלֹחַ יָד בִּמְבַקְשֵׁי רָעָתָם
ג וְאִישׁ לֹא־עָמַד לִפְנֵיהֶם כִּי־נָפַל פַּחְדָּם עַל־כָּל־הָעַמִּים׃ וְכָל־
שָׂרֵי הַמְּדִינוֹת וְהָאֲחַשְׁדַּרְפְּנִים וְהַפַּחוֹת וְעֹשֵׂי הַמְּלָאכָה
אֲשֶׁר לַמֶּלֶךְ מְנַשְּׂאִים אֶת־הַיְּהוּדִים כִּי־נָפַל פַּחַד־מָרְדֳּכַי
ד עֲלֵיהֶם׃ כִּי־גָדוֹל מָרְדֳּכַי בְּבֵית הַמֶּלֶךְ וְשָׁמְעוֹ הוֹלֵךְ בְּכָל־
ה הַמְּדִינוֹת כִּי־הָאִישׁ מָרְדֳּכַי הוֹלֵךְ וְגָדוֹל׃ וַיַּכּוּ הַיְּהוּדִים
בְּכָל־אֹיְבֵיהֶם מַכַּת־חֶרֶב וְהֶרֶג וְאַבְדָן וַיַּעֲשׂוּ בְשֹׂנְאֵיהֶם
ו כִּרְצוֹנָם׃ וּבְשׁוּשַׁן הַבִּירָה הָרְגוּ הַיְּהוּדִים וְאַבֵּד חֲמֵשׁ מֵאוֹת
ז אִישׁ׃ וְאֵת
פַּרְשַׁנְדָּתָא וְאֵת
דַּלְפוֹן וְאֵת
ח אַסְפָּתָא׃ וְאֵת
פּוֹרָתָא וְאֵת
אֲדַלְיָא וְאֵת
ט אֲרִידָתָא׃ וְאֵת
פַּרְמַשְׁתָּא וְאֵת
אֲרִיסַי וְאֵת
אֲרִידַי וְאֵת
י וַיְזָתָא׃ עֲשֶׂרֶת
בְּנֵי הָמָן בֶּן־הַמְּדָתָא צֹרֵר הַיְּהוּדִים הָרָגוּ וּבַבִּזָּה לֹא שָׁלְחוּ
יא אֶת־יָדָם׃ בַּיּוֹם הַהוּא בָּא מִסְפַּר הַהֲרוּגִים בְּשׁוּשַׁן הַבִּירָה
יב לִפְנֵי הַמֶּלֶךְ׃ וַיֹּאמֶר הַמֶּלֶךְ לְאֶסְתֵּר הַמַּלְכָּה בְּשׁוּשַׁן הַבִּירָה
הָרְגוּ הַיְּהוּדִים וְאַבֵּד חֲמֵשׁ מֵאוֹת אִישׁ וְאֵת עֲשֶׂרֶת בְּנֵי־הָמָן
בִּשְׁאָר מְדִינוֹת הַמֶּלֶךְ מֶה עָשׂוּ וּמַה־שְּׁאֵלָתֵךְ וְיִנָּתֵן לָךְ וּמַה־

בַּקָּשָׁתֵךְ עוֹד וְתֵעָשׂ׃ וַתֹּאמֶר אֶסְתֵּר אִם־עַל־הַמֶּלֶךְ טוֹב יג
יִנָּתֵן גַּם־מָחָר לַיְּהוּדִים אֲשֶׁר בְּשׁוּשָׁן לַעֲשׂוֹת כְּדָת הַיּוֹם
וְאֵת עֲשֶׂרֶת בְּנֵי־הָמָן יִתְלוּ עַל־הָעֵץ׃ וַיֹּאמֶר הַמֶּלֶךְ לְהֵעָשׂוֹת יד
כֵּן וַתִּנָּתֵן דָּת בְּשׁוּשָׁן וְאֵת עֲשֶׂרֶת בְּנֵי־הָמָן תָּלוּ׃ וַיִּקָּהֲלוּ טו
הַיְּהוּדִים | היהודיים אֲשֶׁר־בְּשׁוּשָׁן גַּם בְּיוֹם אַרְבָּעָה עָשָׂר לְחֹדֶשׁ אֲדָר
וַיַּהַרְגוּ בְשׁוּשָׁן שְׁלֹשׁ מֵאוֹת אִישׁ וּבַבִּזָּה לֹא שָׁלְחוּ אֶת־יָדָם׃
וּשְׁאָר הַיְּהוּדִים אֲשֶׁר בִּמְדִינוֹת הַמֶּלֶךְ נִקְהֲלוּ ׀ וְעָמֹד עַל־ טז
נַפְשָׁם וְנוֹחַ מֵאֹיְבֵיהֶם וְהָרוֹג בְּשֹׂנְאֵיהֶם חֲמִשָּׁה וְשִׁבְעִים אָלֶף
וּבַבִּזָּה לֹא שָׁלְחוּ אֶת־יָדָם׃ בְּיוֹם־שְׁלוֹשָׁה עָשָׂר לְחֹדֶשׁ אֲדָר יז
וְנוֹחַ בְּאַרְבָּעָה עָשָׂר בּוֹ וְעָשֹׂה אֹתוֹ יוֹם מִשְׁתֶּה וְשִׂמְחָה׃
וְהַיְּהוּדִים | והיהודיים אֲשֶׁר־בְּשׁוּשָׁן נִקְהֲלוּ בִּשְׁלוֹשָׁה עָשָׂר בּוֹ וּבְאַרְבָּעָה יח
עָשָׂר בּוֹ וְנוֹחַ בַּחֲמִשָּׁה עָשָׂר בּוֹ וְעָשֹׂה אֹתוֹ יוֹם מִשְׁתֶּה
הַפְּרָזִים | וְשִׂמְחָה׃ עַל־כֵּן הַיְּהוּדִים הפרוזים הַיֹּשְׁבִים בְּעָרֵי הַפְּרָזוֹת יט
עֹשִׂים אֵת יוֹם אַרְבָּעָה עָשָׂר לְחֹדֶשׁ אֲדָר שִׂמְחָה וּמִשְׁתֶּה
וְיוֹם טוֹב וּמִשְׁלוֹחַ מָנוֹת אִישׁ לְרֵעֵהוּ׃ וַיִּכְתֹּב מָרְדֳּכַי אֶת־ כ
הַדְּבָרִים הָאֵלֶּה וַיִּשְׁלַח סְפָרִים אֶל־כָּל־הַיְּהוּדִים אֲשֶׁר בְּכָל־
מְדִינוֹת הַמֶּלֶךְ אֲחַשְׁוֵרוֹשׁ הַקְּרוֹבִים וְהָרְחוֹקִים׃ לְקַיֵּם עֲלֵיהֶם כא
לִהְיוֹת עֹשִׂים אֵת יוֹם אַרְבָּעָה עָשָׂר לְחֹדֶשׁ אֲדָר וְאֵת יוֹם־
חֲמִשָּׁה עָשָׂר בּוֹ בְּכָל־שָׁנָה וְשָׁנָה׃ כַּיָּמִים אֲשֶׁר־נָחוּ בָהֶם כב
הַיְּהוּדִים מֵאֹיְבֵיהֶם וְהַחֹדֶשׁ אֲשֶׁר נֶהְפַּךְ לָהֶם מִיָּגוֹן לְשִׂמְחָה
וּמֵאֵבֶל לְיוֹם טוֹב לַעֲשׂוֹת אוֹתָם יְמֵי מִשְׁתֶּה וְשִׂמְחָה וּמִשְׁלוֹחַ
מָנוֹת אִישׁ לְרֵעֵהוּ וּמַתָּנוֹת לָאֶבְיֹנִים׃ וְקִבֵּל הַיְּהוּדִים אֵת כג
אֲשֶׁר־הֵחֵלּוּ לַעֲשׂוֹת וְאֵת אֲשֶׁר־כָּתַב מָרְדֳּכַי אֲלֵיהֶם׃ כִּי כד
הָמָן בֶּן־הַמְּדָתָא הָאֲגָגִי צֹרֵר כָּל־הַיְּהוּדִים חָשַׁב עַל־הַיְּהוּדִים
לְאַבְּדָם וְהִפִּל פּוּר הוּא הַגּוֹרָל לְהֻמָּם וּלְאַבְּדָם׃ וּבְבֹאָהּ כה
לִפְנֵי הַמֶּלֶךְ אָמַר עִם־הַסֵּפֶר יָשׁוּב מַחֲשַׁבְתּוֹ הָרָעָה אֲשֶׁר־
חָשַׁב עַל־הַיְּהוּדִים עַל־רֹאשׁוֹ וְתָלוּ אֹתוֹ וְאֶת־בָּנָיו עַל־הָעֵץ׃

כו עַל־כֵּ֞ן קָֽרְא֞וּ לַיָּמִ֨ים הָאֵ֤לֶּה פוּרִים֙ עַל־שֵׁ֣ם הַפּ֔וּר עַל־כֵּ֕ן עַל־
כָּל־דִּבְרֵ֖י הָאִגֶּ֣רֶת הַזֹּ֑את וּמָֽה־רָא֣וּ עַל־כָּ֔כָה וּמָ֥ה הִגִּ֖יעַ אֲלֵיהֶֽם׃
כז קִיְּמ֣וּ וְקִבְּל֣וּ הַיְּהוּדִ֡ים ׀ עֲלֵיהֶ֣ם ׀ וְעַל־זַרְעָ֡ם וְעַ֨ל כָּל־הַנִּלְוִ֤ים
עֲלֵיהֶם֙ וְלֹ֣א יַעֲב֔וֹר לִהְי֣וֹת עֹשִׂ֗ים אֵ֣ת שְׁנֵ֤י הַיָּמִים֙ הָאֵ֔לֶּה
כח כִּכְתָבָ֖ם וְכִזְמַנָּ֑ם בְּכָל־שָׁנָ֖ה וְשָׁנָֽה׃ וְהַיָּמִ֣ים הָ֠אֵלֶּה נִזְכָּרִ֨ים
וְנַעֲשִׂ֜ים בְּכָל־דּ֣וֹר וָד֗וֹר מִשְׁפָּחָה֙ וּמִשְׁפָּחָ֔ה מְדִינָ֥ה וּמְדִינָ֖ה
וְעִ֣יר וָעִ֑יר וִימֵ֞י הַפּוּרִ֣ים הָאֵ֗לֶּה לֹ֤א יַֽעַבְרוּ֙ מִתּ֣וֹךְ הַיְּהוּדִ֔ים
כט וְזִכְרָ֖ם לֹא־יָס֥וּף מִזַּרְעָֽם׃ וַתִּכְתֹּ֞ב אֶסְתֵּ֧ר הַמַּלְכָּ֛ה
בַת־אֲבִיחַ֖יִל וּמָרְדֳּכַ֣י הַיְּהוּדִ֑י אֶת־כָּל־תֹּ֑קֶף לְקַיֵּ֗ם אֵ֣ת אִגֶּ֧רֶת
ל הַפֻּרִ֛ים הַזֹּ֖את הַשֵּׁנִֽית׃ וַיִּשְׁלַ֨ח סְפָרִ֜ים אֶל־כָּל־הַיְּהוּדִ֗ים אֶל־
שֶׁ֨בַע וְעֶשְׂרִ֤ים וּמֵאָה֙ מְדִינָ֔ה מַלְכ֖וּת אֲחַשְׁוֵר֑וֹשׁ דִּבְרֵ֥י שָׁל֖וֹם
לא וֶאֱמֶֽת׃ לְקַיֵּ֡ם אֶת־יְמֵי֩ הַפֻּרִ֨ים הָאֵ֜לֶּה בִּזְמַנֵּיהֶ֗ם כַּאֲשֶׁר֩ קִיַּ֨ם
עֲלֵיהֶ֜ם מָרְדֳּכַ֤י הַיְּהוּדִי֙ וְאֶסְתֵּ֣ר הַמַּלְכָּ֔ה וְכַאֲשֶׁ֛ר קִיְּמ֥וּ עַל־
לב נַפְשָׁ֖ם וְעַל־זַרְעָ֑ם דִּבְרֵ֥י הַצֹּמ֖וֹת וְזַעֲקָתָֽם׃ וּמַאֲמַ֣ר אֶסְתֵּ֔ר
י א קִיַּ֕ם דִּבְרֵ֥י הַפֻּרִ֖ים הָאֵ֑לֶּה וְנִכְתָּ֖ב בַּסֵּֽפֶר׃ וַיָּשֶׂם֩
ב הַמֶּ֨לֶךְ אחשרש ׀ מַ֛ס עַל־הָאָ֖רֶץ וְאִיֵּ֥י הַיָּֽם׃ וְכָל־מַעֲשֵׂ֤ה אֲחַשְׁוֵר֧וֹשׁ
תָקְפּוֹ֙ וּגְב֣וּרָת֔וֹ וּפָרָשַׁת֙ גְּדֻלַּ֣ת מָרְדֳּכַ֔י אֲשֶׁ֥ר גִּדְּל֖וֹ הַמֶּ֑לֶךְ הֲלוֹא־
ג הֵ֣ם כְּתוּבִ֗ים עַל־סֵ֙פֶר֙ דִּבְרֵ֣י הַיָּמִ֔ים לְמַלְכֵ֖י מָדַ֥י וּפָרָֽס׃ כִּ֣י ׀
מָרְדֳּכַ֣י הַיְּהוּדִ֗י מִשְׁנֶה֙ לַמֶּ֣לֶךְ אֲחַשְׁוֵר֔וֹשׁ וְגָדוֹל֙ לַיְּהוּדִ֔ים וְרָצ֖וּי
לְרֹ֣ב אֶחָ֑יו דֹּרֵ֥שׁ טוֹב֙ לְעַמּ֔וֹ וְדֹבֵ֥ר שָׁל֖וֹם לְכָל־זַרְעֽוֹ׃

דניאל

א א בִּשְׁנַת שָׁלוֹשׁ לְמַלְכוּת יְהוֹיָקִים מֶלֶךְ־יְהוּדָה בָּא נְבוּכַדְנֶאצַּר
ב מֶלֶךְ־בָּבֶל יְרוּשָׁלִַם וַיָּצַר עָלֶיהָ׃ וַיִּתֵּן אֲדֹנָי בְּיָדוֹ אֶת־יְהוֹיָקִים
מֶלֶךְ־יְהוּדָה וּמִקְצָת כְּלֵי בֵית־הָאֱלֹהִים וַיְבִיאֵם אֶרֶץ־שִׁנְעָר
ג בֵּית אֱלֹהָיו וְאֶת־הַכֵּלִים הֵבִיא בֵּית אוֹצַר אֱלֹהָיו׃ וַיֹּאמֶר
הַמֶּלֶךְ לְאַשְׁפְּנַז רַב סָרִיסָיו לְהָבִיא מִבְּנֵי יִשְׂרָאֵל וּמִזֶּרַע
ד הַמְּלוּכָה וּמִן־הַפַּרְתְּמִים׃ יְלָדִים אֲשֶׁר אֵין־בָּהֶם כָּל־מְאוּם
וְטוֹבֵי מַרְאֶה וּמַשְׂכִּילִים בְּכָל־חָכְמָה וְיֹדְעֵי דַעַת וּמְבִינֵי מַדָּע
וַאֲשֶׁר כֹּחַ בָּהֶם לַעֲמֹד בְּהֵיכַל הַמֶּלֶךְ וּלְלַמְּדָם סֵפֶר וּלְשׁוֹן
ה כַּשְׂדִּים׃ וַיְמַן לָהֶם הַמֶּלֶךְ דְּבַר־יוֹם בְּיוֹמוֹ מִפַּת־בַּג הַמֶּלֶךְ
וּמִיֵּין מִשְׁתָּיו וּלְגַדְּלָם שָׁנִים שָׁלוֹשׁ וּמִקְצָתָם יַעַמְדוּ לִפְנֵי
ו הַמֶּלֶךְ׃ וַיְהִי בָהֶם מִבְּנֵי יְהוּדָה דָּנִיֵּאל חֲנַנְיָה מִישָׁאֵל וַעֲזַרְיָה׃
ז וַיָּשֶׂם לָהֶם שַׂר הַסָּרִיסִים שֵׁמוֹת וַיָּשֶׂם לְדָנִיֵּאל בֵּלְטְשַׁאצַּר
ח וְלַחֲנַנְיָה שַׁדְרַךְ וּלְמִישָׁאֵל מֵישַׁךְ וְלַעֲזַרְיָה עֲבֵד נְגוֹ׃ וַיָּשֶׂם
דָּנִיֵּאל עַל־לִבּוֹ אֲשֶׁר לֹא־יִתְגָּאַל בְּפַת־בַּג הַמֶּלֶךְ וּבְיֵין מִשְׁתָּיו
ט וַיְבַקֵּשׁ מִשַּׂר הַסָּרִיסִים אֲשֶׁר לֹא יִתְגָּאָל׃ וַיִּתֵּן הָאֱלֹהִים אֶת־
י דָּנִיֵּאל לְחֶסֶד וּלְרַחֲמִים לִפְנֵי שַׂר הַסָּרִיסִים׃ וַיֹּאמֶר שַׂר
הַסָּרִיסִים לְדָנִיֵּאל יָרֵא אֲנִי אֶת־אֲדֹנִי הַמֶּלֶךְ אֲשֶׁר מִנָּה אֶת־
מַאֲכַלְכֶם וְאֶת־מִשְׁתֵּיכֶם אֲשֶׁר לָמָּה יִרְאֶה אֶת־פְּנֵיכֶם זֹעֲפִים
יא מִן־הַיְלָדִים אֲשֶׁר כְּגִילְכֶם וְחִיַּבְתֶּם אֶת־רֹאשִׁי לַמֶּלֶךְ׃ וַיֹּאמֶר
דָּנִיֵּאל אֶל־הַמֶּלְצַר אֲשֶׁר מִנָּה שַׂר הַסָּרִיסִים עַל־דָּנִיֵּאל
יב חֲנַנְיָה מִישָׁאֵל וַעֲזַרְיָה׃ נַס־נָא אֶת־עֲבָדֶיךָ יָמִים עֲשָׂרָה וְיִתְּנוּ־
יג לָנוּ מִן־הַזֵּרֹעִים וְנֹאכְלָה וּמַיִם וְנִשְׁתֶּה׃ וְיֵרָאוּ לְפָנֶיךָ מַרְאֵינוּ
וּמַרְאֵה הַיְלָדִים הָאֹכְלִים אֵת פַּת־בַּג הַמֶּלֶךְ וְכַאֲשֶׁר תִּרְאֵה
יד עֲשֵׂה עִם־עֲבָדֶיךָ׃ וַיִּשְׁמַע לָהֶם לַדָּבָר הַזֶּה וַיְנַסֵּם יָמִים עֲשָׂרָה׃
טו וּמִקְצָת יָמִים עֲשָׂרָה נִרְאָה מַרְאֵיהֶם טוֹב וּבְרִיאֵי בָּשָׂר מִן־
טז כָּל־הַיְלָדִים הָאֹכְלִים אֵת פַּת־בַּג הַמֶּלֶךְ׃ וַיְהִי הַמֶּלְצַר נֹשֵׂא אֶת־
יז פַּת־בָּגָם וְיֵין מִשְׁתֵּיהֶם וְנֹתֵן לָהֶם זֵרְעֹנִים׃ וְהַיְלָדִים הָאֵלֶּה

אַרְבַּעְתָּם נָתַן לָהֶם הָאֱלֹהִים מַדָּע וְהַשְׂכֵּל בְּכָל־סֵפֶר וְחָכְמָה
וְדָנִיֵּאל הֵבִין בְּכָל־חָזוֹן וַחֲלֹמוֹת׃ וּלְמִקְצָת הַיָּמִים אֲשֶׁר־אָמַר יח
הַמֶּלֶךְ לַהֲבִיאָם וַיְבִיאֵם שַׂר הַסָּרִיסִים לִפְנֵי נְבֻכַדְנֶצַּר׃ וַיְדַבֵּר יט
אִתָּם הַמֶּלֶךְ וְלֹא נִמְצָא מִכֻּלָּם כְּדָנִיֵּאל חֲנַנְיָה מִישָׁאֵל
וַעֲזַרְיָה וַיַּעַמְדוּ לִפְנֵי הַמֶּלֶךְ׃ וְכֹל דְּבַר חָכְמַת בִּינָה אֲשֶׁר־ כ
בִּקֵּשׁ מֵהֶם הַמֶּלֶךְ וַיִּמְצָאֵם עֶשֶׂר יָדוֹת עַל כָּל־הַחַרְטֻמִּים
הָאַשָּׁפִים אֲשֶׁר בְּכָל־מַלְכוּתוֹ׃ וַיְהִי דָּנִיֵּאל עַד־שְׁנַת אַחַת כא
לְכוֹרֶשׁ הַמֶּלֶךְ׃ וּבִשְׁנַת שְׁתַּיִם לְמַלְכוּת נְבֻכַדְנֶצַּר א ב
חָלַם נְבֻכַדְנֶצַּר חֲלֹמוֹת וַתִּתְפָּעֶם רוּחוֹ וּשְׁנָתוֹ נִהְיְתָה עָלָיו׃
וַיֹּאמֶר הַמֶּלֶךְ לִקְרֹא לַחַרְטֻמִּים וְלָאַשָּׁפִים וְלַמְכַשְּׁפִים ב
וְלַכַּשְׂדִּים לְהַגִּיד לַמֶּלֶךְ חֲלֹמֹתָיו וַיָּבֹאוּ וַיַּעַמְדוּ לִפְנֵי הַמֶּלֶךְ׃
וַיֹּאמֶר לָהֶם הַמֶּלֶךְ חֲלוֹם חָלָמְתִּי וַתִּפָּעֶם רוּחִי לָדַעַת אֶת־ ג
הַחֲלוֹם׃ וַיְדַבְּרוּ הַכַּשְׂדִּים לַמֶּלֶךְ אֲרָמִית מַלְכָּא לְעָלְמִין ד
(לַעֲבְדָךְ) חֱיִי אֱמַר חֶלְמָא לעבדיך וּפִשְׁרָא נְחַוֵּא׃ עָנֵה מַלְכָּא וְאָמַר ה
(לְכַשְׂדָּאֵי) לכשדיא מִלְּתָה מִנִּי אַזְדָּא הֵן לָא תְהוֹדְעוּנַּנִי חֶלְמָא וּפִשְׁרֵהּ
הַדָּמִין תִּתְעַבְדוּן וּבָתֵּיכוֹן נְוָלִי יִתְּשָׂמוּן׃ וְהֵן חֶלְמָא וּפִשְׁרֵהּ ו
תְּהַחֲוֺן מַתְּנָן וּנְבִזְבָּה וִיקָר שַׂגִּיא תְּקַבְּלוּן מִן־קֳדָמָי לָהֵן
חֶלְמָא וּפִשְׁרֵהּ הַחֲוֺנִי׃ עֲנוֹ תִנְיָנוּת וְאָמְרִין מַלְכָּא חֶלְמָא ז
יֵאמַר לְעַבְדוֹהִי וּפִשְׁרָה נְהַחֲוֵה׃ עָנֵה מַלְכָּא וְאָמַר מִן־יַצִּיב ח
יָדַע אֲנָה דִּי עִדָּנָא אַנְתּוּן זָבְנִין כָּל־קֳבֵל דִּי חֲזֵיתוּן דִּי־
אַזְדָּא מִנִּי מִלְּתָא׃ דִּי הֵן־חֶלְמָא לָא תְהוֹדְעֻנַּנִי חֲדָה־הִיא ט
(הִזְדַּמִּנְתּוּן) דָתְכוֹן וּמִלָּה כִדְבָה וּשְׁחִיתָה הזמנתון לְמֵאמַר קֳדָמַי עַד דִּי
עִדָּנָא יִשְׁתַּנֵּא לָהֵן חֶלְמָא אֱמַרוּ לִי וְאִנְדַּע דִּי פִשְׁרֵהּ תְּהַחֲוֻנַּנִי׃
(כַשְׂדָּאֵי) עֲנוֹ כשדיא קֳדָם־מַלְכָּא וְאָמְרִין לָא־אִיתַי אֱנָשׁ עַל־יַבֶּשְׁתָּא דִּי י
מִלַּת מַלְכָּא יוּכַל לְהַחֲוָיָה כָּל־קֳבֵל דִּי כָּל־מֶלֶךְ רַב וְשַׁלִּיט
מִלָּה כִדְנָה לָא שְׁאֵל לְכָל־חַרְטֹם וְאָשַׁף וְכַשְׂדָּי׃ וּמִלְּתָא דִי־ יא
מַלְכָּה שָׁאֵל יַקִּירָה וְאָחֳרָן לָא אִיתַי דִּי יְחַוִּנַּהּ קֳדָם מַלְכָּא

יב לָהֵן אֱלָהִין דִּי מְדָרְהוֹן עִם־בִּשְׂרָא לָא אִיתוֹהִי׃ כָּל־קֳבֵל
דְּנָה מַלְכָּא בְּנַס וּקְצַף שַׂגִּיא וַאֲמַר לְהוֹבָדָה לְכֹל חַכִּימֵי
יג בָבֶל׃ וְדָתָא נֶפְקַת וְחַכִּימַיָּא מִתְקַטְּלִין וּבְעוֹ דָּנִיֵּאל וְחַבְרוֹהִי
יד לְהִתְקְטָלָה׃ בֵּאדַיִן דָּנִיֵּאל הֲתִיב עֵטָא וּטְעֵם
לְאַרְיוֹךְ רַב־טַבָּחַיָּא דִּי מַלְכָּא דִּי נְפַק לְקַטָּלָה לְחַכִּימֵי בָּבֶל׃
טו עָנֵה וְאָמַר לְאַרְיוֹךְ שַׁלִּיטָא דִי־מַלְכָּא עַל־מָה דָתָא מְהַחְצְפָה
טז מִן־קֳדָם מַלְכָּא אֱדַיִן מִלְּתָא הוֹדַע אַרְיוֹךְ לְדָנִיֵּאל׃ וְדָנִיֵּאל
עַל וּבְעָא מִן־מַלְכָּא דִּי זְמָן יִנְתֵּן־לֵהּ וּפִשְׁרָא לְהַחֲוָיָה
יז לְמַלְכָּא׃ אֱדַיִן דָּנִיֵּאל לְבַיְתֵהּ אֲזַל וְלַחֲנַנְיָה
יח מִישָׁאֵל וַעֲזַרְיָה חַבְרוֹהִי מִלְּתָא הוֹדַע׃ וְרַחֲמִין לְמִבְעֵא מִן־
קֳדָם אֱלָהּ שְׁמַיָּא עַל־רָזָה דְּנָה דִּי לָא יְהֹבְדוּן דָּנִיֵּאל וְחַבְרוֹהִי
יט עִם־שְׁאָר חַכִּימֵי בָבֶל׃ אֱדַיִן לְדָנִיֵּאל בְּחֶזְוָא דִי־לֵילְיָא רָזָה גֲלִי
כ אֱדַיִן דָּנִיֵּאל בָּרִךְ לֶאֱלָהּ שְׁמַיָּא׃ עָנֵה דָנִיֵּאל וְאָמַר לֶהֱוֵא שְׁמֵהּ
דִּי־אֱלָהָא מְבָרַךְ מִן־עָלְמָא וְעַד־עָלְמָא דִּי חָכְמְתָא וּגְבוּרְתָא
כא דִּי־לֵהּ הִיא׃ וְהוּא מְהַשְׁנֵא עִדָּנַיָּא וְזִמְנַיָּא מְהַעְדֵּה מַלְכִין
וּמְהָקֵים מַלְכִין יָהֵב חָכְמְתָא לְחַכִּימִין וּמַנְדְּעָא לְיָדְעֵי בִינָה׃
כב הוּא גָּלֵא עַמִּיקָתָא וּמְסַתְּרָתָא יָדַע מָה בַחֲשׁוֹכָא וּנְהִירָא עִמֵּהּ (וּנְהוֹרָא)
כג שְׁרֵא׃ לָךְ ׀ אֱלָהּ אֲבָהָתִי מְהוֹדֵא וּמְשַׁבַּח אֲנָה דִּי חָכְמְתָא
וּגְבוּרְתָא יְהַבְתְּ לִי וּכְעַן הוֹדַעְתַּנִי דִּי־בְעֵינָא מִנָּךְ דִּי־מִלַּת
כד מַלְכָּא הוֹדַעְתֶּנָא׃ כָּל־קֳבֵל דְּנָה דָּנִיֵּאל עַל עַל־אַרְיוֹךְ דִּי
מַנִּי מַלְכָּא לְהוֹבָדָה לְחַכִּימֵי בָבֶל אֲזַל ׀ וְכֵן אֲמַר־לֵהּ
לְחַכִּימֵי בָבֶל אַל־תְּהוֹבֵד הַעֵלְנִי קֳדָם מַלְכָּא וּפִשְׁרָא לְמַלְכָּא
אֲחַוֵּא׃
כה אֱדַיִן אַרְיוֹךְ בְּהִתְבְּהָלָה הַנְעֵל לְדָנִיֵּאל קֳדָם מַלְכָּא וְכֵן אֲמַר־
לֵהּ דִּי־הַשְׁכַּחַת גְּבַר מִן־בְּנֵי גָלוּתָא דִּי יְהוּד דִּי פִשְׁרָא לְמַלְכָּא
כו יְהוֹדַע׃ עָנֵה מַלְכָּא וְאָמַר לְדָנִיֵּאל דִּי שְׁמֵהּ בֵּלְטְשַׁאצַּר
כז הַאִיתָיךְ כָּהֵל לְהוֹדָעֻתַנִי חֶלְמָא דִי־חֲזֵית וּפִשְׁרֵהּ׃ עָנֵה דָנִיֵּאל (הַאִיתָךְ)

קדם מלכא ואמר רזא די־מלכא שאל לא חכימין אשפין
כח חרטמין גזרין יכלין להחויה למלכא: ברם איתי אלה
בשמיא גלא רזין והודע למלכא נבוכדנצר מה די להוא
באחרית יומיא חלמך וחזוי ראשך על־משכבך דנה
כט הוא: אנתה מלכא רעיונך על־משכבך סלקו אַנְתְּ | רַעְיוֹנָךְ
מה די להוא אחרי דנה וגלא רזיא הודעך מה־די להוא:
ל ואנה לא בחכמה די־איתי בי מן־כל־חייא רזא דנה גלי לי
להן על־דברת די פשרא למלכא יהודעון ורעיוני לבבך
לא תנדע: אנתה מלכא חזה הוית ואלו צלם אַנְתְּ
חד שגיא צלמא דכן רב וזיוה יתיר קאם לקבלך ורוה
לב דחיל: הוא צלמא ראשה די־דהב טב חדוהי ודרעוהי די
לג כסף מעוהי וירכתה די נחש: שקוהי די פרזל רגלוהי מנהון מִנְּהֵן
לד די פרזל ומנהון די חסף: חזה הוית עד די התגזרת אבן וּמִנְּהֵן
די־לא בידין ומחת לצלמא על־רגלוהי די פרזלא וחספא
לה והדקת המון: באדין דקו כחדה פרזלא חספא נחשא כספא ב
ודהבא והוו כעור מן־אדרי־קיט ונשא המון רוחא וכל־אתר
לא־השתכח להון ואבנא ׀ די־מחת לצלמא הות לטור רב
לו ומלאת כל־ארעא: דנה חלמא ופשרה נאמר קדם־
לז מלכא: אנתה מלכא מלך מלכיא די אלה אַנְתְּ
לח שמיא מלכותא חסנא ותקפא ויקרא יהב־לך: ובכל־די
דארין בני־אנשא חיות ברא ועוף־שמיא יהב בידך והשלטך דָּיְרִין
לט בכלהון אנתה הוא ראשה די דהבא: ובתרך תקום מלכו אַנְתְּ
אחרי ארעא מנך ומלכו תליתיא אחרי די נחשא די תשלט אֲרַע | תְלִיתָאָה
מ בכל־ארעא: ומלכו רביעיה תהוא תקיפה כפרזלא כל־ רְבִיעָאָה
קבל די פרזלא מהדק וחשל כלא וכפרזלא די־מרעע כל־
מא אלין תדק ותרע: ודי־חזיתה רגליא ואצבעתא מנהון חסף מִנְּהֵן
די־פחר ומנהון פרזל מלכו פליגה תהוה ומן־נצבתא די־ וּמִנְּהֵן

פרזלא להוא־בה כל־קבל די חזיתה פרזלא מערב בחסף
מב טינא: ואצבעת רגליא מנהון פרזל ומנהון חסף מן־קצת מִנְּהֵין | וּמִנְּהֵין
מג מלכותא תהוה תקיפה ומנה תהוא תבירה: די חזית פרזלא וְדִי
מערב בחסף טינא מתערבין להון בזרע אנשא ולא־להון
דבקין דנה עם־דנה הא־כדי פרזלא לא מתערב עם־חספא:
מד וביומיהון די מלכיא אנון יקים אלה שמיא מלכו די לעלמין
לא תתחבל ומלכותה לעם אחרן לא תשתבק תדק ותסף
מה כל־אלין מלכותא והיא תקום לעלמיא: כל־קבל די־חזית
די מטורא אתגזרת אבן די־לא בידין והדקת פרזלא נחשא
חספא כספא ודהבא אלה רב הודע למלכא מה די להוא
מו אחרי דנה ויציב חלמא ומהימן פשרה: באדין
מלכא נבוכדנצר נפל על־אנפוהי ולדניאל סגד ומנחה
מז וניחחין אמר לנסכה לה: ענה מלכא לדניאל ואמר מן־
קשט די אלהכון הוא אלה אלהין ומרא מלכין וגלה רזין
מח די יכלת למגלא רזא דנה: אדין מלכא לדניאל רבי ומתנן
רברבן שגיאן יהב־לה והשלטה על כל־מדינת בבל ורב־
מט סגנין על כל־חכימי בבל: ודניאל בעא מן־מלכא ומני על
עבידתא די מדינת בבל לשדרך מישך ועבד נגו ודניאל
ג א בתרע מלכא: נבוכדנצר מלכא עבד צלם
די־דהב רומה אמין שתין פתיה אמין שת אקימה בבקעת
ב דורא במדינת בבל: ונבוכדנצר מלכא שלח למכנש
לאחשדרפניא סגניא ופחותא אדרגזריא גדבריא דתבריא
תפתיא וכל שלטני מדינתא למתא לחנכת צלמא די הקים
ג נבוכדנצר מלכא: באדין מתכנשין אחשדרפניא סגניא
ופחותא אדרגזריא גדבריא דתבריא תפתיא וכל שלטני
מדינתא לחנכת צלמא די הקים נבוכדנצר מלכא וקאמין וְקָיְמִין
ד לקבל צלמא די הקים נבוכדנצר: וכרוזא קרא בחיל לכון

אָמְרִין עַמְמַיָּא אֻמַּיָּא וְלִשָּׁנַיָּא׃ בְּעִדָּנָא דִּֽי־תִשְׁמְעוּן קָל ה
קַתְרוֹס קַרְנָא מַשְׁרוֹקִיתָא קיתרס סַבְּכָא פְּסַנְתֵּרִין סוּמְפֹּנְיָה וְכֹל זְנֵי
זְמָרָא תִּפְּלוּן וְתִסְגְּדוּן לְצֶלֶם דַּהֲבָא דִּי הֲקֵים נְבוּכַדְנֶצַּר
מַלְכָּא׃ וּמַן־דִּי־לָא יִפֵּל וְיִסְגֻּד בַּהּ־שַׁעֲתָא יִתְרְמֵא לְגֽוֹא־ ו
אַתּוּן נוּרָא יָקִדְתָּא׃ כָּל־קֳבֵל דְּנָה בֵּהּ זִמְנָא כְּדִי שָׁמְעִין כָּל־ ז
קַתְרֹס עַמְמַיָּא קָל קַרְנָא מַשְׁרוֹקִיתָא קיתרס שַׂבְּכָא פְּסַנְטֵרִין וְכֹל
זְנֵי זְמָרָא נָפְלִין כָּל־עַמְמַיָּא אֻמַּיָּא וְלִשָּׁנַיָּא סָגְדִין לְצֶלֶם
דַּהֲבָא דִּי הֲקֵים נְבוּכַדְנֶצַּר מַלְכָּא׃ כָּל־קֳבֵל דְּנָה בֵּהּ זִמְנָא ח
קְרִבוּ גֻּבְרִין כַּשְׂדָּאִין וַאֲכַלוּ קַרְצֵיהוֹן דִּי יְהוּדָיֵא׃ עֲנוֹ וְאָמְרִין ט
אַנְתְּ לִנְבוּכַדְנֶצַּר מַלְכָּא מַלְכָּא לְעָלְמִין חֱיִי׃ אנתה מַלְכָּא שָׂמְתָּ י
קַתְרֹס טְּעֵם דִּי כָל־אֱנָשׁ דִּֽי־יִשְׁמַע קָל קַרְנָא מַשְׁרֹקִיתָא קיתרס
וְסוּפֹּנְיָה שַׂבְּכָא פְסַנְתֵּרִין וסיפניה וְכֹל זְנֵי זְמָרָא יִפֵּל וְיִסְגֻּד לְצֶלֶם
דַּהֲבָא׃ וּמַן־דִּי־לָא יִפֵּל וְיִסְגֻּד יִתְרְמֵא לְגוֹא־אַתּוּן נוּרָא יא
יָקִדְתָּא׃ אִיתַי גֻּבְרִין יְהוּדָאיִן דִּֽי־מַנִּיתָ יָתְהוֹן עַל־עֲבִידַת יב
מְדִינַת בָּבֶל שַׁדְרַךְ מֵישַׁךְ וַעֲבֵד נְגוֹ גֻּבְרַיָּא אִלֵּךְ לָא־שָׂמוּ
עֲלָךְ | לֵֽאלָהָךְ עליך מַלְכָּא טְעֵם לאלהיך לָא פָלְחִין וּלְצֶלֶם דַּהֲבָא דִּי
הֲקֵימְתָּ לָא סָגְדִין׃ בֵּאדַיִן נְבוּכַדְנֶצַּר בִּרְגַז יג
וַחֲמָא אֲמַר לְהַיְתָיָה לְשַׁדְרַךְ מֵישַׁךְ וַעֲבֵד נְגוֹ בֵּאדַיִן גֻּבְרַיָּא
אִלֵּךְ הֵיתָיוּ קֳדָם מַלְכָּא׃ עָנֵה נְבֻכַדְנֶצַּר וְאָמַר לְהוֹן הַצְדָּא יד
שַׁדְרַךְ מֵישַׁךְ וַעֲבֵד נְגוֹ לֵאלָהַי לָא אִיתֵיכוֹן פָּלְחִין וּלְצֶלֶם
דַּהֲבָא דִּי הֲקֵימֶת לָא סָגְדִין׃ כְּעַן הֵן אִיתֵיכוֹן עֲתִידִין דִּי טו
קַתְרֹס בְּעִדָּנָא דִּֽי־תִשְׁמְעוּן קָל קַרְנָא מַשְׁרוֹקִיתָא קיתרס שַׂבְּכָא
פְּסַנְתֵּרִין וְסוּמְפֹּנְיָה וְכֹל ׀ זְנֵי זְמָרָא תִּפְּלוּן וְתִסְגְּדוּן לְצַלְמָא
דִֽי־עַבְדֵת וְהֵן לָא תִסְגְּדוּן בַּהּ־שַׁעֲתָא תִתְרְמוֹן לְגוֹא־אַתּוּן
נוּרָא יָקִדְתָּא וּמַן־הוּא אֱלָהּ דִּי יְשֵׁיזְבִנְכוֹן מִן־יְדָי׃ עֲנוֹ שַׁדְרַךְ טז
מֵישַׁךְ וַעֲבֵד נְגוֹ וְאָמְרִין לְמַלְכָּא נְבוּכַדְנֶצַּר לָא־חַשְׁחִין אֲנַחְנָא
עַל־דְּנָה פִּתְגָם לַהֲתָבוּתָךְ׃ הֵן אִיתַי אֱלָהַנָא דִּי־אֲנַחְנָא יז

פלחין יכל לשיזבותנא מן־אתון נורא יקדתא ומן־ידך מלכא
יח ישיזב: והן לא ידיע להוא־לך מלכא די לאלהיך לא־איתנא לאלהך
יט פלחין ולצלם דהבא די הקימת לא נסגד: באדין
נבוכדנצר התמלי חמא וצלם אנפוהי אשתנו על־שדרך אשתני
מישך ועבד נגו ענה ואמר למזא לאתונא חד־שבעה על
כ די חזה למזיה: ולגברין גברי־חיל די בחילה אמר לכפתה
לשדרך מישך ועבד נגו למרמא לאתון נורא יקדתא:
כא באדין גבריא אלך כפתו בסרבליהון פטישיהון וכרבלתהון פטשיהון
כב ולבושיהון ורמיו לגוא־אתון נורא יקדתא: כל־קבל דנה
מן־די מלת מלכא מחצפה ואתונא אזה יתירה גבריא אלך
די הסקו לשדרך מישך ועבד נגו קטל המון שביבא די
כג נורא: וגבריא אלך תלתהון שדרך מישך ועבד נגו נפלו
כד לגוא־אתון־נורא יקדתא מכפתין: אדין נבוכדנצר
מלכא תוה וקם בהתבהלה ענה ואמר להדברוהי הלא
גברין תלתה רמינא לגוא־נורא מכפתין ענין ואמרין
כה למלכא יציבא מלכא: ענה ואמר הא־אנה חזה גברין
ארבעה שרין מהלכין בגוא־נורא וחבל לא־איתי בהון
כו ורוה די רביעיא דמה לבר־אלהין: באדין קרב רביעאה
נבוכדנצר לתרע אתון נורא יקדתא ענה ואמר שדרך
מישך ועבד־נגו עבדוהי די־אלהא עליא פקו ואתו באדין עלאה
כז נפקין שדרך מישך ועבד נגו מן־גוא נורא: ומתכנשין
אחשדרפניא סגניא ופחותא והדברי מלכא חזין לגבריא
אלך די לא־שלט נורא בגשמיהון ושער ראשהון לא התחרך בגשמהון
כח וסרבליהון לא שנו וריח נור לא עדת בהון: ענה נבוכדנצר
ואמר בריך אלההון די־שדרך מישך ועבד נגו די־שלח
מלאכה ושיזב לעבדוהי די התרחצו עלוהי ומלת מלכא
שניו ויהבו גשמיהון די לא־יפלחון ולא־יסגדון לכל־אלה להן גשמהון

כט לאלההון: ומני שים טעם די כל־עם אמה ולשן די־יאמר
[שלו] שלה על־אלההון די־שדרך מישך ועבד נגוא הדמין יתעבד
וביתה נולי ישתוה כל־קבל די לא איתי אלה אחרן די־
ג ל יכל להצלה כדנה: באדין מלכא הצלח לשדרך מישך
לא ועבד נגו במדינת בבל: נבוכדנצר מלכא
[דיירין] לכל־עממיא אמיא ולשניא די־דארין בכל־ארעא שלמכון
לב [עלאה] ישגא: אתיא ותמהיא די עבד עמי אלהא עליא שפר קדמי
לג להחויה: אתוהי כמה רברבין ותמהוהי כמה תקיפין
ד א מלכותה מלכות עלם ושלטנה עם־דר ודר: אנה נבוכדנצר
ב שלה הוית בביתי ורענן בהיכלי: חלם חזית וידחלנני
ג והרהרין על־משכבי וחזוי ראשי יבהלנני: ומני שים טעם
להנעלה קדמי לכל חכימי בבל די־פשר חלמא יהודענני:
ד [עלין | כשדאי] באדין עללין חרטמיא אשפיא כשדיא וגזריא וחלמא אמר
ה אנה קדמיהון ופשרה לא־מהודעין לי: ועד אחרין על
קדמי דניאל די־שמה בלטשאצר כשם אלהי ודי רוח־
ו אלהין קדישין בה וחלמא קדמוהי אמרת: בלטשאצר
רב חרטמיא די ׀ אנה ידעת די רוח אלהין קדישין בך
ז וכל־רז לא־אנס לך חזוי חלמי די־חזית ופשרה אמר: וחזוי
ראשי על־משכבי חזה הוית ואלו אילן בגוא ארעא ורומה
ח שגיא: רבה אילנא ותקף ורומה ימטא לשמיא וחזותה
ט לסוף כל־ארעא: עפיה שפיר ואנבה שגיא ומזון לכלא־
[ידורן] בה תחתוהי תטלל ׀ חיות ברא ובענפוהי ידרון צפרי שמיא
י ומנה יתזין כל־בשרא: חזה הוית בחזוי ראשי על־משכבי
יא ואלו עיר וקדיש מן־שמיא נחת: קרא בחיל וכן אמר גדו
אילנא וקצצו ענפוהי אתרו עפיה ובדרו אנבה תנד חיותא
יב מן־תחתוהי וצפריא מן־ענפוהי: ברם עקר שרשוהי בארעא
שבקו ובאסור די־פרזל ונחש בדתאא די ברא ובטל שמיא

יג יִצְטַבַּע וְעִם־חֵיוְתָא חֲלָקֵהּ בַּעֲשַׂב אַרְעָא׃ לִבְבֵהּ מִן־אנושא אֲנָשָׁא
יְשַׁנּוֹן וּלְבַב חֵיוָא יִתְיְהִב לֵהּ וְשִׁבְעָה עִדָּנִין יַחְלְפוּן עֲלוֹהִי׃
יד בִּגְזֵרַת עִירִין פִּתְגָמָא וּמֵאמַר קַדִּישִׁין שְׁאֵלְתָא עַד־דִּבְרַת
דִּי יִנְדְּעוּן חַיַּיָּא דִּי־שַׁלִּיט עליא בְּמַלְכוּת אנושא וּלְמַן־דִּי עִלָּאָה | אֲנָשָׁא
טו יִצְבֵּא יִתְּנִנַּהּ וּשְׁפַל אֲנָשִׁים יְקִים עליה׃ דְּנָה חֶלְמָא חֲזֵית עֲלַהּ
אֲנָה מַלְכָּא נְבוּכַדְנֶצַּר ואנתה בֵּלְטְשַׁאצַּר פשרא אֱמַר וְאַנְתְּ | פִּשְׁרֵהּ
כָּל־קֳבֵל דִּי ׀ כָּל־חַכִּימֵי מַלְכוּתִי לָא־יָכְלִין פִּשְׁרָא לְהוֹדָעֻתַנִי
טז ואנתה כָּהֵל דִּי רוּחַ־אֱלָהִין קַדִּישִׁין בָּךְ׃ אֱדַיִן דָּנִיֵּאל דִּי־ וְאַנְתְּ
שְׁמֵהּ בֵּלְטְשַׁאצַּר אֶשְׁתּוֹמַם כְּשָׁעָה חֲדָה וְרַעְיֹנֹהִי יְבַהֲלֻנֵּהּ
עָנֵה מַלְכָּא וְאָמַר בֵּלְטְשַׁאצַּר חֶלְמָא ופשרא אַל־יְבַהֲלָךְ וּפִשְׁרֵהּ
עָנֵה בֵלְטְשַׁאצַּר וְאָמַר מראי חֶלְמָא לשנאיך ופשרה לעריך׃ לְשָׂנְאָךְ | לְעָרָךְ
יז אִילָנָא דִּי חֲזַיְתָ דִּי רְבָה וּתְקִף וְרוּמֵהּ יִמְטֵא לִשְׁמַיָּא וַחֲזוֹתֵהּ
יח לְכָל־אַרְעָא׃ וְעָפְיֵהּ שַׁפִּיר וְאִנְבֵּהּ שַׂגִּיא וּמָזוֹן לְכֹלָּא־בֵהּ
תְּחֹתוֹהִי תְּדוּר חֵיוַת בָּרָא וּבְעַנְפוֹהִי יִשְׁכְּנָן צִפְּרֵי שְׁמַיָּא׃
יט אנתה־הוּא מַלְכָּא דִּי רבית וּתְקֵפְתְּ וּרְבוּתָךְ רבת וּמְטָת אַנְתְּ־ | רְבָת
כ לִשְׁמַיָּא וְשָׁלְטָנָךְ לְסוֹף אַרְעָא׃ וְדִי חֲזָה מַלְכָּא עִיר וְקַדִּישׁ
נָחִת ׀ מִן־שְׁמַיָּא וְאָמַר גֹּדּוּ אִילָנָא וְחַבְּלוּהִי בְּרַם עִקַּר
שָׁרְשׁוֹהִי בְּאַרְעָא שְׁבֻקוּ וּבֶאֱסוּר דִּי־פַרְזֶל וּנְחָשׁ בְּדִתְאָא דִּי
בָרָא וּבְטַל שְׁמַיָּא יִצְטַבַּע וְעִם־חֵיוַת בָּרָא חֲלָקֵהּ עַד דִּי־
כא שִׁבְעָה עִדָּנִין יַחְלְפוּן עֲלוֹהִי׃ דְּנָה פִשְׁרָא מַלְכָּא וּגְזֵרַת עליא עִלָּאָה
כב הִיא דִּי מְטָת עַל־מראי מַלְכָּא׃ וְלָךְ טָרְדִין מִן־אֲנָשָׁא וְעִם־
חֵיוַת בָּרָא לֶהֱוֵה מְדֹרָךְ וְעִשְׂבָּא כְתוֹרִין ׀ לָךְ יְטַעֲמוּן וּמִטַּל
שְׁמַיָּא לָךְ מְצַבְּעִין וְשִׁבְעָה עִדָּנִין יַחְלְפוּן עליך עַד דִּי־תִנְדַּע עֲלָךְ
דִּי־שַׁלִּיט עליא בְּמַלְכוּת אֲנָשָׁא וּלְמַן־דִּי יִצְבֵּא יִתְּנִנַּהּ׃ עִלָּאָה
כג וְדִי אֲמַרוּ לְמִשְׁבַּק עִקַּר שָׁרְשׁוֹהִי דִּי אִילָנָא מַלְכוּתָךְ לָךְ
כד קַיָּמָה מִן־דִּי תִנְדַּע דִּי שַׁלִּטִן שְׁמַיָּא׃ לָהֵן מַלְכָּא מִלְכִּי יִשְׁפַּר
עליך וחטיך בְּצִדְקָה פְרֻק וַעֲוָיָתָךְ בְּמִחַן עֲנָיִן הֵן תֶּהֱוֵה אַרְכָה עֲלָךְ וַחֲטָאָךְ

ד

כה כו לשלותך: כלא מטא על־נבוכדנצר מלכא: לקצת
ירחין תרי־עשר על־היכל מלכותא די בבל מהלך הוה:
כז ענה מלכא ואמר הלא דא־היא בבל רבתא די־אנה בניתה
כח לבית מלכו בתקף חסני וליקר הדרי: עוד מלתא בפם
מלכא קל מן־שמיא נפל לך אמרין נבוכדנצר מלכא
כט מלכותא עדת מנך: ומן־אנשא לך טרדין ועם־חיות ברא
מדרך עשבא כתורין לך יטעמון ושבעה עדנין יחלפון עליך עלך
עד די־תנדע די־שליט עליא במלכות אנשא ולמן־די עלאה
ל יצבא יתננה: בה־שעתא מלתא ספת על־נבוכדנצר ומן־
אנשא טריד ועשבא כתורין יאכל ומטל שמיא גשמה
לא יצטבע עד די שערה כנשרין רבה וטפרוהי כצפרין: ולקצת
יומיא אנה נבוכדנצר עיני ׀ לשמיא נטלת ומנדעי עלי
יתוב ולעליא ברכת ולחי עלמא שבחת והדרת די שלטנה ולעלאה
לב שלטן עלם ומלכותה עם־דר ודר: וכל־דארי ארעא כלה דירי
חשיבין וכמצביה עבד בחיל שמיא ודארי ארעא ולא איתי ודירי
לג די־ימחא בידה ויאמר לה מה עבדת: בה־זמנא מנדעי ׀
יתוב עלי וליקר מלכותי הדרי וזיוי יתוב עלי ולי הדברי
ורברבני יבעון ועל־מלכותי התקנת ורבו יתירא הוספת לי:
לד כען אנה נבכדנצר משבח ומרומם ומהדר למלך שמיא די
כל־מעבדוהי קשוט וארחתה דין ודי מהלכין בגוה יכל
להשפלה:

ה א בלשאצר מלכא עבד לחם רב לרברבנוהי אלף ולקבל
ב אלפא חמרא שתה: בלשאצר אמר ׀ בטעם חמרא להיתיה
למאני דהבא וכספא די הנפק נבוכדנצר אבוהי מן־היכלא
די בירושלם וישתון בהון מלכא ורברבנוהי שגלתה
ג ולחנתה: באדין היתיו מאני דהבא די הנפקו מן־היכלא
די־בית אלהא די בירושלם ואשתיו בהון מלכא ורברבנוהי

ד שגלתה ולחנתה: אשתיו חמרא ושבחו לאלהי דהבא
ה וכספא נחשא פרזלא אעא ואבנא: בה־שעתה נפקו אצבען — נפקה
די יד־אנש וכתבן לקבל נברשתא על־גירא די־כתל היכלא
ו די מלכא ומלכא חזה פס ידה די כתבה: אדין מלכא זיוהי
שנוהי ורעינהי יבהלונה וקטרי חרצה משתרין וארכבתה
ז דא לדא נקשן: קרא מלכא בחיל להעלה לאשפיא כשדיא — כשדאי
וגזריא ענה מלכא ואמר ׀ לחכימי בבל די כל־אנש די־
יקרה כתבה דנה ופשרה יחונני ארגונא ילבש והמונכא די־ — והמניכא
ח דהבא על־צוארה ותלתי במלכותא ישלט: אדין
עללין כל חכימי מלכא ולא־כהלין כתבא למקרא ופשרא — עלין ׀ ופשרה
ט להודעה למלכא: אדין מלכא בלשאצר שגיא מתבהל
י וזיוהי שנין עלוהי ורברבנוהי משתבשין: מלכתא לקבל
מלי מלכא ורברבנוהי לבית משתיא עללת ענת מלכתא — עלת
ואמרת מלכא לעלמין חיי אל־יבהלוך רעיונך וזיויך אל־ — וזיוך
יא ישתנו: איתי גבר במלכותך די רוח אלהין קדישין בה
וביומי אבוך נהירו ושכלתנו וחכמה כחכמת־אלהין
השתכחת בה ומלכא נבכדנצר אבוך רב חרטמין אשפין
יב כשדאין גזרין הקימה אבוך מלכא: כל־קבל די רוח ׀ יתירה ד
ומנדע ושכלתנו מפשר חלמין ואחוית אחידן ומשרא קטרין
השתכחת בה בדניאל די־מלכא שם־שמה בלטשאצר כען
יג דניאל יתקרי ופשרה יהחוה: באדין דניאל העל
קדם מלכא ענה מלכא ואמר לדניאל אנתה־הוא דניאל — אנת־
די־מן־בני גלותא די יהוד די היתי מלכא אבי מן־יהוד:
יד ושמעת עליך די רוח אלהין בך ונהירו ושכלתנו וחכמה — עלך
טו יתירה השתכחת בך: וכען העלו קדמי חכימיא אשפיא
די־כתבה דנה יקרון ופשרה להודעתני ולא־כהלין פשר־
טז מלתא להחויה: ואנה שמעת עליך די־תוכל פשרין — עלך ׀ תכל

לְמִפְשַׁר וְקִטְרִין לְמִשְׁרֵא כְּעַן הֵן תוכל כְּתָבָא לְמִקְרֵא | תִּכֻּל
וּפִשְׁרֵהּ לְהוֹדָעוּתַנִי אַרְגְּוָנָא תִלְבַּשׁ והמונכא דִּי־דַהֲבָא עַל־ | וְהַמְנִיכָא
יז צַוְּארָךְ וְתַלְתָּא בְמַלְכוּתָא תִּשְׁלַט׃ בֵּאדַיִן
עָנֵה דָנִיֵּאל וְאָמַר קֳדָם מַלְכָּא מַתְּנָתָךְ לָךְ לֶהֶוְיָן וּנְבִזְבְּיָתָךְ
לְאָחֳרָן הַב בְּרַם כְּתָבָא אֶקְרֵא לְמַלְכָּא וּפִשְׁרָא אֲהוֹדְעִנֵּהּ׃
יח אנתה מַלְכָּא אֱלָהָא עליא מַלְכוּתָא וּרְבוּתָא וִיקָרָא וְהַדְרָא | אַנְתְּ | עִלָּאָה
יט יְהַב לִנְבֻכַדְנֶצַּר אֲבוּךְ׃ וּמִן־רְבוּתָא דִּי יְהַב־לֵהּ כֹּל עַמְמַיָּא
אֻמַיָּא וְלִשָּׁנַיָּא הֲווֹ זאעין וְדָחֲלִין מִן־קֳדָמוֹהִי דִּי־הֲוָא צָבֵא | זָיְעִין
הֲוָה קָטֵל וְדִי־הֲוָה צָבֵא הֲוָה מַחֵא וְדִי־הֲוָה צָבֵא הֲוָה
כ מָרִים וְדִי־הֲוָה צָבֵא הֲוָא מַשְׁפִּל׃ וּכְדִי רִם לִבְבֵהּ וְרוּחֵהּ
תִּקְפַת לַהֲזָדָה הָנְחַת מִן־כָּרְסֵא מַלְכוּתֵהּ וִיקָרָה הֶעְדִּיו
כא מִנֵּהּ׃ וּמִן־בְּנֵי אֲנָשָׁא טְרִיד וְלִבְבֵהּ ׀ עִם־חֵיוְתָא שוי וְעִם־ | שַׁוִּיו
עֲרָדַיָּא מְדוֹרֵהּ עִשְׂבָּא כְתוֹרִין יְטַעֲמוּנֵּהּ וּמִטַּל שְׁמַיָּא גִּשְׁמֵהּ
יִצְטַבַּע עַד דִּי־יְדַע דִּי־שַׁלִּיט אֱלָהָא עליא בְּמַלְכוּת אֲנָשָׁא | עִלָּאָה
כב וּלְמַן־דִּי יִצְבֵּא יְהָקֵים עליה׃ ואנתה בְּרֵהּ בֵּלְשַׁאצַּר לָא | עֲלַהּ | וְאַנְתְּ
כג הַשְׁפֵּלְתְּ לִבְבָךְ כָּל־קֳבֵל דִּי כָל־דְּנָה יְדַעְתָּ׃ וְעַל מָרֵא־
שְׁמַיָּא ׀ הִתְרוֹמַמְתָּ וּלְמָאנַיָּא דִּי־בַיְתֵהּ הַיְתִיו קדמיך ואנתה | קָדָמָךְ וְאַנְתְּ
ורברבניך שֵׁגְלָתָךְ וּלְחֵנָתָךְ חַמְרָא שָׁתַיִן בְּהוֹן וְלֵאלָהֵי כַסְפָּא־ | וְרַבְרְבָנָךְ
וְדַהֲבָא נְחָשָׁא פַרְזְלָא אָעָא וְאַבְנָא דִּי לָא־חָזַיִן וְלָא־
שָׁמְעִין וְלָא יָדְעִין שַׁבַּחְתָּ וְלֵאלָהָא דִּי־נִשְׁמְתָךְ בִּידֵהּ וְכָל־
כד אֹרְחָתָךְ לֵהּ לָא הַדַּרְתָּ׃ בֵּאדַיִן מִן־קֳדָמוֹהִי שְׁלִיחַ פַּסָּא דִי־
כה יְדָא וּכְתָבָא דְנָה רְשִׁים׃ וּדְנָה כְתָבָא דִּי רְשִׁים מְנֵא מְנֵא
כו תְּקֵל וּפַרְסִין׃ דְּנָה פְּשַׁר מִלְּתָא מְנֵא מְנָה־אֱלָהָא מַלְכוּתָךְ
כז כח וְהַשְׁלְמַהּ׃ תְּקֵל תְּקִילְתָּה בְמֹאזַנְיָא וְהִשְׁתְּכַחַתְּ חַסִּיר׃ פְּרֵס
כט פְּרִיסַת מַלְכוּתָךְ וִיהִיבַת לְמָדַי וּפָרָס׃ בֵּאדַיִן ׀ אֲמַר
בֵּלְשַׁאצַּר וְהַלְבִּשׁוּ לְדָנִיֵּאל אַרְגְּוָנָא והמונכא דִּי־דַהֲבָא עַל־ | וְהַמְנִיכָא
צַוְּארֵהּ וְהַכְרִזוּ עֲלוֹהִי דִּי־לֶהֱוֵא שַׁלִּיט תַּלְתָּא בְּמַלְכוּתָא׃

ל בֵּהּ בְּלֵילְיָא קְטִיל בֵּלְאשַׁצַּר מַלְכָּא כַשְׂדָּיָא׃ כַּשְׂדָּאָה
ו א ב וְדָרְיָוֶשׁ מָדָיָא קַבֵּל מַלְכוּתָא כְּבַר שְׁנִין שִׁתִּין וְתַרְתֵּין׃ שְׁפַר מָדָאָה
קֳדָם דָּרְיָוֶשׁ וַהֲקִים עַל־מַלְכוּתָא לַאֲחַשְׁדַּרְפְּנַיָּא מְאָה
ג וְעֶשְׂרִין דִּי לֶהֱוֺן בְּכָל־מַלְכוּתָא׃ וְעֵלָּא מִנְּהוֹן סָרְכִין תְּלָתָה
דִּי דָנִיֵּאל חַד מִנְּהוֹן דִּי־לֶהֱוֺן אֲחַשְׁדַּרְפְּנַיָּא אִלֵּין יָהֲבִין לְהוֹן
ד טַעְמָא וּמַלְכָּא לָא־לֶהֱוֵא נָזִק׃ אֱדַיִן דָּנִיֵּאל דְּנָה הֲוָא מִתְנַצַּח
עַל־סָרְכַיָּא וַאֲחַשְׁדַּרְפְּנַיָּא כָּל־קֳבֵל דִּי רוּחַ יַתִּירָא בֵּהּ
ה וּמַלְכָּא עֲשִׁית לַהֲקָמוּתֵהּ עַל־כָּל־מַלְכוּתָא׃ אֱדַיִן סָרְכַיָּא
וַאֲחַשְׁדַּרְפְּנַיָּא הֲווֹ בָעַיִן עִלָּה לְהַשְׁכָּחָה לְדָנִיֵּאל מִצַּד מַלְכוּתָא
וְכָל־עִלָּה וּשְׁחִיתָה לָא־יָכְלִין לְהַשְׁכָּחָה כָּל־קֳבֵל דִּי־מְהֵימַן
ו הוּא וְכָל־שָׁלוּ וּשְׁחִיתָה לָא הִשְׁתְּכַחַת עֲלוֹהִי׃ אֱדַיִן גֻּבְרַיָּא
אִלֵּךְ אָמְרִין דִּי לָא נְהַשְׁכַּח לְדָנִיֵּאל דְּנָה כָּל־עִלָּא לָהֵן
ז הַשְׁכַּחְנָה עֲלוֹהִי בְּדָת אֱלָהֵהּ׃ אֱדַיִן סָרְכַיָּא
וַאֲחַשְׁדַּרְפְּנַיָּא אִלֵּן הַרְגִּשׁוּ עַל־מַלְכָּא וְכֵן אָמְרִין לֵהּ דָּרְיָוֶשׁ
ח מַלְכָּא לְעָלְמִין חֱיִי׃ אִתְיָעַטוּ כֹּל ׀ סָרְכֵי מַלְכוּתָא סִגְנַיָּא
וַאֲחַשְׁדַּרְפְּנַיָּא הַדָּבְרַיָּא וּפַחֲוָתָא לְקַיָּמָה קְיָם מַלְכָּא וּלְתַקָּפָה
אֱסָר דִּי כָל־דִּי־יִבְעֵה בָעוּ מִן־כָּל־אֱלָהּ וֶאֱנָשׁ עַד־יוֹמִין
ט תְּלָתִין לָהֵן מִנָּךְ מַלְכָּא יִתְרְמֵא לְגֹב אַרְיָוָתָא׃ כְּעַן מַלְכָּא
תְּקִים אֱסָרָא וְתִרְשֻׁם כְּתָבָא דִּי לָא לְהַשְׁנָיָה כְּדָת־מָדַי
י וּפָרַס דִּי־לָא תֶעְדֵּא׃ כָּל־קֳבֵל דְּנָה מַלְכָּא דָּרְיָוֶשׁ רְשַׁם
יא כְּתָבָא וֶאֱסָרָא׃ וְדָנִיֵּאל כְּדִי יְדַע דִּי־רְשִׁים כְּתָבָא עַל לְבַיְתֵהּ ה
וְכַוִּין פְּתִיחָן לֵהּ בְּעִלִּיתֵהּ נֶגֶד יְרוּשְׁלֶם וְזִמְנִין תְּלָתָה בְיוֹמָא
הוּא ׀ בָּרֵךְ עַל־בִּרְכוֹהִי וּמְצַלֵּא וּמוֹדֵא קֳדָם אֱלָהֵהּ כָּל־קֳבֵל
יב דִּי־הֲוָא עָבֵד מִן־קַדְמַת דְּנָה׃ אֱדַיִן גֻּבְרַיָּא אִלֵּךְ הַרְגִּשׁוּ
יג וְהַשְׁכַּחוּ לְדָנִיֵּאל בָּעֵא וּמִתְחַנַּן קֳדָם אֱלָהֵהּ׃ בֵּאדַיִן קְרִבוּ
וְאָמְרִין קֳדָם־מַלְכָּא עַל־אֱסָר מַלְכָּא הֲלָא אֱסָר רְשַׁמְתָּ דִּי
כָל־אֱנָשׁ דִּי־יִבְעֵא מִן־כָּל־אֱלָהּ וֶאֱנָשׁ עַד־יוֹמִין תְּלָתִין

להן מנך מלכא יתרמא לגוב אריותא ענה מלכא ואמר
יציבא מלתא כדת־מדי ופרס די־לא תעדא: באדין ענו יד
ואמרין קדם מלכא די דניאל די מן־בני גלותא די יהוד
עלך לא־שם עליך מלכא טעם ועל־אסרא די רשמת וזמנין
תלתה ביומא בעא בעותה: אדין מלכא כדי מלתא שמע טו
שגיא באש עלוהי ועל דניאל שם בל לשיזבותה ועד
מעלי שמשא הוה משתדר להצלותה: באדין גבריא אלך טז
הרגשו על־מלכא ואמרין למלכא דע מלכא די־דת למדי
ופרס די־כל־אסר וקים די־מלכא יהקים לא להשניה:
באדין מלכא אמר והיתיו לדניאל ורמו לגבא די אריותא יז
אנת ענה מלכא ואמר לדניאל אלהך די אנתה פלח־לה
בתדירא הוא ישיזבנך: והיתית אבן חדה ושמת על־פם יח
גבא וחתמה מלכא בעזקתה ובעזקת רברבנוהי די לא־
תשנא צבו בדניאל: אדין אזל מלכא להיכלה ובת טות יט
ודחון לא־הנעל קדמוהי ושנתה נדת עלוהי: באדין מלכא כ
בשפרפרא יקום בנגהא ובהתבהלה לגבא די־אריותא אזל:
וכמקרבה לגבא לדניאל בקל עציב זעק ענה מלכא ואמר כא
אנת לדניאל דניאל עבד אלהא חיא אלהך די אנתה פלח־
לה בתדירא היכל לשיזבותך מן־אריותא: אדין דניאל כב
עם־מלכא מלל מלכא לעלמין חיי: אלהי שלח מלאכה כג
וסגר פם אריותא ולא חבלוני כל־קבל די קדמוהי זכו
קדמך השתכחת לי ואף קדמיך מלכא חבולה לא עבדת: באדין כד
מלכא שגיא טאב עלוהי ולדניאל אמר להנסקה מן־גבא
והסק דניאל מן־גבא וכל־חבל לא־השתכח בה די הימן
באלהה: ואמר מלכא והיתיו גבריא אלך די־אכלו קרצוהי כה
די דניאל ולגב אריותא רמו אנון בניהון ונשיהון ולא־מטו
לארעית גבא עד די־שלטו בהון אריותא וכל־גרמיהון

כו הַדְּקוּ׃ בֵּאדַיִן דָּרְיָוֶשׁ מַלְכָּא כְּתַב לְכָל־עַמְמַיָּא אֻמַיָּא
כז וְלִשָּׁנַיָּא דִּי־דארין בְּכָל־אַרְעָא שְׁלָמְכוֹן יִשְׂגֵּא׃ מִן־קֳדָמַי דָּיְרִין
שִׂים טְעֵם דִּי ׀ בְּכָל־שָׁלְטָן מַלְכוּתִי לֶהֱוֺן זאעין וְדָחֲלִין מִן־ זָיְעִין
קֳדָם אֱלָהֵהּ דִּי־דָנִיֵּאל דִּי־הוּא ׀ אֱלָהָא חַיָּא וְקַיָּם לְעָלְמִין
כח וּמַלְכוּתֵהּ דִּי־לָא תִתְחַבַּל וְשָׁלְטָנֵהּ עַד־סוֹפָא׃ מְשֵׁיזִב וּמַצִּל
וְעָבֵד אָתִין וְתִמְהִין בִּשְׁמַיָּא וּבְאַרְעָא דִּי שֵׁיזִיב לְדָנִיֵּאל מִן־
כט יַד אַרְיָוָתָא׃ וְדָנִיֵּאל דְּנָה הַצְלַח בְּמַלְכוּת דָּרְיָוֶשׁ וּבְמַלְכוּת
כּוֹרֶשׁ פרסיא׃ פָּרְסָאָה

ז א בִּשְׁנַת חֲדָה לְבֵלְאשַׁצַּר מֶלֶךְ בָּבֶל דָּנִיֵּאל חֵלֶם חֲזָה וְחֶזְוֵי
רֵאשֵׁהּ עַל־מִשְׁכְּבֵהּ בֵּאדַיִן חֶלְמָא כְתַב רֵאשׁ מִלִּין אֲמַר׃
ב עָנֵה דָנִיֵּאל וְאָמַר חָזֵה הֲוֵית בְּחֶזְוִי עִם־לֵילְיָא וַאֲרוּ אַרְבַּע
ג רוּחֵי שְׁמַיָּא מְגִיחָן לְיַמָּא רַבָּא׃ וְאַרְבַּע חֵיוָן רַבְרְבָן סָלְקָן
ד מִן־יַמָּא שָׁנְיָן דָּא מִן־דָּא׃ קַדְמָיְתָא כְאַרְיֵה וְגַפִּין דִּי־נְשַׁר
לַהּ חָזֵה הֲוֵית עַד דִּי־מְּרִיטוּ גפיה וּנְטִילַת מִן־אַרְעָא וְעַל־ גַּפַּהּ
ה רַגְלַיִן כֶּאֱנָשׁ הֳקִימַת וּלְבַב אֱנָשׁ יְהִיב לַהּ׃ וַאֲרוּ חֵיוָה אָחֳרִי
תִנְיָנָה דָּמְיָה לְדֹב וְלִשְׂטַר־חַד הֳקִמַת וּתְלָת עִלְעִין בְּפֻמַּהּ
ו בֵּין שניה וְכֵן אָמְרִין לַהּ קוּמִי אֲכֻלִי בְּשַׂר שַׂגִּיא׃ בָּאתַר דְּנָה שִׁנַּהּ
חָזֵה הֲוֵית וַאֲרוּ אָחֳרִי כִּנְמַר וְלַהּ גַּפִּין אַרְבַּע דִּי־עוֹף עַל־
ז גביה וְאַרְבְּעָה רֵאשִׁין לְחֵיוְתָא וְשָׁלְטָן יְהִיב לַהּ׃ בָּאתַר דְּנָה גַּבַּהּ
חָזֵה הֲוֵית בְּחֶזְוֵי לֵילְיָא וַאֲרוּ חֵיוָה רביעיא דְּחִילָה וְאֵימְתָנִי רְבִיעָאָה
וְתַקִּיפָא יַתִּירָה וְשִׁנַּיִן דִּי־פַרְזֶל לַהּ רַבְרְבָן אָכְלָה וּמַדֱּקָה
וּשְׁאָרָא ברגליה רָפְסָה וְהִיא מְשַׁנְּיָה מִן־כָּל־חֵיוָתָא דִּי קדמיה בְּרַגְלַהּ | קָדָמַהּ
ח וְקַרְנַיִן עֲשַׂר לַהּ׃ מִשְׂתַּכַּל הֲוֵית בְּקַרְנַיָּא וַאֲלוּ קֶרֶן אָחֳרִי
זְעֵירָה סִלְקָת בֵּינֵיהוֹן וּתְלָת מִן־קַרְנַיָּא קַדְמָיָתָא אתעקרו בֵּינֵיהֵן | אֶתְעֲקַרָה
מִן־קדמיה וַאֲלוּ עַיְנִין כְּעַיְנֵי אֲנָשָׁא בְּקַרְנָא־דָא וּפֻם מְמַלִּל קֳדָמַהּ
ט רַבְרְבָן׃ חָזֵה הֲוֵית עַד דִּי כָרְסָוָן רְמִיו וְעַתִּיק יוֹמִין יְתִב
לְבוּשֵׁהּ ׀ כִּתְלַג חִוָּר וּשְׂעַר רֵאשֵׁהּ כַּעֲמַר נְקֵא כָּרְסְיֵהּ שְׁבִיבִין

י דִּי־נוּר גַּלְגִּלּוֹהִי נוּר דָּלִק׃ נְהַר דִּי־נוּר נָגֵד וְנָפֵק מִן־קֳדָמוֹהִי
אלף אלפים יְשַׁמְּשׁוּנֵּהּ ורבו רבון קָדָמוֹהִי יְקוּמוּן דִּינָא יְתִב — (אַלְפִין | רִבְבָן)
יא וְסִפְרִין פְּתִיחוּ׃ חָזֵה הֲוֵית בֵּאדַיִן מִן־קָל מִלַּיָּא רַבְרְבָתָא דִּי
קַרְנָא מְמַלֱּלָה חָזֵה הֲוֵית עַד דִּי קְטִילַת חֵיוְתָא וְהוּבַד גִּשְׁמַהּ
יב וִיהִיבַת לִיקֵדַת אֶשָּׁא׃ וּשְׁאָר חֵיוָתָא הֶעְדִּיו שָׁלְטָנְהוֹן וְאַרְכָה
יג בְחַיִּין יְהִיבַת לְהוֹן עַד־זְמַן וְעִדָּן׃ חָזֵה הֲוֵית בְּחֶזְוֵי לֵילְיָא
וַאֲרוּ עִם־עֲנָנֵי שְׁמַיָּא כְּבַר אֱנָשׁ אָתֵה הֲוָא וְעַד־עַתִּיק יוֹמַיָּא
יד מְטָה וּקְדָמוֹהִי הַקְרְבוּהִי׃ וְלֵהּ יְהִב שָׁלְטָן וִיקָר וּמַלְכוּ וְכֹל
עַמְמַיָּא אֻמַּיָּא וְלִשָּׁנַיָּא לֵהּ יִפְלְחוּן שָׁלְטָנֵהּ שָׁלְטָן עָלַם דִּי־
טו לָא יֶעְדֵּה וּמַלְכוּתֵהּ דִּי־לָא תִתְחַבַּל׃ אֶתְכְּרִיַּת
טז רוּחִי אֲנָה דָנִיֵּאל בְּגוֹא נִדְנֶה וְחֶזְוֵי רֵאשִׁי יְבַהֲלֻנַּנִי׃ קִרְבֵת עַל־
חַד מִן־קָאֲמַיָּא וְיַצִּיבָא אֶבְעֵא־מִנֵּהּ עַל־כָּל־דְּנָה וַאֲמַר־לִי
יז וּפְשַׁר מִלַּיָּא יְהוֹדְעִנַּנִי׃ אִלֵּין חֵיוָתָא רַבְרְבָתָא דִּי אִנִּין אַרְבַּע
יח אַרְבְּעָה מַלְכִין יְקוּמוּן מִן־אַרְעָא׃ וִיקַבְּלוּן מַלְכוּתָא קַדִּישֵׁי
יט עֶלְיוֹנִין וְיַחְסְנוּן מַלְכוּתָא עַד־עָלְמָא וְעַד עָלַם עָלְמַיָּא׃ אֱדַיִן
צְבִית לְיַצָּבָא עַל־חֵיוְתָא רְבִיעָיְתָא דִּי־הֲוָת שָׁנְיָה מִן־כלהון — (כָּלְּהֵין)
דְּחִילָה יַתִּירָה שניה דִּי־פַרְזֶל וטפריה דִּי־נְחָשׁ אָכְלָה מַדֱּקָה — (שִׁנַּהּ | וְטִפְרַהּ)
כ וּשְׁאָרָא ברגליה רָפְסָה׃ וְעַל־קַרְנַיָּא עֲשַׂר דִּי בְרֵאשַׁהּ וְאָחֳרִי — (בְּרַגְלַהּ)
דִּי סִלְקַת ונפלו מִן־קדמיה תְּלָת וְקַרְנָא דִכֵּן וְעַיְנִין לַהּ וּפֻם — (וּנְפַלָה | קֳדָמַהּ)
כא מְמַלִּל רַבְרְבָן וְחֶזְוַהּ רַב מִן־חַבְרָתַהּ׃ חָזֵה הֲוֵית וְקַרְנָא דִכֵּן
כב עָבְדָא קְרָב עִם־קַדִּישִׁין וְיָכְלָה לְהוֹן׃ עַד דִּי־אֲתָה עַתִּיק
יוֹמַיָּא וְדִינָא יְהִב לְקַדִּישֵׁי עֶלְיוֹנִין וְזִמְנָא מְטָה וּמַלְכוּתָא
כג הֶחֱסִנוּ קַדִּישִׁין׃ כֵּן אֲמַר חֵיוְתָא רְבִיעָיְתָא מַלְכוּ רביעיה — (רְבִיעָאָה)
תֶּהֱוֵא בְאַרְעָא דִּי תִשְׁנֵא מִן־כָּל־מַלְכְוָתָא וְתֵאכֻל כָּל־אַרְעָא
כד וּתְדוּשִׁנַּהּ וְתַדְּקִנַּהּ׃ וְקַרְנַיָּא עֲשַׂר מִנַּהּ מַלְכוּתָה עַשְׂרָה
מַלְכִין יְקֻמוּן וְאָחֳרָן יְקוּם אַחֲרֵיהֹן וְהוּא יִשְׁנֵא מִן־קַדְמָיֵא
כה וּתְלָתָה מַלְכִין יְהַשְׁפִּל׃ וּמִלִּין לְצַד עליא יְמַלִּל וּלְקַדִּישֵׁי — (עִלָּאָה)

עֶלְיוֹנִין יְבַלֵּא וְיִסְבַּר לְהַשְׁנָיָה זִמְנִין וְדָת וְיִתְיַהֲבוּן בִּידֵהּ עַד־
כו עִדָּן וְעִדָּנִין וּפְלַג עִדָּן׃ וְדִינָא יִתִּב וְשָׁלְטָנֵהּ יְהַעְדּוֹן לְהַשְׁמָדָה
כז וּלְהוֹבָדָה עַד־סוֹפָא׃ וּמַלְכוּתָה וְשָׁלְטָנָא וּרְבוּתָא דִּי מַלְכְוָת
תְּחוֹת כָּל־שְׁמַיָּא יְהִיבַת לְעַם קַדִּישֵׁי עֶלְיוֹנִין מַלְכוּתֵהּ
כח מַלְכוּת עָלַם וְכֹל שָׁלְטָנַיָּא לֵהּ יִפְלְחוּן וְיִשְׁתַּמְּעוּן׃ עַד־כָּה
סוֹפָא דִי־מִלְּתָא אֲנָה דָנִיֵּאל שַׂגִּיא ׀ רַעְיוֹנַי יְבַהֲלֻנַּנִי וְזִיוַי
יִשְׁתַּנּוֹן עֲלַי וּמִלְּתָא בְּלִבִּי נִטְרֵת׃
ח א בִּשְׁנַת שָׁלוֹשׁ לְמַלְכוּת בֵּלְאשַׁצַּר הַמֶּלֶךְ חָזוֹן נִרְאָה אֵלַי אֲנִי
ב דָנִיֵּאל אַחֲרֵי הַנִּרְאָה אֵלַי בַּתְּחִלָּה׃ וָאֶרְאֶה בֶּחָזוֹן וַיְהִי בִּרְאֹתִי
וַאֲנִי בְּשׁוּשַׁן הַבִּירָה אֲשֶׁר בְּעֵילָם הַמְּדִינָה וָאֶרְאֶה בֶּחָזוֹן וַאֲנִי
ג הָיִיתִי עַל־אוּבַל אוּלָי׃ וָאֶשָּׂא עֵינַי וָאֶרְאֶה וְהִנֵּה ׀ אַיִל אֶחָד
עֹמֵד לִפְנֵי הָאֻבָל וְלוֹ קְרָנָיִם וְהַקְּרָנַיִם גְּבֹהוֹת וְהָאַחַת גְּבֹהָה
ד מִן־הַשֵּׁנִית וְהַגְּבֹהָה עֹלָה בָּאַחֲרֹנָה׃ רָאִיתִי אֶת־הָאַיִל מְנַגֵּחַ
יָמָּה וְצָפוֹנָה וָנֶגְבָּה וְכָל־חַיּוֹת לֹא־יַעַמְדוּ לְפָנָיו וְאֵין מַצִּיל
ה מִיָּדוֹ וְעָשָׂה כִרְצֹנוֹ וְהִגְדִּיל׃ וַאֲנִי ׀ הָיִיתִי מֵבִין וְהִנֵּה צְפִיר־
הָעִזִּים בָּא מִן־הַמַּעֲרָב עַל־פְּנֵי כָל־הָאָרֶץ וְאֵין נוֹגֵעַ בָּאָרֶץ
ו וְהַצָּפִיר קֶרֶן חָזוּת בֵּין עֵינָיו׃ וַיָּבֹא עַד־הָאַיִל בַּעַל הַקְּרָנַיִם
ז אֲשֶׁר רָאִיתִי עֹמֵד לִפְנֵי הָאֻבָל וַיָּרָץ אֵלָיו בַּחֲמַת כֹּחוֹ׃ וּרְאִיתִיו
מַגִּיעַ ׀ אֵצֶל הָאַיִל וַיִּתְמַרְמַר אֵלָיו וַיַּךְ אֶת־הָאַיִל וַיְשַׁבֵּר
אֶת־שְׁתֵּי קְרָנָיו וְלֹא־הָיָה כֹחַ בָּאַיִל לַעֲמֹד לְפָנָיו וַיַּשְׁלִיכֵהוּ
ח אַרְצָה וַיִּרְמְסֵהוּ וְלֹא־הָיָה מַצִּיל לָאַיִל מִיָּדוֹ׃ וּצְפִיר הָעִזִּים
הִגְדִּיל עַד־מְאֹד וּכְעָצְמוֹ נִשְׁבְּרָה הַקֶּרֶן הַגְּדוֹלָה וַתַּעֲלֶנָה
ט חָזוּת אַרְבַּע תַּחְתֶּיהָ לְאַרְבַּע רוּחוֹת הַשָּׁמָיִם׃ וּמִן־הָאַחַת
מֵהֶם יָצָא קֶרֶן־אַחַת מִצְּעִירָה וַתִּגְדַּל־יֶתֶר אֶל־הַנֶּגֶב וְאֶל־
י הַמִּזְרָח וְאֶל־הַצֶּבִי׃ וַתִּגְדַּל עַד־צְבָא הַשָּׁמָיִם וַתַּפֵּל אַרְצָה
יא מִן־הַצָּבָא וּמִן־הַכּוֹכָבִים וַתִּרְמְסֵם׃ וְעַד שַׂר־הַצָּבָא הִגְדִּיל
יב וּמִמֶּנּוּ הרים הַתָּמִיד וְהֻשְׁלַךְ מְכוֹן מִקְדָּשׁוֹ׃ וְצָבָא תִּנָּתֵן עַל־ הוּרַם

הַתָּמִיד בְּפָשַׁע וְתַשְׁלֵךְ אֱמֶת אַרְצָה וְעָשְׂתָה וְהִצְלִיחָה׃
יג וָאֶשְׁמְעָה אֶחָד־קָדוֹשׁ מְדַבֵּר וַיֹּאמֶר אֶחָד קָדוֹשׁ לַפַּלְמוֹנִי
הַֽמְדַבֵּר עַד־מָתַי הֶחָזוֹן הַתָּמִיד וְהַפֶּשַׁע שֹׁמֵם תֵּת וְקֹדֶשׁ
יד וְצָבָא מִרְמָס׃ וַיֹּאמֶר אֵלַי עַד עֶרֶב בֹּקֶר אַלְפַּיִם וּשְׁלֹשׁ מֵאוֹת
טו וְנִצְדַּק קֹדֶשׁ׃ וַיְהִי בִּרְאֹתִי אֲנִי דָנִיֵּאל אֶת־הֶחָזוֹן וָאֲבַקְשָׁה
טז בִינָה וְהִנֵּה עֹמֵד לְנֶגְדִּי כְּמַרְאֵה־גָבֶר׃ וָאֶשְׁמַע קוֹל־אָדָם בֵּין
יז אוּלָי וַיִּקְרָא וַיֹּאמַר גַּבְרִיאֵל הָבֵן לְהַלָּז אֶת־הַמַּרְאֶה׃ וַיָּבֹא
אֵצֶל עָמְדִי וּבְבֹאוֹ נִבְעַתִּי וָאֶפְּלָה עַל־פָּנָי וַיֹּאמֶר אֵלַי הָבֵן
יח בֶּן־אָדָם כִּי לְעֶת־קֵץ הֶחָזוֹן׃ וּבְדַבְּרוֹ עִמִּי נִרְדַּמְתִּי עַל־פָּנַי
יט אָרְצָה וַיִּגַּע־בִּי וַיַּעֲמִידֵנִי עַל־עָמְדִי׃ וַיֹּאמֶר הִנְנִי מוֹדִיעֲךָ
כ אֵת אֲשֶׁר־יִהְיֶה בְּאַחֲרִית הַזָּעַם כִּי לְמוֹעֵד קֵץ׃ הָאַיִל אֲשֶׁר־
כא רָאִיתָ בַּעַל הַקְּרָנָיִם מַלְכֵי מָדַי וּפָרָס׃ וְהַצָּפִיר הַשָּׂעִיר מֶלֶךְ
יָוָן וְהַקֶּרֶן הַגְּדוֹלָה אֲשֶׁר בֵּין־עֵינָיו הוּא הַמֶּלֶךְ הָרִאשׁוֹן׃
כב וְהַנִּשְׁבֶּרֶת וַתַּעֲמֹדְנָה אַרְבַּע תַּחְתֶּיהָ אַרְבַּע מַלְכֻיוֹת מִגּוֹי
כג יַעֲמֹדְנָה וְלֹא בְכֹחוֹ׃ וּבְאַחֲרִית מַלְכוּתָם כְּהָתֵם הַפֹּשְׁעִים
כד יַעֲמֹד מֶלֶךְ עַז־פָּנִים וּמֵבִין חִידוֹת׃ וְעָצַם כֹּחוֹ וְלֹא בְכֹחוֹ
וְנִפְלָאוֹת יַשְׁחִית וְהִצְלִיחַ וְעָשָׂה וְהִשְׁחִית עֲצוּמִים וְעַם־
כה קְדֹשִׁים׃ וְעַל־שִׂכְלוֹ וְהִצְלִיחַ מִרְמָה בְּיָדוֹ וּבִלְבָבוֹ יַגְדִּיל
וּבְשַׁלְוָה יַשְׁחִית רַבִּים וְעַל שַׂר־שָׂרִים יַעֲמֹד וּבְאֶפֶס יָד יִשָּׁבֵר׃
כו וּמַרְאֵה הָעֶרֶב וְהַבֹּקֶר אֲשֶׁר נֶאֱמַר אֱמֶת הוּא וְאַתָּה סְתֹם
כז הֶחָזוֹן כִּי לְיָמִים רַבִּים׃ וַאֲנִי דָנִיֵּאל נִהְיֵיתִי וְנֶחֱלֵיתִי יָמִים
וָאָקוּם וָאֶעֱשֶׂה אֶת־מְלֶאכֶת הַמֶּלֶךְ וָאֶשְׁתּוֹמֵם עַל־הַמַּרְאֶה
וְאֵין מֵבִין׃
ט א בִּשְׁנַת אַחַת לְדָרְיָוֶשׁ בֶּן־אֲחַשְׁוֵרוֹשׁ מִזֶּרַע מָדָי אֲשֶׁר הָמְלַךְ
ב עַל מַלְכוּת כַּשְׂדִּים׃ בִּשְׁנַת אַחַת לְמָלְכוֹ אֲנִי דָּנִיֵּאל בִּינֹתִי
בַּסְּפָרִים מִסְפַּר הַשָּׁנִים אֲשֶׁר הָיָה דְבַר־יְהוָה אֶל־יִרְמִיָה
ג הַנָּבִיא לְמַלֹּאות לְחָרְבוֹת יְרוּשָׁלִַם שִׁבְעִים שָׁנָה׃ וָאֶתְּנָה

אֶת־פָּנַי אֶל־אֲדֹנָי הָאֱלֹהִים לְבַקֵּשׁ תְּפִלָּה וְתַחֲנוּנִים בְּצוֹם
ד וְשַׂק וָאֵפֶר׃ וָאֶתְפַּלְלָה לַיהוָה אֱלֹהַי וָאֶתְוַדֶּה וָאֹמְרָה אָנָּא ו
אֲדֹנָי הָאֵל הַגָּדוֹל וְהַנּוֹרָא שֹׁמֵר הַבְּרִית וְהַחֶסֶד לְאֹהֲבָיו
ה וּלְשֹׁמְרֵי מִצְוֹתָיו׃ חָטָאנוּ וְעָוִינוּ והרשענו וּמָרָדְנוּ וְסוֹר הִרְשַׁעְנוּ
ו מִמִּצְוֹתֶךָ וּמִמִּשְׁפָּטֶיךָ׃ וְלֹא שָׁמַעְנוּ אֶל־עֲבָדֶיךָ הַנְּבִיאִים
אֲשֶׁר דִּבְּרוּ בְּשִׁמְךָ אֶל־מְלָכֵינוּ שָׂרֵינוּ וַאֲבֹתֵינוּ וְאֶל כָּל־עַם
ז הָאָרֶץ׃ לְךָ אֲדֹנָי הַצְּדָקָה וְלָנוּ בֹּשֶׁת הַפָּנִים כַּיּוֹם הַזֶּה לְאִישׁ
יְהוּדָה וּלְיֹשְׁבֵי יְרוּשָׁלִַם וּלְכָל־יִשְׂרָאֵל הַקְּרֹבִים וְהָרְחֹקִים
בְּכָל־הָאֲרָצוֹת אֲשֶׁר הִדַּחְתָּם שָׁם בְּמַעֲלָם אֲשֶׁר מָעֲלוּ־בָךְ׃
ח יְהוָה לָנוּ בֹּשֶׁת הַפָּנִים לִמְלָכֵינוּ לְשָׂרֵינוּ וְלַאֲבֹתֵינוּ אֲשֶׁר
ט חָטָאנוּ לָךְ׃ לַאדֹנָי אֱלֹהֵינוּ הָרַחֲמִים וְהַסְּלִחוֹת כִּי מָרַדְנוּ
י בּוֹ׃ וְלֹא שָׁמַעְנוּ בְּקוֹל יְהוָה אֱלֹהֵינוּ לָלֶכֶת בְּתוֹרֹתָיו אֲשֶׁר
יא נָתַן לְפָנֵינוּ בְּיַד עֲבָדָיו הַנְּבִיאִים׃ וְכָל־יִשְׂרָאֵל עָבְרוּ אֶת־
תּוֹרָתֶךָ וְסוֹר לְבִלְתִּי שְׁמוֹעַ בְּקֹלֶךָ וַתִּתַּךְ עָלֵינוּ הָאָלָה
וְהַשְּׁבֻעָה אֲשֶׁר כְּתוּבָה בְּתוֹרַת מֹשֶׁה עֶבֶד־הָאֱלֹהִים כִּי
יב חָטָאנוּ לוֹ׃ וַיָּקֶם אֶת־דבריו ׀ אֲשֶׁר־דִּבֶּר עָלֵינוּ וְעַל־שֹׁפְטֵינוּ דְּבָרוֹ
אֲשֶׁר שְׁפָטוּנוּ לְהָבִיא עָלֵינוּ רָעָה גְדֹלָה אֲשֶׁר לֹא־נֶעֶשְׂתָה
יג תַּחַת כָּל־הַשָּׁמַיִם כַּאֲשֶׁר נֶעֶשְׂתָה בִּירוּשָׁלִָם׃ כַּאֲשֶׁר כָּתוּב
בְּתוֹרַת מֹשֶׁה אֵת כָּל־הָרָעָה הַזֹּאת בָּאָה עָלֵינוּ וְלֹא־חִלִּינוּ
אֶת־פְּנֵי ׀ יְהוָה אֱלֹהֵינוּ לָשׁוּב מֵעֲוֺנֵנוּ וּלְהַשְׂכִּיל בַּאֲמִתֶּךָ׃
יד וַיִּשְׁקֹד יְהוָה עַל־הָרָעָה וַיְבִיאֶהָ עָלֵינוּ כִּי־צַדִּיק יְהוָה אֱלֹהֵינוּ
טו עַל־כָּל־מַעֲשָׂיו אֲשֶׁר עָשָׂה וְלֹא שָׁמַעְנוּ בְּקֹלוֹ׃ וְעַתָּה ׀ אֲדֹנָי
אֱלֹהֵינוּ אֲשֶׁר הוֹצֵאתָ אֶת־עַמְּךָ מֵאֶרֶץ מִצְרַיִם בְּיָד חֲזָקָה
טז וַתַּעַשׂ־לְךָ שֵׁם כַּיּוֹם הַזֶּה חָטָאנוּ רָשָׁעְנוּ׃ אֲדֹנָי כְּכָל־
צִדְקֹתֶךָ יָשָׁב־נָא אַפְּךָ וַחֲמָתְךָ מֵעִירְךָ יְרוּשָׁלִַם הַר־קָדְשֶׁךָ
כִּי בַחֲטָאֵינוּ וּבַעֲוֺנוֹת אֲבֹתֵינוּ יְרוּשָׁלִַם וְעַמְּךָ לְחֶרְפָּה לְכָל־
יז סְבִיבֹתֵינוּ׃ וְעַתָּה ׀ שְׁמַע אֱלֹהֵינוּ אֶל־תְּפִלַּת עַבְדְּךָ וְאֶל־

יח תחנוניו והאר פניך על-מקדשך השמם למען אדני: הטה
אלהי ׀ אזנך ושמע פקחה עיניך וראה שממתינו והעיר   פְּקַח
אשר-נקרא שמך עליה כי ׀ לא על-צדקתינו אנחנו מפילים
יט תחנונינו לפניך כי על-רחמיך הרבים: אדני ׀ שמעה אדני ׀
סלחה אדני הקשיבה ועשה אל-תאחר למענך אלהי כי-
כ שמך נקרא על-עירך ועל-עמך: ועוד אני מדבר ומתפלל
ומתודה חטאתי וחטאת עמי ישראל ומפיל תחנתי לפני
כא יהוה אלהי על הר-קדש אלהי: ועוד אני מדבר בתפלה
והאיש גבריאל אשר ראיתי בחזון בתחלה מעף ביעף נגע
כב אלי כעת מנחת-ערב: ויבן וידבר עמי ויאמר דניאל עתה
כג יצאתי להשכילך בינה: בתחלת תחנוניך יצא דבר ואני
באתי להגיד כי חמודות אתה ובין בדבר והבן במראה:
כד שבעים שבעים נחתך על-עמך ׀ ועל-עיר קדשך לכלא
הפשע ולחתם חטאות ולכפר עון ולהביא צדק עלמים   וּלְהָתֵם חַטָּאת
כה ולחתם חזון ונביא ולמשח קדש קדשים: ותדע ותשכל מן-
מצא דבר להשיב ולבנות ירושלם עד-משיח נגיד שבעים
שבעה ושבעים ששים ושנים תשוב ונבנתה רחוב וחרוץ
כו ובצוק העתים: ואחרי השבעים ששים ושנים יכרת משיח
ואין לו והעיר והקדש ישחית עם נגיד הבא וקצו בשטף
כז ועד קץ מלחמה נחרצת שממות: והגביר ברית לרבים שבוע
אחד וחצי השבוע ישבית ׀ זבח ומנחה ועל כנף שקוצים
משומם ועד-כלה ונחרצה תתך על-שומם:
י א בשנת שלוש לכורש מלך פרס דבר נגלה לדניאל אשר-נקרא
שמו בלטשאצר ואמת הדבר וצבא גדול ובין את-הדבר ובינה
ב לו במראה: בימים ההם אני דניאל הייתי מתאבל שלשה
ג שבעים ימים: לחם חמדות לא אכלתי ובשר ויין לא-בא אל-
פי וסוך לא-סכתי עד-מלאת שלשת שבעים ימים:

ד וּבְי֛וֹם עֶשְׂרִ֥ים וְאַרְבָּעָ֖ה לַחֹ֣דֶשׁ הָרִאשׁ֑וֹן וַאֲנִ֗י הָיִ֛יתִי עַ֛ל יַ֥ד
ה הַנָּהָ֥ר הַגָּד֖וֹל ה֥וּא חִדָּֽקֶל׃ וָאֶשָּׂ֤א אֶת־עֵינַי֙ וָאֵ֔רֶא וְהִנֵּ֥ה אִישׁ־
ו אֶחָ֖ד לָב֣וּשׁ בַּדִּ֑ים וּמָתְנָ֥יו חֲגֻרִ֖ים בְּכֶ֥תֶם אוּפָֽז׃ וּגְוִיָּת֣וֹ כְתַרְשִׁ֗ישׁ
וּפָנָ֞יו כְּמַרְאֵ֤ה בָרָק֙ וְעֵינָיו֙ כְּלַפִּ֣ידֵי אֵ֔שׁ וּזְרֹעֹתָיו֙ וּמַרְגְּלֹתָ֔יו
ז כְּעֵ֖ין נְחֹ֣שֶׁת קָלָ֑ל וְק֥וֹל דְּבָרָ֖יו כְּק֥וֹל הָמֽוֹן׃ וְֽרָאִ֩יתִי֩ אֲנִ֨י דָנִיֵּ֤אל
לְבַדִּי֙ אֶת־הַמַּרְאָ֔ה וְהָאֲנָשִׁים֙ אֲשֶׁ֣ר הָי֣וּ עִמִּ֔י לֹ֥א רָא֖וּ אֶת־
הַמַּרְאָ֑ה אֲבָ֗ל חֲרָדָ֤ה גְדֹלָה֙ נָפְלָ֣ה עֲלֵיהֶ֔ם וַיִּבְרְח֖וּ בְּהֵחָבֵֽא׃
ח וַאֲנִי֙ נִשְׁאַ֣רְתִּי לְבַדִּ֔י וָאֶרְאֶ֗ה אֶת־הַמַּרְאָ֤ה הַגְּדֹלָה֙ הַזֹּ֔את וְלֹ֥א
נִשְׁאַר־בִּ֖י כֹּ֑חַ וְהוֹדִ֗י נֶהְפַּ֤ךְ עָלַי֙ לְמַשְׁחִ֔ית וְלֹ֥א עָצַ֖רְתִּי כֹּֽחַ׃
ט וָאֶשְׁמַ֖ע אֶת־ק֣וֹל דְּבָרָ֑יו וּכְשָׁמְעִי֙ אֶת־ק֣וֹל דְּבָרָ֔יו וַאֲנִ֗י הָיִ֛יתִי
י נִרְדָּ֥ם עַל־פָּנַ֖י וּפָנַ֥י אָֽרְצָה׃ וְהִנֵּה־יָ֖ד נָ֣גְעָה בִּ֑י וַתְּנִיעֵ֥נִי עַל־
יא בִּרְכַּ֖י וְכַפּ֥וֹת יָדָֽי׃ וַיֹּ֣אמֶר אֵלַ֡י דָּנִיֵּאל֩ אִישׁ־חֲמֻד֨וֹת הָבֵ֜ן
בַּדְּבָרִ֗ים אֲשֶׁר֩ אָנֹכִ֨י דֹבֵ֤ר אֵלֶ֙יךָ֙ וַעֲמֹ֣ד עַל־עָמְדֶ֔ךָ כִּ֥י עַתָּ֖ה
שֻׁלַּ֣חְתִּי אֵלֶ֑יךָ וּבְדַבְּר֥וֹ עִמִּ֛י אֶת־הַדָּבָ֥ר הַזֶּ֖ה עָמַ֥דְתִּי מַרְעִֽיד׃
יב וַיֹּ֣אמֶר אֵלַ֔י אַל־תִּירָ֖א דָנִיֵּ֑אל כִּ֣י ׀ מִן־הַיּ֣וֹם הָרִאשׁ֡וֹן אֲשֶׁר֩
נָתַ֨תָּ אֶֽת־לִבְּךָ֜ לְהָבִ֧ין וּלְהִתְעַנּ֛וֹת לִפְנֵ֥י אֱלֹהֶ֖יךָ נִשְׁמְע֣וּ
יג דְבָרֶ֑יךָ וַאֲנִי־בָ֖אתִי בִּדְבָרֶֽיךָ׃ וְשַׂ֣ר ׀ מַלְכ֣וּת פָּרַ֗ס עֹמֵ֤ד לְנֶגְדִּי֙
עֶשְׂרִ֤ים וְאֶחָד֙ י֔וֹם וְהִנֵּ֣ה מִֽיכָאֵ֗ל אַחַ֛ד הַשָּׂרִ֥ים הָרִאשֹׁנִ֖ים בָּ֣א
יד לְעָזְרֵ֑נִי וַאֲנִי֙ נוֹתַ֣רְתִּי שָׁ֔ם אֵ֖צֶל מַלְכֵ֥י פָרָֽס׃ וּבָ֙אתִי֙ לַהֲבִ֣ינְךָ֔
אֵ֛ת אֲשֶׁר־יִקְרָ֥ה לְעַמְּךָ֖ בְּאַחֲרִ֣ית הַיָּמִ֑ים כִּי־ע֥וֹד חָז֖וֹן לַיָּמִֽים׃
טו וּבְדַבְּר֣וֹ עִמִּ֔י כַּדְּבָרִ֖ים הָאֵ֑לֶּה נָתַ֧תִּי פָנַ֛י אַ֖רְצָה וְנֶאֱלָֽמְתִּי׃
טז וְהִנֵּ֗ה כִּדְמוּת֙ בְּנֵ֣י אָדָ֔ם נֹגֵ֖עַ עַל־שְׂפָתָ֑י וָֽאֶפְתַּח־פִּי֙ וָאֲדַבְּרָ֔ה
וָאֹֽמְרָה֙ אֶל־הָעֹמֵ֣ד לְנֶגְדִּ֔י אֲדֹנִ֗י בַּמַּרְאָה֙ נֶהֶפְכ֤וּ צִירַי֙ עָלַ֔י
יז וְלֹ֥א עָצַ֖רְתִּי כֹּֽחַ׃ וְהֵ֣יךְ יוּכַ֗ל עֶ֤בֶד אֲדֹנִי֙ זֶ֔ה לְדַבֵּ֖ר עִם־אֲדֹנִ֣י
זֶ֑ה וַאֲנִ֗י מֵעַ֙תָּה֙ לֹא־יַעֲמָד־בִּ֣י כֹ֔חַ וּנְשָׁמָ֖ה לֹ֥א נִשְׁאֲרָה־בִֽי׃
יח יט וַיֹּ֧סֶף וַיִּגַּע־בִּ֛י כְּמַרְאֵ֥ה אָדָ֖ם וַֽיְחַזְּקֵֽנִי׃ וַיֹּ֜אמֶר אַל־תִּירָ֤א אִישׁ־
חֲמֻדוֹת֙ שָׁל֣וֹם לָ֔ךְ חֲזַ֖ק וַחֲזָ֑ק וּכְדַבְּר֣וֹ עִמִּ֔י הִתְחַזַּ֕קְתִּי וָאֹֽמְרָ֔ה

כ יְדַבֵּר אֲדֹנִי כִּי חִזַּקְתָּנִי׃ וַיֹּאמֶר הֲיָדַעְתָּ לָמָּה־בָּאתִי אֵלֶיךָ
וְעַתָּה אָשׁוּב לְהִלָּחֵם עִם־שַׂר פָּרָס וַאֲנִי יוֹצֵא וְהִנֵּה שַׂר־
כא יָוָן בָּא׃ אֲבָל אַגִּיד לְךָ אֶת־הָרָשׁוּם בִּכְתָב אֱמֶת וְאֵין אֶחָד ז
יא א מִתְחַזֵּק עִמִּי עַל־אֵלֶּה כִּי אִם־מִיכָאֵל שַׂרְכֶם׃ וַאֲנִי
בִּשְׁנַת אַחַת לְדָרְיָוֶשׁ הַמָּדִי עָמְדִי לְמַחֲזִיק וּלְמָעוֹז לוֹ׃
ב וְעַתָּה אֱמֶת אַגִּיד לָךְ הִנֵּה־עוֹד שְׁלֹשָׁה מְלָכִים עֹמְדִים
לְפָרַס וְהָרְבִיעִי יַעֲשִׁיר עֹשֶׁר־גָּדוֹל מִכֹּל וּכְחֶזְקָתוֹ בְעָשְׁרוֹ
ג יָעִיר הַכֹּל אֵת מַלְכוּת יָוָן׃ וְעָמַד מֶלֶךְ גִּבּוֹר וּמָשַׁל מִמְשָׁל
ד רַב וְעָשָׂה כִּרְצוֹנוֹ׃ וּכְעָמְדוֹ תִּשָּׁבֵר מַלְכוּתוֹ וְתֵחָץ לְאַרְבַּע
רוּחוֹת הַשָּׁמָיִם וְלֹא לְאַחֲרִיתוֹ וְלֹא כְמָשְׁלוֹ אֲשֶׁר מָשָׁל כִּי
ה תִנָּתֵשׁ מַלְכוּתוֹ וְלַאֲחֵרִים מִלְּבַד־אֵלֶּה׃ וְיֶחֱזַק מֶלֶךְ־הַנֶּגֶב
ו וּמִן־שָׂרָיו וְיֶחֱזַק עָלָיו וּמָשַׁל מִמְשָׁל רַב מֶמְשַׁלְתּוֹ׃ וּלְקֵץ
שָׁנִים יִתְחַבָּרוּ וּבַת מֶלֶךְ־הַנֶּגֶב תָּבוֹא אֶל־מֶלֶךְ הַצָּפוֹן
לַעֲשׂוֹת מֵישָׁרִים וְלֹא־תַעְצֹר כּוֹחַ הַזְּרוֹעַ וְלֹא יַעֲמֹד וּזְרֹעוֹ
ז וְתִנָּתֵן הִיא וּמְבִיאֶיהָ וְהַיֹּלְדָהּ וּמַחֲזִקָהּ בָּעִתִּים׃ וְעָמַד מִנֵּצֶר
שָׁרָשֶׁיהָ כַּנּוֹ וְיָבֹא אֶל־הַחַיִל וְיָבֹא בְּמָעוֹז מֶלֶךְ הַצָּפוֹן וְעָשָׂה
ח בָהֶם וְהֶחֱזִיק׃ וְגַם אֱלֹהֵיהֶם עִם־נְסִכֵיהֶם עִם־כְּלֵי חֶמְדָּתָם
כֶּסֶף וְזָהָב בַּשְּׁבִי יָבִא מִצְרָיִם וְהוּא שָׁנִים יַעֲמֹד מִמֶּלֶךְ
ט הַצָּפוֹן׃ וּבָא בְּמַלְכוּת מֶלֶךְ הַנֶּגֶב וְשָׁב אֶל־אַדְמָתוֹ׃ וּבָנָו
יִתְגָּרוּ וְאָסְפוּ הֲמוֹן חֲיָלִים רַבִּים וּבָא בוֹא וְשָׁטַף וְעָבָר וְיָשֹׁב
יא ויתגרו עַד־מָעֻזֹּה׃ וְיִתְמַרְמַר מֶלֶךְ הַנֶּגֶב וְיָצָא וְנִלְחַם עִמּוֹ (וְיִתְגָּרֶה)
יב עִם־מֶלֶךְ הַצָּפוֹן וְהֶעֱמִיד הָמוֹן רָב וְנִתַּן הֶהָמוֹן בְּיָדוֹ׃ וְנִשָּׂא
יג הֶהָמוֹן ירום לְבָבוֹ וְהִפִּיל רִבֹּאוֹת וְלֹא יָעוֹז׃ וְשָׁב מֶלֶךְ הַצָּפוֹן (וְרָם)
וְהֶעֱמִיד הָמוֹן רַב מִן־הָרִאשׁוֹן וּלְקֵץ הָעִתִּים שָׁנִים יָבוֹא
יד בוֹא בְּחַיִל גָּדוֹל וּבִרְכוּשׁ רָב׃ וּבָעִתִּים הָהֵם רַבִּים יַעַמְדוּ
עַל־מֶלֶךְ הַנֶּגֶב וּבְנֵי ׀ פָּרִיצֵי עַמְּךָ יִנַּשְּׂאוּ לְהַעֲמִיד חָזוֹן
טו וְנִכְשָׁלוּ׃ וְיָבֹא מֶלֶךְ הַצָּפוֹן וְיִשְׁפֹּךְ סוֹלְלָה וְלָכַד עִיר מִבְצָרוֹת

וּזְרֹעוֹת הַנֶּגֶב לֹא יַעֲמֹדוּ וְעַם מִבְחָרָיו וְאֵין כֹּחַ לַעֲמֹד׃
טז וְיַעַשׂ הַבָּא אֵלָיו כִּרְצוֹנוֹ וְאֵין עוֹמֵד לְפָנָיו וְיַעֲמֹד בְּאֶרֶץ־
יז הַצְּבִי וְכָלָה בְיָדוֹ׃ וְיָשֵׂם ׀ פָּנָיו לָבוֹא בְּתֹקֶף כָּל־מַלְכוּתוֹ
וִישָׁרִים עִמּוֹ וְעָשָׂה וּבַת הַנָּשִׁים יִתֶּן־לוֹ לְהַשְׁחִיתָהּ וְלֹא
יח תַעֲמֹד וְלֹא־לוֹ תִהְיֶה׃ וישב ׀ פָּנָיו לְאִיִּים וְלָכַד רַבִּים וְיָשֵׂם
יט וְהִשְׁבִּית קָצִין חֶרְפָּתוֹ לוֹ בִּלְתִּי חֶרְפָּתוֹ יָשִׁיב לוֹ׃ וְיָשֵׁב פָּנָיו
כ לְמָעוּזֵּי אַרְצוֹ וְנִכְשַׁל וְנָפַל וְלֹא יִמָּצֵא׃ וְעָמַד עַל־כַּנּוֹ
מַעֲבִיר נוֹגֵשׂ הֶדֶר מַלְכוּת וּבְיָמִים אֲחָדִים יִשָּׁבֵר וְלֹא
כא בְאַפַּיִם וְלֹא בְמִלְחָמָה׃ וְעָמַד עַל־כַּנּוֹ נִבְזֶה וְלֹא־נָתְנוּ עָלָיו
הוֹד מַלְכוּת וּבָא בְשַׁלְוָה וְהֶחֱזִיק מַלְכוּת בַּחֲלַקְלַקּוֹת׃
כב כג וּזְרֹעוֹת הַשֶּׁטֶף יִשָּׁטְפוּ מִלְּפָנָיו וְיִשָּׁבֵרוּ וְגַם נְגִיד בְּרִית׃ וּמִן־
הִתְחַבְּרוּת אֵלָיו יַעֲשֶׂה מִרְמָה וְעָלָה וְעָצַם בִּמְעַט־גּוֹי׃
כד בְּשַׁלְוָה וּבְמִשְׁמַנֵּי מְדִינָה יָבוֹא וְעָשָׂה אֲשֶׁר לֹא־עָשׂוּ אֲבֹתָיו
וַאֲבוֹת אֲבֹתָיו בִּזָּה וְשָׁלָל וּרְכוּשׁ לָהֶם יִבְזוֹר וְעַל מִבְצָרִים
כה יְחַשֵּׁב מַחְשְׁבֹתָיו וְעַד־עֵת׃ וְיָעֵר כֹּחוֹ וּלְבָבוֹ עַל־מֶלֶךְ הַנֶּגֶב
בְּחַיִל גָּדוֹל וּמֶלֶךְ הַנֶּגֶב יִתְגָּרֶה לַמִּלְחָמָה בְּחַיִל־גָּדוֹל וְעָצוּם
כו עַד־מְאֹד וְלֹא יַעֲמֹד כִּי־יַחְשְׁבוּ עָלָיו מַחֲשָׁבוֹת׃ וְאֹכְלֵי
כז פַת־בָּגוֹ יִשְׁבְּרוּהוּ וְחֵילוֹ יִשְׁטוֹף וְנָפְלוּ חֲלָלִים רַבִּים׃ וּשְׁנֵיהֶם
הַמְּלָכִים לְבָבָם לְמֵרָע וְעַל־שֻׁלְחָן אֶחָד כָּזָב יְדַבֵּרוּ וְלֹא
כח תִצְלָח כִּי־עוֹד קֵץ לַמּוֹעֵד׃ וְיָשֹׁב אַרְצוֹ בִּרְכוּשׁ גָּדוֹל וּלְבָבוֹ
כט עַל־בְּרִית קֹדֶשׁ וְעָשָׂה וְשָׁב לְאַרְצוֹ׃ לַמּוֹעֵד יָשׁוּב וּבָא
ל בַנֶּגֶב וְלֹא־תִהְיֶה כָרִאשֹׁנָה וְכָאַחֲרֹנָה׃ וּבָאוּ בוֹ צִיִּים כִּתִּים
וְנִכְאָה וְשָׁב וְזָעַם עַל־בְּרִית־קוֹדֶשׁ וְעָשָׂה וְשָׁב וְיָבֵן עַל־
לא עֹזְבֵי בְּרִית קֹדֶשׁ׃ וּזְרֹעִים מִמֶּנּוּ יַעֲמֹדוּ וְחִלְּלוּ הַמִּקְדָּשׁ
לב הַמָּעוֹז וְהֵסִירוּ הַתָּמִיד וְנָתְנוּ הַשִּׁקּוּץ מְשֹׁמֵם׃ וּמַרְשִׁיעֵי
לג בְרִית יַחֲנִיף בַּחֲלַקּוֹת וְעַם יֹדְעֵי אֱלֹהָיו יַחֲזִקוּ וְעָשׂוּ׃ וּמַשְׂכִּילֵי
עָם יָבִינוּ לָרַבִּים וְנִכְשְׁלוּ בְּחֶרֶב וּבְלֶהָבָה בִּשְׁבִי וּבְבִזָּה

יָמִים׃ וּבְהִכָּשְׁלָם יֵעָזְרוּ עֵזֶר מְעָט וְנִלְווּ עֲלֵיהֶם רַבִּים לד
בַּחֲלַקְלַקּוֹת׃ וּמִן־הַמַּשְׂכִּילִים יִכָּשְׁלוּ לִצְרוֹף בָּהֶם וּלְבָרֵר לה
וְלַלְבֵּן עַד־עֵת קֵץ כִּי־עוֹד לַמּוֹעֵד׃ וְעָשָׂה כִרְצוֹנוֹ הַמֶּלֶךְ לו
וְיִתְרוֹמֵם וְיִתְגַּדֵּל עַל־כָּל־אֵל וְעַל אֵל אֵלִים יְדַבֵּר נִפְלָאוֹת
וְהִצְלִיחַ עַד־כָּלָה זַעַם כִּי נֶחֱרָצָה נֶעֱשָׂתָה׃ וְעַל־אֱלֹהֵי לז
אֲבֹתָיו לֹא יָבִין וְעַל־חֶמְדַּת נָשִׁים וְעַל־כָּל־אֱלוֹהַּ לֹא יָבִין
כִּי עַל־כֹּל יִתְגַּדָּל׃ וְלֶאֱלֹהַּ מָעֻזִּים עַל־כַּנּוֹ יְכַבֵּד וְלֶאֱלוֹהַּ לח
אֲשֶׁר לֹא־יְדָעֻהוּ אֲבֹתָיו יְכַבֵּד בְּזָהָב וּבְכֶסֶף וּבְאֶבֶן יְקָרָה
וּבַחֲמֻדוֹת׃ וְעָשָׂה לְמִבְצְרֵי מָעֻזִּים עִם־אֱלוֹהַּ נֵכָר אֲשֶׁר לט
יַכִּיר הכיר יַרְבֶּה כָבוֹד וְהִמְשִׁילָם בָּרַבִּים וַאֲדָמָה יְחַלֵּק בִּמְחִיר׃
וּבְעֵת קֵץ יִתְנַגַּח עִמּוֹ מֶלֶךְ הַנֶּגֶב וְיִשְׂתָּעֵר עָלָיו מֶלֶךְ הַצָּפוֹן מ
בְּרֶכֶב וּבְפָרָשִׁים וּבָאֳנִיּוֹת רַבּוֹת וּבָא בַאֲרָצוֹת וְשָׁטַף וְעָבָר׃
וּבָא בְּאֶרֶץ הַצְּבִי וְרַבּוֹת יִכָּשֵׁלוּ וְאֵלֶּה יִמָּלְטוּ מִיָּדוֹ אֱדוֹם מא
וּמוֹאָב וְרֵאשִׁית בְּנֵי עַמּוֹן׃ וְיִשְׁלַח יָדוֹ בַּאֲרָצוֹת וְאֶרֶץ מב
מִצְרַיִם לֹא תִהְיֶה לִפְלֵיטָה׃ וּמָשַׁל בְּמִכְמַנֵּי הַזָּהָב וְהַכֶּסֶף מג
וּבְכֹל חֲמֻדוֹת מִצְרָיִם וְלֻבִים וְכֻשִׁים בְּמִצְעָדָיו׃ וּשְׁמֻעוֹת מד
יְבַהֲלֻהוּ מִמִּזְרָח וּמִצָּפוֹן וְיָצָא בְּחֵמָא גְדֹלָה לְהַשְׁמִיד וּלְהַחֲרִים
רַבִּים׃ וְיִטַּע אָהֳלֵי אַפַּדְנוֹ בֵּין יַמִּים לְהַר־צְבִי־קֹדֶשׁ וּבָא מה
עַד־קִצּוֹ וְאֵין עוֹזֵר לוֹ׃ וּבָעֵת הַהִיא יַעֲמֹד מִיכָאֵל הַשַּׂר א יב
הַגָּדוֹל הָעֹמֵד עַל־בְּנֵי עַמֶּךָ וְהָיְתָה עֵת צָרָה אֲשֶׁר לֹא־
נִהְיְתָה מִהְיוֹת גּוֹי עַד הָעֵת הַהִיא וּבָעֵת הַהִיא יִמָּלֵט עַמְּךָ
כָּל־הַנִּמְצָא כָּתוּב בַּסֵּפֶר׃ וְרַבִּים מִיְּשֵׁנֵי אַדְמַת־עָפָר יָקִיצוּ ב
אֵלֶּה לְחַיֵּי עוֹלָם וְאֵלֶּה לַחֲרָפוֹת לְדִרְאוֹן עוֹלָם׃ וְהַמַּשְׂכִּלִים ג
יַזְהִרוּ כְּזֹהַר הָרָקִיעַ וּמַצְדִּיקֵי הָרַבִּים כַּכּוֹכָבִים לְעוֹלָם
וָעֶד׃ וְאַתָּה דָנִיֵּאל סְתֹם הַדְּבָרִים וַחֲתֹם הַסֵּפֶר ד
עַד־עֵת קֵץ יְשֹׁטְטוּ רַבִּים וְתִרְבֶּה הַדָּעַת׃ וְרָאִיתִי אֲנִי דָנִיֵּאל ה
וְהִנֵּה שְׁנַיִם אֲחֵרִים עֹמְדִים אֶחָד הֵנָּה לִשְׂפַת הַיְאֹר וְאֶחָד

ו הֵנָּה לִשְׂפַת הַיְאֹר: וַיֹּאמֶר לָאִישׁ לְבוּשׁ הַבַּדִּים אֲשֶׁר מִמַּעַל
ז לְמֵימֵי הַיְאֹר עַד־מָתַי קֵץ הַפְּלָאוֹת: וָאֶשְׁמַע אֶת־הָאִישׁ
לְבוּשׁ הַבַּדִּים אֲשֶׁר מִמַּעַל לְמֵימֵי הַיְאֹר וַיָּרֶם יְמִינוֹ וּשְׂמֹאלוֹ
אֶל־הַשָּׁמַיִם וַיִּשָּׁבַע בְּחֵי הָעוֹלָם כִּי לְמוֹעֵד מוֹעֲדִים וָחֵצִי
ח וּכְכַלּוֹת נַפֵּץ יַד־עַם־קֹדֶשׁ תִּכְלֶינָה כָל־אֵלֶּה: וַאֲנִי שָׁמַעְתִּי
ט וְלֹא אָבִין וָאֹמְרָה אֲדֹנִי מָה אַחֲרִית אֵלֶּה: וַיֹּאמֶר לֵךְ
י דָּנִיֵּאל כִּי־סְתֻמִים וַחֲתֻמִים הַדְּבָרִים עַד־עֵת קֵץ: יִתְבָּרְרוּ
וְיִתְלַבְּנוּ וְיִצָּרְפוּ רַבִּים וְהִרְשִׁיעוּ רְשָׁעִים וְלֹא יָבִינוּ כָּל־
יא רְשָׁעִים וְהַמַּשְׂכִּלִים יָבִינוּ: וּמֵעֵת הוּסַר הַתָּמִיד וְלָתֵת
יב שִׁקּוּץ שֹׁמֵם יָמִים אֶלֶף מָאתַיִם וְתִשְׁעִים: אַשְׁרֵי הַמְחַכֶּה
יג וְיַגִּיעַ לְיָמִים אֶלֶף שְׁלֹשׁ מֵאוֹת שְׁלֹשִׁים וַחֲמִשָּׁה: וְאַתָּה
לֵךְ לַקֵּץ וְתָנוּחַ וְתַעֲמֹד לְגֹרָלְךָ לְקֵץ הַיָּמִין:

עזרא · נחמיה

עזרא·נחמיה

א

א וּבִשְׁנַת אַחַת לְכוֹרֶשׁ מֶלֶךְ פָּרַס לִכְלוֹת דְּבַר־יְהוָה מִפִּי
יִרְמְיָה הֵעִיר יְהוָה אֶת־רוּחַ כֹּרֶשׁ מֶלֶךְ־פָּרַס וַיַּעֲבֶר־קוֹל
ב בְּכָל־מַלְכוּתוֹ וְגַם־בְּמִכְתָּב לֵאמֹר׃ כֹּה אָמַר כֹּרֶשׁ מֶלֶךְ
פָּרַס כֹּל מַמְלְכוֹת הָאָרֶץ נָתַן לִי יְהוָה אֱלֹהֵי הַשָּׁמָיִם וְהוּא־
ג פָקַד עָלַי לִבְנוֹת־לוֹ בַיִת בִּירוּשָׁלַםִ אֲשֶׁר בִּיהוּדָה׃ מִי־בָכֶם
מִכָּל־עַמּוֹ יְהִי אֱלֹהָיו עִמּוֹ וְיַעַל לִירוּשָׁלַםִ אֲשֶׁר בִּיהוּדָה
וְיִבֶן אֶת־בֵּית יְהוָה אֱלֹהֵי יִשְׂרָאֵל הוּא הָאֱלֹהִים אֲשֶׁר
ד בִּירוּשָׁלָםִ׃ וְכָל־הַנִּשְׁאָר מִכָּל־הַמְּקֹמוֹת אֲשֶׁר הוּא גָר־שָׁם
יְנַשְּׂאוּהוּ אַנְשֵׁי מְקֹמוֹ בְּכֶסֶף וּבְזָהָב וּבִרְכוּשׁ וּבִבְהֵמָה עִם־
ה הַנְּדָבָה לְבֵית הָאֱלֹהִים אֲשֶׁר בִּירוּשָׁלָםִ׃ וַיָּקוּמוּ רָאשֵׁי
הָאָבוֹת לִיהוּדָה וּבִנְיָמִן וְהַכֹּהֲנִים וְהַלְוִיִּם לְכֹל הֵעִיר הָאֱלֹהִים
אֶת־רוּחוֹ לַעֲלוֹת לִבְנוֹת אֶת־בֵּית יְהוָה אֲשֶׁר בִּירוּשָׁלָםִ׃
ו וְכָל־סְבִיבֹתֵיהֶם חִזְּקוּ בִידֵיהֶם בִּכְלֵי־כֶסֶף בַּזָּהָב בָּרְכוּשׁ
וּבַבְּהֵמָה וּבַמִּגְדָּנוֹת לְבַד עַל־כָּל־הִתְנַדֵּב׃
ז וְהַמֶּלֶךְ כּוֹרֶשׁ הוֹצִיא אֶת־כְּלֵי בֵית־יְהוָה אֲשֶׁר הוֹצִיא
ח נְבוּכַדְנֶצַּר מִירוּשָׁלַםִ וַיִּתְּנֵם בְּבֵית אֱלֹהָיו׃ וַיּוֹצִיאֵם כּוֹרֶשׁ
מֶלֶךְ פָּרַס עַל־יַד מִתְרְדָת הַגִּזְבָּר וַיִּסְפְּרֵם לְשֵׁשְׁבַּצַּר הַנָּשִׂיא
ט לִיהוּדָה׃ וְאֵלֶּה מִסְפָּרָם אֲגַרְטְלֵי זָהָב שְׁלֹשִׁים
י אֲגַרְטְלֵי־כֶסֶף אָלֶף מַחֲלָפִים תִּשְׁעָה וְעֶשְׂרִים׃ כְּפוֹרֵי זָהָב
שְׁלֹשִׁים כְּפוֹרֵי כֶסֶף מִשְׁנִים אַרְבַּע מֵאוֹת וַעֲשָׂרָה כֵּלִים
יא אֲחֵרִים אָלֶף׃ כָּל־כֵּלִים לַזָּהָב וְלַכֶּסֶף חֲמֵשֶׁת אֲלָפִים וְאַרְבַּע
מֵאוֹת הַכֹּל הֶעֱלָה שֵׁשְׁבַּצַּר עִם הֵעָלוֹת הַגּוֹלָה מִבָּבֶל
לִירוּשָׁלָםִ׃

ב א וְאֵלֶּה ׀ בְּנֵי הַמְּדִינָה הָעֹלִים מִשְּׁבִי הַגּוֹלָה אֲשֶׁר הֶגְלָה
נבוכדנצור מֶלֶךְ־בָּבֶל לְבָבֶל וַיָּשׁוּבוּ לִירוּשָׁלַםִ וִיהוּדָה אִישׁ נְבוּכַדְנֶצַּר
ב לְעִירוֹ׃ אֲשֶׁר־בָּאוּ עִם־זְרֻבָּבֶל יֵשׁוּעַ נְחֶמְיָה שְׂרָיָה רְעֵלָיָה
מָרְדֳּכַי בִּלְשָׁן מִסְפָּר בִּגְוַי רְחוּם בַּעֲנָה מִסְפַּר אַנְשֵׁי עַם

ג ד יִשְׂרָאֵל: בְּנֵי פַרְעֹשׁ אַלְפַּיִם מֵאָה שִׁבְעִים וּשְׁנָיִם: בְּנֵי שְׁפַטְיָה
ה שְׁלֹשׁ מֵאוֹת שִׁבְעִים וּשְׁנָיִם: בְּנֵי אָרַח שְׁבַע מֵאוֹת חֲמִשָּׁה
ו וְשִׁבְעִים: בְּנֵי־פַחַת מוֹאָב לִבְנֵי יֵשׁוּעַ יוֹאָב אַלְפַּיִם שְׁמֹנֶה
ז מֵאוֹת וּשְׁנֵים עָשָׂר: בְּנֵי עֵילָם אֶלֶף מָאתַיִם חֲמִשִּׁים וְאַרְבָּעָה:
ח ט בְּנֵי זַתּוּא תְּשַׁע מֵאוֹת וְאַרְבָּעִים וַחֲמִשָּׁה: בְּנֵי זַכָּי שְׁבַע
י יא מֵאוֹת וְשִׁשִּׁים: בְּנֵי בָנִי שֵׁשׁ מֵאוֹת אַרְבָּעִים וּשְׁנָיִם: בְּנֵי בֵבָי
יב שֵׁשׁ מֵאוֹת עֶשְׂרִים וּשְׁלֹשָׁה: בְּנֵי עַזְגָּד אֶלֶף מָאתַיִם עֶשְׂרִים
יג יד וּשְׁנָיִם: בְּנֵי אֲדֹנִיקָם שֵׁשׁ מֵאוֹת שִׁשִּׁים וְשִׁשָּׁה: בְּנֵי בִגְוָי
טו אַלְפַּיִם חֲמִשִּׁים וְשִׁשָּׁה: בְּנֵי עָדִין אַרְבַּע מֵאוֹת חֲמִשִּׁים
טז יז וְאַרְבָּעָה: בְּנֵי־אָטֵר לִיחִזְקִיָּה תִּשְׁעִים וּשְׁמֹנָה: בְּנֵי בֵצָי שְׁלֹשׁ
יח יט מֵאוֹת עֶשְׂרִים וּשְׁלֹשָׁה: בְּנֵי יוֹרָה מֵאָה וּשְׁנֵים עָשָׂר: בְּנֵי
כ חָשֻׁם מָאתַיִם עֶשְׂרִים וּשְׁלֹשָׁה: בְּנֵי גִבָּר תִּשְׁעִים וַחֲמִשָּׁה:
כא כב בְּנֵי בֵית־לָחֶם מֵאָה עֶשְׂרִים וּשְׁלֹשָׁה: אַנְשֵׁי נְטֹפָה חֲמִשִּׁים
כג כד וְשִׁשָּׁה: אַנְשֵׁי עֲנָתוֹת מֵאָה עֶשְׂרִים וּשְׁמֹנָה: בְּנֵי עַזְמָוֶת
כה אַרְבָּעִים וּשְׁנָיִם: בְּנֵי קִרְיַת עָרִים כְּפִירָה וּבְאֵרוֹת שְׁבַע מֵאוֹת
כו וְאַרְבָּעִים וּשְׁלֹשָׁה: בְּנֵי הָרָמָה וָגָבַע שֵׁשׁ מֵאוֹת עֶשְׂרִים
כז כח וְאֶחָד: אַנְשֵׁי מִכְמָס מֵאָה עֶשְׂרִים וּשְׁנָיִם: אַנְשֵׁי בֵית־אֵל
כט ל וְהָעָי מָאתַיִם עֶשְׂרִים וּשְׁלֹשָׁה: בְּנֵי נְבוֹ חֲמִשִּׁים וּשְׁנָיִם: בְּנֵי
לא מַגְבִּישׁ מֵאָה חֲמִשִּׁים וְשִׁשָּׁה: בְּנֵי עֵילָם אַחֵר אֶלֶף מָאתַיִם
לב לג חֲמִשִּׁים וְאַרְבָּעָה: בְּנֵי חָרִם שְׁלֹשׁ מֵאוֹת וְעֶשְׂרִים: בְּנֵי־לֹד
לד חָדִיד וְאוֹנוֹ שְׁבַע מֵאוֹת עֶשְׂרִים וַחֲמִשָּׁה: בְּנֵי יְרֵחוֹ שְׁלֹשׁ
לה מֵאוֹת אַרְבָּעִים וַחֲמִשָּׁה: בְּנֵי סְנָאָה שְׁלֹשֶׁת אֲלָפִים וְשֵׁשׁ
לו מֵאוֹת וּשְׁלֹשִׁים: הַכֹּהֲנִים בְּנֵי יְדַעְיָה לְבֵית יֵשׁוּעַ תְּשַׁע מֵאוֹת
לז לח שִׁבְעִים וּשְׁלֹשָׁה: בְּנֵי אִמֵּר אֶלֶף חֲמִשִּׁים וּשְׁנָיִם: בְּנֵי פַשְׁחוּר
לט אֶלֶף מָאתַיִם אַרְבָּעִים וְשִׁבְעָה: בְּנֵי חָרִם אֶלֶף וְשִׁבְעָה עָשָׂר:
מ הַלְוִיִּם בְּנֵי־יֵשׁוּעַ וְקַדְמִיאֵל לִבְנֵי הוֹדַוְיָה שִׁבְעִים וְאַרְבָּעָה:
מא מב הַמְשֹׁרְרִים בְּנֵי אָסָף מֵאָה עֶשְׂרִים וּשְׁמֹנָה: בְּנֵי הַשֹּׁעֲרִים בְּנֵי־

שַׁלּוּם בְּנֵי־אָטֵר בְּנֵי־טַלְמוֹן בְּנֵי־עַקּוּב בְּנֵי חֲטִיטָא בְּנֵי שֹׁבָי
מג הַכֹּל מֵאָה שְׁלֹשִׁים וְתִשְׁעָה: הַנְּתִינִים בְּנֵי־צִיחָא בְנֵי־חֲשׂוּפָא
מד מה בְּנֵי טַבָּעוֹת: בְּנֵי־קֵרֹס בְּנֵי־סִיעֲהָא בְּנֵי פָדוֹן: בְּנֵי־לְבָנָה בְנֵי־
מו מז חֲגָבָה בְּנֵי עַקּוּב: בְּנֵי־חָגָב בְּנֵי־שמלי בְּנֵי חָנָן: בְּנֵי־גִדֵּל בְּנֵי־ שַׁלְמַי
מח מט גַחַר בְּנֵי רְאָיָה: בְּנֵי־רְצִין בְּנֵי־נְקוֹדָא בְּנֵי גַזָּם: בְּנֵי־עֻזָּא בְנֵי־
נ נא פָסֵחַ בְּנֵי בֵסָי: בְּנֵי־אַסְנָה בְנֵי־מְעוּנִים בְּנֵי נפיסים: בְּנֵי־בַקְבּוּק נְפוּסִים
נב בְּנֵי־חֲקוּפָא בְּנֵי חַרְחוּר: בְּנֵי־בַצְלוּת בְּנֵי־מְחִידָא בְּנֵי חַרְשָׁא:
נג נד בְּנֵי־בַרְקוֹס בְּנֵי־סִיסְרָא בְּנֵי־תָמַח: בְּנֵי נְצִיחַ בְּנֵי חֲטִיפָא:
נה נו בְּנֵי עַבְדֵי שְׁלֹמֹה בְּנֵי־סֹטַי בְּנֵי־הַסֹּפֶרֶת בְּנֵי פְרוּדָא: בְּנֵי־
נז יַעְלָה בְנֵי־דַרְקוֹן בְּנֵי גִדֵּל: בְּנֵי שְׁפַטְיָה בְנֵי־חַטִּיל בְּנֵי פֹּכֶרֶת
נח הַצְּבָיִים בְּנֵי אָמִי: כָּל־הַנְּתִינִים וּבְנֵי עַבְדֵי שְׁלֹמֹה שְׁלֹשׁ מֵאוֹת
נט תִּשְׁעִים וּשְׁנָיִם: וְאֵלֶּה הָעֹלִים מִתֵּל מֶלַח תֵּל
חַרְשָׁא כְּרוּב אַדָּן אִמֵּר וְלֹא יָכְלוּ לְהַגִּיד בֵּית־אֲבוֹתָם וְזַרְעָם
ס אִם מִיִּשְׂרָאֵל הֵם: בְּנֵי־דְלָיָה בְנֵי־טוֹבִיָּה בְּנֵי נְקוֹדָא שֵׁשׁ
סא מֵאוֹת חֲמִשִּׁים וּשְׁנָיִם: וּמִבְּנֵי הַכֹּהֲנִים בְּנֵי
חֳבַיָּה בְּנֵי הַקּוֹץ בְּנֵי בַרְזִלַּי אֲשֶׁר לָקַח מִבְּנוֹת בַּרְזִלַּי הַגִּלְעָדִי
סב אִשָּׁה וַיִּקָּרֵא עַל־שְׁמָם: אֵלֶּה בִּקְשׁוּ כְתָבָם הַמִּתְיַחְשִׂים וְלֹא
סג נִמְצָאוּ וַיְגֹאֲלוּ מִן־הַכְּהֻנָּה: וַיֹּאמֶר הַתִּרְשָׁתָא לָהֶם אֲשֶׁר
לֹא־יֹאכְלוּ מִקֹּדֶשׁ הַקֳּדָשִׁים עַד עֲמֹד כֹּהֵן לְאוּרִים וּלְתֻמִּים:
סד כָּל־הַקָּהָל כְּאֶחָד אַרְבַּע רִבּוֹא אַלְפַּיִם שְׁלֹשׁ־מֵאוֹת שִׁשִּׁים:
סה מִלְּבַד עַבְדֵיהֶם וְאַמְהֹתֵיהֶם אֵלֶּה שִׁבְעַת אֲלָפִים שְׁלֹשׁ מֵאוֹת
סו שְׁלֹשִׁים וְשִׁבְעָה וְלָהֶם מְשֹׁרְרִים וּמְשֹׁרְרוֹת מָאתָיִם: סוּסֵיהֶם
שְׁבַע מֵאוֹת שְׁלֹשִׁים וְשִׁשָּׁה פִּרְדֵיהֶם מָאתַיִם אַרְבָּעִים
סז וַחֲמִשָּׁה: גְּמַלֵּיהֶם אַרְבַּע מֵאוֹת שְׁלֹשִׁים וַחֲמִשָּׁה חֲמֹרִים
סח שֵׁשֶׁת אֲלָפִים שְׁבַע מֵאוֹת וְעֶשְׂרִים: וּמֵרָאשֵׁי
הָאָבוֹת בְּבוֹאָם לְבֵית יהוה אֲשֶׁר בִּירוּשָׁלִָם הִתְנַדְּבוּ לְבֵית
סט הָאֱלֹהִים לְהַעֲמִידוֹ עַל־מְכוֹנוֹ: כְּכֹחָם נָתְנוּ לְאוֹצַר הַמְּלָאכָה

זָהָב דַּרְכְּמוֹנִים שֵׁשׁ־רִבֹּאות וָאָלֶף וְכֶסֶף מָנִים חֲמֵשֶׁת
אֲלָפִים וְכָתְנֹת כֹּהֲנִים מֵאָה׃ וַיֵּשְׁבוּ הַכֹּהֲנִים ע
וְהַלְוִיִּם וּמִן־הָעָם וְהַמְשֹׁרְרִים וְהַשּׁוֹעֲרִים וְהַנְּתִינִים בְּעָרֵיהֶם
וְכָל־יִשְׂרָאֵל בְּעָרֵיהֶם׃ וַיִּגַּע הַחֹדֶשׁ הַשְּׁבִיעִי א ג
וּבְנֵי יִשְׂרָאֵל בֶּעָרִים וַיֵּאָסְפוּ הָעָם כְּאִישׁ אֶחָד אֶל־יְרוּשָׁלִָם׃
וַיָּקָם יֵשׁוּעַ בֶּן־יוֹצָדָק וְאֶחָיו הַכֹּהֲנִים וּזְרֻבָּבֶל בֶּן־שְׁאַלְתִּיאֵל ב
וְאֶחָיו וַיִּבְנוּ אֶת־מִזְבַּח אֱלֹהֵי יִשְׂרָאֵל לְהַעֲלוֹת עָלָיו עֹלוֹת
כַּכָּתוּב בְּתוֹרַת מֹשֶׁה אִישׁ־הָאֱלֹהִים׃ וַיָּכִינוּ הַמִּזְבֵּחַ עַל־ ג
מְכוֹנֹתָו כִּי בְּאֵימָה עֲלֵיהֶם מֵעַמֵּי הָאֲרָצוֹת וַיַּעַל עָלָיו
עֹלוֹת לַיהוָה עֹלוֹת לַבֹּקֶר וְלָעָרֶב׃ וַיַּעֲשׂוּ אֶת־חַג הַסֻּכּוֹת ד
כַּכָּתוּב וְעֹלַת יוֹם בְּיוֹם בְּמִסְפָּר כְּמִשְׁפַּט דְּבַר־יוֹם בְּיוֹמוֹ׃
וְאַחֲרֵי־כֵן עֹלַת תָּמִיד וְלֶחֳדָשִׁים וּלְכָל־מוֹעֲדֵי יְהוָה הַמְקֻדָּשִׁים ה
וּלְכֹל מִתְנַדֵּב נְדָבָה לַיהוָה׃ מִיּוֹם אֶחָד לַחֹדֶשׁ הַשְּׁבִיעִי ו
הֵחֵלּוּ לְהַעֲלוֹת עֹלוֹת לַיהוָה וְהֵיכַל יְהוָה לֹא יֻסָּד׃ וַיִּתְּנוּ־ ז
כֶסֶף לַחֹצְבִים וְלֶחָרָשִׁים וּמַאֲכָל וּמִשְׁתֶּה וָשֶׁמֶן לַצִּדֹנִים
וְלַצֹּרִים לְהָבִיא עֲצֵי אֲרָזִים מִן־הַלְּבָנוֹן אֶל־יָם יָפוֹא כְּרִשְׁיוֹן
כּוֹרֶשׁ מֶלֶךְ־פָּרַס עֲלֵיהֶם׃ וּבַשָּׁנָה הַשֵּׁנִית ח
לְבוֹאָם אֶל־בֵּית הָאֱלֹהִים לִירוּשָׁלִַם בַּחֹדֶשׁ הַשֵּׁנִי הֵחֵלּוּ
זְרֻבָּבֶל בֶּן־שְׁאַלְתִּיאֵל וְיֵשׁוּעַ בֶּן־יוֹצָדָק וּשְׁאָר אֲחֵיהֶם
הַכֹּהֲנִים וְהַלְוִיִּם וְכָל־הַבָּאִים מֵהַשְּׁבִי יְרוּשָׁלִַם וַיַּעֲמִידוּ אֶת־
הַלְוִיִּם מִבֶּן עֶשְׂרִים שָׁנָה וָמַעְלָה לְנַצֵּחַ עַל־מְלֶאכֶת בֵּית־
יְהוָה׃ וַיַּעֲמֹד יֵשׁוּעַ בָּנָיו וְאֶחָיו קַדְמִיאֵל וּבָנָיו בְּנֵי־יְהוּדָה ט
כְּאֶחָד לְנַצֵּחַ עַל־עֹשֵׂה הַמְּלָאכָה בְּבֵית הָאֱלֹהִים בְּנֵי חֵנָדָד
בְּנֵיהֶם וַאֲחֵיהֶם הַלְוִיִּם׃ וְיִסְּדוּ הַבֹּנִים אֶת־הֵיכַל יְהוָה וַיַּעֲמִידוּ י
הַכֹּהֲנִים מְלֻבָּשִׁים בַּחֲצֹצְרוֹת וְהַלְוִיִּם בְּנֵי־אָסָף בַּמְצִלְתַּיִם
לְהַלֵּל אֶת־יְהוָה עַל־יְדֵי דָּוִיד מֶלֶךְ־יִשְׂרָאֵל׃ וַיַּעֲנוּ בְּהַלֵּל יא
וּבְהוֹדֹת לַיהוָה כִּי טוֹב כִּי־לְעוֹלָם חַסְדּוֹ עַל־יִשְׂרָאֵל וְכָל־

העם הריעו תרועה גדולה בהלל ליהוה על הוסד בית־
יב יהוה: ורבים מהכהנים והלוים וראשי האבות הזקנים אשר
ראו את־הבית הראשון ביסדו זה הבית בעיניהם בכים
יג בקול גדול ורבים בתרועה בשמחה להרים קול: ואין העם — ב
מכירים קול תרועת השמחה לקול בכי העם כי העם
מריעים תרועה גדולה והקול נשמע עד־למרחוק:
ד א וישמעו צרי יהודה ובנימן כי־בני הגולה בונים היכל ליהוה
ב אלהי ישראל: ויגשו אל־זרבבל ואל־ראשי האבות ויאמרו
להם נבנה עמכם כי ככם נדרוש לאלהיכם ולא ׀ אנחנו — ולו ׀
זבחים מימי אסר חדן מלך אשור המעלה אתנו פה:
ג ויאמר להם זרבבל וישוע ושאר ראשי האבות לישראל
לא־לכם ולנו לבנות בית לאלהינו כי אנחנו יחד נבנה
ליהוה אלהי ישראל כאשר צונו המלך כורש מלך־פרס:
ד ויהי עם הארץ מרפים ידי עם־יהודה ומבלהים אותם — ומבהלים
ה לבנות: וסכרים עליהם יועצים להפר עצתם כל־ימי כורש
ו מלך פרס ועד־מלכות דריוש מלך־פרס: ובמלכות
אחשורוש בתחלת מלכותו כתבו שטנה על־ישבי יהודה
ז וירושלם: ובימי ארתחששתא כתב בשלם מתרדת
טבאל ושאר כנותו על־ארתחששתא מלך פרס וכתב
ח הנשתון כתוב ארמית ומתרגם ארמית: רחום
בעל־טעם ושמשי ספרא כתבו אגרה חדה על־ירושלם
ט לארתחששתא מלכא כנמא: אדין רחום בעל־טעם
ושמשי ספרא ושאר כנותהון דיניא ואפרסתכיא טרפליא
י אפרסיא ארכוי בבליא שושנכיא דהוא עלמיא: ושאר — דהיא
אמיא די הגלי אסנפר רבא ויקירא והותב המו בקריה
יא די שמרין ושאר עבר־נהרה וכענת: דנה פרשגן
אגרתא די שלחו עלוהי על־ארתחששתא מלכא עבדיך — עבדך

יב אֱנָשׁ עֲבַר־נַהֲרָה וּכְעֶנֶת׃ יְדִיעַ לֶהֱוֵא לְמַלְכָּא
דִּי יְהוּדָיֵא דִּי סְלִקוּ מִן־לְוָתָךְ עֲלֶינָא אֲתוֹ לִירוּשְׁלֶם קִרְיְתָא
מָרָדְתָּא וּבִאישְׁתָּא בָּנַיִן וְשׁוּרַיָּ אשכללו וְאֻשַּׁיָּא יַחִיטוּ׃ שַׁכְלִלוּ
יג כְּעַן יְדִיעַ לֶהֱוֵא לְמַלְכָּא דִּי הֵן קִרְיְתָא דָךְ תִּתְבְּנֵא וְשׁוּרַיָּא
יִשְׁתַּכְלְלוּן מִנְדָּה־בְלוֹ וַהֲלָךְ לָא יִנְתְּנוּן וְאַפְּתֹם מַלְכִים
יד תְּהַנְזִק׃ כְּעַן כָּל־קֳבֵל דִּי־מְלַח הֵיכְלָא מְלַחְנָא וְעַרְוַת
מַלְכָּא לָא־אֲרִיךְ לַנָא לְמֶחֱזֵא עַל־דְּנָה שְׁלַחְנָא וְהוֹדַעְנָא
טו לְמַלְכָּא׃ דִּי יְבַקַּר בִּסְפַר־דָּכְרָנַיָּא דִּי אֲבָהָתָךְ וּתְהַשְׁכַּח
בִּסְפַר דָּכְרָנַיָּא וְתִנְדַּע דִּי קִרְיְתָא דָךְ קִרְיָא מָרָדָא וּמְהַנְזְקַת
מַלְכִין וּמְדִנָן וְאֶשְׁתַּדּוּר עָבְדִין בְּגַוַּהּ מִן־יוֹמָת עָלְמָא עַל־
טז דְּנָה קִרְיְתָא דָךְ הָחָרְבַת׃ מְהוֹדְעִין אֲנַחְנָה לְמַלְכָּא דִּי הֵן
קִרְיְתָא דָךְ תִּתְבְּנֵא וְשׁוּרַיָּה יִשְׁתַּכְלְלוּן לָקֳבֵל דְּנָה חֲלָק
יז בַּעֲבַר נַהֲרָא לָא אִיתַי לָךְ׃ פִּתְגָמָא שְׁלַח מַלְכָּא
עַל־רְחוּם בְּעֵל־טְעֵם וְשִׁמְשַׁי סָפְרָא וּשְׁאָר כְּנָוָתְהוֹן דִּי יָתְבִין
יח בְּשָׁמְרָיִן וּשְׁאָר עֲבַר־נַהֲרָה שְׁלָם וּכְעֶת׃ נִשְׁתְּוָנָא דִּי שְׁלַחְתּוּן
יט עֲלֶינָא מְפָרַשׁ קֱרִי קָדָמָי׃ וּמִנִּי שִׂים טְעֵם וּבַקַּרוּ וְהַשְׁכַּחוּ דִּי
קִרְיְתָא דָךְ מִן־יוֹמָת עָלְמָא עַל־מַלְכִין מִתְנַשְּׂאָה וּמְרַד
כ וְאֶשְׁתַּדּוּר מִתְעֲבֶד־בַּהּ׃ וּמַלְכִין תַּקִּיפִין הֲווֹ עַל־יְרוּשְׁלֶם
וְשַׁלִּיטִין בְּכֹל עֲבַר נַהֲרָה וּמִדָּה בְלוֹ וַהֲלָךְ מִתְיְהֵב לְהוֹן׃
כא כְּעַן שִׂימוּ טְעֵם לְבַטָּלָא גֻּבְרַיָּא אִלֵּךְ וְקִרְיְתָא דָךְ לָא
כב תִתְבְּנֵא עַד־מִנִּי טַעְמָא יִתְּשָׂם׃ וּזְהִירִין הֱווֹ שָׁלוּ לְמֶעְבַּד
כג עַל־דְּנָה לְמָה יִשְׂגֵּא חֲבָלָא לְהַנְזָקַת מַלְכִין׃ אֱדַיִן
מִן־דִּי פַּרְשֶׁגֶן נִשְׁתְּוָנָא דִּי אַרְתַּחְשַׁשְׂתְּא מַלְכָּא קֱרִי קֳדָם־
רְחוּם וְשִׁמְשַׁי סָפְרָא וּכְנָוָתְהוֹן אֲזַלוּ בִבְהִילוּ לִירוּשְׁלֶם
כד עַל־יְהוּדָיֵא וּבַטִּלוּ הִמּוֹ בְּאֶדְרָע וְחָיִל׃ בֵּאדַיִן
בְּטֵלַת עֲבִידַת בֵּית־אֱלָהָא דִּי בִּירוּשְׁלֶם וַהֲוָת בָּטְלָא עַד
שְׁנַת תַּרְתֵּין לְמַלְכוּת דָּרְיָוֶשׁ מֶלֶךְ־פָּרָס׃

ה

א והתנבי חגי נביאה וזכריה בר־עדוא נביאיא על־יהודיא נביא
ב די ביהוד ובירושלם בשם אלה ישראל עליהון: באדין
קמו זרבבל בר־שאלתיאל וישוע בר־יוצדק ושריו למבנא
בית אלהא די בירושלם ועמהון נביאיה די־אלהא מסעדין
להון:
ג בה־זמנא אתה עליהון תתני פחת עבר־נהרה ושתר בוזני
וכנותהון וכן אמרין להם מן־שם לכם טעם ביתא דנה לבנא
ד ואשרנא דנה לשכללה: אדין כנמא אמרנא להם מן־אנון
ה שמהת גבריא די־דנה בנינא בנין: ועין אלההם הות על־
שבי יהודיא ולא־בטלו המו עד־טעמא לדריוש יהך ואדין
ו יתיבון נשתונא על־דנה: פרשגן אגרתא די־
שלח תתני ׀ פחת עבר־נהרה ושתר בוזני וכנותה אפרסכיא
ז די בעבר נהרה על־דריוש מלכא: פתגמא שלחו עלוהי
ח וכדנה כתיב בגוה לדריוש מלכא שלמא כלא: ידיע ׀ להוא
למלכא די־אזלנא ליהוד מדינתא לבית אלהא רבא והוא
מתבנא אבן גלל ואע מתשם בכתליא ועבידתא דך
ט אספרנא מתעבדא ומצלח בידהם: אדין שאלנא לשביא
אלך כנמא אמרנא להם מן־שם לכם טעם ביתא דנה
י למבניה ואשרנא דנה לשכללה: ואף שמהתהם שאלנא
יא להם להודעותך די נכתב שם־גבריא די בראשיהם: וכנמא
פתגמא התיבונא למאמר אנחנא המו עבדוהי די־אלה
שמיא וארעא ובנין ביתא די־הוא בנה מקדמת דנה
יב שנין שגיאן ומלך לישראל רב בנהי ושכללה: להן מן־די
הרגזו אבהתנא לאלה שמיא יהב המו ביד נבוכדנצר
מלך־בבל כסדיא וביתה דנה סתרה ועמה הגלי כסדאה
יג לבבל: ברם בשנת חדה לכורש מלכא די
יד בבל כורש מלכא שם טעם בית־אלהא דנה לבנא: ואף

מָאנַיָּא דִֽי־בֵית־אֱלָהָא דִּי דַהֲבָה וְכַסְפָּא דִּי נְבוּכַדְנֶצַּר
הַנְפֵּק מִן־הֵיכְלָא דִּי בִירוּשְׁלֶם וְהֵיבֵל הִמּוֹ לְהֵיכְלָא דִּי
בָבֶל הַנְפֵּק הִמּוֹ כּוֹרֶשׁ מַלְכָּא מִן־הֵיכְלָא דִּי בָבֶל וִיהִיבוּ
אֵל לְשֵׁשְׁבַּצַּר שְׁמֵהּ דִּי פֶחָה שָׂמֵהּ׃ וַאֲמַר־לֵהּ ׀ אלה מָאנַיָּא טו
שֵׂא אֵזֶל־אֲחֵת הִמּוֹ בְּהֵיכְלָא דִּי בִירוּשְׁלֶם וּבֵית אֱלָהָא
יִתְבְּנֵא עַל־אַתְרֵהּ׃ אֱדַיִן שֵׁשְׁבַּצַּר דֵּךְ אֲתָא טז
יְהַב אֻשַּׁיָּא דִּי־בֵית אֱלָהָא דִּי בִירוּשְׁלֶם וּמִן־אֱדַיִן וְעַד־כְּעַן
מִתְבְּנֵא וְלָא שְׁלִם׃ וּכְעַן הֵן עַל־מַלְכָּא טָב יִתְבַּקַּר בְּבֵית יז
גִּנְזַיָּא דִּי־מַלְכָּא תַמָּה דִּי בְּבָבֶל הֵן אִיתַי דִּי־מִן־כּוֹרֶשׁ מַלְכָּא
שִׂים טְעֵם לְמִבְנֵא בֵּית־אֱלָהָא דֵךְ בִּירוּשְׁלֶם וּרְעוּת מַלְכָּא
עַל־דְּנָה יִשְׁלַח עֲלֶינָא׃ בֵּאדַיִן דָּרְיָוֶשׁ מַלְכָּא ו א
שָׂם טְעֵם וּבַקַּרוּ ׀ בְּבֵית סִפְרַיָּא דִּי גִנְזַיָּא מְהַחֲתִין תַּמָּה
בְּבָבֶל׃ וְהִשְׁתְּכַח בְּאַחְמְתָא בְּבִירְתָא דִּי בְּמָדַי מְדִינְתָּה ב
מְגִלָּה חֲדָה וְכֵן־כְּתִיב בְּגַוַּהּ דִּכְרוֹנָה׃ בִּשְׁנַת ג
חֲדָה לְכוֹרֶשׁ מַלְכָּא כּוֹרֶשׁ מַלְכָּא שָׂם טְעֵם בֵּית־אֱלָהָא
בִירוּשְׁלֶם בַּיְתָא יִתְבְּנֵא אֲתַר דִּי־דָבְחִין דִּבְחִין וְאֻשּׁוֹהִי
מְסוֹבְלִין רוּמֵהּ אַמִּין שִׁתִּין פְּתָיֵהּ אַמִּין שִׁתִּין׃ נִדְבָּכִין דִּי־ ד
אֶבֶן גְּלָל תְּלָתָא וְנִדְבָּךְ דִּי־אָע חֲדַת וְנִפְקְתָא מִן־בֵּית
מַלְכָּא תִּתְיְהִב׃ וְאַף מָאנֵי בֵית־אֱלָהָא דִּי דַהֲבָה וְכַסְפָּא ה
דִּי נְבוּכַדְנֶצַּר הַנְפֵּק מִן־הֵיכְלָא דִי־בִירוּשְׁלֶם וְהֵיבֵל לְבָבֶל
יַהֲתִיבוּן וִיהָךְ לְהֵיכְלָא דִי־בִירוּשְׁלֶם לְאַתְרֵהּ וְתַחֵת בְּבֵית
אֱלָהָא׃ כְּעַן תַּתְּנַי פַּחַת עֲבַר־נַהֲרָה שְׁתַר בּוֹזְנַי ו
וּכְנָוָתְהוֹן אֲפַרְסְכָיֵא דִּי בַּעֲבַר נַהֲרָה רַחִיקִין הֲווֹ מִן־תַּמָּה׃
שְׁבֻקוּ לַעֲבִידַת בֵּית־אֱלָהָא דֵךְ פַּחַת יְהוּדָיֵא וּלְשָׂבֵי יְהוּדָיֵא ז
בֵּית־אֱלָהָא דֵךְ יִבְנוֹן עַל־אַתְרֵהּ׃ וּמִנִּי שִׂים טְעֵם לְמָא דִי־ ח
תַעַבְדוּן עִם־שָׂבֵי יְהוּדָיֵא אִלֵּךְ לְמִבְנֵא בֵּית־אֱלָהָא דֵךְ
וּמִנִּכְסֵי מַלְכָּא דִּי מִדַּת עֲבַר נַהֲרָה אָסְפַּרְנָא נִפְקְתָא תֶּהֱוֵא

ט מתיהבא לגבריא אלך די־לא לבטלא: ומה חשחן ובני
תורין ודכרין ואמרין ׀ לעלון ׀ לאלה שמיא חנטין מלח ׀
חמר ומשח כמאמר כהניא די־בירושלם להוא מתיהב
י להם יום ׀ ביום די־לא שלו: די־להון מהקרבין ניחוחין
יא לאלה שמיא ומצלין לחיי מלכא ובנוהי: ומני שים טעם די
כל־אנש די יהשנא פתגמא דנה יתנסח אע מן־ביתה וזקיף
יב יתמחא עלהי וביתה נולו יתעבד על־דנה: ואלהא די שכן
שמה תמה ימגר כל־מלך ועם די ׀ ישלח ידה להשניה
לחבלה בית־אלהא דך די בירושלם אנה דריוש שמת
יג טעם אספרנא יתעבד: אדין תתני פחת עבר־
נהרה שתר בוזני וכנותהון לקבל די־שלח דריוש מלכא
יד כנמא אספרנא עבדו: ושבי יהודיא בנין ומצלחין בנבואת
חגי נביאה וזכריה בר־עדוא ובנו ושכללו מן־טעם אלה נביא
ישראל ומטעם כורש ודריוש וארתחששתא מלך פרס:
טו ושיציא ביתה דנה עד יום תלתה לירח אדר די־היא שנת־
טז שת למלכות דריוש מלכא: ועבדו בני־
ישראל כהניא ולויא ושאר בני־גלותא חנכת בית־אלהא
יז דנה בחדוה: והקרבו לחנכת בית־אלהא דנה תורין מאה
דכרין מאתין אמרין ארבע מאה וצפירי עזין לחטיא על־ לחטאה
יח כל־ישראל תרי־עשר למנין שבטי ישראל: והקימו כהניא ג
בפלגתהון ולויא במחלקתהון על־עבידת אלהא די
יט בירושלם ככתב ספר משה: ויעשו בני־הגולה
כ את־הפסח בארבעה עשר לחדש הראשון: כי הטהרו
הכהנים והלוים כאחד כלם טהורים וישחטו הפסח לכל־
כא בני הגולה ולאחיהם הכהנים ולהם: ויאכלו בני־ישראל
השבים מהגולה וכל הנבדל מטמאת גויי־הארץ אלהם
כב לדרש ליהוה אלהי ישראל: ויעשו חג־מצות שבעת ימים

בְּשִׂמְחָה כִּי ׀ שִׂמְּחָם יהוה וְהֵסֵב לֵב מֶלֶךְ־אַשּׁוּר עֲלֵיהֶם לְחַזֵּק
יְדֵיהֶם בִּמְלֶאכֶת בֵּית־הָאֱלֹהִים אֱלֹהֵי יִשְׂרָאֵל׃ וְאַחַר ז א
הַדְּבָרִים הָאֵלֶּה בְּמַלְכוּת אַרְתַּחְשַׁסְתְּא מֶלֶךְ־פָּרָס עֶזְרָא
בֶּן־שְׂרָיָה בֶּן־עֲזַרְיָה בֶּן־חִלְקִיָּה׃ בֶּן־שַׁלּוּם בֶּן־צָדוֹק בֶּן־ ב
אֲחִיטוּב׃ בֶּן־אֲמַרְיָה בֶן־עֲזַרְיָה בֶּן־מְרָיוֹת׃ בֶּן־זְרַחְיָה בֶן־ ג ד
עֻזִּי בֶּן־בֻּקִּי׃ בֶּן־אֲבִישׁוּעַ בֶּן־פִּינְחָס בֶּן־אֶלְעָזָר בֶּן־אַהֲרֹן ה
הַכֹּהֵן הָרֹאשׁ׃ הוּא עֶזְרָא עָלָה מִבָּבֶל וְהוּא־סֹפֵר מָהִיר ו
בְּתוֹרַת מֹשֶׁה אֲשֶׁר־נָתַן יהוה אֱלֹהֵי יִשְׂרָאֵל וַיִּתֶּן־לוֹ הַמֶּלֶךְ
כְּיַד־יהוה אֱלֹהָיו עָלָיו כֹּל בַּקָּשָׁתוֹ׃ וַיַּעֲלוּ מִבְּנֵי־ ז
יִשְׂרָאֵל וּמִן־הַכֹּהֲנִים וְהַלְוִיִּם וְהַמְשֹׁרְרִים וְהַשֹּׁעֲרִים וְהַנְּתִינִים
אֶל־יְרוּשָׁלָ͏ִם בִּשְׁנַת־שֶׁבַע לְאַרְתַּחְשַׁסְתְּא הַמֶּלֶךְ׃ וַיָּבֹא ח
יְרוּשָׁלַ͏ִם בַּחֹדֶשׁ הַחֲמִישִׁי הִיא שְׁנַת הַשְּׁבִיעִית לַמֶּלֶךְ׃ כִּי ט
בְּאֶחָד לַחֹדֶשׁ הָרִאשׁוֹן הוּא יְסֻד הַמַּעֲלָה מִבָּבֶל וּבְאֶחָד
לַחֹדֶשׁ הַחֲמִישִׁי בָּא אֶל־יְרוּשָׁלַ͏ִם כְּיַד־אֱלֹהָיו הַטּוֹבָה עָלָיו׃
כִּי עֶזְרָא הֵכִין לְבָבוֹ לִדְרֹשׁ אֶת־תּוֹרַת יהוה וְלַעֲשֹׂת וּלְלַמֵּד י
בְּיִשְׂרָאֵל חֹק וּמִשְׁפָּט׃ וְזֶה ׀ פַּרְשֶׁגֶן הַנִּשְׁתְּוָן אֲשֶׁר יא
נָתַן הַמֶּלֶךְ אַרְתַּחְשַׁסְתְּא לְעֶזְרָא הַכֹּהֵן הַסֹּפֵר סֹפֵר דִּבְרֵי
מִצְוֺת־יהוה וְחֻקָּיו עַל־יִשְׂרָאֵל׃ אַרְתַּחְשַׁסְתְּא מֶלֶךְ יב
מַלְכַיָּא לְעֶזְרָא כָהֲנָא סָפַר דָּתָא דִּי־אֱלָהּ שְׁמַיָּא גְּמִיר
וּכְעֶנֶת׃ מִנִּי שִׂים טְעֵם דִּי כָל־מִתְנַדַּב בְּמַלְכוּתִי מִן־עַמָּא יג
יִשְׂרָאֵל וְכָהֲנוֹהִי וְלֵוָיֵא לִמְהָךְ לִירוּשְׁלֶם עִמָּךְ יְהָךְ׃ כָּל־ יד
קֳבֵל דִּי מִן־קֳדָם מַלְכָּא וְשִׁבְעַת יָעֲטֹהִי שְׁלִיחַ לְבַקָּרָה עַל־
יְהוּד וְלִירוּשְׁלֶם בְּדָת אֱלָהָךְ דִּי בִידָךְ׃ וּלְהֵיבָלָה כְּסַף וּדְהַב טו
דִּי־מַלְכָּא וְיָעֲטוֹהִי הִתְנַדַּבוּ לֶאֱלָהּ יִשְׂרָאֵל דִּי בִירוּשְׁלֶם
מִשְׁכְּנֵהּ׃ וְכֹל כְּסַף וּדְהַב דִּי תְהַשְׁכַּח בְּכֹל מְדִינַת בָּבֶל עִם טז
הִתְנַדָּבוּת עַמָּא וְכָהֲנַיָּא מִתְנַדְּבִין לְבֵית אֱלָהֲהֹם דִּי
בִירוּשְׁלֶם׃ כָּל־קֳבֵל דְּנָה אָסְפַּרְנָא תִקְנֵא בְּכַסְפָּא דְנָה יז

תּוֹרִין ׀ דִּכְרִין אִמְּרִין וּמִנְחָתְהוֹן וְנִסְכֵּיהוֹן וּתְקָרֵב הִמּוֹ עַל־
יח מַדְבְּחָה דִּי בֵּית אֱלָהֲכֹם דִּי בִירוּשְׁלֶם׃ וּמָה דִי עליך וְעַל־ עֲלָךְ
אחיך יִיטַב בִּשְׁאָר כַּסְפָּא וְדַהֲבָה לְמֶעְבַּד כִּרְעוּת אֱלָהֲכֹם אֶחָךְ
יט תַּעַבְדוּן׃ וּמָאנַיָּא דִּי־מִתְיַהֲבִין לָךְ לְפָלְחַן בֵּית אֱלָהָךְ הַשְׁלֵם
כ קֳדָם אֱלָהּ יְרוּשְׁלֶם׃ וּשְׁאָר חַשְׁחוּת בֵּית אֱלָהָךְ דִּי יִפֶּל־לָךְ
כא לְמִנְתַּן תִּנְתֵּן מִן־בֵּית גִּנְזֵי מַלְכָּא׃ וּמִנִּי אֲנָה אַרְתַּחְשַׁסְתְּא
מַלְכָּא שִׂים טְעֵם לְכֹל גִּזַּבְרַיָּא דִּי בַּעֲבַר נַהֲרָה דִּי כָל־
דִּי יִשְׁאֲלֶנְכוֹן עֶזְרָא כָהֲנָא סָפַר דָּתָא דִּי־אֱלָהּ שְׁמַיָּא
כב אָסְפַּרְנָא יִתְעֲבֵד׃ עַד־כְּסַף כַּכְּרִין מְאָה וְעַד־חִנְטִין כּוֹרִין
מְאָה וְעַד־חֲמַר בַּתִּין מְאָה וְעַד־בַּתִּין מְשַׁח מְאָה וּמְלַח
כג דִּי־לָא כְתָב׃ כָּל־דִּי מִן־טַעַם אֱלָהּ שְׁמַיָּא יִתְעֲבֵד אַדְרַזְדָּא
לְבֵית אֱלָהּ שְׁמַיָּא דִּי־לְמָה לֶהֱוֵא קְצַף עַל־מַלְכוּת מַלְכָּא
כד וּבְנוֹהִי׃ וּלְכֹם מְהוֹדְעִין דִּי כָל־כָּהֲנַיָּא וְלֵוָיֵא זַמָּרַיָּא תָרָעַיָּא
נְתִינַיָּא וּפָלְחֵי בֵּית אֱלָהָא דְנָה מִנְדָּה בְלוֹ וַהֲלָךְ לָא שַׁלִּיט
כה לְמִרְמֵא עֲלֵיהֹם׃ וְאַנְתְּ עֶזְרָא כְּחָכְמַת אֱלָהָךְ דִּי־בִידָךְ מֶנִּי
שָׁפְטִין וְדַיָּנִין דִּי־לֶהֱוֺן דאנין לְכָל־עַמָּא דִּי בַּעֲבַר נַהֲרָה דָּיְנִין
כו לְכָל־יָדְעֵי דָּתֵי אֱלָהָךְ וְדִי לָא יָדַע תְּהוֹדְעוּן׃ וְכָל־דִּי־לָא
לֶהֱוֵא עָבֵד דָּתָא דִּי־אֱלָהָךְ וְדָתָא דִּי מַלְכָּא אָסְפַּרְנָא דִּינָה
לֶהֱוֵא מִתְעֲבֵד מִנֵּהּ הֵן לְמוֹת הֵן לשרשו הֵן־לַעֲנָשׁ נִכְסִין לִשְׁרֹשִׁי
כז וְלֶאֱסוּרִין׃ בָּרוּךְ יְהוָה אֱלֹהֵי אֲבוֹתֵינוּ אֲשֶׁר נָתַן
כָּזֹאת בְּלֵב הַמֶּלֶךְ לְפָאֵר אֶת־בֵּית יְהוָה אֲשֶׁר בִּירוּשָׁלָםִ׃
כח וְעָלַי הִטָּה־חֶסֶד לִפְנֵי הַמֶּלֶךְ וְיוֹעֲצָיו וּלְכָל־שָׂרֵי הַמֶּלֶךְ
הַגִּבֹּרִים וַאֲנִי הִתְחַזַּקְתִּי כְּיַד־יְהוָה אֱלֹהַי עָלַי וָאֶקְבְּצָה
מִיִּשְׂרָאֵל רָאשִׁים לַעֲלוֹת עִמִּי׃

ח א וְאֵלֶּה רָאשֵׁי אֲבֹתֵיהֶם וְהִתְיַחְשָׂם הָעֹלִים עִמִּי בְּמַלְכוּת
ב אַרְתַּחְשַׁסְתְּא הַמֶּלֶךְ מִבָּבֶל׃ מִבְּנֵי פִינְחָס גֵּרְשֹׁם מִבְּנֵי
ג אִיתָמָר דָּנִיֵּאל מִבְּנֵי דָוִיד חַטּוּשׁ׃ מִבְּנֵי שְׁכַנְיָה מִבְּנֵי פַרְעֹשׁ

זְכַרְיָה וְעִמּוֹ הִתְיַחֵשׂ לִזְכָרִים מֵאָה וַחֲמִשִּׁים׃ מִבְּנֵי פַּחַת ד
מוֹאָב אֶלְיְהוֹעֵינַי בֶּן־זְרַחְיָה וְעִמּוֹ מָאתַיִם הַזְּכָרִים׃ מִבְּנֵי ה
שְׁכַנְיָה בֶּן־יַחֲזִיאֵל וְעִמּוֹ שְׁלֹשׁ מֵאוֹת הַזְּכָרִים׃ וּמִבְּנֵי עָדִין ו
עֶבֶד בֶּן־יוֹנָתָן וְעִמּוֹ חֲמִשִּׁים הַזְּכָרִים׃ וּמִבְּנֵי עֵילָם יְשַׁעְיָה ז
בֶּן־עֲתַלְיָה וְעִמּוֹ שִׁבְעִים הַזְּכָרִים׃ וּמִבְּנֵי שְׁפַטְיָה זְבַדְיָה בֶּן־ ח
מִיכָאֵל וְעִמּוֹ שְׁמֹנִים הַזְּכָרִים׃ מִבְּנֵי יוֹאָב עֹבַדְיָה בֶּן־יְחִיאֵל ט
וְעִמּוֹ מָאתַיִם וּשְׁמֹנָה עָשָׂר הַזְּכָרִים׃ וּמִבְּנֵי שְׁלוֹמִית בֶּן־ י
יוֹסִפְיָה וְעִמּוֹ מֵאָה וְשִׁשִּׁים הַזְּכָרִים׃ וּמִבְּנֵי בֵּבַי זְכַרְיָה בֶּן־ יא
בֵּבָי וְעִמּוֹ עֶשְׂרִים וּשְׁמֹנָה הַזְּכָרִים׃ וּמִבְּנֵי עַזְגָּד יוֹחָנָן בֶּן־הַקָּטָן יב
וְעִמּוֹ מֵאָה וַעֲשָׂרָה הַזְּכָרִים׃ וּמִבְּנֵי אֲדֹנִיקָם אַחֲרֹנִים וְאֵלֶּה יג
שְׁמוֹתָם אֱלִיפֶלֶט יְעִיאֵל וּשְׁמַעְיָה וְעִמָּהֶם שִׁשִּׁים הַזְּכָרִים׃
וְזַכּוּר וּמִבְּנֵי בִּגְוַי עוּתַי וזבוד וְעִמָּהֶם שִׁבְעִים הַזְּכָרִים׃ יד
וָאֶקְבְּצֵם אֶל־הַנָּהָר הַבָּא אֶל־אַהֲוָא וַנַּחֲנֶה שָׁם יָמִים שְׁלֹשָׁה טו
וָאָבִינָה בָעָם וּבַכֹּהֲנִים וּמִבְּנֵי לֵוִי לֹא־מָצָאתִי שָׁם׃ וָאֶשְׁלְחָה טז
לֶאֱלִיעֶזֶר לַאֲרִיאֵל לִשְׁמַעְיָה וּלְאֶלְנָתָן וּלְיָרִיב וּלְאֶלְנָתָן וּלְנָתָן
וָאֲצַוֶּה וְלִזְכַרְיָה וְלִמְשֻׁלָּם רָאשִׁים וּלְיוֹיָרִיב וּלְאֶלְנָתָן מְבִינִים׃ ואוצאה יז
אוֹתָם עַל־אִדּוֹ הָרֹאשׁ בְּכָסִפְיָא הַמָּקוֹם וָאָשִׂימָה בְּפִיהֶם
הַנְּתִינִים דְּבָרִים לְדַבֵּר אֶל־אִדּוֹ אָחִיו הנתונים בְּכָסִפְיָא הַמָּקוֹם
לְהָבִיא־לָנוּ מְשָׁרְתִים לְבֵית אֱלֹהֵינוּ׃ וַיָּבִיאוּ לָנוּ כְּיַד־ יח
אֱלֹהֵינוּ הַטּוֹבָה עָלֵינוּ אִישׁ שֶׂכֶל מִבְּנֵי מַחְלִי בֶּן־לֵוִי בֶּן־
יִשְׂרָאֵל וְשֵׁרֵבְיָה וּבָנָיו וְאֶחָיו שְׁמֹנָה עָשָׂר׃ וְאֶת־חֲשַׁבְיָה וְאִתּוֹ יט
יְשַׁעְיָה מִבְּנֵי מְרָרִי אֶחָיו וּבְנֵיהֶם עֶשְׂרִים׃ וּמִן־ כ
הַנְּתִינִים שֶׁנָּתַן דָּוִיד וְהַשָּׂרִים לַעֲבֹדַת הַלְוִיִּם נְתִינִים מָאתַיִם
וְעֶשְׂרִים כֻּלָּם נִקְּבוּ בְשֵׁמוֹת׃ וָאֶקְרָא שָׁם צוֹם עַל־הַנָּהָר כא
אַהֲוָא לְהִתְעַנּוֹת לִפְנֵי אֱלֹהֵינוּ לְבַקֵּשׁ מִמֶּנּוּ דֶּרֶךְ יְשָׁרָה לָנוּ
וּלְטַפֵּנוּ וּלְכָל־רְכוּשֵׁנוּ׃ כִּי בֹשְׁתִּי לִשְׁאוֹל מִן־הַמֶּלֶךְ חַיִל כב
וּפָרָשִׁים לְעָזְרֵנוּ מֵאוֹיֵב בַּדָּרֶךְ כִּי־אָמַרְנוּ לַמֶּלֶךְ לֵאמֹר יַד־

אֱלֹהֵינוּ עַל־כָּל־מְבַקְשָׁיו לְטוֹבָה וְעֻזּוֹ וְאַפּוֹ עַל כָּל־עֹזְבָיו׃
כג כד וַנָּצוּמָה וַנְּבַקְשָׁה מֵאֱלֹהֵינוּ עַל־זֹאת וַיֵּעָתֵר לָנוּ׃ וָאַבְדִּילָה
מִשָּׂרֵי הַכֹּהֲנִים שְׁנֵים עָשָׂר לְשֵׁרֵבְיָה חֲשַׁבְיָה וְעִמָּהֶם מֵאֲחֵיהֶם
כה עֲשָׂרָה׃ ואשקולה לָהֶם אֶת־הַכֶּסֶף וְאֶת־הַזָּהָב וְאֶת־הַכֵּלִים וָֽאֶשְׁקְלָה
תְּרוּמַת בֵּית־אֱלֹהֵינוּ הַהֵרִימוּ הַמֶּלֶךְ וְיֹעֲצָיו וְשָׂרָיו וְכָל־
כו יִשְׂרָאֵל הַנִּמְצָאִים׃ וָאֶשְׁקְלָה עַל־יָדָם כֶּסֶף כִּכָּרִים שֵׁשׁ־
מֵאוֹת וַחֲמִשִּׁים וּכְלֵי־כֶסֶף מֵאָה לְכִכָּרִים זָהָב מֵאָה כִכָּר׃
כז וּכְפֹרֵי זָהָב עֶשְׂרִים לַאֲדַרְכֹנִים אָלֶף וּכְלֵי נְחֹשֶׁת מֻצְהָב
כח טוֹבָה שְׁנַיִם חֲמוּדֹת כַּזָּהָב׃ וָאֹמְרָה אֲלֵהֶם אַתֶּם קֹדֶשׁ
לַיהוָה וְהַכֵּלִים קֹדֶשׁ וְהַכֶּסֶף וְהַזָּהָב נְדָבָה לַיהוָה אֱלֹהֵי
כט אֲבֹתֵיכֶם׃ שִׁקְדוּ וְשִׁמְרוּ עַד־תִּשְׁקְלוּ לִפְנֵי שָׂרֵי הַכֹּהֲנִים
וְהַלְוִיִּם וְשָׂרֵי־הָאָבוֹת לְיִשְׂרָאֵל בִּירוּשָׁלָם הַלִּשְׁכוֹת בֵּית
ל יְהוָה׃ וְקִבְּלוּ הַכֹּהֲנִים וְהַלְוִיִּם מִשְׁקַל הַכֶּסֶף וְהַזָּהָב וְהַכֵּלִים
לא לְהָבִיא לִירוּשָׁלַם לְבֵית אֱלֹהֵינוּ׃ וַנִּסְעָה מִנְּהַר
אַהֲוָא בִּשְׁנֵים עָשָׂר לַחֹדֶשׁ הָרִאשׁוֹן לָלֶכֶת יְרוּשָׁלָם וְיַד־
אֱלֹהֵינוּ הָיְתָה עָלֵינוּ וַיַּצִּילֵנוּ מִכַּף אוֹיֵב וְאוֹרֵב עַל־הַדָּרֶךְ׃
לב לג וַנָּבוֹא יְרוּשָׁלָם וַנֵּשֶׁב שָׁם יָמִים שְׁלֹשָׁה׃ וּבַיּוֹם הָרְבִיעִי נִשְׁקַל
הַכֶּסֶף וְהַזָּהָב וְהַכֵּלִים בְּבֵית אֱלֹהֵינוּ עַל יַד־מְרֵמוֹת בֶּן־
אוּרִיָּה הַכֹּהֵן וְעִמּוֹ אֶלְעָזָר בֶּן־פִּינְחָס וְעִמָּהֶם יוֹזָבָד בֶּן־יֵשׁוּעַ
לד וְנוֹעַדְיָה בֶן־בִּנּוּי הַלְוִיִּם׃ בְּמִסְפָּר בְּמִשְׁקָל לַכֹּל וַיִּכָּתֵב כָּל־
לה הַמִּשְׁקָל בָּעֵת הַהִיא׃ הַבָּאִים מֵהַשְּׁבִי בְנֵי־ ד
הַגּוֹלָה הִקְרִיבוּ עֹלוֹת ׀ לֵאלֹהֵי יִשְׂרָאֵל פָּרִים שְׁנֵים־עָשָׂר
עַל־כָּל־יִשְׂרָאֵל אֵילִים ׀ תִּשְׁעִים וְשִׁשָּׁה כְּבָשִׂים שִׁבְעִים
לו וְשִׁבְעָה צְפִירֵי חַטָּאת שְׁנֵים עָשָׂר הַכֹּל עוֹלָה לַיהוָה׃ וַיִּתְּנוּ ׀
אֶת־דָּתֵי הַמֶּלֶךְ לַאֲחַשְׁדַּרְפְּנֵי הַמֶּלֶךְ וּפַחֲווֹת עֵבֶר הַנָּהָר
ט א וְנִשְּׂאוּ אֶת־הָעָם וְאֶת־בֵּית־הָאֱלֹהִים׃ וּכְכַלּוֹת
אֵלֶּה נִגְּשׁוּ אֵלַי הַשָּׂרִים לֵאמֹר לֹא־נִבְדְּלוּ הָעָם יִשְׂרָאֵל

וְהַכֹּהֲנִים וְהַלְוִיִּם מֵעַמֵּי הָאֲרָצוֹת כְּתֹעֲבֹתֵיהֶם לַכְּנַעֲנִי הַחִתִּי
הַפְּרִזִּי הַיְבוּסִי הָעַמֹּנִי הַמֹּאָבִי הַמִּצְרִי וְהָאֱמֹרִי׃ כִּֽי־נָשְׂאוּ ב
מִבְּנֹתֵיהֶם לָהֶם וְלִבְנֵיהֶם וְהִתְעָרְבוּ זֶרַע הַקֹּדֶשׁ בְּעַמֵּי הָאֲרָצוֹת
וְיַד הַשָּׂרִים וְהַסְּגָנִים הָיְתָה בַּמַּעַל הַזֶּה רִאשׁוֹנָה׃ וּכְשָׁמְעִי ג
אֶת־הַדָּבָר הַזֶּה קָרַעְתִּי אֶת־בִּגְדִי וּמְעִילִי וָאֶמְרְטָה מִשְּׂעַר
רֹאשִׁי וּזְקָנִי וָאֵשְׁבָה מְשׁוֹמֵם׃ וְאֵלַי יֵאָסְפוּ כֹּל חָרֵד בְּדִבְרֵי ד
אֱלֹהֵי־יִשְׂרָאֵל עַל מַעַל הַגּוֹלָה וַאֲנִי יֹשֵׁב מְשׁוֹמֵם עַד לְמִנְחַת
הָעָרֶב׃ וּבְמִנְחַת הָעֶרֶב קַמְתִּי מִתַּעֲנִיתִי וּבְקָרְעִי בִגְדִי וּמְעִילִי ה
וָאֶכְרְעָה עַל־בִּרְכַּי וָאֶפְרְשָׂה כַפַּי אֶל־יְהוָה אֱלֹהָי׃ וָאֹמְרָה ו
אֱלֹהַי בֹּשְׁתִּי וְנִכְלַמְתִּי לְהָרִים אֱלֹהַי פָּנַי אֵלֶיךָ כִּי עֲוֺנֹתֵינוּ
רָבוּ לְמַעְלָה רֹּאשׁ וְאַשְׁמָתֵנוּ גָדְלָה עַד לַשָּׁמָיִם׃ מִימֵי ז
אֲבֹתֵינוּ אֲנַחְנוּ בְּאַשְׁמָה גְדֹלָה עַד הַיּוֹם הַזֶּה וּבַעֲוֺנֹתֵינוּ נִתַּנּוּ
אֲנַחְנוּ מְלָכֵינוּ כֹהֲנֵינוּ בְּיַד ׀ מַלְכֵי הָאֲרָצוֹת בַּחֶרֶב בַּשְּׁבִי
וּבַבִּזָּה וּבְבֹשֶׁת פָּנִים כְּהַיּוֹם הַזֶּה׃ וְעַתָּה כִּמְעַט־רֶגַע הָיְתָה ח
תְחִנָּה מֵאֵת ׀ יְהוָה אֱלֹהֵינוּ לְהַשְׁאִיר לָנוּ פְּלֵיטָה וְלָתֶת־לָנוּ
יָתֵד בִּמְקוֹם קָדְשׁוֹ לְהָאִיר עֵינֵינוּ אֱלֹהֵינוּ וּלְתִתֵּנוּ מִחְיָה
מְעַט בְּעַבְדֻתֵנוּ׃ כִּֽי־עֲבָדִים אֲנַחְנוּ וּבְעַבְדֻתֵנוּ לֹא עֲזָבָנוּ ט
אֱלֹהֵינוּ וַיַּט־עָלֵינוּ חֶסֶד לִפְנֵי מַלְכֵי פָרַס לָתֶת־לָנוּ מִחְיָה
לְרוֹמֵם אֶת־בֵּית אֱלֹהֵינוּ וּלְהַעֲמִיד אֶת־חָרְבֹתָיו וְלָתֶת־לָנוּ
גָדֵר בִּיהוּדָה וּבִירוּשָׁלִָם׃ וְעַתָּה מַה־נֹּאמַר אֱלֹהֵינוּ אַחֲרֵי־ י
זֹאת כִּי עָזַבְנוּ מִצְוֺתֶיךָ׃ אֲשֶׁר צִוִּיתָ בְּיַד עֲבָדֶיךָ הַנְּבִיאִים יא
לֵאמֹר הָאָרֶץ אֲשֶׁר אַתֶּם בָּאִים לְרִשְׁתָּהּ אֶרֶץ נִדָּה הִיא
בְּנִדַּת עַמֵּי הָאֲרָצוֹת בְּתוֹעֲבֹתֵיהֶם אֲשֶׁר מִלְאוּהָ מִפֶּה אֶל־
פֶּה בְּטֻמְאָתָם׃ וְעַתָּה בְּנוֹתֵיכֶם אַל־תִּתְּנוּ לִבְנֵיהֶם וּבְנֹתֵיהֶם יב
אַל־תִּשְׂאוּ לִבְנֵיכֶם וְלֹא־תִדְרְשׁוּ שְׁלֹמָם וְטוֹבָתָם עַד־עוֹלָם
לְמַעַן תֶּחֶזְקוּ וַאֲכַלְתֶּם אֶת־טוּב הָאָרֶץ וְהוֹרַשְׁתֶּם לִבְנֵיכֶם
עַד־עוֹלָם׃ וְאַחֲרֵי כָּל־הַבָּא עָלֵינוּ בְּמַעֲשֵׂינוּ הָרָעִים וּבְאַשְׁמָתֵנוּ יג

הַגְּדֹלָה כִּי ׀ אַתָּה אֱלֹהֵינוּ חָשַׂכְתָּ לְמַטָּה מֵעֲוֺנֵנוּ וְנָתַתָּה לָּנוּ
יד פְּלֵיטָה כָּזֹאת׃ הֲנָשׁוּב לְהָפֵר מִצְוֺתֶיךָ וּלְהִתְחַתֵּן בְּעַמֵּי
הַתֹּעֵבוֹת הָאֵלֶּה הֲלוֹא תֶאֱנַף־בָּנוּ עַד־כַּלֵּה לְאֵין שְׁאֵרִית
טו וּפְלֵיטָה׃ יְהוָה אֱלֹהֵי יִשְׂרָאֵל צַדִּיק אַתָּה כִּי־
נִשְׁאַרְנוּ פְלֵיטָה כְּהַיּוֹם הַזֶּה הִנְנוּ לְפָנֶיךָ בְּאַשְׁמָתֵינוּ כִּי אֵין
י א לַעֲמוֹד לְפָנֶיךָ עַל־זֹאת׃ וּכְהִתְפַּלֵּל עֶזְרָא
וּכְהִתְוַדֹּתוֹ בֹּכֶה וּמִתְנַפֵּל לִפְנֵי בֵּית הָאֱלֹהִים נִקְבְּצוּ אֵלָיו
מִיִּשְׂרָאֵל קָהָל רַב־מְאֹד אֲנָשִׁים וְנָשִׁים וִילָדִים כִּי־בָכוּ הָעָם
הַרְבֵּה בֶכֶה׃
ב וַיַּעַן שְׁכַנְיָה בֶן־יְחִיאֵל מִבְּנֵי עולם וַיֹּאמֶר לְעֶזְרָא אֲנַחְנוּ עֵילָם
מָעַלְנוּ בֵאלֹהֵינוּ וַנֹּשֶׁב נָשִׁים נָכְרִיּוֹת מֵעַמֵּי הָאָרֶץ וְעַתָּה יֵשׁ־
ג מִקְוֶה לְיִשְׂרָאֵל עַל־זֹאת׃ וְעַתָּה נִכְרָת־בְּרִית לֵאלֹהֵינוּ
לְהוֹצִיא כָל־נָשִׁים וְהַנּוֹלָד מֵהֶם בַּעֲצַת אֲדֹנָי וְהַחֲרֵדִים בְּמִצְוַת
ד אֱלֹהֵינוּ וְכַתּוֹרָה יֵעָשֶׂה׃ קוּם כִּי־עָלֶיךָ הַדָּבָר וַאֲנַחְנוּ עִמָּךְ
ה חֲזַק וַעֲשֵׂה׃ וַיָּקָם עֶזְרָא וַיַּשְׁבַּע אֶת־שָׂרֵי
הַכֹּהֲנִים הַלְוִיִּם וְכָל־יִשְׂרָאֵל לַעֲשׂוֹת כַּדָּבָר הַזֶּה וַיִּשָּׁבֵעוּ׃
ו וַיָּקָם עֶזְרָא מִלִּפְנֵי בֵּית הָאֱלֹהִים וַיֵּלֶךְ אֶל־לִשְׁכַּת יְהוֹחָנָן בֶּן־
אֶלְיָשִׁיב וַיֵּלֶךְ שָׁם לֶחֶם לֹא־אָכַל וּמַיִם לֹא־שָׁתָה כִּי מִתְאַבֵּל
ז עַל־מַעַל הַגּוֹלָה׃ וַיַּעֲבִירוּ קוֹל בִּיהוּדָה וִירוּשָׁלִַם לְכֹל בְּנֵי
ח הַגּוֹלָה לְהִקָּבֵץ יְרוּשָׁלִָם׃ וְכֹל אֲשֶׁר לֹא־יָבוֹא לִשְׁלֹשֶׁת הַיָּמִים
כַּעֲצַת הַשָּׂרִים וְהַזְּקֵנִים יָחֳרַם כָּל־רְכוּשׁוֹ וְהוּא יִבָּדֵל מִקְּהַל
הַגּוֹלָה׃
ט וַיִּקָּבְצוּ כָל־אַנְשֵׁי־יְהוּדָה וּבִנְיָמִן ׀ יְרוּשָׁלִַם לִשְׁלֹשֶׁת הַיָּמִים
הוּא חֹדֶשׁ הַתְּשִׁיעִי בְּעֶשְׂרִים בַּחֹדֶשׁ וַיֵּשְׁבוּ כָל־הָעָם בִּרְחוֹב
י בֵּית הָאֱלֹהִים מַרְעִידִים עַל־הַדָּבָר וּמֵהַגְּשָׁמִים׃ וַיָּקָם עֶזְרָא
הַכֹּהֵן וַיֹּאמֶר אֲלֵהֶם אַתֶּם מְעַלְתֶּם וַתֹּשִׁיבוּ נָשִׁים נָכְרִיּוֹת
יא לְהוֹסִיף עַל־אַשְׁמַת יִשְׂרָאֵל׃ וְעַתָּה תְּנוּ תוֹדָה לַיהוָה אֱלֹהֵי־

אֲבֹתֵיכֶם וַעֲשׂוּ רְצוֹנוֹ וְהִבָּדְלוּ מֵעַמֵּי הָאָרֶץ וּמִן־הַנָּשִׁים
הַנָּכְרִיּוֹת׃ וַיַּעֲנוּ כָל־הַקָּהָל וַיֹּאמְרוּ קוֹל גָּדוֹל יב
כִּדְבָרְךָ כֵּן כדבריך עָלֵינוּ לַעֲשׂוֹת׃ אֲבָל הָעָם רָב וְהָעֵת גְּשָׁמִים וְאֵין יג
כֹּחַ לַעֲמוֹד בַּחוּץ וְהַמְּלָאכָה לֹא־לְיוֹם אֶחָד וְלֹא לִשְׁנַיִם כִּי־
הִרְבִּינוּ לִפְשֹׁעַ בַּדָּבָר הַזֶּה׃ יַעַמְדוּ־נָא שָׂרֵינוּ לְכָל־הַקָּהָל וְכֹל יד
אֲשֶׁר בֶּעָרֵינוּ הַהֹשִׁיב נָשִׁים נָכְרִיּוֹת יָבֹא לְעִתִּים מְזֻמָּנִים
וְעִמָּהֶם זִקְנֵי־עִיר וָעִיר וְשֹׁפְטֶיהָ עַד לְהָשִׁיב חֲרוֹן אַף־אֱלֹהֵינוּ
מִמֶּנּוּ עַד לַדָּבָר הַזֶּה׃ אַךְ יוֹנָתָן בֶּן־עֲשָׂהאֵל וְיַחְזְיָה בֶן־תִּקְוָה טו
עָמְדוּ עַל־זֹאת וּמְשֻׁלָּם וְשַׁבְּתַי הַלֵּוִי עֲזָרֻם׃ וַיַּעֲשׂוּ־כֵן בְּנֵי טז
הַגּוֹלָה וַיִּבָּדְלוּ עֶזְרָא הַכֹּהֵן אֲנָשִׁים רָאשֵׁי הָאָבוֹת לְבֵית
אֲבֹתָם וְכֻלָּם בְּשֵׁמוֹת וַיֵּשְׁבוּ בְּיוֹם אֶחָד לַחֹדֶשׁ הָעֲשִׂירִי
לְדַרְיוֹשׁ הַדָּבָר׃ וַיְכַלּוּ בַכֹּל אֲנָשִׁים הַהֹשִׁיבוּ נָשִׁים נָכְרִיּוֹת עַד יז
יוֹם אֶחָד לַחֹדֶשׁ הָרִאשׁוֹן׃ וַיִּמָּצֵא מִבְּנֵי יח
הַכֹּהֲנִים אֲשֶׁר הֹשִׁיבוּ נָשִׁים נָכְרִיּוֹת מִבְּנֵי יֵשׁוּעַ בֶּן־יוֹצָדָק
וְאֶחָיו מַעֲשֵׂיָה וֶאֱלִיעֶזֶר וְיָרִיב וּגְדַלְיָה׃ וַיִּתְּנוּ יָדָם לְהוֹצִיא יט
נְשֵׁיהֶם וַאֲשֵׁמִים אֵיל־צֹאן עַל־אַשְׁמָתָם׃ וּמִבְּנֵי אִמֵּר חֲנָנִי כ
וּזְבַדְיָה׃ וּמִבְּנֵי חָרִם מַעֲשֵׂיָה וְאֵלִיָּה וּשְׁמַעְיָה וִיחִיאֵל וְעֻזִּיָּה׃ כא
וּמִבְּנֵי פַּשְׁחוּר אֶלְיוֹעֵינַי מַעֲשֵׂיָה יִשְׁמָעֵאל נְתַנְאֵל יוֹזָבָד כב
וְאֶלְעָשָׂה׃ וּמִן־הַלְוִיִּם יוֹזָבָד וְשִׁמְעִי וְקֵלָיָה הוּא קְלִיטָא כג
פְּתַחְיָה יְהוּדָה וֶאֱלִיעֶזֶר׃ וּמִן־הַמְשֹׁרְרִים אֶלְיָשִׁיב וּמִן־ כד
הַשֹּׁעֲרִים שַׁלֻּם וָטֶלֶם וְאוּרִי׃ וּמִיִּשְׂרָאֵל מִבְּנֵי פַרְעֹשׁ רַמְיָה כה
וְיִזִּיָּה וּמַלְכִּיָּה וּמִיָּמִן וְאֶלְעָזָר וּמַלְכִּיָּה וּבְנָיָה׃ וּמִבְּנֵי עֵילָם כו
מַתַּנְיָה זְכַרְיָה וִיחִיאֵל וְעַבְדִּי וִירֵמוֹת וְאֵלִיָּה׃ וּמִבְּנֵי זַתּוּא כז
אֶלְיוֹעֵנַי אֶלְיָשִׁיב מַתַּנְיָה וִירֵמוֹת וְזָבָד וַעֲזִיזָא׃ וּמִבְּנֵי בֵּבָי כח
יְהוֹחָנָן חֲנַנְיָה זַבַּי עַתְלָי׃ וּמִבְּנֵי בָּנִי מְשֻׁלָּם מַלּוּךְ וַעֲדָיָה יָשׁוּב כט
וְרָמוֹת וּשְׁאָל ירמות׃ וּמִבְּנֵי פַּחַת מוֹאָב עַדְנָא וּכְלָל בְּנָיָה מַעֲשֵׂיָה ל
מַתַּנְיָה בְצַלְאֵל וּבִנּוּי וּמְנַשֶּׁה׃ וּבְנֵי חָרִם אֱלִיעֶזֶר יִשִּׁיָּה מַלְכִּיָּה לא

לב לג שְׁמַעְיָה שִׁמְעוֹן: בִּנְיָמִן מַלּוּךְ שְׁמַרְיָה: מִבְּנֵי חָשֻׁם מַתְּנַי
לד מַתַּתָּה זָבָד אֱלִיפֶלֶט יְרֵמַי מְנַשֶּׁה שִׁמְעִי: מִבְּנֵי בָנִי מַעֲדַי
לה לו עַמְרָם וְאוּאֵל: בְּנָיָה בֵדְיָה כלוהי: וַנְיָה מְרֵמוֹת אֶלְיָשִׁיב: כְּלוּהוּ
לז לח לט מַתַּנְיָה מַתְּנַי ויעשו: וּבָנִי וּבִנּוּי שִׁמְעִי: וְשֶׁלֶמְיָה וְנָתָן וַעֲדָיָה: וְיַעֲשָׂי
מ מא מב מַכְנַדְבַי שָׁשַׁי שָׁרָי: עֲזַרְאֵל וְשֶׁלֶמְיָהוּ שְׁמַרְיָה: שַׁלּוּם אֲמַרְיָה
מג יוֹסֵף: מִבְּנֵי נְבוֹ יְעִיאֵל מַתִּתְיָה זָבָד זְבִינָא ידו וְיוֹאֵל בְּנָיָה: יַדַּי
מד כָּל־אֵלֶּה נשאי נָשִׁים נָכְרִיּוֹת וְיֵשׁ־מֵהֶם נָשִׁים וַיָּשִׂימוּ נָשְׂאוּ
בָּנִים:

נחמיה

א א דִּבְרֵי נְחֶמְיָה בֶּן־חֲכַלְיָה וַיְהִי בְחֹדֶשׁ־
ב כִּסְלֵו שְׁנַת עֶשְׂרִים וַאֲנִי הָיִיתִי בְּשׁוּשַׁן הַבִּירָה: וַיָּבֹא חֲנָנִי
אֶחָד מֵאַחַי הוּא וַאֲנָשִׁים מִיהוּדָה וָאֶשְׁאָלֵם עַל־הַיְּהוּדִים
ג הַפְּלֵיטָה אֲשֶׁר־נִשְׁאֲרוּ מִן־הַשֶּׁבִי וְעַל־יְרוּשָׁלִָם: וַיֹּאמְרוּ לִי
הַנִּשְׁאָרִים אֲשֶׁר־נִשְׁאֲרוּ מִן־הַשְּׁבִי שָׁם בַּמְּדִינָה בְּרָעָה גְדֹלָה
ד וּבְחֶרְפָּה וְחוֹמַת יְרוּשָׁלִַם מְפֹרָצֶת וּשְׁעָרֶיהָ נִצְּתוּ בָאֵשׁ: וַיְהִי
כְּשָׁמְעִי ׀ אֶת־הַדְּבָרִים הָאֵלֶּה יָשַׁבְתִּי וָאֶבְכֶּה וָאֶתְאַבְּלָה
ה יָמִים וָאֱהִי צָם וּמִתְפַּלֵּל לִפְנֵי אֱלֹהֵי הַשָּׁמָיִם: וָאֹמַר אָנָּא
יְהוָה אֱלֹהֵי הַשָּׁמַיִם הָאֵל הַגָּדוֹל וְהַנּוֹרָא שֹׁמֵר הַבְּרִית וָחֶסֶד
ו לְאֹהֲבָיו וּלְשֹׁמְרֵי מִצְוֺתָיו: תְּהִי נָא אָזְנְךָ־קַשֶּׁבֶת וְעֵינֶיךָ
פְתוּחוֹת לִשְׁמֹעַ אֶל־תְּפִלַּת עַבְדְּךָ אֲשֶׁר אָנֹכִי מִתְפַּלֵּל
לְפָנֶיךָ הַיּוֹם יוֹמָם וָלַיְלָה עַל־בְּנֵי יִשְׂרָאֵל עֲבָדֶיךָ וּמִתְוַדֶּה
עַל־חַטֹּאות בְּנֵי־יִשְׂרָאֵל אֲשֶׁר חָטָאנוּ לָךְ וַאֲנִי וּבֵית־אָבִי
ז חָטָאנוּ: חֲבֹל חָבַלְנוּ לָךְ וְלֹא־שָׁמַרְנוּ אֶת־הַמִּצְוֺת וְאֶת־
ח הַחֻקִּים וְאֶת־הַמִּשְׁפָּטִים אֲשֶׁר צִוִּיתָ אֶת־מֹשֶׁה עַבְדֶּךָ: זְכָר־
נָא אֶת־הַדָּבָר אֲשֶׁר צִוִּיתָ אֶת־מֹשֶׁה עַבְדְּךָ לֵאמֹר אַתֶּם
ט תִּמְעָלוּ אֲנִי אָפִיץ אֶתְכֶם בָּעַמִּים: וְשַׁבְתֶּם אֵלַי וּשְׁמַרְתֶּם
מִצְוֺתַי וַעֲשִׂיתֶם אֹתָם אִם־יִהְיֶה נִדַּחֲכֶם בִּקְצֵה הַשָּׁמַיִם
מִשָּׁם אֲקַבְּצֵם והבואתים אֶל־הַמָּקוֹם אֲשֶׁר בָּחַרְתִּי לְשַׁכֵּן וַהֲבִיאוֹתִים
י אֶת־שְׁמִי שָׁם: וְהֵם עֲבָדֶיךָ וְעַמֶּךָ אֲשֶׁר פָּדִיתָ בְּכֹחֲךָ הַגָּדוֹל

וּבְיָדְךָ הַחֲזָקָה׃ אָנָּא אֲדֹנָי תְּהִי נָא אָזְנְךָ־קַשֶּׁבֶת אֶל־תְּפִלַּת יא
עַבְדְּךָ וְאֶל־תְּפִלַּת עֲבָדֶיךָ הַחֲפֵצִים לְיִרְאָה אֶת־שְׁמֶךָ
וְהַצְלִיחָה־נָּא לְעַבְדְּךָ הַיּוֹם וּתְנֵהוּ לְרַחֲמִים לִפְנֵי הָאִישׁ
הַזֶּה וַאֲנִי הָיִיתִי מַשְׁקֶה לַמֶּלֶךְ׃ וַיְהִי ׀ בְּחֹדֶשׁ א ב
נִיסָן שְׁנַת עֶשְׂרִים לְאַרְתַּחְשַׁסְתְּא הַמֶּלֶךְ יַיִן לְפָנָיו וָאֶשָּׂא
אֶת־הַיַּיִן וָאֶתְּנָה לַמֶּלֶךְ וְלֹא־הָיִיתִי רַע לְפָנָיו׃ וַיֹּאמֶר לִי ב
הַמֶּלֶךְ מַדּוּעַ ׀ פָּנֶיךָ רָעִים וְאַתָּה אֵינְךָ חוֹלֶה אֵין זֶה כִּי־אִם
רֹעַ לֵב וָאִירָא הַרְבֵּה מְאֹד׃ וָאֹמַר לַמֶּלֶךְ הַמֶּלֶךְ לְעוֹלָם ג
יִחְיֶה מַדּוּעַ לֹא־יֵרְעוּ פָנַי אֲשֶׁר הָעִיר בֵּית־קִבְרוֹת אֲבֹתַי
חֲרֵבָה וּשְׁעָרֶיהָ אֻכְּלוּ בָאֵשׁ׃ וַיֹּאמֶר לִי הַמֶּלֶךְ ד
עַל־מַה־זֶּה אַתָּה מְבַקֵּשׁ וָאֶתְפַּלֵּל אֶל־אֱלֹהֵי הַשָּׁמָיִם׃ וָאֹמַר ה
לַמֶּלֶךְ אִם־עַל־הַמֶּלֶךְ טוֹב וְאִם־יִיטַב עַבְדְּךָ לְפָנֶיךָ אֲשֶׁר
תִּשְׁלָחֵנִי אֶל־יְהוּדָה אֶל־עִיר קִבְרוֹת אֲבֹתַי וְאֶבְנֶנָּה׃ וַיֹּאמֶר לִי ו
הַמֶּלֶךְ וְהַשֵּׁגַל ׀ יוֹשֶׁבֶת אֶצְלוֹ עַד־מָתַי יִהְיֶה מַהֲלָכְךָ וּמָתַי
תָּשׁוּב וַיִּיטַב לִפְנֵי־הַמֶּלֶךְ וַיִּשְׁלָחֵנִי וָאֶתְּנָה לוֹ זְמָן׃ וָאוֹמַר לַמֶּלֶךְ ז
אִם־עַל־הַמֶּלֶךְ טוֹב אִגְּרוֹת יִתְּנוּ־לִי עַל־פַּחֲווֹת עֵבֶר הַנָּהָר
אֲשֶׁר יַעֲבִירוּנִי עַד אֲשֶׁר־אָבוֹא אֶל־יְהוּדָה׃ וְאִגֶּרֶת אֶל־אָסָף ח
שֹׁמֵר הַפַּרְדֵּס אֲשֶׁר לַמֶּלֶךְ אֲשֶׁר יִתֶּן־לִי עֵצִים לְקָרוֹת אֶת־
שַׁעֲרֵי הַבִּירָה אֲשֶׁר־לַבַּיִת וּלְחוֹמַת הָעִיר וְלַבַּיִת אֲשֶׁר־אָבוֹא
אֵלָיו וַיִּתֶּן־לִי הַמֶּלֶךְ כְּיַד־אֱלֹהַי הַטּוֹבָה עָלָי׃ וָאָבוֹא אֶל־ ט
פַּחֲווֹת עֵבֶר הַנָּהָר וָאֶתְּנָה לָהֶם אֵת אִגְּרוֹת הַמֶּלֶךְ וַיִּשְׁלַח
עִמִּי הַמֶּלֶךְ שָׂרֵי חַיִל וּפָרָשִׁים׃ וַיִּשְׁמַע סַנְבַלַּט י
הַחֹרֹנִי וְטוֹבִיָּה הָעֶבֶד הָעַמֹּנִי וַיֵּרַע לָהֶם רָעָה גְדֹלָה אֲשֶׁר־
בָּא אָדָם לְבַקֵּשׁ טוֹבָה לִבְנֵי יִשְׂרָאֵל׃ וָאָבוֹא אֶל־יְרוּשָׁלָםִ יא
וָאֱהִי־שָׁם יָמִים שְׁלֹשָׁה׃ וָאָקוּם ׀ לַיְלָה אֲנִי וַאֲנָשִׁים ׀ מְעַט יב
עִמִּי וְלֹא־הִגַּדְתִּי לְאָדָם מָה אֱלֹהַי נֹתֵן אֶל־לִבִּי לַעֲשׂוֹת
לִירוּשָׁלָםִ וּבְהֵמָה אֵין עִמִּי כִּי אִם־הַבְּהֵמָה אֲשֶׁר אֲנִי רֹכֵב

יג בָּהּ׃ וָאֵצְאָה בְשַׁעַר־הַגַּיְא לַיְלָה וְאֶל־פְּנֵי עֵין הַתַּנִּין וְאֶל־
שַׁעַר הָאַשְׁפֹּת וָאֱהִי שֹׂבֵר בְּחוֹמֹת יְרוּשָׁלִַם אֲשֶׁר־הֵמפְּרוּצִים הֵם ׀ פְּרוּצִים
יד וּשְׁעָרֶיהָ אֻכְּלוּ בָאֵשׁ׃ וָאֶעֱבֹר אֶל־שַׁעַר הָעַיִן וְאֶל־בְּרֵכַת
טו הַמֶּלֶךְ וְאֵין־מָקוֹם לַבְּהֵמָה לַעֲבֹר תַּחְתָּי׃ וָאֱהִי עֹלֶה בַנַּחַל
לַיְלָה וָאֱהִי שֹׂבֵר בַּחוֹמָה וָאָשׁוּב וָאָבוֹא בְּשַׁעַר הַגַּיְא וָאָשׁוּב׃
טז וְהַסְּגָנִים לֹא יָדְעוּ אָנָה הָלַכְתִּי וּמָה אֲנִי עֹשֶׂה וְלַיְּהוּדִים
וְלַכֹּהֲנִים וְלַחֹרִים וְלַסְּגָנִים וּלְיֶתֶר עֹשֵׂה הַמְּלָאכָה עַד־כֵּן לֹא
יז הִגַּדְתִּי׃ וָאוֹמַר אֲלֵהֶם אַתֶּם רֹאִים הָרָעָה אֲשֶׁר אֲנַחְנוּ בָהּ
אֲשֶׁר יְרוּשָׁלִַם חֲרֵבָה וּשְׁעָרֶיהָ נִצְּתוּ בָאֵשׁ לְכוּ וְנִבְנֶה אֶת־
יח חוֹמַת יְרוּשָׁלִַם וְלֹא־נִהְיֶה עוֹד חֶרְפָּה׃ וָאַגִּיד לָהֶם אֶת־יַד
אֱלֹהַי אֲשֶׁר־הִיא טוֹבָה עָלַי וְאַף־דִּבְרֵי הַמֶּלֶךְ אֲשֶׁר אָמַר־לִי
יט וַיֹּאמְרוּ נָקוּם וּבָנִינוּ וַיְחַזְּקוּ יְדֵיהֶם לַטּוֹבָה׃ וַיִּשְׁמַע
סַנְבַלַּט הַחֹרֹנִי וְטֹבִיָּה ׀ הָעֶבֶד הָעַמּוֹנִי וְגֶשֶׁם הָעַרְבִי וַיַּלְעִגוּ לָנוּ
וַיִּבְזוּ עָלֵינוּ וַיֹּאמְרוּ מָה־הַדָּבָר הַזֶּה אֲשֶׁר אַתֶּם עֹשִׂים
כ הַעַל הַמֶּלֶךְ אַתֶּם מֹרְדִים׃ וָאָשִׁיב אוֹתָם דָּבָר וָאוֹמַר לָהֶם
אֱלֹהֵי הַשָּׁמַיִם הוּא יַצְלִיחַ לָנוּ וַאֲנַחְנוּ עֲבָדָיו נָקוּם וּבָנִינוּ
וְלָכֶם אֵין־חֵלֶק וּצְדָקָה וְזִכָּרוֹן בִּירוּשָׁלִָם׃
ג א וַיָּקָם אֶלְיָשִׁיב הַכֹּהֵן הַגָּדוֹל וְאֶחָיו הַכֹּהֲנִים וַיִּבְנוּ אֶת־שַׁעַר
הַצֹּאן הֵמָּה קִדְּשׁוּהוּ וַיַּעֲמִידוּ דַּלְתֹתָיו וְעַד־מִגְדַּל הַמֵּאָה
ב קִדְּשׁוּהוּ עַד מִגְדַּל חֲנַנְאֵל׃ וְעַל־יָדוֹ בָנוּ אַנְשֵׁי יְרֵחוֹ וְעַל־
ג יָדוֹ בָּנָה זַכּוּר בֶּן־אִמְרִי׃ וְאֵת שַׁעַר הַדָּגִים בָּנוּ בְּנֵי הַסְּנָאָה
ד הֵמָּה קֵרוּהוּ וַיַּעֲמִידוּ דַּלְתֹתָיו מַנְעוּלָיו וּבְרִיחָיו׃ וְעַל־יָדָם
הֶחֱזִיק מְרֵמוֹת בֶּן־אוּרִיָּה בֶּן־הַקּוֹץ וְעַל־יָדָם הֶחֱזִיק מְשֻׁלָּם
בֶּן־בֶּרֶכְיָה בֶּן־מְשֵׁיזַבְאֵל וְעַל־יָדָם הֶחֱזִיק צָדוֹק בֶּן־בַּעֲנָא׃
ה וְעַל־יָדָם הֶחֱזִיקוּ הַתְּקוֹעִים וְאַדִּירֵיהֶם לֹא־הֵבִיאוּ צַוָּרָם
ו בַּעֲבֹדַת אֲדֹנֵיהֶם׃ וְאֵת שַׁעַר הַיְשָׁנָה הֶחֱזִיקוּ יוֹיָדָע בֶּן־פָּסֵחַ
וּמְשֻׁלָּם בֶּן־בְּסוֹדְיָה הֵמָּה קֵרוּהוּ וַיַּעֲמִידוּ דַּלְתֹתָיו וּמַנְעֻלָיו

וּבְרִיחָיו: וְעַל־יָדָם הֶחֱזִיק מְלַטְיָה הַגִּבְעֹנִי וְיָדוֹן הַמֵּרֹנֹתִי אַנְשֵׁי ז
גִבְעוֹן וְהַמִּצְפָּה לְכִסֵּא פַּחַת עֵבֶר הַנָּהָר: עַל־יָדוֹ הֶחֱזִיק ח
עֻזִּיאֵל בֶּן־חַרְהֲיָה צוֹרְפִים וְעַל־יָדוֹ הֶחֱזִיק חֲנַנְיָה בֶּן־
הָרַקָּחִים וַיַּעַזְבוּ יְרוּשָׁלִַם עַד הַחוֹמָה הָרְחָבָה: וְעַל־יָדָם ט
הֶחֱזִיק רְפָיָה בֶן־חוּר שַׂר חֲצִי פֶּלֶךְ יְרוּשָׁלִָם: וְעַל־יָדָם הֶחֱזִיק י
יְדָיָה בֶן־חֲרוּמַף וְנֶגֶד בֵּיתוֹ וְעַל־יָדוֹ הֶחֱזִיק חַטּוּשׁ בֶּן־
חֲשַׁבְנְיָה: מִדָּה שֵׁנִית הֶחֱזִיק מַלְכִּיָּה בֶן־חָרִם וְחַשּׁוּב בֶּן־ יא
פַּחַת מוֹאָב וְאֵת מִגְדַּל הַתַּנּוּרִים: וְעַל־יָדוֹ הֶחֱזִיק שַׁלּוּם יב
בֶּן־הַלּוֹחֵשׁ שַׂר חֲצִי פֶּלֶךְ יְרוּשָׁלִָם הוּא וּבְנוֹתָיו: אֵת שַׁעַר יג
הַגַּיְא הֶחֱזִיק חָנוּן וְיֹשְׁבֵי זָנוֹחַ הֵמָּה בָנוּהוּ וַיַּעֲמִידוּ דַּלְתֹתָיו
מַנְעֻלָיו וּבְרִיחָיו וְאֶלֶף אַמָּה בַּחוֹמָה עַד שַׁעַר הַשְׁפוֹת:
וְאֵת ׀ שַׁעַר הָאַשְׁפּוֹת הֶחֱזִיק מַלְכִּיָּה בֶן־רֵכָב שַׂר פֶּלֶךְ בֵּית־ יד
הַכָּרֶם הוּא יִבְנֶנּוּ וְיַעֲמִיד דַּלְתֹתָיו מַנְעֻלָיו וּבְרִיחָיו: וְאֵת טו
שַׁעַר הָעַיִן הֶחֱזִיק שַׁלּוּן בֶּן־כׇּל־חֹזֶה שַׂר פֶּלֶךְ הַמִּצְפָּה הוּא
יִבְנֶנּוּ וִיטַלְלֶנּוּ ויעמידו דַּלְתֹתָיו מַנְעֻלָיו וּבְרִיחָיו וְאֵת חוֹמַת
וְיַעֲמִיד
בְּרֵכַת הַשֶּׁלַח לְגַן־הַמֶּלֶךְ וְעַד־הַמַּעֲלוֹת הַיּוֹרְדוֹת מֵעִיר
דָּוִיד: אַחֲרָיו הֶחֱזִיק נְחֶמְיָה בֶן־עַזְבּוּק שַׂר חֲצִי פֶּלֶךְ בֵּית־ טז
צוּר עַד־נֶגֶד קִבְרֵי דָוִיד וְעַד הַבְּרֵכָה הָעֲשׂוּיָה וְעַד בֵּית
הַגִּבֹּרִים: אַחֲרָיו הֶחֱזִיקוּ הַלְוִיִּם רְחוּם בֶּן־בָּנִי עַל־יָדוֹ הֶחֱזִיק יז
חֲשַׁבְיָה שַׂר־חֲצִי־פֶלֶךְ קְעִילָה לְפִלְכּוֹ: אַחֲרָיו הֶחֱזִיקוּ אֲחֵיהֶם יח
בַּוַּי בֶּן־חֵנָדָד שַׂר חֲצִי פֶּלֶךְ קְעִילָה: וַיְחַזֵּק עַל־יָדוֹ עֵזֶר בֶּן־ יט
יֵשׁוּעַ שַׂר הַמִּצְפָּה מִדָּה שֵׁנִית מִנֶּגֶד עֲלֹת הַנֶּשֶׁק הַמִּקְצֹעַ:
אַחֲרָיו הֶחֱרָה הֶחֱזִיק בָּרוּךְ בֶּן־זבי מִדָּה שֵׁנִית מִן־הַמִּקְצוֹעַ כ
זַכַּי
עַד־פֶּתַח בֵּית אֶלְיָשִׁיב הַכֹּהֵן הַגָּדוֹל: אַחֲרָיו הֶחֱזִיק מְרֵמוֹת כא
בֶּן־אוּרִיָּה בֶּן־הַקּוֹץ מִדָּה שֵׁנִית מִפֶּתַח בֵּית אֶלְיָשִׁיב וְעַד־
תַּכְלִית בֵּית אֶלְיָשִׁיב: וְאַחֲרָיו הֶחֱזִיקוּ הַכֹּהֲנִים אַנְשֵׁי הַכִּכָּר: כב
אַחֲרָיו הֶחֱזִיק בִּנְיָמִן וְחַשּׁוּב נֶגֶד בֵּיתָם אַחֲרָיו הֶחֱזִיק עֲזַרְיָה כג

כד בִּן־מַעֲשֵׂיָה בֶּן־עֲנָנְיָה אֵצֶל בֵּיתוֹ: אַחֲרָיו הֶחֱזִיק בִּנּוּי בֶּן־
חֵנָדָד מִדָּה שֵׁנִית מִבֵּית עֲזַרְיָה עַד־הַמִּקְצוֹעַ וְעַד־הַפִּנָּה:
כה פָּלָל בֶּן־אוּזַי מִנֶּגֶד הַמִּקְצוֹעַ וְהַמִּגְדָּל הַיּוֹצֵא מִבֵּית הַמֶּלֶךְ
כו הָעֶלְיוֹן אֲשֶׁר לַחֲצַר הַמַּטָּרָה אַחֲרָיו פְּדָיָה בֶן־פַּרְעֹשׁ: וְהַנְּתִינִים
הָיוּ יֹשְׁבִים בָּעֹפֶל עַד נֶגֶד שַׁעַר הַמַּיִם לַמִּזְרָח וְהַמִּגְדָּל
כז הַיּוֹצֵא: אַחֲרָיו הֶחֱזִיקוּ הַתְּקֹעִים מִדָּה שֵׁנִית מִנֶּגֶד הַמִּגְדָּל
כח הַגָּדוֹל הַיּוֹצֵא וְעַד חוֹמַת הָעֹפֶל: מֵעַל ׀ שַׁעַר הַסּוּסִים הֶחֱזִיקוּ
כט הַכֹּהֲנִים אִישׁ לְנֶגֶד בֵּיתוֹ: אַחֲרָיו הֶחֱזִיק צָדוֹק בֶּן־אִמֵּר נֶגֶד
בֵּיתוֹ וְאַחֲרָיו הֶחֱזִיק שְׁמַעְיָה בֶן־שְׁכַנְיָה שֹׁמֵר שַׁעַר הַמִּזְרָח:
ל אחרי הֶחֱזִיק חֲנַנְיָה בֶן־שֶׁלֶמְיָה וְחָנוּן בֶּן־צָלָף הַשִּׁשִּׁי מִדָּה אַחֲרָיו
לא שֵׁנִי אַחֲרָיו הֶחֱזִיק מְשֻׁלָּם בֶּן־בֶּרֶכְיָה נֶגֶד נִשְׁכָּתוֹ: אחרי אַחֲרָיו
הֶחֱזִיק מַלְכִּיָּה בֶּן־הַצֹּרְפִי עַד־בֵּית הַנְּתִינִים וְהָרֹכְלִים נֶגֶד
לב שַׁעַר הַמִּפְקָד וְעַד עֲלִיַּת הַפִּנָּה: וּבֵין עֲלִיַּת הַפִּנָּה לְשַׁעַר הַצֹּאן
לג הֶחֱזִיקוּ הַצֹּרְפִים וְהָרֹכְלִים: וַיְהִי כַּאֲשֶׁר שָׁמַע
סַנְבַלַּט כִּי־אֲנַחְנוּ בוֹנִים אֶת־הַחוֹמָה וַיִּחַר לוֹ וַיִּכְעַס הַרְבֵּה
לד וַיַּלְעֵג עַל־הַיְּהוּדִים: וַיֹּאמֶר ׀ לִפְנֵי אֶחָיו וְחֵיל שֹׁמְרוֹן וַיֹּאמֶר
מָה הַיְּהוּדִים הָאֲמֵלָלִים עֹשִׂים הֲיַעַזְבוּ לָהֶם הֲיִזְבָּחוּ הַיְכַלּוּ
בַיּוֹם הַיְחַיּוּ אֶת־הָאֲבָנִים מֵעֲרֵמוֹת הֶעָפָר וְהֵמָּה שְׂרוּפוֹת:
לה וְטוֹבִיָּה הָעַמֹּנִי אֶצְלוֹ וַיֹּאמֶר גַּם אֲשֶׁר־הֵם בּוֹנִים אִם־יַעֲלֶה
לו שׁוּעָל וּפָרַץ חוֹמַת אַבְנֵיהֶם: שְׁמַע אֱלֹהֵינוּ כִּי־הָיִינוּ בוּזָה
לז וְהָשֵׁב חֶרְפָּתָם אֶל־רֹאשָׁם וּתְנֵם לְבִזָּה בְּאֶרֶץ שִׁבְיָה: וְאַל־
תְּכַס עַל־עֲוֺנָם וְחַטָּאתָם מִלְּפָנֶיךָ אַל־תִּמָּחֶה כִּי הִכְעִיסוּ
לח לְנֶגֶד הַבּוֹנִים: וַנִּבְנֶה אֶת־הַחוֹמָה וַתִּקָּשֵׁר כָּל־הַחוֹמָה עַד־ ו
חֶצְיָהּ וַיְהִי לֵב לָעָם לַעֲשׂוֹת:

ד א וַיְהִי ׀ כַּאֲשֶׁר שָׁמַע סַנְבַלַּט וְטוֹבִיָּה וְהָעַרְבִים וְהָעַמֹּנִים
וְהָאַשְׁדּוֹדִים כִּי־עָלְתָה אֲרוּכָה לְחֹמוֹת יְרוּשָׁלִַם כִּי־הֵחֵלּוּ
ב הַפְּרֻצִים לְהִסָּתֵם וַיִּחַר לָהֶם מְאֹד: וַיִּקְשְׁרוּ כֻלָּם יַחְדָּו לָבוֹא

לְהִלָּחֵם בִּירוּשָׁלִָם וְלַעֲשׂוֹת לוֹ תּוֹעָה׃ וַנִּתְפַּלֵּל אֶל־אֱלֹהֵינוּ ג
וַנַּעֲמִיד מִשְׁמָר עֲלֵיהֶם יוֹמָם וָלַיְלָה מִפְּנֵיהֶם׃ וַיֹּאמֶר ד
יְהוּדָה כָּשַׁל כֹּחַ הַסַּבָּל וְהֶעָפָר הַרְבֵּה וַאֲנַחְנוּ לֹא נוּכַל
לִבְנוֹת בַּחוֹמָה׃ וַיֹּאמְרוּ צָרֵינוּ לֹא יֵדְעוּ וְלֹא יִרְאוּ עַד אֲשֶׁר־ ה
נָבוֹא אֶל־תּוֹכָם וַהֲרַגְנוּם וְהִשְׁבַּתְנוּ אֶת־הַמְּלָאכָה׃ וַיְהִי ו
כַּאֲשֶׁר־בָּאוּ הַיְּהוּדִים הַיֹּשְׁבִים אֶצְלָם וַיֹּאמְרוּ לָנוּ עֶשֶׂר פְּעָמִים
מִכָּל־הַמְּקֹמוֹת אֲשֶׁר־תָּשׁוּבוּ עָלֵינוּ׃ וָאַעֲמִיד מִתַּחְתִּיּוֹת ז
לַמָּקוֹם מֵאַחֲרֵי לַחוֹמָה בצחחיים וָאַעֲמִיד אֶת־הָעָם לְמִשְׁפָּחוֹת
בַּצְּחִיחִים
עִם־חַרְבֹתֵיהֶם רָמְחֵיהֶם וְקַשְּׁתֹתֵיהֶם׃ וָאֵרֶא וָאָקוּם וָאֹמַר ח
אֶל־הַחֹרִים וְאֶל־הַסְּגָנִים וְאֶל־יֶתֶר הָעָם אַל־תִּירְאוּ מִפְּנֵיהֶם
אֶת־אֲדֹנָי הַגָּדוֹל וְהַנּוֹרָא זְכֹרוּ וְהִלָּחֲמוּ עַל־אֲחֵיכֶם בְּנֵיכֶם
וּבְנֹתֵיכֶם נְשֵׁיכֶם וּבָתֵּיכֶם׃ וַיְהִי כַּאֲשֶׁר שָׁמְעוּ ט
אוֹיְבֵינוּ כִּי־נוֹדַע לָנוּ וַיָּפֶר הָאֱלֹהִים אֶת־עֲצָתָם ונשוב כֻּלָּנוּ
וַנָּשָׁב
אֶל־הַחוֹמָה אִישׁ אֶל־מְלַאכְתּוֹ׃ וַיְהִי ׀ מִן־הַיּוֹם הַהוּא חֲצִי י
נְעָרַי עֹשִׂים בַּמְּלָאכָה וְחֶצְיָם מַחֲזִיקִים וְהָרְמָחִים הַמָּגִנִּים
וְהַקְּשָׁתוֹת וְהַשִּׁרְיֹנִים וְהַשָּׂרִים אַחֲרֵי כָּל־בֵּית יְהוּדָה׃ הַבּוֹנִים יא
בַּחוֹמָה וְהַנֹּשְׂאִים בַּסֶּבֶל עֹמְשִׂים בְּאַחַת יָדוֹ עֹשֶׂה בַמְּלָאכָה
וְאַחַת מַחֲזֶקֶת הַשָּׁלַח׃ וְהַבּוֹנִים אִישׁ חַרְבּוֹ אֲסוּרִים עַל־מָתְנָיו יב
וּבוֹנִים וְהַתּוֹקֵעַ בַּשּׁוֹפָר אֶצְלִי׃ וָאֹמַר אֶל־הַחֹרִים וְאֶל־הַסְּגָנִים יג
וְאֶל־יֶתֶר הָעָם הַמְּלָאכָה הַרְבֵּה וּרְחָבָה וַאֲנַחְנוּ נִפְרָדִים
עַל־הַחוֹמָה רְחוֹקִים אִישׁ מֵאָחִיו׃ בִּמְקוֹם יד
אֲשֶׁר תִּשְׁמְעוּ אֶת־קוֹל הַשּׁוֹפָר שָׁמָּה תִּקָּבְצוּ אֵלֵינוּ אֱלֹהֵינוּ
יִלָּחֶם לָנוּ׃ וַאֲנַחְנוּ עֹשִׂים בַּמְּלָאכָה וְחֶצְיָם מַחֲזִיקִים בָּרְמָחִים טו
מֵעֲלוֹת הַשַּׁחַר עַד צֵאת הַכּוֹכָבִים׃ גַּם בָּעֵת הַהִיא אָמַרְתִּי טז
לָעָם אִישׁ וְנַעֲרוֹ יָלִינוּ בְּתוֹךְ יְרוּשָׁלִָם וְהָיוּ־לָנוּ הַלַּיְלָה מִשְׁמָר
וְהַיּוֹם מְלָאכָה׃ וְאֵין אֲנִי וְאַחַי וּנְעָרַי וְאַנְשֵׁי הַמִּשְׁמָר אֲשֶׁר יז
אַחֲרַי אֵין־אֲנַחְנוּ פֹשְׁטִים בְּגָדֵינוּ אִישׁ שִׁלְחוֹ הַמָּיִם׃

א וַתְּהִי צַעֲקַת הָעָם וּנְשֵׁיהֶם גְּדוֹלָה אֶל־אֲחֵיהֶם הַיְּהוּדִים׃
ב וְיֵשׁ אֲשֶׁר אֹמְרִים בָּנֵינוּ וּבְנֹתֵינוּ אֲנַחְנוּ רַבִּים וְנִקְחָה דָגָן
ג וְנֹאכְלָה וְנִחְיֶה׃ וְיֵשׁ אֲשֶׁר אֹמְרִים שְׂדֹתֵינוּ וּכְרָמֵינוּ וּבָתֵּינוּ
ד אֲנַחְנוּ עֹרְבִים וְנִקְחָה דָגָן בָּרָעָב׃ וְיֵשׁ אֲשֶׁר אֹמְרִים לָוִינוּ
ה כֶסֶף לְמִדַּת הַמֶּלֶךְ שְׂדֹתֵינוּ וּכְרָמֵינוּ׃ וְעַתָּה כִּבְשַׂר אַחֵינוּ
בְּשָׂרֵנוּ כִּבְנֵיהֶם בָּנֵינוּ וְהִנֵּה אֲנַחְנוּ כֹבְשִׁים אֶת־בָּנֵינוּ וְאֶת־
בְּנֹתֵינוּ לַעֲבָדִים וְיֵשׁ מִבְּנֹתֵינוּ נִכְבָּשׁוֹת וְאֵין לְאֵל יָדֵנוּ
ו וּשְׂדֹתֵינוּ וּכְרָמֵינוּ לַאֲחֵרִים׃ וַיִּחַר לִי מְאֹד כַּאֲשֶׁר שָׁמַעְתִּי
ז אֶת־זַעֲקָתָם וְאֵת הַדְּבָרִים הָאֵלֶּה׃ וַיִּמָּלֵךְ לִבִּי עָלַי וָאָרִיבָה
אֶת־הַחֹרִים וְאֶת־הַסְּגָנִים וָאֹמְרָה לָהֶם מַשָּׁא אִישׁ־בְּאָחִיו
ח אַתֶּם נשאים וָאֶתֵּן עֲלֵיהֶם קְהִלָּה גְדוֹלָה׃ וָאֹמְרָה לָהֶם נֹשִׁים
אֲנַחְנוּ קָנִינוּ אֶת־אַחֵינוּ הַיְּהוּדִים הַנִּמְכָּרִים לַגּוֹיִם כְּדֵי
בָנוּ וְגַם־אַתֶּם תִּמְכְּרוּ אֶת־אֲחֵיכֶם וְנִמְכְּרוּ־לָנוּ וַיַּחֲרִישׁוּ
ט וְלֹא מָצְאוּ דָּבָר׃ ויאמר לֹא־טוֹב הַדָּבָר אֲשֶׁר־אַתֶּם עֹשִׂים וָאֹמַר
י הֲלוֹא בְּיִרְאַת אֱלֹהֵינוּ תֵּלֵכוּ מֵחֶרְפַּת הַגּוֹיִם אוֹיְבֵינוּ׃ וְגַם־
אֲנִי אַחַי וּנְעָרַי נֹשִׁים בָּהֶם כֶּסֶף וְדָגָן נַעַזְבָה־נָּא אֶת־הַמַּשָּׁא
יא הַזֶּה׃ הָשִׁיבוּ נָא לָהֶם כְּהַיּוֹם שְׂדֹתֵיהֶם כַּרְמֵיהֶם זֵיתֵיהֶם
וּבָתֵּיהֶם וּמְאַת הַכֶּסֶף וְהַדָּגָן הַתִּירוֹשׁ וְהַיִּצְהָר אֲשֶׁר אַתֶּם
יב נֹשִׁים בָּהֶם׃ וַיֹּאמְרוּ נָשִׁיב וּמֵהֶם לֹא נְבַקֵּשׁ כֵּן נַעֲשֶׂה כַּאֲשֶׁר
אַתָּה אוֹמֵר וָאֶקְרָא אֶת־הַכֹּהֲנִים וָאַשְׁבִּיעֵם לַעֲשׂוֹת כַּדָּבָר
יג הַזֶּה׃ גַּם־חָצְנִי נָעַרְתִּי וָאֹמְרָה כָּכָה יְנַעֵר הָאֱלֹהִים אֶת־כָּל־
הָאִישׁ אֲשֶׁר לֹא־יָקִים אֶת־הַדָּבָר הַזֶּה מִבֵּיתוֹ וּמִיגִיעוֹ וְכָכָה
יִהְיֶה נָעוּר וָרֵק וַיֹּאמְרוּ כָל־הַקָּהָל אָמֵן וַיְהַלְלוּ אֶת־יְהוָה
יד וַיַּעַשׂ הָעָם כַּדָּבָר הַזֶּה׃ גַּם מִיּוֹם ׀ אֲשֶׁר־צִוָּה אֹתִי לִהְיוֹת
פֶּחָם בְּאֶרֶץ יְהוּדָה מִשְּׁנַת עֶשְׂרִים וְעַד שְׁנַת שְׁלֹשִׁים וּשְׁתַּיִם
לְאַרְתַּחְשַׁסְתְּא הַמֶּלֶךְ שָׁנִים שְׁתֵּים עֶשְׂרֵה אֲנִי וְאַחַי לֶחֶם
טו הַפֶּחָה לֹא אָכַלְתִּי׃ וְהַפַּחוֹת הָרִאשֹׁנִים אֲשֶׁר־לְפָנַי הִכְבִּידוּ

עַל־הָעָם וַיִּקְחוּ מֵהֶם בְּלֶחֶם וָיַיִן אַחַר כֶּסֶף־שְׁקָלִים אַרְבָּעִים
גַּם נַעֲרֵיהֶם שָׁלְטוּ עַל־הָעָם וַאֲנִי לֹא־עָשִׂיתִי כֵן מִפְּנֵי יִרְאַת
טז אֱלֹהִים׃ וְגַם בִּמְלֶאכֶת הַחוֹמָה הַזֹּאת הֶחֱזַקְתִּי וְשָׂדֶה
יז לֹא קָנִינוּ וְכָל־נְעָרַי קְבוּצִים שָׁם עַל־הַמְּלָאכָה׃ וְהַיְּהוּדִים
וְהַסְּגָנִים מֵאָה וַחֲמִשִּׁים אִישׁ וְהַבָּאִים אֵלֵינוּ מִן־הַגּוֹיִם אֲשֶׁר־
יח סְבִיבֹתֵינוּ עַל־שֻׁלְחָנִי׃ וַאֲשֶׁר הָיָה נַעֲשֶׂה לְיוֹם אֶחָד שׁוֹר
אֶחָד צֹאן שֵׁשׁ־בְּרֻרוֹת וְצִפֳּרִים נַעֲשׂוּ־לִי וּבֵין עֲשֶׂרֶת יָמִים
בְּכָל־יַיִן לְהַרְבֵּה וְעִם־זֶה לֶחֶם הַפֶּחָה לֹא בִקַּשְׁתִּי כִּי־כָבְדָה
יט הָעֲבֹדָה עַל־הָעָם הַזֶּה׃ זָכְרָה־לִּי אֱלֹהַי לְטוֹבָה כֹּל אֲשֶׁר־
ו א עָשִׂיתִי עַל־הָעָם הַזֶּה׃ וַיְהִי כַאֲשֶׁר נִשְׁמַע
לְסַנְבַלַּט וְטוֹבִיָּה וּלְגֶשֶׁם הָעַרְבִי וּלְיֶתֶר אֹיְבֵינוּ כִּי בָנִיתִי
אֶת־הַחוֹמָה וְלֹא־נוֹתַר בָּהּ פָּרֶץ גַּם עַד־הָעֵת הַהִיא דְּלָתוֹת
ב לֹא־הֶעֱמַדְתִּי בַשְּׁעָרִים׃ וַיִּשְׁלַח סַנְבַלַּט וְגֶשֶׁם אֵלַי לֵאמֹר
לְכָה וְנִוָּעֲדָה יַחְדָּו בַּכְּפִירִים בְּבִקְעַת אוֹנוֹ וְהֵמָּה חֹשְׁבִים
ג לַעֲשׂוֹת לִי רָעָה׃ וָאֶשְׁלְחָה עֲלֵיהֶם מַלְאָכִים לֵאמֹר מְלָאכָה
גְדוֹלָה אֲנִי עֹשֶׂה וְלֹא אוּכַל לָרֶדֶת לָמָּה תִשְׁבַּת הַמְּלָאכָה
ד כַּאֲשֶׁר אַרְפֶּהָ וְיָרַדְתִּי אֲלֵיכֶם׃ וַיִּשְׁלְחוּ אֵלַי כַּדָּבָר הַזֶּה אַרְבַּע
ה פְּעָמִים וָאָשִׁיב אוֹתָם כַּדָּבָר הַזֶּה׃ וַיִּשְׁלַח אֵלַי סַנְבַלַּט
כַּדָּבָר הַזֶּה פַּעַם חֲמִישִׁית אֶת־נַעֲרוֹ וְאִגֶּרֶת פְּתוּחָה בְּיָדוֹ׃
ו כָּתוּב בָּהּ בַּגּוֹיִם נִשְׁמָע וְגַשְׁמוּ אֹמֵר אַתָּה וְהַיְּהוּדִים חֹשְׁבִים
לִמְרוֹד עַל־כֵּן אַתָּה בוֹנֶה הַחוֹמָה וְאַתָּה הֹוֶה לָהֶם לְמֶלֶךְ
ז כַּדְּבָרִים הָאֵלֶּה׃ וְגַם־נְבִיאִים הֶעֱמַדְתָּ לִקְרֹא עָלֶיךָ בִירוּשָׁלִַם
לֵאמֹר מֶלֶךְ בִּיהוּדָה וְעַתָּה יִשָּׁמַע לַמֶּלֶךְ כַּדְּבָרִים הָאֵלֶּה
ח וְעַתָּה לְכָה וְנִוָּעֲצָה יַחְדָּו׃ וָאֶשְׁלְחָה אֵלָיו לֵאמֹר לֹא נִהְיָה
כַּדְּבָרִים הָאֵלֶּה אֲשֶׁר אַתָּה אוֹמֵר כִּי מִלִּבְּךָ אַתָּה בוֹדָאם׃
ט כִּי כֻלָּם מְיָרְאִים אוֹתָנוּ לֵאמֹר יִרְפּוּ יְדֵיהֶם מִן־הַמְּלָאכָה
י וְלֹא תֵעָשֶׂה וְעַתָּה חַזֵּק אֶת־יָדָי׃ וַאֲנִי בָאתִי בֵּית שְׁמַעְיָה

בֶּן־דְּלָיָה בֶּן־מְהֵיטַבְאֵל וְהוּא עָצוּר וַיֹּאמֶר נִוָּעֵד אֶל־בֵּית
הָאֱלֹהִים אֶל־תּוֹךְ הַהֵיכָל וְנִסְגְּרָה דַּלְתוֹת הַהֵיכָל כִּי בָּאִים
יא לְהָרְגֶךָ וְלַיְלָה בָּאִים לְהָרְגֶךָ׃ וָאֹמְרָה הַאִישׁ כָּמוֹנִי יִבְרָח
יב וּמִי כָמוֹנִי אֲשֶׁר־יָבוֹא אֶל־הַהֵיכָל וָחָי לֹא אָבוֹא׃ וָאַכִּירָה
וְהִנֵּה לֹא־אֱלֹהִים שְׁלָחוֹ כִּי הַנְּבוּאָה דִּבֶּר עָלַי וְטוֹבִיָּה
יג וְסַנְבַלַּט שְׂכָרוֹ׃ לְמַעַן שָׂכוּר הוּא לְמַעַן־אִירָא וְאֶעֱשֶׂה־כֵּן
יד וְחָטָאתִי וְהָיָה לָהֶם לְשֵׁם רָע לְמַעַן יְחָרְפוּנִי׃ זָכְרָה
אֱלֹהַי לְטוֹבִיָּה וּלְסַנְבַלַּט כְּמַעֲשָׂיו אֵלֶּה וְגַם לְנוֹעַדְיָה הַנְּבִיאָה
טו וּלְיֶתֶר הַנְּבִיאִים אֲשֶׁר הָיוּ מְיָרְאִים אוֹתִי׃ וַתִּשְׁלַם הַחוֹמָה ז
טז בְּעֶשְׂרִים וַחֲמִשָּׁה לֶאֱלוּל לַחֲמִשִּׁים וּשְׁנַיִם יוֹם׃ וַיְהִי
כַּאֲשֶׁר שָׁמְעוּ כָּל־אוֹיְבֵינוּ וַיִּרְאוּ כָּל־הַגּוֹיִם אֲשֶׁר סְבִיבֹתֵינוּ
וַיִּפְּלוּ מְאֹד בְּעֵינֵיהֶם וַיֵּדְעוּ כִּי מֵאֵת אֱלֹהֵינוּ נֶעֶשְׂתָה
יז הַמְּלָאכָה הַזֹּאת׃ גַּם ׀ בַּיָּמִים הָהֵם מַרְבִּים חֹרֵי יְהוּדָה
אִגְּרֹתֵיהֶם הוֹלְכוֹת עַל־טוֹבִיָּה וַאֲשֶׁר לְטוֹבִיָּה בָּאוֹת אֲלֵיהֶם׃
יח כִּי־רַבִּים בִּיהוּדָה בַּעֲלֵי שְׁבוּעָה לוֹ כִּי־חָתָן הוּא לִשְׁכַנְיָה
יט בֶן־אָרַח וִיהוֹחָנָן בְּנוֹ לָקַח אֶת־בַּת־מְשֻׁלָּם בֶּן בֶּרֶכְיָה׃ גַּם
טוֹבֹתָיו הָיוּ אֹמְרִים לְפָנַי וּדְבָרַי הָיוּ מוֹצִיאִים לוֹ אִגְּרוֹת
שָׁלַח טוֹבִיָּה לְיָרְאֵנִי׃

ז א וַיְהִי כַּאֲשֶׁר נִבְנְתָה הַחוֹמָה וָאַעֲמִיד הַדְּלָתוֹת וַיִּפָּקְדוּ
ב הַשּׁוֹעֲרִים וְהַמְשֹׁרְרִים וְהַלְוִיִּם׃ וָאֲצַוֶּה אֶת־חֲנָנִי אָחִי וְאֶת־
חֲנַנְיָה שַׂר הַבִּירָה עַל־יְרוּשָׁלָ‍ִם כִּי־הוּא כְּאִישׁ אֱמֶת וְיָרֵא
ג אֶת־הָאֱלֹהִים מֵרַבִּים׃ ויאמר לָהֶם לֹא יִפָּתְחוּ שַׁעֲרֵי יְרוּשָׁלַ‍ִם וְאָמַר
עַד־חֹם הַשֶּׁמֶשׁ וְעַד הֵם עֹמְדִים יָגִיפוּ הַדְּלָתוֹת וֶאֱחֹזוּ וְהַעֲמִיד
מִשְׁמְרוֹת יֹשְׁבֵי יְרוּשָׁלַ‍ִם אִישׁ בְּמִשְׁמָרוֹ וְאִישׁ נֶגֶד בֵּיתוֹ׃
ד וְהָעִיר רַחֲבַת יָדַיִם וּגְדֹלָה וְהָעָם מְעַט בְּתוֹכָהּ וְאֵין בָּתִּים
ה בְּנוּיִם׃ וַיִּתֵּן אֱלֹהַי אֶל־לִבִּי וָאֶקְבְּצָה אֶת־הַחֹרִים וְאֶת־
הַסְּגָנִים וְאֶת־הָעָם לְהִתְיַחֵשׂ וָאֶמְצָא סֵפֶר הַיַּחַשׂ הָעוֹלִים

בָּרִאשׁוֹנָה וָאֶמְצָא כָּתוּב בּוֹ׃ אֵלֶּה ׀ בְּנֵי הַמְּדִינָה ו
הָעֹלִים מִשְּׁבִי הַגּוֹלָה אֲשֶׁר הֶגְלָה נְבוּכַדְנֶצַּר מֶלֶךְ בָּבֶל
וַיָּשׁוּבוּ לִירוּשָׁלִַם וְלִיהוּדָה אִישׁ לְעִירוֹ׃ הַבָּאִים עִם־זְרֻבָּבֶל ז
יֵשׁוּעַ נְחֶמְיָה עֲזַרְיָה רַעַמְיָה נַחֲמָנִי מָרְדֳּכַי בִּלְשָׁן מִסְפֶּרֶת
בִּגְוַי נְחוּם בַּעֲנָה מִסְפַּר אַנְשֵׁי עַם יִשְׂרָאֵל׃ בְּנֵי פַרְעֹשׁ ח
אַלְפַּיִם מֵאָה וְשִׁבְעִים וּשְׁנָיִם׃ בְּנֵי שְׁפַטְיָה שְׁלֹשׁ מֵאוֹת ט
שִׁבְעִים וּשְׁנָיִם׃ בְּנֵי אָרַח שֵׁשׁ מֵאוֹת חֲמִשִּׁים וּשְׁנָיִם׃ בְּנֵי־ י יא
פַחַת מוֹאָב לִבְנֵי יֵשׁוּעַ וְיוֹאָב אַלְפַּיִם וּשְׁמֹנֶה מֵאוֹת שְׁמֹנָה
עָשָׂר׃ בְּנֵי עֵילָם אֶלֶף מָאתַיִם חֲמִשִּׁים וְאַרְבָּעָה׃ בְּנֵי זַתּוּא יב יג
שְׁמֹנֶה מֵאוֹת אַרְבָּעִים וַחֲמִשָּׁה׃ בְּנֵי זַכָּי שְׁבַע מֵאוֹת וְשִׁשִּׁים׃ יד
בְּנֵי בִנּוּי שֵׁשׁ מֵאוֹת אַרְבָּעִים וּשְׁמֹנָה׃ בְּנֵי בֵבָי שֵׁשׁ מֵאוֹת טו טז
עֶשְׂרִים וּשְׁמֹנָה׃ בְּנֵי עַזְגָּד אַלְפַּיִם שְׁלֹשׁ מֵאוֹת עֶשְׂרִים יז
וּשְׁנָיִם׃ בְּנֵי אֲדֹנִיקָם שֵׁשׁ מֵאוֹת שִׁשִּׁים וְשִׁבְעָה׃ בְּנֵי בִגְוָי יח יט
אַלְפַּיִם שִׁשִּׁים וְשִׁבְעָה׃ בְּנֵי עָדִין שֵׁשׁ מֵאוֹת חֲמִשִּׁים וַחֲמִשָּׁה׃ כ
בְּנֵי־אָטֵר לְחִזְקִיָּה תִּשְׁעִים וּשְׁמֹנָה׃ בְּנֵי חָשֻׁם שְׁלֹשׁ מֵאוֹת כא כב
עֶשְׂרִים וּשְׁמֹנָה׃ בְּנֵי בֵצָי שְׁלֹשׁ מֵאוֹת עֶשְׂרִים וְאַרְבָּעָה׃ כג
בְּנֵי חָרִיף מֵאָה שְׁנֵים עָשָׂר׃ בְּנֵי גִבְעוֹן תִּשְׁעִים וַחֲמִשָּׁה׃ כד כה
אַנְשֵׁי בֵית־לֶחֶם וּנְטֹפָה מֵאָה שְׁמֹנִים וּשְׁמֹנָה׃ אַנְשֵׁי עֲנָתוֹת כו כז
מֵאָה עֶשְׂרִים וּשְׁמוֹנָה׃ אַנְשֵׁי בֵית־עַזְמָוֶת אַרְבָּעִים וּשְׁנָיִם׃ כח
אַנְשֵׁי קִרְיַת יְעָרִים כְּפִירָה וּבְאֵרוֹת שְׁבַע מֵאוֹת אַרְבָּעִים כט
וּשְׁלֹשָׁה׃ אַנְשֵׁי הָרָמָה וָגָבַע שֵׁשׁ מֵאוֹת עֶשְׂרִים וְאֶחָד׃ ל
אַנְשֵׁי מִכְמָס מֵאָה וְעֶשְׂרִים וּשְׁנָיִם׃ אַנְשֵׁי בֵית־אֵל וְהָעָי לא לב
מֵאָה עֶשְׂרִים וּשְׁלֹשָׁה׃ אַנְשֵׁי נְבוֹ אַחֵר חֲמִשִּׁים וּשְׁנָיִם׃ בְּנֵי לג לד
עֵילָם אַחֵר אֶלֶף מָאתַיִם חֲמִשִּׁים וְאַרְבָּעָה׃ בְּנֵי חָרִם שְׁלֹשׁ לה
מֵאוֹת וְעֶשְׂרִים׃ בְּנֵי יְרֵחוֹ שְׁלֹשׁ מֵאוֹת אַרְבָּעִים וַחֲמִשָּׁה׃ בְּנֵי־ לו לז
לֹד חָדִיד וְאוֹנוֹ שְׁבַע מֵאוֹת וְעֶשְׂרִים וְאֶחָד׃ בְּנֵי סְנָאָה לח
שְׁלֹשֶׁת אֲלָפִים תְּשַׁע מֵאוֹת וּשְׁלֹשִׁים׃ הַכֹּהֲנִים בְּנֵי יְדַעְיָה לט

מ לְבֵית יֵשׁוּעַ תְּשַׁע מֵאוֹת שִׁבְעִים וּשְׁלֹשָׁה׃ בְּנֵי אִמֵּר אֶלֶף
מא חֲמִשִּׁים וּשְׁנָיִם׃ בְּנֵי פַשְׁחוּר אֶלֶף מָאתַיִם אַרְבָּעִים וְשִׁבְעָה׃
מב מג בְּנֵי חָרִם אֶלֶף שִׁבְעָה עָשָׂר׃ הַלְוִיִּם בְּנֵי־יֵשׁוּעַ לְקַדְמִיאֵל
מד לִבְנֵי לְהוֹדְוָה שִׁבְעִים וְאַרְבָּעָה׃ הַמְשֹׁרְרִים בְּנֵי אָסָף מֵאָה
מה אַרְבָּעִים וּשְׁמֹנָה׃ הַשֹּׁעֲרִים בְּנֵי־שַׁלֻּם בְּנֵי־אָטֵר בְּנֵי־טַלְמֹן בְּנֵי־
מו עַקּוּב בְּנֵי חֲטִיטָא בְּנֵי שֹׁבָי מֵאָה שְׁלֹשִׁים וּשְׁמֹנָה׃ הַנְּתִינִים
מז בְּנֵי־צִחָא בְנֵי־חֲשֻׂפָא בְּנֵי טַבָּעוֹת׃ בְּנֵי־קֵירֹס בְּנֵי־סִיעָא בְּנֵי
מח מט פָדוֹן׃ בְּנֵי־לְבָנָה בְנֵי־חֲגָבָא בְּנֵי שַׂלְמָי׃ בְּנֵי־חָנָן בְּנֵי־גִדֵּל בְּנֵי־
נ נא גָחַר׃ בְּנֵי־רְאָיָה בְנֵי־רְצִין בְּנֵי נְקוֹדָא׃ בְּנֵי־גַזָּם בְּנֵי־עֻזָּא בְּנֵי
נב נג פָסֵחַ׃ בְּנֵי־בֵסַי בְּנֵי־מְעוּנִים בְּנֵי נפושסים׃ בְּנֵי־בַקְבּוּק בְּנֵי־ נְפִישְׁסִים
נד נה חֲקוּפָא בְּנֵי חַרְחוּר׃ בְּנֵי־בַצְלִית בְּנֵי־מְחִידָא בְּנֵי חַרְשָׁא׃ בְּנֵי־
נו נז בַרְקוֹס בְּנֵי־סִיסְרָא בְּנֵי־תָמַח׃ בְּנֵי נְצִיחַ בְּנֵי חֲטִיפָא׃ בְּנֵי
נח עַבְדֵי שְׁלֹמֹה בְּנֵי־סוֹטַי בְּנֵי־סֹפֶרֶת בְּנֵי פְרִידָא׃ בְּנֵי־יַעְלָא בְנֵי־
נט דַרְקוֹן בְּנֵי גִדֵּל׃ בְּנֵי שְׁפַטְיָה בְנֵי־חַטִּיל בְּנֵי פֹּכֶרֶת הַצְּבָיִים בְּנֵי
ס אָמוֹן׃ כָּל־הַנְּתִינִים וּבְנֵי עַבְדֵי שְׁלֹמֹה שְׁלֹשׁ מֵאוֹת תִּשְׁעִים
סא וּשְׁנָיִם׃ וְאֵלֶּה הָעוֹלִים מִתֵּל מֶלַח תֵּל חַרְשָׁא
כְּרוּב אַדּוֹן וְאִמֵּר וְלֹא יָכְלוּ לְהַגִּיד בֵּית־אֲבוֹתָם וְזַרְעָם אִם
סב מִיִּשְׂרָאֵל הֵם׃ בְּנֵי־דְלָיָה בְנֵי־טוֹבִיָּה בְּנֵי נְקוֹדָא שֵׁשׁ מֵאוֹת
סג וְאַרְבָּעִים וּשְׁנָיִם׃ וּמִן־הַכֹּהֲנִים בְּנֵי חֳבַיָּה בְּנֵי
הַקּוֹץ בְּנֵי בַרְזִלַּי אֲשֶׁר לָקַח מִבְּנוֹת בַּרְזִלַּי הַגִּלְעָדִי אִשָּׁה
סד וַיִּקָּרֵא עַל־שְׁמָם׃ אֵלֶּה בִּקְשׁוּ כְתָבָם הַמִּתְיַחְשִׂים וְלֹא נִמְצָא
סה וַיְגֹאֲלוּ מִן־הַכְּהֻנָּה׃ וַיֹּאמֶר הַתִּרְשָׁתָא לָהֶם אֲשֶׁר לֹא־יֹאכְלוּ
סו מִקֹּדֶשׁ הַקֳּדָשִׁים עַד עֲמֹד הַכֹּהֵן לְאוּרִים וְתֻמִּים׃ כָּל־הַקָּהָל
סז כְּאֶחָד אַרְבַּע רִבּוֹא אַלְפַּיִם שְׁלֹשׁ־מֵאוֹת וְשִׁשִּׁים׃ מִלְּבַד
עַבְדֵיהֶם וְאַמְהֹתֵיהֶם אֵלֶּה שִׁבְעַת אֲלָפִים שְׁלֹשׁ מֵאוֹת שְׁלֹשִׁים
וְשִׁבְעָה וְלָהֶם מְשֹׁרְרִים וּמְשֹׁרְרוֹת מָאתַיִם וְאַרְבָּעִים וַחֲמִשָּׁה׃

בקצת ספרים כתוב כאן:
סוּסֵיהֶם שְׁבַע מֵאוֹת שְׁלֹשִׁים וְשִׁשָּׁה פִּרְדֵיהֶם מָאתַיִם אַרְבָּעִים וַחֲמִשָּׁה׃

גְּמַלִּים אַרְבַּע מֵאוֹת שְׁלֹשִׁים וַחֲמִשָּׁה חֲמֹרִים שֵׁשֶׁת אֲלָפִים סח
שְׁבַע מֵאוֹת וְעֶשְׂרִים׃ וּמִקְצָת רָאשֵׁי הָאָבוֹת סט
נָתְנוּ לַמְּלָאכָה הַתִּרְשָׁתָא נָתַן לָאוֹצָר זָהָב דַּרְכְּמֹנִים
אֶלֶף מִזְרָקוֹת חֲמִשִּׁים כָּתְנוֹת כֹּהֲנִים שְׁלֹשִׁים וַחֲמֵשׁ
מֵאוֹת׃ וּמֵרָאשֵׁי הָאָבוֹת נָתְנוּ לְאוֹצַר הַמְּלָאכָה זָהָב ע
דַּרְכְּמוֹנִים שְׁתֵּי רִבּוֹת וְכֶסֶף מָנִים אַלְפַּיִם וּמָאתָיִם׃ וַאֲשֶׁר עא
נָתְנוּ שְׁאֵרִית הָעָם זָהָב דַּרְכְּמֹנִים שְׁתֵּי רִבֹּא וְכֶסֶף מָנִים
אַלְפָּיִם וְכָתְנֹת כֹּהֲנִים שִׁשִּׁים וְשִׁבְעָה׃ וַיֵּשְׁבוּ הַכֹּהֲנִים וְהַלְוִיִּם עב
וְהַשּׁוֹעֲרִים וְהַמְשֹׁרְרִים וּמִן־הָעָם וְהַנְּתִינִים וְכָל־יִשְׂרָאֵל
בְּעָרֵיהֶם וַיִּגַּע הַחֹדֶשׁ הַשְּׁבִיעִי וּבְנֵי יִשְׂרָאֵל בְּעָרֵיהֶם׃
וַיֵּאָסְפוּ כָל־הָעָם כְּאִישׁ אֶחָד אֶל־הָרְחוֹב אֲשֶׁר לִפְנֵי שַׁעַר־ א ח
הַמָּיִם וַיֹּאמְרוּ לְעֶזְרָא הַסֹּפֵר לְהָבִיא אֶת־סֵפֶר תּוֹרַת מֹשֶׁה
אֲשֶׁר־צִוָּה יְהוָה אֶת־יִשְׂרָאֵל׃ וַיָּבִיא עֶזְרָא הַכֹּהֵן אֶת־הַתּוֹרָה ב
לִפְנֵי הַקָּהָל מֵאִישׁ וְעַד־אִשָּׁה וְכֹל מֵבִין לִשְׁמֹעַ בְּיוֹם אֶחָד
לַחֹדֶשׁ הַשְּׁבִיעִי׃ וַיִּקְרָא־בוֹ לִפְנֵי הָרְחוֹב אֲשֶׁר ׀ לִפְנֵי שַׁעַר־ ג
הַמַּיִם מִן־הָאוֹר עַד־מַחֲצִית הַיּוֹם נֶגֶד הָאֲנָשִׁים וְהַנָּשִׁים
וְהַמְּבִינִים וְאָזְנֵי כָל־הָעָם אֶל־סֵפֶר הַתּוֹרָה׃ וַיַּעֲמֹד עֶזְרָא ד
הַסֹּפֵר עַל־מִגְדַּל־עֵץ אֲשֶׁר עָשׂוּ לַדָּבָר וַיַּעֲמֹד אֶצְלוֹ
מַתִּתְיָה וְשֶׁמַע וַעֲנָיָה וְאוּרִיָּה וְחִלְקִיָּה וּמַעֲשֵׂיָה עַל־יְמִינוֹ
וּמִשְּׂמֹאלוֹ פְּדָיָה וּמִישָׁאֵל וּמַלְכִּיָּה וְחָשֻׁם וְחַשְׁבַּדָּנָה זְכַרְיָה
מְשֻׁלָּם׃ וַיִּפְתַּח עֶזְרָא הַסֵּפֶר לְעֵינֵי כָל־הָעָם ה
כִּי־מֵעַל כָּל־הָעָם הָיָה וּכְפִתְחוֹ עָמְדוּ כָל־הָעָם׃ וַיְבָרֶךְ ו
עֶזְרָא אֶת־יְהוָה הָאֱלֹהִים הַגָּדוֹל וַיַּעֲנוּ כָל־הָעָם אָמֵן ׀ אָמֵן
בְּמֹעַל יְדֵיהֶם וַיִּקְּדוּ וַיִּשְׁתַּחֲוֻּ לַיהוָה אַפַּיִם אָרְצָה׃ וְיֵשׁוּעַ ז
וּבָנִי וְשֵׁרֵבְיָה ׀ יָמִין עַקּוּב שַׁבְּתַי ׀ הוֹדִיָּה מַעֲשֵׂיָה קְלִיטָא
עֲזַרְיָה יוֹזָבָד חָנָן פְּלָאיָה וְהַלְוִיִּם מְבִינִים אֶת־הָעָם לַתּוֹרָה
וְהָעָם עַל־עָמְדָם׃ וַיִּקְרְאוּ בַסֵּפֶר בְּתוֹרַת הָאֱלֹהִים מְפֹרָשׁ ח

ט וְשׂוֹם שֶׂכֶל וַיָּבִינוּ בַּמִּקְרָא׃ וַיֹּאמֶר נְחֶמְיָה הוּא
הַתִּרְשָׁתָא וְעֶזְרָא הַכֹּהֵן ׀ הַסֹּפֵר וְהַלְוִיִּם הַמְּבִינִים אֶת־הָעָם
לְכָל־הָעָם הַיּוֹם קָדֹשׁ־הוּא לַיהוָה אֱלֹהֵיכֶם אַל־תִּתְאַבְּלוּ
וְאַל־תִּבְכּוּ כִּי בוֹכִים כָּל־הָעָם כְּשָׁמְעָם אֶת־דִּבְרֵי הַתּוֹרָה׃
ח י וַיֹּאמֶר לָהֶם לְכוּ אִכְלוּ מַשְׁמַנִּים וּשְׁתוּ מַמְתַקִּים וְשִׁלְחוּ
מָנוֹת לְאֵין נָכוֹן לוֹ כִּי־קָדוֹשׁ הַיּוֹם לַאֲדֹנֵינוּ וְאַל־תֵּעָצֵבוּ
יא כִּי־חֶדְוַת יְהוָה הִיא מָעֻזְּכֶם׃ וְהַלְוִיִּם מַחְשִׁים לְכָל־הָעָם
יב לֵאמֹר הַסּוּ כִּי הַיּוֹם קָדֹשׁ וְאַל־תֵּעָצֵבוּ׃ וַיֵּלְכוּ כָל־הָעָם
לֶאֱכֹל וְלִשְׁתּוֹת וּלְשַׁלַּח מָנוֹת וְלַעֲשׂוֹת שִׂמְחָה גְדוֹלָה כִּי
יג הֵבִינוּ בַּדְּבָרִים אֲשֶׁר הוֹדִיעוּ לָהֶם׃ וּבַיּוֹם הַשֵּׁנִי
נֶאֶסְפוּ רָאשֵׁי הָאָבוֹת לְכָל־הָעָם הַכֹּהֲנִים וְהַלְוִיִּם אֶל־עֶזְרָא
יד הַסֹּפֵר וּלְהַשְׂכִּיל אֶל־דִּבְרֵי הַתּוֹרָה׃ וַיִּמְצְאוּ כָּתוּב בַּתּוֹרָה
אֲשֶׁר צִוָּה יְהוָה בְּיַד־מֹשֶׁה אֲשֶׁר יֵשְׁבוּ בְנֵי־יִשְׂרָאֵל בַּסֻּכּוֹת
טו בֶּחָג בַּחֹדֶשׁ הַשְּׁבִיעִי׃ וַאֲשֶׁר יַשְׁמִיעוּ וְיַעֲבִירוּ קוֹל בְּכָל־
עָרֵיהֶם וּבִירוּשָׁלִַם לֵאמֹר צְאוּ הָהָר וְהָבִיאוּ עֲלֵי־זַיִת וַעֲלֵי־
עֵץ שֶׁמֶן וַעֲלֵי הֲדַס וַעֲלֵי תְמָרִים וַעֲלֵי עֵץ עָבֹת לַעֲשֹׂת
טז סֻכֹּת כַּכָּתוּב׃ וַיֵּצְאוּ הָעָם וַיָּבִיאוּ וַיַּעֲשׂוּ לָהֶם סֻכּוֹת אִישׁ
עַל־גַּגּוֹ וּבְחַצְרֹתֵיהֶם וּבְחַצְרוֹת בֵּית הָאֱלֹהִים וּבִרְחוֹב שַׁעַר
יז הַמַּיִם וּבִרְחוֹב שַׁעַר אֶפְרָיִם׃ וַיַּעֲשׂוּ כָל־הַקָּהָל הַשָּׁבִים מִן־
הַשְּׁבִי ׀ סֻכּוֹת וַיֵּשְׁבוּ בַסֻּכּוֹת כִּי לֹא־עָשׂוּ מִימֵי יֵשׁוּעַ בִּן־
נוּן כֵּן בְּנֵי יִשְׂרָאֵל עַד הַיּוֹם הַהוּא וַתְּהִי שִׂמְחָה גְּדוֹלָה
יח מְאֹד׃ וַיִּקְרָא בְּסֵפֶר תּוֹרַת הָאֱלֹהִים יוֹם ׀ בְּיוֹם מִן־הַיּוֹם
הָרִאשׁוֹן עַד הַיּוֹם הָאַחֲרוֹן וַיַּעֲשׂוּ־חָג שִׁבְעַת יָמִים וּבַיּוֹם
הַשְּׁמִינִי עֲצֶרֶת כַּמִּשְׁפָּט׃

ט א וּבְיוֹם עֶשְׂרִים וְאַרְבָּעָה לַחֹדֶשׁ הַזֶּה נֶאֶסְפוּ בְנֵי־יִשְׂרָאֵל
ב בְּצוֹם וּבְשַׂקִּים וַאֲדָמָה עֲלֵיהֶם׃ וַיִּבָּדְלוּ זֶרַע יִשְׂרָאֵל מִכֹּל
בְּנֵי נֵכָר וַיַּעַמְדוּ וַיִּתְוַדּוּ עַל־חַטֹּאתֵיהֶם וַעֲוֹנוֹת אֲבֹתֵיהֶם׃

וַיָּקוּמוּ עַל־עָמְדָם וַיִּקְרְאוּ בְּסֵפֶר תּוֹרַת יְהוָה אֱלֹהֵיהֶם ג
רְבִעִית הַיּוֹם וּרְבִעִית מִתְוַדִּים וּמִשְׁתַּחֲוִים לַיהוָה
אֱלֹהֵיהֶם׃ וַיָּקָם עַל־מַעֲלֵה הַלְוִיִּם יֵשׁוּעַ וּבָנִי ד
קַדְמִיאֵל שְׁבַנְיָה בֻּנִּי שֵׁרֵבְיָה בָּנִי כְנָנִי וַיִּזְעֲקוּ בְּקוֹל גָּדוֹל אֶל־
יְהוָה אֱלֹהֵיהֶם׃ וַיֹּאמְרוּ הַלְוִיִּם יֵשׁוּעַ וְקַדְמִיאֵל בָּנִי חֲשַׁבְנְיָה ה
שֵׁרֵבְיָה הוֹדִיָּה שְׁבַנְיָה פְתַחְיָה קוּמוּ בָּרְכוּ אֶת־יְהוָה אֱלֹהֵיכֶם
מִן־הָעוֹלָם עַד־הָעוֹלָם וִיבָרְכוּ שֵׁם כְּבֹדֶךָ וּמְרוֹמַם עַל־כָּל־
בְּרָכָה וּתְהִלָּה׃ אַתָּה־הוּא יְהוָה לְבַדֶּךָ אַתָּ עָשִׂיתָ אֶת־ ו
הַשָּׁמַיִם שְׁמֵי הַשָּׁמַיִם וְכָל־צְבָאָם הָאָרֶץ וְכָל־אֲשֶׁר עָלֶיהָ
הַיַּמִּים וְכָל־אֲשֶׁר בָּהֶם וְאַתָּה מְחַיֶּה אֶת־כֻּלָּם וּצְבָא הַשָּׁמַיִם
לְךָ מִשְׁתַּחֲוִים׃ אַתָּה הוּא יְהוָה הָאֱלֹהִים אֲשֶׁר בָּחַרְתָּ ז
בְּאַבְרָם וְהוֹצֵאתוֹ מֵאוּר כַּשְׂדִּים וְשַׂמְתָּ שְׁמוֹ אַבְרָהָם׃ וּמָצָאתָ ח
אֶת־לְבָבוֹ נֶאֱמָן לְפָנֶיךָ וְכָרוֹת עִמּוֹ הַבְּרִית לָתֵת אֶת־אֶרֶץ
הַכְּנַעֲנִי הַחִתִּי הָאֱמֹרִי וְהַפְּרִזִּי וְהַיְבוּסִי וְהַגִּרְגָּשִׁי לָתֵת לְזַרְעוֹ
וַתָּקֶם אֶת־דְּבָרֶיךָ כִּי צַדִּיק אָתָּה׃ וַתֵּרֶא אֶת־עֳנִי אֲבֹתֵינוּ ט
בְּמִצְרָיִם וְאֶת־זַעֲקָתָם שָׁמַעְתָּ עַל־יַם־סוּף׃ וַתִּתֵּן אֹתֹת י
וּמֹפְתִים בְּפַרְעֹה וּבְכָל־עֲבָדָיו וּבְכָל־עַם אַרְצוֹ כִּי יָדַעְתָּ כִּי
הֵזִידוּ עֲלֵיהֶם וַתַּעַשׂ־לְךָ שֵׁם כְּהַיּוֹם הַזֶּה׃ וְהַיָּם בָּקַעְתָּ לִפְנֵיהֶם יא
וַיַּעַבְרוּ בְתוֹךְ־הַיָּם בַּיַּבָּשָׁה וְאֶת־רֹדְפֵיהֶם הִשְׁלַכְתָּ בִמְצוֹלֹת
כְּמוֹ־אֶבֶן בְּמַיִם עַזִּים׃ וּבְעַמּוּד עָנָן הִנְחִיתָם יוֹמָם וּבְעַמּוּד יב
אֵשׁ לַיְלָה לְהָאִיר לָהֶם אֶת־הַדֶּרֶךְ אֲשֶׁר יֵלְכוּ־בָהּ׃ וְעַל הַר־ יג
סִינַי יָרַדְתָּ וְדַבֵּר עִמָּהֶם מִשָּׁמָיִם וַתִּתֵּן לָהֶם מִשְׁפָּטִים יְשָׁרִים
וְתוֹרוֹת אֱמֶת חֻקִּים וּמִצְוֺת טוֹבִים׃ וְאֶת־שַׁבַּת קָדְשְׁךָ הוֹדַעְתָּ יד
לָהֶם וּמִצְווֹת וְחֻקִּים וְתוֹרָה צִוִּיתָ לָהֶם בְּיַד מֹשֶׁה עַבְדֶּךָ׃
וְלֶחֶם מִשָּׁמַיִם נָתַתָּה לָהֶם לִרְעָבָם וּמַיִם מִסֶּלַע הוֹצֵאתָ לָהֶם טו
לִצְמָאָם וַתֹּאמֶר לָהֶם לָבוֹא לָרֶשֶׁת אֶת־הָאָרֶץ אֲשֶׁר־נָשָׂאתָ
אֶת־יָדְךָ לָתֵת לָהֶם׃ וְהֵם וַאֲבֹתֵינוּ הֵזִידוּ וַיַּקְשׁוּ אֶת־עָרְפָּם טז

יז וְלֹא שָׁמְעוּ אֶל־מִצְוֹתֶיךָ׃ וַיְמָאֲנוּ לִשְׁמֹעַ וְלֹא־זָכְרוּ נִפְלְאֹתֶיךָ
אֲשֶׁר עָשִׂיתָ עִמָּהֶם וַיַּקְשׁוּ אֶת־עָרְפָּם וַיִּתְּנוּ־רֹאשׁ לָשׁוּב
לְעַבְדֻתָם בְּמִרְיָם וְאַתָּה אֱלוֹהַּ סְלִיחוֹת חַנּוּן וְרַחוּם אֶרֶךְ־
יח אַפַּיִם וְרַב־וחסד וְלֹא עֲזַבְתָּם׃ אַף כִּי־עָשׂוּ לָהֶם עֵגֶל מַסֵּכָה חֶסֶד
וַיֹּאמְרוּ זֶה אֱלֹהֶיךָ אֲשֶׁר הֶעֶלְךָ מִמִּצְרָיִם וַיַּעֲשׂוּ נֶאָצוֹת
יט גְּדֹלוֹת׃ וְאַתָּה בְּרַחֲמֶיךָ הָרַבִּים לֹא עֲזַבְתָּם בַּמִּדְבָּר אֶת־
עַמּוּד הֶעָנָן לֹא־סָר מֵעֲלֵיהֶם בְּיוֹמָם לְהַנְחֹתָם בְּהַדֶּרֶךְ וְאֶת־
עַמּוּד הָאֵשׁ בְּלַיְלָה לְהָאִיר לָהֶם וְאֶת־הַדֶּרֶךְ אֲשֶׁר יֵלְכוּ־
כ בָהּ׃ וְרוּחֲךָ הַטּוֹבָה נָתַתָּ לְהַשְׂכִּילָם וּמַנְךָ לֹא־מָנַעְתָּ מִפִּיהֶם
כא וּמַיִם נָתַתָּה לָהֶם לִצְמָאָם׃ וְאַרְבָּעִים שָׁנָה כִּלְכַּלְתָּם בַּמִּדְבָּר
כב לֹא חָסֵרוּ שַׂלְמֹתֵיהֶם לֹא בָלוּ וְרַגְלֵיהֶם לֹא בָצֵקוּ׃ וַתִּתֵּן
לָהֶם מַמְלָכוֹת וַעֲמָמִים וַתַּחְלְקֵם לְפֵאָה וַיִּירְשׁוּ אֶת־אֶרֶץ
סִיחוֹן וְאֶת־אֶרֶץ מֶלֶךְ חֶשְׁבּוֹן וְאֶת־אֶרֶץ עוֹג מֶלֶךְ־הַבָּשָׁן׃
כג וּבְנֵיהֶם הִרְבִּיתָ כְּכֹכְבֵי הַשָּׁמָיִם וַתְּבִיאֵם אֶל־הָאָרֶץ אֲשֶׁר־
כד אָמַרְתָּ לַאֲבֹתֵיהֶם לָבוֹא לָרָשֶׁת׃ וַיָּבֹאוּ הַבָּנִים וַיִּירְשׁוּ אֶת־
הָאָרֶץ וַתַּכְנַע לִפְנֵיהֶם אֶת־יֹשְׁבֵי הָאָרֶץ הַכְּנַעֲנִים וַתִּתְּנֵם
בְּיָדָם וְאֶת־מַלְכֵיהֶם וְאֶת־עַמְמֵי הָאָרֶץ לַעֲשׂוֹת בָּהֶם כִּרְצוֹנָם׃
כה וַיִּלְכְּדוּ עָרִים בְּצֻרוֹת וַאֲדָמָה שְׁמֵנָה וַיִּירְשׁוּ בָּתִּים מְלֵאִים־
כָּל־טוּב בֹּרוֹת חֲצוּבִים כְּרָמִים וְזֵיתִים וְעֵץ מַאֲכָל לָרֹב
כו וַיֹּאכְלוּ וַיִּשְׂבְּעוּ וַיַּשְׁמִינוּ וַיִּתְעַדְּנוּ בְּטוּבְךָ הַגָּדוֹל׃ וַיַּמְרוּ
וַיִּמְרְדוּ בָּךְ וַיַּשְׁלִכוּ אֶת־תּוֹרָתְךָ אַחֲרֵי גַוָּם וְאֶת־נְבִיאֶיךָ
הָרָגוּ אֲשֶׁר־הֵעִידוּ בָם לַהֲשִׁיבָם אֵלֶיךָ וַיַּעֲשׂוּ נֶאָצוֹת גְּדוֹלֹת׃
כז וַתִּתְּנֵם בְּיַד צָרֵיהֶם וַיָּצֵרוּ לָהֶם וּבְעֵת צָרָתָם יִצְעֲקוּ אֵלֶיךָ
וְאַתָּה מִשָּׁמַיִם תִּשְׁמָע וּכְרַחֲמֶיךָ הָרַבִּים תִּתֵּן לָהֶם מוֹשִׁיעִים
כח וְיוֹשִׁיעוּם מִיַּד צָרֵיהֶם׃ וּכְנוֹחַ לָהֶם יָשׁוּבוּ לַעֲשׂוֹת רַע לְפָנֶיךָ
וַתַּעַזְבֵם בְּיַד אֹיְבֵיהֶם וַיִּרְדּוּ בָהֶם וַיָּשׁוּבוּ וַיִּזְעָקוּךָ וְאַתָּה
כט מִשָּׁמַיִם תִּשְׁמַע וְתַצִּילֵם כְּרַחֲמֶיךָ רַבּוֹת עִתִּים׃ וַתָּעַד בָּהֶם

להשיבם אל־תורתך והמה הזידו ולא־שמעו למצותיך
ובמשפטיך חטאו־בם אשר־יעשה אדם וחיה בהם ויתנו
ל כתף סוררת וערפם הקשו ולא שמעו: ותמשך עליהם
שנים רבות ותעד בם ברוחך ביד־נביאיך ולא האזינו
לא ותתנם ביד עמי הארצת: וברחמיך הרבים לא־עשיתם
לב כלה ולא עזבתם כי אל־חנון ורחום אתה: ועתה אלהינו
האל הגדול הגבור והנורא שומר הברית והחסד אל־ימעט
לפניך את כל־התלאה אשר־מצאתנו למלכינו לשרינו
ולכהנינו ולנביאינו ולאבתינו ולכל־עמך מימי מלכי אשור
לג עד היום הזה: ואתה צדיק על כל־הבא עלינו כי־אמת עשית
לד ואנחנו הרשענו: ואת־מלכינו שרינו כהנינו ואבתינו לא עשו
תורתך ולא הקשיבו אל־מצותיך ולעדותיך אשר העידת
לה בהם: והם במלכותם ובטובך הרב אשר־נתת להם ובארץ
הרחבה והשמנה אשר־נתת לפניהם לא עבדוך ולא־שבו
לו ממעלליהם הרעים: הנה אנחנו היום עבדים והארץ אשר־
נתתה לאבתינו לאכל את־פריה ואת־טובה הנה אנחנו
לז עבדים עליה: ותבואתה מרבה למלכים אשר־נתתה עלינו
בחטאותינו ועל גויתינו משלים ובבהמתנו כרצונם ובצרה
גדלה אנחנו:

א י ובכל־זאת אנחנו כרתים אמנה וכתבים ועל החתום שרינו ט
ב לויינו כהנינו: ועל החתומים נחמיה התרשתא בן־חכליה
ג ד וצדקיה: שריה עזריה ירמיה: פשחור אמריה מלכיה:
ה ו ז חטוש שבניה מלוך: חרם מרמות עבדיה: דניאל גנתון
ח ט ברוך: משלם אביה מימן: מעזיה בלגי שמעיה אלה
י הכהנים: והלוים וישוע בן־אזניה בנוי מבני חנדד קדמיאל:
יא יב ואחיהם שבניה הודיה קליטא פלאיה חנן: מיכא רחוב
יג יד טו חשביה: זכור שרביה שבניה: הודיה בני בנינו: ראשי העם

טו טז פַּרְעֹשׁ פַּחַת מוֹאָב עֵילָם זַתּוּא בָּנִי׃ בֻּנִּי עַזְגָּד בֵּבָי׃ אֲדֹנִיָּה
יז יח יט כ בִגְוַי עָדִין׃ אָטֵר חִזְקִיָּה עַזּוּר׃ הוֹדִיָּה חָשֻׁם בֵּצָי׃ חָרִיף
כא כב כג עֲנָתוֹת נובי׃ מַגְפִּיעָשׁ מְשֻׁלָּם חֵזִיר׃ מְשֵׁיזַבְאֵל צָדוֹק יַדּוּעַ׃ נֵיבָי
כד כה כו פְּלַטְיָה חָנָן עֲנָיָה׃ הוֹשֵׁעַ חֲנַנְיָה חַשּׁוּב׃ הַלּוֹחֵשׁ פִּלְחָא
כז כח שׁוֹבֵק׃ רְחוּם חֲשַׁבְנָה מַעֲשֵׂיָה׃ וַאֲחִיָּה חָנָן עָנָן׃ מַלּוּךְ חָרִם
כט בַּעֲנָה׃ וּשְׁאָר הָעָם הַכֹּהֲנִים הַלְוִיִּם הַשּׁוֹעֲרִים הַמְשֹׁרְרִים
הַנְּתִינִים וְכָל־הַנִּבְדָּל מֵעַמֵּי הָאֲרָצוֹת אֶל־תּוֹרַת הָאֱלֹהִים
ל נְשֵׁיהֶם בְּנֵיהֶם וּבְנֹתֵיהֶם כֹּל יוֹדֵעַ מֵבִין׃ מַחֲזִיקִים עַל־
אֲחֵיהֶם אַדִּירֵיהֶם וּבָאִים בְּאָלָה וּבִשְׁבוּעָה לָלֶכֶת בְּתוֹרַת
הָאֱלֹהִים אֲשֶׁר נִתְּנָה בְּיַד מֹשֶׁה עֶבֶד־הָאֱלֹהִים וְלִשְׁמוֹר
לא וְלַעֲשׂוֹת אֶת־כָּל־מִצְוֺת יְהוָה אֲדֹנֵינוּ וּמִשְׁפָּטָיו וְחֻקָּיו׃ וַאֲשֶׁר
לֹא־נִתֵּן בְּנֹתֵינוּ לְעַמֵּי הָאָרֶץ וְאֶת־בְּנֹתֵיהֶם לֹא נִקַּח לְבָנֵינוּ׃
לב וְעַמֵּי הָאָרֶץ הַמְבִיאִים אֶת־הַמַּקָּחוֹת וְכָל־שֶׁבֶר בְּיוֹם הַשַּׁבָּת
לִמְכּוֹר לֹא־נִקַּח מֵהֶם בַּשַּׁבָּת וּבְיוֹם קֹדֶשׁ וְנִטֹּשׁ אֶת־הַשָּׁנָה
לג הַשְּׁבִיעִית וּמַשָּׁא כָל־יָד׃ וְהֶעֱמַדְנוּ עָלֵינוּ מִצְוֺת לָתֵת עָלֵינוּ
לד שְׁלִשִׁית הַשֶּׁקֶל בַּשָּׁנָה לַעֲבֹדַת בֵּית אֱלֹהֵינוּ׃ לְלֶחֶם הַמַּעֲרֶכֶת
וּמִנְחַת הַתָּמִיד וּלְעוֹלַת הַתָּמִיד הַשַּׁבָּתוֹת הֶחֳדָשִׁים לַמּוֹעֲדִים
וְלַקֳּדָשִׁים וְלַחַטָּאוֹת לְכַפֵּר עַל־יִשְׂרָאֵל וְכֹל מְלֶאכֶת בֵּית־
לה אֱלֹהֵינוּ׃ וְהַגּוֹרָלוֹת הִפַּלְנוּ עַל־קֻרְבַּן הָעֵצִים
הַכֹּהֲנִים הַלְוִיִּם וְהָעָם לְהָבִיא לְבֵית אֱלֹהֵינוּ לְבֵית־אֲבֹתֵינוּ
לְעִתִּים מְזֻמָּנִים שָׁנָה בְשָׁנָה לְבַעֵר עַל־מִזְבַּח יְהוָה אֱלֹהֵינוּ
לו כַּכָּתוּב בַּתּוֹרָה׃ וּלְהָבִיא אֶת־בִּכּוּרֵי אַדְמָתֵנוּ וּבִכּוּרֵי כָּל־
לז פְּרִי כָל־עֵץ שָׁנָה בְשָׁנָה לְבֵית יְהוָה׃ וְאֶת־בְּכֹרוֹת בָּנֵינוּ
וּבְהֶמְתֵּנוּ כַּכָּתוּב בַּתּוֹרָה וְאֶת־בְּכוֹרֵי בְקָרֵינוּ וְצֹאנֵינוּ לְהָבִיא
לח לְבֵית אֱלֹהֵינוּ לַכֹּהֲנִים הַמְשָׁרְתִים בְּבֵית אֱלֹהֵינוּ׃ וְאֶת־
רֵאשִׁית עֲרִיסֹתֵינוּ וּתְרוּמֹתֵינוּ וּפְרִי כָל־עֵץ תִּירוֹשׁ וְיִצְהָר
נָבִיא לַכֹּהֲנִים אֶל־לִשְׁכוֹת בֵּית־אֱלֹהֵינוּ וּמַעְשַׂר אַדְמָתֵנוּ

לַלְוִיִּם וְהֵם הַלְוִיִּם הַמְעַשְּׂרִים בְּכֹל עָרֵי עֲבֹדָתֵנוּ׃ וְהָיָה לט
הַכֹּהֵן בֶּן־אַהֲרֹן עִם־הַלְוִיִּם בַּעְשֵׂר הַלְוִיִּם וְהַלְוִיִּם יַעֲלוּ אֶת־
מַעְשַׂר הַמַּעֲשֵׂר לְבֵית אֱלֹהֵינוּ אֶל־הַלְּשָׁכוֹת לְבֵית הָאוֹצָר׃
כִּי אֶל־הַלְּשָׁכוֹת יָבִיאוּ בְנֵי־יִשְׂרָאֵל וּבְנֵי הַלֵּוִי אֶת־תְּרוּמַת מ
הַדָּגָן הַתִּירוֹשׁ וְהַיִּצְהָר וְשָׁם כְּלֵי הַמִּקְדָּשׁ וְהַכֹּהֲנִים הַמְשָׁרְתִים
וְהַשּׁוֹעֲרִים וְהַמְשֹׁרְרִים וְלֹא נַעֲזֹב אֶת־בֵּית אֱלֹהֵינוּ׃ וַיֵּשְׁבוּ א יא
שָׂרֵי־הָעָם בִּירוּשָׁלִָם וּשְׁאָר הָעָם הִפִּילוּ גוֹרָלוֹת לְהָבִיא ׀
אֶחָד מִן־הָעֲשָׂרָה לָשֶׁבֶת בִּירוּשָׁלִַם עִיר הַקֹּדֶשׁ וְתֵשַׁע הַיָּדוֹת
בֶּעָרִים׃ וַיְבָרְכוּ הָעָם לְכֹל הָאֲנָשִׁים הַמִּתְנַדְּבִים לָשֶׁבֶת ב
בִּירוּשָׁלִָם׃ וְאֵלֶּה רָאשֵׁי הַמְּדִינָה אֲשֶׁר יָשְׁבוּ ג
בִּירוּשָׁלִָם וּבְעָרֵי יְהוּדָה יָשְׁבוּ אִישׁ בַּאֲחֻזָּתוֹ בְּעָרֵיהֶם יִשְׂרָאֵל
הַכֹּהֲנִים וְהַלְוִיִּם וְהַנְּתִינִים וּבְנֵי עַבְדֵי שְׁלֹמֹה׃ וּבִירוּשָׁלִַם יָשְׁבוּ ד
מִבְּנֵי יְהוּדָה וּמִבְּנֵי בִנְיָמִן מִבְּנֵי יְהוּדָה עֲתָיָה בֶן־עֻזִּיָּה בֶּן־זְכַרְיָה
בֶּן־אֲמַרְיָה בֶּן־שְׁפַטְיָה בֶן־מַהֲלַלְאֵל מִבְּנֵי פָרֶץ׃ וּמַעֲשֵׂיָה ה
בֶן־בָּרוּךְ בֶּן־כָּל־חֹזֶה בֶן־חֲזָיָה בֶן־עֲדָיָה בֶן־יוֹיָרִיב בֶּן־זְכַרְיָה בֶּן־
הַשִּׁלֹנִי׃ כָּל־בְּנֵי־פֶרֶץ הַיֹּשְׁבִים בִּירוּשָׁלִָם אַרְבַּע מֵאוֹת שִׁשִּׁים ו
וּשְׁמֹנָה אַנְשֵׁי־חָיִל׃ וְאֵלֶּה בְּנֵי בִנְיָמִן סַלֻּא בֶּן־ ז
מְשֻׁלָּם בֶּן־יוֹעֵד בֶּן־פְּדָיָה בֶּן־קוֹלָיָה בֶּן־מַעֲשֵׂיָה בֶּן־אִיתִיאֵל
בֶּן־יְשַׁעְיָה׃ וְאַחֲרָיו גַּבַּי סַלָּי תְּשַׁע מֵאוֹת עֶשְׂרִים וּשְׁמֹנָה׃ ח
וְיוֹאֵל בֶּן־זִכְרִי פָּקִיד עֲלֵיהֶם וִיהוּדָה בֶן־הַסְּנוּאָה עַל־הָעִיר ט
מִשְׁנֶה׃ מִן־הַכֹּהֲנִים יְדַעְיָה בֶן־יוֹיָרִיב יָכִין׃ י
שְׂרָיָה בֶן־חִלְקִיָּה בֶּן־מְשֻׁלָּם בֶּן־צָדוֹק בֶּן־מְרָיוֹת בֶּן־אֲחִיטוּב יא
נְגִד בֵּית הָאֱלֹהִים׃ וַאֲחֵיהֶם עֹשֵׂה הַמְּלָאכָה לַבַּיִת שְׁמֹנֶה יב
מֵאוֹת עֶשְׂרִים וּשְׁנָיִם וַעֲדָיָה בֶּן־יְרֹחָם בֶּן־פְּלַלְיָה בֶּן־אַמְצִי
בֶּן־זְכַרְיָה בֶּן־פַּשְׁחוּר בֶּן־מַלְכִּיָּה׃ וְאֶחָיו רָאשִׁים לְאָבוֹת מָאתַיִם יג
אַרְבָּעִים וּשְׁנָיִם וַעֲמַשְׁסַי בֶּן־עֲזַרְאֵל בֶּן־אַחְזַי בֶּן־מְשִׁלֵּמוֹת בֶּן־
אִמֵּר׃ וַאֲחֵיהֶם גִּבֹּרֵי חַיִל מֵאָה עֶשְׂרִים וּשְׁמֹנָה וּפָקִיד עֲלֵיהֶם יד

טו זַבְדִּיאֵל בֶּן־הַגְּדוֹלִים׃ וּמִן־הַלְוִיִּם שְׁמַעְיָה בֶן־חַשּׁוּב
טז בֶּן־עַזְרִיקָם בֶּן־חֲשַׁבְיָה בֶּן־בּוּנִּי׃ וְשַׁבְּתַי וְיוֹזָבָד עַל־הַמְּלָאכָה
יז הַחִיצֹנָה לְבֵית הָאֱלֹהִים מֵרָאשֵׁי הַלְוִיִּם׃ וּמַתַּנְיָה בֶן־מִיכָא
בֶּן־זַבְדִּי בֶן־אָסָף רֹאשׁ הַתְּחִלָּה יְהוֹדֶה לַתְּפִלָּה וּבַקְבֻּקְיָה
יח מִשְׁנֶה מֵאֶחָיו וְעַבְדָּא בֶּן־שַׁמּוּעַ בֶּן־גָּלָל בֶּן־ידיתון׃ כָּל־הַלְוִיִּם (יְדוּתוּן)
יט בְּעִיר הַקֹּדֶשׁ מָאתַיִם שְׁמֹנִים וְאַרְבָּעָה׃ וְהַשּׁוֹעֲרִים
עַקּוּב טַלְמוֹן וַאֲחֵיהֶם הַשֹּׁמְרִים בַּשְּׁעָרִים מֵאָה שִׁבְעִים
כ וּשְׁנָיִם׃ וּשְׁאָר יִשְׂרָאֵל הַכֹּהֲנִים הַלְוִיִּם בְּכָל־עָרֵי יְהוּדָה
כא אִישׁ בְּנַחֲלָתוֹ׃ וְהַנְּתִינִים יֹשְׁבִים בָּעֹפֶל וְצִיחָא וְגִשְׁפָּא עַל־
כב הַנְּתִינִים׃ וּפְקִיד הַלְוִיִּם בִּירוּשָׁלִַם עֻזִּי בֶן־בָּנִי בֶּן־
חֲשַׁבְיָה בֶּן־מַתַּנְיָה בֶּן־מִיכָא מִבְּנֵי אָסָף הַמְשֹׁרְרִים לְנֶגֶד
כג מְלֶאכֶת בֵּית־הָאֱלֹהִים׃ כִּי־מִצְוַת הַמֶּלֶךְ עֲלֵיהֶם וַאֲמָנָה עַל־
כד הַמְשֹׁרְרִים דְּבַר־יוֹם בְּיוֹמוֹ׃ וּפְתַחְיָה בֶּן־מְשֵׁיזַבְאֵל
כה מִבְּנֵי־זֶרַח בֶּן־יְהוּדָה לְיַד הַמֶּלֶךְ לְכָל־דָּבָר לָעָם׃ וְאֶל־
הַחֲצֵרִים בִּשְׂדֹתָם מִבְּנֵי יְהוּדָה יָשְׁבוּ בְּקִרְיַת הָאַרְבַּע וּבְנֹתֶיהָ
כו וּבְדִיבֹן וּבְנֹתֶיהָ וּבִיקַּבְצְאֵל וַחֲצֵרֶיהָ׃ וּבְיֵשׁוּעַ וּבְמֹלָדָה וּבְבֵית־
כז כח פֶּלֶט׃ וּבַחֲצַר שׁוּעָל וּבִבְאֵר שֶׁבַע וּבְנֹתֶיהָ׃ וּבְצִקְלַג וּבִמְכֹנָה
כט ל וּבִבְנֹתֶיהָ׃ וּבְעֵין רִמּוֹן וּבְצָרְעָה וּבְיַרְמוּת׃ זָנֹחַ עֲדֻלָּם וְחַצְרֵיהֶם
לָכִישׁ וּשְׂדֹתֶיהָ עֲזֵקָה וּבְנֹתֶיהָ וַיַּחֲנוּ מִבְּאֵר־שֶׁבַע עַד־גֵּיא
לא הִנֹּם׃ וּבְנֵי בִנְיָמִן מִגָּבַע מִכְמָשׂ וְעַיָּה וּבֵית־אֵל וּבְנֹתֶיהָ׃
לב לג לד עֲנָתוֹת נֹב עֲנָנְיָה׃ חָצוֹר ׀ רָמָה גִּתָּיִם׃ חָדִיד צְבֹעִים
לה לו נְבַלָּט׃ לֹד וְאוֹנוֹ גֵּי הַחֲרָשִׁים׃ וּמִן־הַלְוִיִּם מַחְלְקוֹת יְהוּדָה
יב א לְבִנְיָמִין׃ וְאֵלֶּה הַכֹּהֲנִים וְהַלְוִיִּם אֲשֶׁר עָלוּ עִם־
ב זְרֻבָּבֶל בֶּן־שְׁאַלְתִּיאֵל וְיֵשׁוּעַ שְׂרָיָה יִרְמְיָה עֶזְרָא׃ אֲמַרְיָה
ג ד ה מַלּוּךְ חַטּוּשׁ׃ שְׁכַנְיָה רְחֻם מְרֵמֹת׃ עִדּוֹא גִנְּתוֹי אֲבִיָּה׃ מִיָּמִין
ו ז מַעַדְיָה בִּלְגָּה׃ שְׁמַעְיָה וְיוֹיָרִיב יְדַעְיָה׃ סַלּוּ עָמוֹק חִלְקִיָּה
ח יְדַעְיָה אֵלֶּה רָאשֵׁי הַכֹּהֲנִים וַאֲחֵיהֶם בִּימֵי יֵשׁוּעַ׃ וְהַלְוִיִּם יֵשׁוּעַ

בִּנּוּי קַדְמִיאֵל שֵׁרֵבְיָה יְהוּדָה מַתַּנְיָה עַל־הֻיְּדוֹת הוּא וְאֶחָיו׃
וְעֻנִּי וּבַקְבֻּקְיָה וענו אֲחֵיהֶם לְנֶגְדָּם לְמִשְׁמָרוֹת׃ וְיֵשׁוּעַ הוֹלִיד ט
אֶת־יוֹיָקִים וְיוֹיָקִים הוֹלִיד אֶת־אֶלְיָשִׁיב וְאֶלְיָשִׁיב אֶת־
יוֹיָדָע׃ וְיוֹיָדָע הוֹלִיד אֶת־יוֹנָתָן וְיוֹנָתָן הוֹלִיד אֶת־יַדּוּעַ׃ יא
וּבִימֵי יוֹיָקִים הָיוּ כֹהֲנִים רָאשֵׁי הָאָבוֹת לִשְׂרָיָה מְרָיָה לְיִרְמְיָה יב
לִמְלִיכוּ חֲנַנְיָה׃ לְעֶזְרָא מְשֻׁלָּם לַאֲמַרְיָה יְהוֹחָנָן׃ למלוכי יוֹנָתָן יג יד
לְעִדּוֹא לִשְׁבַנְיָה יוֹסֵף׃ לְחָרִם עַדְנָא לִמְרָיוֹת חֶלְקָי׃ לעדיא זְכַרְיָה טו טז
לְגִנְּתוֹן מְשֻׁלָּם׃ לַאֲבִיָּה זִכְרִי לְמִנְיָמִין לְמוֹעַדְיָה פִּלְטָי׃ יז
לְבִלְגָּה שַׁמּוּעַ לִשְׁמַעְיָה יְהוֹנָתָן׃ וּלְיוֹיָרִיב מַתְּנָי לִידַעְיָה עֻזִּי׃ יח יט
לְסַלַּי קַלָּי לְעָמוֹק עֵבֶר׃ לְחִלְקִיָּה חֲשַׁבְיָה לִידַעְיָה נְתַנְאֵל׃ כ כא
הַלְוִיִּם בִּימֵי אֶלְיָשִׁיב יוֹיָדָע וְיוֹחָנָן וְיַדּוּעַ כְּתוּבִים רָאשֵׁי כב
אָבוֹת וְהַכֹּהֲנִים עַל־מַלְכוּת דָּרְיָוֶשׁ הַפָּרְסִי׃ בְּנֵי לֵוִי כג
רָאשֵׁי הָאָבוֹת כְּתוּבִים עַל־סֵפֶר דִּבְרֵי הַיָּמִים וְעַד־יְמֵי יוֹחָנָן
בֶּן־אֶלְיָשִׁיב׃ וְרָאשֵׁי הַלְוִיִּם חֲשַׁבְיָה שֵׁרֵבְיָה וְיֵשׁוּעַ בֶּן־ כד
קַדְמִיאֵל וַאֲחֵיהֶם לְנֶגְדָּם לְהַלֵּל לְהוֹדוֹת בְּמִצְוַת דָּוִיד אִישׁ־
הָאֱלֹהִים מִשְׁמָר לְעֻמַּת מִשְׁמָר׃ מַתַּנְיָה וּבַקְבֻּקְיָה עֹבַדְיָה כה
מְשֻׁלָּם טַלְמוֹן עַקּוּב שֹׁמְרִים שׁוֹעֲרִים מִשְׁמָר בָּאֲסֻפֵּי הַשְּׁעָרִים׃
אֵלֶּה בִּימֵי יוֹיָקִים בֶּן־יֵשׁוּעַ בֶּן־יוֹצָדָק וּבִימֵי נְחֶמְיָה הַפֶּחָה כו
י וְעֶזְרָא הַכֹּהֵן הַסּוֹפֵר׃ וּבַחֲנֻכַּת חוֹמַת יְרוּשָׁלִַם בִּקְשׁוּ כז
אֶת־הַלְוִיִּם מִכָּל־מְקוֹמֹתָם לַהֲבִיאָם לִירוּשָׁלִָם לַעֲשֹׂת חֲנֻכָּה
וְשִׂמְחָה וּבְתוֹדוֹת וּבְשִׁיר מְצִלְתַּיִם נְבָלִים וּבְכִנֹּרוֹת׃ וַיֵּאָסְפוּ כח
בְּנֵי הַמְשֹׁרְרִים וּמִן־הַכִּכָּר סְבִיבוֹת יְרוּשָׁלִַם וּמִן־חַצְרֵי נְטֹפָתִי׃
וּמִבֵּית הַגִּלְגָּל וּמִשְּׂדוֹת גֶּבַע וְעַזְמָוֶת כִּי חֲצֵרִים בָּנוּ לָהֶם כט
הַמְשֹׁרְרִים סְבִיבוֹת יְרוּשָׁלִָם׃ וַיִּטַּהֲרוּ הַכֹּהֲנִים וְהַלְוִיִּם וַיְטַהֲרוּ ל
אֶת־הָעָם וְאֶת־הַשְּׁעָרִים וְאֶת־הַחוֹמָה׃ וָאַעֲלֶה אֶת־שָׂרֵי לא
יְהוּדָה מֵעַל לַחוֹמָה וָאַעֲמִידָה שְׁתֵּי תוֹדֹת גְּדוֹלֹת וְתַהֲלֻכֹת
לַיָּמִין מֵעַל לַחוֹמָה לְשַׁעַר הָאַשְׁפֹּת׃ וַיֵּלֶךְ אַחֲרֵיהֶם הוֹשַׁעְיָה לב

לג לד וַחֲצִי שָׂרֵי יְהוּדָה׃ וַעֲזַרְיָה עֶזְרָא וּמְשֻׁלָּם׃ יְהוּדָה וּבִנְיָמִן
וּשְׁמַעְיָה וְיִרְמְיָה׃
לה וּמִבְּנֵי הַכֹּהֲנִים בַּחֲצֹצְרוֹת זְכַרְיָה בֶן־יוֹנָתָן בֶּן־שְׁמַעְיָה בֶּן־
לו מַתַּנְיָה בֶּן־מִיכָיָה בֶּן־זַכּוּר בֶּן־אָסָף׃ וְאֶחָיו שְׁמַעְיָה וַעֲזַרְאֵל
מִלְלַי גִּלְלַי מָעַי נְתַנְאֵל וִיהוּדָה חֲנָנִי בִּכְלֵי־שִׁיר דָּוִיד אִישׁ
לז הָאֱלֹהִים וְעֶזְרָא הַסּוֹפֵר לִפְנֵיהֶם׃ וְעַל שַׁעַר הָעַיִן וְנֶגְדָּם עָלוּ
עַל־מַעֲלוֹת עִיר דָּוִיד בַּמַּעֲלֶה לַחוֹמָה מֵעַל לְבֵית דָּוִיד וְעַד
לח שַׁעַר הַמַּיִם מִזְרָח׃ וְהַתּוֹדָה הַשֵּׁנִית הַהוֹלֶכֶת לְמוֹאל וַאֲנִי
אַחֲרֶיהָ וַחֲצִי הָעָם מֵעַל לְהַחוֹמָה מֵעַל לְמִגְדַּל הַתַּנּוּרִים וְעַד
לט הַחוֹמָה הָרְחָבָה׃ וּמֵעַל לְשַׁעַר־אֶפְרַיִם וְעַל־שַׁעַר הַיְשָׁנָה
וְעַל־שַׁעַר הַדָּגִים וּמִגְדַּל חֲנַנְאֵל וּמִגְדַּל הַמֵּאָה וְעַד שַׁעַר
מ הַצֹּאן וְעָמְדוּ בְּשַׁעַר הַמַּטָּרָה׃ וַתַּעֲמֹדְנָה שְׁתֵּי הַתּוֹדֹת בְּבֵית
מא הָאֱלֹהִים וַאֲנִי וַחֲצִי הַסְּגָנִים עִמִּי׃ וְהַכֹּהֲנִים אֶלְיָקִים מַעֲשֵׂיָה
מב מִנְיָמִין מִיכָיָה אֶלְיוֹעֵינַי זְכַרְיָה חֲנַנְיָה בַּחֲצֹצְרוֹת׃ וּמַעֲשֵׂיָה
וּשְׁמַעְיָה וְאֶלְעָזָר וְעֻזִּי וִיהוֹחָנָן וּמַלְכִּיָּה וְעֵילָם וָעָזֶר וַיַּשְׁמִיעוּ
מג הַמְשֹׁרְרִים וְיִזְרַחְיָה הַפָּקִיד׃ וַיִּזְבְּחוּ בַיּוֹם הַהוּא זְבָחִים גְּדוֹלִים
וַיִּשְׂמָחוּ כִּי הָאֱלֹהִים שִׂמְּחָם שִׂמְחָה גְדוֹלָה וְגַם הַנָּשִׁים
מד וְהַיְלָדִים שָׂמֵחוּ וַתִּשָּׁמַע שִׂמְחַת יְרוּשָׁלִַם מֵרָחוֹק׃ וַיִּפָּקְדוּ
בַיּוֹם הַהוּא אֲנָשִׁים עַל־הַנְּשָׁכוֹת לָאוֹצָרוֹת ׀ לַתְּרוּמוֹת
לָרֵאשִׁית וְלַמַּעַשְׂרוֹת לִכְנוֹס בָּהֶם לִשְׂדֵי הֶעָרִים מְנָאוֹת
הַתּוֹרָה לַכֹּהֲנִים וְלַלְוִיִּם כִּי שִׂמְחַת יְהוּדָה עַל־הַכֹּהֲנִים וְעַל־
מה הַלְוִיִּם הָעֹמְדִים׃ וַיִּשְׁמְרוּ מִשְׁמֶרֶת אֱלֹהֵיהֶם וּמִשְׁמֶרֶת
הַטָּהֳרָה וְהַמְשֹׁרְרִים וְהַשֹּׁעֲרִים כְּמִצְוַת דָּוִיד שְׁלֹמֹה בְנוֹ׃
מו כִּי־בִימֵי דָוִיד וְאָסָף מִקֶּדֶם רָאשׁ הַמְשֹׁרְרִים וְשִׁיר־תְּהִלָּה
מז וְהֹדוֹת לֵאלֹהִים׃ וְכָל־יִשְׂרָאֵל בִּימֵי זְרֻבָּבֶל וּבִימֵי נְחֶמְיָה
נֹתְנִים מְנָיוֹת הַמְשֹׁרְרִים וְהַשֹּׁעֲרִים דְּבַר־יוֹם בְּיוֹמוֹ וּמַקְדִּשִׁים
יג א לַלְוִיִּם וְהַלְוִיִּם מַקְדִּשִׁים לִבְנֵי אַהֲרֹן׃ בַּיּוֹם הַהוּא

נִקְרָא בְּסֵפֶר מֹשֶׁה בְּאָזְנֵי הָעָם וְנִמְצָא כָּתוּב בּוֹ אֲשֶׁר לֹא־
יָבוֹא עַמֹּנִי וּמֹאָבִי בִּקְהַל הָאֱלֹהִים עַד־עוֹלָם׃ כִּי לֹא קִדְּמוּ ב
אֶת־בְּנֵי יִשְׂרָאֵל בַּלֶּחֶם וּבַמָּיִם וַיִּשְׂכֹּר עָלָיו אֶת־בִּלְעָם לְקַלְלוֹ
וַיַּהֲפֹךְ אֱלֹהֵינוּ הַקְּלָלָה לִבְרָכָה׃ וַיְהִי כְּשָׁמְעָם אֶת־הַתּוֹרָה ג
וַיַּבְדִּילוּ כָל־עֵרֶב מִיִּשְׂרָאֵל׃ וְלִפְנֵי מִזֶּה אֶלְיָשִׁיב הַכֹּהֵן נָתוּן ד
בְּלִשְׁכַּת בֵּית־אֱלֹהֵינוּ קָרוֹב לְטוֹבִיָּה׃ וַיַּעַשׂ לוֹ לִשְׁכָּה גְדוֹלָה ה
וְשָׁם הָיוּ לְפָנִים נֹתְנִים אֶת־הַמִּנְחָה הַלְּבוֹנָה וְהַכֵּלִים וּמַעְשַׂר
הַדָּגָן הַתִּרוֹשׁ וְהַיִּצְהָר מִצְוַת הַלְוִיִּם וְהַמְשֹׁרְרִים וְהַשּׁוֹעֲרִים
וּתְרוּמַת הַכֹּהֲנִים׃ וּבְכָל־זֶה לֹא הָיִיתִי בִּירוּשָׁלִָם כִּי בִּשְׁנַת ו
שְׁלֹשִׁים וּשְׁתַּיִם לְאַרְתַּחְשַׁסְתְּא מֶלֶךְ־בָּבֶל בָּאתִי אֶל־הַמֶּלֶךְ
וּלְקֵץ יָמִים נִשְׁאַלְתִּי מִן־הַמֶּלֶךְ׃ וָאָבוֹא לִירוּשָׁלִָם וָאָבִינָה ז
בָרָעָה אֲשֶׁר עָשָׂה אֶלְיָשִׁיב לְטוֹבִיָּה לַעֲשׂוֹת לוֹ נִשְׁכָּה בְּחַצְרֵי
בֵּית הָאֱלֹהִים׃ וַיֵּרַע לִי מְאֹד וָאַשְׁלִיכָה אֶת־כָּל־כְּלֵי בֵית־ ח
טוֹבִיָּה הַחוּץ מִן־הַלִּשְׁכָּה׃ וָאֹמְרָה וַיְטַהֲרוּ הַלְּשָׁכוֹת וָאָשִׁיבָה ט
שָּׁם כְּלֵי בֵּית הָאֱלֹהִים אֶת־הַמִּנְחָה וְהַלְּבוֹנָה׃ וָאֵדְעָה כִּי־ י
מְנָיוֹת הַלְוִיִּם לֹא נִתָּנָה וַיִּבְרְחוּ אִישׁ־לְשָׂדֵהוּ הַלְוִיִּם וְהַמְשֹׁרְרִים
עֹשֵׂי הַמְּלָאכָה׃ וָאָרִיבָה אֶת־הַסְּגָנִים וָאֹמְרָה מַדּוּעַ נֶעֱזַב יא
בֵּית־הָאֱלֹהִים וָאֶקְבְּצֵם וָאַעֲמִדֵם עַל־עָמְדָם׃ וְכָל־יְהוּדָה יב
הֵבִיאוּ מַעְשַׂר הַדָּגָן וְהַתִּירוֹשׁ וְהַיִּצְהָר לָאוֹצָרוֹת׃ וָאוֹצְרָה יג
עַל־אוֹצָרוֹת שֶׁלֶמְיָה הַכֹּהֵן וְצָדוֹק הַסּוֹפֵר וּפְדָיָה מִן־הַלְוִיִּם
וְעַל־יָדָם חָנָן בֶּן־זַכּוּר בֶּן־מַתַּנְיָה כִּי נֶאֱמָנִים נֶחְשָׁבוּ וַעֲלֵיהֶם
לַחֲלֹק לַאֲחֵיהֶם׃ זָכְרָה־לִּי אֱלֹהַי עַל־זֹאת וְאַל־ יד
תֶּמַח חֲסָדַי אֲשֶׁר עָשִׂיתִי בְּבֵית אֱלֹהַי וּבְמִשְׁמָרָיו׃ בַּיָּמִים טו
הָהֵמָּה רָאִיתִי בִיהוּדָה ׀ דֹּרְכִים־גִּתּוֹת ׀ בַּשַּׁבָּת וּמְבִיאִים
הָעֲרֵמוֹת וְעֹמְסִים עַל־הַחֲמֹרִים וְאַף־יַיִן עֲנָבִים וּתְאֵנִים וְכָל־
מַשָּׂא וּמְבִיאִים יְרוּשָׁלִַם בְּיוֹם הַשַּׁבָּת וָאָעִיד בְּיוֹם מִכְרָם
צָיִד׃ וְהַצֹּרִים יָשְׁבוּ בָהּ מְבִיאִים דָּאג וְכָל־מֶכֶר וּמוֹכְרִים טז

יז בַּשַּׁבָּת לִבְנֵי יְהוּדָה וּבִירוּשָׁלָֽם׃ וָאָרִיבָה אֵת חֹרֵי יְהוּדָה
וָאֹמְרָה לָהֶם מָה־הַדָּבָר הָרָע הַזֶּה אֲשֶׁר אַתֶּם עֹשִׂים
יח וּמְחַלְּלִים אֶת־יוֹם הַשַּׁבָּֽת׃ הֲלוֹא כֹה עָשׂוּ אֲבֹתֵיכֶם וַיָּבֵא
אֱלֹהֵינוּ עָלֵינוּ אֵת כָּל־הָרָעָה הַזֹּאת וְעַל הָעִיר הַזֹּאת וְאַתֶּם
יט מוֹסִיפִים חָרוֹן עַל־יִשְׂרָאֵל לְחַלֵּל אֶת־הַשַּׁבָּֽת׃ וַיְהִי
כַּאֲשֶׁר צָלְלוּ שַׁעֲרֵי יְרוּשָׁלַ͏ִם לִפְנֵי הַשַּׁבָּת וָאֹמְרָה וַיִּסָּגְרוּ
הַדְּלָתוֹת וָאֹמְרָה אֲשֶׁר לֹא יִפְתָּחוּם עַד אַחַר הַשַּׁבָּת וּמִנְּעָרַי
כ הֶעֱמַדְתִּי עַל־הַשְּׁעָרִים לֹא־יָבוֹא מַשָּׂא בְּיוֹם הַשַּׁבָּֽת׃ וַיָּלִינוּ
הָרֹכְלִים וּמֹכְרֵי כָל־מִמְכָּר מִחוּץ לִירוּשָׁלָ͏ִם פַּעַם וּשְׁתָּֽיִם׃
כא וָאָעִידָה בָהֶם וָאֹמְרָה אֲלֵיהֶם מַדּוּעַ אַתֶּם לֵנִים נֶגֶד הַחוֹמָה
אִם־תִּשְׁנוּ יָד אֶשְׁלַח בָּכֶם מִן־הָעֵת הַהִיא לֹא בָאוּ בַּשַּׁבָּֽת׃
כב וָאֹמְרָה לַלְוִיִּם אֲשֶׁר יִהְיוּ מִטַּהֲרִים וּבָאִים שֹׁמְרִים הַשְּׁעָרִים
לְקַדֵּשׁ אֶת־יוֹם הַשַּׁבָּת גַּם־זֹאת זָכְרָה־לִּי אֱלֹהַי וְחוּסָה עָלַי
כג כְּרֹב חַסְדֶּֽךָ׃ גַּם ׀ בַּיָּמִים הָהֵם רָאִיתִי אֶת־הַיְּהוּדִים
כד הֹשִׁיבוּ נָשִׁים אשדודיות עמוניות מוֹאֲבִיּֽוֹת׃ וּבְנֵיהֶם חֲצִי מְדַבֵּר
כה אַשְׁדּוֹדִית וְאֵינָם מַכִּירִים לְדַבֵּר יְהוּדִית וְכִלְשׁוֹן עַם וָעָֽם׃ וָאָרִיב
עִמָּם וָאֲקַלְלֵם וָאַכֶּה מֵהֶם אֲנָשִׁים וָאֶמְרְטֵם וָאַשְׁבִּיעֵם בֵּאלֹהִים
אִם־תִּתְּנוּ בְנֹתֵיכֶם לִבְנֵיהֶם וְאִם־תִּשְׂאוּ מִבְּנֹתֵיהֶם לִבְנֵיכֶם
כו וְלָכֶֽם׃ הֲלוֹא עַל־אֵלֶּה חָטָא־שְׁלֹמֹה מֶלֶךְ־יִשְׂרָאֵל וּבַגּוֹיִם
הָרַבִּים לֹא־הָיָה מֶלֶךְ כָּמֹהוּ וְאָהוּב לֵאלֹהָיו הָיָה וַיִּתְּנֵהוּ אֱלֹהִים
כז מֶלֶךְ עַל־כָּל־יִשְׂרָאֵל גַּם־אוֹתוֹ הֶחֱטִיאוּ הַנָּשִׁים הַנָּכְרִיּֽוֹת׃ וְלָכֶם
הֲנִשְׁמַע לַעֲשֹׂת אֵת כָּל־הָרָעָה הַגְּדוֹלָה הַזֹּאת לִמְעֹל בֵּאלֹהֵינוּ
כח לְהֹשִׁיב נָשִׁים נָכְרִיּֽוֹת׃ וּמִבְּנֵי יוֹיָדָע בֶּן־אֶלְיָשִׁיב הַכֹּהֵן הַגָּדוֹל
כט חָתָן לְסַנְבַלַּט הַחֹרֹנִי וָאַבְרִיחֵהוּ מֵעָלָֽי׃ זָכְרָה לָהֶם אֱלֹהָי עַל־
ל גָּאֳלֵי הַכְּהֻנָּה וּבְרִית הַכְּהֻנָּה וְהַלְוִיִּֽם׃ וְטִהַרְתִּים מִכָּל־נֵכָר
לא וָאַעֲמִידָה מִשְׁמָרוֹת לַכֹּהֲנִים וְלַלְוִיִּם אִישׁ בִּמְלַאכְתּֽוֹ׃ וּלְקֻרְבַּן
הָעֵצִים בְּעִתִּים מְזֻמָּנוֹת וְלַבִּכּוּרִים זָכְרָה־לִּי אֱלֹהַי לְטוֹבָֽה׃

אַשְׁדֳּדִיּוֹת
עַמֳּנִיּוֹת

דברי הימים

דברי הימים

א

א ב ג אָדָם שֵׁת אֱנוֹשׁ׃ קֵינָן מַהֲלַלְאֵל יָרֶד׃ חֲנוֹךְ מְתוּשֶׁלַח לָמֶךְ׃ א
ד ה נֹחַ שֵׁם חָם וָיָפֶת׃ בְּנֵי יֶפֶת גֹּמֶר וּמָגוֹג וּמָדַי וְיָוָן וְתֻבָל וּמֶשֶׁךְ
ו ז וְתִירָס׃ וּבְנֵי גֹּמֶר אַשְׁכְּנַז וְדִיפַת וְתוֹגַרְמָה׃ וּבְנֵי יָוָן אֱלִישָׁה
ח וְתַרְשִׁישָׁה כִּתִּים וְרוֹדָנִים׃ בְּנֵי חָם כּוּשׁ וּמִצְרָיִם
ט פּוּט וּכְנָעַן׃ וּבְנֵי כוּשׁ סְבָא וַחֲוִילָה וְסַבְתָּא וְרַעְמָא וְסַבְתְּכָא
י וּבְנֵי רַעְמָא שְׁבָא וּדְדָן׃ וְכוּשׁ יָלַד אֶת־נִמְרוֹד הוּא הֵחֵל לִהְיוֹת
יא גִּבּוֹר בָּאָרֶץ׃ וּמִצְרַיִם יָלַד אֶת־לוּדִיִּים וְאֶת־עֲנָמִים לודים
יב וְאֶת־לְהָבִים וְאֶת־נַפְתֻּחִים׃ וְאֶת־פַּתְרֻסִים וְאֶת־כַּסְלֻחִים
יג אֲשֶׁר יָצְאוּ מִשָּׁם פְּלִשְׁתִּים וְאֶת־כַּפְתֹּרִים׃ וּכְנַעַן יָלַד
יד אֶת־צִידוֹן בְּכֹרוֹ וְאֶת־חֵת׃ וְאֶת־הַיְבוּסִי וְאֶת־הָאֱמֹרִי וְאֵת
טו טז הַגִּרְגָּשִׁי׃ וְאֶת־הַחִוִּי וְאֶת־הַעַרְקִי וְאֶת־הַסִּינִי׃ וְאֶת־הָאַרְוָדִי וְאֶת־
יז הַצְּמָרִי וְאֶת־הַחֲמָתִי׃ בְּנֵי שֵׁם עֵילָם וְאַשּׁוּר וְאַרְפַּכְשַׁד
יח וְלוּד וַאֲרָם וְעוּץ וְחוּל וְגֶתֶר וָמֶשֶׁךְ׃ וְאַרְפַּכְשַׁד יָלַד
יט אֶת־שָׁלַח וְשֶׁלַח יָלַד אֶת־עֵבֶר׃ וּלְעֵבֶר יֻלַּד שְׁנֵי בָנִים שֵׁם
כ הָאֶחָד פֶּלֶג כִּי בְיָמָיו נִפְלְגָה הָאָרֶץ וְשֵׁם אָחִיו יָקְטָן׃ וְיָקְטָן
כא יָלַד אֶת־אַלְמוֹדָד וְאֶת־שָׁלֶף וְאֶת־חֲצַרְמָוֶת וְאֶת־יָרַח׃ וְאֶת־
כב הֲדוֹרָם וְאֶת־אוּזָל וְאֶת־דִּקְלָה׃ וְאֶת־עֵיבָל וְאֶת־אֲבִימָאֵל
כג וְאֶת־שְׁבָא׃ וְאֶת־אוֹפִיר וְאֶת־חֲוִילָה וְאֶת־יוֹבָב כָּל־אֵלֶּה
כד כה כו בְּנֵי יָקְטָן׃ שֵׁם ׀ אַרְפַּכְשַׁד שָׁלַח׃ עֵבֶר פֶּלֶג רְעוּ׃ שְׂרוּג
כז כח נָחוֹר תָּרַח׃ אַבְרָם הוּא אַבְרָהָם׃ בְּנֵי אַבְרָהָם יִצְחָק
כט וְיִשְׁמָעֵאל׃ אֵלֶּה תֹּלְדוֹתָם בְּכוֹר יִשְׁמָעֵאל נְבָיוֹת
ל וְקֵדָר וְאַדְבְּאֵל וּמִבְשָׂם׃ מִשְׁמָע וְדוּמָה מַשָּׂא חֲדַד וְתֵימָא׃
לא לב יְטוּר נָפִישׁ וָקֵדְמָה אֵלֶּה הֵם בְּנֵי יִשְׁמָעֵאל׃ וּבְנֵי
קְטוּרָה פִּילֶגֶשׁ אַבְרָהָם יָלְדָה אֶת־זִמְרָן וְיָקְשָׁן וּמְדָן
לג וּמִדְיָן וְיִשְׁבָּק וְשׁוּחַ וּבְנֵי יָקְשָׁן שְׁבָא וּדְדָן׃ וּבְנֵי
מִדְיָן עֵיפָה וָעֵפֶר וַחֲנוֹךְ וַאֲבִידָע וְאֶלְדָּעָה כָּל־אֵלֶּה בְּנֵי
לד קְטוּרָה׃ וַיּוֹלֶד אַבְרָהָם אֶת־יִצְחָק בְּנֵי יִצְחָק עֵשָׂו

וישראל: בני עשו אליפז רעואל ויעוש ויעלם לה
וקרח: בני אליפז תימן ואומר צפי וגעתם קנז לו
ותמנע ועמלק: בני רעואל נחת זרח שמה לז
ומזה: ובני שעיר לוטן ושובל וצבעון וענה ודישן לח
ואצר ודישן: ובני לוטן חורי והומם ואחות לוטן לט
תמנע: בני שובל עלין ומנחת ועיבל שפי ואונם מ
ובני צבעון איה וענה: בני ענה דישון ובני מא
דישון חמרן ואשבן ויתרן וכרן: בני־אצר בלהן מב
וזעון יעקן בני דישון עוץ וארן: ואלה המלכים מג
אשר מלכו בארץ אדום לפני מלך־מלך לבני ישראל
בלע בן־בעור ושם עירו דנהבה: וימת בלע וימלך תחתיו מד
יובב בן־זרח מבצרה: וימת יובב וימלך תחתיו חושם מה
מארץ התימני: וימת חושם וימלך תחתיו הדד בן־בדד המכה מו
עוית את־מדין בשדה מואב ושם עירו עוית: וימת הדד וימלך מז
תחתיו שמלה ממשרקה: וימת שמלה וימלך תחתיו שאול מח
מרחבות הנהר: וימת שאול וימלך תחתיו בעל חנן בן־ מט
עכבור: וימת בעל חנן וימלך תחתיו הדד ושם עירו פעי נ
ושם אשתו מהיטבאל בת־מטרד בת מי זהב: וימת הדד נא
עלוה ויהיו אלופי אדום אלוף תמנע אלוף עליה אלוף יתת:
אלוף אהליבמה אלוף אלה אלוף פינן: אלוף קנז אלוף נב נג
תימן אלוף מבצר: אלוף מגדיאל אלוף עירם אלה נד
אלופי אדום: אלה בני ישראל ראובן שמעון א ב
לוי ויהודה יששכר וזבלון: דן יוסף ובנימן נפתלי גד ב
ואשר: בני יהודה ער ואונן ושלה שלושה נולד לו ג
מבת־שוע הכנענית ויהי ער | בכור יהודה רע בעיני יהוה
וימיתהו: ותמר כלתו ילדה לו את־פרץ ואת־זרח כל־בני ד
יהודה חמשה: בני פרץ חצרון וחמול: ובני זרח ה

ז זִמְרִי וְאֵיתָן וְהֵימָן וְכַלְכֹּל וָדָרַע כֻּלָּם חֲמִשָּׁה: וּבְנֵי
ח כַּרְמִי עָכָר עוֹכֵר יִשְׂרָאֵל אֲשֶׁר מָעַל בַּחֵרֶם: וּבְנֵי
ט אֵיתָן עֲזַרְיָה: וּבְנֵי חֶצְרוֹן אֲשֶׁר נוֹלַד־לוֹ אֶת־יְרַחְמְאֵל
י וְאֶת־רָם וְאֶת־כְּלוּבָי: וְרָם הוֹלִיד אֶת־עַמִּינָדָב וְעַמִּינָדָב
יא הוֹלִיד אֶת־נַחְשׁוֹן נְשִׂיא בְּנֵי יְהוּדָה: וְנַחְשׁוֹן הוֹלִיד אֶת־שַׂלְמָא
יב וְשַׂלְמָא הוֹלִיד אֶת־בֹּעַז: וּבֹעַז הוֹלִיד אֶת־עוֹבֵד וְעוֹבֵד הוֹלִיד
יג אֶת־יִשָׁי: וְאִישַׁי הוֹלִיד אֶת־בְּכֹרוֹ אֶת־אֱלִיאָב וַאֲבִינָדָב הַשֵּׁנִי
יד טו וְשִׁמְעָא הַשְּׁלִישִׁי: נְתַנְאֵל הָרְבִיעִי רַדַּי הַחֲמִישִׁי: אֹצֶם הַשִּׁשִּׁי
טז דָּוִיד הַשְּׁבִעִי: וְאַחְיוֹתֵיהֶם צְרוּיָה וַאֲבִיגָיִל וּבְנֵי צְרוּיָה אַבְשַׁי
יז וְיוֹאָב וַעֲשָׂה־אֵל שְׁלֹשָׁה: וַאֲבִיגַיִל יָלְדָה אֶת־עֲמָשָׂא וַאֲבִי
יח עֲמָשָׂא יֶתֶר הַיִּשְׁמְעֵאלִי: וְכָלֵב בֶּן־חֶצְרוֹן הוֹלִיד אֶת־
עֲזוּבָה אִשָּׁה וְאֶת־יְרִיעוֹת וְאֵלֶּה בָנֶיהָ יֵשֶׁר וְשׁוֹבָב וְאַרְדּוֹן:
יט כ וַתָּמָת עֲזוּבָה וַיִּקַּח־לוֹ כָלֵב אֶת־אֶפְרָת וַתֵּלֶד לוֹ אֶת־חוּר: וְחוּר
כא הוֹלִיד אֶת־אוּרִי וְאוּרִי הוֹלִיד אֶת־בְּצַלְאֵל: וְאַחַר
בָּא חֶצְרוֹן אֶל־בַּת־מָכִיר אֲבִי גִלְעָד וְהוּא לְקָחָהּ וְהוּא בֶּן־
כב שִׁשִּׁים שָׁנָה וַתֵּלֶד לוֹ אֶת־שְׂגוּב: וּשְׂגוּב הוֹלִיד אֶת־יָאִיר
כג וַיְהִי־לוֹ עֶשְׂרִים וְשָׁלוֹשׁ עָרִים בְּאֶרֶץ הַגִּלְעָד: וַיִּקַּח
גְּשׁוּר־וַאֲרָם אֶת־חַוֺּת יָאִיר מֵאִתָּם אֶת־קְנָת וְאֶת־בְּנֹתֶיהָ
כד שִׁשִּׁים עִיר כָּל־אֵלֶּה בְּנֵי מָכִיר אֲבִי־גִלְעָד: וְאַחַר מוֹת־חֶצְרוֹן
בְּכָלֵב אֶפְרָתָה וְאֵשֶׁת חֶצְרוֹן אֲבִיָּה וַתֵּלֶד לוֹ אֶת־אַשְׁחוּר
כה אֲבִי תְקוֹעַ: וַיִּהְיוּ בְנֵי־יְרַחְמְאֵל בְּכוֹר חֶצְרוֹן הַבְּכוֹר ׀ רָם
כו וּבוּנָה וָאֹרֶן וָאֹצֶם אֲחִיָּה: וַתְּהִי אִשָּׁה אַחֶרֶת לִירַחְמְאֵל וּשְׁמָהּ
כז עֲטָרָה הִיא אֵם אוֹנָם: וַיִּהְיוּ בְנֵי־רָם בְּכוֹר יְרַחְמְאֵל
כח מַעַץ וְיָמִין וָעֵקֶר: וַיִּהְיוּ בְנֵי־אוֹנָם שַׁמַּי וְיָדָע וּבְנֵי שַׁמַּי נָדָב
כט וַאֲבִישׁוּר: וְשֵׁם אֵשֶׁת אֲבִישׁוּר אֲבִיהָיִל וַתֵּלֶד לוֹ אֶת־
ל אַחְבָּן וְאֶת־מוֹלִיד: וּבְנֵי נָדָב סֶלֶד וְאַפָּיִם וַיָּמָת סֶלֶד לֹא
לא בָנִים: וּבְנֵי אַפַּיִם יִשְׁעִי וּבְנֵי יִשְׁעִי שֵׁשָׁן וּבְנֵי שֵׁשָׁן

אחלי׃ ובני ידע אחי שמי יתר ויונתן וימת יתר לא לב
בנים׃ ובני יונתן פלת וזזא אלה היו בני ירחמאל׃ לג
ולא־היה לששן בנים כי אם־בנות ולששן עבד מצרי ושמו לד
ירחע׃ ויתן ששן את־בתו לירחע עבדו לאשה ותלד לו לה
את־עתי׃ ועתי הוליד את־נתן ונתן הוליד את־זבד׃ וזבד לו לז
הוליד את־אפלל ואפלל הוליד את־עובד׃ ועובד הליד לח
את־יהוא ויהוא הליד את־עזריה׃ ועזריה הליד את־חלץ לט
וחלץ הליד את־אלעשה׃ ואלעשה הליד את־ססמי וססמי מ
הליד את־שלום׃ ושלום הוליד את־יקמיה ויקמיה הליד מא
את־אלישמע׃ ובני כלב אחי ירחמאל מישע בכרו מב
הוא אבי־זיף ובני מרשה אבי חברון׃ ובני חברון קרח ותפח מג
ורקם ושמע׃ ושמע הוליד את־רחם אבי ירקעם ורקם מד
הוליד את־שמי׃ ובן־שמי מעון ומעון אבי בית־צור׃ ועיפה מה מו
פילגש כלב ילדה את־חרן ואת־מוצא ואת־גזז וחרן הליד
את־גזז׃ ובני יהדי רגם ויותם וגישן ופלט ועיפה מז
ושעף׃ פילגש כלב מעכה ילד שבר ואת־תרחנה׃ ותלד מח מט
שעף אבי מדמנה את־שוא אבי מכבנה ואבי גבעא ובת־
כלב עכסה׃ אלה היו בני כלב בן־חור בכור אפרתה שובל נ
אבי קרית יערים׃ שלמא אבי בית־לחם חרף אבי בית־ נא
גדר׃ ויהיו בנים לשובל אבי קרית יערים הראה חצי המנחות׃ נב
ומשפחות קרית יערים היתרי והפותי והשמתי והמשרעי נג
מאלה יצאו הצרעתי והאשתאלי׃ בני שלמא בית נד
לחם ונטופתי עטרות בית יואב וחצי המנחתי הצרעי׃
ישבי ומשפחות ספרים ישבו יעבץ תרעתים שמעתים שוכתים נה
המה הקינים הבאים מחמת אבי בית־רכב׃ ואלה ג א
היו בני דויד אשר נולד־לו בחברון הבכור ׀ אמנן לאחינעם
היזרעאלית שני דניאל לאביגיל הכרמלית׃ השלשי ב

לאבשלום בן־מעכה בת־תלמי מלך גשור הרביעי אדניה
ג בן־חגית׃ החמישי שפטיה לאביטל הששי יתרעם לעגלה
ד אשתו׃ ששה נולד־לו בחברון וימלך־שם שבע שנים וששה
ה חדשים ושלשים ושלוש שנה מלך בירושלם׃ ואלה
נולדו־לו בירושלים שמעא ושובב ונתן ושלמה ארבעה
ו ז לבת־שוע בת־עמיאל׃ ויבחר ואלישמע ואליפלט׃ ונגה
ח ט ונפג ויפיע׃ ואלישמע ואלידע ואליפלט תשעה׃ כל בני
י דויד מלבד בני־פילגשים ותמר אחותם׃ ובן־שלמה
יא רחבעם אביה בנו אסא בנו יהושפט בנו׃ יורם בנו אחזיהו
יב יג בנו יואש בנו׃ אמציהו בנו עזריה בנו יותם בנו׃ אחז בנו
יד טו חזקיהו בנו מנשה בנו׃ אמון בנו יאשיהו בנו׃ ובני יאשיהו
הבכור יוחנן השני יהויקים השלשי צדקיהו הרביעי שלום׃
טז יז ובני יהויקים יכניה בנו צדקיה בנו׃ ובני יכניה אסר
יח שאלתיאל בנו׃ ומלכירם ופדיה ושנאצר יקמיה הושמע
יט ונדביה׃ ובני פדיה זרבבל ושמעי ובן־זרבבל משלם וחנניה
כ ושלמית אחותם׃ וחשבה ואהל וברכיה וחסדיה יושב חסד
כא חמש׃ ובן־חנניה פלטיה וישעיה בני רפיה בני ארנן בני
כב עבדיה בני שכניה׃ ובני שכניה שמעיה ובני שמעיה
כג חטוש ויגאל ובריח ונעריה ושפט ששה׃ ובן־נעריה אליועיני
כד וחזקיה ועזריקם שלשה׃ ובני אליועיני הודיוהו ואלישיב הודויהו
ד א ופליה ועקוב ויוחנן ודליה וענני שבעה׃ בני
ב יהודה פרץ חצרון וכרמי וחור ושובל׃ וראיה בן־שובל
הליד את־יחת ויחת הליד את־אחומי ואת־להד אלה
ג משפחות הצרעתי׃ ואלה אבי עיטם יזרעאל וישמא
ד וידבש ושם אחותם הצללפוני׃ ופנואל אבי גדר ועזר אבי
ה חושה אלה בני־חור בכור אפרתה אבי בית לחם׃ ולאשחור
ו אבי תקוע היו שתי נשים חלאה ונערה׃ ותלד לו נערה

את־אחזם ואת־חפר ואת־תימני ואת־האחשתרי אלה בני
וצחר נערה: ובני חלאה צרת יצחר ואתנן: וקוץ הוליד את־ענוב ז ח
ואת־הצבבה ומשפחת אחרחל בן־הרם: ויהי יעבץ נכבד ט
מאחיו ואמו קראה שמו יעבץ לאמר כי ילדתי בעצב:
ב ויקרא יעבץ לאלהי ישראל לאמר אם־ברך תברכני והרבית י
את־גבולי והיתה ידך עמי ועשית מרעה לבלתי עצבי ויבא
אלהים את־אשר שאל: וכלוב אחי־שוחה הוליד יא
את־מחיר הוא אבי אשתון: ואשתון הוליד את־בית יב
רפא ואת־פסח ואת־תחנה אבי עיר־נחש אלה אנשי
רכה: ובני קנז עתניאל ושריה ובני עתניאל חתת: יג
ומעונתי הוליד את־עפרה ושריה הוליד את־יואב אבי גיא יד
חרשים כי חרשים היו: ובני כלב בן־יפנה עירו טו
אלה ונעם ובני אלה וקנז: ובני יהללאל זיף וזיפה תיריא טז
ואשראל: ובן־עזרה יתר ומרד ועפר וילון ותהר את־ יז
מרים ואת־שמי ואת־ישבח אבי אשתמע: ואשתו היהדיה יח
ילדה את־ירד אבי גדור ואת־חבר אבי שוכו ואת־
יקותיאל אבי זנוח ואלה בני בתיה בת־פרעה אשר לקח
מרד: ובני אשת הודיה אחות נחם אבי קעילה יט
הגרמי ואשתמע המעכתי: ובני שימון אמנון ורנה בן־חנן כ
ותילון ותולון ובני ישעי זוחת ובן־זוחת: בני שלה בן־יהודה ער כא
אבי לכה ולעדה אבי מרשה ומשפחות בית־עבדת הבץ
לבית אשבע: ויוקים ואנשי כזבא ויואש ושרף אשר־בעלו כב
למואב וישבי לחם והדברים עתיקים: המה היוצרים וישבי כג
נטעים וגדרה עם־המלך במלאכתו ישבו שם: בני כד
שמעון נמואל וימין יריב זרח שאול: שלם בנו מבשם בנו כה
משמע בנו: ובני משמע חמואל בנו זכור בנו שמעי בנו: כו
ולשמעי בנים ששה עשר ובנות שש ולאחיו אין בנים כז

כח רַבִּים וְכָל־מִשְׁפַּחְתָּם לֹא הִרְבּוּ עַד־בְּנֵי יְהוּדָה: וַיֵּשְׁבוּ
כט בִּבְאֵר־שֶׁבַע וּמוֹלָדָה וַחֲצַר שׁוּעָל: וּבְבִלְהָה וּבְעֶצֶם וּבְתוֹלָד:
ל לא וּבִבְתוּאֵל וּבְחָרְמָה וּבְצִיקְלָג: וּבְבֵית מַרְכָּבוֹת וּבַחֲצַר סוּסִים
וּבְבֵית בִּרְאִי וּבְשַׁעֲרָיִם אֵלֶּה עָרֵיהֶם עַד־מְלֹךְ דָּוִיד:
לב לג וְחַצְרֵיהֶם עֵיטָם וָעַיִן רִמּוֹן וְתֹכֶן וְעָשָׁן עָרִים חָמֵשׁ: וְכָל־
חַצְרֵיהֶם אֲשֶׁר סְבִיבוֹת הֶעָרִים הָאֵלֶּה עַד־בָּעַל זֹאת מוֹשְׁבֹתָם
לד לה וְהִתְיַחְשָׂם לָהֶם: וּמְשׁוֹבָב וְיַמְלֵךְ וְיוֹשָׁה בֶּן־אֲמַצְיָה: וְיוֹאֵל
לו וְיֵהוּא בֶּן־יוֹשִׁבְיָה בֶּן־שְׂרָיָה בֶּן־עֲשִׂיאֵל: וְאֶלְיוֹעֵינַי וְיַעֲקֹבָה
לז וִישׁוֹחָיָה וַעֲשָׂיָה וַעֲדִיאֵל וִישִׂימִאֵל וּבְנָיָה: וְזִיזָא בֶּן־שִׁפְעִי
לח בֶּן־אַלּוֹן בֶּן־יְדָיָה בֶּן־שִׁמְרִי בֶּן־שְׁמַעְיָה: אֵלֶּה הַבָּאִים
בְּשֵׁמוֹת נְשִׂיאִים בְּמִשְׁפְּחוֹתָם וּבֵית אֲבוֹתֵיהֶם פָּרְצוּ לָרוֹב:
לט וַיֵּלְכוּ לִמְבוֹא גְדֹר עַד לְמִזְרַח הַגָּיְא לְבַקֵּשׁ מִרְעֶה לְצֹאנָם:
מ וַיִּמְצְאוּ מִרְעֶה שָׁמֵן וָטוֹב וְהָאָרֶץ רַחֲבַת יָדַיִם וְשֹׁקֶטֶת
מא וּשְׁלֵוָה כִּי מִן־חָם הַיֹּשְׁבִים שָׁם לְפָנִים: וַיָּבֹאוּ אֵלֶּה הַכְּתוּבִים
בְשֵׁמוֹת בִּימֵי ׀ יְחִזְקִיָּהוּ מֶלֶךְ־יְהוּדָה וַיַּכּוּ אֶת־אָהֳלֵיהֶם וְאֶת־
הַמְּעִינִים אֲשֶׁר נִמְצְאוּ־שָׁמָּה וַיַּחֲרִימֻם עַד־הַיּוֹם הַזֶּה וַיֵּשְׁבוּ הַמְּעוּנִים
מב תַּחְתֵּיהֶם כִּי־מִרְעֶה לְצֹאנָם שָׁם: וּמֵהֶם ׀ מִן־בְּנֵי שִׁמְעוֹן
הָלְכוּ לְהַר שֵׂעִיר אֲנָשִׁים חֲמֵשׁ מֵאוֹת וּפְלַטְיָה וּנְעַרְיָה וּרְפָיָה
מג וְעֻזִּיאֵל בְּנֵי יִשְׁעִי בְּרֹאשָׁם: וַיַּכּוּ אֶת־שְׁאֵרִית הַפְּלֵטָה לַעֲמָלֵק
ה א וַיֵּשְׁבוּ שָׁם עַד הַיּוֹם הַזֶּה: וּבְנֵי רְאוּבֵן בְּכוֹר־יִשְׂרָאֵל
כִּי הוּא הַבְּכוֹר וּבְחַלְּלוֹ יְצוּעֵי אָבִיו נִתְּנָה בְּכֹרָתוֹ לִבְנֵי יוֹסֵף
ב בֶּן־יִשְׂרָאֵל וְלֹא לְהִתְיַחֵשׂ לַבְּכֹרָה: כִּי יְהוּדָה גָּבַר בְּאֶחָיו
ג וּלְנָגִיד מִמֶּנּוּ וְהַבְּכֹרָה לְיוֹסֵף: בְּנֵי רְאוּבֵן בְּכוֹר
ד יִשְׂרָאֵל חֲנוֹךְ וּפַלּוּא חֶצְרוֹן וְכַרְמִי: בְּנֵי יוֹאֵל שְׁמַעְיָה בְנוֹ גּוֹג
ה ו בְּנוֹ שִׁמְעִי בְנוֹ: מִיכָה בְנוֹ רְאָיָה בְנוֹ בַּעַל בְּנוֹ: בְּאֵרָה בְנוֹ
אֲשֶׁר הֶגְלָה תִּלְּגַת פִּלְנְאֶסֶר מֶלֶךְ אַשֻּׁר הוּא נָשִׂיא לָראוּבֵנִי:
ז וְאֶחָיו לְמִשְׁפְּחֹתָיו בְּהִתְיַחֵשׂ לְתֹלְדוֹתָם הָרֹאשׁ יְעִיאֵל

וּזְכַרְיָהוּ׃ וּבֶלַע בֶּן־עָזָז בֶּן־שֶׁמַע בֶּן־יוֹאֵל הוּא יוֹשֵׁב בַּעֲרֹעֵר ח
וְעַד־נְבוֹ וּבַעַל מְעוֹן׃ וְלַמִּזְרָח יָשַׁב עַד־לְבוֹא מִדְבָּרָה לְמִן־ ט
הַנָּהָר פְּרָת כִּי מִקְנֵיהֶם רָבוּ בְּאֶרֶץ גִּלְעָד׃ וּבִימֵי שָׁאוּל י
עָשׂוּ מִלְחָמָה עִם־הַהַגְרִאִים וַיִּפְּלוּ בְּיָדָם וַיֵּשְׁבוּ בְּאָהֳלֵיהֶם
עַל־כָּל־פְּנֵי מִזְרָח לַגִּלְעָד׃ וּבְנֵי־גָד לְנֶגְדָּם יָשְׁבוּ יא
בְּאֶרֶץ הַבָּשָׁן עַד־סַלְכָה׃ יוֹאֵל הָרֹאשׁ וְשָׁפָם הַמִּשְׁנֶה וְיַעְנַי יב
וְשָׁפָט בַּבָּשָׁן׃ וַאֲחֵיהֶם לְבֵית אֲבוֹתֵיהֶם מִיכָאֵל וּמְשֻׁלָּם וְשֶׁבַע יג
וְיוֹרַי וְיַעְכָּן וְזִיעַ וָעֵבֶר שִׁבְעָה׃ אֵלֶּה ׀ בְּנֵי אֲבִיחַיִל יד
בֶּן־חוּרִי בֶּן־יָרוֹחַ בֶּן־גִּלְעָד בֶּן־מִיכָאֵל בֶּן־יְשִׁישַׁי בֶּן־יַחְדּוֹ
בֶּן־בּוּז׃ אֲחִי בֶּן־עַבְדִּיאֵל בֶּן־גּוּנִי רֹאשׁ לְבֵית אֲבוֹתָם׃ טו
וַיֵּשְׁבוּ בַּגִּלְעָד בַּבָּשָׁן וּבִבְנֹתֶיהָ וּבְכָל־מִגְרְשֵׁי שָׁרוֹן עַל־ טז
תּוֹצְאוֹתָם׃ כֻּלָּם הִתְיַחְשׂוּ בִּימֵי יוֹתָם מֶלֶךְ־יְהוּדָה וּבִימֵי יז
יָרָבְעָם מֶלֶךְ־יִשְׂרָאֵל׃ בְּנֵי־רְאוּבֵן וְגָדִי וַחֲצִי שֵׁבֶט־ יח
מְנַשֶּׁה מִן־בְּנֵי־חַיִל אֲנָשִׁים נֹשְׂאֵי מָגֵן וְחֶרֶב וְדֹרְכֵי קֶשֶׁת
וּלְמוּדֵי מִלְחָמָה אַרְבָּעִים וְאַרְבָּעָה אֶלֶף וּשְׁבַע־מֵאוֹת וְשִׁשִּׁים
יֹצְאֵי צָבָא׃ וַיַּעֲשׂוּ מִלְחָמָה עִם־הַהַגְרִיאִים וִיטוּר וְנָפִישׁ יט
וְנוֹדָב׃ וַיֵּעָזְרוּ עֲלֵיהֶם וַיִּנָּתְנוּ בְיָדָם הַהַגְרִיאִים וְכֹל שֶׁעִמָּהֶם כ
כִּי לֵאלֹהִים זָעֲקוּ בַּמִּלְחָמָה וְנַעְתּוֹר לָהֶם כִּי־בָטְחוּ בוֹ׃
וַיִּשְׁבּוּ מִקְנֵיהֶם גְּמַלֵּיהֶם חֲמִשִּׁים אֶלֶף וְצֹאן מָאתַיִם וַחֲמִשִּׁים כא
אֶלֶף וַחֲמוֹרִים אַלְפָּיִם וְנֶפֶשׁ אָדָם מֵאָה אָלֶף׃ כִּי־חֲלָלִים כב
רַבִּים נָפָלוּ כִּי מֵהָאֱלֹהִים הַמִּלְחָמָה וַיֵּשְׁבוּ תַחְתֵּיהֶם עַד־
הַגֹּלָה׃ וּבְנֵי חֲצִי שֵׁבֶט מְנַשֶּׁה יָשְׁבוּ בָּאָרֶץ מִבָּשָׁן כג
עַד־בַּעַל חֶרְמוֹן וּשְׂנִיר וְהַר־חֶרְמוֹן הֵמָּה רָבוּ׃ וְאֵלֶּה רָאשֵׁי כד
בֵית־אֲבוֹתָם וְעֵפֶר וְיִשְׁעִי וֶאֱלִיאֵל וְעַזְרִיאֵל וְיִרְמְיָה וְהוֹדַוְיָה
וְיַחְדִּיאֵל אֲנָשִׁים גִּבּוֹרֵי חַיִל אַנְשֵׁי שֵׁמוֹת רָאשִׁים לְבֵית
אֲבוֹתָם׃ וַיִּמְעֲלוּ בֵּאלֹהֵי אֲבוֹתֵיהֶם וַיִּזְנוּ אַחֲרֵי כה
אֱלֹהֵי עַמֵּי־הָאָרֶץ אֲשֶׁר־הִשְׁמִיד אֱלֹהִים מִפְּנֵיהֶם׃ וַיָּעַר כו

אֱלֹהֵי יִשְׂרָאֵל אֶת־רוּחַ ׀ פּוּל מֶלֶךְ־אַשּׁוּר וְאֶת־רוּחַ תִּלְּגַת
פִּלְנֶסֶר מֶלֶךְ אַשּׁוּר וַיַּגְלֵם לָראוּבֵנִי וְלַגָּדִי וְלַחֲצִי שֵׁבֶט
מְנַשֶּׁה וַיְבִיאֵם לַחְלַח וְחָבוֹר וְהָרָא וּנְהַר גּוֹזָן עַד הַיּוֹם
כז כח הַזֶּה׃ בְּנֵי לֵוִי גֵּרְשׁוֹן קְהָת וּמְרָרִי׃ וּבְנֵי קְהָת עַמְרָם
כט יִצְהָר וְחֶבְרוֹן וְעֻזִּיאֵל׃ וּבְנֵי עַמְרָם אַהֲרֹן וּמֹשֶׁה
ל וּמִרְיָם וּבְנֵי אַהֲרֹן נָדָב וַאֲבִיהוּא אֶלְעָזָר וְאִיתָמָר׃ אֶלְעָזָר
לא הוֹלִיד אֶת־פִּינְחָס פִּינְחָס הֹלִיד אֶת־אֲבִישׁוּעַ׃ וַאֲבִישׁוּעַ
לב הוֹלִיד אֶת־בֻּקִּי וּבֻקִּי הוֹלִיד אֶת־עֻזִּי׃ וְעֻזִּי הוֹלִיד אֶת־זְרַחְיָה
לג וּזְרַחְיָה הוֹלִיד אֶת־מְרָיוֹת׃ מְרָיוֹת הוֹלִיד אֶת־אֲמַרְיָה
לד וַאֲמַרְיָה הוֹלִיד אֶת־אֲחִיטוּב׃ וַאֲחִיטוּב הוֹלִיד אֶת־צָדוֹק
לה וְצָדוֹק הוֹלִיד אֶת־אֲחִימָעַץ׃ וַאֲחִימַעַץ הוֹלִיד אֶת־עֲזַרְיָה
לו וַעֲזַרְיָה הוֹלִיד אֶת־יוֹחָנָן׃ וְיוֹחָנָן הוֹלִיד אֶת־עֲזַרְיָה הוּא
לז אֲשֶׁר כִּהֵן בַּבַּיִת אֲשֶׁר־בָּנָה שְׁלֹמֹה בִּירוּשָׁלִָם׃ וַיּוֹלֶד עֲזַרְיָה
לח אֶת־אֲמַרְיָה וַאֲמַרְיָה הוֹלִיד אֶת־אֲחִיטוּב׃ וַאֲחִיטוּב הוֹלִיד
לט אֶת־צָדוֹק וְצָדוֹק הוֹלִיד אֶת־שַׁלּוּם׃ וְשַׁלּוּם הוֹלִיד אֶת־
מ חִלְקִיָּה וְחִלְקִיָּה הוֹלִיד אֶת־עֲזַרְיָה׃ וַעֲזַרְיָה הוֹלִיד אֶת־שְׂרָיָה
מא וּשְׂרָיָה הוֹלִיד אֶת־יְהוֹצָדָק׃ וִיהוֹצָדָק הָלַךְ בְּהַגְלוֹת יְהוָה
ו א אֶת־יְהוּדָה וִירוּשָׁלִָם בְּיַד נְבֻכַדְנֶאצַּר׃ בְּנֵי לֵוִי
ב גֵּרְשֹׁם קְהָת וּמְרָרִי׃ וְאֵלֶּה שְׁמוֹת בְּנֵי־גֵרְשׁוֹם לִבְנִי וְשִׁמְעִי׃
ג ד וּבְנֵי קְהָת עַמְרָם וְיִצְהָר וְחֶבְרוֹן וְעֻזִּיאֵל׃ בְּנֵי מְרָרִי מַחְלִי
ה וּמֻשִׁי וְאֵלֶּה מִשְׁפְּחוֹת הַלֵּוִי לַאֲבֹתֵיהֶם׃ לְגֵרְשׁוֹם לִבְנִי בְנוֹ
ו יַחַת בְּנוֹ זִמָּה בְנוֹ׃ יוֹאָח בְּנוֹ עִדּוֹ בְנוֹ זֶרַח בְּנוֹ יְאָתְרַי בְּנוֹ׃
ז ח בְּנֵי קְהָת עַמִּינָדָב בְּנוֹ קֹרַח בְּנוֹ אַסִּיר בְּנוֹ׃ אֶלְקָנָה בְנוֹ
ט וְאֶבְיָסָף בְּנוֹ וְאַסִּיר בְּנוֹ׃ תַּחַת בְּנוֹ אוּרִיאֵל בְּנוֹ עֻזִּיָּה בְנוֹ
י יא וְשָׁאוּל בְּנוֹ׃ וּבְנֵי אֶלְקָנָה עֲמָשַׂי וַאֲחִימוֹת׃ אֶלְקָנָה בנו בְּנֵי
יב אֶלְקָנָה צוֹפַי בְּנוֹ וְנַחַת בְּנוֹ׃ אֱלִיאָב בְּנוֹ יְרֹחָם בְּנוֹ אֶלְקָנָה
יג יד בְנוֹ׃ וּבְנֵי שְׁמוּאֵל הַבְּכֹר וַשְׁנִי וַאֲבִיָּה׃ בְּנֵי מְרָרִי מַחְלִי לִבְנִי

בְּנוֹ שִׁמְעִי בְנוֹ עֻזָּה בְנוֹ׃ שִׁמְעָא בְנוֹ חַגִּיָּה בְנוֹ עֲשָׂיָה בְנוֹ׃ טו
וְאֵלֶּה אֲשֶׁר הֶעֱמִיד דָּוִיד עַל־יְדֵי־שִׁיר בֵּית יְהוָה מִמְּנוֹחַ טז
הָאָרוֹן׃ וַיִּהְיוּ מְשָׁרְתִים לִפְנֵי מִשְׁכַּן אֹהֶל־מוֹעֵד בַּשִּׁיר עַד־ יז
בְּנוֹת שְׁלֹמֹה אֶת־בֵּית יְהוָה בִּירוּשָׁלִָם וַיַּעַמְדוּ כְמִשְׁפָּטָם
עַל־עֲבוֹדָתָם׃ וְאֵלֶּה הָעֹמְדִים וּבְנֵיהֶם מִבְּנֵי הַקְּהָתִי הֵימָן יח
הַמְשׁוֹרֵר בֶּן־יוֹאֵל בֶּן־שְׁמוּאֵל׃ בֶּן־אֶלְקָנָה בֶּן־יְרֹחָם בֶּן־ יט
צוּף אֱלִיאֵל בֶּן־תּוֹחַ׃ בֶּן־צִיף בֶּן־אֶלְקָנָה בֶּן־מַחַת בֶּן־עֲמָשָׂי׃ כ
בֶּן־אֶלְקָנָה בֶּן־יוֹאֵל בֶּן־עֲזַרְיָה בֶּן־צְפַנְיָה׃ בֶּן־תַּחַת בֶּן־אַסִּיר כא כב
בֶּן־אֶבְיָסָף בֶּן־קֹרַח׃ בֶּן־יִצְהָר בֶּן־קְהָת בֶּן־לֵוִי בֶּן־יִשְׂרָאֵל׃ כג
וְאָחִיו אָסָף הָעֹמֵד עַל־יְמִינוֹ אָסָף בֶּן־בֶּרֶכְיָהוּ בֶּן־שִׁמְעָא׃ בֶּן־ כד כה
מִיכָאֵל בֶּן־בַּעֲשֵׂיָה בֶּן־מַלְכִּיָּה׃ בֶּן־אֶתְנִי בֶן־זֶרַח בֶּן־ כו
עֲדָיָה׃ בֶּן־אֵיתָן בֶּן־זִמָּה בֶּן־שִׁמְעִי׃ בֶּן־יַחַת בֶּן־גֵּרְשֹׁם בֶּן־ כז כח
לֵוִי׃ וּבְנֵי מְרָרִי אֲחֵיהֶם עַל־הַשְּׂמֹאול אֵיתָן בֶּן־ כט
קִישִׁי בֶּן־עַבְדִּי בֶּן־מַלּוּךְ׃ בֶּן־חֲשַׁבְיָה בֶן־אֲמַצְיָה בֶּן־חִלְקִיָּה׃ ל
בֶּן־אַמְצִי בֶן־בָּנִי בֶּן־שָׁמֶר׃ בֶּן־מַחְלִי בֶּן־מוּשִׁי בֶּן־מְרָרִי לא לב
בֶּן־לֵוִי׃ וַאֲחֵיהֶם הַלְוִיִּם נְתוּנִים לְכָל־עֲבוֹדַת מִשְׁכַּן לג
ג בֵּית הָאֱלֹהִים׃ וְאַהֲרֹן וּבָנָיו מַקְטִירִים עַל־מִזְבַּח הָעוֹלָה לד
וְעַל־מִזְבַּח הַקְּטֹרֶת לְכֹל מְלֶאכֶת קֹדֶשׁ הַקֳּדָשִׁים וּלְכַפֵּר עַל־
יִשְׂרָאֵל כְּכֹל אֲשֶׁר־צִוָּה מֹשֶׁה עֶבֶד הָאֱלֹהִים׃ וְאֵלֶּה לה
בְּנֵי אַהֲרֹן אֶלְעָזָר בְּנוֹ פִּינְחָס בְּנוֹ אֲבִישׁוּעַ בְּנוֹ׃ בֻּקִּי בְנוֹ עֻזִּי לו
בְנוֹ זְרַחְיָה בְנוֹ׃ מְרָיוֹת בְּנוֹ אֲמַרְיָה בְנוֹ אֲחִיטוּב בְּנוֹ׃ צָדוֹק לז לח
בְּנוֹ אֲחִימַעַץ בְּנוֹ׃ וְאֵלֶּה מוֹשְׁבוֹתָם לְטִירוֹתָם לט
בִּגְבוּלָם לִבְנֵי אַהֲרֹן לְמִשְׁפַּחַת הַקְּהָתִי כִּי לָהֶם הָיָה
הַגּוֹרָל׃ וַיִּתְּנוּ לָהֶם אֶת־חֶבְרוֹן בְּאֶרֶץ יְהוּדָה וְאֶת־מִגְרָשֶׁיהָ מ
סְבִיבֹתֶיהָ׃ וְאֶת־שְׂדֵה הָעִיר וְאֶת־חֲצֵרֶיהָ נָתְנוּ לְכָלֵב בֶּן־ מא
יְפֻנֶּה׃ וְלִבְנֵי אַהֲרֹן נָתְנוּ אֶת־עָרֵי הַמִּקְלָט אֶת־ מב
חֶבְרוֹן וְאֶת־לִבְנָה וְאֶת־מִגְרָשֶׁיהָ וְאֶת־יַתִּר וְאֶת־אֶשְׁתְּמֹעַ

מג וְאֶת־מִגְרָשֶׁיהָ׃ וְאֶת־חִילֵן וְאֶת־מִגְרָשֶׁיהָ אֶת־דְּבִיר וְאֶת־
מד מִגְרָשֶׁיהָ׃ וְאֶת־עָשָׁן וְאֶת־מִגְרָשֶׁיהָ וְאֶת־בֵּית שֶׁמֶשׁ וְאֶת־
מה מִגְרָשֶׁיהָ׃ וּמִמַּטֵּה בִנְיָמִן אֶת־גֶּבַע וְאֶת־מִגְרָשֶׁיהָ וְאֶת־עָלֶמֶת
וְאֶת־מִגְרָשֶׁיהָ וְאֶת־עֲנָתוֹת וְאֶת־מִגְרָשֶׁיהָ כָּל־עָרֵיהֶם שְׁלֹשׁ־
מו עֶשְׂרֵה עִיר בְּמִשְׁפְּחוֹתֵיהֶם׃ וְלִבְנֵי קְהָת הַנּוֹתָרִים
מִמִּשְׁפַּחַת הַמַּטֶּה מִמַּחֲצִית מַטֵּה חֲצִי מְנַשֶּׁה בַּגּוֹרָל עָרִים
מז עָשֶׂר׃ וְלִבְנֵי גֵרְשׁוֹם לְמִשְׁפְּחוֹתָם מִמַּטֵּה יִשָּׂשכָר
וּמִמַּטֵּה אָשֵׁר וּמִמַּטֵּה נַפְתָּלִי וּמִמַּטֵּה מְנַשֶּׁה בַּבָּשָׁן עָרִים
מח שְׁלֹשׁ עֶשְׂרֵה׃ לִבְנֵי מְרָרִי לְמִשְׁפְּחוֹתָם מִמַּטֵּה רְאוּבֵן
מט וּמִמַּטֵּה־גָד וּמִמַּטֵּה זְבוּלֻן בַּגּוֹרָל עָרִים שְׁתֵּים עֶשְׂרֵה׃ וַיִּתְּנוּ
נ בְנֵי־יִשְׂרָאֵל לַלְוִיִּם אֶת־הֶעָרִים וְאֶת־מִגְרְשֵׁיהֶם׃ וַיִּתְּנוּ
בַגּוֹרָל מִמַּטֵּה בְנֵי־יְהוּדָה וּמִמַּטֵּה בְנֵי־שִׁמְעוֹן וּמִמַּטֵּה
בְּנֵי בִנְיָמִן אֵת הֶעָרִים הָאֵלֶּה אֲשֶׁר־יִקְרְאוּ אֶתְהֶם
נא בְּשֵׁמוֹת׃ וּמִמִּשְׁפְּחוֹת בְּנֵי קְהָת וַיְהִי עָרֵי גְבוּלָם
נב מִמַּטֵּה אֶפְרָיִם׃ וַיִּתְּנוּ לָהֶם אֶת־עָרֵי הַמִּקְלָט אֶת־שְׁכֶם וְאֶת־
נג מִגְרָשֶׁיהָ בְּהַר אֶפְרָיִם וְאֶת־גֶּזֶר וְאֶת־מִגְרָשֶׁיהָ׃ וְאֶת־יָקְמְעָם
נד וְאֶת־מִגְרָשֶׁיהָ וְאֶת־בֵּית חוֹרוֹן וְאֶת־מִגְרָשֶׁיהָ׃ וְאֶת־אַיָּלוֹן וְאֶת־
נה מִגְרָשֶׁיהָ וְאֶת־גַּת־רִמּוֹן וְאֶת־מִגְרָשֶׁיהָ׃ וּמִמַּחֲצִית מַטֵּה מְנַשֶּׁה
אֶת־עָנֵר וְאֶת־מִגְרָשֶׁיהָ וְאֶת־בִּלְעָם וְאֶת־מִגְרָשֶׁיהָ לְמִשְׁפַּחַת
נו לִבְנֵי־קְהָת הַנּוֹתָרִים׃ לִבְנֵי גֵּרְשׁוֹם מִמִּשְׁפַּחַת חֲצִי
מַטֵּה מְנַשֶּׁה אֶת־גּוֹלָן בַּבָּשָׁן וְאֶת־מִגְרָשֶׁיהָ וְאֶת־עַשְׁתָּרוֹת
נז וְאֶת־מִגְרָשֶׁיהָ׃ וּמִמַּטֵּה יִשָּׂשכָר אֶת־קֶדֶשׁ וְאֶת־
נח מִגְרָשֶׁיהָ אֶת־דָּבְרַת וְאֶת־מִגְרָשֶׁיהָ׃ וְאֶת־רָאמוֹת וְאֶת־
נט מִגְרָשֶׁיהָ וְאֶת־עָנֵם וְאֶת־מִגְרָשֶׁיהָ׃ וּמִמַּטֵּה אָשֵׁר
ס אֶת־מָשָׁל וְאֶת־מִגְרָשֶׁיהָ וְאֶת־עַבְדּוֹן וְאֶת־מִגְרָשֶׁיהָ׃ וְאֶת־
סא חוּקֹק וְאֶת־מִגְרָשֶׁיהָ וְאֶת־רְחֹב וְאֶת־מִגְרָשֶׁיהָ׃ וּמִמַּטֵּה
נַפְתָּלִי אֶת־קֶדֶשׁ בַּגָּלִיל וְאֶת־מִגְרָשֶׁיהָ וְאֶת־חַמּוֹן וְאֶת־

מִגְרָשֶׁהָ וְאֶת־קִרְיָתַיִם וְאֶת־מִגְרָשֶׁיהָ׃ לִבְנֵי סב
מְרָרִי הַנּוֹתָרִים מִמַּטֵּה זְבוּלֻן אֶת־רִמּוֹנוֹ וְאֶת־מִגְרָשֶׁיהָ
אֶת־תָּבוֹר וְאֶת־מִגְרָשֶׁיהָ׃ וּמֵעֵבֶר לְיַרְדֵּן יְרֵחוֹ לְמִזְרַח סג
הַיַּרְדֵּן מִמַּטֵּה רְאוּבֵן אֶת־בֶּצֶר בַּמִּדְבָּר וְאֶת־מִגְרָשֶׁיהָ
וְאֶת־יַהְצָה וְאֶת־מִגְרָשֶׁיהָ׃ וְאֶת־קְדֵמוֹת וְאֶת־מִגְרָשֶׁיהָ סד
וְאֶת־מֵיפַעַת וְאֶת־מִגְרָשֶׁיהָ׃ וּמִמַּטֵּה־גָד סה
אֶת־רָאמוֹת בַּגִּלְעָד וְאֶת־מִגְרָשֶׁיהָ וְאֶת־מַחֲנַיִם וְאֶת־
מִגְרָשֶׁיהָ׃ וְאֶת־חֶשְׁבּוֹן וְאֶת־מִגְרָשֶׁיהָ וְאֶת־יַעְזֵיר וְאֶת־ סו
מִגְרָשֶׁיהָ׃ וְלִבְנֵי יִשָּׂשכָר תּוֹלָע וּפוּאָה יָשִׁיב ז א יָשׁוּב
וְשִׁמְרוֹן אַרְבָּעָה׃ וּבְנֵי תוֹלָע עֻזִּי וּרְפָיָה וִירִיאֵל וְיַחְמַי ב
וְיִבְשָׂם וּשְׁמוּאֵל רָאשִׁים לְבֵית־אֲבוֹתָם לְתוֹלָע גִּבּוֹרֵי חַיִל
לְתֹלְדוֹתָם מִסְפָּרָם בִּימֵי דָוִיד עֶשְׂרִים־וּשְׁנַיִם אֶלֶף וְשֵׁשׁ
מֵאוֹת׃ וּבְנֵי עֻזִּי יִזְרַחְיָה וּבְנֵי יִזְרַחְיָה מִיכָאֵל וְעֹבַדְיָה ג
וְיוֹאֵל יִשִּׁיָּה חֲמִשָּׁה רָאשִׁים כֻּלָּם׃ וַעֲלֵיהֶם לְתֹלְדוֹתָם לְבֵית ד
אֲבוֹתָם גְּדוּדֵי צְבָא מִלְחָמָה שְׁלֹשִׁים וְשִׁשָּׁה אָלֶף כִּי־הִרְבּוּ
נָשִׁים וּבָנִים׃ וַאֲחֵיהֶם לְכֹל מִשְׁפְּחוֹת יִשָּׂשכָר גִּבּוֹרֵי חֲיָלִים ה
שְׁמוֹנִים וְשִׁבְעָה אֶלֶף הִתְיַחְשָׂם לַכֹּל׃ בִּנְיָמִן בֶּלַע ו
וָבֶכֶר וִידִיעֲאֵל שְׁלֹשָׁה׃ וּבְנֵי בֶלַע אֶצְבּוֹן וְעֻזִּי וְעֻזִּיאֵל וִירִימוֹת ז
וְעִירִי חֲמִשָּׁה רָאשֵׁי בֵּית אָבוֹת גִּבּוֹרֵי חֲיָלִים וְהִתְיַחְשָׂם
עֶשְׂרִים וּשְׁנַיִם אֶלֶף וּשְׁלֹשִׁים וְאַרְבָּעָה׃ וּבְנֵי בֶכֶר ח
זְמִירָה וְיוֹעָשׁ וֶאֱלִיעֶזֶר וְאֶלְיוֹעֵינַי וְעָמְרִי וִירֵמוֹת וַאֲבִיָּה וַעֲנָתוֹת
וְעָלָמֶת כָּל־אֵלֶּה בְּנֵי בָכֶר׃ וְהִתְיַחְשָׂם לְתֹלְדוֹתָם רָאשֵׁי ט
בֵּית אֲבוֹתָם גִּבּוֹרֵי חָיִל עֶשְׂרִים אֶלֶף וּמָאתָיִם׃ וּבְנֵי י
יְדִיעֲאֵל בִּלְהָן וּבְנֵי בִלְהָן יְעִישׁ וּבִנְיָמִן וְאֵהוּד וּכְנַעֲנָה וְזֵיתָן יְעוּשׁ
וְתַרְשִׁישׁ וַאֲחִישָׁחַר׃ כָּל־אֵלֶּה בְּנֵי יְדִיעֲאֵל לְרָאשֵׁי הָאָבוֹת יא
גִּבּוֹרֵי חֲיָלִים שִׁבְעָה־עָשָׂר אֶלֶף וּמָאתַיִם יֹצְאֵי צָבָא לַמִּלְחָמָה׃
וְשֻׁפִּם וְחֻפִּם בְּנֵי עִיר חֻשִׁם בְּנֵי אַחֵר׃ בְּנֵי נַפְתָּלִי יב יג

יד יחציאל וגוני ויצר ושלום בני בלהה: בני מנשה
אשריאל אשר ילדה פילגשו הארמיה ילדה את־מכיר אבי
טו גלעד: ומכיר לקח אשה לחפים ולשפים ושם אחתו מעכה
טז ושם השני צלפחד ותהינה לצלפחד בנות: ותלד מעכה
אשת־מכיר בן ותקרא שמו פרש ושם אחיו שרש ובניו
יז אולם ורקם: ובני אולם בדן אלה בני גלעד בן־מכיר
יח בן־מנשה: ואחתו המלכת ילדה את־איש הוד ואת־
יט אביעזר ואת־מחלה: ויהיו בני שמידע אחין ושכם ולקחי
כ ואניעם: ובני אפרים שותלח וברד בנו ותחת
כא בנו ואלעדה בנו ותחת בנו: וזבד בנו ושותלח בנו
ועזר ואלעד והרגום אנשי־גת הנולדים בארץ כי ירדו
כב לקחת את־מקניהם: ויתאבל אפרים אביהם ימים רבים
כג ויבאו אחיו לנחמו: ויבא אל־אשתו ותהר ותלד בן ויקרא
כד את־שמו בריעה כי ברעה היתה בביתו: ובתו שארה
ותבן את־בית־חורון התחתון ואת־העליון ואת אזן שארה:
כה כו ורפח בנו ורשף ותלח בנו ותחן בנו: לעדן בנו עמיהוד
כז כח בנו אלישמע בנו: נון בנו יהושע בנו: ואחזתם
ומשבותם בית־אל ובנתיה ולמזרח נערן ולמערב גזר ובנתיה
כט ושכם ובנתיה עד־עיה ובנתיה: ועל־ידי בני־מנשה בית־
שאן ובנתיה תענך ובנתיה מגדו ובנותיה דור ובנותיה באלה
ל ישבו בני יוסף בן־ישראל: בני אשר ימנה וישוה
לא וישוי ובריעה ושרח אחותם: ובני בריעה חבר ומלכיאל
לב הוא אבי ברזות: וחבר הוליד את־יפלט ואת־שומר ואת־ ברזית
לג חותם ואת שועא אחותם: ובני יפלט פסך ובמהל ועשות
לד לה אלה בני יפלט: ובני שמר אחי ורוהגה יחבה וארם: ובן־ ורהגה וחבה
לו הלם אחיו צופח וימנע ושלש ועמל: בני צופח סוח וחרנפר
לז ושועל וברי וימרה: בצר והוד ושמא ושלשה ויתרן

ובארא: ובני יתר יפנה ופספה וארא: ובני עלא ארח וחניאל לח לט
ורציא: כל־אלה בני־אשר ראשי בית־האבות ברורים גבורי מ
חילים ראשי הנשיאים והתיחשם בצבא במלחמה מספרם
אנשים עשרים וששה אלף:
ובנימן הוליד את־בלע בכרו אשבל השני ואחרח השלישי: א ח
נוחה הרביעי ורפא החמישי: ויהיו בנים לבלע אדר וגרא ב ג
ואביהוד: ואבישוע ונעמן ואחוח: וגרא ושפופן וחורם: ד ה
ואלה בני אחוד אלה הם ראשי אבות ליושבי גבע ויגלום ו
אל־מנחת: ונעמן ואחיה וגרא הוא הגלם והוליד את־עזא ז
ואת־אחיחד: ושחרים הוליד בשדה מואב מן־שלחו אתם ח
חושים ואת־בערא נשיו: ויולד מן־חדש אשתו את־יובב ט
ואת־צביא ואת־מישא ואת־מלכם: ואת־יעוץ ואת־שכיה י
ואת־מרמה אלה בניו ראשי אבות: ומחשים הוליד את־ יא
אביטוב ואת־אלפעל: ובני אלפעל עבר ומשעם ושמד יב
הוא בנה את־אונו ואת־לד ובנתיה: וברעה ושמע המה יג
ראשי האבות ליושבי אילון המה הבריחו את־יושבי גת:
ואחיו ששק וירמות: וזבדיה וערד ועדר: ומיכאל וישפה יד טו טז
ויוחא בני בריעה: וזבדיה ומשלם וחזקי וחבר: וישמרי יז יח
ויזליאה ויובב בני אלפעל: ויקים וזכרי וזבדי: ואליעני יט כ
וצלתי ואליאל: ועדיה ובראיה ושמרת בני שמעי: וישפן כא כב
ועבר ואליאל: ועבדון וזכרי וחנן: וחנניה ועילם וענתתיה: כג כד
ויפדיה ופניאל בני ששק: ושמשרי ושחריה ועתליה: כה כו ופנואל
ויערשיה ואליה וזכרי בני ירחם: אלה ראשי אבות כז כח
לתלדותם ראשים אלה ישבו בירושלם: ובגבעון כט
ישבו אבי גבעון ושם אשתו מעכה: ובנו הבכור עבדון ל
וצור וקיש ובעל ונדב: וגדור ואחיו וזכר: ומקלות הוליד לא לב
את־שמאה ואף־המה נגד אחיהם ישבו בירושלם עם־

לג אחיהם: ונר הוליד את־קיש וקיש הוליד את־
שאול ושאול הוליד את־יהונתן ואת־מלכי־שוע ואת־
לד אבינדב ואת־אשבעל: ובן־יהונתן מריב בעל ומריב בעל
לה הוליד את־מיכה: ובני מיכה פיתון ומלך ותארע ואחז:
לו ואחז הוליד את־יהועדה ויהועדה הוליד את־עלמת ואת־
לז עזמות ואת־זמרי וזמרי הוליד את־מוצא: ומוצא הוליד
לח את־בנעא רפה בנו אלעשה בנו אצל בנו: ולאצל ששה
בנים ואלה שמותם עזריקם ׀ בכרו וישמעאל ושעריה
לט ועבדיה וחנן כל־אלה בני אצל: ובני עשק אחיו אולם
מ בכרו יעוש השני ואליפלט השלשי: ויהיו בני־אולם ד
אנשים גבורי־חיל דרכי קשת ומרבים בנים ובני בנים
ט א מאה וחמשים כל־אלה מבני בנימן: וכל־ישראל
התיחשו והנם כתובים על־ספר מלכי ישראל ויהודה הגלו
ב לבבל במעלם: והיושבים הראשנים אשר באחזתם בעריהם
ג ישראל הכהנים הלוים והנתינים: ובירושלם ישבו מן־בני
ד יהודה ומן־בני בנימן ומן־בני אפרים ומנשה: עותי בן־
עמיהוד בן־עמרי בן־אמרי בן־בנימן־בני פרץ בן־יהודה: בני מן
ה ו ומן־השילוני עשיה הבכור ובניו: ומן־בני זרח יעואל ואחיהם
ז שש־מאות ותשעים: ומן־בני בנימן סלוא בן־משלם בן־
ח הודויה בן־הסנאה: ויבניה בן־ירחם ואלה בן־עזי בן־מכרי
ט ומשלם בן־שפטיה בן־רעואל בן־יבניה: ואחיהם לתולדתם
תשע מאות וחמשים וששה כל־אלה אנשים ראשי אבות
י לבית אבתיהם: ומן־הכהנים ידעיה ויהויריב ויכין:
יא ועזריה בן־חלקיה בן־משלם בן־צדוק בן־מריות בן־אחיטוב
יב נגיד בית האלהים: ועדיה בן־ירחם בן־פשחור
בן־מלכיה ומעשי בן־עדיאל בן־יחזרה בן־משלם בן־
יג משלמית בן־אמר: ואחיהם ראשים לבית אבותם אלף

וְשֶׁבַע מֵאוֹת וְשִׁשִּׁים גִּבּוֹרֵי חֵיל מְלֶאכֶת עֲבוֹדַת בֵּית־
יד הָאֱלֹהִים׃ וּמִן־הַלְוִיִּם שְׁמַעְיָה בֶן־חַשּׁוּב בֶּן־עַזְרִיקָם בֶּן־
טו חֲשַׁבְיָה מִן־בְּנֵי מְרָרִי׃ וּבַקְבַּקַּר חֶרֶשׁ וְגָלָל וּמַתַּנְיָה בֶּן־
טז מִיכָא בֶּן־זִכְרִי בֶּן־אָסָף׃ וְעֹבַדְיָה בֶּן־שְׁמַעְיָה בֶּן־גָּלָל בֶּן־
יְדוּתוּן וּבֶרֶכְיָה בֶן־אָסָא בֶּן־אֶלְקָנָה הַיּוֹשֵׁב בְּחַצְרֵי נְטוֹפָתִי׃
יז וְהַשֹּׁעֲרִים שַׁלּוּם וְעַקּוּב וְטַלְמֹן וַאֲחִימָן וַאֲחִיהֶם שַׁלּוּם הָרֹאשׁ׃
יח וְעַד־הֵנָּה בְּשַׁעַר הַמֶּלֶךְ מִזְרָחָה הֵמָּה הַשֹּׁעֲרִים לְמַחֲנוֹת בְּנֵי
יט לֵוִי׃ וְשַׁלּוּם בֶּן־קוֹרֵא בֶּן־אֶבְיָסָף בֶּן־קֹרַח וְאֶחָיו לְבֵית־אָבִיו
הַקָּרְחִים עַל מְלֶאכֶת הָעֲבוֹדָה שֹׁמְרֵי הַסִּפִּים לָאֹהֶל וַאֲבֹתֵיהֶם
כ עַל־מַחֲנֵה יְהוָה שֹׁמְרֵי הַמָּבוֹא׃ וּפִינְחָס בֶּן־אֶלְעָזָר נָגִיד הָיָה
כא עֲלֵיהֶם לְפָנִים יְהוָה ׀ עִמּוֹ׃ זְכַרְיָה בֶּן מְשֶׁלֶמְיָה שֹׁעֵר פֶּתַח
כב לְאֹהֶל מוֹעֵד׃ כֻּלָּם הַבְּרוּרִים לְשֹׁעֲרִים בַּסִּפִּים מָאתַיִם וּשְׁנֵים
עָשָׂר הֵמָּה בְחַצְרֵיהֶם הִתְיַחְשָׂם הֵמָּה יִסַּד דָּוִיד וּשְׁמוּאֵל
כג הָרֹאֶה בֶּאֱמוּנָתָם׃ וְהֵם וּבְנֵיהֶם עַל־הַשְּׁעָרִים לְבֵית־יְהוָה
כד לְבֵית הָאֹהֶל לְמִשְׁמָרוֹת׃ לְאַרְבַּע רוּחוֹת יִהְיוּ הַשֹּׁעֲרִים
כה מִזְרָח יָמָּה צָפוֹנָה וָנֶגְבָּה׃ וַאֲחֵיהֶם בְּחַצְרֵיהֶם לָבוֹא לְשִׁבְעַת
כו הַיָּמִים מֵעֵת אֶל־עֵת עִם־אֵלֶּה׃ כִּי בֶאֱמוּנָה הֵמָּה אַרְבַּעַת
גִּבֹּרֵי הַשֹּׁעֲרִים הֵם הַלְוִיִּם וְהָיוּ עַל־הַלְּשָׁכוֹת וְעַל־הָאֹצְרוֹת
כז בֵּית הָאֱלֹהִים׃ וּסְבִיבוֹת בֵּית־הָאֱלֹהִים יָלִינוּ כִּי־עֲלֵיהֶם
כח מִשְׁמֶרֶת וְהֵם עַל־הַמַּפְתֵּחַ וְלַבֹּקֶר לַבֹּקֶר׃ וּמֵהֶם עַל־כְּלֵי
כט הָעֲבוֹדָה כִּי בְמִסְפָּר יְבִיאוּם וּבְמִסְפָּר יוֹצִיאוּם׃ וּמֵהֶם מְמֻנִּים
עַל־הַכֵּלִים וְעַל כָּל־כְּלֵי הַקֹּדֶשׁ וְעַל־הַסֹּלֶת וְהַיַּיִן וְהַשֶּׁמֶן
ל וְהַלְּבוֹנָה וְהַבְּשָׂמִים׃ וּמִן־בְּנֵי הַכֹּהֲנִים רֹקְחֵי הַמִּרְקַחַת
לא לַבְּשָׂמִים׃ וּמַתִּתְיָה מִן־הַלְוִיִּם הוּא הַבְּכוֹר לְשַׁלֻּם הַקָּרְחִי
לב בֶּאֱמוּנָה עַל מַעֲשֵׂה הַחֲבִתִּים׃ וּמִן־בְּנֵי הַקְּהָתִי מִן־אֲחֵיהֶם
לג עַל־לֶחֶם הַמַּעֲרָכֶת לְהָכִין שַׁבַּת שַׁבָּת׃ וְאֵלֶּה
הַמְשֹׁרְרִים רָאשֵׁי אָבוֹת לַלְוִיִּם בַּלְּשָׁכֹת פטירים כִּי־יוֹמָם פְּטוּרִים

לד וְלַיְלָה עֲלֵיהֶם בַּמְּלָאכָה׃ אֵלֶּה רָאשֵׁי הָאָבוֹת לַלְוִיִּם לְתֹלְדוֹתָם
רָאשִׁים אֵלֶּה יָשְׁבוּ בִירוּשָׁלָםִ׃
לה לו וּבְגִבְעוֹן יָשְׁבוּ אֲבִי־גִבְעוֹן יעואל וְשֵׁם אִשְׁתּוֹ מַעֲכָה׃ וּבְנוֹ יְעִיאֵל
לז הַבְּכוֹר עַבְדּוֹן וְצוּר וְקִישׁ וּבַעַל וְנֵר וְנָדָב׃ וּגְדוֹר וְאַחְיוֹ וּזְכַרְיָה
לח וּמִקְלוֹת׃ וּמִקְלוֹת הוֹלִיד אֶת־שִׁמְאָם וְאַף־הֵם נֶגֶד אֲחֵיהֶם
לט יָשְׁבוּ בִירוּשָׁלַםִ עִם־אֲחֵיהֶם׃ וְנֵר הוֹלִיד אֶת־קִישׁ
וְקִישׁ הוֹלִיד אֶת־שָׁאוּל וְשָׁאוּל הוֹלִיד אֶת־יְהוֹנָתָן וְאֶת־
מ מַלְכִּי־שׁוּעַ וְאֶת־אֲבִינָדָב וְאֶת־אֶשְׁבָּעַל׃ וּבֶן־יְהוֹנָתָן מְרִיב
מא בָּעַל וּמְרִי־בַעַל הוֹלִיד אֶת־מִיכָה׃ וּבְנֵי מִיכָה פִּיתֹן וָמֶלֶךְ
מב וְתַחְרֵעַ׃ וְאָחָז הוֹלִיד אֶת־יַעְרָה וְיַעְרָה הוֹלִיד אֶת־עָלֶמֶת
מג וְאֶת־עַזְמָוֶת וְאֶת־זִמְרִי וְזִמְרִי הוֹלִיד אֶת־מוֹצָא׃ וּמוֹצָא
מד הוֹלִיד אֶת־בִּנְעָא וּרְפָיָה בְנוֹ אֶלְעָשָׂה בְנוֹ אָצֵל בְּנוֹ׃ וּלְאָצֵל
שִׁשָּׁה בָנִים וְאֵלֶּה שְׁמוֹתָם עַזְרִיקָם ׀ בֹּכְרוּ וְיִשְׁמָעֵאל וּשְׁעַרְיָה
וְעֹבַדְיָה וְחָנָן אֵלֶּה בְּנֵי אָצֵל׃
י א וּפְלִשְׁתִּים נִלְחֲמוּ בְיִשְׂרָאֵל וַיָּנָס אִישׁ־יִשְׂרָאֵל מִפְּנֵי פְלִשְׁתִּים
ב וַיִּפְּלוּ חֲלָלִים בְּהַר גִּלְבֹּעַ׃ וַיַּדְבְּקוּ פְלִשְׁתִּים אַחֲרֵי שָׁאוּל
וְאַחֲרֵי בָנָיו וַיַּכּוּ פְלִשְׁתִּים אֶת־יוֹנָתָן וְאֶת־אֲבִינָדָב וְאֶת־
ג מַלְכִּי־שׁוּעַ בְּנֵי שָׁאוּל׃ וַתִּכְבַּד הַמִּלְחָמָה עַל־שָׁאוּל וַיִּמְצָאֻהוּ
ד הַמּוֹרִים בַּקָּשֶׁת וַיָּחֶל מִן־הַיּוֹרִים׃ וַיֹּאמֶר שָׁאוּל אֶל־נֹשֵׂא
כֵלָיו שְׁלֹף חַרְבְּךָ ׀ וְדָקְרֵנִי בָהּ פֶּן־יָבֹאוּ הָעֲרֵלִים הָאֵלֶּה
וְהִתְעַלְּלוּ־בִי וְלֹא אָבָה נֹשֵׂא כֵלָיו כִּי יָרֵא מְאֹד וַיִּקַּח שָׁאוּל
ה אֶת־הַחֶרֶב וַיִּפֹּל עָלֶיהָ׃ וַיַּרְא נֹשֵׂא־כֵלָיו כִּי מֵת שָׁאוּל וַיִּפֹּל
ו גַּם־הוּא עַל־הַחֶרֶב וַיָּמֹת׃ וַיָּמָת שָׁאוּל וּשְׁלֹשֶׁת בָּנָיו וְכָל־
ז בֵּיתוֹ יַחְדָּו מֵתוּ׃ וַיִּרְאוּ כָּל־אִישׁ יִשְׂרָאֵל אֲשֶׁר־בָּעֵמֶק כִּי נָסוּ
וְכִי־מֵתוּ שָׁאוּל וּבָנָיו וַיַּעַזְבוּ עָרֵיהֶם וַיָּנֻסוּ וַיָּבֹאוּ פְלִשְׁתִּים
ח וַיֵּשְׁבוּ בָּהֶם׃ וַיְהִי מִמָּחֳרָת וַיָּבֹאוּ פְלִשְׁתִּים לְפַשֵּׁט
אֶת־הַחֲלָלִים וַיִּמְצְאוּ אֶת־שָׁאוּל וְאֶת־בָּנָיו נֹפְלִים בְּהַר גִּלְבֹּעַ׃

וַיַּפְשִׁיטֻהוּ וַיִּשְׂאוּ אֶת־רֹאשׁוֹ וְאֶת־כֵּלָיו וַיְשַׁלְּחוּ בְאֶרֶץ־פְּלִשְׁתִּים ט
סָבִיב לְבַשֵּׂר אֶת־עֲצַבֵּיהֶם וְאֶת־הָעָם׃ וַיָּשִׂימוּ אֶת־כֵּלָיו בֵּית י
אֱלֹהֵיהֶם וְאֶת־גֻּלְגָּלְתּוֹ תָקְעוּ בֵּית דָּגוֹן׃ וַיִּשְׁמְעוּ יא
כֹּל יָבֵישׁ גִּלְעָד אֵת כָּל־אֲשֶׁר־עָשׂוּ פְלִשְׁתִּים לְשָׁאוּל׃ וַיָּקוּמוּ יב
כָּל־אִישׁ חַיִל וַיִּשְׂאוּ אֶת־גּוּפַת שָׁאוּל וְאֵת גּוּפֹת בָּנָיו וַיְבִיאוּם
יָבֵישָׁה וַיִּקְבְּרוּ אֶת־עַצְמוֹתֵיהֶם תַּחַת הָאֵלָה בְּיָבֵשׁ וַיָּצוּמוּ
שִׁבְעַת יָמִים׃ וַיָּמָת שָׁאוּל בְּמַעֲלוֹ אֲשֶׁר־מָעַל בַּיהוָה עַל־דְּבַר יג
יְהוָה אֲשֶׁר לֹא־שָׁמָר וְגַם־לִשְׁאוֹל בָּאוֹב לִדְרוֹשׁ׃ וְלֹא־דָרַשׁ יד
בַּיהוָה וַיְמִיתֵהוּ וַיַּסֵּב אֶת־הַמְּלוּכָה לְדָוִיד בֶּן־יִשָׁי׃
וַיִּקָּבְצוּ כָל־יִשְׂרָאֵל אֶל־דָּוִיד חֶבְרוֹנָה לֵאמֹר הִנֵּה עַצְמְךָ א יא
וּבְשָׂרְךָ אֲנָחְנוּ׃ גַּם־תְּמוֹל גַּם־שִׁלְשׁוֹם גַּם בִּהְיוֹת שָׁאוּל מֶלֶךְ ב
אַתָּה הַמּוֹצִיא וְהַמֵּבִיא אֶת־יִשְׂרָאֵל וַיֹּאמֶר יְהוָה אֱלֹהֶיךָ לְךָ
אַתָּה תִרְעֶה אֶת־עַמִּי אֶת־יִשְׂרָאֵל וְאַתָּה תִּהְיֶה נָגִיד עַל עַמִּי
יִשְׂרָאֵל׃ וַיָּבֹאוּ כָּל־זִקְנֵי יִשְׂרָאֵל אֶל־הַמֶּלֶךְ חֶבְרוֹנָה וַיִּכְרֹת ג
לָהֶם דָּוִיד בְּרִית בְּחֶבְרוֹן לִפְנֵי יְהוָה וַיִּמְשְׁחוּ אֶת־דָּוִיד לְמֶלֶךְ
עַל־יִשְׂרָאֵל כִּדְבַר יְהוָה בְּיַד־שְׁמוּאֵל׃ וַיֵּלֶךְ דָּוִיד ד
וְכָל־יִשְׂרָאֵל יְרוּשָׁלִַם הִיא יְבוּס וְשָׁם הַיְבוּסִי יֹשְׁבֵי הָאָרֶץ׃
וַיֹּאמְרוּ יֹשְׁבֵי יְבוּס לְדָוִיד לֹא תָבוֹא הֵנָּה וַיִּלְכֹּד דָּוִיד אֶת־מְצֻדַת ה
צִיּוֹן הִיא עִיר דָּוִיד׃ וַיֹּאמֶר דָּוִיד כָּל־מַכֵּה יְבוּסִי בָּרִאשׁוֹנָה יִהְיֶה ו
לְרֹאשׁ וּלְשָׂר וַיַּעַל בָּרִאשׁוֹנָה יוֹאָב בֶּן־צְרוּיָה וַיְהִי לְרֹאשׁ׃
וַיֵּשֶׁב דָּוִיד בַּמְצַד עַל־כֵּן קָרְאוּ־לוֹ עִיר דָּוִיד׃ וַיִּבֶן הָעִיר ז ח
מִסָּבִיב מִן־הַמִּלּוֹא וְעַד־הַסָּבִיב וְיוֹאָב יְחַיֶּה אֶת־שְׁאָר הָעִיר׃
ה וַיֵּלֶךְ דָּוִיד הָלוֹךְ וְגָדוֹל וַיהוָה צְבָאוֹת עִמּוֹ׃ ט
וְאֵלֶּה רָאשֵׁי הַגִּבּוֹרִים אֲשֶׁר לְדָוִיד הַמִּתְחַזְּקִים עִמּוֹ בְמַלְכוּתוֹ י
עִם־כָּל־יִשְׂרָאֵל לְהַמְלִיכוֹ כִּדְבַר יְהוָה עַל־יִשְׂרָאֵל׃ וְאֵלֶּה יא
השָּׁלִישִׁים מִסְפַּר הַגִּבֹּרִים אֲשֶׁר לְדָוִיד יָשָׁבְעָם בֶּן־חַכְמוֹנִי רֹאשׁ השלושים
הוּא־עוֹרֵר אֶת־חֲנִיתוֹ עַל־שְׁלֹשׁ־מֵאוֹת חָלָל בְּפַעַם אֶחָת׃

יב ואחריו אלעזר בן־דודו האחוחי הוא בשלושה הגברים:
יג הוא־היה עם־דויד בפס דמים והפלשתים נאספו־שם
למלחמה ותהי חלקת השדה מלאה שעורים והעם נסו
יד מפני פלשתים: ויתיצבו בתוך־החלקה ויצילוה ויכו את־
טו פלשתים ויושע יהוה תשועה גדולה: וירדו שלושה
מן־השלושים ראש על־הצר אל־דויד אל־מערת עדלם
טז ומחנה פלשתים חנה בעמק רפאים: ודויד אז במצודה
יז ונציב פלשתים אז בבית לחם: ויתאו דויד ויאמר מי ישקני
יח מים מבור בית־לחם אשר בשער: ויבקעו השלשה במחנה
פלשתים וישאבו־מים מבור בית־לחם אשר בשער וישאו
ויבאו אל־דויד ולא־אבה דויד לשתותם וינסך אתם ליהוה:
יט ויאמר חלילה לי מאלהי מעשות זאת הדם האנשים
האלה אשתה בנפשותם כי בנפשותם הביאום ולא אבה
כ לשתותם אלה עשו שלשת הגבורים: ואבשי
אחי־יואב הוא היה ראש השלושה והוא עורר את־
כא חניתו על־שלש מאות חלל ולא־שם בשלושה: מן־ ולו־
השלושה בשנים נכבד ויהי להם לשר ועד־השלושה
כב לא־בא: בניה בן־יהוידע בן־איש־חיל רב־
פעלים מן־קבצאל הוא הכה את שני אריאל מואב
כג והוא ירד והכה את־הארי בתוך הבור ביום השלג: והוא
הכה את־האיש המצרי איש מדה ׀ חמש באמה וביד
המצרי חנית כמנור ארגים וירד אליו בשבט ויגזל את־
כד החנית מיד המצרי ויהרגהו בחניתו: אלה עשה בניהו בן־
כה יהוידע ולו־שם בשלושה הגברים: מן־השלושים הנו
נכבד הוא ואל־השלשה לא־בא וישימהו דויד על־
כו משמעתו: וגבורי החילים עשהאל אחי יואב
כז אלחנן בן־דודו מבית לחם: שמות ההרורי

חֶלֶץ הַפְּלוֹנִי׃ עִירָא בֶּן־עִקֵּשׁ הַתְּקוֹעִי אֲבִיעֶזֶר כח
הָעַנְּתוֹתִי׃ סִבְּכַי הַחֻשָׁתִי עִילַי הָאֲחוֹחִי׃ מַהְרַי כט ל
הַנְּטֹפָתִי חֵלֶד בֶּן־בַּעֲנָה הַנְּטוֹפָתִי׃ אִיתַי בֶּן־רִיבַי לא
מִגִּבְעַת בְּנֵי בִנְיָמִן בְּנָיָה הַפִּרְעָתֹנִי׃ חוּרַי מִנַּחֲלֵי לב
גָעַשׁ אֲבִיאֵל הָעַרְבָתִי׃ עַזְמָוֶת הַבַּחֲרוּמִי אֶלְיַחְבָּא לג
הַשַּׁעַלְבֹנִי׃ בְּנֵי הָשֵׁם הַגִּזוֹנִי יוֹנָתָן בֶּן־שָׁגֵה לד
הַהֲרָרִי׃ אֲחִיאָם בֶּן־שָׂכָר הַהֲרָרִי אֱלִיפַל בֶּן־ לה
אוּר׃ חֵפֶר הַמְּכֵרָתִי אֲחִיָּה הַפְּלֹנִי׃ חֶצְרוֹ לו לז
הַכַּרְמְלִי נַעֲרַי בֶּן־אֶזְבָּי׃ יוֹאֵל אֲחִי נָתָן מִבְחָר בֶּן־ לח
הַגְרִי׃ צֶלֶק הָעַמּוֹנִי נַחְרַי הַבֵּרֹתִי נֹשֵׂא כְּלֵי יוֹאָב בֶּן־ לט
צְרוּיָה׃ עִירָא הַיִּתְרִי גָּרֵב הַיִּתְרִי׃ אוּרִיָּה מ מא
הַחִתִּי זָבָד בֶּן־אַחְלָי׃ עֲדִינָא בֶן־שִׁיזָא הָרְאוּבֵנִי מב
רֹאשׁ לָרְאוּבֵנִי וְעָלָיו שְׁלוֹשִׁים׃ חָנָן בֶּן־מַעֲכָה וְיוֹשָׁפָט מג
(margin: וִיעִיאֵל) הַמִּתְנִי׃ עֻזִּיָּא הָעַשְׁתְּרָתִי שָׁמָע ויעואל בְּנֵי מד
חוֹתָם הָעֲרֹעֵרִי׃ יְדִיעֲאֵל בֶּן־שִׁמְרִי וְיֹחָא אָחִיו מה
הַתִּיצִי׃ אֱלִיאֵל הַמַּחֲוִים וִירִיבַי וְיוֹשַׁוְיָה בְּנֵי אֶלְנָעַם מו
וְיִתְמָה הַמּוֹאָבִי׃ אֱלִיאֵל וְעוֹבֵד וְיַעֲשִׂיאֵל הַמְּצֹבָיָה׃ מז
וְאֵלֶּה הַבָּאִים אֶל־דָּוִיד לְצִיקְלַג עוֹד עָצוּר מִפְּנֵי שָׁאוּל בֶּן־ א יב
קִישׁ וְהֵמָּה בַּגִּבּוֹרִים עֹזְרֵי הַמִּלְחָמָה׃ נֹשְׁקֵי קֶשֶׁת מַיְמִינִים ב
וּמַשְׂמִאלִים בָּאֲבָנִים וּבַחִצִּים בַּקָּשֶׁת מֵאֲחֵי שָׁאוּל מִבִּנְיָמִן׃
(margin: וִיזִיאֵל) הָרֹאשׁ אֲחִיעֶזֶר וְיוֹאָשׁ בְּנֵי הַשְּׁמָעָה הַגִּבְעָתִי ויזואל וָפֶלֶט ג
בְּנֵי עַזְמָוֶת וּבְרָכָה וְיֵהוּא הָעַנְּתֹתִי׃ וְיִשְׁמַעְיָה הַגִּבְעוֹנִי גִּבּוֹר ד
בַּשְּׁלֹשִׁים וְעַל־הַשְּׁלֹשִׁים׃ וְיִרְמְיָה וְיַחֲזִיאֵל וְיוֹחָנָן וְיוֹזָבָד ה
(margin: הַחֲרוּפִי) הַגְּדֵרָתִי׃ אֶלְעוּזַי וִירִימוֹת וּבְעַלְיָה וּשְׁמַרְיָהוּ וּשְׁפַטְיָהוּ החריפי׃ ו
אֶלְקָנָה וְיִשִּׁיָּהוּ וַעֲזַרְאֵל וְיוֹעֶזֶר וְיָשָׁבְעָם הַקָּרְחִים׃ וְיוֹעֵאלָה ז ח
וּזְבַדְיָה בְּנֵי יְרֹחָם מִן־הַגְּדוֹר׃ וּמִן־הַגָּדִי נִבְדְּלוּ אֶל־דָּוִיד לַמְצַד ט
מִדְבָּרָה גִּבֹּרֵי הַחַיִל אַנְשֵׁי צָבָא לַמִּלְחָמָה עֹרְכֵי צִנָּה וָרֹמַח

י וּפְנֵ֤י אַרְיֵה֙ פְּנֵיהֶ֔ם וְכִצְבָאיִ֥ם עַל־הֶהָרִ֖ים לְמַהֵֽר׃ עֵ֖זֶר
יא הָרֹ֑אשׁ עֹֽבַדְיָה֙ הַשֵּׁנִ֔י אֱלִיאָ֖ב הַשְּׁלִשִֽׁי׃ מִשְׁמַנָּה֙ הָרְבִיעִ֔י יִרְמְיָ֖ה
יב יג הַחֲמִשִֽׁי׃ עַתַּי֙ הַשִּׁשִּׁ֔י אֱלִיאֵ֖ל הַשְּׁבִעִֽי׃ יֽוֹחָנָן֙ הַשְּׁמִינִ֔י אֶלְזָבָ֖ד
יד טו הַתְּשִׁיעִֽי׃ יִרְמְיָ֙הוּ֙ הָעֲשִׂירִ֔י מַכְבַנַּ֖י עַשְׁתֵּ֥י עָשָֽׂר׃ אֵ֛לֶּה
מִבְּנֵי־גָ֖ד רָאשֵׁ֣י הַצָּבָ֑א אֶחָ֤ד לְמֵאָה֙ הַקָּטָ֔ן וְהַגָּד֖וֹל לְאָֽלֶף׃
טז אֵ֣לֶּה הֵ֗ם אֲשֶׁ֨ר עָבְר֤וּ אֶת־הַיַּרְדֵּן֙ בַּחֹ֣דֶשׁ הָֽרִאשׁ֔וֹן וְה֥וּא
מְמַלֵּ֖א עַל־כָּל־גדיתיו וַיַּבְרִ֙יחוּ֙ אֶת־כָּל־הָ֣עֲמָקִ֔ים לַמִּזְרָ֖ח גְּדוֹתָ֑יו
יז וְלַֽמַּעֲרָֽב׃ וַיָּבֹ֜אוּ מִן־בְּנֵ֤י בִנְיָמִן֙ וִֽיהוּדָ֔ה עַד־לַמְצָ֖ד
יח לְדָוִֽיד׃ וַיֵּצֵ֣א דָוִיד֮ לִפְנֵיהֶם֒ וַיַּ֙עַן֙ וַיֹּ֣אמֶר לָהֶ֔ם אִם־לְשָׁל֜וֹם בָּאתֶ֣ם
אֵלַי֮ לְעָזְרֵנִי֒ יִֽהְיֶה־לִּ֧י עֲלֵיכֶ֛ם לֵבָ֖ב לְיָ֑חַד וְאִם־לְרַמּוֹתֵ֣נִי לְצָרַ֗י בְּלֹ֤א
יט חָמָס֙ בְּכַפַּ֔י יֵ֛רֶא אֱלֹהֵ֥י אֲבוֹתֵ֖ינוּ וְיוֹכַֽח׃ וְר֣וּחַ לָבְשָׁ֗ה
אֶת־עֲמָשַׂי֮ רֹ֣אשׁ השלושים֒ לְךָ֤ דָוִיד֙ וְעִמְּךָ֣ בֶן־יִשַׁ֔י שָׁל֨וֹם ׀ הַשָּׁלִישִׁ֗ים
שָׁל֜וֹם לְךָ֗ וְשָׁלוֹם֙ לְעֹ֣זְרֶ֔ךָ כִּ֥י עֲזָרְךָ֖ אֱלֹהֶ֑יךָ וַיְקַבְּלֵ֣ם דָּוִ֔יד וַֽיִּתְּנֵ֖ם
כ בְּרָאשֵׁ֥י הַגְּדֽוּד׃ וּמִֽמְּנַשֶּׁ֞ה נָפְל֣וּ עַל־דָּוִ֗יד בְּבֹא֙וֹ עִם־
פְּלִשְׁתִּ֧ים עַל־שָׁא֛וּל לַמִּלְחָמָ֖ה וְלֹ֣א עֲזָרֻ֑ם כִּ֤י בְעֵצָה֙ שִׁלְּחֻ֙הוּ֙
כא סַרְנֵ֣י פְלִשְׁתִּ֔ים לֵאמֹ֕ר בְּרָאשֵׁ֕ינוּ יִפּ֖וֹל אֶל־אֲדֹנָ֥יו שָׁאֽוּל׃ בְּלֶכְתּ֣וֹ
אֶל־צִ֠יקְלַג נָפְל֣וּ עָלָ֣יו ׀ מִֽמְּנַשֶּׁ֡ה עַ֠דְנַח וְיוֹזָבָ֤ד וִידִֽיעֲאֵל֙ וּמִיכָאֵ֣ל
כב וְיוֹזָבָ֔ד וֶאֱלִיה֖וּא וְצִלְּתָ֑י רָאשֵׁ֥י הָאֲלָפִ֖ים אֲשֶׁ֥ר לִמְנַשֶּֽׁה׃ וְהֵ֜מָּה
עָזְר֤וּ עִם־דָּוִיד֙ עַל־הַגְּד֔וּד כִּֽי־גִבּ֥וֹרֵי חַ֖יִל כֻּלָּ֑ם וַיִּהְי֥וּ שָׂרִ֖ים
כג בַּצָּבָֽא׃ כִּ֤י לְעֶת־יוֹם֙ בְּי֔וֹם יָבֹ֥אוּ עַל־דָּוִ֖יד לְעָזְר֑וֹ עַד־לְמַחֲנֶ֥ה
כד גָד֖וֹל כְּמַחֲנֵ֥ה אֱלֹהִֽים׃ וְ֠אֵלֶּה מִסְפְּרֵ֞י רָאשֵׁ֤י הֶֽחָלוּץ֙
לַצָּבָ֔א בָּ֥אוּ עַל־דָּוִ֖יד חֶבְר֑וֹנָה לְהָסֵ֞ב מַלְכ֥וּת שָׁא֛וּל אֵלָ֖יו כְּפִ֥י
כה יְהוָֽה׃ בְּנֵ֣י יְהוּדָ֗ה נֹשְׂאֵ֨י צִנָּ֧ה וָרֹ֛מַח שֵׁ֧שֶׁת אֲלָפִ֛ים
כו וּשְׁמוֹנֶ֥ה מֵא֖וֹת חֲלוּצֵ֥י צָבָֽא׃ מִן־בְּנֵ֣י שִׁמְע֗וֹן גִּבּ֤וֹרֵי
כז חַ֙יִל֙ לַצָּבָ֔א שִׁבְעַ֥ת אֲלָפִ֖ים וּמֵאָֽה׃ מִן־בְּנֵ֖י הַלֵּוִ֑י
כח אַרְבַּ֥עַת אֲלָפִ֖ים וְשֵׁ֥שׁ מֵאֽוֹת׃ וִיהוֹיָדָ֖ע הַנָּגִ֣יד לְאַהֲרֹ֑ן
כט וְעִמּ֕וֹ שְׁלֹ֥שֶׁת אֲלָפִ֖ים וּשְׁבַ֥ע מֵאֽוֹת׃ וְצָד֖וֹק נַ֣עַר גִּבּ֣וֹר

חַיִל וּבֵית־אָבִיו שָׂרִים עֶשְׂרִים וּשְׁנָיִם׃ וּמִן־בְּנֵי בִנְיָמִן ל
אֲחֵי שָׁאוּל שְׁלֹשֶׁת אֲלָפִים וְעַד־הֵנָּה מַרְבִּיתָם שֹׁמְרִים מִשְׁמֶרֶת
בֵּית שָׁאוּל׃ וּמִן־בְּנֵי אֶפְרַיִם עֶשְׂרִים אֶלֶף וּשְׁמוֹנֶה לא
מֵאוֹת גִּבּוֹרֵי חַיִל אַנְשֵׁי שֵׁמוֹת לְבֵית אֲבוֹתָם׃ וּמֵחֲצִי לב
מַטֵּה מְנַשֶּׁה שְׁמוֹנָה עָשָׂר אָלֶף אֲשֶׁר נִקְּבוּ בְּשֵׁמוֹת לָבוֹא
לְהַמְלִיךְ אֶת־דָּוִיד׃ וּמִבְּנֵי יִשָּׂשכָר יוֹדְעֵי בִינָה לָעִתִּים לג
לָדַעַת מַה־יַּעֲשֶׂה יִשְׂרָאֵל רָאשֵׁיהֶם מָאתַיִם וְכָל־אֲחֵיהֶם עַל־
פִּיהֶם׃ מִזְּבֻלוּן יוֹצְאֵי צָבָא עֹרְכֵי מִלְחָמָה בְּכָל־כְּלֵי לד
מִלְחָמָה חֲמִשִּׁים אָלֶף וְלַעֲדֹר בְּלֹא־לֵב וָלֵב׃ וּמִנַּפְתָּלִי לה
שָׂרִים אָלֶף וְעִמָּהֶם בְּצִנָּה וַחֲנִית שְׁלֹשִׁים וְשִׁבְעָה
אָלֶף׃ וּמִן־הַדָּנִי עֹרְכֵי מִלְחָמָה עֶשְׂרִים־וּשְׁמוֹנָה אֶלֶף לו
וְשֵׁשׁ מֵאוֹת׃ וּמֵאָשֵׁר יוֹצְאֵי צָבָא לַעֲרֹךְ מִלְחָמָה לז
אַרְבָּעִים אָלֶף׃ וּמֵעֵבֶר לַיַּרְדֵּן מִן־הָרֻאוּבֵנִי וְהַגָּדִי לח
וַחֲצִי ׀ שֵׁבֶט מְנַשֶּׁה בְּכֹל כְּלֵי צְבָא מִלְחָמָה מֵאָה וְעֶשְׂרִים
אָלֶף׃ כָּל־אֵלֶּה אַנְשֵׁי מִלְחָמָה עֹדְרֵי מַעֲרָכָה בְּלֵבָב שָׁלֵם לט
בָּאוּ חֶבְרוֹנָה לְהַמְלִיךְ אֶת־דָּוִיד עַל־כָּל־יִשְׂרָאֵל וְגַם כָּל־
שֵׁרִית יִשְׂרָאֵל לֵב אֶחָד לְהַמְלִיךְ אֶת־דָּוִיד׃ וַיִּהְיוּ־שָׁם עִם־ מ
דָּוִיד יָמִים שְׁלוֹשָׁה אֹכְלִים וְשׁוֹתִים כִּי־הֵכִינוּ לָהֶם אֲחֵיהֶם׃
ו וְגַם הַקְּרוֹבִים־אֲלֵיהֶם עַד־יִשָּׂשכָר וּזְבֻלוּן וְנַפְתָּלִי מְבִיאִים מא
לֶחֶם בַּחֲמוֹרִים וּבַגְּמַלִּים וּבַפְּרָדִים ׀ וּבַבָּקָר מַאֲכָל קֶמַח
דְּבֵלִים וְצִמּוּקִים וְיַיִן וְשֶׁמֶן וּבָקָר וְצֹאן לָרֹב כִּי שִׂמְחָה
בְּיִשְׂרָאֵל׃ וַיִּוָּעַץ דָּוִיד עִם־שָׂרֵי הָאֲלָפִים וְהַמֵּאוֹת יג א
לְכָל־נָגִיד׃ וַיֹּאמֶר דָּוִיד לְכֹל ׀ קְהַל יִשְׂרָאֵל אִם־עֲלֵיכֶם טוֹב ב
וּמִן־יְהוָה אֱלֹהֵינוּ נִפְרְצָה נִשְׁלְחָה עַל־אַחֵינוּ הַנִּשְׁאָרִים בְּכֹל
אַרְצוֹת יִשְׂרָאֵל וְעִמָּהֶם הַכֹּהֲנִים וְהַלְוִיִּם בְּעָרֵי מִגְרְשֵׁיהֶם
וְיִקָּבְצוּ אֵלֵינוּ׃ וְנָסֵבָּה אֶת־אֲרוֹן אֱלֹהֵינוּ אֵלֵינוּ כִּי־לֹא ג
דְרַשְׁנֻהוּ בִּימֵי שָׁאוּל׃ וַיֹּאמְרוּ כָל־הַקָּהָל לַעֲשׂוֹת כֵּן כִּי־יָשַׁר ד

ה הַדָּבָר בְּעֵינֵי כָל־הָעָם׃ וַיַּקְהֵל דָּוִיד אֶת־כָּל־יִשְׂרָאֵל מִן־
שִׁיחוֹר מִצְרַיִם וְעַד־לְבוֹא חֲמָת לְהָבִיא אֶת־אֲרוֹן הָאֱלֹהִים
ו מִקִּרְיַת יְעָרִים׃ וַיַּעַל דָּוִיד וְכָל־יִשְׂרָאֵל בַּעֲלָתָה אֶל־קִרְיַת
יְעָרִים אֲשֶׁר לִיהוּדָה לְהַעֲלוֹת מִשָּׁם אֵת אֲרוֹן הָאֱלֹהִים ׀ יְהוָה
ז יוֹשֵׁב הַכְּרוּבִים אֲשֶׁר־נִקְרָא שֵׁם׃ וַיַּרְכִּיבוּ אֶת־אֲרוֹן הָאֱלֹהִים
עַל־עֲגָלָה חֲדָשָׁה מִבֵּית אֲבִינָדָב וְעֻזָּא וְאַחְיוֹ נֹהֲגִים בָּעֲגָלָה׃
ח וְדָוִיד וְכָל־יִשְׂרָאֵל מְשַׂחֲקִים לִפְנֵי הָאֱלֹהִים בְּכָל־עֹז וּבְשִׁירִים
ט וּבְכִנֹּרוֹת וּבִנְבָלִים וּבְתֻפִּים וּבִמְצִלְתַּיִם וּבַחֲצֹצְרוֹת׃ וַיָּבֹאוּ
עַד־גֹּרֶן כִּידֹן וַיִּשְׁלַח עֻזָּא אֶת־יָדוֹ לֶאֱחֹז אֶת־הָאָרוֹן כִּי
י שָׁמְטוּ הַבָּקָר׃ וַיִּחַר־אַף יְהוָה בְּעֻזָּא וַיַּכֵּהוּ עַל אֲשֶׁר־שָׁלַח
יא יָדוֹ עַל־הָאָרוֹן וַיָּמָת שָׁם לִפְנֵי אֱלֹהִים׃ וַיִּחַר לְדָוִיד כִּי־
פָרַץ יְהוָה פֶּרֶץ בְּעֻזָּא וַיִּקְרָא לַמָּקוֹם הַהוּא פֶּרֶץ עֻזָּא עַד
יב הַיּוֹם הַזֶּה׃ וַיִּירָא דָוִיד אֶת־הָאֱלֹהִים בַּיּוֹם הַהוּא לֵאמֹר
יג הֵיךְ אָבִיא אֵלַי אֵת אֲרוֹן הָאֱלֹהִים׃ וְלֹא־הֵסִיר דָּוִיד אֶת־
הָאָרוֹן אֵלָיו אֶל־עִיר דָּוִיד וַיַּטֵּהוּ אֶל־בֵּית עֹבֵד־אֱדֹם
יד הַגִּתִּי׃ וַיֵּשֶׁב אֲרוֹן הָאֱלֹהִים עִם־בֵּית עֹבֵד אֱדֹם בְּבֵיתוֹ
שְׁלֹשָׁה חֳדָשִׁים וַיְבָרֶךְ יְהוָה אֶת־בֵּית עֹבֵד־אֱדֹם וְאֶת־
כָּל־אֲשֶׁר־לוֹ׃

יד א וַיִּשְׁלַח חִירֹם מֶלֶךְ־צֹר מַלְאָכִים אֶל־דָּוִיד וַעֲצֵי אֲרָזִים וְחָרָשֵׁי חוּרָם
ב קִיר וְחָרָשֵׁי עֵצִים לִבְנוֹת לוֹ בָּיִת׃ וַיֵּדַע דָּוִיד כִּי־הֱכִינוֹ יְהוָה
לְמֶלֶךְ עַל־יִשְׂרָאֵל כִּי־נִשֵּׂאת לְמַעְלָה מַלְכוּתוֹ בַּעֲבוּר עַמּוֹ
ג יִשְׂרָאֵל׃   וַיִּקַּח דָּוִיד עוֹד נָשִׁים בִּירוּשָׁלִָם וַיּוֹלֶד
ד דָּוִיד עוֹד בָּנִים וּבָנוֹת׃ וְאֵלֶּה שְׁמוֹת הַיְלוּדִים אֲשֶׁר הָיוּ־
ה לוֹ בִּירוּשָׁלִָם שַׁמּוּעַ וְשׁוֹבָב נָתָן וּשְׁלֹמֹה׃ וְיִבְחָר וֶאֱלִישׁוּעַ
ו ז וְאֶלְפָּלֶט׃ וְנֹגַהּ וְנֶפֶג וְיָפִיעַ׃ וֶאֱלִישָׁמָע וּבְעֶלְיָדָע וֶאֱלִיפָלֶט׃
ח וַיִּשְׁמְעוּ פְלִשְׁתִּים כִּי־נִמְשַׁח דָּוִיד לְמֶלֶךְ עַל־כָּל־יִשְׂרָאֵל
וַיַּעֲלוּ כָל־פְּלִשְׁתִּים לְבַקֵּשׁ אֶת־דָּוִיד וַיִּשְׁמַע דָּוִיד וַיֵּצֵא

ט לִפְנֵיהֶם: וּפְלִשְׁתִּים בָּאוּ וַיִּפְשְׁטוּ בְּעֵמֶק רְפָאִים: וַיִּשְׁאַל דָּוִיד
בֵּאלֹהִים לֵאמֹר הַאֶעֱלֶה עַל־פְּלִשְׁתִּיים וּנְתַתָּם בְּיָדִי וַיֹּאמֶר פְּלִשְׁתִּים
יא לוֹ יְהוָה עֲלֵה וּנְתַתִּים בְּיָדֶךָ: וַיַּעֲלוּ בְּבַעַל־פְּרָצִים וַיַּכֵּם שָׁם
דָּוִיד וַיֹּאמֶר דָּוִיד פָּרַץ הָאֱלֹהִים אֶת־אוֹיְבַי בְּיָדִי כְּפֶרֶץ מָיִם
יב עַל־כֵּן קָרְאוּ שֵׁם־הַמָּקוֹם הַהוּא בַּעַל פְּרָצִים: וַיַּעַזְבוּ־שָׁם
יג אֶת־אֱלֹהֵיהֶם וַיֹּאמֶר דָּוִיד וַיִּשָּׂרְפוּ בָּאֵשׁ: וַיֹּסִיפוּ
יד עוֹד פְּלִשְׁתִּים וַיִּפְשְׁטוּ בָּעֵמֶק: וַיִּשְׁאַל עוֹד דָּוִיד בֵּאלֹהִים
וַיֹּאמֶר לוֹ הָאֱלֹהִים לֹא תַעֲלֶה אַחֲרֵיהֶם הָסֵב מֵעֲלֵיהֶם
טו וּבָאתָ לָהֶם מִמּוּל הַבְּכָאִים: וִיהִי כְּשָׁמְעֲךָ אֶת־קוֹל הַצְּעָדָה
בְּרָאשֵׁי הַבְּכָאִים אָז תֵּצֵא בַמִּלְחָמָה כִּי־יָצָא הָאֱלֹהִים
טז לְפָנֶיךָ לְהַכּוֹת אֶת־מַחֲנֵה פְלִשְׁתִּים: וַיַּעַשׂ דָּוִיד כַּאֲשֶׁר צִוָּהוּ
יז הָאֱלֹהִים וַיַּכּוּ אֶת־מַחֲנֵה פְלִשְׁתִּים מִגִּבְעוֹן וְעַד־גָּזְרָה: וַיֵּצֵא
שֵׁם־דָּוִיד בְּכָל־הָאֲרָצוֹת וַיהוָה נָתַן אֶת־פַּחְדּוֹ עַל־כָּל־
טו א הַגּוֹיִם: וַיַּעַשׂ־לוֹ בָתִּים בְּעִיר דָּוִיד וַיָּכֶן מָקוֹם לַאֲרוֹן הָאֱלֹהִים
ב וַיֶּט־לוֹ אֹהֶל: אָז אָמַר דָּוִיד לֹא לָשֵׂאת אֶת־אֲרוֹן הָאֱלֹהִים
כִּי אִם־הַלְוִיִּם כִּי־בָם ׀ בָּחַר יְהוָה לָשֵׂאת אֶת־אֲרוֹן יְהוָה
ג וּלְשָׁרְתוֹ עַד־עוֹלָם: וַיַּקְהֵל דָּוִיד אֶת־כָּל־יִשְׂרָאֵל
אֶל־יְרוּשָׁלִָם לְהַעֲלוֹת אֶת־אֲרוֹן יְהוָה אֶל־מְקוֹמוֹ אֲשֶׁר־הֵכִין
ד ה לוֹ: וַיֶּאֱסֹף דָּוִיד אֶת־בְּנֵי אַהֲרֹן וְאֶת־הַלְוִיִּם: לִבְנֵי
ו קְהָת אוּרִיאֵל הַשָּׂר וְאֶחָיו מֵאָה וְעֶשְׂרִים: לִבְנֵי מְרָרִי
ז עֲשָׂיָה הַשָּׂר וְאֶחָיו מָאתַיִם וְעֶשְׂרִים: לִבְנֵי גֵרְשׁוֹם
ח יוֹאֵל הַשָּׂר וְאֶחָיו מֵאָה וּשְׁלֹשִׁים: לִבְנֵי אֱלִיצָפָן
ט שְׁמַעְיָה הַשָּׂר וְאֶחָיו מָאתָיִם: לִבְנֵי חֶבְרוֹן אֱלִיאֵל
י הַשָּׂר וְאֶחָיו שְׁמוֹנִים: לִבְנֵי עֻזִּיאֵל עַמִּינָדָב הַשָּׂר וְאֶחָיו
יא מֵאָה וּשְׁנֵים עָשָׂר: וַיִּקְרָא דָוִיד לְצָדוֹק וּלְאֶבְיָתָר
הַכֹּהֲנִים וְלַלְוִיִּם לְאוּרִיאֵל עֲשָׂיָה וְיוֹאֵל שְׁמַעְיָה וֶאֱלִיאֵל
יב וְעַמִּינָדָב: וַיֹּאמֶר לָהֶם אַתֶּם רָאשֵׁי הָאָבוֹת לַלְוִיִּם הִתְקַדְּשׁוּ

אַתֶּם וַאֲחֵיכֶם וְהַעֲלִיתֶם אֵת אֲרוֹן יְהוָה אֱלֹהֵי יִשְׂרָאֵל אֶל־
יג הֲכִינוֹתִי לוֹ׃ כִּי לְמַבָּרִאשׁוֹנָה לֹא אַתֶּם פָּרַץ יְהוָה אֱלֹהֵינוּ
יד בָּנוּ כִּי־לֹא דְרַשְׁנֻהוּ כַּמִּשְׁפָּט׃ וַיִּתְקַדְּשׁוּ הַכֹּהֲנִים וְהַלְוִיִּם
טו לְהַעֲלוֹת אֶת־אֲרוֹן יְהוָה אֱלֹהֵי יִשְׂרָאֵל׃ וַיִּשְׂאוּ בְנֵי־הַלְוִיִּם
אֵת אֲרוֹן הָאֱלֹהִים כַּאֲשֶׁר צִוָּה מֹשֶׁה כִּדְבַר יְהוָה בִּכְתֵפָם
טז בַּמֹּטוֹת עֲלֵיהֶם׃ וַיֹּאמֶר דָּוִיד לְשָׂרֵי הַלְוִיִּם לְהַעֲמִיד
אֶת־אֲחֵיהֶם הַמְשֹׁרְרִים בִּכְלֵי־שִׁיר נְבָלִים וְכִנֹּרוֹת וּמְצִלְתָּיִם
מַשְׁמִיעִים לְהָרִים־בְּקוֹל לְשִׂמְחָה׃
יז וַיַּעֲמִידוּ הַלְוִיִּם אֵת הֵימָן בֶּן־יוֹאֵל וּמִן־אֶחָיו אָסָף בֶּן־בֶּרֶכְיָהוּ
יח וּמִן־בְּנֵי מְרָרִי אֲחֵיהֶם אֵיתָן בֶּן־קוּשָׁיָהוּ׃ וְעִמָּהֶם אֲחֵיהֶם
הַמִּשְׁנִים זְכַרְיָהוּ בֵּן וְיַעֲזִיאֵל וּשְׁמִירָמוֹת וִיחִיאֵל ׀ וְעֻנִּי אֱלִיאָב
וּבְנָיָהוּ וּמַעֲשֵׂיָהוּ וּמַתִּתְיָהוּ וֶאֱלִיפְלֵהוּ וּמִקְנֵיָהוּ וְעֹבֵד אֱדֹם
יט וִיעִיאֵל הַשֹּׁעֲרִים׃ וְהַמְשֹׁרְרִים הֵימָן אָסָף וְאֵיתָן בִּמְצִלְתַּיִם
כ נְחֹשֶׁת לְהַשְׁמִיעַ׃ וּזְכַרְיָה וַעֲזִיאֵל וּשְׁמִירָמוֹת וִיחִיאֵל וְעֻנִּי
כא וֶאֱלִיאָב וּמַעֲשֵׂיָהוּ וּבְנָיָהוּ בִּנְבָלִים עַל־עֲלָמוֹת׃ וּמַתִּתְיָהוּ
וֶאֱלִיפְלֵהוּ וּמִקְנֵיָהוּ וְעֹבֵד אֱדֹם וִיעִיאֵל וַעֲזַזְיָהוּ בְּכִנֹּרוֹת עַל־
כב הַשְּׁמִינִית לְנַצֵּחַ׃ וּכְנַנְיָהוּ שַׂר־הַלְוִיִּם בְּמַשָּׂא יָסֹר בַּמַּשָּׂא כִּי
כג כד מֵבִין הוּא׃ וּבֶרֶכְיָה וְאֶלְקָנָה שֹׁעֲרִים לָאָרוֹן׃ וּשְׁבַנְיָהוּ וְיוֹשָׁפָט
וּנְתַנְאֵל וַעֲמָשַׂי וּזְכַרְיָהוּ וּבְנָיָהוּ וֶאֱלִיעֶזֶר הַכֹּהֲנִים מחצצרים מַחְצְרִים
בַּחֲצֹצְרוֹת לִפְנֵי אֲרוֹן הָאֱלֹהִים וְעֹבֵד אֱדֹם וִיחִיָּה שֹׁעֲרִים לָאָרוֹן׃
כה וַיְהִי דָוִיד וְזִקְנֵי יִשְׂרָאֵל וְשָׂרֵי הָאֲלָפִים הַהֹלְכִים לְהַעֲלוֹת אֶת־
כו אֲרוֹן בְּרִית־יְהוָה מִן־בֵּית עֹבֵד־אֱדֹם בְּשִׂמְחָה׃ וַיְהִי
בֶּעְזֹר הָאֱלֹהִים אֶת־הַלְוִיִּם נֹשְׂאֵי אֲרוֹן בְּרִית־יְהוָה וַיִּזְבְּחוּ
כז שִׁבְעָה־פָרִים וְשִׁבְעָה אֵילִים׃ וְדָוִיד מְכֻרְבָּל ׀ בִּמְעִיל בּוּץ
וְכָל־הַלְוִיִּם הַנֹּשְׂאִים אֶת־הָאָרוֹן וְהַמְשֹׁרְרִים וּכְנַנְיָה הַשַּׂר
כח הַמַּשָּׂא הַמְשֹׁרְרִים וְעַל־דָּוִיד אֵפוֹד בָּד׃ וְכָל־יִשְׂרָאֵל מַעֲלִים
אֶת־אֲרוֹן בְּרִית־יְהוָה בִּתְרוּעָה וּבְקוֹל שׁוֹפָר וּבַחֲצֹצְרוֹת

כט וּבִמְצִלְתָּ֑יִם מַשְׁמִעִ֕ים בִּנְבָלִ֖ים וְכִנֹּרֽוֹת׃ וַיְהִ֗י אֲרוֹן֙ בְּרִ֣ית
יְהוָ֔ה בָּ֖א עַד־עִ֣יר דָּוִ֑יד וּמִיכַ֨ל בַּת־שָׁא֜וּל נִשְׁקְפָ֣ה ׀ בְּעַ֣ד
הַחַלּ֗וֹן וַתֵּ֙רֶא אֶת־הַמֶּ֤לֶךְ דָּוִיד֙ מְרַקֵּ֣ד וּמְשַׂחֵ֔ק וַתִּ֥בֶז ל֖וֹ
טז א בְּלִבָּֽהּ׃ וַיָּבִ֙יאוּ֙ אֶת־אֲר֣וֹן הָאֱלֹהִ֔ים וַיַּצִּ֣יגוּ אֹת֔וֹ בְּת֣וֹךְ
הָאֹ֔הֶל אֲשֶׁ֥ר נָֽטָה־ל֖וֹ דָּוִ֑יד וַיַּקְרִ֛יבוּ עֹל֥וֹת וּשְׁלָמִ֖ים לִפְנֵ֥י
ב הָאֱלֹהִֽים׃ וַיְכַ֣ל דָּוִ֔יד מֵהַעֲל֥וֹת הָעֹלָ֖ה וְהַשְּׁלָמִ֑ים וַיְבָ֥רֶךְ אֶת־
ג הָעָ֖ם בְּשֵׁ֥ם יְהוָֽה׃ וַיְחַלֵּק֙ לְכָל־אִ֣ישׁ יִשְׂרָאֵ֔ל מֵאִ֖ישׁ וְעַד־אִשָּׁ֑ה
ד לְאִ֗ישׁ כִּכַּר־לֶ֙חֶם֙ וְאֶשְׁפָּ֣ר וַאֲשִׁישָֽׁה׃ וַיִּתֵּ֞ן לִפְנֵ֨י אֲר֧וֹן יְהוָ֛ה
מִן־הַלְוִיִּ֖ם מְשָׁרְתִ֑ים וּלְהַזְכִּיר֙ וּלְהוֹד֣וֹת וּלְהַלֵּ֔ל לַיהוָ֖ה אֱלֹהֵ֥י
ה יִשְׂרָאֵֽל׃ אָסָ֥ף הָרֹ֖אשׁ וּמִשְׁנֵ֣הוּ זְכַרְיָ֑ה יְעִיאֵ֡ל
וּֽשְׁמִֽירָמ֡וֹת וִֽיחִיאֵ֡ל וּמַתִּתְיָ֡ה וֶאֱלִיאָ֡ב וּבְנָיָ֡הוּ וְעֹבֵ֣ד אֱדֹ֠ם
וִֽיעִיאֵ֞ל בִּכְלֵ֤י נְבָלִים֙ וּבְכִנֹּר֔וֹת וְאָסָ֖ף בַּֽמְצִלְתַּ֥יִם מַשְׁמִֽיעַ׃
ו וּבְנָיָ֥הוּ וְיַחֲזִיאֵ֖ל הַכֹּהֲנִ֑ים בַּחֲצֹצְר֣וֹת תָּמִ֔יד לִפְנֵ֖י אֲר֥וֹן בְּרִית־
ז הָאֱלֹהִֽים׃ בַּיּ֤וֹם הַהוּא֙ אָ֣ז נָתַ֣ן דָּוִ֔יד בָּרֹ֕אשׁ לְהֹד֖וֹת לַיהוָ֑ה
בְּיַד־אָסָ֖ף וְאֶחָֽיו׃
ח ט הוֹד֤וּ לַֽיהוָה֙ קִרְא֣וּ בִשְׁמ֔וֹ הוֹדִ֥יעוּ בָֽעַמִּ֖ים עֲלִילֹתָֽיו׃ שִׁ֤ירוּ לוֹ֙
י זַמְּרוּ־ל֔וֹ שִׂ֖יחוּ בְּכָל־נִפְלְאֹתָֽיו׃ הִֽתְהַֽלְלוּ֙ בְּשֵׁ֣ם קָדְשׁ֔וֹ יִשְׂמַ֖ח
יא יב לֵ֥ב מְבַקְשֵׁ֥י יְהוָֽה׃ דִּרְשׁ֤וּ יְהוָה֙ וְעֻזּ֔וֹ בַּקְּשׁ֥וּ פָנָ֖יו תָּמִֽיד׃ זִכְר֗וּ
יג נִפְלְאֹתָיו֙ אֲשֶׁ֣ר עָשָׂ֔ה מֹפְתָ֖יו וּמִשְׁפְּטֵי־פִֽיהוּ׃ זֶ֚רַע יִשְׂרָאֵ֣ל
יד עַבְדּ֔וֹ בְּנֵ֥י יַעֲקֹ֖ב בְּחִירָֽיו׃ ה֚וּא יְהוָ֣ה אֱלֹהֵ֔ינוּ בְּכָל־הָאָ֖רֶץ
טו טז מִשְׁפָּטָֽיו׃ זִכְר֤וּ לְעוֹלָם֙ בְּרִית֔וֹ דָּבָ֥ר צִוָּ֖ה לְאֶ֥לֶף דּֽוֹר׃ אֲשֶׁ֤ר
יז כָּרַת֙ אֶת־אַבְרָהָ֔ם וּשְׁבוּעָת֖וֹ לְיִצְחָֽק׃ וַיַּעֲמִידֶ֤הָ לְיַעֲקֹב֙ לְחֹ֔ק
יח לְיִשְׂרָאֵ֖ל בְּרִ֥ית עוֹלָֽם׃ לֵאמֹ֗ר לְךָ֙ אֶתֵּ֣ן אֶֽרֶץ־כְּנָ֔עַן חֶ֖בֶל
יט כ נַחֲלַתְכֶֽם׃ בִּֽהְיֽוֹתְכֶם֙ מְתֵ֣י מִסְפָּ֔ר כִּמְעַ֖ט וְגָרִ֥ים בָּֽהּ׃ וַיִּֽתְהַלְּכוּ֙
כא מִגּ֣וֹי אֶל־גּ֔וֹי וּמִמַּמְלָכָ֖ה אֶל־עַ֥ם אַחֵֽר׃ לֹֽא־הִנִּ֤יחַ לְאִישׁ֙
כב לְעָשְׁקָ֔ם וַיּ֥וֹכַח עֲלֵיהֶ֖ם מְלָכִֽים׃ אַל־תִּגְּעוּ֙ בִּמְשִׁיחָ֔י וּבִנְבִיאַ֖י
כג אַל־תָּרֵֽעוּ׃ שִׁ֤ירוּ לַֽיהוָה֙ כָּל־הָאָ֔רֶץ בַּשְּׂר֥וּ מִיּֽוֹם־אֶל־י֖וֹם

כד יְשׁוּעָתוֹ׃ סַפְּרוּ בַגּוֹיִם אֶת־כְּבוֹדוֹ בְּכָל־הָעַמִּים נִפְלְאֹתָיו׃
כה כִּי גָדוֹל יְהוָה וּמְהֻלָּל מְאֹד וְנוֹרָא הוּא עַל־כָּל־אֱלֹהִים׃
כו כז כִּי כָּל־אֱלֹהֵי הָעַמִּים אֱלִילִים וַיהוָה שָׁמַיִם עָשָׂה׃ הוֹד וְהָדָר
כח לְפָנָיו עֹז וְחֶדְוָה בִּמְקֹמוֹ׃ הָבוּ לַיהוָה מִשְׁפְּחוֹת עַמִּים הָבוּ
כט לַיהוָה כָּבוֹד וָעֹז׃ הָבוּ לַיהוָה כְּבוֹד שְׁמוֹ שְׂאוּ מִנְחָה וּבֹאוּ
ל לְפָנָיו הִשְׁתַּחֲווּ לַיהוָה בְּהַדְרַת־קֹדֶשׁ׃ חִילוּ מִלְּפָנָיו כָּל־
לא הָאָרֶץ אַף־תִּכּוֹן תֵּבֵל בַּל־תִּמּוֹט׃ יִשְׂמְחוּ הַשָּׁמַיִם וְתָגֵל
לב הָאָרֶץ וְיֹאמְרוּ בַגּוֹיִם יְהוָה מָלָךְ׃ יִרְעַם הַיָּם וּמְלוֹאוֹ יַעֲלֹץ
לג הַשָּׂדֶה וְכָל־אֲשֶׁר־בּוֹ׃ אָז יְרַנְּנוּ עֲצֵי הַיָּעַר מִלִּפְנֵי יְהוָה כִּי־
לד בָא לִשְׁפּוֹט אֶת־הָאָרֶץ׃ הוֹדוּ לַיהוָה כִּי טוֹב כִּי לְעוֹלָם
לה חַסְדּוֹ׃ וְאִמְרוּ הוֹשִׁיעֵנוּ אֱלֹהֵי יִשְׁעֵנוּ וְקַבְּצֵנוּ וְהַצִּילֵנוּ מִן־
לו הַגּוֹיִם לְהֹדוֹת לְשֵׁם קָדְשֶׁךָ לְהִשְׁתַּבֵּחַ בִּתְהִלָּתֶךָ׃ בָּרוּךְ ז
יְהוָה אֱלֹהֵי יִשְׂרָאֵל מִן־הָעוֹלָם וְעַד־הָעֹלָם וַיֹּאמְרוּ כָל־
לז הָעָם אָמֵן וְהַלֵּל לַיהוָה׃ וַיַּעֲזָב־שָׁם לִפְנֵי אֲרוֹן
בְּרִית־יְהוָה לְאָסָף וּלְאֶחָיו לְשָׁרֵת לִפְנֵי הָאָרוֹן תָּמִיד לִדְבַר־
לח יוֹם בְּיוֹמוֹ׃ וְעֹבֵד אֱדֹם וַאֲחֵיהֶם שִׁשִּׁים וּשְׁמוֹנָה וְעֹבֵד אֱדֹם
לט בֶּן־יְדִיתוּן וְחֹסָה לְשֹׁעֲרִים׃ וְאֵת ׀ צָדוֹק הַכֹּהֵן וְאֶחָיו הַכֹּהֲנִים
מ לִפְנֵי מִשְׁכַּן יְהוָה בַּבָּמָה אֲשֶׁר בְּגִבְעוֹן׃ לְהַעֲלוֹת עֹלוֹת לַיהוָה
עַל־מִזְבַּח הָעֹלָה תָּמִיד לַבֹּקֶר וְלָעָרֶב וּלְכָל־הַכָּתוּב בְּתוֹרַת
מא יְהוָה אֲשֶׁר צִוָּה עַל־יִשְׂרָאֵל׃ וְעִמָּהֶם הֵימָן וִידוּתוּן וּשְׁאָר
הַבְּרוּרִים אֲשֶׁר נִקְּבוּ בְּשֵׁמוֹת לְהֹדוֹת לַיהוָה כִּי לְעוֹלָם
מב חַסְדּוֹ׃ וְעִמָּהֶם הֵימָן וִידוּתוּן חֲצֹצְרוֹת וּמְצִלְתַּיִם לְמַשְׁמִיעִים
מג וּכְלֵי שִׁיר הָאֱלֹהִים וּבְנֵי יְדוּתוּן לַשָּׁעַר׃ וַיֵּלְכוּ כָל־הָעָם אִישׁ
יז א לְבֵיתוֹ וַיִּסֹּב דָּוִיד לְבָרֵךְ אֶת־בֵּיתוֹ׃ וַיְהִי כַּאֲשֶׁר
יָשַׁב דָּוִיד בְּבֵיתוֹ וַיֹּאמֶר דָּוִיד אֶל־נָתָן הַנָּבִיא הִנֵּה אָנֹכִי
יוֹשֵׁב בְּבֵית הָאֲרָזִים וַאֲרוֹן בְּרִית־יְהוָה תַּחַת יְרִיעוֹת׃
ב וַיֹּאמֶר נָתָן אֶל־דָּוִיד כֹּל אֲשֶׁר בִּלְבָבְךָ עֲשֵׂה כִּי הָאֱלֹהִים

עִמָּֽךְ׃ וַיְהִ֕י בַּלַּ֖יְלָה הַה֑וּא וַֽיְהִי֙ דְּבַר־אֱלֹהִ֔ים אֶל־ ג
נָתָ֖ן לֵאמֹֽר׃ לֵ֣ךְ וְאָמַרְתָּ֗ אֶל־דָּוִ֣יד עַבְדִּ֔י כֹּ֖ה אָמַ֣ר יְהוָ֑ה לֹ֥א ד
אַתָּ֛ה תִּבְנֶה־לִּ֥י הַבַּ֖יִת לָשָֽׁבֶת׃ כִּ֣י לֹ֤א יָשַׁ֙בְתִּי֙ בְּבַ֔יִת מִן־ ה
הַיּ֗וֹם אֲשֶׁ֤ר הֶֽעֱלֵ֙יתִי֙ אֶת־יִשְׂרָאֵ֔ל עַ֖ד הַיּ֣וֹם הַזֶּ֑ה וָאֶֽהְיֶ֛ה
מֵאֹ֥הֶל אֶל־אֹ֖הֶל וּמִמִּשְׁכָּֽן׃ בְּכֹ֥ל אֲשֶׁר־הִתְהַלַּכְתִּי֮ בְּכָל־ ו
יִשְׂרָאֵל֒ הֲדָבָ֣ר דִּבַּ֗רְתִּי אֶת־אַחַד֙ שֹׁפְטֵ֣י יִשְׂרָאֵ֔ל אֲשֶׁ֥ר צִוִּ֛יתִי
לִרְע֥וֹת אֶת־עַמִּ֖י לֵאמֹ֑ר לָ֛מָּה לֹא־בְנִיתֶ֥ם לִ֖י בֵּ֥ית אֲרָזִֽים׃
וְעַתָּ֗ה כֹּה־תֹאמַ֞ר לְעַבְדִּ֣י לְדָוִ֗יד כֹּ֤ה אָמַר֙ יְהוָ֣ה צְבָא֔וֹת אֲנִ֤י ז
לְקַחְתִּ֙יךָ֙ מִן־הַנָּוֶ֔ה מִן־אַחֲרֵ֖י הַצֹּ֑אן לִֽהְי֣וֹת נָגִ֔יד עַ֖ל עַמִּ֥י
יִשְׂרָאֵֽל׃ וָאֶֽהְיֶ֣ה עִמְּךָ֗ בְּכֹל֙ אֲשֶׁ֣ר הָלַ֔כְתָּ וָאַכְרִ֥ית אֶת־כָּל־ ח
אוֹיְבֶ֖יךָ מִפָּנֶ֑יךָ וְעָשִׂ֤יתִי לְךָ֙ שֵׁ֔ם כְּשֵׁ֥ם הַגְּדוֹלִ֖ים אֲשֶׁ֥ר בָּאָֽרֶץ׃
וְשַׂמְתִּ֣י מָ֠קוֹם לְעַמִּ֨י יִשְׂרָאֵ֤ל וּנְטַעְתִּ֙יהוּ֙ וְשָׁכַ֣ן תַּחְתָּ֔יו וְלֹ֥א ט
יִרְגַּ֖ז ע֑וֹד וְלֹא־יוֹסִ֤יפוּ בְנֵי־עַוְלָה֙ לְבַלֹּת֔וֹ כַּאֲשֶׁ֖ר בָּרִאשׁוֹנָֽה׃
וּלְמִיָּמִ֗ים אֲשֶׁ֨ר צִוִּ֤יתִי שֹֽׁפְטִים֙ עַל־עַמִּ֣י יִשְׂרָאֵ֔ל וְהִכְנַ֖עְתִּי י
אֶת־כָּל־אוֹיְבֶ֑יךָ וָאַגִּ֣ד לָ֔ךְ וּבַ֖יִת יִֽבְנֶה־לְּךָ֥ יְהוָֽה׃ וְהָיָ֗ה כִּֽי־ יא
מָלְא֣וּ יָמֶ֘יךָ֘ לָלֶ֣כֶת עִם־אֲבֹתֶ֔יךָ וַהֲקִימוֹתִ֤י אֶֽת־זַרְעֲךָ֙ אַחֲרֶ֔יךָ
אֲשֶׁ֥ר יִֽהְיֶ֖ה מִבָּנֶ֑יךָ וַהֲכִינוֹתִ֖י אֶת־מַלְכוּתֽוֹ׃ ה֥וּא יִבְנֶה־לִּ֖י יב
בָּ֑יִת וְכֹנַנְתִּ֥י אֶת־כִּסְא֖וֹ עַד־עוֹלָֽם׃ אֲנִי֙ אֶֽהְיֶה־לּ֣וֹ לְאָ֔ב וְה֖וּא יג
יִהְיֶה־לִּ֣י לְבֵ֑ן וְחַסְדִּי֙ לֹא־אָסִ֣יר מֵעִמּ֔וֹ כַּאֲשֶׁ֣ר הֲסִיר֔וֹתִי מֵאֲשֶׁ֖ר
הָיָ֥ה לְפָנֶֽיךָ׃ וְהַעֲמַדְתִּ֛יהוּ בְּבֵיתִ֥י וּבְמַלְכוּתִ֖י עַד־הָעוֹלָ֑ם וְכִסְא֕וֹ יד
יִהְיֶ֥ה נָכ֖וֹן עַד־עוֹלָֽם׃ כְּכֹל֙ הַדְּבָרִ֣ים הָאֵ֔לֶּה וּכְכֹ֖ל הֶחָז֣וֹן הַזֶּ֑ה טו
כֵּ֛ן דִּבֶּ֥ר נָתָ֖ן אֶל־דָּוִֽיד׃ וַיָּבֹא֙ הַמֶּ֣לֶךְ דָּוִ֔יד וַיֵּ֖שֶׁב לִפְנֵ֣י טז
יְהוָ֑ה וַיֹּ֗אמֶר מִֽי־אֲנִ֞י יְהוָ֤ה אֱלֹהִים֙ וּמִ֣י בֵיתִ֔י כִּ֥י הֲבִיאֹתַ֖נִי
עַד־הֲלֹֽם׃ וַתִּקְטַ֤ן זֹאת֙ בְּעֵינֶ֙יךָ֙ אֱלֹהִ֔ים וַתְּדַבֵּ֥ר עַל־בֵּֽית־ יז
עַבְדְּךָ֖ לְמֵֽרָח֑וֹק וּרְאִיתַ֗נִי כְּת֛וֹר הָאָדָ֥ם הַֽמַּעֲלָ֖ה יְהוָ֥ה אֱלֹהִֽים׃
מַה־יּוֹסִ֨יף ע֥וֹד דָּוִ֛יד אֵלֶ֖יךָ לְכָב֣וֹד אֶֽת־עַבְדֶּ֑ךָ וְאַתָּ֖ה אֶת־ יח
עַבְדְּךָ֥ יָדָֽעְתָּ׃ יְהוָ֕ה בַּעֲב֣וּר עַבְדְּךָ֔ וּֽכְלִבְּךָ֔ עָשִׂ֔יתָ אֵ֥ת כָּל־ יט

כ הגדולה הזאת להדיע את־כל־הגדלות: יהוה אין כמוך
כא ואין אלהים זולתך בכל אשר־שמענו באזנינו: ומי כעמך
ישראל גוי אחד בארץ אשר הלך האלהים לפדות לו עם
לשום לך שם גדלות ונראות לגרש מפני עמך אשר־
כב פדית ממצרים גוים: ותתן את־עמך ישראל ׀ לך לעם
כג עד־עולם ואתה יהוה היית להם לאלהים: ועתה יהוה
הדבר אשר דברת על־עבדך ועל־ביתו יאמן עד־עולם
כד ועשה כאשר דברת: ויאמן ויגדל שמך עד־עולם לאמר
יהוה צבאות אלהי ישראל אלהים לישראל ובית־דויד
כה עבדך נכון לפניך: כי ׀ אתה אלהי גלית את־אזן עבדך
כו לבנות לו בית על־כן מצא עבדך להתפלל לפניך: ועתה
יהוה אתה־הוא האלהים ותדבר על־עבדך הטובה הזאת:
כז ועתה הואלת לברך את־בית עבדך להיות לעולם לפניך
יח א כי־אתה יהוה ברכת ומברך לעולם: ויהי אחרי־
כן ויך דויד את־פלשתים ויכניעם ויקח את־גת ובנתיה
ב מיד פלשתים: ויך את־מואב ויהיו מואב עבדים לדויד
ג נשאי מנחה: ויך דויד את־הדדעזר מלך־צובה חמתה
ד בלכתו להציב ידו בנהר פרת: וילכד דויד ממנו אלף רכב
ושבעת אלפים פרשים ועשרים אלף איש רגלי ויעקר דויד
ה את־כל־הרכב ויותר ממנו מאה רכב: ויבא ארם דרמשק
לעזור להדדעזר מלך צובה ויך דויד בארם עשרים־ושנים
ו אלף איש: וישם דויד בארם דרמשק ויהי ארם לדויד
עבדים נשאי מנחה ויושע יהוה לדויד בכל אשר הלך:
ז ויקח דויד את שלטי הזהב אשר היו על עבדי הדדעזר
ח ויביאם ירושלם: ומטבחת ומכון ערי הדדעזר לקח דויד
נחשת רבה מאד בה ׀ עשה שלמה את־ים הנחשת ואת־
ט העמודים ואת כלי הנחשת: וישמע תעו מלך חמת

כִּי הִכָּה דָוִיד אֶת־כָּל־חֵיל הֲדַדְעֶזֶר מֶלֶךְ־צוֹבָה׃ וַיִּשְׁלַח אֶת־ י
הֲדוֹרָם־בְּנוֹ אֶל־הַמֶּלֶךְ דָּוִיד לשאול־לוֹ לְשָׁלוֹם וּלְבָרְכוֹ עַל (לִשְׁאָל־)
אֲשֶׁר נִלְחַם בַּהֲדַדְעֶזֶר וַיַּכֵּהוּ כִּי־אִישׁ מִלְחֲמוֹת תֹּעוּ הָיָה
הֲדַדְעָזֶר וְכֹל כְּלֵי זָהָב וָכֶסֶף וּנְחֹשֶׁת׃ גַּם־אֹתָם הִקְדִּישׁ יא
הַמֶּלֶךְ דָּוִיד לַיהוָה עִם־הַכֶּסֶף וְהַזָּהָב אֲשֶׁר נָשָׂא מִכָּל־הַגּוֹיִם
מֵאֱדוֹם וּמִמּוֹאָב וּמִבְּנֵי עַמּוֹן וּמִפְּלִשְׁתִּים וּמֵעֲמָלֵק׃ וְאַבְשַׁי יב
בֶן־צְרוּיָה הִכָּה אֶת־אֱדוֹם בְּגֵיא הַמֶּלַח שְׁמוֹנָה עָשָׂר אָלֶף׃
וַיָּשֶׂם בֶּאֱדוֹם נְצִיבִים וַיִּהְיוּ כָל־אֱדוֹם עֲבָדִים לְדָוִיד וַיּוֹשַׁע יג
יְהוָה אֶת־דָּוִיד בְּכֹל אֲשֶׁר הָלָךְ׃ וַיִּמְלֹךְ דָּוִיד עַל־כָּל־יִשְׂרָאֵל יד
וַיְהִי עֹשֶׂה מִשְׁפָּט וּצְדָקָה לְכָל־עַמּוֹ׃ וְיוֹאָב בֶּן־צְרוּיָה עַל־ טו
הַצָּבָא וִיהוֹשָׁפָט בֶּן־אֲחִילוּד מַזְכִּיר׃ וְצָדוֹק בֶּן־אֲחִיטוּב טז
וַאֲבִימֶלֶךְ בֶּן־אֶבְיָתָר כֹּהֲנִים וְשַׁוְשָׁא סוֹפֵר׃ וּבְנָיָהוּ בֶּן־יְהוֹיָדָע יז
עַל־הַכְּרֵתִי וְהַפְּלֵתִי וּבְנֵי־דָוִיד הָרִאשֹׁנִים לְיַד הַמֶּלֶךְ׃
וַיְהִי אַחֲרֵי־כֵן וַיָּמָת נָחָשׁ מֶלֶךְ בְּנֵי־עַמּוֹן וַיִּמְלֹךְ בְּנוֹ תַּחְתָּיו׃ א יט
וַיֹּאמֶר דָּוִיד אֶעֱשֶׂה־חֶסֶד ׀ עִם־חָנוּן בֶּן־נָחָשׁ כִּי־עָשָׂה אָבִיו ב
עִמִּי חֶסֶד וַיִּשְׁלַח דָּוִיד מַלְאָכִים לְנַחֲמוֹ עַל־אָבִיו וַיָּבֹאוּ
עַבְדֵי דָוִיד אֶל־אֶרֶץ בְּנֵי־עַמּוֹן אֶל־חָנוּן לְנַחֲמוֹ׃ וַיֹּאמְרוּ ג
שָׂרֵי בְנֵי־עַמּוֹן לְחָנוּן הַמְכַבֵּד דָּוִיד אֶת־אָבִיךָ בְּעֵינֶיךָ כִּי־
שָׁלַח לְךָ מְנַחֲמִים הֲלֹא בַּעֲבוּר לַחְקֹר וְלַהֲפֹךְ וּלְרַגֵּל הָאָרֶץ
בָּאוּ עֲבָדָיו אֵלֶיךָ׃ וַיִּקַּח חָנוּן אֶת־עַבְדֵי דָוִיד וַיְגַלְּחֵם וַיִּכְרֹת ד
אֶת־מַדְוֵיהֶם בַּחֵצִי עַד־הַמִּפְשָׂעָה וַיְשַׁלְּחֵם׃ וַיֵּלְכוּ וַיַּגִּידוּ ה
לְדָוִיד עַל־הָאֲנָשִׁים וַיִּשְׁלַח לִקְרָאתָם כִּי־הָיוּ הָאֲנָשִׁים
נִכְלָמִים מְאֹד וַיֹּאמֶר הַמֶּלֶךְ שְׁבוּ בִירֵחוֹ עַד אֲשֶׁר־יְצַמַּח
זְקַנְכֶם וְשַׁבְתֶּם׃ וַיִּרְאוּ בְּנֵי עַמּוֹן כִּי הִתְבָּאֲשׁוּ עִם־ ו
דָּוִיד וַיִּשְׁלַח חָנוּן וּבְנֵי עַמּוֹן אֶלֶף כִּכַּר־כֶּסֶף לִשְׂכֹּר לָהֶם
מִן־אֲרַם נַהֲרַיִם וּמִן־אֲרַם מַעֲכָה וּמִצּוֹבָה רֶכֶב וּפָרָשִׁים׃
וַיִּשְׂכְּרוּ לָהֶם שְׁנַיִם וּשְׁלֹשִׁים אֶלֶף רֶכֶב וְאֶת־מֶלֶךְ מַעֲכָה ז

וְאֶת־עַמּוֹ וַיָּבֹאוּ וַיַּחֲנוּ לִפְנֵי מֵידְבָא וּבְנֵי עַמּוֹן נֶאֶסְפוּ מֵעָרֵיהֶם
ח וַיָּבֹאוּ לַמִּלְחָמָה׃ וַיִּשְׁמַע דָּוִיד וַיִּשְׁלַח אֶת־יוֹאָב
ט וְאֵת כָּל־צָבָא הַגִּבּוֹרִים׃ וַיֵּצְאוּ בְּנֵי עַמּוֹן וַיַּעַרְכוּ מִלְחָמָה
י פֶּתַח הָעִיר וְהַמְּלָכִים אֲשֶׁר־בָּאוּ לְבַדָּם בַּשָּׂדֶה׃ וַיַּרְא יוֹאָב
כִּי־הָיְתָה פְנֵי־הַמִּלְחָמָה אֵלָיו פָּנִים וְאָחוֹר וַיִּבְחַר מִכָּל־בָּחוּר
יא בְּיִשְׂרָאֵל וַיַּעֲרֹךְ לִקְרַאת אֲרָם׃ וְאֵת יֶתֶר הָעָם נָתַן בְּיַד
יב אַבְשַׁי אָחִיו וַיַּעַרְכוּ לִקְרַאת בְּנֵי עַמּוֹן׃ וַיֹּאמֶר אִם־תֶּחֱזַק
מִמֶּנִּי אֲרָם וְהָיִיתָ לִּי לִתְשׁוּעָה וְאִם־בְּנֵי עַמּוֹן יֶחֶזְקוּ מִמְּךָ
יג וְהוֹשַׁעְתִּיךָ׃ חֲזַק וְנִתְחַזְּקָה בְּעַד־עַמֵּנוּ וּבְעַד עָרֵי אֱלֹהֵינוּ ח
יד וַיהוָה הַטּוֹב בְּעֵינָיו יַעֲשֶׂה׃ וַיִּגַּשׁ יוֹאָב וְהָעָם אֲשֶׁר־עִמּוֹ לִפְנֵי
טו אֲרָם לַמִּלְחָמָה וַיָּנוּסוּ מִפָּנָיו׃ וּבְנֵי עַמּוֹן רָאוּ כִּי־נָס אֲרָם
וַיָּנוּסוּ גַם־הֵם מִפְּנֵי אַבְשַׁי אָחִיו וַיָּבֹאוּ הָעִירָה וַיָּבֹא יוֹאָב
טז יְרוּשָׁלִָם׃ וַיַּרְא אֲרָם כִּי נִגְּפוּ לִפְנֵי יִשְׂרָאֵל וַיִּשְׁלְחוּ
מַלְאָכִים וַיּוֹצִיאוּ אֶת־אֲרָם אֲשֶׁר מֵעֵבֶר הַנָּהָר וְשׁוֹפַךְ שַׂר־צְבָא
יז הֲדַדְעֶזֶר לִפְנֵיהֶם׃ וַיֻּגַּד לְדָוִיד וַיֶּאֱסֹף אֶת־כָּל־יִשְׂרָאֵל וַיַּעֲבֹר
הַיַּרְדֵּן וַיָּבֹא אֲלֵהֶם וַיַּעֲרֹךְ אֲלֵהֶם וַיַּעֲרֹךְ דָּוִיד לִקְרַאת אֲרָם
יח מִלְחָמָה וַיִּלָּחֲמוּ עִמּוֹ׃ וַיָּנָס אֲרָם מִלִּפְנֵי יִשְׂרָאֵל וַיַּהֲרֹג דָּוִיד
מֵאֲרָם שִׁבְעַת אֲלָפִים רֶכֶב וְאַרְבָּעִים אֶלֶף אִישׁ רַגְלִי וְאֵת
יט שׁוֹפַךְ שַׂר־הַצָּבָא הֵמִית׃ וַיִּרְאוּ עַבְדֵי הֲדַדְעֶזֶר כִּי נִגְּפוּ לִפְנֵי
יִשְׂרָאֵל וַיַּשְׁלִימוּ עִם־דָּוִיד וַיַּעַבְדֻהוּ וְלֹא־אָבָה אֲרָם לְהוֹשִׁיעַ
כ א אֶת־בְּנֵי־עַמּוֹן עוֹד׃ וַיְהִי לְעֵת תְּשׁוּבַת הַשָּׁנָה לְעֵת ׀
צֵאת הַמְּלָכִים וַיִּנְהַג יוֹאָב אֶת־חֵיל הַצָּבָא וַיַּשְׁחֵת ׀ אֶת־אֶרֶץ
בְּנֵי־עַמּוֹן וַיָּבֹא וַיָּצַר אֶת־רַבָּה וְדָוִיד יֹשֵׁב בִּירוּשָׁלִָם וַיַּךְ יוֹאָב
ב אֶת־רַבָּה וַיֶּהֶרְסֶהָ׃ וַיִּקַּח דָּוִיד אֶת־עֲטֶרֶת־מַלְכָּם מֵעַל רֹאשׁוֹ
וַיִּמְצָאָהּ ׀ מִשְׁקַל כִּכַּר־זָהָב וּבָהּ אֶבֶן יְקָרָה וַתְּהִי עַל־רֹאשׁ
ג דָּוִיד וּשְׁלַל הָעִיר הוֹצִיא הַרְבֵּה מְאֹד׃ וְאֶת־הָעָם אֲשֶׁר־בָּהּ
הוֹצִיא וַיָּשַׂר בַּמְּגֵרָה וּבַחֲרִיצֵי הַבַּרְזֶל וּבַמְּגֵרוֹת וְכֵן יַעֲשֶׂה דָּוִיד

לְכֹל עָרֵי בְנֵי־עַמּוֹן וַיָּשָׁב דָּוִיד וְכָל־הָעָם יְרוּשָׁלִָם׃ וַיְהִי ד
אַחֲרֵי־כֵן וַתַּעֲמֹד מִלְחָמָה בְּגֶזֶר עִם־פְּלִשְׁתִּים אָז הִכָּה סִבְּכַי
הַחֻשָׁתִי אֶת־סִפַּי מִילִדֵי הָרְפָאִים וַיִּכָּנֵעוּ׃ וַתְּהִי־עוֹד ה
מִלְחָמָה אֶת־פְּלִשְׁתִּים וַיַּךְ אֶלְחָנָן בֶּן־יעוּר אֶת־לַחְמִי אֲחִי יָעִיר
גָּלְיַת הַגִּתִּי וְעֵץ חֲנִיתוֹ כִּמְנוֹר אֹרְגִים׃ וַתְּהִי־עוֹד ו
מִלְחָמָה בְּגַת וַיְהִי ׀ אִישׁ מִדָּה וְאֶצְבְּעֹתָיו שֵׁשׁ־וָשֵׁשׁ עֶשְׂרִים
וְאַרְבַּע וְגַם־הוּא נוֹלַד לְהָרָפָא׃ וַיְחָרֵף אֶת־יִשְׂרָאֵל וַיַּכֵּהוּ ז
יְהוֹנָתָן בֶּן־שִׁמְעָא אֲחִי דָוִיד׃ אֵל נוּלְּדוּ לְהָרָפָא בְּגַת וַיִּפְּלוּ ח
בְיַד־דָּוִיד וּבְיַד־עֲבָדָיו׃ וַיַּעֲמֹד שָׂטָן עַל־יִשְׂרָאֵל א כא
וַיָּסֶת אֶת־דָּוִיד לִמְנוֹת אֶת־יִשְׂרָאֵל׃ וַיֹּאמֶר דָּוִיד אֶל־יוֹאָב ב
וְאֶל־שָׂרֵי הָעָם לְכוּ סִפְרוּ אֶת־יִשְׂרָאֵל מִבְּאֵר שֶׁבַע וְעַד־דָּן
וְהָבִיאוּ אֵלַי וְאֵדְעָה אֶת־מִסְפָּרָם׃ וַיֹּאמֶר יוֹאָב יוֹסֵף יְהוֹה ג
עַל־עַמּוֹ ׀ כָּהֵם מֵאָה פְעָמִים הֲלֹא אֲדֹנִי הַמֶּלֶךְ כֻּלָּם לַאדֹנִי
לַעֲבָדִים לָמָּה יְבַקֵּשׁ זֹאת אֲדֹנִי לָמָּה יִהְיֶה לְאַשְׁמָה לְיִשְׂרָאֵל׃
וּדְבַר־הַמֶּלֶךְ חָזַק עַל־יוֹאָב וַיֵּצֵא יוֹאָב וַיִּתְהַלֵּךְ בְּכָל־יִשְׂרָאֵל ד
וַיָּבֹא יְרוּשָׁלִָם׃ וַיִּתֵּן יוֹאָב אֶת־מִסְפַּר מִפְקַד־הָעָם אֶל־דָּוִיד ה
וַיְהִי כָל־יִשְׂרָאֵל אֶלֶף אֲלָפִים וּמֵאָה אֶלֶף אִישׁ שֹׁלֵף חֶרֶב
וִיהוּדָה אַרְבַּע מֵאוֹת וְשִׁבְעִים אֶלֶף אִישׁ שֹׁלֵף חָרֶב׃ וְלֵוִי וּבִנְיָמִן ו
לֹא פָקַד בְּתוֹכָם כִּי־נִתְעַב דְּבַר־הַמֶּלֶךְ אֶת־יוֹאָב׃ וַיֵּרַע בְּעֵינֵי ז
הָאֱלֹהִים עַל־הַדָּבָר הַזֶּה וַיַּךְ אֶת־יִשְׂרָאֵל׃ וַיֹּאמֶר דָּוִיד ח
אֶל־הָאֱלֹהִים חָטָאתִי מְאֹד אֲשֶׁר עָשִׂיתִי אֶת־הַדָּבָר הַזֶּה וְעַתָּה
הַעֲבֶר־נָא אֶת־עֲוֺן עַבְדְּךָ כִּי נִסְכַּלְתִּי מְאֹד׃ וַיְדַבֵּר ט
יְהוֹה אֶל־גָּד חֹזֵה דָוִיד לֵאמֹר׃ לֵךְ וְדִבַּרְתָּ אֶל־דָּוִיד לֵאמֹר י
כֹּה אָמַר יְהוֹה שָׁלוֹשׁ אֲנִי נֹטֶה עָלֶיךָ בְּחַר־לְךָ אַחַת מֵהֵנָּה
וְאֶעֱשֶׂה־לָּךְ׃ וַיָּבֹא גָד אֶל־דָּוִיד וַיֹּאמֶר לוֹ כֹּה־אָמַר יְהוֹה יא
קַבֶּל־לָךְ׃ אִם־שָׁלוֹשׁ שָׁנִים רָעָב וְאִם־שְׁלֹשָׁה חֳדָשִׁים נִסְפֶּה יב
מִפְּנֵי־צָרֶיךָ וְחֶרֶב אוֹיְבֶיךָ ׀ לְמַשֶּׂגֶת וְאִם־שְׁלֹשֶׁת יָמִים חֶרֶב

יְהוָ֗ה וְדֶ֙בֶר֙ בָּאָ֔רֶץ וּמַלְאַ֣ךְ יְהוָ֔ה מַשְׁחִ֖ית בְּכָל־גְּב֣וּל יִשְׂרָאֵ֑ל
וְעַתָּה֙ רְאֵ֔ה מָֽה־אָשִׁ֥יב אֶת־שֹׁלְחִ֖י דָּבָֽר׃ וַיֹּ֤אמֶר דָּוִיד֙ יג
אֶל־גָּ֔ד צַר־לִ֖י מְאֹ֑ד אֶפְּלָה־נָּ֞א בְּיַד־יְהוָ֗ה כִּֽי־רַבִּ֤ים רַחֲמָיו֙
מְאֹ֔ד וּבְיַד־אָדָ֖ם אַל־אֶפֹּֽל׃ וַיִּתֵּ֧ן יְהוָ֛ה דֶּ֖בֶר בְּיִשְׂרָאֵ֑ל וַיִּפֹּל֙ יד
מִיִּשְׂרָאֵ֔ל שִׁבְעִ֥ים אֶ֖לֶף אִֽישׁ׃ וַיִּשְׁלַח֩ הָאֱלֹהִ֨ים ׀ מַלְאָ֥ךְ ׀ טו
לִירוּשָׁלִַם֮ לְהַשְׁחִיתָהּ֒ וּכְהַשְׁחִ֗ית רָאָ֤ה יְהוָה֙ וַיִּנָּ֣חֶם עַל־הָרָעָ֔ה
וַיֹּ֨אמֶר לַמַּלְאָ֤ךְ הַמַּשְׁחִית֙ רַ֔ב עַתָּ֖ה הֶ֣רֶף יָדֶ֑ךָ וּמַלְאַ֤ךְ יְהוָה֙
עֹמֵ֔ד עִם־גֹּ֖רֶן אָרְנָ֥ן הַיְבוּסִֽי׃ וַיִּשָּׂ֨א דָוִ֜יד אֶת־עֵינָ֗יו טז
וַיַּ֞רְא אֶת־מַלְאַ֤ךְ יְהוָה֙ עֹמֵד֙ בֵּ֤ין הָאָ֙רֶץ֙ וּבֵ֣ין הַשָּׁמַ֔יִם וְחַרְבּ֤וֹ
שְׁלוּפָה֙ בְּיָד֔וֹ נְטוּיָ֖ה עַל־יְרוּשָׁלִָ֑ם וַיִּפֹּ֨ל דָּוִ֧יד וְהַזְּקֵנִ֛ים מְכֻסִּ֥ים
בַּשַּׂקִּ֖ים עַל־פְּנֵיהֶֽם׃ וַיֹּ֣אמֶר דָּוִ֣יד אֶל־הָאֱלֹהִ֡ים הֲלֹא֩ אֲנִ֨י יז
אָמַ֜רְתִּי לִמְנ֣וֹת בָּעָ֗ם וַאֲנִי־ה֤וּא אֲשֶׁר־חָטָ֙אתִי֙ וְהָרֵ֣עַ הֲרֵע֔וֹתִי
וְאֵ֥לֶּה הַצֹּ֖אן מֶ֣ה עָשׂ֑וּ יְהוָ֣ה אֱלֹהַ֗י תְּהִ֨י נָ֤א יָֽדְךָ֙ בִּ֚י וּבְבֵ֣ית אָבִ֔י
וּבְעַמְּךָ֖ לֹ֥א לְמַגֵּפָֽה׃ וּמַלְאַ֣ךְ יְהוָ֔ה אָמַ֥ר אֶל־גָּ֖ד יח
לֵאמֹ֣ר לְדָוִ֑יד כִּ֣י ׀ יַעֲלֶ֣ה דָוִ֗יד לְהָקִ֤ים מִזְבֵּ֙חַ֙ לַֽיהוָ֔ה בְּגֹ֖רֶן אָרְנָ֥ן
הַיְבֻסִֽי׃ וַיַּ֤עַל דָּוִיד֙ בִּדְבַר־גָּ֔ד אֲשֶׁ֥ר דִּבֶּ֖ר בְּשֵׁ֥ם יְהוָֽה׃ וַיָּ֣שָׁב יט כ
אָרְנָ֗ן וַיַּרְא֙ אֶת־הַמַּלְאָ֔ךְ וְאַרְבַּ֥עַת בָּנָ֛יו עִמּ֖וֹ מִֽתְחַבְּאִ֑ים וְאָרְנָ֖ן
דָּ֥שׁ חִטִּֽים׃ וַיָּבֹ֥א דָוִ֖יד עַד־אָרְנָ֑ן וַיַּבֵּ֣ט אָרְנָ֗ן וַיַּ֙רְא֙ אֶת־דָּוִ֔יד כא
וַיֵּצֵא֙ מִן־הַגֹּ֔רֶן וַיִּשְׁתַּ֧חוּ לְדָוִ֛יד אַפַּ֖יִם אָֽרְצָה׃ וַיֹּ֨אמֶר דָּוִ֜יד כב
אֶל־אָרְנָ֗ן תְּנָה־לִּי֙ מְק֣וֹם הַגֹּ֔רֶן וְאֶבְנֶה־בּ֖וֹ מִזְבֵּ֣חַ לַיהוָ֑ה
בְּכֶ֤סֶף מָלֵא֙ תְּנֵ֣הוּ לִ֔י וְתֵעָצַ֥ר הַמַּגֵּפָ֖ה מֵעַ֥ל הָעָֽם׃ וַיֹּ֨אמֶר כג
אָרְנָ֤ן אֶל־דָּוִיד֙ קַח־לָ֔ךְ וְיַ֛עַשׂ אֲדֹנִ֥י הַמֶּ֖לֶךְ הַטּ֣וֹב בְּעֵינָ֑יו רְאֵה֩
נָתַ֨תִּי הַבָּקָ֜ר לָעֹל֗וֹת וְהַמּוֹרִגִּ֤ים לָעֵצִים֙ וְהַחִטִּ֣ים לַמִּנְחָ֔ה הַכֹּ֖ל
נָתָֽתִּי׃ וַיֹּ֜אמֶר הַמֶּ֤לֶךְ דָּוִיד֙ לְאָרְנָ֔ן לֹ֕א כִּֽי־קָנֹ֥ה אֶקְנֶ֖ה בְּכֶ֣סֶף כד
מָלֵ֑א כִּ֠י לֹֽא־אֶשָּׂ֨א אֲשֶׁר־לְךָ֜ לַֽיהוָ֗ה וְהַעֲל֛וֹת עוֹלָ֖ה חִנָּֽם׃
וַיִּתֵּ֥ן דָּוִ֛יד לְאָרְנָ֖ן בַּמָּק֑וֹם שִׁקְלֵ֣י זָהָ֔ב מִשְׁקַ֖ל שֵׁ֥שׁ מֵאֽוֹת׃ וַיִּ֨בֶן כה כו
שָׁ֤ם דָּוִיד֙ מִזְבֵּ֙חַ֙ לַֽיהוָ֔ה וַיַּ֥עַל עֹל֖וֹת וּשְׁלָמִ֑ים וַיִּקְרָא֙ אֶל־יְהוָ֔ה

כז וַיַּעֲנֵ֤הוּ בָאֵשׁ֙ מִן־הַשָּׁמַ֔יִם עַ֖ל מִזְבַּ֥ח הָעֹלָֽה׃ וַיֹּ֣אמֶר
כח יְהוָה֙ לַמַּלְאָ֔ךְ וַיָּ֥שֶׁב חַרְבּ֖וֹ אֶל־נְדָנָֽהּ׃ בָּעֵ֣ת הַהִ֔יא בִּרְא֣וֹת
כט דָּוִיד֙ כִּֽי־עָנָ֣הוּ יְהוָ֔ה בְּגֹ֖רֶן אָרְנָ֣ן הַיְבוּסִ֑י וַיִּזְבַּ֖ח שָֽׁם׃ וּמִשְׁכַּ֨ן
יְהוָ֜ה אֲשֶׁר־עָשָׂ֤ה מֹשֶׁה֙ בַמִּדְבָּ֔ר וּמִזְבַּ֖ח הָעוֹלָ֑ה בָּעֵ֥ת הַהִ֖יא
ל בַּבָּמָ֥ה בְּגִבְעֽוֹן׃ וְלֹא־יָכֹ֥ל דָּוִ֛יד לָלֶ֥כֶת לְפָנָ֖יו לִדְרֹ֣שׁ אֱלֹהִ֑ים
כב א כִּ֣י נִבְעַ֔ת מִפְּנֵי֙ חֶ֔רֶב מַלְאַ֖ךְ יְהוָֽה׃ וַיֹּ֣אמֶר דָּוִ֔יד זֶ֣ה ה֔וּא בֵּ֖ית
ב יְהוָ֣ה הָאֱלֹהִ֑ים וְזֶה־מִּזְבֵּ֥חַ לְעֹלָ֖ה לְיִשְׂרָאֵֽל׃ וַיֹּ֣אמֶר
דָּוִ֗יד לִכְנוֹס֙ אֶת־הַגֵּרִ֔ים אֲשֶׁ֖ר בְּאֶ֣רֶץ יִשְׂרָאֵ֑ל וַיַּעֲמֵ֣ד חֹֽצְבִ֗ים
ג לַחְצוֹב֙ אַבְנֵ֣י גָזִ֔ית לִבְנ֖וֹת בֵּ֥ית הָאֱלֹהִֽים׃ וּבַרְזֶ֣ל ׀ לָ֠רֹב
לַֽמִּסְמְרִ֞ים לְדַלְת֧וֹת הַשְּׁעָרִ֛ים וְלַֽמְחַבְּר֖וֹת הֵכִ֣ין דָּוִ֑יד וּנְחֹ֥שֶׁת
ד לָרֹ֖ב אֵ֥ין מִשְׁקָֽל׃ וַעֲצֵ֥י אֲרָזִ֖ים לְאֵ֣ין מִסְפָּ֑ר כִּֽי־הֵבִ֨יאוּ הַצִּֽידֹנִ֜ים
ה וְהַצֹּרִ֛ים עֲצֵ֥י אֲרָזִ֖ים לָרֹ֥ב לְדָוִֽיד׃ וַיֹּ֣אמֶר דָּוִ֗יד שְׁלֹמֹ֣ה
בְנִי֮ נַ֣עַר וָרָךְ֒ וְהַבַּ֜יִת לִבְנ֣וֹת לַיהוָ֗ה לְהַגְדִּ֨יל ׀ לְמַ֜עְלָה לְשֵׁ֤ם
וּלְתִפְאֶ֙רֶת֙ לְכָל־הָ֣אֲרָצ֔וֹת אָכִ֥ינָה נָּ֖א ל֑וֹ וַיָּ֧כֶן דָּוִ֛יד לָרֹ֖ב לִפְנֵ֥י
ו מוֹתֽוֹ׃ וַיִּקְרָא֙ לִשְׁלֹמֹ֣ה בְנ֔וֹ וַיְצַוֵּ֔הוּ לִבְנ֣וֹת בַּ֔יִת לַיהוָ֖ה אֱלֹהֵ֥י
ז יִשְׂרָאֵֽל׃ וַיֹּ֥אמֶר דָּוִ֖יד לִשְׁלֹמֹ֑ה בנ֗ו אֲנִ֗י הָיָ֙ה עִם־ בְּנִ֔י
ח לְבָבִ֔י לִבְנ֣וֹת בַּ֔יִת לְשֵׁ֖ם יְהוָ֥ה אֱלֹהָֽי׃ וַיְהִ֨י עָלַ֤י דְּבַר־יְהוָה֙
לֵאמֹ֔ר דָּ֤ם לָרֹב֙ שָׁפַ֔כְתָּ וּמִלְחָמ֥וֹת גְּדֹל֖וֹת עָשִׂ֑יתָ לֹא־תִבְנֶ֥ה
ט בַ֙יִת֙ לִשְׁמִ֔י כִּ֚י דָּמִ֣ים רַבִּ֔ים שָׁפַ֥כְתָּ אַ֖רְצָה לְפָנָֽי׃ הִנֵּה־בֵ֞ן
נוֹלָ֣ד לָ֗ךְ ה֤וּא יִהְיֶה֙ אִ֣ישׁ מְנוּחָ֔ה וַהֲנִיח֥וֹתִי ל֛וֹ מִכָּל־אוֹיְבָ֖יו
מִסָּבִ֑יב כִּ֤י שְׁלֹמֹה֙ יִהְיֶ֣ה שְׁמ֔וֹ וְשָׁל֤וֹם וָשֶׁ֙קֶט֙ אֶתֵּ֣ן עַל־יִשְׂרָאֵ֖ל
י בְּיָמָֽיו׃ הֽוּא־יִבְנֶ֣ה בַ֙יִת֙ לִשְׁמִ֔י וְהוּא֙ יִֽהְיֶה־לִּ֣י לְבֵ֔ן וַאֲנִי־
ל֖וֹ לְאָ֑ב וַהֲכִינוֹתִ֞י כִּסֵּ֧א מַלְכוּת֛וֹ עַל־יִשְׂרָאֵ֖ל עַד־עוֹלָֽם׃
יא עַתָּ֣ה בְנִ֔י יְהִ֥י יְהוָ֖ה עִמָּ֑ךְ וְהִצְלַחְתָּ֗ וּבָנִ֙יתָ֙ בֵּ֚ית יְהוָ֣ה אֱלֹהֶ֔יךָ
יב כַּאֲשֶׁ֖ר דִּבֶּ֥ר עָלֶֽיךָ׃ אַ֣ךְ יִֽתֶּן־לְּךָ֤ יְהוָה֙ שֵׂ֣כֶל וּבִינָ֔ה וִיצַוְּךָ֖ עַל־
יג יִשְׂרָאֵ֑ל וְלִשְׁמ֕וֹר אֶת־תּוֹרַ֖ת יְהוָ֥ה אֱלֹהֶֽיךָ׃ אָ֣ז תַּצְלִ֔יחַ אִם־
תִּשְׁמ֗וֹר לַעֲשׂוֹת֙ אֶת־הַחֻקִּ֣ים וְאֶת־הַמִּשְׁפָּטִ֔ים אֲשֶׁ֨ר צִוָּ֧ה

יְהוָ֛ה אֶת־מֹשֶׁ֖ה עַל־יִשְׂרָאֵ֑ל חֲזַ֣ק וֶאֱמָ֔ץ אַל־תִּירָ֖א וְאַל־תֵּחָֽת׃
יד וְהִנֵּ֨ה בְעָנְיִ֜י הֲכִינ֣וֹתִי לְבֵית־יְהוָ֗ה זָהָ֞ב כִּכָּרִ֣ים מֵאָה־אֶ֗לֶף
וְכֶ֙סֶף֙ אֶ֤לֶף אֲלָפִים֙ כִּכָּרִ֔ים וְלַנְּחֹ֤שֶׁת וְלַבַּרְזֶל֙ אֵ֣ין מִשְׁקָ֔ל כִּ֥י
טו לָרֹ֖ב הָיָ֑ה וְעֵצִ֤ים וַאֲבָנִים֙ הֲכִינ֔וֹתִי וַעֲלֵיהֶ֖ם תּוֹסִֽיף׃ וְעִמְּךָ֤
לָרֹב֙ עֹשֵׂ֣י מְלָאכָ֔ה חֹצְבִ֕ים וְחָרָשֵׁ֖י אֶ֣בֶן וָעֵ֑ץ וְכָל־חָכָ֖ם בְּכָל־
טז מְלָאכָֽה׃ לַזָּהָ֨ב לַכֶּ֜סֶף וְלַנְּחֹ֧שֶׁת וְלַבַּרְזֶ֛ל אֵ֥ין מִסְפָּ֖ר ק֣וּם וַעֲשֵׂ֑ה
יז וִיהִ֥י יְהוָ֖ה עִמָּֽךְ׃ וַיְצַ֤ו דָּוִיד֙ לְכָל־שָׂרֵ֣י יִשְׂרָאֵ֔ל לַעְזֹ֖ר לִשְׁלֹמֹ֥ה
יח בְנֽוֹ׃ הֲלֹא֙ יְהוָ֤ה אֱלֹֽהֵיכֶם֙ עִמָּכֶ֔ם וְהֵנִ֥יחַ לָכֶ֖ם מִסָּבִ֑יב כִּ֣י ׀ נָתַ֣ן
בְּיָדִ֗י אֵ֚ת יֹשְׁבֵ֣י הָאָ֔רֶץ וְנִכְבְּשָׁ֥ה הָאָ֛רֶץ לִפְנֵ֥י יְהוָ֖ה וְלִפְנֵ֥י עַמּֽוֹ׃
יט עַתָּ֗ה תְּנ֤וּ לְבַבְכֶם֙ וְנַפְשְׁכֶ֔ם לִדְר֖וֹשׁ לַיהוָ֣ה אֱלֹהֵיכֶ֑ם וְק֗וּמוּ ט
וּבְנוּ֙ אֶת־מִקְדַּשׁ֙ יְהוָ֣ה הָאֱלֹהִ֔ים לְהָבִ֞יא אֶת־אֲר֣וֹן בְּרִית־יְהוָ֗ה
וּכְלֵי֙ קֹ֣דֶשׁ הָאֱלֹהִ֔ים לַבַּ֖יִת הַנִּבְנֶ֣ה לְשֵׁם־יְהוָֽה׃
כג א וְדָוִ֥יד זָקֵ֖ן וְשָׂבַ֣ע יָמִ֑ים וַיַּמְלֵ֛ךְ אֶת־שְׁלֹמֹ֥ה בְנ֖וֹ עַל־
ב יִשְׂרָאֵֽל׃ וַיֶּֽאֱסֹף֙ אֶת־כָּל־שָׂרֵ֣י יִשְׂרָאֵ֔ל וְהַכֹּהֲנִ֖ים
ג וְהַלְוִיִּֽם׃ וַיִּסָּֽפְרוּ֙ הַלְוִיִּ֔ם מִבֶּ֛ן שְׁלֹשִׁ֥ים שָׁנָ֖ה וָמָ֑עְלָה וַיְהִ֨י
ד מִסְפָּרָ֤ם לְגֻלְגְּלֹתָם֙ לִגְבָרִ֔ים שְׁלֹשִׁ֥ים וּשְׁמוֹנָ֖ה אָֽלֶף׃ מֵאֵ֗לֶּה לְנַצֵּ֙חַ֙
עַל־מְלֶ֣אכֶת בֵּית־יְהוָ֔ה עֶשְׂרִ֥ים וְאַרְבָּעָ֖ה אָ֑לֶף וְשֹׁטְרִ֥ים וְשֹׁפְטִ֖ים
ה שֵׁ֥שֶׁת אֲלָפִֽים׃ וְאַרְבַּ֥עַת אֲלָפִ֖ים שֹׁעֲרִ֑ים וְאַרְבַּ֨עַת אֲלָפִ֜ים
ו מְהַֽלְלִ֣ים לַֽיהוָ֔ה בַּכֵּלִ֕ים אֲשֶׁ֥ר עָשִׂ֖יתִי לְהַלֵּֽל׃ וַיֶּחָלְקֵ֤ם דָּוִיד֙
ז מַחְלְקֹ֔ות לִבְנֵ֖י לֵוִ֑י לְגֵרְשׁ֕וֹן קְהָ֖ת וּמְרָרִֽי׃ לַגֵּרְשֻׁנִּ֖י
ח לַעְדָּ֖ן וְשִׁמְעִֽי׃ בְּנֵ֣י לַעְדָּ֔ן הָרֹ֧אשׁ יְחִיאֵ֛ל וְזֵתָ֥ם וְיוֹאֵ֖ל
ט שְׁלֹשָֽׁה׃ בְּנֵ֣י שִׁמְעִ֗י שלמות וַחֲזִיאֵ֛ל וְהָרָ֖ן שְׁלֹשָׁ֑ה שְׁלֹמִית
י אֵ֛לֶּה רָאשֵׁ֥י הָאָב֖וֹת לְלַעְדָּֽן׃ וּבְנֵ֣י שִׁמְעִ֗י יַ֧חַת זִינָ֛א
יא וִיע֥וּשׁ וּבְרִיעָ֖ה אֵ֥לֶּה בְנֵֽי־שִׁמְעִ֖י אַרְבָּעָֽה׃ וַיְהִי־יַ֣חַת הָרֹ֔אשׁ
וְזִיזָ֖ה הַשֵּׁנִ֑י וִיע֤וּשׁ וּבְרִיעָה֙ לֹא־הִרְבּ֣וּ בָנִ֔ים וַיִּהְיוּ֙ לְבֵ֣ית אָ֔ב
יב לִפְקֻדָּ֖ה אֶחָֽת׃ בְּנֵ֣י קְהָ֔ת עַמְרָ֥ם יִצְהָ֖ר חֶבְר֣וֹן וְעֻזִּיאֵ֑ל
יג אַרְבָּעָֽה׃ בְּנֵ֥י עַמְרָ֖ם אַהֲרֹ֣ן וּמֹשֶׁ֑ה וַיִּבָּדֵ֣ל אַהֲרֹ֗ן

להקדישו קדש קדשים הוא־ובניו עד־עולם להקטיר לפני
יהוה לשרתו ולברך בשמו עד־עולם: ומשה איש האלהים יד
בניו יקראו על־שבט הלוי: בני משה גרשום טו
ואליעזר: בני גרשום שבואל הראש: ויהיו בני־אליעזר רחביה טז יז
הראש ולא־היה לאליעזר בנים אחרים ובני רחביה רבו
למעלה: בני יצהר שלמית הראש: בני יח יט
חברון יריהו הראש אמריה השני יחזיאל השלישי ויקמעם
הרביעי: בני עזיאל מיכה הראש וישיה השני: בני כ כא
מררי מחלי ומושי בני מחלי אלעזר וקיש: וימת אלעזר ולא־ כב
היו לו בנים כי אם־בנות וישאום בני־קיש אחיהם: בני מושי כג
מחלי ועדר וירמות שלושה: אלה בני־לוי לבית אבותיהם כד
ראשי האבות לפקודיהם במספר שמות לגלגלתם עשה
המלאכה לעבדת בית יהוה מבן עשרים שנה ומעלה: כי כה
אמר דויד הניח יהוה אלהי־ישראל לעמו וישכן בירושלם
עד־לעולם: וגם ללוים אין־לשאת את־המשכן ואת־כל־ כו
כליו לעבדתו: כי בדברי דויד האחרונים המה מספר בני־ כז
לוי מבן עשרים שנה ולמעלה: כי מעמדם ליד־בני אהרן כח
לעבדת בית יהוה על־החצרות ועל־הלשכות ועל־טהרת
לכל־קדש ומעשה עבדת בית האלהים: וללחם המערכת כט
ולסלת למנחה ולרקיקי המצות ולמחבת ולמרבכת ולכל־
משורה ומדה: ולעמד בבקר בבקר להדות ולהלל ליהוה ל
וכן לערב: ולכל העלות עלות ליהוה לשבתות לחדשים לא
ולמעדים במספר כמשפט עליהם תמיד לפני יהוה: ושמרו לב
את־משמרת אהל־מועד ואת משמרת הקדש ומשמרת
בני אהרן אחיהם לעבדת בית יהוה: ולבני אהרן א כד
מחלקותם בני אהרן נדב ואביהוא אלעזר ואיתמר: וימת ב
נדב ואביהוא לפני אביהם ובנים לא־היו להם ויכהנו אלעזר

וְאִיתָמָר׃ וַיֶּחָלְקֵם דָּוִיד וְצָדוֹק מִן־בְּנֵי אֶלְעָזָר וַאֲחִימֶלֶךְ מִן־ ג
בְּנֵי אִיתָמָר לִפְקֻדָּתָם בַּעֲבֹדָתָם׃ וַיִּמָּצְאוּ בְנֵי־אֶלְעָזָר רַבִּים ד
לְרָאשֵׁי הַגְּבָרִים מִן־בְּנֵי אִיתָמָר וַיַּחְלְקוּם לִבְנֵי אֶלְעָזָר רָאשִׁים
לְבֵית־אָבוֹת שִׁשָּׁה עָשָׂר וְלִבְנֵי אִיתָמָר לְבֵית אֲבוֹתָם שְׁמוֹנָה׃
וַיַּחְלְקוּם בְּגוֹרָלוֹת אֵלֶּה עִם־אֵלֶּה כִּי־הָיוּ שָׂרֵי־קֹדֶשׁ וְשָׂרֵי ה
הָאֱלֹהִים מִבְּנֵי אֶלְעָזָר וּבִבְנֵי אִיתָמָר׃ וַיִּכְתְּבֵם ו
שְׁמַעְיָה בֶן־נְתַנְאֵל הַסּוֹפֵר מִן־הַלֵּוִי לִפְנֵי הַמֶּלֶךְ וְהַשָּׂרִים וְצָדוֹק
הַכֹּהֵן וַאֲחִימֶלֶךְ בֶּן־אֶבְיָתָר וְרָאשֵׁי הָאָבוֹת לַכֹּהֲנִים וְלַלְוִיִּם
בֵּית־אָב אֶחָד אָחֻז לְאֶלְעָזָר וְאָחֻז ׀ אָחֻז לְאִיתָמָר׃ וַיֵּצֵא ז
הַגּוֹרָל הָרִאשׁוֹן לִיהוֹיָרִיב לִידַעְיָה הַשֵּׁנִי׃ לְחָרִם הַשְּׁלִשִׁי ח
לִשְׂעֹרִים הָרְבִעִי׃ לְמַלְכִּיָּה הַחֲמִישִׁי לְמִיָּמִן הַשִּׁשִּׁי׃ לְהַקּוֹץ ט
הַשְּׁבִעִי לַאֲבִיָּה הַשְּׁמִינִי׃ לְיֵשׁוּעַ הַתְּשִׁעִי לִשְׁכַנְיָהוּ הָעֲשִׂרִי׃ יא
לְאֶלְיָשִׁיב עַשְׁתֵּי עָשָׂר לְיָקִים שְׁנֵים עָשָׂר׃ לְחֻפָּה שְׁלֹשָׁה יב יג
עָשָׂר לְיֶשֶׁבְאָב אַרְבָּעָה עָשָׂר׃ לְבִלְגָּה חֲמִשָּׁה עָשָׂר לְאִמֵּר יד
שִׁשָּׁה עָשָׂר׃ לְחֵזִיר שִׁבְעָה עָשָׂר לְהַפִּצֵּץ שְׁמוֹנָה עָשָׂר׃ טו
לִפְתַחְיָה תִּשְׁעָה עָשָׂר לִיחֶזְקֵאל הָעֶשְׂרִים׃ לְיָכִין אֶחָד טז יז
וְעֶשְׂרִים לְגָמוּל שְׁנַיִם וְעֶשְׂרִים׃ לִדְלָיָהוּ שְׁלֹשָׁה וְעֶשְׂרִים יח
לְמַעַזְיָהוּ אַרְבָּעָה וְעֶשְׂרִים׃ אֵלֶּה פְקֻדָּתָם לַעֲבֹדָתָם יט
לָבוֹא לְבֵית־יְהוָה כְּמִשְׁפָּטָם בְּיַד אַהֲרֹן אֲבִיהֶם כַּאֲשֶׁר צִוָּהוּ
יְהוָה אֱלֹהֵי יִשְׂרָאֵל׃ וְלִבְנֵי לֵוִי הַנּוֹתָרִים לִבְנֵי עַמְרָם שׁוּבָאֵל כ
לִבְנֵי שׁוּבָאֵל יֶחְדְּיָהוּ׃ לִרְחַבְיָהוּ לִבְנֵי רְחַבְיָהוּ הָרֹאשׁ יִשִּׁיָּה׃ כא
לַיִּצְהָרִי שְׁלֹמוֹת לִבְנֵי שְׁלֹמוֹת יָחַת׃ וּבָנַי יְרִיָּהוּ אֲמַרְיָהוּ הַשֵּׁנִי כב כג
יַחֲזִיאֵל הַשְּׁלִישִׁי יְקַמְעָם הָרְבִיעִי׃ בְּנֵי עֻזִּיאֵל מִיכָה לִבְנֵי כד
שָׁמִיר מִיכָה שמור׃ אֲחִי מִיכָה יִשִּׁיָּה לִבְנֵי יִשִּׁיָּה זְכַרְיָהוּ׃ בְּנֵי מְרָרִי כה כו
מַחְלִי וּמוּשִׁי בְּנֵי יַעֲזִיָּהוּ בְנוֹ׃ בְּנֵי מְרָרִי לְיַעֲזִיָּהוּ בְּנוֹ וְשֹׁהַם כז
וְזַכּוּר וְעִבְרִי׃ לְמַחְלִי אֶלְעָזָר וְלֹא־הָיָה לוֹ בָּנִים׃ לְקִישׁ בְּנֵי־ כח כט
קִישׁ יְרַחְמְאֵל׃ וּבְנֵי מוּשִׁי מַחְלִי וְעֵדֶר וִירִימוֹת אֵלֶּה בְּנֵי ל

הַלְוִיִּם לְבֵית אֲבֹתֵיהֶם: וַיַּפִּילוּ גַם־הֵם גּוֹרָלוֹת לְעֻמַּת ׀ אֲחֵיהֶם לא
בְּנֵי־אַהֲרֹן לִפְנֵי דָּוִיד הַמֶּלֶךְ וְצָדוֹק וַאֲחִימֶלֶךְ וְרָאשֵׁי הָאָבוֹת
לַכֹּהֲנִים וְלַלְוִיִּם אָבוֹת הָרֹאשׁ לְעֻמַּת אָחִיו הַקָּטָן: וַיַּבְדֵּל א כה
הַנִּבְּאִים דָּוִיד וְשָׂרֵי הַצָּבָא לַעֲבֹדָה לִבְנֵי אָסָף וְהֵימָן וִידוּתוּן הנביאים
בְּכִנֹּרוֹת בִּנְבָלִים וּבִמְצִלְתָּיִם וַיְהִי מִסְפָּרָם אַנְשֵׁי מְלָאכָה
לַעֲבֹדָתָם: לִבְנֵי אָסָף זַכּוּר וְיוֹסֵף וּנְתַנְיָה וַאֲשַׂרְאֵלָה בְּנֵי אָסָף ב
עַל יַד־אָסָף הַנִּבָּא עַל־יְדֵי הַמֶּלֶךְ: לִידוּתוּן בְּנֵי יְדוּתוּן גְּדַלְיָהוּ ג
וּצְרִי וִישַׁעְיָהוּ חֲשַׁבְיָהוּ וּמַתִּתְיָהוּ שִׁשָּׁה עַל יְדֵי אֲבִיהֶם יְדוּתוּן
בַּכִּנּוֹר הַנִּבָּא עַל־הֹדוֹת וְהַלֵּל לַיהוָה: לְהֵימָן ד
בְּנֵי הֵימָן בֻּקִּיָּהוּ מַתַּנְיָהוּ עֻזִּיאֵל שְׁבוּאֵל וִירִימוֹת חֲנַנְיָה
חֲנָנִי אֱלִיאָתָה גִדַּלְתִּי וְרֹמַמְתִּי עֶזֶר יָשְׁבְּקָשָׁה מַלּוֹתִי הוֹתִיר
מַחֲזִיאוֹת: כָּל־אֵלֶּה בָנִים לְהֵימָן חֹזֵה הַמֶּלֶךְ בְּדִבְרֵי הָאֱלֹהִים ה
לְהָרִים קָרֶן וַיִּתֵּן הָאֱלֹהִים לְהֵימָן בָּנִים אַרְבָּעָה עָשָׂר וּבָנוֹת
שָׁלוֹשׁ: כָּל־אֵלֶּה עַל־יְדֵי אֲבִיהֶם בַּשִּׁיר בֵּית יְהוָה בִּמְצִלְתַּיִם ו
נְבָלִים וְכִנֹּרוֹת לַעֲבֹדַת בֵּית הָאֱלֹהִים עַל יְדֵי הַמֶּלֶךְ
אָסָף וִידוּתוּן וְהֵימָן: וַיְהִי מִסְפָּרָם עִם־אֲחֵיהֶם מְלֻמְּדֵי־ ז
שִׁיר לַיהוָה כָּל־הַמֵּבִין מָאתַיִם שְׁמוֹנִים וּשְׁמוֹנָה: וַיַּפִּילוּ ח
גּוֹרָלוֹת מִשְׁמֶרֶת לְעֻמַּת כַּקָּטֹן כַּגָּדוֹל מֵבִין עִם־
תַּלְמִיד: וַיֵּצֵא הַגּוֹרָל הָרִאשׁוֹן לְאָסָף לְיוֹסֵף ט
גְּדַלְיָהוּ הַשֵּׁנִי הוּא־וְאֶחָיו וּבָנָיו שְׁנֵים עָשָׂר: הַשְּׁלִשִׁי זַכּוּר י
בָּנָיו וְאֶחָיו שְׁנֵים עָשָׂר: הָרְבִיעִי לַיִּצְרִי יא
בָּנָיו וְאֶחָיו שְׁנֵים עָשָׂר: הַחֲמִישִׁי נְתַנְיָהוּ יב
בָּנָיו וְאֶחָיו שְׁנֵים עָשָׂר: הַשִּׁשִּׁי בֻּקִּיָּהוּ יג
בָּנָיו וְאֶחָיו שְׁנֵים עָשָׂר: הַשְּׁבִיעִי יְשַׂרְאֵלָה יד
בָּנָיו וְאֶחָיו שְׁנֵים עָשָׂר: הַשְּׁמִינִי יְשַׁעְיָהוּ טו
בָּנָיו וְאֶחָיו שְׁנֵים עָשָׂר: הַתְּשִׁיעִי מַתַּנְיָהוּ טז
בָּנָיו וְאֶחָיו שְׁנֵים עָשָׂר: הָעֲשִׂירִי שִׁמְעִי יז

יח בְּנָיו וְאֶחָיו שְׁנֵים עָשָׂר׃ עַשְׁתֵּי־עָשָׂר עֲזַרְאֵל
יט בְּנָיו וְאֶחָיו שְׁנֵים עָשָׂר׃ הַשְּׁנֵים עָשָׂר לַחֲשַׁבְיָה
כ בְּנָיו וְאֶחָיו שְׁנֵים עָשָׂר׃ לִשְׁלֹשָׁה עָשָׂר שׁוּבָאֵל
כא בְּנָיו וְאֶחָיו שְׁנֵים עָשָׂר׃ לְאַרְבָּעָה עָשָׂר מַתִּתְיָהוּ
כב בְּנָיו וְאֶחָיו שְׁנֵים עָשָׂר׃ לַחֲמִשָּׁה עָשָׂר לִירֵמוֹת
כג בְּנָיו וְאֶחָיו שְׁנֵים עָשָׂר׃ לְשִׁשָּׁה עָשָׂר לַחֲנַנְיָהוּ
כד בְּנָיו וְאֶחָיו שְׁנֵים עָשָׂר׃ לְשִׁבְעָה עָשָׂר לְיָשְׁבְּקָשָׁה
כה בְּנָיו וְאֶחָיו שְׁנֵים עָשָׂר׃ לִשְׁמוֹנָה עָשָׂר לַחֲנָנִי
כו בְּנָיו וְאֶחָיו שְׁנֵים עָשָׂר׃ לְתִשְׁעָה עָשָׂר לְמַלּוֹתִי
כז בְּנָיו וְאֶחָיו שְׁנֵים עָשָׂר׃ לְעֶשְׂרִים לֶאֱלִיָּתָה
כח בְּנָיו וְאֶחָיו שְׁנֵים עָשָׂר׃ לְאֶחָד וְעֶשְׂרִים לְהוֹתִיר
כט בְּנָיו וְאֶחָיו שְׁנֵים עָשָׂר׃ לִשְׁנַיִם וְעֶשְׂרִים לְגִדַּלְתִּי
ל בְּנָיו וְאֶחָיו שְׁנֵים עָשָׂר׃ לִשְׁלֹשָׁה וְעֶשְׂרִים לְמַחֲזִיאוֹת
לא בְּנָיו וְאֶחָיו שְׁנֵים עָשָׂר׃ לְאַרְבָּעָה וְעֶשְׂרִים לְרוֹמַמְתִּי עָזֶר
כו א בְּנָיו וְאֶחָיו שְׁנֵים עָשָׂר׃ לְמַחְלְקוֹת לְשֹׁעֲרִים לְקָרְחִים
ב מְשֶׁלֶמְיָהוּ בֶן־קֹרֵא מִן־בְּנֵי אָסָף׃ וְלִמְשֶׁלֶמְיָהוּ בָּנִים זְכַרְיָהוּ
הַבְּכוֹר יְדִיעֲאֵל הַשֵּׁנִי זְבַדְיָהוּ הַשְּׁלִישִׁי יַתְנִיאֵל הָרְבִיעִי׃
ג ד עֵילָם הַחֲמִישִׁי יְהוֹחָנָן הַשִּׁשִּׁי אֶלְיְהוֹעֵינַי הַשְּׁבִיעִי׃ וּלְעֹבֵד
אֱדֹם בָּנִים שְׁמַעְיָה הַבְּכוֹר יְהוֹזָבָד הַשֵּׁנִי יוֹאָח הַשְּׁלִשִׁי
ה וְשָׂכָר הָרְבִיעִי וּנְתַנְאֵל הַחֲמִישִׁי׃ עַמִּיאֵל הַשִּׁשִּׁי יִשָּׂשכָר י
ו הַשְּׁבִיעִי פְּעֻלְּתַי הַשְּׁמִינִי כִּי בֵרְכוֹ אֱלֹהִים׃ וְלִשְׁמַעְיָה
בְנוֹ נוֹלַד בָּנִים הַמִּמְשָׁלִים לְבֵית אֲבִיהֶם כִּי־גִבּוֹרֵי חַיִל
ז הֵמָּה׃ בְּנֵי שְׁמַעְיָה עָתְנִי וּרְפָאֵל וְעוֹבֵד אֶלְזָבָד אֶחָיו
ח בְּנֵי־חָיִל אֱלִיהוּ וּסְמַכְיָהוּ׃ כָּל־אֵלֶּה מִבְּנֵי ׀ עֹבֵד אֱדֹם הֵמָּה
וּבְנֵיהֶם וַאֲחֵיהֶם אִישׁ־חַיִל בַּכֹּחַ לַעֲבֹדָה שִׁשִּׁים וּשְׁנַיִם
ט לְעֹבֵד אֱדֹם׃ וְלִמְשֶׁלֶמְיָהוּ בָּנִים וְאַחִים בְּנֵי־חָיִל שְׁמוֹנָה
י עָשָׂר׃ וּלְחֹסָה מִן־בְּנֵי־מְרָרִי בָּנִים שִׁמְרִי הָרֹאשׁ

כִּי לֹא־הָיָה בְכוֹר וַיְשִׂימֵהוּ אָבִיהוּ לְרֹאשׁ׃ חִלְקִיָּהוּ הַשֵּׁנִי יא
טְבַלְיָהוּ הַשְּׁלִשִׁי זְכַרְיָהוּ הָרְבִעִי כָּל־בָּנִים וְאַחִים לְחֹסָה
שְׁלֹשָׁה עָשָׂר׃ לְאֵלֶּה מַחְלְקוֹת הַשֹּׁעֲרִים לְרָאשֵׁי הַגְּבָרִים יב
מִשְׁמָרוֹת לְעֻמַּת אֲחֵיהֶם לְשָׁרֵת בְּבֵית יְהוָה׃ וַיַּפִּילוּ גוֹרָלוֹת יג
כַּקָּטֹן כַּגָּדוֹל לְבֵית אֲבוֹתָם לְשַׁעַר וָשָׁעַר׃ וַיִּפֹּל יד
הַגּוֹרָל מִזְרָחָה לְשֶׁלֶמְיָהוּ וּזְכַרְיָהוּ בְנוֹ יוֹעֵץ בְּשֶׂכֶל הִפִּילוּ
גוֹרָלוֹת וַיֵּצֵא גוֹרָלוֹ צָפוֹנָה׃ לְעֹבֵד אֱדֹם נֶגְבָּה וּלְבָנָיו בֵּית טו
הָאֲסֻפִּים׃ לְשֻׁפִּים וּלְחֹסָה לַמַּעֲרָב עִם שַׁעַר שַׁלֶּכֶת בַּמְסִלָּה טז
הָעוֹלָה מִשְׁמָר לְעֻמַּת מִשְׁמָר׃ לַמִּזְרָח הַלְוִיִּם שִׁשָּׁה לַצָּפוֹנָה יז
לַיּוֹם אַרְבָּעָה לַנֶּגְבָּה לַיּוֹם אַרְבָּעָה וְלָאֲסֻפִּים שְׁנַיִם שְׁנָיִם׃
לַפַּרְבָּר לַמַּעֲרָב אַרְבָּעָה לַמְסִלָּה שְׁנַיִם לַפַּרְבָּר׃ אֵלֶּה יח יט
מַחְלְקוֹת הַשֹּׁעֲרִים לִבְנֵי הַקָּרְחִי וְלִבְנֵי מְרָרִי׃ וְהַלְוִיִּם אֲחִיָּה כ
עַל־אוֹצְרוֹת בֵּית הָאֱלֹהִים וּלְאֹצְרוֹת הַקֳּדָשִׁים׃
בְּנֵי לַעְדָּן בְּנֵי הַגֵּרְשֻׁנִּי לְלַעְדָּן רָאשֵׁי הָאָבוֹת לְלַעְדָּן הַגֵּרְשֻׁנִּי כא
יְחִיאֵלִי׃ בְּנֵי יְחִיאֵלִי זֵתָם וְיוֹאֵל אָחִיו עַל־אֹצְרוֹת בֵּית יְהוָה׃ כב
לַעַמְרָמִי לַיִּצְהָרִי לַחֶבְרוֹנִי לָעָזִּיאֵלִי׃ וּשְׁבֻאֵל בֶּן־גֵּרְשׁוֹם בֶּן־ כג כד
מֹשֶׁה נָגִיד עַל־הָאֹצָרוֹת׃ וְאֶחָיו לֶאֱלִיעֶזֶר רְחַבְיָהוּ בְנוֹ כה
וִישַׁעְיָהוּ בְנוֹ וְיֹרָם בְּנוֹ וְזִכְרִי בְנוֹ ושלמות בְּנוֹ׃ הוּא שְׁלֹמוֹת כו וּשְׁלֹמִית
וְאֶחָיו עַל כָּל־אֹצְרוֹת הַקֳּדָשִׁים אֲשֶׁר הִקְדִּישׁ דָּוִיד הַמֶּלֶךְ
וְרָאשֵׁי הָאָבוֹת לְשָׂרֵי־הָאֲלָפִים וְהַמֵּאוֹת וְשָׂרֵי הַצָּבָא׃ מִן־ כז
הַמִּלְחָמוֹת וּמִן־הַשָּׁלָל הִקְדִּישׁוּ לְחַזֵּק לְבֵית יְהוָה׃ וְכֹל הַהִקְדִּישׁ כח
שְׁמוּאֵל הָרֹאֶה וְשָׁאוּל בֶּן־קִישׁ וְאַבְנֵר בֶּן־נֵר וְיוֹאָב בֶּן־
צְרוּיָה כֹּל הַמַּקְדִּישׁ עַל יַד־שְׁלֹמִית וְאֶחָיו׃ לַיִּצְהָרִי כט
כְּנַנְיָהוּ וּבָנָיו לַמְּלָאכָה הַחִיצוֹנָה עַל־יִשְׂרָאֵל לְשֹׁטְרִים
וּלְשֹׁפְטִים׃ לַחֶבְרוֹנִי חֲשַׁבְיָהוּ וְאֶחָיו בְּנֵי־חַיִל אֶלֶף ל
וּשְׁבַע־מֵאוֹת עַל פְּקֻדַּת יִשְׂרָאֵל מֵעֵבֶר לַיַּרְדֵּן מַעְרָבָה
לְכָל מְלֶאכֶת יְהוָה וְלַעֲבֹדַת הַמֶּלֶךְ׃ לַחֶבְרוֹנִי יְרִיָּה הָרֹאשׁ לא

לַֽחֶבְרוֹנִי֙ לְתֹ֣לְדֹתָ֔יו לְאָב֑וֹת בִּשְׁנַ֨ת הָאַרְבָּעִ֜ים לְמַלְכ֣וּת דָּוִ֗יד
לב נִדְרָ֔שׁוּ וַיִּמָּצֵ֨א בָהֶ֜ם גִּבּ֥וֹרֵי חַ֛יִל בְּיַעְזֵ֥יר גִּלְעָֽד׃ וְאֶחָ֣יו בְּנֵי־
חַ֔יִל אַלְפַּ֣יִם וּשְׁבַ֥ע מֵא֖וֹת רָאשֵׁ֣י הָאָב֑וֹת וַיַּפְקִידֵ֞ם דָּוִ֣יד הַמֶּ֗לֶךְ
עַל־הָרֽאוּבֵנִ֤י וְהַגָּדִי֙ וַחֲצִי֙ שֵׁ֣בֶט הַֽמְנַשִּׁ֔י לְכָל־דְּבַ֥ר הָאֱלֹהִ֖ים
כז א וּדְבַ֥ר הַמֶּֽלֶךְ׃ וּבְנֵ֨י יִשְׂרָאֵ֣ל ׀ לְמִסְפָּרָ֡ם רָאשֵׁי֩
הָאָב֨וֹת וְשָׂרֵ֜י הָאֲלָפִ֣ים ׀ וְהַמֵּא֗וֹת וְשֹׁטְרֵיהֶם֙ הַמְשָׁרְתִ֣ים אֶת־
הַמֶּ֔לֶךְ לְכֹ֣ל ׀ דְּבַ֣ר הַמַּחְלְק֗וֹת הַבָּאָ֤ה וְהַיֹּצֵאת֙ חֹ֣דֶשׁ בְּחֹ֔דֶשׁ
לְכֹ֖ל חָדְשֵׁ֣י הַשָּׁנָ֑ה הַֽמַּחֲלֹ֙קֶת֙ הָֽאַחַ֔ת עֶשְׂרִ֥ים וְאַרְבָּעָ֖ה
ב אָֽלֶף׃ עַ֞ל הַמַּחֲלֹ֤קֶת הָרִֽאשׁוֹנָה֙ לַחֹ֣דֶשׁ הָרִאשׁ֔וֹן
יָֽשָׁבְעָ֖ם בֶּן־זַבְדִּיאֵ֑ל וְעַל֙ מַחֲלֻקְתּ֔וֹ עֶשְׂרִ֥ים וְאַרְבָּעָ֖ה
ג אָֽלֶף׃ מִן־בְּנֵי־פֶ֑רֶץ הָרֹ֗אשׁ לְכָל־שָׂרֵ֛י הַצְּבָא֖וֹת לַחֹ֥דֶשׁ
ד הָרִאשֽׁוֹן׃ וְעַ֞ל מַחֲלֹ֣קֶת ׀ הַחֹ֣דֶשׁ הַשֵּׁנִ֗י דּוֹדַ֤י הָאֲחוֹחִי֙
וּמַ֣חֲלֻקְתּ֔וֹ וּמִקְל֖וֹת הַנָּגִ֑יד וְעַל֙ מַחֲלֻקְתּ֔וֹ עֶשְׂרִ֥ים וְאַרְבָּעָ֖ה
ה אָֽלֶף׃ שַׂ֣ר הַצָּבָ֤א הַשְּׁלִישִׁי֙ לַחֹ֣דֶשׁ הַשְּׁלִישִׁ֔י בְּנָיָ֛הוּ
בֶּן־יְהוֹיָדָ֥ע הַכֹּהֵ֖ן רֹ֑אשׁ וְעַל֙ מַחֲלֻקְתּ֔וֹ עֶשְׂרִ֥ים וְאַרְבָּעָ֖ה
ו אָֽלֶף׃ ה֧וּא בְנָיָ֛הוּ גִּבּ֥וֹר הַשְּׁלֹשִׁ֖ים וְעַל־הַשְּׁלֹשִׁ֑ים וּמַ֣חֲלֻקְתּ֔וֹ
ז עַמִּיזָבָ֖ד בְּנֽוֹ׃ הָרְבִיעִ֞י לַחֹ֣דֶשׁ הָרְבִיעִ֗י עֲשָׂהאֵל֙ אֲחִ֣י
יוֹאָ֔ב וּזְבַדְיָ֥ה בְנ֖וֹ אַחֲרָ֑יו וְעַל֙ מַחֲלֻקְתּ֔וֹ עֶשְׂרִ֥ים וְאַרְבָּעָ֖ה
ח אָֽלֶף׃ הַחֲמִישִׁי֙ לַחֹ֣דֶשׁ הַחֲמִישִׁ֔י הַשַּׂ֖ר שַׁמְה֣וּת
ט הַיִּזְרָ֑ח וְעַל֙ מַחֲלֻקְתּ֔וֹ עֶשְׂרִ֥ים וְאַרְבָּעָ֖ה אָֽלֶף׃ הַשִּׁשִּׁי֙
לַחֹ֣דֶשׁ הַשִּׁשִּׁ֔י עִירָ֥א בֶן־עִקֵּ֖שׁ הַתְּקוֹעִ֑י וְעַל֙ מַחֲלֻקְתּ֔וֹ עֶשְׂרִ֥ים
י וְאַרְבָּעָ֖ה אָֽלֶף׃ הַשְּׁבִיעִי֙ לַחֹ֣דֶשׁ הַשְּׁבִיעִ֔י חֶ֥לֶץ
הַפְּלוֹנִ֖י מִן־בְּנֵ֣י אֶפְרָ֑יִם וְעַל֙ מַחֲלֻקְתּ֔וֹ עֶשְׂרִ֥ים וְאַרְבָּעָ֖ה
יא אָֽלֶף׃ הַשְּׁמִינִי֙ לַחֹ֣דֶשׁ הַשְּׁמִינִ֔י סִבְּכַ֖י הַחֻשָׁתִ֑י לַזַּרְחִ֔י
יב וְעַל֙ מַחֲלֻקְתּ֔וֹ עֶשְׂרִ֥ים וְאַרְבָּעָ֖ה אָֽלֶף׃ הַתְּשִׁיעִי֙
לַחֹ֣דֶשׁ הַתְּשִׁיעִ֔י אֲבִיעֶ֖זֶר הָעַנְּתֹתִ֑י לבנימיני וְעַל֙ מַחֲלֻקְתּ֔וֹ לַבֶּ֣ן ׀ יְמִינִ֔י
יג עֶשְׂרִ֥ים וְאַרְבָּעָ֖ה אָֽלֶף׃ הָעֲשִׂירִי֙ לַחֹ֣דֶשׁ הָעֲשִׂירִ֔י

מַהְרַי הַנְּטֹפָתִי לַזַּרְחִי וְעַל מַחֲלֻקְתּוֹ עֶשְׂרִים וְאַרְבָּעָה
אָלֶף׃ עַשְׁתֵּי־עָשָׂר לְעַשְׁתֵּי עָשָׂר הַחֹדֶשׁ בְּנָיָה יד
הַפִּרְעָתוֹנִי מִן־בְּנֵי אֶפְרָיִם וְעַל מַחֲלֻקְתּוֹ עֶשְׂרִים וְאַרְבָּעָה
אָלֶף׃ הַשְּׁנֵים עָשָׂר לִשְׁנֵים עָשָׂר הַחֹדֶשׁ חֶלְדַּי הַנְּטוֹפָתִי טו
לְעָתְנִיאֵל וְעַל מַחֲלֻקְתּוֹ עֶשְׂרִים וְאַרְבָּעָה אָלֶף׃ וְעַל טז
שִׁבְטֵי יִשְׂרָאֵל לָרְאוּבֵנִי נָגִיד אֱלִיעֶזֶר בֶּן־זִכְרִי לַשִּׁמְעוֹנִי
שְׁפַטְיָהוּ בֶּן־מַעֲכָה׃ לְלֵוִי חֲשַׁבְיָה בֶן־קְמוּאֵל לְאַהֲרֹן יז
צָדוֹק׃ לִיהוּדָה אֱלִיהוּ מֵאֲחֵי דָוִיד לְיִשָּׂשכָר עָמְרִי יח
בֶּן־מִיכָאֵל׃ לִזְבוּלֻן יִשְׁמַעְיָהוּ בֶּן־עֹבַדְיָהוּ לְנַפְתָּלִי יט
יְרִימוֹת בֶּן־עַזְרִיאֵל׃ לִבְנֵי אֶפְרַיִם הוֹשֵׁעַ בֶּן־עֲזַזְיָהוּ כ
לַחֲצִי שֵׁבֶט מְנַשֶּׁה יוֹאֵל בֶּן־פְּדָיָהוּ׃ לַחֲצִי הַמְנַשֶּׁה כא
גִּלְעָדָה יִדּוֹ בֶּן־זְכַרְיָהוּ לְבִנְיָמִן יַעֲשִׂיאֵל בֶּן־אַבְנֵר׃ לְדָן כב
עֲזַרְאֵל בֶּן־יְרֹחָם אֵלֶּה שָׂרֵי שִׁבְטֵי יִשְׂרָאֵל׃ וְלֹא־נָשָׂא דָוִיד כג
מִסְפָּרָם לְמִבֶּן עֶשְׂרִים שָׁנָה וּלְמָטָּה כִּי אָמַר יְהוָה לְהַרְבּוֹת
אֶת־יִשְׂרָאֵל כְּכוֹכְבֵי הַשָּׁמָיִם׃ יוֹאָב בֶּן־צְרוּיָה הֵחֵל לִמְנוֹת כד
וְלֹא כִלָּה וַיְהִי בָזֹאת קֶצֶף עַל־יִשְׂרָאֵל וְלֹא עָלָה הַמִּסְפָּר
בְּמִסְפַּר דִּבְרֵי הַיָּמִים לַמֶּלֶךְ דָּוִיד׃ וְעַל אֹצְרוֹת כה
הַמֶּלֶךְ עַזְמָוֶת בֶּן־עֲדִיאֵל וְעַל הָאֹצָרוֹת בַּשָּׂדֶה בֶּעָרִים
וּבַכְּפָרִים וּבַמִּגְדָּלוֹת יְהוֹנָתָן בֶּן־עֻזִּיָּהוּ׃ וְעַל עֹשֵׂי כו
מְלֶאכֶת הַשָּׂדֶה לַעֲבֹדַת הָאֲדָמָה עֶזְרִי בֶּן־כְּלוּב׃ וְעַל־ כז
הַכְּרָמִים שִׁמְעִי הָרָמָתִי וְעַל שֶׁבַּכְּרָמִים לְאֹצְרוֹת הַיַּיִן זַבְדִּי
הַשִּׁפְמִי׃ וְעַל־הַזֵּיתִים וְהַשִּׁקְמִים אֲשֶׁר בַּשְּׁפֵלָה בַּעַל כח
חָנָן הַגְּדֵרִי וְעַל־אֹצְרוֹת הַשֶּׁמֶן יוֹעָשׁ׃ וְעַל־הַבָּקָר כט
הָרֹעִים בַּשָּׁרוֹן שטרי הַשָּׁרוֹנִי וְעַל־הַבָּקָר בָּעֲמָקִים שָׁפָט בֶּן־ שִׁרְטַי
עַדְלָי׃ וְעַל־הַגְּמַלִּים אוֹבִיל הַיִּשְׁמְעֵלִי וְעַל־הָאֲתֹנוֹת ל
יֶחְדְּיָהוּ הַמֵּרֹנֹתִי׃ וְעַל־הַצֹּאן יָזִיז הַהַגְרִי כָּל־אֵלֶּה לא
שָׂרֵי הָרְכוּשׁ אֲשֶׁר לַמֶּלֶךְ דָּוִיד׃ וִיהוֹנָתָן דּוֹד־דָּוִיד לב

יוֹעֵץ אִישׁ־מֵבִין וְסוֹפֵר הוּא וִיחִיאֵל בֶּן־חַכְמוֹנִי עִם־בְּנֵי
לג הַמֶּלֶךְ׃ וַאֲחִיתֹפֶל יוֹעֵץ לַמֶּלֶךְ וְחוּשַׁי הָאַרְכִּי רֵעַ הַמֶּלֶךְ׃
לד וְאַחֲרֵי אֲחִיתֹפֶל יְהוֹיָדָע בֶּן־בְּנָיָהוּ וְאֶבְיָתָר וְשַׂר־צָבָא לַמֶּלֶךְ
כח א יוֹאָב׃ וַיַּקְהֵל דָּוִיד אֶת־כָּל־שָׂרֵי יִשְׂרָאֵל
שָׂרֵי הַשְּׁבָטִים וְשָׂרֵי הַמַּחְלְקוֹת הַמְשָׁרְתִים אֶת־הַמֶּלֶךְ וְשָׂרֵי
הָאֲלָפִים וְשָׂרֵי הַמֵּאוֹת וְשָׂרֵי כָל־רְכוּשׁ־וּמִקְנֶה ׀ לַמֶּלֶךְ וּלְבָנָיו
ב עִם־הַסָּרִיסִים וְהַגִּבּוֹרִים וּלְכָל־גִּבּוֹר חָיִל אֶל־יְרוּשָׁלִָם׃ וַיָּקָם
דָּוִיד הַמֶּלֶךְ עַל־רַגְלָיו וַיֹּאמֶר שְׁמָעוּנִי אַחַי וְעַמִּי אֲנִי עִם־
לְבָבִי לִבְנוֹת בֵּית מְנוּחָה לַאֲרוֹן בְּרִית־יהוה וְלַהֲדֹם רַגְלֵי
ג אֱלֹהֵינוּ וַהֲכִינוֹתִי לִבְנוֹת׃ וְהָאֱלֹהִים אָמַר לִי לֹא־תִבְנֶה
ד בַיִת לִשְׁמִי כִּי אִישׁ מִלְחָמוֹת אַתָּה וְדָמִים שָׁפָכְתָּ׃ וַיִּבְחַר
יהוה אֱלֹהֵי יִשְׂרָאֵל בִּי מִכֹּל בֵּית־אָבִי לִהְיוֹת לְמֶלֶךְ עַל־
יִשְׂרָאֵל לְעוֹלָם כִּי בִיהוּדָה בָּחַר לְנָגִיד וּבְבֵית יְהוּדָה בֵּית
ה אָבִי וּבִבְנֵי אָבִי בִּי רָצָה לְהַמְלִיךְ עַל־כָּל־יִשְׂרָאֵל׃ וּמִכָּל־
בָּנַי כִּי רַבִּים בָּנִים נָתַן לִי יהוה וַיִּבְחַר בִּשְׁלֹמֹה בְנִי לָשֶׁבֶת
ו עַל־כִּסֵּא מַלְכוּת יהוה עַל־יִשְׂרָאֵל׃ וַיֹּאמֶר לִי שְׁלֹמֹה בִנְךָ
הוּא־יִבְנֶה בֵיתִי וַחֲצֵרוֹתָי כִּי־בָחַרְתִּי בוֹ לִי לְבֵן וַאֲנִי אֶהְיֶה־
ז לּוֹ לְאָב׃ וַהֲכִינוֹתִי אֶת־מַלְכוּתוֹ עַד־לְעוֹלָם אִם־יֶחֱזַק לַעֲשׂוֹת
ח מִצְוֺתַי וּמִשְׁפָּטַי כַּיּוֹם הַזֶּה׃ וְעַתָּה לְעֵינֵי כָל־יִשְׂרָאֵל קְהַל־
יהוה וּבְאָזְנֵי אֱלֹהֵינוּ שִׁמְרוּ וְדִרְשׁוּ כָּל־מִצְוֺת יהוה אֱלֹהֵיכֶם
לְמַעַן תִּירְשׁוּ אֶת־הָאָרֶץ הַטּוֹבָה וְהִנְחַלְתֶּם לִבְנֵיכֶם אַחֲרֵיכֶם
ט עַד־עוֹלָם׃ וְאַתָּה שְׁלֹמֹה־בְנִי דַּע אֶת־אֱלֹהֵי אָבִיךָ וְעָבְדֵהוּ
בְּלֵב שָׁלֵם וּבְנֶפֶשׁ חֲפֵצָה כִּי כָל־לְבָבוֹת דּוֹרֵשׁ יהוה וְכָל־
יֵצֶר מַחֲשָׁבוֹת מֵבִין אִם־תִּדְרְשֶׁנּוּ יִמָּצֵא לָךְ וְאִם־תַּעַזְבֶנּוּ
י יַזְנִיחֲךָ לָעַד׃ רְאֵה ׀ עַתָּה כִּי־יהוה בָּחַר בְּךָ לִבְנוֹת־בַּיִת יא
יא לְמִקְדָּשׁ חֲזַק וַעֲשֵׂה׃ וַיִּתֵּן דָּוִיד לִשְׁלֹמֹה בְנוֹ אֶת־
תַּבְנִית הָאוּלָם וְאֶת־בָּתָּיו וְגַנְזַכָּיו וַעֲלִיֹּתָיו וַחֲדָרָיו הַפְּנִימִים

יב וּבֵית הַכַּפֹּרֶת׃ וְתַבְנִית כֹּל אֲשֶׁר הָיָה בָרוּחַ עִמּוֹ לְחַצְרוֹת
בֵּית־יְהוָה וּלְכָל־הַלְּשָׁכוֹת סָבִיב לְאֹצְרוֹת בֵּית הָאֱלֹהִים
יג וּלְאֹצְרוֹת הַקֳּדָשִׁים׃ וּלְמַחְלְקוֹת הַכֹּהֲנִים וְהַלְוִיִּם וּלְכָל־
מְלֶאכֶת עֲבוֹדַת בֵּית־יְהוָה וּלְכָל־כְּלֵי עֲבוֹדַת בֵּית־יְהוָה׃
יד לַזָּהָב בַּמִּשְׁקָל לַזָּהָב לְכָל־כְּלֵי עֲבוֹדָה וַעֲבוֹדָה לְכֹל כְּלֵי
טו הַכֶּסֶף בְּמִשְׁקָל לְכָל־כְּלֵי עֲבוֹדָה וַעֲבוֹדָה׃ וּמִשְׁקָל לִמְנֹרוֹת
הַזָּהָב וְנֵרֹתֵיהֶם זָהָב בְּמִשְׁקַל־מְנוֹרָה וּמְנוֹרָה וְנֵרֹתֶיהָ וְלִמְנֹרוֹת
הַכֶּסֶף בְּמִשְׁקָל לִמְנוֹרָה וְנֵרֹתֶיהָ כַּעֲבוֹדַת מְנוֹרָה וּמְנוֹרָה׃
טז וְאֶת־הַזָּהָב מִשְׁקָל לְשֻׁלְחֲנוֹת הַמַּעֲרֶכֶת לְשֻׁלְחַן וְשֻׁלְחָן
יז וְכֶסֶף לְשֻׁלְחֲנוֹת הַכָּסֶף׃ וְהַמִּזְלָגוֹת וְהַמִּזְרָקוֹת וְהַקְּשָׂוֹת זָהָב
טָהוֹר וְלִכְפוֹרֵי הַזָּהָב בְּמִשְׁקָל לִכְפוֹר וּכְפוֹר וְלִכְפוֹרֵי הַכֶּסֶף
יח בְּמִשְׁקָל לִכְפוֹר וּכְפוֹר׃ וּלְמִזְבַּח הַקְּטֹרֶת זָהָב מְזֻקָּק בַּמִּשְׁקָל
וּלְתַבְנִית הַמֶּרְכָּבָה הַכְּרֻבִים זָהָב לְפֹרְשִׂים וְסֹכְכִים עַל־
יט אֲרוֹן בְּרִית־יְהוָה׃ הַכֹּל בִּכְתָב מִיַּד יְהוָה עָלַי הִשְׂכִּיל כֹּל
כ מַלְאֲכוֹת הַתַּבְנִית׃ וַיֹּאמֶר דָּוִיד לִשְׁלֹמֹה בְנוֹ חֲזַק
וֶאֱמַץ וַעֲשֵׂה אַל־תִּירָא וְאַל־תֵּחָת כִּי יְהוָה אֱלֹהִים אֱלֹהַי
עִמָּךְ לֹא יַרְפְּךָ וְלֹא יַעַזְבֶךָּ עַד־לִכְלוֹת כָּל־מְלֶאכֶת עֲבוֹדַת
כא בֵּית־יְהוָה׃ וְהִנֵּה מַחְלְקוֹת הַכֹּהֲנִים וְהַלְוִיִּם לְכָל־עֲבוֹדַת
בֵּית הָאֱלֹהִים וְעִמְּךָ בְכָל־מְלָאכָה לְכָל־נָדִיב בַּחָכְמָה לְכָל־
כט א עֲבוֹדָה וְהַשָּׂרִים וְכָל־הָעָם לְכָל־דְּבָרֶיךָ׃ וַיֹּאמֶר דָּוִיד
הַמֶּלֶךְ לְכָל־הַקָּהָל שְׁלֹמֹה בְנִי אֶחָד בָּחַר־בּוֹ אֱלֹהִים נַעַר וָרָךְ
וְהַמְּלָאכָה גְדוֹלָה כִּי לֹא לְאָדָם הַבִּירָה כִּי לַיהוָה אֱלֹהִים׃
ב וּכְכָל־כֹּחִי הֲכִינוֹתִי לְבֵית־אֱלֹהַי הַזָּהָב ׀ לַזָּהָב וְהַכֶּסֶף לַכֶּסֶף
וְהַנְּחֹשֶׁת לַנְּחֹשֶׁת הַבַּרְזֶל לַבַּרְזֶל וְהָעֵצִים לָעֵצִים אַבְנֵי־
שֹׁהַם וּמִלּוּאִים אַבְנֵי־פוּךְ וְרִקְמָה וְכֹל אֶבֶן יְקָרָה וְאַבְנֵי־
ג שַׁיִשׁ לָרֹב׃ וְעוֹד בִּרְצוֹתִי בְּבֵית אֱלֹהַי יֶשׁ־לִי סְגֻלָּה זָהָב
וָכָסֶף נָתַתִּי לְבֵית־אֱלֹהַי לְמַעְלָה מִכָּל־הֲכִינוֹתִי לְבֵית הַקֹּדֶשׁ׃

ד שְׁלֹשֶׁת אֲלָפִים כִּכְּרֵי זָהָב מִזְּהַב אוֹפִיר וְשִׁבְעַת אֲלָפִים
ה כִּכַּר־כֶּסֶף מְזֻקָּק לָטוּחַ קִירוֹת הַבָּתִּים׃ לַזָּהָב לַזָּהָב וְלַכֶּסֶף
לַכֶּסֶף וּלְכָל־מְלָאכָה בְּיַד חָרָשִׁים וּמִי מִתְנַדֵּב לְמַלֹּאות יָדוֹ
ו הַיּוֹם לַיהוָה׃ וַיִּתְנַדְּבוּ שָׂרֵי הָאָבוֹת וְשָׂרֵי ׀ שִׁבְטֵי יִשְׂרָאֵל
ז וְשָׂרֵי הָאֲלָפִים וְהַמֵּאוֹת וּלְשָׂרֵי מְלֶאכֶת הַמֶּלֶךְ׃ וַיִּתְּנוּ
לַעֲבוֹדַת בֵּית־הָאֱלֹהִים זָהָב כִּכָּרִים חֲמֵשֶׁת־אֲלָפִים וַאֲדַרְכֹנִים
רִבּוֹ וְכֶסֶף כִּכָּרִים עֲשֶׂרֶת אֲלָפִים וּנְחֹשֶׁת רִבּוֹ וּשְׁמוֹנַת
ח אֲלָפִים כִּכָּרִים וּבַרְזֶל מֵאָה־אֶלֶף כִּכָּרִים׃ וְהַנִּמְצָא אִתּוֹ
אֲבָנִים נָתְנוּ לְאוֹצַר בֵּית־יְהוָה עַל יַד־יְחִיאֵל הַגֵּרְשֻׁנִּי׃
ט וַיִּשְׂמְחוּ הָעָם עַל־הִתְנַדְּבָם כִּי בְּלֵב שָׁלֵם הִתְנַדְּבוּ לַיהוָה
י וְגַם דָּוִיד הַמֶּלֶךְ שָׂמַח שִׂמְחָה גְדוֹלָה׃ וַיְבָרֶךְ דָּוִיד
אֶת־יְהוָה לְעֵינֵי כָּל־הַקָּהָל וַיֹּאמֶר דָּוִיד בָּרוּךְ אַתָּה יְהוָה
יא אֱלֹהֵי יִשְׂרָאֵל אָבִינוּ מֵעוֹלָם וְעַד־עוֹלָם׃ לְךָ יְהוָה הַגְּדֻלָּה
וְהַגְּבוּרָה וְהַתִּפְאֶרֶת וְהַנֵּצַח וְהַהוֹד כִּי־כֹל בַּשָּׁמַיִם וּבָאָרֶץ
יב לְךָ יְהוָה הַמַּמְלָכָה וְהַמִּתְנַשֵּׂא לְכֹל ׀ לְרֹאשׁ׃ וְהָעֹשֶׁר וְהַכָּבוֹד
מִלְּפָנֶיךָ וְאַתָּה מוֹשֵׁל בַּכֹּל וּבְיָדְךָ כֹּחַ וּגְבוּרָה וּבְיָדְךָ לְגַדֵּל
יג וּלְחַזֵּק לַכֹּל׃ וְעַתָּה אֱלֹהֵינוּ מוֹדִים אֲנַחְנוּ לָךְ וּמְהַלְלִים
יד לְשֵׁם תִּפְאַרְתֶּךָ׃ וְכִי מִי אֲנִי וּמִי עַמִּי כִּי־נַעְצֹר כֹּחַ לְהִתְנַדֵּב
טו כָּזֹאת כִּי־מִמְּךָ הַכֹּל וּמִיָּדְךָ נָתַנּוּ לָךְ׃ כִּי־גֵרִים אֲנַחְנוּ
לְפָנֶיךָ וְתוֹשָׁבִים כְּכָל־אֲבֹתֵינוּ כַּצֵּל ׀ יָמֵינוּ עַל־הָאָרֶץ וְאֵין
טז מִקְוֶה׃ יְהוָה אֱלֹהֵינוּ כֹּל הֶהָמוֹן הַזֶּה אֲשֶׁר הֲכִינֹנוּ לִבְנוֹת־
יז לְךָ בַיִת לְשֵׁם קָדְשֶׁךָ מִיָּדְךָ הִיא וּלְךָ הַכֹּל׃ וְיָדַעְתִּי אֱלֹהַי הוּא
כִּי אַתָּה בֹּחֵן לֵבָב וּמֵישָׁרִים תִּרְצֶה אֲנִי בְּיֹשֶׁר לְבָבִי הִתְנַדַּבְתִּי
כָל־אֵלֶּה וְעַתָּה עַמְּךָ הַנִּמְצְאוּ־פֹה רָאִיתִי בְשִׂמְחָה לְהִתְנַדֶּב־
יח לָךְ׃ יְהוָה אֱלֹהֵי אַבְרָהָם יִצְחָק וְיִשְׂרָאֵל אֲבֹתֵינוּ שָׁמְרָה־
זֹּאת לְעוֹלָם לְיֵצֶר מַחְשְׁבוֹת לְבַב עַמֶּךָ וְהָכֵן לְבָבָם אֵלֶיךָ׃
יט וְלִשְׁלֹמֹה בְנִי תֵּן לֵבָב שָׁלֵם לִשְׁמוֹר מִצְוֺתֶיךָ עֵדְוֺתֶיךָ וְחֻקֶּיךָ

וְלַעֲשׂוֹת הַכֹּל וְלִבְנוֹת הַבִּירָה אֲשֶׁר־הֲכִינוֹתִי׃ כ וַיֹּאמֶר
דָּוִיד לְכָל־הַקָּהָל בָּרְכוּ־נָא אֶת־יְהוָה אֱלֹהֵיכֶם וַיְבָרְכוּ כָל־
הַקָּהָל לַיהוָה אֱלֹהֵי אֲבֹתֵיהֶם וַיִּקְּדוּ וַיִּשְׁתַּחֲווּ לַיהוָה וְלַמֶּלֶךְ׃
כא וַיִּזְבְּחוּ לַיהוָה ׀ זְבָחִים וַיַּעֲלוּ עֹלוֹת לַיהוָה לְמָחֳרַת הַיּוֹם
הַהוּא פָּרִים אֶלֶף אֵילִים אֶלֶף כְּבָשִׂים אֶלֶף וְנִסְכֵּיהֶם וּזְבָחִים
כב לָרֹב לְכָל־יִשְׂרָאֵל׃ וַיֹּאכְלוּ וַיִּשְׁתּוּ לִפְנֵי יְהוָה בַּיּוֹם הַהוּא
בְּשִׂמְחָה גְדוֹלָה וַיַּמְלִיכוּ שֵׁנִית לִשְׁלֹמֹה בֶן־דָּוִיד וַיִּמְשְׁחוּ
כג לַיהוָה לְנָגִיד וּלְצָדוֹק לְכֹהֵן׃ וַיֵּשֶׁב שְׁלֹמֹה עַל־כִּסֵּא יְהוָה ׀
לְמֶלֶךְ תַּחַת־דָּוִיד אָבִיו וַיַּצְלַח וַיִּשְׁמְעוּ אֵלָיו כָּל־יִשְׂרָאֵל׃
כד וְכָל־הַשָּׂרִים וְהַגִּבֹּרִים וְגַם כָּל־בְּנֵי הַמֶּלֶךְ דָּוִיד נָתְנוּ יָד תַּחַת
כה שְׁלֹמֹה הַמֶּלֶךְ׃ וַיְגַדֵּל יְהוָה אֶת־שְׁלֹמֹה לְמַעְלָה לְעֵינֵי כָּל־
יִשְׂרָאֵל וַיִּתֵּן עָלָיו הוֹד מַלְכוּת אֲשֶׁר לֹא־הָיָה עַל־כָּל־מֶלֶךְ
כו לְפָנָיו עַל־יִשְׂרָאֵל׃ וְדָוִיד בֶּן־יִשָׁי מָלַךְ עַל־כָּל־יִשְׂרָאֵל׃
כז וְהַיָּמִים אֲשֶׁר מָלַךְ עַל־יִשְׂרָאֵל אַרְבָּעִים שָׁנָה בְּחֶבְרוֹן מָלַךְ
כח שֶׁבַע שָׁנִים וּבִירוּשָׁלִַם מָלַךְ שְׁלֹשִׁים וְשָׁלוֹשׁ׃ וַיָּמָת בְּשֵׂיבָה
טוֹבָה שְׂבַע יָמִים עֹשֶׁר וְכָבוֹד וַיִּמְלֹךְ שְׁלֹמֹה בְנוֹ תַּחְתָּיו׃
כט וְדִבְרֵי דָּוִיד הַמֶּלֶךְ הָרִאשֹׁנִים וְהָאַחֲרֹנִים הִנָּם כְּתוּבִים עַל־
דִּבְרֵי שְׁמוּאֵל הָרֹאֶה וְעַל־דִּבְרֵי נָתָן הַנָּבִיא וְעַל־דִּבְרֵי גָּד
ל הַחֹזֶה׃ עִם כָּל־מַלְכוּתוֹ וּגְבוּרָתוֹ וְהָעִתִּים אֲשֶׁר עָבְרוּ עָלָיו

דברי הימים ב

א א וְעַל־יִשְׂרָאֵל וְעַל כָּל־מַמְלְכוֹת הָאֲרָצוֹת׃ וַיִּתְחַזֵּק
שְׁלֹמֹה בֶן־דָּוִיד עַל־מַלְכוּתוֹ וַיהוָה אֱלֹהָיו עִמּוֹ וַיְגַדְּלֵהוּ
ב לְמָעְלָה׃ וַיֹּאמֶר שְׁלֹמֹה לְכָל־יִשְׂרָאֵל לְשָׂרֵי הָאֲלָפִים וְהַמֵּאוֹת
ג וְלַשֹּׁפְטִים וּלְכֹל נָשִׂיא לְכָל־יִשְׂרָאֵל רָאשֵׁי הָאָבוֹת׃ וַיֵּלְכוּ
שְׁלֹמֹה וְכָל־הַקָּהָל עִמּוֹ לַבָּמָה אֲשֶׁר בְּגִבְעוֹן כִּי־שָׁם הָיָה
אֹהֶל מוֹעֵד הָאֱלֹהִים אֲשֶׁר עָשָׂה מֹשֶׁה עֶבֶד־יְהוָה בַּמִּדְבָּר׃
ד אֲבָל אֲרוֹן הָאֱלֹהִים הֶעֱלָה דָוִיד מִקִּרְיַת יְעָרִים בַּהֵכִין לוֹ
ה דָּוִיד כִּי נָטָה־לוֹ אֹהֶל בִּירוּשָׁלִָם׃ וּמִזְבַּח הַנְּחֹשֶׁת אֲשֶׁר

עָשָׂה בְּצַלְאֵל בֶּן־אוּרִי בֶן־חוּר שָׂם לִפְנֵי מִשְׁכַּן יְהוָה וַיִּדְרְשֵׁהוּ
ו שְׁלֹמֹה וְהַקָּהָל׃ וַיַּעַל שְׁלֹמֹה שָׁם עַל־מִזְבַּח הַנְּחֹשֶׁת לִפְנֵי
ז יְהוָה אֲשֶׁר לְאֹהֶל מוֹעֵד וַיַּעַל עָלָיו עֹלוֹת אָלֶף׃ בַּלַּיְלָה
הַהוּא נִרְאָה אֱלֹהִים לִשְׁלֹמֹה וַיֹּאמֶר לוֹ שְׁאַל מָה אֶתֶּן־לָךְ׃
ח וַיֹּאמֶר שְׁלֹמֹה לֵאלֹהִים אַתָּה עָשִׂיתָ עִם־דָּוִיד אָבִי חֶסֶד
ט גָּדוֹל וְהִמְלַכְתַּנִי תַּחְתָּיו׃ עַתָּה יְהוָה אֱלֹהִים יֵאָמֵן דְּבָרְךָ עִם
י דָּוִיד אָבִי כִּי אַתָּה הִמְלַכְתַּנִי עַל־עַם רַב כַּעֲפַר הָאָרֶץ׃ עַתָּה
חָכְמָה וּמַדָּע תֶּן־לִי וְאֵצְאָה לִפְנֵי הָעָם־הַזֶּה וְאָבוֹאָה כִּי־מִי
יִשְׁפֹּט אֶת־עַמְּךָ הַזֶּה הַגָּדוֹל׃
יא וַיֹּאמֶר אֱלֹהִים ׀ לִשְׁלֹמֹה יַעַן אֲשֶׁר הָיְתָה זֹאת עִם־לְבָבֶךָ וְלֹא־
שָׁאַלְתָּ עֹשֶׁר נְכָסִים וְכָבוֹד וְאֵת נֶפֶשׁ שֹׂנְאֶיךָ וְגַם־יָמִים רַבִּים
לֹא שָׁאָלְתָּ וַתִּשְׁאַל־לְךָ חָכְמָה וּמַדָּע אֲשֶׁר תִּשְׁפּוֹט אֶת־עַמִּי
יב אֲשֶׁר הִמְלַכְתִּיךָ עָלָיו׃ הַחָכְמָה וְהַמַּדָּע נָתוּן לָךְ וְעֹשֶׁר
וּנְכָסִים וְכָבוֹד אֶתֶּן־לָךְ אֲשֶׁר ׀ לֹא־הָיָה כֵן לַמְּלָכִים אֲשֶׁר
יג לְפָנֶיךָ וְאַחֲרֶיךָ לֹא יִהְיֶה־כֵּן׃ וַיָּבֹא שְׁלֹמֹה לַבָּמָה אֲשֶׁר־בְּגִבְעוֹן
יד יְרוּשָׁלִַם מִלִּפְנֵי אֹהֶל מוֹעֵד וַיִּמְלֹךְ עַל־יִשְׂרָאֵל׃ וַיֶּאֱסֹף
שְׁלֹמֹה רֶכֶב וּפָרָשִׁים וַיְהִי־לוֹ אֶלֶף וְאַרְבַּע־מֵאוֹת רֶכֶב וּשְׁנֵים־
עָשָׂר אֶלֶף פָּרָשִׁים וַיַּנִּיחֵם בְּעָרֵי הָרֶכֶב וְעִם־הַמֶּלֶךְ בִּירוּשָׁלִָם׃
טו וַיִּתֵּן הַמֶּלֶךְ אֶת־הַכֶּסֶף וְאֶת־הַזָּהָב בִּירוּשָׁלִַם כָּאֲבָנִים וְאֵת־
טז הָאֲרָזִים נָתַן כַּשִּׁקְמִים אֲשֶׁר־בַּשְּׁפֵלָה לָרֹב׃ וּמוֹצָא הַסּוּסִים
אֲשֶׁר לִשְׁלֹמֹה מִמִּצְרָיִם וּמִקְוֵא סֹחֲרֵי הַמֶּלֶךְ מִקְוֵא יִקְחוּ
יז בִּמְחִיר׃ וַיַּעֲלוּ וַיּוֹצִיאוּ מִמִּצְרַיִם מֶרְכָּבָה בְּשֵׁשׁ מֵאוֹת כֶּסֶף
וְסוּס בַּחֲמִשִּׁים וּמֵאָה וְכֵן לְכָל־מַלְכֵי הַחִתִּים וּמַלְכֵי אֲרָם
יח בְּיָדָם יוֹצִיאוּ׃ וַיֹּאמֶר שְׁלֹמֹה לִבְנוֹת בַּיִת לְשֵׁם יְהוָה וּבַיִת
ב א לְמַלְכוּתוֹ׃ וַיִּסְפֹּר שְׁלֹמֹה שִׁבְעִים אֶלֶף אִישׁ סַבָּל וּשְׁמוֹנִים
אֶלֶף אִישׁ חֹצֵב בָּהָר וּמְנַצְּחִים עֲלֵיהֶם שְׁלֹשֶׁת אֲלָפִים וְשֵׁשׁ
מֵאוֹת׃

וַיִּשְׁלַח שְׁלֹמֹה אֶל־חוּרָם מֶלֶךְ־צֹר לֵאמֹר כַּאֲשֶׁר עָשִׂיתָ עִם־ ב
יב דָּוִיד אָבִי וַתִּשְׁלַח־לוֹ אֲרָזִים לִבְנוֹת־לוֹ בַיִת לָשֶׁבֶת בּוֹ׃ הִנֵּה ג
אֲנִי בוֹנֶה־בַּיִת לְשֵׁם ׀ יְהוָה אֱלֹהָי לְהַקְדִּישׁ לוֹ לְהַקְטִיר לְפָנָיו
קְטֹרֶת־סַמִּים וּמַעֲרֶכֶת תָּמִיד וְעֹלוֹת לַבֹּקֶר וְלָעֶרֶב לַשַּׁבָּתוֹת
וְלֶחֳדָשִׁים וּלְמוֹעֲדֵי יְהוָה אֱלֹהֵינוּ לְעוֹלָם זֹאת עַל־יִשְׂרָאֵל׃
וְהַבַּיִת אֲשֶׁר־אֲנִי בוֹנֶה גָּדוֹל כִּי־גָדוֹל אֱלֹהֵינוּ מִכָּל־הָאֱלֹהִים׃ ד
וּמִי יַעֲצָר־כֹּחַ לִבְנוֹת־לוֹ בַיִת כִּי הַשָּׁמַיִם וּשְׁמֵי הַשָּׁמַיִם לֹא ה
יְכַלְכְּלֻהוּ וּמִי אֲנִי אֲשֶׁר אֶבְנֶה־לּוֹ בַיִת כִּי אִם־לְהַקְטִיר לְפָנָיו׃
וְעַתָּה שְׁלַח־לִי אִישׁ־חָכָם לַעֲשׂוֹת בַּזָּהָב וּבַכֶּסֶף וּבַנְּחֹשֶׁת ו
וּבַבַּרְזֶל וּבָאַרְגְּוָן וְכַרְמִיל וּתְכֵלֶת וְיֹדֵעַ לְפַתֵּחַ פִּתּוּחִים עִם־
הַחֲכָמִים אֲשֶׁר עִמִּי בִּיהוּדָה וּבִירוּשָׁלִַם אֲשֶׁר הֵכִין דָּוִיד אָבִי׃
וּשְׁלַח־לִי עֲצֵי אֲרָזִים בְּרוֹשִׁים וְאַלְגּוּמִּים מֵהַלְּבָנוֹן כִּי אֲנִי ז
יָדַעְתִּי אֲשֶׁר עֲבָדֶיךָ יוֹדְעִים לִכְרוֹת עֲצֵי לְבָנוֹן וְהִנֵּה עֲבָדַי
עִם־עֲבָדֶיךָ׃ וּלְהָכִין לִי עֵצִים לָרֹב כִּי הַבַּיִת אֲשֶׁר־אֲנִי בוֹנֶה ח
גָּדוֹל וְהַפְלֵא׃ וְהִנֵּה לַחֹטְבִים לְכֹרְתֵי הָעֵצִים נָתַתִּי חִטִּים ׀ ט
מַכּוֹת לַעֲבָדֶיךָ כֹּרִים עֶשְׂרִים אֶלֶף וּשְׂעֹרִים כֹּרִים עֶשְׂרִים אָלֶף
וְיַיִן בַּתִּים עֶשְׂרִים אֶלֶף וְשֶׁמֶן בַּתִּים עֶשְׂרִים אָלֶף׃
וַיֹּאמֶר חוּרָם מֶלֶךְ־צֹר בִּכְתָב וַיִּשְׁלַח אֶל־שְׁלֹמֹה בְּאַהֲבַת י
יְהוָה אֶת־עַמּוֹ נְתָנְךָ עֲלֵיהֶם מֶלֶךְ׃ וַיֹּאמֶר חוּרָם בָּרוּךְ יְהוָה יא
אֱלֹהֵי יִשְׂרָאֵל אֲשֶׁר עָשָׂה אֶת־הַשָּׁמַיִם וְאֶת־הָאָרֶץ אֲשֶׁר
נָתַן לְדָוִיד הַמֶּלֶךְ בֵּן חָכָם יוֹדֵעַ שֵׂכֶל וּבִינָה אֲשֶׁר יִבְנֶה־בַּיִת
לַיהוָה וּבַיִת לְמַלְכוּתוֹ׃ וְעַתָּה שָׁלַחְתִּי אִישׁ־חָכָם יוֹדֵעַ בִּינָה יב
לְחוּרָם אָבִי׃ בֶּן־אִשָּׁה מִן־בְּנוֹת דָּן וְאָבִיו אִישׁ־צֹרִי יוֹדֵעַ יג
לַעֲשׂוֹת בַּזָּהָב־וּבַכֶּסֶף בַּנְּחֹשֶׁת בַּבַּרְזֶל בָּאֲבָנִים וּבָעֵצִים
בָּאַרְגָּמָן בַּתְּכֵלֶת וּבַבּוּץ וּבַכַּרְמִיל וּלְפַתֵּחַ כָּל־פִּתּוּחַ וְלַחְשֹׁב
כָּל־מַחֲשָׁבֶת אֲשֶׁר יִנָּתֶן־לוֹ עִם־חֲכָמֶיךָ וַחֲכְמֵי אֲדֹנִי דָּוִיד
אָבִיךָ׃ וְעַתָּה הַחִטִּים וְהַשְּׂעֹרִים הַשֶּׁמֶן וְהַיַּיִן אֲשֶׁר אָמַר יד

טו אֲדֹנִי יִשְׁלַח לַעֲבָדָיו׃ וַאֲנַחְנוּ נִכְרֹת עֵצִים מִן־הַלְּבָנוֹן כְּכָל־
צָרְכֶּךָ וּנְבִיאֵם לְךָ רַפְסֹדוֹת עַל־יָם יָפוֹ וְאַתָּה תַּעֲלֶה אֹתָם
טז יְרוּשָׁלִָם׃ וַיִּסְפֹּר שְׁלֹמֹה כָּל־הָאֲנָשִׁים הַגֵּירִים אֲשֶׁר
בְּאֶרֶץ יִשְׂרָאֵל אַחֲרֵי הַסְּפָר אֲשֶׁר סְפָרָם דָּוִיד אָבִיו וַיִּמָּצְאוּ
יז מֵאָה וַחֲמִשִּׁים אֶלֶף וּשְׁלֹשֶׁת אֲלָפִים וְשֵׁשׁ מֵאוֹת׃ וַיַּעַשׂ מֵהֶם
שִׁבְעִים אֶלֶף סַבָּל וּשְׁמֹנִים אֶלֶף חֹצֵב בָּהָר וּשְׁלֹשֶׁת אֲלָפִים
ג א וְשֵׁשׁ מֵאוֹת מְנַצְּחִים לְהַעֲבִיד אֶת־הָעָם׃ וַיָּחֶל שְׁלֹמֹה לִבְנוֹת
אֶת־בֵּית־יהוה בִּירוּשָׁלִַם בְּהַר הַמּוֹרִיָּה אֲשֶׁר נִרְאָה לְדָוִיד
ב אָבִיהוּ אֲשֶׁר הֵכִין בִּמְקוֹם דָּוִיד בְּגֹרֶן אָרְנָן הַיְבוּסִי׃ וַיָּחֶל
ג לִבְנוֹת בַּחֹדֶשׁ הַשֵּׁנִי בַּשֵּׁנִי בִּשְׁנַת אַרְבַּע לְמַלְכוּתוֹ׃ וְאֵלֶּה
הוּסַד שְׁלֹמֹה לִבְנוֹת אֶת־בֵּית הָאֱלֹהִים הָאֹרֶךְ אַמּוֹת בַּמִּדָּה
ד הָרִאשׁוֹנָה אַמּוֹת שִׁשִּׁים וְרֹחַב אַמּוֹת עֶשְׂרִים׃ וְהָאוּלָם אֲשֶׁר
עַל־פְּנֵי הָאֹרֶךְ עַל־פְּנֵי רֹחַב־הַבַּיִת אַמּוֹת עֶשְׂרִים וְהַגֹּבַהּ
ה מֵאָה וְעֶשְׂרִים וַיְצַפֵּהוּ מִפְּנִימָה זָהָב טָהוֹר׃ וְאֵת ׀ הַבַּיִת
הַגָּדוֹל חִפָּה עֵץ בְּרוֹשִׁים וַיְחַפֵּהוּ זָהָב טוֹב וַיַּעַל עָלָיו תִּמֹרִים
ו וְשַׁרְשְׁרוֹת׃ וַיְצַף אֶת־הַבַּיִת אֶבֶן יְקָרָה לְתִפְאָרֶת וְהַזָּהָב זְהַב
ז פַּרְוָיִם׃ וַיְחַף אֶת־הַבַּיִת הַקֹּרוֹת הַסִּפִּים וְקִירוֹתָיו וְדַלְתוֹתָיו
ח זָהָב וּפִתַּח כְּרוּבִים עַל־הַקִּירוֹת׃ וַיַּעַשׂ אֶת־בֵּית־
קֹדֶשׁ הַקֳּדָשִׁים אָרְכּוֹ עַל־פְּנֵי רֹחַב־הַבַּיִת אַמּוֹת עֶשְׂרִים
וְרָחְבּוֹ אַמּוֹת עֶשְׂרִים וַיְחַפֵּהוּ זָהָב טוֹב לְכִכָּרִים שֵׁשׁ מֵאוֹת׃
ט וּמִשְׁקָל לְמִסְמְרוֹת לִשְׁקָלִים חֲמִשִּׁים זָהָב וְהָעֲלִיּוֹת חִפָּה
י זָהָב׃ וַיַּעַשׂ בְּבֵית־קֹדֶשׁ הַקֳּדָשִׁים כְּרוּבִים שְׁנַיִם
יא מַעֲשֵׂה צַעֲצֻעִים וַיְצַפּוּ אֹתָם זָהָב׃ וְכַנְפֵי הַכְּרוּבִים אָרְכָּם
אַמּוֹת עֶשְׂרִים כְּנַף הָאֶחָד לְאַמּוֹת חָמֵשׁ מַגַּעַת לְקִיר הַבַּיִת
וְהַכָּנָף הָאַחֶרֶת אַמּוֹת חָמֵשׁ מַגִּיעַ לִכְנַף הַכְּרוּב הָאַחֵר׃
יב וּכְנַף הַכְּרוּב הָאֶחָד אַמּוֹת חָמֵשׁ מַגִּיעַ לְקִיר הַבַּיִת וְהַכָּנָף
יג הָאַחֶרֶת אַמּוֹת חָמֵשׁ דְּבֵקָה לִכְנַף הַכְּרוּב הָאַחֵר׃ כַּנְפֵי

הַכְּרוּבִים הָאֵלֶּה פֹּרְשִׂים אַמּוֹת עֶשְׂרִים וְהֵם עֹמְדִים עַל־
רַגְלֵיהֶם וּפְנֵיהֶם לַבָּיִת׃ וַיַּעַשׂ אֶת־הַפָּרֹכֶת תְּכֵלֶת יד
וְאַרְגָּמָן וְכַרְמִיל וּבוּץ וַיַּעַל עָלָיו כְּרוּבִים׃ וַיַּעַשׂ טו
לִפְנֵי הַבַּיִת עַמּוּדִים שְׁנַיִם אַמּוֹת שְׁלֹשִׁים וְחָמֵשׁ אֹרֶךְ וְהַצֶּפֶת
אֲשֶׁר־עַל־רֹאשׁוֹ אַמּוֹת חָמֵשׁ׃ וַיַּעַשׂ שַׁרְשְׁרוֹת טז
בַּדְּבִיר וַיִּתֵּן עַל־רֹאשׁ הָעַמֻּדִים וַיַּעַשׂ רִמּוֹנִים מֵאָה וַיִּתֵּן
בַּשַּׁרְשְׁרוֹת׃ וַיָּקֶם אֶת־הָעַמּוּדִים עַל־פְּנֵי הַהֵיכָל אֶחָד מִיָּמִין יז
הַיְמָנִי וְאֶחָד מֵהַשְּׂמֹאול וַיִּקְרָא שֵׁם־הימיני יָכִין וְשֵׁם הַשְּׂמָאלִי
בֹּעַז׃ וַיַּעַשׂ מִזְבַּח נְחֹשֶׁת עֶשְׂרִים אַמָּה אָרְכּוֹ וְעֶשְׂרִים א ד
אַמָּה רָחְבּוֹ וְעֶשֶׂר אַמּוֹת קוֹמָתוֹ׃ וַיַּעַשׂ אֶת־הַיָּם ב
מוּצָק עֶשֶׂר בָּאַמָּה מִשְּׂפָתוֹ אֶל־שְׂפָתוֹ עָגוֹל ׀ סָבִיב וְחָמֵשׁ
בָּאַמָּה קוֹמָתוֹ וְקָו שְׁלֹשִׁים בָּאַמָּה יָסֹב אֹתוֹ סָבִיב׃ וּדְמוּת ג
בְּקָרִים תַּחַת לוֹ סָבִיב ׀ סָבִיב סוֹבְבִים אֹתוֹ עֶשֶׂר בָּאַמָּה
מַקִּיפִים אֶת־הַיָּם סָבִיב שְׁנַיִם טוּרִים הַבָּקָר יְצוּקִים בְּמֻצַקְתּוֹ׃
עוֹמֵד עַל־שְׁנֵים עָשָׂר בָּקָר שְׁלֹשָׁה פֹנִים ׀ צָפוֹנָה וּשְׁלוֹשָׁה ד
פֹנִים ׀ יָמָּה וּשְׁלֹשָׁה ׀ פֹּנִים נֶגְבָּה וּשְׁלֹשָׁה פֹּנִים מִזְרָחָה וְהַיָּם
עֲלֵיהֶם מִלְמָעְלָה וְכָל־אֲחֹרֵיהֶם בָּיְתָה׃ וְעָבְיוֹ טֶפַח וּשְׂפָתוֹ ה
כְּמַעֲשֵׂה שְׂפַת־כּוֹס פֶּרַח שׁוֹשַׁנָּה מַחֲזִיק בַּתִּים שְׁלֹשֶׁת אֲלָפִים
יָכִיל׃ וַיַּעַשׂ כִּיּוֹרִים עֲשָׂרָה וַיִּתֵּן חֲמִשָּׁה מִיָּמִין ו
וַחֲמִשָּׁה מִשְּׂמֹאול לְרָחְצָה בָהֶם אֶת־מַעֲשֵׂה הָעוֹלָה יָדִיחוּ
בָם וְהַיָּם לְרָחְצָה לַכֹּהֲנִים בּוֹ׃ וַיַּעַשׂ אֶת־מְנֹרוֹת ז
הַזָּהָב עֶשֶׂר כְּמִשְׁפָּטָם וַיִּתֵּן בַּהֵיכָל חָמֵשׁ מִיָּמִין וְחָמֵשׁ
מִשְּׂמֹאול׃ וַיַּעַשׂ שֻׁלְחָנוֹת עֲשָׂרָה וַיַּנַּח בַּהֵיכָל חֲמִשָּׁה ח
מִיָּמִין וַחֲמִשָּׁה מִשְּׂמֹאול וַיַּעַשׂ מִזְרְקֵי זָהָב מֵאָה׃ וַיַּעַשׂ ט
חֲצַר הַכֹּהֲנִים וְהָעֲזָרָה הַגְּדוֹלָה וּדְלָתוֹת לָעֲזָרָה וְדַלְתוֹתֵיהֶם
צִפָּה נְחֹשֶׁת׃ וְאֶת־הַיָּם נָתַן מִכֶּתֶף הַיְמָנִית קֵדְמָה מִמּוּל י
נֶגְבָּה׃ וַיַּעַשׂ חוּרָם אֶת־הַסִּירוֹת וְאֶת־הַיָּעִים וְאֶת־ יא

הַמִּזְרָקוֹת וַיְכַל חִירָם לַעֲשׂוֹת אֶת־הַמְּלָאכָה אֲשֶׁר עָשָׂה חוּרָם
יב לַמֶּלֶךְ שְׁלֹמֹה בְּבֵית הָאֱלֹהִים׃ עַמּוּדִים שְׁנַיִם וְהַגֻּלּוֹת וְהַכֹּתָרוֹת
עַל־רֹאשׁ הָעַמּוּדִים שְׁתָּיִם וְהַשְּׂבָכוֹת שְׁתַּיִם לְכַסּוֹת אֶת־
יג שְׁתֵּי גֻּלּוֹת הַכֹּתָרוֹת אֲשֶׁר עַל־רֹאשׁ הָעַמּוּדִים׃ וְאֶת־הָרִמּוֹנִים
אַרְבַּע מֵאוֹת לִשְׁתֵּי הַשְּׂבָכוֹת שְׁנַיִם טוּרִים רִמּוֹנִים לַשְּׂבָכָה
הָאֶחָת לְכַסּוֹת אֶת־שְׁתֵּי גֻּלּוֹת הַכֹּתָרוֹת אֲשֶׁר עַל־פְּנֵי
יד הָעַמּוּדִים׃ וְאֶת־הַמְּכֹנוֹת עָשָׂה וְאֶת־הַכִּיֹּרוֹת עָשָׂה עַל־
טו הַמְּכֹנוֹת׃ אֶת־הַיָּם אֶחָד וְאֶת־הַבָּקָר שְׁנֵים־עָשָׂר תַּחְתָּיו׃
טז וְאֶת־הַסִּירוֹת וְאֶת־הַיָּעִים וְאֶת־הַמִּזְלָגוֹת וְאֶת־כָּל־כְּלֵיהֶם
עָשָׂה חוּרָם אָבִיו לַמֶּלֶךְ שְׁלֹמֹה לְבֵית יְהוָה נְחֹשֶׁת מָרוּק׃
יז בְּכִכַּר הַיַּרְדֵּן יְצָקָם הַמֶּלֶךְ בַּעֲבִי הָאֲדָמָה בֵּין סֻכּוֹת וּבֵין
יח צְרֵדָתָה׃ וַיַּעַשׂ שְׁלֹמֹה כָּל־הַכֵּלִים הָאֵלֶּה לָרֹב מְאֹד כִּי
יט לֹא נֶחְקַר מִשְׁקַל הַנְּחֹשֶׁת׃ וַיַּעַשׂ שְׁלֹמֹה אֵת כָּל־
הַכֵּלִים אֲשֶׁר בֵּית הָאֱלֹהִים וְאֵת מִזְבַּח הַזָּהָב וְאֶת־הַשֻּׁלְחָנוֹת
כ וַעֲלֵיהֶם לֶחֶם הַפָּנִים׃ וְאֶת־הַמְּנֹרוֹת וְנֵרֹתֵיהֶם לְבַעֲרָם
כא כַּמִּשְׁפָּט לִפְנֵי הַדְּבִיר זָהָב סָגוּר׃ וְהַפֶּרַח וְהַנֵּרוֹת וְהַמֶּלְקַחַיִם
כב זָהָב הוּא מִכְלוֹת זָהָב׃ וְהַמְזַמְּרוֹת וְהַמִּזְרָקוֹת וְהַכַּפּוֹת
וְהַמַּחְתּוֹת זָהָב סָגוּר וּפֶתַח הַבַּיִת דַּלְתוֹתָיו הַפְּנִימִיּוֹת לְקֹדֶשׁ
הַקֳּדָשִׁים וְדַלְתֵי הַבַּיִת לַהֵיכָל זָהָב׃
ה א וַתִּשְׁלַם כָּל־הַמְּלָאכָה אֲשֶׁר־עָשָׂה שְׁלֹמֹה לְבֵית יְהוָה וַיָּבֵא
שְׁלֹמֹה אֶת־קָדְשֵׁי ׀ דָּוִיד אָבִיו וְאֶת־הַכֶּסֶף וְאֶת־הַזָּהָב וְאֶת־
ב כָּל־הַכֵּלִים נָתַן בְּאֹצְרוֹת בֵּית הָאֱלֹהִים׃ אָז יַקְהֵיל
שְׁלֹמֹה אֶת־זִקְנֵי יִשְׂרָאֵל וְאֶת־כָּל־רָאשֵׁי הַמַּטּוֹת נְשִׂיאֵי
הָאָבוֹת לִבְנֵי יִשְׂרָאֵל אֶל־יְרוּשָׁלִָם לְהַעֲלוֹת אֶת־אֲרוֹן בְּרִית־
ג יְהוָה מֵעִיר דָּוִיד הִיא צִיּוֹן׃ וַיִּקָּהֲלוּ אֶל־הַמֶּלֶךְ כָּל־אִישׁ
ד יִשְׂרָאֵל בֶּחָג הוּא הַחֹדֶשׁ הַשְּׁבִעִי׃ וַיָּבֹאוּ כֹּל זִקְנֵי יִשְׂרָאֵל
ה וַיִּשְׂאוּ הַלְוִיִּם אֶת־הָאָרוֹן׃ וַיַּעֲלוּ אֶת־הָאָרוֹן וְאֶת־אֹהֶל מוֹעֵד

וְאֶת־כׇּל־כְּלֵי הַקֹּדֶשׁ אֲשֶׁר בָּאֹהֶל הֶעֱלוּ אֹתָם הַכֹּהֲנִים
הַלְוִיִּם׃ וְהַמֶּלֶךְ שְׁלֹמֹה וְכׇל־עֲדַת יִשְׂרָאֵל הַנּוֹעָדִים עָלָיו ו
לִפְנֵי הָאָרוֹן מְזַבְּחִים צֹאן וּבָקָר אֲשֶׁר לֹא־יִסָּפְרוּ וְלֹא
יִמָּנוּ מֵרֹב׃ וַיָּבִיאוּ הַכֹּהֲנִים אֶת־אֲרוֹן בְּרִית־יהוה אֶל־ ז
מְקוֹמוֹ אֶל־דְּבִיר הַבַּיִת אֶל־קֹדֶשׁ הַקֳּדָשִׁים אֶל־תַּחַת כַּנְפֵי
הַכְּרוּבִים׃ וַיִּהְיוּ הַכְּרוּבִים פֹּרְשִׂים כְּנָפַיִם עַל־מְקוֹם הָאָרוֹן ח
וַיְכַסּוּ הַכְּרוּבִים עַל־הָאָרוֹן וְעַל־בַּדָּיו מִלְמָעְלָה׃ וַיַּאֲרִיכוּ ט
הַבַּדִּים וַיֵּרָאוּ רָאשֵׁי הַבַּדִּים מִן־הָאָרוֹן עַל־פְּנֵי הַדְּבִיר וְלֹא
יֵרָאוּ הַחוּצָה וַיְהִי־שָׁם עַד הַיּוֹם הַזֶּה׃ אֵין בָּאָרוֹן רַק שְׁנֵי י
הַלֻּחוֹת אֲשֶׁר־נָתַן מֹשֶׁה בְּחֹרֵב אֲשֶׁר כָּרַת יהוה עִם־בְּנֵי
יִשְׂרָאֵל בְּצֵאתָם מִמִּצְרָיִם׃ וַיְהִי בְּצֵאת הַכֹּהֲנִים מִן־ יא
הַקֹּדֶשׁ כִּי כׇּל־הַכֹּהֲנִים הַנִּמְצְאִים הִתְקַדָּשׁוּ אֵין לִשְׁמוֹר
לְמַחְלְקוֹת׃ וְהַלְוִיִּם הַמְשֹׁרְרִים לְכֻלָּם לְאָסָף לְהֵימָן לִידֻתוּן יב
וְלִבְנֵיהֶם וְלַאֲחֵיהֶם מְלֻבָּשִׁים בּוּץ בִּמְצִלְתַּיִם וּבִנְבָלִים
וְכִנֹּרוֹת עֹמְדִים מִזְרָח לַמִּזְבֵּחַ וְעִמָּהֶם כֹּהֲנִים לְמֵאָה וְעֶשְׂרִים
מְחַצְּרִים מחצררים בַּחֲצֹצְרוֹת׃ וַיְהִי כְאֶחָד למחצררים וְלַמְשֹׁרְרִים יג
לְמַחְצְּרִים לְהַשְׁמִיעַ קוֹל־אֶחָד לְהַלֵּל וּלְהֹדוֹת לַיהוה וּכְהָרִים קוֹל
בַּחֲצֹצְרוֹת וּבִמְצִלְתַּיִם וּבִכְלֵי הַשִּׁיר וּבְהַלֵּל לַיהוה כִּי טוֹב
יג כִּי לְעוֹלָם חַסְדּוֹ וְהַבַּיִת מָלֵא עָנָן בֵּית יהוה׃ וְלֹא־יָכְלוּ יד
הַכֹּהֲנִים לַעֲמוֹד לְשָׁרֵת מִפְּנֵי הֶעָנָן כִּי־מָלֵא כְבוֹד־יהוה אֶת־
בֵּית הָאֱלֹהִים׃ אָז אָמַר שְׁלֹמֹה יהוה אָמַר לִשְׁכּוֹן ו א
בָּעֲרָפֶל׃ וַאֲנִי בָּנִיתִי בֵית־זְבֻל לָךְ וּמָכוֹן לְשִׁבְתְּךָ עוֹלָמִים׃ ב
וַיַּסֵּב הַמֶּלֶךְ אֶת־פָּנָיו וַיְבָרֶךְ אֵת כׇּל־קְהַל יִשְׂרָאֵל וְכׇל־קְהַל ג
יִשְׂרָאֵל עוֹמֵד׃ וַיֹּאמֶר בָּרוּךְ יהוה אֱלֹהֵי יִשְׂרָאֵל אֲשֶׁר דִּבֶּר ד
בְּפִיו אֵת דָּוִיד אָבִי וּבְיָדָיו מִלֵּא לֵאמֹר׃ מִן־הַיּוֹם אֲשֶׁר ה
הוֹצֵאתִי אֶת־עַמִּי מֵאֶרֶץ מִצְרַיִם לֹא־בָחַרְתִּי בְעִיר מִכֹּל
שִׁבְטֵי יִשְׂרָאֵל לִבְנוֹת בַּיִת לִהְיוֹת שְׁמִי שָׁם וְלֹא־בָחַרְתִּי

ו בָּאִישׁ לִהְיוֹת נָגִיד עַל־עַמִּי יִשְׂרָאֵל׃ וָאֶבְחַר בִּירוּשָׁלִַם לִהְיוֹת
ז שְׁמִי שָׁם וָאֶבְחַר בְּדָוִיד לִהְיוֹת עַל־עַמִּי יִשְׂרָאֵל׃ וַיְהִי עִם־
ח לְבַב דָּוִיד אָבִי לִבְנוֹת בַּיִת לְשֵׁם יְהוָה אֱלֹהֵי יִשְׂרָאֵל׃ וַיֹּאמֶר
יְהוָה אֶל־דָּוִיד אָבִי יַעַן אֲשֶׁר הָיָה עִם־לְבָבְךָ לִבְנוֹת בַּיִת
ט לִשְׁמִי הֱטִיבוֹתָ כִּי הָיָה עִם־לְבָבֶךָ׃ רַק אַתָּה לֹא תִבְנֶה
י הַבָּיִת כִּי בִנְךָ הַיּוֹצֵא מֵחֲלָצֶיךָ הוּא־יִבְנֶה הַבַּיִת לִשְׁמִי׃ וַיָּקֶם
יְהוָה אֶת־דְּבָרוֹ אֲשֶׁר דִּבֵּר וָאָקוּם תַּחַת דָּוִיד אָבִי וָאֵשֵׁב ׀
עַל־כִּסֵּא יִשְׂרָאֵל כַּאֲשֶׁר דִּבֶּר יְהוָה וָאֶבְנֶה הַבַּיִת לְשֵׁם יְהוָה
יא אֱלֹהֵי יִשְׂרָאֵל׃ וָאָשִׂים שָׁם אֶת־הָאָרוֹן אֲשֶׁר שָׁם בְּרִית יְהוָה
יב אֲשֶׁר כָּרַת עִם־בְּנֵי יִשְׂרָאֵל׃ וַיַּעֲמֹד לִפְנֵי מִזְבַּח יְהוָה נֶגֶד
יג כָּל־קְהַל יִשְׂרָאֵל וַיִּפְרֹשׂ כַּפָּיו׃ כִּי־עָשָׂה שְׁלֹמֹה כִּיּוֹר נְחֹשֶׁת
וַיִּתְּנֵהוּ בְּתוֹךְ הָעֲזָרָה חָמֵשׁ אַמּוֹת אָרְכּוֹ וְחָמֵשׁ אַמּוֹת רָחְבּוֹ
וְאַמּוֹת שָׁלוֹשׁ קוֹמָתוֹ וַיַּעֲמֹד עָלָיו וַיִּבְרַךְ עַל־בִּרְכָּיו נֶגֶד כָּל־
יד קְהַל יִשְׂרָאֵל וַיִּפְרֹשׂ כַּפָּיו הַשָּׁמָיְמָה׃ וַיֹּאמַר יְהוָה אֱלֹהֵי
יִשְׂרָאֵל אֵין־כָּמוֹךָ אֱלֹהִים בַּשָּׁמַיִם וּבָאָרֶץ שֹׁמֵר הַבְּרִית
טו וְהַחֶסֶד לַעֲבָדֶיךָ הַהֹלְכִים לְפָנֶיךָ בְּכָל־לִבָּם׃ אֲשֶׁר שָׁמַרְתָּ
לְעַבְדְּךָ דָּוִיד אָבִי אֵת אֲשֶׁר־דִּבַּרְתָּ לוֹ וַתְּדַבֵּר בְּפִיךָ וּבְיָדְךָ
טז מִלֵּאתָ כַּיּוֹם הַזֶּה׃ וְעַתָּה יְהוָה ׀ אֱלֹהֵי יִשְׂרָאֵל שְׁמֹר לְעַבְדְּךָ
דָוִיד אָבִי אֵת אֲשֶׁר דִּבַּרְתָּ לּוֹ לֵאמֹר לֹא־יִכָּרֵת לְךָ אִישׁ
מִלְּפָנַי יוֹשֵׁב עַל־כִּסֵּא יִשְׂרָאֵל רַק אִם־יִשְׁמְרוּ בָנֶיךָ אֶת־
יז דַּרְכָּם לָלֶכֶת בְּתוֹרָתִי כַּאֲשֶׁר הָלַכְתָּ לְפָנָי׃ וְעַתָּה יְהוָה אֱלֹהֵי
יח יִשְׂרָאֵל יֵאָמֵן דְּבָרְךָ אֲשֶׁר דִּבַּרְתָּ לְעַבְדְּךָ לְדָוִיד׃ כִּי הַאֻמְנָם
יֵשֵׁב אֱלֹהִים אֶת־הָאָדָם עַל־הָאָרֶץ הִנֵּה שָׁמַיִם וּשְׁמֵי הַשָּׁמַיִם
יט לֹא יְכַלְכְּלוּךָ אַף כִּי־הַבַּיִת הַזֶּה אֲשֶׁר בָּנִיתִי׃ וּפָנִיתָ אֶל־
תְּפִלַּת עַבְדְּךָ וְאֶל־תְּחִנָּתוֹ יְהוָה אֱלֹהָי לִשְׁמֹעַ אֶל־הָרִנָּה
כ וְאֶל־הַתְּפִלָּה אֲשֶׁר עַבְדְּךָ מִתְפַּלֵּל לְפָנֶיךָ׃ לִהְיוֹת עֵינֶיךָ
פְתֻחוֹת אֶל־הַבַּיִת הַזֶּה יוֹמָם וָלַיְלָה אֶל־הַמָּקוֹם אֲשֶׁר

אֲמַרְתָּ לָשׂוּם שִׁמְךָ שָׁם לִשְׁמוֹעַ אֶל־הַתְּפִלָּה אֲשֶׁר יִתְפַּלֵּל
כא עַבְדְּךָ אֶל־הַמָּקוֹם הַזֶּה׃ וְשָׁמַעְתָּ אֶל־תַּחֲנוּנֵי עַבְדְּךָ וְעַמְּךָ
יִשְׂרָאֵל אֲשֶׁר יִתְפַּלְלוּ אֶל־הַמָּקוֹם הַזֶּה וְאַתָּה תִּשְׁמַע
כב מִמְּקוֹם שִׁבְתְּךָ מִן־הַשָּׁמַיִם וְשָׁמַעְתָּ וְסָלָחְתָּ׃ אִם־יֶחֱטָא
אִישׁ לְרֵעֵהוּ וְנָשָׁא־בוֹ אָלָה לְהַאֲלֹתוֹ וּבָא אָלָה לִפְנֵי מִזְבַּחֲךָ
כג בַּבַּיִת הַזֶּה׃ וְאַתָּה ׀ תִּשְׁמַע מִן־הַשָּׁמַיִם וְעָשִׂיתָ וְשָׁפַטְתָּ
אֶת־עֲבָדֶיךָ לְהָשִׁיב לְרָשָׁע לָתֵת דַּרְכּוֹ בְּרֹאשׁוֹ וּלְהַצְדִּיק
כד צַדִּיק לָתֶת לוֹ כְּצִדְקָתוֹ׃ וְאִם־יִנָּגֵף עַמְּךָ יִשְׂרָאֵל
לִפְנֵי אוֹיֵב כִּי יֶחֶטְאוּ־לָךְ וְשָׁבוּ וְהוֹדוּ אֶת־שְׁמֶךָ וְהִתְפַּלְלוּ
כה וְהִתְחַנְּנוּ לְפָנֶיךָ בַּבַּיִת הַזֶּה׃ וְאַתָּה תִּשְׁמַע מִן־הַשָּׁמַיִם
וְסָלַחְתָּ לְחַטַּאת עַמְּךָ יִשְׂרָאֵל וַהֲשֵׁיבוֹתָם אֶל־הָאֲדָמָה
כו אֲשֶׁר־נָתַתָּה לָהֶם וְלַאֲבֹתֵיהֶם׃ בְּהֵעָצֵר הַשָּׁמַיִם
וְלֹא־יִהְיֶה מָטָר כִּי יֶחֶטְאוּ־לָךְ וְהִתְפַּלְלוּ אֶל־הַמָּקוֹם הַזֶּה
כז וְהוֹדוּ אֶת־שְׁמֶךָ מֵחַטָּאתָם יְשׁוּבוּן כִּי תַעֲנֵם׃ וְאַתָּה ׀ תִּשְׁמַע
הַשָּׁמַיִם וְסָלַחְתָּ לְחַטַּאת עֲבָדֶיךָ וְעַמְּךָ יִשְׂרָאֵל כִּי תוֹרֵם
אֶל־הַדֶּרֶךְ הַטּוֹבָה אֲשֶׁר יֵלְכוּ־בָהּ וְנָתַתָּה מָטָר עַל־אַרְצְךָ
כח אֲשֶׁר־נָתַתָּה לְעַמְּךָ לְנַחֲלָה׃ רָעָב כִּי־יִהְיֶה בָאָרֶץ
דֶּבֶר כִּי־יִהְיֶה שִׁדָּפוֹן וְיֵרָקוֹן אַרְבֶּה וְחָסִיל כִּי יִהְיֶה כִּי יָצַר־
כט לוֹ אֹיְבָיו בְּאֶרֶץ שְׁעָרָיו כָּל־נֶגַע וְכָל־מַחֲלָה׃ כָּל־תְּפִלָּה
כָל־תְּחִנָּה אֲשֶׁר יִהְיֶה לְכָל־הָאָדָם וּלְכֹל עַמְּךָ יִשְׂרָאֵל אֲשֶׁר
ל יֵדְעוּ אִישׁ נִגְעוֹ וּמַכְאֹבוֹ וּפָרַשׂ כַּפָּיו אֶל־הַבַּיִת הַזֶּה׃ וְאַתָּה
תִּשְׁמַע מִן־הַשָּׁמַיִם מְכוֹן שִׁבְתֶּךָ וְסָלַחְתָּ וְנָתַתָּה לָאִישׁ כְּכָל־
דְּרָכָיו אֲשֶׁר תֵּדַע אֶת־לְבָבוֹ כִּי־אַתָּה לְבַדְּךָ יָדַעְתָּ אֶת־
לא לְבַב בְּנֵי הָאָדָם׃ לְמַעַן יִירָאוּךָ לָלֶכֶת בִּדְרָכֶיךָ כָּל־
הַיָּמִים אֲשֶׁר־הֵם חַיִּים עַל־פְּנֵי הָאֲדָמָה אֲשֶׁר נָתַתָּה
לב לַאֲבֹתֵינוּ׃ וְגַם אֶל־הַנָּכְרִי אֲשֶׁר לֹא־מֵעַמְּךָ יִשְׂרָאֵל
הוּא וּבָא ׀ מֵאֶרֶץ רְחוֹקָה לְמַעַן שִׁמְךָ הַגָּדוֹל וְיָדְךָ הַחֲזָקָה

לג וזרועך הנטויה ובאו והתפללו אל־הבית הזה: ואתה תשמע
מן־השמים ממכון שבתך ועשית ככל אשר־יקרא אליך
הנכרי למען ידעו כל־עמי הארץ את־שמך וליראה אתך
כעמך ישראל ולדעת כי־שמך נקרא על־הבית הזה אשר
לד בניתי: כי־יצא עמך למלחמה על־איביו בדרך
אשר תשלחם והתפללו אליך דרך העיר הזאת אשר
לה בחרת בה והבית אשר־בניתי לשמך: ושמעת מן־השמים
לו את־תפלתם ואת־תחנתם ועשית משפטם: כי יחטאו־לך
כי אין אדם אשר לא־יחטא ואנפת בם ונתתם לפני אויב
לז ושבום שוביהם אל־ארץ רחוקה או קרובה: והשיבו אל־
לבבם בארץ אשר נשבו־שם ושבו | והתחננו אליך בארץ
לח שבים לאמר חטאנו העוינו ורשענו: ושבו אליך בכל־לבם
ובכל־נפשם בארץ שבים אשר־שבו אתם והתפללו דרך
ארצם אשר נתתה לאבותם והעיר אשר בחרת ולבית
לט אשר־בניתי לשמך: ושמעת מן־השמים ממכון שבתך
את־תפלתם ואת־תחנתיהם ועשית משפטם וסלחת לעמך
מ אשר חטאו־לך: עתה אלהי יהיו־נא עיניך פתחות ואזניך
מא קשבות לתפלת המקום הזה: ועתה קומה יהוה
אלהים לנוחך אתה וארון עזך כהניך יהוה אלהים ילבשו
מב תשועה וחסידיך ישמחו בטוב: יהוה אלהים אל־תשב
ז א פני משיחך זכרה לחסדי דויד עבדך: וככלות
שלמה להתפלל והאש ירדה מהשמים ותאכל העלה
ב והזבחים וכבוד יהוה מלא את־הבית: ולא יכלו הכהנים
לבוא אל־בית יהוה כי־מלא כבוד־יהוה את־בית יהוה:
ג וכל | בני ישראל ראים ברדת האש וכבוד יהוה על־הבית
ויכרעו אפים ארצה על־הרצפה וישתחוו והודות ליהוה
ד כי טוב כי לעולם חסדו: והמלך וכל־העם זבחים זבח

לִפְנֵ֥י יְהוָֽה׃ וַיִּזְבַּ֞ח הַמֶּ֣לֶךְ שְׁלֹמֹה֮ אֶת־זֶ֣בַח הַבָּקָר֒ ה
עֶשְׂרִ֤ים וּשְׁנַ֙יִם֙ אֶ֔לֶף וְצֹ֕אן מֵאָ֥ה וְעֶשְׂרִ֖ים אָ֑לֶף וַֽיַּחְנְכוּ֙ אֶת־
בֵּ֣ית הָאֱלֹהִ֔ים הַמֶּ֖לֶךְ וְכָל־הָעָֽם׃ וְהַכֹּהֲנִ֞ים עַל־מִשְׁמְרוֹתָ֣ם ו
עֹמְדִ֗ים וְהַלְוִיִּ֞ם בִּכְלֵי־שִׁ֣יר יְהוָ֗ה אֲשֶׁ֨ר עָשָׂ֜ה דָּוִ֣יד הַמֶּ֗לֶךְ
לְהֹד֤וֹת לַֽיהוָה֙ כִּֽי־לְעוֹלָ֣ם חַסְדּ֔וֹ בְּהַלֵּ֥ל דָּוִ֖יד בְּיָדָ֑ם וְהַכֹּהֲנִים֙
מַחְצְרִ֑ים מחצצרים נֶגְדָּ֔ם וְכָל־יִשְׂרָאֵ֖ל עֹמְדִֽים׃ וַיְקַדֵּ֨שׁ שְׁלֹמֹ֜ה ז
אֶת־תּ֣וֹךְ הֶחָצֵ֗ר אֲשֶׁר֙ לִפְנֵ֣י בֵית־יְהוָ֔ה כִּי־עָ֣שָׂה שָׁ֗ם הָעֹלוֹת֙
וְאֵ֖ת חֶלְבֵ֣י הַשְּׁלָמִ֑ים כִּֽי־מִזְבַּ֤ח הַנְּחֹ֙שֶׁת֙ אֲשֶׁ֣ר עָשָׂ֣ה שְׁלֹמֹ֔ה
לֹ֣א יָכ֗וֹל לְהָכִ֛יל אֶת־הָעֹלָ֥ה וְאֶת־הַמִּנְחָ֖ה וְאֶת־הַחֲלָבִֽים׃
וַיַּ֣עַשׂ שְׁלֹמֹ֣ה אֶת־הֶ֠חָג בָּעֵ֨ת הַהִ֜יא שִׁבְעַ֣ת יָמִ֗ים וְכָל־יִשְׂרָאֵל֙ ח
עִמּ֔וֹ קָהָ֖ל גָּד֣וֹל מְאֹ֑ד מִלְּב֥וֹא חֲמָ֖ת עַד־נַ֥חַל מִצְרָֽיִם׃ וַיַּעֲשׂ֛וּ ט
בַּיּ֥וֹם הַשְּׁמִינִ֖י עֲצָ֑רֶת כִּ֣י ׀ חֲנֻכַּ֣ת הַמִּזְבֵּ֗חַ עָשׂוּ֙ שִׁבְעַ֣ת יָמִ֔ים
וְהֶחָ֖ג שִׁבְעַ֥ת יָמִֽים׃ וּבְי֨וֹם עֶשְׂרִ֤ים וּשְׁלֹשָׁה֙ לַחֹ֣דֶשׁ הַשְּׁבִיעִ֔י י
שִׁלַּ֥ח אֶת־הָעָ֖ם לְאָהֳלֵיהֶ֑ם שְׂמֵחִים֙ וְט֣וֹבֵי לֵ֔ב עַל־הַטּוֹבָ֗ה
יד אֲשֶׁ֨ר עָשָׂ֤ה יְהוָה֙ לְדָוִ֣יד וְלִשְׁלֹמֹ֔ה וּלְיִשְׂרָאֵ֖ל עַמּֽוֹ׃ וַיְכַ֧ל יא
שְׁלֹמֹ֛ה אֶת־בֵּ֥ית יְהוָ֖ה וְאֶת־בֵּ֣ית הַמֶּ֑לֶךְ וְאֵ֨ת כָּל־הַבָּ֜א עַל־לֵ֣ב
שְׁלֹמֹ֗ה לַעֲשׂ֛וֹת בְּבֵית־יְהוָ֥ה וּבְבֵית֖וֹ הִצְלִֽיחַ׃ וַיֵּרָ֧א יב
יְהוָ֛ה אֶל־שְׁלֹמֹ֖ה בַּלָּ֑יְלָה וַיֹּ֣אמֶר ל֗וֹ שָׁמַ֙עְתִּי֙ אֶת־תְּפִלָּתֶ֔ךָ
וּבָחַ֜רְתִּי בַּמָּק֥וֹם הַזֶּ֛ה לִ֖י לְבֵ֥ית זָֽבַח׃ הֵ֣ן אֶעֱצֹ֤ר הַשָּׁמַ֙יִם֙ וְלֹֽא־ יג
יִהְיֶ֣ה מָטָ֔ר וְהֵן־אֲצַוֶּ֥ה עַל־חָגָ֖ב לֶאֱכ֣וֹל הָאָ֑רֶץ וְאִם־אֲשַׁלַּ֥ח
דֶּ֖בֶר בְּעַמִּֽי׃ וְיִכָּנְע֨וּ עַמִּ֜י אֲשֶׁ֧ר נִקְרָא־שְׁמִ֛י עֲלֵיהֶ֖ם וְיִתְפַּֽלְלוּ֙ יד
וִיבַקְשׁ֣וּ פָנַ֔י וְיָשֻׁ֖בוּ מִדַּרְכֵיהֶ֣ם הָרָעִ֑ים וַאֲנִ֗י אֶשְׁמַ֤ע מִן־הַשָּׁמַ֙יִם֙
וְאֶסְלַח֙ לְחַטָּאתָ֔ם וְאֶרְפָּ֖א אֶת־אַרְצָֽם׃ עַתָּ֗ה עֵינַי֙ יִהְי֣וּ פְתֻח֔וֹת טו
וְאָזְנַ֖י קַשֻּׁב֑וֹת לִתְפִלַּ֖ת הַמָּק֥וֹם הַזֶּֽה׃ וְעַתָּ֗ה בָּחַ֧רְתִּי וְהִקְדַּ֛שְׁתִּי טז
אֶת־הַבַּ֥יִת הַזֶּ֖ה לִֽהְיֽוֹת־שְׁמִ֥י שָׁ֖ם עַד־עוֹלָ֑ם וְהָי֨וּ עֵינַ֧י וְלִבִּ֛י
שָׁ֖ם כָּל־הַיָּמִֽים׃ וְאַתָּ֗ה אִם־תֵּלֵ֤ךְ לְפָנַי֙ כַּאֲשֶׁ֤ר הָלַךְ֙ דָּוִ֣יד יז
אָבִ֔יךָ וְלַעֲשׂ֕וֹת כְּכֹ֖ל אֲשֶׁ֣ר צִוִּיתִ֑יךָ וְחֻקַּ֥י וּמִשְׁפָּטַ֖י תִּשְׁמֽוֹר׃

יח וַהֲקִימוֹתִ֔י אֵ֖ת כִּסֵּ֣א מַלְכוּתֶ֑ךָ כַּאֲשֶׁ֣ר כָּרַ֗תִּי לְדָוִ֤יד אָבִ֙יךָ֙ לֵאמֹ֔ר
יט לֹֽא־יִכָּרֵ֤ת לְךָ֙ אִ֔ישׁ מוֹשֵׁ֖ל בְּיִשְׂרָאֵֽל׃ וְאִם־תְּשׁוּב֣וּן אַתֶּ֔ם
וַעֲזַבְתֶּם֙ חֻקּוֹתַ֣י וּמִצְוֺתַ֔י אֲשֶׁ֥ר נָתַ֖תִּי לִפְנֵיכֶ֑ם וַהֲלַכְתֶּ֗ם וַעֲבַדְתֶּם֙
כ אֱלֹהִ֣ים אֲחֵרִ֔ים וְהִשְׁתַּחֲוִיתֶ֖ם לָהֶֽם׃ וּנְתַשְׁתִּ֗ים מֵעַ֤ל אַדְמָתִי֙
אֲשֶׁר־נָתַ֣תִּי לָהֶ֔ם וְאֶת־הַבַּ֤יִת הַזֶּה֙ אֲשֶׁ֣ר הִקְדַּ֣שְׁתִּי לִשְׁמִ֔י
אַשְׁלִ֖יךְ מֵעַ֣ל פָּנָ֑י וְאֶתְּנֶ֣נּוּ לְמָשָׁ֔ל וְלִשְׁנִינָ֖ה בְּכָל־הָעַמִּֽים׃
כא וְהַבַּ֣יִת הַזֶּה֮ אֲשֶׁ֣ר הָיָ֣ה עֶלְי֒וֹן֒ לְכָל־עֹבֵ֥ר עָלָ֖יו יִשֹּׁ֑ם וְאָמַ֕ר
כב בַּמֶּ֨ה עָשָׂ֤ה יְהוָה֙ כָּ֔כָה לָאָ֥רֶץ הַזֹּ֖את וְלַבַּ֥יִת הַזֶּֽה׃ וְאָ֣מְר֗וּ
עַל֩ אֲשֶׁ֨ר עָזְב֜וּ אֶת־יְהוָ֣ה ׀ אֱלֹהֵ֣י אֲבֹתֵיהֶ֗ם אֲשֶׁ֣ר הוֹצִיאָם֮
מֵאֶ֣רֶץ מִצְרַיִם֒ וַֽיַּחֲזִ֙יקוּ֙ בֵּאלֹהִ֣ים אֲחֵרִ֔ים וַיִּשְׁתַּחֲוּ֥וּ לָהֶ֖ם
וַיַּעַבְד֑וּם עַל־כֵּ֗ן הֵבִ֣יא עֲלֵיהֶ֔ם אֵ֥ת כָּל־הָרָעָ֖ה הַזֹּֽאת׃
ח א וַיְהִ֗י מִקֵּ֣ץ ׀ עֶשְׂרִ֣ים שָׁנָ֔ה אֲשֶׁ֨ר בָּנָ֧ה שְׁלֹמֹ֛ה אֶת־בֵּ֥ית יְהוָ֖ה
ב וְאֶת־בֵּיתֽוֹ׃ וְהֶעָרִ֗ים אֲשֶׁ֨ר נָתַ֤ן חוּרָם֙ לִשְׁלֹמֹ֔ה בָּנָ֥ה שְׁלֹמֹ֖ה
ג אֹתָ֑ם וַיּ֥וֹשֶׁב שָׁ֖ם אֶת־בְּנֵ֥י יִשְׂרָאֵֽל׃ וַיֵּ֣לֶךְ שְׁלֹמֹ֔ה חֲמָ֥ת צוֹבָ֖ה
ד וַיֶּחֱזַ֥ק עָלֶֽיהָ׃ וַיִּ֥בֶן אֶת־תַּדְמֹ֖ר בַּמִּדְבָּ֑ר וְאֵת֙ כָּל־עָרֵ֣י הַֽמִּסְכְּנ֔וֹת
ה אֲשֶׁ֥ר בָּנָ֖ה בַּחֲמָֽת׃ וַיִּ֜בֶן אֶת־בֵּ֨ית חוֹר֤וֹן הָעֶלְיוֹן֙ וְאֶת־בֵּ֥ית
ו חוֹר֖וֹן הַתַּחְתּ֑וֹן עָרֵ֣י מָצ֔וֹר חוֹמ֖וֹת דְּלָתַ֥יִם וּבְרִֽיחַ׃ וְאֶת־בַּעֲלָ֗ת
וְאֵ֨ת כָּל־עָרֵ֤י הַֽמִּסְכְּנוֹת֙ אֲשֶׁ֣ר הָי֣וּ לִשְׁלֹמֹ֔ה וְאֵת֙ כָּל־עָרֵ֣י
הָרֶ֔כֶב וְאֵ֖ת עָרֵ֣י הַפָּרָשִׁ֑ים וְאֵ֣ת ׀ כָּל־חֵ֣שֶׁק שְׁלֹמֹ֗ה אֲשֶׁ֨ר חָשַׁ֜ק
ז לִבְנ֤וֹת בִּירֽוּשָׁלִַ֙ם֙ וּבַלְּבָנ֔וֹן וּבְכֹ֖ל אֶ֥רֶץ מֶמְשַׁלְתּֽוֹ׃ כָּל־הָעָ֗ם
הַנּוֹתָר֙ מִן־הַֽחִתִּ֜י וְהָאֱמֹרִ֗י וְהַפְּרִזִּי֙ וְהַחִוִּ֣י וְהַיְבוּסִ֔י אֲשֶׁ֥ר לֹ֛א
ח מִיִּשְׂרָאֵ֖ל הֵֽמָּה׃ מִן־בְּנֵיהֶ֗ם אֲשֶׁ֨ר נוֹתְר֤וּ אַחֲרֵיהֶם֙ בָּאָ֔רֶץ אֲשֶׁ֥ר
ט לֹא־כִלּ֖וּם בְּנֵ֣י יִשְׂרָאֵ֑ל וַיַּעֲלֵ֤ם שְׁלֹמֹה֙ לְמַ֔ס עַ֖ד הַיּ֥וֹם הַזֶּֽה׃ וּמִן־
בְּנֵי֙ יִשְׂרָאֵ֔ל אֲשֶׁ֛ר לֹא־נָתַ֥ן שְׁלֹמֹ֖ה לַעֲבָדִ֣ים לִמְלַאכְתּ֑וֹ כִּי־הֵ֜מָּה
י אַנְשֵׁ֣י מִלְחָמָ֗ה וְשָׂרֵ֛י שָׁלִישָׁ֖יו וְשָׂרֵ֥י רִכְבּ֖וֹ וּפָרָשָֽׁיו׃ וְאֵ֛לֶּה שָׂרֵ֥י
הנציבים אֲשֶׁר־לַמֶּ֣לֶךְ שְׁלֹמֹ֑ה חֲמִשִּׁ֣ים וּמָאתַ֔יִם הָרֹדִ֖ים בָּעָֽם׃ הַנְּצִיבִ֖ים
יא וְאֶת־בַּת־פַּרְעֹ֗ה הֶעֱלָ֤ה שְׁלֹמֹה֙ מֵעִ֣יר דָּוִ֔יד לַבַּ֖יִת אֲשֶׁ֣ר בָּֽנָה־

לָהּ כִּי אָמַר לֹא־תֵשֵׁב אִשָּׁה לִי בְּבֵית דָּוִיד מֶלֶךְ־יִשְׂרָאֵל כִּי־
קֹדֶשׁ הֵמָּה אֲשֶׁר־בָּאָה אֲלֵיהֶם אֲרוֹן יְהוָה׃
יב אָז הֶעֱלָה שְׁלֹמֹה עֹלוֹת לַיהוָה עַל מִזְבַּח יְהוָה אֲשֶׁר בָּנָה
יג לִפְנֵי הָאוּלָם׃ וּבִדְבַר־יוֹם בְּיוֹם לְהַעֲלוֹת כְּמִצְוַת מֹשֶׁה
לַשַּׁבָּתוֹת וְלֶחֳדָשִׁים וְלַמּוֹעֲדוֹת שָׁלוֹשׁ פְּעָמִים בַּשָּׁנָה בְּחַג
יד הַמַּצּוֹת וּבְחַג הַשָּׁבֻעוֹת וּבְחַג הַסֻּכּוֹת׃ וַיַּעֲמֵד כְּמִשְׁפַּט דָּוִיד־
אָבִיו אֶת־מַחְלְקוֹת הַכֹּהֲנִים עַל־עֲבֹדָתָם וְהַלְוִיִּם עַל־
מִשְׁמְרוֹתָם לְהַלֵּל וּלְשָׁרֵת נֶגֶד הַכֹּהֲנִים לִדְבַר־יוֹם בְּיוֹמוֹ
וְהַשּׁוֹעֲרִים בְּמַחְלְקוֹתָם לְשַׁעַר וָשָׁעַר כִּי כֵן מִצְוַת דָּוִיד אִישׁ־
טו הָאֱלֹהִים׃ וְלֹא סָרוּ מִצְוַת הַמֶּלֶךְ עַל־הַכֹּהֲנִים וְהַלְוִיִּם לְכָל־
טז דָּבָר וְלָאֹצָרוֹת׃ וַתִּכֹּן כָּל־מְלֶאכֶת שְׁלֹמֹה עַד־הַיּוֹם מוּסַד
יז בֵּית־יְהוָה וְעַד־כְּלֹתוֹ שָׁלֵם בֵּית יְהוָה׃ אָז הָלַךְ
שְׁלֹמֹה לְעֶצְיוֹן־גֶּבֶר וְאֶל־אֵילוֹת עַל־שְׂפַת הַיָּם בְּאֶרֶץ אֱדוֹם׃
יח וַיִּשְׁלַח־לוֹ חוּרָם בְּיַד־עֲבָדָיו אוניות וַעֲבָדִים יוֹדְעֵי יָם וַיָּבֹאוּ אֳנִיּוֹת
עִם־עַבְדֵי שְׁלֹמֹה אוֹפִירָה וַיִּקְחוּ מִשָּׁם אַרְבַּע־מֵאוֹת וַחֲמִשִּׁים
ט א כִּכַּר זָהָב וַיָּבִיאוּ אֶל־הַמֶּלֶךְ שְׁלֹמֹה׃ וּמַלְכַּת־שְׁבָא
שָׁמְעָה אֶת־שֵׁמַע שְׁלֹמֹה וַתָּבוֹא לְנַסּוֹת אֶת־שְׁלֹמֹה בְחִידוֹת
בִּירוּשָׁלִַם בְּחַיִל כָּבֵד מְאֹד וּגְמַלִּים נֹשְׂאִים בְּשָׂמִים וְזָהָב
לָרֹב וְאֶבֶן יְקָרָה וַתָּבוֹא אֶל־שְׁלֹמֹה וַתְּדַבֵּר עִמּוֹ אֵת כָּל־
ב אֲשֶׁר הָיָה עִם־לְבָבָהּ׃ וַיַּגֶּד־לָהּ שְׁלֹמֹה אֶת־כָּל־דְּבָרֶיהָ וְלֹא־
ג נֶעְלַם דָּבָר מִשְּׁלֹמֹה אֲשֶׁר לֹא הִגִּיד לָהּ׃ וַתֵּרֶא מַלְכַּת־שְׁבָא
ד אֵת חָכְמַת שְׁלֹמֹה וְהַבַּיִת אֲשֶׁר בָּנָה׃ וּמַאֲכַל שֻׁלְחָנוֹ וּמוֹשַׁב
עֲבָדָיו וּמַעֲמַד מְשָׁרְתָיו וּמַלְבּוּשֵׁיהֶם וּמַשְׁקָיו וּמַלְבּוּשֵׁיהֶם
ה וַעֲלִיָּתוֹ אֲשֶׁר יַעֲלֶה בֵּית יְהוָה וְלֹא־הָיָה עוֹד בָּהּ רוּחַ׃ וַתֹּאמֶר
אֶל־הַמֶּלֶךְ אֱמֶת הַדָּבָר אֲשֶׁר שָׁמַעְתִּי בְּאַרְצִי עַל־דְּבָרֶיךָ
ו וְעַל־חָכְמָתֶךָ׃ וְלֹא־הֶאֱמַנְתִּי לְדִבְרֵיהֶם עַד אֲשֶׁר־בָּאתִי
וַתִּרְאֶינָה עֵינַי וְהִנֵּה לֹא הֻגַּד־לִי חֲצִי מַרְבִּית חָכְמָתֶךָ יָסַפְתָּ

ז על־השמועה אשר שמעתי: אשרי אנשיך ואשרי עבדיך
ח אלה העמדים לפניך תמיד ושמעים את־חכמתך: יהי יהוה
אלהיך ברוך אשר חפץ בך לתתך על־כסאו למלך ליהוה
אלהיך באהבת אלהיך את־ישראל להעמידו לעולם ויתנך
ט עליהם למלך לעשות משפט וצדקה: ותתן למלך מאה
ועשרים ׀ ככר זהב ובשמים לרב מאד ואבן יקרה ולא היה
י כבשם ההוא אשר נתנה מלכת־שבא למלך שלמה: וגם
עבדי חירם ועבדי שלמה אשר־הביאו זהב מאופיר הביאו חורם
יא עצי אלגומים ואבן יקרה: ויעש המלך את־עצי האלגומים
מסלות לבית־יהוה ולבית המלך וכנרות ונבלים לשרים ולא־
יב נראו כהם לפנים בארץ יהודה: והמלך שלמה נתן למלכת־
שבא את־כל־חפצה אשר שאלה מלבד אשר־הביאה אל־
יג המלך ותהפך ותלך לארצה היא ועבדיה: ויהי משקל
הזהב אשר־בא לשלמה בשנה אחת שש מאות וששים
יד ושש ככרי זהב: לבד מאנשי התרים והסחרים מביאים
וכל־מלכי ערב ופחות הארץ מביאים זהב וכסף לשלמה:
טו ויעש המלך שלמה מאתים צנה זהב שחוט שש מאות זהב
טז שחוט יעלה על־הצנה האחת: ושלש־מאות מגנים זהב
שחוט שלש מאות זהב יעלה על־המגן האחת ויתנם המלך
יז בבית יער הלבנון: ויעש המלך כסא־שן גדול
יח ויצפהו זהב טהור: ושש מעלות לכסא וכבש בזהב לכסא
מאחזים וידות מזה ומזה על־מקום השבת ושנים אריות
יט עמדים אצל הידות: ושנים עשר אריות עמדים שם על־
כ שש המעלות מזה ומזה לא־נעשה כן לכל־ממלכה: וכל
כלי משקה המלך שלמה זהב וכל כלי בית־יער הלבנון
כא זהב סגור אין כסף נחשב בימי שלמה למאומה: כי־אניות
למלך הלכות תרשיש עם עבדי חורם אחת לשלוש שנים

תָּבוֹאנָה ׀ אֳנִיּוֹת תַּרְשִׁישׁ נֹשְׂאוֹת זָהָב וָכֶסֶף שֶׁנְהַבִּים וְקוֹפִים
וְתוּכִּיִּים׃ וַיִּגְדַּל הַמֶּלֶךְ שְׁלֹמֹה מִכֹּל מַלְכֵי הָאָרֶץ לְעֹשֶׁר כב
וְחָכְמָה׃ וְכֹל מַלְכֵי הָאָרֶץ מְבַקְשִׁים אֶת־פְּנֵי שְׁלֹמֹה לִשְׁמֹעַ כג
אֶת־חָכְמָתוֹ אֲשֶׁר־נָתַן הָאֱלֹהִים בְּלִבּוֹ׃ וְהֵם מְבִיאִים אִישׁ כד טו
מִנְחָתוֹ כְּלֵי כֶסֶף וּכְלֵי זָהָב וּשְׂלָמוֹת נֵשֶׁק וּבְשָׂמִים סוּסִים
וּפְרָדִים דְּבַר־שָׁנָה בְּשָׁנָה׃ וַיְהִי לִשְׁלֹמֹה אַרְבַּעַת כה
אֲלָפִים אֻרְיוֹת סוּסִים וּמַרְכָּבוֹת וּשְׁנֵים־עָשָׂר אֶלֶף פָּרָשִׁים
וַיַּנִּיחֵם בְּעָרֵי הָרֶכֶב וְעִם־הַמֶּלֶךְ בִּירוּשָׁלִָם׃ וַיְהִי מוֹשֵׁל בְּכָל־ כו
הַמְּלָכִים מִן־הַנָּהָר וְעַד־אֶרֶץ פְּלִשְׁתִּים וְעַד גְּבוּל מִצְרָיִם׃
וַיִּתֵּן הַמֶּלֶךְ אֶת־הַכֶּסֶף בִּירוּשָׁלִַם כָּאֲבָנִים וְאֵת הָאֲרָזִים נָתַן כז
כַּשִּׁקְמִים אֲשֶׁר־בַּשְּׁפֵלָה לָרֹב׃ וּמוֹצִיאִים סוּסִים מִמִּצְרַיִם כח
לִשְׁלֹמֹה וּמִכָּל־הָאֲרָצוֹת׃ וּשְׁאָר דִּבְרֵי שְׁלֹמֹה הָרִאשֹׁנִים כט
וְהָאַחֲרוֹנִים הֲלֹא־הֵם כְּתוּבִים עַל־דִּבְרֵי נָתָן הַנָּבִיא וְעַל־
נְבוּאַת אֲחִיָּה הַשִּׁילוֹנִי וּבַחֲזוֹת יעדי הַחֹזֶה עַל־יָרָבְעָם בֶּן־נְבָט׃ יֶעְדּוֹ
וַיִּמְלֹךְ שְׁלֹמֹה בִירוּשָׁלִַם עַל־כָּל־יִשְׂרָאֵל אַרְבָּעִים שָׁנָה׃ וַיִּשְׁכַּב ל לא
שְׁלֹמֹה עִם־אֲבֹתָיו וַיִּקְבְּרֻהוּ בְּעִיר דָּוִיד אָבִיו וַיִּמְלֹךְ רְחַבְעָם
בְּנוֹ תַּחְתָּיו׃ וַיֵּלֶךְ רְחַבְעָם שְׁכֶמָה כִּי שְׁכֶם בָּאוּ י א
כָל־יִשְׂרָאֵל לְהַמְלִיךְ אֹתוֹ׃ וַיְהִי כִּשְׁמֹעַ יָרָבְעָם בֶּן־נְבָט ב
וְהוּא בְמִצְרַיִם אֲשֶׁר בָּרַח מִפְּנֵי שְׁלֹמֹה הַמֶּלֶךְ וַיָּשָׁב יָרָבְעָם
מִמִּצְרָיִם׃ וַיִּשְׁלְחוּ וַיִּקְרְאוּ־לוֹ וַיָּבֹא יָרָבְעָם וְכָל־יִשְׂרָאֵל ג
וַיְדַבְּרוּ אֶל־רְחַבְעָם לֵאמֹר׃ אָבִיךָ הִקְשָׁה אֶת־עֻלֵּנוּ וְעַתָּה ד
הָקֵל מֵעֲבוֹדַת אָבִיךָ הַקָּשָׁה וּמֵעֻלּוֹ הַכָּבֵד אֲשֶׁר־נָתַן עָלֵינוּ
וְנַעַבְדֶךָּ׃ וַיֹּאמֶר אֲלֵהֶם עוֹד שְׁלֹשֶׁת יָמִים וְשׁוּבוּ אֵלָי וַיֵּלֶךְ ה
הָעָם׃ וַיִּוָּעַץ הַמֶּלֶךְ רְחַבְעָם אֶת־הַזְּקֵנִים אֲשֶׁר־הָיוּ ו
עֹמְדִים לִפְנֵי שְׁלֹמֹה אָבִיו בִּהְיֹתוֹ חַי לֵאמֹר אֵיךְ אַתֶּם נוֹעָצִים
לְהָשִׁיב לְעָם־הַזֶּה דָבָר׃ וַיְדַבְּרוּ אֵלָיו לֵאמֹר אִם־תִּהְיֶה ז
לְטוֹב לְהָעָם הַזֶּה וּרְצִיתָם וְדִבַּרְתָּ אֲלֵהֶם דְּבָרִים טוֹבִים

ח וְהָיוּ לְךָ עֲבָדִים כָּל־הַיָּמִים׃ וַיַּעֲזֹב אֶת־עֲצַת הַזְּקֵנִים אֲשֶׁר
יְעָצֻהוּ וַיִּוָּעַץ אֶת־הַיְלָדִים אֲשֶׁר גָּדְלוּ אִתּוֹ הָעֹמְדִים לְפָנָיו׃
ט וַיֹּאמֶר אֲלֵהֶם מָה אַתֶּם נוֹעָצִים וְנָשִׁיב דָּבָר אֶת־הָעָם הַזֶּה
אֲשֶׁר דִּבְּרוּ אֵלַי לֵאמֹר הָקֵל מִן־הָעֹל אֲשֶׁר־נָתַן אָבִיךָ
י עָלֵינוּ׃ וַיְדַבְּרוּ אִתּוֹ הַיְלָדִים אֲשֶׁר גָּדְלוּ אִתּוֹ לֵאמֹר כֹּה
תֹאמַר לָעָם אֲשֶׁר־דִּבְּרוּ אֵלֶיךָ לֵאמֹר אָבִיךָ הִכְבִּיד אֶת־
עֻלֵּנוּ וְאַתָּה הָקֵל מֵעָלֵינוּ כֹּה תֹּאמַר אֲלֵהֶם קָטָנִּי עָבָה מִמָּתְנֵי
יא אָבִי׃ וְעַתָּה אָבִי הֶעְמִיס עֲלֵיכֶם עֹל כָּבֵד וַאֲנִי אֹסִיף עַל־עֻלְּכֶם
יב אָבִי יִסַּר אֶתְכֶם בַּשּׁוֹטִים וַאֲנִי בָּעַקְרַבִּים׃ וַיָּבֹא
יָרָבְעָם וְכָל־הָעָם אֶל־רְחַבְעָם בַּיּוֹם הַשְּׁלִשִׁי כַּאֲשֶׁר דִּבֶּר
יג הַמֶּלֶךְ לֵאמֹר שׁוּבוּ אֵלַי בַּיּוֹם הַשְּׁלִשִׁי׃ וַיַּעֲנֵם הַמֶּלֶךְ קָשָׁה
יד וַיַּעֲזֹב הַמֶּלֶךְ רְחַבְעָם אֵת עֲצַת הַזְּקֵנִים׃ וַיְדַבֵּר אֲלֵהֶם כַּעֲצַת
הַיְלָדִים לֵאמֹר אַכְבִּיד אֶת־עֻלְּכֶם וַאֲנִי אֹסִיף עָלָיו אָבִי
טו יִסַּר אֶתְכֶם בַּשּׁוֹטִים וַאֲנִי בָּעַקְרַבִּים׃ וְלֹא־שָׁמַע הַמֶּלֶךְ אֶל־
הָעָם כִּי־הָיְתָה נְסִבָּה מֵעִם הָאֱלֹהִים לְמַעַן הָקִים יְהוָה אֶת־
דְּבָרוֹ אֲשֶׁר דִּבֶּר בְּיַד אֲחִיָּהוּ הַשִּׁלוֹנִי אֶל־יָרָבְעָם בֶּן־נְבָט׃
טז וְכָל־יִשְׂרָאֵל כִּי לֹא־שָׁמַע הַמֶּלֶךְ לָהֶם וַיָּשִׁיבוּ הָעָם ׀
אֶת־הַמֶּלֶךְ ׀ לֵאמֹר מַה־לָּנוּ חֵלֶק בְּדָוִיד וְלֹא־נַחֲלָה בְּבֶן־
יִשַׁי אִישׁ לְאֹהָלֶיךָ יִשְׂרָאֵל עַתָּה רְאֵה בֵיתְךָ דָּוִיד וַיֵּלֶךְ
יז כָּל־יִשְׂרָאֵל לְאֹהָלָיו׃ וּבְנֵי יִשְׂרָאֵל הַיֹּשְׁבִים בְּעָרֵי
יח יְהוּדָה וַיִּמְלֹךְ עֲלֵיהֶם רְחַבְעָם׃ וַיִּשְׁלַח הַמֶּלֶךְ רְחַבְעָם
אֶת־הֲדֹרָם אֲשֶׁר עַל־הַמַּס וַיִּרְגְּמוּ־בוֹ בְנֵי־יִשְׂרָאֵל אֶבֶן
וַיָּמֹת וְהַמֶּלֶךְ רְחַבְעָם הִתְאַמֵּץ לַעֲלוֹת בַּמֶּרְכָּבָה לָנוּס
יט יְרוּשָׁלָם׃ וַיִּפְשְׁעוּ יִשְׂרָאֵל בְּבֵית דָּוִיד עַד הַיּוֹם
יא א הַזֶּה׃ וַיָּבֹא רְחַבְעָם יְרוּשָׁלַם וַיַּקְהֵל אֶת־בֵּית יְהוּדָה
וּבִנְיָמִן מֵאָה וּשְׁמוֹנִים אֶלֶף בָּחוּר עֹשֵׂה מִלְחָמָה לְהִלָּחֵם
ב עִם־יִשְׂרָאֵל לְהָשִׁיב אֶת־הַמַּמְלָכָה לִרְחַבְעָם׃ וַיְהִי

דְּבַר־יְהוָה אֶל־שְׁמַעְיָהוּ אִישׁ־הָאֱלֹהִים לֵאמֹר׃ אֱמֹר אֶל־ ג
רְחַבְעָם בֶּן־שְׁלֹמֹה מֶלֶךְ יְהוּדָה וְאֶל כָּל־יִשְׂרָאֵל בִּיהוּדָה
וּבִנְיָמִן לֵאמֹר׃ כֹּה אָמַר יְהוָה לֹא־תַעֲלוּ וְלֹא־תִלָּחֲמוּ עִם־ ד
אֲחֵיכֶם שׁוּבוּ אִישׁ לְבֵיתוֹ כִּי מֵאִתִּי נִהְיָה הַדָּבָר הַזֶּה וַיִּשְׁמְעוּ
אֶת־דִּבְרֵי יְהוָה וַיָּשֻׁבוּ מִלֶּכֶת אֶל־יָרָבְעָם׃ וַיֵּשֶׁב ה
רְחַבְעָם בִּירוּשָׁלָ͏ִם וַיִּבֶן עָרִים לְמָצוֹר בִּיהוּדָה׃ וַיִּבֶן אֶת־ ו
בֵּית־לֶחֶם וְאֶת־עֵיטָם וְאֶת־תְּקוֹעַ׃ וְאֶת־בֵּית־צוּר וְאֶת־ ז
שׂוֹכוֹ וְאֶת־עֲדֻלָּם׃ וְאֶת־גַּת וְאֶת־מָרֵשָׁה וְאֶת־זִיף׃ וְאֶת־ ח ט
אֲדוֹרַיִם וְאֶת־לָכִישׁ וְאֶת־עֲזֵקָה׃ וְאֶת־צָרְעָה וְאֶת־אַיָּלוֹן י
וְאֶת־חֶבְרוֹן אֲשֶׁר בִּיהוּדָה וּבְבִנְיָמִן עָרֵי מְצֻרוֹת׃ וַיְחַזֵּק אֶת־ יא
הַמְּצֻרוֹת וַיִּתֵּן בָּהֶם נְגִידִים וְאֹצְרוֹת מַאֲכָל וְשֶׁמֶן וָיָיִן׃
וּבְכָל־עִיר וָעִיר צִנּוֹת וּרְמָחִים וַיְחַזְּקֵם לְהַרְבֵּה מְאֹד וַיְהִי־ יב
לוֹ יְהוּדָה וּבִנְיָמִן׃ וְהַכֹּהֲנִים וְהַלְוִיִּם אֲשֶׁר בְּכָל־ יג
יִשְׂרָאֵל הִתְיַצְּבוּ עָלָיו מִכָּל־גְּבוּלָם׃ כִּי־עָזְבוּ הַלְוִיִּם אֶת־ יד
מִגְרְשֵׁיהֶם וַאֲחֻזָּתָם וַיֵּלְכוּ לִיהוּדָה וְלִירוּשָׁלָ͏ִם כִּי־הִזְנִיחָם
יָרָבְעָם וּבָנָיו מִכַּהֵן לַיהוָה׃ וַיַּעֲמֶד־לוֹ כֹּהֲנִים לַבָּמוֹת טו
וְלַשְּׂעִירִים וְלָעֲגָלִים אֲשֶׁר עָשָׂה׃ וְאַחֲרֵיהֶם מִכֹּל שִׁבְטֵי טז
יִשְׂרָאֵל הַנֹּתְנִים אֶת־לְבָבָם לְבַקֵּשׁ אֶת־יְהוָה אֱלֹהֵי יִשְׂרָאֵל
בָּאוּ יְרוּשָׁלַ͏ִם לִזְבּוֹחַ לַיהוָה אֱלֹהֵי אֲבוֹתֵיהֶם׃ וַיְחַזְּקוּ אֶת־ יז
מַלְכוּת יְהוּדָה וַיְאַמְּצוּ אֶת־רְחַבְעָם בֶּן־שְׁלֹמֹה לְשָׁנִים שָׁלוֹשׁ
כִּי הָלְכוּ בְּדֶרֶךְ דָּוִיד וּשְׁלֹמֹה לְשָׁנִים שָׁלוֹשׁ׃ וַיִּקַּח־ יח
לוֹ רְחַבְעָם אִשָּׁה אֶת־מָחֲלַת בֶּן־יְרִימוֹת בֶּן־דָּוִיד אֲבִיהַיִל בַּת־
בַּת־אֱלִיאָב בֶּן־יִשָׁי׃ וַתֵּלֶד לוֹ בָּנִים אֶת־יְעוּשׁ וְאֶת־שְׁמַרְיָה יט
וְאֶת־זָהַם׃ וְאַחֲרֶיהָ לָקַח אֶת־מַעֲכָה בַּת־אַבְשָׁלוֹם וַתֵּלֶד לוֹ כ
אֶת־אֲבִיָּה וְאֶת־עַתַּי וְאֶת־זִיזָא וְאֶת־שְׁלֹמִית׃ וַיֶּאֱהַב רְחַבְעָם כא
אֶת־מַעֲכָה בַת־אַבְשָׁלוֹם מִכָּל־נָשָׁיו וּפִילַגְשָׁיו כִּי נָשִׁים
שְׁמוֹנֶה־עֶשְׂרֵה נָשָׂא וּפִילַגְשִׁים שִׁשִּׁים וַיּוֹלֶד עֶשְׂרִים וּשְׁמוֹנָה

כב בנים וששים בנות: ויעמד לראש רחבעם את־אביה בן־
כג מעכה לנגיד באחיו כי להמליכו: ויבן ויפרץ מכל־בניו
לכל־ארצות יהודה ובנימן לכל ערי המצרות ויתן להם
יב א המזון לרב וישאל המון נשים: ויהי כהכין מלכות רחבעם
ב וכחזקתו עזב את־תורת יהוה וכל־ישראל עמו: ויהי
בשנה החמישית למלך רחבעם עלה שישק מלך־מצרים
ג על־ירושלם כי מעלו ביהוה: באלף ומאתים רכב ובששים
אלף פרשים ואין מספר לעם אשר־באו עמו ממצרים
ד לובים סכיים וכושים: וילכד את־ערי המצרות אשר
ה ליהודה ויבא עד־ירושלם: ושמעיה הנביא בא
אל־רחבעם ושרי יהודה אשר־נאספו אל־ירושלם מפני
שישק ויאמר להם כה־אמר יהוה אתם עזבתם אתי ואף־אני
ו עזבתי אתכם ביד־שישק: ויכנעו שרי־ישראל והמלך
ז ויאמרו צדיק ׀ יהוה: ובראות יהוה כי נכנעו היה דבר־
יהוה אל־שמעיה ׀ לאמר נכנעו לא אשחיתם ונתתי להם
כמעט לפליטה ולא־תתך חמתי בירושלם ביד־שישק:
ח כי יהיו־לו לעבדים וידעו עבודתי ועבודת ממלכות
ט הארצות: ויעל שישק מלך־מצרים על־ירושלם
ויקח את־אצרות בית־יהוה ואת־אצרות בית המלך את־
י הכל לקח ויקח את־מגני הזהב אשר עשה שלמה: ויעש
המלך רחבעם תחתיהם מגני נחשת והפקיד על־יד שרי
יא הרצים השמרים פתח בית המלך: ויהי מדי־בוא המלך
בית יהוה באו הרצים ונשאום והשבום אל־תא הרצים:
יב ובהכנעו שב ממנו אף־יהוה ולא להשחית לכלה וגם טז
יג ביהודה היה דברים טובים: ויתחזק המלך רחבעם
בירושלם וימלך כי בן־ארבעים ואחת שנה רחבעם במלכו
ושבע עשרה שנה ׀ מלך בירושלם העיר אשר־בחר יהוה

לשום את־שמו שם מכל שבטי ישראל ושם אמו נעמה
יד העמנית: ויעש הרע כי לא הכין לבו לדרוש את־
טו יהוה: ודברי רחבעם הראשנים והאחרונים הלא־
הם כתובים בדברי שמעיה הנביא ועדו החזה להתיחש
טז ומלחמות רחבעם וירבעם כל־הימים: וישכב רחבעם עם־
יג א אבתיו ויקבר בעיר דויד וימלך אביה בנו תחתיו: בשנת
ב שמונה עשרה למלך ירבעם וימלך אביה על־יהודה: שלוש
שנים מלך בירושלם ושם אמו מיכיהו בת־אוריאל מן־גבעה
ג ומלחמה היתה בין אביה ובין ירבעם: ויאסר אביה את־
המלחמה בחיל גבורי מלחמה ארבע־מאות אלף איש
בחור וירבעם ערך עמו מלחמה בשמונה מאות
ד אלף איש בחור גבור חיל: ויקם אביה
מעל להר צמרים אשר בהר אפרים ויאמר שמעוני ירבעם
ה וכל־ישראל: הלא לכם לדעת כי יהוה | אלהי ישראל
נתן ממלכה לדויד על־ישראל לעולם לו ולבניו ברית
ו מלח: ויקם ירבעם בן־נבט עבד שלמה בן־דויד וימרד על־
ז אדניו: ויקבצו עליו אנשים רקים בני בליעל ויתאמצו על־
רחבעם בן־שלמה ורחבעם היה נער ורך־לבב ולא התחזק
ח לפניהם: ועתה | אתם אמרים להתחזק לפני ממלכת יהוה
ביד בני דויד ואתם המון רב ועמכם עגלי זהב אשר עשה
ט לכם ירבעם לאלהים: הלא הדחתם את־כהני יהוה את־
בני אהרן והלוים ותעשו לכם כהנים כעמי הארצות כל־
הבא למלא ידו בפר בן־בקר ואילם שבעה והיה כהן ללא
י אלהים: ואנחנו יהוה אלהינו ולא עזבנהו וכהנים משרתים
יא ליהוה בני אהרן והלוים במלאכת: ומקטרים ליהוה עלות
בבקר־בבקר ובערב־בערב וקטרת־סמים ומערכת לחם
על־השלחן הטהור ומנורת הזהב ונרתיה לבער בערב

בָּעֶרֶב כִּֽי־שֹׁמְרִים אֲנַחְנוּ אֶת־מִשְׁמֶרֶת יְהוָה אֱלֹהֵינוּ וְאַתֶּם
עֲזַבְתֶּם אֹתוֹ׃ וְהִנֵּה עִמָּנוּ בָרֹאשׁ הָאֱלֹהִים ׀ וְכֹהֲנָיו וַחֲצֹצְרוֹת יב
הַתְּרוּעָה לְהָרִיעַ עֲלֵיכֶם בְּנֵי יִשְׂרָאֵל אַל־תִּלָּחֲמוּ עִם־יְהוָה
אֱלֹהֵי־אֲבֹתֵיכֶם כִּי־לֹא תַצְלִיחוּ׃ וְיָרָבְעָם הֵסֵב אֶת־הַמַּאְרָב יג
לָבוֹא מֵאַחֲרֵיהֶם וַיִּהְיוּ לִפְנֵי יְהוּדָה וְהַמַּאְרָב מֵאַחֲרֵיהֶם׃
וַיִּפְנוּ יְהוּדָה וְהִנֵּה לָהֶם הַמִּלְחָמָה פָּנִים וְאָחוֹר וַיִּצְעֲקוּ לַיהוָה יד
מַחְצְרִים וְהַכֹּהֲנִים מחצצרים בַּחֲצֹצְרוֹת׃ וַיָּרִיעוּ אִישׁ יְהוּדָה וַיְהִי טו
בְּהָרִיעַ אִישׁ יְהוּדָה וְהָאֱלֹהִים נָגַף אֶת־יָרָבְעָם וְכָל־יִשְׂרָאֵל
לִפְנֵי אֲבִיָּה וִיהוּדָה׃ וַיָּנוּסוּ בְנֵי־יִשְׂרָאֵל מִפְּנֵי יְהוּדָה וַיִּתְּנֵם טז
אֱלֹהִים בְּיָדָם׃ וַיַּכּוּ בָהֶם אֲבִיָּה וְעַמּוֹ מַכָּה רַבָּה וַיִּפְּלוּ חֲלָלִים יז
מִיִּשְׂרָאֵל חֲמֵשׁ־מֵאוֹת אֶלֶף אִישׁ בָּחוּר׃ וַיִּכָּנְעוּ בְנֵי־יִשְׂרָאֵל יח
בָּעֵת הַהִיא וַיֶּאֶמְצוּ בְּנֵי יְהוּדָה כִּי נִשְׁעֲנוּ עַל־יְהוָה אֱלֹהֵי
אֲבוֹתֵיהֶם׃ וַיִּרְדֹּף אֲבִיָּה אַחֲרֵי יָרָבְעָם וַיִּלְכֹּד מִמֶּנּוּ עָרִים יט
אֶת־בֵּית־אֵל וְאֶת־בְּנוֹתֶיהָ וְאֶת־יְשָׁנָה וְאֶת־בְּנוֹתֶיהָ וְאֶת־
עֶפְרָיִן עפרון וּבְנֹתֶיהָ׃ וְלֹא־עָצַר כֹּחַ יָרָבְעָם עוֹד בִּימֵי אֲבִיָּהוּ כ
וַיִּגְּפֵהוּ יְהוָה וַיָּמֹת׃ וַיִּתְחַזֵּק אֲבִיָּהוּ וַיִּשָּׂא־לוֹ נָשִׁים כא
אַרְבַּע עֶשְׂרֵה וַיּוֹלֶד עֶשְׂרִים וּשְׁנַיִם בָּנִים וְשֵׁשׁ עֶשְׂרֵה
בָּנוֹת׃ וְיֶתֶר דִּבְרֵי אֲבִיָּה וּדְרָכָיו וּדְבָרָיו כְּתוּבִים בְּמִדְרַשׁ כב
הַנָּבִיא עִדּוֹ׃ וַיִּשְׁכַּב אֲבִיָּה עִם־אֲבֹתָיו וַיִּקְבְּרוּ אֹתוֹ בְּעִיר כג
דָּוִיד וַיִּמְלֹךְ אָסָא בְנוֹ תַּחְתָּיו בְּיָמָיו שָׁקְטָה הָאָרֶץ עֶשֶׂר
שָׁנִים׃ וַיַּעַשׂ אָסָא הַטּוֹב וְהַיָּשָׁר בְּעֵינֵי יְהוָה אֱלֹהָיו׃ יד א
וַיָּסַר אֶת־מִזְבְּחוֹת הַנֵּכָר וְהַבָּמוֹת וַיְשַׁבֵּר אֶת־הַמַּצֵּבוֹת ב
וַיְגַדַּע אֶת־הָאֲשֵׁרִים׃ וַיֹּאמֶר לִיהוּדָה לִדְרוֹשׁ אֶת־יְהוָה ג
אֱלֹהֵי אֲבוֹתֵיהֶם וְלַעֲשׂוֹת הַתּוֹרָה וְהַמִּצְוָה׃ וַיָּסַר מִכָּל־עָרֵי ד
יְהוּדָה אֶת־הַבָּמוֹת וְאֶת־הַחַמָּנִים וַתִּשְׁקֹט הַמַּמְלָכָה לְפָנָיו׃
וַיִּבֶן עָרֵי מְצוּרָה בִּיהוּדָה כִּי־שָׁקְטָה הָאָרֶץ וְאֵין־עִמּוֹ מִלְחָמָה ה
בַּשָּׁנִים הָאֵלֶּה כִּי־הֵנִיחַ יְהוָה לוֹ׃ וַיֹּאמֶר לִיהוּדָה נִבְנֶה ׀ ו

אֶת־הֶעָרִים הָאֵלֶּה וְנָסֵב חוֹמָה וּמִגְדָּלִים דְּלָתַיִם וּבְרִיחִים
עוֹדֶנּוּ הָאָרֶץ לְפָנֵינוּ כִּי דָרַשְׁנוּ אֶת־יְהוָה אֱלֹהֵינוּ דָּרַשְׁנוּ
וַיָּנַח לָנוּ מִסָּבִיב וַיִּבְנוּ וַיַּצְלִיחוּ׃ וַיְהִי לְאָסָא חַיִל ז
נֹשֵׂא צִנָּה וָרֹמַח מִיהוּדָה שְׁלֹשׁ מֵאוֹת אֶלֶף וּמִבִּנְיָמִן נֹשְׂאֵי
מָגֵן וְדֹרְכֵי קֶשֶׁת מָאתַיִם וּשְׁמוֹנִים אָלֶף כָּל־אֵלֶּה גִּבּוֹרֵי
חָיִל׃ וַיֵּצֵא אֲלֵיהֶם זֶרַח הַכּוּשִׁי בְּחַיִל אֶלֶף אֲלָפִים וּמַרְכָּבוֹת ח
שְׁלֹשׁ מֵאוֹת וַיָּבֹא עַד־מָרֵשָׁה׃ וַיֵּצֵא אָסָא לְפָנָיו וַיַּעַרְכוּ ט
מִלְחָמָה בְּגֵיא צְפַתָה לְמָרֵשָׁה׃ וַיִּקְרָא אָסָא אֶל־יְהוָה אֱלֹהָיו י
וַיֹּאמַר יְהוָה אֵין־עִמְּךָ לַעְזוֹר בֵּין רַב לְאֵין כֹּחַ עָזְרֵנוּ יְהוָה
אֱלֹהֵינוּ כִּי־עָלֶיךָ נִשְׁעַנּוּ וּבְשִׁמְךָ בָאנוּ עַל־הֶהָמוֹן הַזֶּה יְהוָה
אֱלֹהֵינוּ אַתָּה אַל־יַעְצֹר עִמְּךָ אֱנוֹשׁ׃ וַיִּגֹּף יְהוָה יא
אֶת־הַכּוּשִׁים לִפְנֵי אָסָא וְלִפְנֵי יְהוּדָה וַיָּנֻסוּ הַכּוּשִׁים׃ וַיִּרְדְּפֵם יב
אָסָא וְהָעָם אֲשֶׁר־עִמּוֹ עַד־לִגְרָר וַיִּפֹּל מִכּוּשִׁים לְאֵין־לָהֶם
מִחְיָה כִּי־נִשְׁבְּרוּ לִפְנֵי־יְהוָה וְלִפְנֵי מַחֲנֵהוּ וַיִּשְׂאוּ שָׁלָל הַרְבֵּה
מְאֹד׃ וַיַּכּוּ אֵת כָּל־הֶעָרִים סְבִיבוֹת גְּרָר כִּי־הָיָה פַחַד־ יג
יְהוָה עֲלֵיהֶם וַיָּבֹזּוּ אֶת־כָּל־הֶעָרִים כִּי־בִזָּה רַבָּה הָיְתָה
בָהֶם׃ וְגַם־אָהֳלֵי מִקְנֶה הִכּוּ וַיִּשְׁבּוּ צֹאן לָרֹב וּגְמַלִּים וַיָּשֻׁבוּ יד
יְרוּשָׁלִָם׃ וַעֲזַרְיָהוּ בֶּן־עוֹדֵד הָיְתָה עָלָיו רוּחַ אֱלֹהִים׃ א טו
וַיֵּצֵא לִפְנֵי אָסָא וַיֹּאמֶר לוֹ שְׁמָעוּנִי אָסָא וְכָל־יְהוּדָה וּבִנְיָמִן ב
יְהוָה עִמָּכֶם בִּהְיוֹתְכֶם עִמּוֹ וְאִם־תִּדְרְשֻׁהוּ יִמָּצֵא לָכֶם
וְאִם־תַּעַזְבֻהוּ יַעֲזֹב אֶתְכֶם׃ וְיָמִים רַבִּים לְיִשְׂרָאֵל ג
לְלֹא ׀ אֱלֹהֵי אֱמֶת וּלְלֹא כֹּהֵן מוֹרֶה וּלְלֹא תוֹרָה׃ וַיָּשָׁב ד
בַּצַּר־לוֹ עַל־יְהוָה אֱלֹהֵי יִשְׂרָאֵל וַיְבַקְשֻׁהוּ וַיִּמָּצֵא לָהֶם׃
וּבָעִתִּים הָהֵם אֵין שָׁלוֹם לַיּוֹצֵא וְלַבָּא כִּי מְהוּמֹת רַבּוֹת עַל ה
כָּל־יוֹשְׁבֵי הָאֲרָצוֹת׃ וְכֻתְּתוּ גוֹי־בְּגוֹי וְעִיר בְּעִיר כִּי־אֱלֹהִים ו
הֲמָמָם בְּכָל־צָרָה׃ וְאַתֶּם חִזְקוּ וְאַל־יִרְפּוּ יְדֵיכֶם כִּי יֵשׁ שָׂכָר ז
לִפְעֻלַּתְכֶם׃ וְכִשְׁמֹעַ אָסָא הַדְּבָרִים הָאֵלֶּה וְהַנְּבוּאָה ח

עדד הנביא התחזק ויעבר השקוצים מכל־ארץ יהודה
ובנימן ומן־הערים אשר לכד מהר אפרים ויחדש את־מזבח
ט יהוה אשר לפני אולם יהוה: ויקבץ את־כל־יהודה ובנימן
והגרים עמהם מאפרים ומנשה ומשמעון כי־נפלו עליו
י מישראל לרב בראתם כי־יהוה אלהיו עמו: ויקבצו
ירושלם בחדש השלישי לשנת חמש־עשרה למלכות אסא:
יא ויזבחו ליהוה ביום ההוא מן־השלל הביאו בקר שבע מאות
יב וצאן שבעת אלפים: ויבאו בברית לדרוש את־יהוה אלהי
יג אבותיהם בכל־לבבם ובכל־נפשם: וכל אשר לא־ידרש
ליהוה אלהי־ישראל יומת למן־קטן ועד־גדול למאיש
יד ועד־אשה: וישבעו ליהוה בקול גדול ובתרועה ובחצצרות
טו ובשופרות: וישמחו כל־יהודה על־השבועה כי בכל־לבבם יז
נשבעו ובכל־רצונם בקשהו וימצא להם וינח יהוה להם
טז מסביב: וגם־מעכה אם | אסא המלך הסירה מגבירה אשר־
עשתה לאשרה מפלצת ויכרת אסא את־מפלצתה וידק
יז וישרף בנחל קדרון: והבמות לא־סרו מישראל רק לבב־
יח אסא היה שלם כל־ימיו: ויבא את־קדשי אביו וקדשיו בית
יט האלהים כסף וזהב וכלים: ומלחמה לא היתה עד שנת־
טז א שלשים וחמש למלכות אסא: בשנת שלשים ושש
למלכות אסא עלה בעשא מלך־ישראל על־יהודה ויבן
ב את־הרמה לבלתי תת יוצא ובא לאסא מלך יהודה: ויצא
אסא כסף וזהב מאצרות בית יהוה ובית המלך וישלח אל־
ג בן־הדד מלך ארם היושב בדרמשק לאמר: ברית ביני
ובינך ובין אבי ובין אביך הנה שלחתי לך כסף וזהב לך
ד הפר בריתך את־בעשא מלך ישראל ויעלה מעלי: וישמע
בן־הדד אל־המלך אסא וישלח את־שרי החילים אשר־לו
אל־ערי ישראל ויכו את־עיון ואת־דן ואת אבל מים ואת

כל־מסכנות ערי נפתלי: ויהי כשמע בעשא ויחדל מבנות ה
את־הרמה וישבת את־מלאכתו: ואסא המלך לקח ו
את־כל־יהודה וישאו את־אבני הרמה ואת־עציה אשר בנה
בעשא ויבן בהם את־גבע ואת־המצפה: ובעת ז
ההיא בא חנני הראה אל־אסא מלך יהודה ויאמר אליו
בהשענך על־מלך ארם ולא נשענת על־יהוה אלהיך על־
כן נמלט חיל מלך־ארם מידך: הלא הכושים והלובים היו ח
לחיל ׀ לרב לרכב ולפרשים להרבה מאד ובהשענך על־
יהוה נתנם בידך: כי יהוה עיניו משטטות בכל־הארץ ט
להתחזק עם־לבבם שלם אליו נסכלת על־זאת כי מעתה
יש עמך מלחמות: ויכעס אסא אל־הראה ויתנהו בית י
המהפכת כי־בזעף עמו על־זאת וירצץ אסא מן־העם בעת
ההיא: והנה דברי אסא הראשונים והאחרונים הנם כתובים יא
על־ספר המלכים ליהודה וישראל: ויחלא אסא בשנת יב
שלושים ותשע למלכותו ברגליו עד־למעלה חליו וגם־
בחליו לא־דרש את־יהוה כי ברפאים: וישכב אסא עם־ יג
אבתיו וימת בשנת ארבעים ואחת למלכו: ויקברהו יד
בקברתיו אשר כרה־לו בעיר דויד וישכיבהו במשכב אשר
מלא בשמים וזנים מרקחים במרקחת מעשה וישרפו־לו
שרפה גדולה עד־למאד: וימלך יהושפט בנו א יז
תחתיו ויתחזק על־ישראל: ויתן־חיל בכל־ערי יהודה ב
הבצרות ויתן נציבים בארץ יהודה ובערי אפרים אשר לכד
אסא אביו: ויהי יהוה עם־יהושפט כי הלך בדרכי דויד ג
אביו הראשנים ולא דרש לבעלים: כי לאלהי אביו דרש ד
ובמצותיו הלך ולא כמעשה ישראל: ויכן יהוה את־ ה
הממלכה בידו ויתנו כל־יהודה מנחה ליהושפט ויהי־לו
עשר וכבוד לרב: ויגבה לבו בדרכי יהוה ועוד הסיר את־ ו

ז הַבָּמוֹת וְאֶת־הָאֲשֵׁרִים מִיהוּדָה׃ וּבִשְׁנַת שָׁלוֹשׁ
לְמָלְכוֹ שָׁלַח לְשָׂרָיו לְבֶן־חַיִל וּלְעֹבַדְיָה וְלִזְכַרְיָה וְלִנְתַנְאֵל
ח וּלְמִיכָיָהוּ לְלַמֵּד בְּעָרֵי יְהוּדָה׃ וְעִמָּהֶם הַלְוִיִּם שְׁמַעְיָהוּ
וּנְתַנְיָהוּ וּזְבַדְיָהוּ וַעֲשָׂהאֵל ושמרימות וִיהוֹנָתָן וַאֲדֹנִיָּהוּ וּשְׁמִירָמוֹת
וְטוֹבִיָּהוּ וְטוֹב אֲדוֹנִיָּה הַלְוִיִּם וְעִמָּהֶם אֱלִישָׁמָע וִיהוֹרָם
ט הַכֹּהֲנִים׃ וַיְלַמְּדוּ בִּיהוּדָה וְעִמָּהֶם סֵפֶר תּוֹרַת יְהוָה וַיָּסֹבּוּ
י בְּכָל־עָרֵי יְהוּדָה וַיְלַמְּדוּ בָּעָם׃ וַיְהִי ׀ פַּחַד יְהוָה עַל כָּל־
מַמְלְכוֹת הָאֲרָצוֹת אֲשֶׁר סְבִיבוֹת יְהוּדָה וְלֹא נִלְחֲמוּ עִם־
יא יְהוֹשָׁפָט׃ וּמִן־פְּלִשְׁתִּים מְבִיאִים לִיהוֹשָׁפָט מִנְחָה וְכֶסֶף מַשָּׂא
גַּם הָעַרְבִיאִים מְבִיאִים לוֹ צֹאן אֵילִים שִׁבְעַת אֲלָפִים וּשְׁבַע
יב מֵאוֹת וּתְיָשִׁים שִׁבְעַת אֲלָפִים וּשְׁבַע מֵאוֹת׃ וַיְהִי
יְהוֹשָׁפָט הֹלֵךְ וְגָדֵל עַד־לְמָעְלָה וַיִּבֶן בִּיהוּדָה בִּירָנִיּוֹת וְעָרֵי
יג מִסְכְּנוֹת׃ וּמְלָאכָה רַבָּה הָיָה לוֹ בְּעָרֵי יְהוּדָה וְאַנְשֵׁי מִלְחָמָה
יד גִּבּוֹרֵי חַיִל בִּירוּשָׁלִָם׃ וְאֵלֶּה פְקֻדָּתָם לְבֵית אֲבוֹתֵיהֶם
לִיהוּדָה שָׂרֵי אֲלָפִים עַדְנָה הַשָּׂר וְעִמּוֹ גִּבּוֹרֵי חַיִל שְׁלֹשׁ
טו מֵאוֹת אָלֶף׃ וְעַל־יָדוֹ יְהוֹחָנָן הַשָּׂר וְעִמּוֹ מָאתַיִם
טז וּשְׁמוֹנִים אָלֶף׃ וְעַל־יָדוֹ עֲמַסְיָה בֶן־זִכְרִי הַמִּתְנַדֵּב
יז לַיהוָה וְעִמּוֹ מָאתַיִם אֶלֶף גִּבּוֹר חָיִל׃ וּמִן־
בִּנְיָמִן גִּבּוֹר חַיִל אֶלְיָדָע וְעִמּוֹ נֹשְׁקֵי־קֶשֶׁת וּמָגֵן מָאתַיִם
יח אָלֶף׃ וְעַל־יָדוֹ יְהוֹזָבָד וְעִמּוֹ מֵאָה־וּשְׁמוֹנִים אֶלֶף
יט חֲלוּצֵי צָבָא׃ אֵלֶּה הַמְשָׁרְתִים אֶת־הַמֶּלֶךְ מִלְּבַד
יח א אֲשֶׁר־נָתַן הַמֶּלֶךְ בְּעָרֵי הַמִּבְצָר בְּכָל־יְהוּדָה׃ וַיְהִי
ב לִיהוֹשָׁפָט עֹשֶׁר וְכָבוֹד לָרֹב וַיִּתְחַתֵּן לְאַחְאָב׃ וַיֵּרֶד לְקֵץ
שָׁנִים אֶל־אַחְאָב לְשֹׁמְרוֹן וַיִּזְבַּח־לוֹ אַחְאָב צֹאן וּבָקָר לָרֹב
ג וְלָעָם אֲשֶׁר עִמּוֹ וַיְסִיתֵהוּ לַעֲלוֹת אֶל־רָמֹת גִּלְעָד׃ וַיֹּאמֶר
אַחְאָב מֶלֶךְ־יִשְׂרָאֵל אֶל־יְהוֹשָׁפָט מֶלֶךְ יְהוּדָה הֲתֵלֵךְ עִמִּי
רָמֹת גִּלְעָד וַיֹּאמֶר לוֹ כָּמוֹנִי כָמוֹךָ וּכְעַמְּךָ עַמִּי וְעִמְּךָ

במלחמה: ויאמר יהושפט אל־מלך ישראל דרש־נא כיום ד
את־דבר יהוה: ויקבץ מלך־ישראל את־הנבאים ארבע ה
מאות איש ויאמר אלהם הנלך אל־רמת גלעד למלחמה
אם־אחדל ויאמרו עלה ויתן האלהים ביד המלך: ויאמר ו
יהושפט האין פה נביא ליהוה עוד ונדרשה מאתו: ויאמר ז
מלך־ישראל | אל־יהושפט עוד איש־אחד לדרוש את־
יהוה מאתו ואני שנאתיהו כי איננו מתנבא עלי לטובה כי
כל־ימיו לרעה הוא מיכיהו בן־ימלא ויאמר יהושפט אל־
יאמר המלך כן: ויקרא מלך ישראל אל־סריס אחד ויאמר ח
מִיכָיְהוּ מהר מיכהו בן־ימלא: ומלך ישראל ויהושפט מלך־יהודה ט
יושבים איש על־כסאו מלבשים בגדים וישבים בגרן פתח
שער שמרון וכל־הנביאים מתנבאים לפניהם: ויעש לו י
צדקיהו בן־כנענה קרני ברזל ויאמר כה־אמר יהוה באלה
תנגח את־ארם עד־כלותם: וכל־הנבאים נבאים כן לאמר יא
עלה רמת גלעד והצלח ונתן יהוה ביד המלך: והמלאך יב
אשר־הלך | לקרא למיכיהו דבר אליו לאמר הנה דברי
הנבאים פה־אחד טוב אל־המלך ויהי־נא דברך כאחד
מהם ודברת טוב: ויאמר מיכיהו חי־יהוה כי את־אשר־ יג
יאמר אלהי אתו אדבר: ויבא אל־המלך ויאמר המלך יד
אליו מיכה הנלך אל־רמת גלעד למלחמה אם־אחדל
ויאמר עלו והצליחו וינתנו בידכם: ויאמר אליו המלך עד־ טו
כמה פעמים אני משביעך אשר לא־תדבר אלי רק אמת
בשם יהוה: ויאמר ראיתי את־כל־ישראל נפוצים על־ טז
ההרים כצאן אשר אין־להן רעה ויאמר יהוה לא־אדנים
לאלה ישובו איש־לביתו בשלום: ויאמר מלך־ישראל אל־ יז
יהושפט הלא אמרתי אליך לא־יתנבא עלי טוב כי אם־
יח לרע: ויאמר לכן שמעו דבר־יהוה ראיתי את־ יח

יְהוָה֙ יוֹשֵׁ֣ב עַל־כִּסְא֔וֹ וְכָל־צְבָ֣א הַשָּׁמַ֔יִם עֹמְדִ֖ים עַל־יְמִינ֥וֹ
יט וּשְׂמֹאלֽוֹ׃ וַיֹּ֣אמֶר יְהוָ֗ה מִ֤י יְפַתֶּה֙ אֶת־אַחְאָ֣ב מֶֽלֶךְ־יִשְׂרָאֵ֔ל
וְיַ֕עַל וְיִפֹּ֖ל בְּרָמ֣וֹת גִּלְעָ֑ד וַיֹּ֗אמֶר זֶה֙ אֹמֵ֣ר כָּ֔כָה וְזֶ֖ה אֹמֵ֥ר כָּֽכָה׃
כ וַיֵּצֵ֣א הָר֗וּחַ וַֽיַּעֲמֹד֙ לִפְנֵ֣י יְהוָ֔ה וַיֹּ֖אמֶר אֲנִ֣י אֲפַתֶּ֑נּוּ וַיֹּ֧אמֶר יְהוָ֛ה
כא אֵלָ֖יו בַּמָּֽה׃ וַיֹּ֗אמֶר אֵצֵא֙ וְהָיִ֙יתִי֙ לְר֣וּחַ שֶׁ֔קֶר בְּפִ֖י כָּל־נְבִיאָ֑יו
כב וַיֹּ֗אמֶר תְּפַתֶּה֙ וְגַם־תּוּכָ֔ל צֵ֖א וַעֲשֵׂה־כֵֽן׃ וְעַתָּ֗ה הִנֵּ֨ה נָתַ֤ן
יְהוָה֙ ר֣וּחַ שֶׁ֔קֶר בְּפִ֖י נְבִיאֶ֣יךָ אֵ֑לֶּה וַֽיהוָ֔ה דִּבֶּ֥ר עָלֶ֖יךָ
כג רָעָֽה׃ וַיִּגַּ֗שׁ צִדְקִיָּ֙הוּ֙ בֶּֽן־כְּנַעֲנָ֔ה וַיַּ֥ךְ אֶת־מִיכָ֖יְהוּ עַל־
הַלֶּ֑חִי וַיֹּ֗אמֶר אֵ֣י זֶ֤ה הַדֶּ֙רֶךְ֙ עָבַ֧ר רֽוּחַ־יְהוָ֛ה מֵאִתִּ֖י לְדַבֵּ֥ר אֹתָֽךְ׃
כד וַיֹּ֣אמֶר מִיכָ֔יְהוּ הִנְּךָ֥ רֹאֶ֖ה בַּיּ֣וֹם הַה֑וּא אֲשֶׁ֥ר תָּב֛וֹא חֶ֥דֶר
כה בְּחֶ֖דֶר לְהֵחָבֵֽא׃ וַיֹּ֙אמֶר֙ מֶ֣לֶךְ יִשְׂרָאֵ֔ל קְח֙וּ אֶת־מִיכָ֔יְהוּ וַהֲשִׁיבֻ֛הוּ
כו אֶל־אָמ֥וֹן שַׂר־הָעִ֖יר וְאֶל־יוֹאָ֥שׁ בֶּן־הַמֶּֽלֶךְ׃ וַאֲמַרְתֶּ֗ם כֹּ֚ה
אָמַ֣ר הַמֶּ֔לֶךְ שִׂ֥ימוּ זֶ֖ה בֵּ֣ית הַכֶּ֑לֶא וְהַאֲכִלֻ֜הוּ לֶ֤חֶם לַ֙חַץ֙
כז וּמַ֣יִם לַ֔חַץ עַ֖ד שׁוּבִ֥י בְשָׁלֽוֹם׃ וַיֹּ֣אמֶר מִיכָ֔יְהוּ אִם־שׁ֤וֹב
תָּשׁוּב֙ בְּשָׁל֔וֹם לֹא־דִבֶּ֥ר יְהוָ֖ה בִּ֑י וַיֹּ֕אמֶר שִׁמְע֖וּ עַמִּ֥ים
כח כֻּלָּֽם׃ וַיַּ֧עַל מֶֽלֶךְ־יִשְׂרָאֵ֛ל וִיהוֹשָׁפָ֥ט מֶֽלֶךְ־יְהוּדָ֖ה
כט אֶל־רָמֹ֥ת גִּלְעָֽד׃ וַיֹּ֩אמֶר֩ מֶ֨לֶךְ יִשְׂרָאֵ֜ל אֶל־יְהוֹשָׁפָ֗ט הִתְחַפֵּשׂ֙
וָב֣וֹא בַמִּלְחָמָ֔ה וְאַתָּ֖ה לְבַ֣שׁ בְּגָדֶ֑יךָ וַיִּתְחַפֵּשׂ֙ מֶ֣לֶךְ יִשְׂרָאֵ֔ל
ל וַיָּבֹ֖אוּ בַּמִּלְחָמָֽה׃ וּמֶ֣לֶךְ אֲרָ֗ם צִוָּ֞ה אֶת־שָׂרֵ֤י הָרֶ֙כֶב֙ אֲשֶׁר־
ל֔וֹ לֵאמֹ֔ר לֹ֤א תִּֽלָּחֲמוּ֙ אֶת־הַקָּטֹ֖ן אֶת־הַגָּד֑וֹל כִּ֛י אִם־אֶת־
לא מֶ֥לֶךְ יִשְׂרָאֵ֖ל לְבַדּֽוֹ׃ וַיְהִ֡י כִּרְאוֹת֩ שָׂרֵ֨י הָרֶ֜כֶב אֶת־יְהוֹשָׁפָ֗ט
וְהֵ֙מָּה֙ אָמְר֔וּ מֶ֥לֶךְ־יִשְׂרָאֵ֖ל ה֑וּא וַיָּסֹ֥בּוּ עָלָ֖יו לְהִלָּחֵ֑ם וַיִּזְעַ֤ק
לב יְהוֹשָׁפָט֙ וַיהוָ֣ה עֲזָר֔וֹ וַיְסִיתֵ֥ם אֱלֹהִ֖ים מִמֶּֽנּוּ׃ וַיְהִ֗י כִּרְאוֹת֙
לג שָׂרֵ֣י הָרֶ֔כֶב כִּ֥י לֹא־הָיָ֖ה מֶ֣לֶךְ יִשְׂרָאֵ֑ל וַיָּשֻׁ֖בוּ מֵאַחֲרָֽיו׃ וְאִ֗ישׁ
מָשַׁ֤ךְ בַּקֶּ֙שֶׁת֙ לְתֻמּ֔וֹ וַיַּךְ֙ אֶת־מֶ֣לֶךְ יִשְׂרָאֵ֔ל בֵּ֥ין הַדְּבָקִ֖ים וּבֵ֣ין
הַשִּׁרְיָ֑ן וַיֹּ֣אמֶר לָֽרַכָּ֗ב הֲפֹ֤ךְ ידיך וְהוֹצֵאתַ֥נִי מִן־הַֽמַּחֲנֶ֖ה כִּ֥י יָדְךָ֙
לד הָחֳלֵֽיתִי׃ וַתַּ֤עַל הַמִּלְחָמָה֙ בַּיּ֣וֹם הַה֔וּא וּמֶ֣לֶךְ יִשְׂרָאֵ֗ל הָיָ֨ה

מַעֲמִיד בַּמֶּרְכָּבָה נֹכַח אֲרָם עַד־הָעָרֶב וַיָּמָת לְעֵת בּוֹא
יט א הַשָּׁמֶשׁ׃ וַיָּשָׁב יְהוֹשָׁפָט מֶלֶךְ־יְהוּדָה אֶל־בֵּיתוֹ
ב בְּשָׁלוֹם לִירוּשָׁלָםִ׃ וַיֵּצֵא אֶל־פָּנָיו יֵהוּא בֶן־חֲנָנִי הַחֹזֶה וַיֹּאמֶר
אֶל־הַמֶּלֶךְ יְהוֹשָׁפָט הֲלָרָשָׁע לַעְזֹר וּלְשֹׂנְאֵי יְהוָה תֶּאֱהָב
ג וּבָזֹאת עָלֶיךָ קֶּצֶף מִלִּפְנֵי יְהוָה׃ אֲבָל דְּבָרִים טוֹבִים נִמְצְאוּ
עִמָּךְ כִּי־בִעַרְתָּ הָאֲשֵׁרוֹת מִן־הָאָרֶץ וַהֲכִינוֹתָ לְבָבְךָ לִדְרֹשׁ
ד הָאֱלֹהִים׃ וַיֵּשֶׁב יְהוֹשָׁפָט בִּירוּשָׁלָםִ וַיָּשָׁב וַיֵּצֵא בָעָם מִבְּאֵר
שֶׁבַע עַד־הַר אֶפְרַיִם וַיְשִׁיבֵם אֶל־יְהוָה אֱלֹהֵי אֲבוֹתֵיהֶם׃
ה וַיַּעֲמֵד שֹׁפְטִים בָּאָרֶץ בְּכָל־עָרֵי יְהוּדָה הַבְּצֻרוֹת לְעִיר וָעִיר׃
ו וַיֹּאמֶר אֶל־הַשֹּׁפְטִים רְאוּ מָה־אַתֶּם עֹשִׂים כִּי לֹא לְאָדָם
ז תִּשְׁפְּטוּ כִּי לַיהוָה וְעִמָּכֶם בִּדְבַר מִשְׁפָּט׃ וְעַתָּה יְהִי פַחַד־
יְהוָה עֲלֵיכֶם שִׁמְרוּ וַעֲשׂוּ כִּי־אֵין עִם־יְהוָה אֱלֹהֵינוּ עַוְלָה
ח וּמַשֹּׂא פָנִים וּמִקַּח־שֹׁחַד׃ וְגַם בִּירוּשָׁלַםִ הֶעֱמִיד יְהוֹשָׁפָט
מִן־הַלְוִיִּם וְהַכֹּהֲנִים וּמֵרָאשֵׁי הָאָבוֹת לְיִשְׂרָאֵל לְמִשְׁפַּט
ט יְהוָה וְלָרִיב וַיָּשֻׁבוּ יְרוּשָׁלָםִ׃ וַיְצַו עֲלֵיהֶם לֵאמֹר כֹּה תַעֲשׂוּן
י בְּיִרְאַת יְהוָה בֶּאֱמוּנָה וּבְלֵבָב שָׁלֵם׃ וְכָל־רִיב אֲשֶׁר־יָבוֹא
עֲלֵיכֶם מֵאֲחֵיכֶם ׀ הַיֹּשְׁבִים בְּעָרֵיהֶם בֵּין־דָּם ׀ לְדָם בֵּין־
תּוֹרָה לְמִצְוָה לְחֻקִּים וּלְמִשְׁפָּטִים וְהִזְהַרְתֶּם אֹתָם וְלֹא
יֶאְשְׁמוּ לַיהוָה וְהָיָה־קֶצֶף עֲלֵיכֶם וְעַל־אֲחֵיכֶם כֹּה תַעֲשׂוּן
יא וְלֹא תֶאְשָׁמוּ׃ וְהִנֵּה אֲמַרְיָהוּ כֹהֵן הָרֹאשׁ עֲלֵיכֶם לְכֹל ׀ דְּבַר
יְהוָה וּזְבַדְיָהוּ בֶן־יִשְׁמָעֵאל הַנָּגִיד לְבֵית־יְהוּדָה לְכֹל דְּבַר־
הַמֶּלֶךְ וְשֹׁטְרִים הַלְוִיִּם לִפְנֵיכֶם חִזְקוּ וַעֲשׂוּ וִיהִי יְהוָה עִם־
הַטּוֹב׃

כ א וַיְהִי אַחֲרֵי־כֵן בָּאוּ בְנֵי־מוֹאָב וּבְנֵי עַמּוֹן וְעִמָּהֶם ׀ מֵהָעַמּוֹנִים
ב עַל־יְהוֹשָׁפָט לַמִּלְחָמָה׃ וַיָּבֹאוּ וַיַּגִּידוּ לִיהוֹשָׁפָט לֵאמֹר בָּא
עָלֶיךָ הָמוֹן רָב מֵעֵבֶר לַיָּם מֵאֲרָם וְהִנָּם בְּחַצְצוֹן תָּמָר הִיא
ג עֵין גֶּדִי׃ וַיִּרָא וַיִּתֵּן יְהוֹשָׁפָט אֶת־פָּנָיו לִדְרוֹשׁ לַיהוָה וַיִּקְרָא־

ד צוֹם עַל־כָּל־יְהוּדָה׃ וַיִּקָּבְצוּ יְהוּדָה לְבַקֵּשׁ מֵיְהוָה גַּם מִכָּל־
ה עָרֵי יְהוּדָה בָּאוּ לְבַקֵּשׁ אֶת־יְהוָה׃ וַיַּעֲמֹד יְהוֹשָׁפָט בִּקְהַל
ו יְהוּדָה וִירוּשָׁלַםִ בְּבֵית יְהוָה לִפְנֵי הֶחָצֵר הַחֲדָשָׁה׃ וַיֹּאמַר
יְהוָה אֱלֹהֵי אֲבֹתֵינוּ הֲלֹא אַתָּה־הוּא אֱלֹהִים בַּשָּׁמַיִם וְאַתָּה
מוֹשֵׁל בְּכֹל מַמְלְכוֹת הַגּוֹיִם וּבְיָדְךָ כֹּחַ וּגְבוּרָה וְאֵין עִמְּךָ
ז לְהִתְיַצֵּב׃ הֲלֹא ׀ אַתָּה אֱלֹהֵינוּ הוֹרַשְׁתָּ אֶת־יֹשְׁבֵי הָאָרֶץ
הַזֹּאת מִלִּפְנֵי עַמְּךָ יִשְׂרָאֵל וַתִּתְּנָהּ לְזֶרַע אַבְרָהָם אֹהַבְךָ
ח לְעוֹלָם׃ וַיֵּשְׁבוּ־בָהּ וַיִּבְנוּ לְךָ ׀ בָּהּ מִקְדָּשׁ לְשִׁמְךָ לֵאמֹר׃
ט אִם־תָּבוֹא עָלֵינוּ רָעָה חֶרֶב שְׁפוֹט וְדֶבֶר וְרָעָב נַעַמְדָה לִפְנֵי
הַבַּיִת הַזֶּה וּלְפָנֶיךָ כִּי שִׁמְךָ בַּבַּיִת הַזֶּה וְנִזְעַק אֵלֶיךָ מִצָּרָתֵנוּ
י וְתִשְׁמַע וְתוֹשִׁיעַ׃ וְעַתָּה הִנֵּה בְנֵי־עַמּוֹן וּמוֹאָב וְהַר־שֵׂעִיר
אֲשֶׁר לֹא־נָתַתָּה לְיִשְׂרָאֵל לָבוֹא בָהֶם בְּבֹאָם מֵאֶרֶץ מִצְרָיִם
יא כִּי סָרוּ מֵעֲלֵיהֶם וְלֹא הִשְׁמִידוּם׃ וְהִנֵּה־הֵם גֹּמְלִים עָלֵינוּ
יב לָבוֹא לְגָרְשֵׁנוּ מִיְּרֻשָּׁתְךָ אֲשֶׁר הוֹרַשְׁתָּנוּ׃ אֱלֹהֵינוּ הֲלֹא
תִשְׁפָּט־בָּם כִּי אֵין בָּנוּ כֹּחַ לִפְנֵי הֶהָמוֹן הָרָב הַזֶּה הַבָּא
יג עָלֵינוּ וַאֲנַחְנוּ לֹא נֵדַע מַה־נַּעֲשֶׂה כִּי עָלֶיךָ עֵינֵינוּ׃ וְכָל־יְהוּדָה
יד עֹמְדִים לִפְנֵי יְהוָה גַּם־טַפָּם נְשֵׁיהֶם וּבְנֵיהֶם׃ וְיַחֲזִיאֵל
בֶּן־זְכַרְיָהוּ בֶּן־בְּנָיָה בֶּן־יְעִיאֵל בֶּן־מַתַּנְיָה הַלֵּוִי מִן־בְּנֵי אָסָף
טו הָיְתָה עָלָיו רוּחַ יְהוָה בְּתוֹךְ הַקָּהָל׃ וַיֹּאמֶר הַקְשִׁיבוּ כָל־
יְהוּדָה וְיֹשְׁבֵי יְרוּשָׁלַםִ וְהַמֶּלֶךְ יְהוֹשָׁפָט כֹּה־אָמַר יְהוָה לָכֶם
אַתֶּם אַל־תִּירְאוּ וְאַל־תֵּחַתּוּ מִפְּנֵי הֶהָמוֹן הָרָב הַזֶּה כִּי לֹא
טז לָכֶם הַמִּלְחָמָה כִּי לֵאלֹהִים׃ מָחָר רְדוּ עֲלֵיהֶם הִנָּם עֹלִים
בְּמַעֲלֵה הַצִּיץ וּמְצָאתֶם אֹתָם בְּסוֹף הַנַּחַל פְּנֵי מִדְבַּר
יז יְרוּאֵל׃ לֹא לָכֶם לְהִלָּחֵם בָּזֹאת הִתְיַצְּבוּ עִמְדוּ וּרְאוּ אֶת־
יְשׁוּעַת יְהוָה עִמָּכֶם יְהוּדָה וִירוּשָׁלַםִ אַל־תִּירְאוּ וְאַל־תֵּחַתּוּ
יח מָחָר צְאוּ לִפְנֵיהֶם וַיהוָה עִמָּכֶם׃ וַיִּקֹּד יְהוֹשָׁפָט אַפַּיִם אַרְצָה
וְכָל־יְהוּדָה וְיֹשְׁבֵי יְרוּשָׁלַםִ נָפְלוּ לִפְנֵי יְהוָה לְהִשְׁתַּחֲוֺת לַיהוָה׃

וַיָּקֻמוּ הַלְוִיִּם מִן־בְּנֵי הַקְּהָתִים וּמִן־בְּנֵי הַקָּרְחִים לְהַלֵּל לַיהוָה יט
אֱלֹהֵי יִשְׂרָאֵל בְּקוֹל גָּדוֹל לְמָעְלָה: וַיַּשְׁכִּימוּ בַבֹּקֶר וַיֵּצְאוּ כ
לְמִדְבַּר תְּקוֹעַ וּבְצֵאתָם עָמַד יְהוֹשָׁפָט וַיֹּאמֶר שְׁמָעוּנִי יְהוּדָה
וְיֹשְׁבֵי יְרוּשָׁלִַם הַאֲמִינוּ בַּיהוָה אֱלֹהֵיכֶם וְתֵאָמֵנוּ הַאֲמִינוּ
בִנְבִיאָיו וְהַצְלִיחוּ: וַיִּוָּעַץ אֶל־הָעָם וַיַּעֲמֵד מְשֹׁרְרִים לַיהוָה כא
וּמְהַלְלִים לְהַדְרַת־קֹדֶשׁ בְּצֵאת לִפְנֵי הֶחָלוּץ וְאֹמְרִים הוֹדוּ
לַיהוָה כִּי לְעוֹלָם חַסְדּוֹ: וּבְעֵת הֵחֵלּוּ בְרִנָּה וּתְהִלָּה נָתַן כב
יְהוָה ׀ מְאָרְבִים עַל־בְּנֵי עַמּוֹן מוֹאָב וְהַר־שֵׂעִיר הַבָּאִים
לִיהוּדָה וַיִּנָּגֵפוּ: וַיַּעַמְדוּ בְּנֵי עַמּוֹן וּמוֹאָב עַל־יֹשְׁבֵי הַר־שֵׂעִיר כג
לְהַחֲרִים וּלְהַשְׁמִיד וּכְכַלּוֹתָם בְּיוֹשְׁבֵי שֵׂעִיר עָזְרוּ אִישׁ בְּרֵעֵהוּ
לְמַשְׁחִית: וִיהוּדָה בָּא עַל־הַמִּצְפֶּה לַמִּדְבָּר וַיִּפְנוּ אֶל־הֶהָמוֹן כד
וְהִנָּם פְּגָרִים נֹפְלִים אַרְצָה וְאֵין פְּלֵיטָה: וַיָּבֹא יְהוֹשָׁפָט וְעַמּוֹ כה
לָבֹז אֶת־שְׁלָלָם וַיִּמְצְאוּ בָהֶם לָרֹב וּרְכוּשׁ וּפְגָרִים וּכְלֵי חֲמֻדוֹת
וַיְנַצְּלוּ לָהֶם לְאֵין מַשָּׂא וַיִּהְיוּ יָמִים שְׁלוֹשָׁה בֹּזְזִים אֶת־הַשָּׁלָל
כִּי רַב־הוּא: וּבַיּוֹם הָרְבִעִי נִקְהֲלוּ לְעֵמֶק בְּרָכָה כִּי שָׁם כו
בֵּרְכוּ אֶת־יְהוָה עַל־כֵּן קָרְאוּ אֶת־שֵׁם הַמָּקוֹם הַהוּא עֵמֶק
בְּרָכָה עַד־הַיּוֹם: וַיָּשֻׁבוּ כָּל־אִישׁ יְהוּדָה וִירוּשָׁלִַם וִיהוֹשָׁפָט כז
בְּרֹאשָׁם לָשׁוּב אֶל־יְרוּשָׁלִַם בְּשִׂמְחָה כִּי־שִׂמְּחָם יְהוָה
מֵאוֹיְבֵיהֶם: וַיָּבֹאוּ יְרוּשָׁלִַם בִּנְבָלִים וּבְכִנֹּרוֹת וּבַחֲצֹצְרוֹת כח
אֶל־בֵּית יְהוָה: וַיְהִי פַּחַד אֱלֹהִים עַל כָּל־מַמְלְכוֹת הָאֲרָצוֹת כט
בְּשָׁמְעָם כִּי נִלְחַם יְהוָה עִם אוֹיְבֵי יִשְׂרָאֵל: וַתִּשְׁקֹט מַלְכוּת ל
יט יְהוֹשָׁפָט וַיָּנַח לוֹ אֱלֹהָיו מִסָּבִיב: וַיִּמְלֹךְ יְהוֹשָׁפָט לא
עַל־יְהוּדָה בֶּן־שְׁלֹשִׁים וְחָמֵשׁ שָׁנָה בְּמָלְכוֹ וְעֶשְׂרִים וְחָמֵשׁ
שָׁנָה מָלַךְ בִּירוּשָׁלִַם וְשֵׁם אִמּוֹ עֲזוּבָה בַּת־שִׁלְחִי: וַיֵּלֶךְ בְּדֶרֶךְ לב
אָבִיו אָסָא וְלֹא־סָר מִמֶּנָּה לַעֲשׂוֹת הַיָּשָׁר בְּעֵינֵי יְהוָה: אַךְ לג
הַבָּמוֹת לֹא־סָרוּ וְעוֹד הָעָם לֹא־הֵכִינוּ לְבָבָם לֵאלֹהֵי
אֲבֹתֵיהֶם: וְיֶתֶר דִּבְרֵי יְהוֹשָׁפָט הָרִאשֹׁנִים וְהָאַחֲרֹנִים הִנָּם לד

כְּתוּבִים בְּדִבְרֵי יֵהוּא בֶן־חֲנָנִי אֲשֶׁר הֹעֲלָה עַל־סֵפֶר מַלְכֵי
לה יִשְׂרָאֵל׃ וְאַחֲרֵי־כֵן אֶתְחַבַּר יְהוֹשָׁפָט מֶלֶךְ־יְהוּדָה עִם אֲחַזְיָה
לו מֶלֶךְ־יִשְׂרָאֵל הוּא הִרְשִׁיעַ לַעֲשׂוֹת׃ וַיְחַבְּרֵהוּ עִמּוֹ לַעֲשׂוֹת
לז אֳנִיּוֹת לָלֶכֶת תַּרְשִׁישׁ וַיַּעֲשׂוּ אֳנִיּוֹת בְּעֶצְיוֹן גָּבֶר׃ וַיִּתְנַבֵּא
אֱלִיעֶזֶר בֶּן־דֹּדָוָהוּ מִמָּרֵשָׁה עַל־יְהוֹשָׁפָט לֵאמֹר כְּהִתְחַבֶּרְךָ
עִם־אֲחַזְיָהוּ פָּרַץ יְהוָה אֶת־מַעֲשֶׂיךָ וַיִּשָּׁבְרוּ אֳנִיּוֹת וְלֹא עָצְרוּ
כא א לָלֶכֶת אֶל־תַּרְשִׁישׁ׃ וַיִּשְׁכַּב יְהוֹשָׁפָט עִם־אֲבֹתָיו וַיִּקָּבֵר עִם־
ב אֲבֹתָיו בְּעִיר דָּוִיד וַיִּמְלֹךְ יְהוֹרָם בְּנוֹ תַּחְתָּיו׃ וְלוֹ־אַחִים בְּנֵי
יְהוֹשָׁפָט עֲזַרְיָה וִיחִיאֵל וּזְכַרְיָהוּ וַעֲזַרְיָהוּ וּמִיכָאֵל וּשְׁפַטְיָהוּ
ג כָּל־אֵלֶּה בְּנֵי יְהוֹשָׁפָט מֶלֶךְ יִשְׂרָאֵל׃ וַיִּתֵּן לָהֶם ׀ אֲבִיהֶם מַתָּנוֹת
רַבּוֹת לְכֶסֶף וּלְזָהָב וּלְמִגְדָּנוֹת עִם־עָרֵי מְצֻרוֹת בִּיהוּדָה וְאֶת־
ד הַמַּמְלָכָה נָתַן לִיהוֹרָם כִּי־הוּא הַבְּכוֹר׃ וַיָּקָם יְהוֹרָם
עַל־מַמְלֶכֶת אָבִיו וַיִּתְחַזַּק וַיַּהֲרֹג אֶת־כָּל־אֶחָיו בֶּחָרֶב וְגַם
ה מִשָּׂרֵי יִשְׂרָאֵל׃ בֶּן־שְׁלֹשִׁים וּשְׁתַּיִם שָׁנָה יְהוֹרָם בְּמָלְכוֹ
ו וּשְׁמוֹנֶה שָׁנִים מָלַךְ בִּירוּשָׁלִָם׃ וַיֵּלֶךְ בְּדֶרֶךְ ׀ מַלְכֵי יִשְׂרָאֵל
כַּאֲשֶׁר עָשׂוּ בֵּית אַחְאָב כִּי בַּת־אַחְאָב הָיְתָה לּוֹ אִשָּׁה וַיַּעַשׂ
ז הָרַע בְּעֵינֵי יְהוָה׃ וְלֹא־אָבָה יְהוָה לְהַשְׁחִית אֶת־בֵּית דָּוִיד
לְמַעַן הַבְּרִית אֲשֶׁר כָּרַת לְדָוִיד וְכַאֲשֶׁר אָמַר לָתֵת לוֹ נִיר
ח וּלְבָנָיו כָּל־הַיָּמִים׃ בְּיָמָיו פָּשַׁע אֱדוֹם מִתַּחַת יַד־יְהוּדָה
ט וַיַּמְלִיכוּ עֲלֵיהֶם מֶלֶךְ׃ וַיַּעֲבֹר יְהוֹרָם עִם־שָׂרָיו וְכָל־הָרֶכֶב
עִמּוֹ וַיְהִי קָם לַיְלָה וַיַּךְ אֶת־אֱדוֹם הַסּוֹבֵב אֵלָיו וְאֵת שָׂרֵי
י הָרָכֶב׃ וַיִּפְשַׁע אֱדוֹם מִתַּחַת יַד־יְהוּדָה עַד הַיּוֹם הַזֶּה אָז
תִּפְשַׁע לִבְנָה בָּעֵת הַהִיא מִתַּחַת יָדוֹ כִּי עָזַב אֶת־יְהוָה אֱלֹהֵי
יא אֲבֹתָיו׃ גַּם־הוּא עָשָׂה בָמוֹת בְּהָרֵי יְהוּדָה וַיֶּזֶן אֶת־יֹשְׁבֵי
יב יְרוּשָׁלִַם וַיַּדַּח אֶת־יְהוּדָה׃ וַיָּבֹא אֵלָיו מִכְתָּב מֵאֵלִיָּהוּ
הַנָּבִיא לֵאמֹר כֹּה ׀ אָמַר יְהוָה אֱלֹהֵי דָּוִיד אָבִיךָ תַּחַת אֲשֶׁר
לֹא־הָלַכְתָּ בְּדַרְכֵי יְהוֹשָׁפָט אָבִיךָ וּבְדַרְכֵי אָסָא מֶלֶךְ־יְהוּדָה׃

וַתֵּלֶךְ בְּדֶרֶךְ מַלְכֵי יִשְׂרָאֵל וַתַּזְנֶה אֶת־יְהוּדָה וְאֶת־יֹשְׁבֵי יג
יְרוּשָׁלִָם כְּהַזְנוֹת בֵּית אַחְאָב וְגַם אֶת־אַחֶיךָ בֵית־אָבִיךָ
הַטּוֹבִים מִמְּךָ הָרָגְתָּ׃ הִנֵּה יהוה נֹגֵף מַגֵּפָה גְדוֹלָה בְּעַמֶּךָ יד
וּבְבָנֶיךָ וּבְנָשֶׁיךָ וּבְכָל־רְכוּשֶׁךָ׃ וְאַתָּה בָּחֳלָיִים רַבִּים בְּמַחֲלָה טו
מֵעֶיךָ עַד־יֵצְאוּ מֵעֶיךָ מִן־הַחֹלִי יָמִים עַל־יָמִים׃ וַיָּעַר יהוה טז
עַל־יְהוֹרָם אֶת־רוּחַ הַפְּלִשְׁתִּים וְהָעַרְבִים אֲשֶׁר עַל־יַד כּוּשִׁים׃
וַיַּעֲלוּ בִיהוּדָה וַיִּבְקָעוּהָ וַיִּשְׁבּוּ אֵת כָּל־הָרְכוּשׁ הַנִּמְצָא לְבֵית־ יז
הַמֶּלֶךְ וְגַם־בָּנָיו וְנָשָׁיו וְלֹא נִשְׁאַר־לוֹ בֵּן כִּי אִם־יְהוֹאָחָז קְטֹן
בָּנָיו׃ וְאַחֲרֵי כָּל־זֹאת נְגָפוֹ יהוה ׀ בְּמֵעָיו לָחֳלִי לְאֵין מַרְפֵּא׃ יח
וַיְהִי לְיָמִים ׀ מִיָּמִים וּכְעֵת צֵאת הַקֵּץ לְיָמִים שְׁנַיִם יָצְאוּ יט
מֵעָיו עִם־חָלְיוֹ וַיָּמָת בְּתַחֲלֻאִים רָעִים וְלֹא־עָשׂוּ לוֹ עַמּוֹ
שְׂרֵפָה כִּשְׂרֵפַת אֲבֹתָיו׃ בֶּן־שְׁלֹשִׁים וּשְׁתַּיִם הָיָה בְמָלְכוֹ כ
וּשְׁמוֹנֶה שָׁנִים מָלַךְ בִּירוּשָׁלִָם וַיֵּלֶךְ בְּלֹא חֶמְדָּה וַיִּקְבְּרֻהוּ
בְּעִיר דָּוִיד וְלֹא בְּקִבְרוֹת הַמְּלָכִים׃ וַיַּמְלִיכוּ יוֹשְׁבֵי יְרוּשָׁלִַם א כב
אֶת־אֲחַזְיָהוּ בְנוֹ הַקָּטֹן תַּחְתָּיו כִּי כָל־הָרִאשֹׁנִים הָרַג הַגְּדוּד
הַבָּא בָעַרְבִים לַמַּחֲנֶה וַיִּמְלֹךְ אֲחַזְיָהוּ בֶּן־יְהוֹרָם מֶלֶךְ
יְהוּדָה׃ בֶּן־אַרְבָּעִים וּשְׁתַּיִם שָׁנָה אֲחַזְיָהוּ בְמָלְכוֹ ב
וְשָׁנָה אַחַת מָלַךְ בִּירוּשָׁלִָם וְשֵׁם אִמּוֹ עֲתַלְיָהוּ בַּת־עָמְרִי׃
גַּם־הוּא הָלַךְ בְּדַרְכֵי בֵּית אַחְאָב כִּי אִמּוֹ הָיְתָה יוֹעַצְתּוֹ ג
לְהַרְשִׁיעַ׃ וַיַּעַשׂ הָרַע בְּעֵינֵי יהוה כְּבֵית אַחְאָב כִּי־הֵמָּה הָיוּ־ ד
לוֹ יוֹעֲצִים אַחֲרֵי מוֹת אָבִיו לְמַשְׁחִית לוֹ׃ גַּם בַּעֲצָתָם הָלַךְ ה
וַיֵּלֶךְ אֶת־יְהוֹרָם בֶּן־אַחְאָב מֶלֶךְ יִשְׂרָאֵל לַמִּלְחָמָה עַל־חֲזָאֵל
מֶלֶךְ־אֲרָם בְּרָמוֹת גִּלְעָד וַיַּכּוּ הָרַמִּים אֶת־יוֹרָם׃ וַיָּשָׁב ו
לְהִתְרַפֵּא בְיִזְרְעֶאל כִּי הַמַּכִּים אֲשֶׁר הִכֻּהוּ בָרָמָה בְּהִלָּחֲמוֹ
אֶת־חֲזָהאֵל מֶלֶךְ אֲרָם וַעֲזַרְיָהוּ בֶן־יְהוֹרָם מֶלֶךְ יְהוּדָה יָרַד
לִרְאוֹת אֶת־יְהוֹרָם בֶּן־אַחְאָב בְּיִזְרְעֶאל כִּי־חֹלֶה הוּא׃
וּמֵאֱלֹהִים הָיְתָה תְּבוּסַת אֲחַזְיָהוּ לָבוֹא אֶל־יוֹרָם וּבְבֹאוֹ יָצָא ז

עִם־יְהוֹרָם אֶל־יֵהוּא בֶן־נִמְשִׁי אֲשֶׁר מְשָׁחוֹ יְהוָה לְהַכְרִית
ח אֶת־בֵּית אַחְאָב׃ וַיְהִי כְּהִשָּׁפֵט יֵהוּא עִם־בֵּית אַחְאָב וַיִּמְצָא
אֶת־שָׂרֵי יְהוּדָה וּבְנֵי אֲחֵי אֲחַזְיָהוּ מְשָׁרְתִים לַאֲחַזְיָהוּ וַיַּהַרְגֵם׃
ט וַיְבַקֵּשׁ אֶת־אֲחַזְיָהוּ וַיִּלְכְּדֻהוּ וְהוּא מִתְחַבֵּא בְשֹׁמְרוֹן וַיְבִאֻהוּ
אֶל־יֵהוּא וַיְמִתֻהוּ וַיִּקְבְּרֻהוּ כִּי אָמְרוּ בֶּן־יְהוֹשָׁפָט הוּא אֲשֶׁר־
דָּרַשׁ אֶת־יְהוָה בְּכָל־לְבָבוֹ וְאֵין לְבֵית אֲחַזְיָהוּ לַעְצֹר כֹּחַ
י לְמַמְלָכָה׃ וַעֲתַלְיָהוּ אֵם אֲחַזְיָהוּ רָאֲתָה כִּי־מֵת
בְּנָהּ וַתָּקָם וַתְּדַבֵּר אֶת־כָּל־זֶרַע הַמַּמְלָכָה לְבֵית יְהוּדָה׃
יא וַתִּקַּח יְהוֹשַׁבְעַת בַּת־הַמֶּלֶךְ אֶת־יוֹאָשׁ בֶּן־אֲחַזְיָהוּ וַתִּגְנֹב
אֹתוֹ מִתּוֹךְ בְּנֵי־הַמֶּלֶךְ הַמּוּמָתִים וַתִּתֵּן אֹתוֹ וְאֶת־מֵינִקְתּוֹ
בַּחֲדַר הַמִּטּוֹת וַתַּסְתִּירֵהוּ יְהוֹשַׁבְעַת בַּת־הַמֶּלֶךְ יְהוֹרָם אֵשֶׁת
יְהוֹיָדָע הַכֹּהֵן כִּי הִיא הָיְתָה אֲחוֹת אֲחַזְיָהוּ מִפְּנֵי עֲתַלְיָהוּ
יב וְלֹא הֱמִיתָתְהוּ׃ וַיְהִי אִתָּם בְּבֵית הָאֱלֹהִים מִתְחַבֵּא שֵׁשׁ שָׁנִים
כג א וַעֲתַלְיָה מֹלֶכֶת עַל־הָאָרֶץ׃ וּבַשָּׁנָה הַשְּׁבִעִית
הִתְחַזַּק יְהוֹיָדָע וַיִּקַּח אֶת־שָׂרֵי הַמֵּאוֹת לַעֲזַרְיָהוּ בֶן־יְרֹחָם
וּלְיִשְׁמָעֵאל בֶּן־יְהוֹחָנָן וְלַעֲזַרְיָהוּ בֶן־עוֹבֵד וְאֶת־מַעֲשֵׂיָהוּ
ב בֶן־עֲדָיָהוּ וְאֶת־אֱלִישָׁפָט בֶּן־זִכְרִי עִמּוֹ בַבְּרִית׃ וַיָּסֹבּוּ
בִּיהוּדָה וַיִּקְבְּצוּ אֶת־הַלְוִיִּם מִכָּל־עָרֵי יְהוּדָה וְרָאשֵׁי הָאָבוֹת
ג לְיִשְׂרָאֵל וַיָּבֹאוּ אֶל־יְרוּשָׁלָםִ׃ וַיִּכְרֹת כָּל־הַקָּהָל בְּרִית בְּבֵית
הָאֱלֹהִים עִם־הַמֶּלֶךְ וַיֹּאמֶר לָהֶם הִנֵּה בֶן־הַמֶּלֶךְ יִמְלֹךְ
ד כַּאֲשֶׁר דִּבֶּר יְהוָה עַל־בְּנֵי דָוִיד׃ זֶה הַדָּבָר אֲשֶׁר תַּעֲשׂוּ
הַשְּׁלִשִׁית מִכֶּם בָּאֵי הַשַּׁבָּת לַכֹּהֲנִים וְלַלְוִיִּם לְשֹׁעֲרֵי הַסִּפִּים׃
ה וְהַשְּׁלִשִׁית בְּבֵית הַמֶּלֶךְ וְהַשְּׁלִישִׁית בְּשַׁעַר הַיְסוֹד וְכָל־הָעָם
ו בְּחַצְרוֹת בֵּית יְהוָה׃ וְאַל־יָבוֹא בֵית־יְהוָה כִּי אִם־הַכֹּהֲנִים
וְהַמְשָׁרְתִים לַלְוִיִּם הֵמָּה יָבֹאוּ כִּי־קֹדֶשׁ הֵמָּה וְכָל־הָעָם
ז יִשְׁמְרוּ מִשְׁמֶרֶת יְהוָה׃ וְהִקִּיפוּ הַלְוִיִּם אֶת־הַמֶּלֶךְ סָבִיב
אִישׁ וְכֵלָיו בְּיָדוֹ וְהַבָּא אֶל־הַבַּיִת יוּמָת וִהְיוּ אֶת־הַמֶּלֶךְ

ח בְּבֹאוֹ וּבְצֵאתוֹ׃ וַיַּעֲשׂוּ הַלְוִיִּם וְכָל־יְהוּדָה כְּכֹל אֲשֶׁר־צִוָּה
יְהוֹיָדָע הַכֹּהֵן וַיִּקְחוּ אִישׁ אֶת־אֲנָשָׁיו בָּאֵי הַשַּׁבָּת עִם יוֹצְאֵי
ט הַשַּׁבָּת כִּי לֹא פָטַר יְהוֹיָדָע הַכֹּהֵן אֶת־הַמַּחְלְקוֹת׃ וַיִּתֵּן
יְהוֹיָדָע הַכֹּהֵן לְשָׂרֵי הַמֵּאוֹת אֶת־הַחֲנִיתִים וְאֶת־הַמָּגִנּוֹת
וְאֶת־הַשְּׁלָטִים אֲשֶׁר לַמֶּלֶךְ דָּוִיד אֲשֶׁר בֵּית הָאֱלֹהִים׃
י וַיַּעֲמֵד אֶת־כָּל־הָעָם וְאִישׁ ׀ שִׁלְחוֹ בְיָדוֹ מִכֶּתֶף הַבַּיִת הַיְמָנִית
עַד־כֶּתֶף הַבַּיִת הַשְּׂמָאלִית לַמִּזְבֵּחַ וְלַבָּיִת עַל־הַמֶּלֶךְ
יא סָבִיב׃ וַיּוֹצִיאוּ אֶת־בֶּן־הַמֶּלֶךְ וַיִּתְּנוּ עָלָיו אֶת־הַנֵּזֶר וְאֶת־ כ
הָעֵדוּת וַיַּמְלִיכוּ אֹתוֹ וַיִּמְשָׁחֻהוּ יְהוֹיָדָע וּבָנָיו וַיֹּאמְרוּ יְחִי
יב הַמֶּלֶךְ׃ וַתִּשְׁמַע עֲתַלְיָהוּ אֶת־קוֹל הָעָם הָרָצִים
יג וְהַמְהַלְלִים אֶת־הַמֶּלֶךְ וַתָּבוֹא אֶל־הָעָם בֵּית יְהוָה׃ וַתֵּרֶא
וְהִנֵּה הַמֶּלֶךְ עוֹמֵד עַל־עַמּוּדוֹ בַּמָּבוֹא וְהַשָּׂרִים וְהַחֲצֹצְרוֹת עַל־
הַמֶּלֶךְ וְכָל־עַם הָאָרֶץ שָׂמֵחַ וְתוֹקֵעַ בַּחֲצֹצְרוֹת וְהַמְשׁוֹרְרִים
בִּכְלֵי הַשִּׁיר וּמוֹדִיעִים לְהַלֵּל וַתִּקְרַע עֲתַלְיָהוּ אֶת־בְּגָדֶיהָ
יד וַתֹּאמֶר קֶשֶׁר קָשֶׁר׃ וַיּוֹצֵא יְהוֹיָדָע הַכֹּהֵן אֶת־שָׂרֵי
הַמֵּאוֹת ׀ פְּקוּדֵי הַחַיִל וַיֹּאמֶר אֲלֵהֶם הוֹצִיאוּהָ אֶל־מִבֵּית
הַשְּׂדֵרוֹת וְהַבָּא אַחֲרֶיהָ יוּמַת בֶּחָרֶב כִּי אָמַר הַכֹּהֵן לֹא
טו תְמִיתוּהָ בֵּית יְהוָה׃ וַיָּשִׂימוּ לָהּ יָדַיִם וַתָּבוֹא אֶל־מְבוֹא
שַׁעַר־הַסּוּסִים בֵּית הַמֶּלֶךְ וַיְמִיתוּהָ שָׁם׃
טז וַיִּכְרֹת יְהוֹיָדָע בְּרִית בֵּינוֹ וּבֵין כָּל־הָעָם וּבֵין הַמֶּלֶךְ לִהְיוֹת
יז לְעָם לַיהוָה׃ וַיָּבֹאוּ כָל־הָעָם בֵּית־הַבַּעַל וַיִּתְּצֻהוּ וְאֶת־
מִזְבְּחֹתָיו וְאֶת־צְלָמָיו שִׁבֵּרוּ וְאֵת מַתָּן כֹּהֵן הַבַּעַל הָרְגוּ
יח לִפְנֵי הַמִּזְבְּחוֹת׃ וַיָּשֶׂם יְהוֹיָדָע פְּקֻדֹּת בֵּית יְהוָה בְּיַד הַכֹּהֲנִים
הַלְוִיִּם אֲשֶׁר חָלַק דָּוִיד עַל־בֵּית יְהוָה לְהַעֲלוֹת עֹלוֹת יְהוָה
יט כַּכָּתוּב בְּתוֹרַת מֹשֶׁה בְּשִׂמְחָה וּבְשִׁיר עַל יְדֵי דָוִיד׃ וַיַּעֲמֵד
הַשּׁוֹעֲרִים עַל־שַׁעֲרֵי בֵּית יְהוָה וְלֹא־יָבוֹא טָמֵא לְכָל־דָּבָר׃
כ וַיִּקַּח אֶת־שָׂרֵי הַמֵּאוֹת וְאֶת־הָאַדִּירִים וְאֶת־הַמּוֹשְׁלִים בָּעָם

וְאֶת ׀ כָּל־עַם הָאָרֶץ וַיּוֹרֶד אֶת־הַמֶּלֶךְ מִבֵּית יְהוָה וַיָּבֹאוּ
בְּתוֹךְ־שַׁעַר הָעֶלְיוֹן בֵּית הַמֶּלֶךְ וַיּוֹשִׁיבוּ אֶת־הַמֶּלֶךְ עַל כִּסֵּא
כא הַמַּמְלָכָה׃ וַיִּשְׂמְחוּ כָל־עַם־הָאָרֶץ וְהָעִיר שָׁקָטָה וְאֶת־
כד א עֲתַלְיָהוּ הֵמִיתוּ בֶחָרֶב׃ בֶּן־שֶׁבַע שָׁנִים יֹאָשׁ בְּמָלְכוֹ
וְאַרְבָּעִים שָׁנָה מָלַךְ בִּירוּשָׁלִָם וְשֵׁם אִמּוֹ צִבְיָה מִבְּאֵר שָׁבַע׃
ב וַיַּעַשׂ יוֹאָשׁ הַיָּשָׁר בְּעֵינֵי יְהוָה כָּל־יְמֵי יְהוֹיָדָע הַכֹּהֵן׃
ג ד וַיִּשָּׂא־לוֹ יְהוֹיָדָע נָשִׁים שְׁתָּיִם וַיּוֹלֶד בָּנִים וּבָנוֹת׃ וַיְהִי אַחֲרֵי־
ה כֵן הָיָה עִם־לֵב יוֹאָשׁ לְחַדֵּשׁ אֶת־בֵּית יְהוָה׃ וַיִּקְבֹּץ אֶת־
הַכֹּהֲנִים וְהַלְוִיִּם וַיֹּאמֶר לָהֶם צְאוּ לְעָרֵי יְהוּדָה וְקִבְצוּ מִכָּל־
יִשְׂרָאֵל כֶּסֶף לְחַזֵּק ׀ אֶת־בֵּית אֱלֹהֵיכֶם מִדֵּי שָׁנָה בְּשָׁנָה
ו וְאַתֶּם תְּמַהֲרוּ לַדָּבָר וְלֹא מִהֲרוּ הַלְוִיִּם׃ וַיִּקְרָא
הַמֶּלֶךְ לִיהוֹיָדָע הָרֹאשׁ וַיֹּאמֶר לוֹ מַדּוּעַ לֹא־דָרַשְׁתָּ עַל־
הַלְוִיִּם לְהָבִיא מִיהוּדָה וּמִירוּשָׁלִַם אֶת־מַשְׂאַת מֹשֶׁה עֶבֶד־
ז יְהוָה וְהַקָּהָל לְיִשְׂרָאֵל לְאֹהֶל הָעֵדוּת׃ כִּי עֲתַלְיָהוּ הַמִּרְשַׁעַת
בָּנֶיהָ פָרְצוּ אֶת־בֵּית הָאֱלֹהִים וְגַם כָּל־קָדְשֵׁי בֵית־יְהוָה עָשׂוּ
ח לַבְּעָלִים׃ וַיֹּאמֶר הַמֶּלֶךְ וַיַּעֲשׂוּ אֲרוֹן אֶחָד וַיִּתְּנֻהוּ בְּשַׁעַר
ט בֵּית־יְהוָה חוּצָה׃ וַיִּתְּנוּ־קוֹל בִּיהוּדָה וּבִירוּשָׁלִַם לְהָבִיא
לַיהוָה מַשְׂאַת מֹשֶׁה עֶבֶד־הָאֱלֹהִים עַל־יִשְׂרָאֵל בַּמִּדְבָּר׃
י וַיִּשְׂמְחוּ כָל־הַשָּׂרִים וְכָל־הָעָם וַיָּבִיאוּ וַיַּשְׁלִיכוּ לָאָרוֹן עַד־
יא לְכַלֵּה׃ וַיְהִי בְּעֵת יָבִיא אֶת־הָאָרוֹן אֶל־פְּקֻדַּת הַמֶּלֶךְ בְּיַד
הַלְוִיִּם וְכִרְאוֹתָם כִּי־רַב הַכֶּסֶף וּבָא סוֹפֵר הַמֶּלֶךְ וּפְקִיד
כֹּהֵן הָרֹאשׁ וִיעָרוּ אֶת־הָאָרוֹן וְיִשָּׂאֻהוּ וִישִׁבֻהוּ אֶל־מְקֹמוֹ
יב כֹּה עָשׂוּ לְיוֹם בְּיוֹם וַיַּאַסְפוּ־כֶסֶף לָרֹב׃ וַיִּתְּנֵהוּ הַמֶּלֶךְ
וִיהוֹיָדָע אֶל־עוֹשֵׂה מְלֶאכֶת עֲבוֹדַת בֵּית־יְהוָה וַיִּהְיוּ שֹׂכְרִים
חֹצְבִים וְחָרָשִׁים לְחַדֵּשׁ בֵּית יְהוָה וְגַם לְחָרָשֵׁי בַרְזֶל וּנְחֹשֶׁת
יג לְחַזֵּק אֶת־בֵּית יְהוָה׃ וַיַּעֲשׂוּ עֹשֵׂי הַמְּלָאכָה וַתַּעַל אֲרוּכָה
לַמְּלָאכָה בְּיָדָם וַיַּעֲמִידוּ אֶת־בֵּית הָאֱלֹהִים עַל־מַתְכֻּנְתּוֹ

יד וַיְאַמְּצֻהוּ׃ וּכְכַלּוֹתָם הֵבִיאוּ לִפְנֵי הַמֶּלֶךְ וִיהוֹיָדָע אֶת־שְׁאָר
הַכֶּסֶף וַיַּעֲשֵׂהוּ כֵלִים לְבֵית־יְהוָה כְּלֵי שָׁרֵת וְהַעֲלוֹת וְכַפּוֹת
וּכְלֵי זָהָב וָכָסֶף וַיִּהְיוּ מַעֲלִים עֹלוֹת בְּבֵית־יְהוָה תָּמִיד כֹּל יְמֵי
טו יְהוֹיָדָע׃ וַיִּזְקַן יְהוֹיָדָע וַיִּשְׂבַּע יָמִים וַיָּמֹת בֶּן־מֵאָה
טז וּשְׁלֹשִׁים שָׁנָה בְּמוֹתוֹ׃ וַיִּקְבְּרֻהוּ בְעִיר־דָּוִיד עִם־הַמְּלָכִים כִּי־
יז עָשָׂה טוֹבָה בְּיִשְׂרָאֵל וְעִם־הָאֱלֹהִים וּבֵיתוֹ׃ וְאַחֲרֵי
מוֹת יְהוֹיָדָע בָּאוּ שָׂרֵי יְהוּדָה וַיִּשְׁתַּחֲווּ לַמֶּלֶךְ אָז שָׁמַע
יח הַמֶּלֶךְ אֲלֵיהֶם׃ וַיַּעַזְבוּ אֶת־בֵּית יְהוָה אֱלֹהֵי אֲבוֹתֵיהֶם
וַיַּעַבְדוּ אֶת־הָאֲשֵׁרִים וְאֶת־הָעֲצַבִּים וַיְהִי־קֶצֶף עַל־יְהוּדָה
יט וִירוּשָׁלִַם בְּאַשְׁמָתָם זֹאת׃ וַיִּשְׁלַח בָּהֶם נְבִאִים לַהֲשִׁיבָם
כ אֶל־יְהוָה וַיָּעִידוּ בָם וְלֹא הֶאֱזִינוּ׃ וְרוּחַ אֱלֹהִים
לָבְשָׁה אֶת־זְכַרְיָה בֶּן־יְהוֹיָדָע הַכֹּהֵן וַיַּעֲמֹד מֵעַל לָעָם וַיֹּאמֶר
לָהֶם כֹּה ׀ אָמַר הָאֱלֹהִים לָמָה אַתֶּם עֹבְרִים אֶת־מִצְוֺת יְהוָה
כא וְלֹא תַצְלִיחוּ כִּי־עֲזַבְתֶּם אֶת־יְהוָה וַיַּעֲזֹב אֶתְכֶם׃ וַיִּקְשְׁרוּ
כב עָלָיו וַיִּרְגְּמֻהוּ אֶבֶן בְּמִצְוַת הַמֶּלֶךְ בַּחֲצַר בֵּית יְהוָה׃ וְלֹא־
זָכַר יוֹאָשׁ הַמֶּלֶךְ הַחֶסֶד אֲשֶׁר עָשָׂה יְהוֹיָדָע אָבִיו עִמּוֹ וַיַּהֲרֹג
כג אֶת־בְּנוֹ וּכְמוֹתוֹ אָמַר יֵרֶא יְהוָה וְיִדְרֹשׁ׃ וַיְהִי ׀
לִתְקוּפַת הַשָּׁנָה עָלָה עָלָיו חֵיל אֲרָם וַיָּבֹאוּ אֶל־יְהוּדָה
וִירוּשָׁלִַם וַיַּשְׁחִיתוּ אֶת־כָּל־שָׂרֵי הָעָם מֵעָם וְכָל־שְׁלָלָם שִׁלְּחוּ
כד לְמֶלֶךְ דַּרְמָשֶׂק׃ כִּי בְמִצְעַר אֲנָשִׁים בָּאוּ ׀ חֵיל אֲרָם וַיהוָה
נָתַן בְּיָדָם חַיִל לָרֹב מְאֹד כִּי עָזְבוּ אֶת־יְהוָה אֱלֹהֵי אֲבוֹתֵיהֶם
כה וְאֶת־יוֹאָשׁ עָשׂוּ שְׁפָטִים׃ וּבְלֶכְתָּם מִמֶּנּוּ כִּי־עָזְבוּ אֹתוֹ
בְּמַחֲלֻיִים רַבִּים הִתְקַשְּׁרוּ עָלָיו עֲבָדָיו בִּדְמֵי בְּנֵי יְהוֹיָדָע
הַכֹּהֵן וַיַּהַרְגֻהוּ עַל־מִטָּתוֹ וַיָּמֹת וַיִּקְבְּרֻהוּ בְּעִיר דָּוִיד וְלֹא
כו קְבָרֻהוּ בְּקִבְרוֹת הַמְּלָכִים׃ וְאֵלֶּה הַמִּתְקַשְּׁרִים עָלָיו זָבָד
כז בֶּן־שִׁמְעָת הָעַמּוֹנִית וִיהוֹזָבָד בֶּן־שִׁמְרִית הַמּוֹאָבִית׃ וּבָנָיו
ורב הַמַּשָּׂא עָלָיו וִיסוֹד בֵּית הָאֱלֹהִים הִנָּם כְּתוּבִים עַל־מִדְרַשׁ יִרֶב

א סֵפֶר הַמְּלָכִים וַיִּמְלֹךְ אֲמַצְיָהוּ בְנוֹ תַּחְתָּיו׃ בֶּן־
עֶשְׂרִים וְחָמֵשׁ שָׁנָה מָלַךְ אֲמַצְיָהוּ וְעֶשְׂרִים וָתֵשַׁע שָׁנָה
ב מָלַךְ בִּירוּשָׁלָםִ וְשֵׁם אִמּוֹ יְהוֹעַדָּן מִירוּשָׁלָיִם׃ וַיַּעַשׂ הַיָּשָׁר
ג בְּעֵינֵי יְהוָה רַק לֹא בְּלֵבָב שָׁלֵם׃ וַיְהִי כַּאֲשֶׁר חָזְקָה הַמַּמְלָכָה
ד עָלָיו וַיַּהֲרֹג אֶת־עֲבָדָיו הַמַּכִּים אֶת־הַמֶּלֶךְ אָבִיו׃ וְאֶת־
בְּנֵיהֶם לֹא הֵמִית כִּי כַכָּתוּב בַּתּוֹרָה בְּסֵפֶר מֹשֶׁה אֲשֶׁר־
צִוָּה יְהוָה לֵאמֹר לֹא־יָמוּתוּ אָבוֹת עַל־בָּנִים וּבָנִים לֹא־
ה יָמוּתוּ עַל־אָבוֹת כִּי אִישׁ בְּחֶטְאוֹ יָמוּתוּ׃ וַיִּקְבֹּץ
אֲמַצְיָהוּ אֶת־יְהוּדָה וַיַּעֲמִידֵם לְבֵית־אָבוֹת לְשָׂרֵי הָאֲלָפִים
וּלְשָׂרֵי הַמֵּאוֹת לְכָל־יְהוּדָה וּבִנְיָמִן וַיִּפְקְדֵם לְמִבֶּן עֶשְׂרִים
שָׁנָה וָמַעְלָה וַיִּמְצָאֵם שְׁלֹשׁ־מֵאוֹת אֶלֶף בָּחוּר יוֹצֵא צָבָא
ו אֹחֵז רֹמַח וְצִנָּה׃ וַיִּשְׂכֹּר מִיִּשְׂרָאֵל מֵאָה אֶלֶף גִּבּוֹר חָיִל
ז בְּמֵאָה כִכַּר־כָּסֶף׃ וְאִישׁ הָאֱלֹהִים בָּא אֵלָיו לֵאמֹר הַמֶּלֶךְ
אַל־יָבוֹא עִמְּךָ צְבָא יִשְׂרָאֵל כִּי אֵין יְהוָה עִם־יִשְׂרָאֵל כֹּל
ח בְּנֵי אֶפְרָיִם׃ כִּי אִם־בֹּא אַתָּה עֲשֵׂה חֲזַק לַמִּלְחָמָה יַכְשִׁילְךָ
הָאֱלֹהִים לִפְנֵי אוֹיֵב כִּי יֶשׁ־כֹּחַ בֵּאלֹהִים לַעְזוֹר וּלְהַכְשִׁיל׃
ט וַיֹּאמֶר אֲמַצְיָהוּ לְאִישׁ הָאֱלֹהִים וּמַה־לַּעֲשׂוֹת לִמְאַת הַכִּכָּר
אֲשֶׁר נָתַתִּי לִגְדוּד יִשְׂרָאֵל וַיֹּאמֶר אִישׁ הָאֱלֹהִים יֵשׁ לַיהוָה
י לָתֶת לְךָ הַרְבֵּה מִזֶּה׃ וַיַּבְדִּילֵם אֲמַצְיָהוּ לְהַגְּדוּד אֲשֶׁר־בָּא
אֵלָיו מֵאֶפְרַיִם לָלֶכֶת לִמְקוֹמָם וַיִּחַר אַפָּם מְאֹד בִּיהוּדָה
יא וַיָּשׁוּבוּ לִמְקוֹמָם בָּחֳרִי־אָף׃ וַאֲמַצְיָהוּ הִתְחַזַּק וַיִּנְהַג
אֶת־עַמּוֹ וַיֵּלֶךְ גֵּיא הַמֶּלַח וַיַּךְ אֶת־בְּנֵי־שֵׂעִיר עֲשֶׂרֶת אֲלָפִים׃
יב וַעֲשֶׂרֶת אֲלָפִים חַיִּים שָׁבוּ בְּנֵי יְהוּדָה וַיְבִיאוּם לְרֹאשׁ הַסָּלַע
יג וַיַּשְׁלִיכוּם מֵרֹאשׁ הַסֶּלַע וְכֻלָּם נִבְקָעוּ׃ וּבְנֵי הַגְּדוּד
אֲשֶׁר הֵשִׁיב אֲמַצְיָהוּ מִלֶּכֶת עִמּוֹ לַמִּלְחָמָה וַיִּפְשְׁטוּ בְּעָרֵי
יְהוּדָה מִשֹּׁמְרוֹן וְעַד־בֵּית חוֹרוֹן וַיַּכּוּ מֵהֶם שְׁלֹשֶׁת אֲלָפִים
יד וַיָּבֹזּוּ בִּזָּה רַבָּה׃ וַיְהִי אַחֲרֵי בוֹא אֲמַצְיָהוּ מֵהַכּוֹת

אֶת־אֲדוֹמִים וַיָּבֵא אֶת־אֱלֹהֵי בְּנֵי שֵׂעִיר וַיַּעֲמִידֵם לוֹ לֵאלֹהִים
טו וְלִפְנֵיהֶם יִשְׁתַּחֲוֶה וְלָהֶם יְקַטֵּר׃ וַיִּחַר־אַף יְהוָה בַּאֲמַצְיָהוּ
וַיִּשְׁלַח אֵלָיו נָבִיא וַיֹּאמֶר לוֹ לָמָּה דָרַשְׁתָּ אֶת־אֱלֹהֵי
טז הָעָם אֲשֶׁר לֹא־הִצִּילוּ אֶת־עַמָּם מִיָּדֶךָ׃ וַיְהִי ׀ בְּדַבְּרוֹ אֵלָיו
וַיֹּאמֶר לוֹ הַלְיוֹעֵץ לַמֶּלֶךְ נְתַנּוּךָ חֲדַל־לְךָ לָמָּה יַכּוּךָ וַיֶּחְדַּל
הַנָּבִיא וַיֹּאמֶר יָדַעְתִּי כִּי־יָעַץ אֱלֹהִים לְהַשְׁחִיתֶךָ כִּי־עָשִׂיתָ
יז זֹאת וְלֹא שָׁמַעְתָּ לַעֲצָתִי׃ וַיִּוָּעַץ אֲמַצְיָהוּ מֶלֶךְ
יְהוּדָה וַיִּשְׁלַח אֶל־יוֹאָשׁ בֶּן־יְהוֹאָחָז בֶּן־יֵהוּא מֶלֶךְ יִשְׂרָאֵל
יח לֵאמֹר לְךָ נִתְרָאֶה פָנִים׃ וַיִּשְׁלַח יוֹאָשׁ מֶלֶךְ־יִשְׂרָאֵל אֶל־
אֲמַצְיָהוּ מֶלֶךְ־יְהוּדָה לֵאמֹר הַחוֹחַ אֲשֶׁר בַּלְּבָנוֹן שָׁלַח אֶל־
הָאֶרֶז אֲשֶׁר בַּלְּבָנוֹן לֵאמֹר תְּנָה־אֶת־בִּתְּךָ לִבְנִי לְאִשָּׁה
וַתַּעֲבֹר חַיַּת הַשָּׂדֶה אֲשֶׁר בַּלְּבָנוֹן וַתִּרְמֹס אֶת־הַחוֹחַ׃
יט אָמַרְתָּ הִנֵּה הִכִּיתָ אֶת־אֱדוֹם וּנְשָׂאֲךָ לִבְּךָ לְהַכְבִּיד עַתָּה
שְׁבָה בְּבֵיתֶךָ לָמָּה תִתְגָּרֶה בְּרָעָה וְנָפַלְתָּ אַתָּה וִיהוּדָה
כ עִמָּךְ׃ וְלֹא־שָׁמַע אֲמַצְיָהוּ כִּי מֵהָאֱלֹהִים הִיא לְמַעַן תִּתָּם
כא בְּיָד כִּי דָרְשׁוּ אֵת אֱלֹהֵי אֱדוֹם׃ וַיַּעַל יוֹאָשׁ מֶלֶךְ־יִשְׂרָאֵל
וַיִּתְרָאוּ פָנִים הוּא וַאֲמַצְיָהוּ מֶלֶךְ־יְהוּדָה בְּבֵית שֶׁמֶשׁ אֲשֶׁר
כב כג לִיהוּדָה׃ וַיִּנָּגֶף יְהוּדָה לִפְנֵי יִשְׂרָאֵל וַיָּנֻסוּ אִישׁ לְאֹהָלָיו׃ וְאֵת
אֲמַצְיָהוּ מֶלֶךְ־יְהוּדָה בֶּן־יוֹאָשׁ בֶּן־יְהוֹאָחָז תָּפַשׂ יוֹאָשׁ מֶלֶךְ־
יִשְׂרָאֵל בְּבֵית שָׁמֶשׁ וַיְבִיאֵהוּ יְרוּשָׁלִַם וַיִּפְרֹץ בְּחוֹמַת יְרוּשָׁלִַם
כד מִשַּׁעַר אֶפְרַיִם עַד־שַׁעַר הַפּוֹנֶה אַרְבַּע מֵאוֹת אַמָּה׃ וְכָל־
הַזָּהָב וְהַכֶּסֶף וְאֵת כָּל־הַכֵּלִים הַנִּמְצְאִים בְּבֵית־הָאֱלֹהִים עִם־
עֹבֵד אֱדוֹם וְאֶת־אוֹצְרוֹת בֵּית הַמֶּלֶךְ וְאֵת בְּנֵי הַתַּעֲרֻבוֹת
כה וַיָּשָׁב שֹׁמְרוֹן׃ וַיְחִי אֲמַצְיָהוּ בֶן־יוֹאָשׁ מֶלֶךְ יְהוּדָה
אַחֲרֵי מוֹת יוֹאָשׁ בֶּן־יְהוֹאָחָז מֶלֶךְ יִשְׂרָאֵל חֲמֵשׁ עֶשְׂרֵה שָׁנָה׃
כו וְיֶתֶר דִּבְרֵי אֲמַצְיָהוּ הָרִאשֹׁנִים וְהָאַחֲרוֹנִים הֲלֹא הִנָּם כְּתוּבִים
כז עַל־סֵפֶר מַלְכֵי יְהוּדָה וְיִשְׂרָאֵל׃ וּמֵעֵת אֲשֶׁר־סָר אֲמַצְיָהוּ

מֵאַחֲרֵי יְהֹוָה וַיִּקְשְׁרוּ עָלָיו קֶשֶׁר בִּירוּשָׁלַ͏ִם וַיָּנָס לָכִישָׁה
כח וַיִּשְׁלְחוּ אַחֲרָיו לָכִישָׁה וַיְמִיתֻהוּ שָׁם׃ וַיִּשָּׂאֻהוּ עַל־הַסּוּסִים
כו א וַיִּקְבְּרוּ אֹתוֹ עִם־אֲבֹתָיו בְּעִיר יְהוּדָה׃ וַיִּקְחוּ כָּל־עַם יְהוּדָה
אֶת־עֻזִּיָּהוּ וְהוּא בֶּן־שֵׁשׁ עֶשְׂרֵה שָׁנָה וַיַּמְלִיכוּ אֹתוֹ תַּחַת
ב אָבִיו אֲמַצְיָהוּ׃ הוּא בָּנָה אֶת־אֵילוֹת וַיְשִׁיבֶהָ לִיהוּדָה אַחֲרֵי כא
שְׁכַב־הַמֶּלֶךְ עִם־אֲבֹתָיו׃
ג בֶּן־שֵׁשׁ עֶשְׂרֵה שָׁנָה עֻזִּיָּהוּ בְמָלְכוֹ וַחֲמִשִּׁים וּשְׁתַּיִם שָׁנָה
ד מָלַךְ בִּירוּשָׁלָ͏ִם וְשֵׁם אִמּוֹ יכיליה מִן־יְרוּשָׁלָ͏ִם׃ וַיַּעַשׂ הַיָּשָׁר יְכָלְיָה
ה בְּעֵינֵי יְהֹוָה כְּכֹל אֲשֶׁר־עָשָׂה אֲמַצְיָהוּ אָבִיו׃ וַיְהִי לִדְרֹשׁ
אֱלֹהִים בִּימֵי זְכַרְיָהוּ הַמֵּבִין בִּרְאֹת הָאֱלֹהִים וּבִימֵי דָּרְשׁוֹ
ו אֶת־יְהֹוָה הִצְלִיחוֹ הָאֱלֹהִים׃ וַיֵּצֵא וַיִּלָּחֶם בַּפְּלִשְׁתִּים וַיִּפְרֹץ
אֶת־חוֹמַת גַּת וְאֵת חוֹמַת יַבְנֵה וְאֵת חוֹמַת אַשְׁדּוֹד וַיִּבְנֶה
ז עָרִים בְּאַשְׁדּוֹד וּבַפְּלִשְׁתִּים׃ וַיַּעְזְרֵהוּ הָאֱלֹהִים עַל־פְּלִשְׁתִּים
ח וְעַל־הערביים הַיֹּשְׁבִים בְּגוּר־בָּעַל וְהַמְּעוּנִים׃ וַיִּתְּנוּ הָעַמּוֹנִים הָעַרְבִים
מִנְחָה לְעֻזִּיָּהוּ וַיֵּלֶךְ שְׁמוֹ עַד־לְבוֹא מִצְרַיִם כִּי הֶחֱזִיק עַד־
ט לְמָעְלָה׃ וַיִּבֶן עֻזִּיָּהוּ מִגְדָּלִים בִּירוּשָׁלַ͏ִם עַל־שַׁעַר הַפִּנָּה
י וְעַל־שַׁעַר הַגַּיְא וְעַל־הַמִּקְצוֹעַ וַיְחַזְּקֵם׃ וַיִּבֶן מִגְדָּלִים
בַּמִּדְבָּר וַיַּחְצֹב בֹּרוֹת רַבִּים כִּי מִקְנֶה־רַּב הָיָה לוֹ וּבַשְּׁפֵלָה
וּבַמִּישׁוֹר אִכָּרִים וְכֹרְמִים בֶּהָרִים וּבַכַּרְמֶל כִּי־אֹהֵב אֲדָמָה
יא הָיָה׃ וַיְהִי לְעֻזִּיָּהוּ חַיִל עֹשֵׂה מִלְחָמָה יוֹצְאֵי צָבָא
לִגְדוּד בְּמִסְפַּר פְּקֻדָּתָם בְּיַד יעואל הַסּוֹפֵר וּמַעֲשֵׂיָהוּ הַשּׁוֹטֵר יְעִיאֵל
יב עַל־יַד־חֲנַנְיָהוּ מִשָּׂרֵי הַמֶּלֶךְ׃ כֹּל מִסְפַּר רָאשֵׁי הָאָבוֹת לְגִבּוֹרֵי
יג חָיִל אַלְפַּיִם וְשֵׁשׁ מֵאוֹת׃ וְעַל־יָדָם חֵיל צָבָא שְׁלֹשׁ מֵאוֹת
אֶלֶף וְשִׁבְעַת אֲלָפִים וַחֲמֵשׁ מֵאוֹת עוֹשֵׂי מִלְחָמָה בְּכֹחַ
יד חָיִל לַעְזֹר לַמֶּלֶךְ עַל־הָאוֹיֵב׃ וַיָּכֶן לָהֶם עֻזִּיָּהוּ לְכָל־הַצָּבָא
מָגִנִּים וּרְמָחִים וְכוֹבָעִים וְשִׁרְיֹנוֹת וּקְשָׁתוֹת וּלְאַבְנֵי קְלָעִים׃
טו וַיַּעַשׂ ׀ בִּירוּשָׁלַ͏ִם חִשְּׁבֹנוֹת מַחֲשֶׁבֶת חוֹשֵׁב לִהְיוֹת עַל־

הַמִּגְדָּלִים וְעַל־הַפִּנּוֹת לִירוֹא בַּחִצִּים וּבָאֲבָנִים גְּדֹלוֹת וַיֵּצֵא
שְׁמוֹ עַד־לְמֵרָחוֹק כִּי־הִפְלִיא לְהֵעָזֵר עַד כִּי־חָזָק: וּכְחֶזְקָתוֹ טז
גָּבַהּ לִבּוֹ עַד־לְהַשְׁחִית וַיִּמְעַל בַּיהוָה אֱלֹהָיו וַיָּבֹא אֶל־הֵיכַל
יְהוָה לְהַקְטִיר עַל־מִזְבַּח הַקְּטֹרֶת: וַיָּבֹא אַחֲרָיו עֲזַרְיָהוּ יז
הַכֹּהֵן וְעִמּוֹ כֹּהֲנִים ׀ לַיהוָה שְׁמוֹנִים בְּנֵי־חָיִל: וַיַּעַמְדוּ עַל־ יח
עֻזִּיָּהוּ הַמֶּלֶךְ וַיֹּאמְרוּ לוֹ לֹא־לְךָ עֻזִּיָּהוּ לְהַקְטִיר לַיהוָה כִּי
לַכֹּהֲנִים בְּנֵי־אַהֲרֹן הַמְקֻדָּשִׁים לְהַקְטִיר צֵא מִן־הַמִּקְדָּשׁ כִּי
מָעַלְתָּ וְלֹא־לְךָ לְכָבוֹד מֵיהוָה אֱלֹהִים: וַיִּזְעַף עֻזִּיָּהוּ וּבְיָדוֹ יט
מִקְטֶרֶת לְהַקְטִיר וּבְזַעְפּוֹ עִם־הַכֹּהֲנִים וְהַצָּרַעַת זָרְחָה בְמִצְחוֹ
לִפְנֵי הַכֹּהֲנִים בְּבֵית יְהוָה מֵעַל לְמִזְבַּח הַקְּטֹרֶת: וַיִּפֶן אֵלָיו כ
עֲזַרְיָהוּ כֹהֵן הָרֹאשׁ וְכָל־הַכֹּהֲנִים וְהִנֵּה־הוּא מְצֹרָע בְּמִצְחוֹ
וַיַּבְהִלוּהוּ מִשָּׁם וְגַם־הוּא נִדְחַף לָצֵאת כִּי נִגְּעוֹ יְהוָה: וַיְהִי כא
עֻזִּיָּהוּ הַמֶּלֶךְ מְצֹרָע ׀ עַד־יוֹם מוֹתוֹ וַיֵּשֶׁב בֵּית החפשות מְצֹרָע הַחָפְשִׁית
כִּי נִגְזַר מִבֵּית יְהוָה וְיוֹתָם בְּנוֹ עַל־בֵּית הַמֶּלֶךְ שׁוֹפֵט אֶת־
עַם הָאָרֶץ: וְיֶתֶר דִּבְרֵי עֻזִּיָּהוּ הָרִאשֹׁנִים וְהָאַחֲרֹנִים כָּתַב כב
יְשַׁעְיָהוּ בֶן־אָמוֹץ הַנָּבִיא: וַיִּשְׁכַּב עֻזִּיָּהוּ עִם־אֲבֹתָיו וַיִּקְבְּרוּ כג
אֹתוֹ עִם־אֲבֹתָיו בִּשְׂדֵה הַקְּבוּרָה אֲשֶׁר לַמְּלָכִים כִּי אָמְרוּ
מְצֹרָע הוּא וַיִּמְלֹךְ יוֹתָם בְּנוֹ תַּחְתָּיו: בֶּן־עֶשְׂרִים כז א
וְחָמֵשׁ שָׁנָה יוֹתָם בְּמָלְכוֹ וְשֵׁשׁ־עֶשְׂרֵה שָׁנָה מָלַךְ בִּירוּשָׁלִָם
וְשֵׁם אִמּוֹ יְרוּשָׁה בַּת־צָדוֹק: וַיַּעַשׂ הַיָּשָׁר בְּעֵינֵי יְהוָה כְּכֹל ב
אֲשֶׁר־עָשָׂה עֻזִּיָּהוּ אָבִיו רַק לֹא־בָא אֶל־הֵיכַל יְהוָה וְעוֹד
הָעָם מַשְׁחִיתִים: הוּא בָּנָה אֶת־שַׁעַר בֵּית־יְהוָה הָעֶלְיוֹן ג
וּבְחוֹמַת הָעֹפֶל בָּנָה לָרֹב: וְעָרִים בָּנָה בְּהַר־יְהוּדָה וּבֶחֳרָשִׁים ד
בָּנָה בִּירָנִיּוֹת וּמִגְדָּלִים: וְהוּא נִלְחַם עִם־מֶלֶךְ בְּנֵי־עַמּוֹן וַיֶּחֱזַק ה
עֲלֵיהֶם וַיִּתְּנוּ־לוֹ בְנֵי־עַמּוֹן בַּשָּׁנָה הַהִיא מֵאָה כִּכַּר־כֶּסֶף
וַעֲשֶׂרֶת אֲלָפִים כֹּרִים חִטִּים וּשְׂעוֹרִים עֲשֶׂרֶת אֲלָפִים זֹאת
הֵשִׁיבוּ לוֹ בְּנֵי עַמּוֹן וּבַשָּׁנָה הַשֵּׁנִית וְהַשְּׁלִשִׁית: וַיִּתְחַזֵּק ו

ז יוֹתָם כִּי הֵכִין דְּרָכָיו לִפְנֵי יְהוָה אֱלֹהָיו׃ וְיֶתֶר דִּבְרֵי יוֹתָם
וְכָל־מִלְחֲמֹתָיו וּדְרָכָיו הִנָּם כְּתוּבִים עַל־סֵפֶר מַלְכֵי יִשְׂרָאֵל
ח וִיהוּדָה׃ בֶּן־עֶשְׂרִים וְחָמֵשׁ שָׁנָה הָיָה בְמָלְכוֹ וְשֵׁשׁ־עֶשְׂרֵה
ט שָׁנָה מָלַךְ בִּירוּשָׁלִָם׃ וַיִּשְׁכַּב יוֹתָם עִם־אֲבֹתָיו וַיִּקְבְּרוּ אֹתוֹ
כח א בְּעִיר דָּוִיד וַיִּמְלֹךְ אָחָז בְּנוֹ תַּחְתָּיו׃ בֶּן־עֶשְׂרִים שָׁנָה אָחָז
בְּמָלְכוֹ וְשֵׁשׁ־עֶשְׂרֵה שָׁנָה מָלַךְ בִּירוּשָׁלִָם וְלֹא־עָשָׂה הַיָּשָׁר
ב בְּעֵינֵי יְהוָה כְּדָוִיד אָבִיו׃ וַיֵּלֶךְ בְּדַרְכֵי מַלְכֵי יִשְׂרָאֵל וְגַם
ג מַסֵּכוֹת עָשָׂה לַבְּעָלִים׃ וְהוּא הִקְטִיר בְּגֵיא בֶן־הִנֹּם וַיַּבְעֵר
אֶת־בָּנָיו בָּאֵשׁ כְּתֹעֲבוֹת הַגּוֹיִם אֲשֶׁר הֹרִישׁ יְהוָה מִפְּנֵי בְּנֵי
ד יִשְׂרָאֵל׃ וַיְזַבֵּחַ וַיְקַטֵּר בַּבָּמוֹת וְעַל־הַגְּבָעוֹת וְתַחַת כָּל־עֵץ
ה רַעֲנָן׃ וַיִּתְּנֵהוּ יְהוָה אֱלֹהָיו בְּיַד מֶלֶךְ אֲרָם וַיַּכּוּ־בוֹ וַיִּשְׁבּוּ
מִמֶּנּוּ שִׁבְיָה גְדוֹלָה וַיָּבִיאוּ דַּרְמָשֶׂק וְגַם בְּיַד־מֶלֶךְ יִשְׂרָאֵל
ו נִתָּן וַיַּךְ־בּוֹ מַכָּה גְדוֹלָה׃ וַיַּהֲרֹג פֶּקַח בֶּן־רְמַלְיָהוּ
בִּיהוּדָה מֵאָה וְעֶשְׂרִים אֶלֶף בְּיוֹם אֶחָד הַכֹּל בְּנֵי־חָיִל בְּעָזְבָם
ז אֶת־יְהוָה אֱלֹהֵי אֲבוֹתָם׃ וַיַּהֲרֹג זִכְרִי ׀ גִּבּוֹר אֶפְרַיִם
אֶת־מַעֲשֵׂיָהוּ בֶּן־הַמֶּלֶךְ וְאֶת־עַזְרִיקָם נְגִיד הַבָּיִת וְאֶת־אֶלְקָנָה
ח מִשְׁנֵה הַמֶּלֶךְ׃ וַיִּשְׁבּוּ בְנֵי־יִשְׂרָאֵל מֵאֲחֵיהֶם מָאתַיִם
אֶלֶף נָשִׁים בָּנִים וּבָנוֹת וְגַם־שָׁלָל רָב בָּזְזוּ מֵהֶם וַיָּבִיאוּ אֶת־
ט הַשָּׁלָל לְשֹׁמְרוֹן׃ וְשָׁם הָיָה נָבִיא לַיהוָה עֹדֵד שְׁמוֹ
וַיֵּצֵא לִפְנֵי הַצָּבָא הַבָּא לְשֹׁמְרוֹן וַיֹּאמֶר לָהֶם הִנֵּה בַּחֲמַת יְהוָה
אֱלֹהֵי־אֲבוֹתֵיכֶם עַל־יְהוּדָה נְתָנָם בְּיֶדְכֶם וַתַּהַרְגוּ־בָם בְּזַעַף
י עַד לַשָּׁמַיִם הִגִּיעַ׃ וְעַתָּה בְּנֵי־יְהוּדָה וִירוּשָׁלִַם אַתֶּם אֹמְרִים
לִכְבֹּשׁ לַעֲבָדִים וְלִשְׁפָחוֹת לָכֶם הֲלֹא רַק־אַתֶּם עִמָּכֶם אֲשָׁמוֹת
יא לַיהוָה אֱלֹהֵיכֶם׃ וְעַתָּה שְׁמָעוּנִי וְהָשִׁיבוּ הַשִּׁבְיָה אֲשֶׁר שְׁבִיתֶם
יב מֵאֲחֵיכֶם כִּי חֲרוֹן אַף־יְהוָה עֲלֵיכֶם׃ וַיָּקֻמוּ אֲנָשִׁים
מֵרָאשֵׁי בְנֵי־אֶפְרַיִם עֲזַרְיָהוּ בֶן־יְהוֹחָנָן בֶּרֶכְיָהוּ בֶן־מְשִׁלֵּמוֹת
וִיחִזְקִיָּהוּ בֶן־שַׁלֻּם וַעֲמָשָׂא בֶּן־חַדְלָי עַל־הַבָּאִים מִן־הַצָּבָא׃

ויאמרו להם לא־תביאו את־השביה הנה כי לאשמת יהוה יג
עלינו אתם אמרים להסיף על־חטאתנו ועל־אשמתנו
כי־רבה אשמה לנו וחרון אף על־ישראל: ויעזב יד
החלוץ את־השביה ואת־הבזה לפני השרים וכל־הקהל:
ויקמו האנשים אשר־נקבו בשמות ויחזיקו בשביה וכל־ טו
מערמיהם הלבישו מן־השלל וילבשום וינעלום ויאכלום
וישקום ויסכום וינהלום בחמרים לכל־כושל ויביאום יריחו
עיר־התמרים אצל אחיהם וישובו שמרון: בעת טז
ההיא שלח המלך אחז על־מלכי אשור לעזר לו: ועוד יז
אדומים באו ויכו ביהודה וישבו־שבי: ופלשתים פשטו יח
בערי השפלה והנגב ליהודה וילכדו את־בית־שמש ואת־
אילון ואת־הגדרות ואת־שוכו ובנותיה ואת־תמנה ובנותיה
ואת־גמזו ואת־בנתיה וישבו שם: כי־הכניע יהוה את־ יט
יהודה בעבור אחז מלך־ישראל כי הפריע ביהודה ומעול
מעל ביהוה: ויבא עליו תלגת פלנאסר מלך אשור ויצר כ
לו ולא חזקו: כי־חלק אחז את־בית יהוה ואת־בית המלך כא
והשרים ויתן למלך אשור ולא לעזרה לו: ובעת הצר לו כב
ויוסף למעול ביהוה הוא המלך אחז: ויזבח לאלהי דרמשק כג
המכים בו ויאמר כי אלהי מלכי־ארם הם מעזרים אתם
להם אזבח ויעזרוני והם היו־לו להכשילו ולכל־ישראל:
ויאסף אחז את־כלי בית־האלהים ויקצץ את־כלי בית־ כד
האלהים ויסגר את־דלתות בית־יהוה ויעש לו מזבחות
בכל־פנה בירושלם: ובכל־עיר ועיר ליהודה עשה במות כה
לקטר לאלהים אחרים ויכעס את־יהוה אלהי אבתיו:
ויתר דבריו וכל־דרכיו הראשנים והאחרונים הנם כתובים כו
על־ספר מלכי יהודה וישראל: וישכב אחז עם־אבתיו כז
ויקברהו בעיר בירושלם כי לא הביאהו לקברי מלכי

א יִשְׂרָאֵל וַיִּמְלֹךְ יְחִזְקִיָּהוּ בְנוֹ תַּחְתָּיו׃ יְחִזְקִיָּהוּ מָלַךְ
בֶּן־עֶשְׂרִים וְחָמֵשׁ שָׁנָה וְעֶשְׂרִים וָתֵשַׁע שָׁנָה מָלַךְ בִּירוּשָׁלִָם
ב וְשֵׁם אִמּוֹ אֲבִיָּה בַּת־זְכַרְיָהוּ׃ וַיַּעַשׂ הַיָּשָׁר בְּעֵינֵי יְהוָה כְּכֹל
ג אֲשֶׁר־עָשָׂה דָּוִיד אָבִיו׃ הוּא בַשָּׁנָה הָרִאשׁוֹנָה לְמָלְכוֹ
ד בַּחֹדֶשׁ הָרִאשׁוֹן פָּתַח אֶת־דַּלְתוֹת בֵּית־יְהוָה וַיְחַזְּקֵם׃ וַיָּבֵא
ה אֶת־הַכֹּהֲנִים וְאֶת־הַלְוִיִּם וַיַּאַסְפֵם לִרְחוֹב הַמִּזְרָח׃ וַיֹּאמֶר
לָהֶם שְׁמָעוּנִי הַלְוִיִּם עַתָּה הִתְקַדְּשׁוּ וְקַדְּשׁוּ אֶת־בֵּית יְהוָה
ו אֱלֹהֵי אֲבֹתֵיכֶם וְהוֹצִיאוּ אֶת־הַנִּדָּה מִן־הַקֹּדֶשׁ׃ כִּי־מָעֲלוּ
אֲבֹתֵינוּ וְעָשׂוּ הָרַע בְּעֵינֵי יְהוָה־אֱלֹהֵינוּ וַיַּעַזְבֻהוּ וַיַּסֵּבּוּ
ז פְנֵיהֶם מִמִּשְׁכַּן יְהוָה וַיִּתְּנוּ־עֹרֶף׃ גַּם סָגְרוּ דַּלְתוֹת הָאוּלָם
וַיְכַבּוּ אֶת־הַנֵּרוֹת וּקְטֹרֶת לֹא הִקְטִירוּ וְעֹלָה לֹא־הֶעֱלוּ בַקֹּדֶשׁ
ח לֵאלֹהֵי יִשְׂרָאֵל׃ וַיְהִי קֶצֶף יְהוָה עַל־יְהוּדָה וִירוּשָׁלִָם וַיִּתְּנֵם
ט לזועה לְשַׁמָּה וְלִשְׁרֵקָה כַּאֲשֶׁר אַתֶּם רֹאִים בְּעֵינֵיכֶם׃ וְהִנֵּה לְזַעֲוָה
נָפְלוּ אֲבוֹתֵינוּ בֶּחָרֶב וּבָנֵינוּ וּבְנוֹתֵינוּ וְנָשֵׁינוּ בַּשְּׁבִי עַל־זֹאת׃
י עַתָּה עִם־לְבָבִי לִכְרוֹת בְּרִית לַיהוָה אֱלֹהֵי יִשְׂרָאֵל וְיָשֹׁב מִמֶּנּוּ
יא חֲרוֹן אַפּוֹ׃ בָּנַי עַתָּה אַל־תִּשָּׁלוּ כִּי־בָכֶם בָּחַר יְהוָה לַעֲמֹד כב
יב לְפָנָיו לְשָׁרְתוֹ וְלִהְיוֹת לוֹ מְשָׁרְתִים וּמַקְטִרִים׃ וַיָּקֻמוּ
הַלְוִיִּם מַחַת בֶּן־עֲמָשַׂי וְיוֹאֵל בֶּן־עֲזַרְיָהוּ מִן־בְּנֵי הַקְּהָתִי
וּמִן־בְּנֵי מְרָרִי קִישׁ בֶּן־עַבְדִּי וַעֲזַרְיָהוּ בֶּן־יְהַלֶּלְאֵל וּמִן־
יג הַגֵּרְשֻׁנִּי יוֹאָח בֶּן־זִמָּה וְעֵדֶן בֶּן־יוֹאָח׃ וּמִן־בְּנֵי אֱלִיצָפָן
יד שִׁמְרִי ויעואל וּמִן־בְּנֵי אָסָף זְכַרְיָהוּ וּמַתַּנְיָהוּ׃ וּמִן־ וִיעִיאֵל
בְּנֵי הֵימָן יחואל וְשִׁמְעִי וּמִן־בְּנֵי יְדוּתוּן שְׁמַעְיָה וְעֻזִּיאֵל׃ יְחִיאֵל
טו וַיַּאַסְפוּ אֶת־אֲחֵיהֶם וַיִּתְקַדְּשׁוּ וַיָּבֹאוּ כְמִצְוַת־הַמֶּלֶךְ בְּדִבְרֵי
טז יְהוָה לְטַהֵר בֵּית יְהוָה׃ וַיָּבֹאוּ הַכֹּהֲנִים לִפְנִימָה בֵית־יְהוָה
לְטַהֵר וַיּוֹצִיאוּ אֵת כָּל־הַטֻּמְאָה אֲשֶׁר מָצְאוּ בְּהֵיכַל יְהוָה לַחֲצַר
יז בֵּית יְהוָה וַיְקַבְּלוּ הַלְוִיִּם לְהוֹצִיא לְנַחַל־קִדְרוֹן חוּצָה׃ וַיָּחֵלּוּ
בְּאֶחָד לַחֹדֶשׁ הָרִאשׁוֹן לְקַדֵּשׁ וּבְיוֹם שְׁמוֹנָה לַחֹדֶשׁ בָּאוּ

לְאוּלָם יְהוָה וַיְקַדְּשׁוּ אֶת־בֵּית־יְהוָה לְיָמִים שְׁמוֹנָה וּבְיוֹם
שִׁשָּׁה עָשָׂר לַחֹדֶשׁ הָרִאשׁוֹן כִּלּוּ׃ וַיָּבוֹאוּ פְנִימָה יח
אֶל־חִזְקִיָּהוּ הַמֶּלֶךְ וַיֹּאמְרוּ טִהַרְנוּ אֶת־כָּל־בֵּית יְהוָה אֶת־
מִזְבַּח הָעוֹלָה וְאֶת־כָּל־כֵּלָיו וְאֶת־שֻׁלְחַן הַמַּעֲרֶכֶת וְאֶת־
כָּל־כֵּלָיו׃ וְאֵת כָּל־הַכֵּלִים אֲשֶׁר הִזְנִיחַ הַמֶּלֶךְ אָחָז בְּמַלְכוּתוֹ יט
בְּמַעֲלוֹ הֵכַנּוּ וְהִקְדָּשְׁנוּ וְהִנָּם לִפְנֵי מִזְבַּח יְהוָה׃ וַיַּשְׁכֵּם כ
יְחִזְקִיָּהוּ הַמֶּלֶךְ וַיֶּאֱסֹף אֵת שָׂרֵי הָעִיר וַיַּעַל בֵּית יְהוָה׃
וַיָּבִיאוּ פָרִים־שִׁבְעָה וְאֵילִים שִׁבְעָה וּכְבָשִׂים שִׁבְעָה וּצְפִירֵי כא
עִזִּים שִׁבְעָה לְחַטָּאת עַל־הַמַּמְלָכָה וְעַל־הַמִּקְדָּשׁ וְעַל־
יְהוּדָה וַיֹּאמֶר לִבְנֵי אַהֲרֹן הַכֹּהֲנִים לְהַעֲלוֹת עַל־מִזְבַּח יְהוָה׃
וַיִּשְׁחֲטוּ הַבָּקָר וַיְקַבְּלוּ הַכֹּהֲנִים אֶת־הַדָּם וַיִּזְרְקוּ הַמִּזְבֵּחָה כב
וַיִּשְׁחֲטוּ הָאֵלִים וַיִּזְרְקוּ הַדָּם הַמִּזְבֵּחָה וַיִּשְׁחֲטוּ הַכְּבָשִׂים
וַיִּזְרְקוּ הַדָּם הַמִּזְבֵּחָה׃ וַיַּגִּישׁוּ אֶת־שְׂעִירֵי הַחַטָּאת לִפְנֵי הַמֶּלֶךְ כג
וְהַקָּהָל וַיִּסְמְכוּ יְדֵיהֶם עֲלֵיהֶם׃ וַיִּשְׁחָטוּם הַכֹּהֲנִים וַיְחַטְּאוּ כד
אֶת־דָּמָם הַמִּזְבֵּחָה לְכַפֵּר עַל־כָּל־יִשְׂרָאֵל כִּי לְכָל־יִשְׂרָאֵל
אָמַר הַמֶּלֶךְ הָעוֹלָה וְהַחַטָּאת׃ וַיַּעֲמֵד אֶת־הַלְוִיִּם בֵּית יְהוָה כה
בִּמְצִלְתַּיִם בִּנְבָלִים וּבְכִנֹּרוֹת בְּמִצְוַת דָּוִיד וְגָד חֹזֵה־הַמֶּלֶךְ
וְנָתָן הַנָּבִיא כִּי בְיַד־יְהוָה הַמִּצְוָה בְּיַד־נְבִיאָיו׃
וַיַּעַמְדוּ הַלְוִיִּם בִּכְלֵי דָוִיד וְהַכֹּהֲנִים בַּחֲצֹצְרוֹת׃ וַיֹּאמֶר כו כז
חִזְקִיָּהוּ לְהַעֲלוֹת הָעֹלָה לְהַמִּזְבֵּחַ וּבְעֵת הֵחֵל הָעוֹלָה הֵחֵל
שִׁיר־יְהוָה וְהַחֲצֹצְרוֹת וְעַל־יְדֵי כְּלֵי דָּוִיד מֶלֶךְ יִשְׂרָאֵל׃ וְכָל־ כח
מַחְצְרִים הַקָּהָל מִשְׁתַּחֲוִים וְהַשִּׁיר מְשׁוֹרֵר וְהַחֲצֹצְרוֹת מחצצרים הַכֹּל
עַד לִכְלוֹת הָעֹלָה׃ וּכְכַלּוֹת לְהַעֲלוֹת כָּרְעוּ הַמֶּלֶךְ וְכָל־ כט
הַנִּמְצְאִים אִתּוֹ וַיִּשְׁתַּחֲווּ׃ וַיֹּאמֶר יְחִזְקִיָּהוּ הַמֶּלֶךְ וְהַשָּׂרִים ל
לַלְוִיִּם לְהַלֵּל לַיהוָה בְּדִבְרֵי דָוִיד וְאָסָף הַחֹזֶה וַיְהַלְלוּ עַד־
לְשִׂמְחָה וַיִּקְּדוּ וַיִּשְׁתַּחֲווּ׃ וַיַּעַן יְחִזְקִיָּהוּ וַיֹּאמֶר עַתָּה לא
מִלֵּאתֶם יֶדְכֶם לַיהוָה גֹּשׁוּ וְהָבִיאוּ זְבָחִים וְתוֹדוֹת לְבֵית

יְהוָה וַיָּבִיאוּ הַקָּהָל זְבָחִים וְתוֹדוֹת וְכָל־נְדִיב לֵב עֹלוֹת׃
לב וַיְהִי מִסְפַּר הָעֹלָה אֲשֶׁר הֵבִיאוּ הַקָּהָל בָּקָר שִׁבְעִים אֵילִים
לג מֵאָה כְּבָשִׂים מָאתָיִם לְעֹלָה לַיהוָה כָּל־אֵלֶּה׃ וְהַקֳּדָשִׁים
לד בָּקָר שֵׁשׁ מֵאוֹת וְצֹאן שְׁלֹשֶׁת אֲלָפִים׃ רַק הַכֹּהֲנִים הָיוּ
לִמְעָט וְלֹא יָכְלוּ לְהַפְשִׁיט אֶת־כָּל־הָעֹלוֹת וַיְחַזְּקוּם אֲחֵיהֶם
הַלְוִיִּם עַד־כְּלוֹת הַמְּלָאכָה וְעַד־יִתְקַדְּשׁוּ הַכֹּהֲנִים כִּי הַלְוִיִּם
לה יִשְׁרֵי לֵבָב לְהִתְקַדֵּשׁ מֵהַכֹּהֲנִים׃ וְגַם־עֹלָה לָרֹב בְּחֶלְבֵי
לו הַשְּׁלָמִים וּבַנְּסָכִים לָעֹלָה וַתִּכּוֹן עֲבוֹדַת בֵּית־יְהוָה׃ וַיִּשְׂמַח
יְחִזְקִיָּהוּ וְכָל־הָעָם עַל הַהֵכִין הָאֱלֹהִים לָעָם כִּי בְּפִתְאֹם
ל א הָיָה הַדָּבָר׃ וַיִּשְׁלַח יְחִזְקִיָּהוּ עַל־כָּל־יִשְׂרָאֵל וִיהוּדָה
וְגַם־אִגְּרוֹת כָּתַב עַל־אֶפְרַיִם וּמְנַשֶּׁה לָבוֹא לְבֵית־יְהוָה
ב בִּירוּשָׁלִָם לַעֲשׂוֹת פֶּסַח לַיהוָה אֱלֹהֵי יִשְׂרָאֵל׃ וַיִּוָּעַץ הַמֶּלֶךְ
וְשָׂרָיו וְכָל־הַקָּהָל בִּירוּשָׁלִָם לַעֲשׂוֹת הַפֶּסַח בַּחֹדֶשׁ הַשֵּׁנִי׃
ג כִּי לֹא יָכְלוּ לַעֲשֹׂתוֹ בָּעֵת הַהִיא כִּי הַכֹּהֲנִים לֹא־הִתְקַדְּשׁוּ
ד לְמַדַּי וְהָעָם לֹא־נֶאֶסְפוּ לִירוּשָׁלִָם׃ וַיִּישַׁר הַדָּבָר בְּעֵינֵי
ה הַמֶּלֶךְ וּבְעֵינֵי כָּל־הַקָּהָל׃ וַיַּעֲמִידוּ דָבָר לְהַעֲבִיר קוֹל בְּכָל־
יִשְׂרָאֵל מִבְּאֵר־שֶׁבַע וְעַד־דָּן לָבוֹא לַעֲשׂוֹת פֶּסַח לַיהוָה
ו אֱלֹהֵי־יִשְׂרָאֵל בִּירוּשָׁלִָם כִּי לֹא לָרֹב עָשׂוּ כַּכָּתוּב׃ וַיֵּלְכוּ
הָרָצִים בָּאִגְּרוֹת מִיַּד הַמֶּלֶךְ וְשָׂרָיו בְּכָל־יִשְׂרָאֵל וִיהוּדָה
וּכְמִצְוַת הַמֶּלֶךְ לֵאמֹר בְּנֵי יִשְׂרָאֵל שׁוּבוּ אֶל־יְהוָה אֱלֹהֵי
אַבְרָהָם יִצְחָק וְיִשְׂרָאֵל וְיָשֹׁב אֶל־הַפְּלֵיטָה הַנִּשְׁאֶרֶת לָכֶם
ז מִכַּף מַלְכֵי אַשּׁוּר׃ וְאַל־תִּהְיוּ כַּאֲבוֹתֵיכֶם וְכַאֲחֵיכֶם אֲשֶׁר
מָעֲלוּ בַּיהוָה אֱלֹהֵי אֲבוֹתֵיהֶם וַיִּתְּנֵם לְשַׁמָּה כַּאֲשֶׁר אַתֶּם
ח רֹאִים׃ עַתָּה אַל־תַּקְשׁוּ עָרְפְּכֶם כַּאֲבוֹתֵיכֶם תְּנוּ־יָד לַיהוָה
וּבֹאוּ לְמִקְדָּשׁוֹ אֲשֶׁר הִקְדִּישׁ לְעוֹלָם וְעִבְדוּ אֶת־יְהוָה
ט אֱלֹהֵיכֶם וְיָשֹׁב מִכֶּם חֲרוֹן אַפּוֹ׃ כִּי בְשׁוּבְכֶם עַל־יְהוָה
אֲחֵיכֶם וּבְנֵיכֶם לְרַחֲמִים לִפְנֵי שׁוֹבֵיהֶם וְלָשׁוּב לָאָרֶץ הַזֹּאת

כִּֽי־חַנּ֤וּן וְרַחוּם֙ יְהוָ֣ה אֱלֹהֵיכֶ֔ם וְלֹֽא־יָסִ֤יר פָּנִים֙ מִכֶּ֔ם אִם־
תָּשׁ֖וּבוּ אֵלָֽיו׃ וַיִּהְי֨וּ הָרָצִ֜ים עֹבְרִ֨ים מֵעִ֧יר ׀ לָעִ֛יר י
בְּאֶֽרֶץ־אֶפְרַ֥יִם וּמְנַשֶּׁ֖ה וְעַד־זְבֻל֑וּן וַיִּהְיוּ֙ מַשְׂחִיקִ֣ים עֲלֵיהֶ֔ם
וּמַלְעִגִ֖ים בָּֽם׃ אַךְ־אֲנָשִׁ֛ים מֵאָשֵׁ֥ר וּמְנַשֶּׁ֖ה וּמִזְּבֻל֑וּן נִֽכְנְע֔וּ יא
וַיָּבֹ֖אוּ לִירוּשָׁלִָֽם׃ גַּ֣ם בִּֽיהוּדָ֗ה הָֽיְתָה֙ יַ֣ד הָאֱלֹהִ֔ים לָתֵ֥ת לָהֶ֖ם יב
לֵ֣ב אֶחָ֑ד לַעֲשׂ֞וֹת מִצְוַ֧ת הַמֶּ֛לֶךְ וְהַשָּׂרִ֖ים בִּדְבַ֥ר יְהוָֽה׃ וַיֵּאָסְפ֤וּ יג
יְרוּשָׁלִַ֙ם֙ עַם־רָ֔ב לַעֲשׂ֛וֹת אֶת־חַ֥ג הַמַּצּ֖וֹת בַּחֹ֣דֶשׁ הַשֵּׁנִ֑י קָהָ֖ל
לָרֹ֥ב מְאֹֽד׃ וַיָּקֻ֕מוּ וַיָּסִ֙ירוּ֙ אֶת־הַֽמִּזְבְּח֔וֹת אֲשֶׁ֖ר בִּירוּשָׁלִָ֑ם וְאֵ֤ת יד
כָּל־הַֽמְקַטְּרוֹת֙ הֵסִ֔ירוּ וַיַּשְׁלִ֖יכוּ לְנַ֥חַל קִדְרֽוֹן׃ וַיִּשְׁחֲט֣וּ הַפֶּ֔סַח טו
בְּאַרְבָּעָ֥ה עָשָׂ֖ר לַחֹ֣דֶשׁ הַשֵּׁנִ֑י וְהַכֹּהֲנִ֨ים וְהַלְוִיִּ֜ם נִכְלְמ֗וּ
וַיִּֽתְקַדְּשׁ֔וּ וַיָּבִ֥יאוּ עֹל֖וֹת בֵּ֥ית יְהוָֽה׃ וַיַּעַמְד֤וּ עַל־עָמְדָם֙ טז
כְּמִשְׁפָּטָ֔ם כְּתוֹרַ֖ת מֹשֶׁ֣ה אִישׁ־הָאֱלֹהִ֑ים הַכֹּהֲנִים֙ זֹרְקִ֣ים אֶת־
הַדָּ֔ם מִיַּ֖ד הַלְוִיִּֽם׃ כִּי־רַבַּ֣ת בַּקָּהָ֔ל אֲשֶׁ֖ר לֹא־הִתְקַדָּ֑שׁוּ וְהַלְוִיִּ֞ם יז
עַל־שְׁחִיטַ֣ת הַפְּסָחִ֗ים לְכֹל֙ לֹ֣א טָה֔וֹר לְהַקְדִּ֖ישׁ לַיהוָֽה׃ כִּ֣י יח
מַרְבִּ֨ית הָעָ֜ם רַ֠בַּת מֵאֶפְרַ֙יִם וּמְנַשֶּׁ֜ה יִשָּׂשכָ֤ר וּזְבֻלוּן֙ לֹ֣א
הִטֶּהָ֔רוּ כִּֽי־אָכְל֥וּ אֶת־הַפֶּ֖סַח בְּלֹ֣א כַכָּת֑וּב כִּי֩ הִתְפַּלֵּ֨ל
יְחִזְקִיָּ֤הוּ עֲלֵיהֶם֙ לֵאמֹ֔ר יְהוָ֥ה הַטּ֖וֹב יְכַפֵּ֥ר בְּעַֽד׃ כָּל־לְבָב֣וֹ יט
הֵכִ֔ין לִדְר֛וֹשׁ הָאֱלֹהִ֥ים ׀ יְהוָ֖ה אֱלֹהֵ֣י אֲבוֹתָ֑יו וְלֹ֖א כְּטָהֳרַ֥ת
הַקֹּֽדֶשׁ׃ וַיִּשְׁמַ֤ע יְהוָה֙ אֶל־יְחִזְקִיָּ֔הוּ וַיִּרְפָּ֖א אֶת־ כ
הָעָֽם׃ וַיַּעֲשׂ֣וּ בְנֵֽי־יִ֠שְׂרָאֵל הַנִּמְצְאִ֨ים בִּירוּשָׁלִַ֜ם אֶת־ כא
חַ֧ג הַמַּצּ֛וֹת שִׁבְעַ֥ת יָמִ֖ים בְּשִׂמְחָ֣ה גְדוֹלָ֑ה וּֽמְהַלְלִ֣ים לַ֠יהוָה
י֣וֹם ׀ בְּי֞וֹם הַלְוִיִּ֧ם וְהַכֹּהֲנִ֛ים בִּכְלֵי־עֹ֖ז לַיהוָֽה׃ וַיְדַבֵּ֣ר כב
יְחִזְקִיָּ֗הוּ עַל־לֵב֙ כָּל־הַלְוִיִּ֔ם הַמַּשְׂכִּילִ֥ים שֵֽׂכֶל־ט֖וֹב לַיהוָ֑ה
וַיֹּאכְל֤וּ אֶת־הַמּוֹעֵד֙ שִׁבְעַ֣ת הַיָּמִ֔ים מְזַבְּחִים֙ זִבְחֵ֣י שְׁלָמִ֔ים
וּמִתְוַדִּ֔ים לַיהוָ֖ה אֱלֹהֵ֥י אֲבוֹתֵיהֶֽם׃ וַיִּוָּעֲצוּ֙ כָּל־הַקָּהָ֔ל כג
לַעֲשׂ֖וֹת שִׁבְעַ֣ת יָמִ֣ים אֲחֵרִ֑ים וַיַּעֲשׂ֥וּ שִׁבְעַ֖ת יָמִ֖ים שִׂמְחָֽה׃
כִּ֣י חִזְקִיָּ֣הוּ מֶֽלֶךְ־יְ֠הוּדָה הֵרִ֨ים לַקָּהָ֜ל אֶ֣לֶף פָּרִ֗ים וְשִׁבְעַ֙ת כד

אֲלָפִים צֹאן וְהַשָּׂרִים הֵרִימוּ לַקָּהָל פָּרִים אֶלֶף וְצֹאן עֲשֶׂרֶת
כה אֲלָפִים וַיִּתְקַדְּשׁוּ כֹהֲנִים לָרֹב: וַיִּשְׂמְחוּ ׀ כָּל־קְהַל יְהוּדָה
וְהַכֹּהֲנִים וְהַלְוִיִּם וְכָל־הַקָּהָל הַבָּאִים מִיִּשְׂרָאֵל וְהַגֵּרִים
כו הַבָּאִים מֵאֶרֶץ יִשְׂרָאֵל וְהַיּוֹשְׁבִים בִּיהוּדָה: וַתְּהִי שִׂמְחָה
גְדוֹלָה בִּירוּשָׁלָ͏ִם כִּי מִימֵי שְׁלֹמֹה בֶן־דָּוִיד מֶלֶךְ יִשְׂרָאֵל לֹא
כז כָּזֹאת בִּירוּשָׁלָ͏ִם: וַיָּקֻמוּ הַכֹּהֲנִים הַלְוִיִּם וַיְבָרֲכוּ
אֶת־הָעָם וַיִּשָּׁמַע בְּקוֹלָם וַתָּבוֹא תְפִלָּתָם לִמְעוֹן קָדְשׁוֹ
לא א לַשָּׁמָיִם: וּכְכַלּוֹת כָּל־זֹאת יָצְאוּ כָל־יִשְׂרָאֵל הַנִּמְצְאִים
לְעָרֵי יְהוּדָה וַיְשַׁבְּרוּ הַמַּצֵּבוֹת וַיְגַדְּעוּ הָאֲשֵׁרִים וַיְנַתְּצוּ אֶת־
הַבָּמוֹת וְאֶת־הַמִּזְבְּחֹת מִכָּל־יְהוּדָה וּבִנְיָמִן וּבְאֶפְרַיִם
וּמְנַשֶּׁה עַד־לְכַלֵּה וַיָּשׁוּבוּ כָּל־בְּנֵי יִשְׂרָאֵל אִישׁ לַאֲחֻזָּתוֹ
ב לְעָרֵיהֶם: וַיַּעֲמֵד יְחִזְקִיָּהוּ אֶת־מַחְלְקוֹת הַכֹּהֲנִים
וְהַלְוִיִּם עַל־מַחְלְקוֹתָם אִישׁ ׀ כְּפִי עֲבֹדָתוֹ לַכֹּהֲנִים וְלַלְוִיִּם
לְעֹלָה וְלִשְׁלָמִים לְשָׁרֵת וּלְהֹדוֹת וּלְהַלֵּל בְּשַׁעֲרֵי מַחֲנוֹת
ג יהוה: וּמְנָת הַמֶּלֶךְ מִן־רְכוּשׁוֹ לָעֹלוֹת לְעֹלוֹת
הַבֹּקֶר וְהָעֶרֶב וְהָעֹלוֹת לַשַּׁבָּתוֹת וְלֶחֳדָשִׁים וְלַמֹּעֲדִים
ד כַּכָּתוּב בְּתוֹרַת יהוה: וַיֹּאמֶר לָעָם לְיוֹשְׁבֵי יְרוּשָׁלַ͏ִם לָתֵת
ה מְנָת הַכֹּהֲנִים וְהַלְוִיִּם לְמַעַן יֶחֶזְקוּ בְּתוֹרַת יהוה: וְכִפְרֹץ
הַדָּבָר הִרְבּוּ בְנֵי־יִשְׂרָאֵל רֵאשִׁית דָּגָן תִּירוֹשׁ וְיִצְהָר וּדְבַשׁ
ו וְכֹל תְּבוּאַת שָׂדֶה וּמַעְשַׂר הַכֹּל לָרֹב הֵבִיאוּ: וּבְנֵי יִשְׂרָאֵל
וִיהוּדָה הַיּוֹשְׁבִים בְּעָרֵי יְהוּדָה גַּם־הֵם מַעְשַׂר בָּקָר וָצֹאן
וּמַעְשַׂר קֳדָשִׁים הַמְקֻדָּשִׁים לַיהוה אֱלֹהֵיהֶם הֵבִיאוּ וַיִּתְּנוּ
ז עֲרֵמוֹת עֲרֵמוֹת: בַּחֹדֶשׁ הַשְּׁלִשִׁי הֵחֵלּוּ הָעֲרֵמוֹת
ח לִיסּוֹד וּבַחֹדֶשׁ הַשְּׁבִיעִי כִּלּוּ: וַיָּבֹאוּ יְחִזְקִיָּהוּ
וְהַשָּׂרִים וַיִּרְאוּ אֶת־הָעֲרֵמוֹת וַיְבָרֲכוּ אֶת־יהוה וְאֵת עַמּוֹ
ט יִשְׂרָאֵל: וַיִּדְרֹשׁ יְחִזְקִיָּהוּ עַל־הַכֹּהֲנִים וְהַלְוִיִּם עַל־
י הָעֲרֵמוֹת: וַיֹּאמֶר אֵלָיו עֲזַרְיָהוּ הַכֹּהֵן הָרֹאשׁ לְבֵית צָדוֹק כג

וַיֹּאמֶר מֵהָחֵל הַתְּרוּמָה לָבִיא בֵית־יְהוָה אָכוֹל וְשָׂבוֹעַ וְהוֹתֵר
עַד־לָרוֹב כִּי יְהוָה בֵּרַךְ אֶת־עַמּוֹ וְהַנּוֹתָר אֶת־הֶהָמוֹן
הַזֶּה׃ וַיֹּאמֶר יְחִזְקִיָּהוּ לְהָכִין לְשָׁכוֹת בְּבֵית יְהוָה יא
וַיָּכִינוּ׃ וַיָּבִיאוּ אֶת־הַתְּרוּמָה וְהַמַּעֲשֵׂר וְהַקֳּדָשִׁים בֶּאֱמוּנָה יב
כָּנַנְיָהוּ וַעֲלֵיהֶם נָגִיד כונניהו הַלֵּוִי וְשִׁמְעִי אָחִיהוּ מִשְׁנֶה׃ וִיחִיאֵל יג
וַעֲזַזְיָהוּ וְנַחַת וַעֲשָׂהאֵל וִירִימוֹת וְיוֹזָבָד וֶאֱלִיאֵל וְיִסְמַכְיָהוּ
כָּנַנְיָהוּ וּמַחַת וּבְנָיָהוּ פְּקִידִים מִיַּד כונניהו וְשִׁמְעִי אָחִיו בְּמִפְקַד
יְחִזְקִיָּהוּ הַמֶּלֶךְ וַעֲזַרְיָהוּ נְגִיד בֵּית־הָאֱלֹהִים׃ וְקוֹרֵא בֶן־יִמְנָה יד
הַלֵּוִי הַשּׁוֹעֵר לַמִּזְרָחָה עַל נִדְבוֹת הָאֱלֹהִים לָתֵת תְּרוּמַת
יְהוָה וְקָדְשֵׁי הַקֳּדָשִׁים׃ וְעַל־יָדוֹ עֵדֶן וּמִנְיָמִן וְיֵשׁוּעַ וּשְׁמַעְיָהוּ טו
אֲמַרְיָהוּ וּשְׁכַנְיָהוּ בְּעָרֵי הַכֹּהֲנִים בֶּאֱמוּנָה לָתֵת לַאֲחֵיהֶם
בְּמַחְלְקוֹת כַּגָּדוֹל כַּקָּטָן׃ מִלְּבַד הִתְיַחְשָׂם לִזְכָרִים מִבֶּן טז
שָׁלוֹשׁ שָׁנִים וּלְמַעְלָה לְכָל־הַבָּא לְבֵית־יְהוָה לִדְבַר־יוֹם
בְּיוֹמוֹ לַעֲבוֹדָתָם בְּמִשְׁמְרוֹתָם כְּמַחְלְקוֹתֵיהֶם׃ וְאֵת הִתְיַחֵשׂ יז
הַכֹּהֲנִים לְבֵית אֲבוֹתֵיהֶם וְהַלְוִיִּם מִבֶּן עֶשְׂרִים שָׁנָה וּלְמָעְלָה
בְּמִשְׁמְרוֹתֵיהֶם בְּמַחְלְקוֹתֵיהֶם׃ וּלְהִתְיַחֵשׂ בְּכָל־טַפָּם נְשֵׁיהֶם יח
וּבְנֵיהֶם וּבְנוֹתֵיהֶם לְכָל־קָהָל כִּי בֶאֱמוּנָתָם יִתְקַדְּשׁוּ־קֹדֶשׁ׃
וְלִבְנֵי אַהֲרֹן הַכֹּהֲנִים בִּשְׂדֵי מִגְרַשׁ עָרֵיהֶם בְּכָל־עִיר וָעִיר יט
אֲנָשִׁים אֲשֶׁר נִקְּבוּ בְּשֵׁמוֹת לָתֵת מָנוֹת לְכָל־זָכָר בַּכֹּהֲנִים
וּלְכָל־הִתְיַחֵשׂ בַּלְוִיִּם׃ וַיַּעַשׂ כָּזֹאת יְחִזְקִיָּהוּ בְּכָל־יְהוּדָה כ
וַיַּעַשׂ הַטּוֹב וְהַיָּשָׁר וְהָאֱמֶת לִפְנֵי יְהוָה אֱלֹהָיו׃ וּבְכָל־מַעֲשֶׂה כא
אֲשֶׁר־הֵחֵל ׀ בַּעֲבוֹדַת בֵּית־הָאֱלֹהִים וּבַתּוֹרָה וּבַמִּצְוָה לִדְרֹשׁ
לֵאלֹהָיו בְּכָל־לְבָבוֹ עָשָׂה וְהִצְלִיחַ׃

אַחֲרֵי הַדְּבָרִים וְהָאֱמֶת הָאֵלֶּה בָּא סַנְחֵרִיב מֶלֶךְ־אַשּׁוּר וַיָּבֹא א לב
בִיהוּדָה וַיִּחַן עַל־הֶעָרִים הַבְּצֻרוֹת וַיֹּאמֶר לְבִקְעָם אֵלָיו׃
וַיַּרְא יְחִזְקִיָּהוּ כִּי־בָא סַנְחֵרִיב וּפָנָיו לַמִּלְחָמָה עַל־יְרוּשָׁלִָם׃ ב
וַיִּוָּעַץ עִם־שָׂרָיו וְגִבֹּרָיו לִסְתּוֹם אֶת־מֵימֵי הָעֲיָנוֹת אֲשֶׁר ג

ד מִח֥וּץ לָעִ֖יר וַיַּעְזְרֽוּהוּ׃ וַיִּקָּבְצ֣וּ עַם־רָ֔ב וַֽיִּסְתְּמוּ֙ אֶת־כָּל־
הַמַּעְיָנ֔וֹת וְאֶת־הַנַּ֖חַל הַשּׁוֹטֵ֣ף בְּתוֹךְ־הָאָ֑רֶץ לֵאמֹ֕ר לָ֤מָּה
ה יָבוֹאוּ֙ מַלְכֵ֣י אַשּׁ֔וּר וּמָצְא֖וּ מַ֥יִם רַבִּֽים׃ וַיִּתְחַזַּ֡ק וַיִּבֶן֩ אֶת־כָּל־
הַחוֹמָ֨ה הַפְּרוּצָ֜ה וַיַּ֣עַל עַל־הַמִּגְדָּל֗וֹת וְלַח֙וּצָה֙ הַחוֹמָ֣ה אַחֶ֔רֶת
ו וַיְחַזֵּ֥ק אֶת־הַמִּלּ֖וֹא עִ֣יר דָּוִ֑יד וַיַּ֥עַשׂ שֶׁ֛לַח לָרֹ֖ב וּמָגִנִּֽים׃ וַיִּתֵּ֛ן
שָׂרֵ֥י מִלְחָמ֖וֹת עַל־הָעָ֑ם וַיִּקְבְּצֵ֣ם אֵלָ֗יו אֶל־רְחוֹב֙ שַׁ֣עַר הָעִ֔יר
ז וַיְדַבֵּ֥ר עַל־לְבָבָ֖ם לֵאמֹֽר׃ חִזְק֣וּ וְאִמְצ֔וּ אַל־תִּֽירְא֣וּ וְאַל־תֵּחַ֗תּוּ
מִפְּנֵי֙ מֶ֣לֶךְ אַשּׁ֔וּר וּמִלִּפְנֵ֖י כָּל־הֶהָמ֣וֹן אֲשֶׁר־עִמּ֑וֹ כִּֽי־עִמָּ֥נוּ
ח רַ֖ב מֵעִמּֽוֹ׃ עִמּוֹ֮ זְר֣וֹעַ בָּשָׂר֒ וְעִמָּ֜נוּ יְהוָ֤ה אֱלֹהֵ֙ינוּ֙ לְעָזְרֵ֔נוּ
וּלְהִלָּחֵ֖ם מִלְחֲמֹתֵ֑נוּ וַיִּסָּמְכ֣וּ הָעָ֔ם עַל־דִּבְרֵ֖י יְחִזְקִיָּ֥הוּ מֶֽלֶךְ־
ט יְהוּדָֽה׃ אַ֣חַר זֶ֗ה שָׁ֠לַח סַנְחֵרִ֨יב מֶֽלֶךְ־אַשּׁ֤וּר עֲבָדָיו֙
יְר֣וּשָׁלַ֔יְמָה וְהוּא֙ עַל־לָכִ֔ישׁ וְכָל־מֶמְשַׁלְתּ֖וֹ עִמּ֑וֹ עַל־יְחִזְקִיָּ֙הוּ֙
י מֶ֣לֶךְ יְהוּדָ֔ה וְעַל־כָּל־יְהוּדָ֛ה אֲשֶׁ֥ר בִּירוּשָׁלַ֖ם לֵאמֹֽר׃ כֹּ֣ה אָמַ֔ר
סַנְחֵרִ֖יב מֶ֣לֶךְ אַשּׁ֑וּר עַל־מָ֤ה אַתֶּם֙ בֹּטְחִ֔ים וְיֹשְׁבִ֥ים בְּמָצ֖וֹר
יא בִּירוּשָׁלָֽם׃ הֲלֹ֤א יְחִזְקִיָּ֙הוּ֙ מַסִּ֣ית אֶתְכֶ֔ם לָתֵ֥ת אֶתְכֶ֛ם לָמ֖וּת
בְּרָעָ֣ב וּבְצָמָ֑א לֵאמֹ֕ר יְהוָ֣ה אֱלֹהֵ֔ינוּ יַצִּילֵ֕נוּ מִכַּ֖ף מֶ֥לֶךְ אַשּֽׁוּר׃
יב הֲלֹא־הוּא֙ יְחִזְקִיָּ֔הוּ הֵסִ֥יר אֶת־בָּמֹתָ֖יו וְאֶת־מִזְבְּחֹתָ֑יו וַיֹּ֨אמֶר
לִֽיהוּדָ֤ה וְלִירוּשָׁלַ֙ם֙ לֵאמֹ֔ר לִפְנֵ֨י מִזְבֵּ֧חַ אֶחָ֛ד תִּֽשְׁתַּחֲו֖וּ וְעָלָ֥יו
יג תַּקְטִֽירוּ׃ הֲלֹ֣א תֵֽדְע֗וּ מֶ֤ה עָשִׂ֙יתִי֙ אֲנִ֣י וַאֲבוֹתַ֔י לְכֹ֖ל עַמֵּ֣י
הָאֲרָצ֑וֹת הֲיָכ֣וֹל יָֽכְל֗וּ אֱלֹהֵי֙ גּוֹיֵ֣ הָאֲרָצ֔וֹת לְהַצִּ֥יל אֶת־אַרְצָ֖ם
יד מִיָּדִֽי׃ מִ֠י בְּכָל־אֱלֹהֵ֞י הַגּוֹיִ֤ם הָאֵ֙לֶּה֙ אֲשֶׁ֣ר הֶחֱרִ֣ימוּ אֲבוֹתַ֔י
אֲשֶׁ֣ר יָכ֔וֹל לְהַצִּ֥יל אֶת־עַמּ֖וֹ מִיָּדִ֑י כִּ֚י יוּכַל֙ אֱלֹ֣הֵיכֶ֔ם לְהַצִּ֥יל
טו אֶתְכֶ֖ם מִיָּדִֽי׃ וְעַתָּ֡ה אַל־יַשִּׁיא֩ אֶתְכֶ֨ם חִזְקִיָּ֜הוּ וְאַל־יַסִּ֨ית
אֶתְכֶ֤ם כָּזֹאת֙ וְאַל־תַּאֲמִ֣ינוּ ל֔וֹ כִּי־לֹ֣א יוּכַ֗ל כָּל־אֱ֙ל֙וֹהַּ֙ כָּל־
גּ֣וֹי וּמַמְלָכָ֔ה לְהַצִּ֥יל עַמּ֛וֹ מִיָּדִ֖י וּמִיַּ֣ד אֲבוֹתָ֑י אַ֚ף כִּ֣י אֱלֹ֣הֵיכֶ֔ם
טז לֹֽא־יַצִּ֥ילוּ אֶתְכֶ֖ם מִיָּדִֽי׃ וְעוֹד֙ דִּבְּר֣וּ עֲבָדָ֔יו עַל־יְהוָ֖ה הָאֱלֹהִ֑ים
יז וְעַ֖ל יְחִזְקִיָּ֥הוּ עַבְדּֽוֹ׃ וּסְפָרִ֣ים כָּתַ֔ב לְחָרֵ֕ף לַיהוָ֖ה אֱלֹהֵ֣י יִשְׂרָאֵ֑ל

וְלֵאמֹר עָלָיו לֵאמֹר כֵּאלֹהֵי גּוֹיֵ הָאֲרָצוֹת אֲשֶׁר לֹא־הִצִּילוּ
יח עַמָּם מִיָּדִי כֵּן לֹא־יַצִּיל אֱלֹהֵי יְחִזְקִיָּהוּ עַמּוֹ מִיָּדִי׃ וַיִּקְרְאוּ
בְקוֹל־גָּדוֹל יְהוּדִית עַל־עַם יְרוּשָׁלַ͏ִם אֲשֶׁר עַל־הַחוֹמָה לְיָרְאָם
יט וּלְבַהֲלָם לְמַעַן יִלְכְּדוּ אֶת־הָעִיר׃ וַיְדַבְּרוּ אֶל־אֱלֹהֵי יְרוּשָׁלָ͏ִם
כ כְּעַל אֱלֹהֵי עַמֵּי הָאָרֶץ מַעֲשֵׂה יְדֵי הָאָדָם׃ וַיִּתְפַּלֵּל
יְחִזְקִיָּהוּ הַמֶּלֶךְ וִישַׁעְיָהוּ בֶן־אָמוֹץ הַנָּבִיא עַל־זֹאת וַיִּזְעֲקוּ
כא הַשָּׁמָיִם׃ וַיִּשְׁלַח יְהוָה מַלְאָךְ וַיַּכְחֵד כָּל־גִּבּוֹר חַיִל
וְנָגִיד וְשָׂר בְּמַחֲנֵה מֶלֶךְ אַשּׁוּר וַיָּשָׁב בְּבֹשֶׁת פָּנִים לְאַרְצוֹ
כב וַיָּבֹא בֵּית אֱלֹהָיו ומיציאו מֵעָיו שָׁם הִפִּילֻהוּ בֶחָרֶב׃ וַיּוֹשַׁע (וּמִיְּצִיאֵי)
יְהוָה אֶת־יְחִזְקִיָּהוּ וְאֵת ׀ יֹשְׁבֵי יְרוּשָׁלַ͏ִם מִיַּד סַנְחֵרִיב מֶלֶךְ־
כג אַשּׁוּר וּמִיַּד־כֹּל וַיְנַהֲלֵם מִסָּבִיב׃ וְרַבִּים מְבִיאִים מִנְחָה
לַיהוָה לִירוּשָׁלַ͏ִם וּמִגְדָּנוֹת לִיחִזְקִיָּהוּ מֶלֶךְ יְהוּדָה וַיִּנַּשֵּׂא לְעֵינֵי
כָל־הַגּוֹיִם מֵאַחֲרֵי־כֵן׃
כד בַּיָּמִים הָהֵם חָלָה יְחִזְקִיָּהוּ עַד־לָמוּת וַיִּתְפַּלֵּל אֶל־יְהוָה
כה וַיֹּאמֶר לוֹ וּמוֹפֵת נָתַן לוֹ׃ וְלֹא־כִגְמֻל עָלָיו הֵשִׁיב יְחִזְקִיָּהוּ
כו כִּי גָבַהּ לִבּוֹ וַיְהִי עָלָיו קֶצֶף וְעַל־יְהוּדָה וִירוּשָׁלָ͏ִם׃ וַיִּכָּנַע
יְחִזְקִיָּהוּ בְּגֹבַהּ לִבּוֹ הוּא וְיֹשְׁבֵי יְרוּשָׁלָ͏ִם וְלֹא־בָא עֲלֵיהֶם
כז קֶצֶף יְהוָה בִּימֵי יְחִזְקִיָּהוּ׃ וַיְהִי לִיחִזְקִיָּהוּ עֹשֶׁר וְכָבוֹד הַרְבֵּה
מְאֹד וְאֹצָרוֹת עָשָׂה־לוֹ לְכֶסֶף וּלְזָהָב וּלְאֶבֶן יְקָרָה וְלִבְשָׂמִים
כח וּלְמָגִנִּים וּלְכֹל כְּלֵי חֶמְדָּה׃ וּמִסְכְּנוֹת לִתְבוּאַת דָּגָן וְתִירוֹשׁ
כט וְיִצְהָר וְאֻרָוֹת לְכָל־בְּהֵמָה וּבְהֵמָה וַעֲדָרִים לָאֲוֵרוֹת׃ וְעָרִים
עָשָׂה לוֹ וּמִקְנֵה־צֹאן וּבָקָר לָרֹב כִּי נָתַן־לוֹ אֱלֹהִים רְכוּשׁ
ל רַב מְאֹד׃ וְהוּא יְחִזְקִיָּהוּ סָתַם אֶת־מוֹצָא מֵימֵי גִיחוֹן הָעֶלְיוֹן
ויישרם לְמַטָּה־מַּעְרָבָה לְעִיר דָּוִיד וַיַּצְלַח יְחִזְקִיָּהוּ בְּכָל־ (וַיַּשְּׁרֵם)
לא מַעֲשֵׂהוּ׃ וְכֵן בִּמְלִיצֵי ׀ שָׂרֵי בָבֶל הַמְשַׁלְּחִים עָלָיו לִדְרֹשׁ
הַמּוֹפֵת אֲשֶׁר הָיָה בָאָרֶץ עֲזָבוֹ הָאֱלֹהִים לְנַסּוֹתוֹ לָדַעַת
לב כָּל־בִּלְבָבוֹ׃ וְיֶתֶר דִּבְרֵי יְחִזְקִיָּהוּ וַחֲסָדָיו הִנָּם כְּתוּבִים

בחזון ישעיהו בן־אמוץ הנביא על־ספר מלכי יהודה
לג וישראל: וישכב יחזקיהו עם־אבתיו ויקברהו במעלה
קברי בני־דויד וכבוד עשו־לו במותו כל־יהודה וישבי
לג א ירושלם וימלך מנשה בנו תחתיו: בן־שתים עשרה
שנה מנשה במלכו וחמשים וחמש שנה מלך בירושלם:
ב ויעש הרע בעיני יהוה כתועבות הגוים אשר הוריש יהוה
ג מפני בני ישראל: וישב ויבן את־הבמות אשר נתץ יחזקיהו
אביו ויקם מזבחות לבעלים ויעש אשרות וישתחו לכל־
ד צבא השמים ויעבד אתם: ובנה מזבחות בבית יהוה אשר
ה אמר יהוה בירושלם יהיה־שמי לעולם: ויבן מזבחות לכל־
ו צבא השמים בשתי חצרות בית־יהוה: והוא העביר את־
בניו באש בגי בן־הנם ועונן ונחש וכשף ועשה אוב וידעוני
ז הרבה לעשות הרע בעיני יהוה להכעיסו: וישם את־פסל
הסמל אשר עשה בבית האלהים אשר אמר אלהים אל־
דויד ואל־שלמה בנו בבית הזה ובירושלם אשר בחרתי
ח מכל שבטי ישראל אשים את־שמי לעילום: ולא אסיף
להסיר את־רגל ישראל מעל האדמה אשר העמדתי
לאבותיכם רק ׀ אם־ישמרו לעשות את כל־אשר צויתים
ט לכל־התורה והחקים והמשפטים ביד־משה: ויתע מנשה
את־יהודה וישבי ירושלם לעשות רע מן־הגוים אשר
י השמיד יהוה מפני בני ישראל: וידבר יהוה אל־
יא מנשה ואל־עמו ולא הקשיבו: ויבא יהוה עליהם את־
שרי הצבא אשר למלך אשור וילכדו את־מנשה בחחים
יב ויאסרהו בנחשתים ויוליכהו בבלה: וכהצר לו חלה את־
יג פני יהוה אלהיו ויכנע מאד מלפני אלהי אבתיו: ויתפלל
אליו ויעתר לו וישמע תחנתו וישיבהו ירושלם למלכותו
יד וידע מנשה כי יהוה הוא האלהים: ואחרי־כן בנה חומה

חִיצוֹנָה לְעִיר־דָּוִיד מַעְרָבָה לְגִיחוֹן בַּנַּחַל וְלָבוֹא בְשַׁעַר
הַדָּגִים וְסָבַב לָעֹפֶל וַיַּגְבִּיהֶהָ מְאֹד וַיָּשֶׂם שָׂרֵי־חַיִל בְּכָל־
טו הֶעָרִים הַבְּצֻרוֹת בִּיהוּדָה׃ וַיָּסַר אֶת־אֱלֹהֵי הַנֵּכָר וְאֶת־הַסֶּמֶל
מִבֵּית יְהוָה וְכָל־הַמִּזְבְּחוֹת אֲשֶׁר בָּנָה בְּהַר בֵּית־יְהוָה
טז וּבִירוּשָׁלִָם וַיַּשְׁלֵךְ חוּצָה לָעִיר׃ וַיָּכֶן אֶת־מִזְבַּח יְהוָה וַיִּזְבַּח — וַיִּבֶן
עָלָיו זִבְחֵי שְׁלָמִים וְתוֹדָה וַיֹּאמֶר לִיהוּדָה לַעֲבוֹד אֶת־יְהוָה
יז אֱלֹהֵי יִשְׂרָאֵל׃ אֲבָל עוֹד הָעָם זֹבְחִים בַּבָּמוֹת רַק לַיהוָה
יח אֱלֹהֵיהֶם׃ וְיֶתֶר דִּבְרֵי מְנַשֶּׁה וּתְפִלָּתוֹ אֶל־אֱלֹהָיו וְדִבְרֵי
הַחֹזִים הַמְדַבְּרִים אֵלָיו בְּשֵׁם יְהוָה אֱלֹהֵי יִשְׂרָאֵל הִנָּם עַל־
יט דִּבְרֵי מַלְכֵי יִשְׂרָאֵל׃ וּתְפִלָּתוֹ וְהֵעָתֶר־לוֹ וְכָל־חַטָּאתוֹ וּמַעְלוֹ
וְהַמְּקֹמוֹת אֲשֶׁר בָּנָה בָהֶם בָּמוֹת וְהֶעֱמִיד הָאֲשֵׁרִים וְהַפְּסִלִים
כ לִפְנֵי הִכָּנְעוֹ הִנָּם כְּתוּבִים עַל דִּבְרֵי חוֹזָי׃ וַיִּשְׁכַּב מְנַשֶּׁה עִם־
אֲבֹתָיו וַיִּקְבְּרֻהוּ בֵּיתוֹ וַיִּמְלֹךְ אָמוֹן בְּנוֹ תַּחְתָּיו׃

כא בֶּן־עֶשְׂרִים וּשְׁתַּיִם שָׁנָה אָמוֹן בְּמָלְכוֹ וּשְׁתַּיִם שָׁנִים מָלַךְ
כב בִּירוּשָׁלִָם׃ וַיַּעַשׂ הָרַע בְּעֵינֵי יְהוָה כַּאֲשֶׁר עָשָׂה מְנַשֶּׁה אָבִיו
וּלְכָל־הַפְּסִילִים אֲשֶׁר עָשָׂה מְנַשֶּׁה אָבִיו זִבַּח אָמוֹן וַיַּעַבְדֵם׃
כג וְלֹא נִכְנַע מִלִּפְנֵי יְהוָה כְּהִכָּנַע מְנַשֶּׁה אָבִיו כִּי הוּא אָמוֹן
כד כה הִרְבָּה אַשְׁמָה׃ וַיִּקְשְׁרוּ עָלָיו עֲבָדָיו וַיְמִיתֻהוּ בְּבֵיתוֹ׃ וַיַּכּוּ
עַם־הָאָרֶץ אֵת כָּל־הַקֹּשְׁרִים עַל־הַמֶּלֶךְ אָמוֹן וַיַּמְלִיכוּ עַם־
הָאָרֶץ אֶת־יֹאשִׁיָּהוּ בְנוֹ תַּחְתָּיו׃

לד א בֶּן־שְׁמוֹנֶה שָׁנִים יֹאשִׁיָּהוּ בְמָלְכוֹ וּשְׁלֹשִׁים וְאַחַת שָׁנָה מָלַךְ
ב כד בִּירוּשָׁלִָם׃ וַיַּעַשׂ הַיָּשָׁר בְּעֵינֵי יְהוָה וַיֵּלֶךְ בְּדַרְכֵי דָּוִיד אָבִיו
וְלֹא־סָר יָמִין וּשְׂמֹאול׃

ג וּבִשְׁמוֹנֶה שָׁנִים לְמָלְכוֹ וְהוּא עוֹדֶנּוּ נַעַר הֵחֵל לִדְרוֹשׁ לֵאלֹהֵי
דָּוִיד אָבִיו וּבִשְׁתֵּים עֶשְׂרֵה שָׁנָה הֵחֵל לְטַהֵר אֶת־יְהוּדָה
ד וִירוּשָׁלִָם מִן־הַבָּמוֹת וְהָאֲשֵׁרִים וְהַפְּסִלִים וְהַמַּסֵּכוֹת׃ וַיְנַתְּצוּ
לְפָנָיו אֵת מִזְבְּחוֹת הַבְּעָלִים וְהַחַמָּנִים אֲשֶׁר־לְמַעְלָה מֵעֲלֵיהֶם

גָּדַע וְהָאֲשֵׁרִים וְהַפְּסִלִים וְהַמַּסֵּכוֹת שִׁבַּר וְהֵדַק וַיִּזְרֹק עַל־
ה פְּנֵי הַקְּבָרִים הַזֹּבְחִים לָהֶם׃ וְעַצְמוֹת כֹּהֲנִים שָׂרַף עַל־
ו מזבחותם וַיְטַהֵר אֶת־יְהוּדָה וְאֶת־יְרוּשָׁלִָם׃ וּבְעָרֵי מְנַשֶּׁה מִזְבְּחוֹתָם
ז וְאֶפְרַיִם וְשִׁמְעוֹן וְעַד־נַפְתָּלִי בחר בתיהם סָבִיב׃ וַיְנַתֵּץ אֶת־ בְּחַרְבֹתֵיהֶם
הַמִּזְבְּחוֹת וְאֶת־הָאֲשֵׁרִים וְהַפְּסִלִים כִּתַּת לְהֵדַק וְכָל־הַחַמָּנִים
ח גִּדַּע בְּכָל־אֶרֶץ יִשְׂרָאֵל וַיָּשָׁב לִירוּשָׁלִָם׃ וּבִשְׁנַת
שְׁמוֹנֶה עֶשְׂרֵה לְמָלְכוֹ לְטַהֵר הָאָרֶץ וְהַבָּיִת שָׁלַח אֶת־
שָׁפָן בֶּן־אֲצַלְיָהוּ וְאֶת־מַעֲשֵׂיָהוּ שַׂר־הָעִיר וְאֵת יוֹאָח בֶּן־
ט יוֹאָחָז הַמַּזְכִּיר לְחַזֵּק אֶת־בֵּית יְהוָה אֱלֹהָיו׃ וַיָּבֹאוּ אֶל־
חִלְקִיָּהוּ ׀ הַכֹּהֵן הַגָּדוֹל וַיִּתְּנוּ אֶת־הַכֶּסֶף הַמּוּבָא בֵית־אֱלֹהִים
אֲשֶׁר אָסְפוּ־הַלְוִיִּם שֹׁמְרֵי הַסַּף מִיַּד מְנַשֶּׁה וְאֶפְרַיִם וּמִכֹּל
י שְׁאֵרִית יִשְׂרָאֵל וּמִכָּל־יְהוּדָה וּבִנְיָמִן וישבי יְרוּשָׁלִָם׃ וַיִּתְּנוּ וַיָּשֻׁבוּ
עַל־יַד עֹשֵׂה הַמְּלָאכָה הַמֻּפְקָדִים בְּבֵית יְהוָה וַיִּתְּנוּ אֹתוֹ
עוֹשֵׂי הַמְּלָאכָה אֲשֶׁר עֹשִׂים בְּבֵית יְהוָה לִבְדּוֹק וּלְחַזֵּק
יא הַבָּיִת׃ וַיִּתְּנוּ לֶחָרָשִׁים וְלַבֹּנִים לִקְנוֹת אַבְנֵי מַחְצֵב וְעֵצִים
לַמְחַבְּרוֹת וּלְקָרוֹת אֶת־הַבָּתִּים אֲשֶׁר הִשְׁחִיתוּ מַלְכֵי
יב יְהוּדָה׃ וְהָאֲנָשִׁים עֹשִׂים בֶּאֱמוּנָה בַּמְּלָאכָה וַעֲלֵיהֶם ׀
מֻפְקָדִים יַחַת וְעֹבַדְיָהוּ הַלְוִיִּם מִן־בְּנֵי מְרָרִי וּזְכַרְיָה וּמְשֻׁלָּם
יג מִן־בְּנֵי הַקְּהָתִים לְנַצֵּחַ וְהַלְוִיִּם כָּל־מֵבִין בִּכְלֵי־שִׁיר׃ וְעַל
הַסַּבָּלִים וּמְנַצְּחִים לְכֹל עֹשֵׂה מְלָאכָה לַעֲבוֹדָה וַעֲבוֹדָה
יד וּמֵהַלְוִיִּם סוֹפְרִים וְשֹׁטְרִים וְשׁוֹעֲרִים׃ וּבְהוֹצִיאָם אֶת־הַכֶּסֶף
הַמּוּבָא בֵּית יְהוָה מָצָא חִלְקִיָּהוּ הַכֹּהֵן אֶת־סֵפֶר תּוֹרַת־יְהוָה
טו בְּיַד־מֹשֶׁה׃ וַיַּעַן חִלְקִיָּהוּ וַיֹּאמֶר אֶל־שָׁפָן הַסּוֹפֵר סֵפֶר הַתּוֹרָה
טז מָצָאתִי בְּבֵית יְהוָה וַיִּתֵּן חִלְקִיָּהוּ אֶת־הַסֵּפֶר אֶל־שָׁפָן׃ וַיָּבֵא
שָׁפָן אֶת־הַסֵּפֶר אֶל־הַמֶּלֶךְ וַיָּשֶׁב עוֹד אֶת־הַמֶּלֶךְ דָּבָר לֵאמֹר
יז כֹּל אֲשֶׁר־נִתַּן בְּיַד־עֲבָדֶיךָ הֵם עֹשִׂים׃ וַיַּתִּיכוּ אֶת־הַכֶּסֶף
הַנִּמְצָא בְּבֵית־יְהוָה וַיִּתְּנוּהוּ עַל־יַד הַמֻּפְקָדִים וְעַל־יַד עוֹשֵׂי

הַמְּלָאכָה׃ וַיַּגֵּד שָׁפָן הַסּוֹפֵר לַמֶּלֶךְ לֵאמֹר סֵפֶר נָתַן לִי יח
חִלְקִיָּהוּ הַכֹּהֵן וַיִּקְרָא־בוֹ שָׁפָן לִפְנֵי הַמֶּלֶךְ׃ וַיְהִי כִּשְׁמֹעַ הַמֶּלֶךְ יט
אֵת דִּבְרֵי הַתּוֹרָה וַיִּקְרַע אֶת־בְּגָדָיו׃ וַיְצַו הַמֶּלֶךְ אֶת־חִלְקִיָּהוּ כ
וְאֶת־אֲחִיקָם בֶּן־שָׁפָן וְאֶת־עַבְדּוֹן בֶּן־מִיכָה וְאֵת ׀ שָׁפָן
הַסּוֹפֵר וְאֵת עֲשָׂיָה עֶבֶד־הַמֶּלֶךְ לֵאמֹר׃ לְכוּ דִרְשׁוּ אֶת־יְהוָה כא
בַּעֲדִי וּבְעַד הַנִּשְׁאָר בְּיִשְׂרָאֵל וּבִיהוּדָה עַל־דִּבְרֵי הַסֵּפֶר
אֲשֶׁר נִמְצָא כִּי־גְדוֹלָה חֲמַת־יְהוָה אֲשֶׁר נִתְּכָה בָנוּ עַל אֲשֶׁר
לֹא־שָׁמְרוּ אֲבוֹתֵינוּ אֶת־דְּבַר יְהוָה לַעֲשׂוֹת כְּכָל־הַכָּתוּב
עַל־הַסֵּפֶר הַזֶּה׃ וַיֵּלֶךְ חִלְקִיָּהוּ וַאֲשֶׁר הַמֶּלֶךְ אֶל־ כב
תָּקְהַת חֻלְדָּה הַנְּבִיאָה אֵשֶׁת ׀ שַׁלֻּם בֶּן־תוקהת בֶּן־חַסְרָה שׁוֹמֵר
הַבְּגָדִים וְהִיא יוֹשֶׁבֶת בִּירוּשָׁלִַם בַּמִּשְׁנֶה וַיְדַבְּרוּ אֵלֶיהָ
כָּזֹאת׃ וַתֹּאמֶר לָהֶם כֹּה־אָמַר יְהוָה אֱלֹהֵי יִשְׂרָאֵל אִמְרוּ כג
לָאִישׁ אֲשֶׁר־שָׁלַח אֶתְכֶם אֵלָי׃
כֹּה אָמַר יְהוָה הִנְנִי מֵבִיא רָעָה עַל־הַמָּקוֹם הַזֶּה וְעַל־יוֹשְׁבָיו כד
אֵת כָּל־הָאָלוֹת הַכְּתוּבוֹת עַל־הַסֵּפֶר אֲשֶׁר קָרְאוּ לִפְנֵי
וַיַּקְטִירוּ מֶלֶךְ יְהוּדָה׃ תַּחַת ׀ אֲשֶׁר עֲזָבוּנִי ויקטירו לֵאלֹהִים אֲחֵרִים כה
לְמַעַן הַכְעִיסֵנִי בְּכֹל מַעֲשֵׂי יְדֵיהֶם וְתִתַּךְ חֲמָתִי בַּמָּקוֹם
הַזֶּה וְלֹא תִכְבֶּה׃ וְאֶל־מֶלֶךְ יְהוּדָה הַשֹּׁלֵחַ אֶתְכֶם לִדְרוֹשׁ כו
בַּיהוָה כֹּה תֹאמְרוּ אֵלָיו כֹּה־אָמַר יְהוָה אֱלֹהֵי
יִשְׂרָאֵל הַדְּבָרִים אֲשֶׁר שָׁמָעְתָּ׃ יַעַן רַךְ־לְבָבְךָ וַתִּכָּנַע ׀ מִלִּפְנֵי כז
אֱלֹהִים בְּשָׁמְעֲךָ אֶת־דְּבָרָיו עַל־הַמָּקוֹם הַזֶּה וְעַל־יֹשְׁבָיו
וַתִּכָּנַע לְפָנַי וַתִּקְרַע אֶת־בְּגָדֶיךָ וַתֵּבְךְּ לְפָנָי וְגַם־אֲנִי שָׁמַעְתִּי
נְאֻם־יְהוָה׃ הִנְנִי אֹסִפְךָ אֶל־אֲבֹתֶיךָ וְנֶאֱסַפְתָּ אֶל־קִבְרֹתֶיךָ כח
בְּשָׁלוֹם וְלֹא־תִרְאֶינָה עֵינֶיךָ בְּכֹל הָרָעָה אֲשֶׁר אֲנִי מֵבִיא עַל־
הַמָּקוֹם הַזֶּה וְעַל־יֹשְׁבָיו וַיָּשִׁיבוּ אֶת־הַמֶּלֶךְ דָּבָר׃ וַיִּשְׁלַח כט
הַמֶּלֶךְ וַיֶּאֱסֹף אֶת־כָּל־זִקְנֵי יְהוּדָה וִירוּשָׁלִָם׃ וַיַּעַל הַמֶּלֶךְ ל
בֵּית־יְהוָה וְכָל־אִישׁ יְהוּדָה וְיֹשְׁבֵי יְרוּשָׁלִַם וְהַכֹּהֲנִים וְהַלְוִיִּם

וְכָל־הָעָם מִגָּדוֹל וְעַד־קָטָן וַיִּקְרָא בְאָזְנֵיהֶם אֶת־כָּל־דִּבְרֵי
לא סֵפֶר הַבְּרִית הַנִּמְצָא בֵּית יְהוָה׃ וַיַּעֲמֹד הַמֶּלֶךְ עַל־עָמְדוֹ
וַיִּכְרֹת אֶת־הַבְּרִית לִפְנֵי יְהוָה לָלֶכֶת אַחֲרֵי יְהוָה וְלִשְׁמוֹר
אֶת־מִצְוֺתָיו וְעֵדְוֺתָיו וְחֻקָּיו בְּכָל־לְבָבוֹ וּבְכָל־נַפְשׁוֹ לַעֲשׂוֹת
לב אֶת־דִּבְרֵי הַבְּרִית הַכְּתוּבִים עַל־הַסֵּפֶר הַזֶּה׃ וַיַּעֲמֵד אֵת כָּל־
הַנִּמְצָא בִירוּשָׁלַ͏ִם וּבִנְיָמִן וַיַּעֲשׂוּ יֹשְׁבֵי יְרוּשָׁלַ͏ִם כִּבְרִית
לג אֱלֹהִים אֱלֹהֵי אֲבוֹתֵיהֶם׃ וַיָּסַר יֹאשִׁיָּהוּ אֶת־כָּל־הַתּוֹעֵבוֹת
מִכָּל־הָאֲרָצוֹת אֲשֶׁר לִבְנֵי יִשְׂרָאֵל וַיַּעֲבֵד אֵת כָּל־הַנִּמְצָא
בְּיִשְׂרָאֵל לַעֲבוֹד אֶת־יְהוָה אֱלֹהֵיהֶם כָּל־יָמָיו לֹא סָרוּ מֵאַחֲרֵי
לה א יְהוָה אֱלֹהֵי אֲבוֹתֵיהֶם׃ וַיַּעַשׂ יֹאשִׁיָּהוּ בִירוּשָׁלַ͏ִם פֶּסַח
ב לַיהוָה וַיִּשְׁחֲטוּ הַפֶּסַח בְּאַרְבָּעָה עָשָׂר לַחֹדֶשׁ הָרִאשׁוֹן׃ וַיַּעֲמֵד
ג הַכֹּהֲנִים עַל־מִשְׁמְרוֹתָם וַיְחַזְּקֵם לַעֲבוֹדַת בֵּית יְהוָה׃ וַיֹּאמֶר
לַלְוִיִּם הַמְּבוּנִים לְכָל־יִשְׂרָאֵל הַקְּדוֹשִׁים לַיהוָה תְּנוּ אֶת־ הַמְּבִינִים
אֲרוֹן־הַקֹּדֶשׁ בַּבַּיִת אֲשֶׁר בָּנָה שְׁלֹמֹה בֶן־דָּוִיד מֶלֶךְ יִשְׂרָאֵל
אֵין־לָכֶם מַשָּׂא בַּכָּתֵף עַתָּה עִבְדוּ אֶת־יְהוָה אֱלֹהֵיכֶם וְאֵת
ד עַמּוֹ יִשְׂרָאֵל׃ והכונו לְבֵית־אֲבוֹתֵיכֶם כְּמַחְלְקוֹתֵיכֶם בִּכְתָב וְהָכִינוּ
ה דָּוִיד מֶלֶךְ יִשְׂרָאֵל וּבְמִכְתַּב שְׁלֹמֹה בְנוֹ׃ וְעִמְדוּ בַקֹּדֶשׁ
לִפְלֻגּוֹת בֵּית הָאָבוֹת לַאֲחֵיכֶם בְּנֵי הָעָם וַחֲלֻקַּת בֵּית־אָב
ו לַלְוִיִּם׃ וְשַׁחֲטוּ הַפָּסַח וְהִתְקַדְּשׁוּ וְהָכִינוּ לַאֲחֵיכֶם לַעֲשׂוֹת כה
ז כִּדְבַר־יְהוָה בְּיַד־מֹשֶׁה׃ וַיָּרֶם יֹאשִׁיָּהוּ לִבְנֵי
הָעָם צֹאן כְּבָשִׂים וּבְנֵי־עִזִּים הַכֹּל לַפְּסָחִים לְכָל־הַנִּמְצָא
לְמִסְפַּר שְׁלֹשִׁים אֶלֶף וּבָקָר שְׁלֹשֶׁת אֲלָפִים אֵלֶּה מֵרְכוּשׁ
ח הַמֶּלֶךְ׃ וְשָׂרָיו לִנְדָבָה לָעָם לַכֹּהֲנִים וְלַלְוִיִּם הֵרִימוּ
חִלְקִיָּה וּזְכַרְיָהוּ וִיחִיאֵל נְגִידֵי בֵּית הָאֱלֹהִים לַכֹּהֲנִים נָתְנוּ
ט לַפְּסָחִים אַלְפַּיִם וְשֵׁשׁ מֵאוֹת וּבָקָר שְׁלֹשׁ מֵאוֹת׃ וכונניהו וְכָנַנְיָהוּ
וּשְׁמַעְיָהוּ וּנְתַנְאֵל אֶחָיו וַחֲשַׁבְיָהוּ וִיעִיאֵל וְיוֹזָבָד שָׂרֵי הַלְוִיִּם
הֵרִימוּ לַלְוִיִּם לַפְּסָחִים חֲמֵשֶׁת אֲלָפִים וּבָקָר חֲמֵשׁ מֵאוֹת׃

י ותכון העבודה ויעמדו הכהנים על־עמדם והלוים על־
יא מחלקותם כמצות המלך: וישחטו הפסח ויזרקו הכהנים
יב מידם והלוים מפשיטים: ויסירו העלה לתתם למפלגות
לבית־אבות לבני העם להקריב ליהוה ככתוב בספר
יג משה וכן לבקר: ויבשלו הפסח באש כמשפט והקדשים
בשלו בסירות ובדודים ובצלחות ויריצו לכל־בני העם:
יד ואחר הכינו להם ולכהנים כי הכהנים בני אהרן בהעלות
העולה והחלבים עד־לילה והלוים הכינו להם ולכהנים
טו בני אהרן: והמשררים בני־אסף על־מעמדם כמצות דויד
ואסף והימן וידתון חוזה המלך והשערים לשער ושער
אין להם לסור מעל עבדתם כי־אחיהם הלוים הכינו
טז להם: ותכון כל־עבודת יהוה ביום ההוא לעשות הפסח
והעלות עלות על מזבח יהוה כמצות המלך יאשיהו:
יז ויעשו בני־ישראל הנמצאים את־הפסח בעת ההיא ואת־
יח חג המצות שבעת ימים: ולא־נעשה פסח כמהו בישראל
מימי שמואל הנביא וכל־מלכי ישראל ׀ לא־עשו כפסח
אשר־עשה יאשיהו והכהנים והלוים וכל־יהודה וישראל
יט הנמצא ויושבי ירושלם: בשמונה עשרה שנה
כ למלכות יאשיהו נעשה הפסח הזה: אחרי כל־זאת
אשר הכין יאשיהו את־הבית עלה נכו מלך־מצרים
כא להלחם בכרכמיש על־פרת ויצא לקראתו יאשיהו: וישלח
אליו מלאכים ׀ לאמר ׀ מה־לי ולך מלך יהודה לא־
עליך אתה היום כי אל־בית מלחמתי ואלהים אמר לבהלני
כב חדל־לך מאלהים אשר־עמי ואל־ישחיתך: ולא־הסב
יאשיהו פניו ממנו כי להלחם־בו התחפש ולא שמע אל־
כג דברי נכו מפי אלהים ויבא להלחם בבקעת מגדו: וירו
הירים למלך יאשיהו ויאמר המלך לעבדיו העבירוני כי

כד הֶחֱלֵיתִי מְאֹד׃ וַיַּעֲבִירֻהוּ עֲבָדָיו מִן־הַמֶּרְכָּבָה וַיַּרְכִּיבֻהוּ עַל
רֶכֶב הַמִּשְׁנֶה אֲשֶׁר־לוֹ וַיּוֹלִיכֻהוּ יְרוּשָׁלִַם וַיָּמָת וַיִּקָּבֵר
בְּקִבְרוֹת אֲבֹתָיו וְכָל־יְהוּדָה וִירוּשָׁלִַם מִתְאַבְּלִים עַל־
כה יֹאשִׁיָּהוּ׃ וַיְקוֹנֵן יִרְמְיָהוּ עַל־יֹאשִׁיָּהוּ וַיֹּאמְרוּ
כָל־הַשָּׁרִים ׀ וְהַשָּׁרוֹת בְּקִינוֹתֵיהֶם עַל־יֹאשִׁיָּהוּ עַד־הַיּוֹם
וַיִּתְּנוּם לְחֹק עַל־יִשְׂרָאֵל וְהִנָּם כְּתוּבִים עַל־הַקִּינוֹת׃
כו כז וְיֶתֶר דִּבְרֵי יֹאשִׁיָּהוּ וַחֲסָדָיו כַּכָּתוּב בְּתוֹרַת יְהוָה׃ וּדְבָרָיו
הָרִאשֹׁנִים וְהָאַחֲרֹנִים הִנָּם כְּתוּבִים עַל־סֵפֶר מַלְכֵי־יִשְׂרָאֵל
לו א וִיהוּדָה׃ וַיִּקְחוּ עַם־הָאָרֶץ אֶת־יְהוֹאָחָז בֶּן־יֹאשִׁיָּהוּ
ב וַיַּמְלִיכֻהוּ תַחַת־אָבִיו בִּירוּשָׁלִָם׃ בֶּן־שָׁלוֹשׁ וְעֶשְׂרִים שָׁנָה
ג יוֹאָחָז בְּמָלְכוֹ וּשְׁלֹשָׁה חֳדָשִׁים מָלַךְ בִּירוּשָׁלִָם׃ וַיְסִירֵהוּ
מֶלֶךְ־מִצְרַיִם בִּירוּשָׁלִָם וַיַּעֲנֹשׁ אֶת־הָאָרֶץ מֵאָה כִכַּר־כֶּסֶף
ד וְכִכַּר זָהָב׃ וַיַּמְלֵךְ מֶלֶךְ־מִצְרַיִם אֶת־אֶלְיָקִים אָחִיו עַל־יְהוּדָה
וִירוּשָׁלִַם וַיַּסֵּב אֶת־שְׁמוֹ יְהוֹיָקִים וְאֶת־יוֹאָחָז אָחִיו לָקַח נְכוֹ
ה וַיְבִיאֵהוּ מִצְרָיְמָה׃ בֶּן־עֶשְׂרִים וְחָמֵשׁ שָׁנָה יְהוֹיָקִים
בְּמָלְכוֹ וְאַחַת עֶשְׂרֵה שָׁנָה מָלַךְ בִּירוּשָׁלִָם וַיַּעַשׂ הָרַע בְּעֵינֵי
ו יְהוָה אֱלֹהָיו׃ עָלָיו עָלָה נְבוּכַדְנֶאצַּר מֶלֶךְ בָּבֶל וַיַּאַסְרֵהוּ
ז בַּנְחֻשְׁתַּיִם לְהֹלִיכוֹ בָּבֶלָה׃ וּמִכְּלֵי בֵּית יְהוָה הֵבִיא נְבוּכַדְנֶאצַּר
ח לְבָבֶל וַיִּתְּנֵם בְּהֵיכָלוֹ בְּבָבֶל׃ וְיֶתֶר דִּבְרֵי יְהוֹיָקִים וְתֹעֲבֹתָיו
אֲשֶׁר־עָשָׂה וְהַנִּמְצָא עָלָיו הִנָּם כְּתוּבִים עַל־סֵפֶר מַלְכֵי
ט יִשְׂרָאֵל וִיהוּדָה וַיִּמְלֹךְ יְהוֹיָכִין בְּנוֹ תַּחְתָּיו׃ בֶּן־
שְׁמוֹנֶה שָׁנִים יְהוֹיָכִין בְּמָלְכוֹ וּשְׁלֹשָׁה חֳדָשִׁים וַעֲשֶׂרֶת
י יָמִים מָלַךְ בִּירוּשָׁלִָם וַיַּעַשׂ הָרַע בְּעֵינֵי יְהוָה׃ וְלִתְשׁוּבַת
הַשָּׁנָה שָׁלַח הַמֶּלֶךְ נְבוּכַדְנֶאצַּר וַיְבִאֵהוּ בָבֶלָה עִם־כְּלֵי
חֶמְדַּת בֵּית־יְהוָה וַיַּמְלֵךְ אֶת־צִדְקִיָּהוּ אָחִיו עַל־יְהוּדָה
יא וִירוּשָׁלִָם׃ בֶּן־עֶשְׂרִים וְאַחַת שָׁנָה צִדְקִיָּהוּ בְמָלְכוֹ
יב וְאַחַת עֶשְׂרֵה שָׁנָה מָלַךְ בִּירוּשָׁלִָם׃ וַיַּעַשׂ הָרַע בְּעֵינֵי

יְהוָה אֱלֹהָיו לֹא נִכְנַע מִלִּפְנֵי יִרְמְיָהוּ הַנָּבִיא מִפִּי יְהוָה׃ וְגַם יג
בַּמֶּלֶךְ נְבוּכַדְנֶאצַּר מָרָד אֲשֶׁר הִשְׁבִּיעוֹ בֵּאלֹהִים וַיֶּקֶשׁ אֶת־
עָרְפּוֹ וַיְאַמֵּץ אֶת־לְבָבוֹ מִשּׁוּב אֶל־יְהוָה אֱלֹהֵי יִשְׂרָאֵל׃ גַּם יד
כָּל־שָׂרֵי הַכֹּהֲנִים וְהָעָם הִרְבּוּ למעול־מַעַל כְּכֹל תֹּעֲבוֹת לִמְעָל־
הַגּוֹיִם וַיְטַמְּאוּ אֶת־בֵּית יְהוָה אֲשֶׁר הִקְדִּישׁ בִּירוּשָׁלָםִ׃
וַיִּשְׁלַח יְהוָה אֱלֹהֵי אֲבוֹתֵיהֶם עֲלֵיהֶם בְּיַד מַלְאָכָיו הַשְׁכֵּם טו
וְשָׁלוֹחַ כִּי־חָמַל עַל־עַמּוֹ וְעַל־מְעוֹנוֹ׃ וַיִּהְיוּ מַלְעִבִים בְּמַלְאֲכֵי טז
הָאֱלֹהִים וּבוֹזִים דְּבָרָיו וּמִתַּעְתְּעִים בִּנְבִאָיו עַד עֲלוֹת
חֲמַת־יְהוָה בְּעַמּוֹ עַד־לְאֵין מַרְפֵּא׃ וַיַּעַל עֲלֵיהֶם אֶת־מֶלֶךְ יז
כשדיים וַיַּהֲרֹג בַּחוּרֵיהֶם בַּחֶרֶב בְּבֵית מִקְדָּשָׁם וְלֹא חָמַל כַּשְׂדִּים
עַל־בָּחוּר וּבְתוּלָה זָקֵן וְיָשֵׁשׁ הַכֹּל נָתַן בְּיָדוֹ׃ וְכֹל כְּלֵי בֵּית יח
הָאֱלֹהִים הַגְּדֹלִים וְהַקְּטַנִּים וְאֹצְרוֹת בֵּית יְהוָה וְאֹצְרוֹת
הַמֶּלֶךְ וְשָׂרָיו הַכֹּל הֵבִיא בָבֶל׃ וַיִּשְׂרְפוּ אֶת־בֵּית הָאֱלֹהִים יט
וַיְנַתְּצוּ אֵת חוֹמַת יְרוּשָׁלָםִ וְכָל־אַרְמְנוֹתֶיהָ שָׂרְפוּ בָאֵשׁ וְכָל־
כְּלֵי מַחֲמַדֶּיהָ לְהַשְׁחִית׃ וַיֶּגֶל הַשְּׁאֵרִית מִן־הַחֶרֶב אֶל־בָּבֶל כ
וַיִּהְיוּ־לוֹ וּלְבָנָיו לַעֲבָדִים עַד־מְלֹךְ מַלְכוּת פָּרָס׃ לְמַלֹּאות כא
דְּבַר־יְהוָה בְּפִי יִרְמְיָהוּ עַד־רָצְתָה הָאָרֶץ אֶת־שַׁבְּתוֹתֶיהָ
כָּל־יְמֵי הָשַּׁמָּה שָׁבָתָה לְמַלֹּאות שִׁבְעִים שָׁנָה׃ וּבִשְׁנַת כב
אַחַת לְכוֹרֶשׁ מֶלֶךְ פָּרַס לִכְלוֹת דְּבַר־יְהוָה בְּפִי יִרְמְיָהוּ
הֵעִיר יְהוָה אֶת־רוּחַ כּוֹרֶשׁ מֶלֶךְ־פָּרַס וַיַּעֲבֶר־קוֹל בְּכָל־
מַלְכוּתוֹ וְגַם־בְּמִכְתָּב לֵאמֹר׃ כֹּה־אָמַר כּוֹרֶשׁ ׀ מֶלֶךְ פָּרַס כָּל־ כג
מַמְלְכוֹת הָאָרֶץ נָתַן לִי יְהוָה אֱלֹהֵי הַשָּׁמַיִם וְהוּא־פָקַד עָלַי
לִבְנוֹת־לוֹ בַיִת בִּירוּשָׁלַםִ אֲשֶׁר בִּיהוּדָה מִי־בָכֶם מִכָּל־עַמּוֹ
יְהוָה אֱלֹהָיו עִמּוֹ וְיָעַל׃

ספר התנ"ך שבהוצאת קורן

"תורה צִוָּה לנו משה, מורשה קְהִלַּת יעקב" (דברים לג, ד). עם ישראל קיבל ממרום את דבר ה'. עם המתנה קיבלנו גם את האחריות להנחיל את התורה מורשה לדורות הבאים, ואם אנו עושים כן התורה עצמה מעידה בנו: "לקח את ספר התורה הזה, ושמתם אותו מצד ארון ברית ה' אלהיכם, והיה שם בך לעד" (שם לא, כו). גם לאחר שחרב בית קדשנו ונגנז ארון הברית, בבתי הכנסת בכל תפוצות ישראל שומרים בתוך ארון הקודש ספר תורה כתוב על קלף, במילים שאפשר לראות ולמשש. כל דור העמיד לנגד עיניו את המילים האלה, ודלה מהם את אשר דלה. יש שהסתפקו בהבנת פשטי המקראות, בסיפורים, בתיאורים ובחוקים. אך בכל דור עמדו גם בעלי הלכה ובעלי אגדה והעמידו מסורת עשירה וספרות ענפה היונקת ממילים אלה. בכל אות ובכל עיטור שעל גבי האותיות, גילו חכמי ישראל רמזים וסודות לאין מספר. ומה יעשה הדור הבא באלו האותיות? על ברכי אילו מסרים הטמונים בהן יחנך את ילדיו? כיצד יפסוק מהן הלכה? אילו דרשות חדשות ידרוש מתוך הקלף?

"משה קבל תורה מסיני, ומסרה ליהושע, ויהושע לזקנים, וזקנים לנביאים, ונביאים מסרוה לאנשי כנסת הגדולה" (אבות פ"א מ"א). בכל דור ודור עמלו חכמי ישראל להבטיח שהמילים, הפסוקים והסדרים שבספרים אלה יגיעו לדור הבא כפי שניתנו בסיני. הם ראו בזה מלאכת קודש: "אמר רבה בר בר חנה אמר ר' יוחנן: מגיהי ספרים בירושלים היו נוטלין שכרן מתרומת הלשכה" (כתובות קו ע"א). מגיהי הספרים וממשיכיהם, חכמי המסורה, לא ביקשו לחדש; הם ראו עצמם שליחים הנושאים את בשורתו של הקב"ה, והתמסרו בכל מאודם למשימה זו – להעביר את דבר ה' שבספרי המקרא לדורות הבאים. הם לא ידעו אם הדור הבא ילמד כמו הדור שלהם, באילו חלקים יעסוק יותר ובאילו פחות, אבל היה ברור להם שהדור הבא הוא הנמען של הספרים האלו, לא פחות מהדור שלהם, ולכן עליהם להקפיד על כל אות ואות. אם בדור אחד לא ידעו לתת פשר למילה מסוימת, ייתכן שבדור הבא הדבר יבוא על פתרונו; ומה שבאותו הדור נראה מובן מאליו, עלול בדור הבא להישכח. כשליח הרץ בנחישות בשדה הקרב למסור מסר חשוב, כן בכל דור מסרו חכמי ישראל נפשם על משימה לאומית זו. שני בתי מקדש נבנו ונחרבו, עם ישראל עבר גלות ארוכה ומייסרת, וחכמי ישראל המשיכו להנחיל את מורשת התנ"ך מדור אחד למשנהו, לעתים במצבי דוחק וצער ואף תחת איום קיומי.

באמצע המאה החמש־עשרה עם המצאת הדפוס רבים מהמדפיסים הראשונים היו יהודים, והם שאפו להשתמש באמצעי הטכנולוגי החדש ולהדפיס את התנ"ך. התנ"ך השלם הראשון, שידוע לנו עליו, יצא לאור בשונצינו בשנת רמ"ח (1488). בתחילת המאה השש־עשרה החלו גם נוצרים להדפיס את ספרי המקרא ושאר ספרי היסוד של תורת ישראל, ועל כולם עלה המדפיס הווניציאני הנודע דניאל בומברג. מהדורתו השנייה רפ"ה/ו (1524/25), הידועה בשם מקראות גדולות, יצאה לאור בתבנית גדולה עם פירושי הראשונים והערות מסורה, ובתבנית קטנה בלי פירושים, והיא יסוד לכל מהדורה חדשה עד הדורות האחרונים, לרבות המהדורות שנדפסו בידי יהודים.

עם תקומת עם ישראל בארצו ושיבתו לנחלתו, התעוררה רוחו של אליהו קורן זכרו לברכה להדפיס את התנ"ך כאן בארץ הקודש, ישראל. לשם כך, העמיד שלושה

מהמומחים הידועים בדורו – דניאל גולדשמידט, אברהם משה הברמן ומאיר מדן, זכרם לברכה, למען יקבעו בעיון ובבדיקה מדוקדקת את הנוסח על פי המסורה, יתקנו שיבושים ויכריעו בין שינויי נוסח שנפלו בו במרוצת הדורות, וזאת על יסוד חוות דעתם של בעלי המסורה ושל המדקדקים והמפרשים, ועל פי מה שמצוי ברוב כתבי היד והדפוסים המוסמכים, ולא כהעתקה משועבדת לדפוס או לכתב יד מסוים.

כשני עשורים עמל אליהו קורן על מלאכת עיצוב האות על כל ניקודו וטעמיו. כדי לעמוד ברף הגבוה שהציב לעצמו להגיע אליו – עיצוב כל אות ותו בזיקה ישירה לכתבי יד יהודיים עתיקים, ובהקפדה על רמת עיצוב בינלאומית ומודרנית – שקד על הדבר ויגע בו יגיעה רבה. עד היום שמורות בארכיון ההוצאה מאות סקיצות של כל אותיות האלף בית, כל אחת מהן היא ציון דרך ביצירת הכלי המפואר שלתוכו תוצק תורה מפוארת, הנושאת בקרבה את המסר האלוהי.

בדורנו מתחוללת בעולם המהפכה הגדולה ביותר בתחום העברת תכנים למן המצאת הדפוס: השימוש באמצעים אלקטרוניים – תחילה לשמירה ולעיצוב, וכיום אף להצגת התכנים על גבי מסכים. בתשע השנים האחרונות עמלו אנשי הוצאת קורן להעביר את דברי משה והנביאים לעולם של קודים ופיקסלים. כבעבר, גם כאן נדרשה זהירות יְתֵרה. למלאכת ההגהה נרתמו הרב דוד פוקס, הרב ינון חן, הרב כרמיאל כהן, הרב ישראל אליצור, הרב דוד קורץ, הרב אביחי גמדני ואפרת גרוס. על עבודת העיצוב עמלו אסתר באר, רינה בן גל, רוית כהן ואליהו משגב, ובעבודתם היו נאמנים לעקרונותיו של אליהו קורן זכרו לברכה.

עם סיום עבודה זו, אנו יכולים להצהיר בגאוות עבד הממלא את שליחותו, שנוסח התנ"ך מוכשר לשמש את כל החפצים לקרוא בו, בכל האמצעים השונים הידועים לנו "עד היום הזה". זה יותר מיובל שנים שהוצאת קורן נושאת בעול מסירת התנ"ך ומסריו בני 3500 שנה לדורות הבאים. אין אנו, חלילה, בעליו של הספר אלא משרתיו. וכשם שהיום אנו עושים את כל המאמצים להגיש את ספר התנ"ך המדויק ביותר באופן החזותי שיכבד ויפאר את תוכנו גם בעיניו של הדור הזה, כן אנו נושאים תפילה שנזכה להתמיד במאמצים אלה גם בעתיד.

המעלות שבתנ"ך זה

האות

האות מצטיינת במקוריותה. היא נוחה ביותר לקריאה, הואיל והוכנה על סמך ניסיונותיהם של מדעני האופטיקה, וההבדלים שבין האותיות הדומות זו לזו (ב־כ, ג־נ, ס־ם ועוד) מובלטים היטב.

כמו כן, ישנה הבחנה ברורה בין סימני הנקודה הדיאקריטית של האות ש (שׁ ימנית, שׂ שמאלית) והחולם החסר.

שָׁמַר · יִדְרֹשׁוּן · שָׂנֵא · שֹׂנֵא · עָשׂה · וְלַשְׂדֵקָה · שֹׁמְרֵי · נְשׂאֵי · הָעֹשֹׁת

ואי־אפשר להשתבש. וכך גם בכתבי יד קדמונים.

במיוחד הקפידה ההוצאה לדייק בהבחנה שבין סימן וֹ, המציין אות וֹ ההגויה בחולם, ובין סימן וֹ, המציין חולם השייך לאות שלפניו (מִצְוֹת – מַצּוֹת).

הפתח הגנובה הוזזה לצד ימין, כראוי, כדי לסמן את הקריאה הנכונה: את התנועה לפני האות ה, ע, ח שבסוף התיבה. גם זה נעשה כדוגמת כתבי היד הקדמונים.

הטעמים תלישא גדולה, תלישא קטנה, זרקא, סגול ופשטא מקומם אינו מעל להברה המוטעמת אלא התלישא הגדולה בתחילת האות הראשונה של התיבה, ושאר הטעמים האמורים בקצה האות האחרונה של התיבה. על ידי כך עלול הקורא לטעות בהטעמתה הנכונה של המילה, ומשום כך נהגו הדפוסים להדפיס שני סימני פשטא במילה שטעמה מלעיל, האחד מעל ההברה המוטעמת והשני בסוף התיבה. אנו הלכנו בעקבות ר׳ וולף היידנהיים בחומשיו והדפסנו טעמים כפולים גם בזרקא, בסגול ובתלישא קטנה כשהמילה טעמה מלעיל, ובתלישא גדולה, כשהמילה טעמה מלרע.

השתפרה צורתם של סימני הניקוד והטעמים, המקלה הרבה על קריאה נוחה ונכונה. נעשו הבדלים עדינים בין הטעמים הדומים זה לזה, כגון: פשטא וקדמא, מהפך ויתיב. והעיקר – נשמרו במהדורה דקדוקי המסורת לפי טעמו של יהודי, שהתנ״ך הוא בית חייו.

במהדורה זו הבדלנו בין השווא הנע והשווא הנח, וסימַנו את השווא הנע בסימן בולט יותר, למשל, נַפְשְׁךָ. באותו אופן הבדלנו בין הקמץ הרגיל לקמץ הקטן באמצעות סימן גדול לקמץ הקטן, למשל, חָכְמָה. כידוע, ישנו הבדל בין מסורת הקריאה הספרדית לאופן הקריאה שהמליצה עליו האקדמיה. כל הקמצים שבהם ישנה מחלוקת, מסומנים בטעמי המקרא באמצעות געיה. משום כך, סימַנו אותם כקמצים קטנים בהתאם להוראות האקדמיה. המקפידים על המסורה הספרדית, יקראו כל קמץ שיש בו געיה כקמץ רחב (להרחבה ראו במאמר על שיטת הניקוד המופיע באתר ההוצאה, במדור ׳אודות׳).

הכתיב והקרי

סימון הכתיב והקרי תוקן באופן יסודי ביותר.

הכתיב מסמן כיצד כתובה המילה בגוף המקרא, והקרי – כיצד היא נקראת; על כן מסומן הכתיב בפנים המקרא בלי ניקוד, ובצד העמוד באותה השורה נדפסה המילה, כפי שהיא נקראת. הקורא יודע בנקל להבחין בין הכתיב לקרי, שכן מילה שלא נוקדה – אין לקראה, והמילה כפי קריאתה נמצאת ממש לצדה (אך לא בפנים).

שם הוי״ה

שם הוי״ה בא בספר בלא ניקוד, כדי למנוע חילול השם על ידי קריאה לא נכונה, לפי הניקוד.

חלוקת התנ״ך

גם חלוקת התנ״ך לפרשיות היא לפי המסורה. התנ״ך – תורה נביאים כתובים – מחולק לעשרים וארבעה ספרים (ועל כן נקרא בפי הראשונים עשרים וארבעה). כל ספר נדפס הדפסה רצופה, ורק ׳פתוחה׳ או ׳סתומה׳ מחלקות את הכתוב. טקסט התנ״ך

אינו מתחלק, כמצוי בדפוסים שיצאו על ידי הנוצרים ובעקבותיהם על ידי מדפיסים יהודיים, לפי קפיטלים ופסוקים, שהם מעשה כומר באנגליה במאה השלוש־עשרה. סימון הקפיטל ומספורו של הפסוק בתוך הקפיטל נשתרש בכל הספרות היהודית, ומטעמים שימושיים אי־אפשר לבטלו כיום לחלוטין; ולכן הובא גם הסימון הזה, אבל לא בהבלטה, אלא לצד המקרא כלפי פנים וללא הפסקות בקפיטלים.

החלוקה הנוצרית היא בניגוד למסורה, והרי כמה דוגמאות בולטות מרבות:

בספר בראשית מתחיל הפרק הראשון של חלוקה זו בסיפור מעשה בראשית "בראשית ברא אלהים" ומסתיים אחרי "ויהי ערב ויהי בקר יום הששי". הפרק השני מתחיל "ויכלו השמים והארץ". ואילו לפי מסורת ישראל מתחיל סיפור מעשה בראשית "בראשית ברא אלהים" ומסתיים (אחרי "ויכלו השמים והארץ", בסיפור היום השביעי) במילים "אשר־ברא אלהים לעשות". כאן נגמר סדר א, והסדר השני מתחיל, כראוי, "אלה תולדות השמים והארץ".

לפי המסורה, יש בעשרים וארבעה הספרים ספר שמואל אחד, ספר מלכים אחד וספר דברי הימים אחד. משלושת הספרים האלה עשו הנוצרים שישה; דהיינו, ספר שמואל א, שמואל ב, מלכים א, מלכים ב, דברי הימים א ודברי הימים ב. במקום שהחלוקה הנוצרית מחלקת את ספר שמואל לשניים, אין לפי המסורה אפילו שורה חדשה ורק 'סתומה' מפרידה בין הכתובים, והוא הדין בספר דברי הימים. ובמקום שהחלוקה הנוצרית מחלקת את ספר מלכים לשני ספרים, אין לפי המסורה שום הפסקה – לא 'פתוחה' ולא 'סתומה', אלא המשך ישר. רק בצד, מטעמים שימושיים, צוין שמואל ב, מלכים ב, דברי הימים ב.

החלוקה היהודית המסורתית הובאה בהבלטה, כלומר, שם הספר בראש העמוד, והסדר בצד הרחב (החיצוני) של העמוד.

בפעם הראשונה הסדר מסומן במספרים שוטפים: א, ב, ג, וכו'. ידוע לנו על חלוקת התורה ל־154 סדרים, לפי מנהג ארץ ישראל קדום של מחזור שלוש שנים בקריאת התורה בציבור בשבתות – סדר אחד בכל שבת ושבת. הסדרים בתורה הם 'סדרי השבוע' של הקדמונים (במקביל ל'פרשיות השבוע' שלנו).

על משמעותה של החלוקה לסדרים בספרי נביאים וכתובים אין לנו ידיעות ממקורות קדמונים.

הציון הבולט של הסדרים העסיק חכמים מחכמי ישראל בימינו, ובכללם את ר' שאול קוסובסקי ז"ל. הוא התעמק בבעיה זו והציע לה פתרון מסתבר. הוא חישב את כמות הסדרים של כל הספרים ביחד והגיע למספר 293; זהו מספרם של ימות החול בשנה רגילה. סיכומם של ימות החול (293) וימי שבת וחג (71) הוא 364, כלומר, מניין ימיה של שנת השמש חסר יום אחד, כנגד יום תשעה באב, שהוא יום אסור בתלמוד תורה (וקוראים בו ספר איכה); ויום זה אף הוא נקרא מועד, ואין למנותו כאן בחשבון ימות החול. יוצא אפוא שנקבע סדר קריאה מן התורה, הנביאים והכתובים לכל יחיד ויחיד, לכל יום ויום מ־365 ימי השנה. וכך, כנראה, נהגו קדמונינו.

בכתבי היד העתיקים של התנ"ך הסימן לסדר הוא ס, ומפליא שהסימן הזה לא תמיד רשום בתחילתו של עניין חדש. אולי אפשר לפרש את הדבר כחוסר דיוק מצד הסופר, שאין בו כדי לגרום אי־הבנה מצד הקורא, שכן כל אדם יבין, שהסדר החדש מתחיל

עם התחלת 'פתוחה' או 'סתומה' הסמוכה לסימן זה. אבל אין תירוץ זה מתקבל על הדעת, מאחר שהסימן נמצא בכתבי יד שונים תמיד באותו מקום. דוגמאות בולטות לכך אנו מוצאים, למשל ב:

ספר יחזקאל, פרק טז 'סתומה' בפסוק נט – הסדר מתחיל בפסוק ס.

ספר שני של תהלים מתחיל בפרק מב – והסדר מתחיל בפרק מא פסוק יד.

דוגמה בולטת יותר נמצאת בספר יונה – התחלת הסדר היא בסוף הנביא הקודם, עובדיה, בפסוק האחרון, כא.

התעמקות בתוכן הכתובים מגלה, שהפסוקים ה'נוספים' האלה לפני התחלת העניין או אחריו ואפילו לפני ספר חדש, הם פסוקים בעלי תוכן של טובה ונחמה. והייתה כוונה להתחיל או לסיים קריאת סדר בתנ"ך בפסוק מבשר טובות – כפי שאנו נוהגים היום בקריאה להפסיק בטוב, ונמנעים מסיומים של פורענות.

אסמכתא לכך: במחזורי איטליה מתחילה ההפטרה של ספר יונה למנחה ליום כיפור בפסוק "ועלו מושיעים בהר ציון לשפט את הר־עשו והיתה לה' המלוכה", שהוא סוף ספר עובדיה, ולידו מסומנת התחלת סדר.

ועוד אסמכתא: אף אנו נוהגים להקדים למזמור "ישב בסתר עליון", תהלים צא, בהזדמנויות שונות את הפסוק האחרון של המזמור הקודם "ויהי נעם ה' אלהינו עלינו", שיש בו מן הברכה והנחמה – ואף הוא ראש סדר.

המהדורה הזאת נתקבלה ונתקדשה על ידי גדולי הדור בעולם (הרב משה פיינשטיין זצ"ל, הרב יוסף דב הלוי סולובייצ'יק זצ"ל) ובארץ ישראל על ידי הרבנים הראשיים לדורותיהם.

דברי ברכה

הרבנות הראשית לישראל

THE CHIEF RABBINATE OF ISRAEL

ב"ה ירושלים השלמה ת"ו ט' בשבט תשמ"ה Jerusalem

תא' 057/85-(1)

לכבוד
הרצאת קורן
ירושלים ת"ו.

השלום והברכה !

כבר נודע בשערים ספרי התנ"ך המהודרים שבהוצאת קורן שבעיה"ק ירושלים ת"ו, אשר כבר שבחום וקלסום קודמינו הרבנים הראשיים לישראל. מעלה מיוחדת וחשובה לספרי תנ"ך אלו שנעשו בכלילת יופי באותיות שלמות ומהודרות, ניקוד ופיסוק טעמים בדייקנות מרובה על טהרת הקודש מתחילתם ועד סופם בידי יהודים בא"י שלא כהוצאות אחרות אשר צולמו מהוצאות המיסיונרים.

ועל כן באנו בזה לחזק את ידי המו"לים ולהמליץ לאחב"י להביא תנ"ך זה אל ביתם.

בברכת התורה,

מרדכי אליהו
ראשון לציון הרב הראשי לישראל

אברהם כהנא שפירא
הרב הראשי לישראל

רח' המלך ג'ורג' 58 ירושלים 94262 טל. 247112 ת.ד. 7525 tel P.O.B. 7525 58 King George st. Jerusalem

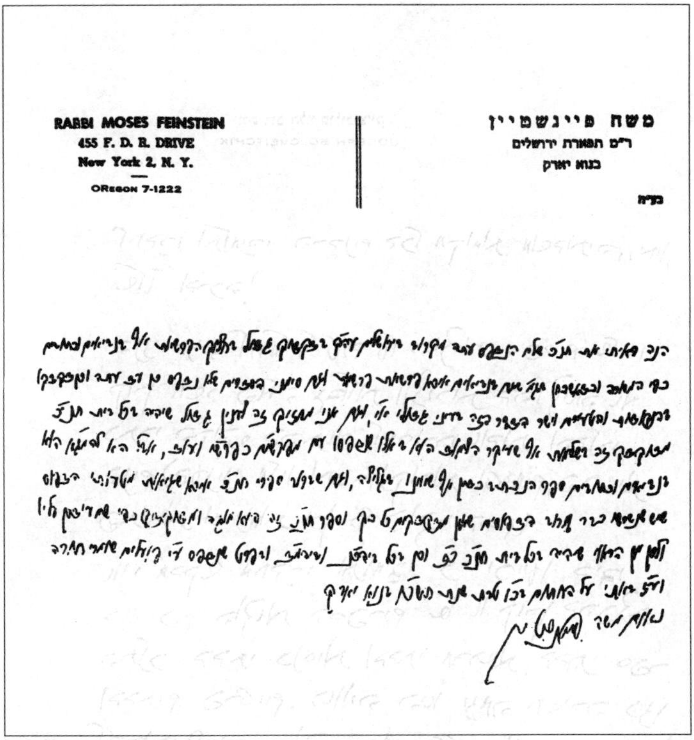

RABBI MOSES FEINSTEIN
455 F. D. R. DRIVE
New York 2, N. Y.
ORegon 7-1222

משה פיינשטיין
ר"מ תפארת ירושלים
בנוא יארק

בע"ה

הנה ראיתי את תנ"ך שלם הנדפס עתה מקרוב בירושלים עיה"ק בדקדוק גדול בחילוק הפרשיות אף בנביאים וכתובים כפי המסורה וכדאשכחן בגמ', שגם בנביאים איכא פרשיות פרשיות וגם סימני הסדרים, שלא נדפס כן עד עתה. וכן דקדקו בהנקודות והטעמים, ויישר הדבר הזה בעיני גדולי א"י וגם אני מחזיק זה לענין גדול שיהיה בכל בית תנ"ך מדוקדק זה בשלמות, אף שעיקר הלימוד הוא באלו שנדפסו עם מפרשים כפירש"י ועוד, אבל הא להמג"א הלא בנביאים וכתובים ספר הנכתב כדין אף שאינו בגלילה. וגם שברוב ספרי תנ"ך איכא שגיאות מטעותי הדפוס שיש שנשרשו כבר ברוב הדפוסים שאין מדקדקים כל כך. וספר תנ"ך זה הוא מוגה ומדוקדק כפי שמעידין עליו, ולכן מן הראוי שיהיה בכל בית תנ"ך כז' וכן בכל ביהכ"נ וביהמ"ד, ובפרט שנדפס ע"י פועלים שומרי תורה.

וע"ז באתי על החתום בכ"ו טבת שנת תשכ"ו בנוא יארק.

נאום משה פיינשטיין

יוסף דוב הלוי סולוביצ'יק
JOSEPH SOLOVEITCHIK

לחברי ותלמידי הרבנים בכל מקומות מושבותיהם, יחיו;
שלום וברכה!

הנני בזה להמליץ טוב על הוצאת ספרים של א. קורן אשר פעלה גדולות ונצורות בהוצאה את כתבי הקודש בהתאם למסורת אבות וקבלת דורות (בעניני מלא וחסר, נקודות וטעמים, פרשיות פתוחות וסתומות וכן כל כיוצא בהם)

אני מבקש מחברי ותלמידי כי יסייעו בידו [בעד כל] הוצאת הספרים של א. קורן בהפצת התנ"ך בבתי כנסיות ובבתי מדרשות, בבתי ספר ובבתים פרטיים. זוהי היא מצוה חשובה כדי לעודד [המפעל] היוצא מן הכלל. ותומכיה מאושר!

בכבוד רב, יוסף דוב הלוי סולוביצ'יק

יום חמישי
כו תמוז
תשכ"ו

בין המצרים: יהפך ה' לנו ימים אלה לששון ולשמחה!

הגהת מהדורה זו נעשתה בעיון רב ובבדיקה מדוקדקת, עד כמה שיד אדם מגעת, על יסוד חוות דעתם של בעלי המסורה ושל המדקדקים והמפרשים ועל פי מה שנמצא ברוב כתבי היד והדפוסים המקובלים כבני סמכא, ולא כהעתקה משועבדת לדפוס או לכתב יד מסוים.

חילופי נוסחאות

ברשימת חילופים זו הובאו רק נוסחאות, שיש בהן שינוי של ממש לגבי הנוסח המודפס בפנים. לא הובאו בה עניינים של מלא וחסר, ולא שינויי ניקוד קלים (חטף פתח כנגד שווא וכדומה), שאין בהם הבדל של ממש לגבי הקריאה או הפירוש.

לא הובאו אלא חילופים שמקורם מוסמך, כגון: עדויות מפורשות של המסורה ושל גדולי המפרשים והמדקדקים (ת״י, רש״י, ראב״ע, רד״ק, מנחת ש״י, רו״ה ועוד) או הנוסח שברוב כתבי היד והדפוסים הראשונים.

בראשית ט, כט

במקום: וַיְהִי

בספרים אחרים: וַיִּהְיוּ

ויקרא

במקום: פרשה פתוחה: ז, כח

בספרים אחרים: פרשה פתוחה: ז, כב

דברים כג, ב

במקום: דַּכָּה

בספרים אחרים: דַּכָּא

יהושע ו, טו

במקום: כַּעֲלוֹת

בספרים אחרים: בעלות כתיב כַּעֲלוֹת קרי

יהושע ח, כב

במקום: לוֹ

בספרים אחרים: לָהֶם

יהושע טו, נב

במקום: וְדוּמָה

בספרים אחרים: וְרוּמָה

שופטים כ, לד

במקום: מִנֶּגֶד

בספרים אחרים: מִנֶּגֶב

שמואל א׳ י, ה

במקום: גִּבְעַת

בספרים אחרים: אֶל־גִּבְעַת

שמואל א׳ יד, ג

במקום: אִיכָבוֹד ו

בספרים אחרים: אִי־כָבוֹד ו

שמואל א׳ יד, מט

במקום: וּמַלְכִּי־שׁוּעַ

בספרים אחרים: וּמַלְכִּישׁוּעַ

שמואל א׳ ל, ל

במקום: בְּכוֹר־עָשָׁן

בספרים אחרים: בְּבוֹר־עָשָׁן

שמואל א׳ לא, ב

במקום: וְאֶת־מַלְכִּי־שׁוּעַ

בספרים אחרים: וְאֶת־מַלְכִּישׁוּעַ

שמואל ב׳ ז, ח

במקום: לְדָוִד

בספרים אחרים: דָּוִד

שמואל ב׳ ז, כב

במקום: בְּכֹל

בספרים אחרים: כְּכֹל

שמואל ב׳ ח, פעמים רבות

במקום: הֲדַדְעֶזֶר

בספרים אחרים: הֲדַרְעֶזֶר

שמואל ב׳ י, ה

במקום: בִּירִחוֹ

בספרים אחרים: בִּירֵחוֹ

שמואל ב׳ כג, לג

במקום: הָֽאֲרָרִֽי

בספרים אחרים: הָֽאֲרָרִֽי

מלכים א׳ ח, א

במקום: אֶת־כָּל־רָאשֵׁ֨י

בספרים אחרים: וְאֶת־כָּל־רָאשֵׁ֨י

מלכים א׳ ח, לא

במקום: וְנָֽשָׂא־

בספרים אחרים: וְנָֽשָׂא־

מלכים א׳ יב, ב

במקום: הַמֶּ֫לֶךְ שְׁלֹמֹ֔ה

בספרים אחרים: שְׁלֹמֹ֖ה הַמֶּ֫לֶךְ

מלכים א׳ טו, ט

במקום: עַל־יְהוּדָֽה

בספרים אחרים: מֶ֫לֶךְ יְהוּדָֽה

מלכים ב׳ יא, ב

במקום: הַֽמְמוּתָתִ֔ים

בספרים אחרים: הַֽמְמוּתִ֔ים

מלכים ב׳ יב, כב

במקום: וְיוֹזָבָ֣ד

בספרים אחרים: וְיוֹזָבָ֣ד

מלכים ב׳ טו, לו

במקום: וְכָל־אֲשֶׁ֣ר

בספרים אחרים: אֲשֶׁ֣ר

מלכים ב׳ יט, לז

במקום: וְשַׂרְאֶ֫צֶר

בספרים אחרים: וְשַׂרְאֶ֫צֶר

מלכים ב׳ כג, ד

במקום: הָעֲשׂוּיִם֙

בספרים אחרים: העשוום֙ כתיב הָעֲשׂוּיִם֙ קרי

ישעיה ג, כג

במקום: הַגִּלְיֹנִים֙

בספרים אחרים: וְהַגִּלְיֹנִים֙

ישעיה ז, יד; ח, ח

במקום: עִמָּ֥נוּאֵֽל

בספרים אחרים: עִמָּ֥נוּ אֵֽל

ישעיה י, טו

במקום: וְאֶת־מְרִימָ֑יו

בספרים אחרים: אֶת־מְרִימָ֑יו

ישעיה לא, א

במקום: עַל־סוּסִ֣ים

בספרים אחרים: וְעַל־סוּסִ֣ים

ישעיה לד, יג

במקום: קִמּ֣וֹשׁ

בספרים אחרים: קִמּ֣וֹשׁ

ישעיה לז, לח

במקום: וְשַׂרְאֶ֫צֶר

בספרים אחרים: וְשַׂרְאֶ֫צֶר

ישעיה נד, ט

במקום: כִּי־מֵ֤י

בספרים אחרים: כִּימֵ֤י

ישעיה סג, יא

במקום: רֹעֵ֣ה

בספרים אחרים: רֹעֵ֣י

ירמיה כד, א

במקום: יְכָנְיָ֨הוּ

בספרים אחרים: יְכָנְיָ֨ה

ירמיה לט, פעמים רבות

במקום: שַׂרְאֶ֫צֶר

בספרים אחרים: שַׂרְאֶ֫צֶר

ירמיה נא, מו

במקום: מֹשֵׁ֑ל

בספרים אחרים: וּמֹשֵׁ֑ל

יחזקאל יד, ח

במקום: וַהֲשִׁמֹּתִ֙יהוּ֙

בספרים אחרים: וַהֲשִׁמֹתִ֙יהוּ֙

יחזקאל טז, נג

במקום: שְׁבִיתְהֶן

בספרים אחרים: שבותהן כתיב שְׁבִיתְהֶן קרי

יחזקאל ל, ט

במקום: כְּיוֹם מִצְרַיִם

בספרים אחרים: בְּיוֹם מִצְרַיִם

יחזקאל לא, יא

במקום: בְּרִשְׁעוֹ

בספרים אחרים: כְּרִשְׁעוֹ

יחזקאל לו, כג

במקום: לְעֵינֵיהֶם

בספרים אחרים: לְעֵינֵיכֶם

יחזקאל לט, כח

במקום: אֶל־אַדְמָתָם

בספרים אחרים: עַל־אַדְמָתָם

הושע ט, ו

במקום: קָמוֹשׂ

בספרים אחרים: קִימוֹשׂ

מיכה ב, ב

במקום: וְאִישׁ

בספרים אחרים: אִישׁ

מיכה ב, י

במקום: טָמְאָה

בספרים אחרים: טָמְאָה, טָמְאָה

צפניה ג, טו

במקום: לֹא־תִירְאִי

בספרים אחרים: לֹא־תִרְאִי

חגי ב, י

במקום: בְּיַד־

בספרים אחרים: אֶל־

זכריה ז, ב

במקום: שַׂרְאֶצֶר

בספרים אחרים: שַׂרְאֶצֶר

תהלים ט, יד

במקום: חָנְנֵנִי

בספרים אחרים: חָנְנֵנִי

תהלים כד, ד

במקום: נפשו כתיב נַפְשִׁי קרי

בספרים אחרים: נַפְשׁוֹ קרי וכתיב נַפְשׁוֹ

נַפְשִׁי קרי וכתיב

נפשי כתיב נַפְשׁוֹ

תהלים מה, י

במקום: בִּיקְרוֹתֶיךָ

בספרים אחרים: בְּיִקְרוֹתֶיךָ

תהלים קיח, ה

במקום: בַמֶּרְחָב יָהּ

בספרים אחרים: בַמֶּרְחַבְיָה

משלי ז, כה

במקום: אַל־תֵּתַע

בספרים אחרים: וְאַל־תֵּתַע

משלי ח, טז

במקום: צֶדֶק

בספרים אחרים: אָרֶץ

משלי יז, כו

במקום: עֲלֵי־יֹשֶׁר

בספרים אחרים: עַל־יֹשֶׁר

משלי כד, לא

במקום: קִמְּשֹׂנִים

בספרים אחרים: קִמְּשׁוֹנִים

משלי כז, כ

במקום: וַאֲבַדֹּה

בספרים אחרים: ואבדה כתיב וַאֲבַדּוֹן קרי

איוב כא, יב

במקום: כְּתֹף

בספרים אחרים: בְּתֹף

איוב כח, יז
במקום: וּזְכוּכִ֑ית
בספרים אחרים: וּזְכוֹכִ֑ית

איוב מ, יא
במקום: עַבְר֣וֹת
בספרים אחרים: עֶבְר֣וֹת

איוב מא, ב
במקום: יְעוּרֶ֑נּוּ
בספרים אחרים: יְעִירֶ֑נּוּ כתיב יְעוּרֶ֑נּוּ

קהלת יב, ד
במקום: וְיָק֙וּם
בספרים אחרים: וְיָק֙וֹם

אסתר ח, יא
במקום: וְלַהֲרֹ֙ג
בספרים אחרים: לַהֲרֹ֙ג

אסתר ט, ב
במקום: לִפְנֵיהֶ֔ם
בספרים אחרים: בִּפְנֵיהֶ֔ם

דניאל א, פעמים רבות
במקום: פַּת־בַּג
בספרים אחרים: פַּתְבַּג

דניאל יא, כו
במקום: פַּת־בָּג֛וֹ
בספרים אחרים: פַּתְבָּג֛וֹ

עזרא ד, יג
במקום: וְאַפְּתֹ֥ם
בספרים אחרים: וְאַפְּתֹ֥ם

עזרא ח, יד
במקום: וְעִמָּהֶ֥ם
בספרים אחרים: וְעִמּ֥וֹ

נחמיה ז, מח
במקום: שַׂלְמָֽי
בספרים אחרים: שַׁלְמָֽי

נחמיה ז, נד
במקום: בַּצְלִ֥ית
בספרים אחרים: בַּצְל֥וּת כתיב בַּצְלִ֥ית קרי

דברי הימים א׳ ו, מג
במקום: חִילֵ֙ן
בספרים אחרים: חִילֵ֙ז

דברי הימים א׳ ט, יג
במקום: חֵ֣יל
בספרים אחרים: חֵ֣יל

דברי הימים א׳ יב, ח
במקום: הַגְּד֔וּר
בספרים אחרים: הַגְּד֔וּד, הַגְּדֻ֔וד

דברי הימים א׳ יח, פעמים רבות
במקום: הֲדַדְעֶ֥זֶר
בספרים אחרים: הֲדַרְעֶ֥זֶר

דברי הימים א׳ כב, י
במקום: כִּסֵּ֥א
בספרים אחרים: אֶת־כִּסֵּ֥א

דברי הימים א׳ כד, כג
במקום: וּבְנֵ֣י
בספרים אחרים: וּבְנֵ֣י

דברי הימים ב׳ ו, כב
במקום: וְנָֽשָׁא־
בספרים אחרים: וְנָֽשָׁא־

דברי הימים ב׳ י, יד
במקום: אַכְבִּ֙יד
בספרים אחרים: אָבִ֙י הִכְבִּ֙יד

דברי הימים ב׳ י, טז
במקום: וְכָל־יִשְׂרָאֵ֗ל
בספרים אחרים: וְכָל־יִשְׂרָאֵל רָא֗וּ

דברי הימים ב׳ כ, לז
במקום: כְּהִֽתְחַבֶּרְךָ֣
בספרים אחרים: בְּהִֽתְחַבֶּרְךָ֣

קטעים מתוך ספר דניאל

פרקים: ב, ד – ז, כח

וספר עזרא

פרקים: ד, ח – ו, יח / ז, יב–כו

התרגום העברי (מארמית)

מטרת תרגום זה היא לסייע ללומד להבין את כוונת הפסוקים על פי פרשני המקרא רס"ג, רש"י, אבן עזרא ומצודות.

תרגום זה אינו מילולי אלא ענייני המכוון לפירוש הפשוט ביותר העולה מן הפירושים הנזכרים לעיל.

הרב זאב קרוב

ב ד וַיְדַבְּרוּ הַכַּשְׂדִּים לַמֶּלֶךְ אֲרָמִית יְחִי הַמֶּלֶךְ לְעוֹלָמִים אֱמֹר אֶת הַחֲלוֹם
לַעֲבָדֶיךָ וְאֶת הַפִּתְרוֹן נַגִּיד.
ה עוֹנֶה הַמֶּלֶךְ וְאוֹמֵר לַכַּשְׂדִּים הַדָּבָר מֻחְלָט מִלְּפָנַי אִם לֹא תוֹדִיעוּנִי אֶת
הַחֲלוֹם וּפִתְרוֹנוֹ נְתָחִים תֵּעָשׂוּ וּבָתֵּיכֶם אַשְׁפָּה יוּשָׂמוּ.
ו וְאִם אֶת הַחֲלוֹם וּפִתְרוֹנוֹ תַּגִּידוּ מַתָּנוֹת וּמַשְׂאֵת וְכָבוֹד רַב תְּקַבְּלוּ מִלְּפָנָי
לָכֵן אֶת הַחֲלוֹם וּפִתְרוֹנוֹ הַגִּידוּ לִי.
ז עָנוּ שֵׁנִית וְאוֹמְרִים הַמֶּלֶךְ יֹאמַר לַעֲבָדָיו אֶת הַחֲלוֹם וְאֶת הַפִּתְרוֹן
נַגִּיד.
ח עוֹנֶה הַמֶּלֶךְ וְאוֹמֵר בֶּאֱמֶת יוֹדֵעַ אֲנִי כִּי עֵת אַתֶּם קוֹנִים כָּל עֻמַּת אֲשֶׁר
רְאִיתֶם כִּי מוּדָע בְּרָבִים מֵעִמִּי הַדָּבָר.
ט אֲשֶׁר אִם לֹא תוֹדִיעוּנִי אֶת הַחֲלוֹם אַחַת הִיא דָּתְכֶם וְדָבָר כּוֹזֵב וְנִשְׁחָת
הִתְכַּוַּנְתֶּם לֵאמֹר לְפָנַי עַד אֲשֶׁר תִּשְׁתַּנֶּה הָעֵת לָכֵן אֶת הַחֲלוֹם אִמְרוּ
לִי וְאֵדַע כִּי אֶת פִּתְרוֹנוֹ תַּגִּידוּ לִי.
י עָנוּ הַכַּשְׂדִּים לִפְנֵי הַמֶּלֶךְ וְאָמְרוּ אֵין אִישׁ עַל הַיַּבָּשָׁה אֲשֶׁר יוּכַל לְהַגִּיד
אֶת דְּבַר הַמֶּלֶךְ יַעַן אֲשֶׁר כָּל מֶלֶךְ גָּדוֹל וְשַׁלִּיט דָּבָר כָּזֶה לֹא שָׁאַל מֵאֵת
כָּל חַרְטֹם וְאַשָּׁף וְכַשְׂדִּי.
יא וְהַדָּבָר אֲשֶׁר הַמֶּלֶךְ שׁוֹאֵל כָּבֵד וְאַחֵר אַיִן אֲשֶׁר יַגִּידֶנּוּ לִפְנֵי הַמֶּלֶךְ כִּי
אִם אֱלֹהִים אֲשֶׁר אֵין מְעוֹנָם עִם בָּשָׂר.
יב כְּנֶגֶד זֶה זָעַף הַמֶּלֶךְ וְקָצַף מְאֹד וְאָמַר לְהַאֲבִיד אֶת כָּל חַכְמֵי בָבֶל.
יג וְהַדָּת יָצְאָה וְהַחֲכָמִים נֶהֱרָגִים וְעָמְדוּ דָּנִיֵּאל וַחֲבֵרָיו לֵהָרֵג.
יד אָז הֵשִׁיב דָּנִיֵּאל עֵצָה וָטַעַם לְאַרְיוֹךְ שַׂר הַטַּבָּחִים שֶׁל הַמֶּלֶךְ אֲשֶׁר יָצָא
לַהֲרֹג אֶת חַכְמֵי בָּבֶל.
טו עוֹנֶה וְאוֹמֵר לְאַרְיוֹךְ הַשַּׁלִּיט שֶׁל הַמֶּלֶךְ עַל מָה הַדָּת עַזָּה מִלִּפְנֵי הַמֶּלֶךְ
אָז הוֹדִיעַ אַרְיוֹךְ אֶת הַדָּבָר לְדָנִיֵּאל.
טז וְדָנִיֵּאל בָּא וּבִקֵּשׁ מִן הַמֶּלֶךְ כִּי זְמַן יִתֵּן לוֹ לְהַגִּיד אֶת פֵּשֶׁר הַחֲלוֹם
לַמֶּלֶךְ.
יז אָז דָּנִיֵּאל הָלַךְ לְבֵיתוֹ וְלַחֲנַנְיָה מִישָׁאֵל וַעֲזַרְיָה חֲבֵרָיו אֶת הַדָּבָר הוֹדִיעַ.
יח וְרַחֲמִים לְבַקֵּשׁ מִלִּפְנֵי אֱלֹהֵי הַשָּׁמַיִם עַל הָרָז הַזֶּה אֲשֶׁר לֹא יֹאבְדוּ דָּנִיֵּאל
וַחֲבֵרָיו עִם שְׁאָר חַכְמֵי בָבֶל.
יט אָז נִגְלָה הָרָז לְדָנִיֵּאל בַּחֲזוֹן הַלַּיְלָה אָז דָּנִיֵּאל בֵּרַךְ אֶת אֱלֹהֵי הַשָּׁמָיִם.

כ עוֹנֶה דָנִיֵּאל וְאוֹמֵר יְהִי שֵׁם הָאֱלֹהִים מְבֹרָךְ מִן הָעוֹלָם וְעַד הָעוֹלָם אֲשֶׁר
הַחָכְמָה וְהַגְּבוּרָה שֶׁלּוֹ הִיא.
כא וְהוּא מְשַׁנֶּה אֶת הָעִתִּים וְאֶת הַזְּמַנִּים מַעֲבִיר מְלָכִים וּמֵקִים מְלָכִים נוֹתֵן
הַחָכְמָה לַחֲכָמִים וְהַמַּדָּע לְיוֹדְעֵי בִינָה.
כב הוּא מְגַלֶּה עֲמֻקּוֹת וְנִסְתָּרוֹת יוֹדֵעַ מַה בַּחֹשֶׁךְ וְהָאוֹר עִמּוֹ שׁוֹכֵן.
כג לְךָ אֱלֹהֵי אֲבוֹתַי מוֹדֶה וּמְשַׁבֵּחַ אֲנִי עַל אֲשֶׁר נָתַתָּ לִי אֶת הַחָכְמָה וְאֶת
הַגְּבוּרָה וְעַתָּה הוֹדַעְתַּנִי אֶת אֲשֶׁר בִּקַּשְׁנוּ מִמְּךָ אֲשֶׁר אֶת דְּבַר הַמֶּלֶךְ
הוֹדַעְתָּנוּ.
כד כָּל עֻמַּת זֶה בָּא דָנִיֵּאל אֶל אַרְיוֹךְ אֲשֶׁר מִנָּה הַמֶּלֶךְ לְהַאֲבִיד אֶת חַכְמֵי
בָבֶל הָלַךְ וְכֵן אָמַר לוֹ אֶת חַכְמֵי בָבֶל אַל תְּאַבֵּד הֲבִיאֵנִי לִפְנֵי הַמֶּלֶךְ
וְאֶת הַפִּתְרוֹן לַמֶּלֶךְ אַגִּיד.
כה אָז הֵבִיא אַרְיוֹךְ בְּבֶהָלוּת אֶת דָנִיֵּאל לִפְנֵי הַמֶּלֶךְ וְכֵן אָמַר לוֹ כִּי מָצָאתִי
אִישׁ מִבְּנֵי גָלוּת יְהוּדָה אֲשֶׁר יוֹדִיעַ לַמֶּלֶךְ אֶת הַפִּתְרוֹן.
כו עוֹנֶה הַמֶּלֶךְ וְאוֹמֵר לְדָנִיֵּאל אֲשֶׁר שְׁמוֹ בֵּלְטְשַׁאצַּר הֲיֶשְׁךָ יָכוֹל לְהוֹדִיעֵנִי
אֶת הַחֲלוֹם אֲשֶׁר רָאִיתִי וְאֶת פִּתְרוֹנוֹ.
כז עוֹנֶה דָנִיֵּאל לִפְנֵי הַמֶּלֶךְ וְאוֹמֵר הָרָז אֲשֶׁר הַמֶּלֶךְ שׁוֹאֵל אֵין חֲכָמִים
אַשָּׁפִים חַרְטֻמִּים גּוֹזְרִים יְכוֹלִים לְהַגִּיד לַמֶּלֶךְ.
כח אוּלָם יֵשׁ אֱלֹהִים בַּשָּׁמַיִם מְגַלֶּה רָזִים וְהוּא הוֹדִיעַ לַמֶּלֶךְ נְבוּכַדְנֶצַּר
אֵת אֲשֶׁר יִהְיֶה בְּאַחֲרִית הַיָּמִים חֲלוֹמְךָ וְחֶזְיוֹנוֹת רֹאשְׁךָ עַל מִשְׁכָּבְךָ
זֶה הוּא.
כט אַתָּה הַמֶּלֶךְ מַחְשְׁבוֹתֶיךָ עַל מִשְׁכָּבְךָ עָלוּ אֵת אֲשֶׁר יִהְיֶה אַחֲרֵי זֹאת
וּמְגַלֵּה הָרָזִים הוֹדִיעֲךָ אֵת אֲשֶׁר יִהְיֶה.
ל וַאֲנִי לֹא בְחָכְמָה אֲשֶׁר יֶשׁ בִּי מִכָּל הַחַיִּים הָרָז הַזֶּה נִגְלָה לִי כִּי אִם עַל
דִּבְרַת אֲשֶׁר יוֹדִיעוּ אֶת הַפִּתְרוֹן לַמֶּלֶךְ וְאֶת מַחְשְׁבוֹת לְבָבְךָ תֵּדָע.
לא אַתָּה הַמֶּלֶךְ רוֹאֶה הָיִיתָ וְהִנֵּה צֶלֶם אֶחָד עָצוּם הַצֶּלֶם הַהוּא גָּדוֹל וְזִיווֹ
יָתֵר עוֹמֵד לְנֶגְדְּךָ וּמַרְאֵהוּ נוֹרָא.
לב הַצֶּלֶם הַהוּא רֹאשׁוֹ זָהָב טוֹב חָזֵהוּ וּזְרוֹעוֹתָיו שֶׁל כֶּסֶף מֵעָיו וִירֵכָיו שֶׁל
נְחֹשֶׁת.
לג שׁוֹקָיו שֶׁל בַּרְזֶל רַגְלָיו מֵהֶן בַּרְזֶל וּמֵהֶן חָרֶשׂ.
לד רוֹאֶה הָיִיתָ עַד אֲשֶׁר נֶחְצְבָה אֶבֶן אֲשֶׁר לֹא בְיָדַיִם וְהִכְּתָה אֶת הַצֶּלֶם

עַל רַגְלָיו אֲשֶׁר מִבַּרְזֶל וְחֶרֶשׂ וְהֵדִקָּה אוֹתָן.

לה אָז נִשְׁחֲקוּ כְּאֶחָד הַבַּרְזֶל הַחֶרֶשׂ הַנְּחֹשֶׁת הַכֶּסֶף וְהַזָּהָב וְהָיוּ כְּמוֹץ מִגָּרְנוֹת
קַיִץ וְנָשְׂאָה אוֹתָם הָרוּחַ וְכָל מָקוֹם לֹא נִמְצָא לָהֶם וְהָאֶבֶן אֲשֶׁר הִכְּתָה
אֶת הַצֶּלֶם הָיְתָה לְהַר גָּדוֹל וּמָלְאָה אֶת כָּל הָאָרֶץ.

לו זֶה הַחֲלוֹם וְאֶת פִּתְרוֹנוֹ נֹאמַר לִפְנֵי הַמֶּלֶךְ.

לז אַתָּה הַמֶּלֶךְ מֶלֶךְ הַמְּלָכִים אֲשֶׁר אֱלֹהֵי הַשָּׁמַיִם נָתַן לְךָ מַלְכוּת חֹסֶן
וְתֹקֶף וִיקָר.

לח וּבְכָל אֲשֶׁר גָּרִים בְּנֵי הָאָדָם חַיַּת הַשָּׂדֶה וְעוֹף הַשָּׁמַיִם נָתַן בְּיָדֶךָ וְהִשְׁלִיטְךָ
בְּכֻלָּם אַתָּה הוּא רֹאשׁ הַזָּהָב.

לט וְאַחֲרֶיךָ תָּקוּם מַלְכוּת אַחֶרֶת שְׁפָלָה מִמְּךָ וּמַלְכוּת שְׁלִישִׁית אַחֶרֶת שֶׁל
נְחֹשֶׁת אֲשֶׁר תִּשְׁלֹט בְּכָל הָאָרֶץ.

מ וּמַלְכוּת רְבִיעִית תִּהְיֶה תַּקִּיפָה כַּבַּרְזֶל כְּמוֹ שֶׁהַבַּרְזֶל מֵדֵק וּמְכַתֵּת הַכֹּל
וְכַבַּרְזֶל הַמְרוֹצֵץ אֶת כָּל אֵלֶּה תָּדֵק וּתְרוֹצֵץ.

מא וַאֲשֶׁר רָאִיתָ אֶת הָרַגְלַיִם וְאֶת הָאֶצְבָּעוֹת מֵהֶן חֶרֶשׂ יוֹצֵר וּמֵהֶן בַּרְזֶל
מַלְכוּת מְפֻלֶּגֶת תִּהְיֶה וּמֵחֹזֶק הַבַּרְזֶל יִהְיֶה בָּהּ כָּל עֻמַּת שֶׁרָאִיתָ הַבַּרְזֶל
מְעֹרָב בְּחֶרֶשׂ הַטִּיט.

מב וְאֶצְבְּעוֹת הָרַגְלַיִם מֵהֶן בַּרְזֶל וּמֵהֶן חֶרֶשׂ מִקְצָת הַמַּלְכוּת תִּהְיֶה חֲזָקָה
וּמִמֶּנָּה תִּהְיֶה שְׁבוּרָה.

מג וַאֲשֶׁר רָאִיתָ הַבַּרְזֶל מְעֹרָב בְּחֶרֶשׂ הַטִּיט יִהְיוּ מִתְעָרְבִים בְּזֶרַע הָאָדָם
וְלֹא יִהְיוּ דְבֵקִים זֶה בָּזֶה הֲלוֹ כְּמוֹ שֶׁהַבַּרְזֶל אֵינֶנּוּ מִתְעָרֵב עִם הֶחָרֶשׂ.

מד וּבִימֵי הַמְּלָכִים הָהֵם יָקִים אֱלֹהֵי הַשָּׁמַיִם מַלְכוּת אֲשֶׁר לְעוֹלָמִים לֹא
תִשָּׁחֵת וְהַמַּלְכוּת לְעַם אַחֵר לֹא תֵעָזֵב תָּדֵק וּתְכַלֶּה אֶת כָּל הַמַּלְכֻיּוֹת
הָאֵלֶּה וְהִיא תָּקוּם לְעוֹלָמִים.

מה כָּל עֻמַּת שֶׁרָאִיתָ כִּי מִן הָהָר נֶחְצְבָה אֶבֶן אֲשֶׁר לֹא בְיָדַיִם וְהֵדִקָּה אֶת
הַבַּרְזֶל הַנְּחֹשֶׁת הַחֶרֶשׂ הַכֶּסֶף וְהַזָּהָב הָאֵל הַגָּדוֹל הוֹדִיעַ לַמֶּלֶךְ אֵת
אֲשֶׁר יִהְיֶה אַחֲרֵי זֹאת וְנָכוֹן הַחֲלוֹם וְנֶאֱמָן פִּתְרוֹנוֹ.

מו אָז נָפַל הַמֶּלֶךְ נְבוּכַדְנֶצַּר עַל אַפָּיו וְהִשְׁתַּחֲוָה לְדָנִיֵּאל וּמִנְחָה וְנִיחוֹחִים
אָמַר לְנַסֵּךְ לוֹ.

מז עוֹנֶה הַמֶּלֶךְ לְדָנִיֵּאל וְאוֹמֵר בֶּאֱמֶת כִּי אֱלֹהֵיכֶם הוּא אֱלֹהֵי אֱלֹהִים וַאֲדוֹנֵי
מְלָכִים וּמְגַלֶּה רָזִים כִּי יָכֹלְתָּ לְגַלּוֹת אֶת הָרָז הַזֶּה.

מח אָז גִּדֵּל הַמֶּלֶךְ אֶת דָּנִיֵּאל וּמַתָּנוֹת גְּדוֹלוֹת רַבּוֹת נָתַן לוֹ וְהִשְׁלִיטוֹ עַל
כָּל מְדִינַת בָּבֶל וּמִנָּהוּ לְשַׂר סְגָנִים עַל כָּל חַכְמֵי בָבֶל.
מט וְדָנִיֵּאל בִּקֵּשׁ מִן הַמֶּלֶךְ וּמִנָּה עַל מְלֶאכֶת מְדִינַת בָּבֶל אֶת שַׁדְרַךְ מֵישַׁךְ
וַעֲבֵד נְגוֹ וְדָנִיֵּאל יוֹשֵׁב בְּשַׁעַר הַמֶּלֶךְ.
ג א נְבוּכַדְנֶצַּר הַמֶּלֶךְ עָשָׂה צֶלֶם זָהָב גָּבְהוֹ שִׁשִּׁים אַמּוֹת רָחְבּוֹ שֵׁשׁ אַמּוֹת
הֱקִימוֹ בְּבִקְעַת דּוּרָא בִּמְדִינַת בָּבֶל.
ב וּנְבוּכַדְנֶצַּר הַמֶּלֶךְ שָׁלַח לֶאֱסֹף אֶת הָאֲחַשְׁדַּרְפְּנִים הַסְּגָנִים וְהַפַּחוֹת
הַיּוֹעֲצִים הַגִּזְבָּרִים הַשּׁוֹפְטִים הַשּׁוֹטְרִים וְכֹל שַׁלִּיטֵי הַמְּדִינוֹת לָבוֹא
לַחֲנֻכַּת הַצֶּלֶם אֲשֶׁר הֵקִים נְבוּכַדְנֶצַּר הַמֶּלֶךְ.
ג אָז מִתְאַסְּפִים הָאֲחַשְׁדַּרְפְּנִים הַסְּגָנִים וְהַפַּחוֹת הַיּוֹעֲצִים הַגִּזְבָּרִים
הַשּׁוֹפְטִים הַתִּפְתָּאִים וְכֹל מוֹשְׁלֵי הַמְּדִינוֹת לַחֲנֻכַּת הַצֶּלֶם אֲשֶׁר הֵקִים
נְבוּכַדְנֶצַּר הַמֶּלֶךְ וְעוֹמְדִים מוּל הַצֶּלֶם אֲשֶׁר הֵקִים נְבוּכַדְנֶצַּר.
ד וְהַכָּרוֹז קוֹרֵא בְּכֹחַ אוֹמְרִים לָכֶם הָעַמִּים הָאֻמּוֹת וְהַלְּשׁוֹנוֹת.
ה בְּעֵת אֲשֶׁר תִּשְׁמְעוּ קוֹל הַקֶּרֶן הֶחָלִיל הַנֵּבֶל הַשָּׁלִישׁ פְּסַנְתֵּרִין סוּמְפֹּנְיָא
וְכֹל מִינֵי הַזֶּמֶר תִּפְּלוּ וְתִשְׁתַּחֲווּ לְצֶלֶם הַזָּהָב אֲשֶׁר הֵקִים נְבוּכַדְנֶצַּר הַמֶּלֶךְ.
ו וּמִי אֲשֶׁר לֹא יִפֹּל וְיִשְׁתַּחֲוֶה בָּהּ בַּשָּׁעָה יֻשְׁלַךְ אֶל תּוֹךְ כִּבְשַׁן הָאֵשׁ
הַיּוֹקֶדֶת.
ז בְּגַלַל זֶה בּוֹ בַּזְּמַן כַּאֲשֶׁר שׁוֹמְעִים כָּל הָעַמִּים קוֹל הַקֶּרֶן הֶחָלִיל הַנֵּבֶל
הַשָּׁלִישׁ פְּסַנְתֵּרִין וְכֹל מִינֵי הַזֶּמֶר נוֹפְלִים כָּל הָעַמִּים הָאֻמּוֹת וְהַלְּשׁוֹנוֹת
מִשְׁתַּחֲוִים לְצֶלֶם הַזָּהָב אֲשֶׁר הֵקִים נְבוּכַדְנֶצַּר הַמֶּלֶךְ.
ח בְּגַלַל זֶה בּוֹ בַּזְּמַן קָרְבוּ אֲנָשִׁים כַּשְׂדִּים וְהִלְשִׁינוּ אֶת הַיְּהוּדִים.
ט עָנוּ וְאָמְרוּ לִנְבוּכַדְנֶצַּר הַמֶּלֶךְ יְחִי הַמֶּלֶךְ לְעוֹלָמִים.
י אַתָּה הַמֶּלֶךְ שַׂמְתָּ צַו כִּי כָל אִישׁ אֲשֶׁר יִשְׁמַע קוֹל הַקֶּרֶן הֶחָלִיל הַנֵּבֶל
הַשָּׁלִישׁ פְּסַנְתֵּרִין וְסוּמְפֹּנְיָא וְכֹל מִינֵי הַזֶּמֶר יִפֹּל וְיִשְׁתַּחֲוֶה לְצֶלֶם
הַזָּהָב.
יא וּמִי אֲשֶׁר לֹא יִפֹּל וְיִשְׁתַּחֲוֶה יֻשְׁלַךְ אֶל תּוֹךְ כִּבְשַׁן הָאֵשׁ הַיּוֹקֶדֶת.
יב יֵשׁ אֲנָשִׁים יְהוּדִים אֲשֶׁר מִנִּיתָ אוֹתָם עַל מְלֶאכֶת מְדִינַת בָּבֶל שַׁדְרַךְ
מֵישַׁךְ וַעֲבֵד נְגוֹ הָאֲנָשִׁים הָהֵם לֹא שָׂמוּ לֵב עָלֶיךָ הַמֶּלֶךְ אֶת אֱלֹהֶיךָ
אֵינָם עוֹבְדִים וּלְצֶלֶם הַזָּהָב אֲשֶׁר הֲקִימוֹתָ אֵינָם מִשְׁתַּחֲוִים.
יג אָז נְבוּכַדְנֶצַּר בְּרֹגֶז וְחֵמָה אָמַר לְהָבִיא אֶת שַׁדְרַךְ מֵישַׁךְ וַעֲבֵד נְגוֹ אָז

הוּבְאוּ הָאֲנָשִׁים הָהֵם לִפְנֵי הַמֶּלֶךְ.
יד עוֹנֶה נְבוּכַדְנֶצַּר וְאוֹמֵר לָהֶם הֲנָכוֹן שַׁדְרַךְ מֵישַׁךְ וַעֲבֵד נְגוֹ אֶת אֱלֹהַי
אֵינְכֶם עוֹבְדִים וּלְצֶלֶם הַזָּהָב אֲשֶׁר הֲקִימוֹתִי אֵינְכֶם מִשְׁתַּחֲוִים.
טו כָּעֵת אִם יֶשְׁכֶם עֲתִידִים אֲשֶׁר בָּעֵת אֲשֶׁר תִּשְׁמְעוּ קוֹל הַקֶּרֶן הֶחָלִיל
הַנֵּבֶל הַשָּׁלִישׁ פְּסַנְתֵּרִין וְסוּמְפּוֹנְיָה וְכָל מִינֵי הַזֶּמֶר תִּפְּלוּ וְתִשְׁתַּחֲווּ לַצֶּלֶם
אֲשֶׁר עָשִׂיתִי וְאִם לֹא תִשְׁתַּחֲווּ בָּהּ בַּשָּׁעָה תֻּשְׁלְכוּ אֶל תּוֹךְ כִּבְשַׁן הָאֵשׁ
הַיּוֹקֶדֶת וּמִי הוּא אֱלֹהִים אֲשֶׁר יוֹשִׁיעֲכֶם מִיָּדִי.
טז עָנוּ שַׁדְרַךְ מֵישַׁךְ וַעֲבֵד נְגוֹ וְאָמְרוּ אֶל הַמֶּלֶךְ נְבוּכַדְנֶצַּר אֵין אֲנַחְנוּ
צְרִיכִים לַהֲשִׁיבְךָ דָּבָר עַל זֹאת.
יז אִם יֵשׁ בִּרְצוֹנוֹ אֱלֹהֵינוּ אֲשֶׁר אֲנַחְנוּ עוֹבְדִים יָכוֹל לְהוֹשִׁיעֵנוּ מִן כִּבְשַׁן
הָאֵשׁ הַיּוֹקֶדֶת וּמִיָּדְךָ הַמֶּלֶךְ יוֹשִׁיעַ.
יח וְאִם לֹא יַחְפֹּץ לְהַצִּילֵנוּ יְהִי יָדוּעַ לְךָ הַמֶּלֶךְ כִּי אֶת אֱלֹהֶיךָ אֵינֶנּוּ עוֹבְדִים
וּלְצֶלֶם הַזָּהָב אֲשֶׁר הֲקִימוֹתָ לֹא נִשְׁתַּחֲוֶה.
יט אָז נִמְלָא נְבוּכַדְנֶצַּר חֵמָה וּמַרְאֵה פָּנָיו נִשְׁתַּנָּה עַל שַׁדְרַךְ מֵישַׁךְ וַעֲבֵד
נְגוֹ עוֹנֶה וְאוֹמֵר לְהַשִּׂיק אֶת הַכִּבְשָׁן שִׁבְעָתַיִם עַל אֲשֶׁר רָאוּי לְהַשִּׂיקוֹ.
כ וְלָאֲנָשִׁים גִּבּוֹרֵי חַיִל אֲשֶׁר בְּחֵילוֹ אָמַר לִכְפֹּת אֶת שַׁדְרַךְ מֵישַׁךְ וַעֲבֵד
נְגוֹ לְהַשְׁלִיךְ אֶל תּוֹךְ כִּבְשַׁן הָאֵשׁ הַיֹּקֶדֶת.
כא אָז נֶאֶסְרוּ הָאֲנָשִׁים הָהֵם בִּמְעִילֵיהֶם מִכְנְסֵיהֶם וּמִצְנְפוֹתֵיהֶם וּלְבוּשֵׁיהֶם
וְהֻשְׁלְכוּ אֶל כִּבְשַׁן הָאֵשׁ הַיּוֹקֶדֶת.
כב כָּל עֻמַּת זֶה כֵּיוָן שֶׁדְּבַר הַמֶּלֶךְ עַז וְהַכִּבְשָׁן הֻשַּׂק מְאֹד הָאֲנָשִׁים הָהֵם
אֲשֶׁר הֶעֱלוּ אֶת שַׁדְרַךְ מֵישַׁךְ וַעֲבֵד נְגוֹ הֵמִית אוֹתָם שְׁבִיב הָאֵשׁ.
כג וְהָאֲנָשִׁים הָהֵם שְׁלָשְׁתָּם שַׁדְרַךְ מֵישַׁךְ וַעֲבֵד נְגוֹ נָפְלוּ אֶל תּוֹךְ כִּבְשַׁן
הָאֵשׁ הַיּוֹקֶדֶת כְּפוּתִים.
כד אָז תָּמַהּ נְבוּכַדְנֶצַּר הַמֶּלֶךְ וְקָם בִּבְהִילוּת עוֹנֶה וְאוֹמֵר אֶל יוֹעֲצָיו הֲלוֹא
שְׁלוֹשָׁה אֲנָשִׁים כְּפוּתִים הִשְׁלַכְנוּ אֶל תּוֹךְ הָאֵשׁ עוֹנִים וְאוֹמְרִים לַמֶּלֶךְ
הָאֱמֶת הַמֶּלֶךְ.
כה עוֹנֶה וְאוֹמֵר הִנֵּה אֲנִי רוֹאֶה אֲנָשִׁים אַרְבָּעָה מֻתָּרִים מְהַלְּכִים בְּתוֹךְ הָאֵשׁ
וַחֲבָלָה אֵין בָּהֶם וּמַרְאֵה הָרְבִיעִי דּוֹמֶה לְבֶן אֱלֹהִים.
כו אָז קָרַב נְבוּכַדְנֶצַּר אֶל שַׁעַר כִּבְשַׁן הָאֵשׁ הַיּוֹקֶדֶת עוֹנֶה וְאוֹמֵר שַׁדְרַךְ
מֵישַׁךְ וַעֲבֵד נְגוֹ עַבְדֵי הָאֵל הָעֶלְיוֹן צְאוּ וָבוֹאוּ אָז יוֹצְאִים שַׁדְרַךְ מֵישַׁךְ

וַעֲבֵד נְגוֹ מִתּוֹךְ הָאֵשׁ.
כז וּמִתְאַסְּפִים הָאֲחַשְׁדַּרְפְּנִים הַסְּגָנִים וְהַפַּחוֹת וְיוֹעֲצֵי הַמֶּלֶךְ רוֹאִים אֶת
הָאֲנָשִׁים הָהֵם אֲשֶׁר לֹא שָׁלְטָה הָאֵשׁ בְּגוּפָם וּשְׂעַר רֹאשָׁם לֹא חֹרַךְ
וּמְעִילֵיהֶם לֹא שֻׁנּוּ וְרֵיחַ אֵשׁ לֹא עָבַר בָּהֶם.
כח עוֹנֶה נְבוּכַדְנֶצַּר וְאוֹמֵר בָּרוּךְ אֱלֹהֵי שַׁדְרַךְ מֵישַׁךְ וַעֲבֵד נְגוֹ אֲשֶׁר שָׁלַח
אֶת מַלְאָכוֹ וְהוֹשִׁיעַ אֶת עֲבָדָיו אֲשֶׁר בָּטְחוּ עָלָיו וּדְבַר הַמֶּלֶךְ שִׁנּוּ וְנָתְנוּ
גּוּפָם כְּדֵי שֶׁלֹּא יַעַבְדוּ וְלֹא יִשְׁתַּחֲווּ לְכָל אֵל כִּי אִם לֵאלֹהֵיהֶם.
כט וּמִמֶּנִּי נִתַּן צַו כִּי כָּל עַם אֻמָּה וְלָשׁוֹן אֲשֶׁר יֹאמַר מִשְׁגֶּה עַל אֱלֹהֵי שַׁדְרַךְ
מֵישַׁךְ וַעֲבֵד נְגוֹ נְתָחִים יֵעָשֶׂה וּבֵיתוֹ אַשְׁפָּה יוּשַׂם כָּל עֻמַּת אֲשֶׁר אֵין
אֵל אַחֵר אֲשֶׁר יוּכַל לְהַצִּיל כָּמוֹהוּ.
ל אָז הִצְלִיחַ הַמֶּלֶךְ אֶת שַׁדְרַךְ מֵישַׁךְ וַעֲבֵד נְגוֹ בִּמְדִינַת בָּבֶל.
לא נְבוּכַדְנֶצַּר הַמֶּלֶךְ לְכָל הָעַמִּים הָאֻמּוֹת וְהַלְּשׁוֹנוֹת אֲשֶׁר דָּרִים בְּכָל הָאָרֶץ
שְׁלוֹמְכֶם יִשְׂגֶּה.
לב הָאוֹתוֹת וְהַמּוֹפְתִים אֲשֶׁר עָשָׂה עִמִּי הָאֵל הָעֶלְיוֹן טוֹב לְפָנַי לְהַגִּיד.
לג מָה רַבּוּ אוֹתוֹתָיו וּמָה חֲזָקוּ מוֹפְתָיו מַלְכוּתוֹ מַלְכוּת עוֹלָם וְשִׁלְטוֹנוֹ בְּכָל
דּוֹר וָדוֹר.
ד א אֲנִי נְבוּכַדְנֶצַּר שָׁלֵו הָיִיתִי בְּבֵיתִי וְרַעֲנָן בְּהֵיכָלִי.
ב חֲלוֹם רָאִיתִי וַיַּפְחִידֵנִי וְהַהִרְהוּרִים עַל מִשְׁכָּבִי וְחֶזְיוֹנוֹת רֹאשִׁי יְבַהֲלוּנִי.
ג וּמִמֶּנִּי נִתַּן צַו לְהָבִיא לְפָנַי אֶת כָּל חַכְמֵי בָבֶל אֲשֶׁר יוֹדִיעוּנִי פִּתְרוֹן הַחֲלוֹם.
ד אָז בָּאִים הַחַרְטֻמִּים הָאַשָּׁפִים הַכַּשְׂדִּים וְהַגּוֹזְרִים וְאוֹמֵר אֲנִי אֶת הַחֲלוֹם
לִפְנֵיהֶם וּפִתְרוֹנוֹ אֵין מוֹדִיעִים לִי.
ה וְלַבְּסוֹף בָּא לְפָנַי דָּנִיֵּאל אֲשֶׁר שְׁמוֹ בֵּלְטְשַׁאצַּר כְּשֵׁם אֱלֹהַי וַאֲשֶׁר רוּחַ
אֱלֹהִים קְדוֹשִׁים בּוֹ וְאֶת הַחֲלוֹם לְפָנָיו אָמַרְתִּי.
ו בֵּלְטְשַׁאצַּר שַׂר הַחַרְטֻמִּים אֲשֶׁר אֲנִי יָדַעְתִּי כִּי רוּחַ אֱלֹהִים קְדוֹשִׁים בְּךָ
וְכָל רָז אֵין אוֹנֵס אוֹתְךָ מַרְאֵה חֲלוֹמִי אֲשֶׁר רָאִיתִי וּפִתְרוֹנוֹ אֱמֹר.
ז וְחֶזְיוֹנוֹת רֹאשִׁי עַל מִשְׁכָּבִי רוֹאֶה הָיִיתִי וְהִנֵּה עֵץ בְּתוֹךְ הָאָרֶץ וְגָבְהוֹ
רָב.
ח גָּדַל הָעֵץ וְחָזַק וְגָבְהוֹ יַגִּיעַ לַשָּׁמַיִם וַחֲזוּתוֹ לִקְצֵה כָּל הָאָרֶץ.
ט נוֹפוֹ יָפֶה וּפִרְיוֹ רַב וּמָזוֹן בּוֹ לַכֹּל תַּחְתָּיו תֵּשֵׁב בַּצֵּל חַיַּת הַשָּׂדֶה וּבַעֲנָפָיו
יִשְׁכְּנוּ צִפֳּרֵי הַשָּׁמַיִם וּמִמֶּנּוּ יָזוּן כָּל בָּשָׂר.

י רוֹאֶה הָיִיתִי בְּחֶזְיוֹנוֹת רֹאשִׁי עַל מִשְׁכָּבִי וְהִנֵּה מַלְאָךְ קָדוֹשׁ מִן הַשָּׁמַיִם
יוֹרֵד.
יא קוֹרֵא בְּכֹחַ וְכֵן אוֹמֵר כִּרְתוּ הָעֵץ וְקַצְּצוּ עֲנָפָיו הַשִּׁירוּ נוֹפוֹ וּפַזְּרוּ פִּרְיוֹ
תָּנוּד הַחַיָּה מִתַּחְתָּיו וְהַצִּפֳּרִים מֵעֲנָפָיו.
יב אַךְ שָׁרָשָׁיו הָעִקָּרִיִּים עִזְבוּ בָּאָרֶץ וּבֶאֱסוּר בַּרְזֶל וּנְחֹשֶׁת בְּדֶשֶׁא הַשָּׂדֶה
וּבְטַל הַשָּׁמַיִם יְרֻטַּב וְעִם הַחַיָּה חֶלְקוֹ בְּעֵשֶׂב הָאָרֶץ.
יג לְבָבוֹ יִשְׁתַּנֶּה מִלֵּב אָדָם וְלֵב חַיָּה יִנָּתֶן לוֹ וְשֶׁבַע עִתִּים יַעַבְרוּ עָלָיו.
יד בִּגְזֵרַת הַמַּלְאָכִים הַדָּבָר וּבְמַאֲמַר קְדוֹשִׁים הָעִנְיָן עַל דִּבְרַת אֲשֶׁר יֵדְעוּ
הַחַיִּים כִּי שַׁלִּיט הָעֶלְיוֹן בְּמַלְכוּת הָאָדָם וּלְמִי אֲשֶׁר יִרְצֶה יִתְּנֶנָּה וְאֶת
שְׁפַל אֲנָשִׁים יָקִים עָלֶיהָ.
טו הַחֲלוֹם הַזֶּה רָאִיתִי אֲנִי הַמֶּלֶךְ נְבוּכַדְנֶצַּר וְאַתָּה בֵּלְטְשַׁאצַּר פִּתְרוֹנוֹ אֱמֹר
כָּל עֻמַּת אֲשֶׁר כָּל חַכְמֵי מַלְכוּתִי אֵין יְכוֹלִים לְהוֹדִיעֵנִי הַפִּתְרוֹן וְאַתָּה
יָכוֹל כִּי רוּחַ אֱלֹהִים קְדוֹשִׁים בְּךָ.
טז אָז הִשְׁתּוֹמֵם דָּנִיֵּאל אֲשֶׁר שְׁמוֹ בֵּלְטְשַׁאצַּר כְּשָׁעָה אַחַת וְרַעְיוֹנָיו
יְבַהֲלוּהוּ עוֹנֶה הַמֶּלֶךְ וְאוֹמֵר בֵּלְטְשַׁאצַּר הַחֲלוֹם וּפִתְרוֹנוֹ אַל יְבַהֶלְךָ
עוֹנֶה בֵּלְטְשַׁאצַּר וְאוֹמֵר אֲדוֹנִי הַחֲלוֹם לְשׂוֹנְאֶיךָ וּפִתְרוֹנוֹ לְצָרֶיךָ.
יז הָעֵץ אֲשֶׁר רָאִיתָ אֲשֶׁר גָּדַל וְחָזַק וְגָבְהוֹ יַגִּיעַ לַשָּׁמַיִם וַחֲזוּתוֹ לְכָל הָאָרֶץ.
יח וְנוֹפוֹ יָפֶה וּפִרְיוֹ רַב וּמָזוֹן לַכֹּל בּוֹ תַּחְתָּיו תֵּשֵׁב חַיַּת הַשָּׂדֶה וּבַעֲנָפָיו יִשְׁכְּנוּ
צִפֳּרֵי הַשָּׁמָיִם.
יט אַתָּה הוּא הַמֶּלֶךְ אֲשֶׁר גָּדַלְתָּ וְחָזַקְתָּ וּגְדֻלָּתְךָ גָּדְלָה וְהִגִּיעָה לַשָּׁמַיִם
וְשִׁלְטוֹנְךָ לִקְצֵה הָאָרֶץ.
כ וַאֲשֶׁר רָאָה הַמֶּלֶךְ מַלְאָךְ קָדוֹשׁ יוֹרֵד מִן הַשָּׁמַיִם וְאוֹמֵר כִּרְתוּ הָעֵץ
וְהַשְׁחִיתוּהוּ אַךְ שָׁרָשָׁיו הָעִקָּרִיִּים בָּאָרֶץ עִזְבוּ וּבֶאֱסוּר בַּרְזֶל וּנְחֹשֶׁת
בְּדֶשֶׁא הַשָּׂדֶה וּבְטַל הַשָּׁמַיִם יְרֻטַּב וְעִם חַיַּת הַשָּׂדֶה חֶלְקוֹ עַד אֲשֶׁר
יַעַבְרוּ עָלָיו שֶׁבַע עִתִּים.
כא זֶה הַפִּתְרוֹן הַמֶּלֶךְ וּגְזֵרַת הָעֶלְיוֹן הִיא אֲשֶׁר הִגִּיעָה עַל אֲדוֹנִי הַמֶּלֶךְ.
כב וְאוֹתְךָ מְגָרְשִׁים מִן הָאָדָם וְעִם חַיַּת הַשָּׂדֶה יִהְיֶה מְעוֹנֶךָ וְעֵשֶׂב כַּבָּקָר
אוֹתְךָ יַאֲכִילוּ וּמִטַּל הַשָּׁמַיִם אוֹתְךָ מַרְטִיבִים וְשֶׁבַע עִתִּים יַעַבְרוּ עָלֶיךָ
עַד אֲשֶׁר תֵּדַע כִּי שַׁלִּיט הָעֶלְיוֹן בְּמַלְכוּת הָאָדָם וּלְמִי אֲשֶׁר יִרְצֶה יִתְּנֶנָּה.
כג וַאֲשֶׁר אָמְרוּ לַעֲזֹב עִקַּר שָׁרְשֵׁי הָעֵץ מַלְכוּתְךָ לְךָ עוֹמֶדֶת לְאַחַר שֶׁתֵּדַע

כִּי שַׁלִּיטִים הַשָּׁמַיִם.
כד לָכֵן הַמֶּלֶךְ עֲצָתִי תִּיטַב עָלֶיךָ וַחֲטָאֶיךָ בִּצְדָקָה פְּדֵה וַעֲווֹנוֹתֶיךָ בְּחֹנֵן
עֲנִיִּים אוּלַי תִּהְיֶה אַרְכָּה לְשַׁלְוָתְךָ.
כה הַכֹּל הִגִּיעַ עַל נְבוּכַדְנֶצַּר הַמֶּלֶךְ.
כו לְקֵץ יְרָחִים שְׁנֵים עָשָׂר עַל הֵיכַל הַמַּלְכוּת אֲשֶׁר בְּבָבֶל מְהַלֵּךְ הָיָה.
כז עוֹנֶה הַמֶּלֶךְ וְאוֹמֵר הֲלוֹא זֹאת הִיא בָּבֶל רַבָּה אֲשֶׁר אֲנִי בְנִיתִיהָ לְבֵית
מַלְכוּת בְּתֹקֶף חָסְנִי וְלִכְבוֹד הֲדָרִי.
כח עוֹד הַדָּבָר בְּפִי הַמֶּלֶךְ קוֹל מִן הַשָּׁמַיִם נָפַל לְךָ אוֹמְרִים נְבוּכַדְנֶצַּר הַמֶּלֶךְ
הַמַּלְכוּת עָבְרָה מִמְּךָ.
כט וּמִן הָאָדָם מְגָרְשִׁים אוֹתְךָ וְעִם חַיַּת הַשָּׂדֶה מְעוֹנְךָ עֵשֶׂב כַּבָּקָר אוֹתְךָ
יַאֲכִילוּ וְשֶׁבַע עִתִּים יַעַבְרוּ עָלֶיךָ עַד אֲשֶׁר תֵּדַע כִּי שַׁלִּיט הָעֶלְיוֹן בְּמַלְכוּת
הָאָדָם וּלְמִי אֲשֶׁר יִרְצֶה יִתְּנֶנָּה.
ל בָּהּ בְּשָׁעָה הַדָּבָר כָּלָה עַל נְבוּכַדְנֶצַּר וּמִן הָאָדָם גֹּרַשׁ וְעֵשֶׂב כַּבָּקָר יֹאכַל
וּמִטַּל הַשָּׁמַיִם יְרֻטַּב עַד אֲשֶׁר שְׂעָרוֹ כִּנְשָׁרִים גָּדֵל וְצִפָּרְנָיו כְּצִפֳּרִים.
לא וּלְקֵץ הַיָּמִים אֲנִי נְבוּכַדְנֶצַּר עֵינַי לַשָּׁמַיִם נָשָׂאתִי וְדַעְתִּי תָּשׁוּב עָלַי וְאֶת
הָעֶלְיוֹן בֵּרַכְתִּי וְאֶת חֵי הָעוֹלָם שִׁבַּחְתִּי וְהִדַּרְתִּי אֲשֶׁר שִׁלְטוֹנוֹ שִׁלְטוֹן
עוֹלָם וּמַלְכוּתוֹ עִם דּוֹר וָדוֹר.
לב וְכָל דָּרֵי הָאָרֶץ כְּאַיִן נֶחְשָׁבִים וְכִרְצוֹנוֹ עוֹשֶׂה בִּצְבָא הַשָּׁמַיִם וְדָרֵי הָאָרֶץ
וְאֵין אֲשֶׁר יִמְחֶה בְיָדוֹ וְיֹאמַר לוֹ מֶה עָשִׂיתָ.
לג בּוֹ בִּזְמַן דַּעְתִּי תָּשׁוּב עָלַי וְלִכְבוֹד מַלְכוּתִי הֲדָרִי וְזִיוִי יָשׁוּב עָלַי וְאוֹתִי
יוֹעֲצַי וְשָׂרַי יְבַקְשׁוּ וְעַל מַלְכוּתִי הוּכַנְתִּי וּגְדֻלָּה יְתֵרָה נוֹסְפָה לִּי.
לד עַתָּה אֲנִי נְבוּכַדְנֶצַּר מְשַׁבֵּחַ וּמְרוֹמֵם וּמְהַדֵּר אֶת מֶלֶךְ הַשָּׁמַיִם אֲשֶׁר כָּל
מַעֲשָׂיו אֱמֶת וּדְרָכָיו מִשְׁפָּט וְאֶת הַמְּהַלְּכִים בְּגַאֲוָה יָכוֹל לְהַשְׁפִּיל.
ה א בֵּלְשַׁאצַּר הַמֶּלֶךְ עָשָׂה מִשְׁתֶּה גָּדוֹל לְאֶלֶף גְּדוֹלָיו וּלְעֻמַּת הָאֶלֶף אֶת
הַיַּיִן שׁוֹתֶה.
ב בֵּלְשַׁאצַּר אָמַר בְּהַשְׁפָּעַת הַיַּיִן לְהָבִיא אֶת כְּלֵי הַזָּהָב וְהַכֶּסֶף אֲשֶׁר
הוֹצִיא נְבוּכַדְנֶצַּר אָבִיו מִן הַהֵיכָל אֲשֶׁר בִּירוּשָׁלַיִם וְיִשְׁתּוּ בָהֶם הַמֶּלֶךְ
וּגְדוֹלָיו נָשָׁיו וּפִילַגְשָׁיו.
ג אָז הֵבִיאוּ כְּלֵי הַזָּהָב אֲשֶׁר הוֹצִיאוּ מִן הֵיכַל בֵּית הָאֱלֹהִים אֲשֶׁר בִּירוּשָׁלַיִם
וְשָׁתוּ בָהֶם הַמֶּלֶךְ וּגְדוֹלָיו נָשָׁיו וּפִילַגְשָׁיו.

ד שָׁתוּ יַיִן וְשִׁבְּחוּ אֶת אֱלֹהֵי הַזָּהָב וְהַכֶּסֶף הַנְּחֹשֶׁת הַבַּרְזֶל הָעֵץ וְהָאָבֶן.
ה בָּהּ בַּשָּׁעָה יָצְאוּ אֶצְבְּעוֹת יַד אָדָם וְכוֹתְבוֹת מוּל הַמְּנוֹרָה עַל סִיד כֹּתֶל
הַהֵיכָל אֲשֶׁר לַמֶּלֶךְ וְהַמֶּלֶךְ רוֹאֶה פַּס הַיָּד הַכּוֹתֶבֶת.
ו אָז שָׁנָה זִיו הַמֶּלֶךְ וְרַעְיוֹנָיו יְבַהֲלוּהוּ וְקִשְׁרֵי חֲלָצָיו מִתְפָּרְדִים וּבִרְכָּיו זוֹ
לָזוֹ מַקִּישׁוֹת.
ז קוֹרֵא הַמֶּלֶךְ בְּחָזְקָה לְהָבִיא אֶת הָאַשָּׁפִים הַכַּשְׂדִּים וְהַגּוֹזְרִים עוֹנֶה
הַמֶּלֶךְ וְאוֹמֵר לְחַכְמֵי בָבֶל אֲשֶׁר כָּל אִישׁ אֲשֶׁר יִקְרָא הַכְּתָב הַזֶּה וּפִתְרוֹנוֹ
יוֹדִיעֵנִי אַרְגָּמָן יִלְבַּשׁ וּרְבִיד הַזָּהָב עַל צַוָּארוֹ וְשָׁלִישׁ בַּמַּלְכוּת יִשְׁלֹט.
ח אָז בָּאִים כֹּל חַכְמֵי הַמֶּלֶךְ וְאֵין יְכוֹלִים לִקְרוֹא הַכְּתָב וּפִתְרוֹנוֹ לְהוֹדִיעַ
לַמֶּלֶךְ.
ט אָז נִבְהַל מְאֹד הַמֶּלֶךְ בֵּלְשַׁאצַּר וְזִיווֹ שָׁנָה עָלָיו וּגְדוֹלָיו מִשְׁתַּבְּשִׁים.
י לְעֻמַּת דִּבְרֵי הַמֶּלֶךְ וּגְדוֹלָיו בָּאָה הַמַּלְכָּה אֶל בֵּית הַמִּשְׁתֶּה עוֹנָה הַמַּלְכָּה
וְאוֹמֶרֶת יְחִי הַמֶּלֶךְ לְעוֹלָמִים אַל יְבַהֲלוּךָ רַעְיוֹנֶיךָ וְזִיוְךָ אַל יִשְׁנֶה.
יא יֵשׁ אִישׁ בְּמַלְכוּתְךָ אֲשֶׁר רוּחַ אֱלֹהִים קְדוֹשִׁים בּוֹ וּבִימֵי אָבִיךָ נִמְצְאָה
בוֹ נְהִירָה וְשֵׂכֶל וְחָכְמָה כְּחָכְמַת אֱלֹהִים וְהַמֶּלֶךְ נְבוּכַדְנֶצַּר אָבִיךָ לְשַׂר
חַרְטֻמִּים אַשָּׁפִים כַּשְׂדִּים גּוֹזְרִים הֱקִימוֹ אָבִיךָ הַמֶּלֶךְ.
יב יַעַן אֲשֶׁר רוּחַ יְתֵרָה וּמַדָּע וְשֵׂכֶל פּוֹתֵר חֲלוֹמוֹת וְהַגָּדַת חִידוֹת וּמַתִּיר
קְשָׁרִים נִמְצְאָה בוֹ בְּדָנִיֵּאל אֲשֶׁר הַמֶּלֶךְ שָׂם שְׁמוֹ בֵּלְטְשַׁאצַּר עַתָּה
דָּנִיֵּאל יִקָּרֵא וְאֶת הַפִּתְרוֹן יוֹדִיעַ.
יג אָז הוּבָא דָּנִיֵּאל לִפְנֵי הַמֶּלֶךְ עוֹנֶה הַמֶּלֶךְ וְאוֹמֵר לְדָנִיֵּאל אַתָּה הוּא
דָּנִיֵּאל אֲשֶׁר מִבְּנֵי גָּלוּת יְהוּדָה אֲשֶׁר הֵבִיא הַמֶּלֶךְ אָבִי מִן יְהוּדָה.
יד וְשָׁמַעְתִּי עָלֶיךָ כִּי רוּחַ אֱלֹהִים בְּךָ וּנְהִירָה וְשֵׂכֶל וְחָכְמָה יְתֵרָה נִמְצְאָה
בְּךָ.
טו וְעַתָּה הוּבְאוּ לְפָנַי הַחֲכָמִים הָאַשָּׁפִים אֲשֶׁר יִקְרְאוּ הַכְּתָב הַזֶּה לְהוֹדִיעֵנִי
אֶת פִּתְרוֹנוֹ וְאֵינָם יְכוֹלִים לְהַגִּיד פִּתְרוֹן הַדָּבָר.
טז וַאֲנִי שָׁמַעְתִּי עָלֶיךָ כִּי תוּכַל לִפְתֹּר פִּתְרוֹנוֹת וּלְהַתִּיר קְשָׁרִים עַתָּה אִם
תּוּכַל לִקְרוֹא הַכְּתָב וּלְהוֹדִיעֵנִי פִּתְרוֹנוֹ אַרְגָּמָן תִּלְבַּשׁ וּרְבִיד הַזָּהָב עַל
צַוָּארְךָ וְשָׁלִישׁ בַּמַּלְכוּת תִּשְׁלֹט.
יז אָז עוֹנֶה דָּנִיֵּאל וְאוֹמֵר לִפְנֵי הַמֶּלֶךְ מַתְּנוֹתֶיךָ לְךָ תִּהְיֶינָה וּמַשְׂאוֹתֶיךָ
לְאַחֵר תֵּן אַךְ הַכְּתָב אֶקְרָא לַמֶּלֶךְ וְהַפִּתְרוֹן אוֹדִיעֶנּוּ.

יח אַתָּה הַמֶּלֶךְ אֲשֶׁר הָאֵל הָעֶלְיוֹן נָתַן מַלְכוּת וּגְדֻלָּה וְכָבוֹד וְהָדָר לִנְבוּכַדְנֶצַּר
אָבִיךָ.
יט וּמֵהַגְּדֻלָּה אֲשֶׁר נָתַן לוֹ כָּל הָעַמִּים הָאֻמּוֹת וְהַלְּשׁוֹנוֹת הָיוּ חֲרֵדִים וִירֵאִים
מִלְּפָנָיו אֵת אֲשֶׁר הָיָה רוֹצֶה הָיָה הוֹרֵג וְאֵת אֲשֶׁר הָיָה רוֹצֶה הָיָה מְחַיֶּה
וְאֵת אֲשֶׁר הָיָה רוֹצֶה הָיָה מֵרִים וְאֵת אֲשֶׁר הָיָה רוֹצֶה הָיָה מַשְׁפִּיל.
כ וְכַאֲשֶׁר רָם לְבָבוֹ וְרוּחוֹ חָזְקָה לְהָזִיד הוּרַד מִכִּסֵּא מַלְכוּתוֹ וְאֶת הַכָּבוֹד
הֵסִירוּ מִמֶּנּוּ.
כא וּמִן בְּנֵי הָאָדָם גֹּרַשׁ וְלִבּוֹ הוּשַׂם עִם הַחַיָּה וְעִם הָעֲרוֹדִים מְעוֹנוֹ עֵשֶׂב
כַּבָּקָר יַאֲכִילוּהוּ וּמִטַּל הַשָּׁמַיִם גּוּפוֹ יֻרְטַב עַד אֲשֶׁר יָדַע כִּי הָאֵל הָעֶלְיוֹן
שַׁלִּיט בְּמַלְכוּת הָאָדָם וְאֵת אֲשֶׁר יִרְצֶה יָקִים עָלֶיהָ.
כב וְאַתָּה בְּנוֹ בֵּלְשַׁאצַּר לֹא הִשְׁפַּלְתָּ לְבָבְךָ לַמְרוֹת אֲשֶׁר כָּל זֹאת
יָדַעְתָּ.
כג וְעַל אֲדוֹנֵי הַשָּׁמַיִם הִתְרוֹמַמְתָּ וְאֶת כְּלֵי בֵיתוֹ הֵבִיאוּ לְפָנֶיךָ וְאַתָּה וְשָׂרֶיךָ
נָשֶׁיךָ וּפִילַגְשֶׁיךָ יַיִן שׁוֹתִים בָּהֶם וְלֵאלֹהֵי הַכֶּסֶף וְהַזָּהָב הַנְּחֹשֶׁת הַבַּרְזֶל
הָעֵץ וְהָאֶבֶן אֲשֶׁר אֵינָם רוֹאִים וְאֵינָם שׁוֹמְעִים וְאֵינָם יוֹדְעִים שִׁבַּחְתָּ
וְאֶת הָאֵל אֲשֶׁר נִשְׁמָתְךָ בְּיָדוֹ וְכָל דְּרָכֶיךָ לוֹ לֹא הִדַּרְתָּ.
כד אָז מִלְּפָנָיו נִשְׁלַח פַּס הַיָּד וְהַכְּתָב הַזֶּה נִרְשַׁם.
כה וְזֶה הַכְּתָב אֲשֶׁר נִרְשַׁם מְנֵא מְנֵא תְּקֵל וּפַרְסִין.
כו זֶה פִּתְרוֹן הַדָּבָר מְנֵא מָנָה הָאֱלֹהִים מַלְכוּתְךָ וְהִשְׁלִימָהּ.
כז תְּקֵל נִשְׁקַלְתָּ בְּמֹאזְנַיִם וְנִמְצֵאתָ חָסֵר.
כח פְּרֵס נִפְרְסָה מַלְכוּתְךָ וְנִתְּנָה לְמָדַי וּפָרָס.
כט אָז אָמַר בֵּלְשַׁאצַּר וְהִלְבִּישׁוּ אֶת דָּנִיֵּאל אַרְגָּמָן וּרְבִיד הַזָּהָב עַל צַוָּארוֹ
וְהִכְרִיזוּ עָלָיו כִּי יִהְיֶה שַׁלִּיט הַשְּׁלִישׁ בַּמַּלְכוּת.
ל בּוֹ בַלַּיְלָה נֶהֱרַג בֵּלְשַׁאצַּר הַמֶּלֶךְ הַכַּשְׂדִּי.
ו א וְדָרְיָוֶשׁ הַמָּדִי קִבֵּל אֶת הַמַּלְכוּת כְּבֶן שִׁשִּׁים וּשְׁתַּיִם שָׁנָה.
ב הָיָה טוֹב לִפְנֵי דָּרְיָוֶשׁ וְהֵקִים עַל הַמַּלְכוּת אֶת הָאֲחַשְׁדַּרְפְּנִים מֵאָה
וְעֶשְׂרִים אֲשֶׁר יִהְיוּ בְּכָל הַמַּלְכוּת.
ג וּלְמַעְלָה מֵהֶם רָאשִׁים שְׁלֹשָׁה אֲשֶׁר דָּנִיֵּאל אֶחָד מֵהֶם אֲשֶׁר יִהְיוּ
הָאֲחַשְׁדַּרְפְּנִים הָאֵלֶּה נוֹתְנִים לָהֶם דְּבַר עֵצָה וְהַמֶּלֶךְ לֹא יִהְיֶה נִזָּק.
ד אָז דָּנִיֵּאל הַזֶּה הָיָה מִתְגַּבֵּר עַל הָרָאשִׁים וְהָאֲחַשְׁדַּרְפְּנִים יַעַן אֲשֶׁר רוּחַ

יְתֵרָה בּוֹ וְהַמֶּלֶךְ חָשַׁב לַהֲקִימוֹ עַל כָּל הַמַּלְכוּת.
ה אָז הָיוּ הָרָאשִׁים וְהָאֲחַשְׁדַּרְפְּנִים מְבַקְשִׁים עִלָּה לִמְצוֹא לְדָנִיֵּאל מִצַּד
הַמַּלְכוּת וְכָל עִלָּה וּשְׁחִיתָה אֵינָם יְכוֹלִים לִמְצוֹא יַעַן אֲשֶׁר נֶאֱמָן הוּא
וְכָל שְׁגָגָה וּשְׁחִיתָה לֹא נִמְצְאָה עָלָיו.
ו אָז אָמְרוּ הָאֲנָשִׁים הָהֵם כִּי לֹא נִמְצָא לְדָנִיֵּאל הַזֶּה כָּל עִלָּה אַךְ מָצָאנוּ
עָלָיו בְּדָת אֱלֹהָיו.
ז אָז רָגְשׁוּ הָרָאשִׁים וְהָאֲחַשְׁדַּרְפְּנִים הָאֵלֶּה עַל הַמֶּלֶךְ וְכֵן אוֹמְרִים לוֹ
דָּרְיָוֶשׁ הַמֶּלֶךְ יְחִי לְעוֹלָמִים.
ח הִתְיַעֲצוּ כָּל רָאשֵׁי הַמַּלְכוּת הַסְּגָנִים וְהָאֲחַשְׁדַּרְפְּנִים הַיּוֹעֲצִים וְהַפַּחוֹת
לְקַיֵּם חֹק הַמֶּלֶךְ וּלְחַזֵּק אִסָּר כִּי כָל אֲשֶׁר יְבַקֵּשׁ בַּקָּשָׁה מִן כָּל אֵל וְאָדָם
עַד יָמִים שְׁלוֹשִׁים כִּי אִם מִמְּךָ הַמֶּלֶךְ יֻשְׁלַךְ אֶל בּוֹר הָאֲרָיוֹת.
ט עַתָּה הַמֶּלֶךְ תַּעֲמִיד הָאִסָּר וְתִרְשֹׁם הַכְּתָב אֲשֶׁר אֵין לְשַׁנּוֹת כְּדָת מָדַי
וּפָרַס אֲשֶׁר לֹא תַעֲבֹר.
י כָּל עֻמַּת זֶה רָשַׁם הַמֶּלֶךְ דָּרְיָוֶשׁ הַכְּתָב וְהָאִסָּר.
יא וְדָנִיֵּאל כַּאֲשֶׁר יָדַע כִּי נִרְשַׁם הַכְּתָב בָּא לְבֵיתוֹ וְחַלּוֹנוֹת פְּתוּחִים לוֹ
בַּעֲלִיָּתוֹ נֶגֶד יְרוּשָׁלָיִם וּפְעָמִים שָׁלוֹשׁ בַּיּוֹם הוּא כּוֹרֵעַ עַל בִּרְכָּיו וּמִתְפַּלֵּל
וּמוֹדֶה לִפְנֵי אֱלֹהָיו כְּשֵׁם אֲשֶׁר הָיָה עוֹשֶׂה מִלִּפְנֵי זֶה.
יב אָז רָגְשׁוּ הָאֲנָשִׁים הָהֵם וּמָצְאוּ אֶת דָּנִיֵּאל מְבַקֵּשׁ וּמִתְחַנֵּן לִפְנֵי אֱלֹהָיו.
יג אָז קָרְבוּ וְאָמְרוּ לִפְנֵי הַמֶּלֶךְ הֲלוֹא אִסָּר רָשַׁמְתָּ כִּי כָל אִישׁ אֲשֶׁר
יְבַקֵּשׁ מִן כָּל אֵל וְאָדָם עַד יָמִים שְׁלוֹשִׁים כִּי אִם מִמְּךָ הַמֶּלֶךְ יֻשְׁלַךְ
אֶל בּוֹר הָאֲרָיוֹת עוֹנֶה הַמֶּלֶךְ וְאוֹמֵר אֱמֶת הַדָּבָר כְּדָת מָדַי וּפָרַס
אֲשֶׁר לֹא תַעֲבֹר.
יד אָז עָנוּ וְאָמְרוּ לִפְנֵי הַמֶּלֶךְ כִּי דָנִיֵּאל אֲשֶׁר מִבְּנֵי גָלוּת יְהוּדָה לֹא שָׂם
עָלֶיךָ הַמֶּלֶךְ לֵב וְעַל הָאִסָּר אֲשֶׁר רָשַׁמְתָּ וּפְעָמִים שָׁלוֹשׁ בַּיּוֹם מְבַקֵּשׁ
בַּקָּשָׁתוֹ.
טו אָז כַּאֲשֶׁר שָׁמַע הַמֶּלֶךְ הַדָּבָר מְאֹד הֵרַע לוֹ וְעַל דָּנִיֵּאל שָׂם לֵב לְהוֹשִׁיעוֹ
וְעַד בּוֹא הַשֶּׁמֶשׁ הָיָה מִתְאַמֵּץ לְהַצִּילוֹ.
טז אָז רָגְשׁוּ הָאֲנָשִׁים הָהֵם עַל הַמֶּלֶךְ וְאוֹמְרִים לַמֶּלֶךְ דַּע הַמֶּלֶךְ כִּי דָת
לְמָדַי וּפָרַס כִּי כָל אִסָּר וָחֹק אֲשֶׁר יָקִים הַמֶּלֶךְ אֵין לְשַׁנּוֹת.
יז אָז אָמַר הַמֶּלֶךְ וְהֵבִיאוּ אֶת דָּנִיֵּאל וְהִשְׁלִיכוּהוּ לְבוֹר הָאֲרָיוֹת עוֹנֶה

הַמֶּלֶךְ וְאוֹמֵר לְדָנִיֵּאל אֱלֹהֶיךָ אֲשֶׁר אַתָּה עוֹבֵד אוֹתוֹ תָּמִיד הוּא
יוֹשִׁיעֶךָ.
יח וְהוּבָאָה אֶבֶן אַחַת וְהוּשְׂמָה עַל פִּי הַבּוֹר וַחֲתָמָהּ הַמֶּלֶךְ בְּטַבַּעְתּוֹ
וּבְטַבְּעוֹת שָׂרָיו אֲשֶׁר לֹא יְשֻׁנֶּה חֵפֶץ בְּדָנִיֵּאל.
יט אָז הָלַךְ הַמֶּלֶךְ לְהֵיכָלוֹ וְלָן בְּצוֹם וְשַׁעֲשׁוּעִים לֹא הֵבִיא לְפָנָיו וּשְׁנָתוֹ
נָדְדָה מִמֶּנּוּ.
כ אָז יָקוּם הַמֶּלֶךְ בַּשַּׁחַר כְּשֶׁהֵאִיר הַיּוֹם וּבְחִפָּזוֹן אֶל בּוֹר הָאֲרָיוֹת הָלָךְ.
כא וּכְקָרְבוֹ אֶל הַבּוֹר צָעַק אֶל דָּנִיֵּאל בְּקוֹל עָצוּב עוֹנֶה הַמֶּלֶךְ וְאוֹמֵר לְדָנִיֵּאל
דָּנִיֵּאל עֶבֶד הָאֵל הַחַי אֱלֹהֶיךָ אֲשֶׁר אַתָּה עוֹבֵד אוֹתוֹ תָּמִיד הֲיָכוֹל
לְהוֹשִׁיעֲךָ מִן הָאֲרָיוֹת.
כב אָז דִּבֵּר דָּנִיֵּאל עִם הַמֶּלֶךְ יְחִי הַמֶּלֶךְ לְעוֹלָמִים.
כג אֱלֹהַי שָׁלַח מַלְאָכוֹ וְסָגַר פִּי הָאֲרָיוֹת וְלֹא חִבְּלוּנִי יַעַן אֲשֶׁר נִמְצְאָה לִי
לְפָנָיו זְכוּת וְאַף לְפָנֶיךָ הַמֶּלֶךְ חֲבָלָה לֹא עָשִׂיתִי.
כד אָז הָיָה טוֹב מְאֹד עַל הַמֶּלֶךְ וְאָמַר לְהַעֲלוֹת אֶת דָּנִיֵּאל מִן הַבּוֹר וְהֻעֲלָה
דָּנִיֵּאל מִן הַבּוֹר וְכָל פֶּצַע לֹא נִמְצָא בוֹ כִּי הֶאֱמִין בֵּאלֹהָיו.
כה וְאָמַר הַמֶּלֶךְ וְהֵבִיאוּ אֶת הָאֲנָשִׁים הָהֵם אֲשֶׁר הִלְשִׁינוּ אֶת דָּנִיֵּאל
וְאֶל בּוֹר הָאֲרָיוֹת הִשְׁלִיכוּ אוֹתָם וְאֶת בְּנֵיהֶם וּנְשֵׁיהֶם וְלֹא הִגִּיעוּ אֶל
תַּחְתִּית הַבּוֹר עַד אֲשֶׁר שָׁלְטוּ בָהֶם הָאֲרָיוֹת וְאֶת כָּל עַצְמוֹתֵיהֶם שָׁחֲקוּ
דָּק.
כו אָז כָּתַב דָּרְיָוֶשׁ הַמֶּלֶךְ לְכָל הָעַמִּים הָאֻמּוֹת וְהַלְּשׁוֹנוֹת הַדָּרִים בְּכָל
הָאָרֶץ שְׁלוֹמְכֶם יִשְׂגֶּה.
כז מִלְּפָנַי נִתַּן צַו כִּי בְּכָל שִׁלְטוֹן מַלְכוּתִי יִהְיוּ חֲרֵדִים וִירֵאִים מִלִּפְנֵי אֱלֹהֵי
דָּנִיֵּאל כִּי הוּא הָאֵל הַחַי לְעוֹלָמִים וּמַלְכוּתוֹ אֲשֶׁר לֹא תִשָּׁחֵת וְשִׁלְטוֹנוֹ
לֹא יָמוּשׁ.
כח מוֹשִׁיעַ וּמַצִּיל וְעוֹשֶׂה אוֹתוֹת וּמוֹפְתִים בַּשָּׁמַיִם וּבָאָרֶץ אֲשֶׁר הוֹשִׁיעַ אֶת
דָּנִיֵּאל מִיַּד הָאֲרָיוֹת.
כט וְדָנִיֵּאל הַזֶּה הִצְלִיחַ בְּמַלְכוּת דָּרְיָוֶשׁ וּבְמַלְכוּת כּוֹרֶשׁ הַפָּרְסִי.
ז א בִּשְׁנַת אַחַת לְבֵלְאשַׁצַּר מֶלֶךְ בָּבֶל דָּנִיֵּאל חָלוֹם רָאָה וְחֶזְיוֹנוֹת רֹאשׁוֹ
עַל מִשְׁכָּבוֹ אָז כָּתַב הַחֲלוֹם עִקְּרֵי הַדְּבָרִים אָמָר.
ב עוֹנֶה דָנִיֵּאל וְאוֹמֵר רוֹאֶה הָיִיתִי בְּחֶזְיוֹנִי עִם לַיְלָה וְהִנֵּה אַרְבַּע רוּחוֹת

הַשָּׁמַיִם מְגִיחוֹת לַיָּם הַגָּדוֹל.
ג וְאַרְבַּע חַיּוֹת גְּדוֹלוֹת עוֹלוֹת מִן הַיָּם שׁוֹנוֹת זֹאת מִזֹּאת.
ד הָרִאשׁוֹנָה כְּאַרְיֵה וְכַנְפֵי נֶשֶׁר לָהּ רוֹאֶה הָיִיתִי עַד אֲשֶׁר נִמְרְטוּ כְּנָפֶיהָ
וְנִשְּׂאָה מִן הָאָרֶץ וְעַל רַגְלַיִם כְּאָדָם הוּקְמָה וְלֵב אָדָם נִתַּן לָהּ.
ה וְהִנֵּה חַיָּה אַחֶרֶת שְׁנִיָּה דּוֹמָה לְדֹב וּלְצַד אֶחָד הוּקְמָה וְשָׁלוֹשׁ צְלָעוֹת
בְּפִיהָ בֵּין שִׁנֶּיהָ וְכֵן אוֹמְרִים לָהּ קוּמִי אִכְלִי בָּשָׂר רָב.
ו אַחֲרֵי כֵן רוֹאֶה הָיִיתִי וְהִנֵּה חַיָּה אַחֶרֶת כְּנָמֵר וְלָהּ אַרְבַּע כַּנְפֵי עוֹף עַל
גַּבֶּיהָ וְאַרְבָּעָה רָאשִׁים לַחַיָּה וְשִׁלְטוֹן נִתַּן לָהּ.
ז אַחֲרֵי כֵן רוֹאֶה הָיִיתִי בְּחֶזְיוֹנוֹת הַלַּיְלָה וְהִנֵּה חַיָּה רְבִיעִית נוֹרָאָה וַאֲיֻמָּה
וַחֲזָקָה מְאֹד וְשִׁנֵּי בַרְזֶל גְּדוֹלוֹת לָהּ אוֹכֶלֶת וּמְדַקָּה וְהַנּוֹתָר בְּרַגְלֶיהָ
רוֹמֶסֶת וְהִיא מְשֻׁנָּה מִכָּל הַחַיּוֹת אֲשֶׁר לְפָנֶיהָ וְקַרְנַיִם עֶשֶׂר לָהּ.
ח מִתְבּוֹנֵן הָיִיתִי בַּקְּרָנַיִם וְהִנֵּה קֶרֶן אַחֶרֶת קְטַנָּה עָלְתָה בֵּינֵיהֶן וְשָׁלוֹשׁ
מֵהַקְּרָנַיִם הָרִאשׁוֹנוֹת נֶעֶקְרוּ מִלְּפָנֶיהָ וְהִנֵּה עֵינַיִם כְּעֵינֵי אָדָם בַּקֶּרֶן
הַזֹּאת וּפֶה מְדַבֵּר גְּדוֹלוֹת.
ט רוֹאֶה הָיִיתִי עַד אֲשֶׁר כִּסְאוֹת הֻשְׁלְכוּ וְעַתִּיק יָמִים יָשַׁב לְבוּשׁוֹ כְּשֶׁלֶג
לָבָן וּשְׂעַר רֹאשׁוֹ כְּצֶמֶר נָקִי כִּסְאוֹ שְׁבִיבֵי אֵשׁ גַּלְגַּלָּיו אֵשׁ בּוֹעֶרֶת.
י נְהַר אֵשׁ נִמְשָׁךְ וְיוֹצֵא מִלְּפָנָיו אֶלֶף אֲלָפִים יְשָׁרְתוּהוּ וְרִבּוֹא רְבָבוֹת לְפָנָיו
יַעֲמֹדוּ הַמִּשְׁפָּט יָשַׁב וּסְפָרִים נִפְתָּחוּ.
יא רוֹאֶה הָיִיתִי אָז מִקּוֹל הַדְּבָרִים הַגְּדוֹלִים אֲשֶׁר הַקֶּרֶן מְדַבֶּרֶת רוֹאֶה הָיִיתִי
עַד אֲשֶׁר נֶהֶרְגָה הַחַיָּה וְהָאֳבַד גּוּפָהּ וְנִתְּנָה לִשְׂרֵפַת אֵשׁ.
יב וּשְׁאָר הַחַיּוֹת הֶעֱבִירוּ שִׁלְטוֹנָן וַאֲרֻכָּה בְּחַיִּים נִתְּנָה לָהֶן עַד זְמַן
וָעֵת.
יג רוֹאֶה הָיִיתִי בְּחֶזְיוֹנוֹת הַלַּיְלָה וְהִנֵּה עִם עַנְנֵי הַשָּׁמַיִם כְּבֶן אָדָם הָיָה בָּא
וְעַד עַתִּיק הַיָּמִים הִגִּיעַ וּלְפָנָיו הֱבִיאוּהוּ.
יד וְלוֹ נִתַּן שִׁלְטוֹן וְכָבוֹד וּמַלְכוּת וְכָל הָעַמִּים הָאֻמּוֹת וְהַלְּשׁוֹנוֹת אוֹתוֹ
יַעַבְדוּ שִׁלְטוֹנוֹ שִׁלְטוֹן עוֹלָם אֲשֶׁר לֹא יַעֲבֹר וּמַלְכוּתוֹ אֲשֶׁר לֹא תִשָּׁחֵת.
טו חָלְשָׁה רוּחִי אֲנִי דָנִיֵּאל בְּתוֹךְ נְדָנָהּ וְחֶזְיוֹנוֹת רֹאשִׁי יְבַהֲלוּנִי.
טז קָרַבְתִּי אֶל אֶחָד מִן הָעוֹמְדִים וְהָאֱמֶת אֲבַקֵּשׁ מִמֶּנּוּ עַל כָּל זֹאת וְאָמַר
לִי וּפִתְרוֹן הַדְּבָרִים יוֹדִיעֵנִי.
יז אֵלֶּה הַחַיּוֹת הַגְּדוֹלוֹת אֲשֶׁר הֵנָּה אַרְבַּע אַרְבָּעָה מְלָכִים יָקוּמוּ מִן הָאָרֶץ.

יח וִיקַבְּלוּ הַמַּלְכוּת קְדוֹשֵׁי עֶלְיוֹנִים וְיִירְשׁוּ הַמַּלְכוּת עַד הָעוֹלָם וְעַד עוֹלְמֵי
עוֹלָמִים.
יט אָז רָצִיתִי לְבָרֵר עַל הַחַיָּה הָרְבִיעִית אֲשֶׁר הָיְתָה שׁוֹנָה מִכֻּלָּן נוֹרָאָה
מְאֹד שִׁנֶּיהָ בַּרְזֶל וְצִפָּרְנֶיהָ נְחֹשֶׁת אוֹכֶלֶת מְדִקָּה וְהַנּוֹתָר בְּרַגְלֶיהָ
רוֹמָסֶת.
כ וְעַל עֶשֶׂר הַקְּרָנַיִם אֲשֶׁר בְּרֹאשָׁהּ וְאַחֶרֶת אֲשֶׁר עָלְתָה וְנָפְלוּ מִלְּפָנֶיהָ
שָׁלוֹשׁ וְהַקֶּרֶן הַהִיא וְעֵינַיִם לָהּ וּפֶה מְדַבֵּר גְּדוֹלוֹת וּמַרְאֶהָ גָּדוֹל מִן
חַבְרוֹתֶיהָ.
כא רוֹאֶה הָיִיתִי וְהַקֶּרֶן הַהִיא עוֹשָׂה מִלְחָמָה עִם קְדוֹשִׁים וִיכוֹלָה לָהֶם.
כב עַד אֲשֶׁר בָּא עַתִּיק הַיָּמִים וְהַמִּשְׁפָּט נִתַּן לִקְדוֹשֵׁי עֶלְיוֹנִים וְהַזְּמַן הִגִּיעַ
וְהַמַּלְכוּת נָחֲלוּ קְדוֹשִׁים.
כג כֵּן אָמַר הַמַּלְאָךְ הַחַיָּה הָרְבִיעִית מַלְכוּת רְבִיעִית תִּהְיֶה בָּאָרֶץ אֲשֶׁר
תִּשְׁנֶה מִכָּל הַמַּלְכֻיּוֹת וְתֹאכַל כָּל הָאָרֶץ וּתְדוּשֶׁנָּה וּתְדִקֶּנָּה.
כד וְהַקְּרָנַיִם עֶשֶׂר מִמֶּנָּה הַמַּלְכוּת עֲשָׂרָה מְלָכִים יָקוּמוּ וְאַחֲרוֹן יָקוּם אַחֲרֵיהֶם
וְהוּא יִשְׁנֶה מֵהָרִאשׁוֹנִים וּשְׁלוֹשָׁה מְלָכִים יַשְׁפִּיל.
כה וּדְבָרִים לְצַד הָעֶלְיוֹן יְדַבֵּר וְאֶת קְדוֹשֵׁי עֶלְיוֹנִים יַאֲבִיד וְיַחְשֹׁב לְשַׁנּוֹת
זְמַנִּים וָדָת וְיִנָּתְנוּ בְּיָדוֹ עַד מוֹעֵד וּמוֹעֲדִים וַחֲצִי מוֹעֵד.
כו וְהַמִּשְׁפָּט יֵשֵׁב וְשִׁלְטוֹנוֹ יַעֲבִירוּ לְהַשְׁמִיד וּלְהַאֲבִיד עַד הַסּוֹף.
כז וְהַמַּלְכוּת וְהַשִּׁלְטוֹן וְהַגְּדֻלָּה אֲשֶׁר לַמַּלְכֻיּוֹת תַּחַת כָּל הַשָּׁמַיִם נִתְּנָה לְעַם
קְדוֹשֵׁי עֶלְיוֹנִים מַלְכוּתוֹ מַלְכוּת עוֹלָם וְכָל הַשִּׁלְטוֹנוֹת לוֹ יַעַבְדוּ וְיִשָּׁמֵעוּ.
כח עַד כֹּה סוֹף הַדָּבָר אֲנִי דָנִיֵּאל רַעְיוֹנַי יְבַהֲלוּנִי מְאֹד וְזִיוִי יִשְׁנֶה עָלַי וְהַדָּבָר
בְּלִבִּי שָׁמַרְתִּי.

ד ח רְחוּם הַמְדַבֵּר דִּבְרֵי טַעַם וְשִׁמְשַׁי הַסּוֹפֵר כָּתְבוּ אִגֶּרֶת אַחַת עַל יְרוּשָׁלַיִם
לְאַרְתַּחְשַׁשְׂתְּא הַמֶּלֶךְ לֵאמֹר.
ט אָז רְחוּם הַמְדַבֵּר דִּבְרֵי טַעַם וְשִׁמְשַׁי הַסּוֹפֵר וּשְׁאָר עֲמִיתֵיהֶם הַדִּינָיִּים
הָאֲפַרְסַתְיִּים הַטַּרְפְּלַיִּים הַפָּרְסִים הָאַרְכְּוַיִּים הַבַּבְלִיִּים הַשּׁוּשַׁנְיִּים הַדֶּהָיִּים
הָעֵילָמִים.
י וּשְׁאָר הָעַמִּים אֲשֶׁר הֶגְלָה אָסְנַפַּר הַגָּדוֹל וְהַנִּכְבָּד וְהוֹשִׁיב אוֹתָם בְּעִיר
שׁוֹמְרוֹן וּשְׁאָר עֵבֶר הַנָּהָר וּכְעֵת.
יא זֶה פַּתְרוֹן הָאִגֶּרֶת אֲשֶׁר שָׁלְחוּ אֵלָיו אֶל אַרְתַּחְשַׁשְׂתְּא הַמֶּלֶךְ עֲבָדֶיךָ
אַנְשֵׁי עֵבֶר הַנָּהָר וּכְעֵת.
יב יָדוּעַ יִהְיֶה לַמֶּלֶךְ שֶׁהַיְּהוּדִים אֲשֶׁר עָלוּ מִמְּךָ בָּאוּ אֵלֵינוּ לִירוּשָׁלַיִם הֵם
בּוֹנִים אֶת הָעִיר הַמּוֹרֶדֶת וְהָרָעָה וְאֶת הַחוֹמוֹת הִשְׁלִימוּ וְאֶת הַיְסוֹדוֹת
יְחַבֵּרוּ.
יג כָּעֵת יָדוּעַ יִהְיֶה לַמֶּלֶךְ שֶׁאִם הָעִיר הַהִיא תִּבָּנֶה וְהַחוֹמוֹת יֻשְׁלְמוּ אֶת
מִסֵּי הַמֶּלֶךְ לֹא יִתְּנוּ וְאוֹצַר הַמֶּלֶךְ יִנָּזֵק.
יד וְכָעֵת מֵאַחַר שֶׁמֶּלַח הַהֵיכָל אֲנַחְנוּ מוֹלְחִים וּגְנוּת הַמֶּלֶךְ לֹא יָאֶה לָנוּ
לִרְאוֹת עַל כֵּן שָׁלַחְנוּ וְהוֹדַעְנוּ לַמֶּלֶךְ.
טו אֲשֶׁר תִּדְרֹשׁ בְּסֵפֶר הַזִּכְרוֹנוֹת שֶׁל אֲבוֹתֶיךָ וְתִמְצָא בְּסֵפֶר הַזִּכְרוֹנוֹת
וְתֵדַע כִּי הָעִיר הַזֹּאת עִיר מוֹרֶדֶת וּמַזֶּקֶת מְלָכִים וּמְדִינוֹת וּמְרִידוֹת
עוֹשִׂים בְּתוֹכָהּ מִימוֹת עוֹלָם עַל זֶה הָעִיר הַהִיא הָחְרְבָה.
טז מוֹדִיעִים אֲנַחְנוּ לַמֶּלֶךְ כִּי אִם תִּבָּנֶה הָעִיר הַהִיא וְהַחוֹמוֹת תֻּשְׁלַמְנָה
בַּעֲבוּר זֶה חֵלֶק בְּעֵבֶר הַנָּהָר לֹא יִהְיֶה לָךְ.
יז דָּבָר שָׁלַח הַמֶּלֶךְ אֶל רְחוּם הַמְדַבֵּר דִּבְרֵי טַעַם וְשִׁמְשַׁי הַסּוֹפֵר וּשְׁאָר
עֲמִיתֵיהֶם אֲשֶׁר יוֹשְׁבִים בְּשׁוֹמְרוֹן וּשְׁאָר עֵבֶר הַנָּהָר שָׁלוֹם וּכְעֵת.
יח הַדְּבָרִים אֲשֶׁר שְׁלַחְתֶּם אֵלֵינוּ מְפֹרָשׁ נִקְרָא לְפָנָי.
יט וּמִמֶּנִּי נִתַּן צַו וּבִקְּשׁוּ וּמָצְאוּ שֶׁהָעִיר הַזֹּאת מִימוֹת עוֹלָם עַל מְלָכִים
מִתְנַשֵּׂאת וּמְרִידוֹת וּמִלְחָמָה נַעֲשִׂים בָּהּ.
כ וּמְלָכִים חֲזָקִים הָיוּ עַל יְרוּשָׁלַיִם וּמוֹשְׁלִים בְּכָל עֵבֶר הַנָּהָר וּמִסֵּי הַמֶּלֶךְ
נִתָּן לָהֶם.
כא עַתָּה תְּנוּ צַו לְבַטֵּל הָאֲנָשִׁים הָהֵם וְהָעִיר הַזֹּאת לֹא תִבָּנֶה עַד שֶׁמִּמֶּנִּי
יִנָּתֵן צָו.

כב וְזְהִירִים הֱיוּ מֵעֲשׂוֹת שְׁגָגָה עַל זֹאת בִּכְדֵי שֶׁלֹּא תִגְדַל הַחֲבָלָה לְנֵזֶק
הַמֶּלֶךְ.
כג אָז מֵאֲשֶׁר הַמִּכְתָּב שֶׁל אַרְתַּחְשַׁשְׂתָּא הַמֶּלֶךְ נִקְרָא לִפְנֵי רְחוּם וְשִׁמְשַׁי
הַסּוֹפֵר וַעֲמִיתֵיהֶם הָלְכוּ בְּחִפָּזוֹן לִירוּשָׁלַיִם אֶל הַיְּהוּדִים וּבִטְּלוּ אוֹתָם
מִמְּלַאכְתָּם בִּזְרוֹעַ וָכֹחַ.
כד אָז בָּטְלָה מְלֶאכֶת בֵּית הָאֱלֹהִים אֲשֶׁר בִּירוּשָׁלָיִם וְהָיְתָה בְּטֵלָה עַד
שְׁנַת שְׁתַּיִם לְמַלְכוּת דָּרְיָוֶשׁ מֶלֶךְ פָּרָס.
ה א וְהִתְנַבְּאוּ חַגַּי הַנָּבִיא וּזְכַרְיָה בֶּן עִדּוֹא הַנְּבִיאִים עַל הַיְּהוּדִים אֲשֶׁר
בִּיהוּדָה וּבִירוּשָׁלַיִם בְּשֵׁם אֱלֹהֵי יִשְׂרָאֵל עֲלֵיהֶם.
ב אָז קָמוּ זְרֻבָּבֶל בֶּן שְׁאַלְתִּיאֵל וְיֵשׁוּעַ בֶּן יוֹצָדָק וְהֵחֵלּוּ לִבְנוֹת בֵּית
הָאֱלֹהִים אֲשֶׁר בִּירוּשָׁלַיִם וְעִמָּהֶם נְבִיאֵי הָאֱלֹהִים עוֹזְרִים לָהֶם.
ג בְּאוֹתוֹ זְמַן בָּא אֲלֵיהֶם תַּתְּנַי פַּחַת עֵבֶר הַנָּהָר וּשְׁתַר בּוֹזְנַי וַעֲמִיתֵיהֶם
וְכֵן אָמְרוּ לָהֶם מִי נָתַן לָכֶם צַו הַבַּיִת הַזֶּה לִבְנוֹת וּלְהַשְׁלִים הַבִּנְיָן הַזֶּה
וְאֶת הַחוֹמוֹת.
ד אָז אָמַרְנוּ לָהֶם מִי הֵם שְׁמוֹת הָאֲנָשִׁים אֲשֶׁר הַבִּנְיָן הַזֶּה בּוֹנִים.
ה וְעֵין אֱלֹהֵיהֶם הָיְתָה עַל זִקְנֵי הַיְּהוּדִים וְלֹא בִטְּלוּ אוֹתָם עַד שֶׁהָעִנְיָן
לְדָרְיָוֶשׁ יֵלֵךְ וְאָז יָשִׁיבוּ דְבָרִים עַל זֶה.
ו פַּתְשֶׁגֶן הָאִגֶּרֶת אֲשֶׁר שָׁלַח תַּתְּנַי פַּחַת עֵבֶר הַנָּהָר וּשְׁתַר בּוֹזְנַי וַעֲמִיתָיו
הַפָּרְסִים אֲשֶׁר בְּעֵבֶר הַנָּהָר אֶל דָּרְיָוֶשׁ הַמֶּלֶךְ.
ז דְּבָרִים שָׁלְחוּ אֵלָיו וְכָךְ כָּתוּב בְּתוֹכוֹ לְדָרְיָוֶשׁ הַמֶּלֶךְ כָּל הַשָּׁלוֹם יִהְיֶה לוֹ.
ח יָדוּעַ יִהְיֶה לַמֶּלֶךְ שֶׁהָלַכְנוּ לִמְדִינַת יְהוּד לְבֵית הָאֱלֹהִים הַגָּדוֹל וְהוּא
נִבְנֶה אֶבֶן גְּלָל וְעֵץ מוּשָּׂם בַּכְּתָלִים וּמְלָאכָה זוֹ נַעֲשֵׂית מַהֵר וּמַצְלִיחָה
בְּיָדָם.
ט אָז שָׁאַלְנוּ לַזְּקֵנִים הָהֵם כָּכָה אָמַרְנוּ לָהֶם מִי נָתַן לָכֶם צַו לִבְנוֹת הַבַּיִת
הַזֶּה וּלְהַשְׁלִים הַבִּנְיָן.
י וְאַף שְׁמוֹתֵיהֶם שָׁאַלְנוּ לָהֶם לְהוֹדִיעֲךָ שֶׁנִּכְתֹּב שֵׁם הָאֲנָשִׁים אֲשֶׁר
בְּרָאשֵׁיהֶם.
יא וְכָכָה הֱשִׁיבוּנוּ דָבָר לֵאמֹר אֲנַחְנוּ הִנְנוּ עֲבָדָיו שֶׁל אֱלֹהֵי הַשָּׁמַיִם וְהָאָרֶץ
וּבוֹנִים אֶת הַבַּיִת אֲשֶׁר הָיָה בָּנוּי מִלִּפְנֵי כֵן שָׁנִים רַבּוֹת וּמֶלֶךְ יִשְׂרָאֵל
גָּדוֹל בָּנָהוּ וְשִׁכְלְלוֹ.

יב אֶלָּא מֵאַחַר שֶׁהִרְגִּיזוּ אֲבוֹתֵינוּ אֶת אֱלֹהֵי הַשָּׁמַיִם נָתַן אוֹתָם בְּיַד
נְבוּכַדְנֶצַּר מֶלֶךְ בָּבֶל הַכַּשְׂדִּי וְאֶת הַבַּיִת הַזֶּה הֶחֱרִיב וְהָעָם הֶגְלָה
לְבָבֶל.
יג אוּלָם בִּשְׁנַת אַחַת לְכוֹרֶשׁ מֶלֶךְ בָּבֶל כּוֹרֶשׁ הַמֶּלֶךְ נָתַן צַו לִבְנוֹת בֵּית
הָאֱלֹהִים הַזֶּה.
יד וְאַף הַכֵּלִים שֶׁל בֵּית הָאֱלֹהִים שֶׁל זָהָב וָכֶסֶף אֲשֶׁר נְבוּכַדְנֶצַּר הוֹצִיא
מִן הַהֵיכָל אֲשֶׁר בִּירוּשָׁלַיִם וְהוֹבִיל אוֹתָם לַהֵיכָל שֶׁל בָּבֶל הוֹצִיא
כּוֹרֶשׁ הַמֶּלֶךְ מִן הַהֵיכָל שֶׁבְּבָבֶל וּנְתָנָם לְשֵׁשְׁבַּצַּר שְׁמוֹ אֲשֶׁר פֶּחָה שָׂמוֹ.
טו וְאָמַר לוֹ אֵלֶּה הַכֵּלִים קַח שָׂא לֵךְ וְהַנַּח אוֹתָם בַּהֵיכָל אֲשֶׁר בִּירוּשָׁלָיִם
וּבֵית הָאֱלֹהִים יִבָּנֶה עַל מְקוֹמוֹ.
טז אָז בָּא שֵׁשְׁבַּצַּר זֶה הִנִּיחַ הַיְסוֹדוֹת שֶׁל בֵּית הָאֱלֹהִים אֲשֶׁר בִּירוּשָׁלָיִם
וּמִן אָז וְעַד עַתָּה נִבְנֶה וְלֹא נִשְׁלָם.
יז וְכָעֵת אִם עַל הַמֶּלֶךְ טוֹב יִדָּרֵשׁ בְּבֵית גִּנְזֵי הַמֶּלֶךְ שָׁם אֲשֶׁר בְּבָבֶל אִם
מִכּוֹרֶשׁ הַמֶּלֶךְ נִתַּן צַו לִבְנוֹת בֵּית הָאֱלֹהִים הַהוּא בִּירוּשָׁלַיִם וּרְצוֹן
הַמֶּלֶךְ עַל זֶה יִשְׁלַח אֵלֵינוּ.
ו א אָז דָּרְיָוֶשׁ הַמֶּלֶךְ נָתַן צַו וְדָרְשׁוּ בְּבֵית הַסְּפָרִים אֲשֶׁר הַגְּנָזִים מֻנָּחִים שָׁם
בְּבָבֶל.
ב וַיִּמָּצֵא בְּאַחְמְתָא בַּבִּירָה אֲשֶׁר בִּמְדִינַת מָדַי מְגִלָּה אַחַת וְכֵן כָּתוּב
בְּתוֹכָהּ זִכְרוֹן הַדְּבָרִים.
ג בִּשְׁנַת אַחַת לְכוֹרֶשׁ הַמֶּלֶךְ כּוֹרֶשׁ הַמֶּלֶךְ נָתַן צַו בֵּית הָאֱלֹהִים בִּירוּשָׁלַיִם
הַבַּיִת יִבָּנֶה מָקוֹם אֲשֶׁר זוֹבְחִים זְבָחִים וִיסוֹדוֹתָיו מְנֻשָּׂאִים גָּבְהוֹ שִׁשִּׁים
אַמּוֹת רָחְבּוֹ שִׁשִּׁים אַמּוֹת.
ד נִדְבָּכִים שֶׁל אֶבֶן גְּלָל שְׁלוֹשָׁה וְנִדְבָּךְ שֶׁל עֵץ אֶחָד וְהַהוֹצָאָה מִבֵּית
הַמֶּלֶךְ תִּנָּתֵן.
ה וְאַף כְּלֵי בֵּית הָאֱלֹהִים שֶׁל זָהָב וָכֶסֶף אֲשֶׁר נְבוּכַדְנֶצַּר הוֹצִיא מִן הַהֵיכָל
שֶׁבִּירוּשָׁלַיִם וְהוֹבִיל לְבָבֶל יָשִׁיבוּ וְיֵלֵךְ לַהֵיכָל שֶׁבִּירוּשָׁלַיִם לִמְקוֹמוֹ וְיֻנַּח
בְּבֵית הָאֱלֹהִים.
ו כָּעֵת תַּתְּנַי פַּחַת עֵבֶר הַנָּהָר שְׁתַר בּוֹזְנַי וַעֲמִיתֵיהֶם הָאֲפַרְסִים אֲשֶׁר בְּעֵבֶר
הַנָּהָר הֱיוּ רְחוֹקִים מִשָּׁם.
ז עִזְבוּ אֶת מְלֶאכֶת בֵּית הָאֱלֹהִים הַזֶּה שַׁלִּיטֵי הַיְּהוּדִים וּלְזִקְנֵי הַיְּהוּדִים

יִבְנוּ בֵּית הָאֱלֹהִים הַזֶּה עַל מְקוֹמוֹ.
ח וּמִמֶּנִּי נִתַּן צַו לְמַה שֶּׁתַּעֲשׂוּ עִם זִקְנֵי הַיְּהוּדִים הָאֵלֶּה לִבְנוֹת בֵּית אֱלֹהִים
זֶה וּמִנִּכְסֵי הַמֶּלֶךְ שֶׁל מִסֵּי עֵבֶר הַנָּהָר מַהֵר הַהוֹצָאָה תִּהְיֶה נִתֶּנֶת
לָאֲנָשִׁים הָאֵלֶּה אֲשֶׁר לֹא לְבַטֵּל.
ט וְכָל צָרְכָּם וּבְנֵי בָקָר וְאֵילִים וּכְבָשִׂים לְעוֹלוֹת לֵאלֹהֵי הַשָּׁמַיִם חִטִּים
מֶלַח יַיִן וָשֶׁמֶן כְּמַאֲמַר הַכֹּהֲנִים אֲשֶׁר בִּירוּשָׁלַיִם לִהְיוֹת נִתָּן לָהֶם יוֹם
בְּיוֹמוֹ בְּלֹא דִחוּי.
י אֲשֶׁר יִהְיוּ מַקְרִיבִים נִיחוֹחִים לֵאלֹהֵי הַשָּׁמַיִם וּמִתְפַּלְלִים לְחַיֵּי הַמֶּלֶךְ
וּבָנָיו.
יא וּמִמֶּנִּי נִתַּן צַו אֲשֶׁר כָּל אָדָם אֲשֶׁר יָפֵר דָּבָר זֶה יֵעָקֵר עֵץ מִן בֵּיתוֹ וְזָקוּף
יִתָּלֶה עָלָיו וּבֵיתוֹ יֵחָרֵב בַּעֲבוּר זֶה.
יב וְהָאֱלֹהִים אֲשֶׁר שִׁכֵּן שְׁמוֹ שָׁם יְמַגֵּר כָּל מֶלֶךְ וָעָם אֲשֶׁר יִשְׁלַח יָדוֹ לְשַׁנּוֹת
לְחַבֵּל בֵּית הָאֱלֹהִים אֲשֶׁר בִּירוּשָׁלַיִם אֲנִי דָּרְיָוֶשׁ נָתַתִּי צַו מִיָּד יֵעָשֶׂה.
יג אָז תַּתְּנַי פַּחַת עֵבֶר הַנָּהָר שְׁתַר בּוֹזְנַי וַעֲמִיתֵיהֶם כְּמוֹ אֲשֶׁר שָׁלַח דָּרְיָוֶשׁ
הַמֶּלֶךְ כָּכָה מִיָּד עָשׂוּ.
יד וְזִקְנֵי הַיְּהוּדִים בּוֹנִים וּמַצְלִיחִים בִּנְבוּאַת חַגַּי הַנָּבִיא וּזְכַרְיָה בֶּן עִדּוֹא וּבָנוּ
וְהִשְׁלִימוּ לְפִי מִצְוַת אֱלֹהֵי יִשְׂרָאֵל וּלְפִי צַו כּוֹרֶשׁ וְדָרְיָוֶשׁ וְאַרְתַּחְשַׁשְׂתְּא
מֶלֶךְ פָּרָס.
טו וְהֻשְׁלַם בִּנְיַן הַבַּיִת הַזֶּה עַד יוֹם שְׁלוֹשָׁה לְחֹדֶשׁ אֲדָר אֲשֶׁר הִיא שְׁנַת
שֵׁשׁ לְמַלְכוּת דָּרְיָוֶשׁ הַמֶּלֶךְ.
טז וַיַּעֲשׂוּ בְנֵי יִשְׂרָאֵל הַכֹּהֲנִים וְהַלְוִיִּם וּשְׁאָר בְּנֵי הַגּוֹלָה חֲנֻכַּת בֵּית הָאֱלֹהִים
הַזֶּה בְּשִׂמְחָה.
יז וְהִקְרִיבוּ לַחֲנֻכַּת בֵּית הָאֱלֹהִים הַזֶּה פָּרִים מֵאָה אֵילִים מָאתַיִם כְּבָשִׂים
אַרְבַּע מֵאוֹת וּשְׂעִירֵי עִזִּים לְכַפֵּר עַל כָּל יִשְׂרָאֵל שְׁנֵים עָשָׂר לְמִנְיַן שִׁבְטֵי
יִשְׂרָאֵל.
יח וְהֵקִימוּ אֶת הַכֹּהֲנִים בְּמִשְׁמְרוֹתֵיהֶם וְהַלְוִיִּם בְּמַחְלְקוֹתֵיהֶם עַל עֲבוֹדַת
הָאֱלֹהִים אֲשֶׁר בִּירוּשָׁלַיִם כַּכָּתוּב בְּסֵפֶר מֹשֶׁה.
ז יב אַרְתַּחְשַׁשְׂתְּא מֶלֶךְ הַמְּלָכִים נוֹתֵן לְעֶזְרָא הַכֹּהֵן סוֹפֵר הַדָּת שֶׁל אֱלֹהֵי
הַשָּׁמַיִם וּמְבִינָה וְכָעֵת.

יג מִמֶּנִּי נִתַּן צַו שֶׁכָּל מִתְנַדֵּב בְּמַלְכוּתִי מֵעַם יִשְׂרָאֵל וְכֹהֲנָיו וְהַלְוִיִּם לָלֶכֶת
לִירוּשָׁלַיִם יֵלֵךְ עִמְּךָ.
יד בַּעֲבוּר שֶׁמִּלִּפְנֵי הַמֶּלֶךְ וְשִׁבְעַת יוֹעֲצָיו נִשְׁלַחְתָּ לְפַקֵּחַ עַל יְהוּדָה וְעַל
יְרוּשָׁלַיִם בְּדַת אֱלֹהֶיךָ אֲשֶׁר בְּיָדֶיךָ.
טו וּלְהוֹבִיל כֶּסֶף וְזָהָב אֲשֶׁר הַמֶּלֶךְ וְיוֹעֲצָיו הִתְנַדְּבוּ לֵאלֹהֵי יִשְׂרָאֵל אֲשֶׁר
מִשְׁכָּנוֹ בִּירוּשָׁלָיִם.
טז וְכֹל כֶּסֶף וְזָהָב אֲשֶׁר תִּמְצָא בְּכֹל מְדִינַת בָּבֶל עִם נִדְבוֹת הָעָם וְהַכֹּהֲנִים
מִתְנַדְּבִים לְבֵית אֱלֹהֵיהֶם אֲשֶׁר בִּירוּשָׁלָיִם.
יז עַל כֵּן מַהֵר תִּקְנֶה בַּכֶּסֶף הַזֶּה פָּרִים אֵילִים כְּבָשִׂים וּמִנְחָתָם וְנִסְכֵּיהֶם
וְתַקְרִיב אוֹתָם עַל הַמִּזְבֵּחַ שֶׁל בֵּית אֱלֹהֵיכֶם אֲשֶׁר בִּירוּשָׁלָיִם.
יח וּמַה שֶׁיִּיטַב עָלֶיךָ וְעַל אַחֶיךָ לַעֲשׂוֹת בִּשְׁאָר הַכֶּסֶף וְהַזָּהָב כִּרְצוֹן אֱלֹהֵיכֶם
תַּעֲשׂוּ.
יט וְהַכֵּלִים הַנִּתָּנִים לְךָ לַעֲבוֹדַת בֵּית אֱלֹהֶיךָ הָבֵא בִּשְׁלֵמוּת לִפְנֵי אֱלֹהֵי
יְרוּשָׁלָיִם.
כ וּשְׁאָר צָרְכֵי בֵּית אֱלֹהֶיךָ אֲשֶׁר יִפֹּל עָלֶיךָ לָתֵת תִּתֵּן מִבֵּית גִּנְזֵי הַמֶּלֶךְ.
כא וּמִמֶּנִּי אֲנִי אַרְתַּחְשַׁשְׁתָּא הַמֶּלֶךְ נִתַּן צַו לְכֹל הַגִּזְבָּרִים אֲשֶׁר בְּעֵבֶר הַנָּהָר
שֶׁכָּל אֲשֶׁר יִשְׁאָלְכֶם עֶזְרָא הַכֹּהֵן סוֹפֵר הַדָּת שֶׁל אֱלֹהֵי הַשָּׁמַיִם מַהֵר
יֵעָשֶׂה.
כב עַד כֶּסֶף כִּכָּרִים מֵאָה וְעַד חִטִּים כֹּרִים מֵאָה וְעַד יַיִן בַּתִּים מֵאָה וְעַד
בַּתִּים שֶׁמֶן מֵאָה וּמֶלַח אֲשֶׁר לֹא כָתוּב.
כג כֹּל אֲשֶׁר בְּמִצְוַת אֱלֹהֵי הַשָּׁמַיִם יֵעָשֶׂה בִּזְרִיזוּת לְבֵית אֱלֹהֵי הַשָּׁמַיִם פֶּן
יִהְיֶה קֶצֶף עַל מַלְכוּת הַמֶּלֶךְ וּבָנָיו.
כד וְלָכֶם אָנוּ מוֹדִיעִים שֶׁכָּל הַכֹּהֲנִים וְהַלְוִיִּם הַמְשׁוֹרְרִים וְהַשּׁוֹעֲרִים הַנְּתִינִים
וְעוֹבְדֵי בֵּית הָאֱלֹהִים הַזֶּה אֵין סַמְכוּת לְהַטִּיל עֲלֵיהֶם אֶת מִסֵּי הַמֶּלֶךְ.
כה וְאַתָּה עֶזְרָא כְּחָכְמַת אֱלֹהֶיךָ אֲשֶׁר בְּיָדְךָ מַנֵּה שׁוֹפְטִים וְדַיָּנִים שֶׁיִּהְיוּ
דָּנִים לְכָל הָעָם אֲשֶׁר בְּעֵבֶר הַנָּהָר לְכָל יוֹדְעֵי דָּתֵי אֱלֹהֶיךָ וְכָל אֲשֶׁר
אֵינוֹ יוֹדֵעַ תּוֹדִיעוּ.
כו וְכָל אֲשֶׁר לֹא יַעֲשֶׂה הַדָּת שֶׁל אֱלֹהֶיךָ וְהַדָּת שֶׁל הַמֶּלֶךְ מַהֵר דִּין יֵעָשֶׂה
בּוֹ אִם לְמָוֶת אִם לְחֵרֶם אִם לַעֲנֹשׁ נְכָסִים וְלִיסֹּרוּ בְּיִסּוּרִים.

עשרת הדיברות שבפרשת יתרו

בטעם העליון

אָנֹכִי יְהוָה אֱלֹהֶיךָ אֲשֶׁר הוֹצֵאתִיךָ
מֵאֶרֶץ מִצְרַיִם מִבֵּית עֲבָדִים לֹא יִהְיֶה לְךָ אֱלֹהִים אֲחֵרִים עַל־
פָּנַי לֹא תַעֲשֶׂה־לְךָ פֶסֶל ׀ וְכָל־תְּמוּנָה אֲשֶׁר בַּשָּׁמַיִם ׀ מִמַּעַל
וַאֲשֶׁר בָּאָרֶץ מִתַּחַת וַאֲשֶׁר בַּמַּיִם ׀ מִתַּחַת לָאָרֶץ לֹא־
תִשְׁתַּחֲוֶה לָהֶם וְלֹא תָעָבְדֵם כִּי אָנֹכִי יְהוָה אֱלֹהֶיךָ אֵל קַנָּא
פֹּקֵד עֲוֺן אָבֹת עַל־בָּנִים עַל־שִׁלֵּשִׁים וְעַל־רִבֵּעִים לְשֹׂנְאָי
וְעֹשֶׂה חֶסֶד לַאֲלָפִים לְאֹהֲבַי וּלְשֹׁמְרֵי מִצְוֺתָי׃ לֹא
תִשָּׂא אֶת־שֵׁם־יְהוָה אֱלֹהֶיךָ לַשָּׁוְא כִּי לֹא יְנַקֶּה יְהוָה אֵת
אֲשֶׁר־יִשָּׂא אֶת־שְׁמוֹ לַשָּׁוְא׃
זָכוֹר אֶת־יוֹם הַשַּׁבָּת לְקַדְּשׁוֹ שֵׁשֶׁת יָמִים תַּעֲבֹד וְעָשִׂיתָ כָל־
מְלַאכְתֶּךָ וְיוֹם הַשְּׁבִיעִי שַׁבָּת ׀ לַיהוָה אֱלֹהֶיךָ לֹא תַעֲשֶׂה כָל־
מְלָאכָה אַתָּה וּבִנְךָ וּבִתֶּךָ עַבְדְּךָ וַאֲמָתְךָ וּבְהֶמְתֶּךָ וְגֵרְךָ אֲשֶׁר
בִּשְׁעָרֶיךָ כִּי שֵׁשֶׁת־יָמִים עָשָׂה יְהוָה אֶת־הַשָּׁמַיִם וְאֶת־הָאָרֶץ
אֶת־הַיָּם וְאֶת־כָּל־אֲשֶׁר־בָּם וַיָּנַח בַּיּוֹם הַשְּׁבִיעִי עַל־כֵּן בֵּרַךְ
יְהוָה אֶת־יוֹם הַשַּׁבָּת וַיְקַדְּשֵׁהוּ׃ כַּבֵּד אֶת־אָבִיךָ
וְאֶת־אִמֶּךָ לְמַעַן יַאֲרִכוּן יָמֶיךָ עַל הָאֲדָמָה אֲשֶׁר־יְהוָה אֱלֹהֶיךָ
נֹתֵן לָךְ׃ לֹא תִרְצָח׃ לֹא
תִנְאָף׃ לֹא תִגְנֹב׃ לֹא־
תַעֲנֶה בְרֵעֲךָ עֵד שָׁקֶר׃ לֹא
תַחְמֹד בֵּית רֵעֶךָ לֹא־
תַחְמֹד אֵשֶׁת רֵעֶךָ וְעַבְדּוֹ וַאֲמָתוֹ וְשׁוֹרוֹ וַחֲמֹרוֹ וְכֹל אֲשֶׁר
לְרֵעֶךָ׃

לדעת רוו"ה, יש לקרוא את הדיבר הראשון עד "מבית עבדים"
בטעם התחתון.

עשרת הדיברות שבפרשת ואתחנן

בטעם העליון

אָנֹכִי יְהוָה אֱלֹהֶיךָ
אֲשֶׁר הוֹצֵאתִיךָ מֵאֶרֶץ מִצְרַיִם מִבֵּית עֲבָדִים לֹא־יִהְיֶה לְךָ
אֱלֹהִים אֲחֵרִים עַל־פָּנַי לֹא תַעֲשֶׂה־לְךָ פֶסֶל ׀ כָּל־תְּמוּנָה
אֲשֶׁר בַּשָּׁמַיִם ׀ מִמַּעַל וַאֲשֶׁר בָּאָרֶץ מִתַּחַת וַאֲשֶׁר בַּמַּיִם ׀
מִתַּחַת לָאָרֶץ לֹא־תִשְׁתַּחֲוֶה לָהֶם וְלֹא תָעָבְדֵם כִּי אָנֹכִי
יְהוָה אֱלֹהֶיךָ אֵל קַנָּא פֹּקֵד עֲוֺן אָבוֹת עַל־בָּנִים וְעַל־שִׁלֵּשִׁים
וְעַל־רִבֵּעִים לְשֹׂנְאָי וְעֹשֶׂה חֶסֶד לַאֲלָפִים לְאֹהֲבַי וּלְשֹׁמְרֵי
מִצְוֺתוֹ: לֹא תִשָּׂא אֶת־שֵׁם־יְהוָה אֱלֹהֶיךָ לַשָּׁוְא כִּי לֹא מִצְוֺתָי
יְנַקֶּה יְהוָה אֵת אֲשֶׁר־יִשָּׂא אֶת־שְׁמוֹ לַשָּׁוְא: שָׁמוֹר
אֶת־יוֹם הַשַּׁבָּת לְקַדְּשׁוֹ כַּאֲשֶׁר צִוְּךָ ׀ יְהוָה אֱלֹהֶיךָ שֵׁשֶׁת
יָמִים תַּעֲבֹד וְעָשִׂיתָ כָּל־מְלַאכְתֶּךָ וְיוֹם הַשְּׁבִיעִי שַׁבָּת ׀ לַיהוָה
אֱלֹהֶיךָ לֹא־תַעֲשֶׂה כָל־מְלָאכָה אַתָּה וּבִנְךָ־וּבִתֶּךָ וְעַבְדְּךָ־
וַאֲמָתֶךָ וְשׁוֹרְךָ וַחֲמֹרְךָ וְכָל־בְּהֶמְתֶּךָ וְגֵרְךָ אֲשֶׁר בִּשְׁעָרֶיךָ לְמַעַן
יָנוּחַ עַבְדְּךָ וַאֲמָתְךָ כָּמוֹךָ וְזָכַרְתָּ כִּי־עֶבֶד הָיִיתָ ׀ בְּאֶרֶץ מִצְרַיִם
וַיֹּצִאֲךָ יְהוָה אֱלֹהֶיךָ מִשָּׁם בְּיָד חֲזָקָה וּבִזְרֹעַ נְטוּיָה עַל־כֵּן צִוְּךָ
יְהוָה אֱלֹהֶיךָ לַעֲשׂוֹת אֶת־יוֹם הַשַּׁבָּת: כַּבֵּד
אֶת־אָבִיךָ וְאֶת־אִמֶּךָ כַּאֲשֶׁר צִוְּךָ יְהוָה אֱלֹהֶיךָ לְמַעַן ׀ יַאֲרִיכֻן
יָמֶיךָ וּלְמַעַן יִיטַב לָךְ עַל הָאֲדָמָה אֲשֶׁר־יְהוָה אֱלֹהֶיךָ נֹתֵן
לָךְ: לֹא תִרְצָח: וְלֹא
תִנְאָף: וְלֹא תִגְנֹב: וְלֹא־
תַעֲנֶה בְרֵעֲךָ עֵד שָׁוְא: וְלֹא
תַחְמֹד אֵשֶׁת רֵעֶךָ וְלֹא
תִתְאַוֶּה בֵּית רֵעֶךָ שָׂדֵהוּ וְעַבְדּוֹ וַאֲמָתוֹ שׁוֹרוֹ וַחֲמֹרוֹ וְכֹל אֲשֶׁר
לְרֵעֶךָ:

לדעת רוו"ה, יש לקרוא את הדיבר הראשון עד "מבית עבדים" בטעם התחתון.

הקריאות בתורה בימים מיוחדים

ראש חודש	במדבר כח, א–טו, עמ׳ רנד מן ״וידבר ה׳״ עד ״ונסכו״
תעניות ציבור	שמות לב, יא–יד, עמ׳ קלד מן ״ויחל משה״ עד ״לעשות לעמו״ וממשיכים שמות לד, א–י, עמ׳ קלז ״ויאמר ה׳״ עד ״עשה עמך״
תשעה באב	שחרית – דברים ד, כה–מ, עמ׳ רעה–רעט מן ״כי־תוליד בנים״ עד ״כל־הימים״ מנחה – ראה לעיל, קריאה של תעניות ציבור
חנוכה	א׳ של חנוכה מנהג ספרד: במדבר ו, כב – ז, יז, עמ׳ רטו–רטז מן ״וידבר ה׳״ עד ״נחשון בן־עמינדב״ מנהג אשכנז: במדבר ז, א–יז, עמ׳ רטו–רטז מן ״ויהי ביום כלות משה״ עד ״נחשון בן־עמינדב״ ב׳ עד ז׳ של חנוכה קוראים את הקרבן השייך לאותו יום, במדבר ז, יח–נג, עמ׳ רטז–ריח בראש חודש טבת קוראים בספר ראשון קריאה לראש חודש, ובספר שני קריאה לחנוכה ח׳ של חנוכה במדבר ז, נד – ח, ד, עמ׳ ריח–רכ מן ״ביום השמיני״ עד ״כן עשה את־המנרה״
פורים	שמות יז, ח–טז, עמ׳ קט–קי מן ״ויבא עמלק״ עד ״מדר דר״

הקריאות בתורה בשבתות מיוחדות

(ספר שני)

שבת ראש חודש	במדבר כח, ט-טו, עמ׳ רנד פרשיות "וביום השבת" "ובראשי חדשיכם" עד "ונסכו"
שבת חנוכה	קריאה לחנוכה של אותו יום (ראה חנוכה, עמ׳ 8) אם חל ראש חודש בשבת חנוכה קוראים בספר שני קריאה לשבת ראש חודש ובספר שלישי קריאה לחנוכה
שבת שקלים	שמות ל, יא-טז, עמ׳ קלא מן "וידבר ה׳" עד "על נפשתיכם" אם חל ראש חודש אדר בשבת קוראים בספר שני קריאה לשבת ראש חודש ובספר שלישי קריאה לשבת שקלים
שבת זכור	דברים כה, יז-יט, עמ׳ שי מן "זכור" עד "לא תשכח"
שבת פרה	במדבר יט, א-כב, עמ׳ רלט-רמ מן "וידבר ה׳" עד "עד הערב"
שבת החודש	שמות יב, א-כ, עמ׳ צט-ק מן "ויאמר ה׳" עד "תאכלו מצות" אם חל ראש חודש ניסן בשבת קוראים בספר שני קריאה לשבת ראש חודש ובספר שלישי קריאה לשבת החודש
שבת פורים של מוקפים	שמות יז, ח-טז, עמ׳ קט-קי מן "ויבא עמלק" עד "מדֹר דֹר"

הקריאות בתורה במועדים

פסח	יום א׳	שמות יב, כא-נא, עמ׳ ק-קב מן "ויקרא משה" עד "על־צבאתם" אם חל בשבת - הספרדים קוראים שמות יב, יד-נא, עמ׳ ק-קב מן "והיה היום הזה" עד "על־צבאתם" ספר שני (מפטיר), במדבר כח, טז-כה, עמ׳ רנד-רנה מן "ובחדש הראשון" עד "לא תעשו"
	יום ב׳ בחו״ל	ויקרא כב, כו - כג, מד, עמ׳ קפט-קצב מן "וידבר ה׳" עד "אל־בני ישראל" ספר שני (מפטיר), כמו ביום א׳
	א׳ דחוה״מ	ויקרא כב, כו - כג, מד, עמ׳ קפט-קצב מן "וידבר ה׳" עד "אל־בני ישראל" ספר שני (רביעי), במדבר כח, יט-כה, עמ׳ רנד-רנה מן "והקרבתם" עד "לא תעשו"
	ב׳ דחוה״מ (א׳ דחוה״מ בחו״ל)	שמות יג, א-טז, עמ׳ קב-קג מן "וידבר ה׳" עד "ממצרים" ספר שני "והקרבתם"
	ג׳ דחוה״מ (ב׳ דחוה״מ בחו״ל)	שמות כב, כד - כג, יט, עמ׳ קיז-קיח מן "אם־כסף" עד "בחלב אמו" (אם חל ביום א׳ בשבוע הספרדים קוראים קריאה ליום ב׳ דחוה״מ) ספר שני "והקרבתם"
	ד׳ דחוה״מ (ג׳ דחוה״מ בחו״ל)	שמות לד, א-כו, עמ׳ קלז-קלח מן "ויאמר ה׳" עד "בחלב אמו" (אם חל ביום ב׳ בשבוע הספרדים קוראים קריאה ליום ג׳ דחוה״מ) ספר שני "והקרבתם"
	ה׳ דחוה״מ (ד׳ דחוה״מ בחו״ל)	במדבר ט, א-יד, עמ׳ רכא-רכב מן "וידבר ה׳" עד "ולאזרח הארץ" ספר שני "והקרבתם"

פסח	שבת חוה"מ	שמות לג, יב - לד, כו, עמ' קלו-קלח מן "ויאמר משה" עד "בחלב אמו" ספר שני "והקרבתם"
	שביעי של פסח	שמות יג, יז - טו, כו, עמ' קג-קז מן "ויהי בשלח פרעה" עד "רֹפאך" ספר שני (מפטיר) "והקרבתם"
	יום ח' בחו"ל	דברים טו, יט - טז, יז, עמ' רצז-רצט מן "כל־הבכור" עד "אשר נתן־לך" בשבת - דברים יד, כב - טז, יז, עמ' רצו-רצט מן "עשר תעשר" עד "אשר נתן־לך" ספר שני (מפטיר) "והקרבתם"
שבועות	יום א'	שמות יט, א - כ, כג, עמ' קיב-קיד מן "בחדש השלישי" עד "ערותך עליו" ספר שני (מפטיר), במדבר כח, כו-לא, עמ' רנה מן "וביום הבכורים" עד "ונסכיהם"
	יום ב' בחו"ל	ראה לעיל, פסח יום ח' בחו"ל ספר שני (מפטיר), כמו ביום א' של שבועות
ראש השנה	יום א'	בראשית כא, א-לד, עמ' כז-כח מן "וה' פקד את־שרה" עד "ימים רבים" ספר שני (מפטיר), במדבר כט, א-ו, עמ' רנה מן "ובחדש השביעי" עד "אשה לה'"
	יום ב'	בראשית כב, א-כד, עמ' כח-ל מן "ויהי אחר הדברים האלה" עד "ואת־מעכה" ספר שני (מפטיר), כמו ביום א'
יום הכיפורים	שחרית	ויקרא טז, א-לד, עמ' קעח-קפ מן "וידבר ה'" עד "את־משה" ספר שני (מפטיר), במדבר כט, ז-יא, עמ' רנה-רנו מן "ובעשור לחדש השביעי" עד "ונסכיהם"
	מנחה	ויקרא יח, א-ל, עמ' קפא-קפג מן "וידבר ה'" עד "אני ה' אלהיכם"

סוכות

יום א׳ **ויקרא כב, כו - כג, מד, עמ׳ קפט-קצב**
מן "וידבר ה׳" עד "אל-בני ישראל"

ספר שני (מפטיר), במדבר כט, יב-טז, עמ׳ רנו
מן "ובחמשה עשר יום" עד "ונסכה"

יום ב׳ בחו״ל **כמו ביום א׳**

א׳ דחוה״מ **(לארבעת הקרואים) במדבר כט, יז-יט, עמ׳ רנו**
מן "וביום השני" עד "ונסכיהם"

ב׳ דחוה״מ **(לארבעת הקרואים) במדבר כט, כ-כב, עמ׳ רנו**
מן "וביום השלישי" עד "ונסכה"

א׳ דחוה״מ בחו״ל כהן, "וביום השני"; לוי (ספרדים גם ישראל), "וביום השלישי";
ישראל, "וביום הרביעי"; רביעי, "וביום השני" "וביום השלישי".

ג׳ דחוה״מ **(לארבעת הקרואים) במדבר כט, כג-כה, עמ׳ רנו**
מן "וביום הרביעי" עד "ונסכה"

ב׳ דחוה״מ בחו״ל כהן, "וביום השלישי"; לוי (ספרדים גם ישראל), "וביום הרביעי";
ישראל, "וביום החמישי"; רביעי, "וביום השלישי" "וביום הרביעי".

ד׳ דחוה״מ **(לארבעת הקרואים) במדבר כט, כו-כח, עמ׳ רנו**
מן "וביום החמישי" עד "ונסכה"

ג׳ דחוה״מ בחו״ל כהן, "וביום הרביעי"; לוי (ספרדים גם ישראל), "וביום החמישי";
ישראל, "וביום הששי"; רביעי, "וביום הרביעי" "וביום החמישי".

ה׳ דחוה״מ **(לארבעת הקרואים) במדבר כט, כט-לא, עמ׳ רנו-רנז**
מן "וביום הששי" עד "ונסכיה"

ד׳ דחוה״מ בחו״ל כהן, "וביום החמישי"; לוי (ספרדים גם ישראל), "וביום הששי";
ישראל, "וביום השביעי"; רביעי, "וביום החמישי" "וביום הששי".

הושענא רבה **(לארבעת הקרואים) במדבר כט, לב-לד, עמ׳ רנז**
מן "וביום השביעי" עד "ונסכה"

בחו״ל כהן, "וביום החמישי"; לוי (ספרדים גם ישראל), "וביום הששי";
ישראל, "וביום השביעי"; רביעי, "וביום הששי" "וביום השביעי".

שבת חוה״מ **שמות לג, יב - לד, כו, עמ׳ קלו-קלח**
מן "ויאמר משה" עד "בחלב אמו"

ספר שני (מפטיר), קוראים את קרבן היום

בחו״ל **קרבן היום, כמו בארץ ישראל, בתוספת קרבן היום שלאחריו**

שמיני עצרת (שמחת תורה בא"י)	**ספר ראשון, דברים לג, א - לד, יב, עמ' שכה-שכז** **מן "וזאת הברכה" עד "לעיני כל־ישראל"**
	ספר שני, בראשית א, א - ב, ג, עמ' א-ב **מן "בראשית ברא" עד "לעשות"**
	ספר שלישי, במדבר כט, לה - ל, א, עמ' רנז **"ביום השמיני עצרת" עד "את־משה"**
בחו"ל	**דברים טו, יט - טז, יז, עמ' רצז-רצט** **מן "כל־הבכור" עד "אשר נתן־לך"** **בשבת - דברים יד, כב - טז, יז, עמ' רצו-רצט** **מן "עשר תעשר" עד "אשר נתן־לך"** **ספר שני (מפטיר), במדבר כט, לה - ל, א, עמ' רנז** **"ביום השמיני עצרת" עד "את־משה"**
שמחת תורה בחו"ל	**לעיל שמיני עצרת בארץ ישראל (שלושה ספרים)**

ברכות ההפטרה לשבת

לפני קריאת ההפטרה המפטיר מברך:

בָּרוּךְ אַתָּה יהוה אֱלֹהֵינוּ מֶלֶךְ הָעוֹלָם אֲשֶׁר בָּחַר בִּנְבִיאִים טוֹבִים, וְרָצָה בְדִבְרֵיהֶם הַנֶּאֱמָרִים בֶּאֱמֶת. בָּרוּךְ אַתָּה יהוה, הַבּוֹחֵר בַּתּוֹרָה וּבְמֹשֶׁה עַבְדּוֹ וּבְיִשְׂרָאֵל עַמּוֹ וּבִנְבִיאֵי הָאֱמֶת וָצֶדֶק.

אחרי קריאת ההפטרה המפטיר מברך:

בָּרוּךְ אַתָּה יהוה אֱלֹהֵינוּ מֶלֶךְ הָעוֹלָם, צוּר כָּל הָעוֹלָמִים, צַדִּיק בְּכָל הַדּוֹרוֹת, הָאֵל הַנֶּאֱמָן, הָאוֹמֵר וְעוֹשֶׂה, הַמְדַבֵּר וּמְקַיֵּם, שֶׁכָּל דְּבָרָיו אֱמֶת וָצֶדֶק. נֶאֱמָן אַתָּה הוּא יהוה אֱלֹהֵינוּ וְנֶאֱמָנִים דְּבָרֶיךָ, וְדָבָר אֶחָד מִדְּבָרֶיךָ אָחוֹר לֹא יָשׁוּב רֵיקָם, כִּי אֵל מֶלֶךְ נֶאֱמָן (וְרַחֲמָן) אָתָּה. בָּרוּךְ אַתָּה יהוה, הָאֵל הַנֶּאֱמָן בְּכָל דְּבָרָיו.

רַחֵם עַל צִיּוֹן כִּי הִיא בֵּית חַיֵּינוּ, וְלַעֲלוּבַת נֶפֶשׁ תּוֹשִׁיעַ בִּמְהֵרָה בְיָמֵינוּ. בָּרוּךְ אַתָּה יהוה, מְשַׂמֵּחַ צִיּוֹן בְּבָנֶיהָ.

שַׂמְּחֵנוּ יהוה אֱלֹהֵינוּ בְּאֵלִיָּהוּ הַנָּבִיא עַבְדֶּךָ, וּבְמַלְכוּת בֵּית דָּוִד מְשִׁיחֶךָ, בִּמְהֵרָה יָבוֹא וְיָגֵל לִבֵּנוּ. עַל כִּסְאוֹ לֹא יֵשֶׁב זָר, וְלֹא יִנְחֲלוּ עוֹד אֲחֵרִים אֶת כְּבוֹדוֹ, כִּי בְשֵׁם קָדְשְׁךָ נִשְׁבַּעְתָּ לּוֹ שֶׁלֹּא יִכְבֶּה נֵרוֹ לְעוֹלָם וָעֶד. בָּרוּךְ אַתָּה יהוה, מָגֵן דָּוִד.

עַל הַתּוֹרָה וְעַל הָעֲבוֹדָה וְעַל הַנְּבִיאִים וְעַל יוֹם הַשַּׁבָּת הַזֶּה, שֶׁנָּתַתָּ לָּנוּ יהוה אֱלֹהֵינוּ לִקְדֻשָּׁה וְלִמְנוּחָה, לְכָבוֹד וּלְתִפְאָרֶת. עַל הַכֹּל יהוה אֱלֹהֵינוּ אֲנַחְנוּ מוֹדִים לָךְ וּמְבָרְכִים אוֹתָךְ, יִתְבָּרַךְ שִׁמְךָ בְּפִי כָּל חַי תָּמִיד לְעוֹלָם וָעֶד. בָּרוּךְ אַתָּה יהוה, מְקַדֵּשׁ הַשַּׁבָּת.

סדר ההפטרות

לפי מנהג
האשכנזים והספרדים

בראשית	אשכנזים:	ישעיה מב, ה עד מג, י	**כה־אמר האל...** **...ואחרי לא יהיה.**
	ספרדים:	ישעיה מב, ה עד מב, כא	**כה אמר האל...** **...יגדיל תורה ויאדיר.**
נח	אשכנזים:	ישעיה נד, א עד נה, ה	**רני עקרה לא ילדה...** **...ולקדוש ישראל כי פארך.**
	ספרדים:	ישעיה נד, א עד נד, י	**רני עקרה לא ילדה...** **...אמר מרחמך ה׳.**
לך לך		ישעיה מ, כז עד מא, טז	**למה תאמר יעקב...** **...בקדוש ישראל תתהלל.**
וירא	אשכנזים:	מלכים ב׳ ד, א עד ד, לז	**ואשה אחת מנשי בני־הנביאים...** **...ותשא את־בנה ותצא.**
	ספרדים:	מלכים ב׳ ד, א עד ד, כג	**ואשה אחת מנשי בני־הנביאים...** **...ותאמר שלום.**
חיי שרה		מלכים א׳ א, א עד א, לא	**והמלך דוד זקן...** **...יחי אדני המלך דוד לעלם.**
תולדת		מלאכי א, א עד ב, ז	**משא דבר־ה׳ אל־ישראל...** **...כי מלאך ה׳־צבאות הוא.**

ויצא	אשכנזים:	הושע יב, יג	**ויברח יעקב שדה ארם...**
		עד יד, י	**...ופשעים יכשלו בם.**
	ויש מוסיפים:	יואל ב, כו/כז	**ואכלתם אכול ושבוע...**
			...ולא־יבשו עמי לעולם.
	ספרדים:	הושע יא, ז	**ועמי תלואים למשובתי...**
		עד יב, יב	**...על תלמי שדי.**
		או עד יג, ה	**...בארץ תלאבות.**
וישלח		עבדיה	**חזון עבדיה...**
			...והיתה לה׳ המלוכה.
וישב		עמוס ב, ו	**כה אמר ה׳...**
		עד ג, ח	**...מי לא ינבא.**
מקץ		מלכים א׳ ג, טו	**ויקץ שלמה והנה חלום...**
		עד ד, א	**...מלך על־כל־ישראל.**
ויגש		יחזקאל לז, טו	**ויהי דבר־ה׳...**
		עד לז, כח	**...בהיות מקדשי בתוכם לעולם.**
ויחי		מלכים א׳ ב, א	**ויקרבו ימי־דוד למות...**
		עד ב, יב	**...ותכן מלכתו מאד.**
שמות	אשכנזים:	ישעיה כז, ו	**הבאים ישרש יעקב...**
		עד כח, יג	**...ונוקשו ונלכדו.**
		ועוד כט, כב/כג	**לכן כה־אמר ה׳...**
			...ואת־אלהי ישראל יעריצו.
	ספרדים:	ירמיה א, א	**דברי ירמיהו בן חלקיהו...**
		עד ב, ג	**...רעה תבא אליהם נאם־ה׳.**
וארא		יחזקאל כח, כה	**כה אמר אדני ה׳...**
		עד כט, כא	**...וידעו כי־אני ה׳.**

בא

ירמיה מו, יג **הדבר אשר דבר ה׳...**
עד מו, כח **...ונקה לא אנקך.**

בשלח

אשכנזים: שופטים ד, ד **ודבורה אשה נביאה...**
עד ה, לא **...ותשקט הארץ ארבעים שנה.**

ספרדים: שופטים ה, א **ותשר דבורה...**
עד ה, לא **...ותשקט הארץ ארבעים שנה.**

יתרו

אשכנזים: ישעיה ו, א **בשנת־מות המלך עזיהו...**
עד ז, ו **...את בן־טבאל.**
ועוד ט, ה/ו **כי־ילד ילד־לנו... תעשה־זאת.**

ספרדים: ישעיה ו, א **בשנת־מות המלך עזיהו...**
עד ו, יג **...זרע קדש מצבתה.**

משפטים

ירמיה לד, ח **הדבר אשר־היה אל־ירמיהו...**
עד לד, כב **...אתן שממה מאין ישב.**

ועוד לג, כה/כו **כה אמר ה׳... כי־אשוב את־שבותם ורחמתים.**

תרומה

מלכים א׳ ה, כו **וה׳ נתן חכמה לשלמה...**
עד ו, יג **...ולא אעזב את־עמי ישראל.**

תצוה

יחזקאל מג, י **אתה בן־אדם...**
עד מג, כז **...נאם אדני ה׳.**

כי תשא

אשכנזים: מלכים א׳ יח, א **ויהי ימים רבים...**
עד יח, לט **...ה׳ הוא האלהים.**

ספרדים: מלכים א׳ יח, כ **וישלח אחאב...**
עד יח, לט **...ה׳ הוא האלהים.**

ויקהל	אשכנזים:	מלכים א׳ ז, מ	**ויעש חירום...**
		עד ז, נ	**...לדלתי הבית להיכל זהב.**
	ספרדים:	מלכים א׳ ז, יג	**וישלח המלך שלמה...**
		עד ז, כו	**...אלפים בת יכיל.**
פקודי	אשכנזים:	מלכים א׳ ז, נא	**ותשלם כל־המלאכה...**
		עד ח, כא	**...בהוציאו אתם מארץ מצרים.**
	ספרדים:	מלכים א׳ ז, מ	**ויעש חירום את־הכירות...**
		עד ז, נ	**...לדלתי הבית להיכל זהב.**
ויקרא		ישעיה מג, כא	**עם זו יצרתי לי...**
		עד מד, כג	**...ובישראל יתפאר.**
צו		ירמיה ז, כא	**כה אמר ה׳ צבאות...**
		עד ח, ג	**...נאם ה׳ צבאות.**
		ועוד ט, כב/כג	**כה אמר ה׳...**
			...כי־באלה חפצתי נאם־ה׳.
שמיני	אשכנזים:	שמואל ב׳ ו, א	**ויסף עוד דוד...**
		עד ז, יז	**...כן דבר נתן אל־דוד.**
	ספרדים:	שמואל ב׳ ו, א	**ויסף עוד דוד...**
		עד ו, יט	**...וילך כל־העם איש לביתו.**
תזריע		מלכים ב׳ ד, מב	**ואיש בא מבעל שלשה...**
		עד ה, יט	**...וילך מאתו כברת ארץ.**
מצרע		מלכים ב׳ ז, ג	**וארבעה אנשים היו מצרעים...**
		עד ז, כ	**...וירמסו אתו העם בשער וימת.**

אחרי מות		יחזקאל כב, א	**ויהי דבר־ה׳...**
		עד כב, טז	**...וידעת כי־אני ה׳.**
קדשים	אשכנזים:	עמוס ט, ז	**הלוא כבני כשיים...**
		עד ט, טו	**...אמר ה׳ אלהיך.**
	ספרדים:	יחזקאל כ, ב	**ויהי דבר־ה׳...**
		עד כ, כ	**...לדעת כי אני ה׳ אלהיכם.**
אמר		יחזקאל מד, טו	**והכהנים הלוים בני צדוק...**
		עד מד, לא	**...לא יאכלו הכהנים.**
בהר סיני		ירמיה לב, ו	**ויאמר ירמיהו...**
		עד לב, כז	**...הממני יפלא כל־דבר.**
בחקתי		ירמיה טז, יט	**ה׳ עזי ומעוזי ומנוסי...**
		עד יז, יד	**...כי תהלתי אתה.**
במדבר		הושע ב, א	**והיה מספר בני־ישראל...**
		עד ב, כב	**...וידעת את־ה׳.**
נשא		שופטים יג, ב	**ויהי איש אחד מצרעה...**
		עד יג, כה	**...בין צרעה ובין אשתאול.**
בהעלתך		זכריה ב, יד	**רני ושמחי בת־ציון...**
		עד ד, ז	**...תשאות חן חן לה.**
שלח לך		יהושע ב, א	**וישלח יהושע בן־נון...**
		עד ב, כד	**...וגם־נמגו כל־ישבי הארץ מפנינו.**

קרח	שמואל א׳ יא, יד עד יב, כב	**ויאמר שמואל אל־העם...** **...לעשות אתכם לו לעם.**
חקת	שופטים יא, א עד יא, לג	**ויפתח הגלעדי...** **...מפני בני ישראל.**
בלק	מיכה ה, ו עד ו, ח	**והיה שארית יעקב...** **...והצנע לכת עם־אלהיך.**
פינחס (לפני י״ז בתמוז)	מלכים א׳ יח, מו עד יט, כא	**ויד־ה׳ היתה אל־אליהו...** **...ויקם וילך אחרי אליהו וישרתהו.**
פינחס או מטות (לשבת שאחרי י״ז בתמוז)	ירמיה א, א עד ב, ג	**דברי ירמיהו בן־חלקיהו...** **...רעה תבא אליהם נאם־ה׳.**
מסעי	ירמיה ב, ד עד ב, כח אשכנזים מוסיפים: ירמיה ג, ד ספרדים מוסיפים: ירמיה ד, א/ב	**שמעו דבר־ה׳ בית יעקב...** **...כי מספר עריך היו אלהיך יהודה.** **הלוא מעתה... אלוף נערי אתה.** **אם־תשוב ישראל... ובו יתהללו.**
דברים	ישעיה א, א עד א, כז	**חזון ישעיהו בן־אמוץ...** **...ציון במשפט תפדה ושביה בצדקה.**
ואתחנן	ישעיה מ, א עד מ, כו	**נחמו נחמו עמי...** **...איש לא נעדר.**
עקב	ישעיה מט, יד עד נא, ג	**ותאמר ציון עזבני ה׳...** **...תודה וקול זמרה.**

ראה

ישעיה נד, יא **עניה סערה לא נחמה...**
עד נה, ה **...ולקדוש ישראל כי פארך.**

שפטים

ישעיה נא, יב **אנכי אנכי הוא מנחמכם...**
עד נב, יב **...ומאספכם אלהי ישראל.**

כי תצא

ישעיה נד, א **רני עקרה לא ילדה...**
עד נד, י **...אמר מרחמך ה׳.**

כי תבוא

ישעיה ס, א **קומי אורי כי בא אורך...**
עד ס, כב **...אני ה׳ בעתה אחישנה.**

נצבים

ישעיה סא, י **שוש אשיש בה׳...**
עד סג, ט **...כל־ימי עולם.**

וילך או האזינו (לשבת שבין ר״ה ליוה״כ)

אשכנזים:
הושע יד, ב **שובה ישראל...**
עד יד, י **...ופשעים יכשלו בם.**
ועוד יואל ב, טו **תקעו שופר בציון...**
עד ב, כז **...ולא־יבשו עמי לעולם.**

ספרדים:
הושע יד, ב **שובה ישראל...**
עד יד, י **...ופשעים יכשלו בם.**
ועוד מיכה ז, יח/כ **מי־אל כמוך... מימי קדם.**

האזינו (בין יוה״כ לסוכות)

שמואל ב׳ כב, א **וידבר דוד לה׳...**
עד כב, נא **...לדוד ולזרעו עד־עולם.**

וזאת הברכה (שמחת תורה)

יהושע א, א **ויהי אחרי מות משה...**
אשכנזים: עד א, יח **...רק חזק ואמץ.**

ספרדים: עד א, ט **...בכל אשר תלך.**

שבת ראש חודש

ישעיה סו, א כה אמר ה׳...
עד סו, כג ...יבוא כל־בשר להשתחות לפני אמר ה׳.

שבת ערב ראש חודש

שמואל א׳ כ, יח ויאמר־לו יהונתן...
עד כ, מב ...ובין זרעך עד־עולם.

חנוכה

שבת א׳

זכריה ב, יד רני ושמחי בת־ציון...
עד ד, ז ...תשאות חן חן לה.

שבת ב׳

מלכים א׳ ז, מ ויעש חירום את־הכירות...
עד ז, נ ...לדלתי הבית להיכל זהב.

תענית ציבור

מנחה

ישעיה נה, ו דרשו ה׳ בהמצאו...
עד נו, ח ...עוד אקבץ עליו לנקבציו.

תשעה באב

שחרית

ירמיה ח, יג אסף אסיפם נאם־ה׳...
עד ט, כג ...כי־באלה חפצתי נאם־ה׳.

מנחה

אשכנזים: ישעיה נה, ו דרשו ה׳ בהמצאו...
עד נו, ח ...עוד אקבץ עליו לנקבציו.

ספרדים: הושע יד, ב שובה ישראל...
עד יד, י ...ופשעים יכשלו בם.
ועוד מיכה ז, יח/כ מי־אל כמוך...
...אשר־נשבעת לאבותינו מימי קדם.

שבת פרשת שקלים

אשכנזים:	מלכים ב׳ יב, א	**בן־שבע שנים...**
	עד יב, יז	**...לכהנים יהיו.**
ספרדים:	מלכים ב׳ יא, יז	**ויכרת יהוידע...**
	עד יב, יז	**...לכהנים יהיו.**

שבת פרשת זכור
(ופורים של מוקפים שחל בשבת)

אשכנזים:	שמואל א׳ טו, ב	**כה אמר ה׳ צבאות...**
	עד טו, לד	**...גבעת שאול.**
ספרדים:	שמואל א׳ טו, א	**ויאמר שמואל אל־שאול...**
	עד טו, לד	**...גבעת שאול.**

שבת פרשת פרה

אשכנזים:	יחזקאל לו, טז	**ויהי דבר־ה׳...**
	עד לו, לח	**...וידעו כי־אני ה׳.**
ספרדים:	יחזקאל לו, טז	**ויהי דבר־ה׳...**
	עד לו, לו	**...אני ה׳ דברתי ועשיתי.**

שבת פרשת החודש

אשכנזים:	יחזקאל מה, טז	**כל העם הארץ...**
	עד מו, יח	**...איש מאחזתו.**
ספרדים:	יחזקאל מה, יח	**כה־אמר אדני ה׳...**
	עד מו, טו	**...עולת תמיד.**

שבת הגדול

מלאכי ג, ד	**וערבה לה׳...**
עד ג, כד	**...הגדול והנורא.**

פסח	יום א׳	יש מתחילים: יהושע ג, ה/ז	ויאמר יהושע אל־העם... ...אהיה עמך.
		יהושע ה, ב	בעת ההיא...
		עד ו, א	...אין יוצא ואין בא.
		ועוד ו, כז	ויהי ה׳... בכל הארץ.
	יום ב׳ בחו״ל	מלכים ב׳ כג, א	וישלח המלך...
		עד כג, ט	...בתוך אחיהם.
		ועוד כג, כא/כה	ויצו המלך... ...ואחריו לא־קם כמהו.
	שבת חוה״מ	יחזקאל לז, א	היתה עלי יד־ה׳...
		עד לז, יד	...דברתי ועשיתי נאם־ה׳.
	יום ז׳	שמואל ב׳ כב, א	וידבר דוד לה׳...
		עד כב, נא	...לדוד ולזרעו עד־עולם.
	יום ח׳ בחו״ל	ישעיה י, לב	עוד היום בנב לעמד...
		עד יב, ו	...קדוש ישראל.
שבועות	יום א׳	יחזקאל א, א	ויהי בשלשים שנה...
		עד א, כח	...ואשמע קול מדבר.
		ועוד ג, יב	ותשאני רוח... ...ברוך כבוד־ה׳ ממקומו.
	יום ב׳ בחו״ל	חבקוק ב, כ	וה׳ בהיכל קדשו...
		עד ג, יט	...למנצח בנגינותי.

ראש השנה	**יום א׳**	שמואל א׳ א, א עד ב, י	**ויהי איש אחד מן־הרמתים...** **...וירם קרן משיחו.**
	יום ב׳	ירמיה לא, א עד לא, יט	**כה אמר ה׳...** **...רחם ארחמנו נאם ה׳.**
יום הכיפורים	**שחרית**	ישעיה נז, יד עד נח, יד	**ואמר סלו־סלו פנו־דרך...** **...כי פי ה׳ דבר.**
	מנחה	ספר יונה מיכה ז, יח/כ	 **מי־אל כמוך...** **...אשר־נשבעת לאבתינו מימי קדם.**
סוכות	**יום א׳**	זכריה יד, א עד יד, כא	**הנה יום־בא לה׳...** **...ביום ההוא.**
	יום ב׳ בחו״ל	מלכים א׳ ח, ב עד ח, כא	**ויקהלו אל־המלך שלמה...** **...בהוציאו אתם מארץ מצרים.**
	שבת חוה״מ	יחזקאל לח, יח עד לט, טז	**והיה ביום ההוא...** **...וטהרו הארץ.**

שמחת תורה **שמיני עצרת, ראה וזאת הברכה**

שמיני עצרת **בחו״ל**

אשכנזים:	מלכים א׳ ח, נד עד ט, א	**ויהי ככלות שלמה...** **...אשר חפץ לעשות.**
ספרדים:	מלכים א׳ ח, נד עד ח, סו	**ויהי ככלות שלמה...** **...ולישראל עמו.**

שמות הטעמים וסימניהם

אשכנזים: מֵרְכָא טִפְּחָא מֻנַּח אֶתְנַחְתָּא מֵרְכָא טִפְּחָא סוֹף־פָּסוּק
מַהְפַּךְ פַּשְׁטָא מֻנַּח זָקֵף־קָטֹן זָקֵף־גָּדוֹל מֻנַּח | מֻנַּח רְבִיעַ
קַדְמָא דַרְגָּא תְבִיר מֻנַּח זַרְקָא מֻנַּח סֶגוֹל תְּלִישָא־גְדוֹלָה
תְּלִישָא־קְטַנָּה קַדְמָא וְאַזְלָא אַזְלָא־גֵרֵשׁ גֵּרְשַׁיִם פָּזֵר
יְתִיב שַׁלְשֶׁלֶת גַּלְגַּל קַרְנֵי־פָרָה מֵרְכָא־כְפוּלָה
לְגַרְמֵהּ | סוֹף־פָּסוּק

ספרדים: זַרְקָא מַקַּף־שׁוֹפָר־הוֹלֵךְ סְגוֹלְתָּא פָּזֵר־גָּדוֹל
תְּלְשָׁא תִּילְשָׁא אַזְלָא־גֵרִישׁ פָּסֵק | רְבִיעַ שְׁנֵי־גֵרְשִׁין
דַּרְגָּא תְּבִיר מַאֲרִיךְ טַרְחָא אַתְנָח שׁוֹפָר־מְהֻפָּךְ
קַדְמָא תְּרֵי־קַדְמִין זָקֵף־קָטֹן זָקֵף־גָּדוֹל שַׁלְשֶׁלֶת
גַּלְגַּל קַרְנֵי־פָרָה תְּרֵי־טַעֲמֵי יְתִיב סוֹף־פָּסוּק

תימנים: זַרְקָא מַקַּף־שׁוֹפָר־הוֹלֵךְ סְגֻלְתָּא פָּזֵר תְּלְשָׁא־יָמִין
תְּלְשָׁא־שְׂמֹאל אָזִיל וְאָתֵי פְּסִיק | רְבִיעַ תְּרֵין־טַרְסִין
דַּרְגָּא תְּבִיר מַאֲרְכָה טִפְּחָא אַתְנַחְתָּא שׁוֹפָר־הָפוּךְ
פַּשְׁטָא תְּרֵין־פַּשְׁטִין זָקֵף־קָטֹן זָקֵף־גָּדוֹל שַׁלְשֶׁלֶת
גַּלְגַּל קַרְנֵי־פָרָה תְּרֵין־טַעְמֵי יְתִיב סוֹף־פָּסוּק

תורה נביאים כתובים
הוגהו בעיון נמרץ על ידי
ד׳ גולדשמידט א״מ הברמן מ׳ מדן
הניקוד והטעמים תואמו לאותיות בבית ההוצאה
על פי שיטת קורן

ספר דניאל וקטעים מספר עזרא
תורגמו מארמית לעברית על ידי הרב זאב קרוב
והוגהו על ידי ד״ר יחיאל קארה

קורן ירושלים